Z 4999

OEUVRES
DE
FÉNELON.

TOME DEUXIEME.

IMPRIMERIE ET FONDERIE D'EVERAT,
rue du Cadran, n° 16.

ŒUVRES
DE FÉNELON,

ARCHEVÊQUE DE CAMBRAI,

PRÉCÉDÉES

D'ÉTUDES SUR SA VIE, PAR M. AIMÉ-MARTIN.

TOME DEUXIÈME.

A PARIS,

CHEZ LEFÈVRE, LIBRAIRE-ÉDITEUR,

RUE DE L'ÉPERON, n° 6.

M DCCC XXXV.

EXPLICATION
DES
MAXIMES DES SAINTS
SUR LA VIE INTÉRIEURE.

EXPOSÉ HISTORIQUE
DU QUIÉTISME,
ET DES DOCTRINES DU LIVRE INTITULÉ : EXPLICATION DES MAXIMES DES SAINTS.

Dans tous les temps, dans toutes les religions, il y a eu des hommes qui ont cherché la perfection, et qui se sont égarés sur cette route.

Tel fut, à la fin du dix-septième siècle, Michel *Molinos*, prêtre espagnol, qu'on peut regarder comme le patriarche des quiétistes modernes.

La doctrine de *Molinos* se réduit à trois maximes :

1° La contemplation parfaite est un état où l'ame ne raisonne point, ne réfléchit ni sur Dieu, ni sur elle-même; mais reçoit passivement l'impression de la lumière céleste, sans exercer aucun acte d'amour, d'adoration, ou tout autre acte quelconque de la piété chrétienne. C'est cet état d'inaction et d'inattention absolue que Molinos appelle *quiétude*.

2° Dans cet état de *comtemplation parfaite* l'ame ne désire rien, pas même son salut; elle ne craint rien, pas même l'enfer; elle n'éprouve plus d'autre sentiment que celui d'un entier abandon au bon plaisir de Dieu.

3° Une ame arrivée à cet état de contemplation parfaite est dispensée de l'usage des sacrements, et de la pratique des bonnes mœurs. Tous les actes, tous les exercices de la piété chrétienne lui deviennent indifférents; les représentations et les imaginations les plus criminelles peuvent affecter la partie sensitive de l'ame sans la souiller, et elles restent étrangères à la partie supérieure, où réside l'intelligence et la volonté.

Molinos déduisoit de ces principes cette conséquence pernicieuse qu'une ame, parvenue à l'état de *contemplation parfaite*, cessoit d'être coupable envers Dieu en s'abandonnant aux actions les plus criminelles; que son corps n'étoit plus alors que l'instrument du démon, sans que l'ame, intimement unie à Dieu, éprouvât la plus légère altération du désordre qui agite les sens.

Les écrits de Molinos furent proscrits, en 1687, par une bulle du pape Innocent XI, et leur auteur condamné à une prison perpétuelle, y finit, dit-on, ses jours dans des sentiments de repentir et de piété.

Ce fut peu de temps après la condamnation de Molinos que le quiétisme s'introduisit en France sous une forme moins grossière, et dégagée des extravagances impies et criminelles que le Saint-Siége avoit si justement frappées d'anathème.

C'est Bossuet qui nous servira d'interprète dans l'exposition de ce *quiétisme mitigé*, tel qu'il l'avoit puisé dans l'analyse des écrits de madame Guyon.

« L'abrégé des erreurs du quiétisme, dit Bossuet, est de
» mettre la sublimité et la perfection dans des choses qui
» ne sont pas, ou du moins qui ne sont pas de cette vie;
» ce qui les oblige à supprimer dans certains états, et dans
» ceux qu'on nomme *parfaits contemplatifs*, beaucoup
» d'actes essentiels à la piété, et expressément commandés
» de Dieu; par exemple, les actes de foi explicite contenus dans le Symbole des Apôtres ; toutes les demandes de même celles de l'Oraison Dominicale, les réflexions, les actions de graces, et les autres actes de
» cette nature qu'on trouve commandés et pratiqués dans
» toutes les pages de l'Écriture, et dans tous les ouvrages
» des saints[1]. »

Bossuet expose ensuite et discute le principe fondamental de cette nouvelle doctrine, savoir, que la perfection consiste, même dès cette vie, *dans un acte continuel et invariable de contemplation et d'amour*; d'où il suit que lorsqu'on s'est une fois donné à Dieu, l'acte en subsiste toujours s'il n'est révoqué, et qu'il n'est nécessaire ni de le réitérer, ni de le renouveler.

Bossuet observe que ce principe, pris dans son sens naturel, conduit à d'étranges conséquences.

1° C'est une suite nécessaire de ce principe, qu'il ne faut point se recueillir dans l'oraison, quelque distrait que l'on ait été, puisque, selon cette doctrine, les actes, une fois parfaits, ne périssent point.

2° Ce même principe tend à relâcher, dans les parfaits, le soin de renouveler les actes les plus essentiels à la piété

[1] Instruction de Bossuet sur les états d'oraison.

tels que les actes explicites de foi, d'espérance et de demande : car pour ces prétendus *parfaits*, il n'y avait plus qu'un seul acte perpétuel et universel, dans lequel ils prétendent que tous les actes de religion se trouvent compris éminemment.

Aussi madame Guyon, dans son explication du *Cantique des cantiques*, paroît-elle enseigner formellement que le desir et la demande du salut sont entièrement supprimés dans son état prétendu de perfection, et que dans ce même état l'ame doit renoncer à tous les actes distincts et explicites quelconques.

Il existe une différence très importante entre le quiétisme de Fénelon et celui de madame Guyon.

Madame Guyon supposoit et avoit même entrepris de tracer une méthode par laquelle on pouvoit conduire les ames les plus communes à cet état de perfection, où un acte continuel et immuable de contemplation et d'amour les dispensoit pour toujours de tous les autres actes de religion, ainsi que des pratiques de piété les plus indispensables, selon la doctrine de l'Église catholique.

Mais Fénelon n'alla pas, à beaucoup près, si loin : les propositions de ses *Maximes des Saints*, prises à la rigueur, expriment seulement *la possibilité d'un état habituel de pur amour*, d'où étoient exclus, comme autant d'imperfections, tous les actes explicites des autres vertus, même le desir du salut, et la crainte de l'enfer.

Aussi on a observé que toute la doctrine de Fénelon, condamnée par le bref d'Innocent XII, pouvoit se réduire à ces deux points :

1° Il est dans cette vie un état de perfection dans lequel le desir de la récompense et la crainte des peines n'ont plus lieu.

2° Il est des ames tellement embrasées de l'amour de Dieu, et tellement résignées à la volonté de Dieu, que si, dans un état de tentation, elles venoient à croire que Dieu les a condamnées à la peine éternelle, elles feroient à Dieu le sacrifice absolu de leur salut.

Tels sont les véritables principes de Fénelon, d'après M. de Beausset, dont nous n'avons fait que reproduire, en les abrégeant, les excellentes observations : voilà ce que la cour de Rome a condamné, voilà ce que renferme le livre des *Maximes des Saints*, c'est-à-dire les doctrines fondamentales du quiétisme, doctrines qui remuèrent le monde théologique, et sur lesquelles seulement on doit juger Fénelon[1]. (A.-M.)

EXPLICATION
DES
MAXIMES DES SAINTS
SUR LA VIE INTÉRIEURE.

AVERTISSEMENT.

J'ai toujours cru qu'il falloit parler et écrire le plus sobrement qu'on pourroit sur les voies intérieures. Quoiqu'elles ne renferment rien qui ne soit manifestement conforme à la règle immuable de la foi et des mœurs évangéliques, il me paroît néanmoins que cette matière demande une espèce de secret. Le commun des lecteurs n'est point préparé pour faire avec fruit de si fortes lectures. C'est exposer ce qu'il y a de plus pur et de plus sublime dans la religion à la dérision des esprits profanes, aux yeux desquels le mystère de Jésus-Christ crucifié est déjà un scandale et une folie. C'est mettre, entre les mains des hommes les moins recueillis et les moins expérimentés, le secret ineffable de Dieu dans les cœurs; et ces hommes ne sont capables ni de s'en instruire, ni de s'en édifier. D'un autre côté, c'est tendre à toutes les ames crédules et indiscrètes un piège pour les faire tomber dans l'illusion; car elles s'imaginent bientôt être dans tous les états qui sont représentés dans les livres : par-là elles deviennent visionnaires et indociles; au lieu que si on les tenoit dans l'ignorance de tous les états qui sont au-dessus du leur, elles ne pourroient entrer dans les voies d'amour désintéressé et de contemplation que par le seul attrait de la grace, sans que leur imagination échauffée par des lectures y eût aucune part. Voilà ce qui m'a persuadé qu'il falloit garder autant qu'on le pourroit le silence sur cette matière, de peur d'exciter trop la curiosité du public, qui n'a ni l'expérience, ni la lumière de grace nécessaire pour examiner les ouvrages des saints. Car l'homme animal ne peut ni discerner, ni goûter les choses de Dieu telles que sont les voies intérieures. Mais puisque cette curiosité est devenue universelle depuis quelque temps, je crois qu'il est aussi nécessaire de parler qu'il eût été à souhaiter de se taire.

Je me propose, dans cet ouvrage, d'expliquer les expériences et les expressions des saints, pour empêcher qu'ils ne soient exposés à la dérision des impies. En même temps, je veux éclaircir aux mystiques le véritable sens de ces saints auteurs, afin qu'ils connoissent la juste valeur de leurs expressions. Quand je parle des saints auteurs, je me borne à ceux qui sont canonisés, ou dont la mémoire est en bonne odeur dans toute l'Église, et dont les écrits ont été solennellement approuvés après beaucoup de contradictions. Je ne parle que des saints qui ont été canonisés ou admirés de toute l'Église, pour avoir pratiqué et fait pratiquer au prochain le genre de spiritualité qui est répandu dans tous leurs écrits. Sans doute il n'est pas permis de rejeter de tels auteurs, ni de les accuser d'avoir innové contre la tradition.

Je veux montrer combien ces saints auteurs sont éloignés de blesser le dogme de la foi, et de favoriser l'illusion. Je veux montrer aux mystiques que je n'affoiblis rien de tout ce qui est autorisé par les expériences et par les maximes de ces auteurs, qui

---

[1] Voyez le jugement sur cette doctrine, dans la Vie de Fénelon, tome Ier de cette édition.

AVERTISSEMENT.

sont nos modèles. Je veux les engager par-là à me croire quand je leur ferai voir les bornes précises que ces mêmes saints nous ont marquées, et au-delà desquelles il n'est jamais permis d'aller. Les mystiques à qui je parle ne sont ni des fanatiques, ni des hypocrites qui cachent sous des termes de perfection le mystère d'iniquité. A Dieu ne plaise que j'adresse la parole de vérité à ces hommes qui ne portent point le mystère de la foi dans une conscience pure! ils ne méritent qu'indignation et horreur. Je parle aux mystiques simples, ingénus et dociles. Ils doivent savoir que l'illusion a toujours suivi de près les voies les plus parfaites. Dès l'origine du christianisme, les faux gnostiques, hommes exécrables, voulurent se confondre avec les vrais gnostiques, qui étoient les contemplatifs et les plus parfaits d'entre les chrétiens. Les béguards ont imité faussement les contemplatifs de ces derniers siècles, tels que saint Bernard, Richard, et Hugues de Saint-Victor. Bellarmin remarque que les expressions des auteurs mystiques ont été souvent critiquées sur des équivoques. *Il arrive d'ordinaire*, dit-il [1], *à ceux qui écrivent de la théologie mystique, que leurs expressions sont blâmées par les uns et louées par les autres, parce qu'elles ne sont pas prises par tout le monde dans le même sens.* Le cardinal Bona dit aussi [2] que *ceux qui sont dans la contemplation passive sont les moins habiles pour s'exprimer, mais les plus excellents dans la pratique et dans l'expérience.* En effet, rien n'est si difficile que de faire bien entendre des états qui consistent en des opérations si simples, si délicates, si abstraites des sens, et de mettre toujours en chaque endroit tous les correctifs nécessaires pour prévenir l'illusion, et pour expliquer en rigueur le dogme théologique. Voilà ce qui a scandalisé une partie des lecteurs qui ont lu les livres des mystiques, et qui a jeté dans l'illusion plusieurs autres de ces lecteurs. Pendant que l'Espagne étoit remplie, dans le siècle passé, de tant de saints d'une grace merveilleuse, les illuminés furent découverts dans l'Andalousie, et rendirent suspects les plus grands saints. Alors sainte Thérèse, Balthasar Alvarez, et le bienheureux Jean de la Croix eurent besoin de se justifier. Rusbrok, que Bellarmin appelle un grand contemplatif, et Taulère, cet homme apostolique si célèbre dans toute l'Allemagne, ont été défendus, l'un par Denis le Chartreux, et l'autre par Blosius. Saint François de Sales n'a pas été exempt de contradiction; et les critiques n'ont point su connoître combien il joint une théologie exacte et précise avec une lumière de grace qui est très éminente. Il a fallu une apologie au saint cardinal de Bérulle. Ainsi la paille a souvent obscurci le bon grain, et les plus purs auteurs de la vie intérieure ont eu besoin d'explication, de crainte que des expressions prises dans un mauvais sens n'altérassent la pure doctrine.

Ces exemples doivent rendre les mystiques sobres et retenus. S'ils sont humbles et dociles, ils doivent laisser aux pasteurs de l'Église non-seulement la décision absolue sur la doctrine, mais encore le choix de tous les termes dont il est à propos de se servir. Saint Paul ne veut jamais manger de viande, plutôt que de scandaliser le moindre de ses frères pour qui Jésus-Christ est mort. Comment pourrions-nous donc être attachés à quelque expression, dès qu'elle scandalise quelque ame infirme? Que les mystiques lèvent donc toute équivoque, puisqu'ils apprennent qu'on a abusé de leurs termes pour corrompre ce qu'il y a de plus saint : que ceux qui ont parlé sans précaution, d'une manière impropre et exagérée, s'expliquent, et ne laissent rien à desirer pour l'édification de l'Église : que ceux qui se sont trompés pour le fond de la doctrine ne se contentent pas de condamner l'erreur, mais qu'ils avouent de l'avoir crue; qu'ils rendent gloire à Dieu, qu'ils n'aient aucune honte d'avoir erré, ce qui est le partage naturel de l'homme, et qu'ils confessent humblement leurs erreurs, puisqu'elles ne seront plus leurs erreurs dès qu'elles seront humblement confessées. C'est pour démêler le vrai d'avec le faux dans une matière si délicate et si importante, que deux grands prélats ont donné au public trente-quatre propositions qui contiennent en substance toute la doctrine des voies intérieures; et je ne prétends, dans cet ouvrage, qu'en expliquer les principes avec plus d'étendue.

Toutes les voies intérieures tendent à l'amour pur ou désintéressé. Cet amour pur est le plus haut degré de la perfection chrétienne; il est le terme de toutes les voies que les saints ont connues. Quiconque n'admet rien au-delà est dans les bornes de la tradition : quiconque passe cette borne est déjà égaré. Si quelqu'un doute de la vérité et de la perfection de cet amour, j'offre de lui en montrer une tradition universelle et évidente, depuis les apôtres jusques à saint François de Sales, sans aucune interruption; et je donnerai là-dessus au public, quand on le desirera, un recueil de tous les passages des Pères, des docteurs de l'école, et des saints mystiques, qui parlent unanimement. On verra, ce recueil, que les anciens Pères ont parlé aussi fortement que saint François de Sales, et qu'ils ont fait, pour le désintéressement de l'amour, les mêmes suppositions sur le salut, dont les critiques dédaigneux se moquent tant, quand ils les trouvent dans les saints des derniers siècles. Saint Augustin même, que quelques personnes ont cru opposé à cette doctrine, ne l'enseigne pas moins que les autres. Il est vrai qu'il est capital de bien expliquer ce pur amour, et de marquer précisément les bornes au-delà desquelles son désinté-

---

[1] *Bell. de Script. Eccles.*   [2] *Compend.*

AVERTISSEMENT.

ressement ne peut jamais aller. Son désintéressement ne peut jamais exclure la volonté d'aimer Dieu sans bornes ni pour le degré, ni pour la durée de l'amour ; il ne peut jamais exclure la conformité au bon plaisir de Dieu, qui veut notre salut, et qui veut que nous le voulions avec lui pour sa gloire. Cet amour désintéressé, toujours inviolablement attaché à la loi écrite, fait tous les mêmes actes et exerce toutes les mêmes vertus distinctes que l'amour intéressé, avec cette unique différence qu'il les exerce d'une manière simple, paisible, et dégagée de tout motif de propre intérêt.

La sainte indifférence, si louée par saint François de Sales, n'est que le désintéressement de cet amour, qui est toujours indifférent et sans volonté intéressée pour soi-même, mais toujours déterminé, et voulant positivement tout ce que Dieu nous fait vouloir par sa loi écrite et par l'attrait de sa grace.

Pour parvenir à cet état, il faut purifier l'amour, et toutes les épreuves intérieures ne sont que sa purification. La contemplation, même la plus passive, n'est que l'exercice paisible et uniforme de ce pur amour. On ne passe insensiblement de la méditation, où l'on fait des actes méthodiques et discursifs, à la contemplation, dont les actes sont simples et directs, qu'à mesure qu'on passe de l'amour intéressé au désintéressé. L'état passif et la transformation avec les noces spirituelles, et l'union essentielle ou immédiate, ne sont que l'entière pureté de cet amour, dont l'état est habituel en un très petit nombre d'ames, sans être jamais ni invariable, ni exempt de fautes vénielles. Quand je parle de tous ces différents degrés dont les noms sont si peu connus du commun des fidèles, je ne le fais qu'à cause qu'ils sont consacrés par l'usage d'un grand nombre de saints approuvés par l'Église, et qui ont expliqué par ces termes leurs expériences. De plus, je ne les rapporte que pour les expliquer avec la plus rigoureuse précaution. Enfin, toutes les voies intérieures aboutissent au pur amour comme à leur terme ; et le plus haut de tous les degrés dans le pélerinage de cette vie est l'état habituel de cet amour. Il est le fondement et le comble de tout l'édifice. Rien ne seroit plus téméraire que de combattre la pureté de cet amour si digne de la perfection de notre Dieu, à qui tout est dû, et de sa jalousie, qui est un feu consumant. Mais aussi rien ne seroit plus téméraire que de vouloir, par un raffinement chimérique, ôter à cet amour la réalité de ses actes dans la pratique des vertus distinctes. Enfin il ne seroit ni moins téméraire, ni moins dangereux, de mettre la perfection des voies intérieures dans quelque état mystérieux au-delà de ce terme fixe d'un état habituel de pur amour.

C'est pour prévenir tous ces inconvénients que je me propose de traiter, dans cet ouvrage, toute la matière par articles rangés suivant les divers degrés que les mystiques nous ont marqués dans la vie spirituelle. Chaque article aura deux parties. La première sera la vraie que j'approuverai, et qui renfermera tout ce qui est autorisé par l'expérience des saints, et réduit à la doctrine saine du pur amour. La seconde partie sera la fausse, où j'expliquerai l'endroit précis dans lequel le danger de l'illusion commence. En rapportant ainsi dans chaque article ce qui est excessif, je le qualifierai et je le condamnerai dans toute la rigueur théologique.

Ainsi mes articles seront, dans leur première partie, un recueil de définitions exactes sur les expressions des saints, pour les réduire toutes à un sens incontestable, qui ne puisse plus faire aucune équivoque, ni alarmer les ames les plus timorées. Ce sera une espèce de dictionnaire par définitions, pour savoir la valeur précise de chaque terme. Ces définitions rassemblées formeront un système simple et complet de toutes les voies intérieures, qui aura une parfaite unité, puisque tout s'y réduira clairement à l'exercice du pur amour, aussi fortement enseigné par tous les anciens Pères que par les saints les plus récents.

D'un autre côté, la seconde partie de mes articles montrera toute la suite des faux principes qui peuvent former l'illusion la plus dangereuse contre la foi et contre les mœurs, sous une apparence de perfection. En chaque article je tâcherai de marquer où commence l'équivoque, et de censurer tout ce qui est mauvais, sans affoiblir jamais en rien tout ce que l'expérience des saints autorise. Les mystiques, s'ils veulent m'écouter sans prévention, verront bien que je les entends, et que je prends leurs expressions dans la juste étendue de leur sens véritable. Je leur laisse même à juger si je n'explique pas leurs maximes avec plus d'exactitude que la plupart d'entre eux n'ont pu jusqu'ici les expliquer, parce que je me suis principalement appliqué à réduire leurs expressions à des idées claires, précises, et autorisées par la tradition, sans affoiblir le fond des choses. Tous les mystiques, qui n'aiment que la vérité et l'édification de l'Église, doivent être satisfaits de ce plan. J'aurois pu y joindre une quantité prodigieuse de passages formels des plus anciens Pères aussi bien que des docteurs de l'école et des saints mystiques ; mais cette entreprise me jetoit dans une longueur et dans des répétitions innombrables qui m'ont épouvanté pour le lecteur. C'est ce qui me fait supprimer ce recueil de passages déjà rangés dans leur ordre. Pour épargner la peine du lecteur, je suppose d'abord cette tradition constante et décisive, et je me borne à montrer un système clair et suivi dans des définitions théologiques. La sécheresse de cette méthode me paroît un inconvénient très-fâcheux, mais moindre que celui d'une longueur accablante.

Il ne me reste qu'à exécuter ce plan, que je viens

d'expliquer. J'en attends la force non de moi, mais de Dieu, qui se plait à se servir du plus vil et du plus indigne instrument. Ma doctrine ne doit point être ma doctrine, mais celle de Jésus-Christ, qui envoie les pasteurs. Malheur à moi si je disois quelque chose de moi-même! Malheur à moi si, dans la fonction d'instruire les autres, je n'étois moi-même le plus docile et le plus soumis des enfants de l'Église catholique, apostolique et romaine!

Je commencerai l'exécution de ce plan par une exposition simple des divers sens qu'on peut donner au nom d'amour de Dieu, pour faire entendre nettement et précisément l'état des questions en cette matière; après quoi le lecteur trouvera mes articles qui approuvent le vrai et condamnent le faux sur chaque point des voies intérieures.

EXPOSITION
DES DIVERS AMOURS
DONT ON PEUT AIMER DIEU.

1. On peut aimer Dieu, non pour lui, mais pour les biens distingués de lui, qui dépendent de sa puissance, et qu'on espère en obtenir. Tel étoit l'amour des Juifs charnels, qui observoient la loi, pour être récompensés par la rosée du ciel et par la fertilité de la terre. Cet amour n'est ni chaste ni filial, mais purement servile. A parler exactement, ce n'est pas aimer Dieu; c'est s'aimer soi-même, et rechercher uniquement pour soi, non Dieu, mais ce qui vient de lui.

2. On peut, quand on a la foi, n'avoir aucun degré de charité. On sait que Dieu est notre unique béatitude, c'est-à-dire le seul objet dont la vue peut nous rendre bienheureux. Si en cet état on aimoit Dieu comme le seul instrument propre à notre bonheur, et par l'impuissance de trouver notre bonheur en aucun autre objet; si on regardoit Dieu comme un moyen de félicité, qu'on rapporteroit uniquement à soi, comme fin dernière, cet amour seroit plutôt un amour de foi qu'un amour de Dieu : du moins il seroit contraire à l'ordre; car il rapporteroit Dieu en le regardant comme objet ou instrument de notre félicité à nous et à notre félicité propre. Quoique cet amour ne nous fît point chercher d'autre récompense que Dieu seul, il seroit néanmoins purement mercenaire, et de pure concupiscence. L'ame, comme dit saint François de Sales [1], qui n'aimeroit Dieu que pour l'amour d'elle-même, établissant la fin de l'amour qu'elle porte à Dieu en sa propre commodité, hélas! elle commettroit un extrême sacrilége.... *L'ame qui n'aime Dieu que pour l'amour d'elle-même, elle s'aime comme elle devroit aimer Dieu ; et elle aime Dieu comme elle devroit s'aimer elle-même. C'est comme qui diroit : L'amour que je me porte est la fin pour laquelle j'aime Dieu; en sorte que l'amour de Dieu soit dépendant, subalterne, et inférieur à l'amour-propre..... Ce qui est une impiété non pareille.*

3. On peut aimer Dieu d'un amour qu'on nomme d'espérance. Il n'est pas entièrement intéressé, car il est mélangé d'un commencement d'amour de Dieu pour lui-même. Mais le motif de notre propre intérêt est son motif principal et dominant. Saint François de Sales parle ainsi de cet amour [1] : *Je ne dis pas toutefois qu'il revienne tellement à nous, qu'il nous fasse aimer Dieu seulement pour l'amour de nous.... Il y a bien de la différence entre cette parole, J'aime Dieu pour le bien que j'en attends ; et celle-ci, Je n'aime Dieu que pour le bien que j'en attends.* Cet amour d'espérance est nommé tel, parce que le motif de l'intérêt propre y est encore dominant : c'est un commencement de conversion à Dieu, mais ce n'est pas encore la véritable justice. C'est de cet amour d'espérance dont saint François de Sales a parlé ainsi [2] : *Le souverain amour n'est qu'en la charité ; mais en l'espérance l'amour est imparfait, parce qu'il ne tend pas en la bonté infinie, en tant qu'elle est telle en elle-même, ainsi en tant qu'elle nous est telle.... Quoiqu'en vérité nul par ce seul amour ne puisse ni observer les commandements de Dieu, ni avoir la vie éternelle.*

4. Il y a un amour de charité qui est encore mélangé de quelque reste d'intérêt propre, mais qui est le véritable amour justifiant, parce le motif désintéressé y domine. C'est celui dont saint François de Sales parle dans l'endroit ci-dessus rapporté : *Le souverain amour n'est qu'en la charité.* Cet amour cherche Dieu pour lui-même, et le préfère à tout sans aucune exception.

Ce n'est que par cette préférence qu'il est capable de nous justifier. Il ne préfère pas moins Dieu et sa gloire à nous et à nos intérêts, qu'à toutes les créatures qui sont hors de nous. En voici la raison : c'est que nous ne sommes pas moins des créatures viles, et indignes d'entrer en comparaison avec Dieu, que le reste des êtres créés. Dieu, qui

---
[1] *Amour de Dieu*, liv. 2, chap. 17.
[2] *Ibid.*

ne nous a pas faits pour les autres créatures, ne nous a point faits non plus pour nous-mêmes, mais pour lui seul.

Il n'est pas moins jaloux de nous que des autres objets extérieurs que nous pouvons aimer. A proprement parler, l'unique chose dont il est jaloux en nous, c'est nous-mêmes; car il voit clairement que c'est nous-mêmes que nous sommes tentés d'aimer dans la jouissance de tous les objets extérieurs. Il est incapable de se tromper dans sa jalousie. C'est l'amour de nous-mêmes auquel se réduisent toutes nos affections. Tout ce qui ne vient pas du principe de la charité, comme saint Augustin le dit si souvent, vient de la cupidité. Ainsi c'est cet amour, unique racine de tous les vices, que la jalousie de Dieu attaque précisément en nous. Tandis que nous n'avons encore qu'un amour d'espérance, où l'intérêt propre domine sur l'intérêt de la gloire de Dieu, une ame n'est point encore juste. Mais quand l'amour désintéressé ou de charité commence à prévaloir sur le motif de l'intérêt propre, alors l'ame qui aime Dieu est véritablement aimée de lui. Cette charité véritable n'est pourtant pas encore toute pure, c'est-à-dire sans aucun mélange: mais l'amour de charité prévalant sur le motif intéressé de l'espérance, on nomme cet état un état de charité. L'ame aime alors Dieu pour lui et pour soi; mais en sorte qu'elle aime principalement la gloire de Dieu, et qu'elle n'y cherche son bonheur propre que comme un moyen qu'elle rapporte et qu'elle subordonne à la fin dernière, qui est la gloire de son créateur. Il n'est pas nécessaire que cette préférence de Dieu et de sa gloire, à nous et à nos intérêts, soit toujours explicite dans l'ame juste. La foi nous assure que la gloire de Dieu et notre félicité sont inséparables. Il suffit que cette préférence si juste et si nécessaire soit réelle, mais implicite, pour les occasions communes de la vie. Il n'est nécessaire qu'elle devienne explicite que dans les occasions extraordinaires, où Dieu voudroit nous éprouver pour nous purifier. Alors il nous donneroit, à proportion de l'épreuve, la lumière et le courage pour la porter, et pour développer dans nos cœurs cette préférence. Hors de là il seroit dangereux de la chercher scrupuleusement dans le fond de nos cœurs.

5. On peut aimer Dieu d'un amour qui est une charité pure, et sans aucun mélange du motif de l'intérêt propre. Alors on aime Dieu au milieu des peines, de manière qu'on ne l'aimeroit pas davantage, quand même il combleroit l'ame de consolation. Ni la crainte des châtiments, ni le desir des récompenses, n'ont plus de part à cet amour.

On n'aime plus Dieu, ni pour le mérite, ni pour la perfection, ni pour le bonheur qu'on doit trouver en l'aimant. On l'aimeroit autant, quand même, par supposition impossible, il devroit ignorer qu'on l'aime, ou qu'il voudroit rendre éternellement malheureux ceux qui l'auroient aimé. On l'aime néanmoins comme souveraine et infaillible béatitude de ceux qui lui sont fidèles; on l'aime comme notre bien personnel, comme notre récompense promise, comme notre tout. Mais on ne l'aime plus par ce motif précis de notre bonheur, et de notre récompense propre. C'est ce que saint François de Sales a exprimé avec la plus exacte précision, par ces paroles[1]: *C'est chose bien diverse de dire, J'aime Dieu pour moi; et de dire, J'aime Dieu pour l'amour de moi.... L'une est une sainte affection de l'épouse..... l'autre est une impiété*, etc. Il parle encore ainsi ailleurs: *La pureté de l'amour consiste à ne vouloir rien pour soi, à n'envisager que le bon plaisir de Dieu, pour lequel on seroit prêt à préférer les peines éternelles à la gloire.* L'ame désintéressée dans la pure charité attend, desire, espère Dieu, comme son bien, comme sa récompense, comme ce qui lui est promis, et qui est tout pour elle. Elle le veut pour soi, mais non pour l'amour de soi. Elle le veut pour soi, afin de se conformer au bon plaisir de Dieu, qui le veut pour elle. Mais elle ne le veut point pour l'amour de soi, parce que ce n'est plus le motif de son propre intérêt qui l'excite.

Tel est le pur et parfait amour, qui fait les mêmes actes de toutes les mêmes vertus que l'amour mélangé; avec cette unique différence, qu'il chasse la crainte aussi bien que toutes les inquiétudes, et qu'il est même exempt des empressements de l'amour intéressé.

Au reste, je déclare que pour éviter toute équivoque dans une matière où il est si dangereux d'en faire, et si difficile de n'en faire aucune, j'observerai toujours exactement les noms que je vais donner à ces cinq sortes d'amour, pour les mieux distinguer.

1° L'amour des Juifs charnels, pour les dons de Dieu distingués de lui, et non pour lui-même, peut être nommé l'amour purement servile. Mais comme nous n'aurons aucun besoin d'en parler, je n'en dirai rien dans cet ouvrage.

2° L'amour par lequel l'on n'aime Dieu que comme le moyen ou l'instrument unique de félicité, que l'on rapporte absolument à soi, comme

---

[1] *Amour de Dieu*, liv. 2, chap. IV.

fin dernière, peut être nommé l'amour de pure concupiscence.

3° L'amour, dans lequel le motif de notre propre bonheur prévaut encore sur celui de la gloire de Dieu, est nommé l'amour d'espérance.

4° L'amour où la charité est encore mélangée d'un motif d'intérêt propre, rapporté et subordonné au motif principal, et à la fin dernière, qui est la pure gloire de Dieu, devroit être nommé l'amour de charité mélangée. Mais comme nous aurons besoin à tout moment d'opposer cet amour à celui qu'on appelle pur ou entièrement désintéressé, je serai obligé de donner à cet amour mélangé le nom d'amour intéressé, parce qu'en effet il est encore mélangé d'un reste d'intérêt propre, quoiqu'il soit un amour de préférence de Dieu à soi.

5° L'amour pour Dieu seul, considéré en lui-même et sans aucun mélange de motif intéressé, ni de crainte ni d'espérance, est le pur amour, ou la parfaite charité.

ARTICLES.

ARTICLE I. — VRAI.

L'amour de pure concupiscence, ou entièrement mercenaire, par lequel on ne desireroit que Dieu, mais Dieu pour le seul intérêt de son propre bonheur, et parce qu'on croiroit trouver en lui le seul instrument propre à notre félicité, seroit un amour indigne de Dieu. On l'aimeroit comme un avare aime son argent, ou comme un voluptueux aime ce qui fait son plaisir; en sorte qu'on rapporteroit uniquement Dieu à soi, comme le moyen à la fin. Ce renversement de l'ordre seroit, suivant saint François de Sales [1], *un amour sacrilége, et une impiété non pareille.* Mais cet amour de pure concupiscence, ou entièrement mercenaire, ne doit jamais être confondu avec l'amour que les théologiens nomment de préférence, qui est un amour de Dieu mélangé de notre intérêt propre, et dans lequel notre propre intérêt se trouve toujours subordonné à la fin principale, qui est la gloire de Dieu. L'amour de pure concupiscence, ou purement mercenaire, est plutôt un amour de soi-même qu'un amour de Dieu. Il peut bien préparer à la justice, en ce qu'il fait le contre-poids de nos passions, et nous rend prudents pour connoître où est le véritable bien : mais il est contre l'ordre essentiel de la créature, et il ne peut être un commencement réel de véritable justice intérieure. Au contraire, l'amour de préférence, quoique intéressé, peut justifier une ame, pourvu que l'intérêt propre y soit rapporté et subordonné à l'amour de Dieu dominant, et que sa gloire soit la fin principale; en sorte que nous ne préférions pas moins sincèrement Dieu à nous-mêmes qu'à tout le reste des créatures. Cette préférence ne doit pas néanmoins être toujours explicite, pourvu qu'elle soit réelle; car Dieu, qui connoît la boue dont il nous a pétris, et qui a pitié de ses enfants, ne leur demande une préférence distincte et développée que dans les cas où il leur donne par sa grace le courage de porter les épreuves où cette préférence a besoin d'être explicite.

Parler ainsi, c'est parler sans s'éloigner en rien de la doctrine du saint concile de Trente, qui a déclaré contre les protestants que l'amour de préférence, dans lequel le motif de la gloire de Dieu est le motif principal, auquel celui de notre intérêt propre est rapporté et subordonné, n'est point un péché. Il condamne[1] ceux qui assurent *que les justes pèchent dans toutes leurs œuvres, si, outre le desir principal que Dieu soit glorifié, ils envisagent aussi la récompense éternelle, pour exciter leur paresse, et pour s'encourager à courir dans la carrière.* C'est parler comme saint François de Sales, et comme toute l'école suivie par les mystiques.

ARTICLE I. — FAUX.

Tout amour intéressé, ou mélangé d'intérêt propre sur notre bonheur éternel, quoique rapporté et subordonné au motif principal de la gloire de Dieu, est un amour indigne de lui, dont les ames ont besoin de se purifier, comme d'une véritable souillure ou péché. On ne peut pas même se servir de l'amour de pure concupiscence, ou purement mercenaire, pour préparer les ames pécheresses à leur conversion, en suspendant par-là leurs passions et leurs habitudes, pour les mettre en état d'écouter tranquillement les paroles de la foi.

Parler ainsi, c'est contredire la décision formelle du saint concile de Trente, qui déclare que l'amour mélangé, où le motif de la gloire de Dieu domine, n'est point un péché. De plus, c'est contredire l'expérience de tous les saints pasteurs, qui voient

---

[1] *Amour de Dieu*, liv. 2, chap. 17.

[1] *Sess.* 6, chap. 11.

souvent les conversions solides préparées par l'amour de concupiscence, et par la crainte purement servile.

ARTICLE II. — VRAI.

Il y a trois divers degrés, ou trois états habituels de justes sur la terre. Les premiers ont un amour de préférence pour Dieu, puisqu'ils sont justes ; mais cet amour, quoique principal et dominant, est encore mélangé de crainte pour leur intérêt propre. Les seconds sont, à plus forte raison, dans un amour de préférence : mais cet amour, quoique principal et dominant, est encore mélangé d'espérance pour leur intérêt, en tant que propre. C'est pourquoi saint François de Sales dit [1] que *la sainte résignation a encore des desirs propres, mais soumis.* Ces deux amours sont renfermés dans le quatrième, que j'ai appelé amour intéressé dans mes définitions [2].

Les troisièmes, incomparablement plus parfaits que les deux autres sortes de justes, ont un amour pleinement désintéressé, qui a été nommé pur; pour faire entendre qu'il est sans mélange d'aucun autre motif que celui d'aimer uniquement en elle-même et pour elle-même la souveraine beauté de Dieu. C'est ce que tous les anciens ont exprimé en disant qu'il y a trois états : le premier est des justes qui craignent encore, par un reste d'esprit d'*esclavage*. Le second est de ceux qui espèrent encore pour leur propre intérêt, par un reste d'esprit *mercenaire*. Le troisième est de ceux qui méritent d'être nommés *les enfants*, parce qu'ils aiment le Père sans aucun motif intéressé, ni d'espérance ni de crainte. C'est ce que les auteurs des derniers siècles ont exprimé précisément de même sous d'autres noms équivalents. Ils ont fait trois états : le premier est la vie purgative, où l'on combat les vices par un amour mélangé d'un motif intéressé de crainte sur les peines éternelles. Le second est la vie illuminative, où l'on acquiert les vertus ferventes par un amour encore mélangé d'un motif intéressé pour la béatitude céleste. Enfin, le troisième est la vie contemplative, ou unitive, dans laquelle on demeure uni à Dieu par l'exercice paisible du pur amour. Dans ce dernier état on ne perd jamais, ni la crainte filiale, ni l'espérance des enfants de Dieu, quoiqu'on perde tout motif intéressé de crainte et d'espérance.

La crainte se perfectionne en se purifiant ; elle devient une délicatesse de l'amour, et une révérence filiale qui est paisible. Alors c'est la crainte chaste qui demeure au siècle des siècles. De même, l'espérance, loin de se perdre, se perfectionne par la pureté de l'amour. Alors c'est un desir réel et une attente sincère de l'accomplissement des promesses, non-seulement en général et d'une manière absolue, mais encore de l'accomplissement des promesses en nous et pour nous, suivant le bon plaisir de Dieu; mais par ce motif unique de son bon plaisir, sans y mêler celui de notre intérêt propre. Ce pur amour ne se contente pas de ne vouloir point de récompense qui ne soit Dieu même. Tout mercenaire purement mercenaire, qui auroit une foi distincte des vérités révélées, pourroit ne vouloir point d'autre récompense que Dieu seul, parce qu'il le connoîtroit clairement comme un bien infini, et comme étant lui seul sa véritable récompense, ou l'unique instrument de sa félicité. Ce mercenaire ne voudroit dans la vie future que Dieu seul; mais il voudroit Dieu comme béatitude objective ou objet de sa béatitude, pour le rapporter à sa béatitude formelle, c'est-à-dire à soi-même, qu'il voudroit rendre bienheureux, et dont il feroit sa dernière fin. Au contraire, celui qui aime du pur amour, sans aucun mélange d'intérêt propre, n'est plus excité par le motif de son intérêt. Il ne veut la béatitude pour soi qu'à cause qu'il sait que Dieu la veut, et qu'il veut que chacun de nous la veuille pour sa gloire. Si, par un cas qui est impossible à cause des promesses purement gratuites, Dieu vouloit anéantir les ames des justes au moment de leur mort corporelle, ou bien les priver de sa vue, et les tenir éternellement dans les tentations et les misères de cette vie, comme saint Augustin le suppose, ou bien leur faire souffrir loin de lui toutes les peines de l'enfer pendant toute l'éternité, comme saint Chrysostome le suppose après saint Clément; les ames qui sont dans ce troisième état du pur amour ne l'aimeroient ni ne le serviroient pas avec moins de fidélité. Encore une fois, il est vrai que cette supposition est impossible à cause des promesses, parce que Dieu s'est donné à nous comme rémunérateur : nous ne pouvons plus séparer notre béatitude de Dieu aimé avec la persévérance finale ; mais les choses qui ne peuvent être séparées du côté de l'objet peuvent l'être très réellement du côté des motifs. Dieu ne peut manquer d'être la béatitude de l'ame fidèle; mais elle peut l'aimer avec un tel désintéressement, que cette vue de Dieu béatifiant n'augmente en rien l'amour qu'elle a pour lui sans penser à soi, et qu'elle l'aimeroit tout autant s'il ne devoit jamais être sa béatitude. Dire que cette précision de motifs est une vaine

[1] *Amour de Dieu*, liv. 9. [2] Voyez pag. 7.

subtilité, ce seroit ignorer la jalousie de Dieu et celle des saints contre eux-mêmes : c'est traiter de vaine subtilité la délicatesse et la perfection du pur amour, que la tradition de tous les siècles a mis dans cette précision de motifs.

Parler ainsi, c'est parler précisément comme toute la tradition générale du christianisme, depuis les plus anciens Pères jusqu'à saint Bernard, comme tous les plus célèbres docteurs de l'école, depuis saint Thomas jusqu'à ceux de notre siècle ; enfin comme tous les mystiques canonisés ou approuvés de toute l'Église, malgré les contradictions qu'ils ont souffertes ; il n'y a rien dans l'Église de plus évident que cette tradition, et rien ne seroit plus téméraire que de la combattre, ou de la vouloir éluder. Cette supposition du cas impossible dont nous venons de parler, loin d'être une supposition indiscrète et dangereuse des derniers mystiques, est au contraire formellement dans saint Clément d'Alexandrie, dans Cassien, dans saint Chrysostome, dans saint Grégoire de Nazianze, dans saint Anselme et dans saint Augustin, qu'un très grand nombre de saints ont suivi.

ARTICLE II. — FAUX.

Il y a un amour si pur, qu'il ne veut plus la récompense, qui est Dieu même. Il ne la veut plus en soi et pour soi, quoique la foi nous enseigne que Dieu la veut en nous et pour nous, et qu'il nous commande de la vouloir comme lui pour sa gloire.

Cet amour porte son désintéressement jusqu'à consentir de haïr Dieu éternellement, ou de cesser de l'aimer ; ou bien il va jusqu'à perdre la crainte filiale, qui n'est que la délicatesse de l'amour jaloux ; ou bien il va jusqu'à éteindre en nous toute espérance, en tant que l'espérance la plus pure est un desir paisible de recevoir, en nous et pour nous, l'effet des promesses selon le bon plaisir de Dieu et pour sa pure gloire, sans aucun mélange d'intérêt propre ; ou bien il va jusqu'à nous haïr nous-mêmes d'une haine réelle, en sorte que nous cessons d'aimer en nous pour Dieu son œuvre et son image, comme nous l'aimons par charité en notre prochain.

Parler ainsi, c'est donner, par un terrible blasphème, le nom de pur amour à un désespoir brutal et impie, et à la haine de l'ouvrage du créateur. C'est, par une extravagance monstrueuse, vouloir que le principe de conformité à Dieu nous rende contraires à lui. C'est vouloir, par un amour chimérique, détruire l'amour même. C'est éteindre le christianisme dans les cœurs.

ARTICLE III. — VRAI.

Il faut laisser les ames dans l'exercice de l'amour, qui est encore mélangé du motif de leur intérêt propre[1], tout autant de temps que l'attrait de la grace les y laisse. Il faut même révérer ces motifs qui sont répandus dans tous les livres de l'Écriture sainte, dans tous les monuments les plus précieux de la tradition, enfin dans toutes les prières de l'Église. Il faut se servir de ces motifs pour réprimer les passions, pour affermir toutes les vertus, et pour détacher les ames de tout ce qui est renfermé dans la vie présente.

Cet amour, quoique moins parfait que celui qui est pleinement désintéressé, a fait néanmoins dans tous les siècles un grand nombre de saints ; et la plupart des saintes ames ne parviennent jamais en cette vie jusqu'au parfait désintéressement de l'amour ; c'est les troubler et les jeter dans la tentation, que de leur ôter les motifs d'intérêt propre, qui, étant subordonnés à l'amour, les soutiennent et les animent dans les occasions dangereuses. Il est inutile et indiscret de leur proposer un amour plus élevé auquel elles ne peuvent atteindre, parce qu'elles n'en ont ni la lumière intérieure ni l'attrait de grace. Celles mêmes qui commencent à en avoir ou la lumière ou l'attrait sont encore infiniment éloignées d'en avoir la réalité. Enfin celles qui en ont la réalité imparfaite sont encore bien loin d'en avoir l'exercice uniforme, et tourné en état habituel.

Ce qui est essentiel dans la direction, est de ne faire que suivre pas à pas la grace avec une patience, une précaution et une délicatesse infinies. Il faut se borner à laisser faire Dieu, et ne porter jamais au pur amour que quand Dieu, par l'onction intérieure, commence à ouvrir le cœur à cette parole, qui est si dure aux ames encore attachées à elles-mêmes, et si capable ou de les scandaliser, ou de les jeter dans le trouble. Encore même ne faut-il jamais ôter à une ame le soutien des motifs intéressés, quand on commence, suivant l'attrait de sa grace, à lui montrer le pur amour. Il suffit de lui faire voir en certaines occasions combien Dieu est aimable en lui-même, sans la détourner jamais de recourir au soutien de l'amour mélangé.

Parler ainsi, c'est parler comme l'esprit de grace et l'expérience des voies intérieures feront

---

[1] *Quatrième amour.* Voyez pag. 7.

toujours parler; c'est prévenir les ames contre l'illusion.

III. — FAUX.

L'amour intéressé est un amour bas[1], grossier, indigne de Dieu, que les ames généreuses doivent mépriser. Il faut se hâter de leur en donner le dégoût, pour les faire aspirer, dès les commencements, à un amour pleinement désintéressé.

Il faut leur ôter les motifs de la crainte sur la mort, sur les jugements de Dieu et sur l'enfer, qui ne conviennent qu'à des esclaves; il faut leur ôter le desir de la céleste patrie, et retrancher tous les motifs intéressés de l'espérance. Après leur avoir fait goûter l'amour pleinement désintéressé, il faut supposer qu'elles en ont l'attrait et la grace; il faut les éloigner de toutes les pratiques qui ne sont pas dans toute la perfection de cet amour tout pur.

Parler ainsi, c'est ignorer les voies de Dieu et les opérations de sa grace. C'est vouloir que l'esprit souffle où nous voulons, au lieu qu'il souffle où il lui plaît. C'est confondre les degrés de la vie intérieure. C'est inspirer aux ames l'ambition et l'avarice spirituelles, dont parle le bien heureux Jean de la Croix. C'est les éloigner de la véritable simplicité du pur amour, qui se borne à suivre la grace sans entreprendre jamais de la prévenir. C'est tourner en mépris les fondements de la justice chrétienne, je veux dire la crainte, qui est le commencement de la sagesse, et l'espérance par laquelle nous sommes sauvés.

ARTICLE IV. — VRAI.

Dans l'état habituel du plus pur amour, l'espérance, loin de se perdre, se perfectionne, et conserve sa distinction d'avec la charité. 1º L'habitude en demeure infuse dans l'ame, et elle y est conforme aux actes de cette vertu qui doivent être produits. 2º L'exercice de cette vertu demeure toujours distingué de celui de la charité. Voici comment. Ce n'est pas la diversité des fins qui fait la diversité ou spécification des vertus. Toutes les vertus ne doivent avoir qu'une seule fin, quoiqu'elles soient distinguées les unes des autres par une véritable spécification. Saint Augustin assure[2] *que la charité exerce elle seule toutes les vertus, et qu'elle prend divers noms, suivant les divers objets auxquels elle s'applique.* Saint Thomas dit *que la charité est la forme de toutes les vertus,* parce qu'elle les exerce et les rapporte toutes à la fin, qui est la gloire de Dieu. Saint François de Sales, qui a exclu si formellement, et avec tant de répétitions, tout motif intéressé de toutes les vertus des ames parfaites, a marché précisément sur les vestiges de saint Augustin et de saint Thomas, qu'il a cités. Ils ont tous suivi la tradition universelle qui met un troisième degré de justes, lesquels excluent tout motif intéressé de la pureté de leur amour. Il est donc constant qu'il ne faut plus chercher dans cet état une espérance exercée par un motif intéressé : autrement ce seroit défaire d'une main ce qu'on auroit fait de l'autre; ce seroit se jouer d'une si sainte tradition; ce seroit affirmer et nier la même chose en même temps; ce seroit vouloir trouver le motif de l'intérêt propre dans l'amour pleinement désintéressé. Il faut donc se bien souvenir que ce n'est pas la diversité de fins ou de motifs qui fait la distinction ou spécification des vertus. Ce qui fait cette distinction est la diversité des objets formels. Afin que l'espérance demeure véritablement distinguée de la charité, il n'est pas nécessaire qu'elles aient des fins différentes : au contraire, pour être bonnes elles doivent se rapporter à la même fin. Il suffit que l'objet formel de l'espérance ne soit pas l'objet formel de la charité. Or est-il que, dans l'état habituel de l'amour le plus désintéressé, les deux objets formels de ces deux vertus demeurent très différents; donc ces deux vertus conservent en cet état une distinction et une spécification véritable, dans toute la rigueur scolastique. L'objet formel de la charité est la bonté ou beauté de Dieu, prise simplement et absolument en elle-même, sans aucune idée qui soit relative à nous. L'objet formel de l'espérance est la bonté de Dieu en tant que bonne pour nous et difficile à acquérir : or est-il que ces deux objets, pris dans toute la précision la plus rigoureuse et suivant leur concept formel, sont très différents. Donc la différence des objets conserve la distinction ou spécification de ces deux vertus. Il est constant que Dieu en tant que parfait en lui-même et sans rapport à moi, et Dieu en tant qu'il est mon bien que je veux tâcher d'acquérir, sont deux objets formels très différents. Il n'y a aucune confusion du côté de l'objet qui spécifie les vertus; il n'y en a que du côté de la fin, et cette confusion y doit être : elle n'altère en rien la spécification des vertus. L'unique difficulté qui reste est d'expliquer comment une ame pleinement désintéressée peut vouloir Dieu, en tant qu'il est son bien. N'est-ce pas, dira-t-on, déchoir de la perfection de son désintéressement, reculer dans la voie de Dieu, et revenir à un mo-

[1] Voyez pag. 7.
[2] De Morib. Eccles., liv. 1.

tif d'intérêt propre, malgré cette tradition des saints de tous les siècles; qui excluent du troisième état des justes tout motif intéressé? Il est aisé de répondre que le plus pur amour ne nous empêche jamais de vouloir, et nous fait même vouloir positivement tout ce que Dieu veut que nous voulions. Dieu veut que je veuille Dieu, en tant qu'il est mon bien, mon bonheur, et ma récompense. Je le veux formellement sous cette précision : mais je ne le veux point par ce motif précis qu'il est mon bien. L'objet et le motif sont différents; l'objet est mon intérêt, mais le motif n'est point intéressé, puisqu'il ne regarde que le bon plaisir de Dieu. Je veux cet objet formel, et dans cette réduplication, comme parle l'école : mais je le veux par pure conformité à la volonté de Dieu, qui me le fait vouloir. L'objet formel est celui de l'espérance commune de tous les justes, et c'est l'objet formel qui spécifie les vertus. La fin est la même que celle de la charité; mais nous avons vu que l'unité de fin ne confond jamais les vertus. Je puis sans doute vouloir mon souverain bien en tant qu'il est mon souverain bien, en tant qu'il est ma récompense et non celle d'un autre, et le vouloir pour me conformer à Dieu, qui veut que je le veuille. Alors je veux ce qui est réellement et ce que je connois comme le plus grand de tous mes intérêts, sans qu'aucun motif intéressé m'y détermine. En cet état l'espérance demeure distinguée de la charité, sans altérer la pureté ou le désintéressement de son état. C'est ce que saint François de Sales a expliqué par ces paroles, qui sont d'une précision si théologique[1] : *C'est chose bien diverse de dire; J'aime Dieu pour moi, et de dire, J'aime Dieu pour l'amour de moi... L'une est une sainte affection de l'épouse... l'autre est une impiété non pareille, etc.*

Parler ainsi, c'est conserver la distinction des vertus théologales dans les états les plus parfaits de la vie intérieure, et par conséquent ne se départir en rien de la doctrine du saint concile de Trente. En même temps, c'est expliquer la tradition des Pères, des docteurs de l'école et des saints mystiques, qui ont supposé un troisième degré de justes, qui sont dans un état habituel de pur amour sans aucun motif d'intérêt.

IV. — FAUX.

Dans ce troisième degré de perfection, une ame ne veut plus son salut comme son salut, ni Dieu comme son souverain bien, ni la récompense comme récompense, quoique Dieu veuille qu'on ait cette volonté. D'où il s'ensuit qu'en cet état on ne peut plus faire aucun acte de vraie espérance distingué de la charité; c'est-à-dire qu'on ne peut plus désirer ni attendre l'effet des promesses en soi et pour soi, même pour la gloire de Dieu.

Parler ainsi, c'est mettre la perfection dans la résistance formelle à la volonté de Dieu, qui veut notre salut, et qui veut que nous le voulions pour sa gloire, comme notre propre récompense. En même temps c'est confondre l'exercice des vertus théologales, contre la décision du saint concile de Trente.

ARTICLE V. — VRAI.

Il y a deux états différents parmi les ames justes. Le premier est celui de la sainte résignation. L'ame résignée veut, ou du moins voudroit plusieurs choses pour soi, par le motif de son intérêt propre. Saint François de Sales dit[1] *qu'elle a encore des desirs propres, mais soumis.* Elle soumet et subordonne ses desirs intéressés à la volonté de Dieu, qu'elle préfère à son intérêt. Par-là cette résignation est bonne et méritoire. Le second état est celui de la sainte indifférence. L'ame indifférente ne veut plus rien pour soi, par le motif de son propre intérêt : elle n'a plus de desirs intéressés à soumettre, parce qu'elle n'a plus aucun desir intéressé. Il est vrai qu'il lui reste encore des inclinations et des répugnances involontaires, qu'elle soumet; mais elle n'a plus de desirs volontaires et délibérés pour son intérêt; excepté dans les occasions où elle ne coopère pas fidèlement à toute sa grace. Cette ame, indifférente quand elle remplit sa grace, ne veut plus rien que pour Dieu seul, et que comme Dieu le lui fait vouloir par son attrait.

Elle aime, il est vrai, plusieurs choses hors de Dieu, mais elle ne les aime que pour le seul amour de Dieu, et de l'amour de Dieu même; car c'est Dieu qu'elle aime dans tout ce qu'il lui fait aimer. La sainte indifférence n'est que le désintéressement de l'amour, comme la sainte résignation n'est que l'amour intéressé, qui soumet l'intérêt propre à la gloire de Dieu. L'indifférence s'étend toujours tout aussi loin, et jamais plus loin, que le parfait désintéressement de l'amour. Comme l'indifférence est l'amour même, c'est un principe très réel et très positif. C'est une volonté positive et formelle qui nous fait vouloir ou desirer réellement toute volonté de Dieu qui nous est connue. Ce n'est

[1] *Amour de Dieu*, liv. 1, chap. 17.

[1] *Amour de Dieu*, liv. 9.

point une indolence stupide, une inaction intérieure, une non-volonté, une suspension générale, un équilibre perpétuel de l'ame. Au contraire, c'est une détermination positive et constante de vouloir et de ne vouloir rien, comme parle le cardinal Bona. On ne veut rien pour soi; mais on veut tout pour Dieu : on ne veut rien pour être parfait ni bienheureux, pour son propre intérêt ; mais on veut toute perfection et toute béatitude, autant qu'il plaît à Dieu de nous faire vouloir ces choses par l'impression de sa grace, suivant sa loi écrite, qui est toujours notre règle inviolable. En cet état on ne veut plus le salut comme salut propre, comme délivrance éternelle, comme récompense de nos mérites, comme le plus grand de tous nos intérêts : mais on le veut d'une volonté pleine, comme la gloire et le bon plaisir de Dieu, comme une chose qu'il veut, et qu'il veut que nous voulions pour lui.

Il y auroit une extravagance manifeste à refuser par pur amour de vouloir le bien que Dieu veut nous faire, et qu'il nous commande de vouloir. L'amour le plus désintéressé doit vouloir ce que Dieu veut pour nous, comme ce qu'il veut pour autrui. La détermination absolue à ne rien vouloir ne seroit plus le désintéressement, mais l'extinction de l'amour, qui est un desir et une volonté véritable : elle ne seroit plus la sainte indifférence ; car l'indifférence est l'état d'une ame également prête à vouloir ou à ne vouloir pas, à vouloir pour Dieu tout ce qu'il veut, et à ne vouloir jamais pour soi ce que Dieu ne témoigne point vouloir : au lieu que cette détermination insensée à ne vouloir rien est une résistance impie à toutes les volontés de Dieu connues et à toutes les impressions de sa grace. C'est donc une équivoque facile à lever, que de dire qu'on ne desire point son salut. On le desire pleinement comme volonté de Dieu. Il y auroit un blasphème horrible à le rejeter en ce sens, et il faut parler toujours là-dessus avec précaution. Il est vrai seulement qu'on ne le veut pas, en tant qu'il est notre récompense, notre bien et notre intérêt. C'est en ce sens que saint François de Sales a dit [1], que *s'il y avoit un peu plus du bon plaisir de Dieu en enfer, les saints quitteroient le paradis pour y aller.* Et encore ailleurs [2] : *Le desir de la vie éternelle est bon, mais il ne faut desirer que la volonté de Dieu.* Et encore ailleurs [3] : *Si nous pouvions servir Dieu sans mérite, nous devrions desirer de le faire.* Il dit ailleurs : *L'indifférence est au-dessus de la résignation, car elle n'aime rien, sinon pour la volonté de Dieu : si qu'aucune chose ne touche le cœur indifférent en la présence de la volonté de Dieu..... Le cœur indifférent est comme une boule de cire entre les mains de son Dieu, pour recevoir semblablement toutes les impressions du bon plaisir éternel. C'est un cœur sans choix, également disposé à tout, sans aucun autre objet de sa volonté que la volonté de son Dieu ; qui ne met point son amour ès choses que Dieu veut, ains en la volonté de Dieu qui les veut.* Ailleurs il dit, parlant de saint Paul et de saint Martin [2] : *Ils voient le paradis ouvert pour eux ; ils voient mille travaux en terre, l'un et l'autre leur est indifférent au choix, et il n'y a que la volonté de Dieu qui puisse donner le contrepoids à leurs cœurs.* Il dit [3] dans la suite que *s'il savoit que sa damnation fût un peu plus agréable à Dieu que sa salvation, il quitteroit sa salvation, et couroit à sa damnation.* Il parle encore ainsi ailleurs [4] : *Il n'est pas seulement requis de nous reposer en la divine Providence pour ce qui regarde les choses temporelles, ains beaucoup plus pour ce qui appartient à notre vie spirituelle et à notre perfection.* Ailleurs il dit : *Soit pour ce qui regarde l'intérieur, soit pour ce qui regarde l'extérieur, ne veuillez rien que ce que Dieu voudra pour vous.* Enfin, il dit dans un autre endroit : *Je n'ai presque point de desirs; mais si j'étois à renaître, je n'en aurois point du tout. Si Dieu venoit à moi, j'irois aussi à lui : s'il ne vouloit pas venir à moi, je me tiendrois là, et n'irois pas à lui.* Les autres saints des derniers siècles, qui sont autorisés dans toute l'Église, sont pleins d'expressions semblables. Elles se réduisent toutes à dire qu'on n'a plus aucun desir propre et intéressé ni sur le mérite, ni sur la perfection, ni sur la béatitude éternelle.

Parler ainsi, c'est ne laisser aucune équivoque dans une matière si délicate, où l'on n'en doit jamais souffrir ; c'est prévenir tous les abus qu'on pourroit faire de la chose la plus précieuse et la plus sainte qui soit sur la terre, je veux dire le pur amour ; c'est parler comme tous les Pères, comme tous les principaux docteurs de l'école, et comme tous les saints mystiques.

V. — FAUX.

La sainte indifférence est une suspension absolue de volonté, une non-volonté entière, une exclusion de tout desir même désintéressé. Elle s'é-

---

[1] IIe Entretien.
[2] Entret., pag. 182.
[3] Entret., pag. 568.

[1] Amour de Dieu, liv. 9, chap. 21. [2] Ibid.
[3] Ibid. [4] IIIe Entretien.

tend plus loin que le parfait désintéressement de l'amour. Elle ne veut point pour nous les biens éternels que la loi écrite nous enseigne que Dieu nous veut donner, et qu'il veut que nous desirions recevoir en nous et pour nous, par le motif de sa gloire. Tout desir, même le plus désintéressé, est imparfait. La perfection consiste à ne vouloir plus rien, à ne desirer plus non-seulement les dons de Dieu, mais encore Dieu même, et à le laisser faire en nous ce qu'il lui plaît, sans que nous y mêlions de notre part aucune volonté réelle et positive.

Parler ainsi, c'est confondre toutes les idées de la raison humaine ; c'est mettre une perfection chimérique dans une extinction absolue du christianisme, et même de l'humanité. On ne peut trouver de termes assez odieux pour qualifier une extravagance si monstrueuse.

ARTICLE VI. — VRAI.

La sainte indifférence, qui n'est que le désintéressement de l'amour, loin d'exclure les desirs désintéressés, est le principe réel et positif de tous les desirs désintéressés que la loi écrite nous commande, et de tous ceux que la grace nous inspire. C'est ainsi que Daniel fut nommé l'homme des desirs ; c'est ainsi que le Psalmiste disoit à Dieu : *Tous mes desirs sont devant vos yeux.* Non-seulement l'ame indifférente desire pleinement son salut, en tant qu'il est le bon plaisir de Dieu ; mais encore la persévérance, la correction de ses défauts, l'accroissement de l'amour par celui des graces, et généralement sans aucune exception tous les biens spirituels, et même temporels qui sont, dans l'ordre de la Providence, une préparation de moyens pour notre salut, et pour celui de notre prochain. La sainte indifférence admet, non-seulement des desirs distincts et des demandes expresses, pour l'accomplissement de toutes les volontés de Dieu qui nous sont connues ; mais encore des desirs généraux pour toutes les volontés de Dieu que nous ne connoissons pas.

Parler ainsi, c'est parler suivant les vrais principes de la sainte indifférence, et conformément aux sentiments des saints, dont toutes les expressions, quand on les examine de près par ce qui précède et parce qui suit, se réduisent sans peine à cette explication pure et saine dans la foi.

VI. — FAUX.

La sainte indifférence n'admet aucun desir distinct, ni aucune demande formelle pour aucun bien ni spirituel ni temporel, quelque rapport qu'il ait ou à notre salut ou à celui de notre prochain. Il ne faut jamais admettre aucun des desirs pieux et édifiants auxquels nous nous pouvons trouver portés intérieurement.

Parler ainsi, c'est s'opposer à la volonté de Dieu, sous prétexte de s'y conformer plus purement ; c'est violer la loi écrite, qui nous commande des desirs, quoiqu'elle ne nous commande pas de les former d'une manière intéressée, inquiète, ou toujours distincte. C'est éteindre le véritable amour par un raffinement insensé ; c'est condamner avec blasphème les paroles de l'Écriture et les prières de l'Église, qui sont pleines de demandes et de desirs. C'est s'excommunier soi-même, et se mettre hors d'état de pouvoir jamais prier ni de cœur ni de bouche dans l'assemblée des fidèles.

ARTICLE VII.—VRAI.

Il n'y a aucun état ni d'indifférence, ni d'aucune autre perfection connue dans l'Église, qui donne aux ames une inspiration miraculeuse ou extraordinaire. La perfection des voies intérieures ne consiste que dans une voie de pur amour qui aime Dieu sans aucun intérêt et de pure foi, où l'on ne marche que dans les ténèbres, et sans autre lumière que celle de la foi même qui est commune à tous les chrétiens. Cette obscurité de la pure foi n'admet aucune lumière extraordinaire. Ce n'est pas que Dieu, qui est le maître de ses dons, ne puisse y donner des extases, des visions, des révélations, des communications intérieures. Mais elles ne sont point de cette voie de pure foi, et les saints nous apprennent qu'il faut alors ne s'arrêter point volontairement à ces lumières extraordinaires, mais les outre-passer, comme dit le bienheureux Jean de la Croix, et demeurer dans la foi la plus nue et la plus obscure. A plus forte raison faut-il se garder de supposer dans les voies dont nous parlons aucune inspiration miraculeuse ou extraordinaire, par laquelle les ames indifférentes se conduisent elles-mêmes. Elles n'ont pour règle que les préceptes et les conseils de la loi écrite, et la grace actuelle, qui est toujours conforme à la loi. A l'égard des préceptes, elles doivent toujours présupposer, sans hésiter ni raisonner, que Dieu n'abandonne personne s'il n'en a pas été abandonné auparavant ; et par conséquent, que la grace toujours prévenante les inspire toujours pour l'accomplissement du précepte, dans le cas où il doit être accompli. Ainsi c'est à elle à coopérer de toutes les forces de sa volonté, pour ne manquer pas à la grace par une transgression du précepte. Pour les cas où les conseils ne se tournent point en préceptes, elles doivent sans se gêner faire les actes ou de l'amour en général, ou de certaines vertus distinctes en particulier, suivant que l'attrait intérieur de la grâce les incline plutôt aux uns qu'aux autres en chaque occasion. Ce qui est certain, c'est que la grâce les prévient pour chaque action délibérée; que cette grâce, qui est le souffle intérieur de l'esprit de Dieu, les inspire ainsi en chaque occasion; que cette inspiration n'est que celle qui est commune à tous les justes, et qui ne les exempte jamais en rien de toute l'étendue de la loi écrite; que cette inspiration est seulement plus forte et plus spéciale dans les âmes élevées au pur amour, que dans celles qui n'ont en partage que l'amour intéressé; parce que Dieu se communique plus aux parfaits qu'aux imparfaits. Ainsi, quand quelques saints mystiques ont admis dans la sainte indifférence les désirs inspirés, et ont rejeté tous les autres, il faut bien se garder de croire qu'ils aient voulu exclure les désirs et les autres actes commandés par la loi écrite, et n'admettre que ceux qui sont extraordinairement inspirés. Ce seroit blasphémer contre la loi, et en même temps élever au-dessus d'elle une inspiration fanatique. Les désirs et les autres actes inspirés dont ces saints mystiques ont voulu parler sont ceux que la loi commande, ou ceux que les conseils approuvent, et qui sont formés dans une âme indifférente ou désintéressée, par l'inspiration de la grâce toujours prévenante, sans qu'il s'y mêle aucun empressement intéressé de l'âme pour prévenir la grâce. Ainsi tout se réduit à la lettre de la loi, et à la grâce prévenante du pur amour, à laquelle l'âme coopère sans la prévenir.

Parler ainsi, c'est expliquer le vrai sens des bons mystiques; c'est lever toutes les équivoques qui peuvent séduire les uns et scandaliser les autres; c'est précautionner les âmes contre tout ce qui est suspect d'illusion; c'est *conserver la forme des paroles saines*, comme saint Paul le recommande [1].

VII. — FAUX.

Les âmes établies dans la sainte indifférence ne connoissent plus aucun désir même désintéressé que la loi écrite les oblige à former. Elles ne doivent plus desirer que les choses qu'une inspiration miraculeuse ou extraordinaire les porte à désirer sans dépendance de la loi; elles sont agies ou mues de Dieu et instruites par lui sur chaque chose, de manière que Dieu seul désire en elles et pour elles, sans qu'elles aient aucun besoin d'y coopérer

[1] *II Tim.*, c. i, v. 65.

par leur libre arbitre. Leur sainte indifférence, qui contient éminemment tous les désirs, les dispense d'en former jamais aucun. Leur inspiration est leur seule règle.

Parler ainsi, c'est éluder tous les préceptes et tous les conseils, sous prétexte de les accomplir d'une façon plus éminente; c'est établir dans l'Église une secte de fanatiques impies; c'est oublier que Jésus-Christ est venu sur la terre, non pour dispenser de la loi ni pour en diminuer l'autorité, mais au contraire pour l'accomplir et pour la perfectionner : en sorte que le ciel et la terre passeront avant que les paroles du Sauveur prononcées pour confirmer la loi puissent passer. Enfin, c'est contredire grossièrement tous les meilleurs mystiques, et renverser de fond en comble tout leur système de pure foi, qui est manifestement incompatible avec toute inspiration miraculeuse ou extraordinaire, qu'une âme suivroit volontairement comme sa règle et son appui, pour se dispenser d'accomplir la loi.

ARTICLE VIII. — VRAI.

La sainte indifférence, qui n'est jamais que le désintéressement de l'amour, devient dans les plus extrêmes épreuves ce que les saints mystiques ont nommé abandon; c'est-à-dire que l'âme désintéressée s'abandonne totalement et sans réserve à Dieu pour tout ce qui regarde son intérêt propre; mais elle ne renonce jamais ni à l'amour, ni à aucune des choses qui intéressent la gloire et le bon plaisir du bien-aimé. Cet abandon n'est que l'abnégation ou renoncement de soi-même que Jésus-Christ nous demande dans l'Évangile, après que nous aurons tout quitté au-dehors. Cette abnégation de nous-mêmes n'est que pour l'intérêt propre, et ne doit jamais empêcher l'amour désintéressé que nous nous devons à nous-mêmes comme au prochain, pour l'amour de Dieu. Les épreuves extrêmes où cet abandon doit être exercé sont les tentations par lesquelles Dieu jaloux veut purifier l'amour, en ne lui faisant voir aucune ressource ni aucune espérance pour son intérêt propre même éternel. Ces épreuves sont représentées par un très grand nombre de saints comme un purgatoire terrible, qui peut exempter du purgatoire de l'autre vie les âmes qui le souffrent avec une entière fidélité. Il n'appartient, comme le cardinal Bona l'assure, *qu'à des insensés et à des impies de refuser de croire ces choses sublimes et secrètes, et de les mépriser comme fausses, quoiqu'elles ne soient pas claires, lorsqu'elles sont attestées par des hommes d'une vertu très vénérable, qui parlent* sur leur propre expérience de ce que Dieu fait dans les cœurs. Ces épreuves ne sont que pour un temps. Plus les ames y sont fidèles à la grace pour se laisser purifier de tout intérêt propre par l'amour jaloux, plus ces épreuves sont courtes. C'est d'ordinaire la résistance secrète des ames à la grace sous de beaux prétextes, c'est leur effort intéressé et empressé pour retenir les appuis sensibles dont Dieu veut les priver, qui rend leurs épreuves si longues et si douloureuses : car Dieu ne fait point souffrir sa créature pour la faire souffrir sans fruit; ce n'est que pour la purifier et pour vaincre ses résistances. Les tentations qui purifient l'amour de tout intérêt propre ne ressemblent point aux autres tentations communes. Les directeurs expérimentés peuvent les discerner à des marques certaines. Mais rien n'est si dangereux que de prendre les tentations communes des commençants pour les épreuves qui vont à l'entière purification de l'amour dans les ames les plus éminentes. C'est la source de toute illusion : c'est ce qui fait tomber dans des vices affreux des ames trompées. Il ne faut supposer ces épreuves extrêmes que dans un très petit nombre d'ames très pures et très mortifiées, en qui la chair est depuis long-temps entièrement soumise à l'esprit, et qui ont pratiqué solidement toutes les vertus évangéliques. Il faut que ce soit des ames humbles et ingénues, jusqu'à être toutes prêtes à faire une confession publique de leurs misères. Il faut qu'elles soient dociles, jusqu'à n'hésiter jamais volontairement sur aucune des choses dures et humiliantes qu'on peut leur commander. Il faut qu'elles ne soient attachées à aucune consolation ni à aucune liberté; qu'elles soient détachées de tout, et même de la voie qui leur apprend ce détachement; qu'elles soient disposées à toutes les pratiques qu'on voudra leur imposer; qu'elles ne tiennent ni à leur genre d'oraison, ni à leurs expériences, ni à leurs lectures, ni aux personnes qu'elles ont consultées autrefois avec confiance. Il faut avoir éprouvé que leurs tentations sont d'une nature différente des tentations communes, en ce que le vrai moyen de les apaiser est de n'y vouloir point trouver un appui aperçu pour le propre intérêt.

Parler ainsi, c'est répéter mot à mot les expériences des saints qu'ils ont racontées eux-mêmes. C'est en même temps prévenir les inconvénients très dangereux où l'on pourroit tomber par crédulité, si l'on admettoit trop facilement dans la pratique ces épreuves qui sont très rares; parce qu'il y a très peu d'ames qui soient arrivées à cette perfection, où il n'y a plus à purifier, que les restes d'intérêt propre mêlés avec l'amour divin.

VIII. — FAUX.

Les épreuves intérieures ôtent pour toujours les graces sensibles et les graces aperçues. Elles suppriment pour toujours les actes distincts de l'amour et des vertus. Elles mettent une ame dans une impuissance réelle et absolue de s'ouvrir à ses supérieurs, ou de leur obéir pour la pratique essentielle de l'Évangile. Elles ne peuvent être discernées d'avec les tentations communes. On peut dans cet état se cacher à ses supérieurs, se soustraire au joug de l'obéissance, et chercher dans des livres ou dans des personnes sans autorité le soulagement et la lumière dont on a besoin, quoique les supérieurs le défendent.

Le directeur peut supposer qu'on est dans ces épreuves, sans avoir auparavant éprouvé à fond l'état d'une ame sur la sincérité, sur la docilité, sur la mortification, sur l'humilité. Il peut d'abord appliquer cette ame à purifier son amour de tout intérêt propre dans la tentation, sans lui faire faire aucun acte intéressé pour résister à la tentation qui la presse.

Parler ainsi, c'est empoisonner les ames; c'est leur ôter les armes de la foi nécessaires pour résister à l'ennemi de notre salut; c'est confondre toutes les voies de Dieu; c'est enseigner la rebellion et l'hypocrisie aux enfants de l'Église.

ARTICLE IX. — VRAI.

Une ame qui dans ces épreuves extrêmes s'abandonne à Dieu n'est jamais abandonnée par lui. Si elle demande, dans le transport de sa douleur, à être délivrée, Dieu ne refuse de l'exaucer qu'à cause qu'il veut perfectionner sa force dans l'infirmité, et que sa grace lui suffit. Elle ne perd en cet état ni le pouvoir véritable et complet dans le genre de pouvoir pour accomplir réellement les préceptes, ni celui de suivre les plus parfaits conseils suivant sa vocation et son degré présent de perfection, ni les actes réels et intérieurs de son libre arbitre pour cet accomplissement. Elle ne perd ni la grace prévenante, ni la foi explicite, ni l'espérance en tant qu'elle est un desir désintéressé des promesses, ni l'amour de Dieu, ni la haine extrême du péché même véniel, ni la certitude intime et momentanée qui est nécessaire pour la droiture de la conscience. Elle ne perd que le goût sensible du bien, que la ferveur consolante et affectueuse, que les actes empressés et intéressés des vertus, que la certitude qui vient après coup et par réflexion intéressée, pour se rendre à soi-même un témoignage consolant de sa fidélité. Ces actes directs, et qui échappent aux réflexions de l'ame, mais qui sont très réels, et qui conservent en elle toutes les vertus sans tache, sont, comme j'ai déja dit, l'opération que saint François de Sales a nommé la pointe de l'esprit, ou la cime de l'ame. Cet état de trouble et d'obscurcissement, qui n'est que pour un temps, n'est pas même dans toute sa durée sans intervalles paisibles, où certaines lueurs de graces très sensibles sont comme des éclairs dans une profonde nuit d'orage, qui ne laissent aucune trace après eux.

Parler ainsi, c'est parler également suivant le dogme catholique, et suivant les expériences des saints mystiques.

IX. — FAUX.

Dans ces épreuves extrêmes, une ame, sans avoir été auparavant infidèle à la grace, perd le vrai et plein pouvoir de persévérer dans son état : elle tombe dans une impuissance réelle d'accomplir les préceptes dans les cas où les préceptes pressent. Elle cesse d'avoir la foi explicite dans les cas où la foi doit agir explicitement : elle cesse d'espérer, c'est-à-dire d'attendre et de desirer même d'une manière désintéressée l'effet des promesses en elle : elle n'a plus l'amour de Dieu, ni perceptible ni imperceptible; elle n'a plus la haine du péché : elle en perd non-seulement l'horreur sensible et réfléchie, mais encore la haine la plus directe et la plus intime. Elle n'a plus aucune certitude intime et momentanée qui puisse conserver la droiture de sa conscience au moment où elle agit. Tous les actes des vertus essentiels à la vie intérieure cessent, même dans leur opération la plus directe et la moins réfléchie, qui est, selon le langage des saints mystiques, la pointe de l'esprit et la cime de l'ame.

Parler ainsi, c'est anéantir la piété chrétienne, sous prétexte de la perfectionner. C'est faire, des épreuves destinées à purifier l'amour, un naufrage universel de la foi et de toutes les vertus chrétiennes; c'est dire ce que les fidèles nourris des paroles de la foi ne doivent jamais entendre sans boucher leurs oreilles.

ARTICLE X. — VRAI.

Les promesses sur la vie éternelle sont purement gratuites. La grace ne nous est jamais due; autrement elle ne seroit plus grace. Dieu ne nous doit jamais, en rigueur, ni la persévérance à la mort, ni la vie éternelle après la mort corporelle. Il ne doit pas même à notre ame de la faire exister après cette vie. Il pourroit la laisser retomber dans son néant comme de son propre poids : autrement il ne seroit pas libre sur la durée de sa créature, et elle deviendroit un être nécessaire. Mais, quoique Dieu ne nous doive jamais rien, en rigueur, il a voulu nous donner des droits fondés sur ses promesses purement gratuites. Par ses promesses, il s'est donné comme suprême béatitude à l'ame qui lui est fidèle avec persévérance. Il est donc vrai en ce sens que toute supposition qui va à se croire exclu de la vie éternelle en aimant Dieu est impossible, parce que Dieu est fidèle dans ses promesses : il ne veut point la mort du pécheur, mais qu'il vive et se convertisse. Par-là il est constant que tous les sacrifices que les ames les plus désintéressées font d'ordinaire sur leur béatitude éternelle sont conditionnels. On dit : Mon Dieu, si par impossible vous me vouliez condamner aux peines éternelles de l'enfer sans perdre votre amour, je ne vous en aimerois pas moins. Mais ce sacrifice ne peut être absolu dans l'état ordinaire. Il n'y a que le cas des dernières épreuves où ce sacrifice devient en quelque manière absolu. Alors une ame peut être invinciblement persuadée, d'une persuasion réfléchie et qui n'est pas le fond intime de la conscience, qu'elle est justement réprouvée de Dieu. C'est ainsi que saint François de Sales se trouva dans l'église de Saint-Étienne-des-Grès. Une ame dans ce trouble se voit contraire à Dieu par ses infidélités passées et par son endurcissement présent, qui lui paroissent combler la mesure pour sa réprobation. Elle prend ses mauvaises inclinations pour des volontés délibérées, et elle ne voit point les actes réels de son amour ni de ses vertus, qui, par leur extrême simplicité, échappent à ses réflexions. Elle devient à ses propres yeux couverte de la lèpre du péché, quoique apparent et non réel. Elle ne peut se supporter. Elle est scandalisée de ceux qui veulent l'apaiser, et lui ôter cette espèce de persuasion. Il n'est pas question de lui dire le dogme précis de la foi sur la volonté de Dieu de sauver tous les hommes, et sur la croyance où nous devons être qu'il veut sauver chacun de nous en particulier. Cette ame ne doute point de la bonne volonté de Dieu, mais elle croit la sienne mauvaise, parce qu'elle ne voit en soi par réflexion que le mal apparent, qui est extérieur et sensible, et que le bien, qui est toujours réel et intime, est dérobé à ses yeux par la jalousie de Dieu. Dans ce trouble involontaire et invincible rien ne peut la rassurer, ni lui découvrir au fond d'elle-même ce que Dieu prend plaisir à lui cacher. Elle voit la colère de Dieu enflée et suspendue sur sa tête comme les vagues de la mer, toute prête à la submerger; c'est alors que l'ame est divisée d'avec elle-même; elle expire sur la croix avec Jésus-Christ, en disant : *O Dieu! mon Dieu! pourquoi m'avez-vous abandonné?* Dans cette impression involontaire de désespoir, elle fait le sacrifice absolu de son intérêt propre pour l'éternité, parce que le cas impossible lui paroît possible et actuellement réel, dans le trouble et l'obscurcissement où elle se trouve. Encore une fois, il n'est pas question de raisonner avec elle, car elle est incapable de tout raisonnement. Il n'est question que d'une conviction qui n'est pas intime, mais qui est apparente et invincible. En cet état une ame perd toute espérance pour son propre intérêt, mais elle ne perd jamais dans la partie supérieure c'est-à-dire dans ses actes directs et intimes, l'espérance parfaite, qui est le desir désintéressé des promesses. Elle aime Dieu plus purement que jamais. Loin de consentir positivement à le haïr, elle ne consent pas même indirectement à cesser un seul instant de l'aimer, ni à diminuer en rien son amour, ni à mettre jamais à l'accroissement de cet amour aucune borne volontaire, ni à commettre aucune faute même vénielle. Un directeur peut alors laisser faire à cette ame un acquiescement simple à la perte de son intérêt propre, et à la condamnation juste où elle croit être de la part de Dieu, ce qui d'ordinaire sert à la mettre en paix et à calmer la tentation, qui n'est destinée qu'à cet effet, je veux dire à la purification de l'amour. Mais il ne doit jamais ni lui conseiller ni lui permettre de croire positivement, par une persuasion libre et volontaire, qu'elle est réprouvée, et qu'elle ne doit plus desirer les promesses par un desir désintéressé. Il doit encore moins la laisser consentir à haïr Dieu, ou à cesser de l'aimer, ou à violer sa loi, même par les fautes les plus vénielles.

Parler ainsi, c'est parler suivant l'expérience des saints, avec toute la précaution nécessaire pour conserver le dogme de la foi, et pour n'exposer jamais les ames à aucune illusion.

X. — FAUX.

L'ame qui est dans les épreuves peut croire, d'une persuasion intime, libre et volontaire, contre le dogme de la foi, que Dieu l'a abandonnée sans être abandonné par elle; ou qu'il n'y a plus de miséricorde pour elle, quoiqu'elle la desire sincèrement; ou qu'elle peut consentir à haïr Dieu, parce que Dieu veut qu'elle le haïsse; ou qu'elle peut consentir à n'aimer plus Dieu, parce qu'il ne veut plus être aimé par elle; ou qu'elle peut borner volontairement son amour, parce que Dieu veut qu'elle le borne; ou qu'elle peut violer sa loi, parce que Dieu veut qu'elle la viole. En cet état, une ame n'a plus aucune foi, ni aucune espérance ou desir désintéressé des promesses, ni aucun amour réel et intime de Dieu, ni aucune haine, même implicite, du mal qui est le péché, ni aucune coopération réelle à la grace. Mais elle est sans action, sans volonté, sans intérêt non plus pour Dieu que pour soi, sans actes des vertus ni réfléchis ni directs.

Parler ainsi, c'est blasphémer ce qu'on ignore et se corrompre dans ce qu'on sait; c'est faire succomber les ames à la tentation, sous prétexte de les y purifier; c'est réduire tout le christianisme à un désespoir impie et stupide; c'est même contredire grossièrement tous les bons mystiques, qui assurent que les ames de cet état montrent un amour très vif pour Dieu par le regret de l'avoir perdu, et une horreur infinie du mal par l'impatience avec laquelle elles supportent souvent ceux qui veulent les consoler et les rassurer.

ARTICLE XI. — VRAI.

Dieu n'abandonne jamais le juste sans en avoir été abandonné. Il est le bien infini qui ne cherche qu'à se communiquer. Plus on le reçoit, plus il se donne. C'est notre résistance seule qui resserre ou qui retarde ses dons. La différence essentielle de la loi nouvelle et de l'ancienne, c'est que l'ancienne ne menoit l'homme à rien de parfait; qu'elle montroit le bien sans donner de quoi le faire, et le mal sans donner de quoi l'éviter; au lieu que la nouvelle est la loi de grace qui donne le vouloir et le faire, et qui ne commande que ce qu'elle donne le véritable pouvoir d'accomplir. Comme ceux qui observoient la loi ancienne étoient ordinairement assurés de ne voir point la diminution de leurs biens temporels : *(inquirentes autem Dominum non minuentur omni bono)*, les ames fidèles à leur grace ne souffriront jamais aussi aucune diminution dans leur grace même, qui est toujours prévenante, et qui est le véritable bien de la loi chrétienne. Ainsi chaque ame, pour être pleinement fidèle à Dieu, ne peut rien faire de solide ni de méritoire que de suivre sans cesse la grace, sans avoir besoin de la prévenir. Vouloir la prévenir, c'est vouloir se donner ce qu'elle ne donne pas encore;

c'est attendre quelque chose de soi-même et de son industrie ou de son propre effort; c'est un reste subtil et imperceptible d'un zèle demi-pélagien, dans le temps même qu'on desire le plus la grace. Il est vrai qu'on doit se préparer à recevoir la grace et l'attirer en soi; mais on ne doit le faire que par la coopération à la grace même. La fidèle coopération à la grace du moment présent est la plus efficace préparation pour recevoir et pour attirer la grace du moment qui doit suivre. Si on examine la chose de près, il est donc évident que tout se réduit à une coopération fidèle de pleine volonté et de toutes les forces de l'ame à la grace de chaque moment. Tout ce qu'on pourroit ajouter à cette coopération bien prise dans toute son étendue ne seroit qu'un zèle indiscret et précipité, qu'un effort empressé et inquiet d'une ame intéressée pour elle-même, qu'une excitation à contre-temps qui troubleroit, qui affoibliroit, qui retarderoit l'opération de la grace, au lieu de la faciliter et de la rendre plus parfaite. C'est comme si un homme mené par un autre, dont il devroit suivre toutes les impulsions, vouloit sans cesse prévenir ses impulsions, et se retourner à tout moment pour mesurer l'espace qu'il auroit parcouru : ce mouvement inquiet, et mal concerté avec le principal moteur, ne feroit qu'embarrasser et retarder la course de ces deux hommes. Il en est de même du juste dans la main de Dieu, qui le meut sans cesse par sa grace. Toute excitation empressée et inquiète qui prévient la grace, de peur de n'agir pas assez; toute excitation empressée hors du cas du précepte pour se donner, par un excès de précaution intéressée, les dispositions que la grace n'inspire point dans ces moments-là, parce qu'elle en inspire d'autres moins consolantes et moins perceptibles; toute excitation empressée et inquiète pour se donner comme par secousses marquées un mouvement plus aperçu, et dont on puisse se rendre aussitôt un témoignage intéressé, sont des excitations défectueuses pour les ames appelées au désintéressement paisible du parfait amour. Cette action inquiète et empressée est ce que les bons mystiques ont nommé activité, qui n'a rien de commun avec l'action, ou avec les actes réels mais paisibles qui sont essentiels pour coopérer à la grace. Quand ils disent qu'il ne faut plus s'exciter ni faire d'efforts, ils ne veulent retrancher que cette excitation inquiète et empressée par laquelle on voudroit prévenir la grace, ou en rappeler les impressions sensibles après qu'elles sont passées, ou y coopérer d'une manière plus sensible et plus marquée qu'elle ne le demande de nous. En ce sens, l'excitation ou activité doit effectivement être retranchée. Mais, si on entend par l'excitation une coopération de la pleine volonté et de toutes les forces de l'ame à la grace de chaque moment, il faut conclure qu'il est de foi qu'on doit s'exciter en chaque moment pour remplir toute sa grace. Cette coopération, pour être désintéressée, n'en est pas moins sincère; pour être paisible, elle n'en est pas moins efficace et de la pleine volonté; pour être sans empressement, elle n'en est pas moins douloureuse par rapport à la concupiscence qu'elle surmonte. Ce n'est point une activité, mais c'est une action qui consiste dans des actes très réels et très méritoires. C'est ainsi que les ames appelées au pur amour résistent aux tentations des dernières épreuves. Elles combattent jusqu'au sang contre le péché; mais ce combat est paisible, parce que l'esprit du Seigneur est dans la paix. Elles résistent en présence de Dieu, qui est leur force; elles résistent dans un état de foi et d'amour, qui est un état d'oraison. Celles qui ont encore besoin des motifs intéressés de crainte et d'espérance doivent y recourir, même avec quelque empressement naturel, plutôt que de s'exposer à succomber. Celles qui trouvent, dans une expérience constante et reconnue par de bons directeurs, que leur force est dans le silence amoureux, et que leur paix est dans l'amertume la plus amère, peuvent continuer à vaincre ainsi la tentation; et il ne faut pas les troubler, car elles souffrent assez d'ailleurs. Mais si, par une infidélité secrète, ces ames venoient à déchoir soudainement de leur état, elles seroient obligées de recourir aux motifs les plus intéressés, plutôt que de s'exposer à violer la loi dans l'excès de la tentation.

Parler ainsi, c'est parler suivant la règle évangélique, sans affoiblir en rien ni les expériences ni les maximes de tous les bons mystiques.

XI. — FAUX.

L'activité que les saints veulent qu'on retranche est l'action même de la volonté. Elle ne doit plus faire d'actes; elle n'a plus besoin de coopérer à la grace de toutes ses forces, ni de résister positivement et pleinement à la concupiscence, ni de faire aucune action intérieure ou extérieure qui lui soit pénible. Il lui suffit de laisser faire à Dieu en elle celles qui coulent comme de source, et pour lesquelles elle n'a aucune répugnance même naturelle. Elle n'a plus besoin de se préparer par le bon usage d'une grace à une autre plus grande qui la doit suivre, et qui est liée avec cette première. Elle n'a qu'à se laisser aller sans examen à toutes les pentes qu'elle trouve en soi sans se les donner. Il ne lui faut plus aucun travail, aucune violence, aucune contrainte de la nature. Elle n'a qu'à demeurer sans volonté, et neutre entre le bien et le mal, même dans les plus extrêmes tentations.

Parler ainsi, c'est parler le langage du tentateur ; c'est enseigner aux ames à se tendre elles-mêmes des piéges; c'est leur inspirer une indolence dans le mal, qui est le comble de l'hypocrisie ; c'est les engager à un consentement à tous les vices, qui n'en est pas moins réel pour être indirect et tacite.

ARTICLE XII. — VRAI.

Les ames attirées au pur amour peuvent être aussi désintéressées pour elles-mêmes que pour leur prochain, parce qu'elles ne voient et ne desirent en elles, non plus que dans le prochain le plus inconnu, que la gloire de Dieu, son bon plaisir, et l'accomplissement de ses promesses. En ce sens, ces ames sont comme étrangères à elles-mêmes, et elles ne s'aiment plus que comme elles aiment le reste des créatures dans l'ordre de la pure charité. C'est ainsi qu'Adam innocent se seroit aimé lui-même uniquement pour l'amour de Dieu. L'abnégation de soi-même et la haine de notre ame, recommandées dans l'Évangile, ne sont pas une haine absolue de notre ame image de Dieu ; car l'ouvrage de Dieu est bon, et il faut l'aimer pour l'amour de lui. Mais nous corrompons cet ouvrage par le péché, et il faut nous haïr dans notre corruption. La perfection du pur amour consiste donc à ne nous aimer plus que pour lui seul. La vigilance des ames les plus désintéressées ne doit jamais être réglée sur leur désintéressement. Dieu, qui les appelle à être aussi détachées d'elles que de leur prochain, veut en même temps qu'elles soient plus vigilantes sur elles-mêmes, dont elles sont chargées et responsables, que sur leur prochain, dont Dieu ne les charge pas. Il faut même qu'elles veillent sur ce qu'elles font tous les jours par rapport au prochain, dont la Providence leur a confié la conduite. Un bon pasteur veille sur l'ame de son prochain sans aucun intérêt. Il n'aime que Dieu en lui ; il ne le perd jamais de vue ; il le console, il le corrige, il le supporte. C'est ainsi qu'il faut se supporter soi-même sans se flatter, et se reprendre sans se jeter dans le découragement. Il faut être charitablement avec soi comme avec un autre ; ne s'oublier que pour retrancher les dépits et les délicatesses de l'amour-propre ; ne s'oublier que pour ne vouloir plus se plaire à soi-même ; ne s'oublier tout au plus que pour retrancher les réflexions inquiètes et intéressées, quand on est entièrement dans la grace du pur amour. Mais il n'est jamais permis de s'oublier jusqu'à cesser de veiller sur soi, comme on veilleroit sur son prochain si on en étoit le pasteur. Il faut même ajouter qu'on n'est jamais si chargé de son prochain qu'on l'est de soi-même, parce qu'on ne peut point régler toutes les volontés intérieures d'autrui comme les siennes propres. D'où il s'ensuit qu'on doit toujours veiller incomparablement plus sur soi que le meilleur pasteur ne peut veiller sur son troupeau. On ne doit jamais s'oublier pour retrancher les réflexions même les plus intéressées, si on est encore dans la voie de l'amour intéressé. Enfin, on ne doit jamais s'oublier jusqu'à rejeter toutes sortes de réflexions comme des choses imparfaites : car les réflexions n'ont rien d'imparfait en elles-mêmes, et elles ne deviennent si souvent nuisibles à tant d'ames qu'à cause que les ames malades de l'amour-propre ne se regardent guère elles-mêmes que pour s'impatienter ou pour s'attendrir dans cette vue. D'ailleurs, Dieu inspire souvent par sa grace, aux ames les plus avancées, des réflexions très utiles ou sur ses desseins en elles, ou sur ses miséricordes passées qu'il leur fait chanter ou sur leurs dispositions, dont elles doivent rendre compte à leur directeur. Mais enfin l'amour désintéressé veille, agit, et résiste à la tentation encore plus que l'amour intéressé ne veille, n'agit et ne résiste. L'unique différence est que la vigilance du pur amour est simple et paisible, au lieu que celle de l'amour intéressé, qui est moins parfait, a toujours quelque reste d'empressement et d'inquiétude, parce qu'il n'y a que le parfait amour qui chasse la crainte avec toutes ses suites.

Parler ainsi, c'est parler d'une manière correcte qui ne doit être suspecte à personne, et suivre le langage des saints.

XII. — FAUX.

Une ame pleinement désintéressée sur elle-même ne s'aime plus même pour l'amour de Dieu. Elle se hait d'une haine absolue, comme supposant que l'ouvrage du Créateur n'est pas bon, et elle pousse jusque là l'abandon ou renoncement. Elle porte la haine de soi jusqu'à vouloir d'une volonté délibérée sa perte et sa réprobation éternelle : elle rejette la grace et la miséricorde. Elle ne veut que justice et vengeance. Elle devient tellement étrangère à elle-même, qu'elle n'y prend plus aucune part, ni pour le bien à faire ni pour le mal à éviter. Elle ne veut que s'oublier en tout, et que se perdre sans cesse de vue. Elle ne se contente pas de s'oublier par rapport à son propre intérêt; elle veut encore s'oublier par rapport à la correction de ses défauts, et à l'accomplissement de la loi de Dieu pour l'intérêt de sa pure gloire. Elle ne compte plus d'être chargée d'elle-même, ni de veiller même d'une vigilance simple, paisible et désintéressée sur ses propres volontés. Elle rejette toute réflexion comme imparfaite, parce qu'il n'y a que les vues purement directes et non réfléchies qui soient dignes de Dieu.

Parler ainsi, c'est contredire les expériences des saints, dont toute la vie la plus intérieure a été remplie de réflexions très utiles, faites par l'impression de la grace; puisqu'ils ont connu après coup les graces passées, et les misères dont Dieu les a délivrés; qu'enfin ils ont rendu compte d'un très grand nombre de choses qui s'étoient passées en eux. C'est faire de l'abnégation de soi-même une haine impie de notre ame, qui la suppose mauvaise par sa nature, suivant le principe des manichéens, ou qui renverse l'ordre, en haïssant ce qui est bon, et ce que Dieu aime en tant qu'il est son image. C'est anéantir toute vigilance, toute fidélité à la grace, toute attention à faire régner Dieu en nous, tout bon usage de notre liberté. En un mot, c'est le comble de l'impiété et de l'irréligion.

ARTICLE XIII. — VRAI.

Il y a une grande différence entre les actes simples et directs, et les actes réfléchis. Toutes les fois qu'on agit avec une conscience droite, il y a en nous une certitude intime que nous allons droit : autrement nous agirions dans le doute si nous ferions bien ou mal, et nous ne serions pas dans la bonne foi. Mais cette certitude intime consiste souvent dans des actes si simples, si directs, si rapides, si momentanés, si dénués de toute réflexion, que l'ame, qui sait bien qu'elle les fait dans le moment où elle les fait, n'en retrouve plus dans la suite aucune trace distincte et durable. De là vient que si elle veut revenir par réflexion sur ce qu'elle a fait, elle tombe dans le doute; elle ne croit plus avoir fait ce qu'elle devoit, elle se trouble par scrupule, et elle se scandalise même de l'indulgence des supérieurs quand ils veulent la rassurer sur ce qui s'est passé. Ainsi Dieu lui donne dans l'instant de l'action, par des actes directs, toute la certitude nécessaire pour la droiture de la conscience; et il lui dérobe par sa jalousie la facilité de retrouver par réflexion et après coup, cette certitude et cette droiture : en sorte qu'elle ne peut ni en jouir pour sa consolation, ni se justifier à ses propres yeux. Pour les actes réfléchis, ils laissent après eux une trace durable et fixe qu'on retrouve toutes les fois qu'on veut; et c'est ce qui fait que les ames, encore intéressées pour elles-mêmes, veulent sans cesse faire des actes fortement marqués et réfléchis, pour s'assurer de leur opération et pour s'en rendre témoignage : au lieu que les ames désintéressées sont par elles-mêmes indifférentes à faire des actes distincts ou indistincts, directs ou réfléchis. Elles en font de réfléchis toutes les fois que le précepte le peut demander, ou que l'attrait de la grace les y porte; mais elles ne recherchent point les actes réfléchis par préférence aux autres, par une inquiétude intéressée pour leur propre sûreté. D'ordinaire, dans l'extrémité des épreuves, Dieu ne leur laisse que les actes directs, dont elles n'aperçoivent ensuite aucune trace : et c'est ce qui fait le martyre des ames, tandis qu'il leur reste encore quelque motif de leur intérêt propre. Ces actes directs et intimes, sans réflexion qui imprime aucune trace sensible, sont ce que saint François de Sales a nommé la cime de l'ame ou la pointe de l'esprit. C'étoit dans de tels actes que saint Antoine mettoit l'oraison la plus parfaite, quand il disoit [1] : *L'oraison n'est point encore parfaite, quand le solitaire connoît qu'il fait oraison.*

Parler ainsi, c'est parler suivant l'expérience des saints, sans blesser la rigueur du dogme catholique. C'est même parler des opérations de l'ame conformément aux idées de tous les bons philosophes.

XIII. — FAUX.

Il n'y a point de véritables actes que ceux qui sont réfléchis, et qu'on sent ou qu'on aperçoit. Dès qu'on n'en fait plus de cette façon, il est vrai de dire qu'on n'en fait plus aucun de réel. Quiconque n'a point sur ses actes une certitude réfléchie et durable n'a eu aucune certitude dans l'action. D'où il s'en suit que les ames qui sont, pendant les épreuves, dans un désespoir apparent, y sont dans un désespoir véritable; et que le doute où elles sont après avoir agi montre qu'elles ont perdu dans l'action le témoignage intime de la conscience.

Parler ainsi, c'est renverser toutes les idées de la bonne philosophie; c'est détruire le témoignage de l'esprit de Dieu en nous pour notre filiation;

[1] *Cassien*, conf. 9.

c'est anéantir toute vie intérieure, et toute droiture dans les ames.

ARTICLE XIV. — VRAI.

Il se fait, dans les dernières épreuves pour la purification de l'amour, une séparation de la partie supérieure de l'ame d'avec l'inférieure; en ce que les sens et l'imagination n'ont aucune part à la paix et aux communications de grace, que Dieu fait alors assez souvent à l'entendement et à la volonté d'une manière simple et directe qui échappe à toute réflexion. C'est ainsi que Jésus-Christ, notre parfait modèle, a été bien heureux sur la croix, en sorte qu'il jouissoit par la partie supérieure de la gloire céleste ; pendant qu'il étoit actuellement, par l'inférieure, l'homme des douleurs, avec une impression sensible de délaissement de son père. La partie inférieure ne communiquoit à la supérieure, ni son trouble involontaire, ni ses défaillances sensibles. La supérieure ne communiquoit à l'inférieure, ni sa paix, ni sa béatitude. Cette séparation se fait par la différence des actes réels, mais simples et directs, de l'entendement et de la volonté, qui ne laissent aucune trace sensible, et des actes réfléchis, qui, laissant une trace sensible, se communiquent à l'imagination et aux sens, qu'on nomme la partie inférieure, pour les distinguer de cette opération directe et intime de l'entendement et de la volonté, qu'on nomme partie supérieure. Les actes de la partie inférieure, dans cette séparation, sont d'un trouble entièrement aveugle et involontaire, parce que tout ce qui est intellectuel et volontaire est de la partie supérieure. Mais quoique cette séparation, prise en ce sens, ne puisse être absolument niée, il faut néanmoins que les directeurs prennent bien garde de ne souffrir jamais dans la partie inférieure aucun des désordres qui doivent, dans le cours naturel, être toujours censés volontaires, et dont la partie supérieure doit par conséquent être responsable. Cette précaution se doit toujours trouver dans la voie de pure foi, qui est la seule dont nous parlons, et où l'on n'admet aucune chose contraire à l'ordre de la nature. Il n'est pas nécessaire, par cette raison, de parler ici des possessions, obsessions, ou autres choses extraordinaires. On ne peut absolument les rejeter, puisque l'Écriture et l'Église les ont reconnues; mais il faut user, dans les cas particuliers, d'une précaution infinie pour n'être point trompé. D'ailleurs, cette matière, commune à toutes les voies intérieures, n'a aucune difficulté particulière à éclaircir pour la voie de pure foi et de pur amour. Au contraire, on peut assurer que cette voie de pur amour et de pure foi est celle où l'on verra toujours moins de ces choses extraordinaires. Rien ne les diminue tant que de ne s'y arrêter point, et de porter toujours les ames à une conduite simple dans le désintéressement de l'amour, et dans l'obscurité de la foi.

Parler ainsi, c'est parler suivant le dogme catholique, et donner les plus grands préservatifs contre l'illusion.

XIV. — FAUX.

Il se fait dans les épreuves une entière séparation de la partie supérieure d'avec l'inférieure. La supérieure est unie avec Dieu d'une union dont il ne paroît en aucun temps aucune trace sensible et distincte, ni pour la foi, ni pour l'espérance, ni pour l'amour, ni pour les autres vertus. La partie inférieure devient tout animale dans cette séparation ; et tout ce qui se passe en elle contre la règle des mœurs n'est censé ni volontaire, ni déméritoire, ni contraire à la pureté de la partie supérieure.

Parler ainsi, c'est anéantir la loi et les prophètes, c'est parler le langage des démons.

ARTICLE XV. — VRAI.

Les personnes qui sont dans ces épreuves rigoureuses ne doivent jamais négliger cette sobriété universelle dont les apôtres ont si souvent parlé, et qui consiste dans un usage sobre de toutes les choses qui nous environnent. Cette sobriété s'étend sur toutes les opérations des sens, sur celles de l'imagination et de l'esprit même. Elle va jusqu'à rendre notre sagesse sobre et tempérée. Elle réduit tout au simple usage, et à l'usage de nécessité. Cette sobriété emporte une privation continuelle de tout ce qu'on goûteroit que pour se contenter. Cette mortification, ou pour mieux dire, cette mort, va jusqu'à retrancher, non-seulement tous les mouvements volontaires de la nature corrompue et révoltée par la volupté de la chair et par l'orgueil de l'esprit, mais encore toutes les consolations les plus innocentes que l'amour intéressé recherche avec empressement. Cette mortification se pratique avec paix et simplicité; sans inquiétude et sans âpreté contre soi-même, sans méthode, suivant les occasions et les besoins, mais d'une manière réelle et sans relâche. Il est vrai que les personnes accablées par l'excès des épreuves sont d'ordinaire obligées, par obéissance pour un directeur expérimenté, de cesser ou de diminuer certaines austérités corporelles auxquelles elles ont été fort attachées. Cet adoucissement est souvent nécessaire pour soulager leurs corps défaillants dans la rigueur des peines intérieures, qui sont la plus terrible des pénitences. Il arrive même quelquefois que ces ames ont été trop attachées à ces austérités : et la peine qu'elles ont d'abord à obéir pour s'en priver dans cet accablement marque qu'elles y tenoient un peu trop. Mais c'est leur imperfection personnelle, et non celle des austérités, qu'il en faut accuser. Les austérités, suivant leur institution, sont utiles, et souvent nécessaires : Jésus-Christ nous en a donné l'exemple, qui a été suivi par tous les saints. Elles abattent la chair révoltée, servent à réparer les fautes commises, et à se préserver des tentations. Il est vrai seulement qu'elles ne servent à détruire le fond de l'amour-propre ou cupidité, qui est la racine de tous les vices, ni à unir une ame à Dieu, qu'autant qu'elles sont animées par l'esprit de recueillement, d'amour et d'oraison : faute de quoi elles amortiroient les passions grossières, et rempliroient, contre leur institution, l'homme de lui-même. Ce ne seroit plus qu'une justice de la chair. Il faut encore observer que les personnes de cet état, étant privées de toutes les graces sensibles, et de l'exercice fervent de toutes les vertus aperçues, n'ont plus ni goût, ni ferveur sensible, ni attrait marqué pour toutes ces austérités qu'elles avoient pratiquées avec tant d'ardeur. Alors leur pénitence se réduit à porter dans une paix très amère la colère de Dieu qu'elles attendent sans cesse, et leur désespoir apparent. Il n'y a point d'austérité ni de tourment qu'elles ne souffrissent avec joie et soulagement, en la place de cette peine intérieure. Tout leur attrait intime est de porter leur agonie, où elles disent sur la croix avec Jésus-Christ : *O Dieu, mon Dieu, pourquoi m'avez-vous délaissé?*

Parler ainsi, c'est reconnoître la nécessité perpétuelle de la mortification; c'est autoriser les austérités corporelles, qui sont, par leur institution, très salutaires; c'est vouloir que les ames les plus parfaites fassent une pénitence proportionnée à leurs forces, à leurs graces, et aux épreuves de leur état.

XV. — FAUX.

Les austérités corporelles ne font qu'irriter la concupiscence, et qu'inspirer à l'homme qui les pratique une complaisance de pharisien. Elles ne sont point nécessaires pour prévenir ni pour apaiser les tentations. L'oraison tranquille suffit toujours pour soumettre la chair à l'esprit. On peut quitter volontairement ces pratiques comme grossières, imparfaites, et qui ne sont convenables qu'aux commençants.

Parler ainsi, c'est parler en ennemi de la croix de Jésus-Christ; c'est blasphémer contre ses exemples et contre toute la tradition ; c'est contredire le Fils de Dieu qui dit : *Depuis les jours de Jean, le royaume de Dieu souffre violence et les violents le ravissent.*

ARTICLE XVI. — VRAI.

Il y a deux sortes de propriétés. La première est un péché pour tous les chrétiens. La seconde n'est point un péché même véniel, mais seulement une imperfection par comparaison à quelque chose qui est plus parfait; et ce n'est même une véritable imperfection que pour les ames actuellement attirées par la grace au parfait désintéressement de l'amour. La première propriété est l'orgueil : c'est un amour de sa propre excellence en tant que propre, et sans aucune subordination à notre fin essentielle, qui est la gloire de Dieu. Cette propriété est celle qui fit le péché du premier ange, lequel s'arrêta en lui-même, comme dit saint Augustin, au lieu de se rapporter à Dieu; et, par cette simple appropriation de lui-même, il ne demeura point dans la vérité. Cette propriété est en nous un péché plus ou moins grand, suivant qu'elle est plus ou moins volontaire. La seconde propriété, qu'il ne faut jamais confondre avec la première, est un amour de notre propre excellence en tant qu'elle est la nôtre, mais avec subordination à notre fin essentielle, qui est la gloire de Dieu. Nous ne voulons que les vertus les plus parfaites; nous les voulons principalement pour la gloire de Dieu, mais nous les voulons aussi pour en avoir le mérite et la récompense. Nous les voulons encore pour la consolation de devenir parfaits. C'est la résignation, qui, comme dit saint François de Sales, *a encore des desirs propres, mais soumis.* Ces vertus, qui sont intéressées pour notre perfection et pour notre béatitude sont bonnes, parce qu'elles sont rapportées à Dieu comme fin principale. Mais elles sont moins parfaites que les vertus exercées par la sainte indifférence, et pour la seule gloire de Dieu en nous, sans aucun motif d'intérêt propre ni pour notre mérite, ni pour notre perfection, ni pour notre récompense même éternelle.

Ce motif d'intérêt spirituel, qui reste toujours dans les vertus, tandis que l'ame est encore dans l'amour intéressé, est ce que les mystiques ont appelé propriété. C'est ce que le bien heureux Jean de la Croix appelle avarice et ambition spirituelle. L'ame qu'ils nomment propriétaire rapporte à Dieu ses vertus par la sainte résignation, et en cela elle est moins parfaite que l'ame désintéressée, qui rapporte les siennes par la sainte indifférence. Cette propriété, qui n'est point un péché, est néanmoins appelée par les mystiques une impureté: non pour dire que ce soit une souillure de l'ame, mais seulement pour signifier que c'est un mélange de divers motifs, qui empêche l'amour d'être pur ou sans mélange. Ils disent souvent qu'ils trouvent encore cette impureté ou mélange de motifs intéressés dans leur oraison et dans leurs plus saints exercices. Mais il faut bien se garder de croire qu'ils veuillent alors parler d'aucune impureté vicieuse.

Quand on entend clairement ce que les mystiques entendent par propriété, on ne peut plus avoir de peine à comprendre ce que veut dire désappropriation. C'est l'opération de la grace qui purifie l'amour, et qui le rend désintéressé dans l'exercice de toutes les vertus. C'est par les épreuves que cette désappropriation se fait. Elle y perd, disent les mystiques, toutes les vertus: mais cette perte n'est qu'apparente, et pour un temps borné. Le fond des vertus, loin de se perdre réellement, ne fait que se perfectionner par le pur amour. L'ame y est dépouillée de toutes les graces sensibles, de tous les goûts, de toutes les facilités, de toutes les ferveurs qui pourroient la consoler et la rassurer. Elle perd les actes méthodiques et excités avec empressement, pour se rendre à soi-même un témoignage intéressé sur sa perfection. Mais elle ne perd ni les actes directs de l'amour, ni l'exercice des vertus distinctes dans le cas du précepte, ni la haine intime du mal, ni la certitude momentanée nécessaire pour la droiture de conscience, ni le desir désintéressé de l'effet des promesses en elle. La seule apparence de son démérite suffit pour faire sa plus rigoureuse épreuve, pour lui ôter tout soutien aperçu, et pour ne laisser aucune ressource à l'intérêt propre. Pourquoi donc voudroit-on y ajouter encore quelque mal réel, comme si Dieu ne pouvoit perfectionner sa créature que par le péché réel? Au contraire, l'ame, pourvu qu'elle soit fidèle dans les épreuves qu'on nomme perte et désappropriation, ne souffre aucune diminution réelle de sa perfection, et ne fait que croître sans cesse dans la vie intérieure. Enfin l'ame qui se purifie dans l'expérience de ses fautes quotidiennes, en haïssant son imperfection parce qu'elle est contraire à Dieu, aime néanmoins l'abjection qui lui en revient; parce que cette abjection, loin d'être le péché, est au contraire l'humiliation, qui est la pénitence et le remède du péché même. Elle hait sincèrement toutes ses fautes autant qu'elle aime Dieu, souveraine perfection: mais elle se sert de ses fautes pour s'humilier paisiblement; et par-là *ses fautes deviennent les fenêtres de l'ame par où la lumière de Dieu entre*, suivant l'expression de Balthazar Alvarez [1].

Parler ainsi, c'est développer le vrai sens des meilleurs mystiques; c'est suivre un système simple, qui se réduit uniquement au désintéressement de l'amour, qui est autorisé par la tradition de tous les siècles.

XVI. — FAUX.

La propriété des mystiques, qui est l'amour intéressé, est une impureté réelle: c'est une souillure de l'ame. Les vertus de cet état ne sont point méritoires, il faut perdre réellement le fonds de ses vertus. Il faut cesser d'en produire les actes même les plus intimes et les plus directs. Il faut perdre réellement la haine du péché, l'amour de Dieu, les vertus distinctes de son état dans le cas du précepte. Il faut perdre réellement la certitude momentanée nécessaire pour la droiture de la conscience, et le desir même désintéressé de l'effet des promesses en nous. Il faut aimer notre abjection, en sorte que nous aimions véritablement notre péché même, parce qu'il nous rend abjects et contraires à Dieu. Enfin il faut, pour être entièrement pur, se dépouiller de ses vertus, et en faire à Dieu un sacrifice désintéressé par des actions volontaires qui violent sa loi écrite, et qui soient incompatibles avec ces vertus.

Parler ainsi, c'est faire un péché de l'amour intéressé, contre la décision formelle du saint concile de Trente. En même temps c'est dépouiller les ames de la robe d'innocence, et éteindre toute grace en elles sous prétexte de les en désapproprier. C'est autoriser le mystère d'iniquité, et renouveler l'impiété des faux gnostiques, qui vouloient se purifier par la pratique de l'impureté même, comme nous l'apprenons de saint Clément d'Alexandrie.

ARTICLE XVIII. — VRAI.

Il y a un très petit nombre d'ames qui soient dans ces dernières épreuves, où elles achèvent de se purifier de tout intérêt propre. Le reste des

---

[1] *Vie du P. Balthazar d'Alvarez*, chap. 15.

ames, sans passer par ces épreuves, ne laisse pas de parvenir à divers degrés de sainteté très réelle, et très agréable à Dieu. Autrement on réduiroit l'amour intéressé à un culte judaïque, ou insuffisant pour la vie éternelle, contre la décision du saint concile de Trente. Le directeur ne doit pas se rendre facile pour supposer que les tentations où il voit une ame sont des tentations extraordinaires. On ne sauroit trop se défier de l'imagination échauffée, et qui exagère tout ce que l'on ressent ou qu'on croit ressentir. Il faut se défier d'un orgueil subtil et presque imperceptible, qui tend toujours à se flatter d'être une ame extraordinairement conduite. Enfin il faut se défier de l'illusion qui se glisse, et qui fait qu'après avoir commencé par l'esprit avec une ferveur sincère, on finit par la chair. Il est donc capital de supposer d'abord que les tentations d'une ame ne sont que des tentations communes, dont le remède est la mortification intérieure et extérieure, avec tous les actes de crainte et toutes les pratiques de l'amour intéressé. Il faut même être ferme pour n'admettre rien au-delà, sans une entière conviction que ces remèdes sont absolument inutiles, et que le seul exercice simple et paisible du pur amour apaise mieux la tentation : c'est en cette occasion que l'illusion et le danger des égarements est extrême. Si un directeur sans expérience ou trop crédule suppose qu'une tentation commune est une tentation extraordinaire pour la purification de l'amour, il perd une ame, il la remplit d'elle-même, et il la jette dans une indolence incurable sur le vice, où elle ne peut manquer de tomber. Quitter les motifs intéressés quand on en a encore besoin, c'est ôter à un enfant le lait de sa nourrice, et le faire mourir cruellement en le sevrant mal à propos. Souvent les ames qui sont encore très imparfaites, et toutes pleines d'elles-mêmes, s'imaginent, sur des lectures indiscrètes et disproportionnées à leurs besoins, qu'elles sont dans les plus rigoureuses épreuves du pur amour, pendant qu'elles ne sont que dans des tentations très naturelles qu'elles s'attirent elles-mêmes par une vie lâche, dissipée et sensuelle. Les épreuves dont nous parlons ici ne regardent que des ames déjà consommées dans les autres mortifications extérieures et intérieures, qui ne se sont point réglées par les lectures prématurées, mais par la seule expérience de la conduite de Dieu sur elles, qui ne respirent que candeur et docilité, qui sont toujours toutes prêtes à croire qu'elles se trompent, et qu'elles doivent rentrer dans la voie commune. Ces ames ne sont mise en paix au milieu de leurs tentations par aucun des remèdes ordinaires qui sont les motifs d'un amour intéressé, du moins pendant qu'elles sont dans la grace du pur amour. Il n'y a que la fidèle coopération à la grace de ce pur amour qui calme leurs tentations, et c'est par-là qu'on peut distinguer leurs épreuves des épreuves communes. Les ames qui ne sont pas dans cet état tomberont infailliblement dans des excès horribles, si on veut, contre leur besoin, les tenir dans les actes simples du pur amour ; et celles qui ont le véritable attrait du pur amour ne seront jamais mises en paix par les pratiques ordinaires de l'amour intéressé. Qui est-ce qui a résisté à Dieu, et qui a eu la paix? Mais, pour faire un discernement des ames si délicat et si important, il faut éprouver les esprits, pour savoir s'ils viennent de Dieu ; et il n'y a que l'esprit de Dieu qui sonde les profondeurs de Dieu.

Parler ainsi, c'est parler avec toute la précaution nécessaire sur une matière où la précaution ne sauroit être trop grande, et c'est en même temps admettre toutes les maximes des saints.

XVII. — FAUX.

L'exercice simple, paisible et uniforme du pur amour, est le seul remède qu'il faut employer contre toutes les tentations de tous les différents états. On peut supposer que toutes les épreuves tendent à la même fin, et ont besoin du même remède. Toutes les pratiques de l'amour intéressé, et tous les actes excités par ce motif, ne font que remplir l'homme d'amour-propre, qu'irriter la jalousie de Dieu, et que fortifier la tentation.

Parler ainsi, c'est confondre tout ce que les saints ont si soigneusement séparé ; c'est aimer la séduction, et courir après elle ; c'est pousser les ames dans le précipice, en leur ôtant toutes les ressources de leur grace présente.

ARTICLE XVIII. — VRAI.

La volonté de Dieu est toujours notre unique règle, et l'amour se réduit tout entier à une volonté qui ne veut plus que ce que Dieu veut et lui fait vouloir. Mais il y a plusieurs sortes de volontés de Dieu. Il y a la volonté positive et écrite, qui commande le bien, et qui défend le mal. Celle-là est la seule règle invariable de nos volontés et de toutes nos actions volontaires. Il y a une volonté de Dieu, qui se montre à nous par l'inspiration ou attrait de la grace qui est dans tous les justes. Cette volonté de Dieu doit être toujours supposée entièrement conforme à la volonté écrite, et il n'est pas permis de croire qu'elle puisse exiger de nous autre chose que l'accomplissement fidèle des préceptes et des conseils renfermés dans la loi. La troisième volonté de Dieu est une volonté de simple permission. C'est celle qui souffre le péché sans l'approuver. La même volonté qui le permet le condamne : elle ne le permet pas en le voulant positivement, mais seulement en le laissant faire, et en ne l'empêchant point. Cette volonté de permission n'est jamais notre règle. Il seroit impie de vouloir notre péché, sous prétexte que Dieu le veut permissivement. 1° Il est faux que Dieu le veuille; il est vrai seulement qu'il n'a pas une volonté positive de l'empêcher. 2° Dans le temps même qu'il n'a pas la volonté positive de l'empêcher, il a la volonté actuelle et positive de le condamner et de le punir, comme essentiellement contraire à sa sainteté immuable, à laquelle il doit tout. 3° On ne doit jamais supposer la permission de Dieu pour le péché qu'après qu'on l'a malheureusement consommé, et qu'on ne peut plus empêcher que ce qui est fait ne soit fait. Alors il faut se conformer tout ensemble aux deux volontés de Dieu. Suivant l'une, il faut condamner et punir ce qu'il condamne et veut punir; suivant l'autre, il faut vouloir la confusion et l'abjection, qui n'est pas le péché, mais au contraire qui est la pénitence et le remède du péché même; parce que cette confusion salutaire, et cette abjection qui a toute l'amertume d'une médecine, est un bien réel que Dieu a voulu positivement tirer du péché, quoiqu'il n'ait jamais voulu positivement le péché même. C'est aimer le remède qu'on tire du poison, sans aimer le poison.

Parler ainsi, c'est parler comme tous les saints, et dans toute l'exactitude du dogme catholique.

XVIII. — FAUX.

Il faut se conformer à toutes les volontés de Dieu, et à ses permissions comme à ses autres volontés. Il faut donc permettre en nous le péché, quand nous croyons que Dieu le va permettre. Il faut aimer notre péché, quoique contraire à Dieu, à cause de son abjection qui purifie notre amour, et qui nous ôte toute prétention et tout mérite pour la récompense. Enfin, l'attrait ou inspiration de la grace, exige des ames, pour les rendre plus désintéressées sur la récompense éternelle, qu'elles violent la loi écrite.

Parler ainsi, c'est enseigner l'apostasie, et mettre l'abomination de la désolation dans le lieu le plus saint; ce n'est pas la voix de l'agneau, mais celle du dragon.

ARTICLE XIX. — VRAI.

L'oraison vocale sans la mentale, c'est-à-dire sans l'attention de l'esprit et l'affection du cœur, est un culte superstitieux qui n'honore Dieu que des lèvres, pendant que le cœur est loin de lui. L'oraison vocale n'est bonne et méritoire qu'autant qu'elle est dirigée et animée par celle du cœur. Il vaudroit mieux réciter peu de paroles avec beaucoup de recueillement et d'amour, que de longues prières avec peu ou point de recueillement, quand elles ne sont point de précepte. Prier sans attention et sans amour, c'est prier comme les païens, qui s'imaginoient d'être exaucés à cause de la multitude de leurs paroles. On ne prie qu'autant qu'on desire, et on ne desire qu'autant qu'on aime au moins d'un amour intéressé. Il faut néanmoins respecter et conseiller l'oraison vocale, parce qu'elle est propre à réveiller les pensées et les affections qu'elle exprime, qu'elle a été enseignée par le Fils de Dieu aux apôtres mêmes, et qu'elle a été pratiquée par toute l'Église dans tous les siècles. Il y auroit de l'impiété à mépriser ce sacrifice de louanges, ce fruit des lèvres qui confessent le nom du Seigneur. L'oraison vocale peut bien gêner pour un temps les ames contemplatives qui sont encore dans les commencements imparfaits de leur contemplation, parce que leur contemplation est plus sensible et affectueuse que pure et tranquille. Elle peut encore être à charge aux ames qui sont dans les dernières épreuves, parce que tout les trouble en cet état. Mais il ne faut jamais leur donner pour règle d'abandonner sans permission de l'Église, et sans une véritable impuissance reconnue par les supérieurs, aucune prière vocale qui soit d'obligation. L'oraison vocale, prise avec simplicité et sans scrupule lorsqu'elle est de précepte, peut bien gêner une ame par rapport aux choses que nous venons de marquer ; mais elle n'est jamais contraire à la plus haute contemplation. L'expérience fait même voir que les ames les plus éminentes, au milieu de leurs plus sublimes communications, font avec Dieu des colloques familiers, et qu'elles lisent ou récitent à haute voix, et dans une espèce de transport, certaines paroles enflammées des apôtres et des prophètes.

Parler ainsi, c'est expliquer la saine doctrine dans les termes les plus corrects.

XIX. — FAUX.

L'oraison vocale n'est qu'une pratique grossière et imparfaite des commençants. Elle est entièrement inutile aux ames contemplatives. Elles sont dispensées, par l'éminence de leur état, de la récitation des prières vocales qui leur sont commandées par l'Église, parce que leur contemplation contient éminemment tout ce que les différentes parties de l'office divin renferment de plus édifiant.

Parler ainsi, c'est mépriser la lecture des livres sacrés; c'est oublier que Jésus-Christ nous a enseigné une oraison vocale qui contient la perfection de la contemplation la plus haute; c'est ignorer que la pure contemplation n'est jamais perpétuelle en cette vie, et que dans ses intervalles on peut et on doit réciter fidèlement l'office qui est de précepte, et qui par lui-même est si propre à nourrir dans les ames l'esprit de contemplation.

ARTICLE XX. — VRAI.

La lecture ne doit se faire ni par curiosité, ni par le desir de juger de son état ou de se décider soi-même sur ses lectures, ni par un certain goût de ce qu'on appelle esprit et des choses élevées. Il ne faut lire les livres les plus saints, et même l'Écriture, qu'avec dépendance des pasteurs, ou des directeurs qui tiennent leurs places. C'est à eux à juger si chaque fidèle est assez préparé, si son cœur est assez purifié et assez docile pour chaque lecture différente. Ils doivent discerner l'aliment proportionné à chacun de nous. Rien ne cause tant d'illusion dans la vie intérieure que le choix indiscret des livres. Il vaut mieux lire peu, et faire de longues interruptions de recueillement, pour laisser l'amour imprimer en nous plus profondément les vérités chrétiennes. Quand le recueillement nous fait tomber le livre des mains, il n'y a qu'à le laisser tomber sans scrupule. On le reprendra assez dans la suite, et il reviendra à son tour pour renouveler le recueillement.

L'amour, quand il enseigne par son onction, surpasse tous les raisonnements que nous pourrions faire sur les livres. La plus puissante de toutes les persuasions est celle de l'amour. Il faut néanmoins reprendre le livre qui est au-dehors, quand le livre intérieur cesse d'être ouvert. Autrement l'esprit vide tomberoit dans une oraison vague et imaginaire, qui seroit une réelle et pernicieuse oisiveté. On négligeroit la propre instruction sur les vérités nécessaires; on abandonneroit la parole de Dieu; on ne poseroit jamais les fondements solides de la connoissance exacte de la loi de Dieu, et des mystères révélés.

Parler ainsi, c'est parler suivant la tradition et l'expérience des saintes ames.

XX. — FAUX.

La lecture, même des livres les plus saints, est inutile à ceux que Dieu enseigne entièrement et immédiatement par lui-même. Il n'est pas nécessaire que ces personnes aient posé le fondement de l'instruction commune; elles n'ont qu'à attendre toute lumière de vérité de leur oraison. Pour les lectures, quand on est porté à en faire, on peut choisir, sans consulter ses supérieurs, les livres qui traitent des états les plus avancés. On peut lire les livres qui sont ou censurés, ou suspects aux pasteurs.

Parler ainsi, c'est anéantir l'instruction chrétienne, qui est l'aliment de la foi; c'est substituer à la pure parole de Dieu une inspiration intérieure qui est fanatique. D'un autre côté, c'est permettre aux ames de s'empoisonner elles-mêmes par des lectures contagieuses, ou du moins disproportionnées à leurs vrais besoins, c'est leur enseigner la dissimulation et la désobéissance.

ARTICLE XXI. — VRAI.

Il faut distinguer la méditation de la contemplation. La méditation consiste dans des actes discursifs qui sont faciles à distinguer les uns des autres, parce qu'ils sont excités par une espèce de secousse marquée, parce qu'ils sont variés par la diversité des objets auxquels ils s'appliquent, parce qu'ils tirent une conviction sur une vérité de la conviction d'une autre vérité déjà connue, parce qu'ils tirent une affection de plusieurs motifs méthodiquement rassemblés; enfin, parce qu'ils sont faits et réitérés avec une réflexion qui laisse après elle des traces distinctes dans le cerveau. Cette composition d'actes discursifs et réfléchis est propre à l'exercice de l'amour intéressé, parce que cet amour imparfait, qui ne chasse point la crainte, a besoin de deux choses : l'une est de rappeler souvent tous les motifs intéressés de crainte et d'espérance; l'autre est de s'assurer de son opération par des actes bien marqués et bien réfléchis. Ainsi la méditation discursive est l'exercice convenable à cet amour mélangé d'intérêt. L'amour craintif et intéressé ne pourroit jamais se contenter de faire dans l'oraison des actes simples, sans aucune variété de motifs intéressés. Il ne pourroit jamais se contenter de faire des actes dont il ne se rendroit à lui-même, par réflexion, aucun témoignage. Au contraire, la contemplation est, selon les théologiens les plus célèbres, et selon les saints contemplatifs les plus expérimentés, l'exercice de l'amour parfait. Elle consiste dans des actes si simples, si directs, si paisibles, si uniformes;

qu'ils n'ont rien de marqué par où l'ame puisse les distinguer. C'est l'oraison parfaite de laquelle parloit saint Antoine, et qui n'est pas aperçue par le solitaire même qui la fait. La contemplation est également autorisée par les anciens Pères, par les docteurs de l'école, et par les saints mystiques. Elle est nommée un regard simple et amoureux, pour la distinguer de la méditation, qui est pleine d'actes méthodiques et discursifs. Quand l'habitude de la foi est grande, quand elle est perfectionnée par le pur amour, l'ame, qui n'aime plus Dieu que pour lui seul, n'a plus besoin de chercher ni de rassembler des motifs intéressés sur chaque vertu pour son propre intérêt. Le raisonnement, au lieu de l'aider, l'embarrasse et la fatigue. Elle ne veut qu'aimer; elle trouve le motif de toutes les vertus dans l'amour. Il n'y a plus pour elle qu'un seul nécessaire. C'est dans cette pure contemplation qu'on peut dire ce que dit saint François de Sales [1] : *Il faut que l'amour soit bien puissant, puisqu'il se soutient lui seul, sans être appuyé d'aucun plaisir ni d'aucune prétention.*

La méditation affective et discursive, quoique moins parfaite que la pure et directe contemplation, est néanmoins un exercice très agréable à Dieu et très nécessaire à la plupart des bonnes ames. Elle est le fondement ordinaire de la vie intérieure, et l'exercice de l'amour pour tous les justes qui ne sont point encore dans le parfait désintéressement.

Elle a fait dans tous les temps un grand nombre de saints. Il y auroit une témérité scandaleuse à en détourner les ames, sous prétexte de les introduire dans la contemplation. Il y a même souvent, dans la méditation la plus discursive, et encore plus dans l'oraison affectueuse, certains actes paisibles et directs qui sont un mélange de contemplation imparfaite.

Parler ainsi, c'est parler suivant l'esprit de la tradition, et suivant les maximes des saints les plus éloignés de toute nouveauté et de toute illusion.

XXI. — FAUX.

La méditation n'est qu'une étude sèche et stérile : ses actes discursifs et réfléchis ne sont qu'un travail vain, et qui fatigue l'ame sans la nourrir : ses motifs intéressés ne produisent qu'un exercice d'amour-propre. Jamais on n'avance par cette voie. Il faut se hâter d'en dégoûter les bonnes ames, pour les faire passer dans la contemplation, où les actes ne sont plus de saison.

[1] *Amour de Dieu*, liv. 9, chap. 21.

Parler ainsi, c'est dégoûter les ames du don de Dieu; c'est tourner en mépris les fondements de la vie intérieure; c'est vouloir ôter ce que Dieu donne, et vouloir que l'on compte témérairement sur ce qu'il ne lui plaît pas de donner; c'est arracher l'enfant de la mamelle avant qu'il puisse digérer l'aliment solide.

ARTICLE XXII. — VRAI.

Une ame peut quitter la méditation discursive et entrer dans la contemplation, lorsqu'elle a les trois marques suivantes : 1° qu'elle ne tire plus de la méditation la nourriture intérieure qu'elle en tiroit auparavant, et qu'au contraire elle n'y fait plus que se distraire, se dessécher, et languir contre son attrait; 2° qu'elle ne trouve de facilité, d'occupation et de nourriture intérieure, que dans une simple présence de Dieu purement amoureuse, qui la renouvelle pour toutes les vertus de son état; 3° qu'elle n'a ni goût ni pente que pour le recueillement; en sorte que son directeur qui l'éprouve la trouve humble, sincère, docile, détachée du monde entier et d'elle-même. Une ame peut par obéissance, avec ces trois marques de vocation, entrer dans l'oraison contemplative sans tenter Dieu.

Parler ainsi, c'est suivre les anciens Pères, tels que saint Clément d'Alexandrie, saint Grégoire de Nazianze, saint Augustin, saint Grégoire pape, Cassien, et tous les ascètes; saint Bernard, saint Thomas, et toute l'école. C'est parler comme les plus saints mystiques, qui ont été le plus opposés à l'illusion.

XXII. — FAUX.

On peut introduire une ame dans la contemplation, sans attendre ces trois marques. Il suffit que la contemplation soit plus parfaite que la méditation, pour devoir préférer l'une à l'autre. C'est amuser les ames, et les faire languir dans une méthode infructueuse, que de ne les mettre pas d'abord dans la liberté du pur amour.

Parler ainsi, c'est renverser la discipline de l'Église; c'est mépriser la spiritualité des saints Pères; c'est démentir toutes les maximes des plus saints mystiques; c'est précipiter les ames dans l'erreur.

ARTICLE XXIII. — VRAI.

La méditation discursive ne convient pas aux ames que Dieu attire actuellement à la contemplation par les trois marques ci-dessus rapportées, et qui ne rentreroient dans les actes discursifs que par scrupule, et pour rechercher leur propre intérêt contre l'attrait actuel de leur grace.

Parler ainsi, c'est parler comme le bienheureux Jean de la Croix, qui, dans ces circonstances précises seulement, appelle la méditation [1] *un moyen bas, et un moyen de boue*; c'est parler comme tous les mystiques canonisés ou approuvés par toute l'Église après l'examen le plus rigoureux; c'est même se conformer évidemment aux principes d'une exacte théologie.

XXIII. — FAUX.

Dès qu'on a commencé à contempler, il ne faut plus revenir jamais à la méditation : ce seroit reculer et déchoir. Il vaut mieux s'exposer à toutes sortes de tentations et à l'oisiveté intérieure, que de reprendre les actes discursifs.

Parler ainsi, c'est ignorer que le passage de la méditation à la contemplation est celui de l'amour intéressé au pur amour; que ce passage est d'ordinaire long, imperceptible, et mélangé de ces deux états; comme les nuances de couleurs font un passage insensible d'une couleur à une autre où elles se mêlent toutes deux. C'est contredire tous les bons mystiques, qui disent, avec le Père Balthazar Alvarez, qu'il faut prendre la rame de la méditation, quand le vent de la contemplation n'enfle plus les voiles; c'est priver souvent les ames du seul aliment que Dieu leur laisse.

ARTICLE XXIV. — VRAI.

Il y a un état de contemplation si haute et si parfaite qu'il devient habituel, en sorte que toutes les fois qu'une ame se met en actuelle oraison, son oraison est contemplative et non discursive. Alors elle n'a plus besoin de revenir à la méditation, ni à ses actes méthodiques. Si néanmoins il arrivoit, contre le cours ordinaire de la grace, et contre l'expérience commune des saints, que cette contemplation habituelle vînt à cesser absolument il faudroit toujours, à son défaut, substituer les actes de la méditation discursive, parce que l'ame chrétienne ne doit jamais demeurer réellement dans le vide et dans l'oisiveté. Il faut même supposer qu'une ame qui déchoiroit d'une si haute contemplation n'en déchoiroit que par quelque infidélité secrète; car les dons de Dieu sont de sa part sans repentir. Il n'abandonne que ceux dont il est abandonné, et il ne diminue ses graces que pour ceux qui diminuent leur coopération. Il faudroit seulement persuader à cette ame que ce n'est point Dieu qui lui manque, mais que c'est elle qui doit avoir manqué à Dieu. Une ame de ce degré pourroit aussi être remise dans la méditation par l'ordre d'un directeur qui voudroit l'éprouver : mais alors elle devroit, suivant la règle de la sainte indifférence et celle de l'obéissance, être aussi contente de méditer comme les commençants que de contempler comme les chérubins.

Parler ainsi, c'est suivre l'esprit de l'Église, et prévenir tous les dangers d'illusion; c'est parler comme les plus grands saints, dont l'Église a pour ainsi dire canonisé les livres avec les personnes.

XXIV. — FAUX.

Il vaut mieux demeurer dans une absolue inaction, que de reprendre le moins parfait pour le plus parfait. L'état habituel de contemplation est tellement invariable, qu'on ne doit jamais supposer qu'on n'en puisse déchoir par une infidélité secrète.

Parler ainsi, c'est inspirer aux hommes une assurance téméraire; c'est jeter les ames dans un danger manifeste d'égarement.

ARTICLE XXV. — VRAI.

Il y a en cette vie un état habituel, mais non entièrement invariable, où les ames les plus parfaites font toutes leurs actions délibérées en présence de Dieu et pour l'amour de lui, suivant les paroles de l'Apôtre : *Que toutes vos actions se fassent en charité*; et encore : *Soit que vous mangiez, soit que vous buviez, ou que vous fassiez autre chose, agissez pour la gloire de Dieu*. Ce rapport de toutes nos actions délibérées à notre fin unique est l'oraison perpétuelle recommandée par Jésus-Christ, quand il veut que *notre oraison soit sans défaillance*; et par saint Paul, quand il dit : *Priez sans intermission*. Mais on ne doit jamais confondre cette oraison avec la contemplation pure et directe, ou prise, comme parle saint Thomas, dans les actes les plus parfaits. L'oraison qui consiste dans le rapport à Dieu de toutes nos actions délibérées peut être perpétuelle en un sens, c'est-à-dire qu'elle peut durer autant que nos actions délibérées. En ce cas, elle n'est interrompue que par le sommeil, et les autres défaillances de la nature qui font cesser tout acte libre et méritoire. Mais la contemplation pure et directe n'a pas même cette espèce de perpétuité, parce qu'elle est souvent interrompue par les actes des vertus distinctes qui sont nécessaires à tous les chrétiens, et qui ne sont point des actes de pure et directe contemplation.

---

[1] *Vive flamme d'amour*, cant. III.

Parler ainsi, c'est lever toute équivoque dans une matière où il est si dangereux d'en faire; c'est empêcher les mystiques mal instruits des dogmes de la foi, de représenter leur état comme s'ils n'étoient plus dans le pèlerinage de cette vie. Enfin, c'est parler comme Cassien, qui dit, dans sa première conférence, *que la pure contemplation n'est jamais absolument perpétuelle en cette vie.*

XXV — FAUX.

La contemplation pure et directe est absolument perpétuelle en certaines ames : le sommeil même ne l'interrompt pas. Elle consiste dans un acte simple et unique qui est permanent, qui n'a jamais besoin d'être réitéré, et qui subsiste toujours par lui-même, à moins qu'il ne soit révoqué par quelque acte contraire.

Parler ainsi, c'est nier le pèlerinage de cette vie, les défaillances naturelles de l'ame, et l'état du sommeil, où les actes ne sont plus ni libres ni méritoires; c'est en même temps dispenser une ame contemplative des actes distincts des vertus nécessaires dans son état, lesquels ne sont point des actes de pure et directe contemplation. Enfin, c'est ignorer que tout acte de l'entendement ou de la volonté est essentiellement passager; que pour aimer Dieu pendant dix moments, il faut faire dix actes successifs d'amour, dont l'un n'est point l'autre; dont l'un pourroit ne suivre jamais l'autre; dont l'un est tellement passé, qu'il n'en reste rien quand l'autre qui n'étoit point commence à être. Enfin, c'est parler d'une manière aussi extravagante, suivant les premiers principes de la philosophie, que monstrueuse suivant les règles de la religion.

ARTICLE XXVI. — VRAI.

Pendant les intervalles qui interrompent la pure et directe contemplation, une ame très parfaite peut exercer les vertus distinctes dans tous ses actes délibérés, avec la même paix et la même pureté ou désintéressement d'amour dont elle contemple pendant que l'attrait de la contemplation est actuel. Le même exercice d'amour qui se nomme contemplation ou quiétude quand il demeure dans sa généralité et qu'il n'est appliqué à aucune fonction particulière, devient chaque vertu distincte, suivant qu'il est appliqué aux occasions particulières : car c'est l'objet, comme parle saint Thomas, qui spécifie toutes les vertus. Mais l'amour pur et paisible demeure toujours le même, quant au motif ou à la fin, dans toutes ces différentes spécifications.

Parler ainsi, c'est parler comme l'école la plus exacte et la plus précautionnée.

XXVI. — FAUX.

La contemplation pure et directe est sans aucune interruption, en sorte qu'elle ne laisse aucun intervalle à l'exercice des vertus distinctes qui sont nécessaires à chaque état. Tous les actes délibérés de la vie du contemplatif regardent les choses divines, qui sont l'objet précis de la pure contemplation; et cet état ne souffre, du côté des objets auxquels l'amour est appliqué, aucune distinction ou spécification des vertus.

Parler ainsi, c'est anéantir toutes les vertus les plus intérieures; c'est contredire non-seulement toute la tradition des saints docteurs, mais encore les mystiques les plus expérimentés; c'est contredire saint Bernard, sainte Thérèse, et le bienheureux Jean de la Croix, qui bornent sur leurs expériences particulières la pure contemplation à une demi-heure, pour faire entendre qu'on doit toujours supposer qu'elle a des bornes.

ARTICLE XXVII. — VRAI.

La contemplation pure et directe est négative, en ce qu'elle ne s'occupe volontairement d'aucune image sensible, d'aucune idée distincte et nominable, comme parle saint Denis; c'est-à-dire d'aucune idée limitée et particulière sur la divinité; mais qu'elle passe au-dessus de tout ce qui est sensible et distinct, c'est-à-dire compréhensible et limité, pour ne s'arrêter qu'à l'idée purement intellectuelle et abstraite de l'Être qui est sans bornes et sans restriction. Cette idée, quoique très différente de tout ce qui peut être imaginé ou compris, est néanmoins très réelle et très positive. La simplicité de cette idée, purement immatérielle, et qui n'a point passé par les sens ni par l'imagination, n'empêche pas que la contemplation ne puisse avoir pour objets distincts tous les attributs de Dieu; car l'essence sans les attributs ne seroit plus l'essence même, et l'idée de l'Être infiniment parfait renferme essentiellement dans sa simplicité les perfections infinies de cet Être. Cette simplicité n'empêche pas que l'ame contemplative ne contemple encore distinctement les trois personnes divines, parce qu'une idée, si simple qu'elle puisse être, peut néanmoins représenter divers objets réellement distingués les uns des autres. Enfin, cette simplicité n'exclut point la vue distincte de l'humanité de Jésus-Christ et de tous ses mystères, parce que la pure contemplation admet d'autres idées avec celle de la divinité. Elle admet tous les objets que la pure foi nous peut présenter ; elle n'exclut, sur les choses divines, que les images sensibles et les opérations discursives. Quoique les actes qui vont directement et immédiatement à Dieu seul soient plus parfaits, si on les prend du côté de l'objet et dans une rigueur philosophique, ils sont néanmoins aussi parfaits du côté du principe, c'est-à-dire aussi purs et aussi méritoires, quand ils ont pour objets les objets que Dieu présente, et dont on ne s'occupe que par l'impression de sa grace. En cet état, une ame ne considère plus les mystères de Jésus-Christ par un travail méthodique et sensible de l'imagination, pour s'en imprimer des traces dans le cerveau, et pour s'en attendrir avec consolation. Elle ne s'en occupe plus par une opération discursive et par un raisonnement suivi, pour tirer des conclusions de chaque mystère ; mais elle voit d'une vue simple et amoureuse tous ces divers objets, comme certifiés et rendus présents par la pure foi. Ainsi, l'ame peut exercer, dans la plus haute contemplation, les actes de la foi la plus explicite. La contemplation des bienheureux dans le ciel, étant purement intellectuelle, a pour objets distincts tous ces mystères de l'humanité du Sauveur, dont ils chantent les graces et les victoires. A plus forte raison la contemplation très imparfaite du pélerinage de cette vie ne peut jamais être altérée par la vue distincte de tous ces objets.

Parler ainsi, c'est parler comme toute la tradition, et comme tous les bons mystiques ont voulu parler.

XXVII. — FAUX.

La contemplation pure exclut toute image, c'est-à-dire toute idée même purement intellectuelle. L'ame contemplative n'admet aucune idée réelle et positive de Dieu qui le distingue des autres êtres. Elle ne doit voir ni les attributs divins qui le distinguent de toutes les créatures, ni les trois personnes divines, de peur d'altérer la simplicité de son regard. Elle doit encore moins s'occuper de l'humanité de Jésus-Christ, puisqu'elle n'est pas la nature divine ; ni de ses mystères, parce qu'ils multiplieroient trop la contemplation. Les ames de cet état n'ont plus besoin de penser à Jésus-Christ, qui n'est que la voie pour arriver à Dieu son père, parce qu'elles sont déja arrivées au terme.

Parler ainsi, c'est ignorer ce que tous les bons mystiques mêmes ont voulu dire de la plus pure contemplation ; c'est anéantir la foi, sans laquelle la contemplation même est anéantie ; c'est faire une contemplation chimérique qui n'a aucun objet réel, et qui ne peut plus distinguer Dieu du néant ; c'est anéantir le christianisme, sous prétexte de le purifier ; c'est faire une espèce de déisme qui retombe un moment après dans une espèce d'athéisme, où toute idée réelle de Dieu, comme distingué de ses créatures, est rejetée. Enfin, c'est avancer deux impiétés ; la première est de supposer qu'il y a sur la terre quelque contemplatif qui n'est plus voyageur, et qui n'a plus besoin de la voie, parce qu'il est arrivé au terme ; la seconde est d'ignorer que Jésus-Christ, qui est la voie, n'est pas moins la vérité et la vie ; qu'il est autant le consommateur que l'auteur de notre salut ; qu'enfin les anges mêmes, dans leur plus sublime contemplation, ont desiré de voir ses mystères, et que les bienheureux chantent sans cesse le cantique de l'Agneau en sa présence.

ARTICLE XXVIII. — VRAI.

Les ames contemplatives sont privées de la vue distincte, sensible et réfléchie de Jésus-Christ en deux temps différents : mais elles ne sont jamais privées pour toujours en cette vie de la vue simple et distincte de Jésus-Christ. Premièrement, dans la ferveur naissante de leur contemplation, cet exercice est encore très imparfait ; il ne représente Dieu que d'une manière confuse. L'ame, comme absorbée par son goût sensible pour le recueillement, ne peut encore être occupée de vues distinctes : ces vues distinctes lui feroient une espèce de distraction dans sa foiblesse, et la rejetteroient dans le raisonnement de la méditation, d'où elle est à peine sortie. Cette impuissance de voir distinctement Jésus-Christ n'est pas la perfection, mais au contraire l'imperfection de cet exercice, parce qu'il est alors plus sensible que pur. Secondement, une ame perd de vue Jésus-Christ dans les dernières épreuves, parce qu'alors Dieu ôte à l'ame la possession et la connoissance réfléchie de tout ce qui est bon en elle, pour la purifier de tout intérêt propre. En cet état de trouble et d'obscurcissement involontaire, l'ame ne perd pas plus de vue Jésus-Christ que Dieu. Mais toutes ses pertes ne sont qu'apparentes et passagères ; après quoi Jésus-Christ n'est pas moins rendu à l'ame que Dieu même. Hors ces deux cas, l'ame la plus élevée peut dans l'actuelle contemplation être occupée de Jésus-Christ rendu présent par la foi ; et dans les intervalles où la pure contemplation cesse, elle est encore occupée de Jésus-Christ. On trouvera dans la pratique que les ames les plus éminentes dans la contemplation sont celles qui sont les plus occupées de lui. Elles lui parlent à toute heure, comme l'épouse à l'époux. Souvent elles ne voient plus que lui seul en elles. Elles portent successivement des impressions profondes de tous ses mystères, et de tous les états de sa vie mortelle. Il est vrai qu'il devient quelque chose de si intime dans leur cœur, qu'elles s'accoutument à le regarder moins comme un objet étranger et extérieur, que comme le principe intérieur de leur vie.

Parler ainsi, c'est réprimer la plus damnable de toutes les erreurs; c'est expliquer nettement les expériences et les expressions des saints, dont les ames livrées à l'illusion pourroient abuser.

XXVIII. — FAUX.

Les ames contemplatives n'ont plus besoin de voir distinctement l'humanité de Jésus-Christ, qui n'est que la voie, parce qu'elles sont arrivées au terme. La chair de Jésus-Christ n'est plus un objet digne d'elles, et elles ne le connoissent plus selon la chair, même rendue présente par la pure foi. Elles ne sont non plus occupées de lui hors de l'actuelle contemplation, que dans la pure contemplation même. Dieu, qu'elles possèdent dans sa suprême, simplicité leur suffit. Elles ne doivent s'occuper ni des personnes divines, ni des attributs de la divinité.

Parler ainsi, c'est ôter la pierre angulaire; c'est arracher aux fidèles la vie éternelle, qui ne consiste qu'à ne connoître le seul Dieu véritable et Jésus-Christ son fils, qu'il a envoyé; c'est être l'Antechrist qui rejette le Verbe fait chair; c'est mériter l'anathème que l'Apôtre prononce contre tous ceux qui n'aimeront pas le Seigneur Jésus.

ARTICLE XXIX. — VRAI.

On peut dire que la contemplation passive est infuse, en ce qu'elle prévient les ames avec une douceur et une paix encore plus grande que les autres graces ne préviennent le commun des justes. C'est une grace encore plus gratuite que toutes les autres qui sont données pour mériter, parce qu'elle opère dans les ames le plus pur et le plus parfait amour. Mais la contemplation passive n'est ni purement infuse, puisqu'elle est libre et méritoire, ni purement gratuite, puisque l'ame y correspond à la grace : elle n'est point miraculeuse, puisqu'elle ne consiste, suivant le témoignage de tous les saints, que dans une connoissance amoureuse, et que la grace sans miracle suffit pour la foi la plus vive, et pour l'amour le plus épuré. Enfin, cette contemplation ne peut être miraculeuse, puisqu'on la suppose dans un état de pure et obscure foi, où le fidèle n'est conduit par aucune autre lumière que par celle de la simple relévation, et de l'autorité de l'Église, commune à tous les justes. Il est vrai que plusieurs mystiques ont supposé que cette contemplation étoit miraculeuse, parce qu'on y contemple une vérité qui n'a point passé par les sens et par l'imagination. Il est vrai aussi que ces mystiques ont reconnu un fond de l'ame qui opéroit dans cette contemplation sans aucune opération distincte des puissances. Mais ces deux choses ne sont venues que de la philosophie de l'école, dont ces mystiques étoient prévenus. Tout ce grand mystère s'évanouit, dès qu'on suppose avec saint Augustin que nous avons sans miracle des idées intellectuelles qui n'ont point passé par les sens, et quand on suppose d'un autre côté que le fond de l'ame n'est point réellement distingué de ses puissances. Alors toute la contemplation passive se réduit à quelque chose de très simple, et qui n'a rien de miraculeux. C'est un tissu d'actes de foi et d'amour si simples, si directs, si paisibles et si uniformes, qu'ils ne paroissent plus faire qu'un seul acte, ou même qu'ils ne paroissent plus faire aucun acte, mais un repos de pure union. C'est ce qui fait que saint François de Sales ne veut pas qu'on l'appelle union, de peur d'exprimer un mouvement ou action pour s'unir, mais une simple et pure unité. De-là vient que les uns, comme saint François d'Assise dans son grand cantique, ont dit qu'ils ne pouvoient plus faire d'actes; et que d'autres, comme Grégoire Lopez, ont dit qu'ils faisoient un acte continuel pendant toute leur vie. Les uns et les autres, par des expressions qui semblent opposées, veulent dire la même chose. Ils ne font plus d'actes empressés et marqués par une secousse inquiète : ils font des actes si paisibles et si uniformes, que ces actes, quoique très réels, très successifs, et même interrompus, leur paroissent ou un seul acte sans interruption, ou un repos continuel. De-là vient qu'on a nommé cette contemplation oraison de silence ou de quiétude; de-là vient enfin qu'on l'a appelée passive. A Dieu ne plaise qu'on la nomme jamais ainsi pour en exclure l'action réelle, positive et méritoire du libre arbitre, ni les actes réels et successifs qu'il faut réitérer à chaque moment! Elle n'est appelée passive que pour exclure l'activité ou empressement intéressé des ames, lorsqu'elles veulent encore s'agiter pour sentir et pour voir leur opération, qui seroit moins marquée si elle étoit plus simple et plus unie. La contemplation passive n'est que la pure contemplation : l'active est celle qui est encore mêlée d'actes empressés et discursifs. Ainsi, quand la contemplation a encore un mélange d'empressement intéressé qu'on nomme activité, elle est encore active. Quand elle n'a plus qu'un reste de cette activité, elle est entièrement passive, c'est-à-dire paisible et désintéressée dans ses actes. Enfin, plus l'ame est passive à l'égard de Dieu, plus elle est agissante à l'égard de ce qu'elle doit faire; c'est-à-dire que plus elle est souple à l'impulsion divine, plus son mouvement est efficace, quoique sans secous ses ni agitation. Car il est toujours également vrai que plus l'ame reçoit de Dieu, plus elle doit lui rendre ce qu'elle en a reçu. C'est ce flux et reflux qui fait tout l'ordre de la grace et toute la fidélité de la créature.

Parler ainsi, c'est aller au-devant de toutes les illusions, c'est expliquer à fond la contemplation passive, qu'on ne peut nier sans une insigne témérité, et qu'on ne pourroit étendre plus loin sans un danger extrême ; c'est démêler tout ce que les saints ont dit dans des termes que la subtilité de quelques théologiens a un peu obscurcis.

XXIX. — FAUX.

La contemplation passive est purement passive, en sorte que le libre arbitre n'y coopère plus à la grace par aucun acte réel et passager. Elle est purement infuse, purement gratuite, et sans mérite de la part de l'ame. Elle est miraculeuse, et elle tire pendant qu'elle dure une ame de l'état de pure et obscure foi. Elle est un saisissement ou ravissement surnaturel qui prévient l'ame. Elle est une inspiration extraordinaire qui met une ame hors des règles communes. Elle est une absolue ligature ou évacuation des puissances; en sorte que l'entendement et la volonté sont alors dans une absolue impuissance de rien opérer, ce qui est sans doute une suspension miraculeuse et extatique.

Parler ainsi, c'est renverser le système de pure foi, qui est celui de tous les bons mystiques, et surtout du bienheureux Jean de la Croix ; c'est confondre la contemplation passive, qui est libre et méritoire, avec des graces purement gratuites qui n'ont rien de commun, et que les saints nous avertissent qui ne doivent jamais nous occuper volontairement; c'est contredire tous les auteurs, qui mettent cette contemplation dans un regard libre, amoureux et méritoire, et par conséquent dans des actes réels mais simples de ces deux puissances ; c'est contredire sainte Thérèse même, qui assure que, dans la septième demeure, l'ame n'a plus aucun de ces ravissements qui suspendent, contre l'ordre de la nature, les opérations de l'entendement et de la volonté ; c'est contredire tous les grands spirituels, qui ont dit que ces suspensions des opérations naturelles, loin d'être un état parfait, sont au contraire un signe que la nature n'est pas encore assez purifiée, et que de tels effets cessent à mesure que l'ame est plus purifiée, et plus familiarisée avec Dieu dans l'état de pure foi; c'est confondre la peine qu'auroit une ame pure à faire des actes inquiets et réfléchis pour son intérêt propre contre l'attrait actuel de la grace, avec une impuissance absolue de faire des actes par un effort même naturel. Une méprise en cette matière peut être dans les uns une source inépuisable d'illusion, ou dans les autres un sujet de scandale très mal fondé.

ARTICLE XXX. — VRAI.

L'état passif dont tous les saints mystiques ont tant parlé n'est passif que comme la contemplation est passive, c'est-à-dire qu'il exclut non les actes paisibles et désintéressés, mais seulement l'activité, ou les actes inquiets et empressés pour notre intérêt propre. L'état passif est celui où une ame, n'aimant plus Dieu d'un amour mélangé, fait tous ses actes délibérés d'une volonté pleine et efficace, mais tranquille et désintéressée. Tantôt elle fait les actes simples et indistincts qu'on nomme quiétude ou contemplation; tantôt elle fait les actes distincts des vertus convenables à son état. Mais elle fait les uns et les autres d'une manière également passive, c'est-à-dire paisible et désintéressée. Cet état est habituel, mais il n'est pas entièrement invariable : car outre que l'ame en peut déchoir absolument, de plus elle y commet des fautes vénielles. Cet état passif ne suppose aucune inspiration extraordinaire : il ne renferme qu'une paix et une souplesse infinie de l'ame pour se laisser mouvoir à toutes les impressions de la grace. Une plume bien sèche et bien légère, comme dit Cassien, est emportée sans résistance par le moindre souffle de vent, et ce souffle la pousse en tous sens avec promptitude; au lieu que si elle étoit mouillée et appesantie, son propre poids la rendroit moins mobile et moins facile à enlever. L'ame, dans l'amour intéressé, qui est le moins parfait, a encore un reste de crainte intéressée qui la rend moins légère, moins souple et moins mobile, quand le souffle de l'esprit intérieur la pousse. L'eau qui est agitée ne peut être claire, ni recevoir l'image des objets voisins : mais une eau tranquille devient comme la glace pure d'un miroir. Elle reçoit sans altération toutes les images des divers objets, et elle n'en garde aucune. L'ame pure et paisible est de même. Dieu y imprime son image et celle de tous les objets qu'il veut y imprimer : tout s'imprime, tout s'efface. Cette ame n'a aucune forme propre, et elle a également toutes celles que la grace lui donne. Il ne lui reste rien, et tout s'efface comme dans l'eau, dès que Dieu veut faire des impressions nouvelles. Il n'y a que le pur amour qui donne cette paix et cette docilité parfaite. Cet etat passif n'est point une contemplation toujours actuelle. La contemplation, qui ne dure que des temps bornés, fait seulement partie de cet état habituel. L'amour désintéressé ne doit pas être moins désintéressé, ni par conséquent moins paisible dans les actes distincts des vertus que dans les actes indistincts de la pure contemplation.

Parler ainsi, c'est lever toute équivoque, et admettre un état qui n'est que l'exercice du pur amour, si autorisé par toute la tradition.

XXX. — FAUX.

L'état passif consiste dans une contemplation passive qui est perpétuelle ; et cette contemplation passive est une espèce d'extase continuelle ou ligature miraculeuse des puissances, qui les met dans une impuissance réelle d'opérer librement.

Parler ainsi, c'est confondre l'état passif avec la contemplation passive, et c'est encore avoir de la contemplation passive une très fausse idée ; c'est supposer un état d'extase miraculeuse et perpétuelle qui exclut toute voie de foi, toute liberté, tout mérite et tout démérite, enfin qui est incompatible avec le pélerinage de cette vie : c'est ignorer les expériences des saints et confondre toutes leurs idées.

ARTICLE XXXI. — VRAI.

Il y a dans l'état passif une simplicité et une enfance marquée par les saints ; mais les enfants de Dieu, qui sont simples à l'égard du bien, sont toujours prudents contre le mal. Ils sont sincères, ingénus, tranquilles, et sans desseins. Ils ne rejettent point la sagesse, mais seulement la propriété de la sagesse. Ils se désapproprient de leur sagesse comme de toutes leurs autres vertus. Ils usent avec fidélité, en chaque moment, de toute la lumière naturelle de la raison, et de toute la lumière surnaturelle de la grace actuelle, pour se conduire selon la loi écrite, et selon les véritables bienséances. Une ame en cet état n'est sage ni par une recherche empressée de la sagesse, ni par un retour intéressé sur soi pour s'assurer qu'elle est sage, et pour jouir de sa sagesse en tant que propre. Mais sans songer à être sage en soi, elle l'est en Dieu, en n'admettant volontairement aucun des mouvements précipités et irréguliers des passions, ou de l'humeur, ou de l'amour-propre, et en usant toujours sans propriété de la lumière tant naturelle que surnaturelle du moment présent. Ce moment présent a une certaine étendue morale, où l'on doit renfermer toutes les choses qui ont un rapport naturel et prochain à l'affaire dont il est actuellement question. Ainsi à chaque jour suffit son mal, et l'ame laisse le jour de demain prendre soin de lui-même, parce que ce jour de demain qui n'est pas encore à elle portera avec lui, s'il vient, sa grace et sa lumière, qui est le pain quotidien. De telles ames méritent et s'attirent un soin spécial de la Providence, dans le soin de laquelle elles vivent sans prévoyance éloignée et inquiète, comme de petits enfants dans le sein de leur mère. Elles ne se possèdent point comme les sages, qui sont sages en eux-mêmes, malgré la défense de l'Apôtre ; mais elles se laissent posséder, instruire et mouvoir en toute occasion par la grace actuelle, qui leur communique l'esprit de Dieu. Ces ames ne croient point être extraordinairement inspirées ; elles croient au contraire qu'elles peuvent se tromper, et elles ne l'évitent qu'en ne jugeant presque jamais de rien. Elles se laissent corriger, et n'ont ni sens ni volonté propre. Tels sont les enfants que Jésus-Christ veut qu'on laisse approcher de lui. Ils ont dans la simplicité de la colombe toute la prudence du serpent, mais une prudence empruntée qu'ils ne s'approprient non plus que je m'approprie les rayons du soleil quand je marche à sa lumière. Tels sont les pauvres d'esprit que Jésus-Christ a déclarés bienheureux, et qui se détachent de leurs talents propres, comme tous les chrétiens doivent se détacher de leurs biens temporels. Tels sont les petits auxquels Dieu révèle avec complaisance ses mystères, pendant qu'il les cache aux sages et aux prudents.

Parler ainsi, c'est parler suivant l'esprit de l'Évangile et de toute la tradition.

XXXI. — FAUX.

La raison est une fausse lumière. Il faut agir sans la consulter, fouler aux pieds les bienséances, suivre sans hésitation tous ses premiers mouvements, et les supposer divins. Il faut retrancher non-seulement les réflexions inquiètes, mais encore toutes les réflexions ; non-seulement les prévoyances empressées et éloignées, mais encore toutes les prévoyances. Ce n'est pas assez de n'être point sage en soi-même : il faut s'abandonner jusqu'à ne veiller plus sur soi d'une vigilance simple et paisible; et jusqu'à ne laisser point tomber les mouvements précipités de la nature, pour ne recevoir que ceux de la grace.

Parler ainsi, c'est croire que la raison, qui est le premier des dons de Dieu dans l'ordre de la nature, est un mal, et par conséquent renouveler l'erreur folle et impie des manichéens; c'est vouloir changer la perfection en un fanatisme continuel ; c'est vouloir qu'on tente Dieu dans tous les moments de la vie.

ARTICLE XXXII. — VRAI.

Il y a dans l'état passif une liberté des enfants de Dieu, qui n'a aucun rapport au libertinage effréné des enfants du siècle. Ces ames simples ne sont plus gênées par les scrupules des ames qui craignent et qui espèrent pour leur intérêt propre. L'amour pur leur donne une familiarité respectueuse avec Dieu, comme une épouse en a avec son époux. Elles ont une paix et une joie pleine d'innocence. Elles prennent avec simplicité et sans hésitation les soulagements d'esprit et de corps qui leur sont véritablement nécessaires, comme elles le conseilleroient à leur prochain. Elles parlent d'elles-mêmes sans en juger positivement, mais par pure obéissance et pour le vrai besoin, suivant que les choses leur paroissent dans le moment même. Elles en parlent alors simplement en bien ou en mal, comme elles parleroient d'autrui, sans aucun attachement ni à ce qui leur paroît, ni à la bonne opinion que leurs paroles les plus simples et les plus modestes pourroient donner d'elles, et reconnoissant toujours, avec une humble joie, que s'il y a quelque bien en elles, il ne vient que de Dieu.

Parler ainsi, c'est rapporter les expériences des saints sans blesser la règle des mœurs évangéliques.

XXXII. — FAUX.

La liberté des ames passives est fondée sur une innocence de désappropriation qui rend pur pour elles tout ce qu'elles ont inclination de faire, quoiqu'il fût irrégulier et inexcusable en d'autres. Elles n'ont plus de loi, parce que la loi n'est pas établie pour le juste, pourvu qu'il ne s'approprie rien, et qu'il ne fasse rien pour soi-même.

Parler ainsi, c'est oublier qu'il est dit que si la loi écrite n'est point pour le juste, c'est parce qu'une loi intérieure d'amour prévient toujours le précepte extérieur, et que le grand commandement de l'amour contient tous les autres ; c'est tourner le christianisme en abomination, et faire blasphémer le nom de Dieu aux gentils ; c'est livrer les ames à un esprit de mensonge et de vertige.

ARTICLE XXXIII. — VRAI.

Il y a dans l'état passif une réunion de toutes les vertus dans l'amour qui n'exclut jamais l'exercice distinct de chaque vertu. C'est la charité, comme dit saint-Thomas après saint Augustin, qui est la forme ou le principe de toutes les vertus. Ce qui les distingue ou les spécifie, c'est l'objet particulier auquel l'amour s'applique. L'amour qui s'abstient des plaisirs impurs est la chasteté; et ce même amour, quand il souffre des maux, prend le nom de patience. Cet amour, sans sortir de sa simplicité, devient tour à tour toutes les vertus différentes : mais il n'en veut aucune en tant que vertu, c'est-à-dire en tant que force, grandeur, beauté, régularité, perfection. *L'ame désintéressée n'aime plus,* comme saint François de Sales l'a remarqué[1], *les vertus, ni parce qu'elles sont belles et pures, ni parce qu'elles sont dignes d'être aimées, ni parce qu'elles embellissent et perfectionnent ceux qui les pratiquent, ni parce qu'elles sont méritoires, ni parce qu'elles préparent la récompense éternelle, mais seulement parce qu'elles sont la volonté de Dieu. L'ame désintéressée,* comme ce grand saint disoit de la mère de Chantal [2], *ne se lave pas de ses fautes pour être pure, et ne se pare pas des vertus pour être belle, mais pour plaire à son époux, auquel, si la laideur eût été aussi agréable, elle l'eût autant aimé que la beauté.* Alors on exerce toutes les vertus distinctes sans penser qu'elles sont vertus; on ne pense en chaque moment qu'à faire ce que Dieu veut, et l'amour jaloux fait tout ensemble qu'on ne veut plus être vertueux pour soi, et qu'on ne l'est jamais tant que quand on n'est plus attaché à l'être. On peut dire en ce sens que l'ame passive et désintéressée ne veut plus même l'amour en tant qu'il est sa perfection et son bonheur, mais seulement en tant qu'il est ce que Dieu veut de nous. De là vient que saint François de Sales dit[3] que *nous revenons en nous-mêmes, aimant l'amour au lieu d'aimer le bien-aimé.* Ailleurs ce saint dit que *le desir du salut est bon; mais qu'il est encore plus parfait de ne rien desirer.* Il veut dire qu'il ne faut pas même

[1] *Entretien de la simplicité.*
[2] *Vie de madame de Chantal,* pag. 246.
[3] *Amour de Dieu,* liv. 9, chap. 9.

desirer l'amour de Dieu en tant qu'il est notre bien. Enfin, pour donner à cette vérité toute la précision nécessaire, ce saint dit *qu'il faut tâcher de ne chercher en Dieu que l'amour de sa beauté, et non le plaisir qu'il y a en la beauté de son amour.* Cette distinction paroîtra subtile à ceux que l'onction n'a point encore enseignés : mais elle est appuyée sur une tradition de tous les saints depuis l'origine du christianisme, et on ne peut la mépriser sans mépriser les saints qui ont mis la perfection dans cette jalousie si délicate de l'amour.

Parler ainsi, c'est répéter ce que les saints mystiques ont dit après saint Clément et après les ascètes sur la cessation des vertus, et qui a grand besoin d'être expliqué avec une précaution infinie.

XXXIII. — FAUX.

Dans l'état passif, l'exercice distinct des vertus n'est plus de saison, parce que le pur amour, qui les contient toutes éminemment dans sa quiétude, dispense absolument les ames de leur exercice.

Parler ainsi, c'est contredire l'Évangile; c'est mettre la pierre de scandale dans la voie des enfants de l'Église; c'est leur donner le nom de vivants pendant qu'ils sont morts.

ARTICLE XXXIV. — VRAI.

La mort spirituelle, dont tant de saints mystiques ont parlé après l'Apôtre (qui dit aux fidèles, *Vous êtes morts*), n'est que l'entière purification ou désintéressement de l'amour; en sorte que les inquiétudes et les empressements qui viennent d'un motif intéressé n'affoiblissent pas l'opération de la grace, et que la grace agit d'une manière entièrement libre. La résurrection spirituelle n'est que l'état habituel du pur amour, auquel on parvient d'ordinaire après les épreuves destinées à le purifier.

Parler ainsi, c'est parler comme tous les plus saints et les plus précautionnés mystiques.

XXXIV. — FAUX.

La mort spirituelle est une extinction entière du vieil homme et des dernières étincelles de la concupiscence. Alors on n'a plus besoin de résister, même d'une résistance paisible et désintéressée, à ses mouvements naturels, ni de coopérer à aucune grace médicinale de Jésus-Christ. La résurrection spirituelle est l'entière consommation de l'homme nouveau dans l'âge et dans la plénitude de l'homme parfait comme au ciel.

Parler ainsi, c'est tomber dans une hérésie et dans une impiété qui renversent toutes les mœurs chrétiennes.

ARTICLE XXXV. — VRAI.

L'état de transformation, dont tant de saints anciens et nouveaux ont si souvent parlé, n'est que l'état le plus passif, c'est-à-dire le plus exempt de toute activité ou inquiétude intéressée. L'ame paisible, et également souple à toutes les impulsions les plus délicates de la grace, est comme un globe sur un plan qui n'a plus de situation propre et naturelle. Il va également en tous sens, et la plus insensible impulsion suffit pour le mouvoir. En cet état, une ame n'a plus qu'un seul amour, et elle ne sait plus qu'aimer. L'amour est sa vie; il est comme son être et comme sa substance, parce qu'il est le seul principe de toutes ses affections. Comme cette ame ne se donne aucun mouvement empressé, elle ne fait plus de contre-temps dans la main de Dieu qui la pousse : ainsi elle ne sent plus qu'un seul mouvement, savoir, celui qui lui est imprimé; de même qu'une personne poussée par une autre ne sent plus que cette impulsion, quand elle ne la déconcerte point par une agitation à contre-temps. Alors l'ame dit avec simplicité, après saint Paul : *Je vis, mais ce n'est pas moi; c'est Jésus-Christ qui vit en moi. Jésus-Christ se manifeste dans sa chair mortelle,* comme l'Apôtre veut qu'il se manifeste en nous tous. Alors l'image de Dieu obscurcie et presque effacée en nous par le péché, s'y retrace plus parfaitement, et y renouvelle une ressemblance qu'on a nommée transformation. Alors si cette ame parle d'elle par simple conscience, elle dit comme sainte Catherine de Gênes : *Je ne trouve plus de moi; il n'y a plus d'autre moi que Dieu.* Si au contraire elle se cherche par réflexion, elle se hait elle-même en tant qu'elle est quelque chose hors de Dieu; c'est-à-dire qu'elle condamne le *moi* en tant qu'il est séparé de la pure impression de l'esprit de grace, comme la même sainte le faisoit avec horreur. Cet état n'est ni fixe ni invariable. Il est vrai seulement qu'on ne doit pas croire que l'ame en déchoie sans aucune infidélité, parce que les dons de Dieu sont sans repentir, et que les ames fidèles à leur grace n'en souffriront point de diminution. Mais enfin la moindre hésitation ou la plus subtile complaisance peuvent rendre une ame indigne d'une grace si éminente.

Parler ainsi, c'est admettre des termes consacrés par l'Écriture et par la tradition; c'est suivre divers anciens Pères qui ont dit que l'ame pure étoit transformée et déifiée; c'est expliquer les expressions des saints les plus autorisés; c'est conserver dans son intégrité le dogme de la foi.

XXXV. — FAUX.

La transformation est une déification de l'ame réelle et par nature, ou une union hypostatique, ou une conformité à Dieu qui est inaltérable, et qui dispense l'ame de veiller sur le *moi*, sous prétexte qu'il n'y a plus en elle d'autre *moi* que Dieu.

Parler ainsi, c'est proférer des blasphèmes horribles ; c'est vouloir transformer Satan en ange de lumière.

ARTICLE XXXVI. — VRAI.

Les ames transformées n'ont d'ordinaire plus besoin de certains arrangements, soit pour les temps, soit pour les lieux, ni de formules expresses, ni de pratiques recherchées méthodiquement pour leurs exercices intérieurs. La grande habitude de leur union familière avec Dieu leur donne une facilité et une simplicité d'union amoureuse qui est incompréhensible aux ames d'un état inférieur ; et cet exemple seroit très pernicieux pour toutes ces autres ames moins avancées, qui ont encore besoin de pratiques réglées pour se soutenir. Les ames transformées doivent toujours, quoique sans règle gênante, produire avec simplicité tantôt des actes indistincts de la quiétude ou pure contemplation, tantôt des actes distincts, mais paisibles et désintéressés, de toutes les vertus convenables à leur état.

Parler ainsi, c'est expliquer correctement les expressions des bons mystiques.

XXXVI. — FAUX.

Les ames transformées n'ont plus besoin d'exercer les vertus dans les cas précis de précepte ou de conseil. Hors de ces temps, elles peuvent être dans un vide absolu et une inaction intérieure. Elles n'ont qu'à suivre sans attention leurs goûts, leurs inclinations, leur pente, leurs premiers mouvements naturels. La concupiscence est éteinte en elles, ou bien elle y est dans une suspension si insensible, qu'on ne doit plus croire qu'elle puisse se réveiller jamais tout-à-coup.

Parler ainsi, c'est induire les ames dans la tentation ; c'est les remplir d'un orgueil funeste ; c'est enseigner la doctrine des démons ; c'est oublier que la concupiscence est toujours ou agissante, ou ralentie, ou suspendue, mais prête à se réveiller soudainement dans notre corps, qui est celui du péché.

ARTICLE XXXVII. — VRAI.

Les ames les plus transformées ont toujours le libre arbitre pour pouvoir pécher, comme le premier ange et le premier homme. Elles ont de plus le fond de la concupiscence, quoique les effets sensibles puissent en être suspendus ou ralentis par la grace médicinale. Ces ames peuvent pécher mortellement, et s'égarer d'une manière terrible. Elles commettent même des péchés véniels, pour lesquels elles disent chaque jour unanimement avec toute l'Eglise: *Remettez-nous nos offenses*, etc. La moindre hésitation dans la foi, ou le moindre retour intéressé sur elles-mêmes, pourroient faire tarir insensiblement leur grace. Elles doivent à la jalousie du pur amour d'éviter les plus légères fautes, comme le commun des justes évite les grands péchés. Leur vigilance, quoique simple et paisible, doit être d'autant plus pénétrante que le pur amour, dans sa jalousie, est bien plus clairvoyant que l'amour intéressé avec toutes ses inquiétudes. Ces ames ne doivent jamais ni se juger elles-mêmes ni s'excuser, si ce n'est par obéissance et pour lever quelque scandale, ni se justifier en elles-mêmes par un témoignage délibéré et réfléchi, quoique le fond intime de leur conscience ne leur reproche rien. Elles doivent se laisser juger par leurs supérieurs, et leur obéir aveuglément en tout.

Parler ainsi, c'est parler suivant les vrais principes de tous les plus saints mystiques, et sans blesser la tradition.

XXXVII. — FAUX.

Les ames transformées ne sont plus libres pour pécher : elles n'ont plus de concupiscence; tout est en elles mouvement de grace et inspiration extraordinaire. Elles ne peuvent plus prier avec l'Eglise, en disant chaque jour : *Remettez-nous nos offenses*, etc.

Parler ainsi, c'est tomber dans l'erreur des faux gnostiques, renouvelée par les béguards condamnés au concile de Vienne, et par les illuminés d'Andalousie, dans le siècle passé.

ARTICLE XXXVIII. — VRAI.

Les ames transformées peuvent utilement, et elles doivent même, dans la discipline présente, confesser leurs fautes vénielles qu'elles aperçoivent. En se confessant, elles doivent détester leurs fautes, se condamner, et desirer la rémission de leurs péchés, non comme leur propre purification et délivrance, mais comme chose que Dieu veut, et qu'il veut que nous voulions pour sa gloire.

Quoiqu'une ame désintéressée ne se lave plus de ses fautes pour être pure, comme nous l'avons vu dans saint François de Sales, et qu'elle aimât autant la laideur que la beauté si elle étoit aussi agréable à l'époux, elle sait néanmoins que la pureté et la beauté sont ce que l'époux veut. Ainsi elle aime uniquement pour son bon plaisir la pureté et la beauté, et elle rejette avec horreur la laideur qu'il rejette. Quand une ame est véritablement et actuellement dans le pur amour, on ne doit pas craindre que, dans l'actuelle confession de son péché, elle ne soit dans l'actuelle condamnation de ce qu'elle a commis contre le bien-aimé, et par conséquent dans la plus formelle, la plus pure et la plus efficace contrition, quoiqu'elle n'en produise pas toujours des actes sensibles avec une formule expresse et réfléchie. Si les fautes vénielles sont effacées en un instant par la simple récitation de l'Oraison Dominicale, comme saint Augustin nous l'assure pour le commun des justes imparfaits, à plus forte raison elles sont effacées de même dans les ames transformées par l'exercice du plus pur amour. Il est vrai qu'on n'est pas obligé de rendre les confessions toujours également fréquentes, lorsque le directeur éclairé a sujet de craindre qu'elles jettent dans le scrupule, ou qu'elles se tournent en pure habitude, ou qu'elles deviennent une décharge de cœur et un soulagement pour l'amour-propre, plus contristé de ne se voir point entièrement parfait, que fidèle à vouloir se faire violence pour se corriger; ou parce que ces fréquentes confessions troublent trop certaines ames, et les occupent trop de leur état dans quelques peines passagères; ou parce qu'elles ne voient en elles aucune faute volontaire commise depuis la dernière confession, qui paroisse au confesseur une matière suffisante d'absolution sacramentelle, après qu'elles se sont mises à ses pieds pour se soumettre ingénument à la puissance et au jugement de l'Eglise.

Parler ainsi, c'est parler un langage conforme aux expériences des saints et aux besoins de plusieurs ames, sans blesser les principes de la tradition.

XXXVIII. — FAUX.

La confession est un remède qui ne convient qu'aux ames imparfaites, et auquel les ames avancées ne doivent avoir recours que pour la forme, et de peur de scandaliser le public; ou bien elles ne commettent jamais des fautes qui méritent l'absolution; ou bien elles ne doivent point être vigilantes de la vigilance paisible et désintéressée de l'amour pur et jaloux, pour apercevoir tout ce qui peut contrister le Saint-Esprit en elles; ou bien elles ne sont plus obligées à la contrition, qui n'est autre chose que l'amour jaloux qui hait d'une parfaite haine tout ce qui est contraire au bon plaisir du bien-aimé; ou bien elles croiroient commettre une infidélité contre le désintéressement de l'amour et contre le parfait abandon, si elles demandoient de cœur, en même temps que de bouche, la rémission de leurs péchés, que Dieu veut néanmoins qu'elles desirent.

Parler ainsi, c'est anéantir pour ces ames le véritable exercice du pur amour du souverain bien, qui doit être en cette occasion l'actuelle condamnation du souverain mal; c'est éloigner les ames des sacrements et de la discipline de l'Eglise par une présomption téméraire et scandaleuse; c'est leur inspirer l'orgueil des pharisiens; c'est du moins leur apprendre à se confesser sans vigilance, sans attention, sans sincérité de cœur, lorsqu'elles demandent de bouche la rémission de leurs fautes; c'est introduire dans l'Eglise une hypocrisie qui rend l'illusion incurable.

ARTICLE XXXIX. — VRAI.

Les ames, dans le premier attrait sensible qui les fait passer à la contemplation, ont quelquefois une oraison qui paroît disproportionnée avec quelques défauts grossiers qui leur restent encore; et cette disproportion fait juger à quelques directeurs qui n'ont pas assez d'expérience, que leur oraison est fausse et pleine d'illusion, comme sainte Thérèse assure que cela lui est arrivé. Les ames exercées par les épreuves extraordinaires y montrent quelquefois, pour des occasions passagères, un esprit irrégulier affoibli par l'excès de la peine, et une patience presque épuisée, comme Job parut imparfait et impatient aux yeux de ses amis. Dieu laisse souvent aux ames mêmes qu'on nomme transformées, malgré la pureté de leur amour, certaines imperfections qui sont plus de l'infirmité du naturel que de la volonté, et qui sont, suivant la pensée de saint Grégoire pape, le contrepoids de leur contemplation, comme l'aiguillon de la chair étoit dans l'Apôtre l'ange de Satan, pour l'empêcher de s'enorgueillir de la grandeur de ses révélations. Enfin ces imperfections, qui ne sont aucun violement de la loi, sont laissées dans une ame, afin qu'on y voie des marques du grand ouvrage que la grace a eu besoin de faire en elle. Ces infirmités servent à la rabaisser à ses propres yeux, et à tenir les dons de Dieu sous un voile d'infirmité qui exerce la foi de cette ame et des justes qui la connoissent. Quelquefois même elles servent à lui attirer du mépris et des croix, ou pour la rendre plus docile à ses supérieurs, ou pour lui ôter la consolation d'être approuvée et assurée dans sa voie, comme cela est arrivé à sainte Thérèse avec des peines incroyables; enfin, pour cacher le secret de l'époux et de l'épouse aux sages et aux prudents du siècle.

Parler ainsi, c'est parler conformément aux expériences des saints sans blesser la règle évangélique, parce que les directeurs qui ont l'expérience et l'esprit de grace ne laisseront pas de pouvoir juger de l'arbre par les fruits, qui sont la sincérité, la docilité, et le détachement de l'ame dans les occasions principales. De plus, il y aura toujours d'autres signes que l'onction de l'esprit de Dieu donnera suffisamment pour se faire sentir, si on examine patiemment de près l'état de chaque ame.

XXXIX. — FAUX.

On peut regarder une ame comme contemplative, et même comme transformée, quoiqu'on la trouve, pendant des temps considérables, négligente sur son instruction des principes de la religion, inappliquée à ses devoirs, dissipée, sensible et immortifiée, toujours prête à s'excuser sur ses défauts, indocile, hautaine ou artificieuse.

Parler ainsi, c'est autoriser dans l'état le plus parfait les plus dangereuses imperfections; c'est couvrir du nom d'états extraordinaires les défauts les plus incompatibles avec une véritable piété; c'est approuver les illusions les plus grossières; c'est renverser les règles par lesquelles on peut éprouver les esprits pour savoir s'ils viennent de Dieu; c'est appeler le mal bien, et encourir la malédiction de l'Écriture.

ARTICLE XL. — VRAI.

L'ame transformée est unie à Dieu sans milieu en trois manières : 1° en ce qu'elle aime Dieu pour lui seul, sans aucun milieu de motif intéressé; 2° qu'elle le contemple sans image sensible ni opération discursive; 3° qu'elle accomplit ses préceptes et ses conseils sans un certain arrangement de formules, pour s'en rendre un témoignage intéressé.

Parler ainsi, c'est dire ce que les saints mystiques ont voulu dire quand ils ont exclu de cet état les pratiques de vertu, et c'est une explication qui ne blesse en rien la tradition universelle.

XL. — FAUX.

L'ame transformée est unie à Dieu sans aucun milieu ni du voile de la foi, ni de l'infirmité de la chair malade depuis la chute d'Adam, ni de la grace médicinale de Jésus-Christ, toujours nécessaire, ni de la méditation de Jésus-Christ, par lequel seul on peut en tout état aller au Père.

Parler ainsi, c'est renouveler l'hérésie des béguards condamnés au concile de Vienne.

ARTICLE XLI. — VRAI.

Les noces spirituelles unissent immédiatement l'épouse à l'époux d'essence à essence, ou de substance à substance, c'est-à-dire de volonté à volonté, par cet amour tout pur que nous avons expliqué tant de fois. Alors Dieu et l'ame ne sont plus qu'un même esprit, comme l'époux et l'épouse, dans le mariage, ne sont plus qu'une même chair. Celui qui adhère à Dieu est fait un même esprit avec lui par une entière conformité de volonté que la grace opère. L'ame y est dans un rassasiement et une joie du Saint-Esprit, qui n'est qu'un germe de la béatitude céleste. Elle est dans une pureté entière, c'est-à-dire sans aucune souillure de péché (excepté les péchés quotidiens que l'exercice de l'amour peut effacer aussitôt), et par conséquent elle peut, sans passer par le purgatoire, entrer dans le ciel, où il n'entre rien de souillé; car la concupiscence, qui demeure toujours en cette vie, n'est point incompatible avec cette entière pureté, puisqu'elle n'est point un péché ni une souillure de l'ame. Mais cette ame n'a pas l'intégrité originelle, parce qu'elle n'est exempte ni des fautes quotidiennes, ni de la concupiscence, qui sont incompatibles avec cette intégrité.

Parler ainsi, c'est parler avec le sel de la sagesse qui doit assaisonner toutes nos paroles.

XLI. — FAUX.

L'ame en cet état a l'intégrité originelle; elle voit Dieu face à face; elle jouit pleinement de lui comme les bienheureux.

Parler ainsi, c'est tomber dans la même hérésie des béguards.

ARTICLE XLII. — VRAI.

L'union nommée par les mystiques essentielle ou substantielle consiste dans un amour simple, désintéressé, qui remplit toutes les affections de toute l'ame, et qui s'exerce par des actes si paisibles et si uniformes qu'ils paroissent comme un seul, quoique ce soit plusieurs actes très réellement distingués. Divers mystiques ont nommé ces actes essentiels ou substantiels, pour les distinguer des actes empressés, inégaux, et faits comme par secousses de l'amour qui est encore mélangé et intéressé.

Parler ainsi, c'est expliquer le vrai sens des mystiques.

XLII. — FAUX.

Cette union devient réellement essentielle entre Dieu et l'ame, en sorte que rien ne peut plus ni la rompre ni l'altérer. Cet acte substantiel est permanent et indivisible comme la substance de l'ame même.

Parler ainsi, c'est enseigner une extravagance autant contraire à toute philosophie qu'à la foi et à la pratique véritable de la piété.

ARTICLE XLIII. — VRAI.

Dieu, qui se cache aux grands et aux sages, se révèle et se communique aux petits et aux simples. L'ame transformée est l'homme spirituel dont parle saint Paul, c'est-à-dire l'homme agi et conduit par l'esprit de grace dans la voie de pure foi. Cette ame a souvent, par la grace et par l'expérience pour toutes les choses de simple pratique dans les épreuves et dans l'exercice du pur amour, une lumière que les savants n'ont pas quand ils ont plus de science et de sagesse humaine que d'expérience et de pure grace. Elle doit néanmoins se soumettre de cœur aussi bien que de bouche, non-seulement à toutes les décisions de l'Église, mais encore à la conduite des pasteurs, parce qu'ils ont une grace spéciale pour conduire sans exception toutes les brebis du troupeau.

Parler ainsi, c'est dire la vérité avec certitude.

XLIII. — FAUX.

L'ame transformée est l'homme spirituel de saint Paul, en sorte qu'elle peut juger de toutes les vérités de la religion, et n'être jugée de personne. Elle est la semence de Dieu, qui ne peut pécher. L'onction lui enseigne tout; en sorte qu'elle n'a besoin d'être instruite par aucune personne, ni de se soumettre à ses supérieurs.

Parler ainsi, c'est abuser des passages de l'Écriture, et les tourner à sa propre perte; c'est ignorer que l'onction qui enseigne tout n'enseigne rien tant que l'obéissance, et qu'elle ne suggère toute vérité de foi et de pratique qu'en inspirant l'humble docilité aux ministres de l'Église; en un mot, c'est établir au milieu de l'Église une secte damnable d'indépendants et de fanatiques.

ARTICLE XLIV. — VRAI.

Les pasteurs et les saints de tous les temps ont eu une espèce d'économie et de secret pour ne parler des épreuves rigoureuses, et de l'exercice le plus sublime du pur amour, qu'aux ames à qui Dieu en donnoit déja l'attrait ou la lumière. Quoique cette doctrine fût la pure et simple perfection de l'Évangile marquée dans toute la tradition, les anciens pasteurs ne proposoient d'ordinaire au commun des justes que les pratiques de l'amour intéressé proportionnées à leur grace, donnant ainsi le lait aux enfants et le pain aux ames fortes.

Parler ainsi, c'est dire ce qui est constant par saint Clément, par Cassien et plusieurs autres saints auteurs anciens et nouveaux.

XLIV. — FAUX.

Il y a eu, parmi les contemplatifs de tous les siècles, une tradition secrète et inconnue au corps même de toute l'Église. Cette tradition renfermoit des dogmes cachés au-delà des vérités de la tradition universelle; ou bien ces dogmes étoient contraires à ceux de la foi commune, et ils exemptoient les ames d'exercer tous les actes de foi explicite et de vertus distinctes, qui ne sont pas moins essentielles dans la voie de pur amour que dans celle de l'amour intéressé.

Parler ainsi, c'est anéantir la tradition en la multipliant; c'est faire une secte d'hypocrites cachés dans le sein de l'Église, sans qu'elle puisse jamais les découvrir ni s'en délivrer; c'est renouveler le secret impie des gnostiques et des manichéens; c'est saper tous les fondements de la foi et des mœurs.

ARTICLE XLV. — VRAI.

Toutes les voies intérieures les plus éminentes, loin d'être au-dessus d'un état habituel de pur amour, ne sont que le chemin pour arriver à ce terme de toute perfection. Tous les degrés inférieurs ne sont point encore ce véritable état. Le dernier degré, nommé par les mystiques transformation ou union essentielle et sans milieu, n'est que la simple réalité de cet amour sans intérêt propre. Cet état est le plus assuré quand il est véritable, parce qu'il est le plus volontaire et le plus méritoire de tous les états de justice chrétienne, et parce qu'il est celui qui donne tout à Dieu en ne laissant rien à la créature. Au contraire, quand il est faux et imaginaire, c'est le comble de l'illusion. Le voyageur, après beaucoup de fatigues, de dangers et de souffrances, en arrivant sur le sommet d'une montagne, y aperçoit de loin la ville qui est sa patrie, et c'est le terme de son voyage et de toutes ses peines : d'abord il est saisi de joie, il croit déja être aux portes de cette ville, et qu'il ne lui reste plus qu'un chemin court et tout uni : mais, à mesure qu'il s'avance, il trouve des longueurs et des difficultés qu'il n'avoit pas prévues dans ce premier coup d'œil. Il faut qu'il descende par des précipices dans de profondes vallées, où il perd de vue cette ville qu'il croyoit presque toucher ; il faut qu'il remonte souvent en grimpant au travers des rochers escarpés. Ce n'est que par tant de peines et de dangers qu'il arrive enfin dans cette ville qu'il avoit cru d'abord si proche de lui, et à plain-pied. Il en est de même de l'amour entièrement désintéressé. Le premier coup d'œil le découvre dans une merveilleuse perspective. On croit le tenir ; on s'imagine déja y être établi. Du moins on ne voit entre soi et lui qu'un espace court et uni. Mais plus on avance vers lui, plus on éprouve que le chemin en est long et pénible. Rien n'est si dangereux que de se flatter de cette belle idée, et de se croire dans la pratique où l'on n'est point : tel qui admet dans la spéculation cet amour frémiroit jusque dans la moelle des os, si Dieu le mettoit dans les épreuves par lesquelles cet amour se purifie et se réalise dans les ames. Enfin il faut bien se garder de croire qu'on en a la réalité aussitôt qu'on en a la lumière et l'attrait. Toute ame qui ose présumer, par une décision réfléchie, d'y être parvenue, montre par sa présomption combien elle en est éloignée. Le très petit nombre de celles qui y sont ne savent si elles y sont toutes les fois qu'elles réfléchissent sur elles-mêmes : elles sont prêtes à croire qu'elles n'y sont pas, quand leurs supérieurs le leur déclarent : elles parlent avec désintéressement et sans réflexion d'elles-mêmes comme d'autrui, et agissent avec simplicité et pure obéissance selon le vrai besoin, sans juger ni raisonner jamais volontairement de leur état. Enfin, quoiqu'il soit vrai de dire que nul homme ne peut marquer des bornes précises aux opérations de Dieu dans les ames, et qu'il n'y a que l'esprit de Dieu qui puisse sonder les profondeurs de cet esprit même ; il est néanmoins vrai de dire que nulle perfection intérieure ne dispense les chrétiens des actes réels qui sont essentiels pour l'accomplissement de toute la loi, et que toute perfection se réduit à cet état habituel d'amour pur et unique qui fait dans ces ames, avec une paix désintéressée, tout ce que l'amour mélangé fait dans les autres avec quelque reste d'empressement intéressé. En un mot, il n'y a que l'intérêt propre qui ne peut et qui ne doit plus se trouver dans l'exercice de l'amour désintéressé ; mais tout le reste y est encore plus abondamment que dans le commun des justes.

Parler avec cette précaution, c'est demeurer dans les bornes posées par nos pères, c'est suivre religieusement la tradition ; c'est rapporter sans aucun mélange de nouveauté les expériences des saints, et le langage qu'ils ont tenu en parlant quelquefois d'eux-mêmes avec simplicité et pure obéissance.

XLV. — FAUX.

Les ames transformées peuvent se juger et juger les autres, ou s'assurer de leurs dons intérieurs, sans dépendance des ministres de l'Église ; ou bien diriger sans caractère sans vocation extraordinaire, et même avec des marques de vocation extraordinaire, contre l'autorité expresse des pasteurs.

Parler ainsi, c'est enseigner une nouveauté profane, et attaquer le plus essentiel des articles de la foi catholique, qui est celui de l'entière subordination des fidèles au corps des pasteurs, auxquels Jésus-Christ a dit : *Qui vous écoute m'écoute.*

CONCLUSION DE TOUS CES ARTICLES.

La sainte indifférence n'est que le désintéressement de l'amour. Les épreuves n'en sont que la purification ; l'abandon n'est que son exercice dans les épreuves. La désappropriation des vertus n'est que le dépouillement de toute complaisance, de toute consolation, et de tout intérêt propre dans l'exercice des vertus par le pur amour. Le retranchement de toute activité n'est que le retranchement de toute inquiétude et de tout empressement intéressé par le pur amour. La contemplation n'est que l'exercice simple de cet amour réduit à un seul motif. La contemplation passive n'est que la pure contemplation sans activité ou empressement. L'état passif, soit dans les temps bornés de contemplation pure et directe, soit dans les intervalles où l'on ne contemple pas, n'exclut ni l'action réelle ni les actes successifs de la volonté, ni la distinction spécifique des vertus, par rapport à leurs objets propres ; mais seulement la simple activité ou inquiétude intéressée : c'est un exercice paisible de l'oraison et des vertus par le pur amour. La transformation et l'union la plus essentielle ou immédiate n'est que l'habitude de ce pur amour qui fait lui seul toute la vie intérieure, et qui devient alors l'unique principe et l'unique motif de tous les actes délibérés et méritoires ; mais cet état habituel n'est jamais ni fixe, ni invariable, ni inadmissible : *Verus amor recti,* comme dit saint Léon, *habet in se apostolicas auctoritates et canonicas sanctiones.*

PREMIÈRE LETTRE

A MONSEIGNEUR L'ÉVÊQUE DE MEAUX,

EN RÉPONSE

AUX DIVERS ÉCRITS OU MÉMOIRES

SUR LE LIVRE INTITULÉ

EXPLICATION DES MAXIMES DES SAINTS.

Monseigneur,

En lisant votre dernier livre, je me suis mis devant Dieu comme je voudrois y être au moment de ma mort. Je l'ai prié instamment de ne permettre pas que je me séduisisse moi-même. Je n'ai craint, ce me semble, que de me flatter, que de tromper les autres, que de ne faire pas assez valoir contre moi toutes vos raisons. Plût à Dieu que je n'eusse qu'à m'humilier, selon votre desir, pour vous apaiser et pour finir le scandale. Mais jugez vous-même, monseigneur, si je puis m'humilier contre le témoignage de ma conscience, en avouant que j'ai voulu enseigner le désespoir le plus impie sous le nom du sacrifice absolu de l'intérêt propre; puisque Dieu, qui sera mon juge, m'est témoin que je n'ai fait mon livre que pour confondre tout ce qui peut favoriser cette doctrine monstrueuse.

Afin de rendre la décision claire et courte dans cette affaire, je bornerai mes réponses à certains points essentiels, dont la décision fait évidemment celle de tous les autres. Je ne répondrai à tant de traits pleins d'insulte et d'indignation que par des raisons. J'espère que Dieu m'aidera en cette occasion, afin que je n'oublie ni ce que je vous dois, ni ce que nous devons tous deux à l'Église.

Pour savoir ce que j'ai entendu par *l'intérêt propre pour l'éternité*, il n'y a, monseigneur, qu'à bien examiner les raisons suivantes. Je suis affligé d'en fatiguer encore le lecteur. Mais vos répétitions doivent faire excuser les miennes; et j'aime encore mieux ennuyer tout le monde, que de me taire lorsque vous donnez pour démonstrations des accusations si affreuses contre ma foi.

I.

Tout mon système roule sur la différence qui est entre le quatrième et le cinquième amour. Cette différence consiste précisément en ce qu'il y a dans le quatrième un mélange d'intérêt propre, qui n'est plus dans le cinquième [1]. Qui dit mélange dit une chose étrangère ajoutée à une autre. Or est-il que ces deux amours sont, selon moi, deux états où l'amour surnaturel comprend toutes les vertus distinguées et spécifiées par leurs propres objets formels. Le mélange qui distingue ces deux états ne peut donc être un mélange d'aucune vertu surnaturelle, puisque toutes les vertus surnaturelles se trouvent, selon moi, *encore plus abondamment* [1] dans le cinquième état que dans le quatrième. Donc ce mélange ne peut être que celui d'une affection naturelle avec l'amour surnaturel.

II.

La résignation, selon moi, est distinguée de l'indifférence, en ce qu'elle a *des desirs propres, mais soumis* [2]. L'indifférence est « une volonté » positive et formelle, qui nous fait vouloir ou » desirer réellement toute volonté de Dieu qui nous » est connue. Elle est le principe réel et positif de » tous les desirs désintéressés que la loi écrite nous » commande, et de tous ceux que la grâce nous » inspire [3]. » L'état d'indifférence a donc tous les desirs surnaturels : celui de la résignation ne peut donc être distingué de l'autre que par des desirs naturels. Qui dit des *desirs propres* dit des desirs qui viennent *de nous en tant que nous*. Suivant l'expression de saint Paul, le terme de *propre* est mis par opposition aux desirs surnaturels que la loi commande et que la grâce inspire, et qui par conséquent sont les dons de Dieu. Qui dit des *desirs soumis* dit manifestement des desirs que la grâce ne forme pas, mais qu'elle assujettit par l'amour de préférence que l'âme a pour Dieu. La grâce n'a pas besoin de soumettre à soi ce qu'elle inspire elle-même. Ce qui est soumis est toujours étranger à ce qui le soumet. Les desirs surnaturels de l'indifférence venant de la grâce ne sont ni *propres* ni *soumis*. Ceux de la résignation, au contraire, étant *propres*, sont naturels; et étant *soumis*, ils ne viennent point de la grâce, mais ils sont seulement dans une âme où la grâce domine sur eux. Ainsi l'amour est pur, quand l'amour surnaturel est seul délibéré dans l'âme. Au contraire, il est intéressé et imparfait, quand l'amour surnaturel est mélangé, c'est-à-dire joint dans l'âme avec un amour naturel et délibéré.

III.

En parlant des épreuves qui purifient l'amour par le sacrifice de *l'intérêt propre*, j'ai parlé ainsi [4] :

---

[1] *Max. des Saints*, pag. 7, 8.

[1] *Max. des Saints*, pag. 40.
[2] *Ibid.*, pag. 8 et 11.   [3] *Ibid.*, pag. 13.
[4] *Ibid.*, pag. 15.

« C'est d'ordinaire la résistance secrète des ames
» sous de beaux prétextes; c'est leur effort inté-
» ressé et empressé pour retenir les appuis sensi-
» bles dont Dieu veut les priver, qui rend les
» épreuves si longues. » *L'intérêt propre* est donc
un *appui sensible* qu'on veut retenir, contre l'attrait de la grace qui veut nous l'ôter. Ce que la
grace veut ôter, et que la nature voudroit retenir,
ne peut, dans cette résistance à la grace, être que
naturel. J'ai dit encore que « la purification ou *dés-*
» *intéressement* de l'amour fait que les inquiétu-
» des et les empressements qui viennent d'un mo-
» tif intéressé n'affoiblissent pas l'opération de la
» grace, et que la grace agit d'une manière entiè-
» rement libre[1]. » Donc il est évident que ce propre
intérêt, loin de venir de la grace, *affoiblit* son
opération, et que quand ce principe étranger à la
grace est ôté, elle agit alors d'une manière entièrement libre.

IV.

J'ai dit que, dans ces extrêmes épreuves où
l'on fait le sacrifice absolu de l'intérêt propre,
l'ame « ne perd que le goût sensible du bien,
» que la ferveur consolante et affectueuse, que les
» actes empressés et intéressés des vertus, que la
» certitude qui vient après coup et par réflexion
» intéressée, pour se rendre à soi-même un té-
» moignage consolant de sa fidélité[2]. » Je ne retranche que « les actes méthodiques et excités avec
» empressement. » Il est évident qu'aucune vertu
surnaturelle ne renferme essentiellement ces *goûts
sensibles*, ces *ferveurs consolantes*, ces *certitudes*,
ces *méthodes*, ces *empressements*, etc. Donc la
perte ou sacrifice absolu de *l'intérêt propre* ne retranche rien d'essentiel à aucune vertu surnaturelle.

V.

En parlant de la désappropriation des vertus,
j'ai posé la règle constante et décisive pour la désappropriation particulière de l'espérance, qui est
le sacrifice du propre intérêt; car j'ai dit : « Ils
» se désapproprient de leur sagesse comme de tou-
» tes leurs autres vertus. » Selon moi, « la dés-
» appropriation des vertus n'est que le dépouil-
» lement de toute consolation et de tout intérêt
» propre, etc.[3] » Donc celle de l'espérance, non
plus que des autres vertus, ne va pas plus loin.
J'ai dit : « Ils ne rejettent point la sagesse, mais
» seulement la propriété de la sagesse. Ils se dés-
» approprient de leur sagesse, comme de toutes
» leurs vertus. » Je n'ai exclu que « le retour in-
» téressé pour s'assurer qu'on est sage, et pour
» jouir de sa sagesse en tant que propre[1]. » Je
n'ai donc voulu retrancher de l'exercice des vertus
que ce qui ne leur est point essentiel, c'est-à-dire
cette *complaisance*, cette *consolation*, ce *retour
intéressé*, cette *propriété* d'intérêt, que je sépare
toujours d'avec tout ce qu'il y a de surnaturel dans
les vertus mêmes, et qui en effet peut en être séparé. Voilà l'intérêt propre, qu'on ne retranche de
l'espérance que comme des autres vertus.

VI.

Selon moi, l'activité qu'il faut retrancher est
précisément l'exercice de la propriété qu'il faut
exclure; car le principe de la propriété n'est jamais qu'actif, et la passiveté est réservée au seul
amour pur. Tout ce qui est actif en nous est donc
propre, selon moi; et tout ce qui est *propre*, selon
moi, est *actif*. Voyons maintenant si nos opérations actives sont, selon mon livre, naturelles ou
surnaturelles. Par-là nous ferons une analyse démonstrative de tout mon système, et nous verrons
clairement si la propriété ou propre intérêt vient,
selon moi, de la nature ou de la grace. J'ai dit
que être actif, « c'est attendre quelque chose de
» soi-même, de son industrie, ou de son pro-
» pre effort. Voilà les desirs propres qui viennent
» de nous, en tant que de nous. » J'ajoute, pour
ne laisser aucun prétexte de doute, que « c'est un
» reste subtil et imperceptible d'un zèle demi
» pélagien[2]. » Ce reste de zèle demi pélagien ne
peut être qu'une affection empressée et naturelle.
Je dis encore que c'est quelque chose d'ajouté *à la
coopération* à la grace *bien prise dans toute son
étendue*. Ce qui est *ajouté à la coopération* à la
grace bien prise dans toute son étendue peut-il
venir d'elle ? J'assure que ce n'est « qu'un zèle in-
» discret et précipité, qu'un effort empressé et
» inquiet d'une ame intéressée pour elle-même,
» qu'une excitation à contre-temps, qui trouble-
» roit, qui affoibliroit, qui retarderoit l'opération
» de la grace, au lieu de la faciliter et de la ren-
» dre plus parfaite. » Je joins à toutes ces choses
la comparaison d'un homme poussé par un autre,
et qui, voulant prévenir les impulsions du premier, et puis se retourner pour mesurer l'espace
parcouru, auroit « un mouvement inquiet mal
» concerté avec le principal moteur qui ne feroit
» qu'embarrasser et retarder leur course. » L'ac-

---

[1] *Max.*, pag. 55.
[2] *Ibid.*, p. g. 15 et 16. [3] *Ibid.*, pag. 40.

[1] *Max.*, pag. 214 et 55.
[2] *Ibid.*, pag. 18.

tivité ainsi dépeinte est l'exercice des actes du principe de la propriété. Or est-il que cet exercice ne peut jamais être attribué qu'à un principe d'amour purement naturel, qui fait *un contre-temps, qui trouble, affoiblit et retarde l'opération de la grace*. Donc il est évident que la propriété ou propre intérêt est, selon moi, un principe d'amour purement naturel. J'ai ajouté que cette activité est « une excitation empressée qui prévient la grace, » de peur de n'agir pas assez; un excès de précau- » tion pour se donner les dispositions que la grace » n'inspire point dans ces moments-là, parce » qu'elle en inspire d'autres moins consolantes et » moins perceptibles; que ce sont des excitations » défectueuses,.... qui n'ont rien de commun.... » avec les actes.... essentiels pour coopérer à la » grace [1]. » Puis-je mieux lever toute équivoque?

VII.

J'ai établi la nécessité de s'aimer pour Dieu, de se vouloir, en conséquence de cet amour, tous les biens qu'il nous veut. On le peut voir en cent endroits du livre, surtout pages 7, 14 et 19; et j'ai borné l'oubli de soi-même « à ne s'oublier que » pour retrancher les dépits et les délicatesses de » l'amour-propre. » Comptera-t-on ces *dépits* et ces *délicatesses de l'amour-propre* pour des actes d'un amour naturel?

VIII.

J'ai dit que la propriété ou propre intérêt est une *avarice*, une *ambition spirituelle*, une *impureté*, en ce que c'est un *mélange* de quelque chose d'étranger qui empêche l'amour d'être pur. Cet amour, qui seroit pur s'il étoit seul, est l'amour surnaturel, qui, étant pris dans sa généralité, exerce en tout état distinctement toutes les vertus spécifiées par leurs objets propres, et l'espérance nommément autant que toutes les autres. Cette *avarice*, cette *ambition*, cette *impureté*, ne peut être *le mélange* des vertus surnaturelles, mais seulement le *mélange* d'un amour qui est étranger et ajouté, parce qu'il n'est que naturel. De là vient que j'assure que, « dans la désappropriation, le » fond des vertus, loin de se perdre réellement, » ne fait que se perfectionner [2]. »

IX.

J'ai dit que « l'état passif exclut seulement les » actes inquiets et empressés pour notre propre » intérêt [3]. » Voilà *le propre intérêt* qui est le principe de l'inquiétude et de l'empressement. Un tel principe ne peut être que naturel. J'ajoute que » l'état passif ne renferme qu'une souplesse infinie » de l'ame pour se laisser mouvoir à toutes les im- » pressions de la grace [1]. » La passiveté, qui n'est que l'exclusion du propre intérêt, n'est donc qu'une exclusion de tous les mouvements naturels, pour rendre l'ame plus souple à la grace. Enfin j'assure que dans l'amour intéressé « l'ame a un » reste de crainte intéressée qui la rend moins lé- » gère, moins souple et moins mobile, quand le » souffle de l'esprit intérieur la pousse [2]. » Donc je suppose clairement que la propriété ou propre intérêt n'est qu'un principe naturel et imparfait, qui, loin de venir de la grace, ne feroit que rendre l'ame moins *légère*, moins *souple*, moins *mobile*, à l'égard des impulsions de l'esprit de Dieu.

X.

J'ai dit qu'il ne faut pas « confondre la peine » qu'auroit une ame pure à faire des actes inquiets » et réfléchis pour son propre intérêt contre l'at- » trait actuel de la grace, avec une impuissance » absolue de faire des actes par un effort même na- » turel [3]. » Dans ces paroles, comme dans les autres de mon livre, les *actes inquiets* sont l'activité ou opération du principe de la propriété, qui est le *propre intérêt*. *Les efforts naturels contre l'attrait actuel de la grace*, sont les actes qui sont produits par cet intérêt propre.

XI.

Supposons, monseigneur, un homme aussi subtil, aussi artificieux et aussi présomptueux dans ses raffinements chimériques qu'il vous a plu de me dépeindre, pourvu que vous ne le supposiez pas extravagant jusqu'à se faire renfermer; voyons si on peut lui attribuer les contradictions que vous m'imputez, en soutenant que je n'ai pu entendre que le salut éternel sous le nom *d'intérêt propre*. Un homme qui oppose toujours soigneusement *l'intérêt propre pour l'éternité* au salut éternel veut-il les confondre? Veut-il dire qu'il faut sacrifier absolument son salut, et le desirer en même temps, *en tant qu'il est son bien, son bonheur et sa récompense?* Ne voit-on pas que quand il dit qu'il le veut « sous cette précision, mais non par » ce motif précis, que l'objet est son intérêt, mais » que le motif n'est point intéressé [4]? » Il a voulu seulement dire que cet objet est son avantage ou

---

[1] *Max.*, pag. 18. [2] *Ibid.*, pag. 25. [3] *Ibid.*, pag. 52.

[1] *Max.*, pag. 52. [2] *Ibid.*, pag. 52.
[3] *Ibid.*, pag. 52. [4] *Ibid.*, pag. 11.

utilité, mais qu'il ne le veut point par une affection naturelle et mercenaire, qui ne vienne point du principe de la grace, et de la conformité à la volonté gratuite de Dieu pour nous accorder la béatitude surnaturelle? Auroit-on quelque peine à entendre un sujet plein de zèle qui diroit au roi, des graces duquel il seroit comblé : En vous servant, je trouve le plus grand de tous mes intérêts; mais ce n'est point par un motif intéressé que je vous sers. Vos dons me sont chers; mais je voudrois vous servir de même, quand vous m'en priveriez? Cherchez un autre sens dans mon livre, il n'y en peut avoir aucun. Aussi n'avez-vous pu vous empêcher de dire que le sens que vous m'imputez *est une doctrine absolument inintelligible* [1]. Excluez le sens que je soutiens, vous supposez un délire affreux d'un homme qui dit dans la même ligne : On veut et on ne veut pas le même objet sous la même précision, c'est-à-dire que, sans laisser aucun prétexte d'équivoque, on veut dire oui et non précisément de la même chose. Quand on voudroit faire à plaisir des contradictions, on n'en pourroit jamais imaginer de plus folles. Plus la contradiction est grossière, plus elle se tourne en démonstration contre vous, monseigneur, à moins que vous n'ayez déja prouvé juridiquement que j'ai perdu l'usage de la raison.

Avez-vous jamais connu d'homme dont l'esprit fût assez de travers, sans être insensé, pour espérer d'éblouir les autres hommes en leur disant : Je veux sans équivoque faire un voyage et ne le faire pas? Vous ne pouvez souffrir, monseigneur, qu'on révoque en doute mon délire, et voici les propositions auxquelles il faut que vous le réduisiez :

I.

Je ne veux plus mon propre intérêt, qui est mon salut et ma béatitude éternelle.

Je veux mon souverain bien ou béatitude, en tant que c'est mon bien, mon bonheur, ma récompense, mon tout; je veux cet objet formel dans cette réduplication [2].

II.

Je sacrifie absolument mon intérêt propre, ou salut éternel, parce que le cas de ma réprobation me paroît réel.

Le dogme de la foi ne me permet pas de croire que Dieu m'a abandonné, et qu'il n'y a plus de miséricorde pour moi [3]. Je dois la desirer toujours sincèrement : autrement je blasphémerois et réduirois tout le christianisme à un désespoir impie et stupide.

III.

Un directeur peut laisser faire à une ame un acquiescement simple à la perte de son salut éternel, et à la juste réprobation où elle croit être de la part de Dieu.

Ce directeur ne doit jamais ni lui conseiller ni lui permettre de croire positivement par une persuasion libre et volontaire, qu'elle est réprouvée, et qu'elle ne doit plus desirer les promesses par un desir désintéressé [1]. C'est une haine impie de notre ame; c'est le comble de l'impiété et de l'irréligion.... que de vouloir d'une volonté délibérée sa perte et sa réprobation éternelle [2]. Dire que l'indifférence ne veut point pour nous les biens éternels,..... que Dieu nous veut donner, et qu'il veut que nous desirions recevoir en nous et pour nous par le motif de sa gloire, c'est mettre une perfection chimérique dans une extinction absolue du christianisme, et même de l'humanité. On ne peut trouver de termes assez odieux pour qualifier une extravagance si monstrueuse [3].

IV.

La conviction de ma réprobation est si réelle et si intime, qu'elle est invincible et même réfléchie.

Cette conviction ou persuasion n'est pas le fond intime de la conscience. Cette persuasion invincible n'est pas un trouble involontaire et invincible, qu'une impression involontaire de désespoir. C'est une conviction qui n'est pas intime, mais qui est apparente et invincible et n'est qu'un trouble par scrupule. En cet état, l'ame ne perd jamais l'espérance parfaite, qui est le desir désintéressé des promesses [4].

Mon extravagance seroit, monseigneur, encore bien plus monstrueuse que celle des fanatiques que vous attaquez, puisque je dirois la même chose qu'eux en termes formels, et que j'y ajouterois encore l'égarement incompréhensible de la nier et de l'affirmer tout ensemble dans les mêmes lignes, en excluant toute équivoque, pour rendre ma folie plus inexcusable. Voilà, monseigneur, ce que vous aimez mieux penser de votre confrère, que de le laisser justifier par ses propres paroles. Voilà ce qui vous fait faire de gros livres pleins de traits si véhémens. Voilà l'impiété et l'extravagance inimaginable, s'il est permis de parler ainsi, que vous voulez que j'avoue pour votre justification ; faute de quoi vous me déclarez un esprit superbe et artificieux qui ne veut pas s'humilier. Expliquez-

---

[1] II.e *Ecrit.*, n. 13, Œuvr. de Boss., tom. xxviii, p. 422.
[2] *Max. des Saints*, pag. 11   [3] *Ibid.*, pag. 17.

[1] *Max.*, pag. 17.
[2] *Ibid.*, pag. 19 et 20.   [3] *Ibid.*, pag. 15.
[4] *Ibid.*, pag. 16, 17, 20.

moi donc, s'il vous plaît, à moi-même; car je ne puis ni me reconnoître ni m'entendre dans tout ce que vous m'imputez. Comment vous plaît-il donc me faire rêver à votre gré dans la composition de mon livre? J'ai dit souvent qu'on ne perd jamais *l'espérance, quoiqu'on perde tout motif intéressé*[1]. Faudra-t-il que dans cette espèce de songe j'aie voulu dire qu'on espère sans espérer, qu'on désire un bien sans le desirer comme bien, qu'on admet et qu'on exclut tout ensemble la même chose sous la même précision? Non, monseigneur, on ne rêve jamais aussi follement que vous voulez me faire raisonner. Les songes mêmes ne vont point jusqu'à ce dernier renversement de toutes nos idées, pour confondre expressément le oui et le non dans la même pensée. Si je suis capable d'une telle folie, je ne suis en état d'avoir aucun tort. C'est moi qu'on doit plaindre, et c'est vous qu'il faut blâmer d'avoir écrit d'une manière si sérieuse et si vive contre un insensé. A tout cela vous répondez : *Mentita est iniquitas sibi*[2].

N'étoit-il pas plus naturel, monseigneur, de supposer qu'un évêque, malgré toute l'ignorance que vous me reprochez souvent, a eu assez de sens commun pour avoir voulu du moins exprimer quelque chose d'enveloppé sous cette contradiction apparente? Mais il est temps d'examiner vos objections.

Ire OBJECTION.

Vous prenez grand soin d'établir le langage des théologiens, qui appellent *intérêt* la béatitude éternelle. Vous supposez, malgré mes explications innombrables, que l'intérêt doit être pris dans mon livre de même que dans ceux de tant de théologiens, pour le salut ou objet formel de l'espérance. Par-là vous tournez facilement dans un sens opposé au mien ces paroles de ma *Lettre pastorale* : « Le » Saint-Esprit n'est point auteur du propre inté- » rêt. » Puis vous vous récriez : « Quoi! de ce » propre intérêt, *commodum proprium, utilitas* » *propria*, où saint Anselme, où saint Bernard, » où Scot, où toute l'école met l'essence de l'es- » pérance chrétienne?.... Ignorance des conclu- » sions et des principes de l'école;.... hérésie » formelle[3]. » Mais à quoi servent ces grandes figures? Il ne s'agit ni de *commodum*, ni d'*utilitas*, dont ces auteurs ont parlé. Il s'agit d'*intérêt propre*, qui est un terme françois qu'ils n'ont jamais employé. J'ai dit mille fois que l'intérêt même *éternel*, ou pour l'éternité, n'est point, selon moi, l'éternité même ou le salut. Vous êtes las de mes répétitions; et vous ne vous lassez point, monseigneur, de confondre par les vôtres ce que je ne cesse de démêler.

Vous auriez pu vous épargner la peine de faire cette discussion. J'ai dit dans mon livre et dans ma *Lettre pastorale*, pour montrer que je ne contredis point le langage des théologiens, que mon salut est en un sens *le plus grand de mes intérêts*[1]. Mais pouvez-vous nier qu'on ne soit libre de parler dans l'Église un autre langage, vous qui l'avez parlé ouvertement; vous qui dites[2] que c'est une manière *basse* d'exprimer la béatitude que de la nommer *un intérêt*; vous qui dites qu'on ne peut *sans erreur mettre au rang des actes intéressés* ceux par lesquels on espère de voir Dieu; vous qui dites qu'il faut bien se garder de nommer *le désir du salut.... un acte intéressé*[3]; vous qui avez toujours traduit le mot *d'intéressé* de mon livre par celui de *mercenarius*[4], que les Pères regardent si souvent comme quelque chose de défectueux qu'il faut retrancher des parfaits, sans en retrancher jamais l'espérance, vertu théologale? A quoi sert donc de grossir un livre pour prouver qu'on doit parler autrement que vous ne parlez vous-même? Pourquoi me faire un crime de ce que j'ai fait ce que vous assurez qu'on ne peut *sans erreur* se dispenser de faire?

De plus, vous posez pour tout fondement un fait sans preuve. Il s'agit, non des termes latins de *merces*, de *præmium*, de *commodum*, d'*utilitas*, mais du terme françois d'*intérêt*, pour savoir si c'est celui par lequel on doit traduire les autres en notre langue. Les Pères n'ont point écrit en françois. N'avez-vous pas dit vous-même, dans votre dernier livre, que plusieurs d'entre eux « donnent ordinairement à la béatitude éternelle » une dénomination plus excellente que celle d'in- » térêt[5]; » mais que depuis « le langage a varié » pour donner le nom d'intérêt à la béatitude? » Les scolastiques n'ont écrit qu'en latin. Il est donc inutile de les citer sur un mot de notre langue; ils n'ont donc jamais pu autoriser le terme d'*intérêt* pour signifier le salut même. Les seuls auteurs qu'on peut consulter pour l'usage de ce terme françois sur les choses de piété sont les auteurs de la

---

[1] *Max.*, pag. 8 et 9.
[2] *Préf.*, sur l'*Inst. past. de M. de Cambrai*, n. 27, tom. XXVIII, pag. 531.
[3] *Ibid.*, n. 74, tom. XXVIII, pag. 605.

[1] *Max.*, pag. 11.
[2] *Instr. sur les états d'orais.*, liv. X, n. 29, t. XXVII, p. 435.
[3] *Ibid.*, liv. III, n. 8, liv. X, n. 22 : p. 124, 125, 435.
[4] *Déclaration des trois Prélats*, tom. XXVIII, p. 254, etc.
[5] *Préf.*, n. 39, tom. XXVIII, pag. 563; Ve *Écrit*, n. 9, p. 509.

vie spirituelle les plus approuvés de l'Église, qui ont écrit en notre langue, ou qu'on a traduits en nos jours ; et c'est par les exemples tirés de ces auteurs que la question est pleinement décidée.

Ce qui la décide encore plus clairement, monseigneur, c'est le soin que j'ai pris, et qui ne peut être équivoque, de n'ajouter jamais au terme d'*intérêt* celui de *propre*, que pour signifier la propriété, dont tous les spirituels parlent, selon vous-même, si fréquemment, pour exprimer une imperfection qu'il faut retrancher. J'ai donc employé un terme françois régulièrement et uniformément dans le vrai sens que les seuls auteurs qui peuvent décider en notre langue, sur cette matière, ont rendu vulgaire en notre siècle. Je n'ai point eu besoin d'avertir de mes variations pour l'usage de ce terme; car je n'ai jamais varié. Pourquoi voulez-vous que la distinction entre intérêt, et intérêt propre soit *si subtile qu'on la perde de vue* [1] ? Ma distinction est subtile comme celle de saint François de Sales sur la résignation et sur l'indifférence est *mince*, selon vous. On ne peut parler ainsi que quand on méprise tous les auteurs spirituels les plus révérés, et qu'on suppose, comme vous le faites [2], qu'ils ont parlé si souvent contre la propriété, sans être d'accord entre eux, et sans s'entendre eux-mêmes.

IIe OBJECTION.

Vous dites, monseigneur, que j'ai pris le salut, qui est l'objet de l'espérance, pour l'intérêt propre, dans la page 6, où j'ai dit : « Tandis que » nous n'avons encore qu'un amour d'espérance » où l'intérêt propre domine sur l'intérêt de la » gloire de Dieu, une ame n'est point encore » juste. » D'où vous concluez que *l'intérêt même en tant que propre* est, dans le vrai sens de mon livre, l'objet de l'espérance, c'est-à-dire le salut, et que ma distinction *subtile* n'est venue qu'après coup, pour éluder une censure.

Mais vous ne pouvez nier que les cinq amours de mon livre ne soient cinq états et non cinq actes. La bonne foi, que vous me reprochez de violer, demande que vous ne perdiez jamais de vue cette règle fondamentale. Si vous ne vous en écartez point, toute votre preuve s'évanouit. L'intérêt propre est dans cet endroit de mon livre, comme dans tous les autres, un attachement naturel pour les dons promis. Cet amour naturel de nous-mêmes prévaut encore sur l'amour surnaturel de Dieu, dans l'état des pécheurs qui espèrent sans sortir du péché.

IIIe OBJECTION.

Vous prétendez, monseigneur, que je n'ai pu vouloir parler que du salut, ou béatitude éternelle, quand j'ai parlé ainsi [1] : « Il faut laisser les » ames dans l'exercice de l'amour, qui est encore » mélangé du motif de leur propre intérêt, tout » autant de temps que la grace les y laisse. Il faut » même révérer ces motifs qui sont répandus » dans tous les livres de l'Écriture sainte, dans » tous les monuments de la tradition, enfin dans » toutes les prières de l'Église. » Vous vous récriez que l'amour naturel n'est *répandu*, ni dans l'Écriture, ni dans la tradition, ni dans les prières de l'Église, et que, loin de le *révérer*, il faut, selon moi, le retrancher comme une imperfection ; qu'ainsi je ne puis avoir entendu par ce motif de l'intérêt propre que le salut éternel [2].

Mais souvenez-vous, s'il vous plaît, que l'amour intéressé, dont je parle en cet endroit, est un état mélangé de divers amours. Les magnifiques promesses de l'Écriture n'excitent dans les parfaits que des desirs surnaturels. Mais ces grands objets excitent aussi dans les imparfaits des desirs, dont les uns sont surnaturels, et les autres naturels, qui se mêlent dans l'ame, sans confondre les actes. Quand un juste imparfait lit ce que le prophète Isaïe représente de la gloire de Jérusalem rétablie; quand il lit ensuite ce que saint Jean, dans l'*Apocalypse*, nous annonce des merveilles de la Jérusalem d'en haut, la nature même y prend délibérément quelque part pour se consoler. Je dis la nature seule, sans être animée par la grace dans de tels actes. C'est ce soulagement que saint Chrysostome permet aux foibles, et que saint Ambroise leur conseille, pour éviter en certaines occasions le découragement. Ces objets, qui peuvent consoler l'amour naturel qui reste dans les foibles, nous sont souvent représentés très vivement dans les peintures touchantes que l'Écriture fait des biens éternels, pour se proportionner au besoin de tous les enfants de Dieu. Elle ne commande pas cet amour naturel ; mais le supposant, elle s'y accommode avec condescendance dans la description des promesses. De là viennent ces belles et consolantes images de notre patrie céleste; de là vient que l'Église demande à Dieu dans ses prières toutes les consolations sensibles, et même tant de

---

[1] *Préf.*, n. 6, tom. XXVIII, pag. 551.
[2] *Summ. Doctr.*, n. 12, tom. XXVIII, pag. 525.

[1] *Max. des Saints*, pag. 9.
[2] *Préf.*, n. 41, tom. XXVIII, pag. 584.

prospérités temporelles pour ses enfants, quoiqu'ils soient destinés à une vie d'épreuve et de croix.

Remarquez, monseigneur, que je me suis bien gardé de dire qu'il faut exiger *de ces ames l'exercice de cet amour mélangé.* J'ai dit seulement qu'il *faut les y laisser.* Je me suis bien gardé de dire que l'attrait de la grace les y porte, comme à l'exercice de l'espérance. Tout au contraire, j'ai pris soin de dire seulement *que la grace les y laisse.* La grace ne fait point ce qu'elle *laisse faire.* Ce qu'elle ne fait pas et qu'elle *laisse* seulement *faire* n'est point surnaturel. Cet amour mélangé ou intéressé, pris dans le total de l'état, est un état où il y a un amour surnaturel et justifiant ; mais les actes particuliers de cet état, dont *l'intérêt propre* est le principe, sont des actes naturels, que la grace *laisse faire* à l'ame seule, et qu'elle ne produit point avec elle.. Comparez, monseigneur, cette explication si conforme au livre, avec le délire inouï qu'il faudroit m'imputer, pour me donner un autre sens, qui n'est pas même un sens concevable, et avouez que celui-ci est le seul possible. Je conclus qu'il faut *révérer* toutes les peintures touchantes de l'Écriture, qui, en consolant la pure foi des parfaits, consolent aussi la nature dans les ames moins parfaites ; qu'il faut *révérer* cet état d'amour surnaturel et justifiant, quoiqu'il s'y mêle des actes d'un amour naturel et humain pour les dons promis. N'est-il pas naturel, selon le langage de tout mon livre, que j'ai voulu parler ainsi ? Faut-il, pour combattre cette explication, me faire dire, malgré moi, qu'il faut révérer l'espérance et l'exclure, faire espérer sans espérance, vouloir qu'on desire son bien comme son bien, et qu'on ne le desire pas comme tel ?

Souffrez, monseigneur, qu'après avoir répondu à cette objection, je vous fasse une plainte sur ces paroles de votre avertissement[1] : « En attendant, » il demeurera pour certain qu'après avoir allé» gué deux passages de saint Chrysostome et de » saint Ambroise, il décide que LE DESIR EN EST IM» PARFAIT, ET QUE LES PÈRES NI NE LE COMMAN» DENT NI NE LE CONSEILLENT AUX AMES PAR» FAITES. »

D'où avez-vous tiré cette terrible conclusion ? « Il n'y a plus ici d'équivoque : on peut ne pas » desirer son salut ; ce desir n'est ni commandé ni » conseillé aux parfaits[2]. » Qui ne croiroit, sur une imputation si précise et si forte, que j'ai décidé en termes formels que tout desir du salut est une imperfection que les Pères ne commandent ni ne conseillent ? Cependant il n'y a qu'à lire mes paroles. Je parle d'un desir que ces deux Pères ne permettent qu'aux foibles ; je dis que ce desir non commandé ne peut être le desir surnaturel de l'espérance chrétienne, qui est toujours commandé aux plus parfaits. J'en conclus que ces deux Pères ne veulent parler que d'un desir humain et naturel du bonheur. J'ajoute que, de quelque manière qu'on explique ces desirs naturels, ou en supposant qu'ils sont des cupidités vicieuses, comme vous le dites de la mercenarité, ou en disant qu'ils sont des desirs imparfaits sans être des péchés, comme je le prétends, ils ne sont pas commandés, et peuvent être retranchés. Le lecteur jugera si vous m'avez fait justice.

IVe OBJECTION.

Vous concluez, monseigneur, que ce motif de *l'intérêt propre* ne peut être que surnaturel, puisque *je dis qu'il est* « rapporté et subordonné au » motif principal de la fin dernière, qui est la gloire » de Dieu[1]. » Mais j'ai déja répondu à cette objection en répondant à votre *Sommaire.* Au lieu de répéter l'objection sans aucun égard à la réponse, et de la traiter d'erronée, vous auriez pu, monseigneur, examiner le passage de saint Thomas, qui est décisif[2]. Le voici : « Le péché véniel » n'exclut point la subordination habituelle de » l'acte humain à la gloire de Dieu, parce qu'il » n'exclut point la charité, qui fait cette subordi» nation habituelle à Dieu ; d'où il s'ensuit que ce» lui qui pèche véniellement ne pèche pas mor» tellement...... Celui qui pèche véniellement » s'attache à un bien temporel, non pour en jouir, » car il n'y établit pas sa fin, mais pour en user, » le rapportant à Dieu, non actuellement, mais » habituellement : *non actu, sed habitu.* » Voilà une subordination habituelle et imparfaite à la gloire de Dieu, que saint Thomas met jusque dans les actes qui sont des péchés véniels. Il n'exclut cette subordination que des actes qui sont des péchés mortels. Cette subordination imparfaite ne consiste que dans la disposition habituelle de l'ame, qui est tellement disposée qu'elle renonceroit à ces affections, si elle croyoit qu'elles dussent lui faire perdre l'amitié de Dieu. C'est une subordination qui ne se fait que par voie de soumission à l'amour de préférence pour Dieu. Il y a divers genres de subordinations. La subordina-

---

[1] *Avertiss. des divers Ecrits,* n. 4, tom. XXVIII, pag. 347.
[2] *Ibid.,* pag. 348.

[1] *Expl. des Max.,* pag. 7.
[2] 1. 2. *Quæst.* LXXXVIII, art. 1, ad. 2 et 5.

tion des actes surnaturels des autres vertus à la charité, n'est souvent dans les imparfaits qu'habituelle : mais quoiqu'elle ne soit qu'habituelle, elle est bien plus parfaite et d'un autre genre que celle des actes naturels, et celle des actes naturels est bien au-dessus de celle que saint Thomas admet dans les actes qui sont des péchés véniels. Mais enfin, puisque saint Thomas reconnoît que les actes mêmes qui sont des péchés véniels sont *rapportés et subordonnés à la gloire de Dieu*, j'ai été à plus forte raison en droit de dire que les actes naturels de l'intérêt propre, qui ne sont pas des péchés même véniels, sont soumis, rapportés et subordonnés à cette fin. Pourquoi donc concluez-vous, monseigneur, qu'il faut que je les aie crus surnaturels, puisque je dis qu'ils sont subordonnés? Voulez-vous supposer que tout acte qui n'est pas surnaturel n'a aucune subordination habituelle à la fin dernière? Mais enfin pourquoi m'imputez-vous d'avoir dit que « l'acte de péché véniel est » habituellement rapporté à Dieu;.... que la cha» rité du quatrième état y est rapportée de la même » sorte ;..... et que cette charité justifiante n'a » pas d'autre rapport avec Dieu que celui qui » convient à l'acte du péché véniel [1]? » Quelle accusation, monseigneur ! Elle a besoin de preuves bien claires : mais voyez combien elle en manque. Loin de parler en cet endroit de la charité justifiante, j'y parle d'un amour naturel qui se trouve dans le quatrième état avec la charité. La charité a pour objet formel et immédiat, Dieu regardé en lui-même : son rapport à Dieu n'est donc pas un rapport habituel et implicite. Mais pour l'amour naturel de la béatitude, qui est joint dans l'état avec la charité, il n'a qu'un rapport habituel à Dieu. Ce rapport d'une affection innocente est plus parfait que celui des actes qui sont des péchés véniels. Mais enfin les actes mêmes des péchés véniels ont quelque rapport habituel à Dieu. Si c'est une erreur, elle est de saint Thomas.

Ve OBJECTION.

Vous voulez prouver, monseigneur, que j'entends par le terme d'intérêt propre le salut, même à cause de la manière dont j'explique le sacrifice de cet intérêt; et voici votre argument.

L'ame est invinciblement persuadée qu'elle est réprouvée de Dieu : or est-il que c'est à cette persuasion qu'elle conforme son *acquiescement simple ou sacrifice absolu* : donc le sacrifice absolu tombe précisément sur l'intérêt propre en tant qu'il est le salut, et l'acquiescement simple tombe précisément sur la réprobation même.

Souffrez, monseigneur, que je vous représente que la mineure de cet argument n'est pas soutenable. La persuasion, j'en conviens, est l'occasion et le fondement du sacrifice, mais le sacrifice ne doit jamais tomber précisément sur l'objet de la persuasion. J'ai dit expressément de l'ame qui est dans les dernières épreuves, *qu'elle se trouble par scrupule* [1]. Tous les jours des ames scrupuleuses ont une espèce de persuasion fausse et imaginaire qu'elles ont péché, et qu'elles seront damnées. Dans cette fausse persuasion, elles sacrifient quelque chose à Dieu; car elles continuent à travailler courageusement, pour le servir malgré ce trouble intérieur. Le sacrifice qu'elles font alors à Dieu de leur consolation et de leur sûreté sensible ne tombe pas sur l'objet précis de leur persuasion imaginaire. C'est ce que tout le monde est obligé de dire des scrupuleux ; c'est ce que vous avez reconnu vous-même en citant la *Vie de saint François de Sales*, avec approbation. Sa conviction apparente et imaginaire fut qu'il étoit réprouvé, et qu'il n'aimeroit jamais Dieu dans l'autre vie. Il résolut alors d'aimer Dieu en celle-ci de tout son cœur. Voilà ce que vous nommez *une espèce de sacrifice*, et que vous approuvez qu'on nomme *une terrible résolution* [2]. Cette *espèce de sacrifice*, ou *terrible résolution*, ne tombe point, selon vous-même, sur l'objet de la *conviction apparente* et imaginaire. La conviction regarde le salut éternel : le sacrifice, ou *terrible résolution*, ne tombe nullement sur le salut. Il est donc faux, selon vous-même, que l'acquiescement ou sacrifice soit conforme à la fausse persuasion. Voilà ce qu'il faut nécessairement que vous disiez aussi bien que moi. L'argument n'est pas plus contre moi que contre vous, et je suis manifestement en droit d'y répondre tout ce que vous y répondez. Vous ne pouvez éviter de dire que la *terrible résolution*, ou *espèce de sacrifice* de saint François de Sales ne tombe pas sur le même objet que la persuasion imaginaire, ou *conviction apparente*. Vous niez donc la mineure de votre propre argument, et je ne la nie qu'avec vous. La persuasion n'est donc que le fondement et l'occasion du sacrifice, sans en être la règle. A l'occasion de cette fausse persuasion, on exerce un amour qui comprend deux choses : la première est un acte de charité indépendant du motif de la récompense, dans l'occasion la plus difficile, je veux dire celle où la

---

[1] *Avertiss.*, n. 11, tom. XXVIII, pag. 339.
[2] *Préf.*, n. 19, tom. XXVIII, pag. 345.

[1] *Max.*, pag. 20.
[2] *Ét. d'orais.*, liv. IX, n. 5; liv. X, n. 19; tom. XXVII, pag. 335, 429.

récompense semble perdue. Mais enfin ce n'est qu'un acte parfait de charité, qui est assez fort pour soutenir l'ame dans cette épreuve. La seconde chose est que cette ame n'ayant alors aucun appui sensible dans la partie inférieure qui puisse soutenir son amour naturel et délibéré pour la béatitude formelle, elle renonce à toute la satisfaction de cet amour imparfait, et elle ne conserve que l'amour surnaturel, qui, venant de la grace, s'accommode à toutes les privations sensibles, et à toutes les épreuves rigoureuses de la grace même, et subsiste dans la partie supérieure, sans appui sensible de l'inférieure. Tel est ce sacrifice absolu, qui ne tombe jamais sur l'objet précis de la persuasion *apparente* ou imaginaire. Ou vous ne dites rien de réel sur les épreuves, monseigneur, ou vous dites la même chose que je viens de dire.

Votre dernier retranchement est de vous plaindre de ce que j'ai nommé cette fausse et imaginaire persuasion une *persuasion réfléchie*. Vous n'oubliez rien pour fortifier cette objection principale; vous avez soin d'arranger à votre mode mes paroles, pour l'impression que vous desirez qu'elles fassent. Vous dites *la persuasion, la conviction de la juste réprobation est réfléchie*. Vous arrêtez le lecteur sur cet endroit, afin qu'il s'accoutume à conclure avec vous que j'enseigne un vrai désespoir. Mais pourquoi ne donner pas toujours mes paroles avec ce qui les justifie et qui en fait le vrai sens? Que cette persuasion de la réprobation soit réfléchie ou non, est-il permis de me l'imputer, sans ajouter aussitôt qu'elle n'est *pas du fond intime de la conscience*, qu'elle n'est qu'*apparente*, ou, ce qui est entièrement synonyme, qu'*imaginaire*; que ce n'est pas une vraie persuasion, mais *une espèce* ou apparence de *persuasion*. Quand on prend Dieu et Jésus-Christ à témoin comme l'Apôtre, et qu'on dit : *Je parle comme de la part de Dieu devant Dieu et en Jésus-Christ*[1], on devroit peser au poids du sanctuaire toutes les paroles de son confrère qu'on veut convaincre d'impiété et de blasphème.

J'ai déja souvent expliqué pour quoi j'ai nommé cette persuasion une persuasion réfléchie. Je n'ai jamais dit *qu'elle consistât* précisément dans des actes réfléchis de l'entendement, et c'est de quoi il est question. Si je l'ai nommée *réfléchie*, c'est seulement pour exprimer que les réflexions la causent par accident, et en sont l'occasion. C'est une *persuasion réfléchie*, comme on dit qu'un homme sage et réglé a des plaisirs raisonnables, quoique les plaisirs soient par leur nature des sensations qui ne sont ni raisonnables ni intellectuelles. C'est un langage très ordinaire, qu'il est bien plus aisé d'entendre que de supposer qu'un auteur extravague dans toutes les pages de son livre. J'ai dit, en parlant de ces réflexions scrupuleuses qui causent par accident la fausse persuasion, que l'ame « prend ses mauvaises inclinations pour des vo- » lontés délibérées, et qu'elle ne voit point les ac- » tes réels de son amour ni de ses vertus, qui par » leur extrême simplicité échappent à ses ré- » flexions[1]. » Vous savez, monseigneur, que j'ai dit encore que la *partie inférieure est entièrement aveugle et involontaire*, et que tout ce qui est *intellectuel et volontaire* est de *la partie supérieure*. Jugez vous-même lequel est plus vraisemblable, ou que j'aie voulu dire que les actes réfléchis de l'entendement ne sont pas *intellectuels*, et que les réflexions sont *entièrement aveugles et involontaires*, (extravagance sans exemple), ou bien que j'aie donné à une *persuasion apparente* et imaginaire le nom de *réfléchie,* à cause qu'elle naît dans l'imagination à l'occasion des réflexions de l'entendement.

VIe OBJECTION.

Vous dites, monseigneur[2], que ce sacrifice, qui *scandalise les saints*, doit être quelque chose de plus grand qu'une affection naturelle. « C'est une » foiblesse, dites-vous, de n'avoir à sacrifier que » cela. Nous avons quelque chose de meilleur. » Vous dites encore ailleurs[3] : « Qui a jamais été » étonné, troublé, scandalisé d'en être privé, ou » d'apprendre qu'il ne faudra plus dorénavant » s'aimer soi-même de cette sorte d'amour?.... » Pour cet amour délibéré, on ne s'aperçoit pas » qu'on en ait besoin, ni que la privation en soit » pénible. »

Quoi! monseigneur, comptez-vous pour rien tous les sacrifices qui ne tombent que sur nos affections naturelles? et qu'est-ce donc qu'on peut sacrifier à Dieu de plus douloureux et qui coupe plus dans le vif, que la suppression de tous nos desirs naturels? Croyez-vous que cette *privation* ne soit pas *pénible*? C'est la nature sensible, délicate et inquiète, qu'il faut sacrifier, et non pas la grace. Si le sacrifice de l'amitié pour un père, pour un époux, pour un ami, est si douloureux; si celui de certaines consolations passagères est si amer et

---

[1] *Préf.*, n. 18 : tom. XXVIII, pag. 545.

[1] *Max.*, pag. 16. [2] *Préf.*, n. 100 : tom. XXVIII, pag. 641. [3] *Ibid.*, n. 120, pag. 666.

si terrible, que devons-nous penser de celui d'un attachement naturel et innocent à la consolation qu'on tire d'un bonheur suprême et éternel? Sur quoi donc tomboit selon vous cette *espèce de sacrifice* et cette *résolution terrible*, c'est-à-dire sans doute terrible à la nature, que vous approuvez dans saint François de Sales?

Voulez-vous qu'on sacrifie à Dieu les affections mêmes qu'il nous commande, et qu'il nous inspire par sa grace? Voulez-vous qu'on ne lui sacrifie que les affections qui viennent de la cupidité vicieuse? Vous semblez dire l'un et l'autre, et on ne découvre qu'avec peine à quoi tendent vos expressions. *Si c'est une foiblesse que de n'avoir à sacrifier que cet amour naturel,* expliquez-nous donc comment *nous avons quelque chose de meilleur* à sacrifier. Vous dites qu'un *amour naturel et délibéré* pour la béatitude « est sans doute » la moindre chose que les hommes les plus vul- » gaires pussent sacrifier au salut de leurs frères. » Nous avons, dites-vous, à sacrifier à Dieu quelque » chose de meilleur, qui est l'amour même de la » récompense qu'inspire aux enfants de Dieu l'es- » pérance chrétienne [1]. » Voilà sans doute un grand et terrible sacrifice, qui est celui de la béatitude éternelle, et de l'espérance, vertu théologale. Si j'avois parlé ainsi, vous vous récrieriez: *Le blasphème est prononcé!* Mais ce grand sacrifice ne doit pas effrayer: il n'a rien de sérieux, selon votre pensée. On ne sacrifie, selon vous, la béatitude et l'espérance qu'en les *rapportant à la charité* [2]. Ainsi ce n'est que par l'exercice de l'espérance qu'on sacrifie l'espérance même; ainsi la béatitude demeure le vrai et réel motif de cet acte par lequel on dit qu'on sacrifie la béatitude même. Ce sacrifice de la béatitude se réduit à vouloir la béatitude pour la gloire de Dieu. Tous les justes ne le veulent-ils pas ainsi, monseigneur? Ce prétendu sacrifice n'est-il pas commun à tous les actes d'espérance que les justes subordonnent à la fin dernière? N'est-ce pas vouloir manifestement se jouer du lecteur, que d'expliquer ainsi le sacrifice réservé aux ames éminentes dans les dernières épreuves? Ainsi vous ne dites rien de réel pour ce sacrifice, quand vous semblez dire le plus. « Il est bien plus grand, dites-vous [3], de met- » tre (la perfection chrétienne) à pousser plus loin » et à son dernier période un acte surnaturel, que » de la mettre à exclure une affection naturelle. » Mais ne voyez-vous pas, monseigneur, que sous ces magnifiques paroles vous réduisez la perfection à des actes d'espérance rapportés à la fin dernière?

Le retranchement ou sacrifice réel et sérieux, dans votre système, c'est celui des cupidités vicieuses. C'est ce que vous dites clairement dans votre *Sommaire*, et dans un grand nombre d'endroits de votre dernier livre. C'est un amour vicieux de la récompense qu'on peut, selon vous, sacrifier véritablement. « Quand on ne songe, dites-vous [1], » qu'à gagner avec Jésus-Christ sans rapporter ce » gain à sa gloire, c'est, de l'avis unanime de tous » les docteurs, un sentiment imparfait, ou même » vicieux. » Comment est-ce donc que nous avons quelque chose de meilleur à sacrifier que l'amour naturel et délibéré de la béatitude? C'est, selon vous, en rapportant à la gloire de Dieu « l'amour » même de la récompense qu'inspire aux enfants » de Dieu l'espérance chrétienne. » Vous dites qu'à l'égard des ames qui ne sont *pas assez soigneuses de la rapporter à la charité*, ce défaut de rapport *pourra être une imperfection et peut-être un vice* [2]. D'ailleurs vous décidez que quand les Pères ont retranché la mercenarité, ils n'ont voulu retrancher que deux choses, savoir : 1° l'espérance, en tant « qu'on y mettroit sa fin dernière, et qu'on » s'y arrêteroit plus qu'il ne faut sans la rapporter » à la gloire de Dieu [3]; » 2° le desir « des biens » distingués de Dieu, et ressentis plus que Dieu » possédé lui-même [4]. » Ainsi ce magnifique sacrifice se réduit à un rapport de l'espérance à la charité, qui convient à tous les justes même imparfaits, et au retranchement des cupidités vicieuses. Est-ce donc là quelque chose de meilleur à sacrifier qu'un amour naturel et innocent de la béatitude? Jugez-vous vous-même, monseigneur, et avouez que le sacrifice, selon moi, est bien plus grand que selon vous, quoiqu'il ne retranche jamais l'espérance surnaturelle. Vous voulez, pour l'état de perfection, des actes d'espérance subordonnés à la fin dernière, et je les veux aussi. Vous voulez le retranchement des cupidités vicieuses, et je les retranche comme vous. Notre unique différence, c'est que je retranche encore un amour naturel et innocent de la béatitude, que vous ne voulez ni reconnoître ni retrancher. Pour cet amour naturel et délibéré de nous-mêmes, que vous attaquez enfin si ouvertement, il faudra le traiter à fond dans la suite.

VIIe OBJECTION.

Vous me reprochez d'avoir nommé *l'intérêt propre* un *intérêt pour l'éternité* et un *intérêt éter-*

---

[1] *Préf.*, n. 131, pag. 713. [2] *Ibid.* [3] *Ibid.*, n. 98, pag. 636.

[1] *Préf.*, n. 98, pag. 633. [2] *Ibid.*, pag. 636.
[3] *Ibid.*, n. 103, pag. 647.
[4] *V° Écrit*, n. 6, tom. XXVIII, pag. 507.

nel. « Ce qui est éternel, dites-vous[1], ne peut être
» un amour naturel, qui ne se trouve point, du
» moins ordinairement, dans les parfaits de cette
» vie, loin qu'il puisse se trouver dans l'éternité. »

Ai-je dit, monseigneur, que cet intérêt subsiste dans l'éternité ? Ne voit-on pas clairement que *l'intérêt éternel* n'est que *l'intérêt pour l'éternité*[2], et que l'intérêt pour l'éternité n'est pas l'éternité bienheureuse elle-même, mais seulement un attachement naturel par lequel on s'intéresse pour soi-même par rapport à cette éternité ? Ne disons-nous pas tous les jours que nos idées sont éternelles ? Qui voudroit se jeter dans des subtilités grammaticales diroit que nos idées sont moins nos pensées, et que nos pensées, qui sont des opérations successives et passagères, ne subsistent pas dans l'éternité. Mais ne voit-on pas, répondroit-on à celui qui feroit cette objection, que nos idées ou pensées ne sont ainsi nommées éternelles qu'à cause qu'elles ont pour objet des vérités éternelles et immuables ? C'est ainsi, monseigneur, que j'ai nommé éternel un intérêt ou amour qui a pour objet l'éternité. La béatitude est un bien surnaturel, parfait et éternel. L'intérêt qui nous la fait alors desirer est un amour naturel, imparfait et passager.

Ce qui est d'étonnant, monseigneur, c'est que vous avez approuvé dans le P. Surin, et que vous l'y approuvez encore par votre dernier livre, ce que vous condamnez si rigoureusement dans le mien. Ce saint religieux a dit que « l'ame va con-
» tinuellement laissant tout jusqu'à s'oublier soi-
» même, sa vie, sa santé, sa réputation, sa gloire,
» son temps, son éternité.... Cela se fait, dit-il[3],
» quand l'homme s'est entièrement quitté soi-
» même en tous ses intérêts humains et divins. »
Si les *intérêts divins*, dans le P. Surin, ne sont pas Dieu même, l'intérêt éternel ne peut être dans mon livre l'éternité. Vous ajoutez, dans votre dernier livre, ces paroles du même auteur, que « le
» dernier et le plus parfait des trois degrés d'a-
» mour gratuit est de ceux qui ont même aban-
» donné entre les mains de Dieu leur salut et leur
» éternité, sans vouloir conserver en eux aucune
» inquiétude ni aucune vue, sinon pour voir ce
» que Dieu veut d'eux[4]. » Vous remarquez avec raison que cet auteur veut d'ailleurs qu'on espère son salut. Mais qui est-ce qui en doute, et est-ce là de quoi il est question ? Vous avouez qu'il faut, selon cet auteur, être « sans inquiétude, et sans
» vue pour son intérêt, pour sa récompense, pour
» ses mérites mêmes, sans du tout penser à soi[1]. »
Il s'agit là, monseigneur, de son *éternité* et de *ses intérêts divins*. Se déterminer librement à *ne penser point du tout à soi* pour son éternité et pour ses *intérêts divins*, pour *sa récompense*, pour ses *mérites mêmes*, sans doute c'est bien plus que de ne voir dans le trouble passager des dernières épreuves *aucune ressource pour son intérêt même éternel*. L'intérêt divin pour *l'éternité* n'est-il pas *éternel* ? Y chercherez-vous une *subtile et mince* distinction, vous, monseigneur, qui reprenez si sévèrement, jusque dans les saints, toutes les distinctions qui vous paroissent *minces et subtiles*. Vous répondez deux choses : l'une est que le P. Surin ne veut que retrancher l'inquiétude du desir du salut. Je conviens que c'est sa pensée, et qu'il est de la bonne foi de l'entendre ainsi sans subtiliser. Mais l'endroit en question ne le dit pas. Au contraire, après avoir exclu toute *inquiétude*, il exclut encore toute *vue* pour sa *récompense*, pour ses *mérites mêmes*. Il veut qu'on ne pense *point du tout à soi*, qu'on *oublie.. son éternité.... et tous ses intérêts humains et divins*. De plus, ce desir inquiet du salut que vous approuvez qu'il retranche est précisément celui que je retranche aussi, et je n'en retranche point d'autre. Le desir inquiet du salut qu'il faut retrancher est-il surnaturel ? La grace inspire-t-elle cette inquiétude ? Non, sans doute ; car la grace n'inspire qu'un travail d'autant plus efficace qu'il est plus paisible, quoiqu'il soit quelquefois douloureux. Le desir inquiet du salut, que vous avouez, après le P. Surin, qu'il faut retrancher, est donc un desir naturel très différent des desirs surnaturels de l'espérance chrétienne. C'est ce desir du salut dont parle saint Bonaventure, quand il dit que l'imperfection vient seulement de ce qu'on y desire *avec trop d'ardeur et d'attache sa propre commodité et son intérêt propre*[2]. Ce *trop* n'est pas de la grace; et il est de la volonté, puisqu'il fait l'imperfection : ce *trop* ne peut donc être que volontaire et naturel. Voilà l'amour naturel et délibéré ; voilà l'intérêt propre qui est de *trop*, et qu'on peut retrancher. Il ne s'agit plus de savoir s'il y a un desir inquiet du salut à sacrifier pour la perfection. La chose est décidée par votre propre aveu. Il n'est plus question de savoir si ce desir inquiet du salut est toujours un péché, comme vous le prétendez, ou seulement une imperfection naturelle sans être péché, comme je l'ai dit dans mon livre.

---

[1] *Préf.*, n. 11, pag. 556.   [2] *Max.*, pag. 14 et 17.
[3] *Fondemens de la vie spir.*, liv. I, chap. IV, pag. 44.
[4] *Ve Écrit*, n. 14, tom. XXVIII, pag. 520.

[1] *Ve Écrit*, n. 14, tom. XXVIII, pag. 521.
[2] *In III Sent.*, dist. XXVII, quest. 11, art. 12.

La seconde chose que vous alléguez, monseigneur, pour justifier le P. Surin, est très remarquable. Vous dites que quand ce pieux auteur parle ainsi, c'est peut-être que « ce qu'il appelle » intérêt ne comprend pas ce grand intérêt de » posséder Dieu, qui mérite un nom plus re» levé[1]. » Ainsi, de votre propre aveu, on feroit une extrême injustice à cet auteur, si on disoit que les négations si fréquentes et si absolues *de tout intérêt humain et divin*, et l'oubli de *l'éternité sans du tout penser à soi, ni à sa récompense, ni à ses mérites*, excluent, dans le langage du P. Surin, le desir surnaturel du salut. Donc ces expressions si fortes ne doivent s'entendre, selon vous, que des desirs naturels et inquiets qu'on forme pour être content dans l'éternité. Cessez, monseigneur, d'avoir deux poids et deux mesures, et vous ferez la même justice à votre confrère qu'à ce vénérable religieux. Il est inutile de dire qu'il pose toujours le fondement de la nécessité d'aimer Dieu en tant que bon pour nous. Ne l'ai-je pas posé encore plus que lui? Et pouvez-vous me condamner, en le justifiant sur un correctif qui est incomparablement plus inculqué dans mon livre que dans le sien?

N'alléguez plus, s'il vous plaît, monseigneur, que vous avez approuvé ce livre *il y a trente ans*[2]. En ce temps-là vous étiez déja un prédicateur et un théologien d'un âge très mûr, et célèbre dans l'Église. Ce fut environ ces temps-là que vous fûtes évêque, et que le roi vous confia l'instruction de monseigneur le dauphin. Ne dites plus que c'étoit *avant le temps des quiétistes*. Avant qu'ils parussent, il ne falloit pas approuver l'impiété manifeste; et depuis qu'ils ont paru, il n'est ni juste ni utile à la cause de l'Église de rendre suspectes les expressions déja autorisées dans tant de saints auteurs. Si *l'intérêt divin* et *l'éternité* ne peuvent être que l'objet de l'espérance chrétienne, s'ils ne peuvent être oubliés et exclus sans exclure le salut, vous deviez condamner au lieu d'approuver ces blasphèmes. Si au contraire ces termes, loin de signifier naturellement ces impiétés dans le P. Surin, y sont édifiants, pourquoi faut-il qu'ils ne puissent avoir dans ma bouche qu'un sens impie? Ne dites plus de ce livre que « ces traces, » presque effacées depuis tant d'années, ne te» noient plus guère à votre cœur, non plus qu'à » votre mémoire[3]. » Toutes ces expressions ne montrent que votre embarras. *Aperte, aperte*,

monseigneur, comme vous me le dites : ou condamnez votre approbation du P. Surin, ou votre censure indirecte contre mon livre. Mais loin de condamner le P. Surin vous confirmez pleinement et absolument cette approbation si effacée, qui ne *tenoit plus guère à votre cœur, non plus qu'à votre mémoire*. Vous dites qu'il n'a point exclu « le motif de la perfection, du bon» heur et de la récompense[1] : » j'en conviens. Mais vous ne répondez rien à ma preuve. En recommandant *l'oubli de notre éternité, en excluant tous nos intérêts humains et divins, toute vue de récompense et de mérites mêmes*, il n'a point exclu, selon vous, *le motif de la perfection, du bonheur et de la récompense*. Il est donc évident que j'ai pu tout de même n'exclure point ce motif de la perfection du bonheur et de la récompense, quoique j'aie exclu comme lui les desirs inquiets du salut, et *l'intérêt propre pour l'éternité*, qu'il exprime *par les intérêts divins* et par *l'éternité*.

Comparez maintenant, monseigneur, le sens qu'il est naturel de donner dans mon livre à l'intérêt propre, par toute la suite de mon livre même, et par les expressions que vous avez jugées irrépréhensibles dans le P. Surin, avec *la doctrine inintelligible* ou plutôt avec ce délire inconcevable auquel on ne peut donner aucun sens ni aucun nom, et que vous aimez mieux m'attribuer, que d'avouer que votre zèle contre moi a été un peu précipité. Comparez les réponses précises que je viens de faire à vos objections, avec celles qu'il faudroit que je fisse, si j'avois entendu le salut sous le nom d'intérêt propre. Quand je vous réponds, je tire toutes mes réponses du texte de mon livre même; tout me fournit de quoi vous répondre, parce que toutes les parties du système ne tendent effectivement qu'à retrancher une imperfection naturelle. Mais s'il falloit que je cherchasse quelque sens suivi dans mon livre en prenant l'intérêt propre pour le salut, je ne pourrois qu'extravaguer de page en page et de ligne en ligne. Il faudroit à tout moment soutenir que l'on espère sans espérer; qu'on veut son bien en tant que son bien, sans le vouloir en tant que tel; qu'on desire pleinement sa béatitude en tant que telle, dans un renoncement absolu à sa béatitude; qu'on est véritablement persuadé de sa réprobation, et que la persuasion n'en est qu'apparente; qu'on y acquiesce absolument, et qu'on desire plus que jamais son salut en tant que son bien : folie

---

[1] Ire Écrit, n. 14, tom. XXVIII, pag. 521.
[2] Ibid., pag. 519. [3] Ibid., pag. 519.

[1] Ire Écrit, n. 14, tom. XXVIII, pag. 522.

dont on ne trouveroit pas même d'exemple parmi les insensés qu'on renferme. Il faut ou me renfermer au plus tôt, ou cesser d'espérer qu'on puisse persuader au monde que j'aie ainsi rêvé les yeux ouverts. Ce système n'est pas un système ; c'est un songe monstrueux. Vous ne sauriez expliquer vous-même ce que vous prétendez que j'ai voulu dire. Mais ce que je ne puis rapporter sans douleur, c'est que vous ne vous contentiez pas de m'imputer cette extravagance impie ; vous voulez encore, monseigneur, la trouver dans mes propres paroles, en y mettant ce que je n'y ai jamais mis. Vous vous plaignez *de ce qu'avance l'auteur* SUR LA JUSTE CONDAMNATION [1]. Je sais que vous prétendez que la réprobation y doit être comprise, à cause de mes expressions précédentes. Mais c'est une conséquence que vous voulez tirer d'un endroit pour un autre. Est-il juste de la tirer en joignant dans un passage ce que je n'y ai jamais joint? Falloit-il me le faire dire *sur la juste réprobation et condamnation*, puisque je ne l'ai jamais dit? Tout de même, falloit-il assurer que je n'ai cité les paroles de saint François de Sales sur la supposition impossible que *pour conclure à l'indifférence du paradis* [2], puisqu'au contraire je conclus que cette indifférence seroit *l'extinction absolue du christianisme et même de l'humanité* [3]? Enfin, pourquoi m'imputer d'avoir voulu prouver cette indifférence impie par *David* et par *Daniel* [4], puisque au contraire je n'ai cité les desirs de l'un et de l'autre que pour prouver que les parfaits doivent toujours *desirer pleinement* leur salut [5]? Vous marquez ces paroles en lettres italiques : « L'ame est invinciblement persuadée qu'elle » est réprouvée de Dieu [6]. » Vous ajoutez tout de suite : « C'est ce que porte le livre en termes for- » mels. » Qui ne croiroit que ces *termes formels* sont sans aucune restriction dans mon livre, comme dans une citation si expresse ? Cependant mes véritables paroles, prises sans en rien retrancher, ont évidemment un sens tout contraire à celui des termes que vous rapportez, en les détachant de ce qui leur est essentiel. Voici ce que j'ai dit : « Alors une ame peut être invinciblement » persuadée d'une persuasion réfléchie, et qui » n'est pas le fond intime de la conscience, qu'elle » est justement réprouvée de Dieu [7]. » Que cette persuasion soit *réfléchie* en ce qu'elle consiste dans des réflexions, comme vous le prétendez contre toute la suite du texte, ou qu'elle soit seulement *réfléchie* en ce que les réflexions la causent par accident ; il est toujours indubitable que ce qui *n'est pas le fond intime de la conscience* ne peut être un vrai jugement de l'entendement. Ce qu'on ne croit pas dans *le fond de la conscience* est quelque chose qu'on est tenté de croire, et dont la vraisemblance frappe. Mais si *le fond de la conscience* dit le contraire, alors le jugement contraire subsiste dans son entier. Joignez à une expression si décisive celle que j'y ai ajoutée : « Il » n'est question que d'une conviction qui n'est » pas intime, mais qui est apparente et invinci- » ble [1]. » J'oppose *l'invincible* au volontaire ou délibéré ; j'oppose *l'apparente* à ce qui est *du fond intime de la conscience*. Ce qui est du fond intime de la conscience délibéré et réel, c'est *l'espérance parfaite* que je conserve expressément *dans la partie supérieure* [2]. Ce qui est invincible ou indélibéré, et seulement apparent, c'est la persuasion qu'on est réprouvé. En vérité, monseigneur, falloit-il donner à entendre aux lecteurs que j'ai dit *en termes formels* que l'ame est invinciblement persuadée qu'elle est réprouvée de Dieu? Si mes paroles, prises dans toute leur étendue, ne peuvent être excusées, pourquoi affectez-vous d'en retrancher ce qui peut les excuser? et si ce que vous en ôtez les justifie, pourquoi ne me faites-vous pas justice? Est-ce ainsi, monseigneur, que vous parlez comme l'Apôtre, *comme de la part de Dieu, devant Dieu et en Jésus-Christ?*

Voilà l'impiété folle et inconcevable que vous voulez que je confesse contre toute vraisemblance et toute possibilité humaine, contre le témoignage certain de ma conscience, contre l'honneur de mon ministère, contre la sincérité de ma foi, contre l'évidence du fait attesté par mes amis, gens en assez grand nombre, d'une probité et d'une piété singulière. Voilà le vrai sujet d'un si grand scandale. Vous voulez absolument que ce scandale ait été nécessaire pour sauver la foi qui étoit en péril, et qu'il paroisse que vous me ramenez de l'abîme du quiétisme. C'est le seul moyen de vous apaiser.

Il me restera, monseigneur, à discuter courtement, dans d'autres lettres, ce que vous dites sur l'amour naturel de nous-mêmes, et sur divers autres points importants. J'espère justifier les pas-

---

[1] *Préf.*, n. 16, tom. XXVIII, pag. 540.
[2] IIIe *Écrit*, n. 3, pag. 459.
[3] *Max. des Saints*, pag. 13.
[4] IVe *Écrit*, n. 25, pag. 488.
[5] *Max. des Saints*, pag. 13.   [6] *Préf.*, n. 16, pag. 540.
[7] *Expl. des Max.*, pag. 16.

[1] *Explic. des Max.*, pag. 17.   [2] *Ibid.*, pag. 17.

sages que j'ai cités, et dont vous critiquez la citation ; éclaircir le public sur ceux de saint François de Salès, dont je me suis servi ; et montrer encore, sur divers articles, jusqu'à quel point vous avez défiguré les miens en me citant. Plût à Dieu que vous ne m'eussiez pas contraint de sortir du silence que j'ai gardé jusqu'à l'extrémité! Dieu, qui sonde les cœurs, a vu dans le mien avec quelle docilité je voulois me taire jusqu'à ce que le Père commun eût parlé, et condamner sans restriction mon livre au premier signal de sa part. Vous pouvez, monseigneur, tant qu'il vous plaira, supposer que vous devez être contre moi le défenseur de l'Église, comme saint Augustin le fut contre les hérétiques de son temps. Un évêque qui soumet son livre, et qui se tait après l'avoir soumis, ne peut être comparé ni à Pélage ni à Julien. Vous pouviez envoyer secrètement à Rome, de concert avec moi, toutes vos objections. Je n'aurois donné au public aucune apologie, ni imprimée, ni manuscrite ; le juge seul auroit examiné mes défenses ; toute l'Église auroit attendu en paix le jugement de Rome. Ce jugement auroit fini tout. La condamnation de mon livre, s'il est mauvais, étant suivie de ma soumission sans réserve, n'eût laissé aucun péril pour la prétendue séduction. Vous n'auriez manqué en rien à la vérité : la charité, la paix, la bienséance épiscopale auroient été gardées.

Je serai toute ma vie, sans aucune peine de cœur, et avec un respect sincère, monseigneur, etc.

SECONDE LETTRE.

Monseigneur,

Quoique vous ayez multiplié presque à l'infini les questions dans votre dernier livre, j'espère que le lecteur apercevra assez, à travers tant de difficultés incidentes, que l'amour naturel et délibéré est le point essentiel de vos accusations. Voici les réflexions que j'ai à vous proposer là-dessus :

I. Je n'ai jamais dit, comme vous me l'imputez [1], que c'est une *charité naturelle*, et je ne la *fais point servir de motif, toute naturelle qu'elle est, aux actes surnaturels*. J'ai dit seulement (en des endroits où il n'étoit nullement question de cet amour naturel de la béatitude) que saint Augustin a pris quelquefois le terme de *charité* dans un sens générique, pour *tout amour du bien et de l'ordre considéré en lui-même* [2]. Je l'ai expliqué ainsi, après la plupart des théologiens, afin qu'on ne conclue pas de certaines expressions de ce Père sur la charité, prise ainsi génériquement, qu'il ne laisse aucun milieu entre la charité, vertu théologale, et la cupidité vicieuse. Voilà ce que vous appelez *le pélagianisme*. Vous voulez que cet amour naturel de nous-mêmes soit, selon moi, un amour naturel de Dieu. Vous assurez que cet amour naturel dont je parle est celui « des biens les plus » desirables, qui sont sans doute les éternels, et » ne sont rien moins que Dieu même [1]. D'où vous » concluez que je fais des vertus théologales natu- » relles, et que l'œuvre de Dieu se partage entre » la nature et la grâce [2]. » Voici votre raisonnement : « Cet amour naturel s'attache à Dieu même ; » à quoi saint Thomas ni les autres n'ont jamais » songé [3]. » Mais, sans entrer dans des questions étrangères à mon sujet, comment parviendriez-vous, monseigneur, à faire en sorte que l'amour de nous-mêmes dont je parle, et qui est celui de la créature, puisse jamais passer pour celui du Créateur ? A cela vous répondrez que cet amour naturel s'attache, selon moi, à la béatitude comme à son objet, et que la béatitude est Dieu même. Mais vous savez que je donne toujours pour objet à ce desir, non Dieu même béatitude objective, mais seulement la béatitude formelle, qui, selon saint Thomas, suivi de toute l'école, *est quelque chose de créé*, et de distingué de Dieu. Ce don créé, qui est la plus douce et la plus avantageuse disposition de la créature intelligente, ne peut-il pas être desiré par elle d'un amour naturel pour elle-même ? Peut-on douter que la nature ne puisse desirer les dons surnaturels, après que la foi les a révélés ? Le desir naturel de ce don *créé* est-il un amour naturel de Dieu en lui-même ? Est-ce là une *charité naturelle*? est-ce là ce que vous nommez *le pélagianisme*? n'est-ce pas changer évidemment l'état de la question, pour en faire naître d'incidentes ? La charité, que je suppose que saint Augustin a prise quelquefois dans un sens générique, n'a rien de commun avec cet amour naturel de nous-mêmes par rapport à la béatitude formelle. Je ne vous ai donné aucun sujet de confondre ces deux choses. C'est à vous à bien expliquer les passages de saint Augustin sur la charité et sur la cupidité, puisque vous voulez qu'il ait toujours entendu, par le terme de *charité, la plus parfaite des vertus théologales*.

La distinction vulgaire de la béatitude objective

---

[1] *Préf. sur l'Inst.*, n. 110, tom. XXVIII, pag. 635, 636.
[2] *Inst. past.*, n. 9, tom. IV, pag. 193.

[1] *Préf.*, n. 107, tom. XXVIII, pag. 634.
[2] *Ibid.*, n. 108, même page. [3] *Ibid.*, n. 109, pag. 635.

et de la formelle vous déplait, monseigneur ; et, sans oser la combattre ouvertement, vous voudriez la décréditer. « La béatitude objective, dites-» vous [1], et la formelle ne font ensemble qu'une » seule et même béatitude. » Vous tâchez encore ailleurs d'accoutumer le lecteur à ne distinguer plus ces deux choses. Vous dites que « la béatitude » formelle est Dieu même, comme possédé de » nous et nous possédant [2]. » Ce n'est pas sans dessein que vous prenez tant de soin de confondre ce que l'école prend tant de soin de distinguer. Vous voulez par cette confusion faire deux choses décisives. L'une est de confondre tellement Dieu et la béatitude, que l'acte de charité ne puisse regarder Dieu sans regarder la béatitude même. L'autre est de pouvoir m'accuser d'enseigner une charité naturelle. Mais, pour y réussir, il faut me faire dire ce que je n'ai jamais dit, et confondre ce que l'école a toujours si bien démêlé. L'acte de notre ame, qui est la béatitude formelle, seroit Dieu même dans ce nouveau langage. Si vous entendez seulement par-là, monseigneur, qu'on ne peut avoir l'une de ces deux choses sans l'autre, puisque l'une est la possession même de l'autre, vous voulez dire une chose certaine, mais vous l'exprimez très improprement. Car la béatitude formelle, quoiqu'elle soit l'acte par lequel on possède la béatitude objective, est aussi différente d'elle que le don créé l'est du Créateur, et elle ne peut jamais faire avec Dieu *une seule et même fin* dernière de l'homme. « Il n'est pas permis, dit » Sylvius [3], dans un passage que vous avez cité [4], » d'aimer Dieu pour la récompense, de manière » que la vie éternelle soit entièrement la fin der-» nière de notre amour ; ou de l'aimer pour la ré-» compense, en sorte que sans elle nous ne l'ai-» merions pas. Pour le premier point, Dieu doit » être notre fin simplement dernière ; et quoique » notre vie éternelle consiste en Dieu comme dans » l'objet de la béatitude, la vision, la jouissance » et la possession de Dieu n'est pourtant pas Dieu » même, mais quelque chose de créé. Pour le » second, Dieu étant souverainement bon et » souverainement aimable pour lui-même, nous » devons l'aimer pour lui, supposé même qu'il » ne nous reviendroit aucune utilité de son » amour. »

On peut donc se desirer la béatitude formelle, qui est un don créé par un desir naturel, qui n'entre dans aucun acte surnaturel, et qui n'est point un amour naturel de Dieu.

II. Quand j'ai parlé d'une imperfection qui ne peut venir de la grace dans l'intérêt propre, et qui par conséquent vient d'un amour naturel, vous savez bien en votre conscience, monseigneur, que je n'ai voulu ni révoquer en doute l'imperfection ou moindre perfection de l'espérance chrétienne, par comparaison à la charité, ni conclure que cette vertu étoit imparfaite : elle ne peut être que naturelle. Au contraire, je dis clairement partout que l'espérance est moins parfaite que la charité, et qu'elle est néaumoins surnaturelle. L'imperfection dont je parle par opposition à celle de l'espérance chrétienne, comme d'une chose qu'on ne peut attribuer à la grace, est l'affection intéressée ou mercenaire, que les Pères laissent dans les ames imparfaites, parce qu'on les troubleroit si on leur demandoit plus qu'elles ne sont capables de porter. C'est une imperfection qu'ils ne leur proposent point comme étant commandée dans l'Évangile ; c'est une imperfection qui, loin d'être commandée, doit être retranchée, autant que les ames ont la force et le courage de la sacrifier.

Pourquoi donc, monseigneur, vouloir conclure de là, contre toutes mes explications les plus décisives, que je veux insinuer que la crainte et l'espérance qui sont imparfaites ne sont point surnaturelles ? Qu'y a-t-il de commun entre des vertus moins parfaites que la charité, mais parfaites néanmoins en leur genre surnaturel, et que la grace perfectionne de plus en plus en nous ; et une imperfection que la grace ne laisse dans les imparfaits que comme un mélange ou *impureté*, en attendant qu'elle la détruise ?

III. Remarquez, monseigneur, qu'il n'est pas question de vouloir me faire prouver par l'Écriture cet amour naturel et délibéré de nous-mêmes. Ne changeons point l'état de la question. Vous supposez cet amour naturel comme moi ; car vous dites [1], en rapportant les paroles du P. Surin, que « le dernier et le plus parfait des trois degrés » d'amour gratuit est de ceux qui ont même aban-» donné entre les mains de Dieu leur salut et leur » éternité sans vouloir conserver en eux aucune » inquiétude, etc. » Voilà un desir inquiet du salut ou éternité, que vous supposez dans les imparfaits, et que vous retranchez du troisième et dernier degré, qui est le plus parfait. Cette inquiétude à retrancher ne peut être que naturelle : il ne s'agit que de savoir si ce desir est vicieux ou

---

[1] *Avert. sur les div. Écrits*, n. 18. tom. XXVIII, pag. 371.
[2] *Préf.*, n. 121, tom. XXVIII, pag. 671.
[3] *In 2. 2, Quæst.* XXVII, art. 111, pag. 170.
[4] *Préf.*, n. 33, pag. 560.

[1] *Ve Écrit*, n. 14, tom. XXVIII, pag. 520.

non. Vous voulez qu'il ne puisse jamais être que vicieux, s'il ne devient surnaturel par le rapport à la fin dernière que la grace en fait dans les actes surnaturels. Pour moi, je crois qu'il peut être innocent, sans être élevé à l'ordre surnaturel.

Nous convenons donc tous deux de la réalité de cet amour naturel et délibéré, auquel la grace n'a aucune part. Le mettre en doute, sous prétexte que l'Écriture n'a pas expliqué cet amour, ce seroit vouloir faire perdre de vue au lecteur le véritable état de la question. Il ne s'agit que de savoir si cet amour naturel et délibéré que vous supposez toujours vicieux, ne peut pas ne l'être point quelquefois. Cet amour est, selon vous-même, *naturel*; car quoique les actes surnaturels mêmes soient naturels en un certain sens, parce qu'ils sont des actes *vitaux*, comme parle l'école, et produits par la volonté, puissance naturelle, il est vrai néanmoins qu'outre le principe naturel de la volonté, ils ont encore un principe conjoint, qui est la grace; et c'est par ce comprincipe, s'il m'est permis de parler ainsi, que les actes surnaturels sont distingués des naturels, et s'élèvent à un ordre supérieur. Les actes que vous reconnoissez pour naturels et vicieux tout ensemble n'ont donc que le seul principe de la volonté, sans celui de la grace: ils sont donc véritablement naturels. De plus, ils sont délibérés; car ils ne sont vicieux, selon nous, qu'en ce que la volonté, qui est libre dans ces actes, manque à s'unir à la grace, pour les rapporter à une fin surnaturelle. Voilà des actes d'un amour véritablement naturel et délibéré que vous admettez. Jusque là, ma doctrine n'ajoute rien à la vôtre; il n'y a donc rien en tout cela que j'aie besoin de vous prouver par l'Écriture. Mais voici le seul endroit où nous commençons à nous séparer.

Je dis que parmi ces actes, il y en a qui ne sont pas vicieux, c'est-à-dire des péchés. Voilà à quoi se réduit précisément toute notre question; voilà cette doctrine qui vous scandalise, et que vous regardez comme la source de tant d'impiétés. Dire qu'il y a des actes qui ne sont point surnaturels, et qui ne sont pas des péchés, c'est, selon vous, être tout ensemble pélagien et quiétiste.

IV. Il n'est plus question, monseigneur, de savoir si l'Écriture établit un amour naturel et délibéré de nous-mêmes. Ce livre divin, qui nous révèle les choses surnaturelles, suppose d'ordinaire les naturelles, telles que cet amour. Il s'agit uniquement de savoir si je dois prouver par l'Écriture que cet amour, que vous admettez autant que moi, peut n'être point un péché, sans être élevé par la grace à l'ordre surnaturel. Mais remarquez, s'il vous plaît, que qui dit péché dit un acte de transgression de la loi, un acte défendu par quelque loi constante. Le silence de l'Écriture me suffit donc manifestement pour être en plein droit de dire que de tels actes naturels ne sont pas défendus. C'est à vous à prouver clairement par l'Écriture qu'elle a défendu de tels actes; faute de quoi le silence de l'Écriture est décisif pour moi contre vous.

V. Observez, s'il vous plaît, monseigneur, que cette question n'est pas même essentielle à mon système. Que la mercenarité ou propriété d'intérêt soit un péché ou non, il n'en est pas moins vrai de dire, après tant de saints anciens et nouveaux, qu'il y a dans les justes imparfaits une mercenarité ou propriété ou desir naturel et inquiet sur le salut, qu'il faut retrancher dans les parfaits. Voilà tout l'essentiel de mon système. Il est vrai que j'y ai ajouté une précaution que j'ai crue nécessaire, qui est de dire que cette mercenarité ou propriété n'est pas toujours un péché. Je l'ai dit, parce que cette explication de mercenarité ou propriété me paroît la seule conforme aux sentiments des saints; et si je ne l'avois pas dit, vous n'auriez pas manqué de dire que je détruisois tout milieu entre les vertus surnaturelles et la cupidité vicieuse. Mais enfin cet adoucissement n'est point essentiel au système; et il est toujours vrai de dire, soit qu'on admette avec moi cet adoucissement, ou qu'on le rejette avec vous, que les imparfaits ont une mercenarité ou propriété sur la béatitude formelle, qui est quelque chose de naturel et de délibéré qui les rend imparfaits, et que les parfaits en sont d'ordinaire exempts.

VI. Vous n'osez dire ouvertement, monseigneur, qu'un père ne peut aimer son fils, un époux son épouse, un ami son ami, un citoyen sa patrie, par un amour naturel où la grace n'agit point, sans que cet amour soit par lui-même un péché. Vous n'osez le dire. Mais aussi vous n'osez dire précisément que c'est ce qu'on vous objecte, et vous n'y répondez rien. Vous vous contentez de laisser entrevoir votre pensée. « Rapporter à Dieu tout ce qu'on » fait, c'est, dites-vous [1], l'effet d'une vertu assez » commune. » Mais enfin, si *c'est l'effet d'une vertu assez commune*, que réservez-vous à la perfection? Vous prenez grand soin de ne dire ni oui ni non sur les vertus des infidèles. Pour moi, je prendrai votre silence pour un aveu. Si vous avouez qu'il peut y avoir des actes naturels et dé-

[1] *Préf.*, n. 119, pag. 663.

libérés qui ne soient pas des péchés, voilà mon amour naturel qui est hors de toute atteinte, selon vous-même. Si au contraire ces actes ne peuvent jamais être que des péchés, faute d'être élevés par la grâce à l'ordre surnaturel, je prends toute l'Église à témoin que, selon vous, toutes les vertus des infidèles sont des péchés. A plus forte raison faudra-t-il dire que tous les actes naturels et délibérés des chrétiens, et surtout des justes, sont des péchés véritables; car le chrétien, et surtout le juste, doit sans doute bien plus à Dieu que l'infidèle, parce qu'il a plus reçu de lui. Nul chrétien ne peut donc craindre par un amour naturel de soi-même les peines de l'enfer, sans pécher. Nul chrétien ne peut désirer par un amour naturel de soi-même la béatitude formelle, qui est un don créé, sans pécher de même.

VII. Tous ces actes naturels sont, selon votre principe, non-seulement des péchés, mais encore des péchés mortels. En voici la preuve. Ces actes sont *vicieux*, et vicieux par le défaut de tout rapport à la fin dernière. Des actes qui n'ont aucun rapport à la fin dernière sont, selon saint Thomas, de vrais péchés mortels. Vous ne pourriez éviter cet inconvénient qu'en distinguant, comme je l'ai fait après saint Thomas, la subordination *habituelle* d'avec l'*actuelle* : *non actu, sed habitu*. *Sufficit ergo quod aliquis habitualiter referat se et omnia sua in Deum ad hoc quod non semper mortaliter peccet, cum aliquem actum non refert in gloriam Dei actualiter. Veniale autem peccatum non excludit habitualem ordinationem actus humani in gloriam Dei, sed solum actualem, quia non excludit charitatem quæ habitualiter ordinat in Deum : unde non sequitur quod ille qui peccat venialiter peccet mortaliter* [1]. La différence des péchés, suivant saint Thomas dans ces paroles, consiste en ce que les péchés véniels ont un rapport habituel à la charité qui demeure dominante dans l'âme; au lieu que les péchés mortels, étant contraires à la charité, n'ont aucun rapport même habituel à elle. Vous avez rejeté comme une erreur cette subordination habituelle. Selon vous, les actes naturels de l'amour mercenaire étant vicieux, ils n'ont aucun rapport formel et actuel à la fin dernière. D'ailleurs vous niez le rapport *habituel* des actes qui sont des péchés véniels. Ces actes n'ont donc aucun rapport même habituel et implicite à la fin dernière; ils sont donc, selon la règle de saint Thomas, de vrais péchés mortels. Ainsi toutes les fois qu'un juste, par un amour naturel de soi-même, craint les peines de l'autre vie, ou désire la béatitude formelle, il perd par cet acte la justice chrétienne; il devient ennemi de Dieu, il met sa fin dernière dans un don créé. Voilà la mercenarité vicieuse, qui ne peut jamais être expliquée autrement, selon vos principes. Vouloir trouver une autre mercenarité, qui soit naturelle et innocente par un rapport habituel à la fin dernière, c'est une nouveauté que vous trouvez digne d'une censure.

VIII. Vous assurez, monseigneur, que j'ai cité mal à propos saint Thomas et Estius sur cet amour naturel, parce qu'ils n'ont pas, dites-vous, prétendu parler d'un amour délibéré. Mais je laisse à examiner au lecteur les choses suivantes. Si saint Thomas ne vouloit parler que d'une inclination aveugle, nécessaire et indélibérée, que l'École nomme *appetitus innatus*, auroit-il eu besoin d'assurer qu'un tel amour est distingué de la charité, qui est un amour si délibéré et si méritoire : *a charitate quidem distinguitur*? Auroit-il ajouté que cet amour n'est pourtant pas contraire à la charité? *sed charitati non contrariatur*. Ne sait-on pas que ce qui n'a rien de délibéré ne sauroit lui être contraire? Mais comment est-ce qu'il n'est point contraire à la charité? Saint Thomas dit-il que c'est à cause qu'il est aveugle, nécessaire et indélibéré? (Ce seroit, selon vous, la vraie raison.) Tout au contraire, il suppose dans l'homme qui s'aime ainsi un choix, une précision, une fin. C'est un homme qui s'aime suivant la vue formelle de son propre bien; *secundum rationem proprii boni*; mais il n'y établit pas sa fin, *ita tamen quod in hoc proprio bono non constituat finem*. Par-là il évite le péché, et fait un acte qui peut recevoir quelque subordination à la fin dernière. L'appétit aveugle, nécessaire et indélibéré, fait-il ce choix et cette précision sur les fins?

Estius parle de cet amour tout exprès pour expliquer comment les actes de crainte servile peuvent n'être pas des péchés. Ainsi il auroit parlé d'une manière absurde, et indigne d'un si grave théologien, si au lieu de parler des actes délibérés qui peuvent être ou n'être pas des péchés, et dont il étoit uniquement question, il n'avoit parlé que d'un appétit indélibéré qui n'a aucun rapport à la liberté et au démérite. Il parle manifestement d'un acte qui a quelque chose d'intérieur et quelque chose d'extérieur, c'est-à-dire d'une délibération intérieure et d'une action extérieure commandée librement par la volonté : *Nulla alioqui circumstantia suum actum sive internum sive externum depravante* [1]. Jamais on n'a dit que l'in-

---

[1] 2. Quæst. LXXXVIII, art. 1.

[1] *In lib.* III *Sent.*, dist. XXXIV, LVIII.

clination indélibérée forme de tels actes. De plus, les circonstances ne peuvent la rendre déméritoire, puisqu'elle est absolument indélibérée. Estius assure que celui qui fait un tel acte de crainte ne pèche pas, quoique cet acte *ne vienne pas de l'amour de la justice.* On n'a pas besoin de dire qu'un appétit indélibéré ne vient point *de l'amour de la justice.* Il est vrai qu'il ajoute que cet acte vient de l'amour qu'on a *en général pour le bonheur*; qu'il est *informe*, et qu'il peut être *formé*, c'est-à-dire perfectionné par l'amour dont on *aime en particulier le souverain bien au-dessus de toutes choses.* Mais il ne dit pas que cet acte est l'amour du *bonheur en général*; il dit seulement qu'il en *vient*, comme les actes délibérés viennent des inclinations indélibérées. Il dit encore moins que cet acte *informe* soit un simple mouvement de la nature, qui n'est permis qu'autant qu'il est élevé et déterminé actuellement, par le concours de la grace, à l'ordre surnaturel pour la fin dernière. Il dit seulement qu'un tel acte n'est point par lui-même opposé à la grace et à l'amour dominant de Dieu, qui le perfectionne quand il y est ajouté. Estius donne même en cet endroit une décision évidente. Il dit de l'acte de l'infidèle ce qu'il dit de celui du fidèle : *Non peccat infidelis timens ignem aut mortem.* L'acte de l'infidèle dont il parle est purement naturel, et séparé de tout principe de grace. Cet acte purement naturel, sans être *formé* ou perfectionné pour être élevé à l'ordre surnaturel, n'est point un péché, selon Estius. Donc il y a, selon lui, un amour naturel et délibéré de nous-mêmes, qui, sans s'élever à l'ordre surnaturel, n'est pas vicieux. Il me sera facile de montrer encore évidemment ce même amour comme innocent dans un grand nombre de passages de cet auteur, et de tous les théologiens célèbres qui ont enseigné en notre siècle, même dans la faculté de Paris.

Saint Bernard avoit reconnu un amour naturel de nous-mêmes, par rapport à la béatitude céleste, qu'il veut retrancher des ames parfaites. C'est cet amour naturel que les petits ou imparfaits cherchent à consoler en eux, et que l'ame forte ne nourrit plus en elle : *Nec lacte jam potatur, sed vescitur solido cibo ;.... nec parvas parvulorum consolationes captans.* Il admet un degré de perfection au-dessus : *Invenitur tamen alter gradus sublimior, et affectus dignior isto, cum penitus castificato corde nihil aliud desiderat anima ; nihil aliud a Deo quærit quam ipsum Deum..... Neque enim suum aliquid, non felicitatem, non gloriam, non aliud quidquam, tanquam privato sui ipsius amore desiderat* [1]. Cette entière purification de l'amour consiste à ne desirer ni béatitude ni gloire par un amour particulier de soi-même. Le voilà cet amour naturel, même par rapport à la gloire et à la béatitude formelle. L'amour particulier de nous-mêmes, qu'il faut exclure pour la perfection, ne peut être que naturel. Il ne reste plus qu'à savoir si cet amour naturel et délibéré ne peut jamais être que vicieux, chose étrangère à mon système, et que vous ne sauriez prouver.

Saint Bonaventure a établi cet amour comme délibéré, en établissant trois sortes d'amours, dont l'un est *louable* et *gratuit*, c'est-à-dire surnaturel et produit par la grace ; l'autre *coupable et vicieux* ; et celui du milieu naturel, sans être ni coupable ni digne de louange : *amor naturalis nec laudabilis est nec vituperabilis* [2]. Cet amour est si délibéré, suivant ce saint docteur, qu'il considère son *indigence*, qu'il *a pour fin son utilité propre*, qu'il se divise *en amitié et en concupiscence*, que cet amour naturel d'amitié cherche *Dieu comme notre perfection et notre conservation*, de même que les membres d'un corps s'exposent pour la tête. Saint Bonaventure dit, il est vrai, que cet amour nous *est commun avec les bêtes* ; mais il ne l'attribue aux bêtes qu'imparfaitement, à proportion de leur connoissance imparfaite. Il ajoute que cet amour, quand il est celui de *concupiscence*, aime Dieu en tant qu'il *subvient à nos nécessités*, et qu'alors l'objet est aimé non pour lui-même, mais pour son usage ; d'où il arrive que l'homme s'aime alors par cet amour naturel plus qu'il n'aime Dieu. Vous voyez que quand on n'a que cet amour naturel tout seul, on se préfère à Dieu. Cette préférence montre que les actes sont délibérés, et ont des objets formels. Aussi ce saint docteur met-il l'*imperfection* dans ce même amour naturel délibéré. « L'imperfec- » tion, dit-il [3], ne peut venir que de ce que l'ame » se porte avec trop d'ardeur et d'attache à sa » propre commodité, à son propre intérêt. » Ce *trop d'ardeur et d'attache* ne vient pas, selon lui, de l'amour gratuit, c'est-à-dire surnaturel. L'imperfection ne vient donc, selon lui, que d'un amour naturel qui s'inquiète et s'empresse, c'est-à-dire, dans le langage des mystiques, qui met dans l'ame une certaine activité pour son propre intérêt.

IX. Vous prétendez, monseigneur, que le caté-

---

[1] *Serm.* viii *de divers.*, n. 9, pag. 1104.
[2] *Compend. theol. verit.*, cap. cxxiv.
[3] *In* iii *Sent.*, dist. xxvii, *Quæst.* ii, art. 2.

chisme du concile de Trente ne parle que des mercenaires vicieux, quand il dit *amanter serviunt*. Et vous croyez n'avoir besoin que d'alléguer le style de ces temps-là pour décider. Mais, selon le style de l'Écriture, que ce catéchisme n'a eu garde de vouloir changer, le terme de servir n'emporte-t-il pas le culte entier ? *Servir le Dieu de vos pères. Servir les dieux étrangers. Vous adorerez le Seigneur votre Dieu, et vous servirez à lui seul.* C'est toujours le culte suprême ; avec toutes les vertus qui y sont attachées. L'Église parle de même dans ses prières. Si on y ajoute *amanter*, c'est sans doute encore plus clairement un culte d'amour et de justice véritable. Votre mercenarité vicieuse est un renversement de l'ordre. Vous supposez qu'on y rapporte l'amour de Dieu même à quelque utilité distinguée de Dieu, comme à la dernière ou principale fin. C'est ainsi que vous expliquez ces paroles : *Sed tamen pretii causa quo amorem referunt.* Voilà donc un péché mortel ; voilà *l'impiété* et le *sacrilége* dont parle saint François de Sales, qui est de *servir Dieu avec amour,* pour rapporter cet amour à soi et à son utilité. Où trouverez-vous, monseigneur, que l'Église ait jamais dit qu'on *sert Dieu avec amour* par des impiétés, par des sacriléges, par un renversement de l'ordre, où l'on s'aime comme l'on devroit aimer Dieu, et où l'on aime Dieu comme l'on devroit s'aimer ? Je laisse aux théologiens, et surtout à l'Église romaine, dans le sein de laquelle ce catéchisme fut fait ; à juger s'il est permis de la faire parler ainsi. N'est-il pas plus naturel et plus décent d'expliquer ce catéchisme comme il faut nécessairement expliquer saint Basile, quand il dit du juste mercenaire : « Il ne négligera rien » de tout ce qui est commandé. Car comment re- » cevroit-il la récompense, s'il omettoit quelqu'une » des choses nécessaires selon la promesse [1] ? » Le grand commandement est sans doute celui d'aimer Dieu pour lui-même et au-dessus de tout. *Omettre* de l'accomplir seroit *négliger* le précepte le plus essentiel par rapport *à la promesse.* Ce juste mercenaire ne négligera donc pas ce commandement. Loin donc de rapporter l'amour de Dieu à soi et à sa propre utilité, il rapportera soi et son bonheur à Dieu ; autrement *comment recevroit-il la récompense ?* Les voilà, monseigneur, les mercenaires qui ne sont ni vicieux, ni impies, ni sacriléges ; *qui amanter serviunt.* Ils aiment Dieu en lui-même et au-dessus de tout ; mais ils mêlent avec cet amour surnaturel de Dieu et des dons promis, un amour naturel d'eux-mêmes qui leur fait chercher ces mêmes dons, pour se consoler humainement.

Pour l'espérance surnaturelle, j'ai dit qu'elle peut être commandée et non commandée par la charité, que ses actes commandés sont les plus parfaits, et qu'alors, selon le catéchisme du concile de Trente, *l'espérance est tout appuyée sur l'amour.* Prétendez-vous, monseigneur, qu'il n'y ait point d'actes d'espérance qui ne soient toujours commandés et rapportés formellement à la charité ? Vous avez établi le contraire en disant : « L'espérance ne laisse pas d'être une » vertu infuse dans les ames qui ne sont pas » assez soigneuses de la rapporter à la charité ; » ce qui pourra être une imperfection ou peut-être » un vice [1]. » Je vous laisse à expliquer comment ce défaut de rapport dans l'acte, le rend un vice, quoiqu'il soit surnaturel, et un acte de vertu théologale. Mais enfin voilà, selon vous, des actes d'espérance, les uns commandés, les autres non commandés. N'est-il pas permis de croire que le catéchisme propose les plus parfaits, sans condamner les autres ? Serai-je hérétique pour avoir distingué ces deux sortes d'actes, et pour avoir cru que le catéchisme, en expliquant le précepte d'espérer, invite les chrétiens à la plus parfaite espérance ?

X. Vous dites que je veux faire consister la différence qui est entre les parfaits et les imparfaits dans un amour naturel. Mais ne faut-il pas trouver dans les imparfaits une imperfection qui les distingue des parfaits ? Après avoir retranché des imparfaits les vices pour les perfectionner, n'en faut-il pas aussi retrancher les affections purement naturelles qui ne sont pas des péchés, supposé qu'il y ait effectivement quelque milieu entre les péchés et les vertus surnaturelles ; puisqu'il est plus parfait d'agir presque toujours surnaturellement, que d'agir tantôt par grace et tantôt par nature ?

XI. Vous trouvez qu'il est ridicule de vouloir prouver l'amour naturel par tant de passages où il n'est pas seulement nommé ; voilà ce que vous appelez [2] une *démonstration évidente* contre moi. Mais en vérité, monseigneur, est-ce du nom ou de la chose dont il s'agit ? Je montre dans toute la tradition un amour mercenaire qui est dans les justes imparfaits, et qui ne se trouve plus d'ordinaire dans les parfaits. Si cet amour mercenaire ne peut être que naturel, toute cette tradition est démonstrative. Or est-il que cet amour merce-

---

[1] *Reg. fus. tract.* init.

[1] *Préf.*, n. 98, tom. XXVIII, pag. 636.
[2] *Ibid.*, n. 70, pag. 599.

naire ne peut être que naturel. S'il étoit surnaturel, il seroit l'espérance qui desire les biens promis par le secours de la grace, et il faudroit retrancher l'espérance surnaturelle pour retrancher la mercenarité, ce qui seroit une impiété. De plus, il est évident que cet amour mercenaire ne peut être l'espérance surnaturelle; car cette vertu augmente au lieu de diminuer dans les parfaits, et l'amour dont il s'agit diminue à proportion de ce qu'elle augmente. Donc cet amour imparfait qu'il faut retrancher ne peut être que naturel. Vous en convenez, monseigneur, et vous ajoutez seulement qu'il est vicieux.

Vous cherchez néanmoins un autre dénouement qu'on n'auroit jamais pu prévoir. Vous dites qu'on sacrifie « l'amour même de la récompense » qu'inspire aux enfants de Dieu l'espérance chrétienne [1]. » Mais comment le sacrifie-t-on? « En » la rapportant à la charité? » Est-ce que les justes imparfaits ne la rapportent point à la même fin? S'ils la rapportent, votre différence s'évanouit, et votre dénouement n'est qu'une illusion. S'ils ne la rapportent en aucune façon, ces justes se font donc eux-mêmes leur dernière fin? Ailleurs vous tenez un autre langage, et vous voulez que les parfaits soient distingués des justes imparfaits, en ce qu'ils retranchent une mercenarité vicieuse ou *un amour vicieux de la récompense* [2]. Mais *cet amour vicieux de la récompense* ne peut être qu'un amour naturel [3]. Qu'il soit vicieux comme vous le prétendez, ou innocent comme je le dis, c'est toujours un amour naturel, et auquel la grace n'a point de part. Ne dites donc plus, monseigneur, que cette tradition ne suppose aucun amour naturel. Avouez au contraire qu'elle suppose avec une pleine évidence, dans les justes imparfaits ou mercenaires, un amour naturel d'eux-mêmes et de la récompense pour eux.

Il ne reste plus qu'à savoir si cet amour naturel, supposé par cette tradition, est nécessairement vicieux, ou bien s'il peut n'être pas un péché. Je ne dis donc que ce qui est certain, selon vous-même, par cette tradition, savoir qu'elle suppose un amour naturel et délibéré de la récompense qui est mercenaire ou imparfait; et vous y ajoutez ce que cette tradition ne dit point, quand vous assurez que cet amour naturel et mercenaire est vicieux.

XII. Ce qui m'étonne, monseigneur, c'est de voir que vous voulez que dans les trois états des serviteurs, des mercenaires et des enfants, le *désintéressement soit commun* [1]. Quoi! le désintéressement est-il *commun* entre le mercenaire et le parfait enfant? Pourquoi donc l'un est-il nommé *mercenaire* ou intéressé par comparaison à l'autre? Il est bien vrai que l'un et l'autre a la charité, dont les actes sont très désintéressés. Mais peut-on dire que l'état de l'un ne renferme pas, outre la charité et les autres vertus surnaturelles, une affection imparfaite qui le fait nommer *mercenaire*, et qui n'est plus dans l'état de l'autre? Pourquoi dites-vous donc que *ce n'est point par cet endroit-là que ces trois états diffèrent* [2]? Persuaderez-vous à quelqu'un que ce n'est point par la mercenarité que le mercenaire est distingué de l'enfant? C'est en cette occasion que vous laissez voir combien ces trois degrés de justes vous choquent et vous embarrassent. Vous dites librement contre Edmer ce que vous n'osez dire contre tant d'autres auteurs d'un plus grand nom. Mais Edmer ne fait que rapporter la doctrine de saint Anselme, et cette même doctrine ne peut être méprisée en eux, sans que le mépris en retombe sur tant de Pères qui ont parlé de même. Vous voulez, monseigneur, que ces trois degrés pris en rigueur soient insoutenables; et vous aimez mieux laisser ainsi entendre que les Pères n'ont point parlé assez correctement, que de les expliquer par cet amour naturel, qui en est une clef simple et décisive. Dans le premier degré, ils ont mis avec la charité dominante, et les autres vertus surnaturelles, une crainte naturelle des peines éternelles, fondée sur un amour naturel de nous-mêmes. Dans le second, ils ont ôté cette crainte sans ôter la crainte surnaturelle des peines, et ils ont supposé dans ce second degré un desir naturel du contentement, qui est dans la béatitude formelle, et qui vient de l'amour naturel de nous-mêmes, sans préjudice de la charité dominante, et de toutes les vertus surnaturelles. Dans le troisième, ils ont ôté cette crainte naturelle des peines, et ce desir naturel d'être content dans l'éternité, sans diminuer ni la crainte surnaturelle, ni l'espérance, vertu surnaturelle et théologale, ni aucune autre vertu, et supposant une charité plus forte dans ce troisième degré que dans les deux précédents. Quand on veut bien dire des choses si courtes et si claires, on n'a pas besoin de dire, comme vous le faites, monseigneur: « Ces trois états, à la ri- » gueur, introduiroient des justes où la crainte » seroit dominante;.... d'autres qui seroient jus- » tifiés par la seule espérance sans amour; d'au-

---

[1] *Préf*, n. 100, pag. 641.
[2] *Ibid.*, n. 98, pag. 635. [3] *Ibid.*, n. 83, pag. 617.

[1] 1ʳᵉ *Écrit*, n. 9, pag. 509. [2] *Ibid.*

» tres enfin où l'amour n'auroit plus besoin de
» regarder à la récompense[1]. » Toutes ces difficultés, qui font peu d'honneur aux Pères, s'évanouissent, dès qu'on laisse dans les trois états toutes les vertus surnaturelles, et qu'on ne les caractérise que par des mélanges d'amour naturel dans les deux premiers.

XIII. Examinons maintenant de près, je vous supplie, monseigneur, comment vous expliquez cette tradition qui établit trois sortes de justes, *serviteurs, mercenaires et enfants*. Je suis très aise de voir qu'au moins vous reconnoissez que ce sont *trois différents états de justice*[2]. Qu'est-ce qui caractérise ces trois états ? « Au premier, qui est le
» plus bas (*voici vos paroles*[3]) on a besoin d'être
» soutenu par un état servile, lorsqu'on est encore
» troublé et inquiété par les terreurs qu'inspire la
» peine éternelle : » voilà le motif de la crainte.
« Au degré qui suit, on s'est élevé à quelque chose
» de plus noble, lorsqu'on y est soutenu par les
» récompenses que nous avons nommées étran-
» gères, après saint Clément d'Alexandrie. »
Pour le troisième « et dernier état,... Dieu s'y
» soutient tout seul en lui-même et par lui-même ;
» ce qui constitue l'état de la parfaite charité. »
Ces paroles vous scandaliseroient beaucoup, monseigneur, si elles étoient dans mon livre ; car elles semblent n'admettre que ce seul amour de *Dieu en lui-même*, qui *se soutient par lui-même*, sans avoir besoin des consolations de l'espérance chrétienne. Cette expression si forte signifie du moins que les justes du second état n'ont plus la servilité ou crainte de la *peine éternelle*, qui trouble ceux du premier ; et que les derniers, qui sont les parfaits, ne sont plus soutenus par la mercenarité ou attachement aux *récompenses étrangères*, des justes du second état.

Il reste à savoir ce que vous entendez par les *récompenses du dehors*, ou *étrangères* de saint Clément, et par les *honneurs de l'autre vie* dont saint Grégoire de Nazianze parle.

XIV. Vous ne pouvez, monseigneur, vous dispenser de mettre la mercenarité de ces justes mercenaires dans une des trois choses que je vais expliquer. Elle consiste dans un attachement ou à des dons passagers en cette vie, ou à des biens de l'autre vie distingués de la béatitude chrétienne, ou à la béatitude chrétienne même.

Pour le premier point, vous ne pouvez prétendre, monseigneur, que cette mercenarité ne consiste que dans un attachement à des dons passagers en cette vie. Saint Clément parle de la récompense dont il est dit : *Voici le Seigneur, et sa récompense avec lui*. Toute l'Église entend par cette récompense celle de l'autre vie. Le même saint Clément, en parlant du désintéressement du gnostique, plus parfait que ce juste mercenaire, parle *du salut* et *des biens de l'incorruptibilité*. Il dit que ce gnostique seroit fidèle, quand même il pourroit, en ne l'étant pas, jouir *des biens des bienheureux*; τὰ μακάρων ἀγαθὰ λήψεται[1]. Le *salut*, les *biens de l'incorruptibilité*, les *biens des bienheureux* sont au-delà de cette vie. Saint Grégoire de Nazianze exclut des motifs de son véritable philosophe chrétien, non-seulement la gloire de plaire aux hommes, « mais encore les honneurs réservés
» en l'autre vie[2]. » Saint Grégoire de Nysse dit que ces mercenaires « se conduisent avec droiture
» et vertu, par l'espérance de la récompense ré-
» servée à ceux qui auront vécu pieusement[3]. »
Voilà encore la récompense de l'autre vie, et non de celle-ci. Saint Ambroise, après avoir parlé *des cœurs rétrécis*, qui sont *invités par les promesses*, dit de l'ame parfaite[4], que, *sans songer à la récompense céleste*, *etc*. Les cœurs rétrécis sont donc rétrécis par quelque attachement à la *récompense céleste*. Il ajoute pour le parfait : « Il n'est
» point mené par la récompense à la perfection.
» Mais c'est par la perfection qu'il est consommé
» pour la récompense[5]. » La récompense pour laquelle on est consommé par la perfection n'est que la béatitude future. De plus, tous ces saints auteurs parlent d'une crainte pour la peine éternelle qui caractérise le serviteur, et c'est aussi selon eux un semblable attachement à la récompense éternelle qui caractérise le mercenaire. On ne peut donc prétendre sérieusement que cette mercenarité ne regarde que les dons d'ici-bas. Il est vrai que saint Clément parle d'un *lucre* et d'un *plaisir extérieur* que vous voulez nommer la récompense du dehors ou étrangère. Mais ce *lucre* ou *ce plaisir extérieur* à la vertu et à l'amour de Dieu est une chose grossière, qu'il exclut d'abord des motifs du gnostique ; et ensuite, s'élevant plus haut, il ajoute qu'il ne voudroit pas manquer à Dieu, quand même il le pourroit en jouissant *des biens des bienheureux*. Ces *biens des bienheureux* paroissent quelque chose de fort supérieur au *lucre* et au *plaisir extérieur*.

---

[1] V⁰ Ecrit, n. 3, pag. 504.
[2] *Ibid*., n. 9, pag. 508.   [3] *Ibid*., n. 9, pag. 509.

[1] *Strom*., lib. IV, p. 552.   [2] *Orat*. IV, ol. III, n. 60, p. 104.
[3] *Hom*. I *in cant*., tom. I, pag. 475.
[4] *De Abrah*., lib. II. cap. VIII, n. 47, tom. I, pag. 532.
[5] *De interp. David*., lib. IV, cap. XI, n. 28, pag. 672.

XV. Venons au second point, qui est de mettre la mercenarité des justes imparfaits dans un attachement à des biens de l'autre vie, distingués de la béatitude chrétienne. C'est, monseigneur, ce que vous paroissez vouloir établir, en parlant de *la récompense étrangère* de saint Clément, *et des honneurs de l'autre vie* de saint Grégoire de Nazianze. Voilà ce qui vous fait distinguer, même pour l'autre vie, deux récompenses : l'une à laquelle vous ne donnez aucun nom précis, l'autre que vous nommez *substantielle*[æt] qui est Dieu même[2].

Si vous voulez seulement dire par là qu'on peut distinguer Dieu béatitude objective d'avec la formelle ; qu'on ne peut jamais être intéressé ou mercenaire en ne cherchant qu'à s'unir à Dieu, c'est-à-dire qu'à l'aimer pour lui-même ; et que l'affection mercenaire pour l'autre vie ne peut regarder que la béatitude formelle qui est un don créé, vous l'auriez dû dire clairement comme je l'ai dit en toute occasion. En ce sens, la récompense *essentielle, substantielle, incréée*, est un objet dont le désir ne peut jamais rendre l'ame mercenaire, et que la plus haute perfection fait désirer de plus en plus. Mais vous ne voulez pas qu'on distingue la béatitude formelle d'avec l'objective. « La béati-
» tude objective, dites-vous, et la formelle ne font
» ensemble qu'une seule et même fin, qu'une seule
» et même béatitude[2]. » Vous dites encore[3] : « La
» béatitude formelle est Dieu même comme pos-
» sédé de nous et nous possédant. » Voici encore ce que vous dites, monseigneur[4] : « Il y avoit
» alors des chrétiens plus grossiers, etc..... qui,
» outre les grands biens que Dieu promettoit de
» donner, hors en quelque façon de lui-même, se
» faisoient mille petites espérances. Ceux qui, trop
» touchés de ces biens véritables ou imaginaires
» distingués de Dieu, les ressentoient plus que Dieu
» possédé en lui-même, pouvoient être considérés
» comme ayant l'esprit mercenaire. »

Souffrez que je vous dise, monseigneur, que ces paroles n'ont rien de précis. Quand on dit *mille petites espérances*, sans en spécifier aucune, on ne dit rien en paroissant dire beaucoup. Où sont-elles ces *mille petites espérances*, au-delà de cette vie ? Où sont *ces biens véritables ou imaginaires distingués de Dieu* ? Ils sont, dites-vous, *hors en quelque façon de Dieu même*; ils sont *outre les grands biens que Dieu promet*. Pourquoi, monseigneur, évitez-vous de parler clairement ? Vous nommez incertainement *ces biens véritables ou imaginaires*. Ne sont-ils pas certainement *imaginaires*, puisqu'ils sont *hors en quelque façon de Dieu, et outre les grands biens qu'il promet*? Les grands biens qu'il promet sont la *plénitude des biens véritables : sufficientiam competentium commodorum*, comme parle saint Anselme dans l'endroit que vous citez. Ces biens, qui sont l'objet de *mille petites espérances*, sont donc, selon vous, *outre la plénitude* des véritables biens promis.

Souvenez-vous, monseigneur, qu'il s'agit ici de la mercenarité des justes. Ces justes ont la foi explicite. Ont-ils pour l'autre vie *mille petites espérances hors en quelque façon de Dieu et outre les grands biens qu'il promet*? Se font-ils une béatitude fabuleuse *outre* la vision intuitive de Dieu, qui nous est promise avec la joie suprême de l'ame, et tous les biens corporels? Voilà l'assemblage des biens promis, qui sont la plénitude de tous les biens véritables renfermés dans la béatitude chrétienne. Voulez-vous que ces justes démentent leur foi pour attendre plus que Dieu ne promet, et pour se faire une chimère flatteuse contre la vérité de sa parole? Ou vous supposez que ces biens sont renfermés dans la béatitude chrétienne, ou non. S'ils y sont renfermés, pourquoi dites-vous qu'ils sont *véritables ou imaginaires*, qu'ils sont *hors en quelque façon de Dieu et outre les grands biens qu'il nous promet*? Si vous ne les renfermez pas dans la plénitude des vrais biens qu'on nomme béatitude chrétienne, vous imputez à ces justes un attachement à une chimère impie qui dément leur foi.

Mais encore quel attachement leur imputez-vous d'avoir pour cette chimère ? C'est un attachement criminel. Vous dites : « Ceux qui, trop touchés de
» ces biens véritables ou imaginaires distingués de
» Dieu, les ressentoient plus que Dieu possédé en
» lui-même, pouvoient être considérés comme
» ayant l'esprit mercenaire. » Si vous n'entendez par *ressentir* qu'un sentiment involontaire de la nature, vous mettez la mercenarité dans le simple sentiment indélibéré. Par-là vous serez contraint d'appeler *mercenaires* tous les plus grands saints, qui ayant été les plus tentés ont éprouvé le plus fortement des sentiments indélibérés contre la perfection de l'amour. Si au contraire ce sentiment est délibéré, vous supposez que ces justes sont mercenaires en ce qu'ils préfèrent ces biens *imaginaires* à *Dieu possédé en lui-même*. Quelle idée donnez-vous de ces justes? Y a-t-il rien de plus impie que cette préférence d'une chimère à Dieu pour l'éternité ? Vous semblez encore confirmer cette explication en disant[1] : « Ceux qu'ils appe-

---
[1] *V*^e *Ecrit*, n. 4, tom. XXVIII, pag. 505.
[2] *Avertis.*, n. 18. tom. XXVII, pag. 571.
[3] *Préf.*, n. 121, pag. 671. [4] *V*^e *Ecrit*, n. 6, pag. 507.

[1] *V*^e *Ecrit*, n. 4, pag. 504.

» loient mercenaires étoient ceux qui, plus touchés
» des biens qu'on reçoit de Dieu que de lui-même,
» ne goûtoient pas assez cette vraie et substantielle
» récompense, qui aussi est la plus inconnue au
» sens humain. » En cet endroit, *goûter* ne peut
signifier qu'un amour délibéré; car pour le *goût*
involontaire auquel on n'adhère en rien, il ne peut
jamais rendre les justes *mercenaires* et imparfaits.
Goûter veut donc dire clairement en cet endroit
aimer d'un amour délibéré. Vous supposez donc,
monseigneur, que ces justes aimoient délibérément
ces *biens vrais ou imaginaires*, plus que la *vraie
et substantielle récompense*,.....*qui est Dieu possédé en lui-même*.

Les Pères n'ont donc jamais pu penser à une *récompense du dehors* dans l'autre vie, *outre les
grands biens que Dieu promet*. Quand ils ont parlé
d'un attachement mercenaire à la récompense, ils
ont entendu parler d'un attachement imparfait à
un objet parfait. Ils ont parlé des biens de *l'incorruptibilité, des biens des bienheureux*, du *royaume
du ciel*, de *la gloire cachée*, de *la promesse céleste*, c'est-à-dire de la béatitude formelle. On n'a
jamais connu parmi les chrétiens pour l'autre vie
d'autre *récompense étrangère*, d'autre gloire,
d'autres *honneurs*. Si vous en connoissez, monseigneur, enseignez-les à toute l'Église, qui les
ignore. Il est vrai que le parfait et l'imparfait peuvent lire les promesses avec des dispositions différentes. En lisant, par exemple, le prophète
Isaïe et l'*Apocalypse*, l'un n'y cherche sa béatitude
que par un mouvement de grâce; l'autre y cherche souvent à consoler la nature par tant de magnifiques images des dons de Dieu; mais ni l'un ni
l'autre ne cherche une ville où tout soit or et pierres précieuses, comme un Juif charnel prend à la
lettre les promesses de l'Écriture. L'un et l'autre
sait que nous ne devons jamais nous laisser toucher d'aucun bien, *outre les grands biens que Dieu
nous promet*. L'un et l'autre sait que tous nos biens
pour l'autre vie sont renfermés dans la vision intuitive et dans l'amour consommé de Dieu, qui
donnent à l'âme un éternel ravissement, et au corps
une glorieuse immortalité avec Jésus-Christ. Voilà
la béatitude promise, qui est indivisible par la promesse, et *outre* laquelle on ne peut jamais chercher que des *biens imaginaires* par une fiction
païenne.

De plus, je vous demande, monseigneur, si ces
*biens véritables ou imaginaires, outre les grands
biens que Dieu promet*, sont rapportés à Dieu, ou
non. S'ils sont rapportés à Dieu, ils ne sont donc
pas *outre* ceux *que Dieu promet* : car quelle apparence de desirer pour la gloire de Dieu, dans la vie
éternelle, des biens qu'il ne nous promet pas, et
qui sont par conséquent contraires à la foi ? Mais
comment pourroient-ils être rapportés à Dieu,
même habituellement et implicitement, comme à
la fin principale, puisqu'on en est *plus touché que
de Dieu possédé en lui-même*, qui est *la vraie et
substantielle récompense* ? Que devient donc la mercenarité des justes, selon vous, monseigneur ? Il
la faut trouver, pour distinguer la mercenarité des
parfaits enfants. Où est-elle ? Votre système ne lui
laissera-t-il aucune place ?

XVI. Examinons, en troisième lieu, si vous ne
pourriez point la mettre dans un attachement à la
béatitude formelle. Nous avons déja vu que vous
vous êtes ôté cette ressource en tâchant de confondre la béatitude formelle avec l'objective [1]. Vous
paroissez néanmoins vouloir mettre la mercenarité dans l'espérance, lorsqu'elle n'est pas *poussée
à son dernier période*, c'est-à-dire rapportée à la
fin dernière, qui est la gloire de Dieu. L'espérance
a sans doute pour objet la béatitude formelle. Vous
assurez que le défaut de *rapport* de cette vertu à *la
charité* pourra être *une imperfection, ou peut-être
un vice* [2]. Mais il faudroit parler en termes précis
et affirmatifs. Ne dites point *une imperfection ou
peut-être un vice*; dites lequel des deux. Ne parlez
point d'un *rapport* en général; mais expliquez-nous
si c'est un rapport ou habituel, ou virtuel, ou formel, sans lequel l'espérance est *un vice*. En expliquant les paroles d'Albert-le-Grand, qui dit que
l'ame délicate a en horreur de servir Dieu par la
récompense, vous assurez que ce qui est en *horreur* à cette ame est « l'espérance en tant qu'on y
» mettroit sa fin dernière, et qu'on s'y arrêteroit
» plus qu'il ne faut, sans la rapporter à la gloire
» de Dieu. » Sans doute on met sa dernière fin dans
un objet, quand on le *ressent plus que Dieu*, et
qu'on en est *plus touché que de la fin dernière*. C'est
ce que vous appelez *s'y arrêter plus qu'il ne faut,
sans le rapporter à la gloire de Dieu*. Voilà cette
espérance de la béatitude formelle, qui, n'étant pas
rapportée à la charité, fait la mercenarité vicieuse.
Je laisse à juger au lecteur si on peut l'attribuer
à de vrais justes. Ne seroit-il pas plus naturel de
dire que la béatitude formelle a deux caractères à
remarquer ? Le premier est qu'elle est un don créé
et distingué de Dieu; le second est que Dieu nous
la donne par une volonté libre et gratuite, en sorte
qu'il auroit pu (sans ses promesses) se faire connoître à nous et nous inspirer son amour, sans nous

---

[1] *Avert.*, n. 18, tom. XXVIII, pag. 371
[2] *Préf.*, n. 98, pag. 636.

donner cette béatitude surnaturelle, qui est la vision intuitive de son essence, avec un ravissement de joie suprême et permanente dans l'éternité. Ce don créé, qui est distingué de Dieu, et qu'il pouvoit ne nous accorder pas, peut être desiré imparfaitement par un amour naturel. Il ne faut point recourir à des fictions contre la foi sur des biens *imaginaires* dans l'autre vie, *outre les grands biens que Dieu nous promet*. C'est la béatitude formelle même qu'on peut desirer d'un amour mercenaire et imparfait. Il ne reste plus qu'à savoir si cet amour mercenaire est toujours vicieux, comme vous l'assurez. Voilà la mercenarité, la propriété, le propre intérêt. Il est naturel, il est délibéré. Nous sommes jusque là d'accord. Vous ajoutez qu'il est vicieux ; c'est de quoi je ne conviens pas. Mais vous, monseigneur, qui en faites un péché, vous êtes encore plus obligé que moi à en recommander le sacrifice absolu.

XVII. Vous dites que « l'amour des justes du
» commun a plus besoin de s'aider de tout, c'est-
» à-dire des biens qui sont hors de Dieu même,
» mais que l'amour parfait et pur, sans oublier les
» avantages accidentels du corps et de l'ame, qui
» ne sont pas Dieu, se porte à les concentrer et
» consolider avec le bien, qui est Dieu même [1]. »
L'amour pur veut donc, selon vous, *les avantages* accidentels et du corps et de l'ame, qui ne sont pas Dieu. Il les *concentre*, il les *consolide* avec lui, c'est-à-dire, qu'il ne les cherche point *hors de Dieu* et *outre les biens* qu'il *promet*; c'est-à-dire que l'ame conduite par le pur amour ne les veut qu'en tant qu'ils sont renfermés dans la possession de Dieu même. Comment est-ce donc que *l'amour du commun des justes s'aide de tout?* S'aide-t-il *de tout*, et même de l'amour vicieux, pour aimer Dieu? S'aide-t-il de l'attachement même à des biens *imaginaires outre ceux que Dieu promet*, hors en quelque façon de lui, et qu'on ressent plus que Dieu possédé en lui-même? S'aide-t-il de cette espérance *que les saints ont en horreur en tant qu'on y mettroit sa fin dernière, et qu'on s'y arrêteroit plus qu'il ne faut sans la rapporter à la gloire de Dieu?* Où vont ces expressions? Mais, sans vouloir les prendre en toute rigueur, je vous demande, monseigneur, qu'au moins vous leur donniez une borne précise.

XVIII. Vous avez tenté, monseigneur, de trouver des imperfections qui ne soient pas tout-à-fait des péchés. Mais rien n'est plus difficile que d'y réussir, quand on a une fois condamné de péché tout ce qui n'est pas une vertu surnaturelle. L'imperfection est, selon vous [1], « ou quelque chose de
» si indélibéré et de si léger, qu'il ne parvient
» pas à faire un acte parfait ; ou seulement, dans
» un acte, le défaut d'être rapporté assez vivement et assez souvent à Dieu... J'ajouterai néan-
» moins encore, dites-vous, que ce qu'on ap-
» pelle du nom d'imperfection, si on en pénètre le
» fond, et si on tranche jusqu'au vif, se trouvera
» le plus souvent être un vrai péché, que l'amour-
» propre nous déguise sous un nom plus doux. »
Voilà, monseigneur, trois membres de votre explication qu'il faut bien peser. A l'égard du premier cas, ce qui n'est pas un acte parfait n'est ni délibéré ni humain, pour parler comme l'école. Laissons donc de tels actes, où l'imperfection de la volonté ne peut se trouver, puisqu'elle ne peut être imparfaite que dans ses desirs libres. Que si vous parlez de certains actes qui ne sont qu'à demi délibérés, il est vrai qu'ils en sont moins vicieux à proportion qu'ils ont moins de délibération ; alors ce qui seroit un plus grand péché en devient un moindre; mais c'en est toujours un pour le second cas. Si l'imperfection ne consiste qu'à *ne rapporter pas assez vivement et assez souvent ces actes à Dieu, etc.*, il n'y aura rien qui ne soit imparfait; car le plus ou le moins de vivacité ou de fréquence des actes dépend de la comparaison qu'on en fera avec d'autres actes qui pourroient être encore plus vifs et plus fréquents. Où sera la règle certaine et précise? Les actes d'un ange, suivant cette règle, sont des imperfections, quand on les compare avec ceux d'un chérubin. Excepté ces deux cas, dont l'un est involontaire par l'indélibération, et l'autre n'est une imperfection que dans le sens où l'on peut dire que les anges mêmes sont imparfaits, tout le reste, *si on tranche jusqu'au vif, se trouvera le plus souvent être un vrai péché, qu'on déguise sous un nom plus doux.* Ce terme de *souvent* est de trop, à moins que vous ne vous retranchiez enfin à dire que les actes d'amour naturel délibéré et innocent sont rares, quoique réels. Que si vous n'admettez jamais de tels actes, le terme de *souvent* n'est en cet endroit qu'une pure illusion. Vous auriez pu décider tout d'un coup, monseigneur, qu'il n'y avoit aucun milieu entre les vertus surnaturelles et les péchés. Je laisse à juger ce que vous pensez des vertus des philosophes. Pour la propriété, dont les bons mystiques parlent sans cesse, vous avez assez déclaré combien vous la méprisez. Quoi ! monseigneur, toutes les fois qu'un juste desire par des *actes inquiets et empressés* son salut,

[1] *Préf.*, n. 102, pag. 644.

[1] *Préf.*, n. 222, pag. 744.

toutes les fois qu'il *se porte avec trop d'ardeur et d'attache*, comme dit saint Bonaventure, vers la béatitude chrétienne, qui est son bien pour l'éternité, il commet un vrai péché ; et tant de saints, faute d'avoir *su trancher jusqu'au vif, ont déguisé ces péchés sous un nom plus doux*.

XIX. Vous vous êtes senti si pressé sur cet amour mercenaire des justes imparfaits, que vous supposez vicieux, que vous avez fait un effort pour adoucir cette doctrine. Voici comment vous en parlez[1] : « Les desirs de la béatitude abstractivement et en » général, délibérés ou indélibérés ne font, par » eux-mêmes aucun obstacle à la perfection,.... » soit qu'on y consente, soit qu'on n'y consente pas. » Ce sont des actes si abstraits, qu'à vrai dire ils » ne peuvent être ni bons ni mauvais, qu'autant » qu'on les épure par rapport à Dieu... » Voilà, monseigneur, des desirs même délibérés qui ne peuvent être que naturels sur la béatitude en général, et qui ne sont, selon vous, ni *bons ni mauvais*, et qui ne font rien à la perfection qu'autant *qu'on les épure par rapport à Dieu*. Est-ce leur abstraction qui les empêche d'être *bons ou mauvais*? Vous paroissez le dire. Mais enfin seront-ils indifférents à cause de cette abstraction, quoiqu'ils soient *délibérés* par un vrai consentement, s'ils n'ont aucun rapport à Dieu? C'est ce que vous n'avez pas jugé à propos d'expliquer, quoique ce soit l'essentiel de la question.

XX. Vous assurez, monseigneur[2], que quand certains théologiens ont parlé du desir de la récompense, et qu'ils ont dit, *an licitum*, etc., *est-il permis*, ils l'ont fait comme le concile de Trente, pour prouver contre Luther que l'espérance n'est pas vicieuse. Mais Sylvestre a parlé ainsi avant le concile, et sans entrer dans aucun point de controverse contre Luther sur l'espérance ; mais Sylvius a écrit presque de nos jours, et sans entrer là-dessus, non plus que les autres sur cette matière, dans aucune controverse avec les luthériens. Votre réponse n'a donc aucun fondement qui paroisse dans les circonstances tirées des ouvrages de ces auteurs. De plus, Sylvius parle de deux sortes de justes, l'un *mercenaire*, qui sert Dieu par le motif *permis* de la récompense ; l'autre sans aucun égard à la récompense : *nullum omnino respectum habens ad mercedem*. Il ajoute *qu'il n'y a pas d'obligation d'être enfant en cette manière sublime*. Je sais bien qu'il comprend souvent en gros l'espérance même commandée par la charité, dans ce desir de la récompense. Mais enfin il faut qu'il y suppose aussi quelque amour naturel qui accompagne le surnaturel, puisqu'il assure qu'il y a là une affection imparfaite qui est *permise*, qu'on n'a point *d'obligation* de retrancher, et qui ne se trouve plus dans les parfaits enfants : *nullum omnino respectum habens ad mercedem*.

XXI. Vous rejetez, monseigneur, cet amour naturel en disant[1] : « qu'on ne sait jamais si on l'a, » ou si on ne l'a pas ; car qui sent, dites-vous, la » grace jusqu'à la discerner d'avec la nature? » Est-ce là ce qui vous empêche d'avouer cet amour? Voulez-vous n'admettre rien de naturel et de surnaturel, que ce qu'on peut *discerner*? Vous savez mieux que moi, monseigneur, que l'obscurité de la foi dans le pélerinage de cette vie fait que nous ne saurions jamais *discerner* avec certitude ce qui est de la grace d'avec ce qui est de la nature, et ce que nous faisons pour Dieu d'avec ce que nous faisons pour nous-mêmes. Vous ne pouvez éviter de dire, pour les actes de la cupidité vicieuse qui imite souvent la charité, ce que vous ne pouvez souffrir que je dise des actes de cet amour naturel. Si vous dites qu'une ame discerne son amour gratuit d'avec l'amour mercenaire et vicieux, vous prétendez qu'elle a une certitude de sa justice actuelle ; ce qui est contraire au dogme de la foi. Si au contraire vous avouez qu'en aimant Dieu elle ne sait si elle l'aime véritablement, ou bien si elle aime ses dons par cupidité vicieuse, et par un orgueil qui imite la charité, vous avouez qu'on est dans l'impuissance en cette vie de discerner les mouvements de la grace de ceux de la nature corrompue. Pourquoi ne voulez-vous pas qu'on soit dans la même obscurité pour les mouvements de la nature imparfaite, quoique non vicieuse? La nature, soit imparfaite, soit vicieuse, cherche tous les mêmes dons de Dieu que le principe de grace. Cette obscurité, loin d'être un inconvénient contre mon système, doit se trouver dans tout système véritable ; car il a plu à Dieu de nous tenir toujours ici-bas dans ces profondes ténèbres pour nous humilier. Nul ne peut jamais savoir, sans révélation, si l'acte qu'il fait est naturel ou surnaturel, s'il est digne d'amour ou de haine. Cette incertitude, loin de favoriser l'illusion, est un préservatif admirable contre toute illusion à craindre ; car l'illusion ne vient jamais que d'une fausse certitude qu'on est conduit par la grace, lorsqu'en effet on suit la nature. Il faut donc que les ames, dans l'état de pure foi, ne sachent et ne prétendent jamais parvenir à savoir certainement si leurs desirs sont naturels

---

[1] *Préf.*, n. 120, pag. 668. [2] *Ibid.*, n. 87, pag. 622.

[1] *Préf.*, n. 9, pag. 534.

ou surnaturels. Cette obscurité impénétrable est un des grands moyens dont Dieu se sert pour nous tenir en défiance de nous-mêmes, et dans la dépendance de nos supérieurs. Pour les directeurs les plus éclairés, ils ne sauroient discerner avec une pleine certitude les mouvements de la grace d'avec ceux de la nature, soit imparfaite, soit vicieuse. Mais plus ils ont d'expérience dans les opérations de la grace, plus ils observent dans la pratique que l'amour surnaturel venant de la grace, il est accommodé à toutes les opérations qu'elle fait en nous. Ainsi ils remarquent que cet amour est doux, simple, égal, patient et tranquille dans toutes les privations sensibles et dans toutes les épreuves où la grace met les ames ; au lieu que l'amour naturel est empressé, inquiet, ardent, délicat, sensible, inégal, avide de consolations et facile à décourager ; enfin que c'est lui qui cause toutes les craintes, tous les scrupules et tous les troubles que le parfait amour chasse. Voilà les règles des plus grands auteurs de la vie intérieure sur ce discernement.

XXII. Je ne puis, monseigneur, me résoudre à finir une si longue lettre sans me justifier sur le reproche que vous me faites d'établir une inspiration extraordinaire presque perpétuelle. J'ai déjà remarqué que vous êtes tombé dans l'inconvénient que vous m'imputez ; car vous attribuez à la mère de Chantal une oraison passive qui est manifestement miraculeuse, et vous avouez qu'elle étoit *presque perpétuelle* [1]. Pour moi, je ne dis rien de semblable. Lisez, de grace, et relisez mes paroles, vous trouverez que je n'admets en aucune occasion nulle inspiration que celle qui est commune à tous les justes, et dont on n'a jamais de certitude dans la voie de pure foi. Quand j'ai dit que les ames dont je parlois « n'ont pour règles que les précep-
» tes, les conseils de la loi écrite, et la grace ac-
» tuelle, qui est toujours conforme à la loi [2], » c'a été immédiatement après avoir exclu toute *inspiration miraculeuse ou extraordinaire*. Il ne pouvoit pas être question en ce lieu de la volonté de *bon plaisir*, puisqu'il s'agissoit non des événements déja arrivés et qu'il faut accepter, mais des délibérations à faire, et des partis à prendre sur les choses à venir. Ainsi vous ne pouvez rendre suspect mon silence sur la volonté de *bon plaisir* dans ces circonstances. C'est pour de tels cas qu'on ne peut agir avec plus de précaution que de consulter toujours : 1° les commandements et les conseils évangéliques [3] ; 2° l'attrait de la grace dans le choix de certains actes pieux pour les cas où ils ne sont point réglés, ni par les commandements, ni par les conseils, mais à condition qu'on ne supposera jamais que cet attrait est *extraordinaire*, et qu'on le réduira toujours à la règle inviolable de la volonté de Dieu écrite. Alors la volonté de bon plaisir *se fait connoître à nous par la grace actuelle*, comme je l'ai dit dans ma *Lettre pastorale* [1] ; alors l'attrait de la grace nous porte à certains actes pieux plutôt qu'à d'autres, et nous fait sentir que Dieu nous y invite. Par exemple, on méditera une vérité plutôt qu'une autre, suivant cet attrait. On fera l'oraison ou une lecture, on priera, ou bien on travaillera à pratiquer quelque vertu particulière au-dehors. J'ai dit qu'en ces occasions là volonté de Dieu se découvre par l'attrait de la grace ; mais je n'ai jamais dit, comme vous l'assurez, monseigneur, qu'on doit *ranger sous cette grace la volonté de bon plaisir*. La volonté de Dieu est la règle que nous suivons, par exemple, pour méditer une vérité plutôt qu'une autre. Mais ce qui nous applique à la règle, et qui nous la découvre en ces occasions où il n'y a point de règle extérieure qui soit précise, c'est l'attrait intérieur de la grace. Pour ce cas même, je n'ai pas dit qu'il faut *prendre pour règle la grace actuelle* [2] ; je veux seulement qu'on en écoute l'attrait, sans pouvoir jamais s'assurer que c'est la grace qui nous invite ; car je déclare que les ames les plus éminentes dans cette voie de pure foi ne discernent point la grace avec certitude, non plus que le commun des justes. Voici mes paroles [3] : « Pour
» les cas où les conseils ne se tournent point en
» préceptes, *ces ames* doivent sans se gêner faire
» les actes ou de l'amour en général, ou de certai-
» nes vertus distinctes en particulier, suivant que
» l'attrait intérieur de la grace les incline plutôt aux
» uns qu'aux autres en chaque occasion. » J'ajoute que « cette inspiration n'est que celle qui est com-
» mune à tous les justes, et qui ne les exempte ja-
» mais en rien de toute l'étendue de la loi écrite. » Voilà la doctrine que vous nommez *un pur fanatisme*,.... *un pur quiétisme*,.... *une illusion fanatique*. J'ai ajouté que dans les tentations violentes, et dans les cas où le précepte presse, ces ames, quelque passives qu'elles soient, doivent recourir aux motifs même les plus intéressés, et à l'empressement *même naturel*, plutôt que de s'exposer à succomber à la tentation. C'est ce que

---

[1] *Instr. sur les ét. d'orais.*, liv. VIII, n. 39, tom. XXVII, pag. 329.
[2] *Expl. des Max.*, pag. 73. [3] *Ibid.*, pag. 23.

[1] *Instr. past.*, n. 3, tom. IV, pag. 184.
[2] *Préf.*, n 64, pag. 585 et suiv.
[3] *Expl. des Max.*, pag. 13 et 14.

vous appelez vous-même *s'aider de tout*. Il y a entre nous cette différence, que vous serez réduit à supposer qu'on *s'aide* de certaines imperfections que vous croyez vicieuses, et que je veux qu'on s'aide seulement d'une imperfection naturelle qui n'est pas péché.

XXIII. C'est en cette occasion que vous avez dit que le *cas des préceptes affirmatifs est très rare*, pour en conclure que je donne tout au fanatisme, excepté certains moments *très rares* où le précepte presse; mais les moments que j'excepte ne sont exceptés que pour employer un empressement *même naturel* dans les plus violentes tentations, et je veux que tout le reste de la conduite soit une coopération fidèle à la grace commune des justes dans la plus obscure foi. Pour l'inspiration extraordinaire, je ne lui laisse ni place ni fente pour entrer jamais dans cette vie de pur amour et de pure foi. Mais en voulant me faire une objection qui se détruit d'elle-même, vous vous êtes jeté dans un inconvénient manifeste. Vous voudriez le couvrir en disant : « Qu'on m'entende bien [1]. » Je ne vous entends que trop bien, monseigneur. Vous ajoutez : « Je ne dis pas que l'obligation de pratiquer » les préceptes affirmatifs soit rare : à Dieu ne » plaise ! » Que dites-vous donc ? ne reconnoissez-vous pas vos paroles ? *Vanaque est exceptio de præcepti casu, qui in præceptis affirmativis est rarissimus ac vix unquam ad certa momenta revocandus*. *L'obligation de pratiquer le précepte est restreinte au cas du précepte. Le cas du précepte est, selon vous, très rare. L'obligation de le pratiquer est donc très rare.* Ne dites point que *l'obligation n'en est pas perpétuelle*. Il y a une extrême différence entre une chose *qui n'est pas perpétuelle*, et une *qui est très rare*. Ne niez donc pas un fait si constant. Mais en l'avouant, ajoutez que cette expression, qui vous a échappé dans un excès de zèle pour combattre mes erreurs, est contraire à vos vrais sentiments. Vous ajoutez : « Je » parle des moments certains et précis de l'obli- » gation ; car qui peut déterminer l'heure précise » à laquelle il faut satisfaire au précepte inté- » rieur de croire, etc. ? » Non, monseigneur, ne confondons point ces deux choses très différentes, que vous avez si clairement distinguées. La première chose est que *le cas du précepte est très rare : qui in præceptis affirmativis est rarissimus*. La seconde chose, que vous ajoutez à la première, est que le moment précis en peut à peine être fixé. N'espérez donc pas de faire insensiblement une seule proposition de deux propositions distinctes, qui sont dans votre ouvrage l'une après l'autre : outre que le moment précis est difficile à assigner, d'ailleurs *le cas du précepte* est, selon vous, *très rare*. Qu'on m'entende bien, dites-vous. Qui voulez-vous qui vous entende autrement que je vous entends, quand vous parlez ainsi : « Je ne dis pas » que l'obligation de pratiquer les préceptes affir- » matifs soit rare : à Dieu ne plaise ? » L'obligation et le cas de l'obligation sont-ils différents ? Le cas qui oblige est *très rare*, selon vos paroles. Quoi ! est-ce ainsi, monseigneur, que vous éludez sans ménagement votre décision formelle, vous qui voulez que tout le monde vous croie contre moi, parce que vous *parlez avec sincérité*, ainsi que l'Apôtre, *comme de la part de Dieu, devant Dieu* et en Jésus-Christ ? Cette excuse, si manifestement contraire à votre texte, est-elle le modèle que vous voulez me donner d'une humble et sincère rétractation ?

Je serai toute ma vie, avec un respect que rien ne peut altérer, etc.

TROISIÈME LETTRE.

PREMIÈRE PARTIE.
SUR LA CHARITÉ.

MONSEIGNEUR,

I. Vous n'oubliez rien pour empêcher que l'école ne s'alarme de ce que vous entreprenez contre elle. Vous dites qu'on *trouvera* partout dans votre livre que « l'objet primitif de la charité, » c'est l'excellence et la perfection de la nature » divine [1]. » Vous ajoutez, en parlant de vos ouvrages : « On verra en termes formels la perfec- » tion de Dieu en elle-même, comme le motif pri- » mitif et spécifique de la charité, c'est-à-dire la con- » tradictoire de la proposition qu'on m'impute. » Vous supposez donc, monseigneur, qu'il n'est pas permis de vous imputer des propositions contradictoires, vous qui ne cessez de m'en imputer.

Vous dites ailleurs [2] que « Dieu en lui-même » étant sans doute plus excellent que Dieu en nous, » puisqu'en lui-même il est infini, et ne peut être » communiqué que d'une manière finie ; il s'ensuit » que la charité doit avoir pour objet essentiel » Dieu en tant qu'il est bon en soi, et non Dieu » en tant qu'il nous rend heureux. » Quand on en-

---
[3] *Préf.*, n. 59, pag. 584.
[1] *Avert. sur les div. Écrits*, n. 9, tom. XXVIII, pag. 554.
[2] *Préf. sur l'Inst. past.*, n. 58, tom. XXVIII, pag. 562.

tend cette exclusion *de Dieu en tant qu'il nous rend heureux*, on est tenté de croire, monseigneur, que vous voilà enfin d'accord avec toute l'école, et que j'ai voulu vous imputer artificieusement un sentiment contraire au vôtre pour faire oublier mes erreurs, en excitant une contestation frivole entre l'école et vous. Mais approfondissons, s'il vous plaît.

II. Je n'ai jamais dit que vous voulussiez exclure *Dieu, en tant qu'il est bon en soi*, de l'objet de la charité. J'ai dit seulement que vous vouliez que la charité ne pût jamais regarder Dieu comme bon en lui-même, sans le regarder aussi comme bon pour nous, et que, selon vous, sa bonté relative à nous est en lui la *raison d'aimer*, qui *ne s'explique pas d'une autre sorte*; de manière que s'il n'étoit pas béatifiant à notre égard, il ne nous *seroit plus la raison d'aimer*, c'est-à-dire qu'il ne nous seroit plus aimable, quoiqu'il fût bon en lui-même. N'avez-vous pas établi cette doctrine dans votre premier livre [1]? On n'a qu'à le bien lire. Mais quand vous n'auriez point parlé ainsi dans le premier volume, le second, quoique si radouci pour apaiser l'école alarmée, suffiroit encore pour montrer quelle est votre doctrine.

III. « L'excellence de la nature divine est, dites-
» vous, l'objet primitif de la charité; *c'est comme*
» *son motif primitif et spécifique.* » Jamais théologien n'a parlé ainsi. Que veut dire *motif primitif*? Si vous entendez par là que la perfection de Dieu en lui-même est l'origine et la source de la béatitude qu'il nous communique, la perfection absolue de Dieu sera en ce sens autant *le motif primitif* de l'espérance que celui de la charité; car tout homme qui espère de Dieu la béatitude ne l'espère de lui qu'à cause qu'il sait par la foi que sa perfection absolue est la source de tout le bien qu'il nous communique. Une preuve que c'est là votre pensée, c'est que vous raisonnez ainsi : « Le
» *seul* objet qu'on ne peut pas séparer absolument
» des autres, même par la conception,.... c'est ce-
» lui de l'excellence et de la perfection divine;
» car qui peut songer seulement à aimer Dieu,
» sans songer que c'est à l'être parfait qu'il se veut
» unir? C'est la première pensée qui vient à celui
» qui l'aime [2], etc. » Voilà, selon vous, monseigneur, *la première pensée* qui prépare l'acte de charité; voilà ce qui est *primitif*. Les autres pensées sur la béatitude peuvent n'être pas actuellement distinctes et aperçues. Mais cette perfection est *l'objet sans lequel la charité ne peut ni être, ni être entendue*, l'objet qu'on ne peut séparer d'elle, *même par abstraction*. Tout cela est vrai. Mais on en peut dire tout autant de l'espérance; car nul ne peut espérer raisonnablement de Dieu la béatitude qu'autant qu'il le suppose un objet béatifiant ou parfait, qu'autant qu'il le regarde comme la source et le fonds *primitif* d'où doit découler en nous la béatitude. Sans cette supposition, l'espérance *ne peut ni être, ni être entendue*.

Est-ce donc, monseigneur, en ce sens, qui élude la notion commune des théologiens, que vous voulez que la perfection de Dieu en lui-même soit *l'objet ou motif primitif de la charité*? En voici encore une preuve claire, tirée de vos paroles : « Aimer Dieu comme nous étant bon, c'est
» aussi l'aimer comme bon en soi; et l'un de ces
» sentiments fait partie de l'autre [1]. » C'est ce que vous dites, en assurant, contre le texte formel de saint Bernard, que ce Père « confond na-
» turellement l'excellence de la nature divine en
» elle-même.... avec la bonté communicative. » Dans l'espérance on *aime* Dieu, dites-vous, *comme nous étant bon* : donc, selon vous, on l'y aime aussi *comme bon en soi*; on l'y desire en le supposant béatifiant, c'est-à-dire parfait. Voilà *l'objet ou motif primitif* qui est, selon vous, dans l'espérance comme dans la charité, par la confusion que vous faites faire *naturellement* à saint Bernard de la bonté en elle-même avec *la bonté communicative*. C'est encore sur le même principe que vous avez dit ces paroles : « L'amour qu'on a pour
» Dieu, comme objet béatifiant, présuppose né-
» cessairement l'amour qu'on avoit pour lui à rai-
» son de la perfection et de la bonté de son excel-
» lente nature [2]. » Vous voulez que tout amour d'espérance suppose une vue et un amour de Dieu bon, parfait, et excellent en lui-même. Voilà *l'objet primitif* ou source de la béatitude, qu'il faut *présupposer nécessairement* dans l'espérance aussi bien que dans la charité.

1° Voici votre véritable doctrine. Vous admettez dans l'acte de charité, pour objet *primitif et principal*, la perfection de Dieu en lui-même. Mais cet *objet primitif* ou principal, qui ne peut en être séparé, *même par abstraction*, se trouve, comme je viens de le prouver, tout autant dans l'acte d'espérance.

2° Vous appelez cet objet *spécifique* l'objet *essentiel* : mais est-il le seul *essentiel*? S'il n'est pas

---

[1] *Instr. sur les ét. d'orais.*, liv. X, n. 9, tom. XXVII, p. 451.
[2] *IV° Ecrit*, n. 21, tom. XXVIII, pag. 485.

[1] *Préf.*, n. 102, tom. XXVIII, pag. 646.
[2] *II° Ecrit*, n. 5, tom. XXVIII, pag. 415.

le seul *essentiel*, c'est en vain que vous nous éblouissez par un si grand terme. La bonté relative à nous est aussi l'objet *essentiel*. Par conséquent elle est aussi l'objet *spécifique*; car on doit appeler spécifique tout ce qui sert à constituer l'espèce ou l'essence; et si la bonté relative est un objet *essentiel*, il faut qu'elle entre dans l'objet *spécifique*. Vous ne pouvez vous tirer de cette difficulté qu'en alléguant encore l'objet *primitif*. Mais cet objet *primitif* n'est pas moins essentiel à votre espérance qu'à votre charité.

5° Vous renversez l'usage de tous les termes de l'école, en faisant cette question : « Quel est
» le premier et le principal, ou, ce qui est la même
» chose, quel est l'objet spécifique de cette vertu? »
Non, monseigneur, on ne parle point ainsi. L'objet *spécifique* comprend tout ce qui constitue l'espèce; il est le seul *essentiel*. Tous ceux que vous voudrez insinuer, sous le nom de *motifs secondaires* et de *moins principaux*, ne pourroient être qu'accidentels. Dès qu'ils ne seroient qu'accidentels, on pourroit les *arracher* et les supprimer dans *les actes* produits par la raison. Ils ne seroient *plus la raison d'aimer*, qui ne *s'explique pas d'une autre sorte*. Dès ce moment, les souhaits de saint Paul, de Moïse et de tant de saints de tous les siècles, ne seroient point des *velléités*, mais des volontés pleinement délibérées, quoique conditionnelles. Dès ce moment, il ne seroit plus permis de dire, comme vous l'assurez encore dans votre dernier livre[1], « qu'on fait tout pour être heu-
» reux,... que c'est le fond de la nature, que la grace
» suppose,... que tous les actes surnaturels » (vous n'en exceptez pas plus ceux de la charité que ceux de l'espérance) « sont fondés nécessairement sur le
» désir naturel de la béatitude, parce que cette
» inclination naturelle se confond avec la grace
» qui en fixe les mouvements généraux, en sorte
» que la nature, déterminée au bien en général,
» se trouve inclinée par la grace au bien véri-
» table. »

IV. L'analyse de ces paroles vous mèneroit loin en rigueur. *On fait tout pour être heureux*. Veut-on glorifier Dieu pour être heureux, ou bien veut-on être heureux pour glorifier Dieu? C'est, dites-vous, monseigneur, « le fond de la nature que la
» grace suppose :..... cette inclination naturelle
» se confond avec la grace. » *Cette inclination naturelle* regarde-t-elle le salut ou béatitude chrétienne, sur laquelle seule roule toute notre contestation? elle ne peut regarder qu'une béatitude naturelle, c'est-à-dire un contentement imparfait et passager. La béatitude chrétienne ou surnaturelle n'est donc pas un objet auquel nous soyons portés par cette *inclination naturelle*. Cette inclination ne peut *se confondre avec la grace*; car l'une tend à un objet très différent de l'autre. La nature demande, par une inclination aveugle et nécessaire, un contentement passager. La grace, fondée sur une promesse entièrement libre et gratuite, fait désirer librement une béatitude pleine, permanente et surnaturelle. Peut-on jamais confondre des objets si différents et des affections si diverses? Ce grand argument d'une inclination naturelle et invincible pour la béatitude tombe donc de lui-même. C'est ou un paralogisme continuel, ou l'erreur de ceux qui diroient que la béatitude surnaturelle est due essentiellement à la nature intelligente. On a une inclination indélibérée, il est vrai, pour son propre consentement passager, mais non pour la béatitude chrétienne, qu'on ne désire que librement, qu'on pourroit ne pas désirer, qu'on ne désire que par conformité aux promesses gratuites, et qu'il faudroit bien se garder de désirer, si Dieu, qui étoit libre de nous la donner ou de ne nous la donner pas, n'avoit point voulu nous la donner.

Jugez, monseigneur, par cette distinction si claire et si essentielle à la question, de l'excès avec lequel vous poussez à bout un pur paralogisme. « On peut quelquefois, dites-vous, ne penser pas
» actuellement à sa béatitude, mais non pas qu'on
» puisse s'arracher du cœur une chose que la na-
» ture, c'est-à-dire Dieu même, y a attachée. » La nature n'a point attaché au cœur de l'homme le désir de la béatitude surnaturelle. C'est pourtant cette béatitude surnaturelle de laquelle seule il s'agit. Vous confondez la nature et la grace, et vous ne voulez pas que la volonté animée par la grace puisse se détacher jamais en aucun sens de la béatitude surnaturelle, parce que la naturelle s'attache à un contentement passager, qui est aussi différent de cette béatitude que le ciel l'est de la terre.

V. Il faudroit encore savoir ce que vous entendez par *ne penser pas toujours actuellement à la béatitude*. Si vous dites seulement qu'on n'en a pas toujours une certaine pensée réfléchie et aperçue, vous ne dites rien pour contenter l'école; car la béatitude n'en est pas moins le véritable objet qui meut réellement la volonté *en tout acte que la raison peut produire*. Si au contraire vous vouliez dire que, dans les actes libres et humains, la béatitude n'est pas toujours un objet qui meuve

---

[1] *Préf.*, n. 114, pag. 659.

la volonté, alors elle cesseroit d'être un vrai motif, et tout votre système seroit renversé. Le voici, ce système, dans les paroles les plus mitigées de votre ouvrage [1] : « La charité est un amour de Dieu » pour lui-même, indépendamment de la béati- » tude qu'on trouve en lui. » Voilà un commencement qui promet tout; voyons la suite. « Mais » à deux conditions. » Si vous voulez dire quelque chose de sérieux, il faut que ce soient deux conditions qui n'empêchent pas que la charité ne soit un amour véritablement indépendant de la béatitude. La première condition est que cet amour se trouve *dans tous les justes*. C'est ce que personne ne peut nier. « L'autre, que l'indépendance » qu'on attribue à la charité tant de la béatitude » que des autres bienfaits de Dieu, loin de les ex- » clure, les laisse, dans la pratique, un des motifs » les plus pressants, quoique secondaire et moins » principal, *de cette reine des vertus.* »

Toutes ces expressions ne signifient rien de précis. Dans la spéculation, aussi bien que *dans la pratique,* il faut admettre un amour *secondaire* outre le *principal,* c'est-à-dire l'espérance outre la charité, mais sans faire aucune confusion des motifs propres de ces deux vertus : dans la pratique aussi bien que dans la spéculation, il faut reconnoître que la charité est plus parfaite que l'espérance, et que les actes d'espérance commandés expressément par la charité, et formellement rapportés à sa fin, conviennent plus aux ames parfaites que les actes non commandés expressément, et non rapportés de ce rapport formel. La spéculation et la pratique sont donc pleinement conformes; et c'est en vain que vous tâchez de faire entendre quelque différence entre elles; comme s'il falloit enseigner la perfection autrement que les saints ne la pratiquent, ou que les saints la pratiquassent autrement que l'Église ne l'enseigne.

VI. Mais enfin revenons à votre motif *secondaire.* S'il est accidentel, il peut être *arraché,* et tout votre système n'a plus de ressource. Si, au contraire, il est essentiel, et partiel du spécifique, c'est inutilement que vous le nommez *moins principal et secondaire,* à cause que l'autre est le *primitif,* c'est-à-dire que la perfection de Dieu est la source de notre béatitude. Le *primitif* n'est point le *principal,* s'il ne peut jamais avoir aucune force tout seul, et si l'autre lui donne toute la vertu qui fait l'acte. Or est-il que, selon vous, le *secondaire* donne à l'autre toute la vertu qui fait l'acte, puisqu'il est *la raison d'aimer,* qui *ne s'explique pas d'une autre sorte.* En quelle conscience peut-on dire que l'acte de charité soit indépendant d'un motif qui lui est essentiel? L'amour est-il indépendant de *la raison d'aimer,* qui *ne s'explique pas d'une autre sorte?* L'amour de Dieu est-il indépendant d'un motif sans lequel on ne pourroit l'aimer, selon vous-même? Ce seroit se jouer du lecteur, que de vouloir faire entendre qu'une chose est indépendante de sa propre essence.

Il est donc inutile, monseigneur, de chercher, comme vous le faites sans cesse, des moyens de saper les fondements de la doctrine de l'école. Je vais les examiner les uns après les autres en peu de mots.

1re OBJECTION.

VII. Vous dites [1] que « les souhaits de Moïse et » de saint Paul ont un sens réel,... mais expressif » d'une simple velléité, et d'un impossible qui ne » peut ôter la béatitude d'entre nos motifs. » Je laisse à juger au lecteur de ce sens *expressif......* *d'un impossible qui ne peut,* etc. Vous ne pouvez donc plus alléguer qu'un sens de *simple velléité.* Mais la velléité elle-même peut-elle avoir aucun sens? C'est ce qu'il falloit expliquer, faute de quoi vous ne dites rien de réel; et c'est ce que vous n'avez pas même jugé à propos de tenter. Si la velléité n'est pas un acte humain et délibéré, le sens de la velléité n'est pas un sens. Ce qui n'est pas même un acte humain, comment peut-il être cet acte héroïque qui ne convient, *quand il est sérieux, qu'aux Pauls et aux Moïses,* etc.[2]? Si au contraire la velléité est un acte humain, elle a, selon vous, le motif de la béatitude. Comment peut-on, par le désir de la béatitude, désirer de pouvoir renoncer à la béatitude même? Peut-on avoir aucun commencement de désir, aucune demi-volonté, contre l'essence de tout vouloir? Peut-on jamais en aucun sens ni aimer ni desirer d'aimer contre la raison d'aimer? On peut bien désirer la possibilité d'une chose impossible en d'autres matières. Mais desirer de vouloir ce qu'il est absolument impossible même de vouloir, ni de desirer de vouloir en aucun sens, c'est ne rien vouloir, c'est extravaguer. La volonté n'a aucune part à cette saillie d'imagination. L'entendement même ne peut rien concevoir de réel dans ces termes contradictoires. Le désir du désir même ne peut jamais se former en nous contre la raison d'aimer. Voilà les *pieux excès* [3] contre l'essence de l'amour,

---

[1] II*e Écrit,* n. 12, pag. 420.
[1] *Préf.,* n. 46, pag. 570.
[2] *Inst. sur les ét. d'orais.,* liv. x, n. 19. tom. XXVII, p. 426.
[3] *Ibid.* n. XXII, pag. 457.

que vous attribuez à saint Paul et à Moïse ; voilà *les amoureuses extravagances* des saints de tous les siècles. Ce nom spécieux de *simple velléité* ne peut rien couvrir, et il faut ou mépriser ouvertement *ce qu'il y a de plus grand et de plus saint dans l'Église*, ou avouer de bonne foi que le dernier retranchement de votre système est entièrement renversé.

IIe OBJECTION.

VIII. Vous prétendez que je suis *vaincu par moi-même*. Voici comment. Il y a, selon moi, une nécessité indispensable de nous aimer toujours nous-mêmes. Or, est-il qu'on ne peut s'aimer sans se désirer le souverain bien ou béatitude. Donc il y a une nécessité à s'aimer en tout acte pour le souverain bien ou béatitude. Je suis affligé, monseigneur, d'être réduit à vous dire qu'il y a autant de mécomptes que de mots dans ce raisonnement.

1° Il ne faut jamais confondre l'inclination naturelle et indélibérée, qui est en nous pour notre bonheur, avec le précepte indispensable de nous aimer nous-mêmes. Dans l'endroit que vous citez, je ne parle que du précepte de la charité par lequel nous sommes indispensablement obligés, non à avoir une inclination indélibérée pour notre bonheur, mais à nous aimer délibérément en Dieu et pour Dieu, comme quelque chose qui lui appartient[1].

2° L'inclination naturelle pour le bonheur ne regarde qu'un contentement passager et naturel, mais nullement la béatitude surnaturelle, dont il est question uniquement entre nous. Ainsi, rien n'est plus manifestement hors de la question.

3° Cette inclination naturelle est invincible comme l'amour de la vie, en ce qu'on ne peut l'arracher entièrement et cesser de la ressentir. Mais on peut ne la suivre point dans les actes délibérés, de même qu'on peut, sans s'arracher l'inclination indélibérée pour la vie, se résoudre délibérément à mourir. Que diriez-vous, je vous supplie, monseigneur, à un homme qui vous feroit cet argument : L'inclination de vivre ne peut être ôtée à l'homme. Or, est-il qu'on ne peut avoir cette inclination, et vouloir mourir : donc nul homme ne peut se résoudre librement à la mort ? Cet argument informe et insoutenable est précisément semblable à celui que vous croyez si victorieux. Que pouvez-vous conclure contre moi de cette doctrine ? On a une inclination pour la béatitude comme pour la vie, qui se fait toujours sentir, mais qu'on est libre de ne suivre pas. Cette inclination ne tend point à la béatitude surnaturelle, qui est le salut, dont il est uniquement question entre nous. Pour l'amour de nous-mêmes, qui nous est commandé par un précepte indispensable, c'est un amour libre, qui ne nous fait désirer la béatitude surnaturelle que par rapport aux promesses gratuites, et qui n'empêche point que nous n'aimions Dieu par certains actes d'amour, où cette béatitude n'a aucune part.

IIIe OBJECTION.

IX. Vous assurez que saint Grégoire de Nazianze n'a point cru que le souhait de l'Apôtre regardât la béatitude future, mais seulement la vie temporelle. Vous ajoutez que j'ai commis une infidélité sur le passage de ce Père, parce que j'ai dit *souffrir* simplement, et que ce Père dit *souffrir quelque chose*, παθεῖν τι[1]. Mais ne voyez-vous pas, monseigneur, que τι n'est qu'un terme indéfini et suspendu, qui ne signifie qu'autant qu'il est déterminé par la suite ? Or la suite le détermine, à mon sens. Le voici : c'est que saint Paul veut *souffrir quelque chose comme un impie*. Quelle est cette chose que les impies souffrent quand ils sont aliénés de Jésus-Christ ? C'est sans doute la privation de la béatitude céleste ? Il ajoute que son amour poussoit l'Apôtre *à les vouloir introduire en sa place auprès de Jésus-Christ*. Quelle est donc cette place auprès de Jésus-Christ ? Étoit-ce une place pendant la vie corporelle ? Cette place qu'il vouloit perdre, étoit-ce son amour pour Jésus-Christ et son apostolat qu'il vouloit céder aux Israélites ? Ce sens seroit impie. Quoi donc ? Veut-il seulement mourir pour les faire vivre ? Est-ce là cet amour incompréhensible par lequel saint Paul *a osé quelque chose*, en sorte que saint Grégoire de Nazianze croit *oser lui-même en le rapportant*? Si saint Grégoire de Nazianze n'eût attribué à saint Paul que le désir de la mort, falloit-il tant de mystère pour dire que saint Paul avoit voulu mourir pour être bienheureux, et pour sauver en même temps ses frères ? Faut-il, monseigneur, donner tant de contorsions aux paroles de ce Père, de peur d'avouer qu'il a dit ce que vous ne pouvez nier qu'on trouve d'ailleurs *dans ce qu'il y a de plus grand et de plus saint dans l'Église* ? Mais vous paroissez même vouloir détruire ce que vous avez avoué sur saint Chrysostome. Vous voulez qu'il n'attribue à Moïse et à saint Paul qu'un sacrifice conditionnel de

---

[1] *Inst. past.*, n. 11, tom. IV, pag. 207.

[1] *Orat.* II, ol. I, n. 55, pag. 40.

quelque chose d'accidentel à la béatitude chrétienne. Vous dites qu'il réserve le désir *d'être avec Jésus-Christ*; ce qui est manifestement contraire à ses paroles. Il réserve bien l'amour de Dieu de Jésus-Christ; mais, loin de réserver le désir *d'être avec Jésus-Christ*, il suppose au contraire une exclusion de sa société béatifique et de sa vision glorieuse. On peut aimer une personne jusqu'à consentir de ne la point voir, s'il le faut, pour lui plaire et pour lui procurer plus de gloire. L'Apôtre, dit saint Chrysostome, « vouloit être séparé
» et aliéné de ce chœur qui environne Jésus-Christ,
» et non pas de son amour. » Cette place dans la troupe des bienheureux avec Jésus-Christ, dont saint Chrysostome assure que l'Apôtre veut être *séparé et aliéné*, est la même que saint Grégoire de Nazianze assure que l'Apôtre veut perdre pour la céder à ses frères. Il vouloit être « privé du
» royaume, et de cette gloire cachée; » il vouloit
« souffrir tous les maux, il prioit qu'il fût anathème
» à l'égard de Jésus-Christ, c'est-à-dire séparé
» de lui [1]. » Voilà ce que saint Chrysostome appelle un *amour secret et nouveau*, une chose qui ne sera *nullement crue par le grand nombre*, une vérité qui *trouble* l'auditeur. Ce sacrifice conditionnel tombe, selon Sylvius [2], sur la béatitude même; c'est ainsi que cet auteur explique les paroles de saint Chrysostome sur celles de saint Paul.
« Je souhaiterois, s'il étoit possible et permis,
» d'être séparé de la société de Jésus-Christ, *à*
» *Christi consortio* :.... j'aimerois mieux ne pas
» jouir de la vision et de la gloire..... Par cette
» séparation de Jésus-Christ, il entend, non la
» privation de l'amitié de Dieu, mais celle de la
» gloire des élus : *Non intelligit privationem ami-*
» *citiæ Dei, sed carentiam gloriæ electorum.* » Connoissez-vous, monseigneur, un autre *royaume du ciel*, une autre gloire des élus, une autre société de Jésus-Christ, une autre vision que la vision intuitive de Dieu et que la gloire éternelle? Si vous en connoissez une autre, apprenez-la à toute l'Église, qui l'ignore; ou expliquez-nous en quoi consiste la récompense du dehors dans le ciel, et les honneurs de l'autre vie *outre les biens* promis; ou avouez que c'est la vision intuitive promise gratuitement aux fidèles, et distinguée de Dieu aimé pour lui-même plus que toutes choses, dont saint Chrysostome dit que l'Apôtre auroit voulu être privé pour le salut de ses frères. Plus vous tâchez de reculer insensiblement sur les choses que vous aviez avouées, plus vous faites sentir à tout le monde combien de tels aveux étoient décisifs contre votre cause.

IVe OBJECTION.

X. Voici une nouvelle clef que vous donnez de ces paroles reçues de toutes les écoles. La charité a pour objet Dieu bon en lui-même, sans rapport à nous et à notre béatitude. Vous parlez ainsi :
« Entendons plutôt que l'école, quand elle donne
» pour objet à la charité Dieu comme bon en lui-
» même, outre les explications que nous avons
» données à ce terme, veut dire encore qu'il ne
» faut pas regarder Dieu comme une chose qui
» soit relative à nous, puisque au contraire c'est
» plutôt nous qui, par notre fonds, devons lui être
» rapportés, et l'aimer plus que nous-mêmes. »
Je ne reconnois point, monseigneur, votre style si affirmatif dans ces paroles pleines d'incertitude et d'hésitation. Vous n'osez nier le sens naturel de l'école; mais vous voudriez bien l'éluder en introduisant celui-ci. Remarquez, je vous supplie, que tout ce que vous dites pour caractériser votre charité convient autant à l'espérance. Si Dieu, comme bon en lui-même, ne signifie que Dieu que nous ne devons pas rapporter à nous comme un moyen à la fin, sans doute nulle vertu chrétienne ne peut en ce sens regarder Dieu comme bon relativement à nous. En ce sens, l'espérance doit regarder Dieu comme bon absolument en lui-même, aussi bien que la charité : car l'espérance, loin d'être une vertu théologale, seroit vicieuse et criminelle, si elle regardoit la bonté de Dieu comme relative en ce sens, c'est-à-dire comme devant être rapportée finalement à nous. A quoi sert-il donc, monseigneur, de tenter tant de moyens pour ébranler la notion commune de la charité, puisque vous ne le pouvez faire qu'en tombant dans des extrémités si dangereuses?

Ve OBJECTION.

XI. Voici encore une autre manière d'éluder cette définition de la charité, dont je ne puis assez m'étonner. « Comment distinguera-t-on, dites-vous [2],
» l'espérance d'avec la charité, si la charité comme
» l'espérance peut produire le désir de posséder
» Dieu? » Voilà l'objection bien proposée. Voyons la réponse. « Ils devroient penser que la charité,
» qui est la vertu universelle, comprend en soi les
» objets de toutes les autres vertus qui lui sont sub-

---

[1] *In Ep. ad Rom.*, hom. xvi. n. 1, tom. ix, pag. 605.
[2] *In 2, 2. quæst.* xxvi, art. iv.

[1] Ire *Ecrit*, n. 11, tom. xxviii, pag. 513.
[2] *Ibid.*, n. 12, pag. 514.

» ordonnées, pour s'en servir à s'exciter et à se
» perfectionner elle-même. » Devroient-ils penser
que la charité a pour motifs essentiels et *secondaires* les motifs de toutes les autres vertus, parce qu'elles *lui sont subordonnées*, et qu'elle s'en sert, etc. ? Ou ce raisonnement conclut autant pour la foi, pour la patience, pour l'humilité, pour la chasteté, que pour l'espérance ; ou il ne conclut rien. A-t-on jamais dit que le motif de la patience entre nécessairement dans l'acte de charité, parce que la patience est subordonnée à la charité ? Mais il faut écouter la suite [1] : « A quoi nous ajou-
» terons ce beau principe, que l'espérance *et* la
» charité regardent la jouissance de Dieu chacune
» d'une manière différente : l'espérance, comme
» un bien absent et difficile à acquérir, et la charité
» comme un bien déjà si uni et si présent, que
» nous n'aurons pas un autre amour quand nous
» serons bienheureux ; en sorte qu'en un certain
» sens il nous est présent, et qu'à l'instant de la
» mort notre amour, sans y rien ajouter, devient
» jouissant et béatifiant. »

Ici, monseigneur, vous proposez encore une autre différence entre l'espérance et la charité, pour tâcher de faire oublier celle du bien absolu et du bien relatif, qui vous embarrasse. Mais prendra-t-on le change, et en recevant votre différence entre la charité et l'espérance, faudra-t-il supprimer ou non cette autre différence que saint Thomas, et toute l'école après lui, donnent comme essentielle dans la définition expresse de ces deux vertus ? D'ailleurs examinons vos paroles. C'est que ces deux vertus *regardent la jouissance de Dieu.* Ce beau principe n'est qu'une pure équivoque, si vous n'entendez, comme saint Augustin, par *jouissance*, qu'un amour qui *s'attache à Dieu pour lui-même* : la charité est en ce sens la jouissance même ; la charité imparfaite est l'imparfaite jouissance ; la parfaite charité est la jouissance parfaite. Mais si vous entendez par *jouissance* la vision intuitive, qui est le fondement du parfait amour, et la béatitude surnaturelle qui résulte de cette vision, je réponds que, selon toute l'école, la charité ne regarde point comme son objet la propre jouissance prise en ce sens. Vous ajoutez que l'espérance regarde Dieu *comme un bien absent, et difficile à acquérir.* D'où vous concluez [2] qu'il « n'en faut
» pas davantage pour mettre une éternelle diffé-
» rence entre les opérations de ces deux vertus. »
Vous voudriez bien, monseigneur, qu'*il n'en fal-lût pas davantage* pour sauver la distinction de ces deux vertus, et supprimer ainsi celle du bien absolu d'avec le bien relatif. Mais saint Thomas et toute l'école ont mis l'infériorité de perfection de l'espérance, par comparaison à la charité, en ce que l'espérance cherche la possession du bien, c'est-à-dire la béatitude, *adeptio boni* [1] ; au lieu que la charité *s'arrête en Dieu, non afin qu'il lui en revienne aucun bien, non ut ex eo aliquid nobis proveniat, et c'est par-là précisément qu'elle est plus parfaite, et ideo est excellentior,* etc. Il n'est donc pas vrai, monseigneur, *qu'il n'en faille pas davantage* que la différence que vous alléguez.

Vous dites encore que « la charité, qui de sa na-
» ture a la force de nous unir immuablement et
» inséparablement à Dieu, par-là est incompatible
» avec l'état de péché ; ce qui ne convenant pas
» à l'espérance, il n'en faut pas davantage. » Il n'est pas question de caractériser les vertus par leurs effets, mais par leurs natures propres et par leurs objets. Recourir à tant de ressources nouvelles pour éluder le sens naturel d'une définition autorisée pendant tant de siècles par toutes les écoles, c'est laisser voir qu'on est bien pressé. De plus, pourquoi l'espérance sera-t-elle, selon vous, moins justifiante que la charité, si elles *regardent* toutes deux *la jouissance*, et si elles ont toutes deux, selon vous, comme je l'ai montré par vos paroles, la perfection absolue de Dieu pour *objet primitif*? Vous direz, monseigneur, que la charité est plus noble en ce qu'elle regarde la *jouissance* présente, et que l'espérance ne regarde que la jouissance absente et future. Mais si vous parlez ainsi, votre système est renversé. Si la charité ne regarde point la jouissance absente, mais seulement la présente, elle ne regarde donc que l'union présente d'amour entre Dieu et l'ame ; et elle ne regarde point la *jouissance* absente ou future, qui est la béatitude céleste. Si au contraire ces deux vertus regardent la jouissance absente ou béatitude future, votre distinction entre ces deux vertus se détruit elle-même.

Ce qui me paroit le plus fâcheux, c'est que vous voulez réaliser la distinction de ces deux vertus par leurs effets, au lieu de la chercher, comme l'école, dans leurs objets essentiels, et que vous laissez entendre que l'espérance, quand elle est seule, n'est qu'un amour foible et commençant de cet objet parfait en soi et béatifiant ; au lieu que la charité est pour la pratique un amour dominant, constant et fructueux de ce même objet parfait en

---

[1] Ve *Écrit*, n. 12, pag. 315.
[2] *Ibid., ib.,* pag. 315.

[1] 2, 2. *Quæst.* XXIII, art. VI.

soi, et béatifiant pour nous. Ainsi l'espérance ne seroit qu'une charité imparfaite, et la charité qu'une espérance perfectionnée, affermie, et dominante dans l'ame pour la pratique au-dessus des concupiscences terrestres.

XII. Enfin, monseigneur, ce qui m'étonne de plus en plus, c'est la pleine confiance avec laquelle vous me reprenez de ne me *corriger* point de l'erreur qui règne partout dans mon livre [1]. Quelle est-elle, cette erreur? C'est « qu'on peut tellement » se désintéresser du motif de la béatitude, qu'on » aimeroit Dieu également quand on sauroit qu'il » voudroit rendre malheureux ceux qui l'aiment, » en sorte que ces motifs demeurent séparés réel-» lement, encore que les choses ne le puissent » être. » Si vous m'imputez d'enseigner *une séparation réelle* de ces motifs pour l'état des ames, en sorte que l'ame qui a le motif de la charité n'ait plus celui de l'espérance, vous m'imputez ce que je n'ai jamais dit, et que j'ai souvent condamné. Si vous ne m'imputez d'enseigner qu'une séparation réelle des motifs pour l'acte de charité, d'où j'exclus le motif de la béatitude, vous ne pouvez me condamner là-dessus sans condamner toute l'école avec moi.

XIII. Voilà ce que vous appelez, dans la marge de votre livre [2], « erreur de l'auteur sur la béati-» tude, établie, détruite et rétablie par ses prin-» cipes. » Pour moi, monseigneur, je n'ai garde de détruire comme vous notre xxxiiie Article d'Issy, où nous avons approuvé « l'acte de soumis-» sion et consentement.... des ames parfaites.... » à la volonté..... de Dieu, si, par une très fausse » supposition, il les tenoit dans des tourments » éternels,..... au lieu des biens éternels qu'il » leur a promis. » Je n'ai entendu, par *rendre malheureux*, que tenir dans *des tourments éternels*, avec la privation *des biens éternels* promis. Je ne m'en dédis pas, monseigneur; c'est vous qui voulez vous en dédire. Je prends notre article à la lettre : vous voulez l'éluder. Mais ce qui est encore bien surprenant, c'est que vous assurez qu'*être heureux* est, selon *toute* la *théologie*,..... *la fin dernière*. Non, monseigneur, la théologie ne parle point ainsi. La béatitude est le plus parfait moyen, et la gloire de Dieu *est la fin dernière*. La béatitude est si peu la *fin dernière*, que c'est selon Sylvius rapporté par vous-même, et selon la plupart des autres théologiens, ce qu'on ne peut vouloir *principalement* et comme *fin dernière*, au lieu de la gloire de Dieu, que par un renversement de l'ordre. « Il faut exercer l'amour et pratiquer les » bonnes œuvres pour la béatitude, comme fin de » ces bonnes œuvres. Mais en passant outre, il faut » rapporter notre béatitude à Dieu, comme à la » fin simplement dernière, étant tellement dispo-» sés, que s'il n'y avoit point de béatitude à atten-» dre, nous voudrions néanmoins l'aimer de mê-» me. *Ita affecti, ut etiamsi non esset expectanda » beatitudo, vellemus tamen pariter cum deli-» gere* [1]. » Ce n'est point pour *être heureux* qu'il faut glorifier Dieu, mais c'est pour glorifier Dieu qu'on doit vouloir être heureux.

SECONDE PARTIE.
SUR LA CONTEMPLATION.

XIV. Il est temps, monseigneur, de vous faire mes plaintes sur tout ce que vous m'imputez touchant la contemplation. Voici ma vraie doctrine, tirée de mon livre, sur laquelle je suis fâché d'être réduit à faire tant de répétitions ennuyeuses :

1° Aucune ame, si parfaite qu'elle soit, n'a jamais ici-bas une contemplation perpétuelle [2].

2° La contemplation, quand elle est *négative*, l'est en ce qu'elle « ne s'occupe volontairement » d'aucune image sensible, d'aucune idée distincte » et nominable, c'est-à-dire limitée et compréhen-» sible [3]. »

3° La contemplation, quand elle n'est pas *négative*, ne laisse pas d'être simple, pure, directe et parfaite. Cette simplicité « n'empêche pas que la » contemplation ne puisse avoir pour objets dis-» tincts tous les attributs de Dieu et les trois per-» sonnes divines [4]. »

4° Cette *simplicité* de la contemplation, quand elle n'est pas négative, « n'exclut point la vue dis-» tincte de l'humanité de Jésus-Christ et de tous » ses mystères ; parce que la pure contemplation » admet d'autres idées avec celle de la divinité [5]. » Ainsi, quand elle n'admet que l'idée de la divinité en général, elle est négative : quand elle admet d'autres idées des attributs, des personnes divines, de Jésus-Christ et de tous ses mystères, elle n'en est ni moins simple ni moins pure.

5° Alors « elle admet tous les objets que la pure » foi nous peut présenter. » Ainsi elle voit, dans sa plus grande pureté et simplicité, d'une vue simple et amoureuse, « Jésus-Christ et tous ses » mystères comme certifiés ou rendus présents par » la pure foi [6]. »

---
[1] *In* 2, 2. *quæst.* xxvii, art. iii.
[2] *Max. des Saints*, pag. 28 et 29.
[3] *Ibid.*, pag. 29.   [5] *Ibid.*, pag. 29.
[4] *Ibid.*, pag. 29 et 30.   [6] *Max.*, pag. 30.

Préf., n. 46, tom. xxviii, pag. 570.   [2] *Ibid.*

6° Quoique les actes de la contemplation négative, qui vont directement et immédiatement à Dieu seul, « être illimité et incompréhensible, soient » plus parfaits, si on les prend du côté de l'objet, » et dans une rigueur philosophique, » les actes de la contemplation, quand elle n'est pas négative, et qu'elle s'occupe des mystères de Jésus-Christ, sont néanmoins *aussi parfaits du côté du principe*, c'est-à-dire *aussi purs et aussi méritoires*[1].

7° Il y a deux temps « où les ames contemplati-» ves *sont* privées de la vue distincte, sensible et » réfléchie de Jésus-Christ[2]. » Alors elles ont encore une vue de Jésus-Christ, mais cette vue n'est *pas sensible et réfléchie* : par-là elle est moins *distincte* et moins aperçue ; car ce qui est sensible et réfléchi est plus distinct et plus aperçu que ce qui n'est ni sensible ni réfléchi. Mais enfin cette vue directe est une véritable vue, et par conséquent elle a quelque degré de clarté. Il faut même qu'elle se fasse toujours apercevoir, tantôt plus, tantôt moins, à l'ame par conscience : *Omnis cogitatio est conscia sui*. Ainsi la différence se réduit nécessairement au plus ou moins de distinction ou clarté.

8° Le premier de ces deux temps est celui de la *contemplation naissante*[3]. Alors, comme je l'ai remarqué, l'ame qui commence à contempler est obligée de reprendre la *rame de la méditation*, toutes les fois que le vent *de la contemplation n'enfle plus les voiles*[4], selon la comparaison de Balthasar Alvarez. Ainsi elle est dans une vicissitude entre ces deux exercices. La privation de la *vue distincte, sensible et réfléchie de Jésus-Christ* ne tombe que sur les temps de l'actuelle contemplation ; car toutes les fois qu'elle revient à méditer, elle considère discursivement les mystères de Jésus-Christ, puisque la méditation est cette considération discursive. De plus, elle n'est pas occupée pendant les jours entiers à contempler, lors même qu'elle a l'attrait de la contemplation. Ainsi elle est encore occupée de Jésus-Christ dans les intervalles où elle ne contemple pas. Enfin, dans l'actuelle contemplation, elle voit Jésus Christ confusément, comme elle voit Dieu même ; elle n'est privée que d'une *vue distincte, sensible et réfléchie*.

C'est l'imperfection de sa contemplation qui rend cette vue confuse. « Cet exercice est encore » très imparfait ; il ne représente Dieu que d'une » manière confuse : l'ame, comme absorbée par » son goût sensible pour le recueillement, ne peut » encore être occupée de vues distinctes. Ces vues » distinctes... la rejetteroient dans le raisonnement » de la méditation, d'où elle est à peine sortie[1]. »

Voilà une raison qui tombe autant sur la vue de Dieu que sur celle de Jésus-Christ ; et elle est si naturelle, que je ne puis assez m'étonner qu'elle vous choque. La contemplation imparfaite ne doit-elle pas être plus confuse ou moins distincte que la parfaite ?

9° Le second temps est celui *des dernières épreuves*. Il ne s'agit pas des épreuves en général, mais des *dernières* ou *extrêmes*, que j'appelle ailleurs *l'extrémité des épreuves*. Alors « l'ame ne » perd pas plus de vue Jésus-Christ que Dieu : » elle ne perd que la possession et la connoissance » réfléchie de tout ce qui est bon en elle. Ces pertes ne sont qu'apparentes et passagères, après » quoi Jésus-Christ n'est pas moins rendu à l'ame » que Dieu même[2]. » La perte n'est qu'*apparente*, puisqu'on ne perd qu'une *connoissance réfléchie*, et point la vue directe de Jésus-Christ certifié ou présent par la pure foi.

Vous dites de cet état, monseigneur : « Il est » vrai qu'on est comme sans Dieu sur la terre, du » côté du sentiment extérieur[3]. » On ne pourroit point être sans Dieu si on avoit Jésus-Christ ; il faut donc qu'on soit alors sans Jésus-Christ aussi bien que *sans Dieu*, quant aux communications sensibles et aperçues ; mais la vue simple et directe en reste toujours dans les plus grands obscurcissements.

10° Cette *extrémité* des épreuves est d'ordinaire courte, quoique les épreuves en général paroissent être assez longues dans quelques saints, comme dans sainte Thérèse. Il est vrai que Dieu est le maître d'éprouver sa créature aussi longtemps qu'il lui plaît : mais je ne parle que de la conduite ordinaire de Dieu sur les ames ; je ne parle que sur l'expérience commune des personnes spirituelles ; et quand on voudra, par des suppositions extraordinaires, renverser ces règles d'expérience constante, alors on ne pourra sans injustice me reprocher des inconvénients tirés de ces suppositions imaginaires, sur lesquelles je n'avois garde de fonder mes observations de pratique. Des suppositions extraordinaires demanderont de nouvelles maximes. Cette *extrémité des épreuves*, outre qu'elle est courte, « n'est pas même dans » toute sa durée sans intervalles paisibles, où cer-» taines lueurs de graces très sensibles sont comme » des éclairs dans une profonde nuit d'orage, qui

---

[1] *Max.*, pag. 30.　[2] *Ibid.*, page 51.
[3] *Ibid.*, pag. 51.　[4] *Ibid.*, pag. 28.

[1] *Max.*, pag. 50.
[2] *Ibid*, pag. 14, 16, 20, 50.
[3] *Préf.*, n. 125, pag. 675, 676.

» ne laissent aucune trace après eux [1]. » Ainsi, loin d'être *privé de Jésus-Christ par état*, on n'en souffre qu'une privation quant aux vues *sensibles, réfléchies et distinctes*, pour un temps court, où l'on a par intervalles les vues même les plus sensibles de lui et de ses mystères. Examinons, s'il vous plaît, maintenant, monseigneur, vos objections.

1re OBJECTION.

XV. « Hors ces deux cas, l'ame la plus élevée » peut dans l'actuelle contemplation être occupée » de Jésus-Christ rendu présent par la foi. » Donc elle ne peut l'être *dans ces deux cas*.

Rép. Ces paroles sont relatives à celles qui les précèdent, et qui leur servent de fondement. L'occupation de Jésus-Christ, que j'exclus dans ces deux cas, est *la vue distincte, sensible et réfléchie*, dont j'ai parlé dans le commencement du même article; mais je n'en exclus pas absolument toute vue. Dans le cas de la contemplation naissante, je dis que la vue de Jésus-Christ est encore *confuse*. Dans le cas de *l'extrémité des épreuves*, il ne s'agit que d'un *obscurcissement*, d'une *perte* qui n'est qu'*apparente*, d'une *perte* qui ne regarde que la *connaissance réfléchie*, d'une perte où l'ame *ne perd pas plus de vue Jésus-Christ que Dieu* [2]. Il est évident que, dans l'un et dans l'autre cas, on ne perd pas toute vue *de Jésus-Christ rendu présent par la foi*, mais seulement les vues *sensibles*, les vues *réfléchies*, les vues *distinctes*; mais non pas les vues simples et directes, qui sont plus *confuses*.

IIe OBJECTION.

XVI. Ces ames « ne sont jamais privées pour » toujours en cette vie de la vue simple et dis- » tincte de Jésus-Christ. » Donc elles le sont pour des états bornés.

Rép. Quand on dit qu'une chose n'est pas *pour toujours*, il ne s'ensuit pas qu'elle soit pour des temps fort longs. Quand on dit d'un homme qu'il ne dort pas toute la vie, il ne s'ensuit pas qu'il dorme sans interruption un mois entier. Puisque vous poussez les choses, monseigneur, jusqu'aux dernières rigueurs de grammaire et de logique, suivez-les donc, s'il vous plaît, exactement. Pourquoi parlez-vous ainsi [3] : « Il a dit que les ames » contemplatives sont privées non-seulement de » la vue sensible et réfléchie de Jésus-Christ, » mais encore précisément de la vue simple et » distincte de Jésus-Christ. » Je n'ai point parlé *des ames contemplatives* en général; je n'ai parlé que de celles qui sont dans les deux cas marqués. J'ai dit, en cet endroit, de quoi elles ne sont pas privées *pour toujours*, et non précisément de quoi elles sont privées dans ces deux cas passagers. Je n'ai expliqué cette privation que quand j'ai dit qu'elles sont *privées de la vue distincte, sensible et réfléchie*. De plus, je ne dis pas que ces ames ne sont point privées pour toujours de la vue *simple*, sans y rien ajouter. Je mets ensemble *simple* et *distincte*, et il n'est jamais permis de séparer ces deux termes. Ces ames ne sont donc pas privées de toute vue *simple*, mais seulement de la vue *simple* qui est *distincte*, parce que la vue de Jésus-Christ est plus confuse ou moins distincte dans *l'absorbement* de la contemplation imparfaite, et dans *l'obscurcissement* des dernières épreuves, que dans les autres temps.

IIIe OBJECTION.

XVII. La privation de la vue distincte est une cessation *de la foi explicite*; c'est perdre *Jésus-Christ par état*; c'est un état où *Jésus-Christ n'est plus dans l'ame* [1].

Rép. Peut-on appeler un état où *Jésus-Christ n'est plus dans l'ame*, et où on le *perd*, le premier cas, dans lequel on ne le perd que pour les heures de l'actuelle contemplation, sans le perdre pour les autres heures de la journée, et où dans l'actuelle contemplation même on le voit *d'une manière confuse comme Dieu* [2]? Peut-on appeler un état où l'on *perd* Jésus-Christ, et où *il n'est plus dans l'ame*, le cas des dernières épreuves, où la perte *n'est qu'apparente*, comme de Dieu même; où la privation n'est qu'un *obscurcissement* qui ôte la *connaissance réfléchie*; enfin où la privation *n'est pas sans intervalles* de lumière sensible [3]? Les actes simples et non réfléchis, quoique moins distincts et plus confus que les réfléchis et sensibles, ne sont-ils pas de vrais actes? S'ils n'avoient aucun degré de distinction ou de clarté, ils ne seroient plus *des vues*. Il n'est donc question que du plus ou moins de distinction ou clarté. Ces vues directes ne sont-elles pas un vrai exercice de la foi explicite? Faut-il, pour avoir la foi explicite, faire toujours des actes réfléchis? L'ame parfaitement instruite et persuadée des mys-

---

[1] *Max.*, pag. 16. [2] *Ibid.*, pag. 30.
[3] *Préf.*, n. 31, pag. 576.

[1] *Préf.*, n. 56, 57, pag. 582.
[2] *Max.*, pag. 30. [3] *Ibid.*, pag. 16.

tères de Jésus-Christ ne les croit-elle pas très distinctement, quoique les vues qu'elle en a eu en certains temps soient moins *distinctes*, surtout si ces temps mêmes ne sont pas sans interruption? Sera-t-il permis dans l'Église à un évêque, d'accuser son confrère de détruire *la foi explicite* en Jésus-Christ, et de vouloir qu'on le *perde par état*, lorsqu'il ne s'agit d'aucun état où l'on n'en soit occupé, tantôt directement et confusément, tantôt d'une manière distincte, sensible et réfléchie?

IVe OBJECTION.

XVIII. « Si on le perd (c'est Jésus-Christ) dans
» la haute et pure contemplation qu'il raviliroit
» par son humanité, on se sauve en le jetant dans
» les intervalles, et lorsqu'elle cesse [1]. »

Rép. Voilà les paroles les plus flétrissantes que l'indignation puisse choisir. Où prenez-vous donc, monseigneur, dans mon livre cet impie ravilissement de la contemplation par l'humanité sainte? Vous ne sauriez y montrer l'ombre de ce blasphème. Où sont-ils ces intervalles dans lesquels je jette avec tant de mépris l'humanité adorable? Voici mes paroles : « L'ame la plus élevée peut,
» dans l'actuelle contemplation, être occupée de
» Jésus-Christ rendu présent par la foi; et dans
» les intervalles où la pure contemplation cesse,
» elle est *encore* occupée de Jésus-Christ [2]. » Remarquez que c'est *dans l'actuelle contemplation... la plus élevée* que l'ame *peut être occupée de Jésus-Christ rendu présent par la foi.* Qui dit *encore* dit évidemment qu'outre les temps de l'actuelle contemplation la plus pure et la plus haute, où l'on est occupé de Jésus-Christ *rendu présent par la foi,* on l'est de plus dans les intervalles où la contemplation cesse. Quand je dis à mon ami : Je songe à vous quand je vous vois, et j'y songe encore lorsque je ne vous vois pas, je ne veux pas lui dire que je *jette* la pensée de sa personne dans les moments où je le vois, et que je l'exclus des temps où je ne le vois pas. Tout au contraire, l'assurance de mon souvenir embrasse également les deux temps. La suppression de cet *encore,* en matière si capitale, est un étrange mécompte. Je serois en droit, monseigneur, de vous en demander un aveu public. Moins je vous le demande, plus vous le devez, non à moi, mais à Dieu et à toute l'Église, à qui vous m'avez dénoncé comme un antechrist.

Ve OBJECTION.

XIX. Vous croyez être à l'abri de ce reproche, en me faisant parler ainsi : « La contemplation di-
» recte ne s'attache volontairement qu'à l'être il-
» limité et innominable [1]. » Vous donnez ces paroles en lettres italiques, comme mon vrai et pur texte. « Il faut donc, concluez-vous, être appliqué
» aux autres objets, et entre autres à Jésus-Christ
» même, par une impulsion particulière, sans qu'on
» puisse s'y déterminer par son propre choix. »

Rép. Trouvez, monseigneur, ce texte précis dans mon livre, ou rendez gloire à Dieu, et avouez qu'il n'y est pas ainsi. Vous citez la page 29 : le lecteur n'a qu'à la lire et à nous juger, si vous n'aimez mieux vous juger vous-même. J'ai dit; il est vrai, que « la contemplation pure et directe est né-
» gative, en ce qu'elle ne s'occupe volontairement
» d'aucune image sensible, d'aucune idée dis-
» tincte et nominable [2]. » C'est-à-dire que quand elle est négative, elle ne regarde que la seule divinité. Mais ai-je dit qu'elle est toujours négative, ou que la négative est la seule pure et directe contemplation ? Quand je dirai de la mer qu'elle est orageuse, en ce que le vent soulève ses flots, s'ensuivra-t-il que je veux dire que la mer est toujours agitée, et qu'il n'y a jamais aucune mer paisible ? Le lecteur attentif et équitable jugera quelle différence il y a entre ces deux expressions. Voici celle que vous m'imputez : « La contemplation di-
» recte ne s'attache volontairement qu'à l'être il-
» limité et innominable. » Voici la véritable de mon livre [3] : « La contemplation pure et directe
» est négative, en ce qu'elle ne s'occupe volontai-
» rement d'aucune image, etc. » Quand même cette expression ne seroit pas toute seule assez clairement déterminée, ce qui suit la détermine avec évidence au sens que je soutiens; car j'ajoute aussitôt après [4] un autre exercice de contemplation non négative, qui *admet tous les objets que la pure foi peut présenter,...* les attributs des personnes divines, Jésus-Christ *et tous ses mystères, en sorte qu'on soit occupé de lui,* et dans l'actuelle contemplation, et encore dans les intervalles où elle cesse. J'ajoute ces paroles [5] : « On
» trouvera dans la pratique que les ames les plus
» éminentes dans la contemplation sont celles qui
» sont les plus occupées de lui. Elles lui parlent à
» toute heure, comme l'épouse à l'époux. Sou-
» vent elles ne voient que lui seul en elles. Elles

---

[1] *Avert. sur les div. Écrits,* n. 6, pag. 331.
[2] *Max.,* pag. 30.

[1] *Avert.* déjà cité.
[2] *Max.,* pag. 29.   [3] *Ibid.,* pag. 29.
[4] *Ibid.,* pag. 29.   [5] *Ibid.,* pag. 30 et 31.

» portent successivement des impressions de tous
» ses mystères et de tous les états de sa vie mor-
» telle. Il est vrai qu'il devient quelque chose de
» si intime dans leurs cœurs, qu'elles s'accoutu-
» ment à le regarder moins comme un objet étran-
» ger et extérieur, que comme le principe inté-
» rieur de leur vie. »

De telles ames ont donc, outre la contemplation négative, cet autre exercice de contemplation où Jésus-Christ entre si fréquemment et avec une familiarité si intime. Pourquoi donc, monseigneur, me faites-vous dire absolument de toute contemplation pure et directe, ce qu'il est évident que je n'ai jamais dit ni pu dire que de la seule contemplation *négative* en particulier? Pourquoi changez-vous mes paroles? Pourquoi supprimez-vous, *est négative en ce qu'elle, etc.*? Vous direz peut-être que cette suppression ne change rien au sens véritable. Mais quand vous le direz, la preuve vous manquera; et, supposé même que cette suppression ne tire à aucune conséquence, pourquoi la faites-vous sans en avertir?

VIᵉ OBJECTION.

XX. Voici vos paroles [1] : « Ce qu'il faudroit ex-
» pliquer, c'est pourquoi cette vue abstraite et
» illimitée de la divinité est la seule volontaire?
» pourquoi celle des autres objets doit être pré-
» sentée de Dieu, et excitée par une impression par-
» ticulière de sa grace; pourquoi on ne peut s'y dé-
» terminer de soi-même, et qu'il faut être à cet
» égard dans la pure attente de l'impulsion divine. »

Rép. Voici, monseigneur, tous vos mécomptes dans cette objection. 1° Vous voulez, contre l'évidence de mon texte, et sur la suppression d'une de ses parties, que j'aie dit absolument et en général, de la contemplation pure et directe, ce que je n'en dis que pour le seul cas où elle est négative. 2° Vous supposez que je demande, pour penser à Jésus-Christ dans l'actuelle contemplation, *une impression* particulière *de la grace*. Vous ajoutez *particulière*; jamais je ne l'ai dit. Ainsi, après les suppressions viennent les additions, dans votre livre, pour m'attribuer des impiétés. Voici mes paroles, touchant les actes où l'on s'occupe de tous les objets distincts [2] . « Ils sont..... aussi purs et
» aussi méritoires, quand ils ont pour objets les
» objets que Dieu présente, et dont on ne s'oc-
» cupe que par l'impression de sa grace. » Le mot de *particulière* ne s'y trouve point. Pourquoi l'ajoutez-vous, monseigneur? Dans la *Déclara-tion*, vous m'accusiez de vouloir *l'impression d'une grace singulière, gratiœ singularis*. Maintenant vous dites d'une *grace particulière*. Par-là vous voudriez faire entendre une motion extraordinaire, faute de quoi on *jetteroit* l'humanité de Jésus-Christ dans les intervalles, de peur de *ravilir* la contemplation par un tel objet. Mais à qui peut-on moins imputer cette doctrine des motions extraordinaires, qu'à moi qui les rejette de toute oraison passive dans la voie de pure foi, pendant que vous voulez mettre la passiveté dans ces sortes de motions? Pour moi, je répète sans cesse [1] que « le fidèle n'est conduit par aucune lumière que
» par celle de la simple révélation, et de l'auto-
» rité de l'Église, commune à tous les justes. » Je ne cesse de dire que c'est *la grace commune à tous les justes* dont je parle. Pourquoi donc me faire dire qu'il faut oublier Jésus-Christ, à moins qu'on ne soit poussé à penser à lui *par une impression particulière de la grace*? 3° Vous voulez que ce soit Dieu qui *présente* à l'ame cette vue de Jésus-Christ, d'où vous concluez que l'ame ne pense donc jamais, selon moi, à Jésus-Christ par son propre choix, et qu'elle *attend* l'impression divine. C'est là le fanatisme employé pour soutenir l'erreur des béguards. Mais voici le fait. Je parle, dans le xxviiᵉ Article, des exercices de contemplation *négative* et non négative. Je suppose une ame qui accomplit d'ailleurs tous ses devoirs pour l'exercice de toutes les vertus distinctes, comme je l'ai marqué si souvent. Je veux que cette ame, sans se gêner, suive librement l'attrait de la grace pour contempler tantôt la divinité seule, tantôt les mystères de Jésus-Christ. Où en serons-nous pour tous les livres spirituels, s'il faut entendre une motion extraordinaire toutes les fois que ces livres parlent de ce que Dieu imprime, de ce qu'il fait sentir, et de tous les attraits intérieurs qu'il donne? Tous ces attraits sont renfermés dans le genre des graces communes à tous les justes pour la voie de pure et obscure foi. Vous assurez, monseigneur, que j'exclus *le propre choix*, et que je veux qu'on demeure éloigné de Jésus-Christ, dans *l'attente de l'impression divine*. Ces termes sont-ils dans mon livre? S'ils y sont, citez-les. S'ils n'y sont pas, faites-moi justice. Si vous entendez par *propre choix* une volonté délibérée qui suit l'impression de la grace prévenante, j'ai enseigné la nécessité *du propre choix* [2]; si vous entendez par *propre choix* une *activité* ou *empressement* naturel des ames pour vouloir penser à un objet, quand la

---

[1] *Préf.*, n. 57. pag. 585.   [2] *Max.*, pag. 50.

[1] *Max.*, pag. 51.   [2] *Ibid.*, pag. 51.

grace les attire à un autre, vous voulez gêner les âmes, et leur demander sans cesse un empressement imparfait.

XXI. Voici votre dernier argument : « On dira » que cette impulsion n'est que l'impulsion de la » grace commune : mais que sert d'appeler [1] cette » impulsion, ou commune, ou extraordinaire, » s'il est constant qu'il la faut attendre, sans oser » se déterminer par la bonté de l'objet? ce qui » est un pur quiétisme, et une attente oisive de » la grace jusqu'à ce qu'elle se déclare. Que si l'on » dit qu'il faut toujours la supposer, qui ne sait » que cela est vrai, même à l'égard de la contem- » plation qu'on appelle pure et directe de l'être » abstrait et illimité, etc.? » Il s'agit des divers exercices de contemplation. Je dis que l'ame ne doit rien faire par empressement naturel. *La raison et la bonté d'un objet* suffisent pour les actes naturels et raisonnables; mais pour les actes surnaturels, il faut coopérer à la grace. Il la faut toujours supposer pour le bien en général. Mais pour un exercice particulier, plutôt que pour un autre (hors des cas d'obligation), on peut suivre l'attrait de grace, tant à l'égard de la contemplation négative que de l'autre contemplation. Rien n'est moins oisif ni moins fanatique qu'une ame qui suppose toujours la grace pour ses devoirs, et qui, dans les cas où il n'y a aucun devoir précis qui la détermine, suit librement ce qu'elle croit sans certitude être l'attrait de la grace pour certains actes plutôt que pour d'autres. Cette ame suivra l'attrait tantôt pour la simple présence de Dieu, tantôt pour contempler les mystères de Jésus-Christ. Voilà un nouveau genre de fanatiques et de gens oisifs qui font sans cesse des actes en supposant la grace, et qui ne présument jamais que l'attrait soit certain, lors même qu'elles le suivent, et qui demeurent toujours dociles pour les supérieurs dans la profonde obscurité de la pure foi.

XXII. Qu'il m'est dur, monseigneur, d'avoir à soutenir *ces combats de paroles*, et de ne pouvoir plus me justifier sur des accusations si terribles qu'en ouvrant le livre aux yeux de toute l'Église, pour montrer combien vous avez défiguré ma doctrine! Que peut-on penser de vos intentions? Je suis *ce cher auteur* que vous *portez dans vos entrailles* [2], pour le précipiter avec Molinos dans l'abîme du quiétisme. Vous allez me pleurer partout, et vous me déchirez en me pleurant. Que peut-on croire de ces larmes, qui ne servent qu'à donner plus d'autorité aux accusations? Vous me pleurez, et vous supprimez ce qui est essentiel dans mes paroles. Vous joignez, sans en avertir, celles qui sont séparées. Vous donnez vos conséquences les plus outrées comme mes dogmes précis, quoiqu'elles soient contradictoires à mon texte formel. Votre livre n'est, selon vous, qu'un tissu de démonstrations. Pour moi, j'avance plus d'erreurs tous les jours que mes amis n'en peuvent corriger. Quelque grande autorité, monseigneur, que vous ayez justement acquise jusqu'ici, elle n'a point de proportion avec celle que vous prenez dans le style de ce dernier livre. Le lecteur sans passion est étonné de ne trouver, dans un ouvrage fait contre un confrère soumis à l'Église, aucune trace de cette modération qu'on avoit louée dans vos écrits contre les ministres protestants. Mais on n'a guère de peine à être doux quand on sent qu'on ne défend que la vérité. Au contraire, *on sèche* [1], et on s'irrite, quand on sent qu'on s'est engagé insensiblement par prévention au-delà des bornes.

Pour moi, monseigneur, je ne sais si je me trompe, et ce n'est pas à moi à en juger. Mais il me semble que mon cœur n'est point ému, que je ne desire que la paix, et que je suis avec un respect constant pour votre personne, etc.

QUATRIÈME LETTRE.

Monseigneur,

Il me reste encore bien des plaintes à vous faire. Souffrez que je les fasse dans des remarques courtes, détachées, et même sans ordre; car, dans l'impatience où je suis de finir, il faut me pardonner une précipitation qui me fait traiter chaque chose à mesure qu'elle se présente.

1re OBJECTION.

« On a mis, dites-vous [2], dans les Articles d'Is- » sy [3], que ces caractères de la charité (*c'est-à- » dire d'être patiente, bénigne, etc.*) se trouvent » dans la vie et dans l'oraison la plus parfaite, » pour montrer le tort de ceux qui bannissent de » cette oraison et de cette vie les actes particuliers » des vertus, et décider en même temps, comme » il paroît par toute la suite, qu'il ne s'en trou- » ve pas moins dans tous les états, même dans ce-

---

[1] *Préf.*, n. 58, pag. 585.
[2] Ier *Ecrit*, n. 2, 5. pag. 378, 391.

[1] *Préf.*, n. 33, pag. 581.
[2] *Avert. sur les div. Ecrits*, n. 10, tom. xxviii, pag. 338.
[3] XIIIe *Art.*

» lui de perfection, pour y être réunis ensemble
» dans la charité. »

Mais n'y a-t-il pas, selon vous, comme selon toute l'école, des actes d'espérance commandés expressément par la charité et formellement rapportés à elle, et d'autres actes qui n'ont pas ce rapport formel? Vous le supposez clairement quand vous dites[1] que « l'espérance ne laisse pas d'être
» une vertu infuse dans les ames qui ne sont pas
» assez soigneuses de la rapporter à la charité ; ce
» qui sera une imperfection, et peut-être un vice. »
Vous mettez la perfection de cet exercice « à le
» pousser plus loin et à son dernier période, »
c'est-à-dire à la fin de la charité. Vous parlez ainsi ailleurs[2] : « L'œuvre de perfection, c'est de se
» tenir toujours en mouvement, pour sans cesse
» rapporter notre béatitude à la gloire de Dieu. »
L'imperfection est donc de ne *se tenir pas toujours en mouvement*, et de faire des actes d'espérance qui ne soient pas formellement commandés et rapportés à la gloire de Dieu.

Voilà votre doctrine. Elle est très naturellement exprimée dans notre XIIIe Article d'Issy. Nous n'y avons point dit, comme vous le rapportez en lettres italiques, que « ces caractères de la charité
» se trouvent dans la vie et dans l'oraison la plus
» parfaite; » mais que, « dans la vie et dans l'oraison
» la plus parfaite, tous ces actes (c'est-à-dire tous
» ceux des plus essentielles vertus) sont réunis dans
» la seule charité, en tant qu'elle anime toutes les
» vertus et en commande l'exercice. » Voilà une réunion de tous les actes des vertus *dans la seule charité*, pour la *vie* et *l'oraison la plus parfaite*, en ce que ces actes y sont commandés par la charité même ; au lieu que ces actes ne sont pas toujours expressément commandés par elle dans la vie et dans l'oraison des imparfaits. Pourquoi désavouer cette différence entre les parfaits et les imparfaits, qui est incontestable dans vos principes, et qui est exprimée si naturellement dans notre Article XIIIe d'Issy? Pourquoi éluder ainsi notre Article, et rejeter un sens faute duquel il auroit été fort inutile de parler des actes commandés, puisqu'il n'y auroit eu qu'à dire simplement qu'en tout état de perfection on doit exercer distinctement toutes les vertus, ce qui étant pleinement expliqué dans les six premiers Articles, le XIIIe, selon le sens que vous lui donnez présentement, ne seroit qu'une répétition superflue? Mais vous craignez les conséquences que je tire de cet Article en y joignant la définition de l'école sur la charité, que vous combattez. En effet, je n'ai besoin, pour justifier tout mon système, que de poser d'un côté cette définition de la charité; et de l'autre de supposer, selon notre Article XIIIe, que, dans la *vie et dans l'oraison la plus parfaite*, tous les actes d'espérance, ou, pour parler plus rigoureusement, presque tous, sont formellement commandés et rapportés à la gloire de Dieu.

Il est manifestement inutile de dire que la définition de la charité et le XIIIe Article d'Issy « n'ont
» rien de commun avec l'amour naturel de nous-
» mêmes[1]. » Qui exclut pour la vie et pour l'oraison la plus parfaite les actes surnaturels non commandés et non rapportés formellement à la gloire de Dieu, exclut à plus forte raison les actes naturels ; car ces actes naturels sont beaucoup moins parfaits que les actes surnaturels que la charité ne commande pas ; et si l'état parfait retranche de ces actes même surnaturels, parce qu'ils n'ont pas assez de perfection dans l'ordre de la grace, combien, à plus forte raison, retranchera-t-il les actes naturels, qui n'en ont aucune dans ce genre?

IIe OBJECTION.

Vous voulez, monseigneur, que cet amour naturel, qui fait selon moi le propre intérêt, soit une nouveauté inouïe[2]. A vous entendre parler avec une décision si absolue, tous les lecteurs qui ne sont pas instruits à fond seront tentés de céder à votre autorité. Mais ce qui est étonnant, c'est que vous révoquiez en doute cet amour. J'offre de rapporter, dans un petit recueil, beaucoup d'endroits décisifs d'Estius et d'autres auteurs sur cet amour, qu'ils reconnoissent délibéré. Là plupart des théologiens imprimés l'enseignent. On le trouve dans les cahiers des professeurs de Sorbonne et de Navarre, qui enseignent publiquement dans ces deux fameuses écoles, et qui sont les organes par lesquels la faculté établie dans la capitale de ce royaume, et si utile à l'Eglise depuis tant de siècles, explique sa doctrine. Dans tous les traités sur la grace, on établit cet amour naturel, qui n'est ni vicieux ni méritoire, et qui est le principe des actions qui tiennent le milieu entre les vertus surnaturelles et les vices. C'est dans cette doctrine que j'ai été instruit ; c'est celle que vous avez apprise dans votre jeunesse. Il n'est pas vraisemblable que vous ne l'ayez pas vous-même soutenue dans vos thèses lorsque vous étiez sur les bancs. Que si vous pouvez prouver clairement contre les écoles que cet amour, faute d'être surnaturel, ne

---
[1] *Préf.*, n. 98, pag. 656. [2] *Ibid.*, n. 95, pag. 627.

[1] *Avert.* n. 15, pag. 564.
[2] *Préf.*, n. 69, pag. 597 et ailleurs.

peut être que vicieux ; en changeant la doctrine des écoles, vous ne changez point le fond de mon système; car le vice que vous montrerez dans cet amour naturel et délibéré ne servira qu'à mieux montrer qu'on en peut faire un sacrifice absolu.

De plus, votre charité, essentiellement attachée à desirer la béatitude, n'est rien de distingué de l'espérance; d'où il s'ensuit qu'en niant tout milieu entre l'espérance surnaturelle et la mercenarité vicieuse, vous niez tout milieu entre la charité et la cupidité vicieuse. Enfin, en niant cet amour naturel comme un dogme nouveau, vous niez votre propre doctrine. N'avez-vous pas dit [1], en approuvant de nouveau le P. Surin, que *le soin que nous prenons* (de notre salut) *doit être sans inquiétude?* Voilà des desirs inquiets pour le salut à retrancher. Le P. Surin assure qu'on *ne peut parvenir à ce degré sans un long effort de renoncer à soi-même dans l'oraison* [2]. Ces desirs inquiets sont-ils naturels, ou de grace? Soutiendrez-vous qu'ils viennent de la grace, et que la grace soit le principe de l'inquiétude, qui est si contraire à l'esprit de Dieu? S'ils sont naturels, voilà dans vos propres paroles ce que vous niez. Ces desirs inquiets du salut sont délibérés, et ont une imperfection qu'il est bon de retrancher, puisque la perfection des ames consommées par l'oraison dans le renoncement à elles-mêmes consiste à ne former plus de tels desirs. Les voilà ces desirs, desquels saint Bonaventure dit [3] : « L'imperfection ne peut venir que de ce que l'ame se porte avec trop d'ardeur et d'attache à son propre intérêt, à son bien particulier. Mais il y a plusieurs personnes qui, envisageant et attendant la béatitude, sont peu occupées d'elles-mêmes, et le sont beaucoup de Dieu. » Si vous prétendez que tout desir inquiet du salut est un vrai péché, où en est la preuve? Citez là-dessus un seul théologien. Ce n'est plus à moi à prouver le desir naturel et délibéré du salut, puisque vous l'avouez sous le nom de desir inquiet qu'il faut retrancher. Mais c'est à vous à prouver qu'il est nécessairement vicieux ; et si vous le prouvez, je le reconnoîtrai sans peine. Mon système n'en sera pas moins conservé dans toute son étendue.

IIIe OBJECTION.

J'ai oublié, monseigneur, de parler, dans ma seconde lettre, de Denis le Chartreux, qui méritoit bien d'être examiné en son rang avec les autres auteurs sur l'amour naturel. Voici la manière dont vous réfutez ce que j'en avois dit. D'abord vous rapportez le passage de cet auteur [1] : « L'amour gratuit est le seul méritoire. L'amour naturel ne mérite rien de Dieu. Il est naturel, il vient de l'inclination naturelle qu'on a d'être heureux, et d'une foi informe. Aimons-nous donc nous et notre salut, en Dieu, par rapport à Dieu, et pour Dieu. » Ensuite vous parlez ainsi : « C'est autre chose de s'élever au-dessus de cet amour naturel; autre chose de s'en dépouiller. Il vient, dit le saint chartreux, non-seulement de la nature, mais encore d'une foi informe. Or on ne se dépouille ni de la nature ni de la foi informe ; on n'en ôte que l'informité, c'est-à-dire sa séparation d'avec le saint amour ; mais le fond ne s'ôte jamais. Ainsi, en toutes manières, l'auteur conclut mal. »

Vous allez voir, monseigneur, que ma conclusion est évidente, et que votre réponse ne fait qu'éluder la question. L'auteur parle d'un *amour naturel* qu'il oppose au *gratuit*, c'est-à-dire au surnaturel. *Cet amour ne mérite rien de Dieu.* Il est néanmoins délibéré ; car *il vient de l'inclination naturelle qu'on a d'être heureux et d'une foi informe : Ex naturali inclinatione... proficiscitur.* Remarquez qu'il n'est pas l'inclination naturelle même : mais il en *vient*. Ce n'est pas un simple appétit aveugle et indélibéré, pour parler comme l'école : c'est une volonté délibérée qui naît de cet appétit, et qui se détermine à le suivre. Ce qui vient de l'inclination est distingué d'elle : c'est un acte qui vient, qui part de ce fond ; mais le fond n'est pas l'acte. Le fond, comme vous le dites, *ne s'ôte jamais.* Mais les actes délibérés qui partent du fond peuvent être ôtés, comme je puis m'abstenir de vouloir vivre, malgré le fond d'inclination que nous avons toujours en nous pour la vie. Cette volonté vient encore *d'une foi informe*, c'est-à-dire que l'homme instruit par la foi, sur les promesses de la béatitude surnaturelle, se porte, en conséquence des promesses, à desirer cette béatitude. Un desir des biens surnaturels qui est fondé sur la foi peut-il passer pour n'être qu'une inclination invincible et indélibérée de la nature? Oseroit-on le dire? Ce desir du salut est donc manifestement, selon l'auteur, un amour naturel et délibéré. Il est inutile de dire qu'*on ne se dépouille ni de la nature ni de la foi informe.* On ne s'en dépouille point ; mais on peut ne se laisser point aller à l'une pour produire suivant son impression des actes délibérés, et on peut, en sui-

---

[1] Ve *Écrit,* n. 14, pag. 521.   [2] *Ibid.*, pag. 520.
[3] *In III Sement.*, dist. XXVII, quæst. II, art. II.

[1] *Préf.*, n. 72, pag. 682. *De vita et fine solit.*, lib. II, art. XIV.

vant l'autre, agir surnaturellement par le secours de la grace. Quand au contraire on suit la nature, pour desirer, par des actes délibérés sans grace, les biens que la foi nous montre, on exerce un amour naturel qui *ne mérite rien de Dieu*. Vous convenez vous-même, monseigneur, qu'il y a un amour mercenaire et vicieux de la récompense parmi les justes imparfaits. Cet amour *vient de l'inclination naturelle pour être heureux et d'une foi informe*. Il est néanmoins délibéré, et on est libre d'en supprimer les actes. Il est donc inutile, selon vous-même, d'alléguer qu'*on ne se dépouille ni de la nature ni de la foi informe*. Sans se dépouiller de l'inclination naturelle, on peut s'abstenir des actes délibérés auxquels elle porte. Voilà donc un amour naturel et délibéré qui *ne mérite rien de Dieu*, et dont le saint chartreux veut qu'on retranche les actes pour être *déiforme*, c'est-à-dire parfait. C'est pourquoi il conclut ainsi : *Aimons-nous donc nous et notre salut en Dieu*, etc. C'est comme s'il disoit : Puisque cet amour naturel *ne mérite rien de Dieu*, n'en exerçons point les actes pour être *déiformes*. La parfaite manière de desirer le salut est de le desirer toujours par un amour *gratuit* ou surnaturel. La difficulté que vous me pourriez faire, monseigneur, n'est pas sur la délibération de cet amour naturel, car elle est évidente, mais sur le vice que l'auteur y met. Il est vrai qu'il dit que cet amour naturel est vicieux, parce *qu'il se retourne sur soi-même d'une manière déréglée*. Mais il faut observer que l'auteur parle ainsi en cet endroit de cet amour, pour le cas où il est seul dans l'ame d'un pécheur qui a une *foi informe*. En effet, cet état d'une ame qui n'a qu'un amour naturel des biens promis est vicieux. Mais si on pose un autre cas, où cet amour naturel se trouve dans l'ame avec la charité, quoique les actes de cet amour demeurent purement naturels et distingués des surnaturels, c'est un cas où Denis le Chartreux ne décide point que cet amour soit vicieux. Au lieu de répondre précisément à un passage si formel, vous prenez le parti le plus facile, qui est celui de dédaigner l'objection, et de confondre l'inclination naturelle, dont on ne se dépouille point, avec les actes délibérés qui naissent *de cette inclination et d'une foi informe*, lesquels on est libre de ne faire pas.

IVe OBJECTION.

Vous dites[1] que « la notion de la bonté transcendentale de Dieu s'exprime, selon saint Thomas[2], » comme desirable; de même que l'idée de vrai » l'exprime comme intelligible. » C'est ainsi que vous voulez qu'on « entende sagement et sainement les expressions des scolastiques, lorsqu'ils » disent que Dieu bon en soi, sans rapport à nous, » est l'objet spécificatif de la charité; car, à pousser à bout cette expression, il s'ensuivroit qu'on » ne pourroit aimer par la charité Dieu comme » bienfaisant, etc. »

Vous tâchez, monseigneur, de faire entrer Dieu bon à nous ou béatifiant dans l'objet de la charité, et c'est par-là que vous prétendez expliquer *sagement et sainement les expressions des scolastiques*. Mais voyons votre preuve tirée de saint Thomas. C'est que *bon* exprime *desirable*, comme *vrai* exprime *intelligible*. Si *bon* et *desirable* sont synonymes, *amour* et *desir* le sont aussi; d'où il s'ensuivra qu'il ne peut y avoir qu'une sorte d'amour pour la bonté, qui est le desir de la posséder, et que l'amour de pure bienveillance est une chimère. C'est ainsi que vous voulez qu'on entende *sagement et sainement les expressions des scolastiques* en renversant toutes leurs notions. Mais qui vous nie que tout bien ne soit *desirable* ou digne d'être desiré? Il est question seulement de savoir si on ne peut jamais aimer le bien en lui-même par des actes d'amour qui ne soient pas des desirs de ce bien pour nous. Saint Thomas dit que le *bon* est *desirable*; mais il ne dit pas qu'il ne puisse être aimé comme bon, sans être desiré par le même acte par lequel on l'aime. Y eut-il jamais de preuve moins concluante que celle-là?

Ve OBJECTION.

« Il n'appartient qu'à Dieu seul d'aimer sans » besoin... Rien ne peut arracher du cœur le desir d'être heureux; et si nous pouvions gagner » sur nous de ne nous en pas soucier, nous cesserions d'être assujettis à Dieu, qui ne nous » pourroit rendre ni heureux ni malheureux[1]. »

La créature ne peut être sans besoin. Mais elle peut aimer Dieu par des actes qui ne renferment point le motif de pourvoir à son besoin. Ces deux choses sont très différentes, et les confondre c'est abuser des termes. Rien ne peut nous arracher du cœur l'inclination indélibérée, aveugle et nécessaire *d'être heureux*, que l'école nomme *appetitus innatus*. Mais le desir délibéré du bonheur ne suit pas nécessairement cette inclination. *Être heureux*, en ce sens, ne signifie qu'un contentement

---

[1] Ve Écrit, n. 11, pag. 513.   [2] 1. 2. Quæst. v, art. 1.   [1] Ve Écrit, n. 18, pag. 525.

imparfait et passager, très différent de la béatitude surnaturelle et éternelle. Ce n'est pas d'un contentement passager et imparfait dont il est question entre nous : c'est de la béatitude surnaturelle et éternelle. Il faut donc, monseigneur, ou que vous abandonniez tout ce que vous avez dit jusqu'ici du desir de la béatitude, qui est *la raison d'aimer*, faute de laquelle Dieu ne seroit plus aimable, et qu'on ne peut *arracher d'aucun acte* produit par la raison, parce que la nature l'y a attaché. Cette inclination nécessaire de la nature ne regarde qu'un contentement naturel et passager, mais nullement le salut ou béatitude surnaturelle. Que si vous refusez encore d'abandonner ce grand argument qui règne dans vos ouvrages, il faut donc que vous avouiez que, selon vous, le salut ou béatitude surnaturelle est une chose que la nature a attachée au cœur de l'homme; que c'est *la raison d'aimer* qui *ne s'explique pas d'une autre sorte*, et sans laquelle Dieu ne nous seroit plus la raison d'aimer, en sorte qu'on ne peut arracher ce motif d'aucun acte humain.

Il est vrai que si Dieu n'avoit la puissance de nous rendre ni heureux ni malheureux, il seroit imparfait, et par conséquent ne seroit plus Dieu. D'un autre côté, si nous pouvions être heureux sans lui, nous serions indépendants de lui. Mais si, sans rien perdre de sa perfection infinie et de son droit suprême sur nous, il n'avoit pas voulu nous donner la béatitude chrétienne, qui est un don librement et gratuitement accordé, nous n'aurions pas laissé de dépendre absolument de lui; et, dans cette absolue dépendance, il auroit fallu l'aimer et le servir sans en attendre cette béatitude. A quoi aboutissent donc tous ces raisonnements qui reviennent sans cesse par tant de tours nouveaux? Si vous n'en voulez pas conclure que la béatitude surnaturelle est due à la nature, pourquoi les faites-vous? et si vous en voulez tirer cette conclusion, pourquoi ne vous déclarez-vous pas ouvertement sur cette doctrine?

Vᵉ OBJECTION.

Vous dites, monseigneur, que le décret de la damnation est positif après la prévision de l'impénitence finale, et qu'ainsi je puis croire qu'on acquiesce à sa damnation, quoique, selon moi, « la » volonté de permission ne soit jamais notre » règle¹. » Mais je n'ai pas dit que le décret de la damnation ne soit point positif; j'ai dit seulement que « notre réprobation ne sauroit être fondée » que sur la volonté permissive de notre impénitence finale¹. » Faites, si vous le pouvez, monseigneur, qu'une ame qui ne veut jamais prendre la volonté de permission pour sa règle consente ou acquiesce à sa réprobation. Vous n'en viendrez jamais à bout. Elle ne peut acquiescer à sa réprobation qu'en supposant le décret positif de Dieu pour la réprouver : mais ce décret positif n'est fondé que sur une *volonté permissive de son impénitence finale* : or est-il qu'elle a pour principe constant de ne prendre jamais pour règle la volonté de permission : elle ne peut donc jamais supposer cette *volonté permissive de son impénitence finale*; elle ne doit donc jamais l'envisager comme une règle à laquelle elle puisse se conformer. Donc il ne lui est jamais permis de supposer ce qui pourroit être l'unique fondement du décret de sa réprobation; donc elle ne peut jamais acquiescer à ce décret. Est-il naturel, monseigneur, qu'il faille tant d'arguments démonstratifs pour vous persuader qu'un évêque qui s'est expliqué si précisément n'a pas enseigné un désespoir monstrueux?

VIIᵉ OBJECTION.

Vous dites *qu'il est ordinaire et naturel de définir les habitudes par leurs actes propres* ². D'où vous voulez conclure que j'ai dû entendre par *l'état* la même chose que par *l'acte*. Non, monseigneur : qui dit un état de vie et un degré de perfection ne parle pas d'une seule habitude. Il parle de l'assemblage de toutes les diverses habitudes naturelles et surnaturelles qui composent cet état.

VIIIᵉ OBJECTION.

Vous dites qu'il y a une douceur même sensible qui est surnaturelle, et qui est un *attrait de la grace* ³. Vous vous récriez là-dessus, comme si j'avois renversé toute la spiritualité. Mais ai-je dit qu'il n'y a aucune douceur sensible qui vienne de la grace? Vous n'en trouverez aucun mot dans mes écrits. J'ai dit seulement que l'amour naturel s'attache à cette douceur sensible. Que cette douceur vienne de la grace ou de la nature, il n'en est pas moins vrai que l'amour naturel s'y attache.

IXᵉ OBJECTION.

« Si l'on vouloit, dites-vous ⁴, monseigneur, » désintéresser les ames à la mode des nouveaux » mystiques, le desir de plaire à Dieu seroit celui

---
¹ *Préf.*, n. 27, pag. 550.
¹ Voyez mon *Instruct. past.*, n. 5, tom. IV, pag. 184.
² *Préf.*, n. 113, pag. 658.
³ *Préf.*, n. 123, pag. 674. ⁴ *Ibid.*, n. 130, pag. 689.

» par où il faudroit commencer le renoncement.
» C'est aussi la première chose où visoit notre au-
» teur, lorsqu'il fait vouloir à ses parfaits, *s'il
» étoit possible, que Dieu ne sût pas seulement
» s'il est aimé.* » Le frère Laurent, dit l'auteur
de sa *Vie* [1], « avoit quelquefois desiré de pouvoir
» cacher à Dieu ce qu'il faisoit pour son amour,
» afin que, n'en recevant point de récompense, il
» eût le plaisir de faire quelque chose uniquement
» pour Dieu. » Pour moi, je n'ai point dit que
le parfait voudroit, *s'il étoit possible, que Dieu
ne sût pas seulement s'il est aimé.* Je parle seulement ainsi [2] : « On l'aimeroit autant (c'est Dieu)
» quand même, par supposition impossible, il de-
» vroit ignorer qu'on l'aime, etc. » Les saints
sont, de votre propre aveu, *pleins de ces suppositions impossibles.* Je ne les fais qu'après eux, pour
exprimer comme eux un amour indépendant des
motifs qui sont retranchés par ces suppositions.
Mais ai-je dit que ces ames desirent que Dieu
ignore leur amour pour lui? Il y a une extrême
différence entre supposer par impossible cette
ignorance en Dieu, afin de le vouloir aimer dans
cette supposition, ou bien desirer véritablement
que Dieu soit dans cette ignorance. Voici une proposition tirée de saint François de Sales, bien plus
forte que la mienne [3] : « Si nous pouvions servir
» Dieu sans mérite (ce qui ne se peut), nous de-
» vrions desirer de le faire. » Il parle dans le
même esprit quand il dit [4] : « S'il étoit possible
» que nous pussions être autant agréables à Dieu
» étant imparfaits comme étant parfaits, nous de-
» vrions desirer d'être sans perfection, afin de
» nourrir en nous par ce moyen la très sainte hu-
» milité. »

Est-il permis de m'imputer une proposition si
différente de la mienne? Falloit-il changer mon
texte et le sens de mes paroles, pour m'imputer
la doctrine impie du retranchement des desirs de
plaire à Dieu? « C'est aussi, dites-vous, la pre-
» mière chose où visoit notre auteur. » C'est à
l'auteur du frère Laurent qu'il faut demander si
ce bon religieux *visoit* à retrancher *le desir de
plaire à Dieu.*

Xe OBJECTION.

Vous voulez que l'intérêt éternel ou l'intérêt
pour l'éternité ne puisse être que Dieu même en
tant que bon à nous ou béatifiant ; d'où vous concluez, monseigneur, que retrancher cet intérêt
c'est retrancher l'espérance ou desir du salut.
Mais avez-vous oublié que dans votre *Déclaration*
vous dites que, selon moi, « l'espérance, s'ap-
» puyant sur un motif créé, qui est l'intérêt pro-
» pre, n'est point une vertu théologale, mais un
» vice [1] ? » Vous avez donc entendu vous-même,
dès la quatrième page de mon livre, dans l'endroit
fondamental du système [2], c'est-à-dire dans les définitions, l'intérêt propre dans le sens d'un motif
créé et distingué du salut. Ce seul endroit suffit
pour renverser de vos propres mains une grande
partie de votre *Préface* ; car voilà, de votre propre aveu, l'intérêt propre qui n'est point dans
mon livre le salut éternel, et qui, étant quelque
chose de vicieux, ne peut être, selon vous-même,
qu'un principe intérieur d'amour naturel. Accordez-vous donc avec vous-même, avant que de
donner des démonstrations contre moi. De plus,
en rapportant les paroles d'Albert-le-Grand, citées
dans ma *Lettre pastorale,* n'avez-vous pas reconnu [3] qu'il dit que *l'amour parfait ne cherche
aucun intérêt, ni passager ni éternel, etc. ?*

Albert-le-Grand excluoit-il un intérêt qui subsiste dans l'éternité? Non, sans doute. Il appelle
néanmoins *l'intérêt* qu'il exclut *éternel* [4]. Vous
avez donc reconnu vous-même, dans les paroles
de cet auteur, un *intérêt éternel* qui ne subsiste pas
dans l'éternité. Donc vous approuvez dans Albert-
le-Grand une expression que vous voulez condamner en moi, en lui donnant dans mon livre un sens
impie et contraire à celui que vous reconnoissez
bon et naturel dans cet auteur. Que peut-on croire
de votre raisonnement contre moi sur ces termes
d'intérêt éternel, puisqu'il est faux selon vous-
même, dès qu'on l'applique à Albert-le-Grand, qui
s'est servi de la même expression ?

XIe OBJECTION.

Après avoir tant de fois nié l'amour naturel et
délibéré dans le commun des justes, comme une
chimère ridicule, vous voulez tout-à-coup le
trouver même en Jésus-Christ. S'il est en Jésus-
Christ, il n'est donc pas si chimérique. Voici vos
paroles, monseigneur [5], sur celles du Sauveur :
Mon père, détournez de moi ce calice. Vous ajoutez dans la suite : « Laissez donc Jésus-Christ être
» parfait avec l'amour naturel de soi-même,

---

[1] *Vie du F. Laur.*, pag. 52.
[2] *Explic. des Max.*, pag. 6.
[3] *Entret.*, XVI, édit. de Lyon.
[4] *Ibid.*, XVIII, pag. 314, édit. de Paris.

[1] *Déclar.*, tom. XXVIII, pag. 251.
[2] Page 5 de ce volume.
[3] *Préf.*, n. 103, pag. 646.
[4] *Paradis. anim.*, cap. I, pag. 30.
[5] *Préf.*, n. 119, pag. 665.

« qu'on ne peut nier sans erreur ; et si vous dites, » pour demeurer dans vos principes, qu'il n'étoit » pas délibéré, c'est une autre sorte d'erreur, » puisqu'il n'y a jamais eu aucun homme où il ait » été plus délibéré et plus commandé par la rai- » son que dans Jésus-Christ. » C'est avec douleur que je suis contraint de vous représenter combien ce raisonnement est contraire à la saine théologie. Il faut distinguer l'acte délibéré de la volonté de Jésus-Christ qui a commandé la répugnance pour le calice, lorsqu'il a dit : *Mon père, détournez de moi, etc.*, d'avec l'acte de répugnance qui est exprimé par ces paroles du Sauveur. L'acte de la volonté qui a commandé cette répugnance est très délibéré et très volontaire. Mais la répugnance, prise seule en elle-même, n'est point un acte véritablement délibéré. On ne peut pas dire que la volonté de Jésus-Christ répugnoit délibérément à celle de Dieu pour rejeter le calice que son père lui présentoit par rapport à notre rédemption. Il n'ignoroit point la volonté de son père ; et en entrant dans le monde, comme dit l'Apôtre, s'étoit offert à lui, pour être notre victime. Cette répugnance contre la volonté déjà signifiée par son père, et déjà acceptée par lui, n'étoit donc pas un acte élicite, comme parle l'école. C'étoit, à proprement parler, un acte en soi involontaire que la volonté avoit commandé ; c'étoit non une résistance délibérée à Dieu, mais un simple soulèvement indélibéré de la partie inférieure, que la supérieure avoit délibérément commandé. Si on ne distinguoit pas ainsi les actes délibérés par eux-mêmes d'avec les actes indélibérés en eux-mêmes qui n'ont de délibération que dans une volonté distinguée d'eux qui les commande, il faudroit dire que Jésus-Christ a voulu aussi délibérément résister à son père, en rejetant le calice, qu'il a voulu le boire et mourir pour lui obéir. Rien n'est donc moins correct, selon toute la saine théologie, que de confondre les actes délibérés en eux-mêmes avec les actes indélibérés en eux-mêmes, et seulement commandés avec délibération par la raison et par la volonté. Le mouvement de mon bras est commandé par un acte délibéré de ma volonté ; mais le mouvement de mon bras n'est pas en lui-même un acte délibéré, puisque ce n'est qu'un mouvement local d'un des membres de mon corps, qui est incapable de délibération. Il en est de même du trouble ou répugnance de Jésus-Christ à la vue du calice. Ce trouble, ou répugnance, est un mouvement de la partie inférieure, qui est commandé par une volonté très délibérée. Mais ce trouble ou répugnance n'est point en soi un acte délibéré, ni même un acte d'une puissance qui soit capable de délibération. Voilà le véritable sens dans lequel celui qui avoit ajouté dans mon livre le terme d'*involontaire* à celui de *trouble* l'avoit entendu. Ce sens est incontestable ; et, faute d'y faire assez d'attention, vous confondez le commandement délibéré d'un acte indélibéré avec cet acte indélibéré même, ce qui iroit à faire répugner la volonté délibérée de Jésus-Christ à celle de son père. Pour moi, je parle d'autant plus hardiment sur cette matière, que le mot d'*involontaire* n'est point de moi, et que tout le monde sut, dès le commencement, que je déclarai qu'il n'en étoit pas. Vous vous récriez[1] que, si ce mot n'étoit point de moi, *cent errata n'eussent pas suffi pour effacer une telle faute*. À parler simplement et sans exagération, il suffisoit de l'effacer par un seul *errata*. Je n'aurois pas manqué de le faire ; car encore que ce mot eût un sens très véritable, il pouvoit être mal expliqué, et il falloit ou le supprimer, ou l'expliquer à fond. Mais un grand nombre de gens de mérite savent que je n'arrivai à Paris que douze jours après la publication de mon livre, et qu'alors l'*errata* étoit déjà fait par un de mes amis.

Pour Sophronius, que vous citez si souvent, je ne puis, monseigneur, m'empêcher de vous dire que vous paroissez n'avoir pris le vrai sens ni de Sophronius, ni de mon livre. Le sixième concile n'emploie ces paroles de Sophronius que contre les monothélites, qui disoient que les actions de Jésus-Christ n'étoient pas volontaires d'une volonté humaine, parce qu'ils n'admettoient en lui qu'une seule volonté, savoir, la divine. Voilà sans doute une *opinion abominable*, qui nie en Jésus-Christ ce qu'il y a de plus essentiel à l'humanité, je veux dire une volonté humaine.

En vérité, quel rapport y a-t-il de cette hérésie avec la saine théologie, qui reconnoît en Jésus-Christ deux volontés, mais qui y reconnoît aussi certains mouvements de la partie inférieure indélibérés en eux-mêmes, quoiqu'ils soient déterminés par le commandement très délibéré de la volonté du Sauveur ?

Pour les mouvements indélibérés d'un amour naturel de nous-mêmes qui sont dans la partie inférieure, et que nous venons de voir en Jésus-Christ commandés par la supérieure, ils ne dérogent en rien à la perfection, et je n'ai garde de vouloir qu'ils soient retranchés.

[1] *Préf.*, n. 49, pag. 573.

XIIᵉ OBJECTION.

Voici vos paroles, monseigneur[1] : « Quand on » a voulu expliquer le sacrifice absolu, on en a » posé le fondement sur la croyance certaine que » le cas impossible devenoit réel, et que la perte » du salut étoit effective. Ainsi les deux sacrifices, » le conditionnel et l'absolu, ont le même objet. » C'est de part et d'autre le salut qu'on sacrifie. » Voilà ce qu'il faudroit dire, à parler naturelle- » ment. On ne le peut, on ne l'ose, etc. »

Cette accusation est affreuse. Vous m'accusez d'avoir enseigné le désespoir, et de n'oser le dire; d'insinuer l'impiété, et de la désavouer ensuite, pour la couvrir avec hypocrisie. Voilà sans doute un endroit où il faudroit m'accabler par mes propres paroles. Vous dites que je pose *le fondement sur la croyance certaine que le cas impossible devient réel*; et moi je dis seulement de l'ame peinée[2], que *le cas impossible lui paroît possible et actuellement réel, dans le trouble et l'obscurcissement où elle se trouve*. Quelle comparaison y a-t-il entre ces deux choses : qu'un cas soit *cru certainement devenu réel*, ou bien qu'il *paroisse possible et actuellement réel dans* une disposition *de trouble et d'obscurcissement*? Vous nommez la croyance *certaine*, et je la nomme *apparente*, *et non intime*. Qui dit qu'une chose paroît telle dans un état de *trouble et d'obscurcissement* ne dit tout au plus qu'une pensée confuse et incertaine. Mais c'est ce qui ne vous contente pas. Le terme d'*invincible*, dont je me sers, marque seulement que c'est une impression de l'imagination dont on ne se peut alors délivrer : vous ajoutez une *croyance certaine*. Qui dit *apparente* dit *imaginaire* : qui dit *non intime* exclut un vrai jugement. N'importe, vous voulez une croyance qui aille jusqu'à la certitude. Le cas dont il s'agit n'est pas celui de l'ame juste privée de la béatitude céleste, mais celui d'une ame qui s'imagine être couverte *de la lèpre du péché*[3], etc. Tout est donc fautif dans cette terrible accusation : citation de mes paroles, raisonnement sur la supposition, conséquences que vous en tirez. A tout cela, monseigneur, je dis avec amertume : *Videat Deus*, mais je suis bien éloigné d'ajouter : *et requirat*.

XIIIᵉ OBJECTION.

En m'accusant d'exclure, comme les béguards, Jésus-Christ de la contemplation, vous dites que je l'exclus de la contemplation volontaire. Cette vue abstraite et illimitée de la divinité est, dites-vous[1], la seule *volontaire*. Ce dernier mot est mis en lettres italiques, comme étant de moi. J'ai dit que la contemplation, quand elle est *négative*, ne s'occupe volontairement que de l'idée de la divinité. Vous avez supprimé, comme je l'ai fait voir dans ma troisième lettre, le terme de *négative*. Par-là vous me faites dire du genre ce que je n'ai dit que de l'espèce. Vous concluez que, selon moi, nulle contemplation ne s'occupe volontairement de Jésus-Christ, parce que je l'ai dit de la seule espèce appelée *négative*. Par-là vous m'attribuez ce principe général, que la contemplation sur la divinité est la seule volontaire. Vous marquez *volontaire* en italique, comme s'il étoit de mon livre. Cette imputation, contraire à mon texte, n'a pour fondement que la suppression que vous avez faite du terme de *négative*. Est-ce ainsi, monseigneur, qu'un évêque doit écrire contre son confrère? Est-ce ainsi que vous avez tant de regret à me condamner, mais que vous le faites parce que vous y êtes obligé, *à peine de trahir la vérité*[2]?

XIVᵉ OBJECTION.

Voici vos paroles sur le même sujet[3] : « Voyons » maintenant les excuses de *l'Instruction pasto-* » *rale*. Elle dit premièrement que ces privations » ne sont pas réelles. Mais c'est là une explica- » tion directement contraire au texte, où il pa- » roît clairement que l'ame n'est plus occupée de » la vue distincte de Jésus-Christ, et de la foi qui » le rend présent. C'est donc là une de ces sortes » de dénégations qui servent à la conviction d'un » coupable, où le déni d'un fait évident marque » seulement le reproche de la conscience. »

Je laisse à juger au lecteur de tout ce qu'il y a d'affreux dans ces expressions, et pour toute réponse je prie Dieu qu'il vous les pardonne. Mais venons au fait sans passion. Vous faites entendre au lecteur que cette explication des privations est venue après coup, et qu'elle n'est que de ma *Lettre pastorale*. Vous allez bien plus loin; car vous ne craignez pas d'assurer qu'elle est clairement contraire à mon livre. Ouvrez, et lisez, monseigneur, les deux dernières lignes de la page 193[4] du livre de l'*Explication des maximes des Saints:* « Mais toutes ces pertes ne sont qu'apparentes et » passagères. » Vous donnez, comme un adoucissement mis après coup dans ma *Lettre pastorale*, ce qui est précisément dans mon livre même. Vous

---

[1] *Préf.*, n. 15, pag. 540.
[2] *Max.*, pag. 17. [3] *Ibid.*, pag. 16.

[1] *Préf.*, pag. 66 et 67. [2] *Ibid.*, pag. 16.
[3] *Ibid.*, pag. 59. [4] Page 30 de ce volume.

ne dites pas qu'il est dans le livre, vous faites entendre qu'il n'est que dans la *Lettre pastorale.* Dire que ces pertes *ne sont pas réelles,* ou qu'elles ne sont qu'*apparentes,* n'est-ce pas dire précisément la même chose? L'une de ces expressions est de mon livre, l'autre de mon *Instruction pastorale.* Faut-il, monseigneur, que vous me contraigniez si souvent de montrer la passion qui vous empêche de voir ce qui est sous vos yeux? J'aime encore mieux vous accuser de cet excès de prévention, que de vous reprocher que « le déni d'un » fait évident est une de ces sortes de dénégations » qui servent à la conviction d'un coupable. »

XVe OBJECTION.

Voici une erreur que vous aviez besoin de m'imputer pour rendre votre accusation concluante. « On » nie, dites-vous [1], que ces actes réfléchis soient in- » times. » Vous ajoutez par exclamation : « Toutes er- » reurs capitales! » Vous voulez faire entendre qu'une *persuasion réfléchie* ne peut être qu'intime, que les réflexions sont les opérations les plus intimes de l'ame, et qu'ainsi j'ai eu tort de supposer que la *persuasion réfléchie* de l'ame peinée sur sa réprobation n'est pas *du fond intime de la conscience.* Mais où ai-je dit que les actes réfléchis ne peuvent de leur nature appartenir à l'opération intime de l'ame? Vous citez les pages 87, 89 et 90 de mon livre [2]. Dans la page 87, je dis que la *persuasion réfléchie,* dont il s'agit en cet endroit, *n'est pas le fond intime de la conscience.* J'ai déjà expliqué à fond comment cette persuasion réfléchie n'est ni ne peut être dans mon livre un acte réfléchi, mais seulement une pure imagination que les réflexions causent par accident [3], en ce que les actes de vertus leur échappent par leur extrême simplicité. De plus, quand même (ce qui n'est pas) ce seroit un acte réfléchi, doit-on dire que tout acte réfléchi soit nécessairement une persuasion *du fond intime de la conscience?* Ne peut-on pas quelquefois réfléchir, c'est-à-dire apercevoir sa propre pensée, sans former par cet acte un vrai jugement qui soit du fond intime de la conscience? Dans la page 88, que vous ne citez pas, je dis que les actes réels d'amour et des autres vertus, par leur extrême simplicité, échappent *aux réflexions* de l'ame troublée. Est-ce dire que les actes réfléchis ne peuvent être intimes? J'ajoute, dans la page 89, que cette ame *ne voit par réflexion que le mal apparent, etc.* Tout cela marque que les réflexions scrupuleuses de ce temps de trouble ne vont point jusqu'à former un jugement intime et arrêté. Mais tout cela ne signifie nullement que les actes réfléchis par leur nature ne puissent pas être de l'opération intime de l'ame. Enfin, je dis, dans la page 91, que « l'ame ne perd jamais dans la partie » supérieure, c'est-à-dire dans ses actes directs » et intimes, l'espérance parfaite, qui est le desir » désintéressé des promesses. » Cet endroit signifie que les actes directs dont je parle sont intimes. Mais il ne dit pas qu'il n'y ait rien d'intime dans l'ame que ces actes directs, et que les actes réfléchis ne soient aussi fort souvent des actes très intimes. Quand je dis que les François sont européans, je ne dis pas qu'il n'y ait d'Européans que les François. En cet endroit j'ai voulu exprimer ce qui est constant selon tous les saints, et que vous ne pouvez vous-même nier, qui est que l'ame troublée cherche alors en vain par ses réflexions les vertus qu'elle pratique. Si elle les apercevoit par ses réflexions, elle ne seroit pas troublée. Mais dis-je que par ses actes réfléchis, auxquels ses vertus échappent, elle forme un jugement intime de sa réprobation? Nullement. Je dis souvent tout le contraire. Mais dis-je en général des actes réfléchis qu'ils ne sont jamais intimes, et que l'opération intime n'appartient qu'aux seuls actes directs? C'est ce que le texte de mon livre ne donne pas même le moindre prétexte de soupçonner. Que deviennent donc *toutes ces erreurs capitales* dont vous voulez que le lecteur frémisse? Jugez donc, monseigneur, de vos paroles, que voici [1] : « Lisez avec un peu d'at- » tention (je ne la demande que très médiocre) ce » qui est écrit dans la préface de ce livre, à l'en- » droit cité à la marge; et s'il vous reste le moin- » dre doute, ne me pardonnez jamais la témérité » de vous avoir promis de les lever tous. »

XVIe OBJECTION.

Vous me reprochez [2] d'avoir dit *qu'on ne veut plus les vertus pour soi;* et vous ajoutez : *Mais pour qui les veut-on donc?* Encore est-ce quelque chose que vous ayez enfin un peu d'égard à mon *errata,* malgré lequel vous aviez supprimé, dans la *Déclaration,* ces termes, *pour soi.* Mais pourquoi employer cette dérision contre une expression fondée sur celle de l'Apôtre : *Je vis, mais ce n'est pas moi : Vivo, jam non ego?* On diroit, selon vous : Il vit, mais ce n'est pas lui qui vit; qui est donc celui qui vit? C'est dans ce sens que sainte Catherine de

---

[1] *Préf.,* n. 64, pag. 599.   [2] Pages 16 et 17 de ce volume.
[3] *Max.,* pag. 16.

[1] *Avert.,* n. 3, tom. XXVIII, pag. 546.
[2] *Préf.,* n. 65, pag. 591.

Gênes parloit ainsi[1] : « Je dis en moi-même : Ce » mien moi est Dieu, et je ne me reconnois être au- » tre chose que mon Dieu... Je ne sais quelle chose » c'est que moi, ni mien, ni plaisir, ni bien, ni » force, ni fermeté, ni même béatitude. » C'est dans ce même sens que le P. Surin, approuvé par vous, disoit[2] : « L'homme dit naturellement, » Moi, moi, etc. Il dit dans son centre : Dieu, » Dieu par la transformation. » C'est dans ce même sens que saint Bernard rejette *la propriété*, et qu'il veut que l'ame parfaite ne desire plus *rien comme sien, ni félicité, ni gloire. Neque enim suum aliquid, non felicitatem, non gloriam, non aliud quidquam, tanquam privato sui amore desiderat anima quæ ejusmodi est*[3]. N'entend-on pas, dans ces expressions des saints, ce que c'est que ne vouloir rien *pour soi* comme *propre*? Mais vous, monseigneur, qui traitez avec tant de mépris cette propriété dont parlent les saints, demanderez-vous aussi à saint Bernard ce qu'il veut dire quand il assure que l'ame parfaite *ne veut ni félicité ni gloire comme sienne*? Lui direz-vous : De qui veut-elle donc le salut, si elle ne veut pas le sien? Ne sent-on pas, dans cette application à saint Bernard, l'indécence de cette équivoque moqueuse?

XVIIe OBJECTION.

Vous m'avez d'abord accusé, dans la *Déclaration*, d'avoir retranché *la pratique des vertus*; mais vous avez enfin senti, monseigneur, combien cette accusation est insoutenable. Vous avez voulu rapporter mes paroles telles qu'elles sont; et vous vous retranchez à assurer que j'ai dit que « les » saints mystiques ont exclu de cet état les prati- » ques de vertu[4]. » Mais le lecteur n'a qu'à lire, pour voir que cette accusation réformée est encore une altération manifeste de mes paroles. J'ai défini, dans la page 252[5], ce que les mystiques nomment des *pratiques*, en les appelant « un certain arran- » gement de formules pour s'en rendre un témoi- » gnage intéressé; » et je dis immédiatement après que « c'est ce que les saints mystiques ont voulu » dire quand ils ont exclu de cet état les pratiques » de vertu. » Je ne leur attribue donc pas le dogme d'exclure les pratiques de vertu. Mais, supposant leurs expressions, qui sont très fortes, je me contente de les expliquer dans ce sens innocent du retranchement des simples *formules arrangées*. Falloit-il faire entendre en termes absolus que j'impute aux saints d'exclure *les pratiques de vertu*? Et ne falloit-il pas au contraire faire entendre que je ne fais que marquer le sens véritable de leurs expressions, qui est de ne retrancher qu'un arrangement de formules?

XVIIIe OBJECTION.

Vous voulez réfuter cet endroit de ma *Lettre pastorale* où je dis que tous les fidèles sont appelés à la perfection, mais qu'ils ne sont pas tous appelés aux mêmes exercices et aux mêmes pratiques du plus parfait amour. C'est, selon vous[1], *une manifeste contradiction*. Voici votre preuve : « Si tous sont appelés à la perfection, tous doivent » être appelés à son exercice. » Mais ne voyez-vous pas qu'il y a divers exercices de la perfection? La contemplation est un exercice de la perfection, mais non pas le seul exercice ; tous n'y sont pas appelés. Tout de même le célibat et la vie religieuse sont des exercices de perfection, mais non pas les seuls exercices : aussi tous n'y sont-ils pas appelés. Il y a même des exercices de perfection auxquels il ne faut point encore appliquer les ames foibles, quoiqu'elles soient appelées à la perfection par la vocation générale du christianisme, parce qu'elles n'y sont pas encore prochainement disposées. Faut-il prendre tant d'autorité, et parler d'un ton si affirmatif, pour dire des choses si peu concluantes?

XIXe OBJECTION.

Après avoir tant remarqué que l'intérêt propre que je permets de sacrifier à Dieu est éternel, vous concluez que ce sacrifice est un consentement à la réprobation, « puisqu'on ôte toute ressource et » toute espérance pour l'intérêt propre éternel, » qui ne peut être que le salut[2]. » Mais outre que *l'intérêt éternel* n'est point le salut, comme je l'ai déja montré, pourquoi, monseigneur, faites-vous entendre, en me citant, page 75[3], que *j'ôte toute ressource et toute espérance pour l'intérêt propre éternel*, puisque je dis seulement que « Dieu ja- » loux veut purifier l'amour en ne lui faisant voir » aucune ressource ni aucune espérance pour son » intérêt propre même éternel. » Combien y a-t-il de différence entre ôter réellement une *ressource* et une *espérance*, ou bien ne la faire pas voir? Le chrétien, dans les temps de trouble, ne perd pas *l'espérance*; elle ne lui est pas *ôtée* : mais Dieu ne la lui fait pas voir, et c'est ce qui fait sa peine intérieure. Autant qu'il est vrai que le chrétien ne voit

---
[1] Ch. xiv, pag. 61. éd. de Douai.
[2] *Catéch. spir.*, tom. ii, part. v, ch. vii, pag. 292.
[3] *De dilig. Deo*, cap. ix, *Serm.* viii *de diversis*; jam cit.
[4] Ier *Ecrit*, n. 3, pag. 591. [5] Page 58 de ce volume.

[1] *Préf.*, n. 66, pag. 595. [2] *Ibid.*, n. 13, pag. 537.
[3] Page 14 de ce volume.

point alors son espérance, autant est-il faux qu'elle lui soit ôtée.

XXe OBJECTION.

Voici vos paroles sur la vie de saint François de Sales[1] : « Il faut bien se garder de croire, lorsque » j'ai dit que le saint portoit dans son cœur comme » une réponse de mort, que je l'entende d'une ré- » ponse de réprobation. C'est que le saint étoit en » effet à la mort, comme parle son historien. » Pourquoi donc avez-vous commencé cet endroit de votre livre[2] par dire que « le saint a porté dans » sa jeunesse un assez long temps une impression » de réprobation, qui a donné lieu à ces desirs » d'aimer Dieu pour sa bonté propre, quand par » impossible il ne resteroit à celui qui l'aime au- » cune espérance de le posséder ? » Vous ajoutez que « ce mystère, qui ne paroît que confusément » dans ses lettres, nous est développé dans sa vie, » ou, dans les frayeurs de l'enfer dont il étoit sai- » si, etc. » *L'impression de réprobation,* et le saisissement *des frayeurs de l'enfer,* sont la même chose. Il est vrai qu'il étoit malade, et qu'on croyoit qu'il mourroit. Mais c'est *l'enfer* et *l'impression de réprobation* dont il étoit occupé. Il s'agissoit d'une autre vie que de celle du corps. Alors « il » fallut, dans les dernières presses d'un si rude » tourment, en venir à cette terrible résolution, » que puisqu'en l'autre vie il devoit être privé » pour jamais de voir et d'aimer un Dieu si digne » d'être aimé, il vouloit au moins, pendant qu'il » vivoit sur la terre, faire tout son possible pour » l'aimer de toutes les forces de son ame, et dans » toute l'étendue de ses affections. » *C'est cette* privation pour jamais de voir et d'aimer un Dieu si digne d'être aimé qu'il supposoit, et qui tira de lui cette si *terrible résolution.* Aussi ajoutez-vous, monseigneur, tout de suite sur cette *privation pour jamais,* et sur cette *terrible résolution :* « On voit qu'il portoit dans son cœur comme une » *réponse de mort assurée ;* et ce qui étoit possi- » ble, qu'après avoir aimé toute sa vie, il suppo- » soit qu'il n'aimeroit plus dans l'éternité. » Voilà donc ces paroles, *comme une réponse de mort assurée,* qui suivent la supposition d'être *privé pour jamais de voir et d'aimer Dieu,* qui est encore immédiatement suivie de cette même supposition *de n'aimer plus dans l'éternité. La réponse étoit de mort,* et *de mort assurée.* Elle lui faisoit supposer *qu'il n'aimeroit plus Dieu dans l'éternité ;* elle lui inspiroit une *terrible résolution.* Le lecteur jugera, monseigneur, si vous avez voulu entendre par cette *réponse de mort assurée l'impression de réprobation,* ou seulement la persuasion du saint qu'il ne guériroit point de sa maladie. Il jugera aussi, par cet exemple, des autres choses où l'excès de la prévention vous ôte toute exactitude. Vous en manquez, lors même que vous parlez ainsi[1] : « Je ne fais que prêter à la vérité les expres- » sions qu'elle demande ; et touché, comme saint » Paul, de la crainte d'altérer la sainte parole, je » parle avec sincérité, je parle comme de la part » de Dieu, devant Dieu et en Jésus-Christ. » C'est dans ce même endroit où vous dites : « Conférons » les termes. » Je le veux : conférons-les, monseigneur. Voici comment vous les rapportez : « L'a- » me, a-t-il dit, est invinciblement persuadée » qu'elle est justement réprouvée de Dieu. » Voici mes paroles véritables, dans l'endroit que vous citez, page 87[2] : « Alors une ame peut être invinci- » blement persuadée d'une persuasion réfléchie, » *et qui n'est pas le fond intime de la conscience,* » qu'elle est justement réprouvée de Dieu. » Pourquoi retranchez-vous ces mots : *et qui n'est pas du fond intime de la conscience ?* Est-ce ainsi que vous êtes *touché comme saint Paul de la crainte d'altérer la sainte parole,* que vous parlez *avec sincérité, comme de la part de Dieu, devant Dieu, et en Jésus-Christ ?* Saint Paul auroit-il retranché des mots essentiels qui changent toute la signification d'un texte, pour convaincre un auteur d'impiété et de blasphème ?

Il y a un grand nombre d'endroits à peu près semblables dans votre dernier ouvrage, qu'il est facile de vérifier, et que je voudrois bien pouvoir laisser ignorer au public. Si je n'y réponds pas ici en détail, c'est que j'y ai déjà amplement répondu dans ma *Réponse à la Déclaration* et au *Sommaire.* J'excuse, monseigneur, volontiers tous vos mécomptes, quoique rien ne soit excusable dans un auteur qui, loin d'excuser les autres, ne leur fait justice sur rien, et qui donne toutes ses preuves les moins solides pour des décisions foudroyantes. J'aurois encore à me plaindre de deux choses qui sont fréquentes dans votre livre. La première est que vous laissez entendre que la condamnation de certaines erreurs est dans ma *Lettre pastorale* comme une rétractation tacite de mon livre ; au lieu que le lecteur trouvera ces mêmes erreurs aussi fortement condamnées dans mon premier livre que dans ma *Lettre pastorale* même.

---
[1] *IIIe Écrit,* n. 22, pag. 467.
[2] *Inst. sur les Ét. d'orais.,* liv. IX, n. 3, tom. XXVII, p. 535.

[1] *Préf.,* n. 18, pag. 545.   [2] Page 16 de ce volume.

La seconde est que quand j'ai cité des paroles d'un auteur qui sont décisives pour mon système, au lieu d'y répondre précisément, vous m'accusez d'avoir omis d'autres endroits où ce même auteur établit l'espérance. Mais comme personne ne soutient plus clairement que moi la nécessité indispensable d'espérer, je n'ai aucun besoin de traiter ces passages, qui ne font rien contre mon système. C'est vous, monseigneur, qui éludez les paroles de ces auteurs, en voulant toujours jeter la question dans la nécessité d'espérer, que j'établis autant que vous.

Je ne puis finir sans vous représenter la vivacité de votre style en parlant de ma *Réponse* à votre *Sommaire*. Voici vos paroles sur votre confrère, qui vous a toujours aimé et respecté singulièrement : « Ses amis répandent partout que c'est un » livre victorieux, et qu'il y remporte sur moi de » grands avantages : nous verrons [1]. » Non, monseigneur, je ne veux rien voir que votre triomphe et ma confusion, si Dieu en doit être glorifié. A Dieu ne plaise que je cherche jamais aucune victoire contre personne, et encore moins contre vous ! Je vous cède tout pour la science, pour le génie, pour tout ce qui peut mériter de l'estime. Je ne voudrois qu'être vaincu par vous, en cas que je me trompe, parce que votre victoire seroit mon instruction. Je ne voudrois que finir le scandale, en vous montrant la pureté de ma foi, si je ne me trompe pas. Il n'est donc pas question de dire : *Nous verrons*. Pour moi, je ne veux voir que la vérité et la paix : la vérité qui doit éclairer les pasteurs, et la paix qui doit les réunir. Vous vous récriez [2] : « Un chrétien, un évêque, un homme a-» t-il tant de peine à s'humilier ? » Le lecteur jugera de la véhémence de cette figure. Quoi ! monseigneur, vous trouvez mauvais qu'un évêque ne veuille point avouer, contre sa conscience, qu'il a enseigné l'impiété, après avoir démontré par son livre qu'il ne pourroit avoir enseigné ces blasphèmes tant de fois détestés dans son livre même, sans avoir extravagué d'un bout à l'autre ? Ne vaudroit-il pas mieux que vous reconnussiez enfin que votre zèle a été un peu précipité en attaquant ce livre ? Souffrez que je vous dise à mon tour : *Un chrétien, un évêque, un homme, a-t-il tant de peine* à avouer un zèle précipité, que l'histoire de l'Église nous montre en plusieurs grands saints, et même dans des Pères de l'Église ?

Vous dites [3] : « La nouvelle spiritualité accable » l'Église de lettres éblouissantes, d'instructions » pastorales, de réponses pleines d'erreur. » De quel droit vous appelez-vous vous-même l'Église ? Elle n'a point parlé jusqu'ici, et c'est vous qui voulez parler avant elle. Ce n'est pas *la nouvelle spiritualité*, mais l'ancienne que je veux soutenir. Je ne crains pas, de vous dire ce que vous avez dit contre moi dans votre premier livre : *L'Église est attentive* pour ne laisser point prévaloir la doctrine que vous voulez répandre. Vous attaquez ouvertement la prééminence de la charité sur l'espérance. Vous traitez de *pieux excès* contre l'essence de l'amour les souhaits de saint Paul et de Moïse. Vous faites passer pour *d'amoureuses extravagances* les sacrifices conditionnels faits *par tout ce qu'il y a de plus grand et de plus saint dans l'Église*. Vous anéantissez les actes de parfaite contrition, où l'on s'afflige de son péché, non pour la béatitude qu'on desire, mais pour la justice qu'on aime en ellemême. Vous ébranlez la liberté de Dieu dans sa promesse gratuite de donner aux fidèles la béatitude éternelle qui ne leur étoit pas due en rigueur, en supposant toujours que cette béatitude est *la raison d'aimer*, qui *ne s'explique pas d'une autre sorte* ; que Dieu ne seroit pas aimable sans elle ; et que c'est une chose qu'on ne peut jamais arracher d'aucun acte humain, parce que la nature l'a attachée au cœur de l'homme. Vous ne laissez aucun milieu réel entre les vertus surnaturelles et les actes vicieux. Il n'y a entre votre charité confondue avec l'espérance, et la cupidité vicieuse, nul acte innocent. Enfin vous blessez la liberté même des hommes dans l'oraison passive, en disant que c'est une absolue impuissance d'user du libre arbitre pour les actes discursifs, pour les actes sensibles, et pour tous les autres qu'il plaît à Dieu de supprimer. Écoutera-t-on ces nouveautés sans s'y opposer ? N'osera-t-on ni parler ni écrire ? Mais qui est-ce qui a écrit le premier ? qui est-ce qui a commencé le scandale ? qui est-ce qui a écrit avec un zèle amer ? Vous vous irritez de ce que je ne me tais pas, quand vous faites contre ma foi les accusations les plus atroces et les plus mal fondées ; et vous ne cessez de me déchirer, sans attendre que l'Église décide après ma soumission sans réserve.

Je serai toujours, etc.

CINQUIÈME LETTRE.

Monseigneur,

I. Il est temps d'examiner les passages de saint François de Sales sur lesquels vous attaquez ma

---

[1] *Avert.*, n. 4, pag. 347.   [2] *Préf.*, n. 49, pag. 574.
[3] *Avertis.*, n. 15. pag. 561.

bonne foi. Pour juger équitablement de la citation de ces passages, il ne faut jamais perdre de vue l'usage que j'en ai voulu faire. Il est évident que je n'en ai employé aucun que pour exclure l'intérêt propre de la vie des ames parfaites. Les endroits où je cite le saint le marquent expressément. De plus, tout le système du livre ne va qu'à retrancher du cinquième état d'amour[1] l'intérêt propre qui reste encore dans le quatrième. C'est ce qui est répété cent fois dans un si court ouvrage, et qui en fait toute la conclusion[2]. Il ne reste qu'à bien examiner le vrai sens de l'intérêt propre dans mon livre. Si j'ai voulu par ce terme exclure le désir du salut, je n'ai pu citer aucun passage du saint qu'à contre-sens; car un si grand saint a été bien éloigné d'enseigner le désespoir. En ce cas, il n'y auroit rien de trop fort dans vos expressions contre moi. Les voici, monseigneur : « Ces pa-
» roles impies autant que barbares, de *persuasion*
» *invincible*, de *sacrifice absolu*, d'*acquiesce-*
» *ment simple* à sa damnation, ne sortent jamais
» de sa bouche[3]. » Mais si l'intérêt propre n'est dans mon livre, comme je l'ai montré clairement, qu'une mercenarité ou propriété d'intérêt, en un mot, une affection naturelle et imparfaite pour la récompense, *ces paroles impies autant que barbares* ne sont jamais sorties de ma bouche, non plus que de celle du saint. C'est vous qui avez à vous reprocher d'avoir imputé à votre confrère le sacrifice absolu du salut, lorsqu'il ne parle que de celui d'une imperfection que les Pères retranchent. Vous joignez même au terme d'*acquiescement simple* le mot odieux de *damnation*, qui n'est en aucun endroit de mon livre. Je m'y suis servi de celui de *juste condamnation*[4], en ajoutant aussitôt que le directeur ne doit pas laisser croire à cette ame qu'elle soit réprouvée. Le terme de *damnation* ne peut jamais signifier, dans notre langue, que le décret de l'éternelle réprobation, et c'est celui-là précisément sur lequel vous voulez, contre mes paroles expresses, que je fasse tomber l'acquiescement. Pour la *juste condamnation* que je distingue de la réprobation, et à laquelle je dis qu'on peut acquiescer, elle convient à tous les pécheurs. Dieu souverainement juste condamne toujours par sa justice éternelle tout homme qui viole sa loi. Mais il ne le damne pas; car il peut encore lui donner sa grace pour se convertir. Le pécheur doit acquiescer *à sa juste condamnation*, en reconnoissant qu'il mérite la peine éternelle. Mais il ne doit jamais acquiescer *à sa damnation*, qui est le décret immuable de sa réprobation consommée; puisque au contraire il doit toujours desirer la grace et la miséricorde, comme je l'ai dit[1]. Ainsi, en mettant le mot de *damnation* en la place de celui de *condamnation*, vous changez une vérité très catholique en un blasphème qui fait horreur. Par-là vous rendez mes *paroles autant impies que barbares*. A l'égard de l'intérêt propre pris dans le sens d'une imperfection naturelle, nous allons voir si j'ai eu tort de dire que notre saint l'exclut de l'état des parfaits.

1ᵉʳ PASSAGE.

II. « L'ame qui n'aimeroit Dieu que pour l'amour
» d'elle-même, établissant la fin de l'amour qu'elle
» porte à Dieu en sa propre commodité, hélas !
» elle commettroit un extrême sacrilége.... L'ame
» qui n'aime Dieu que pour l'amour d'elle-même,
» elle s'aime comme elle devroit aimer Dieu, et
» elle aime Dieu comme elle devroit s'aimer elle-
» même. C'est comme qui diroit : L'amour que je
» me porte est la fin pour laquelle j'aime Dieu,
» en sorte que l'amour de Dieu soit dépendant,
» subalterne et inférieur à l'amour-propre :..... ce
» qui est une impiété non pareille[2]. » Ce passage, qui regarde l'amour de pure concupiscence, ne peut souffrir aucune difficulté. Vous ne me reprochez, monseigneur, que d'avoir voulu que cet amour impie et sacrilége prépare *à la justice*. Mais vous savez que j'ai dit « qu'il n'y prépare
» qu'en faisant le contrepoids de nos passions[3],
» en suspendant par-là les passions et les habitudes,
» pour mettre en état d'écouter tranquillement les
» paroles de la foi[4];... que ce ne peut être un com-
» mencement réel de véritable justice intérieure[5]. »

IIᵉ PASSAGE.

III. « Je ne dis pas toutefois qu'il revienne telle-
» ment à nous, qu'il nous fasse aimer Dieu seule-
» ment pour l'amour de nous.... Il y a bien de la
» différence entre cette parole : J'aime Dieu pour
» le bien que j'en attends; et celle-ci : Je n'aime
» Dieu que pour le bien que j'en attends.
» Le souverain amour n'est qu'en la charité :
» mais en l'espérance l'amour est imparfait, parce
» qu'il ne tend pas à la bonté infinie en tant qu'elle

---

[1] *Max. des Saints*, pag. 12.
[2] *Ibid.*, pag. 6, 7, 8, 9, 10, 11, 12, 40.
[3] *IIIᵉ Écrit.*, n. 16, Œuvr. de Boss., tom. XXVIII, pag. 461.
[4] *Max.*, pag. 17.

[1] *Max.*, pag. 17 et 19.
[2] *Explication des Max.*, pag. 5. *Amour de Dieu*, liv. II, chap. XVII.
[3] *Max.*, pag. 7.   [4] *Ibid.*, pag. 7.   [5] *Ibid.*, pag. 7.

» est telle en elle-même, ains en tant qu'elle nous
» est telle;.... quoiqu'en vérité nul par ce seul
» amour ne puisse ni observer les commandements,
» ni avoir la vie éternelle. C'est chose bien diverse
» de dire : J'aime Dieu pour moi ; et de dire : J'aime
» Dieu pour l'amour de moi... L'une est une sainte
» affection de l'Épouse,..... l'autre est une im-
» piété [1]. »

On peut m'objecter deux choses sur ce passage :
1° que je n'ai pas dit, comme notre saint, que dans l'espérance *nous aimons souverainement Dieu*, et que l'amour de Dieu *surnage* ; 2° que le saint, en rejetant de l'espérance un amour de Dieu *pour l'amour de nous-mêmes*, ne rejette qu'un amour vicieux qui rapporteroit Dieu à nous, et que je me sers mal à propos de ce passage pour rejeter le propre intérêt, qui n'est selon moi qu'un amour innocent de nous-mêmes.

Pour la première objection, je réponds que dans l'acte d'espérance on ne se préfère ni on ne s'égale jamais à Dieu : autrement cet acte d'une vertu surnaturelle et théologale seroit vicieux. Mais je parle d'un état d'amour, et non d'un acte passager ; et je dis que l'ame qui espère dans l'état de péché mortel ne préfère point encore en cet état Dieu à soi, et que l'intérêt propre ou amour de soi-même est encore dominant en elle. On ne peut combattre cette vérité qu'en supposant qu'on ne peut espérer qu'en préférant Dieu à soi, et par conséquent que tout pécheur qui n'a point encore l'amour de préférence pour Dieu ne sauroit espérer en lui.

Pour la seconde objection, je dis que saint François de Sales veut montrer qu'on peut espérer les dons de Dieu sans les rapporter à soi par un amour naturel de soi-même. Il approuve qu'on dise : *J'aime Dieu pour moi* ; il ne veut pas qu'on dise : *J'aime Dieu pour l'amour de moi*. Voilà un amour naturel de nous-mêmes par rapport aux promesses, que le saint veut exclure. Je l'exclus comme lui. Quand cet amour naturel s'arrête en nous comme à la fin dernière, il est vicieux et déréglé. Quand il est soumis à l'amour de préférence pour Dieu, il est innocent, et ne laisse pas de pouvoir être exclu de la vie des parfaits, où l'ame ne laisse d'ordinaire de place qu'aux actes surnaturels des vertus. Mais enfin, supposé même que j'aie employé, pour exclure l'intérêt propre, des paroles du saint qui regardent un amour-propre vicieux, il n'en sera que plus vrai de dire que j'ai pris en cet endroit l'intérêt propre pour quelque chose de très imparfait et de très différent du salut, qui est Dieu même en tant que bon pour nous.

IIIe PASSAGE.

IV. « La pureté de l'amour consiste à ne rien
» vouloir pour soi, à n'envisager que le bon plai-
» sir de Dieu, pour lequel on seroit prêt à préférer
» les peines éternelles à la gloire [1]. »

J'ai déclaré, dès le commencement, à tout le monde, que ces paroles et quelques autres avoient été mises en mon absence en lettres italiques comme des passages du saint auteur. Mais si elles n'y sont pas en termes formels, du moins on les y trouve par un grand nombre d'équivalents manifestes. Ces paroles renferment trois membres. Examinons-les, Monseigneur, l'un après l'autre.

1° Quand je dis : *La pureté de l'amour consiste à ne vouloir rien pour soi*, personne ne peut équitablement m'accuser de retrancher les desirs des dons de Dieu pour nous ; car dans les lignes immédiatement précédentes, j'assure, par les paroles du saint, que *vouloir Dieu pour soi est une sainte affection de l'Épouse*. Je ne veux donc retrancher que le désir de Dieu *pour l'amour de soi*, que le saint a retranché avant moi. Cette expression se réduit à dire qu'on ne cherche son salut que par conformité au bon plaisir divin qui nous le promet gratuitement, sans nous le devoir en rigueur. C'est la propriété que je retranche après le saint, et dans le même sens que saint Bernard, quand il assure que l'ame parfaite *ne desire rien comme sien, ni béatitude, ni gloire* [2].

2° Quand je dis : *A n'envisager que le bon plaisir de Dieu*, ce bon plaisir qu'on envisage seul, loin d'exclure le salut, le renferme toujours évidemment. Ce n'est que dans ce bon plaisir que le salut se trouve, puisqu'il n'est fondé que sur le bon plaisir ou volonté gratuite de Dieu pour nous le donner, sans nous le devoir en rigueur.

3° Quand j'ajoute : *Pour lequel on seroit prêt de préférer les peines éternelles à la gloire*, je ne fais dire au saint que ce qu'il dit bien plus fortement lui-même. Écoutons-le [3] : « La résignation
» préfère la volonté de Dieu à toutes choses : mais
» elle ne laisse pas d'aimer beaucoup d'autres choses
» outre la volonté de Dieu. Or l'indifférence est au-
» dessus de la résignation, car elle n'aime rien sinon
» pour l'amour de la volonté de Dieu..... Il n'y a
» que la volonté de Dieu qui puisse donner le con-

---

[1] *Explic. des Max.*, p. 5. *Am. de Dieu*, liv. II, ch. XVII.

[1] *Explic. des Max.*, pag. 6.
[2] *Serm.* VIII *de diversis*, jam cit.
[3] *Am. de Dieu*, liv. IX, ch. IV.

» trepoids à leurs cœurs. Le paradis n'est point plus aimable que les misères de ce monde, si le bon plaisir divin est également là et ici. Les travaux leur sont un paradis, si la volonté de Dieu se trouve en iceux; et le paradis un travail, si la volonté de Dieu n'y est pas... Le cœur indifférent est comme une boule de cire entre les mains de son Dieu, pour recevoir semblablement toutes les impressions du bon plaisir éternel. *Un cœur sans choix également disposé* à tout, *sans aucun autre objet de sa volonté que la volonté de son Dieu, ne met point son amour ès choses que Dieu veut, ains en la volonté de Dieu qui le veut*..... En somme, le bon plaisir de Dieu est le souverain objet de l'ame indifférente. Partout où elle le voit, elle court à l'odeur de ses parfums, et cherche toujours l'endroit où il y en a le plus, *sans considération d'aucune autre chose*. Il est conduit par sa divine volonté, comme par un lien très aimable; et partout où elle va, il la suit. Il aimeroit mieux l'enfer, avec la volonté de Dieu, que le paradis sans la volonté de Dieu. *Oui, même il y préféreroit l'enfer au paradis; s'il savoit qu'en celui-là il y eût un peu plus du bon plaisir divin qu'en celui-ci;* en sorte que si, par imagination de chose impossible, il savait que sa damnation *fût un peu plus agréable* à Dieu que sa salvation, il quitteroit sa salvation et courroit à sa damnation. »

Vous voyez, monseigneur, que c'est dans le seul bon plaisir ou volonté gratuite de Dieu qu'il faut envisager le salut; que c'est ce bon plaisir seul qui donne le *contrepoids* aux cœurs indifférents. *Un peu plus* du bon plaisir divin nous feroit *préférer l'enfer au paradis*, c'est-à-dire la privation de la gloire céleste à la possession de cette gloire. En cet endroit le saint entend par le *paradis* la béatitude surnaturelle, qui ne nous étoit pas due en rigueur indépendamment de la promesse. Il regarde cette béatitude comme quelque chose qui dit plus que l'amour de Dieu. Si Dieu ne nous avoit point accordé gratuitement cette béatitude, nous aurions dû l'aimer, sans le voir intuitivement, et sans être dans le transport éternel accompagné de tous les dons du corps et de l'ame. Le saint a donc raison de distinguer, sous le nom de paradis, la béatitude surnaturelle qui ne nous étoit pas due, d'avec l'amour que nous devons nécessairement en tout état à Dieu. On ne peut avoir la béatitude formelle sans avoir l'amour qui en fait partie; mais on peut avoir l'amour sans avoir cette béatitude, qui dit beaucoup plus que l'amour seul. L'expression du saint signifie qu'on aimeroit Dieu, quand même on seroit privé de la vision intuitive et de tous les autres dons surnaturels qui sont joints à l'amour pour composer cette béatitude. C'est dans le même sens qu'il a dit ailleurs[1] que « si l'Époux » n'avoit point de paradis à donner, il n'en seroit » ni moins aimable ni moins aimé par cette coura- » geuse amante, etc. » Selon vous, monseigneur, tout au contraire si Dieu n'avoit pas voulu librement, et sans y être obligé, se rendre béatifiant pour nous, il ne nous seroit pas *la raison d'aimer*. Il n'auroit été en ce cas, qui étoit possible avant les promesses gratuites, ni aimé ni aimable. Dire qu'il eût été aimable, c'est, selon vous, tomber dans de *pieux excès* contre l'essence de l'amour ; c'est s'amuser à *d'amoureuses extravagances*; c'est une *dévotion..... trop alambiquée*;..... *c'est la mettre dans des phrases et dans des pointilles*[2].

Votre unique retranchement, monseigneur, est de dire que ces desirs sur des suppositions impossibles ne sont que des *velléités*. Mais quand on n'a point d'autre ressource pour expliquer saint Paul, Moïse, et tant de saints de tous les siècles, il faudroit au moins expliquer avec évidence la nature de ces velléités. Loin de le pouvoir faire, vous avez dit tout ce qu'il faut pour anéantir tout ce que ces velléités pourroient avoir de sérieux. Ce ne sont point de vrais desirs ni des commencements d'aucun desir réel; car on ne peut en aucun sens, comme je l'ai remarqué, ni desirer, ni desirer même de former aucun desir contre *la raison* de desirer et *d'aimer*. Un amour contre la raison d'aimer, un desir contre la raison de desirer, n'a rien ni de volontaire ni d'intelligible. C'est donc, s'il est permis de parler ainsi, un néant absolu de tout desir. C'est une manière de parler vide de tout sens et de toute vérité. C'est une pure contradiction de termes, comme quand je profère ces mots : Je veux ce que je ne veux pas ; ou bien : Je vois une montagne sans vallée. Un tel acte n'est, selon vous-même, qu'une *amoureuse extravagance*,... *qu'une chose trop alambiquée*,.... *que des phrases et des pointilles*. Vous concluez ainsi[3] : « Qu'ajoute à la » perfection d'un tel acte l'expression d'une chose » impossible? Rien qui puisse être réel, rien par » conséquent qui donne l'idée d'une plus haute et » plus effective perfection. » Vos *velléités*, il est vrai, tombant sur une chose qu'il est même impossible de desirer et de concevoir, elles n'ajoutent rien de réel aux actes ordinaires, qui, selon vous, ont tous la béatitude pour motif ; et il s'ensuit, ou que ces velléités ne sont pas des actes, ou qu'elles

---
[1] *Am. de Dieu*, liv. x, ch. v.
[2] *Et. d'orais.*, liv. x, n. 29, tom. xxvii, pag. 452.
[3] *Ibid.*, n. 19, pag. 425.

recherchent autant la béatitude que tous les autres. Elles ne contiennent donc aucun commencement de désir pour se priver de la béatitude; elles ne sont donc des velléités qu'en paroles fausses et trompeuses. C'est par une si étrange explication, monseigneur, que vous éludez *ce qu'il y a de plus grand et de plus saint dans l'Église*[1]; c'est par ces velléités, qui n'ont ni sens ni réalité, que vous expliquez ce que vous nommez vous-même *le sérieux* des actes de saint Paul et de Moïse. Voilà ce que vous soutenez, plutôt que de suivre toute l'école sur la nature de la charité, et que d'avouer que ces grands saints, qui ne vouloient les dons promis gratuitement qu'à cause que Dieu, qui ne nous les devoit pas, a bien voulu nous les promettre, auroient voulu véritablement l'aimer, quand même il les auroit privés de ces dons distingués de son amour. Je vous laisse le soin de concilier ces velléités imaginaires, et qui ne méritent en rien le nom de velléités, avec notre XXXIIIe Article d'Issy, où nous avons parlé non de velléités contre la raison d'aimer, mais d'une « soumission et consente- » ment à la volonté de Dieu, quand même, par » une très fausse supposition, au lieu des biens » éternels qu'il a promis aux ames justes, il les tien- » droit par son bon plaisir dans des tourments » éternels, sans néanmoins qu'elles soient privées » de sa grace et de son amour. » Alors, monseigneur, vous distinguiez la béatitude formelle ou le paradis d'avec l'amour de Dieu; car vous faisiez accepter à une ame la privation des *biens éternels* et la souffrance des *maux éternels*, sans être privée de la *grace* et de l'*amour*. Cette *théologie*, qui distingue la béatitude d'avec l'amour, ne vous paroissoit pas encore *sauvage*[2]. Mais ce qui est de plus étonnant, c'est que vous réduisez à des velléités, et à des velléités qui n'ont rien de la nature des velléités mêmes, ce que nous avons reconnu comme une volonté pleinement délibérée. Écoutez-vous vous-même de grace, monseigneur: « Ce qui » est un acte d'abandon parfait et d'un amour pur » pratiqué par des saints, et qui le peut être avec » une grace particulière de Dieu par les ames vrai- » ment parfaites[3]. » Cet acte si parfait, si méritoire, et réservé aux plus grands saints, n'est-il qu'une velléité imaginaire qui n'a rien de volontaire ni d'intelligible, et qui se réduit à une pure contradiction de termes, contre la nature des velléités véritables? Pensez-y, monseigneur; vous n'êtes pas moins contraire à vous-même qu'à notre saint, et vous ne pouvez expliquer sérieusement vos propres paroles qu'en prenant les siennes à la lettre.

Remarquez encore que saint François de Sales ne forme point ces desirs indépendants de la récompense dans des transports momentanés. Ce sont des maximes qu'il enseigne tranquillement, et qu'il propose aux saintes ames comme les pratiques intérieures de la plus haute perfection. Ce sont des maximes fondées sur un dogme constant, qui est que Dieu n'en seroit pas moins aimable, quand même il n'auroit pas voulu nous donner le paradis ou béatitude surnaturelle qu'il ne nous devoit pas. Ce dogme est dans notre saint comme dans le Catéchisme du concile de Trente. Le Catéchisme dit[1] que « Dieu a montré principalement sa clémence » et les richesses de sa bonté, en ce que, pouvant » nous assujettir à servir à sa gloire sans aucune » récompense, il a néanmoins mieux aimé joindre » notre utilité à sa gloire. » Notre saint dit de même: « Il pouvoit, s'il lui eût plu, exiger très justement » de nous notre obéissance et service, sans nous » proposer aucun loyer ni salaire[2]. » Ainsi ces sentiments d'amour indépendants de la béatitude, loin d'être des velléités imaginaires et en paroles contre la raison essentielle d'aimer, dont le seul transport peut excuser l'excès, sont au contraire, selon le principe du Catéchisme et de notre saint, des actes réels et sérieux, fondés sur un dogme inébranlable. Ce sont des actes parfaits, par lesquels on rend à Dieu ce qu'on lui doit, et qu'on lui devroit, quand même il ne nous auroit pas promis gratuitement ce qu'il ne devoit point à ses créatures. C'est ainsi qu'il faut entendre à la lettre notre saint, qui dit : « Il préféreroit l'enfer au pa- » radis, s'il savoit qu'en celui-là il y eût un peu » plus du bon plaisir divin qu'en celui-ci. » Ce sentiment, monseigneur, n'est ni *impie* ni *barbare*. C'est dans ce même esprit que notre saint parle encore ainsi : « Le paradis seroit parmi toutes les » peines d'enfer, si l'amour de Dieu y pouvoit être; » et si le feu d'enfer étoit un feu d'amour, il me » semble que ses tourments seroient desirables[3]. » Vous avez avoué[4], monseigneur, que le *saint évêque.... est tout plein de ces suppositions* qui expriment un amour indépendant de la récompense. Il en est *tout plein* non-seulement pour lui, mais encore pour les ames qu'il conduit, et auxquelles il inspire cet amour, tranquillement et sans

---

[1] *Instr. sur les Ét. d'orais.*, liv. IX, n. 4, pag. 557.
[2] *Préf. sur l'Inst past.*, n. 224, tom. XXVIII, pag. 741.
[3] *Art.* XXXIII *d'Issy.*

[1] Part. III, *Proem. in Decal.*, III, 17.
[2] *Am. de Dieu.* liv. XI, ch. VI.
[3] *Epît.*, tom. II. pag. 616.
[4] *Ét. d'orais.*, liv. IX, n. 2, pag. 548.

aucun transport. Vos velléités ne font donc qu'éluder la doctrine de notre saint; et pendant que vous lui laissez une ombre d'autorité, vous traitez de quiétisme ses maximes de perfection. Il est vrai qu'il veut qu'on ne cesse jamais d'espérer son salut. Mais qui peut en douter sans impiété et sans folie? Mais ajoutez qu'il veut qu'en espérant par conformité au bon plaisir divin, on aime Dieu indépendamment du motif de l'espérance, en sorte qu'on voudroit l'aimer de même, quand il n'y auroit point de paradis à espérer; voilà le véritable esprit de ses livres, et c'est précisément ce que vous voulez qu'on regarde comme la source de l'illusion et du désespoir.

IVe PASSAGE.

V. « La sainte résignation a encore des desirs » propres, mais soumis.[1] » On mit en mon absence en lettres italiques ces paroles, qui ne sont pas formellement du saint, mais qui sont sa pure doctrine. Écoutons-le[2] : « La résignation se pra- » tique par manière d'effort et de soumission. On » voudroit bien vivre en lieu de mourir. Néan- » moins, puisque c'est le bon plaisir de Dieu qu'on » meure, on acquiesce. On voudroit vivre, s'il » plaisoit à Dieu. Et de plus on voudroit qu'il plût » à Dieu de faire vivre..... La résignation préfère » la volonté de Dieu à toutes choses ; mais elle ne » laisse pas d'aimer beaucoup d'autres choses outre » la volonté de Dieu. Or l'indifférence est au-des- » sus de la résignation, car elle n'aime rien sinon » pour l'amour de la volonté de Dieu. »

J'ai deux choses à prouver : 1° qu'il y a dans l'état de résignation *des desirs propres* ; 2° que ces desirs sont *soumis*. Notre saint dit que, dans l'indifférence, il n'y a des desirs que *pour l'amour de la volonté de Dieu*. De tels desirs sont des desirs surnaturels, et que la grace inspire. Au contraire, la résignation est moins parfaite en ce qu'elle a encore des desirs pour *beaucoup d'autres choses outre la volonté de Dieu*. L'ame en cet état voudroit que Dieu voulût ce qui lui convient. Voilà sans doute des desirs propres, c'est-à-dire qui viennent de la propre volonté et de la nature. Ils sont très différents de ceux du cœur indifférent, auquel la seule volonté de Dieu donne *le contrepoids*. Voilà donc *des desirs propres*. J'ajoute qu'ils sont *soumis*, parce que l'ame résignée qui a encore ces desirs *préfère la volonté de Dieu à toutes choses*, et même à celles qu'elle aime *outre la volonté de Dieu*. *La résignation* à l'égard de ces choses *se pratique par manière d'effort et de soumission*. Voilà *des desirs propres, mais soumis*. J'ai répété les mêmes paroles, p. 40[1]. Quand un auteur n'a manqué d'exactitude que pour la lettre italique, et non sur la doctrine du saint qu'il suit fidèlement, faut-il le traiter de falsificateur?

Ve PASSAGE.

VI. J'ai dit, sans citer aucune parole[2], que saint François de Sales « a exclu si formellement » et avec tant de répétitions tout motif intéressé » de toutes les vertus des ames parfaites[3]. » Il ne s'agit que de savoir ce que j'entends par *motif intéressé*. Ne sait-on pas ce que veut dire dans notre langue un homme intéressé, ou des vues intéressées, ou un motif intéressé qui fait agir quelqu'un? Ne dit-on pas, d'un autre côté, d'un homme généreux, qu'il trouve son intérêt dans les choses mêmes qu'il ne fait point par un motif et par un esprit intéressé? Ce qui est certain, c'est que cette exclusion de l'intérêt n'exclut point le desir de notre bien en tant qu'il est notre bien : je l'ai dit souvent. Il ne s'agit que *d'un reste d'esprit mercenaire*, comme je l'ai déclaré[4]. Il ne s'agit que de la *propriété* et de *l'activité*, qui, comme je l'ai démontré, sont dans mon livre les mouvements de l'amour naturel de nous-mêmes. J'ai dit, dans les lignes qui précèdent immédiatement le passage que j'examine, que ce désintéressement des vertus consiste en ce que la charité est, selon la doctrine de saint Augustin et de saint Thomas, « là forme de toutes les vertus, parce » qu'elle les exerce, et les rapporte toutes à sa fin, » qui est la gloire de Dieu[5]. » Ainsi je n'exclus l'intérêt propre qu'en établissant dans la vie parfaite les actes de toutes les vertus avec leurs objets propres qui les spécifient, et qui sont commandés par la charité. C'est pourquoi j'assure que ce n'est « ni déchoir de la perfection.... du » désintéressement, ni revenir à un motif d'inté- » rêt propre, que de dire : Dieu veut que je veuille

---

[1] *Explic. des Max.*, pag. 8.
[2] *Am. de Dieu*, liv. IX, ch. III.

[1] Page 10 de ce volume.
[2] J'ai mis mal à propos cet endroit au rang des passages. Le lecteur pourra croire que j'ai cité des paroles du saint, et qu'elles sont rapportées dans mon livre en lettres italiques. Cependant cet endroit n'est pas une citation du texte, mais une simple allégation de la doctrine du saint auteur, sans aucun caractère italique. J'en ai parlé dans cette lettre, pour montrer que je n'ai imputé au saint que la doctrine qu'il enseigne, et non pour me justifier sur la citation d'un passage. (Cette note est tirée de l'*Errata* mis par Fénelon à la fin de sa lettre. *Edit. de Vers.*)
[3] *Explic. des Max.*, pag. 10.   [4] *Ibid.*, pag. 8.
[5] *Ibid.*, pag. 10.

» Dieu en tant qu'il est mon bien, mon bonheur
» et ma récompense. Je le veux formellement sous
» cette précision, etc. »

Voici, monseigneur, un endroit où vous éludez manifestement la doctrine de notre saint, faute de vouloir distinguer avec l'école les actes commandés et les actes non commandés. Quand même on voudroit traduire le terme de *commodum* par celui d'*intérêt*, et qu'on iroit en ce sens jusqu'à dire que les actes propres de l'espérance sont intéressés, ce qui est contraire à votre langage aussi bien qu'au mien, il faudroit toujours avouer que les actes d'espérance, commandés formellement par la charité pour être rapportés à sa fin, n'auroient point l'imperfection qui est dans les actes d'espérance non commandés, et qui n'ont qu'un rapport habituel à la fin de la charité, quoiqu'ils soient bons et surnaturels. Pour les actes commandés, saint Thomas assure qu'ils *prennent* l'espèce de la vertu supérieure qui les commande, et qu'ils y entrent : *assumit speciem*, etc., *transit in speciem*, etc.[1]. C'est ce que saint François de Sales suit[2], en voulant que « nous parfumions tous les autres
» motifs de l'odeur et sainte suavité de l'amour,
» puisque nous ne les suivons pas en qualité de
» motifs simplement vertueux, mais en qualité de
» motifs voulus, agréés, aimés et chéris de Dieu. »
Il va jusqu'à dire que la charité exerce toutes les vertus, comme l'*évêque* fait les fonctions des ministres inférieurs[3]. On doit seulement entendre par-là que la charité croit, espère, etc., en ce qu'elle commande ces actes pour les rapporter à soi. Il ne faut point, selon notre saint, regarder cette distinction des vertus commandées et non commandées comme une subtilité de pure spéculation. « Le souverain motif de nos actions, dit-il[4],
» qui est celui du céleste amour, a cette souve-
» raine propriété, qu'étant plus pur il rend l'ac-
» tion qui en provient plus pure; » et il recommande, dans le titre du chapitre, qu'on y *réduise toute la pratique des vertus*.

C'est ce que nous avons suivi dans le XIIIe Article d'Issy, en disant : « Dans la vie et dans l'o-
» raison la plus parfaite, tous ces actes sont réunis
» dans la seule charité, en tant qu'elle anime tou-
» tes les vertus, et en commande l'exercice. »
Voilà les actes commandés qui sont ordinaires dans la vie la plus parfaite; au lieu que les actes non commandés se trouvent souvent dans l'état imparfait. Vous demanderez peut-être, monseigneur, quel rapport il y a entre cette explication du désintéressement, marquée dans ma lettre au Pape, et celle que je trouve dans le retranchement de l'amour naturel. Le voici : 1° Qui retranche de la vie la plus parfaite les actes non commandés des vertus qui sont surnaturelles en retranche à plus forte raison les actes naturels d'amour de soi-même. Ainsi cette première explication est la plus forte, et renferme la seconde. 2° C'est l'amour naturel et délibéré de nous-mêmes qui affoiblit l'ame, qui l'attache à sa propre consolation, qui indispose la puissance, qui l'empêche de s'élever fréquemment au motif sublime de la charité, et qui fait que la charité étant encore foible, elle ne peut prévenir toutes les vertus inférieures, pour en commander formellement l'exercice par rapport à sa très haute fin. Ainsi cet amour naturel est un obstacle dans l'ame pour les fréquents actes commandés, et fait qu'elle se borne souvent aux actes non commandés. Faute de distinguer, avec toute l'école, ces deux sortes d'actes surnaturels, et les deux rapports formel et habituel des actes, vous laissez entendre, monseigneur, que tous les actes d'espérance qui ne sont pas vicieux sont commandés par la charité. Vous voulez que saint François de Sales, quand il a parlé des états d'indifférence et de simplicité pour les ames parfaites, ait voulu seulement les avertir de ne mettre pas *leur fin* dernière dans la béatitude formelle. « C'est la
» fin dernière, dites-vous[1], et il ne peut y en
» avoir d'autre.... Entendez prétention finale....
» Il suffit, pour justifier ce que dit le saint, qu'on
» l'exclue comme fin dernière. » Quoi! saint François de Sales ne recommande-t-il aux ames les plus éminentes que d'éviter, en espérant, de mettre *leur fin dernière* dans un objet créé? Y mettre *sa fin dernière*, c'est, selon notre saint, un *extrême sacrilége et une impiété nonpareille*[2]. Ne leur recommande-t-il pour la perfection de l'amour, qu'il nomme de *zèle* et *extatique*, que de n'être ni impies ni sacriléges? Tous les justes les plus imparfaits ne doivent-ils pas rapporter formellement ou habituellement leurs vertus *à la fin dernière*? Leur est-il permis de mettre *leur fin dernière* ailleurs qu'en Dieu seul? Ne déchoiroient-ils pas de la justice, s'ils renversoient l'ordre en changeant la dernière fin? Étrange

---

[1] 2. 2. *Quæst.* CLIV, art. X; *Part.* III, *quæst.* LXXXV, art. II, ad. 4.
[2] *Am. de Dieu*, liv. IX, ch. XIV.
[3] *Ibid.*, liv. XI, ch. VIII.
[4] *Ibid.*, liv. XI, chap. XIII. Voyez encore chap. IV, V, VI, VIII, IX du même livre.

[1] *Préf.*, n. 128, tom. XXVIII. pag. 686, 687.
[2] *Am. de Dieu*, liv. II, ch. 17.

clef pour attendre la doctrine de saint François de Sales sur *l'indifférence*, qui est *au-dessus de la résignation*, et sur la simplicité, qui est au-dessus d'un état où il y a encore quelque *mélange du propre intérêt* [1] ! Si le juste parfait est celui qui ne met point *sa fin dernière* hors de Dieu, le juste imparfait, qui n'a pas encore atteint cette perfection, sera-t-il un impie et un sacrilége ?

Voilà, monseigneur, à quoi se borne votre explication de la doctrine du saint, que vous donnez du ton le plus décisif. Pour moi, je conclus que saint François de Sales a exclu de la vie la plus parfaite les motifs intéressés : 1° parce qu'il a exclu les motifs de l'amour naturel et imparfait pour nous-mêmes ; 2° parce qu'il a même exclu les motifs des vertus inférieures, qui ne seroient point relevés et *parfumés* par le motif supérieur de la charité. Alors on n'est plus excité par les *motifs simplement vertueux*, mais ils nous excitent en qualité de *motifs voulus, agréés, aimés et chéris de Dieu.*

C'est ainsi qu'il faut entendre notre saint, lorsqu'il dit [2] que « la simplicité..... regarde droit à
» Dieu, sans que jamais elle puisse souffrir aucun
» mélange du propre intérêt,.... qu'elle ne veut
» point d'autre motif, pour acquérir ou être inci-
» tée à la recherche de cet amour, que sa fin même;
» qu'autrement elle ne seroit pas parfaitement
» simple, car elle ne peut souffrir autre regard,
» pour parfait qu'il puisse être, que le pur amour
» de Dieu, qui est sa seule prétention. » Il n'exclut pas les motifs inférieurs, mais il ne les admet qu'en tant qu'ils sont renfermés dans le bon plaisir de Dieu pour sa gloire, c'est-à-dire qu'en tant qu'ils sont relevés par le motif de la vertu supérieure. Ainsi les actes de toutes les vertus inférieures *passent et rentrent*, pour parler comme saint Thomas, dans l'espèce de la charité, qui les réunit en elle en les commandant. Quand on prend les paroles de notre saint selon ces principes, toutes ses expressions se trouvent correctes.

VIe PASSAGE.

VII. « S'il y avoit un peu plus du bon plaisir de
» Dieu en enfer, les saints quitteroient le paradis
» pour y aller [3]. » Voici les paroles de l'auteur [4] :
« Les saints qui sont au ciel ont une telle union
» avec la volonté de Dieu, que s'il y avoit *un peu*
» *plus* de son bon plaisir en enfer, ils quitteroient
» le paradis pour y aller. » Il est vrai, monsei-
gneur, que je n'ai pas rapporté ces mots, *qui sont au ciel*. Mais je n'en ai point supprimé le sens ; car en disant, *ils quitteroient le paradis*, je suppose visiblement que les saints dont je parle y sont. On ne peut le quitter que quand on y est. J'ai donc rapporté fidèlement toute la substance du passage. Vous pouvez seulement m'objecter que les saints du ciel sont dans une position parfaite, dont il ne faut tirer aucune conséquence pour ceux de la terre. Mais souvenez-vous, s'il vous plaît, que notre charité est désintéressée ici-bas, comme elle l'est au ciel ; que, selon vous-même [1], « nous n'aurions pas un autre amour, quand nous
» serions bienheureux,..... et qu'un certain
» sens, au moment de la mort, notre amour,
» sans y rien ajouter, devient jouissant et béati-
» fiant. » C'est suivant ces principes que notre auteur dit des saints du ciel que « s'il y avoit un
» peu plus du bon plaisir de Dieu en enfer, ils
» quitteroient le paradis pour y aller ; » et des saints de la terre, qu'ils « préféreroient l'enfer au
» paradis, s'ils savoient qu'en celui-là il y eût un
» peu plus du bon plaisir divin qu'en celui-ci [2]. »

VIIe PASSAGE.

VIII. « Le desir de la vie éternelle est bon ; mais
» il ne faut desirer que la volonté de Dieu [3]. » Ce passage est exactement tiré du recueil fait l'an 1628 [4], six ans après la mort du saint, dans le lieu où il est mort, et où il avoit fait plusieurs de ces entretiens spirituels. Ce recueil fut dédié à M. l'évêque de Belley, ami intime de l'auteur, très instruit de ses véritables maximes, et très zélé pour sa doctrine. Il fut approuvé par deux docteurs, et par le grand-vicaire de Valence. Il est vrai que les filles de la Visitation d'Annecy ont donné une édition des *Entretiens* comme la vraie, se plaignant qu'une autre, qu'elles ne nomment pas, est défectueuse. Mais ce plus ou moins d'exactitude, quand même il regarderoit l'édition de Lyon, ne prouveroit pas que cette édition contînt des erreurs contre la doctrine du saint. Après tout, ces Entretiens sont du même esprit et du même style que les autres choses qui nous viennent de ce saint. On y voit ses tours naïfs et aimables, ses images vives, ses comparaisons sensibles, ses précisions, ses délicatesses et son onction. Pour la doctrine, c'est manifestement la même chose qui règne dans tous les ouvrages du saint que vous

---

[1] *XIIe Entret. de la simpl.* [2] *Ibid.*
[3] *Expl. des Max.*, pag. 12. [4] *IIe Entret.*

[1] *Ve Ecrit*, n. 12, tom. XXVIII, pag. 513.
[2] *Am. de Dieu*, liv. IX, chap. IV.
[3] *Expl. des Max.*, pag. 12.
[4] *XVIIIe Entret.*, pag. 424, édit. de Lyon.

ne pouvez contester. C'est toujours le bon plaisir divin qui attire l'ame. « Elle cherche toujours
» l'endroit où il y en a le plus, *sans considération*
» *d'aucune autre chose.* » C'est toujours « un
» cœur sans choix...., sans autre objet de sa vo-
» lonté que la volonté de son Dieu ; qui ne met
» point son amour ès choses que Dieu veut, ains
» en la volonté de Dieu qui les veut... Il n'y a que
» cette volonté qui puisse donner le contre-poids
» aux cœurs. » Enfin, « un *peu plus du bon plaisir*
» *divin* feroit préférer l'enfer au paradis. » Quand on est accoutumé à ces expressions, et qu'on sait qu'elles n'excluent jamais le desir du salut, mais qu'elles signifient seulement que les ames parfaites ne veulent le salut qu'en tant qu'il est le *bon plaisir de Dieu*, quelle peine reste-t-il à admettre ces paroles si semblables : *Le desir de la vie éternelle est bon ; mais il ne faut desirer que la volonté de Dieu?* C'est dans cette volonté même qu'on trouve le plus parfait et le plus efficace desir du salut. Alors le motif de l'espérance est *parfumé* et relevé par le motif supérieur de la charité ; alors, ce n'est plus un motif simplement vertueux, mais un motif *voulu, agréé, aimé et chéri de Dieu*. *Si le desir de la vie éternelle* n'est qu'un acte naturel d'amour de soi-même pour la béatitude formelle, il peut être bon et innocent, pourvu qu'il ne mette point la fin dernière dans la créature. *Si le desir de la vie éternelle* est un acte surnaturel de l'espérance, vertu théologale, il est alors d'un ordre très supérieur, quoiqu'il ne soit pas commandé expressément par la charité, et formellement rapporté à elle. Mais ce qu'il y a de plus parfait, c'est de ne faire que des actes d'espérance commandés expressément par la charité pour la gloire de Dieu. Alors, sans desirer le salut par des actes qui ne tendent formellement qu'au salut, on ne laisse pas de le desirer par des actes où l'on regarde le salut comme volonté de Dieu sur nous pour sa gloire. Cette doctrine n'est-elle pas bien simple, bien pure, bien conforme aux principes les plus solides de l'école ? Falloit-il la rejeter comme une *erreur capitale* [1] ? Falloit-il m'accuser d'abord de falsification sur ce passage, qui est si conforme aux autres du saint ? Falloit-il ensuite s'inscrire en faux contre cette ancienne édition dédiée à un saint évêque, ami intime de l'auteur, et qui reconnoissoit si bien ses maximes et son langage ? Vous ne me pardonnez point de n'avoir pas fait une critique rigoureuse de toutes les éditions ; mais j'ai cité de bonne foi celles que j'ai trouvées sous ma main, et je n'hésiterai jamais à le faire quand il ne s'agira que de ces expressions si familières au saint auteur, où il veut qu'on ne regarde le salut que comme une volonté de sa gloire.

Le desir du salut ainsi modifié, loin d'être *une erreur capitale*, est au contraire le vrai préservatif contre l'erreur de ceux qui diroient que le salut est essentiellement juste, et que la béatitude surnaturelle est une dette, et non une grace. Le desir du salut ainsi restreint à la volonté gratuite de Dieu vous choque, monseigneur, parce que la béatitude est, selon vous, *la raison d'aimer*, qui ne s'explique pas d'une autre sorte ; et que, sans cette *raison d'aimer*, Dieu ne seroit pas aimable pour nous. Voilà ce qui vous anime tant contre l'édition de Lyon, et contre le passage que j'en ai cité. Mais quand cette édition ne serviroit qu'à vous ôter tout prétexte de dire que le saint est pour vous, lorsque vous assurez que si Dieu ne nous donnoit point la béatitude, *il ne nous seroit pas la raison d'aimer*, en vérité elle mériteroit d'être approuvée et conservée pour un si bon usage.

J'ai rapporté ce passage à peu près dans les mêmes termes dans la page 226 [1], et en cet endroit je ne l'emploie que pour montrer qu'il faut desirer l'amour de Dieu pour sa gloire, et non *pour le plaisir qu'il y a en la beauté de son amour*. C'est une doctrine que vous admettez autant que moi.

VIIIe PASSAGE.

IX. « Si nous pouvions servir Dieu sans mérite,
» nous devrions desirer de le faire [2]. » Ces paroles sont tirées de cette édition de Lyon. Qu'y a-t-il d'incroyable dans ce passage ? Qu'y voyez-vous de contraire ni au dogme de l'Église, ni aux maximes de notre saint ? L'amour-propre ne peut-il pas chercher le mérite pour y goûter une consolation humaine, puisqu'il y cherche même souvent une complaisance qui va jusqu'à l'orgueil ? Quelle différence mettez-vous, monseigneur, entre le mérite et la perfection ? et si, selon notre saint, il y a une manière imparfaite de desirer la perfection même, pourquoi vous étonner qu'il craigne qu'on ne cherche humainement le mérite dans les vertus ? Écoutez-le donc lui-même dans un passage qui est de toutes les éditions : « S'il étoit possible que
» nous pussions être autant agréables à Dieu étant
» imparfaits, nous devrions desirer d'être sans
» perfection, afin de nourrir en nous par ce moyen

---

[1] *Préf.* n. 209, pag. 755.

[1] Page 55 de ce volume.
[2] *Explic. des Max.*, pag. 12 ; *XVIe Entret.*, pag. 569.
[3] *Entret., ét.*, XVIII, pag. 150, édit. de Paris, Léonard.

» la très sainte humilité. » Ne reconnoissez-vous pas le même esprit et le même langage dans ces deux passages, l'un sur le mérite, et l'autre sur la perfection ?

IXᵉ PASSAGE.

X. « L'indifférence est au-dessus de la résignation, » etc. » Nous l'avons déjà rapporté tout du long.

Xᵉ PASSAGE.

« Ils voient le paradis ouvert pour eux, ils voient » mille travaux en terre. L'un et l'autre leur est » indifférent au choix, et il n'y a que la volonté » de Dieu qui puisse donner le contrepoids à leurs » cœurs [1]. » Ce passage n'exclut qu'un désir inquiet et impatient pour la béatitude.

XIᵉ PASSAGE.

« S'il savoit que sa damnation fût un peu plus » agréable à Dieu, etc. » Nous l'avons déjà rapporté tout du long.

XIIᵉ PASSAGE.

XI. « Il n'est pas seulement requis de nous re» poser en la divine Providence pour ce qui re» garde les choses temporelles, ains beaucoup » plus pour ce qui appartient à notre vie spiri» tuelle et à notre perfection [2]. » En effet, si nous devons desirer tranquillement et avec un désir parfait les choses même imparfaites de cette vie, à combien plus forte raison devons-nous desirer sans empressement humain, sans inquiétude et parfaitement les choses parfaites, telles que la perfection et la béatitude ?

XIIIᵉ PASSAGE.

XII. « Soit pour ce qui regarde l'intérieur, soit » pour ce qui regarde l'extérieur, ne veuillez rien » que ce que Dieu voudra pour vous [3]. » Quand le saint dit : *Ne veuillez rien que ce que Dieu voudra pour vous,* il est visible qu'il n'entend pas que l'ame demeure vide de tout désir dans une molle oisiveté, supposant qu'il suffit que Dieu veuille pour elle et sans elle, ni qu'elle doive demeurer dans cette inaction en attendant que Dieu veuille en elle, c'est-à-dire lui inspire quelque désir par une motion extraordinaire. Il ne parle que de l'inspiration commune de la grace, et il oppose aux desirs inspirés par la grace ces desirs *naturels et non inspirés* que nous formerions pour notre perfection intérieure, et qu'il est bon de retrancher.

[1] *Expl. des Max.*, pag. 12; *Am. de Dieu*, liv. IX, ch. IV.
[2] *Expl. des Max.*, pag 12.; IIIᵉ *Entretien de la Fermeté*, p. 1791, grande édit. de Paris.
[3] *Ibid.*, VIᵉ *Entret. de l'Espér.*, pag. 1825, grande édit. de Paris.

Voilà *l'avarice et l'ambition spirituelle* qu'il exclut seulement, comme le bienheureux Jean de la Croix.

XIVᵉ PASSAGE.

XIII. « Je n'ai presque point de desirs; mais si » j'étois à renaître, je n'en aurois point du tout. » Si Dieu venoit à moi, j'irois aussi à lui. S'il ne » vouloit pas venir à moi, je me tiendrois là, et n'i» rois pas à lui [1]. » Ce passage a été trouvé dur, parce que le lecteur n'a point observé ce que nous venons de dire si souvent, qui est qu'il y a une manière imparfaite de desirer la perfection. C'est un désir naturel, empressé, inquiet. Quand saint François de Sales dit : « Je me tiendrois là, et n'irois pas à lui, » il veut seulement dire qu'il demeureroit en paix et fidèle à Dieu, quoique Dieu ne lui donnât aucune grace sensible; et qu'il n'iroit point au devant par un empressement humain. Ce sens est manifeste dans son langage. Il ne retranche que cet empressement nommé par les mystiques *activité*, qui vient de la *propriété*, ou principe de l'intérêt *propre*.

Vous vous récriez, monseigneur, que je cite en cet endroit le saint de mauvaise foi, parce qu'il parle dans cet *Entretien* des choses temporelles, et qu'en retranchant le desir de ces choses, il assure qu'il faut toujours néanmoins desirer les vertus. Mais il est évident que je n'ai employé ce passage, avec tous les autres auxquels je l'ai joint, que pour retrancher les empressements qui viennent de *l'intérêt propre,* sans retrancher jamais ni le desir ni le motif propre d'aucune vertu. Ces passages mêmes sont rapportés tous ensemble dans mon livre, non pour faire une preuve contre ceux qui combattent les mystiques, mais au contraire pour réprimer les mystiques indiscrets, et pour les convaincre que ces passages, qui paroissent si forts, ne prouvent que le retranchement des desirs naturels qui viennent d'un intérêt propre et humain, pour n'agir que par grace. Ma conclusion est qu'il faut exclure ce principe naturel et imparfait dans la recherche du *mérite*, de la *perfection* et de *la béatitude éternelle* [2]. La bonne foi ne permet donc pas de dire que j'aie voulu exclure par cette citation les vertus, que le saint excepte, puisque je les excepte *toujours comme lui.*

Voilà déjà, monseigneur, bien des passages exactement cités, et employés pour réprimer les excès de ceux qui voudroient abuser de l'autorité de notre saint en faveur de l'illusion. Pourquoi di-

[1] *Expl. des Max.*, pag. 12; *Entr. XXI, de ne rien demander ni refuser.*
[2] *Explic. des Max.*, pag. 12.

tes-vous donc que dans mon livre je « n'en mar-
» que aucun qui ne soit tronqué, ou pris manifes-
» tement à contre-sens, ou même entièrement
» supposé [1] ? »

XVe PASSAGE.

XIV. « Il faut que l'amour soit bien puissant,
» puisqu'il se soutient lui seul, sans être appuyé
» d'aucun plaisir, ni d'aucune prétention [2]. » Ce
passage n'est ni *tronqué* ni *supposé*. Je l'ai employé par rapport à la contemplation pure et passive, laquelle, selon vous-même [3], supprime les
actes *discursifs* et les actes *sensibles*. Une telle
oraison demande un amour bien plus épuré et plus
courageux que la méditation, où l'ame trouve l'appui et la consolation des actes explicites, méthodiques, sensibles et affectueux.

XVIe PASSAGE [4].

XV. « L'ame désintéressée n'aime plus, comme
» saint François de Sales l'a remarqué, les vertus,
» ni parce qu'elles sont belles et pures, ni parce
» qu'elles sont dignes d'être aimées, ni parce
» qu'elles embellissent et perfectionnent ceux qui
» les pratiquent, ni parce qu'elles sont méritoires,
» ni parce qu'elles préparent la récompense éter-
» nelle, mais seulement parce qu'elles sont la vo-
» lonté de Dieu. L'ame désintéressée, comme ce
» grand saint disoit de la mère de Chantal, ne se
» lave pas de ses fautes pour être belle, mais pour
» plaire à son Époux, auquel si sa laideur eût été
» aussi agréable, elle l'eût autant aimée que la
» beauté. »

Ces paroles ne contiennent que la substance de
celles de notre saint, que voici [5] : « Les amantes spi-
» rituelles épouses du Roi céleste se mirent voire-
» ment de temps en temps,.... se nettoient, pu-
» rifient et ornent le mieux qu'elles peuvent, non
» pour être parfaites, non pour se satisfaire, non
» pour le desir de leur progrès au bien, mais pour
» obéir à l'Époux..... N'est-ce pas un amour bien
» pur, bien net et bien simple, puisqu'elles ne se
» purifient pas pour être pures, elles ne se pa-
» rent pas pour être belles, mais seulement pour
» plaire à leur amant, auquel si la laideur étoit
» aussi agréable, elles l'aimeroient autant que
» la beauté? » Sans doute ce passage est pour le
moins aussi fort que le précis qui en est dans mon
livre; car il semble d'abord exclure le désir de la
pureté et de la beauté des vertus. Quant à la mère
de Chantal, voici ce que l'auteur de sa vie nous
assure que saint François de Sales connoissoit
d'elle : « L'homme de Dieu ne fit point de difficulté
» de lui permettre de faire ce vœu, connoissant,
» comme il a dit depuis, l'éminente perfection et
» pureté de cette chaste épouse, laquelle ne se la-
» voit pas de ses fautes pour être pure, et ne se
» paroit pas des vertus pour être belle, mais pour
» plaire à son Époux, auquel si la laideur eût été
» aussi agréable, elle l'eût autant aimée que la
» beauté [1]. »

Pour entendre cette doctrine, qui pourroit scandaliser beaucoup de lecteurs, il faut considérer
deux choses, ou plutôt une seule chose par rapport à deux divers effets qu'elle peut produire. Il
y a dans les vertus une conformité avec la justice
éternelle et avec l'ordre immuable, qu'on ne peut
jamais se dispenser de desirer. C'est la sainteté de
Dieu même, pour ainsi dire, qui reluit dans ses
dons. Refuser d'aimer la beauté et la pureté des
vertus, ce seroit refuser de se conformer à Dieu,
et rejeter l'ordre. Les vertus sont bien plus nécessaires à desirer que la béatitude surnaturelle. Pour
la béatitude surnaturelle, Dieu pouvoit ne nous la
donner point, et le don qu'il nous en fait est libre
et gratuit. Mais pour les vertus, il ne peut jamais
en dispenser la créature intelligente. Il se doit à soi-
même de vouloir que sa créature soit juste, droite,
pure, et conforme à sa parfaite sainteté. En ce sens, il
y auroit une impiété horrible à ne desirer pas toujours la beauté et la pureté des vertus. Cette beauté
est l'essence de la vertu même, comme la laideur
du vice est l'essence du vice, c'est-à-dire l'opposition à l'ordre et à la justice immuable de Dieu.
Mais les vertus ont dans leur beauté même de quoi
contenter l'amour naturel que nous avons pour
nous. Si l'orgueil même se nourrit, comme les Pères l'ont souvent remarqué, des vertus les plus
pures et les plus parfaites qui le flattent, il ne faut
pas s'étonner qu'un amour naturel de notre propre avantage nous les fasse aussi rechercher, pour
s'en nourrir. C'est cette beauté des vertus, en tant
qu'elle contente notre attachement naturel à nous-
mêmes, que saint François de Sales auroit voulu
pouvoir séparer de la conformité que les vertus
ont avec Dieu, règle suprême et immuable, pour
inspirer aux ames parfaites de ne chercher dans
la pratique de la perfection que la gloire de Dieu,
sans y chercher aussi cette consolation de la nature.

Que les ames sans expérience et sans attention

---

[1] *IIIe Ecrit*, pag. 435.
[2] *Expl. des Max.*, pag. 27; *Am. de Dieu*, liv. IX, ch. XI.
[3] *Et. d'orais.*, liv. VIII, n. 51, tom. XXVII, pag. 532.
[4] *Expl. des Max.*, pag. 54 [5] *XIIe Entret.*

[1] *Vie de la mère de Chantal*, par Maupas, IIe partie, p. 181.

aux délicatesses de l'amour divin trouvent ces distinctions chimériques, il ne faut pas s'en étonner. Mais pour nous, monseigneur, qui sommes obligés d'entrer dans les maximes des saints sur les écueils à craindre dans la voie de la perfection, nous devons révérer et faire révérer aux fidèles ce que notre saint dit, avec tant d'autres excellents auteurs, sur les vertus, et qui est très important dans la pratique. Il faut donc toujours se souvenir que saint François de Sales veut seulement que les ames parfaites ne s'attachent ni *aux pratiques*, c'est-à-dire, comme je l'ai remarqué dans mon livre [1], *à certains arrangements de formules* sur les vertus, ni à la beauté des vertus mêmes, en tant qu'elle contente notre amour naturel pour nous-mêmes. Vous direz que *c'est à l'inquiétude* que notre saint *en veut* [2]. Mais je n'ai cessé de le dire avant vous. C'est pour faire entendre cette vérité que j'ai cité, dans mon *Instruction pastorale*, ce passage de notre saint, qui est décisif sur ce desir naturel et inquiet : « Si vous desirez la per- » fection d'un desir plein d'inquiétude, qui ne » voit que c'est l'amour-propre qui ne voudroit » pas que l'on vît de l'imperfection en vous [3] ? » Je vous demande seulement si ce desir inquiet des vertus est surnaturel. S'il vient de la grace, pourquoi le saint assure-t-il qu'il vient de *l'amour-propre ?* S'il vient de la grace, pourquoi voulez-vous le retrancher, contre l'attrait de la grace même ? De plus, comment direz-vous que l'esprit de Dieu, qui est l'esprit de paix, inspire l'inquiétude ? Si au contraire ce desir inquiet est naturel, ajouterez-vous qu'il est toujours vicieux, et que les bonnes ames commettent un péché toutes les fois qu'elles forment quelque desir empressé et inquiet pour leur avancement dans la vertu ? Mais, en attendant que vous vous expliquiez clairement là-dessus, il demeure constant que les expressions de saint François de Sales renferment un sens incontestable, et c'est dans ce sens qu'il faut prendre tous les passages que je vais citer.

Le saint disoit à la mère de Chantal [4] : « La li- » berté de l'esprit consiste en un dégagement to- » tal de toutes choses, pour suivre la volonté de » Dieu reconnue, ne s'attachant ni aux lieux, ni » aux personnes, ni à la pratique de l'exercice des » vertus. » Il est clair qu'il ne veut retrancher qu'un appui sensible de la nature dans *un certain arrangement de formules.*

Au lieu de suivre une explication si précise et si naturelle, vous avez rejeté, monseigneur, ces paroles du saint, que j'ai citées : « O que bien- » heureux sont ceux lesquels se dépouillent même » du desir des vertus, et du soin de les acquérir, » n'en voulant qu'à mesure que l'éternelle sa- » gesse les leur communiquera, et les emploiera » à les acquérir [1] ! » Vous répondez que ce passage est *dans un des ouvrages du saint qui n'a pas la trempe et la solidité des autres ouvrages.* Mais ne voyez-vous pas deux choses, monseigneur ? L'une, que les autres ouvrages sont pleins des mêmes maximes et des mêmes expressions. Vous venez d'entendre le saint parler de même dans ses entretiens à ses filles, dans ses avis à la mère de Chantal vers la fin de ses jours. A quoi sert-il donc de vouloir tantôt combattre l'édition de Lyon, tantôt rejeter l'autorité des *Opuscules*, qui ne disent que ce qui est répété si souvent ailleurs ? La seconde chose à remarquer, c'est que notre saint, dans cet endroit des *Opuscules*, n'exclut que les desirs naturels et empressés par lesquels on rechercheroit à contre-temps certaines vertus, lorsque l'éternelle sagesse, c'est-à-dire la grace, n'en demande pas la pratique. Falloit-il tant d'efforts pour rejeter un passage dont le sens est si manifeste et si pur ?

Voulez-vous voir, monseigneur, dans le grand ouvrage de *l'Amour de Dieu*, des termes plus forts que ceux des *Opuscules ?* « Si on s'est dénué » [2], dit notre saint, de la vieille affection aux con- » solations spirituelles, aux exercices de la dévo- » tion, aux pratiques des vertus, voire même à » notre propre avancement en la perfection, il » faut se revêtir d'une autre affection toute nou- » velle, aimant toutes ces graces et faveurs cé- » lestes, non plus parce qu'elles perfectionnent » et ornent notre esprit, mais parce que le nom » de notre Seigneur en est sanctifié. » Quelle est donc cette vieille affection pour les vertus en ce qu'elles nous *perfectionnent* et nous *ornent* ? Pourquoi faut-il s'en *dénuer* ? Pourquoi le saint lui oppose-t-il une *autre affection*, non pour *s'orner* soi-même, mais pour *sanctifier* le nom de notre Seigneur ? Ne voit-on pas clairement qu'il veut ôter un attachement naturel aux vertus pour nous contenter, et ne laisser que l'affection pure qui vient de la grace ? Ne voit-on pas que la *vieille affection* dont il faut *se dénuer* est *le desir plein d'inquiétude qui vient de l'amour-propre*, et qui nous fait desirer imparfaitement la perfection même ? Voilà l'intérêt propre sur les vertus qui

---

[1] *Expl. des Max.*, pag. 38.
[2] *Préf.*, n. 135, pag. 694.   [3] *Entret.* XVIII.
[4] *Vie de la mère de Chantal*, pag. 224.

[1] *Opusc.*, trait. VIII.
[2] *Am. de Dieu*, liv. IX, ch. XVI.

est dans cette *vieille affection*, et dont les parfaits doivent se *dénuer*.

Écoutons encore notre saint, et nous verrons que ses expressions les plus fortes n'ont qu'un sens très véritable en toute rigueur, et très important dans la pratique. « C'est l'amour aussi, dit-il [1], » qui, entrant en une ame, afin de la faire heu-» reusement mourir à soi et revivre à Dieu, l'a » fait dépouiller de tous les desirs humains, et » de l'estime de soi-même; qui n'est pas moins » attaché à l'esprit que la peau à la chair, et la » dénue enfin des affections plus aimables, comme » sont celles qu'elle avoit aux consolations spiri-» tuelles, aux exercices de piété, et à la perfec-» tion des vertus, qui sembloient être la propre » vie de l'ame dévote. » Vous voyez que l'amour naturel de nous-mêmes nous attache non-seulement à la réputation, et aux autres biens extérieurs, mais encore *aux affections plus aimables*, telles que *la perfection des vertus*. L'amour jaloux, après avoir combattu ces attachements plus grossiers, *dénue enfin* une ame de ces attachements plus subtils et plus spécieux. Cet attachement *à la perfection des vertus.... sembloit être la propre vie de l'ame dévote.* Il n'étoit pourtant pas sa véritable vie surnaturelle. Il faut que l'amour en *dénue enfin* ceux qu'il perfectionne.

Le saint ajoute, au même endroit, qu'il « nous » faut revêtir derechef de plusieurs affections, » et peut-être des mêmes que nous avons renon-» cées et résignées. Mais il s'en faut, dit-il, de-» rechef revêtir, non plus parce qu'elles nous » sont agréables, utiles, honorables, et propres » à contenter l'amour que nous avons pour nous-» mêmes, ains parce qu'elles sont agréables à » Dieu, utiles à son honneur, et destinées à sa » gloire. » Le voilà, monseigneur, cet amour naturel que vous rejetez avec tant d'ardeur. La beauté, l'éclat, la douceur, la consolation des vertus sont *propres à contenter cet amour que nous avons pour nous-mêmes*. C'est ce qu'il faut *renoncer et résigner*, pour ne rechercher les vertus qu'en tant qu'elles plaisent à Dieu par leur conformité à sa sainteté immuable. *Ces affections renoncées et résignées* sur les vertus, dont le saint parle, sont évidemment *les desirs pleins d'inquiétude* qui, selon lui, viennent de *l'amour-propre* [2].

On voit encore que le saint suppose toujours que cette *vieille affection* aux vertus qu'on doit *renoncer et résigner* est un principe naturel,
dont l'amour jaloux ne peut souffrir le mélange dans l'ame. « Tout ainsi, dit-il [1], que l'enfer, plein » d'horreur, de rage et de félonie, ne reçoit aucun » mélange d'amour; aussi l'amour jaloux ne re-» çoit aucun mélange d'autre affection. » Il ajoute un peu plus bas, en parlant de sainte Catherine de Gênes : « L'amour parfait, c'est-à-dire l'amour » étant parvenu jusqu'au zèle, ne peut souffrir » l'entremise ou interposition, ni le mélange d'au-» cune autre chose, non pas même des dons de » Dieu, voire jusqu'à cette rigueur qu'il ne per-» met pas qu'on affectionne le paradis, sinon pour » aimer plus parfaitement la bonté de celui qui » le donne. » Voilà le paradis même qui peut être desiré par rapport à ce qu'il a de propre à contenter l'amour que nous avons pour nous-mêmes. C'est une *vieille affection* qu'il faut *renoncer et résigner*. L'amour *jaloux* ou de *zèle ne peut souffrir ce mélange* : il va *jusqu'à cette rigueur, qu'il ne permet pas qu'on affectionne* ainsi *le paradis*.

Vous ne manquerez pas de dire, monseigneur, que ces subtilités peuvent être excusées pour la spéculation, mais qu'elles sont très dangereuses dans la pratique. C'est pourtant dans la pratique la plus réelle et la plus solide qu'il donne de tels conseils. Tantôt il parle dans ces termes [2] : « Aussi » devons-nous paisiblement demeurer revêtus de » notre misère et abjection parmi nos imperfec-» tions et foiblesses, jusqu'à ce que Dieu nous » exalte à la pratique des actions excellentes. » En effet, c'est une admirable pratique pour les ames tentées d'impatience et de découragement sur leurs défauts, que de supporter en paix l'humiliation de ces défauts, qui contriste l'amour naturel de nous-mêmes, sans nous relâcher jamais dans la fidélité à nous corriger, et sans aspirer à contre-temps à des pratiques de vertu qui sont trop au-dessus de nos forces présentes. Ailleurs, parlant *de l'affection aux choses spirituelles*, il s'exprime ainsi [3] : « Il faut demeurer dans cette sainte » nudité jusqu'à ce que Dieu vous revête; car n'a-» vez-vous pas tout quitté et tout oublié ? Dites ce » soir que vous renoncez à toutes les vertus, n'en » voulant qu'à mesure que Dieu vous les donnera, » ni ne voulant avoir aucun soin de les acqué-» rir, qu'à mesure que sa bonté vous emploiera » à cela par son bon plaisir. » Ce passage, qui surprend d'abord un lecteur peu accoutumé aux expressions des saints pour les besoins des ames peinées, se réduit évidemment à la doctrine déjà tant

---

[1] *Am. de Dieu*, liv. IX, ch. XVI.
[2] *Entret.* XVIII.

[1] *Am. de Dieu*, liv. X, ch. XIII.
[2] *Ibid.*, liv. IX, ch. XVI.
[3] Liv. IV, ep. X, pag. 151.

de fois expliquée ci-dessus. 1° *Demeurer paisiblement revêtus de notre misère et abjection*, ne veut pas dire aimer la difformité du vice ou son opposition à la sainteté de Dieu, mais seulement ne se point impatienter par amour-propre sur ses défauts. 2° Avoir *tout quitté et tout oublié*, c'est avoir quitté et oublié tout ce qui *contente l'amour que nous avons pour nous-mêmes*. 3° *Renoncer à toutes les vertus* ne doit être pris qu'avec la restriction suivante. 4° *Ne les vouloir qu'à mesure que Dieu nous les donnera*, n'est pas les attendre avec indifférence dans une molle oisiveté, mais s'abstenir des désirs inquiets et empressés de l'amour naturel de nous-mêmes, afin de ne les vouloir que par l'impression de la grâce quand les préceptes nous y obligent, ou que l'attrait de la grâce nous y invite pour l'accomplissement des conseils.

XVIIe PASSAGE.

XVI. « Nous revenons en nous-mêmes aimant
» l'amour en lieu d'aimer le bien-aimé [1]. »

XVIIIe PASSAGE.

« Il faut tâcher de ne chercher en Dieu que l'a-
» mour de sa beauté, et non le plaisir qu'il y a en
» la beauté de son amour [2]. »

Ces deux derniers passages sont bien cités : ils marquent toute la délicatesse de l'amour jaloux. Chercher les vertus et l'amour pour sa propre consolation, c'est *contenter l'amour qu'on a pour soi-même*. Chercher l'amour pour la gloire du bien-aimé, c'est aimer très purement, et sans mélange de recherche propre ou affection humaine. Si l'amour vicieux peut rechercher les plus grands dons de Dieu, tels que les vertus, pour s'en flatter et enorgueillir, à plus forte raison l'amour naturel, et imparfait sans être vicieux, peut-il les rechercher aussi pour s'en contenter et consoler. C'est *cet amour de nous-mêmes* qu'on voudroit contenter que le saint retranche, car il n'a garde de retrancher l'amour de charité que nous devons toujours avoir pour nous comme pour le prochain.

Pour entendre encore mieux sa pensée sur cette matière, il faut écouter attentivement ce qu'il dit ailleurs. « Ces âmes, dit-il [3], qui n'aiment rien que ce que Dieu veut qu'elles aiment, mais qui ex-
» cèdent en la façon d'aimer, aiment voirement
» la divine bonté sur toutes choses, mais non pas
» en toutes choses. Car les choses mêmes qu'il
» leur est non-seulement permis, mais ordonné
» d'aimer selon Dieu, elles ne les aiment pas seu-
» lement selon Dieu, ains pour des causes et mo-
» tifs qui ne sont pas certes contre Dieu, mais
» bien hors de Dieu..... Ces âmes aiment voire-
» ment trop ardemment et avec superfluité : mais
» elles n'aiment point les superfluités, ains seule-
» ment ce qu'il faut aimer..... Elles sont diver-
» ties pour aimer hors de lui et sans lui ce qu'el-
» les ne devroient aimer qu'en lui et pour lui. »
Le voilà, monseigneur, cet amour naturel et imparfait des dons surnaturels, et des choses les plus parfaites. Il a ses *motifs, non certes contre Dieu, mais bien hors de Dieu*. Faites-le vicieux tant qu'il vous plaira; c'est à vous à le prouver : en le prouvant, vous ne feriez rien contre moi. Cet amour des vertus, s'il est vicieux, n'en doit être que plus absolument *renoncé, résigné* et sacrifié.

XVII. Telle est la pure doctrine du saint sur les désirs de la béatitude et des vertus. Pourquoi donc, monseigneur, abandonnez-vous souvent ses expressions, comme celles d'un auteur qu'il faut plutôt excuser que suivre ? Vous le louez en général quand il n'est question d'aucune preuve tirée de ses ouvrages. Mais dès que je justifie mes paroles par les siennes, de peur de me justifier en le justifiant, vous vous récriez [1] : « Pourquoi af-
» fecter de répéter ces passages, et faire dire à
» tout le monde que le saint homme s'est laissé
» aller à des inutilités, qui donnent trop de con-
» torsion au bon sens pour être droites ? » Ainsi, après avoir bien disputé le terrain, tantôt sur l'édition de Lyon, tantôt sur les *Opuscules*, enfin vous laissez entendre combien l'autorité du saint vous arrête peu. Mais nous venons de voir que ses expressions les plus fortes sur le désir de la béatitude et des vertus sont très correctes, quand on les examine de près. Jamais rien n'a moins mérité que cette spiritualité sublime d'être nommé *des inutilités*, et *des contorsions au bon sens*.

Est-il question de cet acte sur les vertus qu'on ne veut que pour Dieu, sans chercher à se contenter soi-même par la beauté de la vertu ? vous répondez [2] : « Que servent ces violentes supposi-
» tions, etc. ? » Elles servent à exprimer un amour indépendant des consolations que la supposition retranche. Vous dites : « Ce sont des expressions,
» et non des pratiques. » Mais ce sont des expressions qui font entendre les pratiques solides et actuelles des saints. Vous ajoutez : « Jamais un
» directeur ne s'avisera de faire dire à un péni-
» tent : Oui, mon Dieu, si vous aimiez la laideur

---

[1] *Expl. des Max.*, pag. 34; *Am. de Dieu*, liv. IX, ch. IX.
[2] *Max.*, pag. 34; *Am. de Dieu*, liv. IX, ch. X.
[3] *Amour de Dieu*, liv. X, ch. IV.

[1] *Préf.*, n. 133, pag. 692.   [2] *Ibid.*

» plus que la beauté, etc... Car que voudroit dire » un tel acte ? » Il est aisé de rendre ainsi ridicule la délicatesse de l'amour dans les saints. Mais pouvez-vous nier que notre saint auteur n'ait inspiré ce sentiment dans la pratique à la mère de Chantal [1], « qui ne se lavoit pas, comme nous l'avons » vu, de ses fautes pour être pure, et qui ne se » paroit pas pour être belle, mais pour plaire à » son Époux, auquel si la laideur eût été aussi » agréable, etc. ? » N'avons-nous pas vu qu'il dit dans une épître : « Dites ce soir que vous renon» cez aux vertus, n'en voulant qu'à mesure, etc. ? »

XVIII. S'agit-il de cet autre acte, où l'on préfère l'amour seul à la béatitude, si elle pouvoit être sans l'amour ? vous dites : « Or celui-ci n'est pas « plus solide [2]. » Avez-vous donc oublié, monseigneur, que cet acte est précisément celui de notre XXXIIIe Article? C'est « la soumission et con» sentement à la volonté de Dieu, quand même, » par une très fausse supposition, au lieu des » biens éternels qu'il a promis aux ames justes, il » les tiendroit par son bon plaisir dans des tour» ments éternels, sans néanmoins qu'elles soient » privées de sa grace et de son amour. » Voilà une préférence de l'amour, avec la souffrance des *tourments éternels*, aux *biens éternels* mêmes. Nous avons assuré que c'est « un acte d'abandon par» fait et d'un amour pur pratiqué par des saints, » et qui ne peut être utilement, avec une grace » très particulière de Dieu, par les ames vrai» ment parfaites. » Le voilà déclaré très solide, et *utile* pour la pratique. D'où vient donc, monseigneur, que vous dites ensuite du même acte : *Or celui-ci n'est pas plus solide?* A peine se fie-t-on à ses propres yeux, quand on lit des variations si imprévues dans vos ouvrages.

XIX. Allègue-t-on la différence que le saint met entre la *résignation* et l'*indifférence*, qui est décisive dans notre contestation? vous la trouvez *surprenante*, contraire à l'Écriture, dans l'exemple de Job ; et vous concluez dédaigneusement qu'elle « est trop mince pour mériter qu'on s'y » arrête plus long-temps [3]. »

Quand notre saint, supposant le cas impossible *où il n'y eût ni paradis, ni enfer,... où nous n'eussions aucune sorte d'obligation à Dieu*, conclut que *l'amour de bienveillance nous porteroit à rendre à Dieu toute obéissance par élection* [4], une décision si formelle contre votre doctrine vous choque. Alors, ne pouvant dire que le saint est pour vous, vous méprisez son autorité. « Si l'on faisoit, » dites-vous [1], en toute rigueur l'analyse de ce » discours, on le trouveroit peu exact. » Vous appelez même ces expressions du saint « de si fortes » exagérations, que si on ne les tempère, elles » deviennent inintelligibles. »

XX. Vous allez chercher dans ce saint auteur un endroit où vous croyez trouver trois erreurs pélagiennes, et incompatibles avec la doctrine de saint Augustin adoptée par l'Eglise romaine. La première est « que notre cœur humain produit naturelle» ment certains commencements d'amour envers » Dieu, sans néanmoins pouvoir venir jusqu'à l'ai» mer sur toutes choses, qui est la vraie manière de » l'aimer [2]. » Ne voyez-vous pas, monseigneur, que ce commencement d'amour n'est que l'inclination à aimer, dont notre saint parle dans le même endroit? Cette inclination naturelle et indélibérée n'est ni méritoire ni aucun commencement de mérite. Le saint ne dit-il pas très souvent qu'on ne peut rien faire qui commence l'œuvre du salut sans le secours de la grace toujours prévenante?

« Notre chétive nature, dit-il, navrée par le pé» ché, fait comme les palmiers que nous avons de » deçà, qui font voirement certaines productions » imparfaites, et comme certains essais de leurs » fruits, etc. Notre cœur humain produit bien » naturellement certains commencements d'amour » envers Dieu : mais d'en venir jusqu'à l'aimer » sur toutes choses, qui est la vraie maturité de » l'amour dû à cette suprême bonté, cela n'appar» tient qu'aux cœurs animés et assistés de la grace » céleste. » Il appelle l'inclination naturelle d'aimer Dieu, « un certain vouloir sans vouloir,... » un vouloir qui voudroit, mais qui ne veut pas,... » un vouloir stérile,... un vouloir paralytique,... » un avorton de la bonne volonté [3]. »

XXI. La seconde erreur que vous lui imputez est de dire que dans l'état de la justice originelle l'homme auroit aimé Dieu par « un amour natu» rel et surnaturel tout ensemble; et qu'il auroit » tenu seulement à Dieu selon qu'il est reconnu » auteur, seigneur et souverain de toute créature » par la lumière naturelle, et par conséquent ai» mable par propension naturelle. » Mais que trouvez-vous de pélagien dans ce discours? Cet amour seroit véritablement *surnaturel* selon notre saint, car il ne pourroit être dans le cœur de l'homme sans la prévention de la grace. Vous demandez,

---

[1] *Vie de la mère de Chantal*, IIe part., pag. 481.
[2] *Préf.*, n. 133, pag. 692.
[3] *Et. d'orais.*, liv. VIII, n. 25, tom. XXVII, pag. 322.
[4] *Am. de Dieu*, liv. VIII, ch. 2.

[1] *Instr. sur les ét. d'orais.*, liv. IX, n. 7, pag. 368.
[2] *Préf.*, n. 126, pag. 685 ; *Am. de Dieu*, liv. I, ch. XVI et XVII.
[3] *Ibid.*, liv. IX, ch. XVII.

monseigneur[1], ce « qu'eût fait cet humble serviteur » de Dieu, si on lui eût représenté que, dans l'é- » tat de la justice originelle, on eût aimé Dieu » par rapport à la vision béatifique, qui est pour » ainsi dire si surnaturelle. » Il vous auroit répondu, sans hésiter, que cet amour surnaturel auroit regardé Dieu *par rapport à la vision béatifique*; qu'ainsi il eût été véritablement *surnaturel*, non-seulement du côté du principe de la grace qui l'auroit produit, mais encore du côté de l'objet et de la fin qu'il auroit regardés. Il est vrai seulement qu'il auroit regardé aussi Dieu comme étant naturellement digne d'amour. Que conclurez-vous de là contre notre saint? Il dit seulement que cet amour peut être nommé *naturel* à cause de la *lumière naturelle* qu'il suppose, et de la *propension naturelle* qui le précède et qui l'accompagne. Peut-on nier que la raison même ne montre aux hommes, comme elle l'a montré selon saint Paul aux philosophes, que Dieu est infiniment parfait et aimable? Peut-on douter que l'homme n'ait une inclination ou *propension naturelle* pour ce bien suprême, quand la raison le lui représente? Ne le dites-vous pas plus qu'un autre, vous qui voulez tant, monseigneur, que l'homme ne puisse jamais s'arracher, dans aucun de ses actes produits par la raison, cette *propension* et même ce motif de la béatitude qui est le souverain bien? L'amour surnaturel, quant au principe et quant à la fin, ne laisse donc pas d'avoir ces deux choses naturelles, savoir, la raison et l'inclination d'aimer le bien suprême. Est-il permis de traiter si mal un si grand et si saint auteur, pour des propositions expliquées par lui-même dans un sens si innocent?

XXII. La troisième erreur que vous lui imputez[2], c'est de dire que « si nous employons fidè-» lement (cette inclination naturelle), la douceur » de la piété divine nous donneroit quelque se-» cours, par le moyen duquel nous pourrions » passer plus avant.... C'est que celui qui est fi-» dèle en peu de chose, et qui fait ce qui est en » son pouvoir, la bénignité divine ne dénie jamais » son assistance pour l'avancer de plus en plus. » Le saint ne dit pas que cette inclination seule, ni les actes délibérés et naturels qui peuvent provenir de cette seule inclination, aient jamais rien de méritoire qui engage Dieu à nous donner aucune grace. Il veut seulement qu'une autre qui suivroit la lumière naturelle seroit un objet où la miséricorde divine se plairoit à paroître. Mais il ne dit pas que cette ame suivroit sans aucun secours de grace toute sa lumière naturelle. De plus, quand même il supposeroit des actes purement naturels, il ne dit pas qu'ils seroient méritoires. Au contraire, selon lui, Dieu ne doit point son *assistance*; mais sans la devoir, *sa bénignité* ne la dénie pas. C'est dans cette supposition (je n'en examine point ici la possibilité) que saint Thomas a parlé ainsi : « Supposé que chacun soit » obligé à une foi explicite, il n'y a aucun incon-» vénient à le dire, pour un homme qui auroit » été nourri dans les forêts ou parmi les bêtes sau-» vages, c'est la Providence à qui il appartient de » pourvoir au besoin de chacun pour les choses » nécessaires au salut, pourvu que l'homme n'y » mette point d'empêchement de sa part. Car si » un homme nourri de la sorte suivoit comme son » guide la raison naturelle dans l'inclination pour le » bien, et dans la suite du mal, il faut tenir pour » très certain que Dieu lui révéleroit par inspira-» tion intérieure les choses qu'il est nécessaire » de croire, ou lui envoieroit quelque prédicateur » de la foi, comme il envoya saint Pierre à Cor-» neille[1]. »

Saint Thomas dit encore des infidèles qui n'ont jamais entendu les vérités de l'Évangile : « Si quel-» ques uns eussent fait ce qui étoit en eux, Dieu » auroit pourvu à leur besoin selon sa miséri-» corde, leur envoyant un prédicateur de la foi, » comme Pierre à Corneille[2]. »

D'où vient donc, monseigneur, que vous vous récriez : « On ne peut oublier qu'avec plus de » bonne intention que de science, etc.? »

XXIII. Je n'entre point ici dans l'examen de cette pensée de saint Thomas et de divers autres graves théologiens que notre saint a suivis. Quoi qu'il en soit, ils ne l'ont point entendue de manière qu'ils aient attribué aux œuvres naturelles la vertu de mériter la grace comme les œuvres faites avec la grace la méritent. Ils veulent seulement que ces œuvres écartent des empêchements : Pourvu, dit saint Thomas, *que l'homme n'y mette point d'empêchement de sa part.*

Ces saints n'ont-ils pas pu dire que Dieu, dans ce cas, donne ce qui n'est nullement ni dû ni mérité? Qu'y a-t-il de pélagien dans cette doctrine ainsi expliquée? pourquoi traitez-vous notre saint comme un auteur qui manque de science, pour avoir parlé comme saint Thomas et même moins

---

[1] *Préf.*, n. 127, pag. 685.
[2] *Id.*, n. 126, pag. 685.

[1] *Quæst. disp. De Verit.*, quæst. xiv, art. xi, ad. 1.
[2] *In ep. ad Rom.*, cap. x, lect. iii.

fortement que lui? Quand même il se seroit trompé, il ne l'auroit fait qu'avec un si grand docteur, reconnu pour l'Ange des écoles. Direz-vous aussi de saint Thomas, qu'il a parlé *avec plus de bonne intention que de science?* Quel Père échappera à votre mépris sur la science, si vous croyez ignorants tous ceux qui se sont trompés? Mais notre saint n'a jamais dit, comme vous, monseigneur[1], que c'est être quiétiste que de ne vouloir point « prévenir la grace par son propre effort et par sa » propre industrie,... pour se donner les disposi- » tions que la grace n'inspire point dans ces mo- » ments-là, parce qu'elle en inspire d'autres moins » consolantes et moins perceptibles[2]. » Ce saint reconnoissoit au contraire, avec toute l'Église, qu'on ne peut rien mériter de Dieu en prévenant la grace, et qu'on ne l'attire en soi, comme dit saint Prosper, qu'autant qu'on est déja prévenu par elle : *Sine cujus gratia nemo currit ad gratiam*[3].

XXIV. Quand il s'agit des sentiments du saint contre les illusions du quiétisme, au lieu de le défendre par ses vrais principes, vous ne lui donnez que cette excuse vague et très peu décente : « Saint » François de Sales a prévenu tous les abus qu'on » pouvoit faire de sa doctrine, lorsqu'il a dit qu'il » ne falloit point tant pointiller sur l'exercice des » vertus, mais y aller franchement à la vieille » françoise, avec liberté et à la bonne foi, *grosso* » *modo*. » C'est en vain, monseigneur, que vous croyez que cette manière de l'excuser est hors d'atteinte, à cause qu'elle est tirée de ses propres paroles. Quoique le saint dise qu'il faut s'appliquer *à l'exercice des vertus sans tant pointiller, etc.*, il ne s'ensuit pas qu'on ne puisse défendre le saint, sur l'illusion, que par cette simplicité qu'il propose pour la pratique aux bonnes ames. Cet auteur dont les livres sont lus avec tant de consolation et de fruit, cet auteur dont le Saint-Siége a examiné si soigneusement la doctrine avant sa canonisation, et qu'il a nommé *céleste*, ne sera-t-il justifié du quiétisme que par le *grosso modo?* Vous allez même jusqu'à mettre en doute ce qu'un pape en a dit. « L'éloge, dites-vous[4], que l'on prétend » approuvé par une bulle d'Alexandre VII. » Après avoir ravili sa doctrine, vous avez aussi éludé l'autorité de ses exemples. Ce qui est nommé dans sa vie et que vous nommez vous-même *comme une réponse de mort assurée*, est expliqué au même endroit de votre livre[1] par *une impression de réprobation,* et par une supposition *qu'après avoir aimé toute sa vie,... il n'aimeroit plus dans l'éternité.* N'importe, cette *réponse de mort assurée* n'est plus, selon vous, qu'une persuasion qu'il ne guériroit point d'une maladie.

Je laisse, monseigneur, au lecteur à juger qui de vous ou de moi est plus attaché aux véritables maximes du saint; ou vous, qui le critiquez si souvent et si ouvertement; ou moi, qui ne cesse de l'admirer, et de montrer combien ses expressions sont correctes.

XXV. Votre passion pour faire censurer les expressions mêmes des saints canonisés va jusqu'à comparer sainte Catherine de Gênes avec Molinos sur la matière des indulgences[2]. Quelle comparaison de la lumière avec les ténèbres! Pourquoi donner ce faux avantage aux quiétistes? Quel rapport entre les ouvrages de Molinos, si justement frappé d'anathème par le Saint-Siége, et ceux d'une sainte que l'Église admire et invoque? Pourquoi confondre ce que la sainte ne dit que pour elle seule, par un attrait entièrement extraordinaire, avec un dogme qui est énoncé absolument dans une des LXVIII propositions de Molinos, et qui est une impiété manifeste contre l'esprit de l'Églis.?

Enfin, quand vous rejetez l'autorité de tant d'auteurs révérés de toute l'Église, qui ont écrit en notre langue, ou qui y ont été traduits, et qui excluent de la vie parfaite le propre intérêt, vous les nommez *quatre ou cinq mystiques qu'on ne lit point*[3]. Quel mépris pour tant de vénérables maîtres de la vie spirituelle!

XXVI. Je finis, monseigneur, par où j'ai commencé. L'autorité de saint François de Sales n'est employée dans mon livre que pour retrancher dans la vie la plus parfaite *l'intérêt propre à l'égard du mérite, de la perfection et de la béatitude éternelle*[4]. Or, est-il que l'intérêt propre n'est qu'une imperfection naturelle, que le saint retranche souvent, tantôt sous le nom de *desir plein d'inquiétude* qui vient de l'*amour-propre*, tantôt sous le nom *d'amour, de nous-mêmes* que nous voulons contenter en recherchant les vertus et la béatitude. J'ai donc bien employé l'autorité de saint François de Sales selon l'esprit de ses livres, pour retrancher le propre intérêt *sur le mérite, sur la perfection, et sur la béatitude.* Mon système est donc précisément tiré du sien, et je n'ai fait que le suivre.

---

[1] *Déclar.*, tom. XXVIII, pag. 268.
[2] *Max.*, pag. 18.
[3] *Resp. ad object.* VIII, capit. Gall. in app., tom. X. op. S. Aug., pag. 202.
[4] *Préf.*, n. 124, pag. 679.

[1] *Etats. d'orais.*, liv. IX, n. 5, pag. 555.
[2] *Préf.*, n. 126, pag. 682. [3] *Ibid*, n. 44, pag. 568.
[4] *Explic. des Max.*, pag. 12.

XXVII. Le saint a même nommé, aussi bien que moi, cette affection naturelle et imparfaite aux dons de Dieu, un *intérêt propre*. C'est sans doute dans un tel auteur, qui a écrit en françois, qu'il faut chercher le vrai sens de ce terme, et non dans les théologiens scolastiques, qui n'ont écrit qu'en latin, et qui n'ont employé que le terme de *commodum*. Voyons donc ce que saint François de Sales entend par ce terme, contesté entre nous. Parle-t-il de la simplicité, qui est sans doute un état de vie? il dit : *Sans que jamais l'ame puisse souffrir aucun mélange du propre intérêt* [1]. Cet intérêt propre n'est pas le salut, car le *mélange* en doit être non-seulement souffert, mais recherché comme étant de précepte indispensable. Voilà donc, dans un état de vie, un sacrifice absolu ou retranchement du *propre intérêt*, en sorte qu'on n'en peut plus *souffrir le mélange*; et c'est un sacrifice pour toujours, *sans que jamais*, etc. Cet intérêt propre n'est donc pas l'objet de l'espérance, comme vous l'avez prétendu, monseigneur. Ce ne peut être qu'un principe d'amour imparfait. C'est *ce désir plein d'inquiétude qui vient de l'amour-propre*. C'est que quand nous sommes encore imparfaits, nous voulons « contenter l'amour » que nous avons pour nous-mêmes. C'est la vieille » affection aux vertus qu'il faut renoncer et rési- » gner. C'est un amour pour des causes et motifs » qui ne sont pas certes contre Dieu, mais bien » hors de Dieu. L'amour parvenu jusqu'au zèle » ne peut souffrir ce mélange..... Il va jusqu'à » cette rigueur, qu'il ne permet pas qu'on affec- » tionne ainsi le paradis. » Voilà, monseigneur, comment il faut entendre l'intérêt propre dans notre saint. Voulez-vous l'écouter encore, lorsqu'il reprend avec tant de sévérité la mère de Chantal, qui s'affligeoit trop de la mort sans baptême d'un de ses petits-enfants? « Ma mère, dit- » il [2], d'où vient ceci, que vous vous regardez » vous-même? Avez-vous encore quelque intérêt » propre? » Le voilà cet *intérêt propre*, cet amour naturel et imparfait *de nous-mêmes* que nous voulons *contenter*, même sur le salut de nous et des nôtres. Sans retrancher jamais l'espérance ou désir du salut, on peut retrancher *ce désir* humain *et plein d'inquiétude*. L'amour *parvenu jusqu'au zèle ne peut souffrir ce mélange* d'une affection humaine et imparfaite avec les vertus surnaturelles. Il va *jusqu'à cette rigueur, qu'il ne permet pas qu'on affectionne* ainsi *le paradis*, et qu'on veuille imparfaitement ce qu'il y a de plus parfait. Cette *rigueur* est celle de *l'amour fort comme la mort, et dur comme le tombeau*. Elle est terrible à la nature; mais elle n'est ni *impie* ni *barbare*. Il est donc évident que saint François de Sales a entendu aussi bien que moi par l'intérêt propre, non le salut qui est l'objet de l'espérance, mais le principe intérieur d'amour naturel et imparfait qui nous attache aux plus grands dons de Dieu. Cet usage si décisif du terme d'intérêt propre suffit seul pour renverser toute votre grande *Préface*, qui n'est appuyée que sur la signification du salut que vous donnez toujours à ce terme.

XXVIII. Mais pourquoi faites-vous tant d'efforts pour attacher toujours à cet intérêt le sens du salut éternel? Vous n'avez pu vous-même vous empêcher de prendre souvent ce terme dans le sens d'imperfection naturelle, suivant lequel je l'ai pris.

1° Dans votre livre des *États d'oraison*, vous avez assuré que « saint Anselme, auteur du siè- » cle XIe, est le premier qui a défini la béatitude » par l'utilité ou intérêt, » et que c'est l'exprimer d'une *manière..... basse* [1]. Vous avez dit aussi que le « Saint-Esprit nous a révélé expressément » par saint Paul.... que le désir d'être avec Jésus- » Christ (*c'est-à-dire le désir de la vision béati- » fique*) est parfaitement désintéressé :..... que le » désir du salut ne peut être rangé sans erreur » parmi les actes intéressés;..... que les désirs de » posséder Dieu *ne peuvent être nommés* imparfaits » sans un manifeste égarement, et qu'on ne peut » s'élever au-dessus sans porter la présomption » jusqu'au comble [2]. » Alors on pouvoit, selon vous, espérer sans intérêt propre, et sans faire un acte intéressé : l'espérance étoit *parfaitement désintéressée* : *intéressé* et *imparfait* étoient des termes synonymes. En expliquant Cassien, vous assuriez [3] qu'il y a « sur la récompense une es- » pérance désintéressée, qui regarde la gloire de » Dieu déclarée par ses largesses et par ses bon- » tés. » Vous parliez encore ainsi de cet auteur touchant le salut : « Il n'en regarde donc pas le » désir et la poursuite comme notre intérêt, mais » comme la fin nécessaire de notre religion..... » Ce n'est donc pas un intérêt propre et imparfait, » mais un exercice des parfaits, de desirer Jésus- » Christ, et dans lui la béatitude. »

Ces exclusions du propre intérêt sont si fortes, que le lecteur en les lisant seroit tenté de croire qu'elles sont plutôt tirées de mon livre que du

---

[1] *XII*[e] *Entret. de la simpl.*
[2] *Vie de la mère de Chantal.* IIe part., ch. XI, pag. 226.

[1] *Inst. sur les ét. d'orais.*, liv. X, n. 29, pag. 455.
[2] *Ibid.*, liv. III, n. 8, pag. 124, 125.
[3] *Ibid.*, liv. VI, n. 35, 36, pag. 241.

vôtre. Alors, monseigneur, vous ne disiez pas ! qu'une espérance qui n'espère pas le propre intérêt n'est espérance que de nom, et qu'elle n'espère rien. Alors vous étiez bien éloigné de dire que l'intérêt propre ne peut être que le salut. Tout au contraire, on ne pouvoit, selon vous, *sans erreur*, confondre deux choses si différentes. C'étoit *un manifeste égarement*; c'étoit *porter la présomption jusqu'au comble*. Alors vous n'aviez garde de songer à faire une grande préface pour confondre l'intérêt propre avec le salut. Alors il y avoit environ trente ans que vous étiez accoutumé à distinguer nettement ces deux choses, puisque vous aviez approuvé le P. Surin, qui retranchoit *l'intérêt.... divin* [2] sans rejeter le salut et l'espérance. Alors vous ne doutiez point que l'espérance ne pût être *parfaitement désintéressée*. Alors vous supposiez qu'on peut se desirer le souverain bien, qui est en un sens le plus grand de tous nos intérêts, sans le desirer par un motif intéressé. L'intérêt propre n'est devenu chez vous le salut que depuis que ces deux choses sont distinguées et opposées l'une à l'autre dans mon livre. Ma distinction a fait cesser la vôtre. L'intérêt propre a perdu tout-à-coup son premier sens, pour en prendre un nouveau. Ce qui étoit *erreur manifeste, égarement, comble de présomption, manière basse* d'exprimer la béatitude, est devenu un langage nécessaire à la foi. C'est moi qui suis dans *l'erreur*, dans un *manifeste égarement*, et au *comble de la présomption*, de ne mettre pas l'espérance *au rang des actes intéressés*. Il y faudroit même mettre la charité, selon votre principe; car elle ne peut jamais, selon vous, *se désintéresser* non plus que l'espérance à l'égard de la béatitude. Dans ces premiers temps, l'intérêt propre n'étoit point, selon vous, l'objet de notre desir : c'étoit un principe intérieur, une affection vicieuse. Vous parliez ainsi [3] : « L'espérance que Cassien appelle
» mercenaire ou intéressée, et qu'il exclut à ce
» titre de l'état de perfection, est celle où l'on ne
» desire pas tant la bonté de celui qui donne, que
» le prix et l'avantage de la récompense. » Ainsi l'intérêt étoit un vice *exclu à ce titre de l'état de perfection*. Mais ce vice est devenu Dieu même, en tant que béatifiant pour nous, depuis que vous avez voulu que j'eusse enseigné le désespoir, en excluant l'intérêt propre.

2° Vous avez continué à prendre le terme d'intérêt propre dans le sens d'une imperfection à retrancher, jusque dans votre propre *Déclaration*, où vous m'en faites un crime. L'habitude de tant d'années, et la signification naturelle de ce terme, vous ont entraîné. Quand vous traduisez le terme *d'intéressé*, vous le rendez toujours par celui de *mercenarius*. Mais ne voyez-vous pas, monseigneur, que la mercenarité est, selon les Pères, une imperfection qui, restant dans le second degré des justes ne se trouve plus dans le troisième degré des parfaits enfants. Si donc l'intérêt propre n'est que la mercenarité, il le faut exclure *à ce titre de l'état des parfaits*. Vous dites encore, dans votre *Déclaration*, que *l'intérêt propre*, que je suppose *dominant* dans l'état d'amour d'espérance, est *un motif créé qui rendroit les actes vicieux. Un motif créé n'est pas Dieu en tant que béatifiant. Ce qui rend un acte vicieux n'est pas l'objet souverainement bon, mais un principe d'amour qui n'est pas réglé.* L'intérêt propre n'est donc, selon vous-même, dans mon livre, qu'une attache vicieuse à nous-mêmes. Vous avez donc compris dès la quatrième page de mon livre [1], et dans mes propres définitions, qui sont le fondement de tout mon système, que l'intérêt propre, loin d'être le salut, n'est autre chose que ce que vous nommez un vice, et que je nomme une imperfection à retrancher.

5° Dans votre dernier volume vous oubliez tant de choses décisives. L'intérêt propre perd tout-à-coup sa bassesse, sa mercenarité, son vice. Il devient le salut, il devient Dieu même bon pour nous. Vous voulez que *le Saint-Esprit soit l'auteur du propre intérêt*. Vous faites l'éloge de ce *propre intérêt, où saint Anselme, où saint Bernard, où Scot, où toute l'école met l'essence de l'espérance chrétienne* [2]. Voilà le propre intérêt bien changé et bien ennobli. Ensuite vous vous récriez contre moi : *Ignorance des conclusions et des principes de l'école!....... hérésie formelle!* Pour appuyer une si violente exclamation, il falloit au moins demeurer ferme jusqu'au bout à soutenir cette noble signification du propre intérêt. Cependant vous n'avez pas laissé d'avouer que les Pères donnent « ordinairement à la béatitude éternelle
» une dénomination plus excellente que celle d'in-
» térêt; mais que depuis le langage a varié pour
» donner le nom d'intérêt à la béatitude [3]. »

Enfin, quand vous expliquez les paroles d'Albert-le-Grand [4], qui dit que « le parfait amour..... ne

---

[1] *Déclarat. Summ. Doctr.*
[2] *Fondements de la vie spir.*, pag. 44; Ve *Écrit*, n. 14, tom. XXVIII, pag. 519 et suiv.
[3] *Instr. sur les ét. d'orais.*, liv. VI, n. 55, pag. 240.

[1] Page 5 de ce volume. [2] *Préf.*, n. 74, pag. 605.
[3] *Ibid.*, n. 59, pag. 585; Ve *Écrit*, n. 9, pag. 519.
[4] *Préf.*, n. 105, pag. 646.

» cherche aucun intérêt ni passager ni éternel,... » et que l'âme délicate a comme en abomination » de l'aimer par manière d'intérêt ou de récom- » pense, » voici ce qui vous a échappé naturellement, contre votre principal dessein : « Pourquoi » tant se tourmenter, dites-vous, pour entendre » une chose si claire? Le parfait amour est celui de » la charité, qui est opposé à l'amour de l'espé- » rance. Cet amour ne cherche aucun intérêt ni » passager ni éternel, mais la seule bonté et per- » fection de Dieu, pour y mettre sa fin dernière. » Voilà un *intérêt éternel* que *l'âme délicate a comme en abomination,* et qu'elle sacrifie absolument. Ce n'est pas l'objet de l'espérance en tant que rapportée à la fin dernière, car c'est ce qu'on ne peut jamais rejeter. Ce ne peut donc être que le don de Dieu en tant qu'on y mettroit sa dernière fin. L'intérêt éternel pris en ce sens, loin d'être le salut ou Dieu béatifiant, est au contraire ce qui flatte une espérance vicieuse. Ne dites donc plus « qu'un intérêt éternel doit subsister dans l'éter- » nité, » que c'est Dieu même éternellement possédé, et non pas une imperfection passagère. Ce grand argument tombe, et il se renverse sur vous. L'intérêt éternel, selon vous-même, n'est, dans Albert-le-Grand, qu'une espérance vicieuse. « Pourquoi tant se tourmenter, dites-vous, mon- » seigneur, pour entendre une chose si claire? » Elle est donc *claire,* de votre propre aveu. Que devient donc cette démonstration foudroyante sur les termes d'*intérêt éternel?* Jamais personne ne fut donc moins en droit que vous de prétendre que l'intérêt, quand même on y ajouteroit le mot d'*éternel,* doive nécessairement signifier le salut. Saint François de Sales l'a entendu, comme vous et moi, pour une imperfection, soit qu'on la regarde avec vous comme un péché, ou avec moi comme une imperfection sans vice. C'est ainsi qu'il dit : « Sans que jamais l'âme puisse souffrir » aucun mélange du propre intérêt [1]. » C'est ainsi qu'il dit à la mère de Chantal : « Avez-vous en- » core quelque intérêt propre [2]? »

XXIX. Je n'ai donc cité notre saint que pour établir sa véritable doctrine touchant le désir de la béatitude et de la perfection des vertus. Le terme qui règne dans tout mon livre y est pris suivant le sens naturel où il l'a pris lui-même dans les siens. D'un assez grand nombre de citations que j'ai faites, il ne s'en trouve que deux ou trois qui ne sont pas dans ses ouvrages en termes formels, mais qui sont manifestement le précis de ses paroles, et dont le sens se trouve dans les livres de ce saint en termes encore plus forts. Tous les autres passages sont exactement cités pour les paroles et pour le sens. Loin d'être employés à flatter l'illusion, ils ne sont mis en œuvre que pour la réprimer jusque dans sa source, en montrant que le saint n'a jamais exclu que *l'intérêt propre* ou *reste d'esprit mercenaire* [1]. Falloit-il faire tant de scandale pour quelques paroles qui ne sont pas formellement celles de l'auteur, mais qui ne sont que la pure et claire substance de ses écrits? Doit-on être surpris qu'il arrive de ces petites négligences dans une édition faite en l'absence de l'auteur, et sans être revue par lui? Tous les autres passages qui sont si décisifs ne sont-ils pas exactement cités? Pourquoi donc, monseigneur, dites-vous, en parlant de moi sur les passages de notre saint : « Il n'en marque aucun qui ne soit tronqué, ou » pris manifestement à contre-sens, ou même en- » tièrement supposé? » Vous ajoutez avec une pleine confiance : « L'accusation est grièvé, mais » elle ne peut être dissimulée ; et après tout, c'est » un point de fait, où l'on n'a besoin que de la » simple lecture [2]. » Mais que doit-on penser de cette *accusation grièvé,* si *la simple lecture* en montre l'erreur ? Que le lecteur relise tous les passages rapportés ci-dessus. Quelques uns sont évidemment en substance dans les livres du saint, et tous les autres en termes formels. Est-il permis de faire contre son confrère une si affreuse accusation sans preuve, et malgré l'évidence des preuves contraires? Vous vous plaignez des passages pris à *contre-sens.* Mais vous n'expliquez les expressions du saint qu'en général, et en lui faisant dire que les états sublimes de la simplicité et de l'indifférence se réduisent à éviter l'impiété et le sacrilége de mettre la dernière fin en soi-même pour la possession des dons de Dieu ; puis vous recourez au *grosso modo.* Enfin, sous le nom de desir inquiet et vicieux, vous retombez dans le sens même que vous combattez. Falloit-il accuser si grièvement votre confrère pour la doctrine du saint, que vous sapez par les fondements et que votre confrère soutient ? Voilà, monseigneur (j'en prends à témoin Dieu, qui sera mon juge), ce qui m'afflige beaucoup plus pour vous que pour moi. La vérité, toute-puissante pour ceux qui ne cherchent qu'elle, et qui se doit tout à elle-même, me délivrera comme je l'espère. Elle me délivrera de vos accusations, en me faisant trouver ma justifi-

---

[1] *Entret. XII; de la simpl.*
[2] *Vie de la M. de Chantal,* 2ᵉ part., chap. xx, pag. 226.

[1] *Expl. des Max.,* pag. 8.
[2] *IIIᵉ Écrit.* pag. 433.

cation dans la sienne, ou en m'inspirant une ingénue et humble soumission à la décision de l'Église. Mais vous, monseigneur, qui m'accusez, et dont les accusations retombent sur le saint que je défends, ne craindrez-vous point de retenir la vérité dans l'injustice? Plus j'aurois à me plaindre à toute l'Église de ce que vous m'avez dénoncé à elle comme un falsificateur de passages, plus je crois devoir me taire, et prier Dieu qu'il vous ouvre enfin les yeux sur tout ce que vous m'avez imputé. Si vous me faites si peu de justice *dans un point de fait, où l'on n'a besoin que de la simple lecture*, que doit-on attendre en d'autres matières moins faciles à éclaircir?

Je serai toujours néanmoins de bon cœur, avec un respect sincère, monseigneur, etc.

PREMIÈRE LETTRE

EN RÉPONSE A CELLE

DE Mgr L'ÉVÊQUE DE MEAUX.

Monseigneur,

Après avoir tâché d'éclaircir les faits dans ma Réponse à votre *relation*, je me hâte de revenir à la doctrine qui est le point essentiel. Pour rendre notre éclaircissement plus court, je me bornerai aux principaux points de la lettre où vous répondez à quatre des miennes.

I. Vous tâchez de vous justifier sur ce que vous avez mis *Dieu* en la place du *salut* en citant mes paroles. « Merveilleuse subtilité! dites-vous, com» me si le salut étoit autre chose que Dieu, etc. ! » Il n'est pas question, Monseigneur, de faire un raisonnement, mais d'avouer un fait. Si *Dieu et le salut* sont précisément synonymes, ne valoit-il pas mieux rapporter mes propres paroles que les changer? Il le falloit même selon toutes les règles de la bonne foi, puisque vous dites que je me contredis clairement : *certis clarisque ac ipsissimis verbis* [1]. Pourquoi donc avez-vous mis le terme de *Dieu* en la place de celui de *salut*? Pourquoi m'avez-vous fait dire, dans la page 54 de mon livre [2] : « Il est vrai que nous ne voulons point » Dieu en tant qu'il est notre récompense, notre » bien, notre intérêt, etc. [3]? » Si mon texte suffit pour me convaincre, pourquoi l'altérez-vous? pourquoi gâtez-vous une si bonne cause par une si mauvaise citation? Si au contraire mon texte ne suffit pas pour me convaincre, ne valoit-il pas mieux me laisser justifier, qu'altérer mes paroles? Mais allons plus loin. Outre que le fait de l'altération est incontestable, le raisonnement par lequel vous voudriez faire excuser l'altération n'a rien de concluant. Vous voulez prouver que j'ai entendu par l'intérêt, Dieu même en tant que béatifiant, c'est-à-dire la béatitude objective. Voilà ce qui vous fait changer mon texte, et mettre *Dieu* en la place du *salut*. Pour moi, tout au contraire, quand je parle du *salut* en tant qu'il est notre récompense et notre *intérêt*, je ne veux parler que de la béatitude formelle, qui, selon tous les théologiens, est quelque chose *de créé*, et qui peut exciter en nous l'amour naturel qui fait la mercenarité ou propre intérêt. *Dieu et le salut* sont donc en cet endroit infiniment plus différents que le ciel et la terre. L'un est le créateur; l'autre quelque chose de créé : l'un est l'objet de l'espérance surnaturelle ; l'autre est dans mes paroles l'objet d'une affection naturelle et mercenaire. Supposer que le salut en tant qu'intérêt est *Dieu* même, c'est précisément supposer ce qui est en question, sans en donner ombre de preuve. Quand on commence par supposer ce qu'on devroit prouver, et qu'en vertu de cette supposition on change les termes essentiels d'un auteur, on tourne sans peine en blasphèmes ses expressions les plus innocentes.

Mais voici un second mécompte inexcusable dans la citation de mes paroles. Outre que vous mettez *Dieu* au lieu de *salut,* vous supprimez des mots essentiels. J'ai parlé en cet endroit du salut *comme salut propre* [1]. Vous n'ignorez pas, monseigneur, que tous les saints mystiques rejettent la propriété de l'état de perfection. Vous avez parlé ainsi vous-même [2] : « Telle est la véritable purification de » l'amour; telle est la parfaite désappropriation » du cœur, qui donne tout à Dieu, et ne veut plus » rien avoir de propre. » La béatitude formelle est sans doute un don créé. *La désappropriation du cœur* consiste donc à ne vouloir plus avoir ce don *comme propre,* selon vous-même. C'est ce que saint Bernard a exprimé par ces paroles : *Neque enim suum aliquid, non felicitatem, non gloriam, non aliud quidquam, tanquam privato sui amore desiderat anima quæ ejusmodi est* [3].

---

[1] *Déclar.* Œuvr. de Bossuet, tom. XXVIII, pag. 234.
[2] Page 12 de ce volume. [3] *Rép. à quatre Lettr.*, t. XXIX, p. 4; *Déclar.*, tom. XXVIII, pag. 255.

[1] *Expl. des Max.*, pag. 12.
[2] *Inst. sur les ét. d'orais..* liv. x. n. 50, tom. XXVII, p. 460.
[3] *Serm.* VIII *de divers.*, n. 9, pag. 1104.

Voilà la *béatitude et la gloire* céleste même, que l'ame désappropriée ne cherche point en tant que *sienne*, c'est-à-dire en tant que propre, *suum aliquid privato sui amore*, par *un amour particulier de soi*. Que la propriété soit une imperfection naturelle tantôt vicieuse et tantôt exempte de vice, comme je le dis, ou qu'elle soit toujours vicieuse, comme vous le prétendez, il n'en est pas moins vrai de dire qu'elle est toujours naturelle et imparfaite, elle n'en est pas moins à retrancher pour la perfection; et si elle est toujours vicieuse, elle doit être encore plus rejetée. Pourquoi donc me faites-vous un si grand crime d'avoir dit que *la purification de l'amour et la désappropriation du cœur* consistent à ne vouloir plus *rien avoir de propre*, non pas même ce don créé qu'on appelle salut ou la béatitude formelle, en sorte qu'on ne le veut plus *comme salut propre* par un amour naturel et particulier de nous-mêmes? Vous avez donc changé mes paroles, en assurant que vous les rapportiez elles-mêmes, *certis clarisque ac ipsissimis verbis*. Vous l'avez fait pour confondre Dieu même avec un don créé, et l'espérance chrétienne avec la propriété.

II. Vous voulez affoiblir une de mes principales preuves, en disant qu'il ne faut pas s'étonner que je m'étois contredit, puisqu'il y a quelque contradiction dans tous ceux qui errent. Je ne nie pas que les hommes qui errent ne se contredisent : ce n'est pas là notre question. Vous la changez visiblement, monseigneur, pour éluder ma preuve. Il est facile de répondre à un argument, après lui avoir ôté toute sa force. Mais rendez-la-lui, et vous verrez qu'il n'y a rien à y répondre. Ce n'est pas de toutes sortes de contradictions, dont je suppose que les hommes sont incapables, quand ils ne sont pas insensés : il y a certaines contradictions enveloppées, dans lesquelles ils peuvent tomber. Je ne parle que des contradictions formelles, palpables, perpétuelles, extravagantes, monstrueuses. Dites à un enfant de quatre ans qu'il est dans une chambre, et qu'il n'y est pas, il se met à rire. La raison tout entière ne consiste qu'à sentir l'incompatibilité des contradictoires. Toutes les preuves se réduisent à prouver l'affirmative par l'exclusion de la négative, ou la négative par l'exclusion de l'affirmative. Les insensés même, dans leurs plus grands délires, ne disent point tout ensemble formellement le oui et le non. C'est que la raison, quoique troublée et altérée, n'est pas éteinte en eux et qu'une contradiction évidente seroit l'extinction de toute raison. Ceux mêmes qui rêvent en dormant ne font point dans leurs songes des contradictions formelles et évidentes. Au contraire, ils raisonnent souvent et aperçoivent que les contradictoires ne peuvent compatir ensemble. Les hommes peuvent donc se contredire comme ils peuvent se tromper. Mais comme ils ne peuvent se tromper jusqu'à un certain point d'extravagance manifeste sans avoir perdu l'esprit, ils ne peuvent point aussi se contredire avec une pleine évidence, et perpétuellement, sans extravaguer. Contre une impossibilité si absolue et si évidente, vous alléguez un fait, et ce fait; qui ne sauroit jamais avoir de bonne preuve qu'en supposant que j'extravague, comment le prouvez-vous? Vous ne prouvez cette monstrueuse, cette inouïe, cette incroyable contradiction, qu'en m'opposant *l'intérêt propre éternel*, et la *persuasion réfléchie*. Faut-il donc supposer l'impossible, plutôt que d'expliquer dans mon livre *l'intérêt propre éternel*, comme nous allons bientôt voir que vous l'expliquez vous-même dans Albert-le-Grand, et comme vous expliquez *l'intérêt divin* dans le P. Surin? Faut-il supposer l'impossible plutôt que de croire que j'ai appelé *persuasion réfléchie* celle dont les réflexions sont l'occasion, comme on appelle plaisirs raisonnables dans les géomètres ceux dont les opérations de la raison sont l'occasion en eux? N'ai-je pas dit que cette persuasion n'étoit pas *du fond intime de la conscience*, qu'elle n'étoit qu'*apparente*, qu'elle n'étoit pas *volontaire*? N'est-ce pas dans la partie inférieure que je l'ai mise, en la séparant de la supérieure? N'ai-je pas dit que *tout ce qui est intellectuel et volontaire appartient à la supérieure*[1]? Par-là n'ai-je pas montré que cette persuasion n'étoit ni volontaire ni intellectuelle, mais *apparente*, ou imaginaire? N'ai-je pas expliqué que cette *persuasion n'est réfléchie* qu'en ce que les *actes réels de l'amour et des vertus, par leur extrême simplicité, échappent aux réflexions de l'ame*[2] ; et qu'ainsi elle ne trouve en elle que le trouble de la partie inférieure? Faut-il, encore une fois, supposer l'impossible, de peur d'admettre une explication si simple et si naturelle? Mais enfin, monseigneur, choisissez à plaisir les plus extravagantes contradictions que votre imagination vous pourra fournir, pour les attribuer à un insensé qu'on renferme, je réponds par avance que vous n'en imaginerez jamais aucune qui prouve un délire plus évident que celles que vous m'imputez dans toutes les pages de mon livre. Au lieu de supposer le fait en question, montrez-m'en, si vous le pouvez, un seul exemple dans

---

[1] *Max. des Saints*, pag. 123.
[2] *Ibid.*, pag. 88.

tout le genre humain. Est-ce payer de *belles phrases et de vaines subtilités*, comme vous m'en accusez, que de vous demander un seul exemple sur la terre du fait que vous alléguez ? A quoi sert-il d'étaler de beaux passages de saint Augustin sur les grands génies qui sont tombés dans de grandes erreurs ? Ne voyez-vous pas l'extrême différence qu'il y a entre les erreurs éblouissantes des grands génies, et ces contradictions que vous m'imputez, qui sont plus grossières et plus ridicules que les fables dont on berce les enfants ? Avant que d'être reçu à avancer ce fait contre moi, citez-en un seul exemple parmi les hommes qui n'extravaguent pas.

III. Où trouverez-vous dans mon livre que « la » bonté par laquelle Dieu descend à nous, et nous » fait remonter à lui, est un objet peu convenable » aux parfaits[1] ? » N'ai-je pas dit souvent et formellement le contraire ? Citez-moi mes propres paroles qui rejettent le desir des bienfaits de Dieu. Montrez-moi, dans mon livre, des paroles pour le sens impie, comme je vous en montre d'évidentes de page en page pour le sens catholique que vous assurez que j'ai voulu détruire. Relisez, s'il vous plaît, ma *Réponse à votre Sommaire*, depuis la page 29 jusqu'à la page 55, vous y verrez combien il est clair, dans mon système, qu'en tout état les amours d'espérance et de gratitude servent à augmenter la charité, quoique leurs motifs propres n'entrent point comme motifs dans les actes de cette vertu. On est bien pressé, monseigneur, quand il s'agit de prouver que son confrère a blasphémé contre l'espérance, et qu'on ne peut plus donner pour preuves contre lui que des répétitions.

IV. J'ai dit, il est vrai, que « Dieu jaloux veut » purifier l'amour en ne lui laissant voir aucune » ressource pour son intérêt propre, même éter-» nel. » N'êtes-vous pas, monseigneur, moins en droit qu'un autre de vous en étonner, vous qui dites que « la purification de l'amour et la désap-» propriation du cœur *consistent à ne vouloir plus* » *rien avoir de propre ?* » *L'intérêt même éternel* n'est donc pas, selon vous, une chose qu'on doive vouloir avoir *comme propre*, dans *la purification de l'amour*. C'est ce que nous avons vu dans saint Bernard : *Neque enim suum aliquid, non felicitatem, non gloriam*, etc. C'est en ce sens que Rodriguez, traduit par M. l'abbé Regnier, assure que non-seulement pour *les biens de la grace*, mais encore pour *ceux de la gloire*, on *se dépouille*

[1] *Rép. à quatre lettr.*, tom. XXIX, pag. 7.

de tout intérêt[1]. C'est encore ainsi que le cardinal de Bérulle a dit que *l'abnégation* ou désappropriation doit s'appliquer « aux desirs èsquels il » y auroit moins d'apparence de le pratiquer..... » Le premier, dit-il[2], est celui de la gloire éter-» nelle, lequel elle doit purifier, etc. » Voilà donc, suivant ce saint cardinal, *le desir de la gloire éternelle* même qu'il faut purifier par *abnégation* ou désappropriation : cette abnégation consiste, selon Rodriguez, non à supprimer tout desir de la gloire éternelle, mais à s'y *dépouiller de tout intérêt*. Il y a donc une propriété sur l'intérêt éternel même dont il faut purifier l'amour. *Telle est la purification de l'amour et la désappropriation du cœur*,... *qui ne veut plus avoir rien de propre*, même pour les biens éternels. Ce n'est pas assez, selon Rodriguez, *de se dépouiller de tout intérêt* pour les biens *de la grace* : il faut en faire autant pour ceux *de la gloire*. Voilà l'intérêt en tant que *propre*, ou recherché avec propriété, qui est exclu non-seulement pour les graces passagères, mais encore pour ce don créé et éternel qu'on nomme la béatitude formelle. Voilà *l'intérêt et passager et même éternel* que vous approuvez qu'Albert-le-Grand ait rejeté. Voilà l'*intérêt* même *divin* que vous approuvez que le P. Surin rejette, lorsqu'il veut que l'ame *s'oublie*, et oublie même l'éternité.

A tout cela vous avez répondu qu'il ne s'agit, dans Albert-le-Grand, que de rejeter un desir vicieux de la béatitude céleste. L'amour naturel et vicieux peut donc, de votre propre aveu, rechercher cette béatitude surnaturelle. Si on la peut desirer par un amour naturel vicieux, pourquoi ne pourra-t-on jamais le faire par un amour qui soit naturel et imparfait sans être vicieux ? Faut-il, sur peine d'être quiétiste, croire que cet amour naturel des dons de Dieu ne peut jamais être qu'un péché ? Faut-il, pour être contraire au quiétisme, ne laisser jamais aucun milieu entre l'amour surnaturel et le péché ? Mais enfin voilà, selon vous-même, un desir du salut en tant qu'intérêt propre éternel, qui est ou simplement imparfait, ou vicieux, et qu'il faut renoncer. Pour le P. Surin, vous dites que par *l'intérêt même divin*, il n'entend qu'un *soin inquiet du salut*. Voilà donc encore un desir imparfait pour *l'intérêt* même *divin* et par rapport à l'éternité dont *Dieu jaloux*, pour parler comme moi, veut *purifier l'amour*, et dont il faut, pour parler comme vous, *purifier l'amour et désapproprier le cœur*, afin qu'il ne veuille plus

[1] *Traité de la Conf. à la vol. de Dieu*, chap. XXXI.
[2] *De l'abnégation*, pag. 662.

rien avoir de propre. Cet intérêt divin sur le salut n'est pas Dieu même; cet *intérêt éternel* d'Albert-le-Grand n'est point l'éternité : c'est seulement un attachement naturel et imparfait à une chose si parfaite. A quoi sert-il donc de citer les impiétés de Molinos, pour les confondre avec cette doctrine que vous avez autorisée vous-même dans plusieurs saints auteurs? Ai-je dit, comme Molinos, que « l'ame ne devoit penser ni à salut, ni à récom-» pense, ni à punition, ni au paradis, ni à l'enfer, » ni à la mort, ni à l'éternité? » J'ai dit cent fois, tout au contraire, qu'il falloit penser à toutes ces choses, mais sans *intérêt propre, ou propriété d'intérêt.* Comme il faut penser à tous les objets de la crainte sans servilité, il faut aussi penser à tous les objets de l'espérance, mais sans mercenarité. La servilité et la mercenarité ne sont ni la crainte, ni l'espérance. Elles viennent de la propriété, qu'il faut retrancher. Cette propriété d'intérêt, universellement rejetée par tous les saints mystiques pour la vie parfaite, est une barrière invincible entre vous et moi. Vous sentez bien qu'il vous est impossible de la forcer. Ne l'avez-vous pas reconnue vous-même? Si vous vous réduisez à soutenir qu'elle est toujours nécessairement vicieuse, prouvez-le. En attendant, je prends toute l'Église à témoin qu'il n'est plus question entre nous, sur la propriété *d'intérêt même éternel,* que de savoir si elle ne peut jamais être imparfaite sans être un vrai péché.

V. En parlant du passage d'Albert-le-Grand, vous me reprochez, monseigneur, d'avoir dit faussement que « vous avez reconnu vous-même dans les » paroles de cet auteur un intérêt éternel qui ne » subsiste point dans l'éternité [1]. » En me reprenant ainsi d'avoir mal cité vos paroles, il faudroit au moins bien citer les miennes. Vous parlez ainsi : « Moi, monseigneur, je l'ai reconnu! Vous mar-» quez l'endroit à la marge. C'est à la page cxxxviij » de ma *Préface* que je vous ai fait cet aveu. Qui » ne le croiroit? Et cependant, permettez-moi de le » dire, il n'est pas vrai : c'est tout le contraire. » Voilà l'accusation la plus formelle de mensonge et de falsification qu'on puisse jamais voir. Qui ne croiroit, monseigneur, que j'ai cité des paroles comme étant les vôtres? cependant il est manifeste que je ne l'ai pas fait. J'ai dit seulement, de mon chef, que « vous aviez reconnu dans Albert-le-Grand » un intérêt propre qui ne subsiste point dans l'é-» ternité [2]. » Ce n'est pas une citation de votre texte dont vous puissiez vous plaindre, c'est un simple raisonnement que je fais, et que je donne comme mien. Mais ce raisonnement, le pouvez-vous jamais éluder? Au lieu de paroître le prendre pour une citation de vos paroles, et de me donner le change par une question de fait, pourquoi ne répondez-vous pas à ma preuve? Il faut donc, monseigneur, vous le répéter, afin que vous y répondiez, ou que vous conveniez qu'on ne peut y répondre. Un intérêt que *l'ame délicate* rejette, selon Albert-le-Grand, et qu'elle a *en abomination,* ne peut point être ce bien subsistant dans l'éternité, qui est l'objet de l'espérance chrétienne, et qui est Dieu même béatifiant. Ce bien suprême, qui subsiste dans l'éternité, est au contraire ce que *l'ame délicate* doit desirer de plus en plus en tout état de perfection. Donc l'intérêt éternel que *l'ame délicate* a *en abomination* n'est point Dieu béatifiant, ou l'intérêt subsistant dans l'éternité. Vous avez approuvé l'expression d'Albert-le-Grand. Vous avez donc approuvé qu'on rejette ou qu'on sacrifie absolument (car c'est la même chose) un intérêt éternel qui ne subsiste point dans l'éternité; mon raisonnement est donc décisif. Ne m'imputez donc pas de vous avoir imputé des paroles que je ne vous ai jamais fait dire. Au lieu de prendre mon raisonnement pour une citation, il faudroit avouer que vous avez reconnu dans Albert-le-Grand un intérêt éternel qui ne subsiste pas dans l'éternité.

Mais encore observons quelle est votre réponse. Elle se réduit à deux choses. 1° Vous dites que l'intérêt éternel, dans le sens où *l'ame délicate l'a en abomination,* est la béatitude prise *ultimate.* En passant, il est bon de remarquer que voilà, selon vous-même, la béatitude formelle prise séparément de Dieu, et qui est distinguée de la fin dernière. Cet intérêt éternel pris ainsi, sans être rapporté à la gloire de Dieu, est selon vous quelque chose de vicieux. La béatitude prise *finalement* sans rapport à Dieu n'est point un objet subsistant dans l'éternité. Ce qui est vicieux, ce que l'ame a en abomination, n'est point le seul objet que nous espérons. C'est une affection intérieure et vicieuse que nous avons pour cet objet si excellent; c'est une manière imparfaite de desirer ce qui est parfait en soi. Si l'amour naturel dont je parle ne subsiste point dans l'éternité, parce qu'il doit être retranché par les parfaits, à plus forte raison cet intérêt éternel ne doit-il pas subsister dans l'éternité, puisqu'il est vicieux, selon vous, et que *l'ame délicate l'a en abomination.* Vous avouez donc, monseigneur, que cet intérêt éternel est un vice intérieur qui met la fin dernière dans le don créé!

---
[1] *Rép. à quatre lettr.,* n. 2, tom. XXIX, pag. 11.
[2] IVe *Lettre à M. de Meaux,* x[e] obj.

2° Vous changez la question, et vous m'imputez de vous avoir fait dire de l'amour naturel ce que je ne vous ai jamais imputé d'en avoir dit. « Voilà, » dites-vous [1], comme j'ai reconnu votre amour » naturel, en le combattant. Vous ne cessez de » m'imputer de pareilles choses, auxquelles je ne » songe pas. » Qui ne croiroit, monseigneur, en cet endroit, que j'ai falsifié votre texte? Mais voyons par cet endroit même, où vous parlez avec tant de confiance et d'insulte, qui est le moins exact de nous deux. Ai-je dit que vous aviez reconnu mon amour naturel? Nullement. Relisez mes paroles : que le lecteur nous juge. J'ai dit seulement qu'en approuvant l'expression d'Albert-le-Grand, qui veut que l'intérêt éternel soit *en abomination à l'ame délicate,* vous avez « reconnu dans les pa- » roles de cet auteur un intérêt éternel qui ne sub- » siste pas dans l'éternité, et que vous approuvez » en lui une expression que vous voulez condam- » ner en moi, etc. [2]. » Trouverez-vous, dans ces paroles, que je vous aie imputé d'avoir reconnu mon amour naturel? Mon raisonnement n'est-il pas incontestable? Falloit-il tant de discussions pour l'avouer? Que cet intérêt éternel soit toujours quelque chose de vicieux, comme vous le voulez, ou quelquefois une imperfection sans être un vice, comme je le dis, il est toujours également certain que c'est une imperfection naturelle qui ne subsiste point dans l'éternité.

VI. Voici un raisonnement qui m'étonne, je l'avoue, monseigneur; et ce qui m'étonne encore davantage, c'est que vous le rappelez sans cesse. J'ai dit que j'ai fait mon livre pour confondre les quiétistes. Vous répondez : « Si vous ne vouliez » que confondre le désintéressement monstrueux » des quiétistes, pourquoi le favoriser en leur mon- » trant un intérêt propre éternel à sacrifier?..... » N'aviez-vous point de terme plus propre pour » confondre les quiétistes, ni de meilleur expé- » dient contre leur doctrine [3]? » Quoi! monseigneur, n'ai-je dû rien dire de tout ce qui peut établir le vrai désintéressement de l'amour? ne pouvois-je confondre à votre gré les quiétistes, qu'en supprimant l'amour de bienveillance, qui est indépendant du motif de la béatitude? Ne falloit-il que réfuter le faux, sans établir jamais le vrai sur un point si important? Ne pouvois-je point, sans *favoriser* les quiétistes, et sans *me perdre*, établir cet amour sans intérêt propre ou désir propriétaire même pour les biens éternels? Pour moi, j'ai cru que je devois, en condamnant le faux, reconnoître le vrai. Ce n'est même que par les principes du vrai que le faux peut être bien confondu. Réfute-t-on bien sans prouver, et prouve-t-on sans avoir bien établi tous les principes? Devois-je, par exemple, ne rien dire qui pût justifier Albert-le-Grand d'avoir voulu qu'on sacrifie *l'intérêt même éternel,* et le P. Surin, qui veut qu'on se dépouille même de *l'intérêt divin?* Ces exemples si décisifs vous paroissent revenir trop souvent; c'est qu'ils vous pressent trop. Mais venons à votre propre exemple, et sentez, s'il vous plaît, combien votre raisonnement porte à faux, par la manière évidente dont il retombe sur vous. *Si vous ne vouliez que confondre le désintéressement monstrueux des quiétistes,* pourquoi avez-vous rapporté et tant loué *la terrible résolution* de saint François de Sales, qui vouloit aimer Dieu en cette vie, quoiqu'il portât dans *son cœur une impression de réprobation.... et comme une réponse de mort assurée,* en sorte qu'il *supposoit qu'il n'aimeroit plus Dieu dans l'éternité* [1]? *Si vous ne vouliez que confondre le désintéressement monstrueux des quiétistes,* pourquoi dites-vous qu'on *ressent un transport d'amour dont on est ravi,* quand on entend la prière de la bienheureuse Angèle de Foligny, qui, « appelant la mort à son secours, di- » soit à Dieu : Seigneur, si vous me devez jeter » dans l'enfer, ne différez pas davantage; hâtez- » vous; et puisqu'une fois vous m'avez abandon- » née, achevez, et plongez-moi dans cet abîme [2]! » Si vous ne vouliez que confondre le désintéressement monstrueux des quiétistes, et si leur erreur consiste, selon vous, aussi bien que la mienne, à croire qu'il y a un amour indépendant du motif de la béatitude surnaturelle, pourquoi admirez-vous *la sublimité de la céleste doctrine* de sainte Thérèse, qui dit que certaines ames « souffriroient » avec joie d'être pour jamais anéanties, si la des- » truction de leur être pouvoit contribuer à la » gloire de leur immortel Époux [3]? » Vous qui aviez un principe tout contraire au mien sur l'amour indépendant de la béatitude, ne deviez-vous pas citer encore moins que moi tant de passages qui sont plus forts que ceux que l'on trouve dans mon livre? Puisque vous étiez si persuadé que *le point si décisif* contre le quiétisme est qu'il *n'y a point d'autre raison d'aimer que la béatitude,* falloit-il rapporter les paroles de sainte Thérèse, qui déclare que les ames parfaites seroient prêtes à exercer

---

[1] *Rép. à quatre lettr.*, n. 2, tom. XXIX, pag. 12.
[2] IV° *Lettr. à M. de Meaux*, x° obj.
[3] *Rép. à quatre lettres*, tom. XXIX, pag. 10.

[1] *Instr. sur les ét. d'orais.*, liv. IX, n. 3, tom. XXVII, p. 533.
[2] *Ibid.*, pag. 534.
[3] *Ibid.*, p. 536.

l'amour, quand Dieu leur ôteroit cette raison d'aimer? Y a-t-il rien de plus opposé à la béatitude éternelle qu'un *anéantissement pour jamais*? Vouliez-vous confondre le désintéressement des quiétistes en ajoutant de vous-même : « Ces ames se
» regarderoient, s'il étoit possible, comme une
» lampe ardente et brûlante en pure perte devant
» Dieu, et en hommage à sa souveraine grandeur[1]? »
Est-ce vouloir *brûler en pure perte devant Dieu*, que de n'avoir point d'autre *raison d'aimer* à son égard que l'intérêt de la béatitude éternelle, en sorte que sans elle on ne l'aimeroit pas? N'aviez-vous point, monseigneur, de meilleur moyen, pour *confondre le désintéressement monstrueux des quiétistes*, que de faire parler encore ainsi sainte Thérèse d'une ame abandonnée à Dieu : « S'il veut
» l'enlever au ciel, qu'elle y aille; s'il la veut mener en enfer, qu'elle s'y résolve sans s'en mettre
» en peine, etc.[2] » Prétendiez-vous que le désintéressement des quiétistes seroit encore bien réfuté par les paroles que je vais rapporter? « La
» mère Marie de l'Incarnation, qu'on appelle la
» Thérèse de nos jours et du Nouveau-Monde, dans
» une vive impression de l'inexorable justice de
» Dieu, se condamnoit à une éternité de peines,
» et s'y offroit elle-même, afin que la justice de
» Dieu fût satisfaite; pourvu seulement, disoit-
» elle, que je ne sois point privée de l'amour de
» Dieu et de Dieu même[3]. » Presque tout votre neuvième livre est plein de passages des saints qui ne semblent guère plus propres à confondre le désintéressement de l'amour. Pourquoi avez-vous ajouté qu'à l'égard de ces actes « on ne peut les re-
» garder comme produits par la dévotion des derniers siècles, ni les accuser de foiblesse, puis-
» qu'on en voit la pratique et la théorie dès les
» premiers âges de l'Église, et que les Pères les
» plus célèbres de ce temps-là les ont admirés dans
» saint Paul[4]? » Pourquoi avez-vous dit qu'on ne peut les condamner sans condamner ce qu'*il y a de plus grand et de plus saint dans l'Église?* Parler ainsi, n'étoit-ce pas autoriser par la plus sainte tradition *la pratique et la théorie* de cet amour par lequel vous assurez que *je me perds*, et qui est la source de tous mes *prodiges* d'erreur? Enfin n'aviez-vous point de plus fort argument pour confondre le désintéressement des quiétistes, que, de dire dans le XXXIIIe Article d'Issy : « On
» peut aussi inspirer aux ames peinées et vraiment
» humbles, une soumission et consentement à la
» volonté de Dieu, quand même, par une très
» fausse supposition, au lieu des biens éternels
» qu'il a promis aux ames justes, il les tiendroit
» par son bon plaisir dans les tourments éternels,
» etc.? » Falloit-il leur *inspirer un consentement* contre la seule *raison d'aimer*, contre l'essence de la volonté et de l'amour même? Faire de ce *consentement* extravagant ou menteur, qui ne renferme que l'expression d'une chose impossible même à vouloir et à desirer en aucun cas, *un acte d'abandon parfait et d'amour pur*, que le directeur peut *inspirer.... utilement.... aux ames vraiment parfaites*, étoit-ce employer ce que vous aviez de plus fort contre le désintéressement des quiétistes?

Je veux bien avouer, dites-vous dans le livre de l'*Instruction*, que « quelques savants théologiens
» eussent voulu qu'on eût passé cet Article sous si-
» lence[1], etc. »

Voilà des théologiens qui disoient contre vous ce que vous dites maintenant contre moi : « N'aviez-
» vous point de termes plus propres pour confon-
» dre les quiétistes, ni de meilleur expédient con-
» tre leur doctrine[2]? » Que leur avez-vous répondu, monseigneur? « Pour le silence, c'eût été une peu
» sincère dissimulation d'une chose qui est très
» célèbre en cette matière; et on se fût ôté du
» moyen de découvrir les abus qu'on en a fait dans
» le quiétisme[3]. » Voilà deux règles très sages, et qui sont décisives.

1° Il faut donner de bonne foi aux quiétistes mêmes, comme à tous les autres hérétiques les plus impies, tout ce qu'on ne peut leur contester avec raison. Quelque insensée et pernicieuse que soit leur doctrine, ils n'errent pas en tout; les plus affreuses erreurs ne sont d'ordinaire que des conséquences mal tirées de quelque bon principe. Le *silence*, selon vous, en ces occasions, seroit une *dissimulation peu sincère*. On ne parviendroit point à cacher ce qui est *célèbre* dans les écrits des saints; les quiétistes triompheroient, si on usoit de cette *dissimulation*, et ils ne manqueroient pas de dire qu'on n'a de ressource contre ceux qu'on dissimulant ce que *les Pères les plus célèbres... ont admiré dans saint Paul*.

2° Par cette dissimulation, *on s'ôteroit le moyen de découvrir les abus qu'on a faits de ces choses dans le quiétisme*. Il faut donc tout dire, et montrer précisément jusques où les quiétistes ont raison, pour faire voir ensuite où ils commencent

---

[1] *Instr. sur les ét. d'orais.*, liv. IX, n. 3, tom. XXVII, p. 556.
[2] *Ibid.* [3] *Ibid.* [4] *Ibid.*, pag. 557.

[1] *Ét. d'orais.*, liv. X, n. 19, tom. XXVII, pag. 428.
[2] *Réponse à quatre lettr.*, n. 2, tom. XXIX, pag. 10.
[3] *Ét. d'orais.*, liv. X, n. 19, tom XXVII, pag. 428.

à avoir tort. Rien n'est plus propre à les guérir, s'ils ne sont pas incurables, ou à les confondre, s'ils sont endurcis; rien n'est plus propre à préserver de leur illusion contagieuse les bons mystiques; rien n'est plus propre à confirmer la foi, et à justifier les saints de tous les siècles, que de donner toute leur juste étendue aux principes vrais, dont les quiétistes ont tiré des fausses conséquences, et que de montrer le sens très pur des expressions des saints dont ces fanatiques ont abusé. Ainsi rien n'est meilleur que de joindre toujours le vrai au faux, de ne réfuter jamais le faux qu'après avoir établi le vrai, et de confondre le désintéressement monstrueux du quiétisme, après avoir établi le vrai désintéressement du pur amour. Que devient donc ce grand argument tant de fois répété? Avez-vous dû dissimuler, dans votre neuvième livre, les expressions si fortes de tant de saints sur le désintéressement de l'amour? Nous venons de voir vos maximes et votre propre pratique. Tout de même ai-je dû dissimuler ce qui est dans Albert-le-Grand, dans Rodriguez, dans le cardinal de Bérulle, dans le P. Surin, et dans tant d'autres auteurs, savoir, qu'il faut quitter toute propriété, non-seulement pour les biens *de la grace*, mais encore pour ceux *de la gloire*; non-seulement pour le temps, mais encore pour l'éternité; non-seulement pour l'intérêt passager, mais encore pour l'éternel.

VII. Vous dites, monseigneur, « qu'un petit » mot qui sort une ou deux fois fait sentir ce qu'on » a dans le fond de l'ame, et ce qui fait tout l'es- » sentiel d'un système[1]. » Ce *petit mot* doit-il être expliqué contre l'évidence du système entier, et malgré tant d'expressions formellement contradictoires au sens que vous voulez donner à ce *petit mot*? Enfin ce *petit mot*, que vous trouvez si catholique dans Albert-le-Grand et dans le père Surin, sera-t-il en moi si impie, qu'il doive, malgré tout ce qui le précède et tout ce qui le suit, anéantir tout ce que j'ai dit dans toutes les pages de mon livre contre le quiétisme pour l'exercice de l'espérance en tout état? Voilà à quoi se réduisent enfin tous ces blasphèmes évidents et innombrables, qui rendoient, disoit-on, mon livre incapable de toute saine explication. On est réduit à cette méthode si odieuse et si injuste, de vouloir juger, par « un petit mot qui sort une ou deux fois, » de tout ce qu'on a dans le fond de l'ame, et de » tout l'essentiel d'un système. »

VIII. Vous dites, monseigneur, « qu'entendre » par l'objet de l'espérance chrétienne une affec- » tion naturelle, c'est une hérésie formelle[1]. » J'en conviens sans peine. Mais, de bonne foi, est-ce là de quoi il s'agit entre nous? Vous ajoutez l'exemple de saint Anselme, de saint Bernard, de Scot, de Suarez et de tant d'autres, qui ont exprimé par le terme de *commodum*, équivalent à celui d'intérêt, l'objet de l'espérance, qui est Dieu même en tant que béatifiant. Mais, pour trancher cette difficulté, je n'ai que deux choses à faire. La première est de vous demander si vous avez suivi le langage de ces auteurs, ou non. Si pour les imiter vous avez appelé la béatitude un intérêt, je consens que vous vous plaigniez que je n'ai pas voulu parler le même langage. Quoique je n'eusse dans ce cas-là même aucun tort que sur une question de nom, je passerois condamnation sur la manière d'exprimer la béatitude. Mais, tout au contraire, n'avez-vous pas blâmé saint Anselme d'avoir introduit au onzième siècle, sous le nom d'intérêt, une *manière basse* d'exprimer la béatitude? N'avez-vous pas méprisé ce langage? N'avez-vous pas dit que l'espérance est très *désintéressée*? Pourquoi donc suis-je si coupable de n'avoir pas suivi le prétendu langage de ces auteurs, puisque, non content de ne le suivre pas, vous le blâmez et le combattez ouvertement? Ma seconde réponse est de dire que ces auteurs ont désigné l'objet de l'espérance par le terme de *commodum*, mais que les auteurs spirituels qui ont écrit en françois ont entendu d'ordinaire, par *l'intérêt propre*, quelque chose de très différent de ce que les auteurs latins ont exprimé d'ordinaire par le *commodum*. Encore même faut-il observer que ces auteurs latins ont souvent, comme il paroît par l'exemple d'Albert-le-Grand et de beaucoup d'autres, exprimé le *commodum* d'une manière qui renferme clairement une mercenarité, et qu'ils excluent alors absolument, aussi bien que moi, de la vie des parfaits. Alors le *commodum* est manifestement équivalent à ce que j'ai nommé *intérêt propre*, et doit être rejeté comme une imperfection. Ainsi il se tourne en preuve pour moi. Mais si on prend le *commodum* pour l'objet de l'espérance, comme ces auteurs l'ont souvent pris, je nie que l'usage des auteurs spirituels soit de le traduire en françois par le terme *d'intérêt propre*. Vous soutenez le contraire, monseigneur; vous assurez que « les mots » latins, surtout ceux qui sont consacrés par un » usage si solennel, ont des termes qui leur ré- » pondent en françois parmi les théologiens qui écri-

---

[1] *Rép. à quatre lettr.*, tom. XXIX, pag. 11.

[1] *Rép. à quatre lettr.*, tom. XXIX, pag. 13.

» vent en cette langue[1]. » Vous ajoutez : « Mais quel » autre terme avoit notre langue pour signifier » *commodum proprium*, que propre intérêt? » Vous concluez que le terme françois d'intérêt « lui » répond si précisément, et sans aucune ambi- » guité. Autrement, dites-vous, on pourroit dire » de même que le concile de Nicée, ni celui d'É- » phèse, n'ont pas autorisé le *consubstantiale*, ni » le *Deipara* des Latins. » Toutes ces grandes expressions étonnent le lecteur. On croit d'abord que j'ai violé ce qu'il y a de plus sacré et de plus inviolable, et que je n'ai pas parlé avec moins d'impiété que si j'avois rejeté les termes consacrés de *consubstantiel* pour le Fils de Dieu, et de *Mère de Dieu* pour la sainte Vierge.

Mais voyons si vous avez respecté plus que moi cette prétendue consécration du terme de *propre intérêt*, pour exprimer la béatitude. Souffrez que je vous cite vous-même à vous-même. En expliquant Cassien, vous avez assuré qu'il y a sur la récompense « une espérance désintéressée qui re- » garde la gloire de Dieu, déclarée par ses larges- » ses et par ses bontés[2]. » Vous avez encore exclu de l'espérance tout intérêt, en disant du même auteur[3] : « Il n'en regarde donc pas le desir » et la poursuite comme notre intérêt, mais » comme la fin nécessaire de notre religion…. Ce » n'est donc pas un intérêt propre et imparfait, » mais un exercice des parfaits, de desirer Jésus- » Christ, et dans lui la béatitude. » Selon vous, saint Anselme a exprimé la béatitude *d'une manière… basse*, par le terme d'*intérêt*. Vous croyez donc que ce terme, loin *de répondre si précisément* à celui de *commodum*, est au contraire *bas* et indécent. Vous ajoutez[4] que le *Saint-Esprit a révélé expressément à saint Paul* que le desir d'être avec Jésus-Christ (voilà la béatitude avec Jésus-Christ, qui est l'objet de l'espérance) *est un acte très désintéressé*. Enfin vous prononcez *qu'on ne peut sans erreur ranger de tels actes parmi les actes intéressés*. Vous supposez donc manifestement que c'est une *erreur que d'exprimer l'objet de l'espérance* par le terme d'intérêt. La consécration de ce terme pour exprimer un si grand objet, loin d'être inviolable, doit, selon vous, sous peine *d'erreur*, être violée par les théologiens. Vous la méprisez, vous la violez, vous la traitez d'erreur, vous assurez que le Saint-Esprit nous *a révélé expressément par saint Paul* qu'il faut la violer. Dira-t-on que le Saint-Esprit nous enseigne par d'expresses révélations à contredire *l'usage commun et solennel* de ce terme, consacré comme ceux de *consubstantiel* et de *Mère de Dieu*! Il faut bien que vous pensiez que notre langue a d'autres termes pour exprimer la béatitude, puisque l'usage de celui d'*intérêt* vous paroît *bas*, indécent, plein *d'erreur*, et contraire à la *révélation expresse du Saint-Esprit*. Pourquoi dites-vous donc qu'en donnant *à l'intérêt propre* un sens moins élevé que celui de la béatitude chrétienne, j'invente *de nouveaux mystères dans notre langue*? Ce mystère est de vous; il est, selon vous, de saint Paul et du Saint-Esprit même. La consécration de ce mot n'est qu'un abus plein *d'erreur*, puisque le Saint-Esprit la condamne si expressément dans sa révélation à saint Paul.

Vous croyez, monseigneur, renverser toute ma preuve en parlant ainsi[1] : « Apportez-vous un seul » exemple par où vous montriez que le terme d'in- » térêt ou d'intérêt propre soit consacré dans no- » tre langue à signifier une affection naturelle, dé- » libérée, et non vicieuse? Vous n'en apportez pas » un seul. On vous en avoit pourtant prié, on s'é- » toit plaint que vous vouliez nous faire de nou- » veaux mystères, dans notre langue, qui nous » étoient inconnus. » Voilà un reproche fait du ton le plus assuré. Mais que puis-je faire de plus décisif pour vous satisfaire? Les théologiens de l'école n'ont pas écrit en françois. Ce n'est donc pas dans leurs livres que nous pouvons trouver le véritable usage du terme d'*intérêt propre*. Pour les auteurs de la vie spirituelle, dont il s'agissoit dans mon livre, les uns ont écrit en françois, et les autres ont été traduits en cette langue. Écoutons-les donc là-dessus. *L'Imitation de Jésus-Christ*[2] exclut du pur amour *la recherche de nos intérêts*, ou, pour traduire plus littéralement, *le mélange de notre intérêt et de l'amour de nous-mêmes*. C'est dans *le desir même des choses célestes* que l'auteur exclut *l'intérêt*.

Le vénérable Louis du Pont s'écrie[3] : « O Dieu » de mon cœur, faites que j'imite autant que je » puis votre amour, ennemi du propre intérêt ! »

Le savant et pieux Grenade, traduit par M. Girard, dit[4] que « le huitième degré est la pureté » d'intention, qui dépouille l'ame de tout intérêt, » non-seulement quant aux choses spirituelles, » mais encore quant à celles de l'esprit. »

---

[1] *Réponse à quatre lett.*, tom. XXIX, pag. 13.
[2] *Instr. sur les ét. d'orais.*, liv. VI, n. 55, tom. XXVII, p. 241.
[3] *Ibid.*, n. 36.
[4] *Ibid.*, liv. III, n. 8. pag. 124.

[1] *Rép. à quatre lettr.*, tom. XXIX, pag. 13.
[2] *Trad. du Père Girard*, liv. II, ch. XI; liv. III, chap. XLIX.
[3] *Guid. spir.*, trad. par le Père Brignon, édit. de Paris, 1689.
[4] Premier Traité, *de l'Am. de Dieu*, p. 42, éd. de Paris, 1687

Sainte Catherine de Gênes dit [1] que « les opérations du second état se font en l'amour de Dieu, et ces œuvres-là sont celles qui se font sans considération d'aucune utilité propre.... Les œuvres qui sont faites de l'amour, dit-elle, sont encore plus parfaites, parce qu'elles sont faites sans aucune partie ou intérêt de l'homme. »

Avila, nommé l'Apôtre de l'Andalousie, qui a réfuté avec tant de zèle les illuminés de son pays, a été traduit par M. Arnauld d'Andilly. Il dit [2] que « nous ne devons pas regarder notre intérêt; mais que la volonté de Dieu s'accomplisse, quand même elle seroit de ne nous donner ni les vertus que nous souhaitons, ni le ciel auquel nous aspirons. »

Sainte Thérèse, traduite de la même main, assure [3] que « les ames élevées à la sixième demeure souhaitent que Dieu connoisse qu'elles le servent si peu par la considération de leur intérêt, qu'elles ne pensent point, pour s'y exciter davantage, à la gloire qui leur est préparée en l'autre monde. »

Rodriguez dit [4] que « non-seulement pour les biens de la grace, mais encore pour ceux de la gloire, le véritable serviteur de Dieu doit même en cela être dépouillé de tout intérêt. Il est de la perfection consommée, dit un saint homme, de ne chercher aucunement son intérêt propre, ni dans les petites choses, ni dans les grandes, ni dans les temporelles, ni dans les éternelles. »

Saint François de Sales parlant d'un état de vie qui est celui de *simplicité* [5], dit que l'ame « n'y peut jamais souffrir aucun mélange du propre intérêt. Autrement ce ne seroit plus simplicité. »

La mère de Chantal étant affligée par rapport au salut d'un de ses petits-enfants mort sans baptême, il la reprit ainsi : « Ma mère, d'où vient ceci que vous vous regardez vous-même? Avez-vous encore quelque intérêt propre [6]? »

Le Père Binet disoit de la mère de Chantal : « L'amour a tellement fermé l'œil du propre intérêt en elle, qu'elle n'en a plus de vue ni d'amour, ni d'espérance, quoiqu'elle ait cette vertu en éminent degré [7]. »

Le Père Saint-Jure dit de M. de Renti « qu'il étoit mort à toutes les bonnes choses, aux vertus et à la perfection, qu'il ne desiroit que dans un esprit dégagé et anéanti [1]. » Il dit aussi que M. de Renti appeloit « l'amour sans intérêt un loyal amour, qui tend toujours à donner plutôt qu'à recevoir [2]. »

M. Le Camus, évêque de Bellay, ami intime de saint François de Sales, et qui déclare avoir été son disciple pendant quatorze ans, fut accusé, depuis l'an 1659 jusqu'en 1662, d'enseigner l'illusion sous le nom de pur amour. On lui disoit, monseigneur, presque tout ce que vous me dites. On assuroit qu'il vouloit faire oublier le paradis et l'enfer, étouffer l'espérance et la crainte, enfin saper les fondements de la religion. Voici comment il s'explique dans ses deux livres, l'un intitulé *Caritée*, et l'autre, *l'Apologie du pur amour*.

Il est vrai qu'il veut comme vous, monseigneur, que la propriété soit vicieuse ; d'où il conclut que tout *amour-propre* et tout *propre intérêt* est péché. Mais il admet un *amour de nous-mêmes*, différent de *l'amour-propre*, et un *intérêt nôtre* différent du *propre intérêt*. Il dit [3] que « l'amour de nous-mêmes, ou intérêt nôtre, est bon de sa nature, et bon encore surnaturellement, quand par la charité il est rapporté à Dieu. » (Voilà l'amour naturel qui fait *l'intérêt nôtre* non vicieux, lors même qu'il n'est pas *surnaturellement rapporté par la charité*.) Mais demandons à M. de Bellay si cet *intérêt nôtre* peut être retranché. Vous allez entendre une exclusion absolue de tout *intérêt* sans restriction, tant du *nôtre* que du *propre*. « Les ames parfaites, dit-il [4], servent Dieu sans intérêt. Il exhorte [5] à ne considérer que le seul intérêt de Dieu, qui est sa gloire, sans nous arrêter au nôtre, ni au regard de notre particulière félicité ;... renonçant, dit-il, à tout autre intérêt qu'à celui de la divine gloire en toutes ses actions et intentions. » Cet auteur établit trois degrés [6] : au premier, « l'ame est pure de l'ordure de l'amour-propre ; au second, de la caresse de l'amour nôtre même légitime, au troisième, elle est dans son dernier carat,... elle fait un holocauste de tous les intérêts créés. »

L'auteur parle ainsi dans l'avis du libraire au lecteur : « Depuis qu'une ame régénérée est venue à ce point du jour accompli, et du midi de la pure dilection, qui dissipe toutes les ombres, non-seulement de l'amour-propre qui est le pé-

---

[1] IIIe *Dialog.*, ch. v, p. 152.
[2] *Des fausses Rév.*, chap. L, pag. 624.
[3] *Chât. de l'ame*, ch. IX.
[4] *Traité de la Conformité à la volonté de Dieu*, ch. XXXI, trad. de l'abbé Regnier.
[5] *Entret.* XII, *de la Simpl.*
[6] *Vie de la M. de Chantal*, par Maupas, deuxième part., ch. XIII, pag. 241.
[7] *Ibid.*, p. 244.

[1] *Vie de M. de Renti*, pag. 590.   [2] *Ibid.*, pag. 562.
[3] *Carit.*, pag. 487.
[4] *Ibid.*, pag. 562.   [5] *Ibid.*, pag. 396.
[6] *Ibid.*, pag. 248, 336, 341.

» ché, mais du légitime intérêt de la créature, qui est juste ou vicieux, selon qu'il est bien ou mal appliqué, c'est lorsqu'elle accomplit en esprit et en vérité, etc. »

M. le cardinal de Richelieu, qui a fait son livre de *la Perfection du Chrétien* de concert avec les plus célèbres théologiens de Paris, dit[1] « qu'il faut, en s'accommodant à l'infirmité de l'homme, le faire entrer doucement dans les voies de la perfection par la considération de son propre intérêt, afin de l'y faire après marcher à grands pas, sans autre motif que celui de la gloire de Dieu. »

Le Père Surin, pour les œuvres duquel vous avez renouvelé votre approbation dans votre dernier volume écrit contre moi, assure[2] que « l'ame va continuellement laissant tout jusqu'à s'oublier soi-même, sa vie, sa santé, sa réputation, sa gloire, son temps, son éternité…. Cela se fait quand l'homme s'est entièrement quitté soi-même en tous ses intérêts humains et divins. » Il ajoute que cette ame « tâche de voir où est la gloire de son Seigneur, sans aucune considération de son intérêt. » Il ne prend pas même la précaution que j'ai prise d'ajouter *propre* au terme d'*intérêt*; il dit encore[3] : « Sortant de tous ses intérêts, n'ayant aucun égard à son bien,… non-seulement dans le temps, mais encore dans l'éternité,…. son étude principale est de prendre garde à ne jamais agir par la considération de son intérêt, et de ne s'arrêter jamais à aucun autre motif que celui de plaire à Dieu. Ce n'est pas que je blâme le motif de la récompense, qui peut parfois servir et profiter; mais le plus louable et le plus souhaitable est celui de la gloire, de l'amour et du bon plaisir de son Dieu. »

Le Frère Laurent s'étoit « toujours gouverné par amour, sans aucun autre intérêt, sans se soucier s'il seroit damné, ou s'il seroit sauvé[4]. »

Vous demandez, monseigneur, *un seul exemple*[5]? En voilà un grand nombre, tiré des meilleurs auteurs de la vie spirituelle : tous ces auteurs excluent absolument l'*intérêt* de la vie parfaite, surtout quand on ajoute le terme de *propre* à celui d'*intérêt*. S'ils avoient entendu, par l'intérêt qu'ils excluent, Dieu béatifiant, ils auroient exclu l'espérance, et mis la perfection dans le désespoir. Pourquoi parlez-vous donc ainsi : « L'intérêt propre manifestement est un objet au-dehors, et non pas une affection au-dedans, ni un principe intérieur de l'action[1]? »

Tout au contraire, il est manifeste que l'intérêt propre exclu de la vie parfaite par tous ces auteurs n'est point *l'objet au-dehors*, qui est Dieu même béatifiant, mais *une affection au-dedans et un principe intérieur de l'action*. Cet intérêt, en tant que *propre*, désigne la propriété, qui est *une affection au-dedans, et non un objet au-dehors*. Vous-même, monseigneur, quand vous avez exclu l'intérêt des actes même d'espérance, dans les passages que j'ai rapportés, qu'entendiez-vous par intérêt? Étoit-ce *l'objet du dehors*? Vouliez-vous exclure Dieu béatifiant? Non sans doute, vous vouliez exclure une disposition propriétaire et mercenaire de l'ame, qui cherche la gloire céleste pour se contenter. De plus, souvenez-vous, s'il vous plaît, que quand vous avez voulu défendre le P. Surin approuvé par vous, vous avez dit qu'il n'a voulu retrancher qu'un *soin inquiet* du salut. Voilà donc l'intérêt que le P. Surin retranche. *Intérêt et soin inquiet* est dans son livre, selon vous, la même chose. Il ne me reste qu'à vous demander si un *desir inquiet* du salut est *un objet au-dehors*, ou *une affection au-dedans*. Vous ne pouvez donc nier que ce qui est retranché sous le nom *de propre intérêt*, ne soit *une affection au-dedans*, qui est le *soin* ou desir propriétaire ou inquiet.

Il paroît que quand vous avez composé votre livre des *États d'oraison*, vous avez entendu par intérêt, non l'*objet au-dehors*, qui est Dieu béatifiant, mais l'*affection au-dedans*, qui, étant mercenaire, doit être retranchée. Vous avez entendu le terme d'intérêt dans le P. Surin comme vous l'avez entendu dans votre propre livre, pour un *soin*, pour *une affection au-dedans*, qui, étant inquiète, doit être supprimée. Enfin vous avez entendu dans mon livre même, dès les premières pages, l'intérêt, non pour *l'objet du dehors*, qui est Dieu béatifiant, mais pour *une affection au-dedans*, puisque vous m'accusez de rendre l'espérance chrétienne vicieuse, en ne lui donnant qu'un *motif créé*, qui est *l'intérêt propre*[2]. Vous avez donc cru vous-même que *l'intérêt propre* n'étoit pas, dans mon livre, Dieu béatifiant, mais un bien créé que l'ame cherche par une affection vicieuse. Quand même tous les auteurs déjà cités, et vous après eux, n'auriez pas pris l'intérêt pour *une affection imparfaite du dedans*, il seroit toujours évident

---
[1] *Perf. du Chrét.*, dans la préf.
[2] *Fondem. de la vie spir.*, pag. 44.
[3] *Ibid.*, pag. 524.
[4] *Vie*, pag. 30.
[5] *Rép. à quatre lettr.*, tom. XXIX, p. 15.

[1] *Relation sur le Quiét.*, sect. VII, n. 3, tom XXIX, p. 625.
[2] *Déclar.*, tom. XXVIII, p. 251.

que je l'ai pris ainsi, et il faudroit le reconnoître. J'ai distingué l'intérêt pris en un certain sens d'avec l'*intérêt propre* : j'ai exprimé par l'intérêt propre la propriété, et j'ai déclaré formellement que j'entendois par l'intérêt propre *un reste d'esprit mercenaire* [1]. Un reste d'esprit mercenaire n'est pas *un objet au-dehors*. Il est plus clair que le jour que c'est *une affection au-dedans, et un principe intérieur de l'action*. Vous avez dû avoir d'autant moins de peine à entendre par le terme d'intérêt propre ce *reste d'esprit mercenaire* et cette propriété imparfaite, que vous ne pouviez ignorer que les Pères ont retranché des parfaits une mercenarité qu'ils supposent dans les justes imparfaits. Ai-je eu tort d'exprimer cette mercenarité par le terme d'intérêt propre? Y en avoit-il de plus naturel? N'avez-vous pas reconnu vous-même, dans votre *Déclaration*, que ces termes sont synonymes, savoir : *mercenaire* et *intéressé*? Enfin n'avez-vous pas rejeté l'intérêt propre en disant [2] : « Telle est la véritable purification de l'a-
» mour, telle est la parfaite désappropriation du
» cœur qui donne tout à Dieu, et ne veut plus rien
» avoir de propre? » C'est-à-dire que quand même l'ame possédée du pur amour et désappropriée chercheroit encore quelque intérêt, du moins elle n'en chercheroit plus aucun comme *propre*.

Vous vous retrancherez à dire que *l'intérêt* peut être pris pour une affection vicieuse, mais non pour une affection naturelle et délibérée sans vice, et que les auteurs que je cite ne l'ont pris que pour une propriété toujours vicieuse. A cela je réponds trois choses :

1° Je prends, encore une fois, toute l'Église à témoin qu'il n'est plus question, par votre propre aveu, de savoir si l'intérêt est Dieu béatifiant, qui est *l'objet au-dehors*. Il faut avouer que dans tous les passages cités il ne signifie qu'*une affection au-dedans*, et qu'une imperfection à retrancher. Si vous prétendez que cette *affection au-dedans* soit toujours un vice, vous rabaissez encore plus que moi le terme d'intérêt, vous vous éloignez encore plus que moi de cet *usage commun et solennel*, du terme d'intérêt, qui signifie dans saint Anselme, dans saint Bernard, dans Scot, etc., le salut éternel. Vous violez plus que moi la consécration de ce terme, que vous comparez au *consubstantiel*, et au *titre de Mère de Dieu*. Pour moi, je n'en fais qu'une affection naturelle, innocente, et seulement imparfaite par comparaison à la perfection des affections surnaturelles. D'ailleurs vous allez beaucoup plus loin que moi pour la perfection, dans le temps même où vous m'accusez de la pousser jusqu'à des excès si chimériques et si dangereux. Pour moi, je reconnois des imperfections naturelles qui ne sont pas des péchés. Vous faites des péchés de toutes les affections qui sont imparfaites, et qui ne sont pas élevées à l'ordre surnaturel.

2° Les passages que j'ai cités excluent un intérêt qui n'est point vicieux. Ce seroit à vous, monseigneur, à prouver qu'il l'est toujours ; et c'est ce que vous ne prouverez jamais. Cet intérêt, puisque vous le supposez vicieux, n'est donc que naturel, car l'ordre surnaturel n'admet aucun vice. Puisqu'il est vicieux, il est délibéré. Voilà donc, de votre propre aveu, l'intérêt qui est une affection naturelle et délibérée ; il ne reste plus qu'à savoir si elle est toujours vicieuse. Vous dites donc tout ce que je dis, et vous y ajoutez ce qu'il ne vous est pas permis d'y ajouter sans en donner une preuve claire. Où la prendrez-vous cette preuve? Pour moi, je vais plus loin ; et quoique ce ne soit pas à moi à prouver, je veux bien l'entreprendre.

Quand ces graves auteurs excluent tout mélange d'intérêt de la vie la plus parfaite, ils avertissent que cette exclusion est la perfection la plus éminente. Rodriguez met dans cette exclusion *la perfection consommée* [1]. La perfection consommée ne consiste-t-elle que dans les desirs du salut qui ne soient pas autant de péchés? Dans sainte Catherine de Gênes, cette exclusion n'est que pour le *deuxième état*. Dans sainte Thérèse, elle est réservée à la sixième demeure. Grenade ne l'attribue qu'au huitième degré. Saint François de Sales ne l'admet que dans l'état de *simplicité*, qu'il nomme ailleurs *une vie extatique et surhumaine*. M. de Bellay établit trois degrés de perfection. Au premier, « l'ame est pure de l'ordure de l'amour-
» propre ; au second ; de la crasse de l'amour
» nôtre, même légitime. » La purification du second degré retranche donc une *affection naturelle délibérée et non vicieuse*. Cet intérêt ou affection, loin d'être un vice, est au contraire, selon M. le cardinal de Richelieu, un secours. « Il faut, dit-
» il, en s'accommodant à l'infirmité de l'homme,
» le faire entrer doucement dans les voies de la
» perfection par la considération de son propre
» intérêt, afin de l'y faire après marcher à grands
» pas sans autre motif, etc. » Le même intérêt, qui est absolument exclu pour la perfection, est

---
[1] *Max. des Saints*, p. 8.
[2] *Et d'orais.*, liv. X, n. 50, tom. XXVII, pag. 460.

[1] *Confor. à la vol. de Dieu*, ch. XXXI.

celui par lequel on fait entrer doucement dans les voies de Dieu *en s'accommodant à l'infirmité de l'homme*. C'est ce qu'on ne peut jamais faire d'une affection vicieuse. On ne peut jamais *s'accommoder à l'infirmité humaine* dans le péché. Ces auteurs ont donc pris l'intérêt imparfait pour quelque chose qui n'est pas vicieux.

5° Vous avez expliqué *l'intérêt* que le P. Surin retranche, en disant que c'est un *soin inquiet* du salut[1]. Direz-vous, monseigneur, que toutes les fois qu'une ame a quelque reste de *souci* ou soin inquiet sur son salut, elle fait un péché? Si vous le dites, quelle rigueur! Alors ce sera dans votre doctrine, et non pas dans la mienne, qu'on trouvera des excès dangereux sur la perfection. En quel trouble jetterez-vous les ames scrupuleuses? Tous leurs scrupules mêmes, tous leurs desirs inquiets pour le salut seront autant de péchés. De plus, rien n'éteindra tant, dans la pratique, les desirs du salut que cette doctrine. Dans la crainte de pécher par des soucis ou desirs inquiets du salut, on n'osera le desirer, ou du moins on sera toujours troublé et alarmé dans ce desir, de peur qu'il ne soit vicieux. Direz-vous, monseigneur, que tous les actes inquiets et empressés, que nous avons exclus dans le XII° Article d'Issy pour toutes les vertus, soient autant de péchés réels, et qu'on ne puisse jamais desirer la vertu ou le salut avec empressement, sans tomber dans un souci vicieux?

Sans doute saint François de Sales avoit encore un reste de ce souci, lorsqu'il eut tant de peine à former la *terrible résolution* que vous avez louée. Il ne put la prendre que *dans les dernières presses d'un si rude tourment*. Il hésita donc quelque temps; et pendant ce temps où il hésitoit, il étoit dans le *souci* ou desir inquiet *de son salut*. Fit-il autant de péchés qu'il fit d'actes *inquiets et empressés*? Ces péchés durèrent-ils pendant tout le temps où il ne pouvoit sacrifier son *souci*? Ne cessa-t-il de pécher par le desir inquiet de son salut que *dans les dernières presses d'un si rude tourment*? Voudriez-vous que j'avouasse que *ce souci du salut* est un vrai péché, à moins que je n'aie des preuves de l'Écriture pour dire que ce n'est pas un vice? Mais ce n'est point à moi à prouver; c'est à vous à le faire. Prouvez par l'Écriture que le soin inquiet du salut est toujours un péché dans les saintes ames que Dieu éprouve, ou avouez que ce souci qui fait l'intérêt propre est imparfait sans être vicieux; si vous prouvez au contraire qu'il est toujours un péché, il doit donc être encore plus absolument sacrifié.

Enfin, monseigneur, si vous persistez à nier cet amour naturel et délibéré non vicieux, qui fait, selon M. de Bellay, *l'intérêt nôtre*, et selon moi le *propre intérêt*; si vous ne pouvez souffrir ce milieu entre les vertus surnaturelles et la cupidité vicieuse, songez que M. l'archevêque de Paris vous abandonne en ce point. Il reconnoît cet amour, qui est innocent, quoiqu'il ne soit point élevé par la grace à l'ordre surnaturel. Il remarque seulement « qu'il arrive presque toujours que » la concupiscence le dérègle[1]. » Ainsi donc quand la concupiscence ne le dérègle pas, il est innocent sans être élevé à l'ordre surnaturel; il est néanmoins imparfait, si on le compare aux affections surnaturelles. Pourquoi ne peut-on pas retrancher ces actes pour ne laisser de place qu'à ceux que la grace jointe avec la nature produit? Ce n'est point déraciner l'amour naturel, que de parler ainsi; c'est seulement ne le laisser agir que conjointement avec la grace, afin que la grace le domine. Le retranchement du *souci*, ou *des actes inquiets et empressés* de la nature qui agiroit sans la grace, est le sacrifice unique que j'ai permis dans les épreuves.

IX. J'ai à me plaindre, monseigneur, de la manière dont vous rapportez ce que j'ai dit de mon système. Voici comment vous me parlez[2] : « Dans » la *Réponse au Summa*, vous déclarez que votre » système du livre des *Maximes* n'a besoin que » de deux choses : l'une est la définition de la cha- » rité dans l'école; l'autre est notre XIII° Article » d'Issy. Donc, ajoutez-vous, tout le reste vous » est inutile. Or est-il que l'amour naturel déli- » béré et innocent n'est point compris dans ces » deux choses. » Vous citez là-dessus la page 5 de ma *Réponse au Summa* dans votre avertissement de votre deuxième volume; vous citez sur le latin les pages 7 et 8, qui répondent précisément à votre citation sur le françois; j'y cherche ce que vous y rapportez, et voici ce que j'y trouve : « Le » cinquième état d'amour dans mon livre n'est » distingué du quatrième qu'en deux choses : la » première, que les parfaits dans le cinquième » état ne font plus d'ordinaire des actes délibérés » d'amour naturel d'eux-mêmes, en quoi consiste » l'intérêt propre ou mercenarité; la seconde, » que tous les actes des vertus sont alors unis dans » la seule charité, en tant qu'elle les anime et » qu'elle en commande l'exercice. Ainsi, dès qu'on

---

[1] Ire *Écrit*, n. 14, tom. XXVIII, pag. 3-4.

[1] *Rép. de M. de Paris*.
[2] *Rép. à quatre Lettr.*, n. 29, tom. XXIX, pag. 78.

» a posé le fondement de la charité telle qu'elle
» est définie par presque toute l'école, je n'ai
» plus besoin, pour rendre mon système complet,
» que d'exclure l'amour naturel et délibéré, qui
» fait l'intérêt propre ou mercenarité, tant de fois
» exclu par les Pères, et de réunir les actes de
» toutes les vertus dans la seule charité en tant
» qu'elle en commande les actes pour la vie la
» plus parfaite, selon notre XIIIe Article d'Issy. »

La nuit n'est pas plus différente du jour que mon texte l'est de ce que vous m'imputez. Loin que j'aie demandé deux choses dont aucune ne soit l'exclusion de l'amour naturel, cette exclusion est au contraire la première des deux choses que je demande expressément. C'est pourtant sur ce fait si plein de mécompte que vous triomphez, et que vous m'insultez par les plus dures paroles.

Vous direz peut-être, monseigneur, que vous ne vous êtes trompé que pour la page, et que dans la cinquième j'ai dit ce que vous m'imputez d'avoir dit dans la troisième. Voyons donc mon texte en cet endroit : « Si au contraire on admet la défini-
» tion de la charité enseignée par presque toute
» l'école, mon système n'a plus besoin que de
» notre XIIIe Article d'Issy. Si cette vie la plus
» parfaite exclut les actes surnaturels des vertus
» qui ne seroient pas commandés par la charité,
» à combien plus forte raison doit-elle exclure les
» actes délibérés d'un amour naturel de nous-
» mêmes! » Vous voyez, monseigneur, 1° que dans ce second passage même je n'ai point dit que je ne demandois que deux choses, dont l'une soit la définition de l'École, et l'autre le XIIIe Article d'Issy. 2° Dans ce même endroit, j'ai marqué expressément l'exclusion de l'amour naturel de nous-mêmes comme la conséquence claire et immédiate des deux choses établies. Pour vous, monseigneur, après avoir mal rapporté ce que j'ai dit, vous y ajoutez un raisonnement que mon texte même avoit détruit par avance. Vous dites[1] : « Or, est-il que l'amour
» naturel délibéré et innocent n'est point compris
» dans ces deux choses. Il n'est point compris
» dans la définition de l'école, où il est dit que la
» charité a pour objet Dieu considéré en lui-
» même. Il n'est pas non plus compris dans le
» XIIIe Article d'Issy, où il ne s'agit que d'expli-
» quer les propriétés de la charité marquées par
» saint Paul......, où il n'y a nulle mention d'a-
» mour naturel. »

Il ne s'agit pas de savoir si cet amour naturel est compris dans ces deux choses. Au contraire, il est question de savoir s'il n'en est pas exclu. Pour comprendre une chose dans un état, il faut en faire *mention*; mais pour l'en exclure, il n'est pas nécessaire d'en faire une *mention* expresse. Il suffit qu'il n'en soit fait aucune *mention*, et qu'elle soit différente de celles qui composent seules cet état. Or, est-il que cet amour naturel n'est aucune des deux choses qui composent l'état et la vie des ames parfaites. Quelles sont ces deux choses? L'une est la charité, amour de Dieu *considéré en lui-même*; cette vertu n'est point l'amour naturel. L'autre est l'union de toutes les vertus surnaturelles *dans la seule charité en tant qu'elle les commande* : cette seconde partie n'est pas plus l'amour naturel que la première. Selon le XIIIe Article d'Issy, l'état ou la vie des ames parfaites n'est composé que de ces deux choses, savoir, de la charité qui commande les vertus surnaturelles, et de ces vertus qui s'unissent *dans la seule charité* qui les commande; l'exclusion de tout ce qui n'est aucune de ces deux parties qui composent le tout se trouve évidente dans les termes de cet Article. Les vertus sont unies *dans la seule charité*. Le terme de *seule* a toute la vertu des propositions négatives : il exclut donc tout ce qui n'est pas renfermé expressément dans la proposition.

C'est une illusion manifeste que de dire que ce XIIIe Article n'est qu'une description *des propriétés de la charité*. A quel propos auroit-on fait cette description si inutile contre le quiétisme, après tout ce qui avoit été dit dans les articles précédents sur l'exercice distinct des vertus? Il s'agit d'une union de toutes les vertus qui n'appartient *qu'à la vie et à l'oraison la plus parfaite*; il s'agit d'une union *dans la seule charité en tant qu'elle les commande*. Tous les théologiens conviennent que les actes des vertus qui sont commandés par la charité sont plus parfaits que les actes non commandés, qu'ils nomment *élicites*. Voilà donc les actes les plus parfaits des vertus qui sont réservés pour *la vie la plus parfaite*. La description des propriétés de la charité, prise dans un sens commun à tous les états de justice même imparfaite, eût été hors de propos, et n'eût rien signifié de nouveau dans cet Article XIII : c'est lui donner une contorsion trop violente, et en éluder le vrai sens. Cet Article signifie que *dans la vie la plus parfaite* l'ame n'exerce plus d'ordinaire délibérément que la charité et les vertus surnaturelles inférieures, par des actes que la charité même commande.

Cette explication si naturelle et si nécessaire

---

[1] *Rép. à quatre lett.*, n. 26, tom. XXIX, pag. 78.

des Articles étant posée, voici le raisonnement que j'ai fait tout de suite au même endroit : « Si cette » vie la plus parfaite exclut les actes surnaturels » des vertus, qui ne seroient pas commandés par » la charité, à combien plus forte raison doit-elle » exclure les actes délibérés d'un amour naturel » de nous-mêmes? » Ce raisonnement est clair comme le jour. Il est de mon texte, et de l'endroit même que vous m'objectez. Pourquoi l'avez-vous supprimé, en m'imputant de ne demander que la définition de l'école et l'Article XIII d'Issy? Si l'Article exclut les simples actes élicites des vertus surnaturelles, à plus forte raison exclut-il les actes d'un amour purement naturel, qui est d'un ordre si inférieur. Un honneur dont on excluroit les simples gentilshommes, pour le réserver aux seuls princes, excluroit à plus forte raison les artisans et les laboureurs. Rien n'est plus simple et plus décisif que cette exclusion. Le XIIIe Article d'Issy exclut manifestement de la vie la plus parfaite tous les actes même surnaturels qui ne sont pas commandés par la charité; et à plus forte raison ceux d'un amour naturel : vous répondez que « cette conséquence, par où je tâche d'amener » l'amour naturel à la définition de l'école et à » l'Article d'Issy, montre qu'il n'y étoit pas [1]. » Quoi! une conséquence si juste et si claire ne suffit-elle pas pour l'exclusion de cet amour? Pouvez-vous combattre cette conséquence? Par où la détruirez-vous? Avez-vous tenté de le faire? Que diriez-vous d'un homme qui soutiendroit que les laboureurs ne sont pas exclus d'un honneur réservé aux seuls princes, parce qu'il n'auroit pas été fait mention expresse d'eux dans l'institution de cet honneur, et qu'ils n'en seroient exclus que par une conséquence claire et immédiate? Au lieu de répondre à cette raison, ou de l'approuver, vous vous récriez [2] : « C'est un embrouillement plutôt » qu'un dénouement de la question... Vous n'en» trez pas seulement dans les dificultés; vous ne » faites dans vos réponses que côtoyer les diffi» cultés, sans y entrer. » Pour moi, monseigneur, je prétends être entré dans la vraie question, et n'en être jamais sorti. Mais oserai-je vous dire que c'est vous qui n'y entrez point? Vous me faites dire ce que je n'ai pas dit, et ce qui est formellement contraire à mon texte. Vous éludez contre toute vraisemblance le XIIIe Article d'Issy. Vous confondez ces deux choses si différentes, *comprendre* et *exclure*; vous rejetez une conséquence naturelle et évidente sans alléguer aucune raison pour la réfuter; et vous n'en dites rien, quoiqu'elle soit expressément tirée dans l'endroit même de mon texte dont il s'agit.

Que répondez-vous, monseigneur, à des choses si claires? Vous direz toujours ce que vous avez dit dans votre *Relation* [1] : « Qu'avons-nous affaire » de son amour naturel, auquel nous n'avions ja» mais songé? » Vous aviez dû y songer, quand vous avez exclu les *actes inquiets et empressés* [2]. Ils ne peuvent venir de la grace, ils ne peuvent être attribués qu'à un principe purement naturel? Direz-vous qu'ils sont tous des péchés? Mais enfin j'ai songé à cet amour naturel, quoique vous n'y songeassiez pas; je l'ai cru nécessaire pour expliquer la mercénarité que les Pères attribuent aux justes imparfaits, et les sacrifices qu'on fait à Dieu du *soin inquiet* sur le salut, sans sacrifier le salut même. Si vous n'y avez pas songé dans le temps, il faut que vous y songiez après coup, pour expliquer le *soin inquiet* sur le salut que vous retranchez avec le Père Surin. Vous n'êtes donc pas en droit de dire : « Qu'avons-nous affaire de son » amour naturel? » C'est moi qui pourrois vous dire : *Qu'avons-nous affaire* de son oraison passive, qui est une impuissance absolue, miraculeuse et *presque perpétuelle* en certaines ames? *qu'avons-nous affaire* de ces fausses velléités, qui n'ont rien des velléités véritables, et par lesquelles il fait extravaguer saint Paul, Moïse, et tant d'autres saints? *qu'avons-nous affaire* de son unique *raison d'aimer*, que Dieu auroit pu ne nous proposer jamais, et sans laquelle, selon ce prélat, il ne seroit pas aimable pour sa créature? Voilà, monseigneur, les prodiges dont nous n'avions aucune affaire, et par lesquels il ne falloit pas affoiblir la cause de l'Église contre les quiétistes.

J'ai encore bien des choses à vous représenter, monseigneur; mais il faut les réserver pour une autre lettre, parce que celle-ci est déjà trop longue. Je suis avec respect, etc.

SECONDE LETTRE

EN RÉPONSE A CELLE

DE Mgr L'ÉVÊQUE DE MEAUX.

Monseigneur,

1. Il faut encore commencer une lettre par des plaintes sur des passages altérés. Vous ne cessez point de me faire dire que « l'ame est invincible-

---

[1] *Rép. à quatre lettr*, n. 26, tom. XXIX, pag. 79. [2] *Ibid.*

[1] *Relat. sur le Quiét.*, sect. VII, n. 2, tom. XXIX, pag. 623.
[2] *Art.* XII *d'Issy.*

» ment persuadée qu'elle est réprouvée de Dieu[1]. » Vous donnez ces paroles comme étant les miennes. Vous les donnez comme telles, après que je me suis plaint qu'elles n'étoient pas de moi dans cet arrangement, et qu'elles étoient défigurées par le retranchement de ce qui leur est essentiel. J'ai dit seulement « qu'une ame peut être invinciblement » persuadée d'une persuasion réfléchie, et qui n'est » pas le fond intime de la conscience qu'elle est » justement réprouvée de Dieu. » Pourquoi avez-vous retranché ces mots essentiels, *et qui n'est pas le fond intime de la conscience?* Il est inutile de raisonner; venons au fait. Si ces mots n'étoient pas un vrai correctif, pourquoi avez-vous craint de les laisser en leur place? Pourquoi ne cessez-vous point de les supprimer? Pourquoi répétez-vous cette affreuse accusation dans votre lettre, sans rétablir le passage dans son entier?

Il est inutile de dire, comme vous le ferez peut-être, que vous y avez suppléé ailleurs dans votre lettre même. Pourquoi retranchez-vous une partie de mes paroles dans un endroit où vous voulez tirer votre conclusion contre moi, et me rendre odieux au lecteur? Si vous eussiez rapporté en cet endroit toutes mes paroles, elles auroient anéanti votre objection. On auroit vu que cette *persuasion réfléchie* ne pouvoit naître qu'à l'occasion des réflexions de l'entendement, et qu'elle ne consiste point dans des actes réfléchis, puisqu'*elle n'est pas du fond intime de la conscience*[2], qui est toujours la partie supérieure. On auroit vu que cette persuasion n'est qu'*apparente*, ce qui est évidemment synonyme avec *imaginaire*. On auroit vu que ce n'est pas une vraie persuasion, mais *une espèce de persuasion*. On auroit vu que ce n'est qu'un *trouble par scrupule*[3]. On auroit vu que ce n'est qu'un *trouble et un obscurcissement* de la partie inférieure, qui consiste, selon moi, dans *l'imagination et dans les sens*, pendant que l'espérance s'exerce dans la partie supérieure, à laquelle, selon moi[4], appartient toute opération *intellectuelle et volontaire*, tant réfléchie que directe.

Voilà, monseigneur, ce que mon texte vous fournissoit pour justifier votre confrère. Au lieu de rassembler ainsi ce qui établit le pur sens du texte avec tant d'évidence, vous avez retranché de l'endroit que vous rapportez les mots qui écartent le mauvais sens. Souffrez que je vous parle comme vous m'avez parlé. *Un petit mot qu'on supprime une ou deux fois fait sentir ce qu'on a dans le fond de l'ame. Votre prévention vous fait compter pour rien tout ce qui est pour moi, et vous grossit tout ce qui vous paroît propre à me confondre.*

Vous vous retranchez à dire que ces termes « per-» suasion et conviction regardent naturellement » l'esprit et la partie haute de l'ame[1]. » Faut-il, monseigneur, vous contredire en tout? Je suis fâché d'avoir à le faire si souvent : mais je ne puis l'éviter en cette occasion. *Persuasion*, dans notre langue, ne signifie pas plus de *croire*. Le frère Laurent pendant quatre ans *croyoit certainement qu'il étoit damné*. Une croyance certaine dit plus qu'une simple *persuasion*, surtout quand elle est constante pendant quatre ans. Direz-vous que cette *croyance certaine* étoit de la *haute partie de l'ame*? Selon vous, saint François de Sales eut *une impression de réprobation,....., et comme une réponse de mort assurée..... Il supposoit qu'il n'aimeroit plus dans l'éternité. Supposer* ainsi une chose, n'est-ce pas en être persuadé, surtout quand cette *supposition* va jusqu'à prendre une *terrible résolution*, fondée uniquement sur la supposition même? Supposer ainsi une chose, c'est la poser comme certaine, et la faire servir de fondement à tout ce qu'on résout.

Mais voulez-vous voir une expression incomparablement plus forte que toutes les miennes? Elle est du saint abbé Blosius, approuvé par tant de célèbres universités d'Allemagne et des Pays-Bas, et tant loué par le cardinal Bellarmin. Elle est rapportée par le Père Surin[2]. Ainsi vous l'avez approuvée. « Alors, dit-il, parlant des épreuves, » l'homme est tout abandonné à lui-même. *Hic* » *jam homo totus sibi relinquitur.* » Il ne dit pas que l'homme *paroît* abandonné; il dit simplement qu'il l'est. « ..... Il croit perdre tout son » temps : *Totum etiam tempus suum se perdere* » *putat.* Il croit avoir perdu toutes choses. » Remarquez encore qu'il ne dit pas, l'homme s'imagine. Il ne prend point cette précaution : il dit, l'homme *croit*. Écoutons encore le saint auteur : « Ce qui fait qu'étant tombé dans une extrême tris-» tesse et un horrible désespoir, il dit : C'est fait » de moi; je suis perdu, je suis privé de la lu-» mière : toute grace s'est retirée de moi. *Omnia* » *se perdidisse arbitratur : unde et in gravem tris-* » *titiam, horribilemque desperationem prolapsus* » *dicit : jam de me actum est. Perii ; lumen per-* » *didi ; omnis gratia a me recessit.* » Écoutons encore le Père Surin approuvé par vous. « L'ame,

---

[1] *Rép. à quatre lettr.*, n. 7, tom. XXIX, pag. 28.
[2] *Max. des Saints*, pag. 17.
[3] *Ibid.*, pag. 20. [4] *Ibid.*, pag. 21.

[1] *Rép. à quatre lettr.*, n. 3, tom. XXIX, pag. 18.
[2] *Catéch. spir.* deuxième part., pag. 361.

» dit-il[1], se sent pleine de mouvements d'orgueil,
» d'aversion d'autrui, d'impureté, de dépit et de
» rage, et parfois même de désespoir, d'infidélité,
» avec des ténèbres si épaisses que l'ame se croit
» difforme et désagréable à Dieu, et se voit mani-
» festement sale et insupportable à soi-même. Par
» ce sentiment du mal, comme par une lessive
» admirable, l'ame est réduite, comme en sa pu-
» reté baptismale et justice primitive. Qui ne diroit,
» quand une servante frotte la vaisselle de boue et
» de sable, qu'elle la salit? et cependant elle la
» nettoie. » Il ne parle pas d'une simple croyance
ou persuasion, il parle de *voir manifestement*.
Vous avez donc approuvé qu'on dise que ces ames
tombent dans un horrible désespoir, sans y ajouter
aussitôt, comme je l'ai fait, qu'il n'est *qu'apparent*. Vous avez approuvé qu'on dise que *l'homme
est tout abandonné à lui-même*, pour dire qu'il
paroît abandonné. Vous avez approuvé qu'on dise
que l'ame est persuadée de cet abandon jusqu'à
le *voir manifestement*. Vous avez approuvé aussi
ce que le Père Surin dit encore, parlant de cette
ame dans les épreuves. « Elle ne peut, dit-il[2],
» comprendre qu'elle ne soit en tout méchante et
» maligne. » Voilà une persuasion qui va jusqu'à
une *vue manifeste*, et que l'ame ne peut vaincre.
Refuserez-vous d'appeler *invincible* une persuasion
qu'on ne peut vaincre, quoiqu'elle ne soit qu'*apparente* ou imaginaire? Il ajoute : L'ame « se voit
» comme réprouvée par l'opération de l'esprit dia-
» bolique, qui, fermant la porte à toute joie, ne lui
» laisse que la vue de son mal. »

Vous n'avez de recours en cette occasion qu'au
terme d'*invincible*, qui *exprime*, dites-vous, *une
inévitable et certaine démonstration*[3]. Mais puisque
l'ame, selon le Père Surin, *ne peut comprendre
que sa malice*, et que *l'opération de l'esprit diabolique ferme la porte à toute autre vue*, elle est
dans l'impuissance de vaincre cette impression. De
plus songez un peu au Frère Laurent. Sa *croyance
certaine* qu'il étoit *damné* dura quatre ans : pendant ces quatre ans *tous les hommes du monde
n'auroient pu lui ôter cette opinion*; sans doute il
n'auroit pu se l'ôter lui-même. Voilà une *opinion*
ou *persuasion*, car c'est la même chose; elle va
jusqu'à la *croyance certaine*, mais si *certaine* et si
invincible, que ni ce bon Frère ne peut la vaincre,
ni *tous les hommes du monde n'auroient pu l'en
délivrer*. Cette conviction étoit donc *invincible* :
elle n'étoit pourtant pas *dans la partie haute de
l'ame*; elle étoit tout ensemble *invincible*, et seulement *apparente* ou imaginaire, c'est-à-dire précisément comme je la dépeins dans mon livre.

Vous me demandez pourquoi je n'ai pas dit dans
mon livre, comme je le dis à présent, que cette
persuasion n'est qu'imaginaire. Hé! monseigneur,
n'altérez point mon texte, et vous y trouverez tout
ce que vous dites qui y manque. Reconnoissez que
la *persuasion* n'est qu'*apparente* selon mon livre,
et avouez qu'*apparente* et *imaginaire* sont précisément synonymes. D'ailleurs les saints auteurs
que je cite n'ont point pris ces précautions. Blosius
dit que l'ame *croit avoir tout perdu*, et *être perdue
elle-même*. Il ne dit pas qu'elle se l'imagine; il dit
qu'elle tombe dans un *horrible désespoir*. Le Frère
Laurent *croyoit certainement*, dit l'auteur de sa
vie; il ne dit pas qu'il s'imaginoit croire. Vous-
même, monseigneur, vous avez dit que saint François
de Sales *supposoit qu'il n'aimeroit plus dans
l'éternité*; vous n'avez point dit qu'il s'imaginoit
supposer. De plus, si on avoit attaqué saint François de Sales, la bienheureuse Angèle de Foligny,
Blosius, la mère Marie de l'Incarnation, le Frère
Laurent, le Père Surin, et tous ces autres saints
contemplatifs, sur leurs expressions, ils auroient
répondu comme je réponds. Ils auroient dit que
leurs *croyances*, ou *suppositions*, ou *persuasions*,
n'étoient qu'*apparentes*. Vous-même, si on vous
attaquoit sur la citation que vous avez faite de
leurs paroles, vous vous justifieriez en disant que
vous n'avez voulu prouver par-là qu'une persuasion
qui n'est pas *intime*, et qui n'est qu'*apparente* ou
imaginaire. Plus on vous presseroit, plus vous cher-
cheriez tous les termes qui lèveroient les équivoques de votre adversaire. Voilà précisément ce que
je fais avec vous. Enfin observez, s'il vous plaît,
qu'il s'agit, dans tout ce que je dis sur les épreuves,
de la séparation de la partie supérieure d'avec l'inférieure. Je mets tout le *trouble* et tout *l'obscurcissement* dans la seule inférieure; je mets toute
la paix et tout l'exercice des vertus dans la seule
supérieure. J'attribue à la supérieure tout ce qui
est *intellectuel et volontaire* : je n'attribue à l'inférieure que *l'imagination et les sens*. Voilà mon
texte tout pur. Direz-vous que j'ai cru que les réflexions ne sont ni *intellectuelles ni volontaires*?
direz-vous que pour expliquer la séparation des
deux parties, je les ai confondues, et que j'ai mis
dans les actes réfléchis de la supérieure, que je
suppose en paix, tout le *trouble* et tout *l'obscurcissement* de l'inférieure? La seule séparation
des deux parties emporte évidemment ma justification Toute la paix, dans l'exercice des vertus, est

---

[1] *Conf. de la vie spir.*, liv. IV, ch. VIII. pag. 501.
[2] *Catéch. spir.*, deuxième part., pag. 195
[3] *Rép. à quatre lettr.*, n. 5, tom. XXIX, g. 18.

réservée à la partie supérieure. Tout le trouble, qui fait la *persuasion apparente*, ne peut être que dans l'inférieure, qui est l'imagination.

Vous revenez encore à la *persuasion réfléchie*, et vous attaquez la comparaison que j'ai faite de cette persuasion réfléchie avec les plaisirs raisonnables d'un philosophe. Voici vos paroles : « Je ne » sais comment il arrive que tous vos exemples se » tournent contre vous [1]. » Voyons, monseigneur, si cet inconvénient m'arrive. Vous dites que ces plaisirs raisonnables sont *approuvés par la raison*. D'où vous concluez qu'il faut, suivant ma comparaison, que les persuasions réfléchies soient approuvées par les réflexions. Mais voici un grand mécompte. Je vous ai proposé la comparaison des plaisirs que la raison *cause par accident*, et dont elle est *l'occasion* [2], sans qu'il soit question de savoir si elle les règle ou ne les règle pas. J'ai ajouté qu'on dit tous les jours « qu'une réflexion est dou- » loureuse, parce qu'elle cause la douleur, quoi- » qu'elle ne soit pas une douleur elle-même [3]. » Souvent la douleur causée par les réflexions n'est point approuvée par les réflexions mêmes : au contraire, les réflexions condamnent les douleurs excessives qu'elles *causent par accident*. L'exemple d'un *géomètre* est encore très décisif. Ses opérations intellectuelles lui causent des plaisirs. Si ces plaisirs sont excessifs dans ce géomètre trop passionné pour la géométrie, il n'en est pas moins certain que ses opérations raisonnables ou intellectuelles sont la *cause par accident* ou *l'occasion* de ces plaisirs. Sa raison ne les approuve pourtant pas. On peut donc avoir des plaisirs que les opérations raisonnables *causent par occasion*, et que la raison ne règle ni n'approuve. Tout de même on peut avoir une persuasion apparente ou imaginaire, que les actes réfléchis ont causée par accident, et que les actes réfléchis ne règlent ni n'approuvent. On peut encore employer l'exemple d'un homme à qui ses réflexions sur le bord d'un précipice ont imprimé une crainte. Cette crainte, je le suppose, est purement de l'imagination ; mais les réflexions de l'entendement l'ont causée, et il ne l'auroit pas, s'il n'eût point fait des réflexions. Cet homme ne peut plus vaincre son trouble, quoique sa raison ne l'approuve pas. Il en est de même de la persuasion apparente dont j'ai parlé. Elle naît par accident, des réflexions inquiètes de l'entendement : elle est dans l'imagination seule ; mais la partie supérieure, qui est la raison, ne peut l'apaiser. Cette persuasion, non plus que le plaisir du géomètre, et que la crainte de l'homme sur le bord du précipice, n'est ni commandée, ni réglée, ni approuvée par la raison. Ma comparaison ne se *tourne* donc contre moi, que quand on la change, et qu'on la détourne dans un sens qui n'est pas le mien.

Ce qui me surprend le plus, c'est que vous voulez que je n'aie fait qu'*augmenter la difficulté* en disant que ces *persuasions ne sont pas intimes, mais apparentes* [1]. Quoi ! direz-vous, monseigneur, qu'une persuasion réelle et *intime* de la réprobation seroit moins à craindre qu'une *persuasion apparente* ? l'apparence du désespoir est-elle pire que le désespoir même ? Mais examinons votre raison. « Le malheureux Molinos et ses disciples, dites- » vous [2],..... ne croient-ils pas que leurs crimes » ne sont qu'apparents, et que leur consentement » n'est pas intime ?... Pourquoi donc ne craignez- » vous pas de leur préparer des excuses ? » Non, je ne le crains point, et je n'ai aucun sujet de le craindre. Les quiétistes sont des fanatiques impudents, lorsqu'ils prétendent faire sans *consentement intime* de leur volonté, des actions libres et horribles, que les hommes ne font que quand ils sont assez malheureux pour les vouloir commettre. Ajouter à l'horreur de ces actions l'impudence de dire qu'ils le font sans liberté et sans aucune volonté véritable de les faire, c'est le comble de la dépravation et de l'hypocrisie. Mais s'ensuit-il de là que les plus saintes ames ne puissent avoir des persuasions *apparentes et non intimes*, qu'elles sont rejetées de Dieu ? L'impudence des quiétistes sur des actions véritablement délibérées, empêche-t-elle que les saintes ames n'aient un trouble véritablement indélibéré sur leur salut ? Où en sommes-nous, si on ne peut plus, *sans préparer des excuses à Molinos*, dire que des ames très innocentes ont une *persuasion apparente* ou imaginaire de leur réprobation ?

Saint François de Sales ne *supposoit-il pas qu'il n'aimeroit plus dans l'éternité* ? Le Frère Laurent ne le « croyoit-il pas certainement pendant quatre » ans, en sorte que tous les hommes du monde ne » lui auroient pas ôté cette opinion ? » Ceux qui ont rapporté si fortement ces faits devoient-ils s'en abstenir, de peur de préparer des excuses à Molinos ? Peut-on mieux expliquer cette espèce *de persuasion* qu'en disant qu'elle n'étoit qu'*apparente* ou imaginaire, et qu'en assurant que c'étoit un *trouble par scrupule* ? Avez-vous oublié tous ces faits rapportés par vous-même ? Faudra-t-il les

---

[1] *Rép. à quatre lett.*, n. 3, tom. XXIX, pag. 19.
[2] *Prem. lett. à M. de Meaux*, V^e obj.
[3] *Trois. lett. à M. l'arch. de Paris.*

[1] *Réponse à quatre lettr.*, n. 3, tom. XXIX, pag. 20.
[2] *Ibid.*

nier, de peur de donner des armes aux quiétistes ?
La vérité de Dieu a-t-elle besoin de notre mensonge ?
Ne seroit-ce pas faire triompher ces fanatiques que
de dissimuler ces expériences attestées par les écrits
de tant de saints ? En supposant ces faits, n'est-il
pas encore très facile de confondre les quiétistes ?

Pourquoi donc m'accusez-vous, monseigneur,
de ne répondre rien dans mes quatre lettres à
cette objection, *à cause qu'elle est poussée jusqu'à la démonstration la plus évidente* [1] ? Y eut-il
jamais rien de moins démonstratif ? Parce que les
quiétistes veulent faire passer des crimes véritables et manifestes pour des crimes apparents, il ne
sera plus permis de dire qu'un grand nombre de
saints ont eu des apparences de persuasion qu'ils
étoient réprouvés. Telles sont, monseigneur, vos
démonstrations, après lesquelles vous m'insultez
sur mon silence.

Mais enfin examinons la raison qui vous fait dire
que les persuasions dont il s'agit sont véritables.
« Qu'est-ce, selon vos principes, qui les empêche
» d'être intimes, sinon qu'elles sont réfléchies ?
» Voici vos paroles : *Une ame est invinciblement
» persuadée d'une persuasion réfléchie, et qui
» n'est pas le fond intime de la conscience, qu'elle
» est justement réprouvée de Dieu.* Vous le voyez,
» monseigneur, ce qui l'empêche d'être *l'intime
» de la conscience*; c'est qu'elle est réfléchie [2]. »
Non, monseigneur, je ne le vois point, et je n'ai
garde de le voir, puisqu'il n'est point dans mon
texte. Je ne dis point, comme vous voulez le faire
entendre, que la persuasion n'est pas intime parce
qu'elle est réfléchie. Pour me le faire dire, il faudroit renverser mon texte, joindre deux membres
de ma période qui sont très séparés, et donner le
premier comme la raison du dernier, en y ajoutant un *à cause*, ou un *parce*, qui n'y fut jamais.
Je dis deux choses de cette persuasion : l'une qu'elle
est *réfléchie*, c'est-à-dire causée par accident, par
les réflexions ; l'autre, qu'elle n'est pas *intime*, mais
seulement *apparente*. Mais je n'ai jamais dit qu'elle
n'est pas intime, à cause qu'elle est réfléchie.

Voici une autre imputation aussi contraire à
mon texte. « C'est vous-même qui dites encore que
» l'ame ne perd jamais l'espérance dans la partie
» supérieure, c'est-à-dire dans ses actes directs
» et intimes. C'est donc vous qui définissez la par-
» tie supérieure par les actes qui ne sont pas ré-
» fléchis [3]. » Compterez-vous toujours pour rien,
monseigneur, les réponses les plus décisives ? Voulez-vous toujours recommencer les objections les
plus détruites ? Faut-il encore répéter les exemples les plus sensibles pour découvrir vos paralogismes ? Ne dit-on pas tous les jours qu'un Allemand qui voyage est en France, c'est-à-dire à
Paris ? S'ensuit-il de là que Paris soit lui seul toute
la France ? Tout de même l'espérance est dans la
supérieure, puisqu'elle est dans des actes qui appartiennent à cette partie. Mais s'ensuit-il de là
que cette partie n'ait point d'autres actes ? Nul lo-
gicien, monseigneur, ne vous passera ce raisonnement. J'avois montré dans mes *Réponses* [1] combien il est défectueux. Mais les plus claires réponses
ne servent de rien ; sans les détruire, vous recom-
mencez l'argument. Celui-ci est encore du même
genre : « *Les actes réfléchis sont ceux qui se com-
» muniquent à l'imagination et aux sens, qu'on
» nomme la partie inférieure :..... c'étoit donc la
» réflexion qui, faisoit alors la partie basse de
» l'ame* [2]. » Vous n'avez pas jugé à propos de rapporter mon texte entier. Le voici : « *Les actes
» réfléchis, qui laissant une trace sensible, se
» communiquent à l'imagination et aux sens* [3]. »
Vous avez retranché du milieu de mon texte ces
paroles : *qui, laissant une trace sensible*. Ces paroles sont le dénouement de toute votre objection ; c'est ce dénouement que vous supprimez.
Puisque *les actes réfléchis se communiquent à l'i-
magination et aux sens, qui sont la partie inférieure*, ils ne sont donc pas de cette partie. Les
ordres du conseil du roi qu'on communique aux
tribunaux inférieurs ne sont pas les ordres de ces
tribunaux inférieurs. Ainsi votre conséquence est
précisément contradictoire à celle qu'il falloit tirer.
Mais encore, comment est-ce que les actes réfléchis de la partie supérieure se communiquent à
l'inférieure ? Le voici clairement exprimé dans les
paroles que vous avez retranchées. Cette communication ne consiste qu'en ce que les actes réfléchis *laissent* dans le cerveau une *trace sensible*.
La trace sensible du cerveau est ce qui fait la
communication à la partie inférieure. Mais les actes
réfléchis sont très différents de la trace qu'ils laissent ; les actes passent, et la trace demeure. Les
actes réfléchis, étant intellectuels, appartiennent,
selon ma définition, à la partie supérieure. C'est
dans l'inférieure qu'est la trace. Pour l'inférieure,
je ne dis pas qu'elle comprend l'imagination et les
sens : ce seroit trop peu dire. Je vais plus loin,

---

[1] *Rép. à quatre lettr.*, n. 3, t. XXIX, pag. 20.
[2] *Ibid.*, n. 4, p. 21, 22.
[3] *Ibid.*, pag. 22.

[1] *Rép. à la Déclar.*, n. 33.
[2] *Rép. à quatre lettr.*, n. 4, tom. XXIX, pag. 22.
[3] *Expl. des Max.* pag. 21.

et j'assure que *l'imagination et les sens sont la partie inférieure*, pour exprimer que cette partie ne consiste qu'en ces deux choses. Ainsi, dans la séparation que j'ai voulu expliquer, toute la paix est dans la partie supérieure, qui comprend *tout ce qui est intellectuel et volontaire*, tant les réflexions que les actes directs. Tout *le trouble* et tout *l'obscurcissement* est dans la partie inférieure, qui ne consiste que dans *l'imagination* et dans *les sens*. Les actes réfléchis de la partie supérieure laissent dans le cerveau des traces sensibles. L'imagination s'occupe de ces traces et se trouble. Alors on s'imagine voir sa réprobation. Cette objection tant de fois détruite ne roule donc que sur une altération de mon texte, et sur un paralogisme qui est manifeste malgré l'altération même.

II. Je ne puis plus reculer, monseigneur; vous me contraignez à faire les plus ennuyeuses répétitions, pour empêcher que les vôtres, faites avec tant de confiance, n'entraînent le lecteur. Vous dites que dans *le sacrifice absolu* dont j'ai parlé, « on sacrifie absolument son éternité bienheu» reuse. » Et vous ajoutez : « Quand est-ce qu'on » se récriera, si on dissimule de telles erreurs[1]? » Tout votre raisonnement est fondé sur ce que le sacrifice tombe sur l'objet précis de la persuasion. Or est-il que la persuasion regarde la réprobation : donc le sacrifice absolu la regarde aussi. Voilà l'argument le moins soutenable qu'on puisse faire. Il n'y a qu'à l'appliquer encore une fois à ce que vous avez dit de saint François de Sales. Il prit une *terrible résolution* d'aimer Dieu ici-bas, quoiqu'il *supposât qu'il ne l'aimeroit plus dans l'éternité.* Voilà sans doute un sacrifice réel et absolu de quelque chose, et un sacrifice *terrible*. Je n'ai pas tort de l'appeler *sacrifice*, puisque vous avez dit que c'est « une espèce de sacrifice que Dieu presse par » des touches particulières à lui faire, à l'exemple » de saint Paul,..... et qu'il exige par ses impul» sions. » Vous ajoutez que « le directeur le peut » inspirer aux âmes peinées,..... pour les aider à » produire et en quelque sorte enfanter ce que » Dieu en exige[2]. » Si ce sacrifice n'eût été que conditionnel pour des cas que le saint eût regardés comme impossibles, il n'auroit point été *terrible*. Le saint n'auroit pas attendu à le faire *dans les dernières presses d'un si rude tourment*. Ce sacrifice suppose donc une persuasion imaginaire de la réprobation. Il n'est pourtant pas le sacrifice du salut même. Voilà donc la persuasion imaginaire qui tombe sur le salut; et voilà d'un autre côté le sacrifice fait sur cette persuasion qui ne tombe pas sur le même objet, mais sur une consolation de l'âme. Ainsi vous ne pouvez éviter de dire autant que moi que la persuasion imaginaire tombant sur le salut, le sacrifice ne tombe que sur ce que vous appelez le *soin inquiet*[1], que M. l'archevêque de Paris appelle le *souci*, et que j'appelle une affection naturelle. Pour rendre votre objection plus concluante, vous ajoutiez que je faisois acquiescer l'âme à *sa damnation*[2]. Il vous étoit commode de substituer ainsi un terme qui fait horreur, et qui emporte évidemment l'éternelle réprobation, en la place de la *juste condamnation* que j'ai déclarée expressément, au même endroit, n'être point *la réprobation*[3], et qui n'est, selon moi que, l'opposition de Dieu à tout péché. Mais ne pouvant changer mon texte formel, vous voudriez, par des conséquences, me faire dire malgré moi le contraire de tout ce que j'ai dit. Le sacrifice, il est vrai, est délibéré et absolu ; mais il ne regarde point *le salut*. Il ne regarde que la mercenarité que les Pères retranchent, et que j'ai nommée *propre intérêt*. Il ne regarde que *le souci* ou *soin inquiet*, que vous retranchez vous-même avec le Père Surin. Ce *soin inquiet* ne peut être qu'un attachement naturel et imparfait à nous-mêmes. Pour l'acquiescement, il ne regarde que la justice de Dieu, pour laquelle l'âme entre en zèle contre elle-même, reconnoissant qu'elle mérite d'être rejetée, mais espérant toujours de ne l'être pas. De cet acquiescement ou conformité de l'âme à la justice de Dieu pour se condamner, il résulte un grand sacrifice du *soin inquiet*, ou amour naturel de soi-même; car qu'y a-t-il de plus douloureux que de ne plus trouver en soi de ressource ni de soutien sensible pour la nature, qui veut toujours voir et sentir ses appuis?

De grâce, monseigneur, expliquez la chose sur les exemples que vous avez vous-même rapportés. Ou vous ne direz rien qui démêle précisément cet état des âmes, ou vous direz sous d'autres termes équivalents ce que je viens de dire.

Je passe à une objection que vous me faites sur les souhaits de saint Paul et de Moïse. « Croyoient» ils, dites-vous[4], l'un qu'en effet il seroit ana» thème, et l'autre qu'il perdroit la vie éternelle? » Vous ajoutez : « Répondez ce que vous voudrez;

---

[1] *Rép. à quatre lettr.*, n. 6, tom. xxix, pag. 26.
[2] *Inst. sur les ét. d'orais.*, liv. x, n. 10, tom. xxvii, pag. 428, 429.

[1] *Ve Écrit*, n. 14, tom. xxviii, pag. 521.
[2] *IIIe Écrit*, n. 16, pag. 461.
[3] *Explication des Maximes*, pag. 17.
[4] *Rép. à quatre l. tlr.*, n. 8, tom. xxix, pag. 26.

» je ne me donne pas la liberté de vous demander » par écrit un oui ou un non. Ce ton de maître » ne me convient pas. » C'est un reproche que vous me faites de vous avoir demandé un oui ou un non. Est-ce *un ton de maître* que de demander des réponses précises ? Ce ton n'a pas été en moi jusqu'ici assez pressant pour vous obliger à vous expliquer sur la liberté de Dieu avant ses promesses pour nous donner la béatitude surnaturelle, ou pour ne nous la donner jamais. Combien vos tons ont-ils été plus forts quand vous m'avez traité d'ignorant, et d'impie qui déguise ses impiétés ! Combien vos tons sont-ils plus hautains et plus pressants, quand vous m'interrogez sur madame Guyon comme un criminel sur la sellette ! Mais enfin je vais vous répondre. Non, monseigneur, ni saint Paul ni Moïse *n'ont cru perdre la vie éternelle*. Vous confondez toujours le sacrifice conditionnel fait hors la peine avec le sacrifice absolu fait dans l'état de peine et d'épreuve. Vous mettez ensemble confusément Moïse, saint Paul, saint François de Sales et les autres. Mais il ne faut pas les mettre ensemble sans distinction. Ni saint Paul, ni Moïse n'étoient dans l'épreuve quand ils faisoient leurs souhaits conditionnels. Ils espéroient alors par une espérance qui n'étoit point obscurcie par la peine. On peut dire d'eux, comme vous le dites, qu'ils étoient *dans une pleine sécurité* [1]. Mais saint François de Sales étoit bien éloigné de cette pleine sécurité, quand *il portoit une impression de réprobation,..... et comme une réponse de mort assurée,* quand *il supposoit qu'il n'aimeroit plus dans l'éternité.*

Le Frère Laurent étoit bien loin de la pleine sécurité, lorsqu'il crut *certainement pendant quatre ans qu'il étoit damné.* Blosius suppose une ame bien éloignée de la *pleine sécurité,* puisqu'il dit qu'elle *tombe dans un horrible désespoir.* Le Père Surin la croit bien privée de la pleine sécurité, puisqu'il assure qu'elle *se voit manifestement sale, et insupportable à soi-même.* Mais revenons à saint Paul et à Moïse même. Vous confondez l'état avec les actes. Leur état étoit de pleine sécurité pour le salut; mais l'acte de leur sacrifice conditionnel du salut ne pouvoit avoir le motif de la béatitude, que vous voulez trouver comme essentiel dans tout acte humain, et comme la seule *raison d'aimer.* Quoiqu'ils desirassent la béatitude par d'autres actes, ils ne la desiroient point par ceux-là. S'ils n'eussent sacrifié conditionnellement leur bonheur que pour être heureux, leurs actes auroient été ou extravagants, comme vous le faites entendre, ou menteurs, supposé qu'ils n'eussent point extravagué en les faisant. Il y a une manifeste différence entre desirer un bien lorsqu'on fait un renoncement, et faire le renoncement par le desir même de ce bien.

Ces saints étoient sans doute dans un état de desir et d'espérance de la béatitude. Mais ils eussent été trompeurs, s'ils eussent offert conditionnellement leur béatitude par le desir formel de l'assurer. J'ai éclairci cette équivoque. Quoi qu'il en soit, cette *amoureuse extravagance,* loin d'être le modèle de la perfection, n'auroit point, selon vous, la raison d'aimer qui fait l'essence de l'amour, et sans laquelle il n'y a point de *culte raisonnable* [1].

III. Nous voici arrivés à la citation que vous faites de saint Augustin : « C'est non-seulement qu'on » veut être heureux, mais encore qu'on ne veut » que cela, et qu'on veut pour tout cela [2]. » Je conviens que la nature y pousse : *natura compellit.* Je conviens que Dieu a mis cette pente ou inclination dans l'homme : *Creator indidit.* Mais souffrez, monseigneur, que je vous fasse deux questions. 1° Comment prouverez-vous que cette pente devienne un desir délibéré dans tout acte humain ? Combien avons-nous d'inclinations que nous ne pouvons nous ôter, et dont les objets n'entrent pourtant pas comme motifs dans nos actes libres ? Je vous ai cité là-dessus les exemples de beaucoup de païens [3], qui, ne comptant point sur une autre vie, se sont donné la mort : et vous n'y donnez aucune réponse solide, comme nous le verrons bientôt. 2° Vous confondez la béatitude surnaturelle, avec une espèce de béatitude qui n'est qu'un consentement passager. Le plus étonnant des paralogismes est celui qui règne dans toutes vos preuves, et que vous ne pourriez abandonner sans voir tomber d'abord toute votre controverse. 1° De ce que l'ame a sans cesse l'inclination d'être heureuse, s'ensuit-il que le bonheur soit le motif de tous ses actes libres ? 2° De ce que l'ame desire en tout état son bonheur, ou contentement naturel et passager, s'ensuit-il qu'elle desire en tout acte humain et délibéré la béatitude surnaturelle ou la vision béatifique ? Si votre raisonnement ne prouve point pour la béatitude surnaturelle, il ne prouve rien pour notre contestation, où il ne s'agit que de ce seul genre de béatitude. Si au contraire vous dites que la béatitude surnaturelle est *la raison d'ai-*

---

[1] *Rép. à quatre lettr.,* n. 8, tom. XXIX, pag. 34.

[1] *Rép. à quatre lettr.,* n. 7, tom. XXIX, pag. 29.
[2] *Ibid.,* n. 9, pag. 30, 31.
[3] IIIe *Lettre à M. de Paris,* n. 1.

mer en tout acte humain, vous faites deux choses insoutenables. 1° Vous rendez les dons surnaturels nécessaires à la nature, et vous confondez les deux ordres de la nature et de la grace. C'est l'essentiel de nos questions, à quoi vous ne répondez jamais. 2° Vous rendriez par-là tout acte de désespoir impossible; car si la béatitude surnaturelle, qui est le vrai salut, est la seule raison d'aimer, qu'on veut toujours et en toutes choses, on ne peut plus tomber dans le désespoir, qui n'est que la cessation du desir de cet objet suprême.

Mais venons à saint Augustin. S'il dit seulement que la nature a sans cesse l'inclination indélibérée de se contenter, il dit ce qui est très véritable, et dans le fond c'est tout ce qu'il dit. Si vous voulez lui faire dire de plus que le motif d'être heureux est la seule *raison d'aimer* qui puisse agir sur l'homme, vous lui ferez dire que l'homme n'aime Dieu que pour être heureux, et qu'il veut même la gloire de Dieu pour son propre bonheur. Ainsi la fin dernière deviendra subalterne par rapport à la subalterne même, la fin deviendra moyen et le moyen sera la fin. Les paroles que vous citez de saint Augustin ne sont donc vraies qu'autant qu'on les réduit à un sens tout contraire au vôtre. Quand il dit ce que vous rapportez, il ne parle qu'avec les philosophes sur la pente de la nature. C'est Cicéron qu'il cite [1]. Il ne parle ni des actes surnaturels, ni de la béatitude surnaturelle. En représentant cette espèce de béatitude vers laquelle la nature tend, il ne prétend point parler de la béatitude surnaturelle et éternelle, de laquelle seule il s'agit entre nous. Il ne parle que d'une *délectation* qui est passagère comme cette vie : *Nihil dicamus esse beate vivere, nisi vivere secundum delectationem suam.* Il est vrai que ce Père dit que pour desirer la béatitude, il faut en avoir quelque idée au moins confuse. Mais cette idée confuse de la béatitude, qui nous porte souvent à la chercher par des desirs délibérés, empêche-t-elle que nous n'y soyons portés aussi par une inclination indélibérée que je n'appelle aveugle qu'à cause de son indélibération ? L'inclination indélibérée est permanente; elle est la même en tout temps et en tout lieu. Mais les desirs délibérés de la béatitude ne sont pas perpétuels. Saint Augustin ne dit pas que ce motif entre dans tout acte humain. Loin de le dire, il dit formellement le contraire dans les paroles que j'en ai plusieurs fois citées, et auxquelles vous n'avez jamais rien répondu. Il y suppose un état de souffrance pour toute la vie dans le combat douloureux de nos passions; il suppose encore qu'en cet état si contraire à la béatitude, on n'auroit aucune espérance du souverain bien; et il conclut qu'il faudroit persévérer dans cet état de si rude souffrance, plutôt que de chercher un contentement en se livrant à ses passions : *Si, quod absit, illius tanti boni spes nulla esset, malle debuimus in hujus conflictationis molestia remanere, quàm vitiis in nos dominationem, non eis resistendo, permittere* [1]. Remarquez, s'il vous plaît, monseigneur, les choses suivantes :

1° Qu'il ne fait point cette supposition dans un transport ou excès de zèle. C'est de sang-froid, et dans une discussion purement dogmatique.

2° Il la fait selon ses principes. Selon lui, Dieu a été libre dans la dispensation de ses dons. La vie éternelle est une grace, et non une dette. Il auroit pu ne nous préparer ni l'immortalité ni la vision béatifique.

3° Selon ce Père, le parfait amour est la parfaite justice. C'est aimer la justice, la vérité, la vertu pour elle-même; il ne dit point qu'il faut les aimer pour les avantages qu'on en tire.

4° Celui qui souffriroit le rude combat de ses passions sans aucune espérance le feroit sans avoir la béatitude pour raison d'aimer. Saint Augustin supposoit donc évidemment qu'il y avoit une autre *raison d'aimer*, suivant laquelle on pourroit sans espérance souffrir tant de maux. Je ne puis m'empêcher d'observer ici qu'un passage de ce Père que vous avez cité contre moi [2] se tourne contre vous. Il s'agit des païens, qui, selon vous, ne se sont donné la mort dans un état malheureux que par le motif d'une béatitude future. Où est-elle cette béatitude qui a été leur motif? Saint Augustin dit: *In opinione habet errorem omnimodæ defectionis, in sensu autem naturale desiderium quietis.* Vous avouez qu'un tel païen avoit « dans l'opinion l'erreur d'une totale cessation d'être, mais cependant qu'il avoit dans le sens le desir naturel du repos. » Remarquez, monseigneur, que ce qu'on appelle *motif* n'est pas *dans le sens*, mais dans la partie intellectuelle de l'ame. Nous n'avons donc qu'à voir ce qui est dans la partie intellectuelle de ce païen : c'est *l'erreur d'une totale cessation d'être*. Cette *erreur* est incompatible avec le motif d'une béatitude future. Ce qui n'est que *dans le sens*, savoir *le desir naturel du repos*, n'est pas un motif; ce n'est qu'une pente indélibérée, comme celle des bêtes, pour se délivrer d'un mal présent.

---

[1] *De Trinit.*, lib. XIII, cap. V, n. 8, tom. VIII, pag. 932.

[1] *De civit. Dei*, lib. XXI, cap. XV, tom. VII, pag. 635.
[2] *Rép. à quatre lettr.*, n. 15, tom. XXIX, pag. 55.

Appelez-vous cette pente un motif et une *raison d'aimer*? Vous ajoutez ces paroles : « Ainsi on a » toujours pour objet secret une subsistance éter- » nelle ou dans la mémoire des hommes, ce qui » s'appelle la vie de la gloire, ou une autre espèce » de vie dans le corps de la république dont on » est membre, qui se veut sauver dans son tout. » Mais que prouverez-vous par-là? Vous ferez voir que quand on se tue, on ne cherche pas le mal pour le mal, et le néant pour le néant. Qui en doute? Mais cette vie imaginaire dans la mémoire des hommes et dans le tout de la république est-ce une béatitude future dont le motif détermine l'homme à chercher *la totale cessation d'être* dont il a *l'erreur dans l'esprit*? Cet homme espère-t-il se rendre heureux par la mémoire des autres hommes, lorsqu'il *cessera totalement* d'exister? Prétend-il être heureux sans être?

Mais enfin c'est confondre le ciel avec la terre, que de prendre le contentement ou délectation que la nature cherche toujours, avec la béatitude surnaturelle et éternelle que la foi seule nous fait envisager. Quand même (ce qui n'est pas) le motif de nous contenter entreroit, selon saint Augustin, dans tout acte délibéré et naturel de l'homme, il ne s'ensuivroit pas que le motif de la béatitude surnaturelle entrât dans tout acte surnaturel. Il faut donc renoncer à ce grand argument, qui est le fondement de tout votre système. Il faut parler ainsi : La béatitude naturelle, que la nature cherche, n'a rien de commun avec la béatitude surnaturelle. Supposé même qu'on cherche l'une dans tout acte naturel, il ne s'ensuit pas qu'on cherche toujours l'autre dans tout acte surnaturel. Tirer cette conséquence, c'est supposer sans ombre de preuve ce qui est en question. Quittez donc, monseigneur, tous les raisonnements des philosophes, qui ne prouvent rien pour une béatitude surnaturelle et gratuitement donnée. Renfermez-vous dans votre raisonnement tiré de saint Augustin, sur ce que l'amour veut *jouir*. Mais ce raisonnement disparoît dès qu'on l'examine. Vouloir *jouir*, selon la définition de ce Père, n'est autre chose que vouloir aimer, que vouloir appartenir à ce qu'on aime, que vouloir se rapporter à lui, et non le rapporter à nous. *Frui est amore inhærere alicui rei propter se ipsam.*

C'est contre une preuve si démonstrative que vous ne répondez qu'en répétant un paralogisme étonnant que j'avois déjà clairement détruit. « C'est » vous-même, dites-vous [1], qui nous assurez qu'on » ne doit jamais être indifférent et sans désir sur le » salut éternel. Si l'on n'est jamais sans ce desir, » on l'a toujours, on l'a en tout acte. » Étrange preuve (pardonnez-moi ce mot)! Quoi, parce que j'ai toujours de l'amitié pour mon ami, et un vrai désir de ce qui lui est avantageux, s'ensuit-il que je veuille formellement son bien en *tout acte* délibéré, en sorte que son bien soit ma seule raison de vouloir tout ce que je veux? Vous croyez répondre à tout en disant [1] : Si c'est une « tendance indéli- » bérée, elle en est donc d'autant plus inévitable. » Vous la supposez continuelle, elle ne cesse donc » dans aucun acte. » Quoi! monseigneur, prétendez-vous que les pentes ou tendances indélibérées, que l'école appelle *appetitus innatus*, et qui n'ont jamais d'interruption, entrent comme motifs dans tous les actes délibérés? Par exemple, la pente de l'homme pour sa commodité corporelle est naturelle, indélibérée, et sans interruption. Direz-vous que sa commodité corporelle est un motif essentiel dans tous ses actes délibérés? Mais encore pourquoi ai-je dit qu'il faut toujours vouloir le salut ou béatitude surnaturelle? est-ce à cause qu'elle est la seule raison d'aimer dont le motif doit entrer en tout acte? Nullement. C'est parce que Dieu, qui pouvoit ne nous préparer jamais ce bien, nous l'a promis gratuitement. Je veux donc toujours mon salut ou béatitude surnaturelle, mais non en tout acte; je le veux, non parce qu'il est la seule raison ou le seul motif d'aimer, mais parce que Dieu, qui ne me le devoit pas, me l'a promis, et veut que je le desire. Enfin je le veux, non parce qu'il est essentiel à la charité de vouloir *jouir* de cette jouissance surnaturelle, mais parce que l'espérance qui nous est commandée le recherche comme son objet dans ses actes propres. Je n'ai donc jamais dit qu'il faut vouloir le salut en tout acte surnaturel; j'ai seulement prétendu qu'on doit vouloir le salut en tout état. Mais pourquoi ai-je dit qu'il faut le vouloir en tout état? Encore une fois, ce n'est point parce que le salut est la seule raison d'aimer, c'est seulement parce que Dieu, qui pouvoit se faire aimer sans accorder ce don gratuit, a voulu librement nous le donner sans nous le devoir. Pourquoi donc, monseigneur, voulez-vous me faire dire qu'on desire le salut *en tout acte*? Pourquoi ajoutez-vous [2] que mon « discours n'a aucun sens, » ou que c'est un point fixe qu'il n'est non plus » possible à la charité de n'avoir point le désir de » jouir de Dieu, qu'à la nature de ne vouloir pas » être heureuse continuellement, en tout acte sans

---

[1] *Rép. à quatre lettr.*, n. 9, tom. XXIX, pag. 53.

[1] *Rép. à quatre lettr.*, n. 9, tom. XXIX, pag. 53.
[2] *Ibid.*

» interruption? » Vous confondez deux sortes de jouissances différentes comme la nuit et le jour. Vous confondez un état où l'on desire le salut, avec un desir du salut qui se trouveroit en tout acte. Enfin vous tirez sans preuve une conséquence de l'ordre naturel pour un contentement passager, à l'ordre surnaturel pour la vision béatifique. Quand on a renversé tant de choses, il est facile de dire à un homme : « Vous vous combattez vous-même[1]. »

IV. Examinons vos velléités. Elles n'en ont que le nom, et on ne peut le leur donner sans abuser des termes. On ne peut ni vouloir, ni desirer de vouloir, ni concevoir même aucun commencement de desir contre la seule *raison d'aimer*, contre l'essence de la volonté même. Voilà ce que j'ai prouvé clairement. J'en conclus qu'avoir de telles velléités, *c'est extravaguer*. Que répondez-vous? Le voici : « Défaites-vous donc, je vous » en conjure, de ces vains raisonnements[2]. » Pourquoi m'en déferois-je, monseigneur? ils sont décisifs, et ils montrent clairement que c'est à vous à vous défaire de votre doctrine. « Ce » n'est pas ainsi, dites-vous[3], qu'il faut entendre » les excès et les transports. » Expliquez-nous donc comment il faut les entendre. « Quand on » veut vouloir l'impossible connu comme tel, on » veut vouloir en effet des contradictions inexpli- » cables. En cela vous avez raison[4]. » En quoi donc ai-je tort? « Mais quand vous voulez trouver » dans de tels actes la séparation de la charité » d'avec le desir d'union et d'avec la béatitude, » vous combattez saint Augustin. » Hé! monseigneur, est-il question ici de saint Augustin? Je vous ai déjà répondu sur ce Père, et vous ne répondez rien au passage décisif que j'en ai cité. Il n'est pas question d'une équivoque sur le mot d'*union* ou de *jouissance*, pour confondre tout amour avec le desir de la béatitude céleste. Prétendez-vous qu'il ne puisse point y avoir d'autre *union* d'amour avec Dieu, ni d'autre *jouissance* de lui, que la vision béatifique ou béatitude surnaturelle? Mais laissons pour un moment saint Augustin, et voyons si des souhaits contre l'unique raison d'aimer ne sont pas de monstrueuses extravagances. Vouloir aimer contre la raison d'aimer, qui est l'essence de la volonté et de l'amour même, n'est-ce pas vouloir des *contradictions inexpliquables*? Si j'ai raison en cela, je l'ai en tout; car c'est là, selon vous-même, le point décisif, « le point qui » renferme la décision du tout[5]. » Mais après avoir dit comment il ne faut pas entendre *les excès et les transports*, du moins vous devriez expliquer comment il faut les entendre. Le lecteur s'y attend. Mais, au lieu de le faire, vous dites seulement que « je combats saint Augustin, que je » me combats moi-même, et que je ne veux qu'é- » blouir le monde. » Laissons saint Augustin, et venons au fait. Comment expliquez-vous la différence que vous voulez mettre entre les *excès* ou *transports* de saint Paul, et les *amoureuses extravagances* des insensés? Au lieu d'en donner une raison précise, vous ne songez qu'à adoucir le terme d'*excès*. Vous alléguez saint Paul même, qui dit : *Sive mente excedimus, Deo* : Si nous sommes dans un transport, c'est pour Dieu[1]. Mais il n'est pas question du terme d'*excès*, il s'agit de la chose. Je soutiens que ce que vous appelez dans saint Paul un *excès* est précisément la même chose que vous faites nommer par d'autres, dans les saints mystiques une *amoureuse extravagance*[2]. J'ajoute avec vous que c'est extravaguer que de vouloir des *contradictions inexpliquables*, telles que celle de vouloir un amour chimérique contre l'unique *raison d'aimer*, et contre l'essence de la volonté même. Si donc saint Paul a desiré l'amour sans l'unique raison d'aimer, comme tant de mystiques, il a voulu des *contradictions inexpliquables*, il a extravagué comme eux. Que pouvez-vous répondre?

Faut-il vous dire, monseigneur, ce que vous savez mieux que moi? *L'excès* ou *transport* divin de saint Paul, quand il disoit : *Sive mente excedimus, Deo*, n'étoit pas contre *la raison d'aimer* : à Dieu ne plaise qu'on parle jamais ainsi ! Ce transport étoit supérieur à la foible raison du commun des hommes, sans être contraire à la vraie raison, qui est une participation de la pure lumière de Dieu. Plus ce transport étoit au-dessus de la foible raison des hommes aveugles, plus il étoit conforme à la raison suprême, qui est la vraie raison d'aimer. Vouloir contre la vraie raison d'aimer, et contre l'essence de la volonté même, ce n'est pas un transport divin au-dessus de notre foible raison; c'est au contraire être en délire, c'est extravaguer, c'est renverser l'amour, et par conséquent toute la religion ; c'est renverser la raison, qui est la pure lumière de Dieu; c'est anéantir la grace et la nature tout ensemble.

La sainte folie de la croix et l'ivresse des apôtres ne sont point contre la vraie raison d'aimer,

---

[1] *Rép. à quatre lettr.*, n. 9, tom. XXIX, pag. 53.
[2] *Ibid.*, pag. 53. [3] *Ibid.* [4] *Ibid.*
[5] *Ibid.*, n. 29, p. 61, 62.

[1] *Rép. à quatre lettr.*, n. 9, pag. 54.
[2] *Et. d'orais.*, liv. IX, n. 1 et 3, tom. XXVII, pag. 548, 549.

ni contre aucune véritable raison, parce que toute vraie raison est une lumière émanée de Dieu. Cette folie apparente est la vraie sagesse de Dieu, qui paroît folie à la fausse sagesse du siècle; mais ce qui renverse réellement la raison d'aimer et l'essence de la volonté même est incompatible avec la vraie sagesse de Dieu, avec la foi, avec la charité, avec la religion entière, et même avec la nature intelligente; ces actes que vous nommez des *excès* contre la raison suprême, contre l'essence de toute volonté, loin d'être grands et méritoires, ne renferment que l'extravagante ou menteuse expression d'une *contradiction inexplicable*; c'est ne rien vouloir, c'est ne rien comprendre, c'est parler sans s'entendre soi-même; appeler cette extravagance une velléité, c'est se jouer des termes. Cet *excès* n'étant pas moins dans saint Paul, selon vous, que dans le dernier des mystiques, un excès contre l'unique raison d'aimer, et contre l'essence de la volonté même, il n'est pas moins dans saint Paul que dans le dernier des mystiques un mensonge scandaleux, ou une extravagance monstrueuse. Voilà, monseigneur, la conséquence claire et immédiate de votre principe, voilà les vains raisonnements dont vous me conjurez *de me défaire*.

V. Relisez, s'il vous plaît, saint Chrysostome; vous y trouverez clairement qu'il suppose que l'Apôtre a voulu conditionnellement, pour le salut des Juifs, être séparé « de la troupe qui environne Jé» sus-Christ, et qu'il consentoit aussi à être privé » de la gloire, etc. Il consentoit volontiers de per» dre le royaume des cieux, d'être privé de cette » gloire ineffable, et de souffrir toutes sortes d'ad» versités[1]. » Il ajoute une comparaison décisive, qui est que « plusieurs pères n'ont pas refusé d'ê» tre séparés de leurs enfants, pourvu que ces en» fants en tirassent plus de gloire; et qu'ils ont » préféré l'honneur de leurs enfants au plaisir de » leur présence. » Voilà la privation de la vue ou compagnie de Dieu et de Jésus-Christ clairement marquée. Saint Paul, suivant saint Chrysostome, consentoit conditionnellement, pour le salut des Juifs et pour la gloire de Dieu, à perdre non l'union d'amour, mais la vision intuitive et la béatitude surnaturelle, qui pourroit, si Dieu l'eût voulu, être détachée de l'amour. Il vouloit toujours aimer Dieu et Jésus-Christ son fils. Mais il eût consenti à ne les point voir, et à ne posséder point leur gloire, comme un père se priveroit par amitié pour son fils de le voir, afin de lui procurer de plus grands honneurs. Voilà la comparaison décisive de saint Chrysostome. En citant ce Père j'ai dit qu'il excepte toujours l'amour, et qu'il ne faisoit tomber le renoncement que sur la vision intuitive ou béatitude surnaturelle[1]. à quoi sert-il donc de me faire une objection que j'ai prévenue et détruite par avance dans mon texte même[2]? Pourquoi dites-vous que ce Père fait tomber la privation dont il s'agit sur la compagnie qui environne Jésus-Christ? Peut-on voir Jésus-Christ étant séparé des saints qui l'environnent, et qui sont devenus ses membres inséparables? Peut-on être avec Jésus-Christ sans être avec les saints qui règnent avec lui sur le même trône? Quand même il vous seroit permis de supposer sans preuve que saint Paul séparoit, contre l'ordre des promesses, Jésus-Christ d'avec ses saints, quel souhait feriez-vous faire à l'Apôtre? Saint Chrysostome assure qu'il s'agit d'un effort *d'amour incroyable*. Saint Grégoire de Nazianze assure que l'Apôtre *a osé* en faisant ce souhait, et que lui-même *il ose* en le rapportant. Voyons donc quelle offre étonnante et incroyable l'Apôtre fait, selon vous, dans ce souhait. C'est de régner avec le Fils de Dieu, sur le trône de son Père le voyant face à face, sans voir les saints qui l'environnent : cette vision intuitive de Dieu et le royaume avec Jésus-Christ ne font-ils pas une béatitude pleine et consommée, indépendamment de la vision des saints? Il est donc manifeste que saint Paul, loin de consentir par son souhait à quelque privation terrible et étonnante, auroit au contraire, par cet acte, souhaité sa béatitude pleine et consommée. La privation de la vue des saints n'auroit rien ôté à cette béatitude de tout ce qui peut remplir le cœur de l'homme, puisqu'il auroit eu l'éternelle possession du souverain bien, qui n'en laisse plus d'autre à désirer pour être parfaitement heureux. Enfin ne voyez-vous pas qu'il s'agit de *perdre le royaume des cieux*, et *d'être privé de la gloire ineffable*; ce qui est manifestement, non la simple compagnie des saints, mais la présence de Dieu même et la vision béatifique? Connoissez-vous un autre royaume du ciel, et une autre *gloire ineffable*, que celle de cette vision? Encore une fois, si vous les connoissez, apprenez-les à toute l'Église qui les ignore. Où sont donc *ces choses extérieures* que vous assurez que saint Chrysostome distinguoit, après saint Paul, de la béatitude céleste? Vous dites *que ce Père ne les explique pas, non plus que l'Apôtre*. Mais vous, monseigneur, pouvez-vous nous les expliquer? pouvez-

---

[1] *Hom.* XVI *in ep. ad Rom.*, n. 1, tom. IX, pag. 603.

[2] *Instr. past.*, n. 33.
[2] IIe *Lettre à M. de Meaux*, IIIe obj.

vous les concevoir? Je vous ai pressé d'en donner la moindre idée : l'avez-vous tenté? Que signifie votre silence, puisque vous évitez d'expliquer ce qui fait, selon vous, tout le dénouement de la question? Vous alléguez ce même Père, qui dit que l'Apôtre vouloit être séparé, *non de la compagnie du Père, mais des biens qui l'accompagnent, etc.* Mais ces paroles ne regardent point le souhait de l'Apôtre d'*être anathème, etc.*; elles regardent cet autre endroit précédent, où l'Apôtre dit : *Qui me séparera de l'amour de Jésus-Christ?* Saint Chrysostome, après avoir dit sur cet endroit, qui est de l'Homélie xv, que l'Apôtre préfère la compagnie du Père à tous les biens qui l'accompagnent, commence l'Homélie xvi en avertissant que ce qu'il va dire est sans comparaison au-dessus de tout ce qu'il a déjà dit : il parle d'un *amour incroyable*. C'est celui qui consentiroit non-seulement à être privé des biens du Père, mais encore à faire comme les pères qui se privent pour la gloire de leurs enfants *du plaisir de leur présence*. Il s'agit donc alors d'être privé de la présence ou vue de Dieu et de Jésus-Christ.

Au moins, monseigneur, parmi tant de mécomptes ne faudroit-il pas m'insulter en m'accusant ici de me *tromper manifestement, d'excéder en tout*, de supposer *la privation* de l'amour (chose que j'ai si formellement rejetée), et d'imputer *un blasphême* à saint Paul, parce que j'ai dit que, selon saint Chrysostome, il vouloit *souffrir loin de Dieu toutes les peines de l'enfer*. Dans l'endroit même où j'ai parlé ainsi, j'ai ajouté immédiatement[1] : « Les ames qui sont dans ce troi-
» sième état du pur amour ne l'aimeroient ni ne
» le serviroient pas avec moins de fidélité. » Voilà donc l'amour réservé dans l'endroit même où vous voulez l'exclure. De plus, j'ai toujours réservé expressément l'amour en expliquant le souhait de l'Apôtre, et dans mon *Instruction pastorale*, et dans la *troisième lettre* que je vous ai écrite. Les peines que je suppose ne sont donc point la privation de l'amour. Je dis dans le même article[2], en condamnant le faux, « que cet amour ne porte
» point son désintéressement jusqu'à consentir de
» haïr Dieu éternellement, ou de cesser de l'aimer. » J'ai ajouté que « vouloir ainsi par un amour chi-
» mérique éteindre l'amour même, *c'est éteindre*
» *le christianisme*, c'est un horrible blasphême,
» *c'est un* désespoir brutal et impie, c'est une
» *extravagance monstrueuse.* » Pourquoi donc voulez-vous confondre la cessation impie de l'amour avec *toutes les peines de l'enfer* souffertes, en réservant toujours expressément l'amour? Vous assurez que je me suis *trompé manifestement* en faisant parler ainsi saint Chrysostome; mais avez-vous oublié ces paroles? « Saint Paul, dit-il[1], s'é-
» toit offert de souffrir pour ses frères les peines
» de l'enfer, si cela pouvoit servir à les amener à
» la foi. » Les voilà donc ces *peines de l'enfer*, sur lesquelles vous me faites un crime. On pourroit croire d'un autre, moins savant que vous, qu'il n'auroit jamais lu ces endroits de ce Père; mais quel moyen de vous justifier par-là? N'avez-vous pas parlé ainsi? « Ce Père a approuvé par un long
» et puissant discours cette explication, que l'es-
» prit de saint Paul étoit de s'offrir pour être ana-
» thême, et séparé éternellement de la présence de
» Jésus-Christ, s'il étoit possible, et que par-là il
» pût obtenir le salut des Juifs[2]. » D'où vient donc que vous dites maintenant tout le contraire[3]? D'où vient que vous voulez faire entendre qu'il n'offroit de renoncer qu'à la compagnie des saints, sans renoncer à la présence de Dieu et de Jésus-Christ? Avez-vous déja oublié vos propres paroles? N'avez-vous pas entendu, par *l'anathême*, d'être *séparé éternellement de la présence de Jésus-Christ*? Pourquoi reculez-vous donc sur saint Chrysostome? Pourquoi parlez-vous ainsi? « Il
» vouloit, il attendoit cette compagnie, συνουσίαν.
» Il desiroit Jésus-Christ, c'est-à-dire de le pos-
» séder. » Desiroit-il par le même acte la compagnie et la séparation de Jésus-Christ?

Vous croyez, monseigneur, faire oublier votre embarras sur cette question, en disant que « saint
» Chrysostome ne connoissoit point le sacrifice
» absolu que j'enseigne, où l'impossible devenoit
» réel[4]. » Voilà ce que vous appelez *des réponses si graves*. Mais faut-il le dire? qu'y a-t-il de moins *grave* que cette *réponse*? 1° Pourquoi confondez-vous toujours le cas du sacrifice conditionnel, avec celui du sacrifice absolu? Le cas du sacrifice conditionnel est celui de saint Paul. Saint Chrysostome n'avoit garde de parler du sacrifice absolu de la mercenarité ou intérêt propre, en expliquant le souhait de l'Apôtre. Ce souhait regarde un état de paix, où l'Apôtre ne s'imaginoit point être réprouvé. Le cas du sacrifice absolu est celui où saint François de Sales supposoit par une *persuasion apparente* ou imaginaire, mais simplement, absolument, et sans exprimer aucune condition, qu'il n'aimeroit plus dans l'éternité. Le cas du

---

[1] *Expl. des Max.*, pag. 8.
[2] *Max. des Saints*, pag. 9.

[1] *De Provid.*, cap. xii.
[2] *Et. d'orais.*, liv. ix, n. 3, tom. xxvii, pag. 531.
[3] *Rép. à quatre lettr.*, n. 10. t. xxix, p. 36. [4] *Ibid.*, p. 37.

sacrifice absolu est celui où le Frère Laurent *croyoit certainement qu'il étoit damné.* Le cas du sacrifice absolu est celui où Blosius dit qu'une ame *croit avoir tout perdu et être perdue* elle-même, où elle tombe, selon cet auteur, *dans un horrible désespoir.* Il n'y a là aucune expression conditionnelle ; vous ne parvenez donc en cet endroit à faire contre moi une objection qu'en confondant deux cas qui sont très différents. C'est vous qui rapportez ces cas de la bienheureuse Angèle de Foligny, de la mère Marie de l'Incarnation, de saint François de Sales. C'est vous qui avez approuvé le Père Surin, lequel rapporte les paroles de Blosius. Vous n'avez donc pas moins reconnu l'acte qui est conçu dans la peine en termes absolus, que celui qui est fait hors de la peine dans des termes conditionnels. 2° D'où vient que vous ne cessez point, après tant de justes plaintes de ma part, de changer encore mes paroles ? Pourquoi dites-vous encore que dans *ce sacrifice absolu.... l'impossible devenoit réel ?* Me prenez-vous pour un insensé qui réalise *l'impossible ?* J'ai dit seulement de l'ame peinée, que « le cas impossible lui » paroît possible et actuellement réel, dans le » trouble et l'obscurcissement où elle se trouve[1]. » Quoi ! monseigneur, *devenir* et *paroître,* est-ce la même chose selon vous ? N'y a-t-il aucune différence entre *devenir* ce qu'on n'étoit pas, et *paroître* ce qu'on n'est point ? Confondrez-vous toujours la vérité avec l'apparence, et même avec l'apparence qui ne se présente que dans un état *de trouble et d'obscurcissement ?* Qu'est-ce qui fait plus d'honneur à mon livre, que de voir qu'il faille le changer ainsi dans les termes les plus essentiels, pour y trouver ce que vous voulez y reprendre ? Appelez-vous *des réponses si graves,* de si manifestes altérations du texte répétées malgré tant de justes plaintes ?

VI. Mais voici un endroit bien important. Vos questions, dites-vous, « sur cette matière m'étonnent. La supposition qu'on nomme impossible » ne l'est pas, dites-vous, à la rigueur. Dieu ne » doit rien à personne[2]. » Souffrez que je vous représente combien je suis étonné de votre étonnement. Direz-vous, monseigneur, que Dieu nous devoit en rigueur la vie éternelle avant ses promesses, et qu'elle n'est pas une grace ? Avez-vous oublié que dans le XXXIII° Article d'Issy *la supposition* est nommée *très fausse,* et non pas impossible ? En effet, Dieu, avant ses promesses gratuites, étoit libre, en rigueur, de ne nous donner ni sa vision intuitive, ni une existence éternelle. Niez-vous cette liberté de Dieu ? Trouverez-vous encore mauvais que je prenne la liberté de vous demander par écrit, là-dessus, un *oui* ou *un non ?* Trouverez-vous que c'est *un ton de maître ?* Traiterez-vous encore de métaphysique *outrée* et *de pays inconnus* ce que le catéchisme du concile de Trente veut que les pasteurs enseignent au peuple même, savoir, que Dieu « a montré sa clémence et » les richesses de sa bonté, en ce que, pouvant » nous assujettir à servir à sa gloire sans aucune » récompense, il a voulu néanmoins joindre sa » gloire avec notre utilité[1] ? La supposition *de servir à la gloire de Dieu sans aucune récompense* ni *utilité,* n'étoit donc pas impossible avant les promesses gratuites. On auroit donc pu et dû, en ce cas très possible avant le décret libre de Dieu, l'aimer sans avoir la récompense de la béatitude future et surnaturelle. Si vous croyez cette doctrine fausse, soutenez formellement la contradictoire ; ou, si vous ne croyez pas pouvoir soutenir formellement la contradictoire, cessez d'attaquer cette doctrine.

Il est très inutile de dire que « Moïse et saint » Paul formoient leurs desirs par impossible sur » l'état présent[2]. » Il est vrai qu'ils savoient que *l'état présent* renfermoit les promesses, et que les promesses rendoient *impossible* un autre état, qui étoit possible en lui-même. Si l'état étoit absolument impossible par lui-même, les promesses ne seroient ni libres ni gratuites : car Dieu n'est point libre de ne donner pas ce qu'il lui est impossible de refuser. Moïse et saint Paul regardoient donc l'état comme possible dans la liberté de Dieu considérée avant les promesses ; et supposant que Dieu eût voulu par impossible les exclure des promesses, ils s'offroient pour ce cas à l'aimer sans avoir la béatitude céleste. Si vous entendez par *l'état présent* de l'homme la constitution essentielle de sa volonté, vous renversez toute la théologie ; car vous supposez que Dieu ne peut se dispenser d'offrir la béatitude surnaturelle à l'homme selon la constitution essentielle de sa volonté, et par conséquent qu'il la doit, en toute rigueur, à son essence même. Si au contraire vous entendez seulement par *l'état présent* de l'homme la condition où Dieu l'a mis gratuitement, qui est de lui promettre la béatitude surnaturelle qu'il ne lui devoit pas, il faut avouer que saint Paul et Moïse n'ont pas voulu renoncer d'une manière absolue à *l'état présent,* c'est-à-dire aux promesses, mais

---

[1] *Explic. des Max.,* pag. 17.
[2] *Rép. à quatre lettr.,* n. 11, tom. XXIX, pag. 39.

[1] *Proœm. in Decal.,* part. III, n. 18.
[2] *Rép. à quatre lettr.,* n. 11, tom. XXIX, pag. 40.

qu'ils y ont renoncé conditionnellement, c'est-à-dire supposant le cas où les promesses gratuitement données n'auroient pas été faites.

VII. Pendant que je me plains de tant d'altérations de mon texte, vous croyez, monseigneur, devoir vous plaindre aussi. Vous revenez à ma traduction de saint Grégoire de Nazianze[1]. Vous dites qu'en rapportant παθεῖν, j'ai omis τὶ, *souffrir quelque chose*. Mais les altérations ou suppositions dont je me plains sont-elles de cette nature? Ceci peut-il jamais être appelé une altération? Le τὶ n'est qu'un terme vague et suspendu, qui n'a de force ni de sens que par l'application qui en est faite. J'ai marqué à quoi l'auteur l'applique, et ce qui en détermine tout le sens. Ainsi je ne lui ai rien ôté de sa force et de son sens, fixé par la suite. Saint Grégoire de Nazianze s'explique lui-même. Comment l'Apôtre a-t-il voulu souffrir *quelque chose, comme un impie? C'est en introduisant ses frères en sa place auprès de Jésus-Christ.* Voilà donc le τὶ déterminé. Ce que l'Apôtre vouloit souffrir, c'étoit la privation de la présence de Jésus-Christ, pour la céder à ses frères. Voilà un desir de céder sa place auprès de Jésus-Christ qui est étonnant. C'est ce que saint Grégoire de Nazianze n'exprime qu'en assurant que saint Paul *a osé* en parlant ainsi, et qu'il *ose* lui-même en le rapportant. Élie de Crète, interprète de saint Grégoire de Nazianze, assure[2] que l'Apôtre a voulu « être séparé et éloigné de Jésus-Christ, afin que » les Juifs, mis en sa place, parvinssent au salut, » pendant qu'il seroit séparé de Jésus-Christ comme » un impie et un scélérat. » Rien n'est plus contraire à toute vraisemblance que de faire dire à saint Paul qu'il veut être puni de mort comme Jésus-Christ, en passant pour un impie qui a blasphémé. Tous les martyrs ont souffert la mort après Jésus-Christ, pour cette accusation d'impiété. Pourquoi saint Grégoire de Nazianze auroit-il cru que saint Paul *osoit* en souhaitant le martyre, et qu'il *osoit* lui-même en rapportant le desir de l'Apôtre pour être martyr? Mais encore comment saint Paul auroit-il voulu, par son martyre, céder sa place aux Juifs auprès de Jésus-Christ? Son martyre, au contraire, ne l'auroit-il pas mis en cette place auprès du Sauveur? Cette remarque n'est pas de moi, elle est de saint Chrysostome.

VIII. Avez-vous oublié, monseigneur, que Cassien, que vous avez voulu expliquer contre moi, est décisif contre vous? Il assure que l'Apôtre n'a point refusé sa *séparation d'avec Jésus-Christ:*

divulsionem a Christo etiam ultimum anathematis malum optasset incurrere[1]. Il fait dire à saint Paul : *Vellem ego non solum temporalibus, verum etiam perpetuis addici pœnis.* Nierez-vous encore qu'il s'agit de la *séparation d'avec Jésus-Christ, et des peines éternelles?* N'alléguez plus, s'il vous plaît, l'interprétation de saint Jérôme: il n'est point suivi par les autres Pères. Saint Augustin, que vous voudriez mettre dans ce sentiment, lui est contraire; car il entend par le *livre de vie* celui de la prédestination éternelle[2]. Il est vrai qu'il a dit que Moïse a demandé à Dieu d'être effacé du livre, étant *assuré* de ne l'être pas: *Securus hoc dixit.* Mais enfin il suppose que ce livre, dont Moïse veut conditionnellement être effacé, est le livre de vie éternelle, le livre où sont les noms de ceux qui règnent avec Jésus-Christ dans la vision intuitive.

La sécurité dont parle saint Augustin n'empêche pas qu'il n'ait cru que Moïse a voulu conditionnellement être effacé du livre de vie éternelle. On peut renoncer conditionnellement à un bien qu'on espère de posséder. Le renoncement conditionnel est très sincère, quoique l'on espère toujours le même bien, pourvu que l'acte du renoncement soit véritablement indépendant du motif de ce bien, qu'on assure qu'on seroit prêt à sacrifier. Saint Grégoire de Nazianze, saint Chrysostome, Cassien et les autres auroient donc dit sans peine comme saint Augustin : *Securus hoc dixit.* Moi-même je le dirois autant que ce Père. Qui doute que celui qui, dans un état paisible et hors de toute peine intérieure, sacrifie son salut conditionnellement, pour un cas différent de celui où nous avons les promesses, ne veuille et n'espère toujours fermement le salut, lors même qu'il en fait le sacrifice conditionnel? Mais quoique l'ame dans ce cas ait toute *la sécurité* de l'espérance la plus sensible, il est pourtant vrai que la béatitude céleste n'est point le motif de l'acte par lequel elle y renonce conditionnellement.

C'est ainsi, monseigneur, que vous faites *dire* aux Pères, aussi bien qu'à moi, ce qu'ils n'ont jamais ni dit ni pensé; c'est ainsi que vous me convainquez de citer mal les Pères. Je suis bien fâché d'avoir sans cesse à vous montrer vos mécomptes, et de me voir réduit à des répétitions innombrables. Une autre chose m'afflige aussi, c'est qu'il faudra une troisième lettre pour achever de répondre à la vôtre.

Je suis avec respect.

[1] *Coll.* XXI, cap. VI.

---

[1] *Rép. à quatre lettr.*, n. 10, tom. XXIX, pag. 57.
[2] *In Orat., I Greg. Naz.*, pag. 114 et 115.

TROISIÈME LETTRE

EN RÉPONSE A CELLE
DE Mgr L'ÉVÊQUE DE MEAUX.

Monseigneur,

Voici le reste de mes plaintes sur votre lettre : souffrez que je les fasse librement.

I. Vous trouvez fort mauvais que je fasse des suppositions d'états différents de celui où il a plu à Dieu de nous mettre[1]. Mais vous avouez que les saints auteurs en sont pleins, *dès l'origine du christianisme ; que ces suppositions par impossible sont célèbres dans toute l'école, et fréquentes dans les mystiques ;* que saint François de Sales en est tout plein ; qu'enfin on ne peut « rejeter, sans en même temps condamner » ce qu'il y a de plus grand et de plus saint dans » l'Église..... ; parce qu'on en voit la pratique et » la théorie dès les premiers âges de l'Église, et » que les Pères les plus célèbres de ces temps-là » ont admiré ces actes, comme pratiqués par saint » Paul[2]. » Mes suppositions sont fondées sur la liberté de Dieu. La niez-vous ? Vous dites que je veux supposer qu'il eût réduit *les hommes à l'état de pure nature*. Non, monseigneur, ma supposition n'a rien de commun avec cet état. Que peut-on penser d'une contestation où vous m'attaquez presque toujours en me faisant dire ce que je ne dis pas ? Niez tant qu'il vous plaira la possibilité de l'état de pure nature. Pour moi, je n'ai garde de prendre le change, et de sortir de mon cas précis pour entrer dans des questions étrangères. Il ne s'agit que d'un cas où l'homme aimeroit Dieu surnaturellement par le secours de la grâce, et où Dieu, libre dans la distribution de ses dons surnaturels, ne lui donneroit pas la vision intuitive. Cette supposition est d'un grand nombre de saints auteurs. A la place d'un aveu précis et d'une négation précise, vous changez mes suppositions. Vous dites que je veux que Dieu ait « pu nous créer » comme les païens, comme un Socrate, comme » un Épictète, comme un Épicure[3]. » Où trouvez-vous que j'aie jamais parlé ainsi ? J'ai dit que ces païens avoient eu l'idée de l'amour de la vertu pour la vertu même, quoiqu'ils ne l'eussent pas suivie dans la pratique. Mais ai-je dit que ces païens ont aimé Dieu ? Ai-je dit que Dieu pourroit créer des hommes, afin qu'ils ne l'aimassent et ne le glorifiassent jamais que comme ces païens ? Si je l'ai dit, citez l'endroit ; si je ne l'ai pas dit, faites-moi justice sur votre lettre.

II. Vous rappelez encore Socrate, Épictète, etc. ; vous voulez même que j'aie supposé des hommes à qui Dieu eût *révélé leur damnation*. Où trouvez-vous cette supposition dans mes écrits ? *La damnation est la cessation de l'amour, et la haine éternelle de Dieu.* Ai-je dit que Dieu ait pu créer des hommes afin qu'ils cessassent de l'aimer et qu'ils le haïssent ? N'ai-je pas dit en toute occasion que cette impiété fait horreur ? « Pour faire, » dites-vous[1], un acte d'amour pur, il faut retour-» ner en esprit à tous ces états. La première chose » qu'il faudra faire, sera d'oublier qu'on a un » Sauveur. Il faudroit de même oublier qu'on a » un Dieu, etc. » Non, monseigneur, pour faire un acte d'amour parfait il ne faut oublier ni Dieu créateur, ni Jésus-Christ sauveur. Leurs bienfaits sont l'objet immédiat du pur amour de complaisance. De plus, ces mêmes bienfaits, considérés par la vertu de gratitude, ou désirés par celle de l'espérance, aident à nous montrer leurs perfections divines, et par conséquent à aimer Dieu et Jésus-Christ pour eux-mêmes. De plus la vue de leurs bienfaits sert encore médiatement à augmenter la charité, quoique ces bienfaits, en tant qu'utiles pour nous, n'entrent point comme motifs propres dans les actes de cette vertu. C'est ce que j'ai expliqué clairement et amplement par saint Thomas, dans ma *Réponse à votre Sommaire*. J'ai montré que l'amour de pure complaisance s'occupe directement des bienfaits de Dieu ; que l'exercice de l'espérance, en rendant l'âme attentive à Dieu béatifiant, la dispose à le regarder aussi comme bon en lui-même ; qu'ainsi les actes d'espérance préparent l'âme aux actes de charité, et qu'enfin l'exercice de l'espérance augmente médiatement la charité même en diminuant la concupiscence, et en faisant croître la grâce : enfin, dans le plus parfait état, les actes d'espérance et de reconnoissance deviennent de plus en plus fréquents, mais c'est parce qu'ils sont commandés par la charité. Toutes ces réponses sont évidentes. Mais nulle réponse claire ne peut arrêter vos répétitions. Vous voulez pouvoir toujours dire que, selon moi, *pour faire un acte d'amour pur*, il faut *oublier qu'on a un Sauveur et un Dieu*.

Vous allez jusqu'à prétendre que Dieu, tel qu'il est adoré par le pur amour, est un Dieu « qui ne » sait ni ne fait ni bien ni mal, qu'il faudroit ser-

---

[1] *Rép. à quatre lettr.*, n. 11, tom. XXIX, pag. 39 et suiv.
[2] *Instr. sur les ét. d'orais.*, liv. IX, n. 1, 2, 5, tom. XXVII, g. 346 et suiv.
[3] *Rép. à quatre lettr.*, n. 11, tom. XXIX, pag. 40.

[1] *Rép. à quatre lettr.*, n. 11, pag. 41.

» vir néanmoins à cause de l'excellence de sa na-
» ture parfaite, comme disoient les épicuriens
» chez Diogène Laërce[1]. » Sans doute cette maxime des épicuriens, quoiqu'ils ne la suivissent pas dans la pratique, étoit fondée sur l'idée de l'amour qui est dû pour lui-même à ce qui est excellent en soi, quand même il ne nous seroit pas utile. Cette idée est bien plus parfaite que celle d'un amour qui n'a point d'autre raison d'aimer que notre propre bonheur. C'est cette idée parfaite que les païens ne suivoient pas : mais au moins tous ces aveugles, jusqu'aux épicuriens, l'admiroient. Pour vous, monseigneur, vous ne souffrez pas même qu'on l'admire parmi les chrétiens, ni qu'on aspire à la suivre avec le secours de la grace. Au contraire, vous la regardez comme la source de l'illusion la plus impie.

De plus, remarquez, monseigneur, que quand l'école parle d'aimer Dieu *sans rapport à nous*, elle ne prétend pas lui ôter ses perfections bienfaisantes, ni son droit de nous punir. Si on l'aimoit *comme un Dieu qui ne sait et qui ne fait rien*, on ne l'aimeroit pas comme parfait, on ne l'aimeroit pas comme Dieu : ce ne seroit plus lui-même. En l'aimant comme parfait, on l'aime comme capable de faire du bien, on l'aime comme étant bienfaisant. Mais ni l'utilité qui nous revient de ses bienfaits, ni la souffrance de ses punitions, ne sont point dans ces actes les motifs de l'amour. Si on ne peut aimer Dieu sans y être excité par le motif de ses perfections bienfaisantes ou punissantes ; s'il faut nécessairement en tout acte d'amour regarder Dieu dans ce rapport comme nous étant utile ou nuisible, c'est-à-dire en tant qu'il peut faire du bien ou du mal, les motifs de crainte entreront aussi bien que ceux d'espérance dans tous les actes de charité ; les motifs spécifiques de toutes les vertus, qui en font la distinction, seront confondus ; et cette distinction, que nous avons donnée comme *révélée de Dieu*[2], n'aura rien de réel. Toute l'école, que vous renversez ouvertement par-là, peut juger si ma cause n'est pas la sienne. Aimer Dieu dans les actes de charité, sans y être excité par l'utilité de ses bienfaits, quoiqu'on le reconnoisse infiniment bienfaisant, c'est, selon vous, aimer le dieu d'Épicure, *qui ne sait et ne fait ni bien ni mal*.

III. Vous me reprochez d'avoir dit qu'on aimeroit Dieu « quand il prendroit plaisir à rendre
« éternellement malheureux ceux-là même qui
» l'aimeroient[3]. » Je n'ai point dit quand *il prendroit plaisir;* j'ai dit, *quand il voudroit rendre, etc.* Cette altération n'est pas bien importante : mais enfin ce n'est pas pour rien que vous avez voulu changer ainsi mes paroles, en les rapportant en lettres italiques. Ce changement fait voir que vous cherchez à grossir les objections, et à m'imputer l'idée d'un Dieu cruel qui *prend plaisir* au malheur de sa créature. Quand j'ai parlé d'être *éternellement malheureux*, il est évident que je n'ai pas pris dans un sens rigoureux et absolu le mot *malheur* pour la damnation et pour la haine de Dieu, puisque j'ai voulu qu'on ne cessât jamais de l'aimer. Je n'ai entendu que la privation de la béatitude céleste avec la souffrance des *tourments éternels*. C'est ce qui est autorisé dans le XXXIIIe Article d'Issy.

IV. Vous vous plaignez, monseigneur, de ce que je vous *fais dire que la réponse de mort que saint François de Sales portoit empreinte en lui-même étoit une réponse de mort éternelle*[2]. Vous assurez que je vous *impose manifestement*. Vous ajoutez : « Quand je l'aurois dit cent fois, cent fois
» il faudroit me dédire, et effacer ce blasphème
» avec un torrent de larmes. » Mais laissons le *torrent de larmes*, qui n'est qu'une figure d'éloquence, et contentons-nous du fait clair comme le jour. Il s'agit d'une *impression de réprobation* et d'une *terrible résolution* prise sur ce que le saint *portoit dans son cœur comme une réponse de mort assurée*. Vous dites[2] : *On voit qu'il portoit dans son cœur, etc.* Par où le voit-on ? Par ce qui précède, et par ce qui suit immédiatement. Voici ce qui précède immédiatement : *Que puisqu'en l'autre vie il devoit être privé pour jamais de voir et d'aimer un Dieu si digne d'être aimé, etc.* Voilà la raison par laquelle *on voit qu'il portoit dans son cœur comme une réponse de mort assurée*. Mais voyons ce qui suit immédiatement. Pourquoi voit-on qu'il *portoit dans son cœur comme une réponse de mort assurée ?* C'est qu'il *supposoit* (chose impossible) *qu'il n'aimeroit plus dans l'éternité*. La *supposition* et la *réponse de mort* sont donc évidemment la même chose. Ce qui précède et ce qui suit immédiatement ne permet pas d'en douter. Mais pourquoi affecter de reculer ainsi sur une chose si innocente ? La *supposition* seroit sans doute plus hardie, si elle étoit exprimée simplement, et seulement jointe à la *terrible résolution*, au lieu que *la réponse de mort* est un correctif qui adoucit beaucoup ; en voici une raison claire : c'est que la réponse de mort n'étoit pas *assurée*;

---

[1] *Rép. à quatre lettr.*, n. 11, tom. XXIX, pag. 41.
[2] XXIe *Art. d'Issy.*   [3] *Ibid.*

[1] *Rép. à quatre lettr.*, n. 12, pag. 45.
[2] *Et. d'orais.*, liv. IX, n. 3, tom. XXVII, pag. 333.

elle n'étoit que *comme assurée. Comme* exprime l'apparence de ce qui n'est pas réel. Ne versez donc point, monseigneur, un *torrent de larmes* sur une expression qui, loin d'être un blasphême, est au contraire un vrai correctif dans votre texte. Mais avouez-la sans peine, puisque votre texte la porte évidemment, et qu'elle vous paroîtroit très innocente, si elle ne justifioit mon livre. Saint François de Sales étoit malade, il est vrai; il croyoit mourir; mais ce qui causa sa terrible résolution, c'est *l'impression de réprobation*; c'est *la réponse de mort*; c'est *la supposition qu'il n'aimeroit plus dans l'éternité.*

V. Vous ne cessez, monseigneur, de confondre le sacrifice absolu avec le conditionnel. Le conditionnel regarde la béatitude surnaturelle ou vision intuitive; et c'est en quoi saint Grégoire de Nazianze trouvoit que saint Paul avoit osé en le faisant. Cet acte se fait en pleine paix, et dans l'état de l'espérance la plus sensible. Au contraire, le sacrifice absolu ne tombe que sur un attachement naturel aux dons promis. Il n'est pas le même que celui de saint Paul; et c'est en vain que vous voulez réfuter pour cet apôtre ou pour Moïse ce que je n'ai jamais dit par rapport à eux. Vous vous récriez[1] : « Ces sacrifices absolus ne se trouvent » chez aucun autre auteur que chez vous. » Vous ajoutez : « C'est là votre idée particulière, que vous » ne pouvez défendre avec tant d'attache, ni en » faire votre idole, et le cher objet de votre plus » parfaite spiritualité, qu'à cause qu'elle sert d'ex- » cuse aux sacrifices extrêmes des mystiques dont » vous prenez adroitement la cause en main. »

Voilà tout ce qu'on peut dire pour faire entendre que je n'ai inventé mon *sacrifice* absolu que pour défendre artificieusement madame Guyon. Mais le lecteur doit juger, par un exemple si décisif et si sensible, si vous m'accusez avec justice ou non d'être l'apologiste des livres de cette personne. Voyons donc si je suis l'inventeur de ce sacrifice.

Vous dites, monseigneur : « Car où prenez-vous » ce sacrifice absolu[2] ? » Je le prends dans la tradition des Pères, qui supposent une *mercenarité* dans les justes imparfaits, et qui la retranchent dans les parfaits. Le retranchement en est absolu, et sans condition. Retranchement et sacrifice sont la même chose. Le sacrifice de la *mercenarité* est donc, selon les Pères, absolu et sans condition dans les parfaits. Mais n'allons pas si loin. Je prends ce sacrifice dans votre propre livre[1], où vous expliquez saint François de Sales. *Il portoit dans son cœur comme une réponse de mort assurée;* il portoit *une impression de réprobation :* c'est là-dessus qu'il prit *une terrible résolution.* Qui dit *terrible* dit quelque chose qui coûte cher à la nature. Il dit un acte où l'on sacrifie quelque grand attachement. Aussi assurez-vous qu'un acte *si désintéressé* vainquit le démon. Pourquoi étoit-il *si désintéressé?* C'est qu'il excluoit quelque intérêt : désintéressé et exempt d'intérêt sont synonymes. Voilà donc une *résolution* qui est *terrible* en ce qu'elle est *si désintéressée* c'est-à-dire qu'elle renonce à quelque intérêt. Appelez cet intérêt comme il vous plaira; au lieu de dire sacrifier, dites renoncer ou retrancher : tous les noms me sont indifférents, pourvu que le fond de la chose demeure incontestable. Ce qui est certain, c'est que voilà un intérêt que saint François de Sales abandonne par cet acte *terrible.* Cet abandon n'est point conditionnel. Non-seulement l'acte est nommé désintéressé, mais encore il le nomme *si désintéressé.* Il exclut donc absolument cet intérêt : »

Vous avez même appelé ce renoncement *terrible* une *espèce de sacrifice.* Voici vos propres paroles : « Dieu pressé, par des touches particulières, à lui » faire cette espèce de sacrifice, à l'exemple de » saint Paul[2]. » Il est vrai que vous confondez dans ces paroles, selon votre coutume, le sacrifice des *âmes peinées* avec celui de saint Paul, qui est très différent, puisqu'il fut fait sans qu'il paroisse que l'Apôtre fût alors peiné sur son salut. Mais enfin voilà *une espèce de sacrifice,* selon vous, que *les âmes peinées* peuvent faire par le conseil de leurs directeurs. Et quand est-ce qu'elles peuvent le faire? Est-ce seulement hors de la peine, lorsqu'elles ont une espérance sensible, et qu'elles voient clairement qu'il ne s'agit que d'un cas impossible? Tout au contraire, c'est lorsqu'elles *supposent,* comme saint François de Sales, *qu'elles n'aimeront plus dans l'éternité;* c'est lorsqu'elles *croient certainement,* comme le Frère Laurent, être *damnées,* en sorte que *tous les hommes du monde ne pourroient leur ôter cette opinion;* enfin c'est lorsqu'elles se *voient manifestement,* pour parler comme le Père Surin approuvé par vous, *sales et insupportables à elles-mêmes.* Voilà *l'espèce de sacrifice* que vous dites que *Dieu presse* l'âme de faire. Vous ajoutez que le directeur doit *l'aider à produire et en quelque sorte enfanter ce que Dieu en exige par ses impulsions.* Qui dit es-

---

[1] *Rép. à quatre lettr.,* n. 15, tom. XXIX, pag. 49.
[2] *Ibid.,* pag. 48.

[1] *Et. d'orais.,* liv. IX, n. 3, déjà cité.
[2] *Ibid.,* liv. X, n. 19, pag. 429.

pèce de *sacrifice*, que le directeur inspire et qu'il *aide les âmes peinées* à produire, dit sans doute un sacrifice douloureux de quelque chose de réel. Cette chose est, selon vous, *un intérêt*, puisque l'acte de ce sacrifice étoit dans saint François de Sales *si désintéressé*. Cette *espèce de sacrifice* n'a rien de conditionnel ; car il ne regarde point le salut même, et ce n'est que pour le salut que l'expression conditionnelle est nécessaire. La *mercenarité* que les Pères admettent dans les justes imparfaits, et qu'ils retranchent des parfaits, est une imperfection qu'on retranche absolument pour l'état présent, sans y mettre des conditions et sans chercher des cas impossibles.

Achevons, monseigneur, de trouver ce sacrifice dans vos propres paroles. Vous dites, en expliquant le Père Surin, qu'il rejetoit *un soin* avec *inquiétude*[1]. Ce *soin inquiet* est donc absolument retranché ou sacrifié, selon vous. Ce *soin inquiet* est la mercenarité, que les Pères admettent dans les justes imparfaits. C'est, selon moi, *un reste d'esprit mercenaire* qu'on peut absolument retrancher. C'est cette même *mercenarité* ou *reste d'esprit mercenaire* que je n'ai cru pouvoir traduire en françois plus naturellement que par les termes d'*intérêt propre*. Ce que vous appelez une *terrible résolution*, un acte *si désintéressé*, une *espèce de sacrifice*, est sans doute un renoncement absolu et sans condition au *soin inquiet* sur les dons de Dieu. M. l'archevêque de Paris a parlé comme vous, en expliquant le Frère Laurent, « qui s'étoit » toujours gouverné par amour, sans aucun autre » intérêt, sans se soucier s'il seroit damné ou s'il » seroit sauvé. » Ce prélat assure que le mot de *soucier* est un vieux mot qui signifie un *désir inquiet*, qu'il faut en effet retrancher. Il faut donc, selon ce prélat, retrancher ou sacrifier absolument le *souci* ou *désir inquiet* du salut. C'est donc dans les Pères, dans saint François de Sales, dans vos propres ouvrages, que j'ai trouvé ce sacrifice absolu. Pourquoi donc m'accusez-vous de l'avoir inventé, quoiqu'il ne soit *chez aucun autre auteur, d'en faire mon idole, et le cher objet de ma plus parfaite spiritualité*; enfin de le faire *servir d'excuse* aux faux *mystiques* qui enseignent le désespoir, et dont je prends adroitement la cause en main ? C'est ainsi que vous m'accusez de soutenir les livres de madame Guyon, lorsque je ne dis que ce que vous avez reconnu vous-même par des équivalents manifestes.

VI. Jusqu'ici, monseigneur, le lecteur a pu remarquer que vous ne m'avez attaqué qu'en m'imputant ce que je nie, ce que je déteste, ce que je montre sans cesse que mon texte rejette formellement. Mais nous voici enfin arrivés au point où vous me faites un crime capital de ce qui est effectivement ma doctrine. Si ce que vous me reprochez ici comme une erreur en est une, je dois avouer de bonne foi, à la face de toute l'Église, que j'ai erré. Il n'y a donc qu'à vous écouter, et qu'à peser toutes vos paroles.

Vous distinguez le motif de la *bonté bienfaisante de Dieu* d'avec celui de l'*excellence* de sa nature[1]. Vous assurez que je ne fais point voir par les *suppositions impossibles* que ces motifs soient séparables. Vous ajoutez, *et c'est en cela qu'est votre erreur*. Enfin vous soutenez que l'école.... *donne à la charité deux sortes d'objets, les premiers et les seconds*[2]. Si vous entendez, par séparation de motifs, l'exclusion du motif des bienfaits de Dieu pour un état, vous auriez raison de dire que toute l'école seroit contre moi. Ce seroit sans doute en cela que seroit *mon erreur*; mais puisque je n'entends par cette séparation qu'une simple abstraction pour les actes propres de la charité, supposant toujours d'ailleurs ce motif dans ceux de l'espérance, pouvez-vous dire que *c'est en cela qu'est mon erreur*, et que *j'allègue l'école sans jamais la vouloir entendre* ? Laissons-la, monseigneur, s'entendre elle-même : proposons-lui de concert notre question, et demandons-lui ce qu'elle pense depuis cinq cents ans. L'acte propre de charité ou d'amour de pure bienveillance renferme-t-il le motif de Dieu béatifiant, comme un motif *essentiel et inséparable* ?

Je suis ravi de voir que nous ne sommes plus à perdre notre temps, et à scandaliser l'Église sur des disputes équivoques. Ici nous nous entendons; et c'est une question très importante, sur laquelle j'avoue que vous me paroissez dans l'erreur, comme je vous parois y être. C'est là-dessus que vous vous récriez que *je me perds*; c'est là-dessus que vous parlez ainsi[3] : « Je m'attache à ce point dans cette » lettre, parce que c'est le point décisif. C'est » l'envie de séparer ces motifs que Dieu a unis, » qui vous a fait rechercher tous les prodiges que » vous trouvez seul dans les suppositions impossi- » bles ; c'est, dis-je, ce qui vous y fait rechercher » une charité séparée du motif essentiel de la béa- » titude, et de celui de posséder Dieu. » Le voilà donc, *le point décisif* de mon système ; et, de peur

---

[1] V. *Ecrit*, n. 14, tom. xxviii, pag. 521.

[1] *Rép. à quatre lettr.*, n. 11, tom. xxix, pag. 41 et suiv.
[2] *Ibid.*: n. 14, pag. 49, 50.
[3] *Ibid.*, n. 19, pag. 61 et suiv.

qu'on n'en soit pas assez convaincu, vous mettez encore à la marge, *que ce seul point renferme la décision du tout.* Ce point décisif, selon vous, est que la béatitude est un *motif essentiel et inséparable* de tout acte de charité. Voilà sur quoi vous dites que *j'allègue l'école sans jamais vouloir l'entendre.*

Je ne puis mieux l'entendre qu'en écoutant M. l'évêque de Chartres, qui n'est pas un témoin suspect. « On dispute, dit-il [1], en théologie, savoir, si le
» motif de la récompense, autrement si la vue de
» notre propre bonheur, fait partie du motif spé-
» cifique ou objet formel de la charité, ou bien si
» elle constitue seulement le motif spécifique, et
» l'objet formel de l'espérance. Ceux qui soutien-
» nent ce dernier disent que la charité de sa na-
» ture, et considérée précisément dans l'acte qui
» lui est propre, n'a pour objet ou motif que la
» bonté infinie de Dieu en elle-même, sans aucun
» rapport au bonheur qui nous en doit revenir.
» Cette opinion est très commune en théologie, et
» très orthodoxe. Je l'ai soutenue moi-même, et je
» n'ai jamais cru y donner la moindre atteinte en
» me déclarant contre le livre de M. de Cambrai,
» etc. » Ce prélat ajoute *qu'elle ne peut avoir aucun rapport* avec mon livre. Pour vous, monseigneur, vous assurez tout au contraire que *c'est en cela qu'est mon erreur,* et *que je me perds;* qu'enfin c'est le *point décisif qui renferme la décision du tout* [2].

Ce prélat dit, dans la même page, que le *motif de l'espérance sert de motif excitatif à la charité.* Mais afin qu'on ne s'y trompe pas, et qu'on ne prenne point son opinion pour la vôtre, il déclare qu'il n'entend, par cette sorte de motif, rien qui entre dans l'acte comme une raison formelle et essentielle de vouloir; car il ajoute aussitôt : « Ce
» qu'il faut étendre par la même raison aux motifs
» de la crainte et de toutes les autres vertus. » Vous le voyez, monseigneur, que, selon M. de Chartres, la béatitude, loin d'être l'unique *raison d'aimer,* comme vous l'assurez, loin même d'être un motif secondaire, *essentiel et inséparable,* comme vous voulez le faire dire à l'école, n'entre dans l'acte de charité que comme ceux de toutes les autres vertus. Direz-vous que toutes les vertus, perdant leur distinction spécifique, se confondent dans la charité, qui renferme *inséparablement et essentiellement* tous leurs divers motifs ?

Ce prélat cite encore Durand, pour montrer que *les biens* même *temporels peuvent devenir des secours pour aimer Dieu davantage* [3]. Il cite aussi Estius, pour établir « que la vue des récompenses
» même temporelles n'est point contraire à la per-
» fection de la charité, quand on est disposé sans
» cette vue à aimer Dieu également ; ainsi que les
» miracles ne diminuent point la perfection de la
» foi, si ce n'est dans le cas où l'on auroit de la
» peine à croire sans les miracles [1]. » Il est manifeste que ce prélat n'a pas voulu donner à la charité, pour motifs essentiels et inséparables, les motifs des autres vertus surnaturelles, non plus que les biens temporels. Toutes ces choses sont néanmoins des *secours* pour augmenter cette vertu. C'est ce que Durand nomme *adminiculativa.* Ce terme ne peut jamais signifier des motifs *essentiels et inséparables.*

Aussi M. de Chartres conclut-il ainsi [2] : « On
» dit : Si la charité ne regarde que la bonté de
» Dieu infinie en elle-même, sans rapport à notre
» propre bonheur, je puis donc faire un acte d'a-
» mour de Dieu n'y étant excité que par la vue de
» sa bonté infinie, telle qu'elle est en elle-même,
» indépendamment de toute autre idée qui ait rap-
» port à nous. Cette proposition ne peut se nier. »

Remarquez, monseigneur, que cette proposition est négative; elle exclut formellement le motif de la béatitude, elle n'admet que celui de *la bonté infinie telle qu'elle est en elle-même.* Les voilà ces propositions négatives et exclusives qui vous choquent tant dans mon livre. Voilà ce que vous assurez qui est *le point décisif, qui renferme la décision du tout,* le point où est mon erreur et où je *me perds.* Voilà ce que M. de Chartres reconnoît non-seulement pour vrai, mais encore pour incontestable. *Cette proposition,* dit-il, *ne peut se nier.* Pourquoi donc la niez-vous, monseigneur? Pourquoi voulez-vous la rendre en moi si erronée et si odieuse?

Il est vrai que M. l'évêque de Chartres suppose que j'établis un état habituel où il n'y auroit plus que de ces actes propres de la seule charité. Mais j'ai montré que j'ai toujours conservé la distinction des vertus par leurs objets spécifiques, et que je veux seulement un état habituel, où les actes distincts de toutes les vertus soient commandés par cette charité prévenante, telle que M. de Chartres la reconnoît lui-même. Ce prélat raisonne juste sur la définition de la charité, et en cela il contredit votre principe fondamental, que vous nommez *le point décisif.* Mais il faut avouer que vous avez jugé mieux que lui de la question de fait sur mon livre. Vous avez bien senti que tout mon système dépend de cette définition de la charité, et

---

[1] *Lettr. past. de M. l'év. de Chartres,* n. 6.
[2] *Rép. à quatre lettr.,* n. 14, 19, 26, tom. XXIX, p. 49, 61, 87.
[3] *Lettr. past. de M. l'év. de Chartr,* n. 6.

[1] *Lettr. past. de M. l'év. de Chartres,* n. 25. [2] *Ibid.,* n. 6.

qu'en l'admettant on admettoit tout le fond du système. Ce n'est point sans une absolue nécessité que vous déclarez si hautement que c'est le *point décisif, le point qui renferme la décision du tout, le point où est mon erreur*, et par lequel *je me perds*. Vous vous seriez bien gardé d'attaquer ainsi l'école, si vous n'aviez senti que vous ne pouviez autrement détruire mon livre. En cela vous entendez mon système, aussi bien que je l'entends. Vous voyez fort bien que si la charité est dans ses actes propres indépendante du motif de la béatitude, il y a un état habituel de perfection où cette vertu, qui regarde Dieu en lui-même sans rapport à notre utilité, prévient, commande et élève à elle toutes les autres vertus distinctement exercées, avec leurs motifs propres. Cet état habituel, établi dans le XIIIe Article d'Issy, est ce que vous craignez. M. de Chartres a raison contre vous pour le point de droit, et vous avez raison contre lui pour le fait. Voilà, comme vous l'assurez, le *point décisif qui renferme la décision du tout*. M'attaquer autrement, c'est n'attaquer qu'un fantôme; mais m'attaquer dans ce point décisif, c'est m'attaquer moi-même dans mon principe fondamental ; c'est attaquer pour ainsi dire le centre du système.

Contre une telle évidence qu'alléguez-vous, monseigneur? Vous employez les raisons des philosophes, qui disent qu'on fait tout pour être heureux. Mais quand nous parlons du motif de la charité, il n'est question entre nous ni des philosophes, ni des actes purement naturels, ni de la béatitude naturelle et imparfaite. Écartons, une fois pour toutes, tout ce qui n'est pas notre véritable question. Il ne s'agit entre nous que des théologiens, des actes surnaturels de charité, et de la béatitude surnaturelle qui n'est promise que gratuitement. Mais encore qu'alléguez-vous ? Vous dites que comme les actes naturels ne peuvent avoir pour motif que la béatitude naturelle, tout de même les actes surnaturels de charité ne peuvent tendre qu'à l'union ou jouissance surnaturelle. Mais où prenez-vous cette conséquence ? Comment prouverez-vous que la grace ne puisse pas nous faire aimer Dieu, comme dit M. de Chartres, *sans aucun rapport au bonheur qui nous en doit revenir?* Où trouverez-vous que *l'union* que l'amour cherche par sa nature soit nécessairement l'union céleste qui se fait dans la vision intuitive? Où trouverez-vous que *jouir* soit voir Dieu intuitivement? Ne savez-vous pas que quand saint Augustin et saint Thomas ont assuré que la charité veut *jouir*, ils n'entendent par jouissance qu'une adhésion de la volonté à Dieu pour lui-même ?

VII. Vous m'opposez saint Thomas, et vous prétendez en avoir produit *vingt endroits formels* où il parle *ex professo*. Où sont-ils ces vingt endroits? C'est moi qui vous ai montré, et par les passages formels de ce saint docteur, et par ses définitions expresses, et par ses principes fondamentaux, que vôtre doctrine est contraire à la sienne. De vingt passages formels vous vous réduisez ici à un seul, et nous allons voir combien il vous est inutile. Saint Thomas a dit [1], il est vrai, que Dieu « est à un chacun toute la raison d'aimer, parce » qu'il est tout le bien de l'homme; car si par » impossible Dieu n'étoit pas le bien de l'homme, » il ne lui seroit pas la raison d'aimer. » D'où il conclut ainsi : « Et c'est pourquoi dans l'ordre » de l'amour il faut que l'homme après Dieu s'aime » principalement. » Mais en vérité, monseigneur, est-ce là l'endroit où ce saint docteur explique *ex professo* le motif formel qui est essentiel à tout acte de charité ? Nullement. Il a traité cette question à fond *ex professo* dans l'article VI et la question XVII, où il assure que « l'espérance at- » tache l'homme à Dieu comme à un principe d'où » nous vient l'acquisition du bien parfait; *au lieu* » *que* la charité attache l'homme à Dieu pour lui- » même. » Il l'explique à fond dans l'article VIII de la même question, où il dit que *l'amour parfait*, qui est celui de charité, *aime* l'objet *pour lui-même*; au lieu que *l'amour imparfait*, qui est celui d'espérance ou de concupiscence, *aime* l'objet *non en lui-même, mais afin qu'il lui en revienne un bien.* Il l'avoit expliqué à fond dans l'art. VI de la quest. XXIII, où il établit la prééminence de la charité au-dessus de toutes les autres vertus, et de l'espérance en particulier. C'est là qu'il assure que l'espérance atteint Dieu « en tant que l'acquisition du bien » nous vient de lui, au lieu que la charité atteint » Dieu même pour s'arrêter en lui, non afin qu'il » nous en revienne quelque chose ; et c'est pour- » quoi la charité est plus parfaite que l'espérance, » etc. » Voilà les endroits décisifs et les définitions précises où saint Thomas a établi la distinction de ces deux vertus. J'ai encore montré par ces principes que sa doctrine ne peut jamais avoir d'autre sens.

Voyons maintenant s'il explique la nature de la charité *ex professo*, comme vous le dites, dans l'endroit que vous avez cité. Dans cet article il s'agit non de la définition de la charité, mais de savoir *si l'ordre de la charité se conserve dans la patrie* céleste. La troisième objection de cet article porte que dans la patrie Dieu sera *toute la raison* ou règle *de l'amour*. Dans les saints les uns à l'é-

---

[1] 2. 2. *Quæst.* XXVI, art. XIII.

gard des autres, l'objection tend à conclure qu'un saint aimera son prochain plus que soi, si ce prochain est plus avancé auprès de Dieu. Saint Thomas répond que non, parce que dans le ciel Dieu « est à chaque bienheureux toute la raison d'aimer, » et qu'il est tout le bien de l'homme ; » d'où il conclut que chaque saint s'aime toujours plus qu'il n'aime les autres saints plus élevés que lui dans la gloire, parce que tel est en Dieu l'ordre ou la *raison d'aimer, qu'après Dieu on doit s'aimer principalement.* A Dieu ne plaise que ce saint docteur entende par-là que la béatitude soit dans le ciel la seule raison qui attache les saints à Dieu ! Trente textes formels du saint combattent une doctrine si odieuse. Il ne s'agit point là du motif de l'amour pour Dieu, mais seulement de la règle d'amour pour le prochain. Saint Thomas ne donne point à la charité d'autre motif essentiel d'amour de Dieu, que sa perfection infinie.

Si vous en doutez, monseigneur, écoutez-le lui-même. Après avoir dit que « l'ame aime Dieu » pour Dieu, non-seulement à cause qu'il lui est » bon, etc., mais beaucoup davantage parce qu'il » est simplement bon en soi, etc., il ajoute que » plus elle aime sincèrement Dieu pour sa bonté » qui est sa nature, et non pour la participation » de sa béatitude, plus l'ame est bienheureuse, » quoique la communication de la béatitude di- » vine ne lui soit point du tout un motif pour cette » sincérité d'amour : *Licet communicatio beatitu-* » *dinis* nequaquam *ipsam movat ad sinceritatem* » *illam amoris* [1]. » Direz-vous, monseigneur, que l'ame est d'autant plus heureuse et parfaite, selon saint Thomas, qu'elle s'éloigne davantage, en aimant, de l'unique et totale raison d'aimer Dieu ? Ferez-vous dire à ce saint docteur que dans le ciel l'unique et totale raison d'aimer n'est plus un motif qui excite en aucune façon les saints à l'amour ? *Nequaquam.* Vous le voyez donc clairement : saint Thomas n'a jamais voulu dire que les saints n'aimeroient pas Dieu, et qu'il ne leur seroit pas la raison d'aimer, s'il ne se rendoit pas béatifiant pour eux. Il dit seulement que Dieu bon est l'unique et totale raison ou règle de l'amour des saints les uns pour les autres. Loin de dire que si Dieu ne se rendoit pas béatifiant, il ne seroit pas aimable pour les saints, il assure au contraire formellement, comme vous le voyez, que *la communication de la béatitude divine n'est plus* du tout (nequaquam) *un motif qui excite* à aimer.

Saint Thomas ajoute en cet endroit : « Avec » quel plaisir l'ame rend-elle alors un retour sin- » cère d'amour à son Créateur, qui l'a aimée sans » y être excité par aucune sainteté, ni bonté de » l'ame, ni utilité qu'il en pût tirer, mais par sa » naturelle bonté ! » Il dit encore que dans l'autre vie « l'ame loue Dieu pour Dieu ; car encore qu'elle » ne puisse le louer sans un grand plaisir, elle ne » desire néanmoins nullement (*nullatenus tamen*) » de le louer pour son propre avantage, mais pu- » rement et simplement pour lui. »

Ce saint docteur ayant cette idée de la charité des bienheureux, n'en a point eu d'autre de celle des justes en cette vie. C'est le même ordre et la même nature de la charité, qui est commencée ici-bas, et qui se perfectionnera dans le ciel. Ainsi, selon lui, dès cette vie on commence à aimer Dieu dans les actes de charité, « sans que la communi- » cation de la béatitude y excite la volonté : *Ne-* » *quaquam, nullatenus.* » Il ajoute [1] que « l'ame » est dans une si grande pureté d'amour pour Dieu, » que si elle avoit à choisir ou d'être privée de » l'éternelle béatitude, ou de mettre un obstacle » en soi ou en autrui, pour la volonté de Dieu, » elle aimeroit beaucoup mieux être privée de l'é- » ternelle béatitude, que de retarder la volonté de » Dieu ; et elle regarderoit comme un grand bon- » heur d'accomplir en tout la volonté de Dieu » par son propre dommage. » Pour montrer que ce désintéressement de l'amour se trouve dès cette vie, il cite l'exemple d'Éléazar, « qui aima » mieux, dit-il, être puni dans l'enfer, que de » violer la loi par la crainte de la mort. » C'est dans ce même esprit que saint Thomas parle encore ainsi [2] : « L'ame congratule Dieu non pour » soi, mais pour lui ; car elle est d'une telle pureté » en congratulant Dieu, qu'elle veut qu'il soit » bienheureux, plutôt qu'elle ne veut être bien- » heureuse ; et même cette ame fidèle choisiroit » plutôt d'être privée pour toujours de toute béa- » titude, que de voir en Dieu quelque manque- » ment de béatitude ou de perfection. » Si la béatitude étoit, selon saint Thomas, l'unique et totale raison d'aimer Dieu, comme vous le prétendez, monseigneur, en sorte que les bienheureux mêmes ne le dussent pas trouver aimable, s'il ne vouloit pas se rendre béatifiant pour eux ; il n'y a aucune des paroles que je viens de rapporter qui ne fût le comble des contradictions les plus extravagantes. Concluez donc que saint Thomas, loin de parler *ex professo* du motif essentiel, unique et total de l'amour de Dieu, comme vous l'assurez, dans l'endroit que vous avez cité, n'y parle en aucune façon du motif de cet amour, mais seulement de *la*

[1] *Opusc.* LXIII, cap. II, ad III arg.

[1] *Opusc.* LXIII, cap. III. [2] *Ibid.*, cap. VII.

raison ou règle de l'amour des bienheureux les uns pour les autres.

Le seul principe que vous pouvez tirer de cet endroit de saint Thomas ne fait rien à notre question. Il est vrai que si dans un cas absolument impossible Dieu n'étoit pas *tout le bien de l'homme, il ne lui seroit pas la raison d'aimer* les autres biens inférieurs et créés. Ce cas, absolument impossible, n'est pas celui où Dieu ne nous auroit pas donné gratuitement la vision intuitive ; car le cas où nous aurions été privés de ce don gratuit eût été possible avant les promesses. Il s'agit ici d'un autre cas d'absolue impossibilité. Dans ce cas absolument impossible, Dieu ne seroit plus Dieu, il ne seroit plus lui-même ; car il ne seroit pas tout notre bien, c'est-à-dire que s'il n'étoit pas *Celui qui est*, et par qui nous sommes, il ne seroit plus notre règle d'amour pour autrui, et nous aimerions alors librement tous les autres êtres suivant les divers degrés de bien qui nous y paroîtroient. Ce bien infini est toujours libéral, bienfaisant et communicatif pour ses ouvrages ; mais il est libre de l'être plus ou moins ; il l'auroit toujours été pour nous à quelque degré, quand même il n'auroit pas voulu l'être jusqu'au degré de nous destiner la béatitude surnaturelle pour sa vision intuitive. Ainsi, quand même il ne lui eût pas plu de nous la donner, il n'auroit pas laissé d'être encore tout notre bien ; nous aurions encore dû l'aimer souverainement, et n'aimer aucun autre être que selon l'ordre de sa volonté. Voilà tout le raisonnement de saint Thomas. Ce raisonnement, loin d'être une décision pour vous *ex professo*, n'est qu'une réponse à une objection sur une question tout-à-fait étrangère à celle du motif de la charité.

VIII. Pour conserver la distinction de la charité d'avec l'espérance, en ne reconnoissant qu'une seule *raison d'aimer*, qui est la béatitude, vous alléguez, monseigneur, une *solution* que vous m'accusez de réfuter « sans dire une seule fois que vous » l'avez prise de mot à mot de saint Thomas [1]. « La voici, cette solution : « C'est que la charité emporte » une union avec ce bien ; et que l'espérance en » emporte un certain éloignement [2]. » Je n'ai jamais voulu dissimuler que saint Thomas a parlé ainsi. Mais ce n'est pas de quoi il est question entre nous. Il s'agit de savoir si cette distinction est, selon saint Thomas, l'essentielle qui spécifie ces deux vertus. Vous assurez « qu'il n'est pas pos- » sible d'établir entre ces vertus une différence » plus profonde et plus radicale [3]. » Sans doute la *différence la plus profonde et la plus radicale* doit être la spécifique. Voyons donc si cette différence est la spécifique.

Mais vous qui vous plaignez, monseigneur, que je supprime la citation de saint Thomas, ne supprimez-vous pas l'argument que je vous ai fait? Y avez-vous répondu un mot? Le voici, puisqu'il faut vous le répéter. Si la béatitude est l'unique raison d'aimer, la béatitude est l'objet de la charité autant que de l'espérance. Car on ne peut avoir aucun genre d'amour que par l'unique raison d'aimer. Tout se réduit donc, selon vous, à dire que la charité, qui est un amour *unissant*, regarde la béatitude comme présente, au lieu que l'espérance la regarde comme future, absente, et difficile à acquérir. Mais, de grace, jetez les yeux sur les inconvéniens où vous tombez par votre propre principe. 1° Si la charité ne regardoit ici-bas qu'une béatitude présente, elle ne regarderoit point une béatitude véritable. Vous savez mieux que moi qu'il n'y a de vraie béatitude que celle qui est l'assemblage de tous les biens. Saint Augustin assure souvent que celui qui espère être heureux ne l'est pas encore. Si donc la charité d'ici-bas ne regarde qu'une béatitude présente ici-bas, elle ne regarde pas la vraie et pleine raison d'aimer, qui est la béatitude vraie et complète. En cela elle est moins parfaite que l'espérance même, qui regarde la parfaite raison d'aimer, savoir, la pleine et consommée béatitude. 2° La béatitude future et absente étant la seule dont nous disputons, vous voilà réduit à avouer que cette véritable béatitude n'est point un motif dans l'acte de charité. Vous ne pouvez donner pour motif à l'acte de charité qu'une béatitude imparfaite, passagère, terrestre, qui n'est qu'une simple délectation et union d'amour ici-bas. Est-ce là cette béatitude pleine, céleste, éternelle, et fondée sur la vision intuitive, dont il est uniquement question entre nous? Je soutiens que cette délectation n'est point le motif de la charité, quoiqu'elle se trouve dans la charité même. Mais, de plus, n'est-il pas vrai qu'on pourroit avoir cette délectation passagère et imparfaite pour motif, sans avoir aucune vue de la béatitude? Voilà donc, monseigneur, votre système que vous renversez de vos propres mains, lors même que vous me reprochez que mon *grand argument est par terre*. Mon argument est décisif. Vous le supposez *par terre* [1], sans entreprendre d'y répondre. Vous triomphez seulement sur ce qu'il attaque saint Thomas. Mais

---

[1] *Rép. à quatre lettr.*, n. 17, tom. XXIX, pag 57. — [2] *Ibid.* [3] *Ibid.*

[1] *Rép. à quatre lettr.*, n. 17, pag.

il ne l'attaque nullement, et c'est vous seul qui avez besoin d'y répondre. Saint Thomas n'a jamais prétendu, comme vous, que la béatitude fût l'unique raison d'aimer Dieu; je viens de le faire voir. Il n'a jamais dit comme vous « qu'il n'est » pas possible d'établir entre ces vertus une dif- » férence plus profonde et plus radicale. » Au contraire, en les définissant il leur a donné pour différence spécifique que l'une cherche en Dieu *l'acquisition du bien, adeptio boni,* et que l'autre *s'arrête en lui, non afin qu'il lui en revienne aucun bien : non ut ex eo aliquid nobis proveniat.* Il assure que c'est précisément *en cela* que la charité est *plus parfaite que l'espérance : et ideo charitas est excellentior.....* Vous renversez les définitions de saint Thomas; et pendant que je le suis religieusement, vous m'opposez son autorité. Vous allez chercher une différence entre ces deux vertus qu'il n'a jamais donnée comme essentielle, qui n'est point dans sa conclusion, et qu'il ne marque qu'en passant, comme par occasion, dans sa réponse à une objection particulière. Cet endroit même, qui doit être expliqué avec dépendance de tant d'autres endroits qui sont fondamentaux, détruit votre opinion, puisque, suivant cette règle, la charité auroit pour motif ou raison d'aimer, non la véritable béatitude céleste qui est la future, de laquelle seule nous disputons, mais une union présente, qui n'est qu'une délectation passagère.

Que si vous voulez faire entrer dans l'acte propre de la charité la béatitude pleine et consommée, qui est future et absente, alors votre *différence profonde et radicale* s'évanouira, alors la charité aura pour motif essentiel et inséparable, aussi bien que l'espérance, la même béatitude considérée sous la même formalité, c'est-à-dire comme future. Ainsi vous confondez ces deux vertus en confondant leurs motifs. Il faut encore ajouter que si la béatitude est l'unique raison d'aimer, comme vous le prétendez, il n'est point permis de dire qu'elle est dans les actes de charité un motif *secondaire*, et que Dieu parfait en lui-même y est le motif *primitif.* Si la béatitude est l'unique et totale raison d'aimer, comme vous le dites, non-seulement elle est le motif *primitif*, mais l'unique et total. Il est visible que vous n'admettez ce motif *secondaire* que pour apaiser l'école par cette mitigation apparente. Dans le fond, votre principe de l'unique *raison d'aimer* réduit tous les motifs à la béatitude seule. A quoi sert-il d'imaginer un motif *primitif* qui n'est point la raison d'aimer? A quoi sert-il de nommer motif *secondaire* ce qui est la seule totale raison d'aimer? De plus, vous savez la maxime constante des écoles : Tout ce qui est mis comme essentiel dans les motifs des vertus en change les espèces. Ainsi quand vous ajoutez au motif de la charité un motif *secondaire* comme *essentiel*, qui est celui de l'espérance, vous changez l'espèce de la charité, et vous composez un acte mixte de ces deux vertus; c'est détruire leur distinction, que nous avons reconnue comme *révélée de Dieu* [1].

IX. Pour saint Bonaventure, j'ai déjà remarqué [2] : 1° qu'il ne parle, dans l'endroit que vous dites que j'ai *supprimé* [3], que d'une opinion qu'il propose comme probable; 2° qu'il est évident qu'il parle en cet endroit, non des actes propres de la charité, première vertu théologale, mais seulement de la charité, en la prenant dans un sens générique pour tout amour gratuit, c'est-à-dire formé par la grace, et surnaturel; 3° qu'il n'y comprend point l'amour particulier de bienveillance, puisqu'il le représente ailleurs comme désirant le bien de Dieu sans attention au nôtre, ce qui est décisif contre vous.

Enfin qui peut douter que la charité ne nous fasse désirer *notre souverain bien et celui du prochain*, comme vous remarquez que saint Bonaventure l'a dit, parce que nous sommes avec notre prochain quelque chose qui appartient à Dieu et qui fait avec lui un même tout, que la charité regarde? Mais si vous voulez conclure de là que notre bien est un motif essentiel à tout acte de charité, il faudra aussi, selon vous, conclure que le bien du prochain est un motif essentiel à la charité, puisque la charité nous fait désirer le bien du prochain comme le nôtre. Enfin n'y a-t-il pas une différence plus claire que le jour entre ces deux choses : l'une, que notre amour pour Dieu nous porte à désirer notre bien et celui de notre prochain; l'autre, que notre bien et celui de notre prochain soit notre raison d'aimer Dieu? Si cette dernière proposition étoit vraie, le bien de tous les hommes seroit le motif de la charité. Est-ce ainsi, monseigneur, que vous avez *mis saint Bonaventure dans votre parti?*

Vous y avez mis de même *Scot, Suarez,* les autres *scolastiques* et les *mystiques,* desquels vous dites *que je ne fais pas seulement semblant de les voir.* Où sont-ils? montrez-les-moi. Ont-ils dit que la charité dans ses actes propres *elicitive* se complaît dans les perfections bienfaisantes de Dieu? C'est ce que j'ai toujours reconnu, et qui ne fait

---
[1] XXIe *Art. d'Issy.*
[2] IVe *Lettre à M. de Paris*, n. 18, p. 50.
[3] *Rép. à quatre lettr.*, n. 14, pag. 50.

rien pour vous. L'amour [1] de pure complaisance regarde les bienfaits de Dieu comme la démonstration de ses perfections infinies; mais il ne s'y attache point par le motif de l'utilité qui nous en revient. Ont-ils dit que la charité commande les actes de gratitude et d'espérance? C'est ce que j'ai dit après eux, et qui ne vous donne aucun avantage. Ont-ils dit que la vue des bienfaits de Dieu sert à augmenter médiatement la charité, sans en être le motif? Je l'ai dit aussi très souvent. Enfin quand même vous prouveriez qu'ils ont mis la béatitude et tous les autres bienfaits de Dieu même temporels, comme motifs *secondaires* dans les actes propres de la charité, vous n'auriez rien prouvé pour vous contre moi. Il n'y a qu'une seule preuve qui puisse être concluante pour vous. Il faut montrer, par ces auteurs, qu'ils ont reconnu dans tout acte de charité ce motif comme *essentiel et inséparable* [2]. Jusqu'à ce que vous l'ayez fait, ne vous vantez pas d'avoir *les maîtres pour vous* : j'ai montré au contraire qu'ils sont clairement pour moi.

X. Voici par où vous voulez tourner toute l'école contre moi : « Rappelez, dites-vous [3], » l'endroit où, après vous être opposé un raison- » nement tiré de l'autorité de l'école, vous avouez » qu'elle est contre vous. *Ego vero non ita.* Je ne » suis pas, dites-vous, de son sentiment. » D'où vous concluez que je *méprise l'école*, lors même que *je la fais valoir contre mon adversaire.* Cet endroit mérite une singulière attention. Vous avez évité soigneusement de dire que je me suis *opposé à un raisonnement de l'école.* Vous avez bien senti que ce seroit trop dire ; car au contraire c'est *le raisonnement de l'école* que j'ai soutenu contre vous dans l'endroit même que vous citez. Vous vous contentez de me reprocher que je me suis opposé à *un raisonnement tiré de l'autorité de l'école* [4]. Mais voici le fait. J'ai dit que *presque toute l'école* n'a point pris le terme de charité dans un sens générique, comme saint Thomas l'a fait une fois, et qu'*elle nie que l'amour d'espérance... soit... désintéressé.* Je déclare que je ne suis pas de langage. *Ego vero non ita.* Vous traduisez ainsi ces mots: *Je ne suis pas de son sentiment.* Non, monseigneur, il ne s'agit pas d'un sentiment ou opinion que je soutienne contre l'école. Il ne s'agit que d'un langage qui n'importe en rien à la doctrine de l'école. Il ne s'agit que de l'usage qu'on peut faire des termes *d'intérêt* et *d'intéressé.* J'ai cru, comme vous, pouvoir sans blesser ceux d'entre les théologiens qui parlent autrement, qu'il m'étoit permis d'appeler désintéressés tous les actes surnaturels, puisque le Saint-Esprit nous les inspire par l'opération de la grace. Toute la différence qui est entre vous et moi, c'est que vous avez blâmé ce langage jusqu'à dire qu'on ne peut *sans erreur ranger* les desirs du salut *parmi les actes intéressés*, et qu'en ne suivant pas ce langage, j'en ai parlé avec vénération. Mais en m'éloignant avec vous de ces théologiens, seulement pour ce langage, j'ai soutenu leur cause contre vous pour le raisonnement doctrinal, et j'ai montré que la charité n'a pas la même raison d'aimer que l'espérance, savoir, la béatitude céleste.

XI. Il est temps, monseigneur, d'examiner l'endroit le plus remarquable de votre lettre. Je voudrois pouvoir épargner au lecteur tout ce qu'il renferme d'abstrait, de sec et d'épineux ; mais l'importance de la matière me contraint de vous mener jusqu'aux dernières précisions. Voici vos paroles [1] : « Vous croyez nous embarrasser par » cette demande : Veut-on glorifier Dieu pour être » heureux, ou bien veut-on être heureux pour » glorifier Dieu? » Ma question n'est pas sans fondement ; car en tournant les paroles de saint Augustin à votre sens, vous lui faites dire [2], « non- » seulement qu'on veut être heureux, mais encore » qu'on ne veut que cela, et qu'on veut tout pour » cela. » Qui dit universellement et sans restriction *qu'on veut tout pour cela* comprend sans doute la gloire de Dieu même parmi les choses qu'on *veut pour cela.* Qui dit *ne veut que cela* emploie la particule négative, laquelle, selon vous, exclut si rigoureusement tout ce qui n'est point *cela.* Il est donc évident, selon vous, qu'en tout acte on ne veut que *cela*, c'est-à-dire être heureux. Ma demande est donc précise : 1° *Ne veut-on* en tout acte *que cela*, c'est-à-dire son bonheur, et point la gloire de Dieu? 2° *Veut-on tout, et la gloire de Dieu même, pour cela?* Quand j'ai dit que les ames parfaites ne desiroient la béatitude surnaturelle que pour se conformer au bon plaisir ou volonté gratuite de Dieu, qui étoit libre avant ses promesses de ne nous la donner pas, vous m'en avez fait un crime énorme. La particule négative vous a paru scandaleuse, quoique je ne m'en servisse que pour établir les droits de Dieu sur sa créature, et pour ne laisser en elle aucun desir d'un don gratuit qui ne fût rapporté au bon plaisir de Dieu pour ce don. Pour vous, monseigneur, vous ne craignez point de l'employer pour faire

---

[1] *Rép. au Summ. Doct.*, vii⁰ obj. et suiv.
[2] *Rép. à quatre lettr.*, n. 14, pag. 50. [3] *Ibid.*, pag. 51.
[4] *Rép. au Summ.*, vii⁰ obj.

[1] *Rép. à quatre lettres*, n. 15. tom. xxix, pag. 54.
[2] *Ibid.*, n. 9, pag. 51.

entendre qu'en aimant Dieu et sa gloire, la créature est en droit *de ne vouloir que cela*, c'est-à-dire son bonheur ou contentement.

Au lieu de répondre précisément à une demande si capitale, vous dites d'abord que *j'incidente*, que je *chimérise*, et qu'il y *a long-temps que j'ai tout sacrifié à la vanité de mon système*; mais ces dures corrections ne sont pas des réponses. Enfin, vous parlez ainsi : « On vous répond » en deux mots. Ces deux choses sont inséparables. » Mais ces *deux mots* suffisent-ils pour répondre à une si grande question? La gloire de Dieu étoit-elle, avant ses promesses, absolument *inséparable* de notre béatitude surnaturelle? Un don gratuit est-il une dette? L'homme n'auroit-il jamais pu glorifier Dieu sans ce don gratuit? Est-ce *chimériser et sacrifier tout à la vanité de mon système*, que de dire, après le Catéchisme du concile de Trente, que *Dieu auroit pu nous assujettir à servir à sa gloire sans aucune récompense*, et que, loin de devoir la béatitude céleste aux droits de notre nature, et à la constitution de notre volonté, c'est *par clémence* qu'il nous a destiné ce bien qu'il ne nous devoit pas? Vous voyez que le Catéchisme du concile, pour perfectionner l'amour, *chimérise*, favorise *la vanité de mon système*, et *sépare l'inséparable*, pour me servir des termes que vous employez contre moi. Il n'est donc pas permis de dire que *ces deux choses sont* absolument *inséparables* en elles-mêmes, ce qui n'est pas; toute l'école déclare qu'elles peuvent du moins être séparées par simple abstraction dans des actes passagers. Vous avouez au moins que ce sont *deux choses*. De plus, vous reconnoissez que l'une, qui est la gloire de Dieu, *est plus excellente en elle-même* que l'autre, qui est notre béatitude. Enfin, vous avez fait bien davantage; car en parlant de l'intérêt que *l'ame délicate a en abomination*, selon Albert-le-Grand, vous avez dit que cet intérêt signifie *les biens vraiment éternels* recherchés *finalement, ultimate*, sans les rapporter à la gloire de Dieu. Vous avez donc reconnu qu'on peut séparer *ces deux choses*. Pourquoi donc tant d'efforts pour éviter de dire qu'on veut la moins parfaite pour la *plus excellente*, et que la plus excellente est la fin dernière; en sorte qu'on ne doit vouloir l'autre que pour la lui rapporter, comme un moyen ou fin subalterne? En parlant ainsi, vous parleriez simplement, clairement, précisément comme toute l'école. En refusant de parler ainsi, quel soupçon ne donnez-vous pas? Vous paroissez toujours vouloir confondre la béatitude objective, qui est Dieu même, avec la formelle,

qui n'est qu'un don créé. C'est ce qui vous a fait dire de la formelle qu'elle *est Dieu même, comme possédé de nous et nous possédant*. Non, monseigneur, le don créé n'est point le créateur. A cela vous répondez : *Y a-t-il deux béatitudes? Non*, il n'y en a qu'une. Mais elle exprime deux choses qu'il n'est jamais permis de confondre, savoir, Dieu, objet qui cause la béatitude, et la béatitude elle-même, qui est l'état ou disposition de la créature béatifiée. Tout cela est clair et vulgaire : il n'y a que vous seul qui refusez de parler ainsi. Vous voulez toujours faire de *ces deux choses* si différentes une fin dernière totale et indivisible. De là vient que vous ne répondez point à mon dilemme. Au lieu de dire clairement que dans les actes de charité on ne veut point glorifier Dieu pour être heureux, et qu'on ne veut être heureux que pour glorifier Dieu, vous vous retranchez à dire que *Dieu met sa gloire précisément dans notre utilité*[1]. Il est vrai qu'il tire sa gloire de notre utilité; mais notre utilité n'est pas sa gloire. De plus, Dieu, selon le Catéchisme du concile, auroit pu *ne joindre pas sa gloire avec notre utilité*. Enfin notre utilité et sa gloire sont deux choses, de votre propre aveu. Deux choses si inégales ne peuvent point être mises en égalité pour composer une seule et même fin dernière. Si on rapporte selon la règle l'une à l'autre, c'est-à-dire la moins parfaite *à la plus excellente*, celle qui est rapportée, loin d'être la dernière, n'est plus qu'un moyen par rapport à celle qui est la seule véritable dernière fin.

Direz-vous, monseigneur, ce qui est inouï dans l'Église, savoir, qu'on ne rapporte point l'une de ces deux fins à l'autre, parce qu'elles sont *inséparables*. Direz-vous que comme nous devons désirer notre bonheur pour la gloire de Dieu, nous devons également et sans aucune distinction désirer la gloire de Dieu pour notre bonheur? Ne seroit-ce pas nous mettre en égalité avec Dieu par un rapport égal et réciproque de notre béatitude à sa gloire, et de sa gloire à notre béatitude? Avouez donc qu'il est essentiel que la créature rapporte son bonheur comme moyen ou fin subalterne à la gloire de Dieu, comme à son unique fin dernière, sans rapporter jamais la gloire de Dieu à son bonheur.

Ce fondement inébranlable étant posé, je reviens à ma demande, sur laquelle j'insiste plus que jamais. En cherchant la gloire de Dieu, *ne veut-on que cela*, c'est-à-dire le bonheur? Veut-on *tout pour cela*, c'est-à-dire la gloire même de Dieu,

---

[1] *Rép. à quatre lett.*, n. 15, pag. 54.

pour notre bonheur? Puisqu'il faut rapporter notre bonheur comme moyen à cette gloire comme à la dernière fin, il est vrai de dire que cette gloire est une fin simple et dernière, pour laquelle on veut tout le reste; qu'on veut pour elle-même, pour elle seule, et qu'on ne veut pour aucune autre fin ultérieure, non pas même pour notre bonheur. On peut bien demander d'un moyen pourquoi il est voulu, parce qu'il n'est qu'une fin subordonnée à une autre. Mais pour la fin dernière, c'est la détruire et se contredire manifestement que de demander pourquoi on la veut; c'est supposer qu'elle n'est pas la dernière raison de vouloir; c'est faire ce que l'école appelle ou *le progrès à l'infini*, ou *le cercle vicieux*. C'est le progrès à l'infini, si on veut la fin dernière pour quelque autre fin ultérieure. C'est faire le cercle vicieux, et faire même ce cercle entre le don créé et le Créateur, que de mettre un rapport également réciproque entre ces deux fins. Ne dites donc pas qu'on veut tout pour être heureux; car on croiroit que vous voulez dire que c'est pour être heureux qu'on veut même la dernière fin, qui est la gloire de Dieu : on ne la doit jamais vouloir que pour elle-même.

Considérez encore, s'il vous plaît, la nature de l'acte par lequel je rapporte ma béatitude à la gloire de Dieu. Il y a une très réelle différence entre vouloir la béatitude, et la rapporter à Dieu. La vouloir, c'est la regarder comme l'objet auquel on tend, et par lequel on est excité. Voilà un acte d'espérance. La rapporter n'est pas précisément et formellement la vouloir; c'est ne la regarder que comme une chose qu'on veut faire servir à Dieu, et qu'on lui offre. Voilà un acte de charité. Ce n'est point par le désir d'avoir une chose, qu'on offre à Dieu cette chose pour la faire servir à sa gloire. Le rapport que je fais de cette béatitude à cette gloire n'a point pour motif cette béatitude même. Par exemple, ce n'est point pour ma santé que je rapporte ma santé au service de l'Église, pour lequel je veux me bien porter. La fin subalterne, il est vrai, est un motif pour moi à l'égard des choses que je rapporte à elle. Selon l'exemple déjà rapporté, je puis avoir pour motif d'un certain régime la santé dont j'ai besoin. Mais cette santé, que je rapporte à la fin ultérieure du service de l'Église, ne peut être le motif qui me la fait rapporter à la fin dernière. Autrement le moyen seroit mon motif pour rapporter le moyen même à la fin dernière; ce qui renverseroit tout l'ordre des fins. Je voudrois les moyens pour les moyens mêmes; je voudrois faire servir ma santé au service de l'Église, par le désir de ma santé même. Il faut dire précisément la même chose de la béatitude à l'égard de la gloire de Dieu. Ce n'est point par le motif de cette béatitude que je la veux faire servir à glorifier Dieu. Ce seroit confondre un motif subalterne, avec le rapport ultérieur de ce motif même à la dernière fin. Quoique tout ceci soit abstrait, j'ose dire, sans exagération, qu'il est démonstratif. Il est donc vrai que le rapport que nous faisons de notre béatitude à la gloire de Dieu ne peut jamais avoir cette béatitude pour motif, et par conséquent que tout ce qui est ultérieur à ce motif, et qui touche immédiatement la véritable fin dernière, a une autre raison d'aimer très supérieure à notre bonheur. Encore une fois, monseigneur, ne dites plus que *vouloir Dieu, c'est vouloir être heureux* [1]. Si vous entendez par *vouloir Dieu* vouloir le posséder par la béatitude formelle, vous dites vrai, mais alors vous ne parlez que d'un acte d'espérance, et vous ne dites rien qui appartienne à notre question sur la charité. Si au contraire vous entendez par *vouloir Dieu* l'aimer de pure bienveillance, se rapporter à lui et vouloir sa gloire; *vouloir Dieu* n'est point précisément vouloir être heureux. C'est seulement vouloir une chose d'où la béatitude résulte réellement, mais non pas être excité à la vouloir par le motif de la béatitude. C'est pour éviter ces questions si précises, et qui rendent la décision si claire, que vous tâchez toujours de confondre la béatitude objective avec la béatitude formelle, c'est-à-dire le créateur avec le *don créé*.

XII. Je ne dois pas omettre ici que votre principe de l'unique *raison d'aimer,* qui est la béatitude, anéantit l'acte de parfaite contrition reconnu par tous les théologiens. Si la béatitude est l'unique raison d'aimer, on ne peut s'affliger de son péché que par le désir d'être heureux, et par la crainte de manquer à l'être. Dès-lors le motif de la pure perfection et sainteté de Dieu, qui est contraire au péché, devient un motif chimérique et une source d'illusion hors de l'unique raison d'aimer. De peur d'être quiétiste, il ne faudra plus faire que des actes d'attrition, et ne détester son péché que pour ne perdre pas l'avantage d'être heureux. Si quelqu'un veut s'en affliger indépendamment des motifs de crainte et d'espérance, vous l'arrêterez, et vous lui direz : C'est l'illusion des quiétistes, c'est s'imposer à soi-même, c'est renverser la grâce et la nature. «Non-seulement on » veut être heureux, mais encore on ne veut que

[1] *Rép. à quatre lett.*, n. 15, pag. 55.

» cela, et on veut tout pour cela. » Ainsi, monseigneur, vous contenterez pleinement les casuistes que vous croyez les plus relâchés; car il n'y en a point qui ne soit d'accord avec vous pour admettre toujours, dans les actes des pécheurs pénitents, le desir d'être heureux en Dieu, et la crainte de ne l'être pas.

XIII. Si vous voulez encore, monseigneur, que le motif de la béatitude soit essentiel en tout acte d'amour, rappelez, je vous supplie, les instructions que vous donniez autrefois à monseigneur le dauphin. Les voici, tirées de celles de saint Louis à sa fille Isabelle[1] : « Ayez toujours, disoit-il, » l'intention de faire purement la volonté de Dieu » par amour, quand même vous n'attendriez ni » punition ni récompense. » Vous ajoutiez, monseigneur : « C'est ainsi qu'il instruisoit ses enfants » et qu'il vivoit lui-même. L'amour de Dieu animoit toutes ses actions : il louoit beaucoup les » paroles d'une femme qu'on trouva dans la Terre-» Sainte, tenant d'une main un flambeau allumé, » et de l'autre un vase plein d'eau. Comme on lui » demanda ce qu'elle vouloit faire, elle répondit » qu'elle vouloit brûler le paradis et éteindre l'en-» fer, afin que les hommes ne servissent plus Dieu » que par le seul amour. C'est par cet amour » qu'un si grand roi s'est élevé à un si haut degré » de sainteté, qu'il a mérité d'être canonisé, et » d'être proposé pour modèle à tous les princes. » C'est pourquoi je me suis plus étendu sur ces » paroles, qu'il a laissées à ses descendants com-» me un héritage plus précieux que la royauté. » Vouloir brûler le paradis, c'est-à-dire anéantir la béatitude promise, et noyer l'enfer avec ses flammes, c'est-à-dire anéantir la peine éternelle, est-ce un amour qui ait la béatitude pour motif essentiel? Ne veut-on qu'être heureux? veut-on tout pour cela, ne veut-on rien que pour cela, quand on voudroit pouvoir brûler le paradis et anéantir la béatitude céleste, pour *ne servir plus Dieu que par le seul amour?* Voilà néanmoins l'amour que vous avez enseigné à monseigneur le dauphin, comme étant *plus précieux* que la couronne de saint Louis. Lui enseigniez-vous alors *l'erreur* fondamentale du quiétisme ? vous perdiez-vous en lui enseignant cette erreur? Pour moi, je n'ai jamais proposé ce pur amour à monseigneur le duc de Bourgogne.

XIV. J'aurois encore, monseigneur, bien des remarques importantes à faire; mais la longueur de cette lettre, pleine de discussions sèches et épineuses, me presse de la finir. Il me suffit d'avoir éclairci ce que vous nommez *le point décisif qui renferme la décision du tout.* Il m'est impossible de vous suivre dans toutes les objections que vous semez sur votre chemin. Les difficultés naissent sous vos pas. Tout ce que vous touchez de plus pur dans mon texte se convertit aussitôt en erreur et en blasphème. Mais il ne faut pas s'en étonner. Vous exténuez et vous grossissez chaque objet selon vos besoins, sans vous mettre en peine de concilier vos expressions. Voulez-vous me faciliter une rétractation, vous en aplanissez la voie, elle est si douce qu'elle n'effraie plus. Ce n'est, dites-vous, qu'*un éblouissement de peu de durée*. Mais si on va chercher ce que vous dites ailleurs pour alarmer toute l'Église, pendant que vous me flattez ainsi, on trouvera que ce court *éblouissement* est un *malheureux mystère*, et un *prodige de séduction*. Tout de même, s'agit-il de me faire avouer que j'ai été entêté des livres et des visions de madame Guyon, vous rendez la chose si excusable, qu'on est tout étonné que je ne veuille pas la confesser pour vous apaiser. *Est-ce un si grand malheur*, dites-vous, *d'avoir été trompé par une amie?* Mais quelle est cette amie? C'est, selon vous, une *Priscille* dont je suis le *Montan*. Ainsi vous donnez comme il vous plaît aux mêmes objets les formes les plus douces et les plus affreuses.

Je suis, etc.

RÉPONSE
A L'ÉCRIT INTITULÉ
RELATION SUR LE QUIÉTISME.

AVERTISSEMENT.

I. Avant que d'éclaircir à fond l'histoire de madame Guyon, dont on m'accuse sans fondement de ne condamner pas les livres, je ne demande au lecteur qu'un moment de patience pour lui faire remarquer quel étoit l'état de notre dispute, quand M. de Meaux a passé de la doctrine aux faits. J'ai prouvé à ce prélat, dans ma *Réponse à la Déclaration* et dans mes dernières *Lettres*, qu'il avoit altéré mes principaux passages, pour m'imputer des sentiments impies; et il n'a vérifié aucun de ces passages suivant ses citations. J'ai montré des paralogismes manifestes qu'il a employés pour me mettre des blasphèmes dans la bouche, et il n'y répond rien. Je l'ai pressé, mais inutilement, de répondre sur des questions essentielles à la religion, et décisives pour mon système. Il s'agit de savoir si Dieu avant ses promesses gratuites a été libre, ou non, de nous donner la béatitude surnaturelle. Cette béatitude est-elle une vraie grace, ou une dette sous le nom de grace? Si Dieu ne l'eût pas donnée, n'auroit-il point été aimable pour sa créature? auroit-il perdu ses droits? Un don gratuit et accordé par surérogation peut-il être *la raison d'ai-*

---

[1] *Histoire de France* donnée en thêmes à monseigneur le dauphin, par M. de Meaux, tom. 1, édit. de Vers., pag. 165.

mer, sans laquelle Dieu ne seroit pas aimable? Peut-on dire que cette béatitude, qui ne nous étoit pas due, soit, autant dans les actes de la charité que dans ceux de l'espérance, la seule raison d'aimer? Ne doit-on pas aimer Dieu d'un amour indépendant d'un don qu'il étoit libre de ne nous accorder jamais? Peut-on dire que saint Paul, Moïse, et tant d'autres saints après eux, ont extravagué contre l'essence de l'amour même, lorsqu'ils ont supposé cet état où la béatitude surnaturelle ne nous auroit pas été donnée, et qu'ils ont voulu aimer Dieu indépendamment de ce don? Est-il possible que tous ces saints aient mis le comble à la perfection dans un amour chimérique, contraire à l'essence de l'amour même, et qui est la source empoisonnée du quiétisme? La réponse de ce prélat est que j'éblouis le lecteur par *une métaphysique* outrée, *qui le jette dans des pays inconnus* [1].

II. Je faisois encore cette question : Les justes imparfaits, que les Pères nomment mercenaires, sont-ils, comme M. de Meaux le fait entendre [2], *moins touchés de Dieu récompense incréée, que d'une béatitude fabuleuse hors en quelque façon de lui*, qu'ils ne pourroient regarder sérieusement sans démentir leur foi? Enfin je demandois sans relâche à ce prélat s'il nie tout milieu entre les vertus surnaturelles et la cupidité vicieuse; et si la mercenarité ou intérêt propre des justes imparfaits, que les Pères excluent de la vie la plus parfaite, ne peut pas être souvent une imperfection, sans être un vice. A toutes ces questions nulle réponse précise. Ce prélat veut que je lui réponde sur les moindres circonstances de l'histoire de madame Guyon, comme un criminel sur la sellette répondroit à son juge. Mais quand je le presse de me répondre sur des dogmes fondamentaux de la religion, il se plaint de mes questions, et ne veut point s'expliquer. Ce n'est pas que ces questions lui aient échappé. Au contraire il les rapporte presque toutes, et prend soin de n'en résoudre aucune. Ce prélat, qui souffre si impatiemment qu'on le croie en demeure sur les moindres difficultés, pousse jusqu'au bout un profond silence sur des choses si capitales. Il ne répond jamais ni oui ni non sur mes demandes précises.

III. L'embarras de M. de Meaux étoit encore redoublé par les réponses des deux prélats unis avec lui. Il rejette l'amour naturel, délibéré, innocent, et distingué des vertus surnaturelles sans être vicieux. Mais M. l'archevêque de Paris reconnoît que cet amour, sans être élevé à l'ordre surnaturel, peut être quelquefois innocent, quoiqu'il arrive presque toujours, selon lui [3], *que la concupiscence le dérègle*. M. de Meaux veut que l'opinion de l'amour indépendant du motif de la béatitude soit la source du quiétisme. Il dit que *c'est en cela qu'est mon erreur*, que *c'est le point décisif, le point qui renferme la décision du tout*, et que c'est par cette doctrine que je me *perds* [4]. Mais M. l'évêque de Chartres, qui vient à son secours contre moi, se tourne à ce point pour moi contre lui, et déclare que cette doctrine est celle qu'il a soutenue dans ses thèses [5].

M. de Meaux veut que l'oraison passive, qu'on ne peut nier *sans une insigne témérité*, soit une ligature réelle et absolue des puissances de l'ame pour tous les actes *sensibles, discursifs et autres* [6]. Mais M. l'archevêque de Paris n'admet pas cette définition, et veut seulement que *les puissances paroissent liées*, et soient *comme liées, dans ces temps-là* [1].

IV. Dans cet embarras l'histoire de madame Guyon paroît à M. de Meaux un spectacle propre à faire oublier tout-à-coup tant de mécomptes sur la doctrine. Il dit que « l'er-
» reur s'aveugle elle-même jusqu'au point de le forcer à
» déclarer tout, quand, non contente de paroître vouloir
» triompher, elle insulte [2]. »

V. Qui est-ce qui *le force à déclarer tout*? J'ai toujours borné la dispute aux points dogmatiques; et malgré mon innocence, j'ai toujours craint des contestations de faits, qui ne peuvent arriver entre des évêques sans un scandale irrémédiable. Mais enfin si mon livre est plein, comme on l'a dit cent fois, des plus extravagantes contradictions et des erreurs les plus monstrueuses, pourquoi mettre le comble au plus affreux de tous les scandales, et révéler aux yeux des libertins et des hérétiques ce qu'il appelle *un malheureux mystère*,... *un prodige de séduction* [3]? Pourquoi sortir du livre, si le texte suffisoit pour le faire censurer? « Si elles voient maintenant le jour, dit-il [4], parlant de mes
» lettres secrètes, c'est au moins à l'extrémité, lorsqu'on
» me force à parler, et toujours plus tôt que je ne voudrois. »

VI. Qui est-ce qui l'*y force*? où est cette *extrémité*? Qu'ai-je fait que défendre le texte de mon livre depuis un an et demi, en le soumettant au pape? Que s'il falloit, pour la sûreté de l'Église, qu'outre la censure du livre, on révélât encore ce *malheureux mystère*, pourquoi l'a-t-il si long-temps caché? Pourquoi ne le révèle-t-il qu'après s'être rendu si suspect dans son témoignage par tant de passages manifestement altérés, par tant d'imputations terribles et visiblement outrées, par une prévention extrême contre la définition de la charité reconnue de toutes les écoles, enfin par son silence poussé jusqu'au bout sur tant de questions décisives? Tandis qu'il ne s'agissoit que du péril de l'Église, il ne faisoit aucun scrupule de taire le *malheureux mystère*. Mais dès qu'il en a besoin pour se débarrasser sur la dispute dogmatique, cette dispute le *force à l'extrémité* à publier mes lettres secrètes; elle le réveille, et le presse plus que le péril de l'Église même. C'est en *triomphant*, et en lui *insultant*, que je le *force à révéler*... le *prodige de séduction*, et à montrer qu'en nos jours une *Priscille* a trouvé un *Montan* [5].

VII. Mais est-il juste de croire qu'il parle sans prévention sur des choses secrètes, et qu'il n'allègue que quand il manque de preuves pour les publiques? Avant que d'être reçu à alléguer des faits secrets, il doit commencer par vérifier toutes les citations de mon texte que je soutiens, dans mes réponses, qu'il a altérées. Encore une fois, si le texte de mon livre est censurable, pourquoi ne s'y renferme-t-il pas? pourquoi a-t-il recours à tant de faits étrangers, odieux, et que nul point d'honneur ne doit faire révéler par un évêque contre son confrère, supposé même qu'ils soient véritables? Quelque tort que je puisse avoir de *triompher* et d'*insulter*, M. de Meaux devroit être plus sensible au scandale qu'au succès de la dispute, et à l'honneur du caractère commun entre nous, qu'à tout ce qui lui est personnel. Si au contraire le texte de mon livre ne contient pas les erreurs qu'il y veut trouver, pourquoi a-t-il rejeté toute proposition de l'expliquer? pourquoi attaque-t-il enfin ma personne pour flétrir le livre par l'auteur, craignant de ne pouvoir flétrir l'auteur par le livre?

---

[1] *Relat. sur le Quiét.*, VIe sect., n. 8, tome XXIX, pag. 645.
[2] *1er Écrit*, n. 4 et 6, tome XXVIII, pag. 504, 507.
[3] *Réponse de M. de Paris aux quatre lettres*.
[4] *Rép. de M. de Meaux aux quat. lett.*, n. 14, 19, 26, tome XXIX, p. 49, 61. 87.
[5] *Lett. past.*, n. 6, voyez tom. VII des œuvres complètes.
[6] *Et. d'orais.*, liv. VII, n. 14, tom. XXVII, pag. 272.

---

[1] *Rép. de M. de Paris aux quatre lettres*.
[2] *Relat.*, XIe sect., n. 8, tom. XXIX, pag. 648.
[3] *Ibid.* [4] *Ibid.*, IIIe sect., n. 15, pag. 561.
[5] *Ibid.*, XIe sect., n. 8, pag. 649.

S'il se croyoit obligé en conscience à me dénoncer à l'Église comme un fanatique, comme un second Molinos, comme le *Montan* d'une nouvelle *Priscille*, il falloit commencer par-là. Au lieu de combattre l'amour de pure bienveillance autorisé par toutes les écoles; au lieu de rejeter tout milieu entre les vertus surnaturelles et l'amour vicieux ; au lieu de faire extravaguer contre l'essence de l'amour saint Paul, Moïse, et tout *ce qu'il y a de plus grand et de plus saint dans l'Église*[1]; au lieu de faire desirer aux justes mercenaires un paradis fabuleux qui dément leur foi ; au lieu de mettre la cause de l'Église en péril, en la défendant par tant d'excès visibles, il falloit dire que mon livre étoit susceptible d'un bon sens; mais qu'il savoit que j'étois hypocrite et fanatique depuis plusieurs années, et que sous des expressions artificieuses je cachois tout le venin de Molinos. Tout au contraire, ce prélat n'attaque ma personne que quand il est dans l'impuissance de répondre sur la doctrine. Telle *est l'extrémité qui le force à parler*. Alors il publie mes lettres les lois ce qu'il ne disoit qu'à l'oreille ; alors il a recours à tout ce qui est le plus odieux dans la société humaine. Le secret des lettres missives, qui dans les choses d'une confiance si religieuse et si intime est le plus sacré après celui de la confession, n'a plus rien d'inviolable pour lui. Il produit mes lettres à Rome, il les fait imprimer pour tourner à ma diffamation les gages de la confiance sans borne que j'ai eue en lui. Mais on verra qu'il fait inutilement ce qu'il n'est jamais permis de faire contre son prochain. Voilà pour ainsi dire le point de vue d'où le lecteur doit regarder cette nouvelle accusation.

VIII. Pour traiter tous ces faits avec ordre et exactitude, je vais les réduire à sept chefs principaux, savoir : 1° l'estime que j'ai eue pour madame Guyon; 2° la défense que M. de Meaux m'accuse d'avoir fait de ses livres dans mes manuscrits; 3° la signature des Articles d'Issy ; 4° mon sacre ; 5° le refus de mon approbation pour le livre de M. de Meaux; 6° l'impression du mien; 7° ce qui est arrivé depuis cette impression.

CHAPITRE PREMIER.

De l'estime que j'ai eue pour madame Guyon.

I. Je la connus au commencement de l'année 1689, quelque temps après qu'elle fut sortie du monastère de la Visitation de la rue Saint-Antoine, et quelques mois avant que j'allasse à la cour. J'étois alors prévenu contre elle sur ce que j'avois ouï dire de ses voyages. Voici ce qui contribua à effacer mes impressions. Je lus une lettre de feu M. de Genève, datée du 29 juin 1685, où sont ces paroles sur cette personne : « Elle donne un tour
» à ma disposition à son égard, qui est sans fon-
» dement. Je l'estime infiniment, et par-dessus
» le Père de La Combe : mais je ne puis approuver
» qu'elle veuille rendre son esprit universel, et
» qu'elle veuille l'introduire dans tous nos monas-
» tères, au préjudice de celui de leurs instituts.
» Cela divise et brouille les communautés les plus
» saintes. Je n'ai que ce grief contre elle. A cela
» près, je l'estime et je l'honore au-delà de l'ima-

[1] *Inst. sur les états d'orais.*, liv. IX, n. 4, t. XXVII, p. 557.

» ginable. » Je voyois que le seul *grief* de ce prélat étoit le zèle indiscret d'une femme qui vouloit trop communiquer ce qu'elle croyoit bon, et qu'*à cela près il l'estimoit infiniment, et l'honoroit au-delà de l'imaginable*.

Quoique ce prélat ait défendu, l'an 1688, les livres de madame Guyon, il paroît néanmoins avoir persisté, jusqu'au 8 février de l'an 1695, à estimer la vertu de cette personne. Voici les paroles d'une lettre de lui, datée de ce jour-là :

« M.....,

» Quand j'ai reçu votre lettre du dernier jour
» de l'année 1694, j'en avois déja anticipé la ré-
» ponse par une lettre que j'ai confiée à M. B.,
» docteur de Sorbonne. Je vous avoue que j'ai de
» la peine de prendre le sens de la vôtre, parce
» que vous y paroissez préoccupé de certaines
» idées qui n'ont rien de commun avec la situation
» où je me trouve à votre égard. On vous a fait
» une injustice si on vous a imputé d'être venu
» dans ce pays pour y prendre des armes contre
» la dame que vous me nommez. C'est à quoi nous
» n'ayons songé ni vous ni moi. Dieu le sait, et
» les hommes le connoîtront un jour. Je ne vous
» ai jamais ouï parler d'elle *qu'avec beaucoup*
» *d'estime et de respect*, et ma mémoire ni ma
» *conscience ne me reprochent pas d'en avoir ja-*
» *mais parlé autrement*. Si elle a eu quelques cha-
» grins à Paris, elle ne les doit imputer qu'aux
» liaisons qu'elle a eues au Père La Combe, avant
» même que j'eusse le bien de la connoître. Et l'on
» ajoute qu'elle s'est fait des affaires par des com-
» munications et des conférences qu'elle a eues
» dans Paris avec quelques personnes du parti du
» quiétisme outré. Quelque éloignement que je lui
» aie toujours témoigné d'avoir pour cette doctrine
» et pour les livres du Père Lacombe, *j'ai tou-*
» *jours parlé de la piété et des mœurs de cette*
» *dame avec éloge*. Voilà en peu de mots les vé-
» *ritables sentiments où j'ai toujours été à son*
» *égard*, et qui vous doivent faire connoître dans
» quelles dispositions je suis pour tout ce qui peut
» vous intéresser, etc. »

On voit que ce prélat, malgré tout ce qu'il blâmoit fortement dans la conduite de cette personne, sur des choses qu'il regardoit sans doute comme des indiscrétions, n'en parloit jusqu'en ce temps-là qu'avec *estime*, *respect*, *éloges* pour *sa piété* et pour *ses mœurs*; que c'étoient les *véritables sentiments*, et que *sa conscience* lui eût fait des reproches, s'il en eût *jamais parlé autrement*.

Je ne rapporte point ces lettres pour justifier

madame Guyon. Ce n'est pas elle, c'est moi seul que je veux justifier de l'avoir estimée. J'ai les lettres originales de feu M. l'évêque de Genève, et je ne les ai jamais montrées à personne, tant je suis éloigné de vouloir défendre cette personne. Si ce prélat a pu être trompé innocemment, pourquoi ne puis-je pas l'avoir été après lui, et sur son témoignage ?

II. M. de Meaux dira peut-être que le témoignage de feu M. de Genève ne doit décider de rien, parce qu'il n'avoit pas vu la *Vie* de madame Guyon et ses autres écrits fanatiques. Eh bien, citons à M. de Meaux un témoin qui ait lu et examiné à fond tous les manuscrits de madame Guyon ; ce témoin ne doit pas lui être suspect, puisque je n'en veux point d'autre que lui-même. Il l'a gardée six mois dans le monastère de la Visitation de Meaux, supposant, comme on le va voir, qu'elle m'avoit ébloui. Il connoissoit alors non-seulement ses livres imprimés, mais encore tous ses manuscrits, où il assure qu'elle a dévoilé tout son fanatisme. Il devoit donc se défier d'elle plus que tous ceux qui l'avoient vue jusqu'alors. Supposé que j'eusse été trompé, il ne lui étoit pas permis de l'être. Ma séduction, dont il étoit si étonné, devoit être un grand préservatif pour lui. Voici néanmoins ce qu'il fit, quand elle fut dans son diocèse : il lui continua dès le premier jour l'usage des sacrements, sans lui faire rétracter ni avouer aucune erreur. Dans la suite, après avoir lu tous les manuscrits et examiné soigneusement la personne, il lui dicta un acte de soumission sur les trente-quatre articles, daté du 15 avril 1695, où, après avoir condamné toutes les erreurs qu'on lui imputoit, il lui fit ajouter ces paroles : « Je déclare » néanmoins avec tout respect, et sans préjudice » de la présente soumission et déclaration, que je » n'ai jamais eu intention de rien avancer qui » fût contraire à l'esprit de l'Église catholique, » apostolique et romaine, à laquelle j'ai toujours » été et serai toujours soumise, Dieu aidant, jus- » qu'au dernier soupir de ma vie : ce que je ne » dis pas pour me chercher une excuse, mais » dans l'obligation où je crois être de déclarer en » simplicité mes intentions. » Par cet acte, que M. de Meaux n'a pas jugé à propos de rapporter, il justifie les intentions de la personne, puisqu'il lui dicte des paroles pour les justifier, et que ces paroles dictées par lui sont le fondement sur lequel il vouloit lui donner une attestation.

M. de Meaux lui dicta encore ces paroles dans sa souscription à l'*Ordonnance* où il censuroit les livres de cette personne. « *Je n'ai eu aucune des* » erreurs expliquées dans ladite lettre pastorale; » *ayant toujours eu intention d'écrire dans un* » *sens très catholique, ne comprenant pas alors* » *qu'on en pût donner un autre*. Je suis dans la » dernière douleur que mon ignorance et le peu » de connoissance des termes m'en ait fait mettre » de condamnables. »

Il faut toujours se souvenir que ce n'est pas elle que M. de Meaux laisse parler comme elle veut. C'est lui qui exige d'elle un acte solennel de soumission, qui doit servir de fondement pour assurer l'Église de la sincérité de cette personne; c'est lui qui choisit tous les termes ; c'est lui qui lui fait dire *qu'elle n'a eu aucune des erreurs* en question, et qu'elle *ne comprenoit pas même* qu'on *pût donner* à ses paroles d'autre *sens* que le sens catholique, qui étoit le sien. Enfin il lui fait dire, dans ces actes si sérieux, et qui doivent être si religieusement véritables, qu'elle déclare n'avoir *eu aucune des erreurs, etc.*, non pour se *chercher une vaine excuse, mais dans l'obligation où elle croit être de déclarer en simplicité ses intentions*. Voilà ce que M. de Meaux, après avoir vu tous les manuscrits, tels que la *Vie* de madame Guyon, *les Torrents*, et son *Explication de l'Apocalypse*, dicta à cette personne comme un témoignage qu'elle se devoit en conscience à elle-même pour justifier *ses intentions*, c'est-à-dire le sens dans lequel elle avoit entendu ses ouvrages en les composant.

III. C'est sur ces déclarations de *ses intentions*, faites devant Dieu et dictées par ce prélat, qu'il lui donna l'attestation suivante :

« Nous, ÉVÊQUE DE MEAUX, certifions à tous » qu'il appartiendra qu'au moyen des déclarations » et soumissions de madame Guyon, que nous » avons par-devers nous souscrites de sa main, et » des défenses par elles acceptées avec soumis- » sion, d'écrire, enseigner, dogmatiser dans l'É- » glise, ou de répandre ses livres imprimés ou ma- » nuscrits, ou de conduire les âmes dans les voies de » l'oraison ou autrement ; ensemble du bon témoi- » gnage qu'on nous en a rendu depuis six mois qu'elle » est dans notre diocèse et dans le monastère de » Sainte-Marie, nous sommes demeurés satisfaits » de sa conduite, et lui avons continué la partici- » pation des saints sacrements dans laquelle nous » l'avons trouvée ; déclarant en outre que nous » ne l'avons trouvée impliquée en aucune sorte » dans les abominations de Molinos, ou autres » condamnées ailleurs, et l'avons entendu com- » prendre dans la mention qui en a par nous été » faite dans notre ordonnance du 6 avril 1695. » Donné à Meaux, le 1er juillet 1695. *Signé*,

» J.-Bénigne, *évêque de Meaux*; et plus bas, par
» *Monseigneur*, Ledieu. »

IV. M. l'archevêque de Paris a suivi la même conduite à l'égard de cette personne. Il lui a continué l'usage des sacrements, sans exiger d'elle l'aveu d'avoir cru aucune des erreurs que M. de Meaux prétend, dans son livre, qu'elle a voulu évidemment enseigner dans les siens par un système toujours clairement soutenu. Bien plus, ce prélat fit faire à cette personne, le 28 août 1696, un acte de soumission où il la fit parler ainsi :
« Au reste, quoique je sois très éloignée de vou-
» loir m'excuser, et qu'au contraire je veuille por-
» ter toute la confusion des condamnations qu'on
» jugera nécessaires pour assurer la pureté de la
» foi, *je dois néanmoins devant Dieu et devant*
» *les hommes ce témoignage à la vérité, que je*
» *n'ai jamais prétendu insinuer par aucune de*
» *ces expressions aucune des erreurs qu'elles con-*
» *tiennent. Je n'ai jamais compris que personne*
» *se fût mis ces mauvais sens dans l'esprit; et si*
» *on m'en eût avertie, j'aurois mieux aimé mou-*
» *rir que de m'exposer à donner aucun ombrage*
» *là-dessus, etc.* »

V. Voilà le témoignage que M. l'archevêque de Paris lui fait dire qu'elle se doit en conscience à elle-même sur la pureté de sa foi, et sur le sens catholique qu'elle a toujours voulu donner à ses livres, quoiqu'elle se soit mal expliquée en ignorant la valeur des termes. C'est sur cette soumission qu'il l'a jugée digne des sacrements. Donc il a cru qu'elle pouvoit et qu'elle devoit même déclarer qu'elle n'avoit *jamais prétendu insinuer, par aucune de ces expressions, aucune des erreurs que les expressions de ses livres contiennent*. Il faut que M. l'archevêque de Paris ait cru qu'elle parloit ainsi avec sincérité, puisqu'il lui a fait dire ces choses *devant Dieu et devant les hommes*. S'il avoit été persuadé alors qu'elle avoit voulu évidemment établir dans tout son livre un système qui porte pour ainsi dire le blasphème écrit sur le front, auroit-il voulu la faire mentir au Saint-Esprit, à la face de toute l'Église? Ne puis-je pas avoir estimé la piété et excusé innocemment *les intentions* de cette personne, sans contredire jamais ceux qui la blâmoient, puisque M. de Meaux les a excusées jusqu'en l'an 1695, et que M. l'archevêque de Paris les a excusées jusqu'en l'an 1696, par des actes solennels où ils agissoient comme juges? Mon estime pour madame Guyon se trouve donc justifiée par ceux-là mêmes qui me la reprochent. Je vois marcher devant moi les lettres de feu M. de Genève, qui l'avoit connue dans son diocèse; je vois marcher après moi l'attestation de M. de Meaux, avec les soumissions que M. l'archevêque de Paris et lui ont dictées à cette personne. Cette date est décisive pour prouver que j'ai pu être trompé innocemment après le premier prélat et avant les deux derniers, qui, venant après moi dans l'intention de me redresser et dans des circonstances si délicates, ont dû être infiniment plus précautionnés. Cette personne, il est vrai, me parut fort pieuse. Je l'estimai beaucoup; je la crus fort expérimentée et éclairée sur les voies intérieures, quoiqu'elle fût très ignorante. Je crus apprendre plus sur la pratique de ces voies en examinant avec elle ses expériences, que je n'eusse pu faire en consultant des personnes fort savantes, mais sans expérience pour la pratique.

On peut apprendre tous les jours en étudiant les voies de Dieu sur les ignorants expérimentés. N'auroit-on pas pu apprendre pour la pratique en conversant, par exemple, avec le bon Frère Laurent? Voilà ce que je puis avoir dit à M. l'archevêque de Paris et à M. de Meaux, en présence de M. Tronson. Je ne désavouerai jamais ce que j'ai dit, et j'aimerois mieux ne me justifier jamais, que de recourir au moindre déguisement. On verra, dans le mémoire produit par M. de Meaux, que j'ai seulement *laissé estimer* madame Guyon *par des personnes qui avoient confiance en moi*; mais je ne l'ai fait connoître à personne.

VI. Pour ses livres, je n'en connois que deux qui sont imprimés. Ce sont les deux seuls que M. de Meaux, conduisant sa plume, lui a fait reconnoître comme siens dans son acte de soumission. Encore même n'avois-je jamais examiné ces livres dans une certaine rigueur théologique, et je ne croyois pas en avoir besoin. Si c'est une faute que d'avoir négligé cet examen rigoureux du texte, je la confesse sans peine. J'avoue que je ne songeois qu'à bien connoître les sentiments de la personne, sans m'appliquer aux livres. Je supposois, comme il faut nécessairement que MM. l'archevêque de Paris et l'évêque de Meaux l'aient supposé, en dressant les actes de soumission ci-dessus rapportés, qu'on pouvoit excuser une femme ignorante sur des expressions irrégulières et contraires à sa pensée, pourvu qu'on fût bien assuré de sa sincérité. De là vient que j'ai parlé ainsi dans le mémoire que l'on a produit contre moi[1] : « Je n'ai pu ni dû
» ignorer ses écrits. Quoique je ne les aie pas exa-
» minés tous à fond dans le temps, du moins j'en
» ai su assez pour devoir me défier d'elle, et pour

---

[1] *Relat.*, ɪᵛᵉ sect., n. 9. pag. 573.

» l'examiner en toute rigueur.... Je l'ai obligée à m'expliquer la valeur de chacun des termes de ce langage mystique dont elle se servoit dans ses écrits. » Ainsi je l'excusois sur ses livres par ses intentions, sans vouloir néanmoins approuver les livres. Quoique je les eusse lus assez négligemment, ils m'avoient paru fort éloignés d'être corrects.

Pour l'examen rigoureux de ces deux ouvrages par rapport au public, c'étoit son évêque qui devoit y veiller. N'étant que prêtre, je croyois assez faire en tâchant de connoître à *fond* ses vrais *sentiments*. Je crus les connoître : il me parut que je voyois en elle ces marques d'ingénuité, après lesquelles les personnes droites ont tant de peine à se défier de la dissimulation d'autrui.

M. de Meaux assure, du ton le plus affirmatif, que j'ai donné ces livres *à tant de gens* [1]. Mais si je les ai donnés *à tant de gens*, il n'aura pas de peine à les nommer. Qu'il le fasse donc, s'il lui plaît, ou qu'il reconnoisse combien on l'a mal instruit sur ce fait.

VII. Pour les manuscrits de madame Guyon, elle voulut me les donner tous ; elle m'en mit même quelqu'un entre les mains. Mais les occupations que j'avois alors pour les études des princes, et ma santé, alors très languissante, m'empêchèrent de les lire. Je comptois pleinement sur la sincérité de la personne ; et sans me mettre beaucoup en peine de ces manuscrits, que je croyois tout-à-fait inconnus, je supposois qu'ils ne contenoient que la même spiritualité que madame Guyon m'avoit expliquée à fond de vive voix.

VIII. Quand je proteste devant Dieu que je n'ai point lu ces manuscrits, le lecteur équitable ne doit soupçonner aucun artifice dans cette protestation ; car je la fais sans avoir aucun besoin de la faire pour m'excuser. En voici deux raisons bien claires. La première est que je condamne et que j'ai toujours condamné les visions qu'on rapporte. On ne peut donc me soupçonner de dire que je ne les ai pas lues, pour éviter de les condamner. La seconde raison est que si j'avois lu ces manuscrits, je n'aurois qu'à m'excuser, comme M. l'archevêque de Paris et M. l'évêque de Meaux, qui les ont certainement lus, sont obligés de s'excuser eux-mêmes. Ils ont donné les sacrements à madame Guyon dans leurs diocèses : je ne l'ai jamais fait dans le mien. Ils lui ont dicté des soumissions, où ils lui ont fait déclarer qu'elle n'a eu *aucune des erreurs* en question ; c'est ce que je n'ai jamais pensé à faire. M. de Meaux, après l'avoir fait parler ainsi dans des actes solennels, lui a donné une attestation : je n'ai rien fait de semblable : je me suis contenté de croire intérieurement d'elle qu'elle avoit pensé d'une manière innocente, quoiqu'elle se fût mal expliquée. Supposé même que j'eusse lu ces manuscrits, ne serois-je pas dans un cas plus favorable que ces prélats? ne serois-je pas en droit de répondre encore plus fortement qu'eux tout ce qu'ils répondront? Il faudroit donc que je fusse le plus insensé de tous les hommes pour mentir sans nécessité, de peur d'avouer un fait beaucoup plus excusable que celui de ces deux prélats. Excuser intérieurement ses intentions est incomparablement moins fort que de lui faire dire qu'elle n'a aucune erreur, de lui donner une attestation, et de lui accorder la sainte table.

Voici une troisième raison très forte, pour montrer combien je suis sincère en déclarant que je n'ai jamais lu ces manuscrits. S'il étoit vrai que je les eusse lus, et si j'étois capable d'artifice, je n'aurois eu garde de faire donner à M. de Meaux par madame Guyon tous ces manuscrits que j'aurois connus si remplis de choses capables de le scandaliser, et d'augmenter l'orage déjà élevé contre cette personne. Ce prélat étoit choisi pour être l'examinateur rigoureux de madame Guyon. Il faisoit assez entendre combien il étoit zélé contre l'illusion, et prévenu contre les mystiques. Je n'ignorois pas son opinion sur la charité, qu'il avoit souvent publiée avec beaucoup de vivacité dans les thèses où il présidoit. Je devois donc m'attendre qu'il ne seroit ni crédule ni indulgent. Si j'avois connu ces manuscrits comme pleins de visions folles et impies, et si j'avois voulu couvrir le fanatisme de madame Guyon, lui aurois-je fait donner tous ces manuscrits? N'en aurois-je pas vu toutes les suites inévitables contre la personne qu'on dit que je voulois sauver? Étoit-ce la sauver que de la livrer ainsi sans ressource, en lui faisant donner ses écrits fanatiques? Voilà pourtant ce que j'ai fait faire à madame Guyon. Si on en doute, j'en ai un témoin qui n'est pas suspect : c'est M. de Meaux qui le dit lui-même. On lui proposa d'examiner madame Guyon et ses écrits. « Je connus bientôt, » dit-il [1], que c'étoit M. l'abbé de Fénelon qui » avoit donné le conseil ; et je regardai comme un » bonheur de voir naître une occasion si naturelle » de m'expliquer avec lui. Dieu le vouloit : je vis » madame Guyon : on me donna tous ses livres, » et non-seulement les imprimés, mais encore les » manuscrits, comme sa *Vie*, etc. » On peut ju-

---

[1] *Rép. aux quatre lettres*, n. 2, pag. 8.

[1] *Relat.*, IIe sect., n. 1, pag. 530.

ger par-là avec quelle simplicité et quelle confiance ingénue je fis donner à M. de Meaux ces manuscrits que je n'avois jamais lus.

IX. On ne manquera pas de me dire qu'il n'est pas croyable que je n'aie jamais lu ces manuscrits, moi qui dis : *Je n'ai pu ni dû ignorer ces écrits*, moi qui me vante d'avoir examiné la personne *avec plus d'exactitude que ses examinateurs ne le pouvoient faire*[1] ; moi qui me vante *de savoir à fond ses sentiments, et l'innocence de ses exagérations*[2]. Voilà sans doute l'objection dans toute sa force. Je supplie le lecteur d'observer les choses suivantes.

J'ai dit, dans le mémoire qu'on produit contre moi, que *je n'ai pas examiné à fond tous ses écrits dans le temps*[3]. Ces écrits dont je parle ne sont point les manuscrits, qui me sont encore actuellement inconnus. Il ne s'agissoit que des livres imprimés. En effet, jusqu'alors je ne les avois jamais lus dans une rigueur théologique. Une simple lecture m'avoit déjà fait penser qu'ils étoient censurables : je *ne les défendois ni ne les excusois*, comme mon mémoire le dit expressément. Mais la bonne opinion que j'avois de cette personne ignorante me faisoit excuser *ses intentions* dans les expressions les plus défectueuses. De là vient que je disois que, connoissant par elle-même ce qu'elle pensoit, je jugeois *du sens de ses écrits par ses intentions*, et non de ses intentions par ses écrits. Je ne parlois point ainsi pour défendre les écrits, dont le sens dépend du texte seul, et qui devoient être jugés sur ce texte, indépendamment des sentiments de la personne. Mais c'étoit pour excuser la seule intention de l'auteur dans la composition de ses écrits, malgré les défauts des écrits mêmes.

X. On me demandera peut-être encore comment je croyois être assuré de l'intention de la personne indépendamment de ses livres. Le voici expliqué fort naturellement dans le Mémoire même que l'on m'objecte[4] : « Je lui ai fait expliquer souvent ce » qu'elle pensoit sur les matières qu'on agite. Je » l'ai obligée à m'expliquer la valeur de chacun » des termes de ce langage mystique, dont elle se » servoit dans ses écrits. J'ai vu clairement en » toute occasion qu'elle les entendoit dans un sens » très innocent et très catholique. J'ai même voulu » suivre en détail et sa pratique, et les conseils » qu'elle donnoit aux gens les plus ignorants et les » moins précautionnés. Jamais je n'ai trouvé au- » cune trace de ces maximes infernales qu'on lui » impute. » Sa propre *pratique* et ses *conseils* pour autrui, examinés de près en détail, et ses explications de vive voix *sur la valeur de chaque terme*, me paroissoient des précautions plus propres à m'assurer de ses vrais sentiments, que le texte de ses livres. C'est dans ce texte que les intentions de l'auteur sont facilement équivoques, quand l'auteur est ignorant. Voilà ce qui faisoit que je m'étois fort peu mis en peine d'approfondir les livres, dont je laissois l'examen aux supérieurs ecclésiastiques.

XI. Venons maintenant au fait que M. de Meaux raconte. Il assure qu'il « me montra sur les livres » de madame Guyon toutes les erreurs et tous les » excès qu'on vient d'entendre[1]. » Veut-il dire par-là qu'il m'apporta les livres, et qu'il m'y fit voir *ces erreurs et ces excès*? On pourroit croire qu'il veut le faire entendre ; mais il ne le dit pourtant pas positivement. Sa mémoire, qu'il dépeint *fraîche et sûre comme au premier jour*[2], ne lui permet pas d'avancer ce fait. Il est vrai seulement que, dans une assez courte conversation, qu'il nomme une conférence, il me raconta ces visions.

XII. Mais qu'est-ce que je lui répondis ? Le voici précisément : 1° Je déclarai qu'elle étoit folle et impie, si elle avoit parlé ainsi d'elle-même sérieusement. 2° Je remarquai que beaucoup de saintes ames avoient raconté par simplicité certaines graces particulières qu'elles avoient reçues de Dieu, mais dans un genre très inférieur aux prodiges insensés dont il s'agissoit. 3° Je dis que cette personne m'avoit paru d'un esprit tourné à l'exagération sur ses expériences. 4° J'ajoutai les paroles de saint Paul, que M. de Meaux avoit prises lui-même d'abord pour sa règle : *Éprouvez les esprits, s'ils sont de Dieu*.

XIII. Ces choses, que M. de Meaux me racontoit, m'étoient nouvelles et presque incroyables. J'avoue que je commençois à me défier un peu de la prévention de ce prélat contre cette personne. Je ne reconnoissois en toutes ces choses aucune trace des sentiments que j'avois toujours cru voir en madame Guyon. Je voyois qu'elle étoit ou folle ou trompeuse, si elle avoit pensé sérieusement et à la lettre tout ce qu'on m'en disoit. Il est naturel d'avoir de la répugnance à croire, d'une personne qu'on a estimée solide et sincère, des faits si monstrueux. Voici précisément (je parle devant Dieu) tout ce que je pensai dans cette surprise :

Madame Guyon m'avoit dit plusieurs fois qu'elle avoit de temps en temps certaines impressions momentanées, qui lui paroissoient dans le moment

---

[1] *Relat.*, IVe sect., n. 9, pag. 575.   [2] *Ibid.*, n. 22, pag. 586.
[3] *Ibid.*, n. 9, pag. 575.   [4] *Ibid.*

[1] *Relat.*, IIe sect., n. 20, pag. 544.   [2] *Ibid.*, n. 1, pag. 529.

même des communications extraordinaires de Dieu, et dont il ne lui restoit aucune trace le moment d'après, mais qui lui paroissoient alors au contraire comme des songes. Elle ajoutoit qu'elle ne savoit si c'étoit ou imagination, ou illusion, ou vérité; qu'elle n'en faisoit aucun cas; que, suivant la règle du bienheureux Jean de la Croix, elle demeuroit dans la voie obscure de la pure foi, ne s'arrêtant jamais volontairement à aucune de ces choses; qu'elle croyoit que Dieu permettoit qu'on y fût trompé dès qu'on s'y arrêtoit, et qu'elle n'en avoit jamais parlé ni écrit que pour obéir à son directeur. La bonne opinion que j'avois de sa sincérité me fit croire qu'elle me parloit sincèrement, et je crus qu'elle pouvoit être très fidèle à la grace au milieu même d'une illusion involontaire, à laquelle elle m'assuroit qu'elle n'adhéroit point. Loin d'être curieux sur le détail de ces choses, je crus que le meilleur pour elle étoit de les laisser tomber, sans y faire aucune attention.

XIV. En raisonnant ainsi, je ne suivois pas témérairement mes propres pensées. Cette règle est celle du bienheureux Jean de la Croix, d'Avila, des autres spirituels les plus estimés dans l'Église, et entre autres du Père Surin, approuvé par M. de Meaux. Cet auteur remarque [1] que de très saintes ames peuvent être trompées par *l'artifice de Satan*, comme sainte Catherine de Boulogne le fut *durant trois ans par le diable, sous la figure de Jésus-Christ et de la sainte Vierge*. Le moyen, selon lui, que les ames ne s'égarent point en souffrant ces illusions, c'est qu'elles *se tiennent fortement à la foi et à l'obéissance*. Voilà sur quoi je souhaitois que M. de Meaux *éprouvât*, selon la règle de saint Paul, madame Guyon, pour savoir *si elle étoit de Dieu*. J'ajoutai qu'elle pouvoit être trompée, mais que je ne la croyois pas trompeuse. En disant à ce prélat : *Éprouvez les esprits, etc.*, je remettois tout à sa décision. J'étois bien éloigné de défendre ces visions. Je voulois seulement qu'en les comptant pour rien, comme je supposois que la personne les comptoit elle-même, il allât droit au fond pour examiner sa sincérité, et tout ce qui fait l'essentiel de la vie intérieure. En pensant ainsi, je pensois précisément comme le Père Surin approuvé par ce prélat. Voilà l'occasion où M. de Meaux assure [2] qu'il versa pour moi tant *de pleurs sous les yeux de Dieu*, et où il *se tâtoit lui-même en tremblant, craignant à chaque pas pour lui des chutes semblables à la mienne*.

XV. Dans la suite des temps [3], une personne

[1] *Catéch. spir.*, tom. I, IIIᵉ part., ch. IV et V. pag. 279 et 500.
[2] *Relat.*, IIᵉ sect., n. 20. pag. 543.   [3] 7 mars 1696.

me représenta qu'on étoit surpris de ce que je ne voulois pas déclarer que madame Guyon étoit ou folle ou méchante, puisqu'elle se croyoit la pierre angulaire, la femme de l'Apocalypse, et l'Épouse au-dessus de la Mère de Jésus-Christ, et qu'elle croyoit former une petite Église. Je répondis ce qu'on peut répondre quand on a bonne opinion d'une personne, et qu'on est surpris de lui entendre imputer des extravagances si impies et si contraire à tout ce qu'on a cru voir en elle. Je répondis qu'il falloit qu'elle eût entendu ces choses dans un sens infiniment éloigné du sens littéral, et qu'elle n'auroit pu prendre ces expressions sérieusement à la lettre, sans être *folle* et *impie*. J'ajoutois que de très saintes ames avoient souvent dit des choses très avantageuses d'elles-mêmes. Mais en même temps je condamnois les excès insensés dont on me parloit, et que je ne pouvois croire : de plus, je supposois que cette personne s'étoit mal expliquée dans ses livres. Enfin je l'excusois sur ce qu'elle pouvoit avoir donné avec bonne intention des avis édifiants à son prochain sur ses propres expériences, sans présumer néanmoins d'avoir la grace de l'apostolat, ni même celle des pasteurs et des autres ministres de l'Église, pour rien décider dans la conduite. Pour moi, je ne pouvois m'imaginer que cette personne eût enseigné sérieusement toutes ces folles impiétés, puisque M. de Meaux, qui connoissoit à fond ses manuscrits, lui avoit donné les sacrements, et lui avoit fait dire qu'elle *n'avoit aucune des erreurs, etc.* On voit donc ici combien deux choses que j'ai dites sont constantes.

XVI. La première, que je n'hésitois pas à croire et à déclarer ces visions folles et impies, supposé qu'elles fussent précisément comme on les rapportoit. La seconde est qu'il y a toute la vraisemblance imaginable que je n'ai jamais lu ces visions, puisque c'est moi qui les ai fait donner à M. de Meaux; et qu'enfin si je les avois lues, je n'aurois qu'à le dire franchement, et qu'à répondre là-dessus tout ce que ce prélat répondra. Je suis même dans un cas très différent du sien. J'ai estimé la personne, ignorant les visions qu'on lui attribue; au lieu que M. de Meaux les avoit lues de son propre aveu. S'il savoit que madame Guyon se croyoit prophétesse, apôtre d'un nouvel Évangile, la pierre angulaire, la fondatrice d'une nouvelle Église, la femme de l'Apocalypse, l'Épouse préférée à la Mère, pourquoi lui a-t-il donné les sacrements, sans lui faire avouer et détester ces égarements si affreux? Pourquoi a-t-il autorisé tant de sacriléges manifestes? Pourquoi l'a-t-il fait mentir au Saint-

Esprit, à la face de toute l'Église, dans l'acte solennel et réitéré de sa prétendue conversion? Pourquoi lui a-t-il fait dire qu'elle *n'avoit eu aucune des erreurs, etc.*? Pourquoi lui a-t-il fait assurer que ce n'est point pour *se chercher une vaine excuse*, mais pour se rendre avec *simplicité* un témoignage qu'elle se devoit en conscience à elle-même? S'il avoit déja vu clairement, dans ses manuscrits, son fanatisme monstrueux, pourquoi a-t-il flatté son orgueil hypocrite? Pourquoi lui a-t-il dicté, au lieu d'une humble et sincère confession de tant d'impiétés, un témoignage de son innocence et de la pureté de sa foi? Pourquoi a-t-il voulu donner si long-temps le saint aux chiens?

Ici M. de Meaux se récrie, et veut *me convaincre de faux*, afin qu'on ne *donne aucune croyance aux faits* que je rapporte [1]. Voyons donc mon mensonge. J'ai dit, dans le Mémoire que ce prélat produit : « Il la communie de sa main. » Ce prélat répond que c'est à Paris qu'il l'a communiée. Ai-je dit que ce n'est pas à Paris? Pourquoi se vante-t-il de me *convaincre de faux* en avouant le fait que j'avance, et en y ajoutant une circonstance qui n'est point contraire à ce que j'ai dit? En avouant la communion de Paris qu'il lui donna de sa propre main, il ne répond rien aux fréquentes communions qu'il lui a permises à Meaux pendant six mois, sans lui avoir jamais fait avouer ni rétracter ce fanatisme où elle se croyoit la femme de l'Apocalypse, et l'Épouse au-dessus de la Mère. Que peut dire à cela M. de Meaux, si ce n'est qu'il a supposé que madame Guyon avoit rapporté un songe sans le prendre sérieusement à la lettre; qu'elle ne s'est arrêtée volontairement à aucune des autres visions; qu'elle ne les a racontées que pour obéir à un directeur visionnaire; et qu'elle est demeurée dans la voie obscure de pure foi, se *tenant fortement à la foi et à l'obéissance*, selon la règle que le Père Surin donne en racontant les illusions involontaires de sainte Catherine de Bologne? Voilà l'unique réponse que M. de Meaux peut faire après avoir lu ces manuscrits, et après avoir fait dire à madame Guyon qu'elle *n'a eu aucune des erreurs, etc.* Mais n'est-ce pas ce que je suis en droit de dire encore plus que lui? N'est-ce pas sur ces principes que je lui dis, dans notre conversation, qu'elle pouvoit être trompée, mais que je ne la croyois pas trompeuse? Toute la différence qui est entre lui et moi, c'est que je n'ai pas lu ces manuscrits, qu'il les a lus il y a déja cinq ans, parce que je les lui fis donner, et que je ne sais que confusément, sur son témoignage, ce qu'a

[1] *Relat.*, 1re sect., n. 4, p. 523.

examiné à fond par ses propres yeux. Pour les bruits qui courent contre les mœurs de madame Guyon depuis sa prison, j'en laisse l'examen à ses supérieurs. S'ils se trouvoient véritables, plus je l'ai estimée, plus j'aurois horreur d'elle : plus j'en ai été édifié, plus je serois scandalisé de l'excès de son hypocrisie. L'Église demanderoit un exemple sur cette personne, qui auroit caché une si horrible dépravation sous tant de démonstrations de piété.

CHAPITRE II.

De la défense que M. de Meaux m'accuse d'avoir fait des livres de madame Guyon dans mes manuscrits.

XVII. On peut réduire toutes les preuves de ce prélat contre moi à quatre arguments : 1° J'ai écrit. Pourquoi écrivois-je? Pourquoi me mêlois-je dans la cause de cette personne? 2° Je me suis soumis, comme il le paroît par mes lettres. Si je n'eusse jamais défendu les erreurs de cette personne, aurois-je offert de me soumettre, de me rétracter, et de quitter ma place? 3° J'ai défendu les livres de madame Guyon avec sa personne dans le Mémoire qu'on produit. 4° Mon livre n'est qu'un portrait de son intérieur. Examinons ces quatre objections.

1re OBJECTION.

XVIII. Le lecteur ne doit pas être surpris que j'aie donné des Mémoires à M. de Meaux sur les voies intérieures, puisque ce prélat me les demanda. Il doit se souvenir que quand on le fit entrer dans cet examen, il n'avoit jamais lu ni saint François de Sales, ni le bienheureux Jean de la Croix, ni ces autres livres mystiques, tels que Rusbrok, Harphius, Taulère, etc., dont il dit [1] que, « ne » pouvant rien conclure de précis de leurs exagéra- » tions,..... on a mieux aimé les abandonner, et » qu'ils demeurent inconnus dans des coins de bi- » bliothèques. » C'étoient ces auteurs si méprisés, mais qui, selon lui-même [2], ne sont point « mé- » prisables, et dont la doctrine, comme l'a sage- » ment remarqué le cardinal Bellarmin, est demeu- » rée sans atteinte, » que je crus qu'il devoit connoître, avant que de juger des mystiques. M. de Meaux voulut que je lui en donnasse des recueils. S'il l'a oublié, il n'a qu'à relire une de mes lettres qu'il cite contre moi, où je lui disois, en parlant de la doctrine de mes manuscrits, que je ne *l'avois exposée que par obéissance* [3]. Il le faisoit, comme nous l'allons voir, moins pour être aidé dans ce travail, que pour me sonder et pour

[1] *Instr. sur les ét. d'orais.*, liv. 1, n. 2. tom. XXVII, pag. 55.
[2] *Ibid.*
[3] *Relat.*, IIIe sect., n. 7, pag. 535.

découvrir mes sentiments. Madame Guyon n'étoit pas son principal objet dans cette affaire. Une femme ignorante et sans crédit par elle-même ne pouvoit faire sérieusement peur à personne. Il n'y avoit qu'à la faire taire, et qu'à l'obliger de se retirer dans quelque solitude éloignée, où elle ne se mêlât point de diriger. Il n'y avoit qu'à supprimer ses livres, et tout étoit fini. C'étoit l'expédient que j'avois d'abord proposé; mais on le regarda comme un tour artificieux pour sauver cette femme, et pour éviter qu'on ne découvrît le fond de sa prétendue secte. J'étois déjà suspect, et je le fus encore davantage après avoir proposé cet avis. Madame Guyon n'étoit rien toute seule : mais c'étoit moi que M. de Meaux craignoit.

XIX. Voici quelle étoit la situation de ce prélat avant que j'eusse ni parlé ni écrit : « J'entendois » dire (c'est lui qui parle ainsi [1]) à des personnes » distinguées par leur piété et par leur prudence, » que M. l'abbé de Fénelon étoit favorable à la » nouvelle oraison; et on m'en donnoit des indices » qui n'étoient pas méprisables. Inquiet pour lui, » pour l'Église, et pour les princes de France dont » il étoit déjà précepteur, je le mettois souvent » sur cette matière, et je tâchois de découvrir ses » sentiments, dans l'espérance de le ramener à la » vérité, pour peu qu'il s'en écartât. » D'où vient donc que ce prélat parle ailleurs en ces termes [2] : « Ce n'est pas lui qu'on accusoit; c'est madame » Guyon et ses livres. Pourquoi se mêloit-il si avant » dans cette affaire ? Qui l'y avoit appelé ? » C'est lui-même qui m'y *avoit appelé.* Il étoit *inquiet pour moi, pour l'église et pour les princes.* Il croyoit dès-lors avoir *des indices* contre moi *qui n'étoient pas méprisables.* Il me mettoit souvent, dit-il, *sur cette matière pour tâcher de découvrir mes sentiments, et pour me ramener à la vérité si je m'en écartois.* Il dit encore : « J'avois pour- » tant quelque peine de voir qu'il n'entroit pas » avec moi dans cette matière avec autant d'ou- » verture que dans les autres que nous traitions » tous les jours. » D'un côté il *avoit,* dit-il, *d'a-bord de la peine* de ce que je n'avois pas assez *d'ouverture* sur cette affaire. De l'autre, il se récrie : *Pourquoi s'y mêloit-il si avant? Qui l'y avoit appelé?* Ne fait-il pas assez entendre que j'étois le principal objet de sa crainte et de son examen? On peut voir par-là sur quel fondement il a pu dire au commencement de la *Déclaration* [3] que j'avois été *le quatrième juge de madame Guyon*

[1] *Relat.,* 1re sect., n. 1, pag. 528.
[2] *Ibid.;* ve sect., n. 20, pag. 605.
[3] *Déclar.,* tom. XXVIII, pag. 249.

ajouté aux trois autres : Ea consultores tres duri sibi postulavit, quorum judicio staret. His illustrissimus auctor quartus accessit. M. de Meaux a bien senti dans la suite que ce fait ne pouvoit convenir aux accusations qu'il préparoit contre moi, et dans sa traduction il a changé son texte, en disant seulement [1] : *Notre auteur s'est depuis uni à eux.* Mais enfin il est clair comme le jour que j'étois le principal accusé. Il est donc inutile de dire : « Ce n'étoit pas lui qu'on accusoit; c'étoit » madame Guyon et ses livres. Pourquoi se mê- » loit-il si avant dans cette affaire? Qui l'y avoit » appelé? » Qu'il se souvienne, s'il lui plaît, que c'est lui-même qui m'y a appelé, et que je n'ai *exposé la doctrine* de mes manuscrits que *par obéissance;* qu'il *me mettoit souvent sur cette matière pour tâcher de découvrir mes sentiments, et pour me ramener à la vérité, pour peu que je m'en écartasse;* qu'enfin il avoit *quelque peine* de ce que je n'avois pas assez *d'ouverture* pour lui là-dessus. Mais je voyois de plus qu'en cette affaire la doctrine des saints mystiques n'étoit pas moins en péril que moi. M. de Meaux ne les connoissoit point, et vouloit condamner l'amour désintéressé; ce qui étoit renverser les maximes de perfection des Pères et des autres saints.

XX. Je fis des recueils de saint Clément d'Alexandrie, de saint Grégoire de Nazianze, de Cassien, et du *Trésor ascétique,* pour montrer que les anciens n'avoient pas moins exagéré que les mystiques des derniers siècles; qu'il ne falloit prendre en rigueur ni les uns ni les autres; *qu'on en rabattît tout ce qu'on voudroit* (c'étoient mes propres termes), et qu'il en resteroit encore plus qu'il n'en falloit pour contenter les vrais mystiques ennemis de l'illusion. C'étoit sur un passage de saint Clément, où M. de Meaux me contestoit la valeur d'un mot grec, que je répondis que je lui cédois volontiers sur l'intelligence de cette langue, et sur la critique des passages; qu'enfin en retranchant tous les mots contestés, il en resteroit encore beaucoup plus qu'il n'en falloit pour autoriser le pur amour.

Je donnai aussi des recueils des passages de Suso, de Harphius, de Rusbrock, de Taulère, de sainte Catherine de Gênes, de sainte Thérèse, du bienheureux Jean de la Croix, de Balthazar Alvarez, et de saint François de Sales et de madame de Chantal. Ces recueils informes, écrits à la hâte et sans précaution, dictés sans ordre à un domestique qui écrivoit sous moi, passoient aussitôt,

[1] *Déclar.,* tom. XXVIII, pag. 249.

sans avoir été relus, dans les mains de M. de Meaux. Telle étoit ma simplicité et ma confiance. Est-ce ainsi qu'un homme qui a des erreurs monstrueuses contre les vérités les plus vulgaires et les plus fondamentales que l'Église enseigne dans ses catéchismes, et qui veut autoriser le désespoir, l'oubli de Jésus-Christ, la cessation de tout acte intérieur, le fanatisme au-dessus de toute loi divine et humaine, se livre sans réserve et sans réflexion? M. de Meaux avoue que dans ces recueils je ne faisois aucune mention ni de madame Guyon, ni de ses livres. « Sans y nommer, dit-il, madame » Guyon ni ses livres, tout tendoit à les soutenir, » ou bien à les excuser. »

XXI. Je reçois cet aveu, sans recevoir ce qu'il y ajoute. Il avoue donc que je ne la défendois pas ouvertement; il n'allègue que *les voies indirectes* [1], et en les alléguant il faudroit les prouver. Qu'y a-t-il de plus facile que d'alléguer en termes vagues des *voies indirectes* pour défendre quelqu'un? Il se retranche donc à m'accuser d'une défense *indirecte*, et sans ombre de preuve, dont il se rend le témoin et le juge. Mais encore est-il juge croyable et non prévenu sur cette matière? On n'a qu'à le voir par tous ses écrits. Que ne m'a-t-il pas imputé par des conséquences forcées? Quelles altérations n'a-t-il pas faites de mon texte? S'il l'a altéré tant de fois dans des ouvrages imprimés, et aux yeux de toute l'Église, sans avoir pu vérifier ses citations, que n'aura-t-il pas fait quand il aura lu avec les mêmes préventions des recueils manuscrits, informes, dictés à la hâte à un domestique, où je déclarois moi-même que tout étoit plein des exagérations des auteurs, et qu'il étoit juste d'en *rabattre* beaucoup pour les rendre corrects?

XXII. Allons plus loin, et jugeons encore un coup des choses secrètes par celles qui sont si publiques. M. de Meaux ne met-il pas encore la source du quiétisme dans la définition de la charité reconnue de toutes les écoles [2]? On n'a qu'à juger avec quels yeux ce prélat a lu mes manuscrits, par ceux avec lesquels il a lu mes réponses imprimées. Écoutons-le lui-même : « Je m'atta-
» che, dit-il [3], à ce point, parce que c'est le point
» décisif. » Voyons quel est ce *point décisif* de tout le système. « C'est l'envie de séparer ces mo-
» tifs que Dieu a unis qui vous a fait rechercher
» tous les prodiges que vous trouvez seul dans les
» suppositions impossibles. C'est, dis-je, ce qui
» vous y fait rechercher une charité séparée du
» motif essentiel de la béatitude et de celui de pos-
» séder Dieu. » Il ne faut plus chercher ailleurs mes égarements. Voici le *point décisif*. Nier le *motif essentiel* de la béatitude dans l'acte de charité, c'est ce qui a fait tant de *prodiges* d'erreur. Ce prélat ajoute à la marge que *ce seul point renferme la décision de tout*. Ne dit-il pas que *c'est en cela qu'est mon erreur, et que je me perds?* ne soutient-il pas que les souhaits de saint Paul et de Moïse ne sont que de *pieux excès* [1] contre l'essence de l'amour même? ne fait-il pas nommer par d'autres, dans le reste des saints, une *amoureuse extravagance*, ce qu'il n'ose lui-même nommer dans saint Paul et dans Moïse qu'un *pieux excès*? Un prélat qui fait extravaguer ainsi *ce qu'il y a de plus grand et de plus saint dans l'Église* [2] n'a-t-il pas pu aussi m'imputer des excès dangereux? Un prélat qui traite de délire ce qui est regardé comme le plus parfait amour par tant de saints, depuis saint Paul jusqu'à saint François de Sales, étoit-il dans une disposition d'esprit bien propre pour juger aussi équitablement et aussi bénignement qu'il le falloit de ces manuscrits informes, et dictés à un domestique avec tant de précipitation? Faut-il s'étonner que ces écrits, comme il le dit, lui fissent *peur* [3], puisque ce que j'ai dit, suivant la doctrine de l'École, dans des écrits imprimés, pour défendre l'amour de pure bienveillance indépendant du motif de la béatitude, ne l'épouvante pas moins, et lui fait dire que *c'est là le point décisif* entre nous, que *c'est le point qui renferme la décision du tout*, que *c'est en cela qu'est mon erreur, et que je me perds* [4]?

XXIII. Ajoutez à cette prévention que M. de Meaux ne conféroit point avec moi sur la doctrine, et qu'il expliquoit selon ses préventions tous les termes mystiques dont je m'étois servi sans précaution dans ces manuscrits informes. « On se
» rencontroit tous les jours, dit ce prélat [5]; nous
» étions si bien au fait, que nous n'avions pas be-
» soin de longs discours. » C'est le moyen de n'être jamais *au fait* que de ne se voir qu'en se rencontrant, et de n'avoir ni conférences ni *longs discours*. Il parle encore ainsi [6] : « Nous avions
» d'abord pensé à quelques conversations de vive
» voix après la lecture des écrits; mais nous crai-

---

[1] *Relat.*, v^e sect., n. 23, pag. 607.
[2] *Rép. à mes quatre lettres*, n. 14. etc. tom. XXIX. pag. 50 et suiv.
[3] *Ibid.*, n. 19, pag. 61, 62.

[1] *Instr. sur les ét. d'orois.*, liv. x, n. 22, tom. XXVII, p. 457.
[2] *Ibid.*, liv. IX, n. 4, pag. 537.
[3] *Relat.*, IIIe sect., n. 5, pag. 549.
[4] *Rép. à quatre lettres*, n. 14 et 19, pag. 30, 61.
[5] *Relat.*, IIIe sect., n. 8, pag. 553. [6] *Ibid.*, pag. 554.

» gnîmes qu'en mettant la chose en dispute, etc. »
Ainsi M. de Meaux lisoit selon sa prévention ces manuscrits informes, sans rien éclaircir avec moi. Est-ce ainsi qu'on traite un homme qu'on aime, et qui s'est livré avec tant de confiance? Cette conduite ne montre-t-elle pas que j'étois le principal accusé? En faut-il davantage pour montrer combien j'avois besoin de me justifier? Un homme devenu si suspect ne peut-il pas se justifier sans se mêler de justifier aussi madame Guyon?

XXIV. De plus, nul homme équitable ne jugera sans doute de ces manuscrits plus rigoureusement que les prélats en jugent eux-mêmes. Écoutons M. de Meaux : il trouve dans mes derniers écrits le même venin que dans ces premiers recueils. « C'est ainsi, dit-il [1], qu'il nous parois- » soit par tous ses écrits qu'il avoit secrètement » entrepris de la défendre; c'est ainsi qu'il la dé- » fend encore aujourd'hui en soutenant le livre des » *Maximes des Saints*. Il pose maintenant, comme » alors, tous les principes pour la soutenir. » Vous voyez par-là que je fais *maintenant comme alors*, et par conséquent que je ne faisois *alors* que comme je fais *maintenant*. Mes manuscrits étoient, selon M. de Meaux, semblables à mon livre imprimé; mon livre imprimé est conforme aux principes que je soutiens *encore aujourd'hui* en l'expliquant. Quoi donc! mes lettres et mes autres réponses *posent les mêmes principes* que ces manuscrits pernicieux, et ce que je disois *alors* je le dis *encore aujourd'hui*? Soutenir mon livre par mes explications, en niant que le *motif essentiel* de la béatitude entre dans tout acte de charité, *c'est parler maintenant comme alors*; c'est me *perdre*, selon M. de Meaux; c'est *poser tous les principes pour soutenir madame Guyon*. Mon livre, selon ce prélat, contient *la substance* de mes manuscrits.

Écoutons encore M. l'archevêque de Paris. Il dira que mon livre n'est autre chose que mes manuscrits *arrangés et adoucis* [2]. Si donc mon livre n'est point rempli des erreurs monstrueuses que M. de Meaux veut trouver en altérant sans cesse le texte, que doit-on croire de ces manuscrits, qui de son propre aveu ne faisoient que *poser* avec moins d'ordre et d'exactitude *les mêmes principes* que le livre?

XXV. Mais encore d'où vient que M. de Meaux n'a gardé aucun de ces manuscrits impies, que je le priois de garder, comme il le reconnoît dans sa *Relation*? Puisqu'il ne m'avoit point encore désabusé de tant d'erreurs capitales, ne devoit-il pas garder mes écrits pour me montrer, papier sur table, en quoi je m'étois égaré? Ne vouloit-il entrer jamais dans cette discussion avec moi? Vouloit-il me laisser vivre et mourir sans me guérir de cet aveuglement? Qu'y avoit-il de plus propre pour cette discussion que de garder, selon mon offre dans l'attente d'un charitable éclaircissement, ces manuscrits où mes illusions étoient si marquées?

XXVI. Si le procédé de M. de Meaux est difficile à comprendre dans cette supposition, le mien est encore bien plus incompréhensible. Puis-je avoir soutenu dans ces manuscrits que la perfection consiste dans la cessation de tout acte intérieur, dans le fanatisme au-dessus de toute loi, sans comprendre clairement que j'étois contraire à toute l'Église? Ai-je pu vouloir m'adresser à ce prélat pour lui confier ces erreurs monstrueuses, moi qui le connoissois prévenu même contre la doctrine de toutes les écoles sur l'amour de pure bienveillance? Comment est-ce que je lui ai laissé si long-temps ces horribles manuscrits, sans les retirer? Comment est-ce que je lui ai proposé de les garder, lors même qu'il vouloit me les rendre? « Il me pria, dit-il [1], de » garder au moins quelques uns de ses écrits pour » être en témoignage contre lui s'il s'écartoit de » nos sentiments. » Ne devois-je pas craindre qu'il les montreroit à un certain nombre de confidents, auxquels je savois qu'il confioit toute notre affaire? Ne devois-je pas craindre que ce prélat vînt à mourir, et que ces écrits impies ne parussent après sa mort au public par son inventaire? Que croira le sage lecteur? Sera-t-on toujours en droit d'avancer des faits incroyables, et qui supposent en moi un délire sans exemple? La confiance avec laquelle je livrois toutes choses sans réserve à M. de Meaux ne pouvoit venir que d'une tête démontée, ou d'une conscience assurée sur la pureté de mes sentiments.

XXVII. Enfin ces manuscrits n'étoient que des recueils de passages pleins d'exagération, principalement ceux de saint Clément; et j'ajoutois toujours à ces passages, qu'ils alloient beaucoup plus loin que je ne voulois aller. Ce n'étoit donc point précisément par ces recueils qu'il falloit juger de mes vrais sentiments. Pour en juger avec justice, il faut revenir à mon livre, puisque, selon M. de Meaux, le livre *pose tous les mêmes principes* que les manuscrits, et qu'il en contient *la substance* [2]. Ainsi, après tant d'accusations, tout se réduit à mon livre, que M. de Meaux veut expliquer en tirant des conséquences forcées contre mes correctifs formels, en supposant des contradictions in-

---

[1] *Relat.*, v^e sect., n. 24, pag. 607.
[2] *Rép. de M. de Paris.*

[1] *Relat.*, IIIe sect., n. 15. pag. 551.
[2] *Ibid.* v^e sect., n. 24, xie sect., n. 5, pag. 607 et 645.

croyables, en altérant mes principaux passages, en rejetant mes plus naturelles explications, enfin en prenant l'amour indépendant du motif de la béatitude pour le *point décisif* qui m'a fait rechercher tant de *prodiges* d'erreur.

IIᵉ OBJECTION.

XXVIII. Dès qu'on a posé les faits que nous venons de voir, la difficulté s'évanouit d'elle-même. Je me suis soumis, il est vrai, pour me corriger, pour me *rétracter*, pour *quitter ma place*, pour *être tiré au plus tôt de l'erreur*. Tout cela supposeroit tout au plus que je craignois d'être allé trop loin, et que M. de Meaux paroissoit le croire. Mais la défiance de moi-même est-elle une conviction d'erreur? La docilité d'un prêtre pour deux grands prélats suppose-t-elle un véritable égarement? Ne peut-on pas craindre de s'être trompé, sans s'être trompé en effet? Cette défiance si rigoureuse de moi-même, et cette confiance si ingénue en autrui, ne montre-t-elle pas le fond d'un cœur innocent, et qui sent son innocence? De plus, ne puis-je pas avoir défendu et soumis ma propre doctrine attaquée, sans me mêler de défendre aussi celle des livres de madame Guyon? Enfin les ombrages de M. de Meaux, qui, prévenu de son opinion sur la charité, jugeoit selon ses préventions de mes manuscrits informes, et qui ne conféroit point avec moi, sont-ils une preuve concluante de mes erreurs? Je comptois que, malgré son extrême prévention, il ne voudroit pas condamner l'amour de pure bienveillance. Ce que je pensois de l'état passif alloit beaucoup moins loin que les impuissances miraculeuses qu'il admettoit. Quoique j'eusse nommé les actes faits dans l'état passif, des actes *inspirés*, je déclarois que je n'entendois par cette inspiration que celle de la grace gratifiante, qui est plus forte dans les ames parfaites et passives que dans les imparfaites et actives. Pour tout le reste, je sentois bien que je ne croyois aucune des erreurs qu'il vouloit combattre. Je ne laissois pas de me soumettre de bonne foi pour les choses où je pouvois me tromper sans m'en apercevoir, et pour les expressions qu'il pourroit croire fausses ou dangereuses. Mais ma soumission, loin d'être louable, comme il la dépeint, auroit été contraire à ma conscience, si elle eût été absolument aveugle, en matière de doctrine, pour deux hommes qui, malgré leurs lumières, n'étoient pas incapables de se tromper. Il ne faut donc pas la prendre dans toute la rigueur des termes. Ma soumission étoit fondée sur ma confiance en leur droiture, et en mon horreur pour la doctrine que je voyois

qu'ils vouloient réprimer. Plus je sentois mon innocence et la pureté de ma foi, plus je les pressois de décider, parce que je ne craignois point que leur décision attaquât mes véritables sentiments pour le fond des choses. Aussi voit-on comme je parlois[1] : « Épargnez-vous la peine d'entrer dans
» cette discussion : prenez la chose par le gros,
» et commencez par supposer que je me suis
» trompé dans mes citations. Je les abandonne
» toutes : je ne me pique ni de savoir le grec, ni
» de bien raisonner sur les passages; je ne m'arrête qu'à ceux qui vous paroîtront mériter quelque attention. Jugez-moi sur ceux-là, et décidez sur les points essentiels, après lesquels
» tout le reste n'est presque plus rien. » On voit que je veux tout déférer à M. de Meaux, être *traité par lui comme un petit écolier*, lui laisser corriger mes expressions, mes citations, mes pensées mêmes si elles vont trop loin, et me renfermer *dans les points essentiels, après lesquels tout le reste*, quelque correction qu'il fît, *n'étoit presque plus rien*. C'est qu'en effet je regardois alors comme à présent les choses de même que M. de Meaux. L'amour de pure bienveillance, qui dans ses actes propres est indépendant du motif de la béatitude, me paroissoit le *point décisif*, le seul point qui *renferme la décision du tout*, pour parler comme ce prélat. C'étoit le point essentiel, *après lequel tout le reste n'étoit presque plus rien*.

XXIX. Voilà quelle est cette soumission de pure confiance, que M. de Meaux veut tourner en preuve de mes égarements. Voilà la conviction de mes erreurs, qu'il veut tirer de mes lettres les plus secrètes. Il viole ce qu'il y a de plus inviolable dans la société, dans l'amitié et dans la confiance des hommes. Et pourquoi? Est-ce pour y montrer avec évidence mes égarements? Non. C'est pour montrer tout au plus que j'ai craint de m'égarer, et que j'ai eu dans cette crainte une confiance sans bornes en un prélat de qui je devois attendre un usage bien différent de ma confiance.

XXX. Il va jusqu'à parler d'une confession générale que je lui confiai, et où j'exposois comme un enfant à son père toutes les graces de Dieu et toutes les infidélités de ma vie. « On a vu, dit-il[2],
» dans une de ses lettres qu'il s'étoit offert à me
» faire une confession générale. Il sait bien que
» je n'ai jamais accepté cette offre. » Pour moi, je déclare qu'il l'a acceptée, et qu'il a gardé quelque temps mon écrit. Il en parle même plus qu'il ne

[1] *Relat.*, IIIᵉ sect., n. 8, pag. 555.
[2] *Ibid.*, n. 15, pag. 560.

faudroit, en ajoutant tout de suite : « Tout ce qui » pourroit regarder des secrets de cette nature sur » ses dispositions intérieures est oublié, et il n'en » sera jamais question. » La voilà, cette confession sur laquelle il promet d'oublier tout, et de garder à jamais le secret. Mais est-ce le garder fidèlement que de faire entendre qu'il en pourroit parler, et de se faire un mérite de n'en parler pas, quand il s'agit du quiétisme? Qu'il en parle, j'y consens. Ce silence, dont il se vante, est cent fois pire qu'une révélation de mon secret. Qu'il parle selon Dieu : je suis si assuré qu'il manque de preuves, que je lui permets d'en aller chercher jusque dans le secret inviolable de ma confession.

XXXI. Enfin on peut juger de ce que M. de Meaux pensoit alors de mes égaremens par les choses qu'il en dit encore aujourd'hui. « Je crus, » dit-il [1], l'instruction des princes de France en » trop bonne main, pour ne pas faire en cette » occasion tout ce qui servoit à y conserver un dé- » pôt si important. » Quelque soumission et quelque sincérité que j'eusse, pouvoit-il croire ce *dépôt important* en si *bonne main*, supposé que je crusse que la perfection consiste dans le désespoir, dans l'oubli de Jésus-Christ, dans l'extinction de tout culte intérieur, dans un fanatisme au-dessus de toute loi? Ces erreurs monstrueuses sont-elles de telle nature qu'un homme tant soit peu éclairé ait dû de bonne foi ignorer qu'elles renversent le christianisme et les bonnes mœurs? Est-ce un fanatique admirateur d'une femme qui se dit plus parfaite que la sainte Vierge, et destinée à enfanter une nouvelle Église? Est-ce le *Montan* de la nouvelle *Priscille*, dont la main est si bonne pour *le dépôt important de l'instruction des princes?* Devoit-il me croire propre à une instruction si importante, avec des erreurs si palpables et si monstrueuses, avec un cerveau si affoibli avec un cœur si égaré? Ne devoit-il pas au moins s'assurer de m'avoir pleinement guéri de mes folles impiétés, avant que *de faire tout ce qui servoit à conserver* dans ma main *un dépôt si important?* Le silence que M. de Meaux gardoit alors, et son soin pour conserver en si *bonne main le dépôt important, etc.*, prouvent la pureté de mes sentimens. Ma soumission seule, si j'eusse eu tant d'erreurs impies, ne pourroit justifier ce prélat. Ou il a fait trop peu en ce temps-là, ou il fait beaucoup trop maintenant.

Ce prélat ne se contente pas de faire imprimer les lettres secrètes qu'il a de moi, il fait entendre qu'il en avoit d'autres qu'il n'a pas gardées. « Pour » les lettres, dit-il [1], qui étoient à moi, j'en ai, » comme on a vu, gardé quelques unes, plus pour » ma consolation que dans la croyance que je » pusse jamais en avoir besoin, si ce n'est peut- » être pour rappeler à M. l'archevêque de Cam- » brai ses saintes soumissions, en cas qu'il fût » tenté de les oublier. » Il croyoit donc que je pourrois être *tenté d'oublier mes soumissions*. Pour s'assurer contre ce cas, n'étoit-il pas encore plus important de garder les preuves de mes erreurs que celles de mes soumissions? Mes soumissions ne prouvent que ma docilité, peut-être excessive. Pourquoi étoit-il si précautionné et si défiant sur les soumissions, qui ne prouvent rien contre moi, pendant qu'il l'étoit si peu sur la preuve des erreurs, qui étoit le point capital? *Sa consolation* ne demandoit-elle pas qu'il gardât aussi les preuves sur lesquelles il m'avoit condamné, si j'étois *tenté* de retomber dans mes erreurs?

Mais laissons les raisonnemens les plus décisifs, pour venir aux faits. Écoutons M. de Meaux même, pour savoir de sa propre bouche ce qu'il pensoit de moi en ces temps-là. Voici les paroles d'une de ses lettres : « Je vous suis uni, me disoit-il, dans » le fond, avec le respect et l'inclination que Dieu » sait. Je crois pourtant ressentir encore je ne » sais quoi qui nous sépare encore un peu, et » cela m'est insupportable. » *Croira-t-on que ce je ne sais quoi qui nous séparoit encore un peu, ce je ne sais quoi qu'il ne peut expliquer, et qu'il croit seulement ressentir encore, est le désespoir, l'oubli de Jésus-Christ, l'extinction de tout culte intérieur, le fanatisme d'un Montan aveuglé par une Priscille?*

XXXII. La vérité est que M. de Meaux n'avoit point en ce temps-là tout le tort qu'il se donne maintenant. S'il m'eût cru alors un nouveau Montan, il eût été encore plus coupable que moi de faire tout ce qu'il faisoit ; car il eût autorisé contre sa conscience un fanatique qu'il eût connu pour tel, au lieu que je pouvois me connoître pas mon illusion. Je ne suis devenu le nouveau Montan que par l'impression de mon livre. Avant mon livre, il croyoit seulement qu'*un je ne sais quoi nous séparoit encore un peu*. Ce *je ne sais quoi* étoit l'amour indépendant du motif de la béatitude, qui lui étoit alors comme aujourd'hui *insupportable*. Il croyoit que cette doctrine étoit la source du quiétisme, et qu'elle étoit cause que j'avois été trop indulgent pour une femme visionnaire. Mais, malgré ce je *ne sais quoi*, il croyoit ma *main bonne pour le dépôt important de l'instruction des princes*. Nous verrons de plus qu'il *applaudit* à ma nomination pour l'archevêché de Cambrai. Je n'étois donc pas alors le nouveau Montan. Par où le suis-je devenu? Le *je ne sais quoi* devoit être bien mince, puisqu'il ne m'empêchoit pas d'être digne de deux places si importantes, si on en croit ce prélat.

IIIe OBJECTION.

XXXIII. M. de Meaux produit un Mémoire par lequel il veut prouver que je défendois les livres de madame Guyon. Mais je ne veux point d'autre preuve que ce Mémoire même pour me justifier. Commençons par l'établissement d'une vérité que personne ne peut mettre en doute.

XXXIV. Le sens d'un livre n'est pas toujours le sens ou intention de l'auteur. Le sens du livre est celui qui se présente naturellement, en examinant tout le texte. Quelle que puisse avoir été l'intention ou sens de l'auteur, un livre demeure en rigueur censurable par lui-même sans sortir de son texte, si son vrai et propre sens, qui est celui du texte, est mauvais. Alors le sens ou intention de la personne ne fait excuser que la personne même. Elle est excusable surtout quand elle est ignorante, et qu'elle n'a pas su la valeur des termes. Mais le livre peut être jugé par son sens propre, indépendamment de celui de l'auteur. En posant cette règle, reçue de toute l'Église, je ne fais que dire ce que M. de Meaux ne peut éviter de dire autant que moi. D'un côté, il a condamné les livres de madame Guyon; de l'autre, il lui a fait dire qu'elle n'avoit *eu aucune des erreurs expliquées* dans sa condamnation. Il a donc distingué le sens ou intention de l'auteur, d'avec le sens véritable et propre des livres dans toute la suite du texte.

XXXV. Cette distinction est très différente de celle du fait et du droit, qui a fait tant de bruit en ce siècle. Le sens qui se présente naturellement, et que j'ai nommé *sensus obvius*, en y ajoutant *naturalis*[1], est, selon moi, le sens véritable, propre, naturel et unique, des livres pris dans toute la suite du texte, et dans la juste valeur des termes. Ce sens étant mauvais, les livres sont censurables en eux-mêmes, et dans leur propre sens. Il ne s'agit donc d'aucune question de fait sur les livres. Le fait unique sur les livres est qu'ils sont censurables, et par conséquent le fait et le droit sont réunis. Il ne s'agit plus que du sens ou intention

de la personne, que j'ai pu excuser après les prélats. Le fait du livre et le fait de la personne sont très différents. Soutenir la question de fait pour un livre, c'est soutenir le texte du livre même. Mais soutenir la question de fait sur la seule personne, ce n'est point défendre le livre. Le fait du livre est qu'il contient des erreurs, supposé même que la personne n'en ait jamais *eu aucune*. M. de Meaux, qui m'impute[1] de vouloir juger des livres *par la connoissance particulière que j'ai des sentimens de l'auteur*, dit que *cette méthode est inouïe*. Je la suppose *inouïe* autant qu'il le voudra; mais cette *méthode* n'est pas la mienne. La mienne même est précisément contraire à celle-là. Je n'ai point voulu justifier les livres par *les sentimens de l'auteur*, mais seulement ne les condamner pas jusqu'au point où M. de Meaux les condamnoit, parce que cette condamnation terrible retomboit sur les intentions de la personne même. Pour moi, je croyois connoître que ses sentimens étoient bons, quoique ses expressions ne pussent être justifiées. Mais enfin ce prélat reconnoît que les sentimens d'une personne peuvent être bons, quoique son livre soit inexcusable dans son texte, et c'est tout ce que j'ai voulu.

XXXVI. Cette distinction si différente de celle du fait et du droit pour le texte des livres, qui est devenue si célèbre en nos jours, étant établie par ce prélat même, tout mon Mémoire se tourne en preuve pour moi. Voici comment j'y ai parlé. J'ai dit[2] : « que je ne voyois aucune ombre de difficulté entre M. de Meaux et moi sur le fond de la doctrine; mais que, s'il vouloit attaquer personnellement dans son livre madame Guyon, je ne pourrois pas l'approuver. Voilà ce que j'ai déclaré, il y a six mois. » J'ajoute[3] : « A l'ouverture des cahiers, j'ai trouvé qu'ils étoient pleins d'une réfutation personnelle. Aussitôt j'ai averti MM. de Paris et de Chartres, avec M. Tronson, de l'embarras où il me mettoit. » Mon *embarras* n'étoit donc que sur ce qui est *personnel*. Voyons ces choses personnelles; je les explique ainsi[4] : « Les erreurs qu'on impute à madame Guyon ne sont point excusables par l'ignorance de son sexe. Il n'y a point de villageoise si grossière qui n'eût d'abord horreur de ce qu'on veut qu'elle ait enseigné. Il ne s'agit pas de quelque conséquence subtile et éloignée, qu'on pourroit, contre son intention, tirer des principes spéculatifs, et de quelques unes de ses expres-

---

[1] *Rép. à la Déclar.*, n. 3.

[1] *Relat.*, IVe sect., n. 15, pag. 580.
[2] *Ibid.*, n. 2, pag. 569. [3] *Ibid.*, n. 3.
[4] *Ibid.*, n. 5, pag. 570.

» sions. » Remarquez que je ne défends ni ses *principes spéculatifs* ni *ses expressions*. C'est son intention que je veux excuser. Continuons : « Il » s'agit de tout un dessein diabolique , qui est, » dit-on , l'ame de tous ses livres. C'est un système » monstrueux qui est lié dans toutes ses parties, » et qui se soutient avec beaucoup d'art d'un bout » à l'autre. Ce ne sont point des conséquences » obscures, qui puissent avoir été imprévues à » l'auteur : au contraire, elles sont le formel et » unique but de tout son système. Il est évident, » dit-on, et il y auroit de la mauvaise foi à le nier, » que madame Guyon n'a écrit que pour détruire » comme une imperfection toute foi explicite des » attributs, etc. » Je reviens encore un peu au-dessous à inculquer la même vérité. « Je soutiens » qu'il n'y a point d'ignorance assez grossière pour » pouvoir excuser une personne qui avance tant » de maximes monstrueuses..... L'abomination » évidente de ses écrits rend donc évidemment sa » personne abominable; je ne puis donc séparer » sa personne d'avec ses écrits. »

Que peut répondre M. de Meaux à ces paroles si expresses? Dira-t-il que la doctrine imputée à madame Guyon n'est pas *abominable et diabolique*? Dira-t-il que j'exagère en parlant ainsi? Niera-t-il que la plus *grossière villageoise n'eût d'abord horreur* de cette doctrine, si on la lui proposoit? Dira-t-il que madame Guyon, sans doute plus éclairée qu'une *villageoise grossière*, a pu enseigner ce système soutenu avec art d'un bout à l'autre de ses livres, sans en apercevoir *l'abomination évidente*? Si elle n'a pu *penser autre chose* [1], si elle a vu ce qui étoit évident et abominable, a-t-elle pu dire *devant Dieu*, et pour satisfaire à son *obligation*, qu'elle *n'a eu aucune des erreurs*, etc.? M. de Meaux, qui connoissoit si bien cette *abomination évidente*, pouvoit-il lui dicter, au lieu d'une sincère et humble profession, cette excuse superbe et hypocrite?

XXXVII. Ce prélat répond ainsi : « De la ma-» nière, dit-il [2], dont M. de Cambrai charge ici » les choses , il semble qu'il ait voulu se faire peur » à lui-même, et une illusion manifeste au lec-» teur. »

Voyons en quoi est-ce que je *charge* : « Il n'y a, » dit-il, que ce seul mot à considérer. Si on sup-» pose que cette dame persiste dans ses erreurs, » quelles qu'elles soient, il est vrai que sa personne » est abominable. Si au contraire elle s'humi-» lie, etc. » Je n'ai donc point *chargé les choses* en assurant que *l'abomination évidente de ses écrits rendoit évidemment sa personne abominable*. M. de Meaux croit répondre d'un *seul mot*, en disant qu'elle n'est plus *abominable*, si elle a quitté ses erreurs. Mais pendant qu'elle les enseignoit avec tant d'art, par un système toujours suivi et soutenu, n'é-toit-elle pas *abominable*? n'étoit-elle pas *digne du feu*? M. de Meaux se contente de répondre qu'il ne faut point la brûler, si elle a renoncé à ces impiétés ; mais il se garde bien de répondre pour les temps où elle les croyoit et les enseignoit. En ces temps-là, selon M. de Meaux, elle étoit *abominable*, elle méritoit le feu. N'est-ce rien, selon ce prélat, que d'avoir mérité le feu, pourvu qu'on ne le mérite plus? Compte-t-il pour rien de dire d'une personne qu'elle l'a mérité autrefois, et qu'une démonstration vraie ou feinte de repentir l'en met à couvert, parce qu'on suppose qu'elle n'est point *retournée à son vomissement* [1]? Eh! quel est le coupable , si scélérat et si infame qu'il puisse être, duquel on ne puisse en dire autant? Est-ce là ménager la réputation d'une personne? Il faut toujours se souvenir que, sans défendre les livres, je croyois devoir ménager la réputation de la personne de madame Guyon. Puis ce prélat me parle en ces termes [2] : « La mettrez-vous entre les » mains de la justice? la brûlerez-vous? Songez-» vous bien à la sainte douceur de notre minis-» tère? » Oui, j'y songe. « Si je croyois ce que » croit M. de Meaux des livres de madame Guyon, » et, par une conséquence nécessaire, de sa per-» sonne même, j'aurois cru, malgré mon amitié » pour elle, être obligé en conscience à lui faire » avouer et rétracter formellement, à la face de » toute l'Église, les erreurs qu'elle auroit évidem-» ment enseignées dans tous ses écrits [3]. »

Voilà la *rétractation* publique et formelle que j'aurois exigée de cette personne. C'est ce que M. de Meaux devoit faire, selon son principe, et que nous verrons qu'il n'a jamais fait. Cette fermeté n'auroit rien eu de contraire *à la sainte douceur de notre ministère*. J'ajoute ensuite ces paroles : « Je crois même que la puissance séculière » devroit aller plus loin. Qu'y a-t-il de plus digne » du feu qu'un monstre qui, sous une apparence » de spiritualité, ne tend qu'à établir le fanatisme » et l'impureté, qui renverse la loi divine, qui » traite d'imperfections toutes les vertus, qui » tourne en épreuves et en perfections tous les » vices, qui ne laisse ni subordination ni règle

---

[1] *Relat.*, IVe sect., n. 5, pag. 572. [2] *Ibid.*, n. 6.
[1] *Relat.* au lieu cité. [2] *Ibid.*, n. 8, pag. 574.
[3] *Ibid.*, n. 7, pag. 573.

» dans la société des hommes, qui par le prin-
» cipe du secret autorise toute sorte d'hypocri-
» sie et de mensonge; enfin qui ne laisse aucun
» remède assuré contre tant de maux? Toute
» religion à part, la police suffit pour punir
» du dernier supplice une personne si empestée. »
Voilà les raisons sur lesquelles j'ai appelé ce système *impie et infame : impie*, parce qu'il éteignoit tout culte; *infame*, parce qu'il introduisoit un fanatisme caché et indépendant de toute loi divine et humaine.

XXXVIII. A quoi sert-il donc d'éluder un raisonnement si sérieux et si décisif, par cette réponse si peu sérieuse : « Songez-vous à la sainte douceur de
» notre ministère?... Ne brûlez point de votre pro-
» pre main madame Guyon : vous seriez irrégulier.
» Ne brûlez point une femme qui témoigne se re-
» connoître, à moins, encore une fois, que vous
» soyez assuré que sa reconnoissance n'est pas sin-
» cère [1]. » M. de Meaux ne voit-il pas que je parle *de la puissance séculière et de la police?* La réponse de ce prélat est de dire que je *charge les choses*, pour me *faire peur à moi-même, et une manifeste illusion au lecteur.* Mais voyons comment il adoucit ce que j'ai *chargé*. C'est que la personne qui étoit *un monstre*, qui étoit *abominable*, qui *méritoit le feu*, ne le mérite plus, supposé qu'elle ne soit pas *retournée à son vomissement*. Il ajoute, en parlant de moi [2] : « Chacun
» lui répond secrètement : Non, votre amie ne
» méritoit point d'être brûlée avec ses livres, puis-
» qu'elle les condamnoit. » Elle l'avoit donc mérité avant que de les condamner, et lorsqu'elle les composoit, sans pouvoir ignorer les erreurs monstrueuses de son système. Il ajoute : « Votre
» amie n'étoit pas même un monstre sur la terre. »
Voyons comment : « Mais une femme ignorante,
» qui, éblouie par une spécieuse spiritualité, etc. »
Quoi! ce prélat veut-il soutenir que le désespoir, l'oubli de Jésus-Christ, la cessation de tout acte de religion intérieure, le fanatisme au-dessus de toute loi divine et humaine, est une *spécieuse spiritualité?* C'est ainsi que M. de Meaux prouve que je *charge toutes choses pour me faire peur à moi-même, et une manifeste illusion au lecteur.* C'est ainsi qu'il a eu raison de faire dire à une femme qui étoit au comble des erreurs les plus monstrueuses, qu'elle *n'en a eu aucune.* C'est ainsi que je pouvois, selon lui, ménager la réputation de cette personne en disant qu'elle ne méritoit plus

le feu, et qu'elle n'étoit plus un monstre, si elle *ne retournoit pas à son vomissement.*

XXXIX. Mais encore voyons comment M. de Meaux a pu donner une attestation à ce monstre qui a mérité si long-temps le feu. Voici sa réponse [1] : « Si elle s'est rétractée, si elle s'est repentie, etc. » Pour moi, je dis tout au contraire :
« Si elle ne s'est point rétractée, si elle ne s'est
» point repentie. » En vérité, est-ce se repentir d'une doctrine abominable que de ne la rétracter pas? Est-ce la rétracter que de ne l'avouer jamais? La rétractation est un aveu de l'erreur que l'on condamne.

Ici tout le grand génie de M. de Meaux et toute son éloquence ne peuvent couvrir l'endroit foible de sa cause. Il y a une différence infinie entre condamner des erreurs et les rétracter. Un apôtre même auroit condamné des erreurs qu'il n'auroit pas rétractées, parce qu'il ne les avoit jamais eues. Madame Guyon a condamné et désavoué, il est vrai, les erreurs en question, comme toute personne d'une foi sans tache auroit pu les condamner et les désavouer. La condamnation n'est donc pas une rétractation, et le simple désaveu, loin d'être une rétractation, est tout le contraire. Si elle avoit eu tant d'erreurs, falloit-il la croire convertie, sans la voir humble et sincère? Falloit-il lui faire dire qu'elle *n'avoit eu aucune* de ces erreurs? Falloit-il lui donner l'usage des sacrements, sans lui faire avouer et rétracter les erreurs impies et insensées dont elle avoit formé le système avec évidence?

A tout cela M. de Meaux répond [2] : « Faut-il
» pousser au désespoir une femme qui signe la
» condamnation des erreurs et des livres? » Mais dans quelles extrémités ce prélat ne se jette-t-il pas plutôt que d'avouer qu'il s'est contredit, et qu'il a voulu que je prisse part à sa contradiction? Est-ce *pousser les pécheurs pénitents au désespoir,* que de vouloir qu'ils soient sincères dans la confession de leurs fautes? *Le juste,* dit l'Écriture [3], *est le premier accusateur de lui-même.*
M. de Meaux n'avoit-il aucun autre remède contre le désespoir de madame Guyon, que de la faire mentir au Saint-Esprit, en disant qu'elle *n'avoit eu aucune des erreurs* qu'elle avoit enseignées avec une évidence qui rendroit inexcusable *la villageoise la plus grossière?*

XL. Revenons à ce qui me regarde. Je ne voulois qu'excuser les intentions de madame Guyon, comme M. de Meaux les excusoit. Ce prélat sou-

---

[1] *Relat.*, IVᵉ sect., n. 19, pag. 585.
[2] *Ibid.*, n. 17, pag. 582.

[1] *Relat.*, IVᵉ sect., n. 8, pag. 574. [2] *Ibid.*
[3] *Proverb.* XVIII, 17.

tient au contraire que je le *ramène aux malheureuses chicanes de la question de fait et de droit*[1], et que c'est ma seule ressource pour défendre madame Guyon contre mes confrères et contre Rome même. Il ne cesse de dire que je défends les livres de madame Guyon ; que je ne les crois qu'équivoques ; que je prétends *que les évêques et le pape ne les ont condamnés que parce qu'ils ne les ont pas bien entendus* ; que je veux *pousser jusqu'au bout un profond silence sur les livres* ; qu'on ne peut encore m'en arracher une claire condamnation ; que je veux trouver *dans les mêmes livres, malgré leurs propres paroles, un sens particulier* pour les défendre, et que le sens condamnable n'est que le sens rigoureux. Enfin, il va jusqu'à dire que je ne veux pas *laisser flétrir ses livres, que j'en réponds, et que je me rends garant de leur doctrine*[2]. Je m'assure que si le lecteur veut écouter patiemment les réflexions courtes que je vais faire, il sera étonné de ces accusations.

1º Mon Mémoire porte que *je ne défends ni n'excuse les écrits* de madame Guyon. Que faisois-je donc dans ce Mémoire ? Je refusois de les condamner en la manière excessive dont il me paroissoit que M. de Meaux les condamnoit dans son livre. Et encore comment est-ce que je refusois de le faire ? Étoit-ce absolument parce que je les croyois bons ? Nullement. Au contraire, j'abandonnois *ses principes spéculatifs et ses expressions*. Je disois qu'elle *n'a peut-être pas assez connu la valeur de chaque expression*[3] ; je supposois qu'elle *a voulu dire mieux que ses livres ne l'ont expliqué*[4]. C'est reconnoître clairement que le texte est défectueux et insoutenable. Il n'est donc plus question du sens du livre, et c'est sans fondement que M. de Meaux nous y veut toujours rejeter, en confondant le sens du livre avec celui de l'auteur. Il ne s'agit plus que du sens ou intention de l'auteur seul. Le texte s'explique mal, selon moi ; il est donc censurable pris en lui-même. Il n'est donc pas vrai que j'aie voulu empêcher qu'on ne *flétrît ses livres*. Il est encore moins vrai que j'en aie répondu, et que je me sois rendu garant de leur doctrine. Mais je croyois que la personne avoit *voulu mieux dire qu'elle n'avoit dit*. Il faut, je l'avoue, juger du texte par le texte seul, quand on fait une censure rigoureuse ; mais cela n'empêche point qu'on ne puisse, sans défendre jamais le sens du livre, croire celui de l'auteur innocent. Le livre même est une règle *équivoque* pour découvrir le vrai sens de l'auteur, quand l'auteur est une femme ignorante, qui a pu *vouloir dire mieux* qu'elle n'a su s'expliquer dans ses livres. M. de Meaux a besoin plus que moi de cette distinction, puisqu'il a condamné le sens du livre, et justifié celui de la personne, en lui faisant dire, dans une acte solennel, qu'elle *n'a eu aucune des erreurs*, etc. On entend ainsi sans aucune peine pourquoi j'ai parlé *d'équivoque* et de *sens rigoureux*.

2º Il est encore facile d'entendre comment j'ai dit que je devois *juger du sens de ses écrits par ses sentiments que je croyois bien savoir, et non pas de ses sentiments par le sens rigoureux qu'on donne à ses expressions*. Le sens rigoureux est celui du texte, qui le rend justement censurable indépendamment de l'intention de l'auteur, dès qu'on veut l'examiner seul. Pour moi, je ne voulois point juger des écrits, c'est-à-dire des sentiments que l'auteur avoit eus en les composant, par le sens qui résultoit du texte. Je voulois au contraire juger favorablement de ses sentiments par les marques avantageuses que je croyois en avoir d'ailleurs, quoique le texte pris dans toute sa suite ne présentât à mes yeux qu'un sens digne d'être censuré. Encore une fois, M. de Meaux n'a-t-il pas ainsi excusé les sentiments de l'auteur, quoiqu'il crût le sens des livres censurable ? Je ne puis trop répéter ce fait personnel à un prélat qui ne cesse de me reprocher ce qu'il a fait lui-même.

3º Cette distinction, comme je l'ai déjà remarqué, n'est point celle du droit et du fait, si fameuse en nos jours. Ce prélat appelle *malheureuse chicane* une distinction que je ne fais point ; et celle que je fais est précisément celle que nous avons vu tant de fois qu'il a faite lui-même. C'est le fait de la personne, et non celui du livre, que j'ai excusé.

4º Il n'est plus question d'aucun *sens particulier du livre*. Je ne connois point d'autre *sens particulier* des livres que le sens qui résulte naturellement du texte bien pris dans toute sa suite. C'est le vrai, propre, naturel et unique sens des livres ; c'est celui que j'ai reconnu digne de censure en écrivant au pape. J'ai encore expliqué la même chose dans ma *Réponse à la Déclaration* des prélats, page 4. Rien n'est donc moins juste que de dire que je défends ces livres en quelque sens caché. Je ne les ai défendus ni ne veux jamais les défendre en aucun sens. Je n'ai excusé que le sens de l'auteur, qui est très différent de celui des livres.

5º Le silence que je voulois *pousser jusqu'au bout* n'étoit que pour n'imputer pas, avec M. de Meaux, un système évidemment abominable à madame Guyon. S'il n'eût fait que condamner le livre

---

[1] *Relat.*, IVᵉ sect., n. 22, pag. 587. [2] *Ibid.*, n. 17, pag. 585.
[3] *Ibid.*, n. 20, pag. 586. [4] *Ibid.*, n. 22.

de cette personne, en disant qu'on pouvoit conclure de son texte des erreurs qu'elle n'avoit pas eu intention d'enseigner, il auroit parlé sans se contredire, et conformément à l'acte de soumission qu'il avoit dicté. Mais lui imputer un système toujours soutenu et évidemment abominable, c'étoit se contredire pour attaquer les intentions de la personne ; et c'est ce que je ne croyois pas devoir approuver. C'étoit le cas où *je ne pouvois séparer la personne d'avec ses écrits*, parce qu'une telle condamnation des écrits rendoit évidemment la personne infame, et ses intentions impies.

6° Il paroît, par mon Mémoire, qu'en refusant de condamner les intentions de madame Guyon, je ne voulois néanmoins *défendre ni excuser ni sa personne ni ses livres*[1]. Quand je dis *excuser*, il faut entendre *excuser* dans le public. Je ne demandois que la liberté de me taire, et de penser intérieurement que madame Guyon, en s'expliquant mal, *avoit voulu mieux dire*, en sorte qu'elle *n'avoit eu aucune des erreurs, etc.*; qu'enfin certaines expressions, très censurables en elles-mêmes et dans leurs propres sens, avoient pu être équivoques dans la bouche d'une femme ignorante, qui étoit excusable, quoique ses écrits ne le fussent pas. J'étois bien éloigné de parler ainsi par un acte solennel, comme M. de Meaux l'avoit fait. On ne sauroit pas même encore aujourd'hui que j'ai eu cette pensée secrète, si M. de Meaux, oubliant la loi inviolable des lettres, missives, ou mémoires secrets, n'avoit fait imprimer le mien, pour rendre public, contre mon intention, ce que je n'avois confié qu'à un si petit nombre de personnes très sages. Ainsi c'est lui seul qui a appris au monde, malgré moi, que je ne croyois pas que madame Guyon eût eu les erreurs dont il l'accuse personnellement, après l'en avoir justifiée par un acte public.

XLI. M. de Meaux se plaint de ce que mon livre est une apologie déguisée de ceux de madame Guyon. Il dit[2] qu'elle a déclaré, dans sa Vie, *que les vertus n'étoient plus pour elle, etc.*, et que *j'ai adopté ses paroles* en disant *qu'on ne veut plus les vertus comme vertus*, et que pour *les rabaisser j'ai fait violence à tant de passages de saint François de Sales, qu'il falloit entendre plus simplement avec le saint.* Voilà donc, sans doute, un des endroits les plus clairs où j'ai cherché, selon M. de Meaux, à défendre madame Guyon. Puisqu'il n'a cité que ce seul endroit, apparemment il l'a jugé le plus propre de tous à prouver ce qu'il avance contre moi. Je n'entreprendrai point d'examiner ici les paroles de la Vie de madame Guyon qu'il cite ; car je ne connois point ses ouvrages, et je ne sais point ce qu'elle y a voulu dire. Mais lequel des deux ai-je pu vouloir expliquer, ou la Vie de madame Guyon, que je n'ai jamais lue ; ou les Œuvres de saint François de Sales et de plusieurs autres saints auteurs, que j'ai lues souvent ? C'est de saint François de Sales dont j'ai cité les paroles expresses. Est-il vrai ou non que ce grand saint ait dit qu'il faut se dépouiller d'un certain attachement aux vertus et à la perfection ? J'ai rapporté les principaux passages de ce saint dans ma *cinquième Lettre*, depuis la page 51 jusqu'à la 88[1]. On peut voir qu'ils sont incomparablement plus forts que tout ce qu'on lit dans mon livre. Mon livre se réduit à exclure les pratiques ou *formules arrangées* des vertus, qu'on cherche avec empressement, pour les posséder avec propriété, et pour contenter l'amour naturel de soi-même. C'est ce que saint François de Sales a exprimé en cent manières, et par les termes les plus forts. Je n'ai fait que l'adoucir. M. de Meaux n'a rien répondu aux passages que j'en ai cités. Lui qui m'accuse de n'expliquer pas assez *simplement* ce saint, comment l'explique-t-il lui-même ? *Grosso modo* ; en faisant dire au lecteur que « le saint homme s'est » laissé aller à des inutilités qui donnent trop de » contorsions au bon sens pour être droites[2] ; » enfin en appelant ses maximes « de si fortes exagé- » rations, que si on ne les tempère elles deviennent » inintelligibles[3]. » Rodriguez n'a-t-il pas dit qu'il faut se dépouiller de tout intérêt, et pour les *biens de la grace* et pour ceux de *la gloire* ? Les vertus sont sans doute *les biens de la grace.* Voilà donc Rodriguez qui parle comme saint François de Sales. Je n'ai fait qu'expliquer leur langage dans un sens très véritable. M. de Meaux ne répond rien à tout ce que j'ai dit là-dessus dans ma *Réponse à la Déclaration*[4], et dans ma *cinquième Lettre*. Mais, selon sa méthode, il répète toujours avec la même confiance son objection plusieurs fois détruite. Si la dispute dure encore, nous reverrons cette même objection paroître sous d'autres figures. Ainsi, quand j'explique les paroles expresses de saint François de Sales et des autres saints mystiques, que je ne puis me dispenser d'expliquer, M. de Meaux y trouve partout madame Guyon en la place de ces saints auteurs. Il voudroit que, de peur de la favoriser, je trouvasse que les *exagérations du*

---

[1] Relat., IVe sect., n. 11, pag. 576.
[2] Ibid., VIe sect., n. 20. pag. 620. 621.

[1] Voyez pag. 98 et suiv. de ce vol.
[2] Préf. sur l'Inst. past., n. 155, tom. XXVIII, pag. 692.
[3] Inst. sur les Ét. d'orais., liv. IX, n. 7, tom. XXVII, p. 568.
[4] Rép. à la Déclar., n. 25 et 26.

saint, si on ne les tempère, sont inintelligibles; que ce sont *des inutilités et des contorsions au bon sens*. L'expliquer intelligiblement, et autrement que *grosso modo*, c'est faire l'apologie de madame Guyon. On peut juger par cet exemple, qu'il a choisi comme le plus décisif, si la personne qu'il croit voir dans toutes mes pages est dans l'endroit qu'il marque principalement.

XLII. Ce prélat se plaint encore que j'ai voulu faire le portrait de madame Guyon dans l'article XXXIX. Mais voici mes réponses :

1° Peut-il mettre en doute que les choses contenues dans cet article ne soient de l'expérience des saints? Ne sont-elles pas tirées de saint Paul, de Job, de saint Grégoire, de sainte Thérèse, que je cite? Ces choses sont donc vraies : M. de Meaux n'a garde de les nier. Elles sont importantes à l'explication des voies intérieures : elles entroient naturellement dans mon dessein, elles y étoient même nécessaires. Ai-je dû les supprimer, contre l'ordre de l'ouvrage, de peur que M. de Meaux ne m'accusât de faire un portrait de madame Guyon? Mais encore quel est ce portrait? il faut qu'il saute aux yeux, afin qu'on soit en droit de me le reprocher. Tout au contraire, c'est un portrait sans ressemblance, de l'aveu même de celui qui me le reproche. M. de Meaux la reconnoît-il à ce portrait?

2° On n'a qu'à voir les caractères que je donne aux ames parfaites mêmes, dans ces restes d'imperfection qu'on y trouve encore. Ce sont *la sincérité, la docilité, le détachement*[1]. Je condamne très sévèrement ceux qui croiroient une personne parfaite, lorsqu'elle est *sensible, immortifiée, toujours prête à s'excuser sur ses défauts, indocile, hautaine, ou artificieuse*. Est-ce là le portrait de cette personne, qu'on représentoit même, avant l'impression de mon livre, comme étant si *immortifiée* dans ses mœurs, si obstinée à *s'excuser* dans ses visions fanatiques, si *indocile* pour les prélats, si *hautaine* pour se venger, et pour menacer les autres de punition de Dieu, enfin si *artificieuse* pour surprendre ses supérieurs? Quand on veut excuser une personne sur les défauts dont elle est accusée, dit-on si fortement que la vraie spiritualité est incompatible avec tous ces défauts-là?

XLIII. 5° Je vais produire le seul endroit de mon livre qui regarde véritablement madame Guyon. C'est là qu'on pourra la connoître, et on verra si ce portrait est flatteur. Mais, avant que de le montrer, il faut voir ce que j'avois promis dans le mémoire rapporté par M. de Meaux[2] : « J'exhorterai » dans cet ouvrage (c'est du livre des *Maximes*
» dont je parle) tous les mystiques qui se sont
» trompés sur la doctrine, d'avouer leurs erreurs.
» J'ajouterai que ceux qui, sans tomber dans au-
» cune erreur, se sont mal expliqués, sont obligés
» en conscience de condamner sans restriction
» leurs expressions ; je les exhorterai à ne s'en
» plus servir, à lever toute équivoque par une
» explication publique de leurs vrais sentiments.»
Telle fut ma promesse par rapport aux livres de madame Guyon. Il ne reste qu'à en voir l'accomplissement par ces paroles de mon livre[1] qui s'y rapportent évidemment : « Que ceux qui ont parlé sans
» précaution, d'une manière impropre et exagérée,
» s'expliquent, et ne laissent rien à désirer pour
» l'édification de l'Église. Que ceux qui se sont
» trompés pour le fond de la doctrine ne se con-
» tentent pas de condamner l'erreur, mais qu'ils
» avouent de l'avoir crue; qu'ils rendent gloire à
» Dieu; qu'ils n'aient aucune honte d'avoir erré,
» ce qui est le partage naturel de l'homme, et qu'ils
» confessent humblement leurs erreurs, puisqu'elles
» ne seront plus leurs erreurs dès qu'elles seront
» humblement confessées. »

On voit clairement, par ces paroles, combien je supposois que madame Guyon devoit tout au moins condamner sans restriction les expressions de ses livres. J'allois plus loin ; et, ne pouvant pénétrer dans le secret de ses pensées, je déclarois qu'elle devoit avouer et rétracter les erreurs, si elle les avoit crues. Loin de la flatter par des portraits, je lui proposois ainsi, en cas qu'elle eût eu quelque erreur, d'en faire une rétractation tout ouverte, que M. de Meaux n'osoit lui proposer, de peur, dit-il, *de la pousser au désespoir*.

CHAPITRE III.

De la signature des XXXIV Articles.

XLIV. On allègue trois faits principaux : le premier, qu'on dressa les XXXIV Articles *à Issy*, dans *des conférences particulières où je n'étois pas*; le second, qu'on me les présenta tout dressés pour me les faire signer, et que je tâchai de les *éluder* tous *par des restrictions* que j'y voulois mettre; le troisième, que je les signai *par obéissance*[2].

XLV. Je réponds à ces trois faits, qu'il est vrai que M. de Meaux ne conféroit point avec moi, et qu'il ne me parloit, comme il le dit lui-même, que quand on *se rencontroit*, et sans *longs discours*.

---

[1] *Max. des Saints*, pag. 58 de ce vol.
[2] *Relat.*, IVe sect., n. 31, pag. 594.

[1] *Avert. de l'Expl. des Max. des Saints*, un peu avant le milieu.
[2] *Relat.*, IIIe sect., n. 12, pag. 558.

Encore une fois, on peut juger si cette conduite, après tant de confiance de ma part, ne montre pas combien M. de Meaux s'étoit prévenu contre moi, et combien j'avois été dans la nécessité de me justifier, sans me mêler de défendre madame Guyon. Il est donc vrai que les conférences furent faites sans moi à Issy; il est vrai aussi qu'on me proposa les Articles tout dressés. Mais combien m'en donnat-on d'abord? M. de Meaux ne peut pas avoir oublié qu'on ne m'en donna d'abord que trente; le XIIe, le XIIIe, le XXXIIIe et le XXXIVe n'y étoient pas encore. Je garde l'écrit des XXX Articles qu'on me donna. Le lendemain, je déclarai, par une lettre aux deux prélats, que je les signerois *par déférence contre ma persuasion*; mais que si on vouloit ajouter certaines choses, je serois *prêt à signer de mon sang*. Si j'eusse cru ces Articles faux, j'aurois mieux aimé mourir que de les signer : mais je les croyois véritables; je les trouvois seulement insuffisants pour lever certaines équivoques, et pour finir toutes les questions. C'étoit précisément là-dessus que tomboit *ma persuasion*, opposée à celle de M. de Meaux. Je demandai qu'on établît plus clairement l'amour désintéressé, et qu'on n'autorisât point l'oraison passive sans la définir. Au bout de deux jours, on me communiqua l'addition de quatre Articles qu'on mit avec les trente. Dès ce moment, je déclarai que j'étois *prêt à signer de mon sang*. On peut juger de la sincérité de cette parole par l'ingénuité peut-être excessive de toute ma conduite précédente. Sans conférences, sans dispute, tout fut arrêté en trois jours. Voilà toute la peine que j'ai faite à M. de Meaux; voilà les grands combats que je soutins alors pour madame Guyon.

XLVI. Il ne reste qu'une seule difficulté, qui est une faute d'expression dans mon Mémoire; mais la suite montre clairement ce que j'ai voulu dire. Voici mes paroles[1] : « J'ai d'abord dit à M. de Meaux » que je signerois de mon sang les XXXIV Articles » qu'il avoit dressés, pourvu qu'il y expliquât cer- » taines choses, etc. » On pourroit conclure de là en rigueur qu'on me proposa d'abord XXXIV Articles. Mais la suite montre que je demandai des additions, qui parurent *justes et nécessaires*. J'ajoute ces mots : « M. de Meaux se rendit, et je n'hésitai » pas un seul moment à signer. » On m'accorda donc des additions : elles consistèrent en quatre nouveaux Articles. Pour parler juste, j'aurois dû dire : « J'ai d'abord dit à M. de Meaux que je signe- » rois de mon sang les XXX Articles, pourvu, etc. »

On peut juger si j'ai eu tort de dire que j'avois eu part aux Articles dressés à Issy, puisque, sur mes instances on y en a ajouté quatre très importants.

XLVII. On peut juger aussi si ma signature des XXXIV Articles, faite si promptement et si paisiblement, comme M. de Meaux l'avoue, peut passer pour *une rétractation cachée sous un titre plus spécieux*[1]. Il me parla alors, dit-il[2], *sans disputer*. Il convient que *je ne dis mot*. J'offris de signer par obéissance les XXX Articles, et de signer de mon sang, si on y faisoit des additions. On m'accorda, dans les quatre Articles ajoutés, ce que je demandois sur l'amour désintéressé. Quel nouveau genre de rétractation, où celui qui se rétracte n'a fait aucun livre, ni écrit, ni discours public, qui mérite d'être rétracté ! Quelle rétractation, d'un homme qui assure qu'il a toujours cru la doctrine qu'on lui propose, et qui engage ceux qui le font rétracter à admettre, comme nous le verrons, ce qui est contraire à leurs sentiments ! Après ces additions, « je n'hésitai pas un seul moment à si- » gner. Depuis que j'ai signé les XXXIV proposi- » tions, j'ai déclaré, dans toutes les occasions qui » s'en sont présentées naturellement, que je les » avois signées, et que je ne croyois pas qu'il fût » jamais permis d'aller au-delà de cette borne[3]. »

Si je ne l'ai pas dit dans le livre des *Maximes*, etc., en voici une raison toute naturelle : c'est que je n'y ai parlé que des ordonnances de *deux grands prélats*[4] qui avoient publié ces Articles, et que je ne pouvois me mettre avec eux en parlant de leurs ordonnances, puisque je n'y avois eu aucune part.

XLVIII. M. de Meaux se plaint de ce que j'ai dit dans mon Mémoire que M. l'archevêque de *Paris le pressa très fortement* pour les additions que je demandois, et qui *parurent justes et nécessaires*[5]. Sur ce fait, je n'ai que deux choses à dire.

La première est que M. l'archevêque de Paris, quand je refusai d'approuver le livre de M. de Meaux, fut si touché du contenu de mon Mémoire, qu'il se chargea de le montrer, d'en appuyer les raisons, et d'en faire agréer la conclusion à une personne digne d'un singulier respect, à qui je craignois infiniment de déplaire. Ce Mémoire a donc une autorité décisive, lors même que j'y rends un témoignage en ma faveur, puisque M. l'archevêque de Paris, après en avoir été persuadé et touché, a eu la bonté de s'en charger pour persuader cette personne si digne de respect.

---

[1] *Relat.*, IVe sect., n. 25, pag. 587.

[1] *Relat.*, IIIe sect., n. 15, pag. 560. [2] *Ibid.*, n. 12, pag. 558.
[3] *Ibid.*, IVe sect., n. 25, 26, pag. 587, 589.
[4] *Max. des Saints*, avert.
[5] *Relat.*, ubi sup., pag. 587.

La seconde chose est que certains Articles parlent d'eux-mêmes. Par exemple, le XXXII⁰ dit qu'on ne peut jamais souhaiter que la justice de Dieu «s'exerce » sur nous en toute rigueur, puisque même l'un » de ces effets est de nous priver de l'amour. » Voilà un motif de pur amour sans aucune vue de la béatitude, qui empêche qu'on ne se doive jamais livrer à la justice vengeresse. Dans le XXXIII⁰ Article, il s'agit d'une vraie volonté, et non d'une fausse velléité, qui ne seroit une velléité qu'en paroles, si elle étoit contraire à *la raison d'aimer*, qui est l'essence de l'amour et de la volonté même. Il s'agit non *d'une amoureuse extravagance*, mais *d'un acte d'abandon parfait et de pur amour*, qui est si délibéré, que c'est un consentement *inspiré par le directeur*, pour accepter conditionnellement les *tourments éternels* de l'enfer, au lieu *des biens éternels* du paradis.

M. de Meaux me permettra de lui dire ici ce qu'il me dit sans cesse. Étoit-ce pour confondre les quiétistes qu'il dressa cet Article? n'avoit-il point de meilleur moyen pour réprimer ces fanatiques? Vouloit-il établir par-là que la béatitude est la seule *raison d'aimer*, que sans elle Dieu ne seroit pas aimable, et qu'on *se perd* quand on dit qu'on peut l'aimer indépendamment de ce don gratuit? Est-il naturel de croire que M. de Meaux a dressé cet Article contre sa propre opinion, sans en être fortement pressé? Ne voit-on pas clairement qu'il a fallu de grands travaux pour le mener jusque là, et qu'on n'a pu même l'y fixer, puisqu'il réduit maintenant à des velléités qui n'ont que le nom de velléités, et à de pures extravagances, ce qu'il appeloit alors un acte de soumission et de consentement inspiré par le directeur? Qui est-ce qui l'avoit mené jusqu'à ce point si contraire à toute sa pente? Si c'est M. l'archevêque de Paris, je n'ai donc pas eu de tort de dire que ce prélat l'avoit *pressé très fortement*. Si au contraire M. l'archevêque de Paris pensoit comme lui, et ne le pressoit point pour ces Articles, d'où vient que deux prélats si réunis contre ma doctrine, comme contre la source du quiétisme, l'ont si hautement approuvée? Ont-ils parlé d'eux-mêmes contre leurs propres sentiments? Ont-ils voulu favoriser ce qu'ils étoient venus condamner? Ne voit-on pas que mes manuscrits, qu'on dépeint comme si pernicieux, et mes remontrances si soumises, n'ont pas été sans fruit? Ai-je donc eu tort de parler ainsi dans le Mémoire dont M. l'archevêque de Paris s'étoit chargé [1] : « Ceux » qui ont vu notre discussion doivent avouer que » M. de Meaux, qui vouloit d'abord tout foudroyer, » a été contraint d'admettre pied à pied des choses » qu'il avoit cent fois rejetées comme mauvaises? »

A tout cela M. de Meaux répond : « Mais encore » faudroit-il nous montrer en quoi nous avions be- » soin d'être instruits [1]. » A Dieu ne plaise que j'aie jamais voulu instruire ce savant prélat! C'étoit moi qui voulois être instruit par lui, *comme un petit écolier*. Mais il regardoit comme une erreur très dangereuse la doctrine de l'amour de pure bienveillance, par lequel on aime Dieu indépendamment du motif de la béatitude. Peut-on douter d'un fait qui est encore subsistant aux yeux de toute l'Église? M. de Meaux ne dit-il pas encore : « C'est le point » décisif. C'est l'envie de séparer ces motifs que » Dieu a unis, qui vous a fait rechercher tous les » prodiges que vous trouvez seul dans les supposi- » tions impossibles. C'est, dis-je, ce qui vous y fait » rechercher une charité séparée du motif essen- » tiel de la béatitude et de celui de posséder Dieu. » Il fallut donc alors faire approuver par M. de Meaux cet amour de pure bienveillance, qui, sans préjudice de l'espérance, est dans ses actes propres indépendant du motif de cette vertu. Il fallut lui montrer cet amour dans la tradition; il fallut le lui faire autoriser dans plusieurs Articles. Il est donc vrai que ce savant prélat *avoit besoin*, non d'être instruit, mais de se modérer lui-même dans ses décisions sur mes humbles remontrances.

CHAPITRE IV.
De mon sacre.

XLIX. Nous avons vu que j'avois, selon la *Relation* de M. de Meaux, écrit pour défendre les livres et les erreurs monstrueuses de madame Guyon; que j'avois long-temps résisté aux deux prélats; que j'avois avancé des choses qui *faisoient peur*; et que je n'avois signé les XXXIV Articles que *par obéissance*, contre ma persuasion, après avoir proposé *des restrictions* qui en *éludoient* toute la force. Voilà sans doute la peinture d'un homme bien égaré. C'étoit déjà beaucoup trop, que de *croire l'instruction des princes de France en bonne main*. Il falloit au contraire être persuadé que le plus grand des périls pour l'Église étoit que ce *dépôt important* fût confié à une tête démontée, qui étoit le *Montan* d'une nouvelle *Priscille*, et qui admiroit cette Priscille comme la femme de *l'Apocalypse*. Il falloit tout craindre d'un homme qui n'avoit signé que *par obéissance*, contre sa persuasion sur les vérités fondamentales de l'É-

[1] *Relat.*, IVᵉ sect., n. 23, pag. 588.

[1] *Relat.*, Vᵉ sect., n. 18, pag. 604.

vaugile, après avoir proposé des restrictions pour éluder toute la force des XXXIV Articles. M. de Meaux ne se contente pas de faire tout ce qu'il peut pour conserver ce *dépôt important* de l'instruction des princes dans les mains de ce visionnaire, il *applaudit* encore *au choix* que le roi en fait pour l'archevêché de Cambrai. Quoi ! il se réjouit de voir confier le dépôt de la doctrine sacrée à un fanatique, qui met la perfection dans l'impiété la plus monstrueuse; et il le consacre sans avoir osé tenter de le guérir de son aveuglement !

L. Ici M. de Meaux tente l'impossible pour m'accabler, sans être entraîné avec moi dans ma ruine. Il assure que *deux jours avant* mon sacre, étant « à genoux et baisant la main qui me devoit » sacrer, je la prenois à témoin que je n'aurois » jamais d'autre doctrine que la sienne [1]. » Quoi ! *d'autre doctrine que la sienne!* C'est celle de l'Église catholique, apostolique et romaine, qu'il faut qu'un évêque promette de suivre, et non pas celle d'un autre évêque. Si j'eusse parlé ainsi, il auroit dû me reprendre. Aussi n'ai-je jamais rien fait qui ressemble à ce récit. A quel propos aurois-je parlé ainsi, puisque nous verrons bientôt que ce n'est pas moi qui desirois être sacré par M. de Meaux, et qu'au contraire c'est lui qui voulut absolument vaincre toutes les difficultés, pour être mon consécrateur ?

Il est vrai seulement que si M. de Meaux m'eût parlé alors sur la matière de l'oraison, je n'aurois pas manqué de lui répondre que ma doctrine étoit conforme à la sienne, depuis qu'il avoit reconnu dans les XXXIV Articles l'amour indépendant du motif de la béatitude, et que j'étois très éloigné d'aller plus loin que lui sur tout le reste. De plus, quand je lui aurois dit ces paroles, suffisoient-elles pour le rassurer contre toutes mes préventions pour une doctrine impie, et pour une femme fanatique ? Ne devoit-il pas entrer sérieusement en matière avec moi ? Ne devoit-il pas savoir en détail comment j'avois passé de l'obéissance à la persuasion ? Ne devoit-il pas exiger de moi, au moins en secret, une exacte profession de foi sur la matière des voies intérieures ? S'il répond qu'il l'avoit fait suffisamment en me faisant signer les XXXIV Articles, il doit se souvenir que, selon sa *Relation*, je ne les avois signés que *par obéissance*, contre ma persuasion. Cette signature faite contre ma conscience, loin de le rassurer, devoit l'alarmer plus que tout le reste. Se doit-on contenter qu'un homme, qui a voulu éluder tous les dogmes fondamentaux par des restrictions frauduleuses avant que d'être sacré évêque, signe *par obéissance*, contre sa persuasion, qu'il ne faut pas vouloir être damné, ni oublier Jésus-Christ, ni éteindre toute vie intérieure en soi par la cessation de tout acte, ni établir un fanatisme au-dessus de toute loi divine et humaine ?

LI. M. de Meaux me croyoit si difficile à guérir de ce fanatisme, qu'il n'osoit même le tenter. « Nous avions d'abord pensé, dit-il [1], à quelques » conversations de vive voix après la lecture des » écrits. Mais nous craignîmes qu'en mettant la » chose en dispute, nous ne soulevassions plutôt » que d'instruire un esprit que Dieu faisoit entrer » dans une meilleure voie. » M. de Meaux avoue donc qu'il n'y a point eu de *conversation de vive voix* entre nous. Il avoit *d'abord pensé* à cet expédient si naturel. Pourquoi le rejeter ? *Nous craignîmes*, dit-il, *qu'en mettant la chose en dispute*, etc. Hé ! pourquoi *la mettre en dispute*? M. de Meaux, quand il parle des conférences qu'il m'a proposées, se dépeint comme étant bien éloigné de *rien mettre en dispute*. « Que ne venoit-il à la conférence, » dit-il [2], éprouver lui-même la force de ces lar» mes fraternelles, et des discours que la charité » (j'ose le croire) et la vérité nous auroient inspi» rés ! La conférence de vive voix n'est-elle pas, » selon ce prélat [3], la voie la plus courte, la plus » propre à s'expliquer précisément, celle qui a » toujours été pratiquée, même par les apôtres, » comme la plus efficace et la plus douce pour » convenir de quelque chose? » Écoutez encore ce prélat pour les temps mêmes dont il est question ici [4] : « On agissoit en simplicité, comme on fait » entre des amis, sans prendre aucun avantage » les uns sur les autres ; d'autant plus que nous-» mêmes, qu'on reconnoissoit pour juges, nous » n'avions d'autorité sur M. l'abbé de Fénelon » que celle qu'il nous donnoit. » Mais encore voyons comment les choses se passèrent dans les deux seules courtes conférences que nous tînmes pour la signature des articles : « Nous lui dîmes sans disputer, » avec une sincérité épiscopale [5], etc. » Les prélats pouvoient donc *m'instruire sans mettre la chose en dispute*. Et moi, que fis-je dans cette occasion, par laquelle on peut juger des autres ? M. de Meaux ajoute ces paroles [6] : « Il ne dit mot ; et malgré la » peine qu'il avoit montrée, il s'offrit à signer les » Articles dans le moment par obéissance. » D'où

---

[1] *Relat.*, IIIe sect., n. 14, pag. 560.

[1] *Relat.*, IIIe sect., n. 8, pag. 554.
[2] *Ibid.*, VIIIe sect., n. 5, pag. 637. [3] *Ibid.*, n. 2, pag. 633.
[4] *Ibid.*, IIIe sect., n. 8, pag. 555. [5] *Ibid.*, n. 12, pag. 558.
[6] *Ibid.*

vient qu'on craignit de *blesser la délicatesse d'un esprit si délié*[1]? On dit que j'avois de la *peine* sur les Articles. Mais j'ai éclairci l'équivoque. Je voulois par obéissance signer les XXX Articles, quoique je les crusse imparfaits : j'aurois signé de mon sang les XXXIV. Mais enfin, si j'avois de la peine, je savois la vaincre et n'y avoir aucun égard, puisque je signois sans *disputer* et sans *dire un mot*. Que peut donc signifier cette crainte de la dispute avec un homme si silencieux, si ingénu, si confiant et si soumis? Pourquoi M. de Meaux ne l'invitoit-il pas à la conférence, où la force des *larmes fraternelles* et les *discours* inspirés par *la charité et la vérité* auroient été si bien employés? Pourquoi éviter cette voie toujours pratiquée, même par les apôtres, comme la plus efficace et la plus douce pour convenir de quelque chose?

LII. De plus, falloit-il, de peur de me *soulever*, ne *m'instruire* jamais? M. de Meaux répond que » Dieu me faisoit entrer dans une meilleure voie, » qui étoit celle d'une soumission absolue. A cette » fois, dit-il encore[2], Dieu lui montroit une au- » tre voie : c'étoit celle d'obéir sans examiner. » Ces paroles sont éblouissantes; mais examinons-les de près. La soumission absolue et aveugle en toute rigueur, loin d'être une *meilleure voie*, étoit inexcusable. Je ne pouvois, en matière de foi, me soumettre aveuglément contre ma persuasion, c'est-à-dire contre ma conscience, aux décisions de deux hommes qui n'étoient point mes pasteurs, et qui étoient capables de se tromper. De plus, suffisoit-il d'obéir, c'est-à-dire de signer, sans *examiner*, c'est-à-dire sans me persuader, qu'il ne faut pas vouloir être damné, oublier Jésus-Christ, éteindre tout culte intérieur, et vivre sans loi dans le fanatisme?

La voie de soumission exclut-elle celle de l'instruction? L'Église, en demandant qu'on se soumette, néglige-t-elle d'instruire, et ne joint-elle pas toujours au contraire l'instruction à l'autorité? Faut-il laisser un homme sans instruction sur les points les plus essentiels du christianisme, parce qu'il est soumis ? Au contraire, plus il est soumis, plus il mérite l'instruction, et est disposé à la recevoir avec fruit. Pourquoi dire donc que *la voix de la soumission est meilleure* que celle de l'instruction? Il faut au contraire dire que ces deux voies n'en font qu'une seule, et que comme il est inutile d'être instruit sans être soumis, il est inutile d'être soumis sans être instruit des vérités fondamentales de la religion. M. de Meaux prétend-il que Dieu me faisoit entrer dans la meilleure *voie de la soumission absolue*, pour me dispenser de m'instruire sur *l'espérance par laquelle nous sommes sauvés*, sur Jésus-Christ, et sur tous les autres points dans lesquels j'errois ? M. de Meaux vouloit-il, pour s'accommoder à mon attrait de grace, me laisser vivre et mourir dans le désespoir, dans l'oubli de Jésus-Christ, dans l'extinction de tout culte intérieur, et dans ce fanatisme impie, où j'étois le *Montan* d'une nouvelle *Priscille*?

Il dira peut-être qu'il vouloit enfin me guérir, mais que le temps n'en étoit pas encore venu. Quoi! il n'étoit pas venu, quand il fut question de me sacrer? Y avoit-il dans toute ma vie une occasion aussi essentielle que celle-là? Quand est-ce qu'on devoit me détromper du désespoir, de l'oubli de Jésus-Christ, de l'extinction de tout culte intérieur, et d'un fanatisme effréné et impudent, si ce n'est avant ce grand jour où je devois recevoir le ministère de vie, pour enseigner *l'espérance vive en laquelle nous sommes régénérés*, pour annoncer Jésus-Christ *auteur et consommateur de notre foi*, et pour confondre toute nouveauté qui *s'élève contre la science de Dieu*? Étoit-ce le temps de n'oser m'instruire, de peur de *blesser un esprit si délié*, et de peur de me *soulever? La voie de la soumission*, sans sortir de tant d'erreurs monstrueuses, étoit-elle meilleure pour un archevêque que celle d'être détrompé, et de ne connoître ce qu'un pasteur doit enseigner à son troupeau, et ce qu'il ne doit jamais souffrir que le troupeau croie? Suffisoit-il (supposons ici tous les faits au gré de M. de Meaux) qu'il me laissât baiser sa main, et que je lui assurasse en général que je suivrois sa doctrine, c'est-à-dire celle des XXXIV Articles, puisque, selon lui, je ne l'avois signée que *par obéissance*, contre ma persuasion, après avoir tâché de les éluder par des restrictions artificieuses? Ne devoit-il pas craindre que ma persuasion, aussi impie qu'il la dépeint, n'ébranlât cette obéissance si aveugle et si excessive? Ne dit-il pas qu'il garda mes lettres « pour rappeler en secret à M. l'arche- » vêque de Cambrai ses saintes soumissions, en » cas qu'il fût tenté de les oublier[1]? » Il avoit donc prévu cette terrible tentation. Il s'y préparoit en gardant mes lettres; et malgré cette prévoyance, il me sacra sans oser *m'instruire*, de peur de me *soulever*, en m'expliquant les vérités fondamentales du christianisme. Ce prélat aime-t-il mieux se rendre coupable d'une consécration qui devroit faire horreur à toute l'Église, que de s'abstenir de dire, pour mieux attaquer mon livre, qu'il me

---

[1] *Relat.*, IIIᵉ sect., n. 8, pag. 555.
[2] *Ibid.*, n. 15, pag. 559.

[1] *Relat.*, IIIᵉ sect., n. 15, pag. 561.

connoissoit pour fanatique quand il me sacra? Il veut adoucir cet endroit en laissant entendre qu'il avoit de la répugnance à me sacrer. Mais il doit se souvenir que je ne l'ai jamais prié de le faire. Ce fut lui qui vint dans ma chambre après ma nomination, et qui m'embrassa en me disant d'abord : « Voilà les mains qui vous sacreront. » Je ne pus rien répondre à son offre, parce que je voulois savoir les intentions d'une personne à qui je devois ce respect. Enfin je ne fis qu'acquiescer aux offres réitérées de ce prélat.

LIII. Peu de temps après on fit des difficultés sur ce que l'on prétendoit que M. l'évêque de Chartres, comme diocésain de Saint-Cyr, devoit être le premier, et ne pouvoit céder à M. de Meaux. Sur cette difficulté on me manda de Compiègne, où le roi étoit alors, que M. de Meaux ne pourroit pas être mon consécrateur, ni M. de Châlons le premier assistant. Je mandai la chose à ces deux prélats, croyant néanmoins que ceux qui faisoient la difficulté se trompoient. M. de Châlons me répondit en ces termes : « M. de Meaux est toujours » persuadé que cela est hors de question, et je » souhaite que vous vous tiriez d'embarras avec » lui aussi aisément qu'avec moi; car il ne pourra » être de votre sacre, non plus que moi, si cette » difficulté vous arrête. Pour moi, quoi qu'il ar- » rive, je prétends être en droit d'en faire les hon- » neurs. » Cette lettre est datée de Sary, du 14 mai 1695. Voici les propres paroles de la réponse que M. de Meaux me fit sur le même sujet, et qui est sans date : « Je ne trouve aucune difficulté dans la » question d'hier. Pour l'office, cela est d'usage. » Les anciens canons le prescrivoient. Celui d'un » concile d'Afrique, *Ut peregrino episcopo locus* » *sacrificandi detur*, y est exprès. On sait qu'il n'y » avoit alors qu'une messe solennelle. Les ordina- » tions et consécrations, de toute antiquité, se » sont faites *intra missarum solemnia*, et en fai- » soient partie. L'évêque diocésain n'étoit pas plus » considéré qu'un autre quand il s'agissoit de con- » sacrer le métropolitain; l'ancien de la province » en faisoit l'office dans le concile de la province, » qui se tenoit tantôt dans un lieu, et tantôt dans » un autre. On pourra consulter la pratique de » l'Église grecque, que je crois conforme. Le diocé- » sain céderoit non-seulement à son métropolitain, » mais à tout autre archevêque. Par la même rai- » son il céderoit à son ancien. Dans les conciles » nationaux, où il y avoit plusieurs métropoli- » tains, on donnoit le premier lieu à l'ancien tant » dehors que dedans la province. Je crois donc » que le diocésain doit sans hésiter céder à son » ancien, et pourroit même céder à son cadet, » pour honorer l'unité de l'épiscopat. »

On voit, par cette dernière lettre, que M. de Meaux faisoit une espèce de dissertation pour soutenir qu'il pouvoit me sacrer dans le diocèse de Chartres; tant il étoit éloigné d'avoir quelque répugnance à faire cette cérémonie. On voit par l'autre que M. de Châlons savoit, par les dispositions de M. de Meaux, que je ne me *tirerois* pas *aisément d'embarras* avec ce prélat, qui vouloit toujours être mon consécrateur. Faut-il croire (je ne parle ici que pour l'honneur de M. de Meaux, sans songer au mien) qu'il eût eu tant d'empressement pour sacrer le *Montan* de la nouvelle *Priscille*, qui n'avoit signé que *par obéissance*, contre sa persuasion, après avoir tâché *d'éluder* les XXXIV Articles par *des restrictions* artificieuses, et qu'on n'osoit instruire avant son sacre sur ses erreurs monstrueuses, de peur de le *soulever* ?

LIV. Pour aplanir tant de difficultés, il a recours à l'exemple *du grand Synésius*. « On ne » craignit point, dit M. de Meaux [1], au quatrième » siècle, de le faire évêque, encore qu'il confessât » beaucoup d'erreurs.... La docilité de Synésius » n'étoit pas plus grande que celle que M. l'abbé » de Fénelon faisoit paroître. » Ce savant prélat ne sait-il pas que Synésius, loin de paroître docile, menace, dans la lettre CV, à son frère, d'une indocilité inflexible si on le fait évêque? « Il est im- » possible, disoit-il, d'ébranler les dogmes qui » sont entrés dans l'esprit par la science jusqu'à » la démonstration. Vous savez que la philosophie » combat la plupart de ces préjugés publics. En » vérité, je ne me persuaderai jamais que l'âme » n'est produite qu'après le corps. Je ne dirai ja- » mais que le monde doit périr avec ses parties. » Je crois que cette résurrection des morts, si » vulgaire et si vantée, est un mystère sacré; et » je suis bien éloigné d'approuver les opinions » vulgaires..... Je puis accepter la dignité épisco- » pale, si elle me permet de philosopher chez » moi, et de répandre au-dehors des fables, comme » n'enseignant rien, ne réfutant rien, et laissant » chacun dans son opinion. Que si on dit qu'un » évêque doit être touché de ces choses, et être » populaire dans ses opinions, aussitôt je me dé- » couvrirai publiquement... Si on me fait évêque, je » ne veux point désavouer ma doctrine. J'en prends » à témoins Dieu et les hommes ;... je ne cacherai » point mes dogmes.... Ou Théophile me laissera » philosopher dans mon genre de vie, ou bien il

[1] *Relat.*, IIIe sect., n. 5. pag. 532.

» ne se réservera aucun pouvoir de me juger et de » me déposer. » Quel étoit ce genre de vie ? « Dès » mon enfance, dit-il, on m'a blâmé de ce que » j'aime jusqu'à l'excès les jeux ou exercices, » comme les armes, les chevaux. Je mourrai de » tristesse si on me les ôte. Comment pourrai-je » voir mes chiens, que j'aime tant, n'aller plus à » la chasse, et mon arc se rouiller ? » Il ajoute encore ces paroles : « Dieu, la loi, et la sacrée main » de Théophile, m'ont donné une femme. Je le dé- » clare, et je prends tout le monde à témoin, que » je ne veux ni m'en séparer, ni vivre en secret » avec elle comme un adultère ;..... mais je desire » et je demande à Dieu d'avoir d'elle beaucoup » d'enfants bien nés. »

Que veut donc dire M. de Meaux quand il assure que la *docilité de Synésius n'étoit pas plus grande que la mienne* ? Qu'y a-t-il de moins docile que cette déclaration ci-dessus rapportée ? Ce prélat voudroit-il dire que l'Église mit dans l'épiscopat Synésius, le croyant, sur sa parole, inflexiblement déterminé à ne croire, ni l'origine des ames, ni la destruction du monde au dernier jour, ni la résurrection des morts, qu'il prenoit pour des fables du peuple ? L'Église l'admettoit-elle dans l'épiscopat, croyant sérieusement qu'il ne quitteroit ni les jeux, ni les armes, ni ses chiens, ni ses chevaux, et qu'il demeureroit avec sa femme pour avoir des enfants ? Ne voit-on pas que Synésius ne recouroit à cette pieuse fraude que pour se garantir d'une dignité si périlleuse, comme plusieurs autres saints ont voulu se déshonorer avec scandale pour s'en faire exclure ? L'Église ne crut point ce discours sérieux, et en effet il ne l'étoit pas. Synésius, dès qu'il fut évêque, se déclara pour le dogme de la résurrection, comme Photius le rapporte.

Qu'y a-t-il donc de commun entre Synésius, qui s'accuse d'erreur et d'indocilité pour n'être pas évêque, et dont on voit clairement le pieux artifice ; et un nouveau *Montan* infatué de sa *Priscille*, qui tâche d'éluder par des restrictions artificieuses les XXXIV Articles, qui ne les signe enfin que *par obéissance*, contre sa persuasion, et qu'on n'ose instruire, de peur de le soulever ? Il faut donc ou que M. de Meaux soit encore plus coupable que moi, s'il m'a sacré en me croyant un fanatique, qu'on n'osoit instruire des points fondamentaux du christianisme, de peur de le soulever ; ou bien qu'il ait cru seulement que j'avois une prévention sur l'amour indépendant du motif de la béatitude, qui me rendoit trop indulgent pour madame Guyon. C'est ce qu'il a exprimé en m'écrivant : « Je crois pourtant ressentir encore je » ne sais quoi qui nous sépare encore un peu. » Quelle distance infinie entre ce *je ne sais quoi qui nous sépare encore un peu*, et tout ce que nous venons de voir d'impie et d'abominable !

Quoi qu'il en soit, il faut qu'il m'ait connu dès-lors pour le nouveau *Montan*, ou bien que mon livre m'ait fait donner ce nom, car depuis mon sacre on ne peut m'imputer que mon livre seul. S'il me connoissoit dès-lors pour le nouveau *Montan*, en quelle conscience a-t-il pu me sacrer ? Si je ne l'étois pas alors, comment le suis-je devenu par un livre où je condamne toutes les erreurs en question, sur lequel j'ai consulté de si bonne foi, comme nous le verrons, les personnes les plus zélées contre la prétendue *Priscille*, et que j'ai ensuite si pleinement soumis au pape ?

CHAPITRE V.

Du refus que j'ai fait d'approuver le livre de M. de Meaux.

LV. Voyons 1° quelles sont les raisons de ce refus ; 2° les circonstances dans lesquelles je le fis.

1° J'eus trois raisons de refuser mon approbation. La première est que, sans vouloir jamais ni directement ni indirectement défendre les livres de madame Guyon, que je croyois censurables dans le vrai, propre et unique sens du texte bien pris et bien entendu, je croyois néanmoins ne pouvoir en ma conscience pousser la condamnation jusqu'au point où M. de Meaux la poussoit dans son ouvrage. Je ne voulois pas qu'on imputât à cette personne un dessein évident d'établir de suite un système qui fait frémir d'horreur. Je ne croyois pas la devoir diffamer en lui imputant ce système, dont *l'abomination évidente rendoit évidemment sa personne abominable.* J'étois pour M. de Meaux dictant les soumissions, contre M. de Meaux composant son livre. Je croyois, comme il l'avoit cru dans le premier cas, qu'encore que les livres fussent censurables dans leur propre et unique sens, la personne n'avoit *eu aucune des erreurs*, etc. Je ne croyois pas, comme il le vouloit prouver dans son livre, qu'elle n'eût eu pour but que ce système impie et digne du feu. Je ne voulois point prendre de part à la contradiction manifeste de ce prélat.

LVI. Ma seconde raison est qu'en ne voulant point achever de diffamer madame Guyon, je voulois encore moins me flétrir moi-même. On savoit que j'avois vu et estimé cette personne. Je représentois que j'avois dû connoître ses écrits, au moins les imprimés, et que si l'abomination évidente de son système avoit rendu évidemment sa personne abominable, je reconnoissois avoir été fauteur de son fanatisme, en approuvant qu'on lui imputât ce système évidemment impie et infame. Quand je dis infame, je n'entends point parler de l'impureté expressément enseignée : je veux parler d'un fanatisme au-dessus de toute loi et de tout supérieur. Enseigner ce fanatisme, c'est en autoriser toutes les suites horribles et manifestes. M. de Meaux répond à cette raison en ces termes [1] : « Il s'agit de savoir si M. de Cambrai » lui-même n'a pas trop voulu conserver sa propre » réputation... dans l'esprit de *ceux qui savoient* » *combien il recommandoit madame Guyon.* » Mais supposé que j'eusse voulu *ménager ma réputation*, en ne paroissant point dans les affaires de madame Guyon, et en ne réveillant point dans le public l'idée de l'estime que j'avois eue pour elle, avois-je grand tort ? M. de Meaux lui-même, s'il eût eu de l'amitié pour moi, ne devoit-il pas chercher ces ménagements ? Les censures de quatre prélats ne suffisoient-elles pas contre les livres d'une femme ignorante, que personne ne défendoit, qui n'avoit aucune ressource, et qui auroit été détestée par ceux-là mêmes qui la croyoient pieuse, si elle eût voulu revenir contre ses soumissions ? Que restoit-il donc ? Est-ce que M. de Meaux me croyoit trompeur, et capable d'attaquer un jour la doctrine de l'Église pour soutenir un système digne du feu ? « Nous ne nous avisâmes seu- » lement pas, dit-il [2] (au moins moi, je le recon- » nois), qu'il y eût rien à craindre d'un homme » dont nous croyions le retour si sûr, l'esprit si » docile et les intentions si droites. Je crus l'in- » struction des princes de France en trop bonne » main, etc. » Pourquoi exiger de moi, avec tant de hauteur, que je reconnusse par un acte public que la personne que j'avois estimée s'étoit rendue abominable par l'évidente abomination de son système ? Ce prélat ne *s'avisa pas même qu'il y eût rien à craindre* de moi. La religion ne demandoit donc pas cette précaution flétrissante ; et celui qui se vante d'avoir versé tant de pleurs pour moi sous les yeux de Dieu, est celui-là même qui me fait un crime d'avoir trop *ménagé ma propre réputation là-dessus.*

LVII. Ma troisième raison est que M. de Meaux, qui paroissoit vouloir soutenir ma réputation en me faisant approuver son livre, l'attaquoit au contraire en me demandant mon approbation. Le médecin, en se vantant de me guérir d'une maladie que je n'avois point, me faisoit passer pour malade. « Nous n'avions, dit-il [1], imaginé d'autre » secret que celui de ménager son honneur, et » de cacher sa rétractation sous un titre plus spé- » cieux. » De quoi pouvois-je alors me rétracter, moi qui n'avois rien fait ni dit en public, moi qui n'avois rien fait imprimer sur cette matière ? Cependant c'est ainsi qu'il parloit à tous ses amis et confidents en grand nombre. Il leur racontoit qu'il venoit de sauver l'Église, qu'il avoit découvert et foudroyé une secte naissante. Il leur donnoit ma signature des XXXIV Articles comme *une rétractation cachée sous un titre plus spécieux.* Il leur promettoit une autre scène encore plus forte, où il feroit abjurer la *Priscille* par le *Montan*, et où je reconnoîtrois, en approuvant son livre, que cette femme que j'avois tant admirée avoit enseigné un système évidemment abominable. Les confidents de M. de Meaux, en assez grand nombre, avoient à leur tour d'autres confidents aussi zélés qu'eux pour louer les victoires de M. de Meaux contre le quiétisme. Ce que j'avois confié secrètement à M. de Meaux me revenoit par ce demi-secret qui est pire qu'une divulgation entière. Je voyois qu'on ne pouvoit avoir deviné ce qu'on me rapportoit, puisque c'étoit mon secret même altéré et tourné contre moi. Approuver le livre de ce prélat, c'étoit confirmer ces bruits faux et diffamants contre ma personne ; c'étoit faire entendre ce que tant de zélés disciples de M. de Meaux répandoient sourdement, et que M. de Meaux a enfin publié lui-même, savoir, que *pour ménager mon honneur*, on avoit voulu *cacher ma rétractation sous un titre plus spécieux.*

Si on doute de ce fait, on n'a qu'à lire la première des deux lettres de M. l'abbé de la Trappe sur mon livre. « Je pensois, *dit-il, parlant de moi,* » que toutes les impressions qu'avoit pu faire sur » lui cette opinion fantastique étoient entière- » ment effacées, et qu'il ne lui restoit que la dou- » leur de l'avoir écoutée. »

On voit par ces paroles que le secret que M. de Meaux nomme *impénétrable* [2] avoit été bien pénétré, et qu'il avoit été porté, apparemment par ce prélat même, jusque dans le désert de la Trappe. On y savoit les *impressions* de cette *opinion fantastique* sur moi. M. l'abbé en étoit instruit depuis si long-temps, qu'il croyoit qu'il ne m'en restoit plus que le regret d'avoir été dans l'illusion. M. de Meaux dira-t-il que c'est moi ou mes amis qui avons parlé

---

[1] *Relat.*, IVe sect., n. 12, pag. 578.
[2] *Ibid.*, IIIe sect., n. 9, pag. 536.

[1] *Relat.*, IIIe sect., n. 13, pag. 560.
[2] *Ibid.*, n. 9, pag. 536.

indiscrètement, et qui avons divulgué le secret qui étoit *impénétrable* de sa part? Il s'est ôté tout moyen de le dire. « Que deviennent, dit-il [1], ces » beaux discours que nous avoit fait tant de fois » M. de Cambrai, que lui et ses amis répandoient » partout; que, bien loin de s'intéresser dans les li- » vres de cette femme, il étoit prêt de les condam- » ner, s'il étoit utile? » Le secret ne fut donc divulgué ni par moi ni par mes amis. Ceux de M. de Meaux savoient tout. M. l'abbé de la Trappe en est un exemple bien sensible.

M. de Meaux fait encore entendre clairement sur quel ton il me demandoit cette approbation, en rapportant les plaintes qu'il fit sur mon refus. « Quel scandale, disoit-il [2], quelle flétrissure à son » nom! De quels livres vouloit-il être le martyr? » C'étoit donc une espèce de formulaire qu'il vouloit me faire signer. Il prétendoit que je ne pouvois le refuser sans causer un *scandale*, sans *flétrir mon nom*, sans être le *martyr des livres condamnés*. Devois-je signer son formulaire? devois-je reconnoître que mon nom demeureroit flétri sans cette souscription? ou plutôt n'étoit-ce pas me flétrir moi-même, que de laisser conduire ma plume par M. de Meaux, pour lui donner ce que tous ses confidents faisoient attendre comme une *rétractation cachée sous un titre plus spécieux*? Plus il vouloit m'arracher cet acte si indigne, moins je devois le lui donner.

LVIII. 2° Il est temps de voir les circonstances de ce refus qui a tant blessé M. de Meaux. Puisqu'il me croyoit si *infatué* de madame Guyon (c'est le terme dont il se servoit), devoit-il me proposer d'approuver son livre, où il lui imputoit un système évidemment impie et infame, sans m'en avertir? Approuver son livre, c'étoit, comme nous l'avons déjà vu, me couvrir d'une éternelle confusion pour les temps où j'avois estimé cette personne. Refuser mon approbation étoit l'unique parti à prendre. Mais c'étoit m'exposer à confirmer tous les ombrages qu'on donnoit contre moi. M. de Meaux, cet ami si tendre, qui hasardoit tout, même à l'égard du roi, pour me sauver, devoit-il me tendre ce piége pour me faire tomber dans l'un de ces deux inconvénients? Ne devoit-il pas prévoir que j'aurois de la répugnance à achever de diffamer, par l'imputation d'un système évidemment impie et infame, une personne dont il me supposoit *infatué*? Ne devoit-il pas croire que j'aurois de la peine à reconnoître publiquement que la personne que j'avois estimée étoit une fanatique qui avoit enseigné évidemment l'abomination? Ne devoit-il

[1] *Relat.*, III° sect., n. 17, pag. 553.   [2] *Ibid.*, pag. 554.

pas me préparer, et m'avertir de son dessein? Au lieu de me dire qu'il faisoit un ouvrage sur les états d'oraison en général, sans nommer personne, et où il autorisoit toutes les expériences des bons mystiques en réprimant l'illusion, ne devoit-il pas me dire de bonne foi qu'il découvriroit le système impie et infame contenu dans les livres de madame Guyon?

Il répondra peut-être qu'il vouloit me mener au but sans me le laisser voir, de peur de me *soulever*, et de *blesser un esprit si délié*. Étrange moyen de ménager la délicatesse d'un homme, que de le jeter tout-à-coup entre deux extrémités? Falloit-il me vouloir mener comme un enfant, et se prévaloir de ma confiance pour me conduire sans se confier à moi? Un esprit facile à blesser s'accommode-t-il de ce gouvernement plein d'art et de hauteur?

LIX. De plus, M. de Meaux devoit-il se hâter de dire à ses amis, avant que j'eusse examiné son livre, que je l'approuverois? Ne devoit-il pas craindre que je n'approuverois pas qu'il poussât si loin les imputations par lesquelles il diffamoit la personne de madame Guyon? De plus, ne devoit-il pas craindre qu'un homme si attaché à soutenir l'amour de pure bienveillance ne lui passeroit jamais que la béatitude est la seule *raison d'aimer*, que Dieu ne seroit pas aimable sans elle, et que les souhaits de saint Paul, de Moïse, et de tant d'autres saints, ne sont que *d'amoureuses extravagances*? Ne devoit-il pas prévoir que je n'approuverois pas qu'on accusât *d'insigne témérité* ceux qui douteroient d'une oraison miraculeuse, qu'il supposoit *presque perpétuelle* en certaines ames, et qui les rend, selon lui, absolument impuissantes pour tous les actes *sensibles, discursifs et autres*, etc.? Enfin ne devoit-il pas prévoir que si quelqu'une de ces raisons m'arrêtoit dans l'examen de son livre, après qu'il auroit dit qu'il me demandoit mon approbation, et que je la lui avois promise, on ne manqueroit point de dire que j'avois refusé d'approuver son livre par entêtement pour ceux de madame Guyon?

C'étoit en prévoyant des inconvénients si palpables, et en ne me tendant point un piége, qu'il auroit dû me témoigner son amitié, et non en versant des pleurs. Au lieu de tant pleurer, il n'y avoit qu'à se taire vers le public, et qu'à me parler franchement. Tout au contraire, il a tout divulgué, et a voulu me mener les yeux fermés jusqu'à son but. Loin de craindre tant d'inconvénients, il a voulu par ces inconvénients mêmes me réduire à son point.

LX. Il déclare que sur mon refus il se récria[1] : « N'est-ce pas mettre en évidence le signe de sa » division d'avec ses confrères, ses consécrateurs, » ses plus intimes amis? Quel scandale! Quelle » flétrissure à son nom! De quels livres veut-il » être le martyr? » Qui est-ce qui a parlé? Ai-je dit dans le monde que M. de Meaux m'avoit proposé d'approuver son livre? Je n'avois garde de le dire. Me suis-je vanté ensuite de lui avoir refusé mon approbation? Personne ne doit sans preuve supposer que j'aie été capable de cette folie. C'est M. de Meaux qui s'est vanté de me faire approuver son livre pour avoir *une rétractation cachée sous un titre plus spécieux*. C'est lui qui a publié ensuite que j'avois refusé cette approbation promise. Sans lui, qui auroit jamais su que je ne voulois pas achever de diffamer la personne de madame Guyon? Il me fait donc un crime d'excuser cette personne, quoique l'excuse dont il s'agit ait toujours été secrète de ma part, et qu'il soit certain qu'elle seroit encore aujourd'hui profondément ignorée, si M. de Meaux n'eût publié mon secret, pour m'en faire un crime.

LXI. Je ne m'arrête point à ce que ce prélat dit[2] « que son manuscrit demeura trois semaines » entières en mon pouvoir, et que l'ami qui s'étoit » chargé de le lui rendre prit sur lui tout le temps » qu'on l'avoit gardé. » Le fait est que M. de Meaux me donna son manuscrit le soir; que je ne le gardai qu'une seule nuit; et qu'en partant le lendemain pour Cambrai, je le laissai dans un paquet à cet ami, qui le rendit à M. de Meaux. L'ami n'a donc rien *pris sur lui*, il n'a fait que dire la vérité à la lettre. Je n'eus que le loisir de parcourir avant mon départ les marges du manuscrit, pour voir les citations de madame Guyon sur lesquelles M. de Meaux lui imputoit un système évidemment impie et infame.

LXII. Je ne vis rien de tout le reste. Une preuve claire que je ne le vis pas est que je ne l'ai jamais allégué pour m'excuser de n'avoir pas approuvé le livre. Si je l'eusse lu, j'aurois encore été bien plus éloigné de l'approuver. J'y aurois vu une passiveté *presque perpétuelle* en certaines ames, qui est miraculeuse et qui leur ôte réellement toute liberté pour tous les *actes sensibles, discursifs et autres*; et qui ne peut être niée, selon l'auteur, sans *une insigne témérité*. J'y aurois trouvé que les prophètes n'ont point été libres dans leurs inspirations; ce qui est formellement contraire au texte des Écritures, et surtout à l'exemple de Jonas. J'y aurois

trouvé que les ames passives sont libres pour mériter, comme les anges qui sont *libres sans être discursifs*. J'y aurois trouvé que la béatitude surnaturelle est la seule *raison d'aimer* Dieu; ce qui suppose ou que Dieu la doit à toute créature qu'il a faite pour l'aimer, ou qu'il pourroit former des créatures intelligentes pour lesquelles il ne seroit pas aimable. J'y aurois trouvé que les souhaits de saint Paul, de Moïse, et de tant d'autres saints jusqu'à notre siècle, ne sont que de *pieux excès* et *d'amoureuses extravagances* contre la raison d'aimer; qu'enfin la charité dans ses actes propres n'a point d'autre raison d'aimer, c'est-à-dire d'autre motif que celui de l'espérance même, puisque la béatitude surnaturelle, qui est la seule future, est ce qui meut l'homme dans tous ses actes. Voilà ce qui mérite d'être examiné de bien près par l'Église romaine, et que je suppose que M. de Meaux lui soumet aussi absolument que je lui ai soumis mon livre. Mais enfin voilà ce qui m'auroit arrêté infiniment plus que l'Article de madame Guyon, si je l'eusse lu en ce temps-là.

LXIII. Il ne s'agit plus que du grand argument de M. de Meaux. Par ce refus je *mettois*, selon lui, « en évidence le signe de ma division d'avec mes » confrères, mes consécrateurs, mes plus intimes » amis. » Voilà de fortes expressions : mais cherchons-en le sens précis. A l'entendre, on croiroit que j'ai fait un schisme. Mais en quoi l'ai-je fait? J'ai refusé dans un profond secret, que M. de Meaux seul a violé, d'approuver un livre qu'il vouloit me faire approuver pour me réduire à *une rétractation cachée sous un titre plus spécieux*. J'ai cru qu'en condamnant des livres véritablement condamnables, il alloit trop loin, et diffamoit sans raison la personne même. Enfin j'ai cru que cette diffamation retomboit par contre-coup sur moi, et qu'étant très innocent sur toutes les erreurs impies et infames dont il s'agissoit, je ne devois point me laisser flétrir par cette *rétractation* tant promise *sous un titre plus spécieux*. M. de Meaux prétend-il que c'étoit mettre *en évidence le signe de ma division d'avec mes confrères*, que de refuser un acte qu'on faisoit entendre qu'on exigeoit de moi comme *une rétractation* de tant d'erreurs impies? N'aime-t-on l'unité et la paix qu'autant qu'on souscrit au formulaire de ce prélat, et qu'on se flétrit soi-même pour lui obéir? *Mes confrères, mes consécrateurs, mes plus intimes amis*, devoient-ils exiger de moi un acte si inutile pour l'Église, en cas qu'ils me crussent de bonne foi, et si diffamant pour ma personne, surtout après les discours que les confidents de M. de Meaux avoient répandus

[1] *Relat.*, IIIe sect., n. 17, pag. 563, 564. [2] *Ibid.*, pag. 564.

sourdement? Qu'étoit-il nécessaire que mon approbation parût à la tête du livre de M. de Meaux? N'étoit-il pas plus nécessaire qu'un archevêque, qui n'avoit jamais rien donné au public, ni de vive voix ni par écrit, qui dût le rendre suspect, ne parût point faire *sous un titre plus spécieux une rétractation* des erreurs les plus impies?

LXIV. Mais enfin, loin de vouloir diviser l'épiscopat, je ne songeois qu'à me taire sur la personne de madame Guyon, qu'à laisser de plus en plus condamner ses livres, que je croyois, comme je l'ai toujours dit dès le commencement, censurables dans le vrai, propre et unique sens du texte. M. de Meaux dira que je devois m'éclaircir avec lui sur les endroits de son livre que je trouvois excessifs, au lieu de lui refuser mon approbation. Mais je réponds trois choses. La première, que les adoucissements qu'il auroit pu mettre à son livre n'auroient pas empêché que je ne parusse, selon les bruits répandus par ses amis, *faire une rétractation sous un titre plus spécieux*. La seconde, que rien n'étoit si mauvais pour moi que d'entreprendre de lui faire retoucher son livre. On peut juger par la manière dont il explique depuis si longtemps toutes mes paroles, et dont il cite mon texte, avec quelle prévention il auroit reçu mes conseils contraires à ses sentiments. C'étoit alors qu'il n'auroit pas manqué de se récrier que j'étois le défenseur de madame Guyon, puisqu'en effet j'aurois travaillé en ce cas à lui faire adoucir ce qu'il disoit contre les intentions de cette personne. De plus, je ne savois que trop, par expérience, que ce prélat auroit fait part à tous ses bons amis, suivant ses préventions, de tout ce qui se seroit passé entre nous. Auroit-il admis l'amour indépendant du motif de la béatitude? Auroit-il retranché les *amoureuses extravagances* des saints, et sa passiveté miraculeuse *presque perpétuelle* en certaines ames? S'il ne l'eût pas fait, devois-je approuver son livre? et si j'eusse refusé de l'approuver, après un examen qui n'auroit point fini sans quelques peines réciproques, ce refus n'eût-il pas encore fait plus d'éclat? La troisième raison est qu'il paroît par mon Mémoire que j'avois averti six mois auparavant MM. l'archevêque de Paris et l'évêque de Chartres, avec M. Tronson, que je ne pourrois approuver ce livre, si M. de Meaux *y attaquoit personnellement madame Guyon*. Personnellement, comme nous l'avons vu, signifioit les intentions de la personne. Quand le cas fut arrivé, je montrai mon Mémoire aux trois personnes ci-dessus nommées : ils furent persuadés des raisons que le Mémoire contient. M. l'archevêque de Paris me rendit même en cette occasion un service que je ne dois jamais oublier ; car il se chargea de lire mon Mémoire, et d'en représenter les raisons à une personne à qui je craignois infiniment de déplaire. Mon refus a donc été approuvé dans le temps par MM. l'archevêque de Paris et l'évêque de Chartres. *Est-ce mettre en évidence le signe de ma division d'avec mes confrères*, que de refuser secrètement, de concert avec ces deux prélats, une approbation à M. de Meaux?

CHAPITRE VI.

De l'impression de mon livre.

LXV. On voit maintenant en quel embarras M. de Meaux m'avoit jeté, en disant à tous ses amis que j'avois promis d'approuver son livre, et qu'après l'avoir gardé six semaines, je lui avois refusé de l'approuver, de peur de condamner ceux de madame Guyon. C'est ce qui me mit dans la nécessité de donner moi-même un livre au public pour y montrer mes véritables sentiments. J'aurois souhaité de pouvoir le faire examiner par ce prélat. Mais quelle apparence de lui demander son approbation pendant que j'étois réduit à lui refuser la mienne? D'ailleurs, je savois par des voies certaines combien il étoit piqué de mon refus, et qu'il éclatoit presque ouvertement. Il disoit à un ami commun : « Quoi ! il va paroître que c'est pour » soutenir madame Guyon qu'il se désunit d'avec » ses confrères ! Tout le monde va donc voir qu'il » en est le protecteur. Ce soupçon, qui le désho- » noroit dans le public, va devenir une certi- » tude. Quel scandale ! Quelle flétrissure à son » nom ! etc. » Mais il disoit à ses amis particuliers : Est-ce là cette soumission que M. de Cambrai m'avoit promise pour rétracter toutes ses erreurs? MM. l'archevêque de Paris et l'évêque de Chartres furent persuadés des raisons de mon Mémoire, non-seulement pour le refus de l'approbation, mais encore pour mon dessein de faire un livre. Ils convinrent qu'on n'en parleroit point à M. de Meaux. L'un et l'autre a gardé là-dessus jusqu'à la fin un secret inviolable. Voilà le fait sur lequel M. de Meaux parle ainsi[1] : « Jusqu'ici tout au » moins il demeurera pour certain que M. l'arche- » vêque de Cambrai s'est désuni le premier d'avec » ses confrères, pour soutenir contre eux madame » Guyon. »

LXVI. Tout est plein de mécompte dans ces paroles. *Je n'ai jamais soutenu madame Guyon; et*

[1] *Relat.*, IIIe sect., n. 19, pag. 568.

je me suis *si peu désuni d'avec mes confrères*, que c'est de concert avec eux que j'ai pris la résolution de donner mon livre au public. Mais M. de Meaux appelle une *désunion d'avec mes confrères* tout procédé qui n'étoit pas une soumission pour lui, et une rétractation de mes prétendus sentiments. Ne pouvant plus m'ouvrir à lui, je pris soin de deux choses : l'une, de ne rien dire dans mon ouvrage qui fût contraire aux XXXIV Articles. Je comptois qu'en les suivant je suivrois ce prélat même, que je ne pouvois plus consulter. L'autre chose que je voulois faire, pour m'assurer de la première, étoit de faire examiner mon ouvrage par M. l'archevêque de Paris et par M. Tronson. « Je » vais, disois-je [1], le leur confier dans le dernier » secret. Dès qu'ils auront achevé de le lire, je le » donnerai suivant leurs corrections. Ils seront les » juges de ma doctrine, et on n'imprimera que ce » qu'ils auront approuvé. Ainsi on n'en doit pas » être en peine. » Pouvois-je m'adresser à des examinateurs moins suspects et plus précautionnés ? Ils avoient tous deux concouru pour dresser les XXXIV Articles : ils avoient examiné madame Guyon : M. l'archevêque de Paris avoit censuré ses livres : ce prélat connoissoit toutes mes préventions, depuis l'an 1694 : il avoit vu, aussi bien que M. Tronson, mes manuscrits : c'est à eux que je m'adresse, et que je me soumets pour la correction de mon ouvrage. Est-ce là une conduite schismatique et artificieuse ?

Nous venons de voir ma promesse : l'exécution la surpassa. J'avois, il y avoit déja long-temps, donné à M. l'archevêque de Paris et à M. Tronson une explication des XXXIV Articles selon mes pensées. M. de Meaux se récrie [2] : « On commençoit donc » dès-lors à commenter sur les articles ; on les » tournoit, on les expliquoit à sa mode ; on se ca- » choit de moi. » Oui sans doute, on les *commentoit*, mais d'un commentaire exact et conforme au texte. *On ne les tournoit* point, *on ne les expliquoit* point *à sa mode* ; mais on travailloit de bonne foi pour s'assurer de les bien entendre, selon le vrai sens de ceux-là mêmes qui les avoient dressés. Le fait décide. Ces deux personnes, qui avoient dressé les articles, ne trouvèrent dans l'explication rien qui pût ni les éluder ni les affoiblir. Mon Mémoire produit contre moi par M. de Meaux, et dont M. l'archevêque de Paris s'étoit chargé dans le temps, déclare que je lui ai montré « cette ex- » plication très ample et très exacte,... et que ce » prélat n'y avoit remarqué ni le moindre excès,

» ni la moindre erreur [1]. » Il est vrai qu'on *se cachoit* de M. de Meaux, mais c'étoit de concert avec les deux autres.

LXVII. « Pourquoi, dit encore ce prélat [2], ne » se cacher qu'à celui à qui, avant que d'être ar- » chevêque, et dans le temps de l'examen des ar- » ticles, on se remettoit de tout comme à Dieu, » sans discussion, comme un enfant, comme un » écolier ? » Ce n'étoit pas la dignité d'archevêque qui m'empêchoit de soumettre mon livre à M. de Meaux, puisque je le soumettois de si bon cœur, non-seulement à M. l'archevêque de Paris, mais encore à M. Tronson. Ce n'étoit pas le desir de faire ma fortune qui m'avoit rendu si docile avant que je fusse archevêque. On n'a qu'à se souvenir de la candeur avec laquelle je livrois tout et faisois tout livrer à M. de Meaux. Un homme plein d'artifice et d'ambition est plus réservé. De plus, si j'eusse été rempli d'artifice et d'ambition, n'aurois-je rien dissimulé depuis ma promotion à l'archevêché de Cambrai ? N'a-t-on plus rien ni à craindre ni à espérer dès qu'on est dans l'épiscopat ? Il falloit donc sans doute que j'eusse d'ailleurs des raisons bien pressantes pour me *cacher* à M. de Meaux seul, à qui j'avois voulu autrefois me soumettre avec une confiance sans bornes. Ce changement si peu naturel est aisé à entendre. M. de Meaux me donnoit à tous ses amis pour un homme qu'il alloit faire *rétracter une seconde fois sous un titre plus spécieux*. Il m'avoit tendu un piége très dangereux pour me jeter entre deux extrémités, et me réduire à son point. Il étoit vivement piqué de mon refus, et il le faisoit assez entendre. Il ne songeoit plus à garder le secret. « Quoi ! di- » soit-il [3], il va paroître, etc. Tout le monde va » voir, etc. Le soupçon va devenir une certi- » tude, etc. C'est mettre en évidence le signe de » la division. Quel scandale ! Quelle flétrissure à » son nom ! » Il comptoit donc que mon secret alloit devenir public dans ses mains. En cet état devois-je, encore une fois, me livrer à lui ? Je ne m'y étois déja que trop livré. Auroit-il approuvé que j'eusse soutenu l'amour indépendant du motif de la béatitude, que son livre attaquoit ouvertement, et par lequel il dit que *je me perds* ? Si je me *cachai* de M. de Meaux, ce fut de concert avec MM. l'archevêque de Paris et l'évêque de Chartres, auxquels M. Tronson fut uni dans ce secret. Si je me *cachai* de M. de Meaux, c'est que je n'espérois plus de trouver en ce prélat la modération

[1] *Relat.*, IVe sect., n. 30, pag. 591.
[2] *Ibid.*, V^e sect., n. 1, pag. 592.

[1] *Relat.*, IVe sect., n. 27, pag. 589.
[2] *Ibid.*, V^e sect., n. 1, pag. 595.
[3] *Ibid.*, IIIe sect., n. 17, pag. 565.

que je trouvois dans M. l'archevêque de Paris.

LXVIII. Après que M. l'archevêque de Paris et M. Tronson eurent vu mon Explication des XXXIV Articles, laquelle devoit servir de règle à mon ouvrage, je leur donnai l'ouvrage même, mais beaucoup plus étendu qu'il ne l'est dans le livre imprimé. J'y avois mis tous les principaux témoignages de la tradition. M. l'archevêque de Paris le trouva trop long. Par déférence pour lui, je l'abrégeai, et peut-être trop pour la plupart des lecteurs. J'ai parlé de cet ouvrage plus étendu, dont le livre des *Maximes des Saints* n'est que l'abrégé. Ensuite je lus avec M. l'archevêque de Paris et M. de Beaufort mon ouvrage raccourci. Puis je le laissai à ce prélat, qui, après l'avoir gardé environ trois semaines, me le rendit, en me montrant des coups de crayon qu'il avoit donnés dans tous les endroits qu'il croyoit que je devois retoucher pour une plus grande précaution. Je retouchai en sa présence tout ce qu'il avoit marqué, et je le fis précisément comme il le desira. Voilà les faits dont ce prélat convient [1]. Je puis y ajouter avec vérité qu'il parut craindre que je ne fusse trop docile. Il est trop sincère pour le nier : de mon côté, je n'ai garde de nier les faits qu'il allègue : mais il faut les expliquer. Ils se réduisent à cinq.

LXIX. 1° Il dit qu'il me représenta, avec M. de Beaufort, que mon projet étoit *hardi*. Il est vrai : mais malgré la hardiesse du projet, il en approuva l'exécution, et jugea mon livre *correct et utile* : ce sont ses propres paroles. Ce fut sa conclusion avec M. Tronson, lequel de son côté avoit eu mon ouvrage entre les mains pendant six semaines. Plus ce prélat trouvoit le projet *hardi*, plus il faut supposer que son zèle pour l'Église, l'importance de la matière, et l'amitié dont il m'honoroit, lui faisoient redoubler son attention en examinant mon manuscrit. On peut juger par-là avec quelle application il lut sans doute pendant trois semaines un livre si court, et qui redit presque sans cesse une seule chose, qui est l'exclusion du propre intérêt. Il lisoit cette exclusion dans toutes les pages. Il n'avoit garde de la lire tant de fois, sans lui donner au moins quelque sens. Entendoit-il absolument le salut par l'intérêt propre? C'eût été approuver l'exclusion de tout desir du salut, et autoriser *un désespoir réel et inexcusable*. Entendoit-il par l'intérêt propre *un reste d'esprit mercenaire*, comme je l'ai marqué [2]? Entendoit-il un *souci* ou desir inquiet pour le salut? Entendoit-il un attachement naturel et imparfait aux dons de Dieu? C'est ce qu'il faut supposer. Mais pourquoi faut-il que je n'aie pas pu entendre mon livre au même sens innocent dans lequel ce prélat l'entendoit? L'exclusion du propre intérêt lui a-t-elle jamais alors paru, dans mon livre, une expression, je ne dis pas impie, je dis suspecte ou équivoque? Si elle lui eût paru tant soit peu douteuse, il l'auroit marquée par quelque coup de crayon, comme tant d'autres endroits. J'aurois eu pour lui, sur cette expression, la même docilité que pour tout le reste. Jamais ces exclusions innombrables, que M. de Meaux donne comme autant de blasphèmes, n'arrêtèrent M. l'archevêque de Paris. Il trouvoit mon projet *hardi*; il connoissoit mes préventions depuis l'an 1694; il craignoit mon estime pour madame Guyon : il devoit connoître mieux qu'un autre si je faisois le portrait de cette personne, et si je défendois ses erreurs. S'il étoit vrai que je n'eusse signé les XXXIV Articles que par obéissance, contre ma persuasion, après avoir tâché de les éluder par des restrictions artificielles, il auroit aperçu du premier coup d'œil tant de blasphèmes. Tout au contraire, rien ne l'arrêta. Le projet lui parut *hardi*, mais l'exécution lui parut *correcte et utile*. Il avoit d'abord lu mon Explication des XXXIV Articles, qui étoit la règle et le fondement de mon livre : puis il avoit lu l'ouvrage en grand avec les témoignages de la tradition, dont le livre imprimé n'étoit que l'abrégé. Ensuite nous avions lu ensemble avec M. de Beaufort l'ouvrage tel qu'il a été imprimé. Enfin il l'avoit examiné seul, et marqué de coups de crayon, *pendant environ trois semaines*. N'étoit-ce pas assez pour découvrir des blasphèmes évidents et innombrables? Ces quatre lectures n'étoient-elles pas plus que suffisantes, surtout pour un prélat qui connoissoit depuis 1694 mes pensées et mes expressions? Cet ouvrage, s'il n'étoit autre chose que les défenses manuscrites de madame Guyon un peu *arrangées et adoucies* [1], devoit le frapper au premier coup d'œil. J'avois promis, dans le Mémoire dont ce prélat s'étoit chargé, que je n'imprimerois rien que *suivant ses corrections*. J'avois ajouté qu'il seroit juge de ma doctrine, et *qu'on n'imprimeroit rien que ce qu'il auroit approuvé* [2]. Il étoit donc, par mon écrit, maître absolu de mon livre. La hardiesse du projet ne l'empêcha point de l'approuver.

2° Ce prélat dit qu'il me refusa son approba-

---

[1] *Rep. de M. de Paris*, tom. v, pag. 591.
[2] *Expl. des Max.*, pag. 8.

[1] *Rép. de M. de Paris*, tom. v, pag. 590.
[2] *Relat.*, IVe sect., n. 30, pag. 591.

tion. Oui, son approbation par écrit, parce, disoit-il, qu'il avoit des mesures à garder avec M. de Meaux, dont il avoit promis d'approuver le livre. Mais après que j'eus retouché en sa présence tout ce qu'il avoit marqué par des coups de crayon, il demeura content. Je lui nommai mon imprimeur dans Paris; je lui dis que j'allois lui donner l'ouvrage, et il l'agréa. Ensuite il passa à Issy, où il conclut la même chose avec M. Tronson.

3º M. l'archevêque de Paris dit qu'il compta que je ne contredirois point la doctrine de M. de Meaux; aussi ne songeois-je point à la contredire. Je croyois qu'après avoir arrêté les XXXIV Articles, M. de Meaux ne combattroit jamais l'amour indépendant du motif de la béatitude. Ce fondement posé, je ne croyois pas pouvoir être contraire à ce prélat sur aucun point important, et je ne pensois plus qu'à montrer une entière déférence pour lui. Mais c'étoit à M. l'archevêque de Paris à savoir si nous étions conformes ou contraires dans nos ouvrages, puisqu'il les lisoit tous deux à la fois.

4º M. l'archevêque de Paris dit qu'il desira que mon livre ne parût qu'après celui de M. de Meaux. Il est vrai que je lui promis d'avoir cette déférence. Il sait qu'il n'a pas tenu à moi qu'elle n'ait été observée. Mon livre fut publié en mon absence et à mon insu. M. l'archevêque de Paris, selon les ordres que j'avois laissés, étoit le maître absolu de l'empêcher. Mais, quoi qu'il en soit, il approuvoit la publication de mon livre, puisqu'il ne s'agissoit, selon lui, que de le faire paroître quelques jours plus tard que celui de M. de Meaux. Les exceptions affermissent la règle. Les conditions que M. l'archevêque de Paris déclare avoir mises à son consentement pour l'impression de mon livre, ne servent qu'à mieux prouver qu'il y a consenti moyennant ces conditions. Si ce livre enseignoit le désespoir réel et inexcusable, si c'étoit le langage de l'antechrist, n'étoit-il question que de faire parler l'antechrist quelques jours plus tard que M. de Meaux? Ne falloit-il pas étouffer sa voix pour toujours? Je ne dis point tout ceci pour blâmer M. l'archevêque de Paris, qui peut croire maintenant qu'il n'avoit pas alors assez examiné mon livre. Mais au moins il paroît qu'alors il le croyoit d'une doctrine saine, et que, loin de *mettre en évidence le signe de la division*, je n'avois songé qu'à agir de concert avec lui.

5º Ce prélat assure qu'il desira que je montrasse mon ouvrage à quelque théologien de l'école, qui fût plus rigoureux que lui. Mais il n'aura pas oublié que je lui proposai M. Pirot, ancien examinateur des livres et des thèses, qui avoit travaillé sous feu M. l'archevêque de Paris à la censure de madame Guyon, qui avoit été chargé de l'examen de cette personne, qui étoit si prévenu contre elle, qui étoit si dévoué depuis tant d'années à M. de Meaux, et qui voyoit actuellement avec lui depuis plusieurs mois l'ouvrage que ce prélat alloit publier. Je me renfermai avec M. Pirot, et nous examinâmes un livre si court, en trois séances de quatre ou cinq heures chacune. Il avoit devant les yeux un manuscrit, et j'en tenois un autre semblable. Nous lisions ensemble: il m'arrêtoit sur les moindres difficultés, et je changeois sans peine tout ce qu'il vouloit. Il refusa d'examiner plus long-temps l'ouvrage, et il déclara qu'il étoit *tout d'or*. M. l'archevêque de Paris m'écrivit, peu de jours après, que M. Pirot étoit charmé de notre examen.

C'est ainsi que j'ai voulu attaquer M. de Meaux, faire une apologie déguisée de madame Guyon, ébranler les censures, éluder les XXXIV Articles, et désunir l'épiscopat. Pour y réussir, je me suis adressé à M. l'archevêque de Paris et à M. Tronson, qui avoient dressé les XXXIV Articles, et qui connoissoient mon entêtement pour les erreurs de madame Guyon depuis 1694. Je me suis adressé à M. l'archevêque de Paris, qui étoit auteur d'une censure, pour renverser les censures mêmes. Enfin j'ai choisi M. Pirot, si zélé contre madame Guyon, et si précautionné contre sa doctrine; M. Pirot, qui avoit aidé à dresser la censure de feu M. l'archevêque de Paris; M. Pirot, si dévoué à M. de Meaux, et actuellement si rempli de son livre, pour faire approuver l'apologie de madame Guyon, et pour renverser les censures des prélats.

LXX. Qui pourra croire des choses si incroyables? Qui est-ce qui ne voit pas la candeur et la simplicité avec laquelle je ne craignois que de me tromper et d'être flatté? Ne choisissois-je pas tous ceux qui pouvoient être le plus en garde contre moi, et me redresser si je n'établissois pas assez précisément toutes les vérités, et si je ne condamnois pas avec assez de précautions toutes les erreurs? N'étoit-ce pas vouloir être uni de sentiments avec M. de Meaux, lors même que ses préventions, son procédé, et les discours de ses amis, m'avoient mis hors d'état d'agir de concert avec lui? M. de Meaux avoue lui-même qu'en cessant de m'ouvrir à lui, je ne cessai point de m'ouvrir aux deux autres prélats. «M. de Cambrai, dit-il[1], qui » toujours conféra avec M. de Paris et avec M. de

---

[1] *Relat.*, Iʳᵉ sect., n. 8, pag. 398.

» Chartres, a refusé constamment de conférer avec
» moi... Avant même la publication de son livre,
» il ne songeoit qu'à nous détacher. » Non, je ne
songeois point à les *détacher*. Ils avoient fait tous
trois leurs censures, et je disois naturellement en
toute occasion que les livres censurés étoient censurables. Je ne proposois à aucun d'eux ni d'adoucir leurs censures, ni d'ébranler les XXXIV Articles. Je ne voulois point empêcher M. l'archevêque de Paris et M. de Chartres d'approuver le livre de M. de Meaux. Je ne voulois donc ni défendre madame Guyon, ni troubler l'union des évêques. Je voulois seulement, pour ma conduite particulière, prendre les conseils des autres, ne pouvant plus demander ceux de M. de Meaux. Après tout, supposé que M. de Meaux allât trop loin en me demandant d'approuver son livre, pour tirer de moi une espèce de *rétractation*, les autres prélats ne pouvoient-ils pas être persuadés des raisons de mon Mémoire? ne pouvoient-ils pas, sans se désunir de M. de Meaux pour les Articles et pour les censures contre madame Guyon, trouver à propos que je n'approuvasse point le livre de ce prélat, et que j'en fisse un conformément aux XXXIV Articles?

LXXI. M. de Meaux répond ici[1] : « Chacun a
» ses yeux et sa conscience. On s'aide les uns les
» autres. Pourquoi me séparer d'avec ces mes-
» sieurs? » C'est que ces messieurs ne vouloient pas, comme lui, m'arracher *sous un titre plus spécieux une rétractation*; c'est qu'ils ne m'avoient point tendu de piége pour me réduire à approuver son livre; c'est ce qu'il ne me revenoit point qu'ils parlassent de moi à leurs amis comme d'un fanatique qu'on vouloit guérir; c'est que, loin d'être piqués de mon refus pour l'approbation du livre de M. de Meaux, ils avoient cru mes raisons concluantes pour ne l'approuver pas.

Il est vrai que M. de Meaux auroit pu aider par ses lumières M. l'archevêque de Paris et ces messieurs dans l'examen de mon livre. Mais aussi il auroit pu les embarrasser par ses préventions. *Chacun a ses yeux*, je l'avoue. Mais je n'avois que trop éprouvé combien ceux de ce prélat étoient préoccupés. Venons au point décisif. N'y avoit-il au monde que lui seul qui fût capable d'examiner mon livre? M. l'archevêque de Paris, M. Tronson, M. Pirot, étoient-ils si faciles à séduire, eux qui devoient être si bien avertis et si précautionnés contre mes préventions? Quand même ils auroient cru avoir besoin de quelque secours, n'en pouvoient-ils pas trouver ailleurs qu'en M. de Meaux? Manquoit-on dans Paris de théologiens capables de dire tout ce qui est essentiel au dogme sur la charité et sur l'espérance? Est-ce fuir la lumière, que de se livrer ingénument à M. l'archevêque de Paris, à M. Tronson et à M. Pirot, à moins qu'on ne se livre aussi à M. de Meaux? Ce prélat devroit-il montrer tant de vivacité sur ce que je consultois les autres sans le consulter? Y a-t-il rien de plus libre que la confiance? Hé! qu'importe que je fisse les choses sans lui, pourvu que je ne les fisse pas mal? Supposé même que je me fusse éloigné de lui mal à propos, il devoit ménager ma foiblesse, et être ravi que les autres me menassent doucement au but. C'est ainsi qu'on est disposé quand on se compte pour rien, et qu'on ne recherche que la vérité et la paix. Tout au contraire, M. de Meaux regarde comme un outrage que j'aie voulu faire un livre en consultant les autres sans le consulter. Ne le consulter pas, c'est rompre l'unité, c'est faire un scandale, c'est attaquer les censures, c'est éluder les Articles, c'est défendre madame Guyon. Les autres ont leurs yeux; mais M. de Meaux a les siens. Sans lui ils n'auroient pas aperçu les blasphèmes évidents et innombrables dont mon livre est rempli. Telle a été l'impression de cet ouvrage : voyons les suites qu'elle a eues.

CHAPITRE VII.

De ce qui s'est passé depuis l'impression de mon livre.

LXXII. M. de Meaux promit d'abord à plusieurs personnes très distinguées qu'il me donneroit, en secret et avec une amitié cordiale, ses remarques par écrit. Je promis de les peser toutes au poids du sanctuaire. Il me les fit attendre près de six mois; car mon livre parut avant la fin de janvier, et je ne reçus que vers la fin de juillet ses remarques, qu'il a données sous le nom de *premier écrit*, du 15 du même mois. Alors j'étois sur le point de revenir à Cambrai, et je n'avois plus que le temps de préparer mes défenses pour Rome, où le roi nous renvoyoit.

Pendant que j'attendois ainsi, M. de Meaux devoit-il éclater? Il veut faire entendre que d'autres apprirent au roi ce qu'il lui avoit si long-temps caché[1]. Mais dois-je lui tenir compte de ce secret, sur lequel il n'avoit aucune preuve contre moi, ni bonne ni mauvaise, avant la publication de mon li-

[1] *Relat.*, V^e sect., n. 1, pag. 595.

[1] *Relat.*, VIe sect., n. 4, pag. 610.

vre? De plus, comment gardoit-il ce secret? Est-ce cacher assez une chose au roi, que de la répandre sourdement?

Au lieu de demander pardon au roi d'avoir caché le fanatisme de son confrère et de son ancien ami, ne devoit-il pas lui dire ce qu'il venoit de me promettre? Ce n'étoit pas les rapports confus qui pouvoient alarmer un prince si sage. Ce qui le frappa fut l'air pénitent avec lequel M. de Meaux s'accusa de ne lui avoir pas révélé mon fanatisme. Si ce prélat eût cherché la paix, il n'avoit qu'à dire à Sa Majesté : Je crois voir dans le livre de M. de Cambrai des choses où il se trompe dangereusement, et auxquelles je crois qu'il n'a pas fait assez d'attention. Mais il attend des remarques que je lui ai promises; nous éclaircirons, avec une amitié cordiale, ce qui pourroit nous diviser; et on ne doit pas craindre qu'il refuse d'avoir égard à mes remarques, si elles sont bien fondées.

Un tel discours auroit rassuré le roi, auroit fait taire tous les critiques, auroit arrêté le scandale, et préparé un éclaircissement entre nous pour l'édification de toute l'Église. C'étoit sans doute ce que M. de Meaux devoit et à l'Église, et à ses derniers engagements. Qu'avois-je fait depuis qu'il avoit cru *le dépôt important de l'instruction des princes en trop bonne main* pour ne l'y conserver pas? Qu'avois-je fait depuis qu'il avoit *applaudi* à ma nomination à l'archevêché de Cambrai, et qu'il avoit eu tant d'empressement pour être mon consécrateur? Je n'avois fait que mon livre. Mais encore, depuis l'impression de ce livre, qu'avois-je fait qui dût obliger M. de Meaux à éclater contre moi? Mon livre étoit la seule chose dont il pouvoit se plaindre; et c'est ce livre même sur lequel il m'avoit promis qu'il me donneroit en secret ses remarques, comme à son intime ami. De mon côté, je lui avois promis une sincère déférence pour ses conseils.

Je les attendois avec impatience, quand je sus par la voix publique que ce prélat avoit demandé pardon à Sa Majesté de lui avoir caché depuis plusieurs années que j'étois un fanatique. Encore une fois, qu'avois-je fait dans cet intervalle si court? Je ne vois que ma lettre au pape qui ait pu le choquer. Mais je ne l'avois écrite que sur ce qu'on m'avoit assuré que le roi souhaitoit que je l'écrivisse; je l'avois montrée à M. l'archevêque de Paris, qui l'avoit approuvée; et Sa Majesté même avoit eu la bonté de la lire avant qu'elle partît. Étoit-ce me rendre indigne des remarques de M. de Meaux, que d'écrire, selon le désir du roi, une lettre au pape pour lui soumettre mon livre, contre lequel on répandoit déjà de grands bruits à Rome?

LXXIII. Peu de temps après, j'appris tout-à-coup qu'on tenoit des assemblées, où les prélats dressoient ensemble une espèce de censure de mon livre, à laquelle ils ont donné depuis le nom de *Déclaration*.

Je m'en plaignis à M. l'archevêque de Paris, parce que nous avions fait lui et moi un projet de recommencer ensemble l'examen de mon livre sur les remarques de M. de Meaux avec MM. Tronson et Pirot.

LXXIV. Dès que ces assemblées des prélats furent établies, et que tout y eût été concerté contre mon livre, on ne songea plus qu'à me réduire à y aller comparoître. Voilà ce que signifient ces tendres paroles : « Que ne venoit-il à la conférence, » éprouver la force de ces larmes fraternelles, etc.? » Ces conférences auroient renversé notre projet d'examen arrêté avec M. l'archevêque de Paris. Elles m'auroient rejeté entre les mains de M. de Meaux, qui joignoit à toutes ses anciennes préventions une nouvelle hauteur, depuis les éclats qui étoient arrivés, et depuis les assemblées qu'on avoit tenues.

S'agissoit-il de conférences où M. de Meaux voulût me proposer douteusement ses difficultés, et se défier de ses pensées contre mon livre? Voici ce qu'il déclare [1] : « Nous ne mettions point en
» question la fausseté de sa doctrine : nous la te-
» nions déterminément mauvaise et insoutenable.
» Ce n'étoit pas là une affaire particulière entre
» M. de Cambrai et nous : c'étoit la cause de la vé-
» rité et l'affaire de l'Église, dont nous ne pou-
» vions ni nous charger seuls, ni la traiter comme
» une querelle privée, qui est tout ce que vouloit
» M. de Cambrai. Ainsi, supposé qu'il persistât
» invinciblement, comme il a fait, à nous imputer
» ses pensées, et qu'il ne voulût jamais se dédire,
» il n'y avoit de salut pour nous qu'à déclarer
» notre sentiment à toute la terre. »

Rien n'est plus clair que ces paroles. Il ne vouloit m'attirer dans l'assemblée que pour décider, que pour parler au nom de l'Église, que pour me faire *dédire*. Mais quoi! ne pouvoit-il pas craindre de se tromper en me condamnant? Non. On *ne mettoit pas en question* que je ne fusse dans l'erreur, et que je ne dusse me *dédire*. Devois-je tenter ces conférences, ou plutôt aller subir la correction de ce tribunal? Dans la situation où j'étois, me con-

---

[1] *Relat.*, VIIe sect., n. 21, pag. 635.

venoit-il d'aller faire une scène sujette à diverses explications, sur lesquelles M. de Meaux auroit été cru? S'il a cité si mal les passages de mes écrits imprimés qui sont sous les yeux du public, s'il a expliqué tant de fois mes paroles dans un sens si contraire au mien, s'il n'a pu se modérer dans des écrits qui devoient être vus de toute l'Église, que n'auroit-il pas fait dans ces conférences particulières, où il auroit pu s'abandonner librement à sa vivacité et à sa prévention?

LXXV. Je ne voulus donc point prendre le change. Je demeurai ferme à demander à M. l'archevêque de Paris l'exécution du projet qu'il avoit accepté, pour recommencer entre nous deux l'examen de mon livre, avec MM. Tronson et Pirot, sur les remarques de M. de Meaux, qui ne venoient point. Pour M. de Meaux, je lui fis proposer une voie d'éclaircissement entre nous, aussi sûre et aussi paisible que celle des conférences pouvoit être tumultueuse et ambiguë. C'étoit celle de nous faire l'un ou l'autre de courtes questions et de courtes réponses par écrit, afin que nous eussions des preuves littérales de part et d'autre de tout ce qui se passoit entre nous. Il en convint. Je lui envoyai vingt courtes questions. Il m'en envoya quelques unes, me promettant de me répondre dès que je lui aurois répondu. Je répondis aux questions de M. de Meaux. Alors il refusa de me répondre par écrit, nonobstant la promesse qu'il en avoit faite, et dont j'ai envoyé l'écrit à Rome.

Ce prélat adoucit ce fait autant qu'il le peut [1]; mais ces adoucissements ne servent qu'à mieux montrer combien le fait est véritable, de son propre aveu.

Pour couvrir ce refus d'exécuter sa promesse, il recommença à se plaindre que je refusois les conférences. Il s'en plaignit aussi hautement que s'il n'eût été en demeure ni pour ses remarques attendues près de six mois, ni pour les réponses à mes questions.

LXXVI. Ici je conjure le lecteur équitable de se mettre en ma place. Que pouvois-je faire? Quoique j'eusse une haute idée des talents de M. de Meaux, quoique je n'eusse pour moi-même que de la défiance, je sentois néanmoins que la vérité pouvoit facilement être défendue par le plus foible organe. On peut voir par mes *Réponses à la déclaration*, au *Sommaire*, etc.; que des conférences ne devoient pas m'embarrasser. Aussi ne craignois-je qu'une scène confuse, que chacun rapporteroit selon ses préventions. Pour éviter ces inconvénients, je proposai les conférences à M. l'archevêque de Paris avec ces trois conditions :

1° Qu'il y auroit des évêques et des théologiens présents. 2° Qu'on parleroit tour à tour, et qu'on écriroit sur-le-champ les demandes et les réponses. 3° Que M. de Meaux ne se serviroit point du prétexte des conférences entre nous sur tous les points de doctrine, pour vouloir se rendre examinateur du texte de mon livre, et que cet examen demeureroit, suivant notre projet, entre M. l'archevêque de Paris et moi, avec MM. Tronson et Pirot. Dès que j'eus proposé ces conditions, on me répondit qu'elles rendroient, selon les vues de M. de Meaux, les conférences inutiles. Il n'est donc pas vrai que j'aie refusé absolument les conférences. C'est M. de Meaux qui n'en vouloit qu'à condition de me faire la loi sur mon livre, et de m'obliger à me *dédire*; faute de quoi il croyoit *n'avoir de salut qu'en déclarant son sentiment à toute la terre.*

LXXVII. Pour l'histoire *d'un religieux de distinction* qui déclara, dit ce prélat, que *je ne voulois pas qu'on pût dire que je changeasse rien par l'avis de M. de Meaux*, elle m'est absolument inconnue. Je ne sais ni qui est ce religieux, ni à quel propos il peut avoir parlé ainsi. M. de Meaux se croit si assuré de me confondre en cet endroit, que, sans s'arrêter à la prétendue réponse de ce religieux, il assure que *je n'en saurois faire qu'une mauvaise*. Mais il m'est facile d'en faire en deux mots une décisive. Comment pourrois-je déclarer que *je ne voulois pas qu'on pût dire que je changeasse rien par l'avis de M. de Meaux*, puisque j'attendois alors actuellement, et que j'ai attendu pendant près de six mois les remarques de ce prélat, pour les examiner avec M. l'archevêque de Paris, MM. Tronçon et Pirot, et pour y avoir tout l'égard qu'elles méritoient? Je ne les reçus que quand il n'étoit plus question que de partir de Paris pour Cambrai, et d'envoyer promptement mes défenses à Rome. Je voulois bien écouter les avis par écrit de M. de Meaux, et en profiter s'ils étoient bons; mais je ne voulois pas me livrer à lui dans son tribunal. C'est la seule chose qu'il vouloit : il compte pour rien d'être écouté, s'il n'est cru ou suivi. A moins qu'il ne me fît *dédire*, il ne croyoit trouver *de salut qu'en déclarant son sentiment à toute la terre.*

LXXVIII. Ce prélat attaque encore la version latine de mon livre que j'ai envoyée à Rome. « Il alté-
» roit, dit-il [1], d'une étrange sorte, en le traduisant.
» Presque partout où l'on trouve dans le livre le

---

[1] *Relat.*, VIII sect., n. 2, 3, pag. 655.

[1] *Relat.*, VII sect., n. 3, pag. 625.

» mot de propre intérêt, *commodum proprium*, » le traducteur a inséré le mot de désir et d'appé- » tit mercenaire, *appetitionis mercenariæ*. Mais » l'intérêt propre n'est pas un desir : l'intérêt » propre manifestement est un objet au-dehors, » et non pas une affection au-dedans, ni un prin- » cipe intérieur de l'action. Tout le livre est donc » altéré par ce changement. » Qui ne croiroit, à ce ton démonstratif, que voilà la pleine conviction de mon infidélité? Mais c'est ici que je conjure le lecteur de juger entre M. de Meaux et moi. 1° J'ai déclaré dans mon livre que l'intérêt propre est *un reste d'esprit mercenaire* [1]. Je n'ai donc fait que suivre la définition expressément posée dans mon livre, pour lever dans ma traduction une équivoque sur le mot *d'intérêt*. 2° J'ai montré avec évidence, dans ma *cinquième lettre*, que M. de Meaux a pris lui-même, dans son propre livre, *l'intérêt* non pour l'objet de l'espérance chrétienne, mais pour une affection imparfaite et mercenaire. 3° Le terme de *propre* ajouté, dans mon livre, à celui *d'intérêt*, signifie manifestement la propriété, qui, de l'aveu même de M. de Meaux, est une *affection du dedans* qu'il faut retrancher, et non *l'objet du dehors*. 4° M. de Meaux, en traduisant mon livre dans sa *Déclaration*, a rendu le mot *d'intéressé* par celui de *mercenarius*. Ai-je tort de traduire mon livre comme il l'a traduit lui-même dans l'acte solennel où il l'a attaqué?

LXXIX. Voici un fait bien remarquable que j'ai avancé, et qui, selon M. de Meaux, est *si faux que j'en supprime les principales circonstances* [2]. Ce fait est que M. l'évêque de Chartres me fit écrire, après mon retour de Cambrai, qu'il seroit très content pourvu que je fisse une lettre pastorale qui marquât combien j'étois éloigné de la doctrine impie qu'on imputoit à mon livre, et que je promisse dans cette lettre une nouvelle édition de l'ouvrage. Je fis une réponse où je promettois de faire la lettre pastorale, et d'attendre ensuite que le pape fît régler à Rome l'édition nouvelle que M. de Chartres vouloit que je promisse. J'ajoutois que je demeurerois en paix et en parfaite union avec mes confrères, s'ils vouloient bien que nous envoyassions de concert à Rome, eux leurs objections et moi mes réponses; qu'ainsi nous édifierions toute l'Église par notre concorde, même dans la diversité de nos sentiments.

M. de Meaux veut que ce fait soit faux, 1° parce qu'il n'en a *jamais entendu parler*. Je veux croire que M. de Chartres a oublié de lui faire part d'un fait si important; mais en sera-t-il moins vrai, pour avoir été ignoré par M. de Meaux? 2° Il dit que je me suis *dédit* sur ce fait. Comment *dédit*? C'est que, dans ma seconde édition de ma *Réponse*, j'ai *supprimé tout cet article*. Mais est-ce se *dédire* sur un fait, que de le supprimer? Le fait est constant; M. de Chartres a trop d'honneur et de conscience pour le nier. Je sais qu'il a reçu ma lettre, et j'ai envoyé à Rome celle qui me fut écrite de sa part. Mon intention étoit de supprimer toutes les contestations personnelles sur le procédé, parce qu'elles ne font rien à l'éclaircissement de la doctrine, et qu'elles ne servent qu'à mal édifier le public. Encore une fois, le fait, pour avoir été supprimé par discrétion, n'en est pas moins constant.

LXXX. D'ailleurs même, quand je n'aurois pas proposé ce tempérament, les évêques devoient le prendre d'eux-mêmes. J'étois soumis au pape : la lettre que je lui avois écrite étoit *publique*, et c'est en vain que M. de Meaux veut trouver des mystères où il n'y en a point. De plus, il paroissoit par mes deux lettres, l'une datée du 5 août, et l'autre de quelques jours après, que M. de Meaux a lues imprimées, qu'en demandant au pape à être instruit en détail, de peur de me tromper, je promettois de me soumettre sans ombre de restriction tant pour le fait que pour le droit, quelque censure qu'il lui plût de faire de mon livre.

Rien n'est plus absolu que cette soumission. Je crains tellement de me tromper, que je ne demande qu'à être détrompé en détail, si je me trompe. Et en effet, rien n'est, ce me semble, plus capital pour rétablir la paix, pour assurer les consciences, pour réprimer l'erreur, pour éclaircir la vérité. Je veux tellement obéir, que je ne demande qu'à savoir toute l'étendue de l'obéissance que je dois pratiquer. Si je ne voulois qu'éluder des censures, les plus générales seroient les moins incommodes pour moi. Au contraire, les plus précises me paroissent les meilleures pour me redresser, si j'en ai besoin, parce que je ne crains que l'erreur et l'indocilité. J'ajoute que je serai toujours également soumis, quand même le pape ne jugeroit pas à propos d'entrer dans le détail. Il m'a paru que le Saint-Siége a été content jusqu'ici de cette soumission; mais M. de Meaux ne l'est pas. Selon lui, ce n'est être ni docile ni sincère, que de demander à être instruit. Mais c'est le pape, et non pas lui, que je dois contenter. S'il manque à ma soumission quelque chose que je n'aie pas aperçu, je n'attends que le moindre signe de mon supérieur pour l'ajouter.

---

[1] *Max. des Saints*, pag. 8.
[2] *Relat.*, vii° sect., n. 21, pag. 635.

Qu'y avoit-il donc à craindre? que cette soumission ne seroit pas sincère et réelle dans l'occasion? Il falloit me mettre dans mon tort, et espérer bien de son confrère jusqu'à la fin. Si j'eusse manqué de parole et de soumission, j'aurois été alors l'objet de la juste indignation de toute l'Église. Que craignoit-on donc? qu'en attendant la réponse de Rome, mon livre ne fît quelque progrès dans les esprits? Mais quand un auteur déclare publiquement qu'il ne défend point son livre, et qu'il attend la décision du pape pour savoir lui-même ce qu'il en doit croire, une telle déclaration est sans doute plus propre à tenir les esprits en suspens et dans la soumission, qu'une controverse d'écrits telle que la nôtre a été.

Après tout, il y a déja long-temps que l'affaire seroit décidée à Rome par cette voie douce et édifiante, où M. de Meaux n'auroit pas tant multiplié les écrits. Si le pape eût jugé mon livre mauvais, je l'eusse ou corrigé ou condamné d'abord, suivant sa décision. Mon obéissance sans bornes eût été un prompt contrepoison, supposé que mon livre fût contagieux. Il n'y avoit qu'à attendre un peu et en paix, au lieu qu'on a attendu long-temps et dans le tumulte. Pourquoi n'a-t-on pas suivi ce parti? Je l'ai offert. Quand je ne l'aurois jamais proposé, c'étoit la seule chose que M. de Meaux devoit penser de lui-même. Ce n'étoit pas moi qui voulois commencer la dispute. Ma soumission au pape n'étoit pas une déclaration de guerre; au contraire, c'étoit un gage de mon zèle pour la paix.

LXXXI. Qu'est-ce qui empêchoit donc cette conduite pacifique, qui auroit épargné de si grands scandales? Le voici, tiré de l'écrit de M. de Meaux: « Nous ne mettions point en question la fausseté de » sa doctrine; nous la tenions déterminément mau- » vaise et insoutenable [1]. » Il avoit raison de *tenir* le désespoir, l'oubli de Jésus-Christ et le fanatisme *déterminément* mauvais, et de ne *mettre point en question* toutes ces impiétés. Mais il s'agissoit de savoir si le texte de mon livre avec ses correctifs signifioit ces impiétés, ou non. C'est là-dessus que M. de Meaux pouvoit envoyer au pape ses objections manuscrites, sans décider, et supposant qu'il pouvoit se tromper. Il continue ainsi: « Ce n'étoit » pas là une affaire particulière, mais l'affaire de » l'Église. » N'est-ce pas vouloir toujours supposer ce qui est en question? N'a-t-on qu'à dire que toutes les querelles personnelles sont la cause de la vérité et de l'Église? C'est la question qu'il falloit soumettre au pape. Achevons de voir les paroles de ce prélat [1]: « Ainsi, supposé qu'il persistât » invinciblement, comme il fait, à nous imputer » ses pensées, et qu'il ne voulût jamais se dédire, » il n'y avoit de salut pour nous qu'à déclarer no- » tre sentiment à toute la terre. » Quoi! n'y avoit-il point de *salut* pour lui à attendre la décision du pape, après lui avoir envoyé ses objections manuscrites? Mais si le pape n'avoit pas cru nécessaire que je me dédise, ce prélat ne pouvoit-il trouver *son salut qu'à déclarer à toute la terre* le contraire de ce que le pape auroit trouvé à propos?

LXXXII. Voici un moyen auquel M. de Meaux a recours pour se justifier sur le refus qu'on a fait de mes explications. Il dit que je ne faisois que varier. C'est ce que M. de Chartres a entrepris de prouver: mais je ferai voir que ce prélat a pris ce que l'école appelle *argumentum ad hominem*, pour l'explication précise de mon livre. Je donnai à M. de Chartres, outre cette explication à sa mode, une explication de mon véritable sens, à la marge de ses objections. C'est ce que j'ai envoyé à Rome, et dont il fait mention lui-même. Il ne seroit pas juste de rejeter mes explications, en n'attaquant point les véritables, et en n'attaquant que cette preuve que l'école nomme *ad hominem*.

Mais supposons que j'aie varié dans mes explications. Allons plus loin; supposons encore avec M. de Meaux, ce que je montrerai ailleurs n'être pas vrai, je veux dire qu'il y avoit des erreurs dans mes explications mêmes. Que s'ensuit-il de là? Qu'après m'avoir montré ces erreurs, si elles étoient trop grandes pour être corrigées, il falloit au moins me redresser, et me dire les explications précises qu'on croyoit nécessaires pour assurer la foi, et après lesquelles on seroit content. L'a-t-on fait? N'est-il pas vrai qu'on rejetoit encore plus la voie des explications, qu'on ne rejetoit les explications mêmes? M. de Meaux n'en vouloit d'aucune sorte; il ne vouloit que triompher par ma rétractation.

Que si on n'eût pu convenir avec moi des explications, il n'y auroit eu qu'à attendre de concert celles que le pape auroit eu la bonté de me régler, en cas qu'il l'eût jugé à propos. M. de Meaux a-t-il voulu entrer dans ces voies pacifiques? Au contraire, n'a-t-on pas répondu à mes offres en publiant la *Déclaration* imprimée? Ce prélat n'a-t-il pas voulu faire un éclat, chercher les extrémités, et me flétrir indépendamment de tout ce que Rome feroit ou ne feroit pas? Il dit que je suis *injuste* quand j'assure qu'il m'a dénoncé. « La bonne foi, » dit-il [2], l'obligeoit à reconnoître que c'est lui-

---

[1] *Relat.*, VII.e sect., n. 21, pag. 653.

[1] *Relat.*, VII.e sect., n. 21, pag. 654. [2] *Ibid.*, n. 18, pag. 652.

» même qui s'est dénoncé par sa lettre au pape, » lorsqu'il le prie de juger son livre. »

Mais ce discours est-il sérieux? Ai-je écrit au pape sans nécessité? Je ne priois point le pape de juger mon livre, mais seulement de ne le juger point sans m'avoir écouté. Le roi n'a-t-il pas désiré que je le fisse? Après cette lettre de soumission, les choses n'étoient-elles pas encore en état d'être pacifiées? Ma soumission au père commun devoit-elle irriter M. de Meaux? La *Déclaration* n'est-elle pas venue, malgré mes offres pacifiques, pour être le *signe de la division*? N'est-elle pas l'acte public par lequel ce prélat a attaqué mon livre? Ne vouloit-il pas ou me faire *dédire*, ou chercher *son salut en se déclarant à toute la terre*?

LXXXIII. Il est temps de revenir à madame Guyon, qui est le grand moyen dont M. de Meaux se sert pour rendre mon livre odieux par ma personne qu'il suppose, suspecte. Je lui demande qu'il explique en termes précis ce qu'il veut de moi, et j'ose dire qu'il ne pourra l'expliquer. Veut-il que je condamne les livres de madame Guyon? J'ai toujours dit, dès l'origine de cette affaire, qu'ils étoient censurables; je l'ai écrit au pape dans une lettre imprimée. N'est-ce pas l'acte le plus solennel? M. de Meaux dit que je n'ai point nommé la personne de madame Guyon. Mais la nommoit-il lui-même, quand je fis cette lettre? Nullement. Il ne l'a fait que long-temps après. Il ne l'a pas même nommée dans sa *Déclaration*. Je n'épargnois donc l'honneur de la personne, en ce temps-là, que comme il l'a épargné long-temps depuis. Il ajoute que je désavouerai peut-être dans la suite la citation marginale que j'ai faite du *Moyen court* et du *Cantique*. Où en est-on quand on veut supposer de telles choses? Il fait entendre que je désavouerai peut-être aussi mon propre texte? Que veut-il donc, s'il ne peut être rassuré par mon texte même? que veut-il? Le pourroit-il dire?

LXXXIV. Quelque impatience que j'aie de finir cette odieuse contestation sur les faits, je ne puis m'empêcher de faire remarquer ici au lecteur une chose qui est ordinaire dans les écrits de M. de Meaux contre moi. Quand je montre évidemment qu'il s'est mécompté en citant mes paroles, il laisse ma preuve décisive à part, et il recommence sa citation avec autant de confiance que si je ne lui avois rien répondu. En voici un exemple clair comme le jour :

Il s'étoit plaint dans sa *Déclaration*[1] que j'avois fait tomber « le zèle des prélats sur les mystiques » des siècles passés, qui avoient été dans une igno- » rance excusable des dogmes théologiques. *Ne- » que, ut in eadem epistola scribitur, adversus » mysticos aliquot anteactis sæculis theologicorum » dogmatum veniali inscitiâ laborantes, noster » zelus excanduit.* » J'avois montré par ma réponse combien cette plainte étoit injuste, insoutenable, et évidemment contraire à mes paroles. En effet, il n'y a qu'à les lire pour être étonné de cette plainte. Voici mes propres termes [1] : « Depuis » quelques siècles, beaucoup d'écrivains mysti- » ques, portant le mystère de la foi dans une con- » science pure, avoient favorisé, sans le savoir, » l'erreur qui se cachoit encore. Ils l'avoient fait » par un excès de piété affectueuse, par le défaut de » précaution sur le choix des termes, et par une » ignorance pardonnable des principes de la théo- » logie. » Arrêtons-nous un moment pour examiner le vrai sens de ces paroles.

1° Quand je parle de ces mystiques des siècles passés, je ne les nomme que pour raconter ce qui a été l'origine innocente des excès des faux mystiques, qui ont enfin abusé des expressions des bons. 2° Pendant que je parle de ces bons mystiques des siècles passés, qui ont parlé sans *précaution*, j'ajoute que *l'erreur s'en est prévalue*, et qu'ils l'ont *favorisée* par leurs expressions, *sans le savoir*. Ainsi voilà deux choses très différentes qu'il ne faut pas confondre, savoir, les expressions des bons mystiques, et l'erreur qui s'en est prévalue. *Errori latenti*, disois-je, *imprudentes faverant*. J'ajoutois aussitôt: *Hinc acerrimus clarissimorum episcoporum zelus excanduit. Hinc triginta et quatuor Articuli, in quibus edendis egregii præsules me sibi adjungi non dedignati sunt. Hinc etiam illorum censuræ in libellos quorum loca quædam in sensu obvio et naturali merito damnantur.* Ainsi le terme *hinc*, qui fait la liaison, tombe manifestement sur ceux qui l'ont immédiatement précédé, c'est-à-dire sur ceux-ci : *errori latenti imprudentes faverant*. C'est cette erreur cachée, à la faveur des expressions des bons mystiques, « qui a en- » flammé le zèle ardent de quelques illustres évê- » ques. C'est ce qui leur a fait composer XXXIV » Articles, qu'ils n'ont pas dédaigné de dresser et » d'arrêter avec moi. C'est ce qui les a engagés à » faire des censures contre certains petits livres, » etc. » J'ai montré, dans la *Réponse à la Déclaration*, que je n'ai point voulu que le zèle des évêques se fût enflammé contre les bons mystiques des siècles passés, mais seulement contre l'erreur

---

[1] *Déclar.*, tom. XXVIII, pag. 247.

[1] *Lettre au Pape*, du 27 avril 1697. (Elle se trouve dans les *Œuvr. de Boss.*, tom. XXX, pag. 429.

qui s'étoit cachée à la faveur de leurs expressions. En parlant ainsi, j'ai dit une chose évidente. En voici les raisons : 1° Je loue les évêques. Pourrois-je les louer, si je prétendois que leur zèle se fût enflammé mal à propos contre tant de saints mystiques, dont la doctrine, comme M. de Meaux l'a remarqué lui-même après Bellarmin, est demeurée *sans atteinte?* 2° Si j'avois voulu blâmer le sujet de leur zèle, aurois-je dit que je m'étois joint à eux dans cette occasion pour arrêter les XXXIV Articles? Ce seroit m'imputer à moi-même aussi bien qu'à eux une conduite injuste. *Hinc triginta et quatuor Articuli, in quibus edendis me sibi adjungi non dedignati sunt.* 5° Les aurois-je loués pour le zèle qui les a animés dans leurs censures, en disant : *Hinc etiam illorum censuræ in libellos, quorum loca quædam in sensu obvio et naturali merito damnantur?* Loin de les blâmer, je disois que les livres qu'ils ont censurés méritent effectivement une censure par divers endroits pris dans le sens qui se présente naturellement, c'est-à-dire dans le sens propre, naturel et unique du texte, parce que l'auteur avoit mal expliqué ses pensées. C'est donc manifestement sur l'erreur des quiétistes, qui se prévaloient des expressions des anciens mystiques, et non sur les anciens mystiques mêmes, que je faisois tomber le zèle des prélats. M. de Meaux, dans sa *Déclaration*, avoit donc mal pris mes paroles; et je l'avois clairement prouvé : il n'étoit plus permis d'en faire mention que pour reconnoître qu'on s'étoit trompé, et pour me faire justice. Au lieu de me la faire, M. de Meaux recommence sa plainte. En parlant de ces bons mystiques, il dit que *j'ajoute que ce fut là le sujet du zèle de quelques évêques, et des* XXXIV *Propositions*[1]. Là-dessus, il m'accuse d'équivoque, pour préparer, dit-il, *un refuge à cette femme*, et pour tromper le pape même.

Rien n'est plus affreux que cette accusation; en même temps, rien n'est plus mal fondé, et plus contraire à mon texte : je l'ai montré évidemment. Mais il ne sert de rien de montrer les altérations les plus évidentes; M. de Meaux compte pour rien ce que j'ai vérifié, et il recommence du ton le plus assuré, comme si je n'avois osé rien répondre. Mais allons plus loin, et supposons tout ce que M. de Meaux suppose. Quand même ce qu'il dit seroit vrai, qu'en pourroit-il conclure? Quand même j'aurois voulu (ce que mon texte n'exprime point) mettre formellement madame Guyon au nombre de ces mystiques des siècles passés, qui, par ignorance de la valeur des termes, ont favorisé *l'erreur cachée sans le savoir*, où seroit mon crime? Ne lui a-t-il pas fait dire qu'*elle n'a eu aucune des erreurs*, etc.? ne dit-il pas[1] qu'*elle a été éblouie par une spécieuse spiritualité?* M. l'archevêque de Paris ne dit-il pas dans sa *Réponse* à mes lettres[2], qu'*elle n'a peut-être pas connu elle-même l'illusion* qu'elle enseignoit? N'aurois-je donc pas pu, comme ces prélats, excuser les intentions de cette personne sans défendre le texte de ses livres, et dire qu'elle avoit *favorisé l'erreur sans le savoir?* Encore une fois, je dis tout ceci non pour défendre ni pour excuser madame Guyon, mais seulement pour me justifier de n'avoir pas condamné ses intentions.

LXXXV. M. de Meaux ne se contente pas de vouloir tirer de mes paroles ce qui n'y est point : il m'accuse encore *de biaiser sur un point essentiel*. Quel est *ce point essentiel?* C'est de savoir ce que je pense sur les livres de madame Guyon. Mais n'en ai-je pas parlé d'une manière très précise, en disant qu'ils contiennent divers endroits qui les rendent censurables dans leur sens propre et naturel, qui est le sens unique du texte, *in sensu obvio et naturali?* Au lieu de reconnoître que ces paroles sont décisives, ce prélat se récrie[3] : « Est-» ce en vain que saint Pierre a dit qu'on doit être » prêt à rendre raison de sa foi, non-seulement à » son supérieur, mais encore à tous ceux qui la » demandent : *omni poscenti?* ». Ce n'est donc pas assez, selon lui, que *j'aie rendu compte au pape, mon supérieur, de ce que je pense là-dessus;* il veut aussi que je lui en rende compte à lui-même en particulier. Ce n'est pas assez pour lui que ma lettre au pape soit *publique*, et imprimée avec mon *Instruction pastorale;* il ne m'est pas permis, selon lui, de le renvoyer à cet acte imprimé. Il veut ignorer ce qui est si public et si précis, pour avoir un prétexte de me questionner, et de me réduire à une déclaration par écrit qu'il puisse faire passer pour une espèce de signature de formulaire. Mais lui, qui cite saint Pierre sur ce qu'on *doit être prêt à rendre raison de sa foi* à tous ceux qui la demandent, *omni poscenti*, se laisseroit-il interroger comme un coupable ou comme un homme suspect, sur tout ce qu'il pense de tous les livres qu'il plaira à un adversaire de l'accuser de favoriser? Jugeons-en par ce qu'il fait à mon égard. Je le soupçonne avec raison de ne regarder pas la béatitude surnaturelle comme une vraie grace; je rends une raison claire et décisive de mon soup-

---

[1] *Relat.*, VI° sect., n. 9, pag. 614.

[1] *Relat.*, IV° sect., n. 17, pag. 582.
[2] *Rép. de M. de Paris.*
[3] *Relat.*, VI° sect., n. 13, pag. 616.

çon, un homme qui croit que cette béatitude est la seule *raison d'aimer* sans laquelle Dieu ne seroit pas aimable, doit nécessairement supposer que cette béatitude est due à la créature intelligente; car Dieu, qui nous a créés pour l'aimer, ne peut pas nous avoir créés en nous privant de ce qui est la seule *raison de l'aimer* : j'en conclus que, selon lui, cette béatitude est nécessairement due à toute créature dont Dieu veut être aimé. J'ai beau le presser là-dessus : au lieu de *rendre raison de sa foi* à son confrère justement scandalisé sur un dogme cent fois plus important que le fait des écrits de madame Guyon, il se plaint de ce que je le presse à répondre oui ou non ; il oublie la règle de saint Pierre, *omni poscenti* : il dit que ma *métaphysique outrée* jette le lecteur dans *des pays inconnus*.

Il dit que je n'ai condamné que quelques endroits du livre. Et où est le livre impie qui soit impie d'un bout à l'autre? Les plus grands hérésiarques ont dit beaucoup de choses qui ne sont pas mauvaises. Pour moi, je ne crois point qu'une femme ignorante ait fait, comme M. de Meaux le prétend, un système si suivi. Je crois seulement qu'il y a divers endroits de ses livres qui, dans leur propre, naturel et unique sens, méritent d'être censurés. Un ouvrage n'est-il pas condamnable dans son tout, quand il contient divers endroits censurables dans leur sens propre, unique et manifeste?

Ce prélat regarde mes paroles comme une restriction artificieuse. C'est dans le sens rigoureux, dit-il, c'est dans le sens qui se présente naturellement à l'esprit, que M. de Cambrai condamne ces livres. Il y a donc un autre sens caché, un autre sens qui n'est pas le rigoureux, et qu'il se réserve de soutenir. Ces raisons sont déjà détruites. Encore une fois, le sens rigoureux est le seul sens des livres; c'est celui qui se présente naturellement, quand on l'examine bien; c'est celui qui résulte du texte bien pris dans toute sa suite. C'est ce que j'ai expliqué dans ma *Réponse à la Déclaration*. Ce sens véritable, propre et unique des livres, est précisément celui que j'ai condamné : tout autre sens n'est pas celui des livres. Il peut être celui de l'auteur; mais le sens d'un auteur ne justifie pas un livre, si celui du livre est certainement mauvais. M. de Meaux n'a-t-il pas dit que *la méthode d'expliquer un livre par les intentions de l'auteur est inouïe?* Je suis sa règle : en excusant les intentions de l'auteur, je n'ai point excusé ses livres. Que reste-t-il à ajouter au-dessus du sens que j'appelle *obvius et naturalis*, si ce n'est le sens ou l'intention de l'auteur même? *Sensus ab auctore intentus*. L'Église a-t-elle condamné ainsi les livres de madame Guyon? M. de Meaux est-il en droit de me dresser un formulaire pour ce sens-là? N'a-t-il pas lui-même exclu de sa condamnation le sens de l'auteur, quand il a fait dire à madame Guyon qu'elle n'avoit *eu aucune des erreurs*, etc.? Exigera-t-il de moi le contraire de ce qu'il a fait lui-même? Pour moi, je ne prétends pas me laisser flétrir par lui, ni avoir jamais mérité qu'on me demande des signatures.

Il me suffit d'adhérer du fond de mon cœur, et sans ombre de restriction, à la censure que le pape a faite des livres dont il est question, et de ne mettre aucunes bornes à ma docilité pour le chef de l'Église. Quant aux livres de madame Guyon, je déclare que je ne les ai jamais défendus, et que je suis très éloigné de les défendre jamais en aucun sens. Pourquoi donc M. de Meaux suppose-t-il sans cesse et sans preuve que je les ai approuvés? Écoutons ses propres paroles, et nous verrons, par un exemple sensible, combien une extrême prévention lui fait regarder comme très concluant ce qui l'est le moins. « Maintenant, dit-» il [1], il suffit de voir deux choses, qui résultent » de son discours. L'une, qu'il a laissé estimer » madame Guyon par des personnes illustres, » dont la réputation est chère à l'Église, et qui » avoient confiance en lui. Il ajoute : *Je n'ai pu » ni dû ignorer ses écrits*. C'est donc avec ses » écrits qu'il a laissé estimer à ces personnes » vraiment illustres qui avoient confiance en lui. » Que peut penser le lecteur de ce *donc* qui fait toute la force du discours de ce prélat? *J'ai laissé estimer* la personne de madame Guyon : *donc c'est avec ses écrits que je l'ai laissé estimer*. Hé! ne puis-je pas avoir cru les livres mauvais, et avoir estimé la femme ignorante qui les avoit écrits sans connoître la valeur des termes? Ne puis-je pas l'avoir laissé estimer aux autres comme je l'estimois moi-même, c'est-à-dire sans estimer ses livres, et sans les faire estimer? M. de Meaux lui-même ne sait-il pas bien distinguer la personne d'avec les écrits? Il a jugé les écrits pleins d'erreurs, et a fait dire à la personne qu'elle *n'en avoit eu aucune*. Je pourrois lui faire le même argument qu'il me fait. M. de Meaux n'a *pu ni dû ignorer les écrits* de madame Guyon : il l'a crue sans erreurs, puisqu'il le lui a fait dire devant Dieu dans l'acte solennel de sa soumission : *c'est donc avec ses écrits qu'il l'a crue sans erreurs*. Ce raisonnement seroit-il supportable dans ma bou-

---

[1] *Relat.*, IV⁰ sect., n. 12, pag. 577, 578.

che contre M. de Meaux? Comment doit-il être regardé dans la sienne contre moi? C'est néanmoins sur ce raisonnement qu'il fonde sa démonstration pour me faire regarder par toute l'Église comme l'apologiste des livres de madame Guyon, et comme un homme suspect de qui on doit exiger une rétractation formelle. Enfin, si on découvre que madame Guyon soit une hypocrite, je condamnerai plus hautement qu'aucun de mes confrères sa personne avec ses écrits. Plus je l'ai estimée, plus je serois indigné d'avoir été trompé par elle. Alors je jugerois de ses intentions mêmes dans le sens le plus odieux, et je n'aurois qu'horreur pour elle. En attendant, je déclare que je ne me mêle ni directement ni indirectement de tout ce qui a rapport à cette personne. Enfin, je l'abandonne de plus en plus, sur les bruits publics, au jugement de ses supérieurs. Je demande à M. de Meaux devant Dieu qu'il m'explique précisément qu'est-ce qu'il est en droit de vouloir au-delà.

Il croit me convaincre par ce raisonnement[1] : « Ou ce commerce uni par un tel lien étoit connu, » ou il ne l'étoit pas. S'il ne l'étoit pas, M. de Cam- » brai n'avoit rien à craindre en approuvant le » livre de M. de Meaux. S'il l'étoit, ce prélat n'en » étoit que plus obligé de se déclarer, et il n'y » avoit à craindre que de se taire, ou de biaiser » sur ce sujet. »

Ma réponse est facile. Ce *commerce* de piété étoit *connu*. J'avois laissé condamner sans peine les livres; il n'en étoit plus question : j'avois dit qu'ils étoient censurables. Je ne *biaisois* point; mais je ne croyois pas avoir mérité qu'on exigeât de moi, comme d'un homme suspect, une déclaration par écrit, c'est-à-dire une signature d'une espèce de formulaire. Enfin l'unique chose que je refusois alors de faire étoit d'imputer avec M. de Meaux à la personne un système évidemment impie et infame, qui la rendoit évidemment abominable.

Encore une fois, que veut M. de Meaux, quand il dit qu'on ne *me peut encore arracher une claire condamnation de ces livres*[2]? Qu'y a-t-il de clair parmi les hommes, si tout ce qu'on vient de voir ne l'est pas? Le but de M. de Meaux n'est pas de me faire condamner les livres de madame Guyon, mais de persuader au public que je ne les ai jamais condamnés jusqu'ici. Il ne songe pas à me la faire abandonner, mais à dire que je l'ai toujours soutenue. C'est mon tort qu'il cherche pour sa justification. Il veut, malgré moi, que cette femme soit l'unique cause de toute notre dispute dogmatique. Il veut me présenter une espèce de formulaire, pour pouvoir dire que c'étoit là l'unique sujet de nos disputes et de mes fuites. Pour moi, tout au contraire, je résiste à M. de Meaux, non pour ne condamner pas les livres de madame Guyon, mais pour prouver que je ne les ai jamais défendus, que je les ai déjà condamnés dans leur vrai, propre et unique sens; qu'enfin je n'ai jamais mérité qu'on me flétrisse, en exigeant de moi une souscription à une espèce de formulaire.

LXXXVI. Ici je conjure encore le lecteur de juger entre nous. M. de Meaux dit que toute notre controverse vient de mon attachement aux livres de madame Guyon. Il le dit, je le nie, et il ne sauroit le prouver. Je soutiens, au contraire, que j'ai déclaré, il y a long-temps, que ces livres sont condamnables dans leur vrai, propre et unique sens. En le disant, je le prouve. J'ajoute que la véritable cause de nos différends est que M. de Meaux nie tout acte de charité qui n'a pas le motif essentiel et *inséparable* de la béatitude, qui est la seule *raison d'aimer*. Je le dis, je le prouve ; M. de Meaux l'avoue. Il assure que c'est *en cela qu'est mon erreur, et que je me perds*[1] : il assure que c'est *le point décisif*. « C'est l'envie, dit-il, de séparer » ces motifs que Dieu a unis, qui vous a fait recher- » cher tous les prodiges que vous trouvez dans les » suppositions impossibles. C'est, dis-je, ce qui » vous y fait rechercher une charité séparée du » motif essentiel de la béatitude. » Enfin il met à la marge de cet endroit, que ce seul point renferme la *décision du tout*. Voilà donc, de son propre aveu, le point qui renferme la décision de tout le système.

LXXXVII. Pour *la Guide spirituelle* de Molinos, M. de Meaux veut que je la défende, parce que je n'en ai point parlé en parlant des LXVIII propositions. Quoi! défend-on tous les livres dont on ne parle pas? Il m'avoit reproché de n'avoir point nommé Molinos, et je répondois que je n'avois pas cru nécessaire de nommer un nom aussi odieux, dont il n'étoit pas question en France, pendant que je condamnois si ouvertement dans mes articles faux toute la doctrine de ce malheureux, recueillie dans les LXVIII propositions. Je voulois montrer par-là combien je détestois toute sa doctrine tirée de tous ses ouvrages, tant de *la Guide spirituelle* que de tous les autres. Ai-je jamais paru accepter *la Guide*? Est-il permis de donner de tels soupçons sans preuves? Pour

---

[1] *Relat.*, IVe sect., n 18, pag. 584.
[2] *Ibid.*, Ve sect., n. 12, pag. 600.

[1] *Rép. à quatre Lett.*, n. 14 et 19, pag. 49, 61, 62.

moi, je condamne sans exception et sans restriction tous les ouvrages de Molinos, comme le Saint-Siége les a condamnés.

M. de Meaux me rendra-t-il coupable aussi sur tous les autres ouvrages de Molinos que je n'ai jamais vus? Si par malheur j'omets le titre de quelqu'un d'entre eux, cette omission sera-t-elle prise pour une preuve que je veux défendre cet ouvrage-là en particulier? Ne voit-on pas que ce sont des affectations pour trouver des mystères partout où il n'y en a point, et pour me rendre suspect sur toutes les choses dont je n'aurai point parlé; ce qui va à l'infini? De quel droit ce prélat se met-il en possession de me questionner ainsi sur tous les mauvais livres l'un après l'autre, pendant qu'il refuse de me répondre sur tant de points essentiels au dogme catholique? Si on veut voir combien j'ai été éloigné d'épargner les œuvres de Molinos, on n'a qu'à lire ces paroles de ma *cinquième lettre* à M. de Meaux [1] : « Votre passion pour faire
» censurer les expressions mêmes des saints cano-
» nisés va jusqu'à comparer sainte Catherine de
» Gênes avec Molinos sur la matière des indul-
» gences. Quelle comparaison de la lumière avec
» les ténèbres! Pourquoi donner ce faux avantage
» aux quiétistes? Quel rapport entre les ouvrages
» de Molinos, si justement frappés d'anathème
» par le Saint-Siége, et ceux d'une sainte que l'É-
» glise admire et invoque? » N'est-ce pas là une condamnation absolue de tous les ouvrages de Molinos sans exception, dans une occasion naturelle? De plus, sans nommer ce malheureux, n'ai-je pas marqué dans l'avertissement du livre des *Maximes des Saints* tout ce qui peut dépeindre sa secte comme étant actuellement cachée dans l'Église? « A Dieu ne plaise, disois-je [2], que j'adresse la
» parole de vérité à ces hommes qui ne portent
» point le mystère de la foi dans une conscience
» pure! Ils ne méritent qu'indignation et hor-
» reur. » Les voilà ces faux mystiques, ces hommes livrés aux illusions de leurs cœurs, que je suppose dans les temps présents. Je ne me suis donc pas arrêté aux illuminés d'Espagne du siècle passé, comme on me le reproche. Il n'y a que le nom de quiétiste qui manque à la description manifeste que j'ai faite de ces hommes pernicieux [3]. Dira-t-on que ce nom étoit essentiel? De quoi s'agit-il? des choses réelles, ou de simples paroles? Peut-on dire que j'aie épargné ni le chef, ni la secte, puisque la moitié de mon livre, dans les articles faux, est employée à les condamner? Quand on est pressé par des raisons si claires, on passe à une autre extrémité, et on se plaint de ce que j'ai condamné les quiétistes dans un excès chimérique. Mais je montrerai que je ne leur ai imputé que ce qui suit nécessairement des LXVIII propositions extraites des œuvres de Molinos, et qu'en attaquant leurs vrais principes je n'ai fait qu'en déduire les conséquences monstrueuses.

CONCLUSION.

LXXXVIII. Lorsque M. de Meaux représente le premier bruit qui s'éleva contre mon livre, il épuise son éloquence pour montrer qu'il lui étoit impossible de *remuer d'un coin de son cabinet par d'imperceptibles ressorts toute la cour, tout Paris* [1], *etc*. Mais rien n'est moins *imperceptible* que les *ressorts* qui furent remués. On vit les prélats les plus accrédités à la cour, et qui avoient le plus d'autorité sur les gens de lettres, s'unir hautement contre moi. Tout étoit déjà préparé en secret par les confidents de M. de Meaux, qui n'attendoient que le signal. Dix personnes accréditées en font parler dix mille. On alarma les ames simples et pieuses; on tâcha de prévenir les théologiens par l'équivoque du mot d'intérêt, on excita (ce qui est facile en matière de spiritualité et de mystique) la dérision des esprits profanes. Tout concourut à la fois pour grossir l'orage, science, ignorance, piété, politique, insinuation, dispute, larmes et menaces. Le petit nombre de ceux qui ne se laissèrent point entraîner au torrent fut réduit à se taire.

Alors M. de Meaux se contentoit de raconter en certaines occasions, dans un demi-secret, les faits qu'il vient de publier. Mais, comme il croyoit m'accabler facilement par la doctrine seule, il s'y renfermoit en écrivant contre moi. Les questions de doctrine ne lui ont pas réussi. L'école, qu'on m'opposoit sans cesse, s'est tournée contre M. de Meaux sur la charité. M. de Chartres le contredit en ce point. M. l'archevêque de Paris avoue, malgré M. de Meaux, l'amour naturel et délibéré, qui n'est ni vertu surnaturelle ni péché. Il rejette l'oraison passive que M. de Meaux enseigne. A peine ai-je publié mes défenses, que le public a commencé à ouvrir les yeux et à me faire justice. C'est ce que M. de Meaux appelle *les temps de tentation et d'obscurcissement* [2]. C'est encore en cet endroit que ce prélat a recours aux plus vives figures, pour dépeindre une séduction prompte et

---

[1] Ve *Lett.*, n. 20, pag. 104.
[2] *Max. des Saints*, avertiss.   [3] *Ibid.*, pag. 26.

[1] *Relat.*, VIe sect., n. 5, pag. 611.
[2] *Ibid.*, n. 8, pag. 615.

presque universelle. Il me permettra de lui dire ce qu'il disoit contre moi deux pages au-dessus. Quoi! le pourra-t-on croire? *Ai-je remué d'un coin de mon cabinet* à Cambrai, *par des ressorts imperceptibles,* tant de personnes désintéressées et exemptes de prévention? Que dis-je, exemptes de prévention? ajoutons, qui étoient si prévenues contre moi avant que d'avoir lu mes écrits? N'est-il pas cent fois plus difficile de faire dire aux hommes qu'ils se sont trompés, que de les éblouir d'abord? Ai-je pu faire pour mon livre, moi éloigné, moi contredit, moi accablé de toutes parts, ce que M. de Meaux dit qu'il ne pouvoit faire lui-même contre ce livre, quoiqu'il fût en autorité, en crédit, en état de se faire craindre?

Voici la réponse de ce prélat : « Les cabales, » les factions se remuent; les passions, les intérêts » partagent le monde[1]. » Quel intérêt peut engager quelqu'un dans ma cause? De quel côté sont *les cabales* et *les factions?* Je suis seul, et destitué de toute ressource humaine. Quiconque regarde encore un peu son intérêt n'ose plus me connoître. M. de Meaux continue ainsi : « De grands corps, » de grandes puissances s'émeuvent. » Où sont-ils *ces grands corps?* où sont *ces grandes puissances* dont la faveur me soutient contre la vérité manifeste? Ce prélat veut trouver des *cabales*, des *factions*, de *grands corps* qui soutiennent l'impiété du quiétisme, et qui partagent les esprits jusque dans le sanctuaire de l'Église romaine, jusque dans le saint-office. Il continue ainsi[2] : « L'é- » loquence éblouit les simples, la dialectique leur » tend des lacets, une métaphysique outrée jette » les esprits dans des pays inconnus. » Les *lacets de ma dialectique* se réduisent à montrer clairement les paralogismes de ce prélat, et à rétablir simplement le texte de mes principaux passages, qu'il a altérés dans ses citations. Cette *métaphysique outrée* ne consiste qu'à dire : Dieu est aimable par lui-même, indépendamment d'une béatitude surnaturelle qu'il ne nous devoit pas, et qu'il auroit pu ne nous donner jamais. Ces *pays inconnus* sont les souhaits de saint Paul et de Moïse. Ce sont les suppositions que M. de Meaux reconnoît fréquentes dans les livres de tant de saints, depuis saint Clément d'Alexandrie jusques à saint François de Sales. C'est la supposition que saint Augustin a faite comme les autres Pères; c'est la doctrine de ce saint docteur, qui veut avec toute l'Église que la béatitude céleste soit une grace, et non pas une dette. C'est cette supposition que le catéchisme du concile de Trente veut que les pasteurs expliquent au peuple. « Il ne faut point omet- » tre de parler, dit-il[1], de ce que Dieu montre » sa clémence et les richesses de sa bonté sur nous, » principalement en ce que, pouvant nous assujet- » tir à servir à sa gloire sans aucune récompense, » il a voulu néanmoins joindre sa gloire avec notre » utilité. » Est-il permis de traiter cette doctrine de l'Église romaine de *métaphysique outrée* et de *pays inconnus?* Écoutons encore ce prélat[2] : « Plu- » sieurs ne savent plus ce qu'ils croient ; et tenant » tout dans l'indifférence, sans entendre, sans » discerner, ils prennent parti par humeur. » Quoi! le monde revient-il ainsi tout-à-coup contre ses préjugés, sans savoir pourquoi? Après avoir marqué des causes si peu réelles de ce changement, falloit-il encore alléguer *l'humeur*, cause vague et imaginaire? C'est ainsi que ce prélat s'excuse sur ce que le monde paroît *partagé* pour un livre qu'il avoit d'abord dépeint comme abominable, et incapable de souffrir aucune saine explication.

C'est dans cette conjoncture qu'il a passé de la doctrine aux faits. *Les temps de tentation et d'obscurcissement* ont eu besoin de la scène de madame Guyon. C'est dans cette *extrémité* qu'il est *forcé* de publier ce qu'il ne disoit d'abord que dans une espèce de confidence.

Mais supposons tout ce qu'il suppose sans le prouver; donnons-lui tout ce qu'il voudra. Il m'avoit vu entêté d'une fausse prophétesse, et appliqué à excuser ses écrits insensés. Quoiqu'il m'eût vu dans cette illusion, « il ne s'avisoit seulement » pas de croire qu'il y eût rien à craindre d'un » homme dont il croyoit le retour si sûr, l'esprit » si docile, et les intentions si droites[3]. » Voilà tout le passé mis en oubli; il ne s'agit donc plus que de l'avenir. Malgré l'entêtement pour une fausse prophétesse, et le desir d'excuser ses livres, qu'il croyoit avoir aperçus en moi, M. de Meaux me jugeoit encore utile aux princes, et digne d'être archevêque. Pourquoi donc rappeler encore ce passé, qu'il comptoit lui-même pour rien, à moins que l'avenir ne le renouvelât? Qu'ai-je fait depuis le temps où M. de Meaux *ne s'avisoit pas seulement de croire qu'il y eût rien à craindre* de moi? J'ai refusé en secret d'approuver son livre. Pourquoi publioit-il ce refus secret? pour le tourner en scandale? Pourquoi vouloit-il m'engager, sans m'en avertir, à signer une espèce de *rétractation sous un titre plus spécieux?* Pourquoi vouloit-il

---

[1] *Relat.*, VIe sect., n. 8, pag. 615. [2] *Ibid.*

[1] *Proœm. in Decal.*, part. III, n. 27.
[2] *Relat.*, VIe sect. n., 8, pag. 615.
[3] *Ibid.*, IIIe sect. n. 9, pag. 536.

que je condamnasse avec lui dans son livre les intentions de madame Guyon, qu'il avoit justifiées dans les soumissions, où il avoit conduit sa plume? Qu'ai-je fait encore depuis ce temps, où il *ne s'avisoit seulement pas de croire qu'il y eût rien à craindre de moi?* Je n'ai fait que mon livre, consultant M. l'archevêque de Paris, et MM. Tronson et Pirot. C'est ce livre dont le pape seul doit juger. Je le lui ai pleinement soumis ; je n'attends que sa décision. M. de Meaux n'auroit-il pas pu aussi l'attendre en paix, après avoir envoyé à Rome ses objections manuscrites? Falloit-il, pour un livre soumis sans restriction au Saint-Siége, rappeler ces faits odieux contre son confrère? Falloit-il, pour un livre dont on ne devoit pas être en peine après mes soumissions, violer le secret des lettres missives, et se faire même un mérite de se taire par rapport au quiétisme sur ma confession générale?

Quand j'aurois admiré les visions d'une fausse prophétesse (chose dont M. de Meaux ne donne pas même une ombre de preuve), le savant et pieux Grenade, auquel je n'ai gardé de me comparer, n'a-t-il pas été ébloui par une folle qui prédisoit les visions de son cœur? Je n'ai qu'à répéter ici les paroles de M. de Meaux[1] : « Est-ce un si grand » malheur d'avoir été trompé par une amie? » L'esprit de mensonge ne peut-il pas se *transformer en ange de lumière?* Suis-je obligé d'être infaillible? M. de Meaux l'a-t-il été, en faisant dire à cette personne qu'elle *n'a eu aucune des erreurs, etc.?* C'est moi, et non pas madame Guyon, que j'ai voulu justifier. C'est l'amour désintéressé et non le désespoir que j'ai défendu dans mes manuscrits. Ces manuscrits mêmes n'étoient que des recueils secrets et informes, tant des preuves du vrai que des objections qu'on pourroit faire pour le faux. J'en ai averti dans les manuscrits mêmes, où j'ai dit qu'il falloit rabattre beaucoup de tant d'exagérations. Ma soumission pour M. de Meaux prouve seulement que je me confiois beaucoup à ses lumières, et qu'en me défiant des miennes, comme doit faire tout chrétien, je ne laissois pas d'être dans cette confiance simple en ma droiture que l'innocence inspire. Mais supposons tout en rigueur. Est-ce avouer l'erreur que de la craindre? Ne peut-on pas être docile sans être égaré? Mon Mémoire montre que madame Guyon a été mon amie, et que j'excusois en secret ses intentions, sans excuser jamais ses livres. M. de Meaux n'a-t-il pas excusé ses intentions, en lui faisant dire qu'elle *n'a eu aucune des erreurs*[1], *etc.?* Ne dit-il pas encore qu'elle peut avoir *été éblouie par une spécieuse spiritualité*[2]*?* M. l'archevêque de Paris ne me parle-t-il pas encore ainsi dans sa *Réponse* à mes lettres : « Reconnoissez que vous n'avez pas connu » d'abord les illusions de cette femme, qui ne les » connoissoit peut-être pas elle-même[3]? » Ce prélat doutoit donc encore, dans ces derniers temps, si elle avoit *connu elle-même ces illusions* en les écrivant. Suis-je obligé d'en dire plus que lui? Ne pouvois-je pas regarder comme une pieuse amie celle que feu M. de Genève avoit *estimée infiniment, et honorée au-delà de l'imaginable?* De ce que je l'ai estimée, s'ensuit-il que je ne sois pas prêt à la détester plus que personne, si on découvre qu'elle m'ait trompé? S'ensuit-il de là que je veuille jamais excuser ses livres? Du reste, je n'ai jamais été ni son confesseur, ni son directeur, ni son pasteur, ni son juge, et encore moins son apologiste.

S'il reste à M. de Meaux quelque écrit ou quelque autre preuve à alléguer contre ma personne, je le conjure de n'en faire point un demi-secret pire qu'une publication absolue. Je le conjure d'envoyer tout à Rome, afin qu'il me soit promptement communiqué par les ordres du pape. Je ne crains rien, Dieu merci, de tout ce qui me sera communiqué et examiné juridiquement. Je ne puis être en peine que des bruits vagues, ou des allégations qui ne seroient pas approfondies. S'il me croit tellement impie et hypocrite qu'il ne puisse plus trouver son salut et la sûreté de l'Église qu'en me diffamant, il doit employer non dans des libelles, mais dans une procédure juridique, toutes les preuves qu'il aura. *Si quis autem videtur contentiosus esse, nos talem consuetudinem non habemus, neque Ecclesia Dei*[4].

Si au contraire il n'a plus rien à dire pour flétrir ma personne, revenons, sans perdre un moment, à la doctrine, sur laquelle je demande une décision. Il l'a réduite lui-même à *un point* qu'il nomme *décisif,* à un seul point qui renferme la décision du tout. Ce point décisif de tout le système est, selon lui, que j'ai enseigné *une charité séparée du motif essentiel de la béatitude.* C'est là-dessus que nous pouvons demander au pape un prompt jugement. C'est là-dessus que M. de Meaux doit être aussi soumis que moi. C'est cette soumission qu'il devroit avoir promise, il y a déjà long-temps, par rapport à toutes les opinions singulières que j'ai

---
[1] *Relat.*, IVe sect., n. 17, pag. 583.

[1] Ci-dessus, ch. I, n. 5.
[2] *Rel.*, IVe sect., n. 17, pag. 582.
[3] *Réponse de M. de Paris.*
[4] *I Cor.*, XI. 16.

recueillies de son premier livre, dans mon écrit intitulé *Véritables oppositions, etc.*

Pour moi, je ne puis m'empêcher de prendre ici à témoin celui dont les yeux éclairent les plus profondes ténèbres, et devant qui nous paroîtrons bientôt. Il sait, lui qui lit dans mon cœur, que je ne tiens à aucune personne ni à aucun livre, que je ne suis attaché qu'à lui et à son Église, que je gémis sans cesse en sa présence pour lui demander qu'il ramène la paix et qu'il abrège les jours de scandale, qu'il rende les pasteurs aux troupeaux, qu'il les réunisse dans sa maison, et qu'il donne autant de bénédictions à M. de Meaux qu'il m'a donné de croix.

Dieu le sait, car c'est lui qui me l'a mis au cœur. Il y a long-temps que j'aurois abandonné mon livre, et que j'aurois demandé à être jeté dans la mer pour finir la tempête; je le demanderois encore à présent de tout mon cœur, quelque flétrissure que j'en dusse souffrir, si je croyois que cet ouvrage pût jamais autoriser l'illusion, et être un sujet de scandale pour le moindre d'entre les petits. Mais j'ai cru ne pouvoir abandonner cet ouvrage, sans abandonner la doctrine de l'amour désintéressé, qu'on y attaque ouvertement comme le *point décisif*. De plus, j'ai cru que l'illusion ne pouvoit jamais s'autoriser par un livre tant de fois expliqué, et qui la combat de si bonne foi. Enfin, sans regarder humainement ma personne, j'ai cru ne devoir pas la laisser flétrir par rapport à mon ministère. Plus les erreurs qu'on m'a imputées dans cet ouvrage sont impies, plus je me suis cru obligé en conscience à montrer par le texte même combien j'ai toujours eu horreur de ces impiétés. Abandonner mon livre sur de si terribles accusations eût été une espèce d'aveu de toutes ces erreurs impies qu'on y veut trouver. Le pape jugera si je me suis trompé dans ces pensées. Mais enfin je proteste, à la face du ciel et de la terre, que je n'ai écrit mon livre ni pour affoiblir la saine doctrine contre le quiétisme, ni pour excuser l'illusion.

RÉPONSE AUX REMARQUES

DE Mgr L'ÉVÊQUE DE MEAUX

SUR

LA RÉPONSE A LA RELATION SUR LE QUIÉTISME.

MONSEIGNEUR,

Jamais rien ne m'a tant coûté que ce que je vais faire. Vous ne me laissez plus aucun moyen pour vous excuser, en me justifiant. La vérité opprimée ne peut plus se délivrer qu'en dévoilant le fond de votre conduite. Ce n'est plus ni pour attaquer ma doctrine, ni pour soutenir la vôtre, que vous écrivez; c'est pour me diffamer. « Pour éluder, dites-» vous[1], des faits si convaincans, M. de Cambrai » a fait les derniers efforts, et a déployé toutes les » adresses de son esprit. Dieu l'a permis, pour me » forcer à mettre aujourd'hui en évidence le carac-» tère de cet auteur. » Vous ajoutez ailleurs[2] : « Voilà » ce qui s'appelle discourir en l'air, et faire illusion » par de vains tours de souplesse. » Voici d'autres traits semblables[3] : « Le monde n'avoit jamais vu » d'exemple d'une souplesse, d'une illusion et d'un » jeu de cette nature. » Écoutons encore[4] : « J'ai » affaire à un homme enflé de cette fine éloquence » qui a des couleurs pour tout, à qui même les » mauvaises causes sont meilleures que les bonnes, » parce qu'elles donnent lieu à des tours subtils » que le monde admire. » Où est-ce qu'on a vu cette enflure? Si elle a paru dans mes écrits, je veux m'humilier. Si j'ai écrit d'un style hautain et emporté, j'en demande pardon à toute l'Église. Mais si je n'ai répondu à des injures que par des raisons, et à des sophismes sur mes paroles prises à contre-sens, que par la simple exposition du fait, le lecteur pourra croire que ma *souplesse* n'est pas mieux prouvée que mon enflure de cœur. Continuons[5] : « Pour moi, je n'en sais pas tant. Je ne » suis pas politique... Simple et innocent théolo-» gien, je crus, etc. » Ailleurs vous vous rendez le plus beau de tous les témoignages par une des plus grandes figures[6] : « Quoi, ma cabale! mes » émissaires! L'oserai-je dire? je le puis avec con-» fiance et à la face du soleil, le plus simple de » tous les hommes. » Pendant que vous vous donnez de si belles couleurs, vous ne cessez de m'en donner d'affreuses. Vous vous sentez « obligé d'a-» vertir sérieusement les chrétiens de se donner » de garde d'un orateur qui, semblable aux rhé-» teurs de la Grèce, dont Socrate a si bien montré » le caractère, entreprend de prouver et de nier » tout ce qu'il veut; qui peut faire des procès sur » tout, et vous ôter tout-à-coup avec une souplesse » inconcevable la vérité qu'il aura mise devant vos » yeux[7] : » Il est aisé de voir qu'en parlant ainsi,

---

[1] *Remarq. sur la Rép. à la Relat.*, avant-prop., tom. xxx, pag. 7.
[2] *Ibid.*, art. I, n. 7, pag. 14.
[3] *Ibid.*, art. II, n. 6, pag. 56.
[4] *Ibid.*, avant-prop., n. 9, tom. xxx, pag. 58.
[5] *Ibid.*, n. 8, pag. 57.
[6] *Relat.*, VIe sect., n. 5, tom. xxix, pag. 641.
[7] *Remarq. conclus.*, §. 1, n. 11, tom. xxx, pag. 193.

vous pensiez à ces hommes qui dans une place publique se jouent par leurs tours de souplesse des yeux de la populace. Aussi parlez-vous en ces termes[1] : « J'écris ceci pour le peuple, ou, pour parler » nettement, afin que le caractère de M. de Cam- » brai étant connu, son éloquence, si Dieu le per- » met, n'impose plus à personne. »

C'est donc jusqu'au peuple que s'étend votre charité, pour me montrer au doigt comme un imposteur qui lui tend des piéges. Pour vous, vous vous récriez que vous avez besoin de réputation dans votre diocèse. Tout au contraire, selon vous, le diocèse et la province de Cambrai ont besoin de se défier de moi comme d'un impie et d'un hypocrite.

J'avoue que rien n'est plus odieux dans la société qu'un sophiste. *Qui sophistice loquitur odibilis est*[2]. Mais à quoi sert de dire si souvent ce que l'homme qui a le plus grand tort peut dire autant que celui qui a le plus de raison ? *Omittamus*, dit saint Augustin, *ista communia, quæ licet ex utraque parte dici possint, tamen ex utraque parte vere dici non possunt*. Le plus subtil est celui qui a tant d'art pour persuader au lecteur que les choses qu'il a cru voir et toucher ne sont qu'un enchantement. La vérité simple parle avec plus de modération et de vraisemblance. Quelle indécence, que d'entendre dans la maison de Dieu, jusque dans son sanctuaire, ses principaux ministres recourir sans cesse à ces déclamations vagues qui ne prouvent rien ? Votre âge et mon infirmité nous feront bientôt comparoître tous deux devant celui que le crédit ne peut apaiser, et que l'éloquence ne peut éblouir.

Ce qui fait ma consolation, c'est que, pendant tant d'années où vous m'avez vu de si près tous les jours, vous n'avez jamais eu à mon égard rien d'approchant de l'idée que vous voulez aujourd'hui donner de moi aux autres. Je suis ce *cher ami*, cet *ami de toute la vie* que *vous portiez dans vos entrailles*[3], même après l'impression de mon livre. Vous *honoriez ma piété*[4]. (Je ne fais que rapporter vos paroles dans ce pressant besoin.) Vous aviez cru devoir *conserver en de si bonnes mains le dépôt important de l'instruction des princes*[5]. Vous *applaudîtes* au choix de ma personne pour l'archevêché de Cambrai[6]. Vous m'écriviez encore après ce temps-là en ces termes[7] : « Je vous suis » uni dans le fond du cœur avec le respect et l'in- » clination que Dieu sait. Je crois pourtant ressen- » tir encore je ne sais quoi qui nous sépare encore » un peu, et cela m'est insupportable. »

Honorez-vous, monseigneur, d'une amitié si intime les gens que vous connoissez pour faux, hypocrites et imposteurs ? Leur écrivez-vous de ce style ? Si cela est, on ne sauroit se fier à vos belles paroles, non plus qu'aux leurs. Si au contraire vous ne voulez point être au rang des rhéteurs dépeints par Socrate, qui savoient louer et diffamer selon le besoin, il faut avouer que vous m'avez cru très-sincère, jusqu'au jour où vous avez mis votre honneur à me déshonorer, et où, les dogmes vous manquant, il a fallu recourir aux faits pour rendre ma personne odieuse.

Le lecteur n'a même qu'à rappeler ce que vous avez dit. Le voici[1] : « Nous ne savions ses senti- » ments que par lui-même, comme il ne tenoit » qu'à lui de nous les taire. La franchise avec » laquelle il nous les découvroit nous étoit un » argument de sa docilité ; et nous les cachions » avec d'autant plus de soin, qu'il avoit moins de » ménagement à nous les montrer. » Ainsi, loin d'avoir été souple et dissimulé, je n'ai à me reprocher que d'avoir eu en vous une confiance poussée jusqu'à une indiscrétion que vous voulez tourner contre moi.

Loin de m'étonner de ce procédé, je l'ai prévu comme une suite inévitable de vos premiers engagements. D'abord vous vous êtes tout promis de vos talents, de votre autorité, et de l'impression par laquelle votre cabale avoit prévenu le monde. A mesure que vous vous promettiez des succès plus prompts et plus faciles, vous les promettiez aux autres ; et c'est par tant de promesses que vous les avez engagés dans des extrémités si contraires à leur modération naturelle. Vous avez alarmé les esprits par la description *d'un puissant parti* qui ne fut jamais, et par les prédictions de madame Guyon. Vous n'avez jamais pu réaliser ce vain fantôme, ni pour la doctrine, ni pour la cabale. Il vous échappe, et disparoît, malgré tous les efforts que vous faites pour le saisir. Le monde trouve qu'à l'égard des prédictions, il n'est pas moins foible de craindre de telles chimères, que de les croire. C'est néanmoins le fondement le plus sérieux d'un si grand scandale. Vous assuriez que mon livre n'étoit susceptible d'aucune saine explication. Vous promettiez, de ce ton si affirmatif qui vous est naturel, qu'au premier coup d'œil Rome

---

[1] *Remarq. conclus.*, art. xi, n. 8, pag. 185.
[2] *Eccl.*, xxxvii, 25.
[3] *Premier Écrit*, n. 2, tom. xxviii, pag. 377, 578.
[4] *Ibid.*, n. 5, pag. 597.
[5] *Relat.*, iiie sect., n. 9, tom. xxix, pag. 537.
[6] *Ibid.*, n. 12. [7] *Rép. à la Rel.*, n. 51, tom. vi, pag. 413.

[1] *Relat.*, iiie sect., n. 8, tom. xxix, pag. 556.

entière seroit unanime pour frapper d'anathême toute ma doctrine. Quel mécompte! Plus on l'examine, plus elle trouve de défenseurs non suspects, qui ne m'ont jamais vu, qui ne me verront jamais, et auprès de qui je n'ai aucune recommandation que celle de mon innocence. Jamais livre n'a été si rigoureusement examiné; jamais on n'a fait contre aucun livre, surtout en matière de spiritualité, tant d'objections subtiles et outrées. Si vos ouvrages passoient par un tel examen, que deviendroient-ils? Depuis plus d'un an, les principaux théologiens de Rome, si zélés contre le quiétisme, après avoir lu vos écrits innombrables, ne trouvent rien que de pur dans mon texte. Les ai-je corrompus, ces hommes vénérables? Soutiennent-ils depuis si long-temps un livre quiétiste sur une version infidèle, sans s'être jamais éclaircis sur la vérité de l'original? Conduite aveugle et insensée, que vous leur imputez à la honte de l'Église romaine. Peut-on équitablement exiger de moi que j'aie été plus rigoureux contre moi-même dans l'impression de mon livre, dont M. l'archevêque de Paris, MM. Tronson et Pirot avoient été contents, que ces graves théologiens ne le sont encore aujourd'hui, après plus d'un an de contestation si ardente, jusque sur les dernières minuties du texte? Direz-vous encore que c'est là une de mes subtilités? Cette subtilité a frappé toutes les personnes sans prévention; et si c'est là être subtil, le public l'est autant que moi.

A ce coup, il a fallu soutenir vos premiers engagements par de nouveaux efforts. Vous avez représenté aux autres prélats qu'on ne pouvoit plus reculer sans vous déclarer auteur du scandale, et sans faire triompher la cause de madame Guyon, que vous supposez toujours inséparable de la mienne. Au nom de madame Guyon, on frémit, et on vous laisse faire. Vous passez des dogmes aux faits. Ma personne, selon vous, est encore plus dangereuse par ses artifices que mon livre par ses erreurs. Le monde entier, d'abord frappé de la nouveauté des faits, et qu'on avoit prévenu à loisir contre moi, revient à mesure qu'il lit mes réponses. Les faits s'évanouissent comme les dogmes. Tout vous échappe, et le scandale de toute la chrétienté retombe sur vous. De tant d'esprits prévenus d'abord, il ne vous reste qu'une troupe toujours prête à vous applaudir, et qu'un certain nombre d'hommes timides que vous entraînez malgré eux, par les moyens efficaces que tout le monde voit, et qu'il est aisé de prendre dans la situation où vous êtes. Il étoit naturel de craindre qu'à la fin ceux que vous avez engagés trop avant n'ouvrissent les yeux. Faut-il donc s'étonner que vous ayez recours à l'enchantement? Vous l'étalez en toute occasion. A vous entendre parler, j'ai fait disparoître de mon livre tous mes blasphèmes, et de ma conduite tous les égarements, dont vous prétendiez donner des preuves littérales. L'enchantement explique tout dans votre réponse. Vous assurez[1] que *le monde n'avoit jamais vu d'exemple de cette souplesse*, de cette *illusion*, de ce *jeu*, et vous voulez qu'on croie ce qui est sans exemple. Mais on va voir par quelles subtilités inouïes vous tâchez de prouver que je suis subtil.

Votre art, qui se fait sentir partout, vous trahit, et montre par quels tours subtils vous voulez passer pour *le plus simple de tous les hommes*[2]. Selon votre besoin, vous faites croître ma souplesse à mesure que vos preuves s'évanouissent. Plus j'emploie de bonnes raisons, plus je raconte de faits décisifs tirés de vos propres paroles dans votre *Relation*, plus le lecteur en est touché, et plus vous vous récriez sur le charme. A vous entendre parler, on peut encore moins résister aux puissants ressorts que je remue dans toutes les nations, qu'aux prestiges de mon éloquence. Si peu que cette affaire dure, vous me dépeindrez bientôt comme le plus redoutable de tous les hommes. Mais où en êtes-vous, si vous n'avez plus de ressource qu'en persuadant au monde que ses yeux n'ont pas vu et que ses mains n'ont pas saisi ce que je lui ai montré, et fait toucher au doigt, pour ainsi dire, dans vos écrits et dans les miens? Qu'il relise donc patiemment, sans se fier ni à vous ni à moi, et qu'il nous juge. Où en êtes-vous, si vous êtes réduit à prétendre sérieusement, pour vous justifier, que j'ai dans le monde plus de crédit que vous? Qui vous croira *le plus simple de tous les hommes*, quand vous ne craignez point de dire que j'ai « une cabale qui se fait sentir par toute la » terre? » Vous ajoutez : « Quand est-ce qu'on a » plus visiblement éprouvé les efforts d'un puis- » sant parti[3]? » Enfin après avoir rapporté que j'ai dit : *Je suis seul*, et après avoir conclu, *væ soli*, parce que *c'est le caractère de la partialité et de l'erreur* (abusant de mes paroles pour me faire dire que je suis seul dans ma doctrine, lorsque je dis seulement que je suis sans cabale), vous finissez ainsi[4] : « Puisqu'il m'y force, je lui dirai » aux yeux de toute la France, sans craindre d'être » démenti, qu'il peut plus avec un parti si zélé, » que M. de Meaux occupé à défendre la vérité » par la doctrine, et que personne ne craint. » Je

---

[1] *Remarq.*, art. 1, n. 6, tom. XXX, pag. 56.
[2] *Relat.*, VIe sect., n. 5, tom. XXIX, pag. 611.
[3] *Remarq.*, art. XI, n. 4, tom. XXX, pag. 181, 183. [4] *Ibid.*

n'ai pas besoin de répondre : la France entière répond pour moi. Il ne me reste qu'à souhaiter que le lecteur ne vous croie pas davantage sur mes erreurs prétendues, qu'il vous croira sur mon grand pouvoir dans le monde. C'est ainsi qu'en me reprochant d'être subtil, vous poussez la subtilité jusqu'à l'excès absurde de vouloir prouver au monde que c'est moi qui suis le plus accrédité de nous deux. Que ne prouverez-vous pas, si vous prouvez ce fait contre la notoriété publique ?

I.
Des altérations de mon texte.

Quand je me plains de tant d'altérations de mon texte, vous répondez[1] : « Il me renverra sans » doute à ses livres, où il prétend les avoir prou» vées. Mais il doit donc me permettre aussi de le » renvoyer aux endroits des miens où je les ai » éclaircies. » Ailleurs vous récriminez sur les altérations, et vous voudriez bien faire compensation des vôtres avec les miennes prétendues. Ainsi font ceux qui ont intérêt que tout demeure dans la confusion ; vous espérez de vous sauver dans la multitude de nos écrits. Tout homme convaincu d'altérer et de tronquer les passages peut parler comme vous parlez, et ne manque pas de le faire. Mais comment est-ce que fait celui qui sent la force de la vérité dans sa conduite ? Oserai-je citer mon exemple ? Comment ai-je fait, moi séducteur, qu'il faut, selon vous, montrer au doigt, de peur que le peuple ne soit abusé ? J'ai cité dans ma *première lettre* à M. de Chartres[2], les principaux endroits de la *Déclaration* où l'on me fait dire ce que je n'ai jamais dit, et dont j'ai dit cent fois le contraire. On trouvera ici les mêmes citations répétées à la marge. Comment ai-je fait quand vous m'avez reproché d'avoir omis le terme de τι dans saint Grégoire de Nazianze ? J'ai montré aussitôt que ce terme n'a aucun sens par lui-même, et qu'il demeure suspendu jusqu'à ce qu'il soit déterminé par ceux auxquels on l'applique. Ensuite j'ai prouvé, par ce Père, que le terme de τι tombe évidemment sur la privation de la béatitude céleste. Comment fais-je quand vous me reprochez d'avoir pris sur saint François de Sales une objection pour un aveu ? J'avoue de bonne foi que j'ai oublié de vous répondre sur ce reproche. Mais ce qui prouve que cet oubli est sans artifice, c'est que je vais montrer sans peine combien votre reproche est injuste.

J'ai rapporté vos paroles avec une fidélité religieuse[1]. Les voici : « Il semble aussi exclure de la » charité le désir de posséder Dieu, etc. » Est-ce là falsifier votre texte ? Au contraire, c'est le bien rapporter. Ce n'est même vous imputer aucun aveu contraire à vos sentiments. Je tire seulement de vos paroles cet avantage, que vous avouez qu'*il semble*, etc. En vous citant ainsi, j'usois de tant de précaution, que je remarquois aussitôt ce que vous aviez ajouté pour éluder cette autorité. « Après cet aveu, disois-je[2], M. de Meaux ajoute » tout ce qu'il croit pouvoir ébranler cette autorité » qui est si décisive contre la sienne. Veut-on, » dit-il, attribuer à saint François de Sales, etc. »

Comment ai-je fait quand vous m'avez reproché d'avoir falsifié les passages de ce même saint ? J'ai marqué, dans une lettre avec un détail très exact, tous les passages ; et j'ai fait voir que deux ou trois, qui n'étoient pas entièrement à la lettre dans le livre du saint, y étoient par des équivalents manifestes. Une conduite si droite ne laisse rien à désirer. Aussi la lettre est-elle demeurée sans réplique. Faites de même : convainquez-moi par le détail ; rapportez chaque texte avec la page et la ligne, comme je l'ai fait : mais ne payez point de tours ingénieux et de souplesses d'esprit ; ne nous donnez point vos raisonnements en la place de mes paroles. Par exemple, j'ai dit[3] : « On ne veut » plus de salut comme salut propre, » et vous m'avez fait dire : « On ne veut plus Dieu[4]. » Vous m'avez fait dire que l'ame acquiesce à *sa damnation*. J'ai dit seulement qu'elle *acquiesce à la juste condamnation*, etc. Vous m'avez fait dire : « La » contemplation directe ne s'attache volontaire» ment qu'à l'être illimité et innominable[5]. » Mon texte porte : « La contemplation pure et di» recte est négative, en ce qu'elle ne s'occupe vo» lontairement d'aucune image sensible, d'aucune » idée distincte et nominable. » Pourquoi avez-vous supprimé tout le milieu de la proposition ?

Vous avez dit, en trois divers endroits de vos *Écrits,* que je *pose le fondement* du sacrifice absolu sur la croyance certaine *que le cas impossible devenoit réel*[6]. Vous ne pouvez ignorer que j'ai dit seulement que « le cas impossible lui pa» roît possible, et actuellement réel dans le trou-

---

[1] *Remarq.*, art. 1, n. 5, pag. 12.
[2] *Prem. lett. à M. de Chart.*, n. 2.

[1] IVe *Lettre à M. l'archev. de Paris*, n. 21.
[2] *Ibid.*
[3] *Exp. des Max.*, pag. 12.
[4] *Rép. aux quatre lett.*, n. 1.
[5] *Div. Écrits*, avert., n. 6, tom. XXVIII, pag. 551.
[6] *Décl.* tom. XXVIII, pag. 276, 277. *Préf. sur l'Inst. past.*, n. 15, pag. 540. *Rép. aux quatre lett.*, n. 10, tom. XXIX, p. 37.

» ble et l'obscurcissement où elle se trouve [1]. »

Vous dites que je fais vouloir à mes parfaits « s'il étoit possible que Dieu ne sût pas seulement » s'il est aimé [2]. » J'ai dit seulement : « On l'ai- » meroit autant, quand même, par supposition » impossible, il devroit ignorer qu'on l'aime [3]. »

J'avois dit : « On ne veut plus être vertueux » *pour soi.* » Mon *errata* porte ces deux derniers mots. Vous avez toujours supprimé *pour soi.*

Vous m'avez fait dire que « Dieu peut, sans » déroger à ses droits, ne nous pas donner la » béatitude chrétienne [4]. » Cherchez bien, et vous ne trouverez point ces paroles.

Enfin vous altérez mon texte jusque dans votre dernier ouvrage, où vous auriez dû réparer toutes vos altérations; car vous m'y faites dire, parlant de madame Guyon, sans citer l'endroit [5] : « Le » sens véritable, unique et perpétuel de son livre » dans toute sa suite. » Vous ajoutez à mon texte le terme de *perpétuel.* Je ne cite ici que quelques exemples de ces altérations qui sont si nombreuses. Faites là-dessus, pour vous justifier, ce que j'ai fait pour saint François de Sales. Pour moi, je mettrai dans un recueil en deux colonnes, vis-à-vis l'un de l'autre, mon vrai texte et celui que vous m'imputez. Est-ce payer d'esprit et de subtilité? Si vous ne faites de même, serez-vous encore *le plus simple de tous les hommes?*

II.

Si j'ai donné les livres de madame Guyon.

Un de vos principaux fondements pour me rendre odieux au public, et pour persuader que mon livre est l'apologie de ceux de madame Guyon, a été de dire que j'avois *moi-même* donné le livre de madame Guyon *à tant de gens depuis qu'il est condamné* [6]; et vous ajoutez que j'avois *donné les livres* de cette personne *pour règle à ceux qui prenoient confiance en moi* [7]. J'ai répondu, avec toute la simplicité et toute la fermeté d'un homme que sa conscience empêche de rien craindre : « Si » je les ai donnés à tant de gens, il n'aura pas de » peine à les nommer [8]. » Jusque là il n'y a point de subtilité. Un évêque allègue contre son confrère un fait décisif pour le convaincre de répandre l'erreur; il circonstancie le fait pour l'aggraver. « De- » puis, dit-il, qu'il est condamné. » Plus le fait est considérable, plus la preuve en doit être évidente. Je vous presse de la donner. Parmi *tant de gens,* au moins nommez une seule personne. Votre réponse est-elle ferme et précise, comme ma demande? La voici ; le lecteur jugera de votre simplicité. « Après cela réduire la chose à une dis- » tribution manuelle, et faire consister la difficulté » en cela seul, n'est-ce pas, dans une matière si » sérieuse, s'attacher à des minuties [1]? »

Quoi! vous avancez un fait odieux, par lequel vous voulez me noircir, et vous ne craignez point de dire que je *m'attache trop à des minuties,* en vous demandant la preuve de cette accusation si odieuse et si mal fondée? Quoi! en reculant vous voulez encore triompher! vous réduisez un fait à un raisonnement! C'est que je devois, dites-vous, empêcher que mes amis ne lussent ces livres. Par cette nouvelle règle, je donne donc tous les livres que je n'empêche point mes amis de lire. Il ne faut pas, dites-vous, *réduire la chose à une distribution manuelle.* Ici je demande au lecteur qui de nous deux est le plus souple pour *ôter tout-à-coup de devant les yeux la vérité* qu'on croyoit voir [2]. Quand vous avez dit que j'avois donné ces livres *à tant de gens depuis qu'ils sont condamnés,* chacun a cru que vous aviez vos témoins tout prêts. Pour moi, je n'avois garde de le croire. J'ai pressé : nommez-en un seul. Un autre que vous avoueroit son impuissance. Mais vous avez des ressources inépuisables : *Donner,* dans votre langage, ne veut pas dire *donner;* il signifie laisser, et n'arracher pas. Au lieu de preuves, vous nous donnez des jeux d'esprit, et une dérision. Vous assurez que c'étoient mes *livres favoris....., mes livres chéris* [3]. Que diriez-vous de moi, si je vous insultois de la sorte sans ombre de preuve?

Mais, dites-vous, vos amis n'auroient pas lu ces livres, si vous les eussiez obligés à y renoncer : vous étiez leur directeur. Vains raisonnements mis en la place d'un fait qu'il falloit rendre palpable. Je n'étois le directeur d'aucun d'entre eux, quoique je fusse leur ami, et qu'ils me demandassent avec beaucoup de confiance certains conseils détachés. Je vous l'ai dit dès le commencement, et vous avez voulu l'oublier pour fortifier un argument si foible. Aucun d'eux ne m'a jamais demandé conseil sur la lecture de ces livres. Je ne sais ni qui sont ceux qui les lisoient, ni qui sont

---

[1] *Exp. des Max.,* pag. 17.
[2] *Préf. sur l'Inst. past.,* n. 130, tom. XXVIII, pag. 689.
[3] *Expl. des Max.,* pag. 6.
[4] *Rép. aux quatre lett.,* n. 19, tom. XXIX, pag. 64.
[5] *Remarq.,* art. X, n. 55, tom. XXX, pag. 179.
[6] *Rép. aux quatre lettr.,* n. 2, tom. XXIX, pag. 8.
[7] *Relat,* IV° sect., n. 12, tom. XXIX, pag. 577.
[8] *Rép. à la Relat.*

---

[1] *Remarq. conclus.,* §. 1, n. 18, tom. XXX, pag. 198.
[2] *Ibid.,* n. 11, pag. 194.
[3] *Ibid.,* art. IV, n. 21, 22, pag. 75.

ceux qui ne les lisoient pas. Jamais je ne les ai conseillés à aucun d'entre eux. Ainsi un fait qui devoit avoir tant de corps, dès qu'on le saisit s'évapore en raisonnement, et le raisonnement porte à faux sur d'autres faits qui disparoissent comme le premier. Renonçons tous deux à toute subtilité; attachons-nous au fait. Ou prouvez, ou avouez que vous succombez pour la preuve.

Faut-il vous reprocher ce que j'ai honte de dire? C'est que les plus étranges mécomptes ne servent point à vous rendre plus précautionné. Dans le temps même où vous êtes réduit à subtiliser sur le fait des livres donnés par moi *à tant de gens, depuis qu'ils sont condamnés*, sans en pouvoir nommer un seul, vous avancez un autre fait pire que le premier. « Le monde, dites-vous [1], est » plein de gens irréprochables, qui racontent sans » difficulté qu'il leur a toujours soutenu qu'à » peine l'avoit-il vue deux ou trois fois. » Ces *gens, dont le monde est plein,* ne se trouveront nulle part. Par des exemples si sensibles chacun doit juger de ce qu'il faut croire sur les faits que vous alléguez sans nommer des témoins. Voici encore un de ces faits qui est bien remarquable : « Ceux, » dites-vous [2], qui pénétroient davantage, n'igno- » roient pas les conférences secrètes qui se fai- » soient à Versailles, où madame Guyon présidoit. » Nommez ces observateurs si pénétrants. Qu'ils parlent, qu'ils disent ce qu'ils ont vu; où sont-ils? Ne prouver rien en alléguant les choses les plus fortes contre son confrère, c'est prouver beaucoup contre soi. *Si le monde est plein* de ces témoins, nommez-en un seul, ou renoncez à être cru. Je n'ai parlé de madame Guyon à presque personne. Quand on m'en a parlé, j'ai toujours dit à ceux qui me questionnoient que je la connoissois beaucoup. Est-ce *biaiser* [3] ? Parlez, si vous le pouvez, avec cette fermeté, et prouvez ce que vous dites qui a tant de témoins.

III.

Si j'ai approuvé les visions que M. de Meaux raconte.

J'avois espéré, monseigneur, que vous ne prétendriez point m'avoir lu les visions folles et impies que vous assurez avoir vues dans les manuscrits de madame Guyon. Mais puisque vous le soutenez, vous me contraignez de vous dire que ma mémoire, peut-être un peu plus fraîche que la vôtre, me répond du contraire. C'est à vous à prouver le fait. Au lieu de le prouver, vous en avancez un autre que la preuve littérale détruit, et qui doit apprendre au lecteur à quel point il n'est pas permis de vous croire sur de tels faits. « Qu'il ne s'avise donc plus, dites-vous [1], de nier » que je lui ai raconté ces faits importants. » En lisant ces paroles, à peine puis-je me fier à mes yeux. Quoi! monseigneur, ai-je nié que vous m'eussiez raconté ces faits? J'ai dit que vous ne m'aviez pas *apporté les livres,* et que vous ne m'y aviez *pas fait voir ces erreurs et ces excès.* Mais n'ai-je pas ajouté aussitôt [2] : « Il est vrai seule- » ment que, dans une assez courte conversation » qu'il nomme une conférence, il me raconta ces » visions. » Les pages 50, 51, 52 et 55, sont employées à expliquer mes pensées sur ce récit que vous me fîtes [3]. Je conjure le lecteur de les voir. Après les avoir lues, qu'il vous croie encore, s'il le peut, dans les faits horribles que vous avancez sans preuve contre moi. En niant que vous m'ayez lu ces visions, je suis d'autant plus croyable que je nie le fait sans aucune nécessité. En voici la preuve. Quand vous me racontâtes ces prodiges, la grande estime que j'avois pour cette personne me persuada qu'elle n'étoit ni assez folle ni assez impie pour les donner comme véritables à la lettre, et pour s'y arrêter volontairement. Mais, supposé même que la nouveauté d'un fait si étrange m'eût ébranlé, vous m'auriez rassuré pleinement. Je comptois bien plus sur vos actions que sur vos paroles. Outre que vous donnâtes à Paris la communion à cette personne de votre propre main, en disant la messe exprès pour elle dans l'église des Filles du Saint-Sacrement, de plus vous lui fîtes donner fréquemment la communion à Meaux pendant six mois. Je disois en moi-même : Puisque M. de Meaux en use ainsi, il faut bien que ces visions folles et impies aient, dans ces manuscrits, quelque explication qui les tempère, ou que la personne ne s'y arrête jamais volontairement, comme elle me l'a assuré en général de toutes les impressions extraordinaires qu'elle éprouve. Il faut que le songe n'ait été donné que pour un songe, et que tout le reste ait quelque dénouement à peu près semblable. Autrement M. de Meaux seroit encore plus inexcusable qu'elle. On ne donne point la fréquente communion aux personnes folles ni aux impies. Une femme qui se croit sérieusement l'épouse au-dessus de la mère du Fils de Dieu, et

---

[1] *Remarq.*, art. v. n. 5. pag. 79.
[2] *Ibid.*, art. vii, n. 16, pag. 94.
[3] *Ibid.*, art. x, n. 39, pag. 175.

[1] *Remarq.*, art. vi, n. 4. pag. 83.
[2] *Rép. à la Relat.*, n. 11.
[3] Voyez *Rép. à la Relat.*, n. 11 et suiv.

la femme de *l'Apocalypse*, n'est point digne de manger si souvent le pain descendu du ciel. Ma raison n'étoit-elle pas claire, sensible et décisive? Il ne m'en falloit pas davantage. A tout cela il n'y a rien de souple.

Qu'opposez-vous à une chose si décisive? « Que » je n'ai voulu rien approfondir, parce que je ne » voulois pas être convaincu ni forcé d'abandon- » ner une amie qui me déshonore[1]. » Mais n'é- toit-ce pas *approfondir*, que de croire qu'on ne doit pas *donner le Saint aux chiens*, et par con- séquent ne devois-je pas me fier plutôt à vos actions qu'à vos paroles, pour savoir ce que je devois pen- ser de ce songe, et de ces expressions si outrées? N'avois-je pas raison de supposer qu'une personne qui me paroissoit sage et pieuse suivoit la règle qu'elle m'avoit expliquée, savoir, de ne s'arrêter jamais à aucune de ces impressions? De plus, comment aurois-je approfondi avec un prélat qui, contre son ancienne coutume, ne conféroit plus avec moi? Que pouvez-vous répondre, sinon que nous avions encore *de longs entretiens* dans *de longues promenades*[2]? Mais parler ainsi, c'est se contredire, loin de s'excuser; car vous avez dit[3]: « On se rencontroit tous les jours. Nous étions si » bien au fait, que nous n'avions pas besoin de » longs discours. » Il n'y avoit donc point de *longs discours* particuliers entre vous et moi, dans ces promenades où d'autres personnes venoient?

Mais vous, qui voulez m'embarrasser sur ces visions que je devois *approfondir*, comment les approfondîtes-vous avant que de donner la com- munion fréquente à cette personne? « Je la trai- » tois, dites-vous[4], avec toute sorte de douceur, » n'ayant pas encore bien déterminé en mon es- » prit si ces visions venoient de présomption, » de malice, ou de quelque débilité de son cer- » veau. » La douceur est bonne, même pour les insensés et pour les fanatiques : mais la commu- nion ne peut être donnée en aucun de ces cas. Que cette personne se crût au-dessus de la sainte Vierge, et la femme de *l'Apocalypse*, ou par *présomption*, ou par *malice*, ou par *quelque débilité de son cer- veau*, ou, pour parler plus sincèrement, par une extravagance affreuse, il étoit toujours également certain qu'il ne falloit pas lui donner en cet état le pain de vie. En attendant que vous eussiez dé- terminé si elle étoit impie avec malice, ou pré- somptueuse jusqu'au blasphème, ou folle jusqu'à être excusable dans les plus monstrueuses visions, vous hasardiez tranquillement de donner toutes les semaines le Saint aux chiens. Tout au moins, vous le donniez à une personne qui étoit dans le dernier excès de folie. Est-ce là cette *sainte dou- ceur* dont vous parlez tant? Voilà ce que vous ai- mez mieux laisser entendre, que d'avouer que vous excusiez alors comme moi ces expressions outrées, en les prenant dans quelque sens figuré et éloigné du littéral, ou en supposant que la personne ne s'y arrêtoit pas. Pour moi, je n'en savois que ce que vous m'en aviez dit, et j'en jugeois par la conduite de celui qui avoit vu la chose de ses pro- pres yeux. N'étoit-ce pas agir simplement?

Pour répondre à des choses si naturelles, vous ne songez qu'à donner le change. « M. de Cambrai, » dites-vous[1], excuse autant qu'il peut son in- » digne amie, et voudroit nous la donner comme » une sainte Catherine de Bologne. » Non, ce n'est pas elle que j'excuse, c'est moi que je justifie sur les choses que vous m'avez dites d'elle. Tout votre art est de confondre ces deux choses si séparées, et de vouloir que je n'ose me justifier, de peur d'excuser madame Guyon. Je ne veux point la donner comme une sainte Catherine de Bologne. Je ne la comparois à cette sainte qu'en supposant qu'elle avoit pu être comme elle dans une illusion involontaire. La comparaison, ne tombant que sur cette illusion, ne peut se tourner en louange. En vouloir conclure que je la compare à la sainte pour la perfection, n'est-ce pas ressembler *aux rhé- teurs de la Grèce, et faire des procès sur tout?*

IV.

Si je soutiens les livres de madame Guyon.

Venons à la question où éclate le plus votre subtilité. C'est ici que le lecteur doit s'en prendre non à moi, mais à vous, d'une discussion longue et épineuse. J'ai établi trois choses dans ma *Ré- ponse*[2] : 1° Que divers endroits des livres de madame Guyon étoient « censurables dans le sens » véritable, propre, naturel et unique du texte; » qu'ainsi ces livres n'étoient point équivoques, comme d'autres qui peuvent avoir divers sens ; 2° que le sens de l'auteur étoit différent du sens *propre et unique du texte*, parce qu'une femme avoit pu ne savoir pas la véritable signification des termes ; 3° que le sens de l'auteur n'est point un sens qu'on puisse attribuer aux livres, et qu'in- dépendamment de ce sens ou intention de l'au-

---

[1] *Remarq.*, art. vi, n. 13, tom. xxx, pag. 88.
[2] *Ibid.*, art. vii, n. 29, pag. 101.
[3] *Relat.*, iiie sect., n. 8, tom. xxix, pag. 533.
[4] *Remarq.*, art. ii, n. 12, tom. xxx, pag. 56.

[1] *Remarq.*, art., vi, n. 10, pag. 86.
[2] *Rép. à la Relat.*, n. 40 et suiv.

teur, il faut juger les livres par le sens unique du texte.

Voilà ce que j'ai dit en raisonnant selon mes vues. Mais quand j'ai parlé de la condamnation de ces livres faite à Rome, j'ai déclaré que je m'y conformois sans restriction, et que je me conformerois de même à toute autre décision qu'il plairoit au pape de faire. C'est aller au-devant de tout. Voilà (j'en prends à témoin le lecteur) la déclaration la plus précise et la plus absolue. Rien n'est moins subtil ni moins captieux. Tout autre que vous s'arrêteroit là; mais il vous est capital de rendre mon livre odieux, en disant toujours qu'il est l'apologie de ceux de madame Guyon, et par contre-coup de ceux de Molinos. Quelque clarté qu'aient mes paroles, vous y trouvez toujours, malgré moi, de profonds mystères. J'y veux toujours soutenir ces *livres chéris...*, ces *livres favoris*. Souffrez que dans ce pressant besoin je nomme les choses par leurs noms, et que je découvre ici vos sophismes.

1ᵉʳ *sophisme*. Vous produisez un Mémoire qui étoit comme une lettre missive, destiné à n'être vu que de trois ou quatre personnes de confiance. Dans ce Mémoire il ne s'agissoit que de ce qui est *personnel*, et nullement des livres. Je voulois seulement qu'on ne se servît point du texte des livres, qui est inexcusable, pour *attaquer personnellement* l'auteur, que j'excusois intérieurement, sans vouloir jamais le défendre au-dehors. Quand même ce Mémoire ne seroit pas tout-à-fait correct, la bonne foi demanderoit qu'on l'expliquât par ma *Réponse à la Relation*, où je rends compte à toute l'Église de mes pensées. Tout au contraire, vous ne songez qu'à embrouiller ce que j'ai dit dans cette *Réponse* solennelle, par quelques paroles détachées du Mémoire que vous tournez à contre-sens. J'ai parlé dans le Mémoire, il est vrai, de *langage mystique*, d'*équivoque*, de *sens rigoureux*. Mais il n'y a qu'à ouvrir les yeux sans passion, et à lire. On verra que je ne parle d'équivoque que pour une femme ignorante, qui me paroissoit avoir voulu dire mieux qu'elle n'avoit dit, et que je croyois qu'il ne falloit pas juger en rigueur sur son texte. L'équivoque n'est point dans les livres, puisque je ne leur attribue qu'un seul sens. Ce qui est unique ne peut être double. Avez-vous jamais vu d'équivoque sans un double sens? Le sens de l'auteur n'est point un sens qu'on doive attribuer aux livres pour les excuser : il ne peut excuser que l'intention de l'auteur même. Le texte n'a donc point d'équivoque. Rejetterez-vous cette règle? Ne l'avez-vous pas établie? Ne m'avez-vous pas accusé de ne la vouloir pas suivre [1]? Ce que je dis est-il subtil? Qu'y auroit-il d'étonnant qu'une femme ignorante sur la théologie, sans penser l'impiété, l'eût exprimée dans ses écrits, faute de savoir la juste valeur des termes? Ne lui avez-vous pas fait dire, dans la soumission que vous reconnoissez pour vraie, qu'elle *n'a eu intention d'avancer rien de contraire à l'esprit de l'Église catholique*? Direz-vous qu'elle ignoroit les premiers éléments de la religion, qu'on enseigne aux plus petits enfants dès qu'ils savent parler? Direz-vous qu'elle a cru qu'on peut, sans blesser *l'esprit de l'Église*, vouloir être damnée, compter pour rien son salut, oublier Jésus-Christ, se croire au-dessus de la sainte Vierge, et prendre le titre de la femme de l'*Apocalypse*? Pour moi, je dis que s'il est vrai qu'elle n'ait jamais *eu intention de rien avancer de contraire à l'esprit de l'Église*, elle n'a pu être persuadée de ces impiétés dont la *plus grossière villageoise* auroit horreur. Pour vous, vous lui faites dire tout ensemble qu'elle *n'a eu intention de rien avancer de contraire à l'esprit de l'Église*, et qu'elle a enseigné néanmoins les blasphèmes que *la plus grossière villageoise* ne pourroit entendre sans boucher ses oreilles. De quel côté est la subtilité d'esprit?

2ᵉ *sophisme*. J'ai dit dans le Mémoire que je n'avois jamais examiné les livres de madame Guyon *dans une rigueur théologique*; d'où vous tirez cette conclusion [2] : « Il y a donc un examen » de rigueur théologique que M. de Cambrai ne » veut point avoir fait.... Il nous échappera bien- » tôt. » Mais c'est vous qui tâchez en vain d'échapper par un sophisme si odieux. Mon Mémoire, en parlant des livres, porte que « je ne les avois pas » tous examinés à fond dans le temps [3]. » Le fait est véritable. Sur la simple lecture que j'en avois faite, ils me paroissoient *fort éloignés d'être corrects* [4]. Mais j'ai fait dans la suite un examen que je n'avois pas fait dans les anciens temps dont le Mémoire parle, et c'est sur cet examen que j'ai assuré que le livre étoit censurable dans *le sens véritable, propre, naturel et unique du texte*. Pourquoi dites-vous donc qu'il *y a un examen de rigueur théologique que je ne veux point avoir fait*? Prenez-vous les temps éloignés pour les temps présents? Où trouvez-vous ce que vous dites avec tant de confiance?

5ᵉ *sophisme*. Vous donnez en lettres italiques les paroles suivantes, comme étant mon texte :

---

[1] *Relat.*, IVᵉ sect., n. 15, tom. XXIX, pag. 579.
[2] *Remarq.*, art. IV, n. 5, 6, tom. XXX, pag. 67.
[3] *Relat.*, IVᵉ sect., n. 9, tom. XXIX, pag. 575.
[4] *Rép. à la Relat.*, n. 6.

« M. de Meaux devroit dire qu'on pouvoit conclure du texte de madame Guyon des erreurs qu'elle n'avoit pas eu intention d'enseigner [1]. » Étrange effet d'une habitude enracinée ! Vous ne pouvez plus vous passer d'altérer mon texte jusque dans ce dernier ouvrage, où votre candeur devoit éclater pour confondre mes artifices. Voici mes vraies paroles [2] : « S'il n'eût fait que condamner le livre de cette personne, en disant qu'on pouvoit conclure de son texte des erreurs qu'elle n'avoit pas eu intention d'enseigner, il auroit parlé sans se contredire, et conformément à l'acte de soumission qu'il avoit dicté. » En effet, si elle n'a eu intention de rien avancer de contraire à l'esprit de l'Église, comme vous le lui avez fait dire, il faut que les erreurs se trouvent dans la valeur des termes de son texte, sans qu'elle s'en soit aperçue. Mais après avoir altéré mon texte, quelle conclusion en tirez-vous? Une conclusion aussi insoutenable que l'altération [3] : « Ainsi, dans le sentiment de M. de Cambrai, je ne pouvois condamner madame Guyon que par des conséquences. » Quoi! monseigneur, quand je dirai, par exemple, que de la confession de foi des protestants, il résulte et on conclut l'erreur de l'absence réelle, s'ensuivra-t-il que je prétends que l'absence réelle n'y est *que par des conséquences*? Encore pourroit-on tâcher de vous excuser, si cet endroit étoit le seul où j'eusse parlé des livres de madame Guyon. Mais s'attacher à ces paroles pour obscurcir mes déclarations cent et cent fois répétées, que ces *livres sont censurables dans leur sens véritable, propre, naturel et unique*, n'est-ce pas être du nombre de ces *rhéteurs* qui savent *faire des procès sur tout, et à qui les mauvaises causes sont meilleures que les bonnes?*

4ᵉ *sophisme*. « Qu'il condamne, dites-vous [4], la pernicieuse restriction de l'intention des auteurs, qui en sauvant madame Guyon sauve en même temps Molinos et tous les hérésiarques. » Ici, monseigneur, vous vous jouez des hommes; mais *on ne se joue point de Dieu*. Démêlons ce que vous tâchez de confondre. Si je voulois que le sens de l'auteur fût un sens qu'on pût attribuer aux livres pour les justifier, vous auriez raison de dire qu'en parlant *d'un sens unique* j'introduirois en effet un double sens du texte, et préparerois par-là une ressource pour soutenir un jour les livres mêmes. Mais, selon moi, le sens des livres demeure toujours *unique*, et entièrement indépendant du sens ou intention de l'auteur. C'est donc en vain que vous supposez une *pernicieuse restriction*, puisqu'il n'y a pas même ombre de restriction à l'égard des livres.

Il ne reste plus qu'à savoir si en condamnant des livres simplement, absolument et sans restriction, on ne peut pas excuser l'auteur, en supposant qu'il n'a peut-être rien pensé de contraire à la foi, en exprimant plusieurs erreurs. Ici il est bon de vous entendre. « Sera-t-il reçu, dites-vous [1], à répondre qu'on lui veut faire condamner des intentions personnelles? Qui a jamais pu avoir un tel dessein? » Si vous n'avez point ce dessein, ne me demandez donc plus de condamner *la restriction de l'intention des auteurs*; car ne vouloir pas qu'on excepte l'intention de l'auteur, c'est *vouloir condamner les intentions personnelles*; c'est avoir ce *dessein*, duquel vous dites : *Qui a jamais pu avoir un tel dessein?* Mais c'est, dites-vous, *sauver Molinos et tous les hérésiarques*. Nullement. Une femme ignorante sur la théologie a pu ignorer la valeur des termes que le docteur Molinos et les autres chefs de secte n'ont pu ignorer. De plus, quand on aura vérifié dans madame Guyon la rébellion de l'Église, ou la mauvaise foi toute manifeste de ces hérésiarques, je serai le premier à détester son sens aussi bien que celui de ses livres. Jusque là je me borne à condamner simplement les livres, et je laisse le jugement de sa personne à ses supérieurs.

A quoi servent donc les grandes figures que vous étalez ? « Il pousse, dites-vous [2], à bout toutes les décisions de l'Église contre les mauvais livres et leurs auteurs. » Vous assurez que la distinction du fait et du droit, qui va à défendre les livres sous le prétexte d'un double sens, est fondée sur les conciles [3], etc. ; mais que celle d'excepter le sens ou intention de l'auteur, sans excuser jamais les livres, est *la plus captieuse de toutes* [4]. Paradoxe réservé à votre subtilité, de vouloir rejeter la distinction qui est souvent naturelle et inévitable, entre le sens de l'auteur, surtout quand il est ignorant, et le sens des livres qu'on n'excuse point, pendant que vous approuvez la distinction de deux sens dans les livres, quoiqu'elle aille à sauver les livres mêmes.

5ᵉ *sophisme*. Mais que penseroit-on, si quelqu'un se contentoit de dire [5] : « Calvin et Luther

---

[1] Remarq., art. IV, n. 8, tom. XXX, pag. 74.
[2] Rép. à la Relat., n. 40.
[3] Remarq., ubi sup.
[4] Ibid., art. V, n. 59, pag. 181.

[1] Remarq, art. IV, n. 24, pag. 76.
[2] Remarq. conclus., §. 1, n. 1, pag. 188.
[3] Ibid., art. IV, n. 24, pag. 24, p. 76.
[4] Ibid., art. X, n. 54, pag. 178. [5] Ibid., n. 49, pag. 178.

» sont censurables en quelques endroits. » Quelle comparaison d'une femme ignorante, et toujours soumise, du moins en apparence, avec les chefs de secte, qui, dans toutes les pages de leurs livres, traitent ouvertement l'Église de Babylone ? Si un homme parloit ainsi pour faire entendre qu'en mettant à part quelques endroits du texte de ces hérésiarques, il croit le corps de leurs ouvrages sain et correct, il contrediroit sans pudeur toute l'Église. Mais s'il vouloit seulement dire que beaucoup d'endroits de ces hérésiarques sont bons, il diroit la vérité, comme, par exemple, lorsque Calvin réfute les anabaptistes par l'autorité de la tradition, il dit beaucoup de vérités utiles.

6ᵉ *sophisme.* « Peut-on distinguer l'intention » d'un auteur d'avec le sens naturel, unique et » perpétuel de son livre¹ ? » Retranchez *perpétuel,* qui est de vous, et non pas de moi. Vos autres sophismes sont au moins faits sur mon texte. Celui-ci est fait sur une altération. Qui peut imaginer *un sens unique et perpétuel* dans un livre, lorsque ce sens ne regarde que quelques endroits? On peut bien dire que le sens de quelques endroits est *unique,* parce qu'en l'examinant dans toute la suite du texte, on n'y trouve point de correctifs pour ces endroits-là. Mais dire que le sens de quelques endroits est *perpétuel,* c'est vouloir trouver le jour dans la nuit.

7ᵉ *sophisme.* Vous m'accusez *d'une affectation manifeste de colorer les illusions* de madame Guyon. Voici mes paroles que vous m'opposez² : « Quand j'aurois admiré les visions d'une fausse » prophétesse (chose dont M. de Meaux ne donne » pas une ombre de preuve, etc.) » Voici la conclusion que vous en tirez : « Nous entendons ce » langage. Il veut que les illusions de madame » Guyon ne soient pas prouvées. » Mais qui ne sera effrayé de ce langage injuste? J'ai dit que vous *ne donnez pas une ombre de preuve* que j'aie *admiré les visions*; et vous me voudriez faire dire, contre l'évidence du texte, *que les illusions ne sont pas prouvées.*

Finissons, monseigneur, ces *combats de paroles* condamnés par l'Apôtre, et qui seroient à peine pardonnables sur les bancs pour s'exercer sur des antilogies. Je n'ai excusé que les intentions d'une femme qui étoit assez ignorante sur la théologie pour n'avoir pas su la juste valeur des termes qu'elle employoit, mais qui n'étoit pas assez mal instruite de son catéchisme pour pouvoir enseigner qu'il faut vouloir être damné, oublier Jésus-Christ, se croire au-dessus de la sainte Vierge, et se dire la femme de l'*Apocalypse,* sans avoir *intention* de parler contre *l'esprit de l'Église.* Si vous demandez que je condamne sur votre autorité ses *intentions personnelles,* je vous réponds par vos paroles¹ : « Qui a jamais pu avoir un tel » dessein? » Quand l'Église le demandera, je montrerai mon zèle pour obéir, et mon sincère détachement de cette personne. Pour vous, je vous dirai que vous avez sauvé ses *intentions personnelles,* en lui faisant dire qu'elle n'a eu intention *de rien avancer de contraire à l'esprit de l'Église,* et que ce *n'est point pour se chercher une excuse qu'elle parle ainsi, mais dans l'obligation où elle croit être de déclarer en simplicité ses intentions.* Je vous ferai ressouvenir que vous avez dit qu'elle avoit été *éblouie d'une spécieuse spiritualité*². Je vous ferai dire par M. l'archevêque de Paris, sur *les illusions de cette femme,* qu'elle *ne les connoissoit peut-être pas elle-même*³.

Si au contraire vous voulez seulement qu'en excusant le sens ou intention de l'auteur, on ne se serve point de cette excuse pour soutenir les livres, en me contredisant d'une manière si véhémente et si injurieuse, vous êtes réduit à ne dire que ce que j'ai dit tant de fois clairement. Ici jugez-vous vous-même selon vos paroles, je ne fais que les répéter. Où sont *les lacets de ma dialectique*⁴? où sont les *esprits féconds en chicanes*? où sont ceux qui *biaisent*⁵?

Il ne me reste, monseigneur, sur cet article qu'à montrer au lecteur combien j'ai eu raison de dire que vous ne pourriez pas expliquer vous-même précisément ce que vous me demanderiez au-delà de ce que j'ai fait. Vous tâchez de le faire, mais inutilement. D'abord vous voulez que je condamne le total de ces *livres,* parce qu'ils sont *corrompus* dans *tout le fond*⁶, et qu'on doit parler ainsi sur des *livres de système et pleins de principes*⁷. Distinguons deux choses, et votre objection s'évanouira. 1° Quand on condamne dans un livre *divers endroits,* on le condamne dans le total de l'ouvrage. Le total de l'ouvrage mérite la censure, si quelques unes de ses parties enseignent l'erreur. N'avez-vous pas dit que mon livre seroit

---

¹ *Remarq.,* art. x, n. 51, pag. 178.
² *Ibid.,* art. xi, n. 5, 6, pag. 183, 184.

¹ *Rem.,* art. ɪᴠ, n. 24, pag. 76.
² *Relat.,* ɪᴠᵉ sect., n. 17, tom. xxɪx, pag. 582.
³ *Rép. de M. de Paris aux quatre lett.* ci-dessus, tom. ᴠ pag. 407.
⁴ *Relat.,* ᴠɪᵉ sect., n. 8, tom. xxɪx, pag. 613.
⁵ *Remarq.,* art. x, n. 49, tom. xxx, pag. 178.
⁶ *Ibid.,* n. 39, pag. 173.   ⁷ *Ibid.,* art. ɪᴠ, n. 14, pag. 72.

condamnable, quand on n'y trouveroit que le *trouble involontaire* [1]? D'ailleurs ces *divers endroits*, censurables par eux-mêmes, influent indirectement, faute de correctifs, dans beaucoup d'autres endroits. 2° Je soutiens que ces livres d'une femme ignorante ne sont point *des livres de système* suivi, et *pleins de principes* liés. Vous voulez vous excuser sur l'ignorance de cette personne, pour avoir pu lui faire justifier, dans un acte, ses intentions sur des erreurs monstrueuses et évidentes. D'un autre côté, vous voulez en faire un auteur profond, qui embrasse des systèmes, et qui fait des enchaînements de principes. La subtilité se contredit ainsi elle-même. Vous ajoutez que je devrois renoncer à la *pernicieuse restriction des intentions personnelles* [2]. Mais accordez-vous avec vous-même, avant que de vouloir être écouté. Je vous réponds toujours par vos propres paroles. S'il s'agit de *faire condamner des intentions personnelles, qui a jamais pu avoir un tel dessein* [3]? Les livres sont donc absolument condamnés dans leur sens *unique*, et sans ombre de restriction. Pour les intentions personnelles, qui ne sont jamais le sens du livre, mais celui de l'auteur seul, je n'en juge point, et j'en jugerai plus rigoureusement que personne contre l'auteur, s'il est convaincu de mauvaise foi.

Que vous reste-t-il donc à dire? Le voici. Que quand on écrit *aux puissances* [4], comme j'ai écrit au pape, on ne doit rien mettre par apostille, comme j'y ai mis les livres de madame Guyon. Voilà une règle de cérémonial pour laquelle vous pouviez vous reposer sur le pape même. Tandis qu'il ne sera point mécontent des marques de mon profond respect, ce n'est pas à vous à en être mécontent pour lui. Mais d'où vous vient cette autorité? Quoi! monseigneur, vous ne pouvez souffrir que je vous reproche que, selon vous, il faut que vous ayez donné le *Saint au chien*, et que vous ayez accepté pour soumission un mensonge impudent par lequel une femme, qui se croit au-dessus de la sainte Vierge, la femme de *l'Apocalypse*, la pierre angulaire, qui enseigne à vouloir être damné, et à oublier Jésus-Christ, « soutient qu'elle » n'a eu intention de rien avancer de contraire à » l'esprit de l'Église! » Est-ce vous-même qui, ayant besoin de tant d'indulgence sur une conduite qui regarde la foi et la sûreté de l'Église, êtes en même temps si rigoureux contre moi sur une pure formalité? Vous m'accusez *d'insigne témérité*, et vous me dites : *Qui êtes-vous pour juger votre frère* [1]? lorsque je vous reproche une chose si capitale pour la doctrine; et vous me faites un procès sur une apostille qui blesse le cérémonial pour le pape.

Que craignez-vous? que ces paroles, faute d'être dans le texte, puissent être un jour désavouées; comme si je pouvois jamais désavouer une chose si solennelle, et tant de fois reconnue. Où sont (vous me contraignez de le dire) *les esprits féconds en chicanes?* où sont les *rhéteurs qui font des procès sur tout*? Mais, dites-vous, M. de Cambrai désavoue *le trouble involontaire*, et il ne répond rien à cette objection. J'y ai répondu, et j'y réponds encore. Vous n'opposez que de frivoles conjectures à un fait notoire. Est-il étonnant qu'un mot vienne d'un autre que de moi? Paris entier l'a su dès le premier jour. Je l'ai dit d'abord avec toute la candeur d'un homme qui ne craint rien. Des témoins d'une vertu distinguée ont vu mon original, où ce mot n'étoit pas. Raisonnez donc tant que vous voudrez, le fait demeure certain. Mon absence, pendant laquelle le livre fut imprimé et publié, m'empêcha de revoir cet endroit. Mais vous, qui ne vous fiez pas aux notes marginales, vous ne vous fiez pas davantage au corps du texte. A quoi donc vous fierez-vous? Le pouvez-vous dire, et n'ai-je pas eu raison d'assurer que vous ne sauriez l'expliquer en termes précis?

V.

D'un protestant qui a cité *l'Éducation des Filles*.

Vous dites que « les étrangers mêmes savoient » que M. l'abbé de Fénelon n'étoit pas ennemi du » quiétisme [2]. » En cet endroit vous voulez parler de cet ouvrage d'un protestant, imprimé à Amsterdam l'an 1688, où l'auteur a cité deux fois mon livre *de l'Éducation des Filles*. C'est là-dessus que vous avez tâché en toute occasion, dans le monde, de tourner en preuve contre moi ce qui ne pouvoit mériter aucune sérieuse attention. En ce temps là ni je ne connoissois madame Guyon, ni je ne songeois à la connoître; j'étois même prévenu contre elle sur des bruits confus. L'auteur de ce livre veut que les quiétistes, aussi bien que les réformateurs protestants, prétendent abolir les superstitions romaines. Il assure que les auteurs catholiques de France ont à peu près les mêmes vues. « Les quiétistes, dit-il [3], ont en horreur les

---

[1] Ier *Ecrit.* n. 5, tom. XXVIII, pag. 400.
[2] *Remarq.*, art. x, n. 23, tom. XXX, pag. 171.
[3] *Ibid.*, art. IV, n. 24, pag. 76.
[4] *Ibid.*, art. x, n. 33, pag. 175.

[1] *Remarq.*, art. II, n. 12, pag. 57.
[2] *Ibid.*, art. VII, n. 16, pag. 94.
[3] *Recueil de diverses pièces concern. le quiétisme*, p. 292.

» superstitions romaines, et ils vouloient les en-
» sevelir dans l'oubli, en ne les enseignant et en
» ne les pratiquant point, aussi bien que l'abbé
» de Fénelon. » Il cite la page 144 et les suivantes
de l'*Éducation des Filles*. Si on y trouve l'ombre
du quiétisme, je consens à ma diffamation. On n'a
qu'à lire ce petit ouvrage, on y trouvera partout
la foi la plus explicite des mystères, la pratique
des actes, la vue des biens éternels, et l'attention
fréquente à Jésus-Christ. Cet auteur protestant,
selon son dessein, continue à citer les auteurs
françois qui veulent réformer le culte. Alors il me
fait l'honneur de me mettre avec vous, monseigneur, avec M. le cardinal Le Camus, avec M. l'abbé
Fleury, et plusieurs autres [1]. Me voilà donc quiétiste comme vous. Dieu voit, et les hommes verront
un jour, à quoi vous avez recours pour me noircir.

VI.

Du secret des lettres missives.

Vos tours ingénieux n'éclatent pas moins sur le
secret des lettres missives. Mes lettres, selon vous,
n'avoient rien de secret. Espérez-vous de le persuader au monde? Vous m'aviez cru égaré. Je savois bien que je ne l'étois pas. J'en étois si assuré,
que je vous avois écrit les lettres les plus pressantes pour vous obliger à dire la vérité, et à
rendre témoignage de la pureté de mes sentiments.
Je vous avois offert de quitter ma place, si vous
étiez convaincu que je fusse dans les erreurs du
quiétisme. Je comptois sur votre probité; et ce
fondement étant supposé, je ne craignois rien de
votre décision. Plus ma conscience me rendoit ce
témoignage assuré, plus ma soumission étoit sincère et mes offres hardies. J'avois même des raisons faciles à comprendre pour vous presser vivement par ces offres, et pour vous réduire à vous
expliquer sur mes sentiments. Voilà ce qui me faisoit dire [2] : « J'avoue qu'il paroît que vous craignez
» un peu de me donner une vraie et entière sûreté
» dans mon état... Je vous somme au nom de Dieu,
» et par l'amour que vous avez pour la vérité, de
» me la dire en toute rigueur. » Ce langage étoit
d'un homme qui se fioit à votre religion, mais il
est aussi d'un homme qui sentoit pleinement son
innocence, et qui vouloit vous faire expliquer. Quoi
qu'il en soit, de telles lettres sont, après le secret
de la confession, le secret le plus inviolable parmi les hommes. Vous assurez néanmoins que ce
n'est pas un secret. Quoi! n'avois-je pas un intérêt
raisonnable de souhaiter que le monde ignorât que
vous m'aviez cru quiétiste, et que j'avois eu besoin
de justifier ma foi sur cette hérésie, la plus infâme et
la plus monstrueuse? D'où vient donc que vous vous
êtes vanté que le secret avoit été *impénétrable* [1]?
Y avoit-il entre nous de plus grand secret que celui qui étoit contenu dans ces lettres? Est-ce ainsi
qu'on fait imprimer et répandre dans toute la chrétienté les lettres d'un « cher ami, d'un ami de
» toute la vie, qu'on porte (Dieu le sait) dans ses
» entrailles [2]? » Est-ce ainsi qu'on publie les marques de la confiance la plus intime, pour le montrer au doigt comme un quiétiste, comme un fanatique, comme un *Montan* infatué de sa *Priscille*?
Tout ceci fait horreur. Mais vous avez des raisons
pour tout. La suite de votre histoire demandoit la
révélation de mon secret pour donner un plus grand
spectacle, et il falloit me sacrifier à cette belle suite
d'histoire. « Au surplus, dites-vous [3], dans une
» histoire suivie..... il falloit aller à la source, et
» faire connoître votre accusateur. » A ce coup, le
lecteur peut juger qui de nous espère abuser
de sa crédulité. Vous dites ailleurs que vous n'ê-
tes point mon accusateur, et que je n'en ai point
d'autre que moi-même. Ici vous dites que c'est
moi qui suis *votre accusateur*. Ainsi vous prouverez que la nuit est le jour, et le jour la nuit. Mais
je vous entends. J'ai prouvé que vous altériez mes
passages pour me diffamer, et qu'en m'accusant
d'erreur, vous refusiez d'expliquer votre foi sur
des points essentiels qui établissent toute ma doctrine. Il a fallu, pour affoiblir mes preuves, diffamer *votre accusateur*. C'est ainsi qu'on abuse du
prétexte de la religion, pour violer ce qu'il y a
de plus inviolable dans l'humanité. Vous dites sans
cesse, lorsque vous manquez de preuves littérales
sur vos accusations les plus terribles, et que vous
voudriez être cru contre moi sur votre parole,
qu'on gêne et qu'on trouble toute la société humaine, si on demande à un accusateur de garder
et de produire des preuves littérales et rigoureuses de ce qu'il avance. Étrange moyen de rendre
la société libre et sûre parmi les hommes, que de
permettre aux uns de diffamer les autres sans les
assujettir à prouver leurs accusations! règle nouvelle et affreuse, qui détruiroit toute confiance,
toute communication, et qui ne laisseroit aucun
refuge à l'innocence! Mais allons plus loin. La so-

---

[1] *Recueil de diverses pièces concernant le quiétisme*, pag. 301.
[2] *Relat.*, III⁰ sect., n. 4, tom. XXIX, pag. 551.

[1] *Relat.*, III⁰ sect., n. 9, pag. 536.
[2] I⁰ʳ *Écrit*, n. 2, tom. XXVIII, pag. 577, 578.
[3] *Remarq.*, art. 1, n. 28, pag. 25.

ciété permet-elle de publier les lettres de son ami, pour montrer que cet ami archevêque a été quiétiste? Loin que la religion le demande, rien ne feroit un tort si irréparable à la religion, que de faire entendre qu'elle autorise ces infidélités si odieuses. Il ne s'agit pas du péril de l'Église. Si on a de bonnes preuves que ma personne est incurable et contagieuse sur le quiétisme, il faut me déposer juridiquement. Mais si on ne doit pas me déposer, est-il permis à mon confrère de me diffamer, en violant le secret de mes lettres? Peut-on alléguer le péril de l'Église, pendant que je suis si soumis au Saint-Siége, et qu'on n'a aucunes preuves que ma soumission ne soit pas sincère?

Vous trouvez que mon Mémoire n'est point un secret. Eh! qu'est-ce donc qui le sera parmi les hommes, si vous refusez ce nom à un écrit où je parle si naïvement sur des choses que vous empoisonnez avec tant d'art? Ou cessez de vous en servir contre moi, ou avouez que vous avez tourné contre votre confrère et contre votre ami les gages les plus touchants et les plus inviolables de sa confiance filiale. « Le Mémoire que j'ai imprimé, dites-» vous[1], n'a jamais été donné comme un secret....
» C'est la plus fine apologie de madame Guyon.
» Si elle se tourne contre lui, c'est par la règle
» commune que tout ce qu'inventent ceux qui
» s'opposent à la vérité leur tourne à condamna-
» tion. Il n'y a donc pas la moindre ombre de
» violation du secret dans l'impression de ce Mé-
» moire, qui décide tout. » Après m'avoir été infidèle, vous vous trahissez vous-même par vos paroles. Supposons tout ce qu'il vous plaît de plus affreux. Voulois-je, ai-je pu, ai-je dû vouloir que *cette fine apologie* de madame Guyon, *qui décide tout contre moi*, fût publiée? Ne m'étoit-il pas capital qu'elle fût ensevelie dans un éternel oubli? Comment donc osez-vous dire que *ce n'étoit point un secret*? y songez-vous en le disant? Ce qui m'auroit, selon vous, perdu auprès du roi; ce que vous assurez qui me *déshonore*; ce que vous vous vantez d'avoir caché long-temps par un secret *impénétrable*; ce que vous employez pour flétrir ma personne avec mon livre, ne méritoit-il aucun secret? Êtes-vous maître, êtes-vous juge du secret d'autrui? On peut juger, par cet exemple, des plaintes que j'ai faites sur ce que les choses que je vous confiois me revenoient bientôt par vos amis mêmes, avec des tours envenimés.

Mais encore que répondez-vous à des reproches si pressants? Vous demandez compensation sur ce que j'ai révélé votre secret de n'avoir jamais lu les livres de saint François de Sales et des autres saints mystiques[1]. Jeu d'esprit qui doit indigner le lecteur dans une matière si sérieuse et si déplorable. Mais qu'alléguez-vous de plus? Le voici. « M'a-t-il, dites-vous[2], demandé ma permission » pour publier mes lettres? M. de Paris lui a-t-il » permis de se servir de sa lettre, etc.? » Non sans doute : mais pouvez-vous comparer votre procédé avec le mien? Quand vous publiez mes lettres, c'est pour me diffamer comme un quiétiste, sans aucune nécessité. Quand je publie les vôtres, c'est pour montrer que vous avez desiré d'être mon consécrateur, et que vous ne trouviez plus entre vous et moi qu'*un je ne sais quoi* auquel vous ne pouviez même donner un nom ; c'est pour prouver que M. l'archevêque de Paris avoit appris par M. Pirot que ce docteur avoit été *charmé* de l'examen de mon livre.

Avant que de passer outre, je dirai ici par occasion que M. Pirot, qui avoue d'avoir jugé mon livre *tout d'or*, ne peut nier que je ne l'aie pressé de le garder jusqu'à mon retour de Cambrai. Il a cité lui-même, dans sa *Relation* que j'ai par écrit, deux témoins. Ce n'est pas moi qui les cite, mais je les accepte. Je ne veux point le commettre. Mais qu'on le fasse parler si on le veut; je suis sûr qu'ils feront taire M. Pirot, s'il ose nier le fait que j'avance.

Revenons au secret des lettres missives : vous le violez pour me perdre. Je ne m'en sers qu'après vous, pour sauver mon innocence opprimée. Les lettres que vous produisez contre moi sont ce qu'il doit y avoir de plus secret en ma vie, après ma confession, et qui, selon vous, me fait *le Montan d'une nouvelle Priscille*. Au contraire, vos lettres que je produis ne sont point contre vous; elles sont seulement pour moi. Il ne s'agit point de votre secret, mais du mien dans vos propres lettres. Ainsi j'ai autant de droit sur vos lettres pour m'en servir à me justifier, que vous avez eu d'obligation de ne violer jamais contre moi le secret des miennes. Les vôtres font voir que je n'étois pas un impie et un fanatique. Pourquoi mettez-vous votre honneur à me diffamer? Qui ne sera étonné qu'on abuse de l'esprit et de l'éloquence, pour comparer une aggression poussée jusqu'à une révélation si odieuse du secret d'un ami, avec une défense si légitime, si innocente et si nécessaire?

---

[1] *Remarq.*, art. 1, n. 27, pag. 24.

[1] *Remarq.*, art. 1, n. 29, pag. 27.
[2] *Ibid.*, n. 27, pag. 23.

VII.

De l'écrit de ma confession.

Ce secret manifestement violé nous mène naturellement à celui de la confession. Votre art est de réfuter ce que je n'ai pas dit, pour pouvoir nier un fait imaginaire, et détourner ainsi l'attention du lecteur du fait véritable que je vous reproche. Prendre Dieu à témoin sur un fait dont il ne peut être question, au lieu de répondre sur le vrai fait dont il s'agit uniquement, n'est-ce pas prendre en vain son nom si saint et si terrible? Je n'ai jamais parlé d'une confession auriculaire et sacramentelle : remontons à la vraie origine. Vous avez cité une de mes lettres [1], où sont ces paroles : « Quand vous le voudrez, je vous dirai comme à » un confesseur tout ce qui peut être compris dans » une confession générale de toute ma vie, et de » tout ce qui regarde mon intérieur. » Au lieu de supprimer, selon votre obligation, tout cet endroit, ou du moins de n'en révéler aucune parole, vous avez ajouté : « On a vu dans une de ses lettres « qu'il s'étoit offert à me faire une confession gé- » nérale. » Voilà un changement de mon texte auquel j'avoue que je n'avois pas pris garde d'abord. Je n'avois offert que de *vous dire comme à un confesseur, etc.*, ce qui exclut évidemment la confession sacramentelle; au lieu que quand on dit *faire une confession générale*, ces termes expriment naturellement le sacrement de la confession. Vous avez ajouté tout de suite : « Il sait bien » que je n'ai jamais accepté cette offre; tout ce » qui regarde des secrets de cette nature sur ses » dispositions intérieures est oublié, et il n'en » sera jamais question. » Si vous parlez de la confession sacramentelle, vous affectez de parler d'une chose toute différente de celle dont vous avez dû parler sur ma lettre. Il ne s'agissoit que de vous dire, *comme à un confesseur, tout ce qui peut être compris dans une confession générale*. Jamais je n'ai offert de me confesser à vous sacramentellement, et votre conscience ne vous permet pas de dire que je vous aie offert de vous faire une telle confession. Ainsi, si vous avez entendu parler de la confession sacramentelle, en prenant Dieu à témoin vous avez voulu donner le change, et détruire le sens naturel de la lettre que vous citez. Si au contraire vous avez suivi de bonne foi le sens évident de la lettre, de laquelle seule il étoit question, vous n'avez entendu parler que d'une espèce de confession non sacramentelle. Pour moi, il est évident que je n'ai entendu parler de confession que par rapport à ma lettre, que vous citez en avançant un fait qui n'a aucun fondement. Or ma lettre exclut toute idée de confession sacramentelle. Il ne s'agissoit donc, comme je l'ai dit, que de vous *dire* ou confier, *comme à un confesseur, tout ce qui peut être compris dans une confession*. C'est cette espèce de confession que je soutiens que vous avez *acceptée*, et dont je dis *que vous avez gardé quelque temps mon écrit* [1]. Or vous ne pouvez en conscience dire que vous n'ayez point accepté celle-là. La manière dont je vous l'ai confiée est encore plus forte que la vive voix dont il ne reste rien : je vous l'ai donnée par écrit; vous la gardâtes quelque temps; vous me demandâtes la permission de la montrer à M. l'archevêque de Paris, qui étoit alors M. de Châlons, et à M. Tronson; et je vous le permis sans préjudice du secret inviolable pour tous les autres hommes, qui est de droit naturel, et que j'exigeai très expressément. Il est donc vrai que vous avez *accepté* cette confession. Aussi, après avoir fait tant de bruit sur la confession sacramentelle, dont il est évident que je n'avois garde de parler, puisqu'il ne s'agissoit que de celle qui étoit si bien exprimée dans ma lettre, vous êtes enfin réduit à avouer le fait. « S'il veut, dites-vous [2], après cela nous avoir » donné à tous un écrit du même secret qu'une » confession générale, je n'ai rien à dire, sinon » ce qui est porté dans ma *Relation*, que s'il y a » quelque chose de cette nature, il est oublié, et » il n'en sera jamais question. » Mais quoi! monseigneur, lors même qu'on vous arrache les faits, vous cherchez encore à les déguiser? Non, ce n'est point à tous trois que je donnai en commun cette confession : c'est à vous seul; et je consentis seulement, quand vous me le demandâtes, que vous la montrassiez aux deux autres. Pourquoi vouloir donc affoiblir ce secret sous ce beau prétexte? Les autres n'ont eu le secret que par votre canal : ils l'ont gardé religieusement, et nous verrons bientôt que vous, par qui ils l'ont reçu, ne l'avez pas gardé comme eux. Il y a même quelque chose de bien plus fort dans le secret de cette confession. Je vous l'avois offerte dès le commencement dans un épanchement de cœur, où j'étois bien éloigné de me défier de tout ce que j'ai vu depuis. Longtemps après, vous me prîtes à Versailles en particulier dans la chambre de madame la duchesse de Noailles; et vous me demandâtes l'exécution de ce que je vous avois promis. Je vous envoyai peu de

---

[1] *Relat.*, IIIe sect., n. 4. tom. XXIX, pag. 530.

[1] *Rép. à la Relat.*, n. 30.
[2] *Remarq.*, art. 1, n. 15, tom. XXX, pag. 19.

jours après cette espèce de confession : n'est-ce pas d'elle dont vous avez dit [1] : « Tout ce qui peut regarder des secrets de cette nature sur ses dispositions intérieures est oublié, et il n'en sera jamais question. » Alléguez tant qu'il vous plaira qu'on a dit dans le monde que ma signature des XXXIV Articles d'Issy étoit un secret *de confession* que vous avez eu tort de violer [2], et que c'est là-dessus que vous avez voulu vous justifier. Vaine élusion, qui ne sert qu'à montrer qui de nous deux ressemble aux *rhéteurs de la Grèce*. Je n'ai jamais caché ma signature des XXXIV Articles.

Il est vrai seulement que la bienséance, au défaut de l'amitié, auroit dû vous empêcher de la faire imprimer sans m'avoir demandé mon consentement. Mais ces irrégularités, inouïes en d'autres, ne sont rien pour vous, et vous les faites trop oublier pour d'autres faits plus importants. Ma signature des XXXIV Articles d'Issy n'étoit pas un *secret sur mes dispositions intérieures* [3] ; ma signature n'est point un secret *oublié*, et dont *il ne sera jamais question*, puisqu'il en est question dans un livre que vous avez publié dans toute la chrétienté. A quoi sert-il donc d'éluder ? Vous l'avouez enfin vous-même : c'est en parlant de cette confession par écrit, que vous assurez que *des secrets de cette nature sont oubliés. S'il y a*, dites-vous, *quelque chose de cette nature, il est oublié*. Mais comment avez-vous pratiqué cet oubli ? C'est en avertissant toute l'Église que ce secret étoit *oublié*. C'est dans la *Relation du quiétisme*, où je suis le Montan d'une nouvelle Priscille, que vous vous faites un mérite d'oublier *tout ce qui pourroit regarder des secrets de cette nature*, c'est-à-dire l'écrit d'une confession générale. Me plaindre de ce silence, où vous vous vantez de ne parler pas, c'est, selon vous, un tour de souplesse et de malignité contre *le plus simple de tous les hommes*, contre *l'innocent théologien*. J'ai grand tort de trouver mauvais que vous ayez parlé de cette confession, et que vous ayez promis de *l'oublier* en vous ressouvenant de mon quiétisme.

Vous citez Pierre de Blois pour prouver qu'il ne faut point révéler indirectement les confessions en se vantant de n'en parler pas. Mais il est plus aisé de trouver des passages pour autoriser le secret de la confession, que des raisons pour prouver qu'on peut en cette matière faire entendre qu'on fait plus qu'on ne dit. Vous voulez même laisser croire que

[1] *Rél.*, IIIe sect., n. 13, tom. XXIX, pag. 560.
[2] *Remarq.*, art. 1, n. 17, tom. XXX, p. 20.
[3] *Ibid.*, art. 1, n. 2?.

j'ai pu alléguer cette confession pour vous ôter la liberté de parler contre moi. Non, monseigneur, une confession même sacramentelle n'empêche point que le confesseur ne puisse déclarer en justice tout ce qu'il sait par d'autres voies. Je vous somme donc à la face de toute l'Église de le faire à mon égard. Vous insinuez aussi, que je vous défie bien à mon aise sur le secret de ma confession par écrit, puisqu'il ne vous est pas permis de le violer. Voilà encore un nouveau tour pour insinuer que vous ne manquez pas de choses à dire, s'il étoit permis. Eh bien! celui qui se confesse, même sacramentellement, est le maître de son secret. A plus forte raison puis-je disposer du mien, qui n'est pas de cette nature. J'en dispose : je vous permets, et je vous conjure de le révéler ; n'en ayez donc aucun scrupule. Parlez, si vous le pouvez, selon Dieu, ou avouez toute votre injustice. Vous dites que je me prévaudrai peut-être dans la suite de ce que vous ne m'avez pas *demandé* une *réparation* [1] sur ce reproche par rapport à ma confession : eh bien! demandez-la ; si on l'ordonne, je la ferai, car je suis prêt, Dieu merci, à payer pour vous, et à m'humilier devant celui qui m'outrage. Mais Dieu, qui est patient, est juste; et je crains bien qu'en souffrant tout, je n'accumule sur votre tête des charbons ardents.

VIII.

Des actes de soumission de madame Guyon.

Il s'agit maintenant, monseigneur, d'un fait que vous désavouez, et dont vous prétendez que le désaveu sape les fondements de toute ma justification. C'est l'acte de soumission que j'ai dit que vous aviez dicté à madame Guyon, où elle déclaroit qu'elle *n'avoit eu aucune des erreurs, etc.* En niant cet acte, ou du moins ces paroles, vous croyez m'ôter toute excuse sur la bonne opinion que j'ai eue de cette personne. Pour les témoignages de M. l'évêque de Genève, vous les comptez pour rien. Vous dites du premier, que c'est *un compliment de civilité* [2]. Voilà à quoi sert l'esprit : on prouve qu'un saint évêque a pu dire, contre sa conscience, parlant d'une personne, et en se justifiant sur les préventions qu'il avoit contre elle : « Je l'estime infiniment..... je l'estime et je l'honore au-delà de l'imaginable. » Un évêque si grave n'a-t-il point de compliment plus digne de la sincérité évangélique que celui-là ? Mais, dites-

[1] *Remarq.*, conclus., § 1, n. 10. p. 195.
[2] *Remarq.*, art. II, n. 7, p. 53.

vous, il se plaignoit d'elle comme de la perturbatrice des communautés [1]. Il dit seulement qu'il « ne pouvoit approuver qu'elle voulût rendre son » esprit universel, et qu'elle voulût l'introduire » dans tous les monastères au préjudice de celui » de leurs instituts [2]. » C'est un zèle indiscret, *qu'il ne peut*, dit-il, *approuver*, et dont il dit que les suites sont mauvaises, quoiqu'il ne blâme pas l'intention de la personne : « Il n'a que ce seul » grief; à cela près, il l'estime au-delà de l'imagi» nable, etc. » Ces témoignages sur la piété de madame Guyon ne me suffiroient-ils pas pour l'estimer aussi? Son zèle indiscret pour répandre ce qu'elle croyoit excellent ne devoit point m'effrayer, pourvu qu'elle fût sincère et soumise aux pasteurs de l'Église, pour se modérer là-dessus.

Vous dites que j'allègue mal à propos, pour justifier l'estime que j'en conçus, une seconde lettre de M. de Genève, de 1695, puisqu'elle n'a été écrite que long-temps après mon estime pour elle. Autre subtilité pour éluder mes preuves. Ce n'est pas sur une lettre qui n'étoit pas encore écrite que j'ai estimé madame Guyon en 1689; mais j'ai pu l'estimer innocemment pendant l'année 1689 et les suivantes, puisque M. de Genève, qui étoit bien mieux instruit de tout ce qu'on lui imputoit pour ses voyages, l'a encore estimée depuis ce temps-là jusqu'en 1695.

Mais, dites-vous, il l'avoit chassée de son diocèse : nullement. Il en avoit fait sortir le Père La Combe; mais pour madame Guyon, elle en sortit de son pur mouvement, et M. de Genève fit tout ce qu'il put pour la rappeler. Et en effet, comment ce prélat auroit-il pu dire d'une personne qu'il auroit chassée honteusement de son diocèse, « qu'il » n'avoit jamais parlé d'elle qu'avec beaucoup » d'estime et de respect; que sa mémoire ni sa » conscience ne lui reprochoient point d'en avoir » jamais parlé autrement;..... qu'il a toujours » parlé de la piété et des mœurs de cette dame avec » éloge; et que voilà, en peu de mots, les vé» ritables sentiments où il a toujours été à son » égard. » Voilà des compliments bien outrés et sans exemple à l'égard d'une femme qu'on a chassée pour son fanatisme. Plus vous direz que M. de Genève étoit d'ailleurs prévenu contre elle, plus vous fortifierez le témoignage qu'il rendoit à sa piété. Mais tout cela ne fait rien pour elle : il a pu être trompé, et moi aussi; si nous l'avons été, c'est innocemment.

Je n'avois donc pas besoin de vos attestations pour justifier l'estime que j'ai eue de cette personne. De plus, la fréquente communion que vous lui avez accordée pendant six mois lève, autant que l'attestation, la difficulté des folles visions dont vous l'accusez. Il est inutile de dire que son confesseur de Meaux étoit un habile docteur de Sorbonne auquel vous l'aviez remise, et à qui vous aviez donné *toute permission pour la faire communier.* Foibles excuses, qui ne montrent que votre embarras! Si ce confesseur n'avoit pas lu les manuscrits pleins de visions impies, c'étoit à vous à l'en avertir, et vous êtes responsable de tout ce que vous n'avez point empêché sous vos yeux, dans une affaire qui demandoit une si singulière attention. Mais que sert-il de vous décharger sur le confesseur? l'aveu est prononcé. Vous ne crûtes pas, dites-vous, lui devoir ôter la communion, *que feu M. de Paris lui avoit conservée* [1]. Autre fertilité d'esprit pour éblouir le lecteur. Eh! monseigneur, feu M. de Paris étoit-il votre règle de conduite? avoit-il lu comme vous ces manuscrits affreux? Ajouterez-vous encore : Comme toutes les lettres et tous les discours ne respiroient que la soumission, et une soumission aveugle, on ne pouvoit lui refuser l'usage des saints sacrements? Quoi! ne point refuser les sacrements à une femme qui mentoit avec tant d'impudence manifeste dans l'acte solennel de sa conversion, et qui disoit n'avoir point eu intention de blesser l'esprit de l'Église par tant d'impiétés palpables : le plus court est de ne répondre plus rien, de m'accuser *d'insigne témérité* [2], et d'abuser des paroles de saint Paul, pour vous récrier : *Qui êtes-vous pour juger votre frère?* Je ne vous juge point, c'est vous qui me jugez depuis long-temps. Je ne vous condamne point, c'est vous-même qui vous condamnez, en avouant que vous donniez la communion à cette personne, croyant qu'elle étoit ou folle ou méchante, « n'ayant » pas encore bien déterminé en votre esprit si » ces visions venoient de présomption, de malice, » ou de quelque débilité de son cerveau. » Pour moi, je ne fais que me servir de votre conduite contre vous pour justifier la mienne. Depuis le temps que j'ai vu et estimé madame Guyon, vous lui avez fait donner la communion fréquente pendant six mois, et lui avez accordé un certificat que vous ne pouvez désavouer.

Maintenant il reste à examiner la seconde soumission, que vous assurez être fausse. On m'a trompé, dites-vous. Eh bien! si on m'a trompé, détrompez-moi, je ne cherche qu'à être détrompé.

---

[1] *Remarq.*, art. II, n. 7, pag. 35.
[2] *Ibid.*, n. 5, p. 52.

[1] *Remarq.*, art. II, n. 12, pag. 36.
[2] *Ibid.*, pag. 37.

Si vous avez tant de zèle pour me tirer de l'erreur, produisez cet acte sur lequel vous assurez qu'on m'a imposé. Envoyez-le à Rome en original; j'y ai déjà envoyé de l'écriture de madame Guyon, qu'on pourra comparer avec cet écrit. Avant que de faire partir cet original, faites-le montrer à madame Guyon par MM. l'archevêque de Paris et l'évêque de Chartres, par le Père de La Chaise, et par M. Tronson. Ces témoins ne doivent pas vous être suspects. Vous assurez que trois d'entre eux connoissent mes erreurs; vous louez *la noble franchise* du quatrième. Que ces quatre personnes fassent lire à madame Guyon son acte; qu'ils lui fassent reconnoître son écriture; qu'elle avoue par écrit que c'est son propre acte; qu'elle déclare en termes exprès qu'elle ne vous en a jamais donné aucun autre, où elle ait dit qu'elle *n'a eu aucune des erreurs, etc.*; et que ces quatre personnes fassent ensemble sur ce fait un procès-verbal signé d'eux, qu'ils envoient à Rome. Voilà la vraie manière d'éclaircir pleinement le fait: tout autre laisse de violents soupçons contre vous. Pour moi, je n'ai en tout ceci nul intérêt que celui de découvrir la vérité. Pour vous, rien ne vous est plus capital que de n'y laisser rien d'équivoque.

Ne dites plus que c'est à moi à produire cet acte. Vous savez bien en votre conscience que je ne puis l'avoir; et quand vous me défiez de le produire, c'est un jeu indécent, où vous oubliez ce que vous avez dit vous-même. Voici vos paroles [1]: « A » Meaux, je lui ai nommé un confesseur, à qui, sur » le fondement de l'entière soumission qu'elle témoi-» gnoit, et par écrit et de vive voix, par les ter-» mes les plus forts où elle pût être conçue, je » donnai toute permission de la faire communier. » Elle a souscrit à la condamnation de ses livres, » comme contenant une mauvaise doctrine. Elle a » encore souscrit aux censures où ses livres im-» primés et toute sa doctrine étoient condamnés. » Enfin elle a rejeté, par un écrit exprès, les pro-» positions capitales d'où dépendoit son système. » J'ai tous ces actes souscrits de sa main, et je n'ai » donné cette attestation, qu'on nomme complète, » que par rapport à ces actes qui y sont expressé-» ment énoncés, etc. »

Voilà donc ces actes que vous déclarez avoir, et que vous me défiez de produire. Vous savez bien que je ne puis en avoir qu'une copie. Vous me demandez si j'en ai *une expédition* [2], c'est-à-dire, une copie que vous ayez expédiée sur l'original. Je ne sais point comment elle a été faite; je sais seulement qu'elle vient d'un ami des parents de madame Guyon. Ne vous étonnez pas que j'aie voulu savoir ce qui la regardoit. Ne devois-je pas m'informer d'une personne dont on me croyoit entêté, et dont vous me reprochiez les illusions, comme si j'en étois responsable? Si cet acte est supposé, du moins je l'ai produit de bonne foi, et j'ai eu raison de supposer, sur les témoignages de ceux qui me l'ont donné, qu'il étoit véritable. Mais, encore une fois, décréditez le faux acte, en produisant le vrai. Vous l'avez; c'est vous qui le dites. Il n'est pas question de votre *procès-verbal*, auquel vous paroissez nous renvoyer. Je ne vous demande pas votre acte, que vous avez dressé comme vous avez jugé à propos. Je demande les actes originaux de madame Guyon *souscrits de sa main*. Il y en doit avoir plusieurs. J'en vois au moins trois dans le passage que je viens de citer. 1° Une condamnation de ses livres; 2° une souscription aux censures; 3° un écrit pour rejeter *les propositions capitales d'où dépendoit son système*. Ailleurs vous parlez ainsi [1]: « 1° Elle a signé les » XXXIV Articles, etc..... Pour une plus précise » explication, elle a encore souscrit aux ordon-» nances et instructions pastorales des 16 et » 26 avril 1695. »

Vous ne manquerez pas de dire que je suis bien entêté de madame Guyon, puisque je suis si incrédule sur ce qui lui est désavantageux. Mais, faut-il l'avouer? ce n'est point madame Guyon, c'est vous-même qui êtes la vraie cause de mon incrédulité: je ne cherche qu'à m'en guérir. Mais voici les réflexions que j'ai faites, et dont le lecteur peut juger:

1° J'ai dit souvent à M. l'archevêque de Paris et à M. Tronson, que j'avois une copie de cet acte de soumission où madame Guyon désavouoit d'avoir *cru aucune des erreurs, etc.* Jamais ni l'un ni l'autre ne m'a révoqué en doute ce fait.

2° En conséquence de cet acte, j'ai avancé dans mon Mémoire [2] que vous avez fait imprimer, que vous n'aviez exigé d'elle aucun aveu d'avoir *cru les erreurs*, etc.

M. l'archevêque de Paris, M. de Chartres et M. Tronson ont vu ce Mémoire dès l'an 1695. Alors ils furent persuadés des raisons qu'il contient, et M. l'archevêque de Paris voulut bien s'en charger, pour le faire approuver par une personne à qui je craignois infiniment de déplaire. Igno-

---

[1] *Relat.*, 1re sect., n. 4, tom. XXIX, pag. 552.
[2] *Remarq.*, art. II, n. 16, tom. XXX, pag. 39.

[1] *Inst. sur les états d'orais.*, liv. X, n. 21, tom. XXVII, p. 430.
[2] *Relat.*, 1re sect., n. 3, tom. XXIX, pag. 524.

roient-ils votre conduite? *La sainte unanimité, le saint concert de l'épiscopat,* que vous vantez tant, ne permettent pas de le croire. M'auroient-ils laissé supposer un fait si notable et si faux?

5° Vous vous défendez d'un ton bien douteux. D'où vient que vous affectez tant de dire : « Je n'ai » pas besoin de grossir un livre en transcrivant » de longs actes qu'on rapportera peut-être plus » commodément ailleurs[1]? » Eh! quel livre n'avez-vous pas grossi en y transcrivant des actes beaucoup moins importants, et beaucoup plus longs? N'est-ce pas votre méthode ordinaire, lorsque rien ne vous embarrasse? N'étoit-il donc pas naturel que vous répandissiez d'abord des copies de votre original, pour vous justifier dans un si pressant besoin? au lieu de le faire, vous dites que vous le ferez peut-être *plus commodément ailleurs.*

4° Vous désavouez d'avoir *dicté* les soumissions, et vous faites entendre que vous les avez reçues, en les laissant faire à madame Guyon comme il lui a plu. Mais il n'y a rien de plus irrégulier ni de moins vraisemblable que cette conduite. Ces soumissions étoient, selon vous, le fondement de la permission de communier, de l'attestation, et même de la liberté que vous lui donnâtes de sortir du monastère. « Après ses soumissions, dites-vous, » elle étoit libre, etc. Je lui nommai un confesseur, » à qui, sur le fondement de l'entière soumission » qu'elle témoignoit, et par écrit et de vive » voix, etc..... je donnai toute permission de la » faire communier [2]. » Enfin vous assurez que vous n'avez donné l'attestation que par rapport à *ces actes qui y sont expressément énoncés* [3]. Vous êtes donc inexcusable, si vous avez laissé écrire cette personne comme il lui a plu ces soumissions, avec une mauvaise foi évidente et pleine d'impudence. L'unique chose qu'il soit permis de dire pour vous justifier, c'est que vous avez conduit sa plume dans ces actes fondamentaux, et décisifs pour son salut, pour votre sûreté et pour celle de l'Église. Dans cet embarras vous assurez [4] que vous « la laissiez dire comme une femme igno- » rante et docile, etc. » Vous ajoutez [5] « que si » l'on veut, vous lui aidiez quelquefois à s'expli- » quer dans les termes les plus conformes à ce qui » vous paroissoit être de son intention. » N'est-ce pas en cet endroit que je pourrois dire de vous ce que vous dites si souvent de moi : « Il biaise, il » biaise[1]? » Puis, vous vous récriez : « M. de Cam- » brai appelle cela dicter un acte; il en conclut » que j'autorise le sentiment que cette femme avoit » d'elle-même[2]. » Enfin, vous allez jusqu'à parler ainsi [3] : « Après avoir écrit ce qu'elle vouloit, je » ne fis que lui donner acte de sa déclaration, » comme j'y étois obligé. » Quoi! étiez-vous donc *obligé* à recevoir le mensonge le plus impudent et le plus hypocrite, comme la preuve de la conversion d'une personne impie et fanatique, pour lui donner les sacrements? On ne revient pas de l'étonnement dont on est saisi, quand on entend des excuses si subtilisées et si scandaleuses.

5° Vous dites [4] : « Falloit-il pousser une femme » au désespoir? » Si vous l'aviez poussée jusqu'à l'aveu sincère et formel d'avoir *cru les erreurs, etc.*, vous ne vous excuseriez pas de votre indulgence. Il ne s'agit pas de produire une lettre où elle vous dise en général : « Je me suis trompée. J'ac- » cuse mon orgueil, ma témérité, ma folie. » Les saints peuvent parler ainsi en général par humilité, dès que leurs supérieurs les reprennent d'égarements, parce qu'ils supposent que les supérieurs voient en eux ce qu'ils n'y voient pas eux-mêmes. Mais quand on les presse sur un fait précis, ils n'avouent que ce que leur conscience leur montre de leurs intentions. Suivant cette règle, vous devez produire un acte de soumission, où cette personne reconnoisse en détail avoir cru précisément les erreurs monstrueuses et inexcusables que vous lui imputez. Produisez-le, si vous l'avez; ou, si vous ne l'avez pas, avouez que vous êtes vous-même inexcusable dans le point essentiel.

6° L'acte que vous avouez est un équivalent manifeste de celui que vous voulez désavouer, et par conséquent il le rend très vraisemblable. En voici les paroles [5] : « Je déclare néanmoins avec tout » respect, et sans préjudice de la présente soumis- » sion et déclaration, que je n'ai jamais eu inten- » tion de rien avancer qui fût contraire à l'esprit » de l'Église catholique, apostolique et romaine, » à laquelle j'ai toujours été et serai toujours sou- » mise, Dieu aidant, jusqu'au dernier soupir de » ma vie; ce que je ne dis pas pour me chercher » une excuse, mais dans l'obligation où je crois » être de déclarer en simplicité mes intentions. » Je n'ai que deux choses à vous demander là-dessus. 1° Avez-vous pu la laisser évidemment mentir au Saint-Esprit à la face de toute l'Église, dans

---

[1] Remarq., art. II, n. 13, tom. xxx, pag. 38.
[2] Relat., 1re sect., n. 4, tom. XXIX, pag. 524.   [3] Ibid.
[4] Remarq., art. II, n. 13, tom. xxx, pag. 37.
[5] Ibid.

[1] Remarq., art. x, n. 39, 45, 49, pag. 175 et suiv.
[2] Ibid., art. II, n. 13, pag. 37.   [3] Ibid.
[4] Relat., IVe sect., n. 8, tom. XXIX, pag. 574.
[5] Réponse à la Relat., n. 2.

une soumission qui est tout le fondement de sa conversion et de votre sûreté? Elle assure qu'elle ne cherche point à s'accuser, mais qu'elle se doit en conscience le témoignage qu'elle se rend. 2º Prétendez-vous qu'une femme qui fait des livres, et qui commente l'Écriture, ait pu ignorer qu'elle attaquoit *l'esprit de l'Église* en enseignant qu'il faut vouloir être damné, et oublier Jésus-Christ; qu'elle est la femme de l'*Apocalypse*, qui a la puissance de lier et de délier; qu'elle est la pierre angulaire, et l'épouse au-dessus de la mère du fils de Dieu? Y a-t-il d'ignorance dans *la villageoise la plus grossière* qui puisse l'excuser d'avoir voulu contredire *l'esprit de l'Église*, en enseignant ces impiétés monstrueuses? Cet acte justifie donc madame Guyon de n'avoir point cru ces erreurs si évidemment incompatibles avec une soumission sincère à l'Église, et par conséquent il est équivalent à celui que vous désavouez. Enfin M. l'archevêque de Paris a accepté une soumission de madame Guyon [1], qui comprend tout ce qui est contenu dans celle que vous assurez être fausse. « Je » dois néanmoins (c'est ainsi qu'elle parle), devant Dieu et devant les hommes, ce témoignage » à la vérité, que je n'ai jamais prétendu insinuer » par aucune de ces expressions aucune des erreurs qu'elles contiennent. Je n'ai jamais compris que personne se fût mis ces mauvais sens » dans l'esprit; et si on m'en eût avertie, j'aurois » mieux aimé mourir que de m'exposer à donner » aucun ombrage là-dessus. » Rien n'est plus fort que ces paroles, où elle prend Dieu à témoin de ce qu'elle n'a cru *aucune* de ces *erreurs*. Le prélat qui lui a fait signer cet acte a trop de conscience pour nier qu'il ne l'ait accepté comme le fondement sur lequel il a fait donner les sacrements à cette personne. Je l'ai lu dans le temps, et je déclare qu'au bas de cet acte il y a un avis écrit de la main de M. Tronson, qui déclaroit à madame Guyon qu'elle pouvoit le signer en conscience. M. Tronson a trop de vertu pour nier ce fait. Ce qui est à remarquer, c'est que vous avez dit vous-même qu'on avoit encore plus exigé de madame Guyon à Paris que vous ne lui aviez demandé à Meaux. « J'ajouterai seulement, dites-» vous [2], que M. l'archevêque de Paris a plus fait » que moi. » D'où je conclus que les actes que vous gardez doivent, selon toutes les apparences, être à peu près de même que la soumission que nous venons de voir.

Voilà donc un grand nombre de choses qui font que je n'ai aucun besoin de l'acte que vous désavouez, et qui le rendent très vraisemblable. Pour moi, je ne risque rien en vous demandant de produire l'original. Mais vous risquez tout de votre part, si vous ne pouvez pas le produire à Rome différent de celui dont j'ai une copie, après l'avoir fait vérifier authentiquement par madame Guyon, qui parle et qui écrive devant les quatre témoins ci-dessus nommés.

IX.

De la signature des XXXIV Articles.

Vous assurez, monseigneur, que je n'ai eu aucune part aux Articles, et que j'allègue un fait si faux, pour m'excuser sur deux choses également mauvaises. L'une est de n'avoir pas cru les XXXIV Articles vrais, l'autre de les avoir signés contre ma persuasion. Vous croyez être bien fort contre moi en niant ainsi absolument ce que j'avance. Mais vous allez voir qu'il n'y a rien de si dangereux que de nier un fait constant.

1º Vous dites [1] que *certaines choses*, qu'on peut avoir ajoutées pour me contenter, « ne pouvoient » pas être des Articles, mais tout au plus quelques » paroles; ce qui au fond ne conclut rien. » Que direz-vous donc si je prouve par mon original, signé de vous, qu'on y ajouta après coup, de la main de M. l'archevêque de Paris, le XXXIVe Article? Vous en avez un original : produisez-le. Pour moi, je suis prêt à produire le mien. On y verra clairement que c'est un Article qui n'avoit point été d'abord mis avec les autres. Il fut dressé sur-le-champ entre nous dans la chambre de M. Tronson, à Issy, et ajouté dans le moment même où l'on alloit signer. Tout le monde voit, par cet exemple, avec quelle exactitude vous niez les faits. « On ne trouva, dites-vous [2], jamais à » propos de lui demander son sentiment sur aucun des Articles; » et encore : « Certaines cho-» ses ne pouvoient pas être des Articles [3]. » En voilà pourtant un tout entier que vous ne pouvez nier qu'il n'ait été dressé avec moi. Pendant que j'ai contre vous une conviction si précise et si littérale, vous croyez en être quitte pour vous récrier [4] : « Il se sauve par les inventions de son bel esprit; » il veut qu'on croie tout ce qu'il imagine. » Ai-je imaginé ce fait si décisif sur l'Article XXXIVe?

2º Le Mémoire que vous avez produit contre

---

[1] Voy. cet acte, dans les *OEuv. de Bossuet*, tom. XL. p. 217 et suiv.
[2] *Remarq.*, art. II. n. 26, tom. XXX, pag. 44.

[1] *Remarq.*, art. VII, n. 59. pag. 106.
[2] *Ibid.*, n. 58, pag. 105.
[3] *Ibid.*, n. 59, pag. 106.
[4] *Ibid.*

moi ne doit pas être suspect. Il a été écrit dans un temps où les faits étoient encore très récents. Il a été fait pour une personne digne d'un singulier respect. Il lui fut donné par M. l'archevêque de Paris, qui eut la bonté de l'appuyer. Ce prélat l'avoit vu aussi bien que M. Tronson. Ils y avoient lu qu'on m'avoit accordé des additions sur les Articles; ils n'en disconvinrent jamais. Le fait des additions demeure donc incontestable; et vous avouez vous-même qu'on y ajouta *quelques paroles*. Qu'on m'ait accordé ces additions par des Articles entiers qu'on ait ajoutés, ou qu'on ait fait seulement les additions en grossissant les Articles mêmes, qui étoient déja au nombre de trente-quatre, tout cela est absolument indifférent pour ma justification. Ce que vous dites, *qui au fond ne conclut rien*, conclut tout. J'ai toujours pu (moi simple prêtre) dire avec justice, avant les additions, que je signerois *contre ma persuasion, par obéissance*, parce que les Articles, quoique vrais, me paroissoient alors insuffisants; j'ai toujours pu de même signer ensuite par une pleine persuasion, lorsque les additions me furent accordées. Vous niez donc un fait dont le désaveu ne fait rien pour vous contre moi. L'expression de mon Mémoire, qui n'est pas exacte sur une circonstance si peu importante, ne peut être qu'une inadvertance, et ne vous donne aucun avantage. Voici mes paroles : « J'ai d'abord dit à M. de Meaux » que je signerois de mon sang les XXXIV Articles » qu'il avoit dressés, pourvu qu'il y expliquât cer- » taines choses. M. l'archevêque de Paris pressa » très fortement M. de Meaux sur ces choses, qui » lui parurent justes et nécessaires. M. de Meaux » se rendit, et je n'hésitai pas un seul moment à » signer [1]. » Il paroît toujours, par mes termes, que ma *persuasion* n'étoit pas contre la vérité des Articles, mais seulement contre leur insuffisance, puisque je voulois *signer de mon sang*, pourvu qu'on y fît des additions. Nous venons de voir tout-à-l'heure que vous avouez qu'on en a fait. Qu'elles aient été faites par des Articles ajoutés, ou par une plus grande étendue des Articles déja dressés, c'est ce qui n'importe en rien. Il demeure toujours constant qu'avant ces additions je n'étois pas content, et que je le fus dès qu'on les eût faites. De plus, le fait constant du XXXIV⁰ Article fait assez voir ce qu'on doit penser des trois autres que je soutiens qu'on m'a accordés. Puisqu'il est démontré par cet Article combien vous vous êtes mécompté dans un fait si essentiel, je laisse à juger au lecteur s'il doit vous croire lorsque vous prétendez avoir dressé, de votre pur mouvement et sans que j'y aie eu de part, le XIII⁰ et le XXXIII⁰, qui sont si contraires à votre doctrine.

5⁰ On peut encore juger de votre simplicité par la manière dont vous éludez mon raisonnement sur une signature qui auroit été faite *contre ma persuasion*. « Je déplore, dites-vous [1], qu'il » se reconnoisse capable de signer contre sa per- » suasion. » Vous niez que vous m'ayez accusé de cette faute. « Ce n'est pas moi, dites-vous [2], » qui parle ainsi. » Qui est-ce donc qui le dit ? C'est M. l'archevêque de Paris. Désavouez-vous ce qu'il assure ? Ce que vous exprimez par ces mots, *par obéissance*, il l'exprime par ces autres termes, *contre sa persuasion* [3]. Ai-je eu tort de vous joindre tous deux, et de ne *désunir point les unanimes*? Vous avez dit de plus que j'avois cherché des *restrictions* pour *éluder* le sens des Articles. Pour moi, je le nie, et je soutiens que j'ai seulement demandé des additions, faute de quoi j'aurois signé des Articles vrais contre ma persuasion, à cause que je les croyois insuffisants.

Aimez-vous mieux dire que j'ai signé les Articles sans y avoir aucune part, après avoir tâché de les *éluder* par *des restrictions* [4], ne m'y soumettant que *par obéissance, contre ma persuasion*? En me poussant ainsi dans le précipice, vous vous y êtes entraîné avec moi, et votre chute est encore plus funeste que la mienne. Au moins je puis être à plaindre comme certains fanatiques, qui, dans leurs égarements, ont une espèce de zèle pour la vérité qu'ils s'imaginent suivre. Mais si vous n'avez point eu d'autre marque de ma conversion que cette signature impie et scandaleuse, qui devoit vous effrayer plus que tout le reste, votre conduite à mon égard est un prodige auquel je n'ose donner aucun nom. Vous n'avez eu aucune conférence avec moi depuis que vous avez lu mes manuscrits; du moins vous n'avez eu que celles où, après avoir tâché d'éluder les Articles, je signai, sans dire un seul mot, par obéissance, contre ma persuasion. Vous l'avez dit. Vous avez rapporté une de mes lettres [5] qui parle ainsi : « Sans attendre les conversations que vous me » promettiez..., un mot sans raisonnement me » suffira. » Remarquez que je parlois ainsi dans les derniers temps de l'affaire, et n'espérant plus

---

[1] *Relat.*, IV⁰ sect., n. 25, tom. XXIX, pag. 587.

[1] *Remarq.*, art. VII, n. 45, tom. XXX, pag. 108.
[2] *Ibid.*, n. 47, pag. 109.
[3] *Rép. de M. de Paris aux quatre lettr.* ci-dessus.
[4] *Relat.*, III⁰ sect., n. 12, tom. XXIX, pag. 558.
[5] *Ibid*, n. 6, pag. 555.

les conversations tant promises. D'ailleurs vous avez dit[1] : « On se rencontroit tous les jours. Nous » étions si bien au fait, que nous n'avions aucun » besoin de longs discours. » Enfin vous avez dit[2] : « Nous avions d'abord pensé à quelques conver- » sations de vive voix après la lecture des écrits. » Mais nous craignîmes qu'en mettant la chose en » dispute, nous ne soulevassions plutôt que d'in- » struire un esprit que Dieu faisoit entrer dans » une meilleure voie, qui étoit celle de la soumis- » sion. » Cette *meilleure voie* étoit celle de signer *contre ma persuasion*, après avoir tâché d'insinuer[3] « des restrictions qui en éludoient toute la » force, et dont l'ambiguité les rendoit non-seule- » ment inutiles, mais dangereux. » Ma souplesse si scandaleuse vous édifioit en ce temps-là. Vous l'appeliez une *meilleure voie* que celle d'être instruit. Il est inutile de dire qu'il y a deux sortes d'instructions, l'une par la dispute, et l'autre par la voie d'autorité. Vous n'avez employé ni l'une ni l'autre à mon égard. Vous avouez que vous avez craint *les conversations de vive voix*, pour ne tomber point dans la dispute; voilà donc les *conversations de vive voix* qui sont retranchées en général, et sans restriction. Vous m'avez cru fanatique, et trompeur dans mon fanatisme, puisque je ne signois que *par obéissance*, *contre ma persuasion*. Mais encore comment est-ce que les Articles étoient contraires à ma persuasion? C'est que je ne voulois pas que l'on condamnât les quiétistes, qui mettent la perfection à vouloir être damné, à oublier Jésus-Christ, et à éteindre toute religion par la cessation de tout acte. Je ne signois que par *obéissance* qu'il ne faut point vouloir être damné, qu'il faut penser à Jésus-Christ, et faire des actes de religion. Vous m'avez consacré sans me ramener de ces erreurs impies; vous avez consacré un Montan, ou plutôt un antechrist. Que dis-je? c'est vous qui avez désiré avec empressement de m'imposer les mains. Votre lettre et celle de M. l'archevêque de Paris le démontrent. Vous n'y répondez rien, sinon que je viole votre secret, comme vous avez violé celui de mes lettres. Quelle comparaison ! Vous dites[4] que « le reste, qui nous jetteroit sur la question de » votre empressement à faire ce sacre, ne vaut » pas la peine d'être examiné. » Selon vous, rien ne mérite d'être examiné, dès qu'il vous ôte toute ressource pour vous excuser. Vous vous plaignez de ce que je méprise que vous ayez bien voulu faire cette cérémonie. Non, monseigneur, ne donnez point le change : on ne le prendra pas. C'étoit pour moi beaucoup d'honneur qu'un prélat d'une si grande réputation voulût bien être mon consécrateur. Mais il demeure bien prouvé que vous avez désiré de l'être, et que vous avez écrit avec empressement, pour prouver que vous pouviez faire cette fonction[1] en faveur du nouveau Montan que vous n'osiez *instruire* de peur de *le soulever*. Redirez-vous encore que j'avois baisé votre main, et promis que je n'aurois jamais d'autre doctrine que la vôtre deux jours avant mon sacre? Encore une fois, ce fait n'a aucun fondement. Sa prétendue *connexion* avec mes lettres[2] ne prouve rien. Il y a une extrême différence entre ces deux choses : l'une, qu'un prêtre qui sent combien sa foi est pure dixe à un ancien et savant prélat qu'il est prêt à l'écouter comme un écolier écoute son maître, et à croire qu'il se trompe, s'il croit qu'il se soit trompé; l'autre, qu'un homme nommé pour l'épiscopat aille faire, à la veille de son sacre, une espèce de profession de foi pour demeurer inviolablement attaché toute sa vie aux sentiments d'un évêque particulier.

Mais voulez-vous que je vous montre avec quelle sincérité je nie ce fait? C'est que je le nie sans avoir aucun besoin de le nier. Il ne prouve rien pour vous; il ne prouve rien contre moi. Pour moi (je l'ai déjà dit), si vous m'eussiez demandé alors mes dispositions sur les XXXIV Articles, je vous aurois répondu ce que j'ai mis dans le Mémoire, qui est que *je les signerois de mon sang*. Ce fait ne pourroit donc être contre moi, s'il étoit véritable. De plus, il ne peut vous excuser en rien. Si j'ai voulu *éluder les Articles* par des *ambiguités*; si je n'ai signé que *par obéissance*, *contre ma persuasion*, je suis l'homme du monde dont il falloit le plus se défier. Falloit-il, sans aucun éclaircissement, sacrer archevêque un homme connu pour si faux, pour si souple, pour si dissimulé? Deux mots, dits en baisant votre main, étoient-ils suffisants pour vous rassurer? Ce baiser et cette parole vague ne peuvent-ils pas être encore plus *ambigus* que mes *restrictions*? Ne peuvent-ils pas être plus facilement éludés que les Articles? Ne peuvent-ils pas aussi n'avoir été qu'une vaine cérémonie *contre ma persuasion*? Est-ce ainsi que vous consacrez le nouveau *Montan*? Est-ce ainsi que vous le détrompez, et que vous lui faites avouer ses erreurs? Est-ce ainsi que vous délivrez votre propre ame? Choisissez

---

[1] *Relat.*, IIIe sect., n. 8, pag. 533.
[2] *Ibid.*, pag. 534.   [3] *Ibid.*, n. 12, pag. 538.
[4] *Remarq.*, art. VII. n. 50, tom. XXX, pag. 112.

[1] *Rép. à la Relat.*, chap. IV, n. 53, tom. VI, pag. 446, 447.
[2] *Remarq.*, art. VII, n. 50, tom. XXX, pag. 111.

donc; je vous laisse choisir. Ou avouez qu'après que je vous eus représenté ce qui me paroissoit manquer aux Articles, vous me contentâtes par des additions, et qu'alors je signai par une persuasion pleine et entière; ou condamnez-vous vous-même, pour avoir desiré avec empressement de consacrer le nouveau *Montan* par une ordination sacrilège, encore plus horrible que son fanatisme.

Enfin, quand vous écriviez avec empressement pour être mon consécrateur, je n'avois point encore baisé votre main, puisque, selon vous, je ne la baisai que deux jours avant mon sacre. Cette main baisée est donc inutile pour vous justifier, puisque vous avez tant voulu me sacrer avant que d'avoir cette prétendue assurance de ma conversion.

Je laisse à juger au lecteur ce qu'il doit penser de la comparaison de Synésius, que vous voudriez encore défendre pour vous excuser. Ce n'est pas moi qui ai fait montre de cette érudition *triviale*, comme vous me le reprochez[1]; c'est vous, qui n'avez rien trouvé de meilleur pour couvrir ce que vous avez raconté contre vous-même. Je n'ai fait que montrer combien il est évidemment contraire à la bonne foi de comparer la docilité de Synésius avec la mienne, puisque Synésius ne croyoit point les impiétés qu'il faisoit semblant de croire pour éviter le fardeau de l'épiscopat; et que tout au contraire, selon vous, je n'avois songé qu'à éluder les vérités fondamentales du christianisme, et n'y avois souscrit que par *obéissance*, contre ma *persuasion*.

X.

De l'auteur du scandale.

Rien n'est plus important, dans un trouble si scandaleux, que de savoir qui en est l'auteur. Vous ne craignez point, monseigneur, d'assurer que c'est moi. Vous dites[2] que « je mets toute » l'Église en combustion,... que j'ai rompu toute » union,... que je suis la seule cause de la divi- » sion dans l'épiscopat, et du scandale de la chré- » tienté. » Vous prenez à témoins le ciel et la terre. Mais laissons les grandes figures, qui ne prouvent rien, et qui sont déja si usées chez vous; venons aux preuves solides. Vous assurez que je veux défendre les livres de madame Guyon, que je crois *sa réputation inséparable de la mienne propre*[3], que j'ai refusé d'approuver votre livre, et que j'ai écrit le premier contre vous, puisque mon livre n'est que l'apologie de madame Guyon. Voilà bien des accusations; examinons-les en détail.

Je n'ai jamais dit que la réputation de madame Guyon étoit *inséparable de la mienne propre*. J'ai dit seulement qu'on savoit que je l'avois vue et estimée, et que si j'approuvois un livre qui lui imputoit l'intention évidente d'enseigner des erreurs manifestement impies et infames, je reconnoîtrois, contre ma conscience, avoir favorisé en elle cette doctrine abominable. Il est clair qu'en parlant ainsi je disois vrai. Vous dites vous-même[1] que si j'avois « sacrifié ma réputation à la vérité, elle me » l'auroit bientôt rendue. » C'est-à-dire qu'après m'avoir flétri, vous auriez bien voulu me rendre ce que vous m'auriez fait perdre.

Y songez-vous, monseigneur? Est-ce ainsi qu'un évêque innocent se laisse diffamer par complaisance, dans l'espérance qu'on lui rendra bientôt sa réputation sur la foi, après la lui avoir arrachée? En parlant ainsi, espérez-vous éblouir le lecteur? Croira-t-il que je dusse, pour vous obéir, me reconnoître le fauteur de l'impiété, que j'ai toujours détestée? Est-ce par-là que vous vouliez que j'édifiasse toute l'Église? Mais enfin, on voit votre art et votre passion. Parce que j'ai estimé cette personne, et que je n'ai pas cru devoir dire, contre ma conscience, que ses intentions étoient évidemment impies et infames, vous voulez me dépeindre comme un homme entêté d'elle jusqu'à croire sa réputation *inséparable de la mienne propre*.

Que direz-vous encore? Que j'ai *rompu toute union* et le saint concert de l'épiscopat. Mais en quoi? C'est que j'ai refusé d'approuver votre livre. Quiconque ne l'approuve pas est-il schismatique? Vous ne savez peut-être pas qu'il a trouvé peu d'approbateurs sincères sur les deux principaux points, savoir, la nature de la charité et l'oraison passive. Voilà donc un grand schisme. Mais pourquoi falloit-il exiger de moi avec tant de hauteur cette approbation? Pourquoi falloit-il faire un si grand scandale, à moins que je n'approuvasse votre livre? Je vous le demande à vous-même. N'étoit-ce pas pour tourner le nouveau *Montan* contre sa *Priscille*, et pour en donner le spectacle au monde? Ne vouliez-vous pas triompher ainsi, aux dépens de ma réputation, dans l'espérance qu'elle reviendroit bientôt, et que vous auriez la bonté de me la rendre après me l'avoir enlevée?

---

[1] *Remarq.*, art. vi, n. 52, pag. 112.
[2] *Relat.*, vi^e sect., n. 2. tom. xxix, pag. 609, 610.
[3] *Remarq.*, art. v, n. 3, tom. xxx, pag. 79.

[1] *Remarq.*, art. vii, n. 60, pag. 116.

Rappelons les circonstances telles que vous les racontez vous-même.

1° Vous m'aviez pleuré *sous les yeux de Dieu* [1] lorsque vous aviez vu ma chute, et que vous n'aviez pu me tirer de l'abîme. Depuis ce temps-là, j'avois voulu *éluder* par des *restrictions captieuses* [2] les vérités fondamentales du christianisme, et je n'avois signé que par *obéissance, contre ma persuasion* [3]. Vous n'aviez *pas* osé entreprendre de m'instruire, *de peur de soulever un esprit si délié* [4]; tant de nouveau *Montan* vous paroissoit alors infatué le sa *Priscille*. C'est néanmoins à ce Montan même que vous avez demandé une approbation pour un livre où vous prouvez que sa Priscille a eu évidemment l'intention d'enseigner les impiétés les plus palpables. Ne deviez-vous pas prévoir qu'il auroit quelque répugnance à faire ce pas? Pour toute réponse, vous dites [5] : « Il veut que » j'aie deviné qu'il avoit la réputation de madame » Guyon si fort à cœur. » Chose bien difficile à deviner, que j'aurois de la peine à déclarer évidemment impies les intentions d'une personne dont vous me croyez si entêté!

2° Vous avouez ce que j'ai avancé, qui est que vous aviez promis à tous vos confidents le spectacle du nouveau Montan réduit à combattre sa Priscille par l'approbation de votre livre. « On » ne fait point, dites-vous [6], un mystère d'avouer » qu'on a demandé l'approbation d'un ami... J'ai » pu dire sans façon que j'avois demandé à M. de » Cambrai la même grace qu'à M. de Paris et à » M. de Chartres. » Voilà le procédé *du plus simple de tous les hommes*. En vérité, monseigneur, votre souplesse est étonnante, lors même que vous me reprochez d'être souple. Parlez simplement devant Dieu. Pensiez-vous que je n'eusse pas plus de peine à condamner les intentions de madame Guyon, que ces deux prélats en pouvoient avoir? Ne deviez-vous pas supposer que je ne voudrois pas reconnoître, contre ma conscience, qu'une femme que j'avois estimée avoit évidemment eu l'intention d'enseigner des erreurs impies et infames? Pourquoi donc vouliez-vous publier un fait qui pouvoit se tourner si dangereusement contre moi?

3° Vous parlez ainsi [7] : « M. de Cambrai s'est » bien aperçu que son nom ne paroissant pas avec » les deux autres, on en verra bien les raisons, » sans que personne se mit en peine de les pu-» blier. » Voici de quoi je me suis aperçu, mais trop tard. Pendant que je gardois un profond silence, vous prépariez tout pour me réduire à votre point, ou pour me porter les coups les plus mortels. On peignoit madame Guyon comme une Priscille; on faisoit espérer que le Montan approuveroit enfin sa condamnation, sur les intentions les plus affreuses d'enseigner des erreurs évidentes. Puis tout-à-coup on publia que je reculois sur cette approbation. Il n'en falloit pas davantage pour noircir un homme qui se taisoit.

4° D'où vient que le monde devoit si *bien* voir *les raisons* qui empêchoient mon nom de paroître *avec les deux autres* pour approuver mon livre? Jugeons-en par vos propres paroles. Ce n'est pas être trop subtil que de ne supposer que ce que vous avez dit vous-même. Comment est-ce que M. de Cambrai et ses amis parloient? « Ils répandoient » partout que, bien loin de s'intéresser dans les » livres de cette femme, il étoit prêt de les con-» damner s'il étoit utile [1]. » Ce langage étoit bien éloigné de montrer de l'entêtement. Mais le public ajoutoit-il foi à mes assurances? Je me tais encore, et je vais vous laisser répondre. « Per-» sonne, dites-vous [2], qui nous fût connu ne savoit » qu'il fût son approbateur, ni qu'il en voulût » soutenir ni pallier la doctrine. » D'où vient donc que le public devoit trouver mauvais que mon nom ne fût pas avec les deux autres? C'est que vous l'y aviez préparé en promettant d'abord mon approbation, et en divulguant ensuite mon refus. On peut juger de votre retenue dans une occasion si délicate, par vos maximes sur le secret des lettres missives et de l'écrit d'une confession.

5° Vous me demandez [3] *où est la preuve* que vous ayez dit que l'approbation que vous me demandiez eût été *une rétractation sous un titre plus spécieux*. Mais pourquoi donner le change? Je n'ai pas dit que ces paroles de votre *Relation* tombassent sur cette approbation de votre livre. Elles tombent précisément sur la signature des Articles d'Issy. Mais si vous avez empoisonné cette signature en la traitant *de rétractation* déguisée, je dis que vous n'auriez pas manqué, à plus forte raison, de donner ce nom odieux à mon approbation de votre livre. Le fait est que vous vouliez me réduire, par une approbation extor-

---

[1] *Relat.*, IIe sect., n. 20, tom. XXIX, pag. 545.
[2] *Ibid.*, IIIe sect., n. 12, pag. 538.
[3] *Rép. de M. de Paris*, déjà citée.
[4] *Relat.*, IIIe sect., n. 8, tom. XXIX, pag. 534, 535.
[5] *Remarq.*, art. VII, n. 64, tom. XXX, pag. 117.
[6] *Ibid.*, n. 62.
[7] *Remarq.*, art. VII, n. 65, p. 118.

---

[1] *Relat.*, IIIe sect., n. 17, tom. XXIX, p. 565.
[2] *Remarq.*, art. III, n. 6, 5°, tom. XXX, pag. 54, 55.
[3] *Ibid.*, art. VIII, n. 28, pag. 127.

quée, à signer une espèce de formulaire. Oseriez-vous le nier? Si vous l'osiez, vos paroles vous en convaincroient. Vous dites, en parlant des Articles [1]. « Ce point où je voulois le réduire... étoit » en effet un piége très dangereux à qui vouloit » les éluder. » Mais quel étoit ce point précis? Le voici bien marqué. C'est que vous vouliez m'extorquer cette approbation pour me faire « condamner les livres de madame Guyon dans » leur sens vrai, naturel, propre, unique, selon » toute la suite du texte et la juste valeur des » termes [2], sans vouloir distinguer ce sens d'a-» vec l'intention de l'auteur [3]. » Reconnoissez ici vos propres paroles. Elles décident toute notre question; elles expriment parfaitement tout ensemble, et le dessein que vous eûtes en me demandant mon approbation, et la raison véritable de mon refus. Il ne s'agissoit pas du sens des livres : il ne s'agissoit que *des intentions personnelles*. Je ne défendois ni n'excusois les livres en aucun sens; mais je ne voulois pas reconnoître que les intentions de la personne fussent évidemment impies, infames, dignes du feu. Je vous le laissois dire sans vous le contester, et sans excuser la personne; mais je ne croyois pas qu'il convînt ni à ma conscience ni à ma réputation de le dire avec vous. Telle est la vraie source de la division et du scandale : vous l'assurez vous-même par des paroles que le lecteur ne sauroit jamais trop peser. « Ce » fait, dites-vous [4], du dessein formé de justifier » madame Guyon et sa mauvaise doctrine, est es-» sentiel à cette matière contre M. de Cambrai, » puisque c'est celui qui démontre qu'il est coupa-» ble lui seul de tout le trouble de l'Église, et qui » détermine le vrai sens et le vrai dessein du livre de » ce prélat. » Selon vous, tout le scandale retombe sur moi, et mon livre doit être pris dans un sens impie. Pourquoi? Parce que j'ai écrit pour défendre les impiétés de madame Guyon. Mais comment prouvez-vous *ce dessein formé*? C'est que j'ai refusé d'approuver votre livre, et de condamner madame Guyon sur des intentions dignes du feu. Vous ne vouliez pas que je pusse excuser dans mon cœur les intentions de cette personne en condamnant le sens unique de ses livres. On peut voir par-là qui est le véritable auteur du trouble. Refuser de déclarer que les intentions de cette personne étoient évidemment impies et infames, c'étoit, selon vous, « rompre toute union, mettre

» l'Église en combustion, et être la seule cause du » scandale de toute la chrétienté [1]. » Vous aviez pourtant excusé les intentions personnelles de madame Guyon, en lui faisant dire qu'elle « n'avoit » eu aucune intention de rien avancer de con-» traire à l'esprit de l'Église [2]. » N'importe, mon crime a été de vouloir croire d'elle ce que vous lui aviez fait dire dans l'acte solennel de sa soumission. Croire que vous ne l'avez pas fait mentir au Saint-Esprit, à la face de toute l'Église, dans l'acte solennel que vous avez dû regarder comme son abjuration et comme le fondement de votre certificat, c'est commencer un schisme, c'est avoir rompu toute union dans l'épiscopat. Voilà la véritable cause pour laquelle il a fallu rejeter mes explications, écrire en des termes si atroces contre moi, et violer les secrets les plus inviolables pour tâcher de me diffamer.

6° Ce refus d'approbation peut-il être regardé comme *la cause de la division dans l'épiscopat et du scandale de la chrétienté?* Je tins ce refus secret; vous l'avez publié pour le tourner en scandale. Je ne le fis que de concert avec M. l'archevêque de Paris, M. l'évêque de Chartres et M. Tronson. D'abord ces messieurs avoient cru que je devois vous donner mon approbation, et c'étoit là-dessus que je disois : « Voilà *ce que* mes meil-» leurs amis ont pensé pour mon honneur. » Mais enfin mes raisons leur parurent concluantes; ils changèrent d'avis, et M. l'archevêque de Paris voulut bien se charger de lire et de faire agréer le contenu de mon Mémoire à une personne digne d'un singulier respect. Pourquoi voulez-vous donc que j'impose à ces messieurs en assurant ce fait? Vous voulez trouver une contradiction où il n'y en a point. Les mêmes amis, qui vouloient d'abord que j'approuvasse votre livre, furent ensuite persuadés, par mon Mémoire, que je ne devois pas le faire. Que signifie donc cette indécente exclamation [3] : « Il s'enferre de plus en plus; et il ne » veut pas lever les yeux à la main de Dieu qui » l'aveugle? » Loin de nous de telles paroles! La main paternelle de Dieu frappe pour éclairer et non pour aveugler ses enfants. Mais je vous laisse les exclamations, et je ne m'attache qu'aux preuves. Le fait est que ces messieurs ont lu et approuvé dans le temps mon Mémoire. Étoit-ce agir en esprit dissimulé et schismatique, que de m'adresser et de m'ouvrir à eux en toutes choses? Ne parlez point pour eux; qu'ils parlent eux-mêmes.

---

[1] *Remarq.*, art. VIII. n. 30. p. 128.
[2] *Ibid.*, art. IV, n. 13. p. 72.
[3] *Ibid.*, art. VII, n. 64, p. 118.
[4] *Ibid.*, avant-propos. p. 4.

[1] *Relat.*, XIᵉ sect., n. 2, tom. XXIX, p. 609, 610.
[2] Acte de soumission dans ma *Rép. à la Relat.*, n. 2.
[3] *Remarq.*, art. VIII. n. 43, tom. XXX, p. 134.

Leur conscience ne leur permet pas de me contredire. Récriez-vous tant qu'il vous plaira [1] : « Le » beau personnage que vous leur faites faire !... » ce sont des cachoteries... de cour. » Oubliez-vous, monseigneur, que vous ne devriez point parler avec tant de mépris de ce procédé, sans avoir vérifié auparavant qu'il n'a jamais été celui de ces messieurs? Pour moi, qui soutiens le fait avec pleine assurance, j'ajoute que *le personnage* qu'ils firent étoit digne d'eux. Ils crurent que l'Église n'avoit pas besoin, pour être en paix et en sûreté, que j'approuvasse votre livre; et que je n'étois point obligé de condamner les intentions personnelles de madame Guyon sur des impiétés évidentes, et qui seroient inexcusables *dans la villageoise la plus grossière*. Dans cette conduite, ils ne se détachèrent jamais de vous par rapport à madame Guyon; mais ils furent équitables à mon égard, dans un point qui n'ébranloit ni vos censures ni votre livre même. Je ne leur ai jamais rien proposé ni contre vous, ni pour madame Guyon. On peut juger par-là si j'ai voulu, comme vous le dites, *désunir les unanimes*. Mais ce que je n'ai jamais songé à faire, la vérité l'a fait elle-même. Ces prélats vous ont contredit dans les deux points les plus essentiels de votre doctrine. M. l'archevêque de Paris a rejeté votre oraison passive, et M. de Chartres, que vous louez comme théologien, a combattu votre charité. Je l'ai fait voir [2] ; et vous, qui voulez tant répondre à tout, vous n'avez pas jugé à propos de dire un seul mot sur cette cessation de l'unanimité tant vantée. Voilà ce qui regarde mon refus d'approuver votre livre. Venons à l'impression du mien.

XI.

De l'impression de mon livre.

De quelque côté qu'on le regarde, on ne peut équitablement le soupçonner d'être l'apologie de madame Guyon. Jetez les yeux sur le texte, sur les raisons qui m'ont fait écrire, sur les examinateurs que j'ai choisis ; tout concourt également à me justifier.

1° Quand vous avez voulu prouver dans votre *Relation* [3] que mon livre étoit conforme à ceux de madame Guyon, vous n'avez pu rien trouver de si spécieux que mon expression sur la désappropriation des vertus. Mais j'ai montré [4] qu'il s'agissoit en cet endroit, non pas de madame Guyon, mais de saint François de Sales, dont je ne faisois que tempérer les termes, bien plus forts que les miens. Pour être scandalisé de ce langage, ou pour le trouver nouveau, il faut n'avoir jamais lu ou avoir lu trop tard les saints mystiques, et faire profession de croire qu'ils ne sont bons qu'à demeurer [1] « inconnus dans des coins de biblio- » thèques, avec leur langage exagératif et leurs » expressions exorbitantes. »

2° Quelles raisons avois-je de faire cet ouvrage? Vous m'aviez jeté dans cette nécessité, en disant d'abord que vous me feriez approuver votre livre, et en divulguant ensuite que je l'avois refusé. Si vous n'eussiez fait ni l'un ni l'autre, je vous aurois laissé écrire contre madame Guyon tant que vous auriez voulu, et je serois demeuré dans un profond silence. Ce n'est point pour madame Guyon que j'ai fait mon livre : c'est pour moi, et pour effacer les soupçons que vos discours avoient semés. Pourquoi citez-vous, monseigneur, le témoignage de ce qu'il y a de plus auguste sur la terre? Nous ne saurions assez le respecter ; mais il se réduit à dire que ce grand témoin a ignoré les bruits que vous répandiez insensiblement contre moi. Plus une personne est auguste et élevée au-dessus du reste des hommes, moins elle sait les bruits sourds par lesquels une cabale prévient insensiblement le public. Il en faut juger, non par les discours étudiés qu'on a tenus auprès des puissances auxquelles on veut plaire, mais par vos maximes sur le secret inviolable des lettres missives, et de l'écrit d'une confession.

3° Enfin on n'a qu'à jeter les yeux sur ceux que j'ai choisis pour examinateurs de mon livre. Ce sont ces hommes qui étoient, dites-vous, si instruits de mes erreurs, si fort en garde contre mes subtilités, et si prévenus pour vous contre madame Guyon. Je me livre à eux, je retouche dans mon ouvrage tout ce qu'ils me proposent, et je ne crois le texte de mon livre assez clair et assez précautionné que quand ils le trouvent tel. Au reste, je ne vous attaque en aucun endroit de mon livre; et comment l'aurois-je fait, moi qui n'avois pas voulu lire le vôtre ? Je désigne madame Guyon en un seul endroit [2], et dans ce seul endroit je lui propose une pleine rétractation, supposé qu'elle ait cru quelque erreur. Il faudroit être bien subtil pour trouver de la subtilité dans cette conduite.

---

[1] *Remarq.*, art. VIII, n. 17, p. 125.
[2] *Rép. à la Relat.*, avert., n. 5.
[3] *Relat.*, VIe sect., n. 20, tom. XXIX, p. 624.
[4] *Rép. à la Relat.*, n. 41.

[1] *Inst. sur les ét. d'oraison*, liv. I, n. 1, 2, tom. XXVII, p. 55, 54.
[2] *Max. des Saints*, avert., *Rép. à la Relat.*, n. 43.

Vous assurez[1] que *je n'ai pas tenu ma parole* à M. l'archevêque de Paris sur la publication de cet ouvrage. Mais, sans craindre sa prévention, je m'en rapporte à lui-même sur cette injustice évidente que vous me faites ; et je suis sûr qu'il ne dira jamais qu'on puisse m'imputer rien à cet égard-là. Au lieu de parler pour les autres sur des faits qui vous ont été inconnus, répondez à tant de faits précis, qui vous chargent vous-même, et sur lesquels je donne des preuves claires.

XII.

Des conférences.

Il est temps de parler des conférences que vous avez demandées. Voici les raisons de ma conduite :

1° J'étois convenu avec M. l'archevêque de Paris, par un projet écrit et accepté par lui, que nous examinerions ensemble lui et moi vos remarques sans vous, avec MM. Tronson et Pirot. Ainsi je n'avois garde de m'engager à des conférences par lesquelles vous vouliez détourner ce projet, et éluder toutes mes instances sur les réponses par écrit que vous m'aviez promises dans un écrit que j'ai envoyé à Rome. Je laisse maintenant les raisons que j'avois pour ne me livrer plus à vous, dans des conférences où vous auriez eu trop d'autorité. Après tout ce que j'ai dit, chacun comprendra assez ces raisons.

2° Vous croyez répondre à tout en assurant que vous m'aviez offert « d'écrire et de souscrire toutes » les propositions qu'on auroit avancées[2]. » Mais cette offre ne regardoit que les propositions de la conférence, où vous auriez dit ce que vous auriez voulu, après quoi vous ne m'auriez donné par écrit que ce qu'il vous auroit plu de répondre. La preuve sensible de ce que j'avance, c'est ce que vous faites encore actuellement à la vue de toute l'Église étonnée. Quand je vous demande si Dieu avant ses promesses a été libre ou non de destiner les hommes à la béatitude céleste avec la vision intuitive, me répondez-vous par écrit en termes précis? Quand je vous demande s'il y a des actes d'un amour naturel qui puissent être faits quelquefois sans aucun principe de grâce, par les seules forces de la nature, et sans être des péchés, décidez-vous nettement la question par écrit, comme M. l'archevêque de Paris l'a décidée? Si vous y avez fait, depuis plus d'un an et demi, quelque réponse par écrit, produisez-la, citez la page. Si vous n'y en avez jamais voulu faire aucune par écrit, je prends l'Église entière à témoin d'un silence si affecté, et qui doit vous rendre si suspect. Qui est-ce qui est réservé, subtil, souple et ingénieux pour éblouir le lecteur, sans s'expliquer jamais sur les points difficiles? Ce n'est pas moi. Je n'attends pas qu'on me questionne. Je vais au-devant des difficultés, en homme qui ne craint ni de découvrir tout le fond de ses pensées, ni de répondre aux conséquences qu'on pourroit en vouloir tirer. Voici ma conclusion toute simple et toute naturelle : vous n'auriez pas été dans la conférence particulière plus ouvert, ni plus disposé à répondre par écrit, que vous l'êtes quand je vous presse sans relâche en France, à Rome, et à la vue de toutes les nations. Vous auriez dit dans la conférence, comme vous le dites dans vos ouvrages imprimés, qu'il ne faut répondre qu'aux questions *utiles,* et point à celles qui ne font que *détourner l'état de la question et l'embarrasser*[1]. Par ce ton d'autorité, on élude les questions les plus pressantes et les plus décisives.

5° Vous prétendez avoir remédié à tous ces inconvénients en citant ces paroles de votre *premier Écrit*[2] : « On a offert d'y admettre les évêques et » les docteurs que M. l'archevêque de Cambrai y » voudroit appeler, et on a proposé toutes les con- » ditions les plus équitables à ce prélat. » En lisant ces paroles, qui ne croiroit qu'on m'a fait réellement cette offre, et que je l'ai refusée ? Cependant voici la vérité. C'est moi qui proposai à M. l'archevêque de Paris la conférence, avec la condition d'y admettre *des évêques et des docteurs*[3]. Pour prouver que vous avez fait cette offre, vous citez votre *premier Écrit,* page 40. Mais il faut découvrir ici votre tour de souplesse. Pardonnez-moi ces termes, que je ne fais que dire après vous. Cette page 40 n'est point du *premier Écrit,* mais seulement des *Réflexions* que vous avez ajoutées au bout de l'écrit même. Ces *Réflexions* n'ont été faites qu'après coup, et elles parlent de la *Déclaration* comme d'un ouvrage déjà publié[4]. Or la *Déclaration* n'a été publiée que long-temps après que tous les projets de conférence eurent été abandonnés, et long-temps après mon départ pour Cambrai. J'ai encore en original votre *premier Écrit,* qui me fut envoyé par M. l'archevêque de Paris, avec divers endroits écrits de

---

[1] *Remarq.*, art. VIII, n. 47, tom. XXX, p. 136.
[2] *Remarq.*, art. IX, n. 52, p. 132.

[1] *Remarq.*, art. X, n. 47, p. 177.
[2] *Ibid.*, art. IX, n. 54 : p. 155.
[3] *Rép. à la Relat.*, n. 76.
[4] *Réfl.* à la suite du *Ier Écrit*, tom. XXVIII, p. 405.

votre propre main. Il ne contient aucune offre d'admettre à la conférence les *évêques et les docteurs que je voudrois y appeler*. Voilà un étrange mécompte dans une citation si importante. Ainsi vous citez votre propre texte aussi mal que vous citez le mien. Vous confondez deux écrits de divers temps, contre la foi de l'original, tout exprès pour pouvoir vous vanter de m'avoir fait une offre que vous ne me fîtes jamais, et que j'ai faite à M. l'archevêque de Paris. Vous dites, monseigneur, que ces faits n'ont point été *contredits* par moi. Il est vrai, vos mécomptes m'échappent tous les jours; leur multitude me lasse. Je ne puis être sans cesse sous les armes en chaque page et en chaque ligne. Il le faudroit pourtant, je le vois bien, et cette expérience en doit convaincre tous les lecteurs.

Que vous reste-t-il à dire? Que je ne voulois pas soumettre le texte de mon livre en détail à l'examen qu'on en feroit dans la conférence. Faut-il s'en étonner? Je voulois examiner dans la conférence tous les principes, pour convenir avec vous de tous les dogmes; après quoi je me réservois de régler en détail avec M. l'archevêque de Paris, aidé de MM. Tronson et Pirot, selon notre projet arrêté par écrit, toutes les expressions de mon livre qui vous faisoient quelque peine. Vous étoit-il permis de demander quelque chose au-delà? étiez-vous en droit de m'en demander tant? Voilà ce que j'ai voulu faire pour acheter la paix; voilà ce qui auroit épargné tant de trouble. Voilà ce que vous n'avez pu souffrir, parce que vous comptiez pour rien tout examen que M. l'archevêque de Paris feroit avec moi sans vous, quelques théologiens qu'il pût d'ailleurs consulter. Voilà ce que vous avez refusé, parce que vous vouliez ou me réduire à la conférence pour y subir vos corrections, ou faire l'horrible scandale que vous avez fait.

Pour le religieux de distinction, je suis ravi que ce soit le Père confesseur du roi, dont je reconnois comme vous la parfaite sincérité. Je puis lui avoir dit, comme à beaucoup d'autres, que je ne voulois pas me livrer à vous pour subir vos corrections. Mais je n'avois garde de lui répondre que je ne voulois pas qu'on pût dire que vous eussiez fait quelque correction dans mon livre. Il savoit avec quelle impatience j'attendois vos remarques, que vous lui aviez d'abord promis de me donner, et qui tardèrent près de six mois à venir. Il en fut scandalisé. Je sais qu'il ne put s'abstenir de vous le dire. Comment aurois-je pu lui déclarer que je ne voulois recevoir de vous aucune correction, puisqu'il étoit actuellement témoin que je vous demandois alors instamment vos remarques, pour y avoir tout l'égard qu'elles pourroient mériter, en les examinant avec M. l'archevêque de Paris, MM. Tronson et Pirot, selon un projet accepté par ce prélat? Ces personnes ne devoient pas vous être suspectes dans cet examen, et je ne pouvois vous mieux marquer que par ce choix combien je voulois profiter de vos corrections, si elles étoient bonnes. A quel propos voulez-vous donc que j'aie fait une si mauvaise réponse, pendant que j'en avois une si décisive à faire? Un esprit fertile et souple, comme vous me dépeignez, ne fait point de ces réponses dures et scandaleuses, lorsqu'il n'a que deux mots à dire pour montrer le tort de son adversaire.

XIII.

Qui est-ce qui a commencé la dispute?

Il me reste à examiner qui est-ce qui a commencé cette guerre d'écrits. J'ai fait voir que vous avancez toujours sans ombre de preuve que mon livre a été fait contre vous pour madame Guyon. Ce fait, toujours supposé et jamais prouvé, est le fondement ruineux de tout votre édifice. Après l'impression de mon livre; après votre refus des conférences en présence des évêques et des docteurs, pour tous les points de doctrine, qui eût été suivie de l'examen du texte de mon livre entre M. l'archevêque de Paris et moi avec MM. Tronson et Pirot; enfin après mon départ de Paris, cette guerre scandaleuse des écrits n'étoit point encore ouverte. L'affaire étoit encore pour ainsi dire tout entière. M. l'évêque de Chartres me fit écrire pour m'engager à faire une lettre pastorale, où je rejetterois les erreurs qu'on m'avoit imputées, et où je promettrois une nouvelle édition de mon livre. Cette lettre est à Rome en original. Ma réponse fut que je ferois la lettre pastorale, et que, pour la nouvelle édition de mon livre, le pape feroit régler toutes choses par ses théologiens, sans que je m'en mêlasse; qu'en attendant ce qu'on régleroit à Rome, nous pouvions dès ce jour-là demeurer en France paisibles et unis. C'étoit à vous à me faire cette offre : c'est moi qui l'ai faite. Si on l'eût acceptée, elle auroit empêché la division et le scandale. Qu'y a-t-on répondu? La *Déclaration* imprimée parut peu de jours après, pour toute réponse. Vous niez ce fait; vous voudriez persuader que je l'ai moi-même désavoué, en le supprimant : mais laissons tous les raisonnements subtils. Pendant que vous niez ce fait, vous n'osez dire que M. de Chartres le nie. Vous a-t-il donné procuration pour le nier de sa part? Espérez-vous de cacher au monde son aveu tacite? Parlerez-vous toujours au nom d'autrui, pour lui faire dire ce qu'il ne dit pas? Voilà donc la vraie source du scandale, et le vrai signal de la guerre. Ce fut la *Déclaration* publiée malgré une offre si pacifique. Encore faut-il observer quel fut mon premier écrit après cette dure et injurieuse *Déclaration*. Ce fut mon *Instruction pastorale*, où je ne faisois que m'expliquer par les termes les plus doux et les plus patients que je pus trouver, sans réfuter jamais personne, et sans me plaindre d'aucune accusation.

Vous dites que vous étiez obligé de désavouer publiquement une doctrine dont je vous avois rendu garant dans un livre public. Eh bien! je suppose tout ce qu'il vous plaît, quoique je ne vous aie jamais rendu garant de rien, et que je me sois contenté d'expliquer comment j'entendois les Articles, en consultant là-dessus M. l'archevêque de Paris et M. Tronson, sans vous imputer jamais d'entendre les Articles de même que moi. Mais direz-vous que le monde n'étoit pas assez instruit de l'éclat que vous aviez fait contre mon livre? Après cet éclat connu de toute la chrétienté, ne pouviez-vous pas attendre trois mois, que le pape me fît savoir qu'il jugeoit à propos, ou que j'abandonnasse mon livre, ou que je le retouchasse, ou que je le laissasse tel qu'il étoit? La vérité n'eût été en aucun péril dans cette attente si modeste, si paisible et si édifiante, et la paix n'eût point été troublée. Je l'ai offert : vous ne l'avez pas voulu, vous avez espéré de me confondre par vos violents écrits. Quel est l'auteur de tout le scandale?

Je vais plus loin, et je suppose que vous eussiez fait imprimer vos objections contre mon livre. En les faisant d'un ton modeste, comme des évêques qui consultent le pape, et qui ne sont point juges de leur confrère, vous auriez satisfait à votre conscience. J'aurois tâché de répondre dans les termes les plus soumis pour mon supérieur, et les plus remplis de déférence pour mes confrères. Le pape auroit décidé, et l'Église entière eût été édifiée de notre union de cœur dans cette diversité de sentiments. L'avez-vous fait? l'avez-vous accepté, lorsque mes offres vous sollicitoient de le faire? Les avoir refusées, est-ce avoir voulu la paix? n'est-ce pas avoir causé *la division de l'épiscopat, et le scandale de la chrétienté?*

Votre ressource est de dire que c'est moi qui ai commencé à parler des faits, en m'expliquant ainsi : « Le procédé des prélats, dont j'aurois à me plain- » dre, a été tel, que je ne pourrois espérer d'être » cru en le racontant. Il est bon même d'en épar- » gner la connoissance au public [1]. » Mais vous ne dites pas que ces paroles ne sont qu'une réponse à votre *Déclaration*, où vous m'accusez, en altérant mon texte, des plus affreuses impiétés et du déguisement le plus hypocrite. C'est là que vous assurez que mes correctifs ne sont pas des correctifs, mais des subterfuges; c'est là que vous assurez « qu'il n'y a rien que vous n'ayez tenté pour » toucher le cœur de votre confrère [2]. » Ce n'est donc pas moi qui ai écrit le premier de ce style contagieux. Je n'ai fait que répondre en termes courts, précis, et pleins de patience. On n'a qu'à comparer vos expressions avec les miennes, dans tous nos ouvrages. Toute l'Église voit que je n'élève peu à peu ma voix qu'à l'extrémité, pour réprimer les plus horribles accusations, d'un ton qui n'ait rien de timide ni de douteux. Pour les faits dont je parle en cet endroit de ma *Réponse* que vous avez cité, ils ne regardent que les efforts que vous vous vantiez d'avoir faits pour me faire abandonner mon livre là-dessus. Je disois trois choses :

La première, que dans ces faits je n'avois point de tort. La seconde, que je ne serois pas cru en les racontant, parce que le public croiroit plutôt trois prélats réunis contre un seul, qu'un seul contre trois. La troisième, que je ne voulois point donner cette scène, ni montrer que le procédé de trois prélats si vénérables n'avoit pas été régulier, en me poussant avec tant de scandale sans nécessité. En effet, on ne garda aucune mesure avec moi; et il vous a échappé des termes qui le font assez entendre, quand vous dites [2] que « j'étois le » malade que chacun tâchoit de ramener comme » il pouvoit. » Rien n'est plus juste que cette comparaison. On amuse un malade, on lui promet tout, sans se croire sérieusement obligé à lui tenir parole; on le veut tromper pour le guérir. Il ne reste qu'à savoir si ma maladie d'esprit a mérité qu'on me traitât ainsi, et qu'on se crût dispensé de toutes les règles d'un procédé édifiant avec un confrère. Si vous n'eussiez point cherché des prétextes pour augmenter le scandale, vous auriez répondu à ces paroles que vous me reprochez en vous renfermant, comme moi, dans les faits qui regardoient vos soins pour me faire rétracter mon livre. Vous n'aviez donc qu'à répondre précisément à ces faits, qui sont depuis l'impression de mon livre jusqu'à mon retour à Cambrai, et surtout aux offres pacifiques que j'avois faites à

---

[1] *Rép. à la Déclar.*, n. 7.   [2] *Ibid.*
[2] *Remarq.*, art. VIII, n. 40, tom. XXX, p. 151.

M. de Chartres. Au lieu de répondre ainsi précisément, vous avez dit que je vous *forçois* à révéler *le malheureux mystère*, et vous avez passé de la doctrine aux histoires de madame Guyon. Mais le lecteur comprendra assez que les mécomptes arrivés sur les dogmes vous ont réduit à recourir ainsi aux faits les plus odieux, en violant à pure perte les secrets les plus inviolables. Il s'apercevra aussi que vous attaquez plus violemment mes intentions personnelles, à mesure que les autres moyens vous échappent plus visiblement.

XIV.
De la version latine de mon livre.

La version latine de mon livre est un des points dont vous êtes le plus choqué. Vous n'en parlez que pour dire qu'elle est *infidèle*. Mais vos exclamations sont ici, comme en tout le reste, le supplément des preuves. Vous n'alléguez qu'un seul genre d'infidélités [1] ; et si vous en aviez trouvé d'autres, vous ne voudriez pas les laisser ignorer au public. Mon crime est d'avoir traduit *intéressé* par *mercenarius*, et *intérêt propre* par *commodum mercenario affectu appetitum*. Pour le terme d'*intéressé* rendu par celui de *mercenarius*, si vous demandez encore des preuves, je ne sais plus que dire. Avez-vous oublié votre propre *Déclaration*, dans laquelle, voulant me confondre avec tant de rigueur, vous mettez le mot de *mercenarius*, où mon livre emploie celui d'*intéressé* [2] ? Ainsi c'est vous-même qui me justifiez malgré vous. Pour le terme d'*intérêt propre*, il emporte évidemment la propriété. C'est l'objet en tant que propre, en tant que recherché avec propriété. N'avez-vous pas dit qu'il y a, selon Cassien, une espérance désintéressée...... [3] ; que la poursuite du royaume des cieux n'est pas notre intérêt, mais la fin nécessaire de notre religion ;..... que ce n'est donc pas un intérêt propre et imparfait, mais un exercice des parfaits, de desirer Jésus-Christ, et dans lui sa béatitude, ou son salut éternel ? N'avez-vous pas dit vous-même [4], que, dans la *désappropriation du cœur*, on *ne veut plus rien avoir comme propre* ? Cette propriété (de quelle manière qu'on la définisse) est une imperfection intérieure que tous les saints mystiques rejettent unanimement. Pour l'espérance et pour toutes les autres vertus, j'admets toujours l'objet comme bon ; je le rejette seulement en tant que propre.

Vous dites que le motif ne peut être, dans mon livre, une affection du dedans et une appétition mercenaire. Mais vous n'avez pas assez lu mon livre. Il l'assure dans les termes les plus formels : » Ce motif d'intérêt spirituel...... est ce que les » mystiques ont appelé propriété [1]. » Il n'est donc pas question de raisonner sur mes paroles ; elles ne laissent aucun prétexte de doute ni de critique. Direz-vous que la propriété n'est pas une affection ou appétition mercenaire ? Ces mots décident tout avec évidence. Mais en voici encore d'autres qui ne sont pas moins formels.

Ailleurs j'assure que le *propre intérêt* est recherché par un reste d'esprit mercenaire. Qui croira-t-on de vous ou de mon livre, quand il n'est question que du livre même ? C'est donc la seule propriété de l'objet, et non sa bonté que je retranche. A tout cela que fait le terme de motif, sur lequel vous voudriez obscurcir ce qui est clair ? J'ai dit sincèrement en quel sens j'ai toujours pris ce terme. C'est, selon le pur texte du livre, qui a précédé toute dispute, *ce que les mystiques nomment propriété*. Mais quand vous le prendriez pour l'objet, vous ne feriez rien d'utile pour votre cause. Qu'on donne le nom de motif à l'objet, ou qu'on le réserve pour l'affection propriétaire que l'objet excite, tout cela est égal : que l'intérêt propre soit l'intérêt cherché avec propriété, ou bien l'affection propriétaire qui recherche l'intérêt, ce sont deux expressions qui dans le fond reviennent au même sens. Il faut savoir faire *des procès sur tout*, pour en faire sur ces expressions. Ce qu'il y a de réel et d'incontestable, c'est que l'ame désappropriée ne veut plus avoir d'*intérêt propre*, c'est-à-dire d'intérêt avec propriété. Comment pouvois-je exprimer dans ma traduction toute la force de ce mot de *propre*, sinon en exprimant la propriété ou affection mercenaire ? Si j'eusse manqué à le faire, j'aurois commis la même infidélité contre mon texte, que vous avez commise en ne rendant les termes d'*intérêt propre* que par celui de *commodum*, et en supprimant le terme de *propre* [2]. Les trois passages sur lesquels vous accusez ma traduction d'infidélité, ne pourroient être reconnus infidèles qu'en supposant que vous ne l'êtes pas en supprimant dans votre version le terme essentiel de *propre*.

---

[1] *Remarq.*, art. x, n. 1 et suiv., p. 160 et suiv.
[2] *Déclarat.*, tom. xxviii, p. 252, etc.
[3] *Inst. sur les ét. d'orais.*, liv. vi, n. 35, tom. xxvii, p. 241.
[4] *Ibid.*, liv. x, n. 30 : p. 460.

[1] *Max.*, p. 22 de ce volume.
[2] *Lettre contre M. de Meaux*, sur son ouvrage intitulé : *Schola in tuto* : art. xiv.

Mais ce qui est de plus étonnant, c'est l'autorité avec laquelle vous donnez des corrections aux théologiens de Rome. « Beaucoup de ces exami» nateurs, dites-vous ¹, qui n'entendent point, » ou entendent peu le françois, le jugent sur la » version. Ils le jugent donc sur des faussetés es» sentielles..... On vante donc en vain le nom» bre de ses partisans. La plupart d'eux ne le » sont manifestement, que trompés par une infi» dèle version. » Le voilà ce livre si empesté, et si incapable de toute saine explication, pour les erreurs duquel il a fallu que M. de Meaux, *qui me portoit dans ses entrailles comme le cher ami de toute la vie*, ait sacrifié ma personne au salut de toute l'Église, et ait jugé le scandale nécessaire. Le voilà ce même livre, sans y rien changer, le voilà dans une version où il ne peut reprocher que d'avoir traduit comme lui *intéressé* par *mercenarius*, et *l'intérêt propre* par *l'intérêt recherché avec propriété ou affection mercenaire*; encore une fois, le voilà ce livre si incapable d'être réduit à un sens catholique, qui devient tout-à-coup correct par sa simple version.

Mais que peut-on penser de ces graves théologiens choisis par le pape; de ces hommes honorés des hautes dignités pour leur science et pour leur vertu; de ces théologiens admirés à Rome, dans le royaume de Naples, en Espagne, et dans les Pays-Bas? Veulent-ils flatter le quiétisme renaissant, après que le Saint-Siége l'a foudroyé? Se laissent-ils éblouir ou corrompre par les ressorts invisibles de ma *cabale qui se fait sentir par toute la terre*? Sont-ils assez aveugles pour n'examiner pas ma version? Faut-il entendre beaucoup de françois pour s'assurer du véritable sens de deux mots, auxquels se réduit manifestement tout le système de l'ouvrage? Quand même ils n'entendroient pas le françois, leur seroit-il difficile de s'assurer, par des interprètes fidèles, de la signification de deux mots? Croira-t-on qu'ils ne l'ont jamais fait dans une cause si célèbre, si importante à la religion, si vivement débattue depuis plus d'un an? auront-ils refusé d'écouter ce qu'on leur a dit de l'infidélité de ma version? N'ont-ils pas lu des écrits innombrables faits contre cet ouvrage? Lequel des deux est le plus vraisemblable, ou que ces hommes sans intérêt et sans passion, choisis par le pape, pour leur grand mérite dans les écoles opposées, et de pays si différents, aient voulu se laisser tromper par une version infidèle, pour favoriser les impiétés du quiétisme;

ou que M. de Meaux les accuse d'ignorance, de témérité, de honteuse prévarication, pour s'excuser du scandale de toute la chrétienté, qui retombe sur lui?

XV.

Des trois écrits répandus à Rome.

Voici une autre accusation, monseigneur, qui retombera encore sur vous. Vous assurez que trois écrits ont été *présentés à Rome en mon nom* ¹, que je suis dans ces écrits le *défenseur des religieux*, dont les prélats qui m'attaquent sont les *oppresseurs*, et que je *m'offre au Saint-Siége contre les évêques de France*. Vous dites encore qu'il y a « des écrits italiens présentés » partout à Rome en mon nom, et que vous les » avez en main. » Vous ajoutez : « Pour excuser » ce prélat, j'avois espéré qu'il pourroit désa» vouer ces écrits scandaleux contre sa nation, » contre les évêques ses confrères, et autant con» tre l'État que contre l'Église..... M. de Cam» brai ne dit mot, et laisse par son silence toute » la France chargée de ces reproches odieux. » Ce n'est donc pas assez pour vous, monseigneur, que de vouloir me faire passer pour quiétiste : vous avez encore besoin de me faire passer pour mauvais François, pour un homme dénaturé, qui renonce à sa patrie et à l'Église de France sa mère; enfin pour un homme lâche, ingrat, et insensible aux grâces du roi, dont il est comblé? Mais on va voir l'injustice de ce reproche si envenimé.

Vous parlez comme s'il ne venoit pas de vous. « Pour m'excuser, vous espériez que je désa» vouerois ces écrits scandaleux. » Vous voilà donc devenu mon défenseur. C'est vous qui voulez *m'excuser*. Aussi dites-vous ailleurs que je n'ai « point d'autre parti ni d'autre accusateur, » ni d'autre dénonciateur, que moi-même ². » Mais puisque vous aviez tant de zèle pour m'excuser, vous deviez au moins dire qui sont mes accusateurs sur ce fait, à l'égard desquels vous vouliez chercher pour moi des excuses. Qui est-ce qui a reçu ces écrits de Rome, si ce n'est vous? qui est-ce qui peut les avoir montrés, si ce n'est vous-même? Celui qui veut *m'excuser* si officieusement est donc celui-là même qui m'accuse, et qui publie les choses qu'il croit les plus odieuses contre l'Église et contre l'État, pour me diffamer.

Il est vrai que M. l'archevêque de Paris m'a

---

¹ *Remarq.*, art. x, n. 9, tom. xxx, p. 163, 164.

¹ *Remarq.*, art. xi, n. 10. p. 186.
² *Ibid.*, art. xi, n. 8, p. 183.

fait, dans sa *Réponse*, quelques plaintes sur ces écrits par rapport au jansénisme, et à une prétendue opposition pour les religieux. Mais vous devez avoir vu ma réponse précise sur cet article, puisque vous avez lu ma lettre latine à ce prélat, et que vous citez deux fois cet ouvrage. Voici mes paroles traduites : « Il n'est pas juste de me ren- » dre responsable des bruits répandus à Rome. » Le seul homme qui y parle en mon nom, est » reconnu pour si sage et pour si pieux, que je » puis répondre sûrement qu'il n'a jamais rien » avancé que de vrai, que de très nécessaire à » ma cause, que de conforme à la vénération in- » time que vous méritez [1]. » Sans doute, ces paroles étoient plus que suffisantes pour désavouer des écrits touchant lesquels il ne s'agissoit que du jansénisme et des religieux. M. l'archevêque de Paris n'y mettoit pas, comme vous, toute l'Église de France, l'État et la patrie. Vous avez donc vu ma réponse, que vous faites semblant de n'avoir pas vue ; et pendant que vous vous vantez d'avoir voulu *m'excuser*, c'est vous-même qui m'accusez de ne vouloir pas désavouer des choses dont vous avez lu le désaveu formel. Je laisse au public à juger si le *plus simple de tous les hommes*, si l'*innocent théologien* a dû supprimer mon désaveu, en se faisant honneur de vouloir *m'excuser*. Souffrez qu'en passant je rapporte ici un fait remarquable.

Dès que je veux faire un ouvrage qui ne serve qu'à ma défense nécessaire à Rome, et qui ne se répande point ailleurs, ou bien que je fais un premier essai d'un ouvrage par un recueil d'épreuves, malgré toutes mes précautions, vous trouvez moyen d'enlever mes feuilles, et de les avoir aussitôt que moi. Le plus souple de tous les hommes, et qui remue de si grands ressorts *par toute la terre*, ne peut se garantir des émissaires de l'*innocent théologien*. Non, monseigneur, *un innocent théologien* n'est point si éveillé. Ne dites plus : *Je n'en sais pas tant* ; vous n'en savez que trop, et il y paroît bien.

Revenons à ces écrits répandus à Rome ; je ne les connois que par vous, et par M. l'archevêque de Paris. On ne m'en a jamais rien mandé de Rome. Je n'en puis donc parler, puisqu'ils me sont entièrement inconnus. Mais, sans savoir ce qu'ils contiennent, je déclare à toute l'Église que je n'ai ni parlé ni fait parler contre vous ni contre personne sur le jansénisme. Pour les religieux de votre diocèse, je ne sais ni s'ils se louent ni s'ils se plaignent de vous : c'est à eux à le dire, et à moi à ne me mêler que de ce qui regarde l'Église particulière qui m'est confiée.

Pour l'Église de France, pour le roi, pour l'état, je dirai jusqu'au dernier soupir de ma vie: Plutôt m'oublier moi-même, que d'oublier jamais ce que je dois à mon roi, à ma patrie, à l'Église qui m'a fait chrétien ! Ce que je veux effacer de mon esprit, monseigneur, c'est l'outrage que vous me faites ; et je prie Dieu qu'il l'oublie, comme il me fait la grace de l'oublier.

XVI.

De votre raisonnement sur la charité.

Il seroit temps de finir, monseigneur ; mais quel moyen de le faire, sans rapporter vos paroles sur la charité ? C'est ici où j'appelle toutes les écoles pour vous entendre ; c'est ici où vous voulez les apaiser, et me convaincre de calomnie. Écoutons [1] : « Pour déraciner à fond une illu- » sion si absurde et si dangereuse, il faut absolu- » ment déterminer que la charité, outre le motif » primitif et principal de la gloire de Dieu consi- » déré en lui-même, a pour motif second et moins » principal, et qui se rapporte à l'autre, Dieu » comme communicable, et comme communiqué » à sa créature. Mais pour être le motif second » et moins principal, il ne s'ensuit pas qu'il soit » séparable. » Prodige de subtilité et de souplesse dans l'*innocent théologien* ! Il n'ose plus dire la béatitude ou Dieu béatifiant : il craint d'alarmer les écoles, il ne parle plus que *de Dieu communiqué à sa créature*. Qui ne sait qu'on ne peut concevoir la créature sans supposer que Dieu se communique à elle à quelque degré ? Mais il s'agit uniquement ici de la béatitude surnaturelle et céleste, qui comprend la vision intuitive, et par laquelle Dieu a été libre, avant ses promesses, de ne se communiquer jamais. C'est celle-là dont vous voulez faire un motif dans l'acte de charité. Quels vains adoucissements ! quel art pour exténuer en apparence ce qu'on veut faire passer insensiblement, dans l'espérance de lui rendre tout-à-coup toute sa force, dès qu'il sera passé, et qu'on aura accoutumé les esprits à cette nouveauté ! La béatitude n'est plus *la raison d'aimer*, qui ne s'explique pas d'une autre sorte ; ce n'est plus que la raison d'aimer *seconde et moins principale*. Ce n'est plus *la dernière fin* ; au contraire, c'est une *fin qui se rapporte à l'autre*. Jusque là on

---

[1] *Resp. ad ep. D*, arch. *Paris*, art. v.

[1] *Remarq. conclus.*, § III. n. 10, t. xxx, p. 211.

croiroit que vous changez de sentiment, et que ce motif n'est plus, selon vous, qu'accidentel dans l'acte de charité. C'est ce que M. l'évêque de Chartres vous passeroit. Mais voici ce qui découvre tout votre mystère. Vous dites que, *pour être le motif second et moins principal, il ne s'ensuit pas qu'il soit séparable.* Voilà *les unanimes bien désunis.* M. de Chartres assure, au contraire, qu'on peut faire des actes sans ce motif, *et qu'on ne peut nier* cette doctrine. Vous voulez donc que *pour déraciner à fond l'illusion si absurde et si dangereuse* du quiétisme, *il faille absolument déterminer* le contraire d'une doctrine que M. de Chartres assure *qu'on ne peut nier*. Le voilà, selon vous, dans cette *illusion si absurde et si dangereuse.* Le voilà quiétiste aussi bien que moi, et c'est de son cœur comme du mien *qu'il faut absolument déraciner à fond* le quiétisme. Vous dites *qu'il faut absolument déterminer, etc.* C'est ainsi que vous faites la loi au juge, et que vous lui enseignez ce qu'il doit faire : il le faut *absolument*. Que deviendra M. de Chartres ? Pour moi, je demeure avec lui, et je suis content que vos traits portent sur nous deux. On voit par-là combien vous prétendez que la condamnation de mon livre doive être une *détermination absolue* contre la notion commune de la charité.

Il est vrai que vous n'osez dire que le motif de la béatitude est essentiel. La béatitude ne se montre, dans vos adoucissements, que sous le nom de *Dieu communiqué*. Son motif n'est pas même nommé essentiel ; mais il n'est point *séparable*. Que *l'innocent théologien* parle ici, s'il le peut, avec simplicité. *Non séparable* veut-il dire essentiel, ou non ? Quand on est si simple, et qu'on veut corriger par le bon exemple un homme si souple, on n'a pas de peine à répondre par oui ou par non, et sans hésiter.

Mais voici de nouveaux détours. « La charité, » dites-vous[1], dans son motif primitif et spécifique, » est indépendante de ce motif, et on le peut croire » sans péril. » Sans doute, elle est indépendante d'un motif dans l'autre ; encore même ne pouvez-vous pas dire, selon votre principe, que la charité, dans le motif de glorifier Dieu, soit indépendante de l'autre motif, qui est celui de la béatitude ; car, selon vous, Dieu ne seroit pas la raison d'aimer, pour l'homme, s'il ne vouloit pas être béatifiant. Mais je vous passe cette contradiction. Je reviens toujours à vous demander si cette vertu est en elle-même véritablement indépendante de ce motif second : encore une fois, n'est-il point essentiel ? S'il ne l'est pas, on peut donc aimer Dieu indépendamment de la béatitude, en prenant à la lettre les suppositions impossibles. Ainsi *la raison d'aimer qui ne s'explique pas d'une autre sorte, et qui est la fin dernière, ne sera plus qu'un motif partiel et accidentel à la charité.* Si au contraire il est essentiel, il fait donc partie du motif spécifique, et vous vous jouez de toute l'école en disant que *la charité dans son motif primitif et spécifique est indépendante de ce motif*, puisque ce motif est une partie essentielle du motif spécifique même. Ainsi vous êtes réduit à condamner *d'illusion* M. de Chartres, à contredire vos propres paroles, et à vous jouer manifestement du lecteur, en voulant me confondre avec *madame Guyon*, avec *Malaval*, et avec *Molinos*. Faut-il qu'un évêque donne des armes à *l'illusion*, en la combattant par une nouveauté qui renverse et la tradition, et la notion commune des écoles catholiques ?

CONCLUSION.

Quoique je n'aie rien à prouver, et que le défaut de preuve de votre part soit la pleine démonstration de mon innocence, il est bon néanmoins de rassembler ici dans une espèce d'abrégé tous les faits qui sont ou avoués, ou non contredits, ou établis par preuves littérales. D'abord vous eûtes des ombrages contre moi sur le quiétisme ; vous me fîtes des questions pour me pénétrer. Loin de chercher à sauver artificieusement madame Guyon, en vous cachant ce qu'on ne pouvoit excuser ; loin d'éviter *d'approfondir*, je vous fis donner tous les manuscrits, où vous assurez avoir lu tant de folles visions. Telles étoient alors ma confiance en vous, ma bonne foi pour *approfondir* sans vouloir flatter cette personne, et mon ignorance sur les visions, dont vous voudriez me rendre responsable. Puis vous me demandâtes des Mémoires. Je vous les donnai. Ils ne contenoient aucune défense directe de madame Guyon ni de ses écrits. Vous croyez seulement y avoir découvert une manière indirecte de l'excuser. Ces Mémoires contenoient des expressions trop fortes tirées des saints. Mais vous avouez que j'ajoutai qu'il en falloit *beaucoup rabattre.* Enfin vous levez toute la difficulté en disant qu'ils ne faisoient qu'établir les mêmes principes que mon livre. J'ai dit deux choses sur ces Mémoires dans ma *Réponse* latine à M. l'archevêque de Paris.

La première, que je les avois *dictés à la hâte, sans arrangement et sans précaution,* parce qu'ils ne devoient être vus que par trois personnes discrètes, et qui devoient savoir ce que je voulois

---

[1] *Remarq. conclus.*, § III, n. 11, p. 212.

dire. *Excerpta indigesta, incomposita, præpropere, incaute dictata, ut vobis solis arbitris crederentur* [1]. C'est ici, monseigneur, où vous triomphez. *Dieu est juste,* dites-vous. Vous ajoutez : *Sa conscience le trahit.* Mais qui est-ce qui me trahit, ou ma conscience, ou votre citation infidèle ? Vous mettez *præpostere* en la place de *præpropere,* quoique ces deux termes aient des significations très différentes. Vous ajoutez ces termes *imprudemment et mal à propos,* quoique mon texte ne vous les fournisse point. Ainsi vous me faites dire, malgré moi, que mes Mémoires ont été *imprudemment, mal à propos et précipitamment dictés.* Corrigez votre traduction, avant que d'entreprendre de corriger mon livre. Dites que ces Mémoires étoient *sans ordre, dictés à la hâte, et sans précaution. Dieu est juste,* monseigneur ; y pensez-vous sérieusement ? Il est juste contre les traducteurs infidèles.

La seconde chose que je disois est qu'il y avoit dans ces Mémoires quelques expressions des saints qu'il falloit tempérer, pour les réduire au dogme théologique. Mais ces expressions n'étoient pas les miennes. Loin de me les rendre propres, je disois qu'il en falloit *rabattre beaucoup.* Vous êtes contraint de le reconnoître en disant [2] que « j'avouois » qu'il y a de certains endroits d'exagération, prin- » cipalement sur saint Clément d'Alexandrie. » Qui vous croira donc, vous qui altérez si manifestement mon texte ? qui vous croira, vous qui voulez être cru sur votre parole ? « Nous savons, dites- » vous [3], positivement que sa gnose, comme il » l'appeloit en traduisant le grec de saint Clément » d'Alexandrie, quoique pleine des sentiments les » plus outrés, est encore aujourd'hui la règle » secrète du parti. » Comment savez-vous cette fable ? comment sait-on ce qui ne peut être su, puisqu'il ne fut jamais ? Ce que vous *savez positivement* est aussi vrai que votre traduction est fidèle. Mais revenons à la narration des faits.

Je n'aurois signé les XXXIV Articles que contre ma persuasion, si on n'y eût pas fait les additions qu'on y fit. Mais après les additions je signai sans hésiter, et sans dire un seul mot. En ce temps-là vous jugiez *très important* que *l'instruction des princes demeurât en de si bonnes* mains. Vous *applaudîtes à ma nomination* pour l'archevêché de Cambrai ; vous vous offrîtes pour me sacrer ; et vous écrivîtes même des raisons pour vaincre des difficultés, et pour prouver que vous pouviez faire

[1] *Resp. ad. ep. D. Paris*, art. 1.
[2] *Remarq.*, art. III ; n. 12. tom. xxx, p. 63.
[3] *Ibid.*, art. III, n. 12, p. 63.

cette cérémonie. Avant de la faire, vous n'eûtes avec moi aucune *conversation de vive voix* sur les matières de spiritualité, quoique mes manuscrits et ma signature des Articles *par obéissance, contre ma persuasion,* dussent vous persuader que je joignois la dissimulation au fanatisme.

Quoique le monde sût que j'avois vu et estimé madame Guyon, *personne que vous connussiez* ne croyoit alors que je soutinsse sa doctrine. Cependant vous crûtes qu'il étoit nécessaire de me faire condamner, par une approbation du livre que vous prépariez, *le sens propre, naturel et unique des livres de madame Guyon, sans restriction des intentions personnelles.* Je ne crus pas devoir souscrire à cette espèce de formulaire ; je crus pouvoir juger des intentions de cette personne, comme vous en aviez jugé vous-même en acceptant son acte de soumission, où elle assuroit, non pour se chercher une excuse, mais pour se rendre le témoignage qu'elle se devoit en simplicité, qu'elle *n'avoit eu intention de rien avancer de contraire à l'esprit de l'Église.* Il me parut que la plus grossière villageoise n'auroit pu avoir l'intention d'enseigner les impiétés évidentes et monstrueuses que vous imputiez à madame Guyon, sans vouloir manifestement combattre *l'esprit de l'Église.* Vous jugeâtes que le refus de mon approbation étoit une rupture de *toute union* dans l'épiscopat. Comme vous aviez dit que vous m'aviez demandé mon approbation, et qu'ensuite elle ne parut pas, vous fîtes assez entendre par-là que je vous l'avois refusée. Ainsi ceux qui n'avoient pas cru jusqu'alors que je défendisse madame Guyon commencèrent à en être persuadés par ces circonstances, et par les discours de vos amis. Mon livre ne fut fait ni contre vous ni pour madame Guyon, puisque je l'ai fait en consultant vos amis *unanimes,* qui crurent que vous m'aviez mis dans cette nécessité, et qui étoient aussi opposés que vous à madame Guyon. M. l'archevêque de Paris et M. Tronson jugèrent mon livre *correct et utile.* M. Pirot le trouva *tout d'or,* et refusa de l'examiner plus long-temps. Le livre fut imprimé en mon absence, et publié sans ma participation.

Quand mon livre parut, vous promîtes à diverses personnes considérables que si vous y trouviez des choses répréhensibles, vous me donneriez vos remarques en secret et de bonne amitié. (Il est vrai que, peu de jours après, vous dîtes aux mêmes personnes que vous les montreriez à M. l'archevêque de Paris ; mais vous ne dîtes point que vous ne vouliez me les donner que comme des objections communes entre vous et lui.) Presque en même temps, et au préjudice de ces engagements accompagnés de tant de démonstrations d'un renouvellement d'amitié, vous demandâtes pardon au roi de lui avoir caché depuis plusieurs années que j'étois quiétiste.

Quand vous crûtes être bien assuré des deux autres prélats, vous demandâtes que nous eussions vous et moi quelque conférence en leur présence, mais vous n'offrîtes jamais d'y admettre des évêques et des docteurs. De mon côté, je demandai des réponses par écrit à des questions. Vous m'en promîtes. Je vous en donnai; vous refusâtes celles que vous veniez de me promettre par un écrit envoyé à Rome, et vous revîntes à demander des conférences, disant qu'on y écriroit *les propositions qu'on auroit avancées.*

Enfin j'acceptai les conférences, à condition qu'on écriroit tout, qu'on y admettroit des évêques et des docteurs, et qu'on y traiteroit tous les points de doctrine; mais j'ajoutai que pour le texte de mon livre je me réservois d'en faire la discussion avec M. l'archevêque de Paris, MM. Tronson et Pirot, suivant un projet écrit que M. l'archevêque de Paris avoit accepté. Sur cette dernière condition, on me répondit que les conférences ne serviroient de rien. Je revins à Cambrai, et j'envoyai à Rome. M. de Chatres me fit proposer de faire une instruction pastorale, et d'y promettre une nouvelle édition de mon livre. Je répondis que l'instruction pastorale étoit toute prête; que pour la nouvelle édition du livre, je la laisserois régler par les théologiens du pape, et qu'en attendant je serois ravi de demeurer en paix, en silence, et uni de cœur avec mes confrères. Au lieu d'accepter une offre si pacifique, on publia contre moi votre *Déclaration.* Tout le reste a été public.

Après avoir rapporté l'abrégé des faits qui résultent de vos écrits mêmes, ou qui ne sont pas contredits, ou dont je donne la preuve décisive, je répète ce que je ne puis assez inculquer. Je n'ai jamais ni soutenu ni excusé en aucun sens les livres de madame Guyon; j'ai seulement excusé, dans un Mémoire destiné à n'être lu que de trois ou quatre personnes, les intentions de madame Guyon, comme vous les lui avez fait excuser vous-même dans l'acte de ses soumissions que vous reconnoissez pour vrai : ce qui ne justifie en rien aucun sens de ses livres. Je l'ai toujours laissée, même pour tout ce qui est personnel, au jugement de ses supérieurs, sans y prendre aucune part.

C'est vous qui m'avez forcé à me justifier sur l'estime que j'ai eue pour elle; et puis vous ne cherchez que des sophismes, pour confondre des choses si différentes, et pour me rendre odieux par cette estime si innocente. C'est l'estime que j'ai eue pour la personne, et non la personne même, que je travaille à justifier. C'est vous qui m'avez réduit à faire cette justification. Si on vérifie qu'elle m'a trompé, je détesterai d'autant plus ses intentions, qu'elles auront été déguisées par une plus profonde hypocrisie.

Pour les faits sur lesquels vous citez M. Tronson, je ne crains point son témoignage, et je me confie tellement en sa piété, que je ne puis attendre de lui que la vérité toute pure, quand on la lui demandera.

Ma conclusion est toute naturelle. Vous concluez que je suis l'auteur du scandale, et que mon livre doit être flétri d'une censure, parce que je n'ai écrit que pour rompre l'union de l'épiscopat et pour défendre madame Guyon. Je soutiens au contraire que cette accusation sans preuve fait retomber le scandale sur vous. Je n'ai excusé les intentions de la personne que comme vous les lui aviez fait excuser dans son acte de soumission. Quoique je les aie excusées dans un Mémoire secret, je ne l'ai point fait dans mon livre. Pour les ouvrages de cette personne, je ne les ai excusés en rien; d'où je conclus que mon livre doit être déclaré très pur par deux raisons claires. 1° Un livre qui se trouve correct par sa simple version latine, où vous ne pouvez critiquer qu'une infidélité imaginaire, n'a aucun besoin d'explication. 2° Quand même il auroit besoin d'explication, *la présomption,* selon votre règle, seroit pour moi. Reconnoissez vos propres paroles [1] : « Nous ap» prouvons les explications dans les expressions » ambiguës..... Nous convenons que dans celles de » cette nature la présomption est pour l'auteur, » surtout quand cet auteur est un évêque dont » nous honorons la piété. »

Je laisse beaucoup de choses sans réponse particulière, parce que les faits éclaircis décident de tous les autres, et que ceux dont j'épargne la discussion au lecteur ne devroient être appelés, dans votre langage, que des *minuties.* Mais si vous jugez à propos de vous en plaindre, je répondrai exactement à tout. Il ne me reste qu'à conjurer le lecteur de relire patiemment votre *Relation* avec ma *Réponse,* et vos *Remarques* avec cette *Lettre.* J'espère qu'il ne reconnoîtra point en moi le *Montan* d'une nouvelle *Priscille,* dont vous avez voulu effrayer l'Église. Cette comparaison vous paroît *juste* et *modérée;* vous la justifiez en disant qu'il ne s'agissoit entre Montan et Priscille que *d'un*

---

[1] 1ᵉʳ *Ecrit,* n. 5, tom. XXVIII, p. 597.

commerce d'illusion[1]. Mais vos comparaisons tirées de l'histoire réussissent mal. Comme la docilité de Synésius ne ressembloit point à la mienne, ma prétendue illusion ne ressemble point aussi à celle de Montan. Ce fanatique avoit détaché de leurs maris deux femmes qui le suivoient. Il les livra à une fausse inspiration qui étoit une véritable possession de l'esprit malin, et qu'il appeloit l'esprit de prophétie. Il étoit possédé lui-même aussi bien que ces femmes; et ce fut dans un transport de la fureur diabolique, qui l'avoit saisi avec Maximille, qu'ils s'étranglèrent tous deux[2]. Tel est cet homme, l'horreur de tous les siècles, avec lequel vous comparez votre confrère, *ce cher ami de toute la vie que vous portez dans vos entrailles*, et vous trouvez mauvais qu'il se plaigne d'une telle comparaison. Non, monseigneur, je ne m'en plaindrai plus; je n'en serai affligé que pour vous. Et qu'est-ce qui est à plaindre, sinon celui qui se fait tant de mal à soi-même, en accusant son confrère sans preuve? Dites que vous n'êtes point mon accusateur[3], en me comparant à Montan. Qui vous croira, et qu'ai-je besoin de répondre? Pouviez-vous jamais rien faire de plus fort pour me justifier, que de tomber dans ces excès et dans ces contradictions palpables en m'accusant? Vous faites plus pour moi que je ne saurois faire moi-même. Mais quelle triste consolation, quand on voit le scandale qui trouble la maison de Dieu, et qui fait triompher tant d'hérétiques et de libertins!

Quelque fin qu'un saint pontife puisse donner à cette affaire, je l'attends avec impatience, ne voulant qu'obéir, ne craignant que de me tromper, et ne cherchant que la paix. J'espère qu'on verra dans mon silence, dans ma soumission sans réserve, dans mon horreur constante pour l'illusion, dans mon éloignement de tout livre et de toute personne suspecte, que le mal que vous avez voulu faire craindre est aussi chimérique que le scandale a été réel, et que les remèdes violents contre des maux imaginaires se tournent en poison.

Je suis, etc.

[1] *Remarq.*, art. xi, n. 9, tom. xxx, p. 183.
[2] Niceph. Call., *Hist.*, lib. iv, cap. xxii, xxiii et xxiv, p. 519 et seq.
[3] *Remarq.*, art. xi, n. 8, tom. xxx, p. 185.

CONDAMNATION ET DÉFENSE

FAITE PAR NOTRE TRÈS-SAINT PÈRE INNOCENT,
PAR LA PROVIDENCE DIVINE PAPE XII,

Du livre imprimé à Paris en 1697, sous ce titre : *Explication des Maximes des Saints sur la vie intérieure*, etc.

INNOCENT PAPE XII,
Pour perpétuelle mémoire.

Comme il est venu à la connoissance de notre Siége apostolique qu'un certain livre françois avoit été mis au jour sous ce titre : Explication des Maximes des Saints sur la vie intérieure, par messire François de Salignac Fénelon, archevêque duc de Cambrai, précepteur de messeigneurs les ducs de Bourgogne, d'Anjou et de Berry ; à Paris, chez *Pierre Aubouin, Pierre Émery, Charles Clousier*, 1697 ; et que le bruit extraordinaire que ce livre avoit d'abord excité en France, à l'occasion de la doctrine qu'il contient, comme n'étant pas saine, s'étoit depuis tellement répandu, qu'il étoit nécessaire d'appliquer notre vigilance pastorale à y remédier; nous avons mis ce livre entre les mains de quelques uns de nos vénérables frères les cardinaux de la sainte Église romaine, et d'autres docteurs en théologie, pour être par eux examiné avec la maturité que l'importance de la matière sembloit demander. En exécution de nos ordres, ils ont sérieusement et pendant un long temps examiné dans plusieurs congrégations diverses propositions extraites de ce même livre, sur lesquelles ils nous ont rapporté de vive voix et par écrit ce qu'ils ont jugé de chacune. Nous donc, après avoir pris les avis de ces mêmes cardinaux et docteurs en théologie, dans plusieurs congrégations tenues à cet effet en notre présence ; désirant, autant qu'il nous est donné d'en haut, prévenir les périls qui pourroient menacer le troupeau du Seigneur, qui nous a été confié par ce pasteur éternel ; de notre propre mouvement et de notre certaine science; après une mûre délibération, et par la plénitude de l'autorité apostolique, CONDAMNONS ET RÉPROUVONS, par la teneur des présentes, LE LIVRE SUSDIT en quelque lieu et en quelque autre langue qu'il ait été imprimé, de quelque édition et de quelque version qu'il en soit faite ou qui s'en puisse faire dans la suite, d'autant que par la lecture et par l'usage de ce livre les fidèles pourroient être insensiblement induits dans des erreurs déjà condamnées par l'Église catholique : et outre cela, comme contenant des propositions qui, soit dans le sens des paroles tel qu'il se présente d'abord, soit eu égard à la liaison des principes, SONT TÉMÉRAIRES, scandaleuses, malsonnantes, offensent les oreilles pieuses, sont pernicieuses dans la pratique, et même erronées respectivement. Faisons défense à tous et un chacun des fidèles, même à ceux qui devroient être ici nommément exprimés, de l'imprimer, le décrire, le lire, le garder et s'en servir, sous peine d'excommunication que les contrevenants encourront par le fait même et sans autre déclaration. Voulons et commandons, par l'autorité apostolique, que quiconque aura ce livre chez soi, aussitôt qu'il aura connoissance des présentes lettres, le mette sans aucun délai entre les mains des ordinaires des lieux, ou des inquisiteurs d'hérésie : nonobstant toutes choses à ce contraires. Voici quelles sont les propositions contenues au livre susdit, que nous avons condamnées, comme nous venons de marquer, par notre jugement et censure apostolique, traduites du f. ançois en latin.

I. Il y a un état habituel d'amour de Dieu, qui est une charité pure et sans aucun mélange du motif de l'intérêt propre.... Ni la crainte des châtiments, ni le desir des récompenses, n'ont plus de part à cet amour. On n'aime plus Dieu ni pour le mérite, ni pour la perfection, ni pour le bonheur qu'on doit trouver en l'aimant [1].

II. Dans l'état de la vie contemplative ou unitive, on perd tout motif intéressé de crainte et d'espérance.

III. Ce qui est essentiel dans la direction est de ne faire que suivre pas à pas la grace avec une patience, une précaution et une délicatesse infinie. Il faut se borner à laisser faire Dieu, et ne porter jamais au pur amour que quand Dieu, par l'onction intérieure, commence à ouvrir le cœur à cette parole, qui est si dure aux ames encore attachées à elles-mêmes, et si capables ou de les scandaliser ou de les jeter dans le trouble.

IV. Dans l'état de la sainte indifférence, l'ame n'a plus de desirs volontaires et délibérés pour son intérêt, excepté dans les occasions où elle ne coopère pas fidèlement à toute sa grace.

V. Dans cet état de la sainte indifférence, on ne veut rien pour soi; mais on veut tout pour Dieu : on ne veut rien pour être parfait ni bienheureux pour son propre intérêt; mais on veut toute perfection et toute béatitude, autant qu'il plaît à Dieu de nous faire vouloir ces choses par l'impression de sa grace.

VI. En cet état on ne veut plus le salut comme salut propre, comme délivrance éternelle, comme récompense de nos mérites, comme le plus grand de tous nos intérêts; mais on le veut d'une bonne volonté pleine, comme la gloire et le bon plaisir de Dieu, comme une chose qu'il veut, et qu'il veut que nous voulions pour lui.

VII. L'abandon n'est que l'abnégation ou renoncement de soi-même, que Jésus-Christ nous demande dans l'Évangile, après que nous aurons tout quitté au dehors. Cette abnégation de nous-mêmes n'est que pour l'intérêt propre... Les épreuves extrêmes où cet abandon doit être exercé sont les tentations, par lesquelles Dieu jaloux veut purifier l'amour, en ne lui faisant voir aucune ressource ni aucune espérance pour son intérêt propre, même éternel.

VIII. Tous les sacrifices que les ames les plus désintéressées font d'ordinaire sur leur béatitude éternelle sont conditionnels... Mais ce sacrifice ne peut être absolu dans l'état ordinaire; il n'y a que le cas de ces dernières épreuves où ce sacrifice devient en quelque manière absolu.

IX. Dans les dernières épreuves une ame peut être invinciblement persuadée d'une persuasion réfléchie, et qui n'est pas le fond intime de la conscience, qu'elle est justement réprouvée de Dieu.

X. Alors l'ame divisée d'avec elle-même expire sur la croix avec Jésus-Christ, en disant : *O Dieu, mon Dieu! pourquoi m'avez-vous abandonné?* Dans cette impression involontaire de désespoir, elle fait le sacrifice absolu de son intérêt propre pour l'éternité.

XI. En cet état une ame perd toute espérance pour son propre intérêt; mais elle ne perd jamais, dans la partie supérieure, c'est-à-dire dans ses actes directs et intimes, l'espérance parfaite, qui est le desir désintéressé des promesses.

XII. Un directeur peut alors laisser faire à cette ame un acquiescement simple à la perte de son intérêt propre, et à la condamnation juste où elle croit être de la part de Dieu.

XIII. La partie inférieure de Jésus-Christ sur la croix ne communiquoit pas à la supérieure son trouble involontaire.

XIV. Il se fait, dans les dernières épreuves, pour la purification de l'amour, une séparation de la partie supérieure de l'ame d'avec l'inférieure... Les actes de la partie inférieure dans cette séparation sont d'un trouble entièrement aveugle et involontaire, parce que tout ce qui est intellectuel et volontaire est de la partie supérieure.

XV. La méditation consiste dans des actes discursifs qui sont faciles à distinguer les uns des autres... Cette composition d'actes discursifs et réfléchis est propre à l'exercice de l'amour intéressé.

XVI. Il y a un état de contemplation si haute et si parfaite, qu'il devient habituel; en sorte que toutes les fois qu'une ame se met en actuelle oraison, son oraison est contemplative et non discursive. Alors elle n'a plus besoin de revenir à la méditation, ni à ses actes méthodiques.

---

[1] Nous avons cru qu'on verroit ici avec plaisir le résumé de ces motifs, tirés des écrits mêmes de Bossuet.

La Ire proposition, en disant que *la crainte des châtiments et le desir des récompenses n'ont plus de part dans l'état habituel du pur amour*, exclut de l'état de perfection le desir des récompenses éternelles, contre le précepte qui oblige tout fidèle à espérer, desirer et demander son salut éternel en tout état, quoique non à tout moment. (*Déclaration des trois Prélats*, tome XXVIII des Œuvres de Bossuet, page 250, etc. *Summa doctrinæ*, § 6.)

La IIe proposition exclut de l'état de perfection les actes d'espérance, car elle enseigne que dans cet état *on perd tout motif intéressé de crainte ou d'espérance;* or ce terme de *motif intéressé*, après la notion de *l'intérêt propre* donnée dans la proposition précédente, signifie à la rigueur l'attachement même surnaturel aux récompenses éternelles. (*Déclaration*, ibid. *Summa doctrinæ*, ibid.)

La IIIe insinue que tous ne doivent pas être excités à la perfection de la charité, puisque tous ne sont pas appelés à la perfection, et n'ont pas la grace nécessaire pour y arriver. (*Déclaration*, page 272. *Summa doctrinæ*, § 2, vers la fin : § 5.)

La IVe représente le desir de notre *intérêt propre*, c'est-à-dire le desir même des biens surnaturels, comme contraire à la sainte indifférence, et par conséquent comme contraire à la perfection. (*Déclaration*, p. 256.)

La Ve et la VIe enseignent ou supposent la même chose. (*Déclaration*, ibid.)

La VIIe suppose que, dans le temps des épreuves, Dieu ôte à une ame toute espérance pour son salut éternel. (*Summa Doctrinæ*, § 12.)

La VIIIe, prise à la rigueur, autorise le *sacrifice absolu* de la béatitude éternelle, dans les grandes épreuves de la vie intérieure. (*Déclaration*, page 260, etc., 277, etc. *Summa Doctrinæ*, § 4.)

La IXe autorise le désespoir, en supposant qu'il est permis à une ame d'être *persuadée d'une persuasion réfléchie qu'elle est justement réprouvée de Dieu*. (*Déclaration* et *Summa Doctrinæ*, ibid.)

La Xe, la XIe et la XIIe expriment la même erreur que les deux précédentes. (*Déclaration* et *Summa Doctrinæ*, ibid.)

La XIIIe suppose que l'ame de Jésus-Christ a éprouvé pendant sa passion un *trouble involontaire*. (*Déclaration*, p. 279.)

La XIVe paroît avoir été condamnée relativement à la IXe, qui suppose que les réflexions appartiennent à la partie inférieure de l'ame, c'est-à-dire à l'imagination; d'où il suivroit que le désespoir, *même réfléchi*, est involontaire. (*Déclaration*, p. 277. *Summa*, § 5.)

La XVe et la XVIe supposent que l'oraison ordinaire n'est

XVII. Les ames contemplatives sont privées de la vue distincte, sensible et réfléchie de Jésus-Christ en deux temps différents... : premièrement, dans la ferveur naissante de leur contemplation... Secondement, une ame perd de vue Jésus-Christ dans les dernières épreuves.

XVIII. Dans l'état passif,... on exerce toutes les vertus distinctes, sans penser qu'elles sont vertus : on ne pense en chaque moment qu'à faire ce que Dieu veut, et l'amour jaloux fait tout ensemble qu'on ne veut plus être vertueux (pour soi), et qu'on ne l'est jamais tant que quand on n'est plus attaché à l'être.

XIX. On peut dire en ce sens que l'ame passive et désintéressée ne veut plus même l'amour en tant qu'il est sa perfection et son bonheur, mais seulement en tant qu'il est ce que Dieu veut de nous.

XX. Les ames transformées... en se confessant doivent détester leurs fautes, se condamner, et desirer la rémission de leurs péchés, non comme leur propre purification et délivrance, mais comme chose que Dieu veut, et qu'il veut que nous voulions pour sa gloire.

XXI. Les saints mystiques ont exclu de l'état des ames transformées les pratiques de vertu.

XXII. Quoique cette doctrine (*du pur amour*) fût la pure et simple perfection de l'Evangile marquée dans toute la tradition, les anciens pasteurs ne proposoient d'ordinaire au commun des justes que les pratiques de l'amour intéressé proportionnées à leur grace.

XXIII. Le pur amour fait lui seul toute la vie intérieure, et devient alors l'unique principe et l'unique motif de tous les actes délibérés et méritoires.

que pour les imparfaits, et que les parfaits ne doivent plus y revenir (contre le sentiment commun des saints, qui enseignent que l'on peut arriver à la perfection sans passer par les oraisons extraordinaires, et qu'il est souvent utile aux contemplatifs de revenir à l'oraison ordinaire. (*Déclar.*, page 270. *Summa*, § 2.) Lettre à madame de La Maisonfort, du 1er mai 1700, n° 14.

La XVIIe exclut de certains *états* de la vie intérieure *la vue distincte et réfléchie de Jésus-Christ*. (*Déclar.*, page 266.)

La XVIIIe, en disant que, dans l'état de perfection, appelé par les mystiques état passif, *on ne veut plus être vertueux pour soi*, exclut de cet état le desir de la récompense éternelle. De plus, elle tend à diminuer dans les parfaits le desir de la perfection, en ajoutant que les parfaits ne sont jamais si vertueux que lorsqu'*ils ne sont plus attachés à l'être*. (*Déclar.*, page 265, etc.)

La XIXe suppose que l'ame parfaite ne veut plus l'amour *en tant qu'il est sa perfection et son bonheur*. Il est certain au contraire que l'ame parfaite veut l'amour, même sous ce rapport, puisqu'elle est toujours obligée d'espérer et de desirer sa perfection et son bonheur éternel, etc. (*Déclar.*, pag. 265, etc.)

La XXe répète la même erreur en d'autres termes. (*Déclar.*, pag. 263, etc.)

La XXIe attribue aux saints mystiques une doctrine propre à favoriser la paresse et la négligence dans la pratique des vertus. (*Déclar.*, pag. 264.)

La XXIIe suppose que tous ne sont pas appelés à la perfection, et n'ont pas la grace pour y arriver. (*Déclar.*, pag. 272., *Summa*, § 2.)

La XXIIIe exclut de l'état de la perfection les actes d'espérance, d'après la notion que l'auteur a donnée de l'état du *pur amour* dans sa première proposition. Bossuet ajoute que cette XXIIIe proposition ôte aux vertus distinguées de la charité leurs motifs propres, et confond ainsi les différentes vertus entre elles. (*Déclar.*, pag. 262.)

En effet, quoique l'exercice de toutes les vertus, dans l'état de la plus haute perfection, soit commandé par la charité, elles ne cessent pas d'avoir chacune leur motif propre, distingué de celui de la charité : on ne peut donc pas dire que, dans l'état de la perfection, le pur amour soit *l'unique motif* de tous les actes délibérés.

Au reste, nous n'entendons point, par la condamnation expresse de ces propositions, approuver aucunement les autres choses contenues au même livre. Et afin que ces présentes lettres viennent plus aisément à la connoissance de tous, et que personne n'en puisse prétendre cause d'ignorance, nous voulons pareillement, et ordonnons par l'autorité susdite, qu'elles soient publiées aux portes de la basilique du prince des apôtres, de la chancellerie apostolique, et de la cour générale au mont Citorio, et à la tête du champ de Flore dans la ville, par l'un de nos huissiers, suivant la coutume, et qu'il en demeure des exemplaires affichés aux mêmes lieux : en sorte qu'étant ainsi publiées, elles aient, envers tous et un chacun de ceux qu'elles regardent, le même effet qu'elles auroient étant signifiées et intimées à chacun d'eux en personne; voulant aussi qu'on ajoute la même foi aux copies et aux exemplaires même imprimés des présentes lettres, signés de la main d'un notaire public et scellés du sceau d'une personne constituée en dignité ecclésiastique, tant en jugement que dehors, et par toute la terre, qu'on ajouteroit à ces mêmes lettres représentées et produites en original. Donné à Rome, à Sainte-Marie-Majeure, sous l'anneau du Pêcheur, le douzième jour de mars M.DC.XCIX, l'an huitième de notre pontificat.

Signé J.-F. CARD. ALBANO.

Et plus bas :

L'an de N. S. J.-C. 1699, indiction septième, le 15 de mars, et du pontificat de notre saint père le pape, par la Providence divine Innocent XII, l'an huitième, le Bref susdit a été affiché et publié aux portes de la basilique du prince des apôtres, de la grande cour d'Innocent, à la tête du champ de Flore, et aux autres lieux de la ville accoutumés, par moi François Périno, huissier de notre très saint père le pape.

Signé Sébastien VASELLO, maître des huissiers.

MANDEMENT

DE MONSEIGNEUR

L'ARCHEVÊQUE DUC DE CAMBRAI.

FRANÇOIS, par la miséricorde de Dieu et la grace du Saint-Siége apostolique, archevêque duc de Cambrai, prince du Saint-Empire, comte du Cambrésis, etc., au clergé séculier et régulier de notre diocèse, salut et bénédiction en notre Seigneur.

Nous nous devons à vous sans réserve, mes très chers frères, puisque nous ne sommes plus à nous, mais au troupeau qui nous est confié. *Nos autem servos vestros per Jesum.* C'est dans cet esprit que nous nous sentons obligés de vous ouvrir ici notre cœur, et de continuer à vous faire part de ce qui nous touche sur le livre intitulé *Explication des Maximes des Saints*.

Enfin notre saint père le pape a condamné ce livre avec les vingt-trois propositions qui en ont été extraites par un bref daté du douze mars, qui est maintenant répandu partout, et que vous avez déja vu.

Nous adhérons à ce bref, mes très chers frères, tant pour le texte du livre que pour les vingt-trois propositions, simplement, absolument, et sans ombre de restriction. Ainsi nous condamnons, tant le livre que les vingt-trois propositions, précisément dans la même forme et avec les mêmes qualifications, simplement, absolument, et sans aucune restriction. De plus, nous défendons sous la même peine, à tous les fidèles de ce diocèse, de lire et de garder ce livre.

Nous nous consolerons, mes très chers frères, de ce qui nous humilie, pourvu que le ministère de la parole que nous avons reçu du Seigneur pour votre sanctification n'en soit pas affoibli, et que, nonobstant l'humiliation du pasteur, le troupeau croisse en grace devant Dieu.

C'est donc de tout notre cœur que nous vous exhortons à une soumission sincère, et à une docilité sans réserve, de peur qu'on n'altère insensiblement la simplicité de l'obéissance pour le Saint-Siége, dont nous voulons, moyennant la grace de Dieu, vous donner l'exemple jusqu'au dernier soupir de notre vie.

A Dieu ne plaise qu'il soit jamais parlé de nous, si ce n'est pour se souvenir qu'un pasteur a cru devoir être plus docile que la dernière brebis du troupeau, et qu'il n'a mis aucune borne à sa soumission!

Je souhaite, mes très chers frères, que la *grace de notre Seigneur Jésus-Christ, l'amour de Dieu et la communication du Saint-Esprit demeure avec vous tous. Amen.*

Donné à Cambrai, le 9 avril 1699.

Signé François, *archev. duc de Cambrai.*

RÉFUTATION

DU SYSTÈME DU P. MALEBRANCHE,

SUR

LA NATURE ET LA GRACE.

CHAPITRE PREMIER.

Exposition du système de l'auteur et du dessein de cette réfutation.

Il m'a paru, en lisant la *Recherche de la vérité*, que l'auteur du livre joignoit, à une grande connoissance des principes de la philosophie, un amour sincère pour la religion. Quand j'ai lu ensuite son ouvrage *de la Nature et de la Grace*, l'estime que j'avois pour lui m'a persuadé qu'il s'étoit engagé insensiblement à former ce système, sans envisager les conséquences qu'on en peut tirer contre les fondements de la foi. Ainsi je crois qu'il est important de les lui montrer.

Voici les principales choses qui composent ce système : Dieu étant un être infiniment parfait, ne doit rien faire qui ne porte le caractère de son infinie perfection : ainsi, parmi tous les ouvrages qu'il peut faire, sa sagesse le détermine toujours à produire le plus parfait. Il est vrai qu'il est libre pour agir ou pour n'agir pas au-dehors : mais, supposé qu'il agisse, il faut qu'il produise tout ce qu'il y a de plus parfait parmi les êtres possibles ; l'ordre l'y détermine invinciblement ; il seroit indigne de lui de ne s'y conformer pas.

Il s'ensuit de ce principe qu'il n'a dû produire le monde que dans le temps. En voici la raison : il étoit libre de ne le produire pas ; c'est ce que nous avons déja vu : il a donc pu délibérer pour le produire ; or, en délibérant, et en consultant l'ordre, il a trouvé qu'il étoit plus digne de sa sagesse de ne le produire que dans le temps, pour donner à son ouvrage un caractère de dépendance. Mais il est vrai aussi qu'après avoir produit le monde, il doit le faire durer éternellement, puisque Dieu est immuable dans ses desseins, et qu'il doit donner à son ouvrage un caractère d'immutabilité.

Voilà donc l'auteur engagé à trouver dans le monde un caractère de perfection infinie ; il prétend le faire par deux moyens.

Le premier consiste en ce que Dieu produit l'ouvrage le plus parfait qu'il puisse produire, par des voies simples. Il pourroit ajouter plusieurs beautés apparentes à son ouvrage, mais il ne pourroit le faire sans déroger à cette simplicité de voies, et sans blesser l'ordre, dont les lois lui sont inviolables. Ainsi, un ouvrage qui paroît en lui-même d'une perfection bornée ne laisse pas d'être l'ouvrage le plus parfait de tous les possibles, à cause de l'ordre et de la simplicité des voies par lesquelles Dieu le produit ; et par conséquent il porte le caractère des attributs et de l'infinie perfection de son créateur.

Qu'est-ce que cette simplicité de voies ? Voici comment l'auteur l'explique. Dieu, connoissant toutes les manières de faire son ouvrage, choisit celle qui lui coûtera le moins de volontés particulières, celle où il voit que les volontés générales seront plus fécondes en effets propres à le glorifier ; il est déterminé invinciblement à ce choix par l'ordre immuable. Par exemple, il auroit pu, en ajoutant des volontés particulières aux lois générales du mouvement, empêcher que la pluie ne tombât inutilement dans la mer, et faire que cette pluie arrosât des terres qu'elle auroit rendues fertiles : mais il est plus parfait à Dieu de s'épargner des volontés particulières, que d'ajouter cette perfection à son ouvrage.

Pour produire un plus grand nombre d'effets sans blesser cette simplicité des lois générales, Dieu a établi certains êtres comme causes occasionelles de certaines choses qui arrivent, et qu'on ne peut attribuer aux volontés générales de Dieu. Par exemple, il a établi les anges causes occasionelles des miracles de l'ancien Testament, c'est-à-dire que les anges ne sont point les causes réelles de ces miracles, parce qu'ils n'ont pas en eux la vertu de les produire. Mais Dieu s'est fait à soi-même une loi générale de faire ces miracles à l'occasion des volontés des anges; en un mot, il a bien voulu que la volonté des anges le déterminât à les faire.

Mais, comme l'auteur avoit besoin d'aller plus loin pour montrer que l'ouvrage de Dieu a un caractère de perfection infinie, il joint au principe de la simplicité des voies de Dieu un second principe qui achève de former son système : c'est que le monde seroit un ouvrage indigne de l'infinie perfection de Dieu, si Jésus-Christ n'entroit dans le dessein de la création. Dieu n'a pu créer le monde qu'en vue de l'incarnation du Verbe. Quand même l'homme n'auroit jamais péché, la naissance de Jésus-Christ eût été d'une nécessité absolue.

Jésus-Christ étant le chef de tous les ouvrages de Dieu, le tout où Jésus-Christ se trouve compris est d'une perfection infinie; et on peut dire qu'à regarder ce tout, dont Jésus-Christ fait le prix et la perfection, la sagesse et la puissance divine ne pouvoient rien produire de plus parfait.

Au reste, Jésus-Christ ne fait pas seulement la perfection de l'ouvrage par sa propre excellence, qu'il communique au tout, il fait encore cette perfection en conservant la simplicité des lois générales, étant établi par son père comme l'unique cause occasionelle de toutes les graces. Il les fait répandre sur tous ceux pour lesquels il prie en particulier, et il sauve ainsi tous ceux qui sont sauvés, sans qu'il en coûte à son père des volontés particulières.

Jésus-Christ étant donc établi médiateur ou cause occasionelle de toutes les graces que Dieu distribue, sa prière est ce qui détermine toujours Dieu à donner la grace aux hommes. Mais comme Jésus-Christ en tant qu'homme est une créature d'une puissance bornée, il ne peut prier pour tous les hommes. Ceux pour lesquels il prie en particulier, pour les faire entrer dans le dessein de son édifice spirituel, ont la grace; ceux pour lesquels il ne prie pas en sont privés, et périssent.

A la vérité, Dieu, par une volonté générale, veut que tous soient sauvés et reçoivent la grace; mais comme il ne pourroit la donner à tous, indépendamment de la cause occasionelle, qui est Jésus-Christ, que par des volontés particulières,

il est plus parfait à Dieu de laisser périr tous ceux qui périssent, que de former en leur faveur des volontés particulières.

Mais comment est-ce que Jésus-Christ se détermine à prier pour les uns plutôt que pour les autres? C'est sur quoi je ne veux point dire quel est le sentiment de l'auteur, de peur qu'il ne se plaigne que j'ai formé des fantômes pour les combattre. Il dit que Jésus-Christ prie selon que l'ordre le demande, selon que l'édifice spirituel que Dieu veut élever a besoin de pierres vivantes. Quand Jésus-Christ voit que Dieu a besoin pour cet édifice de dix avares, il les demande, et ils sont convertis. Quand il a besoin de dix ambitieux, il prie de même en leur faveur, et sa prière attire leur conversion.

Ainsi, on pourroit douter si l'auteur veut que Jésus-Christ choisisse selon son bon plaisir les hommes pour lesquels il prie, ou bien s'il est déterminé à prier pour ceux dont l'ordre inviolable lui montre que l'édifice a besoin; comme on voit qu'un architecte tantôt choisit les pierres qu'il lui plaît, et tantôt est assujetti à en prendre quelques unes d'une certaine figure plutôt que d'autres, par rapport au dessein qu'il a formé, et à l'ordre qu'il doit donner à son ouvrage.

Voilà les principales parties du système de l'auteur. Il n'est pas question de savoir si je rapporte tout exactement; car je ne prétends pas fonder la condamnation de l'auteur sur la manière dont je rapporte ici sa doctrine. Bien loin de vouloir triompher sur mon exposition, je ne veux même tirer aucun avantage de la sienne : je m'attache en gros à ses principes, sans m'arrêter à ses paroles; je lui laisse une pleine liberté de changer ses expressions tant qu'il voudra : à moins qu'il ne change aussi tous les principes de sa doctrine, qu'en un mot il n'abandonne tout son système, je lui montrerai toujours, non-seulement que ce qu'il dit, mais encore que tout ce qu'il peut dire, est insoutenable.

C'est pourquoi je ne ferai point l'anatomie de ses paroles, pour en tirer des conséquences rigoureuses; c'est à lui-même à s'expliquer nettement. Il n'a qu'à définir exactement tous les principaux termes dont il se sert, et qu'à ne les prendre jamais que dans le sens de ses définitions. S'il l'eût fait dès le commencement, il n'auroit point fallu tant de mystères pour entendre sa doctrine, et tant d'éclaircissements pour sa justification. S'il le faisoit maintenant, les définitions des termes lèveroient peut-être le scandale causé par ses expressions; mais elles montreroient en même temps que ses expressions étoient impropres et scandaleuses. En attendant qu'il fasse là-dessus ce que l'édification de l'Église demande, dès qu'un point de sa doctrine sera tant soit peu équivoque, j'en chercherai tous les divers sens, et je n'en imputerai aucun à l'auteur. Je réfuterai les uns après les autres, avec une égale exactitude, tous ceux que je croirai mauvais. Ainsi il ne pourra pas se plaindre que je l'aie mal entendu, et nous éviterons tous les éclaircissements personnels.

Je le prie de remarquer qu'il ne peut se justifier, ou qu'en montrant que les principes que je combats ne sont pas les siens, ou qu'en prouvant que j'en tire des conséquences qui ne doivent pas en être tirées. S'il prouve le second, je me corrigerai avec plaisir, et je réparerai publiquement ma faute. S'il prend le premier parti, s'il désavoue les principes que je combats ; comme c'est sa doctrine et non sa personne que j'attaque, nous devrons être contents lui et moi, lui de s'être justifié vers le public qui est scandalisé de ses opinions, moi d'avoir tiré de lui un désaveu sur une doctrine pernicieuse que tout le monde lui attribue. Pour sa dispute avec M. Arnauld, je n'y entre point, ne connoissant pas celui-ci, n'ayant avec lui aucune liaison ni directe ni indirecte, et n'ayant pas même lu les livres qu'il a faits contre l'auteur.

CHAPITRE II.

L'ordre inviolable, qui, selon l'auteur, détermine Dieu invinciblement, ne peut être que l'essence de Dieu même; d'où il s'ensuit qu'il n'y a *rien de possible que ce que l'ordre permet.*

Nous avons besoin d'expliquer deux termes dont l'auteur se sert souvent. Le premier, que l'ordre est *inviolable*; le second, qu'il détermine Dieu *invinciblement*. Mais, pour les entendre, commençons par examiner ce que c'est que l'ordre selon l'auteur.

Il est manifeste que ce n'est pas un décret libre de Dieu. On ne dit point, par exemple, qu'un homme est déterminé invinciblement à faire une chose quand il ne la fait qu'autant qu'il lui plaît de la faire, et étant pleinement libre de ne la faire pas. Il seroit ridicule de dire que l'ordre détermine Dieu à l'ouvrage le plus parfait, si l'ordre n'étoit que son choix libre ; car il s'ensuivroit de là que Dieu auroit pu se borner au moins parfait.

Si l'auteur disoit que Dieu est libre de choisir le moins parfait, mais qu'il ne le voudra jamais, il ne resteroit plus qu'à lui demander s'il est entré dans les conseils de Dieu, pour savoir les choses sur lesquelles Dieu s'est déterminé librement, sans nous les avoir éclaircies par aucune révélation.

L'auteur est trop sensé pour prendre ce parti.

Il faut donc qu'il convienne que l'ordre est, selon lui, un principe qui, n'étant point la volonté libre de Dieu, le détermine à l'ouvrage le plus parfait.

Cet ordre sera-t-il hors de Dieu, et distingué de lui? S'il n'est pas Dieu même, voilà une puissance supérieure à la divinité, voilà le destin du paganisme : l'auteur n'a garde de l'admettre. Que dira-t-il donc ? que cet ordre est la sagesse immuable et la raison souveraine de Dieu? Il le dira sans doute; il n'a que cela à dire. C'est cette raison et cette sagesse qui est l'ordre inviolable : mais cette raison est l'essence infiniment parfaite de Dieu même. Dieu ne seroit plus infiniment parfait, son essence infiniment parfaite seroit détruite, en un mot il ne seroit plus Dieu, s'il agissoit un seul moment d'une manière qui ne seroit pas conforme à cette sagesse immuable. Ainsi, quand l'auteur dit que Dieu se conforme à l'ordre, il faut nécessairement entendre que Dieu agit toujours conformément à sa nature infiniment parfaite, et que cet ordre est inviolable, parce que la sagesse, la perfection, en un mot l'essence de Dieu, ne peut changer.

Mais cet ordre, qui est *inviolable*, comment détermine-t-il Dieu invinciblement? Voici comment on peut l'entendre : c'est que Dieu ne peut se manquer à lui-même, ni faire, comme dit l'auteur, un ouvrage indigne de lui. Son ouvrage seroit indigne de lui, s'il le faisoit sans consulter son ordre, c'est-à-dire sans le rendre convenable à sa propre perfection, qui est infinie. L'ordre, qui est la sagesse infiniment parfaite de Dieu, lui propose toujours l'ouvrage le plus parfait ; et Dieu ne pourroit résister à l'ordre, qui est sa sagesse et sa perfection même, sans cesser d'être infiniment parfait, et par conséquent sans détruire sa propre essence.

L'auteur ne peut point dire que l'ordre, qui est l'infinie perfection de Dieu, le sollicite toujours à produire l'ouvrage le plus parfait, et que la volonté de Dieu demeure néanmoins libre de suivre cette espèce de sollicitation, ou de la rejeter. Si cela étoit, Dieu pourroit absolument avoir préféré l'ouvrage moins parfait au plus parfait, et tout le système de l'auteur seroit renversé. Il faudroit, encore une fois, demander à l'auteur qui est-ce qui lui a révélé ce qui a été résolu dans les conseils libres de Dieu. De plus, ce seroit à lui à nous expliquer comment est-ce que Dieu seroit d'accord avec lui-même. D'un côté, l'ordre le solliciteroit en faveur du plus parfait ouvrage; de l'autre, sa volonté résisteroit à cette sollicitation, et se borneroit à un ouvrage imparfait. Quelle imperfection, quelle contrariété en Dieu! N'est-il pas vrai qu'en cet état sa volonté ne seroit point infiniment parfaite, puisqu'elle le seroit beaucoup moins que si elle suivoit ce que l'ordre lui propose? Il faut donc que l'auteur dise, non-seulement que l'ordre est inviolable, en tant qu'il est la sagesse immuable de Dieu, mais encore que ce qu'il propose à Dieu, il l'exige absolument de lui, et qu'il y détermine invinciblement sa volonté; en sorte que Dieu violeroit les règles de sa sagesse, cesseroit d'être infiniment parfait, et par conséquent d'être Dieu, s'il résistoit un seul moment à l'ordre. Si quelqu'un pense que j'impose à l'auteur, qu'il se souvienne que je ne lui attribue cette doctrine qu'après avoir montré qu'il ne peut vouloir dire autre chose. Mais qu'il écoute l'auteur s'expliquant lui-même, et faisant parler Jésus-Christ [1] : « C'est l'ordre qui règle tous nos désirs. J'entends » l'ordre immuable et nécessaire que je renferme » comme sagesse éternelle, l'ordre qui est même » la règle des volontés de mon père, et qu'il aime » d'un amour substantiel et nécessaire. » Vous voyez, par ces paroles, que l'ordre est en lui-même immuable, nécessaire, renfermé dans la sagesse éternelle. Vous voyez aussi qu'il règle les volontés de Dieu, et qu'il est aimé par lui d'un amour substantiel et nécessaire, comme le Père et le Fils s'aiment éternellement.

Ces deux termes, *inviolable* et *invinciblement*, étant expliqués, il ne nous reste qu'à conclure que Dieu n'a ni ne peut jamais avoir aucune volonté, ni aucune puissance, pour les choses qui ne sont pas conformes à l'ordre. Selon l'auteur, il ne faut pas s'imaginer qu'il y ait en Dieu d'autre puissance que sa volonté [2].

D'ailleurs, il est manifeste que sa puissance et sa volonté, soit qu'on les unisse ou qu'on les sépare, ne sont réellement que son essence infiniment parfaite. Il faut donc reconnoître que non-seulement la puissance et la volonté de Dieu ne vont point au-delà de l'ordre, mais qu'elles ne sont avec l'ordre qu'une même chose.

Oseroit-on dire que Dieu puisse exécuter ou vouloir ce qui ne pourroit arriver sans que Dieu cessât d'être infiniment sage et parfait? Attribuer à Dieu quelque puissance et quelque liberté de le faire, c'est lui attribuer le pouvoir de pécher, le pouvoir de violer sa sagesse et sa perfection infinie. Prenons donc garde à ce que signifient ces paroles que l'auteur fait dire au Verbe [1] : « Peut-il com» mettre le péché? peut-il faire quelque chose » d'indigne de lui, ou qui ne soit pas pour lui? » S'il ne faisoit qu'un animal, par exemple, pour» roit-il le faire monstrueux, ou lui donner des » membres inutiles? Il le pourroit, s'il le vouloit. » Mais peut-il le vouloir? Tu vois clairement en » ma lumière qu'il ne le peut, parce qu'il ne peut » vouloir ce qui est contraire à l'ordre et à la » raison. »

Vous voyez que Dieu, selon l'auteur, n'est capable ni de vouloir ni de pouvoir ce qui est contraire à l'ordre et à la raison souveraine. Comme il n'est pas capable de vouloir et de pouvoir commettre le péché, il est inutile à l'auteur de dire : *Il le pourroit, s'il le vouloit; mais peut-il le vouloir?* Nous avons vu que, selon lui, Dieu *n'a d'autre puissance que sa volonté.* Si donc Dieu ne peut vouloir une chose, il n'a en aucun sens la puissance de la faire. Mais, de plus, en quel sens l'auteur oseroit-il dire que Dieu a quelque puissance de faire ce qui est contraire à l'ordre et à la raison, de blesser sa sagesse, et de faire une chose indigne de son infinie perfection?

Que concluez-vous de tout cela, me dira-t-on? N'avouez-vous pas, aussi bien que l'auteur, que Dieu est absolument et en tout sens incapable d'agir contre l'ordre, qui est la souveraine raison? J'en conviens; mais l'auteur ajoutant à ce principe général, que l'ordre exige de Dieu qu'il fasse toutes les fois qu'il agit tout ce qu'il peut produire de plus parfait, il s'ensuit, selon lui, que tout ce qui est au-dessous du plus parfait est absolument impossible. Nous verrons, dans les chapitres suivants, les inconvénients de cette doctrine. Cependant je prie le lecteur de se souvenir qu'on ne peut point ici se représenter l'ordre sous une autre idée que sous celle de la nature infiniment sage et parfaite de Dieu. De là il s'ensuit que Dieu n'est point libre pour toutes les choses auxquelles l'ordre le détermine, puisqu'il ne peut en aucun sens se déterminer contre sa propre nature.

Il s'ensuit même que les créatures, quelque libres qu'elles soient de leur nature, n'agissent point avec liberté dans toutes les choses où elles sont déterminées par l'ordre; car, l'ordre étant l'essence de Dieu même, il est manifeste que nulle

---

[1] *Médit. chrét.*, VIIIe médit., n. 29.
[2] C'est sa doctrine constante, qui est très véritable en son sens; et ainsi ce que Dieu ne peut pas vouloir absolument, il ne le peut pas. (*Note de Bossuet.*)

[1] *Médit. chrét.*, XIVe médit., n. 7.

créature ne peut en aucun sens agir contre la détermination de l'ordre, parce qu'en aucun sens l'essence divine ne peut jamais être violée : c'est par cette essence immuable que toutes les autres essences sont constituées ; d'où il arrive que chaque créature est encore plus invinciblement déterminée par l'essence divine que par sa propre essence ; en un mot, tout ce que l'essence divine exige est d'une absolue et immuable nécessité. Il n'en est pas de même des choses que Dieu détermine par des volontés libres : il a pu les vouloir et ne les vouloir pas ; donc elles peuvent être ou n'être pas, et il n'y a aucune nécessité absolue qui les détermine à être. Elles sont toujours, par leur nature, indifférentes pour l'effet que Dieu en veut tirer. On comprend par-là que la volonté de la créature est libre, à l'égard des choses pour le choix desquelles Dieu a été libre lui-même. Mais quand l'essence divine exige quelque chose, la même nécessité absolue qui détermine Dieu détermine aussi sa créature, parce que la créature ne peut jamais en aucun sens agir contre ce que l'essence immuable de Dieu demande. Enfin, il faut toujours se souvenir que les créatures ne peuvent jamais en aucun sens être libres pour les choses impossibles, et qu'ainsi elles ne le sont jamais pour tout ce qui n'est pas conforme à l'ordre ; puisque tout ce qui est contraire à l'ordre, qui est l'essence de Dieu, est absolument impossible.

CHAPITRE III.

Selon le principe de l'auteur, tous les êtres qu'on nomme possibles ne pourroient exister sans être mauvais, et par conséquent seroient absolument impossibles.

Le principe fondamental de tout le système de l'auteur est que Dieu étant un être infiniment parfait, il ne peut jamais rien produire qui ne porte le caractère de ses attributs et de son infinie perfection ; et qu'ainsi l'ordre inviolable le détermine invinciblement, supposé qu'il agisse, à faire toujours tout ce qu'il peut faire de plus parfait ; autrement, dit souvent l'auteur, il feroit les choses sans raison ; ce qui est incompatible avec la perfection infinie.

Arrêtons-nous d'abord à cette première proposition : Dieu ne peut jamais rien produire qui ne porte le caractère de son infinie perfection. Si on entend par-là que tout ouvrage de Dieu doit être une marque de sa sagesse et de sa puissance infinie, sans doute l'auteur dit vrai ; mais il ne dit rien que tout le monde n'ait toujours dit. S'il ajoute qu'il doit y avoir dans l'ouvrage tous les degrés de perfection que la puissance et la sagesse de Dieu y ont pu mettre, il suppose, sans ombre de preuve, ce qui est en question.

Il est vrai qu'on trouve dans le moindre des ouvrages de Dieu la marque de son infinie perfection : n'eût-il jamais produit qu'un seul atome inanimé, cet atome ayant une véritable existence seroit dans une distance infinie du néant ; il n'y auroit que l'être qui existe par lui-même et qui est infiniment fécond, qui auroit pu l'appeler du néant à l'être. Qui dit un être par soi-même, dit nécessairement un être infiniment parfait : ainsi, cet atome marqueroit parfaitement lui seul la perfection infinie de celui qui l'auroit créé.

Ce seroit à l'auteur à prouver clairement que non-seulement l'ouvrage de Dieu doit marquer la perfection infinie du Créateur, mais encore que, pour marquer cette perfection, l'ouvrage de Dieu doit avoir en soi le plus haut degré de perfection que Dieu est capable d'y mettre par sa toute-puissance : c'est ce qu'il ne prouvera jamais. L'impuissance où il est de le prouver suffiroit seule pour renverser tout son système. Mais nous allons plus loin.

Quand je dis qu'un atome que Dieu auroit créé seul seroit digne de lui, et porteroit la marque de son infinie perfection, je ne raisonne ainsi que sur les principes de saint Augustin contre les manichéens. Ces hérétiques croyoient que certains êtres étoient mauvais par leur nature, et que le mal étoit quelque chose de réel et de positif. Par-là ils étoient engagés à admettre deux principes, l'un du bien et l'autre du mal. Le principe du bien étoit Dieu, père de Jésus-Christ réparateur du monde ; le mauvais principe étoit le Créateur. Ces deux principes, qu'ils nommoient, l'un celui de la lumière, l'autre celui de la nation des ténèbres, étoient sans cesse mêlés et sans cesse en combat.

« Tous les biens, disoit saint Augustin à ces hé-
» rétiques [1], soit grands, soit petits, à quelque
» degré d'être qu'on les considère, ne peuvent
» venir que de Dieu ; car toute nature en tant
» que nature est bonne, et nulle nature ne peut
» venir que de Dieu souverain et véritable : car
» les plus grands biens ne sont pas de souverains
» biens, mais ils approchent du bien souverain ;
» et de même les moindres biens sont de vrais
» biens, qui, étant plus éloignés du souverain
» bien, viennent pourtant de lui. »

Remarquez que, selon saint Augustin, les plus grands biens sont toujours des biens bornés, et que

---
[1] *De Nat. Boni contra manich.*, chap. I, XVIII, XIX, t. VIII.

les moindres biens, quoique moindres, sont pourtant de vrais biens ; que toute créature, à quelque degré de bonté qu'on la considère, ne peut venir que de Dieu, parce que toute nature en tant que nature est bonne ; et enfin que ce Père dit très souvent que « la perfection de Dieu consistant à » être souverainement, rien n'est opposé à cette « perfection que le non-être. »

Que prouvez-vous par ces passages, me dira l'auteur? que tout degré d'être est bon? J'en conviens ; je ne pourrois le désavouer sans tomber dans l'impiété des manichéens : mais ce n'est pas de quoi il est question. Je dis seulement qu'il ne convient pas à la perfection de Dieu de choisir ce qui n'est que bon, et que l'ordre le détermine toujours à faire ce qui est le meilleur.

Mais je demanderai à l'auteur ce qu'il veut dire, quand il dit que l'ordre détermine toujours Dieu au meilleur, et ne lui permet pas de se livrer à ce qui est le moins parfait. Que signifient ces paroles : *L'ordre ne lui permet pas ?* S'il entend par-là que le moins parfait n'a pas assez de perfection pour déterminer invinciblement la volonté divine, c'est ne rien dire ; car, selon l'auteur, l'ouvrage même le plus parfait ne détermine point Dieu invinciblement. Il a été libre pour créer le monde, ou pour ne le créer pas. Il est donc certain que quand l'auteur dit que l'ordre ne permet pas à Dieu de produire le moins parfait, cela signifie que le moins parfait est indigne de Dieu, comme il le dit lui-même, et que Dieu ne pouvoit le produire sans violer l'ordre. Qu'est-ce que l'ordre ? Nous l'avons déjà vu ; c'est la nature infiniment sage et infiniment parfaite de Dieu ; c'est son essence même : ainsi, selon l'auteur, Dieu ne pourroit se borner au moins parfait sans cesser d'être infiniment sage et parfait, et sans cesser d'être Dieu.

Ne faut-il pas conclure que l'ouvrage le moins parfait seroit mauvais, puisqu'il seroit indigne de la sagesse de Dieu, et contraire à l'ordre, c'est-à-dire à l'essence divine ? Comment l'auteur accordera-t-il tout cela avec ce que saint Augustin a dit contre les manichéens comme le principe fondamental de toute sa controverse avec ces hérétiques, savoir, que « rien n'est opposé que le néant » à la perfection divine, qui consiste à être sou- » verainement ; et que toute nature, à quelque de- » gré de bonté qu'on la borne, est toujours bonne » tant qu'elle demeure nature [1] ? »

J'avoue, reprendra l'auteur, que le moindre degré d'être et de perfection n'est point opposé à Dieu ; j'en disconviens si peu, que je reconnois que Dieu produit ce moindre degré d'être avec tous les autres qui lui sont supérieurs, quand il forme l'ouvrage le plus parfait.

Il n'est pas question de savoir si l'auteur l'avoue ; je sais bien qu'il n'oseroit en disconvenir : il est question de savoir s'il peut en convenir selon ses principes ; et je montre qu'il ne peut le faire.

Prenez garde que quand saint Augustin a parlé du moindre degré d'être et de perfection, il ne l'a point considéré en tant que joint aux autres degrés supérieurs, pour former l'ouvrage le plus parfait. Les manichéens ne désavouoient pas que l'ouvrage qui réunissoit tous les degrés de perfection ne fût bon : mais saint Augustin vouloit leur montrer deux choses ; l'une, que le mal n'est rien de positif, et n'est qu'une absence de perfection ; l'autre, que quand on ôteroit à l'ouvrage de Dieu tous les degrés de perfection qu'il a, excepté un seul, ce degré d'être et de perfection restant seroit encore véritablement bon et digne de Dieu : en sorte qu'il ne faudroit point l'attribuer à un mauvais principe. C'est pour cela qu'il dit que « la perfection » divine, qui consiste à être souverainement, » n'est opposée qu'au néant ; et que toute nature, » à quelque degré de bonté qu'on la borne, est » toujours bonne tant qu'elle demeure nature [1]. »

Il est aisé de voir que saint Augustin, dans ce point fondamental de sa controverse avec les manichéens, établit que le moins parfait en tant que moins parfait n'est ni contraire à la perfection de Dieu, ni indigne de lui.

Mais considérons avec une exacte précision le moins parfait en tant que moins parfait, c'est-à-dire en tant que borné à un certain degré de perfection au-dessus duquel il y en a plusieurs autres possibles. Par exemple, prenons l'atome inanimé dont j'ai déjà parlé. Supposons qu'il soit l'unique créature de Dieu. Ou l'auteur avouera qu'il n'y a aucune opposition formelle entre cet atome borné à ce degré précis de perfection, et l'ordre ; ou il prétendra y trouver une opposition formelle. S'il n'y a aucune opposition formelle, il est donc faux que l'ordre rejette invinciblement le moins parfait ; et voilà le système de l'auteur détruit. Si au contraire il y a une opposition formelle entre cet atome en tant que borné au degré précis de perfection, et l'ordre, je soutiens que cet atome est, selon l'auteur, une créature mauvaise.

Qu'est-ce qu'être mauvais, sinon avoir une opposition formelle à l'ordre inviolable, et à la règle

---

[1] Ubi sup.

primitive de tout bien? Qu'est-ce qu'être mauvais, sinon être incompatible avec la sagesse et la perfection de Dieu? Qu'est-ce qu'être mauvais, sinon être contraire à l'essence infiniment parfaite de Dieu même? Il est donc clair que ces termes adoucis, *l'ordre ne permet pas*, *il seroit indigne de Dieu*, signifient nécessairement que tout ouvrage qui seroit au-dessous du plus parfait seroit essentiellement mauvais, étant formellement contraire à l'ordre inviolable, qui est l'essence infiniment parfaite de Dieu même. L'unique chose que l'auteur peut répondre est que cet ouvrage, s'il existoit, seroit mauvais, mais que c'est cela même qui rend son existence impossible.

Mais si l'ouvrage le moins parfait est impossible, il est faux que Dieu ait choisi, parmi plusieurs desseins possibles, le plus parfait pour faire son ouvrage. Dieu n'a pu voir comme possible que ce qui l'étoit véritablement. Il n'y avoit de possible que ce que l'ordre *immuable et nécessaire* permettoit ; il n'y avoit de possible que ce que Dieu étoit capable de vouloir, et il n'étoit capable de vouloir que ce qui étoit conforme à l'ordre, parce qu'il aime l'ordre d'un amour *substantiel et nécessaire*. Dieu ne pouvoit donc rien voir de possible au-dessous du plus parfait.

Si l'auteur dit, avec quelques scolastiques, que les créatures ont une possibilité objective hors de Dieu, du moins il avouera que cette possibilité est dépendante de la puissance divine; en sorte que ce que Dieu n'a aucune puissance de produire, n'a aucune possibilité objective : or il est manifeste, selon lui, que Dieu n'a aucune puissance de produire le moins parfait : donc le moins parfait n'a aucune possibilité objective.

Si l'auteur prétend que Dieu a quelque puissance de produire le moins parfait, je n'ai qu'à lui demander en quel sens Dieu a la puissance de violer l'ordre, qui est sa sagesse, sa perfection, son essence même. Peut-on dire que Dieu a la puissance de n'engendrer plus son Verbe, ou de pécher? Non, sans doute; car il produit son Verbe par une action substantielle et nécessaire; et s'il pouvoit pécher, il cesseroit d'être infiniment sage et parfait. N'est-il pas, selon l'auteur, dans une impuissance aussi absolue de produire l'ouvrage le moins parfait? N'est-il pas vrai qu'il le rejette, y étant déterminé par l'ordre, *qu'il aime d'un amour substantiel et nécessaire*? N'est-il pas vrai qu'il ne pourroit violer cet ordre sans cesser d'être infiniment sage et parfait, sans cesser d'être Dieu? Enfin n'est-il pas manifeste qu'il n'a aucune puissance de produire les choses qu'il est incapable de vouloir, puisque, selon l'auteur, il n'a point d'autre puissance que sa volonté?

Nous ne pouvons douter que Dieu n'ait fait un ouvrage : s'il n'a pu faire que le plus parfait, le monde, pris dans son tout, est non-seulement l'ouvrage le plus parfait, mais l'unique que Dieu puisse produire ; car s'il pouvoit encore y ajouter quelque perfection, l'ouvrage qu'il a produit ne seroit pas le plus parfait. Reste donc qu'il n'y a rien de possible au-delà de ce que Dieu a fait. C'est donc une pure illusion de dire, comme fait l'auteur, que « la sagesse du Verbe, remplie d'a-
» mour pour celui dont elle reçoit l'être par une
» génération éternelle et ineffable,.... lui repré-
» sente une infinité de desseins pour le temple
» qu'il veut élever à sa gloire, et en même temps
» toutes les manières possibles de l'exécuter. »

Cette infinité de desseins se réduit à un seul ; car on ne peut choisir parmi des desseins impossibles. Quand il ne m'est possible de faire qu'une seule chose, et par une seule voie, je n'ai point à choisir ; et je me tromperois, si je me représentois en cet état plusieurs desseins, et plusieurs manières de former mon ouvrage. Dieu, selon l'auteur, étoit déterminé par sa propre sagesse, par sa propre essence infiniment parfaite, à ne pouvoir produire que l'ouvrage le plus parfait, et par la voie la plus simple. Tout étoit donc unique, et le dessein de l'ouvrage, et la voie de l'accomplir. Que l'auteur n'espère donc plus de nous éblouir, en disant que Dieu a choisi le plus parfait dessein parmi tous ceux qui étoient possibles. Qu'il dise au contraire, de bonne foi, que Dieu n'avoit qu'une seule chose à faire, qu'il l'a faite, et qu'il s'est épuisé.

CHAPITRE IV.

Réponse à une objection que l'auteur pourroit faire.

L'auteur voudra peut-être m'arrêter ici, en disant que l'ordre rejette seulement le moins parfait, parce qu'il est indigne de la sagesse divine de préférer le moins parfait au plus parfait. Mais parmi plusieurs desseins d'une égale perfection, dira-t-il, Dieu est libre de choisir comme il lui plaît : il a vu beaucoup d'autres mondes possibles aussi parfaits que celui qu'il a créé, il en a choisi un, et l'ordre n'a pu le gêner dans ce choix, parce que l'ordre n'avoit rien de meilleur à lui proposer.

A cela je réponds qu'il s'ensuivroit que Dieu auroit choisi parmi tous les mondes possibles, sans consulter l'ordre, et sans être déterminé *par lui*. L'ordre n'auroit pu lui fournir aucune raison de préférence pour aucun de ces mondes que nous supposons tous entièrement égaux, et qui ne sont possibles que par leur parfaite égalité : ainsi, pour parler le langage de l'auteur, il faudroit dire que Dieu, dans le plus grand, ou pour mieux dire dans l'unique choix qu'il ait jamais fait, *s'est déterminé sans raison*. Les plus magnifiques expressions de l'auteur n'auroient qu'un sens absurde, son grand principe seroit renversé ; il ne faudroit plus dire, comme il le fait si souvent : *Dieu choisit toujours le plus parfait* : il est indigne de la sagesse de faire autrement. Pour parler sérieusement, il faudroit dire au contraire : Dieu ne choisit jamais le plus parfait, car il ne choisit qu'entre les desseins possibles, et tous les desseins possibles sont également parfaits, puisque tout dessein qu'on pourroit se représenter au-dessous de la plus haute perfection est absolument impossible, étant contraire à l'ordre.

Il faut aller plus loin. Quand l'auteur supposera divers desseins d'une égale perfection entre lesquels Dieu a choisi librement, il faudra qu'il dise que chacun d'eux aura certaines perfections qui manqueront aux autres, et qu'ainsi, par une espèce de compensation, ils sont tous également parfaits, quoiqu'en divers genres, ou bien qu'ils sont tous dans la plénitude de la perfection. S'ils sont tous dans la plénitude de la perfection, ce ne sont plus divers desseins ; ils sont semblables les uns aux autres en tout, et ils sont tous la divinité même ; car il n'y a qu'elle à qui la plénitude de la perfection puisse convenir. Si au contraire chacun d'eux, demeurant dans les bornes de l'être créé, n'a qu'une perfection limitée, et manque de quelque perfection, voici ce qui me reste à demander :

Chacun de ces desseins possibles manquant de certaines perfections qui sont dans les autres, qui est-ce qui osera dire que la toute-puissance de Dieu ne puisse ajouter à un de ces desseins en particulier quelqu'une des perfections qui sont renfermées dans les autres desseins ? D'un côté, voilà des perfections réelles qui manquent à ce dessein particulier ; de l'autre, voilà une puissance qui n'est point appelée infinie en vain : pourquoi ces perfections, qui sont possibles ailleurs, ne sont-elles pas possibles dans ce dessein particulier ?

Si l'auteur dit que chacun de ces desseins égaux est d'une perfection infinie ; outre que je lui démontrerai le contraire dans la suite, de plus ce n'est rien dire selon lui ; car il a annoncé qu'il y a des infinis inégaux : ainsi un dessein infiniment parfait pourroit augmenter en perfection.

Qu'est-ce donc qui arrêtera la toute-puissance de Dieu à un degré précis de perfection, soit finie, soit infinie, au-delà duquel elle ne puisse plus rien, quelque dessein qu'elle choisisse ? Qui a donné l'autorité à un philosophe de la borner ainsi ?

Il dira peut-être que c'est la simplicité des voies de Dieu qui l'empêche d'ajouter à un de ces desseins les perfections qui sont dans les autres. Qu'entend-il par la simplicité des voies de Dieu ? Est-ce une action si mesurée qu'elle ne fasse rien d'inutile ? Mais oseroit-on dire que ce seroit une chose inutile à Dieu, dans la production de son ouvrage, que d'en augmenter la perfection ? Ainsi soutenir que Dieu n'a pas donné toutes les perfections possibles à son ouvrage, pour ne blesser pas la simplicité de ses voies, qui est le retranchement de toute volonté et de toute action inutile, ce seroit dire qu'il n'a pas mis dans son ouvrage une plus grande perfection, parce qu'il eût été inutile de l'y mettre. Voilà à quoi se réduisent ces mystérieuses expressions quand elles sont développées. De plus, l'auteur voudroit-il que l'ordre, qui, selon lui, détermine toujours Dieu au plus parfait ouvrage, l'empêchât au contraire de tendre au plus parfait, et lui interdît le pouvoir d'ajouter aux perfections d'un dessein celles qu'un autre dessein renferme ? Qu'il définisse donc nettement ce qu'il entend par la simplicité des voies de Dieu, et il verra d'abord que, sur la simple définition qu'il fera des termes, ce dernier refuge manquera à sa cause. Enfin je démontrerai dans la suite que Dieu ne peut jamais renoncer, dans son ouvrage, à aucun degré de perfection, par la crainte de blesser la simplicité de ses voies et de multiplier ses volontés. Il peut mettre plus ou moins de règle dans l'ouvrage ; mais tout cela lui est extérieur. Ces règles, qu'il peut multiplier à son gré dans l'ouvrage, ne multiplient rien au-dedans de lui : son action et sa volonté sont toujours également simples.

Supposant cette vérité, qui paroîtra avec une pleine évidence dans un des chapitres suivants, je conclus que, selon les principes de l'auteur, il faudroit l'une de ces deux choses, savoir, que Dieu eût mis dans son ouvrage tous les degrés d'être et de perfection possibles, en sorte qu'on n'y pût rien ajouter, et qu'il se fût épuisé ; ou bien qu'il n'eût pas été libre de tendre au plus parfait, parce que l'ordre ne le lui auroit pas permis, quoiqu'il eût pu le faire sans blesser la simplicité de sa volonté et de son action. Comme il n'oseroit dire que l'ordre détermine Dieu à l'ouvrage le moins parfait, à l'exclusion d'une perfection supérieure, il faut qu'il dise que Dieu ne pouvoit absolument rien faire de plus parfait que l'ouvrage qu'il a produit. D'ailleurs, la raison de la simplicité des voies lui manquant, comme je me promets de le montrer bientôt, il faut qu'il dise nécessairement, ou que la puissance de Dieu n'est point infinie, puisqu'elle ne sauroit ajouter à un des ouvrages égaux qu'elle se représente aucune des perfections qui lui manquent, et qui sont dans les autres; ou bien qu'elle a mis dans l'ouvrage qu'elle a choisi toutes les perfections qui dépendent d'elle, jusqu'au dernier degré, et par conséquent qu'elle s'est épuisée.

Quand la raison de la simplicité des voies sera détruite, je crois qu'il n'osera plus dire que Dieu n'a pu ajouter à un dessein quelque perfection qui lui manquoit, et qui étoit dans les autres : après quoi il faudra qu'il dise que Dieu a mis dans l'ouvrage qu'il a formé toutes les perfections possibles, sans réserve, jusques au plus haut degré, et qu'ainsi il est faux que Dieu ait choisi entre plusieurs ouvrages également parfaits de divers genres de perfection. Or, s'il est vrai que Dieu ait produit dans son ouvrage toutes les perfections qu'il pouvoit produire, il est manifeste qu'il n'y a plus rien qui soit véritablement possible hors du dessein qu'il a exécuté.

CHAPITRE V.

Il s'ensuivroit, des choses déjà établies, que Dieu ne connoît que l'ouvrage qu'il a produit; qu'ainsi toute autre science que celle qui est nommée dans l'école *science de vision* ne peut être en Dieu.

Nous venons de voir qu'il faudroit dire, selon ce système, que l'ouvrage produit est nécessairement ce que Dieu pouvoit produire de plus parfait: d'où il s'ensuit que Dieu ne peut plus rien ajouter à cette perfection : donc, tout ce qui n'existe pas et qui n'est pas compris dans le dessein général de Dieu est impossible : or ce qui est véritablement impossible est un néant dont Dieu ne peut jamais avoir aucune idée.

Tout se réduit, me direz-vous, à savoir si toutes les choses qui ne sont pas comprises dans le dessein général de Dieu, pour la formation de son ouvrage, sont si absolument impossibles en tout sens, qu'elles n'aient aucune possibilité. Il est vrai que si ces choses n'ont aucune possibilité, il faut conclure qu'elles ne peuvent jamais être l'objet d'aucune connoissance divine. Mais, continuera-t-on, vous faites un sophisme : il ne s'agit pas ici d'une impossibilité absolue. Dieu, qui a en lui la puissance de produire le plus parfait, à plus forte raison a la puissance de produire le moins parfait; quoique l'ordre ne lui permette pas de s'arrêter à certains degrés inférieurs de perfection, il ne laisse pas de les voir distinctement, et de les tenir en sa puissance : ainsi ils ont une vraie possibilité. Ce n'est pas par impuissance, mais par souveraineté de perfection, que Dieu ne les produira jamais.

Voilà, si je ne me trompe, tout ce qu'on peut dire de plus spécieux pour l'auteur. Mais j'ai déjà détruit par avance le fond de ce raisonnement. Il n'est pas question de savoir si c'est par foiblesse, ou par une souveraineté de perfection, que Dieu ne peut produire tout ce qui n'est point renfermé dans le dessein le plus parfait. Je conviens que l'auteur prétend que c'est par souveraineté de perfection que Dieu ne le peut ; mais enfin, selon lui, il ne le peut, en sorte qu'il n'en a aucune puissance; puisqu'il n'en a aucune puissance, ces sortes d'êtres n'ont aucune vraie possibilité; et s'ils n'ont aucune vraie possibilité, ils ne peuvent en aucun sens être l'objet de la science divine.

Si l'auteur soutient encore que Dieu a une puissance de les produire, je lui demanderai quelle est donc cette puissance d'agir contre son ordre, qui est sa nature. Peut-on dire que Dieu a la puissance de détruire sa sagesse, et de changer son essence infiniment parfaite ? L'auteur oseroit-il dire que l'ordre immuable, qui est, selon lui, la sagesse éternelle que *Dieu aime d'un amour substantiel et nécessaire*, soit distingué de sa puissance ? Mais si la puissance divine et l'ordre ne sont qu'une même chose, à quel propos nous représenter une puissance toute prête à agir, et retenue par l'ordre ? En quel sens peut-on attribuer à Dieu une puissance de faire ce qui violeroit l'ordre, c'est-à-dire sa perfection même, et qui par conséquent seroit la souveraine imperfection ?

Il est inutile de dire que c'est par souveraineté de perfection, et non par foiblesse, que Dieu ne peut se borner à l'ouvrage le moins parfait. C'est par souveraineté de perfection qu'il est invinciblement déterminé à engendrer son Verbe, comme l'auteur soutient qu'il est invinciblement déterminé à produire toujours l'ouvrage le plus parfait, quand il agit au-dehors. Cette souveraineté de perfection fait-elle que Dieu ait une vraie puissance de n'engendrer pas son Verbe ? Non, sans doute; elle ne doit pas faire aussi que Dieu ait une vraie puissance de produire au-dehors l'ouvrage le moins parfait.

Rejetons donc pour toujours et en tous sens cette puissance que l'auteur attribue à Dieu, de faire ce qui ne pourroit arriver sans que Dieu cessât d'être infiniment parfait, et d'être Dieu même. Ce fondement posé, tout est éclairci. Tout ce qui n'est point renfermé dans le dessein que Dieu a pris pour la plus grande perfection de son ouvrage est absolument contraire à l'ordre. Tout ce qui est absolument contraire à l'ordre est absolument contraire à l'essence de Dieu. Tout ce qui est absolument contraire à l'essence de Dieu est mauvais, et absolument impossible. Tout ce qui est absolument impossible ne peut jamais en aucun sens être l'objet de la science de Dieu : donc tout ce qui n'est point renfermé dans ce dessein que Dieu a exécuté, et où il a mis jusqu'au plus haut degré toutes les perfections que sa puissance est capable de produire, ne peut jamais, en aucun sens, être l'objet de la science divine.

Il est vrai que Dieu voit distinctement et tient en sa puissance tous les degrés de perfection qui sont inférieurs à celui auquel il élève son ouvrage ; mais l'ordre immuable, qui est son essence même, ne lui permettant pas, selon l'auteur, de s'arrêter à aucun de ces degrés inférieurs, il s'ensuit que Dieu ne les peut jamais voir que comme essentiellement inséparables des degrés supérieurs, et par conséquent qu'ils ne font plus des degrés différents, mais que tous ensemble ne font qu'une perfection unique et indivisible pour le total de l'ouvrage que Dieu peut produire.

Ainsi, selon l'auteur, si Dieu se représentoit ces degrés inférieurs de perfection comme séparés des supérieurs, il se représenteroit une chimère ; car, en tant que séparés, ils sont absolument impossibles, comme un carré sans angle, ou une montagne sans vallée. La perfection de son ouvrage est aussi indivisible qu'il est indivisible lui-même ; car, s'il pouvoit faire un ouvrage qui ne renfermât pas toute la perfection possible, il violeroit l'ordre et se détruiroit lui-même. Comme il ne peut concevoir une partie de ses perfections en tant que réellement séparée des autres, parce que cette séparation réelle est impossible et détruiroit sa nature ; de même, il ne peut considérer une partie des perfections de son ouvrage comme réellement séparée du reste : car cette séparation violeroit l'ordre, c'est-à-dire qu'elle détruiroit Dieu, et qu'elle est absolument impossible. Il est donc vrai, selon les principes de l'auteur, que tous les degrés de perfection qui composent l'ouvrage de Dieu sont essentiellement indivisibles, et que Dieu ne peut jamais les voir que dans cette indivisibilité. Il est vrai aussi que tout plan moins parfait que celui qui a été exécuté étoit absolument impossible en tous sens. Il faut conclure qu'aucun autre plan ne peut être connu de Dieu ; car ce qui n'a ni existence ni possibilité est un néant si pur et si absolu, que Dieu ne peut jamais le connoître. Dieu ne peut en juger que comme il juge d'un carré sans angle, ou d'une montagne sans vallée ; c'est-à-dire qu'il en exclut toute affirmation, et qu'il connoît que ces choses sont impossibles. Donc la science, que les théologiens appellent *de simple intelligence*, est détruite ; car Dieu ne peut rien connoître de possible au-delà de ce qu'il a résolu de faire : ainsi il ne lui reste que la science des êtres existants ou futurs, que l'école appelle *de vision*, et la connoissance des choses impossibles, qui ne consiste que dans l'exclusion de tout jugement.

Mais, direz-vous, suivant ces principes, Dieu peut-il connoître les futurs qu'on appelle conditionnels ? Non, sans doute ; car ces futurs conditionnels n'entrant point dans le plan le plus parfait que Dieu a exécuté, ils ne peuvent entrer que dans d'autres plans moins parfaits que l'ordre inviolable rejette. Aucune de ces choses n'auroit pu arriver sans violer l'ordre, qui a réglé absolument jusques aux moindres circonstances de l'ouvrage, pour produire le tout le plus parfait. Il est donc faux que Dieu ait vu ces choses comme futures, puisqu'il n'a pu les voir que telles qu'elles étoient, c'est-à-dire absolument impossibles. Ce qui n'a aucune possibilité n'a aucune futurition, s'il m'est permis de parler ainsi ; tout ce qui n'est point renfermé dans le plan général que Dieu exécute n'a aucune possibilité, comme nous l'avons montré : donc il ne peut avoir aucune futurition.

D'où vient donc que Jésus-Christ, qui ne peut voir ce que Dieu même ne voit pas, assure si fortement dans l'Évangile que Tyr et Sidon eussent fait pénitence dans le cilice et dans la cendre, si elles eussent vu les miracles dont Bethsaïde et Corozaïn furent favorisés [1] ? Dira-t-on que Jésus-Christ le prévoyoit, parce qu'il y avoit une liaison naturelle entre cet effet et les dispositions des Tyriens et des Sidoniens ? Mais c'est répondre par une pure pétition de principe ; car il ne peut jamais y avoir de liaison naturelle entre une disposition qui existe, et un effet absolument impossible. L'ordre avoit réglé que les Tyriens auroient cette disposition ; mais le même ordre avoit

---

[1] *Matth.*, XI, 21.

réglé immuablement que les miracles ne se feroient pas chez les Tyriens, et que leur conversion n'arriveroit jamais. Je comprends bien que ce qui est réglé par la volonté libre de Dieu est possible d'une autre manière que celle dont Dieu l'a réglé, parce que Dieu pouvoit le régler autrement. Mais ce qui est déterminé invinciblement par l'ordre immuable et nécessaire, c'est-à-dire par l'essence de Dieu même, ne peut jamais, en aucun sens, arriver autrement que comme l'ordre l'a réglé. La prédication et l'accomplissement des miracles chez les Tyriens n'entrant pas dans le seul plan que l'ordre immuable a pris, et tous les autres plans étant absolument impossibles, puisqu'ils sont rejetés par l'ordre qui est l'essence divine, il s'ensuit que la conversion des Tyriens, bien loin d'être conditionnellement future dans ces circonstances, étoit absolument impossible par cette voie.

Poussera-t-on la témérité jusques à dire que Jésus-Christ le disoit comme homme, sur de simples apparences, sans le savoir certainement? Mais quand on iroit jusqu'à cet excès d'égarement, dira-t-on aussi que quand David demanda s'il seroit livré à Saül ou non, en cas qu'il demeurât dans la ville de Ceila [1], Dieu répondit qu'il seroit livré s'il y demeuroit, pour parler suivant les conjectures humaines? Mais, si on n'a point de honte de répondre ainsi, du moins qu'on m'explique comment est-ce que Jésus-Christ a pu dire : *Si je demandois à mon Père, il m'enverroit plus de douze légions d'anges* [2], lui qui savoit qu'il étoit impossible à son Père de les lui envoyer, puisque tout cela étoit contraire au dessein invinciblement réglé par l'ordre, et essentiellement inséparable de la nature infiniment parfaite de Dieu.

Il n'est pas question de savoir comment est-ce que Dieu voit les futurs conditionnels; je sais qu'il y a là-dessus diverses opinions dans l'école. Les uns disent que c'est par une science qui n'est ni celle de vision, ni celle de simple intelligence, et qu'on nomme *moyenne*. Les autres disent que, si ces objets ne sont point absolument futurs, Dieu les voit par la science de simple intelligence, et que, s'ils sont futurs, il les voit dans son décret par la science de vision. Mais enfin, tous conviennent que Dieu les voit, puisque l'Écriture l'enseigne si formellement. Il n'y a que l'auteur, qui, selon ses principes, seroit réduit à dire que Dieu ne les voit en aucune façon comme futurs, et qu'il n'en connoît que l'absolue impossibilité.

Vous raisonnez sur un faux principe, me dira peut-être l'auteur; vous supposez que l'ordre règle tout ce que les volontés libres des créatures doivent vouloir; et moi, tout au contraire, je suppose seulement que Dieu, prévoyant par une science conditionnelle ce que voudront les créatures libres, il s'accommode à cette prévision, et que l'ordre le détermine à choisir celles qui auront certains desirs, d'où résultera la plus grande perfection de l'ouvrage. Mais en attendant que nous détruisions cette opinion, par des principes clairs que nous poserons dans la suite, concluons toujours que si Dieu a été déterminé par l'ordre à choisir, dans la création, les créatures de la volonté desquelles il a prévu que résulteroit la plus grande perfection de son ouvrage, il lui étoit impossible de faire un autre choix; et par conséquent, selon cette opinion même, tout autre plan que celui qui a été exécuté ne renfermant point les volontés des créatures que l'ordre demande, il est à l'égard de Dieu comme un carré sans angle : il étoit impossible que Dieu choisit ce plan, où les créatures auroient voulu des choses qui auroient produit un dessein moins parfait. Si le choix de ce plan étoit impossible, le plan lui-même ne l'étoit pas moins, et par conséquent il n'a pu être l'objet de la science divine.

CHAPITRE VI.

Les conséquences de ce système détruiroient entièrement la liberté de Dieu.

Mais sapons tout d'un coup les fondements de cette doctrine. En quoi consiste la liberté de Dieu? Saint Augustin appelle cette liberté un libre arbitre [1]. Tertullien assure que la liberté que nous éprouvons en nous n'est qu'une image de celle de Dieu; et, ce qui est très remarquable, c'est que ce Père dit que notre liberté ressemble à celle de Dieu, dans un ouvrage où il veut montrer à Marcion [2] que notre liberté est une perfection véritable qui vient du bon principe. Mais où la trouverons-nous en Dieu cette liberté à laquelle la nôtre ressemble? sera-ce dans les volontés que Dieu a par rapport à soi-même? Nullement; car il ne peut s'empêcher de vouloir et d'aimer tout ce qui est en lui : autrement sa volonté pourroit devenir mauvaise; car elle pourroit cesser de vouloir et d'aimer le

---

[1] *I Reg.*, XXIII, 9 et seq.
[2] *Matth.*, XXVI, 63.

[1] *De Civit. Dei*, lib. XXII, cap. XXX, n. 3, tom. VII.
[2] *Adv. Marcion*, lib. II, cap. VI.

souverain bien. Ne nous arrêtons pas davantage à la preuve de cette vérité, qui est universellement reconnue. Il faut donc que la liberté de Dieu se trouve dans les volontés qu'il a par rapport aux créatures. Mais supposez qu'il soit invinciblement déterminé par l'ordre à faire toujours le plus parfait, il faut désespérer de trouver jamais de ce côté-là aucun vestige de liberté.

Vous vous trompez, me dira-t-on; Dieu a été libre, selon l'auteur, de faire le monde, ou de ne le faire pas.

Il est vrai que l'auteur raisonne sur ce principe; mais ce principe est faux, si les autres principes de l'auteur sont véritables. Qu'il me réponde précisément. Ou vous croyez, lui dirai-je, qu'il étoit plus parfait de créer le monde que de ne le créer pas, ou vous croyez que ces deux choses étoient d'une égale perfection. Si vous croyez qu'il étoit plus parfait de créer le monde, Dieu étoit donc invinciblement déterminé par l'ordre à le créer, et il n'avoit aucune liberté pour ne le créer pas : si vous dites que ces deux choses étoient d'une égale perfection, vous supposez que le néant est aussi bon que l'ouvrage le plus parfait; ce qui est une opinion monstrueuse.

Ne m'imposez pas, répondra peut-être l'auteur: je soutiens seulement qu'il est également bon à Dieu de faire ou de ne faire pas son ouvrage, parce qu'il peut s'en passer; quoique j'avoue en même temps que si on compare ces deux choses entre elles, on trouvera que l'ouvrage le plus parfait est meilleur que le néant. Si donc on regarde ces deux choses par rapport à l'infinie perfection de Dieu, *faire le monde, ou ne faire rien*, elles sont égales, parce qu'elles sont toutes deux infiniment inférieures à Dieu; qu'il peut se passer également de l'une et de l'autre; et qu'ainsi aucune n'est capable de le déterminer invinciblement. Mais si on les compare entre elles, l'être, et surtout l'être le plus parfait que Dieu puisse créer, vaut mieux que le néant. L'auteur peut-il ajouter quelque chose à cette réponse? Mais cette réponse, qui est l'unique refuge qu'il puisse chercher, va mettre en pleine évidence ce que je dois prouver contre lui. Qu'il me permette seulement de l'interroger encore. Pourquoi, lui dirai-je, prétendez-vous que Dieu est déterminé invinciblement à faire toujours le plus parfait? C'est, me répondra-t-il, que l'ordre, qui est pour lui une loi inviolable, demande qu'il préfère toujours le plus parfait au moins parfait. Mais quoi! répondrai-je, le plus parfait et le moins parfait sont-ils aux yeux de Dieu plus inégaux que le plus parfait et le néant? Non, sans doute; car le moins parfait a quelque degré de perfection; et le néant, qui n'en a aucune, est infiniment au-dessous; en un mot, il est l'imperfection souveraine. Mais Dieu, répondra encore une fois l'auteur, ne compare pas le néant et l'être le plus parfait entre eux: s'il les comparoit ainsi, il préféreroit nécessairement la création au néant; il les voit seulement dans une espèce d'égalité par rapport à sa souveraine perfection, parce qu'il peut également se passer de l'un et de l'autre. Eh bien! continuerai-je, pourquoi ne voulez-vous pas aussi que Dieu regarde avec la même indifférence le plus parfait et le moins parfait, comme étant tous deux dans une espèce d'égalité par rapport à sa souveraine perfection, parce qu'il peut également se passer de l'un et de l'autre, et qu'ils lui sont tous deux infiniment inférieurs, en sorte qu'aucun d'eux ne peut le déterminer invinciblement?

Choisissez, poursuivrai-je, comme il vous plaira: ou supposez que Dieu ne compare point les choses entre elles, et qu'il regarde les plus inégales comme étant égales par rapport à lui, parce qu'il peut se passer également de toutes; ou supposez qu'il les compare entre elles. Si vous supposez qu'il ne les compare point entre elles, mais seulement qu'il les regarde dans une espèce d'égalité, comme lui étant toutes infiniment inférieures, dès ce moment vous reconnoissez Dieu aussi libre pour choisir entre le plus parfait et le moins parfait, que pour choisir entre faire le monde et ne faire rien. Que si vous supposez au contraire que Dieu compare les choses entre elles, et que c'est par rapport à cette comparaison qu'il se détermine, n'avouerez-vous pas que, comme l'ordre le détermine au plus parfait en le comparant avec le moins parfait, il doit aussi le déterminer à la création du monde, en comparant le monde, qui est l'ouvrage le plus parfait, selon vous, avec le néant, qui est l'imperfection souveraine? Ne dites point que Dieu peut agir ou n'agir pas; mais que, supposé qu'il agisse, il doit nécessairement agir en Dieu, c'est-à-dire de la manière la plus parfaite. Supposer que Dieu peut agir ou n'agir pas, c'est supposer d'abord sans preuve ce que j'ai droit de mettre en question, selon vos principes. Si Dieu ne peut agir en Dieu qu'en produisant l'ouvrage le plus parfait, parce que sa sagesse lui fait nécessairement préférer le plus parfait à l'imparfait, d'où vient que cette même sagesse ne le détermine pas de même à préférer l'ouvrage le plus parfait au néant?

Voyez donc où vous jette votre principe! Est-il question de faire une mouche ou une fourmi, Dieu,

16.

selon vous, ne peut se dispenser de consulter l'ordre inviolable, et d'en suivre jusque dans la moindre circonstance toutes les lois. Il faut absolument qu'il donne au vil animal le plus haut degré de perfection dont il est capable, et qu'il le fasse de la manière la plus simple et la plus parfaite. Est-il question du plus grand choix que Dieu ait jamais fait; s'agit-il de créer le monde, ou de ne le créer pas; dans ce choix, qui est le fondement de toutes les merveilles de sa sagesse, l'ordre n'a aucune règle de perfection à lui proposer : cet ordre, si sévèrement jaloux de la plus grande perfection en tout, ne trouve aucune inégalité entre l'être le plus parfait et le néant, lui qui trouve que la différence du moindre degré de perfection décide irrévocablement en faveur du plus parfait. Quoi donc! quand Dieu choisit entre deux desseins de son ouvrage, un seul degré de perfection dans l'un plus que dans l'autre emporte la balance, détermine Dieu invinciblement, et lui ôte toute sa liberté : mais quand Dieu choisit entre faire le monde et ne le faire pas, c'est-à-dire entre l'être le plus parfait et le néant, tous les degrés de perfection possible rassemblés ne peuvent déterminer Dieu, et l'emporter sur le néant même!

Mais encore ce grand choix, ce profond conseil de Dieu qui se détermine à créer le monde, devroit être sans doute le plus grand effet de sa sagesse. Cependant, selon vous, c'est une action indélibérée, une action sans raison. Souvenez-vous que vous dites souvent que Dieu agiroit sans raison, et d'une manière indigne de son infinie sagesse, toutes les fois qu'il agiroit sans être déterminé par l'ordre à choisir le plus parfait. S'il n'est point plus parfait à Dieu de créer le monde que de ne le créer pas, Dieu l'a donc créé sans raison, et d'une manière indigne de sa sagesse. Si au contraire il lui est plus parfait de le créer que de ne le créer pas, je reviens toujours à conclure qu'il l'a donc créé nécessairement, et qu'il n'a eu aucune liberté à l'égard de son ouvrage.

Voyons encore ce qui fait dire à l'auteur que Dieu est libre pour faire son ouvrage ou ne le faire pas. C'est que son ouvrage n'ayant qu'une perfection bornée, et infiniment inférieure à celle de Dieu, il ne peut déterminer invinciblement la volonté divine à le produire. Nous venons de voir que tout cela est faux, selon les principes de l'auteur, puisqu'il ne faut, selon lui, qu'un seul degré de perfection pour déterminer Dieu invinciblement. Mais supposons pour un moment tout ce qui lui plaira : voyons si en le laissant faire nous trouvons quelque suite dans sa doctrine. Comment me prouverez-vous, lui dirai-je, que le monde tel que nous le voyons est l'ouvrage le plus parfait que Dieu puisse produire? Pour moi, je n'y vois rien que de borné en étendue et en perfection. C'est, me répondra-t-il, que cet ouvrage est infini en prix et en perfection par l'incarnation du Verbe. Le monde n'a été fait que pour Jésus-Christ, et sans lui le Père ne verroit dans tout cet ouvrage rien qui portât le caractère de son infinie sagesse, ni qui fût digne de ses complaisances.

Eh bien, laissons l'auteur en pleine liberté, ou de considérer le monde comme séparé du Verbe divin, ou de confondre le Verbe avec l'ouvrage de Dieu, quoiqu'il n'y ait que l'humanité de Jésus-Christ qui soit en effet son ouvrage. Ou vous considérez, lui dirai-je, l'ouvrage de Dieu comme infiniment parfait, à cause du Verbe, avec lequel il fait un tout indivisible; ou vous le regardez comme étant d'une perfection bornée, en n'y comprenant pas le Verbe.

Si vous n'y comprenez pas le Verbe; si vous regardez l'ouvrage comme n'ayant qu'une perfection bornée, je conclus que Dieu auroit pu le créer plus parfait qu'il n'est, et qu'ainsi il a violé l'ordre; car c'est nier la puissance infinie de Dieu, que de la borner absolument à un degré précis de perfection finie.

Si au contraire vous regardez l'ouvrage de Dieu comme infiniment parfait, à cause du Verbe qui s'y est uni, et qui fait avec lui un tout indivisible, voici les conséquences que j'en tire. N'oubliez pas que votre unique ressource, pour sauver la liberté de Dieu dans la création de l'univers, étoit de dire qu'un ouvrage d'une perfection bornée, et infiniment inférieure à celle de Dieu, ne pouvoit le déterminer invinciblement. Si donc l'ouvrage de Dieu a une perfection infinie, vous ne pouvez plus dire que Dieu a été libre de le créer ou de ne le créer pas. A qui espérez-vous de persuader qu'il étoit aussi bon à Dieu de ne faire rien, que de faire un ouvrage infiniment parfait, un ouvrage aussi parfait que lui-même, un ouvrage dans lequel il a mis toute sa perfection, puisque la plénitude de la divinité habite corporellement en Jésus-Christ, et que vous ne voulez jamais considérer l'ouvrage en tant que détaché de la plénitude de la divinité qui y habite? Selon vous, entre deux êtres bornés, un seul degré de perfection emporte la balance et détermine Dieu invinciblement; et entre le néant et un ouvrage infiniment parfait, l'infinie perfection de cet ouvrage, qui est égale à celle de Dieu, ou, pour mieux dire, qui est celle de Dieu même, ne pourra pas emporter la balance et déterminer la volonté de Dieu. Reconnoissez les suites nécessaires de cette doctrine ; avouez que cet ouvrage infiniment parfait a dû déterminer Dieu invinciblement ; et qu'ainsi il n'a jamais eu aucune liberté par rapport à ses créatures, non plus que par rapport à lui-même, si votre principe est véritable.

CHAPITRE VII.

Il faudroit conclure de ce système que le monde est un être nécessaire, infini et éternel.

Si l'auteur persiste à regarder le Verbe divin comme faisant avec l'univers, par l'incarnation, un tout indivisible qui est un ouvrage infiniment parfait, voilà le monde qui, selon l'auteur, est infini en perfection : il ne lui resteroit plus que de le soutenir infini en étendue actuelle. Mais, sans lui imputer cet excès, je me borne à prouver que, selon ses principes, le monde qui est infiniment parfait est un être nécessaire, et qu'il a dû être éternel. En voici la preuve :

S'il a été nécessaire, comme nous venons de le montrer par les principes de l'auteur, que Dieu créât le monde, parce qu'il étoit plus parfait de le créer que de ne le créer pas ; il a été nécessaire aussi que Dieu le créât dès l'éternité : toutes choses étant égales d'ailleurs, sans doute ce qui est éternel est plus parfait en soi que ce qui n'est que temporel.

Il est vrai, répondra l'auteur ; mais l'ordre demandoit que le monde ne fût produit que dans le temps, afin qu'il parût que Dieu pouvoit absolument s'en passer, ayant été éternellement sans le produire ; de plus, il falloit que le monde marquât, par son commencement, son origine et sa dépendance.

Examinons ces deux raisons l'une après l'autre.

Quant à la première, il est faux que l'ordre demandât que le monde fût créé dans le temps, pour marquer que Dieu pouvoit absolument s'en passer ; l'ordre ne peut avoir voulu marquer ce qui n'étoit pas vrai. Selon l'auteur, comme nous l'avons prouvé, Dieu ne pouvoit absolument se passer du monde : donc l'ordre n'a pu suspendre la création du monde, pour marquer que Dieu pouvoit absolument s'en passer ; puisque Dieu ne pouvoit se passer du monde, et que l'ordre en demandoit la création, comme la chose la plus parfaite, Dieu ne pouvoit en différer la création pour montrer qu'il étoit libre de ne le créer pas. Voilà donc la première évasion de l'auteur détruite, et mon raisonnement revient toujours : il étoit meilleur en soi que l'ouvrage fût éternel, que temporel : donc l'ordre, qui exige toujours le plus parfait, a dû exiger de Dieu l'éternité du monde.

Prenez garde encore que la réponse de l'auteur se détruit elle-même, de quelque côté qu'il se tourne. Quand même, comme il le prétend, l'ordre auroit voulu que le monde ne fût créé que dans le temps, ce ne pourroit pas être pour montrer que Dieu a été libre de créer le monde, ou de ne le créer pas. Il faut dire, au contraire, que si Dieu a tant différé la création du monde, c'est qu'il ne pouvoit le créer plus tôt ; car il ne pouvoit violer l'ordre, qui exigeoit ce retardement. Ainsi il n'a pu montrer son souverain domaine et sa parfaite liberté à l'égard de la création, par une suspension qui ne venoit que d'une absolue et immuable nécessité.

Maintenant venons à la seconde raison, dont l'auteur paroît éblouir ses lecteurs. Pourquoi veut-il que Dieu n'ait pu marquer la dépendance de son ouvrage qu'en le créant dans le temps ? Dieu n'a-t-il pas fait les rayons du soleil aussi anciens que le soleil même ? et n'a-t-il pas mis néanmoins dans ces rayons la marque de leur origine ? Ne voit-on pas manifestement qu'ils viennent du soleil pour éclairer l'univers ? Comment l'auteur ose-t-il dire que Dieu ne pouvoit pas de même mettre dans son ouvrage une impression si claire de sa puissance, que chaque créature portât pour ainsi dire le sceau de la création ? Non-seulement il faut que l'auteur avoue que Dieu l'a pu, mais il ne peut éviter de dire qu'il l'a fait, puisque, selon saint Paul [1], Dieu se rend sensible dans ses ouvrages, et nous y découvre ses merveilles. Mais regardons encore cette vérité de plus près. Un architecte qui fait un bâtiment, un peintre qui fait un tableau, ne marque pas par la date de son ouvrage que cet ouvrage ne s'est pas fait de lui-même, et qu'il en est l'auteur : on voit ce bâtiment, on considère ce tableau, on ne sait point quand est-ce qu'ils ont été faits ; mais, sans savoir le temps, on voit bien que des mains savantes et industrieuses ont formé cet édifice, qu'un habile pinceau a uni toutes ces couleurs ; le bâtiment et le tableau portent l'un et l'autre la marque évidente de l'industrie de l'ouvrier. Il en est de même du monde : ouvrez les yeux, le monde entier se présente à vous comme un miroir où la puissante main de Dieu est représentée ; on y voit un dessein marqué et suivi en tout. Dire que le hasard l'a fait, c'est la même folie que de dire : Un bâtiment régulier et d'une su-

[1] *Rom.*, I, 20.

perbe architecture s'est formé de soi-même par le pur hasard. Il n'est pas question de savoir quand est-ce que l'univers a été fait. Enfin il porte la marque de son origine; on ne peut le voir sans préoccupation, et n'avouer pas qu'une main également puissante et sage l'a formé. Quand même il seroit éternel, il faudroit reconnoître qu'une sagesse éternelle en auroit arrangé toutes les parties pour composer un tout où l'art éclate si parfaitement. L'art qui règne manifestement dans toute la nature est donc la marque du doigt de Dieu, et comme son sceau sur son ouvrage. Il n'en falloit point d'autres marques; et s'il en eût fallu, nous devons croire que Dieu en auroit trouvé. Lui, qui est le maître de toutes les pensées des esprits, ne pouvoit-il pas les rendre aussi attentifs qu'il l'auroit voulu à l'opération par laquelle il fait tout en tous? La volonté par laquelle il auroit modifié ainsi les esprits eût été sans doute très simple et très générale. Cela étant, Dieu pouvoit faire le monde éternel. S'il l'a pu, il l'a dû; s'il l'a dû, il l'a fait; car il ne viole jamais l'ordre, qui préfère toujours le plus parfait.

De plus, le fait de la création, quoique très certain de toute la certitude dont un fait historique est capable, n'étoit point la marque de l'origine de l'univers dont Dieu devoit se servir, pour montrer que l'univers étoit son ouvrage : il falloit une marque qui frappât soudainement et sans discussion tous les esprits attentifs. C'est ce que le bel ordre de l'univers fait admirablement; mais c'est ce que la preuve historique de la création ne sauroit faire : elle n'est que dans le seul livre que nous appelons l'Écriture sainte, inconnu à la plupart des peuples et des siècles. Tous les anciens philosophes païens ont ignoré ce fait; il n'y a que les Juifs et les chrétiens qui en aient été instruits, c'est-à-dire que cette histoire de la création du genre humain n'a été sue que par la moindre partie des hommes. Comment cette histoire sera-t-elle la marque évidente de la dépendance du monde à l'égard de son Créateur, puisque au contraire nous avons besoin tous les jours de prouver ce fait, qui est si ancien et si ignoré, par l'art admirable qui reluit dans les créatures, et par la dépendance qui est essentiellement renfermée dans l'idée des êtres qu'on nomme contingents? Encore une fois, je conviens que le fait de la création est prouvé par la plus authentique de toutes les histoires, et qu'il est très propre à persuader la religion à tous ceux qui liront cette histoire attentivement; mais je prétends que Dieu a mis dans son ouvrage une autre marque beaucoup plus éclatante et plus universelle de sa dépendance, je veux dire l'art divin qui règne dans toute la nature. Pour l'un, il faut lire un livre, ou entendre parler ceux qui l'ont lu : pour l'autre, il ne faut qu'ouvrir les yeux. Et en effet, combien d'hommes, sans connoître l'histoire de l'Écriture, sur la simple inspection de l'univers, ont connu que Dieu l'avoit formé! Combien donc la sagesse de Dieu se seroit-elle mécomptée, si, malgré l'ordre inviolable qui tend toujours au plus parfait, elle avoit renoncé à ce qui est le plus parfait en soi-même, savoir, l'éternité du monde, pour nous donner par une création temporelle, marquée dans un seul livre inconnu à tant de nations, un signe de la dépendance des créatures, moins éclatant, moins universel et moins connu que la chose signifiée même.

Toutes les raisons par lesquelles l'auteur peut soutenir que le monde n'a pas dû être éternel tombent donc d'elles-mêmes. Si rien n'a pu en empêcher la création dès l'éternité, il faut conclure, selon l'auteur, qu'il est effectivement éternel, et qu'il n'a pu être autrement; car l'ordre immuable y a déterminé Dieu invinciblement, comme à la chose la plus parfaite.

Reste maintenant d'appliquer à l'éternité, qu'on appelle *a parte ante*, ce que l'auteur dit pour celle qu'on nomme *a parte post*. L'ouvrage de Dieu, selon lui, doit porter le caractère de son éternité et de son immutabilité : donc il faut que l'ouvrage de Dieu soit éternel *a parte post*. Autrement sa volonté, qui déferoit ce qu'elle a fait, seroit inconstante. Ne pourrois-je pas lui dire de même : Il faut que l'ouvrage de Dieu soit éternel *a parte ante*; autrement sa volonté, qui auroit fait ce qu'elle n'avoit pas fait auparavant, seroit capable de nouveauté et d'inconstance. Si la destruction de l'ouvrage de Dieu marque qu'il cesse de vouloir ce qu'il a voulu, le commencement de l'ouvrage marque aussi qu'il commence à vouloir ce qu'il ne vouloit pas. Si donc, selon l'auteur, l'ouvrage de Dieu ne peut jamais finir, il faut, par la même raison, qu'il n'ait jamais commencé, et qu'il soit éternel *a parte ante*, aussi bien qu'*a parte post*. Voilà donc, d'un côté, l'unique raison tirée de l'ordre, que l'auteur allèguoit contre l'éternité du monde *a parte ante*, entièrement détruite; de l'autre côté, voilà les raisons dont l'auteur se sert pour montrer l'éternité du monde *a parte post*, également concluantes pour son éternité *a parte ante*. Il s'ensuit donc, selon ses principes, quand ils sont exactement poussés jusqu'au bout, que le monde infiniment parfait est éternel et nécessaire comme Dieu même; avec cette seule différence, que, si

Dieu a été nécessaire au monde pour sa création, le monde a été nécessaire à Dieu pour l'accomplissement de son ordre inviolable, c'est-à-dire pour la conservation de sa nature infiniment parfaite. Ainsi l'existence du monde dépend de la puissance de Dieu, et l'infinie perfection de Dieu dépend de la création éternelle du monde ; en sorte que Dieu ne peut non plus se passer de créer le monde que d'engendrer son Verbe. Si cela est, l'essence divine n'est point un être absolu et indépendant ; car on ne peut la concevoir sans concevoir l'ordre, et on ne peut concevoir l'ordre sans concevoir aussi le monde existant, comme un être qui est hors de Dieu, et qui lui est pourtant nécessaire. Il est vrai que, dans cette opinion, on conçoit toujours le monde comme créé, mais comme créé nécessairement, et comme étant essentiellement attaché à l'ordre, qui est l'essence divine. Or ce seroit à la créature une souveraine perfection, d'avoir non-seulement une existence nécessaire, mais nécessaire à Dieu même ; et ce seroit à Dieu une souveraine imperfection, de ne pouvoir être parfait, en un mot de ne pouvoir être Dieu même, sans l'existence actuelle de sa créature.

CHAPITRE VIII.

Preuves de la liberté de Dieu, dans lesquelles il paroit que Dieu a pu véritablement créer un ouvrage plus parfait que le monde, et en créer aussi un moins parfait.

Après avoir montré les excès étonnants où les principes de l'auteur le mènent insensiblement malgré lui, il est temps d'établir d'autres principes clairs, qui détruisent les siens, et qui n'aient aucun des inconvénients dans lesquels il tombe.

Cherchons donc la liberté de Dieu dans les volontés qu'il a par rapport à ses créatures. Représentons-nous, selon la belle image que nous donne saint Augustin [1], tout ouvrage de Dieu comme étant dans une espèce de milieu entre l'Être suprême et le néant, qui sont comme ses deux extrémités. De quelque côté que la créature se tourne, elle aperçoit un espace infini : l'être borné, en tant que borné, est infiniment distant de l'Être infini ; en tant qu'être, quoique borné, il est infiniment distant du néant ; la distance infinie qui est entre la créature et le néant est en elle la marque de la perfection infinie de celui qui la fait passer du néant à l'être. Par-là tout degré d'être est bon et digne de Dieu ; par-là le moindre degré d'être porte en lui le caractère de l'infinie perfection du créateur.

[1] Contra Ep. manich. quam vocant fundam. cap. XXXIII. etc., n. 36 et seq., tom. VIII.

Il faut donc se représenter (et en cela l'imagination, bien loin de dérégler l'esprit, ne fait que le soulager, pour rendre ses opérations plus parfaites), il faut donc se représenter toutes les perfections que Dieu peut donner à son ouvrage, comme une suite de degrés d'une hauteur et d'une profondeur sans bornes. Ces degrés, d'un côté, montent, et de l'autre descendent toujours à l'infini. Dieu voit tous ces degrés ; mais, comme ils sont infinis, il n'en voit aucun de déterminé au-dessus duquel il n'en voie encore d'autres qui sont possibles ; il n'en voit même aucun de déterminé qui ne soit fini, et qui par conséquent n'ait encore d'infinis au-dessous de lui.

Dieu, comme nous l'avons vu, n'a point de liberté par rapport à lui-même. La liberté est une puissance de choisir. Qui dit choisir dit prendre une chose plutôt qu'une autre. Celui donc qui trouve tout dans un seul objet indivisible, et qui ne peut jamais s'empêcher de le vouloir, n'a rien à choisir de ce côté-là. Mais du côté de ses ouvrages tout s'offre à Dieu, et tout est digne de son choix. Il ne peut rien faire que de bon ; par conséquent tout ce qui est possible, s'il est vraiment possible, et si ce n'est point un jeu de mots que de lui donner ce nom de possible, est bon, et conforme à l'ordre. Si on prend pour l'ordre la sagesse immuable de Dieu, qui est son essence même, il faut donc que l'ordre, qui dans ce sens est la nature divine, s'accommode de tous les divers degrés de perfection auxquels Dieu peut borner son ouvrage.

Ajoutons que Dieu ne peut faire une créature qui rassemble en elle tous les degrés de perfection possibles ; car cette créature, ou seroit infiniment parfaite, auquel cas elle seroit Dieu même, ou n'auroit qu'un degré fini de perfection, et par conséquent il y auroit encore d'autres degrés de perfection possibles au-dessus de ceux qu'elle posséderoit. Il ne faut donc pas s'imaginer que la puissance de Dieu soit infinie, en ce qu'il peut produire une créature infiniment parfaite. En produisant cet être, il se produiroit lui-même ; il produiroit son Verbe, comme dit souvent saint Augustin, et non une créature. Ainsi, à force de vouloir étendre sa fécondité et sa puissance, on la détruiroit ; car on le mettroit par-là dans une vraie impuissance de produire quelque chose hors de lui.

En quoi la puissance de Dieu sera-t-elle donc infinie ? Ou ce sera en ce que Dieu peut produire un certain degré de perfection finie, au-delà duquel il ne peut plus rien ; ou ce sera en ce qu'il peut choisir librement dans cette étendue de degrés de perfection finie, qui montent et qui descendent toujours à l'infini. Mais oseroit-on dire qu'il y a un degré précis et fixe de perfection finie au-dessus duquel Dieu ne puisse rien faire?

La puissance de Dieu, dira peut-être l'auteur, pourroit absolument aller plus loin, et en ce sens elle est sans bornes; mais l'ordre la détermine à s'arrêter là.

Cette misérable évasion a été déjà trop détruite. Dieu n'a aucune puissance pour les choses qu'il ne pourroit faire, sans cesser d'être Dieu : or il ne peut, sans cesser d'être Dieu, violer l'ordre, qui est son infinie sagesse et son infinie perfection : de plus, il ne faut jamais regarder l'ordre et la puissance divine comme deux choses dont l'une arrête l'action de l'autre. La puissance divine et l'ordre ne sont que l'essence infiniment parfaite de Dieu : ce que Dieu ne peut pas selon l'ordre, il ne le peut en aucun sens, non plus qu'il ne peut se détruire soi-même.

Reprenons maintenant la suite de notre preuve. S'il y a un degré précis et fixe de perfection finie, au-delà duquel Dieu ne puisse rien produire, selon l'ordre, il s'ensuit clairement que sa puissance est absolument bornée à ce degré; qu'il n'en a aucune au-delà; et par conséquent que cette puissance ne peut en aucun sens être nommée infinie.

Que si on a horreur de cette impiété, et qu'on reconnoisse en Dieu la puissance d'ajouter toujours, en montant vers l'infini, de nouveaux degrés de perfection à tout degré déterminé qu'il aura mis dans son ouvrage, voilà la puissance infinie de Dieu sauvée; mais voilà aussi le principe fondamental de l'auteur miné sans ressource. Car, bien loin que Dieu ne puisse produire que le plus parfait, il s'ensuit qu'il ne peut jamais produire le plus parfait, puisqu'il peut toujours ajouter quelque nouveau degré de perfection à toute perfection déterminée.

Nous n'avons plus qu'à rassembler les vérités déjà établies, et nous trouverons la parfaite liberté de Dieu, que saint Augustin appelle libre arbitre, et dont Tertullien dit que notre liberté est une image et un écoulement. Nous avons remarqué, avec saint Augustin, que le moindre degré de perfection est infiniment distant du néant, aussi bien que les degrés qui lui sont supérieurs. Tous les degrés supérieurs qui sont concevables, sont infiniment distants de Dieu, aussi bien que ce degré inférieur. Que s'ensuit-il de là? qu'encore qu'ils soient inégaux entre eux, ils sont pourtant également inférieurs à Dieu, puisque, entre plusieurs distances infinies, il n'y en a point de plus grandes les unes que les autres.

Non-seulement ce raisonnement est bon en lui-même, mais il est décisif contre l'auteur, par les principes de l'auteur même. Je ne fais que dire, sur les degrés infinis de perfection possible, ce qu'il a dit sur l'éternité du monde. Écoutons ses paroles[1] : « Ne pensez point que Dieu ait retardé la pro» duction de son ouvrage : il aime trop la gloire » qu'il en reçoit en Jésus-Christ. On peut dire, en » un sens très véritable, qu'il l'a fait aussitôt qu'il » a pu le faire. Car, quoiqu'à notre égard il l'ait » pu créer dix mille ans avant le commencement » des siècles, dix mille ans n'ayant point de rapport » à l'éternité, il ne l'a pu faire ni plus tôt ni plus » tard, puisqu'il a fallu qu'une éternité les pré» cédât. » Et encore[2] : « Il suffit de dire qu'une » éternité a dû précéder l'incarnation du Verbe, » pour faire comprendre que ce grand mystère » n'a été accompli ni trop tôt ni trop tard. »

Vous voyez qu'il suppose que l'ordre n'a pas permis à Dieu de faire le monde éternel; d'où il conclut que Dieu n'a pu faire le monde ni plus tôt ni plus tard qu'il l'a fait, puisqu'une durée plus longue de dix mille ans que celle qu'il a donnée à son ouvrage, en remontant vers l'origine, seroit toujours également disproportionnée à l'éternité. Je n'ai maintenant qu'à dire à l'auteur : Tous les divers degrés de perfection finie, quoique inégaux entre eux, ont une égale disproportion avec l'infinie perfection du Créateur; comme les dix mille ans ajoutés au commencement des siècles, quoique inégaux à la durée présente du monde, ne laissent pas d'être aussi disproportionnés qu'elle à l'éternité de Dieu : si donc Dieu a pu, selon vous, renoncer à ces dix mille ans, qui, comparés à la durée présente du monde, la surpassent de beaucoup; si Dieu a été libre d'y renoncer, parce que cette augmentation de dix mille ans auroit laissé la durée du monde sans rapport et sans proportion avec l'éternité, ne devez-vous pas avouer de même que Dieu a pu renoncer aussi à certains degrés de perfection possibles, et se borner aux inférieurs; parce que, quand même il auroit ajouté à son ouvrage ces degrés supérieurs de perfection, l'ouvrage seroit toujours demeuré sans rapport et sans proportion avec l'infinie perfection de Dieu? Comme Dieu n'a point eu de raison, par rapport à l'éternité, de faire le monde dix mille ans plus tôt qu'il ne l'a fait, Dieu n'a point eu de raison aussi pour préférer, dans la création de son ouvrage, le centième degré de perfection, par exemple, au cinquantième, puisque le centième n'est pas

[1] *Traité de la Nature et de la Grâce*, 1er disc., art. v.
[2] *Ibid.*, art. vi.

moins inférieur que le cinquantième à l'infinie perfection de Dieu qui choisit ; tous les deux étant également disproportionnés, et sans rapport à cette perfection.

Dans cette supériorité infinie de Dieu, qui lui rend toutes les choses possibles également indifférentes, je trouve une parfaite liberté. Comme il est infiniment au-dessus de tout ce qu'il peut choisir, il est souverainement libre d'une liberté qui est la perfection souveraine. Nous-mêmes nous sommes libres à proportion que nous participons davantage à cette perfection et à cette supériorité, sur les choses qui s'offrent à notre choix. Mais laissons ce qui regarde notre liberté, parce qu'il auroit besoin d'une explication plus étendue : bornons-nous maintenant à celle de Dieu. Il voit toute créature possible, à quelque degré de perfection qu'il lui plaise l'élever ou l'abaisser, infiniment distante de lui et du néant. Le premier des anges et un atome sont sans doute très inégaux entre eux ; mais l'un n'est pas plus éloigné que l'autre de Dieu et du néant, puisqu'ils en sont tous deux infiniment distants.

Dieu étoit donc libre pour faire le monde, ou pour ne faire rien ; parce que, selon le langage des Écritures, les créatures les plus nobles *sont réputées néant devant lui*[1]. Elles sont toujours infiniment distantes de son infinie perfection. Il a été libre de faire le plus parfait ou le moins parfait, parce que le moins parfait est infiniment distant du néant, et porte par-là le caractère de l'infinie perfection du Créateur, et que le plus parfait est infiniment inférieur, aussi bien que le moins parfait, à l'infinie perfection. Il a été libre de créer le monde si tôt et si tard qu'il lui a plu, et il a pu le créer avec la durée qu'il lui a donnée : il pouvoit aussi le créer dix mille ans avant le commencement des siècles, parce que le monde est toujours digne de lui, et que le monde est pourtant trop au-dessous de lui pour déterminer Dieu, par sa perfection, à le tirer du néant. Il est libre, après l'avoir créé, de le détruire quand il lui plaira ; non qu'il puisse être inconstant dans ses desseins, et cesser de vouloir ce qu'il a voulu, mais c'est que Dieu, toujours infini au-dessus de son ouvrage, et par conséquent entièrement indépendant de la gloire qu'il en peut tirer, a pu résoudre dans son conseil libre, qui est éternel et immuable, de ne faire le monde que dans un certain temps, et de ne le laisser durer qu'un certain nombre de siècles. La fin, non plus que le commencement de son ouvrage, ne marqueroit en lui aucune ombre de changement, puisque ce seroit par une volonté éternelle et immuable qu'il lui auroit donné une fin aussi bien qu'un commencement. Pour changer, il faut, ou commencer de vouloir ce qu'on ne vouloit pas, ou cesser de vouloir ce qu'on a voulu. Mais si je fais un ouvrage dans le dessein de ne le faire subsister que deux ans, et qu'après les deux ans je le détruise, mon dessein s'accomplit ; et bien loin que la destruction de mon ouvrage soit en moi une inconstance, elle est au contraire l'accomplissement d'une volonté très constante, et je serois même inconstant si je ne le détruisois dans le temps où j'ai résolu de le détruire. Il faut raisonner de même pour Dieu : il peut avoir voulu éternellement et immuablement que son ouvrage eût un commencement et une fin ; en ce cas, le commencement et la fin de l'ouvrage sont également l'exécution de la volonté constante et immuable de Dieu : et ne voyons-nous pas que, par une volonté incapable de changement, il fait changer tous les jours toute la nature ?

Dans tous les choix que Dieu fait pour agir au-dehors ou pour n'agir pas, pour produire le plus ou le moins parfait, il ne faut point chercher d'autre raison que sa supériorité infinie et son domaine souverain sur tout ce qu'il peut faire. Il est si grand, qu'une créature ne peut avoir en elle de quoi le déterminer à la préférer à une autre. Elles sont toutes deux bonnes et dignes de lui, mais toutes deux infiniment au-dessous de sa perfection. Voilà sa pure liberté, qui consiste dans la pleine puissance de se déterminer par lui seul, et de choisir sans autre cause de détermination que sa volonté suprême, qui fait bon tout ce qu'elle veut. Voilà ce que l'Écriture appelle *son bon plaisir, et le décret de sa volonté*. Si nous le méditons bien, nous trouverons que la plus haute idée de perfection est celle d'un être qui, dans son élévation infinie au-dessus de tout, ne peut jamais trouver de règle hors de lui, ni être déterminé par l'inégalité des objets qu'il voit ; mais qui *voit les choses les plus inégales égalées en quelque façon, c'est-à-dire également rien, en les comparant à sa hauteur souveraine*[1] ; et qui trouve dans sa propre volonté la dernière raison de tout ce qu'il a fait. Cette idée est la plus haute et la plus parfaite que nous ayons, et par conséquent c'est celle que Dieu nous a donnée de sa nature. Après cela, dites que Dieu étant infiniment sage, il ne peut rien faire qu'avec une sagesse qui préfère toujours le meilleur.

---

[1] *Is.*, XL. 17.

[1] Les mots imprimés en *italique* sont de Bossuet.

La sagesse infinie de Dieu ne peut le déterminer à choisir le meilleur, quand il n'y a aucun objet déterminé qui soit effectivement le meilleur par rapport à sa perfection souveraine, *dont les choses les plus parfaites sont toujours infiniment éloignées* [1].

Il est pourtant vrai que dans ce choix pleinement libre, où Dieu n'a d'autre raison de se déterminer que son bon plaisir, sa parfaite sagesse ne l'abandonne jamais. Pour être souverainement indépendant de l'inégalité de tous les objets finis entre eux, il n'en est pas moins sage; il voit cette inégalité de tous les objets entre eux; il voit leur égalité par rapport à sa perfection infinie; il voit leur éloignement infini du néant; il voit tous les rapports que chacun d'eux peut avoir à sa gloire, et toutes les raisons de le produire; il voit une raison générale et supérieure à toutes les autres, qui est celle de son indépendance, et de l'imperfection de toute créature par rapport à lui; il y trouve son souverain domaine et sa pleine liberté: il l'exerce, pour faire le bien, à telle mesure qu'il lui plaît. N'y a-t-il pas, dans toutes les vues de Dieu qui agit librement, une science et une sagesse infinie?

Que ces idées sur la divinité, si conformes à l'Écriture, sont bien plus hautes et plus pures que celles de l'auteur, qui veut assujettir la volonté de Dieu à ses principes, et lui donner une règle hors de lui, en le déterminant toujours par l'inégalité des êtres possibles! Écoutons l'Écriture, qui nous fait entendre ce que c'est que la liberté de Dieu. Elle nous le représente comme se jouant dans la création de l'univers; elle nous montre le monde entier comme une tente dressée le soir par des voyageurs, et qu'on enlève le lendemain; elle nous fait voir ce ciel qui nous couvre par sa voûte immense, et cette terre qui nous porte, comme étant prêts à disparoître: *Ils passeront*, dit-elle, *avec impétuosité; ils s'enfuiront à la face du souverain juge.* Dieu renouvellera tout, en formant *un ciel nouveau et une terre nouvelle.* Ces fréquentes expressions du Saint-Esprit nous font entendre hautement que Dieu ne tient par aucune loi à aucune de ses créatures. Consultez les prophètes; écoutez une comparaison qui paroît basse, mais qui est forte et sensible pour représenter ce que c'est que Dieu, et son droit sur sa créature. Dieu l'a mise dans la bouche de ces hommes célestes, et puis encore dans celle de saint Paul. Le potier, disent-ils, tourne et retourne comme il lui plaît sa matière, qu'il n'a pas faite; et nul ne peut lui demander pourquoi il le fait ainsi. Il lui donne une forme, puis il la brise: n'en cherchez point d'autre raison que sa volonté. Dieu, qui n'est pas, comme ce vil artisan, assujetti à son ouvrage par les nécessités de la vie, n'a aucun besoin de sa matière; non-seulement il l'arrange, mais il la fait: elle n'est matière, elle n'est rien que par lui. Soit qu'il la forme, soit qu'il la brise, il est sage, il fait ce qu'il veut, et ce qu'il veut est toujours bon. Il a droit de le faire, il montre et il exerce son empire; il est tout à l'égard de cette matière: elle n'est rien pour lui.

CHAPITRE IX.

En quel sens il est vrai de dire que l'ouvrage de Dieu est parfait, et en quel sens il est vrai de dire qu'il est imparfait.

Comment se peut-il faire, dira l'auteur, que Dieu soit libre de créer un être imparfait? Peut-il être l'auteur de l'imperfection?

Il faut remarquer, avec saint Augustin, qu'il y a deux sortes d'imperfections: l'une par rapport à la perfection considérée en elle-même, et l'autre par rapport au degré de perfection auquel Dieu a fixé la nature de chaque être. De cette première façon tout est imparfait, et Dieu ne peut rien créer qui ne le soit: de l'autre, il nous dit lui-même que tout ce qu'il a créé étoit très bon, c'est-à-dire très parfait, parce que chaque être est sorti des mains de son créateur avec tout le degré de perfection convenable à son état et à sa nature. Si Dieu n'avoit pas créé tous les êtres avec ce degré de perfection, on pourroit dire, en quelque manière, qu'il seroit l'auteur de l'imperfection, parce qu'il refuseroit à son ouvrage la perfection que l'ordre lui destine; mais au contraire, Dieu donnant à chaque être tout ce qui lui convient [1], quand un être n'a pas le degré de perfection auquel Dieu a fixé sa nature, c'est un défaut contraire à l'ordre, et ce défaut ne peut venir de Dieu; car Dieu ne peut, contre sa propre volonté et sa propre sagesse, ôter à son ouvrage ce qu'il lui a donné pour former sa nature. Quand l'ouvrage de Dieu est imparfait en ce sens, il faut que cette imperfection vienne de la volonté créée. La créature intelligente peut pécher, c'est-à-dire qu'elle est fragile et corruptible, à cause du néant d'où elle est tirée, et que sa fragilité est comme le caractère du néant qu'elle porte toujours empreint. Qu'est-ce que se corrompre? c'est se diminuer.

---

[1] Bossuet.

[1] Tout ce qui précède, depuis le commencement de l'alinéa, est de Bossuet.

Comment la volonté créée peut-elle se diminuer elle-même? C'est en voulant; car si la volonté étoit diminuée par autre chose que par son propre vouloir, elle ne se diminueroit pas elle-même : c'est donc par son propre vouloir que la volonté se diminue et se corrompt elle-même. Cette diminution volontaire est son péché; car elle se rend par-là contraire à l'ordre, c'est-à-dire au degré de perfection où la sagesse divine avoit fixé sa nature. Cette sorte d'imperfection, quoiqu'elle ne consiste en rien de réel et de positif, ne peut être dans l'ouvrage quand il sort des mains de Dieu; autrement Dieu auroit fait un ouvrage contraire à lui-même. Le péché de la créature intelligente peut attirer aussi une diminution de l'ouvrage matériel; car l'univers étant fait pour l'homme, et l'homme s'étant diminué volontairement, il mérite, pour punition de son péché, que ce qui est fait pour lui soit diminué, et que toute la nature, qui est à son usage, n'ait plus pour lui les mêmes facilités et les mêmes charmes. Mais enfin vous voyez que Dieu donnant à chaque être tout ce qui lui convient, selon le genre de perfection auquel il le borne, l'ordre et la sagesse de Dieu reluisent toujours dans la formation des créatures même les moins parfaites.

On voit donc qu'il y a une sorte d'imperfection qui n'est point contraire à la sagesse de Dieu. Dès qu'une créature est bornée en perfection, il y a en elle la négation de tous les degrés de perfection supérieure à la sienne. Cette imperfection n'est pas l'ouvrage de Dieu, car elle n'est rien de positif; mais Dieu la laisse dans son ouvrage. Si vous me demandez pourquoi, je vous répondrai : C'est parce que Dieu ne peut produire hors de lui un être infiniment parfait, qui, étant aussi parfait que lui, seroit une seconde divinité. Ainsi tout être, à quelque haut degré de perfection bornée que Dieu l'élève, a toujours inévitablement en soi, par ses bornes, la négation ou l'absence d'un nombre infini de degrés de perfection possibles.

Ces deux sortes d'imperfections dont je viens de parler sont expliquées par saint Augustin dans un livre qu'il a fait sur l'*Ordre*. D'où vient, dit ce Père, que les créatures sont imparfaites? Faut-il en accuser la sagesse du créateur? D'abord il répond que souvent ce qui paroît un défaut dans une partie de l'univers est une perfection par rapport au tout, et aux raisons secrètes de l'auteur de la nature pour l'accomplissement de son ouvrage. Remarquez, en passant, que cette réponse suffit pour renverser le système de l'auteur; car si nous voyons, par exemple, la pluie tomber dans la mer, quoique nous n'en connoissions aucune utilité, il faut conclure, selon saint Augustin, que ce qui paroît un défaut est une perfection par rapport aux raisons secrètes de l'auteur de la nature, qu'il ne faut jamais espérer de découvrir toutes.

Mais reprenons la suite du raisonnement de saint Augustin. Ce Père montre que l'ouvrage de Dieu en sortant de ses mains n'a aucune des imperfections du premier genre, c'est-à-dire qu'il ne manque d'aucune des perfections qui lui conviennent, selon le genre auquel Dieu l'a borné : mais ce Père ne se borne pas à cette réponse; il avoue aussi que Dieu n'a pas donné à son ouvrage des perfections qu'il auroit pu y mettre à l'infini, qu'il ne l'a pas créé infiniment parfait, c'est-à-dire, comme saint Augustin l'explique lui-même, qu'il n'a pas engendré son Verbe en créant le monde, et que le monde n'est pas le Verbe divin. Il y a, dit-il, cette différence entre ce qui est *produit de Dieu* et ce qui est *produit par lui*. Ce qui est *produit de lui* est infiniment parfait comme lui, c'est son Verbe : ce qui n'est que *produit par lui* tient de lui d'être, et par conséquent d'être bon; mais ce qui n'est que produit par lui tient aussi du néant d'où il est tiré, de n'être qu'avec mesure, de pouvoir se diminuer, et de pouvoir même n'être plus. Ainsi le caractère essentiel de la créature est d'être bonne, puisqu'elle vient de Dieu; mais de n'être bonne que jusqu'à une certaine mesure, et par conséquent d'être en ce sens imparfaite, parce qu'elle n'est pas Dieu même, qui est le seul être parfait. Que cette doctrine est propre à nous faire entendre une vérité renfermée dans l'idée que nous avons de l'Être infiniment parfait! C'est qu'il peut faire le plus et le moins, tantôt l'un, tantôt l'autre, ou tous les deux ensemble, ou bien jamais ni l'un ni l'autre. Qui peut le plus, et qui peut aussi le moins, pour les unir ou les séparer, comme il lui plaît, peut sans doute davantage que celui qui ne peut jamais que le plus. Un architecte, qui peut quand il lui plaît faire des palais vastes et magnifiques, et quand il lui plaît des maisons médiocres, mais régulières et bien disposées, est sans doute plus grand et plus parfait dans son art que celui qui ne pourroit jamais faire que des palais superbes.

CHAPITRE X.

De quelle manière Dieu agit toujours pour sa gloire.

Tout cela ne va pas encore, dira peut-être l'auteur, au fond de la difficulté. Je ne prétends pas que Dieu ne puisse laisser dans le néant les substances du genre le plus parfait, et créer celles qui sont d'un degré inférieur de perfection ; mais je soutiens que si Dieu préfère l'être le moins parfait au plus parfait, c'est par quelque motif qui a un rapport secret à sa gloire, pour laquelle il agit toujours : or il est certain que l'ouvrage le plus parfait, quand il est pris dans son tout, glorifie Dieu davantage que le moins parfait. L'intérêt de sa gloire, qu'il cherche uniquement, le détermine donc toujours à mettre la plus grande perfection dans tout ce qu'il fait.

Mais tranchons la difficulté. Je conviens que la fin que Dieu se propose est toujours infiniment parfaite. Sa fin, c'est lui-même ; il ne peut donc agir que pour sa gloire ; mais quoiqu'il ne puisse agir que pour elle, toutes les fois qu'il agit, n'est-il pas vrai, selon l'aveu de l'auteur même, que Dieu est libre de n'agir pas, et de ne vouloir point de cette gloire? N'est-il pas vrai, selon l'auteur [1], *que la gloire qui revient à Dieu de son ouvrage ne lui est point essentielle* : il convient donc en ce point avec saint Thomas, et avec tous les théologiens, qui nomment cette gloire *accidentelle*. Ainsi nous ne devons pas nous laisser éblouir par ces maximes générales : Dieu agit toujours pour sa plus grande gloire. Cette gloire que Dieu tire de son ouvrage est toujours bornée, comme l'ouvrage qui la procure, et par conséquent infiniment inférieure à Dieu. Sans doute sa plus grande gloire est sa gloire essentielle, qui consiste à n'avoir jamais besoin de la gloire extérieure et accidentelle qu'il tire de ses ouvrages. Cette gloire extérieure étant accidentelle et bornée, en tant qu'accidentelle, Dieu peut la rejeter tout entière ou en partie, comme il lui plaît ; en tant que bornée, elle ne peut jamais monter à un degré au-dessus duquel on ne puisse en concevoir d'autres, et par conséquent, bien loin que Dieu cherche toujours dans son ouvrage le plus haut degré de gloire, il est manifeste qu'il en laisse toujours de possibles à l'infini au-dessus de celui qu'il choisit. On voit par-là combien est fausse cette proposition générale et absolue : *Dieu cherche toujours dans son ouvrage sa plus grande gloire,* si l'on fait consister cette plus grande gloire dans le plus ou moins de degrés de perfection dans sa créature.

Quoi! dira-t-on, oseriez-vous soutenir que Dieu peut créer le monde matériel sans aucune nature intelligente pour en admirer la beauté et l'ordre? C'est sortir de la question. Quand même la sagesse de Dieu demanderoit que le monde, avec tous ses ornements, ne fût point créé sans natures intelligentes qui pussent l'admirer, il ne s'ensuivroit pas que Dieu fût nécessairement déterminé à donner au monde le plus haut degré de perfection, pour exciter une plus grande admiration dans les natures intelligentes, et pour se procurer une plus grande gloire. Il pourroit se faire que la sagesse de Dieu demanderoit que cet ouvrage ne fût point si admirable, sans être admiré, et que néanmoins Dieu seroit libre d'augmenter ou de diminuer cette perfection de l'ouvrage, et cette admiration des natures intelligentes, comme il lui plairoit.

Mais allons plus loin. Cet ordre et cette beauté de l'univers, ne seroit-ce pas un fruit de la sagesse et de la puissance divine? Quoiqu'il n'y eût aucune nature intelligente, la création de la matière qui auroit passé du néant à l'être, l'arrangement, la proportion, l'harmonie de toutes les parties du monde, la justesse de leurs mouvements, le rapport industrieux qu'ils auroient tous à la même fin avec une si grande variété ; tout cela ne marqueroit-il pas un génie fécond et une main toute puissante? tout cela ne seroit-il pas agréable aux yeux de Dieu? tout cela ne seroit-il pas digne de sa complaisance? Est-il vrai que les esprits qu'il a créés ajoutent beaucoup à la perfection de son ouvrage, et que leur admiration augmente sa complaisance? Mais que lui revient-il de la beauté de la nature et de l'admiration des esprits, sinon de s'y complaire, et d'y voir sa grandeur marquée? Mais au lieu qu'il se complaît maintenant dans la beauté de la nature et dans l'admiration qu'elle cause aux esprits, selon la supposition que nous faisons, il se seroit complu seulement dans la beauté de la nature inanimée : comme l'ouvrage eût été moins parfait, il s'y seroit moins complu ; car il se complaît en chaque créature selon le degré d'excellence qu'il y met ; mais enfin il s'y seroit complu. Cette complaisance n'est autre chose que l'amour qu'il a pour sa perfection infinie, et pour tout ce qui en est quelque écoulement. Plus la créature est parfaite, plus elle ressemble à la perfection divine ; ainsi, plus elle est parfaite, plus Dieu l'aime, et se complaît à y voir son image. Mais enfin il n'a aucun besoin de cette complaisance pour être heureux ; comme il n'en a aucun besoin, il ne la cherche qu'autant qu'il lui plaît. Quelque grande qu'elle fût, elle seroit toujours bornée, et elle ne pourroit jamais augmenter le fonds infini de sa félicité naturelle, qui lui vient de la complaisance qu'il a en lui-même.

Cette gloire extérieure ne mettant rien en Dieu,

---

[1] *Traité de la Nature et de la Grâce*, 1er disc., art. IV.

et étant accidentelle, de l'aveu même de l'auteur, il faut conclure que Dieu la peut vouloir au degré qu'il lui plaît, et qu'il ne la peut jamais vouloir qu'à un degré fini, parce qu'il ne peut jamais, comme nous l'avons vu, faire des créatures infiniment parfaites. La mesure de cette gloire lui est donc arbitraire, aussi bien que la mesure de perfection qu'il peut mettre dans son ouvrage.

CHAPITRE XI.

L'ordre, en quelque sens qu'on le prenne, ne détermine jamais Dieu à l'ouvrage le plus parfait.

Si on considère l'ordre du côté de Dieu, c'est sa sagesse qui rapporte tout à sa gloire, et qui prend des moyens propres à se la procurer. En ce sens, l'ordre ne peut jamais être qu'égal dans tous les ouvrages de Dieu; car Dieu, en tout ce qu'il fait, veut sa gloire, et prend des moyens parfaitement convenables pour se la procurer, selon la mesure où il la veut. Ainsi, qu'il fasse peu ou qu'il fasse beaucoup, qu'il ne crée qu'un atome inanimé ou qu'il crée l'univers tel que nous le voyons, l'ordre est toujours le même; car Dieu prend toujours ses mesures pour l'exécution avec une égale sagesse, dans tous ses desseins inégaux. Ainsi l'ordre pris en ce sens ne peut jamais déterminer Dieu au plus parfait, puisque l'ordre a une perfection toujours infinie, indépendamment des degrés de perfection des divers ouvrages.

Je ne crois pas que l'auteur veuille considérer l'ordre comme une loi suprême, qui n'est ni le Créateur, ni son ouvrage : ce seroit le destin. Reste donc de considérer l'ordre du côté de l'ouvrage de Dieu : c'est ainsi que saint Augustin l'a regardé. En ce sens, l'ordre est une modification de l'être créé. Cette modification est un bien, qui se trouve toujours dans toute créature à quelque degré; mais il peut s'y trouver à différents degrés, en montant ou en baissant à l'infini, selon qu'il plaît à Dieu. Il ne fait jamais rien qu'avec ordre : non-seulement il agit avec un ordre infini de sa part comme nous l'avons vu, mais encore il met un ordre borné dans son ouvrage, qui est un écoulement et une image de son *ordre infini*. Mais enfin cet ordre, qui est dans l'ouvrage, est une perfection produite et bornée; l'ouvrage ne peut être réel sans avoir quelque degré de bonté, et par conséquent d'ordre. Mais cet ordre est capable, comme la bonté et l'être, de monter ou descendre à l'infini, par des degrés qui sont tous indifférents à Dieu.

Ce n'est pas moi qui fais cette décision contre l'auteur; c'est saint Augustin qui parle ainsi contre les manichéens avec toute l'autorité de l'Église catholique. « Nous autres catholiques chrétiens, dit-il [1], nous adorons un Dieu de qui viennent toutes choses, soit grandes, soit petites; de qui vient toute mesure, soit grande, soit petite; de qui toute beauté, soit grande, soit petite; de qui tout ordre, soit grand, soit petit. » L'auteur remarquera que tous les catholiques chrétiens croient que l'ordre, quelque petit qu'il soit, est digne de Dieu. Reprenons les paroles de saint Augustin : « Car toutes choses, d'autant plus qu'elles sont mesurées, embellies et ordonnées, ont un plus haut degré de bonté, et au contraire moins elles sont mesurées, embellies et ordonnées, moins aussi elles sont bonnes... Ces trois choses, la mesure, la beauté et l'ordre, sont donc les biens généraux dans les créatures de Dieu... Dieu est au-dessus de toute mesure, de toute beauté et de tout ordre de sa créature. Ces trois choses donc, là où elles sont grandes, sont de grands biens; là où elles sont petites, sont de petits biens; mais là où elles ne sont à aucun degré, il n'y a aucun bien. »

Remarquez que saint Augustin, pour sauver la vérité catholique contre les subtilités des manichéens, met Dieu au-dessus de tout ordre, et l'ordre variable selon ses divers degrés auxquels il plaît à Dieu de le faire monter ou descendre.

Il est vrai, répondra peut-être l'auteur, que l'ordre pris en ce sens est susceptible de divers degrés, qui sont tous bornés, et par conséquent indifférents à Dieu. J'avoue même qu'il est inégal dans les diverses parties de l'univers. Le soleil est plus beau et a plus d'ordre qu'un grain de poussière. Le corps de l'homme est plus parfait que celui d'un ver. Mais je soutiens que l'inégalité même des parties contribue à la perfection du tout, et que le tout renferme toute la perfection que Dieu pouvoit y mettre.

Eh bien! répondrai-je à l'auteur, prenez l'œuvre de Dieu dans son tout; n'en exceptez rien de tout ce que Dieu y a mis pour le perfectionner; n'alléguez point que si chaque partie n'a pas toute la perfection qu'elle pourroit avoir, c'est qu'il ne lui convient point de l'avoir par rapport au tout. Ne regardez donc plus que le tout, qui est selon vous au plus haut degré de perfection possible; faites-en une exacte estimation, en y comprenant tout ce qu'il a de proportion, d'ordre et de rapport à la gloire de Dieu; en un mot, tout ce que la simplicité des lois générales et particulières peut

---

[1] *De Nat. Bon. cont. manich.*, cap. III, som. VIII.

y avoir mis de perfection en tout genre. Mais, quoi qu'il en soit, n'oubliez rien de tout ce qui peut relever le prix de l'ouvrage considéré dans son tout, afin que nous n'ayons plus besoin de revenir à son estimation.

Cela fait, ou vous croyez que Dieu pourroit lui donner encore un degré de perfection au-delà, ou non. Si vous croyez qu'il ne le peut pas, cette perfection est-elle infinie ou non? Si elle n'est pas infinie, voilà la puissance de Dieu, comme nous l'avons dit tant de fois, bornée à un degré précis de perfection, et on ne peut plus dire, en aucun sens, qu'elle est infinie ; ce qui est la détruire. Si au contraire l'ouvrage de Dieu en cet état, où il ne peut plus y rien ajouter, est infini en perfection, le monde infiniment parfait est égal à Dieu, ou plutôt il faudra dire qu'il n'y a point d'autre dieu que le monde.

Mais si vous croyez, au contraire, que Dieu par sa puissance infinie peut ajouter un seul degré de perfection au total de l'ouvrage, pris dans toutes ses parties, et avec la succession de tous les temps qui feront sa durée, Dieu n'a donc pas choisi le plus parfait, et voilà votre principe fondamental que vous ruinez de vos propres mains.

Il faut se souvenir que je n'ai prétendu parler, dans ce chapitre, que de l'ordre en tant qu'il est une modification de l'être créé, et que quand j'ai dit qu'une créature ne peut jamais être élevée au plus haut degré de perfection possible, je n'ai parlé que d'une pure créature.

Je n'ignore pas que l'auteur pourra prétendre se tirer sans peine d'un si grand embarras, en disant que l'ouvrage de Dieu est d'un prix infini par l'incarnation du Verbe : c'est un sophisme que j'espère détruire avec évidence ; mais il faut auparavant examiner quelques autres raisons dont il se couvre, et ne laisser aucune question derrière nous, pour traiter ensuite à fond tout ce qui regarde Jésus-Christ.

CHAPITRE XII.

Quand même l'auteur n'auroit pas avoué qu'il y a en Dieu des volontés particulières, il seroit facile de l'obliger à en reconnoître un très grand nombre.

Qu'on ne s'imagine pas que je veuille me prévaloir de ce que l'auteur a reconnu des volontés particulières en Dieu ; il ne l'a fait qu'à cause qu'il a bien vu qu'il y avoit trop d'inconvéniens à le désavouer. C'est pourquoi il dit qu'on lui impose, qu'on le calomnie, et qu'on se forme des fantômes pour les combattre, quand on l'accuse de n'en admettre point : il soutient qu'il a dit seulement qu'elles sont rares.

Laissons-le néanmoins encore en liberté de rejeter les volontés particulières. Par quel moyen les prouverons-nous ? Sera-ce par les histoires miraculeuses de l'Écriture, et par les expressions du Saint-Esprit ? Non, car ces expressions étant, selon lui, figurées et anthropologiques, on n'en peut rien conclure, et ces histoires miraculeuses sont arrivées selon les désirs des causes occasionelles. « On peut souvent, dit-il dans son *Éclaircissement*, qui est une suite de son *Traité de la Nature et de la Grâce*[1], s'assurer que Dieu agit par des volontés générales, mais on ne peut pas de même s'assurer qu'il agisse par des volontés particulières dans les miracles même les plus avérés. » Il soutient encore ailleurs[2] que « toutes les merveilles de la sortie d'Égypte, et la mort des cent quatre-vingt-cinq mille hommes de Sennachérib tués en une seule nuit par l'ange exterminateur, sont des faits arrivés sans aucune volonté particulière. » Mais quand nous supposerions que les anges sont les causes occasionelles de tous les miracles de l'ancien Testament, et que Dieu ne les a point voulus particulièrement, ce qui est scandaleux et insoutenable, l'auteur n'auroit encore rien fait pour sauver son système.

Ces moules de plantes et d'animaux aussi anciens que l'univers, qui en font les plus grandes beautés, et que la parole toute puissante de Dieu a formés, à qui les attribuerons-nous ? L'auteur n'oseroit dire que Dieu n'a voulu particulièrement la formation ni des plantes ni des animaux, ni du corps humain, qui est son chef-d'œuvre visible. Quand Dieu a dit : *Que la terre germe l'herbe verte, qui renferme une semence ; qu'elle produise du bois, qui porte du fruit selon son espèce, et dont la semence y soit renfermée*[3] ; est-ce que Dieu n'a fait que prêter sa voix et sa puissance aux anges, auxquels il ne pouvoit la refuser ? Quand il a dit ensuite : *Que les eaux produisent les reptiles vivants, etc.*; quand il a dit encore : *Que la terre produise les animaux de chaque espèce, etc.*[4]; sera-ce les anges, et non pas Dieu, qu'il faudra regarder comme ceux qui ont choisi tous ces ornements pour l'ouvrage de Dieu en sorte, que Dieu n'ait fait que suivre leur choix ? Mais quand on n'auroit horreur ni de le penser ni de le dire, n'en auroit-on pas d'étendre cette règle jusqu'à la formation de l'homme ? Dieu tient conseil en lui-même ; les trois per-

---

[1] *Premier Éclaircissement*, art. v.
[2] *Ibid.*, *Dernier Éclaircissement*.
[3] *Genes.*, 1, 11.   [4] *Ibid.*, 20, 24.

sonnes divines, méditant leur plus sublime ouvrage, disent : *Faisons l'homme à notre image et ressemblance* [1]. Tous les siècles admirent ce profond conseil de l'éternelle sagesse. Qui est-ce qui s'élèvera contre une telle autorité? qui est-ce qui voudra dire que c'est le conseil des anges, et non celui des personnes divines? Prétendra-t-on que Dieu ne pouvoit sans eux tracer son image? Ira-t-on jusques à dire que Dieu a abandonné à la volonté de ces esprits la formation de l'homme, qui comprend l'humanité de Jésus-Christ même?

Mais quand les anges seroient les causes occasionelles, non-seulement des miracles de l'ancien Testament, mais encore de tous les plus beaux ouvrages de la nature; quand il seroit vrai que Dieu, par sa propre volonté, n'auroit fait que la masse grossière et inanimée du monde, et qu'il auroit été déterminé par la volonté des anges à former les plantes et les animaux; quand il seroit vrai même qu'il n'auroit pu former l'homme, pour qui tout le reste est fait, qu'autant que les anges l'auroient désiré, on ne se garantiroit point encore d'admettre des volontés particulières.

Prétendez-vous, dirai-je à l'auteur, que les anges ont eu une puissance sans bornes sur le reste des créatures? oseriez-vous dire que Dieu se fût assujetti sans réserve à faire tout ce qu'ils voudroient? Si cela est, ils ont été les maîtres de toute la nature, non-seulement pour son cours, mais pour sa formation; ils ont été les maîtres de former le genre humain et tous ses individus à leur gré. Comme ils ont été libres d'avoir autant de volontés particulières qu'il leur a plu, et que Dieu ne pouvoit en rejeter aucune, il n'a tenu qu'à eux de régler particulièrement le tempérament de chaque homme, et de le rendre par-là heureux ou malheureux, vertueux ou plein de vices, sage ou habile, ou stupide et insensé : il n'a tenu qu'à eux de régler le cours de la vie de chaque homme, de le faire naître, vivre ou mourir où ils ont voulu; circonstances qui décident du salut éternel. Mais enfin s'ils ont été les maîtres de tous les biens renfermés dans l'ordre de la nature, c'est eux qu'il falloit invoquer, c'étoit d'eux qu'il falloit tout attendre sous l'ancienne loi, dont les récompenses étoient temporelles. Quel est donc cet ordre inviolable, qui, selon l'auteur, règle toute la nature? ne doit-il aboutir qu'à lier à Dieu les mains, qu'à en faire une divinité indolente, qui se contente de créer une masse inanimée, et puis d'exécuter sans choix ce qu'il plaît aux anges? Voilà sans doute un étrange ordre, qui consiste à abandonner tout, sans discernement et sans règle, à des volontés créées, et par conséquent essentiellement capables de s'égarer de l'ordre, si on les laisse à elles-mêmes.

Mais encore Dieu aura-t-il donné la même puissance aux mauvais anges qu'aux bons, ou bien ne leur en aura-t-il donné aucune? S'il ne leur en a donné aucune, comment sauver l'Écriture, qui nous représente *le Dieu de ce siècle qui aveugle les esprits* [1], *les puissances de l'air, les maîtres des ténèbres* [2]? que deviendra l'histoire de Job, que le démon tente et afflige après en avoir reçu la puissance de Dieu? Mais que croirons-nous de tout l'Évangile, et de toute la tradition chrétienne, qui nous montre le démon comme tentant sans cesse les hommes, et *comme un lion rugissant qui tourne autour de nous, cherchant à dévorer quelqu'un* [3]? Dira-t-on qu'il le fait malgré Dieu? Non, sans doute : il en a donc reçu le pouvoir : mais ce pouvoir lui est-il donné sans réserve? c'est démentir toute l'Écriture que de le penser. Dieu proportionne, selon elle [4], la tentation avec la force de ses élus. Supposez, si vous voulez, que pour tous les autres, Dieu, en punition de leurs péchés, les livre à la tentation; mais, outre que cela est faux, et que souvent les réprouvés mêmes ont résisté aux tentations, de plus, le soin que Dieu prend de donner des bornes aux combats des élus avec le démon, ne peut venir que d'un grand nombre de volontés particulières. Telle fut la volonté de Dieu pour l'épreuve de Job : Dieu marque au tentateur les bornes précises de la puissance qu'il lui donne sur son serviteur. Dites, comme il vous plaira, ou que Dieu a marqué les cas précis, dans lesquels les démons pourroient tenter les élus, ou qu'il a marqué les exceptions qu'il vouloit mettre à la puissance générale qu'il leur donnoit : l'un et l'autre m'est égal; car l'un et l'autre suppose également des volontés très particulières.

Voici un autre exemple où il n'est plus permis d'hésiter; c'est Jésus-Christ. La volonté par laquelle Dieu a préféré son humanité à toutes les autres humanités existantes ou possibles, pour l'unir au Verbe, n'est-elle pas une volonté très particulière? L'auteur peut dire que la prédestination des autres saints se fait par des volontés particulières de Jésus-Christ; mais la prédestination de l'humanité singulière de Jésus-Christ même n'a pu se faire que par une volonté particulière de Dieu. Le lieu, le temps de sa naissance, la Vierge dont il est né,

---

[1] *Genes.*, I. 26.

[1] *II Cor.*, IV. 4. [2] *Ephes.*, VI, 12. [3] *I Petr.*, V, 8.
[4] *I Cor.*, X, 13.

et plusieurs autres circonstances que Jésus-Christ n'a pu choisir, n'ont pu arriver que par le choix de son Père. Il est inutile de dire que c'est l'ordre qui a déterminé Dieu à choisir ces circonstances; enfin Dieu les a voulues et choisies : il ne les a point voulues en conséquence d'une loi générale; donc il les a voulues par des volontés particulières. Quant au choix de l'humanité de Jésus-Christ pour l'incarnation, l'auteur ne peut pas même dire que l'ordre l'ait demandé sans renverser les fondements de la foi. Selon saint Augustin, selon toute l'Église, la prédestination de l'humanité de Jésus-Christ à l'union hypostatique a été absolument libre et purement gratuite en Dieu; aucun mérite futur n'a pu y déterminer Dieu. Écoutons les paroles de saint Augustin [1] : « Qu'on me réponde, je vous prie, » dit-il; cet homme, comment a-t-il mérité d'être » élevé par le Verbe coéternel au Père, pour n'être » avec lui qu'une même personne, et pour être le » Fils unique de Dieu? Quel bien, de quelle nature » qu'il soit, a précédé en lui? Qu'a-t-il fait, qu'a- » t-il cru, qu'a-t-il demandé pour parvenir à ce » don excellent et ineffable? » Vous voyez deux choses également marquées dans ce raisonnement : la première, que nulle action précédente de cette humanité ne pouvoit mériter l'incarnation ; la seconde, qu'il n'y a eu même aucune action de cette humanité qui ait pu disposer à l'incarnation, puisque cette humanité n'a précédé d'aucun instant l'union hypostatique, et que la nature humaine de Jésus-Christ n'a jamais existé sans être unie au Verbe. « Que les mérites humains se taisent » donc [2]. » C'est ainsi que nous devons conclure avec saint Augustin. Voilà sans doute le plus grand des choix que la sagesse de Dieu ait jamais fait ; ce choix est purement gratuit; il n'est fondé sur aucun mérite, ni sur aucune convenance par rapport à l'ordre. Toute autre âme existante ou possible que Dieu dans le moment de sa création auroit unie au Verbe, comme il y a uni celle de Jésus-Christ, auroit été aussi parfaite que celle de Jésus-Christ même. « Pourquoi donc, dira tout » homme, n'est-ce pas moi que Dieu a choisi ? O » homme, répond saint Augustin [3] par les paroles » de saint Paul, *qui êtes-vous pour parler à* » *Dieu?*... Mais si, dit-il, il ose encore ajouter : » Je suis homme comme Jésus-Christ; pourquoi » ne suis-je pas aussi tout ce qu'il est? on lui ré- » pondra : Jésus-Christ n'est si grand que par » grace. Mais, dira-t-il enfin, puisque la nature » est la même, pourquoi la grace est-elle si diffé- » rente? Quel est l'homme, conclut saint Augus- » tin, je ne dis pas chrétien, mais insensé, qui » parle ainsi? » Voilà donc une chose singulière, que Dieu n'a pu vouloir en conséquence d'aucune loi générale, et pour laquelle par conséquent il a eu une volonté particulière. Il n'a pu même y être déterminé par l'ordre; car il est de foi qu'il l'a voulu d'une volonté purement gratuite, sans aucun mérite qui ait précédé; et nous avons vu qu'aucune concurrence n'a pu faire préférer l'ame de Jésus-Christ à d'autres ames, puisque Dieu en voyoit un nombre infini de possibles, qui auroient eu le même degré de perfection naturelle, et qu'il n'y en a aucune d'existante ou de possible qui n'eût été au même état de perfection en tout genre où est celle de Jésus-Christ, si elle avoit été unie hypostatiquement au Verbe dans l'instant de sa création.

Mais, direz-vous, il s'ensuivra de ce raisonnement que le choix de tous les individus possibles, soit d'anges, soit d'hommes, soit de bêtes, soit de plantes, soit même, si vous le voulez, de corps inanimés, a été purement arbitraire à Dieu, et qu'il a choisi certains individus pour les créer plutôt que d'autres, par des volontés particulières, sans y être déterminé ni par des lois générales, ni par l'ordre : j'en conviens, et cela est évident; car l'ordre, qui préfère toujours le plus parfait, ne peut choisir entre deux individus possibles de la même espèce et de la même perfection en tout.

L'auteur ne peut donc désavouer que Dieu n'ait eu autant de volontés particulières qu'il a créé d'êtres en la place desquels il pouvoit en créer d'autres. Il ne peut désavouer que le choix de l'humanité de Jésus-Christ ne soit une volonté très particulière, et indépendante de l'ordre. Voici ce que j'ajoute : Il ne peut disconvenir que le choix d'Abraham et de sa postérité pour être le peuple de Dieu, le peuple où le Fils de Dieu même devoit naître, ne soit une vocation de Dieu très particulière. Il n'oseroit désavouer que toutes les circonstances de la naissance, de la vie, de la mort, de la résurrection de Jésus-Christ, et de l'établissement de son Église; qu'en un mot tout ce qui est arrivé de miraculeux sous les deux lois, pour accomplir les prophéties sur les mystères de Jésus-Christ, et tout ce qui arrivera encore jusqu'à la fin des siècles pour accomplir les prédictions de Jésus-Christ et celles de l'*Apocalypse*, n'ait été voulu par des volontés particulières. Comment le prouverez-vous, me dira-t-on? C'est que toutes ces choses miraculeuses n'étant point renfermées dans les lois générales, elles n'ont pu arriver que

---

[1] *De Prædest. Sanct.*, cap. xv, n. 50, tom. x. [2] *Ibid.*, n. 51. [3] *Ibid.*, n. 50.

par des volontés des anges en qualité de causes occasionelles, ou par des volontés particulières de Dieu. Ce ne peut être par la volonté des anges ; car, outre que rien n'est si indigne de l'incarnation, et si scandaleux, que de faire dépendre le mystère de Jésus-Christ, non de la sagesse de Dieu, mais de la volonté des anges, d'ailleurs nous savons que ce mystère a été, comme dit saint Paul [1], *prédestiné avant tous les siècles*, et qu'il a été même *préparé* par la sagesse divine; ce qui renferme sans doute toutes les circonstances qui devoient le rendre plus manifeste et plus auguste aux hommes. Quand saint Paul parle de ce mystère pris dans son tout, bien loin de le montrer comme étant conduit par les anges, il le représente au contraire comme l'objet de leur étonnement : *Ce mystère de piété est grand*, dit-il [2]; *il a paru aux anges, et il a été prêché aux nations*; il ne parle des anges que comme des ministres de l'ancienne alliance qui n'ont aucune part en la disposition de la seconde [3]. Mais ce qui est encore très décisif, c'est de voir comment saint Pierre parle des prophètes, et puis des anges, par rapport à l'ouvrage de la rédemption. *C'est ce salut*, dit-il [4], *dont les prophètes qui vous ont annoncé la grace future ont recherché la connoissance, et dans lequel ils ont tâché de pénétrer, examinant quel temps et quelles circonstances étoient marquées par l'esprit de Jésus-Christ, qui leur annonçoit les souffrances de Jésus-Christ, et la gloire qui devoit les suivre. Il leur fut révélé que ce n'étoit pas pour eux-mêmes, mais pour vous, qu'ils étoient ministres de ces choses que ceux qui vous ont prêché l'Évangile par le Saint-Esprit envoyé du ciel vous ont maintenant annoncées, et que les anges mêmes desirent de pénétrer* * .... On ne peut douter que ces dernières paroles ne soient mises pour montrer que non-seulement les prophètes n'ont *pas toujours vu clairement avec une entière évidence* les mystères qu'ils ont annoncés sous l'enveloppe des figures, mais encore que les anges ont desiré d'entrer dans ce secret de Dieu. Ainsi les anges, bien loin d'être les arbitres souverains du grand mystère de Jésus-Christ, en ont desiré la révélation. L'auteur en doute-t-il encore ? Qu'il écoute saint Paul : *A moi, le moindre de tous les saints, a été donnée*, dit-il [1], *cette grace, d'évangéliser aux gentils les richesses incompréhensibles du Christ, et d'apprendre à tous quelle est l'économie du mystère caché avant tous les siècles en Dieu, qui a créé tout, afin que les Principautés et les Puissances qui sont dans les cieux connussent par l'Église la sagesse de Dieu, qui prend tant de formes, selon la disposition des siècles qu'il a faite en Jésus-Christ notre Seigneur.* Vous voyez donc, selon ces paroles, que cette économie et cette disposition de tous les siècles par rapport à l'incarnation, et à la formation de l'Église, bien loin d'être l'effet de la volonté des anges, est pour eux un sujet d'admirer la sagesse de Dieu qui en est seul l'auteur.

Il y a encore deux choses que Dieu n'a pu déterminer que par des volontés particulières, savoir, le commencement du monde et la fin des siècles. Il est certain, selon l'auteur, *qu'à notre égard Dieu auroit pu créer le monde dix mille ans avant le commencement des siècles*; il ne l'a pourtant pas fait. Qu'est-ce qui l'a déterminé dans ce choix ? Ce n'est aucune loi générale; cela est manifeste : ce n'est pas même l'ordre; car dix mille ans plus tôt ou plus tard étoient indifférents à Dieu : voilà donc une volonté particulière indépendante de l'ordre. Pour la consommation des siècles, il en faut dire la même chose. Ce n'est point Jésus-Christ comme cause occasionelle qui en détermine le jour ; ce jour est inconnu, *même au Fils de l'homme* [2] : Jésus-Christ ne le connoît que comme Fils de Dieu.

Je pourrois montrer encore à l'auteur que le monde ayant été formé en six jours, selon l'histoire de la Genèse, il ne peut avoir été formé par des volontés générales. Si Dieu s'étoit contenté de créer la masse de la matière, et de lui imprimer le mouvement avec des lois générales ; si le mouvement par les lois générales avoit produit tout ce que nous voyons dans la nature, cette formation de l'univers se seroit faite sans interruption. Au contraire, Moïse nous représente Dieu qui exécute dans divers temps son ouvrage, qui le suspend d'un jour à l'autre, pour montrer qu'il est le maître de le faire comme il lui plaît. Si Dieu s'étoit borné aux lois générales du mouvement, en un instant tous les corps de l'univers se seroient mis en mouvement pour tendre chacun vers sa place.

---

[1] *I Cor.*, n. 7.   [2] *1 Tim.*, III., 16.   [3] *Hébr.*, I, II, etc.
[4] *I Petr.*, I., 10 et seq.

* La Vulgate porte *in quem*, s'attachant au Saint-Esprit; et il faut dire que ceci concilie les deux leçons. (*Bossuet*.)

Pour le développement de cette observation, il faut se rappeler qu'on lit en cet endroit, dans la Vulgate, *in quem desiderant angeli prospicere*; le grec au contraire, porte *in quæ*. Mais Bossuet remarque qu'en rapportant au Saint-Esprit le *quem* de la Vulgate, on concilie les deux leçons. C'est en effet la même chose de dire que *les anges desirent pénétrer les mystères* dont il s'agit, ou qu'*ils desirent contempler l'Esprit saint*, par la lumière duquel on peut les pénétrer. (*Edit. de Vers.*)

[1] *Ephes.*, III 8 et seq.

[2] *Marc.*, XIII., 32.

Mais la vaste étendue de l'univers auroit rendu cet arrangement impossible en six jours; de plus, il auroit fallu une plus longue succession pour la formation de tous les corps organiques. Mais ces différentes reprises, par lesquelles Dieu débrouille ce chaos, font voir qu'il a suspendu son œuvre contre les lois générales, et qu'il l'a achevé par des volontés particulières; et en même temps cette promptitude avec laquelle il a exécuté, nonobstant ces interruptions, montre qu'il n'a pas attendu que l'ouvrage s'achevât par une succession régulière fondée sur les lois générales. Voilà ce que je pourrois dire très raisonnablement à l'auteur; mais comme ce raisonnement est fondé sur l'autorité de la Genèse, et que l'auteur prend pour tropologiques toutes les expressions de l'Écriture[*] qui ne conviennent pas à ses opinions, je ne veux pas maintenant le presser davantage de ce côté-là; il me suffit d'avoir montré que l'auteur ne peut éviter de reconnoître en Dieu un très grand nombre de volontés particulières, ou, pour mieux dire, que tout se fait par des volontés particulières, puisque tout ce qui arrive dans le monde a un rapport immédiat et nécessaire à cette disposition que la sagesse divine a faite de tous les siècles pour Jésus-Christ, et que les anges n'ont connue que par l'Église[**].

CHAPITRE XIII.

Selon l'auteur même, la simplicité de Dieu est aussi parfaite dans les volontés qu'il nomme particulières, que dans les volontés qu'il nomme générales; et l'ouvrage de Dieu seroit plus parfait qu'il ne l'est, si Dieu avoit eu un plus grand nombre de volontés particulières.

On sera apparemment surpris du titre de ce chapitre, où je promets de prouver par l'auteur le contraire de toute sa doctrine; mais il est aisé de le justifier. Qu'est-ce qu'agir par des volontés générales? Selon l'auteur, c'est agir en conséquence d'une loi générale. Par exemple, Dieu s'est fait une loi générale de mouvoir un corps quand il est choqué par un autre : il n'est pas nécessaire que Dieu veuille particulièrement le mouvement de ce corps, il suffit qu'il y soit déterminé par la loi générale qu'il a établie.

Qu'est-ce qu'agir par des volontés particulières?

Selon l'auteur, c'est agir sans être déterminé par une loi générale. Par exemple, si une boule se mouvoit sans avoir été poussée par aucun autre corps, Dieu n'ayant point voulu ce mouvement en conséquence de la loi générale qu'il a établie, il s'ensuit qu'il le voudroit par une volonté particulière. Ainsi les volontés particulières sont proprement des exceptions à la règle générale; et Dieu, qui aime souverainement la règle en tout, prend soin, s'il en faut croire l'auteur dans toute la conduite de son ouvrage, d'épargner, autant qu'il le peut, à la règle les exceptions qui lui sont contraires. Plus Dieu auroit de volontés particulières, moins ses voies seroient simples; mais comme l'ordre le détermine toujours à diminuer, le plus qu'il peut, les volontés particulières, la simplicité de ses voies ne peut être plus grande qu'elle l'est, et par conséquent elle est parfaite.

Remarquez que l'auteur dit encore qu'il n'a point annoncé que Dieu n'agit jamais par des volontés particulières, mais seulement qu'*il agit rarement ainsi*, c'est-à-dire le moins qu'il peut. Mais en quoi consiste ce que l'auteur appelle rarement? Ces paroles ne signifient rien, à moins qu'elles ne signifient qu'il y a un certain petit nombre de volontés particulières que l'ordre permet à Dieu au-delà des lois générales, et après lesquelles il ne peut plus vouloir rien particulièrement. Si l'ordre permet à Dieu ce petit nombre de volontés particulières, l'ordre ne permettant jamais que le plus parfait, il s'ensuit non-seulement que ces volontés particulières ne diminuent point la simplicité des voies de Dieu, mais encore qu'il est plus parfait à Dieu de mêler des volontés particulières dans son dessein général, que de se borner absolument à ses volontés générales. Ne parlez donc plus, dirai-je à l'auteur, de la simplicité[*] des voies de Dieu; vous voyez que, de votre propre aveu, la nature des volontés particulières s'accommode parfaitement avec cette simplicité. Il n'est plus question que du plus ou du moins. Par exemple, je suppose que Dieu a eu cent volontés particulières: quelle est donc cette simplicité[**] qui s'accommode de ces cent volontés, et qui les exige même, mais qui rejette invinciblement la cent et unième? Si Dieu n'avoit ces cent volontés particulières, il cesseroit d'être Dieu; car il violeroit l'ordre qui les demande, et n'agiroit pas avec la

---

[*] Je ne crois pas qu'il faille présumer que l'auteur prenne pour tropologique l'histoire des six jours. (*Bossuet.*)
[**] Tout ce passage est fort obscur; il parle dans l'opinion qui fait changer aux corps mus une certaine place qu'on appelle *centre*; elle suppose que les corps organiques se seroient formés avec le temps, selon les lois générales du monde; et l'auteur n'admet pas ces deux choses. (*Bossuet.*)

[*] Je mettrois *perfection* au lieu de *simplicité*, et le discours seroit plus suivi. (*Bossuet.*)
[**] Il faut si bien faire que ce raisonnement roule plutôt sur la perfection que sur la simplicité, car la multiplicité peut bien n'être pas contraire à la perfection, mais elle l'est toujours à la simplicité, où vous mettez la perfection. (*Bossuet.*)

plus grande perfection. S'il avoit la cent et unième volonté, il cesseroit aussi d'être Dieu ; car il détruiroit la simplicité de ses voies. Est-ce que la cent et unième volonté particulière est d'une autre nature que les autres? Non, car elles sont toutes également des exceptions à la règle générale. Quoi donc? est-ce qu'il y a un nombre fatal d'exceptions que Dieu est obligé de remplir, et au-delà duquel il ne peut plus rien vouloir que selon les lois générales? Oseroit-on le dire? et quand même on l'oseroit, on ne pourroit en donner ombre de preuve.

Mais je vais plus avant. Dieu, selon vous, ne produit point l'ouvrage le plus parfait, en lui donnant une perfection actuellement infinie. (J'en excepte toujours Jésus-Christ, parce que nous traiterons cette question en son lieu.) Vous avouez donc que Dieu a laissé au-dessus de son ouvrage des degrés infinis de perfection : d'où vient qu'il les a laissés ? « Dieu, direz-vous [1], pouvoit sans » doute faire un monde plus parfait que celui que » nous habitons... Mais, pour faire ce monde plus » parfait, il auroit fallu qu'il eût changé la sim- » plicité de ses voies, et qu'il eût multiplié les » lois de la communication des mouvements par » lesquels notre monde subsiste. » Dieu a donc, selon vous, renoncé à tous les degrés de perfection possibles qu'il a mis au-dessus de son ouvrage, parce qu'il n'auroit pu les y joindre qu'en multipliant les volontés particulières. Mais pourquoi donc Dieu a-t-il eu un petit nombre de volontés particulières? S'il les a eues sans aucun fruit pour la perfection de son ouvrage, il a violé l'ordre, qui ne permet à Dieu rien d'inutile : si elles ont servi à perfectionner son ouvrage, pourquoi ne pouvoit-il point ajouter, par des volontés particulières, les degrés de perfection qu'il a rejetés, à ceux qu'il a admis par la même voie? que si au contraire la simplicité de ses voies ne lui permet pas d'ajouter par des volontés particulières les degrés qu'il rejette, pourquoi lui permet-elle d'admettre par des volontés particulières ceux qu'il admet ?

Qu'avez-vous à répondre? Ou Dieu préfère la simplicité de ses voies à la perfection substantielle de l'ouvrage; ou il préfère la perfection de l'ouvrage à la simplicité de ses voies. S'il préfère la simplicité de ses voies, il auroit dû rejeter toute volonté particulière pour se borner à une parfaite et inviolable simplicité des lois générales, et par conséquent renoncer à plusieurs degrés de perfec- tion qu'il a mis dans son ouvrage par des volontés particulières. Si au contraire il préfère la perfection de son ouvrage à la simplicité de ses voies, il auroit dû augmenter les degrés de perfection de son ouvrage autant qu'il pouvoit le faire, au-delà de tout ce qu'il a fait, et multiplier ses volontés particulières pour cet accroissement de perfection : par conséquent il est absolument faux que Dieu ait fait l'ouvrage le plus parfait qu'il pouvoit faire.

Pour rendre cette vérité encore plus sensible, prenons un exemple. Je suppose, avec les physiciens modernes, que Dieu a mis dans la nature des moules pour la formation des plantes et des animaux ; c'est ce que l'auteur suppose lui-même par ces paroles [1] : « Dieu a donné à chaque semence un » germe qui contient en petit la plante et le fruit; » un autre germe qui tient à celui-ci, et qui ren- » ferme la racine de la plante, laquelle racine a » une nouvelle racine, dont les branches imper- » ceptibles se répandent dans les deux *lobes* ou » dans la farine de cette semence. »

L'auteur ne peut disconvenir que ces germes ou moules de plantes, que ces moules ou œufs d'animaux doivent avoir été formés par des volontés particulières, puisqu'ils ne peuvent avoir été faits par les deux règles générales du mouvement, qui, selon lui [2], « produisent cette variété de formes » que nous admirons dans la nature. » Aussi ne dit-il pas que ces lois suffisent pour former toute la nature : il laisse entendre que les plantes et les animaux se forment autrement. « Je suis persuadé, » dit-il [3], que les lois du mouvement nécessaires à » la production et à la conservation de la terre et » de tous les astres qui sont dans les cieux se ré- » duisent à ces deux-ci. » Mais voici un autre endroit où il parle encore plus décisivement : « Lors- » qu'on considère, dit-il [4], les corps organisés... » tout y est formé dans un dessein déterminé, et » par des volontés particulières... Tout y est for- » mé par des volontés particulières; car les corps » organisés ne peuvent être produits par les seules » lois des communications des mouvements... Or » tu vois bien que ces deux lois, ou même d'au- » tres semblables, ne peuvent pas former une ma- » chine dont les ressorts sont infinis, et dont cha- » cun a ses usages. Ces lois ne peuvent produire » d'un œuf informe un poulet ou un perdreau. » Ces animaux doivent être déjà formés dans les » œufs dont ils éclosent. » Je suppose donc, selon

---

[1] *Traité de la Nature et de la Grace*, 1er disc., art. XIV.

[1] *Traité de la Nature et de la Grace*, 1er disc., art. XXIII.
[2] *Ibid.*, art. XV. [3] *Ibid.*
[4] *Médit. chrét.*, VIIe médit., n. 7, 8.

ces paroles, que Dieu ayant eu, de l'aveu de l'auteur, des volontés particulières, il les a eues pour former ces moules. Cette supposition faite, je dis à l'auteur : Ou Dieu a préféré la parfaite simplicité des lois générales à la perfection de l'ouvrage en soi, ou non. S'il a dû préférer la parfaite simplicité des lois générales à la perfection de l'ouvrage, pourquoi n'a-t-il pas retranché ces moules, puisqu'il étoit plus simple de ne faire que les deux règles générales du mouvement, que d'y ajouter les volontés particulières des moules ? Si au contraire il a dû préférer la perfection de l'ouvrage en soi à la simplicité du dessein, pourquoi n'a-t-il pas ajouté un plus grand nombre de moules par des volontés particulières, puisque Dieu auroit pu par-là, selon vous-même, *faire un monde plus parfait que celui que nous habitons ?*

Il est donc manifeste, comme j'avois promis de le montrer, que, selon l'auteur même, les volontés particulières n'ont rien dans leur nature qui blesse la simplicité des voies de Dieu, puisque l'auteur même en admet un certain nombre que Dieu auroit pu retrancher, s'il se fût borné à créer un monde moins parfait que celui qui existe. De plus, il est constant que si Dieu eût voulu multiplier ses volontés particulières, qui de leur nature ne blessent point la simplicité des voies de Dieu, il auroit fait un ouvrage beaucoup plus parfait en soi que celui auquel il s'est borné. D'un côté, vous voyez que l'ordre, bien loin de rejeter les volontés particulières, en demande quelques unes, et fait un ouvrage plus composé pour le rendre plus parfait : de l'autre, vous voyez que si ces volontés étoient encore plus multipliées qu'elles ne le sont, l'ouvrage seroit en soi plus parfait. Ce n'est pas moi qui le dis ; c'est l'auteur. « Dieu auroit pu, dit-il,
» sans doute faire un monde plus parfait que ce-
» lui que nous habitons ;..... mais, pour faire ce
» monde plus parfait, il auroit fallu qu'il eût
» changé la simplicité de ses voies, et qu'il eût
» multiplié les voies qu'il a établies. »

CHAPITRE XIV.

L'auteur, en tâchant de prouver que les créatures ne peuvent jamais être que des causes occasionelles, ne prouve rien pour son système : sa preuve se tourne contre lui.

Je n'entre point dans la dispute de l'auteur avec M. Arnauld, pour savoir si les créatures peuvent être des causes vraies et réelles, ou bien si Dieu produit seulement à leur occasion, selon les lois générales qu'il a établies, les effets qui doivent être produits. Je n'examine point ce que M. Arnauld a pensé et a écrit là-dessus ; car il n'est pas question de lui, mais de la vérité. Je suppose ce que veut l'auteur, et je montre qu'il n'en peut rien conclure pour son opinion. Les créatures, dira-t-il, ne sont que des causes occasionelles ; il n'y a que Dieu dont la puissance et l'opération soient véritables : je n'en disconviens pas. Allons plus loin. Dieu, qui est l'unique cause réelle de tout ce qui se fait, agit selon les lois générales qu'il a établies : je le suppose. Ajoutez qu'il permet beaucoup d'inconvénients pour ne troubler pas cet ordre des lois générales : jusque là nous sommes d'accord ; mais jusque là l'auteur n'a encore rien de tout ce qu'il prétend. Encore une fois, je suppose que les créatures ne sont point des causes réelles, et je passe volontiers le nom d'occasionelles, qui est indifférent.

Mais il est question de savoir si Dieu a établi ces causes occasionelles pour s'épargner des volontés particulières, et pour ne blesser pas la simplicité de ses voies : c'est ce que je nie, et que l'auteur ne prouvera jamais. Mais il est question de savoir s'il agit dans les causes occasionelles selon les lois générales, parce que l'ordre inviolable l'y détermine : c'est encore ce que je rejette. Je maintiens, au contraire, que s'il observe les lois générales qu'il a établies, c'est qu'encore qu'il ne les ait établies qu'arbitrairement, il ne les a établies que pour les observer. Et pourquoi les a-t-il établies ? C'est pour cacher, sous le voile du cours réglé et uniforme de la nature, son opération perpétuelle aux yeux des hommes superbes et corrompus, qui sont indignes de le connoître, pendant qu'il donne d'un autre côté aux ames pures et dociles de quoi l'admirer dans tous ses ouvrages. Remarquez encore qu'en établissant des lois générales pour les mouvements des corps et pour les modifications des esprits, il a fait que les hommes peuvent délibérer sur ce qu'ils ont à faire, et prévoir ce que les autres feront. De là viennent les arts mécaniques, et la connoissance de toutes les choses nécessaires à la vie : de là vient qu'on prévoit les changements de temps, le cours des saisons, l'abondance et la stérilité des années, les symptômes des maladies, les chutes des maisons, les naufrages, et mille autres accidents. De là vient qu'on connoît ce qui excite et ce qui calme toutes les passions, avec les diverses liaisons qu'elles ont entre elles. De là vient que les hommes expérimentés et attentifs comprennent assez facilement les pensées qu'une parole, un regard, un geste, un ton peuvent inspirer aux autres hommes : tout le commerce humain roule là dessus. N'est-il pas admirable que Dieu ait donné ainsi aux hommes, par les lois générales, une connoissance si industrieuse et si commode de tout ce qu'il fera, dans un grand nombre de cas qui dépendent d'eux, pour l'usage commun de la vie; et qu'en même temps, pour les tenir dans une humble dépendance, il leur cache, par un enchaînement presque infini de causes enlacées, pour ainsi dire, les unes dans les autres, et par certains ressorts extraordinaires de sa providence, les événements futurs sur lesquels il est utile qu'ils vivent dans une ignorance profonde? Sans parler des raisons que nous ne pouvons pénétrer, en voilà d'assez grandes pour l'établissement des lois générales; et il ne faut point chercher celle des volontés particulières que Dieu auroit besoin de s'épargner. Mais enfin, montrer que Dieu a établi des causes occasionelles et des lois générales, ce n'est rien prouver sur les volontés particulières, que Dieu, selon l'auteur, doit s'épargner autant qu'il le peut. N'est-il pas manifeste qu'après avoir montré l'établissement des causes occasionelles et des lois générales dont nous convenons, cette règle souveraine de l'ordre, qui n'admet qu'un petit nombre de volontés particulières, et qui rejette les autres pour conserver la simplicité des voies divines, est un second point dont nous ne convenons pas, et qui reste encore tout entier à prouver?

Mais ce n'est pas assez de faire voir à l'auteur qu'il ne prouve rien; j'ai promis de montrer que sa preuve se tourne contre lui, et je vais le faire. Il suppose que la conservation des créatures est un renouvellement continuel de la création pour chaque instant particulier : d'où il conclut que le mouvement d'un corps dans l'instant A ne peut être lié comme cause réelle avec le mouvement du corps voisin dans l'instant B : ces deux instants n'ont aucune liaison avec la création du second corps dans l'instant B : donc le mouvement du premier corps dans l'instant A ne peut être la cause réelle du mouvement du second dans l'instant B. Quoique je ne rapporte pas les paroles mêmes de l'auteur, qui sont plus étendues, il est certain que voilà le sens.

Mais prenez garde à l'étendue des conséquences d'un tel raisonnement : chaque instant ayant sa création détachée et indépendante de la création des instants précédents, il s'ensuit que l'état de la créature dans un moment ne peut être une disposition réelle pour l'instant qui doit suivre ce premier : en un mot, les dispositions ne peuvent non plus être réelles que les causes. Puisque les instants n'ont entre eux aucune liaison réelle, non-seulement il ne s'ensuit pas que mon corps sera en mouvement dans l'instant B, parce qu'un autre corps voisin se mouvoit dans l'instant A; mais l'état de mon corps dans l'instant A, quel qu'il puisse être, ne peut point être une raison qui fasse mouvoir mon corps, ou qui en facilite le mouvement dans l'instant B. Ainsi toutes ces créations successives étant absolument détachées les unes des autres, l'une n'influe en rien sur l'autre; en sorte que Dieu ne sauroit, ni dans l'ordre de la nature, ni dans celui de la grace, régler son opération sur les dispositions réelles des créatures.

Ajoutez que si la conservation des créatures consiste dans des créations successives et détachées, il s'ensuit que Dieu est la cause réelle des actes intérieurs de la volonté comme du mouvement des corps, dont les uns n'ont point, selon l'auteur, une véritable puissance pour agir sur les autres. Voici comment :

L'état précis où la créature est mise par sa création doit être imputé à la création, et non à la délibération de la créature; par exemple, l'état de droiture et d'innocence où se trouva Adam au premier instant de sa création n'est point le fruit de son choix, mais le pur don de Dieu. Alors Adam n'avoit pas encore pu délibérer entre le bien et le mal : il se trouva dans le bien, et ne s'y mit pas. Il est vrai que dès ce premier instant il fut actuellement dans l'amour du bien; mais enfin cet amour actuel où il se trouva lui fut donné par sa création, en sorte que Dieu lui donna autant la bonne volonté actuelle, qu'il lui donna l'être. Si donc tous les instants de notre vie sont des créations renouvelées, il faut dire de tous les instants de la vie d'un juste qui persévère dans la vertu, ce que nous reconnoissons si clairement du premier instant de la création d'Adam, où la justice donnée, et non acquise, prévint sans doute tout choix et tout exercice du libre arbitre. Les modifications avec lesquelles l'être est créé appartiennent autant à l'ouvrage de la création que l'être même : car Dieu ne crée pas un être afin qu'il se modifie, mais il le crée actuellement modifié, et la modification n'est en rien postérieure à l'être. Si donc l'attachement actuel de la substance intelligente au souverain bien est une modification de cette substance, comme on n'en peut douter, il s'ensuit clairement que le don de la bonne volonté fait partie de la création, à chaque instant particulier dans lequel l'homme acquiert la justice ou y persévère. Ce n'est pas à moi, mais à l'auteur, à expliquer comment cette doctrine, qui attribue tout à Dieu, ne blesse point la liberté de l'homme; il me suffit d'avoir montré que l'auteur ne peut refuser de l'admettre, selon son principe. Ainsi voilà deux choses qui demeurent prouvées par le raisonnement qu'il emploie pour faire voir que les créatures ne peuvent agir les unes sur les autres que comme causes occasionelles : l'une, que Dieu, dans la distribution de ses graces, ne peut être déterminé par aucune disposition des volontés des hommes, puisque parmi les créatures les dispositions ne peuvent être plus réelles que les causes, et que deux instants ne peuvent jamais avoir aucune liaison véritable entre eux : l'autre conséquence nécessaire du principe de l'auteur est que Dieu à chaque instant crée le juste dans la volonté actuelle du bien, en sorte que la création est aussi pure et aussi efficace pour produire cette modification de la substance, que pour produire la substance même. Si l'auteur avoit bien considéré l'étendue de son principe, il ne l'auroit pas contredit dans ses conséquences si manifestes; il n'auroit jamais avancé tout ce que nous verrons, dans la suite, qu'il a écrit sur le libre arbitre de l'homme, qui *avance*, dit-il, *par lui-même dans le bien*, et qui détermine Dieu par ses dispositions.

CHAPITRE XV.

Si l'ordre ne permettoit à Dieu qu'un certain nombre de volontés particulières au-delà des générales, la prière seroit inutile pour tous les biens renfermés dans l'ordre de la nature.

D'où vient que nous demandons à Dieu diverses choses dans nos prières? c'est que nous croyons qu'il est libre de les accorder ou de ne les accorder pas. Quoiqu'il veuille dès l'éternité tout ce qu'il voudra dans la suite de tous les siècles, nous ne laissons pas de le prier dans le temps pour des choses sur lesquelles il a formé éternellement un décret immuable : c'est que nous croyons qu'il a prévu dès l'éternité la prière que nous lui ferions dans le temps; que cette prière prévue a pu fléchir en notre faveur sa volonté libre; et qu'ainsi notre prière a, pour ainsi dire, un effet rétroactif par la prescience de Dieu. C'est avec cette confiance que nous prions; et par conséquent la liberté de Dieu, pour faire ou ne faire pas ce que nous desirons, est l'unique fondement de toutes nos prières. Si Dieu étoit dans une absolue impuissance de nous donner ce que nous lui demandons, nous aurions tort de le lui demander; ce seroit lui faire injure. Quelle seroit l'impiété d'un homme qui prieroit Dieu, par exemple, de faire une montagne sans vallée ou un triangle sans côtés? Si Dieu étoit aussi dans une absolue nécessité de faire ce que nous desirerions, nous ne devrions jamais l'en prier. Quelle extravagance, par exemple, de prier Dieu qu'il ne cesse point d'engendrer son Verbe, ou qu'il soit toujours juste!

Quand l'Église, inspirée par le Saint-Esprit, demande à Dieu dans ses prières solennelles la pluie ou le beau temps, la santé des corps, et l'abondance des moissons, qui sont des biens réels dans l'ordre de la nature, elle croit que Dieu est pleinement libre de les accorder ou de ne les accorder pas. Cela suppose évidemment que Dieu peut avoir et a quelquefois des volontés particulières pour de tels effets. On ne prie point Dieu pour les choses qui sont renfermées dans les lois générales de la nature : on lui demande la pluie ou le beau temps; mais on ne lui demande jamais qu'il fasse lever le soleil, ou qu'il donne de la chaleur au feu. La prière que l'Église fait pour les biens de la nature est donc fondée sur les volontés particulières que Dieu a pour ces sortes d'effets. Mais supposez que l'ordre inviolable, qui est l'essence infiniment parfaite de Dieu, ait réglé invinciblement jusqu'à la dernière de ces volontés particulières, il s'ensuit qu'il ne pourroit, sans cesser d'être Dieu, c'est-à-dire qu'il ne peut jamais en aucun sens, ni retrancher ni ajouter aucune volonté particulière sur ce nombre fatal qui est marqué. Lui demander la santé pour soi ou pour les siens, ou le soulagement dans la pauvreté, ou l'abondance des moissons, c'est une chose aussi extravagante que de lui demander une montagne sans vallée, supposé que ces choses soient au-delà des lois générales et des volontés particulières que l'ordre prescrit. Si au contraire ces choses sont renfermées ou dans les volontés générales, ou dans les volontés particulières prescrites par l'ordre, c'est une demande aussi superflue et aussi ridicule que de prier Dieu de ne cesser point d'engendrer son Verbe.

Mais je ne sais pas, dira-t-on, si ce que je demande est contraire ou conforme à l'ordre; et dans ce doute, je prie.

Vous ne savez pas si ce que vous demandez est conforme ou contraire à l'ordre, mais vous savez évidemment qu'il est l'un ou l'autre. Vous savez donc qu'il est ou absolument nécessaire ou absolument impossible, et par conséquent vous ne pouvez jamais ignorer que votre prière ne peut être, en aucun cas, ni raisonnable ni fructueuse.

L'ordre, reprendra l'auteur, est que Dieu n'accorde qu'à ceux qui prient; ainsi la prière est toujours nécessaire.

Je nie, lui répondrai-je, que cela puisse être vrai selon votre système, quoique Jésus-Christ l'ait assuré si positivement. L'ordre immuable, qui est l'essence divine, ne peut dépendre de notre volonté, qui est libre de prier ou de ne prier pas. L'ordre demande invinciblement que Dieu ait un certain nombre de volontés particulières, et qu'il n'aille jamais au-delà : donc il faut conclure que Dieu est par sa propre essence dans une absolue nécessité de vouloir particulièrement nous donner certaines choses, indépendamment de notre prière, qui est libre : donc il faut conclure qu'il est par sa propre essence dans une impuissance absolue de nous donner quand nous demandons, et de nous ouvrir quand nous frappons, après que la mesure fatale est remplie.

Mais encore, dira l'auteur, l'ordre attache à notre prière le nombre des volontés particulières qu'il permet à Dieu en notre faveur.

Non; car il ne peut attacher à une chose qui dépend d'une volonté libre, ce qui est absolument nécessaire. Vous n'oseriez dire que la même nécessité qui détermine Dieu à suivre l'ordre pour avoir un certain nombre de volontés particulières en faveur des hommes, détermine aussi certains hommes à les demander. Si l'ordre immuable veut que la prière précède le don, *étant essentiel à l'ordre, c'est-à-dire à Dieu, que le don se fasse**, il doit être également essentiel que la prière se fasse aussi, et par conséquent elle n'est plus libre. L'un et l'autre est déterminé par une absolue volonté de Dieu, qui, bien loin de laisser la créature libre, n'est pas libre elle-même. Si la prière est nécessairement attachée au don, le don étant nécessaire à l'ordre, c'est-à-dire à l'essence divine, l'homme qui seroit libre de ne prier pas seroit libre par-là de violer l'ordre et de renverser l'essence de Dieu. Il faut donc que l'auteur nie la liberté de l'homme qui prie et qui obtient, ou qu'il soutienne, contre l'Évangile, contre la pratique de l'Église, et contre sa propre doctrine, que les volontés particulières de Dieu en notre faveur ne sont point attachées à notre prière.

Vous vous trompez, répondra-t-il. Peut-être l'ordre permet à Dieu un certain nombre de volontés particulières pour accorder aux hommes les biens de la nature au-delà des lois générales : il attache ses volontés à leurs prières; ainsi les premiers qui prient, ou ceux qui prient avec une intention plus parfaite, en recueillent le fruit.

Mais cette réponse ne lève point ma difficulté ;

---

* Les mots en caractères italiques sont ajoutés par Bossuet.

je soutiens toujours que Dieu ne peut faire dépendre ce qui lui est essentiel, je veux dire l'accomplissement de son ordre immuable, de la volonté libre des hommes, qui peuvent tous prier ou ne prier pas. De plus, je dis qu'il faut que le nombre de ces volontés particulières soit prodigieux, ou qu'il soit déjà épuisé. Quand même il ne seroit pas encore épuisé, il pourroit l'être bientôt, et il viendroit un temps où les prières de l'Église pour les biens de la nature seroient inutiles, parce qu'il ne resteroit plus rien à Dieu à donner aux hommes en ce genre au-delà des lois générales.

Ne voyez-vous pas, me dira peut-être l'auteur, qu'il ne faut point de volontés particulières pour de tels effets? L'Église les demande par Jésus-Christ. il est la cause occasionelle qui détermine Dieu à nous les accorder.

Remarquez, lui dirai-je, qu'il y a deux ordres de biens différents, ceux de la nature et ceux de la grâce. Jésus-Christ n'est, dans votre système, que la cause occasionelle de l'ordre de la grâce : pour l'ordre de la nature, il est la cause méritoire, et non la cause occasionelle de tous les biens que Dieu nous donne. Il ne s'agit point ici des grâces surnaturelles, que Dieu répand selon les désirs efficaces de Jésus-Christ; il est question des biens renfermés dans l'ordre de la nature. L'Église les demande par Jésus-Christ. Ce n'est pas qu'il en soit cause efficace et occasionelle; vous-même ne le croyez pas : mais c'est qu'il en est la cause méritoire, comme vous le dites souvent. Puisqu'il n'est point cause occasionelle à l'égard de ces biens, Dieu ne peut les vouloir au-delà des règles générales, que par des volontés particulières. Le nombre de ces volontés particulières étant marqué par l'ordre immuable, il est toujours vrai de dire que Dieu n'a aucune liberté pour les avoir ou pour ne les avoir pas, et par conséquent qu'il est inutile de les demander.

CHAPITRE XVI.

La simplicité des voies de Dieu est indépendante de la simplicité de son ouvrage, et il peut agir par autant de volontés particulières qu'il lui plaît.

L'auteur pouvoit éviter facilement ces extrémités où le pousse son mauvais principe, s'il avoit voulu considérer les *voies* de Dieu en deux manières, comme nous avons considéré l'*ordre*. On peut considérer ces voies comme étant la pensée, la volonté et l'action de Dieu même. On peut les considérer comme étant la perfection que Dieu met dans son ouvrage, et qui fait partie de l'ouvrage même.

Je suppose que l'auteur ne mette rien entre Dieu et son ouvrage; quand même il admettroit, avec quelques scolastiques, une imperfection objective des êtres distingués de Dieu, cette perfection objective n'étant pas Dieu, sa simplicité ou sa composition ne seroit ni une perfection ni une imperfection en Dieu. Ainsi il est manifeste qu'il n'en est pas question ici. Bornons-nous donc à considérer l'action du créateur, et la créature qu'il forme. Quand je parle de l'action de Dieu, j'y comprends la pensée et la volonté par lesquelles il agit.

Ces fondements posés, je suppose deux desseins ou deux modèles que Dieu voit pour accomplir son œuvre. Je suppose que l'un s'exécutera tout entier par une seule volonté générale, c'est-à-dire qu'une seule loi générale sans aucune exception sera assez féconde pour produire tous les effets que Dieu desire. L'autre modèle que Dieu voit produira les mêmes effets; mais il faudra y mettre plusieurs lois différentes, et y ajouter même quelques exceptions aux règles générales. A regarder ces deux modèles en eux-mêmes comme deux horloges ou deux autres machines, l'une est plus simple, et l'autre plus composée. Jusque là l'auteur et moi nous marchons de concert; mais nous ne pouvons aller plus loin ensemble. Il suppose que la perfection de l'action de Dieu dépend de la perfection de son ouvrage, et qu'ainsi son action étant toujours infiniment parfaite, il faut toujours que le modèle d'ouvrage qu'il choisit soit le plus simple et le plus parfait de tous les possibles.

J'aurai donc renversé son principe fondamental, et j'en aurai évité toutes les conséquences absurdes, si je prouve que la simplicité de l'action de Dieu est indépendante de la simplicité de son ouvrage. Supposons toujours ces deux modèles dont nous avons déja parlé, l'un composé, l'autre simple. Que signifie cette simplicité de l'un et cette composition de l'autre? Tout cela se réduit à dire que tous les mouvements de l'un se font par une seule règle, et que tous les mouvements de l'autre se font par plusieurs règles, et même par certaines exceptions aux règles générales.

Puisque vous admettez, dirai-je à l'auteur, des volontés particulières, vous reconnoissez donc que ces volontés particulières ne sont point en elles-mêmes distinguées des volontés générales, et que toutes ensemble elles ne sont qu'une seule et indivisible volonté souverainement simple. Cela étant, les volontés générales et les volontés particulières ne doivent plus être regardées comme générales et comme particulières, que de la part de leurs effets. La composition qui paroît dans ces volontés n'a donc rien de réel de la part de Dieu, mais seulement de la part de son ouvrage; c'est-à-dire, en un mot, que l'imperfection de l'ouvrage le plus composé par rapport au plus simple est tout entière de la part de l'ouvrage, et qu'il n'en peut rien rejaillir ni sur la pensée de Dieu, ni sur sa volonté, ni sur son action, qui est toujours, et dans les lois générales et dans les exceptions, également simple en elle-même.

Si donc la simplicité de la volonté de l'action de Dieu est indépendante de la simplicité et de la composition de son ouvrage, comme vous ne pouvez le désavouer, l'ouvrage peut être plus ou moins simple, plus ou moins composé, plus ou moins rempli d'exceptions aux règles générales, sans blesser la parfaite et souveraine simplicité de la volonté et de l'action de Dieu. Donc il ne sera pas moins simple dans son action quand il choisira le modèle le plus composé, que quand il prendra celui qui ne renferme qu'une seule loi générale.

Il n'en est pas de Dieu comme des hommes, qui s'attachent successivement à divers objets par divers desirs ou volontés: selon qu'ils veulent plus ou moins de choses différentes, ils sont réduits à former un plus grand ou un moindre nombre de volontés, qui sont des actes successifs et distingués les uns des autres. Mais ce seroit une erreur bien grossière et bien indigne de l'auteur, de s'imaginer que le nombre des différentes règles, et des exceptions particulières aux règles que Dieu mettroit dans son ouvrage, pût marquer en lui divers actes de volonté. Nous nous servirons donc tant qu'il voudra du terme de volonté particulière, à condition qu'il reconnoîtra, une fois pour toutes, que ces volontés particulières ne sont toutes ensemble et en elles-mêmes, non plus que les générales, qu'un seul acte de volonté infiniment simple, et que Dieu n'a pas plus de volontés lorsqu'il veut ce qui est au-delà des lois générales, que quand il veut les lois générales mêmes.

J'avoue, répondra l'auteur, que les volontés particulières ne sont point en Dieu des volontés réellement distinguées des volontés générales, et qu'ainsi Dieu veut le général et le particulier, la règle et l'exception, par une seule volonté infiniment simple; mais je soutiens que cette parfaite simplicité demande qu'il ait le moins de *volontés particulières*, c'est-à-dire qu'il fasse le moins d'exceptions aux *règles générales*, qu'il sera possible par rapport à son dessein.

Mais que signifient ces manières de parler si vagues et si ordinaires à l'auteur? S'il dit que Dieu doit tellement éviter les exceptions aux règles générales, qu'il est obligé de préférer cette sorte de simplicité à la perfection de l'ouvrage même, je lui dirai toujours ce que je lui ai déjà dit tant de fois: Pourquoi Dieu ne s'est-il donc pas contenté des lois générales du mouvement? pourquoi a-t-il établi, par des volontés particulières, des causes occasionnelles? pourquoi a-t-il borné leur puissance en détail? pourquoi n'a-t-il pas fait le monde éternel *a parte post* et *a parte ante,* puisque par-là il se seroit épargné deux volontés particulières pour le commencement et pour la consommation des siècles? pourquoi a-t-il fait des moules particuliers des plantes et des animaux? pourquoi a-t-il eu des volontés si particulières sur Jésus-Christ et sur toutes les circonstances de sa vie et de l'établissement de son Église prédites par les prophètes? pourquoi enfin Dieu accorde-t-il à la prière des hommes certains biens naturels qui sont hors des règles générales, et qui ne peuvent leur arriver que par des volontés particulières? Si la simplicité de Dieu demandoit essentiellement qu'il préférât à la perfection de son ouvrage le retranchement des volontés particulières, pourquoi Dieu a-t-il eu toutes celles que je viens de rapporter? Si au contraire Dieu préfère la perfection de son ouvrage à cette simplicité par laquelle il peut éviter les volontés particulières, pourquoi n'a-t-il pas voulu, en les multipliant encore plus qu'il ne fait, former un monde plus parfait que celui que nous habitons?

Que l'auteur ne dise donc plus que Dieu agit avec la plus grande simplicité qui est possible par rapport à son dessein. S'il forme son dessein indépendamment du plus ou du moins simple, d'où vient qu'il n'a pas voulu choisir un dessein plus parfait que celui qu'il a pris, puisqu'il le pouvoit sans doute, en multipliant ses volontés particulières? Si au contraire Dieu doit choisir le dessein où il entre le moins de volontés particulières, il ne faut plus espérer de nous éblouir en disant que Dieu admet le moins qu'il peut de volontés particulières par rapport à son dessein; mais il faut avouer que Dieu, selon ce principe, au lieu de prendre le dessein qu'il a pris, en devoit prendre un autre, où il se seroit épargné plusieurs volontés particulières que nous avons marquées. Voilà donc l'unique réponse que l'auteur pourroit faire, qui ne signifie rien; et par conséquent il faut qu'il reconnoisse que Dieu a pu, en formant le monde comme il l'a formé, multiplier les volontés particulières sans aucune nécessité, et sans blesser la parfaite simplicité de ses voies.

En effet, ce seroit avoir une idée indigne de Dieu, que de ne concevoir pas qu'il sait renfermer dans une volonté unique et infiniment simple en elle-même, et toutes les lois générales et toutes les exceptions qu'il lui plaît d'y renfermer. Il n'est pas moins simple quand il fait par une seule volonté plusieurs règles et plusieurs exceptions, que quand il ne fait qu'une seule règle. Il ne lui coûte pas plus de faire un ouvrage composé de cent natures différentes, que d'en faire un qui soit tout entier d'une seule nature. Il ne lui coûte pas plus d'établir dans les esprits et dans les corps, pour toutes leurs modifications, des exceptions aux règles, que les règles mêmes. Il ne lui coûte pas plus de faire des machines auxquelles il faille des moules propres, que des machines qui se forment par les lois générales du mouvement: la variété ne lui coûte pas plus que l'uniformité. Comment le prouvez-vous, me dira-t-on? C'est que les exceptions les plus particulières, non plus que les lois générales, ne coûtent à Dieu qu'une seule volonté toujours également simple et indivisible; c'est que ce qui paroît diversité de desseins de la part des ouvrages différents entre eux, est de la part de Dieu un seul dessein, une seule volonté et une seule action; c'est que Dieu veut les exceptions aux règles par une volonté aussi unique en elle-même qu'il veut les règles mêmes.

A quel propos l'auteur dit-il donc que Dieu ne peut agir que par la voie la plus simple, parce qu'*un ouvrier infiniment sage ne fait jamais d'efforts inutiles?* Non-seulement Dieu ne fait jamais d'efforts inutiles, mais il ne fait jamais d'efforts; car en toutes choses, et dans le ciel et sur la terre, il n'a qu'à vouloir. Il n'a point, comme l'auteur le dit très bien, *d'autre puissance que sa volonté,* à laquelle le néant même ne peut résister. Il peut vouloir plus ou moins de choses; mais il ne lui faut pas un plus grand nombre de volontés pour vouloir beaucoup que pour vouloir peu; un seul acte de volonté fait tous ses ouvrages, soit simples, soit composés; soit les règles générales, soit les exceptions. Si l'auteur avoit corrigé son imagination en consultant exactement l'idée pure de l'être infiniment simple et parfait, il n'auroit pas tant de peine qu'il en a à le concevoir aussi simple dans ce qu'il appelle volontés particulières, que dans ce qu'il appelle volontés générales: il n'iroit pas jusqu'à cet excès, de croire que Dieu feroit des *efforts inutiles,* s'il ajoutoit des exceptions aux règles générales au-delà d'un certain nombre.

Dès que l'on connoît la simplicité de la volonté de Dieu, toujours égale, soit dans les règles, soit dans les exceptions, il faut conclure sans hésiter que cent mille volontés particulières ne lui coûtent pas plus que dix, puisque cent mille, non plus que dix, ne sont véritablement qu'un seul et indivisible acte de volonté. Dieu peut, quand il lui plaira, réduire toute la conduite de son ouvrage à une seule règle, pour montrer sa sagesse immuable; il peut aussi, quand il lui plaira, par une autre vue de sa sagesse infinie, faire, défaire, changer, unir, diviser, multiplier les règles, pour montrer qu'il est au-dessus d'elles par son domaine souverain.

Mais quand Dieu fait un ouvrage, dira l'auteur, sa sagesse ne doit-elle pas rapporter à un seul but général toutes les choses diverses qui arriveront dans cet ouvrage? Par-là on y trouvera toujours la simplicité des lois générales.

Si cela étoit, tous les ouvrages possibles seroient également simples; ceux mêmes qui renfermeroient un plus grand nombre d'exceptions aux règles générales seroient aussi simples que ceux qui n'en renfermeroient aucune; tout ce qui y arriveroit auroit un rapport général et essentiel à la gloire de Dieu, qui en est la dernière fin. Ce que l'auteur cherche n'est donc pas le rapport de tout ce qui est dans l'ouvrage à sa dernière fin, mais le rapport de tous les effets particuliers à une règle générale, en conséquence de laquelle ils arrivent; c'est ce que nous avons déja réfuté.

Il est vrai même qu'il doit y avoir, dans tous les ouvrages de Dieu, une certaine unité de dessein. Dès qu'il fait un tout, il faut que toutes les parties de ce tout aient entre elles quelque proportion et quelque convenance pour former le tout ; c'est ce concours de toutes les parties qui rend le tout un. S'il n'y avoit dans les parties aucun rapport, aucune proportion, aucune unité, cet ouvrage n'auroit point la marque de la sagesse divine; il n'auroit même aucun degré de bonté et d'être; car, comme dit saint Augustin[1], une chose n'a l'être et la bonté qu'autant qu'elle ressemble à Dieu, qui est la souveraine unité. Il est vrai que cette ressemblance avec l'unité souveraine peut être plus ou moins grande à l'infini, parce qu'il reste toujours une distance infinie entre les unités imparfaites qui sont les êtres créés, et l'unité parfaite qui est Dieu. Mais quand il y a dans un être plus d'unité, il est plus parfait, il approche davantage de la perfection souveraine ; quand il y a dans un être moins d'unité, il approche moins de cette souveraine perfection. Mais si vous ôtez toute unité, vous ôtez toute perfection et tout degré d'être : il ne reste que le pur néant. Par-là vous voyez qu'il y a dans tout ouvrage de Dieu quelque degré d'ordre et d'unité; autrement il seroit contraire à la sagesse et à l'unité suprême. Mais outre que cette sorte d'unité n'est point la simplicité des lois générales, dont l'auteur fait le fondement de son système; d'ailleurs, nous avons prouvé que le plus ou le moins d'unité et d'ordre est toujours indifférent à Dieu, et que le choix lui en est purement arbitraire.

Mais encore, dira peut-être l'auteur, la souveraine simplicité ne doit-elle pas tendre toujours à l'ouvrage le plus simple ?

Non, car l'ouvrage le plus simple seroit le plus parfait; et Dieu, comme nous l'avons montré tant de fois, ne peut jamais faire la plus parfaite de toutes les choses possibles. Si vous me demandez ce qui l'en empêche, je vous réponds : C'est l'impossibilité de donner des bornes précises à une puissance infinie. Il faut encore observer que ce qui a trompé l'auteur est une comparaison qui n'a rien de juste, entre Dieu qui a créé le monde, et les hommes qui font quelque ouvrage. Par exemple, si deux ouvriers font chacun une machine pour élever des eaux, on trouve que la plus composée est la moins parfaite; elle est la moins parfaite de la part de l'invention de l'ouvrier, parce qu'on présume qu'il n'a employé tant de ressorts que faute d'en savoir trouver un seul qui suffit, ou qu'ayant d'abord conçu un dessein défectueux, il a eu besoin dans la suite de le rectifier, en y ajoutant quelque ressort nouveau. Cette machine est encore la moins parfaite en elle-même; car, lorsqu'il s'agit de ressorts fragiles qui s'usent, dont l'entretien cause aux hommes beaucoup de dépense et de travail, c'est un grand défaut que cette composition de tant de ressorts, parce qu'il y en a toujours quelques uns qui manquent, et qui arrêtent tout. Il n'en est pas de même de l'ouvrage de Dieu; s'il est composé, ce n'est pas que le créateur n'ait point vu d'abord d'une seule vue à quelles règles il pouvoit réduire tout son ouvrage : d'ailleurs la composition de beaucoup de ressorts, qui est une imperfection par rapport à la foiblesse des hommes, n'en est pas une pour celui à qui rien ne coûte, ni dépense ni travail, et qui fait tout par une seule volonté.

---

[1] *De Morib. Eccl. et Man.* lib., II, cap. VI, tom. I.

CHAPITRE XVII.

Les causes occasionelles, bien loin d'épargner à Dieu des volontés particulières, en augmentent le nombre.

L'auteur n'oseroit dire que Dieu ait établi les causes occasionelles sans aucun motif qui l'y ait déterminé. S'il dit que Dieu les a établies sans se proposer aucune fin de cet établissement, je lui réponds : Vous avouez donc que Dieu, qui, selon vous, ne peut jamais rien faire que pour la plus grande perfection, a fait néanmoins une des principales choses qu'il ait jamais faites, non-seulement sans y chercher la plus grande perfection, mais même sans y chercher aucune perfection. Accordez-vous avec vous-même.

Cette absurdité est trop manifeste; l'auteur ne peut éviter de dire que Dieu s'est proposé une fin dont l'établissement des causes occasionelles a été le moyen : mais quelle est cette fin ? C'est, me direz-vous, de rendre par-là son ouvrage plus parfait qu'il ne le seroit, s'il ne produisoit que ce qu'il peut produire lui seul par des volontés générales sans causes occasionelles.

Premièrement, il s'ensuit de là que Dieu ne pouvoit point par sa seule volonté faire l'ouvrage le plus parfait, et qu'il a eu besoin de suppléer à ce qui manquoit du côté de sa volonté par celles de ses créatures; ce qui est en elles une étonnante perfection, et en lui une imperfection très indigne d'un être qu'on suppose infiniment parfait. Si l'auteur attribue les moules des plantes et des animaux à des causes occasionelles; s'il persiste à regarder l'ame de Jésus-Christ comme la cause occasionelle de toutes les graces, il faut conclure que selon lui la seule volonté de Dieu a fait les choses les moins admirables dans l'ordre de la nature et dans celui de la grace, et que, sans la volonté de ses créatures, la sienne étoit impuissante pour faire tout ce qu'il y a de plus merveilleux dans ces deux ordres. Ainsi l'auteur, à force de vouloir rendre Dieu parfait, et de le déterminer toujours aux choses les plus parfaites, le rabaisse jusqu'à l'impuissance de les faire et de les vouloir jamais par lui-même.

Secondement, cet accroissement de perfection que Dieu cherche par l'établissement des causes occasionelles, comment le cherche-t-il ? Se propose-t-il en général de vouloir tout ce que les causes occasionelles, par exemple les anges, voudront, sans être assuré de la détermination de leur volonté; ou bien veut-il établir les anges causes occasionelles, parce qu'il lui plaît de leur faire vouloir précisément certaines choses nécessaires pour l'accomplissement de l'ordre?

S'il établit les anges causes occasionelles, parce qu'il veut leur faire vouloir précisément ce que l'ordre demande, et qu'il en mettra le vouloir en eux, j'en tire deux conséquences manifestes. L'une, que ces créatures ne sont point libres de ne vouloir pas, puisque l'ordre, qui est l'essence absolue et immuable de Dieu, les détermine à vouloir. Je puis encore moins faire ce qui est contre l'essence de Dieu que ce qui est contre mon essence; car au moins Dieu, créateur de mon essence, peut m'élever au-dessus d'elle en me faisant une *autre créature*; mais par sa propre essence il ne peut jamais en aucun sens me donner le pouvoir d'agir contre elle. Si donc l'ordre demande que les causes occasionelles veuillent certaines choses, elles n'ont aucune liberté de ne les pas vouloir. Voici ma seconde conséquence : c'est que si Dieu établit les anges causes occasionelles, parce qu'il lui plaît de leur faire vouloir ce qui rendra son ouvrage parfait, et qu'il en mettra le vouloir en eux, il ne veut ce que voudront les anges qu'à cause que les anges voudront ce qu'il leur fera vouloir. Ainsi il faut remonter à la source de leurs volontés; Dieu veut bien plus la fin que les moyens. S'il veut l'établissement des causes occasionelles pour l'amour des choses qu'elles voudront, à bien plus forte raison veut-il ces choses qu'il se propose de leur faire vouloir. Si ces choses ne sont point les effets des lois générales, Dieu ne peut les vouloir que par des volontés particulières; et par conséquent l'établissement des causes occasionelles, bien loin d'épargner à Dieu des volontés particulières, est un établissement superflu, et contraire à l'ordre.

Je vois bien, dira peut-être l'auteur, que mon système seroit ruiné, si j'avouois que Dieu a voulu les causes occasionelles à cause des effets particuliers qu'il a prétendu en tirer; mais je soutiens que Dieu se propose seulement en général de vouloir ce que ces causes voudront, sans les déterminer à aucune volonté précise.

Si cela est, voilà Dieu qui établit des causes sans les rapporter à aucune fin déterminée; voilà sa sagesse et son ordre renversés; voilà sa puissance abandonnée sans réserve à la merci de ses créatures capables d'errer.

Non, reprendra l'auteur, Dieu ne se propose de faire ni tout ce qu'il plaira aux anges, ni certains effets qu'il lui plaît de leur faire vouloir. Mais laissant les anges libres, il prévoit ce qu'ils voudront; ainsi il ne s'engage de faire selon leurs volontés que certaines choses qu'il prévoit qu'ils voudront, et qui sont conformes à l'ordre pour la perfection de son ouvrage.

Voilà, si je ne me trompe, tout ce qui reste à dire à l'auteur; mais cela même est décisif contre lui. Il restera toujours pour constant que Dieu prévoit ce que voudront les anges, et qu'il ne les établit causes occasionelles qu'à cause qu'il prévoit qu'ils voudront précisément *ce qu'il a voulu, ce qu'il a réglé en lui-même, et enfin tout ce qu'il faudra pour l'accomplissement de l'ouvrage qu'il s'est proposé. N'est-ce pas vouloir les causes générales pour les effets particuliers, et établir en Dieu les volontés particulières qu'on vouloit tant éviter* ?

De plus, je demande en passant à l'auteur comment est-ce que Dieu peut prévoir selon lui ces desirs libre, des anges, qu'il ne leur donnera point? Il ne peut les voir en lui-même; car il ne peut voir en lui que son décret de laisser les anges en suspens dans la main de leur libre arbitre : il ne peut les voir ni dans leur futurition actuelle, ni dans la volonté angélique qui en sera la source; car pour leur futurition, elle n'est rien de réel : l'effet ne peut être déterminé, tandis que l'unique cause déterminante est entièrement indéterminée elle-même. Pour la cause, Dieu ne peut y voir que ce qui y est, c'est-à-dire une entière suspension. Mais ce qui tranche toute difficulté, c'est ce que l'auteur dit en parlant de la matière : « Dieu ne la » peut connoître, dit-il [1], s'il ne lui donne l'être. » Car Dieu ne peut tirer ses connoissances que de » lui-même; rien ne peut agir en lui, ni l'éclairer. » Si Dieu ne voyoit point en lui-même, et par la » connoissance qu'il a de ses volontés, l'existence » de la matière, elle lui seroit éternellement in» connue. »

Il est vrai, répondra peut-être l'auteur, nul objet, quelque réel qu'il soit, ne peut éclairer Dieu. Il ne peut rien voir qu'en lui-même; il ne peut jamais connoître ce qu'il ne fait pas : mais je suppose que Dieu donne son concours général aux anges, pour toutes les choses qu'ils veulent; ainsi il connoît en lui-même, c'est-à-dire dans son concours, leurs desirs futurs.

A cela je réponds que si le concours n'est point prévenant, la volonté angélique déterminant le concours, et n'étant point déterminée par lui, il s'ensuit que le concours est aussi contingent que le desir de la volonté angélique. Si la volonté angélique est véritablement indéterminée, il faut aussi que le concours soit véritablement indéterminé, et que Dieu ne puisse le voir que conditionnellement futur. Ainsi, par le principe de l'auteur, il faut ou que Dieu n'ait point prévu ce que devoit faire la volonté angélique, et ce qu'il devoit faire lui-même avec elle, ce qui est le comble des absurdités; ou que le concours de Dieu soit prévenant et efficace, en sorte que l'ange n'ait voulu que ce que Dieu l'a déterminé à vouloir; ce qui retombe dans tous les inconvénients que j'ai reprochés à l'auteur.

Je ne m'arrête point ici à faire remarquer que les anges et Jésus-Christ, qui sont les seules causes occasionelles sur lesquelles l'auteur fonde son système, étant actuellement bienheureux quand cette puissance leur a été donnée, ils n'ont pu en cet état vouloir que ce que la charité consommée, qui est Dieu même, leur a fait vouloir, conformément à l'*ordre*. Je pourrois montrer évidemment par-là combien Dieu a voulu tous les effets particuliers que l'auteur leur attribue : mais ces vérités se présentant d'elles-mêmes, il suffit de les montrer en passant. Je me hâte de passer à d'autres.

L'auteur ne peut refuser de supposer avec moi que Dieu veut l'établissement des causes occasionelles pour la perfection de son ouvrage; autrement il le voudroit sans raison et contre l'ordre. *Il veut donc faire servir ces causes occasionelles* à des effets utiles, conformes à l'ordre, et dont résulte la plus grande perfection; mais il faut que la cause occasionelle les veuille. Se déterminera-t-elle par elle-même à en former le desir? Ce desir du plus parfait est sans doute, comme saint Augustin l'a dit tant de fois, un nouveau degré de bonté et de perfection d'être qui survient à la créature intelligente; car il est meilleur, selon le raisonnement de ce Père, de vouloir actuellement le plus parfait, que de ne le vouloir pas. Il est même meilleur, comme ce Père le dit encore très souvent, d'être vertueux que d'être simplement; et par conséquent si Dieu n'avoit donné que la volonté, et que la créature avec cette volonté se déterminât par elle-même à l'amour du bien, elle se donneroit à elle-même quelque chose de bien plus grand que ce qu'elle auroit reçu de Dieu. Le desir actuel du plus parfait est sans doute dans la volonté angélique une vraie et réelle modification, un vrai et réel degré de perfection et d'être, que l'ange acquiert, quand il veut la chose la plus parfaite qu'il peut vouloir. Comment donc peut-il être la cause de cette détermination? Comment se peut-

---

* Les mots imprimés en *italique* sont de Bossuet.
[1] *Médit. chrét.*, ixe médit., n. 5.

* Bossuet.

il donner à lui-même ce nouveau degré de perfection réelle? Si la volonté angélique se détermine elle-même au désir actuel du plus parfait, elle produit donc en elle-même, par elle-même, un véritable et réel degré de perfection, et par conséquent la volonté angélique est infinie et divine, selon l'auteur. Car voici comment il parle au nom du Verbe dans ses *Méditations* [1] : « Tu dois être plei-
» nement convaincu de tout ceci, si tu as bien
» compris que hors de Dieu il n'y a point de puis-
» sance véritable, et que toute efficace, quelque
» petite qu'on la suppose, est quelque chose de
» divin et d'infini. »

Je laisse à l'auteur à nous expliquer comment est-ce que les volontés créées sont libres, s'il est vrai que *hors de Dieu il n'y a aucune véritable puissance*. Peut-on concevoir la volonté avec son libre arbitre sous une autre idée que sous celle d'une puissance qui, n'étant vaincue par aucun des objets qui se présentent à elle, peut choisir parmi ces objets? N'est-ce pas même l'idée que l'auteur donne souvent de la liberté? Encore une fois, ce n'est pas à moi à résoudre ici cette difficulté; c'est à l'auteur à nous faire entendre nettement comment est-ce qu'une volonté créée peut être une véritable puissance; comment est-ce que, sans être ni infinie ni divine, elle peut par sa propre détermination se rendre meilleure qu'elle n'était, et par conséquent produire réellement en elle, par son propre choix, un nouveau degré de perfection.

Si l'auteur revient à dire que toute volonté libre est une véritable puissance, mais qu'elle est prévenue et déterminée efficacement en toutes choses, comme le disent les thomistes, par la volonté de Dieu; outre qu'il admet par-là, contre son principe, d'autres causes réelles que Dieu, d'ailleurs cette détermination efficace suppose évidemment que les causes occasionelles n'épargnent à Dieu aucune volonté particulière, puisqu'il ne veut les causes occasionelles qu'à cause des effets particuliers qu'il leur fait vouloir, et qu'ainsi il veut les effets particuliers plus qu'il ne veut les causes mêmes.

Mais supposons que l'auteur, contre ses propres paroles et ses principes fondamentaux, soutienne que la volonté angélique peut être la vraie cause de sa propre détermination, et que, bien loin d'être prédéterminée par le concours, c'est elle qui le détermine : voyons s'il peut se sauver par-là. Dieu, lui demanderai-je, n'établissant les causes occasionelles que pour l'accomplissement de l'ordre, comment peut-il s'assurer que ces causes qu'il ne déterminera point, et qui se détermineront librement elles-mêmes, voudront précisément ce qu'il faut pour l'accomplissement de l'ordre? Je ne vous dis point maintenant qu'elles ne peuvent être libres pour faire ou ne faire pas ce que l'ordre, c'est-à-dire ce que l'essence absolue de Dieu demande; c'est une contradiction manifeste de votre système, que j'ai déjà assez montrée ailleurs : je me borne à vous dire ici que si Dieu laisse choisir ces causes libres, peut-être elles ne choisiront pas ce qu'il faut pour l'accomplissement de l'ordre, et qu'ainsi l'ordre sera renversé par l'inutilité de leur établissement. D'ailleurs voilà l'œuvre de Dieu mise au hasard; il ne faut plus parler de providence, si Dieu laisse l'accomplissement de l'ordre même à la discrétion des créatures libres, sans les diriger à aucune fin.

Dieu a prévu ce qu'elles voudront, répondra peut-être quelqu'un; et il ne se détermine à les établir causes occasionelles qu'à cause qu'il prévoit qu'elles voudront ce qu'il faut pour la plus grande perfection de son ouvrage. S'il avoit prévu qu'elles devoient vouloir autrement, il ne les auroit pas créées, parce qu'il n'est pas de sa sagesse de créer ce qui ne convient pas à l'ordre; il auroit mis en leur place d'autres natures intelligentes dont il auroit prévu que la volonté auroit desiré la perfection de son ouvrage; enfin il n'auroit jamais créé l'univers, s'il n'avoit prévu qu'il trouveroit dans ses créatures intelligentes des causes occasionelles qui voudroient précisément tout ce qu'il faudroit vouloir.

Mais cette réponse que l'auteur peut faire, outre qu'elle est manifestement indigne de Dieu, et capable de soulever tous les chrétiens, fait encore tomber en ruine tout son système. Si Dieu a tellement voulu les effets qu'il a tirés des causes occasionelles qu'il ne les a établies qu'à cause qu'il a prévu qu'elles desireroient infailliblement ces effets, en sorte qu'il se seroit abstenu de créer l'univers plutôt que de ne tirer pas ces effets de ces causes occasionelles, n'est-il pas évident que ces effets particuliers ont été la principale fin qu'il s'est proposée, et qu'il a voulu non les effets en conséquence de la volonté des causes occasionelles, mais les causes occasionelles elles-mêmes pour les effets qu'il a prétendu en tirer? Ces effets n'étant pas renfermés dans les lois générales, il s'ensuit, selon la définition de l'auteur, que Dieu n'a pu les vouloir que par des volontés particulières. Ainsi les causes occasionelles n'épargnant point à Dieu ces

[1] IX⁰ *Médit.*, n. 7.

volontés particulières, il les a établies sans aucun fruit, et contre l'ordre de sa sagesse : leur établissement même, comme nous l'avons vu, a coûté à Dieu beaucoup de volontés particulières sans aucune raison.

CHAPITRE XVIII.

Ce que l'auteur dit sur les volontés particulières détruit par ses conséquences toute providence de Dieu.

Quoique nous ayons déjà remarqué que la providence est détruite, si Dieu laisse tout au gré des causes occasionelles, il faut encore développer davantage cette vérité. Qu'entendons-nous par le mot de providence? Ce n'est point seulement l'établissement des lois générales, ni des causes occasionelles ; tout cela ne renferme que les règles communes que Dieu a mises dans son ouvrage en le créant. On ne dit point que c'est la providence qui tient la terre suspendue, qui règle le cours du soleil, et qui fait la variété des saisons ; on regarde ces choses comme les effets constants et nécessaires des lois générales que Dieu a mises d'abord dans la nature : mais ce qu'on appelle providence, selon le langage des Écritures, c'est un gouvernement continuel qui dirige à une fin les choses qui semblent fortuites *.

La providence fait donc deux choses : quelquefois elle agit contre les règles générales, par des miracles ; c'est ainsi qu'elle ouvrit la mer Rouge pour délivrer les Israélites. Quelquefois aussi, sans violer les lois générales, elle les accorde avec ses desseins particuliers ; elle se sert des volontés des hommes, auxquels elle inspire ce qu'il lui plaît, pour causer dans la matière même les mouvements qui semblent fortuits, et qui ont rapport aux événements que Dieu en veut tirer. Par exemple, il inspire à un prédestiné d'aller dans une rue où une tuile mal attachée tombant sur sa tête, il mourra avec la persévérance finale. C'est encore ainsi que les frères de Joseph le vendent, et qu'il est esclave en Égypte, pour y être bientôt après élevé à une autorité suprême. C'est ainsi qu'Alexandre conçoit le dessein ambitieux de conquérir l'Asie : par-là il doit accomplir la prophétie de Daniel. Si on examine ainsi toutes les révolutions des grands empires, on verra (et c'est le plus grand spectacle qui puisse soutenir notre foi) que la providence les a élevés ou abattus pour préparer les voies au Messie, et pour établir son règne sans fin [1].

* La providence semble enfermer tout cela, mais plus particulièrement ce qui semble fortuit. (*Bossuet.*)
[1] Voy.-*Disc. sur l'Hist. univ.*, 2ᵉ part.

Non-seulement ces grands événements prédits par le Saint-Esprit sont attribués à la providence, mais encore on croit que par cette combinaison elle dispose, selon ses desseins, de tout ce qui arrive aux hommes dans le cours de la vie, et qu'elle se cache sous un certain enchaînement de causes naturelles. On croit que c'est Dieu qui envoie les biens et les maux temporels ; qu'il se sert de notre sagesse et de notre imprudence pour nous donner tantôt ce qui nous console, tantôt ce qui nous humilie. Si c'est une erreur vulgaire, c'est une erreur que l'Écriture, que toute la tradition des saints Pères nous ont enseignée, et que la piété a enracinée dans tous les cœurs.

Cette providence, à laquelle la religion nous apprend à recourir, ne peut consister dans les lois générales de la nature, car les lois générales sont uniformes et invariables ; elles ne se proportionnent jamais aux besoins personnels ; au contraire, elles sacrifient toujours les intérêts personnels à l'uniformité générale. Pourquoi ne peut-on pas dire, répondra peut-être l'auteur, que Dieu a choisi les lois générales les plus fécondes en effets particuliers, et que sa providence consiste dans ce choix des lois générales qu'il prévoyoit devoir produire les effets particuliers qu'il desiroit?

Premièrement, si vous dites que Dieu a choisi les lois générales pour les effets particuliers, vous lui faites vouloir ces effets plus que les lois qui les produisent, et indépendamment d'elles : ainsi voilà des volontés particulières qui sont les fondements de toutes les lois générales.

Secondement, considérez, dirai-je à l'auteur, combien vous vous ôtez par ces principes tout ce qui peut adoucir les peines de la vie. Sans doute ce regard particulier et immédiat de Dieu sur nous, qui nous mène comme par la main dans ses voies, et sans qui il ne tombe pas un seul cheveu de nos têtes, est ce qui anime davantage notre espérance dans tous nos maux. Quoi ! dira une personne affligée, je vois qu'un père foible et pécheur, outre les règles générales qu'il établit pour le gouvernement de toute sa famille, a encore les yeux particulièrement ouverts sur chacun de ses enfants ; qu'il entre dans tout le détail de ses besoins, de ses dangers et de ses peines ! M'arrachera-t-on la consolation de croire notre Père qui est dans le ciel aussi bon et aussi compatissant que ce père terrestre? Faudra-t-il que je croie qu'il ne veut pas plus mon bien qu'il veut en général que l'hiver succède à l'automne, et l'été au printemps? Est-ce donc en vain que j'ai cru que quand je suis accablé de maux, c'est sa main qui me frappe tout exprès pour m'humilier, et qu'il me tente à dessein de me faire tirer un fruit de la tentation? Quelle est donc cette providence tant vantée, puisqu'il n'y en a point d'autre que le cours général de toute la nature, et que Dieu n'est non plus touché de mes maux que du changement des saisons?

Mais Dieu, dira-t-on, n'a-t-il pas assez pourvu à son ouvrage en lui donnant des lois générales? Non sans doute; les philosophes qui ont nié la providence n'ont jamais nié que Dieu n'eût établi des règles générales pour le cours de la nature *; mais ils ont cru que ces lois étant établies, Dieu a regardé tout le reste indifféremment, et qu'il a laissé toutes choses aller selon leur cours, sans se soucier des effets particuliers qui sortiroient de l'assemblage de ces causes. L'auteur, en rejetant les volontés particulières, peut-il éviter de parler de même?

Dira-t-il, pour toute consolation à la personne affligée que je viens de dépeindre: Consolez-vous, Dieu ne pouvoit faire autrement; il n'a pas été libre de vous vouloir un plus grand bien, parce qu'il lui auroit coûté en votre faveur des volontés particulières au-delà du nombre que la simplicité de ses voies lui permettoit?

Quoi! répondra cette personne, croyez-vous me consoler en me disant que je suis malheureuse, parce qu'il n'étoit pas digne de Dieu de m'aimer plus particulièrement qu'il n'a fait? Quand je vous propose l'exemple d'un père terrestre, qui a des soins particuliers que vous ne voulez pas attribuer à Dieu, vous dites que Dieu agit bien plus parfaitement, parce qu'il renferme dans les lois générales tout ce qu'une sagesse moins étendue auroit besoin de chercher par des providences particulières; et puis, quand je me plains de ce que les lois générales n'ont rien que de rigoureux pour moi, vous voulez que Dieu ne puisse pas suppléer à ce qui leur manque pour mes besoins en me le donnant par des volontés particulières; vous prétendez que je dois être bien aise d'être sacrifiée à cette méthode simple et générale avec laquelle il gouverne ses créatures. Cette doctrine se réfute tellement elle-même par l'horreur qu'elle inspire, que je craindrois qu'on ne crût que je l'impute mal à propos à l'auteur : mais tout le monde sait qu'il a dit, dans ses *Méditations*, qu'une ame raisonnable devoit être bien aise d'être sacrifiée à cette simplicité de dessein dans lequel son salut n'est pas renfermé.

Mais l'auteur voudroit-il encore assurer que la mort d'un homme écrasé dans la rue, par les tuiles qui tombent d'un toit, est un pur effet des lois générales du mouvement? Ne sait-il pas que saint Augustin, parlant au nom de toute l'Église contre les semi-pélagiens, dit que souvent Dieu prolonge la vie d'un homme pécheur par un conseil de miséricorde, parce qu'il veut lui donner le temps de se convertir, et le prendre dans un bon moment, qui sera le sceau de sa persévérance [1]? Peut-on douter, suivant cette doctrine, que Dieu n'ait une volonté particulière pour régler le cours de la vie et le temps de la mort de ce prédestiné? Vous voyez que le temps de sa mort décide de son salut éternel: croyez-vous que le salut de cette ame éternellement élue dépende du concours fortuit des causes naturelles qui feront tomber une tuile, ou qui l'empêcheront de tomber? Faut-il être réduit à examiner des choses si manifestes selon les principes de la religion? Ne faut-il donc pas avouer qu'il y a une providence particulière, qui va au-delà des lois générales de la nature, ou du moins qui les accorde avec les effets de la grace pour sauver les prédestinés? C'est sur ce principe que saint Augustin ayant rapporté ce passage de la Sagesse: *Il a été enlevé, de peur que la malice ne changeât son esprit* [2]; il ajoute[3] : « Mais pourquoi est-il ac» cordé aux uns qu'ils soient enlevés des dangers
» de cette vie pendant qu'ils sont justes, et que
» d'autres qui sont justes sont tenus par une plus
» longue vie dans les mêmes périls jusqu'à ce qu'ils
» déchoient de la justice? Qui est-ce qui connoît
» le conseil du Seigneur? »

Mais que l'auteur contredise tant qu'il voudra saint Augustin: osera-t-il contredire saint Paul, qui dit aux Philippiens, parlant d'Épaphrodite [4] : *Il a été malade jusqu'à la mort ; mais Dieu a eu pitié de lui ; et non-seulement de lui, mais encore de moi, afin que je n'eusse point affliction sur affliction.* Ce n'est point, selon l'Apôtre, par les lois générales, qu'Épaphrodite a été tiré des portes de la mort ; il en est revenu par un conseil particulier de miséricorde, pour son propre bien et pour la consolation de saint Paul. Ce que l'Apôtre nous révèle à l'égard d'Épaphrodite, nous devons comprendre qu'il arrive de même pour un grand nombre d'autres hommes. Dieu attend les uns pour leur conversion avec cette longanimité dont les Écritures parlent si souvent ; il conserve les autres, pour ne donner *point affliction sur affliction* aux

---

* Les épicuriens l'ont nié. (*Bossuet.*)

[1] *De Præd. Sanct.*, cap. xiv, n. 26, tom. x.   [2] *Sap.*, iv, 11.
[3] *Loc. mox cit.*   [4] *Philip.*, ii, 27.

personnes déjà affligées qui ont besoin de ce *soulagement*[*]. C'est sur ces fondements que nous demandons par nos prières la santé de certains malades dont la vie est utile au monde : on ne pourroit raisonnablement la demander, si elle ne pouvoit venir que des lois générales, comme nous l'avons prouvé ; mais l'auteur ne s'arrête ni aux raisons ni à l'autorité : selon lui, aux yeux de Dieu, les hommes meurent comme les feuilles tombent des arbres.

Il reste à examiner si la providence consiste dans l'établissement des causes occasionelles. Pour éclaircir cette question plus sensiblement, prenons un exemple. Je médite profondément sur le passage de la mer Rouge : j'entends le Saint-Esprit qui me dit, par la bouche de Moïse, que Dieu a fendu les eaux, qu'il les a soutenues des deux côtés comme deux murs, et qu'il a desséché les abîmes, pour sauver son peuple bien aimé ; qu'enfin il a fait ces merveilles terribles par son bras étendu et par sa main élevée.

Écouterai-je l'auteur, qui d'un autre côté me dit froidement : Ces expressions magnifiques se réduisent à dire que les anges ont voulu ce miracle, et que Dieu n'a pu le leur refuser, parce qu'il les avoit établis causes occasionelles de tout ce qu'il feroit, pendant l'ancien Testament, au-delà des règles générales de la nature?

Mais ce peuple lui-même que Dieu assure avoir choisi, et à la face duquel il a rejeté toutes les autres nations de la terre, n'est-ce point par une élection particulière que Dieu l'a pris pour son peuple, et s'est fait son Dieu ? L'auteur poussera-t-il les excès de sa philosophie jusqu'à dire que c'est les anges, et non pas Dieu, qui ont choisi Abraham et sa postérité pour en tirer la bénédiction de tous les peuples de la terre ; que Dieu n'a fait à cet égard que se conformer aux volontés des anges auteurs de l'alliance ? mais s'il ose le dire, ne pourrai-je pas lui répondre ainsi : Je crois, sur la parole de Dieu même, que c'est un amour particulier, un amour de préférence pour les Israélites dont nous sommes les héritiers, qui l'avoit engagé à faire le grand miracle d'ouvrir la mer Rouge ; mais, selon vous, ce n'est qu'aux anges que les Israélites doivent leur délivrance?

Vous vous trompez, dira l'auteur, ils la devoient à Dieu ; car Dieu a établi les anges causes occasionelles, et il a voulu véritablement tout ce qu'il a prévu que les anges voudroient.

Je ne m'arrête point, lui répondrai-je, à ces paroles vagues : ou Dieu a établi les anges causes occasionelles en vue des miracles qu'il vouloit faire en faveur de son peuple à leur occasion, en sorte que les miracles ont été la fin pour laquelle Dieu les a établis causes occasionelles ; ou bien il les a établis causes occasionelles, ne voulant les miracles qu'il feroit à leur gré qu'en général, et comme une suite de cet établissement.

S'il n'a voulu l'établissement des causes occasionelles que pour les miracles qu'elles devoient desirer, ces causes, bien loin d'épargner à Dieu des volontés particulières, ne sont elles-mêmes voulues par lui qu'en conséquence des volontés particulières de Dieu pour les miracles : ainsi voilà votre système ruiné sans ressource.

Si, au contraire, vous dites que Dieu n'a voulu les miracles qu'en général, comme une suite de l'établissement des causes occasionelles ; je conclus que Dieu n'a non plus voulu ces miracles en faveur de son peuple, que je veux ce que je fais pour un homme que je n'aime ni ne connois en aucune façon, et que je ne sers qu'en considération de son ami qui me le recommande, et auquel je ne puis rien refuser. Encore faudroit-il, pour rendre la comparaison juste, que je n'eusse aucune considération pour l'homme qui me recommanderoit l'autre, et que je fusse engagé par quelque contrat à ne lui refuser jamais aucun des services qu'il exigeroit de moi pour tous ses amis.

Si les Israélites avoient pu savoir que Dieu étoit ainsi lié par une espèce de contrat avec les anges, et que c'étoit la pure volonté des anges qui déterminoit Dieu à entr'ouvrir la mer Rouge pour leur délivrance ; au lieu de chanter à Dieu un cantique sur le rivage, ils auroient eu raison de dire : Dieu n'a fait que ce qu'il n'a pu s'empêcher de faire ; il ne l'a point fait pour l'amour de nous ; il ne l'auroit pas fait s'il eût dû lui en coûter une seule volonté en notre faveur. Nous ne sommes obligés qu'à la seule puissance qui nous a choisis pour nous confier l'alliance et les oracles célestes, et qui, étant libre de nous laisser en Égypte, a mieux aimé nous en délivrer. Quelle est cette puissance ? C'est les anges, que nous devons louer et invoquer comme nos sauveurs. Pour Dieu, indifférent à tout, il n'a fait que prêter sa puissance à leurs desirs, selon la loi qu'il s'en étoit faite, et qu'il n'avoit pu éviter de faire.

Il est aisé de voir qu'on peut dire, sur toutes les autres choses réglées par les causes occasionelles, ce que je viens de dire par rapport aux anges sur le passage de la mer Rouge. Il est constant que l'établissement de ces causes, bien loin de sauver

---

[*] Bossuet.

la providence, nous ôte le recours immédiat de Dieu, et attribue à des créatures tout ce que l'Écriture attribue de plus merveilleux et de plus aimable à la providence divine. Ainsi la providence ne pouvant consister ni dans le seul établissement des lois générales, ni dans celui des causes occasionelles, elle est absolument détruite, si on ne la fait consister dans les volontés particulières que Dieu a pour accommoder à nos besoins les causes générales.

CHAPITRE XIX.

L'auteur, en prenant pour des tropologies les expressions de l'Écriture contraires à son système, n'a pas prévu qu'il s'engageoit à soumettre la foi à la philosophie, et à autoriser les principes des sociniens contre nos mystères.

Toutes les fois que l'Écriture me représente Dieu veillant particulièrement sur Job, sur Abraham, sur Joseph, sur David, sur Tobie, et sur tous les autres hommes dans lesquels le Saint-Esprit nous a voulu révéler les secrets de la providence attentive sur nous; toutes les fois que l'Écriture me raconte une merveille que Dieu a faite au-delà du cours réglé de la nature, je n'ai point besoin de chercher un long circuit des causes occasionelles, ni de forcer le langage des saints oracles, pour faire rentrer dans le cours général de la nature ce qui m'est proposé comme l'effet d'une providence particulière : ma philosophie parle d'abord naturellement comme l'Écriture. Je dis que Dieu est particulièrement attentif pour disposer, selon ses desseins, avec force et douceur, toutes les circonstances de ce qui arrive. Je dis avec saint Augustin que Dieu tourne comme il lui plaît le cœur des hommes, des méchants mêmes, pour les mener à l'accomplissement de ses desseins. Je dis avec ce Père que Dieu, sans être l'auteur de l'iniquité, lui donne le cours qu'il veut; qu'il empêche la malice des impies de se répandre du côté des choses qu'il veut épargner, et qu'il lui lâche la bride du côté où, en violant sa loi, elle ne laissera pas d'être l'instrument de sa justice. Je dis qu'il frappe d'aveuglement ou qu'il illumine, qu'il touche ou qu'il laisse endurcir tout-à-coup les hommes, sans aucune règle générale de cette conduite. Quand je parle ainsi, je ne fais que suivre saint Augustin. Après avoir rapporté les paroles de l'Apôtre, qui assure que les Juifs sont devenus *ennemis de l'Évangile pour notre bonheur* [1], il conclut : « Il est » donc en la puissance des méchants de pécher, » mais en péchant de faire par leur malice une » telle ou une telle chose. Le Saint-Esprit n'est » point en leur puissance, mais en celle de Dieu, » qui divise les ténèbres et qui les dispose; en » sorte que, par les choses mêmes qui se font con- » tre la volonté de Dieu, il n'y ait pourtant que la » volonté de Dieu qui soit accomplie. Nous lisons » dans les Actes des Apôtres que les disciples per- » sécutés s'écrièrent au Seigneur :..... *Ils se sont* » *assemblés contre votre saint Fils que vous avez* » *oint, Hérode, Pilate et le peuple d'Israël, pour* » *accomplir tout ce que votre main et votre con-* » *seil ont prédestiné* [1]. »

Selon cette règle, je dis que Dieu jette les yeux, par exemple, sur Pharaon, pour faire entrer son endurcissement dans les desseins qu'il a sur son peuple. Je dis qu'il veut et qu'il fait des miracles, parce que, touché en faveur de ses images vivantes, qui sont le prix du sang de son Fils, il aime mieux les hommes pour lesquels il les fait, que les règles générales du mouvement, qui ne lui coûtent rien ni à faire, ni à défaire. J'ajoute que les anges, bien loin que de déterminer Dieu, ne sont que les simples ministres des volontés qu'il a à l'égard des hommes. Cette explication de l'Écriture est simple, naturelle, précise et littérale.

L'auteur, tout au contraire, s'écarte de toute la doctrine que le langage de l'Écriture inspire naturellement, pour courir après des opinions qui aboutissent, comme nous l'avons vu, à des contradictions grossières. Mais supposons, pour un moment, que son système ne se dément en rien. Voyons s'il lui est permis de le défendre par la voie du raisonnement, et de prétendre que l'autorité de l'Écriture ne lui est point contraire, parce que l'Écriture est pleine de tropologies qui ne doivent pas être prises dans le sens littéral.

L'auteur voit bien qu'on ne peut conserver l'autorité de l'Écriture et de l'Église, si on ne s'attache à quelque règle certaine et immobile, pour discerner les expressions figurées et tropologiques d'avec celles qu'il faut prendre religieusement dans toute la rigueur de la lettre. S'il se contente de croire tropologiques les expressions qui, prises à la lettre, établiroient une doctrine contraire à d'autres endroits clairs de l'Écriture, ou aux bonnes mœurs, ou aux décisions de l'Église, ou aux règles générales du sens commun, conformes à une manifeste tradition de tous les siècles, je le loue de suivre la règle que saint Augustin a marquée : elle arrête l'esprit humain, elle maintient l'autorité. Mais

---

[1] Rom., XI, 28.

[1] *De Præd. Sanct.*, cap. XVI, n. 33, tom. X.

l'auteur nous montrera-t-il que cette doctrine si édifiante et si salutaire, que toutes les saintes Écritures inspirent naturellement sur les providences particulières, est contraire à des endroits clairs de l'Écriture? Où a-t-il trouvé dans la loi ou dans les prophètes, dans l'ancien ou dans le nouveau Testament, en termes clairs et formels, que l'ordre inviolable ne permet à Dieu que *très rarement* d'agir par des volontés particulières? Montrera-t-il que la doctrine des providences particulières corrompe les bonnes mœurs? oseroit-il désavouer qu'elle ne soit un soutien de notre espérance, un adoucissement sensible de nos maux, et une source de piété tendre? Dira-t-il donc que l'Église a condamné cette doctrine? où sont ses anathêmes? Ne faut-il pas avouer au contraire, pour peu qu'on soit de bonne foi, que l'Église, pleine de l'esprit de l'Écriture, a parlé le même langage dans ses instructions et dans ses prières? Dira-t-il donc que cette doctrine est contraire aux règles générales du sens commun, conformes à une manifeste tradition? Mais quel est ce sens commun qu'aucun chrétien n'a eu avant l'auteur, puisque son sentiment est reconnu universellement pour une nouveauté inouïe dans toute l'Église? quel est ce sens commun, si particulier à un petit nombre de méditatifs obscurs? quel est ce sens commun, contre lequel s'élève avec horreur la foule des ames pieuses, aussi bien que les docteurs les plus éclairés?

Mais la foule, dira l'auteur, est ignorante sur les principes de la philosophie; elle est nourrie dans de faux préjugés; elle cherche, dans des volontés particulières de Dieu, de vaines consolations. Eh bien! je suppose avec l'auteur, s'il le veut, que la piété de tant d'ames saintes se nourrit d'erreur : mais enfin il faut qu'il avoue qu'il faut être philosophe pour entendre son système, et que tous les fidèles étoient avant lui plongés dans des préjugés trompeurs sur les volontés particulières.

Voilà donc sa doctrine, qui, de son propre aveu, est nouvelle, et renfermée dans un petit cercle de disciples qu'il a persuadés. Le sens commun n'est donc plus sur la terre que dans son école? Que s'il est encore dans le reste du genre humain, l'auteur doit avouer que l'explication littérale de l'Écriture sur les volontés particulières n'est point contraire au sens commun, non plus qu'aux endroits clairs de l'Écriture, aux bonnes mœurs, et aux décisions de l'Église : par conséquent, on doit la regarder comme révélée.

N'est-il pas étonnant que l'auteur combatte une doctrine appuyée sur une si grande autorité, sans avoir la consolation de pouvoir nommer, je ne dis pas un saint Père, mais un théologien connu, sur les traces duquel il marche? On ne sauroit ouvrir aucun monument ecclésiastique, sans y trouver à chaque page des témoignages d'une tradition perpétuelle contre lui. Cette confiance en Dieu, qui veut tout ce qui nous arrive, et qui s'en sert pour les desseins d'une providence miséricordieuse, est l'ame de tout le christianisme. Jusques ici nul chrétien n'a trouvé de consolation pour les accidents de la vie que dans cette pensée. La doctrine contraire, qui est si nouvelle, si odieuse, si pleine de contradictions, méritoit-elle que l'auteur rejetât le sens naturel des saintes Écritures?

Mais s'il va jusques à contredire les règles de saint Augustin pour l'interprétation de l'Écriture, que j'ai rapportées en abrégé, voici les extrémités affreuses dans lesquelles il se précipite. Dès ce moment, le texte de l'Écriture passera toujours pour figuré, pour poétique, pour populaire; on ne rejettera jamais rien de tout ce qui est dans le texte sacré, mais on expliquera tout selon les idées philosophiques. Le texte n'aura plus d'autorité fixe et indépendante, parce qu'étant poétique et populaire, il aura besoin d'être souvent réduit à la rigueur métaphysique, et à ce que l'ordre enseigne, quand il est consulté. S'il n'y a point de règle certaine pour discerner les endroits populaires d'avec ceux qui sont conformes à l'ordre, voilà la parole divine livrée aux interprétations arbitraires.

Il est vrai, dira peut-être l'auteur, que chacun fera ce discernement à sa mode; mais enfin cela dépend de la bonne foi.

S'il n'y a point de règle certaine, la bonne foi ne peut nous rendre l'Écriture utile; la bonne foi ne sert qu'à ceux qui ont une règle devant les yeux; leur bonne foi les empêche de s'en écarter: mais pour ceux qui croient que l'Écriture parle communément un langage poétique et populaire, quelque bonne foi qu'ils aient, comment peuvent-ils savoir quand est-ce que l'Écriture parle exactement? Un homme qui est de bonne foi, plein du désir d'aller à Rome, s'il n'a un guide ou une instruction précise pour discerner le chemin de Rome d'avec tous les autres chemins, sera fort embarrassé au premier endroit où il trouvera deux chemins également droits et battus qui s'éloigneront l'un de l'autre.

Ne dites pas qu'il n'y a aucune règle, dira peut-être l'auteur; il faut de bonne foi prendre l'Écriture à la lettre, toutes les fois qu'elle n'est point contraire aux vérités évidentes de la métaphysique. Mais l'auteur ne sait-il pas que chacun consulte l'ordre à sa mode, et que la métaphysique est une science dont très peu d'esprits sont capables? Chacun croira pouvoir décider, et « consultant par » la méditation, qui est la prière naturelle, le » Verbe, qui est la raison universelle des esprits,.. » laquelle, quoique consubstantielle à Dieu même, » répond à tous ceux qui savent l'interroger » par une attention sérieuse [1]; » et cela malgré l'Écriture, qui dit : *Quel homme peut savoir le conseil de Dieu? et qui peut concevoir ce que Dieu veut* [2] ? malgré le Sage, qui nous crie : *Ne recherchez point les choses qui sont au-dessus de vous* [3], chacun croira pouvoir, comme l'auteur, entrer dans tous les desseins de Dieu, et trouver les raisons de tout ce qu'il a fait. Comme l'auteur, avec un petit nombre de disciples, malgré tout le reste des philosophes, et malgré tous les théologiens, appelle tropologiques toutes les expressions de l'Écriture qui nous représentent des providences particulières ; de même d'autres philosophes, entêtés de leurs méditations sur les choses abstraites, prendront pour des tropologies d'autres expressions qui établissent plusieurs grandes vérités du christianisme. N'est-ce pas ainsi que Spinosa, sous prétexte de raisonner avec l'exactitude géométrique sur les principes évidents de la métaphysique, a écrit des rêveries qui sont le comble de l'extravagance et de l'impiété? Nous avons consulté l'ordre, diront ces philosophes présomptueux, et *la raison universelle des esprits, qui répond à tous ceux qui savent l'interroger par une attention sérieuse*. D'un côté, ils croiront tenir immédiatement du Verbe toutes leurs pensées philosophiques; de l'autre, ils regarderont l'Écriture comme un livre dont les paroles, prises à la lettre, n'ont l'autorité divine qu'autant qu'elles conviennent à ce que le *Verbe répond quand on l'interroge*. En faut-il davantage pour faire des fanatiques? et quand même ils seroient naturellement assez retenus pour se borner à une philosophie discrète et sensée, du moins n'est-ce pas soumettre la lettre de l'Écriture à la philosophie? N'est-ce pas retomber dans les discussions infinies des philosophes? comme si Jésus-Christ n'étoit pas venu au monde nous apporter une autorité qui doit faire taire tous nos raisonnements. N'est-ce pas rentrer *dans les vils éléments de la sagesse* dont parle l'Apôtre [1] ? *Au lieu de réduire les esprits en captivité sous le joug de la foi* [2], on réduira la foi à subir le joug de l'examen des philosophes.

Mais voyons comment l'auteur se fait cette objection à lui-même, et avec quelle assurance il la méprise. « Quand je pense, dit-il au Verbe [3], » qu'un savant philosophe [4] a dit que c'est être » téméraire que de vouloir découvrir les fins que » Dieu a eues dans la construction du monde ; » quand je me souviens que votre Apôtre a dit » que les jugements de Dieu sont impénétrables, » que ses voies sont bien différentes des nôtres, et » que personne n'est entré dans le secret de ses » conseils, j'hésite. » Voyons comment il cessera d'hésiter. Le Verbe lui répond : « Je communique » avec joie tout ce que je possède, en qualité de » Sagesse éternelle..... Ne t'arrête point à ce que » te disent les hommes, quelque savants qu'ils puissent être, si je ne confirme leurs sentiments par » l'évidence de ma lumière. La connoissance des » causes finales n'est pas nécessaire dans la physique dont parle ton philosophe ; mais elle est » absolument nécessaire dans la religion. » Je n'ai garde de blâmer l'auteur, quand il prétend que nous connoissons certains conseils de Dieu, ou révélés à son Église, ou manifestés par le bel ordre de la nature ; mais je tremble pour lui quand je lui entends dire que *le Verbe communique sans réserve tout ce qu'il possède en qualité de Verbe et de Sagesse éternelle, quand on l'interroge par une attention sérieuse*. Tout philosophe qui aura cette pensée doit croire qu'il ne tient qu'à lui de rendre raison de tous les desseins de Dieu, ou plutôt d'en faire rendre raison à Dieu même en l'interrogeant. Cette consultation immédiate du Verbe sera sans doute au-dessus de la lettre figurée et équivoque des Écritures ; enfin ce sera par ce sens particulier que les Écritures seront expliquées.

C'est sur de tels principes que les sociniens expliquant toutes les expressions mystérieuses de l'Écriture, pour les accommoder à la raison, qui est la lumière du Créateur, ont anéanti toute l'autorité de la lettre et tous les mystères du christianisme. Dès qu'on voudra consulter l'ordre et la raison universelle des esprits, pour savoir si une expression de l'Écriture est tropologique ou non, il n'y a plus aucun moyen de répondre à ces hérétiques, ou plutôt à ces philosophes grossiers, qui ne portent le nom de chrétien que pour renverser davantage le christianisme. Nous avons

---

[1] *Traité de la Nature et de la Grace*, 1er disc., art. VII, etc.
[2] *Sap.*, IX, 13.
[3] *Eccli.*, III., 22.

[1] Coloss., II., 8. [2] II Cor., x., 5. [3] Médit., XI., n. 1, 2.
[4] DESCARTES, *Princip. de la Philos.*, 1re part., art. 28.

consulté, diront-ils, la raison universelle, et elle ne nous a point répondu que trois personnes distinctes, dont l'une n'est pas l'autre, et dont chacune est Dieu, puissent n'être toutes ensemble qu'un Dieu unique : ainsi ce seroit retomber dans les erreurs du paganisme sur la pluralité des dieux, que de prendre à la lettre les paroles de l'Écriture qui semblent enseigner la Trinité, comme l'Église romaine la croit : tous ces endroits de l'Écriture sont figurés et tropologiques. Ceux où Jésus-Christ est appelé Dieu ne le sont pas moins ; il est Dieu comme les hommes le sont selon l'Écriture même. Il est plein de l'esprit, de la sagesse et de la vertu de Dieu ; Dieu parle et agit en lui : mais toutes ces expressions ne peuvent être figurées ; car, si on consulte la *raison universelle* sans se laisser préoccuper par aucune autorité, elle ne répondra jamais que la même personne puisse être Dieu et homme tout ensemble.

Que répondra l'auteur ? S'il dit qu'il faut prendre l'Écriture à la lettre, indépendamment de la philosophie, voilà son système condamné, et les providences particulières, qu'il a tant combattues, établies avec une suprême autorité. S'il dit que toute expression de l'Écriture qui ne convient pas à la philosophie doit passer pour tropologique, voilà l'autorité de la lettre des Écritures abattue. Il n'y a plus entre lui et les sociniens qu'une question de philosophie, dans laquelle il aura un mauvais succès ; car c'est à lui à leur montrer que la raison universelle, quand on l'interroge, enseigne la Trinité et l'incarnation, ou du moins que ces mystères n'ont rien qui ne s'accommode clairement avec la raison et la philosophie.

N'est-il pas manifeste que c'est saper les fondements de toute autorité pour la religion, que de la rendre dépendante d'un examen philosophique ? C'est ce que les Pères ont dit mille fois ; c'est cette *science de dehors* qu'ils ont toujours regardée comme suspecte à l'Église, et comme profane. J'espère que l'auteur sera touché de quelques remords, d'avoir voulu établir une opinion qui renverseroit l'autorité de la lettre des Écritures ; j'espère que, rendant gloire à Dieu par une humble confession de son erreur, il dira avec nous aux sociniens : Ce seroit en vain que Dieu auroit donné l'Écriture aux hommes pour régler leur raison, si leur raison elle-même devoit régler le sens douteux des Écritures ; le style figuré dont elles sont écrites, bien loin d'être un secours, ne seroit qu'un piége à l'esprit humain. Toutes les expressions magnifiques dont elle se sert sur le Père, sur le Fils, sur le Saint-Esprit ; tout ce qu'elle dit pour représenter Jésus-Christ comme Dieu, au lieu d'apporter la vérité au monde, n'y répandroit que d'affreux mensonges : ce seroit l'Écriture qui nous auroit fait tomber dans l'idolâtrie à l'égard de Jésus-Christ ; et Jésus-Christ lui-même, cet homme que vous admirez comme un homme céleste et plein de l'esprit de Dieu, n'auroit laissé au monde, pour fruit de sa venue, qu'une Église extravagante et idolâtre dès son origine, qui auroit empoisonné toutes les nations et tous les siècles de son venir. Voilà ce que l'auteur ne peut dire avec nous contre les sociniens, sans reconnoître en même temps qu'il n'est jamais permis, sur des méditations philosophiques, d'appeler tropologique la lettre de l'Écriture, à moins qu'on ne suive une explication autorisée par la tradition de l'Église.

CHAPITRE XX.

Tout ce système n'a pour fondement qu'une opinion touchant l'incarnation, qui est dépourvue de toute preuve de raisonnement et d'autorité.

Il est temps d'examiner ce que l'auteur dit sur Jésus-Christ. Il a bien senti qu'il ne pouvoit expliquer, par la seule simplicité des voies de Dieu, comment Dieu a fait le plus parfait de tous les ouvrages possibles. Ainsi, pour donner à l'ouvrage le plus haut degré de perfection, voici comment il raisonne : « Quel rapport, dit-il [1], entre les créa- » tures quelque parfaites qu'on les suppose, et » l'action par laquelle elles ont été produites ? » Toute créature étant bornée, comment vaudra- » t-elle l'action d'un Dieu, dont le prix est infini ? » Dieu peut-il recevoir quelque chose d'une pure » créature qui le détermine à agir ?.... Ce n'est » qu'en Jésus-Christ qu'il s'est résolu à le pro- » duire ; sans lui il ne subsisteroit pas un mo- » ment. »

Vous voyez qu'il veut prouver que le monde sans Jésus-Christ eût été indigne de Dieu, et qu'il ne faut jamais séparer le reste de l'ouvrage du chef qui en fait tout le prix : par conséquent le voilà engagé à montrer que le Verbe se seroit nécessairement incarné, quand même Adam auroit persévéré dans l'innocence. Examinons ses raisonnements, et les endroits de l'Écriture qu'il cite pour prouver la nécessité absolue de l'incarnation.

Pour ses raisonnements, ils se réduisent à deux ; voici le premier : *Toute créature étant bornée,*

---

[1] *Traité de la Nat. et de la Grace*, 1er disc., art. XXVI.

comment vaudra-t-elle *l'action d'un Dieu dont le prix est infini?* Donc, selon l'auteur, Dieu ne peut agir que pour faire un ouvrage qui vaille autant que son action. Son action est lui-même; il faut que l'ouvrage égale l'ouvrier : donc Dieu n'est jamais libre de faire un ouvrage qui ne soit pas infiniment parfait. Mais qui a dit à l'auteur que Dieu ne peut jamais agir, à moins que son ouvrage ne vaille autant que son action? Pour moi, je prétends que son action n'étant que sa volonté, elle ne lui coûte rien, et par conséquent que Dieu n'a point besoin, comme les hommes foibles qui font des efforts pour agir, de comparer le prix de son travail avec celui de son ouvrage. Mais un homme même qui fait un ouvrage, par exemple, un horloger qui fait une montre, la fait par une action que l'auteur ne croit pas réellement distinguée de cet ouvrier; cette action est donc l'homme même qui la fait, et par conséquent elle est en ce sens d'une valeur beaucoup plus grande que la montre. Cependant on ne dira jamais que cet ouvrier manque de sagesse, parce que son action vaut plus que son ouvrage. Il est vrai que si Dieu faisoit hors de lui-même quelque chose d'infini pour créer le monde, il faudroit sans doute que le monde, qui seroit la fin, fût proportionné à la chose infinie qui serviroit de moyen pour sa création : mais, encore une fois, l'action de Dieu, qui est infinie, n'est rien hors de Dieu, et ne coûte rien à Dieu; il n'est rien d'ajouté à ce qu'il étoit avant que d'agir. Si l'auteur avoit bien consulté l'idée de l'être infiniment parfait, il auroit vu que rien n'est si grand que d'agir toujours sans effort, et de pouvoir faire toutes sortes d'ouvrages sans avoir besoin de comparer son travail avec ce qu'on veut faire : d'ailleurs l'action de Dieu est Dieu même; son ouvrage, en tant qu'il est son ouvrage, ne peut être l'ouvrier même : donc l'ouvrage de Dieu, en tant que son ouvrage, bien loin de devoir égaler le prix de son action, lui est toujours essentiellement et infiniment inférieur en prix; c'est ce que nous éclaircirons davantage dans la suite.

Venons à la seconde raison de l'auteur. *Dieu peut-il recevoir*, dit-il, *quelque chose d'une pure créature, qui le détermine à agir?* Vous voyez qu'il ne paroît avoir aucune idée de la liberté de Dieu : il suppose toujours que quelque chose détermine Dieu; qu'il ne se détermine point lui-même *selon son bon plaisir*, comme dit l'Écriture; et qu'il ne peut être déterminé à agir que par un ouvrage infiniment parfait. Pour moi, je n'ai qu'à lui répondre que la souveraine liberté et la souveraine perfection de Dieu consistent en ce qu'il se détermine toujours par lui-même, parce que tout ce qui est au-dedans de lui capable de le déterminer, comme par exemple son Verbe, est lui-même, et que tout ce qui est hors de lui est infiniment inférieur : d'où je conclus avec saint Augustin que toute créature, à quelque degré d'être qu'on la considère, est bonne et digne de Dieu, parce que rien n'est opposé que le néant à la souveraine perfection de l'être infini.

Il nous reste à examiner les endroits de l'Écriture par lesquels l'auteur veut faire entendre que l'incarnation étoit d'une absolue nécessité. Jésus-Christ, dira-t-il, *est cette sagesse que Dieu possède comme le commencement de ses voies*[1]; *cette sagesse sortie de la bouche du Très-Haut, qu'il a créée, et qui est sa première née avant toute créature*[2]. C'est elle qui, parlant d'elle-même, a dit : *Celui qui m'a créée*, etc.; et encore : *Au commencement, et avant tous les siècles, j'ai été créée*[3]. Toutes ces expressions, dira l'auteur, ne peuvent convenir au Verbe seul, car il n'a point été créé; donc il est certain par l'Écriture que le Verbe incarné, c'est-à-dire Jésus-Christ, qui est une créature, a été le commencement des voies de Dieu, et la fin qu'il s'est proposée en créant l'univers. Ainsi voilà Jésus-Christ chef de toutes les créatures, indépendamment de la chute du premier homme.

Mais l'auteur doit savoir que le mot *créer*, qui fait toute la force de sa preuve, a été mis apparemment dans les versions à cause du rapport qu'il y a dans le grec entre le mot κτίζω, qui signifie *je crée*, et le mot κτάω, qui signifie *j'acquiers* ou *je possède*. Dans l'endroit des Proverbes où la Vulgate dit : *Dominus possedit me in initio viarum suarum*, l'hébreu se sert du terme קנה (kanah), qui signifie : *Le Seigneur me possède comme le commencement de ses voies*. Ainsi, quand on remonte à l'hébreu, on voit clairement que le mot de ברא (barah) qui signifie *créer*, n'est jamais employé pour la Sagesse de Dieu. Si l'Ecclésiastique où la Vulgate emploie le terme de créer, étoit en hébreu, nous y verrions apparemment cette même règle observée; mais comme nous n'avons ce livre qu'en grec, et que dans le grec les deux mots κτίζω et κτάω ont un grand rapport quant aux lettres, et une extrême différence quant au sens, il faut conclure que ces expressions, où il est parlé de la même Sagesse dont il est parlé dans les Proverbes, se réduisent à la même significa-

---

[1] *Prov.*, VIII, 22. [2] *Eccli.*, XXIV, 5. [3] *Ibid.*, 12, 14.

tion, c'est-à-dire que Dieu acquiert, possède, engendre sa Sagesse. Ne voit-on pas même que dans le latin le mot de *creare*, dans sa signification naturelle, veut dire *engendrer, former, établir?* C'est en ce sens que les anciens Romains, qui ont parlé plus purement cette langue, et qui n'ont jamais connu l'action par laquelle Dieu a tiré l'univers du néant, ont employé ce terme dans leurs écrits. Pour le terme de posséder, qui est maintenant dans la Vulgate, *Il m'a possédé comme le commencement de ses voies,* il est visible qu'il signifie *il m'a engendré;* comme Ève dit, après la naissance de Caïn son fils : *Par le don de Dieu, je possède un homme* [1].

Si l'auteur résiste à une explication si naturelle, prétendez-vous, lui dirai-je, autoriser les ariens, qui ont voulu tirer de ces passages de si grands avantages contre la divinité du Verbe? Après tout, il est évident que dans ces endroits il ne peut s'agir du Verbe incarné. Le Saint-Esprit y parle manifestement de la génération du Verbe, et non de son incarnation, puisqu'il parle de la production de cette Sagesse *au commencement, et avant tous les siècles,* et qu'il la représente elle-même comme *se jouant dans la formation de l'univers.* Vous voyez donc bien que tout cela ne peut avoir aucun rapport à Jésus-Christ en tant que créature, et chef des ouvrages de Dieu.

Au reste, quand la Sagesse éternelle est appelée *la première née avant toute créature,* on peut sans danger prendre ces paroles dans toute la rigueur de la lettre pour le Verbe incréé. Le Fils de Dieu est le premier né du Père. Cette Parole *conçue* * dans son sein y a pris une naissance éternelle, avant qu'il ait rien produit hors de lui. C'est en ce sens qu'on doit entendre saint Paul, quand il dit du Fils bien aimé de Dieu, qu'il est *l'image de Dieu invisible, né avant toute créature* [2].

Il est vrai que saint Paul ajoute que *tout a été créé par le Fils de Dieu, et dans le ciel et sur la terre, les choses visibles et invisibles, soit les Trônes, soit les Dominations, soit les Principautés, soit les Puissances, tout a été créé par lui et en lui* [3]. Tout cela convient à Jésus-Christ comme étant le Verbe éternel de Dieu. Mais *nous ne laissons pas de confesser* ** que Jésus-Christ est le chef de toutes les œuvres de Dieu, et des anges mêmes. Non-seulement il règne sur eux, en tant que consubstantiel à son Père; mais encore, comme homme *ressuscité d'entre les morts,* il est assis dans le ciel à sa droite au-dessus de toutes *les Principautés et de toutes les Puissances, de toutes les Vertus, de toutes les Dominations, et de tout nom qui est nommé non-seulement dans ce siècle, mais dans le futur. Il a mis toutes choses sous ses pieds, et il l'a donné pour chef à toute l'Église* [1]. Voilà donc Jésus-Christ chef de l'Église céleste ; le voilà reconnu souverain de toute la nature spirituelle et corporelle sans exception : mais tout cela, bien loin de prouver que Dieu n'a pu créer le monde que pour Jésus-Christ, ne prouve pas même que Jésus-Christ soit du premier dessein de la création ; car on peut dire, selon les Écritures, que c'est le péché d'Adam et de sa postérité qui a fait dire au Fils de Dieu : *Ecce venio* [2], *voilà que je viens,* pour être votre victime; et que son Père, pour récompenser l'humanité qu'il a prise du sacrifice auquel elle s'est dévouée, lui a donné cette gloire et cette puissance *sur toutes les œuvres de ses mains* [3].

Si l'auteur nous cite encore saint Paul, qui assure que Jésus-Christ est la pierre fondamentale de l'édifice, le chef et l'unique principe de vie de tous les corps que Dieu a formés; s'il allègue l'Apocalypse, où la lumière de l'Agneau éclaire tout le temple de Dieu, je lui réponds que tout cela marque seulement que, supposant l'incarnation du Verbe, le Verbe incarné est le fondement, le chef, l'ame de son Église, et la gloire de la céleste Jérusalem. Mais tout cela ne prouve point qu'outre cet ordre, qui est celui de la rédemption, il n'y en ait pas un autre de la création, où l'incarnation du Verbe n'étoit pas comprise.

Mais l'univers entier, dira l'auteur, *est pour les élus, les élus pour Jésus-Christ, et Jésus-Christ pour Dieu.* Donc tout a été créé pour Jésus-Christ.

J'avoue que dans le nouvel ordre de la réparation du genre humain tout subsiste pour l'Église, et l'Église pour Jésus-Christ ; mais je soutiens que cet ordre de la nature réparée n'est pas le même que celui de la création. Si le premier ordre eût subsisté, il y auroit eu sans doute une Église, c'est-à-dire une société des enfants de Dieu ; mais la question est de savoir si en ce cas-là le Verbe se seroit incarné, et si Jésus-Christ eût été le chef de cette Église. C'est ce que l'Écriture ne dit ni n'insinue en aucun endroit; et c'est ce que l'auteur suppose sans preuve, pour en faire le fondement de tout son système.

L'auteur dit encore que l'homme n'a été formé qu'à la ressemblance de Jésus-Christ ; que l'union

---

[1] Genes., IV, 1. * Bossuet. [2] Colos., I, 15. [3] Ibid., 16. ** Bossuet.

[1] Ephes., I. 20. 21. 22. [2] Hebr., x, 7. [3] Ps. VIII. 7. Hebr., II, 7.

de l'homme avec la femme représentoit l'union du Verbe avec l'humanité, et qu'ainsi toute la nature, dès son institution, a été pleine de figures mystérieuses de Jésus-Christ, qui la rendoit digne des complaisances de Dieu.

Si tous les ouvrages de la nature ont été pleins de figures mystérieuses de Jésus-Christ, il faut conclure que toute la nature a été d'abord pleine d'ouvrages faits par des volontés particulières ; car ces rapports mystérieux ont été voulus par le Créateur, et on ne pourroit les appeler des rapports mystérieux formés avec dessein de représenter une chose future, s'ils n'étoient que les simples effets des lois générales du mouvement.

Mais, pour répondre directement à cette objection, je m'arrête au sens naturel des Écritures. Elles m'enseignent que l'homme a été fait à l'image et à la ressemblance de Dieu ; par conséquent il est fait à la ressemblance du Verbe, qui est la souveraine raison de la sagesse éternelle ; c'est par-là qu'il a été digne de plaire à Dieu : son union avec la femme a sans doute représenté, dans sa première institution, l'union que l'amour du Créateur met entre lui et sa créature.

Je vais néanmoins plus avant, et j'avoue que le mariage d'Adam et d'Ève a représenté le grand mystère de l'union de Jésus-Christ avec l'Église son épouse. Saint Paul, rapportant les paroles de la Genèse, ajoute immédiatement après [1] : *Ce mystère ou ce sacrement est grand*, et le reste. Il est vrai même qu'Adam, le premier homme, a été une *figure de l'homme à venir*, figure par sa conformité avec Jésus-Christ en certaines choses, et par son opposition en d'autres, comme l'Apôtre l'a remarqué [2].

Je ne veux point empêcher l'auteur de trouver dans l'ouvrage de la création d'autres figures de Jésus-Christ. Qu'en conclura-t-il ? Dieu, qui prévoyoit la chute d'Adam, et la réparation qu'il en pouvoit faire par Jésus-Christ, ne pouvoit-il pas figurer Jésus-Christ en la personne d'Adam même, et dans tous ses autres ouvrages ? Ceux qui distinguent les deux ordres de la création et de la rédemption du monde savent bien que Dieu n'a pu commencer le premier sans savoir qu'il ne seroit pas continué, et que le second lui succéderoit. Ainsi ils croient que Dieu ayant préparé dès l'éternité ces deux ordres, il a pu les proportionner, et mettre dans le premier des rapports au second ; mais ces rapports ou ces figures entre deux choses d'ailleurs toutes différentes ne les confondent pas, et rien ne peut prouver qu'elles soient absolument inséparables. Dieu, dirai-je toujours à l'auteur, a figuré Jésus-Christ en Adam, parce qu'il a prévu la chute d'Adam, et la rédemption qui en seroit la suite ; mais si Dieu eût prévu qu'Adam ne devoit point pécher, ou il n'auroit mis en lui aucune figure de Jésus-Christ, ou les choses qui ont figuré Jésus-Christ en lui y auroient été pour quelque autre fin. En vouloir dire davantage, c'est vouloir dire plus que l'Écriture.

CHAPITRE XXI.

Ce système est incompatible avec le grand principe par lequel saint Augustin, au nom de toute l'Église, a réfuté les manichéens.

Mais c'est le moindre et le plus supportable défaut de la doctrine de l'auteur, que de manquer de preuves. Voici en quoi il favorise, sans le vouloir, l'hérésie des manichéens, et celle des marcionites, leurs prédécesseurs. Ils disoient que l'ouvrage de la création n'étoit pas bon, et que c'étoit pour cela que Jésus-Christ, envoyé par le bon principe, l'avoit réparé. L'auteur dit que l'ouvrage de la création seroit indigne de Dieu, si Jésus-Christ ne l'avoit rendu digne de cet être infiniment parfait.

Mais, dira l'auteur, il y a une extrême différence entre croire l'ouvrage de la création mauvais, comme ces hérétiques, et le croire indigne de Dieu, s'il étoit détaché de Jésus-Christ, comme je le crois.

Il y a sans doute de la différence entre ces deux opinions ; mais elles ont une erreur commune. Ce qui est indigne de la sagesse de Dieu, ce qui est contraire à l'ordre immuable, c'est-à-dire à l'essence divine, étant opposé à la perfection et à la bonté essentielle, ne peut jamais être, en cet état et sous cette précision, qu'essentiellement mauvais : c'est ce que je crois avoir démontré dès le commencement de cet ouvrage. L'auteur disant donc que l'ouvrage de la création seroit indigne de Dieu sans Jésus-Christ, c'est comme s'il disoit qu'il seroit mauvais.

J'admets cette conséquence, répondra peut-être l'auteur ; elle n'a rien de commun avec l'impiété des marcionites et des manichéens ; et c'est en vain que vous voulez m'effrayer par ces noms odieux, à toute l'Église. Ces hérétiques croyoient que le monde étoit actuellement mauvais, quand Jésus-Christ est venu le réparer. Pour moi, je crois qu'il n'a jamais été mauvais, parce qu'il n'a jamais été séparé de Jésus-Christ dans le dessein de Dieu, et

[1] *Ephes.*, v, 52. [2] *Rom.*, v, 14 et seq.

que seulement il eût été mauvais, si, par impossible, il eût été créé sans l'incarnation du Verbe. Remarquons attentivement l'état de la question entre l'Église et ces hérétiques; examinons si l'auteur peut dire contre eux ce que l'Église leur a dit pour combattre leurs erreurs : examinons si l'Église a jamais parlé contre eux un langage qui puisse s'accommoder avec celui de l'auteur.

Les Pères disent-ils à ces hérétiques : Le monde que vous croyez mauvais ne peut l'être, puisqu'il est inséparable de Jésus-Christ, qui est, selon vous, le Fils de Dieu, l'envoyé du bon principe, et que par-là il a toujours été infiniment parfait? Voilà une controverse abrégée et décisive; en voit-on le moindre vestige dans les Pères? Tout au contraire, ils supposent qu'il faut considérer le monde comme séparé de Jésus-Christ. Ils avouent qu'il n'a été dans sa création que d'une perfection bornée; ils disent qu'il faut entendre à la lettre ce que la Genèse rapporte à la fin de chaque journée; savoir, que l'œuvre de Dieu étoit *bonne* en cet état; ils ajoutent que par le péché d'Adam l'ouvrage de Dieu, dont l'homme est la plus noble portion, a perdu une partie de sa perfection originelle : mais ils soutiennent que toute nature, quelque corrompue, c'est-à-dire quelque diminuée qu'elle soit, tant qu'elle demeure nature, est encore bonne; qu'à quelque degré de perfection et d'être qu'on la rabaisse, pourvu qu'il lui en reste quelqu'un, elle porte encore la marque du doigt de Dieu, et n'est jamais mauvaise; qu'en un mot toute substance, en tant que substance, quelque vile et corrompue qu'elle soit, est encore essentiellement bonne. L'auteur dira-t-il la même chose? Pourra-t-il de bonne foi, selon ses principes, dire avec saint Basile et avec saint Augustin qu'il suffit d'être substance pour être essentiellement bon? Dira-t-il avec saint Augustin que Dieu n'a fait qu'une très petite partie de ce qu'il pouvoit faire, et qu'il est libre de créer plusieurs autres mondes?

Mais quand les Pères parlent, comme nous venons de le voir, d'une manière si opposée aux principes de l'auteur, le font-ils sur de simples opinions de philosophie? Nullement. Au contraire, saint Augustin dans son livre *de Utilitate credendi*, contre les manichéens, assure qu'il ne lui est permis d'user d'aucun terme qui ne soit autorisé par la tradition. Ceux mêmes qui paroissent bons, il n'ose les employer, parce qu'il ne les a point appris des anciens.

Nous avons déjà vu que, quand il pose pour principe fondamental, contre les manichéens, que le moindre degré de perfection qu'on peut concevoir dans une créature convient à Dieu, et que tout degré d'ordre, quelque petit qu'il soit, vient de lui; il ne parle point ainsi en simple philosophe, mais au nom et avec l'autorité de toute l'Église. « Nous autres catholiques chrétiens, » dit-il [1], nous adorons un Dieu de qui viennent » toutes choses, soit grandes, soit petites; de qui » toute mesure, soit grande, soit petite; de qui » toute beauté, soit grande, soit petite; de qui tout » ordre, soit grand, soit petit... Dieu est au-dessus » de toute mesure, de toute beauté, de tout or- » dre. » Vous voyez par quelle autorité saint Augustin décide que tout ordre et tout bien, quelque petit qu'on le conçoive, est digne de Dieu. Voilà donc un principe de l'Église contre les manichéens qui n'est pas moins contraire à l'auteur qu'à ces hérétiques, savoir, que tout être, à quelque degré qu'on le conçoive au-dessous de la plus grande perfection, seroit encore bon et digne de Dieu.

CHAPITRE XXII.

Il n'y a jamais eu de théologien qui ait raisonné comme l'auteur, quand il dit que la création du monde seroit indigne de Dieu, si Jésus-Christ n'y étoit compris.

L'auteur pourra me dire : Vous ne pouvez désavouer que les théologiens sont partagés pour savoir si le Verbe se seroit incarné ou non, supposé qu'Adam n'eût point péché.

Il est vrai que quelques théologiens assez modernes ont cru que le Verbe se seroit incarné dans une chair impassible, si Adam eût conservé son innocence; mais, outre que cette opinion n'a point de fondement dans l'Écriture, comme nous l'avons vu, qu'elle ne convient pas au langage commun des Pères, et qu'elle ne peut avoir pour se soutenir que des passages équivoques ou des raisonnements de convenance; de plus, elle est très différente de celle de l'auteur. Voici deux points capitaux sur lesquels ces théologiens condamneront aussi fortement que moi son système :

Premièrement, l'auteur dit que sans Jésus-Christ le monde auroit été indigne de Dieu; par conséquent, si on pouvoit l'en séparer, il pourroit être mauvais : donc il ne suffit pas de dire que l'incarnation seroit arrivée, quand même Adam n'auroit point péché : mais il faut ajouter, selon l'auteur, que l'incarnation étoit d'une absolue nécessité, et que sans elle Dieu n'auroit pu créer le monde : c'est ce que ces théologiens rejetteront

[1] *De Nat. Boni cont. manich.*, cap. III, tom. VIII.

comme une doctrine inouïe. Il est vrai, diront-ils, que nous croyons qu'il a plu à Dieu d'honorer la nature humaine par l'incarnation de son Fils, indépendamment du péché d'Adam, et qu'il a voulu mettre dans son Fils toute la gloire de son ouvrage et l'objet de ses complaisances ; mais à Dieu ne plaise que nous entreprenions de détruire la liberté de Dieu ! Nous croyons que Dieu est libre de faire tous les ouvrages qu'il lui plaît, sans y mêler l'incarnation du Verbe.

Secondement, il faut que l'auteur dise que Jésus-Christ a dû nécessairement venir au monde comme rédempteur. Selon lui, l'ordre a déterminé Dieu invinciblement au plus parfait de tous les desseins, pour l'accomplissement de son ouvrage ; car nous avons montré qu'il ne peut soutenir que Dieu ait choisi entre plusieurs desseins également parfaits : donc, il est évident que le dessein qu'il a exécuté étoit le plus parfait de tous. Or, celui qu'il a exécuté renferme Jésus-Christ en qualité de rédempteur : donc le dessein qui renferme Jésus-Christ comme rédempteur, dans une chair crucifiée, est plus parfait que celui qui auroit renfermé Jésus-Christ comme l'ornement seulement de la nature humaine dans une chair impassible. De plus, si le dessein où Jésus-Christ entre comme souffrant n'étoit pas plus parfait que celui où il entre comme l'ornement de la nature humaine, il s'ensuivroit qu'il auroit souffert en vain, et que Dieu, qui ne peut permettre rien, et surtout le mal, que pour sa plus grande gloire, devoit empêcher la chute d'Adam, et se borner au dessein où Jésus-Christ n'auroit point souffert. Cela étant, il faut conclure que Dieu ne pouvoit créer le monde sans le racheter, et que non-seulement l'incarnation du Verbe étoit absolument nécessaire, mais encore que la mort du Sauveur sur la croix étoit essentiellement attachée, par l'ordre inviolable, à la création de l'univers. C'est une seconde erreur dont les théologiens que j'ai nommés sont très éloignés.

Voilà deux conséquences de la doctrine de l'auteur, qui lui sont uniquement propres, et que toute école catholique désavouera : non-seulement cette doctrine est inconnue à toute l'antiquité chrétienne, mais elle est inouïe parmi tous les théologiens modernes. Qu'appellera-t-on *nouveauté profane*[1], à laquelle on doive boucher ses oreilles, si on ne donne ce nom odieux à des principes par lesquels un homme veut décider de ce qu'il y a de plus profond dans le mystère de Jésus-Christ, sans autre autorité que celle de sa philosophie, et sans avoir la consolation de pouvoir dire qu'un seul théologien catholique, depuis les apôtres jusques à nous, ait parlé comme lui ? Si on peut impunément, dans les matières de religion, ouvrir des chemins si nouveaux et si écartés des anciens vestiges ; si la sagesse sobre et tempérée, que saint Paul recommande[1], est si oubliée parmi les chrétiens, que ne doit-on pas craindre dans ces malheureux siècles, où une effrénée curiosité et une présomption violente agite tant d'esprits ?

CHAPITRE XXIII.

Le péché d'Adam seroit nécessaire à l'essence divine, si ce système étoit véritable.

Le titre de ce chapitre ne peut être vrai, me dira-t-on ; car l'auteur dit que Dieu a été libre de faire le monde ou de ne le faire pas ; en ne le faisant pas, il eût évité le péché d'Adam. Il est vrai que l'auteur dit que Dieu pouvoit s'abstenir de créer le monde ; mais il n'est pas moins vrai que j'ai déjà prouvé clairement qu'il ne peut le dire. Supposé que Dieu, comme il le soutient, soit toujours invinciblement déterminé par l'ordre à ce qui est le plus parfait, est-il aussi parfait de ne rien faire, que de faire un ouvrage d'une perfection infinie ? Le monde, infiniment parfait de la perfection de Dieu même par Jésus-Christ, étant mis dans une balance, oseroit-on mettre dans l'autre le néant d'où Dieu a tiré le monde ? Le monde tel qu'il est étoit donc nécessaire à l'ordre ; et le péché d'Adam, bien loin d'être contraire à l'ordre, étoit essentiellement demandé par l'ordre pour l'accomplissement de son œuvre. Si le péché d'Adam a été nécessaire à l'ordre, il l'a été à l'essence divine, qui est l'ordre même.

C'est un sophisme, dira l'auteur. L'ordre ne demande point le péché d'Adam, mais il en tire la plus grande perfection de son ouvrage. Tous les théologiens ne disent-ils pas que ce péché est entré dans les desseins de Dieu pour sa gloire ? Il n'a fait que le permettre. D'ailleurs, ce péché n'ayant rien de positif, il ne peut être l'ouvrage de la volonté de Dieu.

Premièrement, je réponds que c'est en cela que consiste la contradiction dans la doctrine de l'auteur, en ce que d'un côté Dieu ne peut pas vouloir le péché, et que de l'autre, il est essentiel à l'ordre, qui est Dieu même. Au reste, une négation peut en sa manière être essentielle à une chose

---

[1] *Tim.*, vi, 20.

[1] *Rom.*, xii, 3.

positive. N'avons-nous pas montré qu'il est essentiel à toute créature d'avoir des bornes*? Tout de même, je dis que, selon les principes de l'auteur, il est essentiel à l'ordre, qui est Dieu même, qu'il accomplisse le plus parfait ouvrage, et par conséquent qu'Adam ait péché.

Secondement, je n'ai pas besoin d'entrer dans la difficulté, qui est commune à tous les théologiens, sur la permission du péché. Il me suffit que ceux qui sont allés plus loin en cette matière se sont contentés de dire que Dieu a bien voulu renfermer dans son plan général la permission du péché du premier homme, en vue de la rédemption opérée par le nouveau. Ainsi, ces théologiens n'admettent en Dieu qu'une volonté libre pour laisser tomber Adam, et pour faire servir sa chute au plus glorieux de tous ses ouvrages.

Mais l'auteur ne peut éviter de dire que le péché étoit attaché à l'ordre, qui est l'essence divine, *puisque selon ce principe, que je viens de développer, ni l'ordre ne pouvoit être sans l'incarnation, ni l'incarnation sans cette chute***. On voit par-là deux choses, qui sont le comble des absurdités. L'une, que le péché d'Adam, ni tous ceux de sa postérité qui en ont été les suites, et qui ont attiré le réparateur, n'ont pu être commis librement. Ce que Dieu permet par une volonté libre peut arriver ou n'arriver pas; car il y a véritablement une possibilité dans les choses contraires à celles qui ne sont futures que par un décret libre de Dieu; mais pour les choses qui sont contraires à l'essence immuable de Dieu, qui est la raison absolue de toutes choses, elles n'ont aucune sorte de possibilité : puisqu'elles sont absolument impossibles, nulle créature ne peut être libre de les faire. Telle étoit, selon ce système, la persévérance d'Adam et de sa postérité dans le bien : elle étoit contraire à l'ordre, qui est l'essence divine : donc elle étoit absolument impossible; donc Adam et ses enfants n'ont eu aucune liberté à cet égard.

La seconde conséquence que je tire du principe de l'auteur, c'est que Dieu ne pouvant être infiniment sage et parfait, comme je l'ai montré, qu'en faisant le plus parfait ouvrage, et cet ouvrage ne pouvant s'accomplir sans le péché d'Adam, Dieu ne pouvoit être infiniment sage et parfait, en un mot il ne pouvoit être Dieu, sans ce péché.

Si l'auteur dit qu'Adam étoit libre de ne pécher pas, et qu'en cas qu'il n'eût point péché, l'ordre se seroit contenté de l'ouvrage le plus parfait d'entre ceux qui auroient été possible, en ce cas, c'est-à-dire qu'il se seroit borné à unir le Verbe à une chair impassible; je lui demande si l'ouvrage de Dieu, joint au Verbe incarné dans une chair impassible, auroit été infiniment parfait ou non. Il n'oseroit dire qu'il n'auroit pas été infiniment parfait. Cependant, il ne peut éviter de dire qu'il est encore plus parfait selon le dessein du Verbe incarné dans une chair souffrante; car autrement Dieu auroit fait souffrir Jésus-Christ sans raison, c'est-à-dire sans tirer de sa mort aucun degré de perfection pour son ouvrage. Voilà deux desseins infiniment parfaits, dont l'un est pourtant plus parfait que l'autre. Il est aisé de voir l'absurdité grossière de cette doctrine; mais je me réserve de la développer entièrement dans la suite. Cependant voici à quoi je me borne, dans ce chapitre, contre l'auteur.

Quel est donc, lui répondrai-je, cet ordre immuable qui ôte à Dieu toute liberté, et qui le met, pour ses desseins, à la merci de la liberté de ses créatures? Quel est cet ordre qui ne peut rien régler que conditionnellement, et qui est subordonné au choix de l'homme? Quel est cet ordre que l'homme, quand il lui plaît, peut frustrer de l'ouvrage le plus parfait auquel il aspire, et le borner à un moins parfait? Mais enfin, quand même nous supposerions que la volonté libre d'Adam auroit pu, en ne péchant pas, frustrer l'ordre de l'accomplissement du plus parfait dessein, il faudroit toujours que l'auteur avouât que, selon lui, l'ordre, c'est-à-dire l'essence divine qui tend toujours au plus parfait, tendoit nécessairement au dessein dans lequel le péché d'Adam étoit essentiel, et qu'il n'y avoit que la volonté humaine qui pût l'empêcher. Ainsi, suivant cette réponse, l'essence divine exigeoit le péché d'Adam autant qu'elle le pouvoit, en exigeant le choix du dessein le plus parfait où il étoit renfermé; et il n'y avoit que la volonté d'Adam qui fût libre de le rejeter.

CHAPITRE XXIV.

Ce système engage à confondre le Verbe divin avec l'ouvrage de Dieu.

L'auteur veut que le monde soit inséparable du Verbe divin, qui s'est uni à la chair humaine*. Il a voulu en composer un tout indivisible, et représenter par-là l'ouvrage de Dieu infiniment parfait. Mais, pour lui montrer que l'ouvrage de Dieu n'est point par-là infiniment parfait, ni même élevé au plus haut degré de perfection possible, il

---

* Ce qui précède, depuis *je réponds*, est de Bossuet.
** Bossuet.

* Ce chapitre est d'une grande subtilité, et fort abstrait. (*Bossuet.*)

faut lui prouver que le Verbe divin ne doit pas être confondu avec l'ouvrage de Dieu. Il est vrai que la personne de Jésus-Christ est infiniment parfaite ; car c'est une personne divine. Il est vrai encore que le tout où l'humanité est comprise, est infiniment parfait par la divinité qui s'y trouve : mais, après tout, la personne de Jésus-Christ, en tant qu'infinie en perfection, c'est-à-dire en tant que divine, n'est point l'ouvrage de Dieu ; car en ce sens elle est Dieu même. Le tout n'est infiniment parfait que par une de ses parties, qui est le Verbe ; et il n'est l'ouvrage de Dieu que par l'autre partie, qui est l'humanité et l'union hypostatique.

Vous ne pouvez nier, me dira quelqu'un, que le tout ne soit l'ouvrage de Dieu ; car Dieu a formé l'union hypostatique, qui joint le Verbe avec l'humanité, et qui fait de ces deux parties un tout.

A cela je réponds que si on prend l'union des parties pour le tout, Dieu a fait le tout ; mais si on entend par le tout, non-seulement l'union des parties, mais encore les parties elles-mêmes, on ne peut dire sans impiété que Dieu ait fait le tout.

Si un architecte avoit bâti une maison dans un bout de la ville de Paris, non-seulement cette maison seroit son ouvrage, mais l'union de cette maison avec le reste de la ville seroit l'ouvrage de cet architecte ; car il est vrai qu'il auroit fait un tout de cette maison avec Paris. Combien seroit néanmoins ridicule un homme qui soutiendroit que cet architecte auroit fait le tout ! Il a fait, diroit-il, cette masse prodigieuse de bâtiments, car il a fait une maison, et il l'a unie avec le reste de la ville ; il l'a faite en symétrie avec tout le reste, il l'a même liée très solidement avec les autres maisons voisines, et il en a fait avec la ville de Paris un tout qui est son ouvrage. Ne voyez-vous pas, lui répondroit-on, que l'architecte n'a fait qu'une maison seule, et la liaison de cette maison avec le reste de la ville, qui est immense en comparaison de son ouvrage ? Ne dites donc plus que le tout est son ouvrage, puisqu'il n'y en a qu'une si petite partie qui le soit véritablement.

Cette comparaison sert à rendre sensible ce que j'ai à dire contre l'auteur. Vous voulez, lui dirai-je, que Dieu ait fait un ouvrage infini en perfection, parce qu'il a fait un ouvrage qu'il a uni à son Verbe. Le Verbe est infiniment parfait, il est vrai ; mais le Verbe n'est non plus l'ouvrage de Dieu que la ville de Paris est celui de l'architecte. L'architecte ne doit s'attribuer que la maison qu'il a faite, et jointe à Paris. L'auteur ne doit attribuer à Dieu que l'ouvrage que Dieu a fait, et l'union de cet ouvrage avec son Verbe. L'ouvrage que Dieu a uni au Verbe, par sa propre valeur n'est que d'une perfection bornée, à laquelle Dieu pouvoit sans doute beaucoup ajouter. Donc l'union avec le Verbe n'empêche pas que l'ouvrage de Dieu ne soit au-dessous de la perfection que Dieu auroit pu lui donner ; donc il est faux que Dieu ait choisi le plus parfait de tous les ouvrages possibles.

Quoi ! reprendra l'auteur, Dieu pouvoit-il faire quelque chose de plus parfait que l'homme-Dieu ?

Non, il ne pouvoit même jamais faire rien de si parfait que cette personne divine, si on y comprend tout ce qu'elle renferme. Aussi est-il certain qu'en ce sens il ne l'a pas faite ; elle est incréée. L'homme-Dieu, pris dans toutes ses parties, n'est pas l'ouvrage de Dieu ; mais ce qui est en lui réellement produit, et qui fait qu'on l'appelle l'ouvrage de Dieu, n'est que d'une perfection bornée ; c'est l'humanité et l'union hypostatique. Dieu auroit pu sans doute rendre cette humanité encore plus parfaite qu'elle ne l'est, puisqu'elle n'est pas infinie, comme l'auteur l'avoue lui-même, quand il fait dire à Jésus-Christ : « Ma conduite dans la » construction de mon ouvrage doit porter le ca- » ractère d'une cause occasionelle et d'un esprit » fini [1]. »

Mais l'union hypostatique, dira l'auteur, n'est-elle pas d'une infinie perfection ?

Distinguons, lui répondrai-je : si vous la considérez comme un être qui est réellement l'ouvrage de Dieu, et qui est réellement distingué du Verbe, vous n'oseriez dire que cet être soit en soi-même d'une perfection infinie. Si, au contraire, vous ne la considérez que comme l'action du Verbe sur l'humanité, ou comme un mode, ou enfin comme une chose à laquelle le Verbe communique un prix infini en lui servant de terme, en ce cas, vous retombez toujours à confondre le prix infini du Verbe avec le prix borné que l'ouvrage de Dieu a en lui-même. Mais enfin, il demeure constant que l'ouvrage de Dieu, en tant qu'ouvrage de Dieu réellement créé, et n'étant point confondu avec ce qui ne l'est pas, n'a réellement qu'une perfection bornée, au-delà de laquelle Dieu pouvoit l'élever à de nouveaux degrés qu'il ne lui a pas plu d'y ajouter.

Pourquoi donc, dira l'auteur, assure-t-on qu'il revient à Dieu, de l'incarnation de son Verbe, une gloire infinie ?

Il faut, lui répondrai-je, distinguer, avec saint Thomas et avec tous les théologiens, la gloire

---

[1] XIIe *Médit. chrét.*, n. 29.

essentielle d'avec l'accidentelle. Vous-même établissez cette distinction, quand vous dites que *la gloire qui revient à Dieu de son ouvrage ne lui est point essentielle*[1]. L'essentielle est celle que Dieu tire éternellement de sa nature et de ses personnes divines : l'accidentelle est celle qu'il tire de ses ouvrages au-dehors. Il n'y a point de milieu entre ces deux gloires ; ou si on considère quelque gloire qui soit entre ces deux-là, il faut qu'elle soit un mélange des deux. Si on mêle la gloire essentielle avec l'accidentelle, on comprend par-là que Dieu tire une gloire infinie de l'incarnation ; car, outre la gloire accidentelle qui lui revient de l'humanité de Jésus-Christ, il tire encore de Jésus-Christ toute la gloire essentielle qu'il a tirée éternellement de son Verbe. Mais si on examine exactement quelle gloire est véritablement ajoutée par l'incarnation à la gloire infinie et essentielle que Dieu tiroit déjà du Verbe avant l'incarnation, on trouvera que c'est seulement une gloire bornée et accidentelle.

Pouvez-vous nier, dira l'auteur, que toutes les actions de Jésus-Christ ne soient d'un mérite et d'une perfection sans bornes ? Ces actions étant d'un prix infini, elles ont donc ajouté à la gloire de Dieu une nouvelle gloire qui est infinie ; car la gloire qui en revient à Dieu est sans doute proportionnée au mérite de ses actions.

Je n'ai garde de nier le mérite infini de toutes les actions de Jésus-Christ. Mais d'où vient-il ce mérite infini des actions les plus simples et les plus communes en elles-mêmes, sinon de la dignité infinie de la personne qui les faisoit ? La perfection infinie de ces actions étoit la perfection du Verbe même ; leur mérite ne venoit que de sa dignité. Oseroit-on dire qu'il y a eu en Jésus-Christ deux perfections infinies réellement distinguées l'une de l'autre ; l'une du Verbe en tant qu'incréé, l'autre du Verbe en tant qu'incarné ? Oseroit-on dire que la seconde ajoute réellement quelque chose d'infini à la première ? Il ne faut donc pas s'y tromper.

La perfection infinie des actions de Jésus-Christ est la perfection du Verbe même ; le mérite infini de ses actions est la dignité de la personne qui les a faites ; la gloire infinie qui en revient à Dieu est la gloire essentielle qu'il tire éternellement de son Verbe. L'incarnation n'y ajoute qu'une gloire accidentelle et bornée, qui vient de la sainte humanité du Sauveur. La satisfaction de son sacrifice ne laisse pas d'être infinie, mais infinie par la dignité et par la perfection souveraine du Verbe. En un mot, ce que Jésus-Christ a fait et souffert pour nous, en tant qu'infini en prix, n'est point quelque chose d'infiniment parfait, qui soit réellement distingué de la perfection de la personne divine.

Je ne puis finir ce chapitre sans faire remarquer à l'auteur combien sa doctrine est peu conforme à celle de Jésus-Christ. L'auteur dit qu'il étoit indigne de Dieu d'aimer le monde, si cet ouvrage n'eût été inséparable de son Fils ; et Jésus-Christ nous apprend au contraire que *Dieu a tellement aimé le monde, qu'il lui a donné son Fils unique*[1]. Selon l'auteur, l'incarnation est l'unique motif qui a pu déterminer Dieu à aimer le monde : selon Jésus-Christ, l'amour de Dieu pour le monde, même coupable et séparé de son Fils, a été le motif de l'incarnation.

Je sais bien que dans l'ordre de la réparation du genre humain, le moins noble est rapporté au plus excellent ; qu'ainsi *le monde est pour les élus, et les élus pour Jésus-Christ*, comme dit saint Paul ; mais le même apôtre ne dit-il pas : *Dieu signale son amour pour nous en ce que Jésus-Christ est mort pour nous lorsque nous étions encore pécheurs*[2] ? Voilà donc deux vérités que nous devons toujours mettre ensemble pour l'intégrité de notre foi : l'une, que le monde est pour Jésus-Christ ; l'autre, que Jésus-Christ est aussi pour le monde. Il est vrai que Dieu ayant résolu de former Jésus-Christ, dès ce moment l'homme-Dieu, par sa dignité infinie, a attiré tout à lui ; dès-lors il n'y a plus rien qui ne subsiste pour sa gloire ; Dieu ne conserve plus aucune de ses créatures que pour lui : mais il n'est pas moins vrai que quand Dieu a résolu de former Jésus-Christ, le motif pour lequel il l'a résolu a été un motif d'amour pour le monde. Ce n'est point par l'incarnation que Dieu a été déterminé à aimer son ouvrage ; mais l'incarnation a été le prodigieux effet et l'incompréhensible démonstration de l'amour divin pour son ouvrage : nier cette vérité, c'est renverser toute la doctrine de l'Évangile. Mais l'auteur ne peut l'avouer sans reconnoître en même temps que l'ouvrage de Dieu, séparé de Jésus-Christ, étoit l'objet de l'amour de Dieu ; que le monde quoique coupable, que le genre humain quoique pécheur, avoit encore des restes de sa grandeur originelle, qui ont été l'objet de l'infinie tendresse du Père céleste. Que l'auteur dise donc tant qu'il voudra que Dieu n'a pu aimer le monde qu'à cause de son Fils, nous lui répondrons tou-

---

[1] *Traité de la Nat. et de la Grace*, 1er disc., art. IV.

[1] *Joan.*, III, 16. — [2] *Rom.*, V, 8, 9.

jours avec Jésus-Christ : *Dieu a tant aimé le monde, qu'il lui a donné son Fils unique.* Nous lui dirons que si un médecin n'aimoit son malade pour l'amour de lui-même, il ne lui donneroit pas les remèdes qui peuvent le guérir ; que plus les remèdes qu'il lui donne sont précieux, plus il témoigne que le malade lui est cher. Si les hérétiques qui nient l'incarnation, et les impies qui s'en moquent, nous disent : Quelle apparence que le Fils de Dieu égal à son Père se soit fait homme pour des hommes vils et indignes de lui ? l'auteur leur répondra, selon ses principes : Vous vous trompez ; Dieu n'a point fait incarner son Fils pour les hommes, mais il n'a créé les hommes et tout l'univers qu'à cause de son Fils, qu'il vouloit incarner. Pour nous, nous répondrons avec saint Jean : *Et nous, nous avons connu et cru l'amour que Dieu a pour nous. Dieu est amour lui-même* [1].

L'auteur convient, me dira-t-on, que Dieu aime les hommes en Jésus-Christ, et qu'il a voulu les sauver par lui.

Il est vrai ; mais il ne convient pas que Jésus-Christ lui-même soit dans son incarnation la preuve et l'effet de l'amour immense de Dieu pour son ouvrage. Il y a une extrême différence entre avouer que Dieu aime le monde en Jésus-Christ, et dire que *Dieu a tant aimé le monde,* que cet amour lui a fait *donner son Fils unique* par l'incarnation. Ainsi, quiconque persisteroit à dire ce que dit l'auteur ne connoîtreit ni ne croiroit cet *excès de l'amour divin pour nous,* qui a formé Jésus-Christ. Et il faut, selon lui, que saint Augustin, qui *a cru en cet amour,* se fût bien trompé, quand il a dit [2] : « Il n'y a point eu d'autre cause de la » venue du Seigneur Jésus-Christ que le salut des » pécheurs. Otez les maladies, ôtez les blessures, » il ne faut plus de médecin. »

CHAPITRE XXV.

Si le monde étoit essentiellement inséparable du Verbe incarné, l'ouvrage de Dieu n'auroit jamais pu diminuer en perfection par le péché, ni être véritablement réparé par Jésus-Christ [*].

Si l'auteur avoue que le monde n'est point essentiellement inséparable du Verbe incarné, il faut qu'il reconnoisse, selon ses principes, que cet ouvrage, pris en soi-même, est indigne de Dieu et mauvais, puisqu'il pourroit être d'une perfection plus grande qu'il n'est, et qu'étant au-dessous de la plus grande perfection, il est contraire à l'ordre.

Si au contraire, pour montrer que l'ouvrage de Dieu est infiniment parfait, il persiste à dire qu'il est essentiellement inséparable du Verbe, voici la conséquence que j'en tire : si le monde est essentiellement inséparable du Verbe, l'ouvrage de Dieu a toujours été par son essence infiniment parfait ; s'il a toujours été infiniment parfait par son essence, jamais sa perfection n'a pu diminuer ni augmenter, et par conséquent il n'y a jamais eu ni de corruption, ni de réparation réelle de l'ouvrage de Dieu.

Le total de l'ouvrage de Dieu, me répondra-t-on, a toujours été infiniment parfait. Il y a eu seulement une partie de cet ouvrage, savoir le genre humain, qui, par son péché, a diminué sa perfection particulière, et qui en a trouvé en Jésus-Christ la réparation.

A cela je réponds que la diminution d'une partie fait nécessairement la diminution du tout, à moins que ce qui est perdu par la diminution d'une partie ne soit remplacé par l'augmentation d'une autre partie. Si donc le genre humain a souffert par le péché une véritable et réelle diminution de sa perfection originelle, il faut, ou qu'une autre partie de l'ouvrage de Dieu ait en même temps augmenté en perfection, pour remplacer cette perte et pour empêcher la diminution du total, ou que le total ait été réellement diminué. On ne peut dire qu'une autre partie de l'ouvrage de Dieu ait augmenté en perfection à mesure que le genre humain s'est diminué par son péché : donc il est manifeste que si une partie de l'ouvrage de Dieu, savoir le genre humain, a souffert par le péché une véritable et réelle diminution de perfection, il faut que le total ait été réellement diminué. Le total n'est que l'assemblage de toutes les parties : donc la perfection du total n'est que l'assemblage de la perfection de toutes les parties. Si donc une partie diminue en perfection sans qu'une autre augmente, cette diminution de la perfection d'une partie fait nécessairement la diminution de la perfection du tout. Par exemple, on ne pourroit estropier cent soldats sur toute une armée, qu'on ne diminuât les forces du total de l'armée, à moins qu'on ne la renforçât d'ailleurs à proportion de ce qu'on l'auroit affoiblie par ces soldats estropiés. De même encore, si dans un bâtiment superbe on changeoit deux colonnes de marbre en deux colonnes de pierre commune, tout le reste de l'édifice demeurant dans sa magnificence naturelle, il est certain que ce changement des colonnes seroit la diminution du total de l'édifice : il est donc clair

---
[1] *I Joan.,* IV, 16.
[2] *Serm.* CLXXV, *al.* IX *de Verb. Apost.,* n. 1, t. V.
[*] Autre chapitre fort abstrait ; les conséquences ne sont pas claires. (*Bossuet.*)

qu'on ne peut concevoir une réelle diminution de la perfection du genre humain par le péché, ni une réelle augmentation de cette perfection par la rédemption, à moins qu'on ne suppose que le total de l'ouvrage de Dieu a eu une diminution et une augmentation réelle de perfection dans ces deux cas. Mais comment peut-on concevoir cette diminution et cette augmentation réelle, si le monde a toujours été essentiellement et infiniment parfait? En tant que séparé de Jésus-Christ, il est mauvais et contraire à l'ordre : donc, en cet état, il ne peut avoir aucun degré de perfection, et par conséquent il est absolument incapable de toute diminution et de toute augmentation. En tant qu'inséparable du Verbe, il est toujours infiniment parfait : or une perfection demeurant toujours infinie n'augmente ni ne diminue.

Que répondra l'auteur? Dira-t-il que le péché n'est pas une diminution de perfection dans le genre humain? C'est contredire saint Augustin; c'est condamner toute l'Église catholique, et se déclarer pour les manichéens, qui soutenoient que le péché et les autres maux étoient quelque chose de réel, et non une simple diminution du bien, comme saint Augustin le prétendoit.

Dira-t-il que l'ouvrage de Dieu, en diminuant du côté du genre humain par le péché, a augmenté en même temps par quelque autre de ses parties? Mais où est-elle cette partie? Qu'on me la montre; qu'on me donne là-dessus une ombre de preuve. De plus, si le total de l'ouvrage de Dieu est inséparable du Verbe, les parties en sont inséparables par la même raison. Donc, le même principe qui rend le tout infiniment parfait rend aussi chaque partie infiniment parfaite; elle est aussi incapable que le tout de diminuer en perfection. Il ne faut donc plus parler des deux parties dont l'une augmente à mesure que l'autre diminue, pour faire une espèce de compensation, et pour rendre le tout toujours égal à lui-même.

Dira-t-il que, quand il reconnoît une diminution et une réparation du genre humain, il n'entend parler que d'une diminution et d'une réparation par rapport à la perfection bornée de la créature considérée en elle-même, sans le Verbe? Mais ce refuge lui est déjà ôté. Nous avons vu qu'il doit supposer que toute créature est essentiellement inséparable du Verbe, et par conséquent d'un prix infini, qui ne peut ni diminuer, ni augmenter. Que s'il veut la considérer séparée du Verbe, dès ce moment il la rend contraire à l'ordre, indigne de Dieu, et mauvaise *. En tant que contraire à l'ordre, elle est toujours incapable de toute augmentation et de toute diminution ; car ce qui est absolument mauvais, ce qui n'a aucun degré de bien, ne peut en cet état ni augmenter, ni diminuer en perfection ; comme un aveugle ne peut ni augmenter ni diminuer en facilité pour voir les objets qui l'environnent, tant qu'il demeure aveugle.

L'unique ressource qui reste à l'auteur, c'est de dire que l'ouvrage de Dieu étant inséparable du Verbe, il a toujours été infiniment parfait; mais que cette perfection, quoique infinie, a été capable d'accroissement et de diminution; qu'elle s'est diminuée par le péché d'Adam, et qu'elle s'est rétablie par la rédemption; mais qu'enfin, dans ces inégalités, elle a toujours été infinie, parce qu'il peut y avoir des infinis les uns plus grands que les autres. Qu'on ne s'étonne pas de me voir entrer dans l'examen d'une telle réponse; elle peut convenir à l'auteur, puisqu'il a dit qu'*il y a des infinis inégaux, et que, par exemple, un infini de dizaines est plus grand qu'un infini d'unités* [1]. Mais j'ai deux choses décisives à dire contre cette réponse.

Premièrement, supposé qu'il y ait des infinis plus grands les uns que les autres, je soutiens que l'ordre, qui tend toujours essentiellement au plus parfait, doit avoir fait choisir à Dieu immuablement, pour son ouvrage, la plus grande de toutes les perfections infinies qui sont possibles. Quand je raisonne ainsi, c'est sur le principe fondamental de l'auteur. Si donc l'ordre a toujours déterminé Dieu au plus parfait de tous les infinis, l'ouvrage n'a pu descendre du plus parfait infini au moins parfait, sans blesser l'ordre : donc il n'a jamais pu diminuer, et par conséquent il n'y a jamais eu de réparation réelle du genre humain.

Secondement, quel est cet étrange renversement de toute philosophie, que de supposer une réelle inégalité entre deux infinis; *un infini de dizaines*, dit l'auteur, *est plus grand qu'un infini d'unités*. Je n'empêche pas les gens appliqués à l'algèbre de remarquer, par rapport à leurs supputations, les différentes propriétés de ces nombres, quand on les pousse à l'infini; mais enfin, toutes ces connoissances doivent être soumises à la métaphysique, qui consulte immédiatement les pures idées des choses : *On ne doit juger que par-là*, comme dit

---

* L'auteur ne semble pas obligé à dire que le monde, sans l'incarnation, est sans aucun bien : il suffit qu'il dise qu'il n'a pas le degré de perfection qui le rend absolument digne de Dieu, non qu'il soit mauvais en soi, mais parce qu'il n'est pas assez bon. (*Bossuet*.)

[1] *Médit.*, iv, n. 11.

l'auteur même [1]. Sur ce principe inébranlable, je n'ai qu'à lui demander si l'infini d'unité est infini en dizaines ou non? S'il est infini en dizaines, voilà, contre le raisonnement de l'auteur, les deux infinis égaux; si au contraire il n'est pas infini en dizaines, n'ayant qu'un nombre borné de dizaines, il ne peut être infini en aucun sens; car partout où l'on ne peut trouver qu'un nombre fini de dizaines, on ne peut trouver aussi qu'un nombre fini d'unités. Multipliez tant qu'il vous plaira, par dix et par cent, ou par mille, un nombre fini, vous n'en ferez jamais qu'un nombre fini, quoique plus grand. Je ne crois pas que l'auteur nous veuille donner pour règle d'arithmétique que l'infini ne monte qu'à dix fois autant qu'un nombre fini.

D'ailleurs, qu'y a-t-il de plus affreux que de dire qu'on peut ajouter et diminuer quelque degré de perfection à celle d'un tout où le Verbe divin est essentiellement compris, et par conséquent qu'on peut concevoir quelque chose de plus parfait que ce qui a toute la perfection divine?

N'est-ce donc que pour tomber dans de tels excès, que l'auteur s'écarte si hardiment de toutes les notions communes et du langage même de l'Église? N'est-il pas étonnant que l'auteur, non-seulement pense et dise des choses qui sont si indignes du Verbe, mais encore les fasse dire au Verbe même, comme s'il parloit aux hommes du haut du ciel?

CHAPITRE XXVI.

Quand même on laisseroit confondre le Verbe divin avec l'ouvrage de Dieu, on n'auroit rien prouvé en faveur de ce système.

Mais laissons encore l'auteur confondre tant qu'il lui plaira la personne divine de Jésus-Christ, qui est infiniment parfaite, avec l'ouvrage de Dieu, qui, pris en soi, est d'une perfection bornée; voyons s'il pourra prouver par-là que Dieu ne pouvoit produire rien de plus parfait que ce qu'il a produit.

Dieu ne pouvoit-il pas, lui dirai-je, unir le Verbe à une ame qu'il auroit créée d'une intelligence *naturelle et surnaturelle* [*] plus étendue et plus parfaite que celle de Jésus-Christ? Ne pouvoit-il pas aussi unir le Verbe à une ame d'une intelligence naturelle et surnaturelle, moins étendue et moins parfaite que celle de Jésus-Christ : *et de même des autres dons de la nature et de la grace* [**]?

Si l'auteur dit que Dieu ne le pouvoit pas, c'est

[1] *Médit.*, ix., n. 12.
[*] Bossuet. [**] *Idem.*

à lui à nous en montrer l'impossibilité. S'il dit que l'ordre a dû choisir, pour l'union hypostatique, l'ame la plus parfaite de toutes celles qui étoient possibles, je conclus que l'auteur reconnoît donc qu'outre la perfection infinie du Verbe, Dieu devoit encore, selon l'ordre, choisir entre tous les ouvrages possibles celui qui avoit en soi le plus de perfection naturelle et bornée. Cela étant, il me restera à lui demander comment est-ce que l'ame de Jésus-Christ, qui est une intelligence bornée, est la plus parfaite de toutes les ames que Dieu pouvoit produire. Quoi! la puissance de Dieu, que tous les chrétiens ont toujours crue infinie, sera bornée à un degré précis de perfection finie, au-delà duquel elle ne pourra rien produire? Il est visible que c'est détruire l'idée de l'être infiniment parfait; car l'infinie perfection ne peut se trouver dans une puissance finie.

S'il dit que Dieu pouvoit unir le Verbe à une ame plus ou moins parfaite que celle de Jésus-Christ, l'ouvrage de Dieu, lui dirai-je, seroit-il moins parfait si le Verbe étoit uni à une créature moins parfaite? Seroit-il plus parfait si le Verbe étoit uni à une créature plus parfaite? Répondez précisément. Si vous dites que l'ouvrage eût été plus ou moins parfait, selon que le Verbe se seroit uni à une créature plus ou moins parfaite : premièrement, en parlant ainsi, vous supposez des infinis plus grands les uns que les autres, ce qui est une erreur grossière et déjà réfutée; secondement, vous avouez, par cette réponse, que Dieu pouvoit faire son ouvrage plus parfait qu'il n'est, puisqu'il pouvoit unir son Verbe à une créature plus parfaite que l'ame de Jésus-Christ, et qu'ainsi il a violé l'ordre.

Dès ce moment vous ne pouvez plus espérer de nous persuader que Dieu a fait l'ouvrage le plus parfait, en faisant un ouvrage infiniment parfait par son union avec le Verbe; car nous répondrons : Il est vrai que l'ouvrage est par-là d'une perfection infinie; mais il pourroit néanmoins être encore plus parfait, s'il avoit uni le Verbe à une ame d'une intelligence plus étendue et plus parfaite que celle de Jésus-Christ, et s'il avoit ajouté au monde que nous voyons beaucoup de perfections possibles au-dessus de celles qu'il y a mises.

Si au contraire vous soutenez que l'ouvrage de Dieu seroit toujours également infini en perfection par son union avec le Verbe, soit qu'il se fût uni à une créature plus parfaite, soit qu'il se fût uni à une créature moins parfaite que l'ame de Jésus-Christ, je conclus que l'ouvrage de Dieu seroit aussi parfait qu'il l'est, quand même Dieu auroit uni au Verbe la moindre de toutes les créatures, quand même il n'y auroit uni, si vous le voulez, qu'un atome, et que cet atome seroit son unique ouvrage.

Cette ame, la moindre de toutes les possibles, ou, si vous le voulez, cet atome, seroit un ouvrage aussi infiniment parfait, par son union avec le Verbe, que l'univers l'est maintenant. Il ne falloit donc, pour former le plus parfait de tous les ouvrages, qu'une seule ame ou qu'une autre créature telle qu'il vous plaira, pourvu qu'elle fût unie au Verbe. Il ne falloit tout au plus que Jésus-Christ tel que Dieu l'a formé. Pourquoi y ajouter un monde qui a coûté à Dieu tant de lois générales et de volontés particulières, sans augmenter en rien l'infinie perfection qui se trouve tout entière dans la personne seule de Jésus-Christ? Pourquoi l'ordre a-t-il permis à Dieu tant d'ouvrages si superflus, et si contraires à la simplicité de ses voies? Sans doute tout ce que Dieu a fait, excepté Jésus-Christ, n'ajoutant rien à l'infinie perfection de l'ouvrage que nous appelons l'homme-Dieu, il s'ensuit que tout cela a été fait sans aucune raison, et n'a servi qu'à violer l'ordre. Mais de telles absurdités nous contraignent de dire que le reste de l'univers a ajouté quelque perfection à celle qui est en Jésus-Christ. Cette perfection surajoutée n'étant pas infinie, il faut reconnoître que Dieu ne l'a pas faite aussi grande qu'il pouvoit la faire; par conséquent, l'infinie perfection du Verbe uni à l'ouvrage de Dieu ne peut jamais sauver votre système, qui est fondé sur ce que l'ordre détermine toujours Dieu à l'ouvrage le plus parfait.

CHAPITRE XXVII.

Il faut renverser le dogme catholique sur l'incarnation, ou avouer que Jésus-Christ, comme cause occasionelle, n'épargne à Dieu aucune volonté particulière.

L'ame de Jésus-Christ ayant toujours été bienheureuse *, la charité consommée a toujours été la règle de toutes ses volontés. Ici-bas la charité étant imparfaite, nous ne voulons pas toujours ce que Dieu veut; et lors même que nous le voulons, c'est par une volonté imparfaitement conforme à la sienne. Mais dans le ciel, nous ne voudrons plus que ce que Dieu nous fera vouloir, et nous le voudrons d'une volonté pleine. Cette parfaite conformité à la volonté de Dieu, qui sera toute en tous, est la charité consommée des bienheureux. Jésus-Christ a toujours été dans cette charité consommée; ainsi il n'a jamais été un seul moment où il n'ait été vrai de dire qu'il n'a voulu que ce que Dieu lui a fait vouloir, et qu'il l'a voulu d'une volonté pleine. La volonté de Jésus-Christ n'étant donc bienheureuse qu'en ce qu'elle est toujours parfaitement conforme à celle de Dieu, il faut remonter à la source, et attribuer à la volonté de Dieu tout ce que Jésus-Christ a voulu pour les élus, par conformité à celle de son Père. Il n'en faudroit pas davantage pour détruire tout le système de l'auteur sur la grace. De plus, je lui demande qu'est-ce que l'union hypostatique? N'est-il pas vrai que, selon saint Cyrille d'Alexandrie, principal défenseur du mystère de l'incarnation, le Verbe s'est tellement approprié l'humanité sainte, qu'il en a pleinement dirigé toutes les volontés et toutes les pensées? Saint Augustin, qui a parlé avant le concile d'Éphèse avec la même exactitude avec laquelle on a parlé depuis, n'a-t-il pas dit que le Verbe « a
» daigné prendre la nature de l'homme et l'unir
» à soi, en sorte que tout l'homme lui fût approprié comme le corps l'est à l'ame, excepté la
» composition sujette à changement, que nous
» voyons dans le corps et dans l'ame, et dont Dieu
» est incapable : *Ut ei sic coaptaretur homo totus,*
» *quemadmodum animo corpus* [1] *?* » Vous voyez, par ces paroles, que le Verbe a pris l'humanité, pour être à cette humanité ce que l'ame est au corps, pour l'animer, pour la mouvoir, pour être le principe de ses opérations, en un mot pour être en quelque façon l'ame de cette ame qu'il s'approprie. Le même Père dit à la fin du livre *du Don de la Persévérance*, que le Verbe a pris cette humanité, *et en a fait de telle sorte un homme juste, qu'il sera toujours juste* [2]. Remarquez que l'effet de l'union de l'ame de Jésus-Christ avec le Verbe est de tourner toujours la volonté de cette ame à la justice, qui est la volonté de Dieu; et que c'est cette direction de la volonté humaine par le Verbe qui fait son impeccabilité. Ajoutez encore que ces termes si fréquents dans saint Augustin, et dans saint Léon [3], *suscepit, assumpsit*, marquent, selon leur doctrine, que le Verbe a tiré et a élevé à lui l'ame de Jésus-Christ pour la diriger dans toutes ses affections, le plus parfait élevant toujours à soi le moins parfait dans cette société des deux natures. Il a même fallu que toutes les pensées et toutes les volontés de l'ame de Jésus-Christ fussent

---

* Deux raisons, la charité consommée par la claire vision, la direction et l'assistance continuelle du Verbe qui conduisoit, animoit et produisoit toutes les opérations de l'ame de Jésus-Christ, que le Verbe s'approprioit pour plus grande netteté, et ceci en peu de mots comme connu, et avoué en d'autres endroits de même. (*Bossuet.*)

[1] *Epist.* CXXXVII, *ad Volus.* cap. III., n. 12, tom. II.
[2] *De dono Persever.*, cap. XXIV, n. 67. tom. X.
[3] S. LÉON, *Epist. ad Flavian. concil. Thalced.*, act. II, tom. IV. pag. 344 et seq.

sans cesse dirigées par le Verbe, pour être véritablement des actions de la personne divine car on ne peut rien attribuer à la personne divine que les actions dont elle est le principe.

Il faut donc dire que tout ce que la nature humaine a fait en Jésus-Christ, selon ses propriétés naturelles, n'a été divin qu'autant que le Verbe a bien voulu le faire sien; et que, pour les actions libres de cette même nature, elles n'ont été d'un mérite infini qu'autant qu'elles ont été faites par la direction actuelle et immédiate du Verbe. Toutes les actions de Jésus-Christ ne sont d'un prix infini qu'autant qu'elles sont de la personne divine, et elles ne sont de la personne divine qu'autant qu'elle en est le principe et qu'elle les dirige.

Mais ne suffit-il pas, dira l'auteur, que le Verbe se soit accommodé aux volontés de l'ame de Jésus-Christ, et que ces volontés soient divines par la complaisance du Verbe qui les fait siennes?

Non, sans doute; car nous avons vu que, selon l'auteur, Dieu ne sauroit jamais connoître une chose s'il ne l'a faite, parce que nul objet ne peut l'éclairer; ainsi, selon ce principe, Dieu ne pourroit jamais connoître cette détermination de l'ame de Jésus-Christ qu'il n'auroit pas faite : d'où il s'ensuivroit que Dieu unissant son Verbe à cette humanité, il se seroit engagé à vouloir ce qu'elle voudroit, sans savoir ni ce qu'il lui plairoit de vouloir, ni si ce qu'elle voudroit pourroit convenir à l'ordre pour l'accomplissement du plus parfait ouvrage.

D'ailleurs, si l'auteur dit que Dieu ne laisse pas à Jésus-Christ le choix du moins parfait, voilà Jésus-Christ en tout déterminé par l'ordre. Ainsi la cause occasionelle est superflue, puisqu'elle ne fait que ce que la cause réelle lui fait faire. S'il dit que Dieu laisse à l'ame de Jésus-Christ le choix du moins parfait, je conclus que Dieu, selon l'auteur, a pris un étrange moyen pour rendre son ouvrage plus parfait qu'il ne pouvoit le rendre lui seul, qui est de se servir, pour cette plus grande perfection, d'une cause occasionelle, à qui il laisse pour cette fin le pouvoir de choisir ce qui est moins parfait. Plus on observera cette conséquence, plus elle paroîtra inévitable et étonnante.

Il faut donc qu'il confesse, avec toute l'Église catholique, que le Verbe meut, domine, attire à lui et dirige en tout l'ame de Jésus-Christ, qu'il s'est rendue propre. Il n'est point question ici de savoir comment est-ce que cette direction, toujours actuelle et toujours inviolable du Verbe, s'est accordée avec la parfaite liberté de Jésus-Christ pour le mérite. Ce n'est pas à moi à expliquer ici philosophiquement comment cela s'est fait; c'est à l'auteur à croire fermement avec moi ce fait révélé.

Cette direction de l'humanité par le Verbe nous fait entendre à la lettre ce que Jésus-Christ dit si souvent, et en termes si forts, dans l'Évangile, sur son obéissance à son Père. Remarquez que le Père et le Fils n'ont qu'une seule volonté; il ne faut donc pas s'étonner si l'ame de Jésus-Christ, conduite par le Verbe, obéit au Père en toutes choses. *Je ne fais*, dit Jésus-Christ, *que ce que je vois faire à mon Père. Les choses qui lui plaisent, je les fais toujours. Je ne dis que ce que je reçois de lui : ma doctrine n'est pas ma doctrine, mais celle de mon Père qui m'a envoyé : ma nourriture est de faire sa volonté* [1]. Est-ce ainsi qu'on parle quand on fait sa volonté propre, et qu'on est la règle de celle d'autrui?

Il ne s'agit pas de savoir si l'ame de Jésus-Christ a pu choisir certaines circonstances, au lieu de quelques autres qui revenoient toujours au même dessein : je sais ce qu'on dit d'ordinaire sur ce sujet, et je ne prétends pas y toucher. Mais je dis que si l'ame de Jésus-Christ, en qualité de cause occasionelle dans l'ordre de la grace, détermine la volonté de Dieu sans être déterminée auparavant par celle de Dieu même, il s'ensuit que dans toutes les choses qui regardent l'ordre de la grace et le salut des hommes, où il est cause occasionelle, qu'en un mot dans tout ce qui est de sa mission, il fait sa propre volonté; et, bien loin qu'il fasse celle de Dieu, c'est Dieu qui fait la sienne.

Mais Dieu, répondra l'auteur, ne fait la volonté de Jésus-Christ qu'à cause qu'il lui a plu de la faire; ainsi la volonté de Jésus-Christ en ce sens est toujours celle de son Père.

Mais voici un exemple sensible qui va confondre cette réponse. Un supérieur de monastère entre les mains de qui un religieux a déposé sa volonté, comme l'auteur prétend que Dieu a déposé la sienne entre les mains de Jésus-Christ, pourroit-il dire sérieusement à ce religieux qu'il auroit suivi ses décisions pendant toute la journée : *J'ai achevé l'œuvre que vous m'avez donné à faire* [2] aujourd'hui? oseroit-il dire : *Je fais toujours tout ce qu'il vous plaît; ma nourriture est de faire votre volonté?* Le religieux n'auroit-il pas raison de lui répondre : C'est moi qui vous ai obéi, selon mon vœu, pendant toute la journée? Selon l'auteur, Jésus-Christ est, à l'égard du Père éternel pour la dispensation des graces et pour le salut des hommes,

---

[1] *Joan.*, v, 19; viii, 28, 29; vii, 16; iv, 34.
[2] *Joan*, xvii, 4.

comme le supérieur du monastère, à qui le religieux a voué obéissance, est à l'égard de ce religieux. Ne seroit-ce pas se moquer que de dire que Jésus-Christ, entre les mains de qui le Père auroit déposé sa volonté et sa puissance, pour la tourner comme il lui plairoit, obéissoit à son Père? Ce seroit au contraire le Père qui suivroit la volonté Jésus-Christ. Mais qui n'auroit horreur de penser combien, selon cette doctrine, le langage de Jésus-Christ à son Père, qui est plein d'un enthousiasme céleste, seroit forcé, indécent, et indigne, non-seulement du Fils de Dieu, mais d'un homme grave?

C'est donc ébranler les vrais fondements du mystère de l'incarnation; c'est renverser, par des explications violentes, le sens naturel des paroles de Jésus-Christ, que de mettre en doute cette direction continuelle de l'humanité par le Verbe, dont il faut que l'auteur confesse que c'est le Verbe, dont la volonté est celle du Père même, qui a fait vouloir à l'ame de Jésus-Christ tout ce qu'elle a voulu pour le salut du genre humain. De savoir comment cette direction peut être efficace sans blesser la liberté humaine, c'est, encore une fois, une difficulté commune à tous les théologiens, que je ne dois pas traiter ici. Il me suffit qu'elle est attachée au dogme catholique, et que l'auteur n'est pas moins obligé que moi de le reconnoître. Le Verbe incline donc librement la volonté humaine; mais enfin il l'incline. Cela posé, il n'est plus question de chercher dans la volonté humaine de Jésus-Christ tout ce qui regarde la prédestination et la dispensation des graces; il faut remonter plus haut pour en trouver la source. La prière de Jésus-Christ est ce qui détermine le cours de la grace, dira l'auteur. Eh bien, lui dirai-je, qu'en concluez-vous? que cette prière qui attire la grace aux uns, et non aux autres, fait le discernement des élus et des réprouvés, sans que Dieu ait eu des volontés particulières pour sauver les uns plutôt que les autres? C'est ce que vous ne pouvez dire, puisque le Verbe dirige et détermine la prière même de Jésus-Christ.

Je suppose même, si on le veut, que cette direction du Verbe n'est efficace que comme la grace congrue, qu'un grand nombre de théologiens admettent. Je vais encore plus loin, et je consens que l'auteur, contre le dogme catholique, ne regarde cette direction que comme on regarde les graces extérieures, telles que les exemples, les conseils, et les autres moyens extérieurs de persuasion. Il m'en restera encore assez pour renverser de fond en comble toute sa doctrine. Dira-t-on qu'il ne faut pas m'imputer ce que je fais faire à un homme que je gouverne, que je possède entièrement, et que je mène toujours comme par la main? Dira-t-on que je ne veux point d'une volonté particulière, d'une action particulière, ce que je lui ai inspiré, en sorte qu'il ne l'a fait qu'en se conformant à mon conseil, et à ma persuasion, et à mon ordre? Cependant l'auteur avouera qu'il s'en faut beaucoup que je n'aie autant de part à l'action de cet homme que le Verbe en a à la prière de Jésus-Christ. Je suis hors de cet homme; je ne puis entrer dans son cœur, ni le remuer, ni le voir; je ne fais que lui proposer extérieurement mes raisons. Pour le Verbe, il instruit, persuade, meut, dirige intérieurement le fond de l'ame de Jésus-Christ par la plus parfaite, la plus intime et la plus puissante de toutes les directions qui ne blessent point la liberté. N'est-il donc pas manifeste que le Verbe veut cette prière particulière, encore plus que l'humanité ne la veut, puisqu'il la dirige à la faire?

Si donc l'auteur fait parler le Verbe, et s'il lui fait dire: Je n'ai pu sauver Pierre, quoique je voulusse son salut comme celui de Paul; la volonté humaine que je me suis appropriée a prié pour Paul, et n'a pas prié pour Pierre: ce que l'auteur fera ainsi dire au Verbe sera contredit par le Verbe même dans l'Évangile. Écoutons-le, interrogeons-le, puisque l'auteur le veut: *Je fais, dit-il, toujours ce qu'il plaît à mon Père.* S'il a donc prié pour Paul plutôt que pour Pierre, c'est qu'il plaisoit à son Père qu'il priât ainsi. Si l'auteur ose encore dire, de la part du Verbe, que c'est l'humanité de Jésus-Christ qui choisit certaines brebis pour la vie éternelle, le Verbe le désavouera, et il entendra cette parole: *J'ai conservé, ô mon Père, tout ceux que vous m'avez donnés; et nul ne les ravira de mes mains*[1]: ce qui signifie sans doute, comme saint Augustin l'a dit mille fois au nom de toute l'Église[2], que c'est le Père qui a choisi, dans son décret immobile et éternel, tous ceux qui doivent arriver à lui par Jésus-Christ son fils.

CHAPITRE XXVIII.

Si on soutient que l'ame de Jésus-Christ a prié pour un homme plutôt que pour un autre, sans être déterminée à ce choix par le verbe, on renverse le mystère de la prédestination.

L'auteur paroît reconnoître dans ses écrits que l'ordre détermine toujours Jésus-Christ au plus

---

[1] *Joan.*, x; 28. xvii, 42.
[2] *De Prædest. SS. de Corrept. et Gratia*, et alibi.

parfait. Il lui fait dire souvent, dans ses *Méditations*, qu'il doit faire certaines choses, et qu'il ne peut en faire d'autres. Cette doctrine est répandue dans tout cet ouvrage. Par exemple, voici un endroit où il me semble qu'il parle assez clairement [1] : « J'agis ainsi sans cesse (c'est le Verbe qui parle), » pour faire entrer dans l'Église le plus d'hommes » que je puis, agissant néanmoins toujours avec » ordre; » et il dit encore ailleurs, parlant de ses desirs : « Ils sont réglés par l'ordre, qui est la loi » que je suis inviolablement [2]. » Ainsi, il y a lieu de penser que l'auteur croit que l'ame de Jésus-Christ est dirigée par le Verbe dans tout ce qui regarde la plus grande perfection, et que cette ame ne peut choisir par elle-même qu'à l'égard des choses qui sont indifférentes, et dont l'une n'est point meilleure que l'autre. J'avoue donc, nous dira peut-être l'auteur, que Dieu, pour former le plus parfait ouvrage, ne pouvoit établir Jésus-Christ cause occasionelle, sans diriger toujours sa volonté à désirer le plus parfait ; autrement il auroit choisi, pour arriver au plus parfait, une cause capable de s'en éloigner ; ce qui seroit un renversement de sa sagesse : mais je crois qu'entre toutes les choses égales, et dont le choix étoit indifférent, le Verbe n'a point dirigé la volonté humaine, et n'a fait que consentir à son choix, pour rendre l'action de ce choix une action divine.

C'est ainsi, continuera l'auteur, que je crois que Jésus-Christ a plutôt prié pour Pierre que pour Jean. Voici ses propres paroles, qui me semblent convenir parfaitement avec celles que je lui ai attribuées [3] : « Il est indifférent (c'est Jésus-Christ » qui parle) que ce soit Pierre ou Jean qui fasse » un tel effet dans mon temple, lorsque j'agis en » qualité d'architecte, et non de chef de l'Église ; » je ne forme point mes desirs sur tels et tels ma- » tériaux en particulier, mais sur l'idée que j'ai » de certaines propriétés dont l'ame en général » est capable, desquelles j'ai une connoissance » parfaite. J'agis comme un architecte qui, pour » exécuter le dessein qu'il s'est formé, desire des » colonnes d'une certaine pierre en général, et » non point d'une telle masse en particulier. »

L'auteur avoit déja dit que le choix des hommes qui doivent être incorporés à l'Église se fait par des desirs de Jésus-Christ, qu'on ne peut comprendre ; et voici les raisons qu'il fait dire à Jésus-Christ même [4] : « 1° Parce que mes desirs se for- » ment sur l'idée de certaines beautés dont je veux

[1] *Médit.* XIV, n. 15. [2] *Médit.* XII, n. 20.
[3] *Médit.* XIV, n. 15.
[4] *Médit.* XII, n. 20.

» orner mon Épouse, et qui te sont entièrement » inconnues. 2° Parce qu'ils sont réglés par l'ordre, » qui est la loi que je suis inviolablement, et dont » tu n'as qu'une connoissance fort imparfaite. » 3° Parce qu'ils sont libres en bien des rencon- » tres, et que je puis souvent remettre à un autre » temps ce que j'exécute. 4° Parce que les ma- » tériaux dont je me sers ne sont pas également » propres à mon dessein actuel, à cause de la » combinaison de la grace avec la nature. » Tout cela est vague et obscur.

Vous remarquerez que, selon l'auteur, Jésus-Christ agit en qualité d'architecte lorsqu'il appelle à la foi et qu'il incorpore quelqu'un à son Église, et qu'il agit comme chef lorsqu'il répand sa grace sur ceux qui sont déja fidèles et membres de l'Église. Ainsi, c'est pour la vocation à la foi et à la grace que l'auteur fait dire à Jésus-Christ : *Il est indifférent que ce soit Pierre ou Jean qui fasse un tel effet dans mon temple.* Comme ce choix est indifférent par rapport à l'ordre et à la perfection de l'ouvrage, l'auteur apparemment conclut que l'ame de Jésus-Christ le fait sans être dirigée par le Verbe ; c'est pour cela qu'il lui fait dire : *Je ne forme point mes desirs sur tels et tels matériaux en particulier.* Il est vrai que, quand on veut expliquer nettement un système, et ne point laisser derrière soi des difficultés capitales, on parle plus clairement que n'a fait l'auteur, quand il a fait ajouter au Verbe : *Mais sur l'idée que j'ai de certaines propriétés dont l'ame en général est capable, desquelles j'ai une connoissance parfaite.* Pour nous, à qui l'auteur n'en donne, par ces paroles mystérieuses, aucune connoissance distincte, nous ne savons point quelles sont ces propriétés dont l'ame en général est capable, et qui déterminent Jésus-Christ, en qualité d'architecte de son Église, à choisir Pierre plutôt que Jean.

Il est même naturel de croire que la cause occasionelle doit, selon les principes de l'auteur, déterminer la cause supérieure : car à quoi serviroit cette cause occasionelle, si elle ne sert pas à déterminer à certains effets particuliers la cause supérieure, par elle-même indifférente pour toutes les choses particulières ? J'avoue donc que je ne puis comprendre rien de précis dans le système de l'auteur, à moins qu'il ne suppose que l'ame de Jésus-Christ choisissant certains hommes plutôt que d'autres, afin de prier pour eux, et se déterminant à ce choix sans y être dirigée par le Verbe, c'est ce qui fait le salut des uns et la perte des autres. Je ne veux pourtant pas imputer absolument cette doctrine à l'auteur, de peur de tomber avec lui dans des discussions épineuses de ses paroles. Ainsi, sans entreprendre de démêler leur vrai sens, je me contente de soutenir que si l'ame de Jésus-Christ, selon lui, a prié pour Pierre plutôt que pour Jean, en sorte qu'elle ait déterminé par cette prière la volonté divine à préférer l'un à l'autre, et que la volonté divine étoit par elle-même indifférente à l'égard de ces deux hommes, il renverse le mystère de la prédestination. Nous apprenons de saint Prosper, dans sa fameuse lettre à saint Augustin [1], qui eut pour réponse le livre de la *Prédestination des Saints*, que les semi-pélagiens ne vouloient point admettre « le » décret éternel de la vocation divine pour choisir » les uns et rejeter les autres. » Voici, au rapport de saint Prosper, la principale raison qui les empêchoit de reconnoître ce décret : « C'est que la » bonté divine paroît en ce qu'elle n'exclut per- » sonne de la vie, mais qu'elle veut INDIFFÉREM- » MENT que tous soient sauvés. » Le dogme catholique est que Dieu veut le salut de tous, mais le dogme semi-pélagien est que Dieu veut INDIFFÉ-REMMENT le salut de tous. C'est cette INDIFFÉRENCE qui renverseroit le décret immobile de l'élection divine. Si donc il est vrai que Dieu, comme cause supérieure, soit en lui-même indifférent à choisir Pierre ou Jean, et qu'il ne soit déterminé à choisir l'un plutôt que l'autre que par Jésus-Christ, qui est la cause occcasionelle, je conclus qu'il ne faut plus chercher en Dieu, comme dans la source, *cette vocation* qui, selon saint Augustin et saint Prosper, *choisit les uns et rejette les autres*.

L'élection divine subsiste toujours, selon cette opinion, répondra quelqu'un ; car Dieu a voulu éternellement sauver Pierre plutôt que Jean, parce qu'il a prévu que la prière de Jésus-Christ l'y détermineroit.

Mais prenez garde que les semi-pélagiens ne nioient pas que Dieu ne voulût éternellement élire Pierre plutôt que Jean. Au contraire, ils avouoient que Dieu avoit toujours voulu punir l'un et récompenser l'autre ; mais ils soutenoient que Dieu étoit en lui-même indifférent pour le salut de tous ; qu'il n'avoit par lui-même aucune bonne volonté pour l'un plutôt que pour l'autre, et qu'il étoit seulement déterminé à récompenser Pierre et à punir Jean, par la disposition de leurs volontés. Je n'examine point, dans ce chapitre, si l'auteur fonde l'élection divine sur les dispositions humaines ; nous examinerons cela dans le chapitre suivant : il me suffit ici de montrer que, si l'auteur soutient que Dieu est par lui-même indifférent au salut de tous, il faut qu'il conclue, comme les semi-pélagiens, que Dieu n'a par lui-même aucune bonne volonté pour l'un plutôt que pour l'autre, et qu'il est déterminé à punir l'un et à récompenser l'autre par une détermination qui ne vient point de lui, soit qu'elle vienne de la volonté de Jésus-Christ, soit qu'elle vienne des dispositions différentes des hommes.

Vous voulez donc, dira-t-on peut-être, faire un crime à l'auteur de ce qu'il n'établit pas la prédestination purement gratuite ? Par-là vous condamnez une grande partie des plus célèbres théologiens, qui n'admettent la prédestination qu'en conséquence de la prévision des mérites. Il est manifeste que, selon ces théologiens, Dieu ne se détermine point par lui-même à élire Pierre plutôt que Jean, et qu'il y est déterminé par quelque chose qui est hors de lui.

A Dieu ne plaise que je condamne aucun des théologiens catholiques ! Mon dessein n'est pas d'examiner, dans cet ouvrage, les différentes opinions des diverses écoles qui sont dans l'Église ; je me retranche à ce qui est essentiel, selon le dogme catholique. Je dis donc qu'il est également faux, selon tous les catholiques, que Dieu veuille INDIFFÉ-REMMENT sauver tous les hommes, et que Dieu n'ait point par lui-même une bonne volonté de préférence pour les uns au-dessus des autres, mais une bonne volonté qui prévient tout, et qui est purement gratuite. Il n'est point question de la prédestination à la gloire : je mets cette question entièrement à part, puisqu'elle est agitée parmi les catholiques ; je m'arrête à la seule prédestination à la grace. Jamais théologien catholique, jamais fidèle qui a lu saint Paul [1], n'a douté qu'elle ne fût purement gratuite, et indépendante de tout mérite. Cette prédestination est « la préparation, comme dit saint » Augustin [2], des bienfaits de Dieu, par lesquels » sont délivrés très certainement tous ceux qui » sont délivrés. » Cette prédestination sans doute est une bonne volonté en Dieu, par laquelle, selon son bon plaisir et par un conseil impénétrable, il préfère gratuitement un homme à un autre homme pour l'appeler à Jésus-Christ son Fils et à son Église. Cette bonne volonté de préférence purement gratuite est essentiellement opposée à l'INDIFFÉRENCE de volonté pour le salut de tous, que les semi-pélagiens soutenoient, et que l'auteur semble renouveler quand il fait dire à Jésus-Christ : *Il est indifférent que ce soit Pierre ou Jean qui fasse un tel*

---

[1] *Epist.* CCXXV. tom. II *Op. S. Aug.*, vel tom. X, p. 779.

[1] *Rom.*, VIII, et alibi.
[2] *De dono Persev.*, cap. XIV, n. 35, tom. X.

effet dans mon temple. Peut-on dire que Dieu ait une volonté INDIFFÉRENTE pour le salut de tous, supposé qu'il prédestine gratuitement et par son seul bon plaisir, comme l'Église l'enseigne après saint Paul, *les uns par préférence aux autres, pour recevoir la foi et toutes les autres graces de Jésus-Christ?*

J'avoue, dira quelqu'un, qu'il paroît d'abord que cette indifférence de volonté est incompatible avec cette élection purement gratuite que Dieu fait uniquement *selon son bon plaisir.* Mais ne pourroit-on pas dire qu'une élection qu'il fait, étant déterminée par Jésus-Christ, est une élection qu'il fait lui-même selon son bon plaisir?

Non, sans doute : prenez garde que cette élection ne peut venir de Jésus-Christ, puisque c'est par cette élection que nous sommes donnés à Jésus-Christ même. Jésus-Christ ne prend pas ceux qu'il lui plaît, mais ceux *que son Père lui donne; tout ce que son Père lui donne vient à lui; et celui qui vient à lui, il ne le rejette pas. Personne,* dit le Fils, *ne peut venir à moi, si mon père qui m'a envoyé ne l'attire*[1]. Cette prédestination gratuite à la grace, par laquelle nous sommes appelés à la foi en Jésus-Christ, est donc tout entière de la part de Dieu. Quoiqu'il veuille sauver tous les hommes, il ne veut pas sauver INDIFFÉREMMENT tous les hommes. Il a pour les uns une bonne volonté plus que pour les autres, et cette bonne volonté consiste à les donner à son Fils. C'est ainsi que saint Augustin a parlé après saint Paul; et c'est cette doctrine que toute la tradition nous enseigne : jamais catholique n'a parlé autrement. Ce seroit une mauvaise subtilité et une nouveauté pernicieuse, que de dire que le Fils reçoit du Père ceux qu'il lui donne; mais que le Père, indifférent pour le choix de ceux qu'il doit lui donner, lui donne ceux qu'il lui demande. Remarquez que ce que *le Père donne au Fils vient à lui, et que celui qui vient à lui, il ne le rejette pas;* c'est-à-dire, dans le sens naturel des termes, que le Fils, soumis aux volontés du Père, accepte simplement ce qui lui vient par l'ordre du Père. C'est ce qui fait dire à saint Augustin[2] : « Jésus-Christ les choisit du monde pendant » qu'il vivoit avec eux dans la chair; mais c'étoit » ceux qui étoient choisis en lui avant la création » du monde; » c'est-à-dire que le choix temporel de l'ame de Jésus-Christ n'a fait que suivre le choix éternel de Dieu. Ainsi, quoique le Père n'aime aucun homme qu'en son Fils, il est pourtant essentiel à la foi de croire que c'est par une prédilection éternelle que Dieu donne à son Fils certains hommes plutôt que d'autres, afin que par son Fils ils soient réconciliés avec lui. Si le Fils prie pour les uns plutôt que pour les autres, c'est qu'il prie pour ceux qui lui appartiennent en vertu de l'élection divine, et qu'il demande *qu'aucun de ceux qui lui ont été donnés ne périsse*[1]. S'il les demande, c'est parce que son Père les lui fait demander. Ainsi, ils ne sont pas siens parce qu'il prie pour eux, mais il prie pour eux parce que l'élection divine les a faits siens dès l'éternité. C'est sans doute ce qui fait dire à Jésus-Christ, parlant aux enfants de Zébédée : *Mais d'être assis à ma droite et à ma gauche, il ne m'appartient pas de vous le donner, mais de le donner à ceux à qui mon Père l'a préparé*[2]. Si Jésus-Christ eût pu décider sur les places du royaume de Dieu sans être dirigé dans ce choix par la volonté divine, sa réponse n'eût été qu'une pure illusion; les enfants de Zébédée auroient pu lui répondre : C'est vous qui choisissez comme il vous plaît, et votre Père ne fait que confirmer votre choix. Choisissez-nous donc pour les premières places de votre royaume. Mais vous voyez tout au contraire, par la réponse expresse et décisive de Jésus-Christ, qu'il ne donne les places que selon qu'il est déterminé par la préparation éternelle du Père, et qu'il ne lui appartient de décider pour en remplir aucune. C'est ce qu'on ne peut nier ni éluder sans renverser ni éluder toute la doctrine catholique.

En effet, à moins qu'on ne suppose toujours que le Verbe dirige l'ame de Jésus-Christ dans tous ses desirs, et particulièrement dans chaque prière qu'elle fait pour les hommes, la source de la prédestination éternelle n'est plus en Dieu; elle est dans l'ame de Jésus-Christ. Ce n'est plus une prédilection divine, comme saint Paul nous l'enseigne; il faut cesser de le croire, supposé que Dieu soit par lui-même entièrement INDIFFÉRENT pour le choix des cohéritiers de son Fils, et qu'il se laisse purement déterminer par la volonté de Jésus-Christ. C'est cette volonté humaine qui choisit dans sa prière; par conséquent, c'est elle qui sépare, qui discerne, qui décide; c'est elle qui fait tout ce qu'il y a de réel dans la prédestination; et Dieu n'y a aucune autre part que celle de la ratifier et de l'exécuter.

Si l'auteur revient à dire que l'ame de Jésus-Christ prie pour les uns plutôt que pour les autres, parce que le Verbe la dirige à ce choix, nous avons déjà vu que c'est admettre en Dieu autant de volontés particulières qu'il y a d'élus, puisque Dieu

---

[1] Joan., VI, 37, 44.
[2] *De Prædest. Sanct.*, cap. XVII, n. 54, tom. X.

[1] S. Aug., *de Corrept. et Grat.*, cap. IX, n. 24, tom. X.
[2] *Matth.*, XX, 23.

ne suit pas la détermination de la cause occasionelle, et que c'est au contraire la cause occasionelle qui suit la direction divine.

Si l'auteur dit que l'ame de Jésus-Christ choisit, selon son bon plaisir, entre tous les hommes qui lui sont également indifférents, comme je choisirois entre cent boules entièrement égales, parmi lesquelles je prends les premières qui se présentent; c'est Jésus-Christ qui prédestine, et Dieu ne fait que confirmer sa prédestination, parce qu'il s'y est obligé en général. Ainsi Dieu n'a pas plus voulu la conversion de saint Paul ou celle de saint Augustin, qu'il veut qu'une feuille tombe en automne; ainsi Dieu n'a pas plus voulu que nous fussions régénérés par le baptême, par préférence aux infidèles qui en sont privés, que le roi veut les graces qu'un gouverneur, à qui il a confié son autorité, fait dans son gouvernement à des gens pour qui le roi n'a aucune affection particulière. Le prince ne confirme les graces que le gouverneur leur a faites, qu'à cause qu'ils les tiennent d'un homme auquel il a confié son autorité en général. Tout de même, selon l'auteur, Dieu, également INDIFFÉRENT pour tous les hommes, ne confirme la prédestination que Jésus-Christ fait des uns plutôt que des autres pour les incorporer à son Église, qu'à cause qu'il lui a confié sa puissance en général. N'est-ce pas anéantir le mystère de la prédestination? n'est-ce pas l'attribuer à une volonté humaine? n'est-ce pas en mettre la source hors de Dieu? enfin, n'est-ce pas faire que les élus n'ont aucune obligation particulière à Dieu de leur élection éternelle? Ai-je obligation à un homme qui ratifie ce que son procureur a fait à mon avantage, lorsque je sais qu'il ne l'avoit pas fait son procureur afin qu'il me fît du bien plutôt qu'à un autre, et qu'il ne ratifie celui qu'il m'a fait par préférence à mes voisins, qu'à cause qu'il est lié par la procuration générale qu'il lui avoit donnée?

Mais encore cette prédestination qui devient humaine, combien est-elle indigne de la sublimité avec laquelle saint Paul nous l'a annoncée! Quand je suppose avec toute l'Église que Dieu choisit dans son décret éternel ceux qu'il lui plaît, pour les donner à Jésus-Christ son Fils, je comprends qu'il le fait par des motifs dignes de sa souveraine sagesse, et de sa supériorité infinie sur les créatures. Il n'a besoin d'aucune; il ne doit rien à aucune. Il fait grace à toutes celles qu'il appelle, il ne fait point d'injustice aux autres[1]. *Il n'y a en lui aucune iniquité*[2]; *toutes ses voies sont vérité et jugement*[3].

A la vue de ce Dieu si grand, qui ne peut choisir ses créatures pour leurs mérites, parce qu'elles ne peuvent avoir aucun mérite que par son choix prévenant, j'adore ses conseils, et je m'écrie: *O profondeur des richesses de la sagesse et de la science de Dieu! que ses jugements sont incompréhensibles et ses voies impénétrables*[1]!

Mais si je veux suivre le système de l'auteur, et conclure, selon son principe, que la source de la prédestination est dans la volonté humaine de Jésus-Christ, je ne puis plus dire: *O profondeur de la sagesse de Dieu!* mais seulement: O profondeur de la sagesse humaine de Jésus-Christ! Encore n'est-ce pas même une vraie sagesse; car cette ame choisit sans raison; elle prie pour les premiers qui se présentent à elle. Est-ce donc là à quoi l'auteur réduira ce grand, ce profond et impénétrable mystère des conseils de Dieu? Dieu, de peur d'être obligé d'avoir des volontés particulières, ne choisit aucun homme pour former l'Église. Indifférent à tous, il les laisse choisir à Jésus-Christ; et Jésus-Christ, étant dans l'impuissance de penser à tous à la fois, choisit dans sa prière ceux qui se présentent à son esprit, comme je prendrois sans choix, parmi cent boules entièrement égales, la première que je trouverois sous ma main. Pendant que saint Paul s'écrie: *O profondeur de la sagesse!* ce système nous fera-t-il entendre que cette exclamation et cet enthousiasme sont sans fondement, puisqu'il ne s'agit que d'une élection faite par une volonté humaine, et qu'on ne peut pas même l'appeler élection; puisque Jésus-Christ, incapable de penser à tous, prie comme il peut pour ceux qui se présentent à son esprit?

CHAPITRE XXIX.

Si l'auteur dit que les dispositions naturelles des hommes déterminent l'ame de Jésus-Christ à prier pour les uns plutôt que pour les autres, il tombe dans l'erreur des semi-pélagiens; il contredit l'Écriture et se contredit soi-même.

Si l'auteur, pressé par les inconvénients que nous venons de remarquer, soutient que le choix que Jésus-Christ fait de certains hommes pour les premières graces, comme celle du baptême, ou celle de la pénitence après un entier endurcissement, est un vrai choix fait avec raison, fondé sur les dispositions naturelles des hommes, je conclus deux choses contre lui.

L'une, qu'il faut donc que Jésus-Christ pense à tous les hommes dans le même instant. Pourquoi

---

[1] AUG., *de Prædest. Sanct.*, cap. XVI, n. 33; tom. X.
[2] *Deut.*, IX, 14. [3] *Ran.*, IV, 34.

[1] *Rom.*, XI, 33.

le faut-il, direz-vous? C'est qu'il ne peut préférer les mieux disposés, s'il ne les compare tous ensemble. Tel avoit hier des dispositions indignes de la grace, qui sera aujourd'hui le mieux disposé; tel en avoit ce matin d'excellentes, qui peut en avoir ce soir de pernicieuses: l'un aura augmenté sa concupiscence, l'autre aura diminué la sienne; l'un aura écarté les objets qui excitent les passions, l'autre les aura cherchés; l'un aura travaillé par la prière naturelle à ôter les obstacles, l'autre se sera dissipé et aura abusé de sa raison, qui est la grace du Créateur. N'est-il pas vrai que tout cela a pu se faire de moment en moment? Quand je parle ainsi, n'est-ce pas le langage et la doctrine de l'auteur même? Il faut donc que Jésus-Christ, pour régler en chaque instant la distribution des graces sur les dispositions naturelles des hommes, les compare tous actuellement ensemble dans chaque instant; autrement il refuseroit souvent au mieux disposé de tous les infidèles la grace de la lumière de l'Évangile; autrement il refuseroit souvent au mieux disposé de tous les pécheurs la grace de la pénitence, et il donneroit ces graces à d'autres qui seroient déchus des bonnes dispositions où ils auroient été. Si donc Jésus-Christ n'est ni injuste ni aveuglé dans la distribution générale qu'il fait des graces sur les dispositions des hommes, il faut qu'il les voie tous distinctement, toutes les fois qu'il prie pour quelques uns. L'auteur ne peut donc plus dire que si une partie des hommes périt, c'est que Jésus-Christ, en tant que cause occasionelle, ne peut penser actuellement à tous, et doit porter le caractère d'un esprit fini.

La seconde conséquence que je tire de cette doctrine, c'est qu'elle anéantit toute prédestination gratuite. Encore une fois, il n'est pas question de la prédestination à la gloire, que je laisse à part; il s'agit de la prédestination à la grace, que toute l'Église catholique reconnoît purement gratuite.

Elle est gratuite, me direz-vous, du côté de Dieu, puisque Dieu accorde la grace par le seul mérite de Jésus-Christ médiateur.

Je réponds qu'elle ne seroit donc gratuite que du côté de celui qui ne fait point l'élection, et qui ne fait que prêter sa puissance. Mais Jésus-Christ, qui choisit et qui détermine véritablement la grace à se répandre sur l'un plutôt que sur l'autre, sur quoi fonde-t-il cette élection? Si c'est sur les dispositions naturelles, peut-on dire que cette élection soit purement gratuite, comme nous l'enseigne saint Paul?

Si saint Augustin dit, à la vue de ce profond mystère de l'élection divine: *Que les mérites humains se taisent* [1]! les mérites humains, flattés par la doctrine de l'auteur, lui répondront: C'est nous qui discernons les hommes; c'est en nous, et non dans les conseils impénétrables de Dieu, qu'il faut chercher la source de la prédestination; nous nous glorifions, parce que, sans avoir été prévenus d'aucun secours surnaturel, nous avons attiré la préférence et la prière de Jésus-Christ, qui fait l'élection divine.

Tous ceux qui croient que Dieu prédestine sur les mérites prévus, me répondra-t-on, n'ont-ils pas la même difficulté à vaincre? Non, sans doute: voici deux différences essentielles entre leur doctrine et celle que je réfute.

La première est qu'ils fondent la prédestination sur la prévision, non des dispositions naturelles, mais des mérites surnaturels acquis par la grace de Jésus-Christ. Ainsi la prédestination est toujours, selon eux, fondée sur la pure grace, puisqu'elle est fondée sur les bonnes œuvres que la grace fait faire.

La seconde est qu'ils n'ont même jamais fondé la prédestination à la grace sur la prévision des mérites surnaturels. On ne pourroit le dire sans impiété; c'est ce que les semi-pélagiens disoient. Ils vouloient que la grace eût été donnée à certains hommes, parce que Dieu prévoyoit qu'ils croiroient, et pratiqueroient la vertu par elle, plutôt que d'autres. Saint Augustin, après leur avoir montré que la prédestination de Jésus-Christ est le modèle de celle de tous les élus, et que tout y est purement gratuit, leur oppose ce que Jésus-Christ a dit de Tyr et de Sidon: *Malheur à vous, Corozaïn! malheur à vous, Bethsaïde! parce que si les miracles qui ont été faits en vous avoient été faits à Tyr et à Sidon, elles auroient fait pénitence dans le cilice et dans la cendre* [2]. Saint Augustin conclut de cet oracle si manifeste du Sauveur, que Dieu, bien loin de distribuer sa grace sur la prévision des mérites futurs, refuse au contraire quelquefois sa grace à ceux qui en auroient profité, et la présente à ceux qu'il prévoit qui la rejetteront [3]. Ne faut-il pas conclure, à plus forte raison, que Dieu ne se règle point sur les dispositions naturelles des hommes dans la distribution des graces, puisqu'il en donne aux habitants de Corozaïn et de Bethsaïde, qui ne sont pas disposés à les bien recevoir, et qu'il ne les donne pas aux habitants de Tyr et de Sidon, qui étoient disposés à en profiter?

---

[1] *De Præd. Sanct.*, cap. xv, n. 31, tom. x.
[2] *Luc.*, x, 13.
[3] *De dono Persever.*, cap. ix, x, n. 21 et seq., tom. x.

Il est donc faux et impie de dire que la prédestination à la grace soit fondée sur les dispositions naturelles des hommes. Si la grace étoit donnée selon les dispositions naturelles, la *grace*, comme saint Augustin, entrant dans l'esprit de saint Paul, l'a dit mille fois, *ne seroit plus grace, ce seroit une dette*.

Écoutons donc saint Augustin sur ces paroles : *Vous ne m'avez pas choisi, mais je vous ai choisis*[1]. « Pénétrons donc bien, dit-il [2], cette vocation par » laquelle se font les élus, qui ne sont pas choisis » parce qu'ils croient, mais qui sont choisis afin » qu'ils croient. » Et plus bas : « Ils ne l'ont pas » choisi pour attirer son choix, mais son choix » a attiré le leur. Qu'est-ce que dit l'Apôtre ? » *Comme il nous a choisis en lui avant la créa-* » *tion du monde*[3]. Que si ces paroles ont été di- « tes à cause que Dieu prévoyoit ceux qui croi- » roient, et non parce qu'il les feroit lui-même » croyants, le Fils parle contre cette prescience, » quand il dit : *Vous ne m'avez pas choisi, mais* » *je vous ai choisis*; puisque Dieu a prévu qu'ils » le choisiroient pour mériter d'être choisis par » lui. C'est pourquoi il faut dire qu'ils sont choisis » avant la création du monde, par cette prédesti- » nation dans laquelle Dieu prévoit ce qu'il opé- » rera lui-même. Ils sont ensuite choisis du milieu » du monde, par cette vocation dans laquelle Dieu » accomplit ce qu'il a prédestiné; car ceux qu'il a » prédestinés, ceux-là mêmes, il les a appelés par » sa vocation, selon son décret. » Voilà ce que saint Augustin appelle *la vérité immobile de la prédestination et de la grace*, voilà ce qu'il nomme la doctrine des prophètes et des apôtres; voilà ce que toute l'Église catholique professe hautement avec lui.

Il n'est donc pas permis à ses enfants de dire que Dieu, dans la distribution de ses graces, choisit les hommes qui sont naturellement les mieux disposés, puisqu'il ne nous choisit pas sur ce qu'il prévoit que nous serons fidèles, mais qu'il nous choisit afin que nous soyons fidèles, comme saint Augustin remarque [4] que saint Paul l'a dit, parlant de lui-même : *Dieu m'a fait miséricorde, afin que je sois fidèle* [5].

Prenez garde, me répondra peut-être quelqu'un, qu'il ne s'agit ici d'aucune disposition des volontés qui puissent mériter la grace : on sait bien qu'il est de foi qu'elle ne peut être méritée; autrement elle ne seroit plus grace. L'auteur l'a reconnu lui-même dans ses *Méditations*. On se borne donc à soutenir que l'homme peut, par son attention à consulter la raison universelle des esprits, et par l'amour naturel de l'ordre, *diminuer sa concupiscence*, écarter les obstacles, et préparer ainsi la voie à la grace que Jésus-Christ répand par sa prière.

Mais cette réponse ne touche pas seulement la difficulté. Ou vous soutenez que la disposition naturelle des hommes détermine Jésus-Christ à prier pour eux, ou vous croyez qu'elle ne l'y détermine point. Si vous dites qu'elle ne l'y détermine point, et qu'étant indifférent pour ceux qui sont bien ou mal disposés, il se détermine toujours lui-même, par un choix purement arbitraire et sans être conduit par aucune règle, à préférer ceux qu'il voit dans la meilleure disposition, c'est vouloir deviner sur des choses arbitraires ; c'est décider sans aucun fondement sur les volontés libres et secrètes de Jésus-Christ : c'est même décider contre des faits qui nous sont révélés ; car nous voyons que Jésus-Christ a distribué souvent la grace aux ames les plus égarées, telles que celle de saint Paul ; et aux plus corrompues, comme la pécheresse qui arrosa ses pieds de ses larmes ; et aux plus endurcis, comme certains pécheurs qui sont devenus de grands saints. Enfin vous supposez sans preuve que Jésus-Christ fait toujours ce qu'il nous apprend qu'il ne fait pas quelquefois, puisque l'exemple de Tyr et de Sidon nous montre qu'il ne donna point sa grace à ceux qui en auroient profité, et qu'il l'offrit à ceux qu'il prévoyoit la devoir rejeter. Mais demandez à saint Augustin quelle disposition a pu attirer la grace dans l'ame de saint Paul ; il vous répondra : « Il » n'y avoit en lui que des grands démérites..... A » ces démérites, si grands et si mauvais, rien » n'étoit dû que la peine ; mais Dieu lui rendit le » bien pour le mal [1]. » Si vous dites que l'ordre a pu demander certaines conversions, comme celle de saint Paul, qui fussent au-delà des règles de la distribution des graces, je vous réponds deux choses. Premièrement, quel est cet ordre inviolable qui demande à n'être pas toujours suivi ? Dès qu'on est réduit à faire de telles réponses, on peut soutenir tout ce qu'on veut ; on fera toujours vouloir à l'ordre tout ce qu'on voudra ; il demandera même à être violé. Secondement, il faut remarquer que quand saint Augustin parle ainsi de saint Paul, il se sert de cet exemple pour en tirer

---
[1] *Joan.*, XV, 16.
[2] *De Prædest. Sanct.*, cap. XVII, n. 34, tom. X.
[3] *Ephes.* I, 4.
[4] *De Grat. et lib. Arbit.*, cap. VII, n. 17, tom. X.
[5] *I Cor.*, VII, 25.

[1] *De Grat. et lib. Arbit.*, cap. V, n. 12, tom. X.

une conséquence sur la vocation purement gratuite de tous ceux qui sont appelés à la grace; et il pose pour règle générale et absolue, qu'il n'y a *qu'une grande misère qui précède en nous la grande miséricorde* par laquelle nous sommes appelés à la grace de Jésus-Christ. « Si Dieu, dit-il [1], » ne pouvoit point ôter la dureté du cœur, il ne » diroit pas par son prophète : *Je vous ôterai ce* » *cœur de pierre, et je vous en donnerai un de* » *chair*.... Ne seroit-ce donc pas une extrême ab- » surdité que de dire que le mérite de la bonne » volonté a précédé dans l'homme, afin que le » cœur de pierre lui fût ôté, puisque le cœur de » pierre lui-même ne signifie qu'une volonté très » dure et très inflexible à l'égard de Dieu? » Vous voyez que saint Augustin prouve, par ces paroles de l'Écriture, que quand la grace nous est donnée, non-seulement elle ne trouve en nous aucun mérite, mais elle n'y trouve pour toute disposition qu'une dureté et une inflexibilité extrême contre Dieu.

Si vous dites que la disposition naturelle des hommes est la règle selon laquelle il se détermine pour les prédestiner à la grace, je conclus que vous combattez ce que nous venons de rapporter de saint Augustin, que vous tombez dans une des plus dangereuses erreurs des semi-pélagiens.

Pourquoi le concluez-vous, me répondra-t-on? cette disposition naturelle ne justifie pas, elle attire seulement la justification.

Mais ne voyez-vous pas que le commencement de la foi, selon les semi-pélagiens, ne justifioit non plus que la disposition naturelle, qui, selon vous, attire la grace? Ces hérétiques avouoient qu'il faut avoir, pour être juste, la pleine foi et la charité; mais ils disoient que l'homme pouvoit, par son libre arbitre, commencer à croire, et que ce commencement de foi attiroit la grace et la justification, quoiqu'il ne fût en lui-même qu'une disposition naturelle de la volonté : n'en dites-vous pas autant? Ne croyez-vous pas que certaines dispositions naturelles, *certaines propriétés dont l'âme est capable*, et qui conviennent à l'édifice que Jésus-Christ veut former, le déterminent à choisir certains hommes plutôt que d'autres? Si ces dispositions naturelles attirent la grace, en sorte qu'elles déterminent Jésus-Christ à la répandre par sa prière, n'est-il pas vrai que ceux qui ont ces dispositions doivent les regarder comme la première source de leur prédestination? N'est-il pas vrai qu'on doit dire de cette disposition tout ce que les semi-pélagiens ont dit du commencement de la foi, puisque ce commencement de foi n'étoit, selon eux, qu'une disposition naturelle qui attiroit la grace, comme les dispositions dont vous nous parlez? Cette disposition naturelle attirant la grace qui justifie, saint Augustin concluoit, contre les semi-pélagiens, que cette disposition naturelle étoit le commencement du salut. Ne dois-je pas le conclure aussi contre vous? Ce qui est à l'égard de Jésus-Christ une règle pour sanctifier l'un plutôt que l'autre n'est-il pas la vraie source du discernement? N'est-ce pas là que commence l'œuvre du salut? Qu'y a-t-il donc à répondre? Faudra-t-il pousser l'égarement jusques à dire que saint Augustin et toute l'Église se sont trompés en condamnant cette opinion?

Il y a une grande différence, me dira-t-on peut-être, entre l'opinion que vous examinez ici, et celle des semi-pélagiens. Ces hérétiques croyoient que l'homme pouvoit, par son libre arbitre, commencer à croire et à être justifié, sans aucun secours mérité par Jésus-Christ; au lieu que l'auteur suppose que Jésus-Christ étant le chef de toute la nature, il est la cause méritoire de toutes les lumières de la raison et de toutes les graces que nous recevons de Dieu créateur. Ainsi, on peut soutenir que ces dispositions naturelles qui attirent la grace sont elles-mêmes des graces; car, quoiqu'elles soient naturelles, elles ne viennent pourtant à l'homme qu'autant qu'elles sont méritées par Jésus-Christ.

Il est vrai, répondrai-je, qu'en confondant les deux ordres différents de la création et de la réparation, vous prétendez que nous n'avons la raison même qu'autant qu'elle nous est méritée par le Sauveur, mais méritée comme il nous mérite l'air que nous respirons et la terre que nous foulons aux pieds; enfin, cette raison, quoique méritée, n'est pourtant, de votre propre aveu, qu'une lumière purement naturelle; et l'usage que l'homme en fait, sans la grace médicinale de Jésus-Christ, ne se fait que par les seules forces de son libre arbitre blessé et malade. Si donc la bonne disposition, qui est le premier fondement du salut, vient de la seule raison, elle vient de la nature seule : or, la nature, pour être, selon vous, méritée par Jésus-Christ, n'en est pas moins réellement nature, mais nature corrompue par le péché, mais nature abattue et impuissante pour toutes les œuvres qui ont rapport au salut. Remarquez que je ne dispute pas ici avec vous pour savoir si l'homme peut par sa seule raison, en l'état où il est, diminuer sa

---
[1] *De Grat. et lib. Arbit.*, cap. XIV, n. 29.

concupiscence, et lever les obstacles qui empêchent sa conversion : je me borne à dire que quand l'homme diminueroit ainsi ses passions, il ne pourroit jamais déterminer par-là Jésus-Christ à lui donner sa grace plutôt qu'à un autre. Jésus-Christ le peut suivant que les conseils éternels de Dieu l'y déterminent : mais je soutiens que cette disposition de la volonté des hommes ne peut jamais par elle-même l'y déterminer. Si vous me contredites, vous renversez la vocation gratuite à la grace, et vous mettez le premier fondement du salut dans cette disposition naturelle.

Remarquez encore que les semi-pélagiens n'auroient jamais disputé contre saint Augustin, si ce Père eût voulu se contenter du tempérament que vous cherchez; ils auroient dit volontiers, aussi bien que vous, que ce qu'ils appeloient le commencement de la foi n'étoit qu'une disposition naturelle à croire, et plutôt une simple préparation à la grace qu'un véritable acheminement vers la justice. Tout leur eût été bon, pourvu qu'on leur eût avoué que la grace suivoit dans son cours les dispositions naturelles qu'elle trouvoit dans les volontés. Leur peine étoit de voir que Dieu préférât certains hommes à d'autres, dans la vocation à la grace, sans aucune raison de leur part pour ce discernement; ils prétendoient que Dieu vouloit INDIFFÉREMMENT le salut de tous, et qu'il ne préféroit les uns aux autres qu'à cause qu'ils étoient plus préparés à croire, quand ils recevroient la grace de la foi.

Quittons donc toutes les subtilités par lesquelles on peut éluder et obscurcir une autorité si manifeste. Ou vous croyez que cette bonne disposition naturelle n'est point une règle qui détermine Jésus-Christ, ou vous croyez que c'est une règle qui le détermine : si vous croyez que ce n'est point une règle qui le détermine, voilà donc Jésus-Christ qui, selon vous, se détermine pour le choix de ses frères adoptifs sans aucune raison et sans aucune règle. C'est dans cette élection arbitraire et comme fortuite que consistera le fond du mystère de la prédestination. Si vous soutenez, au contraire, que cette disposition naturelle est une règle qui détermine le choix de Jésus-Christ, vous ne pouvez plus nier aux semi-pélagiens que Dieu, INDIFFÉRENT au salut de tous, ne soit déterminé à préférer les uns aux autres par leurs dispositions naturelles, et qu'ainsi le mérite humain ne soit la loi de la prédestination éternelle : d'où il faudra conclure que ce n'est point Dieu qui prévient par son choix la volonté humaine, et qui *la prépare*, mais que c'est au contraire la volonté humaine qui se prépare elle-même à la grace, et qui en détermine le cours par sa bonne disposition.

Nous venons de voir ce qu'on peut dire contre l'auteur pour la grace de la vocation qui fait entrer les hommes dans l'Église; mais on peut encore montrer qu'il ne se trompe pas moins à l'égard des justes : « Ceux qui ont la charité justi-
» fiante, dit-il [1], peuvent attirer sur eux la grace
» en deux manières plus efficaces. Ils le peuvent par
» la nécessité de l'ordre, qui, à l'égard de Dieu, est
» une loi inviolable; puisqu'ils peuvent, par le bon
» usage des secours qui accompagnent toujours la
» charité, mériter sans cesse de nouvelles graces...
» Les justes peuvent (c'est Jésus-Christ qui parle)
» plus facilement me déterminer à prier pour leur
» sanctification que les autres hommes. Les justes
» peuvent donc en général obtenir la grace par deux
» voies fort efficaces : et par le mérite de leurs
» prières, l'ordre et la justice étant la règle invio-
» lable des volontés divines; et par la faveur parti-
» culière qu'ils ont auprès de moi. » Si l'homme peut *mériter sans cesse* de nouvelles graces, et *déterminer Dieu efficacement à les lui donner en vertu de l'ordre, qui est un titre de justice et une loi inviolable des volontés divines*, l'Église se trompe quand elle enseigne que la grace de la persévérance ne peut jamais être méritée par aucune grace.

CHAPITRE XXX.

L'usage qu'on peut faire de la science moyenne, pour sauver ce système, ne sauroit convenir aux principes de la doctrine catholique, ni à ceux de l'auteur même.

Quoique nous ayons déjà souvent réfuté ce que l'auteur peut dire touchant la science conditionnelle, je crois qu'il n'est pas inutile de la traiter encore exprès dans un chapitre particulier. Peut-être l'auteur croit-il que cette science est le fondement de toutes les œuvres de Dieu. Dieu a prévu, dira-t-on, éternellement tout ce que voudroient toutes les créatures raisonnables qui étoient possibles, supposé qu'il les tirât du néant; et il en a tiré celles des volontés desquelles il a prévu que résulteroit le plus parfait ouvrage. C'est sur cette prévision qu'il a choisi non-seulement toutes les causes occasionelles, mais encore toutes les autres natures intelligentes qu'il a créées. Ainsi, par rapport à cette prévision conditionnelle, il a choisi ce qu'il pouvoit créer de plus parfait.

A cela je réponds plusieurs choses, dont j'espère que chacune paroîtra décisive.

[1] *Médit.* XIII, n. 17.

Premièrement, dans cette supposition, il eût été plus simple que Dieu eût créé d'abord les causes occasionelles dont il prévoyoit que les volontés seroient conformes à son dessein : il n'auroit eu qu'à leur laisser gouverner son ouvrage, sans y mettre des lois générales. Voilà donc les lois générales qui sont superflues, et par conséquent ce système est faux, puisqu'il n'est pas le plus simple que Dieu pouvoit choisir pour former le monde tel que nous le voyons.

Secondement, si Dieu choisit, dans la création des ames, celles qui voudront ce qui convient le mieux à la perfection de son ouvrage, pourquoi est-ce qu'il en choisit un nombre beaucoup plus grand de celles dont il prévoit la perte, que de celles dont il prévoit le salut? Est-ce qu'il convient à l'ordre et à la perfection de l'ouvrage de Dieu qu'il y ait beaucoup plus de réprouvés que d'élus? Non, répondra peut-être l'auteur; mais, parmi toutes les ames possibles, Dieu n'en voyoit point parmi lesquelles il dût y en avoir un moindre nombre de réprouvées que parmi celles qu'il a produites. Ainsi, il a choisi ce qu'il a prévu qui seroit meilleur. Mais si l'auteur s'attache à cette réponse, voici des inconvénients qui l'accableront. Comment prouvera-t-il que Dieu ne pouvoit point trouver, dans sa puissance infiniment féconde, des ames qui auroient été disposées à vouloir ce que veulent celles qui parviennent au royaume du ciel? Osera-t-il dire qu'il n'y en avoit aucune de possible au-delà de celles que Dieu a produites? Soutiendra-t-il que Dieu n'avoit pas la puissance d'en produire d'autres qui auroient été parfaitement semblables en tout à celles qui parviennent à la vie éternelle, excepté ce qu'on appelle la différence numérique?

De plus, supposé que Dieu se détermine dans ce choix sur la science conditionnelle, pourquoi n'a-t-il pas laissé dans le néant les ames dont il prévoyoit la perte éternelle? Il leur eût mieux valu, selon la parole expresse de Jésus-Christ, de n'avoir jamais été tirées du néant : pourquoi donc ne les y a-t-il pas laissées? pourquoi n'a-t-il pas borné la création des ames au nombre de celles qui devoient obtenir la vie éternelle? D'où vient donc que Dieu a choisi celles qui devoient périr, lui qui, selon cette opinion, est déterminé dans ce choix par les volontés qu'il prévoit que les créatures auront? Est-ce que le péché et la damnation de ces ames, que Dieu a prévus, ont déterminé Dieu à les créer? est-ce que la damnation de ces ames étoit nécessaire à la perfection de son ouvrage? Est-ce la prévision de la chute des mauvais anges qui a fait résoudre à Dieu de les créer? est-ce la prévision du péché d'Adam qui a déterminé Dieu à créer cet homme? Est-ce la trahison de Judas qui a déterminé Dieu à créer l'ame de ce malheureux et perfide disciple de Jésus-Christ? est-ce l'impénitence finale de tous les réprouvés qui détermine Dieu à les tirer du néant? Si cela est, l'Écriture se trompe quand elle parle ainsi : *Ne dites pas : Dieu m'a trompé* [1] ; *car les impies ne lui sont pas nécessaires*; et c'est avec raison que les hérétiques de ces derniers temps ont soutenu, contre l'Église catholique, que Dieu réprouve par une volonté absolue et positive ceux qui périssent, pour manifester sa justice inflexible.

Troisièmement, supposé que Dieu eût choisi dans la création les ames parmi lesquelles il prévoyoit qu'il y en auroit moins de réprouvées, il faut dire aussi que Jésus-Christ, dans la distribution des graces, prie pour celles qu'il prévoit en devoir faire un meilleur usage. Cependant saint Augustin nous a fait remarquer que Jésus-Christ, tout au contraire, donne des graces à ceux de Corozaïn et de Bethsaïde, qui les rejettent, et ne les donne point à ceux de Tyr et de Sidon, qui auroient fait pénitence dans le cilice et dans la cendre. L'auteur répondra-t-il que Jésus-Christ auroit bien voulu préférer ceux de Tyr et de Sidon, mais qu'il falloit, selon l'ordre, qu'il cherchât d'abord *les brebis perdues de la maison d'Israël*[2]? Mais pourquoi l'ordre l'obligeoit-il à préférer ce peuple *dur et incirconcis de cœur*[3], ce peuple *chargé du sang de tous les prophètes*[4], aux gentils qui auroient *fait fructifier le royaume de Dieu*[5]? L'ordre devoit-il, à cause du nom d'Abraham, *laisser marcher toutes les nations dans leurs voies*[6] égarées, pour leur préférer les Juifs, qui n'étoient point les *imitateurs de sa foi*? Si Dieu se règle dans ses choix sur l'usage qu'il prévoit que les hommes feront de ses graces, ne devoit-il pas les transférer d'abord à ces peuples qui *regardoient son Christ venir de loin*[7], comme disent les prophètes, dont le *Christ étoit le désiré*[8], dont il étoit *l'attente*[9], et qui devoient bientôt après devenir, par leur foi, les vrais enfants et les vrais héritiers d'Abraham et de ses promesses? Du moins Jésus-Christ ne devoit-il pas attirer à lui les Tyriens et les Sidoniens, comme il attira la Cananéenne et Zachée, afin qu'ils entendissent sa parole, qu'ils

---

[1] *Implanavit.* Eccli., xv, 12.
[2] *Matth.*, xv, 24. [3] *Act.*, vii, 21. [4] *Luc.*, xi, 50.
[5] *Matth.*, xxi, 43. [6] *Act.*, xiv, 15.
[7] *Num.*, xxiv, 17. *Jerem.*, xxxi, 3. [8] *Agg.*, ii, 8.
[9] *Genes.*, xlix, 10.

reçussent sa grace, et qu'ils pussent porter son nom à tous les autres peuples disposés à croire? C'est sans doute ce qu'il auroit fait si son dessein eût été de choisir entre tous les hommes ceux dont il prévoyoit que les volontés seroient fidèles à sa grace. D'ailleurs, il n'est pas question de chercher ici des raisons pour lesquelles Jésus-Christ n'étoit pas libre d'offrir sa grace aux Tyriens et aux Sidoniens : il s'agit d'une autorité précise qu'il n'est pas permis d'éluder. De cet exemple, saint Augustin conclut généralement pour l'Église catholique, contre les semi-pélagiens, que Dieu ne règle point la distribution de ses graces sur cette prévision des mérites futurs : oseriez-vous combattre cette conséquence?

Quatrièmement, remarquez que cette opinion sera condamnée par tous ceux qui soutiennent la science moyenne. Elle suppose que la prédestination de Jésus-Christ n'a point été purement gratuite; car, selon cette opinion, il faut dire que le Verbe divin s'est uni à l'ame qu'il a prévu devoir être, par tous ses desirs libres, la plus digne de cette union. D'ailleurs, Dieu ayant formé l'univers, comme dit l'auteur, *pour le monde futur, pour la céleste Jérusalem*, il faut que l'auteur dise que Dieu n'auroit pu former le monde s'il n'eût prévu que certaines ames voudroient profiter de la grace de Jésus-Christ. Cela étant, voilà la prédestination à la grace, c'est-à-dire la vocation aux premières graces du christianisme, qui est uniquement fondée sur la prévision conditionnelle des mérites futurs, comme les semi-pélagiens l'ont soutenu contre saint Augustin.

Cinquièmement, l'auteur doit expliquer son sentiment sur la manière dont Dieu meut les volontés. Dieu, lui dirai-je, inspire-t-il efficacement aux créatures intelligentes les desirs qui conviennent à la plus grande perfection de l'ouvrage ? s'il les leur inspire efficacement, la science conditionnelle est inutile pour lever les difficultés. Si cela est, on ne peut pas dire que Dieu crée une ame parce qu'il prévoit qu'elle voudra ce qu'il faut; mais on doit dire au contraire qu'il prévoit qu'elle voudra ce qu'il faut, parce qu'il le lui fera vouloir.

Si vous dites que Dieu ne leur inspire point efficacement ces desirs, comment Dieu peut-il savoir qu'elles les forment d'elles-mêmes ? L'auteur a-t-il oublié que, selon lui, Dieu ne peut *connoître que ce qu'il produit, et qu'aucun objet hors de lui ne peut lui donner aucune connoissance* ? Mais ces natures intelligentes, comment peuvent-elles produire en elles-mêmes, par elles-mêmes, des desirs qui augmentent sans doute leur propre perfection, et qui donnent à l'ouvrage de Dieu pris dans son tout une excellence que Dieu n'auroit pu lui donner par lui-même? Ne sont-elles pas les causes réelles et immédiates de ces nouveaux degrés de perfection, et par conséquent ne sont-elles pas, selon l'auteur, des divinités, puisqu'un de ses plus grands principes est que toute cause réelle du moindre effet qu'on puisse concevoir dans toute la nature est *quelque chose d'infini et de divin* ?

Sixièmement, n'est-il pas pitoyable de représenter Dieu, non comme *faisant tout ce qu'il lui plaît dans le ciel et sur la terre, comme tenant les cœurs des hommes dans ses mains*, mais au contraire comme étant réduit à ne pouvoir jamais exercer sa puissance, s'il ne trouve dans la liberté de ses créatures ce qu'il ne peut trouver en lui-même? Voilà sans doute une doctrine que tous les théologiens catholiques, sans exception, détestent : il n'y en a aucun, parmi ceux mêmes qui n'admettent point la grace efficace, qui ne croient que Dieu dispose tellement la grace avec les circonstances, qu'il fait vouloir infailliblement aux hommes ce qu'il lui plaît.

Ne dis-je pas la même chose, répondra peut-être l'auteur? et n'ai-je pas encore au-dessus de ces théologiens l'avantage de reconnoître que la grace est naturellement efficace par elle-même, puisque c'est un plaisir sensible qui fait le contre-poids de la concupiscence? Cette évasion est inutile, lui répondrai-je; car la principale chose que tous les théologiens reconnoissent que Dieu fait quand il lui plaît, c'est de faire mériter les hommes. J'avoue que, selon vous, Dieu peut, quand il lui plaira, faire vouloir aux hommes ce qui est bon; mais comme il ne le peut, selon vos principes, qu'en surmontant la concupiscence par la grace, et que l'homme ne mérite qu'autant qu'il est dans l'équilibre, lorsqu'il se détermine à vouloir le bien; il s'ensuit, selon vous, que si Dieu détermine efficacement l'homme à une bonne œuvre par une grace forte qui emporte la balance, alors l'homme veut le bien sans mériter, et qu'ainsi Dieu, par l'efficace de sa grace, ne peut jamais s'assurer de faire mériter l'homme, puisque c'est cette efficace même qui l'empêche de mériter.

Peut-être que ce que je viens de dire mériteroit une plus grande explication; mais, outre que ces choses n'ont besoin d'aucune preuve, puisque l'auteur en convient en termes formels, de plus, j'achèverai de donner un plein éclaircissement sur cet article, quand nous examinerons la manière dont l'auteur prétend que la grace agit sur les volontés.

Enfin je veux bien supposer que cette doctrine soit aussi édifiante qu'elle est indigne de Dieu et capable de soulever tous les chrétiens ; si l'auteur s'y attache, je vais lui montrer qu'il détruit par-là tout son système de ses propres mains. Si Dieu a tellement voulu les effets qu'il a tirés des causes occasionelles pour la perfection de son ouvrage, qu'il ne les a établies qu'à cause qu'il a prévu qu'elles desireroient ces effets; s'il est vrai qu'il se seroit abstenu de créer l'univers plutôt que de ne tirer pas ces effets de ces causes occasionelles, n'est-il pas évident que ces effets particuliers sont la principale fin qu'il s'est proposée, et qu'il a voulu non les effets en conséquence des desirs des causes occasionelles, mais l'établissement des causes ocasionelles en vue des effets qu'il a prétendu en tirer? Ces effets n'étant pas renfermés dans les lois générales, il s'ensuit, selon la définition de l'auteur, que Dieu n'a pu les vouloir que par des volontés particulières. Ainsi les causes occasionelles n'épargnant point à Dieu ces volontés particulières, il les a établies sans aucun fruit et contre l'ordre de sa sagesse. On voit par-là combien l'auteur se contrediroit lui-même, s'il soutenoit que la prescience conditionnelle des volontés des créatures est le fondement sur lequel Dieu a élevé tout son ouvrage.

CHAPITRE XXXI.

Si l'ordre déterminoit Jésus-Christ pour le nombre des hommes en faveur desquels il doit prier, il faudroit conclure que Dieu n'a aucune volonté de sauver tous les hommes.

Il est étonnant que l'auteur ait joint dans son système les deux extrémités les plus odieuses : d'un côté, pour éviter les volontés particulières, il semble dire que Dieu veut indifféremment le salut de tous, qu'il n'a par lui-même que des volontés générales dans lesquelles aucune prédestination particulière ne peut se trouver; qu'ainsi tout choix, toute préférence, toute prédestination des uns plutôt que des autres, a sa source dans la volonté humaine de Jésus-Christ, et par conséquent Dieu n'a eu par lui-même aucune bonne volonté pour l'ame de saint Paul, plus que pour celle de Judas. Je laisse à juger au lecteur combien cette doctrine, non-seulement est contraire au dogme catholique, mais encore doit faire horreur à la piété chrétienne.

Voici une seconde extrémité également affreuse, dans laquelle il faut que le système de l'auteur le précipite malgré lui : c'est que l'ordre a réglé le nombre des élus, et par conséquent Dieu n'a pu en aucun sens vouloir sauver un plus grand nombre d'hommes que ceux qui sont sauvés; car il ne peut en aucun sens vouloir ce que sa sagesse, son ordre immuable et son essence infiniment parfaite, ne permettent pas. Comment prouvez-vous, me dira-t-on peut-être, que l'ordre, selon l'auteur, a déterminé le nombre des élus ?

Le voici : c'est que l'édifice du corps de l'Église est le dessein de la sagesse éternelle ; cet édifice doit avoir une certaine grandeur et des proportions. S'il étoit immense et sans ordre, il seroit indigne de Dieu. Vous vous étonnez peut-être que sur un tel raisonnement je conclue que l'ordre ne permet pas le salut de tous les hommes. En raisonnant ainsi, je ne fais pourtant que suivre les paroles expresses de l'auteur. Écoutez ce qu'il fait dire à Jésus-Christ[1] : « J'agis ainsi sans cesse pour
» faire entrer dans l'Église le plus d'hommes que
» je puis, agissant néanmoins toujours avec ordre,
» et ne voulant pas rendre mon temple difforme
» à force de le rendre grand et ample. » Ces paroles sont sans doute claires et décisives pour marquer que l'ordre restreint Jésus-Christ dans certaines bornes précises pour la sanctification des hommes. Mais en voici d'autres qui sont encore plus évidentes : « Ma charité, dit Jésus-Christ dans
» les *Méditations* de l'auteur [2], est si grande
» qu'elle s'étend à tous les hommes, et que, si
» l'ordre me le permettoit, tous seroient sauvés.»
Il dit encore plus bas, sur les miracles qui se feront dans les pays où l'Évangile sera nouvellement prêché [3] : « Ces miracles me fourniront
» plus de matériaux que je n'en ai besoin. » Il ajoute [4] : « Je dois régler mes desirs ou mon action
» sur l'ouvrage que je construis... J'agis comme je
» dois en consultant le Verbe en tant que raison, en
» tant que sagesse éternelle, consultant l'ordre dont
» tu n'as qu'une connoissance fort imparfaite. Si
» je réglois mes dons uniquement sur la connoissance des événements libres, l'ordre de la grace
» ne seroit plus digne de la sagesse infinie de Dieu.
» Il n'est pas nécessaire que je te le prouve, et ton
» attention est déja trop fatiguée. Ma conduite
» dans la construction de mon ouvrage doit porter
» le caractère d'une cause occasionelle et d'un
» esprit fini. »

Voilà donc, selon l'auteur, Dieu qui veut *indifféremment* le salut de tous les hommes; et Jésus-Christ, dont *la charité est si grande qu'elle s'étend à tous*. Mais tous ne sont pourtant pas sau-

---

[1] *Médit.* XIV, n. 15. [2] *Médit.* XII, n. 27.
[3] *Ibid.*, n. 28. [4] *Ibid.*, n. 29.

vés, parce que l'ordre arrête dans certaines bornes, et les volontés générales de Dieu, et les desirs particuliers de Jésus-Christ.

Mais encore, pourquoi l'ordre marque-t-il des bornes aux bontés de Dieu et à la prière du médiateur ? *C'est*, répond Jésus-Christ, *que j'agis comme je dois, en consultant le Verbe en tant que raison, en tant que sagesse éternelle, consultant l'ordre*. Mais encore, cet ordre consulté, que dit-il ? Il dit que sans ces bornes *l'ordre de la grace ne seroit plus digne de la sagesse de Dieu*. Mais pourquoi n'en seroit-il plus digne ? Le voici enfin. *C'est que ma conduite dans la construction de mon ouvrage doit porter le caractère d'une cause occasionelle et d'un esprit fini.*

Je ne m'arrête point à combattre cette étrange raison, que l'auteur met en la place des paroles de saint Paul. *O profondeur des richesses de la sagesse et de la science de Dieu !* Je pourrois lui répondre que quand Jésus-Christ auroit pensé à tous les hommes, et prié efficacement pour chacun d'eux en particulier, leur nombre étant borné, son action et sa conduite n'auroient pas laissé de *porter encore le caractère d'une cause occasionelle et d'un esprit fini* ; mais je me contente de suivre l'auteur pas à pas, sans le contredire. Vous remarquerez qu'il passe toujours par des termes vagues et superficiels sur la difficulté. Quand il s'agissoit du choix des prédestinés, il nous disoit que Dieu répand la grace sur les *ames qui sont semblables à l'idée qui sert à régler les desirs de Jésus-Christ* ; et cette idée étoit celle de *certaines propriétés dont l'ame en général étoit capable, desquelles Jésus-Christ a une connoissance parfaite*.

C'étoit l'idée de certaines beautés dont Jésus-Christ veut orner son Épouse, et qui nous sont entièrement inconnues. Vous voyez quelle obscurité il affecte. Maintenant qu'il est question du nombre des élus, il dit : *L'ordre de la grace ne seroit plus digne de la sagesse infinie de Dieu; il n'est pas nécessaire que je te le prouve ;* (c'est pourtant de quoi il seroit question) *ton attention est déja trop fatiguée; ma conduite dans la construction de mon ouvrage doit porter le caractère d'une cause occasionelle et d'un esprit fini.* Mais enfin, tirera-t-il de là une conclusion claire et précise pour prouver que Jésus-Christ ne doit pas faire entrer dans l'Église par sa prière tous les hommes, dont le nombre est fini ? Nullement ; au contraire, voici la dernière décision qu'il donne[1] : « Tu n'es pas en état de comprendre clairement » pourquoi l'ordre que je suis dans mon action, » et la proportion que je veux mettre dans mon » ouvrage, empêchent que je ne puisse sauver » tous les hommes. » Et encore[1] : Mes desirs sont » réglés par l'ordre, qui est la loi que je suis in- » violablement, et dont tu n'as qu'une connois- » sance fort imparfaite. »

Les raisons pour lesquelles l'ordre ne permet pas le salut de tous les hommes sont donc, selon l'auteur, très difficiles à entendre. Mais il est pourtant très certain que c'est l'ordre qui ne le permet point; d'où je conclus qu'il ne falloit point faire de livres, ni former un long système, plein de termes mystérieux, pour finir par une telle réponse. L'auteur n'avoit qu'à dire, pour aplanir en deux mots tout le mystère de la prédestination : Si tous les hommes ne sont pas sauvés, c'est que l'ordre s'y oppose. Ne me demandez pas pourquoi il s'y oppose, car les raisons en sont impénétrables.

Au reste, qu'on ne s'étonne point si l'auteur a parlé ainsi. Ce n'est point sa faute, c'est celle de la cause qu'il soutient. Que pouvoit-il dire, s'étant engagé à la soutenir ? S'il avoit dit que Dieu, indifférent pour le nombre des élus, l'avoit laissé déterminer à Jésus-Christ, l'édifice de la Jérusalem céleste ne seroit plus l'ouvrage de la Sagesse éternelle, mais seulement celui de la volonté humaine du Sauveur. Cette volonté humaine auroit décidé de toute la perfection de l'ouvrage de Dieu, sans être assujettie à consulter l'ordre. Rien ne seroit plus monstrueux que de voir l'ordre, pour parvenir à sa fin, qui est la plus grande perfection de l'ouvrage, établir une cause occasionelle, qui, sans consulter l'ordre, se détermineroit librement pour borner l'ouvrage au degré de perfection qu'il lui plairoit. Mais, outre cet embarras pour la philosophie, l'auteur craignoit encore de soulever tous les théologiens contre lui ; il voyoit bien qu'on seroit scandalisé d'entendre dire que Dieu a été indifférent pour le nombre des élus, et que c'est Jésus-Christ comme homme qui l'a déterminé. Être indifférent pour le nombre des élus n'est point vouloir sincèrement sauver tous les hommes; au contraire, c'est ne se soucier d'aucun d'eux. Le général d'une armée n'a point une véritable volonté pour sauver tous les déserteurs, s'il est indifférent pour le nombre de ceux à qui on fera grace, et s'il le laisse tranquillement décider par un officier inférieur, sans lui recommander au moins d'en sauver le plus grand nombre qu'il pourra. L'auteur a bien senti cet inconvénient :

---

[1] *Médit.* XIV, n. 15.

[1] *Médit.* XII, n. 20.

pour l'éviter, il a voulu dire que Dieu et Jésus-Christ vouloient tous deux le salut de tous les hommes, mais que l'ordre ne le permettoit pas ; et il a espéré que ce mot d'ordre éblouiroit tous les lecteurs ; mais nous l'avons, dès le commencement de cet ouvrage, examiné de trop près pour nous y laisser surprendre. Si l'ordre ne permettoit pas le salut de tous les hommes, l'ordre étant la Sagesse éternelle, que Dieu, comme dit l'auteur, *aime d'un amour substantiel et nécessaire,* Dieu ne pouvoit vouloir en aucun sens le salut de tous les hommes. Dieu ne peut jamais vouloir, en quelque sens qu'on le prenne, ce qu'il ne pourroit faire sans cesser d'être simple dans ses voies, sans cesser d'être sage, sans cesser d'être infiniment parfait, sans cesser d'être Dieu. L'ordre et l'essence divine sont la même chose ; la volonté de Dieu est son essence même : si donc l'ordre rejette le salut de tous, la volonté de Dieu, bien loin de desirer le salut de tous, le rejette invinciblement.

Je laisse au lecteur à juger combien cette doctrine doit offenser toutes les oreilles chrétiennes. L'ordre, qui est Dieu même, rejette invinciblement le salut de tous, parce qu'il aime mieux en sacrifier la plus grande partie à une damnation éternelle, que de prendre, pour les sauver tous, une méthode un peu moins simple. Mais encore, prenez garde que ce qui l'empêche de les sauver tous, c'est qu'il est incapable d'avoir une bonne volonté particulière pour chacun d'eux. Ainsi, non-seulement il n'a pas voulu le salut de tous, mais il ne pouvoit le vouloir : il étoit incompatible avec son essence ; et cette essence, qui est l'infinie bonté, ne sauroit souffrir plus d'élus qu'il n'y en a ; un seul au-delà du nombre marqué eût détruit cette essence en violant l'ordre.

L'auteur réunit par-là dans sa doctrine les plus affreuses conséquences des deux opinions extrêmes. D'un côté, il ôte la consolation de penser que Dieu aime particulièrement certains hommes, et il le représente entièrement INDIFFÉRENT en lui-même pour le choix de ceux qui régneront avec Jésus-Christ. De l'autre, il représente la volonté divine essentiellement déterminée à restreindre dans certaines bornes le nombre des élus. En cela, il prend le contre-pied de la foi catholique, qui enseigne que Dieu a véritablement, et une volonté générale pour le salut de tous les hommes sans exception, et des volontés particulières de préférence, pour la distribution des graces en faveur de certains hommes qu'il veut attirer à Jésus-Christ son Fils.

CHAPITRE XXXII.

L'auteur doit reconnoître que, selon ses principes mêmes, Dieu pouvoit, sans multiplier ses volontés particulières, sauver tous les hommes.

Quelle différence y a-t-il, demanderai-je à l'auteur, entre une cause réelle et une cause occasionelle ? C'est, me répondra-t-il, que la cause réelle est en elle-même la vraie puissance et la vraie action qui produit l'effet, et que la cause occasionelle étant par elle-même stérile et impuissante pour produire l'effet, la vraie cause, qui est Dieu, la choisit arbitrairement, en sorte que l'effet n'est attaché à elle qu'à cause du pur choix que Dieu a fait librement d'elle, pour agir à l'occasion de ses volontés. Ainsi, il est certain que les effets n'ont aucune liaison ni aucun rapport de nature avec leurs causes occasionelles : ce n'est qu'une liaison d'institution. Cela posé, voici ce que je demande à l'auteur : Pourquoi Dieu n'a-t-il pas pris pour cause occasionelle des graces la prière générale de Jésus-Christ pour tout le genre humain, plutôt que sa prière pour chaque particulier ? Pourquoi n'a-t-il pas pris sa prière pour chaque genre de pécheurs, pour chaque nation, pour chaque siècle, plutôt que sa prière pour chaque homme désigné personnellement ? Si Dieu avoit pris pour cause occasionelle des graces la prière de Jésus-Christ pour le genre humain en général, un seul desir de Jésus-Christ, si vous le voulez, l'offrande qu'il a faite *entrant dans le monde ; alors j'ai dit : Voilà que je viens pour faire, ô Dieu, votre volonté* [1], auroit répandu la grace sanctifiante sur tous les hommes de tous les siècles, sans exception. Si Dieu avoit pris pour cause occasionelle des graces la prière de Jésus-Christ pour les différents genres de pécheurs, ou pour les nations, ou pour les siècles entiers, un fort petit nombre de desirs de l'ame de Jésus-Christ auroit répandu un déluge de grace et de sainteté sur toute la face de la terre ; et, comme ces desirs pouvoient avoir, de l'aveu même de l'auteur, un effet rétroactif sur les siècles qui ont précédé la naissance du Sauveur, ce petit nombre de desirs auroit sauvé tous les hommes, depuis Adam jusqu'à ceux qui verront la consommation des siècles. Ce plan étoit très général, très simple ; il épargnoit l'éternelle damnation d'un nombre prodigieux d'ames qui sont les images vivantes de Dieu. D'où vient que Dieu, qui veut le salut de tous les hommes, autant qu'il peut les sauver sans

---

[1] *Hebr.,* x, 5. 9.

volontés particulières, n'a pas pris ce dessein, où tout le genre humain seroit sauvé par des volontés générales?

C'est, me répondra peut-être l'auteur, qu'il ne faut point à Dieu des causes occasionelles pour les choses générales; il ne lui en faut que pour les particulières. Si Dieu eût voulu sauver tous les hommes sans exception, par une loi générale pour la distribution des graces, il n'auroit pas eu besoin d'établir un médiateur dont les volontés particulières déterminassent le cours de la grace dans le cœur des hommes ; il ne lui auroit fallu que faire une loi générale pour répandre sa grace sur tous les hommes jusques à une certaine mesure.

Si donc, répondrai-je, Dieu a pu sauver tous les hommes par une volonté très générale, très simple, et par conséquent, selon vous, très parfaite, pourquoi a-t-il mieux aimé établir une cause occasionelle bornée, et faire ainsi périr tant d'ames? Est-il plus parfait et plus glorieux à Dieu de ne sauver qu'un petit nombre d'hommes par l'établissement d'une cause occasionelle, qui n'ajoute, comme nous l'avons vu, qu'une gloire accidentelle et bornée à sa gloire infinie et naturelle, que de sauver tous les hommes par une bonté immédiate et générale qui eût été très simple et très parfaite?

Mais il falloit, dira l'auteur, que l'ouvrage de Dieu fût digne de lui ; il ne pouvoit l'être que par l'incarnation ; il falloit une réparation du péché et un médiateur.

Eh bien! je suppose, répondrai-je, que le Verbe se seroit incarné ; je suppose même qu'il auroit été notre médiateur : mais enfin, puisque sa médiation devoit être la cause occasionelle distributive des graces, pourquoi Dieu n'attachoit-il pas cette distribution à la prière du médiateur en général pour tous les hommes, ou pour les divers genres de pécheurs, ou pour chaque nation, ou pour chaque siècle?

Mais Jésus-Christ, dira l'auteur[1], « ne pense » pas actuellement aux circonstances infinies de » la combinaison de la nature et de la grace, les- » quelles peuvent rendre inutiles les secours qu'il » donne aux justes. »

A cela je réponds que Dieu pouvoit, sans rendre Jésus-Christ attentif à tout ce détail de circonstances, lui montrer le plus haut degré où monteroit la concupiscence des hommes; après quoi Jésus-Christ n'auroit eu qu'à demander pour tout homme un degré de grace supérieur au degré de concupiscence. Cette voie étoit simple et générale;

il ne falloit à Jésus-Christ qu'une simple connoissance très générale et très bornée dont tout homme est capable ; il ne lui falloit avec cette pensée qu'un seul desir pour obtenir ce degré de grace, et tous les hommes étoient sauvés.

De plus, voici un raisonnement que je tire des principes de l'auteur contre lui : « Je sais toutes » choses, mon fils (c'est ce qu'il fait dire à Jésus- » Christ[1]), mais je ne pense pas actuellement à » toutes choses..... Je possède véritablement tous » les trésors de la sagesse et de la science de Dieu; » mais occupé comme je suis à l'objet qui fait mon » bonheur, objet infini, moi qui suis fini, je ne » dois pas toujours vouloir penser actuellement à » des causes qui ne me sont pas nécessaires pour » exécuter mes desseins. » Mais, supposé qu'il ait le dessein de sauver tous les hommes, et qu'il puisse le faire en pensant à eux, ne doit-il pas vouloir penser actuellement à tous les hommes, pour répandre la grace sur eux? Il est inutile d'alléguer que les *circonstances de la combinaison de la nature et de la grace sont infinies*, et que la capacité de l'ame de Jésus-Christ n'est pas assez étendue pour voir actuellement tout ce que renferme le Verbe en tant que Verbe.

N'avons-nous pas vu que la prière de Jésus-Christ en général pour tous les hommes pouvoit être la source des graces, en sorte que Dieu l'auroit donnée à chacun quand Jésus-Christ l'auroit demandée pour tous? Dans cette supposition, Jésus-Christ n'auroit pas eu besoin de connoître distinctement et actuellement chaque homme en particulier. De plus, cette combinaison ne pouvoit surmonter la cause occasionelle, puisque la cause occasionelle étoit maîtresse de cette combinaison même en deux manières. Premièrement, Jésus-Christ pouvoit, sans entrer dans aucun détail, assurer à tout homme une grace supérieure aux plus forts mouvements de la concupiscence. Je veux bien supposer avec l'auteur, contre la vérité, qu'une grace si forte auroit souvent empêché le mérite : mais enfin elle auroit toujours empêché le mal ; souvent elle auroit fait exercer la vertu, et tous les hommes seroient sauvés. Secondement, l'auteur ne peut nier que Jésus-Christ n'eût la puissance d'accommoder l'ordre de la nature avec celui de la grace. La foi chrétienne, comme nous l'avons vu, ne nous permet pas de douter que les afflictions, les maladies, la mort et tous les autres accidents naturels, n'entrent dans l'ordre de la grace pour le salut des élus. Les miracles sont même

---

[1] *Médit.* XII, n. 29.

[1] *Médit.* XII, n. 28.

des événements contre l'ordre de la nature, qui servent à celui de la grace. Si Dieu, selon l'auteur, ne les a pas voulus particulièrement, il faut qu'il dise que Jésus-Christ les a demandés, et qu'il a, en qualité de cause occasionelle, une puissance acquise sur toutes les choses naturelles qui ont rapport au salut. Cela étant, ne pouvoit-il pas, sans blesser l'ordre, et sans multiplier les volontés de son Père, empêcher la concupiscence des hommes de croître au-dessus d'un certain degré ? Il est inutile de dire qu'il n'y étoit pas obligé; il le pouvoit, et en le pouvant, pourquoi ne l'a-t-il pas fait, puisqu'il desiroit si ardemment le salut de tous les hommes sans exception, et qu'il l'eût procuré infailliblement par un tel moyen ? Enfin, le nombre des hommes étant fini, Dieu n'a-t-il pas pu mettre dans le cerveau de Jésus-Christ des images distinctes de tous les hommes et de toutes leurs volontés? Ces images étant ainsi gravées, Jésus-Christ a pu connoître distinctement tous les hommes et toutes leurs volontés différentes.

Si l'auteur nie que le cerveau de Jésus-Christ ait pu contenir toutes ces images distinctes, je lui dirai : Selon vous-même, Dieu a formé dans les entrailles d'Ève autant de moules séparés qu'il y aura d'hommes descendus d'elle jusqu'à la fin des siècles : bien plus, vous ne pouvez nier qu'outre ces moules, il y en avoit encore dans les entrailles d'Ève pour la formation d'un nombre prodigieux d'hommes dont la naissance étoit possible au-delà de ceux qui ont été formés. Oseriez-vous dire (j'ai honte de cette comparaison, tant elle est indécente; mais vous m'y forcez), oseriez-vous dire que Dieu n'ait pas pu de même ranger dans le cerveau de Jésus-Christ des images très déliées de tous les hommes et de toutes leurs volontés? Après tout, le nombre de ces images seroit borné, et par conséquent il est possible. En avouant que Jésus-Christ *sait toutes choses, quoiqu'il ne pense pas actuellement à toutes choses,* vous avouez que les images de toutes choses sont gravées dans son cerveau ; car ces connoissances, de quelque manière qu'elles lui viennent, même par révélation, font toujours dans la substance du cerveau leur impression naturelle. De plus, si vous croyez que tous les hommes aient des graces qui leur donnent un vrai pouvoir d'éviter leur damnation, vous ne pouvez vous dispenser de conclure que Jésus-Christ a pensé distinctement à chacun d'eux, et a prié en leur faveur, supposé que les desirs de Jésus-Christ pour chaque personne soient le principe des graces qui nous sont distribuées. Ces vérités étant établies, je vous demande d'où vient que Jésus-Christ n'a pas pu prier successivement pour tous les hommes. Il n'est point nécessaire qu'il ait pensé actuellement à tous pour les sauver tous; il suffit qu'il les ait connus tous, et qu'en quelque temps de la vie de chaque homme, il ait demandé pour lui la grace de la persévérance finale, c'est-à-dire une grace plus forte que le plus haut degré de concupiscence qui devoit être dans cet homme.

Mais allons plus loin. Je suppose, contre la vérité manifeste, que Jésus-Christ ne pouvoit sauver tous les hommes sans penser actuellement et perpétuellement à tous. D'où vient qu'il ne l'a pu? ce n'est point parce que *la capacité de son ame n'est pas assez étendue pour voir actuellement tout ce que renferme le Verbe.* Tout ce que renferme le Verbe est sans doute infini ; le nombre des hommes et de leurs volontés est au contraire fini; et c'est en vain que vous voulez vous représenter quelque chose d'infini dans la combinaison des deux ordres de la nature et de la grace, puisque tout s'y réduit aux divers degrés de concupiscence qui tentent les hommes, et aux volontés qu'ils ont ; choses dont le nombre est certainement borné. Il faut bien que vous en conveniez, puisque vous dites que Jésus-Christ sait toutes ces choses, quoiqu'il ne pense pas actuellement à toutes. Ou Jésus-Christ n'y pense pas actuellement, parce que son ame est une intelligence trop bornée pour apercevoir distinctement d'une seule pensée tous ces objets peints dans son cerveau ; ou bien son ame n'y pense pas parce que l'ordre ne lui permet pas d'y être attentive. Si l'ordre ne permet pas qu'elle y soit attentive, il ne faut donc plus chercher dans les bornes de la cause occasionelle ce qui empêche que tous les hommes sans exception ne soient sauvés. Il faut remonter à l'ordre, et dire : Il n'y a qu'un certain nombre d'hommes sauvés, et tout le reste périt, parce que l'ordre, qui est Dieu même, ne permet pas à l'ame de Jésus-Christ de prier pour un plus grand nombre d'hommes. Ainsi la volonté et la prière de Jésus-Christ n'expliquent plus rien sur le mystère de la prédestination. C'est vouloir éblouir le lecteur par des paroles pompeuses et vides de sens, que de parler encore de la cause occasionelle.

Si au contraire vous soutenez que toutes ces images, dont nous avons tant parlé, sont distinctement gravées dans le cerveau de Jésus-Christ, mais que son ame est une intelligence trop bornée pour être actuellement attentive à toutes; souvenez-vous que le nombre de ces images est borné, et que Dieu pouvoit par conséquent, sans rendre cette ame infinie, lui donner une intelligence assez étendue pour les apercevoir toutes actuellement :

non-seulement Dieu le pouvoit, mais il ne lui en auroit coûté aucune volonté particulière au-delà de celles qu'il a eues; car la volonté de créer une ame d'une intelligence plus étendue n'est pas moins simple que celle de créer une ame d'une intelligence plus bornée. Allons encore plus loin : non-seulement Dieu a pu donner cette intelligence actuelle à l'ame de Jésus-Christ, mais il l'a fait; car le jugement dernier se fera, comme dit saint Paul [1], *en un moment, en un clin d'œil.* Dans ce moment Jésus-Christ verra, examinera et jugera tous les hommes, toutes leurs actions et toutes leurs pensées. Ce sera son ame qui fera le jugement; car il jugera en qualité de Fils de l'homme, parce que tout jugement lui a été donné [2].

Enfin, si l'ame de Jésus-Christ a cette capacité assez étendue pour penser actuellement à tous les hommes, vous ne pouvez plus dire que c'est l'impuissance où est la cause occasionelle de penser actuellement à tous, qui l'empêche de les sauver tous sans exception. Si au contraire vous soutenez que l'ame de Jésus-Christ n'a pas cette capacité, je conclus que, selon vous, Dieu pouvoit sauver tous les hommes sans diminuer la simplicité de ses voies, en donnant à l'ame de Jésus-Christ cette capacité qui est bornée, et par conséquent possible : il ne l'a pas voulu faire; donc il est faux qu'il ait voulu sauver tous les hommes, selon vos principes.

CHAPITRE XXXIII.

Les principales vérités du dogme catholique sur la grace médicinale ne peuvent convenir avec l'explication que l'auteur donne de la nature de cette grace.

L'auteur suppose deux sortes de grace : l'une du Créateur, qui nous est pourtant méritée par Jésus-Christ; c'est la lumière naturelle de la raison : l'autre est la grace du Rédempteur, c'est-à-dire que Jésus-Christ est la cause occasionelle qui nous la distribue. Cette grace médicinale est « un » plaisir prévenant, un amour d'instinct et d'em-» portement, un transport, pour ainsi dire [3]. Ce » n'est pas néanmoins, dit l'auteur au même en-» droit, que le plaisir soit la même chose que l'a-» mour, ou le mouvement de l'ame vers le bien ; » mais c'est qu'il le cause ou le détermine vers » l'objet qui nous rend heureux. »

Voilà donc deux choses très importantes à remarquer dans la doctrine de l'auteur. La première est que le vouloir et le plaisir sont deux choses toutes différentes, s'il est vrai que le plaisir cause et détermine le vouloir. La seconde chose est que la grace médicinale de Jésus-Christ n'est point un vouloir, mais un plaisir prévenant, indéliberé : c'est « une grace d'instinct et de sentiment; c'est » une sainte concupiscence qui contre-balance la » concupiscence criminelle [1]. » Enfin, l'amour que ce plaisir produit est « un amour semblable » en quelque chose à celui dont on aime les plus » viles des créatures, dont on aime les corps [2]. » C'est pourquoi l'auteur conclut que Jésus-Christ « ne devoit pas aimer un bien infiniment aimable, » et qu'il connoissoit parfaitement digne de son » amour, comme l'on aime les biens qui ne sont » pas aimables, et qu'on ne peut connoître comme » dignes d'amour..... Son amour, pour être pur, » ou du moins pour être parfaitement méritoire, » ne devoit nullement être produit par des plaisirs » prévenants. » Ajoutez que, selon l'auteur [3], « on ne mérite nullement lorsqu'on aime le vrai » bien que par instinct;..... parce que l'amour » que le plaisir seul produit est un amour aveugle, » naturel et nécessaire. J'avoue, dit-il, que lors-» qu'on va plus loin que l'on n'est poussé par le » plaisir, on mérite..... On fait un bon usage de » sa liberté quand on suit sa lumière, quand on » avance, pour ainsi dire, librement et par soi-» même vers le vrai bien, soit qu'on ait été d'a-» bord déterminé par la délectation prévenante, » ou par la lumière de la raison. » De tout ceci l'auteur conclut très souvent que l'homme ne mérite qu'autant qu'il surpasse par son vouloir le plaisir de la grace médicinale, et qu'entre deux actions extérieurement égales, celle qui s'est faite avec plus de grace est la moins méritoire; au lieu que celle qui s'est faite avec moins de grace s'étant faite avec moins de plaisir, elle a été plus libre, plus raisonnable, et par conséquent d'un plus grand mérite. « Écoutez ceci, mon fils (c'est » Jésus-Christ qui parle [4]) : la grace de sentiment » diminue le mérite : elle donne sûrement la vic-» toire, lorsqu'elle est excessive; mais, lorsque la » victoire est une suite nécessaire de son efficace, » le vainqueur n'a rien mérité. La vertu doit être » aimée par raison, et non par instinct.. » Si vous voulez savoir ce que l'auteur appelle *aimer par instinct*, il vous répondra [5] : « C'est l'aimer sans » reconnoître qu'elle soit bonne..... C'est par in-» stinct que les ivrognes aiment le vin ; ils ne con-

---

[1] *I Cor.*, xv, 52. [2] *Joan.* v, 22.
[3] *Traité de la Nature et de la Grace*, IIIe disc., art. XVIII.

[1] *Médit.* XII, n. 8.
[2] *Traité de la Nature et de la Grace*, IIIe disc., act., XVII.
[3] *Ibid.*, art. XXIX, XXX.
[4] *Médit.* XIV, n. 18. [5] *Ibid.*, n. 3.

» noissent point par une vue claire de l'esprit que
» le vin soit un bien ; ils le sentent confusément par
» le sentiment du goût. » Un peu plus bas, l'auteur ajoute que le *plaisir actuel*, quand il est *le principe ou le motif de l'amour, en corrompt la pureté.*

Voilà sans doute des principes bien contraires à ceux de saint Augustin. Ce Père dit sans cesse que la grace médicinale de Jésus-Christ consiste dans une délectation intérieure, et que, plus on goûte de plaisir dans l'amour de Dieu, plus l'amour est ardent et parfait : il représente cette délectation comme un plaisir chaste, qui, bien loin de corrompre l'ame, ne fait pas moins sa perfection que son bonheur.

En effet, on peut s'empêcher de croire que la joie du Saint-Esprit ne soit un véritable plaisir ; mais oseroit-on dire que cette joie, fruit précieux de l'Esprit divin, et par laquelle Jésus-Christ même a *tressailli*, ne soit un plaisir pur, et convenable à l'amour le plus méritoire ? Prenons donc garde à ce qui a trompé l'auteur ; le voici :

Il a voulu distinguer tout plaisir de tout vouloir ou de tout amour. Il est vrai que le plaisir qui vient à l'ame par le corps est distingué du vouloir et de l'amour. C'est une délectation prévenante et indélibérée qui saisit l'ame par les sens : ce sentiment, n'étant ni éclairé ni libre, n'est pas une volonté. Ainsi, l'auteur ne connoissant point d'autre plaisir que ce sentiment prévenant et indélibéré, il a distingué par nécessité le plaisir d'avec l'amour et le vouloir; par-là il s'est égaré jusqu'à nous faire entendre que la grace médicinale est un plaisir sensible.

Vous allez trop loin, me dira-t-on ; il dit que c'est une grace de sentiment, mais il ne dit pas que ce soit un plaisir sensible.

Il me suffit de montrer que, selon lui, ce plaisir et l'amour qu'il produit ont toute l'imperfection du plaisir et de l'amour sensible : c'est une *sainte concupiscence*, mais enfin une concupiscence *qui contre-balance la concupiscence* ordinaire; *c'est un amour semblable en quelque chose à celui dont on aime les plus viles créatures, dont on aime les corps*; c'est-à-dire semblable, non pas quant à l'objet qu'il fait aimer, mais quant à la manière et au motif par lequel il remue l'ame; c'est un amour *aveugle et naturel*, et nécessairement indigne d'avoir possédé le cœur de Jésus-Christ ; c'est un amour qui, ne faisant *aimer le vrai bien que par instinct, et sans connoître qu'il est le vrai bien, ne mérite nullement*; c'est un amour *distinct, semblable à celui par lequel les ivrognes aiment le vin : le plaisir actuel* que Dieu répand dans cet amour *en corrompt la pureté*. Vous voyez donc bien que l'amour qui est uniquement produit par la grace médicinale est un amour tout entier de concupiscence, et que si l'objet est bon, du moins le mouvement de l'ame qui y tend est en lui-même aveugle, indélibéré, sans raison, et par conséquent désordonné comme la concupiscence. Aussi voyons-nous que l'auteur nous peint ce mouvement comme un mauvais amour d'un bon objet. *La vertu*, dit-il, *doit être aimée par raison et non par instinct, au lieu que le plaisir prévenant produit un amour semblable à celui dont on aime les plus viles créatures, dont on aime les corps*. Ainsi, il ne m'importe en rien de savoir si l'auteur prétend que cette grace soit un plaisir sensible, c'est-à-dire qui ait passé par les sens corporels : il me suffit que, selon lui, l'amour que ce plaisir produit a en soi-même tout le désordre de la concupiscence et des sentiments qu'elle cause.

Il est vrai que, selon l'auteur, l'objet vers lequel cet amour tend est bon ; mais enfin il y tend par un mouvement désordonné, qui est le fond essentiel du désordre où est la volonté humaine depuis le péché. Mais encore il est important de remarquer comment est-ce que l'objet de cet amour est bon. Prenez garde que tout ce que nous aimons par concupiscence, nous ne l'aimons que pour nous-mêmes. Quand nous apercevons que le plaisir nous vient par quelque objet qui nous environne, nous nous attachons à cet objet par le seul amour du plaisir. Ainsi, à proprement parler, ce n'est point l'instrument de musique que j'aime ; je cherche seulement en lui le plaisir, qui est le seul véritable objet de tout mon amour. Si donc la grace médicinale ne fait qu'exciter en moi une seconde concupiscence, et que me faire sentir un plaisir prévenant en pensant à Dieu, cette grace ne me fait non plus aimer Dieu que comme j'aime l'instrument de musique. Pour parler exactement, je n'aime d'un vrai amour ni l'un ni l'autre, mais je cherche en Dieu, comme dans l'instrument de musique, le plaisir qui est l'unique objet de mon amour : d'où je conclus que, quoique l'objet extérieur de mon amour soit bon quand je pense à Dieu, il ne laisse pas d'avoir en lui-même toute la corruption de la concupiscence et tout le désordre de la nature, qui depuis le péché rapporte tout à elle-même, et n'aime rien que pour son plaisir.

Si cela est, la grace de Jésus-Christ, bien loin d'être médicinale, n'est qu'un poison : au lieu de guérir l'homme de sa maladie, qui consiste essentiellement à aimer le plaisir prévenant, sans consulter la raison, elle le plonge dans l'amour du plaisir prévenant, et elle l'entraîne par un instinct aveugle, semblable à celui *dont les ivrognes aiment le vin*. Peut-on douter que tout exercice de cet amour aveugle du plaisir n'en augmente le poids et l'habitude, et par conséquent que cette grace de sentiment qui accoutume de plus en plus l'ame à être ébranlée par des plaisirs qui n'attendent point la raison, n'augmente sans cesse la concupiscence? Car qu'est-ce que la concupiscence, sinon la foiblesse de l'ame qui ne peut refuser son amour aux plaisirs prévenants? Quoi! Jésus-Christ n'a donc apporté du ciel sur la terre, au lieu de grace, qu'une seconde concupiscence, pour attacher chaque jour plus étroitement les hommes aux plaisirs aveugles et tyranniques qui entraînent en prévenant la liberté et la raison? Est-ce donc là cette délivrance si long-temps promise et attendue? Le feu qu'il est venu allumer dans nos cœurs [1] ne doit-il donc nous brûler que de l'amour du plaisir et de nous-même?

Revenons à saint Augustin; revenons à la doctrine des apôtres, qu'il a suivie. La joie du Saint-Esprit est sans doute un vrai plaisir, mais un plaisir qui *surpasse tout sentiment* humain. Ce plaisir ne peut jamais diminuer le mérite et la perfection de nos bons desirs. A Dieu ne plaise que nous confondions les pures délices et les consolations célestes du Saint-Esprit, avec les mouvements aveugles d'une concupiscence qui rapporte uniquement à soi et à son plaisir toutes les créatures, et Dieu même!

Joignons à cette autorité un peu d'attention sur les vrais principes de philosophie; nous trouverons que le plaisir, en tant qu'il est une disposition de l'ame, sans aucun rapport au corps, est la même chose que le vouloir ou l'amour. *Il me plaît* signifie précisément le même que *Je veux*. Si donc saint Augustin a dit si souvent que la grace agissoit dans l'ame par le plaisir, gardez-vous bien de croire que c'est par un plaisir aveugle, involontaire, qui entraîne comme le plaisir sensuel, et qui, loin de contre-balancer la concupiscence, ne feroit qu'en augmenter le poids; au contraire, c'est une délectation toute pure et toute raisonnable, que saint Augustin définit la joie en l'éternelle vérité. C'est un plaisir qui est un véritable vouloir, et qui, loin de diminuer la liberté et le mérite, est au contraire l'exercice actuel de la liberté et le principe de tout le mérite.

Quand on considère le plaisir en ce sens, on n'a plus de peine à concevoir que plus on prend de plaisir, plus on veut le vrai bien; et par conséquent que, plus on prend de plaisir, plus on mérite. Prendre peu de plaisir en la beauté invisible de la justice et de la vérité immuable, c'est ne l'aimer encore que foiblement : y prendre beaucoup de plaisir, et plus de plaisir qu'en aucune créature, c'est aimer Dieu d'un amour dominant, qui fait la véritable perfection de l'ame. Mais enfin, ce plaisir et ce vouloir, ou cet amour, ne sont qu'une même chose. Si vous ne voulez pas me croire quand je le dis, au moins écoutez le roi-prophète qui le décide [1] : *Mettez votre plaisir dans le Seigneur,* complaisez-vous en lui; *et il vous donnera les demandes de votre cœur.* Voilà la délectation commandée, et par conséquent elle est libre. Les promesses de récompenses y sont attachées; donc elle est méritoire.

Ce n'est pas que Dieu ne nous prévienne selon nos besoins, tantôt par des illustrations, tantôt par certains goûts et par certains plaisirs; mais si ces plaisirs sont dans l'ame seule, je ne les conçois que comme des commencements d'amour qu'il nous donne, lui qui *inspire le vouloir* selon son bon plaisir : et si ces plaisirs viennent par les sens ou par l'imagination, la Providence les assaisonne de manière qu'après qu'ils ont d'abord servi à notre foiblesse pour nous détourner de quelque autre plaisir dangereux, Dieu, en nous détachant peu à peu de cette délectation grossière, nous élève enfin jusques au plaisir pur de son chaste amour.

Mais enfin, ce qui fait qu'on a tant de peine à comprendre que le plaisir et le vouloir sont la même chose, c'est qu'on ne croit jamais avoir de plaisir que quand on sent par l'entremise du corps, et qu'on ne s'est jamais accoutumé à considérer que le plaisir pur et parfait doit être le plaisir volontaire, qui consiste à être heureux d'un bonheur tranquille par la raison attachée au souverain bien. Ce plaisir pur de la volonté raisonnable, cette délectation toute spirituelle, que saint Augustin appelle si souvent le don de Dieu et la grace médicinale de Jésus-Christ, *est le vouloir même que Dieu nous donne,* selon saint Paul [2].

Je n'entre point ici dans les contestations des théologiens pour savoir comment Dieu donne ce vouloir. Ce seroit à l'auteur, qui a entrepris de faire un traité de la grace, et non pas à moi qui n'ai pas formé ce dessein, à résoudre cette difficulté. Pour moi, il me suffit que Dieu donne le

---

[1] *Luc.*, XII, 49.

[1] *Ps.*, XXXVI, 4.
[2] *Philipp.*, II, 13.

vouloir et le faire sans blesser le libre arbitre, et sans ôter le véritable pouvoir de ne vouloir pas faire le bien, lors même qu'on le fait; il me suffit que ce plaisir que Dieu répand dans l'ame qu'il tourne vers lui, et ce vouloir qu'il donne, sont la même chose, et par conséquent que le vouloir qui est le plaisir étant parfaitement libre, en ce sens il est vrai que plus on a de plaisir dans la vertu, plus on mérite.

Si l'auteur doute encore que saint Augustin ait cru que la délectation intérieure et la bonne volonté sont formellement la même chose, il n'a qu'à entendre les paroles de ce Père. « Dieu a, » dit-il[1], « agi intérieurement ; et il a tenu et il a » remué les cœurs. » Mais comment les a-t-il touchés? Est-ce par un plaisir différent de la bonne volonté? Non; écoutez la suite : « Et il les a atti-» rés par leurs propres volontés, qu'il a lui-même » opérées en eux. » L'auteur veut-il encore apprendre de saint Augustin en quoi consiste la grace médicinale de Jésus-Christ? Lorsqu'il pria, » dit-il[2], afin que la foi de Pierre ne manquât » point, que demanda-t-il? » Étoit-ce une délectation indélibérée? Non; mais « une volonté très-» libre, très-forte, très-invincible, très-persévé-» rante dans la foi. »

Il faut toujours se souvenir que le plaisir dont nous parlons est un plaisir de pure volonté, un plaisir de raison, et non de sentiment corporel; et que je ne prétends point parler des *consolations sensibles*, dont les justes sont souvent privés dans la plus parfaite vertu. Je dis seulement que ces ames saintes, dans la privation de tous les plaisirs sensibles, ont une volonté contente; elles aiment mieux ce que Dieu leur donne que tout ce qu'elles ont jamais senti : elles ne voudroient pas se tirer de cet état pénible aux sens. Cette satisfaction de la volonté est le véritable plaisir de l'ame; cette satisfaction est tout ensemble le plaisir et l'amour; c'est le plaisir qui rend les volontés parfaites et heureuses. Ici-bas ce bonheur et cette perfection sont imparfaits et souvent troublés; dans le ciel, ils seront consommés et immuables.

CHAPITRE XXXIV.

On pourroit conclure, de l'explication que l'auteur fait de la grace médicinale, une des erreurs que les semi-pélagiens ont soutenues.

Remarquez que, selon l'auteur, le plaisir et le vouloir sont deux choses différentes ; que le plai-sir précède le vouloir, et y dispose l'ame ; que le plaisir qui précède le vouloir, et qui est indélibéré à cause qu'il est prévenant, quand il se fait sentir par la vertu, est la grace médicinale de Jésus-Christ ; qu'enfin, cette grace prévenante, remettant la volonté de l'homme dans l'équilibre d'où elle est déchue par le péché, la volonté se détermine ensuite à vouloir le bien par la grace du Créateur, qui est la lumière naturelle de la raison.

Voilà deux instants marqués ; celui du plaisir qui prévient, et celui du vouloir qui suit : voilà deux actions successives, qui supposent deux instants réellement distingués. Dans le premier, on sent sans vouloir encore ; dans le second, on ne sent plus, et on veut. Je dis qu'on ne sent plus dans le second instant, parce que, quand même le sentiment dureroit, il ne faudroit jamais le regarder comme accompagnant l'usage libre de la raison.

Ce sentiment n'est, selon l'auteur, médicinal qu'autant qu'il est prévenant et indélibéré : ainsi, il faut toujours le regarder comme passager, et comme fini lorsque le vouloir commence. Toutes ces circonstances du système de l'auteur étant posées, voici ce que j'en conclus :

La grace de Jésus-Christ ne faisant que mettre ma volonté dans l'équilibre d'où elle étoit déchue par le péché d'Adam, c'est une grace qui me laisse indifférent; (car l'équilibre est la parfaite indifférence) après que cette grace a achevé toute son opération, qui est de me remettre dans l'équilibre, je demeure dans la *main de mon propre conseil*[1]. La grace elle-même, quant à son principal effet, est absolument versatile dans mes mains. Il est vrai qu'elle est efficace pour faire sentir un plaisir passager et indélibéré, et pour me mettre dans l'indifférence; mais quant au fruit de ce plaisir, qui est le bon vouloir, elle n'a rien d'efficace. Cette grace médicinale n'est plus, comme saint Augustin l'a tant dit, *un secours par lequel* on veut et on fait le bien, mais seulement un secours sans lequel on ne peut le vouloir et le faire. Pour la grace qu'on appelle congrue, et qui est celle à laquelle s'attachent beaucoup de théologiens, elle trouve dans sa congruité une *véritable*[*] efficace. La grace purement versatile même a cet avantage essentiel sur celle de l'auteur, qu'au moins elle concourt au vouloir, et qu'on ne peut jamais marquer un instant où elle laisse l'homme *entièrement*[**] à lui-même. Mais c'est une chose inouïe depuis l'origine

---
[1] *De Corrept. et Grat.*, cap. xiv. n. 48, tom. x.
[2] *Ibid.*, cap. viii. n. 17.

[1] *Eccli.*, xv, 1.   [*] Bossuet.   [**] Bossuet.

du christianisme, qu'un théologien catholique ait osé dire que la grâce du Rédempteur ne fait que mettre l'homme en équilibre, c'est-à-dire en pleine et indépendante possession de lui-même pour vouloir le bien ou ne le vouloir pas; et que s'il se détermine ensuite à le vouloir, c'est purement par l'amour naturel qui lui reste pour l'ordre, et par la seule force de sa raison.

S'il n'eût fallu qu'avouer que la grâce met les hommes dans l'équilibre pour agir ou n'agir pas, selon qu'il leur plaît, les semi-pélagiens et les pélagiens même auroient applaudi sans peine à cette doctrine; car elle revient toujours à leur but essentiel, qui est de rendre l'homme maître des dons de Dieu, puisque après les avoir reçus il est encore en équilibre, et ne peut être déterminé que par son propre conseil.

Prenez garde encore que, suivant cette doctrine, qui n'admet que la raison, grâce du Créateur, et le plaisir indélibéré, grâce de Jésus-Christ, Adam dans l'état d'innocence, et par conséquent les anges aussi après leur création, n'ont eu d'autre secours que celui de la pure nature; car ce que l'auteur appelle la grâce du Créateur n'est, selon lui-même, que la raison : d'où il s'ensuit que tous les théologiens se trompent grossièrement, selon l'auteur, quand ils disent qu'Adam, par son péché, a été non-seulement blessé dans les dons naturels, mais encore dépouillé des grâces surnaturelles. Qu'il nous réponde donc par oui ou par non. Adam avoit-il la grâce prévenante de sentiment? Non sans doute; car elle n'est que pour les malades qui ont besoin d'être remis dans l'équilibre où Adam étoit. Il ne pouvoit donc avoir que la grâce du Créateur, qui est la lumière de la raison; car l'auteur ne nous parle en aucun endroit des illustrations surnaturelles. La raison, pour être méritée par Jésus-Christ, comme le prétend l'auteur, n'en étoit pas moins naturelle; car elle n'étoit pas plus méritée par lui que l'air qu'Adam respiroit, et que l'eau qui couloit pour lui donner à boire. Enfin, il pouvoit se soutenir dans la justice, aimer Dieu, et mériter par conséquent le royaume du ciel, sans aucun des secours que les théologiens nomment des grâces. Voilà une nouveauté en matière de théologie, qui doit épouvanter tous les chrétiens. Pour concevoir ce qu'on doit penser de cette doctrine, on n'a qu'à lire ces précieux actes de l'Église de Lyon, qui ont conservé dans le neuvième siècle toute l'autorité et toute la force du style du premier temps. Le premier chapitre que cette Église examine commençoit par ces paroles : *Dieu tout puissant a formé l'homme droit sans péché avec le libre arbitre, l'a mis dans le paradis, et a voulu qu'il demeurât dans la sainteté de la justice.* « Ce qui nous » choque d'abord, dit cette Église si vénérable [1], » c'est qu'on représente le premier homme que » Dieu a créé avec le libre arbitre, et qu'il établit » dans le paradis, en sorte qu'il eût pu par son » seul libre arbitre demeurer dans la sainteté » et dans la justice; car il paroît, par l'autorité » de l'Écriture, par les controverses si exactes » de saint Augustin, et par une manifeste déci- » sion des autres saints Pères orthodoxes, que » cette exposition n'est point pleinement conforme » à la piété catholique. » Ensuite elle prouve, par divers passages de l'Écriture, que la grâce a été d'abord donnée aux anges, dont les uns étant illuminés de Dieu, sont demeurés des anges de lumière, et les autres par leur orgueil sont déchus de la vérité, et sont devenus des esprits de ténèbres. Elle ajoute qu'il en a été de même du premier homme, qui a été d'abord couvert du *bouclier de la bonne volonté de Dieu*; puis elle rapporte les paroles de saint Augustin que voici [2] : « Le premier homme a eu cette grâce, dans laquelle, » s'il eût voulu demeurer, il n'eût jamais été mau- » vais; et sans laquelle, avec le libre arbitre mê- » me, il ne pouvoit être bon; mais qu'il pouvoit » néanmoins abandonner par le libre arbitre. Dieu » n'a donc pas voulu le laisser sans la grâce qu'il a » laissée à son libre arbitre, parce que le libre ar- » bitre suffit pour le mal; mais pour le bien, c'est » peu s'il n'est aidé par le bon, qui est tout puis- » sant. Que si l'homme, par son libre arbitre, n'a- » voit point abandonné ce secours, il eût été tou- » jours bon; mais il abandonna et fut abandonné. » Et dans la suite [3] : « Alors Dieu donc avoit » donné à l'homme une bonne volonté; car celui » qui l'avoit fait droit l'avoit fait dans cette bonne » volonté; il lui avoit donné un secours, sans le- » quel il ne pouvoit persévérer en elle par son » choix; mais pour la volonté de persévérer, il » l'a laissée à son libre arbitre; et comme il ne » voulut pas persévérer, ce fut sa faute, puisque » c'eût été son mérite s'il eût voulu persévérer. » Et encore : « Mais si ce secours eût manqué ou à » l'ange ou à l'homme dans leur création, comme » la nature n'étoit pas telle qu'elle eût pu persé- » vérer sans le secours divin si elle eût voulu, ils » ne seroient point tombés par leur faute; car ils

---

[1] *De ten. verit. Script.*, cap. v : *Bibl. Patr.*, tom. XV, pag. 702 et seq.
[2] *De Corrept. et Grat.*, cap. xi, n. 31, tom. x.
[3] *Ibid.*, n. 32.

» auroient manqué de secours, sans lequel ils ne » pouvoient persévérer. » Ensuite l'Église de Lyon rapporte un passage de saint Ambroise [1] qui dit que « l'ange et l'homme ont eu besoin de miséri-» corde; avec cette différence que l'ange en a eu » besoin pour ne tomber pas, et l'homme pour » sortir du péché; mais qu'ils en ont tous deux eu » besoin. » Enfin elle emploie l'autorité du concile d'Orange, dont voici les paroles : « La nature hu-» maine, quoiqu'elle fût demeurée dans l'intégrité » où elle a été créée, ne se seroit point conservée » sans le secours de son créateur. Si donc elle n'a » pu, sans la grace de Dieu, conserver le salut qu'elle » a reçu, comment pourra-t-elle, sans la grace de » Dieu, réparer ce qu'elle a perdu [2]? Que ceux, » conclut l'Église de Lyon, qui veulent avoir des » sentiments sincères, purs, catholiques sur l'état » des anges et du premier homme, examinent fi-» dèlement l'autorité divine, les Pères de l'Église » combattant, et les conciles assemblés qui font » sur la même chose une très ferme décision ; et » qu'ils ne croient pas, selon l'impiété de l'erreur » pélagienne, que le premier homme ait pu, par » son seul libre arbitre, persévérer dans le bien » qu'il avoit reçu, mais au contraire qu'il a été » soutenu de la grace divine, tandis qu'il a été » debout. »

Encore une fois, je prie l'auteur de se souvenir qu'il n'est pas question de donner à la raison et au libre arbitre le nom de grace : les pélagiens tenoient ce langage. Il est question d'une grace divine, sans laquelle il voit que toute l'Église a décidé que la lumière de la raison et le libre arbitre du premier homme ne pouvoient rien.

Mais voici quelque chose de bien plus étonnant ; c'est que, selon l'auteur, on ne mérite qu'autant qu'on surpasse par son bon vouloir la grace médicinale de Jésus-Christ : ce degré d'amour, par lequel la volonté surpasse le plaisir prévenant dans lequel consiste la grace, fait donc tout le mérite. Monstrueuse théologie, qui apprend à l'homme à s'élever au-dessus des dons de Dieu ! pendant près de dix-sept siècles, l'Église, instruite et animée par le Saint-Esprit, avoit sans cesse dit à ses enfants que l'homme ne peut mériter que *selon la mesure* du don de Dieu ; que le mérite de l'homme est *essentiellement* [*] le don de Dieu même ; et que Dieu, *en récompensant* ce qu'il veut bien souffrir que nous appelions *nos mérites* à cause de ses pro-messes, *ne fait que couronner ses propres dons* [1]. Changera-t-elle sa doctrine pour prendre celle de l'auteur? dira-t-elle avec lui que chacun mérite, non pas selon que Dieu lui en donne le vouloir, et selon la mesure du don qu'il a reçu, mais selon qu'il surpasse par l'effort de sa volonté la grace de Jésus-Christ ? Saint Paul nous avoit-il trompés, quand il nous avoit dit *que Dieu opère tout en tous selon son bon plaisir* [2] ? Faudra-t-il le contredire avec l'auteur, et dire que Dieu, par l'opération de sa grace, ne fait que mettre l'homme dans l'indifférence pour le bien et pour le mal? qu'en cet état, l'homme *fait un bon usage de sa liberté quand il suit sa lumière, quand il avance, pour ainsi dire, librement et par soi-même vers le vrai bien, soit qu'il ait été d'abord déterminé par la délectation prévenante, ou par l'usage de la raison?*

Remarquez que *pour ainsi dire* est un terme d'adoucissement, qui ne peut signifier rien en cet endroit; car il est mis devant celui de *librement*. Comme il n'empêche pas qu'on ne doive entendre *librement* à la lettre, il ne doit pas empêcher aussi qu'on ne prenne dans la même exactitude ce qui suit immédiatement *et par soi-même*. En effet, quand la grace de Jésus-Christ a remis l'homme dans l'équilibre, elle ne fait plus rien, et c'est l'homme qui, *par soi-même*, c'est-à-dire par sa raison, se détermine, si on en croit l'auteur.

Remarquez aussi ce que signifie cette expression, *soit qu'il ait été d'abord déterminé par la délectation prévenante*. Vous voyez bien que cette détermination ne va qu'à sentir du plaisir, et à être remis par-là dans l'équilibre, pour se déterminer ensuite par soi-même à vouloir ou à ne vouloir pas. Reste donc que l'homme ne mérite qu'autant qu'après avoir été mis par la grace dans l'indifférence entre vouloir et ne vouloir pas, *il avance par soi-même vers le vrai bien.*

Mais ce degré d'amour, par lequel la volonté de l'homme surpasse la grace, ne peut être l'effet de la grace même. Car qu'est-ce qu'un amour qui surpasse en degré la grace, sinon un amour qui est à quelques degrés au-dessus de ceux qu'on peut attribuer à la vertu et à l'opération de la grace ? Attribueroit-on à un remède une guérison qui surpasseroit la vertu naturelle de ce remède? Quand même on lui en attribueroit une partie, ne diroit-on pas : Il est vrai que ce remède auroit guéri ce malade ; il est vrai aussi que, sans ce remède, le malade n'auroit point été guéri ; mais le remède

---

[1] Serm. VIII, in *Ps.*, CXVIII, n. 29, tom. I.
[2] Conc. Araus. II, cap. XIX, tom. IV Conc., p. 1670.
[*] Bossuet.

[1] AUG., de Grat. et lib. Arbit., cap. VI, n. 15, tom. X; Conc. Trid., sess. VI, de Justif., cap. XVI.
[2] Ephes., I, II et al.

ne l'auroit guéri ni si promptement, ni si parfaitement? Ainsi cette promptitude de la guérison et cette perfection de la santé ne pouvant venir du remède, il faut l'attribuer à la nature, et à la force du tempérament du malade.

Vous voyez bien pourtant qu'il y a une extrême différence entre ce remède et la grace de sentiment, que l'auteur admet. Ce remède ne met point le malade dans l'équilibre entre la maladie et la santé; il lui donne une vraie guérison : on dit seulement qu'il ne pourroit point, par sa seule vertu, la donner aussi prompte et aussi parfaite qu'elle l'est, d'où on conclut qu'il faut attribuer le surplus à la force du tempérament du malade : à plus forte raison faut-il, selon le système de l'auteur, attribuer à la force du libre arbitre et de la lumière naturelle tous les efforts que l'homme fait *pour avancer par soi-même vers le vrai bien*, après que la grace l'a mis seulement dans l'indifférence entre le bien et le mal.

Concluons donc des principes de l'auteur, que ce degré précis d'amour qui surpasse l'opération de la grace, et qui fait tout le mérite, vient de la pure volonté; par conséquent, quoique l'homme ait besoin de la grace de Jésus-Christ pour devenir indifférent à mériter ou à ne mériter pas, il ne mérite pourtant ensuite qu'autant qu'il *avance par soi-même vers le vrai bien*, au-dessus de la mesure du don de Dieu, c'est-à-dire qu'autant qu'il est plus attaché et plus fidèle à Dieu, que Dieu n'a été libéral et miséricordieux envers lui.

Mais observez encore que, selon l'auteur, l'homme *ne fait un bon usage de sa liberté*, et ne mérite *qu'autant qu'il avance librement et par lui-même vers le bien*; qu'il ne mérite, quand il le veut bien, qu'autant qu'il surpasse par sa volonté le degré de délectation dont Dieu l'a prévenu; que plus la délectation est forte, plus elle diminue le mérite, et qu'ainsi elle pourroit monter à un tel degré, qu'elle feroit vouloir le bien à l'homme, sans qu'il eût aucun mérite à le vouloir. Ces principes posés, je soutiens que, selon l'auteur, Dieu peut prévoir que l'homme méritera; mais il ne peut jamais le faire mériter; il ne peut s'assurer de la volonté que par l'efficace de sa grace; mais plus il augmentera cette efficace, plus il diminuera le mérite; et s'il veut s'assurer absolument de l'action de l'homme par une très forte délectation, il lui rend le mérite impossible. Aucun théologien n'hésitera à condamner cette doctrine; il n'y en a aucun qui ne dise que la grace est le principe du mérite; que, par la grace accommodée aux circonstances, Dieu fait infailliblement mériter l'homme quand il le veut, et que c'est par les grandes graces que s'acquièrent les grands mérites. L'auteur sera-t-il le seul, parmi tous les chrétiens, à soutenir que Dieu est dans l'impuissance d'incliner le cœur de l'homme pour le faire mériter, et qu'il peut seulement prévoir quels sont ceux qui mériteront, en cas qu'il leur donne une délectation prévenante?

CHAPITRE XXXV.

Récapitulation de toutes les preuves employées dans cet ouvrage.

L'auteur devroit sans doute avoir donné des définitions claires et précises des principales choses qui fondent son système. Il devroit nous avoir ôté tout sujet d'équivoque sur l'ordre. Est-ce une loi distinguée de la sagesse et de la perfection de Dieu, ou bien est-ce cette sagesse et cette perfection même? Qu'il s'explique décisivement sur la liberté de Dieu. En quoi est-ce qu'elle peut s'exercer sans être assujettie à l'ordre? Qu'il nous marque en quoi consistent les volontés particulières qu'il attribue à Dieu; mais surtout qu'il nous fasse entendre comment est-ce que Dieu se sert des causes occasionelles pour la fin qu'il se propose en formant son ouvrage. Qu'il nous donne une exacte définition de ce qu'il appelle la simplicité des voies de Dieu. Est-ce qu'il veut efficacement les volontés de ces causes, ou bien est-ce qu'il prévoit seulement, par une science conditionnelle, ce qu'elles voudront? S'il leur confie sa puissance, qui est-ce qui le détermine à la leur confier? Croit-il qu'il faille absolument prendre pour des tropologies toutes les expressions de l'Écriture qui ne s'accommodent pas à la lettre avec les principes de sa philosophie, ou bien reconnoît-il des règles supérieures à sa philosophie, pour discerner les expressions figurées de l'Écriture d'avec celles qu'il faut suivre religieusement à la lettre? Quand il dit que le monde seroit indigne de Dieu sans Jésus-Christ, veut-il dire que le monde sans Jésus-Christ seroit contraire à l'ordre et mauvais, ou bien seulement que, Dieu étant libre de le créer ainsi sans Jésus-Christ, il a trouvé qu'il étoit plus digne de lui d'en relever le prix par l'incarnation de son Verbe? Croit-il que si Dieu eût prévu qu'Adam n'auroit jamais péché, il n'auroit pas laissé de créer le monde, et de faire naître Jésus-Christ sans la qualité de rédempteur? Pense-t-il que l'ouvrage de Dieu soit plus parfait en joignant l'univers à Jésus-Christ, que si Dieu n'eût formé que Jésus-Christ seul? Mais voici encore d'autres questions à éclaircir.

Prétend-il que l'ame de Jésus-Christ choisisse ceux qu'elle doit sanctifier, sans être dirigée dans ce choix par le Verbe auquel elle est unie? ou bien croit-il qu'elle suit dans ce choix ce que le Verbe lui inspire? Croit-il que dans ce choix des personnes que Jésus-Christ veut appeler à la foi, il se règle sur les dispositions naturelles, ou bien qu'il préfère les unes aux autres sur la prescience conditionnelle qu'il a de l'usage qu'elles feront de sa grace, s'il la leur donne; ou enfin qu'il prend les personnes qu'il lui plaît par préférence aux autres, sans être déterminé à cette préférence par la volonté divine, et sans aucune raison de ce choix? Est-ce par impuissance, ou par une volonté libre, ou enfin par la nécessité de suivre l'ordre, qu'il ne demande à son Père des graces victorieuses de la concupiscence que pour quelques uns, et qu'il n'obtient pas ce secours pour tous sans exception?

Voilà sans doute ce que tout lecteur équitable, et qui cherche la vérité, demandera comme moi à l'auteur. Mais, en attendant qu'il s'explique, je suis en droit de lui dire, sur toutes les preuves que j'en ai données dans cet ouvrage, qu'il ne dit rien de nouveau par un langage extraordinaire, et qu'il ne lève aucune des difficultés qu'il a prétendu éclaircir sur le mystère de la grace, à moins qu'il ne s'attache aux principes que je lui ai imputés: s'il s'attache à ces principes, voici les conséquences que j'en tire:

Selon ces principes tant de fois rapportés, l'ordre étant la sagesse et l'essence infiniment parfaite de Dieu même, qui exige toujours invinciblement l'ouvrage le plus parfait, tout autre dessein que celui que Dieu a exécuté étoit contraire à l'essence divine, et par conséquent absolument impossible. Si, par impossible, quelque être qui n'est point renfermé dans ce dessein étoit créé, il seroit mauvais. Dieu ne pouvant connoître ce qui n'est ni présent, ni futur, ni possible en aucun sens, Dieu n'a pu prévoir ce qui seroit arrivé dans d'autres desseins moins parfaits que celui qu'il a exécuté selon l'ordre. L'ordre ayant tout réglé invinciblement, il est faux que Dieu ait choisi entre plusieurs ouvrages possibles: il n'y en avoit qu'un seul de possible; il étoit plus parfait de le produire que de ne produire rien: d'où il faut conclure que l'ordre a déterminé Dieu à le produire, et qu'ainsi il n'a été non plus libre pour agir ou pour n'agir pas, que pour préférer le moins parfait au plus parfait.

Ainsi, voilà la liberté de Dieu entièrement détruite; voilà le monde nécessaire et éternel: ce qui est détruire l'idée de l'être infiniment parfait, car il est indigne de lui de ne pouvoir se passer de son ouvrage; il est encore indigne de lui de ne pouvoir pas faire des ouvrages plus ou moins composés, par une action toujours infiniment simple.

Ajoutez qu'en supposant, comme fait l'auteur, des causes occasionelles, on n'épargne à Dieu aucune volonté particulière; que ces causes libres, qui déterminent Dieu, sont élevées au-dessus de tout ce qu'on peut attribuer à des créatures; et qu'étant imparfaites et impuissantes par elles-mêmes, elles donnent à l'ouvrage de Dieu une perfection que Dieu même tout puissant et infiniment parfait ne sauroit seul lui donner.

Nous avons vu encore que cette doctrine ôte aux chrétiens toute la consolation qu'on tire de la Providence; qu'elle renverse l'autorité du texte sacré, en faisant passer pour tropologies tout ce qui ne convient pas avec des méditations métaphysiques.

L'auteur ne peut point aussi désavouer qu'il n'ait pris pour fondement de tout son système une opinion sur l'incarnation, qui n'est fondée que sur des passages équivoques et sur des convenances; je veux dire l'opinion de ceux qui disent que Jésus-Christ seroit venu, quand même Adam n'auroit point péché: encore pousse-t-il cette opinion jusqu'à un excès qui sera condamné par tous les théologiens qui ont défendu cette opinion même. Cet excès favorise une des plus pernicieuses erreurs des manichéens, et suppose que saint Augustin a mal combattu ces hérétiques.

Mais n'est-il pas encore plus étonnant que le péché d'Adam, selon l'auteur, ait été nécessaire à l'ordre, qui est l'essence divine, en sorte que Dieu n'auroit pas créé le monde s'il n'eût point prévu le péché, ou que du moins, s'il eût prévu qu'Adam n'auroit point péché, il ne se seroit réduit à un autre dessein que celui où le péché d'Adam est renfermé, qu'à cause qu'il n'auroit pu faire autrement?

J'ai montré ensuite que l'auteur confond mal à propos le Verbe avec l'ouvrage de Dieu, pour en faire un tout indivisible, à la perfection duquel on ne peut rien ajouter; d'où il est aisé de conclure que l'homme-Dieu étant infiniment parfait, le reste de l'univers qui lui est joint n'ajoute rien à son prix; et qu'ainsi la création de l'univers est superflue et contraire à l'ordre. Si l'auteur veut éviter cette conséquence absurde en disant qu'il y a des infinis inégaux, il tombe dans une autre absurdité encore plus grande. Si l'ouvrage de Dieu est essentiellement inséparable du Verbe, il faut donc conclure que l'ouvrage de Dieu, toujours infiniment parfait, n'a jamais pu diminuer en perfection par le péché, ni être véritablement réparé par Jésus-Christ.

Considérez maintenant que l'auteur ne peut éviter ou de renverser le dogme catholique sur l'incarnation, en niant que le Verbe divin dirige tous les desirs de l'ame de Jésus-Christ, ou d'avouer que Jésus-Christ, comme cause occasionelle, n'épargne à Dieu aucune volonté particulière. S'il soutient que l'ame de Jésus-Christ a prié pour la vocation d'un homme plutôt que pour celle d'un autre, sans être déterminée par le Verbe à ce choix, il renverse encore le mystère de la prédestination. S'il dit que les dispositions naturelles des hommes, ou la prescience du bon usage qu'ils feront de la grace, déterminent l'ame de Jésus-Christ à prier pour la vocation des uns plutôt que pour celle des autres, il tombe dans l'erreur des semi-pélagiens, il contredit l'Écriture, et se contredit soi-même.

Après avoir ainsi découvert combien ces principes se ruinent eux-mêmes, je lui montre que, quand on les supposeroit avec lui, il faudroit encore qu'il avouât que la prière de Jésus-Christ pouvoit sauver tous les hommes sans qu'il pensât à tous actuellement ; qu'il pouvoit même penser actuellement à tous et à toutes leurs dispositions, avec une intelligence bornée, et qu'effectivement cela arrivera à la fin des siècles ; qu'ainsi, Dieu ayant pu sauver tous les hommes par Jésus-Christ sans multiplier ses volontés particulières, le système de l'auteur laisse la difficulté tout entière ; qu'enfin, s'il dit que l'ordre ne permettoit pas le salut d'un plus grand nombre d'hommes que ceux qui sont sauvés, il faut conclure que Dieu, qui est l'ordre même, n'a pas voulu le salut de tous.

J'ai fini en montrant que l'auteur détruit tout ce que saint Augustin a enseigné sur la délectation intérieure de la grace. Selon saint Augustin, plus cette délectation est grande dans l'homme qu'elle fait agir, plus le mérite est grand. Au contraire, selon l'auteur, plus elle est grande, plus le mérite diminue : selon l'auteur, la grace de Jésus-Christ, bien loin d'être médicinale, n'est qu'un plaisir indélibéré, qui est désordonné comme le plaisir sensible ; c'est une seconde concupiscence.

Enfin, cette grace ne donne point la bonne volonté ; elle ne fait que mettre l'homme en équilibre et en indifférence entre le bien et le mal ; *puis l'homme avance par lui-même vers le vrai bien* ; il agit alors par les forces de la raison et du libre arbitre, sans aucune grace surnaturelle. C'est ainsi qu'Adam pouvoit par lui-même, sans aucun secours surnaturel, mériter le royaume des cieux ; et c'est ainsi que les bons anges l'ont mérité et obtenu, selon l'auteur.

CHAPITRE XXXVI.
Réponse aux principales objections de l'auteur.

L'auteur nous dira peut-être qu'il voit bien les difficultés de son système, mais qu'enfin elles lui paroissent moins grandes que celles qu'on trouve dans la doctrine commune. N'est-il pas manifeste, nous dira-t-il, ou que Dieu ne veut point sincèrement sauver tous les hommes, ou qu'il n'est point infiniment sage dans la conduite de ses desseins, s'il veut le salut de tous, puisque tous ne sont pas sauvés ? à moins qu'on ne suppose qu'il a voulu le salut de tous d'une volonté générale, et qu'il en a laissé l'exécution à une cause occasionelle, qui, étant une puissance bornée, n'a pu les sanctifier tous?

Mais est-ce répondre à la difficulté, que de parler ainsi ? Vous vous étonnez, lui dirai-je, que Dieu voulant sauver tous les hommes, tous les hommes ne soient pas sauvés, et moi je m'étonne que Dieu voulant sauver tous les hommes, il ait choisi, selon vous, pour leur salut, un médiateur incapable d'exécuter son dessein. Si Dieu ne nous eût point donné un sauveur, tous les hommes auroient pu être sauvés par sa volonté générale de leur donner abondamment la grace ; et c'est précisément parce que nous avons un sauveur que tant d'ames périssent. Ne vaut-il pas bien mieux se taire, et avouer son impuissance d'expliquer ce profond mystère, que d'en donner une explication si insoutenable ?

L'auteur dira encore qu'il est facile de critiquer son opinion sur la manière dont la grace meut les volontés, mais qu'enfin on ne peut concevoir aucune liberté, ni aucun mérite de la volonté humaine, à moins qu'on ne suppose qu'elle est dans l'équilibre, et qu'elle se détermine par elle-même à un choix. Il conclura que toute grace de sentiment pourra donner efficacement le vouloir, mais non pas le mérite ; et il ajoutera que si Dieu, par l'impression efficace de sa grace, faisoit mériter l'homme comme il lui plaît, sans blesser sa liberté, il seroit évident qu'il ne voudroit pas sauver tous les hommes, puisque pouvant leur faire mériter à tous le royaume du ciel par sa seule volonté, il ne lui plairoit pas de le faire.

Mais n'avons-nous pas vu que l'auteur, en voulant lever cette difficulté, la laisse tout entière, et en ajoute beaucoup d'autres ? Il ruine la prédestination des saints, comme nous l'avons prouvé ; et en même temps il suppose que l'ordre ne permet pas le salut de tous les hommes : il met Dieu dans une absolue impuissance de sauver les hommes par aucune autre voie que par celle d'un médiateur, qui n'en pourra sauver qu'un petit nombre : n'est-ce pas ramasser dans un seul système toutes les erreurs les plus odieuses des opinions les plus opposées et les plus excessives?

Que l'auteur écoute saint Augustin sur l'opération de la grâce dans le fond des cœurs : voici comment il parle d'Assuérus quand Esther se présenta à lui[1] : « *Dieu le changea, et tourna son in-* » *dignation en douceur.* Il est écrit dans les Pro- » verbes de Salomon : *Le cœur du roi est dans* » *les mains de Dieu, comme un ruisseau qui* » *tombe impétueusement; il le tourne comme il* » *lui plaît.....* Il est évident que Dieu opère dans » les cœurs des hommes, pour incliner leurs vo- » lontés de toutes les manières qu'il lui plaît. » Encore, comment saint Augustin prétend-il que Dieu opère intérieurement pour tourner les volontés? Prenez garde à une chose très remarquable : c'est qu'en aucun de ses livres il ne s'est jamais mis en peine de chercher d'autres raisons que le domaine souverain de Dieu sur les volontés, lesquelles, en qualité de volontés libres, ne sont pas moins ses créatures dépendantes de lui, que tout le reste de ses ouvrages. La volonté humaine, selon lui, est tellement libre, qu'encore qu'il soit « en la puissance de celui qui veut ou ne veut pas » de vouloir ou de ne vouloir pas, il ne peut néan- » moins ni empêcher la volonté de Dieu, ni sur- » passer sa puissance[2]. » Si vous demandez à saint Augustin comment ce souverain domaine de Dieu peut s'exercer sur les volontés sans blesser leur liberté, il vous répondra « qu'il ne fait toutes » ces choses que par les volontés des hommes » mêmes, ayant sans doute sur les cœurs humains, » pour les tourner comme il lui plaît, une puis- » sance toute puissante[3]. » Par-là saint Augustin surmonte la difficulté dont il est impossible que l'auteur sorte pour savoir comment est-ce que Dieu peut prévoir la détermination de la volonté libre. L'auteur avoue que Dieu ne peut connaître que ce qu'il fait, *parce qu'aucun objet hors de lui ne peut l'éclairer*; et cependant il est obligé de dire que Dieu prévoit le choix que la volonté humaine fera en elle-même par elle-même, après que la grâce aura mise dans l'équilibre ; c'est en quoi il se contredit manifestement. Pour saint Augustin, il tranche nettement la difficulté en disant[1] que « c'est dans la prédestination faite avant » la création du monde que Dieu prévoit ce qu'il » opérera lui-même. Ils sont ensuite choisis, dit- » il, du milieu du monde, par cette vocation dans » laquelle Dieu accomplit ce qu'il a prédestiné. » Ainsi, vous le voyez, que, selon saint Augustin, Dieu voit les déterminations futures de la volonté humaine dans son décret, dans l'opération par laquelle il lui fera vouloir ce qu'il a résolu. Que si vous voulez aller encore plus loin, si vous dites que Dieu peut bien nous faire vouloir ce qu'il veut, mais que, s'il use d'une grâce trop puissante, alors la volonté humaine agit sans liberté et sans mérite, saint Augustin vous répondra que Jésus-Christ, « en priant pour Pierre, afin que sa foi ne » manquât point, n'a demandé autre chose pour » lui, sinon qu'il eût dans la foi une très libre, » une très forte, très invincible et très persévé- » rante volonté[2] : » d'où il s'ensuit que Dieu, non-seulement donne toutes les volontés qu'il lui plaît, mais que, bien loin d'en détruire la liberté, il les donne très libres et très méritoires. Enfin, si vous ne pouvez pas encore concevoir comment est-ce que le Tout-Puissant peut mouvoir et incliner les volontés libres ; comment est-ce que le Créateur, qui nous a donné de vouloir librement, nous donne encore de vouloir librement tout ce qu'il lui plaît ; écoutez saint Augustin, qui, après avoir senti autant que vous votre difficulté, l'a surmontée. Voici comme il parle sur l'élection de David, à laquelle Dieu disposa les peuples[3] : « Est-ce qu'il les tenoit par des liens corporels ? » Il agit intérieurement, il tient les cœurs ; il re- » mua les cœurs, et il les attira par leurs propres » volontés, qu'il avoit lui-même opérées en eux. » Êtes-vous étonné que Dieu nous mène par une puissance souveraine, et qu'il nous mène néanmoins librement? Remarquez que c'est par nos propres volontés parfaitement libres qu'il nous mène et qu'il les opère en nous, parce que notre liberté et son exercice ne viennent pas moins de lui que tout le reste de ses ouvrages. Enfin, si vous n'avez pas encore compris ce droit du Créateur sur sa créature, qui, pour être libre, n'en est pas moins sa créature, écoutez saint Augustin qui nous dit[4] : « Dieu tient bien plus en sa puis- » sance les volontés des hommes, que les volontés » des hommes ne sont en leur propre puissance. »

---

[1] *De Grat. et lib. Arbit.*, cap. XXI, n. 42, tom. x.
[2] *De Corrept. et Grat.*, cap. XIV, n. 45. [3] *Ibid.*

[1] *De Prædest. Sanct.*, cap. XVII, n. 34.
[2] *De Corrept. et Grat.*, cap. VIII, n. 17.
[3] *Ibid.*, cap. XIV, n. 45.
[4] *Ibid.*

» Voilà, dit ce Père [1], comment il faut défendre la liberté de la volonté selon la grace, et non contre la grace ; car la volonté humaine n'acquiert point par la liberté la grace, mais par la grace la liberté, la délectation perpétuelle, et la force invincible pour persévérer. »

Après que nous avons ainsi confessé, par la bouche de saint Augustin même, la vérité du dogme catholique pour *la louange et pour la gloire de la grace*, que l'auteur ne vienne donc plus nous demander pourquoi tant d'hommes périssent, puisque Dieu, qui veut les sauver tous, leur pourroit faire vouloir, sans blesser leur liberté, tout ce qu'il lui plaît. Nous répondrons comme saint Augustin répondoit aux semi-pélagiens [2] qui lui demandoient « pourquoi Dieu ne donne pas la persévérance à certains hommes à qui il a donné son amour pour vivre chrétiennement pendant quelques années. Je vous réponds que je l'ignore ; car ce n'est point avec arrogance, mais en connoissant la courte mesure de mon esprit, que j'entends l'Apôtre qui dit : *O homme, qui êtes-vous pour répondre à Dieu ?* et qui s'écrie : *O profondeur des richesses de la sagesse et de la science de Dieu ! que ses jugements sont incompréhensibles, et ses voies impénétrables !* » Entreprenez donc, dirai-je à l'auteur, si vous le voulez, de sonder le fond de cet abîme des jugements divins ; cherchez, si vous l'osez à découvrir ces voies impénétrables ; j'aime mieux dire avec saint Augustin, *J'ignore*, et m'écrier avec saint Paul, *O profondeur !* que de dire avec vous [3] : « Le Verbe communique avec joie tout ce qu'il possède en qualité de sagesse éternelle, » quand on l'interroge par une attention sérieuse. Dites que, sans votre système, *la conduite de Dieu n'auroit rien de sage et de constant* [4]. Pour nous, permettez-nous de dire avec saint Augustin [5] : « Autant que Dieu daigne nous manifester ses jugements, nous lui en rendons grace : quand il nous les cache, nous ne murmurons point contre ses conseils, et nous croyons que cela même nous est salutaire.... Si donc vous confessez les dons de Dieu, continuerai-je de dire à l'auteur, pourquoi *celui-ci les reçoit-il ? pourquoi* celui-là ne les reçoit-il pas ? Je crois que vous l'ignorez avec moi ; et nous ne saurions ni l'un ni l'autre pénétrer les jugements incompréhensibles de Dieu. Ils sont profonds ces jugements, ils ne peuvent être ni pénétrés ni condamnés.

» Encore une fois, d'où vient que ces graces sont données aux uns, et non aux autres ? Sans murmurer contre Dieu, daignez l'ignorer avec nous [1]. » L'auteur croit-il qu'il soit indigne de la philosophie de demeurer dans cette ignorance, dont l'Église, qui est l'épouse du Fils de Dieu, et qui est animée par le Saint-Esprit, ne rougit pas ? Qu'il rende donc gloire à Dieu contre ses propres erreurs, qu'il leur préfère enfin l'humble et sage ignorance de toute l'Église, et qu'il se réjouisse de « succomber sous le poids de la majesté des mystères divins [2]. » Nous avons assez examiné ces principes, qu'il avoit crus si féconds en vérités, et qui ne le sont qu'en erreurs monstrueuses. Je le conjure de lire cet ouvrage avec le même esprit qui me l'a fait écrire. S'il aime, et s'il recherche la vérité, comme il l'a toujours témoigné, il craindra l'erreur, et non la honte de s'être trompé ; il entrera en défiance d'une doctrine nouvelle, qui a soulevé tous les gens de bien, tous les théologiens éclairés, et ceux mêmes qui sont les plus exempts de préoccupation contre lui. Il vaut mieux être vaincu par la vérité que par la honte de s'en être éloigné, comme dit saint Augustin ; la vérité ne remporte la victoire que pour couronner les vaincus qui sont assez sincères et assez humbles pour la suivre. Un changement d'opinion dans un homme aussi éclairé que l'auteur seroit encore plus avantageux à sa personne, qu'à la saine doctrine qu'il se repentiroit d'avoir combattue.

---

[1] *De Corrept. et Grat.*, cap. VIII, n. 17.   [2] *Ibid.*
[3] *Médit.* XI, n. 2.   [4] *Ibid.*, n. 3.
[5] *De Corrept. et Grat.*, cap. VIII, n. 17, 18.

[1] *De Corrept. et Grat.*, cap. VIII, n. 19.
[2] S. Leo, *Serm.* LX *de Pass.*, cap. I.

LETTRES
AU P. LAMI, BÉNÉDICTIN,
SUR
LA GRACE ET LA PRÉDESTINATION.

LETTRE PREMIÈRE.

SUR LA NATURE DE LA GRACE.

Vous me demandez ma pensée, mon révérend Père, sur la nature de la grace. N'est-ce, dites-vous, qu'une délectation prévenante et indélibérée? est-ce aussi une délectation délibérée? Examinons, s'il vous plaît, ces deux questions l'une après l'autre : ensuite nous parlerons de la prière.

PREMIÈRE QUESTION.
De la délectation indélibérée.

Cette délectation, quelque spirituelle qu'on veuille la concevoir, n'est qu'un sentiment indélibéré et involontaire, comme nos sensations. Si on m'objecte qu'elle est de l'ame toute seule, je répondrai que le plaisir d'un parfum qui flatte l'odorat, ou d'une musique qui charme l'oreille, est de l'ame toute seule, autant que la délectation la plus spirituelle qu'on puisse concevoir. La musique qui affecte doucement l'organe, et l'organe doucement affecté ou ébranlé, n'est que la cause occasionelle de mon plaisir : mais mon plaisir est une modification de mon ame seule ; ainsi c'est une modification d'un pur esprit, de même que la délectation qu'excite en nous la vue des vérités les plus sublimes de la religion. Nul corps ne peut ni avoir le sentiment pour sa propre modification, ni être modifié par un sentiment qui soit mixte et commun entre lui et un esprit, ni même être cause réelle du sentiment qui modifie un esprit. Tout sentiment appartient tellement à l'esprit seul, et est tellement borné à la substance spirituelle, que nul corps ne peut y avoir d'autre part que d'en être la simple occasion par institution purement arbitraire. Or, il est évident que l'occasion dans laquelle un sentiment est produit ne diminue en rien la nature de ce sentiment : il est toujours également spirituel, puisqu'il est toujours également la modification d'une substance purement spirituelle. Par exemple, la douleur des démons et des ames damnées est un sentiment qui n'est pas moins sentiment que nos sensations, et qui est néanmoins la modification de la substance purement intellectuelle et incorporelle. Qu'une modification m'arrive à l'occasion d'un corps ou à l'occasion d'un esprit, elle est toujours également la modification d'une substance pensante et entièrement incorporelle. Les pensées que j'ai sur les corps ne sont pas moins spirituelles en elles-mêmes que les pensées que j'ai sur les esprits : si l'objet de ma pensée, qui est essentiel à ma pensée même, n'en altère en rien la spiritualité, quoiqu'il soit corporel, à combien plus forte raison ce qui n'est que la simple occasion de mon sentiment ne peut-il en rien altérer la spiritualité de mon sentiment! Une cause occasionelle n'a par elle-même aucune vertu réelle, et il ne lui en est donné aucune. Celui qui la rend cause occasionelle veut seulement, d'une manière purement arbitraire, qu'elle serve comme de signal : or un signal n'est rien de réel à l'action ; il lui est absolument étranger : il est donc manifeste que le doux ébranlement de mon organe parmi des parfums, ou dans un concert de musique, n'étant que la cause purement occasionelle de mon plaisir, ce plaisir est en lui-même aussi spirituel que celui de la plus sublime contemplation.

D'ailleurs le plaisir indélibéré qui nous vient de la plus sublime contemplation est autant indélibéré par sa nature que celui qui nous vient d'un parfum ou d'une musique. Ce plaisir est en nous sans nous ; en le supposant prévenant, indélibéré et involontaire, nous supposons qu'il est en nous comme le mouvement est imprimé dans un corps, et que nous l'avons reçu d'une manière purement passive. Quand on me perce d'un coup d'épée, je ne saurois ne pas souffrir de la douleur ; je la souffre, et ne fais que la souffrir sans la vouloir. Cette douleur est non-seulement indélibérée, mais encore involontaire ; c'est-à-dire qu'elle n'est point voulue par ma volonté ; car je ne veux point souffrir ce que je souffre, et il n'y a rien que je ne fisse pour éviter cette souffrance. Tout de même, quand j'entre dans un lieu où il y a un concert de musique, il ne dépend nullement de moi de n'avoir point du plaisir ; il faut ou que je sorte, ou que je bouche mes oreilles pour m'en priver ; mais, dans ce premier moment de surprise, ce plaisir est en moi aussi indélibéré que la chute d'une pierre ; et, supposé que je ne veuille point ce plaisir-là, il est aussi involontaire que le mouvement de mon corps le seroit si on me traînoit malgré moi en prison. Il en est de même du plaisir indélibéré de la plus sublime contemplation. Il est en lui-même entièrement passif, et imprimé en nous sans nous : non-seulement il n'a, selon la supposition, rien de délibéré, mais encore rien de volontaire dans sa nature. Il est vrai qu'on peut y ajouter un consentement de la volonté, ou, si vous le voulez, une simple non-répugnance de la volonté ; mais en lui-même, et par sa nature, il est indépendant du consentement et de la résistance de la volonté ; on peut également l'éprouver tantôt en n'y résistant pas, tantôt en y résistant. Les saints martyrs ont eu malgré eux des plaisirs. Les voluptueux ont malgré eux des douleurs très fortes. Il est donc clair comme le jour que tout plaisir, qui n'est qu'un simple sentiment prévenant dans l'ame, a ces deux choses, l'une, qu'il est purement spirituel, en quelque occasion qu'il soit imprimé ; l'autre, qu'il est en soi absolument indélibéré, involontaire, et reçu dans l'ame d'une manière purement passive.

Ces principes étant posés, il faut s'accoutumer à regarder la délectation indélibérée que nous éprouvons dans la contemplation la plus sublime tout de même que nos sensations, c'est-à-dire que le plaisir d'un parfum qui saisit agréablement notre odorat quand nous y pensons le moins, et que celui d'une musique qui tout-à-coup charme notre oreille. L'occasion est très différente ; mais le sentiment de l'ame est également spirituel et passif, c'est-à-dire indélibéré et involontaire.

Il nous reste à savoir comment on pourroit dire que le plaisir indélibéré est la cause du plaisir délibéré. S'il n'en est que la cause occasionelle, ou la simple occasion, je laisse l'occasion purement arbitraire et étrangère au plaisir délibéré, et je remonte plus haut à la cause réelle qui le produit ; ainsi cette délectation ou plaisir indélibéré, qu'on vante tant, ne m'explique rien. Si un général d'armée étoit convenu d'un signal avec le gouverneur d'une ville assiégée, ce signal purement arbitraire, et inventé de pure fantaisie, ne m'expliqueroit rien ; au lieu de m'y arrêter, je ne ferois d'attention qu'au seul dessein du général qui voudroit commencer le combat. Laissons donc le plaisir indélibéré, s'il n'est que la cause occasionelle du plaisir délibéré ; et retranchant une fois pour toutes tous les vains discours sur la délectation indélibérée dont on a rempli tant de livres, venons à la véritable cause réelle du plaisir délibéré, qui est mon propre vouloir.

De plus, cette explication, qui n'explique rien, renverse tout. Si le plaisir indélibéré est la cause occasionelle du plaisir délibéré, c'est-à-dire de mon vouloir, il faut supposer que la cause première ait ordonné qu'à l'occasion de ce plaisir, je veuille ; comme il ordonne qu'une boule, à l'occasion d'une autre boule qui la pousse sur un plan, se meuve ; de là il faudra conclure qu'il y a dans ce qu'on appelle ordre de la nature des lois de volontés, comme des lois de mouvements : et comme il est certain que, par la loi de la communication du mouvement, une boule qui en pousse une autre ne peut manquer de mouvoir l'autre ; tout de même un plaisir indélibéré ne peut manquer de faire vouloir la volonté de l'homme. Les causes occasionelles ne peuvent jamais sans miracle être frustrées de leur effet précis : chaque fois qu'elles en seroient frustrées, ce seroit un renversement de l'ordre naturel ; alors le maître de la loi violeroit ou interromproit sa propre loi, qu'on nomme la loi de la nature. Ainsi, suivant cette idée des causes occasionelles, dès que j'ai un plaisir indélibéré pour un objet, je ne pourrois manquer à le vouloir sans que l'ordre des causes occasionelles, qu'on nomme celui de la nature même, fût violé et interrompu : ce seroit un miracle, comme de voir une pierre en l'air qui ne tomberoit pas : il faudroit que Dieu fît alors un miracle dans ma volonté pour m'empêcher de vouloir cet objet, comme il feroit un miracle dans une pierre, s'il la tenoit suspendue en l'air sans la laisser tomber.

Au reste, c'est une illusion grossière que de s'imaginer que la nécessité de volonté, dont nous parlons ici, ne soit pas une nécessité de nature semblable à celle que nous nommons physique pour le mouvement des corps. Qu'entend-on par nécessité naturelle ou physique? Ce n'est point une loi qui vienne de l'essence des choses : un corps mu n'a dans sa nature aucune vertu réelle, aucune véritable causalité, selon les termes de l'école, pour mouvoir un autre corps. Cette loi de la communication du mouvement ne se trouve ni dans la nature du corps mouvant, ni dans celle du corps mu; vous ne trouverez jamais dans l'idée d'un corps qu'il doive se mouvoir quand un autre corps vient se mouvoir contre lui; ni dans l'idée de cet autre corps, qu'il ait la force mouvante sur cet autre corps indépendant de lui. Qu'appelle-t-on donc nécessité naturelle ou physique? Ce n'est qu'une institution purement arbitraire de l'auteur de la nature; son ordre, qui est cette loi de la communication des mouvements, ne peut jamais être frustré et violé, ou interrompu, sans miracle. Voilà la loi qui nécessite les corps. S'il y a de même des causes occasionelles pour les esprits, elles nécessitent pareillement les volontés. Par exemple, je suppose que le plaisir indélibéré de sentir un parfum est la cause occasionelle de vouloir s'asseoir en ce lieu : peut-on dire que l'homme déterminé par cette cause occasionelle, qui est sa sensation, soit libre dans la volonté qu'il forme de s'asseoir? Il y est déterminé par sa sensation, de même qu'une pierre l'est à tomber quand elle est en l'air, ou qu'une boule l'est à se mouvoir quand elle est poussée par une autre boule. Il faut un miracle, c'est-à-dire un coup de la toute-puissance de Dieu contre la loi qu'il a établie, et qu'on appelle la loi de la nature, pour résister à cette nécessité naturelle. Ce miracle ne seroit pas moins grand, si la volonté ne vouloit pas, après que la sensation agréable de l'odorat l'auroit déterminée à vouloir, que si la pierre ne tomboit pas étant en l'air, ou si la boule ne se mouvoit point étant poussée par l'autre. Voilà ce qu'on appelle la plus grande nécessité de nature, ou physique. On ne peut concevoir au-dessus de cette nécessité d'institution du Créateur, que celle des essences, que le Créateur même ne peut jamais arrêter. La nature n'est pas moins nature, ni la nécessité moins nécessité, quand elle tombe sur les esprits pour le vouloir, que quand elle tombe sur les corps pour le mouvement.

On dira peut-être que la nécessité des corps est bien différente de celle des volontés, puisque les corps sont nécessités sans qu'ils agissent et choisissent, au lieu que les volontés veulent et choisissent tout ce qu'elles font, et qu'elles ne veulent que ce qui leur plaît. Mais ce discours n'est qu'un sophisme indigne d'être écouté. 1° La nécessité, pour tomber sur la volonté, n'en est pas moins nécessité nécessitante que si elle tomboit sur les corps; une volonté peut être aussi absolument nécessitée à vouloir, qu'un corps à se mouvoir. Qu'appelle-t-on nécessité de nature, ou physique? Si on entend par ces termes la nécessité qui vient des lois instituées par le Créateur, elle n'est pas moins pour les esprits que pour les corps, dans notre supposition : si au contraire on entend par-là ce que l'essence des choses demande, il faudra dire que la nécessité qui détermine une pierre à tomber, quand elle est en l'air, n'est ni naturelle ni physique, puisque nous supposons que les corps ne sont les uns aux autres que des causes occasionelles du mouvement, qui n'ont aucune vertu ou causalité par leurs propres essences, et qui ne sont nommées causes que par pure institution arbitraire du Créateur. 2° Il est faux que celui qui est nécessité à un seul parti choisisse. Peut-on dire que je choisisse sérieusement entre marcher et me reposer, quand quelqu'un me nécessite à marcher? Les hommes ont-ils jamais parlé de la sorte, quand ils ont voulu parler sérieusement? Dira-t-on à un homme qu'il choisit de faire une chose quand il ne pourroit, sans un miracle de la toute-puissance de Dieu, ne la faire pas? Pour ne la vouloir point, il faudroit qu'il interrompit la loi des causes occasionelles, qui est la loi de la nature même; il faudroit qu'il fît l'impossible, comme s'il empêchoit une pierre de tomber quand elle est en l'air sans appui. On ne choisit réellement qu'entre deux partis, qui sont en l'actuelle et prochaine puissance de celui qui choisit : c'est se moquer de Dieu et des hommes, que d'oser parler autrement; c'est se jouer du dogme de la foi par les restrictions mentales les plus odieuses, que nul casuiste, si relâché qu'on se l'imagine, ne toléreroit en cette matière. Dira-t-on aussi que les bienheureux choisissent entre aimer Dieu et le haïr, et que les damnés choisissent entre le haïr et l'aimer? Il est vrai que les bienheureux et les damnés ne veulent que ce qu'il leur plaît de vouloir; c'est-à-dire, en deux mots, qu'ils ne sont pas contraints dans leur vouloir : mais quoiqu'ils ne veuillent que ce qu'ils veulent, il est néanmoins très certain qu'ils ne peuvent ne pas vouloir ce qu'ils veulent, ni vouloir ce qu'ils ne veulent pas. Ainsi ils ne choisissent point, et les hommes qui seroient en cette vie nécessités par des causes occasionelles à vouloir une seule chose, ne choisiroient pas plus qu'eux. 5° Il ne faut point se jouer de toute l'Église et de tous les hommes sensés. Les stoïciens et les manichéens, qui croyoient une destinée incompatible avec la liberté, Wiclef, Luther, Calvin, les plus outrés contre-remontrants du synode de Dordrecht, n'étoient pas assez extravagants pour nier la liberté de coaction. Ils savoient, par leur propre conscience intime, que l'homme ne veut que ce qu'il veut, qu'il choisit en ce sens ridicule, que la volonté veut toujours une chose, et non une autre qui lui est opposée. Ils savoient bien que l'homme ne sauroit ne pas vouloir ce qu'il veut actuellement. Ils croyoient même que l'homme délibère, si vous n'entendez par la délibération que l'application de la raison, pour savoir lequel des deux partis est le plus convenable. Ils raisonnoient tous les jours eux-mêmes, et par conséquent ils savoient bien qu'en ce sens ils délibéroient tous les jours. Enfin, ils ne doutoient point que la volonté n'agît ; car son agir n'est autre chose que son vouloir, et ils ne pouvoient pas ignorer que la volonté veut ce qu'elle veut. Que prétendoient-ils donc ? Que la volonté étoit nécessitée à agir, c'est-à-dire à vouloir ; que pour cette détermination, elle étoit passive ; et c'est précisément ce que dira malgré lui tout homme qui voudra soutenir que les délectations indélibérées, ou plaisirs prévenants, sont les causes occasionelles de nos volontés. Qui dit cause occasionelle, dit une occasion à laquelle le Créateur a attaché, par une connexion nécessaire ou ordre absolu, un certain effet précis.

Si vous n'admettez cette connexion nécessaire ou ordre absolu, qui se tourne en loi de nature, vous ne dites rien et vous ne faites rien d'assuré. On pourroit supposer, sans inconvénient, que l'effet n'arriveroit point, et on renverseroit de fond en comble tout le système de la grâce efficace, invincible, indéclinable, toute puissante par elle-même pour incliner les cœurs au vouloir. Si, au contraire, vous admettez une connexion nécessaire entre l'occasion et l'effet, le plaisir indélibéré qui est en nous sans nous, comme la sensation d'un parfum, nous détermine aussi nécessairement à vouloir, que la pierre en l'air est nécessitée à tomber, et qu'une boule est nécessitée à se mouvoir quand une autre la pousse : il faudroit un miracle, comme la résurrection des morts, pour vaincre la nécessité de cet ordre établi par le Créateur dans les deux natures intelligente et étendue.

Que si vous soutenez que le plaisir indélibéré est la cause réelle de notre vouloir, outre que vous renversez toutes les notions de la nouvelle philosophie, et que vous retombez dans tout ce que vous appeliez des galimatias ; de plus, vous détruisez tout ensemble et le pouvoir de Dieu, et la liberté de l'homme. 1° Vous détruisez le pouvoir de Dieu. Eh ! qu'y a-t-il de plus indigne de lui, que de supposer qu'il faut qu'il ait recours à un sentiment indélibéré pour venir à bout de faire ce qu'il ne pourroit lui-même, ni en éclairant, ni en fortifiant une ame? Ne peut-il tenir l'homme que par le plaisir? Ne sauroit-il ni le persuader en éclairant sa raison, ni le porter au bien en fortifiant sa volonté contre le mal ? Quelle indigne et épicurienne idée, de vouloir que Dieu même n'ait aucune prise sur la volonté de l'homme, qu'en tirant de lui par le plaisir ce qu'il n'en pourroit obtenir ni par raison, ni par force de vertu ? Enfin, si le plaisir indélibéré est la cause réelle et essentielle de tout vouloir, cela est aussi vrai pour Adam innocent que pour ses enfants corrompus, et détruit la différence qu'on allègue des deux états. 2° Vous détruisez aussi la liberté de l'homme. Au moins la nécessité qui vient des causes occasionelles n'est que physique ; elle n'est fondée que sur les lois purement arbitraires que le Créateur a établies : un miracle pourroit vaincre cette sorte de nécessité ; un miracle peut suspendre une pierre en l'air : tout de même un miracle pourroit empêcher la volonté de vouloir, malgré le plaisir indélibéré qui seroit sa cause occasionelle. Mais si vous dites que la nature du plaisir indélibéré, et celle du vouloir de l'homme, sont telles que l'un est la cause réelle de l'autre, et que leur connexion vient de leurs essences ; alors ce sera une nécessité métaphysique, qui est bien au-dessus de la physique. Alors ce ne sera plus une nécessité d'institution arbitraire, mais une nécessité d'essence, que nul miracle ne peut arrêter, et contre laquelle la toute-puissance de Dieu même ne peut jamais rien en aucun sens. Alors il sera vrai de dire que l'essence du plaisir indélibéré est de produire le vouloir, et que l'essence du vouloir est de ne pouvoir être produit que par le plaisir indélibéré. On ne pourra voir le plaisir indélibéré, sans voir le vouloir comme son effet ; ni le vouloir, sans voir le plaisir indélibéré comme sa cause : il faudroit violer l'essence des choses pour désunir cette cause et cet effet. Voilà une nécessité infiniment plus nécessitante que celle qui fait qu'une pierre tombe quand elle est en l'air, et qu'une boule en pousse une autre.

Si vous dites que ce n'est pas la nature ou essence de ces deux choses qui les lie entre elles, et qui fait que la position de l'une emporte nécessairement la position de l'autre; je vous demande, non un jeu de paroles, mais une réponse précise, et que vous puissiez entendre nettement vous-même dans une matière si sérieuse, et si capitale à la religion. Comment la grace est-elle efficace par elle-même, si elle ne l'est point par sa propre nature ou essence? Et si elle l'est par sa propre nature ou essence, elle est cause réelle et nécessaire des volontés de l'homme. Voilà une nécessité bien plus nécessitante que la nécessité qu'on nomme naturelle ou physique, puisque celle-ci ne vient que d'une institution arbitraire et révocable, qui peut souffrir des exceptions par des miracles, au lieu que nul miracle ne peut interrompre la nécessité, pour ainsi dire métaphysique, qui vient de l'essence même d'une cause réelle.

Je demande donc s'il y a de la contradiction ou répugnance, que le plaisir indélibéré dans lequel on met la grace ne soit point suivi du vouloir de l'homme. S'il n'y a dans cette supposition aucune contradiction ou répugnance, je suppose que cela arrive en effet : voilà la grace qui demeure inefficace et qu'il n'est plus permis de nommer efficace par elle-même. La volonté est encore censée indifférente et indéterminée pendant que le plaisir indélibéré est actuel, et même après qu'il est passé : la volonté étant actuellement sous l'impression de cette grace, ou plaisir indélibéré, ne veut point. Vous admettez la grace que tant d'autres ont nommée versatile : la volonté la frustre de tout son effet. Dès ce moment-là on ne peut jamais conclure de la présence d'une grace, que le bon vouloir la suivra; car la connexion n'étant pas nécessaire entre cette cause et cet effet, qui vous a dit que la cause qui a été une fois inefficace ne le sera pas encore de même cent et cent fois? Vous ne pouvez plus raisonner que par simple conjecture sur cet événement incertain, comme sur tous les autres événements que l'école nomme contingents. Vous ne pouvez plus dire que ce plaisir indélibéré produira dans l'homme un bon vouloir d'une manière invincible, indéclinable et toute puissante. Au contraire, il faut avouer que ce plaisir peut être vaincu, décliné, impuissant, et demeurer cent fois inefficace, puisqu'il l'a été une fois.

Vous ne pouvez plus alléguer que deux choses : l'une, que Dieu donne une impression si proportionnée à la volonté et si propre à la persuader, qu'il voit qu'il la persuadera, quoiqu'il n'y ait néanmoins aucune connexion nécessaire ou de nature entre le plaisir et le vouloir; l'autre, qu'il voit par sa prescience que le vouloir suivra. Mais cette proportion si juste pour persuader et pour toucher n'est que la congruité de la grace enseignée par les jésuites. Pour la prescience de Dieu, à proprement parler, elle n'est pas une prescience; car ce qui n'est encore que futur à notre égard, et par rapport à nous qui sommes bornés au temps, est déjà présent à Dieu qui est éternel : ainsi Dieu ne voit que ce qui est déjà devant lui.

Il est vrai que Dieu a une pleine certitude du bon vouloir de l'homme, parce que ce bon vouloir lui est déjà présent. Or, ce qui est déjà présent ne peut point ne pas être; ce n'est qu'une nécessité que l'école nomme conséquente et identique. Dieu pourroit nous révéler ce qu'il voit; et alors nous verrions comme lui avec certitude la futurition du bon vouloir de l'homme; mais nous ne la verrions qu'en elle-même : nous verrions seulement que l'homme voudra, parce qu'il se déterminera à vouloir; mais nous ne pourrions voir avec aucune certitude l'effet dans la cause par une connexion nécessaire. Il faut qu'il y ait une connexion nécessaire entre eux, pour pouvoir conclure certainement l'un de l'autre; autrement on dit ce qu'on n'entend pas, et qui n'a aucun sens. Toute véritable certitude d'un futur prévu dans sa cause ne peut être fondée que sur une nécessité antécédente, c'est-à-dire une liaison nécessaire entre cette cause et cet effet. En bonne logique, le prédicat ou attribut ne peut être dit avec certitude générale du sujet, que quand la liaison est nécessaire entre eux. Si la liaison est contingente, la proposition est contingente aussi, c'est-à-dire tantôt vraie et tantôt fausse. Comment pouvez-vous faire cet enthymème : *Pierre reçoit la grace efficace ou plaisir indélibéré : donc il aura le bon vouloir?* Vous supposez que le bon vouloir n'est point nécessairement attaché au plaisir indélibéré. Vous supposez que le bon vouloir a manqué une fois au plaisir indélibéré; et rien n'empêche qu'il ne lui manque encore de même. Toute conséquence tirée en matière contingente ne peut être qu'une conjecture; si vous voulez en faire une conclusion certaine, vous errez. Dites, par exemple : Il fait beau temps : donc Paul ira se promener. Si ce n'est qu'une conjecture, je vous la passe; mais si c'est une conclusion tirée comme certaine, je la nie; elle est absurde. Paul a vu le beau temps sans se promener, et peut encore en faire de même. Pourquoi concluez-vous la promenade du beau temps, puisque le beau temps et la promenade n'ont point de connexion nécessaire, et qu'en supposant le beau temps, la promenade demeure encore contingente? Tout de même, pourquoi concluez-vous le vouloir du plaisir, puisqu'en supposant le plaisir, le vouloir demeure encore entièrement contingent?

C'est donc en s'éblouissant soi-même à plaisir, que certains auteurs ont cherché une certitude d'une chose future, qui ne fût point fondée sur la connexion nécessaire entre sa cause et elle. Encore une fois, il est vrai que Dieu voit avec certitude les futurs contingents, parce qu'il ne les voit pas comme futurs, mais comme déjà présents. Cette certitude est fondée sur la nécessité identique qu'une chose soit quand elle est actuellement, et qu'elle ne peut tout ensemble être et n'être pas. mais cette nécessité ne peut être alléguée pour les futurs contingents à l'égard des hommes auxquels ils ne sont point présents. Vous ne pouvez conclure avec certitude, de la grace ou plaisir indélibéré, le bon vouloir futur de l'homme, qu'autant que vous supposez comme le fondement essentiel de votre certitude une nécessité pour tirer une conséquence de l'un à l'autre, c'est-à-dire une connexion nécessaire entre ces deux choses. Qui dit conséquence certaine dit une nécessité dans la conséquence, c'est-à-dire une liaison nécessaire entre l'antécédent et le conséquent : si vous y laissez la moindre contingence, vous détruisez la liaison nécessaire entre l'antécédent et le conséquent : la conséquence perd toute sa force ; elle peut être niée, puisqu'elle peut se trouver fausse. On peut vous dire, en bonne logique : *Pierre a la grace efficace pour un tel bon vouloir précis*; j'en conviens : *donc il formera ce bon vouloir précis*; je le nie. Peut-être n'en fera-t-il rien ; qui sait ce qu'il choisira ? qui sait si *pouvant dissentir*, en cas qu'il le veuille, il ne voudra pas effectivement *dissentir*? Il l'a déjà voulu une fois, selon votre supposition ; il pourroit bien le vouloir encore. Il ne peut donc y avoir à notre égard aucune véritable certitude dans les futurs, qu'autant qu'ils ne sont pas contingents, et qu'il y a une nécessaire connexion entre leur cause posée et leur futurition. A la nécessité de cause répond la certitude du futur ; à la contingence répond l'incertitude. Qu'on ne dise donc plus que l'effet de la grace ou plaisir indélibéré est certain, infaillible et indéclinable, sans nécessité : c'est comme si on vouloit dire qu'une chose est certaine sans certitude. L'esprit de l'homme, qui nie ou qui affirme, doit suivre la nature de son objet : nous devons aux événements contingents de l'incertitude, comme nous devons de la certitude aux événements nécessairement liés à leurs causes. Nous devons donc raisonner ainsi, supposé que la grace n'ait pas une liaison nécessaire avec le bon vouloir de l'homme : Pierre a la grace la plus forte pour un tel vouloir, mais nous ne savons point s'il voudra, ou non ; parce que cette grace le laisse toujours indifférent pour choisir, et dans la contingence de son acte. Il est vrai que Dieu voit comme une chose qui lui est déjà présente le bon vouloir de Pierre, et qu'il lui a donné un secours si proportionné à son besoin présent, qu'il s'est assuré de le persuader, et de lui faire vouloir ce qu'il veut : mais pour nous, si nous ne raisonnons que sur la seule nature du secours donné, nous n'en pouvons pas conclure en rigueur et avec pleine certitude la futurition du bon vouloir, puisque ce secours n'est point une cause nécessaire, et qu'il n'a aucune connexion nécessaire avec le bon vouloir. Or, on ne peut dire qu'un événement est infaillible que quand nous ne pouvons pas nous tromper en l'affirmant comme futur ; et on peut toujours se tromper en affirmant comme futur ce qui est encore contingent : enfin une chose n'est plus contingente, dès qu'on ne peut plus se tromper en l'affirmant comme future. Il est donc clair que la futurition du bon vouloir étant encore contingente quand la grace ou plaisir indélibéré arrive, on ne peut répondre infailliblement, ni avec certitude de l'effet, sur la position de la cause. Dès ce moment il ne faut plus parler de grace efficace par elle-même. Voilà tout ce que peuvent demander ceux que l'on nomme molinistes.

Si au contraire vous dites que le plaisir indélibéré est une cause réelle, à laquelle le bon vouloir est lié par leurs natures ou essences, vous mettez dans les volontés de l'homme une nécessité sans comparaison plus nécessitante que celle des lois arbitraires du Créateur pour mouvoir les corps. Vous êtes plus nécessité à vouloir, dès que la grace vous prévient d'un plaisir indélibéré, semblable à nos sensations les plus involontaires, qu'une pierre qui est en l'air n'est nécessitée à tomber, et qu'une boule n'est nécessitée à se mouvoir par l'impulsion d'une autre. Dès que le plaisir vous saisit, aucun miracle de la toute puissante main de Dieu même ne peut plus vous empêcher de vouloir précisément ce que le plaisir vous inspire. Ce plaisir est cause réelle de votre vouloir : donc il y a une nécessité antécédente qui vous nécessite à vouloir ; car c'est une nécessité de cause par rapport à son effet. Or, la cause ne peut être cause réelle qu'autant qu'elle a une vraie causalité, et une priorité au moins de raison et de nature sur son effet. Qui dit, avec l'école, causalité, priorité de raison et de nature, dit évidemment une cause antécédente par nature à son effet ; il seroit inutile et odieux de chicaner là-dessus. Encore une fois, les stoïciens, les manichéens, Wiclef,

Luther, Calvin, en un mot tous ceux qui ont nié la liberté, n'ont jamais prétendu nier ce qu'ils éprouvoient à toute heure en eux-mêmes, savoir, qu'ils raisonnoient, délibéroient, vouloient une chose et non une autre opposée, choisissoient en un sens, prenant cette chose et non pas l'autre, et enfin ne vouloient que ce qu'ils vouloient bien vouloir. Ce qu'ils ont tous appelé de bonne foi nier la liberté, c'est de dire que nos volontés ont une cause nécessaire qui ne dépend pas de notre choix: or est-il que le plaisir indélibéré qui nous prévient, et qui par sa nature est involontaire, ne dépend point de notre choix : il est donc clair comme le jour que si ce plaisir est cause nécessaire, ou cause par lui-même de notre vouloir, notre vouloir a une cause nécessaire qui ne dépend point de notre choix ; et par conséquent voilà la doctrine des stoïciens, des manichéens, de Wiclef, de Luther, de Calvin, qui est établie. Si les théologiens qui ont disputé contre eux, comme Cajétan, leur avoient accordé qu'il y a une cause nécessaire de notre vouloir, laquelle est entièrement en nous sans nous, c'est-à-dire indélibérée et involontaire, ils auroient applaudi, et, toute question de nom mise à part, ils auroient pensé comme les catholiques. On peut voir dans Calvin qu'il a rejeté de bonne foi toutes ces questions de nom. Ainsi, dans cette supposition, il faudroit conclure tout au plus qu'ils ne se sont pas assez bien expliqués, qu'ils ont eu raison pour le fond, peut-être même qu'ils ont parlé plus naturellement et avec plus de candeur que leurs adversaires, et que l'Église est inexcusable d'avoir foudroyé de tant d'anathèmes des gens si innocents et si sincères.

Quoi qu'il en soit, à parler de bonne foi et sans chicane, il faut dire, dans cette supposition, que rien ne dépend de l'homme, non pas même son propre vouloir. Qu'on nous vienne dire qu'il peut s'il veut, n'est-ce pas se moquer, puisqu'il ne peut vouloir, et que c'est précisément sur le vouloir que la nécessité ou l'impuissance tombe? Ne voit-on pas qu'il peut encore infiniment moins en chaque occasion vouloir sans grace, ou ne vouloir pas avec la grace, qu'une pierre qui est en l'air peut ne tomber pas? Qu'on nous vienne dire qu'il peut ne pas vouloir avec la grace, parce qu'il pourroit ne pas vouloir si elle ne le déterminoit pas: c'est comme si on disoit qu'un homme qui est dans un bateau qui remonte dans une rivière par la marée peut ne monter point, parce qu'il pourroit cesser de monter si la marée cessoit de le porter. Qu'on nous vienne dire que la puissance ou capacité naturelle de vouloir et de ne vouloir pas reste toujours dans la volonté, et qu'ainsi c'est une liberté qui reste avec la grace ; il faudra dire aussi que l'homme porté dans un bateau par le montant de la marée est libre de ne monter pas, parce que la puissance ou capacité naturelle de s'arrêter lui reste, et qu'en effet il la réduira en acte quand la marée cessera. Luther et Calvin ont-ils jamais nié que la volonté pourroit ne vouloir pas le bien en l'absence de la grace, et le mal en l'absence de la concupiscence? Nioient-ils que l'homme ne conservât toujours la puissance radicale ou capacité naturelle de vouloir et de ne vouloir pas? La liberté ne sera-t-elle autre chose qu'une vicissitude entre deux nécessités qui nécessitent tour à tour la volonté de l'homme? Le dogme de la foi se réduira-t-il à un langage si forcé, si faux et si ridicule? Luther et Calvin ne seront-ils différents de l'Église que dans l'expression? et faudra-t-il avouer que l'expression de ces chefs de secte est aussi juste, aussi naturelle, aussi remplie de bonne foi, que celle de l'Église est fausse, ridicule, captieuse, et contraire à toute sincérité?

Il est donc évident que la délectation indélibérée, c'est-à-dire le plaisir prévenant qui est en nous sans nous, ne peut rien expliquer sur l'opération de la grace. Pendant que ce plaisir nous affecte, et après même qu'il nous a affectés, la volonté est encore censée indifférente d'une indifférence active et en équilibre pour vouloir ou ne vouloir pas; car ce plaisir n'a aucune connexion nécessaire de causalité avec notre vouloir. Si ce plaisir entièrement involontaire en soi donnoit nécessairement le vouloir, il y auroit une cause nécessaire et involontaire de notre vouloir; mon vouloir ne dépendroit non plus de moi que celui d'un autre homme, puisque l'un et l'autre seroit nécessairement produit par une cause qui ne seroit pas moins indépendante de moi quand elle agiroit sur moi, que quand elle agiroit sur cet autre homme. Si, au contraire, vous ôtez la causalité nécessaire, vous laissez mon vouloir dans une pleine contingence, où l'on peut supposer le non-vouloir avec la grace actuelle; en sorte qu'on ne peut plus la nommer efficace par elle-même, et que vous retombez dans l'efficacité de la grace congrue. Ainsi ceux qui ont tant vanté la délectation indélibérée pour expliquer la grace victorieuse n'ont rien entendu, n'ont rien dit d'intelligible, n'ont rien expliqué, ont tout renversé, et ne sont ni philosophes ni théologiens. Nous avons même vu que, par ce plaisir indélibéré, ils détruisent toute différence de grace entre les deux états.

SECONDE QUESTION.

De la délectation délibérée.

Il y a, sans doute, une délectation *délibérée*, qui n'est autre chose que la spontanéité de notre vouloir, ou l'exemption de contrainte. En un sens, je ne puis vouloir une chose malgré moi ; car qui dit *malgré* dit sans la vouloir. Or, je ne puis vouloir une chose sans la vouloir ; je ne veux que ce qu'il me plaît de vouloir : c'est ce qu'on dit en latin, par ces termes : *Placet; Hoc me delectat*; c'est-à-dire Je veux ; Tel est mon plaisir. Cette expression marque un plaisir ; mais ce plaisir n'est que le seul vouloir, qui est pour ainsi dire réflexif sur soi-même, comme Jansénius le dit souvent ; c'est-à-dire qu'on veut bien vouloir ce qu'on veut. C'est une délectation, mais elle n'est en rien distinguée du vouloir qui porte en soi l'agrément de soi-même ; c'est un amour de complaisance pour l'objet. Comme l'autre plaisir n'avoit rien en soi de délibéré ni de volontaire, parce qu'il prévenoit tout vouloir, et qu'il étoit en nous sans nous ; celui-ci, au contraire, est tellement un vouloir, qu'il n'est qu'un pur vouloir, et un vouloir délibéré : il faut donc bien se garder de le considérer jamais autrement.

C'est ainsi que l'Écriture dit : *Delectare in Domino, et dabit tibi petitiones cordis tui*[1]. Voilà un plaisir commandé, *delectare*, etc. Donc il est libre. C'est la preuve ordinaire de saint Augustin. Voilà un plaisir méritoire auquel la récompense est promise, *et dabit tibi*, etc. Donc il est délibéré, et vient d'une liberté d'indifférence active. Il en est de même de cette expression : *Sin autem comedere volueris, et te esus carnium delectaverit*[2]. *Volueris* et *delectaverit* sont purement synonymes : cette délectation n'est qu'un libre vouloir. La délectation est prise dans le même sens, quand Tobie dit à Dieu : *Non enim delectaris in perditionibus nostris*[3] ; c'est-à-dire Vous ne voulez point notre perte. La sagesse de Dieu dit d'elle-même : *Et delectabar per singulos dies*[4], etc. ; c'est-à-dire J'aimois à faire et à perfectionner mon ouvrage ; je voulois bien le faire. Quand David dit : *Anima autem mea exultabit in Domino, et delectabitur super salutari suo*, il se promet de faire une action libre et méritoire ; aussi ajoute-t-il : *Omnia ossa mea dicent : Domine, quis similis tibi*[5]. Il veut dire : Vous n'aimez ni ne voulez les holocaustes des Juifs, quand il dit : *Holocaustis non delectaberis*[1]. Quand il dit : *Memor fui Dei, et delectatus sum*[2], il parle d'une délectation libre, et d'un souvenir amoureux, qu'il oppose aux vaines consolations rejetées : *Renuit consolari anima mea*[3]. Il exprime encore une véritable volonté libre, en disant : *Delectasti me, Domine, in factura tua*[4] ; c'est comme s'il disoit : J'aime à vous admirer dans vos ouvrages. Nous lisons encore : *Ego vero delectabor in Domino*[5] ; c'est une promesse qu'il fait. Il n'y a pas moins d'exemples de la délectation déméritoire dans l'Écriture : *Quicumque his delectatur, non erit sapiens*[6] C'est ainsi qu'il est défendu de se plaire dans la voie des impies : *Ne delecteris in semitis impiorum*; la menace y est ajoutée : *Nesciunt ubi corruant*[7]. Il y en a encore d'autres exemples décisifs, qui seroient trop longs et inutiles à rapporter.

C'est dans le même sens que saint Augustin a parlé de la délectation. Il n'a parlé d'ordinaire, dans les questions de la grace, que de celle qui est délibérée : *Det quod jubet*, dit-il[8], *atque... faciat plus delectare quod præcipit, quam delectat quod impedit*. La délectation dont il parle est le vouloir libre et méritoire qui est commandé : *quod jubet*. Il n'avoit garde, lui qui avoit établi si-souvent contre les manichéens une liberté d'indifférence, outre celle de contrainte, et qui convenoit, avec les pélagiens, de la nature de la liberté ; il n'avoit garde, dis-je, de vouloir que la volonté de l'homme dépendît de la détermination d'un plaisir indélibéré qui est en nous sans nous, comme la sensation d'un parfum ou d'une musique. Les manichéens l'auroient accablé de bonnes raisons, tirées de son propre principe. Les pélagiens l'auroient justement accusé d'être encore à cet égard manichéen.

Que veut-il donc dire, quand il dit : *Quod amplius nos delectat, secundum id operemur necesse est*[9] ? Il ne le dit point dans sa controverse contre les pélagiens sur la grace ; c'est en interprétant l'Épître aux Galates. Il veut seulement dire que notre conduite est toujours décidée par nos plus fortes volontés. Par exemple, un homme aime tout ensemble le plaisir et la fortune : dans la pratique, il prend toujours le genre de vie qui est conforme à celle de ses deux passions qui le domine. Ce Père ne parle point en ce lieu d'une nécessité que nos plaisirs nous imposent, de vou-

---

[1] *Psal.* xxxvi, 4. [2] *Deut.*, xii, 15. [3] *Tob.*, iii, 22.
[4] *Prov.*, viii, 30. [5] *Ps.* xxxiv, 9, 10.

[1] *Ps.* l, 18. [2] *Ps.* lxxvi, 4. [3] *Ibid.*, 5.
[4] *Ps.* xci, 5. [5] *Ps.* ciii, 34. [6] *Prov.*, xi, 1.
[7] *Prov.*, iv, 14, 19.
[8] *De Spir. et Litt.*, cap. xxix, n. 51, tom. x.
[9] *Expos. Epist. ad Galat.*, cap v, n. 49, tom. iii, part. 2.

loir une chose plutôt qu'une autre, pour expliquer la nature de la grace, et son opération sur la volonté; car ce principe établiroit une nécessité qui nécessiteroit la volonté, tantôt de la part de la grace, tantôt de la part de la concupiscence, sans nous laisser aucun entre-deux pour aucun moment de véritable liberté : mais il se borne à dire que nos mœurs sont conformes à notre volonté, et que nous agissons au-dehors, dans la pratique, à proportion de ce que nous sommes disposés audedans par nos principes arrêtés. C'est donc une réflexion morale qui est incontestable, et non pas une explication dogmatique de notre liberté et du pouvoir de la grace sur nous.

En effet, saint Augustin ne croyant pas, comme il n'a pu le croire, qu'un sentiment involontaire nécessitât nos volontés, il ne pourroit avoir entendu, par la délectation, que le plaisir délibéré qui est notre vouloir même : or, sa proposition, en ce cas, ne pourroit être qu'identique et négatoire, comme parle l'école. Il auroit dit pour tout dénouement sur la liberté, qu'il faut nécessairement que l'homme veuille ce qu'il veut davantage. Eh! qui en doute? eh! qui avoit besoin d'une telle leçon? eh! qui ne se rendroit ridicule, s'il entreprenoit maintenant d'expliquer le fond de la liberté en disant que nous ne pouvons ne pas vouloir ce que nous voulons, dans le moment où nous le voulons? Étoit-ce là une clef du mystère réservée à ce grand docteur?

Dès qu'on ne parle que de la délectation délibérée, on dit vrai; mais, à force de dire vrai, on ne dit rien. On dit seulement que l'homme veut en chaque occasion ce qu'il aime le mieux, c'est-à-dire ce qu'il veut davantage. C'est faire un grand effort de paroles pour ne dire rien; c'est laisser la question tout entière. Molinistes, congruistes, thomistes, pélagiens, demi-pélagiens, calvinistes, luthériens, manichéens, stoïciens, tous conviennent également que l'homme ne veut jamais que ce qu'il veut.

La délectation ne peut donc servir de rien pour expliquer la liberté. Si elle est prise pour le plaisir involontaire, on renverse la foi, et on tombe dans l'impiété des hérétiques. Si elle est prise pour notre propre vouloir, on n'entend rien, on n'explique rien, on ne dit que ce que disent également toutes les sectes et toutes les écoles du monde. On dit qu'il est jour, quand il est jour.

Il est vrai que saint Augustin a parlé souvent de la délectation, mais en la prenant pour notre propre vouloir, et en supposant toujours avec les pélagiens, contre les manichéens, que cette délectation dépend de nous, et que la grace, quelque forte qu'elle soit, nous laisse, dans son actuelle opération, entre vouloir et ne vouloir pas : *Consentire autem vel dissentire propriæ voluntatis est* [1]. C'est un plaisir que nous sommes libres d'avoir ou de n'avoir pas ; nous pouvons nous délecter en consentant, et ne nous point délecter en *dissentant*; cela dépend de nous. Alors le langage de saint Augustin est simple, naturel et clair : au lieu que s'il disoit que la volonté est nécessairement déterminée par la délectation, et que la délectation est en nous sans nous; tout ce que ce Père dit pour conserver la liberté d'indifférence active, contre les stoïciens et les manichéens, deviendroit extravagant et ridicule.

Au reste, quand il veut en passant faire entendre comment Dieu s'assure du vouloir de sa créature, il dit souvent : *Facit ut velimus*; mais comment? *adjuvando*; c'est en fortifiant la volonté foible, de peur que par défaillance elle veuille le mal, ou manque à vouloir le bien. Il dit souvent : *Ita suadetur, ut persuadeatur* [2]. Il dit encore que Dieu agit et donne à l'homme suivant ce qui lui convient : *Hoc modo vocavit, quomodo aptum erat eis qui secuti sunt vocationem :... quomodo illis aptum esset, ut et moverentur, et intelligerent, et sequerentur. Illi enim electi, qui congruenter vocati : ille autem qui non congruebant, non electi, quia non secuti, quamvis vocati.... Ita vocat, quomodo eis vocari aptum est ut sequantur... Sic eum vocat, quomodo scit ei congruere, ut vocantem non respuat* [3].

Mais il ne dit ces choses qu'en passant, et en général. Il ne vouloit qu'établir le dogme contesté par les demi-pélagiens, savoir, que Dieu s'assuroit du vouloir des élus, en leur donnant une grace spéciale pour les faire certainement vouloir, qu'il ne donnoit pas à ceux qui n'étoient qu'appelés. Comment il s'en assuroit, c'est de quoi il n'étoit nullement question, et qu'il n'avoit garde de s'engager à traiter à fond. C'est le mode philosophique, duquel le dogme de foi est indépendant. D'un côté, la foi enseigne que la volonté, sous l'actuelle impression de la plus forte grace, est encore actuellement indifférente d'une indifférence active ; en sorte qu'il n'y auroit aucune contradiction dans la chose qu'elle dissentît. D'un autre côté, Dieu, sans lui ôter ce prochain pouvoir et cette pleine liberté de dissentir, sait si bien proportionner ses invitations intérieures et ses se-

---

[1] *De Spir. et Litt.*, cap. XXXIV, n. 60, tom. X.
[2] *De Grat. Christi*, cap. X, n. 11 : tom. X, etc.
[3] *De div. Quæst. ad Simplic.*, lib. I, quæst. II, n. 15; tom. VI.

cours, qu'il s'assure de son vouloir : *Ita suadetur, ut persuadeatur*. La certitude n'est point fondée sur la causalité nécessaire d'une cause que Dieu applique sur la volonté, mais seulement sur l'effet que Dieu voit présent, quoiqu'il ne soit que futur pour nous. Cette certitude n'est fondée que sur la nécessité conséquente, qui est purement identique. Pour nous, il est certain que nous ne voyons point notre vouloir dans la grace la plus forte, comme on voit un effet dans sa cause nécessaire. Nous savons seulement que ce que Dieu veut sera, non par la vertu nécessitante du moyen qu'il emploie, mais par la présence actuelle, devant ses yeux, de l'objet qui n'est encore que futur et contingent aux nôtres. L'opération du moyen n'est point infaillible par sa nature, quoiqu'il soit très proportionné et très persuasif : mais la science de vision qui est en Dieu, pour voir l'effet déja présent, ne peut se tromper ; car il ne peut ne pas voir ce qu'il voit. C'est dans ce sens si simple que *la prédestination est une préparation de moyens, par lesquels sont très certainement délivrés tous ceux qui sont délivrés*. C'est par-là que la prédestination des élus a un effet *invincible et indéclinable*; car il est vrai, par une nécessité purement conséquente, que ce que Dieu a si bien préparé pour faire vouloir l'homme le fera infailliblement vouloir, puisqu'un vouloir qui est déja présent à Dieu ne sauroit n'être pas.

La différence du secours *sine quo non*, donné au premier homme innocent, et du secours *quo*, donné à sa postérité corrompue, que saint Augustin propose dans le livre *de la Correction et de la Grace*[1], ne consiste donc point dans une diversité d'espèces entre ces deux graces ; en sorte que l'une par sa nature ou essence porte avec elle le bon vouloir de l'homme, et que l'autre par sa nature ou essence laisse l'homme à lui-même encore indifférent, et dans la main de son conseil, pour vouloir ou ne vouloir pas. Il est vrai seulement que Dieu donnant à Adam le secours *sine quo non*, ne le prédestinoit pas à persévérer, et ne voyoit pas sa persévérance ; au lieu que Dieu prédestinant en Jésus-Christ certains hommes que nous nommons élus, leur prépare certains moyens qui, sans emporter le bon vouloir par leur propre nature ou essence, sont néanmoins si proportionnés au besoin de la volonté humaine, et si propres tant à persuader l'homme qu'à lui inspirer le vouloir, qu'il voudra effectivement. Dieu voit ce vouloir futur comme déja présent. Ainsi il y a dans ce choix de moyens pour la persévérance finale une futurition qui est un objet déja présent à Dieu, et par conséquent une certitude parfaite : ainsi la certitude est de la part de la prédestination de Dieu, qui voit le vouloir déja présent à ses yeux ; et non de la part de l'essence du secours *quo*, ou grace médicinale. Une grande preuve que saint Augustin ne va pas plus loin, c'est qu'il emploie souvent, surtout dans le livre *de Gratia et libero Arbitro*, et dans celui *de la Prédestination des Saints*, des expressions aussi fortes pour les crimes des impies que Dieu tourne selon ses desseins, que pour la persévérance des justes. Il dit que Dieu les tourne d'une manière invincible et toute puissante. Dira-t-on qu'il leur donne pour le crime une motion nécessitante par son essence ? Ce seroit un blasphème ; ce seroit même renverser le système qu'on attribue à saint Augustin, sur les deux états. On voit donc bien que saint Augustin a cru que Dieu pouvoit, sans aucune motion efficace ou nécessitante par son essence, se proportionner tellement à la volonté de l'homme, qu'il lui persuadât et lui fît vouloir le bien, et qu'il le détournât selon ses desseins, même dans ses crimes. Saint Augustin ne disputoit contre les demi-pélagiens que pour établir une volonté spéciale de Dieu à l'égard des élus, qui est la prédestination, et par laquelle il choisit les secours qui persuaderont l'homme : *Ita suadetur ut persuadeatur*. Aussi voyons-nous qu'il n'a parlé de ce secours *quo* que dans cette dernière dispute, et que toute sa controverse contre les pélagiens étoit indépendante de ce point.

Enfin, cherchez tant qu'il vous plaira un milieu entre la nécessité nécessitante des luthériens, et ce sentiment d'une grace congrue qui est efficace par sa congruité, vous ne trouverez de bonne foi, et tout sophisme à part, aucun milieu réel. Si la grace est par sa nature ou essence cause de mon vouloir, l'essence de la grace ne peut être violée, et je suis essentiellement nécessité à vouloir. Luther et Calvin n'en ont jamais demandé davantage. Les contre-remontrants de Dordrecht se sont bornés, contre les arminiens, à soutenir l'irrésistibilité de la grace, c'est-à-dire son efficacité par sa propre nature ou essence. Si au contraire la grace n'est point par sa nature ou essence, ou du moins par une loi de Dieu qui l'établit cause occasionelle, la cause qui détermine nécessairement mon vouloir, mon non-vouloir est compatible avec l'impression actuelle de la grace : dès-lors il n'est plus permis de l'appeler efficace par elle-même, c'est-à-dire par sa propre nature ; et s'il arrive qu'elle me

---

[1] *De Corrept. et Grat.*, cap. XII, n. 34. tom. X.

fasse vouloir, ce n'est plus que parce qu'elle est propre à me persuader : *Ita suadetur, ut persuadeatur.*

TROISIÈME QUESTION.
De la nature de la grace.

Vous me demanderez sans doute en quoi donc consiste la grace. Je vous répondrai que la grace (sans examiner, selon la philosophie de l'école, son entité) est Dieu opérant dans l'ame. 1° La grace donne à l'entendement une illustration ; 2° elle donne à la volonté un attrait prévenant, un plaisir indélibéré, un sentiment doux et agréable, qui est en elle sans elle ; 3° elle augmente la force de la volonté, afin qu'elle puisse actuellement dans ce moment vouloir le bien ; 4° elle l'excite à se servir de cette force nouvellement donnée. Jusque là cette grace n'est que prévenante, et en nous sans nous. Or, rien de tout ce qui est en nous sans nous ne nous détermine ; autrement notre détermination seroit mise en nous sans nous ; nous ne nous déterminerions pas, mais nous serions déterminés *ad unum,* comme les bêtes, ainsi que parle saint Thomas. Ce seroit se jouer des termes que de dire, dans cette supposition : L'homme est dans l'indifférence active, et dans la liberté d'exercice ; l'homme délibère, se détermine lui-même, et choisit. Tous ces termes deviendroient ridicules.

Pour ce qui est d'augmenter la force de la volonté, c'est le moyen le plus décisif pour faire vouloir l'homme sans le nécessiter. Aussi voyons-nous que saint Augustin, après avoir dit : *Facit ut velimus,* ou quelque autre chose semblable, s'explique en ajoutant *adjuvando.* En effet, comme le péché n'est qu'une défaillance de la volonté, et qu'au contraire le bon vouloir est une force de la volonté qui se tourne au bien, c'est tourner la volonté au bien, et la soutenir contre le mal, aussi efficacement qu'il est possible, sans la nécessiter ; c'est opérer le bon vouloir en elle et avec elle, que de lui donner une force nouvelle pour le bien : *adjuvando.*

On peut dire même que la grace médicinale doit être principalement une grace de force pour aider la puissance, parce que le mal ne consiste que dans l'affoiblissement de cette même puissance : ainsi le mal étant l'impuissance de vouloir, le remède doit être une grace de pouvoir vouloir ; mais de pouvoir si proportionné à l'affoiblissement actuel, que la volonté dans ce moment se trouve aussi forte par la grace que si elle étoit saine et entière. Il faut encore ajouter que Dieu voit cette proportion telle, que la volonté voudra ce qu'elle doit vouloir : *Quomodo eis vocari aptum est ;*..... *quomodo scit ei congruere, ut vocantem non respuat.*

Mais enfin la liberté qu'Adam a perdue est la même que Jésus-Christ a rendue à ses enfants. Or, celle d'Adam étoit de pleine indifférence active : donc la grace qui prévient et qui fortifie la volonté de l'homme, loin de la nécessiter au bien, doit la remettre dans le véritable équilibre entre le bien et le mal, comme Adam y étoit avant son péché.

Il faut encore observer que saint Augustin n'a jamais disputé avec les pélagiens de la nature de la liberté de mérite et de démérite ; il l'a toujours supposée avec eux précisément telle qu'il l'avoit établie contre les manichéens, sans en rien rétracter. Il n'a été question pour saint Augustin que de soutenir que la grace que Dieu donne pour s'assurer du bon vouloir des élus ne détruit point cette liberté. Ainsi il est évident qu'il faut trouver, selon saint Augustin, sous l'impression actuelle de cette grace prévenante, la même liberté qu'il avoit établie contre les manichéens, et que les pélagiens vouloient défendre contre lui. Voilà ce qui regarde la grace prévenante, qui est en nous sans nous, qui est une grace tout ensemble de secours et d'attrait, de force et d'invitation : elle donne et elle demande ; elle donne la force de vouloir, et elle excite au vouloir même.

Venons à la grace de coopération. Dieu, après nous avoir fortifiés et excités, agit avec nous : c'est ce qui est marqué dans les prières de l'Église, aussi bien que dans les ouvrages des théologiens. Dieu produit avec nous notre acte, qui est notre bon vouloir ; il en est cause avec nous, mais cause immédiate et indivisible avec nous. Mais tout ce qui n'est que secours, force nouvelle, coopération sans prévention de causalité par essence, ne peut nécessiter. Je ne nécessite point un goutteux à marcher quand je ne fais que le soutenir, que l'aider, que l'inviter, que lui donner des aliments propres à remplir ses nerfs d'esprits abondants, pourvu que je ne l'entraîne point. Ainsi nous pouvons prendre à la lettre ces paroles : *Deus operatur in vobis et velle et perficere* [1], sans admettre autre chose que le concours surnaturel pour la grace coopérante et concomitante. *Facit ut velimus ;* mais c'est toujours *adjuvando.* Il est vrai seulement que Dieu proportionne si bien pour ses *élus* la grace prévenante, excitante et fortifiante, au besoin de la volonté, qu'il s'assure de sa coopération : *Quomodo scit ei congruere, ut vocantem non respuat. Ita suadetur, ut persuadeatur.* Il le

---

[1] Philip., II, 13.

fait parce qu'il a une prédilection pour ses *élus*, et une volonté spéciale pour leur salut, qu'il n'a point pour celui des hommes qui ne sont qu'*appelés*, quoiqu'il veuille sincèrement sauver ceux-ci : 1° en ce qu'il leur donne des moyens suffisants de salut ; 2° en ce qu'il veut effectivement les sauver, s'ils y coopèrent comme ils le peuvent.

C'est cette volonté spéciale du salut des élus qui ne peut être frustrée de son effet. C'est d'elle, et non pas de la grace, dont saint Augustin dit souvent qu'elle est invincible, indéclinable, toute puissante. La grace n'est point indéclinable par sa nature ou essence : si elle l'étoit, il faudroit de bonne foi admettre avec les contre-remontrants de Dordrecht le système de l'irrésistibilité de l'homme à la grace ; car *irrésistible* et *indéclinable* sont termes synonymes entre gens de bonne foi. C'est se moquer de dire qu'on puisse résister à ce qui est indéclinable et tout puissant. Donnez aux contre-remontrants l'*indéclinabilité* ou *irrésistibilité*, ils n'en demanderont jamais davantage. Mais saint Augustin n'emploie ces termes que pour la volonté prédestinante : si elle n'est que congrue, son effet n'est que très vraisemblable, et non absolument certain. Mais faut-il s'étonner que son effet soit certain et indéclinable, puisque Dieu le voit déjà présent à ses yeux ? Dieu voit comme présent tout ce qu'il veut : ce qui est déjà présent devant lui ne sauroit point ne pas être : en tout cela il n'y a qu'une nécessité conséquente ou identique.

Mais la grace est-elle par son essence une cause nécessaire de mon vouloir ? Est-il vrai que non-seulement Dieu produise avec moi mon vouloir, ce qui n'est que le simple concours surnaturel, mais encore que sa grace, mise en moi sans moi, soit la cause qui me détermine à vouloir ? En un mot, est-il une cause prévenante qui détermine nécessairement son concours et le mien pour mon acte ? Si on le dit, les contre-remontrants n'ont plus rien de réel à desirer. Voilà l'indéclinabilité ou irrésistibilité qui vient de l'essence de la grace même ; en sorte que l'irrésistibilité sera aussi absolue que les essences sont immuables. Si vous voulez nier sérieusement l'irrésistibilité, il ne vous reste plus qu'à dire que la volonté prédestinante est indéclinable et toute puissante par une nécessité ou irrésistibilité purement conséquente et identique. Il n'est pas possible que ce qui est ne soit pas : or, le bon vouloir de l'homme est déjà présent aux yeux de Dieu. Mais comment Dieu s'est-il assuré de ce bon vouloir de l'homme ? Saint Augustin ne l'explique pas, et il y auroit de la témérité

à aller plus loin que lui. Il dit : *In nobis mirabili modo et ineffabili operatur*[1]. Il dit ailleurs, parlant des peuples qui s'attachèrent à David : *Numquid corporalibus ullis vinculis alligavit? Intus egit, corda tenuit, corda movit, eosque voluntatibus eorum, quas ipse in illis operatus est, traxit*[2]. Mais il dit ces choses autant pour l'ordre naturel que pour le surnaturel ; il le dit autant des mauvaises volontés des impies, par exemple, de Nabuchodonosor, de Cyrus, d'Artaxerxès, de Saül et d'Achitophel, que des amis de Dieu. Il ne s'agit point précisément de la grace médicinale pour les actes méritoires. Sa thèse est générale, qu'il donne comme une vérité qu'on ne peut révoquer en doute sans être impie, savoir, que Dieu a une puissance toute puissante d'incliner les cœurs où il veut : *Sine dubio habens humanorum cordium quo placeret inclinandorum omnipotentissimam potestatem*[3]. Mais c'est sur de tels passages que les contre-remontrants établissent leur irrésistibilité ; et ils ne manquent pas d'attribuer à la nature ou essence de la grace ce que saint Augustin ne dit que de la volonté de Dieu. Ils ne manquent pas de citer ces paroles du même endroit : *Non est itaque dubitandum voluntati Dei, qui et in cœlo et in terra omnia quæcumque voluit fecit, et qui etiam illa quæ futura sunt fecit, humanas voluntates non posse resistere quominus ipse faciat quod vult : quandoquidem etiam de ipsis hominum voluntatibus, quod vult, cum vult, facit*[4]. Si vous dites que cette irrésistibilité dont parle saint Augustin, quand il dit *humanas voluntates non posse resistere*, vient de la nature de la grace même, voilà l'*irrésistibilité* de Dordrecht. Si au contraire vous dites que la grace n'est point par sa nature *irrésistible*, c'est-à-dire *indéclinable* ou nécessitante, mais que c'est seulement le décret ou volonté de Dieu, qui ne peut être frustrée de son effet, puisqu'il voit déjà comme présent tout ce qu'il veut ; vous ne mettez l'efficacité de la grace que dans sa congruité : *Ita suadetur, ut persuadeatur... Quomodo eis vocari aptum est... Quomodo scit ei congruere, ut vocantem non respuat*.

Alors vous dites, avec saint Augustin, que la nécessité qu'impose la volonté toute puissante n'est point une nécessité nécessitante, puisqu'elle n'est qu'identique. Dieu voit ce que nous appelons futur contingent, comme une chose déjà présente et déjà faite : *Qui etiam illa quæ futura sunt fecit*. Il a déjà fait ce bon vouloir qui est encore futur à

---

[1] *De Præd. Sanct.*, cap. XIX, n. 42, tom. X.
[2] *De Corrept. et Grat.*, cap. XIV, n. 43, tom. X.
[3] *Ibid.* [4] *Ibid.*

l'égard de l'homme, et par conséquent il en est bien assuré : *Certissimè liberantur... indeclinabiliter... insuperabiliter... omnipotentissima potestate.* Tout cela est vrai ; il le voit déjà fait : faut-il s'étonner que l'homme ne puisse résister à une volonté, quand il est déjà vrai qu'il ne lui résiste point ? D'ailleurs, il est vrai que Dieu a dans les trésors de sa sagesse et de sa puissance des moyens infinis et inépuisables de gagner les cœurs des hommes, de les persuader, de les toucher, de les incliner, de leur faire vouloir ce qu'il veut, de tourner même selon ses desseins leurs volontés les plus impies : *In nobis mirabili modo et ineffabili operatur.* Ce n'est point par des liens grossiers, par des causes nécessitantes de leur propre nature, qu'il s'assure de notre vouloir. Si un ami d'un génie supérieur à son ami est souvent sûr de le persuader *certissimè,* quoiqu'il ne puisse ni mettre quelque chose en lui ni en ôter quelque chose ; s'il est vrai qu'il peut tout sur cet ami pour la persuasion raisonnable ; à combien plus forte raison Dieu, qui sait tout et qui porte dans les cœurs toute la force qu'il lui plaît, peut-il s'assurer de faire vouloir le bien à l'homme quand il l'a résolu ! Eh ! qu'y a-t-il de plus naturel, pour ainsi dire, que de vouloir ce qui est véritablement bon ? Qu'est-ce que le péché, sinon une erreur et une déraison ? Encore une fois, qu'est-ce que le péché, sinon une chute, une foiblesse, une défaillance de la volonté ? Plus Dieu éclaire et fortifie l'homme, plus il l'éloigne de la défaillance, de l'erreur et du vice. Il s'assure donc de l'entendement et puis de la volonté de l'homme, 1° en le persuadant, *ita suadetur, ut persuadeatur;* 2° en le fortifiant contre sa foiblesse, *adjuvando.* Pour les moyens de persuader et de fortifier, ils sont infinis dans les trésors de Dieu ; *mirabili modo et ineffabili.* Il ne seroit pas Dieu s'il ne savoit pas s'assurer quand il lui plaira du cœur de chaque homme, et pour faire le bien, et pour régler le mal. Voilà la vérité générale, tant pour l'ordre naturel et même pour toutes les actions des impies, que pour l'ordre surnaturel et pour les bonnes œuvres des saints. Il ne reste qu'à dire, après saint Augustin, que Dieu fait par sa grace médicinale, dans un pécheur pour sa conversion, ou dans un juste pour sa persévérance, ce qu'il a su faire dans le cœur des impies, par exemple, dans le cœur des Juifs qui condamnèrent et crucifièrent Jésus-Christ, pour s'assurer de l'accomplissement de son décret sur la mort du Sauveur : *Quod consilium et manus tua decreverunt fieri* [1]. C'est seulement en ce sens que saint Augustin dit : *Eosque voluntatibus eorum, quas ipse in illis operatus est, traxit :* c'est-à-dire seulement qu'il invite, qu'il attire, qu'il incline ; *quomodo eis vocari aptum est... quomodo scit ei congruere, ut vocantem non respuat;* qu'il s'insinue, et invite si bien qu'il persuade ; *ita suadetur, ut persuadeatur;* qu'il aide et fortifie l'homme contre lui-même, *adjuvando;* qu'enfin il opère avec l'homme, comme cause, le vouloir de l'homme même ; *eosque voluntatibus eorum, quas ipse in illis operatus est, traxit.* Aussi voyons-nous que saint Augustin déclare que la prédestination n'ajoute rien à la simple prescience que le seul don des graces qui *aident,* qui *persuadent,* et qui sont si congrues, que la volonté qui peut les rendre inefficaces ne veut pas le faire ; *quomodo scit ei congruere, ut vocantem non respuat.* Voilà la dernière borne. Entre cette doctrine et l'irrésistibilité des contre-remontrants de Dordrecht, c'est-à-dire des plus outrés protestants, il n'y a aucun milieu réel dont un homme sincère et sérieux puisse s'accommoder.

QUATRIÈME QUESTION.

Du motif de la délectation.

Au reste, la délectation ni délibérée ni indélibérée ne doit jamais être la cause finale, non plus que l'efficiente de notre vouloir.

Pour la délectation indélibérée et involontaire, elle ne peut être qu'un sentiment agréable. Vouloir la vertu pour son plaisir, c'est tomber dans l'épicurisme. Épicure mettoit la dernière fin dans la volupté, c'est-à-dire dans le plaisir en général. Que ce plaisir vienne à l'occasion du corps ou non, n'importe ; c'est toujours également le plaisir de l'ame, c'est-à-dire la modification de la substance pensante et incorporelle. Or, cette modification de mon ame n'est point distinguée d'elle : agir pour mon plaisir, c'est agir pour moi ; plus le plaisir est grand, plus nous agissons pour nous-mêmes, en le recherchant comme notre fin. Les plaisirs courts et imparfaits sont une espèce de félicité très imparfaite et momentanée. La parfaite félicité de l'ame est un plaisir parfait, suprême et permanent ; mais enfin c'est un plaisir : et quiconque se propose pour fin ce suprême plaisir se propose soi-même pour fin ; sa fin est d'être heureux par le plus grand plaisir. C'est ce qu'Épicure se proposoit : il avoit pour fin dernière le plaisir en général, quel qu'il fût, ou du moins l'exemption de toute douleur, parce que cette

[1] *Act.,* IV, 28.

exemption mettoit l'ame en état de jouir d'elle-même et de se faire heureuse. Si vous supposez que l'ame peut pratiquer la vertu pour le plaisir, vous voulez qu'elle rapporte son vouloir délibéré et vertueux, c'est-à-dire ce qu'il y a de plus parfait et de plus sublime en elle, à ce qu'il y a de moins parfait, c'est-à-dire à un plaisir indélibéré, involontaire et aveugle, semblable à celui qu'on attribue d'ordinaire aux bêtes. C'est renverser l'ordre; c'est tomber dans l'erreur d'Épicure, que tous les sages païens ont détestée. Que le plaisir vienne à l'occasion du corps ou non, il n'en est pas moins un plaisir indélibéré et involontaire de l'ame, auquel la vertu ne peut être rapportée sans la dégrader.

Pour la délectation délibérée, comme elle n'est que notre propre vouloir, elle n'est que la vertu même quand le vouloir est bon. Or est-il que la vertu ne peut jamais être sa propre fin dernière; et c'est en quoi les stoïciens se sont trompés grossièrement. 1° La vertu de l'homme est la modification de sa volonté, qui n'est point réellement distinguée de sa volonté même. Ainsi si sa vertu étoit sa dernière fin, il seroit réellement lui-même sa dernière fin. La dernière fin qu'il se proposeroit, ce seroit soi-même parfait et orné de toutes les beautés de la vertu et de la sagesse : c'est le renversement de la dernière fin, qui doit être Dieu seul. 2° Nos actes délibérés, comme saint Thomas l'a très bien remarqué, ne peuvent jamais par leur nature être notre dernière fin. Qui dit un acte délibéré dit un acte qui a une fin pour laquelle il est fait, et à laquelle il se rapporte. Or, il y a une évidente contradiction à dire qu'un acte est la dernière fin de lui-même, puisque lui-même est fait pour une fin ultérieure à soi. Comme voir dit un objet qu'on voit (c'est la comparaison de saint Thomas), tout de même vouloir dit un objet, c'est-à-dire un bien, qu'on veut comme fin de son vouloir. De même que la vision a toujours un terme ou objet au-delà de soi, c'est-à-dire un corps lumineux, coloré, figuré, etc.; de même le vouloir ne peut donc jamais être la fin dernière, puisque le vouloir lui-même tend à un objet, c'est-à-dire à quelque bien au-delà de soi, dont il fait sa fin et auquel il se rapporte. D'où il faut conclure avec évidence que la vertu ne peut être sa propre fin, mais qu'elle doit avoir un objet, c'est-à-dire un bien qui est sa fin au-delà d'elle, de même que ma vision ne peut être l'objet que je vois. L'homme peut bien, en exerçant une vertu, vouloir en acquérir ou augmenter une autre, et se la proposer alors pour objet ou motif; mais cette autre vertu qu'il veut doit toujours avoir une fin ultérieure. L'homme peut bien aussi vouloir toutes les vertus réunies en lui pour devenir parfait; mais alors c'est lui-même parfait dont il fait la fin de toutes ces vertus. La béatitude même, en quelque sens que vous la preniez, ne peut jamais être notre dernière fin proprement dite. Si vous entendez par béatitude un plaisir ou sentiment indélibéré et involontaire, c'est quelque chose d'inférieur au moindre acte de vertu. Si au contraire vous entendez par béatitude le parfait amour de Dieu, qui est un amour de complaisance, il est évident que cet acte n'est point à lui-même sa propre fin, et que Dieu seul est l'objet ou fin ultérieure qui doit le terminer. Il est vrai qu'on veut aimer l'objet qu'on aime; c'est la spontanéité du vouloir : mais le vouloir n'est pas l'objet ou fin du vouloir même; en voulant, on agit pour une fin ultérieure à son vouloir; on veut quelque chose; cette chose qu'on veut dans l'acte de béatitude, c'est Dieu glorifié. Ainsi Dieu est une fin réellement ultérieure à l'acte d'amour suprême qu'on nomme béatitude, et par lequel il est aimé. Ce dernier acte est ce qu'on nomme la béatitude. Elle est le dernier acte, et non la dernière fin ; car ce dernier acte a une fin ultérieure à soi, savoir Dieu qui est son objet.

Ainsi le plaisir indélibéré et involontaire ne peut jamais être la fin d'aucun vouloir vertueux; et le plaisir délibéré, qui est le vouloir vertueux même, a toujours une fin ultérieure à soi : ainsi le plaisir n'est ni la cause efficiente ni la finale du bon vouloir.

CINQUIÈME QUESTION.

De la prière, par rapport à la délectation sensible.

Les principes que j'ai réfutés ne sont pas seulement absurdes en métaphysique; ils sont encore pernicieux en morale, et incompatibles avec la solide piété : en voici en abrégé les principaux inconvénients.

1° Si le plaisir ou délectation est la cause efficiente et nécessaire de tout bon vouloir, il faut conclure qu'on n'a le bon vouloir qu'autant qu'on a le plaisir.

2° Le plaisir étant un sentiment de l'ame, il ne peut être que *sensible*. Je n'entends point, par *sensible*, ce qui passe par le canal des sens corporels : je veux dire seulement que tout sentiment de l'ame doit être senti par elle; autrement il ne seroit pas sentiment, puisque *sentiment* ne dit que l'action ou passion de *sentir*. Par exemple, il y auroit une contradiction évidente à dire que j'ai un sentiment de dépit, d'orgueil, purement spirituel, et à dire que je ne le sens pas. Tout de même il y auroit de la contradiction à dire que les démons ont un sentiment de douleur, et à dire que c'est une douleur qu'ils ne sentent pas. D'où il s'ensuit que tout plaisir comme toute douleur étant un sentiment, tout plaisir est un goût et une délectation sensible. Ainsi il faudra conclure, sur les principes ci-dessus posés, qu'il n'y a point de bon vouloir dans l'homme quand il n'y a point en lui de plaisir ou goût sensible pour le bien. Ce plaisir pourra être plus ou moins vif et sensible, plus ou moins aperçu par réflexion; mais enfin quand l'homme ne le pourra point trouver en soi, il s'ensuivra qu'il n'y sera point.

3° Il faudra dire qu'il est inutile de s'efforcer à prier, à demander, à desirer, à vouloir le bien, si on n'en a aucun plaisir sensible, et si, en se tâtant bien soi-même, on n'y peut trouver aucun sentiment de délectation; car il est inutile de tenter l'impossible. Or, on ne peut former le bon vouloir sans son unique et essentielle cause efficiente, qui est le plaisir sensible; ce seroit s'efforcer pour produire une chimère, c'est-à-dire un triangle sans côtés, une montagne sans vallée. Il faut donc attendre ce plaisir sensible, qui vient en nous sans nous, et par lequel seul nous pouvons vouloir le bien.

4° Il faut conclure que le bon vouloir diminue à proportion qu'on sent diminuer le sentiment de plaisir à l'égard du bien, et que tous les dégoûts intérieurs qu'éprouvent les saints sont autant de diminutions de la grace et de la bonne volonté.

5° Loin de s'efforcer inutilement à prier, à vouloir aimer, etc., quand les aridités, les privations de goûts sensibles, les dégoûts, les épreuves, les tentations viennent, il faut alors croire que tout est perdu, et se désespérer pour le salut, supposé qu'on ne trouve plus en soi aucun reste de goût et de plaisir; car le plaisir sensible ne peut point venir sans que nous le sentions; donc il ne vient point quand nous ne le sentons pas; et quand il ne vient pas, il est extravagant de s'imaginer qu'on puisse former aucun vouloir du bien sans lui.

6° Tous les Pères, tous les auteurs ascétiques, tous les contemplatifs approuvés de l'Église, sont donc des insensés quand ils assurent que l'oraison, l'amour, en un mot la perfection, se consomment par les épreuves où l'on est privé des goûts et consolations sensibles. Saint Jacques même a tort de dire : *Tristatur aliquis vestrum oret* [1]. Eh! comment pouvoir prier, c'est-à-dire vouloir le bien, pendant qu'on manque de la cause efficiente de ce bon vouloir, savoir le plaisir sensible, ou la joie prévenante qui le produit? Ainsi il faut renverser toutes les maximes et les expériences des saints, depuis les apôtres jusqu'à nous, pour ne juger plus de la vie intérieure que par le plaisir, comme on juge du froid et du chaud par un thermomètre.

7° Il faudra aussi conclure qu'on aime Dieu, qu'on fait une merveilleuse oraison, et qu'on est parfait, dès qu'on sent un grand plaisir ou délectation par rapport aux choses de Dieu. Si le plaisir sensible est la cause nécessaire du bon vouloir, ce signe du bon vouloir ne peut jamais être équivoque : partout où est la cause nécessaire, là est l'effet : donc on pourra, sans craindre de se flatter, se juger soi-même infailliblement pour son intérieur, sur le degré de plaisir qu'on sent actuellement par rapport à Dieu.

8° C'est nier l'état du purgatoire, où les ames privées de tout plaisir sensible, et souffrant actuellement une très grande douleur, ont néanmoins le bon vouloir à un très haut degré.

Peut-on voir une plus pernicieuse illusion que celle qui naît de ce principe? Quand l'homme, qui, par sa corruption, n'aime que le plaisir et la gloire, n'a plus qu'à chercher du plaisir pour se croire parfait, qu'est-ce que son imagination ne lui fournira point pour nourrir sa vaine présomption par une ferveur douce et flatteuse? Jamais les fanatiques n'ont présenté aux ames simples un poison si subtil et si dangereux.

En général, tout dépendra du plaisir sensible dans les exercices de la vie intérieure. Quand le goût sensible viendra, on sera transporté, et on se croira ravi au troisième ciel : dès que le goût sensible manquera, on désespérera de tout, on quittera tous les bons exercices. Jugez des suites affreuses de cette espèce de désespoir, où l'ame ne cherchera plus d'aliment intérieur, n'en connoissant point d'autre que le plaisir qui lui échappe.

Vous me demandez ce qu'il faut établir en la place de cette monstrueuse spiritualité. Je vous réponds qu'il faut s'en tenir à celle de tous les saints et de toute l'Église, qui est de croire qu'on doit persévérer patiemment dans l'amour et dans l'oraison en pure foi, quand Dieu nous prive de tout plaisir et de tout goût sensible, de toute lumière consolante; et qu'on aime d'autant plus purement alors, qu'on aime sans sentir, comme on croit avec plus de mérite lorsqu'on croit sans voir. Le sentir ne dépend pas de nous; mais le vouloir en dépend. Dieu ne nous demandera pas d'avoir

[1] Jac., v, 13.

senti, puisqu'il n'a pas mis le sentiment dans la main de notre conseil; mais il nous demandera d'avoir voulu, et persévérer dans le bon vouloir, parce qu'il nous en a donné la liberté véritable. Renversez ce fondement, vous renversez toute la vie chrétienne, tout l'ouvrage intérieur de la foi, et toutes les voies de perfection dans les épreuves. Aussi voyons-nous que ceux qui s'attachent à cette délectation sensible ne comptent pour rien que la seule ferveur d'imagination : ils ne veulent qu'une ivresse spirituelle, qu'un goût empressé des bonnes œuvres, qu'un zèle ardent pour les austérités, qu'une méditation raisonnée et consolante, qui est plutôt une étude agréable de tête échauffée qu'une oraison : ils croient que tout est perdu en eux dès que cette chaleur et ce plaisir leur manquent; et ils se scandalisent d'autrui d'une manière âpre, noire et farouche, dès qu'ils n'y trouvent point ce goût et cette ferveur d'imagination. Pour le véritable homme intérieur, il demeure en paix et en égalité de cœur dans les inégalités qu'il éprouve, suivant ce qui est si bien enseigné dans le troisième livre de l'*Imitation de Jésus-Christ*, et dans saint François de Sales.

Vous me demandez si l'oraison doit être longue. Je vous réponds que les anciens demandoient d'abord des oraisons courtes, mais fréquentes; c'est ce que saint Augustin a enseigné à Proba [1]; c'est ce que vous trouverez dans les saints qui ont donné des règles communes pour la multitude des commençants qui veulent se convertir, et travailler à leur perfection dans la solitude. En effet, ce qu'ils appellent oraison, qui est une espèce d'oraison jaculatoire, ne peut être que court. Ils lisoient, ils méditoient, ils récitoient des psaumes; ils varioient leurs occupations intérieures. De temps en temps ils revenoient à de vives affections et à une présence de Dieu amoureuse et sensible : ces traits enflammés et véhéments ne pouvoient être que courts, et demandoient de fréquents intervalles; ils auroient épuisé les ames, et se seroient tournés peu à peu en formules gênantes. Aussi voyons-nous que nos offices sont variés de lectures de l'Écriture, de chant des Psaumes, et de courtes oraisons ou demandes. Mais nous apprenons, par saint Clément, par Cassien, et par les autres ascètes, que le but de ces fréquentes et courtes oraisons étoit d'accoutumer peu à peu les solitaires à une contemplation presque continuelle. Lisez les Conférences IX, X et XI de Cassien; vous voyez que saint Antoine passoit la nuit en oraison; vous voyez que les autres contemplatifs étoient dans une présence de Dieu familière et presque perpétuelle. Lisez le *Trésor ascétique* : alors ces oraisons jaculatoires n'étoient plus si vives ni si marquées; mais elles étoient plus profondes, plus familières, plus paisibles, et presque sans relâche. Tant que vous n'appellerez oraison que des actes vifs et formés avec ardeur et goût sensible, vous n'en pourrez jamais faire long-temps de suite, et vous ignorerez toujours la manière d'accomplir le précepte de Jésus-Christ et de l'Apôtre pour l'oraison sans intermission; vous demeurerez sec, raisonneur, critique, toujours ombrageux sur votre propre oraison, et cherchant sans cesse le goût sensible, qui tantôt vous fuira, et tantôt vous éblouira dangereusement.

Il faut donc assujettir les ames à une oraison réglée, d'abord courte, à la vérité, pour modérer leur ferveur naissante et ménager leurs forces; mais qui croisse à mesure que vous voyez la grace agir en elles, pour les rendre capables d'être plus long-temps de suite et plus paisiblement dans la présence amoureuse de Dieu.

Si dans la suite ces ames sont dans l'obscurité, dans la sécheresse, dans la privation de ce plaisir et de cette ferveur sensible qui leur rendoit d'abord la vertu si douce, elles doivent se souvenir que les apôtres passèrent des douceurs du Thabor aux horreurs du Calvaire; que saint Pierre, enivré sur le Thabor, *ne savoit ce qu'il disoit*, en disant: *Bonum est nos hic esse, si vis, faciamus hic tria tabernacula* [1]; qu'enfin Jésus-Christ parloit dès-lors *de sa passion* avec Moïse et avec Élie, parce que les consolations préparent aux croix.

Il faut accoutumer peu à peu ces ames à vouloir sans sentir, ce qui est le martyre intérieur. La plus pure oraison commence, dit sainte Thérèse, dans ces épreuves et ces privations où l'on est tenté de croire qu'elle cesse, et où l'on la quitte souvent par découragement. Il faut pourtant juger de l'arbre par les fruits, c'est-à-dire examiner si ces ames qui perdent le goût sensible sont fidèles, dociles, sincères, humbles, mortifiées. Il faut aussi leur faire éviter l'oisiveté intérieure. Si elles ont besoin de lectures, de méditation, de pratiques, il ne faut ni les leur soustraire à contre-temps, ni craindre de les y remettre, si on éprouve qu'elles en tirent *quelque suc*, comme parle le bienheureux Jean de la Croix.

Mais enfin rien n'est si pernicieux à la piété que de supposer que la délectation sensible décide de

---

[1] *Epist.* CXX *al.* CXXI tom. II.

[1] *Luc.*, IX, 33.

tout. Que ceux qui ne veulent écouter que saint Augustin l'écoutent au moins sur ceci. Il assure qu'il nous est souvent utile de ne voir point notre ouvrage, et de n'y prendre point de plaisir : *Ideo quisque, nostrum bonum opus suscipere, agere, implere, nunc scit, nunc nescit, nunc delectatur, nunc non delectatur ; ut noverit non suæ facultatis, sed divini muneris esse vel quod scit, vel quod delectatur : ac sic ab elationis vanitate sanetur* [1]. Quoique la délectation involontaire, c'est-à-dire le goût, manque, la délectation délibérée, qui est la fidélité du bon vouloir, peut persévérer et se perfectionner.

LETTRE II.

SUR LA PRÉDESTINATION.

Juillet 1708.

Je suis touché comme je le dois être, mon révérend Père, de la continuation de votre amitié. J'en connois tout le prix, et je vous assure qu'elle me sera très chère toute ma vie.

Votre ami M. P.... nous a enfin quittés. Il est fort aimable. J'ai pris la liberté de lui dire les principales vérités dont il m'a paru avoir quelque besoin : il les a très bien reçues. Dieu veuille que sa jeunesse, la vivacité de ses goûts, le succès flatteur qu'il a eu dans le monde, ses talents, et sa curiosité même sur les matières d'érudition, ne soient pas des piéges très dangereux pour lui ! Je prierai pour son avancement dans le bien ; mais vos prières seront les meilleures.

La question qui vous occupe est précisément celle qui a fait dire à saint Paul[2] : *O altitudo !* etc. Espérez-vous de pénétrer un mystère que le Saint-Esprit nous déclare être impénétrable ? Vous avez raison de remarquer que, quand même vous admettriez la grace la plus universelle et la moins efficace, ce mystère de la prédestination des uns et de la réprobation des autres n'en seroit pas moins incompréhensible. Bien plus, quand même vous supposeriez qu'il n'y auroit dans tout le genre humain qu'un seul homme qui, par sa pure faute, se priveroit du salut au milieu des graces les plus abondantes, votre difficulté resteroit encore tout entière pour cet homme unique. Voici le raisonnement que vous feriez : D'un côté, Dieu est tout puissant pour faire vouloir à tous les hommes tout ce qu'il veut, sans blesser leur liberté ; il voit dans le trésor de ses graces de quoi persuader, de quoi sanctifier, de quoi faire persévérer, de quoi sauver tous les hommes sans aucune exception, et celui-ci en particulier ; il sait ce qu'il faut à chacun d'entre eux afin qu'il ne rejette point la grace, afin qu'il persévère, et afin que la mort le fixe éternellement dans le bien. D'un autre côté, il aime tous les hommes, et veut, dit-on, sincèrement le salut de tous sans aucune exception. D'où vient donc qu'il refuse à cet homme unique la grace convenable pour assurer son salut, pendant qu'il la donne par prédilection à tous les autres ? D'où vient qu'il choisit pour cet homme unique précisément une certaine grace suffisante, qu'il prévoit qui ne le persuadera point, et dont la suffisance ne servira qu'à le rendre inexcusable et éternellement malheureux ? Ainsi l'objection demeure tout entière pour un homme qui périt, comme pour cent millions qui périssent.

Cependant la religion chrétienne ne vous permet pas de douter que le grand nombre ne périsse, et que ceux qui sont sauvés ne composent le moindre nombre. Mettons donc à part, pour un moment, la vérité indubitable de la prédestination. Renfermons-nous dans le simple fait : c'est le petit nombre qui se sauve ; c'est le grand nombre qui se damne. D'où vient que Dieu, qui voit dans ses trésors des graces pour assurer le salut de tous les hommes, n'a pas voulu leur donner ces graces, lui qui veut, dit-on, sincèrement les sauver tous ? Il faut nécessairement avouer qu'il y a deux manières de vouloir le salut des hommes. L'une consiste à vouloir leur rendre le salut véritablement possible, en leur donnant des secours de grace suffisante par lesquels il ne tienne qu'à eux d'assurer leur salut, s'ils veulent y correspondre. L'autre consiste à vouloir assurer leur salut, en choisissant parmi les secours suffisants ceux qu'il prévoit qui les persuaderont, et qui les feront persévérer. La première volonté est conditionnelle ; la seconde est absolue.

Dieu veut de la première façon seulement le salut de tous les réprouvés mêmes : mais il veut par prédilection, de la seconde manière, le salut des seuls prédestinés. En un mot, il ne veut pour les uns qu'une vraie possibilité du salut, en sorte qu'il ne tienne réellement qu'à eux d'assurer leur salut s'ils le veulent ; c'est une manière très sincère, très effective, mais conditionnelle, de vouloir les sauver. A l'égard des autres, il veut la certitude de leur salut, en sorte qu'il s'assure absolument qu'ils seront sauvés ; et il exécute ce dessein en choisissant les graces par lesquelles il pré-

---

[1] *De Peccat. merit. et remiss.*, lib. II, cap. XVII, n. 27, tom. X.

[2] *Rom.* XI, 33.

voit qu'ils seront persuadés, affermis et persévérants, jusqu'au moment où il les enlèvera, par une puissance inévitable et invincible, à l'incertitude des tentations. Voyons maintenant qu'est-ce qui vous scandalise.

Dieu pouvoit se borner à donner à tous les hommes, sans en prédestiner aucun, la même grace pleinement suffisante pour tous. Il pouvoit dire en lui-même : Je donnerai ma récompense céleste à tous ceux qui par leur libre arbitre correspondront à ce secours; et je priverai de cette récompense tous ceux qui, ayant de quoi la mériter, ne voudront pas s'en rendre dignes. Dans cette supposition, pourriez-vous accuser Dieu d'injustice? Il ne paroîtroit aucune inégalité, aucune prédilection, aucune préférence; tout seroit général, effectif, proportionné au besoin, et abondant de la part de Dieu. Il n'y auroit d'inégalité que de la part des hommes; toute l'inégalité viendroit de leur libre arbitre, qui, étant prévenu par la grace, pourroit ou coopérer avec elle pour le bien, ou la rendre inutile, et faire le mal contre son attrait. Iriez-vous alors jusqu'à dire : Pourquoi est-ce que Dieu a donné aux hommes le libre arbitre, pour pouvoir démériter s'ils le veulent, et pour se pouvoir perdre en démériant? D'où vient qu'il ne les a pas mis tous, dès le moment de leur création, dans l'heureuse nécessité de l'aimer éternellement, où sont les anges et les saints du ciel? Mais qui êtes-vous pour interroger Dieu et pour entrer dans son conseil? Pouvez-vous trouver Dieu injuste parce qu'il vous a laissé dans la main de votre conseil, ayant devant vous l'eau et le feu, le bien et le mal, la vie et la mort, pour prendre celui qu'il vous plaira, en sorte que vous soyez le maître de votre vouloir pour l'un ou pour l'autre parti, et que vous ne puissiez imputer qu'à vous-même le choix que vous ferez, si vous choisissez votre perte malgré l'attrait et le secours divin? « Quiconque, dit
» saint Augustin [1], veut bien vivre en préférant le
» vrai bien aux biens fragiles, peut l'obtenir avec
» une si grande facilité, que le seul vouloir de la
» chose en fait la possession. » Dès qu'on suppose la liberté donnée de Dieu, il faut conclure que rien n'est tant au pouvoir de la volonté que son propre vouloir, et c'est à ce propre vouloir que Dieu remet la décision pour notre salut ou pour notre perte. C'est pourquoi saint Augustin vous dit : « Puisque
» vous êtes en votre pouvoir, ou vous ne serez point
» malheureux; ou, si vous l'êtes, vous le serez
» justement, en vous conduisant vous-même avec

» injustice [1]..... L'homme a reçu de Dieu de pou-
» voir faire le bien quand il lui plaît; il a reçu
» aussi de lui et d'être malheureux s'il ne le fait
» pas, et d'être heureux s'il le fait [2]..... Quand
» les hommes ne veulent pas être ce qu'ils ont reçu
» d'être, s'ils le vouloient, et qui est bon en soi,
» ils sont coupables s'ils ne le veulent pas [3].......
» Dieu a commandé de vouloir, il a donné de
» pouvoir, et il a permis de ne vouloir pas à con-
» dition qu'on en seroit puni [4]..... Le Créateur a
» montré avec quelle grande facilité l'homme eût
» pu, s'il eût voulu, conserver ce qu'il étoit par sa
» première institution, puisque sa postérité même
» a pu surmonter le défaut de sa naissance [5].....
» L'homme, par le secours du Créateur, a le pou-
» voir de se cultiver lui-même, d'acquérir et de
» posséder, à proportion de son bon désir, toutes
» les vertus par lesquelles il soit délivré et de la
» difficulté qui le tourmente, et de l'ignorance qui
» l'aveugle [6]. »

D'un côté, il est indubitable que Dieu a donné à l'homme le libre arbitre pour se perdre ou pour se sauver à son choix. D'un autre côté, il n'est pas moins indubitable que Dieu a pu avec une pleine justice donner à l'homme ce libre arbitre, afin qu'il pût mériter ou démériter. Dans cette supposition du libre arbitre donné, et de la grace gratuitement sur-ajoutée; si cette grace étoit également suffisante pour tous les hommes, et donnée avec une bonté générale et indifférente, personne ne pourroit se plaindre. Ceux qui seroient sauvés le seroient par le secours de la grace, et par pure miséricorde. Ceux qui périroient devroient s'imputer leur perte, et n'en accuser que leur mauvais vouloir, qu'il ne tenoit qu'à eux de rendre bon. En cet état des choses, Dieu seroit pleinement justifié, puisqu'il auroit montré une bonté effective et égale à tous, qu'il n'auroit pas tenu à la suffisance de son secours que tous ne fussent également sauvés, et qu'il n'auroit tenu qu'à eux de l'être tous. Qu'est-ce donc qui soulève le cœur de l'homme à la vue de la prédestination des uns au-dessus des autres? C'est que le cœur de l'homme, jaloux et envieux, supporte impatiemment de voir quelqu'un préféré à soi.

Mais la bonté spéciale de prédilection pour les uns ne diminue en rien la bonté générale pour tous les autres. La surabondance de secours pour les élus ne diminue en rien le secours très suffisant

---

[1] *De lib. Arbit.*, lib. I, cap. XIII, n. 29, tom. I.

[1] *De lib. Arb.*, lib. III, cap. VI, n. 19.   [2] *Ibid.*, cap. XV, n. 43.
[3] *Ibid.*, n. 44.   [4] *Ibid.*, cap. XVI, n. 46.
[5] *Ibid.*, cap. XX, n. 55.
[6] *De lib. Arbit.*, lib. III, cap. XX, n. 55.

que tous les autres reçoivent. L'argent donné par profusion à quelques ouvriers, par le maître, n'empêche pas que l'argent donné moins largement mais très suffisamment aux autres ne soit à leur égard une exacte justice, et même une grande libéralité. Si le père de famille n'étoit que juste ou qu'également libéral, vous n'auriez rien à dire. Vous murmurez donc, non parce qu'il vous refuse les secours très suffisants dont vous avez besoin pour vous sauver, mais parce qu'il ne vous donne peut-être pas autant de surabondance de secours qu'il en donne à d'autres. Quoi! vous vous plaignez parce qu'étant très bon pour vous, il est encore meilleur pour d'autres!

1° Direz-vous qu'il ne veut point votre salut avec sincérité, puisqu'il est tout puissant pour l'assurer, et qu'il ne l'assure pourtant pas par la grace qu'il voit propre à l'assurer? Ne voyez-vous pas que c'est vouloir très suffisamment votre salut que de le mettre dans la main de votre propre conseil, et à la pure discrétion de votre volonté prévenue et aidée de son secours? Si vous périssez, c'est vous seul qui voudrez périr malgré la grace qui vous fortifie, qui vous attire, qui met le salut dans votre main; c'est vous seul qui refuserez le salut laissé à votre propre volonté; c'est vous qui, le tenant dans votre main, le rejetterez par un choix très libre. Dieu, de sa part, ne fait que vouloir sincèrement votre salut, que vous le rendre pleinement possible, que vous en laisser, pour ainsi dire, absolument le maître, et que le consigner dans vos mains par sa grace très suffisante. *O Israël! votre perte vient de vous seul*[1], et Dieu est victorieux dans son jugement. Il est vrai qu'il auroit pu vous mettre d'abord dans la patrie céleste sans vous faire passer par l'épreuve du pélerinage, vous couronner sans combat, vous récompenser sans mérite, et vous mettre d'abord dans la nécessité de l'aimer où sont les bienheureux : mais il a voulu que vous méritassiez pour vous récompenser, et c'est en vue du mérite qu'il vous a donné le libre arbitre. Il est vrai aussi qu'il auroit pu vous donner une grace si persuasive pour vous, qu'elle auroit assuré votre persuasion et votre salut : mais oseriez-vous dire qu'il est injuste quand il ne vous donne que la pleine possibilité de votre salut, et qu'il n'y ajoute pas la certitude? N'est-ce pas assez qu'il vous le laisse entre les mains, en vous donnant toute la force nécessaire pour l'assurer? Voulez-vous que Dieu cesse d'être bon pour vous, parce qu'il est peut-être encore meilleur pour un autre? La surabondance de bonté pour un autre anéantit-elle la justice exacte, la bonté gratuite et libérale qu'il a pour vous, et le secours très suffisant dont il vous prévient?

2° Mais, dites-vous, Dieu prévoit que je ne ferai aucun usage de ce secours très suffisant; pourquoi ne m'en donnera-t-il pas, comme à mon voisin, un autre auquel il prévoit que je correspondrois? 1° La prescience de Dieu n'influe en rien dans votre volonté : cette prescience, selon la comparaison de saint Augustin, « ne fait rien à » notre vouloir futur, comme mon souvenir ne » fait rien aux choses passées[1]. » 2° Vous prouvez très bien que Dieu aime peut-être votre voisin encore plus que vous; mais vous ne prouvez nullement qu'il ne vous aime point avec une bonté très libérale : au contraire, vous devez avouer de bonne foi que Dieu aimant votre voisin encore plus que vous, il vous comble néanmoins de preuves effectives et très suffisantes de son amour, jusqu'à vous offrir votre salut. Oseriez-vous dire qu'il ne vous aime point, parce qu'il aime peut-être un autre homme encore plus que vous? N'est-il pas libre, en aimant sincèrement tous les hommes, et en les prévenant tous par une grace très abondante, d'aimer et de secourir avec prédilection et surabondance un certain nombre d'hommes choisis? Voulez-vous vous servir de la surabondance donnée au petit nombre, pour lui faire la loi par rapport au grand?

3° J'avoue, direz-vous, que cette prédilection n'empêche pas que Dieu ne soit rigoureusement juste; mais elle empêche qu'il ne soit parfaitement bon et bienfaisant pour tous les hommes. Voici mes réponses. J'avoue qu'il pourroit exercer une bonté plus étendue et plus efficace au-dehors, en ce qu'il pourroit ou créer d'abord tous les hommes dans la félicité céleste et dans l'impuissance de pécher; ou du moins donner à tous les hommes, sans distinction ni préférence, tout ce qu'il donne au petit nombre de ses élus pour assurer leur salut. Mais il ne devoit cette surabondance de grace à aucun d'entre eux : il la donne par surabondance purement gratuite à ceux qui la reçoivent, et ne laisse pas de combler de ses libéralités, quoique moindres, tous les autres qui reçoivent, sans le mériter, des dons très suffisants pour leur félicité éternelle. Il est vrai qu'on ne sauroit fixer les dons de Dieu à aucun degré précis et borné, qu'on ne puisse dire aussitôt qu'il auroit pu les pousser encore plus loin à l'infini. Mais dès qu'il donne selon une certaine mesure bornée à sa créature les effets

---

[1] Osee, XIII, 9.

[1] *De lib. Arbit.*, lib. III, cap. IV, n. 11.

de sa bonté infinie, on doit reconnoître qu'il a ajouté à la plus exacte justice une libéralité digne de lui. La borne des bienfaits, ni même leur inégalité, n'empêchent pas qu'il ne soit très suffisamment bienfaisant et libéral pour tous.

4° Vous direz : Que m'importe que la concupiscence qui me sollicite au mal ne me prévienne point inévitablement, et ne me détermine point invinciblement à pécher, s'il est vrai néanmoins que je pécherai, que Dieu le prévoit, qu'il peut l'empêcher, et qu'il me laisse courir à ma perte sans m'arrêter? Je réponds que ce raisonnement prouve que Dieu pourroit vous aimer encore plus qu'il ne vous aime; qu'il pourroit vouloir votre salut d'une volonté encore plus spéciale et plus forte; qu'il pourroit vous donner des secours au-delà même de toute suffisance parfaite; qu'en un mot, il pourroit ne se contenter pas de laisser votre salut très possible dans la main de votre propre volonté, et qu'il pourroit de plus s'assurer par sa prescience des moyens de vous le faire certainement vouloir : mais ce raisonnement ne prouve pas que Dieu ne vous aime point d'un amour très effectif, et qu'il ne veut pas très sincèrement votre salut, qu'il a soin de vous rendre très possible par un secours très suffisant. Vous courez à votre perte malgré Dieu. Il est vrai qu'il vous laisse libre; mais il emploie des secours très suffisants pour vous retenir. C'est vous seul qui foulez ces graces aux pieds pour vous jeter dans le précipice malgré lui, en résistant à son attrait.

5° Vous direz : Qu'ai-je fait à Dieu pour n'avoir que la grace suffisante dont je ne me servirai point, et pour n'avoir pas cette autre grace dont je me servirois avec certitude? Et mon voisin, qu'a-t-il fait à Dieu pour avoir cette grace dont il se servira certainement pour son salut, et pour n'être pas réduit à cette autre grace qui ne serviroit qu'à le rendre coupable comme moi? Je réponds, 1° qu'il ne tient qu'à vous de faire autant avec cette grace très parfaitement suffisante, que votre voisin avec cette autre grace avec laquelle il se sauve. La prescience que Dieu a de votre résistance à cette grace n'empêche pas sa pleine suffisance. La grace de votre voisin et la vôtre sont toutes deux précisément de même nature. Elles ont toutes deux une parfaite suffisance, comme saint Augustin le suppose[1]. Quand on dit que la grace nommée efficace est plus abondante que celle qui est nommée suffisante, ce n'est pas qu'elle soit d'une autre nature, ni même qu'elle soit toujours donnée à un plus haut degré. Elle n'est dite plus grande qu'à cause qu'elle est jointe à la prescience qui assure Dieu de l'effet qu'elle produira. L'efficace n'est telle que de fait; la suffisante est réellement en soi aussi suffisante que l'efficace, si vous voulez y consentir, comme votre voisin y consent. Toute la différence qu'il y a entre elles est que Dieu prévoit que l'une persuadera votre voisin, et que l'autre, pouvant aussi pleinement vous persuader, ne vous persuadera peut-être point, par la pure faute de votre libre arbitre. Mais cette prescience ne fait rien ni pour rendre une grace inégale à l'autre en degré, ni pour indisposer votre volonté en comparaison de celle de votre voisin. Ainsi tout se réduit, dans le cas supposé par le saint docteur, au mauvais usage qu'il vous plaît de faire de votre libre arbitre, malgré l'égalité du secours divin, pendant que votre voisin se détermine librement à y correspondre. Je réponds, 2° qu'en vain vous chercherez la raison de la prédilection de Dieu dans la volonté des deux hommes. Puisque cette prédilection est purement gratuite, elle précède tout mérite : elle ne présuppose aucun bien dans l'homme, car c'est elle qui donne tout à l'homme en le prévenant : *Vous ne m'avez pas choisi*, dit Jésus-Christ[1], *mais c'est moi qui vous ai choisis*. Il ne trouve rien; c'est lui qui fait tout ce qu'il veut trouver. Il se complaît, non dans ce qu'il trouve, mais dans ce qu'il lui plaît de faire et de donner gratuitement. O profondeur! etc. *O altitudo! etc.*[2]. Les hommes ne peuvent rien choisir prudemment qu'autant qu'ils sont déterminés par une raison de vouloir, c'est-à-dire par un bien qui leur paroît plus grand d'un côté que celui que l'autre côté leur présente. Mais Dieu est libre d'une liberté bien plus haute. Il n'a besoin d'aucune raison qui le détermine, parce qu'il met la raison du côté de son choix, et qu'il porte le bien de quelque côté qu'il se tourne. Il ne choisit pas un homme, parce qu'il le trouve bon; mais il le fait bon parce qu'il le choisit, et c'est son choix qui porte dans cet homme ce qui le rend digne d'être choisi.

6° Vous direz que ces réponses sont dures et hautaines; qu'elles ne sont point proportionnées à la délicatesse des hommes, et qu'elles consternent le cœur humain. J'avoue qu'elles sont dures à la nature dépravée par l'amour-propre. Ce qui est hautain est déplacé et odieux dans toute créature; mais il est naturel et en sa place, quand c'est le Créateur qui joint la hauteur avec la bonté

---

[1] *De Civit. Dei*, lib. XII, cap. VI, tom. VII.

[1] *Joan.*, XV, 16.   [2] *Rom.*, XI, 33.

libérale, en donnant la loi à sa créature. J'avoue que ces réponses sont hautaines à toute hauteur superbe qui raisonne avec Dieu. J'avoue qu'elles irritent tout homme qui ose examiner la religion pour entrer en marché avec son souverain maître, et qui ne veut lui engager sa liberté qu'à des conditions sûres et commodes. J'avoue que, jusqu'à ce que l'homme soit dépossédé de lui-même par un amour supérieur à l'amour-propre, ces vérités l'accablent, et le mettent dans une espèce de désespoir. Il veut entrer en jugement avec Dieu. Il ne se contente pas que Dieu lui vienne mettre son royaume céleste et éternel dans les mains, sans le lui devoir, afin qu'il n'ait qu'à vouloir pour le posséder : il veut encore que Dieu l'assure de vaincre sa mauvaise volonté pour le rendre bienheureux ; autrement il murmure, il se soulève, il blasphème, il rejette tous les dons très abondants de son créateur. Que diroit-il si on vouloit le réduire à croire, comme les prétendus disciples de saint Augustin se l'imaginent, que Dieu laisse les trois quarts et demi du genre humain livrés à une délectation inévitable et invincible pour le mal, qu'il est *nécessaire* qu'ils suivent, parce que Dieu ne leur donne aucun secours intérieur pour vouloir le bien commandé? Que diroit-il si on venoit lui soutenir qu'il sera peut-être damné éternellement après quatre-vingts ans de vie pieuse et sans tache, parce que Dieu lui refusera peut-être tout-à-coup dans ce dernier moment le secours *quo*, c'est-à-dire, selon eux, un secours de grâce intérieure qui est inévitable et invincible pour la persévérance finale, et sans lequel il lui sera aussi impossible de persévérer, qu'il est impossible de *naviger sans navire, de parler sans voix, de marcher sans pieds, et de voir sans lumière* [1]? Voilà ce qui doit faire horreur, moins pour l'intérêt de l'homme, qui n'est qu'une vile créature, que pour l'honneur de Dieu, qui est trop juste pour commander rien d'impossible, et pour punir éternellement l'homme quand il ne fait pas sans grâce les actes surnaturels auxquels la seule nature ne peut jamais atteindre. Mais pour les hommes qui périssent parce qu'ils *méprisent la miséricorde de Dieu* [2] *dans ses dons* très effectifs et très suffisants par rapport à la persévérance et au salut; mais pour les hommes qui, par le choix entièrement libre de leur volonté, malgré le secours abondant de la grâce, foulent aux pieds le salut que Dieu leur avoit mis dans les mains ; mais pour les hommes qui n'ont rien tant au pouvoir de leur propre volonté que leur propre vouloir, quand ils sont aidés par cette grâce, il faut qu'ils s'humilient, et qu'ils confessent que s'ils périssent, c'est malgré Dieu, qui dit : *Qu'ai-je dû faire à ma vigne que je n'aie pas fait* [1]? Il a donné, comme saint Augustin le suppose, la même grâce à deux hommes également disposés en tout. L'un demeure fidèle par son libre arbitre très suffisamment secouru ; l'autre tombe par ce même libre arbitre, malgré le même secours. Tout est égal du côté de la grâce intérieure et des forces de ces deux hommes. En ce cas supposé par saint Augustin, l'homme qui tombe et qui périt éternellement ne peut s'en prendre qu'au seul libre arbitre, que Dieu ne nous avoit donné que pour le mérite. Voilà les principes fondamentaux sur lesquels saint Augustin a justifié Dieu contre l'impiété des manichéens, et que nul chrétien ne peut ébranler. Mais pour le conseil profond et impénétrable par lequel il a voulu ajouter à sa volonté sincère en faveur de tous les *appelés* une volonté spéciale en faveur des *élus*, et ajouter au secours très suffisant, qui est général, un secours de certitude préparé par sa prescience en faveur des seuls prédestinés, c'est sur quoi il faut adorer, et se taire.

7° Vous me direz encore que si c'est une vérité, elle est une de celles que les hommes ne peuvent porter. Que s'ensuit-il de là? Qu'elle est une des dernières qu'on doit dire aux catéchumènes ou aux chrétiens ignorants, imparfaits, et pleins des faux préjugés de l'amour-propre, qu'il faut instruire peu à peu, comme on instruisoit les catéchumènes de l'antiquité. Que s'ensuit-il de là? Qu'il faut au moins adoucir cette vérité par toutes les réflexions les plus consolantes sur la fidélité de Dieu, qui ne demande jamais de nous que ce que nous avons déjà reçu de lui, qui donne à tout homme *et une volonté libre et un très suffisant pouvoir* [2] pour parvenir à sa dernière fin ; qui nous donne de quoi *chercher pieusement* [3] quand nous n'avons pas encore trouvé; qui « ne refuse à personne de con- » noître pour son bien ce qu'il ignoroit pour son » dommage [4]; qui aide l'homme par sa grâce, afin » que le commandement ne soit pas fait sans rai- » son à sa volonté [5]; enfin qui n'abandonne per- » sonne sans en avoir été auparavant aban- » donné [6]. » Que si l'homme, aveuglé par son

---

[1] S. Aug., *De Gest. Pelag.*, cap. I, n. 5, tom. x.
[2] *Id. De Spir. et Litt.*, cap. xxxIII, n. 58, tom. x.

[1] Isaï, v. 4.
[2] *De lib. Arbitr.*, lib. III, cap. xvi. n. 45, tom. I.
[3] *Ibid.*, cap. xxII, n. 63.   [4] *Ibid.*, cap. xIx, n. 53.
[5] *De Grat. et lib. Arbit.*, cap. IV, n. 9, tom. x.
[6] *De Nat. et Grat.*, cap. xxvI, n.29, tom. x, *Serm.* xxII. *Append., al.* LXXXVIII *de Temp.*, tom. v.

amour-propre, se sent irrité contre le conseil impénétrable de Dieu que la foi chrétienne nous présente, lors même que nous avons soin de l'adoucir, à l'exemple de saint Augustin, par tant de vérités consolantes; que sera-ce quand les faux disciples de saint Augustin ajouteront à ce conseil si effrayant les faux dogmes d'une grace donnée à un si petit nombre d'hommes, et d'une concupiscence inévitable et invincible qu'il est nécessaire que tout le reste du genre humain suive dans tous ses actes?

8° Je viens à votre conclusion : « Je ne me » calme sur cela, dites-vous, qu'en me souvenant » que Dieu est l'être infiniment parfait; qu'un tel » être ne peut rien faire que de parfaitement » juste; et qu'ainsi, quand les hommes lui attri- » buent quelque conduite qui ne s'ajuste pas avec » cette idée, c'est qu'ils ne connoissent sa con- » duite qu'en partie, c'est qu'ils ne la regardent » que d'un côté, et qu'ils ne voient pas tout son » plan, dont la vue parfaite dissiperoit toutes les » contradictions. » Tenez-vous-en là, mon révérend Père. Les esprits foibles et bornés des hommes ne sauroient embrasser toute l'étendue du plan de Dieu. Ils ne le voient que par petits morceaux détachés, sans en pouvoir comprendre tous les rapports. Ils n'en jugent que par une sagesse intéressée, et rétrécie dans les bornes d'un amour-propre qui décide de tout par rapport à soi, et qui n'est capable de souffrir que ce qui le flatte. Les hommes malades de cet amour-propre ne savent ni approuver que ce qui leur convient, ni blâmer que ce qui choque leur délicatesse. Ils sont eux-mêmes leur propre règle, et n'en peuvent supporter aucune autre. Le *moi* flatté ou piqué est la raison décisive de tout dans leur cœur.

Vous allez plus loin, Dieu merci; et vous ajoutez ces paroles, qui m'édifient au-delà de toute expression : « Je vous avoue que, de quelque manière » que Dieu ait décidé de mon sort, je me sens par » sa miséricorde dans la disposition de ne vou- » loir pour rien du monde me départir de son » service et de son amour, quoique je ne sois » guère content ni de ce service ni de cet amour. » La controverse que vous avez si bien soutenue contre le Père Malebranche vous engage à être dans ce sentiment. Mais je suis persuadé que l'esprit de grace vous y engage bien plus fortement. A Dieu ne plaise qu'on affoiblisse jamais par aucune voie indirecte l'exercice de l'espérance, nécessaire en tout état de la plus haute perfection! Ce seroit une illusion que j'ai toujours eu intention de rejeter, et que je condamnerai toute ma vie avec le zèle le plus sincère. Vous connoissez à fond mes sentiments là-dessus, et je crois n'avoir pas besoin de vous en renouveler une explication. Il ne s'agit ici que de la nature de la charité, qui, loin d'exclure l'espérance, en commande les actes en toute occasion. Voici les réflexions que je fais conformément à vos paroles :

1° Si on demandoit à ceux qui paroissent penser autrement que vous s'ils voudroient se *départir du service et de l'amour* de Dieu, en cas qu'ils sussent, par une révélation certaine et extraordinaire, que Dieu, prévoyant qu'ils ne persévéreroient pas jusques à la fin, par leur pure faute, a *décidé de leur sort* et ne les a pas prédestinés, que repondroient-ils? Voudroient-ils en ce cas se révolter contre Dieu, comme les démons, et dire : Puisque nous n'aurons point son bonheur céleste, nous nous *départons de son service et de son amour?* Pour moi, je suis persuadé qu'ils auroient horreur de prendre un tel parti, et même de tenir un si monstrueux langage. Il est donc vrai que dans le fond de leurs cœurs ils pensent d'une manière confuse et enveloppée, comme vous pensez d'une façon plus distincte et plus explicite.

2° Plus les ames sont fidèles à Dieu, plus on voit que Dieu les éprouve, et qu'elles augmentent en humilité. Plus une ame est humble, moins elle est contente de *l'amour* qu'elle a pour Dieu, et du *service* qu'elle lui rend. Plus une ame est éprouvée, plus elle est, pendant le trouble de la tentation, dans un obscurcissement où elle ne trouve plus en elle ni vertu, ni *amour,* ni *service* de Dieu. En cet état, si elle ne tenoit à *l'amour* de Dieu et à son *service* qu'autant qu'elle compteroit sur sa prédestination, elle courroit grand risque de se *départir du service et de l'amour* de Dieu. Ce qui la soutient le plus dans l'extrémité de l'épreuve est de dire comme vous. « De quelque manière » que Dieu ait décidé de mon sort,... je ne veux » pour rien du monde me départir de son service » et de son amour. » Voilà dans la pratique ce qui calme l'orage. Voilà ce qui n'introduit nullement le désespoir, mais qui au contraire en dissipe la tentation. Voilà ce qui nourrit une secrète et intime espérance, qui est alors toute concentrée au fond du cœur. Voilà le sentiment d'une ame prédestinée. C'est par-là qu'on impose silence au tentateur. On ne s'écoute plus soi-même; on n'écoute plus que l'amour, et on aime de plus en plus. Voilà ce qui fait passer du trouble de l'épreuve à la paix la plus simple où une ame dit : *Le bienaimé est à moi, et je suis à lui* [1]; ce qui renferme

[1] *Cant.,* II, 16.

sans doute la pleine confiance de l'épouse, et la plus haute espérance de le posséder à jamais. Alors une ame ne veut plus de Dieu que Dieu seul : *de Deo Deum sperare*, dit saint Augustin.

5° Cette paix, qui est un petit commencement de celle des saints de la Jérusalem d'en-haut, ne s'acquiert point par des raisonnements philosophiques sur la prescience de Dieu, sur l'ordre de ses décrets, sur la nature de ses secours intérieurs, sur les divers systèmes des écoles touchant la grace. Saint Paul nous apprend que, *comme le monde n'a point connu Dieu dans sa sagesse par la sagesse qui est en eux, il a plu à Dieu de sauver les fidèles par la folie de la prédication*[1]. Notre mal ne consiste que dans notre passion pour raisonner. C'est notre sagesse intempérante et éloignée de toute sobriété, laquelle nous travaille, comme une fièvre ardente qui met en délire. C'est la vaine curiosité d'un esprit qui veut toujours tenter l'impossible, et qui ne peut ni sortir de son ignorance, ni la supporter humblement en paix. C'est ce mésaise et cette rêverie de malade, que nous n'avons pas honte d'appeler une noble recherche de la vérité. Voulons-nous comprendre les jugements incompréhensibles ? Espérons-nous de pénétrer les voies impénétrables ? L'homme prétend, à force de raisonner, se guérir d'un mal qui est l'intempérie du raisonnement même : c'est en arrêtant notre raisonnement téméraire que nous guérirons notre raison. *Dieu n'a-t-il pas convaincu de folie cette sagesse* vaine et inquiète[2] ? La sagesse qui n'est point folle est celle qui ne présume point d'être sage, et qui est contente de s'abandonner au conseil de Dieu sur toutes les vérités auxquelles elle ne peut atteindre. O qu'il y a de consolation à savoir qu'en ce genre on ne sait et on ne peut rien savoir ! O qu'on est bien, quand on demeure les yeux fermés dans les bras de Dieu, en s'attachant à lui sans mesure ! O la merveilleuse science que celle de l'amour qui ne voit et qui ne veut voir que la bonté infinie de Dieu, avec notre infinie impuissance et indignité ! La paix se trouve, non dans un éclaircissement qui est impossible en cette vie, mais dans une amoureuse acceptation des ténèbres et de l'incertitude, où il faut achever d'aimer et de servir Dieu ici-bas, sans savoir s'il nous jugera dignes de sa miséricorde éternelle. La paix se trouve, non en se troublant, en s'inquiétant, et en se tentant soi-même de désespoir, mais en aimant Dieu et en méritant par-là son amour. La paix se trouve, non dans une philosophie sèche, vaine, discoureuse, qui court sans cesse après une ombre fugitive, et qui veut à contre-temps se donner des sûretés où il n'y en a aucune, mais dans un amour de préférence de Dieu à nous, et dans une confiance en sa bonté qui répond sans subtilité à toutes les tentations les plus subtiles dans la pratique. La paix se trouve, non dans les raisonnements abstraits, mais dans l'oraison simple ; non dans les recherches spéculatives, mais dans les vertus réelles et journalières ; non en s'écoutant, mais en se faisant taire ; non en se flattant de pénétrer le conseil de Dieu, mais en consentant de ne le pénétrer jamais, et en se bornant à aimer malgré l'incertitude de notre béatitude, qu'on ne cesse jamais d'espérer.

Je suis de plus en plus, mon révérend Père, tout à vous avec tendresse et vénération.

LETTRE III.

SUR LE MÊME SUJET.

A Cambrai, 28 août 1708.

L'état de votre santé m'alarme, mon cher Père : je bénis Dieu de ce qu'il vous en détache ; mais je suis affligé de vous savoir dans la douleur, et je crains les suites de cet état. Faites-moi mander simplement de vos nouvelles, sans vous donner la peine d'écrire vous-même.

Pour la question qui vous occupe, il n'y a aucune réelle diversité de sentiments entre nous : vous m'accordez tout ce que je demande, et je rejette tout ce que vous ne m'accordez pas. En voici la preuve :

D'abord vous rapportez ces paroles qui sont de moi : « Pourquoi il ne me donne que la pleine pos- » sibilité du salut, et qu'il n'y ajoute pas la certi- » tude ? pourquoi, prévoyant que je ne ferois au- » cun usage des secours très suffisants, il ne m'en » donne pas d'autres auxquels je correspondrois ? » pourquoi il n'a pas été également bienfaisant en- » vers tous les hommes ? pourquoi, me donnant » de vraies marques de son amour, il ne m'a pas » aimé autant que plusieurs autres ? » Ensuite vous ajoutez : « Non, monseigneur, rien de tout » cela ne fait ni le sujet de mes peines, ni celui » de mes recherches. Je ne vois rien de juste en » tout cela, etc. » Vous allez jusqu'à dire : « Je » vous avoue que je ne trouve rien là de si sur- » prenant qu'il faille adorer et se taire ; et je ne » vous dirai jamais que ce soit là une vérité que » les hommes ne puissent porter, s'il est vrai que » le reste des hommes aient des graces très suffi-

[1] *I Cor.*, I, 21. [2] *Ibid.*, 20.

» santes pour persévérer et pour se sauver... En
» voilà plus qu'il n'en faut pour justifier la justice
» et la bonté de Dieu. »

Voilà précisément tout ce que je demande. Je veux seulement une prédilection purement gratuite, qui prévienne tous les mérites, et qui les prépare pour assurer le salut de certains hommes, pendant que Dieu se contente de donner aux autres la pleine possibilité du salut par des secours très suffisants pour y parvenir. La prédestination n'est autre chose que cette prédilection antécédente à tout mérite, laquelle prépare les mérites mêmes comme des moyens très certains pour arriver à la délivrance ou gloire céleste. *Preparatio beneficiorum Dei quibus certissimè liberantur, quicumque liberantur* [1]. Cette prédilection ou surabondance de bonne volonté pour les uns ne diminue ni n'affoiblit en rien pour les autres l'amour sincère de leur salut, la pleine possibilité de salut pour eux, et la parfaite suffisance des secours qui leur sont donnés pour y parvenir. Voilà le système sûr lequel vous dites : « Rien de tout
» cela ne fait le sujet de mes peines..... Je ne vois
» rien que de juste en tout cela..... Je ne trouve
» rien de si surprenant..... » C'est là néanmoins tout ce que je demande; et je ne crois pas que vous puissiez trouver dans mes paroles un seul mot qui aille au-delà de ce système. Que si par hasard il m'étoit échappé, contre mon intention, quelque terme qui parût aller plus loin, il faudroit le corriger pour le réduire à ces bornes précises. Encore une fois, tout se réduit à dire que Dieu aimant très sincèrement tous les hommes, et voulant d'une volonté très véritable leur salut, il veut néanmoins, par une prédilection ou volonté plus spéciale, le salut de certains hommes choisis. Tout se réduit à dire que, donnant aux uns des secours très suffisants afin qu'ils aient la pleine possibilité du salut, et qu'ils soient sauvés s'ils veulent l'être, il va pour les autres jusqu'à leur préparer des moyens de persuasion et de persévérance jusqu'à la fin, en sorte qu'il veuillent très certainement tout ce qu'il faut pour être sauvés. Voilà toute la doctrine de saint Augustin. Voilà, selon ce Père, le secours *quo*, qu'Adam n'avoit point reçu pour persévérer jusqu'à la fin de son temps d'épreuve, et qui est donné, dans l'état présent, *à ceux qui sont prédestinés au royaume de Dieu*. *Hæc de his loquor*, dit le saint docteur [2], *qui prædestinati sunt in regnum Dei*. Cette prédestination est la grâce qui *mène inévita*blement *et invinciblement la volonté de l'homme* à sa fin. C'est *la grace par laquelle nous sommes prédestinés : gratia qua prædestinati sumus*. D'où vient qu'elle nous conduit *inévitablement et invinciblement* à notre fin? Saint Augustin en rend la raison par la prescience divine : *Quia Deus non fallitur, nec vincitur*. Cette grace n'est point la grace intérieure actuelle, qui est donnée, *ad singulos actus*, à tous les hommes que Dieu aide; c'est une grace spéciale qui est réservée *aux seuls prédestinés au royaume de Dieu*. *Hæc de his loquor, qui prædestinati sunt in regnum Dei*. Entendez de la grace intérieure et actuelle ce qui est dit de cette grace, vous en dites tout ce qu'ont dit Luther et Calvin; car vous établissez une grace si nécessitante, que la nécessité en est inévitable et invincible au libre arbitre. De plus, vous n'accordez cette grace qu'aux *prédestinés au royaume de Dieu*. Voilà ce que vous ne pouvez point vous dispenser de dire, selon le texte de saint Augustin, du secours *quo*, si vous le prenez pour la grace intérieure et actuelle. Mais entendez de la prédestination ce que saint Augustin dit du secours *quo*, tout est aplani. Alors il est vrai de dire que la prescience de Dieu ne peut point être trompée, et que la préparation des moyens de délivrance très certaine qu'il donne aux élus ne peut être ni vaincue ni frustrée de son effet : *Non fallitur, non vincitur Deus*. Voilà l'unique but que saint Augustin s'est proposé dans ses quatre principaux livres contre les demi-pélagiens qui nioient la prédestination. Dès que vous admettez la prédilection purement gratuite des uns, sans préjudice de l'amour sincère et effectif pour tous les autres, vous admettez tout ce que saint Augustin a soutenu dans cette controverse. A Dieu ne plaise que je veuille jamais aller plus loin !

Pour la réprobation, on peut la considérer en deux manières. 1° On peut la considérer comme purement négative, c'est-à-dire comme une pure et simple non-prédestination. 2° On peut la regarder comme positive et absolue, c'est-à-dire comme une positive condamnation, et comme une absolue exclusion de la gloire céleste. Suivant la première notion, il est évident que la réprobation de tous les hommes qui sont *appelés* sans être *élus* précède tout démérite. En voici la preuve, tirée de l'aveu même que vous me faites. Vous avouez une prédilection purement gratuite, et un décret que cette prédilection forme en faveur d'un certain nombre d'hommes. Or, il est visible que la totalité des hommes ne peut pas être comprise dans ce décret spécial, et que cette prédilection ne peut pas

---

[1] S. Aug., *De dono Persever.*, cap. XIV, n. 35, tom. x.
[2] *De Corrept. et Grat.*, cap. XIII, n. 39, tom. x.

embrasser tout le genre humain. La prédilection ne seroit plus une prédilection, mais elle seroit un amour général, si elle s'étendoit également sur tous les hommes. La volonté spéciale seroit confondue avec la volonté générale : l'élection n'auroit rien de plus particulier que la simple vocation; en un mot, il n'y auroit plus de vocation *secundum propositum*, comme parle saint Augustin après saint Paul, supposé que tous les *appelés* fussent indifféremment compris dans le décret de l'élection. En ce cas, il n'y auroit qu'une volonté égale et indifférente de Dieu pour sauver tous les hommes; en sorte qu'ils ne seroient distingués que par le démérite des uns et par le mérite des autres. Ce seroit rejeter toute prédestination, comme les demi-pélagiens, et nier un dogme que saint Augustin tire de saint Paul, en assurant qu'il est fondé sur une tradition prophétique et apostolique.

Il est vrai que quand saint Augustin parle à Simplicien de l'élection, en tant qu'elle est la récompense du mérite, il dit que « l'élection ne précède point la justification, mais que la justification précède l'élection, parce que personne n'est élu qu'autant qu'il est déjà différent de celui qui est rejeté [1]. » Il est vrai qu'il ajoute qu'il ne voit pas comment cette élection peut être faite « avant la création du monde, si ce n'est par la prescience. » Il est vrai que saint Prosper a parlé à peu près de même, et qu'il veut que la prescience des volontés futures des hommes ait dirigé l'élection divine. Mais il y a une grande différence entre l'élection qui sépare ceux qui méritent d'avec ceux qui déméritent, et la prédestination, qui, précédant tout mérite, prépare les mérites mêmes afin qu'ils assurent la délivrance ou gloire céleste. Pour cette prédestination, saint Augustin dit sans cesse qu'on n'en peut trouver aucune raison de la part des mérites ou démérites des hommes. C'est sur cette prédilection purement gratuite, qu'il s'écrie après l'Apôtre : *O profondeur!* etc. C'est là-dessus qu'il cite les exemples des enfants auxquels Dieu procure le baptême ou ne veut pas le procurer, *Deo nolente* [2]. C'est là-dessus qu'il propose aussi les exemples des hommes que Dieu se hâte d'enlever quand ils sont justes, pour prévenir leur chute prochaine, *imminentem lapsum*; ou qu'il laisse à la fragilité de leur libre arbitre, lorsqu'il prévoit qu'ils tomberont. Ces exemples, comme il le remarque, sont décisifs, et montrent une prédilection indépendante de tout mérite ou démérite futur. Voilà ce qui fait dire à saint Augustin, en parlant de tous les justes non prédestinés : « Ils n'ont jamais été tirés de la masse de perdition..... Ils n'étoient pas d'entre nous [1], etc. » Toutes ces expressions ne signifient point que ces hommes ne sont pas réellement justes pour un temps; car saint Augustin assure que dans ce temps-là ils sont tellement justes, que s'ils mouroient en cet état, ils recevroient sans doute la gloire céleste comme la récompense de leur justice. Ces expressions signifient donc, non pas qu'ils ne sont point tirés de la masse des enfants d'Adam condamnés à l'enfer pour le péché originel, mais seulement qu'ils ne sont point tirés de la masse générale de ceux qui, faute de prédestination, ne parviendront point à la gloire céleste, quoiqu'ils aient des secours très suffisants pour y arriver s'ils le veulent. Tout se réduit à dire que les *appelés* ne sont pas *élus*, et qu'il n'y a que les seuls prédestinés qui entrent dans le décret de la prédestination. Ce n'est pas que les autres n'aient en leur faveur une volonté très sincère et très effective de Dieu, qui leur donne par des secours très suffisants la pleine possibilité du salut; mais ils n'ont pas en leur faveur cette volonté spéciale et prédestinante qui prépare avec certitude les moyens de la délivrance des autres. En un mot, ces expressions signifient seulement que les hommes *appelés*, sans être *élus*, sont dans une espèce de réprobation purement négative, en ce qu'ils ne sont pas prédestinés. Mais comme cette prédestination ne prépare les moyens que par la simple prescience, et que la certitude de ces moyens vient, non de leur nature nécessitante, mais de l'infaillibilité avec laquelle Dieu prévoit que ces moyens feront vouloir le bien à ces hommes, il s'ensuit que ces hommes, en correspondant librement à ces grâces, *rendront leur élection certaine* [2]; parce qu'en effet leur élection, quoique très infailliblement préparée par la prescience divine, ne s'accomplit en la façon prévue que par leur très libre consentement. Il s'ensuit aussi que les *appelés*, nonobstant leur réprobation purement négative, c'est-à-dire quoiqu'ils soient non prédestinés, ont le salut néanmoins entièrement dans la main de leur conseil; en sorte que leur non-prédestination ne diminue en rien leur plein pouvoir d'être sauvés, et qu'ils ne sont exclus du salut que par le seul refus de leur libre arbitre, que Dieu prévoit simplement.

---

[1] *De div. Quæst. ad Simplic.*, lib. I, quæst. II, n. 5, 6, t. VI.
[2] *Epist.* CCXVII, al. CVII, *ad Vitalem*, cap. VI, n. 19, tom. II. *De Corrept. et Grat.*, cap. VIII, n. 18, 19, tom. X.

[1] *De Corrept. et Grat.*, cap. VII, n. 16. *De bono Persever.* cap. VIII, n. 19, tom. X.
[2] *II Petr.*, I. 10.

Pour la réprobation positive, elle est un juste jugement de condamnation, que Dieu ne prononce jamais que sur les démérites de l'homme qui a rejeté librement le salut, quoiqu'il fût dans ses mains. En ce sens, la réprobation est uniquement fondée sur la prévision des démérites. Dieu ne condamne jamais, comme dit saint Augustin [1], les hommes qu'à cause qu'il « ne leur a pas ôté leur libre ar- » bitre, pour le bon ou mauvais usage, duquel » ils sont très justement jugés. » Il condamne ceux « qui se fraudent eux-mêmes du grand et souve- » rain bien. » Il tourne sa puissance contre ceux *qui ont méprisé sa miséricorde dans les dons* de sa grace.

Voilà, si je ne me trompe, mon cher Père, le système dans lequel vous ne trouvez « aucun » sujet de peine, ... rien que de juste, ... » rien de si surprenant..... En voilà, dites-vous, » plus qu'il n'en faut pour justifier la justice et la » bonté de Dieu. » En suivant ce système, vous remplissez dans toute la rigueur de la lettre tout ce que saint Augustin a soutenu contre les demipélagiens. Il est facile de démontrer dans ses livres, d'un bout à l'autre, qu'il ne va jamais plus loin; et ce système bien compris, avec tous ses adoucissements, suffit *pour justifier la justice et la bonté de Dieu*, comme vous le dites très bien.

Pour les prétendus disciples de saint Augustin, ils veulent que Dieu ne tire de la masse de perdition condamnée pour le péché originel, que les seuls prédestinés; qu'il n'y ait aucun autre secours médicinal dans l'état présent, que le seul secours *quo*, qui *n'est point laissé au libre arbitre*, qui ne peut être *ni mérité ni perdu*, et auquel *les volontés ne peuvent résister*, parce qu'il n'y a point de plus grande nécessité que celle qui est *inévitable et invincible*. Ils veulent que tout homme, même juste, qui n'a pas ce secours *quo* précisément pour l'acte surnaturel commandé, dans le moment où le commandement le presse, ne puisse non plus s'empêcher de violer le commandement, selon la comparaison de saint Augustin [2], que « personne ne peut naviger sans navire, parler » sans voix, marcher sans pieds, et voir sans lu- » mière. » Je ne m'étonne nullement que ceux qui sont attachés à un tel système ne puissent répondre rien d'intelligible aux libertins, ni même aux ames tentées de murmure et de désespoir. L'histoire très curieuse et très remarquable que vous me racontez fait voir combien ils sont dans l'impuissance *de justifier la justice et la bonté de Dieu*, et de dire avec saint Augustin : « Les com- » mandements ne sont point tyranniques. » Une prédestination qui n'est qu'une prédilection pour les uns sans préjudice de l'amour très sincère pour tous les autres, et laquelle se borne à ne donner pas aux uns la surabondance qu'elle prépare aux autres, sans diminuer rien de la parfaite suffisance à ceux-ci, laisse tout le genre humain avec le salut dans les mains de son propre conseil, en sorte que la perte d'un chacun d'eux ne vient que de son libre arbitre rebelle à la grace : *Perditio tua, ex te, Israël* [1]. Leur non-prédestination ne leur a ôté rien d'effectif pour un très parfait pouvoir de se sauver. Mais une prédestination qui ne prépare à aucun homme dans l'état présent que le seul secours *quo*, et qui ne le donne, au moins pour la persévérance finale qui est le coup décisif, qu'aux seuls prédestinés, laisse tout le reste des hommes, même des justes non élus, dans la même impuissance de persévérer dans ce moment décisif où tout homme se trouve *de naviger sans navire, de parler sans voix, de marcher sans pieds, et de voir sans lumière.* Voilà une doctrine qui mène tout droit au désespoir, et par conséquent au libertinage le plus incorrigible. Pour remédier à ces maux, allez dire à un homme que cette impuissance de faire le bien et de résister au mal est une juste punition du péché originel; il vous répondra que nul de ceux que Dieu punit ainsi ne peut ni ne doit résister à cette punition divine et inévitable. Dites-lui qu'il a la grace pour l'acte surnaturel qui lui est commandé; il vous répondra: Si je l'ai, je ferai l'acte avec une nécessité inévitable et invincible; pourquoi craignez-vous que j'évite ce qui est inévitable, et que je vainque ce qui est invincible ? Représentez-lui que la grace n'est point nécessitante, et que la concupiscence aussi ne l'est pas, quoique l'une détermine la volonté inévitablement et invinciblement au bien, comme l'autre la détermine au mal; il rira de cette subtilité puérile, qui est si indigne du profond sérieux d'une telle question. Il vous répondra avec moquerie et indignation : Eh ! quelle nécessité peut être plus forte que celle qui prévient inévitablement, et qui détermine invinciblement ma volonté, tantôt au bien et tantôt au mal ? N'avouez-vous pas vous-même qu'il est nécessaire que ma volonté suive toujours tout ce qui la délecte le plus ? N'est-ce pas là ce que vous n'avez point de honte d'attribuer à saint Augustin ? Ai-je besoin d'aucun autre principe pour m'autoriser dans une liberté épicurienne ? On n'a qu'à mettre d'un côté le plus

---

[1] *De Spir. et Litt.*, cap. XXXIII, n. 58, tom. X.
[2] *De Gest. Pelag.*, cap. I, n. 5, tom. X.

[1] *Osee.* XIII. 19.

grand docteur du parti, et de l'autre une personne qui n'a que le sens commun avec ce principe, dont elle se prévaudra en faveur de son libertinage ; plus le docteur sera habile, plus il sera confondu, et honteux des réponses absurdes auxquelles il sera réduit.

Mais j'abuse de la patience d'un malade. Pardon, mon cher Père. Je suis avec vénération tout à vous sans réserve.

LETTRE IV.

A Cambrai, 8 mars 1709.

J'ai envoyé à M. Dupuy un petit écrit, mon révérend Père. Cet ami vous le communiquera dès qu'il pourra vous voir à Paris, ou qu'il sera libre de vous aller voir dans votre solitude. J'espère que cet écrit servira à nous mettre d'accord, et à vous faire approuver ce que saint Augustin enseigne.

Je ne connois rien du P. Malebranche sur cette matière, que son système de la grace ; mais, dans ce petit ouvrage, il ne justifie l'inefficacité de la volonté de Dieu pour le salut de tous les hommes que par une impuissance qui vient de la simplicité des voies de Dieu, et des bornes du cerveau de Jésus-Christ. C'est ce qui est nouveau dans l'Église, éloigné de toute théologie, et indigne de Dieu. Si néanmoins ce sentiment vous contente, je suppose volontiers que je ne le connois pas assez bien.

Permettez-moi d'ajouter ici que Dieu permet peut-être l'augmentation de vos peines, parce que vous cherchez un peu trop un appui et une certitude, au lieu que Dieu veut vous éprouver et purifier par l'incertitude. Vous seriez bien plus en paix si vous raisonniez moins, et si vous laissiez tomber toutes vos réflexions pour vous livrer simplement à Dieu. La tentation vient par le raisonnement ; c'est en ne raisonnant point que vous vous en délivrerez. La tentation vient par l'inquiétude sur ce qui vous touche ; elle s'apaisera en vous occupant alors de Dieu seul. Essayez, je vous supplie, ce remède, et donnez-moi de vos nouvelles. Cependant je ne cesserai point de prier pour vous. Faites de même pour moi, et comptez que je suis tout à vous avec vénération et tendresse.

LETTRE V.

SUR LE MÊME SUJET.

Je suis persuadé, mon révérend Père, que nous sommes tellement d'accord sur le point essentiel, que les choses déjà accordées suffisent pour nous accorder sur celles dont nous ne convenons pas encore.

1° Vous admettez la prescience infaillible de Dieu pour toutes nos volontés futures.

2° Vous admettez aussi sans peine une prédilection de Dieu pour un certain nombre d'hommes, sans préjudice de la dilection très sincère en vertu de laquelle il donne à tous les autres des secours très-suffisants pour rendre leur salut possible. Voilà les deux points que vous m'accordez. Vous m'en demandez un troisième, que voici.

Vous voulez qu'un certain nombre de ces hommes, auxquels Dieu donne sans prédilection des secours très suffisants, se sauvent par le secours de ces graces si suffisantes qui leur rendent le salut si parfaitement possible. Pourquoi, dites-vous, arriveroit-il que de tant d'hommes à qui il ne manque rien pour pouvoir se sauver, aucun ne se sauvât jamais ? et si le défaut de prédestination est un obstacle invincible à leur salut, d'où vient que Dieu, qui veut avec tant de bonté les sauver tous, ne veut pas lever cet obstacle ? Voici mes réponses, que je tire des deux propositions que vous m'accordez.

1° Je veux bien vous abandonner toute inégalité de secours entre les prédestinés et ceux qui ne le sont pas. Je veux bien supposer une grace commune et égale pour tous les hommes, comme saint Augustin semble l'avoir bien voulu supposer en écrivant à Simplicien. Dans cette supposition, que je fais ici sans conséquence, la prédestination pourroit encore rester tout entière, puisque la prédestination, selon saint Augustin, ne consiste qu'en deux points, savoir, la prédilection et la prescience divine. Dans cette supposition, Dieu pourroit encore aimer quelques hommes plus que tous les autres, leur vouloir un plus grand bien, et vouloir s'assurer de les y faire parvenir. Dieu pourroit aussi se servir de sa prescience pour faire en sorte qu'une certaine grace commune et égale pour tous persuaderoit ceux-ci, quoiqu'elle ne persuadât point les autres. Ainsi, dans cette supposition d'une grace générale et égale donnée à tous dans les mêmes dispositions au-dedans et les mêmes circonstances au-dehors, je trouve encore la prédestination que je cherche, et qui ne consiste que dans la prédilection et dans la prescience. Vous m'avez accordé la prédilection sans préjudice de la dilection sincère. Vous m'avez accordé aussi la prescience infaillible. Vous ne pouvez donc plus rejeter la prédestination, que je borne à ces deux points. Dans cette supposition, la prédestination n'est ni un secours intérieur de grace, ni une cause réelle qui influe dans le salut des hommes prédestinés. Sans la prédestination, un homme a tous les secours les plus suffisants et la plus parfaite possibilité du salut. Le salut n'est pas plus prochainement possible au prédestiné qui se sauve, qu'au non-prédestiné qui ne se sauve pas. La non-prédestination n'est la privation d'aucun secours réel de grace, puisque nous supposons que les uns et les autres ont la même grace générale sans ombre de distinction. La différence de l'événement entre ces deux sortes d'hommes ne vient ni du principe de la prédilection de Dieu pour les uns, puisqu'on suppose que cette prédilection n'opère aucune inégalité de grace entre eux ; ni de la prescience, puisque ce n'est point la prescience qui fait que les hommes veulent ni le bien ni le mal, mais qu'au contraire c'est la détermination libre des volontés des hommes qui règle la prescience ; en sorte que cette prescience, comme saint Augustin l'assure, n'influe pas plus sur nos volontés futures que le souvenir d'un particulier influe sur nos volontés passées. Dans cette supposition, que vous ne pouvez pas nier, puisqu'elle ne contient que les deux points que vous avez déjà accordés, voilà une prédestination tellement certaine, qu'aucun prédestiné ne périt, et qu'aucun non-prédestiné ne se sauve. Il faut donc que vous admettiez, comme moi, ce qui vous paroît faire une si grande difficulté.

2° Vous demandez d'où vient que nul de ces hommes qui ont le salut *dans la main de leur conseil*, et qui peuvent aussi prochainement que les prédestinés mêmes se sauver, puisqu'ils ont précisément la même grace, ne se sauvent pourtant jamais. Je vous réponds que ce qui empêche leur salut n'est point leur non-prédestination. Avec cette non-prédestination ils ont une grace entièrement égale à celle des prédestinés qui se sauvent ; le défaut de prédilection ne les prive d'aucun secours réel. Quoiqu'ils soient moins aimés que les autres, ils ne sont pas moins secourus par la grace. La prescience même, par laquelle Dieu voit leur infidélité en même temps que la fidélité des prédestinés, ne leur nuit en rien de réel ; car cette prescience, comme je l'ai déjà remarqué, ne contribue en rien à leur infidélité ; et c'est au contraire leur infidélité qui, étant future par leur seul libre arbitre, se présente à la prescience de Dieu. Les hommes non prédestinés ne manquent donc d'aucun secours réel que les prédestinés reçoivent ; et il n'est pas permis de demander comment est-ce que Dieu veut sincèrement qu'ils se sauvent, puisqu'il les prive de la prédestination sans laquelle ils ne sauroient être sauvés. La prédestination ne consiste que dans deux choses jointes ensemble : l'une est une prédilection qui n'agit point sur les volontés, et qui ne donne aucune grace au-dessus de la générale ; en un mot, le salut n'est pas plus possible avec cette prédilection que sans elle, et sans elle le salut est aussi possible que quand on l'a. L'autre chose qui entre dans la prédestination est la prescience. Or, la prescience ne donne rien au prédestiné, et ne prive de rien celui qui n'est pas prédestiné. Il est vrai que, sans cette prescience du salut futur d'un homme, il est impossible que cet homme soit sauvé ; mais ce n'est qu'une impossibilité purement *conséquente*, comme celle qui fait qu'il est impossible qu'une chose ne soit pas arrivée autrefois, quand je me souviens de l'avoir vue en son temps. Il ne faut donc que bien entendre la prédestination, et que la réduire aux deux seules choses dont elle est composée, pour conclure que la non-prédestination ne rend nullement le salut impossible aux non prédestinés, et qu'elle ne leur diminue même en rien la possibilité du salut qui leur est commune avec les prédestinés. Vous n'avez qu'à dire de la prescience ce que vous dites de la prédestination, pour sentir combien votre objection est facile à résoudre. En un sens de nécessité purement *conséquente*, il est vrai de dire que nul homme ne peut être sauvé si son salut n'est pas prévu de Dieu comme futur : en voudriez-vous conclure que la prescience de la perte d'un grand nombre d'hommes rend leur salut impossible, et leur damnation nécessaire ?

3° Allons plus loin, et faisons une autre supposition, qui est de nous représenter Dieu voulant le salut de tous les hommes, d'une volonté égale et conditionnelle, sans en prédestiner aucun. Dans cette supposition, Dieu dit en lui-même : Je les aime tous également ; je leur donne à tous le même secours de grace ; je les sauverai tous, si tous y correspondent par leur libre arbitre. Je les condamnerai tous, si tous y résistent par leur libre arbitre. Enfin si les uns y correspondent, et si les autres n'y correspondent pas, je récompenserai dans le ciel ceux qui se trouveront y avoir correspondu, et je punirai dans l'enfer ceux qui auront refusé d'y corrépondre. Dans cette supposition, il n'y auroit aucune prédestination, faute de prédilection pour les uns au-dessus des autres. Mais il resteroit une pure et simple prescience de la fidélité future des uns et de l'infidélité future des autres. Je soutiens néanmoins que dans ce système toute votre difficulté réelle resteroit, et qu'on pourroit faire encore votre objection. On pourroit dire : D'où vient que Dieu n'a pas donné à tous un certain degré de grace qu'il voit dans les trésors infinis de sa puissance, et avec lequel il prévoit, par sa prescience infaillible, qu'il assureroit le salut de tous les hommes sans exception? Il est impossible d'être sauvé sans la prescience de Dieu; nul ne peut être sauvé si Dieu ne prévoit qu'il le sera : pourquoi donc Dieu, qui veut sincèrement, dit-on, sauver tous les hommes, en laisse-t-il un si grand nombre dont le salut n'est pas compris dans sa prescience, et qui par conséquent ne peuvent pas être sauvés? Vous ne pouvez pas désavouer, mon révérend Père, que cet argument ne conserve encore toute sa force contre vous, après que vous aurez supprimé toute prédestination. Le salut de chaque homme est impossible, sans une prescience de la part de Dieu que cet homme sera sauvé. Ainsi, sans prescience comme sans prédestination, son salut ne peut jamais être futur. L'unique solution que vous puissiez donner à cette objection, c'est de dire que la simple prescience ne fait rien au salut, ni pour le procurer, ni pour l'empêcher; que la prescience présuppose, pour ainsi dire, son objet futur, sans contribuer à le rendre tel, et que la nécessité qui en résulte n'est que purement *conséquente*; mais qu'au contraire la prédestination est une volonté de Dieu qui décide, qui prépare, qui arrange, et sans l'arrangement de laquelle il est impossible que le salut d'aucun homme arrive jamais. Ma réponse se réduit à ce que j'ai déjà établi. La prédestination n'est qu'un composé de la prédilection de la prescience. Nous avons déjà vu que la prédilection seule n'opère rien, ni comme cause efficiente sur la volonté, ni comme cause distributive de certaines graces, puisque, suivant notre supposition, Dieu, nonobstant cette prédilection pour les uns, ne leur donne que la même grace précisément qu'il donne à tous les autres. Ce n'est donc pas la prédilection d'un tel homme qui assure son salut, puisqu'elle ne lui donne rien pour l'assurer plus qu'aux autres qui périssent; mais c'est la prescience qui se joint à la prédilection pour lui assurer le salut de certains hommes. Toute la sûreté de l'événement futur vient de cette prescience. Or, la prescience ne peut jamais produire qu'une nécessité purement *conséquente*, soit qu'elle se trouve jointe à une prédilection en faveur de quelques hommes, soit qu'elle se trouve sans prédilection. Il est donc évident que dans les deux systèmes, l'un de la prédestination, l'autre de la simple prescience sans prédestination, il n'y a jamais qu'une nécessité purement *conséquente*, qui n'ôte ni aux hommes qui se sauvent le pouvoir prochain de se perdre, ni à ceux qui se perdent le pouvoir prochain de se sauver. Vous convenez qu'il y a une prédilection outre la prescience. Vous êtes donc obligé, tout autant que moi, de répondre à l'objection, puisque vous n'admettez pas moins que moi les deux parties qui composent la prédestination. De plus, quand même vous voudriez supprimer la prédilection que vous admettez, et par conséquent anéantir toute prédestination, vous n'auriez pas moins besoin que moi de répondre à votre argument, puisque c'est la prescience seule et non la prédilection qui fait toute la difficulté dont vous êtes en peine, savoir, celle de la certitude inévitable de l'événement futur. Je serai toujours en droit de répondre mot pour mot sur la prédestination tout ce que vous répondrez sur la prescience. Vous n'avez qu'à voir ce que saint Augustin dit des *élus*. Il les nomme sans cesse *præsciti*, et il met toujours la certitude de leur salut dans l'infaillibilité de la prescience divine.

4° Vous voudriez au moins qu'il y eût un certain nombre d'hommes non prédestinés qui parvinssent au salut, afin qu'il parût par leur exemple qu'on peut se sauver et qu'on se sauve en effet sans prédestination; alors vous seriez consolé par les non prédestinés qui peut-être se sauveront. Ainsi vous mettriez trois classes d'hommes : les premiers seroient les saints prédestinés; les seconds, les saints non prédestinés; et les derniers, les non prédestinés qui périssent. Mais permettez-moi de vous représenter mes difficultés. 1° Où trouvez-vous ces saints non prédestinés? En voyez-vous quelque trace dans la tradition? Est-il permis d'avancer un système si nouveau; et si inconnu aux anciens? *Nova sunt quæ dicitis*, etc. 2° Ce tempérament ne lève point la difficulté : on reviendra toujours à vous dire que Dieu a prévu que les saints non prédestinés se sauveroient avec une telle grace; qu'il a eu pour eux la bonne volonté de la leur donner précisément telle qu'il la prévoyoit convenable pour assurer leur salut; qu'il ne l'a point fait au hasard, d'une façon aveugle et indifférente; qu'il a prévu et qu'il a voulu que leur salut en fût la suite. On ne manquera pas d'ajouter que Dieu a vu de même la grace précise qui auroit sauvé pareillement les autres hommes non prédestinés qui périssent, et qu'il n'a pas voulu la leur donner. Voilà, vous dira-t-on, la prescience et la prédilection qui, étant jointes ensemble, font une prédestination complète. Ainsi votre système rassemble les défauts et les inconvénients des deux extrémités opposées. D'un côté, on vous soutiendra que vos saints non prédestinés ont une prédestination véritable, puisqu'ils ont une prescience de Dieu, jointe à une bonne volonté spéciale de leur donner la grace précise qu'il prévoit convenable pour les sauver : *Quomodo scit congruere, etc.* C'est ce qui vous doit paroître dur à l'égard des autres hommes non prédestinés, qui périssent par le refus d'une pareille grace, sans laquelle il est impossible qu'ils soient jamais sauvés. D'un autre côté, vous ne pouvez pas dire que certains hommes se sauvent étant privés de toute prédestination, sans énerver le dogme de la prédestination même. La tradition est toute contraire à cette nouveauté. Si certains hommes se sauvoient sans prédestination, ils se discerneroient eux-mêmes. En ce cas, les plus grands saints, comme la sainte Vierge, saint Jean-Baptiste, les apôtres, etc., seroient discernés par une élection purement gratuite; mais les saints d'un ordre inférieur, qui se seroient sanctifiés sans prédestination, se seroient discernés eux-mêmes. Ils pourroient dire : Quoique Dieu ne nous ait pas prédestinés comme ces saints privilégiés, nous n'avons pas laissé néanmoins de parvenir sans ce privilége à la même fin. Ce système rassemble les inconvénients que vous sentez dans les deux autres.

5° Vous me demanderez encore comment il se peut faire que de tant de milliers d'hommes qui ont reçu des graces très suffisantes pour leur rendre le salut pleinement possible, il n'y en a jamais aucun qui use d'un pouvoir si complet, et qui parvienne à ce salut, qu'ils ont tous, pour ainsi dire, *dans la main de leur conseil*. Je vous réponds que la cause de leur infidélité à ces graces n'est autre que leur libre arbitre; qu'il ne faut point remonter plus haut que leur volonté; et qu'il ne faut pas s'étonner que nul de ces hommes ne se sauve point, puisque Dieu voit par sa prescience infaillible qu'aucun d'eux ne voudra faire ce qui dépend de lui pour se sauver. Vous reviendrez peut-être encore à me demander d'où vient qu'un si prodigieux nombre d'hommes, comme de concert, refusent de se servir d'un pouvoir si complet : et je ne puis vous en donner aucune autre cause ni source que leur libre arbitre que Dieu leur laisse. Pour expliquer ceci, permettez-moi de faire une parabole : Un roi offre à dix millions de ses sujets une récompense, avec tous les moyens pour la gagner. Ce prince est prophète : il prévoit infailliblement, par l'esprit de prophétie, qu'il n'y aura, parmi ces dix millions d'hommes, pas même un seul homme qui veuille se donner la peine nécessaire pour remporter le prix offert, et que cette multitude innombrable s'en privera par sa mauvaise volonté, qui sera néanmoins très libre. Il voit seulement cent mille hommes qui se détermineront autrement, et qui remporteront le prix négligé par ceux-ci. Ce prince prophète voit infailliblement cet événement futur, sans y avoir aucune part. Il ne produit nullement cette mauvaise volonté future de tant d'hommes. Il ne la voit qu'à cause que tous ces hommes, parfaitement libres de gagner le prix offert, se détermineront eux-mêmes, malgré lui, à ne le pas vouloir : il voit cet événement futur sans y contribuer, comme je vois une campagne, que mes yeux regardent, sans l'avoir faite; comme ma mémoire me rappelle les actions passées d'autrui, où je n'ai eu aucune part; et comme le sens commun me fait prévoir, sur des vraisemblances très fortes, certaines actions futures de mon prochain, dont je voudrois le détourner. L'unique différence qui est entre la prévoyance de Dieu et la mienne est que la sienne est infaillible, et que la mienne peut faillir. Du reste, sa prévoyance n'influe pas plus que la mienne sur son objet futur. La comparaison du prince prophète est très propre à faire entendre combien la prévoyance de Dieu est infaillible sans être cause de ce qu'elle prévoit. Ne dites point que c'est la prévoyance du prince prophète qui est cause que tant de millions d'hommes, comme de concert, refusent de gagner le prix qu'il leur offre. Ne demandez point d'autre raison de ce refus si universel, que leur volonté libre, et mal disposée par son propre choix. Mais dès que vous avez supposé que ce prince prophète a prévu infailliblement que ces dix millions d'hommes ne voudront pas gagner son prix, que cent autre mille hommes gagneront, il ne vous est plus permis de vouloir supposer qu'il y aura quelques hommes au-delà des cent mille prévus qui voudront gagner cette récompense. Ce n'est nullement à ce prince, mais à ces hommes innombrables, que vous devez demander pourquoi est-ce qu'ils sont tous comme d'accord pour ne vouloir pas ce qu'il ne tient qu'à eux de vouloir. Pour le prince, il les prévient, il les excite, il les exhorte, il leur donne tous les secours dont ils ont un vrai besoin pour pouvoir remporter le prix qu'il leur promet : il ne tient nullement à lui; il ne tient qu'à eux : mais, étant pleinement libres de vouloir ou de ne vouloir pas, ils choisissent de ne point vouloir. Le prince, qui est prophète, ne fait que prévoir infailliblement leur mauvaise volonté future. Or, il est évident que dès qu'il la voit par une prévoyance prophétique, on ne peut plus supposer qu'elle n'est pas future, puisque cette prévoyance ne peut pas être fautive. Ce seroit se contredire visiblement, et renverser sa propre supposition, que de supposer d'un côté que le prince prophète voit le refus futur de tous ces hommes, et que de supposer de l'autre côté que ce refus, infailliblement prévu, n'arrivera jamais pour une partie de ces gens-là. Il ne reste qu'à changer simplement les noms, et qu'à dire de la prescience infaillible de Dieu ce que vous êtes obligé de dire de celle de ce prince prophète. Elle voit d'une façon toute nue et purement spéculative ce que le libre arbitre de tous ces hommes décidera; comme mes yeux regardent un tableau que je n'ai pas fait, ou comme je me souviens d'une action d'autrui, ou bien, pour revenir à notre comparaison, comme le prophète prévoit une faute et un malheur de son prochain, qu'il ne peut empêcher par toutes ses offres.

6° Quand on embrasse dans toute son étendue le plan de la prédestination, il n'y a que deux points qui doivent nous étonner. Le premier est que Dieu, qui aime sincèrement tous les hommes, pour les conduire à leur dernière fin, savoir, leur salut, ne donne pas à tous sans exception ce qu'il donne aux seuls *élus*, savoir, une grace qu'il voit convenir pour assurer le salut de chacun d'eux : *quomodo scit congruere*, etc. Dieu tient ces graces dans les trésors de sa puissance; il les voit distinctement : s'il les donnoit, tous sans exception seroient sauvés. Il ne veut pas les donner, quoiqu'il donne à tous des graces très suffisantes, avec lesquelles ils auront la pleine et parfaite possibilité du salut, dont ils ne voudront pas se servir. Le second point est que Dieu préfère d'une façon purement gratuite les uns aux autres pour les graces congrues ou assaisonnées : *quomodo scit congruere*, etc. Ces graces, si vous voulez, sont au même degré que celles des hommes non prédestinés; elles ne sont pas plus fortes, elles ne donnent point plus de facilité : en un mot, je veux bien supposer qu'elles sont entièrement les mêmes quant à leur degré ou force, quant aux circonstances extérieures, et même quant à la tentation qui est à vaincre au-dedans. Mais Dieu prévoit que cette même grace, qui fera vouloir Jacques par le seul choix de son libre arbitre ainsi prévu et aidé, ne fera point vouloir Antoine par le choix de son libre arbitre, qui résistera librement à cet attrait et à ce secours. Dieu, en prévoyant que cette grace sauvera l'un et ne sauvera pas l'autre, la donne également à tous les deux avec une dilection qui paroît très inégale. D'où vient que Dieu aime plus l'un que l'autre par cet amour si gratuit et si prévenant? C'est sur ces deux points que l'Église dit, après saint Paul et avec saint Augustin : *O altitudo!* etc.

7° Pour moi, dans cette incertitude, je ne puis trouver aucun repos que dans l'amour de préférence de Dieu à moi. Je sais que le nombre des non prédestinés est incomparablement plus grand que celui des prédestinés. Ainsi, toutes les fois que je m'arrêterois aux vraisemblances humaines, surtout en rappelant le souvenir de mes infidélités, il y auroit à parier cent contre un que je ne me trouverois point du petit nombre des prédestinés. L'incertitude seule doit suffire pour causer le plus intolérable tourment quand il s'agit d'une décision telle que celle du salut éternel. On en peut juger par les inquiétudes mortelles d'un homme qui tireroit au billet pour être pendu, avec une apparence cent fois plus grande de l'être que de ne l'être pas. Dans cette terrible incertitude pour le salut éternel, qui est-ce qui peut calmer mon cœur? Sera-ce la certitude de la volonté sincère de Dieu pour me sauver? Eh! ne vois-je pas que la multitude innombrable périt nonobstant cette sincère volonté? Quoi donc? Sera-ce la prédestination? Il y a à parier cent contre un que je n'y suis pas compris. Sur quoi donc me rassurerai-je? ou bien serai-je tranquille et content, à la veille d'une décision non-seulement si incertaine, mais encore si vraisemblablement malheureuse pour mon éternité? Encore une fois, sur quoi est-ce que je fonde le repos de mon cœur? Si c'est sur mon salut, c'est sur le sable mouvant, non par l'incertitude des promesses de Dieu, mais par l'incertitude qui vient de ma propre fragilité. Puis-je apaiser mon cœur, puis-je respirer, puis-je vivre, si je ne m'appuie que sur une espérance si incertaine de ma part, quoique très certaine de la part de Dieu? Sera-ce l'incertitude qui nourrira mon cœur? Eh! c'est elle qui le rongeroit. De quoi donc puis-je vivre, comme suspendu par un cheveu au-dessus de l'abîme de l'enfer? Je puis m'étourdir, m'enivrer, me mettre dans une espèce de délire, et goûter une joie de frénétique dans cette horrible situation; mais je ne puis être mis dans une véritable paix que par un amour de préférence de Dieu à moi, qui soit indépendant de mon incertitude. Si je n'aimois Dieu que pour mon salut, ce salut si incertain ne pourroit pas me mettre en paix : plus je le voudrois, plus je serois troublé par son incertitude. Ma paix ne viendra donc que d'un amour qui m'attache à Dieu indépendamment même de la récompense, quoique je la desire et la demande en tout état, selon la volonté très expresse de Dieu.

LETTRE
A M. L'ÉVEQUE D'ARRAS,
SUR LA LECTURE
DE L'ÉCRITURE SAINTE
EN LANGUE VULGAIRE.

Puisque vous souhaitez, monseigneur, que je vous dise ma pensée sur la lecture du texte sacré pour les laïques, je vais le faire avec toute la vénération et toute la déférence que vous méritez.

I. Je crois qu'on s'est donné en nos jours une peine inutile pour prouver ce qui est incontestable, savoir, que les laïques lisoient les saintes Écritures dans les premiers siècles de l'Église. Pour s'en convaincre, il ne faut qu'ouvrir les livres de saint Chrysostôme. Il dit, par exemple, dans sa Préface sur l'Épître aux Romains, qu'il *ressent une vive douleur* de ce que beaucoup de fidèles n'entendent pas saint Paul *comme il le faudroit*, et de ce que l'ignorance de quelques uns va jusqu'à *ne savoir pas le nombre de ses Épîtres* : il ajoute que ce désordre vient *de ce qu'ils ne veulent pas avoir assidument ses écrits dans leurs mains* : il ajoute que l'ignorance des saintes Écritures est « la source de la contagion des hé» résies, et de la négligence dans les mœurs. » Ceux, dit-il, qui ne tournent pas les yeux vers » les rayons des Écritures tombent nécessaire» ment dans des erreurs et dans des fautes fré» quentes. » Tout ce discours regarde les laïques, qui écoutoient les sermons de ce Père. Saint Jérôme, parlant à Læta sur l'éducation de sa petite-fille [1], dit que quand cette enfant *commencera à être un peu plus grande*, il faut que ses parents ne la trouvent que dans le « sanctuaire des Écri» tures, consultant les prophètes et les apôtres sur » ses noces spirituelles. » Il ajoute : « Qu'elle vous » rapporte tous les jours son ouvrage réglé, qui » sera un recueil des fleurs de l'Écriture; qu'elle » apprenne le nombre des versets grecs, et qu'en» suite elle s'instruise sur l'édition latine. » Il veut que cette jeune fille « aime les livres sacrés, » au lieu des pierreries et des étoffes de soie;.... » qu'elle apprenne les Psaumes ;.... qu'elle s'in» struise dans les Proverbes de Salomon sur la rè» gle de la vie ; qu'elle s'accoutume dans l'Ecclé» siaste à fouler aux pieds les choses mondaines ; » que, dans le livre de Job, elle suive les exemples » de courage et de patience ; qu'elle passe aux » Évangiles, pour ne les laisser jamais sortir de » ses mains ; qu'elle se remplisse avec une ardente » soif des Actes des Apôtres et de leurs Épîtres;... » qu'elle apprenne par cœur les Prophètes, les » sept premiers livres de l'Écriture, ceux des Rois » et des Paralipomènes, avec ceux d'Esdras et » d'Esther ; qu'elle n'apprenne qu'à la fin et sans » péril le Cantique des Cantiques, de peur que si » elle le lisoit au commencement, elle ne fût bles» sée, ne comprenant pas sous ces paroles char» nelles le cantique des noces spirituelles » de l'Époux sacré. Il est visible que saint Jérôme ne prétendoit point violer par ce plan d'éducation la discipline de l'Église de son temps, et qu'au contraire il ne faisoit que suivre dans ce plan l'usage universel pour l'éducation des filles chrétiennes. Que si ce Père vouloit qu'une très jeune fille apprît ainsi toutes les saintes Écritures, et les sût presque toutes par cœur, que ne doit-on pas conclure pour tous les hommes d'un âge mûr, et pour toutes les femmes d'une piété et d'une discrétion déja éprouvées ? D'ailleurs, en ces temps-là les saintes Écritures, et même toute la liturgie, étoient en langue vulgaire : tout l'Occident entendoit le latin, dans lequel il avoit l'ancienne version de la Bible, que saint Augustin nomme *la vieille Italique* : l'Occident avoit aussi la liturgie dans la même langue, qui étoit celle de tout le peuple. Pour l'Orient, c'étoit la même chose; tous les peuples y parloient le grec ; ils entendoient la version des Septante et la liturgie grecque, comme nos peuples entendroient une version françoise. Ainsi, sans entrer dans aucune question de critique, il est plus clair que le jour que tout le peuple avoit dans sa langue naturelle la Bible et la liturgie ; qu'on faisoit lire la Bible aux enfants, pour les bien élever; que les saints pasteurs leur expliquoient de suite dans leurs sermons les livres entiers de l'Écriture ; que ce texte étoit très familier aux peuples; qu'on les exhortoit à le lire continuellement; qu'on les blâmoit d'en négliger la lecture ; enfin qu'on regardoit cette négligence comme la source

[1] *Epist.* LVII, tom. IV, part. 2.

des hérésies et du relâchement des mœurs. Voilà ce qu'on n'avoit aucun besoin de prouver, parce qu'il est clair dans les monuments de l'antiquité.

II. D'un autre côté, monseigneur, on ne sauroit nier que l'Église, qui usoit d'une si grande économie pour ne découvrir que peu à peu le secret des mystères de la foi, de la forme des sacrements, etc., aux catéchumènes, n'usât aussi par le même esprit d'une économie proportionnée aux besoins, pour faire lire l'Écriture aux néophytes, ou aux jeunes personnes qui étoient encore tendres dans la foi. Les Juifs avoient donné l'exemple d'une si nécessaire méthode, lorsqu'ils ne permettoient la lecture du commencement de la Genèse, de certains endroits d'Ézéchiel et du Cantique des Cantiques, que quand on étoit parvenu à un âge mûr. Nous venons de voir que saint Jérôme gardoit aussi une méthode ou économie pour donner à la jeune Læta d'abord certains livres, et ensuite quelques autres, et que le Cantique des Cantiques devoit être donné le dernier, parce que *les paroles charnelles*, sous lesquelles le mystère des noces sacrées de l'âme avec l'Époux étoit caché, auroient pu blesser son cœur, si on les lui avoit confiées avant qu'elle eût fait un certain progrès dans la simplicité de la foi et dans les vertus intérieures. Ainsi, d'un côté, l'Écriture étoit donnée à tous les fidèles ; de l'autre, elle n'étoit néanmoins donnée à chacun qu'à proportion de son besoin et de son progrès.

III. Ce seroit même un préjugé dangereux et trop approchant de celui des protestants, que celui de penser que les chrétiens ne peuvent pas être solidement instruits de toutes les vérités, quand ils ne lisent point les saintes Écritures. Saint Irénée étoit bien éloigné de ce sentiment, quand il disoit[1] : « Quoi donc? si les apôtres ne nous eussent pas
» même laissé des Écritures, n'auroit-il pas fallu
» suivre l'ordre de la tradition qu'ils ont mise en
» dépôt dans les mains de ceux auxquels ils con-
» fièrent les églises? Beaucoup de nations barbares
» qui ont reçu la foi en Jésus-Christ ont suivi cet
» ordre, conservant, sans caractères ni encre, les
» vérités du salut écrites dans leurs cœurs par le
» Saint-Esprit, gardant avec soin l'ancienne tradi-
» tion, et croyant, par Jésus-Christ, Fils de Dieu,
» en un seul Dieu créateur du ciel et de la terre,
» et de tout ce qui y est contenu.... Ces hommes,
» qui ont embrassé cette foi sans aucune écri-
» ture, sont barbares par rapport à notre langage;
» mais quant à la doctrine, aux coutumes et aux
» mœurs, par rapport à la foi, ils sont parfaite-
» ment sages et agréables à Dieu, vivant en toute
» justice, chasteté et sagesse. Que si quelqu'un par-
» lant leur langue naturelle leur proposoit les dog-
» mes inventés par les hérétiques, aussitôt ils bou-
» cheroient leurs oreilles et s'enfuiroient bien loin,
» ne pouvant pas même se résoudre à écouter un
» discours plein de blasphèmes. Ainsi, étant sou-
» tenus par cette vieille tradition des apôtres, ils
» ne peuvent même admettre dans leur simple
» pensée la moindre image de ces prodiges d'er-
» reur. » On voit, par ces paroles d'un si grand docteur de l'Église, presque contemporain des apôtres, qu'il y avoit de son temps, chez les peuples barbares, des fidèles innombrables qui étoient très spirituels, très parfaits, et *riches*, comme parle saint Paul[1], *en toute parole et en toute science*, quoiqu'ils ne lussent jamais les livres sacrés. Cette vérité ne diminue en rien le prix du sacré dépôt des saintes lettres, et ne doit en rien ralentir le zèle des chrétiens pour s'en nourrir avec une humble dépendance de l'Église : mais enfin le fait est constant par un témoignage si clair et si décisif. La tradition suffisoit à ces fidèles innombrables pour former leur foi et leurs mœurs de la manière la plus parfaite et la plus sublime. L'Église, qui nous donne les Écritures, leur donnoit sans Écritures, par sa parole vivante, toutes les mêmes instructions que nous puisons dans le texte sacré. La parole non écrite, qui est dans la bouche de l'épouse du Fils de Dieu, suppléoit au défaut de la parole écrite, et donnoit le même aliment intérieur : en cet état ces fidèles étoient si *éclairés*, qu'au premier discours contagieux ils auroient bouché leurs oreilles, tant ils étoient affermis dans la simplicité de la foi, et de la docilité pour l'Église; tant cette heureuse implicité leur donnoit de discernement et de délicatesse contre la séduction la plus subtile des novateurs. On se tromperoit donc beaucoup, selon saint Irénée, si on croyoit que l'Église ne peut pas élever ses enfants à la plus haute perfection, tant pour la foi que pour les vertus, sans leur faire lire les saintes Écritures. Ce que saint Irénée nous apprend de ces fidèles de son temps, saint Augustin nous le répète pour les solitaires du sien. « Un homme, dit-il[2], étant soutenu par la
» foi, par l'espérance et la charité, n'a pas
» besoin des Écritures, si ce n'est pour instruire
» les autres. C'est ainsi que beaucoup de solitaires
» vivent avec ces trois vertus, même dans les dé-
» serts, sans avoir les livres sacrés. »

Voilà les solitaires mêmes qui, dans leurs dé-

---

[1] *Adv. Hær.*, lib. III, cap. IV.

[1] *I Cor.*, I, 5.
[2] *De Doct. Christ.*, lib. I, cap. XXXIX, n. 43, tom. III.

serts, étoient nourris de Dieu par l'oraison, sans Écritures, et qui parvenoient à la plus haute contemplation sans ce secours. Nous voyons même qu'un de ces solitaires vendit jusqu'au livre sacré où il avoit appris à tout vendre, pour se livrer à l'esprit de pauvreté évangélique. Après de si fréquents exemples, peut-on douter que les fidèles ne puissent atteindre à la perfection sans lire l'Écriture, lorsque l'Église, qui les instruit par l'esprit de son Époux, leur devient une Écriture vivante, et distribuée en la manière la plus proportionnée à leurs besoins? C'est dans cet esprit que saint Augustin disoit aux fidèles : « Appliquez-vous à vous in- » struire des saintes Écritures; nous sommes vos » livres : » *Intenti estote ad Scripturas; codices vestri sumus*[1].

C'est lire les Écritures que d'écouter les pasteurs qui les expliquent, et qui en distribuent aux peuples les endroits proportionnés à leurs besoins : les pasteurs sont des Écritures vivantes. Un particulier ne pourroit point en cet état murmurer, comme s'il lui manquoit quelque chose, sans regarder la tradition de l'Église comme insuffisante, et sans se flatter de trouver, par sa propre recherche, dans le texte de l'Écriture, ce qu'il supposeroit que l'Église ne lui donneroit pas avec assez de pureté, ou d'onction, ou d'étendue. Ainsi, toutes les fois que l'Église jugera à propos de priver ses enfants de cette lecture, pour leur en donner l'équivalent par des instructions plus accommodées à leur vrai besoin, ils doivent s'humilier; croire, sur la parole de cette sainte mère, qu'ils ne perdent rien; se contenter du lait comme du pain; et se borner à recevoir avec docilité ce que l'Esprit qui a fait les Écritures leur donne des vérités mêmes des saintes Écritures, sans leur en confier le texte; de peur qu'ils ne l'expliquent mal. Toute curiosité, tout empressement, toute présomption, de quelque beau prétexte d'amour de la parole de Dieu qu'on veuille le colorer, ne peut être, en ce cas, qu'une tentation d'orgueil et d'indépendance.

IV. Pendant que l'Écriture étoit lue de la sorte par une si grande multitude de fidèles, plusieurs choses empêchoient que la plupart d'entre eux n'en abusassent. 1° Les pasteurs expliquoient sans cesse le texte sacré, pour inculquer le sens de la tradition, et pour empêcher qu'aucun particulier osât jamais ni interpréter ce texte selon son propre sens, ni le séparer d'avec l'interprétation sobre et tempérée à laquelle l'Église le fixoit. 2° L'usage étoit de consulter d'abord les pasteurs sur les moindres difficultés qui regardoient le sens de quelque endroit obscur de ce texte. 5° Dès que quelqu'un étoit suspect de nouveauté sur l'interprétation de quelque texte, les évêques, qui s'assembloient si fréquemment, levoient la difficulté. Enfin, on consultoit, surtout en Occident, le siége apostolique, pour ne souffrir aucune dissention. Ainsi la simplicité de la foi, la docilité des esprits, la grande autorité des pasteurs, et l'instruction continuelle qu'ils donnoient aux peuples sur le texte sacré, empêchoient alors les principaux abus qu'on pouvoit craindre. Encore ne laissoit-on pas de voir quelquefois des particuliers qui détournoient ce texte à des sens nouveaux, et qui causoient de très dangereuses contestations. Saint Pierre nous assure qu'il y a dans les Épîtres de saint Paul des endroits obscurs et difficiles, que des esprits inconstants *tordent pour leur perte*[1].

Origène paroît avoir abusé du sens allégorique pour faire de ses pensées autant de mystères divins, comme parle saint Jérôme. D'un autre côté, les demi-pélagiens se plaignoient mal à propos que saint Augustin expliquoit l'Épître aux Romains selon un sens nouveau et inouï dans la tradition. Mais enfin la licence des esprits, dans l'interprétation du texte sacré, n'étoit parvenu à rien d'approchant de la témérité des critiques qui osent en nos jours ébranler tous les fondements.

V. Il semble que les Vaudois et les Albigeois ont obligé l'Église à user de son droit rigoureux, pour ne permettre la lecture du texte sacré qu'aux personnes qu'elle jugeoit assez bien préparées pour le lire avec fruit. Je ne prétends pas dire que cette réserve n'a commencé qu'au temps de ces hérétiques : il faudroit faire une exacte recherche pour pouvoir fixer le commencement de cette discipline. Mais enfin je vois qu'en ces temps-là l'Église sentit, par une triste expérience, que le pain même quotidien ne devoit pas être abandonné aux enfants; qu'ils avoient besoin que les pasteurs le leur rompissent; et que ce même pain qui nourrit les ames humbles et dociles empoisonne les esprits indociles et présomptueux. Les Vaudois, ou Pauvres de Lyon, prétendoient entendre mieux l'Écriture que tous les pasteurs, et ils vouloient les redresser. Les Albigeois apprenoient aussi aux peuples à examiner par eux-mêmes le texte sacré indépendamment de l'explication des pasteurs, qu'ils accusoient d'ignorance et de mauvaise foi. C'est contre ces sortes de novateurs que le pape Innocent III écrivoit ainsi aux fidèles du diocèse de

---

[1] *Serm.* CCXXVII, tom V.

[1] *II Petr.*, III., 16.

Metz : « Notre vénérable frère l'évêque de Metz nous a appris, par ses lettres, que dans son diocèse et dans sa ville une multitude considérable de laïques et de femmes, étant excités par le désir de lire les Écritures, s'étoient fait traduire en françois les Évangiles, les Épîtres de saint Paul, les Psaumes, les morales de Job, et plusieurs autres livres.... Quelques prêtres des paroisses ayant voulu les reprendre là-dessus, ils leur ont résisté en face, prétendant tirer de l'Écriture des raisons pour prouver qu'on ne doit point troubler ce qu'ils font. Quelques-uns d'entre eux méprisent avec dégoût la simplicité de leurs prêtres; et quand ceux-ci leur proposent la parole du salut, ils disent, dans leurs secrets murmures, qu'ils savent bien mieux que les prêtres expliquer cette parole, et qu'elle est bien mieux dans leurs libelles. Or, quoique le désir d'entendre les divines Écritures et d'exhorter les peuples selon la doctrine de ces saints livres ne soit point blâmable, mais plutôt à louer, ceux-ci paroissent néanmoins répréhensibles en ce qu'ils font des assemblées secrètes, qu'ils y usurpent le ministère de la prédication, qu'ils y eludent la simplicité des prêtres, etc. » Ce pape ajoute : « Les mystères secrets de la foi ne doivent point être exposés indifféremment à tout le monde, puisqu'ils ne peuvent pas être compris par tous les hommes; et qu'on les doit seulement exposer à ceux qui peuvent les recevoir avec fidélité. C'est pourquoi l'Apôtre dit aux plus simples : Je vous ai donné le lait à boire, et non la nourriture solide, comme à de petits enfants en Jésus-Christ; car l'aliment solide est pour les grands, comme le même Apôtre le disoit ailleurs · Nous annonçons la sagesse parmi les parfaits; mais parmi vous j'ai jugé que je ne savois rien que Jésus-Christ, et Jésus-Christ crucifié. Car la profondeur des divines Écritures est si grande, que non-seulement les simples qui n'ont pas étudié, mais encore les sages et les savants, sont incapables de la pénétrer pour en acquérir la pleine intelligence. »

L'indocilité et l'esprit de révolte qui a éclaté dans les laïques a montré combien il étoit dangereux de laisser lire le texte sacré aux peuples, dans des temps où les pasteurs n'avoient plus ni l'ancienne autorité, ni l'ancienne vigilance pour interpréter l'Écriture, et où les peuples s'accoutumoient à mépriser leur simplicité. On reconnut même, par expérience, que le fanatisme de ces laïques étoit contagieux, et qu'ils séduisoient facilement la multitude en lui promettant de lui montrer par l'Écriture combien les pasteurs étoient ignorants, trompeurs, et indignes de leur ministère. Wiclef, Luther, Calvin, toutes les sectes du seizième siècle qui ont entraîné les peuples, abusoient de ces paroles, *Scrutamini Scripturas*, *Approfondissez les Écritures:* ils ont achevé de mettre l'Église dans la nécessité de réduire les peuples à ne lire les Écritures qu'avec une permission expresse des pasteurs.

VI. Gerson ne peut point être accusé de favoriser trop les maximes des ultramontains; cet auteur a néanmoins parlé ainsi : « C'est de cette source empestée que sortent et croissent tous les jours les erreurs des Béguards, des Pauvres de Lyon, et de tous leurs semblables, dont il y a beaucoup de laïques qui ont une traduction de la Bible dans leur langue vulgaire, au grand préjudice et scandale de la vérité catholique. C'est ce qu'on a proposé de retrancher par le projet de réformation[1]. » Il dit ailleurs « qu'il faut empêcher la traduction des livres sacrés en langue vulgaire, principalement de notre Bible, excepté les moralités et les histoires[2]. » Il ajoute ailleurs que c'est une chose trop périlleuse que de donner aux hommes simples, qui ne sont pas savants, les livres de la sainte Écriture traduits en françois, parce qu'ils peuvent, en les expliquant mal, tomber d'abord dans des erreurs : ils doivent écouter cette parole dans la bouche des prédicateurs; autrement on prêcheroit en vain[3]. » Cet auteur se fonde sur la réflexion suivante : « Comme on peut tirer quelque bien d'une bonne et fidèle version de la Bible en françois, si le lecteur l'entend avec sobriété; au contraire, il arrivera des erreurs et des maux innombrables, si elle est mal traduite, ou expliquée avec présomption, en rejetant les sens et les explications des saints docteurs[4]. » En effet, nous avons vu que c'est par les versions de la Bible et par l'interprétation arbitraire que les protestants ont voulu renverser l'ancienne Église : tous les peuples étoient entraînés par cette promesse flatteuse, qu'ils verroient clairement la vérité dans le texte des Écritures.

VII. C'est par la crainte de ces inconvénients que la Faculté de théologie de Paris censura, l'an 1527, quelques propositions d'Érasme[5], qui disoit que « si son sentiment étoit suivi, les laboureurs, les

---

[1] *Tract. contra hæres. de Comm. laic. sub utraque specie*, reg. VIII, tom. I, p. 459.
[2] *In II Lect. cont. van. Curios. dict. Pœnitemini*; IX consid., tom. I, p. 405.
[3] *Serm. de Nativ. Dom.*, tom. III, p. 940.
[4] *Serm. contra Adulat.*, v^e consid., tom. I, pag. 423.
[5] *Vide* D'ARGENTRÉ, *Collect. Judic. de noviss. error.*, tom. II, pag. 61.

» maçons et tous les autres artisans liroient la
» sainte Écriture, et qu'elle seroit traduite en tou-
» tes sortes de langues. » La Faculté assuroit au
contraire que « les Vaudois, les Albigeois, les Tur-
» lupins nous ont appris quel danger il y a d'en
» permettre indifféremment la lecture en langue
» vulgaire, etc. Qu'encore qu'elle fût utile à quel-
» ques-uns, on ne devoit pourtant pas la permettre
» sans choix à tout le monde. » La Faculté ajoutoit, à l'égard des laïques, « que l'Église ne les
» empêche point de lire quelquefois quelques livres
» de l'Écriture qui pourront servir à l'édification
» des mœurs, avec une explication qui soit à leur
» portée. « Enfin elle remarque que « le Saint-
» Siége a défendu, il y a déjà long-temps, aux laï-
» ques de lire ces livres, etc. »

VIII. Le clergé de France parut suivre les mêmes maximes lorsqu'il écrivit au pape Alexandre VII, l'an 1664, contre la traduction du Missel, faite en françois par le sieur Voisin [1]. « Nous avons été at-
» tentifs, disent les évêques, à cette nouveauté, et
» nous l'avons entièrement désapprouvée, comme
» contraire à la coutume de l'Église, et comme très
» pernicieuse aux ames. » A ce propos, le clergé rapporte et approuve la censure que la Faculté de Paris avoit faite autrefois des propositions d'É-rasme : il remarque que les Vaudois, ou Pauvres de Lyon, sont ceux qui ont abusé de la lecture fa-milière du texte sacré; que c'est ce qui a produit dans la suite les sectes des protestants; et que cette nouveauté avoit même auparavant *ouvert le che-min à l'erreur des Bohémiens*, comme la Faculté de Paris l'avoit dit dans sa censure. Enfin le clergé cite Vincent de Lérins, qui assure que *l'Écriture sainte étoit nommée le livre des hérétiques,* à cause des subtilités par lesquelles ils en tournoient les textes contre l'autorité de l'Église. Le pape Alexan-dre VII, ayant reçu cette lettre du clergé, répondit en condamnant « la témérité de ceux qui avoient osé
» traduire dans la langue vulgaire, savoir, la fran-
» çoise, le *Missel Romain,* pour le divulguer et le
» faire passer dans les mains des personnes de tout
» état et de tout sexe. »

IX. Je conclus de tout ceci que l'Église, sans changer de maximes fondamentales, s'est crue obligée de changer un peu sa conduite sur la lecture du texte sacré. Comme les pasteurs ont eu moins d'autorité et d'application à expliquer les Écritures, et que les peuples ont été plus indo-ciles, plus présomptueux, plus enclins à prêter l'o-reille aux séducteurs, elle a cru devoir permettre avec moins de facilité et plus de précaution ce qu'elle permettoit plus généralement dans des temps plus heureux. C'est ainsi que nous voyons que l'an-cienne Église permettoit aux simples fidèles d'em-porter l'eucharistie dans leurs maisons ou dans leurs voyages, parce qu'elle se tenoit pleinement assurée de leur pureté, de leur retenue et de leur zèle; au lieu que maintenant elle ne leur donne la communion que dans l'église, avec beaucoup de précautions. Ce n'est pas l'Église qui change; c'est le peuple fidèle qui a changé, et qui rend néces-saire ce changement de discipline extérieure. Au reste dans les premiers siècles, l'Église ne permet-toit la lecture du texte sacré qu'avec dépendance de la direction des pasteurs, qui y préparoient les particuliers, et qui ne les y admettoient qu'à me-sure qu'ils les y trouvoient suffisamment préparés; encore même, comme nous l'avons vu dans saint Jérôme, chacun ne lisoit certains livres qu'après les autres, et quand les pasteurs jugeoient que le temps en étoit venu. Ce qui a été pratiqué dans les derniers temps ne va que du plus au moins; c'est la même économie de l'Église, la même mé-thode, la même dépendance : on a seulement aug-menté la réserve et la précaution à mesure que l'indisposition des peuples a augmenté.

X. Pour nos Pays-Bas, on peut assurer que la crainte et l'improbation des versions de la Bible en langue vulgaire, et de la lecture qu'en feroient indifféremment les laïques, y ont été encore plus grandes qu'ailleurs. Les maux que les hérétiques du pays y firent du temps de la duchesse de Parme, le voisinage de la Hollande, et la grande soumis-sion que le pays a conservée pour le Saint-Siége, ont été cause de ce redoublement de précaution. C'est pourquoi le concile de la province de Cam-brai, tenu à Mons l'an 1586, parle ainsi : « Qu'il
» ne soit point libre à tout homme du peuple de
» lire les livres sacrés de l'Écriture en langue vul-
» gaire, contre la quatrième règle de l'Indice sur
» les livres défendus, si ce n'est avec la permis-
» sion des évêques ou de leurs délégués. » Le sy-node diocésain de Guillaume de Bergues défend aux libraires de « vendre la version de la Bible
» ou de quelqu'une de ses parties en langue vul-
» gaire, à moins que les acheteurs ne leur produi-
» sent une permission par écrit pour cette lecture,
» qui soit donnée par l'archevêque ou par ses
» grands vicaires. » C'est conformément à ces rè-gles que feu monseigneur de Brias, mon prédéces-seur immédiat, fit, l'an 1690, une ordonnance pour apaiser quelques troubles survenus à Mons

---

[1] *Proc.-verb. du Clergé*, tom. IV, p. 625 et suiv.; et *Pièces justif.*, p. 150 et suiv.—D'ARGENTRÉ, *Collect. Judic.*, tom. III, p. 297.

LETTRE SUR L'ÉCRITURE SAINTE.

ur cette matière de la lecture de l'Écriture en langue vulgaire, où il parle ainsi : « Nous conjurons aussi, de toute l'étendue de notre cœur, toutes les personnes que Dieu a commises à notre conduite, d'écouter avec beaucoup d'attention et de piété la parole de Dieu qu'on leur annonce, soit par les catéchismes, soit par les prédications, où souvent elles peuvent puiser les » lumières nécessaires pour leur conduite, d'une » manière plus proportionnée à leur foiblesse que » par la lecture qu'elles pourroient faire elles-mê- » mes de l'Écriture sainte, qui ne doit être mise » indifféremment entre les mains de toutes sortes » de personnes. C'est pourquoi l'Église, comme » une mère sage et charitable, s'est réservé avec » beaucoup de raison le pouvoir d'en permettre la » lecture ou de l'interdire ; et il n'y a rien de si » ridicule que l'insolence de ceux qui la veulent » faire passer pour une mère cruelle, parce qu'elle » refuse quelquefois à ses enfants la viande qu'ils » ne peuvent digérer. Nous estimons être obligés » d'user de la même précaution à l'égard des ames » dont nous devons répondre un jour devant Dieu ; » et, insistant à l'usage si louablement établi et si » constamment observé dans ce diocèse, confor- » mément au chapitre quatrième du premier titre » du synode provincial de l'an 1586, nous recom- » mandons aux curés de faire comprendre à leurs » paroissiens que, pour recueillir quelque fruit de » la lecture de l'Écriture sainte, il est très impor- » tant que ceux qui la voudroient lire en langue » vulgaire en obtiennent auparavant la permission » de nous, de nos vicaires généraux, ou de nos » doyens de chrétienté que nous députons parti- » culièrement à cet effet, de crainte que, se fiant » à leurs propres lumières, ils ne veuillent con- » templer des mystères dont l'éclat leur seroit tout » insupportable. Nous voulons aussi que cette per- » mission ne soit accordée qu'aux personnes qui » la pourront lire avec édification, prenant sur- » tout égard à ce que les traductions aient les ap- » probations requises. Nous défendons cependant » aux personnes de l'un et de l'autre sexe d'expli- » quer ou d'interpréter par elles-mêmes les Écri- » tures saintes dans leurs écoles, étant plus à pro- » pos d'y faire la lecture de quelque livre spirituel, » que le siècle d'à présent a produits avec tant de » fruit, et qui contiennent en substance les mêmes » vérités, sans que l'entendement des personnes » foibles en puisse être aucunement blessé. »

XI. Ce pays est demeuré dans la maxime que Rome a cru être obligée de suivre dans ces derniers temps, pour empêcher la contagion des nouveautés, par le retranchement des versions en langue vulgaire. Cette maxime est expliquée dans la quatrième règle de l'Indice des livres défendus : « Comme il est manifeste par l'expérience, dit cette » règle, que, si on laisse sans choix la lecture de » la Bible en langue vulgaire, il en arrivera, par » la témérité des hommes, plus de mal que d'uti- » lité ; il dépendra de la discrétion de l'évêque ou » de l'inquisiteur de pouvoir accorder, sur l'avis » du curé ou du confesseur, la lecture d'une ver- » sion de la Bible en langue vulgaire, qui soit faite » par des auteurs catholiques, pour ceux qu'ils con- » noîtront en état de tirer de cette lecture, non quel- » que dommage, mais une augmentation de foi et » de piété : il faut qu'ils aient cette permission par » écrit. » Voilà les paroles de la quatrième des dix règles de l'Indice, qui ont été faites en conséquence des ordres donnés par le concile de Trente, session XXV, pour l'Indice des livres défendus. C'est ce qui a fait dire à Sylvius, célèbre théologien, qui est né dans le diocèse de Cambrai, et qui a enseigné dans celui d'Arras à Douai, que « tous les hom- » mes savants, séculiers et réguliers, ne peuvent » point, sans la permission de l'évêque ou des » autres à qui il appartient de la donner, lire la » Bible en langue vulgaire. » Pour prouver cette décision, il allègue la quatrième règle de l'Indice des livres défendus que je viens de rapporter ; il soutient que « les prêtres qu'on ne destine ou qu'on » ne prépare point aux fonctions de curés ou de » prédicateurs ne sont communément dans au- » cune nécessité de lire la Bible en langue vulgaire, » et que la règle de l'Indice qui défend cette lec- » ture les comprend ; » il conclut « qu'on doit à » plus forte raison porter le même jugement sur » les laïques qui savent le latin. » Cet auteur rapporte encore un décret de Clément VIII sur la quatrième règle de l'Indice, qui défend de « lire sans » permission la Bible en langue vulgaire, ou des » parties tant du nouveau que de l'ancien Testa- » ment, ou même des sommaires et des abrégés » de la Bible, quoiqu'ils soient historiques, et en » quelque langue vulgaire qu'ils soient écrits. » Ainsi, quoique la Faculté de Louvain ait eu soin autrefois de faire une version de la Bible en langue vulgaire, pour l'opposer à celles des protestants, qui étoient répandues partout, l'esprit de l'Église de Flandre étoit que les versions les plus approuvées ne fussent jamais lues sans permission.

XII. Je conclus de tout ceci, monseigneur, que l'Église, en paroissant un peu changer sa discipline extérieure, n'a jamais changé en rien ses véritables maximes. Elle en a toujours eu deux très constantes : la première est de donner le texte sacré à tous ceux d'entre ses enfants qu'elle trouve bien préparés à le lire avec fruit; la seconde *est de ne jeter point les perles devant les pourceaux*, et de ne donner point ce texte aux hommes qui ne le liroient que pour leur perte. Dans les anciens temps, où le commun des fidèles étoit simple, docile, attaché aux instructions des pasteurs, on leur confioit le texte sacré, parce qu'on les voyoit solidement instruits et préparés pour le lire avec fruit. Dans ces derniers temps, où on les a vus présomptueux, critiques, indociles, cherchant dans l'Écriture à se scandaliser contre elle, pour se jeter dans l'irréligion, ou tournant l'Écriture contre les pasteurs, pour secouer le joug de l'Église, on a été contraint de leur défendre une lecture si salutaire en elle-même, mais si dangereuse dans l'usage que beaucoup de laïques en faisoient. Ma pensée est qu'il ne faut jamais séparer ces deux maximes de l'Église : l'une est de ne donner l'Écriture qu'à ceux qui sont déjà bien préparés pour la lire avec fruit; l'autre est de travailler sans relâche à les y préparer. Si vous vous contentez de supposer que tous les fidèles y sont préparés, sans les y préparer effectivement, vous nourrissez la curiosité, la présomption, la critique téméraire, et vous lui donnez pour aliment l'Écriture même; c'est ce qu'on ne voit que trop en nos jours. Si au contraire vous supposez toujours que les fidèles ne sont pas encore assez préparés à cette lecture, sans travailler jamais sérieusement à les y préparer, vous les privez de la consolation et du fruit que les premiers chrétiens tiroient sans cesse des saints livres. Ma conclusion est qu'il faut travailler sans relâche à préparer les fidèles à cette lecture; qu'on ne doit compter au nombre de ceux qui sont véritablement instruits et solidement affermis en Jésus-Christ, que ceux qu'on a mis en état de digérer ce pain des forts; et qu'il faut, selon la décision des directeurs expérimentés, leur donner peu à peu les divers livres de l'Écriture, suivant qu'ils sont capables de les porter, leur disant sur les autres : *Non potestis portare modo, poteritis autem postea*.

XIII. J'ai connu autrefois une personne qui avoit beaucoup d'esprit avec une grande réputation dans le monde, et qui, après avoir vécu sans aucun vice grossier dans un grand oubli de Dieu, cherchoit à se consoler dans ses infirmités par la religion. Cette personne m'a avoué plusieurs fois que la lecture du texte sacré, loin de lui être utile, lui causoit du trouble et du scandale. C'étoit sans doute son esprit hautain, présomptueux, et rempli de certains préjugés, qui l'indisposoit à une si salutaire lecture : mais enfin beaucoup d'autres se trouveront malheureusement dans la même indisposition. J'ai vu des gens tentés de croire qu'on les amusoit par des contes d'enfants, quand on leur faisoit lire les endroits de l'Écriture où il est dit que le serpent parla à Ève pour la séduire; qu'une ânesse parla au prophète Balaam; et que Nabuchodonosor paissoit l'herbe comme les bêtes. Saint Augustin a bien senti que beaucoup de lecteurs seroient d'abord surpris de la multitude des femmes que les patriarches avoient, et il a cru avoir besoin de montrer en détail ce qui pouvoit les justifier là-dessus. Tout le monde sait combien ce Père s'est appliqué à prouver que Jacob n'avoit pas menti, et qu'il n'avoit pas trompé son père pour frustrer son frère aîné de la principale bénédiction. J'ai vu un homme d'esprit qui étoit indigné de voir le peuple qui se vantoit d'être conduit par la main de Dieu, sortir de l'Égypte après y avoir enlevé les richesses des Égyptiens, se révolter dans le désert contre Moïse, adorer un veau d'or, et enfin n'employer cette mission céleste qu'à s'emparer des terres des peuples voisins, et qu'à les massacrer pour occuper leur place, sans être moins corrompus qu'eux. Il falloit que je réfutasse en détail toutes ces objections, pour réprimer cet esprit critique. J'en ai vu d'autres qui étoient scandalisés de David, parce qu'il recommanda, disoient-ils, en mourant, à son fils, de faire la vengeance qu'il n'avoit pas faite durant sa vie. Il faut avouer que le commun des hommes, dont l'esprit n'est pas assez subjugué par l'autorité des saints livres, est surpris de voir les prophètes commettre je ne sais combien d'actions qui paroissent indécentes et insensées.

Il est vrai que ces choses extraordinaires sont mystérieuses et extraordinairement inspirées; il est vrai qu'elles nous enseignent des vérités très profondes : mais le commun des hommes, sans humilité et sans vertu acquise, est-il capable de porter ces exemples? N'est-il pas à craindre que chacun d'eux en abuse? Quand on n'est point accoutumé à ces profonds mystères, n'est-on pas étonné de voir Abraham qui veut égorger son fils unique, quoique Dieu le lui ait donné par miracle, en lui promettant que la postérité de cet enfant sera la bénédiction de l'univers? On est surpris de voir Jacob, qui, étant conduit par sa mère inspirée, paroît faire le personnage d'un imposteur. On ne l'est pas moins de voir Osée chercher, par l'ordre de Dieu, la femme qu'il prend. Les hommes indociles et corrompus s'étonnent de ce qu'on leur propose pour modèle de patience Job, qui maudit le jour de sa naissance, qui se vante de n'avoir jamais mérité la peine qu'il souffre, et qui paroît, dans l'excès de sa peine, murmurer contre Dieu même, après avoir rejeté la consolation que ses amis veulent lui donner, en l'exhortant à se reconnoître pécheur. Rien n'est plus difficile que d'expliquer comment est-ce que Judith, que le Saint-Esprit nous fait admirer, a pu aller trouver Holoferne. Elle l'excite au mal, disent les libertins, elle le trompe, elle l'assassine. Il n'y a, dans tout le Cantique des Cantiques, aucun mot ni de Dieu, ni de la vertu; la lettre n'y présente qu'un amour sensuel, qui peut faire les plus dangereuses impressions, à moins qu'on n'ait le cœur bien purifié. Il est vrai que ceux qui ont les *yeux illuminés de la foi*, et le goût du saint amour, y trouvent une allégorie admirable, qui exprime l'union des ames pures avec Dieu : mais il y a peu de personnes assez renouvelées en Jésus-Christ pour entrer pleinement dans ce mystère des noces sacrées de l'épouse avec l'Époux. Si on ne s'arrêtoit qu'à la seule lettre de l'Ecclésiaste, on seroit tenté de croire que c'est le raisonnement d'un impie, qui compte que tout est vanité sous le soleil, parce que l'homme meurt tout entier comme les bêtes. Les livres des Machabées nous montrent un peuple qui secoue le joug des rois de Syrie, et qui prend les armes pour pouvoir exercer librement sa religion, plutôt que de souffrir patiemment le martyre, comme les premiers chrétiens l'ont souffert sans se révolter contre les empereurs. Un grand nombre d'anciens sont tombés dans l'erreur des millénaires, en lisant le règne de mille ans dans l'Apocalypse : et saint Augustin avoue qu'il a été lui-même dans le faux préjugé des millénaires modérés. Tous ceux qui ont été prévenus des imaginations des protestants peuvent être tentés de croire que Rome est encore à présent la Babylone qui fait adorer les idoles, parce qu'elle fait honorer les images et invoquer les saints, et qu'elle *est enivrée du sang des martyrs*, parce qu'elle persécute les réformés. J'ai vu des gens qui étoient frappés de la pourpre ou écarlate qui paroît avec faste dans cette Babylone; on a bien de la peine à leur faire entendre que saint Jean a peint la Rome païenne qui a persécuté les chrétiens pendant trois cents ans. Tous ceux qui sont prévenus par de semblables préjugés croient voir, dans l'Épître aux Romains, que Dieu hait et réprouve la plupart des hommes, sans aucun démérite de leur part qui y détermine. Ces mêmes hommes à demi protestants ne sauroient lire *que Dieu donne le vouloir et le faire* [1], sans conclure aussitôt que Dieu le fait par une grâce nécessitante. Ensuite ils cherchent je ne sais combien de vaines subtilités pour ne donner pas le nom de nécessitante à cette grâce, qu'ils supposent que la volonté ne peut rejeter dès qu'elle se présente, parce qu'il est nécessaire de suivre cette inévitable et invincible délectation. Les sociniens, si nombreux et si dangereux en nos jours, se servent de l'Évangile pour montrer que Jésus-Christ a déclaré qu'il n'a voulu être cru Dieu qu'au même sens impropre et allégorique où il est dit aux hommes : *Vous êtes des dieux* [2], et que Jésus-Christ a dit en termes formels : *Mon Père est plus grand que moi* [3]. Les protestants prétendent démontrer, par les Épîtres aux Romains, aux Galates et aux Hébreux, que la foi suffit sans les œuvres, quoique les œuvres suivent la foi. Ils prétendent montrer par l'Épître aux Hébreux qu'il ne peut y avoir dans la loi nouvelle qu'une seule hostie, qu'un seul sacrifice, et qu'une seule offrande qui n'a plus besoin d'être réitérée, parce qu'elle n'est point insuffisante comme celle des victimes des Juifs. Saint Jean semble aux protestants autoriser dans ses Épîtres l'impeccabilité de ceux qui sont la *semence de Dieu* [4]. D'autres y croient voir le fanatisme, quand il dit *que l'onction enseigne tout* [5]. Ils disent que saint Paul confirme cette maxime, en disant que *l'homme spirituel juge de tout, et n'est jugé de personne* [6]. D'ailleurs, ceux qui ont quelque pente vers l'incrédulité ne manquent pas de chicaner sur l'apparente contradiction qu'on trouve dans les différentes éditions de l'Écriture pour la chronologie. Ils s'embarrassent de même sur la généalogie de Jésus-Christ, qu'un évangéliste nous donne bien différente de celle qui nous est donnée par un autre. Ils sont scandalisés de ce que Jésus-Christ dit : *Je ne monte point à cette fête* [7], et de ce que bientôt après il y monte en se cachant : ils disent qu'il a peur, qu'il se trouble, qu'il prie son Père de l'exempter de sa passion, et qu'enfin sur la croix il se plaint d'être abandonné par lui. Ils ajoutent que les disciples de Jésus-Christ ne peuvent s'accorder entre eux ; que saint Paul reprend saint Pierre en face, et qu'il ne peut compatir avec saint Barnabé. Il faut avouer que si un livre de piété, tel que *l'Imitation de Jésus-Christ* ou *le Combat spirituel*, ou *la Guide des Pécheurs*, contenoit la centième partie des difficultés qu'on trouve dans l'Écriture, vous

---

[1] *Philipp.*, II, 13.   [2] *Ps.*, LXXXI, 6. *Joan.* X, 34.
[3] *Joan.*, XIV, 12.
[4] *I Joan.* III, 9.   [5] *Ibid.*, II, 27.
[6] *I Cor.*, II, 15.   [7] *Joan.*, VII, 8.

croiriez en devoir défendre la lecture dans votre diocèse. L'excellence de ces livres ne vous empêcheroit point de conclure qu'il ne faudroit pas les donner indifféremment à tous les esprits profanes et curieux, parce que cette nourriture, quoique merveilleuse, seroit trop forte pour eux, et qu'ils seroient trop foibles pour la digérer. L'Écriture est comme Jésus-Christ, *qui a été établi pour la chute et pour la résurrection de la multitude*[1] : elle est comme lui *en butte à la contradiction de plusieurs en Israël*. La même parole est un pain qui nourrit les uns, et un glaive qui perce les autres : elle est odeur de vie pour ceux qui vivent de la foi, et qui meurent sincèrement à eux-mêmes ; elle est odeur de mort pour ceux qui sont aliénés de la vie de Dieu, et qui vivent renfermés en eux-mêmes avec orgueil. Le meilleur aliment se tourne en poison dans les estomacs corrompus. Quiconque cherche le scandale jusque dans la parole de Dieu mérite de l'y trouver pour sa perte. Dieu a tellement tempéré la lumière et les ombres dans sa parole, que ceux qui sont humbles et dociles n'y trouvent que vérité et consolation, et que ceux qui sont indociles et présomptueux n'y trouvent qu'erreur et incrédulité. Toutes les difficultés dont je viens de rassembler des exemples s'évanouissent sans peine, dès qu'on a l'esprit guéri de la présomption. Alors, suivant la règle de saint Augustin[2], *on passe sur tout ce que l'on n'entend pas*, et on s'édifie de tout ce qu'on entend. On n'a aucune peine à croire que la parole de Dieu a une profondeur mystérieuse, qui est impénétrable à notre foible esprit. Alors on écoute avec docilité tout ce qu'on apprend des pasteurs pour justifier ces endroits difficiles : alors on tourne toute son attention vers les principes qui servent de clef : alors on se défie de soi, et on craint sans cesse de donner trop d'essor à sa curiosité et à son raisonnement : alors on se laisse juger par cette parole, sans la vouloir juger : alors on ne lit aucun endroit de l'Écriture que par le conseil des pasteurs ou directeurs expérimentés, et on ne les lit que dans l'esprit de l'Église même : alors on prie encore plus qu'on ne lit, on ne lit qu'en esprit de prière, et on compte que c'est la prière qui nous ouvre les Écritures : alors, comme Cassien l'assure[3], l'ame étant appauvrie de cette pauvreté *qui est la première des béatitudes*, elle pénètre le sens de cette parole sacrée, *moins par la lecture du texte que par son expérience* : alors *les Écritures s'ouvrent plus clairement, et ses veines nous en communiquent la moelle*, parce que nous devenons *comme les auteurs* de ce texte, et que nous entrons dans l'esprit de celui qui l'a composé.

XIV. Ces difficultés ont fait dire à saint Augustin que « rien n'est mieux appelé la mort de » l'ame que l'attachement servile à la lettre » de ce texte[1]. Il ajoute que si les hommes qui ont fait de certaines actions *sont loués dans l'Écriture*, et si « ces actions sont contraires aux coutumes des » gens de bien qui gardent les commandements » de Dieu depuis l'avènement de Jésus-Christ, il » faut entendre ces choses dans un sens figuré, et » n'appliquer point ces choses aux mœurs présen- » tes ; car beaucoup de choses, qui se faisoient of- » ficieusement en ces temps-là, ne pourroient plus » maintenant se faire que par une passion crimi- » nelle[2]. » Ce Père avoue néanmoins que le « sens » figuré qu'on prophète aura principalement en » vue, en sorte que sa narration du passé est une » figure de l'avenir, ne doit point être proposé » aux esprits contentieux et infidèles[3]. » Il soutient seulement que l'Écriture « ayant tant d'issues » ouvertes à ceux qui cherchent avec piété, pour » ne critiquer pas témérairement une si grande » autorité, » les marcionistes, les manichéens et les autres hérétiques sont *inspirés par le démon*, pour chercher de vains prétextes de scandale et de calomnie dans ces choses, qu'ils ne sont pas capables de pénétrer. La règle que ce Père donne dans la lecture de ce texte est bien remarquable : « Quel- » que doute, dit-il[4], qui s'élève dans le cœur d'un » homme en écoutant les Écritures de Dieu, qu'il » ne se retire point de Jésus-Christ ; qu'il com- » prenne qu'il n'a rien compris jusqu'à ce que Jé- » sus-Christ lui soit révélé dans ces paroles, et » qu'il ne présume point de les avoir comprises » avant qu'il soit parvenu à y trouver Jésus-Christ. » Sans doute une telle pénétration des sens mystérieux surpasse la portée de nos chrétiens grossiers et indociles. Aussi ce Père dit-il, dans le même sermon : « Dieu présente de grands spectacles au » cœur chrétien ; et rien ne peut être plus déli- » cieux, si toutefois on a le palais de la foi qui » goûte le miel de Dieu[5]. » Mais tout dépend de la préparation des cœurs, et cette profondeur impénétrable du texte sacré n'a plus rien de caché à l'ame simple et humble. « Celui dont le cœur est

---

[1] *Luc.*, II, 34. [2] *Epist.* LXXXII, *ad Hieron.*
[3] *Coll.* x, cap x.

[1] *De Doct. christ.*, lib. III. cap. v, n. 9 ; tom. III.
[2] *Ibid.*, cap. XXII, n. 52 ; tom III.
[3] *Contra Adver. Leg. et Prophet.*, lib. I, cap. XIII. n. 17, tom. VIII.
[4] *In Psal.*, XCVI, n. 4, tom. IV.
[5] *Ibid.*

» plein de charité, dit ce Père, comprend sans au-
» cune erreur et sans aucun travail l'abondance
» pleine de divinité et la très vaste doctrine des
» Écritures. » En voici la raison simple et décisive :
« C'est que celui-là possède et ce qui est clair et ce
» qui est caché dans ce divin texte, qui possède la
» charité dans ses mœurs¹. » Ce Père veut encore que le fidèle, en lisant l'Écriture, *laisse l'honneur à ce texte, et ne se réserve que le respect et la crainte, quand il n'en peut pas pénétrer le sens*². Or, comme cette disposition est très rare, il arrive rarement que les hommes soient disposés à lire ce texte avec fruit. « Toutes les divines Écritures, dit ce Père,
» sont salutaires à ceux qui les entendent bien ;
» mais elles sont périlleuses à ceux qui veulent les
» tordre, pour les accommoder à la dépravation
» de leur cœur, au lieu qu'ils devroient redresser
» leur cœur suivant la droiture de ce texte ³. »
Le grand principe de ce Père, qu'il établit dans son livre *de Utilitate credendi*, est de renverser l'ordre flatteur pour l'amour-propre que les manichéens proposoient, qui étoit de savoir avant que de croire. Ce Père vouloit au contraire qu'on commençât par croire humblement, en se soumettant à une autorité, pour parvenir ensuite à savoir. Ainsi il vouloit qu'on ne lût l'Écriture qu'avec cet esprit de docilité sans réserve. Il faut encore observer que ce Père veut que l'intelligence des Écritures aille par degrés, à proportion de la simplicité, de l'humilité, et de la mort à soi-même où chacun est parvenu : *In tantum vident*, dit-il ⁴, *in quantum moriuntur huic sæculo; in quantum autem huic vivunt, non vident.* Suivant ce saint docteur, le plus savant de tous les théologiens qui croit entendre les Écritures sans y voir partout *la charité*, n'a encore rien entendu : *nondum intellexit* ⁵. Au contraire, dit-il, comme nous l'avons déjà vu, « un homme soutenu par la foi, par l'es-
» pérance et par la charité, n'a pas besoin des Écri-
» tures, si ce n'est pour instruire les autres. C'est
» ainsi que beaucoup de solitaires vivent avec ces
» trois vertus, même dans les déserts, sans avoir les
» livres sacrés ⁶. » Il ne faut pas s'en étonner ; en voici la raison que ce Père nous donne : « Quoique
» les saints hommes chargés du ministère, ou
» même les saints anges, travaillent à instruire,
» personne n'apprend bien ce qu'il doit savoir
» pour vivre avec Dieu, si Dieu ne le rend docile
» à Dieu même..... Ainsi les secours de l'in-
» struction sont utiles à l'ame étant donnés par
» l'homme, quand Dieu opère pour les rendre
» utiles ¹. »

XV. On dira peut-être, monseigneur, que les livres de l'Écriture sont les mêmes aujourd'hui que dans les premiers siècles ; que les évêques ont par leur ministère la même autorité, et que les fidèles doivent être nourris du même pain. Il est vrai que les livres de l'Écriture sont les mêmes ; mais tout le reste n'est plus au même état. Les hommes qui portent le nom de chrétiens n'ont plus la même simplicité, la même docilité, la même préparation d'esprit et de cœur. Il faut regarder la plupart de nos fidèles comme des gens qui ne sont chrétiens que par leur baptême reçu dans leur enfance sans connoissance ni engagement volontaire : ils n'osent en rétracter les promesses, de peur que leur impiété ne leur attire l'horreur du public. Ils sont même trop inappliqués et trop indifférents sur la religion, pour vouloir se donner la peine de la contredire. Ils seroient néanmoins fort aises de trouver sans peine sous leur main, dans les livres qu'on nomme divins, de quoi secouer le joug, et flatter leurs passions. A peine peut-on regarder de tels hommes comme des catéchumènes. Les catéchumènes, qui se préparoient autrefois au martyre en même temps qu'au baptême, étoient infiniment supérieurs à ces chrétiens qui n'en portent le nom que pour le profaner. D'un autre côté, les pasteurs ont perdu cette grande autorité que les anciens pasteurs savoient employer avec tant de douceur et de force : maintenant les laïques sont toujours tout prêts à plaider contre leurs pasteurs devant les juges séculiers, même sur la discipline ecclésiastique. Il ne faut pas que les évêques se flattent sur cette autorité : elle est si affoiblie, qu'à peine en reste-t-il des traces dans l'esprit des peuples. On est accoutumé à nous regarder comme des hommes riches et d'un rang distingué, qui donnent des bénédictions, des dispenses et des indulgences ; mais l'autorité qui vient de la confiance, de la vénération, de la docilité et de la persuasion des peuples, est presque effacée. On nous regarde comme des seigneurs qui dominent, et qui établissent au-dehors une police rigoureuse ; mais on ne nous aime point comme des pères tendres et compatissants qui se font tout à tous. Ce n'est point à nous qu'on va demander conseil, consolation, direction de conscience. Ainsi cette autorité paternelle, qui seroit si nécessaire pour modérer les

---
¹ *Serm.* CCCL, *de Charitate*, n. 2. tom. v.
² *De Genes. ad litt.*, lib. I. cap. XX, n., 40 tom. III.
³ *Serm.*, I in *Psal*. XLVIII, n. 1, tom. IV.
⁴ *De Doct. christ.*, lib. II, cap. VII. n. 11.
⁵ *Ibid.*, lib. I, cap. XXXVI. n. 40.
⁶ *Ibid.*, cap. I XIX, n. 43.

¹ *De Doct. christ.*, lib. IV, cap. XVI, n. 33.

esprits par une humble docilité dans la lecture des saints livres, nous manque entièrement. En notre temps, chacun est son propre casuiste, chacun est son docteur, chacun décide, chacun prend parti pour les novateurs, sous de beaux prétextes, contre l'autorité de l'Église : on chicane sur les paroles, sans lesquelles les sens ne sont plus que de vains fantômes : les critiques sont au comble de la témérité; ils dessèchent le cœur, ils élèvent les esprits au-dessus de leur portée; ils apprennent à mépriser la piété simple et intérieure ; ils ne tendent qu'à faire des philosophes sur le christianisme, et non pas des chrétiens. Leur piété est plutôt une étude sèche et présomptueuse, qu'une vie de recueillement et d'humilité. Je croirois que ces hommes renverseroient bientôt l'Église, si les promesses ne me rassuroient pas. Les voilà arrivés, ces temps où les hommes ne pourront plus *souffrir la saine doctrine* [1], et où ils auront une *démangeaison d'oreilles* pour écouter les novateurs. J'en conclus qu'il seroit très dangereux, dans de telles circonstances, de livrer le texte sacré indifféremment à la téméraire critique de tous les peuples. Il faut songer à rétablir l'autorité douce et paternelle; il faut instruire les chrétiens sur l'Écriture; avant que de la leur faire lire, il faut les y préparer peu à peu, en sorte que quand ils la liront ils soient déjà accoutumés à l'entendre, et soient remplis de son esprit avant que d'en voir la lettre : il ne faut en permettre la lecture qu'aux âmes simples, dociles, humbles, qui y chercheront non à contenter leur curiosité, non à disputer, non à décider ou à critiquer, mais à se nourrir en silence. Enfin, il ne faut donner l'Écriture qu'à ceux qui, ne la recevant que des mains de l'Église, ne veulent y chercher que le sens de l'Église même.

Je suis avec un vrai respect, etc.

OPUSCULES
THÉOLOGIQUES.

SUR LE COMMENCEMENT D'AMOUR DE DIEU
NÉCESSAIRE AU PÉCHEUR
DANS LE SACREMENT DE PÉNITENCE.

Il y a deux extrémités qu'il faut également éviter sur la matière de l'attrition nécessaire au sacrement de pénitence.

D'un côté, il est scandaleux de dire que, pour se réconcilier avec Dieu, il suffit de le craindre, comme un criminel craindroit un juge rigoureux tout prêt à le condamner au supplice, et pour lequel il n'auroit aucun amour.

D'un autre côté, il n'est pas moins dangereux d'exiger du pénitent un amour pur et de préférence, qu'on nomme dominant; car cet amour dominant, à quelque degré que vous le mettiez, est toujours justifiant. Le fidèle ne peut jamais aimer Dieu de cet amour pur et de préférence sans être aimé de Dieu, et par conséquent sans être juste. Il peut bien être plus ou moins juste à mesure qu'il aura plus ou moins cet amour : mais il ne peut avoir cet amour au plus bas degré, sans avoir déjà le plus bas degré de la justice. Si donc cet amour est nécessaire pour le sacrement, il s'ensuit qu'il faut être juste avant que d'approcher du sacrement destiné à la justification; que le sacrement ne l'opère point, et qu'il ne donne point la vraie réconciliation, mais qu'il la suppose; ce qui est manifestement opposé à la doctrine de toute l'Église, et à la décision du concile de Trente.

On a été assez embarrassé entre ces deux extrémités pour trouver un milieu réel. On voit bien que le concile, qui donne au sacrement la vertu de ressusciter en Jésus-Christ les pécheurs pénitents, et de les justifier, veut dans les catéchumènes adultes un commencement d'amour de Dieu, comme étant *la fontaine de l'éternelle justice*. Si le concile veut trouver ce commencement d'amour dans les catéchumènes, quoique le sacrement de baptême confère une grace bien plus pleine et plus gratuite, à combien plus forte raison (s'écrient beaucoup de théologiens) le concile doit-il vouloir que ce commencement d'amour soit dans les pénitents qui doivent bien plus à Dieu, et qui s'approchent d'un sacrement où la grace est bien moins pleine et gratuite. Ils ajoutent que le même concile demande au pénitent une douleur mêlée de l'espérance du pardon. L'espérance, disent-ils, marque une sorte d'amour, tout au moins une amitié de concupiscence.

Mais cet amour de concupiscence, qui va à désirer le pardon pour son propre intérêt et pour se garantir du supplice, n'est point cet amour filial que l'on cherche. Il est aussi servile dans le genre d'amour que la crainte des peines est servile dans le genre de crainte : ainsi on ne gagne rien en établissant cet amour. Pour le commencement d'amour de Dieu, en tant qu'il est la fontaine de l'éternelle justice, on voit bien qu'il est encore plus juste de vouloir le trouver dans le fidèle pécheur et pénitent que dans le catéchumène. Mais la diffi-

[1] II Tim., IV, 3.

culté est de dire en quoi il consiste, et de le distinguer nettement de cet amour de préférence qui, au plus bas degré où on puisse le mettre, justifie l'ame, et par conséquent anéantit l'efficace du sacrement de pénitence.

Voici ce qui me paroît lever toutes les difficultés. 1° Il est certain que notre volonté est capable d'avoir en même temps plusieurs amours contraires. J'aime le fruit, mais il me fait mal ; j'aime encore plus ma santé : ces deux amours sont très réels en moi, mais l'un est supérieur à l'autre.

2° Souvent deux amours contraires se trouvent égaux en nous, et alors nous sommes en suspens et irrésolus : nous ne savons que faire. Par exemple, j'hésite entre l'honneur et le danger.

3° Un amour peut croître ou décroître, et son contraire de même à proportion ; comme les deux plats d'une balance haussent ou baissent : à mesure que l'un s'élève, l'autre tombe.

Cela posé, je dis qu'il y a souvent dans les fidèles pécheurs un amour de Dieu qui n'est pas encore un amour de préférence. Ce sont des desirs foibles et naissants : ils voudroient servir Dieu, mais d'autres desirs plus violents les entraînent : cet amour n'est point justifiant. J'ajoute qu'il n'est pas même suffisant pour la pénitence, parce qu'il est vrai de dire que ces pécheurs sont encore esclaves du mal. Il n'y a point ce que l'Écriture et les Pères appellent la conversion du cœur : ils sont encore pleinement dans la servitude du péché et dans la mort, puisque l'amour du péché est encore dominant en eux.

Mais il vient ensuite un autre état, où l'amour du péché cesse de dominer, et où l'amour de Dieu croissant fait l'équilibre, en sorte qu'il est précisément au dernier degré après lequel il emportera la balance et sera dominant. Je dis que c'est cet état où il ne reste plus à cet amour de Dieu qu'un seul degré à acquérir et pour ressusciter l'ame, et pour faire régner Dieu en elle, dans lequel le sacrement peut lui être salutaire. Ce qui est réservé à la grace du sacrement, c'est de donner à cet amour le seul degré qui lui manque pour être dominant, et pour emporter le cœur comme une balance.

Si vous êtes scandalisé de ce que je demande si peu, et que je me contente d'un amour qui laisse l'ame en équilibre entre Dieu et les créatures, souvenez-vous que l'ame ne doit pas être encore dans la justice, ni par conséquent dans l'amour dominant, au moment où elle est encore morte, véritablement en état de damnation, et où elle a besoin d'être justifiée et ressuscitée. Puis-je moins laisser à la grace du sacrement, que de lui laisser à opérer ce dernier degré d'amour, qui fait la justice et la vie ? Cet amour d'équilibre, si j'ose parler ainsi, que je viens d'expliquer, est la disposition *prochainement prochaine*, comme parlent les scholastiques, après laquelle il ne reste plus rien à faire de la part du sacrement, que d'introduire la forme de la justice et de la sainteté ; en sorte que le sacrement rend, immédiatement après, l'ame juste et unie à Dieu par un amour de préférence.

AVIS AUX CONFESSEURS
POUR LE TEMPS D'UNE MISSION.
I.

1° Il est à propos d'interroger les pénitents, pour savoir s'ils ont été interrogés dans leurs confessions précédentes, et d'insinuer peu à peu quelque question discrète pour découvrir si ces confessions précédentes ont été faites avec exactitude, particulièrement sur l'impureté.

* Quoad peccata juventutis, interrogari possunt an alicujus incontinentiæ rei fuerint, sive cum ejusdem, sive cum diversi sexus personis, sive absque ullo sceleris consorte vel teste? Sedulo distinguendi tactus ex mera curiositate, vel ex voluptate, vel ex necessitate facti, cum posteriores tantum omni culpa vacent.

2° Circa pollutionem, caveat confessarius ne ex interrogationibus suis ea discant adolescentes, quæ feliciter adhuc ignorant. Ea de re nec pueri ante decimum quartum, nec puellæ ante duodecimum annum interrogentur. Nunquam fiat hujusmodi interrogatio, nisi absoluta confessione, ex qua intelligi possit pollutionem probabiliter accidisse. Modus autem interrogandæ puellæ hic est : sciscitetur ab ea confessarius, an, libidini indulgendo, extraordinariam quamdam commotionem voluptatemque experta sit? Quo in casu admonenda est strictam ipsi incumbere obligationem circumstantiæ illius distincte exponendæ, quippe quæ lethalis peccati rationem habeat ; statimque abominandi illius delicti maximus horror pœnitenti injiciendus est.

3° Castitatis conjugalis regulas diligenter doceantur conjuges. Ab omni prorsus cogitatione circum mulierem qualemcumque, propriâ uxore exceptâ, vir abstinere debet ; quinimo voluptati

---
* Quæ sequuntur, §§. I et IV, etsi gallico sermone conscripsit illustrissimus auctor, æquum duximus latine reddere, ad vitandam infirmorum offensionem. (*Edit. Versal.*)

prorsus renuntiare, absente propriâ uxore. Eadem porro uxoris erga virum officia sunt.

Admoneantur etiam conjuges id unum ipsis in hac materia permitti, quod ad prolis generationem ordinatur : licitum igitur non esse conjugibus debitum conjugale absque sufficienti ratione sibi mutuo negare, vel prolis generationem quocumque modo impedire; sive paupertatis metu, quando jam numerosæ præsunt familiæ; sive valetudinis obtentu, quando uxor in partu periculose ægrotare solet. Interrogentur etiam puellæ corruptæ, an vitandæ prægnationis causa quidquam egerint?

Doceri insuper debent conjuges mortali peccato ipsos inquinari, quotiescumque, ante actum conjugalem, per tactus pollutionem sibi procurant, aut in evidenti periculo ejusdem procurandæ semetipsos constituunt.

4° Admoneantur denique illicitos esse extraordinarios omnes congrediendi modos.

II.

1° Il faut interroger chacun sur les devoirs de son état : par exemple, qu'une mère ne fasse point dormir son petit enfant avec elle, de peur de l'étouffer; ni l'enfant en âge raisonnable dans le lit où elle est avec son mari; qu'elle ne laisse point coucher ses enfants ensemble, surtout ceux de différent sexe.

2° Il faut montrer combien les parents sont obligés à envoyer leurs enfants au catéchisme, et à les interroger eux-mêmes, s'ils le savent faire; sinon à s'informer des catéchistes si leurs enfants apprennent bien; enfin à les corriger s'ils sont libertins.

3° Il faut savoir si chacun est laborieux dans son métier, s'il fait son ouvrage bien conditionné, et s'il le vend, sans fraude, à un prix modéré.

4° On peut leur demander encore s'ils ne font point une dépense au-dessus de leur condition, ou de leur bien.

III.

1° Il faut différer l'absolution dans les cinq cas de saint Charles, savoir, l'habitude, l'occasion prochaine, l'ignorance, la restitution et la réconciliation.

2° Pour l'impureté et pour l'ivrognerie, il faut de plus longs délais, surtout à l'égard des jeunes gens mariés.

3° Le cas de la restitution demande principalement qu'on retarde l'absolution jusqu'à une sûreté donnée par écrit; car, outre que l'homme peut mourir chargé du bien d'autrui, quelque bonne volonté qu'il ait, de plus, les embarras des familles font évanouir les meilleures résolutions, si elles ne sont fixées et irrévocables par un écrit signé et déposé en d'autres mains sûres, quand ils sont dans une vraie impuissance de payer avant que de recevoir l'absolution.

4° Il faut observer aussi que celui qui ne peut restituer le tout peut quelquefois restituer une partie, et par conséquent y est obligé; et que celui qui est dans l'impuissance pendant trois ans se trouve quelquefois en état de le faire au bout de ce terme, et par conséquent le doit faire.

5° Quand le pécheur est dans une occasion prochaine, que des raisons indispensables ne lui permettent pas de quitter, il ne faut lui donner l'absolution que quand cette occasion cessera d'être prochaine par la violence que ce pécheur se sera faite; ce qui demande sans doute plus de précautions et de plus longs délais.

6° Il y a sujet de croire que les pécheurs qui se sont toujours confessés sans aucun amendement pour des habitudes criminelles ont mal fait leurs confessions, et par conséquent qu'ils doivent faire des confessions générales de tout ce temps-là.

IV.

1° Si quando sacerdos ex confessione cognoscat mulierem, cujus hic et nunc peccata excipit, ab alio confessario ad scelus sollicitatam fuisse in sacro tribunali, mulierem illam non prius absolvat, quam licentiam ab ea obtinuerit hujusce corruptoris mihi clam denuntiandi, præsertim si abominandæ illius corruptionis consuetudine sit obstrictus.

Eo fidentius autem clandestina hæc declaratio fieri potest, quod huic, si sufficientibus aliunde probationibus destituatur, fidem nunquam habiturus sim. Nec pænitentis, nec ejusdem permissu revelantis confessarii, nomina in discrimen unquam adducentur. Id unum ex monitis colligam, ut majori cautione erga sacerdotes peccati suspectos utar, strictiusque ipsis invigilem; horum denique existimationi studiose consulam, tam sacerdotii reverentia, quam personarum misericordia ductus.

2° Stricte etiam vetandum est ne, sub quocumque prætextu, eum confessarium adeat pœnitens, qui incontinentiæ alicujus cum eo fuerit particeps.

V.

Les confesseurs de la mission ne recevront aucune restitution, qu'à condition que ceux qui donneront de l'argent reviendront prendre, des mains des confesseurs mêmes, un billet des personnes à qui on aura fait les restitutions, dans lequel billet il sera seulement écrit : *J'ai reçu par les mains de N..... sans marquer le nom du restituant.* Cette précaution est nécessaire pour ne laisser aucun prétexte de soupçon contre la fidélité et le désintéressement des confesseurs.

Les confesseurs qui reçoivent les sommes à restituer ne doivent point les rendre eux-mêmes aux personnes à qui elles appartiennent; mais ils doivent se servir de personnes interposées, pour mieux cacher la source d'où cet argent vient.

VI.

Chaque confesseur se trouvera ponctuellement à son confessionnal avant la fin du sermon du matin et avant la fin du dialogue après midi, pour attendre les peuples, et pour les attirer par cette commodité. Les confesseurs ne doivent écouter les pénitents pendant les fêtes et dimanches, pour les confessions générales, qu'afin de les attirer, de les contenter, et de les engager à revenir en d'autres jours plus libres de la semaine, aux heures précises qu'ils leur marqueront.

Les confesseurs ne doivent point s'entretenir entre eux des péchés qu'ils ont entendus en confession, encore moins en présence d'autres gens; mais seulement les dire en secret aux personnes principales qu'ils ont besoin de consulter, le tout sans nommer ni désigner jamais personne.

Une douzaine de jours avant la fin de la mission, nous nous rassemblerons pour concerter les moyens de pourvoir aux besoins des pénitents, sans précipiter les absolutions.

CONSULTATION

POUR UN CHEVALIER DE MALTE.

Il s'agit de savoir, 1° si les statuts de l'ordre obligent en conscience; 2° si un chevalier de Malte peut garder une commanderie qu'il a obtenue du grand-maître par des lettres de recommandation du roi; 3° s'il peut servir le roi dans ses armées, contre d'autres chrétiens.

PREMIÈRE QUESTION.

Les statuts de l'ordre obligent-ils en conscience?

STATUT RELATIF A CETTE QUESTION :

De la peine ordonnée à ceux qui faillent contre la règle et les statuts.

Fr.-Raymond Bérenger. « Afin que les frères » de notre ordre soient soigneux de n'en point enfreindre les règles et les statuts, nous ordonnons » et déclarons que la transgression des choses contenues en ladite règle oblige l'ame et le corps; » mais que pour le regard de l'infraction, s'il faut » ainsi dire, ou du violement des statuts, *il n'o-* » *blige à la peine que le corps tant seulement;* si ce » n'est en cas qu'il se trouve qu'il y en ait de tels » que pour les avoir transgressés l'ame soit encore » obligée à la punition, tant par la loi divine que » par les statuts canoniques. »

RÉPONSE A LA PREMIÈRE QUESTION.

Le sens naturel de ces paroles est que la règle oblige l'ame ou la conscience; et que les statuts, qui sont une police moins importante, n'obligent point l'ame ou la conscience, et qu'ils obligent seulement le corps, c'est-à-dire qu'ils assujettissent seulement les chevaliers aux peines extérieures et temporelles qui sont portées par les statuts eux-mêmes. Cet adoucissement a pu être apporté pour ne gêner pas trop les consciences des chevaliers, qui se trouvoient fort exposés, non-seulement par leurs fonctions militaires, mais encore par la vie commune qu'ils mènent dans le siècle, quand ils n'ont point de guerre à soutenir.

Il est vrai que les dispositions de mépris et de révolte avec lesquelles les chevaliers pourroient violer les statuts rendroient le violement criminel, selon la conscience même; mais alors le péché viendroit de la mauvaise disposition des particuliers, et non de la nature de la loi. La loi en elle-même ne peut jamais aller au-delà de l'intention du législateur, et de l'autorité qu'il lui a donnée : ainsi, quand il s'agit de peser la loi, tout se réduit à chercher par les paroles toute l'étendue de son sens naturel.

Il est vrai encore qu'outre ce que la loi a de rigoureux, il faut y considérer ce qu'elle a de salutaire : quand elle est sage, elle est toujours faite pour éloigner les hommes de quelques pièges. Ainsi, quand on la prendra dans ce sens, le particulier ne la regardant que comme une espèce de conseil, il fait une faute s'il se dispense de la suivre sans quelque raison solide; mais alors il ne pèche pas précisément à cause de l'autorité de la loi, puisqu'elle-même n'en veut point avoir pour lier la conscience des hommes, mais à cause qu'il rejette une espèce de conseil important par quelque motif déréglé. Ainsi, il est toujours constant que la loi par elle-même, en tant que loi, ne lie point la conscience.

Ce statut excepte néanmoins deux cas : l'un est

celui où un statut commanderoit ce qui seroit déjà commandé par la loi divine; l'autre est celui où ce qu'il commanderoit seroit déjà commandé par quelque loi ecclésiastique. Alors la conscience des chevaliers seroit liée, non par le statut, mais par la loi ou divine ou ecclésiastique.

SECONDE QUESTION.

Un chevalier de Malte peut-il garder une commanderie qu'il a obtenue du grand-maître par des lettres de recommandation du roi?

STATUTS RELATIFS A CETTE QUESTION :

« Que nos frères ne s'aident d'aucunes lettres de » recommandation pour avoir des commanderies. »

FR.-ÉLION DE VILLENEUVE. « Enjoignons expres-
» sément, sur peine de désobéissance, qu'aucun
» de nos frères, de quelque condition qu'il soit,
» n'obtienne ou ne présume d'obtenir, en façon
» quelconque, aucunes lettres de recommandation
» ou menaces *d'aucunes personnes*, afin qu'en
» vertu desdites lettres il puisse avoir des com-
» manderies ou des bénéfices de notre ordre. Il est
» néanmoins permis *d'en obtenir de ceux de notre-*
» *dit ordre qui ont déjà fait profession*, afin que
» lesdites lettres servent à recommander les mérites
» et vertus d'un chacun, sans que de leur refus
» il se puisse ensuivre aucun dommage. »

FR.-PIERRE D'AUBUSSON. « Que celui de nos
» frères qui aura obtenu telles lettres *perde l'an-*
» *cienneté de dix ans*, et qu'il soit permis à un
» chacun de l'accuser et de venir aux preuves con-
» tre lui, sans encourir aucunes peines, afin que
» nos frères se comportent modestement et sans
» insolence. »

RÉPONSE A LA SECONDE QUESTION.

Il y a quelque sujet de douter si ce statut (d'É-lion de Villeneuve) est de la même nature que les autres, et s'il ne lie point la conscience des chevaliers.

La raison d'en douter est que ce statut n'impose aucune peine pour le corps, c'est-à-dire, temporelle, et qu'il *enjoint sur peine de désobéissance*, etc. Ainsi il semble que le grand-maître a voulu dire *sur peine de* violer le vœu *d'obéissance*; ce qui renfermeroit un grand péché.

Il est vrai qu'un autre grand-maître, qui est Pierre d'Aubusson, a ajouté ce qu'ils nomment une peine *pour le corps*, qui est la perte de dix ans. Peut-être qu'il l'a fait pour joindre au lien de la conscience une punition plus sensible : peut-être aussi que croyant, suivant le sentiment commun de tout l'ordre, que les statuts n'obligent point sur peine de péché, il a voulu du moins assurer l'observation de celui-ci par une menace d'une peine extérieure et fort rigoureuse. Mais ce qui me paroît devoir décider est que le statut de Raymond Bérenger, qui veut que les statuts sans exception ne lient point l'ame ou la conscience, est postérieur à l'autre statut d'Élion de Villeneuve, qui défend d'obtenir des lettres de recommandation, sur peine de désobéissance. Ainsi, supposé même qu'Elion de Villeneuve ait eu intention de lier la conscience à cet égard, Raymond Bérenger, qui est venu ensuite, l'a déchargée.

De plus, voici d'autres raisons par lesquelles il semble que les chevaliers ne sont pas obligés en conscience à suivre le statut d'Élion de Villeneuve.

1° La pratique constante et universelle de l'ordre est que les lettres de recommandation qui viennent des princes sont très bien reçues, qu'on y a égard, et qu'on ne blâme jamais ceux qui les ont obtenues. On ne parle pas même en général pour exhorter les chevaliers à n'en point demander; au contraire, les grands-maîtres disent assez souvent aux chevaliers qu'ils veulent favoriser : Faites-moi écrire par votre roi, afin que j'aie une raison de vous accorder la grace sans blesser les autres prétendants, ou afin que je puisse mieux me débarrasser de leurs importunités. Le pape sait cette pratique, et jamais, de temps immémorial, ni lui, ni les grands-maîtres, ni les autres supérieurs de l'ordre, n'ont réclamé ni proposé aucune réforme là-dessus. Le chevalier qui consulte maintenant est un de ceux à qui le grand-maître a conseillé d'obtenir des lettres : ainsi, les lettres de recommandation qu'il a obtenues, bien loin de gêner le grand-maître, qui est l'inconvénient que le statut a voulu éviter, n'ont servi qu'à le rendre plus libre de choisir selon son inclination. Peut-on douter que le non-usage, quand il est constant, universel, évidemment connu et approuvé par tous les supérieurs, ne soit une abrogation tacite de la loi? Peut-on nier qu'il n'y ait eu dans l'Église beaucoup de règlements de discipline salutaires et importants, que le seul non-usage a entièrement abolis, et qu'on n'est plus obligé d'observer? Quoique ces lois abolies soient encore pour les chrétiens des espèces de conseils salutaires, on ne peut pas dire qu'on pèche en ne les suivant pas.

2° On peut encore moins soutenir que les commanderies sont des bénéfices, et qu'ainsi on blesse *les statuts canoniques* quand on sollicite des commanderies. Ce raisonnement renferme deux erreurs : l'une, que les commanderies soient des bénéfices ; car les bénéfices sont des titres ecclésiastiques avec quelque fonction cléricale, et avec la nécessité d'être clerc pour celui qui l'obtient : or, les commanderies n'ont aucune fonction cléricale, et sont possédées par les chevaliers, qui souvent ne sont point clercs : donc elles ne sont pas des bénéfices.

5° La seconde erreur est de croire qu'on ne puisse jamais demander un bénéfice. Où trouvera-t-on que l'Église ait condamné un clerc qui, étant digne et capable de servir l'Église, et voulant la servir, demande un bénéfice simple, pour y trouver une subsistance modeste et frugale? Tout de même, pourquoi un chevalier ne demandera-t-il pas modestement une commanderie, lorsqu'il en a besoin ; qu'il sert actuellement l'ordre ; et qu'il ne la demande que pour en faire un bon usage? On ne peut donc pas dire que cette démarche étant contre les *statuts canoniques*, elle est, selon le premier statut même, d'une nature à lier la conscience.

4° S'il est permis de desirer une commanderie, il peut être permis d'obtenir des recommandations, pourvu qu'elles n'aillent point jusqu'à gêner, par des espèces de menaces, celui qui donne les commanderies. Il est vrai que la loi qui suppose que ces recommandations sont dangereuses, et favorisent souvent les sujets indignes, est très sage en elle-même, lorsqu'elle les défend en général. Mais il y a des cas où ces recommandations sont innocentes par elles-mêmes ; et si la loi qui les condamne en général est abolie, ne peut-on pas les pratiquer dans ces cas particuliers, où elles n'ont par elles-mêmes rien de mauvais? Quand les recommandations sont ouvertement en usage de tous les côtés, ne peut-on pas y avoir recours pour faire une espèce de contre-poids, et pour empêcher que le crédit des autres ne l'emporte sur le service qu'on a rendu à l'ordre? Ainsi, la loi se trouvant abrogée par le non-usage, n'étant fondée sur aucune constitution canonique, et ne défendant point une chose absolument mauvaise par elle-même, n'a-t-on pas pu sans péché se dispenser de la suivre?

5° Il seroit inutile de raisonner sur le droit naturel, sur les statuts canoniques, et sur les statuts de l'ordre, pendant que le statut même qui défend les lettres de recommandation s'explique décisivement, et les permet en certains cas. Ce que les statuts de l'ordre permettent ne peut point être regardé comme contraire au droit naturel et aux canons. Or, il est certain que le statut permet aux chevaliers de solliciter des commanderies, et d'obtenir des lettres de recommandation de ceux de l'ordre *qui ont déjà fait profession*. Donc un chevalier peut, sans violer ni le droit naturel ni les canons, solliciter et faire solliciter pour lui une commanderie.

6° Il faudroit examiner si ces paroles, *d'aucunes personnes*, comprennent les rois mêmes ; car d'ordinaire, en matière de droit, ils ne sont pas censés compris dans des termes si vagues, lorsqu'il s'agit de leur lier les mains.

7° Quand même un chevalier auroit péché en demandant ou en faisant demander une commanderie, avec ambition, et sans avoir des mœurs assez pures pour y devoir prétendre, il ne laisse pas d'en être légitimement pourvu : d'où il s'ensuit que, quoiqu'il doive faire une exacte et exemplaire pénitence de ses péchés, et surtout de celui qu'il a commis entrant indignement et avec ambition dans la commanderie, il n'y a pourtant aucune loi qui l'oblige en conscience à s'en dépouiller.

TROISIÈME QUESTION.

Un chevalier de Malte peut-il servir le roi dans ses armées, contre d'autres chrétiens?

STATUTS RELATIFS A CETTE QUESTION :

« Que nos frères n'aient à se mêler dans les
» guerres qui sont entre les chrétiens. »

« Fr.-Jean-Fernandez de Heredia. « Voulons
» et ordonnons que nos frères ne s'intéressent
» point dans les guerres que les chrétiens font les
» uns contre les autres. Que si quelqu'un fait le
» contraire, qu'il perde l'habit : et en cas qu'il le
» recouvre par une grace spéciale, qu'il soit privé
» pour dix ans de l'administration des comman-
» deries, bénéfices, et autres biens de notre ordre ;
» à laquelle administration il ne puisse être dere-
» chef admis qu'après ledit terme expiré. Faisant
» très expresses inhibitions aux prieurs, au cha-
» pelain d'emposte, et aux commandeurs, de ne
» permettre à nos frères de s'exercer dans les guer-
» res des chrétiens, si ce n'est en cas que cela leur
» soit commandé par le prince ou le seigneur de
» la province ; car alors ils leur pourront donner
» congé de s'y en aller, à condition qu'ils n'y por-
» teront les armes ou les enseignes de la religion. »

RÉPONSE A LA TROISIÈME QUESTION.

Voici plusieurs réflexions qui peuvent favoriser les chevaliers qui servent leurs rois contre d'autres chrétiens.

1° Ce statut ne disant point, comme l'autre, *sur peine de désobéissance*, et se contentant d'imposer une peine temporelle, quoique cette peine soit très griève, on pourroit croire que ce statut est du nombre de ceux qui ne lient point la conscience: en sorte que le chevalier qui ne l'observe pas doit seulement être soumis pour subir la peine, si on la lui impose, c'est-à-dire perdre l'habit, ou être privé de l'administration des biens de l'ordre pendant dix ans, au choix des supérieurs.

2° Ce statut est abrogé par un usage contraire, qui est constant et universel. L'ordre sait et permet que chaque chevalier serve sa nation; et le pape même, qui le voit tous les jours, ne réclame jamais.

3° On ne peut point dire que ce statut est fondé sur un droit naturel et invariable, à cause du scandale qu'il y a à voir des frères d'un même ordre combattre les uns contre les autres, et s'entretuer. Le même droit naturel devroit interdire à tous les chrétiens de prendre les armes pour tremper leurs mains dans le sang de leurs frères. Il n'y a donc point de droit naturel, et on peut dire seulement que l'indécence est encore plus grande à voir des chevaliers contre des chevaliers, qu'à voir des chrétiens contre des chrétiens. Mais, dans le fond, rien n'empêche absolument, du côté du droit naturel, qu'un ordre militaire ne permette à ses chevaliers de servir chacun leur prince et leur patrie, quand ils ne sont pas nécessaires à la défense de la chrétienté. Le statut même qui défend de le faire montre clairement que la chose n'est pas absolument mauvaise par elle-même, puisqu'il la permet toutes les fois qu'il y a un ordre du *prince ou du seigneur* de la province. Donc la chose n'est point essentiellement mauvaise selon sa nature, ni contraire au droit divin : d'où il faut conclure que le statut qui la condamne a pu être aboli par le non-usage constant et paisible de toutes les nations dont l'ordre est composé.

4° Les chevaliers ne sont pas comme les autres religieux, qui doivent fuir tout ce qui a quelque rapport aux embarras du siècle. Ceux-ci doivent se sanctifier dans le siècle même; leur vie est militaire : depuis qu'ils n'ont plus à servir les hôpitaux de la Terre-Sainte, ils n'ont d'autre fonction réglée que celle des armes. La guerre, dans laquelle ils sont expérimentés, et qui est déjà leur genre de vie, n'est-elle pas moins à craindre pour eux, quand il est question de servir leur prince et leur patrie dans de pressants besoins, qu'une vie oisive, qui est difficile à remplir pour eux, quand les besoins de la religion ne les appellent point à Malte?

5° S'il est permis aux chevaliers d'aller en guerre contre les chrétiens, sur l'ordre du prince ou du seigneur de la province, n'est-il pas permis de demeurer dans le service du roi lorsqu'on y est engagé par un commandement considérable, et qu'on ne pourroit en sortir sans déplaire certainement à Sa Majesté? Ce desir du prince, qui veut qu'on continue à le servir, n'est-il pas équivalent à l'ordre que le statut demande?

6° Remarquez que ce statut n'a été fait que pour empêcher les chevaliers de se mêler dans les guerres, qui étoient si communes en ce temps-là, de seigneur à seigneur, et de ville à ville : chaque voisin prenoit parti pour les uns ou pour les autres, selon son inclination. Ainsi il y a sujet de croire que le statut a voulu seulement exclure les chevaliers de ces guerres intestines que l'anarchie avoit introduites, et les borner à celles des princes ou des seigneurs dont ils tiendroient des fiefs.

7° Il faut encore observer que l'ordre mande les chevaliers, dès qu'il arrive quelque besoin pressant pour la religion; qu'excepté ces occasions, il y a un certain nombre de chevaliers en guerre, qui suffisent pour les expéditions qu'on veut faire, et au-delà desquels la religion ne prétend point augmenter ses armements : ainsi les chevaliers qu'on laisse en France, étant alors sans emploi pour l'ordre, ne peuvent-ils pas s'occuper, selon leur talent et leur genre de vie, dans les guerres où ils défendront leur patrie? Quoique cette guerre ne soit pas aussi sainte que celle qu'on fait aux Infidèles, elle ne laisse pas d'être très digne d'un chrétien, lorsqu'il la fait sans ambition, et pour le bien public. On ne doit pas regarder comme une action profane celle d'un homme qui va à la guerre pour son prince et pour sa patrie, sans ambition. Quand il y expose sa vie par ce pur motif, en vue de Dieu, on peut dire que c'est la disposition qui approche le plus de celle des chevaliers, quand ils se dévouent pour la défense de la religion.

8° Mais ce qui semble décider le plus clairement, c'est que le chevalier qui consulte tient à Malte un rang qui lui ôte la liberté de porter les armes pour l'ordre. S'il étoit à Malte, il ne pourroit être que du conseil du grand-maître, et il n'iroit à la guerre pour la religion que dans les plus extrêmes nécessités : ainsi, outre que l'ordre ne demande point maintenant de lui qu'il aille à Malte, il ne pourroit, en y allant, servir l'ordre que par son conseil. Ne vaut-il pas mieux qu'il défende sa patrie par les armes, que s'il donnoit au grand-maître ses avis, dont celui-ci n'a aucun besoin?

SERMONS ET ENTRETIENS

SUR DIVERS SUJETS.

NOTICE

SUR L'ÉLECTEUR DE COLOGNE.

Joseph-Clément de Bavière, électeur de Cologne, fils de Ferdinand Wolfang, duc de Bavière, et de Henriette-Adélaïde de Savoie, naquit le 5 décembre 1671. Dès l'âge de quinze ans, il fut élu évêque de Ratisbonne et de Frisingue. Deux ans après, il obtint du pape Innocent XI un bref d'éligibilité pour l'archevêché de Cologne et pour les évêchés de Liége et de Hildesheim, à condition que lorsqu'il seroit promu à ces trois siéges, ou seulement à l'un d'eux, il renonceroit aux évêchés de Ratisbonne et de Frisingue. Il fut effectivement élu archevêque et électeur de Cologne le 10 juillet 1688, sept jours après la mort de Maximilien-Henri de Bavière, son cousin, et confirmé par un bref du 20 septembre 1688, qui lui accordoit en même temps la permission de conserver les évêchés de Ratisbonne et de Frisingue, jusqu'à ce qu'il pût entrer en possession des biens de l'église de Cologne. Ce premier bref fut suivi, en 1689, d'un autre qui autorisoit l'électeur à accepter les évêchés de Liége et de Hildesheim. En conséquence de ce bref, il fut élu, le 28 janvier 1694, coadjuteur de ce dernier siége, dont il devint titulaire le 15 août 1702, par la mort de Joseph-Edmond, baron de Brabeck : et le 20 avril de la même année 1694, il fut élu évêque et prince de Liége, à la place de Jean-Louis d'Elderen, mort le 1ᵉʳ février précédent. L'électeur de Cologne parvint ainsi à réunir sur sa tête cinq évêchés différents, quoiqu'il ne fût pas même dans les ordres sacrés : cet abus avoit alors prévalu en Allemagne, et l'histoire de cette époque en offre plusieurs exemples. « Une concession de cette nature, comme l'a judicieu-
» sement observé un écrivain récent, faite par un pape
» aussi régulier et même aussi sévère qu'Innocent XI, ne
» peut s'expliquer que par les instances importunes de
» grandes puissances, qui se croyoient en droit d'obtenir
» tout ce qu'elles desiroient. La maison de Bavière, la fa-
» mille catholique d'Allemagne la plus puissante après la
» maison d'Autriche, avoit sollicité avec chaleur des dis-
» penses qui n'étoient malheureusement pas sans exemple.
» Les avoir arrachées une fois paroissoit un titre pour les
» extorquer encore. La maison d'Autriche, liée alors avec
» l'électeur de Bavière, avoit appuyé ses demandes, et on
» n'avoit pas cru apparemment qu'il fût possible de résis-
» ter de si puissantes interventions[1]. »

Depuis 1688 jusqu'en 1707, l'électeur se contenta de jouir de ses revenus ecclésiastiques, sans se mettre en devoir de recevoir la consécration épiscopale, ni même les ordres sacrés. Mais s'étant déclaré pour la France, aussi bien que l'électeur de Bavière, son frère, dans la guerre de la succession d'Espagne, tous deux furent dépouillés, par l'empereur, de leurs états d'Allemagne, et obligés de chercher un asile en France. Pendant son séjour en ce royaume, l'électeur de Cologne ayant eu occasion de voir Fénelon à Cambrai, conçut aussitôt pour l'illustre prélat les sentiments d'estime et de vénération qu'il avoit coutume d'inspirer à tous ceux qui l'approchoient. Fénelon profita de ces heureuses conjonctures pour lui inspirer des sentiments et une conduite plus conformes à l'esprit de la religion et aux règles de l'Église. Il lui fit sentir que les dispenses qu'il avoit obtenues du Saint-Siège pour éloigner sa promotion aux ordres sacrés ne dégageoient sa conscience ni devant Dieu ni devant les hommes. L'électeur entendit avec docilité la voix de la religion, à laquelle sa profonde vénération pour l'archevêque de Cambrai ajoutoit une nouvelle force. La seule crainte du redoutable fardeau de l'épiscopat lui fit différer son sacre de quelques années, pour s'y mieux préparer par les pratiques de piété que Fénelon lui conseilla[1]. Il reçut enfin les ordres sacrés vers la fin de l'année 1706, dans la chapelle des jésuites de Lille, où il célébra sa première messe avec une grande pompe, le premier jour de l'année 1707. Le 1ᵉʳ mai suivant, il reçut, dans l'église collégiale de Saint-Pierre de la même ville, la consécration épiscopale des mains de Fénelon, assisté des évêques d'Ypres et de Namur.

Ce fut à l'occasion de cette dernière cérémonie que l'archevêque de Cambrai prononça le discours suivant, regardé avec raison comme une des plus belles productions de l'éloquence chrétienne, par l'heureux accord des pensées les plus sublimes et des exhortations les plus pathétiques.

L'électeur n'oublia jamais les avis pleins de sagesse que Fénelon lui avoit donnés dans une occasion si importante. Il lui en témoigna constamment sa reconnoissance par une conduite pleine d'égards et de respects, et par la confiance avec laquelle il le consulta dans les difficultés de son administration, soit ecclésiastique, soit temporelle. Ayant été rétabli dans ses états par le traité de Rastadt en 1714, il résigna son évêché de Ratisbonne, le 26 mars 1716, à Clément-Auguste de Bavière, son neveu, et reçut de l'empereur, par ses plénipotentiaires, le 20 avril 1717, l'investiture du temporel de l'archevêché de Cologne, ainsi que des évêchés de Liége et de Hildesheim. Il mourut le 12 novembre 1723, à Bonn, petite ville des environs de Cologne, et ancienne résidence de l'électeur.

---

[1] *Mémoires pour servir à l'Hist. Eccl. pendant le xviiiᵉ siècle :* introduct. iiᵉ partie, art. *Allemagne*, pag. 94.

[1] Voyez les lettres de Fénelon à l'électeur de Cologne, du 30 décembre 1704 et du 15 juillet 1706, parmi les *Lettres spirituelles*.

DISCOURS

PRONONCÉ

AU SACRE DE L'ÉLECTEUR DE COLOGNE,

Dans l'église collégiale de Saint-Pierre, à Lille,
le 1ᵉʳ mai 1707.

Depuis que je suis destiné à être votre consécrateur, prince que l'Église voit aujourd'hui avec tant de joie prosterné au pied des autels, je ne lis plus aucun endroit de l'Écriture qui ne me fasse quelque impression par rapport à votre personne. Mais voici les paroles qui m'ont le plus touché : « Étant libre à l'égard de tous, dit l'Apôtre [1], je me suis fait esclave de tous, pour en gagner un plus grand nombre. *Cum liber essem ex omnibus, omnium me servum feci, ut plures lucrifacerem.* » Quelle grandeur se présente ici de tous côtés ! Je vois une maison qui remplissoit déjà le trône impérial il y a près de quatre cents ans. Elle a donné à l'Allemagne deux empereurs, et deux branches qui jouissent de la dignité électorale. Elle règne dans la Suède, où un prince, au sortir de l'enfance, est devenu tout-à-coup la terreur du Nord. Je n'aperçois que les plus hautes alliances des maisons de France et d'Autriche : d'un côté, vous êtes petit-fils de Henri-le-Grand, dont la mémoire ne cessera jamais d'être chère à la France ; de l'autre côté, votre sang coule dans les veines de nos princes, précieuse espérance de la nation. Hélas ! nous ne pouvons nous souvenir qu'avec douleur de la princesse à qui nous les devons, et qui fut trop tôt enlevée au monde !

Oserai-je ajouter, en présence d'Emmanuel [2], que les infidèles ont senti et que les chrétiens ont admiré sa valeur ? Toutes les nations s'attendrissent en éprouvant sa douceur, sa bonté, sa magnificence, son aimable sincérité, sa constance à toute épreuve dans ses engagements, sa fidélité, qui égale dans ses alliances la probité et la délicatesse des plus vertueux amis dans leur société privée. Avec un cœur semblable à celui d'un tel frère, prince, il ne tenoit qu'à vous de marcher sur ses traces. Vous étiez libre de le suivre ; vous pouviez vous promettre tout ce que le siècle a de plus flatteur : mais vous venez sacrifier à Dieu cette liberté et ces espérances mondaines. C'est de ce sacrifice que je veux vous parler à la face des saints autels. J'avoue que le respect devroit m'engager à me taire ; « mais l'amour, comme saint Bernard le disoit au pape Eugène [1], n'est point retenu par le respect... Je vous parlerai, non pour vous instruire, mais pour vous conjurer comme une mère tendre. Je veux bien paroître indiscret à ceux qui n'aiment point, et qui ne sentent pas tout ce qu'un véritable amour fait sentir. » Pour vous, je sais que vous avez le goût de la vérité, et même de la vérité la plus forte. Je ne crains point de vous déplaire en la disant : daignez donc écouter ce que je ne crains point de dire. D'un côté, l'Église n'a aucun besoin du secours des princes de la terre, parce que les promesses de son Époux tout puissant lui suffisent ; d'un autre côté, les princes qui deviennent pasteurs peuvent être très utiles à l'Église, pourvu qu'ils s'humilient, qu'ils se dévouent au travail, et qu'on voie reluire en eux toutes les vertus pastorales. Voilà les deux points que je me propose d'expliquer dans ce discours.

PREMIER POINT.

Les enfants du siècle, prévenus des maximes d'une politique profane, prétendent que l'Église ne sauroit se passer du secours des princes et de la protection de leurs armes, surtout dans les pays où les hérétiques peuvent l'attaquer. Aveugles, qui veulent mesurer l'ouvrage de Dieu par celui des hommes ! C'est *s'appuyer sur un bras de chair*[2] ; c'est *anéantir la croix de Jésus-Christ*[3]. Croit-on que l'Époux tout puissant et fidèle dans ses promesses ne suffise pas à l'épouse ? *Le ciel et la terre passeront, mais aucune de ses paroles ne passera jamais*[4]. O hommes foibles et impuissants qu'on nomme les rois et les princes du monde, vous n'avez qu'une force empruntée pour un peu de temps : l'Époux, qui vous la prête, ne vous la confie qu'afin que vous serviez l'épouse. Si vous manquiez à l'Épouse, vous manqueriez à l'Époux même ; il sauroit transporter son glaive en d'autres mains. Souvenez-vous que c'est lui qui est *le Prince des rois de la terre*[5], *le Roi invisible et immortel des siècles*[6].

Il est vrai qu'il est écrit que l'Église *sucera le lait des nations, qu'elle sera allaitée de la mamelle des rois, qu'ils seront ses nourriciers, qu'ils marcheront à la splendeur de sa lumière naissante, que ses portes ne se fermeront ni jour ni nuit, afin qu'on lui apporte la force des peuples,*

---

[1] *I Cor.*, IX, 49.
[2] Maximilien-Emmanuel, électeur de Bavière, frère de l'électeur de Cologne, présent à son sacre. (*Édit. Vers.*)

[1] *De Consid.*, prolog. pag. 408.
[2] *Jerem.*, XVII, 5.   [3] *I Cor.*, I, 17.
[4] *Luc.*, XXI, 33.
[5] *Apoc.*, I, 5.   [6] *I Tim.*, I, 17.

et que les rois y soient amenés : mais il est dit aussi que *les rois viendront, les yeux baissés vers la terre, se prosterner* devant l'Église ; qu'*ils baiseront la poussière de ses pieds*[1] ; que, n'osant parler, *ils fermeront leur bouche* devant son Époux ; que *toute nation et tout royaume qui ne sera point dans la servitude* de cette nouvelle Jérusalem périra. Trop heureux donc les princes que Dieu daigne employer à la servir ! trop honorés ceux qu'il choisit pour une si glorieuse confiance !

Et maintenant, ô rois ! comprenez, instruisez-vous, ô juges de la terre ! servez le Seigneur avec crainte, et réjouissez-vous en lui avec tremblement, de peur que sa colère ne s'enflamme, et que vous ne périssiez en vous égarant de la voie de la justice[2]. Dieu jaloux *renverse les trônes des princes hautains, et il fait asseoir en leurs places des hommes doux* et modérés ; il fait sécher *jusqu'aux racines des nations superbes, et il plante les humbles*[3] pour les faire fleurir ; il détruit jusque dans ses fondements toute puissance orgueilleuse ; *il en efface même la mémoire de dessus la terre*[4]. *Toute chair est comme l'herbe, et sa gloire est comme une fleur des champs : dès que l'esprit du Seigneur souffle, cette herbe est desséchée, et cette fleur tombe*[5].

Que les princes qui se vantent de protéger l'Église ne se flattent donc pas jusqu'à croire qu'elle tomberoit s'ils ne la portoient pas dans leurs mains. S'ils cessoient de la soutenir, le Tout-Puissant la porteroit lui-même. Pour eux, *faute de la servir, ils périroient*[6], selon les saints oracles.

Jetons les yeux sur l'Église, c'est-à-dire sur cette société visible des enfants de Dieu qui a été conservée dans tous les temps : c'est le royaume qui *n'aura point de fin*. Toutes les autres puissances s'élèvent et tombent ; après avoir étonné le monde, elles disparoissent. L'Église seule, malgré les tempêtes du dehors et les scandales du dedans, demeure immortelle. Pour vaincre, elle ne fait que souffrir ; et elle n'a pas d'autres armes que la croix de son Époux.

Considérons cette société sous Moïse : Pharaon la veut opprimer ; les ténèbres deviennent palpables en Égypte ; la terre s'y couvre d'insectes ; la mer s'entr'ouvre, ses eaux suspendues s'élèvent comme deux murs ; tout un peuple traverse l'abîme à pied sec, un pain descendu du ciel le nourrit au désert ; l'homme parle à la pierre, et elle donne des torrents : tout est miracle pendant quarante années pour délivrer l'Église captive.

Hâtons-nous ; passons aux Machabées : les rois de Syrie persécutent l'Église ; elle ne peut se résoudre à renouveler une alliance avec Rome et avec Sparte, sans déclarer en esprit de foi qu'elle ne s'appuie que sur les promesses de son Époux. *Nous n'avons*, disoit Jonathas[1], *aucun besoin de tous ces secours, ayant pour consolation les saints livres qui sont dans nos mains*. Et en effet, de quoi l'Église a-t-elle besoin ici-bas ? Il ne lui faut que la grace de son Époux pour lui enfanter des élus ; leur sang même est une semence qui les multiplie. Pourquoi mendieroit-elle un secours humain, elle qui se contente d'obéir, de souffrir, de mourir ; son règne, qui est celui de son Époux, n'étant point de ce monde, et tous ces biens étant au-delà de cette vie ?

Mais tournons nos regards vers l'Église, que Rome païenne, cette Babylone enivrée du sang des martyrs, s'efforce de détruire. L'Église demeure libre dans les chaînes, et invincible au milieu des tourments. Dieu laisse ruisseler, pendant trois cents ans, le sang de ses enfants bien aimés. Pourquoi croyez-vous qu'il le fasse ? C'est pour convaincre le monde entier, par une si longue et si terrible expérience, que l'Église, comme suspendue entre le ciel et la terre, n'a besoin que de la main invisible dont elle est soutenue. Jamais elle ne fut si libre, si forte, si florissante, si féconde.

Que sont devenus ces Romains qui la persécutoient ? Ce peuple, qui se vantoit d'être *le peuple roi*, a été livré aux nations barbares ; l'empire éternel est tombé ; Rome est ensevelie dans ses ruines avec les faux dieux, il n'en reste plus de mémoire que par une autre Rome sortie de ses cendres, qui, étant pure et sainte, est devenue à jamais le centre du royaume de Jésus-Christ.

Mais comment est-ce que l'Église a vaincu cette Rome victorieuse de l'univers ? Écoutons l'Apôtre[2] : *Ce qui est folie en Dieu est plus sage que tous les hommes : ce qui est foible en Dieu est plus fort qu'eux. Voyez, mes frères, votre vocation ; car il n'y a point parmi vous beaucoup de sages selon la chair, ni beaucoup d'hommes puissants, ni beaucoup de nobles. Mais Dieu a choisi ce qui est insensé selon le monde, pour confondre les sages ; et il a choisi ce qui est foible dans le monde, pour confondre ce qui est fort : il a choisi ce qui est bas et méprisable, et même ce qui n'est pas, pour détruire ce qui est, afin que nulle chair ne se glorifie devant lui*. Qu'on ne nous vante donc

---

[1] *Is.*, LX, 17 et seq. [2] *Ps.* II, 10, 11, 12.
[3] *Luc.*, I, 52. [4] *Ps.* XXXIII, 17.
[5] *Is.* XL, 6, 7. [6] *Ibid.*, 12.

[1] *I Mac.*, XII, 9. [2] *I Cor.*, I, 23, 28.

plus ni une sagesse convaincue de folie, ni une puissance fragile et empruntée : qu'on ne nous parle plus que d'une foiblesse simple et humble, qui peut tout en Dieu seul ; qu'on ne nous parle plus que de la folie de la croix. La jalousie de Dieu alloit jusqu'à sembler exclure de l'Église, pendant ces siècles d'épreuve, tout ce qui auroit paru un secours humain : Dieu, impénétrable dans ses conseils, vouloit renverser tout ordre naturel. De là vient que Tertullien a paru douter si les Césars pouvoient devenir chrétiens [1]. Combien coûta-t-il de sang et de tourments aux fidèles, pour montrer que l'Église ne tient à rien ici-bas ! « Elle » ne possède pour elle-même, dit saint Ambroise [2], » que sa seule foi. » C'est cette foi qui vainquit le monde.

Après ce spectacle de trois cents ans, Dieu se souvint enfin de ses anciennes promesses ; il daigna faire aux maîtres du monde la grace de les admettre aux pieds de son épouse. Ils en devinrent *les nourriciers*, et il leur fut donné de *baiser la poussière de ses pieds* [3]. Fut-ce un secours qui vint à propos pour soutenir l'Église ébranlée ? Non, celui qui l'avoit soutenue pendant trois siècles, malgré les hommes, n'avoit pas besoin de la foiblesse des hommes, déja vaincus par elle, pour la soutenir. Mais ce fut un triomphe que l'Époux voulut donner à l'épouse après tant de victoires ; ce fut, non une ressource pour l'Église, mais une grace et une miséricorde pour les empereurs. « Qu'y a-t-il, disoit saint Ambroise [4], de plus » glorieux pour l'empereur, que d'être nommé le » fils de l'Église ? »

En vain quelqu'un dira que l'Église est dans l'état. L'Église, il est vrai, est dans l'état pour obéir au prince dans tout ce qui est temporel ; mais, quoiqu'elle se trouve dans l'état, elle n'en dépend jamais pour aucune fonction spirituelle. Elle est en ce monde, mais c'est pour le convertir ; elle est en ce monde, mais c'est pour le gouverner par rapport au salut. Elle use de ce monde en passant, comme n'en usant pas ; elle y est comme Israël fut étranger et voyageur au milieu du désert ; elle est déja d'un autre monde, qui est au-dessus de celui-ci. Le monde, en se soumettant à l'Église, n'a point acquis le droit de l'assujettir : les princes, en devenant les enfants de l'Église, ne sont point devenus ses maîtres ; ils doivent la servir, et non la dominer, *baiser la poussière de ses pieds*, et non lui imposer le joug. L'empereur, disoit saint Ambroise [1], « est au-dedans de l'Église, » mais il n'est pas au-dessus d'elle. Le bon empe-» reur cherche le secours de l'Église, et ne le re-» jette point. » L'Église demeura sous les empereurs convertis aussi libre qu'elle l'avoit été sous les empereurs idolâtres et persécuteurs. Elle continua de dire, au milieu de la plus profonde paix, ce que Tertullien disoit pour elle pendant les persécutions : « *Non te terremus, qui nec timemus* [2]. » Nous ne sommes point à craindre pour vous, et » nous ne vous craignons point. Mais prenez garde, » ajoute-t-il, de ne combattre pas contre Dieu. » En effet, qu'y a-t-il de plus funeste à une puissance humaine, qui n'est que foiblesse, que d'attaquer le Tout-Puissant ? *Celui sur qui cette pierre tombe sera écrasé ; et celui qui tombe sur elle se brisera* [3].

S'agit-il de l'ordre civil et politique, l'Église n'a garde d'ébranler les royaumes de la terre, elle qui tient dans ses mains les clefs du royaume du ciel. Elle ne desire rien de tout ce qui peut être vu ; elle n'aspire qu'au royaume de son Époux, qui est le sien. Elle est pauvre, et jalouse du trésor de sa pauvreté ; elle est paisible, et c'est elle qui donne, au nom de l'Époux, une paix que le monde ne peut ni donner ni ôter ; elle est patiente, et c'est par sa patience jusques à la mort de la croix qu'elle est invincible. Elle n'oublie jamais que son Époux s'enfuit sur la montagne dès qu'on voulut le faire roi ; elle se ressouvient qu'elle doit avoir en commun avec son Époux la nudité de la croix, puisqu'il est *l'homme des douleurs, l'homme écrasé dans l'infirmité* [4], l'homme *rassasié d'opprobres* [5]. Elle ne veut qu'obéir ; elle donne sans cesse l'exemple de la soumission et du zèle pour l'autorité légitime, elle verseroit tout son sang pour la soutenir. Ce seroit pour elle un second martyre, après celui qu'elle a enduré pour la foi. Princes, elle vous aime ; elle prie nuit et jour pour vous ; vous n'avez point de ressource plus assurée que sa fidélité. Outre qu'elle attire sur vos personnes et sur vos peuples les célestes bénédictions, elle inspire à vos peuples une affection à toute épreuve pour vos personnes, qui sont les images de Dieu ici-bas.

Si l'Église accepte les dons précieux et magnifiques que les princes lui font, ce n'est pas qu'elle veuille renoncer à la croix de son Époux, et jouir des richesses trompeuses : elle veut seulement

---

[1] *Apol.* c., XXI.
[2] *Ep.* XVIII, *ad Valentinian. cont. Symmachum*, n. 16, t. II, pag. 837.
[3] *Is.*, XLIX, 23.
[4] *Ep.* XXI, *in serm. cont. Auxent.*, n. 53, tom. II, pag. 875.

[1] *Ep.*, XXI, *ibid.* [2] *Ad Scapul.*, cap. IV.
[3] *Matth.*, XXI, 44.
[4] *Is.* LIII, 5, 10. [5] *Lament.* III, 30.

procurer aux princes le mérite de s'en dépouiller; elle ne veut s'en servir que pour orner la maison de Dieu, que pour faire subsister modestement les ministres sacrés, que pour nourrir les pauvres, qui sont les sujets des princes. Elle cherche, non les richesses des hommes, mais leur salut; non ce qui est à eux, mais eux-mêmes. Elle n'accepte leurs offrandes périssables que pour leur donner les biens éternels.

Plutôt que de subir le joug des puissances du siècle, et de perdre la liberté évangélique, elle rendroit tous les biens temporels qu'elle a reçus des princes. « Les terres de l'Église, disoit saint
» Ambroise [1], paient le tribut; et si l'empereur
» veut ces terres, il a la puissance pour les
» prendre : aucun de nous ne s'y oppose. Les
» aumônes des peuples suffiront encore à nourrir
» les pauvres. Qu'on ne nous rende point odieux
» par la possession où nous sommes de ces terres;
» qu'ils les prennent, si l'empereur les veut. Je
» ne les donne point; mais je ne les refuse pas. »

Mais s'agit-il du ministère spirituel donné à l'épouse immédiatement par le seul Époux, l'Église l'exerce avec une entière indépendance des hommes. Jésus-Christ dit [2] : *Toute puissance m'a été donnée dans le ciel et sur la terre. Allez donc; enseignez toutes les nations, les baptisant,* etc. C'est cette toute-puissance de l'Époux qui passe à l'épouse, et n'a aucune borne : toute créature sans exception y est soumise. Comme les pasteurs doivent donner aux peuples l'exemple de la plus parfaite soumission et de la plus inviolable fidélité aux princes pour le temporel, il faut aussi que les princes, s'ils veulent être chrétiens, donnent aux peuples, à leur tour, l'exemple de la plus humble docilité et de la plus exacte obéissance aux pasteurs pour toutes les choses spirituelles. Tout ce que l'Église lie ici-bas est lié; tout ce qu'elle remet est remis; tout ce qu'elle décide est confirmé au ciel. Voilà la puissance décrite par le prophète Daniel.

L'Ancien des jours, dit-il [3], *a donné le jugement aux saints du Très-Haut, et le temps en est venu, et les saints ont possédé la royauté.* Ensuite le prophète dépeint un roi puissant et impie, qui *proférera des blasphèmes, et qui écrasera les saints du Très-Haut. il croira pouvoir changer les temps et les lois, et ils seront livrés dans sa main jusqu'à un temps, et à des temps, et à la moitié d'un temps : et alors le juge sera assis, afin que la puissance lui soit enlevée, qu'il soit écrasé, et qu'il périsse pour toujours; en sorte que la royauté, la puissance et la grandeur de la puissance sur tout ce qui est sous le ciel soit donnée au peuple des saints du Très-Haut, dont le règne sera éternel, et tous les rois lui serviront et lui obéiront.*

O hommes qui n'êtes qu'hommes, quoique la de flatterie vous tente d'oublier l'humanité, et vous élever au-dessus d'elle, souvenez-vous que Dieu peut tout sur vous, et que vous ne pouvez rien contre lui. Troubler l'Église dans ses fonctions, c'est attaquer le Très-Haut dans ce qu'il a de plus cher, qui est son épouse; c'est blasphémer contre les promesses; c'est oser l'impossible; c'est vouloir renverser *le règne éternel.* Rois de la terre, vous vous liguerez en vain *contre le Seigneur et contre son Christ* [1]; en vain vous renouvelleriez les persécutions, en les renouvelant; vous ne feriez que purifier l'Église, et que ramener pour elle la beauté de ses anciens jours. En vain vous diriez : *Rompons ses liens, et rejetons son joug; celui qui habite dans les cieux riroit de vos desseins. Le Seigneur a donné à son Fils toutes les nations comme son héritage, et les extrémités de la terre comme ce qu'il doit posséder en propre* [2]. Si vous ne vous humiliez sous sa puissante main, il vous *brisera comme des vases d'argile.* La puissance sera enlevée à quiconque osera s'élever contre l'Église. Ce n'est pas elle qui l'enlèvera, car elle ne fait que souffrir et prier. Si les princes vouloient l'asservir, elle ouvriroit son sein; elle diroit : Frappez; elle ajouteroit, comme les apôtres : *Jugez vous-mêmes devant Dieu s'il est juste de vous obéir plutôt qu'à lui* [3]. Ici ce n'est pas moi qui parle, c'est le Saint-Esprit. Si les rois manquoient à *la servir* [4] et à lui obéir, la puissance leur seroit enlevée. Le Dieu des armées, sans qui on garderoit en vain les villes, ne combattroit plus avec eux.

Non-seulement les princes ne peuvent rien contre l'Église, mais encore ils ne peuvent rien pour elle touchant le spirituel, qu'en lui obéissant. Il est vrai que le prince pieux et zélé est nommé *l'évêque du dehors*, et *le protecteur des canons* [5]; expressions que nous répéterons sans cesse avec joie, dans le sens modéré des anciens qui s'en sont

---

[1] *Ep.*, XXI. *Serm. cont. uxent.*, n. 33 : tom. II, pag. 872.
[2] *Matth.*, XXVIII, 18.
[3] *Dan.*, VII, 22, 25, 26, 27.

[1] *Ps.*, II, 2.
[2] *Ibid.*, 3, 4, 8, 9.
[3] *Act.*, IV, 19.
[4] *Is.*, LX. 12.
[5] EUSEB., *de Vita Constantini*, lib. IV, cap. XXIV.

servis. Mais l'évêque du dehors ne doit jamais entreprendre la fonction de celui du dedans. Il se tient, le glaive en main, à la porte du sanctuaire; mais il prend garde de n'y entrer pas. En même temps qu'il protège, il obéit; il protège les décisions, mais il n'en fait aucune. Voici les deux fonctions auxquelles il se borne : la première est de maintenir l'Église en pleine liberté contre tous ses ennemis du dehors, afin qu'elle puisse au-dedans, sans aucune gêne, prononcer, décider, approuver, corriger, enfin abattre toute hauteur qui s'élève contre la science de Dieu; la seconde est d'appuyer ces mêmes décisions, dès qu'elles sont faites [1], sans se permettre jamais, sous aucun prétexte, de les interpréter. Cette protection des canons ne tourne donc uniquement contre les ennemis de l'Église, c'est-à-dire contre les novateurs, contre les esprits indociles et contagieux, contre tous ceux qui refusent la correction. A Dieu ne plaise que le protecteur gouverne, ni prévienne jamais en rien ce que l'Église réglera! Il attend, il écoute humblement, il croit sans hésiter, il obéit lui-même, et fait autant obéir par l'autorité de son exemple, que par la puissance qu'il tient dans ses mains. Mais enfin le protecteur de la liberté ne la diminue jamais. Sa protection ne seroit plus un secours, mais un joug déguisé, s'il vouloit déterminer l'Église, au lieu de se laisser déterminer par elle. C'est par cet excès funeste que l'Angleterre a rompu le sacré lien de l'unité, en voulant faire chef de l'Église le prince qui n'en est que le protecteur.

Quelque besoin que l'Église ait d'un prompt secours contre les hérésies et contre les abus, elle a encore plus besoin de conserver sa liberté. Quelque appui qu'elle reçoive des meilleurs princes, elle ne cesse jamais de dire avec l'Apôtre : *Je travaille jusqu'à souffrir les liens, comme si j'étois coupable; mais la parole de Dieu que nous annonçons n'est liée* par aucune puissance humaine. C'est avec cette jalousie de l'indépendance pour le spirituel, que saint Augustin disoit à un proconsul, lors même qu'il se voyoit exposé à la fureur des donatistes : « Je ne voudrois pas que l'Église d'Afrique fût abattue jusqu'au point d'avoir besoin d'aucune puissance terrestre [2]. » Voilà le même esprit qui avoit fait dire à saint Cyprien : « L'évêque, tenant dans ses mains l'Évangile de Dieu, peut être tué, mais non pas vaincu [3]. » Voilà précisément le même principe de liberté pour les deux états de l'Église. Saint Cyprien défend cette liberté contre la violence des persécuteurs, et saint Augustin la veut conserver avec précaution, même à l'égard des princes protecteurs, au milieu de la paix. Quelle force, quelle noblesse évangélique, quelle foi aux promesses de Jésus-Christ! O Dieu, donnez à votre Église des Cypriens, des Augustins, des pasteurs qui honorent le ministère, et qui fassent sentir à l'homme qu'ils sont les dispensateurs de vos mystères!

Au reste, quoique l'Église soit, par les promesses, au-dessus de tous les besoins et de tous les secours, Dieu ne dédaigne pourtant pas de la faire secourir par les princes [1]. Il les prépare de loin, il les forme, il les instruit, il les exerce, il les purifie, il les rend dignes d'être les instruments de sa providence; en un mot, il ne fait rien par eux qu'après avoir fait en eux tout ce qu'il lui plaît. Alors l'Église accepte cette protection, comme les offrandes des fidèles, sans l'exiger; elle ne voit que la main de son seul Époux dans les bienfaits des princes. Et en effet, c'est lui qui leur donne et la force au-dehors, et la bonne volonté au-dedans, pour exercer cette pieuse protection. L'Église remonte sans cesse à la source : loin d'écouter la politique mondaine, elle n'agit qu'en pure foi, et elle n'a garde de croire que le Fils de Dieu, son Époux, ne lui suffit pas.

Ici représentons-nous le sage Maximilien, électeur de Bavière. Prince, c'est avec joie que je rappelle le souvenir de votre aïeul. Il est vrai qu'il fit de grandes choses pour la religion : animé d'un saint zèle, il s'arma contre un prince de sa maison pour sauver la religion catholique dans l'Allemagne : supérieur à toute la politique mondaine, il méprisa les plus hautes et les plus flatteuses espérances, pour conserver la foi de ses pères. Mais Dieu se suffit à lui-même, et le libérateur de l'épouse de Jésus-Christ devoit à l'Époux tout ce qu'il fit de grand pour l'épouse. Non, non, il ne faut voir que Dieu dans cet ouvrage : que l'homme disparoisse; que tout donc remonte à sa source; que l'Église ne doive rien qu'à Jésus-Christ.

---

[1] Ad consortium te apostolorum ac prophetarum securus exhortor; ut constanter despicias ac repellas eos, qui ipsi sub christiano nomine privavere. nec patiaris impios parricidas, sacrilega simulatione, de fide agere, quos constat fidem velle vacuare. Cum enim clementiam tuam Dominus tanta sacramenti sui illuminatione ditaverit, debes incunctanter advertere, regiam potestatem tibi non solum ad mundi regimen, sed maxime ad Ecclesiæ præsidium esse collatam; ut ausus nefarios comprimendo, et quæ bene sunt statuta defendas, et veram pacem his quæ sunt turbata restituas. S. LEON. M., *Ep.* CXXIX, *al.* CXXV, *ad Leon. Aug.*, edit. Rom., 1755, tom. II, pag. 434; et in *Conc. Chalced.*, part. III, n. 25.

---

[1] Serviant reges terræ Christo, etiam leges ferendo pro Christo. S. AUG., *Ep.* XCIII, *ad Vincent.* n. 19, tom. II, pag. 259.
[2] *Ep.* C, *ad Donat.*, n. 1, pag. 269.
[3] *Ep.* LV, *ad Cornel.*, pag. 88, ed. Baluz.

Venez donc, ô Clément, petit-fils de Maximilien! venez secourir l'Église par vos vertus, comme votre aïeul l'a secourue par ses armes! Venez, non pour soutenir d'une main téméraire l'arche chancelante, mais au contraire pour trouver en elle votre soutien! Venez, non pour dominer, mais pour servir! Si vous croyez que l'Église n'a aucun besoin de votre appui, et si vous vous donnez humblement à elle, vous serez son ornement et sa consolation.

SECOND POINT.

Les princes qui deviennent pasteurs peuvent être très utiles à l'Église, pourvu qu'ils se dévouent au ministère en esprit d'humilité, de patience et de prière.

I. L'humilité, qui est si nécessaire à tout ministre des autels, est encore plus nécessaire à ceux que leur haute naissance tente de s'élever au-dessus du reste des hommes. Écoutez Jésus-Christ : *Je suis venu*, dit-il [1], *non pour être servi, mais pour servir* les autres. Vous le voyez; le Fils de Dieu, que vous allez représenter au milieu de son peuple, n'est point venu jouir des richesses, recevoir des honneurs, goûter des plaisirs, exercer un empire mondain : au contraire, il est venu s'abaisser, souffrir, supporter les foibles, guérir les malades, attendre les hommes rebelles et indociles, répandre ses biens sur ceux qui lui feroient les plus grands maux, étendre tout le jour ses bras vers un peuple qui le contrediroit. Croyez-vous que le disciple soit au-dessus du maître? Voudriez-vous que ce qui n'a été en Jésus-Christ qu'un simple ministère fût en vous une domination ambitieuse? Comme Fils de Dieu, il étoit *la splendeur de la gloire* du Père, *et le caractère de sa substance* [2]; comme homme, il comptoit parmi ses ancêtres tous les rois de Juda qui avoient régné depuis mille ans, tous les grands-sacrificateurs, tous les patriarches. Au lieu que les plus augustes maisons se vantent de ne pouvoir découvrir leur origine dans l'obscurité des anciens temps, celle de Jésus-Christ montroit clairement, par les livres sacrés, que son origine remonte jusqu'à la source du genre humain. Voilà une naissance à laquelle nulle autre, sous le ciel, ne sauroit être comparée. Jésus-Christ néanmoins est venu servir jusqu'aux derniers des hommes : il s'est fait l'esclave de tous.

Nul disciple ne doit espérer d'être au-dessus du maître. Il est donné aux apôtres de faire des miracles encore plus grands que ceux du Sauveur : l'ombre de saint Pierre suffit pour guérir les malades; les vêtements de saint Paul ont la même vertu. Mais ils ne sont que les esclaves des peuples en Jésus-Christ : *Nos autem servos vestros per Jesum* [1]. Fussiez-vous Pierre, fondement éternel de l'Église, vous ne seriez que le serviteur de ceux qui servent Dieu. Fussiez-vous Paul, apôtre des nations, ravi au troisième ciel, vous ne seriez qu'un esclave destiné à servir les peuples pour les sanctifier.

Et pourquoi est-ce que Jésus-Christ nous confie son autorité? Est-ce pour nous, ou pour les peuples sur qui nous l'exerçons? Est-ce afin que nous contentions notre orgueil en flattant celui des autres hommes? C'est, au contraire, afin que nous réprimions l'orgueil et les passions des hommes, en nous humiliant, et en mourant sans cesse à nous-mêmes. Comment pourrons-nous faire aimer la croix, si nous la rejetons pour embrasser le faste et la volupté? Qui est-ce qui croira les promesses, si nous ne paroissons pas les croire en les annonçant? Qui est-ce qui se renoncera pour aimer Dieu, si nous paroissons vides de Dieu et idolâtres de nous-mêmes? Qu'est-ce que pourront nos paroles, si toutes nos actions les démentent? La parole de vie éternelle ne sera dans notre bouche qu'une vaine déclamation, et les plus saintes cérémonies ne seront qu'un spectacle trompeur. Quoi! ces hommes si appesantis vers la terre, si insensibles aux dons célestes, si aveuglés, si endurcis, nous croiront-ils, nous écouteront-ils, quand nous ne parlerons que de croix et de mort, s'ils ne découvrent en nous aucune trace de Jésus crucifié?

Je consens que le pasteur ne dégrade point le prince; mais je demande aussi que le prince ne fasse point oublier l'humilité du pasteur. Lors même que vous conserverez un certain éclat qui est inséparable de votre dignité temporelle, il faut que vous puissiez dire avec Esther : Seigneur, *vous connoissez la nécessité où je suis; vous savez que je hais ce signe d'orgueil et de gloire qui est sur ma tête aux jours de pompe* [2]; vous savez que c'est avec regret que je me vois environné de cette grandeur, et que je m'étudie à en retrancher tout le superflu, pour soulager les peuples et pour secourir les pauvres.

Souvenez-vous, de plus, que la dignité temporelle ne vous est donnée que pour la spirituelle. C'est pour autoriser le pasteur des âmes que la

---

[1] *Matth.*, xx. 28.
[2] *Hebr.* i. 3.

[1] *II Cor.*, iv. 4.
[2] *Esth.*, xiv. 16.

dignité électorale a été jointe dans l'Empire à celle de l'archevêque de Cologne. C'est pour lui faciliter les fonctions pastorales, et pour affermir l'Église catholique, qu'on a attaché à son ministère d'humilité cette puissance si éclatante. D'ailleurs, ces deux fonctions se réunissent dans un certain point. Les païens mêmes n'ont point de plus nobles idées d'un véritable prince, que celle de *pasteur des peuples*. Vous voilà donc pasteur des peuples à double titre. Si vous l'êtes comme prince souverain, à plus forte raison l'êtes-vous comme ministre de Jésus-Christ.

Mais comment pourriez-vous être le pasteur des peuples, si votre grandeur vous séparoit d'eux, et vous rendoit inaccessible à leur égard? Comment conduiriez-vous le troupeau, si vous n'étiez pas appliqué à ses besoins? Si les peuples ne vous voient jamais que de loin, jamais que grand, jamais qu'environné de tout ce qui étouffe la confiance, comment oseront-ils percer la foule, se jeter entre vos bras, vous dire leurs peines, et trouver en vous leur consolation? Comment leur ferez-vous sentir un cœur de père, si vous ne leur montrez qu'un maître? Voilà ce que le prince même ne doit point oublier. Ajoutons-y ce que doit sentir l'homme apostolique.

Si vous ne descendiez jamais de votre grandeur, comment pourriez-vous dire avec Jésus-Christ : *Venez à moi, vous tous qui souffrez le travail, et qui êtes accablés; je vous soulagerai*[1]? Comment pourriez-vous ajouter : *Apprenez de moi que je suis doux et humble de cœur*[2]? Voulez-vous être le père des petits, soyez petit vous-même; rapetissez-vous, pour vous proportionner à eux. « Si je » vous connois bien, disoit saint Bernard au pape » Eugène[3], vous n'en serez pas moins pauvre d'es- » prit en devenant le père des pauvres. » En effet, vos richesses ne sont pas à vous; les fondateurs n'en ont dépouillé leurs familles qu'afin qu'elles fussent le patrimoine des pauvres : elles ne vous sont confiées qu'afin que vous soulagiez la pauvreté de vos enfants.

Mais continuons d'écouter saint Bernard, qui parle au vicaire de Jésus-Christ : Qu'est-ce que saint Pierre vous a laissé par succession? « Il n'a » pu vous donner ce qu'il n'avoit pas; il vous a » donné ce qu'il avoit, savoir la sollicitude sur » toutes les Églises..... Telle est la forme aposto- » lique : la domination est défendue; la servitude » est recommandée[4]. »

Venez donc, ô prince, accomplir les prophéties en faveur de l'Église; venez *baiser la poussière de ses pieds*. Ne dédaignez jamais de regarder aucun évêque comme votre confrère, avec qui vous posséderez *solidairement l'épiscopat*[1]. Mettez votre honneur à soutenir celui du caractère commun. Reconnoissez les saints prêtres pour vos coadjuteurs en Jésus-Christ; recevez leurs conseils; profitez de leur expérience; cultivez, chérissez jusqu'aux pauvres clercs, qui sont l'espérance de la maison de Dieu; soulagez tous les ouvriers qui portent le poids et la chaleur du jour; consolez tous ceux en qui vous trouverez quelque étincelle de l'esprit de grace. O vous qui descendez de tant de princes, de rois et d'empereurs, *oubliez la maison de votre père*[2]; dites à tous ces aïeux : Je vous ignore. Si quelqu'un trouve que la tendresse et l'humilité pastorale avilissent votre naissance et votre dignité, répondez-lui ce que David disoit quand on trouvoit indécent qu'il dansât devant l'arche : *Je m'avilirai encore plus que je ne l'ai fait, et je serai bas à mes propres yeux*[3]. Descendez jusqu'à la dernière brebis de votre troupeau : rien ne peut être bas dans un ministère qui est au-dessus de l'homme. Descendez donc, descendez; ne craignez rien, vous ne sauriez jamais trop descendre pour imiter *le Prince des pasteurs*[4], qui, étant *sans usurpation égal* à son Père, *s'est anéanti en prenant la nature d'esclave*[5]. Si l'esprit de foi vous fait ainsi descendre, votre humilité fera la joie du ciel et de la terre.

II. Quelle patience ne faut-il pas dans ce ministère! Le ministre de Jésus-Christ est débiteur à tous, aux sages et aux insensés. C'est une dette immense, qui se renouvelle chaque jour, et qui ne s'éteint jamais. Plus on fait, plus on trouve à faire; et il n'y a, dit saint Chrysostome, que celui qui ne fait rien qui se flatte d'avoir fait tout. Salomon crioit à Dieu, à la vue du peuple dont il étoit chargé[6] : *Votre serviteur est au milieu du peuple que vous avez élu, de ce peuple infini dont on ne peut compter ni concevoir la multitude. Vous donnerez donc à votre serviteur un cœur docile, afin qu'il puisse juger votre peuple*. L'Écriture ajoute que *ce discours plut à Dieu* dans la bouche de Salomon : il lui plaira aussi dans la vôtre. Fussiez-vous Salomon, le plus sage de tous les hommes, vous auriez besoin de demander à Dieu *un cœur docile*. Mais quoi, la docilité n'est-elle pas

---

[1] *Matth.*, XI, 28. [2] *Ibid.*, 29.
[3] *De Consider. Prolog.*
[4] *Ibid.*, lib. II, cap. VI, n. 10 : pag. 418.

[1] S. Cypr., *de Unit. Eccles.*, pag. 195.
[2] *Ps.*, XXIV, 11.
[3] *II Reg.*, VI. 22. [4] *I Petr.*, V, 4.
[5] *Philip.*, II, 6, 7. [6] *III Reg.*, III, 8, 9.

le partage des inférieurs? Ne semble-t-il pas qu'on doit demander que les pasteurs aient la sagesse, et que les peuples aient la docilité? Non, c'est le pasteur qui a besoin d'être encore plus docile que le troupeau. Il faut sans doute être docile pour bien obéir; mais il faut être encore plus docile pour bien commander. La sagesse de l'homme ne se trouve que dans la docilité. Il faut qu'il apprenne sans cesse pour enseigner. Non-seulement il doit apprendre de Dieu, et l'écouter dans le silence intérieur, selon ces paroles : *J'écouterai ce que le Seigneur dira au-dedans de moi* [1]; mais encore il doit s'instruire en écoutant les hommes. « Il faut, » dit saint Cyprien [2], non-seulement que l'évê- » que enseigne, mais encore qu'il apprenne; car » celui qui croît tous les jours, et qui fait du pro- » grès en apprenant les choses les plus parfaites, » enseigne beaucoup mieux. »

Non-seulement l'évêque doit sans cesse étudier les saintes lettres, la tradition, et la discipline des canons, mais encore il doit écouter tous ceux qui veulent lui parler. On ne trouve la vérité qu'en approfondissant avec patience. Malheur au présomptueux qui se flatte jusqu'à croire qu'il la pénètre d'abord! Il ne faut pas moins se défier de ses propres préjugés que des déguisements des parties. Il faut craindre de se tromper, croire facilement qu'on se trompe, et n'avoir jamais de honte d'avouer qu'on a été trompé. L'élévation, loin de garantir de la tromperie, est précisément ce qui y expose le plus; car plus on est élevé, plus on attire les trompeurs en excitant leur avidité, leur ambition et leur flatterie. Mépriser le conseil d'autrui, c'est porter au-dedans de soi le plus téméraire de tous les conseils. Ne sentir pas son besoin, c'est être sans ressource. Le sage, au contraire, agrandit sa sagesse de toute celle qu'il recueille en autrui. Il apprend de tous, pour les instruire tous; il se montre supérieur à tous et à lui-même par cette simplicité. Il iroit jusqu'aux extrémités de la terre chercher un ami fidèle et désintéressé qui auroit le courage de lui montrer ses fautes. Il n'ignore pas que les inférieurs connoissent mieux le détail que lui, parce qu'ils le voient de plus près, et qu'on le leur déguise moins. « Je ne puis, di- » soit saint Cyprien aux prêtres et aux diacres de » son église [3], répondre seul à ce que nos com- » prêtres..... m'ont écrit, parce que j'ai résolu, » dès le commencement de mon épiscopat, de ne » rien faire par mon sentiment particulier, sans » votre conseil et sans le consentement du peu- » ple : mais quand j'arriverai, par la grace de » Dieu, parmi vous, alors nous traiterons en com- » mun, comme l'honneur que nous nous devons » mutuellement le demande, les choses qui sont » faites ou qui sont à faire. » Ne décidez donc jamais d'aucun point de discipline sans une délibération ecclésiastique. Plus les affaires sont importantes, plus il faut les peser en se confiant à un conseil bien choisi, et en se défiant sincèrement de ses propres lumières. Voilà, ô prince, un peuple innombrable que vous allez conduire. Vous devez être au milieu d'eux comme saint Augustin nous dépeint saint Ambroise : il passoit toute la journée avec les livres sacrés dans ses mains, se livrant à la foule des hommes qui venoient à lui comme au médecin, pour être guéris de leurs maladies spirituelles : *quorum infirmitatibus serviebat* [1].

Mais ce médecin ne doit-il pas diversifier les remèdes selon les maladies? Oui, sans doute : de là vient qu'il est dit que nous sommes *les dispensateurs de la grace de Dieu, qui prend diverses formes* [2]. Le vrai pasteur ne se borne à aucune conduite particulière : il est doux, il est rigoureux; il menace, il encourage, il espère, il craint, il corrige, il console; *il devient Juif avec les Juifs pour les observations légales; il est avec ceux qui sont sous la loi comme s'il y étoit lui-même; il devient foible avec les foibles; il se fait tout à tous, pour les gagner tous à Jésus-Christ* [3].

O heureuse foiblesse du pasteur, qui s'affoiblit tout exprès par pure condescendance, pour se proportionner aux ames qui manquent de force ! *Qui est-ce*, dit l'Apôtre [4], *qui s'affoiblit, sans que je m'affoiblisse avec lui? Qui est-ce qui tombe, sans que mon cœur brûle pour le relever?* O pasteurs, loin de vous tout cœur rétréci ! Élargissez, élargissez vos entrailles. Vous ne savez rien, si vous ne savez que commander, que reprendre, que corriger, que montrer la lettre de la loi. Soyez pères : ce n'est pas assez; soyez mères; enfantez dans la douleur; souffrez de nouveau les douleurs de l'enfantement à chaque effort qu'il faudra faire pour achever de former Jésus-Christ dans un cœur. *Nous avons été au milieu de vous*, disoit saint Paul aux fidèles de Thessalonique [5], *comme des enfants, ou comme une mère qui caresse ses enfants quand elle est nourrice.* Attendez sans fin, ô pasteur d'Israël; espérez contre l'espérance; imitez la lon-

---

[1] *Ps.* LXXXIV, 9.
[2] *Ep.* LXXIV, *ad Pomp.*, pag. 141.
[3] *Epist.* V, al. XIV, pag. 11.

[1] *Confess.*, lib. VI, cap. III, n. 3, tom. I, pag. 121.
[2] *I Petr.*, IV, 10.   [3] *I Cor.*, IX, 20, 21, 22.
[4] *II Cor.*, XI, 29.
[5] *I Thessal.*, II, 7.

gänimité de Dieu pour les pécheurs ; supportez ce que Dieu supporte; *conjurez, reprenez en toute patience* [1] : il vous sera donné selon la mesure de votre foi. Ne doutez pas que les pierres mêmes ne deviennent enfin des enfants d'Abraham. Vous devez faire comme Dieu, à qui saint Augustin disoit [2] : « Vous avez manié mon cœur, pour le » refaire peu à peu par une main si douce et si » miséricordieuse : *Paulatim tu, Domine, manu* » *mitissima et misericordissima pertractans et* » *componens cor meum.* »

Mais de quoi s'agit-il dans le ministère apostolique? Si vous ne voulez qu'intimider les hommes, et les réduire à faire certaines actions extérieures, levez le glaive; chacun tremble, vous êtes obéi. Voilà une exacte police, mais non pas une sincère religion. Si les hommes ne font que trembler, les démons tremblent autant qu'eux, et haïssent Dieu. Plus vous userez de rigueur et de contrainte, plus vous courrez risque de n'établir qu'un amour-propre masqué et trompeur. Où seront donc ceux que le Père cherche, et qui l'adorent en esprit et en vérité? Souvenons-nous que le culte de Dieu consiste dans l'amour : *Nec colitur ille, nisi amando* [3]. Pour faire aimer, il faut entrer au fond des cœurs; il faut en avoir la clef ; il faut en remuer tous les ressorts ; il faut persuader, et faire vouloir le bien, de manière qu'on le veuille librement et indépendamment de la crainte servile. La force peut-elle persuader les hommes? peut-elle leur faire vouloir ce qu'ils ne veulent pas? Ne voit-on pas que les derniers hommes du peuple ne croient ni ne veulent point toujours au gré des plus puissants princes? Chacun se tait, chacun souffre, chacun se déguise, chacun agit et paroît vouloir, chacun flatte, chacun applaudit : mais on ne croit et on n'aime point; au contraire, on hait d'autant plus qu'on supporte plus impatiemment la contrainte qui réduit à faire semblant d'aimer. Nulle puissance humaine ne peut forcer le retranchement impénétrable de la liberté d'un cœur.

Pour Jésus-Christ, son règne est au-dedans de l'homme, parce qu'il veut l'amour. Aussi n'a-t-il rien fait par violence, mais tout par persuasion, comme dit saint Augustin [4] : *Nihil egit vi, sed omnia suadendo*. L'amour n'entre point dans le cœur par contrainte : chacun n'aime qu'autant qu'il lui plaît d'aimer. Il est plus facile de reprendre que de persuader; il est plus court de menacer que d'instruire; il est plus commode à la hauteur et à l'impatience humaine de frapper sur ceux qui résistent, que de les édifier, que de s'humilier, que de prier, que de mourir à soi, pour leur apprendre à mourir à eux-mêmes. Dès qu'on trouve quelque mécompte dans les cœurs, chacun est tenté de dire à Jésus-Christ : *Voulez-vous que nous disions au feu de descendre du ciel pour consumer ces* pécheurs indociles ? Mais Jésus-Christ répond : *Vous ne savez pas de quel esprit vous êtes* [1]; il réprime ce zèle indiscret.

La correction ressemble à certains remèdes que l'on compose de quelque poison : il ne faut s'en servir qu'à l'extrémité, et qu'en les tempérant avec beaucoup de précaution. La correction révolte secrètement jusqu'aux derniers restes de l'orgueil; elle laisse au cœur une plaie secrète qui s'envenime facilement. Le bon pasteur préfère autant qu'il le peut une douce insinuation; il y ajoute l'exemple, la patience, la prière, les soins paternels [2]. Ces remèdes sont moins prompts, il est vrai; mais ils sont d'un meilleur usage. Le grand art, dans la conduite des ames, est de vous faire aimer pour faire aimer Dieu, et de gagner la confiance pour parvenir à la persuasion. L'Apôtre veut-il attendrir tous les cœurs, en sorte qu'on ne puisse lui résister : *Je vous conjure,* dit-il aux fidèles [3], *par la douceur et par la modestie de Jésus-Christ.*

Le pasteur expérimenté dans les voies de la grace n'entreprend que les biens pour lesquels il voit que les volontés sont déjà préparées par le Seigneur. Il sonde les cœurs : il n'oseroit faire deux pas à la fois; et s'il le faut, il n'a point de honte de reculer. Il dit, comme Jésus-Christ : *J'aurois beaucoup de choses à vous proposer; mais vous ne pouvez pas les porter maintenant* [4]. Pour le mal, il se ressouvient de ces belles paroles de saint Augustin [5] : « Les pasteurs conduisent, non des hom- » mes guéris, mais des hommes qui ont besoin de » guérison. Il faut souffrir les défauts de la multi- » tude pour les guérir, et il faut tolérer la conta- » gion avant que de la faire cesser. Il est très difficile » de trouver le juste milieu dans ce travail, pour » y conserver un esprit paisible et tranquille. »
Gardez-vous donc bien d'entreprendre d'arracher d'abord tout le mauvais grain. *Laissez-le croître jusqu'à la moisson* [6], de peur que vous n'arrachiez le bon avec le mauvais. Toutes les fois que

---

[1] *II Tim.*, IV. 2.
[2] *Conf.*, lib. VI, cap. V, n. 7, tom. I. pag. 122.
[3] S. Aug., *Ep.* CXL, *ad Honorat.*, n. 43, tom. II, pag. 438.
[4] *De ver. Relig.*, cap. XVI, n. 31, tom. I, pag. 757.

[1] *Luc.*, IX, 54, 55.
[2] V. S. Aug., *Expos. Epist. ad Gal.*, n. 56, tom. III, p. 2, pag. 974, 975.
[3] *II Cor.*, X, 1.   [4] *Joan.* XVI, 12.
[5] *De Moribus Eccl. cath.*, lib. I, cap. XXXII, n. 69, t. I, p. 711.
[6] *Matth.*, XIII, 30.

vous sentirez votre cœur ému contre quelque pécheur indocile, rappelez ces aimables paroles de Jésus-Christ *Ce sont les malades, et non pas les hommes en santé, qui ont besoin de médecin. Allez, et apprenez ce que signifient ces paroles : Je veux la miséricorde, et non le sacrifice; car je suis venu appeler, non des justes, mais des pécheurs* [1]. Toute indignation, toute impatience, toute hauteur contraire à cette douceur du Dieu de patience et de consolation, est une rigueur de pharisien. Ne craignez point de tomber dans le relâchement en imitant Dieu même, en qui *la miséricorde s'élève au-dessus du jugement* [2]. Parlez comme saint Cyprien, cet intrépide défenseur de la plus pure discipline : « Qu'ils viennent, disoit-il
» de ceux qui avoient péché, s'ils veulent faire une
» expérience de notre jugement..... Ici l'Église
» n'est fermée à personne, et il n'y a aucun homme
» à qui l'évêque se refuse. Nous sommes sans cesse
» tout prêts à faire sentir à tous ceux qui viennent notre patience, notre facilité, notre humanité. Je souhaite que tous rentrent dans
» l'Église.... Je pardonne toutes choses; j'en dissimule beaucoup, par le desir et par le zèle de
» rassembler nos frères. Je n'examine pas même
» par le plein jugement de la religion les fautes
» commises contre Dieu. Je pèche presque en
» remettant plus qu'il ne faut les péchés d'autrui; j'embrasse avec promptitude et tendresse
» ceux qui reviennent en se repentant, et en confessant leur péché avec une satisfaction humble
» et simple [3].

Hélas ! quelque soin que vous preniez de vous faire aimer et d'adoucir le joug, quelles contradictions ne trouverez-vous pas dans votre travail ! Veut-on faire le mal, ou du moins laisser tomber le bien par mollesse, on flatte les passions de la multitude, et on est applaudi; on se fait des amis aux dépens des règles. Mais veut-on faire le bien et réprimer le mal, il faut refuser, contredire, attaquer les passions des hommes, se roidir contre le torrent : tout se réunit contre vous. « Quiconque, dit saint Cyprien [4], n'imite pas les méchants,
» les offense. Les lois mêmes cèdent pour flatter
» le péché; et le désordre, à force d'être public,
» commence à paroître permis. » Les abus sont nommés des coutumes; les peuples en sont jaloux comme d'un droit acquis par la possession : on se récrie contre la réforme, comme contre un changement indiscret. Lorsmême que le pasteur use des plus sages adoucissements, la réforme, qui édifie par une utilité réelle, trouble les esprits par une nouveauté apparente [1]; l'Église gémit, sentant ses mains liées, et voyant le malade repousser le remède préparé pour sa guérison.

Plus vous êtes élevé, plus vous serez exposé à cette contradiction; plus votre troupeau sera grand, plus le pasteur aura à souffrir. Il vous est dit, comme à saint Paul : *Je vous montrerai combien il faudra que vous souffriez pour mon nom* [2]. Travailler, et ne voir jamais son ouvrage; travailler à persuader les hommes, et sentir leur contradiction; travailler, et voir renaître sans cesse les difficultés; combats au-dehors, craintes au-dedans; ne voir que trop où sont les pécheurs, et ne savoir jamais avec certitude où sont les vrais justes, comme saint Augustin le remarque : voilà le partage des ministres de Jésus-Christ.

L'Allemagne, cette terre bénite qui a donné à l'Église tant de saints pasteurs, tant de pieux princes, tant d'admirables solitaires, a été ravagée par l'hérésie. Les endroits heureusement préservés en ont ressenti quelque ébranlement ; la discipline en a souffert. Combien de fois serez-vous réduit, à la vue de tous ces maux, à dire avec les apôtres : *Nous sommes des serviteurs inutiles* [3] ! Vos pieds seront presque chancelants, et votre cœur séchera quand vous verrez la fausse paix des pécheurs aveuglés et incorrigibles. O pasteurs d'Israël, travaillez dans la pure foi, sans consolation, s'il le faut; possédez votre ame en patience. Plantez, arrosez, attendez que Dieu donne l'accroissement; ne dussiez-vous jamais procurer que le salut d'une seule ame, les travaux de votre vie entière seroient bien employés.

Mais voulez-vous, ô prince cher à Dieu, que je vous laisse un abrégé de tous vos devoirs? gravez, non sur des tables de pierre, mais sur les tables vivantes de votre cœur, ces grandes paroles de saint Augustin [4] : « Que celui qui vous conduit
» se croie heureux, non par une puissance impérieuse, mais par une charité dévouée à la servitude. Pour l'honneur, il doit être en public au-dessus de vous; mais il doit être, par la crainte
» de Dieu, prosterné sous vos pieds. Il faut qu'il
» soit le modèle de tous pour les bonnes œuvres,
» qu'il corrige les hommes inquiets, qu'il supporte les foibles, qu'il soit patient à l'égard de
» tous, qu'il soit prompt à observer la discipline,
» et timide pour l'imposer à autrui; et quoique

---

[1] *Matth.*, IX, 12, 13. [2] *Jac.*, III, 13.
[3] *Epist.* LV. *ad Cornel.*, pag. 87, 88.
[4] *Epist.* I, al. II. *ad Donatum*, pag. 5.

[1] AUG., *Ep.* LIV, *ad Januar.*, n. 6, tom. II, pag. 126.
[2] *Act.*, IX, 16. [3] *Luc.*, XVIII, 10.
[4] *Regula ad servos Dei.* n. 11, tom. I, pag. 794.

» l'un et l'autre de ces deux points soit nécessaire, qu'il cherche néanmoins plutôt à être aimé qu'à être craint. »

VIII. Mais où est-ce qu'un homme revêtu d'une chair mortelle, et environné d'infirmité, peut prendre tant de vertus célestes pour être l'ange de Dieu sur la terre? Sachez que Dieu est *riche pour tous ceux qui l'invoquent* [1]. Il nous recommande de prier, de peur que nous ne perdions, faute de prier, les biens qu'il nous prépare. Il promet, il invite; il nous prie, pour ainsi dire, de le prier. Il est vrai qu'il faut un grand amour pour paître un grand troupeau; il faut presque n'être plus homme pour mériter de conduire les hommes; il faut ne plus laisser voir en soi les foiblesses de l'humanité. Ce n'est qu'après vous avoir dit trois fois, comme à saint Pierre: *M'aimez-vous?* qu'après avoir tiré trois fois de votre cœur cette réponse, *Seigneur, vous le savez que je vous aime* [2], que le grand pasteur vous dit: *Paissez mes brebis.* Mais enfin celui qui demande un amour si courageux et si patient est celui-là même qui nous le donne. *Venez, hâtez-vous, achetez-le sans argent* [3]. Il s'achète par le simple désir; nul n'en est privé, que celui qui ne le veut pas. O bien infini, il ne faut que vouloir pour vous posséder! C'est cet or pur et enflammé, ce trésor du cœur pauvre, qui apaise tout désir, et qui remplit tout vide. L'amour donne tout, et l'amour lui-même est donné à quiconque lui ouvre son cœur. Mais voyez cet ordre des dons de Dieu, et gardez-vous bien de le renverser. La grâce seule peut donner l'amour, et la grâce ne se donne qu'à la prière. *Priez donc sans intermission* [4]. Si tout fidèle doit prier ainsi, que sera-ce du pasteur? Vous êtes le médiateur entre le ciel et la terre: priez, pour aider ceux qui prient, en joignant vos prières aux leurs; de plus, priez pour tous ceux qui ne prient pas. Parlez à Dieu en faveur de ceux à qui vous n'oseriez parler de Dieu, quand vous les voyez endurcis, et irrités contre la vertu. Soyez, comme Moïse, l'ami de Dieu; allez loin du peuple sur la montagne converser familièrement avec lui *face à face* [5]; revenez vers le peuple, couronné de rayons de gloire, que cet entretien ineffable aura mis autour de votre tête. Que l'oraison soit la source de vos lumières dans le travail. Non-seulement vous devez convertir les pécheurs, mais encore vous devez diriger les ames les plus parfaites dans les voies de Dieu; vous devez *annoncer la sagesse entre les parfaits* [1]; vous devez être leur guide dans l'oraison, pour les garantir des illusions de l'amour-propre. Soyez donc le sel de la terre, la lumière du monde, l'œil qui éclaire le corps de votre Église, et la bouche qui prononce les oracles de la tradition.

Oh! qui me donnera cet esprit de prière, qui peut tout sur Dieu même, et qui met dans le pasteur tout ce qui lui manque pour le troupeau! O esprit de prière, c'est vous qui formerez de nouveaux apôtres, pour changer la face de la terre. O Esprit, ô amour, venez nous animer, venez nous apprendre à prier, et priez en nous; venez vous y aimer vous-même. Prier sans cesse pour aimer et pour faire aimer Dieu, c'est la vie de l'apostolat. Vivez de cette vie cachée avec Jésus-Christ en Dieu, prince devenu le pasteur des ames, et vous *goûterez combien le Seigneur est doux* [2]. Alors vous serez une colonne de la maison de Dieu; alors vous serez l'amour et les délices de l'Église.

Les grands princes, qui prennent, pour ainsi dire, l'Église sans se donner à elle, sont pour elle de grands fardeaux, et non des appuis. Hélas! que ne coûtent-ils point à l'Église! ils ne paissent point le troupeau, c'est du troupeau qu'ils se paissent eux-mêmes. Le prix des péchés du peuple, les dons consacrés ne peuvent suffire à leur faste et à leur ambition. Qu'est-ce que l'Église ne souffre pas d'eux! quelles plaies ne font-ils pas à sa discipline! Il faut que tous les canons tombent devant eux; tout plie sous leur grandeur. Les dispenses, dont ils abusent, apprennent à d'autres à énerver les saintes lois: ils rougissent d'être pasteurs et pères; ils ne veulent être que princes et maîtres.

Il n'en sera pas de même de vous, puisque vous mettez votre gloire dans vos fonctions pastorales. Combien les exemples donnés par un évêque qui est grand prince ont-ils plus d'autorité sur les hommes, que les exemples donnés par un évêque d'une naissance médiocre! Combien son humilité est-elle plus propre à rabaisser les orgueilleux! Combien sa modestie est-elle plus touchante pour réprimer le luxe et le faste! Combien sa douceur est-elle plus aimable! Combien sa patience est-elle plus forte pour ramener les hommes indociles et égarés! Qui est-ce qui n'aura point de honte d'être hautain et emporté, quand on verra le prince, au milieu de cette puissance, doux et humble de cœur? Quelle sera la force de sa parole, quand elle sera soutenue par ses vertus! Par exemple, quelle fut la gloire de l'Église de Cologne

---

[1] *Rom.*, x, 12.
[2] *Joan.*, xxi, 15-17. [3] *Is.*, LV, 1.
[4] *I Thess.*, v, 17. [5] *Exod.*, xxxiii, 11.

[1] *I Cor.*, ii, 6. [2] *Ps.* xxxiii, 6.

quand elle eut pour pasteur le fameux Brunon, frère de l'empereur Othon Ier! Mais pourquoi n'espérerions-nous pas de trouver dans Clément un nouveau Brunon? Il ne tient qu'à vous, ô prince, d'essuyer les larmes de l'Église, et de la consoler de tous les maux qu'elle souffre dans ces jours de péché. Vous ferez refleurir les terres désertes; vous ramènerez la beauté des anciens jours.

Que dis-je? Levez les yeux, et voyez les campagnes déjà blanches pour la moisson. *Consolez-vous, consolez-vous, mon peuple, dit votre Dieu....... Toute vallée se comblera, toute montagne sera aplanie... Et vous qui évangélisez Sion, montez sur la montagne, élevez avec force votre voix. O vous qui évangélisez Jérusalem, élevez-la, ne craignez rien; dites aux villes de Juda, Voici votre Dieu*[1]. O Église qui recevez de la main du Seigneur un tel époux, *voilà des enfants qui vous viennent de loin.* Vous serez plus féconde que jamais dans votre vieillesse. *Les voilà venus de l'aquilon, de la mer, et de la terre du midi... Levez les yeux autour de vous, et voyez; tous ceux-ci s'assemblent, et viennent à vous. O épouse, ils vous environnent, et vous en serez ornée.* O mère qu'on croyait *stérile, vos enfants vous diront: L'espace est trop étroit; donnez-nous-en d'autres pour habiter. Et vous direz dans votre cœur: Qui est-ce qui m'a donné ces enfants, à moi qui étois stérile, et captive en terre étrangère? Qui est-ce qui les a nourris? J'étois seule et abandonnée; et ceux-ci, où étoient-ils alors*[2]?

Peuples, pour le bonheur desquels se fait cette consécration, que ne puis-je vous faire entendre de loin ma foible voix! Priez, peuples, priez; toutes les bénédictions que vous attirerez sur sa tête reviendront sur la vôtre; plus il recevra de graces, plus il en répandra sur le troupeau.

Et vous, ô assemblée qui m'écoutez, n'oubliez jamais ce que vous voyez aujourd'hui; souvenez-vous de cette modestie, de cette ferveur pour le culte divin, de ce zèle infatigable pour la maison de Dieu. N'en soyez pas surpris : dès son enfance, ce prince a été nourri des paroles de la foi; le palais où il est né avoit, nonobstant sa magnificence, la régularité d'une communauté de solitaires; on chantoit dans cette cour, comme au désert, les louanges de Dieu. Le Seigneur n'oubliera point tant de marques de piété devenues comme héréditaires dans cette maison : après les jours de tempête, il fera enfin luire sur elle des jours sereins, et lui rendra son ancien éclat.

[1] *Is.*, XL, 1, 4, 9.
[2] *Ibid.*, XLIX, 12, 18, 20, 21.

Vous voyez, mes frères, ce prince prosterné au pied des autels; vous venez d'entendre tout ce que je lui ai dit. Eh! qu'est-ce que je n'ai pas osé lui dire? eh! qu'est-ce que je ne devois pas lui dire, puisqu'il n'a craint que d'ignorer la vérité? La plus forte louange le loueroit infiniment moins que la liberté épiscopale avec laquelle il veut que je lui parle. Oh! qu'un prince se montre grand quand il donne cette liberté! oh! que celui-ci paroîtra au-dessus des vaines louanges, quand on saura tout ce qu'il a voulu que je lui dise!

Et vous, ô prince sur qui coule l'onction du Saint-Esprit, ressuscitez sans cesse la grace que vous recevez par l'imposition de mes mains. Que ce grand jour règle tous les autres jours de votre vie jusqu'à celui de votre mort. Soyez toujours le bon pasteur prêt à donner votre vie pour vos chères brebis, comme vous voulez l'être aujourd'hui, et comme vous voudriez l'avoir été au moment où, dépouillé de toute grandeur terrestre, vous irez rendre compte à Dieu de votre ministère. Priez, aimez, faites aimer Dieu; rendez-le aimable en vous; faites qu'on le sente en votre personne; répandez au loin la bonne odeur de Jésus-Christ; soyez la force, la lumière, la consolation de votre troupeau; que votre troupeau soit votre joie et votre couronne au jour de Jésus-Christ.

O Dieu, vous l'avez aimé dès l'éternité; vous voulez qu'il vous aime, et qu'il vous fasse aimer ici-bas. Portez-le dans votre sein au travers des périls et des tentations; ne permettez pas que la *fascination des amusements* du siècle *obscurcisse les biens*[1] que vous avez mis dans son cœur; ne souffrez pas qu'il se confie ni à sa haute naissance, ni à son courage naturel, ni à aucune prudence mondaine. Que la foi fasse seule en lui l'œuvre de la foi! Qu'au moment où il ira paroître devant vous, les pauvres nourris, les riches humiliés, les ignorants instruits, les abus réformés, la discipline rétablie, l'Église soutenue et consolée par ses vertus, le présentent devant le trône de la grace, pour recevoir de vos mains la couronne qui ne se flétrira jamais!

[1] *Sap.*, IV, 12.

SERMON

POUR

LA FÊTE DE L'ÉPIPHANIE,

Prêché dans l'église des Missions-Étrangères le 6 janvier 1685, en présence des ambassadeurs de Siam;

SUR LA VOCATION DES GENTILS.

Surge, illuminare. Jerusalem, quia venit lumen tuum, et gloria Domini super te orta est.
Levez-vous, soyez éclairée, ô Jérusalem! car votre lumière vient, et la gloire du Seigneur s'est levée sur vous.
Au LXe chap. d'Isaïe.

Béni soit Dieu, mes frères, puisqu'il met aujourd'hui sa parole dans ma bouche pour louer l'œuvre qu'il accomplit par cette maison! Je souhaitois il y a long-temps, je l'avoue, d'épancher mon cœur devant ces autels, et de dire à la louange de la grace tout ce qu'elle opère dans ces hommes apostoliques pour illuminer l'Orient. C'est donc dans un transport de joie que je parle aujourd'hui de la vocation des gentils, dans cette maison d'où sortent les hommes par qui les restes de la gentilité entendent l'heureuse nouvelle.

A peine Jésus, l'attente et le désiré des nations, est né, et voici les Mages, dignes prémices des gentils, qui, conduits par l'étoile, viennent le reconnoître. Bientôt les nations ébranlées viendront en foule après eux; les idoles seront brisées, et la connoissance du vrai Dieu sera abondante comme les eaux de la mer qui couvrent la terre. Je vois les peuples, je vois les princes qui adorent dans la suite des siècles celui que les Mages viennent adorer aujourd'hui. Nations de l'Orient, vous y viendrez à votre tour; une lumière, dont celle de l'étoile n'est qu'une ombre, frappera vos yeux et dissipera vos ténèbres. Venez, venez, hâtez-vous de venir à la maison du Dieu de Jacob. O Église! ô Jérusalem! réjouissez-vous, poussez des cris de joie. Vous qui étiez stérile dans ces régions, vous qui n'enfantiez pas, vous aurez dans cette extrémité de l'univers des enfants innombrables. Que votre fécondité vous étonne : levez les yeux tout autour, et voyez : rassasiez vos yeux de votre gloire; que votre cœur admire et s'épanche : la multitude des peuples se tourne vers vous, les îles viennent, la force des nations vous est donnée : de nouveaux Mages, qui ont vu l'étoile du Christ en Orient, viennent du fond des Indes pour le chercher. Levez-vous, ô Jérusalem! *Surge, illuminare*, etc.

Mais je sens mon cœur ému au-dedans de moi-même; il est partagé entre la joie et la douleur. Le ministère de ces hommes apostoliques, et la vocation de ces peuples, est le triomphe de la religion : mais c'est peut-être aussi l'effet d'une secrète réprobation qui pend sur nos têtes. Peut-être sera-ce sur nos ruines que ces peuples s'élèveront, comme les gentils s'élevèrent sur celles des Juifs à la naissance de l'Église. Voici une œuvre que Dieu fait pour glorifier son Évangile : mais n'est-ce point assez pour le transférer? Il faudroit n'aimer point le Seigneur Jésus, pour n'aimer pas son ouvrage; mais il faudroit s'oublier soi-même, pour n'en trembler pas. Réjouissons-nous donc au Seigneur, mes frères, au Seigneur qui donne gloire à son nom; mais réjouissons-nous avec tremblement. Voilà les deux pensées qui rempliront ce discours.

Esprit promis par la vérité même à tous ceux qui vous cherchent, que mon cœur ne respire que pour vous attirer au-dedans de lui; que ma bouche demeure muette, plutôt que de s'ouvrir, si ce n'est à votre parole! Que mes yeux se ferment à toute autre lumière qu'à celle que vous versez d'en haut! O Esprit saint, soyez vous-même tout en tous : dans ceux qui m'écoutent, l'intelligence, la sagesse, le sentiment; en moi, la force, l'onction, la lumière! Marie, priez pour nous. *Ave, Maria.*

PREMIER POINT.

Quelle est, mes frères, cette Jérusalem dont le prophète parle; cette cité pacifique dont les portes ne se ferment ni jour ni nuit, qui suce le lait des nations, dont les rois de la terre sont les nourriciers, et viennent adorer les sacrés vestiges? Elle est si puissante, que tout royaume qui ne lui sera pas soumis périra; et si heureuse, qu'elle n'aura plus d'autre soleil que Dieu, qui fera luire sur elle un jour éternel. Qui ne voit que ce ne peut être cette Jérusalem rebâtie par les Juifs ramenés de Babylone, ville foible, malheureuse, souvent en guerre, toujours en servitude sous les Perses, les Grecs, les Romains; enfin sous ces derniers réduite en cendres, avec une dispersion universelle de ses enfants, qui dure encore depuis seize siècles? C'est donc manifestement hors du peuple juif qu'il faut chercher l'accomplissement des promesses dont il est déchu.

Il n'y aura plus d'autre Jérusalem que celle d'en haut, qui est notre mère, selon saint Paul[1] : elle vient du ciel, et elle enfante sur la terre.

[1] *Galat.*, IV, 26.

POUR LA FÊTE DE L'ÉPIPHANIE.

Qu'il est beau, mes frères, de voir comment les promesses se sont accomplies en elle! Tel étoit le caractère du Messie, qu'il devoit, non pas subjuguer par les armes, comme les Juifs charnels le prétendoient grossièrement, mais, ce qui est infiniment plus noble, et plus digne de la magnificence des promesses, attirer, par sa puissance sur les cœurs, sous son règne d'amour et de vérité, toutes les nations idolâtres.

Jésus-Christ naît, et la face du monde se renouvelle. La loi de Moïse, ses miracles, ceux des prophètes, n'avoient pu servir de digue contre le torrent de l'idolâtrie, et conserver le culte du vrai Dieu chez un seul peuple resserré dans un coin du monde : mais celui qui vient d'en haut est au-dessus de tout; à Jésus est réservé de posséder toutes les nations en héritage. Il les possède, vous le voyez. Depuis qu'il a été élevé sur la croix, il a attiré tout à lui. Dès l'origine du christianisme, saint Irénée et Tertullien ont montré que l'Église étoit déjà plus étendue que cet empire même qui se vantoit d'être lui seul tout l'univers. Les régions sauvages et inaccessibles du Nord, que le soleil éclaire à peine, ont vu la lumière céleste. Les plages brûlantes d'Afrique ont été inondées des torrents de la grace. Les empereurs mêmes sont devenus les adorateurs du nom qu'ils blasphémoient, et les nourriciers de l'Église dont ils versoient le sang. Mais la vertu de l'Évangile ne doit pas s'éteindre après ces premiers efforts; le temps ne peut rien contre elle : Jésus-Christ, qui en est la source, est de tous les temps; il étoit hier, il est aujourd'hui, et il sera aux siècles des siècles. Aussi vois-je cette fécondité qui se renouvelle toujours; la vertu de la croix ne cesse d'attirer tout à elle.

Regardez ces peuples barbares qui firent tomber l'empire romain. Dieu les a multipliés, et tenus en réserve sous un ciel glacé, pour punir Rome païenne, et enivrée du sang des martyrs : il leur lâche la bride, et le monde en est inondé. Mais, en renversant cet empire, ils se soumettent à celui du Sauveur; tout ensemble ministres des vengeances et objets des miséricordes, sans le savoir ils sont menés, comme par la main, au-devant de l'Évangile; et c'est d'eux qu'on peut dire à la lettre qu'ils ont trouvé le Dieu qu'ils ne cherchoient pas.

Combien voyons-nous encore de peuples que l'Église a enfantés à Jésus-Christ depuis le huitième siècle, dans ces temps même les plus malheureux, où ses enfants révoltés contre elle n'ont point de honte de lui reprocher qu'elle a été stérile et répudiée par son Époux! vers le dixième siècle, dans ce siècle dont on exagère trop les malheurs, accourent en foule à l'Église, les uns sur les autres, l'Allemand, de loup ravissant devenu agneau, le Polonois, le Poméranien, le Bohémien, le Hongrois conduit aux pieds des apôtres par son premier roi saint Étienne. Non, non, vous le voyez, la source des célestes bénédictions ne tarit point. Alors l'Époux donna de nouveaux enfants à l'épouse, pour justifier et pour montrer qu'elle ne cesse jamais d'être son unique et sa bien-aimée.

Mais que vois-je depuis deux siècles? Des régions immenses qui s'ouvrent tout-à-coup; un nouveau monde inconnu à l'ancien, et plus grand que lui. Gardez-vous bien de croire qu'une si prodigieuse découverte ne soit due qu'à l'audace des hommes. Dieu ne donne aux passions humaines, lors même qu'elles semblent décider de tout, que ce qu'il leur faut pour être les instruments de ses desseins : ainsi l'homme s'agite, mais Dieu le mène. La foi plantée dans l'Amérique, parmi tant d'orages, ne cesse pas d'y porter des fruits.

Que reste-t-il? Peuples des extrémités de l'Orient, votre heure est venue. Alexandre, ce conquérant rapide, que Daniel dépeint comme ne touchant pas la terre de ses pieds, lui qui fut si jaloux de subjuguer le monde entier, s'arrêta bien loin au-deçà de vous : mais la charité va plus loin que l'orgueil. Ni les sables brûlants, ni les déserts, ni les montagnes, ni la distance des lieux, ni les tempêtes, ni les écueils de tant de mers, ni l'intempérie de l'air, ni le milieu fatal de la ligne, où l'on découvre un ciel nouveau, ni les flottes ennemies, ni les côtes barbares, ne peuvent arrêter ceux que Dieu envoie. Qui sont ceux-ci qui volent comme les nuées? Vents, portez-les sur vos ailes. Que le Midi, que l'Orient, que les îles inconnues les attendent, et les regardent en silence venir de loin! Qu'ils sont beaux les pieds de ces hommes qu'on voit venir du haut des montagnes apporter la paix, annoncer les biens éternels, prêcher le salut, et dire : O Sion, ton Dieu régnera sur toi! Les voici ces nouveaux conquérants, qui viennent sans armes, excepté la croix du Sauveur. Ils viennent, non pour enlever les richesses et répandre le sang des vaincus, mais pour offrir leur propre sang et communiquer le trésor céleste.

Peuples qui les vîtes venir, qu'elle fut d'abord votre surprise, et qui peut la représenter? Des hommes qui viennent à vous sans être attirés par aucun motif, ni de commerce, ni d'ambition, ni de curiosité : des hommes qui, sans vous avoir jamais vus, sans savoir même où vous êtes, vous aiment tendrement, quittent tout pour vous, et vous cherchent au travers de toutes les mers avec tant de fatigues et de périls, pour vous faire part de la vie éternelle qu'ils ont découverte! Nations ensevelies dans l'ombre de la mort, quelle lumière sur vos têtes!

A qui doit-on, mes frères, cette gloire et cette bénédiction de nos jours? A la Compagnie de Jésus, qui, dès sa naissance, ouvrit, par le secours des Portugais, un nouveau chemin à l'Évangile dans les Indes. N'est-ce pas elle qui a allumé les premières étincelles du feu de l'apostolat dans le sein de ces hommes livrés à la grace? Il ne sera jamais effacé de la mémoire des justes le nom de cet enfant d'Ignace qui, de la même main dont il avoit rejeté l'emploi de la confiance la plus éclatante, forma une petite société de prêtres, germes bénis de cette communauté.

O ciel, conservez à jamais la source d'une grace si abondante, et faites que ces deux corps portent ensemble le nom du Seigneur Jésus à tous les peuples qui l'ignorent!

Parmi ces différents royaumes où la grace prend diverses formes selon la diversité des naturels, des mœurs et des gouvernements, j'en aperçois un qui est le canal de l'Évangile pour les autres. C'est à Siam que se rassemblent ces hommes de Dieu; c'est là que se forme un clergé composé de tant de langues et de peuples sur qui doit découler la parole de vie; c'est là que commencent à s'élever jusque dans les nues des temples qui retentiront des divins cantiques.

Grand roi[*], dont la main les élève, que tardez-vous à faire au vrai Dieu, de votre cœur même, le plus agréable et le plus auguste de tous les temples? Pénétrants et attentifs observateurs qui nous montrez un goût si exquis; fidèles ministres, qu'il a envoyés du lieu où le soleil se lève jusqu'à celui où il se couche, pour voir Louis, rapportez-lui ce que vos yeux ont vu : ce royaume fermé, non comme la Chine, par une simple muraille, mais par une chaîne de places fortifiées qui en rendent les frontières inaccessibles; cette majesté douce et pacifique qui règne au-dedans; mais surtout cette piété qui cherche bien plus à faire régner Dieu que l'homme. Sache par nos histoires la postérité la plus reculée, que l'Indien est venu mettre aux pieds de Louis les richesses de l'Aurore,

[*] Ces paroles s'adressent au roi de Siam, qui annonçoit alors des dispositions favorables au christianisme, et dont les ambassadeurs étoient présents au discours de Fénelon. (*Edit. de Vers.*)

en reconnoissance de l'Évangile reçu par ses soins! Encore n'est-ce pas assez de nos histoires; fasse le ciel qu'un jour, parmi ces peuples, les pères attendris disent à leurs enfants, pour les instruire : Autrefois, dans un siècle favorisé de Dieu, un roi nommé Louis, jaloux d'étendre les conquêtes de Jésus-Christ bien loin au-delà des siennes, fit passer de nouveaux apôtres aux Indes; c'est par-là que nous sommes chrétiens; et nos ancêtres accoururent d'un bout de l'univers à l'autre pour voir la sagesse, la gloire et la piété qui étoient dans cet homme mortel!

Sous sa protection, que la distance des lieux ne peut affoiblir; ou plutôt (car à Dieu ne plaise que nous mettions notre espérance ailleurs qu'en la croix!) ou plutôt, par la vertu toute puissante du nom de Jésus-Christ, évêques, prêtres, allez annoncer l'Évangile à toute créature. J'entends la voix de Pierre qui vous envoie et qui vous anime. Il vit, il parle dans son successeur; son zèle et son autorité ne cessent de confirmer ses frères. C'est de la chaire principale, c'est du centre de l'unité chrétienne que sortent les rayons de la foi la plus pure et la plus féconde, pour percer les ténèbres de la gentilité. Allez donc, anges prompts et légers; que sous vos pas les montagnes descendent, que les vallées se comblent, que toute chair voie le salut de Dieu.

Frappe, cruel Japon; le sang de ces hommes apostoliques ne cherche qu'à couler de leurs veines, pour te laver dans celui du Sauveur, que tu ne connois pas. Empire de la Chine, tu ne pourras fermer tes portes. Déja un saint pontife[*],

[*] Il s'agit ici de M. Pallu, évêque d'Héliopolis, et vicaire apostolique du Ton-king.

François Pallu, né à Tours, fut d'abord chanoine de Saint-Martin. Son zèle pour les missions étrangères engagea vers l'an 1657 le pape Alexandre VII à le nommer évêque d'Héliopolis, vicaire apostolique du Ton-king, et administrateur des cinq provinces de la Cochinchine. Les difficultés du voyage, qu'il fut obligé de faire par terre, ne lui permirent d'arriver à Siam qu'en 1664. Pendant le séjour qu'il fit dans ce royaume, il se montra constamment le modèle des missionnaires, et il rédigea pour leur usage un recueil d'*Instructions*, qui fut depuis approuvé par le Saint-Siége, et imprimé à Rome aux frais de la Propagande. Comme il se rendoit par mer de Siam au Ton-king, en 1673, une tempête l'obligea de relâcher à Manille. Il y fut arrêté par ordre du gouvernement espagnol, sur divers soupçons d'hérésie et d'espionnage, et obligé de revenir en Espagne par le Mexique. Son innocence été reconnue ayant en Espagne et à Rome, il fut de nouveau revêtu des pouvoirs du Saint-Siége, qui lui associa deux autres vicaires apostoliques pour le Ton-king, et un pour la Cochinchine. Il ne fut pas moins honoré en France, où il fit un voyage vers 1680, et où il s'attacha plusieurs ouvriers évangéliques, avec lesquels il repartit en 1682 pour la Cochinchine. L'entrée de ce pays ayant été à cette époque interdite aux étrangers par les Tartares, il aborda à l'île Formose, d'où il passa dans la province de Fokien. Mais il ne fit pour ainsi dire que se montrer à la Chine, où il mourut en 1684, huit ou neuf mois marchant sur les traces de François-Xavier, a béni cette terre par ses derniers soupirs. Nous l'avons vu, cet homme simple et magnanime, qui revenoit tranquillement de faire le tour entier du globe terrestre. Nous avons vu cette vieillesse prématurée et si touchante, ce corps vénérable, courbé, non sous le poids des années, mais sous celui de ses pénitences et de ses travaux; et il sembloit nous dire à nous tous, au milieu desquels il passoit sa vie, à nous tous qui ne pouvions nous rassasier de le voir, de l'entendre, de le bénir, de goûter l'onction et de sentir la bonne odeur de Jésus-Christ qui étoit en lui; il sembloit nous dire : Maintenant me voilà, je sais que vous ne verrez plus ma face. Nous l'avons vu qui venoit de mesurer la terre entière : mais son cœur, plus grand que le monde, étoit encore dans ces régions si éloignées. L'Esprit l'appeloit à la Chine; et l'Évangile, qu'il devoit à ce vaste empire, étoit comme un feu dévorant au fond de ses entrailles, qu'il ne pouvoit plus retenir.

Allez donc, saint vieillard, traverser encore une fois l'Océan étonné et soumis; allez au nom de Dieu. Vous verrez la terre promise; il vous sera donné d'y entrer, parce que vous avez espéré contre l'espérance même. La tempête, qui devoit causer le naufrage, vous jettera sur le rivage désiré. Pendant huit mois votre voix mourante fera retentir les bords de la Chine du nom de Jésus-Christ. O mort précipitée! ô vie précieuse, qui devoit durer plus long-temps! ô douces espérances tristement enlevées! Mais adorons Dieu, taisons-nous.

Voilà, mes frères, ce que Dieu a fait en nos jours pour faire taire les bouches profanes et impies. Quel autre que Jésus-Christ, fils du Dieu vivant, auroit osé promettre qu'après son supplice tous les peuples viendroient à lui, et croiroient en son nom? Environ dix-sept siècles après sa mort, sa parole est encore vivante et féconde dans toutes les extrémités de la terre. Par l'accomplissement d'une promesse inouïe et si étendue, Jésus-Christ montre qu'il tient dans ses mains immortelles les cœurs de toutes les nations et de tous les siècles. Par-là nous montrons encore la vraie Église à nos frères errants, comme saint Augustin la montroit aux sectes de son siècle. Qu'il est beau, mes frères, qu'il est consolant de parler le même langage, et de donner précisément les mêmes marques de l'Église que ce Père donnoit il y a treize cents ans! C'est cette ville située sur le sommet de la montagne, qui est vue de loin par tous les peuples de la terre; c'est ce royaume de Jésus-Christ, qui possède toutes les nations; c'est cette Société la plus répandue, qui seule a la gloire d'annoncer Jésus-Christ aux peuples idolâtres; c'est cette Église qui non-seulement doit être toujours visible, mais toujours la plus visible et la plus éclatante : car il faut que la plus grande autorité extérieure et vivante qui soit parmi les chrétiens mène sûrement et sans discussion les simples à la vérité : autrement la Providence se manqueroit à elle-même; elle rendroit la religion impraticable aux simples; elle jetteroit les ignorants dans l'abîme des discussions et des incertitudes des philosophes; elle n'auroit donné le texte des Écritures, manifestement sujet à tant d'interprétations différentes, que pour nourrir l'orgueil et la division. Que deviendroient les ames dociles pour autrui, et défiantes d'elles-mêmes, qui auroient horreur de préférer leur propre sens à celui de l'assemblée la plus digne d'être crue qu'il y ait sur la terre? Que deviendroient les humbles, qui craindroient avec raison bien davantage de se tromper eux-mêmes, que d'être trompés par l'Église? C'est par cette raison que Dieu, outre la succession non interrompue des pasteurs, naturellement si propre à faire passer la vérité de main en main dans la suite de tous les siècles, a mis cette fécondité si étendue et si singulière dans la vraie Église, pour la distinguer de toutes les sociétés retranchées, qui languissent obscures, stériles et resserrées dans un coin du monde. Comment osent-elles dire, ces sectes nouvelles, que l'idolâtrie régnoit partout avant leur réforme? Toutes les nations ayant été données par le Père au Fils, Jésus-Christ a-t-il laissé perdre son héritage? Quelle main puissante que la sienne le lui a ravi? Quoi donc! sa lumière étoit-elle éteinte dans l'univers? Peut-être croyez-vous, mes frères, que c'est moi : non, c'est saint Augustin qui parle ainsi aux donatistes, aux manichéens, et, en changeant seulement les noms, à nos protestants.

Cette étendue de l'Église, cette fécondité de notre mère dans toutes les parties du monde, ce zèle apostolique qui reluit dans nos seuls pasteurs, et que ceux des nouvelles sectes n'ont pas même entrepris d'imiter, embarrassent les plus célèbres défenseurs du schisme. Je l'ai lu dans leurs derniers livres,

---

seulement après son arrivée. Le *Gallia Christiana* place la mort de ce vertueux missionnaire en 1685. Mais il paroît que c'est une erreur; le sermon de Fénelon, prononcé le 6 janvier 1685, fait mention de cette mort, qui étoit par conséquent arrivée l'année précédente. Voyez le *Gallia Christiana*, tom. VII, pag. 1029, et les *Nouveaux Mémoires sur l'état présent de la Chine*, par le P. Lecomte, lettre XI°. pag. 205, etc. (*Édit. de Vers.*)

ils n'ont pu le dissimuler. J'ai vu même les personnes les plus sensées et les plus droites de ce parti avouer que cet éclat, malgré toutes les subtilités dont on tâche de l'obscurcir, les frappe jusqu'au cœur, et les attire à nous.

Qu'elle est donc grande cette œuvre qui console l'Église, qui la multiplie, qui répare ses pertes, qui accomplit si glorieusement les promesses, qui rend Dieu sensible aux hommes, qui montre Jésus-Christ toujours vivant et régnant dans les cœurs par la foi, selon sa parole, au milieu même de ses ennemis; qui répand en tous lieux son Église, afin que tous les peuples puissent l'écouter; qui met en elle ce signe éclatant que tout œil peut voir, et auquel les simples sont assurés, sans discussion, que la vérité de la doctrine est attachée! Qu'elle est grande cette œuvre! Mais où sont les ouvriers capables de la soutenir? mais où sont les mains propres à recueillir ces riches moissons dont les campagnes de l'Orient sont déjà blanchies? Jamais la France, il est vrai, n'a eu de plus pressants besoins pour elle qu'aujourd'hui. Pasteurs, rassemblez vos conseils et vos forces pour achever d'abattre ce grand arbre, dont les branches orgueilleuses montoient jusqu'au ciel, et qui est déjà ébranlé jusqu'à ses plus profondes racines. Ne laissez aucune étincelle cachée du feu de l'hérésie prêt à s'éteindre; ranimez votre discipline; hâtez-vous de déraciner par la vigueur de vos canons le scandale et les abus; faites goûter à vos enfants les chastes délices des saintes lettres; formez des hommes qui soutiennent la majesté de l'Évangile, et dont les lèvres gardent la science. O mère, faites sucer à vos enfants les deux mamelles de la science et de la charité! Que par vous la vérité luise encore sur la terre. Montrez que ce n'est pas en vain que Jésus-Christ a prononcé cet oracle pour tous les temps sans restriction : *Qui vous écoute m'écoute.* Mais que les besoins du dedans ne fassent pas abandonner ni oublier ceux du dehors. Église de France, ne perdez pas votre couronne. D'une main, allaitez dans votre sein vos propres enfants; étendez l'autre sur cette extrémité de la terre, où tant de nouveaux nés, encore tendres en Jésus-Christ, poussent de foibles cris vers vous, et attendent que vous ayez pour eux des entrailles de mère.

O vous, qui avez dit à Dieu, *Vous êtes mon sort et mon héritage,* ministres du Seigneur, qui êtes aussi son héritage et sa portion, foulez aux pieds la chair et le sang. Dites à vos parents : Je vous ignore. Ne connoissez que Dieu, n'écoutez que lui. Que ceux qui sont déjà attachés ici dans un travail réglé y persévèrent; car les dons sont divers, et il suffit que chacun suive le sien : mais qu'ils donnent du moins leurs vœux et leurs prières à l'œuvre naissante de la foi. Que chacun de ceux qui sont libres se dise à soi-même : Malheur à moi si je n'évangélise! Hélas! peut-être que tous les royaumes de l'Orient ensemble n'ont pas autant de prêtres qu'une paroisse d'une seule ville. Paris, tu t'enrichis de la pauvreté des nations, ou plutôt par de malheureux enchantements tu perds pour toi-même ce que tu enlèves aux autres : tu prives le champ du Seigneur de sa culture; les ronces et les épines le couvrent : tu prives les ouvriers de la récompense due au travail. Que ne puis-je aujourd'hui, mes frères, m'écrier, comme Moïse aux portes du camp d'Israël : *Si quelqu'un est au Seigneur, qu'il se joigne à moi!* Dieu m'en est témoin, Dieu devant qui je parle, Dieu à la face duquel je sers chaque jour, Dieu qui lit dans les cœurs, et qui sonde les reins. Seigneur, vous le savez que c'est avec confusion et douleur qu'admirant votre œuvre, je ne me sens ni les forces ni le courage d'aller l'accomplir. Heureux ceux à qui vous donnez de le faire! Heureux moi-même, malgré ma foiblesse et mon indignité, si mes paroles peuvent allumer dans le cœur de quelque saint prêtre cette flamme céleste dont un pécheur comme moi ne mérite pas de brûler.

Par ces hommes chargés des richesses de l'Évangile, la grace croît, et le nombre des croyants se multiplie de jour en jour; l'Église refleurit, et son entière et ancienne beauté se renouvelle. Là on court pour baiser les pieds d'un prêtre quand il passe; là on recueille avec soin, avec un cœur affamé et avide, jusqu'aux moindres parcelles de la parole de Dieu qui sort de sa bouche. Là on attend avec impatience, pendant toute la semaine, le jour du Seigneur, où tous les frères, dans un saint repos, se donnent tendrement le baiser de paix, n'étant tous ensemble qu'un cœur et qu'une ame. Là on soupire après la joie des assemblées, après les chants des louanges de Dieu, après le sacré festin de l'Agneau. Là on croit voir encore les travaux, les voyages, les dangers des apôtres, avec la ferveur des églises naissantes. Heureuses, parmi ces églises, celles que le feu de la persécution éprouve pour les rendre plus pures! Heureuses ces églises, dont nous ne pouvons nous empêcher de regarder la gloire d'un œil jaloux! On y voit des catéchumènes qui desirent de se plonger, non-seulement dans les eaux salutaires, mais dans les flammes du Saint-Esprit et dans le sang de l'Agneau, pour y blanchir leurs robes; des catéchumènes qui attendent le martyre avec le baptême. Quand aurons-nous de tels chrétiens, dont les délices

POUR LA FÊTE DE L'ÉPIPHANIE.

étoient de se nourrir des paroles de la foi, de goûter les vertus du siècle futur, et de s'entretenir de leur bienheureuse espérance? Là ce qui est regardé ici comme excessif, comme impraticable, ce qu'on ne peut croire possible sur la foi des histoires des premiers temps, est la pratique actuelle de ces Églises. Là, être chrétien, et ne plus tenir à la terre, est la même chose. Là on n'ose montrer à ces fidèles enflammés nos tièdes chrétiens d'Europe, de peur que cet exemple contagieux ne leur apprenne à aimer la vie, et à ouvrir leurs cœurs aux joies empoisonnées du siècle. L'Évangile dans son intégrité fait encore sur eux toute son impression naturelle. Il forme des pauvres bienheureux, des affligés qui trouvent la joie dans les larmes, et des riches qui craignent d'avoir leur consolation en ce monde; tout milieu entre le siècle et Jésus-Christ est ignoré; ils ne savent que prier, se cacher, souffrir, espérer. O aimable simplicité! ô foi vierge! ô joie pure des enfants de Dieu! ô beauté des anciens jours que Dieu ramène sur la terre, et dont il ne reste plus parmi nous qu'un triste et honteux souvenir! Hélas, malheur à nous! Parce que nous avons péché, notre gloire nous a quittés, elle s'envole au-delà des mers, un nouveau peuple nous l'enlève. Voilà, mes frères, ce qui doit nous faire trembler.

SECOND POINT.

Si Dieu, terrible dans ses conseils sur les enfants des hommes, n'a pas même épargné les branches naturelles de l'olivier franc, comment oserions-nous espérer qu'il nous épargnera, nous, mes frères, branches sauvages et entées, nous, branches mortes, et incapables de fructifier? Dieu frappe sans pitié son ancien peuple, ce peuple héritier des promesses, ce peuple race bénite d'Abraham, dont Dieu s'est déclaré le Dieu à jamais; il le frappe d'aveuglement, il le rejette de devant sa face, il le disperse comme la cendre au vent; il n'est plus son peuple, et Dieu n'est plus son Dieu; et il ne sert plus, ce peuple réprouvé, qu'à montrer à tous les autres peuples qui sont sous le ciel la malédiction et la vengeance divine qui distille sur lui goutte à goutte, et qui y demeurera jusqu'à la fin.

Comment est-ce que la nation juive est déchue de l'alliance de ses pères et de la consolation d'Israël? Le voici, mes frères. Elle s'est endurcie au milieu des graces, elle a résisté au Saint-Esprit, elle a méconnu l'envoyé de Dieu. Pleine des desirs du siècle, elle a rejeté une rédemption qui, loin de flatter son orgueil et ses passions charnelles, devoit au contraire la délivrer de son orgueil et de ses passions. Voilà ce qui a fermé les cœurs à la vérité, voilà ce qui a éteint la foi, voilà ce qui a fait que la lumière luisant au milieu des ténèbres, les ténèbres ne l'ont point comprise. La réprobation de ce peuple a-t-elle anéanti les promesses? A Dieu ne plaise! La main du Tout-Puissant se plaît à montrer qu'elle est jalouse de ne devoir ses œuvres qu'à elle-même; elle rejette ce qui est, pour appeler ce qui n'est pas. Le peuple qui n'étoit pas même peuple, c'est-à-dire les nations dispersées, qui n'avoient jamais fait un corps ni d'état ni de religion, ces nations qui vivoient enfoncées dans une brutale idolâtrie, s'assemblent, et sont tout-à-coup un peuple bien aimé. Cependant les Juifs, privés de la science de Dieu jusqu'alors héréditaire parmi eux, enrichissent de leurs dépouilles toutes les nations. Ainsi Dieu transporte le don de la foi selon son bon plaisir, et selon le profond mystère de sa volonté.

Ce qui a fait la réprobation des Juifs (prononçons ici, mes frères, notre jugement, pour prévenir celui de Dieu), ce qui a fait leur réprobation ne doit-il pas faire la nôtre? Ce peuple, quand Dieu l'a foudroyé, étoit-il plus attaché à la terre que nous, plus enfoncé dans la chair, plus enivré de ses passions mondaines, plus aveuglé par sa présomption, plus rempli de lui-même, plus vide de l'amour de Dieu? Non, non, mes frères; ses iniquités n'étoient point encore montées jusqu'à la mesure des nôtres. Le crime de crucifier de nouveau Jésus-Christ, mais Jésus-Christ connu, mais Jésus-Christ goûté, mais Jésus-Christ régnant parmi nous; le crime de fouler aux pieds volontairement notre unique hostie de propitiation et le sang de l'alliance, n'est-il pas plus énorme et plus irrémissible que celui de répandre ce sang, comme les Juifs, sans le connoître?

Ce peuple est-il le seul que Dieu a frappé? Hâtons-nous de descendre aux exemples de la loi nouvelle; ils sont encore plus effrayants. Jetez, mes frères, des yeux baignés de larmes sur ces vastes régions d'où la foi s'est élevée sur nos têtes, comme le soleil. Que sont-elles devenues ces fameuses églises d'Alexandrie, d'Antioche, de Jérusalem, de Constantinople, qui en avoient d'innombrables sous elles? C'est là que pendant tant de siècles les conciles assemblés ont étouffé les plus noires erreurs et prononcé ces oracles qui vivront éternellement; c'est là que régnoit avec majesté la sainte discipline, modèle après lequel nous soupirons en vain. Cette terre étoit arrosée du sang des martyrs; elle exhaloit le parfum des vierges; le désert même fleurissoit par ses solitaires : mais tout est ravagé sur ces montagnes découlantes de lait et de miel, où paissoient sans crainte les troupeaux d'Israël. Là maintenant sont les cavernes inaccessibles des serpents et des basilics.

Que reste-t-il sur les côtes d'Afrique, où les assemblées d'évêques étoient aussi nombreuses que les conciles universels, et où la loi de Dieu attendoit son explication de la bouche d'Augustin? Je ne vois plus qu'une terre encore fumante de la foudre que Dieu y a lancée.

Mais quelle terrible parole de retranchement Dieu n'a-t-il pas fait entendre sur la terre, dans le siècle passé! L'Angleterre, rompant le sacré lien de l'unité, qui peut seul retenir les esprits, s'est livrée à toutes les visions de son cœur. Une partie des Pays-Bas, l'Allemagne, le Danemark, la Suède, sont autant de rameaux que le glaive vengeur a retranchés, et qui ne tiennent plus à l'ancienne tige.

L'Église, il est vrai, répare ces pertes : de nouveaux enfants, qui lui naissent au-delà des mers, essuient ses larmes pour ceux qu'elle a perdus. Mais l'Église a des promesses d'éternité; et nous, qu'avons-nous, mes frères, sinon des menaces qui nous montrent à chaque pas l'abîme ouvert sous nos pieds? Le fleuve de la grace ne tarit point, il est vrai; mais souvent, pour arroser de nouvelles terres, il détourne son cours, et ne laisse dans l'ancien canal que des sables arides. La foi ne s'éteindra point, je l'avoue; mais elle n'est attachée à aucun des lieux qu'elle éclaire; elle laisse derrière elle une affreuse nuit à ceux qui ont méprisé le jour, et elle porte ses rayons à des yeux plus purs.

Que feroit plus long-temps la foi chez des peuples corrompus jusqu'à la racine, qui ne portent le nom de fidèles que pour le flétrir et le profaner? Lâches et indignes chrétiens, par vous le christianisme est avili et méconnu; par vous le nom de Dieu est blasphémé chez les gentils; vous n'êtes plus qu'une pierre de scandale à la porte de la maison de Dieu, pour faire tomber ceux qui y viennent chercher Jésus-Christ.

Mais qui pourra remédier aux maux de nos églises, et relever la vérité qui est foulée aux pieds dans les places publiques? L'orgueil a rompu ses digues et inondé la terre; toutes les conditions sont confondues; le faste s'appelle politesse, la plus folle vanité une bienséance; les insensés entraînent les sages, et les rendent semblables à eux; la mode, si ruineuse par son inconstance et par ses excès capricieux, est une loi tyrannique à laquelle on sacrifie toutes les autres; le dernier des devoirs est celui de payer ses dettes. Les prédicateurs n'osent plus parler pour les pauvres, à la vue d'une foule de créanciers dont les clameurs montent jusqu'au ciel. Ainsi la justice fait taire la charité; mais la justice elle-même n'est plus écoutée. Plutôt que de modérer les dépenses superflues, on refuse cruellement le nécessaire à ses créanciers. La simplicité, la modestie, la frugalité, la probité exacte de nos pères, leur ingénuité, leur pudeur, passent pour des vertus rigides et austères d'un temps trop grossier. Sous prétexte de se polir, on s'est amolli pour la volupté, et endurci contre la vertu et contre l'honneur. On invente chaque jour et à l'infini de nouvelles nécessités pour autoriser les passions les plus odieuses. Ce qui étoit d'un faste scandaleux dans les conditions les plus élevées, il y a quarante ans, est devenu une bienséance pour les plus médiocres. Détestable raffinement de nos jours! monstre de nos mœurs! La misère et le luxe augmentent comme de concert; on est prodigue de son bien, et avide de celui d'autrui; le premier pas de la fortune est de se ruiner. Qui pourroit supporter les folles hauteurs que l'orgueil affecte, et les bassesses infâmes que l'intérêt fait faire? On ne connoît plus d'autre prudence que la dissimulation, plus de règle des amitiés que l'intérêt, plus de bienfaits qui puissent attacher à une personne dès qu'on la trouve ou inutile ou ennuyeuse. Les hommes, gâtés jusque dans la moelle des os par les ébranlements et les enchantements des plaisirs violents et raffinés, ne trouvent plus qu'une douceur fade dans les consolations d'une vie innocente; ils tombent dans les langueurs mortelles de l'ennui, dès qu'ils ne sont plus animés par la fureur de quelque passion. Est-ce donc là être chrétien? Allons, allons dans d'autres terres, où nous ne soyons plus réduits à voir de tels disciples de Jésus-Christ! O Évangile! est-ce là ce que vous enseignez? O foi chrétienne, vengez-vous! laissez une éternelle nuit sur la face de la terre, de cette terre couverte d'un déluge d'iniquité.

Mais, encore une fois, voyons nos ressources sans nous flatter. Quelle autorité pourra redresser des mœurs si dépravées? Une sagesse vaine et intempérante, une curiosité superbe et effrénée emporte les esprits. Le Nord ne cesse d'enfanter de nouveaux monstres d'erreur : parmi les ruines de l'ancienne foi, tout tombe, tout tombe comme par morceaux; le reste des nations chrétiennes en sent le contre-coup; on voit les mystères de Jésus-Christ ébranlés jusqu'aux fondements. Des hommes profanes et téméraires ont franchi les bornes, et ont appris à douter de tout. C'est ce que nous entendons tous les jours; un bruit sourd d'impiété vient frapper nos oreilles, et nous en avons le cœur déchiré. Après s'être corrompus dans ce qu'ils connoissent, ils blasphèment enfin ce qu'ils ignorent. Prodige réservé à nos jours! l'instruction augmente, et la foi diminue. La parole de Dieu, autrefois si féconde, deviendroit stérile, si l'impiété l'osoit. Mais elle tremble sous Louis, et, comme Salomon, il la dissipe de son regard. Cependant, de tous les vices, on ne craint plus que le scandale; que dis-je? le scandale même est au comble; car l'incrédulité, quoique timide, n'est pas muette; elle sait se glisser dans les conversations, tantôt sous des railleries envenimées, tantôt sous des questions où l'on veut tenter Jésus-Christ, comme les pharisiens. En même temps l'aveugle sagesse de la chair, qui prétend avoir droit de tempérer la religion au gré de ses desirs, déshonore et énerve ce qui reste de foi parmi nous. Chacun marche dans la voie de son propre conseil; chacun, ingénieux à se tromper, se fait une fausse conscience. Plus d'autorité dans les pasteurs, plus d'uniformité de discipline. Le déréglement ne se contente plus d'être toléré, il veut être la règle même, et appelle excès tout ce qui s'y oppose. La chaste colombe, dont le partage ici-bas est de gémir, redouble ses gémissements. Le péché abonde, la charité se refroidit, les ténèbres s'épaississent, le mystère d'iniquité se forme; dans ces jours d'aveuglement et de péché, les élus mêmes seroient séduits, s'ils pouvoient l'être. Le flambeau de l'Évangile, qui doit faire le tour de l'univers, achève sa course. O Dieu! que vois-je? où sommes-nous? Le jour de la ruine est proche, et les temps se hâtent d'arriver. Mais adorons en silence et avec tremblement l'impénétrable secret de Dieu.

Ames recueillies, ames ferventes, hâtez-vous de retenir la foi prête à nous échapper. Vous savez que dix justes auroient sauvé la ville abominable de Sodome, que le feu du ciel consuma. C'est à vous à gémir sans cesse aux pieds des autels pour ceux qui ne gémissent pas de leurs misères. Opposez-vous, soyez le bouclier d'Israël contre les traits de la colère du Seigneur; faites violence à Dieu, il le veut; d'une main innocente arrêtez le glaive déjà levé.

Seigneur, qui dites dans vos Écritures : *Quand même une mère oublieroit son propre fils, le fruit de ses entrailles, et moi je ne vous oublierai jamais*[1], ne détournez point votre face de dessus nous. Que votre parole croisse dans ces royaumes où vous l'envoyez; mais n'oubliez pas les anciennes églises, dont vous avez conduit si heureusement la main pour planter la foi chez ces nouveaux peuples. Souvenez-vous du siége de Pierre, fondement immobile de vos promesses. Souvenez-vous de l'Église de France, mère de celle d'Orient, sur qui votre grace reluit. Souvenez-vous de cette maison, qui est la vôtre; des ouvriers qu'elle forme; de leurs larmes, de leurs prières, de leurs travaux. Que vous dirai-je, Seigneur, pour nous-mêmes? Souvenez-vous de notre misère et de votre miséricorde. Souvenez-vous de sang de votre Fils, qui coule sur nous, qui vous parle en notre faveur, et en qui seul nous nous confions. Bien loin de nous arracher, selon votre justice, ce peu de foi qui nous reste encore, augmentez-la, purifiez-la, rendez-la vive; qu'elle perce toutes nos ténèbres; qu'elle étouffe toutes nos passions; qu'elle redresse tous nos jugements, afin qu'après avoir cru ici-bas, nous puissions voir éternellement dans votre sein ce que nous aurons cru. Amen.

SERMON

POUR

LE JOUR DE L'ASSOMPTION
DE LA SAINTE VIERGE.

SUR LE BON USAGE QU'ELLE A FAIT DE LA VIE ET DE LA MORT.

Maria, de qua natus est Jesus qui vocatur Christus.
Marie, de laquelle est né Jésus qui est nommé le Christ. En saint Matthieu, chap. prem.

Les hommes ne sauroient d'ordinaire expliquer de grandes choses qu'en beaucoup de paroles : à peine peuvent-ils, par de longues expressions, donner une haute idée de ce qu'ils s'efforcent de louer. Mais quand il plaît à l'Esprit de Dieu d'honorer quelqu'un d'une louange, il la rend courte, simple, majestueuse : aussi est-il digne de lui de parler peu et de dire beaucoup. Il sait renfermer en deux mots les plus grands éloges. Veut-il louer Marie, et nous apprendre ce qu'il faut penser d'elle; il ne s'arrête point à toutes les circonstances que l'esprit humain ne manqueroit pas de rechercher pour en composer une foible louange; il va d'abord à ce qui fait toute sa grandeur. Par un seul trait, il nous dépeint tout ce que Dieu a versé de graces dans son cœur, tout ce qu'on peut s'imaginer de grand dans les mystères qui se sont accomplis en elle, tout ce qu'il y a de plus admirable dans le cours de sa vie. Il n'a besoin, ce divin Esprit, que de nous dire simplement que Marie est la mère du Fils de Dieu; cela

---
[1] *Is.*, XLIX, 15.

suffit pour nous faire entendre tout ce qu'elle est digne d'être : *Maria, de qua natus est Jesus.*

Que ne suis-je, mes frères, tout animé de cet Esprit qui aide notre foiblesse, comme dit saint Paul! Que ne puis-je, par des termes simples, mais persuasifs, vous remplir de zèle et d'admiration pour Marie! C'est aujourd'hui que nous célébrons son triomphe; jour où elle finit une si pure et si belle vie. C'est aujourd'hui que nous lui devons toutes nos louanges; jour où elle commence une autre vie si heureuse, si pleine de gloire; jour où le ciel pour qui elle étoit faite, ravit enfin à la terre le plus précieux dépôt que le Fils de Dieu y eût laissé; jour qui, étant le dernier de ceux qu'elle a paru au monde, doit être employé par nous à admirer toutes ses vertus rassemblées. Qu'il est beau, qu'il est naturel aujourd'hui, qu'il est convenable à l'édification du peuple fidèle, de voir toute la suite de ses actions, avec la sainte mort qui les a couronnées!

Considérons donc l'usage qu'elle a fait de la vie, l'usage qu'elle a fait de la mort. Apprenons, par son exemple, à nous détacher de la vie, pour nous préparer à mourir. Apprenons, par son exemple, à regarder la mort comme le terme de notre bienheureuse réunion avec Jésus-Christ. Voilà, mes frères, voilà tout ce que le christianisme exige de nous. Nous en trouvons dans Marie le parfait modèle. Prions-la de nous obtenir les lumières dont nous avons besoin pour méditer avec fruit ces deux vérités. *Ave, Maria.*

PREMIER POINT.

La sainte Vierge pauvre selon sa condition, ennemie des plaisirs grossiers qui touchent les sens, obéissante, toujours humblement renfermée dans l'obscurité, accablée enfin de douleur par les tourments de son divin Fils; sa vie n'a été qu'un long et douloureux sacrifice, qui n'a fini que par sa mort. C'est ainsi, mes frères, que Dieu détache du monde les ames dont le monde n'est pas digne, et qu'il réserve toutes pour lui. C'est ainsi que la Providence conduit par un chemin de douleurs la mère même du Fils de Dieu. Apprenez, chrétiens, apprenez par l'autorité de cet exemple, ce qu'il faut qu'il vous en coûte pour être *arrachés à la puissance des ténèbres*, comme parle saint Paul[1]; *pour être transférés dans le royaume du Fils bien aimé de Dieu*, c'est-à-dire pour n'être point aveuglés par l'amour des biens périssables, et pour vous rendre dignes des biens éternels.

[1] Coloss., 1, 13.

Marie, fille de tant de rois, de tant de souverains pontifes, de tant d'illustres patriarches, comme le remarque saint Grégoire de Nazianze dans le poëme qu'il a fait sur cette matière; Marie, destinée à être la mère du Roi des rois, naquit dans un état de pauvreté et de bassesse. Elle étoit fille de David, comme saint Paul l'assure aux Hébreux; par conséquent elle auroit dû profiter de cette illustre naissance, elle auroit dû avoir part à la succession de la maison royale. Mais, depuis le retour de la captivité de Babylone, les terres de toutes les tribus étoient confondues; les partages faits par Josué ne subsistoient plus; toutes les fortunes étoient changées dans cette révolution. Joachim et Anne, princes par leur naissance, étoient par leur fortune de pauvres gens. Au lieu de demeurer du côté de Bethléem, où la sainte Vierge alla avec saint Joseph se faire enregistrer, parce, dit l'Évangile, que c'étoit leur pays, et qu'ils étoient de la famille de David; au lieu, dis-je, de demeurer dans ces riches héritages de la tribu de Juda, ils demeuroient à Nazareth, petite ville de Galilée, dans le territoire de la tribu de Zabulon. Là ils vivoient comme étrangers, sans biens, excepté, dit saint Jean de Damas, quelques troupeaux et le profit de leur travail. Ainsi profondément humiliée dès sa naissance, Marie fut donnée pour épouse à un charpentier. Ne doutons point qu'en cet état elle n'ait été occupée aux travaux qui nous paroissent les plus rudes et les plus bas. Représentons-nous (car il est beau de se représenter ce détail, que Dieu même n'a pas dédaigné de voir avec complaisance), représentons-nous donc cette auguste reine du ciel toute courbée sous la pesanteur des fardeaux qu'elle portoit; tantôt employant ses mains pures à cultiver la terre à la sueur de son visage, tantôt faisant elle-même les habits de toute la famille, selon la coutume des femmes juives; tantôt allant puiser de l'eau pour tous les besoins domestiques, selon l'exemple des plus illustres femmes des patriarches; tantôt apprêtant les doux repas que doivent faire avec elle son père, sa mère et son chaste époux. Qu'il est beau de la voir ainsi, dans ces humbles fatigues, mortifier son corps innocent, pour faire rougir les femmes chrétiennes de tous les siècles par un exemple qui confond si bien leur vanité et leur délicatesse! Mais cet époux, à qui elle obéit si humblement, n'est son époux que pour protéger et cacher tout ensemble sa virginité, que pour en rendre le sacrifice plus héroïque par une victoire continuelle au milieu de l'occasion même. Ici, mes frères, le mariage a des lois nouvelles. Ailleurs les époux, dit l'Écriture, ne font plus qu'une seule chair : ici ils ne font plus qu'un seul esprit; leur société, leur union n'a rien qui ne soit élevé au-dessus des sens.

Marie, ce germe de bénédiction et de grace, cette semence précieuse d'Abraham, d'où devoit sortir le Sauveur des nations, avoit été elle-même le fruit des prières et des larmes de ses parents après une longue stérilité. La piété de Joachim et d'Anne rendit à Dieu ce qui venoit de lui; cette fille unique, ils la dévouèrent au temple, et cette offrande n'étoit pas sans exemple parmi les Juifs. Marie, ainsi donnée à Dieu dès sa plus tendre enfance, ne crut pas être à elle-même. Si elle s'engagea dans la suite à un époux mortel, ce ne fut que pour mieux cacher une vertu jusqu'alors inconnue. Alors, vous le savez, mes frères, la stérilité des femmes étoit un opprobre parmi les Juifs. Leur gloire étoit de multiplier le peuple de Dieu; leur espérance étoit de voir sortir de leur race le Fils de Dieu même. Marie, qui devoit en être la mère, mais qui ne le savoit pas, se propose avec joie la honte de la stérilité pour se conserver pure. Si bientôt un ange descend du ciel pour lui annoncer les desseins du Très-Haut, la présence de cet esprit sous une figure humaine étonne cette vierge craintive. Cette heureuse nouvelle, qu'elle va devenir mère d'un dieu, alarme sa pudeur. Ne croyez pas que cet honneur, qui mit à ses pieds toutes les grandeurs de l'univers, puisse changer ni la simplicité de sa vie, ni la pauvreté de son état, ni l'obscurité dont elle goûte les douceurs. Elle accouche à Bethléem dans une étable, n'ayant pas de quoi se loger; mère pauvre d'un fils qui devoit enrichir le monde entier de sa pauvreté, selon l'expression de l'Apôtre [1]. Elle fuit avec lui en Égypte, pour dérober ce précieux enfant à la persécution de l'impie Hérode; et dans sa fuite il ne lui reste pour tout bien que son cher Jésus. Dieu la console et la rappelle. Voilà enfin son fils arrivé à cet âge où sa souveraine sagesse devoit éclater dans la région de l'ombre de la mort. Dès l'âge de douze ans il quitte sa mère pour les intérêts de son Père. Bientôt il ne reconnoît plus pour parents que ceux qui font la volonté de Dieu. Il déclare qu'heureuses sont, non les entrailles qui l'ont porté, non les mamelles qui l'ont nourri, mais les ames qui l'écoutent, et qui gardent fidèlement la parole de Dieu. Il ne souffre plus qu'on admire les plus excellentes créatures que par rapport à lui. Par cette conduite si austère à la nature, il ne permet plus à sa mère de s'attacher à lui que par les liens de la plus pure religion. Attentive à l'ordre des conseils de Dieu, comme l'Évangile dit qu'elle fut dès la naissance de ce fils, elle l'écoute, elle l'observe, elle l'admire, elle ne songe qu'à s'instruire dans un humble silence. Nous ne voyons point qu'elle ait fait de miracles : et qu'il est beau à elle de s'en être abstenue! Nous ne voyons point qu'elle ait entrepris de communiquer aux autres la sagesse dont elle étoit pleine : que ce silence est grand, mes frères, et que Marie est admirable dans les endroits mêmes de sa vie les plus obscurs et les plus inconnus! Qui auroit pu mieux qu'elle se signaler par l'instruction et par les miracles, elle qui avoit été la fidèle dépositaire de tous les trésors de la sagesse et de la science de Dieu, elle qui étoit devenue la mère de la Sagesse souveraine et de la Vérité éternelle? Elle ne pense néanmoins qu'à obéir, à se taire et à se cacher. Après l'enfance de son fils, il n'est plus parlé d'elle qu'autant que la vie de Jésus-Christ y engage comme par hasard les évangélistes. En cela nous reconnoissons avec plaisir combien la conduite de Marie et le style de l'Évangile viennent d'un même esprit de simplicité. Tout ce qui n'a pas un rapport nécessaire à Jésus-Christ est supprimé. Que de vertus aimables et d'exemples touchants sont dérobés à la vue des hommes par cette conduite! Marie mène une vie commune et cachée, les évangélistes nous le laissent entendre sans nous l'expliquer en détail : et en effet ce détail n'est pas nécessaire; nous comprenons assez par son état, par ses sentiments, quelle devoit être sa vie, dure, laborieuse, soumise. Son obscurité nous instruit infiniment mieux que n'auroient pu faire les actions les plus éclatantes. Nous avions déja assez d'exemples devant les yeux pour savoir agir et parler; mais il nous en falloit pour apprendre à nous taire, et à n'agir jamais sans nécessité. Trop attentifs aux choses extérieures, toujours poussés au-delà des bornes de notre état par notre vanité et par notre inquiétude, accoutumés aux occupations qui flattent les sens et qui dissipent l'esprit, parlant magnifiquement de la vertu, et pratiquant mal ce que nous disons, n'avions-nous pas besoin, mes frères, d'être convaincus par cet exemple, que la vertu la plus pure est celle d'une ame qui se retranche modestement dans ses devoirs, qui fuit l'éclat, et qui aime la simplicité?

Dans cette vie humble et retirée, Marie s'unit à Dieu de plus en plus par la ferveur de sa prière; elle prépare déja son cœur au sacrifice qu'elle doit faire de son fils, pour le bien du monde. Ce fils,

---

[1] II Cor., VIII, 9.

qui entraîne les peuples dans les déserts par les charmes de sa doctrine, qui répand ses bienfaits partout où il passe, qui guérit toutes les langueurs, s'est fait lui-même notre remède pour nous guérir du péché, qui est le plus grand des maux; il faut qu'il meure ce fils, ce cher fils; il est notre victime; et à la vue des tourments cruels qu'il va souffrir, un glaive de douleur déchirera le cœur de sa mère. Marie, immobile au pied de la croix, y contemple déjà ce mystère d'ignominie. Hélas! l'eût-elle cru? Marie, l'eussiez-vous pensé, qu'en donnant au monde celui qui en devoit être la joie et le bonheur, qui étoit l'attente de toutes les nations et de tous les siècles, il dût vous en coûter, si tôt après, tant de larmes et tant de douleurs?

Si elle ne meurt pas d'accablement avec son fils qu'elle voit mourir, c'est qu'elle est réservée à une peine plus longue et plus rude. Que de douloureuses années passées depuis, privée de son bien-aimé; pauvre, errante dans sa vieillesse même; n'ayant d'autre ressource humaine que les soins de saint Jean, qui la nourrissoit à Éphèse, et exposée à toutes sortes de persécutions!

Telle fut la vie de la Vierge sainte; telle fut sa préparation à la mort. Tout servit à la détacher; Dieu rompit en elle tous les liens les plus innocents. La pauvreté, le travail, l'obscurité, le renoncement aux plaisirs sensibles, la douleur de perdre son fils, celle de lui survivre long-temps, furent son triste partage. Ce fut par cet exercice continuel des vertus les plus pénibles et les plus austères, qu'elle arriva au dernier jour de son sacrifice : heureuse de ce que tous les moments de sa vie ont servi à lui accumuler pour celui de sa mort des trésors infinis de grâce et de gloire! Heureux nous-mêmes, et mille fois heureux, si nous savions faire pour notre salut ce qu'elle a fait pour l'accroissement de ses mérites!

Hélas! à quelque âge, mes frères, en quelque état que la mort nous prenne, elle nous surprend, elle nous trouve toujours dans des desseins qui supposent une longue vie. La vie, donnée uniquement pour s'y préparer, se passe entière dans un profond oubli du terme auquel elle doit aboutir. On vit comme si l'on devoit toujours vivre. L'on ne songe qu'à se flatter soi-même par toutes sortes de plaisirs, lorsque la mort arrête soudainement le cours de ces folles joies. L'homme sage à ses propres yeux, mais insensé à ceux de Dieu, se donne mille inquiétudes pour amasser des biens dont la mort le va dépouiller. Cet autre, emporté par son ambition, perd tellement de vue sa mort, qu'il court au travers des dangers au-devant de la mort même. Tout devroit nous avertir, et tout nous amuse. Nous voyons, comme dit saint Cyprien, tomber tout le genre humain en ruine à nos propres yeux. Depuis que nous sommes nés, il s'est fait comme cent mondes nouveaux sur les ruines de celui qui nous a vus naître. Nos plus proches parents, nos amis les plus chers, tout se précipite dans le tombeau, tout s'abîme dans l'éternité. Nous sommes continuellement nous-mêmes entraînés par le torrent dans cet abîme, et nous n'y pensons pas.

La plus vive jeunesse, le plus robuste tempérament, ne sont que des ressources trompeuses. Elles servent moins à éloigner de nous la mort, qu'à rendre sa surprise plus imprévue et plus funeste. Elle flétrit le soir, dit l'Écriture, et foule aux pieds les plantes que nous avions vu fleurir le matin. Mais non-seulement quand on est sain, quand on est jeune, on se promet tout; chose bien plus déplorable! ni la vieillesse ni l'infirmité ne nous disposent presque point à la mort. Ce malade la porte presque déjà dans son sein, et cependant, dès qu'il a le moindre intervalle, il espère qu'il échappera à la mort, ou du moins qu'elle le laissera encore languir long-temps. Ce vieillard tremblant, accablé sous le poids des années, chagrin de se voir inutile à tout, ramasse des exemples d'heureuses vieillesses pour se flatter : il regarde un âge plus avancé que le sien, espère d'y parvenir, y parvient effectivement, regarde encore au-delà, jusqu'à ce qu'enfin ses incommodités le lassent de vivre, sans qu'il puisse jamais se résoudre à mourir de bon cœur. Ainsi on s'avance toujours vers la fin de sa vie, sans pouvoir l'envisager de près; et l'unique prétexte de cette conduite si bizarre et si imprudente, est que la pensée de la mort afflige, consterne, et qu'il faut bien chercher ailleurs de quoi se consoler.

Quelle apparence, dit-on, de ne goûter aucun plaisir dans une vie d'ailleurs si traversée, que cette pensée affreuse ne vienne troubler par son amertume? Quoi! dit-on, si on y pensoit, auroit-on le courage de pourvoir à son établissement, à ses affaires, de goûter les douceurs de la société? Cette réflexion seule ne renverseroit-elle pas bientôt tout l'ordre du monde? Si donc on y pense, ce n'est que par hasard, superficiellement, et on se hâte de chercher quelque amusement qui nous dégage de cette réflexion importune.

O folie! nous savons que la mort s'avance, et nous nous confions à cette misérable ressource de fermer les yeux pour ne pas voir le coup qu'elle va nous donner. Nous ne pouvons pas ignorer que plus nous nous attacherons à la vie, plus la fin en sera amère. Nous savons qu'il est de foi que tous ceux qui ne vivront pas dans la vigilance chrétienne seront surpris par une ruine prompte et inévitable. Le Fils de Dieu se sert dans l'Évangile des plus sensibles comparaisons pour nous effrayer. En ce point l'expérience et la foi sont d'accord; nous le savons, et rien ne peut guérir notre stupidité.

On réserve tout à faire pour sa conversion au moment de la mort : restitution du bien d'autrui, paiement des dettes, détachement d'un intérêt sordide, réparation de scandales, pardon d'injures, rupture de mauvais commerce, éloignement des occasions, renoncement aux habitudes, précautions contre les rechutes, confession qui répare tant d'autres confessions mal faites; tout cela est remis jusqu'à la dernière heure, jusqu'au dernier moment.

Considérez, chrétiens, et je vous en conjure par les entrailles de la miséricorde de Jésus-Christ, par tout ce qu'il y a de plus pressant dans l'intérêt de votre salut, d'y penser devant Dieu. Peut-être sera-ce la dernière fois; que dis-je? sans doute ce sera la dernière fois pour quelqu'un parmi tant d'auditeurs.

Qu'une crainte lâche ne vous empêche donc pas de penser souvent à la mort. Oui, chrétiens, pensez-y souvent. Cette pensée salutaire, bien loin de vous troubler, modérera toutes vos passions, et vous servira de conseil fidèle dans tout le détail de votre conduite. Réglez vos affaires, appliquez-vous à vos besoins, conduisez vos familles, remplissez vos devoirs publics et domestiques avec l'équité, la modération et la bonne foi que doivent avoir des chrétiens qui n'ont pas oublié la nécessité de mourir; et cette pensée sera pour vous une source de lumière, de consolation et de confiance.

Prenez garde, mes frères, que ce n'est pas la mort, mais la surprise, qu'il faut craindre. Ne craignez pas, dit saint Augustin, la mort, dont votre crainte ne peut vous garantir; mais craignez ce qui ne peut jamais vous arriver si vous le craignez toujours.

Quelle est donc votre erreur, mon cher auditeur, si, renversant le véritable ordre des choses, vous craignez lâchement la mort, jusqu'à n'oser penser à elle; si vous craignez si peu la surprise, que vous viviez dans l'oubli téméraire d'un si grand danger!

Si vous négligez une instruction si importante, si vous ne prévenez ce malheur; ce sera (oui, le Fils de Dieu nous l'assure), ce sera pendant la nuit la plus obscure, c'est-à-dire lorsque votre esprit sera le plus obscurci; pendant votre sommeil le plus profond, lorsque vous vous croirez le plus en sûreté, lorsque vous serez content, tranquille, assoupi dans votre péché et dans l'oubli de Dieu, que sa justice viendra à la hâte sans vous donner le temps de recourir à sa miséricorde. Eh! n'est-il pas honteux que nous ne puissions penser à la mort, nous qui non-seulement avons tant d'intérêt de la prévoir, et de nous y préparer de loin, mais qui devons la regarder, avec la sainte Vierge, comme notre bienheureuse réunion avec Jésus-Christ? Un peu d'attention, mes frères, sur ce dernier point.

SECOND POINT.

La sainte Vierge, dès le temps qu'elle conçut son divin fils, étoit pleine de grace : plénitude qui signifie que le Saint-Esprit avoit mis en elle toutes les vertus dans une haute perfection. Le Seigneur étoit avec elle; c'étoit lui qui la conduisoit, et qui régloit tous ses sentiments. Tant de précieuses bénédictions du ciel la distinguoient des plus saintes femmes, et la rendirent digne du choix de Dieu même pour le plus grand de tous ses desseins. Cette vertu si pure reçut chaque jour quelque nouvel accroissement; chaque jour, jusqu'à celui de sa mort, plus ses épreuves furent grandes, plus ses victoires furent agréables aux yeux de Dieu; et la grace ne trouvant pas dans son cœur les obstacles qu'elle rencontre dans le nôtre, y fit un progrès sans interruption.

L'ame fidèle ne peut regarder la vie présente que comme un court passage à une meilleure. Elle doit, dit saint Augustin, supporter patiemment les misères de l'une, et soupirer avec ferveur après les délices de l'autre.

Si cette disposition doit être celle de toute ame chrétienne, quelle doit être, mes frères, celle de cette Vierge, épouse du Saint-Esprit, de cette créature si noble et si sainte, qui redoubloit sans cesse l'ardeur de sa charité par celle de ses gémissements et de ses prières? Saint Luc assure que les apôtres ayant perdu de vue Jésus-Christ qui montoit au ciel, ils se retirèrent à Jérusalem, où ils persévéroient tous dans un même esprit en prières avec Marie, mère de Jésus-Christ : prières où Marie tâchoit de recouvrer par une vive foi ce que ses sens venoient de perdre : prières où elle se consoloit par le doux souvenir de tout ce que son cher fils avoit fait de plus tendre pour elle : prières où elle lui parloit, quoiqu'elle ne fût plus en état de le voir : prières où elle lui expliquoit plus par ses larmes que par ses paroles son amour, sa douleur, ses desirs de finir une absence si triste et si rude. *Je desire de rompre mes liens,* dit saint Paul [1]; il me tarde d'être *délivré de la prison de ce corps mortel,* pour entrer dans la parfaite *liberté des enfants de Dieu,* et pour *m'unir à Jésus-Christ. Il est lui seul toute ma vie, et la mort est pour moi un gain* inestimable. Eh ! n'est-ce pas, mes frères, ce que Marie disoit sans doute chaque jour à son bien-aimé ?

Oui, il me semble que je l'entends y ajouter, dans l'amertume de son cœur, ces paroles touchantes : Eh ! n'y a-t-il pas assez de temps que mon ame languit dans les liens qui la tiennent ici-bas captive ?

Hélas ! que pouvoit être la terre pour elle ; pour elle, dis-je, qui avoit déja au ciel l'objet de toute sa tendresse ? Qui est-ce qui eût été capable de la consoler dans ce lieu d'exil, dans cette vallée de larmes ? N'étoit-elle pas violemment retenue ici-bas, pendant que son cœur s'élevoit vers son fils ? Elle n'avoit plus rien en ce monde, Jésus l'avoit quittée. Ce n'étoient point les dangers dont elle étoit environnée, ni les persécutions que souffroit déja l'Église naissante, qui la dégoûtoient de la vie ; ce n'étoit point la gloire et le triomphe qui lui étoient préparés au ciel, qui lui faisoient desirer la mort : c'étoit uniquement Jésus-Christ, dont elle ne pouvoit sans douleur se voir séparée. Toute sa vie n'étoit, selon les termes de saint Augustin, qu'un desir perpétuel, qu'un long gémissement ; et la seule volonté souveraine du fils pouvoit calmer les impatiences toutes saintes de la mère.

Ne pensez pas, mes frères, que ces grands sentimens ne conviennent qu'à la Vierge sainte ; il ne faut qu'aimer Jésus-Christ pour desirer d'être éternellement avec lui ; et si nous avions de la foi (chose honteuse), il ne faudroit que nous aimer nous-mêmes, pour avoir impatience de jouir avec lui de sa gloire et de son royaume.

Il n'appartient, dit saint Cyprien, de craindre la mort qu'à ceux qui n'aiment point le Seigneur, et qui ne veulent point aller à lui ; qu'à ceux qui manquent de foi et d'espérance, qu'à ceux qui ne sont point persuadés que nous régnerons avec lui.

En effet, mes frères, faisons-nous justice. En vérité, regarderions-nous le desir de la mort comme une spiritualité raffinée (car c'est le langage du monde), si nous regardions la mort comme notre foi nous oblige de la regarder ? Telle est notre foiblesse, que nous comptons pour beaucoup dans la vie chrétienne de nous préparer et de nous résoudre à la mort, lorsque nous ne pouvons plus l'éviter. Mais attendre la mort comme notre bienheureuse délivrance des dangers infinis de cette vie, mais regarder la mort comme l'accomplissement de nos espérances, c'est ce que le christianisme nous enseigne le plus clairement et le plus fortement, et c'est néanmoins ce que nous ignorons comme si nous n'avions jamais été chrétiens.

Que ceux qui ne connoissent et n'espèrent rien au-delà de cette vie misérable y soient attachés, c'est un effet naturel de leur amour-propre. Mais que des chrétiens à qui Dieu a fait des promesses si grandes et si précieuses pour la vie future, comme parle saint Pierre ; à qui sont ouvertes les voies à une vie nouvelle : mais que des chrétiens qui doivent regarder ce monde comme un lieu d'exil, de misère et de tentation, manquent de courage pour se détacher des amusements de leur pélerinage, et pour soupirer après les biens immenses de leur patrie, c'est une bassesse d'ame qui dément et qui déshonore leur foi. Quoi ! des hommes destinés à jouir avec Jésus-Christ d'une gloire et d'une félicité éternelle, ne se laisseront jamais toucher à tant de grandeurs qui leur sont préparées ! Abrutis, stupides, ensevelis dans l'amour des choses sensibles, ils feront leur capital des biens grossiers, fragiles, imaginaires de cette vie, et le paradis ne sera que leur pis-aller ! Quoi ! ce ne sera que dans l'extrémité d'une maladie incurable qu'ils voudront bien accepter, faute de mieux, le royaume du ciel, parce qu'ils sentiront alors que tout ce qui les amusoit sur la terre leur échappe pour jamais ! Est-ce ainsi donc que nous demandons chaque jour à Dieu notre père l'avénement de son règne, que nous craignons néanmoins, et que nous voulons toujours différer ? Quelle mauvaise foi ! quelle espèce de division dans notre prière ! Est-ce ainsi que nous préférons le ciel à la terre, l'éternité aux choses présentes, Jésus-Christ au monde ? Est-ce ainsi que nous l'aimons ce Sauveur si aimable, nous qui voudrions vivre toujours d'une vie animale, et ne le voir jamais ? Son royaume, que nous devrions acheter par tant de soupirs, par tant de travaux et par tant de victoires, et que nous n'achèterions jamais trop cher, nous sera-t-il donné à si vil prix ? nous sera-t-il donné pour rien, malgré nous-mêmes ? Faudra-t-il qu'il nous force à le recevoir, nous qui craignons d'en jouir trop tôt, et qui voudrions n'en jouir jamais, pourvu qu'il

---

[1] *Philipp.*, 1, 23. *Rom.* vii, 14, etc.

nous laissât croupir dans cette boue dont nous sommes comme ensorcelés? Non, non, ce don céleste seroit prodigué et avili, si Dieu l'accordoit à des ames si indignes de le recevoir. Peut-il moins demander de nous, que de vouloir que nous desirions les biens inestimables qu'il nous veut donner; et pouvons-nous les desirer, sans comprendre que c'est la mort, comme dit saint Paul, qui nous revêtira de toutes choses?

Il faut donc que ce saint devoir prévale sincèrement sur toutes les passions qui nous attachent en cette vie; en un mot, cette vie n'étant faite que pour l'autre, nous devons être ici-bas toujours comme en suspens aux approches de l'éternité, toujours dans l'espérance, et par conséquent toujours dans le desir qu'elle s'ouvre pour nous recevoir, comme ayant tous nos biens dans un autre lieu que celui où nous sommes. Cette disposition, dit saint Augustin, est si essentielle au christianisme, que sans elle tout le plan de la religion se trouve renversé. Donnez-moi, dit-il, un chrétien qui soit prêt à se contenter de jouir éternellement des plaisirs innocents de cette vie, pourvu que Dieu lui donne l'immortalité: quoiqu'il se propose de vivre dans une parfaite innocence, ce seul renoncement au royaume céleste le rend néanmoins criminel. Faut-il s'en étonner? Supposé la foi, peut-il sans impiété et sans folie préférer la jouissance des créatures à celle de Dieu même; la honte de s'oublier soi-même ici-bas, à la gloire infinie de régner avec Jésus-Christ?

Aussi voyons-nous que les apôtres et les premiers chrétiens, prenant toutes ces vérités à la lettre, fondoient toute leur joie et toute leur consolation sur leur espérance. Ils se réjouissoient dans l'espérance de régner éternellement avec Jésus-Christ, qui essuieroit toutes leurs larmes. Ils vivoient, dit saint Paul[1], dans une humble et douce *attente de leur espérance bienheureuse, et de l'avénement du grand Dieu de gloire.*

Cet apôtre veut-il relever le courage des fidèles, et leur montrer jusqu'où va le bonheur de leur condition; tantôt il leur dit: *Nous serons élevés sur les nues au-devant de Jésus-Christ; alors nous serons à jamais avec le Seigneur. Consolez-vous donc les uns les autres, en vous entretenant de ces aimables vérités*[2]. Tantôt il s'écrie: *Si vous vivez de la vie ressuscitée de Jésus-Christ, ne cherchez plus que ce qui est au ciel, où Jésus-Christ est assis à la droite de Dieu; n'aimez, ne goûtez plus que les biens d'en haut*[3]; ne comptez plus pour rien ceux d'ici-bas. Tantôt il leur promet que leur délivrance est prochaine: *Encore un peu de temps, et celui qui doit venir viendra; cependant il faut que tout juste vive de la foi*[1].

Ainsi vous voyez, mes Frères, que, bien loin de craindre la mort, ces chrétiens si dignes de l'éternité avoient besoin qu'on leur promît qu'ils ne seroient pas encore long-temps sur la terre éloignés du Sauveur. C'étoit donc cette douce espérance qui les rendoit patients dans les tribulations, intrépides dans les dangers, et qui leur faisoit chanter des cantiques de joie et d'actions de graces dans les plus horribles tourments.

Nous voyons par les saintes lettres que, suivant les paroles du Fils de Dieu, qui avoit mêlé à dessein dans ses prédictions la ruine prochaine de Jérusalem avec celle de l'univers, ces premiers fidèles croyoient communément (et cette croyance les consoloit) que le monde finiroit bientôt. La brièveté de la vie, la mort prompte, le jugement du monde entier, où Jésus-Christ accomplira son règne et triomphera de tous ses ennemis; ces objets, dis-je, qui effraient nos lâches chrétiens qui n'ont pas le courage de les regarder fixement, étoient pour ceux-ci des objets de ferveur et de confiance. Nous apprenons même, de saint Augustin, qu'il n'y avoit que leur soumission aux volontés de Dieu, leur desir de souffrir pour sa gloire et pour perpétuer l'Église en multipliant les fidèles, qui les empêchât de se procurer eux-mêmes la mort. Ils attendoient encore plus impatiemment le second avénement du Fils de Dieu, que les patriarches et les prophètes mêmes n'avoient attendu le premier. Bon Dieu, à quoi sommes-nous réduits? où est notre religion? et qu'est donc devenue cette foi que nous avons reçue comme une précieuse succession de ces premiers héros du christianisme? foi si vive, si courageuse en eux; foi si languissante, si étouffée en nous par un vil intérêt, par des plaisirs grossiers et honteux, par des honneurs vains et chimériques!

Mais, dira-t-on, la sainte Vierge, que vous proposez ici pour modèle, étoit pleine de grace: ainsi, en souhaitant de mourir, elle soupiroit après un bonheur assuré. Marie étoit pleine de grace, il est vrai, et elle se confirmoit tous les jours; cependant, au lieu de craindre comme nous la mort, elle ne craignoit que la vie: la vie, dis-je, dont elle faisoit un usage si innocent; la vie dont elle ménageoit tous les moments pour l'accroissement de ses mérites, elle en souhaitoit pourtant la fin: tant elle avoit peur de s'y égarer des voies de Dieu!

---

[1] *Tit.* II, 13. [2] *I Thessal.*, IV, 16, 17.
[3] *Coloss.*, III, 1, 2.

[1] *Hebr.*, X, 37, 38.

Et nous, qui sommes si vides de grace, et si abusés des folies trompeuses du monde, si esclaves de la chair et du sang, si déraisonnables pour nos intérêts, si accoutumés au mensonge et à l'artifice, si indiscrets et si malins dans nos paroles, si vains et si déréglés dans notre conduite, si fragiles dans les tentations, si téméraires dans les dangers, si inconstants et si infidèles dans nos meilleures résolutions, nous ne craindrons pas d'abuser de la vie, nous oserons en souhaiter la durée; et nous craindrons au contraire la fin de ces épreuves continuelles où notre salut est si terriblement hasardé !

Mais, dira-t-on encore une fois, Marie n'avoit pas besoin de faire pénitence; la mort ne pouvoit que couronner toutes ses vertus. Si nous étions aussi prêts à mourir qu'elle, nous voudrions comme elle mourir; mais, dans la corruption où nous sommes, nous avons besoin de délai pour expier nos fautes; il n'appartient qu'aux innocents de se hâter de comparoître devant leur juge.

Voilà, mes frères, tout ce que les hommes, aveuglés par l'amour de la vie, peuvent dire de plus plausible pour se justifier. A cela je réponds deux choses :

1° Vous n'êtes point, dites-vous, dans les dispositions de Marie. J'en conviens, mes frères, j'en conviens; et c'est cette opposition extrême entre son état et le vôtre que je déplore. Vivez comme elle, et vous serez dignes comme elle d'aspirer au bonheur d'une sainte mort. Si vous voulez cesser de craindre la mort, ôtez la cause funeste de cette crainte. Vivez comme ne comptant point sur la vie. Usez de ce monde, c'est saint Paul qui vous parle, *usez de ce monde comme n'en usant point; car ce monde*, qui vous enchante, *n'est qu'une figure qui passe* [1], et qui passe dans le moment qu'on en croit jouir.

Mais ne vous trompez point vous-mêmes, et n'espérez pas tromper Dieu. N'alléguez point vos propres péchés pour vous autoriser dans votre attachement aux choses présentes. Quoi ! parce que vous avez jusqu'ici abusé de la vie, vous prétendez que c'est une bonne raison de desirer encore de la prolonger ! Tout au contraire, vous devez être ennuyés de vivre, puisque la vie vous expose chaque jour à perdre Dieu éternellement. Tandis que vous vivrez amusés par vos sens, enivrés des choses les plus frivoles, vous ne serez jamais prêts à mourir, et vous demanderez toujours à vivre, fondés sur des propos vagues de pénitence. Mais renversez cet ordre; au lieu de faire dépendre vos dispositions pour la mort de votre attachement à la vie, faites tout au contraire, comme il est juste, dépendre votre détachement de la vie d'un sincère desir de la mort. Dites désormais en vous-mêmes : C'est au-delà de cette vie que sont tous nos vrais biens; hâtons-nous donc d'y parvenir. Soupirons, gémissons, comme dit saint Paul [1], de nous voir encore sujets malgré nous à la vanité et aux passions du siècle. Le meilleur moyen de nous rendre dignes de la gloire d'une autre vie, c'est de mépriser et de sacrifier sans réserve tout ce qui nous amuse dans celle-ci.

2° Remarquez, dit saint Augustin, combien vos projets de pénitence ont été jusqu'ici mal exécutés. Combien de fois, *environnés des douleurs de la mort*, comme parle le roi-prophète [2], avez-vous demandé à Dieu quelque temps et quelque terme, afin que l'avenir réparât le passé ! Mais ce temps demandé et accordé uniquement pour repasser toutes vos années dans l'amertume de votre cœur, pour pleurer vos iniquités, à quoi ne l'avez-vous pas prodigué follement ! Bien loin de vous délivrer de vos chaînes, vous n'avez fait que les appesantir. Chaque jour n'a servi qu'à fortifier la tyrannie de vos habitudes criminelles, qu'à augmenter l'impénitence de votre cœur, qu'à abuser du temps, de la santé, des biens, et de la grace même. Chaque jour a augmenté vos comptes, en sorte que vous êtes devenus insolvables.

Ici, chrétiens, j'interpelle votre conscience; je ne veux point d'autre juge que vous. Êtes-vous maintenant mieux préparés à comparoître devant Dieu que vous ne l'étiez autrefois ? Si vous l'êtes, profitez de ce temps; demandez à Dieu que sa miséricorde, pour prévenir votre inconstance, se hâte de vous enlever du milieu des iniquités. Si vous ne l'êtes pas, rendez-vous au moins, rendez-vous à une expérience si convaincante. Concluez, dit saint Augustin, qu'en demandant de vivre, vous demandez plutôt de continuer vos infidélités que d'en commencer la réparation. De bonne foi, concluez donc que c'est plutôt l'amour des plaisirs de la vie que celui des austérités de la pénitence, qui vous éloigne de la mort; et si vous manquez de courage pour aller jusqu'où votre foi vous appelle, du moins soupirez, rougissez de votre foiblesse; du moins avouez avec confusion que vous n'avez pas les sentiments que votre religion vous inspire.

Plus vous craignez, mes Frères, de quitter ce monde, plus il convient à votre salut que vous le

---

[1] *I Cor.*, VII, 31.

[1] *Rom.*, VIII, 20, etc.
[2] *Ps.*, XVII, 5.

quittiez promptement. Plus vous l'aimez, plus il vous est nuisible; car rien ne prouve tant que vos lâches dispositions combien la vie est un danger, combien la mort seroit une grace pour vous.

O aimable Sauveur, qui, après nous avoir appris à vivre, n'avez pas dédaigné de nous apprendre aussi à mourir, nous vous conjurons, par les douleurs de votre mort, de nous faire supporter la nôtre avec une humble patience, et de changer cette peine affreuse qui est imposée à tout le genre humain, en un sacrifice plein de joie et de zèle. Oui, bon Jésus, soit que nous vivions, soit que nous mourions, nous sommes à vous. En vivant, hélas! nous n'y sommes qu'avec la triste crainte de n'y être plus un moment après. Mais en mourant, nous serons à vous pour jamais, et vous serez aussi tout à nous, pourvu que le dernier soupir de notre vie soit un soupir d'amour pour vous, et qu'ainsi la nature se perde dans la grace. Ainsi soit-il.

SERMON
POUR LA FÊTE
DE SAINT BERNARD.
SA VIE SOLITAIRE, ET SA VIE APOSTOLIQUE.

Vox clamantis in deserto: Parate viam Domini.
La voix de celui qui crie dans le désert: Préparez la voie du Seigneur. *En saint Luc, chap. III.*

Le prophète Isaïe, élevé en esprit au-dessus de lui-même, avoit entendu une voix mystérieuse qui préparoit déjà au désert le passage du peuple de Dieu pour son retour de la captivité de Babylone, deux cents ans avant qu'il s'accomplît: mais ce retour n'étoit qu'une figure de la vraie délivrance réservée au Sauveur; et saint Jean étoit, comme nous l'apprenons de l'Évangile, cette voix promise pour préparer les hommes à être délivrés par le Fils de Dieu.

Aujourd'hui, mes frères, Bernard, marchant sur les traces de Jean, fait retentir le désert de ses cris, et il remplit la terre des fruits de la pénitence qu'il prêche. Il est, dans ce dernier âge du monde, la voix qui crie encore: Préparez la voie du Seigneur pour le second avénement de Jésus-Christ: *Vox clamantis in deserto: Parate viam Domini.*

Par la vie solitaire de Bernard, le désert refleurit, et l'état monastique reprend son ancienne gloire. Par la vie apostolique de Bernard, le siècle est réformé, et l'Église triomphe. La voilà donc cette voix qui du désert se fait entendre aux extrémités de la terre. Il est tout ensemble le patriarche des solitaires et l'apôtre des nations. Ces deux réflexions, mes frères, feront tout le sujet de ce discours.

O Sauveur, qui lui donnâtes de faire votre œuvre, donnez-moi d'en parler! Que ces torrents de lumière et de grace, qui coulèrent de sa bouche pour inonder les villes et les provinces, passent encore de ma bouche, quoique pécheur, jusqu'au fond des cœurs. Donnez, donnez, Seigneur, selon la mesure de notre foi; donnez pour la gloire de votre nom, et pour la nourriture de vos enfants.

Marie, qu'il a invoquée avec une si tendre confiance, nous vous invoquons avec lui. *Ave, Maria.*

PREMIER POINT.

A quoi n'est-on pas exposé, mes frères, non-seulement par la malice des hommes et par sa propre fragilité, mais encore par les dons de Dieu? Dès sa plus tendre enfance, Bernard est aux prises avec des compagnies impudentes, qui veulent lui arracher son innocence; avec sa propre beauté, qui est un scandale, selon le sage; enfin avec son esprit même, qui le tente de vanité sur le succès de ses études. Ainsi tout se tourne en piéges. Nous abusons des bienfaits mêmes qui sortent des pures mains de Dieu, pour l'oublier, et pour nous complaire en nous-mêmes. Mais rien ne peut ravir à Jésus-Christ ce qu'il tient dans sa main, ce qu'il a choisi et scellé du sceau de sa dilection éternelle. L'homme, quand Dieu le mène par la main, passe sans hésiter au travers des ombres de la mort; il marche sur l'aspic et le basilic; il foule aux pieds le lion et le dragon: mille flèches à sa gauche, et dix mille à sa droite, tombent à ses pieds, et il demeure invulnérable. Déjà une voix douce et intérieure, qui fait tressaillir Bernard jusque dans la moelle des os, l'appelle au désert. En vain ses proches et ses amis veulent l'arrêter, il les entraîne par la rapidité de sa fuite. Le plus jeune d'entre ses frères voyant tous les autres qui abandonnent l'héritage paternel, et qui s'enfuient tout nus pour porter la croix après Jésus-Christ, s'écrie: Quoi donc, mon frère, vous prenez le ciel, et vous ne me laissez que la terre! L'enfant suit la sainte troupe. Ainsi Bernard, à l'âge de vingt-trois ans, s'avance vers la solitude, et mène avec lui comme en triomphe la chair et le sang vaincu. Trente parents ou amis, dont il brise les liens, sont les hosties vivantes et de bonne odeur qu'il présente à Dieu.

Apprenez ici, mes frères, à espérer contre toute

espérance, et à ne vous décourager jamais dans l'œuvre de la foi. Étienne, abbé de Cîteaux, succomboit dans l'attente de quelques secours. Ses disciples mouroient; l'austérité de sa maison épouvantoit ceux qui songeoient à s'y dévouer. Au moment où tout va périr (car Dieu se plaît à attendre jusqu'à l'extrémité pour éprouver les siens), Dieu rétablit tout sur les ruines de toutes les ressources humaines. Accourez, Bernard, accourez; consolez le saint vieillard, et soutenez la maison de Dieu chancelante. Parmi les trente novices, en voici un qui, étant le chef et le modèle de tous les autres, se demande chaque jour à soi-même : Que suis-je venu faire ici ? Il regrette le temps nécessaire au sommeil; les repas, après les plus longs jeûnes, sont pour lui des croix. Au bout d'un an, il ignore encore comment la maison où il est est faite; il ne distingue pas les aliments dont il est nourri; toute curiosité est éteinte, tout sentiment est étouffé; l'esprit d'oraison absorbe tout, et le travail même des mains ne peut le distraire.

Malgré sa jeunesse, il fut envoyé pour fonder une nouvelle colonie de solitaires dans l'affreuse vallée de Clairvaux, où il ne paroissoit d'autres vestiges d'hommes que ceux des voleurs. Là, souvent les frères furent réduits à se nourrir d'herbes et de feuilles. Mais le nouvel abbé, devenu implacable contre la nature, est insensible à tous ses besoins, et d'autres desirs enflamment son cœur. Lorsque ces religieux, affligés par les tentations, viennent les apporter dans son sein pour se soulager et s'accuser d'être encore foibles, saint Bernard, au lieu de les consoler, gémit de trouver qu'ils sont encore hommes, eux qu'il veut déjà voir transformés en anges. Cependant ils souffroient en paix l'âpreté de ses corrections. Cette humilité si douce et si tranquille ouvrit enfin ses yeux. C'est dans la fournaise de la tentation, disoit-il alors, que l'or se purifie; le vrai père doit être le consolateur de ses enfants, et les réfugier sous ses ailes comme l'oiseau ses petits pendant la tempête. Mais la nature, toujours irrégulière, passoit de cet excès de sévérité dans un autre excès de découragement, et il alloit se condamner au silence, si une vision céleste ne l'eût instruit et rassuré dès ce moment. Ne craignez rien, disciples de Bernard; la grace est répandue d'en haut sur ses lèvres; une loi de clémence est imprimée sur sa langue, il ne sortira plus de sa bouche que sagesse et douceur.

Qu'il est beau, mes frères, d'entendre Guillaume de Saint-Thierry, historien de sa vie, nous raconter le premier voyage qu'il fit à Clairvaux ! « Je crus d'abord, dit-il, voir les déserts d'Égypte » peuplés de solitaires : une étroite et profonde » vallée, environnée de hautes montagnes cou- » vertes de sombres forêts; des bâtiments pauvres » comme des cabanes de bergers, et faits de la » main même des solitaires; la vallée toute remplie » d'hommes sans cesse en mouvement, et néan- » moins l'ordre et le silence régnant de toutes » parts; nul autre bruit que celui des travaux et » des louanges de Jésus-Christ; les frères nourris » d'un pain grossier et presque de terre, qu'ils » gagnent à la sueur de leur front; des yeux bais- » sés et presque éteints; des visages pâles et dé- » charnés, mais sur lesquels reluit la sérénité de » l'amour de Dieu; des corps exténués et abattus, » qui ne sont animés que par la joie du Saint-Es- » prit, et par l'espérance céleste. » Bernard parut néanmoins, mes frères, aux yeux de Guillaume étonné, le plus précieux ornement de sa solitude. Il vit dans un cilice, et sous de vils habits, un jeune homme d'une beauté délicate, mais presque effacée; d'un naturel vif et exquis, mais languissant, et poussé par austérité jusques aux portes de la mort. Pour obéir à l'évêque de Châlons, qui avoit alors sur lui toute l'autorité de l'ordre, il rétablissoit sa santé en se nourrissant de lait et de légumes.

O vous que les moindres infirmités alarment, et qui ne cessez d'écouter la nature lâche, et avide de soulagement; vous qui ne rougissez point de priver l'ame de ses vrais aliments, qui sont les jeûnes et la prière, pour donner au corps ce qui ne sert qu'à l'amollir et à le perdre; venez, et voyez ce que l'homme de Dieu ne donne qu'à regret au corps du péché, lors même qu'il est prêt à tomber en ruine.

En revenant de Liége, le pape Innocent II passa, peu de temps après à Clairvaux, et admira le même spectacle. Ses yeux ne pouvoient se rassasier de voir ces anges de la terre. Il répandit des larmes de joie, et les évêques qui le suivoient ne purent s'empêcher de pleurer avec lui. O douces larmes ! qui nous donnera maintenant de pleurer ainsi, pour essuyer ces autres larmes si amères que nous arrachent tous les jours tant de misères et tant de scandales ? O bienheureuse joie de l'Église, quand est-ce que Dieu vous ramènera sur la terre ! O hommes immobiles, dont les yeux ne daignent pas même s'ouvrir pour jeter un regard sur ce que l'univers a de plus révéré ! Ils sont dans cette assemblée comme n'y étant pas; la présence de Dieu les ravit aux autres et à eux-mêmes.

Pendant que Bernard plante et arrose, Dieu donne l'accroissement. Cultivé par des mains pures, le désert germe, fleurit, et jette une odeur qui embaume toute l'Église. Dans ce champ hérissé de ronces et de buissons sauvages, naissent les myrtes; à la place des épines, croissent les lis. Jetez les yeux, mes frères, sur ce grand arbre planté à Clairvaux. Naguère ce n'étoit qu'une foible plante qui rampoit sur la terre, et dont tous les vents se jouoient: maintenant il porte ses branches jusque dans le ciel, et il les étend jusqu'aux extrémités de la terre. C'est qu'il est planté le long des eaux, et qu'un fleuve de grace baigne ses plus profondes racines. La postérité de Bernard est bénie comme celle d'Abraham. Comment, dit-il en lui-même, moi, tronc stérile, ai-je donné la vie à tous ceux-ci? D'où me viennent tant d'enfants et tant d'héritiers de ma pauvreté et de ma solitude? De Flandre, d'Aquitaine, d'Italie, d'Allemagne, ils viennent en foule. O vents! portez-les sur vos ailes dans le sein de leur père; et que tous les peuples de l'univers, rendant gloire à Dieu, admirent sa fécondité!

Voulez-vous voir, mes frères, la tige qui porte tant de fruits? voyez Bernard. Les lumières qu'il verse sur les siens, il les puise non dans l'étude, mais dans la prière; et il est, dit-il lui-même, bien moins instruit par les raisonnements des livres, que par le silence de son désert. Ce n'est plus cet homme d'un zèle sauvage et impatient contre les moindres imperfections: au contraire, c'est une mère tendre qui se fait tout à tous, qui d'une main présente le pain solide aux forts, et de l'autre tient dans son sein les petits suçant sa mamelle. Il ne peut sans pleurer voir expirer le moindre de ses enfants; et malgré leur multitude innombrable, il a assez de tendresse pour en faire sentir à tous. Ils sont la prunelle de ses yeux, qu'à peine ose-t-il toucher. Faut-il les corriger, aussitôt son cœur saigne. Remarquez la délicatesse d'une charité qui craint tout. Je suis, dit-il, mes chers enfants, pressé entre deux extrémités, de même que l'Apôtre, et je ne sais que choisir. Serai-je content d'avoir déchargé ma conscience en vous disant la vérité; ou bien m'affligerai-je de vous l'avoir dite sans fruit? A Dieu ne plaise qu'une mère se console de la mort de son fils, parce qu'elle n'a rien négligé pour sa guérison! On trouvoit qu'il supportoit trop les naturels incorrigibles; mais souvent la patience faisoit dans ces ames dures des changements qu'on n'auroit osé espérer. Apprenez donc, vous que Dieu élève sur la tête des autres hommes pour les gouverner, apprenez à vous abaisser à leurs pieds, à souffrir, à vous taire, à attendre de Dieu ce que vous ne pouvez obtenir des hommes. L'humilité surmonte tout. Apercevoit-il que quelqu'un fût ému contre lui: « Je me soumettrai à vous, » lui disoit-il, malgré vous et malgré moi-même. » C'est à ce prix, mes frères, qu'on enlève les cœurs, et qu'on entraîne tout ce qui résiste. Malheur, malheur à nous qui trouvons souvent l'œuvre de Dieu impossible, parce que nous la faisons sans foi et avec négligence! Malheur à nous, qui nous plaignons des obstacles que notre hauteur même, notre indiscrétion ou notre lâcheté a formés!

Faut-il s'étonner, mes frères, si après tant de travaux et de douleurs, à l'âge de soixante-trois ans, la victime depuis si long-temps languissante achève de se consumer? « J'ai reçu, écrivoit-il » alors à Arnauld, abbé de Bonneval, votre lettre » avec tendresse, mais non pas avec plaisir; car » quel plaisir pourrois-je avoir dans une vie qui » est un abîme d'amertumes? Le sommeil m'a » quitté, afin que la douleur ne me quitte plus. » Vous le voyez dans ces tendres et courageuses paroles, vous le voyez lui-même, qui, jusque dans les bras de la mort, conserve encore ces tours vifs et ingénieux. Le voilà cet homme intérieur qui se renouvelle de jour en jour sur les ruines du vieil homme prêt à expirer. A la nouvelle de sa défaillance, le silence du désert est troublé, tout est ému, tout gémit, tout pleure. Les évêques et les abbés accourent. « Me voici, leur disoit Bernard, » entre le desir d'aller à Jésus-Christ et celui de » ne me point séparer de vous; mais le choix n'appartient qu'à Dieu. » Il est déja fait, mes frères, ce choix. Il ne tenoit plus à la terre; il échappoit aux tendres embrassements des siens; et, parmi les soupirs de sa sainte maison désolée, son ame s'envola dans la joie de son Dieu.

O père! ô père! disoient-ils frappant leur poitrine; ô père! ô conducteur des enfants d'Israël! pourquoi nous délaisser? Hélas! la lampe ardente est éteinte dans la maison de Dieu. Malheur, malheur à nous! car nous avons péché, et Dieu nous frappe.

O enfants, écoutez la voix de votre père. O filles de Bernard, ce n'est pas moi pécheur et indigne d'être écouté, c'est Bernard même qui vous parle du haut des cieux, où il règne avec Jésus-Christ. Là il règne avec lui; de là il descendra avec lui, lorsque le Fils de l'Homme viendra juger la terre. Que lui répondrez-vous, quand il vous demandera ce feu divin que le souffle de sa bouche avoit allumé ici-bas? Brûle-t-il encore vos cœurs?

O solitude, cher asile des ames vierges! dérobé au monde trompeur et aux traits enflammés de Satan les filles de Bernard. Qu'elles ignorent le siècle contagieux, et qu'elles ne desirent rien tant que d'en être ignorées. Qu'elles sentent combien il est doux d'être oubliées par les enfants des hommes, quand on goûte les dons de l'Époux sacré.

O réforme, ô réforme, qui as coûté à Bernard tant de veilles, de jeûnes, de larmes, de sueurs, de prières ardentes ! pourrions-nous croire que tu tomberois ? Non, non, que jamais cette pensée n'entre dans mon cœur ! Périsse plutôt le malheureux jour qui éclaireroit une telle chute ! Quoi ! Bernard verroit-il lui-même, du sanctuaire où il est couronné, sa maison ravagée, son ouvrage défiguré, et ses enfants en proie aux desirs du siècle ? Plutôt que mes deux yeux se changent en fontaines de larmes ; plutôt que l'Église entière gémisse nuit et jour, pour ne laisser pas tourner en opprobre ce qui fait sa gloire !

O épouses de l'Agneau, vous consolez l'Église des outrages que lui font ses propres enfants ; vous essuyez les larmes qu'elle répand sur le déluge d'iniquité qui couvre la face de la terre. Ne lui arrachez pas cette consolation ; n'ajoutez pas douleur sur douleur ; ne venez pas, avec des mains parricides, déchirer ses plaies, où le sang ruisselle déjà : mais souvenez-vous que le sel de la terre est bientôt affadi et foulé aux pieds. Si peu que le cœur s'ouvre à la vanité et à la joie mondaine, il en est enivré. D'abord on dit que ce n'est rien, mais ce rien décide de tout. Un amusement dangereux sous le nom d'une consolation nécessaire ; une occupation qui paroît innocente, mais qui dissipe un esprit lassé du recueillement et ennuyé de ses exercices ; une amitié où l'on s'épanche vainement, et où le cœur déja amolli se fond comme la cire ; une liberté de juger, d'où naissent les murmures, qui ôte le goût de l'heureuse simplicité, et qui rend tout amer dans l'obéissance ; enfin une réserve secrète et imperceptible qui partage le cœur, qui irrite Dieu jaloux : vierges, fuyez l'ancien serpent qui se glisse sous l'herbe et parmi les fleurs ; vierges, fuyez ; toutes ses morsures sont venimeuses. O filles de Bernard, montrez-moi votre père vivant en vous. Il ranima la discipline monastique presque éteinte en son temps : voudriez-vous la laisser périr dans le vôtre, où elle demande elle-même de conserver sa gloire par vous ? Entraîné malgré lui au milieu du siècle par les princes et pour les intérêts de la religion, il conserva le recueillement, la simplicité, la ferveur : perdriez-vous toutes ces vertus dans le silence et dans la solitude ?

Mais remarquez ce qui fit de lui un mur d'airain contre tous les traits lancés par l'ennemi. C'est que jamais il ne parla aux hommes dans sa solitude, que pour répandre les dons de Dieu. Vierges du Seigneur, ne vous laissez donc voir à ceux du dehors qu'en des occasions courtes et rares, pour les édifier, pour rentrer vous-mêmes aussitôt après, avec plus de goût, dans la vie cachée. Il ne se montroit que pour faire sentir Jésus-Christ par des bienfaits miraculeux ; encore même craignoit-il ses propres miracles, et il n'osoit les faire à Clairvaux, de peur d'attirer dans sa solitude le concours des peuples. L'amour de son désert lui fit refuser l'évêché de Reims et celui de Milan. Loin donc, filles de Bernard, loin ces songes flatteurs qui pourroient enchanter vos sens ! Loin cette figure maudite qui passe ; ce monde, fantôme de gloire, qui va s'évanouir ! Enfin, si l'on a vu Bernard sortir plusieurs fois de Clairvaux, c'est par les ordres exprès du pape, et pour les plus pressants besoins de l'Église. Alors c'étoit Jean sorti du désert pour rendre témoignage au Sauveur et pour instruire sans crainte les rois. Il est temps, mes frères, de vous le faire voir dans ce travail apostolique.

SECOND POINT.

Dans le douzième siècle de l'Église, Dieu irrité contre les hommes avoit frappé de sa verge de fer les pasteurs de son peuple ; le troupeau languissoit loin des pâturages, à la merci des loups dévorants. L'anti-pape Anaclet allume un feu qui court de royaume en royaume, et rien ne peut l'éteindre. Innocent II, choisi pour ses vertus, succombe, et se sauve à Pise. Les nations flottantes ne savent où est le vrai pasteur. L'Église de France, assemblée à Étampes, ne voit que Bernard qui en puisse décider, et elle attend que Dieu parlera par sa bouche. En effet, éclairée par lui, elle tend les bras, et ouvre son sein au vrai pontife fugitif. Aussitôt je vois Bernard ranimer par la vigueur de ses conseils le pape et les cardinaux ; ramener à l'unité, par ses douces insinuations, le roi d'Angleterre ; arrêter par l'autorité de sa vertu l'empereur Chlotaire, qui veut profiter du trouble pour renouveler sa prétention des investitures ; engager même ce prince à amener Innocent à Rome, pour détrôner le superbe Anaclet ; faire tenir un concile à Pise, où tout l'Occident, d'une seule voix, excommunia l'anti-pape ; enfin vaincre la ville de Milan obstinée dans le schisme, en déployant sur elle par ses miracles toute la vertu du Très-Haut. Ainsi parle, ainsi agit l'homme de Dieu, quand Dieu l'envoie.

Et toi, fier duc d'Aquitaine, qui soutiens encore

de tes puissantes mains le schisme penchant à sa ruine, tu seras toi-même, comme un nouveau Saül, abattu et prosterné pour être converti. Tu frémis, tu ne respires contre les saints que sang et que carnage. En vain tu fuis la conférence de l'homme de Dieu ; en vain tu persécutes les pasteurs ; tu tomberas. Arrête, voici Bernard qui vient à toi avec l'eucharistie dans ses mains. Je vois son visage enflammé, j'entends sa voix terrible. Écoutons, mes frères, ce qu'il lui dit :

« Toute l'Église vous a conjuré, et vous avez
» rejeté ses larmes. Voici le Fils de la Vierge, chef
» de l'Église que vous outragez. Le voici votre
» juge ; devant qui tout fléchit le genou, dans
» le ciel, sur la terre et jusqu'aux enfers. Le voici
» votre juge, qui tient votre ame dans ses mains : le
» mépriserez-vous aussi ? » A ce coup foudroyant, le persécuteur tombe aux pieds de Bernard, et on ne peut le relever ; ce lion rugissant devient un agneau.

Hâtons-nous, mes frères, de suivre notre saint Bernard, comme un éclair percé de l'Orient jusqu'à l'Occident. Le voilà déjà jusqu'aux extrémités de l'Italie. En passant à Rome, il a donné le coup mortel au schisme naissant. Les justes y sont consolés, les égarés reviennent sur leurs pas, l'édifice d'orgueil et de confusion est sapé par les fondements. Roger, roi de Sicile, par lequel le schisme respire encore, veut faire conférer à Salerne Bernard avec Pierre de Pise, profond jurisconsulte et grand orateur, attaché au parti d'Anaclet. Discours insinuants et persuasifs de la sagesse humaine, vous ne pouvez rien contre la vérité de Dieu. Le prince, endurci comme Pharaon, sera vaincu dans une bataille, selon la prédiction de Bernard ; et Pierre de Pise, frappé par la voix de l'homme de Dieu, viendra humble et tremblant aux pieds du vrai pasteur qu'il a méconnu.

C'en est fait, mes frères, c'en est fait ; les dernières étincelles d'une flamme qui avoit volé dans toute l'Europe s'éteignent : tout est fait un seul pasteur, un seul troupeau ; et Bernard, qui avoit travaillé sept ans à la réunion, partit de Rome cinq jours après qu'elle fut consommée, pour rentrer dans sa solitude.

Elle ne put, mes frères, le posséder long-temps ; car puissance lui fut donnée sur les cœurs pour devenir l'ange de paix. Joignez-vous à moi pour le considérer tantôt annonçant à Louis-le-Gros, avec toute l'autorité d'un prophète, la destinée de sa famille et de sa couronne, pour réconcilier avec lui les évêques ; tantôt mettant ses religieux en prières, et entrant dans le camp de Louis-le-Jeune, pour faire tomber de ses mains le glaive déjà tourné contre Thibaut, comte de Champagne ; tantôt ne promettant à la reine qu'elle auroit un fils, qu'à condition qu'elle feroit conclure une paix ; enfin sauvant la ville de Metz de l'embrasement d'une guerre qui alloit la réduire en cendres.

Mais que dirai-je de cette croisade qu'il publia pour secourir les chrétiens d'Orient, et dont la fin fut si malheureuse ; entreprise néanmoins autorisée par les ordres du Pape, par le desir des princes, et par tant de signes miraculeux ? O Dieu, terrible dans vos conseils sur les enfants des hommes ! il est donc vrai qu'après leur avoir inspiré un dessein, vous les rejetez de devant votre face ; soit qu'ils se rendent eux-mêmes dans la suite indignes d'être les instruments de votre providence, ou que vous ne leur ayez mis vous-même dans le cœur cette entreprise que pour les faire passer par une confusion salutaire ! Quoi qu'il en soit, mes frères, au moment où la France consternée apprit la défaite entière des croisés, Bernard dit ces paroles : « J'aime mieux que le
» murmure des hommes se tourne contre moi que
» contre Dieu. » Ensuite, tenant dans ses mains un enfant aveugle qu'on lui présentoit : « O Dieu,
» s'écria-t-il, s'il est vrai que votre Esprit m'ait
» inspiré de prêcher la croisade, montrez-le en
» éclairant cet enfant aveugle. » A peine le saint eut prié, que l'enfant s'écria : « Je vois. »

Mais quelle victoire de l'Église se présente à moi ? Où sont-ils ces vains philosophes, curieux des secrets d'une sagesse toute terrestre ? Dieu n'a-t-il pas convaincu de folie cette sagesse présomptueuse ? Taisez-vous, Abailard, votre subtilité sera confondue. Gilbert de La Porrée, qui faites gémir toute l'Église par vos profanes nouveautés, revenez à la saine doctrine qui est annoncée depuis les anciens jours. O Henri, par vous les saints du Seigneur sont méprisés, et les cérémonies les plus vénérables sont tournées en dérision. Mais Bernard marche vers Toulouse, où l'erreur domine. Pourquoi fuyez-vous, ô Henri, vous qui promettiez à votre secte les armes lumineuses de l'Évangile ? Le mensonge, en qui vous espériez, vous abandonne à votre foiblesse ; vous ne pouvez soutenir la vue de Bernard, de qui sortent les rayons les plus perçants de la vérité.

Ici, mes frères, les miracles déja innombrables se multiplient pour venger la vérité méprisée, et pour abattre toute tête superbe qui s'élève contre la science de Dieu. Seigneur Jésus, vous avez dit que vos disciples, en votre nom, surpasseroient toutes vos œuvres : mais ce que vous avez donné à vos apôtres pour planter la foi, vous le renouvelez encore à la face de tant de nations, pour faire refleurir cette foi presque déracinée. Que vois-je, que vois-je, mes frères? Je me crois transporté dans la cité sainte; je crois voir la Palestine que le Seigneur visite encore. Une vertu bienfaisante sort de Bernard; elle coule sans peine comme de sa source, et elle semble même lui échapper. Il guérit toutes les langueurs; la fièvre lui obéit, et tous les maux s'enfuient. Les aveugles voient, les sourds entendent, les boiteux marchent, les paralytiques emportent leurs lits, la santé est rendue aux mourants; il ouvre l'avenir, et y lit comme dans un livre. A Sarlat, pour montrer qu'il a enseigné la vérité, il promet que les pains qu'il a bénis guériront tous les malades qui en mangeront. « Oui, ceux qui auront la foi, » reprit d'abord l'évêque de Chartres, craignant que Bernard ne promit trop. « Non, non, continua » Bernard, l'œuvre de Dieu est indépendante de » la foi. Qu'ils croient ou qu'ils ne croient pas, » ils seront guéris également. » En effet, la foule des malades, sans aucune exception, sentit la main de Dieu.

A Constance, en un seul jour, onze aveugles, dix estropiés et dix-huit boiteux sont guéris. A Metz, un seigneur puissant et impie résistant à sa voix : « Vous ne daignez pas, lui dit-il, écouter » mes paroles; un sourd les entendra. » Il met ses doigts dans les oreilles du sourd, et il le guérit. Dans une ville d'Allemagne, il aperçoit une femme aveugle et mendiante : « Vous demandez, » lui dit-il, de l'argent, et Dieu vous donne la » vue. » Il la toucha, et en ouvrant les yeux elle admira la grace de Dieu avec la lumière du jour. A Francfort, l'empereur l'emporte lui-même sur ses épaules, de peur qu'il ne soit étouffé par les peuples sur lesquels il répand la santé. Il n'ose retourner dans les lieux où sa main et sa voix ont fait tant de prodiges. Tantôt il monte dans une barque, tantôt d'une fenêtre il envoie la vertu de Dieu sur les malades. Dans les places publiques, dès qu'il parle, les larmes coulent, et les pécheurs frappent leur poitrine. Heureux qui peut toucher ses vêtements, heureux qui peut du moins baiser les vestiges de ses pas imprimés sur le sable ! Ne faut-il pas, s'écrient les peuples, que nous écoutions l'homme que Dieu a exaucé?

J'avoue, mes frères, et je le sens avec joie, que je succombe sous le poids des merveilles qui me restent à expliquer. Doux et tendres écrits, tirés et tissus du Saint-Esprit même; précieux monuments dont il a enrichi l'Église, rien ne pourra vous effacer; et la suite des siècles, loin de vous obscurcir, tirera de vous la lumière. Vous vivrez à jamais, et Bernard vivra aussi en vous. Par vous nous avons la consolation de le voir, de l'entendre, de le consulter, et de recueillir ses oracles. Par vous, ô grand saint, a retenti toute l'Église entière de cette trompette mystérieuse qui évangélisoit au milieu de Sion, et qui annonçoit à Juda ses iniquités. Là les princes et les pasteurs du peuple, les chefs des ordres, les solitaires et les hommes du siècle, tous sont jugés. Il tonne, il foudroie, et les cèdres du Liban sont brisés par les paroles tranchantes qui sortent de sa bouche. Lettre à l'archevêque de Sens, livre *de la Considération, au pape Eugène*, faut-il, hélas! faut-il que vous soyez encore, à notre confusion, une sentence d'anathême contre notre siècle, aussi bien que contre celui dont notre nouveau Jérémie déploroit les maux! Mais avec tant de force, comment est-ce que tant de douceur peut se faire sentir? Ici coule l'onction descendue des vives sources des prophètes et des apôtres pour inonder la maison de Dieu; ici je sens ces doux parfums de l'épouse qui distille l'ambre, et qui languit d'amour dans le sein de l'Époux, enivrée de ses délices.

O ames qui brûlez du feu de Jésus, venez, hâtez-vous d'apprendre dans son explication des Cantiques les consolations, les épreuves et le martyre des épouses que Dieu jaloux veut purifier. D'où vient qu'à la fin des siècles, qui semblent réservés à la malédiction, Dieu montre encore un homme qui auroit fait la gloire et la joie des premiers temps? C'est que l'Église, selon la promesse de son Époux, a une immortelle beauté, et qu'elle est toujours féconde malgré sa vieillesse. Ne falloit-il pas, dans ces temps de confusion et de péché, un renouvellement de lumières? Mais, hélas! ces jours de péché ne sont pas finis. Que voyons-nous dans les nôtres, mes frères? Ce que nous serions trop heureux de ne voir jamais : vanité des vanités, et encore vanité, avec travail et affliction d'esprit sous le soleil. A la vue de tant de maux, je loue la condition des morts, et je plains les vivants. A quoi sommes-nous réservés? Tandis qu'au-dehors tant de sectes superbes et monstrueuses, que le Nord enfanta dans le siècle passé, se jouent du texte sacré des Écritures pour autoriser toutes les visions de leur cœur; tandis qu'elles tournent leur bouche vers le ciel pour blasphémer contre l'Église; les enfants de l'Église même déchirent ses entrailles, et la couvrent d'opprobres. On est réduit à compter comme des miracles de grace quelques chrétiens sauvés du déluge de la corruption, et que l'ambition ne rend pas frénétiques. La multitude adore des divinités de chair et de sang, dont elle espère ce qu'on nomme fortune. *L'avarice, qui est une idolâtrie,* selon saint Paul, tient le cœur asservi. On n'adore plus, comme saint Chrysostome le remarque, des idoles d'or et d'argent; mais l'or et l'argent mêmes sont adorés, et c'est en eux que l'on espère. Bien loin, bien loin de vendre tout, ajoute ce Père, comme les premiers chrétiens, on achète sans fin : que dis-je, on achète? on acquiert aux dépens d'autrui, on usurpe par artifice et par autorité. Bien loin de soulager les pauvres, on en fait de nouveaux. Des créanciers sans nombre languissent, et sont ruinés faute d'avoir leur bien. Voyez-vous les chrétiens qui se mordent, qui se déchirent, qui aiguisent leurs langues envenimées, et arment leurs mains pour les tremper dans le sang de leurs frères? Les voyez-vous eux-mêmes rongés par les noires fureurs de l'envie et de la vengeance? Les voyez-vous noyés sans pudeur dans les sales plaisirs, et abrutis par des passions monstrueuses? Dieu se retire; et dans sa colère il les livre aux desirs de leur cœur. Ils croient tout voir, ils croient tout entendre, et ils ne voient ni n'entendent rien. Ils marchent à tâtons sur le bord de l'abîme; l'esprit d'ivresse et de vertige les assoupit; ils mourront sans savoir ce qu'ils sont, ni qui les a faits.

Où est-il donc, mes frères, ce bienheureux temps des persécutions, où Tertullien disoit aux persécuteurs : Entrez dans les prisons; et si vous trouvez dans les fers quelqu'un qui soit accusé d'autre crime que de la confession du Seigneur Jésus, assurez-vous qu'il n'est pas chrétien : car le vrai chrétien est celui qui, marchant dans la voie droite de l'Évangile, n'est accusé que pour la foi. Oserions-nous maintenant faire ce défi aux nations païennes, et nous surpassent-elles en crimes? Hélas! les chrétiens sont maintenant accusés de tous les excès: que dis-je, accusés! ils s'accusent eux-mêmes, ou plutôt ils se vantent de tous les maux. Leur front ne sait plus rougir : le vice triomphe dans les places publiques, et la vertu, honteuse, va se cacher. Ce n'est plus pour éviter les louanges qu'elle se cache, c'est pour se dérober à l'insulte, à la dérision. Les bonnes œuvres sont devenues des œuvres de Satan et de ténèbres, et c'est le mal qui cherche la lumière. Je vois un autre vice encore plus affreux que ce vice brutal et impudent: c'est un vice hypocrite, qui veut faire le mal avec règle, et qui prend un air de sagesse pour autoriser sa folie. Il appelle le mal bien, et le bien mal. Il s'érige en réformateur, et rit de la simplicité des enfants de Dieu. Il ne rejette pas l'Évangile; mais, sous prétexte d'éviter le zèle indiscret, il énerve l'Évangile et anéantit la croix. Voilà l'iniquité qui croît sans mesure, et qui montera bientôt jusqu'à son comble. Quels discours viennent chaque jour frapper mes oreilles et déchirer mon cœur! J'entends, j'entends qu'on se moque de la piété. Dans un royaume où le prince veut faire régner Jésus-Christ, la vérité souffre encore violence. Les foibles rougissent de l'Évangile, comme du temps du paganisme. On insulte aux ames touchées, et on leur demande, comme à David : Où est votre Dieu?

Qui êtes-vous, ô hommes profanes qui riez ainsi lorsque vous voyez un pécheur renouvelé en Jésus-Christ, qui va contre le torrent de toutes ses passions? Quoi donc! vous ne sauriez souffrir qu'on se déclare hautement pour le Dieu qui nous a créés! Selon vous, c'est une foiblesse que de craindre sa justice éternelle et toute puissante, et que de n'être pas ingrat à ses bontés. Selon vous, c'est une folie que de vivre selon la foi, dans l'espérance d'une vie éternellement bienheureuse. Qui êtes-vous donc, ô hommes qui vous jouez ainsi de la religion, aussi bien que des hommes qui la veulent suivre? Êtes-vous d'une autre religion? n'en croyez-vous aucune? Allez donc hors de nos églises, loin de nos mystères, vivre sans espérance, sans Sauveur, sans Dieu; allez où votre désespoir impie et brutal vous va précipiter. Mais, hélas! qui pourroit le croire? vous êtes chrétiens, et vous avez promis de renoncer au monde et à ses pompes, de porter la croix avec Jésus-Christ, et de mépriser tout ce qui se voit, pour aspirer à ce qu'on ne voit pas. Encore une fois, vous l'avez promis; vous n'oseriez nier votre promesse, vous n'oseriez renoncer au salut; vous tremblez quand la mort prochaine vous montre l'abîme qui s'ouvre à vos pieds. Malheureux! insensés! vous voulez qu'on vous croie sages, et vous traitez de fous ceux qui, espérant des biens auxquels vous ne prétendez pas renoncer, travaillent à s'en rendre dignes! O renversement du sens humain! ô folie monstrueuse! O démons, vous les possédez : ce n'est pas eux qui parlent; et quand ils ne songent qu'à rire, c'est vous qui blasphémez en eux!

Il faudroit, mes frères, un autre Bernard pour ramener la vérité et la justice parmi les hommes: encore ne sais-je si cette impiété, inconnue à son siècle, et si enracinée dans le nôtre, ne résisteroit pas à sa parole et à ses miracles. Ne vous parle-t-il pas tous les jours par ses écrits et par les histoires du temps, qui attestent tout ce qu'il a fait? Écoutons-le, mes frères.

Du moins, du moins en ce jour, gardez-vous d'endurcir vos cœurs, ô mes enfants !(C'est ainsi qu'il vous parle, et qu'il a droit de vous parler, lui qui a renouvelé votre nation dans la grace de l'Évangile.) O mes enfants, faudra-t-il donc que je m'élève contre vous au jugement de Dieu ? La lumière que vos pères ont vue, et qui de génération en génération a rejailli jusque sur vous, ne servira-t-elle qu'à éclairer vos iniquités ? Que n'ai-je point souffert pour vous présenter tous ensemble comme une seule vierge sans tache à l'Époux sacré? Mais que vois-je au milieu de vous, ô mes enfants? Je vous ai offert la bénédiction, et vous l'avez rejetée : la malédiction viendra, elle viendra, et vous en serez inondés; elle distillera sur vos têtes goutte à goutte jusqu'à la fin. Non, je ne serai plus votre père, j'endurcirai mon cœur et mes entrailles pour vous rejeter à jamais; je vous méconnoîtrai, je rougirai de vous au temps de Jésus-Christ; je demanderai vengeance de mes paroles, ou plutôt de la sienne tant de fois méprisée.

Homme de Dieu, donné à la France et à toute l'Église, que vos mains paternelles ne se lassent jamais de s'élever vers Dieu en notre faveur ! Que nous restera-t-il, si le cœur même de notre père est irrité, et si l'instrument des miséricordes appelle contre nous les vengeances? O père! voyez notre désolation; voyez, et hâtez-vous; voyez, et fléchissez notre souverain Juge, afin que, quand vous viendrez avec lui dans la gloire, vous puissiez nous présenter au pied de son trône comme vos enfants; que vous soyez suivi d'une troupe sainte qui marche les palmes à la main, et que nous recevions avec vous la couronne qui ne se flétrit jamais ! *Ainsi soit-il.*

SERMON
POUR LA FÊTE
DE SAINTE THÉRÈSE.
SUR L'ARDEUR ET LES EFFETS DE SON AMOUR ENVERS DIEU.

De excelso misit ignem in ossibus meis, et erudivit me.
Il a envoyé le feu d'en haut jusque dans mes os, et il m'a instruite. *En Jérémie. Lament., chap. prem.*, v. 13.

C'est ainsi, mes frères, que parle Jérémie au nom de Jérusalem, pour exprimer tout ce que cette cité, devenue infidèle, ressent quand Dieu la frappe pour la convertir. Il dépeint un feu dévorant, mais un feu envoyé d'en haut, et que la main de Dieu même allume de veine en veine pour pénétrer jusqu'à la moelle des os; c'est par ce feu que Jérusalem doit être instruite et purifiée. Le voilà ce feu qui brûle sans consumer, et qui, loin de détruire l'ame, la renouvelle. Le voilà ce feu de douleur et d'amour tout ensemble : c'est lui que Jésus est venu apporter sur la terre; et que veut-il, sinon embraser tout l'univers ? Thérèse, vous le sentez, il brûle votre cœur, et votre cœur lui-même devient une fournaise ardente. *De excelso misit ignem in ossibus meis.*

Considérons, mes frères, dans ce discours, ce que le feu de l'amour divin a fait dans le cœur de Thérèse, et ce que le cœur enflammé de Thérèse a fait ensuite dans toute l'Église. Au-dedans, ce feu consume toute affection terrestre; au-dehors, il éclaire, il échauffe, il anime. Venez donc, vous tous, accourez à ce spectacle de la foi; venez, et voyez d'abord le martyre intérieur de Thérèse; puis admirez tout ce qu'elle a fait dès qu'elle est morte à elle-même. Ainsi vous apprendrez, par son exemple, et à mourir à vous-mêmes par le recueillement, et à vous sacrifier courageusement à Dieu dans l'action. Voilà tout le sujet de ce discours.

O Sauveur qui l'avez instruite en la brûlant de votre amour, brûlez nos cœurs, et nous serons instruits comme elle ! Envoyez le feu de votre Esprit, et tout sera créé encore une fois, et vous renouvellerez la face de la terre! Que, de mes entrailles, la céleste flamme s'épanche sur ma langue, et de ma langue jusqu'au fond des cœurs ! Marie, c'est la gloire de votre Fils que nous demandons; intercédez pour nous ! *Ave, Maria.*

PREMIER POINT.

Ce que Dieu prend plaisir à faire lui-même dans les ames qu'il a scellées de son sceau éternel, il prend aussi plaisir à le contempler, et il jouit de la beauté de son ouvrage. Il regarde avec complaisance sa grace, qui, comme dit saint Pierre[1], prend toutes les formes, suivant les cœurs où il la fait couler. Elle n'a pas moins de variété que la nature dans tout ce qu'elle fait. Où trouverez-vous sur la terre deux hommes qui se ressemblent entièrement ? Les justes ne sont pas moins différents entre eux que les visages des hommes; et Dieu tire de ses trésors de miséricorde de quoi former chaque jour l'homme intérieur avec des traits nouveaux. Oh ! si nous pouvions voir cette variété de dons ! Nous les verrons un jour dans le sein du Père, qui en est la source. Cependant, pour nous

[1] *I Petr.*, IV, 10.

POUR LA FÊTE DE SAINTE THÉRÈSE.

cacher nous-mêmes à nous-mêmes, Dieu enveloppe son ouvrage dans la nuit de la foi ; mais cet ouvrage de la grâce ne s'avance pas toujours régulièrement comme celui de la nature. Il s'en faut bien, mes frères ; ce n'est pas moi, c'est Thérèse qui fait cette belle remarque ; il s'en faut bien que les âmes ne croissent comme les corps. L'enfant n'est jamais un moment sans croître jusqu'à ce qu'il ait l'âge et la taille de l'homme parfait ; mais l'âme, encore tendre et naissante dans la piété, interrompt souvent son progrès ; c'est non-seulement par la diminution de tous les désirs du vieil homme, mais souvent par l'anéantissement du péché même, que Dieu lui fait trouver dans l'humilité un plus solide accroissement.

Celle qui parle ainsi l'avoit senti, mes Frères. Vous l'allez voir pendant vingt ans qui tombe et se relève, qui tombe encore, et se relève enfin pour ne plus tomber. Vous allez voir un mélange incompréhensible de foiblesse et de grâce, d'infidélité et d'attrait à la plus haute perfection. Dès sa plus tendre enfance, elle avoit goûté le don céleste, la bonne parole, et la vertu du siècle futur. Il me semble que je l'entends, lisant avec son jeune frère l'histoire des martyrs. A la vue de l'éternité où ils sont couronnés, elle s'écrie : Quoi ! toujours, toujours ! L'esprit du martyre souffle sur elle ; elle veut s'échapper pour aller chez les Maures répandre son sang. O Thérèse ! vous êtes réservée pour d'autres tourments, et l'amour sera plus fort que la mort même pour vous martyriser.

Retenue par ses parents, elle bâtissoit de ses propres mains, avec ce jeune frère, de petits ermitages. Ainsi cette douce image de la vie angélique des anachorètes dans le désert la consoloit d'avoir perdu la gloire du martyre, et les jeux mêmes de son enfance faisoient déjà sentir en elle les prémices du Saint-Esprit. Qui ne croiroit, mes frères, qu'une âme si prévenue sera préservée de la contagion ? Non, non, elle ne le fut pas ; et c'est ici que commence le secret de Dieu. La mère de Thérèse, quoique modeste, lisoit les aventures fabuleuses, où l'amour profane, revêtu de ce que la générosité et la politesse mondaine ont d'éblouissant, fait oublier qu'il est ce vice détestable qui doit alarmer la pudeur. Le poison que la mère tenoit inconsidérément dans ses mains entra jusque dans le cœur de la fille, et les enchantements du mensonge lui firent perdre le pur goût de la vérité. O vous, qui voulez vous tromper vous-mêmes par des lectures contagieuses, apprenez, par ce triste exemple, que plus le mal est déguisé sous un voile qui en ôte l'horreur, plus il est à craindre !

Fuyez, fuyez ce serpent qui se glisse sous l'herbe et parmi les fleurs !

A cette mère indiscrète succéda bientôt une parente vaine, qui acheva de gâter son cœur. La vanité, hélas ! quel ravage ne fit-elle pas sur toutes les vertus que la grâce du baptême venoit de faire naître ! Est-ce donc là cette fille si enflammée de l'amour du martyre, et dont tout le sang, jusqu'à la dernière goutte, cherchoit à couler pour la foi ? maintenant la voilà pleine d'elle-même et des désirs du siècle. O Dieu patient ! ô Dieu qui nous aimez, quoique nous rejetions votre amour, et lorsque, ennemis de nous-mêmes aussi bien que de notre bien, nous languissons loin de vous dans les liens du péché ! ô Dieu ! vous l'attendiez cette âme infidèle, et, par une insensible miséricorde, vous l'ameniez, les yeux fermés, comme par la main, chez un oncle plein de votre esprit. D'abord elle ne s'y engagea que par complaisance ; car alors, éblouie par l'espérance d'un époux mortel, elle marchoit, d'un pas présomptueux, sur un sentier bordé de précipices. Là, elle prit, sans savoir ce qu'elle faisoit (vous seul le saviez, Seigneur, vous qui le lui faisiez faire), elle prit les Épîtres de saint Jérôme ; elle lut, et sentit la vérité ; elle l'aima, elle ne s'aima plus elle-même, et des torrents de larmes amères coulèrent de ses yeux.

Qu'est-ce qui vous trouble, Thérèse ? de quoi pleurez-vous ? Hélas ! je pleure de n'avoir pas pleuré assez tôt ; je m'afflige de ces déplorables plaisirs qui ont enivré mon cœur. Les ris du siècle me semblent une folie, et je dis à la joie : Pourquoi m'avez-vous trompée ?

Pour se punir d'avoir trop aimé le monde, elle se condamne à ne le voir jamais. En un moment tous ses liens se brisent, et elle se jette dans un cloître. « Alors, dit-elle, je sentis tous mes os qui alloient » se détacher les uns des autres, et j'étois comme » une personne qui rend l'esprit. C'est que dans » ce combat la nature étoit encore forte, et mon » amour foible. » N'importe ; elle demeura immobile dans la maison de Dieu, et elle y prit l'habit. Tandis que tous les assistants admiroient sa joie et son courage, elle sentoit son âme nager dans l'amertume. « Apprenez donc, continue-t-elle, » par mon exemple, à n'écouter jamais les craintes » de la nature lâche, et à ne vous défier pas des » bontés de Dieu quand il vous inspire quelque » haut dessein. »

Ce sacrifice si douloureux fut béni d'en haut, et la manne céleste coula sur elle dans le désert. A peine lisoit-elle deux lignes pour se nourrir de la parole céleste de la foi, que l'Esprit, se saisissant d'elle, livroit ses sens et les puissances de son ame pour l'enlever hors de sa lecture.

Elle voyoit d'une vue fixe Jésus seul, et Jésus crucifié. Sa mémoire se perdoit dans ce grand objet, son entendement ne pouvoit agir, et ne faisoit que s'étonner en présence de Dieu, abîme d'amour et de lumière; elle ne pouvoit ni rappeler ses idées, ni raisonner sur les mystères; nulle image sensible ne se présentoit ordinairement à elle; seulement elle aimoit, elle admiroit en silence : elle étoit suspendue, dit-elle, et comme hors d'elle-même.

O hommes dédaigneux et incrédules, qui osez tout mesurer à vos courtes spéculations; ô vous qui corrompez les vérités mêmes que Dieu nous fait connoître, et qui blasphémez les mystères intérieurs que vous ignorez; taisez-vous, esprits impies et superbes; apprenez ici que nul ne peut sonder les profondeurs de l'Esprit de Dieu, si ce n'est l'Esprit de Dieu même.

A cette oraison éminente furent ajoutées les plus rudes croix. Plusieurs maladies mortelles vinrent fondre sur ce corps exténué; elle ressemble à l'Homme de douleurs, et elle est écrasée comme lui dans l'infirmité[1]. Pendant une paralysie de trois ans, où l'on croit à toute heure qu'elle va expirer, elle lit le commentaire de saint Grégoire sur le livre de Job, dont elle représente la patience, et dont elle souffre toutes les peines.

A ce coup ne croiriez-vous pas que le vieil homme va succomber, et que la grâce s'affermit déjà sur les ruines de la nature? Tremblez, ames foibles; tremblez encore une fois, mes frères. Thérèse ne s'élève si haut que pour faire une plus grande chute; et cet aigle qui fendoit les airs pour s'élever jusqu'aux nues, et dont le vol étoit si rapide, s'appesantit peu à peu vers la terre. D'abord ce n'est qu'une conversation innocente; mais la plus innocente conversation cesse de l'être dès qu'elle dissipe et qu'elle amollit; et une vierge, épouse du Sauveur, ne doit penser qu'à ce qui peut plaire à l'Époux, pour être sainte de corps et d'esprit. O insensible engagement dans une vie lâche, qu'on craint toujours trop tard, combien êtes-vous plus à craindre que les vices les plus grossiers ! Thérèse, qui dans sa ferveur ne pouvoit se résoudre à craindre, tombe dans un relâchement où elle n'ose plus espérer. Jusques à quand, ô vierge d'Israël, serez-vous errante et vagabonde loin de l'Époux? Vous le fuyez, mais il vous poursuit par une secrète miséricorde. Vous voudriez pouvoir l'oublier; mais,

[1] *Is.*, LIII, 3, 10.

avouez-le, il vous est dur de résister à sa patience et à son amour. Hélas ! s'écrie-t-elle, mon plus cruel tourment étoit de sentir la grace de Dieu malgré mon infidélité, et de voir qu'au lieu de me rebuter, il m'attiroit encore pour confondre mon ingratitude. Je ne pouvois être en paix sans me recueillir, et j'avois honte de me recueillir, à cause du superflu et des amusements auxquels je tenois encore.

Le voilà, mes frères, ce feu jaloux et vengeur que Dieu allume quelquefois dès cette vie; ce purgatoire intérieur de l'ame, qui la ronge, qui la persécute, et qui lui fait ressentir une ardeur si cuisante, jusqu'à ce qu'il ait consumé tout ce qui est terrestre. L'ame, dit-elle, est dans ce feu, sans savoir quelle en est l'origine, ni qui l'allume, ni par où en sortir, ni comment l'éteindre; et c'est comme une espèce d'enfer.

En cet état, elle se croit indigne de prier; et quoiqu'elle conseille l'oraison à son père, elle n'ose plus y puiser elle-même la joie de son Dieu. Jusque là, dans toutes ses fragilités, elle avoit dit au fond de son cœur : Béni soit Dieu, qui n'a ôté de moi ni sa miséricorde, ni mon oraison ! Mais à ce coup l'Esprit qui gémit dans les enfants de Dieu par des gémissements ineffables, s'éteint en elle. Le voilà tombé cet astre qui brilloit au plus haut des cieux. Un an entier se passe sans qu'elle se rapproche de Dieu. O Époux des ames, voici ce que vous avez dit par la bouche d'un de vos prophètes, et je ne puis le répéter sans tressaillir de joie : L'épouse qui, parmi les hommes, a abandonné son époux, reverra-t-elle encore son époux revenir à elle? Non, non, elle lui est infidèle, son cœur est corrompu. Et néanmoins, ajoutez-vous, Seigneur, ô vierge d'Israël, ô mon épouse, quoique tu aies livré ton cœur aux créatures, quoique tu sois ingrate et infidèle, quoique je sois jaloux, reviens, et je te recevrai !

Thérèse lut les Confessions de saint Augustin, où Dieu a donné, pour la suite de tous les siècles, une source inépuisable de consolations aux ames les plus pécheresses. Accourez-y avec Thérèse, vous tous qui sentez aujourd'hui la plaie de votre cœur ! Augustin, tiré des profondeurs de l'abîme, ne peut néanmoins entièrement apaiser la crainte de Thérèse. L'exemple d'aucun saint, disoit-elle, ne doit me rassurer; car je ne puis en trouver aucun dont les infidélités aient été aussi fréquentes que les miennes. Le voilà, mes frères, le fruit de ses chutes qui nous ont tant de fois étonnés. Vous le comprenez maintenant le conseil de Dieu, qui creuse dans le cœur de Thérèse cet abîme d'humiliation, pour y poser l'inébranlable fondement d'un édifice qui s'élèvera jusqu'au ciel au milieu des extases, où il ouvrira son sein à Thérèse, et où il se plaira ainsi à lui découvrir la place qu'elle a méritée dans l'étang de soufre et de feu.

Dix-huit ans s'étoient passés au milieu de sa solitude, dans ce feu dévorant de la peine intérieure qui purifie l'ame en la détournant sans cesse contre elle-même. Mon cœur, dit-elle, étoit sans cesse déchiré. Aux craintes du dedans se joignirent les combats du dehors; les dons intérieurs augmentèrent en elle. De cette oraison simple où elle étoit déjà, Dieu l'enlève jusque dans la plus haute contemplation; elle entre dans l'union où se commence le mariage virginal de l'Époux avec l'épouse; elle est toute à lui, il est tout à elle. Révélations, esprit de prophétie, visions sans aucune image sensible, ravissements, tourments délicieux, comme elle le dit elle-même, qui lui font jeter des cris mêlés de douleur et de joie, où l'esprit est enivré et où le corps succombe, où Dieu lui-même est si présent, que l'ame épuisée et dévorée tombe en défaillance, ne pouvant sentir de près tant de majesté; en un mot, tous les dons surnaturels découlent sur elle. Ses directeurs d'abord se trompent. Voulant juger de ses forces pour la pratique des vertus par le degré de son oraison, et par le reste de foiblesse et d'imperfection que Dieu laissoit en elle pour l'humilier, ils concluent qu'elle est dans une illusion dangereuse, et ils veulent l'exorciser. Hélas! quel trouble pour une ame appelée à la plus simple obéissance, et menée, comme Thérèse, par la voie de la crainte, lorsqu'elle sent tout son intérieur bouleversé par ses guides! J'étois, dit-elle, comme au milieu d'une rivière, prête à me noyer, sans espérance de secours. Elle ne sait plus ce qu'elle est ni ce qu'elle fait quand elle prie. Ce qui faisoit sa consolation depuis tant d'années fait sa peine la plus amère. Pour obéir, elle s'arrache à son attrait; mais elle y retombe, sans pouvoir ni en sortir ni se rassurer. Dans ce doute, elle sent les horreurs du désespoir; tout disparoît, tout l'effraie, tout lui est enlevé. Son Dieu même, en qui elle se reposoit si doucement, est devenu un songe pour elle. Dans sa douleur, elle s'écrie, comme Madeleine : *Ils me l'ont enlevé, et je ne sais où ils l'ont mis*[1].

O vous, oints du Seigneur, ne cessez donc jamais d'apprendre, par la pratique de l'oraison, les plus profondes et les plus mystérieuses opérations de la grace, puisque vous en êtes les dispensateurs! Que n'en coûte-t-il pas aux ames que vous conduisez, lorsque la sécheresse de vos études curieuses, et votre éloignement des voies intérieures, vous font condamner tout ce qui n'entre point dans votre expérience! Heureuses les ames qui trouvent l'homme de Dieu, comme Thérèse trouva enfin les saints François de Borgia et Pierre d'Alcantara, qui lui aplanirent la voie par où elle marchoit! Jusqu'alors, dit-elle, j'avois plus de honte de déclarer mes révélations, que je n'en aurois eu de confesser les plus grands péchés. Et nous aussi, mes frères, aurons-nous honte de parler de ces révélations, dans un siècle où l'incrédulité prend le nom de sagesse? Rougirons-nous de dire à la louange de la grace ce qu'elle a fait dans le cœur de Thérèse? Non, non, tais-toi, ô siècle, où ceux mêmes qui croient toutes les vérités de la religion se piquent de rejeter sans examen, comme fables, toutes les merveilles que Dieu opère dans ses saints. Je sais qu'il faut éprouver les esprits, pour voir s'ils sont de Dieu. A Dieu ne plaise que j'autorise une vaine crédulité pour de creuses visions! mais à Dieu ne plaise que j'hésite dans la foi quand Dieu se veut faire sentir! Celui qui répandoit d'en haut, comme par torrents, les dons miraculeux sur les premiers fidèles, en sorte qu'il falloit éviter la confusion parmi tant d'hommes inspirés[1], n'a-t-il pas promis de *répandre son Esprit sur toute chair*? n'a-t-il pas dit, *sur mes serviteurs et sur mes servantes*[2]? Quoique les derniers temps ne soient pas aussi dignes que les premiers de ces célestes communications, faudra-t-il les croire impossibles? La source en est-elle tarie? le ciel est-il fermé pour nous? N'est-ce pas même l'indignité de ces derniers temps qui rend ces graces plus nécessaires pour rallumer la foi et la charité presque éteintes?

N'est-ce pas après ces siècles d'obscurcissement, où il n'y a eu aucune vision manifeste, que Dieu, pour ne se laisser jamais lui-même sans témoignage, doit ramener enfin sur la terre les merveilles des anciens jours? Eh! où en est-on, si on n'ose plus, dans l'assemblée des enfants de Dieu, publier les dons de leur père? Pourquoi ce ris dédaigneux, hommes de peu de foi, quand on vous raconte ce que la main de Dieu a fait? Malheur à cette sagesse charnelle qui nous empêche de goûter ce qui est de l'Esprit saint! Mais que dis-je? notre raison est aussi foible que notre foi même. N'y a-t-il donc qu'à refuser de croire, pour s'éri-

---

[1] *Joan.*, xx, 15.

[1] *I Cor.*, xiv, 26 et seq.
[2] *Act.*, ii, 17, 18.

ger en esprit fort? N'est-on pas aussi foible et aussi aveugle en ne pouvant croire ce qui est, qu'en supposant ce qui n'est pas? Le seul mot de miracle et de révélation vous choque, ô foibles esprits qui ne savez pas encore combien Dieu est grand, et combien il aime à se communiquer aux simples avec simplicité! Devenez simples, devenez petits, devenez enfants; abaissez, abaissez-vous, ames hautaines, si vous voulez entrer au royaume de Dieu. Cependant taisez-vous; et, loin de douter des graces que Thérèse a reçues en nos jours, pensez sérieusement à faire qu'elles rejaillissent jusque sur vous.

Si votre fragilité vous décourage, si vous êtes tentés de désespoir à cause de l'abus de tant de graces méprisées, jetez les yeux sur cet exemple consolant, sur Thérèse tant de fois infidèle, et qui tant de fois a contristé le Saint-Esprit. Si votre cœur est partagé entre Dieu et le monde, regardez encore Thérèse, qui sentit si long-temps en elle le même partage. Qui cherchez-vous dans ce partage de vos affections? Vous craignez, avouez-le de bonne foi, une vie triste et malheureuse, en vous donnant sans réserve à Dieu. O hommes tardifs et pesants de cœur pour croire les mystères de Dieu! eh! ne voyez-vous pas et ne sentez-vous pas que c'est ce partage même, cette réserve des joies mondaines, qui vous ôte la paix, et qui commence dès cette vie votre éternel malheur?

Ainsi vous prenez pour remède le poison même. Malheureux, et dignes de l'être, vous ne goûtez librement ni les plaisirs de la terre, ni les consolations d'en haut. Rebutés de Dieu et du monde, et déchirés tout ensemble par vos passions et par vos remords; portant en esclaves le joug rigoureux de la loi divine, sans l'adoucissement de l'amour; en proie à la tyrannie du siècle et à la crainte des jugements éternels de Dieu: lâches, vous soupirez dans votre esclavage, et vous craindriez de le rompre! vous savez où est la source du vrai bonheur, et vous n'osez vous y plonger! Ah! insensés! que faites-vous? quel jugement pend sur votre tête! Qui me donnera des paroles pour l'exprimer? Il me semble que j'entends celles de Thérèse qui vous parle, et qui vous dit encore ce qu'elle disoit, après que Dieu lui eut montré les peines éternelles: Que ne pouvez-vous, s'écrioit-elle, verser des ruisseaux de larmes, et pousser des cris jusqu'aux extrémités de la terre, pour faire entendre au monde son aveuglement!

Elle avoit passé, mes frères, environ vingt ans dans ce partage et dans ce trouble où vous vivez; jamais personne ne sut mieux qu'elle ce qu'il en coûte pour vouloir être encore à soi et aux créatures, quand Dieu nous veut sans réserve à lui. Ici je ne parle point pour Dieu; écoutez-moi, je ne parle que pour vous-mêmes, et pour vous-mêmes, non par rapport à la vie future, mais par rapport à la présente. Voulez-vous être heureux, et l'être dès à présent? Ne ménagez rien, ne craignez pas de trop donner en donnant tout; jetez-vous les yeux fermés entre les bras du Père des miséricordes et du Dieu de toute consolation: plus vous ferez pour Dieu, plus il fera pour vous.

O si vous compreniez combien il est doux de le goûter, quand on ne veut plus goûter que lui seul, vous jouiriez du centuple promis dès cette vie; votre paix couleroit comme un fleuve, et votre justice seroit profonde comme les abîmes de la mer. Thérèse, qui avoit été si long-temps malheureuse comme vous, tandis qu'elle vouloit encore quelque bonheur sensible ici-bas, commence à être dans la paix et dans la liberté, dès qu'elle achève de se perdre en Dieu. Hâtons-nous, mes frères, hâtons-nous de la considérer dans ce second état de vie, où, étant morte à elle-même intérieurement, elle fait au-dehors de si grandes œuvres.

SECOND POINT.

Pour bien comprendre la différence de ces deux états, dont l'un est un état de peine intérieure qui purifie Thérèse, et l'autre un état de paix où elle est intimement unie avec Dieu; rappelez, mes frères, ce qu'elle dit de ce feu qui ronge l'ame infidèle: « On ne sait ni qui l'allume, ni par où en
» sortir, ni comment l'éteindre; et c'est une es-
» pèce d'enfer. » Puis ajoutez ce qu'elle ajoute:
« Il y a un autre feu si doux, qu'on craint tou-
» jours qu'il ne s'éteigne. Les larmes, loin de
» l'éteindre, ne servent qu'à l'allumer de plus en
» plus. Le premier feu est un amour naissant et
» mêlé de crainte, qui applique l'ame à elle-même
» malgré elle-même; il force l'ame à se voir tou-
» jours dans toute sa laideur; il fait qu'elle re-
» tombe toujours sur elle-même, qu'elle devient
» son propre supplice, et qu'à force de se voir elle
» s'arrache enfin à toute complaisance propre. Le
» second feu est le pur amour, dont la flamme
» éclaire et anime sans consumer. Le pur amour,
» au contraire de l'autre, pousse sans cesse l'ame
» hors d'elle-même dans le sein de Dieu. L'amante,
» sentant son cœur blessé par ce trait de feu,
» court dans toutes les places publiques, où elle
» dit à tous ceux qu'elle trouve: *N'avez-vous
» point vu mon époux?* Elle sent au fond de ses

» entrailles cette flamme que sentoit Jérémie; elle
» ne peut ni la supporter, ni la renfermer au-de-
» dans d'elle-même: il faut qu'elle s'exhale et
» qu'elle éclate : et c'est alors qu'elle conçoit les
» plus hauts desseins. »

Dieu met au cœur de Thérèse le desir de la réforme de son ordre selon la règle primitive, sans mitigation, et selon les statuts du cardinal Hugues de Sainte-Sabine, confirmés par le pape Innocent IV. La réforme d'un ordre ancien, combien, mes frères, est-elle plus difficile que la fondation même d'un ordre nouveau! Il n'est pas question de semer, d'arroser, de faire croître les jeunes plantes encore tendres; il s'agit de plier les tiges dures et tortueuses des grands arbres. Elle soutient tout à la fois les contradictions et des supérieurs de l'ordre, et de ses propres directeurs, et des évêques, et des magistrats de toutes les villes. Quelle est donc cette fille que rien ne peut décourager? C'est, dit-elle, une pauvre carmélite chargée de patentes, et pleine de bons desirs. Sans appui, sans maison, sans argent, elle passe de tous côtés pour une insensée. En effet, elle doit paroître telle aux yeux des sages de la terre, et il n'y a que l'inspiration qui la puisse justifier. Mais le monde, vous le savez, mes frères, ne peut ni recevoir ni reconnoître l'esprit dont elle est animée. Cet esprit qui la pousse tend également à établir l'œuvre par elle, et à se servir de l'œuvre pour la crucifier. D'abord rien ne lui paroît difficile; et Dieu lui fait sentir une telle certitude pour le succès, qu'elle espère contre toute espérance, et qu'elle commence par des engagements. Mais à peine est-elle engagée, que Dieu se retire. Le ciel, si pur et si serein pour elle, s'obscurcit tout-à-coup; elle ne voit plus autour d'elle que nuages, qu'éclairs, que renversements causés par l'orage. Mais, immobile comme la montagne sainte de Sion, elle oppose un front tranquille à tous les coups de la tempête. La voyez-vous, mes frères, qui marche de ville en ville, dans une rude voiture, presque toujours accablée de maladies, dans les rigueurs des saisons, et parmi des accidents périlleux? On ne peut lire l'histoire de ses fondations, qu'elle a écrite si naïvement et avec tant de vivacité, sans se représenter les travaux, les fatigues et les dangers des apôtres pour planter la foi.

En entrant dans les villes, après tant de peines, semblable au Fils de l'Homme, elle n'y trouve pas où reposer sa tête. N'importe, elle se couche sur la paille, couverte de son manteau; elle espère en silence, et son espérance n'est jamais confondue.

Quand Dieu ouvre les cœurs des habitants des villes pour lui donner quelques secours, elle dit à ses filles : On nous ravit la pauvreté qui étoit notre trésor. Hélas! lui répondent ses filles, étonnées de cette diminution de pauvreté qui leur paroît déja une abondance, nous ne sommes plus pauvres!

A ce propos, mes frères, écoutez-la elle-même qui se rend avec simplicité un grand témoignage : « Dieu m'est témoin, dit-elle, que je n'ai jamais
» refusé aucune fille, faute de biens : le grand
» nombre de pauvres que j'ai reçues en est la
» preuve; les pauvres même qui s'y présentoient
» me donnoient plus de joie que les riches. Si nous
» avons eu ce désintéressement quand nous n'avions ni maisons ni argent, que devons-nous
» faire maintenant que nous avons de quoi vivre?
» O mes filles, dit-elle enfin, c'est par tant de
» pauvreté et de travaux que nous avons procuré
» ce repos dont vous jouissez. »

Ces travaux furent sans relâche pendant le reste de sa vie. Trente-deux monastères dans les principales villes d'Espagne ont été l'ouvrage de ses mains, qu'elle a eu la joie de voir avant de mourir; et le roi Philippe II, admirant ses vertus, recevoit avec respect les lettres qu'elle lui écrivoit pour l'engager à protéger son ordre.

Voilà, mes frères, ce que la sagesse mondaine, à qui l'esprit évangélique paroît une folie, n'auroit osé penser. Voilà ce que les richesses mêmes des grands de la terre n'auroient pu faire. Thérèse marchant de ville en ville, la croix en main pour toute possession et pour tout appui, l'a accompli aux yeux de ces faux sages, pour les confondre par ses bienheureuses folies.

Mais étoient-ce là des communautés formées à la hâte, et composées sans choix? Non, non, c'étoient les anges de la terre, qui ne tenoient rien d'ici-bas; des vierges de corps et d'esprit, qui suivoient l'Agneau partout où il va, jusque dans les plus âpres sentiers de la pénitence. Leur ferveur ajouta même plusieurs pratiques à la sévérité de leur règle. Les dons surnaturels étoient fréquents dans toutes ces maisons; croyez Thérèse même, qui nous l'assure. Quoiqu'elle fût si expérimentée dans la perfection, et si jalouse de celle de ses filles, on la voit, dans ses écrits, toujours étonnée de leurs oraisons et de leurs vertus.

Ici les hommes, sans rougir, marchent humblement sur les traces des filles. Je les vois, les Antoine de Jésus, les Jean de la Croix, ces hommes dont le ciel avoit enrichi l'Espagne au siècle passé; je les vois devenir enfants aux pieds de Thérèse leur mère. C'est elle qui les conduit comme par la main pour la réforme de leur ordre, et ils recueillent dans leur sein enflammé les paroles de sagesse qui découlent de sa bouche. D'une source si pure, les ruisseaux de grace s'épanchent dans toute l'Église; de l'Espagne ils vont inonder les autres royaumes. O Église de France, dès le commencement de ce siècle, on vous voit soupirer après cette nouvelle bénédiction, et vous en voyez, comme anges du Seigneur, traverser les Pyrénées pour nous apporter ce trésor! Heureux ceux à qui nous devons les filles de Thérèse! Heureuses tant de villes où la puissante main de Dieu les a multipliées! Soyez à jamais, ô filles d'une telle mère, la bonne odeur de Jésus-Christ et la consolation de toute l'Église. Et vous, ô grand monastère, féconde tige qui avez poussé tant de rejetons pour orner notre terre, et pour y faire fleurir toutes les vertus, soyez d'âge en âge, et de siècle en siècle, la gloire d'Israël et la joie des enfants de Dieu! Que les temps, qui ruinent les plus solides ouvrages, ne fassent que vous rendre plus vénérable; que vous portiez dans votre sein, comme dans un asile sacré, les ames tendres qui viennent s'y réfugier, et que vous couvriez encore de votre ombre tout ce qui espère en Dieu autour de vous! Que vos oraisons, nourries encore par le jeûne, pour parler comme Tertullien, soient comme un encens qui monte sans cesse jusqu'au trône de la grace! Que la mortification de tous les sens facilite ici le recueillement, ou plutôt que le recueillement, et la sévère jalousie de l'ame contre elle-même pour se réserver toute à l'Époux, fasse la vraie mortification!

Peuple fidèle qui m'écoutez, ce n'est plus moi qui dois vous parler de Thérèse; il faut que je me taise, et que ses œuvres seules la louent. Jugez d'elle par ce qu'elle a fait, et que Dieu met aujourd'hui au milieu de vous. Les voilà les filles de Thérèse; elles gémissent pour tous les pécheurs qui ne gémissent pas, et ce sont elles qui arrêtent la vengeance prête à éclater. Elles n'ont plus d'yeux pour le monde, et le monde n'en a plus pour elles. Leurs bouches ne s'ouvrent plus qu'aux sacrés cantiques; et hors des heures des louanges, toute chair est ici en silence devant le Seigneur. Les corps tendres et délicats y portent jusque dans l'extrême vieillesse, avec le cilice, le poids du travail.

Ici ma foi est consolée; ici on voit une noble simplicité, une pauvreté libérale, une pénitence gaie, et adoucie par l'onction de l'amour de Dieu. Seigneur, qui avez assemblé vos épouses sur la montagne, pour faire couler au milieu d'elles un fleuve de paix, tenez-les recueillies sous l'ombre de vos ailes; montrez au monde vaincu celles qui l'ont foulé aux pieds. Hélas! ne frappez point la terre, tandis que vous y trouverez encore ce précieux reste de votre élection.

Mais plutôt m'oublier moi-même, que d'oublier jamais ces livres si simples, si vifs, si naturels, qu'en les lisant on oublie qu'on lit, et qu'on s'imagine entendre Thérèse elle-même! O qu'ils sont doux ces tendres et sages écrits, où mon ame a goûté la manne cachée! Quelle naïveté, mes frères, quand elle raconte les faits! Ce n'est pas une histoire, c'est un tableau. Quelle force pour exprimer ses divers états! Je suis ravi de voir que les paroles lui manquent, comme à saint Paul, pour dire tout ce qu'elle sent. Quelle foi vive! Les cieux lui sont ouverts, rien ne l'étonne, et elle parle aussi familièrement des plus hautes révélations que des choses les plus communes. Assujettie par l'obéissance, elle parle sans cesse d'elle, et des sublimes dons qu'elle a reçus, sans affectation, sans complaisance, sans réflexions sur elle-même: grande ame, qui se comptant pour rien, et qui, ne voyant plus que Dieu seul en tout, se livre sans crainte elle-même à l'instruction d'autrui. O livres si chers à tous ceux qui servent Dieu dans l'oraison, et si magnifiquement loués par la bouche de toute l'Église, que ne puis-je vous dérober à tant d'yeux profanes! Loin, loin, esprits superbes et curieux, qui ne lisez ces livres que pour tenter Dieu, et pour vous scandaliser de ses graces! Où êtes-vous, ames simples et recueillies, à qui ils appartiennent? Mais que vois-je, que vois-je de tous côtés, mes frères, sinon des chrétiens aliénés de la voie de Dieu? L'esprit de prière n'est plus sur la terre. Où est-ce que nous le trouverons? Sera-ce dans ces hommes si pleins d'eux-mêmes et du monde, qu'ils sont toujours vides de Dieu? Quel est donc, mes Frères, le grand péché qui est la source de tous les autres, et qui couvre la face de la terre d'un déluge de maux? Vous me direz: C'est l'impureté, c'est l'avarice, c'est l'ambition. Non, non, mes frères; c'est la dissipation seule qui produit ces crimes et tous les autres. Il n'y a plus d'homme sur la terre qui pense, retiré en lui-même au fond de son cœur: non, non, il n'y en a plus. Tous pensent selon que la vanité égare leurs pensées; tous pensent hors d'eux-mêmes, et le plus loin d'eux qu'il leur est possible. Quelques uns s'appliquent à régler leurs mœurs, mais c'est commencer l'ouvrage par le dehors; mais c'est couper les branches du vice, et laisser la tige qui repousse toujours. Voulez-vous couper la racine, rentrez au dedans de vous-mêmes, réglez vos pensées et vos affections; bientôt vos mœurs se régleront comme d'elles-mêmes. Attaquez cette dissipation, qui ne sauroit être innocente, puisqu'elle ouvre votre cœur, comme une place démantelée, à toutes les attaques de l'ennemi. Ne me dites pas : Je récite des prières. Est-ce le sacrifice de votre cœur, ou celui de vos lèvres, que Dieu demande? O Juifs, qui portez indignement le nom de chrétiens! si la prière intérieure ne se joint aux paroles que vous prononcez, votre prière est superstitieuse, et vous n'êtes point adorateurs en esprit et en vérité. Vous ne priez pas, mais vous récitez des prières, comme dit saint Augustin : voulez-vous que Dieu vous écoute, si vous ne vous écoutez pas vous-mêmes ?

Oserez-vous alléguer vos occupations, pour vous dispenser de prier? Malheureux, qui oubliez ainsi l'unique nécessaire pour courir après des fantômes, les faux biens que vous cherchez s'enfuient, la mort s'avance. Direz-vous donc aussi au Dieu vivant, dans les mains de qui vous allez tomber : Je n'ai pu penser ni à votre gloire ni à mon salut, parce que je leur ai préféré les songes inquiets de ma vie? Et ne savez-vous pas, ô hommes insensés et ennemis de vous-mêmes, que c'est par le recueillement que l'on se met en état d'agir avec plus de sagesse et de bénédiction ? Les heures que vous réservez à la prière seront les plus utilement employées, même pour le succès de vos affaires temporelles. Encore une fois, qui est-ce qui vous empêche de prier ? Avouez-le, ce n'est pas le travail pour le nécessaire, c'est l'inquiétude pour le superflu, c'est la vanité pour des amusements.

Je vous entends, vous vous plaignez de votre sécheresse intérieure. Retranchez-en la source, quittez les vaines consolations qui vous rendent indignes de goûter celles de la foi. Vous vous trouvez vides de Dieu dans l'oraison : faut-il s'en étonner? Qu'avez-vous fait, qu'avez-vous souffert pour vous en remplir? Combien de fois, dit saint Augustin, l'avez-vous fait attendre! Combien de fois l'avez-vous rebuté lorsqu'il frappoit amoureusement à la porte de votre cœur! N'est-il pas juste qu'à la fin il vous fasse attendre, et que vous vous humiliez sous sa main? Mais, direz-vous, j'ai des distractions perpétuelles. Eh bien! si votre imagination est distraite, que votre volonté ne le soit pas. Quand vous apercevez la distraction, laissez-la tomber d'elle-même sans la combattre directement ; tournez-vous doucement vers Dieu sans vous décourager jamais. Soutenez, soutenez, comme dit l'Écriture, les longues attentes de Dieu, qui viendra enfin. Arrêtez votre esprit par le secours d'un livre, si vous en avez encore besoin. Ainsi attendez Dieu en paix, et sa miséricorde luira enfin sur vous. O si vous aviez le courage d'imiter Thérèse! mais moi-même je n'ai pas le courage de vous proposer son exemple, tant votre lâcheté me rebute. Elle ne demanda jamais à Dieu qu'une seule fois en sa vie le goût et la consolation sensible dans l'oraison. A peine l'eut-elle fait, que son cœur le lui reprocha, et qu'elle en eut honte. C'est qu'elle savoit qu'il s'agit, dans la vie intérieure, non d'imaginer, non de sentir, non de penser beaucoup, mais de beaucoup aimer. L'union avec Dieu consiste, dit-elle, non dans les ravissements, mais dans la conformité sans réserve à la souveraine volonté de Dieu; non dans les transports délicieux, mais dans la mort à toute volonté propre.

O combien d'ames s'égarent dans l'oraison, parce qu'elles se cherchent elles-mêmes en croyant chercher Dieu, et que, prenant ses dons pour lui-même, elles se les approprient! mes mercenaires, qui ne cherchent Dieu qu'autant qu'il est doux, et qui ne peuvent veiller une heure en amertume avec Jésus agonisant! Elles ne cherchent dans l'oraison que le charme des sens, que la ferveur de l'imagination, que les images magnifiques, que les tendres sentiments, que les hautes pensées : aveugles, qui prennent le charme grossier pour Dieu, et qui croient que Dieu leur échappe quand ce beau fantôme s'évanouit ; aveugles, qui ne voient pas quelle est la vraie et simple oraison, que Tertullien marque en disant : Nous prions seulement de cœur. Où sont ceux que Dieu mène par le pur amour et par la pure foi, qui croient sans voir, qui aiment sans se soucier de sentir, et à qui Dieu seul suffit également dans tous les changements intérieurs ? Où sont-elles ces ames plus grandes que le monde entier, et dont le monde n'est pas digne? Dieu les voit, Dieu les voit, mes frères; et je le prie de vous donner des yeux illuminés du cœur pour être dignes de les voir aussi.

Thérèse, qui avez prié sur la terre pour les pécheurs avec une si tendre compassion, votre charité, loin de s'éteindre, ne mourra jamais dans le sein de Dieu. Remettez donc devant ses yeux, en notre faveur, les soupirs et les larmes que l'iniquité d'ici-bas vous a tant de fois arrachés. Vous ne pouvez plus, dans la gloire, pleurer sur nos misères; mais vous pouvez nous obtenir la grace de pleurer sur nous-mêmes. En attendant que vous nous obteniez des vertus, du moins obtenez-nous des larmes. Pleurer, frapper nos poitrines, nous prosterner contre terre à la face de notre Dieu, sera notre consolation. Envoyez-le, Seigneur, cet esprit de contrition et de prière, envoyez-le sur vos enfants. C'est Thérèse qui vous le demande avec nous; Thérèse, des entrailles de qui vous avez fait couler des fleuves d'eau vive sur les hommes des derniers temps. Nous en sommes altérés, Seigneur, c'est notre soif qui parle pour nous; c'est Thérèse elle-même animée de votre gloire, qui joint ses vœux aux nôtres. Faites donc, ô mon Dieu, et ne tardez pas; formez vous-même dans vos enfants ce cri si tendre et si touchant : O Père ! ô Père ! demandez vous-même à vous-même, demandez en nous et pour nous, afin que notre prière ne soit qu'amour, et que nous passions enfin, de cet amour de foi, en l'amour de l'éternelle jouissance. C'est, mes frères, ce que je vous souhaite au nom du Père, et du Fils, et du Saint-Esprit. Ainsi soit-il.

SERMON
POUR
LA FÊTE D'UN MARTYR,
SUR L'EXEMPLE DES MARTYRS, ET SUR LE CULTE QUI LEUR EST DU.

Ossa pullulent de loco suo : nam corroboraverunt Jacob, et redemerunt se in fide virtutis.
Que les os refleurissent en leur place : car ils ont fortifié Jacob, et ils se sont rachetés eux-mêmes par la vertu de leur foi.
Au chapitre XLIX de l'Ecclésiastique.

C'est ainsi que l'auteur de ce livre sacré, après avoir parlé de l'homme juste que le Seigneur a donné à la terre, loue douze prophètes qui ont instruit le peuple de Dieu. Que cette louange convient, mes frères, aux reliques des saints martyrs qui font la gloire de l'Église ! On ne trouve plus ici-bas que des ossements desséchés, tristes victimes de la mort et de la corruption; mais ces ossements, presque réduits en poudre, se relèveront au grand jour où Jésus-Christ les ranimera. Que dis-je ? je les vois déjà dans les mains des sacrés ministres; ils sont hors des tombeaux, parce qu'ils ont fortifié Jacob, parce qu'ils ont soutenu l'Église par leur invincible courage, parce qu'ils se sont rachetés eux-mêmes, et que la vertu de leur foi, qui étoit le don de Dieu, les a délivrés de la tentation.

Précieuses dépouilles du martyr que nous célébrons, vous sortez de ces lieux souterrains où la nouvelle Rome, mère des martyrs, porte dans ses entrailles ceux que l'ancienne Rome idolâtre, et enivrée du sang des saints, a persécutés. Heureuse la France, qui vous ouvre son sein avec cette pieuse pompe ! heureux le jour qui éclaire cette fête ! heureux nous-mêmes, mes Frères, à qui Dieu donne de la pouvoir célébrer ! Fleurissez, revêtez-vous de gloire, sacrés ossements, et répandez dans toute la maison de Dieu une odeur de martyre : *Ossa pullulent de loco suo.*

Ne tardons pas, mes frères, à expliquer le vrai esprit de cette fête. Voici deux biens qui nous sont présentés : d'un côté, l'exemple d'un martyr; de l'autre, ses reliques. Son martyre, c'est l'exemple qu'il faut imiter; le dépôt de ses reliques demande notre culte. Considérons donc dans les deux points de ce discours : premièrement, ce que c'est qu'un martyr; secondement, le culte qui est dû à son corps.

Ô Sauveur, qui l'avez formé ce martyr, qui du haut du ciel avez regardé son combat avec complaisance, qui êtes descendu dans la lice pour combattre et pour vaincre en lui, qui l'avez enfin couronné; venez en moi ; donnez-moi une bouche enflammée, et digne de louer celle du témoin qui vous a si glorieusement confessé. Marie, mère du chef de tous les martyrs, intercédez pour nous. *Ave, Maria.*

PREMIER POINT.

Quand on lit, mes frères, les magnifiques promesses faites à l'Église, on y trouve *des rois de la terre qui en seront les nourriciers, et qui viendront en silence baiser ses sacrés vestiges*[1] ; on aperçoit *la plénitude des nations* qui doit venir à elle, et entrer en foule dans la porte de l'Évangile[2]. A ce spectacle disparoissent jusqu'aux moindres images de persécution. On est tenté de croire que Dieu, qui tient les cœurs des princes dans ses mains, et qui aime son Église comme tout homme aime son propre corps, doit tenir en bride toutes les puissances humaines, pour conserver à ses enfants une éternelle paix. Mais *autant*, dit Dieu aux hommes[3], *que le ciel est élevé au-dessus de la terre, autant mes voies et mes pensées sont au-dessus des vôtres.* Voici donc ce qu'il a pensé, lui à qui seul appartient la sagesse. Il a trouvé dans ses profonds conseils qu'il est meilleur de permettre que les maux arrivent, pour les changer en biens, que de ne les permettre jamais. Et en effet, qu'y a-t-il de plus divin que de commander au mal même, et de le rendre bon ? Comment le fait-il, mes frères ? dit saint Augustin. C'est qu'il donne à l'iniquité le cours qu'il lui plaît, selon ses desseins. Il ne fait pas l'iniquité; mais, en la laissant échapper d'un côté plutôt que d'un autre, il la règle, il la domine, il la fait entrer dans l'ordre de sa providence. Ainsi il laisse la fureur s'allumer dans le cœur des princes païens : force leur est donnée contre les

---
[1] *Is.*, XLIX, 23. [2] *Ibid.*, LX.
[3] *Ibid.*, LV, 9.

sacrifices, et ils affligent les saints du Très-Haut. Mais ne craignez rien ; la persécution ne peut être que bonne dans la main de Dieu. Le sang des martyrs sera une semence féconde pour multiplier les chrétiens. Le vaisseau sera agité par une cruelle tempête, mais les vagues ne pourront l'engloutir. L'Église s'étendra sur les nations jusqu'aux extrémités de l'univers, pendant même qu'elle répandra tant de sang. Quand, après trois cents ans de persécution, elle aura lassé les persécuteurs, et montré qu'elle est indépendante de toutes les puissances humaines, alors elle daignera recevoir à ses pieds les Césars, pour les soumettre à Jésus-Christ. Cependant ceux qui s'imaginent renverser le vrai Dieu, c'est par lui qu'ils sont soutenus ; c'est lui qui se joue de tous leurs projets, et qui fait servir leur rebellion même à l'accomplissement des siens. Par la persécution, il prépare à la vraie religion des témoins, mais des témoins qui en scelleront la vérité de leur propre sang. Par la persécution, il prépare aux persécutés l'expiation de leurs fautes passées, car leur sang lave tout. Quelle autorité pour la religion, lorsque ceux qui l'ont embrassée ne craignent point de mourir pour elle ! Enfin le même coup qui brise la paille, comme remarque saint Augustin, sépare le pur grain que Dieu a choisi.

Dans ce dessein, Dieu les encourage par Jésus, qui marche à leur tête la croix en main. Le voilà ce modèle de tous les martyrs ; il boit le calice de sa passion, et il le boit jusqu'à la lie la plus amère, et il le présente ensuite à tous ceux dont il est suivi ; ils le boiront à leur tour, mes frères, et le disciple ne sera point au-dessus du maître.

Il leur prédit avec sa mort celle que Dieu leur a réservée. Ils vous feront, dit-il[1], toutes sortes de calomnies et d'outrages *à cause de mon nom. Vous serez odieux* à toute la terre ; *ils croiront faire un sacrifice à Dieu* en vous égorgeant. Voici ce qu'il ajoute pour relever le courage des siens : *Ne craignez pas ceux qui ne peuvent tuer que le corps*[2]. Eh ! que faut-il donc craindre, ô Sauveur ? Quoi ! les maîtres de l'univers, qui d'une seule parole ou d'un seul regard font trembler le reste des hommes ; ces princes, qui, au-dehors par leurs armées, et au-dedans par leurs édits, portent partout à leur gré ou la mort ou la vie, ne méritent-ils pas d'être craints ? Non, non ; ils ne sont redoutables qu'autant qu'ils tiennent le glaive de Dieu contre les méchants ; et c'est Dieu seul qu'il faut craindre en eux. Hors de là, leur puissance n'est que foiblesse, leurs coups ne portent que sur le corps déjà condamné à la corruption ; ils ne peuvent détruire que ce qui se détruit de soi-même ; ils ne peuvent qu'écraser ce qui n'est que cendre ; ils ne peuvent que prévenir de peu de jours une mort qui confondra bientôt la cendre des persécuteurs avec celle du persécuté. Quand ils ont tué le corps, qui de lui-même tomboit déjà en ruine, leur force est épuisée, ils ne peuvent plus rien : car pour l'ame du juste persécuté, elle est dans la main de Dieu, asile inaccessible à la fureur humaine ; et le tourment de la mort ne la touche point. O qu'ils sont foibles ces hommes dont la puissance épouvante tout le genre humain, et qui en sont misérablement éblouis eux-mêmes ! Gardez-vous bien, ô mes disciples, gardez-vous bien de les craindre jamais. Je vous montrerai celui qu'il faut craindre ; réservez toute votre crainte pour celui qui peut non-seulement briser comme eux ce corps de terre, mais encore donner à l'ame la mort éternelle. Que la juste crainte du Dieu tout puissant étouffe en nous, mes frères, cette crainte lâche des hommes qui ne peuvent rien.

Vous comprenez maintenant, mes frères, pourquoi Dieu veut fonder son Église sur la persécution. Par-là, toute puissance humaine est confondue ; la vérité est confirmée, et les enfants de Dieu sont purifiés. Les voilà donc qui seront menés à la boucherie, et leur sang ruissellera de tous côtés.

Représentons-nous, mes frères, comment ils vivoient dans le temps des persécutions. Leur vie étoit un perpétuel martyre ; l'attente de la mort étoit la préparation à la mort même. Aucun jour d'assuré, aucun moment où l'on pût être trahi, accusé, traîné devant les juges, et mené au supplice. Tout à craindre des voisins, des amis, des proches. Le père accuse sa fille, l'époux son épouse, le frère sa sœur ; ainsi le glaive, selon la parole de Jésus-Christ[1], divise les familles.

La persécution un peu ralentie se rallume, tantôt par la politique des empereurs, tantôt par la rage du peuple capricieux auquel les chrétiens sont livrés. Ainsi, quoique les édits n'ordonnent pas toujours la persécution, elle continue presque toujours par les emportements d'une populace insensée. Étrange effet d'une injustice aveugle ! Souvent une fausse clémence des empereurs défendoit de rechercher les chrétiens ; mais elle ne défendoit pas de les punir sitôt qu'ils étoient découverts. Quel étoit donc ce crime qu'on craignoit de punir, et qu'on n'osoit épargner ? Ainsi la persécu-

---

[1] *Matth.*, XXIV, 9. *Jean*, XVI, 2.
[2] *Matth.*, X, 28.

[1] *Matth.*, X, 34, 35.

tion, comme certains feux mal éteints, se rallumoit de moments à autres. C'est ce qui paroît par je ne sais combien de familles chrétiennes, où l'on trouve de suite plusieurs générations de martyrs : nouveau genre de noblesse jusqu'alors inconnu au monde; noblesse acquise par l'opprobre du supplice, mais dont la foi montre le prix, et dont l'Église chantera la gloire jusqu'à la fin des temps.

Dans les persécutions rien n'est à couvert. On traîne dans l'amphithéâtre de vénérables vieillards de près de cent ans, pour être dévorés par les bêtes, et pour servir de spectacle au peuple.

O quelle indignité! les petits enfants, par leur âge si tendre et si innocent, ne trouvent aucune compassion. Les jeunes vierges même les plus nobles sont le jouet de la plus cruelle impudence, et on n'épargne pas même les femmes enceintes.

Mais est-ce ici une nécessité inévitable qui assujettit le peuple chrétien? Étoit-il impossible, mes frères, de se délivrer des tyrans? Il ne falloit qu'un mot pour apaiser les persécuteurs, et pour faire disparoître tous les tourments : que dis-je? il ne falloit pas même parler; il suffisoit, en se taisant, de donner les livres sacrés; il suffisoit d'ouvrir la main, et de laisser tomber un seul grain d'encens dans le feu allumé sur l'autel des faux dieux ; il suffisoit de donner de l'argent pour avoir un libelle qui servoit de décharge vers les magistrats. Hélas! à quels lâches artifices n'auriez-vous pas eu recours pour vous garantir du martyre, vous qui cherchez maintenant de honteuses subtilités et de maudits raffinements pour éluder la loi de Dieu, si peu qu'elle vous gêne!

Au reste, mes frères, ne croyez pas qu'on tente les confesseurs par les menaces, sans les tenter aussi par les promesses. Les empereurs, et ceux qui ont leur autorité, font reluire les espérances les plus magnifiques. Pourquoi, disoient-ils d'ordinaire aux accusés, voulez-vous vous perdre? N'avez-vous point de honte de vivre dans cette vile secte d'hommes désespérés? Adorez les dieux de l'empire, et vous serez comblés d'honneurs. Que n'auroient-ils point donné, ces empereurs, honteux d'être vaincus par l'Évangile, pour vaincre certains martyrs célèbres, pour leur faire trahir les mystères qui leur avoient été confiés! Souvent un martyr étoit réduit à ne pouvoir mourir. La mort même, qui auroit fini les maux, s'enfuyoit devant lui. On mêloit les plaisirs avec les tourments, pour amollir ceux qu'on ne pouvoit vaincre. Les exils, les rudes travaux, les longues prisons, les supplices lents, aussi bien que les plus cruels, et dont l'appareil étoit le plus terrible,
étoient employés. Il sembloit que la rage de l'enfer animoit les hommes, pour inventer de nouvelles douleurs, et des morts inconnues à la nature. Que disiez-vous alors, ô hommes dignes d'être éprouvés comme l'or dans la fournaise ardente? que disiez-vous? Je suis chrétien; et encore? Je suis chrétien. C'étoit souvent leur unique réponse. On leur demandoit le nom de leurs pasteurs et des autres fidèles. Nous n'avons garde, répondoient-ils, d'accuser ceux qui servent Dieu.

J'entends saint Polycarpe qui dit aux persécuteurs : Pourquoi abandonnerois-je un si bon maître que je sers depuis plus de quatre-vingts ans? J'entends la sentence prononcée à saint Cyprien : Que Cyprien ait la tête tranchée. Il répond : *Deo gratias,* et paie le bourreau. Bien plus, je vois de simples femmes, l'une qui emporte son fils mourant pour le mettre avec les autres sur le bûcher, de peur qu'il ne vive, et qu'il ne soit privé de la couronne; l'autre qui court hors de la ville d'Antioche avec ses petits enfants qu'elle mène par la main. Où allez-vous, lui dit-on, avec tant de hâte? Je cours, dit-elle, vers le faubourg, où j'apprends qu'on martyrise les chrétiens, de peur qu'on ne meure pour Jésus-Christ sans moi et sans les miens.

Mais admirez la patience des saints. Ce ne peut pas être la crainte qui les retient; car qui ne craint point la mort est au-dessus de tout. Ils ne craignent point de mourir, mais ils craignent qu'il ne leur échappe une seule parole d'aigreur ou d'impatience. Vrais disciples d'un maître qui a prié pour ses persécuteurs, jamais ils ne disent un mot qui tende à la menace ou à la sédition. « Nous » ne vous craignons point, disoit Tertullien aux » empereurs[1], et vous n'avez pas sujet de nous » craindre. Nous remplissons vos villes et vos provinces; tout, excepté vos temples, où nous ne » daignons entrer. Si nous vous quittions, votre » empire seroit un désert[2]. » Les légions entières des chrétiens se laissent exterminer sans se plaindre. L'armée de Julien est toute chrétienne, comme il parut après sa mort, lorsque Jovien fut couronné; elle peut tout, mais elle ne sait que souffrir, et elle obéit à un persécuteur apostat.

Voilà, mes frères, un portrait des martyrs. Tel fut celui que nous honorons. Qu'importe que la mémoire de sa sainte vie et de sa courageuse mort soit ensevelie dans les débris de tant de corps sacrés? Celui qui les ranimera au dernier jour saura les distinguer, et séparer toutes leurs cendres. Il n'a pas oublié ce que celui-ci a fait et

---

[1] *Ad Scap.*, cap. IV.
[2] *Apolog.*, cap. XXXVII.

souffert. Il a compté toutes ses douleurs, et maintenant il le couronne. Pour nous, mes frères, il nous suffit de savoir que c'est un de ces généreux fidèles qui ont livré leur ame pour le nom du Seigneur Jésus-Christ. Fiole pleine du sang qu'il a répandu, et vous palmes qu'il a méritées par son martyre, vous serez à jamais, dans les assemblées des justes, la marque de sa gloire et du triomphe de la vérité.

Parlez-moi d'un docteur qui a éclairé toute l'Église par la science des Écritures; je demanderai : A-t-il été humble? Racontez-moi les austérités d'un anachorète qui a vécu dans les déserts comme un ange dans un corps mortel; je demanderai encore: A-t-il persévéré? Mais quand on parle d'un martyr qui, dans la vraie Église, a répandu son sang, il ne reste plus de demande à faire. Le martyre est l'abrégé de toutes les vertus : qui dit martyr dit tout; et qui a donné sa vie a consommé le sacrifice d'holocauste dont la bonne odeur monte jusqu'à Dieu.

Gardez-vous bien, mes frères, de regarder avec indifférence ce pieux spectacle. Rien ne doit tant consoler la foi, que la vue d'un martyr : mais rien ne doit tant faire frémir la chair et le sang, rien ne doit tant consterner la nature. Un martyr est un homme foible et sensible comme nous, dont le courage vient faire rougir notre lâcheté. Loin donc, loin du martyr et de ses reliques, celui qui aime encore la vie, et qui n'oseroit mourir pour la foi!

Je vous entends, mes frères. Vous dites : Il est plus facile de mourir que de vivre pour Jésus-Christ. Le combat du martyre est court, au lieu que la pénitence chrétienne est un combat dont les peines et les dangers se renouvellent tous les jours; un combat où l'on est sans cesse aux prises avec le monde et avec soi-même. Vous vous trompez, mes frères. Ces martyrs, qui viennent vous confondre, mouroient tous les jours par leur détachement et par leurs souffrances, avant que d'expirer dans les supplices. Ils n'étoient même préparés au martyre qu'autant qu'ils mouroient par avance à tout. Faut-il s'étonner, disoit Tertullien, s'ils sont prêts à quitter la terre, puisqu'ils ont déjà rompu tous leurs liens? Il ne faut pas être surpris, disoit saint Cyprien, si ceux qui achetoient et qui goûtoient encore les douceurs de la vie pendant la paix sont tombés pendant la persécution. Vous le voyez, mes frères, c'est en vain que vous voudriez mourir pour Jésus-Christ sans vivre pour lui : le sacrifice du martyre est le fruit d'une vie où l'on a déjà sacrifié sans réserve ses passions.

O combien d'hommes s'imaginent, par une erreur grossière, qu'ils sauroient mieux mourir que vivre pour Jésus-Christ! Ils feroient l'un aussi mal que l'autre. Ils sont lâches dans les petites tentations; ils sont mous dans les plaisirs : comment pourroient-ils être constants et invincibles dans les douleurs? Ils ne peuvent sacrifier à Dieu un plaisir honteux d'un moment, un vil intérêt qu'ils n'oseroient nommer, une ombre, une fumée de réputation qui s'évanouit; et ils lui donneroient leur sang, leur vie, et tout avec elle? O hommes lâches, taisez-vous; la foi ne peut attendre rien de vous. Une froide raillerie vous fait rougir de l'Évangile, et vous seriez victorieux des opprobres et des tourments? Non, non; taisez-vous, encore une fois; la foi ne peut attendre rien de vous qui soit digne d'elle. Vos mœurs et vos sentiments ne promettent que l'apostasie; et, sans attendre la persécution, ne démentez-vous pas déjà votre foi?

Et vous, ô chrétiens indignes de ce nom, qui dites que les martyrs étoient des hommes extraordinaires qu'on ne doit pas prétendre d'imiter, sachez qu'ils devoient à Jésus-Christ tout leur sang qu'ils lui ont donné; sachez que dans les mêmes circonstances vous n'en pourriez moins faire, sans renoncer à votre salut. C'est pourquoi l'Apôtre disoit : *Je ne préfère point ma vie à mon ame*[1]. Mais, sans attendre les occasions du martyre, souvenez-vous que le même esprit qui a fait les martyrs doit vous animer dans les tentations les plus communes de la vie.

Est-il question d'étouffer un ressentiment, de sacrifier un intérêt injuste, de fouler aux pieds les grandeurs mondaines, d'abhorrer un plaisir impur, pour observer la loi de Dieu; ô martyr de la vérité et de la justice, armez-vous de courage. Plutôt répandre votre sang jusqu'à la dernière goutte, en combattant contre le péché!

Le péché de l'idolâtrie n'est pas le seul contre lequel il faut combattre jusqu'à livrer sa vie. Tout ce que préfère la créature au Créateur est abomination : tout ce qui nous tente contre la loi est l'idole qu'il faut briser. Mourons, mes frères, mourons pour la loi de notre Dieu, et pour le testament de notre père. Où êtes-vous, ô martyrs de la chasteté, ô martyrs de la charité, ô martyrs de la justice, ô martyrs de la pénitence, qui devez succéder aux martyrs de la foi? Revenez, je ne craindrai point de le dire, revenez, bienheureux temps des persécutions. Une longue paix a amolli

[1] *Act.*, xx, 24.

les cœurs. O paix, ô longue paix, que vous êtes amère, vous dont la douceur a été si long-temps desirée ! C'est vous qui ravagez l'Église plus que la persécution des tyrans ; c'est vous qui nous coûtez tant de relâchements et de scandales. Mais la persécution ébranleroit les foibles, il est vrai ; n'importe : du moins elle réveilleroit la foi ; le Seigneur éprouveroit ceux qui sont à lui ; la tempête, qui enlèveroit la paille, laisseroit le pur grain ; l'Église seroit purgée des faux chrétiens ; les ames fragiles s'humilieroient, et les forts seroient couronnés.

O Dieu, à quoi sommes-nous donc réduits? A vous demander que le glaive revienne sur nous. Frappez, Seigneur, et guérissez. Que votre sanctuaire soit désolé, pourvu que les cœurs, vrais sanctuaires, soient purs. Plutôt tout voir, Seigneur, que de voir encore tout ce que nous voyons ! Heureux vous et moi, mes frères, si nous pouvions être comme ce martyr ! Je vous ai montré ce que son exemple nous doit inspirer ; hâtons-nous de voir encore le fruit qu'il faut tirer du culte de ses reliques.

SECOND POINT.

Voulez-vous savoir, mes Frères, la date précise du culte des reliques des martyrs ? il est aussi ancien que le martyre même. Nous en avons des preuves qui sont de quarante ans presque immédiatement après la mort des apôtres. Il n'y avoit rien que les tyrans ne fissent pour dissiper leurs cendres et pour les dérober à l'empressement des fidèles ; ils les faisoient jeter au vent ou dans la rivière. Les fidèles s'exposoient souvent aux supplices pour les recueillir, et ils alloient quelquefois jusqu'aux extrémités de l'empire pour les acheter chèrement. C'étoit sur leurs monuments ou tombeaux que l'on célébroit les mystères. De là s'est conservé l'usage de renfermer des reliques dans nos autels quand on les consacre. Et en effet, qu'y a-t-il de plus convenable que d'offrir le sang de Jésus-Christ sur le corps de ses disciples qui ont répandu le leur pour lui ? Sans doute Jésus-Christ se plaît à mêler ainsi son sacrifice avec celui de ses martyrs, qui ne sont avec lui qu'une même victime. Au lieu qu'on prioit pour les autres morts, ceux-ci étoient priés, comme le remarque saint Augustin. Saint Jérôme, parlant au nom de tous les chrétiens contre l'impie Vigilance, nous dépeint les honneurs qu'on rendoit alors aux reliques, si semblables à ceux qu'on leur rend en nos jours, qu'en les lisant on croit voir nos châsses et nos processions. Il n'est pas nécessaire de prouver ces faits ; nous les tirons même de la bouche de nos frères errants. L'Église, dès ces premiers jours si voisins des apôtres, regardoit les cendres des martyrs comme étant pleines de la vertu de Dieu. Étoit-ce trop donner aux martyrs ? Non, non, mes frères ; c'étoit donner tout à Dieu, qui veut être admirable dans ses saints, et les faire régner, même d'un règne temporel, dans son Église, avec son Fils Jésus, dont ils sont les membres, comme saint Jean nous l'a appris. Celui qui donna aux os d'un prophète la vertu de rappeler un mort à la vie ; celui par qui le linge et la ceinture de Paul, l'ombre même de Pierre, guérissoient les malades, ne peut-il pas encore attacher sa vertu à ces membres déchirés et épars, sur lesquels reluit à jamais la grace du martyre ? O hommes de peu de foi, pourquoi doutez-vous ? Le bras du Tout-Puissant est-il raccourci ?

Raconterai-je, mes frères, les miracles faits à Milan en faveur des corps de saint Gervais et de saint Protais, rapportés par saint Ambroise et par saint Augustin ? Ajouterai-je ceux que les reliques de saint Étienne répandoient dans la côte d'Afrique, et que saint Augustin a décrits pour faire taire l'infidélité ? Mais l'univers entier a retenti du bruit de ces merveilles, et c'est à force de les voir que le monde entier a enfin ployé sous le joug de la religion. Ainsi, après que les martyrs ont vaincu le monde par la constance de leur foi, ils l'ont encore vaincu, pour lui inspirer la foi même, par la vertu miraculeuse que Dieu a attachée à leurs saintes reliques. Les martyrs qui ont haï leur chair pendant qu'elle étoit encore ici-bas le corps du péché, aiment maintenant cette chair, qui est devenue l'instrument de leur gloire. C'est elle qui a souffert, c'est elle qui portera à jamais dans le ciel les stigmates de Jésus-Christ ; c'est elle qui paroîtra lavée et blanchie dans le sang de l'Agneau : autant, autant donc qu'ils l'ont haïe et persécutée ici-bas, autant l'aiment-ils dans le ciel, autant desirent-ils de la glorifier.

Mais remarquez, mes frères, quelle est leur puissance. Il leur est donné de régner sur la terre avec le Sauveur. *J'ai vu*, dit saint Jean [1], *des trônes, et ils s'y sont assis. Le jugement leur a été donné. Je les ai vues, ces ames de ceux qui ont été tués, décollés pour le témoignage de Jésus-Christ.* Voilà, mes frères, un règne sensible sur la terre, sans attendre le dernier jour, un règne qui viendra avec la paix, quand le *dragon sera enchaîné* ; et ce règne temporel s'appelle la

---

[1] *Apoc.*, xx, 2, 4, 5.

première résurrection. Ne le voyez-vous pas ce triomphe des martyrs réservé à la paix de l'Église ? C'est alors que, régnant avec Jésus-Christ, ils mettent sous leurs pieds tous ses ennemis, et répandent sur les fidèles les bienfaits du Père céleste. Et en effet, saint Augustin assure que les miracles des temps apostoliques se renouveloient à la face de toutes les nations, en faveur des corps des martyrs, dans le commencement de la paix de l'Église, où les peuples barbares venoient comme au-devant de l'Évangile. Voilà la douce vengeance que les saints martyrs avoient demandée de leur sang ; voilà le règne sensible qui leur étoit promis. Ils avoient rendu témoignage à Dieu par leur propre sang ; et Dieu à son tour leur rendoit témoignage par ses miracles. Ce témoignage réciproque étoit le triomphe de la vérité ; c'étoit le règne des martyrs et de Jésus-Christ tout ensemble.

Faut-il donc s'étonner si les Basile, les Grégoire et les Chrysostome ont appelé les corps des martyrs des forteresses qui protégeoient les villes assez heureuses pour les posséder ? O ville de Rome, s'écrie saint Chrysostome, c'est la présence de Paul qui fait que je vous aime. Quel présent ferez-vous au Sauveur, lorsqu'on verra l'Apôtre sortir du sacré monument pour être enlevé dans les airs au-devant du Sauveur même ! Mais maintenant qui me donnera la consolation d'aller me prosterner aux pieds de Paul, et de demeurer attaché auprès de son tombeau ? Serai-je assez heureux pour voir les cendres de ce corps qui accomplit en lui ce qui manquoit aux souffrances de Jésus-Christ ?

O ville de Paris, dirons-nous aujourd'hui, que tu es heureuse et enrichie par la présence de ce nouveau martyr ! Qui me donnera de baiser ses sacrées dépouilles qu'il a laissées sur la terre, après l'avoir vaincue par la sublimité de sa foi ?

Enfants de Dieu, écoutez les paroles que Dieu prononce par ma bouche, et votre ame vivra. Vous n'ignorez pas maintenant quelle est la puissance des saints martyrs, dont Dieu veut glorifier la chair pour en tirer sa propre gloire. Vous avez entendu les paroles de l'Écriture, et le pieux usage de l'Église naissante. De plus, vous trouvez au-dedans de vous-mêmes le germe de piété qui porte naturellement l'Église à un culte si édifiant. Ici la grace et la nature sont d'accord. La nature demande ce qui frappe les sens, pour affermir sa foi ; et voici à quoi sert la présence des corps des martyrs. Ils réalisent tout ce que l'histoire ne fait que raconter ; ils mettent devant nos yeux les choses mêmes que nous révérons.

Hélas ! si les enfants qui n'ont pas dégénéré ne peuvent voir le tombeau de leur père sans verser des larmes, sans être attendris, et sans rappeler les plus purs sentiments de vertu que ce père leur a laissés comme en héritage ; nous, enfants de ces premiers chrétiens qui nous montrent la voie du ciel teinte de leur sang, pourrions-nous venir sur leurs cendres bénites et révérées de tous les siècles, sans verser des larmes, non sur eux, mais sur nous-mêmes, sans frapper nos lâches poitrines, sans ranimer notre foi et notre espérance par le souvenir de leurs combats et de leurs victoires ?

O si jamais ces spectacles capables de percer nos cœurs furent nécessaires, c'est maintenant ; ils l'étoient bien moins dans les temps où c'étoit presque la même chose d'être fidèle et d'être martyr. Maintenant que le sang chrétien, refroidi dans nos veines, a oublié de couler pour la cause de l'Évangile, ne faut-il pas le réchauffer par la vue de celui des anciens martyrs ? Mais voici d'autres fruits, mes frères, que nous pouvons tirer tous les jours du culte des corps des saints.

Ces corps, comme nous l'avons vu, ont été persécutés par le martyre même avant que de l'être par les tyrans. C'est le cilice, c'est le jeûne, c'est le travail des mains, et une longue suite de veilles, de sueurs, de larmes, qui les a préparés à vaincre les chevalets, les croix, les chaudières bouillantes, les roues armées de rasoirs. La vue de ces corps si mortifiés avant que de mourir ne pourra-t-elle point vous confondre, vous qui par une vie toute sensuelle vous préparez une mort lâche et impénitente ? Souvenez-vous de la célèbre Aglée, qui, faisant partir de Rome Boniface, son domestique, pour aller en Asie chercher des corps des martyrs, lui dit : Sachez, ô Boniface, que les corps des fidèles qui vont recueillir ceux des martyrs doivent être purs et sans tache. Ce ne seroit plus un honneur que vous viendriez ici rendre au martyr ; ce seroit une insulte, une dérision sacrilège, un triomphe impie de la chair et du sang contre le martyr ; tout au moins, ce seroit une superstition. Car qu'y a-t-il de plus superstitieux que d'honorer les martyrs, et d'attendre qu'ils nous seront propices, sans désirer de les imiter ?

Les corps que la cruauté des tyrans et la corruption ont réduits en cendres se ranimeront au jour de Jésus-Christ ; et de là vient que ces corps si défigurés, qui nous saisiroient de frayeur et d'horreur s'ils avoient souffert tant de supplices pour quelques crimes, ou même s'ils étoient morts d'une mort naturelle après une vie commune, ne nous inspirent que tendresse, vénération, joie et confiance. C'est que nous savons que celui pour qui ils sont morts tient dans ses mains les clefs du tombeau, et qu'il est lui-même la résurrection et la vie. Ainsi cette cendre, toute cendre qu'elle est, quoiqu'on n'y voie plus que de tristes débris foudroyés par la mort, exhale encore une odeur de vie, et nourrit dans nos cœurs une espérance pleine d'immortalité.

Voilà, disons-nous, ces membres qui paroissoient morts, mais qui sont encore vivants dans la main de Dieu. Voilà ces os brisés et humiliés, qui tressailliront de joie quand la trompette sonnera pour rassembler toute chair aux pieds de Jésus-Christ. Voilà ces pieds et ces mains qui ont été dans les chaînes ; ces pieds qui n'ont point fui lorsqu'il a fallu confesser Jésus-Christ ; ces mains pleines de bonnes œuvres. Voilà ces yeux qui ont regardé la terre entière avec mépris, et qui n'ont daigné s'ouvrir à la vanité. Voilà ces oreilles qui ont moins écouté les menaces des tyrans que les promesses de Jésus-Christ. La voilà cette bouche qui a béni les persécuteurs ; qui, confessant Jésus-Christ, a fait taire l'iniquité païenne, et par qui Jésus-Christ même a parlé. Le voilà ce cœur plus grand que tout le monde, et qui n'a pu être rempli que par l'amour de Dieu.

Pourquoi donc, mes frères, craindre la mort en marchant sur les pas de celui qui est si heureux de l'avoir soufferte? O hommes aveugles, vous regardez la mort comme si elle étoit éternelle ! C'est la vie qui est éternelle ; la mort n'est qu'un court sommeil. Bientôt il n'y aura plus de mort pour ceux qui n'auront pas craint de mourir. Trop heureux d'aller au-devant de la mort, et de mêler nos cendres avec celle du saint martyr de ces lieux ! car jamais ce précieux dépôt ne nous sera ravi. De ces lieux, son corps, suivi des nôtres, s'élèvera au milieu des nuées vers Jésus-Christ, qui descendra à nous. O mort, ô impuissante mort ! ta victoire est détruite, grace à Jésus-Christ ; ses vrais enfants ne te craignent plus.

Enfin, mes frères, ces corps des saints martyrs reçoivent parmi nous un culte qui est l'image de la gloire dont ils jouiront : foible image, à la vérité, mais néanmoins digne de leur complaisance, et qui leur établit un règne sensible sur les cœurs, selon la promesse de Jésus-Christ. O cendres des martyrs, vous voilà donc déja glorifiées ici-bas, en attendant une autre gloire que Dieu seul peut donner ! Qui pourroit donc, mes Frères, en considérant aujourd'hui cette pieuse pompe et cette douce joie de toute l'Église, n'élever pas son cœur vers le triomphe de la céleste Jérusalem, où tous ceux qui, suivant l'Agneau, sont venus de la grande tribulation, verront la main de Dieu qui essuiera leurs larmes, et chanteront éternellement le cantique de leur victoire?

Mais que vois-je, mes Frères ? Quelle foule de chrétiens qui approchent du martyr, non pas avec un cœur plein du desir du martyre, mais avec une conscience aussi corrompue que celle des persécuteurs ! O chrétiens mes frères, voulez-vous encore affliger cette cendre, qui n'est pas insensible à ce que la foi souffre, et à l'opprobre que vous faites à l'Évangile? N'entendez-vous pas cette voix secrète du martyr, qui vous dit intérieurement : Qu'êtes-vous venus faire ici ? Osez-vous apporter une foi vaine et superstitieuse aux pieds de ces ossements ? Ils sont inanimés, ils n'ont aucune vertu pour vous, ils n'ont plus aucun sentiment que pour vous abhorrer. Allez, allez loin de ces lieux où la foi seule doit entrer. Si vous cherchez des cendres, honorez celles des grands pécheurs que vous imitez ; honorez ces affreux cadavres que l'ambition, l'impureté, la vengeance et l'avarice ont agités pendant leur vie, et qui sont vos modèles. Allez sur ces corps malheureux, dévoués à l'étang de soufre et de feu dont la fumée monte jusqu'aux siècles des siècles ; allez y recueillir jusqu'aux dernières étincelles d'une flamme impure dont votre cœur cherche à s'embraser ; allez dans cette poussière des tombeaux des pécheurs, où leurs vices, qui ont pénétré jusqu'à la moelle de leurs os, dorment avec eux : mais laissez reposer en paix, parmi les vœux des fidèles et des ames saintes, les cendres de celui qui n'est mort dans les tourments que pour ne vivre pas comme vous vivez.

O vous qui nous entendez du haut de ce trône où vous êtes assis avec Jésus-Christ, bienheureux martyr, vous nous aimerez désormais, et vous nous avez même déja aimés, puisque vous n'avez pas dédaigné de nous confier ce précieux dépôt. Nous vous conjurons par vos chaînes, par vos tourments, par votre mort, enfin par vos cendres ici présentes, de demander à Dieu qu'il ressuscite notre foi : je dis qu'il la ressuscite, car elle est morte, et tout s'éteint en nous pour la vie chrétienne. Elles seront, ces cendres ; notre trésor et notre joie ; il en sortira, par la grace de Jésus-Christ, un esprit de martyre qui nous endurcira contre nous-mêmes, contre le monde tyrannique, et contre tous les traits enflammés de Satan. Ainsi, ô homme de Dieu par qui la vertu de l'Évangile se fait sentir, nous participerons à votre victoire et à votre couronne dans le règne de l'Agneau vainqueur. Ainsi soit-il.

SERMON
POUR
LA PROFESSION RELIGIEUSE
D'UNE NOUVELLE CONVERTIE.

Venite, audite, et narrabo, omnes qui timetis Deum, quanta fecit animæ meæ.

Ô vous tous qui craignez le Seigneur, venez, écoutez, et je raconterai tout ce qu'il a fait à mon ame. *Ps.* LXV, 16.

L'eussiez-vous cru, ma chère sœur, que l'Époux des vierges vous attendoit dans cette solitude dès les jours de l'éternité ? C'étoit donc là ce qu'il vouloit de vous, lorsqu'il tiroit tant de profonds gémissements de votre cœur, et que vous ne saviez pas encore vous-même pourquoi vous gémissiez ! Ô mystère de grace ! ô voies de Dieu dans le cœur de l'homme, inconnues à l'homme même ! ô Dieu, abime de sagesse et d'amour !

Fille chrétienne, élevez votre voix; appelez à ce spectacle les hommes et les anges. Dites dans un humble transport : Ô vous tous qui craignez le Seigneur, hâtez-vous de venir : vous me verrez, et vous verrez la grace en moi. Peuples, assemblez-vous, accourez en foule ; que les extrémités de la terre l'entendent, que toute chair admire et tressaille : car il a regardé la bassesse de sa servante, et il a fait en moi de grandes choses, celui qui est puissant. Enfants de Dieu, rendez gloire à son œuvre. Que la terre et les cieux soient pleins de son nom ; que tout en retentisse jusqu'au fond de l'abime ; que tout s'unisse à moi pour chanter le tendre cantique, le cantique toujours nouveau des éternelles miséricordes : *Venite, audite,* etc.

Découvrons donc, ma chère sœur, dans les deux parties de ce discours, non à votre gloire, mais à celle de Jésus-Christ, ce qu'il a opéré dans votre conversion, et ce qu'il a préparé dans votre sacrifice. Par l'un, vous instruirez le monde des richesses de la grace ; par l'autre, vous serez instruite vous-même de ce que la grace doit achever en vous dans la solitude. Voilà tout le sujet de ce discours.

Ô Esprit, ô flamme céleste, qui allez embraser la victime, soyez vous-même dans ma bouche une langue de feu. Que toutes mes paroles, comme autant de flèches ardentes, percent et enflamment les cœurs. Donnez, donnez, Seigneur ; c'est ici la louange de votre grace. Marie, mère des vierges, priez pour nous. *Ave, Maria.*

J'adore souvent en tremblant, mes frères, ce jugement qui est un abîme, ce profond conseil par lequel Dieu permet que tant d'enfants soient livrés à l'erreur. Quoi ! cet âge si tendre, si simple, si innocent, suce avec le lait le poison ; et les parents que Dieu lui choisit, par leur tendresse aveugle causent son malheur ! Faut-il que sa docilité même le rende coupable ! Ô Dieu ! vous êtes pourtant juste. Nous savons par vous-même que vous ne haïssez rien de tout ce que vous avez fait ; que vous êtes le Sauveur de tous ; que toutes vos voies sont vérité et miséricorde : à vous seul louange dans votre secret ; à nous le silence, le tremblement et l'adoration. Mais, sans pénétrer trop avant, mes frères, concluons avec saint Augustin que Dieu voit dans un cœur une malignité subtile que nos yeux, trop accoutumés à une corruption plus grossière, souvent ne découvrent pas. Il voit l'orgueil naissant qui abuse déjà des prémices de la raison, et qui mérite qu'un tourbillon de ténèbres vienne le confondre ; l'abus des richesses, des plaisirs, des honneurs, de la santé, des graces du corps, et même de l'esprit. C'est la vanité qui abuse des choses presque aussi vaines qu'elle. Mais abuser de la raison dans le point essentiel de la religion, c'est résister au Saint-Esprit, c'est l'éteindre, c'est lui faire injure, c'est tourner le plus grand don de Dieu contre Dieu même.

Jeune créature, flattée et éblouie de vos propres rayons, ce que le monde admire en vous est ce que Dieu déteste. Sous ces jeux innocents de l'enfance se déploie déjà un sérieux funeste, une raison foible qui se croit forte ; une présomption que rien n'arrête, et qui s'élève au-dessus de tout ; un amour forcené de soi-même, qui va jusqu'à l'idolâtrie. Voilà ce que Dieu juste frappe d'aveuglement.

Erreur d'une ame enivrée d'elle-même, bientôt punie par mille autres erreurs ! La voyez-vous qui court après les idoles de son invention ? Ne croyez pas qu'elle soit docile ; du moins elle ne l'est qu'à la flatterie. On lui dit : Lisez les Écritures, jugez par vous-même, préférez votre persuasion à toute autorité visible ; vous entendrez mieux le texte que l'Église entière, de qui vous tenez et les sacrements et l'Écriture même ; le Saint-Esprit ne manquera pas de vous inspirer par son témoignage intérieur ; vos yeux s'ouvriront ; et en lisant avec cet esprit la parole divine, vous serez comme une divinité. On le lui dit, et elle ne rougit point de le croire. Prêter l'oreille à ces paroles empoisonnées du serpent, est-ce docilité ? Non, c'est présomption ; car ce n'est pas déférer à l'autorité, c'est au contraire fouler aux pieds la plus grande autorité que la Providence ait mise sous le ciel, pour s'ériger dans son propre cœur un tribunal suprême. Voilà, mes frères, le premier coup qui a donné la mort à cette jeunesse, d'ailleurs si innocente et si digne de compassion; voilà le frein d'erreur que Dieu dans sa colère met dans la bouche des hommes superbes, pour les précipiter dans le mensonge.

Telle fut, ma chère sœur, cette première démarche qui vous égara des anciennes voies, et qui mit insensiblement un mur entre vous et la vérité. Jusque là tout étoit catholique en vous; tout, jusqu'à cette soumission même si simple que vous aviez pour les faux pasteurs. Votre baptême, quoique administré hors de l'enceinte de l'unité par des mains révoltées, étoit pourtant l'unique baptême qui partout où il se trouve appartient à l'Église unique, et qui tient sa vertu non de la disposition du ministre, mais de la promesse immuable de Jésus-Christ. Vous fîtes même dans l'unité tout ce que vous fîtes sans vouloir la rompre; vous ne commençâtes à être véritablement protestante qu'au moment fatal où vous dîtes dans votre cœur, en pleine liberté : Oui, je confirme la séparation de mes pères; et en lisant les Écritures, je juge que l'Église d'où nous sommes sortis ne les entend pas.

A cette parole si dure et si hautaine, c'en est fait; l'Esprit, qui ne repose que sur les doux et humbles de cœur, se retire; le lien fraternel se rompt; la charité s'éteint; la nuit entre de toutes parts; l'autorité si claire dans l'Évangile pour prévenir les plus subtiles distinctions, si nécessaire pour soutenir les foibles, pour arrêter les forts, pour tenir tout dans l'unité; cette autorité sans laquelle la Providence se manqueroit à elle-même pour l'instruction des simples et des ignorants, ne paroît plus qu'une tyrannie. Quels maux affreux viennent de cette source! Confiance téméraire en l'élection divine, inspirée à chaque particulier, au préjudice de la crainte et du tremblement avec lequel on doit opérer son salut; mépris de l'antiquité, lors même qu'on fait semblant de la suivre; audace effrénée qui traite les Pères d'esprits crédules et superstitieux, d'introducteurs de l'antechrist; parole du Sauveur, qui devoit être un lien d'éternelle concorde, devenue le jouet d'une vaine subtilité dans des disputes scandaleuses; divins oracles livrés aux visions et aux songes impies de toutes les sectes qui se multiplient à l'infini, et qui s'entredéchirent cruellement. O ma bouche, n'achevez pas.

Voilà ce que la réforme enfante dans le Nord depuis le dernier siècle; fruits par lesquels on doit juger de l'arbre. Quel remède à ces maux? Sera-ce l'Écriture, mes frères? Eh! c'est elle dont on abuse. Semblable à Dieu même qui l'a inspirée, bien loin d'instruire les superbes, elle leur résiste, et elle ne donne la vérité qu'aux humbles. Aussi les protestants sont-ils contraints d'avouer que l'Écriture, même pour les points fondamentaux, n'est pas claire sans grace, c'est-à-dire qu'elle ne l'est que pour les humbles, qui ont seuls l'esprit de Dieu.

Ainsi, vous le voyez, mes frères, toute la certitude de leur foi et de leur intelligence des Écritures n'est fondée que sur la certitude de leur humilité. Étrange certitude! car qu'y a-t-il de plus superbe que de se croire humble? Où sont-ils ces petits à qui les mystères sont révélés, pendant qu'ils sont cachés aux grands et aux sages du siècle? Peut-on appeler les protestants petits, eux qui sont, par leurs principes, dans la nécessité de se croire humbles et pleins du Saint-Esprit! eux qui par conséquent sont si grands à leurs propres yeux! eux qui ne craignent point de se tromper en expliquant les Écritures, quoiqu'ils assurent que l'Église entière s'y est trompée pendant tant de siècles!

Remarquez encore, mes frères, que ce n'est pas précisément la parole de Dieu, mais leur propre explication, qui est le fondement de leur foi : car il n'est pas question du texte, dont tous conviennent également comme de la règle suprême; mais du vrai sens qu'il faut trouver; et ce vrai sens, chacun d'eux s'en assure par son propre discernement, qui est ainsi l'unique appui de sa foi, comme s'il avoit personnellement l'infaillibilité qu'il ôte à l'Église.

O profondeur! s'écrie saint Augustin sur sa propre expérience dans sa conversion; ô livres inaccessibles à l'orgueil des sages du siècle! vous êtes le glaive à deux tranchants; vous répandez une lumière vivifiante; mais aussi de vous sortent les ténèbres vengeresses. Pendant que les petits tremblent dans le sein de leur mère, se défiant de tout par l'humilité; les sages, par l'orgueil, tournent tout en poison. Je vois des chrétiens, qui, comme les Juifs, se croyant, dès le ventre de leur mère, la race sainte, les héritiers de l'alliance, les interprètes des oracles, vous lisent toujours avec un voile sur le cœur. Ils disent sans cesse, L'Écriture, l'Écriture, l'Écriture! comme les Juifs disoient, Le temple, le temple, le temple! Mais l'esprit de l'Écriture, qui seul peut vivifier, et qui n'est promis qu'au corps de l'Église, les a quittés quand ils l'ont quittée, et la lettre les tue.

Ainsi, ma chère sœur, la lumière luisoit en vous

au milieu des ténèbres, et les ténèbres ne la comprenoient point. La coutume, qui peut toujours plus qu'on ne croit sur ceux mêmes qui auroient honte de lui céder; la confiance en vos ministres, qui, sous une apparence de liberté, tenoient tous les esprits assujettis aux finales résolutions de leurs synodes nationaux; les liens de la chair et du sang, ah! tristes liens; liens que je ne puis nommer sans faire saigner la plus douloureuse plaie de votre cœur! enfin une haine héréditaire de l'Église, haine qui, au seul nom de Rome, soulevoit vos entrailles, et se nourrissoit jusque dans la moelle de vos os, ne vous laissoit pas à vous-même. Vous écoutiez, non pour examiner, mais pour répondre. Un silence nonchalant, ou un ris dédaigneux, ou une réponse subtile, repoussoit les raisons dont vous ne sentiez pas encore la force. Mais pour celles qui vous accabloient, que faisoient-elles, ma chère sœur? Je ne craindrai pas de le dire; car je sais quelle joie je donnerai à votre cœur en racontant avec vos misères les célestes miséricordes. Rappelons donc ces larmes d'un orgueil impuissant, et irrité de son impuissance.

Qui le croiroit, mes Frères, que l'examen, unique fondement de cette réforme, fût néanmoins ce qu'il est plus difficile d'obtenir d'elle? Enquérez-vous, dit-elle, diligemment des Écritures. Ne penseriez-vous pas qu'elle ne dispense personne de l'examen? Elle veut qu'on lise et qu'on juge, mais à condition que le juge demeurera toujours prévenu. Car, si vous allez de bonne foi, dans cet examen, jusqu'à mettre en doute la religion protestante, jusqu'à vous rendre entièrement neutre entre les deux Églises, c'en est fait, s'écrient-ils, vous êtes perdus; c'est à la voix de l'enchanteur que vous prêtez l'oreille. Quoi donc! le juge ne doit-il pas prêter l'oreille, pour savoir si ce qu'on lui dit est un enchantement ou une vérité? O réforme! n'étoit-ce pas assez d'inspirer à chaque particulier la témérité de se faire juge? Falloit-il encore, pour comble de témérité, vouloir que chacun soit juge à l'aveugle? Vous qui préférez l'examen et le jugement du particulier à toute autorité, comment osez-vous dire qu'on se perd dès qu'on examine? Quelle est donc cette religion qui tombe dès qu'on la regarde avec des yeux indifférents, et avec l'intégrité d'un juge qui doit se défier également de toutes les parties? Mais la réforme sent bien qu'elle tomberoit sans ressource à ce premier ébranlement.

Combien de fois ai-je éprouvé ce que je vais dire! Vous avez convaincu sur tous les articles, vous croyez avoir tout fait; mais vous ne faites rien, si, par un puissant attrait de piété, vous n'enlevez l'ame à elle-même, pour lui faire sentir ce que c'est que d'être humble; si vous ne bouleversez le fond d'une conscience; si vous ne tenez un cœur en suspens et comme en l'air au-dessus de ses préjugés. En vain à coups redoublés vous frappez ce grand arbre, dont la tige immobile monte jusqu'au ciel, et dont les racines vont se cacher dans les entrailles de la terre : vous n'en enlevez que les foibles rameaux; encore repoussent-ils toujours. Mais attaquez ces racines vives, entrelacées, profondes; le voilà qui tombe de son propre poids.

Vous aimiez le mensonge, ma chère sœur : mais la vérité vous aimoit; vous étiez à elle avant la création du monde, et vous deviez enfin l'aimer. Vous étiez loin de Dieu; mais il étoit auprès et au milieu de vous : vous le fuyiez sans le vouloir entendre; mais sa miséricorde vous poursuivoit. Son heure vient, il tonne, foudroie, écrase l'orgueil indompté; et voilà les écailles qui tombent de ces yeux fermés à la lumière.

Seigneur, que voulez-vous que je fasse? s'écrie-t-elle comme Saul. Que vois-je? où suis-je? Que sont-ils devenus, tous ces objets que j'ai cru voir si clairement? Tout s'évanouit, tout m'échappe, tout ce qui m'appuyoit se fond dans mes mains. Ma vie entière n'a donc été qu'un songe, et voici mon premier réveil. Où êtes-vous, livres en qui j'ai espéré? Et maintenant je rougis des fables que j'ai admirées. Est-ce donc là ce qui a enchanté si long-temps mon cœur? Donc, donc jusqu'ici j'ai vécu égarée de la voie de la vérité; le soleil de la sagesse ne s'étoit point levé sur ma tête, et la lumière de l'intelligence n'a jamais lui sur moi.

Hélas! continue-t-elle avec saint Augustin, quand on veut se servir de guide à soi-même, peut-on manquer de tomber dans le précipice? Seigneur, que ceux que vous n'avez pas encore mis à vos pieds en abattant leur orgueil rient de ma foiblesse et de mon inconstance, rien ne m'empêchera de confesser, à la gloire de votre nom, ma honte et mes erreurs. Ils diront que je n'ai jamais été humble. Et comment l'aurois-je été, moi à qui ma religion défendoit de l'être, puisqu'elle m'obligeoit à préférer ma persuasion au commun accord et consentement de toutes les églises; comme si ma persuasion eût été infailliblement le témoignage du Saint-Esprit même! Ils ajouteront que vous m'aveuglez, ô Saint-Esprit, pour punir mon orgueil. Ah! je le mériterois, Seigneur : mais vous le guérissez cet orgueil que vous devriez punir, et qu'ils ont nourri; du moins vous me le faites desirer. O Père tout ensemble des lumières et des miséricordes! ô Dieu de toute consolation! vous me faites entrer dans toute vérité par le seul sentiment que vous me donnez de ma misère et de mon impuissance. Qu'à jamais soit béni celui qui m'arrache à la puissance des ténèbres, pour me transférer au royaume de son Fils bien aimé! *O vous tous qui craignez le Seigneur, venez, écoutez, et je raconterai tout ce qu'il a fait à mon ame.*

Dès ce moment Dieu lui mit au cœur l'onction qui enseigne tout, je veux dire la consolation de se soumettre. Aimable repos, disoit-elle, réservé à ceux qui veulent être doux et humbles de cœur! Je n'ai plus besoin de raisonnement; voici l'enfance marquée dans l'Évangile, la voie abrégée pour les pauvres d'esprit, que Jésus-Christ nomme bienheureux ; les yeux fermés, ne sentir plus que son ignorance et la bonté de Dieu, qui ne laisse jamais ses enfants dans son Église un seul instant sans guide visible et assuré. Bien loin que cette voie soit difficile aux ignorants, plus on est ignorant, plus on en est capable; car c'est l'ignorance même, pourvu qu'elle soit humble, qui y mène naturellement. En voilà assez pour supposer, sans lecture ni examen, la nécessité d'une providence perpétuelle sur l'Église, conforme aux promesses. Mais quelle sera cette Église ? Eh! peut-on hésiter un moment dans ce choix ? En peut-on écouter une autre que celle d'où toutes les autres avouent qu'elles sont sorties, et qui seule s'attribue, en vertu des promesses, la pleine autorité dont tous les humbles sentent qu'ils ont besoin pour être conduits ?

Dieu lui donna aussi de goûter le mystère d'amour, qui révolte les sens grossiers et l'esprit superbe. L'Écriture, disoit-elle, n'est pas moins formelle pour la présence de Jésus-Christ au sacrement, que pour l'incarnation. Tout est réel dans les dons de Dieu. Cette chair que son Fils a prise réellement pour les hommes en général, par une suite naturelle du mystère, que les saints Pères en ont appelée l'extension, il la donne à chacun de nous en particulier dans l'eucharistie avec la même réalité. Quiconque aime et sent combien nous sommes aimés (car je ne parle point à ceux qui ne sentent rien); quiconque aime et sent combien nous sommes aimés n'a qu'à se taire et qu'à adorer. Qu'on ne m'importune donc plus. Ici l'amour simple prend tout à la lettre. Cette chair véritable est véritablement viande. O mes Frères, pourquoi vous efforcer de m'ôter Jésus-Christ, et de ne me laisser que sa figure ? Pourquoi tant de troubles ? Que craignez-vous ? De l'avoir lui-même, et de trouver qu'il nous a aimés jusqu'à nous donner sa propre chair ? Pourquoi dites-vous donc qu'il nous donne sa propre substance ? Nous donne-t-il ce qui n'y est pas ? La substance d'un corps, n'est-ce pas le corps même ? Pourquoi parler comme les catholiques, sans croire comme eux? Pourquoi ne croire pas naturellement comme on parle ? C'est renverser l'autorité du texte que vous aimez tant, et en rendre le sens arbitraire, que de lui donner vos explications forcées et trop allégoriques. Si on ne prend religieusement à la lettre dans l'Écriture tout ce qui peut y être pris sans contredire manifestement d'autres endroits plus clairs, on anéantit les mystères. Appliquez à la Trinité et à l'incarnation le sens de figure que vous donnez avec aussi peu de fondement à l'eucharistie, le christianisme n'est plus qu'un nom, l'Écriture qu'un amas d'allégories susceptibles de toute sorte de sens ; et l'impiété socinienne triomphe. Mais qu'il est doux de la croire, cette présence de Jésus-Christ! qu'elle attendrit! qu'elle anime! qu'elle retient! par conséquent qu'elle est convenable à nos besoins, et digne de celui qui nous a tant aimés !

Tais-toi, philosophie curieuse et superbe, sagesse convaincue de folie, vils éléments d'une science terrestre! Loin de moi chair et sang qui ne révélez point les mystères! Bienheureux ceux qui croient sans voir! Hommes charnels, hommes de peu de foi, répondez. De quoi doutez-vous ? ou de la bonté, ou de la puissance de Jésus-Christ, qui, pour définir ce qu'il nous donne, dit si expressément : *Ceci est mon corps?* Craignez-vous que le Verbe, qui s'est anéanti en se faisant chair sans cesser d'être Dieu, ne sache pas encore nous donner cette même chair sans lui rien ôter de sa gloire, en quelque indécence que l'impiété ou le hasard mette le voile corruptible sous lequel il se cache ? Votre scandale montre que vous ne connoissez pas encore ni la majesté de Jésus-Christ, également inaltérable par elle-même en tous endroits, ni l'excès de son amour.

Ce fondement posé, le reste ne lui coûte plus rien. Voici ce qu'elle ajoute : La réforme, qui doit être si jalouse de conserver l'intégrité des figures, puisqu'elle réduit à deux figures tout le sacrement, n'a pas laissé d'en retrancher une en faveur de ceux qui ont de l'aversion pour le vin : comment donc ose-t-elle reprocher ce même retranchement aux catholiques, à ceux qui cherchent moins, dans l'eucharistie, les figures que Jésus-Christ lui-même vivant, et par conséquent tout entier sous chacune des deux espèces?

Qu'est-ce qui peut manquer à celui qui reçoit tout Jésus-Christ, unique source de toutes les grâces? Mais enfin l'intégrité du sacrement étant ainsi sauvée sous une seule espèce, de l'aveu même des protestants dans leur pratique, reste le point de discipline, pour savoir les cas où cette communion, bonne et entière en elle-même, doit être permise.

Sera-ce un attentat de faire, pour conserver le lien inviolable de l'unité en obéissant à la vraie Église, qui a les promesses, ce qu'on fait chez les protestants en faveur d'une répugnance? Après tout, si, indépendamment des préjugés et de la coutume, on prenoit la liberté de raisonner sur le baptême comme nous faisons sur l'eucharistie, il faudroit inévitablement conclure qu'il n'y a plus sur la terre, depuis plusieurs siècles, aucune vraie Église, ni visible ni invisible, et par conséquent que les promesses ont été trompeuses; qu'enfin il ne reste plus d'autres chrétiens que les anabaptistes. Car enfin Jésus-Christ n'a pas dit formellement: Donnez la coupe à toutes les nations; comme il faut avouer que la rigueur des termes porte: Endoctrinez toutes les nations, les plongeant dans l'eau. Douterai-je des promesses de Jésus-Christ à son Église? condamnerai-je mon baptême? me ferai-je rebaptiser? A Dieu ne plaise! Cette extrémité de doute fait horreur. Pourquoi donc ne serai-je pas contente, étant aussi assurée de bien communier sans la coupe, que d'avoir été bien baptisée avant l'usage de raison et sans plongement?

Les fidèles du temps des Machabées, et leurs offrandes envoyées à Jérusalem, lui mirent devant les yeux des âmes justes et prédestinées, qui, pour des fautes à expier, ont encore besoin d'un secours et d'une délivrance après cette vie. Voilà, dit-elle, un des fondements de la prière pour les morts, que l'Église judaïque pratiquoit avec tant de piété avant Jésus-Christ, et que les anciens Pères nous ont laissée comme un dépôt reçu par toutes les églises de l'univers, de la main même des apôtres.

Mais pourquoi ne demander pas leur suffrage à nos frères du ciel comme à ceux de la terre, afin que cette partie de nos frères qui est déjà recueillie au séjour de la paix, et qui ne fait qu'une même Église avec nous, s'unisse à nos vœux; qu'ainsi nous ne formions tous ensemble qu'un seul cœur et qu'une seule voix en priant par Jésus, commun et unique médiateur? Sans doute cette Église céleste, qui est tout en joie dès qu'un seul d'entre nous fait pénitence, nous voit et nous entend dans le sein du Père des lumières où elle repose.

A Dieu ne plaise, s'écrie-t-elle encore, que je prenne une image morte, et incapable par elle-même de toute vertu, pour le Dieu vivant et invisible que j'adore; ni qu'elle me paroisse jamais lui ressembler; car il est esprit, et n'a point de figure! Seulement elle m'édifie, elle m'attendrit. Par exemple, elle met si vivement devant mes yeux Jésus nu, étendu, percé, déchiré, sanglant, expirant sur la croix, que je me sens comme transportée sur le Calvaire, et je crois voir l'Homme de douleurs. Saint Paul veut que j'en aie toujours une image empreinte au-dedans: pourquoi n'en aurai-je pas une aussi au-dehors, puisqu'elles sont précisément de même nature, de même usage, et que l'une est si utile à conserver l'autre? O aimable représentation du Sauveur mourant pour mes péchés! Je n'ai garde de la servir, car je suis jalouse de ne servir que celui dont elle est l'image: mais, pour l'amour de lui, je me sers d'elle, et je l'honore comme le livre des Évangiles, qui est aussi une image des actions et des paroles du Sauveur; ou comme on salue un pasteur, devant qui on se met quelquefois à genoux, même parmi les protestants.

Mais que vois-je, mes frères? rien n'étonne sa foi, tant elle est vive et étendue. Elle entre dans notre culte comme dans son propre héritage qu'on lui avoit enlevé. On a laissé, dit-elle, l'office dans l'ancienne langue de l'Église, qui ne change jamais, et qui est la plus universelle dans toutes les nations chrétiennes: on l'a fait pour l'uniformité, pour donner à tant de peuples de diverses langues un lien de communication dans les mêmes prières, enfin pour prévenir les altérations du texte sacré, si dangereuses dans le continuel changement des langues vivantes. Peut-on appeler une langue inconnue, à laquelle on ne peut en conscience répondre *Amen*, une langue qui est familière à la plupart des personnes instruites, et dont on met des versions fidèles dans les mains du reste du peuple? Le latin est-il plus inconnu aux peuples chrétiens, que le françois du siècle passé ne l'est aux paysans de Gascogne et de tant d'autres provinces, qui, dans la réforme, ne chantoient les Psaumes et n'avoient la Bible qu'en cette langue, si éloignée de la leur, et devenue si barbare?

Puis, observant nos cérémonies: Est-ce donc là, ajoute-t-elle, ce que j'appelois des superstitions? Je n'y vois que des représentations sensibles de nos mystères, pour mieux frapper les hommes attachés aux sens. C'est ne les point connoître, que de leur

27.

donner un culte sec et nu, tel qu'étoit le nôtre. Ici quelle simplicité! quel goût de l'Écriture! C'est l'Écriture elle-même qui, sous ces représentations, passe successivement aux yeux du peuple dans le cours de l'année : spectacle qui instruit, qui console, qui, bien loin de détourner du culte intérieur, anime ses enfants à adorer le Père en esprit et en vérité. O Dieu! j'ai blasphémé ce que j'ignorois. Je craignois au-dehors les idoles; et, malheureuse que j'étois, je ne craignois pas au-dedans mon propre esprit, dont j'étois idolâtre. J'ai abusé des connoissances que Dieu a mises dans mon esprit, comme les femmes vaines et immodestes abusent des graces du corps. Non, je ne veux plus songer à d'autre réforme qu'à celle de moi-même.

Aussitôt un torrent de larmes coule de ses yeux, et rien ne lui est doux, sinon de pleurer. O qu'elles sont précieuses ces larmes d'un cœur contrit et humilié! qu'elles sont différentes, ma chère sœur, de ces larmes amères que l'orgueil avoit fait couler! Qu'est-il devenu, mes frères, cet air de confiance? Où sont-ils ces yeux altiers dont parle l'Écriture? Je ne vois plus que l'ame courbée, tremblante, et petite à ses propres yeux, sur qui Dieu arrête les siens avec complaisance. Elle gémit, elle se tait. Ses mains armées d'indignation frappent sa poitrine, et rien ne la console que sa foi, qui goûte la pure joie de la vérité découverte. Elle n'acquiesce point à la chair et au sang. Seigneur, vous seul savez avec quelle violence elle s'arrache à cette intime portion d'elle-même qu'elle ne peut attirer à vous. N'oubliez pas le sacrifice qu'elle vous en fit. Mettez devant vos yeux ses larmes, ses pénitences, ses os brisés, et ses entrailles déchirées. Faites, Seigneur, et ne tardez pas; donnez-lui l'unique desir de son cœur. Ce qu'elle vous demande, c'est votre gloire; rendez-lui, comme à Abraham, cette chère tête que sa foi vous a immolée.

Dès-lors je la vois ferme sur le rivage, tendant la main aux autres qui sortent du naufrage après elle, et épanchant sur eux un cœur sensible à la douleur commune. J'entends de tous côtés les cris de ceux qui disent: N'est-ce pas celle qui couroit après le mensonge parmi les sentiers ténébreux? et maintenant elle marche aux rayons de la vérité, à la lumière du Dieu de Jacob; elle qui ravageoit le troupeau, la voilà qui évangélise.

Mais tout-à-coup une voix secrète l'appelle, l'Esprit la ravit, et elle marche sans savoir où tendent ses pas. Enfin se présente de loin à ses yeux la sainte montagne, où les vierges suivent l'Agneau partout où il va, et où distillent nuit et jour les célestes bénédictions. Elle court, elle admire, elle ne peut rassasier ses yeux et son cœur.

Que trouve-t-elle dans ce désert? Des plantes qu'un fleuve de paix et de grace arrose, et où fleurissent les plus odoriférantes vertus; des yeux qui ne s'ouvrent jamais à la vanité, et qui ne daignent plus voir ce que ce soleil passager éclaire; un silence semblable à celui de la céleste Jérusalem, qui n'est interrompu que par le cantique des noces sacrées de l'Agneau; la joie douce et innocente du paradis terrestre, avec la pénitence du premier homme, qui travaille à la sueur de son front; la sainte pâleur du jeûne avec la sérénité de l'amour de Dieu peint sur tous les visages; une seule volonté, qui étant inspirée d'en haut, et conduite par la règle, tient toutes les autres volontés en suspens; un seul mouvement de tous les corps, comme s'ils n'avoient qu'une ame, une seule voix, un seul cœur; Dieu qui se rend sensible, et s'y fait tout en tous. De là partent les saints desirs; de là s'élancent les vœux enflammés; de là montent jusqu'au trône de doux parfums qui apaisent la justice divine; de là ces ames vierges, rompant leurs liens terrestres, s'envolent dans le sein de l'Époux, et déja elles entrevoient les portes éternelles qui s'ouvrent, avec la palme et la couronne qui les attendent.

Hélas! dit-elle, voilà ce que nos pères ont voulu réformer, voilà ce qu'ils ont appelé invention de Satan. Ce n'étoit pas tailler les branches mortes, c'étoit ravager les fleurs et les fruits; c'étoit arracher le tronc vif jusqu'à la racine. L'état pauvre, pénitent et solitaire des anciens prophètes, de saint Jean-Baptiste, de Jésus-Christ même, de tant de vierges, de tous ces anges de la terre qui ont peuplé autrefois les déserts, n'est ni téméraire ni superstitieux.

Il y a, dira-t-on, des foiblesses dans les cloîtres les plus austères. Eh! faut-il s'étonner de trouver dans l'homme quelque reste de l'humanité? Mais ces imperfections, bien loin de corrompre la racine de la vertu, mettent la vertu à l'abri de l'orgueil, en humiliant les personnes qui éprouvent ainsi leur fragilité. Mais ces imperfections, qu'on méprise tant, sont plus innocentes devant Dieu que les vertus les plus éclatantes dont le monde se fait honneur. O beauté des anciens jours, que l'Église, qui ne vieillit jamais, montre encore à la terre après tant de siècles! ô douce image de la céleste patrie, qui console les enfants de Dieu dans les misères de cet exil, et parmi tant de corruption! faut-il que je vous aie connue si tard!

POUR LA PROFESSION D'UNE RELIGIEUSE.

et que n'ai-je point perdu en vous ignorant!

O mes frères, qui n'êtes pas encore sortis de la nuit où j'étois comme vous! qui me donnera de vous montrer ce que je vois? Seigneur, achevez votre ouvrage. Le monde n'est guère moins la région des ténèbres, que la société d'où vous m'avez tirée. J'entends la voix de l'Époux qui m'appelle. Qu'elle est douce! elle fait tressaillir mes os humiliés; et je m'écrie : O Dieu, qui est semblable à vous? Ici les jours coulent en paix. Un de ces jours purs et sereins, à l'ombre de l'Époux, vaut mieux que mille dans les joies du siècle.

Que reste-t-il, ma chère sœur, sinon que celui qui a commencé achève? Réjouissez-vous donc au Seigneur, mais réjouissez-vous avec tremblement au milieu de ses dons. Qu'ils sont consolants, mais qu'ils sont terribles!

O dons de Dieu, quel jugement préparez-vous à l'ame qui vous reçoit, et qui vous néglige! La voilà la malédiction qui pend déjà sur la terre ingrate que la main du Seigneur cultive, et qui ne lui rend aucun fruit. Hâtez-vous donc, ma chère sœur, de fructifier; n'attendez pas les grandes occasions, trop rares et trop éclatantes. C'est dans le détail des occasions communes, qui reviennent à tout moment, où l'orgueil n'est point préparé, où l'humeur prévient, et où la nature fatiguée s'abandonne à elle-même, que la véritable piété peut seule s'éprouver et se soutenir. Souvenez-vous que le joug de la religion n'est pas un fardeau, mais un soutien. L'obéissance, bien loin d'être une servitude, est un secours donné à notre foiblesse. On obéit à Dieu en gardant la subordination nécessaire dans toute société, et en obéissant à l'homme qui le représente. Souvent même les défauts des supérieurs nous sont plus utiles que leurs vertus; car nous avons encore plus besoin de croix pour mourir à nous-mêmes, que de bons exemples pour être édifiés. La règle n'est qu'un simple régime de l'ame pour atteindre à la perfection évangélique dans la retraite, avec plus de facilité, moins de tentations et moins de périls. Le cloître n'est pas un lieu de captivité, mais un asile. Quel est l'homme qui regarde comme une prison la forteresse où il se retranche contre l'ennemi, pour sauver sa vie? Le soldat prêt à combattre prend-il ses armes pour un fardeau? Ici, ma chère sœur, on n'obéit aux supérieurs que pour obéir à la règle, et à la règle que pour obéir à l'Évangile. On n'obéit à cette autorité douce et charitable que pour n'obéir pas au monde, au péché, et aux passions les plus tyranniques. Si on se dépouille des faux biens, c'est pour se revêtir de Jésus-Christ, qui nous a enrichis de sa pauvreté. La virginité même du corps ne tend qu'à celle de l'esprit. Qu'il est beau de réserver avec jalousie, dans un profond recueillement, tous ses désirs et toutes ses pensées à l'Époux sacré! N'en doutez pas, ma chère sœur, la mesure de votre ferveur sera celle de votre joie. Gardez-vous donc bien de la perdre. La perfection, loin de vous surcharger, vous donnera des ailes pour voler dans les voies de Dieu. Seigneur, s'écrie saint Augustin, je ne suis à charge à moi-même qu'à cause que je ne suis pas encore assez plein de vous.

Croyez, ma chère sœur, et vous recevrez selon la mesure de votre foi; commencez par la foi courageuse, et par le pur amour, qui ne réserve rien de sensible. Ne craignez rien dans cette privation; donnez, donnez à Dieu. Après tout, que lui donnerez-vous? L'écume dont la tempête se joue, la fumée que le vent emporte, le songe que le réveil dissipe, la vanité des vanités, qui vous rendroit non-seulement coupable, mais encore malheureuse dès cette vie. O monde, rends ici témoignage contre toi-même; c'est de ta bouche profane que Dieu arrache la vérité. Qu'est-ce que j'entends parmi les enfants des hommes, depuis celui qui est dans les fers, jusqu'à celui qui est sur le trône, sinon les plaintes amères de cœurs oppressés? Que n'en coûte-t-il pas pour vivre dans ton esclavage! Tout y déchire le cœur, jusqu'à l'espérance même, par laquelle seule on y est soutenu. Mais Dieu, ma chère sœur, Dieu fidèle dans ses promesses, Dieu riche en miséricordes, Dieu immuable dans ses dons, vous donnera tout, et épuisera en vous tout desir, en se donnant à jamais lui-même. Mais vous qui vous donnez à lui, gardez-vous bien de vous reprendre.

Le tentateur dira peut-être : O que ce sacrifice est long! Tais-toi, ô esprit impur! Tout ce qui doit finir est court. La vie s'écoule comme l'eau; les temps se hâtent d'arriver. Où est-il cet avenir qu'on croit donner? nous ne savons s'il sera heureux ou funeste; une sombre nuit nous le cache : il n'est pas même encore à nous; peut-être n'y sera-t-il jamais. Mais n'importe : qu'il vienne au gré de nos desirs, et avec les enchantements les plus fabuleux; sera-t-il plus solide et moins rapide dans sa fuite que le présent et le passé? Non, non; dans le moment même que nous parlons, le voilà qui arrive; et je ne puis dire : Il arrive, sans remarquer qu'il n'est déja plus.

O folie monstrueuse! ô renversement de tout l'homme! est-ce donc là à quoi l'on tient tant? Quoi! cette ombre fugitive que rien n'arrête, et qui nous entraîne avec elle, est-ce donc là ce qu'on abandonne avec tant de douleurs? est-ce donc là ce qu'on n'a point de honte de dire qu'on donne à Dieu? *Encore un peu, ce n'est pas moi, c'est l'Apôtre, c'est le Saint-Esprit qui parle : Encore un peu, et celui qui doit venir viendra, il ne tardera guère : cependant tout juste vit de la foi*[1]. Vivez-en donc, ma chère sœur. Que le monde aveugle s'écrie : Faut-il toujours se faire violence? Pour nous qui croyons, qui espérons, et qui savons que notre espérance ne sera jamais confondue, nous aurions horreur d'appeler ce moment si court et si léger, des tribulations d'ici-bas. Nous disons au contraire : Ah! quelle proportion entre les souffrances présentes et le poids immense de gloire qui va être révélé en nous? Souffrir si peu, et régner toujours!

Elle vient, elle vient la fin; je la vois, la voilà qui arrive. O homme qui as enseveli ta folle espérance dans la corruption, et dont le cœur s'est nourri de mensonges, qui te délivrera à cette dernière heure? qui te délivrera de toi-même et de ton éternel désespoir? qui te délivrera des ténèbres, des pleurs, des grincements de dents, du ver rongeur qui ne peut mourir, des flammes dévorantes, des mains du Dieu vivant, qui se nomme lui-même le Dieu des vengeances?

Pour vous, ma chère sœur, pauvre et crucifiée, vous ne tiendrez à rien ici-bas. Pendant que toute la nature écrasée frémira d'horreur, vous lèverez la tête avec confiance, voyant descendre votre rédemption. Le souverain Juge, à la face duquel s'enfuiront le ciel et la terre, viendra comme époux essuyer vos larmes de ses propres mains, vous donner le baiser de paix, et vous couronner de sa gloire.

Seigneur, qui mettez ces paroles de vie sur mes lèvres, et dans le cœur de votre épouse, hâtez-vous de la plonger dans les flammes de votre Esprit. Que votre louange ne tarisse jamais dans sa bouche! Que du trésor de son cœur elle l'épanche sur nous tous! Voilà que votre main l'enlève à la terre, jusqu'au jour où vous viendrez juger toute chair. Nous ne la verrons plus; elle s'ensevelit, comme morte, toute vivante. Mais sa vie sera cachée avec Jésus-Christ votre Fils en vous, pour apparoître bientôt avec lui dans la même gloire. Du cilice et de la cendre de ce cloître, son ame s'envolera dans les joies éternelles. De cette terre de larmes, son corps sera enlevé au milieu de l'air, dans les nuées, au-devant du Sauveur, pour être à jamais avec lui. Cependant nous n'entendrons plus dans ces profondes et inaccessibles retraites qu'une voix qui racontera vos merveilles. Faites, Seigneur, que cette voix console et anime les justes; que tous ceux qui vous craignent et qui vous goûtent courent ici après l'odeur de vos parfums, qu'ils viennent, qu'ils entendent, et qu'ils se réjouissent en vous glorifiant.

Mais faites aussi, Seigneur, que cette voix soit pour les ames dures le marteau de votre parole qui brise la pierre; que tous ceux qui donnent encore à votre Église le nom de Babylone viennent, les larmes aux yeux, reconnoître ici les fruits de Sion. A eux, Seigneur, à eux la multitude de vos miséricordes! Hélas! jusques à quand, ô Dieu terrible dans vos conseils sur les enfants des hommes, jusques à quand frapperez-vous votre troupeau? Après plus d'un siècle de nuit, les temps de colère et d'aveuglement ne sont-ils pas encore écoulés? O bon Pasteur! voyez vos brebis errantes et dispersées sur toutes les montagnes; à la merci des loups dévorants; courez après elles jusqu'aux extrémités du désert; rapportez-les sur vos épaules, et invitez tous ceux qui vous aiment à s'en réjouir avec vous.

Nous vous le demandons, Seigneur, par les entrailles de votre inépuisable miséricorde; par les promesses de vie tant de fois renouvelées à vos enfants; par le sacrifice de cette vierge qui vous demandera ici nuit et jour les ames de ses frères, et qui ne cessera de s'offrir à être anathême pour eux; par les larmes de votre Église, qui ne se console jamais de leur perte; par le sang de votre Fils qui coule sur eux; enfin par l'intérêt même de votre gloire. C'est cette gloire, mes frères, qui fera la nôtre, et que je vous souhaite, au nom du Père, et du Fils, et du Saint-Esprit. Ainsi soit-il.

ENTRETIEN SUR LA PRIÈRE.

De tous les devoirs de la piété chrétienne, il n'y en a point de plus négligé, et néanmoins de plus essentiel, que celui d'attirer en nous la grace par la prière. La plupart des gens ne regardent plus cet exercice de piété que comme une espèce de cérémonie ennuyeuse, qu'il est pardonnable d'abréger autant que l'on peut. Cette admirable ressource est ainsi méprisée et abandonnée par ceux-là mêmes qui auroient le plus pressant besoin d'y avoir recours pour apaiser Dieu. Les gens mêmes que leur profession, ou le desir de faire leur salut, engage à prier, prient avec tant de tiédeur, de dé-

---

[1] *Hebr.*, x 37, 38.

goût et de dissipation d'esprit, que leur prière, bien loin d'être pour eux une source de bénédictions et de graces, devient souvent le sujet le plus terrible de leur condamnation. Où est maintenant ce zèle si pur et si ardent des premiers chrétiens, qui trouvoient toute leur consolation dans leur application à la prière? Où trouverons-nous des imitateurs de l'admirable saint Basile, qui, nonobstant ses profondes études et ses travaux continuels pour le service de l'Église, avoit néanmoins, comme nous l'assure son saint et fidèle ami Grégoire de Nazianze, une assiduité sans relâche dans l'oraison, et une ferveur invincible dans les veilles des nuits où l'on chantoit les louanges de Dieu?

Confus à la vue d'un tel exemple, tâchons de ranimer notre foi et notre charité, qui sont presque éteintes. Considérons que notre salut dépend des graces que nous recevrons, et de la fidélité avec laquelle nous suivrons les impressions de l'Esprit de Dieu.

Or les graces ne s'obtiennent que par la prière; la ferveur ne s'excite et ne se maintient que par la prière; donc une ame qui a un peu de ferveur doit regarder l'usage de la prière comme le moyen auquel Dieu attache les graces nécessaires à notre salut.

Nous établirons par ce discours, 1° la nécessité générale de la prière;

2° Les besoins particuliers que chacun a de prier dans sa condition;

3° La manière dont nous devons prier pour rendre notre prière fructueuse, et agréable à Dieu.

Il faut prier, c'est un devoir indispensable pour tous les chrétiens.

Il faut prier, chacun en a besoin pour pouvoir remplir sa vocation.

Il faut prier, et c'est la manière dont nous prierons qui décidera de notre salut.

PREMIÈRE PARTIE.

Dieu seul peut nous instruire de l'étendue de nos devoirs, et de toutes les maximes de la religion que nous avons besoin de connoître. Les instructions des hommes, quelque sages et bien intentionnés qu'ils soient, se trouvent néanmoins foibles et imparfaites, si Dieu n'y joint les armes des lumières intérieures, dont parle saint Paul [1], et qui assujettissent nos esprits à la vérité.

Les défauts mêmes qui paroissent dans tous les hommes font tort dans notre esprit aux vérités que nous apprenons d'eux. Telle est notre foiblesse, que nous ne sommes jamais irrépréhensibles. Telle est la foiblesse de ceux qui ont besoin d'être corrigés, qu'ils ne reçoivent point avec assez de respect et de docilité les instructions des autres hommes qui sont imparfaits comme eux.

Mille soupçons, mille jalousies, mille craintes, mille intérêts, mille préventions nous empêchent de profiter de ce que les autres hommes veulent nous apprendre; et quoiqu'ils aient l'autorité et l'intention de nous annoncer les vérités les plus solides, ce qu'ils font affoiblit toujours ce qu'ils disent. En un mot, il n'appartient qu'à Dieu de nous instruire parfaitement.

Plût à Dieu, disoit saint Bernard en écrivant à une personne pieuse, plût à Dieu qu'il daignât par sa miséricorde faire distiller sur moi, qui ne suis qu'un misérable pécheur, quelques gouttes de cette pluie volontaire et précieuse qu'il réserve à son héritage [1] ! je tâcherois de la verser dans votre cœur. Mais si vous cherchez moins à satisfaire une vaine curiosité qu'à vous procurer une instruction solide, vous trouverez plutôt la vraie sagesse dans les déserts que dans les livres; le silence des rochers et des forêts les plus sauvages vous instruira bien mieux que l'éloquence des hommes les plus sages et les plus savants. Non-seulement les hommes qui vivent dans l'oubli de Dieu, et qui courent après les vanités trompeuses du monde, mais encore les gens qui s'appliquent aux objets de la foi, et qui vivent selon cette règle, ne trouvent point en eux-mêmes, quelque bon esprit qu'ils puissent avoir, les véritables principes qui leur sont nécessaires. Nous n'avons, dit saint Augustin, de notre propre fonds, que mensonge et que péché; tout ce que nous possédons de vérité et de justice est un bien emprunté; il découle de cette fontaine divine qui doit exciter en nous une soif ardente dans l'affreux désert de ce monde, afin qu'étant rafraîchis et désaltérés par quelques gouttes de cette rosée céleste, nous ne tombions pas en défaillance dans le chemin qui nous conduit à notre bienheureuse patrie.

Tout autre bien, dit ailleurs ce Père, dont notre cœur cherchera à se remplir, ne fera qu'en augmenter le vide; sachez que vous serez toujours pauvre, si vous ne possédez pas le véritable trésor qui seul peut vous enrichir.

Toute lumière qui ne vient point de Dieu est fausse; elle ne fera que nous éblouir, au lieu de nous éclairer dans les routes difficiles que nous

---

[1] *Rom.*, XIII, 12.

[1] *Ps.*, LXVII, 10.

avons à tenir au milieu des précipices qui nous environnent. Notre expérience et nos réflexions ne peuvent nous donner dans toutes les occasions des règles justes et certaines; les conseils de nos amis les plus sensés et les plus sincères ne le seront jamais assez pour redresser notre conduite et nos sentiments; mille choses leur échapperont, et mille autres qui ne leur auront pas échappé leur paroîtront trop fortes pour nous être dites; ils les supprimeront, ou du moins ils ne nous en laisseront entendre que la moindre partie : elles passent tantôt les bornes du zèle de ces amis pour nous, et tantôt celles de notre confiance pour eux. La critique même de nos ennemis, toute vigilante et sévère qu'elle est, ne peut aller jusqu'à nous désabuser de nous mêmes; leur malignité sert même de prétexte à notre amour-propre, par l'indulgence qu'il veut nous inspirer en faveur de nos plus grands défauts; et l'aveuglement de cet amour-propre va tous les jours jusqu'à trouver moyen de faire en sorte qu'on soit content de soi, quoiqu'on ne contente personne.

Que faut-il conclure parmi tant de ténèbres? Qu'il n'appartient qu'à Dieu de les dissiper; que lui seul est le maître non suspect et toujours infaillible; qu'il faut le consulter, et qu'il nous apprendra, si nous sommes fidèles à l'invoquer, tout ce que les hommes n'oseroient nous dire, tout ce que les livres ne peuvent nous apprendre que d'une manière vague et confuse, tout ce que nous avons besoin de savoir, et que nous ne saurions jamais nous dire à nous-mêmes.

Concluons que le plus grand obstacle à la véritable sagesse est la présomption qu'inspire la fausse; que le premier pas vers cette sagesse si précieuse est de soupirer après elle, de sentir le besoin où nous sommes de l'acquérir, et de nous convaincre enfin fortement, selon les termes de saint Jacques[1], que ceux qui cherchent cette sagesse si peu connue doivent s'adresser au Père des lumières, qui la donne libéralement à tous ceux qui la lui demandent de bonne foi. Mais s'il est vrai que Dieu seul peut nous éclairer, il n'est pas moins constant qu'il ne le fera point, si nous ne l'y engageons en lui demandant cette grace. Il est vrai, dit saint Augustin, que Dieu nous prévient par le premier de tous les dons, qui est celui de la foi; il répand en nous sans nous-mêmes, quand il nous appelle à être chrétiens : mais il veut, et il est bien juste, que nous ayons le soin de le prévenir à notre tour pour les autres qu'il veut nous faire dans tout le cours de notre vie. Sa miséricorde nous les prépare : mais, de peur de les prodiguer, elle attend que nous les souhaitions; c'est-à-dire, en un mot, qu'il ne nous les accorde qu'autant que nous savons nous en rendre dignes par notre empressement à les demander.

Est-il rien, dit encore ce Père, de plus convenable aux maximes mêmes de notre justice, rien dont nous ayons moins sujet de nous plaindre, que cette dispensation que Dieu fait de ses graces? Il nous veut donner ses richesses; mais il ne les donne qu'à ceux qui les lui demandent, de peur de les donner à ceux qui ne les veulent pas.

N'est-on pas trop heureux, quand il s'agit de posséder un si grand bien, de n'avoir qu'à le desirer? En peut-il moins coûter, puisqu'il ne faut que le vouloir? Nulle des peines qu'on se donne pour acquérir les faux biens du siècle n'est nécessaire pour obtenir de Dieu les véritables biens. Que ne fait-on point, que n'entreprend-on point, que ne souffre-t-on point dans le monde, et souvent sans aucun succès, pour acquérir des choses méprisables et dangereuses, qu'on seroit fort heureux de n'avoir jamais, dit saint Chrysostome? Il n'en est pas de même des biens du ciel; Dieu est toujours prêt à les donner à qui les demande et souhaite sincèrement ce qu'il demande.

Faut-il donc s'étonner si saint Augustin nous assure souvent que toute la vie chrétienne n'est qu'une longue et continuelle tendance de notre cœur vers cette justice éternelle pour laquelle nous soupirons ici-bas? Tout notre bonheur est d'en être toujours altérés. Or cette soif est une prière: desirez donc sans cesse cette justice, et vous ne cesserez point de prier. Ne croyez pas qu'il faille prononcer une longue suite de paroles, et se donner beaucoup de contention afin de prier Dieu. Être en prière, c'est lui demander que sa volonté se fasse, c'est former quelque bon desir, c'est élever son cœur à Dieu, c'est soupirer après les biens qu'il nous promet, c'est gémir à la vue de nos misères, et des dangers où nous sommes de lui déplaire et de violer sa loi. Or, cette prière ne demande ni science, ni méthode, ni raisonnements; ce ne doit point être un travail de la tête; il ne faut qu'un instant de notre temps, et un bon mouvement de notre cœur. On peut prier sans aucune pensée distincte; il ne faut qu'un retour du cœur, d'un moment; encore ce moment peut-il être employé à quelque autre chose; la condescendance de Dieu à notre foiblesse est si grande, qu'il nous permet de partager pour le besoin ce moment entre lui et les créatures. Oui, dans ce moment occupez-

[1] Jac., I, 5.

vous selon vos emplois : il suffit que vous offriez à Dieu, ou que vous fassiez avec une intention générale de le glorifier, les choses les plus communes que vous êtes engagés à faire.

C'est cette prière sans interruption que demande saint Paul [1]; prière dont le seul nom épouvante les lâches chrétiens, pour qui c'est une rude pénitence que d'être obligés de parler à Dieu, et de penser à lui ; prière que beaucoup de gens de piété s'imaginent être impraticable, mais dont la pratique sera très facile à quiconque saura que la meilleure de toutes les prières est d'agir avec une intention pure, en se renouvelant souvent dans le desir de faire tout selon Dieu et pour Dieu.

Eh! qu'y a-t-il de gênant et d'incommode dans cette loi de la prière, puisqu'elle se réduit toute à acquérir l'habitude d'agir librement dans une vie commune pour faire son salut, et pour plaire au souverain Maître?

Les gens du monde, qui s'appliquent à leur fortune, s'avisent-ils jamais de se plaindre que c'est une sujétion incommode que d'avoir à penser toujours à son propre intérêt, et à chercher continuellement les moyens de plaire au prince et de parvenir? ne s'en fait-on pas une habitude, et une habitude qu'on aime? Si donc on étoit sensible au salut éternel et au bonheur d'être agréable à Dieu, regarderoit-on l'habitude d'agir pour lui, et selon son esprit, comme une habitude fâcheuse à acquérir? Au contraire, cette habitude n'auroit-elle pas quelque chose qui nous consoleroit, qui nous animeroit, qui nous soulageroit dans les peines et dans les tentations que l'on a à surmonter quand on est déterminé à faire le bien?

Est-ce trop exiger des hommes, que de les vouloir assujettir à demander souvent à Dieu ce qu'ils ne peuvent trouver en eux-mêmes? Est-il rien de plus juste que de ne sortir point de cet état où l'on vit avec dépendance de Dieu, et où l'on sent à tout moment et sa propre foiblesse, et le besoin qu'on a de son secours? Il suffit d'être chrétien, dit saint Augustin, pour être obligé de se croire pauvre, et pour être réduit à demander à Dieu une aumône spirituelle. Or, la prière est une espèce de mendicité, par laquelle nous nous attirons la compassion de Dieu. C'est pour cela que l'Esprit qui forme les saints prie en eux avec des gémissements ineffables [2]; c'est pour cela que, possédant les prémices de l'Esprit saint, nous soupirons après la plénitude de cet Esprit, et gémissons en attendant le parfait accomplissement de l'adoption divine, qui sera la délivrance de nos corps. En un mot, selon les termes de l'Apôtre [1], toute créature gémit, se sentant sujette malgré elle à la vanité.

Serons-nous les seuls à ne point gémir? et oserions-nous espérer que Dieu nous fît des graces que nous ne daignerions ni demander ni desirer ? Imputons-nous donc à nous-mêmes tout le mauvais succès de nos résolutions passées. Quiconque ne veut point avoir recours à la prière, qui est le canal des graces, rejette les graces mêmes; et nous devons conclure que c'est notre négligence à prier dont nous sommes justement punis, et qui nous fait sentir tant d'obstacles à notre avancement spirituel, tant de tentations violentes, tant de dégoûts pour la piété, tant de foiblesse pour exécuter ce que nous promettons à Dieu, tant d'inconstance dans nos sentiments, tant de fragilité dans les occasions, tant de découragement lorsqu'il s'agit de mépriser les discours du monde, et de vaincre nos propres passions pour entrer dans la liberté des enfants de Dieu.

La dernière vérité qui doit nous confondre est que non-seulement Dieu se venge de nos mépris, et nous abandonne quand nous ne voulons pas avoir recours à lui, mais encore il nous invite à y avoir recours par sa fidélité à exaucer nos justes demandes. Il nous assure lui-même que celui qui cherche est sûr de trouver [2]. Ce sont vos promesses, ô mon Dieu! dit saint Augustin; eh! qui peut craindre de se tromper en se fiant à des promesses faites par la vérité même?

Promesses consolantes, après lesquelles il est honteux d'avoir les inquiétudes et les défiances pour l'avenir, qui étoient pardonnables aux nations privées de la connoissance d'un Dieu si bon, et si sensible à tous nos besoins! promesses dont nous éprouverions tous les jours l'accomplissement, si ce défaut de foi ne nous en avoit rendus trop indignes!

C'est la charité, dit saint Augustin, qui prie et qui gémit au-dedans de nous. Celui qui nous inspire cette charité n'a garde d'être sourd aux cris et aux gémissements qu'elle forme, puisqu'il ne nous donne lui-même le desir de lui demander ses graces qu'afin de pouvoir les répandre sur nous avec abondance : pouvons-nous craindre qu'il nous les refuse, lorsque nous lui ferons cette demande qu'il attend?

Ainsi, dit encore saint Augustin, ne doutez point de la vérité de ces paroles du roi-prophète : Béni

---

[1] *I Thess.*, v, 17. [2] *Rom.*, viii, 26.

[1] *Rom.*, viii, 20, 22, 23. [2] *Matth.*, vii, 7, 8.

soit le Seigneur, qui n'a ôté du fond de mon cœur ni ma prière ni sa miséricorde [1]! Assurez-vous, dit-il, que l'un ne peut manquer, tandis que vous ne manquerez pas à l'autre.

Les prières de Tobie et de Corneille le centenier sont montées comme un parfum très agréable jusqu'au trône de Dieu. Josué parle avec confiance, et Dieu se rend aussitôt obéissant à la voix de cet homme, pour arrêter le cours du soleil.

Il ne tient qu'à nous de rendre nos prières aussi puissantes et aussi efficaces, non pas pour des prodiges qui renversent les lois de la nature, mais pour le changement de notre cœur, en le soumettant à celles de Dieu. Croyons comme eux, espérons comme eux, desirons comme eux, et Dieu ne sera jamais moins intéressé ni moins engagé à écouter nos vœux et nos soupirs, que ceux de ces justes.

La loi de la prière est réciproque entre Dieu et nous. Je ne crains point de dire, suivant le sentiment des Pères, que comme on est obligé indispensablement de demander à Dieu de nous conduire dans ses voies, et toutes les graces qui sont nécessaires pour y marcher, Dieu ne s'est pas moins obligé de son côté à exaucer l'homme, puisqu'il lui a promis d'être toujours prêt à l'écouter et à le secourir.

En vérité, pouvons-nous croire que la prière ait cette vertu, et en abandonner l'exercice? Cependant où voyons-nous maintenant des chrétiens qui mettent sérieusement cette affaire au nombre des leurs, et qui destinent une partie de leur temps à cette heureuse application? On s'imagine que les embarras et les occupations que chacun a dans son état le dispensent d'y être assidu, et on renvoie dans le fond des cloîtres et des solitudes cette vertu de religion qui applique une ame à Dieu, et que l'on croit impraticable dans le monde.

Combien voyons-nous de chrétiens qui n'en font ni n'en connoissent pas les fonctions! des chrétiens aliénés de la vie de Dieu, comme parle saint Paul [2]; des chrétiens qui ne pensent presque jamais à Dieu; qui ne savent ce que c'est que de lui ouvrir leur cœur pour lui exposer leurs foiblesses et leurs besoins; qui cherchent partout ailleurs les conseils d'une fausse sagesse, et des consolations vaines et dangereuses; et qui ne sauroient se résoudre à chercher en Dieu, par une humble et fervente prière, le remède à leurs maux, la connoissance exacte de leurs défauts, la force nécessaire pour vaincre leurs inclinations et leurs habitudes vicieuses, et la consolation dont ils ont besoin pour ne se point décourager dans une vie régulière!

Mais je n'ai point, dit-on, d'attrait ni de goût pour l'intérieur; je m'ennuie, je ne suis point touché; et mon imagination, accoutumée à des objets plus sensibles et plus agréables, s'égare d'abord malgré moi. Je suppose que ni l'estime des grandes vérités de la religion, ni la majesté même de Dieu présent, ni l'intérêt de votre salut, ne peuvent arrêter votre esprit, et le rendre attentif et appliqué dans la prière; du moins condamnez avec moi votre infidélité; ayez quelque honte de votre foiblesse; souhaitez que votre esprit devienne moins léger et moins inconstant; ne craignez pas de vous ennuyer, puisque l'ennui est moins à craindre que cette inapplication funeste aux choses de Dieu. En assujettissant votre esprit à cet exercice, vous en acquerrez insensiblement l'habitude et la facilité; en sorte que ce qui vous gêne et vous fatigue maintenant fera dans la suite toute votre joie, et que vous goûterez alors, avec une paix que le monde ne donne point, et que le monde ne pourra aussi vous ôter, combien le Seigneur est doux. Faites courageusement un effort sur vous. Eh! s'il fut jamais juste d'en faire, n'est-ce pas pour un tel besoin; puisque non-seulement c'est manquer à l'essentiel de la religion de n'être pas fidèle à la prière, mais encore que vous ne pouvez remplir tous vos devoirs, particulièrement dans votre vocation, si vous ne priez?

Outre que le christianisme est une religion toute fondée sur la foi, et où l'on doit compter bien davantage sur la ressource de la prière que sur toutes les autres ressources que la prudence et l'industrie humaine peuvent nous procurer; de plus, il est certain que les difficultés particulières que chacun trouve dans son état pour y remplir sa vocation ne peuvent être surmontées sans le secours de la prière. C'est le second motif qui engage tout chrétien à prier.

SECONDE PARTIE.

Pour donner à cette preuve toute son étendue, il faudroit parcourir toutes les conditions de la vie, et en expliquer tous les écueils, afin de convaincre ceux qui s'y trouvent, par cette expérience sensible, du besoin où ils sont de recourir à Dieu : mais, afin de me retrancher dans de justes bornes, je me contenterai de remarquer que dans toutes sortes de conditions on est obligé de prier, 1° à cause des vertus dont on a besoin; 2° à cause des dangers et des foiblesses qu'on éprouve en soi; 3° à

---

[1] *Ps.* LXV, 23.
[2] *Ephes.*, IV, 18.

cause des graces et des bénédictions qu'il faut obtenir en faveur des œuvres auxquelles on s'intéresse. J'explique clairement ces trois réflexions.

Il n'est point d'état où nous n'ayons beaucoup à faire pour acquérir les vertus qui nous manquent, et pour nous corriger de nos défauts. Il se trouve même toujours ou dans notre tempérament, ou dans nos habitudes, ou dans le caractère de notre esprit, certaines qualités qui ne conviennent point à nos occupations et à nos emplois.

Cette personne, qui se trouve engagée dans le mariage, a une humeur chagrine et inégale qui la rend presque incompatible; cette autre a un naturel si prompt et si brusque, qu'elle fait beaucoup souffrir son prochain par ses imprudences et par ses emportements, et qu'elle en souffre beaucoup elle-même. Ce magistrat a tant de paresse dans les affaires, et tant de facilité pour de certains amis, qu'il n'a ni assez d'application pour démêler la vérité, ni assez de courage pour la soutenir inviolablement. Cette personne, qui est dans l'autorité, a quelque chose de si fier et si hautain, qu'elle ne garde aucune règle de modération et de condescendance. Cette autre, qui est exposée au commerce contagieux du monde, est si sensible à l'air de vanité qu'elle y respire, qu'elle s'y empoisonne d'abord, et que ses bons desirs s'évanouissent. Cette autre avoit promis à Dieu d'étouffer ses ressentiments, de vaincre ses aversions, de souffrir avec patience certaines croix, et de réprimer son avidité pour les biens; mais la nature a prévalu, elle est toujours vindicative, farouche, impatiente et intéressée. D'où vient donc que ces résolutions sont si infructueuses, que chacune de ces personnes, voulant se corriger et prendre une conduite plus régulière selon Dieu et selon le monde, espère toujours de le faire, et ne le fait pourtant jamais? C'est qu'il n'appartient ni à notre propre force ni à notre propre sagesse de nous corriger. Nous entreprenons de faire tout sans Dieu, et Dieu permet que nous n'exécutions jamais rien de tout ce que nous avons résolu avec nous-mêmes sans lui. C'est au pied des autels qu'il faudroit prendre des conseils praticables : c'est avec Dieu qu'il faudroit concerter tous nos projets de conversion et de piété, puisque c'est lui qui peut seul les rendre possibles, et que sans lui tous nos desseins, quelque bons qu'ils paroissent, ne sont que des illusions et des témérités.

Appliquons-nous, dit saint Cyprien [1], de telle sorte à la prière, qu'en priant on apprenne et ce qu'on est, et ce qu'on devroit être : *Sic discat orare, et de orationis lege qualis esse debeat noscere.* C'est là que nous découvrirons non-seulement le nombre et le mauvais effet de nos défauts, car cette étude toute seule ne serviroit qu'à nous décourager; mais encore toutes les vertus auxquelles nous sommes appelés, et les moyens de les pratiquer. C'est là qu'éclairés du rayon de cette lumière si douce et si pure qui console les ames humbles, nous comprendrons que tout est possible à quiconque est bien convaincu qu'on ne peut rien sans Dieu. Ainsi, non-seulement les personnes qui s'ensevelissent dans la solitude, pour ne vaquer qu'au culte de Dieu, à l'étude d'eux-mêmes, et à leur propre perfection, sont obligées de s'appliquer à la prière; mais encore les gens qui vivent dans l'agitation du monde et des affaires ne peuvent se dispenser de réparer par le recueillement, et par la ferveur à prier, la dissipation que cause le commerce des créatures : on peut même ajouter que le recueillement étant bien plus difficile à conserver dans leurs fonctions que dans la vie simple et dégagée des solitaires, aussi ils ont besoin d'un recours à Dieu plus fervent et plus assidu.

Quand même les occupations que l'on se donne seroient saintes et nécessaires, il ne faudroit s'y engager qu'avec beaucoup de précaution. Ce que vous faites est louable, je le suppose, dit saint Bernard au pape Eugène [1]; mais, en faisant du bien aux autres, prenez garde de ne vous point faire de mal à vous-même; ne soyez pas le seul privé des soins que votre zèle vous inspire; en pensant à autrui, gardez-vous bien de vous oublier : ne vous donnez pas tout entier ni toujours à l'action, mais réservez pour la méditation des vérités éternelles une partie de votre cœur et de votre temps.

Aussi voyons-nous que Jésus-Christ invite ses disciples à s'aller reposer et recueillir dans le désert, après leur retour des lieux où ils avoient annoncé l'Évangile [2]. A combien plus forte raison avons-nous besoin de recourir à la source de toutes les vertus dans la prière, pour y faire *ressusciter*, selon les termes de saint Paul [3], notre foi et notre charité presque éteintes, lorsque nous sortons du soin des affaires où notre cupidité s'est irritée, lorsque nous revenons de ces compagnies où l'on parle et où l'on agit comme si on n'avoit jamais connu Dieu!

Nous devons regarder la prière comme un re-

---

[1] Cypr., *De Orat. Dom.*, pag. 210.

[1] *De Consider.*, lib. I, cap. v, n 6, pag. 411.
[2] *Marc.*, vi, 31.
[3] *II Tim.*, i, 6.

mède destiné à guérir nos foiblesses, et à réparer nos fautes. Jésus-Christ nous enseigne, dit saint Cyprien, que nous péchons tous les jours de notre vie, en nous ordonnant de prier chaque jour pour obtenir le pardon de nos fautes. Que si celui qui étoit sans péché, continue ce Père, prioit si assidument, combien, nous qui sommes pécheurs, sommes-nous obligés d'être fidèles à la prière!

C'est pourquoi saint Paul recommande que le prêtre mortel qui représente Jésus-Christ, étant sujet aux foiblesses humaines, offre le sacrifice pour ses propres péchés en même temps que pour ceux du peuple[1].

Mais outre que la prière est donc ainsi le remède qui guérit les plaies que nous avons déja reçues, elle est encore un préservatif pour nous garantir des dangers presque infinis qui nous menacent en cette vie.

Nous trouvons des piéges dans l'exercice même de la charité. Souvent cette vertu nous expose à se hasarder elle-même pour les intérêts du prochain: souvent elle nous appelle à certains travaux extérieurs où elle se dissipe, et dégénère ensuite en amusement, dit l'auteur du livre *de la Singularité des Clercs*.

C'est par cette raison que saint Chrysostome remarque que rien n'est si important que de garder toujours une proportion exacte entre le fond intérieur de vertu, et les pratiques extérieures que l'on entreprend; sans cela on se trouve bientôt comme les vierges folles de l'Évangile[2], qui avoient consumé l'huile de leurs lampes, sans avoir eu le soin d'y en remettre dans le moment que l'Époux arriva. La crainte de ce Père alloit jusqu'à souhaiter que les laïques, qui alléguoient leurs occupations domestiques pour se dispenser de la prière, remplaçassent pendant la nuit, sur les heures destinées à leur repos ce que le soin de leurs affaires leur avoit fait perdre pour l'oraison pendant le jour. Si ces conseils, dignes de la ferveur des premiers siècles, semblent d'une pratique trop difficile aux chrétiens relâchés du nôtre; si nous sommes maintenant réduits à ne pouvoir qu'à peine nous persuader que les anciens fidèles auroient cru vivre mollement et dans l'oubli de Dieu, s'ils n'eussent interrompu leur sommeil pour réciter des psaumes, et pour invoquer le Seigneur; si nous sommes épouvantés quand les histoires nous apprennent qu'ils prioient à toutes les heures, et que nulle action considérable n'étoit commencée ni finie chez eux que par des invocations et des actions de graces : du moins ayons quelque honte de notre relâchement; et si nous n'avons pas le courage de suivre ces grands exemples, regardons-les, quoique de loin; soupirons, humilions-nous.

Le besoin où nous sommes que Dieu bénisse nos travaux, qu'il nous accorde le succès que nous attendons de sa providence, est encore un puissant motif pour nous engager à prier.

L'instance avec laquelle Moïse pria le Seigneur arrêta sa colère et sauva son peuple; et les saints Pères nous assurent qu'il faut obtenir dans le ciel, par la vertu secrète de la prière, certaines choses que nous ne pouvons espérer de gagner sur la terre, dans les cœurs des hommes, ni par nos soins, ni par nos discours.

En vain attendrez-vous la conversion de cet impie qui scandalise tout le monde, et dont le vice contagieux infecte les compagnies; en vain une femme chrétienne gémira-t-elle de se voir sous l'autorité d'un mari qui, méprisant la foi qu'il lui a donnée, dissipe follement ses biens, abandonne leurs enfants communs, et vit indignement lui-même sous les lois d'une impudente créature; en vain ce père infortuné soupire, voyant ses enfants libertins et dénaturés plongés dans l'oubli de Dieu et de toute vertu, qui consument par avance sa succession, quoiqu'elle soit le fruit de tant de peines et de soins, et qui lui causent tous les jours une douleur mortelle par leur conduite dissolue et honteuse : tous les remèdes humains sont trop foibles contre de tels maux.

Il faut avoir recours à celui qui seul est capable de guérir les cœurs; et, quoiqu'il s'agisse de l'intérêt de sa gloire dans la conversion de ses créatures, il veut néanmoins, et il est de sa grandeur de vouloir, que nous lui demandions sa propre gloire, et que l'accomplissement de sa volonté soit l'objet de nos vœux et de nos soupirs : *Adveniat regnum tuum; fiat voluntas tua*[1]. Jésus-Christ, avant que de choisir et de former ses douze apôtres, employa une nuit à prier son Père[2]. Saint Paul, qui soutenoit avec tant de zèle l'Église naissante, nous apprend qu'il ne cessoit de prier pour tous les fidèles, afin que Dieu daignât les remplir de la connoissance de ses volontés[3]; et Cassien remarque, comme un exemple plein d'instruction pour nous, dans sa sixième conférence, que Job, qui ne comptoit, dans le temps même de son plus grand bonheur, que sur la protection de Dieu, offroit chaque jour des sacrifices pour purifier toute sa famille, de peur que la licence que la prospé-

---

[1] *Hebr.*, v, 3. [2] *Matth.*, xxv.

[1] *Matth.*, vi, 18. [2] *Luc*, vi, 22. [3] *Coloss.*, I, 9.

rité donne n'irritât le ciel contre ses enfants[1]. C'est ainsi que chacun devroit s'appliquer à obtenir la protection de Dieu en faveur de sa famille ou des affaires dont il est chargé; car, quand on a un peu de foi, ne doit-on pas être convaincu que c'est bien moins notre travail, notre prévoyance et notre industrie, que la bénédiction de Dieu, qui fait réussir nos ouvrages? Aussi combien voit-on de gens qui bâtissent en vain leur maison, et sur des fondements ruineux, parce que Dieu ne règle ni ne conduit point leurs travaux! Sa justice permet, pour les confondre, que leurs mesures se trouvent fausses, leurs espérances vaines, leurs ressources sujettes à une infinité de mécomptes, leurs biens dissipés, leur famille en désordre et sans bénédiction. D'où viennent tant de maux? Que chacun s'en prenne à soi-même, et à cette négligence si criminelle de recourir à Dieu. Rentrons en nous-mêmes; et, après nous être convaincus du besoin où nous sommes d'implorer le secours de Dieu, examinons les règles que nous devons y observer.

TROISIÈME PARTIE.

La prière que nous faisons à Dieu ne peut lui être agréable ni efficace pour nous-mêmes, si elle n'est faite avec les conditions que l'Écriture et les saints Pères nous ont expliquées. Je vais les exposer en peu de mots.

1° Il faut prier avec attention. Dieu écoute, dit saint Cyprien, la voix de notre cœur, et non pas celle que forme notre bouche. Il faut, ajoute-t-il, veiller, et s'appliquer de tout son cœur à la prière; que tout objet humain et profane disparoisse aux yeux de notre esprit; que cet esprit s'attache uniquement à ce qu'il demande. A qui, dit-il, devez-vous parler avec attention, si ce n'est à Dieu? Peut-il moins demander de vous que de vouloir que vous pensiez à ce que vous lui dites? Comment osez-vous espérer qu'il daigne vous écouter, si vous ne vous écoutez pas vous-mêmes? Vous prétendez qu'il se souvienne de vous pendant que vous le priez, vous qui vous oubliez vous-mêmes au milieu de votre prière? Bien loin de fléchir Dieu, vous offensez cette majesté présente, par votre négligence dans une action qui est pourtant la seule propre à vous rendre le ciel favorable.

Il est vrai, dit saint Augustin, que j'aperçois la posture humble de votre corps; mais je ne sais où est votre esprit, ni s'il est arrêté et appliqué à ce qu'il témoigne d'adorer.

[1] Job, I, 5.

Avouons que ce reproche de saint Augustin n'est pas assez fort pour les chrétiens de notre siècle. La posture de leurs corps ne marque que trop la légèreté et l'irreligion de leurs ames. A les voir au milieu d'une église, pendant le redoutable sacrifice, occupés des objets les plus immodestes, curieux et empressés pour les bagatelles les plus indécentes, oubliant la sainteté du lieu et la majesté des mystères, pour entrer dans des conversations profanes, peut-être même criminelles, qui croiroit que leur foi n'est pas absolument éteinte? et qui pourroit s'imaginer qu'ils aient intention de prier et d'adorer Dieu, dans un état si plein d'irrévérence et de scandale?

Cette attention à la prière, qu'il est si juste d'exiger des chrétiens, peut être pratiquée avec moins de difficulté qu'on ne pense. Ce n'est pas qu'il n'arrive aux ames même les plus fidèles des distractions involontaires et inévitables; on n'est pas toujours maître de son imagination, pour lui imposer silence, et avoir l'esprit tranquillement uni à Dieu. Ces sortes de distractions, qui arrivent malgré nous, ne nous doivent point donner de scrupules, et elles servent même plus utilement à notre perfection que les oraisons les plus sublimes et les plus affectueuses, pourvu que nous tâchions de les surmonter, et que nous supportions humblement cette expérience de notre foiblesse.

Mais s'arrêter volontairement aux objets les plus vains et les plus frivoles, dans le temps même de la prière, parce qu'on ne veut pas se donner assez de sujétion pour être attentif aux vérités divines; mais se remplir la tête des images trompeuses du monde, et puis ne faire aucun effort sur soi pour arrêter cette imagination volage et déréglée, qui vient sans nul respect troubler les opérations de l'Esprit de Dieu dans une ame, n'est-ce pas vouloir vivre toujours amusé par les sens, toujours inappliqué à Dieu?

Ce qui pourroit beaucoup soulager notre esprit, et lui faciliter cette attention si nécessaire, seroit la règle simple que saint Augustin nous propose: Suivez, dit-il, autant que vous pouvez y assujettir votre esprit, tous les sentiments et toutes les instructions que vous fournissent les prières, les cantiques, et les autres louanges de Dieu, qui sont en usage dans son Église; unissez-vous en esprit avec votre sainte mère; demandez à Dieu lorsque l'office qu'on prononce est destiné à demander; gémissez lorsqu'il inspire le gémissement; espérez dans les endroits où il excite l'espérance; réjouissez-vous quand ses paroles sont pleines de joie; affligez-vous, craignez, quand il tâche d'imprimer en vous la tristesse et la crainte. En un mot, conformez tous vos sentiments à toutes ses paroles; cette conformité est la plus excellente prière. Assister aux divins offices avec cet esprit est une excellente oraison.

2° Il faut demander avec foi. Cette foi, dit saint Jacques, doit être si ferme, qu'on n'hésite jamais: car celui qui hésite est semblable aux flots de la mer, toujours poussés au gré des vents. Que celui donc, continue-t-il, qui prie sans cette confiance n'espère pas d'être exaucé. Et, en effet, qu'est-ce qui est plus capable de toucher le cœur de Dieu en notre faveur, que notre confiance en sa miséricorde? Peut-il rejeter ceux qui ont mis tout leur trésor en lui, et qui ne veulent rien tenir que de sa bonté? Quand nous prions Dieu, dit saint Cyprien, avec confiance, et même avec une espèce de familiarité, c'est lui-même qui nous donne cet esprit de prière. Il faut donc que le Père reconnoisse les paroles de son propre Fils quand nous les prononçons, et que celui qui habite dans le fond de nos cœurs forme et règle lui-même toutes nos prières.

C'est Jésus-Christ qui prie en nous; c'est par lui que nous prions son Père; et toutes nos prières finissent par son auguste nom, parce qu'il n'y a point d'autre nom qui puisse nous sauver [1], et que c'est par la seule abondance infinie de ses mérites que nous pouvons espérer quelque grace de Dieu.

Aussi, avec une prière si puissante, nous devons croire que nous pouvons tout. Nous entrons dans les droits de ce divin médiateur; nous sommes les cohéritiers de son royaume; nous parlons à Dieu en qualité de ses enfants. Eh! qui d'entre nous, s'écrie saint Cyprien, eût osé nommer Dieu son père, s'il ne nous avoit ordonné lui-même de prendre cette liberté, quand il nous a appris la manière dont il veut que nous le priions? Cependant cette confiance filiale (ne faut-il pas l'avouer?) manque presque à toutes nos prières. La prière n'est notre ressource qu'après que toutes les autres nous ont manqué.

Si nous sondons bien notre cœur, nous trouverons que nous demandons à Dieu les secours dont nous avons besoin, comme si nous n'en avions jamais reçu aucun de lui; et qu'un certain fond d'infidélité secrète et injurieuse à la bonté de Dieu nous rend indignes d'en recevoir des marques. Craignons que Jésus-Christ ne nous fasse, dans son jugement, le même reproche qu'il fit à saint Pierre:

Homme de peu de foi, nous dira-t-il [1], *pourquoi avez-vous douté?* Pouviez-vous demander des marques plus fortes de ma bonté pour vous en convaincre, que celles que vous avez tant de fois ressenties? Pourquoi donc arrêter le cours des graces que je vous préparois, en refusant de les espérer? il ne falloit que les attendre pour les recevoir. Pourquoi vous défier de moi, après que je me suis moi-même fié sans réserve à vous dans mes sacrements? Ame défiante et ingrate, pourquoi avez-vous douté?

5° Il faut joindre l'humilité à la confiance. *Grand Dieu*, dit Daniel [2], *lorsque nous nous prosternons à vos pieds, nous fondons nos espérances pour le succès de nos prières, non sur votre justice, mais sur votre miséricorde*. Sans cette disposition de notre cœur, toutes les autres, quelque pieuses qu'elles soient, ne peuvent plaire à Dieu. Le malheur de saint Pierre, comme saint Augustin l'a remarqué, ne vint pas de ce que son zèle pour Jésus-Christ n'étoit pas sincère. Saint Pierre aimoit son maître de bonne foi; de bonne foi il vouloit mourir, plutôt que de l'abandonner; mais son erreur consistoit en ce qu'il comptoit sur ses propres forces pour faire ce qu'il sentoit qu'il desiroit: c'est pourquoi, dit saint Augustin, il ne suffit pas d'avoir reçu de Dieu un esprit droit, une connoissance exacte de la loi, un desir sincère de l'accomplir; il faut encore à tout moment renouveler ses connoissances et ses desirs, il faut puiser sans cesse dans la fontaine de la lumière pure et éternelle.

La prière du premier homme, selon ce Père, étoit une action de louange à Dieu. Pendant qu'il demeuroit dans cet heureux séjour que la main de Dieu même lui avoit préparé, il n'avoit pas besoin de gémir, parce qu'il étoit dans un état d'union et de jouissance; mais maintenant ses enfants, chassés de cette terre délicieuse, doivent pousser des cris vers le ciel, afin que Dieu daigne se rapprocher d'eux à cause de leur humilité, comme il avoit abandonné leur père à cause de son orgueil.

C'est la préparation de notre cœur, selon le terme de l'Écriture [3], qui engage Dieu à nous écouter. Cette préparation doit être sans doute un abaissement intérieur, un aveu sincère de notre néant, à la vue des grandeurs de Dieu. C'est ce cœur contrit et humilié que Dieu ne méprise jamais [4]; mais, quelque effort que le superbe fasse pour fléchir Dieu, Dieu, selon sa parole, résiste

---

[1] *Act.*, IV, 12. [1] *Matth.*, XIV, 31. [2] *Dan.*, IX, 18.
[3] *Ps.* IX, Hebr., x, 17. [4] *Ps.* L, 19.

toujours au superbe[1]. Prenez donc garde, dit saint Augustin, que si vous n'êtes pas dans un état de pauvreté, c'est-à-dire si vous ne sentez pas votre foiblesse et votre indigence, si vous n'êtes pas vil et méprisable à vos propres yeux, vous ne serez point exaucé; car cette pauvreté intérieure est votre seul titre pour obtenir.

Souvenez-vous de la différence que l'Évangile nous fait remarquer entre la prière du pharisien superbe et présomptueux, et celle du publicain humble et pénitent[2]. L'un raconte ses vertus, l'autre déplore ses foiblesses; l'un remercie Dieu des bonnes œuvres qu'il a faites, l'autre s'accuse des fautes qu'il a commises; la justice de l'un se trouve confondue, tandis que l'autre est justifié. Il en sera de même d'une infinité de chrétiens. Les pécheurs, humiliés à la vue de leurs propres dérèglements, seront des objets dignes de la miséricorde de Dieu; tandis que certaines personnes qui auront fait profession de piété seront condamnées rigoureusement pour l'orgueil et la présomption qui auront infecté toutes leurs œuvres.

Parce que ces personnes s'adonnent à de bonnes œuvres, elles disent dans leur cœur à Dieu : Seigneur, je ne suis pas comme le reste des fidèles. Elles s'imaginent être des ames privilégiées; elles se complaisent vainement dans la haute idée qu'elles se forment d'elles-mêmes; elles prétendent que c'est à elles seules de pénétrer les mystères du royaume de Dieu; elles s'en font une science et une langue chimérique; elles croient que tout est permis à leur zèle, et ne craignent rien de ce qu'il faut craindre. Leur genre de vie, régulier en apparence, ne sert alors qu'à favoriser leur vanité; hors de là elles sont indociles, inquiètes, indiscrètes, délicates, sensibles, incapables de se mortifier pour remplir leurs devoirs. En un mot, en allant à la prière avec ce fond d'orgueil et de présomption, elles n'en rapportent qu'un esprit gâté, plein d'illusions sur elles-mêmes, et presque incurable.

Malheur à ceux qui prient de la sorte! malheur à nous, si nos prières ne nous rendent plus humbles, plus soumis, plus vigilants sur nos défauts, plus disposés à vivre dans l'obscurité et dans la dépendance!

4° Il faut que nous priions avec amour. C'est par l'amour, dit saint Augustin, qu'on demande, qu'on cherche, qu'on frappe, qu'on trouve, et qu'on demeure ferme dans ce qu'on a trouvé. C'est pourquoi, dit-il dans un autre endroit, vous cesserez de prier Dieu dès que vous cesserez de l'aimer et d'avoir soif de la justice. Le refroidissement de la charité est le silence de notre cœur à l'égard de Dieu.

Sans cela vous pourrez prononcer des prières, mais vous ne prierez point véritablement. Car d'où nous pourroit venir, dit encore saint Augustin, la véritable application à méditer la loi de Dieu, si elle ne nous est donnée par l'amour de celui-là même qui nous a imposé cette loi? Aimons donc, et nous prierons. Heureux, à la vérité, dit ce Père, de penser sérieusement aux vérités de la religion! mais mille fois plus heureux encore de les goûter et de les aimer!

Au reste, dit-il, il faut que ce soit une douleur sincère de n'être pas assez fidèle à Dieu, et non pas le dégoût naturel que les créatures vous donnent d'elles, qui tourne votre cœur du côté de Dieu, qui vous fasse prier et gémir. Il faut désirer ardemment que Dieu vous accorde les biens spirituels, et que l'ardeur de votre desir vous rende digne d'être exaucés : car si vous ne priez que par coutume, ou par foiblesse, dans le temps de la tribulation; si vous n'honorez Dieu que des lèvres, pendant que votre cœur est éloigné de lui; si vous ne sentez point en vous d'affection et d'empressement pour le succès de vos prières; si vous demeurez toujours dans une indifférence et dans une froideur mortelle en approchant de ce Dieu qui est un feu consumant; si vous n'excitez point en vous le zèle de sa gloire, la haine du péché, l'amour de votre perfection, n'attendez pas que des prières si languissantes puissent être efficaces. Le cœur de Dieu ne se laissera jamais toucher que par l'amour qui s'allumera dans le vôtre.

5° Il faut prier avec persévérance. Saint Bernard dit qu'il est indigne de cette haute majesté de se laisser trouver, à moins qu'on ne la cherche avec un cœur parfait. Le cœur parfait est celui qui ne se lasse jamais de chercher Dieu. Aussi saint Augustin nous assure-t-il qu'on ne peut mériter d'obtenir dans la prière ce que l'on demande, si on ne le cherche avec l'assiduité et la patience qu'un si grand bien mérite.

Appliquons-nous cette règle, et faisons-nous, malgré notre amour-propre, une justice exacte. Faut-il s'étonner si Dieu nous laisse si souvent dans des états d'obscurité, de dégoût, et de tentation? Les épreuves purifient les ames humbles; elles servent aux ames infidèles à expier leurs fautes; elles confondent celles qui veulent flatter dans l'oraison même leur lâcheté et leur orgueil.

Si une ame innocente, détachée des créatures,

---

[1] Jac., IV, 6. [2] Luc., XVIII, 10 et seq.

et appliquée avec assiduité à Dieu, souffroit les délaissements intérieurs, elle devroit s'humilier, adorer les desseins de Dieu sur elle, redoubler ses prières et sa ferveur. Comment des personnes qui ont à se reprocher tous les jours des infidélités continuelles oseront-elles se plaindre que Dieu leur refuse ses communications? Ne doivent-elles pas avouer que ce sont leurs péchés, selon le terme de l'Écriture [1], qui ont formé un épais nuage entre le ciel et elles, et que Dieu s'est justement caché à leurs yeux?

Cent fois Dieu ne nous a-t-il pas recherchés dans nos égarements? cent fois, ingrats que nous sommes, n'avons-nous pas été sourds à sa voix, et insensibles à ses bontés? Il veut nous faire sentir à son tour combien nous étions aveugles et misérables en le fuyant; après s'être lassé à nous prévenir, il veut enfin que nous le prévenions; il nous réduit à acheter, par notre patience, les faveurs qu'il nous prodiguoit autrefois, et dont nous ignorons le prix. N'est-ce pas une vanité et une délicatesse honteuse que de supporter impatiemment un tel procédé, que nous avons eu nous-mêmes à son égard? Combien nous a-t-il attendus! n'est-il pas juste qu'il se fasse attendre?

Qui est celui qui peut se vanter d'avoir fait sans réserve tout ce qu'il doit, d'avoir réparé toutes ses négligences passées, d'avoir purifié son cœur, d'être en droit d'attendre que Dieu l'écoute favorablement? Hélas! tout notre orgueil, quelque grand qu'il soit, ne sauroit suffire pour nous inspirer cette présomption; tant le sentiment de notre misère nous presse! Si donc le Seigneur nous soustrait les graces sensibles, adorons sa justice, taisons-nous, humilions-nous devant lui, prions sans cesse.

C'est cette humble persévérance qui l'apaisera, c'est cette espèce d'importunité qui obtiendra de lui ce que nous ne méritons pas d'obtenir nous-mêmes, et qui nous fera heureusement passer des ténèbres à la lumière. Car sachez, dit saint Augustin, que Dieu est présent, lors même qu'il paroît éloigné de nous. Il se cache pour faire augmenter nos desirs; et il ne diffère, lui qui est le Père des miséricordes et le Dieu de toute consolation, à adoucir toutes nos peines, que pour ne point fonder l'ouvrage de notre perfection sur une volonté foible, impatiente, et attachée aux choses sensibles.

Qu'il est facile d'aimer Dieu lorsqu'il se montre à nous dans toutes ses beautés, et qu'il nous soutient, par le plaisir même, dans cette union étroite avec lui! Combien voyons-nous d'ames lâches qui ne veulent le servir que par intérêt, et qui se découragent dès que Dieu cesse de les flatter! Loin de nous une piété si foible et si mercenaire! attachons-nous à Dieu pour Dieu même.

Souvenons-nous que c'est dans l'état d'obscurcissement et de privation que la solide charité s'éprouve et se soutient elle-même; sans cela les consolations intérieures anéantiroient le mystère de la croix, qui doit s'accomplir en nous; sans cela en vain Jésus-Christ seroit monté au ciel pour dérober à ses disciples sa présence. Eh! que peut-on attendre d'une ame qui attend elle-même que Dieu la console pour se donner à lui?

Enfin, il faut prier avec pureté d'intention. Il ne faut point, dit saint Bernard, mêler dans nos prières les choses vaines avec les véritables, les périssables avec les éternelles, des intérêts bas et temporels avec ceux de notre salut. C'est bien prier, dit saint Augustin, que de ne chercher que Dieu seul; c'est mal prier que de chercher par lui d'autres biens. Ne prétendez pas, dit-il, rendre Dieu le protecteur de votre amour-propre et de votre ambition, mais l'exécuteur de vos bons desirs. Vous recourez à Dieu afin qu'il satisfasse vos passions, et souvent afin de vous garantir des croix dont il connoît que vous avez besoin. Quand il vous aime, dit encore ce Père, il vous refuse ce que votre amour-propre vous fait demander; dans sa colère, il vous accorde ce qu'il est dangereux que vous obteniez. N'allez donc point porter au pied des autels des vœux indécents, des desirs mal réglés, et des prières indiscrètes. Ne demandez rien qui ne soit digne de celui à qui vous le demandez. Gardez-vous bien de soupirer après des biens faux et nuisibles; répandez votre cœur devant le Seigneur, afin que son Saint-Esprit demande en vous, par des gémissements ineffables, les véritables biens qu'il veut que vous demandiez.

Comment Dieu, dit saint Augustin, vous accorderoit-il ce que vous ne voulez pas vous-même qu'il vous accorde? Vous lui demandez tous les jours l'accomplissement de sa volonté, et l'avénement de son règne. Pouvez-vous lui faire cette prière de bonne foi, vous qui préférez votre volonté à la sienne, qui sacrifiez ses intérêts aux vôtres, et qui faites céder sa loi aux vains prétextes dont votre amour-propre se sert pour l'éluder? Pouvez-vous lui faire cette prière, vous qui troublez son règne dans votre ame par tant d'infidélités, par tant de vains desirs, par tant d'amusements indignes du christianisme; vous enfin qui

---

[1] Lam. Jerem., III, 44.

craignez l'arrivée de ce règne, et qui ne voudriez pas que Dieu vous accordât tout ce que vous faites semblant de souhaiter? Car, lorsque vous lui demandez qu'il change votre cœur, s'il vous prenoit au mot, et s'il vous offroit de vous rendre humble, mortifié, ennemi des plaisirs et des consolations, empressé pour les croix et pour son amour, votre amour-propre et votre orgueil se révolteroient pour vous empêcher d'accepter cette offre; et, consentant au retranchement de certains défauts qui vous incommodent, vous voudriez réserver vos passions dominantes, et faire vos conditions pour accommoder la piété à votre humeur et à vos vues.

Au reste, quoique les méthodes pour prier, qui nous viennent des personnes pieuses et expérimentées, méritent beaucoup de respect, et que nous les devions suivre, autant que nos expériences et le conseil des gens sages que nous consultons nous en découvrent l'utilité pour nous soulager et faciliter notre application à Dieu, nous devons regarder comme l'essentiel dans la prière, de demander à ce Dieu de miséricorde, qui connoît mieux que nous nos besoins, ce qu'il faut que nous lui demandions. Son Esprit saint, à qui il appartient véritablement de nous enseigner à prier, donne quand il lui plaît des conduites particulières : mais ce qui est très important est de se persuader que la manière de prier la plus simple, la plus humble, et la plus éloignée des raisonnements et des vues abstraites, est sans doute la plus assurée, et la plus conforme aux paroles du Fils de Dieu et des apôtres. Dans cette première nous trouverons de la lumière et de la force pour remplir nos devoirs avec paix et humilité, dans quelque condition où nous soyons. Sans elle, en vain formerons-nous de belles résolutions; privés de la nourriture intérieure, nous nous trouverons sans force dans toutes les occasions difficiles et dans toutes les tentations de la vie.

ENTRETIEN

SUR LES CARACTÈRES
DE
LA VÉRITABLE ET SOLIDE PIÉTÉ.

Il faut que les pécheurs fassent une exacte recherche des péchés dont ils sont coupables [1], afin de s'en humilier et de s'en punir. Il faut aussi que les personnes qui font profession de piété, et qui vivent dans la retraite, exemptes des désordres grossiers du monde, examinent attentivement devant Dieu l'imperfection et le peu de solidité des vertus qu'elles ont acquises. Sans cet examen, qui sert à nous retenir dans l'humilité, dans la crainte et dans la défiance de nous-mêmes, nos vertus mêmes nous deviennent nuisibles, ou du moins dangereuses; elles nous inspirent une confiance présomptueuse; elles font que nous sommes contents de nous [1], et que nous passons notre vie dans un état plein d'illusions.

Combien voit-on de gens qui, sur cette vaine confiance en leur bonne intention, s'engagent dans de fausses conduites; de gens qui sont grossièrement abusés d'eux-mêmes [2], et qui choquent et scandalisent leur prochain, en s'imaginant lui plaire et l'édifier! Rien n'est plus redoutable que ces exemples; rien n'est plus propre à nous rappeler sérieusement en nous-mêmes, pour nous faire étudier soigneusement ce que nous sommes. Peut-être sommes-nous semblables à ces personnes abusées d'elles-mêmes dont nous avons pitié; peut-être que d'autres nous regardent avec la même compassion. Ces gens-là ont bonne intention, et croient être dans une conduite droite aussi bien que nous. Ne sommes-nous point dans l'erreur, et ne nous flattons-nous pas comme eux? C'est l'amour-propre qui les flatte et les éblouit : n'avons-nous point en nous ce même séducteur? Craignons donc d'être dans cette voie, dont les commencements paroissent sûrs et droits, mais qui aboutit enfin à la mort [3]. Nous devons ce zèle et ce soin à la dévotion, de la rendre en nous irrépréhensible. Tant de gens lui font tort par les foiblesses et les indiscrétions qu'ils y mêlent, que nous devons régler la nôtre d'une manière qui répare ce scandale et ce déshonneur.

Que ne devons-nous point à la piété [4]! c'est elle qui nous a délivrés d'une infinité d'erreurs, et qui nous a fait vaincre nos passions et nos mauvaises habitudes; qui nous a dégoûtés des plaisirs empoisonnés du monde; qui nous a convaincus et touchés des vérités salutaires de la religion, et qui nous a garantis des pièges funestes dont le siècle est rempli. Serons-nous ingrats après tant de bienfaits reçus? N'aurons-nous point le courage de sa-

---

[1] *Apoc.*, III, 17.

[2] Souvent notre esprit se flatte, et se persuade d'aimer dans le bien ce qu'il n'aime pas en effet. S. GREG., *Reg. Past.*, part. I, cap. IX, n. 17.

[3] *Prov.*, XIV, 12.

[4] La piété est utile à tout. *I Tim.*, IV, 8.

crifier à la piété toutes nos inclinations déréglées, quoi qu'il en puisse coûter à notre amour-propre? Au reste, gardons-nous bien de juger de notre vertu par les apparences. Les balances trompeuses du monde, que l'Écriture appelle abominables, sont bien différentes de celles dont la justice de Dieu se sert pour peser toutes nos actions[1]. Souvent Dieu, qui pénètre les plus secrets replis des cœurs[2], y voit et y condamne certaines passions déguisées, pendant que les dehors paroissent vertueux et exemplaires aux yeux du monde[3].

Or il est sûr que Dieu ne s'arrête jamais à cet extérieur, et qu'une vertu superficielle ne sauroit l'éblouir. Gardons-nous donc bien de nous contenter d'une conduite extérieurement régulière ; voyons si l'essentiel de la piété se trouve dans nos sentiments et dans nos actions.

Piété utile à tous ; piété simple et désintéressée ; piété constante ; piété qui fait le bien et qui le cache ; piété qui ne cherche point à plaire aux hommes, ou du moins qui ne veut leur plaire que pour plaire à Dieu[4] ; piété enfin qui va jusqu'à s'oublier soi-même pour n'être appliquée qu'à la correction de ses défauts et à l'accomplissement de ses devoirs[5].

Encore une fois, examinons en présence de Dieu si la nôtre est faite de la sorte, et faisons cet examen par rapport à Dieu, par rapport à nous-mêmes, par rapport au prochain. Ces trois considérations feront le sujet de ce discours.

PREMIER POINT.

Chacun de nous doit s'examiner soi-même pour découvrir s'il est dans les dispositions où il doit être à l'égard de Dieu, et sans lesquelles toute sa piété, quelque fervente qu'elle paroisse au-dehors, ne sauroit avoir de solidité. Voyons donc si nous aimons à souffrir pour Dieu, si nous sommes disposés à mourir pour nous unir à lui, si nous sommes bien aises de nous occuper de lui, et enfin si nous sommes déterminés à nous abandonner à lui. C'est dans l'examen de ces quatre choses que nous reconnoîtrons le véritable état de notre cœur.

I. Aimons-nous à souffrir pour Dieu? Je ne parle point d'un certain amour vague des souffrances qui paroît dans les paroles, et qui manque dans les actions ; d'un amour des souffrances qui ne consiste qu'en une coutume de parler magnifiquement et affectueusement du prix et de l'excellence des croix, pendant qu'on les fuit avec délicatesse, et qu'on recherche tout ce qui peut rendre la vie molle et sensuelle. Encore une fois, je ne parle point de cette spiritualité imaginaire qui fait qu'on ne s'entretient que de résignation, de patience, de joie dans les tribulations, pendant qu'on est sensible aux moindres incommodités, et qu'on tend par toute sa conduite à ne souffrir jamais de personne, et à ne manquer de rien. Saint Paul avoit des sentiments bien contraires à ceux des lâches chrétiens qui vivent de la sorte, lorsqu'il disoit qu'il se sentoit comblé de toute sorte de joie et de consolation, lors même que son corps ne jouissoit d'aucun repos, et qu'il éprouvoit les plus rudes tribulations, les combats au-dehors, les frayeurs au-dedans[1].

Il ne faut pas s'imaginer que ce zèle du grand apôtre ne doive point être imité, sous prétexte que les ames des chrétiens de nos jours sont moins fortes et moins élevées. C'est la grace, dit-il à tous les fidèles, qui vous est donnée, non-seulement de croire en Jésus-Christ, mais encore de souffrir pour lui[2]. C'est comme s'il disoit : Si vous ne soumettez que votre esprit à Dieu par une croyance de tous ses mystères, votre sacrifice sera imparfait, et votre volonté demeurera toujours libre et immortifiée. Ne vous contentez pas d'offrir à Dieu une foi stérile, ajoutez-y l'offrande d'un cœur humilié[3], et souffrant pour lui. En vain suivez-vous Jésus-Christ, si vous ne portez la croix avec lui[4] ; en vain espérez-vous sa gloire et son royaume, si vous n'acceptez ses opprobres et ses douleurs[5].

Ces deux états ont une liaison nécessaire ; on ne peut arriver à l'un que par l'autre : c'est le chemin qu'il a tenu ; il n'a point voulu vous en laisser d'autre[6]. Oseriez-vous vous plaindre d'une loi appuyée sur un tel exemple? Qu'il doit être doux à une ame fidèle de souffrir pendant cette vie, puisqu'elle sait qu'elle souffre après Jésus-Christ, qu'elle souffre pour l'imiter, pour lui plaire, et pour mériter la joie qu'il a promise à ceux qui pleurent[7] !

C'est là tout notre bien, que de souffrir des maux en ce monde avec l'espérance d'une éternelle consolation. Les faux biens de ce monde sont faits pour ceux qui n'en espèrent ou qui n'en cherchent point de plus véritables : les maux de ce monde

---

[1] *Ps.*, LXI, 10. *Prov.*, XI, 1. *Osee*, XII, 7.
[2] *Ps.*, VII, 10. *Hebr.*, IV, 13.
[3] *Apoc.*, III, 1.   [4] *Galat.*, I, 10.
[5] Je tâche de plaire à tous en toutes choses, ne cherchant point ce qui m'est avantageux, mais ce qui l'est à plusieurs pour être sauvés. *I Cor.*, X, 33.

[1] *II Cor.*, VII, 4, 5.   [2] *Philip.*, I, 29.
[3] *Ps.*, L, 19.   [4] *Matth.*, XVI, 24.
[5] *Luc.*, XXIV, 26.   [6] *I Petr.*, II, 21.
[7] *Matth.*, V, 3, 21. *Luc*, VI, 21.

SUR LES CARACTÈRES DE LA PIÉTÉ.

sont destinés, par la miséricorde de Dieu, aux ames élues qu'il veut détacher de ce monde si corrompu, pour les préparer à des biens d'une durée et d'un prix immense. Chercher donc son bonheur ici-bas, c'est s'oublier dans son exil, c'est renoncer aux espérances de sa patrie. Aussi saint Cyprien disoit-il à tous les chrétiens qu'en prenant ce nom vénérable ils se dévouoient eux-mêmes à toutes sortes de souffrances présentes et sensibles, pour attendre les biens invisibles et éternels; qu'enfin il n'étoit pas permis aux héritiers d'un Sauveur crucifié de craindre ni les supplices ni la mort.

Il les nomme les héritiers du Crucifié, parce que le Sauveur, en se sacrifiant pour l'amour des hommes, n'a rien laissé en ce monde à ses véritables enfants que la croix, c'est-à-dire que la douleur et la honte en partage. Quel affreux héritage, bon Dieu! que celui de Jésus soûlé d'opprobres, comme parle l'Écriture [1], attaché nu et mourant sur la croix! Cependant il faut renoncer à son héritage céleste, si on n'accepte pas cet héritage temporel de souffrance et d'humiliation. Nul des enfants de Jésus-Christ ne peut se dispenser d'entrer dans cette succession si onéreuse de son père.

Voilà les vérités que nous disons souvent aux autres, mais que nous ne nous disons peut-être guère à nous-mêmes. Comparons un peu de bonne foi les véritables sentiments de notre cœur avec ces principes de la religion que nous professons.

Si j'étois sérieusement persuadé que la vie chrétienne est une vie de patience et de renoncement continuel à nos propres inclinations; si j'aimois de bonne foi Jésus-Christ souffrant et humilié pour moi, refuserois-je de m'humilier et de souffrir pour l'amour de lui? me contenterois-je de parler des croix, lorsqu'il ne s'agit pas d'en porter aucune? en ferois-je des leçons aux autres sans me les appliquer à moi-même dans les occasions [2]? Serois-je si impatient dans les moindres infirmités, si découragé dans les traverses de la vie, si inquiet dans les embarras, si délicat et si sensible dans les mécomptes des amitiés humaines; si jaloux, si soupçonneux, si incompatible avec les gens que je dois ménager; si sévère pour corriger les défauts d'autrui; si lâche et si immortifié quand il s'agit de corriger les miens? Serois-je si prompt à murmurer dans les mépris et dans les contradictions, qui sont autant de croix dont Dieu me charge pour me sanctifier?

N'est-ce pas un scandale digne de larmes et de gémissements, de voir que les gens mêmes qui font profession de suivre et de servir Jésus crucifié soient néanmoins, par leur délicatesse, les ennemis irréconciliables de la croix, selon les termes de saint Paul [1]? Hélas! pouvons-nous séparer Jésus-Christ de la croix sur laquelle il s'est sacrifié pour nous, et sur laquelle il a prétendu nous attacher à jamais à lui? Comment pouvons-nous aimer ce Sauveur si aimable, sans aimer aussi cette croix qui sera la marque éternelle de son amour infini pour nous? O précieuse croix! faut-il que vous ne soyez ainsi honorée qu'en paroles et en apparence! faut-il que ceux qui ne peuvent espérer aucun bien que par vous vous craignent et vous fuient avec tant d'inquiétude et de lâcheté!

Jusqu'à quand nous fera-t-on ce reproche honteux, ce reproche qui n'est peut-être que trop juste contre nous, et qui fait croire à tant de gens que la dévotion n'est qu'un langage; ce reproche si ordinaire qu'on nous fait, en disant que les gens qui font profession de piété sont les plus délicats et les plus sensibles; que leur piété dégénère peu à peu en mollesse; qu'ils veulent servir Dieu avec toutes sortes de commodités; soupirer après l'autre vie, en jouissant de toutes les douceurs de celle-ci; et déclamer toujours avec zèle contre l'amour-propre, prenant néanmoins toutes sortes de précautions pour ne le mortifier jamais en eux?

II. Sommes-nous disposés à mourir pour nous unir à Jésus-Christ? Saint Paul, qui formoit ce noble désir [2], vouloit qu'un chrétien, rempli des espérances de la religion, gémit et soupirât sous la pesanteur de son corps mortel [3]. Et saint Augustin, expliquant cette vérité dans toute son étendue, dit que la sainteté de la vie, et l'amour de la mort, sont deux dispositions inséparables. Les deux amours des deux vies, dit-il, se combattent dans une ame imparfaite. L'amour de cette vie passagère est si fort dans les chrétiens imparfaits, qu'ils la possèdent avec plaisir, et qu'ils ne la perdent qu'avec regret. La perfection des ames bien fidèles à Dieu fait au contraire qu'ils supportent la vie avec peine, et qu'ils attendent la mort comme leur véritable bien. Au reste, continue-t-il, que les imparfaits ne me disent point qu'ils desirent de vivre encore pour faire quelques progrès dans la vertu; qu'ils parlent plus sincèrement, et qu'ils avouent qu'ils souhaitent de prolonger leur vie parce qu'ils ne sont point assez vertueux pour aimer la mort. Ne vouloir pas mourir, ce n'est pas aspirer à un plus haut degré de vertu, mais c'est n'en avoir guère

---

[1] *Lam. Jerem.*, III, 59.
[2] Celui qui ne renonce pas à tout ce qu'il a ne peut être mon disciple. *Luc.*, XIV, 33; et IX, 23.

[1] *Philip.*, III, 18.
[2] *Ibid.* I, 23. [3] *Rom.*, VII, 24, 25.

acquis. Qu'on n'allègue donc point la crainte des jugements de Dieu pour justifier celle de la mort. Si nous ne craignions que les jugements de Dieu dans notre passage à l'éternité, cette crainte, inspirée par le Saint-Esprit, seroit une crainte modérée, paisible et religieuse. La perfection de notre amour pour Dieu, comme dit saint Jean [1], consiste à avoir une entière confiance en lui pour le jour de son jugement. Si nous l'aimions comme notre père, le craindrions-nous comme notre juge, jusqu'à fuir sa présence? aurions-nous ces craintes lâches qui nous troublent, qui nous abattent; ces vaines alarmes que nous ressentons sitôt que le Seigneur frappe à notre porte, et qu'il nous apprend par la maladie que la mort s'approche?

Ne serions-nous pas convaincus que plus la vie dure, plus le nombre de nos infidélités croît; que le compte que nous devons à Dieu se rend toujours difficile de plus en plus; que l'avenir servira bien moins à payer nos anciennes dettes qu'en contracter de nouvelles, et à nous rendre peut-être insolvables; et que quiconque aime Jésus-Christ doit craindre la durée d'une vie où l'on est exposé continuellement à perdre sa grace et son amour?

Mais il y a je ne sais quelle infidélité secrète dans le fond de nos cœurs, qui étouffe tous ces sentiments. Nous pleurons la mort de ceux que nous aimons, et nous craignons la nôtre, comme si nous n'avions aucune espérance. A voir les vains projets que nous faisons pour cette vie, et le soin que nous prenons pour la rendre agréable et longue, qui croiroit que nous attendons une autre vie heureuse et éternelle, et que celle-ci, misérable et fragile, ne sert qu'à retarder notre bonheur? Hélas! dit saint Cyprien [2], je ne m'étonne pas, si ceux qui se trouvent bien en ce monde y veulent demeurer, que ceux qui bornent leurs espérances à cette vie en craignent la fin. La mort est un vrai mal pour ceux qui ne veulent pas s'unir à Jésus-Christ, et qui n'espèrent pas de régner avec lui dans l'éternité. Mais ceux à qui la religion découvre une voie assurée pour arriver à une nouvelle vie; mais ceux dont l'espérance, comme dit le Sage [3], est pleine d'immortalité, comment peuvent-ils accorder des espérances si hautes et si solides avec les amusements qui arrêtent leur cœur ici-bas?

Concluons donc que notre foi et notre piété sont bien foibles et bien languissantes, puisqu'elles ne peuvent vaincre notre timidité à l'égard de la mort. Il faut que nous n'envisagions la ressource éternelle du christianisme contre la mort, et tous les biens qui nous attendent au-delà de cette vie passagère, que d'une vue bien confuse et bien superficielle, si nous ne sentons en nous aucune impatience de finir nos misères et de jouir de tous ces biens.

Voilà précisément sur quoi il faut que chacun de nous s'examine : Suis-je prêt à mourir; et s'il falloit mourir tout-à-l'heure, ne regretterois-je aucune des créatures dont je me vois environné? N'y a-t-il point quelque chose que j'ai crue jusqu'ici m'être indifférente, et dont je ne pourrois néanmoins me détacher sans peine? Mon ame languit-elle dans les tristes liens qui la tiennent ici-bas captive, ou plutôt ne fait-elle point de ses liens l'objet de ses amusements, et n'est-elle point aveuglée jusqu'à aimer son esclavage?

Il ne s'agit point ici de me tromper moi-même par un faux courage. Est-il bien vrai que l'ardeur de mon amour pour Jésus-Christ surmonte dans mon cœur la crainte et l'horreur naturelle que j'ai pour la mort? Usé-je de ce monde, selon le terme de saint Paul [1], comme n'en usant point? Le regardé-je comme une figure trompeuse qui passe? Ai-je impatience de n'être plus sujet à sa vanité? N'y a-t-il rien qui arrête mes desirs, et qui flatte mon amour-propre? Ne cherché-je point à rendre ma vie douce par des amusements que je crois innocents, mais qui forment dans mon cœur, contre les desseins de Dieu sur moi, certaines attaches que je ne veux pas rompre? Enfin, me préparé-je sérieusement chaque jour à la mort? Est-ce sur cette méditation que je règle le détail de ma vie? Et la mort elle-même, quand elle arrivera, quand elle me fera sentir ses rigueurs par la douleur et par la foiblesse, me trouvera-t-elle prêt à recevoir constamment le coup fatal qu'elle me donnera? Ne tremblerai-je point à ses approches? Que deviendra ma fermeté dans ces derniers moments où je me verrai entre le monde qui s'évanouira pour jamais à mes yeux, et l'éternité qui s'ouvrira pour me recevoir?

L'espérance de voir Jésus-Christ, cet objet si aimable et si consolant, doit sans doute nous rassurer à la vue de cet autre objet si redoutable à la nature. D'où vient donc que souvent les gens qui font profession de mépriser la vie ne craignent pas moins la mort que les autres, que les moindres infirmités les alarment et les consternent, et qu'on remarque quelquefois en eux plus de précaution et de délicatesse que dans les gens du

---

[1] *I Joan*, IV, 17.
[2] *De Mortal.*, pag. 229. [3] *Sap.*, III, 4.

[1] *I Cor.*, VII, 31.

monde pour leur conservation? Ne faut-il pas avouer que c'est un scandale, et qu'en vain se prépare-t-on à la mort par une vie pieuse et retirée, si cette préparation n'aboutit qu'à être surpris et troublé, à quelque heure que cette mort puisse arriver?

III. Sommes-nous bien aises de nous occuper de Dieu? c'est-à-dire sentons-nous une joie sincère quand nous le prions, et quand nous méditons en sa présence les vérités de la religion?

La prière, dit saint Augustin, est la mesure de l'amour. Selon que nous sommes plus fervents à prier, nous sommes aussi plus élevés dans l'amour divin. Qui aime beaucoup prie beaucoup; qui aime peu prie peu. Celui dont le cœur est uni étroitement à Dieu n'a point de plus douce consolation que celle de ne perdre point la présence de l'objet qu'il aime : il goûte un plaisir sensible de pouvoir parler à Dieu, penser à ses vérités éternelles, adorer sa grandeur, admirer sa puissance, louer sa miséricorde, et s'abandonner à sa providence. Dans ce commerce de la créature avec Dieu, elle verse dans le sein de ce père si charitable toutes les peines dont son propre cœur est rempli; c'est sa ressource dans tous les maux; elle se fortifie, elle se soulage, en lui exposant avec confiance ses foiblesses et ses desirs. Or, comme nous sommes, pendant cette vie, toujours imparfaits, comme nous n'y sommes jamais exempts de péché, il faut que toute la vie chrétienne se passe en pénitence de nos fautes et en reconnoissance des bontés de Dieu; et c'est dans l'exercice de la prière que nous pouvons nous appliquer ainsi à demander pardon à Dieu de notre ingratitude, et à le remercier de sa miséricorde.

Outre cette nécessité de la prière, saint Chrysostome nous en explique une autre d'une manière également solide et touchante.

C'est que ce Père avoit souvent remarqué que la piété ne s'affermit jamais parfaitement que par la fidélité à la prière. Dieu veut, dit-il, nous faire sentir, par cette expérience, qu'on ne peut tenir son amour que de lui-même; et que cet amour, qui est le véritable bonheur de nos ames, ne peut s'acquérir, ni par les réflexions de notre esprit, ni par les efforts naturels de notre cœur, mais par l'effusion gratuite du Saint-Esprit. Oui, cet amour est un si grand bien, que Dieu seul, par une espèce de jalousie, en veut être le dispensateur; il ne l'accorde qu'à mesure qu'on le lui demande.

Ainsi, c'est dans une application fidèle et constante à lui demander cet amour, qu'on peut s'en remplir. Il faut nous en prendre à nous-mêmes si notre piété n'a point cette solidité et cette consistance, qui est le fruit assuré de la bonne prière; car sans cet exercice, où l'on s'imprime fortement toutes les vérités de la religion, où l'on s'accoutume heureusement à les goûter et à les suivre, tous les sentiments de piété que nous pouvons avoir ne sont que des ferveurs trompeuses et passagères.

Prions donc, mais prions toujours en vue de nos devoirs. Ne faisons point des oraisons élevées, abstraites, et qui ne se rapportent point à la pratique des vertus. Prions, non pour être plus éclairés et plus spirituels en paroles, mais pour devenir plus humbles, plus dociles, plus patients, plus charitables, plus modestes, plus purs, plus désintéressés dans le détail de notre conduite.

Sans cela, notre assiduité à la prière, bien loin d'être fructueuse et efficace, sera pleine d'illusion pour nous et de scandale pour le prochain. D'illusion pour nous. Combien en avons-nous d'exemples! combien voit-on de gens dont les oraisons ne servent qu'à nourrir l'orgueil, et qu'à égarer leur imagination! De scandale pour le prochain. Car y a-t-il rien de plus scandaleux que de voir une personne qui prie toujours sans se corriger, et qui, au sortir de ses oraisons, n'est ni moins légère, ni moins vaine, ni moins inquiète, ni moins chagrine, ni moins intéressée qu'auparavant?

IV. Sommes-nous déterminés à nous abandonner à Dieu sans réserve? Regardons-nous les soins de sa providence sur nous comme notre meilleure ressource? ou plutôt n'avons-nous pas pour nos intérêts propres une certaine providence de politique, une providence timide et inquiète, et qui nous rend indignes du secours de celle de Dieu?

La plupart des personnes qui veulent se donner à Dieu font comme le jeune homme que l'Évangile nous dépeint [1]. Il avoit passé sa jeunesse dans l'innocence; et, accoutumé depuis son enfance à une observation exacte de la loi, il aspiroit à tout ce que les conseils du Sauveur pouvoient lui faire pratiquer de plus parfait et de plus héroïque. Jésus-Christ même, qui l'envisagea, fut d'abord touché d'un sentiment d'inclination pour lui. Tout sembloit concourir heureusement à élever cette ame à une sainteté éminente. Mais un attachement se-

---

[1] *Matth.*, XIX, 16. *Marc.*, X, 17.

cret aux faux biens de ce monde renversa tout l'ouvrage de sa perfection, dans le moment où il sembloit devoir s'affermir. Sitôt que Jésus-Christ lui eut proposé de quitter ses richesses pour le suivre, cette ame, dominée par l'intérêt, fut tout épouvantée à la vue d'un état où il ne lui seroit plus permis de rien posséder. Il s'en alla tout triste et confus. Triste, disent les saints Pères, de ne pouvoir accorder dans son foible cœur l'amour de ses richesses avec l'amour de Jésus-Christ.

La disposition essentielle pour une ame qui se consacre à Dieu est donc de se défier de toutes les ressources humaines sur lesquelles la prudence de la chair s'appuie, de ne vouloir rien, de ne ménager rien qui puisse troubler les desseins de Dieu.

Il faut réprimer à chaque moment l'avidité de la nature, qui craint toujours que ce qu'elle a ne lui échappe, et qui forme sans cesse des desirs immodérés pour posséder ce qu'elle n'a pas.

Il faut être continuellement sur ses gardes pour prévenir notre amour-propre, qui tâche de se dédommager insensiblement, par l'amusement aux petites choses, du sacrifice qu'il a fait à Dieu de plus grandes; car est-il rien de plus déplorable que de voir une personne qui, après avoir fait les principales démarches vers la perfection, regarde lâchement derrière elle, et appréhende d'en trop faire?

Cependant pouvons-nous dire qu'il y ait beaucoup d'ames exemptes de cette lâcheté? N'est-il pas vrai qu'on cherche tant de précautions dans le don qu'on a fait de soi-même à Dieu, ou dans la manière de le servir, qu'on réduit insensiblement ce don et ce service presque à rien? On fait toujours dépendre le spirituel du temporel : on veut accomplir ses devoirs, et satisfaire à sa conscience; mais on le veut à tant de conditions, mais on craint avec tant d'inquiétude qu'il en coûte trop en se donnant à Dieu, mais on prévoit tant d'inconvénients, mais on veut s'assurer de tant de secours et de tant de consolations, qu'on anéantit insensiblement la piété chrétienne, et qu'on ne la pratique que d'une manière languissante et sans aucun fruit.

D'où vient que tant de gens entreprennent de bonnes œuvres sans aucun succès? C'est qu'ils les entreprennent avec peu de foi; c'est qu'ils ne renoncent point à eux-mêmes dans ces entreprises; c'est qu'ils se regardent toujours eux-mêmes par quelque endroit, et qu'ils ne veulent point préférer en tout l'intérêt de l'ouvrage, qui est celui de Dieu, à leurs inclinations mal réglées, à leur humeur inquiète, à la foiblesse de leur cœur qui cherche de vaines consolations, à des amitiés indiscrètes qu'il faudroit retrancher, à une jalousie d'autorité et de considération qui gâte les meilleures choses : en un mot, c'est qu'on veut toujours servir Dieu avec sûreté pour soi-même; qu'on ne veut rien hasarder pour sa gloire, et qu'on se croiroit malheureux si on s'exposoit à quelque mécompte pour l'amour de lui. Ce n'est pas qu'il ne soit permis de prendre modérément les justes mesures pour la conduite des bonnes œuvres; mais en vérité il y a bien loin entre ne vouloir pas tenter Dieu, et l'irriter par une injurieuse défiance de sa bonté. Peut-on attendre de ces ames craintives et mercenaires la générosité et la force qui est nécessaire pour soutenir les desseins de Dieu? Quand on ne se confie point à la Providence, on est indigne d'en être l'instrument.

Non, non, Dieu ne daignera jamais bénir ces conduites qui sont trop humaines : et c'est de cette source malheureuse qu'est venu le relâchement et le désordre de tant de communautés ferventes et régulières. Il répand, comme dit saint Paul [1], ses divines richesses avec profusion; mais c'est sur les personnes qui l'invoquent, et qui ne veulent se confier qu'en lui, et non point sur ceux qui veulent prévenir la Providence, et n'être jamais réduits à se fier à elle.

Il est temps d'examiner nos dispositions par rapport à nous-mêmes : c'est la seconde partie de ce discours.

SECOND POINT.

Examinons si notre zèle n'est point une imprudence autorisée du prétexte de la religion; si notre prudence n'est point une politique charnelle; si notre dévotion n'est point un effet de l'humeur; si notre charité n'est point un amusement. Voilà quatre questions que nous devons nous faire à nous-mêmes.

I. Notre zèle n'est-il point imprudent? Que toute racine d'amertume, dit saint Paul [2], soit détruite en vous. Il y a un zèle amer qu'il faut corriger; il va à vouloir corriger le monde entier, et à réformer indiscrètement toutes choses : à l'entendre, on croiroit que tout est soumis à ses lois et à sa censure. Il ne faut connoître que son origine et ses effets pour découvrir combien il est mal réglé. L'origine de ce prétendu zèle est honteuse; les défauts de notre prochain choquent les nôtres; notre

[1] *Rom.*, x, 12.
[2] *Ephes.*, iv, 31. *Hebr.*, xiv, 15.

vanité ne peut souffrir celle d'autrui ; c'est par fierté que nous trouvons celle de notre prochain ridicule et insupportable ; notre inquiétude nous soulève contre la paresse et l'indolence de celui-ci ; notre chagrin nous irrite contre les divertissements excessifs de celui-là ; notre brusquerie, contre la finesse de cet autre. Si nous étions sans défauts, nous sentirions bien moins vivement ceux des personnes avec qui nous sommes obligés de vivre.

Il est même certain que cette contrariété et cette espèce de combat entre nos défauts et ceux du prochain grossissent beaucoup les derniers dans notre imagination déjà préoccupée. Or peut-on découvrir une source plus basse et plus maligne de ce zèle critique que je viens de marquer ? Si nous voulions avouer de bonne foi que nous n'avons pas assez de vertu pour supporter patiemment tout ce qu'il y a dans notre prochain d'imparfait et de foible, nous paroîtrions foibles nous-mêmes, et c'est ce que notre vanité craint. Elle veut donc que notre foiblesse paroisse au contraire une force ; elle l'érige en vertu ; elle la fait passer pour zèle : zèle imaginaire, et souvent hypocrite ; car n'est-il pas admirable de voir combien on est paisible et indifférent pour tous les défauts d'autrui qui ne nous incommodent point, tandis que ce beau zèle ne s'allume en nous que contre ceux qui excitent notre jalousie, ou qui lassent notre patience ? zèle commode, qui ne s'exerce que pour soi, et pour se prévaloir des défauts du prochain afin de s'élever au-dessus de lui. Si notre zèle étoit véritable, et réglé selon le christianisme, il commenceroit toujours par notre propre correction ; nous serions tellement occupés de nos défauts et de nos misères, que nous n'aurions guère le temps de penser aux défauts d'autrui. Il faudroit que ce fût une obligation de conscience qui nous engageât à examiner la conduite de notre prochain ; lors même que nous ne pourrions pas nous dispenser de veiller sur lui, nous le ferions avec beaucoup de précaution pour nous-mêmes, selon le conseil de l'Apôtre : Corrigez, dit-il [1], votre frère avec douceur, prenant garde à vous en parlant à lui, de peur que vous ne soyez tenté en le voulant délivrer de la tentation : en voulant corriger sa mauvaise humeur, vous courez risque de vous abandonner à la vôtre ; en voulant réprimer son orgueil et ses autres passions, vous vous laisserez peut-être entraîner par votre naturel impatient et impérieux. Gardez-vous donc bien de vous appliquer tellement à sa perfection, que vous n'ayez pas soin de pourvoir à votre sûreté particulière.

Ce seroit un zèle bien imprudent, que d'oublier vos propres besoins pour ne vaquer qu'à l'examen de la conduite de vos frères. Il est vrai que ce zèle qui anime un chrétien pour la correction fraternelle, quand il est pur et prudent tout ensemble, est un zèle très-agréable à Dieu : mais on ne doit pas croire qu'il soit désintéressé, ni selon la science, à moins qu'il ne soit toujours doux et modéré ; car ce zèle qui s'allume contre le prochain, et qui ne veut lui rien pardonner, ne sert qu'à troubler la paix, et qu'à causer beaucoup de scandale.

Tout ce qui se dit où qui se fait avec chaleur n'est point propre à la correction du prochain. Où voyons-nous les fruits de ces conduites dures ? Il faut gagner les cœurs quand il s'agit de religion ; et les cœurs ne se gagnent que par des marques de charité et de condescendance. Il ne suffit pas d'avoir raison ; c'est gâter la raison, c'est la déshonorer, que de la soutenir d'une manière brusque et hautaine. C'est par la douceur, par la patience et par l'affection, que l'on ramène insensiblement les esprits, qu'on les dispose à entendre la vérité, qu'on les fait entrer en défiance de leurs anciennes préoccupations, qu'on leur inspire la confiance nécessaire, et qu'on les encourage à vaincre leurs habitudes déréglées.

Quand celui qui a besoin d'être corrigé voit que celui qui le corrige suit son humeur, il n'est guère disposé à corriger la sienne. L'amour-propre ne manque pas de se révolter contre des instructions faites avec chagrin : Dieu même ne bénit point ces sortes de conduites. La colère de l'homme, comme dit saint Jacques [1], n'opère point la justice de Dieu.

II. Notre prudence n'est-elle point une politique charnelle ? Cette prudence aveugle que la chair inspire n'est que mort, comme dit l'Apôtre [2] ; elle n'est point soumise à la loi de Dieu, et elle ne le sauroit jamais être. Il y a une incompatibilité absolue entre cette sagesse des hommes et celle des véritables enfants de Dieu ; c'est elle qui résiste en nous au Saint-Esprit, qui le contriste, et qui traverse tous les desseins qu'il a pour la sanctification de nos âmes.

Cette sagesse par laquelle un chrétien se renferme en lui-même, et se confie à ses propres lumières, le prive des plus grands dons de Dieu. Cette sagesse si réprouvée dans l'Évangile est

---

[1] Galat., vi. 1.

[1] Jac., i, 10. [2] Rom., viii. 6.

néanmoins enracinée dans le cœur de presque tous les fidèles. Combien voyons-nous tous les jours de considérations humaines qui arrêtent le cours des œuvres de Dieu ! Combien de bienséances imaginaires auxquelles on fait céder indignement ce que la religion a de plus saint et de plus vénérable !

Autrefois les chrétiens étoient des gens qui méprisoient les mépris mal fondés du monde, pour servir Dieu avec liberté; aujourd'hui les chrétiens, et les gens mêmes qui font profession de piété, et ceux qui ont quitté entièrement le monde, sont néanmoins d'ordinaire des gens qui craignent les jugements du monde, qui veulent avoir son approbation, et qui règlent leurs procédés sur certains préjugés bizarres, suivant lesquels le monde loue ou condamne tout ce qu'il lui plaît. Or il me semble que cette timidité, à l'égard des jugements du monde, n'a jamais été poussée jusqu'à la foiblesse et à la bassesse que l'on y remarque aujourd'hui.

On fait dépendre les œuvres générales qui regardent la gloire de Dieu, et les pratiques de vertu pour chaque personne en particulier, de mille raisons purement humaines; on n'ose entreprendre pour l'intérêt de Dieu que des choses qui sont au goût de tout le monde. Oui, le monde même, tout ennemi de Dieu qu'il est, on le consulte tous les jours, quand il s'agit des choses les plus saintes : non-seulement on le consulte pour ne le point scandaliser, ce qui est nécessaire, mais on le consulte pour s'accommoder à ses vaines maximes, et pour faire dépendre nos bonnes œuvres de ses décisions. Cette prudence mondaine s'est même glissée jusque dans les communautés régulières. Combien d'âmes y sont occupées de retours inutiles sur elles-mêmes, de vains désirs de se ménager avec les personnes qui ont de l'autorité ! Que de petits soins pour se procurer de l'estime, et pour s'acquérir de la considération et de la confiance ! que d'inquiétudes ! que de défiances ! que d'empressements pour s'assurer de ces vaines consolations ! que d'alarmes lorsqu'elles échappent ! Ainsi les particuliers se font comme un monde nouveau au milieu même de la solitude, où ils ont leurs intérêts, leurs espérances, leurs désirs, leurs craintes.

Quand on ne sert Dieu qu'avec ces réserves, on ne le sert que bien foiblement : on partage son cœur et ses soins entre lui et mille choses indignes d'entrer en concurrence avec Dieu même. Il faut, en cet état, que Dieu attende les occasions desquelles on fait dépendre son service. Non-seulement il faut qu'il attende, mais il est souvent refusé. On cherche sa gloire, on veut le bien, mais on ne le veut qu'à certaines conditions qui font évanouir tous nos bons desseins. On traîne, dit saint Augustin, une volonté foible et languissante pour la pratique des vertus, qui amuse notre esprit sans changer notre cœur. Qui d'entre nous veut la perfection comme il la faut vouloir ? Qui d'entre nous veut la perfection plus que son plaisir, plus que son honneur ? Encore une fois, qui d'entre nous veut la perfection, jusqu'à lui sacrifier tous les amusements qui lui sont contraires ?

Tâchons de faire en sorte désormais que notre prudence soit réglée par l'Esprit de Dieu ; que ce ne soit point une prudence présomptueuse, une prudence accommodée à la dissimulation du siècle. Soyons prudents pour faire le bien, mais simples pour fuir et même pour ignorer le mal [1]. Soyons prudents, mais soyons pleins de docilité pour notre prochain, et de défiance de nous-mêmes. Soyons prudents, mais d'une prudence qui ne soit employée qu'à glorifier Dieu, qu'à ménager ses intérêts, qu'à faire respecter la religion parmi nos frères, et qu'à nous faire oublier nous-mêmes.

III. Notre dévotion n'est-elle point l'effet de notre humeur ? L'Apôtre, prédisant les malheurs dont la religion étoit menacée, dit qu'il s'élèvera des hommes vains qui s'aimeront eux-mêmes [2]. C'est ce que nous voyons tous les jours : des gens qui ne quittent le monde et ses vanités que pour se retrancher dans des amusements encore plus vains ; des gens qui ne cherchent la retraite et le silence que par tempérament, et pour favoriser leur naturel sauvage et bizarre ; des gens qui sont modestes et tranquilles, plutôt par foiblesse que par vertu. On voit des dévotions de toutes les humeurs. Quoiqu'il n'y ait qu'un seul Évangile, chacun l'ajuste à ses inclinations particulières ; et au lieu que tous les chrétiens devroient continuellement faire violence à leur naturel pour le conformer à cette règle sainte, on ne s'applique qu'à faire plier cette règle, et souvent qu'à la rompre, pour la conformer à nos inclinations et à nos intérêts.

Je sais que la grace de Jésus-Christ prend plusieurs formes, comme dit l'apôtre saint Pierre [3], et qu'elle s'accommode aux tempéraments sous lesquels elle veut se cacher pour exercer la foi des hommes : mais, après tout, l'essentiel de la religion doit être partout le même ; et quoique

---

[1] *Rom.*, XVI, 19. — [2] *II Tim.*, III, 2. — [3] *I Petr.*, IV, 10.

SUR LES CARACTÈRES DE LA PIÉTÉ.

les manières d'aller à Dieu et de lui obéir soient différentes, selon les différents caractères de l'esprit, il faut néanmoins toujours que les diverses pratiques de la religion se réunissent en un point fixe, qu'elles nous fassent observer la même loi, et nous tiennent dans une entière conformité de sentiments.

Cependant où pouvons-nous trouver cette admirable conformité? On voit partout des gens qui défigurent la religion en voulant la régler suivant leurs fantaisies et leurs caprices. L'un est fervent à la prière, mais il est dur et insensible aux misères et aux foiblesses de son prochain ; l'autre ne parle que d'amour de Dieu et de sacrifice, pendant qu'il ne sauroit souffrir le moindre contretemps ni la moindre contradiction. Cet autre ne veut prier qu'en cherchant des consolations dangereuses, et qu'en se remplissant l'imagination d'objets stériles et chimériques. Cet autre, comme remarque saint Jérôme, se privera sévèrement des choses mêmes qui sont permises, pour s'autoriser dans la jouissance de celles qui ne le sont pas ; ne comprenant pas, dit ce Père, que ce qu'on offre à Dieu au-delà de la justice ne doit jamais se faire au préjudice de la justice même.

Cette personne sera fervente et scrupuleuse pour les œuvres de surérogation, pendant qu'elle sera relâchée et infidèle pour les obligations même les plus précises et les plus rigoureuses. Ainsi une personne qui mortifiera son corps par toutes sortes d'austérités, et qui jeûnera hors des temps où elle doit le faire, n'aura aucun soin de mortifier et d'adoucir son humeur brusque et incompatible. Ainsi une personne qui sera inquiète sur les règles générales d'une maison sera souvent négligente et inappliquée pour ses propres fonctions. Ainsi une personne qui ne se lassera jamais de prier et de méditer en son particulier sera distraite, dissipée et ennuyée dans les offices communs de l'Église, où son devoir l'appelle.

Très souvent même le déréglement de notre esprit fait que nos œuvres de surérogation nous inspirent une confiance téméraire. Quand on fait plus qu'on n'est obligé de faire, aisément on passe jusqu'à se croire dispensé des règles communes pour les choses d'obligation. Cette personne, qui afflige son corps par des pénitences extraordinaires, s'imagine qu'elle est en droit de mortifier les autres; comme si, en retranchant les plaisirs et les commodités de son corps, il lui étoit permis de donner à son esprit cette liberté de censurer et de contredire. N'est-ce pas une chose déplorable, que de voir des gens qui veulent s'en faire accroire, parce qu'ils pratiquent certaines vertus, et qui regardent la violence qu'ils se sont faite comme un titre de gêner les autres, et de se flatter eux-mêmes dans leurs inclinations dominantes? Il vaudroit certes mieux se borner à ses obligations, et les remplir simplement et fidèlement, que de prendre ainsi un essor mal réglé.

Il vaut mieux que vous vous fassiez grace à vous-même, et que vous la fassiez aussi aux autres, que d'être si zélé et si incommode tout ensemble. Mettez chaque vertu dans le rang qui lui est destiné : pratiquez, selon la mesure de votre grace, les vertus les plus difficiles; mais ne prétendez pas les pratiquer aux dépens d'autrui. La charité et la justice sont les premières de toutes les vertus humaines : pourquoi vous attacher aux autres au préjudice de celles-là ? Soyez austère, mais soyez humble : soyez plein de zèle pour la réformation des abus, mais soyez doux, charitable et compatissant. Faites pour la gloire de Dieu tout ce que son amour pour lui vous inspirera ; mais commencez par les devoirs de l'état où il vous a mis : sans cela vos vertus ne seront que des fantaisies ; et, en voulant glorifier Dieu, vous scandaliserez tout le monde.

Mais non-seulement on remarque dans la dévotion de notre siècle cette présomption et cette bizarrerie, on y trouve encore un fonds pitoyable de mollesse et d'amusement.

Qu'est-ce qui décrie la piété parmi les gens du monde? c'est que beaucoup d'esprits mal faits la réduisent à des pratiques basses et superflues, et abandonnent l'essentiel. En cet état indigne d'elle, le reproche qu'on faisoit autrefois avec tant de malignité et d'injustice aux premiers chrétiens, en les appelant des hommes fainéants et fuyant la lumière, se pourroit faire maintenant à propos aux chrétiens de notre siècle. La dévotion est pour eux un prétexte de vie douce, oisive et obscure; c'est un retranchement commode, où leur vanité et leur paresse sont à l'abri de l'agitation et des tyrannies du monde.

Eh! quelle peut être cette piété sans pénitence et sans humiliation ? Ils ne veulent être dévots que pour se consoler, et que pour trouver dans la dévotion un adoucissement aux peines et aux tribulations de la vie ; mais ils ne cherchent point de bonne foi dans la dévotion cet esprit courageux qui anime et qui soutient constamment un chrétien au milieu des plus rudes croix.

Non, non, dit saint Jérôme, nous ne consentirons jamais que le monde ait de la piété une idée si basse et si indigne d'elle. De quelque manière que certaines gens veuillent la pratiquer, nous soutiendrons toujours à leur honte qu'elle n'est ni molle ni paresseuse. Le Fils de Dieu l'a dit, que le royaume qu'il nous promet ne peut être obtenu que par la violence [1].

IV. Enfin notre charité n'est-elle point un amusement? nos amitiés ne sont-elles point vaines et mal réglées? n'est-il point vrai, selon la pensée de saint Chrysostome, que nous sommes plus souvent infidèles à Dieu par nos amitiés que par nos inimitiés? Car au moins, dit ce Père, il y a une loi terrible qui nous défend de haïr notre prochain; et lorsque nous nous surprenons nous-mêmes dans les sentiments de haine et de vengeance, cette animosité nous fait horreur, et nous nous hâtons de nous réconcilier avec notre frère: mais pour nos amitiés, il n'en est pas de même; nous trouvons qu'il n'est rien de plus doux, de plus innocent, de plus naturel, de plus conforme à la charité, que d'aimer nos frères; la religion même sert de prétexte à la tentation.

Ainsi nous ne sommes point assez sur nos gardes pour nos amitiés : nous les formons souvent presque sans choix, et sans nulle autre règle qu'une inclination ou une préoccupation aveugle.

Donnons-nous dans notre cœur à chaque chose que nous aimons le rang qu'elle y doit avoir? Nos amitiés sont-elles réglées par notre foi? Aimons-nous, par préférence à tout le reste, les personnes que nous pouvons porter à Dieu, ou qui sont propres à nous y porter? N'y cherchons-nous pas un vain plaisir?

Hélas! que d'amusements dans nos amitiés! que de temps perdu à les témoigner d'une manière trop humaine, et souvent peu sincère! que d'épanchements de cœur inutiles et dangereux! que de confiances qui ne servent qu'à augmenter les peines et qu'à exciter les murmures! que d'attachements particuliers qui blessent la charité et l'union générale dans une maison! que de préférences qui détruisent cette égalité d'affection, sans laquelle la paix n'est jamais durable dans une communauté!

Je sais qu'il est permis d'aimer avec plus d'affection certaines personnes que leur mérite distingue des autres, ou que la Providence a liées à nous d'une manière plus étroite: mais qu'il faut être sobre et retenu dans ces amitiés! Il faut qu'elles soient dans le fond du cœur, mais qu'elles y soient discrètes, modérées, soumises, toujours prêtes à être sacrifiées à la loi générale de la charité; et qu'enfin elles ne paroissent dans l'extérieur qu'autant qu'il est nécessaire pour marquer l'estime, la cordialité et la reconnoissance qu'on doit avoir, sans jamais laisser échapper ces mouvements de tendresse aveugle, ces empressements indiscrets, ces caresses indécentes, ces ardeurs, ces préventions, ces soins affectés qui causent infailliblement dans le cœur d'autrui des peines, des jalousies, et des défiances presque irréparables. Il faut que les amitiés les plus saintes demeurent dans ces justes bornes.

L'attachement même qu'on a pour les directeurs les plus zélés et les plus parfaits doit être toujours plein de précautions. Comme un directeur ne doit servir qu'à accomplir les desseins de Dieu sur une ame, et qu'à le faire glorifier dans la communauté, il n'est permis d'être attaché à lui qu'autant qu'il est propre, dans les circonstances présentes, à produire ces bons effets.

Mais non-seulement il faut ainsi examiner les sentiments de notre cœur; il faut encore étudier le détail de nos actions par rapport au prochain.

TROISIÈME POINT.

Pour notre conduite extérieure, nous avons trois choses à faire à l'égard du prochain; nous abaisser, agir, et souffrir.

I. Nous abaisser. Le fondement de la paix avec tous les hommes est l'humilité. Dieu résiste aux superbes; et les hommes qui sont superbes les uns aux autres se résistent aussi sans cesse, dit saint Chrysostome. Ainsi il est essentiel, pour toutes sortes d'ouvrages où il faut travailler de concert, que chaque particulier s'humilie. L'orgueil est incompatible avec l'orgueil. De là naissent toutes les divisions qui troublent le monde; à plus forte raison les œuvres de Dieu, qui sont toutes fondées sur l'humiliation, ne peuvent être soutenues que par les moyens que le Fils de Dieu a choisis lui-même pour son grand ouvrage, qui est l'établissement de la religion.

Il faut être soumis à toute créature, comme dit saint Pierre [1] : il faut vaincre toutes sortes de difficultés par une patience et par une humilité perpétuelles : il faut être toujours prêt aux fonctions les plus viles et les plus méprisables selon le monde; craindre celles qui sont élevées, et auxquelles sont attachés quelque honneur et quelque autorité : il faut aimer sincèrement l'obscurité et l'oubli du monde; regarder cet état comme un heureux abri, et éviter toutes les choses qui peuvent nous en

---

[1] Matth., xi, 12.

[1] I Petr., i, 13.

tirer, et nous procurer quelque éclat : il faut renoncer dans son cœur à toute réputation d'esprit, de vertu et de mérite, qui donnent une complaisance secrète, vile et indigne récompense des sacrifices qu'on a faits à Dieu : en un mot, il faut dire, dans une humble retraite, ce que le roi-prophète disoit en s'abaissant pour honorer Dieu, au milieu même de son triomphe : Je me rendrai vil de plus en plus à mes propres yeux, afin de plaire à ceux de Dieu [1].

Si on n'aime de bonne foi la dépendance, si on ne s'y assujettit pas avec plaisir, si on n'obéit pas avec une humble docilité, on ne fait que troubler l'ordre et la régularité d'une maison, si fervente qu'elle puisse être. Car n'est-ce pas cet orgueil subtil et déguisé, déguisé, dis-je, et aux autres et à soi-même, qui sape peu à peu les fondements du spirituel d'une maison, et qui corrompt peu à peu les fruits de la vertu? Ne sont-ce pas ces esprits présomptueux, critiques, dédaigneux, bizarres, extrêmes dans leurs sentiments, qui, voulant redresser toutes choses selon leurs vues, s'égarent eux-mêmes, et sont incapables de s'accommoder à d'autres esprits pour concourir aux œuvres de Dieu?

Il faut étouffer dans le fond de son cœur les jalousies naissantes, les petites recherches de son propre honneur, les vains desirs de plaire, de réussir, d'être loué; les craintes de voir les autres préférés à soi; l'envie de décider et d'agir par soi-même; la passion naturelle de dominer, et de faire prévaloir ses sentiments sur ceux d'autrui.

Depuis que Jésus-Christ a égalé dans la vocation des hommes, selon la doctrine de l'Apôtre [2], toutes les conditions humaines, il s'ensuit, dit saint Chrysostome, que toutes ces différences qui flattent l'ambition des hommes sont ruinées dans le christianisme. Après que Dieu a confondu tous les hommes par l'égalité de ses dons les plus précieux, qui sont ceux de la foi, c'est en vain, dit ce Père, que les uns prétendent se distinguer des autres par des avantages qui ne sont point réels.

Que chacun oublie donc ce qu'il a été, pour ne penser qu'à ce qu'il est; que nulle personne consacrée à Dieu n'ose se distinguer par des titres profanes qu'elle a dû oublier en quittant le monde; qu'elle renonce même aux avantages qu'elle peut tirer de son talent et de son savoir-faire; et qu'elle ne se préfère jamais en rien aux personnes les plus dépourvues de toutes les qualités surnaturelles ou acquises, qui attirent l'amitié et l'estime d'autrui;

qu'elle prévienne les autres par honneur et par déférence, comme dit saint Paul [1], et qu'elle les regarde toujours, avec une humilité sincère, comme ses supérieurs.

Ces règles sont bientôt données, mais on ne les observe pas avec la même facilité. Il faut que la nature soit bien détruite par la grace dans le fond d'un cœur, pour garder toujours en détail, et sans se relâcher jamais, une conduite si simple et si humble.

Non-seulement l'orgueil, mais encore la hauteur et la délicatesse naturelle de certains esprits, leur rendent cette pratique bien difficile; et au lieu de respecter le prochain avec un véritable sentiment d'humilité, toute leur charité n'aboutit qu'à supporter autrui avec certaine compassion qui ressemble fort au mépris.

II. Il est nécessaire d'agir. Pendant que le temps si précieux et si court de cette vie nous est donné, hâtons-nous de l'employer. Pendant qu'il nous en reste encore, ne manquons pas de le consacrer à de bonnes œuvres. Car lorsque tout le reste s'évanouira pour jamais, les œuvres des justes seront leurs compagnes fidèles jusques au-delà de cette vie; elles les suivront, dit le Saint-Esprit [2]. Aussi est-il certain, selon les belles paroles de saint Paul [3], que nous avons été créés en Jésus-Christ pour les bonnes œuvres, afin d'y marcher, c'est-à-dire, selon le langage de l'Écriture, de passer toute notre vie dans cette heureuse application.

Faisons donc le bien selon les règles de l'état où Dieu nous a mis, avec discernement, avec courage, avec persévérance. Avec discernement : car encore que la charité ne cherche qu'à s'étendre pour augmenter la gloire de Dieu, elle sait néanmoins se borner quand il le faut, par la nature des œuvres mêmes, ou par la condition de celui qui les entreprend; elle n'a garde de s'engager inconsidérément dans des desseins disproportionnés. Avec courage : car saint Paul nous exhorte [4] de ne tomber point, en faisant le bien, dans une défaillance qui vient de ce qu'on manque de zèle et de foi. Avec persévérance : parce qu'on voit souvent des esprits faciles, légers et inconstants, qui regardent bientôt en arrière.

Nous trouverons partout des occasions de faire le bien; il se présente partout à nous; presque partout la volonté de le faire nous manque; les solitudes mêmes où nous paroîtrons avoir le moins d'action et de commerce ne laisseront pas de nous

---

[1] II Reg., vi, 22.
[2] I Cor., vii, 21. 22. 25.

[1] Philip., ii, 3.   [2] Apoc., xiv, 13.
[3] Ephes., ii, 10.
[4] Galat., vi, 9. II Thess., iii, 13.

fournir les moyens d'édifier nos frères, et de glorifier celui qui est leur maître et le nôtre.

Il est vrai qu'il faut agir avec précaution, par conseil, et avec dépendance, de peur qu'en voulant sanctifier les autres nous ne travaillions insensiblement à notre réprobation. Mais néanmoins ne soyons pas du nombre de ces dévots qui rapportent tout à eux-mêmes, et qui, se retranchant dans leur propre sûreté, ne se soucient que de leur salut, et sont insensibles à celui des autres. La charité, quoique prudente, est moins intéressée. Lorsque Dieu daigne se servir de vous, lorsqu'il confie en quelques occasions les intérêts de sa gloire à vos soins, appréhendez-vous qu'il oublie les vôtres?

III. Enfin il faut souffrir. Et je finis ce discours par une des principales vérités que j'ai expliquées dès le commencement. Oui, il est nécessaire de souffrir, non-seulement pour se soumettre à la Providence, pour expier nos fautes, et pour nous sanctifier par la vertu des croix; mais il est encore nécessaire de souffrir pour faire réussir les œuvres de Dieu auxquelles nous avons quelque part.

Les apôtres, selon le portrait que le grand Apôtre nous en a fait lui-même, étoient des hommes qui se livroient à toutes sortes d'injures, d'outrages et de tourments pour la prédication de l'Évangile[1]. Quelques gens envieux et pleins d'artifice prêchoient l'Évangile, pour susciter une persécution plus cruelle à saint Paul, et pour rendre sa captivité et ses fers plus rudes. Mais qu'importe, dit-il[2], pourvu que leur malice et ma patience dans mes travaux servent à faire connoître partout Jésus-Christ?

Voilà les sentiments que nous devons avoir pour les desseins de Dieu, dont il nous fait les instruments. Quand il ne faut, pour en assurer le succès, que souffrir, souffrons avec joie : heureux que Dieu attache ainsi sa cause à la nôtre, et que, nous faisant souffrir pour les intérêts de sa gloire, il soit intéressé par sa gloire même à nous consoler et à essuyer nos larmes!

Quiconque veut servir Dieu, doit s'attacher à souffrir la persécution, comme dit saint Paul[3]. Et le Sage nous dit : Mon fils, en vous engageant dans cette heureuse servitude de Dieu, préparez votre ame à la tentation[4]. Faites provision de courage et de patience : vous souffrirez des tribulations et des traverses qui vous ébranleront, si vous n'avez une foi et une charité bien affermie : le monde vous blâmera, vous tentera, et ne vous laissera pas même jouir de la tranquillité de votre retraite; vos amis et vos ennemis, tout paroîtra de concert pour vous perdre, ou du moins pour ruiner vos pieux desseins : les gens mêmes avec qui vous serez uni pour glorifier Dieu vous livreront, en leur manière, une espèce de tentation. Des oppositions d'humeurs et de tempéraments, des vues différentes, des habitudes toutes contraires, feront que vous aurez beaucoup à souffrir de ceux-là mêmes que vous regardiez comme votre appui et comme votre consolation : leurs défauts et les vôtres se choqueront perpétuellement, parce que vous serez à toute heure ensemble. Si la charité n'adoucit ces peines, si une vertu plus que médiocre ne vous ôte l'amertume de cet état, si une ferveur constante ne rend léger ce joug du Seigneur, il s'appesantira tellement sur vous, que vous en serez accablé. En cet état, vous serez assez occupé de vos propres maux. Au lieu de travailler dans une parfaite union avec les autres à l'ouvrage commun, vous serez réduit à chercher et à mendier à toute heure des conseils et des consolations pour appuyer votre foiblesse parmi tant de dégoûts; et, bien loin de procurer la gloire de Dieu, tout ce que vous pourrez faire sera d'éviter le relâchement, la division et le scandale.

Voilà une peinture qui n'est que trop fidèle des dangers où nous sommes. Je n'ignore pas les grâces que Dieu vous fait pour vous en préserver; mais, encore une fois, plus vous aurez reçu de dons de Dieu, plus vous devez craindre de lui être infidèles. Cette crainte même fera une partie de votre fidélité. C'est à vous, comme dit saint Cyprien, à donner autant de gloire et de joie à l'Église que les mauvais chrétiens lui causent de honte et de douleur; c'est à vous à la consoler parmi tous les maux dont elle est accablée; c'est à vous à essuyer ses larmes, à la consoler par vos vertus, et à secourir ses enfants les plus égarés par la vertu de vos prières. Fasse le ciel que vous vous éleviez toujours de vertus en vertus, et qu'étant de la plus illustre portion du troupeau de Jésus-Christ, selon le terme du même Père, vous soyez aussi ses épouses bien-aimées dans l'éternité!

---

[1] *Act.*, xv, 26. *II Cor.*, iv, 11. *I Thess.*, ii, 8.
[2] *Philip.*, i, 17, 18.
[3] *II Tim.*, iii, 12.   [4] *Eccli.*, ii, 1.

ENTRETIEN
SUR
LES AVANTAGES ET LES DEVOIRS
DE LA VIE RELIGIEUSE.

Le monde entier n'est rien, parce que tout ce qui est mesuré va finir. Le ciel, qui vous couvre par sa voûte immense, est comme une tente, selon la comparaison de l'Écriture [1] : on la dresse le soir pour le voyageur, et on l'enlève le matin. Quelle doit être notre vie et notre conversation ici-bas, dit un apôtre [2], puisque ces cieux que nous voyons, et cette terre qui nous porte, vont être embrasés par le feu? La fin de tout arrive; la voilà qui vient; elle est presque déjà venue. Tout ce qui paroît le plus solide n'est qu'une image creuse, qu'une figure qui passe et qui échappe quand on en veut jouir, qu'une ombre fugitive qui disparoît. *Le temps est court*, dit saint Paul [3], parlant des vierges : *donc il faut user de ce monde comme n'en usant pas*; n'en user que pour le vrai besoin, en user sobrement sans vouloir en jouir; en user en passant sans s'y arrêter et sans y tenir. C'est donc une pitoyable erreur que de s'imaginer qu'on sacrifie beaucoup à Dieu quand on quitte le monde pour lui; c'est renoncer à une illusion pernicieuse; c'est renoncer à de vrais maux, déguisés sous une vaine apparence de bien. Perd-on un appui quand on jette un roseau fêlé, qui, loin de nous soutenir, nous perceroit la main si nous voulions nous y appuyer? Faut-il bien du courage pour s'enfuir d'une maison qui tombe en ruine, et qui nous écraseroit dans sa chute? Que quitte-t-on donc en quittant le monde? Ce que quitte celui qui, à son réveil, sort d'un songe plein d'inquiétude. Tout ce qui se voit, qui se touche, qui se compte, qui se mesure par le temps, n'est qu'une ombre de l'être véritable. A peine commence-t-il à être, qu'il n'est déjà plus. Ce n'est rien sacrifier à Dieu, que de lui sacrifier toute la nature entière; c'est lui donner le néant, la vanité, le mensonge même.

D'ailleurs ce monde si vain et si fragile est trompeur, ingrat, et plein de trahisons. O combien dure est sa servitude! Enfants des hommes, que ne vous en coûte-t-il pas pour le flatter, pour tâcher de lui plaire, pour mendier ses moindres graces! Quelles traverses, quelles alarmes, quelles bassesses, quelles lâchetés pour parvenir à ce qu'on n'a point honte d'appeler les honneurs! Quel état violent, et pour ceux qui s'efforcent de parvenir, et pour ceux mêmes qui sont parvenus! Quelle pauvreté effective dans une abondance apparente! Tout y trahit le cœur, jusqu'à l'espérance même dont il paroît nourri. Les desirs s'enveniment; ils deviennent farouches et insatiables; l'envie déchire les entrailles. On est malheureux, non-seulement par son propre malheur, mais encore par la prospérité d'autrui : on n'est plus touché de ce qu'on possède; on ne sent que ce qu'on n'a pas. L'expérience de la vanité de ce qu'on a ne ralentit jamais la fureur d'acquérir ce qu'on sait bien être aussi vain et aussi incapable de rendre heureux. On ne peut ni assouvir ses passions, ni les vaincre. On en sent la tyrannie, et on ne veut pas en être délivré.

O si je pouvois traîner le monde entier dans les cloîtres et dans les solitudes, j'arracherois de sa bouche un aveu de sa misère et de son désespoir. Hélas! va-t-on dans le monde l'étudier de près dans son état le plus naturel, on n'entend dans toutes les familles que gémissements de cœurs oppressés. L'un est dans une disgrace qui lui enlève le fruit de ses travaux depuis tant d'années, et qui met sa patience à bout; l'autre souffre dans sa charge des dégoûts et des désagréments : celui-ci perd; l'autre craint de perdre : cet autre n'a pas assez; il est dans un état violent. L'ennui les poursuit tous, jusque dans les spectacles; et, au milieu des plaisirs, ils avouent qu'ils sont misérables. Je ne veux que le monde pour apprendre aux hommes combien le monde est digne de mépris.

Mais, pendant que les enfants du siècle parlent ainsi, quel est le langage de ceux qui doivent être les enfants de Dieu? Hélas! ils conservent une estime et une admiration secrète pour les choses les plus vaines, que le monde même, tout vain qu'il est, ne peut s'empêcher de mépriser. O mon Dieu! arrachez, arrachez du cœur de vos enfants cette erreur maudite. J'en ai vu même de bons et de sincères dans leur piété, qui, faute d'expérience, étoient éblouis d'un éclat grossier; ils étoient étonnés de voir des gens avancés dans les honneurs du siècle leur dire : Nous ne sommes pas heureux. Cette vérité leur étoit nouvelle, comme si l'Évangile ne la leur avoit pas révélée; comme si leur renoncement au monde n'avoit pas dû être fondé sur une pleine et constante persuasion de sa vanité. O mon Dieu! le monde, par le langage même de ses passions, rend témoignage à la vérité de votre Évangile, qui dit : *Malheur au monde* [1]! et

---

[1] *Job.* XXXVI. 29. — [2] *II Petr.*, III. 10, 11.
[3] *I Cor.*, VII. 29, 31.

[1] *Matth.*, XVIII, 7.

vos enfants ne rougissent point de montrer que le monde a encore pour eux quelque chose de doux et d'agréable!

Le monde n'est pas seulement fragile et misérable; il est encore incompatible avec les vrais biens. Ces peines que nous lui voyons souffrir sont pour lui le commencement des douleurs éternelles. Comme la joie céleste se forme peu à peu dès cette vie dans le cœur des justes, où est le royaume de Dieu, les horreurs et le désespoir de l'enfer se forment aussi peu à peu dans le cœur des hommes profanes, qui vivent loin de Dieu. Le monde est un enfer déjà commencé : tout y est envie, fureur, haine de la vérité et de la vertu, impuissance et désespoir d'apaiser son propre cœur, et de rassasier ses desirs. Jésus-Christ est venu du ciel sur la terre foudroyer de ses malédictions ce monde impie, après en avoir enlevé ses élus. *Dieu nous a arrachés*, dit saint Paul [1], *à la puissance des ténèbres, pour nous transférer au royaume de son Fils bien aimé*. Le monde est le royaume de Satan; et les ténèbres du péché couvrent cette région de mort. *Malheur au monde, à cause de ces scandales* [2]! Hélas! les justes même sont ébranlés. O qu'elle est redoutable cette puissance de ténèbres qui aveugle les plus clairvoyants! c'est une puissance d'enchanter les esprits, de les séduire, de leur ôter la vérité, même après qu'ils l'ont crue, sentie et aimée. O puissance terrible, qui répand l'erreur, qui fait qu'on ne voit plus ce que l'on voyoit, qu'on craint de le revoir, et qu'on se complaît dans les ténèbres de la mort! Enfants de Dieu, fuyez cette puissance; elle entraîne tout, elle tyrannise, elle enlève les cœurs. Écoutez Jésus-Christ qui crie [3] : *On ne peut servir deux maîtres*, Dieu et le monde. Écoutez un des apôtres, qui ajoute [4] : *Adultères, ne savez-vous pas que l'amitié du monde est ennemie de Dieu?* Point de milieu; nulle espérance d'en trouver : c'est abandonner Dieu, c'est renoncer à son amour, que d'aimer son ennemi.

Mais, en renonçant au monde, faut-il renoncer à tout ce que le monde donne? Écoutez encore un autre apôtre, c'est saint Jean [5] : *N'aimez ni le monde, ni les choses qui sont dans le monde; ni lui, ni ce qui lui appartient*. Tout ce qu'il donne est aussi vain, aussi corrompu, aussi empoisonné que lui. Mais, quoi! faut-il que les chrétiens vivent dans ce renoncement? Écoutez-vous vous-même du moins, si vous n'écoutez pas les apôtres. Qu'avez-vous promis dans votre baptême, pour entrer, non dans la perfection d'un ordre religieux, mais dans le simple christianisme, et dans l'espérance du salut? Vous avez renoncé à Satan et à ses pompes. Remarquez quelles sont ces pompes : Satan n'en a point de distinguées de celles du siècle. Les pompes du siècle, qu'on est tenté de croire innocentes, sont donc, selon vous-même, celles de Satan; et vous avez promis de les détester. Cette promesse si solennelle, qui vous a introduit dans la société des fidèles, ne sera-t-elle qu'une comédie et une dérision sacrilége? Le renoncement au monde, et la détestation de ses vanités, est donc essentielle au salut de chaque chrétien. Celui qui quitte le monde, qu'y ajoute-t-il? Il s'éloigne de son ennemi; il détourne les yeux pour ne pas voir ce qu'il abhorre : il se lasse d'être aux prises avec cet ennemi, ne pouvant jamais faire ni trève ni paix. Est-ce là un grand sacrifice? N'est-ce pas plutôt un grand soulagement, une sûreté douce, une paix qu'on devroit chercher pour soi-même, dès qu'on desire d'être chrétien, et n'aimer pas ce que Dieu condamne? Quand on ne veut point aimer Dieu; quand on ne veut aimer que ses passions, et s'y livrer, sans religion, par ce désespoir dont parle saint Paul [1], je ne m'étonne pas qu'on aime le monde et qu'on le cherche : mais quand on croit la religion, quand on desire de s'y attacher, quand on craint la justice de Dieu, quand on se craint soi-même, et qu'on se défie de sa propre fragilité, peut-on craindre de quitter le monde? Dès qu'on veut faire son salut, n'y a-t-il pas plus de sûreté, plus de facilité, de secours, de consolation dans la solitude?

Laissons donc pour un moment toutes les vues d'une perfection sublime; ne parlons que d'amour de son salut, que d'intérêt propre, que de douceur et de paix dès cette vie. Où sera-t-il cet intérêt, même temporel, pour une ame en qui toute religion n'est pas éteinte? Où sera-t-elle cette paix, sinon loin d'une mer si orageuse, qui ne fait voir partout qu'écueils et naufrages? Où sera-t-elle, sinon loin des objets qui enflamment les desirs, qui irritent les passions, qui empoisonnent les cœurs les plus innocents, qui réveillent tout ce qu'il y a de plus malin dans l'homme, qui ébranlent les ames les plus fermes et les plus droites? Hélas! je vois tomber les plus hauts cèdres du Liban, et je courrai au-devant du péril, et je craindrai de me mettre à l'abri de la tempête! N'est-ce

---

[1] Coloss., I, 13.
[2] Matt., XVIII, 7. [3] Ibid., VI, 24.
[4] Jac., IV, 4.
[5] I Joan., II, 15.

[1] Ephes., IV, 19.

pas être ennemi de soi-même, rejeter le salut et la paix, en un mot aimer sa perte, et la chercher dans un trouble continuel ?

Après cela, faut-il s'étonner si saint Paul exhorte les vierges à demeurer libres [1], n'ayant d'autre époux que l'Époux céleste ? Il ne dit pas : C'est afin que vous soyez dans une oraison plus éminente; il dit : Afin que vous ne soyez point dans un malheureux partage entre Jésus-Christ et un époux mortel, entre les exercices de la religion et les soins dont on ne peut se garantir quand on est dans l'esclavage du siècle; c'est afin que vous puissiez *prier sans empêchement*; c'est que vous auriez, dit-il, dans le mariage, *les tribulations de la chair*; *et je voudrois vous les épargner*; c'est, dit-il encore, que *je voudrois* vous voir *dégagées de tout embarras*. A la vérité, ce n'est pas un précepte; car cette parole, comme Jésus-Christ le dit dans l'Évangile [2], ne peut être comprise de tous. Mais heureux, je dis heureux même dès cette vie, ceux à qui il est donné de la comprendre, de la goûter et de la suivre ! Ce n'est pas un précepte, mais un conseil de l'Apôtre plein de l'esprit de Dieu : c'est un conseil que tous n'ont pas le courage de suivre, mais qu'il donne à tous en général, afin qu'il soit suivi de ceux à qui Dieu mettra au cœur le goût et la force de le pratiquer.

De là vient qu'en ouvrant les livres des saints Pères je ne trouve de tous côtés, même dans les sermons faits au peuple sans distinction, que des exhortations pressantes pour conduire les chrétiens en foule dans les solitudes. C'est ainsi que saint Basile fait un sermon exprès pour inviter tous les chrétiens à la vie solitaire. Saint Grégoire de Nazianze, saint Chrysostome, saint Jérôme, saint Ambroise, l'Orient, l'Occident, tout retentit des louanges du désert, et de la fuite du siècle. J'aperçois même, dans la règle de saint Benoît, qu'on ne craignoit point de consacrer les enfants avant qu'ils eussent l'usage de la raison. Les parents, sans craindre de les tyranniser, croyoient pouvoir les vouer à Dieu dès le berceau. Vous vous en étonnez, vous qui mettez une si grande différence entre la vie du commun des chrétiens vivant au milieu du siècle, et celle des âmes religieuses consacrées dans la solitude; mais apprenez que, parmi ces vrais chrétiens, qui ne regardoient le siècle qu'avec horreur, il y avoit peu de différence entre la vie pénitente et recueillie que l'on menoit dans sa famille, ou celle qu'on menoit dans un désert. S'il y avoit quelque différence, c'est qu'ils regardoient comme plus doux, plus facile et plus sûr de mépriser le monde de loin que de près. On ne croyoit donc point gêner la liberté de ses enfants, puisqu'ils devoient, comme chrétiens, ne prendre aucune part aux pompes et aux joies du monde : c'étoit leur épargner des tentations, et leur préparer une heureuse paix, que de les ensevelir tout vivants dans cette sainte société avec les anges de la terre.

O aimable simplicité des enfants de Dieu, qui n'avoient plus rien à ménager ici-bas ! O pratique étonnante, mais qui n'est si disproportionnée à nos mœurs qu'à cause que les disciples de Jésus-Christ ne savent plus ce que c'est que porter sa croix avec lui ! Malheur, malheur au monde ! On n'a point de honte d'être chrétien, et de vouloir jouir de sa liberté pour goûter le fruit défendu, pour aimer le monde que Jésus-Christ déteste. O lâcheté honteuse, qui étoit réservée pour la consommation de l'iniquité dans les derniers siècles ! On a oublié qu'être chrétien, et n'être plus de ce monde, c'est essentiellement la même chose. Hélas ! quand vous reverrons-nous, ô beaux jours, ô jours bienheureux, où toutes les familles chrétiennes, sans quitter leurs maisons et leurs travaux, vivoient comme nos communautés les plus régulières ? C'est sur ce modèle que nos communautés se sont formées. On se taisoit, on prioit, on travailloit sans cesse des mains, on se cachoit; en sorte que les chrétiens étoient appelés un genre d'hommes qui fuyoient la lumière. On obéissoit au pasteur, au père de famille. Point d'autre joie que celle de notre bienheureuse espérance pour l'avénement du grand Dieu de gloire; point d'autres assemblées que celles où l'on écoutoit les paroles de la foi; point d'autre festin que celui de l'Agneau, suivi d'un repas de charité; point d'autre pompe que celles des fêtes et des cérémonies; point d'autres plaisirs que celui de chanter des psaumes et les sacrés cantiques; point d'autres veilles que celles où l'on ne cessoit de prier. O beaux jours! quand vous reverrons-nous? Qui me donnera des yeux pour voir la gloire de Jérusalem renouvelée? Heureuse la postérité sur laquelle reviendront ces anciens jours ! De tels chrétiens étoient solitaires, et changeoient les villes en déserts.

Dès ces premiers temps nous admirons, en Orient, des hommes et des femmes qu'on nommoit ascètes, c'est-à-dire exercitants : c'étoient des chrétiens dans le célibat, qui suivoient toute la perfection du conseil de l'Apôtre. En Occident, quelle foule de vierges et de personnes de tout âge, de toute condition, qui, dans l'obscurité et

---

[1] *I Cor.*, VII, 25 et seq.   [2] *Matth.*, XIX, 11.

dans le silence, ignoroient le monde, et étoient ignorées de lui, parce que le monde n'étoit pas digne d'elles!

Les persécutions poussèrent jusque dans les plus affreux déserts les patriarches des anachorètes, saint Paul et saint Antoine; mais la persécution fit moins de solitaires que la paix et le triomphe de l'Église. Après la conversion de Constantin, les chrétiens, si simples et si ennemis de toute mollesse, craignirent plus une paix flatteuse pour les sens, qu'ils n'avoient craint la cruauté des tyrans. Les déserts se peuplèrent d'anges innombrables, qui vivoient dans des corps mortels sans tenir à la terre : les solitudes sauvages fleurirent; les villes entières étoient presque désertes. D'autres villes, comme Oxyrinque dans l'Égypte, devenoient comme un monastère. Voilà la source des communautés religieuses. O qu'elle est belle! qu'elle est touchante! que la terre ressemble au ciel, quand les hommes y vivent ainsi!

Mais, hélas! que cette ferveur des anciens jours nous reproche le relâchement et la tiédeur des nôtres! Il me semble que j'entends saint Antoine qui se plaint de ce que le soleil vient troubler sa prière, qui a été aussi longue que la nuit. Je crois le voir qui reçoit une lettre de l'empereur, et qui dit à ses disciples : Réjouissez-vous, non de ce que l'empereur m'a écrit, mais de ce que Dieu nous a écrit une lettre, en nous donnant l'Évangile de son Fils [1]. Je vois saint Pacôme, qui, marchant sur les traces de saint Antoine, devient, de son côté, dans un autre désert, le père d'une postérité innombrable. J'admire Hilarion, qui fuit de pays en pays, jusqu'au-delà des mers, le bruit de ses vertus et de ses miracles qui le poursuit. J'entends un solitaire, qui, ayant vendu le livre des Évangiles pour donner tout aux pauvres, et pour ne posséder plus rien, s'écrie : J'ai tout quitté, jusqu'au livre qui m'a appris à quitter tout. Un autre (c'est le grand Arsène), devenu sauvage, s'il m'est permis de parler ainsi, consoloit les autres solitaires, qui se plaignoient de ne le point voir, leur disant : Dieu sait, Dieu sait, mes frères, si je ne vous aime point; mais je ne puis être avec lui et avec vous. Voilà les hommes que Dieu a montrés de loin au monde dans les déserts pour le condamner, et pour nous apprendre à le fuir. Sortons, sortons de Babylone persécutrice des enfants de Dieu, et enivrée du sang des saints : hâtons-nous d'en sortir, de peur de participer à ses crimes et à ses plaies.

[1] *Vit. S. Anton.*, n. 81. apud S. *Athanas.*, tom. 1, part. 2, pag. 855, 856.

Ici je parle devant Dieu, qui me voit et qui m'entend; je parle au nom de Jésus-Christ, et c'est sa parole qui est dans ma bouche : je vous dis la vérité; je vous la donne toute pure sans exagération. Que celui qui est attaché au monde par des liens légitimes que la Providence a formés y demeure en paix; qu'il en use comme n'en usant pas; qu'il vive dans le monde sans y tenir ni par plaisir ni par intérêt : mais qu'il tremble, qu'il veille sans cesse, qu'il prie, et adore les desseins de Dieu. Je dis bien davantage : qui n'a jamais cherché le monde, et que Dieu y appelle par des marques décisives de vocation, y aille, et Dieu sera avec lui : *mille traits tomberont à sa gauche, et mille à sa droite, sans le toucher; il foulera aux pieds l'aspic, le basilic, le lion et le dragon* [1] : rien ne le blessera, pourvu qu'il n'aille qu'à mesure que Dieu le mène par la main. Mais ceux que Dieu n'y mène point iront-ils s'exposer d'eux-mêmes? craindront-ils de s'éloigner des tentations et de faciliter leur salut? Non, non; quiconque est chrétien et libre doit chercher la retraite : quiconque veut chercher Dieu doit fuir le monde, autant que son état lui permet de le fuir.

Mais que faire dans la retraite? quelles en sont les occupations? quel en sera le fruit? C'est ce qui me reste à vous expliquer.

SECOND POINT.

Toutes les communautés régulières ont trois vœux, qui font l'essentiel de leur état : pauvreté, chasteté, obéissance. La correction des mœurs, et la stabilité marquée dans la règle de saint Benoît, reviennent au même but, qui est de tenir l'homme dans l'obéissance jusqu'à la mort. Pour vous, mesdames, vous avez un autre engagement ajouté à ceux que je viens de vous dire; c'est celui d'élever de jeunes demoiselles. Examinons en peu de mots tous ces divers engagements.

Rien n'effraie plus que la pauvreté : c'est pourquoi Jésus-Christ, qui est venu révéler des vérités cachées depuis l'origine des siècles, comme dit l'Évangile [2], commence ses instructions en renversant le sens humain par la pauvreté. *Bienheureux les pauvres!* dit-il [3]. Ailleurs il est dit : *Bienheureux les pauvres d'esprit* [4] ! mais c'est la même chose : c'est-à-dire bienheureux ceux qui sont pauvres par l'esprit, par la volonté, par le mépris des fausses richesses, par le renoncement à tout bien créé, à tout talent naturel, au trésor même le plus intime, et dont on est le plus ja-

[1] *Ps.* xc. 7, 15.   [2] *Matt.*, xiii, 35.
[3] *Luc.*, vi, 20.   [4] *Matth.*, v, 3.

loux; je veux dire sa propre sagesse et son propre esprit! Heureux qui s'appauvrit ainsi soi-même, et qui ne se laisse rien! heureux qui est pauvre jusqu'à se dépouiller de tout soi-même! heureux qui n'a plus d'autre bien que la pauvreté du Sauveur, dont le monde a été enrichi, selon l'expression de saint Paul[1]!

On promet à Dieu d'entrer dans cet état de nudité et de renoncement; on le promet, et c'est à Dieu; on le déclare à la face des saints autels: mais, après avoir goûté le don de Dieu, on retombe dans le piége de ses desirs. L'amour-propre, avide et timide, craint toujours de manquer; il s'accroche à tout, comme une personne qui se noie se prend à tout ce qu'elle trouve, même à des ronces et à des épines, pour se sauver. Plus on ôte à l'amour-propre, plus il s'efforce de reprendre d'une main ce qui échappe à l'autre: il est inépuisable en beaux prétextes, il se replie comme un serpent, il se déguise; il prend toutes les formes; il invente mille nouveaux besoins pour flatter sa délicatesse et pour autoriser ses relâchements; il se dédommage en détail des sacrifices qu'il a faits en gros; il se retranche dans un meuble, un habit, un livre, un rien qu'on n'oseroit nommer; il tient à un emploi, à une confidence, à une marque d'estime, à une vaine amitié. Voilà ce qui lui tient lieu des charges, des honneurs, des richesses, des rangs que les ambitieux du siècle poursuivent. Tout ce qui a un goût de propriété, tout ce qui fait une petite distinction, tout ce qui console l'orgueil abattu et resserré dans des bornes si étroites, tout ce qui nourrit un reste de vie naturelle, et qui soutient ce qu'on appelle *moi*, tout cela est recherché avec avidité. On le conserve, on craint de le perdre, on le défend avec subtilité, bien loin de l'abandonner: quand les autres nous le reprochent, nous ne pouvons nous résoudre de nous l'avouer à nous-mêmes: on est plus jaloux là-dessus qu'un avare ne le fut jamais sur son trésor. Ainsi la pauvreté n'est presque qu'un nom, et le grand sacrifice de la piété chrétienne se tourne en pure illusion et en petitesse d'esprit: on est plus vif pour des bagatelles que les gens du monde ne le sont pour les plus grands intérêts: on est sensible aux moindres commodités qui manquent: on ne veut rien posséder, mais on veut tout avoir, même le superflu, si peu qu'il flatte notre goût.

Non-seulement la pauvreté n'est point pratiquée, mais elle est inconnue. On ne sait ce que c'est que d'être pauvre par la nourriture grossière, pauvre par la nécessité du travail, pauvre par la simplicité et la petitesse des logements, pauvre dans tout le détail de la vie. Où sont ces anciens instituteurs de la vie religieuse, qui ont voulu se faire pauvres par sacrifice, comme les pauvres de la campagne le sont par nécessité? Ils s'étoient proposé pour modèle de leur vie celle de ces ouvriers champêtres qui gagnent leur vie par le travail, et qui, par ce travail, ne gagnent que le nécessaire. C'est dans cette vraie et admirable pauvreté qu'ont vécu tant d'hommes capables de gouverner le monde, tant de vierges délicates nourries dans l'opulence et dans les délices, tant de personnes de la plus haute condition.

C'est par-là que les communautés peuvent être généreuses, libérales, désintéressées. Autrefois les solitaires d'Orient et d'Égypte, non-seulement vivoient du travail de leurs mains, mais faisoient encore des aumônes immenses: on voyoit sur la mer des vaisseaux chargés de leurs charités. Maintenant il faut des revenus prodigieux pour faire subsister une communauté. Les familles accoutumées à la misère épargnent tout; elles subsistent de peu: mais les communautés ne peuvent se passer de l'abondance. Combien de centaines de familles subsisteroient honnêtement de ce qui suffit à peine pour la dépense d'une seule communauté, qui fait profession de renoncer aux biens des familles du siècle pour embrasser la pauvreté! Quelle dérision! quel renversement! Dans ces communautés, la dépense des infirmeries surpasse souvent celle des pauvres d'une ville entière. C'est qu'on est de loisir pour s'écouter soi-même dans ses moindres infirmités; c'est qu'on a le loisir de les prévenir, d'être toujours occupé de soi et de sa délicatesse; c'est qu'on ne mène point une vie simple, pauvre, active et courageuse.

De là vient, dans les maisons qui devroient être pauvres, une âpreté scandaleuse pour l'intérêt. Le fantôme de communauté sert de prétexte pour couvrir tout: comme si la communauté étoit autre chose que l'assemblage des particuliers qui ont renoncé à tout, et comme si le désintéressement des particuliers ne devoit pas rendre toute la communauté désintéressée. Ayez affaire à de pauvres gens chargés d'une grande famille; souvent vous les trouverez droits, modérés, capables de se relâcher pour la paix, et d'une facile composition: ayez affaire à une communauté régulière; elle se fait un point de conscience de vous traiter avec rigueur. J'ai honte de le dire; je ne le dis qu'en secret et en gémissant; je ne le dis que comme à l'oreille

---

[1] II Cor., VIII, 9.

pour instruire les épouses de Jésus-Christ; mais enfin il faut le dire, puisque malheureusement il est vrai : on ne voit point de gens plus ombrageux, plus difficultueux, plus tenaces, plus ardents dans les procès, que ces personnes, qui ne devroient pas même avoir des affaires. Cœurs bas, cœurs rétrécis, est-ce donc dans l'école chrétienne que vous avez été formés! Est-ce ainsi que vous avez appris Jésus-Christ; Jésus-Christ qui n'a pas eu de quoi reposer sa tête, et qui a dit, comme saint Paul nous l'assure[1] : *On est bien plus heureux de donner que de recevoir?*

Entrez dans les familles de la plus haute condition, pénétrez au-dedans de ces palais magnifiques; le dehors brille, mais le dedans n'est que misère : partout un état violent; des dépenses que la folie universelle a rendues comme nécessaires ; des revenus qui ne viennent point; des dettes qui s'accumulent, et qu'on ne peut payer; une foule de domestiques dont on ne sait lequel retrancher; des enfants qu'on ne peut pourvoir : on souffre, et on cache ses souffrances : non-seulement on est pauvre selon sa condition, mais pauvre honteux, mais pauvre injuste, et qui fait souffrir d'autres pauvres, je veux dire des créanciers ; pauvre prêt à faire banqueroute, et à la faire frauduleusement. Voilà ce qu'on appelle les richesses de la terre ; voilà ces gens qui éblouissent les yeux de tout le reste du genre humain.

Vierges pauvres, épouses de Jésus-Christ attaché nu sur la croix, oseriez-vous vous comparer avec ces riches ? Vous avez promis de tout quitter; ils font profession de chercher et de posséder les plus grands biens. Ne faites point cette comparaison par leurs biens et par les vôtres, mais par vos besoins et par les leurs. Quels sont vos vrais besoins auxquels on ne satisfait point? Combien de besoins de leur condition auxquels ils ne peuvent satisfaire !

Mais encore leur pauvreté est honteuse et sans consolation : la vôtre est glorieuse, et vous n'y avez que trop d'honneur à craindre. Cette pauvreté (si toutefois on peut la nommer telle, puisque vous ne manquez de rien), c'est pourtant ce qui effraie, ce qui fait murmurer, ce qui fait qu'on porte impatiemment le joug de Jésus-Christ. Qu'il est léger, qu'il est doux ce joug ! et on s'en trouve pourtant accablé! Quelle commodité de trouver tout dans la maison où on se renferme, sans avoir besoin du dehors, sans recourir à aucune industrie, sans être exposé aux coups de la fortune, sans être chargé d'aucune bienséance qui tyrannise, sans courir risque de perdre, sans avoir besoin de gagner, enfin étant bien sûr de ne manquer jamais que d'un superflu qui donneroit plus de peine que de plaisir ! Qui est-ce qui pourroit se vanter d'en trouver autant dans sa famille? Qui est-ce qui ne seroit pas plus pauvre, au milieu de ses prétendues richesses, qu'on ne l'est en se dépouillant ainsi de tout dans cette maison ?

O mon Dieu ! quand est-ce que vous donnerez des cœurs nouveaux, des cœurs dignes de vous, des cœurs ennemis de la propriété, des cœurs à qui vous puissiez suffire, des cœurs qui mettent leur joie à se détacher et à se priver de plus en plus, comme les cœurs ambitieux et avares du monde s'accoutument de plus en plus à étendre leurs désirs et leurs possessions? Mais qui est-ce qui osera se plaindre de la pauvreté? qu'il vienne! je vais le confondre : ou plutôt, ô mon Dieu, instruisez, touchez, animez, faites sentir jusqu'au fond du cœur combien il est doux d'être libre par la nudité, combien on est heureux de ne tenir à rien ici-bas!

Au vœu de pauvreté on joint celui de chasteté. Mais vous avez entendu l'Apôtre, qui dit : *Je souhaite que vous soyez débarrassés.* Et encore: *Ceux qui entrent dans les liens du mariage souffriront les tribulations de la chair, et je voudrois vous les épargner*[1]. Vous le voyez, la chasteté n'est pas un joug dur et pesant, une peine, un état rigoureux; c'est au contraire une liberté, une paix, une douce exemption des soucis cuisants et des tribulations amères qui affligent les hommes dans le mariage. Le mariage est saint, honorable, sans tache, selon la doctrine de l'Apôtre[2] : mais, selon le même Apôtre, il y a une autre voie plus pure et plus douce; c'est celle de la sainte virginité. Il est permis de chercher un secours à l'infirmité de la chair : mais heureux qui n'en a pas besoin, et qui peut la vaincre; car elle cause de sensibles peines à quiconque ne peut la dompter qu'à demi.

Demandez, voyez, écoutez; que trouverez-vous dans toutes les familles, dans les mariages même qu'on croit les mieux assortis et les plus heureux, sinon des peines, des contradictions, des angoisses? Les voilà ces tribulations dont parle l'Apôtre. Il n'en a point parlé en vain; le monde en parle encore plus que lui. Toute la nature humaine est en souffrance. Laissons là tant de mariages pleins de dissensions scandaleuses ; encore une fois, prenons les meilleurs. Il n'y paroît rien de malheureux ; mais pour empêcher que rien n'éclate, combien faut-il que le mari et la femme souffrent l'un et

---

[1] *Act.*, XX, 35.

[1] *I Cor.*, VII, 28, 52.   [2] *Hebr.*, XIII, 4.

l'autre! Ils sont tous deux également raisonnables, si vous le voulez (chose très rare, et qu'il n'est guère permis d'espérer); mais chacun a ses humeurs, ses préventions, ses habitudes, ses liaisons. Quelque convenance qu'ils aient entre eux, les naturels sont toujours assez opposés pour causer une contrariété fréquente dans une société si longue, où l'on se voit de si près, si souvent, avec tous ses défauts de part et d'autre, dans les occasions les plus naturelles et les plus imprévues, où l'on ne peut point être préparé. On se lasse, le goût s'use; l'imperfection toujours attachée à l'humanité se fait sentir de plus en plus. Il faut à toute heure prendre sur soi, et ne pas montrer tout ce qu'on y prend. Il faut à son tour prendre sur son prochain, et s'apercevoir de sa répugnance. La complaisance diminue, le cœur se dessèche, on se devient une croix l'un à l'autre : on aime sa croix, je le veux ; mais c'est la croix qu'on porte. Souvent on ne tient plus l'un à l'autre que par devoir tout au plus, ou par une certaine estime sèche, ou par une amitié altérée et sans goût, qui ne se réveille que dans les fortes occasions. Le commerce journalier n'a presque rien de doux; le cœur ne s'y repose guère : c'est plutôt une conformité d'intérêt, un lien d'honneur, un attachement fidèle, qu'une amitié sensible et cordiale. Supposons même cette vive amitié : que fera-t-elle? où peut-elle aboutir? Elle cause aux deux époux des délicatesses, des sensibilités et des alarmes. Mais voici où je les attends. Enfin il faudra que l'un soit presque inconsolable à la mort de l'autre, et il n'y a point dans l'humanité de plus cruelles douleurs que celles qui sont préparées par le meilleur mariage du monde.

Joignez à ces tribulations celle des enfants, ou indignes et dénaturés ; ou aimables, mais insensibles à l'amitié ; ou pleins de bonnes ou de mauvaises qualités, dont le mélange fait le supplice des parents ; ou enfin heureusement nés, et propres à déchirer le cœur d'un père et d'une mère, qui dans leur vieillesse voient, par la mort prématurée de cet enfant, éteindre toutes leurs espérances. Ajouterai-je encore toutes les traverses qu'on souffre dans la vie par les domestiques, par les voisins, par les ennemis, par les amis mêmes; les jalousies, les artifices, les calomnies, les procès, les pertes de biens, les embarras des créanciers? Est-ce vivre ? O affreuses tribulations ! qu'il est doux de vous fuir dans la solitude!

O sainte virginité! heureuses les chastes colombes qui, sur les ailes du divin amour, vont chercher vos délices dans le désert ! O âmes choisies et bien aimées, à qui il est donné de vivre indépendantes de la chair ! Elles ont un époux qui ne peut mourir, en qui elles ne verront jamais aucune ombre d'imperfection, qui les aime, qui les rend heureuses par son amour. Elles n'ont rien à craindre que de ne l'aimer pas assez, ou d'aimer ce qu'il n'aime pas.

Car il faut l'entendre, mesdames, la virginité du corps n'est bonne qu'autant qu'elle opère la virginité de l'esprit ; autrement ce seroit réduire la religion à une privation corporelle, à une pratique judaïque. Il n'est utile de dompter la chair que pour rendre l'esprit plus libre et plus fervent dans l'amour de Dieu. Cette virginité du corps n'est qu'une suite de l'incorruptibilité d'une âme vierge, qui ne se souille par aucune affection mondaine. Aimez-vous ce que Dieu n'aime pas, aimez-vous ce qu'il aime d'un autre amour que le sien, vous n'êtes plus vierges : si vous l'êtes encore de corps, ce n'est rien ; vous ne l'êtes plus par l'esprit. Cette fleur si belle est flétrie et foulée aux pieds. L'indigne créature, le mensonge impur et honteux enlève l'amour que l'Époux vouloit seul avoir, et vous irritez toute sa jalousie. O épouse infidèle ! votre cœur adultère s'ouvre aux ennemis de Dieu : revenez, revenez à lui ; écoutez ce que dit saint Pierre : *Rendez votre âme chaste par l'obéissance à la charité* [1] ; c'est-à-dire qu'il n'y a que la loi de l'amour, qui rapporte tout à Dieu, par laquelle l'âme puisse être vierge et digne des noces de l'Agneau sacré.

Si donc on invite les vierges à conserver cette pureté virginale, ce n'est pas pour leur demander plus qu'à d'autres ; et quand même on leur demanderoit quelque chose au-dessus du commun des chrétiens, ne doivent-elles pas donner à Dieu à proportion de ce qu'elles reçoivent de lui ? Heureuses, s'il leur est donné de suivre l'Agneau partout où il va ! Mais de plus cette virginité céleste n'est point une perfection rigoureuse qui appesantisse le joug de Jésus-Christ : au contraire, mesdames, vous l'avez vu par les paroles de l'Apôtre, et par la peinture sensible des gens qui languissent dans les liens de la chair, cette virginité du corps n'est utile que pour rendre l'esprit vierge et sans tache, que pour mettre l'âme dans une plus grande liberté de vaquer à Dieu. L'Église desireroit que tous pussent tendre à cet état angélique, et elle dit volontiers, comme saint Paul, à tous ses enfants [2] : Je vous aime d'un amour de jalousie, qui est la jalousie de Dieu même : je vous ai tous pro-

---

[1] *I Petr.*, 1, 22. [2] *II Cor.*, xi, 2.

mis à un seul époux, comme ne faisant tous ensemble qu'une seule épouse chaste; et cet époux, c'est Jésus-Christ. Je sais bien qu'il n'est pas donné à tous de comprendre ces vérités; mais enfin heureux ceux qui ont des oreilles pour les entendre, et un cœur pour les sentir !

La troisième promesse qu'on fait en renonçant au monde, c'est d'obéir toute sa vie aux supérieurs de la maison où on se voue à Dieu. L'obéissance, me direz-vous, est le joug le plus dur et le plus pesant. N'est-ce pas assez d'obéir à Dieu, et aux hommes, de qui nous dépendons naturellement, sans établir de nouvelles dépendances? En promettant d'obéir, on s'assujettit non-seulement à la sagesse et à la charité, mais aux passions, aux fantaisies, aux duretés des supérieurs, qui sont toujours des hommes imparfaits, et souvent jaloux de la domination. Voilà, mesdames, ce qu'on est tenté de penser contre l'obéissance. Écoutez en esprit de recueillement et d'humilité ce que je tâcherai de vous dire.

A proprement parler, ce n'est point aux hommes qu'il faut obéir : ce n'est point eux qu'il faut regarder dans l'obéissance. Quand ils exercent le ministère avec fidélité, ils font régner la loi ; et, loin de régner eux-mêmes, ils ne font que servir à la faire régner. Ils deviennent soumis à la loi comme les autres; mais ils deviennent effectivement les serviteurs de tous les serviteurs. Ce n'est point un langage magnifique pour couvrir la domination : c'est une vérité que nous devons prendre à la lettre, aussi sérieusement qu'elle nous est enseignée par saint Paul et par Jésus-Christ même. Le supérieur vient servir, et non pas pour être servi. Il faut qu'il entre dans tous les besoins; qu'il se proportionne aux petits, qu'il se rapetisse avec eux ; qu'il porte les foibles; qu'il soutienne ceux qui sont tentés ; qu'il soit l'homme non-seulement de Dieu, mais encore de tous les autres hommes qu'il est chargé de conduire ; qu'il s'oublie, se compte pour rien, perde la liberté, pour devenir par charité l'esclave et le débiteur de ses frères ; qu'en un mot, il se fasse tout à tous. Jugez, jugez, mesdames, si ce ministère est pénible, et s'il vous convient, comme dit l'Apôtre[1], d'être cause, par votre indocilité, que les supérieurs l'exercent avec angoisse et amertume.

Mais, direz-vous, les supérieurs sont imparfaits, et il faut souffrir leurs caprices; c'est ce qui rend l'obéissance rude. J'en conviens; ils sont imparfaits : ils peuvent abuser de l'autorité; mais s'ils en abusent, tant pis pour eux; il ne vous en reviendra que des biens solides. Ce qui est caprice dans le supérieur, par rapport aux règles de son ministère, est, par rapport à vous selon les desseins de Dieu sur vous, une occasion de vous humilier, et de mortifier votre amour-propre trop sensible. Le supérieur fait une faute; mais en même temps qu'il la fait, Dieu la permet pour votre besoin. Ce qui est donc en un sens la volonté injuste et capricieuse du supérieur est, dans un autre sens plus profond et plus important, la volonté de Dieu même sur vous. Cessez donc de considérer le supérieur, qui n'est qu'un instrument indigne et défectueux d'une très parfaite et très miséricordieuse providence; regardez Dieu seul, qui se sert des défauts des supérieurs pour corriger les vôtres. Ne vous irritez pas contre l'homme; car l'homme n'est rien. Ne vous élevez pas contre celui qui vous représente Dieu même, et en qui tout est divin pour votre correction, même jusqu'aux défauts par lesquels il exerce votre patience. Souvent les défauts des supérieurs nous sont plus utiles que leurs vertus, parce que nous avons encore plus de besoin de mourir à nous-mêmes et à notre propre sens, que d'être éclairés, édifiés et consolés par des supérieurs sans défauts.

De plus, quelle comparaison entre ce qu'on souffre, dans une communauté, des préventions, ou, si vous le voulez, des bizarreries des supérieurs, et ce qu'il faudroit souffrir dans le monde d'un mari brusque, dur et hautain, d'enfants mal nés, de parents épineux, de domestiques indociles et infidèles, d'amis ingrats et injustes, de voisins envieux, d'ennemis artificieux et implacables, de tant de bienséances gênantes, de tant de compagnies ennuyeuses, de tant d'affaires pleines d'amertume ? Quelle comparaison entre le joug du siècle et celui de Jésus-Christ, entre les sujétions innombrables du monde et celles d'une communauté !

Dans la communauté, la solitude, le silence, et l'obéissance exacte à la règle et aux constitutions, vous garantissent presque de tout ce qu'il y auroit à souffrir des humeurs tant de vos supérieurs que de vos égaux. Tout est réglé ; en le suivant, vous en êtes quittes. La règle et les constitutions ne sont point des fardeaux ajoutés au joug de l'Évangile ; ce n'est que l'Évangile expliqué en détail, et appliqué à la vie de communauté. Si la règle n'est que l'explication de l'Évangile pour cet état, les supérieurs ne sont que les surveillants, pour faire pratiquer cette règle évangélique : ainsi tout se réduit à l'Évangile.

---

[1] *Hebr.*, XIII, 17.

Lors même que les supérieurs, passant au-delà de leurs bornes, traitent durement leurs inférieurs, que peuvent-ils contre eux? A le bien prendre, ce n'est presque rien. Ils peuvent mortifier le goût dans de petites choses, leur retrancher quelques vaines consolations, les reprendre un peu sèchement; mais cela ne peut aller loin comme les affaires du monde. Ici tout est réglé, tout est écrit, tout a ses bornes précises. Les exercices journaliers ne laissent presque rien à décider; il n'y a qu'à chanter les louanges de Dieu, travailler, se trouver ponctuellement à tout, ne se mêler jamais des choses dont on n'est point chargé, se taire, se cacher, chercher son soutien en Dieu, et non dans les amitiés particulières. Le pis qui vous peut arriver c'est de n'être point dans les emplois de confiance, qui sont pénibles et dangereux, qu'on est fort heureux de n'avoir jamais, et qu'on est obligé de craindre. Le pis qui vous puisse arriver, est que les supérieurs vous humilient, et vous mettent en pénitence; comme si vous ne deviez pas y être toujours; comme si la vie chrétienne et religieuse n'étoit pas un sacrifice d'amour, d'humiliation et de pénitence continuelle.

Où est-il donc ce joug si dur de l'obéissance? Hélas! je dois bien plus craindre ma volonté propre, que celle d'autrui. Ma volonté, si bonne, si raisonnable, si vertueuse qu'elle soit, est toujours ma propre volonté, qui me livre à moi-même, qui me rend indépendant de Dieu, et propriétaire de ses dons, si peu que je m'y arrête. La volonté d'autrui qui a autorité sur moi, quelque injuste qu'elle soit, est à mon égard la volonté de Dieu toute pure. Le supérieur commande mal; mais moi j'obéis bien: heureux de n'avoir plus qu'à obéir! De tant d'affaires, il ne m'en reste qu'une, qui est de n'avoir plus ni volonté ni sens propre, et me laisser mener comme un petit enfant, sans raisonner, sans prévoir, sans m'informer. Tout est fait pour moi, pourvu que je ne fasse qu'obéir dans cette candeur et cette simplicité enfantine. Je n'ai qu'à me défendre de ma vaine et curieuse raison, qu'à n'entrer point dans les motifs des supérieurs, qu'à décharger ma conscience sur la leur.

O douce paix! ô heureuse abnégation de soi-même! ô liberté des enfants de Dieu, qui vont, comme Abraham, sans savoir où! O pauvreté d'esprit, par laquelle on se dépouille de sa propre sagesse et de sa propre volonté, comme on se dépouille de son argent et de son patrimoine! Par-là tous les vœux pris dans leur vraie perfection se réunissent. La même pureté d'amour, qui fait qu'on se renonce soi-même sans réserve, rend l'ame vierge aussi bien que le corps, appauvrit l'homme jusqu'à lui ôter ses volontés, enfin le met dans une désappropriation de lui-même où il n'a plus de quoi se conduire, et où il ne sait plus que se laisser conduire par autrui. Heureux qui fait ces choses! heureux qui les goûte! heureux même qui commence à les entendre, et à leur ouvrir son cœur!

Qu'on ne dise donc plus que l'obéissance est rude; au contraire, ce qui est rude est d'être livré à soi-même et à ses desirs. Malheur, dit l'Écriture [1], à celui qui marche dans sa voie, et qui se rassasie du fruit de ses propres conseils! Malheur à celui qui se croit libre, quand il n'est point déterminé par autrui, et qui ne sent pas qu'il est entraîné au-dedans par un orgueil tyrannique, par des passions insatiables, et même par une sagesse qui, sous une apparence trompeuse, est souvent pire que les passions mêmes! Non, qu'on ne dise plus que l'obéissance est rude: au contraire, qu'il est doux de n'être plus à soi, à ce maître aveugle et injuste! Que volontiers je m'écrie avec saint Bernard: « Qui me donnera cent supérieurs » au lieu d'un pour me gouverner? Ce n'est pas » une gêne, c'est un secours; plus je dépendrai » de mes supérieurs, moins je serai exposé à moi- » même. » Il en est des supérieurs comme des clôtures. Ce n'est pas une prison qui tienne en captivité; c'est un rempart qui défend l'ame foible contre le monde trompeur, et contre sa propre fragilité. A-t-on jamais pris la garde d'un prince pour une troupe d'hommes qui lui ôtent la liberté? Celui qui se renferme dans une citadelle contre l'ennemi conserve par-là sa liberté, bien loin de la perdre.

Mais il est temps de finir; hâtons-nous de considérer le dernier engagement de cette maison, qui est celui d'instruire et d'élever saintement de jeunes demoiselles.

TROISIÈME POINT.

Saint Benoît n'a point cru troubler le silence et la solitude de ses disciples en les chargeant de l'instruction de la jeunesse. Ils étoient moines, c'est-à-dire solitaires, et ne laissoient pas d'enseigner les lettres saintes aux enfants qu'on vouloit élever loin de la contagion du siècle. En effet, on peut s'occuper au-dedans d'une solitude de cette fonction de charité, sans admettre le monde chez soi. Il suffit que les supérieurs aient avec les pa-

---

[1] *Prov.*, 1. 31.

rents un commerce inévitable, qui est assez rare quand on le réduit au seul nécessaire. Tout le reste de la communauté jouit tranquillement de la solitude. On se tait toutes les fois qu'on n'est point obligé d'enseigner. On ne parle que par obéissance, pour le besoin et avec règle. Ce n'est ni amusement, ni conversation; c'est sujétion pénible, c'est travail réglé. Ce travail doit être mis en la place du travail des mains pour les personnes qui sont si chargées de l'instruction, qu'elles ne peuvent travailler à aucun ouvrage. Ce travail demande une patience infinie: il y faut même un grand recueillement; car si vous vous dissipez en instruisant, vos instructions deviennent inutiles. Vous n'êtes plus qu'un airain sonnant, comme dit l'Apôtre [1], qu'une cymbale qui retentit vainement. Vos paroles sont mortes; elles n'ont plus d'esprit de vie: votre cœur est desséché; il n'a plus ni force, ni onction, ni sentiment de vérité, ni grace de persuasion, ni autorité effective; tout languit, rien ne s'exécute que par forme.

Ne vous plaignez donc pas que l'instruction vous dessèche et vous dissipe; mais, au contraire, ne perdez jamais un moment pour vous recueillir et vous remplir de l'esprit d'oraison, afin que vous puissiez résister dans vos fonctions à la tentation de vous dissiper. Quand vous vous bornez à l'instruction simple, familière, charitable, dont vous êtes chargées par votre état, votre vocation ne vous dissipera jamais. Ce que Dieu fait faire n'éloigne jamais de Dieu; mais il ne faut le faire qu'autant qu'il y détermine, et donner tout le reste au silence, à la lecture et à l'oraison. Ces heures précieuses qui vous resteront, pourvu que vous les ménagiez fidèlement, seront le grain de sénevé marqué dans l'Évangile [2], qui, étant le moindre des grains de la terre, croît jusqu'à devenir un grand arbre, sur les branches duquel les oiseaux du ciel viennent se percher. Tantôt un quart d'heure, tantôt une demi-heure, puis quelques minutes: tous ces moments entrecoupés ne paroissent rien, mais ils font tout, pourvu qu'en bon ménager on sache les mettre à profit. De plus grands temps que vous auriez à vous vous laisseroient trop à vous-mêmes et à votre imagination; vous tomberiez dans une langueur ennuyeuse, ou dans des occupations choisies à votre mode, dont vous vous passionneriez. Il vaut mieux rompre sans cesse sa volonté dans les fonctions gênantes, par la décision d'autrui, que de se recueillir selon son goût et par sa volonté propre. Quiconque fait la volonté d'autrui, par un sincère renoncement à la sienne, fait une excellente oraison, et un sacrifice d'holocauste qui monte en odeur de suavité jusqu'au trône de Dieu.

Ne craignez point de n'être point assez solitaires. O que vous aurez de silence et de solitude, pourvu que vous ne parliez jamais que quand votre fonction vous fera parler! Quand on retranche toutes les visites du dehors, excepté celles d'une absolue nécessité, qui sont très rares; quand on retranche au-dedans toutes les curiosités, les amitiés vaines et molles, les murmures, les rapports indiscrets, en un mot toutes les paroles oiseuses dont il faudra un jour rendre compte; quand on ne parle que pour obéir, pour instruire et pour édifier, ce qu'on dit ne dissipe point.

Gardez-vous donc bien, mesdames, de vous regarder comme n'étant point solitaires, à cause que vous êtes chargées de l'instruction du prochain: cette idée de votre état seroit pour vous un piège continuel. Non, non, vous ne devez point vous croire dans un état séculier: ce n'est qu'à force d'avoir renoncé au monde et à son commerce que vous serez propres à en préserver cette jeunesse innocente et précieuse aux yeux de Dieu. Plus vous avez d'embarras par cette éducation de tant de filles qui ont de la naissance, plus vous êtes exposées par le voisinage de la cour, et par la protection que vous en tirez, moins vous devez avoir de complaisance pour le siècle. Si l'ennemi est à vos portes, vous devez vous retrancher contre lui avec plus de précautions, et redoubler vos gardes. O que le silence, que l'humilité, que l'obscurité, que le recueillement, que l'oraison sans relâche sont nécessaires aux épouses de Jésus-Christ qui sont si près de l'enchantement de la cour et de l'air empesté des fausses grandeurs! Contre des périls si terribles, vous ne sauriez (je ne craindrai pas de le dire) être trop sauvages, trop alarmées, trop enfoncées dans vos solitudes, trop attachées à toutes les choses extérieures qui vous sépareront du goût du monde, de ses modes et de sa vaine politesse. Vous ne sauriez mettre trop de grilles, trop de clôtures, trop de formalités gênantes et ennuyeuses entre lui et vous. Non-seulement il ne faut pas craindre de passer pour religieuses, mais il faut craindre de ne passer pas assez pour de vraies religieuses, qui n'aiment que la réforme et l'obscurité, qui oublient le monde jusqu'à lui vouloir déplaire par leur simplicité: autrement vous vivez tous les jours sur le bord du plus affreux des précipices.

Mais un autre piége que vous devez craindre,

---

[1] *I Cor.*, XIII, 1. [2] *Matth.*, XIII, 31, 32.

c'est votre naissance. Épouses de Jésus-Christ, écoutez et voyez; oubliez la maison de votre père[1]. La naissance, qui flatte l'orgueil des hommes, n'est rien; c'est le mérite de vos ancêtres, qui n'est point le vôtre : c'est se parer des biens d'autrui que de vouloir être estimées par-là. De plus, ce n'est presque jamais qu'un vieux nom oublié dans le monde, et avili par beaucoup de gens sans mérite, qui n'ont pas su le soutenir. La noblesse n'est souvent qu'une pauvreté vaine, ignorante, grossière, oisive, qui se pique de mépriser tout ce qui lui manque. Est-ce là de quoi avoir le cœur si enflé? Jésus-Christ, sorti de tant de rois, de tant de souverains pontifes de la loi judaïque, de tant de patriarches, à remonter jusqu'à la création du monde; Jésus-Christ, dont la naissance étoit la plus illustre, sans comparaison, qui ait paru dans tout le genre humain, est réduit au métier grossier et pénible de charpentier pour gagner sa vie. Il joint à la plus auguste naissance l'état le plus vil et le plus méprisé, pour confondre la vanité et la mollesse des nobles, pour tourner en ignominie ce que la fausse gloire des hommes conserve avec tant de jalousie. Détrompons-nous donc. Il n'y a plus en Jésus-Christ de libre ni d'esclave, de noble ni de roturier. En lui tout est noble par les dons de la foi; en lui tout est anéanti par le renoncement aux vaines distinctions, et par le mépris de tout ce que le monde trompeur élève. Soyez noble comme Jésus-Christ, n'importe, il faut être charpentier avec lui; il faut, comme lui, travailler à la sueur de son front dans l'obscurité et dans l'obéissance. Vous qui étiez libres, vous ne l'êtes plus, la charité vous a faites esclaves : vous n'êtes point ici pour vous-mêmes; vous n'y êtes que les servantes de ces enfants, qui sont ceux de Dieu. N'entendez-vous pas l'Apôtre, qui dit : *Étant libre, je me suis fait l'esclave de tous, pour les gagner tous*[2]? Voilà votre modèle. Cette maison n'est point à vous; ce n'est point pour vous qu'elle a été bâtie et fondée; c'est pour l'éducation de ces jeunes demoiselles qu'on a fait cet établissement. Vous n'y entrez que par rapport à elles, et pour le besoin qu'elles ont de quelqu'un qui les conduise et les forme. Si donc il arrivoit (ô Dieu! ne le souffrez jamais; que plutôt les bâtiments se renversent!), si donc il arrivoit jamais que vous négligeassiez votre fonction essentielle; si, oubliant que vous êtes en Jésus-Christ les servantes de cette jeunesse, vous ne songiez plus qu'à jouir en paix des biens consacrés ici; si l'on ne trouvoit plus dans cette humble école de Jésus-Christ que des dames vaines, fastueuses, éblouies de leur naissance, et accoutumées à une hauteur dédaigneuse qui éteint l'esprit de Dieu et qui efface l'Évangile du fond des cœurs; hélas! quel scandale! le pur or seroit changé en plomb; l'épouse de Jésus-Christ, sans rides et sans tache, seroit plus noire que des charbons, et il ne la connoîtroit plus.

Accoutumez-vous donc, dès vos commencements, à aimer les fonctions les plus basses, à n'en mépriser aucune, à ne rougir point d'une servitude qui fait votre unique gloire. Aimez ce qui est petit; goûtez ce qui vous abaisse. Ignorez le monde, et faites qu'il vous ignore. Ne craignez point de devenir grossières à force d'être simples. La vraie, la bonne simplicité fait la parfaite politesse, que le monde, tout poli qu'il est, ne sait pas connoître. Il vaudroit mieux être un peu grossières, pour être plus simples, plus éloignées des manières vaines et affectées du siècle.

Il me semble que je vous entends dire : Puisque nous sommes destinées à l'instruction, ne faut-il pas que nous soyons exactement instruites? Oui, sans doute, des choses dont vous devez instruire ces enfants. Vous devez savoir les vérités de la religion, les maximes d'une conduite sage, modeste et laborieuse; car vous devez former ces filles ou pour des cloîtres, ou pour vivre dans des familles de campagne, où le capital est la sagesse des mœurs, l'application à l'économie, et l'amour d'une piété simple. Apprenez-leur à se taire, à se cacher, à travailler, à souffrir, à obéir, et à épargner. Voilà ce qu'elles auront besoin de savoir, supposé même qu'elles se marient. Mais fuyez comme un poison toutes les curiosités, tous les amusements d'esprit; car les femmes n'ont pas moins de penchant à être vaines par leur esprit que dans leur corps. Souvent les lectures qu'elles font avec tant d'empressement se tournent en parures vaines et en ajustements immodestes de leur esprit : souvent elles lisent par vanité, comme elles se coiffent. Il faut faire de l'esprit comme du corps; tout superflu doit être retranché : tout doit sentir la simplicité et l'oubli de soi-même. O quel amusement pernicieux dans ce qu'on appelle lectures les plus solides! On veut tout savoir, juger de tout, parler de tout, se faire valoir sur tout : rien ne ramène tant le monde vain et faux dans les solitudes, que cette vaine curiosité des livres. Si vous lisez simplement pour vous nourrir des paroles de la foi, vous lirez peu, vous méditerez beaucoup ce que vous aurez lu. Pour bien lire, il faut digérer sa

[1] *Ps.* XLIV, 11. [2] *I Cor.*, IX, 19.

lecture, et la convertir en sa propre substance. Il n'est pas question d'avoir compris un grand nombre de vérités lumineuses ; il est question d'aimer beaucoup chaque vérité, d'en laisser pénétrer peu à peu son cœur, de s'y reposer, de regarder longtemps de suite le même objet, de s'y unir moins par des réflexions subtiles que par le sentiment du cœur. Aimez, aimez, vous saurez beaucoup en apprenant peu ; car l'onction intérieure vous enseignera toutes choses. O qu'une simplicité ignorante, qui ne sait qu'aimer Dieu sans s'aimer soi-même, est au-dessus de tous les docteurs ! L'Esprit lui suggère toutes les vérités sans les lire en détail ; car il lui fait sentir, par une lumière intime et profonde, une lumière de vérité, d'expérience et de sentiment, qu'elle n'est rien, et que Dieu est tout. Qui sait cela sait tout. Voilà la science de Jésus-Christ, en comparaison de laquelle toute la sagesse mondaine n'est que perte et ordure, selon saint Paul[1].

Par cette simplicité vous parviendrez, mesdames, à instruire le monde sans avoir aucun commerce dangereux avec lui. Vous arroserez, vous redresserez, vous ferez croître et fleurir ces jeunes plantes, dont les fruits se répandront ensuite dans tout le royaume. Vous formerez de saintes vierges, qui répandront dans les cloîtres les doux parfums de Jésus-Christ. Vous formerez de pieuses mères de famille, qui seront des sources de bénédictions pour leurs enfants, et qui renouvelleront l'Église. Par elles le nom de Dieu sera connu de tous ceux qui le blasphèment, et son royaume s'établira. Vous ne verrez point le monde ; mais le monde se changera par vos travaux. Voilà à quoi vous êtes appelées.

Seigneur, répandez votre esprit sur cette maison, qui est la vôtre ; couvrez-la de la vertu de votre ombre ; protégez-la du bouclier de votre amour ; soyez tout autour d'elle comme un rempart de feu pour la défendre de tant d'ennemis, tandis que votre gloire habitera au milieu, comme dans son sanctuaire. Ne souffrez pas, Seigneur, que la lumière se change en ténèbres, ni que le sel de la terre s'affadisse et soit foulé aux pieds. Donnez des cœurs selon le vôtre, l'horreur du monde, le mépris de soi-même, le renoncement à tout intérêt propre, sur toutes choses votre amour qui est l'ame de toutes les véritables vertus. O amour si ignoré, mais si nécessaire ; amour dont ceux mêmes qui en parlent et qui le desirent ne comprennent point l'étendue, qui est sans bornes ; amour sans lequel toutes les vertus sont superficielles, et ne jettent jamais de profondes racines dans les cœurs ; amour qui fait seul la parfaite adoration en esprit et en vérité ; amour, unique fin de notre création ! ô amour ! venez vous-même : aimez, régnez, vivez ; consumez tout l'homme par vos flammes pures : qu'il ne reste que vous pour l'éternité. Amen.

[1] Philipp., III, 8.

MANDEMENTS.

I.
MANDEMENT POUR LE JUBILÉ
DE L'ANNÉE SAINTE 1704.

Après une traduction de la bulle de notre saint père le pape Clément XI, et la désignation des églises à visiter pour gagner le jubilé dans le diocèse de Cambrai, monseigneur l'archevêque parle ainsi à son peuple :

FRANÇOIS, par la miséricorde de Dieu et la grace du Saint-Siége apostolique, archevêque duc de Cambrai, prince du Saint-Empire, comte du Cambrésis, etc., à tous les fidèles de notre diocèse, salut et bénédiction.

Nous avons trouvé à propos, mes très chers frères, de faire publier, le premier dimanche de l'Avent, le jubilé de l'année sainte, que notre saint père le pape a bien voulu accorder en faveur de nos diocésains. En vous donnant la traduction de la bulle de Sa Sainteté, nous commençons par désigner les églises qu'il faudra visiter en chaque lieu, etc.

Il ne nous reste, mes très chers frères, qu'à vous représenter combien les dons de Dieu sont terribles contre ceux qui les méprisent. Hélas! les jours de bénédictions s'écoulent, et le péché règne toujours. Le ciel verse une rosée abondante, et la terre demeure stérile en fruits dignes de pénitence. Ne reverrons-nous pas encore après le jubilé les mêmes dérèglements, les mêmes habitudes, les mêmes scandales ? Les fidèles courent avec empressement pour obtenir cette grace; mais ils veulent apaiser Dieu sans se convertir ni se corriger. La religion se tourne en vaine cérémonie. Un pécheur veut payer Dieu les apparences dont il n'oseroit payer un ami offensé. Il donne à Dieu tout le moins qu'il peut dans la réconciliation. Il semble regretter tout ce qu'il lui donne, et le compter comme perdu. Il se prosterne aux pieds d'un prêtre, et prétend lui faire la loi; il frappe sa poitrine, et flatte ses passions; il avoue sa fragilité, et refuse de se défier de lui-même; sa fragilité sert d'excuse à ses rechutes, et lui fait sentir le besoin d'aucune précaution : il veut apaiser Dieu, mais à condition de ne se gêner en rien. « C'est aux pénitents que je parle, disoit » saint Augustin. Que faites-vous ? Sachez que vous » ne faites rien. A quoi vous sert cette humiliation » apparente, sans changement de vie ? *Quid est* » *quod agitis ? Scitote, nihil agitis. Quid prodest* » *quia humiliamini, si non mutamini*[1] *?* »

Faut-il que les chrétiens retombent dans le judaïsme, et que les cœurs soient loin de Dieu pendant qu'on l'honore des lèvres? C'est parler de pénitence, sans se repentir; c'est réciter des prières, sans prier véritablement; c'est tourner le remède en poison, et rendre le mal incurable. L'exercice de la foi se réduit à n'oser contredire les mystères incompréhensibles, à l'égard desquels une certaine soumission vague ne coûte rien. Mais les maximes de la pauvreté et de l'humilité évangélique, qui sont révélées comme les mystères, et qui attaquent l'amour-propre, ne souffrent-elles pas en toute occasion une contradiction et une dérision scandaleuse ? On craint le moindre mépris du monde plus que les jugements de Dieu, et la moindre perte des biens temporels, plus que celle du salut. On a honte de faire le bien, la parole de Dieu ennuie; on est dégoûté du pain descendu du ciel, la table sacrée est déserte; presque personne ne porte sérieusement et avec docilité le joug de la loi divine. O Seigneur, approchons-nous de ces temps où vous avez dit que le Fils de l'Homme trouveroit à peine quelque foi sur la terre ! Jetez un regard de compassion sur vos enfants. Envoyez votre Esprit, et ils seront créés, et vous renouvellerez la face de la terre. Rallumez le feu de votre amour, dont vous avez voulu embraser le monde. Après avoir été justement irrité, ressouvenez-vous de votre miséricorde. Rappelez pour votre gloire ces anciens jours, où votre peuple bien aimé, n'étant qu'un cœur et qu'une ame sous votre main, usoit de ce monde comme n'en usant pas, et ne se consoloit que dans l'amour de votre beauté éternelle. Donné à Cambrai, le 15 de novembre 1704.

[1] *Serm.* CCCXCII, al. *Homil.*, XLIX inter L. n. 6, tome V, pag. 1506.

II.

MANDEMENT POUR LE CARÊME

DE L'ANNÉE 1704.

FRANÇOIS, etc., à tous les fidèles de notre diocèse, salut et bénédiction.

Pendant la dernière paix nous avons cru devoir nous appliquer à rappeler nos diocésains à la parfaite observation de la pénitence du carême, qui est aussi ancienne que l'Église, et qu'elle a pratiquée pendant tant de siècles avec une exactitude incomparablement plus rigoureuse qu'en nos jours. Dans cet intervalle de tranquillité publique, nous avions déjà accoutumé les peuples à se priver de l'usage des œufs, que les malheurs de la guerre avoient rendu autrefois nécessaire. Mais une guerre nouvelle a suspendu malgré nous le parfait rétablissement de cette discipline. Nous nous bornâmes, l'année dernière, à résister aux desirs de ceux qui demandoient qu'on permît la viande. Nous ne crûmes pas devoir autoriser un relâchement d'une si dangereuse conséquence, et qui avoit été inouï dans les Pays-Bas catholiques, même pendant les plus longues guerres et les plus affreuses désolations. Nous savions que les peuples de ce pays, malgré les ravages et les misères incroyables des temps passés, avoient toujours eu le zèle de s'abstenir de manger de la viande pendant tous les carêmes, étant jaloux de conserver cette glorieuse marque de la discipline de l'Église catholique, qui les distinguoit des protestants leurs voisins.

Mais enfin, cette année, l'entière cessation de commerce avec la Hollande prive les Pays-Bas de toutes les provisions de poisson qu'ils avoient accoutumé d'en recevoir; et notre saint-père le pape nous inspire par sa sagesse paternelle une indulgence extraordinaire pour ce cas singulier, autant que notre conscience et la connoissance exacte que nous avons, sur les lieux, des vrais besoins de notre troupeau, nous le permettront.

Des raisons si puissantes nous déterminent à permettre pendant le carême prochain, à la partie de notre diocèse qui est sous la domination du roi catholique, l'usage de la viande pendant trois jours de chaque semaine, savoir, le dimanche, le mardi et le jeudi. Nous en exceptons néanmoins le jeudi qui arrive le lendemain du mercredi des Cendres, le dimanche des Rameaux, le mardi et le jeudi de la semaine sainte. Quoique nous leur permettions ainsi l'usage de la viande pour certains jours, nous conservons le commandement de l'Église dans toute sa force à l'égard du jeûne, non-seulement pour tous les autres jours, mais encore pour les jours mêmes où ils mangeront de la viande. Plus la nourriture qu'on prend est forte, plus on est en état de garder la règle du jeûne en ne faisant chaque jour qu'un seul repas avec une petite collation.

De plus, nous exhortons les riches à suppléer par des aumônes, au-delà même de celles qu'ils font d'ordinaire, la pénitence qu'ils ne feront point du côté de leur nourriture. Enfin, nous conjurons tous les peuples en général de pratiquer quelque autre mortification, qui tienne lieu de celle dont nous les dispensons. Jamais temps n'a montré plus que celui-ci une pressante nécessité d'apaiser la colère de Dieu par des humiliations et par des pénitences extraordinaires. Il faut que sa justice soit bien irritée par les péchés des hommes, puisque nous voyons toutes les nations de la chrétienté dans des guerres semblables à celles qui ont été prédites pour la fin des siècles.

A l'égard de la partie de notre diocèse qui est sous la domination de France, nous lui permettons seulement, et en commun avec la partie qui est sous la domination d'Espagne, l'usage des œufs, exceptant néanmoins les quatre premiers et les quatre derniers jours.

De plus, comme les militaires reviennent à peine d'une longue campagne, et sont à toute heure sur le point de se remettre en marche pour recommencer leurs fatigues, nous leur permettons de manger de la viande cinq jours de chaque semaine, savoir, le dimanche, le lundi, le mardi, le mercredi et le jeudi, exceptant néanmoins le mercredi des Cendres, le jour suivant, et toute la semaine sainte.

Mais nous ne prétendons point comprendre dans cette dispense, par rapport à la viande, aucun des officiers des états-majors des places; parce que, demeurant tranquillement chez eux dans les villes, ils peuvent encore plus facilement que le peuple se contenter des œufs, qui leur sont permis.

Nous espérons du zèle des peuples soumis à la France, dans notre diocèse, qu'ils ne seront nullement jaloux de la condescendance particulière dont nous usons à l'égard de ceux qui obéissent à l'Espagne; et qu'ils se croiront heureux au contraire de pouvoir, par leur situation plus éloignée de la guerre, faire un peu plus qu'eux pour garder la règle. Selon saint Augustin, ceux-là sont les plus riches en Jésus-Christ qui ont plus de courage pour supporter la privation; car il est bien plus avantageux d'être au-dessus des besoins, que d'avoir de quoi y satisfaire. *Illæ se existimentditiores, quæ fuerint in sustinenda parcitate fortiores.* Me-

lius est enim minus egere, quam plus habere[1]. Mais enfin les uns et les autres doivent en cette occasion suivre ce que saint Paul disoit aux premiers fidèles, dont les uns usoient d'une liberté que les autres se refusoient : *Que celui qui mange ne méprise point celui qui ne mange pas; et que celui qui ne mange pas ne juge point celui qui mange*[2]. Au milieu de ces petites diversités passagères que certaines circonstances causent dans la discipline, tous doivent demeurer dans une parfaite unité de cœur, en attendant que les uns puissent revenir au plus tôt au même point où les autres auront la gloire en Jésus-Christ d'être demeurés fermes.

Au reste, mes très chers frères, nous avons appris avec douleur qu'un grand nombre d'entre vous, ayant entendu publier dans le pays de la domination d'Espagne un ordre de la puissance séculière, qui étoit bornée à la simple police, pour avertir de bonne heure les bouchers, marchands de poisson et autres qui font les provisions publiques, ont cru pouvoir manger aussitôt de la viande tous les samedis, sans attendre que la voix de l'Église leur mère les instruisît de sa volonté. Vous devez savoir que c'est l'Église seule à laquelle il appartient non-seulement de dispenser, mais encore de publier elle-même ses propres dispenses sur les commandements qu'elle a faits toute seule. Le commandement du jeûne du carême est sans doute un des plus anciens et des principaux commandements que cette sainte mère ait faits à ses enfants pour leur faire pratiquer la pénitence, sans laquelle nul homme ne peut expier ses péchés, vaincre les tentations, et se rendre digne du royaume du ciel.

Comme les ministres de l'autel sont infiniment éloignés de s'ingérer dans aucune affaire qui regarde l'autorité temporelle, et qu'à cet égard ils donneront toujours à tout le reste des sujets des rois l'exemple de la soumission la plus parfaite et du zèle le plus ardent; aussi les rois vraiment chrétiens et catholiques n'ont garde de décider jamais sur les choses purement spirituelles, telles que les commandements de l'Église pour l'expiation des péchés par la pénitence. Quand ils ont besoin de quelque dispense à cet égard pour leurs personnes sacrées mêmes, ils sont les premiers à se soumettre humblement à l'autorité des pasteurs, pour en donner l'exemple à tous les peuples de leurs états. Souvenez-vous donc pour toujours, mes très chers frères, que c'est de l'Église seule que vous devez apprendre les dispenses qu'elle accorde sur ses propres commandements. Donné à Cambrai le dernier jour de l'année 1705.

III.

MANDEMENT POUR LE CARÊME
DE L'ANNÉE 1705.

FRANÇOIS, etc., à tous les fidèles de notre diocèse, salut et bénédiction.

Il y a déjà environ quinze cents ans que Tertullien rapportoit comme une tradition la coutume où étoient les *évêques d'ordonner les jeûnes pour tout le peuple*; et dès-lors *l'abstinence de certains aliments faisoit une partie de cette pénitence : portionale jejunium*[1]. C'est suivant cette tradition, qui remonte jusqu'aux apôtres, que les pasteurs doivent répondre à Dieu des mortifications du troupeau pour l'expiation des péchés. Mais nous remarquons avec douleur que la sainte discipline du carême a été très dangereusement altérée dans cette frontière par la longueur des guerres. Nos peuples, autrefois si jaloux de conserver cette marque, qui les distinguoit des protestants leurs voisins, semblent avoir oublié cette ancienne ferveur. Ceux qui auroient refusé des dispenses dans leurs plus pressants besoins en demandent chaque année avec empressement. La pénitence diminue, pendant que son besoin augmente. L'iniquité couvre la face de la terre; la main de Dieu est étendue, et s'appesantit sur toute la chrétienté; il semble dire à tant de nations désolées par des guerres sanglantes : *Super quo percutiam vos ultra?* Que me reste-t-il à frapper? quelle plaie puis-je encore ajouter? Mais les hommes, loin d'affliger leurs ames pour apaiser sa colère, ne cherchent qu'à élargir la voie étroite.

Ceux, dit saint Augustin, qui manquent *de véritables raisons* pour obtenir des dispenses sont ingénieux pour s'éblouir eux-mêmes par de fausses nécessités. *Falsas faciunt, quia veras non inveniunt*[2]. On devroit, dit-il, passer ces *jours d'humiliation dans le gémissement de l'oraison, et dans la mortification du corps*. D'un côté, il faudroit que l'oraison fût *nourrie par le jeûne*, selon le langage de Tertullien. En effet, l'oraison étant toute *spirituelle*, elle n'est parfaite qu'à proportion qu'elle sépare l'ame de la chair, pour l'unir à Dieu dans la vie de la foi. D'un autre côté, les hommes sont occupés de leurs corps, comme s'ils n'avoient point d'ame. Ils craignent de laisser jeûner leurs corps, et ils laissent tomber leurs ames en défail-

---

[1] *Ep.* CCXI, n. 9, tom. II, pag. 784.
[2] *Rom.* XIV, 3.

[1] *De Jejun.*, cap. IX, pag. 548.
[2] *S. rm.* CCX, *de Quadrag.* VI, n. 12, tom. V, pag. 932.

lance dans un funeste jeûne de la parole de vie, et de l'eucharistie, qui est *le pain au-dessus de toute substance.* Ils s'alarment avec lâcheté sur les moindres infirmités de ce corps, dont ils ne peuvent que retarder un peu la corruption; mais ils ne sentent ni les tentations ni les maladies mortelles de l'ame, qui est faite pour vivre éternellement.

On allègue contre le carême la misère publique : raison que la vénérable antiquité n'auroit eu garde d'approuver. Dans ces premiers temps, les riches jeûnoient pour donner aux pauvres ce qu'ils épargnoient dans le jeûne. Saint Augustin disoit à son peuple : « Que Jésus-Christ, souffrant la faim en » la personne du pauvre, reçoive de vos mains l'a- » liment que le jeûne vous retranche.... Que la » pauvreté volontaire du riche devienne l'abon- » dance dont le pauvre a besoin : *Voluntaria co- » piosi inopia fiat necessaria inopis copia.* » De là vient que ce Père veut que le jeûne aille jusqu'à *souffrir la faim et la soif.* Il faut, dit-il, que les riches se dégradent, s'appauvrissent et se *nourrissent comme les pauvres,* pour les secourir.

Mais en nos jours le carême s'approche-t-il, les pauvres sont ceux qui s'en plaignent le moins, et leur misère sert de prétexte à la délicatesse des riches. Les dispenses ne sont presque pas pour les pauvres : toute leur vie est un carême perpétuel. Qui est-ce donc qui élève sa voix contre la pénitence? les riches, qui en ont le plus pressant besoin pour corriger la mollesse de leur vie. Ils ne savent que trop éluder la loi, lors même qu'ils ne peuvent en secouer le joug. La pénitence se tourne chez eux en raffinements de plaisirs. On dépense en carême plus que dans les temps de joie et de licence. La volupté même, dit saint Augustin, ne voudroit pas perdre la variété des mets que le carême a fait inventer : *Ut ipsa faucium concupiscentia nolit quadragesimam præterire.*

Hélas! où en sommes-nous? Arrivons-nous à ces derniers temps où saint Paul assure qu'*ils ne souffriront plus la saine doctrine,* et dont Jésus-Christ même dit : *Croyez-vous que le Fils de l'Homme trouvera de la foi sur la terre?* On se dit chrétien, et on veut se persuader à soi-même qu'on l'est. On va à l'église, et on auroit horreur d'y manquer; mais on réduit la religion à une pure cérémonie, comme les Juifs. On ne donne rien à Dieu, que ce qui ne coûte presque rien à l'amour-propre. On lui refuse tout ce qui humilie l'esprit ou qui afflige la chair. On vit comme si on ne croyoit point d'autre vie que celle du corps. Ne craignons pas d'employer une expression de l'Apôtre : *Le ventre de ces hommes sen-* *suels est leur dieu.* Cependant ce corps qu'on flatte, qu'on orne, et dont chacun fait son idole, se flétrit comme une fleur qui est épanouie le matin, et qu'on foule aux pieds dès le soir. Il se défigure, il meurt tous les jours : il est le corps de mort et de péché, comme dit l'Apôtre. Hélas! *le jour de la perdition est déjà proche, et les temps se hâtent d'arriver.* Voilà la conclusion de saint Augustin : « Plus le jour de la mort est in- » certain, et le jour passager de cette vie plein d'a- » mertume, plus nous devons jeûner et prier; » car nous mourrons demain. » Mais pourquoi, dit Tertullien, le jeûne, qui est très salutaire aux pécheurs, est-il *si triste* et *si pénible* pour eux? *Cur enim triste quod salutare*[1] ?

Voilà, mes très chers frères, ce qui nous a tant fait desirer de maintenir la pénitence du carême. Nous avons, malgré nous, fait quelque peine à ceux que nous aimons le plus, et dont nous voulons le plus être aimé pour Dieu. Mais nous leur disons, comme l'Apôtre : *Si je vous contriste, eh! qui est-ce qui me consolera, si ce n'est celui qui a été contristé par moi? N'êtes-vous pas notre joie et notre couronne en Jésus-Christ?* Malgré cette fermeté, que nous avons crue nécessaire, nous n'avons pas laissé de relâcher beaucoup par rapport à la sainteté d'une discipline apostolique, et par rapport aux péchés innombrables des hommes. La condescendance que nous eûmes l'année dernière paroît encore nécessaire en celle-ci. La cessation du commerce continue. La voix du Saint-Père, qui nous invite à l'indulgence dans ce cas singulier, nous rassure contre la crainte où nous étions de laisser les pécheurs prescrire contre la loi. Ainsi, nous permettons encore, pendant le carême prochain, etc.

La docilité édifiante de tous nos diocésains de la domination de France, qui a éclaté l'année dernière dans l'inégalité que nous avons cru devoir mettre entre eux et nos diocésains soumis à l'Espagne, ne nous permet pas de douter qu'ils ne veuillent montrer encore le même zèle cette année. Heureux ceux qui ont le courage de donner un grand exemple d'amour pour la loi! Qu'ils soient à jamais bénis, pour avoir soutenu dans un temps fâcheux une si pure discipline, et pour n'avoir point regardé d'un œil jaloux le soulagement de leurs frères! Nous espérons que les autres, également zélés pour la règle, se hâteront, dans la suite, de faire autant qu'eux, pour être la bonne odeur de Jésus-Christ. Donné à Cambrai le 25 janvier 1705.

[1] *De Jejun.*

IV.

MANDEMENT POUR DES PRIÈRES.
1705.

François, etc., à tous les fidèles de notre diocèse, salut et bénédiction.

Dieu, dit saint Augustin[1], partage les temps entre sa justice et sa miséricorde. Tantôt il brise le genre humain par les guerres, et tantôt il le console par la paix. Mais la nécessité des guerres, ajoute ce Père[2], loin d'adoucir ces grandes calamités, est au contraire ce qu'elles ont de plus rigoureux, puisqu'il n'y a rien de plus déplorable dans les maux que de ne pouvoir les éviter par sa sagesse. A la vue de tant de malheurs dont une guerre presque universelle afflige la chrétienté, ne devons-nous pas conclure, mes très chers frères, que les peuples ont *profondément péché : profunde peccaverunt*[3] ? Puisque Dieu, ce père si tendre et si miséricordieux, nous frappe si terriblement, il faut que nous soyons des enfants ingrats et dénaturés qui aient attiré sa colère. Non-seulement, dit le même Père[4], ceux qui ont oublié Dieu, et foulé aux pieds toutes ses lois, doivent trembler sous les coups de sa puissante main; mais encore ceux qui n'ont point à se reprocher un orgueil insolent, une volupté impudente, une insatiable avarice, une injustice cruelle, une scandaleuse impiété, doivent s'humilier avec les méchants pour apaiser la justice divine : *Flagellantur enim simul, non quia simul agunt malam vitam, sed quia simul amant temporalem vitam.* Il est juste qu'ils sentent avec les impies l'amertume de cette vie périssable, puisqu'ils en ont aimé avec eux la fausse douceur. Que nous reste-t-il donc, si non de nous ranimer par ces paroles du Saint-Esprit :

Et maintenant, dit le Seigneur[5], *convertissez-vous à moi de tout votre cœur dans le jeûne, dans les larmes et dans les gémissements. Déchirez vos cœurs, et non vos habits. Convertissez-vous au Seigneur votre Dieu; car il est bon, compatissant, patient, riche en miséricorde, aimant mieux à faire le bien que le mal. Qui sait s'il ne sera pas lui-même changé, pour nous pardonner, et s'il ne laissera point après lui sa bénédiction, pour recevoir nos sacrifices? Sonnez de la trompette au milieu de Sion. Appelez tout le peuple; purifiez-le : assemblez les vieillards; amenez même les enfants qui sucent la mamelle. Que l'époux se lève, et que l'épouse quitte son lit nuptial. Entre le vestibule et l'autel, les prêtres et les ministres diront en pleurant : Pardonnez, Seigneur, pardonnez à votre peuple, et n'abandonnez point votre héritage à l'opprobre et à la domination des gentils. Souffrirez-vous que ces peuples disent de nous : Où est leur Dieu?*

Comme nos infidélités ont attiré la guerre, hâtons-nous de ramener la paix par nos prières; et par nos vertus demandons à Dieu qu'il comble de ses graces la personne du roi, qu'il bénisse ses armes, qu'il protège sa juste cause, et qu'il dissipe tous les projets de ses ennemis. Faisons même une demande qui ne sera pas moins pour nos ennemis que pour nous. Demandons une paix commune, où personne ne combatte plus que contre les vices, où l'on ne voie plus les hommes verser des larmes que pour leurs péchés, où le ciel ramène sur la terre la beauté des anciens jours, et où tous les enfants de Dieu, sans distinction d'aucun pays, ne soient plus qu'un cœur et une ame.

Pour obtenir ces graces du ciel, nous ordonnons qu'on chantera tous les dimanches et toutes les fêtes, à la fin de la messe, pendant tout le reste de cette guerre, dans toutes les églises, tant exemptes que non exemptes, etc. Donné à Cambrai, le 18 d'août 1705.

V.

MANDEMENT POUR LE CARÊME
DE L'ANNÉE 1706.

François, etc., à tous les fidèles de notre diocèse, salut et bénédiction.

Pendant les premiers siècles de l'Église, les chrétiens vivoient de foi, dans le jeûne, dans la prière, dans le silence, dans le travail des mains. Ils usoient de ce monde comme n'en usant pas, parce que c'est une figure qui passe dans le moment où l'on s'imagine en jouir. Leur conversation étoit dans le ciel.

Que si quelqu'un venoit à déchoir de cet heureux état, chacun le regardoit comme un astre tombé du ciel. Aussitôt toute l'Église étoit en pleurs et en gémissements pour lui. Ce pécheur, trop heureux de faire pénitence, se tenoit à la porte de la maison de Dieu, frappant sa poitrine, criant miséricorde aux pieds du pasteur, et se jugeoit indigne de la vue du saint autel. Un grand nombre d'années s'écouloit dans cette humiliation, avant qu'il fût rappelé au festin sacré de l'Agneau.

---

[1] *De Civit. Dei*, lib. v, cap. xxii, tom. vii, pag. 139.
[2] *Ibid.*, lib. xix, cap. vii, pag. 551.
[3] *Osee*, ix, 9.
[4] *De Civit. Dei*, lib. i, cap. ix, tom. vii, pag. 8, 9.
[5] *Is.*, ii.

Les empereurs mêmes du monde (le grand Théodose en est un merveilleux exemple), loin de faire la loi à l'Église en ce point, ne lui étoient pas moins soumis que le reste de ses enfants pour cette discipline salutaire. L'Église étoit jalouse de ne souffrir pas que les saints martyrs, allant répandre leur sang, accordassent aux pécheurs quelque adoucissement de cette règle rigoureuse. Combien eût-elle été indignée, si elle eût vu les pécheurs eux-mêmes vouloir se rendre les juges de leurs propres péchés, et prétendre lui extorquer des dispenses pour en éluder l'expiation !

Loin de voir les pécheurs vouloir s'épargner comme des hommes innocents, on voyoit les justes les plus édifiants qui se punissoient sans cesse comme coupables. Non-seulement les solitaires dans les déserts pratiquoient une abstinence qui paroissoit miraculeuse jusque dans la plus extrême vieillesse, et vivoient comme des anges dans des corps mortels ; mais encore les fidèles de tous les états sembloient regretter tout ce qu'ils ne pouvoient refuser à leur corps sans le détruire. *La sainte pâleur du jeûne étoit peinte sur les visages*, pour parler comme saint Basile. « J'ai connu » à Rome, dit saint Augustin [1], beaucoup d'hommes qui menoient une vie tout ensemble libre » et sainte..... J'ai appris qu'ils pratiquoient des » jeûnes entièrement incroyables. Non-seulement » ils se bornoient à manger une seule fois chaque » jour à l'entrée de la nuit, ce qui est très ordi» naire en tous lieux, mais encore ils passoient » trois jours de suite, ou un plus long temps, sans » boire ni manger. Cette coutume se trouvoit » parmi les femmes, aussi bien que parmi les » hommes. »

C'est ainsi que les amis de Dieu affligeoient leur chair, pour nourrir plus facilement leur esprit dans une prière continuelle. Mais dans ces derniers temps, qui sont devenus *les jours de péché*, plus les hommes pèchent, plus ils s'irritent contre la pénitence. Le malade repousse avec indignation la main charitable du médecin qui se présente pour le guérir. Nous n'oserions le dire, si l'Apôtre ne l'avoit pas dit : ils semblent n'avoir plus d'autre *Dieu que leur ventre*. Ils sont (*nous le disons en pleurant*) *les ennemis de la croix de Jésus-Christ*; ils veulent *l'évacuer*. Ils ne cherchent qu'à se flatter ; ils n'écoutent que leur délicatesse ; ils se font accroire à eux-mêmes qu'ils ont besoin de vivre dans une mollesse dont les anciens fidèles auroient eu horreur. Ils ne craignent que pour leurs corps, sans se mettre jamais en peine de leurs âmes. Avant le carême ils n'ont que trop de forces pour pécher, et ils ne deviennent infirmes que pendant le carême, pour secouer le joug de la pénitence. Ils se livrent à l'intempérance qui détruit leur santé, et rejettent la sobriété, qui ne guériroit pas moins leurs corps que leurs âmes. On ne trouve plus en eux ni honte ni regret de leurs péchés les plus scandaleux, ni défiance d'eux-mêmes après tant de rechutes, ni précautions sincères contre leur propre fragilité, ni docilité pour l'Église, qui voudroit les guérir par la pénitence. On ne remarque plus en eux que la sensualité de la chair, avec l'orgueil et la présomption de l'esprit. Ils ne tendent qu'à abolir insensiblement le carême, sans révérer ni l'exemple de Jésus-Christ, ni une tradition aussi ancienne que les apôtres.

Ils allèguent la pauvreté des peuples. Mais ce discours peut-il être sérieux ? Les uns attirent chez eux cette pauvreté par la délicatesse de leurs repas et par leurs excès les plus odieux. Les autres refusent de la diminuer dans leurs familles par une sobriété laborieuse. Il faudroit, dit saint Augustin, *que Jésus-Christ, qui souffre la faim en la personne du pauvre, reçût le pain dont le riche se priveroit par son jeûne* [1]. *La pénitence volontaire de l'un feroit la nourriture de l'autre*. Voilà le vrai remède à la pauvreté. Mais, hélas ! les riches sont ceux qui crient le plus haut contre le carême. Ils murmurent, comme le peuple juif dans le désert, contre une nourriture trop légère. Ils se servent du prétexte de la misère des pauvres, pour nous obliger à flatter leur sensualité et leur impénitence. Si la misère des pauvres les touchoit véritablement, ils ne songeroient qu'à jeûner, et qu'à garder une plus austère abstinence pour les pouvoir nourrir. Le jeûne et l'aumône iroient d'un pas égal.

Écoutez saint Augustin, mes très chers frères ; vous verrez dans ses paroles un portrait naïf de ces mauvais riches, qui croient le carême impossible, à moins qu'ils n'y puissent trouver commodément de quoi être sensuels jusque dans la pénitence. « Il y a, dit ce Père [2], certains observateurs » du carême qui le font avec plus de volupté que » de religion : DELICIOSI POTIUS QUAM RELIGIOSI. » Ils cherchent bien plus de nouveaux plaisirs, » qu'ils ne punissent leurs anciennes sensualités. » Par l'abondance et par la diversité des fruits, » dont l'apprêt leur coûte beaucoup, ils tâchent

---

[1] *De Moribus Eccles. cathol.*, lib. 1, cap. XXXIII, n. 70, t. I, pag. 711.

[1] *Serm.* CCX, *in Quadrag.* VI, n. 12, tom. V, pag. 932.
[2] *Ibid.*, n. 10, 11, pag. 931, 932.

» de surpasser la variété et le goût exquis de leurs
» viandes ordinaires. Ils craindroient de toucher
» les vases où l'on a fait cuire de la viande, comme
» s'ils étoient impurs ; mais ils ne craignent point
» de souiller leurs propres corps par le plaisir
» impur de leurs repas excessifs. Ils jeûnent, non
» pour diminuer par la sobriété leur volupté or-
» dinaire, mais pour exciter davantage l'avidité de
» leur appétit, en retardant leur nourriture ; car
» aussitôt que leur heure arrive, ils se jettent sur
» leurs repas exquis, comme les bêtes sur leurs
» pâtures. L'abondance des mets accable leur es-
» prit, et appesantit même leur corps. Mais de
» peur que l'abondance ne les dégoûte, ils réveil-
» lent leur appétit par de nouvelles modes de ra-
» goûts étrangers. Enfin ils prennent plus d'ali-
» ments qu'ils n'en pourroient digérer, même en se
» privant long-temps de toute nourriture... Qu'y
» a-t-il de moins raisonnable que de prendre le
» temps où il faudroit châtier la chair avec plus
» de sévérité, pour lui procurer de plus grands
» plaisirs, en sorte que la délicatesse des hommes
» aille jusqu'à craindre de perdre les ragoûts du
» carême ? Qu'y a-t-il de plus contraire à l'ordre
» que de choisir les jours d'humiliation, pendant
» lesquels tous les riches devroient se réduire à la
» nourriture des pauvres, pour vivre avec tant
» de délicatesse, que si on vivoit toujours de la
» sorte, à peines les biens des riches y pourroient-
» ils suffire ? »

Nous voyons tous ces maux, mes très chers frères. Nous tremblons pour ceux qui ne tremblent pas en les commettant. Nous craignons d'en être complices devant Dieu, par une pernicieuse complaisance, dans le temps même où l'on se plaint de notre sévérité. Nous demandons humblement la lumière du Saint-Esprit pour trouver un juste milieu entre la rigueur et le relâchement. Notre consolation est de rapporter ici le souvenir de cette excellente maxime de saint Augustin [1] : Les pasteurs ne sont pas moins chargés des hommes malades *qui ont besoin d'être guéris*, que de ceux qui étant guéris *sont saints* et parfaits. « Il faut,
» ajoute ce Père, souffrir les déréglements de la
» multitude, pour se mettre à portée de les gué-
» rir, et tolérer la contagion même, avant que de
» pouvoir y remédier. *Perpetienda sunt vitia mul-*
» *titudinis ut curentur, et prius toleranda quam*
» *sedanda est pestilentia.* »

C'est dans cet esprit que nous voulons bien encore une fois user d'une extrême condescendance, et faire souffrir, pour ainsi dire, la loi, dans l'espérance de mieux inspirer aux peuples l'amour de la loi même. Nous espérons que les fidèles, touchés de cette tendresse de l'Église et de sa patience au-delà de toutes les bornes, ouvriront enfin les yeux. Il est temps qu'ils se ressouviennent que leurs pères auroient généreusement refusé les dispenses que ceux-ci veulent maintenant nous arracher ; tant leurs pères craignoient de perdre leur couronne en Jésus-Christ ; tant ils étoient jaloux de se distinguer des protestants par cette sainte discipline, qui étoit comme la marque de la catholicité dans les Pays-Bas. C'est uniquement dans l'attente de voir au plus tôt un renouvellement de cette ancienne ferveur, que nous permettons encore, etc.

« Il ne faut point, dit saint Augustin, que les
» uns regardent les autres comme plus heureux,
» parce qu'ils prennent une nourriture qu'eux-
» mêmes ne prennent pas ; mais, au contraire,
» ils doivent se congratuler eux-mêmes de ce qu'ils
» ont une force qui manque aux autres : *Nec illis*
» *feliciores putent, quia sumunt quod non su-*
» *munt ipsi, sed sibi potius gratulentur, quia*
» *valent quod non valent illi.* » Nous ne doutons point que ceux que nous ménageons encore sans mesure ne soient enfin touchés d'une pieuse émulation, et qu'ils ne veuillent faire, pour l'expiation de leurs péchés, ce qu'ils voient faire pendant trois carêmes à leurs frères, dans leur voisinage. Aussi tiendrons-nous ferme à l'avenir pour ramener tout selon la justice à l'égalité, et pour rétablir la discipline apostolique du carême. Que si quelqu'un a des besoins extraordinaires, il doit se souvenir que c'est à l'Église seule qu'il doit avoir recours, pour être dispensé de ses commandements. Donné à Cambrai, le 10 février 1706.

VI.

MANDEMENT POUR DES PRIÈRES.

1706.

FRANÇOIS, etc., à tous les fidèles de notre diocèse qui sont sous la domination du roi catholique, salut et bénédiction.

Jamais l'Église ne fut dans un plus pressant besoin, qu'en la conjoncture présente, de demander le secours du ciel. Toutes les nations chrétiennes sont sous les armes les unes contre les autres : celles qui avoient joui de la plus longue paix sont maintenant exposées aux malheurs d'une sanglante guerre. Nos Pays-Bas, accoutumés depuis si longtemps à être le théâtre de ces grands mouvements,

---

[1] *De Morib. Eccles. cathol.*, lib. I, cap. XXXII, n. 69, t. I, pag. 711.

voient encore aujourd'hui des armées innombrables qui sont prêtes à combattre. Un jeune roi, vraiment catholique par ses mœurs pures, par sa piété sincère, par son zèle pour l'Église, expose actuellement sa personne sacrée aux dangers de la guerre, pour défendre les royaumes que le titre le plus légitime lui a acquis, et où le desir de tous les peuples l'a appelé. Demandons au Dieu des armées qu'il bénisse celles qui combattent avec tant de justice et de nécessité ; soupirons après une prompte et heureuse fin de tant de maux qui désolent l'Europe. Disons d'un cœur humble et soumis à la puissante main de Dieu : Malheur à nous, parce que nous avons péché ! Tâchons d'apaiser la juste colère de Dieu. Attirons enfin par nos vœux et par nos bonnes œuvres *cette paix opulente*, que Dieu promettoit autrefois à son peuple par la bouche d'un prophète. Souhaitons cette paix, moins pour jouir des prospérités dangereuses de la terre, que pour être plus libres de nous préparer au bienheureux repos de notre patrie céleste.

C'est dans cet esprit que nous ordonnons, conformément à la lettre écrite par son altesse électorale de Bavière, au nom de sa majesté catholique, que l'on fera le trente et unième de ce mois et les deux jours suivants des prières publiques dans toutes les églises, tant collégiales que paroissiales, tant des communautés séculières que des régulières de ce diocèse, qui sont sous la domination d'Espagne, pour demander la prospérité des armes de sadite majesté, et pour obtenir une paix constante entre les chrétiens. Nous voulons que le très vénérable sacrement soit exposé dans toutes les églises ledit jour et les deux suivants, depuis six heures du matin jusqu'à six heures du soir, que le tout soit terminé par un salut solennel. Dans les villes on fera une procession générale, où tous les corps seront invités, et où tout le clergé tant séculier que régulier se joindra à celui de l'église principale. Donné à Avesnes, dans le cours de nos visites, le vingt-cinquième mai 1706.

VII.
MANDEMENT POUR DES PRIÈRES.
1706.

François, etc., à tous les fidèles de notre diocèse, salut et bénédiction.

La guerre, quoique aussi ancienne que le genre humain, devroit nous étonner, comme si elle étoit nouvelle parmi les hommes. Ils sont accablés du poids de leur mortalité, et ils se hâtent de se détruire, comme s'ils ne se trouvoient pas assez mortels. Ils ne veulent qu'être heureux, et ils agissent comme s'ils étoient ennemis de leur bonheur. Ils cherchent toujours la paix, et ils la troublent eux-mêmes. Ils ont inventé un art, auquel ils ont attaché toute leur gloire, pour augmenter les maux presque infinis de l'humanité. Ce spectacle est terrible. La justice d'en haut les livre à leurs passions, afin qu'ils se punissent eux-mêmes, et qu'ils vengent Dieu de leurs péchés.

Ce qu'il y a de plus déplorable est de voir qu'en nos jours le sang chrétien est presque le seul qui paroît couler sur la terre, pendant que les nations infidèles jouissent d'un profond repos. Ceux qui devroient n'être qu'un cœur et une ame, ceux qui composent la famille du Père céleste, ceux qu'on devroit reconnoître à la marque de l'amour mutuel, sont tous armés les uns contre les autres.

Mais le comble du malheur pour les guerres, c'est qu'elles sont souvent inévitables. Un jeune prince doux, modéré, courageux, exemplaire dans ses mœurs, vraiment digne de porter le nom de roi catholique par son zèle pour l'Église, est appelé au trône d'Espagne par le testament du feu roi son oncle, par la demande solennelle de toute la nation espagnole, par les acclamations de tous les peuples d'une si vaste monarchie. Aussitôt des puissances jalouses, et conjurées pour le détrôner, mettent en armes toute l'Europe. Le roi peut-il abandonner la bonne cause de son petit-fils ? Ne faut-il pas espérer que Dieu le protégera dans une défense si juste et si nécessaire ? Prions donc pour demander au Dieu des armées qu'il dissipe cette confédération, et qu'il donne enfin à la chrétienté une paix dont elle fasse un saint usage.

L'Apôtre nous recommande de *faire des prières pour les rois et pour tous ceux qui sont dans l'autorité, afin que nous menions une vie paisible et tranquille en toute piété*, etc.[1].

En effet, la paix et le bon ordre de l'Église dépendent beaucoup du repos des royaumes chrétiens. Ainsi c'est prier pour nous-mêmes, c'est prier pour toute l'Église, que de prier pour les rois fidèles. C'est dans cette vue que saint Augustin disoit[2] : « Pendant que les deux cités sont mêlées » ensemble ici-bas, nous nous servons de la paix » de Babylone même. » La tranquillité du monde sert à l'Église pour épargner à ses enfants foibles et fragiles un surcroît de tentation dans le pèle-

---
[1] *I Tim.*, 11.
[2] *De Civ. Dei*, lib. xix, cap. xvii, tom. vii, pag. 532.

rinage de cette vie. A Dieu ne plaise que nous cherchions une paix qui amollisse, qui enivre, qui empoisonne les cœurs! à Dieu ne plaise que nous soyons jamais du nombre de ces hommes dont saint Augustin dit qu'ils font à Dieu des prières et des offrandes pour en obtenir, non la grace *de guérir leurs passions, mais une prospérité mondaine pour les assouvir* [1]! Craignons d'être du nombre de ces lâches et mercenaires chrétiens *qui usent de Dieu pour jouir du monde.* Joignons-nous à ceux *qui usent de ce monde pour jouir de Dieu* [2]. Ne demandons à Dieu la paix, qu'afin qu'elle ramène la beauté des anciens jours, qu'elle fasse fleurir la pure discipline, et que Jésus-Christ règne encore plus au-dessus des rois que les rois régneront au-dessus des peuples. Demandons, pour la consolation de l'Église, la fin de ces *jours de colère, de tribulation et d'angoisse, de ces jours de calamité et de misère,* de ces jours de ténèbres *et d'obscurité, de ces jours de nuages et de tourbillons, de ces jours où la trompette sonne sur les places fortes* [3]; enfin où l'Église ne peut qu'à demi instruire, exhorter, consoler, corriger. Regardons toutes les nations ennemies avec des yeux de foi et de charité. Desirons-leur le même bien qu'à nous. Prions le souverain Père de famille de réunir dans sa maison tous ses enfants, afin qu'ils soient moins touchés de ce qu'ils sont des peuples séparés en divers états, que de ce qu'ils sont hommes, chrétiens, et enfants de Dieu.

Prions afin que le fer du *glaive soit changé en soc de charrue;* que les armes tombent des mains des peuples; *qu'ils oublient à faire la guerre;* que *chacun soit assis à l'ombre de sa vigne ou de son figuier;* que nul ennemi *n'ose les troubler, parce que la bouche du Seigneur des armées aura parlé pour annoncer la paix; que tous les peuples marchent ensemble sans jalousie ni défiance, chacun au nom de son Dieu;* que cette paix dure jusqu'à la fin des temps et au-delà, et que *le Seigneur règne à jamais sur eux dans la montagne de Sion* [4].

C'est dans ce dessein d'attirer la bénédiction de Dieu sur les armes du roi, et d'obtenir une paix prompte et universelle, que nous ordonnons, etc. Donné à Cambrai, le 21 août 1706.

[1] *De Civ. Dei.* lib. xv, cap. vii n. 1, pag. 583. — [2] *Ibid.*
[3] *Soph.,* 1, 15.
[4] *Mich.,* iv. 5.

VIII.
MANDEMENT POUR LE CARÊME
DE L'ANNÉE 1707.

FRANÇOIS, etc., à tous les fidèles de notre diocèse, salut et bénédiction.

Nous avions espéré, mes très chers frères, que nous pourrions enfin cette année rétablir la pénitence du carême. Cette discipline, qui a été si austère, et pratiquée avec tant de ferveur dans toute l'antiquité, n'est plus qu'une ombre de ce qu'elle a été autrefois. Mais plus elle est affoiblie, plus nous devons être jaloux d'en conserver les précieux restes. Saint Augustin montroit aux manichéens la pureté des mœurs de l'Église catholique, en disant qu'un grand nombre de fidèles observoient *un jeûne quotidien, et le continuoient même d'une manière incroyable* [1]. Il assure que beaucoup de catholiques, même *des femmes,* ne se contentoient pas de jeûner, « en ne prenant aucune nourriture qu'à l'entrée de la nuit; ce qui » est, dit-il, partout très commun; mais encore » qu'ils ne buvoient ni ne mangeoient rien pendant trois jours de suite, et très souvent encore » au-delà. » Il ajoute qu'il y avoit des chrétiens *accoutumés à jeûner* (de ce grand jeûne jusqu'à la nuit) *le mercredi, le vendredi et le samedi, comme le peuple de Rome,* dit-il [2], *le fait souvent.* Il assure qu'*un grand nombre de ces chrétiens, et surtout de solitaires,* jeûnoient cinq jours de la semaine, et le continuoient toute leur vie. « Nous savons, dit encore ce Père [3], que » quelques fidèles l'ont fait, c'est-à-dire que, passant au-delà d'une semaine entière sans prendre » aucune nourriture, ils approchoient le plus » qu'ils pouvoient du nombre de quarante jours; » car frères très dignes de foi nous ont assuré » qu'un fidèle est parvenu jusqu'à ce nombre. » Dans ces bienheureux siècles, on voyoit de tous côtés des chrétiens innocents qui se punissoient comme s'ils eussent été de grands pécheurs. Un solitaire n'avoit besoin, dans le désert, que d'un palmier et d'une fontaine pour satisfaire à tous ses besoins. Ils ne vivoient que d'aliments secs, et sans les faire cuire.

Voilà, mes très chers frères, ce que nos chrétiens relâchés ne peuvent pas même croire quand ils le lisent, loin d'oser essayer de le mettre en

[1] *De Morib. Eccl. cathol.,* lib. i, cap. xxxiii. n. 70, tom. i, pag. 711. *Contr. Faust.,* lib. v, cap. ix, tom. viii, pag. 200.
[2] *Ad Casul.,* ep. xxxvi. cap. iv. n. 8. tom. ii, pag. 71.
[3] *Ibid.,* cap. xii. n. 27. tom. ii, pag. 78.

pratique. Avez-vous moins de tentations à vaincre, moins de péchés à expier, moins de récompenses à obtenir? La vie est-elle moins fragile et moins courte, ou l'éternité moins longue? Dieu est-il devenu moins aimable? Devez-vous moins à Jésus-Christ? La nature des corps humains n'est-elle plus la même? Quelle différence reste-t-il donc, sinon que les premiers chrétiens étoient du nombre de ces *violents* qui *ravissent le royaume du ciel*, et que nos chrétiens qui ont dégénéré, n'ayant, comme parle l'Apôtre, d'autre *Dieu que leur ventre*, *se jugent eux-mêmes indignes de la vie éternelle*?

Il n'y a donc rien de plus important que de rétablir cette discipline aussi ancienne que les apôtres. Elle ne fut jamais si nécessaire qu'en ces *jours de péché*. Quand est-ce que nous jeûnerons, comme les Ninivites, sinon en un temps où les crimes énormes de la terre ont attiré la colère du ciel, et où toutes les nations semblent animées à s'entre-déchirer pour venger la loi de Dieu méprisée? Quand est-ce que nous frapperons nos poitrines pour apaiser Dieu, si ce n'est lorsque son bras est levé sur nous?

Mais les malheurs que la guerre entraîne sont eux-mêmes l'obstacle qui retarde encore l'entier rétablissement d'une discipline si révérée de tous les siècles. Malgré tant de raisons pressantes de la rétablir, nous usons encore d'une dernière indulgence dans ces temps de confusion et de désordre. C'est pourquoi nous permettons, etc.

Enfin, nous ne saurions trop fortement avertir les riches sur deux points que saint Augustin explique touchant le jeûne. Le premier est que cette mortification se tourne en volupté, par les délicatesses qu'on y introduit: *Negotium ventris agitur, non religionis* [1]. Ce n'est plus une peine imposée au corps par religion; c'est un raffinement de table, qui tourne en jeu la pénitence même. Le second point est « qu'il ne suffit pas de jeûner. « Votre jeûne, dit ce Père [2], abat votre corps; » mais il ne relève pas celui de votre prochain... » A qui donnerez-vous ce que vous vous refusez à » vous-même? Combien ce repas retranché au-» jourd'hui peut-il nourrir de pauvres! » C'est dans cet esprit que nous recommandons à chacun de ceux qui mangeront des œufs pendant ce carême, en vertu de la présente permission, de donner au moins trois sous en aumônes. Il n'y aura que les pauvres qui soient exempts de donner une si petite somme. D'ailleurs, nous exhortons tous ceux qui sont en plus grande commodité, de donner davantage à proportion de leurs moyens. Ces aumônes seront mises entre les mains de la trésorière de l'assemblée de la charité, dans les villes où l'on a établi de telles assemblées pour les pauvres malades. Dans tous les autres lieux, chacun remettra sa petite somme au pasteur, pour être employée au même usage. Donné à Cambrai, le 15 février 1707.

IX.

MANDEMENT POUR LE JUBILÉ
DE L'ANNÉE 1707.

FRANÇOIS, etc., à tous les fidèles de notre diocèse, salut et bénédiction.

Saint Augustin dit que la terre est agitée par les guerres, comme la mer l'est par les tempêtes [1]. En effet, le genre humain a ses orages: tels sont les tristes jours où nous voyons que le ciel semble couvert de tous côtés; tout paroît entraîné malgré soi dans ce tourbillon de guerre universelle. On allègue, dit encore ce Père [2], « que le sage fait » des guerres justes. Mais comme ce sage se sou-» vient qu'il est homme, sa peine n'en est que plus » grande, de se voir réduit à soutenir des guerres » nécessaires..... Souffrir ou voir ces maux sans » en être affligé, ce seroit être d'autant plus mal-» heureux, en se croyant heureux, qu'on auroit » perdu jusqu'au sentiment de l'humanité.

» Ceux, dit le saint docteur [3], qui font la guerre » avec tant de fatigues et de dangers pour vaincre » un ennemi, et pour donner un repos à la répu-» blique, méritent sans doute une louange; mais » on acquiert une gloire bien plus solide en ex-» terminant la guerre par les paroles de la paix, » qu'en exterminant les ennemis par les armes... » La condition de ceux qui combattent est néces-» saire; mais la condition de ceux qui épargnent » les combats est plus heureuse. »

Le saint pontife que la main du Très-Haut a mis malgré lui sur la chaire apostolique voit d'un lieu si élevé l'affreux spectacle de tant de nations animées à se détruire. Il voit des ruisseaux de sang qui coulent depuis sept années, et ce sang est celui des enfants de Dieu. Le Père commun sent ses entrailles déchirées; il gémit sur la montagne sainte; il lève des mains pures au ciel; il tâche d'apaiser Dieu, afin que Dieu apaise les hommes; il nous envoie un nouveau jubilé, afin que l'esprit

---

[1] *In Psal.*, LXXXVI, n. 9, tom. IV, pag. 925.
[2] *In Psal.* XLII, n. 8, pag. 270.

[1] *De Civ. Dei.*, lib. V, cap. XXII, tom. VII, pag. 139.
[2] *Ibid.*, lib. XIX, cap. VII, pag. 551.
[3] *Ep.* CCXXIX, *ad Darium*, n 2, tom. II, pag. 836.

de paix descende sur les cœurs désunis. Joignons, mes très chers frères, nos vœux aux siens. Hâtons-nous de demander ce que nous avons un si pressant besoin d'obtenir. Soupirons après cette paix d'ici-bas, puisqu'elle peut servir pour nous préparer à celle de la Jérusalem d'en haut. Demandons des jours sereins qui soient l'image de ce beau jour, de ce jour sans nuage et sans fin, où nous verrons la lumière dans la source de la lumière même; de ce jour où nous n'aurons plus d'autre soleil que Dieu et d'autre lumière que l'Agneau; de ce jour où les douleurs, les gémissements et les maux s'enfuiront à jamais.

Mais le vrai moyen de finir la guerre causée par nos péchés est de fuir les péchés qui la causent. Dieu ne la permet, dit saint Augustin, que *pour humilier les âmes et pour exercer leur patience*. C'est le grand bien que nous pouvons tirer de tant de maux. Que chacun *repasse ses années dans l'amertume de son âme*; que tout enfant prodigue revenu de ses égarements s'écrie : *O Père, j'ai péché contre le ciel et contre vous*. Gardez-vous bien, mes très chers frères, de regarder le jubilé comme un asile du relâchement contre la pénitence. Le jubilé, tout au contraire, est un adoucissement de la pénitence extérieure, qui invite les hommes à redoubler la pénitence du cœur. *Déchirez vos cœurs et non pas vos vêtements*, dit l'Église après l'Écriture. L'Église relâche de grandes peines, il est vrai; mais elle ne dispense point de la douleur d'avoir péché. Au contraire, c'est celui à qui il est le plus remis qui doit le plus aimer, le plus sentir l'excès de la bonté qui l'épargne, le plus détester son ingratitude, le plus haïr tout ce qu'il a aimé et que Dieu n'aime pas. L'indulgence n'élargit point la voie étroite. Elle ne nous dispense point de suivre Jésus-Christ en portant la croix avec lui, ni de nous renoncer nous-mêmes. Elle soulage seulement notre foiblesse; elle nous supporte dans notre découragement, en attendant que nous croissions en Jésus-Christ, et que nous soyons devenus *robustes dans la foi*. O vous tous qui êtes fatigués et chargés, venez à Jésus-Christ, il vous soulagera; venez, *goûtez, et voyez combien le Seigneur est doux!* Du moins ayez le courage d'en faire l'expérience, et bientôt vous direz comme le prophète : *J'ai couru dans la voie de vos commandements, dès que l'amour a élargi mon cœur*. Qu'on se défie de soi, qu'on se lie à Dieu, qu'on se livre à un bon confesseur, qui, plein de l'esprit de grâce, mène tout à sa fin avec force et douceur. Qu'on ne se confesse que pour se convertir et pour se corriger. Qu'on cherche le confesseur qu'on avoit toujours craint, parce qu'il ne flatte pas, et qu'on craigne celui qu'on cherchoit, s'il est vrai qu'il flatte. Que la grâce du jubilé se fasse sentir par les fruits, et qu'elle change les mœurs corrompues. Que les pauvres deviennent humbles, exempts de faste et charitables. Que la sanctification du jour du Seigneur répande ses grâces sur tous les autres de la semaine. Que l'ivrognerie, qui exclut du royaume de Dieu, selon l'Apôtre, fasse horreur aux chrétiens; que l'impureté ne soit pas même nommée parmi eux. Qu'on se détache d'une vie qui échappe à tout moment; qu'on se prépare au royaume de Dieu, qui ne finira jamais, et qui sera bientôt le nôtre, si nous le desirons; qu'enfin l'amour, loin d'être un commandement onéreux, soit l'adoucissement de tous les autres, et qu'il nous rende nos croix légères par ses consolations.

Profitez donc, mes très chers frères, de la grâce qui vous est offerte; n'endurcissez pas vos cœurs en ce jour de miséricorde. C'est par la pénitence que vous désarmerez la colère de Dieu pour rappeler la paix sur la terre. Venez, vous tous qui avez la bienheureuse soif; *vous puiserez avec joie dans les fontaines du Sauveur*.

Nous avons jugé à propos de ne faire gagner le jubilé aux peuples de notre diocèse que pendant la quinzaine qui commence précisément le lundi d'après le dimanche de la Passion, et qui finit le dimanche de Pâques, afin que chacun soit plus touché et plus recueilli dans le concours de la grande solennité de Pâques avec la grâce du jubilé. Ainsi tout le temps du carême servira à se préparer à ces deux grandes actions réunies dans une seule.

Mais comme les malades peuvent ne vivre pas jusqu'à ce temps-là, et que les militaires peuvent être obligés de partir avant ce terme, nous donnons aux uns et aux autres la consolation de pouvoir gagner le jubilé dès le commencement du carême, quand leurs confesseurs les trouveront suffisamment préparés.

Au reste, comme il faut, selon la bulle, faire quelque aumône, nous réglons que chaque particulier qui ne sera pas dans une impuissance véritable donnera au moins trois sous pour les pauvres malades, exhortant tous ceux qui sont en état de donner davantage de le faire à proportion de leurs facultés. Ils mettront leurs aumônes entre les mains de leurs pasteurs, qui les remettront entre les mains des trésoriers de la charité, s'il y a dans leur lieu des assemblées de charité pour les pauvres; sinon ils les distribueront eux-mêmes aux pauvres de leurs paroisses, selon leur prudence.

X.
MANDEMENT POUR DES PRIÈRES.
1707.

François, etc., à tous les fidèles de notre diocèse qui sont sous la domination du roi, salut et bénédiction.

Nous n'avons jamais eu, mes très chers frères, un si pressant besoin de prier pour la tranquillité publique, qu'en ce temps où la paix semble s'éloigner, et où les maux de la guerre augmentent.

Il est vrai, comme le remarque saint Augustin, que si les hommes gardoient les règles du christianisme, ils conserveroient, même au milieu des combats, une sincère *bienveillance* pour les peuples ennemis. *Les bons*, dit ce Père[1], combattroient sans perdre jamais le sentiment de *compassion*, que l'humanité inspire. « La volonté, ajoute ce
» Père[2], doit garder la paix, quoique la nécessité
» réduise à faire la guerre; car on ne cherche
» point la paix pour recommencer la guerre. Au
» contraire, on fait la guerre pour s'assurer de la
» paix. » Mais où est-ce, dit encore ce saint doc-
» teur[3], qu'on nous donnera une armée composée
» de soldats tels que la doctrine de Jésus-Christ
» les demande? » De plus, une armée qui observeroit inviolablement cette discipline évangélique auroit le malheur de répandre malgré elle le sang humain. Elle ne seroit assemblée que pour faire, dans l'espérance des biens à venir, des maux présents dont elle auroit horreur. Quelle déplorable nécessité!

Il faut donc demander à Dieu qu'il abrège ces jours de péché, de licence, de scandale et de tentation, où les cœurs même les plus justes, les plus modérés et les plus humains sont entraînés par le torrent, et ne peuvent donner une borne certaine aux maux qu'ils sont contraints de tolérer.

Prions Dieu, mes très chers frères, qu'il bénisse les armes du roi. Ce n'est point pour sa propre cause que ce prince combat. Il se borne à défendre son petit-fils, que la nation espagnole est venue lui demander pour le mettre sur le trône de son oncle, en vertu de son testament. Il ne fait que prêter son secours à la monarchie d'Espagne, sans aucune vue d'ambition pour la sienne. Des intentions si droites nous font espérer pour lui le secours d'en haut. Que nos ennemis se glorifient de leurs forces; pour nous, c'est au nom du Seigneur que nous mettons notre confiance. Quoique la France, après tant de pertes, se montre encore de tous côtés supérieure à ses ennemis; quoique rien ne semble pouvoir épuiser les ressources qu'elle trouve dans son courage, dans sa patience, et dans son zèle pour son roi, nous levons néanmoins les yeux vers les montagnes, pour voir d'où nous viendra le vrai secours, et nous disons : C'est du Seigneur qu'il nous viendra. C'est en nous humiliant, c'est en nous défiant de nous-mêmes, c'est en apaisant la colère de Dieu, que nous apaiserons la jalousie des nations voisines. Disons à Dieu : *C'est par vous que nous dissiperons les armées de nos ennemis, et c'est en votre nom que nous mépriserons ceux qui s'élèvent contre nous. Je n'espérerai point en mon arc, et ce n'est point mon glaive qui me sauvera*[1]. Demandons à Dieu, mes très chers frères, non des triomphes inutiles, non la perte de nos ennemis, puisqu'ils sont nos frères, mais des succès qui amènent une paix solide et constante pour réunir toutes les nations chrétiennes. Demandons ce qu'un prophète a promis au nom du Seigneur. *Je briserai l'arc, le glaive, et la guerre, et je les ferai dormir avec confiance...; et voici ce qui arrivera en ce jour. J'exaucerai*, dit le Seigneur, *j'exaucerai les cieux, et les cieux exauceront la terre, et la terre répandra le blé, le vin et l'huile.... Je dirai : Vous êtes mon peuple, et il répondra : Vous êtes mon Dieu*[2]. Soupirons donc après cette paix de la terre; mais gardons-nous bien d'oublier jamais celle du ciel, pour laquelle seule nous devons demander celle d'ici-bas. « Si la paix hu-
» maine, dit saint Augustin[3], est si douce pour la
» conservation temporelle des hommes mortels,
» combien plus sera douce cette paix divine qui
» fait le salut éternel des esprits célestes? Ainsi
» quand nous entendons ces paroles : Que les
» cœurs soient en haut; prenons garde que
» notre réponse ne soit pas un mensonge, et que
» nous ne répondions faussement : Nous les tenons élevés au Seigneur. »

A ces causes, etc. Donné à Cambrai, le 18 d'août 1707.

---

[1] *Ep.* cxxxviii, n. 14, tom. ii, pag. 416.
[2] *Ep.* clxxxix, n. 6, pag. 699.
[3] *Ep.* cxxviii, n. 15, pag. 416.

[1] *Ps.* xliii, 7. — [2] *Osee*, ii, 10.
[3] *Ep.* clxxxix, n. 6, pag. 699.

MANDEMENTS.

XI.
MANDEMENT POUR LE CARÊME
DE L'ANNÉE 1708.

François, etc., à tous les fidèles de notre diocèse, salut et bénédiction.

Saint Augustin, mes très chers frères, représente à son peuple que la discipline *du carême est autorisée dans l'ancienne loi, dans les prophètes et dans l'Évangile* [1]. Il ajoute que *les conciles des Pères.... ont persuadé au monde chrétien qu'il doit se préparer ainsi à la célébration de la Pâque* [2]. Saint Ambroise fait remonter le jeûne jusqu'à l'origine du monde. C'est en mangeant le fruit défendu, dit-il, que l'homme fut chassé du paradis terrestre, et c'est par l'abstinence qu'il y rentre : « En jeûnant, Moïse reçut la » loi ; Pierre eut la révélation du mystère de la vo- » cation des gentils au baptême ; Daniel ferma » les gueules des lions, et découvrit les temps à » venir [3]. »

Remarquez que, dans les siècles où ces Pères parloient, le jeûne étoit très rigoureux, et très religieusement observé. Maintenant il est très radouci, et violé sans scrupule. Autrefois on jeûnoit jusqu'au soleil couché, et on ne prenoit que de *vils aliments* [4]. Aujourd'hui on élude la règle pour la quantité, en mangeant dans un seul repas presque autant qu'on mange d'ordinaire en deux, et pour la qualité on tourne en délicatesse de ragoûts l'abstinence même.

Mais quoi ! les raisons de jeûner furent-elles jamais plus pressantes qu'en notre temps ?

On doit jeûner pour réprimer les tentations. Et quand est-ce que les hommes furent plus tentés ? Tout est piège, tout est scandale ; la pudeur est tournée en dérision ; le mal s'appelle bien. La loi du monde semble avoir prescrit contre celle de Dieu.

Le jeûne doit donner à la nourriture du pauvre ce qu'il retranche à celle du riche. Mais le monde eut-il jamais tant de pauvres ? Le ravage des guerres appauvrit moins les hommes que le luxe, le faste et la mollesse. Les pauvres sont abandonnés, parce que les riches sont appauvris eux-mêmes sous le joug de vaines bienséances qui les tyrannisent.

Le jeûne doit servir à expier les péchés du peuple : ainsi plus on a péché, plus on doit jeûner.

Mais nos jours ne sont-ils pas *les jours de péché* ? L'ambition et l'avarice ne font plus qu'une seule passion, qui enlève tout pour tout dissiper. Le faste répandu dans les mœurs rend la probité presque impossible. La justice n'est plus qu'un beau nom. L'impiété passe pour force d'esprit. Vous trouvez presque partout, ou le scandale, ou la superstition, ou l'hypocrisie. L'Église n'est plus écoutée ; les pécheurs lui font la loi jusque dans le tribunal de la pénitence.

Enfin le jeûne doit apaiser Dieu. Hélas ! quand est-ce qu'il fut plus irrité contre nous ? Combien y a-t-il d'années que les chrétiens se déchirent, pendant que les infidèles vivent en paix ! Il semble que Dieu nous punit les uns par les autres. On s'accoutume à cet affreux spectacle ; on le voit sans horreur ; on ne gémit plus pour en obtenir la fin.

Tant de fortes raisons nous faisoient desirer ardemment de rétablir enfin la sainte discipline du carême, que l'état violent de cette frontière a altérée depuis quelques années. Mais il faut avouer, mes très chers frères, que les malheurs de la guerre, qui devroient redoubler la pénitence des peuples, sont précisément ce qui nous contraint d'user encore cette année de quelque relâchement à leur égard pour le carême. Nous protestons devant Dieu que c'est pour soulager les véritables pauvres, dans ce triste temps, et non pour flatter les riches voluptueux dans leur mollesse, que nous usons encore de condescendance.

C'est dans cet esprit que nous permettons, etc. Donné à Cambrai, le 14 février 1708.

XII.
MANDEMENT POUR DES PRIÈRES.
1708 [*].

François, etc., à tous les fidèles de notre diocèse qui sont sous la domination du roi, salut et bénédiction.

Si le monde n'avoit jamais vu la guerre allumée entre les nations voisines, il auroit peine à croire que les hommes pussent s'armer les uns contre les autres. Eux qui sont accablés de leur misère et de leur mortalité, ils augmentent avec industrie les plaies de la nature, et ils inventent de nouvelles morts. Ils n'ont que quelques moments à vivre, et ils ne peuvent se résoudre à laisser couler en paix ces tristes moments. Ils ont devant eux des régions immenses qui n'ont point encore trouvé

---

[1] *In Psal.* cx, n. 1, tom. iv, pag. 1244.
[2] *Ep.* LV, *ad Januar.*, n. 27, tom. ii, pag. 159.
[3] S. Ambr., *Ep.* LXIII, n. 16, tom. ii, pag. 1026.
[4] S. Aug., *Serm.* CCX. n. 11, tom. v. pag. 952.

[*] Voyez, au sujet de ce mandement, la lettre de Fénelon au P. Lami, bénédictin, du 30 nov. 1708. (*Édit.*)

de possesseur, et ils s'entre-déchirent pour un coin de terre. Ravager, répandre du sang, détruire l'humanité, c'est ce qu'on appelle l'art des grands hommes. Mais les guerres ne sont, dit saint Augustin, que des spectacles où le démon se joue cruellement du genre humain : *ludi dæmonum*.

Les princes les plus justes et les plus modérés sont réduits à prendre les armes. Malheur d'autant plus déplorable, dit saint Augustin, qu'il est devenu nécessaire. Dieu même fait entrer la guerre dans ses desseins de miséricorde, comme on fait entrer les poisons les plus mortels dans la composition des remèdes les plus salutaires. Hélas! quelle doit être l'extrémité de nos maux, puisque nous avons besoin d'un si violent remède! « Une longue » paix, dit saint Cyprien [1], corrompt la discipline » que Dieu avoit donnée aux hommes. Il faut qu'un » châtiment céleste vienne réveiller notre foi abattue, et comme endormie. » Dieu punit les peuples les uns par les autres, parce que tous ont péché. Il frappe ces grands coups qui ébranlent la terre, dit saint Augustin, pour *dompter l'orgueil* des méchants, et pour *exercer la patience* des bons. Il y a déjà huit ans, mes très chers frères, que la main est levée, et on ne la reconnoît pas. Les pécheurs sont abattus sans être convertis. Jamais on ne vit tant de faste et tant de mollesse, jamais tant de bassesse pour l'intérêt, et tant de hauteur contre la vertu. Le luxe ne vit que d'injustice. L'état violent où chacun se jette sape les fondements de toute probité, et corrompt le fond des mœurs des nations entières. L'humilité est foulée aux pieds, et la simplicité est tournée en dérision. La curiosité et la présomption sont au comble. L'autorité de l'Église n'est plus qu'un grand nom. Seroit-ce que nous approcherions des derniers temps, où *la charité sera refroidie*, *l'iniquité abondante*, et où *le Fils de l'Homme trouvera* à peine *de la foi sur la terre*? Ne cherchons point ailleurs qu'en nous-mêmes la source de nos maux. Nos péchés sont nos plus grands ennemis. Ils nous attirent tous les autres. Nous combattons contre les autres; et, loin de vaincre ceux-ci, nous nous livrons lâchement à eux. Nous ne pouvons calmer la tempête qui agite toutes les nations chrétiennes, qu'en apaisant la juste colère de Dieu. Il aime à être désarmé par des cœurs contrits et humiliés. Après s'être irrité, il se ressouvient de ses anciennes miséricordes. Demandons-lui, non la destruction de nos ennemis, qui ne cessent jamais d'être nos frères, mais notre réunion avec eux par une bonne paix. Demandons-lui cette paix, non pour flatter nos passions, pour nous attacher aux douceurs trompeuses du pélerinage, et pour nous faire oublier notre véritable patrie, mais au contraire afin que nous soyons plus libres, plus tranquilles, plus recueillis et plus préparés au royaume de Dieu. Prions pour la prospérité des armes du roi, afin qu'elles nous procurent, selon ses desseins, un repos qui console l'Église aussi bien que les peuples, et qui soit sur la terre une image du repos céleste.

A ces causes, etc. Donné à Cambrai, le 12 mai 1708.

XIII.

MANDEMENT POUR LE CARÊME
DE L'ANNÉE 1709.

François, etc., à tous les fidèles de notre diocèse, salut et bénédiction.

Vous savez, mes très chers frères, que nous n'avons point cessé de maintenir dans ce diocèse la loi du carême, malgré les vives instances qui nous ont été faites depuis quelques années pour nous obliger à en interrompre l'observation. Il nous a paru que les malheurs de la guerre, loin de devoir ébranler une si sainte discipline, la rendent plus nécessaire que jamais. Les pécheurs doivent-ils cesser de faire pénitence, parce que la colère de Dieu éclate sur eux? Nous éprouvons ce que Jérémie disoit du peuple juif [1] : *Ils ont semé du blé, et ils ont moissonné des épines; ils ont acquis des héritages, et ils leur seront infructueux: c'est la colère du Seigneur qui confondra vos espérances pour les fruits de vos champs*. Faut-il s'étonner que Dieu frappe la terre qu'il voit couverte d'un déluge d'iniquités? « Vous » murmurez, disoit saint Cyprien aux infidèles [2], » de ce que Dieu vous est irrité, comme si vous mériţiez par vos mauvaises mœurs de recevoir quelque bien de lui; comme si toutes ces calamités » qui viennent fondre sur vous n'étoient pas douces et légères, en comparaison de vos crimes. » Vous qui vous mêlez de juger les autres hommes, » soyez enfin juges de vous-mêmes; pénétrez » jusque dans les replis cachés de votre conscience; » ou plutôt regardez-vous vous-mêmes, tel que » tout le monde vous voit à découvert; puisqu'il » ne reste plus en vous ni crainte ni pudeur qui » vous détourne de pécher, et que vous faites le mal » comme si vous en deviez tirer des louanges.

[1] *De Lapsis*, pag. 182.

[1] Jer., XIII, 5.
[2] *Ad Demetr.*, pag. 216 et seq.

« Vous êtes ou enflé d'orgueil, ou ravisseur du
» bien d'autrui, ou emporté de colère, ou ruiné
» par le jeu, ou abruti par l'excès du vin, ou
» rongé d'envie, ou infame par vos impuretés, ou
» cruel par votre vengeance ; et vous vous éton-
» nez de ce que la colère de Dieu croît pour punir
» le genre humain, pendant que les péchés qu'il
» doit punir croissent de jour en jour. Vous vous
» plaignez de ce que l'ennemi vous fait sentir les
» maux de la guerre, et vous ne voyez pas que si
» vous n'aviez au-dehors aucun ennemi, vous de-
» viendriez bientôt vous-mêmes votre propre en-
» nemi au milieu de la paix. » En effet, le luxe
et le faste, qui dérèglent toutes les mœurs et qui
confondent toutes les conditions; l'avarice, l'ambition et l'envie, qui rendent tous les hommes incompatibles, ne ruinent pas moins un peuple que la
guerre même. Vous n'avez, dit le même Père [1],
qu'*une impatience toujours criante et plaintive*,
au lieu de *la patience forte, religieuse et tranquille* que Dieu demande à ses enfants : cessez de
critiquer témérairement ce qui est au-dessus de
vous, et remédiez aux maux publics par une
humble correction de vos mœurs, qui en sont la
véritable cause. Quoi ! dit encore ce Père [2], « tant
» de coups terribles de la main de Dieu ne vous
» rappellent point à la règle et à l'innocence.... !
» Dieu est tout prêt à finir nos peines; mais l'in-
» dignité des pécheurs l'empêche de nous secou-
» rir..... Ce qui l'irrite le plus est de voir que
» tant de châtiments ne peuvent nous convertir. »
Il est donc vrai, mes très chers frères, que, loin
de chercher des adoucissements au jeûne du carême, nous devrions l'augmenter à proportion de
nos péchés, et des maux qu'ils attirent sur nous.

Mais Dieu daigne se contenter de ce que notre
bonne volonté lui offre, dans l'impuissance de faire
mieux. Les sources du commerce pour le poisson
de mer nous sont fermées; la rigueur de l'hiver
nous prive des légumes; la campagne désolée
manque d'œufs; ce qui a échappé aux ravages de
la guerre devient nécessaire et presque insuffisant
aux troupes innombrables qui remplissent tout le
pays; à la cherté se joint la misère. Nous cédons
enfin à une si triste nécessité. L'Église, cette mère
pleine de tendresse et de compassion, descend jusqu'aux derniers besoins de ses enfants. Elle ne
souffre ni relâchement, ni mollesse, ni vain prétexte pour éluder la loi : mais elle a appris de son
Époux que le grand-prêtre, dans une pressante nécessité, donna à David et aux siens *les pains consacrés, que les prêtres seuls avoient permission de
manger*. Elle sait que le Seigneur, qui *est maître
du sabbat* [1], ne l'est pas moins du carême, et qu'on
peut dire de l'institution de ce grand jeûne ce que
le Fils de Dieu a dit de l'institution du saint repos :
*Le sabbat est fait pour l'homme, et non l'homme
pour le sabbat* [2]. Telle est la condescendance de
l'Église. Comment ne relâcheroit-elle pas un peu
de sa discipline présente, elle qui, comme dit
saint Augustin, juge que la paix qu'elle conserve
avec les foibles la dédommage de ce qu'elle souffre
certains relâchements contre la loi? *Pacis ipsius
compensatione sanaretur* [3].

C'est dans cet esprit, mes très chers frères, que
nous permettons les choses suivantes, etc.

Nous voyons avec une sensible douleur que la
plus grande partie des peuples qui n'observeront pas
le carême avec la régularité ordinaire ne pratique-
ront que trop par leur misère une abstinence forcée. Leur consolation doit être de la tourner en
mérite par une humble patience. « Le jeûne, dit
» saint Augustin [4], nous représente la mortifica-
» tion universelle de nos corps. » Ceux mêmes qui
ne pourront pas se retrancher l'usage de la viande,
doivent se modérer dans la dispense qui leur est
accordée, et ne se permettre rien de superflu dans
les commodités sensibles. Enfin, les peuples qui
nous sont confiés peuvent voir, par les égards que
nous avons pour leurs besoins, combien nous
sommes éloignés d'une sévérité dure et rigoureuse.
C'est ce qui doit nous préparer dans leurs cœurs
une pleine confiance pour les temps plus heureux,
où nous ne manquerons pas de rétablir dans son
intégrité cette salutaire pénitence que les apôtres,
instruits par l'exemple de Jésus-Christ même, ont
transmise de siècle en siècle jusqu'à nous.

Il faut que les riches entrent dans les sentiments
de l'Église en faveur des pauvres, afin que la charité gagne en cette occasion ce que la pénitence
semble perdre. Ainsi tous ceux qui useront de la
présente dispense, et qui peuvent donner trois
sous en aumône, les donneront.

Nous exhortons tous ceux qui peuvent donner
plus abondamment, à faire pour leur salut éternel une partie de ce qu'ils font tous les jours pour
le faste du siècle. Nous desirons que ces aumônes
soient mises entre les mains de la trésorière de
l'assemblée de la charité, dans les villes où on a
établi de telles assemblées pour les pauvres malades, afin qu'elles soient distribuées de concert avec

---

[1] *Ad Demetr.* [2] *Ibid.*

[1] *Luc.*, 4, 5.   [2] *Marc.*, II, 27.
[3] *Ep.* CLXXXV, *ad Bonif.*, n. 44, tom. II, pag. 660.
[4] *De perf. Justit. hom.*, cap. VIII, n. 18, tom. X, pag. 174.

XIV.
MANDEMENT
POUR DES PRIÈRES PUBLIQUES
SUR LA STÉRILITÉ.
1709.

François, etc., à tous les fidèles de notre diocèse, salut et bénédiction.

Nous apprenons, mes très chers Frères, avec une sensible douleur, qu'on doit craindre une grande stérilité. La terre paroît comme morte; elle ne promet ni fruits ni moisson, et le printemps même ne la ranime point. D'où viennent ces malheurs? Les hommes n'ouvriront-ils jamais les yeux? ne sentiront-ils jamais la main qui les frappe? Ils ont oublié Dieu, et ils se sont oubliés eux-mêmes. Ils ont contraint, pour ainsi dire, leur Père céleste à les oublier. Hélas! voici la neuvième année où l'on voit couler des ruisseaux de sang dans toute la chrétienté. Mais les hommes sont punis, sans être corrigés. Si nous n'apaisons au plus tôt la juste colère de Dieu, au glaive vengeur se joindra la faim, plus cruelle que le glaive même.

Dieu, dit le Psalmiste [1], *a appelé la faim sur la terre; aussitôt elle accourt, et tout appui du pain est brisé.* Voilà, dit Isaïe [2], *le Seigneur dominateur des armées qui ôtera de Jérusalem et de Juda..... toute force du pain. Les enfants*, dit Jérémie [3], *ont demandé où est le pain..., en rendant le dernier soupir dans le sein de leurs mères..... La langue de l'enfant à la mamelle se dessèche de soif dans sa bouche. Les petits ont demandé du pain, et personne ne leur en rompt. Ceux qui vivoient dans la volupté tombent en défaillance au milieu des chemins. Ceux qui se nourrissoient avec délicatesse se jettent avec avidité sur l'ordure..... Ceux que le glaive abat sont moins à plaindre que ceux qui périssent de faim; car ceux-ci sont desséchés et consumés par la stérilité de la terre.*

« La faim et la soif, dit saint Augustin [4], sont
» de véritables douleurs qui nous brûlent, et qui
» nous consument comme la fièvre, à moins que
» le remède des aliments ne vienne nous secou-
» rir. Mais comme ce remède est tout prêt, ô mon
» Dieu, à nous soulager par la libéralité de vos
» dons, et comme le ciel, la terre et l'eau nous
» servent dans notre infirmité, les hommes don-
» nent à cette calamité le nom de délices. » Non, il n'y a que la main de Dieu qui retarde chaque jour par ses dons la défaillance prochaine du genre humain. *Les montagnes*, dit le Psalmiste [1], *se sont élevées, et les campagnes sont descendues en la place que Dieu leur a marquée..... C'est lui qui fait couler les torrents dans les vallons au pied des montagnes, pour désaltérer tous les animaux..... O Dieu, la terre est rassasiée du fruit de vos mains! elle produit ses herbages pour les animaux qui sont au service de l'homme. La terre est pleine de vos biens. Tout est dans l'attente de la nourriture que vous distribuez à chacun en son temps. Dès que vous donnez, ils recueillent. Ouvrez-vous votre main, tout est comblé de biens; mais détournez-vous votre face, ils sont dans le trouble. Refusez-vous l'esprit de vie, ils tombent en défaillance, et rentrent dans la poussière.* Pendant que les hommes s'enivrent de vaines espérances, il ne faut qu'une gelée après une fonte de neige, ou qu'un brouillard, suivi d'un rayon de soleil, pour confondre tous leurs projets. Aussitôt *le ciel devient d'airain au-dessus de leurs têtes, et la terre qui les porte est de fer pour eux* [2].

Que reste-t-il donc, sinon d'apaiser Dieu? Sa main est déjà levée sur nous: mais nous savons que dix justes suffisent pour sauver un peuple innombrable: *Non delebo propter decem* [3]. O peuples consternés, écoutez ces douces et fortes paroles: *Voyez*, dit Dieu à ses enfants [4], *où est-ce que vous n'avez pas commis des abominations...? C'est ce qui a empêché la pluie d'engraisser vos champs.... O enfants, revenez en vous tournant vers moi, et je vous guérirai après vos égarements.... O Israël..., tes voies et tes pensées ont attiré sur toi tous ces maux. C'est ta malice qui se tourne en amertume, et qui blesse ton cœur... Mon peuple insensé ne m'a point connu. Mes enfants sont sans sagesse et sans cœur. Ils ne sont sages que pour faire le mal, et ne savent pas faire le bien.... J'ai rassasié vos enfants, et ils ont commis des crimes infâmes.... Quoi donc! est-ce que je ne visiterai point leurs péchés, et que je ne me vengerai point de ces peuples....? Jusques à quand la terre sera-t-elle en deuil, et l'herbe de ses champs sera-t-elle desséchée par la malice des peuples qui l'habitent....? Ils ont semé du blé, et ils ont moissonné des épines. Ils ont acquis des héritages, et ils n'en jouiront pas. Soyez confondus par les fruits mêmes de vos*

---

[1] *Ps.* civ, 16.   [2] *Is.*, iii, 1.
[3] *Thren.*, ii, 12, et iv, 4, 5, 9.
[4] *Conf.*, lib. x. cap. xxxi, n. 45, tom. i, pag. 185.

[1] *Ps.* ciii.   [2] *Deut.*, xxviii, 23.
[3] *Gen.*, xviii, 32.   [4] *Jerem.*, iii-xii.

terres.... Mais, après que je les aurai arrachés, je changerai mon cœur pour eux, j'en aurai pitié, et je rétablirai chacun d'eux dans la jouissance de son héritage.

Telles sont nos espérances pour vous, mes très chers frères; celui qui menace craint de frapper. Il ne nous montre les maux qu'il prépare qu'afin que nous les détournions de dessus nos têtes. La terre, qui refuse ses biens aux peuples ingrats et impénitents, germera en faveur des peuples humiliés et convertis. Qu'est-ce qu'un cœur contrit ne peut pas sur celui de Dieu? Que si sa justice vouloit nous éprouver par de plus longues peines, au moins nous aurions la consolation de souffrir, avec amour et confiance, ce que les impies souffriroient avec révolte et désespoir. Quelle différence entre ceux que le Père châtie comme ses enfants bien aimés, et qui portent la croix avec Jésus-Christ pour régner bientôt avec lui, et les ennemis qui sont punis sans consolation et sans espérance! Après tout, si vous êtes détachés du monde et si vous vivez de la foi, que pouvez-vous perdre, si ce n'est une vie qui n'est qu'une mort continuelle pour passer à la vie véritable? De quoi pouvez-vous manquer pendant que Dieu ne vous manquera point? Vos maux seront-ils sans consolation, pendant que vous porterez au-dedans de vous le véritable consolateur? Les hommes, dit saint Augustin [1], ne peuvent être dépouillés sur la terre que des faux biens, dont ils n'auront pas fait le sacrifice à Dieu : *Hoc enim potuit in terra perire, quod piguit inde transferre.* Pour tout le reste, ils se dédommagent d'une légère perte par un profit immense et éternel : *Magnis sunt lucris levia damna solati* [2]. En quelque extrémité de misère où ils puissent être réduits, seront-ils jamais dans un état où ils ne trouvent plus leur Dieu? *Hoc sane miserrimum est, si aliquo duci potuerunt ubi Deum suum non invenerunt* [3]? Croit-on que Dieu cessera d'être père? Croit-on que celui qui prépare à ses enfants le royaume du ciel leur refusera le pain quotidien sur la terre, quand ils seront pénitents, soumis, sobres et laborieux? *O cieux, louez le Seigneur! ô terre, réjouissez-vous! ô montagnes, chantez de joie! Le Seigneur console son peuple, et il aura pitié de ses pauvres. Sion a dit : Le Seigneur m'a abandonnée, et il ne se souvient plus de moi. Quoi! est-ce qu'une mère peut oublier son enfant, et n'avoir aucune pitié de celui qu'elle a porté dans ses entrailles! et quand* même *elle l'oublieroit, pour moi, je ne vous oublierai jamais* [1]. C'est ainsi, mes très chers frères, que parle *le Père de miséricorde et le Dieu de toute consolation.* Ne doutons jamais de sa providence. C'est de nous, et non de lui, qu'il faut se défier. Nous rendrons la terre fertile, quand nous cultiverons dans nos cœurs les vertus, et que nous en arracherons tous les vices.

C'est dans un besoin si pressant que nous ordonnons, etc. Donné à Cambrai, le 20 avril 1709.

XV.
MANDEMENT POUR DES PRIÈRES.
1709.

FRANÇOIS, etc., à tous les fidèles de notre diocèse qui sont sous la domination du roi, salut et bénédiction.

Nous avions espéré, mes très chers frères, que Dieu s'apaiseroit enfin, et qu'il laisseroit respirer son peuple. Mais sa main est encore levée pour nous frapper. Il est juste que nous souffrions encore, puisqu'on ne cesse point de pécher. Le mensonge et la fraude sont encore sur les lèvres et dans le cœur de presque tous les hommes. La misère, loin de les détacher des faux biens, irrite de plus en plus leur avarice; le faste et le luxe croissent avec la pauvreté. La délicatesse et la volupté la plus raffinée n'ont point de honte de paroître avec la famine; on ne voit que la bassesse la plus honteuse, et que l'orgueil le plus insolent. L'Église n'est plus écoutée. Chacun se croit soi-même, au lieu de la croire avec une humble docilité. Les hommes sont écrasés, et ils ne furent jamais moins convertis. Faut-il donc s'étonner si Dieu ne s'apaise point? Il se sert des hommes dans les combats pour les punir les uns par les autres de leurs propres mains. Le ravage des provinces, les batailles sanglantes, le renversement des empires, sont le jugement de Dieu sur les peuples coupables, qu'il fait exécuter par les coupables mêmes. Ceux qui pensent le moins à Dieu sont dans sa main, sans l'apercevoir, les instruments de ses vengeances. Ils s'imaginent exécuter leurs vains projets, et ils ne font que suivre aveuglément une volonté supérieure. « Dieu, dit saint Augustin [2], » opère dans les cœurs mêmes des méchants tout » ce qui lui plaît.... Le Tout-Puissant produit au- » dedans des hommes le mouvement même de » leurs volontés, pour faire par eux ce qu'il veut

---

[1] *De Civ. Dei,* lib. 1, cap. X, n. 2, tom. VII, pag. 11.
[2] *Ibid.* [3] *Ibid,* cap. XIV, pag. 14.

[1] *Is.,* XLIX, 13, 14, 15.
[2] *De Grat. et lib. Arb.,* cap. XXI, n. 42, tom. X, pag. 740.

» qu'ils fassent. » Il envoie à son choix dans les plus puissantes armées, ou le courage et la victoire, ou la peur et la fuite. Les hommes combattent, mais c'est lui qui décide. C'est lui qui donne ou l'esprit de sagesse et de force, ou celui d'ivresse et de vertige. *Les nations*, dit le roi-prophète [1], *ont été troublées, et les royaumes ont penché vers leur ruine. Dieu a fait entendre sa voix. La terre a été ébranlée; mais le Seigneur des armées est avec nous. Le Dieu de Jacob nous soutient. Venez, et voyez les œuvres du Seigneur, et les prodiges qu'il fait sur la terre : il fait cesser la guerre jusqu'aux extrémités du pays; il brise l'arc, il rompt les armes, il fond les boucliers.* Écoutez encore le Saint-Esprit [2] : *Dieu dessèche les racines des nations superbes, et il en plante d'autres qui sont humbles.* Cessons donc de chercher dans les hommes les véritables causes de ce qui leur arrive; remontons plus haut. Leur sagesse et leur puissance ne sont qu'empruntées. Dieu commande aux passions, comme aux vents et aux tempêtes. *Tu viendras*, dit-il à la mer [3], *jusqu'ici ; tu n'iras pas plus loin, et tu briseras ici l'orgueil de tes flots.* Ou, si nous voulons entrer en nous-mêmes, ne cherchons que dans nos péchés les sources de nos malheurs. Effaçons l'iniquité par la pénitence, et tous nos maux disparoîtront. Prévenons Dieu, humilions-nous, et il ne nous humiliera point. Mettons notre confiance, non dans nos armes, mais dans nos prières. Aimons Dieu en sorte qu'il nous aime, et nous n'aurons plus d'ennemis. *La douleur*, dit-il [4], *et le gémissement s'enfuiront. C'est moi, c'est moi qui vous consolerai. Eh! qui êtes-vous pour craindre quelque chose d'un homme mortel, du fils d'un homme, qui sèche comme l'herbe des champs? Vous avez oublié le Seigneur votre créateur, qui a tendu les cieux, et qui a fondé la terre. Vous avez craint sans cesse à la vue de la colère de celui qui vous accabloit, et qui se préparoit à vous perdre. Et maintenant qu'est-elle devenue cette colère....? Dieu ne vous exterminera point, et son pain ne vous manquera pas.* Craignons Dieu, et nous serons délivrés de toute autre crainte.... *Le Seigneur*, disoit un saint roi [5], *est mon salut? qui craindrai-je : Le Seigneur protège ma vie : qui m'intimidera? Pendant que mes ennemis m'environnent pour me nuire et pour me dévorer, ceux mêmes qui viennent pour m'accabler s'affoiblissent et tombent.*

Si les ennemis ont leur camp autour de moi, mon cœur ne craindra rien; et si le combat commence, alors j'espérerai.

C'est avec cette humble confiance, mes très chers frères, que nous devons demander à Dieu qu'il bénisse les armes du roi. Il est moins jaloux de sa gloire et de ses conquêtes que du soulagement de ses peuples. Prier pour le succès de ses desirs dans cette guerre, c'est prier pour une heureuse et constante paix. Demandons pour lui, comme il fut demandé pour David, *que la paix vienne de Dieu sur lui, sur sa postérité, sur sa maison et sur son trône à jamais.* Demandons que, comme Salomon [1], il soit *environné de paix.* Qu'il dise comme Ézéchias : *Que la paix et la vérité règnent en mes jours* [2] ! Que Dieu dise pour lui avec complaisance : *Je donnerai en Israël la paix et la tranquillité pendant tous ses jours* [3]. Demandons que *Jérusalem loue le Seigneur, parce qu'il affermira ses portes, qu'il bénira les enfants nourris dans son sein, que la paix sera comme la garde de ses frontières, et qu'elle sera rassasiée des fruits de la terre* [4]. Mais, en demandant le soulagement des peuples, demandons aussi leur conversion. Demandons encore plus ardemment la fin de nos péchés que celle de nos peines. La paix qui ne serviroit qu'à nous amollir, qu'à nous enivrer d'orgueil, qu'à nous faire oublier Dieu, seroit un don funeste.

A ces causes, nous ordonnons, etc. Donné à Cambrai, le 18 juin 1709.

XVI.
MANDEMENT POUR LE CARÊME
DE L'ANNÉE 1710.

FRANÇOIS, etc., à tous les fidèles de notre diocèse, salut et bénédiction.

Il faudroit sans doute, mes très chers frères, renouveler en nos jours la plus rigoureuse discipline de l'ancienne Église sur le carême, pour la proportionner aux péchés des peuples. Toute chair a corrompu sa voie, ceux qu'on nomme chrétiens semblent n'en porter le nom que pour l'avilir : l'esprit qui devroit réprimer les passions ne sert qu'à les flatter; on joint un orgueil de démon à la sensualité des bêtes; le faste croît avec la misère. L'un, malgré sa basse condition, dépense à proportion de ses biens mal acquis. L'autre, enivré de sa condition, dépense, non son propre bien,

---

[1] *Psal.* XLV, 9.   [2] *Eccli.*, X, 18.
[3] *Job.*, XXXVIII, 11.   [4] *Is.*, LI, 11.
[5] *Ps.*, XXVI, 1.

[1] *III Reg.*, II, 33.
[2] *IV Reg.*, XX, 19.   [3] *I Paralip.*, XXII, 9.
[4] *Ps.* CXLVII.

mais celui d'autrui qu'il emprunte. Tous vivent d'injustice; tous veulent paroître ce qu'ils ne sont pas. Le commerce est plein de fraude, les procès de chicanes, la conversation de médisances et de moqueries. Les hommes ne disent vrai que quand il n'y a ni commodité ni vanité à mentir. La société cache sous une politesse flatteuse une jalousie, une envie et une critique envenimée. Les hommes ne peuvent ni se passer les uns des autres, ni se supporter. Les riches ne comptent pour rien les pauvres, quoiqu'ils soient hommes autant qu'eux. Les pauvres semblent avoir oublié qu'ils sont hommes autant que les riches. Ils se dégradent, et ne cherchent que la vie animale; encore n'ont-ils pas le courage de la chercher, tant ils sont lâches et paresseux. Ils aiment mieux devoir leur nourriture à la mendicité ou au larcin, qu'à un travail honnête. Ils ne travaillent qu'à demi pendant six jours de la semaine; et le septième, que Dieu réserve au saint repos pour son culte, ils font un travail que Dieu ne peut bénir, et qui n'est digne de leur rapporter que des ronces et des épines. Le jour du Seigneur est devenu celui du démon; c'est celui qu'on réserve au péché et au scandale. On n'a point de honte d'y préférer le cabaret à la maison de Dieu, les chansons impudiques aux cantiques sacrés, et les excès les plus brutaux à la pure joie de se nourrir du pain des anges. L'ignorance résiste à toute instruction. Un pasteur dénonce-t-il aux peuples la vengeance divine prête à éclater sur leurs têtes: *sa parole ne leur semble qu'un jeu, et visus est eis quasi ludens loqui* [1]. Pendant l'illusion de la vie, la religion n'est pour eux qu'une belle cérémonie, qu'un grand spectacle: à la mort elle devient tout-à-coup, et trop tard, un objet affreux. Il semble que voici le temps réservé au feu vengeur pour la fin des siècles. Dieu cherche *dix justes*, en faveur desquels il puisse épargner toute la multitude innombrable. Oui, dix justes lui suffiroient pour pardonner à tous, et ces dix justes lui manquent pour arrêter son bras. Faut-il donc s'étonner s'il frappe ces grands coups qui brisent les nations superbes? C'est lui qui envoie le glaive pour l'enivrer de sang; au glaive se joint la famine, à la famine se joint la maladie, qui devient contagieuse. *Que mes yeux*, dit Jérémie [2], *pleurent nuit et jour, et que ma douleur ne se taise point; car la fille de mon peuple est écrasée et couverte d'une horrible plaie. Si je vais dans la campagne, voilà les cadavres des hommes tués; si je rentre dans la ville, voilà les vivants exténués par la faim. Le prophète et le prêtre s'en sont enfuis en terre inconnue. O Dieu, est-ce que vous avez rejeté sans retour votre peuple? Votre ame a-t-elle abandonné Sion avec horreur? Pourquoi donc nous frappez-vous encore*, après dix ans de tribulation qui ont abattu la chrétienté? *N'y a-t-il plus de santé pour nous? Nous avons attendu la paix, et aucun bien n'arrive; nous avons espéré le temps de la guérison, et voici le trouble.* Ce n'est ni dans le conseil des sages, ni dans la force des courageux guerriers que les nations doivent mettre leur confiance; c'est le Seigneur seul qu'il faut désarmer. C'est dans le cilice et sur la cendre qu'il faut lui demander la paix. Que chacun frappe sa poitrine, plutôt que l'ennemi. C'est en nous réconciliant avec Dieu que nous réconcilierons toutes les nations entre elles. L'Europe entière devroit être, comme Ninive, dans la prière, dans les jeûnes et dans les larmes pour apaiser Dieu.

Mais la juste main qui nous frappe nous a ôté jusqu'aux moyens d'observer religieusement les lois de la pénitence. La terre, pour venger Dieu, refuse aux hommes pécheurs ses fruits, dont ils sont indignes de se nourrir. A peine les peuples trouveront-ils pendant ce carême de quoi soutenir leur vie languissante, en ramassant sans distinction tous les aliments gras et maigres qu'ils pourront trouver. Le prix le plus modique des aliments est devenu une cherté pour les familles épuisées. Dans cette déplorable extrémité, la misère de notre pays ne nous répond que trop de l'abstinence et du jeûne forcé des peuples. Heureux, s'ils tournent par amour en pénitence volontaire cette dure et accablante nécessité! Heureux, si la même main qui les afflige les console et essuie leurs larmes!
« Tout ce que l'homme souffre ici-bas, dit saint
» Augustin [1], s'il sert à le convertir, n'est qu'une
» correction salutaire... C'est une épreuve plutôt
» qu'une condamnation... C'est moins le signe de
» la colère que de la miséricorde de Dieu... Eh!
» quel seroit l'exercice de notre patience, si nous
» n'avions pas des maux à souffrir! Pourquoi donc
» refuser à souffrir en ce monde? Est-ce que nous
» craignons d'y être perfectionnés par la croix? »

Il est juste néanmoins d'avoir égard à ce pressant besoin des peuples. C'est ce qui nous fait encore retarder le rétablissement de la discipline du carême, et qui nous réduit à permettre les choses suivantes, etc. Donné à Cambrai, le 24 février 1710.

---

[1] *Genes.*, XIX, 14.   [2] *J. r.*, XIV, 16 et seq.   [1] *De Urb. excid..* cap. VII et VIII, tom. VI, pag. 627, 628.

XVII.
MANDEMENT POUR DES PRIÈRES.
1710.

FRANÇOIS, etc., à tous les fidèles de notre diocèse qui sont sous la domination du roi, salut et bénédiction.

Dieu, *terrible dans ses conseils sur les enfants des hommes*, n'est point apaisé, mes très chers frères. La maladie se joint à la famine et au glaive pour nous punir. *Ceux qui ravagent le pays*, dit Jérémie [1], *couvrent nos campagnes désertes. Le glaive du Seigneur dévore tout d'un bout à l'autre, et nulle chair n'est en repos. Écoutez encore le Seigneur; voici ses paroles, ô mon peuple! Si vous dites : Pourquoi tant de maux viennent-ils sur moi? C'est pour la multitude de vos péchés... Voilà ton sort, voilà ton partage, selon ta mesure, parce que tu m'as oublié, et que tu as mis ta confiance dans le mensonge... Malheur à toi, Jérusalem! Est-ce que tu ne seras point purifiée après tant d'épreuves? Jusques à quand faudra-t-il encore que je te frappe* [2].

Comme toutes les nations ont péché, toutes boivent dans le calice de la colère du Seigneur; aussitôt elles se tournent les unes contre les autres, et s'entre-déchirent pour venger Dieu de leurs iniquités communes. Nous avons espéré la paix, et elle semble s'enfuir devant nous. Le monde ne peut nous la donner, et nous ne paroissons point encore dignes de la faire descendre du ciel sur nous. Nous disons en vain à Dieu : *Dissipez les conseils des nations qui veulent la guerre : Dissipa gentes quæ bella volunt* [3]. En vain nous lui rappelons ces aimables paroles : *Paix sur la terre aux hommes de bonne volonté* [4]! Il a mis entre lui et nous un nuage, afin que notre prière ne passe point [5]. Les moments qu'il tient en sa puissance ne sont pas venus. Nous ne le voyons point encore *chassant la guerre jusqu'aux extrémités du monde, brisant l'arc, rompant les armes, et fondant les boucliers* [6]. Quand sera-ce que le maître des cœurs guérira les jalousies et les défiances des princes et des peuples, pour préparer au monde cette *beauté de la paix*, ces *tabernacles où habite la confiance*, cette *paix opulente* [7], qui est une image de la félicité céleste? Quand est-ce que Dieu fera entendre ces paroles de consolation à son héritage : *J'établirai la paix pour vous visiter, et la justice pour présider au milieu de vous. La voix de l'iniquité ne se fera plus entendre dans votre terre. Le ravage et la ruine disparoîtront de vos frontières. Le salut gardera vos murs, et ma louange défendra vos portes... Le Seigneur sera lui-même votre jour éternel, et votre Dieu sera votre gloire... Les temps de votre deuil seront écoulés... Le moindre homme sera comme mille, et le petit enfant comme la plus forte nation. C'est moi, c'est le Seigneur, qui ferai ceci tout-à-coup en son temps* [3]. Cependant la colère du Seigneur demeure sur nous. Nos peuples *perdent ce qu'ils possèdent* [2] : mais que dis-je? « Ont-ils perdu de la foi? ont-ils perdu les biens de l'homme intérieur, qui est riche devant Dieu? Voilà les véritables richesses des chrétiens, qui rendoient l'apôtre opulent; quand il disoit : *La piété est un grand profit*, etc. » Et qu'importe que les faux biens nous *quittent*, puisque nous les devons quitter par une prompte mort? Hélas! où en sommes-nous? Les nations ne peuvent ni se passer de la paix, ni se la donner. Dieu se joue de la plus profonde sagesse des hommes; il prend plaisir à nous faire sentir qu'il n'y a que lui de sage. Il a formé un nœud que nulle main d'homme ne peut défaire; le dénouement ne peut plus venir que d'en haut.

O Dieu, vous voyez un royaume qui, malgré ses péchés, vous donne encore des adorateurs en esprit et en vérité. Souvenez-vous de saint Louis, que vous avez formé sur le trône selon votre cœur. Soutenez un autre Louis, qui n'est pas moins héritier de sa foi que de sa couronne. Après lui avoir donné tant de fois les victoires de David, donnez-lui la paix de Salomon, pour faire fleurir votre Église. Daignez bénir ses armes, puisqu'il ne veut combattre que pour faire cesser les combats, et pour réunir vos enfants. « Prions, mes très chers » frères, gémissons, répandons des larmes devant » le Seigneur, afin que cette parole de l'Apôtre » s'accomplisse : *Dieu est fidèle; il ne permettra* » *point que vous soyez tenté au-dessus de vos for-* » *ces; mais il donnera une borne à la tentation,* » *afin que vous puissiez la soutenir* [3]. »

A ces causes, nous ordonnons, etc. Donné à Cambrai, le 28 avril 1710.

---

[1] *Jer.*, XII. 12.   [2] *Ibid.*, XIII. 22 et seq.
[3] *Psal.* LXVII. 31.   [4] *Luc.*, II, 14.
[5] *Thren.*, III, 44.   [6] *Psal.*, XLV, 9, 10.
[7] *Is.*, XXXII, 18.

[1] *Is.*, LX, 17 et seq.
[2] S. AUG., *de Civ. Dei*, lib. I, cap. X, n. 1, tom. VII, p. 10.
[3] S. AUG., *de Urb. excid.*, cap. VIII, n. 9, tom. VI, pag. 628.

XVIII.

MANDEMENT POUR LE CARÊME

DE L'ANNÉE 1714.

François, etc., à tous les fidèles de notre diocèse, salut et bénédiction.

L'Église gémit, mes très chers frères, de ce qu'elle ne peut parvenir ni à nourrir suffisamment les pauvres, ni à modérer les riches dans leur nourriture. Les uns périssent faute du nécessaire, et les autres se détruisent eux-mêmes par un usage avide du superflu. *La nature*, comme dit saint Augustin, *se suffit à elle-même*. La terre, cultivée par des hommes sobres et laborieux, produiroit assez d'aliments pour nourrir sans peine tout le genre humain. La Providence ne manque à personne; mais l'homme se manque à soi-même. Rendez tous les hommes tempérants, modérés, ennemis du faste et de la mollesse, humains et charitables, vous les ferez tous riches sans leur rien donner; vous changerez en un moment cette vallée de larmes en une espèce de paradis terrestre.

C'est pour donner au monde un essai de cet heureux état, que l'Église veut que les riches *imitent les pauvres pour leur nourriture*, au moins *pendant les jours d'humilité. In diebus humilitatis*, dit saint Augustin [1], *quando pauperum victus omnibus imitandus est*. Telle étoit l'idée du jeûne et de l'abstinence dans ces beaux jours où la religion étoit encore écoutée et crue par la multitude docile; l'Église vouloit enrichir les pauvres, en appauvrissant les riches pendant le carême. Elle vouloit changer en pain, pour ceux que la faim consume, les mets qui corrompent les mœurs, qui altèrent la santé, et qui abrègent la vie des autres. « Que Jésus-Christ qui souffre la faim en
» la personne de votre frère, disoit saint Augustin [2], se nourrisse de ce que le chrétien qui
» jeûne retranche sur sa nourriture, et que la
» pénitence volontaire du riche fasse le soulage-
» ment du pauvre. »

Cette discipline est aussi ancienne que sainte, mes très chers frères. Moïse et le prophète Élie, par leur jeûne de quarante jours, annoncèrent de loin celui de Jésus-Christ, dont il n'étoit qu'une figure. C'est par le jeûne dans le désert que le Sauveur, notre modèle, se prépara à vaincre *toute tentation. Le corps entier de Jésus-Christ répandu dans tout l'univers*, dit saint Augustin [1], *c'est-à-dire toute l'Église*, épouse qui suit pas à pas l'Époux, a observé ce jeûne depuis les apôtres jusqu'à notre temps. Voilà le précieux héritage de pénitence que nous avons reçu des saints de tous les siècles. Tous les péchés sont entrés dans le monde par l'intempérance. C'est l'abstinence qui y ramène toutes les vertus. Elle facilite le recueillement et la prière : elle accoutume l'homme à la pauvreté et au détachement; elle dompte la chair rebelle; elle nous détrompe des nécessités imaginaires, et nous en délivre. Elle met dans les mains de la charité tout ce qu'elle épargne. Comme l'amour-propre prend tout, et craint de donner, l'amour de Dieu ne craint que de prendre, et s'écrie : *On est plus heureux de donner que de recevoir* [2]. L'opulence des impies est toujours pauvre, avide, insatiable, et même *mendiante : Non sunt ergo illæ divitiæ, sed mendicitas, quid quanto magis abundant, tanto crescit et inopia* [3]. Au contraire, la pauvreté des enfants de Dieu est noble et simple, sobre et frugale; elle jeûne de tout pour soi, afin d'être riche, libérale et inépuisable pour nourrir le prochain.

Mais, hélas! qu'est devenue cette sobriété? Nous ne voyons plus qu'une intempérance toujours nécessiteuse. Les pauvres se plaignent de ce qu'ils n'ont pas de quoi observer l'abstinence commandée, et ils trouvent néanmoins, jusque dans leur misère, de quoi violer les règles de la sobriété par les excès les plus honteux. Les riches tournent sans pudeur la pénitence en volupté, et le carême en raffinement pour la table. Les pécheurs nous allèguent pendant le carême les infirmités qui les mettent dans l'impuissance d'observer cette loi pour leur salut, eux qui pendant les jours de scandale ont montré tant de ressources de santé pour pécher et pour se perdre. Le carême, presque anéanti par les relâchements qu'on y a introduits, est néanmoins encore un joug insupportable à la délicatesse et à la sensualité inouïe de notre siècle. Ceux qui affectent le plus de hauteur et de force d'esprit sont les plus foibles et les moins courageux contre les passions grossières de la chair. Ils ne veulent point se soumettre à Dieu; mais ils sont esclaves de leur goût, et ils n'ont point de honte de se faire *un dieu de leur ventre : quorum deus venter est*, dit l'Apôtre [4]. Jamais les hommes n'ont eu un si pressant besoin de pénitence qu'en nos

---

[1] *Serm.* ccx, *in Quadrag.* vi. n. 11, tom. v, pag. 932.
[2] *Ibid.*, tom. v, pag. 932.

[1] *Serm.* ccx, *in Quadrag.* vi. n. 8. pag. 930.
[2] *Act.*, xx. 35.
[3] S. Aug., *in Psal.* cxxii, n. 11. tom. iv, pag. 1402.
[4] *Philip.*, iii. 19.

jours. L'iniquité abonde, la charité est refroidie. A peine peut-on croire que le Fils de l'Homme, revenant pour juger le monde, trouvera quelque reste de foi sur la terre. Les hommes manquent autant à eux-mêmes qu'à Dieu. Leur vie n'est pas moins indigne de leur raison que de leur foi. Le faste et l'ambition rendent les riches inhumains et sans pitié. La misère et le désespoir réduisent les pauvres au larcin et à l'infamie. Nul bien ne peut plus suffire aux riches, sans emprunter des pauvres artisans. Le luxe ne se soutient qu'aux dépens de la veuve et de l'orphelin. Les fausses commodités qu'on a inventées contre la simplicité de nos pères incommodent ceux mêmes qui ne peuvent plus s'en passer, et ruinent toutes les familles. Le commerce ne roule plus que sur la fraude. La société est pleine de soupçons, de critique envenimée, de moquerie cruelle, de jalousie, de médisance déguisée, et de trahison. Plus les besoins croissent, plus on voit croître avec eux l'avidité, l'envie, et l'art de nuire pour exclure ses concurrents.

Mais voici une autre espèce de maux réservée à ces derniers temps. La multitude ne sait rien, et décide de tout. Elle refuse de croire l'Église, et n'a point de honte de se croire elle-même. Au-dehors, nos frères séparés de nous tombent dans une tolérance inconnue à toute la sainte antiquité, qui est une indifférence de religion, et qui aboutit à une irréligion véritable. Au-dedans, les novateurs, qui veulent paroître catholiques, ne demeurent unis à l'Église que pour éluder ses décrets, et pour l'entraîner dans leurs préjugés.

Faut-il donc s'étonner si Dieu irrité frappe d'un seul coup toutes les nations chrétiennes, et s'il permet dans sa colère qu'elles s'entre-déchirent depuis plus de dix ans? L'Europe entière, pour venger Dieu, se détruit de ses propres mains; elle se consume par toutes sortes de misères, elle verse de tous côtés le sang humain ; et ce sont des chrétiens qui donnent cet horrible spectacle aux nations infidèles.

« C'est dans cette nuit si périlleuse et si remplie » de tentations, comme parle saint Augustin, » qu'il faut jeûner. » Voici un temps où il nous faudroit des prophètes envoyés miraculeusement pour nous dénoncer les châtiments pendants sur nos têtes. Nous devrions renouveler le grand jeûne de Ninive, pendant lequel tous les hommes, *dans le cilice et sur la cendre*[1], se privoient même du pain et de l'eau, pour détourner la vengeance du ciel prête à éclater.

Mais qu'est-ce que nous voyons encore? La main de Dieu appesantie sur les peuples leur ôte jusqu'aux moyens de faire une pénitence régulière. Ceux que la misère réduit à un jeûne forcé n'ont pas de quoi garder l'abstinence. La rareté, la cherté des aliments maigres, la misère qui met les peuples dans l'impuissance de les acheter, les ravages soufferts qui ont affamé les villes, en désolant toutes les campagnes, et qui vont recommencer sur cette frontière, tout nous réduit à souffrir le relâchement dans cet extrême besoin de rigueur. Une si triste situation nous fait perdre pour cette année l'espérance de rétablir la discipline du carême. Trop heureux si nous pouvons au moins, avant mourir voir des jours de consolation pour les enfants de Dieu, où cette sainte loi refleurisse.

C'est sur ces raisons qu'après avoir consulté les personnes les plus sages, les plus pieuses, et les plus expérimentées sur l'état des lieux, nous avons réglé les choses suivantes, etc. Donné à Cambrai, le 9 février 1711.

XIX.
MANDEMENT POUR DES PRIÈRES.
1711.

FRANÇOIS, etc., à tous les fidèles de notre diocèse qui sont sous la domination du roi, salut et bénédiction.

Il y a déjà plus de dix ans, mes très chers frères, que nous soupirons en vain après une heureuse paix. Elle s'enfuit toujours, pour ainsi dire, devant nous, et elle échappe à nos desirs les plus empressés. Il semble que nous soyons au temps marqué par ces terribles paroles : *Il lui fut donné d'enlever la paix de la terre, afin qu'ils s'entretuent*[1]. Hélas! où la trouvera-t-on cette paix que le monde ne peut donner? Elle n'habite plus en aucune terre connue. La guerre est comme une flamme que le vent pousse rapidement de peuple en peuple jusqu'aux extrémités de l'Europe, et l'Asie même va s'en ressentir.

Approchez, nations, dit le Dieu des armées[2], *écoutez. O peuples, soyez attentifs; que la terre avec tout ce qu'elle contient, que l'univers avec tout ce qu'il produit, m'écoutent; car l'indignation du Seigneur est sur tous les peuples, et sa fureur sur tant d'hommes armés.... Mon glaive, qui pend du ciel sur la terre, est enivré de sang ; voilà qu'il va descendre sur l'Idumée.*

Les hommes sont étonnés des maux qu'ils souf-

---

[1] *Jon.*, III.

[1] *Apoc.*, VI, 4.   [2] *Isaï.*, XXXIV, 1 et seq.

frent, et ils ne voient pas que ces maux sont l'ouvrage de leurs propres mains. Ils n'ont point à craindre d'autres ennemis qu'eux-mêmes, ou pour mieux dire que leurs péchés. Quoi! ils se flattent jusqu'à espérer de se rendre heureux par les dons de Dieu, loin de lui, et malgré lui-même! Quoi! ils veulent obtenir de lui la paix pour violer sa loi plus impunément, et pour triompher avec plus de scandale dans l'ingratitude! Quel esprit de vertige! Dieu se doit à lui-même de les frapper et de les confondre.

Voici, dit Jérémie [1], comment le Seigneur parle: *Est-ce que celui qui est tombé ne se relèvera point, et que celui qui est égaré ne reviendra jamais? Pourquoi donc ce peuple est-il loin de moi, au milieu même de Jérusalem, par un égarement contentieux? Ils ont couru après le mensonge, et ne veulent point revenir. J'ai été attentif; j'ai prêté l'oreille: aucun d'eux ne dit ce qui est bon; aucun ne se repent de son péché en disant: Qu'ai-je fait? Tous courent selon leurs passions, comme des chevaux poussés avec violence dans le combat.... Mon peuple n'a point connu le jugement du Seigneur;* il n'a point senti la juste et puissante main qui le frappe par miséricorde. *Pourquoi dites-vous: Nous sommes sages, et la loi de Dieu est au milieu de nous? La main trompeuse de vos écrivains a véritablement écrit le mensonge... Depuis le plus petit jusques au plus grand, tous suivent l'avarice. Depuis le prophète jusques au prêtre, tous sont coupables de mensonge.*

Ils se vantoient de guérir les plaies de la fille de mon peuple, et cette guérison s'est tournée en ignominie. Ils ont dit: Paix, paix; et la paix ne venoit point. Ces peuples idolâtres d'eux-mêmes sont confondus, ou plutôt ils sont sans confusion, et ils ne savent pas même rougir de ce qui devroit les humilier... Taisons-nous; car c'est le Seigneur notre Dieu qui nous fait taire, et qui nous présente à boire une eau pleine de fiel, parce que nous avons péché. Nous avons attendu la paix, et il n'est venu aucun bien. Nous avons cru que c'étoit le temps de la guérison, et voilà l'épouvante.

En vain les princes sages, pieux et modérés veulent acheter chèrement la paix et épargner le sang humain. En vain les peuples de l'Europe entière, épuisés, accablés, déchirés les uns par les autres, cherchent à respirer. En vain les sages étudient tous les tempéraments convenables pour guérir les défiances et pour concilier les divers intérêts: la paix est refusée d'en haut aux hommes, qui en sont encore indignes. C'est au ciel qu'elle se doit faire; c'est le ciel irrité qui en exclut la terre coupable.

Depuis que les hommes murmurent contre les maux innombrables que la guerre traîne après elle, en sont-ils moins fastueux dans leur dépense? y voit-on moins de mollesse et de vanité? Sont-ils moins jaloux, moins envieux, moins cruels dans leurs moqueries? Sont-ils plus sincères dans leurs discours, plus justes dans leur conduite, plus sages et plus sobres dans leurs mœurs? L'expérience de leurs propres maux les rend-elle moins durs pour ceux d'autrui? Sont-ils moins attachés à cette vie courte, fragile et misérable? Se tournent-ils avec plus de confiance vers Dieu pour desirer son royaume éternel? On demande la paix, est-ce pour essuyer les larmes de la veuve et de l'orphelin? Est-ce pour faire refleurir les lois et la piété? Est-ce pour faire tarir tant de ruisseaux de sang? Est-ce pour donner un peu de pain à tant d'hommes qu'on voit périr par une misère plus meurtrière que le glaive même? Non, c'est pour s'enivrer et pour s'empoisonner plus librement soi-même de mollesse et d'orgueil; c'est pour oublier Dieu, et pour faire de soi-même sa propre divinité dans une plus libre jouissance de tous les faux biens.

En ce temps, où la main de Dieu est appesantie sur tant de nations, il faudroit travailler tous ensemble à une réforme générale des mœurs. Nous devrions, pour apaiser Dieu, renouveler le jeûne de Ninive dans le cilice et sur la cendre. Il faudroit demander la paix de Sion, et non celle de Babylone, la paix qui calme tout par l'amour de Dieu, et non celle qui flatte le délire de notre orgueil. « Si la piété et la charité manquent, dit saint Augustin [1], qu'est-ce que la tranquillité et que le repos d'une vie où l'on est à l'abri de tant de misères, sinon une source de dissolutions et d'égarement qui nous invite à notre perte, et qui la facilite? »

O Dieu, daignez regarder du haut de votre sanctuaire céleste le royaume de France, où votre nom est invoqué avec tant de foi depuis tant de siècles. Regardez même toutes les nations qui nous environnent, et qui composent l'héritage de votre Fils. Souvenez-vous de saint Louis et de ses vertus, qui ont fait de lui un modèle des rois. Conservez à jamais sa race. Bénissez les armes de cet autre Louis, qui veut marcher sur les traces de la foi de son

---

[1] Jerem., VIII et seq.

[1] Epist. CCXXXI, n. 6, tom. II, pag. 842.

père, et qui ne continue malgré lui la guerre que pour assurer au monde une solide paix. *Déconcertez les nations qui veulent la guerre : Dissipa gentes quæ bella volunt.* Déconcertez-les, non pour leur ruine, que nous n'avons garde de vous demander, mais pour leur réunion avec nous, qui feroit la prospérité commune. Surtout, voyez les larmes de votre Église. Cette guerre divise ses enfants, et rassemble ses ennemis; cette guerre la menace de tous côtés, et nous craindrions tout pour elle, si les portes de l'enfer pouvoient prévaloir.

A ces causes, etc. Donné à Cambrai, le 25 avril 1711.

XX.
MANDEMENT POUR LE CARÊME
DE L'ANNÉE 1712.

FRANÇOIS, etc., à tous les fidèles de notre diocèse, salut et bénédiction.

Nous voyons avec douleur, mes très chers frères, nos espérances s'éloigner chaque année pour le rétablissement de l'abstinence du carême. La guerre a altéré dans cette frontière une si sainte discipline, qui nous vient des apôtres mêmes, et dont vos pères furent si jaloux. La continuation de la guerre en retarde le rétablissement. Il est vrai que la guerre elle-même demanderoit le jeûne le plus rigoureux et l'abstinence la plus pénible. Quel carême ne seroit pas dû à ces temps de nuage et de tempête, où Dieu est si justement irrité! Quelle pénitence austère chacun ne devroit-il pas s'imposer volontairement pour mériter une heureuse paix! Qui seroit l'homme ennemi du genre humain et de lui-même jusqu'à refuser cette légère peine, pour procurer à lui-même et à sa patrie la fin de tant de maux, et le commencement de tant de biens? Nous devrions être dans le cilice et sur la cendre, pour *affliger nos ames par le jeûne*, comme les habitants de Ninive. Ne cherchons point hors de nous-mêmes la cause des maux qui nous accablent. Vit-on jamais tant de fraude dans le commerce, tant d'orgueil dans les mœurs, tant d'irréligion au fond des consciences? Celui-ci préfère de sang-froid le plus vil profit au salut éternel: celui-là aime mieux le cabaret que le royaume de Dieu; il fait plus de cas d'une boisson superflue qui l'abrutit, qui ruine sa famille, qui détruit sa santé, que du torrent des délices éternelles, dont les bienheureux sont à jamais enivrés dans la Jérusalem d'en haut. Un autre craint moins les tourments de l'enfer que la fin de ses infames débauches. Les ouvriers sont oisifs et libertins pendant six jours de la semaine. Le septième, qui doit être le jour du Seigneur, est devenu celui du démon; c'est le jour qu'on réserve aux plus honteux scandales. Les gens d'une condition supérieure sont encore plus sensuels, plus injustes, plus révoltés contre Dieu; ils ne disent la vérité que quand ils ne trouvent aucune vanité à mentir, ni aucun plaisir malin à calomnier. Ils se plaignent de la misère, et ils la redoublent par leurs excès. Ils sont impitoyables pour les pauvres, jaloux, envieux, incompatibles, *haïssants et haïssables*[1] à l'égard des riches. Il ne leur faut que le bonheur d'autrui pour les rendre malheureux. La religion n'est pour eux qu'une vaine cérémonie. Leur avarice est une véritable idolâtrie; ils n'ont point d'autre dieu que leur argent. Chacun raisonne, décide, sape les fondements de la plus sainte autorité. Ils se vantent *de connoître Dieu, et ils le nient par leurs actions* les plus sérieuses : *factis autem negant*[2]. Oserons-nous le dire avec l'Apôtre? ils deviennent *abominables, incrédules, réprouvés pour toute bonne œuvre.* Ils sont chrétiens de nom, et impies de mœurs. Ils ne pensent pas même selon la foi; car ils méprisent tout ce qu'elle estime, et ils admirent tout ce qu'elle méprise. Ils vivent dans le sein de l'Église, non pour lui être dociles, mais pour sauver la bienséance et pour étouffer leurs remords. *O têtes dures* contre le joug du Seigneur; *ô hommes incirconcis de cœur et d'oreille, vous résistez toujours au Saint-Esprit*[3]. Jusques à quand vivrez-vous sans *Christ, loin de la société d'Israël, étrangers aux saintes alliances, sans espérance des promesses, et sans Dieu en ce monde*[4]?

Quoi donc! seroit-ce que nous approchons de ces derniers temps, dont il est dit : *Croyez-vous que le Fils de l'Homme trouvera de la foi sur la terre*[5]? En trouvera-t-il dans les places publiques, où le scandale est impuni? En trouvera-t-il dans le secret des familles, où l'avarice et l'envie rongent les cœurs, et où chacun vit comme s'il n'espéroit point une meilleure vie? En trouvera-t-il aux pieds des autels, où les pécheurs confessent sans se convertir, et où ils mangent avec une conscience impure le pain descendu du ciel pour donner la vie au monde? Ceux mêmes en qui il paroît rester quelque crainte de Dieu se bornent à vouloir mourir suivant le christianisme, après avoir vécu sans gêne selon le siècle corrompu. Ils veulent, dit

---
[1] *Tit.*, III, 3.   [2] *Ibid.*, I, 16.
[3] *Act.*, VII, 51.   [4] *Eph.*, II, 12.
[5] *Luc.*, XVIII, 8.

saint Augustin[1], « croire en Jésus-Christ par un raffinement d'amour-propre, pour trouver quelque adoucissement jusque dans les horreurs de la mort. *Propter removendam mortis molestiam, delicatius crederetur in Christum.* » Nous voyons ce déluge d'iniquités, et nous sentons notre impuissance pour changer les cœurs. Il y a déjà près de dix-sept ans que nous parlons en vain à la pierre : il n'en coule aucune fontaine d'eau vive. Que n'avons-nous pas dit au peuple de Dieu en son nom? Hélas! nous ne remarquons aucun changement qui puisse nous consoler. Nous disons souvent au Seigneur, en secret et avec amertume : Malheur, malheur à nous! C'est nous qui affoiblissons votre parole toute puissante par notre indignité. Suscitez quelque autre pasteur plus digne de vous, qui vous fasse sentir à ce peuple.

Faut-il s'étonner si la paix, ce grand don du ciel, promis *sur la terre aux hommes de bonne volonté*[2], ne descend point sur les peuples ingrats, aveugles et endurcis? Ils ne la veulent que pour tourner les dons de Dieu contre Dieu même, et que pour s'enivrer des douceurs empoisonnées de leur exil, jusques à oublier la céleste patrie. Il faudroit que tout homme fidèle humiliât son esprit et affligeât son corps ; que chacun sortît de sa maison et de son propre cœur, pour aller sur la sainte montagne; que tout homme frappât sa poitrine ; que tous ensemble ne fissent qu'un seul cri qui montât jusqu'au ciel, pour attendrir de compassion le cœur de Dieu dans ces jours de juste colère ; qu'enfin le carême fût le temps de conversion, de prière, de faim de la parole sacrée, d'abstinence de tous les aliments qui flattent la chair rebelle, pour nourrir l'esprit de toutes les vertus.

Mais les malheurs présents, qui demandent un tel remède, nous ôtent l'usage du remède même dont ils ont besoin. Ceux que la misère prive de presque tous les aliments sont réduits à user indifféremment de tous ceux que le hasard ou la compassion pourront leur fournir. La rareté, la cherté des aliments maigres, la misère qui met les peuples dans l'impuissance de les acheter, les ravages soufferts qui ont affamé les villes, en désolant toute la campagne, et qui vont recommencer sur cette frontière, tout nous réduit à souffrir le relâchement dans cet extrême besoin de rigueur. Une triste situation nous fait perdre encore pour cette année l'espérance de rétablir la discipline du carême. Trop heureux si nous pouvons au moins avant de mourir voir des jours de consolation pour les enfants de Dieu, où cette sainte loi refleurisse!

C'est sur ces raisons qu'après avoir consulté les personnes les plus sages, les plus pieuses, et les plus expérimentées sur l'état des lieux, nous avons réglé les choses suivantes, etc. Donné à Cambrai, le 30 janvier 1712.

XXI.
MANDEMENT POUR DES PRIÈRES.
1711.

FRANÇOIS, etc., à tous les fidèles de notre diocèse qui sont sous la domination du roi, salut et bénédiction.

Nous voyons, mes très chers frères, dans les anciens monuments, que les chrétiens furent préservés des malheurs des Juifs dans la ruine de Jérusalem, et que la Providence les épargna encore dans la prise de Rome idolâtre. Tout au contraire nous voyons aujourd'hui la chrétienté tout entière qui est déchirée par de cruelles guerres, tandis que tant de nations infidèles jouissent d'une profonde paix. C'est que les enfants ingrats et indociles ont irrité leur père, et que *le jugement commence par la maison de Dieu*[1]. Qu'entendons-nous de tous côtés dans toute l'Europe? *Combats et bruits des armes, nation contre nation, royaume contre royaume.* Faut-il s'en étonner? *L'iniquité abonde, la charité se refroidit*[2]. Le Seigneur a fait entendre ces paroles par la bouche d'un de ses prophètes : *Voici le ravage, le renversement, la famine, le glaive. Qui te consolera? Écoute, ô toi qui es si rabaissée, si appauvrie, et enivrée, mais non pas de vin*[3]!

Un autre prophète s'écrie : *Écoutez, ô vieillards! et vous tous habitants de la terre, prêtez l'oreille. Voyez s'il est arrivé rien de semblable en vos jours ou en ceux de vos pères. Racontez ces prodiges à vos enfants. Que vos enfants les apprennent aux leurs, et que les leurs les transmettent à une postérité encore plus reculée. Ce qui échappe à un insecte est rongé par un autre. Les restes du second sont dévorés par le troisième. La nielle achève de détruire ce que les insectes ont laissé. Réveillez-vous, ô peuples enivrés; pleurez, et poussez des cris douloureux*[4]!

Bientôt il ne restera plus à nos campagnes désertes de quoi craindre ni la flamme ni le fer de l'ennemi. Ces terres, qui payoient le laboureur de

---

[1] *De pecc. mer. et rem.*, lib. II, cap. XXXI, n. 50; tom. X, pag. 66.
[2] *Luc.*, II, 14.

[1] *I Petr.*, IV, 17. [2] *Matth.*, XXIV, 6 et seq.
[3] *Is.*, LI, 19, 21.
[4] *Joel.*, I, 2 et seq.

ses peines par de si riches moissons, demeurent hérissées de ronces et d'épines. Les villages tombent; les troupeaux périssent. Les familles errantes, loin de leur ancien héritage, vont sans savoir où elles pourront trouver un asile. Le Seigneur voit ces choses, et il les souffre. Mais que dis-je? C'est lui qui les fait. *Le glaive qui dévore tout est un glaive, non de main d'homme; in gladio : non viri* [1]. C'est le glaive du Seigneur, qui pend du ciel sur la terre, pour frapper toutes les nations. Il est juste; nous avons péché.

La paix est l'unique remède à tant de larmes et de douleurs; mais la paix, où habite-t-elle? d'où peut-elle venir? qui nous la donnera? Princes sages, modérés, victorieux de vous-mêmes, supérieurs par votre sagesse à votre puissance et à votre gloire, compatissants pour les misères de vos peuples, en vain vous courez après cette paix qui vous fuit; en vain vous faites des assemblées pour éteindre le feu qui embrase l'Europe. La paix sera le fruit, non de vos négociations, mais de nos prières. C'est en frappant nos poitrines que nous la ferons. Elle viendra, non de la sagesse des profonds politiques, mais de la foi des simples et des petits. Elle est dans nos mains. Aimons le Seigneur comme il nous aime, et la voilà faite. Tous nos maux s'enfuiront dès que nous serons convertis. C'est Dieu, et non les princes de la terre, qu'il faut désarmer. C'est la colère du Seigneur, et non la jalousie des nations, que nous avons besoin d'apaiser.

« Si les hommes, dit saint Augustin [2], pensoient
» sagement, ils attribueroient tout ce qu'ils ont
» souffert de dur et d'affreux de la part de leurs
» ennemis, à une providence qui a coutume de
» corriger et d'écraser les mœurs dépravées des
» peuples. » Ce Père ajoute [3] : « Vous n'avez point
» réprimé vos passions honteuses, lors même que
» vous étiez accablés par vos ennemis ; vous avez
» perdu le fruit de votre calamité; vous êtes devenus
» plus malheureux, et vous n'en êtes pas demeurés
» moins coupables. *Vos nec contriti ab*
» *hoste luxuriam repressistis. Perdidistis utilitatem*
» *calamitatis; et miserrimi facti estis, et pessimi*
» *permansistis.* » Vous avez enduré les maux sans mérite et sans consolation ; vous avez souffert à pure perte, comme les démons, avec un cœur révolté et endurci. « C'est néanmoins, conclut ce Père [4], un reste de miséricorde de ce » que vous vivez encore; Dieu vous épargne, pour
» vous avertir de vous corriger par la pénitence.
» *Et tamen quod vivitis, Dei est, qui vobis parcendo*
» *admonet, ut corrigamini pœnitendo.* »

Ce qui nous met en crainte pour la paix est l'indignité avec laquelle les peuples la desirent. Pendant qu'on lève les mains vers le ciel pour l'obtenir, les hommes se ressouviennent-ils de la sobriété et de la pudeur ? Les cabarets ne sont-ils pas remplis de peuples, pendant que la maison du Seigneur est abandonnée ? Les chansons impudiques sont-elles moins en la place des cantiques sacrés ? L'avarice et l'usure sont-elles moins cruelles contre la veuve et contre l'orphelin ? L'envie et la médisance sont-elles moins envenimées ? Le luxe est-il moins insolent? Les conditions sont-elles moins confondues ? La fraude règne-t-elle moins dans le commerce? Pendant que chacun se plaint de la misère, en est-on plus épargnant et plus laborieux? La jeunesse est-elle moins oisive, moins ignorante, moins indocile ? Les personnes âgées sont-elles plus détachées de la vie, pour se préparer à la mort ? Où trouverons-nous des hommes qui veillent, qui prient, qui croient, qui espèrent, qui aiment, qui vivent comme ne comptant point sur une vie si courte et si fragile, qui *usent de ce monde comme n'en usant point,* parce que ce n'est qu'*une figure qui passe* au moment où l'on se flatte d'en jouir ?

Mais pourquoi soupirez-vous après la paix? Qu'en voulez-vous faire? « Vous ne cherchez point
» dans cette sécurité, dit saint Augustin [1], une république
» vertueuse et tranquille, mais une dissolution
» impunie; vous qui, ayant été corrompus
» par la prospérité, n'avez pu être corrigés par
» tant de malheurs. *Neque enim in vestra securitate*
» *pacatam rempublicam, sed luxuriam*
» *quæritis impunitam; qui depravati rebus prosperis,*
» *nec corrigi potuistis adversis.* » C'est donc vous qui retardez la paix par vos mœurs. C'est vous qui êtes les auteurs des calamités publiques. C'est vous-mêmes qui forcez Dieu, malgré ses bontés paternelles, à vous faire souffrir tous les maux dont vous murmurez.

Mais que vois-je? C'est un nouveau Josaphat, roi du peuple de Dieu, qui, à la vue de tant de maux, *se tourne tout entier vers la prière : totum se contulit ad rogandum Dominum* [2]. Voici les paroles qu'il prononcera en s'humiliant sous la puissante main de Dieu : *Si tous les maux viennent ensemble fondre sur nous,* LE GLAIVE DU JU-

---
[1] *Is.*, XXXI, 8.
[2] *De Civ. Dei,* lib. I, cap. I, tom. VII, pag. 5.
[3] *Ibid.*, cap. XXXIII, pag. 30.
[4] *Ibid.*, cap. XXXIV.

[1] *De Civ. Dei,* lib. I, cap. XXXIII, pag. 30.
[2] *II Paral.*, XX, 3, 9.

GEMENT, *la peste et la famine, nous demeurerons debout en votre présence devant cette maison, où votre nom est invoqué. Là nous crierons vers vous dans nos tribulations; vous nous exaucerez, et nous serons sauvés.*

Vous le voyez, mes très chers frères, *le glaive* que le Saint-Esprit nous représente comme *n'étant pas de main d'homme* (*in gladio non viri*) est le même qui est nommé ici *le glaive du jugement, gladius judicii.* Ce n'est point *un glaive* poussé au hasard par l'aveugle fureur du soldat : c'est la justice elle-même qui le conduit ; c'est le *jugement* d'en haut qui en règle tous les coups ici-bas ; c'est une main invisible, éternelle et toute puissante qui écrase notre foible orgueil. Que devons-nous en conclure? Faisons tout au plus tôt notre paix avec Dieu, et notre paix avec les hommes se trouvera d'abord toute faite. C'est pour seconder les sincères et pieux desirs d'un grand roi dans une si pressante nécessité, que nous voulons demander à Dieu qu'il dicte lui-même, de son trône céleste, une paix qui dissipe tout ombrage, qui calme toute jalousie, qui réunisse tous les cœurs, et qui fasse ressouvenir toutes les nations qu'elles ne sont que les branches d'une même famille. L'Église, dans ce temps de péché et de confusion, souffre des maux presque irréparables, et nous espérons que les larmes de l'épouse toucheront le cœur de l'Époux.

A ces causes, nous ordonnons, etc. Donné à Cambrai, le 6 février 1712.

XXII.
MANDEMENT POUR LE CARÊME
DE L'ANNÉE 1715.

FRANÇOIS, etc., à tous les fidèles de notre diocèse, salut et bénédiction.

L'attente d'une prompte paix, mes très chers frères, nous faisoit espérer dès cette année le rétablissement de la discipline du carême. Mais les péchés des peuples retardent encore ces heureux jours. Le Seigneur, justement irrité, tient toujours sur nos têtes *le glaive vengeur de son alliance violée* [1]. Faut-il s'en étonner ? Nos peuples sont écrasés sans être convertis. On ne trouve dans les pauvres que lâcheté, découragement, murmure, corruption et fraude. On ne voit dans les riches que mollesse, faste et profusion pour le mal, avarice contre le bien ; la société est un jeu ruineux ; la conversation n'est que médisance ; l'amitié n'est qu'un commerce flatteur et intéressé.

[1] *Levit.*, XXVI, 25.

La vertu n'est plus qu'un beau langage que la vanité parle. La religion n'a plus aucune sérieuse autorité dans le détail des mœurs. Nous ne pouvons que trop dire ce que saint Augustin disoit en son temps : « C'est par nos vices, et non par hasard, que nous » avons fait tant de pertes [1]. »

Nous avons vu à nos portes deux armées innombrables, qui, prêtes à répandre des ruisseaux de sang, ne paroissoient que comme un camp, tant elles étoient voisines. Nos campagnes ravagées sont encore incultes comme les plus sauvages déserts. *Votre terre*, ô mon peuple, dit le Seigneur [2], *sera déserte, et vos villes tomberont en ruine. Vos champs pendant tous les jours de leur solitude se plairont à se reposer, et à ne produire aucune moisson, parce que vous ne les avez point laissé reposer au jour du saint repos.* Hélas! nous avons vu les familles chassées de l'habitation de leurs ancêtres, errer sans ressource, et porter leurs enfants moribonds dans une terre étrangère. Qu'est-ce qui nous a fait tant de maux? c'est nous-mêmes. D'où nous sont-ils venus? de nos seuls péchés. Que n'avons-nous pas encore à craindre de nos mœurs ! Dieu juste se doit des exemples. Quand l'apaiserons-nous? *Ceux qui resteront*, dit le Seigneur [3], *sécheront de peine dans leurs iniquités... Je marcherai contre eux... jusqu'à ce que leur cœur incirconcis rougisse de leur ingratitude.*

Hâtons-nous donc, mes très chers frères, de faire la paix de ce monde en faisant la nôtre avec Dieu et avec nous-mêmes. « O étonnante vanité ! » dit saint Augustin [4], les hommes veulent se rendre » heureux ici-bas, et faire ce bonheur de leurs » propres mains ; mais la vérité tourne en dérision leur folle espérance. » « La paix même d'ici-» bas, dit encore ce Père [5], tant celle des nations que » celle de chaque homme, est plutôt une consolation » qui adoucit nos misères, qu'une joie où nous goûtions un vrai bonheur. » Les biens et les maux de cette vie ne sont rien, par la brièveté et par l'incertitude de cette vie même. Que peut-on penser des faux biens, qui ne servent qu'à rendre les hommes méchants, et que Dieu méprise, jusqu'à les prodiguer à ses ennemis qu'il réprouve? Que peut-on croire des maux qui servent à nous rendre bons, et conformes à Jésus-Christ attaché sur la croix ? Heureux celui qui souffre dans ce court pélerinage, et que la mort ne surprend point dans l'ivresse d'une trompeuse postérité!

[1] *De Civ. Dei.* lib. II, cap. XXI, n. 3, tom. VII, pag. 50.
[2] *Levit.*, XXVI, 33 et seq. [3] *Ibid.*, 39, 41.
[4] *De Civ. Dei*, lib. XIX, cap. IV, n. 1, tom. VII, pag. 545.
[5] *Ibid.*, cap. XXVII, pag. 571.

Il est vrai néanmoins, mes très chers frères, que nous devons tâcher de mériter, par une humble correction de nos mœurs, que la paix règne en nos jours, et que nous menions *une vie tranquille*. Quand nous serons convertis, Dieu réunira les nations divisées ; tous les enfants du Père céleste ne seront plus dans son sein qu'un cœur et qu'une ame. Plus d'ombrages, plus de jalousie ; *le glaive sera changé en faux, et la lance en soc de charrue*[1]. Écoutez le Seigneur : *Si vous suivez ma loi*, dit-il[2], *je répandrai sur vous en leur saison des pluies fécondes. Vos champs se revêtiront de verdure, et vos arbres seront chargés de fruits. Les moissons dureront jusques aux vendanges, et à peine les vendanges seront finies, qu'il faudra semer... J'enverrai la paix autour de vos frontières. Vous dormirez, et personne ne vous alarmera... Le glaive ne passera plus auprès de vos familles. Je jetterai un regard sur vous, et je vous ferai croître. Vous vous multiplierez, et je confirmerai mon alliance* en votre faveur. Mais, encore une fois, nous ne devons ni « craindre les » maux que Dieu fait souffrir aux bons, ni estimer » les biens qu'il donne aux méchants [3]. » Si le culte de Dieu n'étoit dans nos cœurs que pour en obtenir les douceurs de la paix terrestre, une telle religion, dit saint Augustin [4], ne nous rendroit pas *pieux, mais au contraire plus avides et plus avares*. Tous nos vrais biens sont au-delà de cette vie ; c'est *pour l'avenir*, dit saint Augustin [5], *que nous sommes chrétiens*.

Le retardement de la paix éloignant la fin de nos misères, il nous réduit avec douleur, mes très chers frères, à retarder aussi le rétablissement de cette salutaire discipline du carême, que nous avons reçue des apôtres, dont nos pères furent si jaloux. Mais en attendant qu'elle puisse reprendre toute sa force, nous voulons au moins faire deux choses. La première est de nous rapprocher un peu de la règle, en ne donnant à nos diocésains que trois jours dans la semaine l'usage de la viande, au lieu de quatre jours que le malheur des temps nous avoit fait accorder les autres années. La seconde est qu'en permettant l'usage de la viande aux familles nécessiteuses qui auront un pressant besoin de se sustenter par tous les aliments qu'elles pourront trouver, nous exhortons très sérieusement tous les riches qui ne sont point dans le cas de cette triste nécessité, de n'abuser point par mollesse d'une dispense qui ne leur convient pas. Nous ne voulons point troubler les consciences par une ordonnance absolue de l'Église ; mais nous représentons aux riches, au nom du souverain pasteur des ames, qu'ils doivent faire ce qu'ils peuvent, pendant que les pauvres n'en sont dispensés qu'autant qu'ils ne le peuvent pas ; que le besoin d'apaiser Dieu par la pénitence croît chaque jour, et que rien n'est plus scandaleux que de voir la sensualité flattée par une dispense que l'Église ne donne qu'à la misère et à l'impuissance. Enfin nous déclarons que nous ne nous abstenons d'exclure de cette dispense les riches de tout le diocèse, et même certains endroits du pays qui ont beaucoup moins souffert que les autres, qu'à cause que nous ne pourrions établir cette différence sans abandonner une certaine uniformité, qui paroît nécessaire pour faciliter l'ordre dans les points de discipline, et pour ne faire pas naître dans les esprits scrupuleux une infinité de questions.

C'est sur ces raisons qu'après avoir consulté les personnes les plus sages, les plus pieuses, et les plus expérimentées sur l'état des lieux, nous avons réglé les choses suivantes, etc. Donné à Cambrai, le 28 février 1715.

XXIII.

MANDATUM
DE RITUALI EDENDO.

Franciscus de Salignac de La Mothe Fénelon, archiepiscopus dux Cameracensis, sancti Romani Imperii princeps, comes Cameracesii, parochis, vicariis et aliis sacerdotibus nostræ diocesis, salutem et benedictionem.

Felicis memoriæ decessores nostri illustrissimi ac reverendissimi domini Guillelmus de Berghes, Franciscus Vanderburk, et Gaspar Nemius, Manuali perficiendo omnem operam multa cum laude dederant. Verum quotidiano pastorum usu jampridem detrita jacent pene omnia quæ excusa erant exemplaria. Unde novam editionem approperari necesse est. Neque tamen est animus Manuale a veteri diversum instituere : imo majorum vestigiis insistere, eorumque placita amplecti juvat. Paucissima tantum occurrunt quæ temporum diversitati accommodanda esse videntur. Absit vero ut in hoc privatæ opinioni quidquam indulserimus. Insignes siquidem viri ex nostra metropolitana ecclesia delecti ; quorum peritia, sagacitate et pietate vicariatus noster hactenus flo-

---

[1] *Isai.*, II, 4. [2] *Levit.*, XXVI, 3 et seq.
[3] *De Civ. Dei*, lib. XX, cap. II, tom. VII, pag. 574.
[4] *Ibid.*, lib. I, cap. VIII, n. 2, pag. 8.
[5] *In Psal.* XCI, n. 1, tom. IV, pag. 981.

ruit, ea singula patriis moribus aptari studuerunt.

Cæterum, ut brevitati optandæ consulatur, ab omni eruditione investiganda origine rerum, et ab omni dogmatica dissertatione temperandum esse duximus ; hoc unum scilicet assequi studentes, ut singula quæ in praxi passim gerenda sunt, semota omni speculatione, in promptu sint, et prima fronte perspecta habeantur. Reliqua apud theologos, vel historicos, vel rituum indagatores præsto esse pastores norunt.

Porro in his omnibus quæ sacrum ritum attinent, duæ sunt Augustini regulæ quas religiose sectari velimus. Altera hæc est : « Omnia... quæ » neque sanctarum Scripturarum auctoritate con» tinentur, nec in concilio episcoporum statuta in» veniuntur, nec consuetudine universæ Eccle» siæ roborata sunt, sed pro diversorum locorum » diversis moribus innumerabiliter variantur, ita » ut vix aut omnino nunquam inveniri possint » causæ, quas in eis instituendis homines secuti » sunt, ubi facultas tribuitur, sine ulla dubita» tione resecanda existimo [1]. » En vides, piissime lector, resecanda esse ea omnia quæ tum omni auctoritate, tum omni causa sperandæ ædificationis omnino carent. Neque vero prætexere licet leviusculas rudis et indocilis vulgi opiniones, aut usus temerarios. Pronum quippe est, plebem imperitam multa, quæ minus decent, in divinum cultum sensim invehere. Nostrum autem est hunc cultum ad purum excoquere, ne superstitio subrepat, et hæretici male insultent. Altera hæc est Augustini sententia, qua priorem temperari oportuit : « Totum hoc genus rerum liberas habet » observationes, nec disciplina ulla est in his me» lior gravi prudentique christiano, quam ut eo » modo agat, quo agere viderit Ecclesiam, ad » quam forte devenerit. Quod enim neque contra » fidem neque contra bonos mores esse convinci» tur, indifferenter est habendum, et propter eo» rum, inter quos vivitur, societatem servandum » est..... Ad quam forte Ecclesiam veneris, ejus » morem serva, si cuiquam non vis esse scandalo, » nec quemquam tibi.... Ipsa enim mutatio con» suetudinis, etiam quæ adjuvat utilitate, novi» tate perturbat [2]. » Ex quibus profecto liquet hanc esse *saluberrimam* Augustini *regulam*, ut ea, quæ absque ulla ædificationis causa invaluerunt, et in apertam superstitionem redundant, resecta sint, ea vero « quæ non sunt contra fidem » neque contra bonos mores, et habent aliquid ad » exhortationem melioris vitæ, ubicumque insti-

» tui videmus, vel instituta cognoscimus, non » solum non improbemus, sed etiam laudando et » imitando sectemur [1]. » Quemadmodum enim coercenda est plebis superstitio, ita etiam frangenda videtur recentiorum criticorum audacia, qui ritum asperiori reformatione ita attenuant, ut veluti exsanguis et exsuccus jaceat.

Hinc homines creduli, superstitionis amantes, et aversantes interiorem cultum, quo quisque abnegat semetipsum, et tollit crucem suam, et Christum sequitur, avido ore captant cærimonias, quæ suis cupiditatibus nihil incommodent. « Ip» sam religionem, ut ait Augustinus [2], quam pau» cissimis et manifestissimis celebrationum sacra» mentis misericordia Dei esse liberam voluit, » servilibus oneribus premunt, ut tolerabilior sit » conditio Judæorum, qui, etiamsi tempus liber» tatis non agnoverunt, legalibus tamen sarcinis, » non humanis præsumptionibus, subjiciuntur. » De his sanctus Doctor ita conqueritur [3] : « Sed » hoc nimis doleo, quod multa, quæ in divinis » libris saluberrime præcepta sunt, minus cu» rantur ; et tam multis præsumptionibus sic » plena sunt omnia, ut gravius corripiatur, qui » per octavas suas terram nudo pede tetigerit, » quam qui mentem vinolentia sepelierit. » Cum Augustino libens dixerim [4] : « Hoc approbare non » possum, etiamsi multa hujusmodi propter non» nullarum vel sanctarum vel turbulentarum per» sonarum scandala devitanda, liberius improbare » non audeo. » Itaque hujusmodi ritus adventitios, qui extra ritum ab Ecclesia in Manualibus comprobatum temere vagantur, dolentes quidem tolerare cogimur, minime vero suademus.

Illinc critici fastidiosi homines, dum superstitionem acrius amputant, vivos piissimi cultus ramos evellunt. Nimirum dictitant, ea singula, quæ in privatis quibusdam ecclesiis fieri solent, amputanda esse, ut aliena ab universali aut a puriore antiquissimæ Ecclesiæ ritu. Quasi vero universalis Ecclesia hanc rituum varietatem ratam non fecerit : quasi vero romana Ecclesia, cæterarum omnium mater ac magistra, id nunquam ægre tulerit : quasi vero non accepta sit apud omnes optima hæc Augustini sententia [5] : « In his rebus in » quibus nihil certi statuit Scriptura divina, mos » populi Dei, vel instituta majorum pro lege te» nenda sunt. De quibus si discutare voluerimus, » et ex aliorum consuetudine alios improbare, » orietur interminata luctatio. » Præterea nefas

---

[1] *Ep.* LV, *ad Januar.*, n. 35, tom. II, pag. 142.
[2] *Ep.* LIV, *ad Januar.*, n. 2, 3, 6, pag. 124, 126.

[1] *Ep.* LV, *ad Januar.*, n. 34, pag. 141.
[2] *Ibid.*, n. 35 : pag. 142.   [3] *Ibid.*   [4] *Ibid.*
[5] *Epist.* XXXVI, *ad Casulan.*, n. 5, pag. 68.

est minoris facere recentiores quam antiquiores Ecclesiæ ritus. Neque enim Ecclesia senescendo minus sapit, aut Spiritu promisso sensim destituitur. Profecto non satis catholice sentit, quisquis non fatetur, pari omnino auctoritate pollere ritus in decimo octavo ac ritus in quarto sæculo ab Ecclesia institutos. Immota enim stat hæc Augustini sententia unicuique sæculo æque aptanda : « Si quid horum tota per orbem frequentat » Ecclesia....; quin ita faciendum sit, disputare, » insolentissimæ insaniæ est [1]. »

Itaque pastores singulos gravissime monemus, et amantissime adhortamur, ut gemino huic officio se totos impendant, sicuti decet *ministros Christi et dispensatores mysteriorum Dei*. Scilicet ut diligentissime observent ea omnia, quæ Ecclesia in Manuali observari jubet; cæteros autem ritus, quos popularis aura inconsulte usurpat, declinent; neque ipsi, obtento quovis pietatis incentivo, quidquam novi et insoliti tentare audeant. Absit vero ut in tanto munere obeundo ab illa aurea Augustini sententia unquam recedant [1] : « Non » ergo aspere, quantum existimo, non duriter » non modo imperioso ista tolluntur ; magis docendo quam jubendo, magis monendo quam » minando. Sic enim agendum est cum multitudine : severitas autem exercenda est in peccata » paucorum. Et si quid minamur, cum dolore fiat, » de Scripturis comminando vindictam futuram, » ne nos ipsi in nostra potestate, sed Deus in nostro sermone timeatur. Ita prius monebuntur spirituales, vel spiritualibus proximi, quorum auctoritate, et lenissimis quidem, sed instantissimis » admonitionibus, cætera multitudo frangatur. »

Datum Cameraci, die 20 Augusti, anno Domini 1707.

Fr., ar. d. Cameracensis.

---

[1] *Epist.* LIV, *ad Januar*, n. 6, pag. 126.

[1] *Ep.* XXII, *ad Aurel.*, n. 5, pag. 28.

FIN DES MANDEMENTS.

DE
L'ÉDUCATION DES FILLES.

CHAPITRE PREMIER.
De l'importance de l'éducation des filles.

Rien n'est plus négligé que l'éducation des filles. La coutume et le caprice des mères y décident souvent de tout : on suppose qu'on doit donner à ce sexe peu d'instruction. L'éducation des garçons passe pour une des principales affaires par rapport au bien public; et quoiqu'on n'y fasse guère moins de fautes que dans celle des filles, du moins on est persuadé qu'il faut beaucoup de lumières pour y réussir. Les plus habiles gens se sont appliqués à donner des règles dans cette matière. Combien voit-on de maîtres et de colléges! combien de dépenses pour des impressions de livres, pour des recherches de sciences, pour des méthodes d'apprendre les langues, pour le choix des professeurs! Tous ces grands préparatifs ont souvent plus d'apparence que de solidité; mais enfin ils marquent la haute idée qu'on a de l'éducation des garçons. Pour les filles, dit-on, il ne faut pas qu'elles soient savantes, la curiosité les rend vaines et précieuses; il suffit qu'elles sachent gouverner un jour leurs ménages, et obéir à leurs maris sans raisonner. On ne manque pas de se servir de l'expérience qu'on a de beaucoup de femmes que la science a rendues ridicules : après quoi on se croit en droit d'abandonner aveuglément les filles à la conduite des mères ignorantes et indiscrètes.

Il est vrai qu'il faut craindre de faire des savantes ridicules. Les femmes ont d'ordinaire l'esprit encore plus foible et plus curieux que les hommes; aussi n'est-il point à propos de les engager dans des études dont elles pourroient s'entêter. Elles ne doivent ni gouverner l'état, ni faire la guerre, ni entrer dans le ministère des choses sacrées; ainsi elles peuvent se passer de certaines connoissances étendues, qui appartiennent à la politique, à l'art militaire, à la jurisprudence, à la philosophie et à la théologie. La plupart même des arts mécaniques ne leur conviennent pas : elles sont faites pour des exercices modérés. Leur corps, aussi bien que leur esprit, est moins fort et moins robuste que celui des hommes; en revanche, la nature leur a donné en partage l'industrie, la propreté et l'économie, pour les occuper tranquillement dans leurs maisons.

Mais que s'ensuit-il de la foiblesse naturelle des femmes? Plus elles sont foibles, plus il est important de les fortifier. N'ont-elles pas des devoirs à remplir, mais des devoirs qui sont les fondements de toute la vie humaine? Ne sont-ce pas les femmes qui ruinent et qui soutiennent les maisons, qui règlent tout le détail des choses domestiques, et qui, par conséquent, décident de ce qui touche de plus près à tout le genre humain? Par-là, elles ont la principale part aux bonnes ou aux mauvaises mœurs de presque tout le monde. Une femme judicieuse, appliquée, et pleine de religion, est l'ame de toute une grande maison; elle y met l'ordre pour les biens temporels et pour le salut. Les hommes mêmes, qui ont toute l'autorité en public, ne peuvent par leurs délibérations établir aucun bien effectif, si les femmes ne leur aident à l'exécuter.

Le monde n'est point un fantôme; c'est l'assemblage de toutes les familles : et qui est-ce qui peut les policer avec un soin plus exact que les femmes, qui, outre leur autorité naturelle et leur assiduité dans leur maison, ont encore l'avantage d'être nées soigneuses, attentives au détail, industrieuses, insinuantes et persuasives? Mais les hommes peuvent-ils espérer pour eux-mêmes quelque douceur dans la vie, si leur plus étroite société, qui est celle du mariage, se tourne en amertume? Mais les enfants, qui feront dans la suite tout le genre humain, que deviendront-ils, si les mères les gâtent dès leurs premières années?

Voilà donc les occupations des femmes, qui ne sont guère moins importantes au public que celles des hommes, puisqu'elles ont une maison à régler, un mari à rendre heureux, des enfants à bien élever. Ajoutez que la vertu n'est pas moins pour les femmes que pour les hommes : sans parler du bien ou mal qu'elles peuvent faire au public, elles sont la moitié du genre humain, racheté du sang de Jésus-Christ, et destiné à la vie éternelle.

Enfin, il faut considérer, outre le bien que font les femmes quand elles sont bien élevées, le mal qu'elles causent dans le monde quand elles manquent d'une éducation qui leur inspire la vertu. Il est constant que la mauvaise éducation des femmes fait plus de mal que celle des hommes, puisque les désordres des hommes viennent souvent et de la mauvaise éducation qu'ils ont reçue de leurs mères, et des passions que d'autres femmes leur ont inspirées dans un âge plus avancé.

Quelles intrigues se présentent à nous dans les histoires, quel renversement des lois et des mœurs, quelles guerres sanglantes, quelles nouveautés contre la religion, quelles révolutions d'état, causés par le déréglement des femmes! Voilà ce qui prouve l'importance de bien élever les filles; cherchons-en les moyens.

CHAPITRE II.

Inconvénients des éducations ordinaires.

L'ignorance d'une fille est cause qu'elle s'ennuie, et qu'elle ne sait à quoi s'occuper innocemment. Quand elle est venue jusqu'à un certain âge sans s'appliquer aux choses solides, elle n'en peut avoir ni le goût ni l'estime; tout ce qui est sérieux lui paroît triste, tout ce qui demande une attention suivie la fatigue; la pente aux plaisirs, qui est forte pendant la jeunesse; l'exemple des personnes du même âge qui sont plongées dans l'amusement; tout sert à lui faire craindre une vie réglée et laborieuse. Dans ce premier âge, elle manque d'expérience et d'autorité pour gouverner quelque chose dans la maison de ses parents; elle ne connoît pas même l'importance de s'y appliquer, à moins que sa mère n'ait pris soin de la lui faire remarquer en détail. Si elle est de condition, elle est exempte du travail des mains : elle ne travaillera donc que quelque heure du jour, parce qu'on dit, sans savoir pourquoi, qu'il est honnête aux femmes de travailler; mais souvent ce ne sera qu'une contenance, et elle ne s'accoutumera point à un travail suivi.

En cet état que fera-t-elle? La compagnie d'une mère qui l'observe, qui la gronde, qui croit la bien élever en ne lui pardonnant rien, qui se compose avec elle, qui lui fait essuyer ses humeurs, qui lui paroît toujours chargée de tous les soucis domestiques, la gêne et la rebute; elle a autour d'elle des femmes flatteuses, qui, cherchant à s'insinuer par des complaisances basses et dangereuses, suivent toutes ses fantaisies, et l'entretiennent de tout ce qui peut la dégoûter du bien : la piété lui paroît une occupation languissante, et une règle ennemie de tous les plaisirs. A quoi donc s'occupera-t-elle? à rien d'utile. Cette inapplication se tourne même en habitude incurable.

Cependant voilà un grand vide, qu'on ne peut espérer de remplir de choses solides; il faut donc que les frivoles prennent la place. Dans cette oisiveté, une fille s'abandonne à sa paresse; et la paresse, qui est une langueur de l'ame, est une source inépuisable d'ennuis. Elle s'accoutume à dormir d'un tiers plus qu'il ne faudroit pour conserver une santé parfaite; ce long sommeil ne sert qu'à l'amollir, qu'à la rendre plus délicate, plus exposée aux révoltes du corps : au lieu qu'un sommeil médiocre, accompagné d'un exercice réglé, rend une personne gaie, vigoureuse et robuste; ce qui fait, sans doute, la véritable perfection du corps, sans parler des avantages que l'esprit en tire. Cette mollesse et cette oisiveté étant jointes à l'ignorance, il en naît une sensibilité pernicieuse pour les divertissements et pour les spectacles; c'est même ce qui existe une curiosité indiscrète et insatiable.

Les personnes instruites, et occupées à des choses sérieuses, n'ont d'ordinaire qu'une curiosité médiocre : ce qu'elles savent leur donne du mépris pour beaucoup de choses qu'elles ignorent; elles voient l'utilité et le ridicule de la plupart des choses que les petits esprits qui ne savent rien, et qui n'ont rien à faire, sont empressés d'apprendre.

Au contraire, les filles mal instruites et inappliquées ont une imagination toujours errante. Faute d'aliment solide, leur curiosité se tourne en ardeur vers les objets vains et dangereux. Celles qui ont de l'esprit s'érigent souvent en précieuses, et lisent tous les livres qui peuvent nourrir leur vanité; elles se passionnent pour des romans, pour des comédies, pour des récits d'aventures chimériques, où l'amour profane est mêlé. Elles se rendent l'esprit visionnaire, en s'accoutumant au langage magnifique des héros de romans : elles se gâtent même par-là pour le monde; car tous ces beaux sentiments en l'air, toutes ces passions généreuses, toutes ces aventures que l'auteur du roman a inventées pour le plaisir, n'ont aucun rapport avec les vrais motifs qui font agir dans le monde, et qui décident des affaires, ni avec les mécomptes qu'on trouve dans tout ce qu'on entreprend.

Une pauvre fille, pleine du tendre et du merveilleux qui l'ont charmée dans ses lectures, est étonnée de ne trouver point dans le monde de vrais personnages qui ressemblent à ces héros : elle voudroit vivre comme ces princesses imaginaires, qui sont, dans les romans, toujours charmantes, toujours adorées, toujours au-dessus de tous les besoins. Quel dégoût pour elle de descendre de l'héroïsme jusqu'au plus bas détail du ménage !

Quelques unes poussent leur curiosité encore plus loin, et se mêlent de décider sur la religion, quoiqu'elles n'en soient point capables. Mais celles qui n'ont pas assez d'ouverture d'esprit pour ces curiosités en ont d'autres qui leur sont proportionnées : elles veulent ardemment savoir ce qui se dit, ce qui se fait, une chanson, une nouvelle, une intrigue ; recevoir des lettres, lire celles que les autres reçoivent ; elles veulent qu'on leur dise tout, et elles veulent aussi tout dire ; elles sont vaines, et la vanité fait parler beaucoup ; elles sont légères, et la légèreté empêche les réflexions qui feroient souvent garder le silence.

CHAPITRE III.

Quels sont les premiers fondements de l'éducation.

Pour remédier à tous ces maux, c'est un grand avantage que de pouvoir commencer l'éducation des filles dès leur plus tendre enfance. Ce premier âge, qu'on abandonne à des femmes indiscrètes et quelquefois déréglées, est pourtant celui où se font les impressions les plus profondes, et qui par conséquent a un grand rapport à tout le reste de la vie.

Avant que les enfants sachent entièrement parler, on peut les préparer à l'instruction. On trouvera peut-être que j'en dis trop : mais on n'a qu'à considérer ce que fait l'enfant qui ne parle pas encore : il apprend une langue qu'il parlera bientôt plus exactement que les savants ne sauroient parler les langues mortes qu'ils ont étudiées avec tant de travail dans l'âge le plus mûr. Mais qu'est-ce qu'apprendre une langue ? Ce n'est pas seulement mettre dans sa mémoire un grand nombre de mots ; c'est encore, dit saint Augustin [1], observer le sens de chacun de ces mots en particulier. L'enfant, dit-il, parmi ses cris et ses jeux, remarque de quel objet chaque parole est le signe : il le fait, tantôt en considérant les mouvements naturels des corps qui touchent ou qui montrent les objets dont on parle, tantôt étant frappé par la fréquente répétition du même mot pour signifier le même objet. Il est vrai que le tempérament du cerveau des enfants leur donne une admirable facilité pour l'impression de toutes ces images : mais quelle attention d'esprit ne faut-il pas pour les discerner, et pour les attacher chacune à son objet ?

Considérez encore combien, dès cet âge, les enfants cherchent ceux qui les flattent, et fuient ceux qui les contraignent ; combien ils savent crier ou se taire pour avoir ce qu'ils souhaitent ; combien ils ont déjà d'artifice et de jalousie. J'ai vu, dit saint Augustin [1], un enfant jaloux : il ne savoit pas encore parler ; et déjà, avec un visage pâle et des yeux irrités, il regardoit l'enfant qui tétoit avec lui.

On peut donc compter que les enfants connoissent dès-lors plus qu'on ne s'imagine d'ordinaire : ainsi vous pouvez leur donner, par des paroles qui seront aidées par des tons et des gestes, l'inclination d'être avec les personnes honnêtes et vertueuses qu'ils voient, plutôt qu'avec d'autres personnes déraisonnables qu'ils seroient en danger d'aimer : ainsi vous pouvez encore, par les différents airs de votre visage, et par le ton de votre voix, leur représenter avec horreur les gens qu'ils ont vus en colère ou dans quelque autre déréglement, et prendre les tons les plus doux avec le visage le plus serein, pour leur représenter avec admiration ce qu'ils ont vu faire de sage et de modeste.

Je ne donne pas ces petites choses pour grandes ; mais enfin ces dispositions éloignées sont des commencements qu'il ne faut pas négliger, et cette manière de prévenir de loin les enfants a des suites insensibles qui facilitent l'éducation.

Si on doute encore du pouvoir que ces premiers préjugés de l'enfance ont sur les hommes, on n'a qu'à voir combien le souvenir des choses qu'on a aimées dans l'enfance est encore vif et touchant dans un âge avancé. Si, au lieu de donner aux enfants de vaines craintes des fantômes et des esprits, qui ne font qu'affoiblir, par de trop grands ébranlements, leur cerveau encore tendre ; si, au lieu de les laisser suivre toutes les imaginations de leurs nourrices pour les choses qu'ils doivent aimer ou fuir, on s'attachoit à leur donner toujours une idée agréable du bien, et une idée affreuse du mal ; cette prévention leur faciliteroit beaucoup dans la suite la pratique de toutes les vertus. Au contraire, on leur fait craindre un prêtre vêtu de noir, on ne leur parle de la mort que pour

---

[1] *Confess.*, lib. I, cap. VIII, n. 13, tom. I, pag. 74.

[1] *Confess.*, lib. I, cap. VII, n. 11, pag. 73.

les effrayer, on leur raconte que les morts reviennent la nuit sous des figures hideuses : tout cela n'aboutit qu'à rendre une ame foible et timide, et qu'à la préoccuper contre les meilleures choses.

Ce qui est le plus utile dans les premières années de l'enfance, c'est de ménager la santé de l'enfant, de tâcher de lui faire un sang doux par le choix des aliments, et par un régime de vie simple ; c'est de régler ses repas, en sorte qu'il mange toujours à peu près aux mêmes heures ; qu'il mange assez souvent à proportion de son besoin ; qu'il ne mange point hors de son repas, parce que c'est surcharger l'estomac pendant que la digestion n'est pas finie ; qu'il ne mange rien de haut goût, qui l'excite à manger au-delà de son besoin, et qui le dégoûte des aliments plus convenables à sa santé ; qu'enfin on ne lui serve pas trop de choses différentes, car la variété des viandes qui viennent l'une après l'autre soutient l'appétit après que le vrai besoin de manger est fini.

Ce qu'il y a encore de très important, c'est de laisser affermir les organes en ne pressant point l'instruction, d'éviter tout ce qui peut allumer les passions, d'accoutumer doucement l'enfant à être privé des choses pour lesquelles il a témoigné trop d'ardeur, afin qu'il n'espère jamais d'obtenir les choses qu'il desire.

Si peu que le naturel des enfants soit bon, on peut les rendre ainsi dociles, patients, fermes, gais et tranquilles : au lieu que, si on néglige ce premier âge, ils y deviennent ardents et inquiets pour toute leur vie ; leur sang se brûle ; les habitudes se forment ; le corps, encore tendre, et l'ame, qui n'a encore aucune pente vers aucun objet, se plient vers le mal ; il se fait en eux une espèce de second péché originel, qui est la source de mille désordres quand ils sont plus grands.

Dès qu'ils sont dans un âge plus avancé, où leur raison est toute développée, il faut que toutes les paroles qu'on leur dit servent à leur faire aimer la vérité, et à leur inspirer le mépris de toute dissimulation. Ainsi, on ne doit jamais se servir d'aucune feinte pour les apaiser, ou pour leur persuader ce qu'on veut : par-là, on leur enseigne la finesse, qu'ils n'oublient jamais ; il faut les mener par la raison autant qu'on peut.

Mais examinons de plus près l'état des enfants, pour voir plus en détail ce qui leur convient. La substance de leur cerveau est molle, et elle se durcit tous les jours ; pour leur esprit, il ne sait rien, tout lui est nouveau. Cette mollesse du cerveau fait que tout s'y imprime facilement, et la surprise de la nouveauté fait qu'ils admirent aisément, et qu'ils sont fort curieux. Il est vrai aussi que cette humidité et cette mollesse du cerveau, jointe à une grande chaleur, lui donne un mouvement facile et continuel. De là vient cette agitation des enfants, qui ne peuvent arrêter leur esprit à aucun objet, non plus que leur corps en aucun lieu.

D'un autre côté, les enfants ne sachant encore rien penser ni faire d'eux-mêmes, ils remarquent tout, et ils parlent peu, si on ne les accoutume à parler beaucoup, et c'est de quoi il faut bien se garder. Souvent le plaisir qu'on veut tirer des jolis enfants les gâte ; on les accoutume à hasarder tout ce qui leur vient dans l'esprit, et à parler des choses dont ils n'ont pas encore des connoissances distinctes : il leur en reste toute leur vie l'habitude de juger avec précipitation, et de dire des choses dont ils n'ont point d'idées claires ; ce qui fait un très mauvais caractère d'esprit.

Ce plaisir qu'on veut tirer des enfants produit encore un effet pernicieux ; ils aperçoivent qu'on les regarde avec complaisance, qu'on observe tout ce qu'ils font, qu'on les écoute avec plaisir ; par-là ils s'accoutument à croire que le monde sera toujours occupé d'eux.

Pendant cet âge où l'on est applaudi, et où l'on n'a point encore éprouvé la contradiction, on conçoit des espérances chimériques qui préparent des mécomptes infinis pour toute la vie. J'ai vu des enfants qui croyoient qu'on parloit d'eux toutes les fois qu'on parloit en secret, parce qu'ils avoient remarqué qu'on l'avoit fait souvent ; ils s'imaginoient n'avoir rien en eux que d'extraordinaire et d'admirable. Il faut donc prendre soin des enfants, sans leur laisser voir qu'on pense beaucoup à eux. Montrez-leur que c'est par amitié, et par le besoin où ils sont d'être redressés, que vous êtes attentifs à leur conduite, et non par l'admiration de leur esprit. Contentez-vous de les former peu à peu selon les occasions qui viennent naturellement : quand même vous pourriez avancer beaucoup l'esprit d'un enfant sans le presser, vous devriez craindre de le faire ; car le danger de la vanité et de la présomption est toujours plus grand que le fruit de ces éducations prématurées qui font tant de bruit.

Il faut se contenter de suivre et d'aider la nature. Les enfants savent peu, il ne faut pas les exciter à parler : mais comme ils ignorent beaucoup de choses, ils ont beaucoup de questions à faire ; aussi en font-ils beaucoup. Il suffit de leur répondre précisément, et d'ajouter quelquefois certaines petites comparaisons pour rendre plus sensibles les éclaircissements qu'on doit leur donner. S'ils jugent de quelque chose sans le bien savoir, il faut les embarrasser par quelque question nouvelle, pour leur faire sentir leur faute, sans les confondre rudement. En même temps il faut leur faire apercevoir, non par des louanges vagues, mais par quelque marque effective d'estime, qu'on les approuve bien plus quand ils doutent, et qu'ils demandent ce qu'ils ne savent pas, que quand ils décident le mieux. C'est le vrai moyen de mettre dans leur esprit, avec beaucoup de politesse, une modestie véritable, et un grand mépris pour les contestations qui sont si ordinaires aux jeunes personnes peu éclairées.

Dès qu'il paroît que leur raison a fait quelque progrès, il faut se servir de cette expérience pour les prémunir contre la présomption. Vous voyez, direz-vous, que vous êtes plus raisonnable maintenant que vous ne l'étiez l'année passée; dans un an vous verrez encore des choses que vous n'êtes pas capable de voir aujourd'hui. Si, l'année passée, vous aviez voulu juger des choses que vous savez maintenant, et que vous ignoriez alors, vous en auriez mal jugé. Vous auriez eu grand tort de prétendre savoir ce qui étoit au-delà de votre portée. Il en est de même aujourd'hui des choses qui vous restent à connoître : vous verrez un jour combien vos jugements présents sont imparfaits. Cependant fiez-vous aux conseils des personnes qui jugent comme vous jugerez vous-mêmes quand vous aurez leur âge et leur expérience.

La curiosité des enfants est un penchant de la nature, qui va comme au-devant de l'instruction; ne manquez pas d'en profiter. Par exemple, à la campagne ils voient un moulin, et ils veulent savoir ce que c'est; il faut leur montrer comment se prépare l'aliment qui nourrit l'homme. Ils aperçoivent des moissonneurs, et il faut leur expliquer ce qu'ils font, comment est-ce qu'on sème le blé, et comment il se multiplie dans la terre. A la ville, ils voient des boutiques où s'exercent plusieurs arts, et où l'on vend diverses marchandises. Il ne faut jamais être importuné de leurs demandes; ce sont des ouvertures que la nature vous offre pour faciliter l'instruction : témoignez y prendre plaisir; par-là vous leur enseignerez insensiblement comment se font toutes les choses qui servent à l'homme, et sur lesquelles roule le commerce. Peu à peu, sans étude particulière, ils connoîtront la bonne manière de faire toutes ces choses qui sont de leur usage, et le juste prix de chacune, ce qui est le vrai fond de l'économie. Ces connoissances, qui ne doivent être méprisées de personne, puisque tout le monde a besoin de ne se pas laisser tromper dans sa dépense, sont principalement nécessaires aux filles.

CHAPITRE IV.
Imitation à craindre.

L'ignorance des enfants, dans le cerveau desquels rien n'est encore imprimé, et qui n'ont aucune habitude, les rend souples et enclins à imiter tout ce qu'ils voient. C'est pourquoi il est capital de ne leur offrir que de bons modèles. Il ne faut laisser approcher d'eux que des gens dont les exemples soient utiles à suivre : mais comme il n'est pas possible qu'ils ne voient, malgré les précautions qu'on prend, beaucoup de choses irrégulières, il faut leur faire remarquer de bonne heure l'impertinence de certaines personnes vicieuses et déraisonnables, sur la réputation desquelles il n'y a rien à ménager : il faut leur montrer combien on est méprisé et digne de l'être, combien on est misérable, quand on s'abandonne à ses passions, et qu'on ne cultive point sa raison. On peut ainsi, sans les accoutumer à la moquerie, leur former le goût, et les rendre sensibles aux vraies bienséances. Il ne faut pas même s'abstenir de les prévenir en général sur certains défauts, quoiqu'on puisse craindre de leur ouvrir par-là les yeux sur les foiblesses des gens qu'ils doivent respecter; car, outre qu'on ne doit pas espérer et qu'il n'est point juste de les entretenir dans l'ignorance des véritables règles là-dessus, d'ailleurs le plus sûr moyen de les tenir dans leurs devoirs est de leur persuader qu'il faut supporter les défauts d'autrui, qu'on ne doit pas même en juger légèrement, qu'ils paroissent souvent plus grands qu'ils ne sont, qu'ils sont réparés par des qualités avantageuses; et que, rien n'étant parfait sur la terre, on doit admirer ce qui a le moins d'imperfection; enfin, quoiqu'il faille réserver de telles instructions pour l'extrémité, il faut pourtant leur donner les vrais principes, et les préserver d'imiter tout le mal qu'ils ont devant les yeux.

Il faut aussi les empêcher de contrefaire les gens ridicules; car ces manières moqueuses et comédiennes ont quelque chose de bas et de contraire aux sentiments honnêtes : il est à craindre que les enfants ne les prennent, parce que la chaleur de leur imagination et la souplesse de leur corps, jointes à leur enjouement, leur font aisément prendre toutes sortes de formes pour représenter ce qu'ils voient de ridicule.

Cette pente à imiter, qui est dans les enfants, produit des maux infinis quand on les livre à des gens sans vertu qui ne se contraignent guère devant eux. Mais Dieu a mis, par cette pente, dans les enfants de quoi se plier facilement à tout ce qu'on leur montre pour le bien. Souvent, sans leur parler, on n'auroit qu'à leur faire voir en autrui ce qu'on voudroit qu'ils fissent.

CHAPITRE V.

Instructions indirectes : il ne faut pas presser les enfants.

Je crois même qu'il faudroit souvent se servir de ces instructions indirectes, qui ne sont point ennuyeuses comme les leçons et les remontrances, seulement pour réveiller leur attention sur les exemples qu'on leur donneroit.

Une personne pourroit demander quelquefois devant eux à une autre : Pourquoi faites-vous cela ? et l'autre répondroit : Je le fais par telle raison. Par exemple : Pourquoi avez-vous avoué votre faute ? C'est que j'en aurois fait encore une plus grande de la désavouer lâchement par un mensonge, et qu'il n'y a rien de plus beau que de dire franchement : J'ai tort. Après cela, la première personne peut louer celle qui s'est ainsi accusée elle-même : mais il faut que tout cela se fasse sans affectation ; car les enfants sont bien plus pénétrants qu'on ne croit, et dès qu'ils ont aperçu quelque finesse dans ceux qui les gouvernent, ils perdent la simplicité et la confiance qui leur sont naturelles.

Nous avons remarqué que le cerveau des enfants est tout ensemble chaud et humide, ce qui leur cause un mouvement continuel. Cette mollesse du cerveau fait que toutes choses s'y impriment facilement, et que les images de tous les objets sensibles y sont très vives : ainsi il faut se hâter d'écrire dans leur tête pendant que les caractères s'y forment aisément. Mais il faut bien choisir les images qu'on y doit graver ; car on ne doit verser dans un réservoir si petit et si précieux que des choses exquises : il faut se souvenir qu'on ne doit à cet âge verser dans les esprits que ce qu'on souhaite qui y demeure toute la vie. Les premières images gravées pendant que le cerveau est encore mou, et que rien n'y est écrit, sont les plus profondes. D'ailleurs elles se durcissent à mesure que l'âge dessèche le cerveau ; ainsi elles deviennent ineffaçables : de là vient que, quand on est vieux, on se souvient distinctement des choses de la jeunesse, quoique éloignées ; au lieu qu'on se souvient moins de celles qu'on a vues dans un âge plus avancé, parce que les traces ont été faites dans le cerveau lorsqu'il étoit desséché, et plein d'autres images.

Quand on entend faire ces raisonnements, on a peine à les croire. Il est pourtant vrai qu'on raisonne de même sans s'en apercevoir. Ne dit-on pas tous les jours : J'ai pris mon pli ; je suis trop vieux pour changer ; j'ai été nourri de cette façon ? D'ailleurs ne sent-on pas un plaisir singulier à rappeler les images de la jeunesse ? Les plus fortes inclinations ne sont-elles pas celles qu'on a prises à cet âge ? Tout cela ne prouve-t-il pas que les premières impressions et les premières habitudes sont les plus fortes ? Si l'enfance est propre à graver des images dans le cerveau, il faut avouer qu'elle l'est moins au raisonnement. Cette humidité du cerveau, qui rend les impressions faciles, étant jointe à une grande chaleur, fait une agitation qui empêche toute application suivie.

Le cerveau des enfants est comme une bougie allumée dans un lieu exposé au vent : sa lumière vacille toujours. L'enfant vous fait une question ; et, avant que vous répondiez, ses yeux s'enlèvent vers le plancher, il compte toutes les figures qui y sont peintes, ou tous les morceaux de vitres qui sont aux fenêtres : si vous voulez le ramener à son premier objet, vous le gênez comme si vous le teniez en prison. Ainsi il faut ménager avec grand soin les organes, en attendant qu'ils s'affermissent : répondez-lui promptement à sa question, et laissez-lui en faire d'autres à son gré. Entretenez seulement sa curiosité, et faites dans sa mémoire un amas de bons matériaux : viendra le temps qu'ils s'assembleront d'eux-mêmes, et que, le cerveau ayant plus de consistance, l'enfant raisonnera de suite. Cependant bornez-vous à le redresser quand il ne raisonnera pas juste, et à lui faire sentir sans empressement, selon les ouvertures qu'il vous donnera, ce que c'est que tirer droit une conséquence.

Laissez donc jouer un enfant, et mêlez l'instruction avec le jeu ; que la sagesse ne se montre à lui que par intervalle, et avec un visage riant ; gardez-vous de le fatiguer par une exactitude indiscrète.

Si l'enfant se fait une idée triste et sombre de la vertu, si la liberté et le dérèglement se présentent à lui sous une figure agréable, tout est perdu, vous travaillez en vain. Ne le laissez jamais flatter par de petits esprits, ou par des gens sans règle : on s'accoutume à aimer les mœurs et les sentiments des gens qu'on aime ; le plaisir qu'on trouve d'abord avec les malhonnêtes gens fait peu à peu estimer ce qu'ils ont même de méprisable.

Pour rendre les gens de bien agréables aux enfants, faites-leur remarquer ce qu'ils ont d'aimable et de commode; leur sincérité, leur modestie, leur désintéressement, leur fidélité, leur discrétion, mais surtout leur piété, qui est la source de tout le reste.

Si quelqu'un d'entre eux a quelque chose de choquant, dites : La piété ne donne point ces défauts-là; quand elle est parfaite, elle les ôte, ou du moins elle les adoucit. Après tout, il ne faut point s'opiniâtrer à faire goûter aux enfants certaines personnes pieuses dont l'extérieur est dégoûtant.

Quoique vous veilliez sur vous-même pour n'y laisser rien voir de bon, n'attendez pas que l'enfant ne trouve jamais aucun défaut en vous; souvent il apercevra jusqu'à vos fautes les plus légères.

Saint Augustin nous apprend qu'il avoit remarqué dès son enfance la vanité de ses maîtres sur les études. Ce que vous avez de meilleur et de plus pressé à faire, c'est de connoître vous-même vos défauts aussi bien que l'enfant les connoîtra, et de vous en faire avertir par des amis sincères. D'ordinaire ceux qui gouvernent les enfants ne leur pardonnent rien, et se pardonnent tout à eux-mêmes : cela excite dans les enfants un esprit de critique et de malignité; de façon que quand ils ont vu faire quelque faute à la personne qui les gouverne, ils en sont ravis, et ne cherchent qu'à la mépriser.

Évitez cet inconvénient : ne craignez point de parler des défauts qui sont visibles en vous, et des fautes qui vous auront échappé devant l'enfant. Si vous le voyez capable d'entendre raison là-dessus, dites-lui que vous voulez lui donner l'exemple de se corriger de ses défauts, en vous corrigeant des vôtres : par-là vous tirerez de vos imperfections mêmes de quoi instruire et édifier l'enfant, de quoi l'encourager pour sa correction; vous éviterez même le mépris et le dégoût que vos défauts pourroient lui donner pour votre personne.

En même temps il faut chercher tous les moyens de rendre agréables à l'enfant les choses que vous exigez de lui. En avez-vous quelqu'une de fâcheuse à proposer, faites-lui entendre que la peine sera bientôt suivie du plaisir; montrez-lui toujours l'utilité des choses que vous lui enseignez; faites-lui-en voir l'usage par rapport au commerce du monde et aux devoirs des conditions. Sans cela, l'étude lui paroît un travail abstrait, stérile et épineux. A quoi sert, disent-ils en eux-mêmes, d'apprendre toutes ces choses dont on ne parle point dans les conversations, et qui n'ont aucun rapport à tout ce qu'on est obligé de faire? Il faut donc leur rendre raison de tout ce qu'on leur enseigne : C'est, leur direz-vous, pour vous mettre en état de bien faire ce que vous ferez un jour ; c'est pour vous former le jugement; c'est pour vous accoutumer à bien raisonner sur toutes les affaires de la vie. Il faut toujours leur montrer un but solide et agréable qui les soutienne dans le travail, et ne prétendre jamais les assujettir par une autorité sèche et absolue.

A mesure que leur raison augmente, il faut aussi de plus en plus raisonner avec eux sur les besoins de leur éducation, non pour suivre toutes leurs pensées, mais pour en profiter lorsqu'ils feront connoître leur état véritable, pour éprouver leur discernement, et pour leur faire goûter les choses qu'on veut qu'ils fassent.

Ne prenez jamais sans une extrême nécessité un air austère et impérieux, qui fait trembler les enfants. Souvent c'est affectation et pédanterie dans ceux qui gouvernent; car, pour les enfants, ils ne sont d'ordinaire que trop timides et honteux. Vous leur fermeriez le cœur, et leur ôteriez la confiance, sans laquelle il n'y a nul fruit à espérer de l'éducation. Faites-vous aimer d'eux; qu'ils soient libres avec vous, et qu'ils ne craignent point de vous laisser voir leurs défauts. Pour y réussir, soyez indulgent à ceux qui ne se déguisent point devant vous. Ne paroissez ni étonné ni irrité de leurs mauvaises inclinations ; au contraire, compatissez à leurs foiblesses. Quelquefois il en arrivera cet inconvénient, qu'ils seront moins retenus par la crainte; mais, à tout prendre, la confiance et la sincérité leur sont plus utiles que l'autorité rigoureuse.

D'ailleurs, l'autorité ne laissera pas de trouver sa place, si la confiance et la persuasion ne sont pas assez fortes; mais il faut toujours commencer par une conduite ouverte, gaie, et familière sans bassesse, qui vous donne moyen de voir agir les enfants dans leur état naturel, et de les connoître à fond. Enfin, quand même vous les réduiriez par l'autorité à observer toutes vos règles, vous n'iriez pas à votre but ; tout se tourneroit en formalités gênantes, et peut-être en hypocrisie, vous les dégoûteriez du bien, dont vous devez chercher uniquement de leur inspirer l'amour.

Si le Sage a toujours recommandé aux parents de tenir la verge assidument levée sur les enfants, s'il a dit qu'un père qui se joue avec son fils pleurera dans la suite, ce n'est pas qu'il ait blâmé une éducation douce et patiente; il condamne seulement ces parents foibles et inconsidérés qui flattent les passions de leurs enfants, et qui ne cherchent qu'à s'en divertir pendant leur enfance, jusqu'à leur souffrir toutes sortes d'excès.

Ce qu'il en faut conclure est que les parents doivent toujours conserver de l'autorité pour la correction, car il y a des naturels qu'il faut dompter par la crainte; mais, encore une fois, il ne faut le faire que quand on ne sauroit faire autrement.

Un enfant qui n'agit encore que par imagination, et qui confond dans sa tête les choses qui se présentent à lui liées ensemble, hait l'étude et la vertu, parce qu'il est prévenu d'aversion pour la personne qui lui en parle.

Voilà d'où vient cette idée si sombre et si affreuse de la piété, qu'il retient toute sa vie; c'est souvent tout ce qui lui reste d'une éducation sévère. Souvent il faut tolérer des choses qui auroient besoin d'être corrigées, et attendre le moment où l'esprit de l'enfant sera disposé à profiter de la correction. Ne le reprenez jamais, ni dans son premier mouvement, ni dans le vôtre. Si vous le faites dans le vôtre, il s'aperçoit que vous agissez par humeur et par promptitude, et non par raison et par amitié; vous perdez sans ressource votre autorité. Si vous le reprenez dans son premier mouvement, il n'a pas l'esprit assez libre pour avouer sa faute, pour vaincre sa passion, et pour sentir l'importance de vos avis ; c'est même exposer l'enfant à perdre le respect qu'il vous doit. Montrez-lui toujours que vous vous possédez : rien ne le lui fera mieux voir que votre patience. Observez tous les moments pendant plusieurs jours, s'il le faut, pour bien placer une correction. Ne dites point à l'enfant son défaut, sans ajouter quelque moyen de le surmonter, qui l'encourage à le faire; car il faut éviter le chagrin et le découragement que la correction inspire quand elle est sèche. Si on trouve un enfant un peu raisonnable, je crois qu'il faut l'engager insensiblement à demander qu'on lui dise ses défauts; c'est le moyen de les lui dire sans l'affliger : ne lui en dites même jamais plusieurs à la fois.

Il faut considérer que les enfants ont la tête foible, que leur âge ne les rend encore sensibles qu'au plaisir, et qu'on leur demande souvent une exactitude et un sérieux dont ceux qui l'exigent seroient incapables. On fait même une dangereuse impression d'ennui et de tristesse sur leur tempérament, en leur parlant toujours des mots et des choses qu'ils n'entendent point : nulle liberté, nul enjouement; toujours leçons, silence, posture gênée, correction et menaces.

Les anciens l'entendoient bien mieux : c'est par le plaisir des vers et de la musique que les principales sciences, les maximes des vertus, et la politesse des mœurs, s'introduisirent chez les Hébreux, chez les Égyptiens et chez les Grecs. Les gens sans lecture ont peine à le croire; tant cela est éloigné de nos coutumes. Cependant, si peu qu'on connoisse l'histoire, il n'y a pas moyen de douter que ce n'ait été la pratique vulgaire de plusieurs siècles. Du moins retranchons-nous, dans le nôtre, à joindre l'agréable à l'utile autant que nous le pouvons.

Mais, quoiqu'on ne puisse guère espérer de se passer toujours d'employer la crainte pour le commun des enfants, dont le naturel est dur et indocile, il ne faut pourtant y avoir recours qu'après avoir éprouvé patiemment tous les autres remèdes. Il faut même toujours faire entendre distinctement aux enfants à quoi se réduit tout ce qu'on leur demande, et moyennant quoi on sera content d'eux; car il faut que la joie et la confiance soient leur disposition ordinaire : autrement on obscurcit leur esprit, on abat leur courage; s'ils sont vifs, on les irrite; s'ils sont mous, on les rend stupides. La crainte est comme les remèdes violents qu'on emploie dans les maladies extrêmes; ils purgent, mais ils altèrent le tempérament, et usent les organes : une ame menée par la crainte en est toujours plus foible.

Au reste, quoiqu'il ne faille pas toujours menacer sans châtier, de peur de rendre les menaces méprisables, il faut pourtant châtier encore moins qu'on ne menace. Pour les châtiments, la peine doit être aussi légère qu'il est possible, mais accompagnée de toutes les circonstances qui peuvent piquer l'enfant de honte et de remords : par exemple, montrez-lui tout ce que vous avez fait pour éviter cette extrémité; paroissez-lui en affligé; parlez devant lui, avec d'autres personnes, du malheur de ceux qui manquent de raison et d'honneur jusqu'à se faire châtier; retranchez les marques d'amitié ordinaires, jusqu'à ce que vous voyiez qu'il ait besoin de consolation ; rendez ce châtiment public ou secret, selon que vous jugerez qu'il sera plus utile à l'enfant, ou de lui causer une grande honte, ou de lui montrer qu'on la lui épargne ; réservez cette honte publique pour servir de dernier remède ; servez-vous quelquefois d'une personne raisonnable qui console l'enfant, qui lui dise ce que vous ne devez pas alors lui dire vous-même, qui le guérisse de la mauvaise honte, qui le dispose à revenir à vous, et auquel l'enfant, dans son émotion, puisse ouvrir son cœur plus librement qu'il n'oseroit le faire devant vous. Mais surtout qu'il ne paroisse jamais que vous demandiez de l'enfant que les soumissions nécessaires; tâchez de faire en sorte qu'il s'y condamne lui-même, qu'il s'exécute de bonne grace, et qu'il ne vous reste qu'à adoucir la peine qu'il aura acceptée. Chacun doit employer les règles générales selon les besoins particuliers : les hommes, et surtout les enfants, ne se ressemblent pas toujours à eux-mêmes; ce qui est bon aujourd'hui est dangereux demain; une conduite toujours uniforme ne peut être utile.

Le moins qu'on peut faire de leçons en forme, c'est le meilleur. On peut insinuer une infinité d'instructions plus utiles que les leçons mêmes, dans des conversations gaies. J'ai vu divers enfants qui ont appris à lire en se jouant : on n'a qu'à leur raconter des choses divertissantes qu'on tire d'un livre en leur présence, et leur faire connoitre insensiblement les lettres; après cela, ils souhaitent d'eux-mêmes de pouvoir aller à la source de ce qui leur a donné du plaisir.

Les deux choses qui gâtent tout, c'est qu'on leur fait apprendre à lire d'abord en latin, ce qui leur ôte tout le plaisir de la lecture; et qu'on veut les accoutumer à lire avec une emphase forcée et ridicule. Il faut leur donner un livre bien relié, doré même sur la tranche, avec de belles images et des caractères bien formés. Tout ce qui réjouit l'imagination facilite l'étude : il faut tâcher de choisir un livre plein d'histoires courtes et merveilleuses. Cela fait, ne soyez pas en peine que l'enfant n'apprenne à lire : ne le fatiguez pas même pour le faire lire exactement, laissez-le prononcer naturellement comme il parle ; les autres tons sont toujours mauvais, et sentent la déclamation du collège : quand sa langue sera dénouée, sa poitrine plus forte, et l'habitude de lire plus grande, il lira sans peine, avec plus de grace, et plus distinctement.

La manière d'enseigner à écrire doit être à peu près de même. Quand les enfants savent déja un peu lire, on peut leur faire un divertissement de former des lettres; et s'ils sont plusieurs ensemble, il faut y mettre de l'émulation. Les enfants se portent d'eux-mêmes à faire des figures sur le papier : si peu qu'on aide cette inclination sans la gêner trop, ils formeront les lettres en se jouant, et s'accoutumeront peu à peu à écrire. On peut même les y exciter en leur promettant quelque récompense qui soit de leur goût, et qui n'ait point de conséquence dangereuse.

Écrivez-moi un billet, dira-t-on; mandez telle chose à votre frère ou à votre cousin : tout cela fait plaisir à l'enfant, pourvu qu'aucune image triste de leçon réglée ne le trouble. Une libre curiosité, dit saint Augustin, sur sa propre expérience, excite bien plus l'esprit des enfants qu'une règle et une nécessité imposée par la crainte.

Remarquez un grand défaut des éducations ordinaires : on met tout le plaisir d'un côté, et tout l'ennui de l'autre; tout l'ennui dans l'étude, tout le plaisir dans les divertissements. Que peut faire un enfant, sinon supporter impatiemment cette règle, et courir ardemment après les jeux ?

Tâchons donc de changer cet ordre : rendons l'étude agréable, cachons-la sous l'apparence de la liberté et du plaisir; souffrons que les enfants interrompent quelquefois l'étude par de petites saillies de divertissement ; ils ont besoin de ces distractions pour délasser leur esprit.

Laissons leur vue se promener un peu; permettons-leur même de temps en temps quelque digression ou quelque jeu, afin que leur esprit se mette au large ; puis ramenons-les doucement au but. Une régularité trop exacte, pour exiger d'eux des études sans interruption, leur nuit beaucoup : souvent ceux qui les gouvernent affectent cette régularité, parce qu'elle leur est plus commode qu'une sujétion continuelle à profiter de tous les moments. En même temps, ôtons aux divertissements des enfants tout ce qui peut les passionner trop : mais tout ce qui peut délasser l'esprit, lui offrir une variété agréable, satisfaire sa curiosité pour les choses utiles, exercer le corps aux arts convenables, tout cela doit être employé dans les divertissements des enfants. Ceux qu'ils aiment le mieux sont ceux où le corps est en mouvement ; ils sont contents, pourvu qu'ils changent souvent de place ; un volant ou une boule suffit. Ainsi il ne faut pas être en peine de leurs plaisirs, ils en inventent assez eux-mêmes; il suffit de les laisser faire, de les observer avec un visage gai, et de les modérer dès qu'ils s'échauffent trop. Il est bon seulement de leur faire sentir, autant qu'il est possible, les plaisirs que l'esprit peut donner, comme la conversation, les nouvelles, les histoires, et plusieurs jeux d'industrie qui renferment quelque instruction. Tout cela aura son usage en son temps : mais il ne faut pas forcer le goût des enfants là-dessus, on ne doit que leur offrir des ouvertures ; un jour leur corps sera moins disposé à se remuer, et leur esprit agira davantage.

Le soin qu'on prendra cependant à assaisonner de plaisir les occupations sérieuses servira beaucoup à ralentir l'ardeur de la jeunesse pour les divertissements dangereux. C'est la sujétion et l'ennui qui donnent tant d'impatience de se divertir. Si une fille s'ennuyoit moins à être auprès de sa mère, elle n'auroit pas tant d'envie de lui échapper pour aller chercher des compagnies moins bonnes.

Dans le choix des divertissements, il faut éviter toutes les sociétés suspectes. Point de garçons avec les filles, ni même des filles dont l'esprit ne soit réglé et sûr. Les jeux qui dissipent et qui passionnent trop, ou qui accoutument à une agitation de corps immodeste pour une fille, les fréquentes sorties de la maison, et les conversations qui peuvent donner l'envie d'en sortir souvent, doivent être évités. Quand on ne s'est encore gâté par aucun grand divertissement, et qu'on n'a fait naître en soi aucune passion ardente, on trouve aisément la joie; la santé et l'innocence en sont les vraies sources: mais les gens qui ont eu le malheur de s'accoutumer aux plaisirs violents perdent le goût des plaisirs modérés, et s'ennuient toujours dans une recherche inquiète de la joie.

On se gâte le goût pour les divertissements comme pour les viandes; on s'accoutume tellement aux choses de haut goût, que les viandes communes et simplement assaisonnées deviennent fades et insipides. Craignons donc ces grands ébranlements de l'ame qui préparent l'ennui et le dégoût; surtout ils sont plus à craindre pour les enfants, qui résistent moins à ce qu'ils sentent, et qui veulent être toujours émus: tenons-les dans le goût des choses simples; qu'il ne faille pas de grands apprêts de viandes pour les nourrir, ni de grands divertissements pour les réjouir. La sobriété donne toujours assez d'appétit, sans avoir besoin de le réveiller par des ragoûts qui portent à l'intempérance. La tempérance, disoit un ancien, est la meilleure ouvrière de la volupté: avec cette tempérance, qui fait la santé du corps et de l'ame, on est toujours dans une joie douce et modérée: on n'a besoin ni de machines, ni de spectacles, ni de dépense pour se réjouir; un petit jeu qu'on invente, une lecture, un travail qu'on entreprend, une promenade, une conversation innocente qui délasse après le travail, font sentir une joie plus pure que la musique la plus charmante.

Les plaisirs simples sont moins vifs et moins sensibles, il est vrai: les autres enlèvent l'ame en remuant les ressorts des passions. Mais les plaisirs simples sont d'un meilleur usage; ils donnent une joie égale et durable, sans aucune suite maligne: ils sont toujours bienfaisants; au lieu que les autres plaisirs sont comme les vins frelatés, qui plaisent d'abord plus que les naturels, mais qui altèrent, et qui nuisent à la santé. Le tempérament de l'ame se gâte, aussi bien que le goût, par la recherche de ces plaisirs vifs et piquants. Tout ce qu'on peut faire pour les enfants qu'on gouverne, c'est de les accoutumer à cette vie simple, d'en fortifier en eux l'habitude le plus long-temps qu'on peut, de les prévenir de la crainte des inconvénients attachés aux autres plaisirs, et de ne les point abandonner à eux-mêmes, comme on fait d'ordinaire, dans l'âge où les passions commencent à se faire sentir, et où par conséquent ils ont plus besoin d'être retenus.

Il faut avouer que de toutes les peines de l'éducation, aucune n'est comparable à celle d'élever des enfants qui manquent de sensibilité. Les naturels vifs et sensibles sont capables de terribles égarements: les passions et la présomption les entraînent; mais aussi ils ont de grandes ressources, et reviennent souvent de loin; l'instruction est en eux un germe caché, qui pousse et qui fructifie quelquefois, quand l'expérience vient au secours de la raison, et que les passions s'attiédissent: au moins on sait par où on peut les rendre attentifs, et réveiller leur curiosité; on a en eux de quoi les intéresser à ce qu'on leur enseigne, et les piquer d'honneur; au lieu qu'on n'a aucune prise sur les naturels indolents. Toutes les pensées de ceux-ci sont des distractions; ils ne sont jamais où ils doivent être; on ne peut même les toucher jusqu'au vif par les corrections; ils écoutent tout, et ne sentent rien. Cette indolence rend l'enfant négligent, et dégoûté de tout ce qu'il fait. C'est alors que la meilleure éducation court risque d'échouer, si on ne se hâte d'aller au-devant du mal dès la première enfance. Beaucoup de gens, qui n'approfondissent guère, concluent de ce mauvais succès que c'est la nature qui fait tout pour former des hommes de mérite, et que l'éducation n'y peut rien: au lieu qu'il faudroit seulement conclure qu'il y a des naturels semblables aux terres ingrates, sur qui la culture fait peu. C'est encore bien pis quand ces éducations si difficiles sont traversées, ou négligées, ou mal réglées dans leurs commencements.

Il faut encore observer qu'il y a des naturels d'enfants auxquels on se trompe beaucoup. Ils paroissent d'abord jolis, parce que les premières graces de l'enfance ont un lustre qui couvre tout; on y voit je ne sais quoi de tendre et d'aimable, qui empêche d'examiner de près le détail des traits du visage. Tout ce qu'on trouve d'esprit en eux surprend, parce qu'on n'en attend point de cet âge; toutes les fautes de jugement leur sont permises, et ont la grace de l'ingénuité; on prend une certaine vivacité du corps, qui ne manque jamais de paroître dans les enfants, pour celle de l'esprit. De là vient que l'enfance semble promettre tant, et qu'elle donne si peu. Tel a été célèbre par son esprit à l'âge de cinq ans, qui est tombé dans l'obscurité et dans le mépris à mesure qu'on l'a vu croître. De toutes les qualités qu'on voit dans les enfants, il n'y en a qu'une sur laquelle on puisse compter, c'est le bon raisonnement; il croît toujours avec eux, pourvu qu'il soit bien cultivé : les graces de l'enfance s'effacent; la vivacité s'éteint; la tendresse de cœur se perd même souvent, parce que les passions et le commerce des hommes politiques endurcissent insensiblement les jeunes gens qui entrent dans le monde. Tâchez donc de découvrir, au travers des graces de l'enfance, si le naturel que vous avez à gouverner manque de curiosité, et s'il est peu sensible à une honnête émulation. En ce cas, il est difficile que toutes les personnes chargées de son éducation ne se rebutent bientôt dans un travail si ingrat et si épineux. Il faut donc remuer promptement tous les ressorts de l'ame de l'enfant, pour le tirer de cet assoupissement. Si vous prévoyez cet inconvénient, ne pressez pas d'abord les instructions suivies; gardez-vous bien de charger sa mémoire, car c'est ce qui étonne et qui appesantit le cerveau; ne fatiguez point par des règles gênantes : égayez-le; puisqu'il tombe dans l'extrémité contraire à la présomption, ne craignez point de lui montrer avec discrétion de quoi il est capable; contentez-vous de peu; faites-lui remarquer ses moindres succès; représentez-lui combien mal à propos il a craint de ne pouvoir réussir dans des choses qu'il fait bien; mettez en œuvre l'émulation. La jalousie est plus violente dans les enfants qu'on ne sauroit se l'imaginer; on en voit quelquefois qui sèchent et qui dépérissent d'une langueur secrète, parce que d'autres sont plus aimés et plus caressés qu'eux. C'est une cruauté trop ordinaire aux mères, que de leur faire souffrir ce tourment; mais il faut savoir employer ce remède dans les besoins pressants contre l'indolence : mettez devant l'enfant que vous élevez d'autres enfants qui ne fassent guère mieux que lui; des exemples disproportionnés à sa foiblesse achèveroient de le décourager.

Donnez-lui de temps en temps de petites victoires sur ceux dont il est jaloux; engagez-le, si vous le pouvez, à rire librement avec vous de sa timidité; faites-lui voir des gens timides comme lui, qui surmontent enfin leur tempérament; apprenez-lui par des instructions indirectes, à l'occasion d'autrui, que la timidité et la paresse étouffent l'esprit; que les gens mous et inappliqués, quelque génie qu'ils aient, se rendent imbéciles, et se dégradent eux-mêmes. Mais gardez-vous bien de lui donner ces instructions d'un ton austère et impatient; car rien ne renfonce tant au-dedans de lui-même un enfant mou et timide, que la rudesse. Au contraire, redoublez vos soins pour assaisonner de facilités et de plaisirs proportionnés à son naturel le travail que vous ne pouvez lui épargner; peut-être faudra-t-il même de temps en temps le piquer par le mépris et par les reproches. Vous ne devez pas le faire vous-même; il faut qu'une personne inférieure, comme un autre enfant, le fasse, sans que vous paroissiez le savoir.

Saint Augustin raconte [1] qu'un reproche fait à sainte Monique sa mère, dans son enfance, par une servante, la toucha jusqu'à la corriger d'une mauvaise habitude de boire du vin pur, dont la véhémence et la sévérité de sa gouvernante n'avoit pu la préserver. Enfin il faut tâcher de donner du goût à l'esprit de ces sortes d'enfants, comme on tâche d'en donner au corps de certains malades. On leur laisse chercher ce qui peut guérir leur dégoût; on leur souffre quelques fantaisies aux dépens mêmes des règles, pourvu qu'elles n'aillent pas à des excès dangereux. Il est bien plus difficile de donner du goût à ceux qui n'en ont pas, que de former le goût de ceux qui ne l'ont pas encore tel qu'il doit être.

Il y a une autre espèce de sensibilité encore plus difficile et plus importante à donner : c'est celle de l'amitié. Dès qu'un enfant en est capable, il n'est plus question que de tourner son cœur vers les personnes qui lui soient utiles. L'amitié le mènera presque à toutes les choses qu'on voudra de lui; on a un lien assuré pour l'attirer au bien, pourvu qu'on sache s'en servir : il ne reste plus à craindre que l'excès ou le mauvais choix dans ses affections. Mais il y a d'autres enfants qui naissent politiques, cachés, indifférents, pour rapporter secrètement tout à eux-mêmes : ils trompent leurs parents, que la tendresse rend crédules; ils font semblant de les aimer; ils étudient leurs inclinations pour s'y conformer; ils paroissent plus dociles que les autres enfants du même âge, qui agissent sans déguisement selon leur humeur; leur souplesse, qui cache une volonté âpre, paroît une véritable douceur; et leur naturel dissimulé ne se déploie tout entier que quand il n'est plus temps de le redresser.

[1] *Confess.*, lib. IX, cap. VIII, n. 18, tom. I, pag. 164.

S'il y a quelque naturel d'enfant sur lequel l'éducation ne puisse rien, on peut dire que c'est celui-là; et cependant il faut avouer que le nombre en est plus grand qu'on ne s'imagine. Les parents ne peuvent se résoudre à croire que leurs enfants aient le cœur mal fait : quand ils ne veulent pas le voir d'eux-mêmes, personne n'ose entreprendre de les en convaincre, et le mal augmente toujours. Le principal remède seroit de mettre les enfants, dès le premier âge, dans une grande liberté de découvrir leurs inclinations. Il faut toujours les connoître à fond, avant que de les corriger. Ils sont naturellement simples et ouverts; mais si peu qu'on les gêne, ou qu'on leur donne quelque exemple de déguisement, ils ne reviennent plus à cette première simplicité. Il est vrai que Dieu seul donne la tendresse et la bonté de cœur : on peut seulement tâcher de l'exciter par des exemples généreux, par des maximes d'honneur et de désintéressement, par le mépris des gens qui s'aiment trop eux-mêmes. Il faut essayer de faire goûter de bonne heure aux enfants, avant qu'ils aient perdu cette première simplicité des mouvements les plus naturels, le plaisir d'une amitié cordiale et réciproque. Rien n'y servira tant, que de mettre d'abord auprès d'eux des gens qui ne leur montrent jamais rien de dur, de faux, de bas et d'intéressé. Il vaudroit mieux souffrir auprès d'eux des gens qui auroient d'autres défauts, et qui fussent exempts de ceux-là. Il faut encore louer les enfants de tout ce que l'amitié leur fait faire, pourvu qu'elle ne soit point trop déplacée ou trop ardente. Il faut encore que les parents leur paroissent pleins d'une amitié sincère pour eux : car les enfants apprennent souvent de leurs parents mêmes à n'aimer rien. Enfin je voudrois retrancher devant eux à l'égard des amis tous les compliments superflus, toutes les démonstrations feintes d'amitié, et toutes les fausses caresses, par lesquelles on leur enseigne à payer de vaines apparences les personnes qu'ils doivent aimer.

Il y a un défaut opposé à celui que nous venons de représenter, qui est bien plus ordinaire dans les filles; c'est celui de se passionner sur les choses même les plus indifférentes. Elles ne sauroient voir deux personnes qui sont mal ensemble, sans prendre parti dans leur cœur pour l'une contre l'autre; elles sont toutes pleines d'affections ou d'aversions sans fondement; elles n'aperçoivent aucun défaut dans ce qu'elles estiment, et aucune bonne qualité dans ce qu'elles méprisent. Il ne faut pas d'abord s'y opposer, car la contradiction fortifieroit ces fantaisies : mais il faut peu à peu faire remarquer à une jeune personne, qu'on connoît mieux qu'elle tout ce qu'il y a de bon dans ce qu'elle aime, et tout ce qu'il y a de mauvais dans ce qui la choque. Prenez soin, en même temps, de lui faire sentir dans les occasions l'incommodité des défauts qui se trouvent dans ce qui la charme, et la commodité des qualités avantageuses qui se rencontrent dans ce qui lui déplaît : ne la pressez pas, vous verrez qu'elle reviendra d'elle-même. Après cela, faites-lui remarquer ses entêtements passés avec leurs circonstances les plus déraisonnables : dites-lui doucement qu'elle verra de même ceux dont elle n'est pas encore guérie, quand ils seront finis. Racontez-lui les erreurs semblables où vous avez été à son âge. Surtout montrez-lui, le plus sensiblement que vous pourrez, le grand mélange de bien et de mal qu'on trouve dans tout ce qu'on peut aimer et haïr, pour ralentir l'ardeur de ses amitiés et de ses aversions.

Ne promettez jamais aux enfants, pour récompenses, des ajustements ou des friandises : c'est faire deux maux; le premier, de leur inspirer l'estime de ce qu'ils doivent mépriser; et le second, de vous ôter le moyen d'établir d'autres récompenses qui faciliteroient votre travail. Gardez-vous bien de les menacer de les faire étudier, ou de les assujettir à quelque règle. Il faut faire le moins de règles qu'on peut; et lorsqu'on ne peut éviter d'en faire quelqu'une, il faut la faire passer doucement, sans lui donner ce nom, et montrant toujours quelque raison de commodité, pour faire une chose dans un temps et dans un lieu plutôt que dans un autre.

On courroit risque de décourager les enfants, si on ne les louoit jamais lorsqu'ils font bien. Quoique les louanges soient à craindre à cause de la vanité, il faut tâcher de s'en servir pour animer les enfants sans les enivrer. Nous voyons que saint Paul les emploie souvent pour encourager les foibles, et pour faire passer plus doucement la correction. Les Pères en ont fait le même usage. Il est vrai que, pour les rendre utiles, il faut les assaisonner de manière qu'on en ôte l'exagération, la flatterie, et qu'en même temps on rapporte tout le bien à Dieu, comme à sa source. On peut aussi récompenser les enfants par des jeux innocents et mêlés de quelque industrie, par des promenades où la conversation ne soit pas sans fruit, par de petits présents qui seront des espèces de prix, comme des tableaux ou des estampes, ou des médailles, ou des cartes de géographie, ou des livres dorés.

CHAPITRE VI.

De l'usage des histoires pour les enfants.

Les enfants aiment avec passion les contes ridicules ; on les voit tous les jours transportés de joie, ou versant des larmes, au récit des aventures qu'on leur raconte. Ne manquez pas de profiter de ce penchant. Quand vous les voyez disposés à vous entendre, racontez-leur quelque fable courte et jolie : mais choisissez quelques fables d'animaux qui soient ingénieuses et innocentes : donnez-les pour ce qu'elles sont ; montrez-en le but sérieux. Pour les fables païennes, une fille sera heureuse de les ignorer toute sa vie, à cause qu'elles sont impures et pleines d'absurdités impies. Si vous ne pouvez les faire ignorer toutes à l'enfant, inspirez-en l'horreur. Quand vous aurez raconté une fable, attendez que l'enfant vous demande d'en dire d'autres ; ainsi laissez-le toujours dans une espèce de faim d'en apprendre davantage. Ensuite, la curiosité étant excitée, racontez certaines histoires choisies, mais en peu de mots ; liez-les ensemble, et remettez d'un jour à l'autre à dire la suite, pour tenir les enfants en suspens, et leur donner de l'impatience de voir la fin. Animez vos récits de tons vifs et familiers ; faites parler tous vos personnages : les enfants, qui ont l'imagination vive, croiront les voir et les entendre. Par exemple, racontez l'histoire de Joseph : faites parler ses frères comme des brutaux, Jacob comme un père tendre et affligé ; que Joseph parle lui-même ; qu'il prenne plaisir, étant maître en Égypte, à se cacher à ses frères, à leur faire peur, et puis à se découvrir. Cette représentation naïve, jointe au merveilleux de cette histoire, charmera un enfant, pourvu qu'on ne le charge pas trop de semblables récits, qu'on les lui laisse desirer, qu'on les lui promette même pour récompense quand il sera sage, qu'on ne leur donne point l'air d'étude, qu'on n'oblige point l'enfant de les répéter : ces répétitions, à moins qu'ils ne s'y portent d'eux-mêmes, gênent les enfants, et leur ôtent tout l'agrément de ces sortes d'histoires.

Il faut néanmoins observer que si l'enfant a quelque facilité de parler, il se portera de lui-même à raconter aux personnes qu'il aime les histoires qui lui auront donné plus de plaisir ; mais ne lui en faites point une règle. Vous pouvez vous servir de quelque personne qui sera libre avec l'enfant, et qui paroîtra desirer apprendre de lui son histoire : l'enfant sera ravi de la lui raconter. Ne faites pas semblant de l'entendre, laissez-le dire sans le reprendre de ses fautes. Lorsqu'il sera plus accoutumé à raconter, vous pourrez lui faire remarquer doucement la meilleure manière de faire une narration, qui est de la rendre courte, simple et naïve, par le choix des circonstances qui représentent mieux le naturel de chaque chose. Si vous avez plusieurs enfants, accoutumez-les peu à peu à représenter les personnages des histoires qu'ils ont apprises ; l'un sera Abraham et l'autre Isaac : ces représentations les charmeront plus que d'autres jeux, les accoutumeront à penser et à dire des choses sérieuses avec plaisir, et rendront ces histoires ineffaçables dans leur mémoire.

Il faut tâcher de leur donner plus de goût pour les histoires saintes que pour les autres, non en leur disant qu'elles sont plus belles, ce qu'ils ne croiroient peut-être pas, mais en le leur faisant sentir sans le dire. Faites-leur remarquer combien elles sont importantes, singulières, merveilleuses, pleines de peintures naturelles et d'une noble vivacité. Celles de la création, de la chute d'Adam, du déluge, de la vocation d'Abraham, du sacrifice d'Isaac, des aventures de Joseph que nous avons touchées, de la naissance et de la fuite de Moïse, ne sont pas seulement propres à réveiller la curiosité des enfants ; mais, en leur découvrant l'origine de la religion, elles en posent les fondements dans leur esprit. Il faut ignorer profondément l'essentiel de la religion, pour ne pas voir qu'elle est tout historique : c'est par un tissu de faits merveilleux que nous trouvons son établissement, sa perpétuité, et tout ce qui doit nous la faire pratiquer et croire. Il ne faut pas s'imaginer qu'on veuille engager les gens à s'enfoncer dans la science, quand on leur propose toutes ces histoires ; elles sont courtes, variées, propres à plaire aux gens les plus grossiers. Dieu, qui connoît mieux que personne l'esprit de l'homme qu'il a formé, a mis la religion dans des faits populaires, qui, bien loin de surcharger les simples, leur aident à concevoir et à retenir les mystères. Par exemple, dites à un enfant qu'en Dieu trois personnes égales ne sont qu'une seule nature : à force d'entendre et de répéter ces termes, il les retiendra dans sa mémoire, mais je doute qu'il en conçoive le sens. Racontez-lui que Jésus-Christ sortant des eaux du Jourdain, le Père fit entendre cette voix du ciel : C'est mon fils bien aimé en qui j'ai mis ma complaisance, écoutez-le ; ajoutez que le Saint-Esprit descendit sur le Sauveur en forme de colombe : vous lui faites sensiblement trouver la Trinité dans une histoire qu'il n'oubliera point. Voilà trois personnes qu'il distinguera toujours par la différence de leurs actions : vous n'aurez plus qu'à lui apprendre que toutes ensemble elles ne font qu'un seul Dieu. Cet exemple suffit pour montrer l'utilité des histoires : quoiqu'elles semblent alonger l'instruction, elles l'abrègent beaucoup, et lui ôtent la sécheresse des catéchismes, où les mystères sont détachés des faits ; aussi voyons-nous qu'anciennement on instruisoit par les histoires. La manière admirable dont saint Augustin veut qu'on instruise tous les ignorants n'étoit point une méthode que ce Père eût seul introduite, c'étoit la méthode et la pratique universelle de l'Église. Elle consistoit à montrer, par la suite de l'histoire, la religion aussi ancienne que le monde, Jésus-Christ attendu dans l'ancien Testament, et Jésus-Christ régnant dans le nouveau : c'est le fond de l'instruction chrétienne.

Cela demande un peu plus de temps et de soin que l'instruction à laquelle beaucoup de gens se bornent : mais aussi on sait véritablement la religion, quand on sait ce détail ; au lieu que, quand on l'ignore, on n'a que des idées confuses sur Jésus-Christ, sur l'Évangile, sur l'Église, sur la nécessité de se soumettre absolument à ses décisions, et sur le fond des vertus que le nom chrétien doit nous inspirer. Le *Catéchisme historique*, imprimé depuis peu de temps, qui est un livre simple, court, et bien plus clair que les catéchismes ordinaires, renferme tout ce qu'il faut savoir là-dessus ; ainsi on ne peut pas dire qu'on demande beaucoup d'étude. Ce dessein est même celui du concile de Trente ; avec cette circonstance, que le *Catéchisme du concile* est un peu trop mêlé de termes théologiques pour les personnes simples.

Joignons donc aux histoires que j'ai remarquées le passage de la mer Rouge, et le séjour du peuple au désert, où il mangeoit un pain qui tomboit du ciel, et buvoit une eau que Moïse faisoit couler d'un rocher en le frappant avec sa verge. Représentez la conquête miraculeuse de la Terre promise, où les eaux du Jourdain remontent vers leur source, et les murailles d'une ville tombent d'elles-mêmes à la vue des assiégeants. Peignez au naturel les combats de Saül et de David ; montrez celui-ci dès sa jeunesse, sans armes et avec son habit de berger, vainqueur du fier géant Goliath. N'oubliez pas la gloire et la sagesse de Salomon ; faites-le décider entre les deux femmes qui se disputent un enfant : mais montrez-le tombant du haut de cette sagesse, et se déshonorant par la mollesse, suite presque inévitable d'une trop grande prospérité.

Faites parler les prophètes aux rois de la part de Dieu ; qu'ils lisent dans l'avenir comme dans un livre ; qu'ils paroissent humbles, austères, et souffrant de continuelles persécutions pour avoir dit la vérité. Mettez en sa place la première ruine de Jérusalem : faites voir le temple brûlé, et la ville sainte ruinée pour les péchés du peuple. Racontez la captivité de Babylone, où les Juifs pleuroient leur chère Sion. Avant leur retour, montrez en passant les aventures délicieuses de Tobie et de Judith, d'Esther et de Daniel. Il ne seroit pas même inutile de faire déclarer les enfants sur les différents caractères de ces saints, pour savoir ceux qu'ils goûtent le plus. L'un préféreroit Esther, l'autre Judith ; et cela exciteroit entre eux une petite contention, qui imprimeroit plus fortement dans leurs esprits ces histoires, et formeroit leur jugement. Puis ramenez le peuple à Jérusalem, et faites-lui réparer ses ruines ; faites une peinture riante de sa paix et de son bonheur. Bientôt après, faites un portrait du cruel et impie Antiochus, qui meurt dans une fausse pénitence : montrez sous ce persécuteur les victoires des Machabées, et le martyre des sept frères du même nom. Venez à la naissance miraculeuse de saint Jean. Racontez plus en détail celle de Jésus-Christ ; après quoi il faut choisir dans l'Évangile tous les endroits les plus éclatants de sa vie, sa prédication dans le temple à l'âge de douze ans, son baptême, sa retraite au désert, et sa tentation ; la vocation de ses apôtres ; la multiplication des pains ; la conversion de la pécheresse qui oignit les pieds du Sauveur d'un parfum, les lava de ses larmes, et les essuya avec ses cheveux. Représentez encore la Samaritaine instruite, l'aveugle-né guéri, Lazare ressuscité, Jésus-Christ qui entre triomphant à Jérusalem : faites voir sa passion ; peignez-le sortant du tombeau. Ensuite il faut marquer la familiarité avec laquelle il fut quarante jours avec ses disciples, jusqu'à ce qu'ils le virent monter au ciel ; la descente du Saint-Esprit, la lapidation de saint Étienne, la conversion de saint Paul, la vocation du centenier Corneille. Les voyages des apôtres, et particulièrement de saint Paul, sont encore très agréables. Choisissez les plus merveilleuses des histoires des martyrs, et quelque chose en gros de la vie céleste des premiers chrétiens : mêlez-y le courage des jeunes vierges, les plus étonnantes austérités des solitaires, la conversion des empereurs et de l'empire, l'aveuglement des Juifs, et leur punition terrible qui dure encore.

Toutes ces histoires, ménagées discrètement, feroient entrer avec plaisir dans l'imagination des enfants, vive et tendre, toute une suite de religion, depuis la création du monde jusqu'à nous, qui leur en donneroit de très nobles idées, et qui ne s'effaceroit jamais. Ils verroient même, dans cette histoire, la main de Dieu toujours levée pour délivrer les justes et pour confondre les impies. Ils s'accoutumeroient à voir Dieu faisant tout en toutes choses, et menant secrètement à ses desseins les créatures qui paroissent le plus s'en éloigner. Mais il faudroit recueillir dans ces histoires tout ce qui donne les images les plus riantes et les plus magnifiques, parce qu'il faut employer tout pour faire en sorte que les enfants trouvent la religion belle, aimable et auguste, au lieu qu'ils se la représentent d'ordinaire comme quelque chose de triste et de languissant.

Outre l'avantage inestimable d'enseigner ainsi la religion aux enfants, ce fonds d'histoires agréables, qu'on jette de bonne heure dans leur mémoire, éveille leur curiosité pour les choses sérieuses, les rend sensibles aux plaisirs de l'esprit, fait qu'ils s'intéressent à ce qu'ils entendent dire des autres histoires qui ont quelque liaison avec celles qu'ils savent déja. Mais, encore une fois, il faut bien se garder de leur faire jamais une loi d'écouter ni de retenir ces histoires, encore moins d'en faire des leçons réglées ; il faut que le plaisir fasse tout. Ne les pressez pas, vous en viendrez à bout, même pour les esprits communs ; il n'y a qu'à ne les point trop charger, et laisser venir leur curiosité peu à peu. Mais, direz-vous, comment leur raconter ces histoires d'une manière vive, courte, naturelle et agréable ? où sont les gouvernantes qui le savent faire ? A cela je réponds que je ne le propose qu'afin qu'on tâche de choisir des personnes de bon esprit pour gouverner les enfants, et qu'on leur inspire autant qu'on pourra cette méthode d'enseigner : chaque gouvernante en prendra selon la mesure de son talent. Mais enfin, si peu qu'elles aient d'ouverture d'esprit, la chose ira moins mal quand on les formera à cette manière, qui est naturelle et simple.

Elles peuvent ajouter à leurs discours la vue des estampes ou des tableaux qui représentent agréablement les histoires saintes. Les estampes peuvent suffire, et il faut s'en servir pour l'usage ordinaire : mais quand on aura la commodité de montrer aux enfants de bons tableaux, il ne faut pas le négliger ; car la force des couleurs, avec la grandeur des figures au naturel, frapperont bien davantage leur imagination.

CHAPITRE VII.

Comment il faut faire entrer dans l'esprit des enfants les premiers principes de la religion.

Nous avons remarqué que le premier âge des enfants n'est pas propre à raisonner ; non qu'ils n'aient déja toutes les idées et tous les principes généraux de raison qu'ils auront dans la suite, mais parce que, faute de connoître beaucoup de faits, ils ne peuvent appliquer leur raison, et que d'ailleurs l'agitation de leur cerveau les empêche de suivre leurs pensées et de les lier.

Il faut pourtant, sans les presser, tourner doucement le premier usage de leur raison à connoître Dieu. Persuadez-les des vérités chrétiennes, sans leur donner des sujets de doute. Ils voient mourir quelqu'un ; ils savent qu'on l'enterre ; dites-leur : Ce mort est-il dans le tombeau ? *Oui.* Il n'est donc pas en paradis ? *Pardonnez-moi ; il y est.* Comment est-il dans le tombeau et dans le paradis en même temps ? *C'est son ame qui est en paradis ; c'est son corps qui est mis dans la terre.* Son ame n'est donc pas son corps ? *Non.* L'ame n'est donc pas morte ? *Non ; elle vivra toujours dans le ciel.* Ajoutez : Et vous, voulez-vous être sauvée ? *Oui.* Mais qu'est-ce que se sauver ? *C'est que l'ame va en paradis quand on est mort.* Et la mort, qu'est-ce ? *C'est que l'ame quitte le corps, et que le corps s'en va en poussière.*

Je ne prétends pas qu'on mène d'abord les enfants à répondre ainsi : je puis dire néanmoins que plusieurs m'ont fait ces réponses dès l'âge de quatre ans. Mais je suppose un esprit moins ouvert et plus reculé ; le pis aller, c'est de l'attendre quelques années de plus sans impatience.

Il faut montrer aux enfants une maison, et les accoutumer à comprendre que cette maison ne s'est pas bâtie d'elle-même. Les pierres, leur direz-vous, ne se sont pas élevées sans que personne les portât. Il est bon même de leur montrer des maçons qui bâtissent ; puis faites-leur regarder le ciel, la terre, et les principales choses que Dieu y a faites pour l'usage de l'homme ; dites-leur : Voyez combien le monde est plus beau et mieux fait qu'une maison. S'est-il fait de lui-même ? Non, sans doute ; c'est Dieu qui l'a bâti de ses propres mains.

D'abord, suivez la méthode de l'Écriture : frappez vivement leur imagination ; ne leur proposez rien qui ne soit revêtu d'images sensibles. Représentez Dieu assis sur un trône, avec des yeux plus brillants que les rayons du soleil, et plus perçants que les éclairs : faites-le parler ; donnez-lui des oreilles qui écoutent tout, des mains qui portent l'univers, des bras toujours levés pour punir les méchants, un cœur tendre et paternel pour rendre heureux ceux qui l'aiment. Viendra le temps que vous rendrez toutes ces connoissances plus exactes. Observez toutes les ouvertures que l'esprit de l'enfant vous donnera; tâtez-le par divers endroits, pour découvrir par où les grandes vérités peuvent mieux entrer dans sa tête. Surtout ne lui dites rien de nouveau sans le lui familiariser par quelque comparaison sensible.

Par exemple, demandez-lui s'il aimeroit mieux mourir que de renoncer à Jésus-Christ; il vous répondra : *Oui.* Ajoutez : Mais quoi ! donneriez-vous votre tête à couper pour aller en paradis? *Oui.* Jusque là l'enfant croit qu'il auroit assez de courage pour le faire. Mais vous, qui voulez lui faire sentir qu'on ne peut rien sans la grace, vous ne gagnerez rien, si vous lui dites simplement qu'on a besoin de grace pour être fidèle : il n'entend point tous ces mots-là; et si vous l'accoutumez à les dire sans les entendre, vous n'en êtes pas plus avancé. Que ferez-vous donc? Racontez-lui l'histoire de saint Pierre; représentez-le qui dit d'un ton présomptueux : S'il faut mourir, je vous suivrai; quand tous les autres vous quitteroient, je ne vous abandonnerai jamais. Puis dépeignez sa chute; il renie trois fois Jésus-Christ; une servante lui fait peur. Dites pourquoi Dieu permit qu'il fût si foible : puis servez-vous de la comparaison d'un enfant ou d'un malade qui ne sauroit marcher tout seul; et faites-lui entendre que nous avons besoin que Dieu nous porte, comme une nourrice porte son enfant : par-là vous rendrez sensible le mystère de la grace.

Mais la vérité la plus difficile à faire entendre est que nous avons une ame plus précieuse que notre corps. On accoutume d'abord les enfants à parler de leur ame; et on fait bien : car ce langage qu'ils n'entendent point ne laisse pas de les accoutumer à supposer confusément la distinction du corps et de l'ame, en attendant qu'ils puissent la concevoir. Autant que les préjugés de l'enfance sont pernicieux quand ils mènent à l'erreur, autant sont-ils utiles lorsqu'ils accoutument l'imagination à la vérité, en attendant que la raison puisse s'y tourner par principes. Mais enfin il faut établir une vraie persuasion. Comment le faire? Sera-ce en jetant une jeune fille dans des subtilités de philosophie? Rien n'est si mauvais. Il faut se borner à lui rendre clair et sensible, s'il se peut, ce qu'elle entend et ce qu'elle dit tous les jours.

Pour son corps, elle ne le connoît que trop; tout la porte à le flatter, à l'orner, et à s'en faire une idole : il est capital de lui en inspirer le mépris, en lui montrant quelque chose de meilleur en elle.

Dites donc à un enfant en qui la raison agit déjà : Est-ce votre ame qui mange? S'il répond mal, ne le grondez point; mais dites-lui doucement que l'ame ne mange pas. C'est le corps, direz-vous, qui mange; c'est le corps qui est semblable aux bêtes. Les bêtes ont-elles de l'esprit? sont-elles savantes? *Non,* répondra l'enfant. Mais elles mangent, continuerez-vous, quoiqu'elles n'aient point d'esprit. Vous voyez donc bien que ce n'est pas l'esprit qui mange, c'est le corps qui prend les viandes pour se nourrir; c'est lui qui marche, c'est lui qui dort. Et l'ame, que fait-elle? Elle raisonne; elle connoît tout le monde; elle aime certaines choses; il y en a d'autres qu'elle regarde avec aversion. Ajoutez, comme en vous jouant : Voyez-vous cette table? *Oui.* Vous la connoissez donc? *Oui.* Vous voyez bien qu'elle n'est pas faite comme cette chaise; vous savez bien qu'elle est de bois, et qu'elle n'est pas comme la cheminée, qui est de pierre? *Oui,* répondra l'enfant. N'allez pas plus loin, sans avoir reconnu, dans le ton de sa voix et dans ses yeux, que ces vérités si simples l'ont frappé. Puis dites-lui : Mais cette table vous connoît-elle? Vous verrez que l'enfant se mettra à rire, pour se moquer de cette question. N'importe, ajoutez : Qui vous aime mieux, de cette table ou de cette chaise? Il rira encore. Continuez : Et la fenêtre, est-elle bien sage? Puis essayez d'aller plus loin. Et cette poupée vous répond-elle quand vous lui parlez? *Non.* Pourquoi? est-ce qu'elle n'a point d'esprit? *Non, elle n'en a pas.* Elle n'est donc pas comme vous; car vous la connoissez, et elle ne vous connoît point. Mais après votre mort, quand vous serez sous terre, ne serez-vous pas comme cette poupée? *Oui.* Vous ne sentirez plus rien? *Non.* Vous ne connoîtrez plus personne? *Non.* Et votre ame sera dans le ciel? *Oui.* N'y verra-t-elle pas Dieu? *Il est vrai.* Et l'ame de la poupée, où est-elle à présent? Vous verrez que l'enfant souriant vous répondra, ou du moins vous fera entendre, que la poupée n'a point d'ame.

Sur ce fondement, et par ces petits tours sensibles employés à diverses reprises, vous pouvez l'accoutumer peu à peu à attribuer au corps ce qui lui appartient, et à l'ame ce qui vient d'elle, pourvu que vous n'alliez point indiscrètement lui proposer certaines actions qui sont communes au corps et à l'ame. Il faut éviter les subtilités qui pourroient embrouiller ces vérités, et il faut se contenter de bien démêler les choses où la différence du corps et de l'ame est plus sensiblement marquée. Peut-être même trouvera-t-on des esprits si grossiers, qu'avec une bonne éducation ils ne pourront entendre distinctement ces vérités; mais, outre qu'on conçoit quelquefois assez clairement une chose, quoiqu'on ne sache pas l'expliquer nettement, d'ailleurs Dieu voit mieux que nous dans l'esprit de l'homme ce qu'il y a mis pour l'intelligence de ses mystères.

Pour les enfants en qui on apercevra un esprit capable d'aller plus loin, on peut, sans les jeter dans une étude qui sente trop la philosophie, leur faire concevoir, selon la portée de leur esprit, ce qu'ils disent quand on leur fait dire que Dieu est un esprit, et que leur ame est un esprit aussi. Je crois que le meilleur et le plus simple moyen de leur faire concevoir cette spiritualité de Dieu et de l'ame est de leur faire remarquer la différence qui est entre un homme mort et un homme vivant: dans l'un, il n'y a que le corps; dans l'autre, le corps est joint à l'esprit. Ensuite, il faut leur montrer que ce qui raisonne est bien plus parfait que ce qui n'a qu'une figure et du mouvement. Faites ensuite remarquer, par divers exemples, qu'aucun corps ne périt; ils se séparent seulement: ainsi, les parties du bois brûlé tombent en cendre, ou s'envolent en fumée. Si donc, ajouterez-vous, ce qui n'est en soi-même que de la cendre, incapable de connoître et de penser, ne périt jamais; à plus forte raison notre ame, qui connoît et qui pense, ne cessera jamais d'être. Le corps peut mourir, c'est-à-dire qu'il peut quitter l'ame, et être de la cendre; mais l'ame vivra, car elle pensera toujours.

Les gens qui enseignent doivent développer le plus qu'ils peuvent dans l'esprit des enfants ces connoissances, qui sont les fondements de toute la religion. Mais, quand ils ne peuvent y réussir, ils doivent, bien loin de se rebuter des esprits durs et tardifs, espérer que Dieu les éclairera intérieurement. Il y a même une voie sensible et de pratique pour affermir cette connoissance de la distinction du corps et de l'ame; c'est d'accoutumer les enfants à mépriser l'un et à estimer l'autre, dans tout le détail des mœurs. Louez l'instruction, qui nourrit l'ame et qui la fait croître; estimez les hautes vérités qui l'animent à se rendre sage et vertueuse. Méprisez la bonne chère, les parures, et tout ce qui amollit le corps : faites sentir combien l'honneur, la bonne conscience et la religion sont au-dessus des plaisirs grossiers.

Par de tels sentiments, sans raisonner sur le corps et sur l'ame, les anciens Romains avoient appris à leurs enfants à mépriser leur corps, et à le sacrifier, pour donner à l'ame le plaisir de la vertu et de la gloire. Chez eux ce n'étoit pas seulement les personnes d'une naissance distinguée, c'étoit le peuple entier qui naissoit tempérant, désintéressé, plein de mépris pour la vie, uniquement sensible à l'honneur et à la sagesse. Quand je parle des anciens Romains, j'entends ceux qui ont vécu avant que l'accroissement de leur empire eût altéré la simplicité de leurs mœurs.

Qu'on ne dise point qu'il seroit impossible de donner aux enfants de tels préjugés par l'éducation. Combien voyons-nous de maximes qui ont été établies parmi nous contre l'impression des sens par la force de la coutume! Par exemple, celle du duel, fondée sur une fausse règle de l'honneur. Ce n'étoit point en raisonnant, mais en supposant sans raisonner la maxime établie sur le point d'honneur, qu'on exposoit sa vie, et que tout homme d'épée vivoit dans un péril continuel. Celui qui n'avoit aucune querelle pouvoit en avoir à toute heure avec des gens qui cherchoient des prétextes pour se signaler dans quelque combat. Quelque modéré qu'on fût, on ne pouvoit, sans perdre le faux honneur, ni éviter une querelle par un éclaircissement, ni refuser d'être second du premier venu qui vouloit se battre. Quelle autorité n'a-t-il pas fallu pour déraciner une coutume si barbare! Voyez donc combien les préjugés de l'éducation sont puissants : ils le seront bien davantage pour la vertu, quand ils seront soutenus par la raison, et par l'espérance du royaume du ciel. Les Romains, dont nous avons déjà parlé, et avant eux les Grecs, dans les bons temps de leurs républiques, nourrissoient leurs enfants dans le mépris du faste et de la mollesse; ils leur apprenoient à n'estimer que la gloire; à vouloir, non pas posséder les richesses, mais vaincre les rois qui les possédoient; à croire qu'on ne peut se rendre heureux que par la vertu. Cet esprit s'étoit si fortement établi dans ces républiques, qu'elles ont fait des choses incroyables, selon ces maximes si contraires à celles de tous les autres peuples. L'exemple de tant de martyrs, et d'autres premiers chrétiens de toute condition et de tout âge, fait voir que la grace du baptême, étant ajoutée au secours de l'éducation, peut faire des impressions encore bien plus merveilleuses dans les fidèles, pour leur faire mépriser ce qui appartient au corps. Cherchez donc tous les tours les plus agréables et les comparaisons les plus sensibles, pour représenter aux enfants que notre corps est semblable aux bêtes, et que notre ame est semblable aux anges. Représentez un cavalier qui est monté sur un cheval, et qui le conduit; dites que l'ame est à l'égard du corps ce que le cavalier est à l'égard du cheval. Finissez en concluant qu'une ame est bien foible et bien malheureuse, quand elle se laisse emporter par son corps comme par un cheval fougueux qui la jette dans un précipice. Faites encore remarquer que la beauté du corps est une fleur qui s'épanouit le matin, et qui est le soir flétrie et foulée aux pieds; mais que l'ame est l'image de la beauté immortelle de Dieu. Il y a, ajouterez-vous, un ordre de choses d'autant plus excellentes, qu'on ne peut les voir par les yeux grossiers de la chair, comme on voit tout ce qui est ici-bas sujet au changement et à la corruption. Pour faire sentir aux enfants qu'il y a des choses très réelles que les yeux et les oreilles ne peuvent apercevoir, il leur faut demander s'il n'est pas vrai qu'un tel est sage, et qu'un tel autre a beaucoup d'esprit. Quand ils auront répondu, *Oui*, ajoutez : Mais la sagesse d'un tel, l'avez-vous vue? de quelle couleur est-elle? l'avez-vous entendue? fait-elle beaucoup de bruit? l'avez-vous touchée? est-elle froide ou chaude? L'enfant rira; il en fera autant pour les mêmes questions sur l'esprit : il paroîtra tout étonné qu'on lui demande de quelle couleur est un esprit; s'il est rond ou carré. Alors vous pourrez lui faire remarquer qu'il connoît donc des choses très véritables qu'on ne peut ni voir, ni toucher, ni entendre, et que ces choses sont spirituelles. Mais il faut entrer fort sobrement dans ces sortes de discours pour les filles. Je ne les propose ici que pour celles dont la curiosité et le raisonnement vous mèneroient malgré vous jusqu'à ces questions. Il faut se régler selon l'ouverture de leur esprit, et selon leur besoin.

Retenez leur esprit le plus que vous pourrez dans les bornes communes; et apprenez-leur qu'il doit y avoir, pour leur sexe, une pudeur sur la science, presque aussi délicate que celle qui inspire l'horreur du vice.

En même temps, il faut faire venir l'imagination au secours de l'esprit, pour leur donner des images charmantes des vérités de la religion, que le corps ne peut voir. Il faut leur peindre la gloire céleste telle que saint Jean nous la représente; les larmes de tout œil essuyées; plus de mort, plus de douleurs ni de cris; les gémissements s'enfuiront, les maux seront passés; une joie éternelle sera sur la tête des bienheureux, comme les eaux sont sur la tête d'un homme abîmé au fond de la mer. Montrez cette glorieuse Jérusalem, dont Dieu sera lui-même le soleil pour y former des jours sans fin; un fleuve de paix, un torrent de délices, une fontaine de vie l'arrosera; tout y sera or, perles et pierreries. Je sais bien que toutes ces images attachent aux choses sensibles; mais après avoir frappé les enfants par un si beau spectacle pour les rendre attentifs, on se sert des moyens que nous avons touchés pour les ramener aux choses spirituelles.

Concluez que nous ne sommes ici-bas que comme des voyageurs dans une hôtellerie, ou sous une tente; que le corps va périr; qu'on ne peut retarder que de peu d'années sa corruption; mais que l'ame s'envolera dans cette céleste patrie, où elle doit vivre à jamais de la vie de Dieu. Si on peut donner aux enfants l'habitude d'envisager avec plaisir ces grands objets, et de juger des choses communes par rapport à de si hautes espérances, on a aplani des difficultés infinies.

Je voudrois encore tâcher de leur donner de fortes impressions sur la résurrection des corps. Apprenez-leur que la nature n'est qu'un ordre commun que Dieu a établi dans ses ouvrages, et que les miracles ne sont que des exceptions à ces règles générales; qu'ainsi il ne coûte pas plus à Dieu de faire cent miracles, qu'à moi de sortir de ma chambre un quart d'heure avant le temps où j'avois accoutumé d'en sortir. Ensuite rappelez l'histoire de la résurrection du Lazare, puis celle de la résurrection de Jésus-Christ, et de ses apparitions familières pendant quarante jours devant tant de personnes. Enfin montrez qu'il ne peut être difficile à celui qui a fait les hommes de les refaire. N'oubliez pas la comparaison du grain de blé qu'on sème dans la terre et qu'on fait pourrir, afin qu'il ressuscite et se multiplie.

Au reste, il ne s'agit point d'enseigner par mémoire cette morale aux enfants, comme on leur enseigne le catéchisme; cette méthode n'aboutiroit qu'à tourner la religion en un langage affecté, du moins en des formalités ennuyeuses : aidez seulement leur esprit, et mettez-les en chemin de trouver ces vérités dans leur propre fonds; elles leur en seront plus propres et plus agréables, elles s'imprimeront plus vivement : profitez des ouvertures pour leur faire développer ce qu'ils ne voient encore que confusément.

Mais prenez garde qu'il n'est rien de si dangereux que de leur parler du mépris de cette vie, sans leur faire voir, par tout le détail de votre conduite, que vous parlez sérieusement. Dans tous les âges, l'exemple a un pouvoir étonnant sur nous; dans l'enfance, il peut tout. Les enfants se plaisent fort à imiter; ils n'ont point encore d'habitude qui leur rende l'imitation d'autrui difficile; de plus, n'étant pas capables de juger par eux-mêmes du fond des choses, ils en jugent bien plus par ce qu'ils voient dans ceux qui les proposent, que par les raisons dont ils les appuient; les actions mêmes sont bien plus sensibles que les paroles : si donc ils voient faire le contraire de ce qu'on leur enseigne, ils s'accoutument à regarder la religion comme une belle cérémonie, et la vertu comme une idée impraticable.

Ne prenez jamais la liberté de faire devant les enfants certaines railleries sur des choses qui ont rapport à la religion. On se moquera de la dévotion de quelque esprit simple; on rira sur ce qu'il consulte son confesseur, ou sur les pénitences qui lui sont imposées. Vous croyez que tout cela est innocent; mais vous vous trompez : tout tire à conséquence en cette matière. Il ne faut jamais parler de Dieu, ni des choses qui concernent son culte, qu'avec un sérieux et un respect bien éloigné de ces libertés. Ne vous relâchez jamais sur aucune bienséance, mais principalement sur celles-là. Souvent les gens qui sont les plus délicats sur celles du monde sont les plus grossiers sur celles de la religion.

Quand l'enfant aura fait les réflexions nécessaires pour se connoître soi-même et pour connoître Dieu, joignez-y les faits d'histoire dont il sera déjà instruit : ce mélange lui fera trouver toute la religion assemblée dans sa tête; il remarquera avec plaisir le rapport qu'il y a entre ses réflexions et l'histoire du genre humain. Il aura reconnu que l'homme ne s'est point fait lui-même, que son ame est l'image de Dieu, que son corps a été formé avec tant de ressorts admirables par une industrie et une puissance divine : aussitôt il se souviendra de l'histoire de la création. Ensuite il songera qu'il est né avec des inclinations contraires à la raison, qu'il est trompé par le plaisir, emporté par la colère, et que son corps entraîne son ame contre la raison, comme un cheval fougueux emporte un cavalier, au lieu que son ame devroit gouverner son corps : il apercevra la cause de ce désordre dans l'histoire du péché d'Adam; cette histoire lui fera attendre le Sauveur, qui doit réconcilier les hommes avec Dieu. Voilà tout le fond de la religion.

Pour faire mieux entendre les mystères, les actions et les maximes de Jésus-Christ, il faut disposer les jeunes personnes à lire l'Évangile. Il faudroit donc les préparer de bonne heure à lire la parole de Dieu, comme on les prépare à recevoir par la communion la chair de Jésus-Christ; il faudroit poser comme le principal fondement l'autorité de l'Église, épouse du Fils de Dieu et mère de tous les fidèles : c'est elle, direz-vous, qu'il faut écouter, parce que le Saint-Esprit l'éclaire pour nous expliquer les Écritures; on ne peut aller que par elle à Jésus-Christ. Ne manquez pas de relire souvent avec les enfants les endroits où Jésus-Christ promet de soutenir et d'animer l'Église, afin qu'elle conduise ses enfants dans la voie de la vérité. Surtout inspirez aux filles cette sagesse sobre et tempérée que saint Paul recommande; faites-leur craindre le piége de la nouveauté, dont l'amour est si naturel à leur sexe; prévenez-les d'une horreur salutaire pour toute singularité en matière de religion; proposez-leur cette perfection céleste, cette merveilleuse discipline, qui régnoit parmi les premiers chrétiens; faites-les rougir de nos relâchements, faites-les soupirer après cette pureté évangélique; mais éloignez avec un soin extrême toutes les pensées de critique présomptueuse et de réformation indiscrète.

Songez donc à leur mettre devant les yeux l'Évangile et les grands exemples de l'antiquité; mais ne le faites qu'après avoir éprouvé leur docilité et la simplicité de leur foi. Revenez toujours à l'Église; montrez-leur, avec les promesses qui lui sont faites, et avec l'autorité qui lui est donnée dans l'Évangile, la suite de tous les siècles où cette Église a conservé, parmi tant d'attaques et de révolutions, la succession inviolable des pasteurs et de la doctrine, qui sont l'accomplissement manifeste des promesses divines. Pourvu que vous posiez le fondement de l'humilité, de la soumission, et de l'aversion pour toute singularité suspecte, vous montrerez avec beaucoup de fruit aux jeunes personnes tout ce qu'il y a de plus parfait dans la loi de Dieu, dans l'institution des sacrements, et dans la pratique de l'ancienne Église. Je sais qu'on ne peut pas espérer de donner ces instructions dans toute leur étendue à toutes sortes d'enfants; je le propose seulement ici, afin qu'on les donne le plus exactement qu'on pourra, selon le temps, et selon la disposition des esprits qu'on voudra instruire.

La superstition est sans doute à craindre pour le sexe; mais rien ne la déracine ou ne la prévient mieux qu'une instruction solide. Cette instruction, quoiqu'elle doive être renfermée dans les justes bornes, et être bien éloignée de toutes les études des savants, va pourtant plus loin qu'on ne croit d'ordinaire. Tel pense être bien instruit, qui ne l'est point, et dont l'ignorance est si grande, qu'il n'est pas même en état de sentir ce qui lui manque pour connoître le fond du christianisme.

Il ne faut jamais laisser mêler dans la foi ou dans les pratiques de piété rien qui ne soit tiré de l'Évangile, ou autorisé par une approbation constante de l'Église. Il faut prémunir discrètement les enfants contre certains abus qu'on est quelquefois tenté de regarder comme des points de discipline, quand on n'est pas bien instruit : on ne peut entièrement s'en garantir, si on ne remonte à la source, si on ne connoît l'institution des choses, et l'usage que les saints en ont fait.

Accoutumez donc les filles, naturellement trop crédules, à n'admettre pas légèrement certaines histoires sans autorité, et à ne s'attacher pas à de certaines dévotions qu'un zèle indiscret introduit, sans attendre que l'Église les approuve.

Le vrai moyen de leur apprendre ce qu'il faut penser là-dessus n'est pas de critiquer sévèrement ces choses, auxquelles un pieux motif a pu donner quelque cours; mais de montrer, sans les blâmer, qu'elles n'ont point un solide fondement.

Contentez-vous de ne faire jamais entrer ces choses dans les instructions qu'on donne sur le christianisme. Ce silence suffira pour accoutumer d'abord les enfants à concevoir le christianisme dans toute son intégrité et dans toute sa perfection, sans y ajouter ces pratiques. Dans la suite, vous pourrez les préparer doucement contre les discours des calvinistes. Je crois que cette instruction ne sera pas inutile, puisque nous sommes mêlés tous les jours avec des personnes préoccupées de leurs sentiments, qui en parlent dans les conversations les plus familières.

Ils nous imputent, direz-vous, mal à propos tels excès sur les images, sur l'invocation des saints, sur la prière pour les morts, sur les indulgences. Voilà à quoi se réduit ce que l'Église enseigne sur le baptême, sur la confirmation, sur le sacrifice de la messe, sur la pénitence, sur la confession, sur l'autorité des pasteurs, sur celle du pape, qui est le premier d'entre eux par l'institution de Jésus-Christ même, et duquel on ne peut se séparer sans quitter l'Église.

Voilà, continuerez-vous, tout ce qu'il faut croire : ce que les calvinistes nous accusent d'y ajouter n'est point la doctrine catholique : c'est mettre un obstacle à leur réunion, que de vouloir les assujettir à des opinions qui les choquent, et que l'Église désavoue; comme si ces opinions faisoient partie de notre foi. En même temps, ne négligez jamais de montrer combien les calvinistes ont condamné témérairement les cérémonies les plus anciennes et les plus saintes; ajoutez que les choses nouvellement instituées, étant conformes à l'ancien esprit, méritent un profond respect, puisque l'autorité qui les établit est toujours celle de l'épouse immortelle du Fils de Dieu.

En leur parlant ainsi de ceux qui ont arraché aux anciens pasteurs une partie de leur troupeau, sous prétexte d'une réforme, ne manquez pas de faire remarquer combien ces hommes superbes ont oublié la foiblesse humaine, et combien ils ont rendu la religion impraticable pour tous les simples, lorsqu'ils ont voulu engager tous les particuliers à examiner par eux-mêmes tous les articles de la doctrine chrétienne dans les Écritures, sans se soumettre aux interprétations de l'Église. Représentez l'Écriture sainte, au milieu des fidèles, comme la règle souveraine de la foi. Nous ne reconnoissons pas moins que les hérétiques, direz-vous, que l'Église doit se soumettre à l'Écriture ; mais nous disons que le Saint-Esprit aide l'Église pour expliquer bien l'Écriture. Ce n'est pas l'Église que nous préférons à l'Écriture, mais l'explication de l'Écriture, faite par toute l'Église, à notre propre explication. N'est-ce pas le comble de l'orgueil et de la témérité à un particulier, de craindre que l'Église ne se soit trompée dans sa décision, et de ne craindre pas de se tromper soi-même en décidant contre elle?

Inspirez encore aux enfants le désir de savoir les raisons de toutes les cérémonies et de toutes les paroles qui composent l'office divin et l'administration des sacrements : montrez-leur les fonts baptismaux; qu'ils voient baptiser; qu'ils considèrent le jeudi-saint comment on fait les saintes huiles, et le samedi comment on bénit l'eau des fonts. Donnez-leur le goût, non des sermons pleins d'ornements vains et affectés, mais des discours sensés et édifiants, comme des bons prônes et des homélies, qui leur fassent entendre clairement la lettre de l'Évangile. Faites-leur remarquer ce qu'il y a de beau et de touchant dans la simplicité de ces instructions, et inspirez-leur l'amour de la paroisse, où le pasteur parle avec bénédiction et avec autorité, si peu qu'il ait de talent et de vertu. Mais en même temps faites-leur aimer et respecter toutes les communautés qui concourent au service de l'Église : ne souffrez jamais qu'ils se moquent de l'habit ou de l'état des religieux; montrez la sainteté de leur institut, l'utilité que la religion en tire, et le nombre prodigieux de chrétiens qui tendent dans ces saintes retraites à une perfection qui est presque impraticable dans les engagements du siècle. Accoutumez l'imagination des enfants à entendre parler de la mort; à voir, sans se troubler, un drap mortuaire, un tombeau ouvert, des malades même qui expirent, et des personnes déjà mortes, si vous pouvez le faire sans les exposer à un saisissement de frayeur.

Il n'est rien de plus fâcheux que de voir beaucoup de personnes, qui ont de l'esprit et de la piété, ne pouvoir penser à la mort sans frémir; d'autres pâlissent pour s'être trouvées au nombre de treize à table, ou pour avoir eu certains songes, ou pour avoir vu renverser une salière; la crainte de tous ces présages imaginaires est un reste grossier du paganisme; faites-en voir la vanité et le ridicule. Quoique les femmes n'aient pas les mêmes occasions que les hommes de montrer leur courage, elles doivent pourtant en avoir. La lâcheté est méprisable partout; partout elle a de méchants effets. Il faut qu'une femme sache résister à de vaines alarmes, qu'elle soit ferme contre certains périls imprévus, qu'elle ne pleure ni ne s'effraie que pour de grands sujets; encore faut-il s'y soutenir par vertu. Quand on est chrétien, de quelque sexe qu'on soit, il n'est pas permis d'être lâche. L'ame du christianisme, si on peut parler ainsi, est le mépris de cette vie, et l'amour de l'autre.

CHAPITRE VIII.

Instruction sur le Décalogue, sur les sacrements et sur la prière.

Ce qu'il y a de principal à mettre sans cesse devant les yeux des enfants, c'est Jésus-Christ, auteur et consommateur de notre foi, le centre de toute la religion, et notre unique espérance. Je n'entreprends pas de dire ici comment il faut leur enseigner le mystère de l'incarnation; car cet engagement me mèneroit trop loin, et il y a assez de livres où l'on peut trouver à fond tout ce qu'on en doit enseigner. Quand les principes sont posés, il faut réformer tous les jugements et toutes les actions de la personne qu'on instruit, sur le modèle de Jésus-Christ même, qui n'a pris un corps mortel que pour nous apprendre à vivre et à mourir, en nous montrant, dans sa chair semblable à la nôtre, tout ce que nous devons croire et pratiquer. Ce n'est pas qu'il faille à tout moment comparer les sentiments et les actions de l'enfant avec la vie de Jésus-Christ; cette comparaison deviendroit fatigante et indiscrète: mais il faut accoutumer les enfants à regarder la vie de Jésus-Christ comme notre exemple, et sa parole comme notre loi. Choisissez parmi ses discours et parmi ses actions ce qui est le plus proportionné à l'enfant. S'il s'impatiente de souffrir quelque incommodité, rappelez-lui le souvenir de Jésus-Christ sur la croix : s'il ne peut se résoudre à quelque travail rebutant, montrez-lui Jésus-Christ travaillant jusqu'à trente ans dans une boutique : s'il veut être loué et estimé, parlez-lui des opprobres dont le Sauveur s'est rassasié : s'il ne peut s'accorder avec les gens qui l'environnent, faites-lui considérer Jésus-Christ conversant avec les pécheurs et avec les hypocrites les plus abominables : s'il témoigne quelque ressentiment, hâtez-vous de lui représenter Jésus-Christ mourant sur la croix pour ceux mêmes qui le faisoient mourir : s'il se laisse emporter à une joie immodeste, peignez-lui la douceur et la modestie de Jésus-Christ, dont toute la vie a été si grave et si sérieuse. Enfin faites qu'il se représente souvent ce que Jésus-Christ penseroit et ce qu'il diroit de nos conversations, de nos amusements et de nos occupations les plus sérieuses, s'il étoit encore visible au milieu de nous. Quel seroit, continuerez-vous, notre étonnement, s'il paroissoit tout d'un coup au milieu de nous, lorsque nous sommes dans le plus profond oubli de sa loi! Mais n'est-ce pas ce qui arrivera à chacun de nous à la mort, et au monde entier, quand l'heure secrète du jugement universel sera venue? Alors il faut peindre le renversement de la machine de l'univers, le soleil obscurci, les étoiles tombant de leurs places, les éléments embrasés s'écoulant comme des fleuves de feu, les fondements de la terre ébranlés jusqu'au centre. De quels yeux, ajouterez-vous, devons-nous donc regarder ce ciel qui nous couvre, cette terre qui nous porte, ces édifices que nous habitons, et tous ces autres objets qui nous environnent, puisqu'ils sont réservés au feu? Montrez ensuite les tombeaux ouverts, les morts qui rassembleront les débris de leurs corps, Jésus-Christ qui descendra sur les nues avec une haute majesté; ce livre ouvert où seront écrites jusqu'aux plus secrètes pensées des cœurs; cette sentence prononcée à la face de toutes les nations et de tous les siècles; cette gloire qui s'ouvrira pour couronner à jamais les justes, et pour les faire régner avec Jésus-Christ sur le même trône; enfin, cet étang de feu et de soufre, cette nuit et cette horreur éternelle, ce grincement de dents, et cette rage commune avec les démons, qui sera le partage des ames pécheresses.

Ne manquez pas d'expliquer à fond le Décalogue; faites voir que c'est un abrégé de la loi de Dieu, et qu'on trouve dans l'Évangile ce qui n'est contenu dans le Décalogue que par des conséquences éloignées. Dites ce que c'est que conseil, et empêchez les enfants que vous instruisez de se flatter, comme le commun des hommes, par une distinction qu'on pousse trop loin entre les conseils et les préceptes. Montrez que les conseils sont donnés pour faciliter les préceptes, pour assurer les hommes contre leur propre fragilité, pour les éloigner du bord du précipice où ils seroient entraînés par leur propre poids; qu'enfin les conseils deviennent des préceptes absolus pour ceux qui ne peuvent, en certaines occasions, observer les préceptes sans les conseils. Par exemple, les gens qui sont trop sensibles à l'amour du monde, et aux piéges des compagnies, sont obligés de suivre le conseil évangélique de quitter tout pour se retirer dans une solitude. Répétez souvent que la lettre tue, et que c'est l'esprit qui vivifie; c'est-à-dire que la simple observation du culte extérieur est inutile et nuisible, si elle n'est intérieurement animée par l'esprit d'amour et de religion. Rendez ce langage clair et sensible : faites voir que Dieu veut être honoré du cœur, et non des lèvres ; que les cérémonies servent à exprimer notre religion et à l'exciter, mais que les cérémonies ne sont pas la religion même ; qu'elle est toute au-dedans, puisque Dieu cherche des adorateurs en esprit et en vérité; qu'il s'agit de l'aimer intérieurement, et de nous regarder comme s'il n'y avoit dans toute la nature que lui et nous; qu'il n'a pas besoin de nos paroles, de nos postures, ni même de notre argent; que ce qu'il veut, c'est nous-mêmes; qu'on ne doit pas seulement exécuter ce que la loi ordonne, mais encore l'exécuter pour en tirer le fruit que la loi a eu en vue quand elle l'a ordonné; qu'ainsi ce n'est rien d'entendre la messe, si on ne l'entend afin de s'unir à Jésus-Christ, sacrifié pour nous, et de s'édifier de tout ce qui nous représente son immolation. Finissez en disant que tous ceux qui crieront, Seigneur, Seigneur! n'entreront pas au royaume du ciel; que si on n'entre dans les vrais sentiments d'amour de Dieu, de renoncement aux biens temporels, de mépris de soi-même, et d'horreur pour le monde, on fait du christianisme un fantôme trompeur pour soi et pour les autres.

Passez aux sacrements : je suppose que vous en avez déja expliqué toutes les cérémonies à mesure qu'elles se sont faites en présence de l'enfant, comme nous l'avons dit. C'est ce qui en fera mieux sentir l'esprit et la fin : par-là vous ferez entendre combien il est grand d'être chrétien, combien il est honteux et funeste de l'être comme on l'est dans le monde. Rappelez souvent les exorcismes et les promesses du baptême, pour montrer que les exemples et les maximes du monde, bien loin d'avoir quelque autorité sur nous, doivent nous rendre suspect tout ce qui nous vient d'une source si odieuse et si empoisonnée. Ne craignez pas même de représenter, comme saint Paul, le démon régnant dans le monde, et agitant le cœur des hommes par toutes les passions violentes, qui leur font chercher les richesses, la gloire et les plaisirs. C'est cette pompe, direz-vous, qui est encore plus celle du démon que du monde; c'est ce spectacle de vanité auquel un chrétien ne doit ouvrir ni son cœur ni ses yeux. Le premier pas qu'on fait par le baptême dans le christianisme est un renoncement à toute la pompe mondaine : rappeler le monde, malgré des promesses si solennelles faites à Dieu, c'est tomber dans une espèce d'apostasie; comme un religieux qui, malgré ses vœux, quitteroit son cloître et son habit de pénitence pour rentrer dans le siècle.

Ajoutez combien nous devons fouler aux pieds les mépris mal fondés, les railleries impies et les violences même du monde, puisque la confirmation nous rend soldats de Jésus-Christ pour combattre cet ennemi. L'évêque, direz-vous, vous a frappé pour vous endurcir contre les coups les plus violents de la persécution; il a fait sur vous une onction sacrée, afin de représenter les anciens, qui s'oignoient d'huile pour rendre leurs membres plus souples et plus vigoureux quand ils alloient au combat; enfin il a fait sur vous le signe de la croix, pour vous montrer que vous devez être crucifié avec Jésus-Christ. Nous ne sommes plus, continuerez-vous, dans le temps des persécutions, où l'on faisoit mourir ceux qui ne vouloient pas renoncer à l'Évangile : mais le monde, qui ne peut cesser d'être monde, c'est-à-dire corrompu, fait toujours une persécution indirecte à la piété; il lui tend des piéges pour la faire tomber, il la décrie, il s'en moque; et il en rend la pratique si difficile dans la plupart des conditions, qu'au milieu même des nations chrétiennes, et où l'autorité souveraine appuie le christianisme, on est en danger de rougir du nom de Jésus-Christ et de l'imitation de sa vie.

Représentez fortement le bonheur que nous avons d'être incorporés à Jésus-Christ par l'eucharistie. Dans le baptême, il nous fait ses frères ; dans l'eucharistie, il nous fait ses membres. Comme il s'étoit donné, par l'incarnation, à la nature humaine en général, il se donne par l'eucharistie, qui est une suite si naturelle de l'incarnation, à chaque fidèle en particulier. Tout est réel dans la suite de ses mystères; Jésus-Christ donne sa chair aussi réellement qu'il l'a prise: mais c'est se rendre coupable du corps et du sang du Seigneur, c'est boire et manger son jugement, que de manger la chair vivifiante de Jésus-Christ sans vivre de son esprit. *Celui*, dit-il lui-même, *qui me mange doit vivre pour moi.*

Mais quel malheur, direz-vous encore, d'avoir besoin du sacrement de la pénitence, qui suppose qu'on a péché depuis qu'on a été fait enfant de Dieu! Quoique cette puissance toute céleste qui s'exerce sur la terre, et que Dieu a mise dans les mains des prêtres pour lier et pour délier les pécheurs, selon leurs besoins, soit une si grande source de miséricordes, il faut trembler, dans la crainte d'abuser des dons de Dieu et de sa patience. Pour le corps de Jésus-Christ, qui est la vie, la force et la consolation des justes, il faut désirer ardemment de pouvoir s'en nourrir tous les jours; mais, pour le remède des ames malades, il faut souhaiter de parvenir à une santé si parfaite, qu'on en diminue tous les jours le besoin. Le besoin, quoi qu'on fasse, ne sera que trop grand; mais ce seroit bien pis si on faisoit de toute sa vie un cercle continuel et scandaleux du péché à la pénitence, et de la pénitence au péché. Il n'est donc question de se confesser que pour se convertir et se corriger; autrement les paroles de l'absolution, quelque puissantes qu'elles soient par l'institution de Jésus-Christ, ne seroient par notre indisposition que des paroles, mais des paroles funestes qui seroient notre condamnation devant Dieu. Une confession sans changement intérieur, bien loin de décharger une conscience du fardeau de ses péchés, ne fait qu'ajouter aux autres péchés celui d'un monstrueux sacrilége.

Faites lire aux enfants que vous élevez les prières des agonisants, qui sont admirables; montrez-leur ce que l'Église fait, et ce qu'elle dit, en donnant l'extrême-onction aux mourants. Quelle consolation pour eux de recevoir encore un renouvellement de l'onction sacrée pour ce dernier combat! Mais pour se rendre digne des graces de la mort, il faut être fidèle à celles de la vie.

Admirez les richesses de la grace de Jésus-Christ, qui n'a pas dédaigné d'appliquer le remède à la source du mal, en sanctifiant la source de notre naissance, qui est le mariage. Qu'il étoit convenable de faire un sacrement de cette union de l'homme et de la femme, qui représente celle de Dieu avec sa créature, et de Jésus-Christ avec son Église! Que cette bénédiction étoit nécessaire pour modérer les passions brutales des hommes, pour répandre la paix et la consolation sur toutes les familles, pour transmettre la religion comme un héritage de génération en génération! De là il faut conclure que le mariage est un état très saint et très pur, quoiqu'il soit moins parfait que la virginité; qu'il faut y être appelé; qu'on n'y doit chercher ni les plaisirs grossiers, ni la pompe mondaine; qu'on doit seulement desirer d'y former des saints.

Louez la sagesse infinie du Fils de Dieu, qui a établi des pasteurs pour le représenter parmi nous, pour nous instruire en son nom, pour nous donner son corps, pour nous réconcilier avec lui après nos chutes, pour former tous les jours de nouveaux fidèles, et même de nouveaux pasteurs qui nous conduisent après eux, afin que l'Église se conserve dans tous les siècles sans interruption. Montrez qu'il faut se réjouir que Dieu ait donné une telle puissance aux hommes. Ajoutez avec quel sentiment de religion on doit respecter les oints du Seigneur: ils sont les hommes de Dieu, et les dispensateurs de ses mystères. Il faut donc baisser les yeux et gémir, dès qu'on aperçoit en eux la moindre tache qui ternit l'éclat de leur ministère; il faudroit souhaiter de la pouvoir laver dans son propre sang. Leur doctrine n'est pas la leur; qui les écoute écoute Jésus-Christ même : quand ils sont assemblés au nom de Jésus-Christ pour expliquer les Écritures, le Saint-Esprit parle avec eux. Leur temps n'est point à eux : il ne faut donc pas vouloir les faire descendre d'un si haut ministère, où ils doivent se dévouer à la parole et à la prière, pour être les médiateurs entre Dieu et les hommes, et les rabaisser jusqu'à des affaires du siècle. Il est encore moins permis de vouloir profiter de leurs revenus, qui sont le patrimoine des pauvres et le prix des péchés du peuple; mais le plus affreux désordre est de vouloir élever ses parents et ses amis à ce redoutable ministère, sans vocation, et par des vues d'intérêt temporel.

Il reste à montrer la nécessité de la prière, fondée sur le besoin de la grace, que nous avons déja expliqué. Dieu, dira-t-on à un enfant, veut qu'on lui demande sa grace, non parce qu'il ignore notre besoin, mais parce qu'il veut nous assujettir à une demande qui nous excite à reconnoître ce besoin : ainsi c'est l'humiliation de notre cœur, le sentiment de notre misère et de notre impuissance, enfin la confiance en sa bonté, qu'il exige de nous. Cette demande, qu'il veut qu'on lui fasse, ne consiste que dans l'intention et dans le desir; car il n'a pas besoin de nos paroles. Souvent on récite beaucoup de paroles sans prier, et souvent on prie intérieurement sans prononcer aucune parole. Ces paroles peuvent néanmoins être très utiles; car elles excitent en nous les pensées et les sentiments qu'elles expriment si on y est attentif : c'est pour cette raison que Jésus-Christ nous a donné une forme de prière. Quelle consolation de savoir par Jésus-Christ même comment son Père veut être prié! Quelle force doit-il y avoir dans des demandes que Dieu même nous met dans la bouche! Comment ne nous accorderoit-il pas ce qu'il a soin de nous apprendre à demander? Après cela, montrez combien cette prière est simple et sublime, courte, et pleine de tout ce que nous pouvons attendre d'en haut.

Le temps de la première confession des enfants est une chose qu'on ne peut décider ici : il doit dépendre de l'état de leur esprit, et encore plus de celui de leur conscience. Il faut leur enseigner ce que c'est que la confession, dès qu'ils paroissent capables de l'entendre. Ensuite attendez la première faute un peu considérable que l'enfant fera; donnez-lui-en beaucoup de confusion et de remords. Vous verrez qu'étant déjà instruit sur la confession, il cherchera naturellement à se consoler en s'accusant au confesseur. Il faut tâcher de faire en sorte qu'il s'excite à un vif repentir, et qu'il trouve dans la confession un sensible adoucissement à sa peine, afin que cette première confession fasse une impression extraordinaire dans son esprit, et qu'elle soit une source de graces pour toutes les autres.

La première communion au contraire me semble devoir être faite dans le temps où l'enfant, parvenu à l'usage de raison, paroîtra plus docile, et plus exempt de tout défaut considérable. C'est parmi ces prémices de foi et d'amour de Dieu que Jésus-Christ se fera mieux sentir et goûter à lui par les graces de la communion. Elle doit être longtemps attendue, c'est-à-dire qu'on doit l'avoir fait espérer à l'enfant dès sa première enfance, comme le plus grand bien qu'on puisse avoir sur la terre en attendant les joies du ciel. Je crois qu'il faudroit la rendre la plus solennelle qu'on peut : qu'il paroisse à l'enfant qu'on a les yeux attachés sur lui pendant ces jours-là, qu'on l'estime heureux, qu'on prend part à sa joie, et qu'on attend de lui une conduite au-dessus de son âge pour une action si grande. Mais quoiqu'il faille donc préparer beaucoup l'enfant à la communion, je crois que, quand il y est préparé, on ne sauroit le prévenir trop tôt d'une si précieuse grace, avant que son innocence soit exposée aux occasions dangereuses où elle commence à se flétrir.

CHAPITRE IX.

Remarques sur plusieurs défauts des filles.

Nous avons encore à parler du soin qu'il faut prendre pour préserver les filles de plusieurs défauts ordinaires à leur sexe. On les nourrit dans une mollesse et dans une timidité qui les rend incapables d'une conduite ferme et réglée. Au commencement, il y a beaucoup d'affectation, et ensuite beaucoup d'habitude, dans ces craintes mal fondées, et dans ces larmes qu'elles versent à si bon marché : le mépris de ces affectations peut servir beaucoup à les corriger, puisque la vanité y a tant de part.

Il faut aussi réprimer en elles les amitiés trop tendres, les petites jalousies, les compliments excessifs, les flatteries, les empressements : tout cela les gâte, et les accoutume à trouver que tout ce qui est grave et sérieux est trop sec et trop austère. Il faut même tâcher de faire en sorte qu'elles s'étudient à parler d'une manière courte et précise. Le bon esprit consiste à retrancher tout discours inutile, et à dire beaucoup en peu de mots; au lieu que la plupart des femmes disent peu en beaucoup de paroles. Elles prennent la facilité de parler et la vivacité d'imagination pour l'esprit; elles ne choissisent point entre leurs pensées; elles n'y mettent aucun ordre par rapport aux choses qu'elles ont à expliquer; elles sont passionnées sur presque tout ce qu'elles disent, et la passion fait parler beaucoup : cependant on ne peut espérer rien de fort bon d'une femme, si on ne la réduit à réfléchir de suite, à examiner ses pensées, à les expliquer d'une manière courte, et à savoir ensuite se taire.

Une autre chose contribue beaucoup aux longs discours des femmes; c'est qu'elles sont nées artificieuses, et qu'elles usent de longs détours pour venir à leur but. Elles estiment la finesse : et comment ne l'estimeroient-elles pas, puisqu'elles ne connoissent point de meilleure prudence, et que c'est d'ordinaire la première chose que l'exemple leur a enseignée? Elles ont un naturel souple pour jouer facilement toutes sortes de comédies; les larmes ne leur coûtent rien ; leurs passions sont vives, et leurs connoissances bornées : de là vient qu'elles ne négligent rien pour réussir, et que les moyens qui ne conviendroient pas à des esprits plus réglés leur paroissent bons; elles ne raisonnent guère pour examiner s'il faut desirer une chose, mais elles sont très industrieuses pour y parvenir.

Ajoutez qu'elles sont timides et pleines de fausse

honte; ce qui est encore une source de dissimulation. Le moyen de prévenir un si grand mal est de ne les mettre jamais dans le besoin de la finesse, et de les accoutumer à dire ingénument leurs inclinations sur toutes les choses permises. Qu'elles soient libres pour témoigner leur ennui quand elles s'ennuient ; qu'on ne les assujettisse point à paroître goûter certaines personnes ou certains livres qui ne leur plaisent pas.

Souvent une mère, préoccupée de son directeur, est mécontente de sa fille jusqu'à ce qu'elle prenne sa direction ; et la fille le fait par politique contre son goût. Surtout qu'on ne les laisse jamais soupçonner qu'on veut leur inspirer le dessein d'être religieuses : car cette pensée leur ôte la confiance en leurs parents, leur persuade qu'elles n'en sont point aimées, leur agite l'esprit, et leur fait faire un personnage forcé pendant plusieurs années. Quand elles ont été assez malheureuses pour prendre l'habitude de déguiser leurs sentiments, le moyen de les désabuser est de les instruire solidement des maximes de la vraie prudence ; comme on voit que le moyen de les dégoûter des fictions frivoles des romans est de leur donner le goût des histoires utiles et agréables. Si vous ne leur donnez une curiosité raisonnable, elles en auront une déréglée ; et tout de même, si vous ne formez leur esprit à la vraie prudence, elles s'attacheront à la fausse, qui est la finesse.

Montrez-leur, par des exemples, comment on peut sans tromperie être discret, précautionné, appliqué aux moyens légitimes de réussir. Dites-leur : La principale prudence consiste à parler peu, à se défier bien plus de soi que des autres, mais point à faire des discours faux et des personnages brouillons. La droiture de conduite et la réputation universelle de probité attirent plus de confiance et d'estime, et par conséquent à la longue plus d'avantages, même temporels, que les voies détournées. Combien cette probité judicieuse distingue-t-elle une personne, ne la rend-elle pas propre aux plus grandes choses !

Mais ajoutez combien ce que la finesse cherche est bas et méprisable ; c'est, ou une bagatelle qu'on n'oseroit dire, ou une passion pernicieuse. Quand on ne veut que ce qu'on doit vouloir, on le desire ouvertement, et on le cherche par des voies droites avec modération. Qu'y a-t-il de plus doux et de plus commode que d'être sincère, toujours tranquille, d'accord avec soi-même, n'ayant rien à craindre ni à inventer ? au lieu qu'une personne dissimulée est toujours dans l'agitation, dans les remords, dans le danger, dans la déplorable nécessité de couvrir une finesse par cent autres.

Avec toutes ces inquiétudes honteuses, les esprits artificieux n'évitent jamais l'inconvénient qu'ils fuient : tôt ou tard ils passent pour ce qu'ils sont. Si le monde est leur dupe sur quelque action détachée, il ne l'est pas sur le gros de leur vie ; on les devine toujours par quelque endroit : souvent même ils sont dupes de ceux qu'ils veulent tromper ; car on fait semblant de se laisser éblouir par eux, et ils se croient estimés, quoiqu'on les méprise. Mais au moins ils ne se garantissent pas des soupçons : et qu'y a-t-il de plus contraire aux avantages qu'un amour-propre sage doit chercher, que de se voir toujours suspect ? Dites peu à peu ces choses, selon les occasions les besoins, et la portée des esprits.

Observez encore que la finesse vient toujours d'un cœur bas et d'un petit esprit. On n'est fin qu'à cause qu'on se veut cacher, n'étant pas tel qu'on devroit être, ou que, voulant des choses permises, on prend pour y arriver des moyens indignes, faute d'en savoir choisir d'honnêtes. Faites remarquer aux enfants l'impertinence de certaines finesses qu'ils voient pratiquer, le mépris qu'elles attirent à ceux qui les font ; et enfin faites-leur honte à eux-mêmes, quand vous les surprendrez dans quelque dissimulation. De temps en temps privez-les de ce qu'ils aiment, parce qu'ils ont voulu y arriver par la finesse ; et déclarez qu'ils l'obtiendront quand ils le demanderont simplement : ne craignez pas même de compatir à leurs petites infirmités, pour leur donner le courage de les laisser voir. La mauvaise honte est le mal le plus dangereux et le plus pressé à guérir ; celui-là, si on n'y prend garde, rend tous les autres incurables.

Désabusez-les des mauvaises subtilités par lesquelles on veut faire en sorte que le prochain se trompe, sans qu'on puisse se reprocher de l'avoir trompé ; il y a encore plus de bassesse et de supercherie dans ces raffinements que dans les finesses communes. Les autres gens pratiquent, pour ainsi dire, de bonne foi la finesse ; mais ceux-ci y ajoutent un nouveau déguisement pour l'autoriser. Dites à l'enfant que Dieu est la vérité même ; que c'est se jouer de Dieu que de se jouer de la vérité dans ses paroles ; qu'on doit les rendre précises et exactes, et parler peu pour ne rien dire que de juste, afin de respecter la vérité.

Gardez-vous donc bien d'imiter ces personnes qui applaudissent aux enfants lorsqu'ils ont marqué de l'esprit par quelque finesse. Bien loin de trouver ces tours jolis, et de vous en divertir, reprenez-les sévèrement; et faites en sorte que tous leurs artifices réussissent mal, afin que l'expérience les en dégoûte. En les louant sur de telles fautes, on les persuade que c'est être habile que d'être fin.

CHAPITRE X.

La vanité de la beauté et des ajustemens.

Mais ne craignez rien tant que la vanité dans les filles. Elles naissent avec un desir violent de plaire : les chemins qui conduisent les hommes à l'autorité et à la gloire leur étant fermés, elles tâchent de se dédommager par les agrémens de l'esprit et du corps : de là vient leur conversation douce et insinuante; de là vient qu'elles aspirent tant à la beauté et à toutes les graces extérieures, et qu'elles sont si passionnées pour les ajustemens : une coiffe, un bout de ruban, une boucle de cheveux plus haut ou plus bas, le choix d'une couleur, ce sont pour elles autant d'affaires importantes.

Ces excès vont encore plus loin dans notre nation qu'en toute autre; l'humeur changeante qui règne parmi nous cause une variété continuelle de modes : ainsi on ajoute à l'amour des ajustemens celui de la nouveauté, qui a d'étranges charmes sur de tels esprits. Ces deux folies mises ensemble renversent les bornes des conditions, et déréglent toutes les mœurs. Dès qu'il n'y a plus de règle pour les habits et pour les meubles, il n'y en a plus d'effectives pour les conditions : car pour la table des particuliers, c'est ce que l'autorité publique peut moins régler; chacun choisit selon son argent, ou plutôt, sans argent, selon son ambition et sa vanité.

Ce faste ruine les familles, et la ruine des familles entraîne la corruption des mœurs. D'un côté, le faste excite, dans les personnes d'une basse naissance, la passion d'une prompte fortune; ce qui ne se peut faire sans péché, comme le Saint-Esprit nous l'assure. D'un autre côté, les gens de qualité, se trouvant sans ressource, font des lâchetés et des bassesses horribles pour soutenir leur dépense; par-là s'éteignent insensiblement l'honneur, la foi, la probité et le bon naturel, même entre les plus proches parents.

Tous ces maux viennent de l'autorité que les femmes vaines ont de décider sur les modes : elles ont fait passer pour Gaulois ridicules tous ceux qui ont voulu conserver la gravité et la simplicité des mœurs anciennes.

Appliquez-vous donc à faire entendre aux filles combien l'honneur qui vient d'une bonne conduite et d'une vraie capacité est plus estimable que celui qu'on tire de ses cheveux ou de ses habits. La beauté, direz-vous, trompe encore plus la personne qui la possède que ceux qui en sont éblouis; elle trouble, elle enivre l'ame; on est plus sottement idolâtre de soi-même que des amants les plus passionnés ne le sont de la personne qu'ils aiment. Il n'y a qu'un fort petit nombre d'années de différence entre une belle femme et une autre qui ne l'est pas. La beauté ne peut être que nuisible, à moins qu'elle ne serve à faire marier avantageusement une fille : mais comment y servira-t-elle, si elle n'est soutenue par le mérite et par la vertu? Elle ne peut espérer d'épouser qu'un jeune fou, avec qui elle sera malheureuse, à moins que sa sagesse et sa modestie ne la fassent rechercher par des hommes d'un esprit réglé, et sensibles aux qualités solides. Les personnes qui tirent toute leur gloire de leur beauté deviennent bientôt ridicules : elles arrivent, sans s'en apercevoir, à un certain âge où leur beauté se flétrit; et elles sont encore charmées d'elles-mêmes, quoique le monde, bien loin de l'être, en soit dégoûté. Enfin, il est aussi déraisonnable de s'attacher uniquement à la beauté, que de vouloir mettre tout le mérite dans la force du corps, comme font les peuples barbares et sauvages.

De la beauté passons à l'ajustement. Les véritables graces ne dépendent point d'une parure vaine et affectée. Il est vrai qu'on peut chercher la propreté, la proportion et la bienséance, dans les habits nécessaires pour couvrir nos corps; mais, après tout, ces étoffes qui nous couvrent, et qu'on peut rendre commodes et agréables, ne peuvent jamais être des ornements qui donnent une vraie beauté.

Je voudrois même faire voir aux jeunes filles la noble simplicité qui paroît dans les statues et dans les autres figures qui nous restent des femmes grecques et romaines; elles y verroient combien des cheveux noués négligemment par derrière, et des draperies pleines et flottantes à longs plis, sont agréables et majestueuses. Il seroit bon même qu'elles entendissent parler les peintres et les autres gens qui ont le goût exquis de l'antiquité.

Si peu que leur esprit s'élevât au-dessus de la préoccupation des modes, elles auroient bientôt un grand mépris pour leurs frisures, si éloignées du naturel, et pour les habits d'une figure trop façonnée. Je sais bien qu'il ne faut pas souhaiter qu'elles prennent l'extérieur antique; il y auroit de l'extravagance à le vouloir : mais elles pourroient, sans aucune singularité, prendre le goût de cette simplicité d'habits si noble, si gracieuse, et d'ailleurs si convenable aux mœurs chrétiennes. Ainsi, se conformant dans l'extérieur à l'usage présent, elles sauroient au moins ce qu'il faudroit penser de cet usage : elles satisferoient à la mode comme à une servitude fâcheuse, et elles ne lui donneroient que ce qu'elles ne pourroient lui refuser. Faites-leur remarquer souvent, et de bonne heure, la vanité et la légèreté d'esprit qui fait l'inconstance des modes. C'est une chose bien mal entendue, par exemple, de se grossir la tête de je ne sais combien de coiffes entassées ; les véritables grâces suivent la nature, et ne la gênent jamais.

Mais la mode se détruit elle-même; elle vise toujours au parfait, et jamais elle ne le trouve; du moins elle ne veut jamais s'y arrêter. Elle seroit raisonnable, si elle ne changeoit que pour ne changer plus, après avoir trouvé la perfection pour la commodité et pour la bonne grâce; mais changer pour changer sans cesse, n'est-ce pas chercher plutôt l'inconstance et le dérèglement, que la véritable politesse et le bon goût? Aussi n'y a-t-il d'ordinaire que caprice dans les modes. Les femmes sont en possession de décider; il n'y a qu'elles qu'on en veuille croire : ainsi les esprits les plus légers et les moins instruits entraînent les autres. Elles ne choisissent et ne quittent rien par règle; il suffit qu'une chose bien inventée ait été long-temps à la mode, afin qu'elle ne doive plus y être, et qu'une autre, quoique ridicule, à titre de nouveauté prenne sa place et soit admirée.

Après avoir posé ce fondement, montrez les règles de la modestie chrétienne. Nous apprenons, direz-vous, par nos saints mystères, que l'homme naît dans la corruption du péché; son corps, travaillé d'une maladie contagieuse, est une source inépuisable de tentation à son âme. Jésus-Christ nous apprend à mettre toute notre vertu dans la crainte et dans la défiance de nous-mêmes. Voudriez-vous, pourra-t-on dire à une fille, hasarder votre âme et celle de votre prochain pour une folle vanité? Ayez donc horreur des nudités de gorge, et de toutes les autres immodesties : quand même on commettroit ces fautes sans aucune mauvaise passion, du moins c'est une vanité, c'est un désir effréné de plaire. Cette vanité justifie-t-elle devant Dieu et devant les hommes une conduite si téméraire, si scandaleuse, et si contagieuse pour autrui? Cet aveugle désir de plaire convient-il à une âme chrétienne, qui doit regarder comme une idolâtrie tout ce qui détourne de l'amour du Créateur et du mépris des créatures? Mais, quand on cherche à plaire, que prétend-on? N'est-ce pas d'exciter les passions des hommes? Les tient-on dans ses mains pour les arrêter, si elles vont trop loin? Ne doit-on pas s'en imputer toutes les suites? et ne vont-elles pas toujours trop loin, si peu qu'elles soient allumées? Vous préparez un poison subtil et mortel, vous le versez sur tous les spectateurs; et vous vous croyez innocente ! Ajoutez les exemples des personnes que leur modestie a rendues recommandables, et de celles à qui leur immodestie a fait tort. Mais surtout ne permettez rien, dans l'extérieur des filles, qui excède leur condition : réprimez sévèrement toutes leurs fantaisies. Montrez-leur à quel danger on s'expose, et combien on se fait mépriser des gens sages, en oubliant ce qu'on est.

Ce qui reste à faire, c'est de désabuser les filles du bel esprit. Si on n'y prend garde, quand elles ont quelque vivacité, elles s'intriguent, elles veulent parler de tout, elles décident sur les ouvrages les moins proportionnés à leur capacité, elles affectent de s'ennuyer par délicatesse. Une fille ne doit parler que pour de vrais besoins, avec un air de doute et de déférence; elle ne doit pas même parler des choses qui sont au-dessus de la portée commune des filles, quoiqu'elle en soit instruite. Qu'elle ait, tant qu'elle voudra, de la mémoire, de la vivacité, des tours plaisants, de la facilité à parler avec grâce, toutes ces qualités lui seront communes avec un grand nombre d'autres femmes fort peu sensées et fort méprisables. Mais qu'elle ait une conduite exacte et suivie, un esprit égal et réglé; qu'elle sache se taire et conduire quelque chose : cette qualité si rare la distinguera dans son sexe. Pour la délicatesse et l'affectation d'ennui, il faut la réprimer, en montrant que le bon goût consiste à s'accommoder des choses selon qu'elles sont utiles.

Rien n'est estimable que le bon sens et la vertu : l'un et l'autre font regarder le dégoût et l'ennui, non comme une délicatesse louable, mais comme une foiblesse d'un esprit malade.

Puisqu'on doit vivre avec des esprits grossiers, et dans des occupations qui ne sont pas délicieuses, la raison, qui est la seule bonne délicatesse, consiste à se rendre grossier avec les gens qui le sont. Un esprit qui goûte la politesse, mais qui sait s'élever au-dessus d'elle dans le besoin, pour aller à des choses plus solides, est infiniment supérieur aux esprits délicats et surmontés par leur dégoût.

CHAPITRE XI.

Instruction des femmes sur leurs devoirs.

Venons maintenant au détail des choses dont une femme doit être instruite. Quels sont ses emplois? Elle est chargée de l'éducation de ses enfants; des garçons jusqu'à un certain âge, des filles jusqu'à ce qu'elles se marient, ou se fassent religieuses; de la conduite des domestiques, de leurs mœurs, de leur service; du détail de la dépense, des moyens de faire tout avec économie et honorablement; d'ordinaire même, de faire les fermes et de recevoir les revenus.

La science des femmes, comme celle des hommes, doit se borner à s'instruire par rapport à leurs fonctions; la différence de leurs emplois doit faire celle de leurs études. Il faut donc borner l'instruction des femmes aux choses que nous venons de dire. Mais une femme curieuse trouvera que c'est donner des bornes bien étroites à sa curiosité : elle se trompe; c'est qu'elle ne connoît pas l'importance et l'étendue des choses dont je lui propose de s'instruire.

Quel discernement lui faut-il pour connoître le naturel et le génie de chacun de ses enfants, pour trouver la manière de se conduire avec eux la plus propre à découvrir leur humeur, leur pente, leur talent, à prévenir les passions naissantes, à leur persuader les bonnes maximes, et à guérir leurs erreurs! Quelle prudence doit-elle avoir pour acquérir et conserver sur eux l'autorité, sans perdre l'amitié et la confiance! Mais n'a-t-elle pas besoin d'observer et de connoître à fond les gens qu'elle met auprès d'eux? Sans doute. Une mère de famille doit donc être pleinement instruite de la religion, et avoir un esprit mûr, ferme, appliqué, et expérimenté pour le gouvernement.

Peut-on douter que les femmes ne soient chargées de tous ces soins, puisqu'ils tombent naturellement sur elles pendant la vie même de leurs maris occupés au-dehors? Ils les regardent encore de plus près si elles deviennent veuves. Enfin saint Paul attache tellement en général leur salut à l'éducation de leurs enfants, qu'il assure que c'est par eux qu'elles se sauveront.

Je n'explique point ici tout ce que les femmes doivent savoir pour l'éducation de leurs enfants, parce que ce mémoire leur fera assez sentir l'étendue des connoissances qu'il faudroit qu'elles eussent.

Joignez à ce gouvernement l'économie. La plupart des femmes la négligent comme un emploi bas, qui ne convient qu'à des paysans ou à des fermiers, tout au plus à un maître-d'hôtel, ou à quelque femme de charge : surtout les femmes nourries dans la mollesse, l'abondance et l'oisiveté, sont indolentes et dédaigneuses pour tout ce détail; elles ne font pas grande différence entre la vie champêtre et celle des sauvages du Canada. Si vous leur parlez de vente de blé, de cultures des terres, des différentes natures des revenus, de la levée des rentes et des autres droits seigneuriaux, de la meilleure manière de faire des fermes ou d'établir des receveurs, elles croient que vous voulez les réduire à des occupations indignes d'elles.

Ce n'est pourtant que par ignorance qu'on méprise cette science de l'économie. Les anciens Grecs et les Romains, si habiles et si polis, s'en instruisoient avec un grand soin : les plus grands esprits d'entre eux en ont fait, sur leurs propres expériences, des livres que nous avons encore, et où ils ont marqué même le dernier détail de l'agriculture. On sait que leurs conquérants ne dédaignoient pas de labourer, et de retourner à la charrue en sortant du triomphe. Cela est si éloigné de nos mœurs, qu'on ne pourroit le croire, si peu qu'il y eût dans l'histoire quelque prétexte pour en douter. Mais n'est-il pas naturel qu'on ne songe à défendre ou à augmenter son pays, que pour le cultiver paisiblement? A quoi sert la victoire, sinon à cueillir les fruits de la paix? Après tout, la solidité de l'esprit consiste à vouloir s'instruire exactement de la manière dont se font les choses qui sont les fondements de la vie humaine; toutes les plus grandes affaires roulent là-dessus. La force et le bonheur d'un état consiste, non à avoir beaucoup de provinces mal cultivées, mais à tirer de la terre, qu'on possède tout ce qu'il faut pour nourrir aisément un peuple nombreux.

Il faut sans doute un génie bien plus élevé et plus étendu pour s'instruire de tous les arts qui ont rapport à l'économie, et pour être en état de bien policer toute une famille, qui est une petite république, que pour jouer, discourir sur des modes, et s'exercer à de petites gentillesses de conversation. C'est une sorte d'esprit bien méprisable, que celui qui ne va qu'à bien parler : on voit de tous côtés des femmes dont la conversation est pleine de maximes solides, et qui, faute d'avoir été appliquées de bonne heure, n'ont rien que de frivole dans la conduite.

Mais prenez garde au défaut opposé : les femmes courent risque d'être extrêmes en tout. Il est bon de les accoutumer dès l'enfance à gouverner quelque chose, à faire des comptes, à voir la manière de faire les marchés de tout ce qu'on achète, et à savoir comment il faut que chaque chose soit faite pour être d'un bon usage. Mais craignez aussi que l'économie n'aille en elles jusqu'à l'avarice, montrez-leur en détail tous les ridicules de cette passion. Dites-leur ensuite : Prenez garde que l'avarice gagne peu, et qu'elle se déshonore beaucoup. Un esprit raisonnable ne doit chercher, dans une vie frugale et laborieuse, qu'à éviter la honte et l'injustice attachées à une conduite prodigue et ruineuse. Il ne faut retrancher les dépenses superflues, que pour être en état de faire plus libéralement celles que la bienséance, ou l'amitié, ou la charité inspirent. Souvent c'est faire un grand gain que de savoir perdre à propos : c'est le bon ordre, et non certaines épargnes sordides, qui fait les grands profits. Ne manquez pas de représenter l'erreur grossière de ces femmes qui se savent bon gré d'épargner une bougie, pendant qu'elles se laissent tromper par un intendant sur le gros de toutes leurs affaires.

Faites pour la propreté comme pour l'économie. Accoutumez les filles à ne souffrir rien de sale ni de dérangé ; qu'elles remarquent le moindre désordre dans une maison. Faites-leur même observer que rien ne contribue plus à l'économie et à la propreté, que de tenir toujours chaque chose en sa place. Cette règle ne paroît presque rien ; cependant elle iroit loin, si elle étoit exactement gardée. Avez-vous besoin d'une chose? vous ne perdez jamais un moment à la chercher ; il n'y a ni trouble, ni dispute, ni embarras, quand on en a besoin ; vous mettez d'abord la main dessus ; et quand vous vous en êtes servi, vous la remettez sur-le-champ dans la place où vous l'avez prise. Ce bel ordre fait une des plus grandes parties de la propreté ; c'est ce qui frappe le plus les yeux, que de voir cet arrangement si exact. D'ailleurs, la place qu'on donne à chaque chose étant celle qui lui convient davantage, non-seulement pour la bonne grace et le plaisir des yeux, mais encore pour sa conservation, elle s'y use moins qu'ailleurs ; elle ne s'y gâte d'ordinaire par aucun accident ; elle y est même entretenue proprement : car, par exemple, un vase ne sera ni poudreux, ni en danger de se briser, lorsqu'on le mettra dans sa place immédiatement après s'en être servi. L'esprit d'exactitude, qui fait ranger, fait aussi nettoyer. Joignez à ces avantages celui d'ôter, par cette habitude, aux domestiques, l'esprit de paresse et de confusion. De plus, c'est beaucoup que de leur rendre le service prompt et facile, et de s'ôter à soi-même la tentation de s'impatienter souvent par les retardements qui viennent des choses dérangées qu'on a peine à trouver. Mais en même temps évitez l'excès de la politesse et de la propreté. La propreté, quand elle est modérée, est une vertu ; mais quand on y suit trop son goût, on la tourne en petitesse d'esprit. Le bon goût rejette la délicatesse excessive ; il traite les petites choses de petites, et n'en est point blessé. Moquez-vous donc, devant les enfants, des colifichets dont certaines femmes sont si passionnées, et qui leur font faire insensiblement des dépenses si indiscrètes. Accoutumez-les à une propreté simple et facile à pratiquer : montrez-leur la meilleure manière de faire les choses ; mais montrez-leur encore davantage à s'en passer. Dites-leur combien il y a de petitesse d'esprit et de bassesse à gronder pour un potage mal assaisonné, pour un rideau mal plissé, pour une chaise trop haute ou trop basse.

Il est sans doute d'un bien meilleur esprit d'être volontairement grossier, que d'être délicat sur des choses si peu importantes. Cette mauvaise délicatesse, si on ne la réprime dans les femmes qui ont de l'esprit, est encore plus dangereuse pour les conversations que pour tout le reste : la plupart des gens leur sont fades et ennuyeux ; le moindre défaut de politesse leur paroît un monstre ; elles sont toujours moqueuses et dégoûtées. Il faut leur faire entendre de bonne heure qu'il n'est rien de si peu judicieux que de juger superficiellement d'une personne par ses manières, au lieu d'examiner le fond de son esprit, de ses sentiments, et de ses qualités utiles. Faites voir, par diverses expériences, combien un provincial d'un air grossier, ou, si vous voulez, ridicule, avec ses compliments importuns, s'il a le cœur bon et l'esprit réglé, est plus estimable qu'un courtisan qui, sous une politesse accomplie, cache un cœur ingrat, injuste, capable de toutes sortes de dissimulations et de bassesses. Ajoutez qu'il y a toujours de la foiblesse dans les esprits qui ont une grande pente à l'ennui et au dégoût. Il n'y a point de gens dont la conversation soit si mauvaise, qu'on n'en puisse tirer quelque chose de bon : quoiqu'on en doive choisir de meilleures quand on est libre de choisir, on a de quoi se consoler quand on y est réduit, puisqu'on peut les faire parler de ce qu'ils savent, et que les personnes d'esprit peuvent toujours tirer quelque instruction des gens les moins éclairés. Mais revenons aux choses dont il faut instruire une fille.

CHAPITRE XII.

Suite des devoirs des femmes.

Il y a la science de se faire servir, qui n'est pas petite. Il faut choisir des domestiques qui aient de l'honneur et de la religion ; il faut connoître les fonctions auxquelles on veut les appliquer, le temps et la peine qu'il faut donner à chaque chose, la manière de la bien faire, et la dépense qui y est nécessaire. Vous gronderez mal à propos un officier, par exemple, si vous voulez qu'il ait dressé un fruit plus promptement qu'il n'est possible, ou si vous ne savez pas à peu près le prix et la quantité du sucre et des autres choses qui doivent entrer dans ce que vous lui faites faire : ainsi vous êtes en danger d'être la dupe ou le fléau de vos domestiques, si vous n'avez quelque connoissance de leurs métiers.

Il faut encore savoir connoître leurs humeurs, ménager leurs esprits, et policer chrétiennement toute cette petite république, qui est d'ordinaire fort tumultueuse. Il faut sans doute de l'autorité ; car moins les gens sont raisonnables, plus il faut que la crainte les retienne : mais comme ce sont des chrétiens, qui sont vos frères en Jésus-Christ, et que vous devez respecter comme ses membres, vous êtes obligé de ne payer d'autorité que quand la persuasion manque.

Tâchez donc de vous faire aimer de vos gens sans aucune basse familiarité : n'entrez pas en conversation avec eux ; mais aussi ne craignez pas de leur parler assez souvent avec affection et sans hauteur sur leurs besoins. Qu'ils soient assurés de trouver en vous du conseil et de la compassion : ne les reprenez point aigrement de leurs défauts ; n'en paroissez ni surpris ni rebuté, tant que vous espérez qu'ils ne seront pas incorrigibles ; faites-leur entendre doucement raison, et souffrez souvent d'eux pour le service, afin d'être en état de les convaincre de sang-froid que c'est sans chagrin et sans impatience que vous leur parlez, bien moins pour votre service que pour leur intérêt. Il ne sera pas facile d'accoutumer les jeunes personnes de qualité à cette conduite douce et charitable ; car l'impatience et l'ardeur de la jeunesse, jointe à la fausse idée qu'on leur donne de leur naissance, leur fait regarder les domestiques à peu près comme des chevaux : on se croit d'une autre nature que les valets ; on suppose qu'ils sont faits pour la commodité de leurs maîtres. Tâchez de montrer combien ces maximes sont contraires à la modestie pour soi, et à l'humanité pour son prochain. Faites entendre que les hommes ne sont point faits pour être servis ; que c'est une erreur brutale de croire qu'il y ait des hommes nés pour flatter la paresse et l'orgueil des autres ; que le service étant établi contre l'égalité naturelle des hommes, il faut l'adoucir autant qu'on le peut ; que les maîtres, qui sont mieux élevés que leurs valets, étant pleins de défauts, il ne faut pas s'attendre que les valets n'en aient point, eux qui ont manqué d'instructions et de bons exemples ; qu'enfin, si les valets se gâtent en servant mal, ce que l'on appelle d'ordinaire *être bien servi* gâte encore plus les maîtres ; car cette facilité de se satisfaire en tout ne fait qu'amollir l'ame, que la rendre ardente et passionnée pour les moindres commodités, enfin que la livrer à ses desirs.

Pour ce gouvernement domestique, rien n'est meilleur que d'y accoutumer les filles de bonne heure. Donnez-leur quelque chose à régler, à condition de vous en rendre compte : cette confiance les charmera ; car la jeunesse ressent un plaisir incroyable lorsqu'on commence à se fier à elle, et à la faire entrer dans quelque affaire sérieuse. On en voit un bel exemple dans la reine Marguerite. Cette princesse raconte, dans ses Mémoires, que le plus sensible plaisir qu'elle ait eu en sa vie fut de voir que la reine sa mère commença à lui parler, lorsqu'elle étoit encore très jeune, comme à une personne mûre : elle se sentit transportée de joie d'entrer dans la confidence de la reine et de son frère le duc d'Anjou, pour le secret de l'état, elle qui n'avoit connu jusque là que des jeux d'enfants. Laissez même faire quelque faute à une fille dans de tels essais, et sacrifiez quelque chose à son instruction ; faites-lui remarquer doucement ce qu'il auroit fallu faire ou dire pour éviter les inconvénients où elle est tombée ; racontez-lui vos expériences passées, et ne craignez point de lui dire les fautes semblables aux siennes, que vous avez faites dans votre jeunesse ; par-là vous lui inspirerez la confiance, sans laquelle l'éducation se tourne en formalités gênantes.

Apprenez à une fille à lire et à écrire correctement. Il est honteux, mais ordinaire, de voir des femmes qui ont de l'esprit et de la politesse ne savoir pas bien prononcer ce qu'elles lisent : ou elles hésitent, ou elles chantent en lisant ; au lieu qu'il faut prononcer d'un ton simple et naturel, mais ferme et uni. Elles manquent encore plus grossièrement pour l'orthographe, ou pour la manière de former ou de lier des lettres en écrivant : au moins accoutumez-les à faire leurs lignes droites, à rendre leurs caractères nets et lisibles. Il faudroit aussi qu'une fille sût la grammaître ; pour sa langue naturelle, il n'est pas question de la lui apprendre par règles, comme les écoliers apprennent le latin en classe ; accoutumez-les seulement sans affectation à ne prendre point un temps pour un autre, à se servir des termes propres, à expliquer nettement leurs pensées avec ordre, et d'une manière courte et précise : vous les mettrez en état d'apprendre un jour à leurs enfants à bien parler sans aucune étude. On sait que, dans l'ancienne Rome, la mère des Gracques contribua beaucoup, par une bonne éducation, à former l'éloquence de ses enfants, qui devinrent de si grands hommes.

Elles devroient aussi savoir les quatre règles de l'arithmétique ; vous vous en servirez utilement pour leur faire faire souvent des comptes. C'est une occupation fort épineuse pour beaucoup de gens ; mais l'habitude prise dès l'enfance, jointe à la facilité de faire promptement, par le secours des règles, toutes sortes de comptes les plus embrouillés, diminuera fort ce dégoût. On sait assez que l'exactitude de compter souvent fait le bon ordre dans les maisons.

Il seroit bon aussi qu'elles sussent quelque chose des principales règles de la justice ; par exemple, la différence qu'il y a entre un testament et une donation ; ce que c'est qu'un contrat, une substitution, un partage de cohéritiers ; les principales règles du droit ou des coutumes du pays où l'on est, pour rendre ces actes valides ; ce que c'est que propre, ce que c'est que communauté ; ce que c'est que biens meubles et immeubles. Si elles se marient, toutes leurs principales affaires rouleront là-dessus.

Mais en même temps montrez-leur combien elles sont incapables d'enfoncer dans les difficultés du droit ; combien le droit lui-même, par la foiblesse de l'esprit des hommes, est plein d'obscurités et de règles douteuses ; combien la jurisprudence varie ; combien tout ce qui dépend des juges, quelque clair qu'il paroisse, devient incertain ; combien les longueurs des meilleures affaires même sont ruineuses et insupportables. Montrez-leur l'agitation du palais, la fureur de la chicane, les détours pernicieux et les subtilités de la procédure, les frais immenses qu'elle attire, la misère de ceux qui plaident, l'industrie des avocats, des procureurs et des greffiers pour s'enrichir bientôt en appauvrissant les parties. Ajoutez les moyens qui rendent mauvaise par la forme une affaire bonne dans le fond ; les oppositions des maximes de tribunal à tribunal : si vous êtes renvoyé à la grand'chambre, votre procès est gagné ; si vous allez aux enquêtes, il est perdu. N'oubliez pas les conflits de juridiction, et le danger où l'on est de plaider au conseil plusieurs années pour savoir où l'on plaidera. Enfin, remarquez la différence qu'on trouve souvent entre les avocats et les juges sur la même affaire ; dans la consultation vous avez gain de cause, et votre arrêt vous condamne aux dépens.

Tout cela me semble important pour empêcher les femmes de se passionner sur les affaires, et de s'abandonner aveuglément à certains conseils ennemis de la paix, lorsqu'elles sont veuves, ou maîtresses de leur bien dans un autre état. Elles doivent écouter leurs gens d'affaires, mais non pas se livrer à eux.

Il faut qu'elles s'en défient dans les procès qu'ils veulent leur faire entreprendre, qu'elles consultent les gens d'un esprit plus étendu et plus attentifs aux avantages d'un accommodement, et qu'enfin elles soient persuadées que la principale habileté dans les affaires est d'en prévoir les inconvéniens, et de les savoir éviter.

Les filles qui ont une naissance et un bien considérable ont besoin d'être instruites des devoirs des seigneurs dans leurs terres. Dites-leur donc ce qu'on peut faire pour empêcher les abus, les violences, les chicanes, les faussetés si ordinaires à la campagne. Joignez-y les moyens d'établir de petites écoles et des assemblées de charité pour le soulagement des pauvres malades. Montrez aussi le trafic qu'on peut quelquefois établir en certains pays pour y diminuer la misère ; mais surtout comment on peut procurer au peuple une instruction solide et une police chrétienne. Tout cela demanderoit un détail trop long pour être mis ici.

En expliquant les devoirs des seigneurs, n'oubliez pas leurs droits : dites ce que c'est que fiefs, seigneur dominant, vassal, hommage, rentes, dîmes inféodées, droit de champart, lods et ventes, indemnités, amortissement et reconnoissances, papiers terriers et autres choses semblables. Ces connoissances sont nécessaires, puisque le gouvernement des terres consiste entièrement dans toutes ces choses.

Après ces instructions, qui doivent tenir la première place, je crois qu'il n'est pas inutile de laisser aux filles, selon leur loisir et la portée de leur esprit, la lecture des livres profanes qui n'ont rien de dangereux pour les passions : c'est même le moyen de les dégoûter des comédies et des romans. Donnez-leur donc les histoires grecques et romaines ; elles y verront des prodiges de courage et de désintéressement. Ne leur laissez pas ignorer l'histoire de France, qui a aussi ses beautés ;

mêlez celle des pays voisins, et les relations des pays éloignés judicieusement écrites. Tout cela sert à agrandir l'esprit et à élever l'ame à de grands sentiments, pourvu qu'on évite la vanité et l'affectation.

On croit d'ordinaire qu'il faut qu'une fille de qualité qu'on veut bien élever apprenne l'italien et l'espagnol ; mais je ne vois rien de moins utile que cette étude, à moins qu'une fille ne se trouvât attachée auprès de quelque princesse espagnole ou italienne, comme nos reines d'Autriche et de Médicis. D'ailleurs ces deux langues ne servent guère qu'à lire des livres dangereux, et capables d'augmenter les défauts des femmes ; il y a beaucoup plus à perdre qu'à gagner dans cette étude. Celle du latin seroit bien plus raisonnable, car c'est la langue de l'Église : il y a un fruit et une consolation inestimable à entendre le sens des paroles de l'office divin, où l'on assiste si souvent. Ceux mêmes qui cherchent les beautés du discours en trouveront de bien plus parfaites et plus solides dans le latin que dans l'italien et dans l'espagnol, où règne un jeu d'esprit et une vivacité d'imagination sans règle. Mais je ne voudrois faire apprendre le latin qu'aux filles d'un jugement ferme et d'une conduite modeste, qui sauroient ne prendre cette étude que pour ce qu'elle vaut, qui renonceroient à la vaine curiosité, qui cacheroient ce qu'elles auroient appris, et qui n'y chercheroient que leur édification.

Je leur permettrois aussi, mais avec un grand choix, la lecture des ouvrages d'éloquence et de poésie, si je voyois qu'elles en eussent le goût, et que leur jugement fût assez solide pour se borner au véritable usage de ces choses ; mais je craindrois d'ébranler trop les imaginations vives, et je voudrois en tout cela une exacte sobriété : tout ce qui peut faire sentir l'amour, plus il est adouci et enveloppé, plus il me paroît dangereux.

La musique et la peinture ont besoin des mêmes précautions : tous ces arts sont du même génie et du même goût. Pour la musique, on sait que les anciens croyoient que rien n'étoit plus pernicieux à une république bien policée, que d'y laisser introduire une mélodie efféminée : elle énerve les hommes ; elle rend les ames molles et voluptueuses ; les tons languissants et passionnés ne font tant de plaisir qu'à cause que l'ame s'y abandonne à l'attrait des sens jusqu'à s'y enivrer elle-même. C'est pourquoi à Sparte les magistrats brisoient tous les instruments dont l'harmonie étoit trop délicieuse, et c'étoit là une de leurs plus importantes polices ; c'est pourquoi Platon rejette sévèrement tous les tons délicieux qui entroient dans la musique des Asiatiques : à plus forte raison les chrétiens, qui ne doivent jamais chercher le plaisir pour le seul plaisir, doivent-ils avoir en horreur ces divertissements empoisonnés.

La poésie et la musique, si on en retranchoit tout ce qui ne tend point au vrai but, pourroient être employées très utilement à exciter dans l'ame des sentiments vifs et sublimes pour la vertu. Combien avons-nous d'ouvrages poétiques de l'Écriture que les Hébreux chantoient, selon les apparences ! Les cantiques ont été les premiers monuments qui ont conservé plus distinctement, avant l'écriture, la tradition des choses divines parmi les hommes. Nous avons vu combien la musique a été puissante parmi les peuples païens, pour élever l'ame au-dessus des sentiments vulgaires. L'Église a cru ne pouvoir consoler mieux ses enfants que par le chant des louanges de Dieu. On ne peut donc abandonner ces arts, que l'Esprit de Dieu même a consacrés. Une musique et une poésie chrétienne seroient le plus grand de tous les secours pour dégoûter des plaisirs profanes ; mais, dans les faux préjugés où est notre nation, le goût de ces arts n'est guère sans danger. Il faut donc se hâter de faire sentir à une jeune fille qu'on voit fort sensible à de telles impressions, combien on peut trouver de charmes dans la musique sans sortir des sujets pieux. Si elle a de la voix et du génie pour les beautés de la musique, n'espérez pas de les lui faire toujours ignorer : la défense irriteroit la passion ; il vaut mieux donner un cours réglé à ce torrent, que d'entreprendre de l'arrêter.

La peinture se tourne chez nous plus aisément au bien : d'ailleurs elle a un privilége pour les femmes ; sans elle leurs ouvrages ne peuvent être bien conduits. Je sais qu'elles pourroient se réduire à des travaux simples qui ne demanderoient aucun art ; mais, dans le dessein qu'il me semble qu'on doit avoir d'occuper l'esprit en même temps que les mains des femmes de condition, je souhaiterois qu'elles fissent des ouvrages où l'art et l'industrie assaisonnassent le travail de quelque plaisir. De tels ouvrages ne peuvent avoir aucune vraie beauté, si la connoissance des règles du dessin ne les conduit. De là vient que presque tout ce qu'on voit maintenant dans les étoffes, dans les dentelles et dans les broderies, est d'un mauvais goût ; tout y est confus, sans dessein, sans proportion. Ces choses passent pour belles, parce qu'elles coûtent beaucoup de travail à ceux qui les font, et d'argent à ceux qui les achètent ; leur éclat éblouit ceux qui les voient de loin, ou qui ne s'y connoissent pas. Les femmes ont fait là-dessus des règles à leur mode : qui voudroit contester passeroit pour visionnaire. Elles pourroient néanmoins se détromper en consultant la peinture, et par-là se mettre en état de faire, avec une médiocre dépense et un grand plaisir, des ouvrages d'une noble variété, et d'une beauté qui seroit au-dessus des caprices irréguliers des modes.

Elles doivent également craindre et mépriser l'oisiveté. Qu'elles pensent que tous les premiers chrétiens, de quelque condition qu'ils fussent, travailloient, non pour s'amuser, mais pour faire du travail une occupation sérieuse, suivie et utile. L'ordre naturel, la pénitence imposée au premier homme, et en lui à toute sa postérité; celle dont l'homme nouveau, qui est Jésus-Christ, nous a laissé un si grand exemple, tout nous engage à une vie laborieuse, chacun en sa manière.

On doit considérer, pour l'éducation d'une jeune fille, sa condition, les lieux où elle doit passer sa vie, et la profession qu'elle embrassera selon les apparences. Prenez garde qu'elle ne conçoive des espérances au-dessus de son bien et de sa condition. Il n'y a guère de personnes à qui il n'en coûte cher pour avoir trop espéré; ce qui auroit rendu heureux n'a plus rien que de dégoûtant, dès qu'on a envisagé un état plus haut. Si une fille doit vivre à la campagne, de bonne heure tournez son esprit aux occupations qu'elle y doit avoir, et ne lui laissez point goûter les amusements de la ville; montrez-lui les avantages d'une vie simple et active. Si elle est d'une condition médiocre de la ville, ne lui faites point voir des gens de la cour; ce commerce ne serviroit qu'à lui faire prendre un air ridicule et disproportionné : renfermez-la dans les bornes de sa condition, et donnez-lui pour modèles les personnes qui y réussissent le mieux; formez son esprit pour les choses qu'elle doit faire toute sa vie; apprenez-lui l'économie d'une maison bourgeoise, les soins qu'il faut avoir pour les revenus de la campagne, pour les rentes et pour les maisons qui sont les revenus de la ville, ce qui regarde l'éducation des enfants, et enfin le détail des autres occupations d'affaires ou de commerce, dans lequel vous prévoyez qu'elle devra entrer, quand elle sera mariée. Si au contraire elle se détermine à se faire religieuse, sans y être poussée par ses parents, tournez dès ce moment toute son éducation vers l'état où elle aspire; faites-lui faire des épreuves sérieuses des forces de son esprit et de son corps, sans attendre le noviciat, qui est une espèce d'engagement par rapport à l'honneur du monde; accoutumez-la au silence; exercez-la à obéir sur des choses contraires à son humeur et à ses habitudes; essayez peu à peu de voir de quoi elle est capable pour la règle qu'elle veut prendre; tâchez de l'accoutumer à une vie grossière, sobre et laborieuse; montrez-lui en détail combien on est libre et heureux de savoir se passer des choses que la vanité et la mollesse, ou même la bienséance du siècle, rendent nécessaires hors du cloître; en un mot, en lui faisant pratiquer la pauvreté, faites-lui-en sentir le bonheur que Jésus-Christ nous a révélé. Enfin, n'oubliez rien pour ne laisser dans son cœur le goût d'aucune des vanités du monde, quand elle le quittera. Sans lui faire faire des expériences trop dangereuses, découvrez-lui les épines cachées sous les faux plaisirs que le monde donne; montrez-lui des gens qui y sont malheureux au milieu des plaisirs.

CHAPITRE XIII.

Des gouvernantes.

Je prévois que ce plan d'éducation pourra passer, dans l'esprit de beaucoup de gens, pour un projet chimérique. Il faudroit, dira-t-on, un discernement, une patience et un talent extraordinaire pour l'exécuter. Où sont les gouvernantes capables de l'entendre? A plus forte raison, où sont celles qui peuvent le suivre? Mais je prie de considérer attentivement que quand on entreprend un ouvrage sur la meilleure éducation qu'on peut donner aux enfants, ce n'est pas pour donner des règles imparfaites : on ne doit donc pas trouver mauvais qu'on vise au plus parfait dans cette recherche. Il est vrai que chacun ne pourra pas aller, dans la pratique, aussi loin que vont nos pensées lorsque rien ne les arrête sur le papier : mais enfin, lors même qu'on ne pourra pas arriver jusqu'à la perfection dans ce travail, il ne sera pas inutile de l'avoir connue, et de s'être efforcé d'y atteindre; c'est le meilleur moyen d'en approcher. D'ailleurs cet ouvrage ne suppose point un naturel accompli dans les enfants, et un concours de toutes les circonstances les plus heureuses pour composer une éducation parfaite : au contraire, je tâche de donner des remèdes pour les naturels mauvais ou gâtés; je suppose les mécomptes ordinaires dans les éducations, et j'ai recours aux moyens les plus simples pour redresser, en tout ou en partie, ce qui en a besoin. Il est vrai qu'on ne trouvera point, dans ce petit ouvrage, de quoi faire réussir une éducation négligée et mal conduite : mais faut-il s'en étonner? N'est-ce pas le mieux qu'on puisse souhaiter, que de trouver des règles simples dont la pratique exacte fasse une solide éducation? J'avoue qu'on peut faire et qu'on fait tous les jours pour les enfants beaucoup moins que ce que je propose ; mais aussi on ne voit que trop combien la jeunesse souffre par ces négligences. Le chemin que je représente, quelque long qu'il paroisse, est le plus court, puisqu'il mène droit où l'on veut aller ; l'autre chemin, qui est celui de la crainte, et d'une culture superficielle des esprits, quelque court qu'il paroisse, est trop long ; car on n'arrive presque jamais par-là au seul vrai but de l'éducation, qui est de persuader les esprits, et d'inspirer l'amour sincère de la vertu. La plupart des enfants qu'on a conduits par ce chemin sont encore à recommencer, quand leur éducation semble finie; et après qu'ils ont passé les premières années de leur entrée dans le monde à faire des fautes souvent irréparables, il faut que l'expérience et leurs propres réflexions leur fassent trouver toutes les maximes que cette éducation gênée et superficielle n'avoit point su leur inspirer. On doit encore observer que ces premières peines, que je demande qu'on prenne pour les enfants, et que les gens sans expérience regardent comme accablantes et impraticables, épargnent des désagréments bien plus fâcheux, et aplanissent des obstacles qui deviennent insurmontables dans la suite d'une éducation moins exacte et plus rude. Enfin, considérez que, pour exécuter ce projet d'éducation, il s'agit moins de faire des choses qui demandent un grand talent, que d'éviter des fautes grossières que nous avons marquées ici en détail. Souvent il n'est question que de ne presser point les enfants, d'être assidu auprès d'eux, de les observer, de leur inspirer de la confiance, de répondre nettement et de bon sens à leurs petites questions, de laisser agir leur naturel pour le mieux connoître, et de les redresser avec patience, lorsqu'ils se trompent ou font quelque faute.

Il n'est pas juste de vouloir qu'une bonne éducation puisse être conduite par une mauvaise gouvernante. C'est sans doute assez que de donner des règles pour la faire réussir par les soins d'un sujet médiocre ; ce n'est pas demander trop de ce sujet médiocre, que de vouloir qu'il ait au moins le sens droit, une humeur traitable, et une véritable crainte de Dieu. Cette gouvernante ne trouvera dans cet écrit rien de subtil ni d'abstrait ; quand même elle ne l'entendroit pas tout, elle concevra le gros, et cela suffit. Faites qu'elle le lise plusieurs fois ; prenez la peine de le lire avec elle, donnez-lui la liberté de vous arrêter sur tout ce qu'elle n'entend pas, et dont elle ne se sent pas persuadée ; ensuite mettez-la dans la pratique ; et à mesure que vous verrez qu'elle perd de vue, en parlant à l'enfant, les règles de cet écrit qu'elle étoit convenue de suivre, faites-le lui remarquer doucement en secret. Cette application vous sera d'abord pénible ; mais, si vous êtes le père ou la mère de l'enfant, c'est votre devoir essentiel : d'ailleurs vous n'aurez pas long-temps de grandes difficultés là-dessus ; car cette gouvernante, si elle est sensée et de bonne volonté, en apprendra plus en un mois par sa pratique et par vos avis, que par de longs raisonnements ; bientôt elle marchera d'elle-même dans le droit chemin. Vous aurez encore cet avantage, pour vous décharger, qu'elle trouvera dans ce petit ouvrage les principaux discours qu'il faut faire aux enfants sur les plus importantes maximes, tout faits, en sorte qu'elle n'aura presque qu'à les suivre. Ainsi elle aura devant ses yeux un recueil des conversations qu'elle doit avoir avec l'enfant sur les choses les plus difficiles à lui faire entendre. C'est une espèce d'éducation pratique, qui la conduira comme par la main. Vous pouvez encore vous servir très utilement du *Catéchisme historique*, dont nous avons déjà parlé ; faites que la gouvernante que vous formez le lise plusieurs fois, et surtout tâchez de lui en faire bien concevoir la préface, afin qu'elle entre dans cette méthode d'enseigner. Il faut pourtant avouer que ces sujets d'un talent médiocre, auxquels je me borne, sont rares à trouver. Mais enfin il faut un instrument propre à l'éducation ; car les choses les plus simples ne se font pas d'elles-mêmes, et elles se font toujours mal par les esprits mal faits. Choisissez donc, ou dans votre maison, ou dans vos terres, ou chez vos amis, ou dans les communautés bien réglées, quelque fille que vous croirez capable d'être formée ; songez de bonne heure à la former pour cet emploi, et tenez-la quelque temps auprès de vous pour l'éprouver, avant que de lui confier une chose si précieuse. Cinq ou six gouvernantes formées de cette manière seroient capables d'en former bientôt un grand nombre d'autres. On trouveroit peut-être du mécompte en plusieurs de ces sujets ; mais enfin sur ce grand nombre on trouveroit toujours de quoi se dédommager, et on ne seroit pas dans l'extrême embarras où l'on se trouve tous les jours. Les communautés religieuses et séculières qui s'appliquent, selon leur institut, à élever des filles, pourroient aussi entrer dans ces vues pour former leurs maîtresses de pensionnaires et leurs maîtresses d'école.

Mais, quoique la difficulté de trouver des gouvernantes soit grande, il faut avouer qu'il y en a une autre plus grande encore; c'est celle de l'irrégularité des parents : tout le reste est inutile, s'ils ne veulent concourir eux-mêmes dans ce travail. Le fondement de tout est qu'ils ne donnent à leurs enfants que des maximes droites et des exemples édifiants. C'est ce qu'on ne peut espérer que d'un très petit nombre de familles. On ne voit, dans la plupart des maisons, que confusion, que changement, qu'un amas de domestiques qui sont autant d'esprits de travers que division entre les maîtres. Quelle affreuse école pour des enfants! Souvent une mère qui passe sa vie au jeu, à la comédie, et dans des conversations indécentes, se plaint d'un ton grave qu'elle ne peut pas trouver une gouvernante capable d'élever ses filles. Mais qu'est-ce que peut la meilleure éducation sur des filles à la vue d'une telle mère? Souvent encore on voit des parents qui, comme dit saint Augustin, mènent eux-mêmes leurs enfants aux spectacles publics, et à d'autres divertissements qui ne peuvent manquer de les dégoûter de la vie sérieuse et occupée dans laquelle ces parents mêmes les veulent engager; ainsi ils mêlent le poison avec l'aliment salutaire. Ils ne parlent que de sagesse; mais ils accoutument l'imagination volage des enfants aux violents ébranlements des représentations passionnées et de la musique, après quoi ils ne peuvent plus s'appliquer. Ils leur donnent le goût des passions, et leur font trouver fades les plaisirs innocents. Après cela ils veulent encore que l'éducation réussisse; et ils la regardent comme triste et austère, si elle ne souffre ce mélange du bien et du mal. N'est-ce pas vouloir se faire honneur du désir d'une bonne éducation de ses enfants, sans en vouloir prendre la peine, ni s'assujettir aux règles les plus nécessaires?

Finissons par le portrait que le Sage fait d'une femme forte [1] : Son prix, dit-il, est comme celui de ce qui vient de loin, et des extrémités de la terre. Le cœur de son époux se confie à elle; elle ne manque jamais des dépouilles qu'il lui rapporte de ses victoires; tous les jours de sa vie elle lui fait du bien, et jamais de mal. Elle cherche la laine et le lin : elle travaille avec des mains pleines de sagesse. Chargée comme un vaisseau marchand, elle porte de loin ses provisions. La nuit elle se lève, et distribue la nourriture à ses domestiques. Elle considère un champ, et l'achète de son travail, fruit de ses mains; elle plante une vigne. Elle ceint ses reins de force, elle endurcit son bras. Elle a goûté et vu combien son commerce est utile : sa lumière ne s'éteint jamais pendant la nuit. Sa main s'attache aux travaux rudes, et ses doigts prennent le fuseau. Elle ouvre pourtant sa main à celui qui est dans l'indigence, elle l'étend sur le pauvre. Elle ne craint ni froid ni neige; tous ses domestiques ont de doubles habits : elle a tissu une robe pour elle, le fin lin et la pourpre sont ses vêtements. Son époux est illustre aux portes, c'est-à-dire dans les conseils, où il est assis avec les hommes les plus vénérables. Elle fait des habits qu'elle vend, des ceintures qu'elle débite aux Chananéens. La force et la beauté sont ses vêtements, et elle rira dans son dernier jour. Elle ouvre sa bouche à la sagesse, et une loi de douceur est sur sa langue. Elle observe dans sa maison jusqu'aux traces des pas, et elle ne mange jamais son pain sans occupation. Ses enfants se sont élevés, et l'ont dite heureuse; son mari s'élève de même, et il la loue : Plusieurs filles, dit-il, ont amassé des richesses; vous les avez toutes surpassées. Les grâces sont trompeuses, la beauté est vaine : la femme qui craint Dieu, c'est elle qui sera louée. Donnez-lui du fruit de ses mains; et qu'aux portes, dans les conseils publics, elle soit louée par ses propres œuvres [*].

---

[1] *Proverb.*, XXXI et seq.

[*] Ce portrait de la femme forte, comme nous l'avons fait observer ailleurs n'est qu'un abrégé de celui qu'on trouve dans une copie très ancienne de l'ouvrage de Fénelon, et que nous croyons devoir mettre sous les yeux du lecteur.

« Qui sera assez heureux pour trouver une femme forte? On » la doit chercher, comme un bien d'un prix inestimable, jus- » que dans les pays les plus éloignés. Le cœur de son époux se » repose sur elle avec confiance; et, sans avoir besoin de rempor- » ter les dépouilles des ennemis, il verra toujours l'abondance » dans sa maison. Elle lui rendra le bien, et non le mal, pen- » dant tous les jours de sa vie. De quelque manière qu'il en use » avec elle, elle ne négligera aucun de ses devoirs envers lui; et » s'il manque à régler et à soutenir sa famille, solidaire avec lui » dans cette fonction, elle y suppléera courageusement, couvrira » respectueusement les fautes de son mari, et réparera le mal » par le bien. Au lieu de s'amuser, comme les autres femmes, à » des choses frivoles, elle prendra d'abord du lin et de la laine : » ce sera par un conseil plein de sagesse qu'elle s'appliquera ainsi » à travailler de ses propres mains. Semblable à un vaisseau mar- » chand, qui porte de loin toutes ses provisions, elle attirera de » tous côtés des biens dans sa maison. Bien loin de s'endormir » dans la mollesse, elle se lèvera devant le jour, afin de pourvoir » à la nourriture de ses domestiques et de ses servantes. A-t-elle » bien examiné le prix d'une terre, elle l'achètera; et on la verra » planter une vigne, pour cueillir un jour elle-même le fruit du » travail de ses propres mains. Ne vous la représentez point » comme une femme vaine et délicate; la voilà qui ceint déjà ses » reins pour agir avec plus de liberté et de force, et qui endur- » cit ses bras au travail. Elle goûte et elle a compris combien » cette vie agissante est bonne. Aussi veille-t-elle sur toutes » choses, et elle ne laisse jamais éteindre sa lumière chez elle » pendant la nuit, afin de voir tout ce qui se passe. Si ses doigts » ne méprisent point le fuseau, sa main n'est pas moins prompte » pour les travaux qui semblent les plus pénibles. Ne croyez pour- » tant pas qu'elle se donne tant de soins par un sentiment d'a- » varice. Ses bras, qui sont infatigables au travail, s'étendent pernicieuse impression que cette image trompeuse

Quoique la différence extrême des mœurs, la brièveté et la hardiesse des figures, rendent d'abord ce langage obscur, on y trouve un style si

» souvent chaque jour en faveur des pauvres, qu'elle soulage
» dans leurs misères. Elle ne craint point pour sa famille la ri-
» gueur de l'hiver; elle a pourvu aux besoins de toutes les sai-
» sons, et tous ses domestiques ont deux paires d'habits. Son
» époux est un homme considérable aux portes de la ville, c'est-
» à-dire dans les assemblées publiques et dans les conseils. Il
» est assis avec dignité au milieu des vieillards vénérables qui sont
» juges du peuple. Elle travaille à divers ouvrages pour des man-
» teaux et pour des ceintures, et elle en fait commerce avec les
» étrangers. La force de son corps exercé au travail, et sa beauté
» toute naturelle, sont ses ornements, sans qu'elle ait besoin
» d'en emprunter par un vain artifice. Aussi verra-t-elle la mort
» sans en être étonnée; toujours préparée à la recevoir, elle s'y
» résoudra avec un cœur soumis à la Providence, et avec un
» visage riant. Accoutumée à se taire et à retrancher les discours
» inutiles, elle n'ouvre sa bouche qu'à la sagesse, que pour in-
» struire et édifier : une loi de clémence, de discrétion et de cha-
» rité pour le prochain conduit sa langue, et règle toutes ses pa-
» roles. Elle observe tout ce qui se fait chez elle: elle veille sur
» la conduite de ses domestiques ; elle étudie leurs inclinations
» et leurs habitudes ; elle suit, pour les bien reconnoître, jus-
» qu'aux traces de leurs pieds. Ennemie de la mollesse et de l'oi-
» siveté, elle gagne sa vie par son travail, dans sa propre mai-
» son, et au milieu de ses biens mêmes. Ses enfants, qu'elle élève,
» charmés de sa sagesse, admirent son bonheur qui en est le fruit.
» Ils se lèvent, ils s'écrient publiquement: Qu'elle est heureuse,
» qu'elle est digne de l'être! Et son époux, joignant ses louanges
» aux leurs, lui dit : Beaucoup de femmes ont enrichi leurs fa-
» milles; mais vous les avez toutes surpassées par vos vertus et
» par votre conduite. Les graces sont trompeuses, la beauté n'est
» qu'un éclat vain et fragile; mais la sagesse d'une femme pleine
» de la crainte de Dieu mérite une louange immortelle. Qu'elle
» soit donc comblée des biens qui sont les fruits de son travail,
» et qu'elle soit louée aux portes, c'est-à-dire de tout le public. »

Bossuet, dans son Commentaire sur le dernier chapitre du livre des *Proverbes*, s'arrête avec une sorte de complaisance à développer le passage qui a fourni à Fénelon ce beau portrait. Nous insérons ici ce morceau, en faveur de ceux qui voudroient en faire la comparaison.

« Intueamur, christiani, quam Salomon nobis studiosæ mu-
» lieris informat effigiem. Non illa somno atque inertiæ indulget,
» otiosa, verbosa, delicata, ac per domos discurrens: sed dom in-
» tenta laboribus, lucerna semper vigili, ipsa de nocte surgens,
» familiæ cibos pariter, atque opera dividit. Atqui non rustica-
» nam fingit ac pauperem, aut certe sordidam, tantumque hæ-
» rentem quæstui; cujus vir in portis nobilis, senatorio habitu,
» inter principes civitatis sedet; ipsa byssso et purpura conspicua,
» viri, liberorumque, ac familiæ decus, veste quoque tuetur;
» suam simul commendat diligentiam : splendet enim domus
» aulæis, apertibus, at que exquisitissimis lectorum operimentis;
» sed quæ ipsa texuerit. Non tamen hic gemmas, lapillosque, aut
» aurum audieris. Utilia, non vana sectatur, nec pompam, sed
» solidam rerum speciem. Lenis interim, benefica in egenos, nec
» familiæ gravis ; hera cautissima, sollicita mater, non tantum
» imperat, verum etiam docet, hortatur, monet : nec nisi verba
» promit sapientia: nil temere agit aut leviter: emit quidem
» agrum, sed quem ipsa considera verit. Neque hic pudi-
» citiam memorari oportuit, qua carere, probro, ornari, prudens
» mulier haud magna laudi ducit. Cæterum facile intellexeris
» mollitiem aut libidinem non irrepere in hanc vitam. Clara im-
» primis cultu ac timore Domini; non tamen vanis addicta reli-
» gionibus, sed quæ in exquendis matris familias officiis, vel
» maximam partem pietatis reponat, intenta familiæ atque operi;
» cujus laudes hac una fere sententia : *Consideraverit semitas
» domus suæ, et panem otiosa non comedit.* At nunc præclare
» agere se putant, si tantum castæ, probæque, amandi, utiandi,
» maledicendi studium usu assiduo arceant. »

vif et si plein, qu'on en est bientôt charmé si on l'examine de près. Mais ce que je souhaite davantage qu'on en remarque, c'est l'autorité de Salomon, le plus sage de tous les hommes; c'est celle du Saint-Esprit même, dont les paroles sont si magnifiques pour faire admirer, dans une femme riche et noble, la simplicité des mœurs, l'économie et le travail.

~~~~~~

AVIS

A UNE DAME DE QUALITÉ,

SUR L'ÉDUCATION DE SA FILLE.

Puisque vous le voulez, madame, je vais vous proposer mes idées sur l'éducation de mademoiselle votre fille.

Si vous en aviez plusieurs, vous pourriez en être embarrassée, à cause des affaires qui vous assujettissent à un commerce extérieur plus grand que vous ne le souhaiteriez. En ce cas, vous pourriez choisir quelque bon couvent, où l'éducation des pensionnaires seroit exacte. Mais, puisque vous n'avez qu'une seule fille à élever, et que Dieu vous a rendue capable d'en prendre soin, je crois que vous pouvez lui donner une meilleure éducation qu'aucun couvent. Les yeux d'une mère sage, tendre et chrétienne, découvrent sans doute ce que d'autres ne peuvent découvrir. Comme ces qualités sont très rares, le plus sûr parti pour les mères est de confier aux couvents le soin d'élever leurs filles, parce que souvent elles manquent des lumières nécessaires pour les instruire; ou, si elles les ont, elles ne les fortifient pas par l'exemple d'une conduite sérieuse et chrétienne, sans lequel les instructions les plus solides ne font aucune impression; car tout ce qu'une mère peut dire à sa fille est anéanti par ce que sa fille lui voit faire. Il n'en est pas de même de vous, madame: vous ne songez qu'à servir Dieu; la religion est le premier de vos soins, et vous n'inspirerez à mademoiselle votre fille que ce qu'elle vous verra pratiquer : ainsi je vous excepte de la règle commune, et je vous préfère, pour son éducation, à tous les couvents. Il y a même un grand avantage dans l'éducation que vous donnez à mademoiselle votre fille auprès de vous. Si un couvent n'est pas régulier, elle y verra la vanité en honneur, ce qui est le plus subtil de tous les poisons pour une jeune personne. Elle y entendra parler du monde comme d'une espèce d'enchantement; et rien ne fait une plus du siècle, qu'on regarde de loin avec admiration, et qui en exagère tous les plaisirs sans en montrer les mécomptes et les amertumes. Le monde n'éblouit jamais tant que quand on le voit de loin, sans l'avoir jamais vu de près, et sans être prévenu contre sa séduction. Ainsi je craindrois un couvent mondain encore plus que le monde même. Si, au contraire, un couvent est dans la ferveur et dans la régularité de son institut, une jeune fille de condition y croît dans une profonde ignorance du siècle : c'est sans doute une heureuse ignorance, si elle doit durer toujours; mais si cette fille sort de ce couvent, et passe, à un certain âge, dans la maison paternelle, où le monde aborde, rien n'est plus à craindre que cette surprise et que ce grand ébranlement d'une imagination vive. Une fille qui n'a été détachée du monde qu'à force de l'ignorer, et en qui la vertu n'a pas encore jeté de profondes racines, est bientôt tentée de croire qu'on lui a caché ce qu'il y a de plus merveilleux. Elle sort du couvent comme une personne qu'on auroit nourrie dans les ténèbres d'une profonde caverne, et qu'on feroit tout d'un coup passer au grand jour. Rien n'est plus éblouissant que ce passage imprévu, et que cet éclat auquel on n'a jamais été accoutumé. Il vaut beaucoup mieux qu'une fille s'accoutume peu à peu au monde auprès d'une mère pieuse et discrète, qui ne lui en montre que ce qu'il lui convient d'en voir, qui lui en découvre les défauts dans les occasions, et qui lui donne l'exemple de n'en user qu'avec modération, pour le seul besoin. J'estime fort l'éducation des bons couvents; mais je compte encore plus sur celle d'une bonne mère, quand elle est libre de s'y appliquer. Je conclus donc que mademoiselle votre fille est mieux auprès de vous que dans le meilleur couvent que vous pourriez choisir. Mais il y a peu de mères à qui il soit permis de donner un pareil conseil.

Il est vrai que cette éducation auroit de grands périls, si vous n'aviez pas le soin de choisir avec précaution les femmes qui seront auprès de mademoiselle votre fille. Vos occupations domestiques, et le commerce de bienséance au-dehors, ne vous permettent pas d'avoir toujours cet enfant sous vos yeux : il est à propos qu'elle vous quitte le moins qu'il sera possible; mais vous ne sauriez la mener partout avec vous. Si vous la laissez à des femmes d'un esprit léger, mal réglé et indiscret, elles lui feront plus de mal en huit jours que vous ne pourriez lui faire de bien en plusieurs années. Ces personnes, qui n'ont eu d'ordinaire elles-mêmes qu'une mauvaise éducation, lui en donneront une à peu près semblable. Elles parleront trop librement entre elles en présence d'un enfant qui observera tout, et qui croira pouvoir faire de même : elles débiteront beaucoup de maximes fausses et dangereuses. L'enfant entendra médire, mentir, soupçonner légèrement, disputer mal à propos. Elle verra des jalousies, des inimitiés, des humeurs bizarres et incompatibles, et quelquefois des dévotions ou fausses, ou superstitieuses et de travers, sans aucune correction des plus grossiers défauts. D'ailleurs, ces personnes d'un esprit servile ne manqueront pas de vouloir plaire à cet enfant par les complaisances et par les flatteries les plus dangereuses. J'avoue que l'éducation des plus médiocres couvents seroit meilleure que cette éducation domestique. Mais je suppose que vous ne perdrez jamais de vue mademoiselle votre fille, excepté dans les cas d'une absolue nécessité, et que vous aurez au moins une personne sûre qui vous en répondra pour les occasions où vous serez contrainte de la quitter. Il faut que cette personne ait assez de sens et de vertu pour savoir prendre une autorité douce, pour tenir les autres femmes dans leur devoir, pour redresser l'enfant dans les besoins sans s'attirer sa haine, et pour vous rendre compte de tout ce qui méritera quelque attention pour les suites. J'avoue qu'une telle femme n'est pas facile à trouver; mais il est capital de la chercher, et de faire la dépense nécessaire pour rendre sa condition bonne auprès de vous. Je sais qu'on peut y trouver de fâcheux mécomptes; mais il faut se contenter des qualités essentielles, et tolérer les défauts qui sont mêlés avec ces qualités. Sans un tel sujet, appliqué à vous aider, vous ne sauriez pas réussir.

Comme mademoiselle votre fille montre un esprit assez avancé, avec beaucoup d'ouverture, de facilité et de pénétration, je crains pour elle le goût du bel esprit, et un excès de curiosité vaine et dangereuse. Vous me permettrez, s'il vous plaît, madame, de vous dire ce qui ne doit point vous blesser, puisqu'il ne vous regarde point. Les femmes sont d'ordinaire encore plus passionnées pour la parure de l'esprit que pour celle du corps. Celles qui sont capables d'étude, et qui espèrent de se distinguer par-là, ont encore plus d'empressement pour leurs livres que pour leurs ajustements. Elles cachent un peu leur science; mais elles ne la cachent qu'à demi, pour avoir le mérite de la modestie avec celui de la capacité. D'autres vanités plus grossières se corrigent plus facilement, parce qu'on les aperçoit, qu'on se les reproche, et qu'elles marquent un caractère frivole. Mais une femme curieuse, et qui se pique de savoir beaucoup, se flatte d'être un génie supérieur dans son sexe; elle se sait bon gré de mépriser les amusements et les vanités des autres femmes, elle se croit solide en tout, et rien ne la guérit de son entêtement. Elle ne peut d'ordinaire rien savoir qu'à demi; elle est plus éblouie qu'éclairée par ce qu'elle sait; elle se flatte de savoir tout; elle décide; elle se passionne pour un parti contre un autre dans toutes les disputes qui la surpassent, même en matière de religion : de là vient que toutes les sectes naissantes ont eu tant de progrès par des femmes qui les ont insinuées et soutenues. Les femmes sont éloquentes en conversation, et vives pour mener une cabale. Les vanités grossières des femmes déclarées vaines sont beaucoup moins à craindre que ces vanités sérieuses et raffinées, qui se tournent vers le bel esprit pour briller par une apparence de mérite solide. Il est donc capital de ramener sans cesse mademoiselle votre fille à une judicieuse simplicité. Il suffit qu'elle sache assez bien la religion pour la croire et pour la suivre exactement dans la pratique, sans se permettre jamais d'en raisonner. Il faut qu'elle n'écoute que l'Église, qu'elle ne se prévienne pour aucun prédicateur contredit, ou suspect de nouveauté. Son directeur doit être un homme ouvertement déclaré contre tout ce qui s'appelle parti. Il faut qu'elle fuie les conversations des femmes qui se mêlent de raisonner témérairement sur la doctrine, et qu'elle sente combien cette liberté est indécente et pernicieuse. Elle doit avoir horreur de lire les livres défendus, sans vouloir examiner ce qui les fait défendre. Qu'elle apprenne à se défier d'elle-même, et à craindre les piéges de la curiosité et de la présomption : qu'elle s'applique à prier Dieu en toute humilité, à devenir pauvre d'esprit, à se recueillir souvent, à obéir sans relâche, à se laisser corriger par les personnes sages et affectionnées, jusque dans ses jugements les plus arrêtés, et à se taire, laissant parler les autres. J'aime bien mieux qu'elle soit instruite des comptes de votre maître-d'hôtel, que des disputes des théologiens sur la grace. Occupez-la d'un ouvrage de tapisserie qui sera utile dans votre maison, et qui l'accoutumera à se passer du commerce dangereux du monde; mais ne la laissez point raisonner sur la théologie, au grand péril de sa foi. Tout est perdu, et si elle s'entête du bel esprit, et si elle se dégoûte des soins domestiques. La femme forte file [1], se renferme dans son ménage, se tait, croit et obéit; elle ne dispute point contre l'Église.

[1] *Proverb.*, xxxi, 19, etc.

Je ne doute nullement, madame, que vous ne sachiez bien placer, dans les occasions naturelles, quelques réflexions sur l'indécence et sur les déréglements qui se trouvent dans le bel esprit de certaines femmes, pour éloigner mademoiselle votre fille de cet écueil. Mais comme l'autorité d'une mère court risque de s'user, et comme ses plus sages leçons ne persuadent pas toujours une fille contre son goût, je souhaiterois que les femmes d'un mérite approuvé dans le monde, qui sont de vos amies, parlassent avec vous en présence de cette jeune personne, et sans paroître penser à elle, pour blâmer le caractère vain et ridicule des femmes qui affectent d'être savantes, et qui montrent quelque partialité pour les novateurs en matière de religion. Ces instructions indirectes feront, selon les apparences, plus d'impression que tous les discours que vous feriez seule et directement.

Pour les habits, je voudrois que vous tâchassiez d'inspirer à mademoiselle votre fille le goût d'une vraie modération. Il y a certains esprits extrêmes de femmes à qui la médiocrité est insupportable : elles aimeroient mieux une simplicité austère, qui marqueroit une réforme éclatante en renonçant à la magnificence la plus outrée, que de demeurer dans un juste milieu, qu'elles méprisent comme un défaut de goût et comme un état insipide. Il est néanmoins vrai que ce qu'il y a de plus estimable et de plus rare est de trouver un esprit sage et mesuré, qui évite les deux extrémités, et qui, donnant à la bienséance ce qu'on ne peut lui refuser, ne passe jamais cette borne. La vraie sagesse est de vouloir, pour les meubles, pour les équipages et pour les habits, qu'on n'ait rien à y remarquer, ni en bien, ni en mal. Soyez assez bien, direz-vous à mademoiselle votre fille, pour ne vous faire point critiquer comme une personne sans goût, malpropre et trop négligée; mais qu'il ne paroisse dans votre extérieur aucune affectation de parure, ni aucun faste : par-là vous paroîtrez avoir une raison et une vertu au-dessus de vos meubles, de vos équipages et de vos habits; vous vous en servirez, et vous n'en serez pas esclave. Il faut faire entendre à cette jeune personne que c'est le luxe qui confond toutes les conditions, qui élève les personnes d'une basse naissance, et enrichies à la hâte par des moyens odieux, au-dessus des personnes de la condition la plus distinguée; que c'est ce désordre qui corrompt les mœurs d'une nation, qui excite l'avidité, qui accoutume aux intrigues et aux bassesses, et qui sape peu à peu tous les fondements de la probité. Elle doit comprendre aussi qu'une femme, quelques grands biens qu'elle porte dans une maison, la ruine bientôt, si elle y introduit le luxe, avec lequel nul bien ne peut suffire. En même temps accoutumez-la à considérer avec compassion les misères affreuses des pauvres, et à sentir combien il est indigne de l'humanité que certains hommes qui ont tout ne se donnent aucune borne dans l'usage du superflu, pendant qu'ils refusent cruellement le nécessaire aux autres. Si vous teniez mademoiselle votre fille dans un état trop inférieur à celui des autres personnes de son âge et de sa condition, vous courriez risque de l'éloigner de vous: elle pourroit se passionner pour ce qu'elle ne pourroit pas avoir, et qu'elle admireroit de loin en autrui; elle seroit tentée de croire que vous êtes trop sévère et trop rigoureuse: il lui tarderoit peut-être de se voir maîtresse de sa conduite, pour se jeter sans mesure dans la vanité. Vous la retiendrez beaucoup mieux en lui proposant un juste milieu, qui sera toujours approuvé des personnes sensées et estimables: il lui paroîtra que vous voulez qu'elle ait tout ce qui convient à la bienséance, que vous ne tombez dans aucune économie sordide, que vous avez même pour elle toutes les complaisances permises, et que vous voulez seulement la garantir des excès des personnes dont la vanité ne connoît point de bornes. Ce qui est essentiel est de ne vous relâcher jamais sur aucune des immodesties qui sont indignes du christianisme. Vous pouvez vous servir des raisons de bienséance et d'intérêt, pour aider et pour soutenir la religion en ce point. Une jeune fille hasarde tout pour le repos de sa vie, si elle épouse un homme vain, léger et déréglé. Donc il lui est capital de se mettre à portée d'en trouver un sage, réglé, d'un esprit solide, et propre à réussir dans les emplois. Pour trouver un tel homme, il faut être modeste, et ne laisser voir en soi rien de frivole et d'évaporé. Quel est l'homme sage et discret qui voudra une femme vaine, et dont la vertu paroit ambiguë, à en juger par son extérieur?

Mais votre principale ressource est de gagner le cœur de mademoiselle votre fille pour la vertu chrétienne. Ne l'effarouchez point sur la piété par une sévérité inutile; laissez-lui une liberté honnête et une joie innocente; accoutumez-la à se réjouir en-deçà du péché, et à mettre son plaisir loin des divertissements contagieux. Cherchez-lui des compagnies qui ne la gâtent point, et des amusements à certaines heures, qui ne la dégoûtent jamais des occupations sérieuses du reste de la journée. Tâchez de lui faire goûter Dieu; ne souffrez pas qu'elle ne le regarde que comme un juge puissant et inexorable, qui veille sans cesse pour nous censurer et pour nous contraindre en toute occasion; faites-lui voir combien il est doux, combien il se proportionne à nos besoins, et a pitié de nos foiblesses; familiarisez-la avec lui comme avec un père tendre et compatissant. Ne lui laissez point regarder l'oraison comme une oisiveté ennuyeuse, et comme une gêne d'esprit où l'on se met pendant que l'imagination échappée s'égare. Faites-lui entendre qu'il s'agit de rentrer souvent au-dedans de soi pour y trouver Dieu, parce que son règne est au-dedans de nous. Il s'agit de parler simplement à Dieu à toute heure, pour lui avouer nos fautes, pour lui représenter nos besoins, et pour prendre avec lui les mesures nécessaires par rapport à la correction de nos défauts. Il s'agit d'écouter Dieu dans le silence intérieur, en disant: *J'écouterai ce que le Seigneur dit au-dedans de moi* [1]. Il s'agit de prendre l'heureuse habitude d'agir en sa présence, et de faire gaiement toutes choses, grandes ou petites, pour son amour. Il s'agit de renouveler cette présence toutes les fois qu'on s'aperçoit de l'avoir perdue. Il s'agit de laisser tomber les pensées qui nous distraient dès qu'on les remarque, sans se distraire à force de combattre les distractions, et sans s'inquiéter de leur fréquent retour. Il faut avoir patience avec soi-même, et ne se rebuter jamais quelque légèreté d'esprit qu'on éprouve en soi. Les distractions involontaires ne nous éloignent point de Dieu; rien ne lui est si agréable que cette humble patience d'une ame toujours prête à recommencer pour revenir vers lui. Mademoiselle votre fille entrera bientôt dans l'oraison, si vous lui en ouvrez bien la véritable entrée. Il ne s'agit ni de grands efforts d'esprit, ni de saillies d'imagination, ni de sentiments délicieux, que Dieu donne et qu'il ôte comme il lui plaît. Quand on ne connoît point d'autre oraison que celle qui consiste dans toutes ces choses si sensibles et si propres à nous flatter intérieurement, on se décourage bientôt; car une telle oraison tarit, et on croit alors avoir tout perdu. Mais dites-lui que l'oraison ressemble à une société simple, familière et tendre, ou, pour mieux dire, qu'elle est cette société même. Accoutumez-la à épancher son cœur devant Dieu, à se servir de tout pour l'entretenir, et à lui parler avec confiance, comme on parle librement et sans réserve à une personne qu'on aime, et dont on est sûr d'être aimé du fond du cœur. La plupart des personnes qui se bornent à une certaine oraison

[1] *Ps.* LXXXIV. 9.

contrainte sont avec Dieu comme on est avec les personnes qu'on respecte, qu'on voit rarement, par pure formalité, sans les aimer et sans être aimé d'elles : tout s'y passe en cérémonies et en compliments ; on s'y gêne, on s'y ennuie, on a impatience de sortir. Au contraire, les personnes véritablement intérieures sont avec Dieu comme on est avec ses intimes amis : on ne mesure point ce qu'on dit, parce qu'on sait à qui on parle ; on ne dit rien que de l'abondance et de la simplicité du cœur ; on parle à Dieu des affaires communes qui sont sa gloire et notre salut. Nous lui disons nos défauts que nous voulons corriger, nos devoirs que nous avons besoin de remplir, nos tentations qu'il faut vaincre, les délicatesses et les artifices de notre amour-propre qu'il faut réprimer. On lui dit tout ; on l'écoute sur tout ; on repasse ses commandements, et on va jusqu'à ses conseils. Ce n'est plus un entretien de cérémonie ; c'est une conversation libre, de vraie amitié : alors Dieu devient l'ami du cœur, le père dans le sein duquel l'enfant se console, l'époux avec lequel on n'est plus qu'un même esprit par la grace. On s'humilie sans se décourager ; on a une vraie confiance en Dieu, avec une entière défiance de soi ; on ne s'oublie jamais pour la correction de ses fautes, mais on s'oublie pour n'écouter jamais les conseils flatteurs de l'amour-propre. Si vous mettez dans le cœur de mademoiselle votre fille cette piété simple et nourrie par le fond, elle fera de grands progrès.

Je souhaite, etc.

FIN DE L'ÉDUCATION DES FILLES.

RECUEIL DE FABLES

COMPOSÉES POUR L'ÉDUCATION

DE MGR LE DUC DE BOURGOGNE.

I.

Histoire d'une vieille reine et d'une jeune paysanne.

Il étoit une fois une reine si vieille, si vieille, qu'elle n'avoit plus ni dents ni cheveux; sa tête branloit comme les feuilles que le vent remue; elle ne voyoit goutte, même avec ses lunettes; le bout de son nez et celui de son menton se touchoient : elle étoit rapetissée de la moitié, et toute en un peloton, avec le dos si courbé, qu'on auroit cru qu'elle avoit toujours été contrefaite. Une fée, qui avoit assisté à sa naissance, l'aborda, et lui dit : Voulez-vous rajeunir? Volontiers, répondit la reine : je donnerois tous mes joyaux pour n'avoir que vingt ans. Il faut donc, continua la fée, donner votre vieillesse à quelque autre dont vous prendrez la jeunesse et la santé. A qui donnerons-nous vos cent ans? La reine fit chercher partout quelqu'un qui voulût être vieux pour la rajeunir. Il vint beaucoup de gueux qui vouloient vieillir pour être riches : mais quand ils avoient vu la reine tousser, cracher, râler, vivre de bouillie, être sale, hideuse, puante, souffrante, et radoter un peu, ils ne vouloient plus se charger de ses années; ils aimoient mieux mendier, et porter des haillons. Il venoit aussi des ambitieux, à qui elle promettoit de grands rangs et de grands honneurs. Mais que faire de ces rangs? disoient-ils après l'avoir vue; nous n'oserions nous montrer, étant si dégoûtants et si horribles. Mais enfin il se présenta une jeune fille de village, belle comme le jour, qui demanda la couronne pour prix de sa jeunesse; elle se nommoit Péronnelle. La reine s'en fâcha d'abord : mais que faire? à quoi sert-il de se fâcher? elle vouloit rajeunir. Partageons, dit-elle à Péronnelle, mon royaume; vous en aurez une moitié, et moi l'autre : c'est bien assez pour vous qui êtes une petite paysanne. Non, répondit la fille, ce n'est pas assez pour moi : je veux tout. Laissez-moi mon bavolet, avec mon teint fleuri; je vous laisserai vos cent ans, avec vos rides et la mort qui vous talonne. Mais aussi, répondit la reine, que ferois-je, si je n'avois plus de royaume? Vous ririez, vous danseriez, vous chanteriez comme moi, lui dit cette fille. En parlant ainsi, elle se mit à rire, à danser et à chanter. La reine, qui étoit bien loin d'en faire autant, lui dit : Que feriez-vous en ma place? vous n'êtes point accoutumée à la vieillesse. Je ne sais pas, dit la paysanne, ce que je ferois : mais je voudrois bien l'essayer; car j'ai toujours ouï dire qu'il est beau d'être reine. Pendant qu'elles étoient en marché, la fée survint, qui dit à la paysanne : Voulez-vous faire votre apprentissage de vieille reine, pour savoir si ce métier vous accommodera? Pourquoi non? dit la fille. A l'instant les rides couvrent son front; ses cheveux blanchissent; elle devient grondeuse et rechignée; sa tête branle, et toutes ses dents aussi; elle a déjà cent ans. La fée ouvre une petite boîte, et en tire une foule d'officiers et de courtisans richement vêtus, qui croissent à mesure qu'ils en sortent, et qui rendent mille respects à la nouvelle reine. On lui sert un grand festin : mais elle est dégoûtée, et ne sauroit mâcher; elle est honteuse et étonnée; elle ne sait ni que dire ni que faire; elle tousse à crever; elle crache sur son menton; elle a au nez une roupie gluante qu'elle essuie avec sa manche; elle se regarde au miroir, et se trouve plus laide qu'une guenuche. Cependant la véritable reine étoit dans un coin, qui rioit, et qui commençoit à devenir jolie; ses cheveux revenoient, et ses dents aussi; elle reprenoit un bon teint frais et vermeil; elle se redressoit avec mille petites façons : mais elle étoit crasseuse, court vêtue, et faite comme un petit torchon qui a traîné dans les cendres. Elle n'étoit pas accoutumée à cet équipage; et les gardes, la prenant pour quelque servante de cuisine, vouloient la chasser du palais. Alors Péronnelle lui dit : Vous voilà bien embarrassée de n'être plus reine, et moi encore davantage de l'être : tenez, voilà votre couronne ; rendez-moi ma cotte grise. L'échange fut aussitôt fait ; et la reine de revieillir, et la paysanne de rajeunir. A peine le changement fut fait, que toutes deux s'en repentirent ; mais il n'étoit plus temps. La fée les condamna à demeurer chacune dans sa condition. La reine pleuroit tous les jours. Dès qu'elle avoit mal au bout du doigt, elle disoit : Hélas ! si j'étois Péronnelle, à l'heure que je parle je serois logée dans une chaumière, et je vivrois de châtaignes ; mais je danserois sous l'orme avec les bergers au son de la flûte. Que me sert d'avoir un beau lit, où je ne fais que souffrir, et tant de gens, qui ne peuvent me soulager ? Ce chagrin augmenta ses maux ; les médecins, qui étoient sans cesse douze autour d'elle, les augmentèrent aussi. Enfin elle mourut au bout de deux mois. Péronnelle faisoit une danse ronde le long d'un clair ruisseau avec ses compagnes, quand elle apprit la mort de la reine : alors elle reconnut qu'elle avoit été plus heureuse que sage d'avoir perdu la royauté. La fée revint la voir, et lui donna à choisir de trois maris : l'un, vieux, chagrin, désagréable, jaloux et cruel, mais riche, puissant, et très grand seigneur, qui ne pourroit ni jour ni nuit se passer de l'avoir auprès de lui ; l'autre, bien fait, doux, commode, aimable et d'une grande naissance, mais pauvre et malheureux en tout ; le dernier, paysan comme elle, qui ne seroit ni beau ni laid, qui ne l'aimeroit ni trop ni peu, qui ne seroit ni riche ni pauvre. Elle ne savoit lequel prendre ; car naturellement elle aimoit fort les beaux habits, les équipages et les grands honneurs. Mais la fée lui dit : Allez, vous êtes une sotte. Voyez-vous ce paysan ? voilà le mari qu'il vous faut. Vous aimeriez trop le second ; vous seriez trop aimée du premier ; tous deux vous rendroient malheureuse : c'est bien assez que le troisième ne vous batte point. Il vaut mieux danser sur l'herbe ou sur la fougère que dans un palais, et être Péronnelle au village qu'une dame malheureuse dans le beau monde. Pourvu que vous n'ayez aucun regret aux grandeurs, vous serez heureuse avec votre laboureur toute votre vie.

II.
Histoire de la reine Gisèle et de la fée Corysante.

Il étoit une fois une reine nommée Gisèle, qui avoit beaucoup d'esprit et un grand royaume. Son palais étoit tout de marbre ; le toit étoit d'argent ; tous les meubles, qui sont ailleurs de fer ou de cuivre, étoient couverts de diamants. Cette reine étoit fée ; et elle n'avoit qu'à faire des souhaits, aussitôt tout ce qu'elle vouloit ne manquoit pas d'arriver. Il n'y avoit qu'un seul point qui ne dépendoit pas d'elle ; c'est qu'elle avoit cent ans, et elle ne pouvoit se rajeunir. Elle avoit été plus belle que le jour, et elle étoit devenue si laide et si horrible, que les gens mêmes qui venoient lui faire la cour cherchoient, en lui parlant, des prétextes pour tourner la tête, de peur de la regarder. Elle étoit toute courbée, tremblante, boiteuse, ridée, crasseuse, chassieuse, toussant et crachant toute la journée avec une saleté qui faisoit bondir le cœur. Elle étoit borgne et presque aveugle ; ses yeux de travers avoient une bordure d'écarlate : enfin elle avoit une barbe grise au menton. En cet état, elle ne pouvoit se regarder elle-même, et elle avoit fait casser tous les miroirs de son palais. Elle n'y pouvoit souffrir aucune jeune personne d'une figure raisonnable. Elle ne se faisoit servir que par des gens borgnes, bossus, boiteux et estropiés. Un jour on présenta à la reine une jeune fille de quinze ans, d'une merveilleuse beauté, nommée Corysante. D'abord elle se récria : Qu'on ôte cet objet de devant mes yeux. Mais la mère de cette jeune fille lui dit : Madame, ma fille est fée, et elle a le pouvoir de vous donner en un moment toute sa jeunesse et toute sa beauté. La reine, détournant ses yeux, répondit : Eh bien ! que faut-il lui donner en récompense ? Tous vos trésors, et votre couronne même, lui répondit la mère. C'est de quoi je ne me dépouillerai jamais, s'écria la reine ; j'aime mieux mourir. Cette offre ayant été rebutée, la reine tomba malade d'une maladie qui la rendoit si puante et si infecte, que ses femmes n'osoient approcher d'elle pour la servir, et que ses médecins jugèrent qu'elle mourroit dans peu de jours. Dans cette extrémité, elle envoya chercher la jeune fille, et la pria de prendre sa couronne et tous ses trésors, pour lui donner sa jeunesse avec sa beauté. La jeune fille lui dit : Si je prends votre couronne et vos trésors, en vous donnant ma beauté et mon âge, je deviendrai tout-à-coup vieille et difforme comme vous. Vous n'avez pas voulu d'abord faire ce marché, et moi j'hésite à mon tour pour savoir si je dois le faire. La reine la pressa beaucoup ; et comme la jeune fille sans expérience étoit fort ambitieuse, elle se laissa toucher au plaisir d'être reine. Le marché fut conclu. En un moment Gisèle se redressa, et sa taille devint majestueuse ; son teint prit les plus belles couleurs ; ses yeux parurent vifs ; la fleur de la jeunesse se répandit sur son visage; elle charma toute l'assemblée. Mais il fallut qu'elle se retirât dans un village et sous une cabane, étant couverte de haillons. Corysante, au contraire, perdit tous ses agréments, et devint hideuse. Elle demeura dans ce superbe palais, et commanda en reine. Dès qu'elle se vit dans un miroir, elle soupira, et dit qu'on n'en présentât jamais aucun devant elle. Elle chercha à se consoler par ses trésors. Mais son or et ses pierreries ne l'empêchoient point de souffrir tous les maux de la vieillesse. Elle vouloit danser, comme elle étoit accoutumée à le faire avec ses compagnes, dans des prés fleuris, à l'ombre des bocages; mais elle ne pouvoit plus se soutenir qu'avec un bâton. Elle vouloit faire des festins; mais elle étoit si languissante et si dégoûtée, que les mets les plus délicieux lui faisoient mal au cœur. Elle n'avoit même aucune dent, et ne pouvoit se nourrir que d'un peu de bouillie. Elle vouloit entendre des concerts de musique, mais elle étoit sourde. Alors elle regretta sa jeunesse et sa beauté, qu'elle avoit follement quittées pour une couronne et pour des trésors dont elle ne pouvoit se servir. De plus, elle qui avoit été bergère, et qui étoit accoutumée à passer les jours à chanter en conduisant ses moutons, elle étoit à tout moment importunée des affaires difficiles qu'elle ne pouvoit point régler. D'un autre côté, Gisèle, accoutumée à régner, à posséder tous les plus grands biens, avoit déja oublié les incommodités de la vieillesse; elle étoit inconsolable de se voir si pauvre. Quoi! disoit-elle, serois-je toujours couverte de haillons? A quoi me sert toute ma beauté sous cet habit crasseux et déchiré? A quoi me sert-il d'être belle, pour n'être vue que dans un village par des gens si grossiers? On me méprise; je suis réduite à servir, et à conduire des bêtes. Hélas! j'étois reine; je suis bien malheureuse d'avoir quitté ma couronne et tant de trésors! O si je pouvois les ravoir! Il est vrai que je mourrois bientôt; eh bien! les autres reines ne meurent-elles pas? Ne faut-il pas avoir le courage de souffrir et de mourir, plutôt que de faire une bassesse pour devenir jeune? Corysante sent que Gisèle regrettoit son premier état, et lui dit qu'en qualité de fée, elle pouvoit faire un second échange. Chacune reprit son premier état. Gisèle redevint reine, mais vieille et horrible. Corysante reprit ses charmes, et la pauvreté de bergère. Bientôt Gisèle accablée de maux s'en repentit, et déplora son aveuglement. Mais Corysante, qu'elle pressoit de changer encore, lui répondit : J'ai maintenant éprouvé les deux conditions : j'aime mieux être jeune, et manger du pain noir, et chanter tous les jours en gardant mes moutons, que d'être reine comme vous dans le chagrin et dans la douleur.

III.
Histoire d'une jeune princesse.

Il y avoit une fois un roi et une reine, qui n'avoient point d'enfants. Ils en étoient si fâchés, si fâchés, que personne n'a jamais été plus fâché. Enfin la reine devint grosse, et accoucha d'une fille, la plus belle qu'on ait jamais vue. Les fées vinrent à sa naissance; mais elles dirent toutes à la reine que le mari de sa fille auroit onze bouches, ou que si elle ne se marioit avant l'âge de vingt-deux ans, elle deviendroit crapaud. Cette prédiction troubla la reine. La fille avoit à peine quinze ans, qu'il se présenta un homme qui avoit les onze bouches et dix-huit pieds de haut; mais la princesse le trouva si hideux, qu'elle n'en voulut jamais. Cependant l'âge fatal approchoit, et le roi, qui aimoit mieux voir sa fille mariée à un monstre que devenir crapaud, résolut de la donner à l'homme à onze bouches. La reine trouva l'alternative fâcheuse. Comme tout se préparoit pour les noces, la reine se souvint d'une certaine fée qui avoit été autrefois de ses amies; elle la fit venir, et lui demanda si elle ne pouvoit les empêcher. Je ne le puis, madame, lui répondit-elle, qu'en changeant votre fille en linotte. Vous l'aurez dans votre chambre; elle parlera toutes les nuits, et chantera toujours. La reine y consentit. Aussitôt la princesse fut couverte de plumes fines, et s'envola chez le roi; de là elle revint à la reine, qui lui fit mille caresses. Cependant le roi fit chercher la princesse; on ne la trouva point. Toute la cour étoit en deuil. La reine faisoit semblant de s'affliger comme les autres; mais elle avoit toujours sa linotte; elle s'entretenoit toutes les nuits avec elle. Un jour le roi lui demanda comment elle avoit eu une linotte si spirituelle; elle lui répondit que c'étoit une fée de ses amies qui la lui avoit donnée. Deux mois se passèrent tristement. Enfin le monstre, lassé d'attendre, dit au roi qu'il le mangeroit avec toute sa cour, si dans huit jours il ne lui donnoit la princesse; car il étoit ogre. Cela inquiéta la reine, qui découvrit tout au roi. On envoya quérir la fée, qui rendit à la princesse sa première forme. Cependant il arriva un prince qui, outre sa bouche naturelle, en avoit une au bout de chaque doigt de la main. Le roi auroit bien voulu lui donner sa fille; mais il craignoit le monstre. Le prince, qui étoit devenu amoureux de la princesse, résolut de se battre contre l'ogre. Le roi n'y consentit qu'avec beaucoup de peine.

On prit le jour : lorsqu'il fut arrivé, les champions s'avancèrent dans le lieu du combat. Tout le monde faisoit des vœux pour le prince ; mais, à voir le géant si terrible, on trembloit de peur pour le prince. Le monstre portoit une massue de chêne, dont il déchargea un coup sur Aglaor ; car c'étoit ainsi que se nommoit le prince : mais Aglaor ayant évité le coup, lui coupa le jarret de son épée, et l'ayant fait tomber, lui ôta la vie. Tout le monde cria victoire ; et le prince Aglaor épousa la princesse, avec d'autant plus de contentement qu'il l'avoit délivrée d'un rival aussi terrible qu'incommode.

IV.
Histoire de Florise.

Une paysanne connoissoit dans son voisinage une fée. Elle la pria de venir à une de ses couches, où elle eut une fille. La fée prit d'abord l'enfant entre ses bras, et dit à la mère : Choisissez ; elle sera, si vous voulez, belle comme le jour, d'un esprit encore plus charmant que sa beauté, et reine d'un grand royaume, mais malheureuse ; ou bien elle sera laide et paysanne comme vous, mais contente dans sa condition. La paysanne choisit d'abord pour cet enfant la beauté et l'esprit avec une couronne, au hasard de quelque malheur. Voilà la petite fille dont la beauté commence déjà à effacer toutes celles qu'on avoit jamais vues. Son esprit étoit doux, poli, insinuant ; elle apprenoit tout ce qu'on vouloit lui apprendre, et le savoit bientôt mieux que ceux qui le lui avoient appris. Elle dansoit sur l'herbe, les jours de fête, avec plus de grace que toutes ses compagnes. Sa voix étoit plus touchante qu'aucun instrument de musique, et elle faisoit elle-même les chansons qu'elle chantoit. D'abord elle ne savoit point qu'elle étoit belle : mais, en jouant avec ses compagnes sur le bord d'une claire fontaine, elle se vit, elle remarqua combien elle étoit différente des autres ; elle s'admira. Tout le pays, qui accouroit en foule pour la voir, lui fit encore plus connoître ses charmes. Sa mère, qui comptoit sur les prédictions de la fée, la regardoit déjà comme une reine, et la gâtoit par ses complaisances. La jeune fille ne vouloit ni filer, ni coudre, ni garder les moutons ; elle s'amusoit à cueillir des fleurs, à en parer sa tête, à chanter, et à danser à l'ombre des bois. Le roi de ce pays-là étoit fort puissant, et il n'avoit qu'un fils nommé Rosimond, qu'il vouloit marier. Il ne put jamais se résoudre à entendre parler d'aucune princesse des états voisins, parce qu'une fée lui avoit assuré qu'il trouveroit une paysanne plus belle et plus parfaite que toutes les princesses du monde. Il prit la résolution de faire assembler toutes les jeunes villageoises de son royaume, au-dessous de dix-huit ans, pour choisir celle qui seroit la plus digne d'être choisie. On exclut d'abord une quantité innombrable de filles qui n'avoient qu'une médiocre beauté, et on en sépara trente qui surpassoient infiniment toutes les autres. Florise (c'est le nom de notre jeune fille) n'eut pas de peine à être mise dans ce nombre. On rangea ces trente filles au milieu d'une grande salle, dans une espèce d'amphithéâtre, où le roi et son fils les pouvoient regarder toutes à la fois. Florise parut d'abord, au milieu de toutes les autres, ce qu'une belle anémone paroîtroit parmi des soucis, ou ce qu'un oranger fleuri paroîtroit au milieu des buissons sauvages. Le roi s'écria qu'elle méritoit sa couronne. Rosimond se crut heureux de posséder Florise. On lui ôta ses habits du village, on lui en donna qui étoient tout brodés d'or. En un instant elle se vit couverte de perles et de diamants. Un grand nombre de dames étoient occupées à la servir. On ne songeoit qu'à deviner ce qui pouvoit lui plaire, pour le lui donner avant qu'elle eût la peine de le demander. Elle étoit logée dans un magnifique appartement du palais, qui n'avoit, au lieu de tapisseries, que de grandes glaces de miroir de toute la hauteur des chambres et des cabinets, afin qu'elle eût le plaisir de voir sa beauté multipliée de tous côtés, et que le prince pût l'admirer en quelque endroit qu'il jetât les yeux. Rosimond avoit quitté la chasse, le jeu, tous les exercices du corps, pour être sans cesse auprès d'elle : et comme le roi son père étoit mort bientôt après le mariage, c'étoit la sage Florise, devenue reine, dont les conseils décidoient de toutes les affaires de l'état. La reine, mère du nouveau roi, nommée Gronipote, fut jalouse de sa belle-fille. Elle étoit artificieuse, maligne, cruelle. La vieillesse avoit ajouté une affreuse difformité à sa laideur naturelle, et elle ressembloit à une furie. La beauté de Florise la faisoit paroître encore plus hideuse, et l'irritoit à tout moment : elle ne pouvoit souffrir qu'une si belle personne la défigurât. Elle craignoit aussi son esprit, et elle s'abandonna à toutes les fureurs de l'envie. Vous n'avez point de cœur, disoit-elle souvent à son fils, d'avoir voulu épouser cette petite paysanne ; et vous avez la bassesse d'en faire votre idole : elle est fière comme si elle étoit née dans la place où elle est. Quand le roi votre père voulut se marier, il me préféra à toute autre, parce que j'étois la fille d'un roi égal à lui. C'est ainsi que vous devriez faire. Renvoyez cette petite bergère dans son village, et songez à quelque jeune princesse dont la naissance vous convienne. Rosimond résistoit à sa mère : mais Gronipote enleva un jour un billet que Florise écrivoit au roi, et le donna à un jeune homme de la cour, qu'elle obligea d'aller porter ce billet au roi, comme si Florise lui avoit témoigné toute l'amitié qu'elle ne devoit avoir que pour le roi seul. Rosimond, aveuglé par sa jalousie et par les conseils malins que lui donna sa mère, fit enfermer Florise pour toute sa vie dans une haute tour bâtie sur la pointe d'un rocher qui s'élevoit dans la mer. Là, elle pleuroit nuit et jour, ne sachant par quelle injustice le roi, qui l'avoit tant aimée, la traitoit si indignement. Il ne lui étoit permis de voir qu'une vieille femme à qui Gronipote l'avoit confiée, et qui lui insultoit à tout moment dans cette prison. Alors Florise se ressouvint de son village, de sa cabane, et de tous ses plaisirs champêtres. Un jour, pendant qu'elle étoit accablée de douleur, et qu'elle déploroit l'aveuglement de sa mère, qui avoit mieux aimé qu'elle fût belle et reine malheureuse que bergère laide et contente dans son état, la vieille qui la traitoit si mal vint lui dire que le roi envoyoit un bourreau pour lui couper la tête, et qu'elle n'avoit plus qu'à se résoudre à la mort. Florise répondit qu'elle étoit prête à recevoir le coup. En effet, le bourreau envoyé par les ordres du roi, sur les conseils de Gronipote, tenoit un grand coutelas pour l'exécution, quand il parut une femme qui dit qu'elle venoit de la part de cette reine pour dire deux mots en secret à Florise avant sa mort. La vieille la laissa parler à elle, parce que cette personne lui parut une des dames du palais; mais c'étoit la fée qui avoit prédit les malheurs de Florise à sa naissance, et qui avoit pris la figure de cette dame de la reine-mère. Elle parla à Florise en particulier, en faisant retirer tout le monde. Voulez-vous, lui dit-elle, renoncer à la beauté qui vous a été si funeste? Voulez-vous quitter le titre de reine, reprendre vos anciens habits, et retourner dans votre village? Florise fut ravie d'accepter cette offre. La fée lui appliqua sur le visage un masque enchanté : aussitôt les traits de son visage devinrent grossiers, et perdirent toute leur proportion; elle devint aussi laide qu'elle avoit été belle et agréable. En cet état, elle n'étoit plus reconnoissable, et elle passa sans peine au travers de tous ceux qui étoient venus là pour être témoins de son supplice. Elle suivit la fée, et repassa avec elle dans son pays. On eut beau chercher Florise, on ne la put trouver en aucun endroit de la tour. On alla en porter la nouvelle au roi et à Gronipote, qui la firent encore chercher, mais inutilement, par tout le royaume. La fée l'avoit rendue à sa mère, qui ne l'eût pas connue dans un si grand changement, si elle n'en eût été avertie. Florise fut contente de vivre laide, pauvre et inconnue dans son village, où elle gardoit des moutons. Elle entendoit tous les jours raconter ses aventures et déplorer ses malheurs. On en avoit fait des chansons qui faisoient pleurer tout le monde; elle prenoit plaisir à les chanter souvent avec ses compagnes, et elle en pleuroit comme les autres; mais elle se croyoit heureuse en gardant son troupeau, et ne voulut jamais découvrir à personne qui elle étoit.

V.

Histoire du roi Alfaroute et de Cariphile.

Il y avoit un roi nommé Alfaroute, qui étoit craint de tous ses voisins et aimé de tous ses sujets. Il étoit sage, bon, juste, vaillant, habile; rien ne lui manquoit. Une fée vint le trouver, et lui dire qu'il lui arriveroit bientôt de grands malheurs, s'il ne se servoit pas de la bague qu'elle lui mit au doigt. Quand il tournoit le diamant de la bague en dedans de sa main, il devenoit d'abord invisible; et dès qu'il le retournoit en dehors, il étoit visible comme auparavant. Cette bague lui fut très commode, et lui fit grand plaisir. Quand il se défioit de quelqu'un de ses sujets, il alloit dans le cabinet de cet homme, avec son diamant tourné en dedans; il entendoit et il voyoit tous les secrets domestiques sans être aperçu. S'il craignoit les desseins de quelque roi voisin de son royaume, il s'en alloit jusque dans ses conseils les plus secrets, où il apprenoit tout sans être jamais découvert. Ainsi il prévenoit sans peine tout ce qu'on vouloit faire contre lui; il détourna plusieurs conjurations formées contre sa personne, et déconcerta ses ennemis qui vouloient l'accabler. Il ne fut pourtant pas content de sa bague, et il demanda à la fée un moyen de se transporter en un moment d'un pays dans un autre, pour pouvoir faire un usage plus prompt et plus commode de l'anneau qui le rendoit invisible. La fée lui répondit en soupirant : Vous en demandez trop! Craignez que ce dernier don ne vous soit nuisible. Il n'écouta rien, et la pressa toujours de le lui accorder. Eh bien! dit-elle, il faut donc, malgré moi, vous donner ce que vous vous repentirez d'avoir. Alors elle lui frotta les épaules d'une liqueur odoriférante. Aussitôt il sentit de petites ailes qui naissoient sur son dos. Ces petites ailes ne paroissoient point sous ses habits : mais quand il avoit résolu de voler, il n'avoit qu'à les toucher avec la main ; aussitôt elles devenoient si longues, qu'il étoit en état de surpasser infiniment le vol rapide d'un aigle. Dès qu'il ne vouloit plus voler, il n'avoit qu'à retoucher ses ailes : d'abord elles se rapetissoient, en sorte qu'on ne pouvoit les apercevoir sous ses habits. Par ce moyen, le roi alloit partout en peu de moments : il savoit tout, et on ne pouvoit concevoir par où il devinoit tant de choses ; car il se renfermoit, et paroissoit demeurer presque toute la journée dans son cabinet, sans que personne osât y entrer. Dès qu'il y étoit, il se rendoit invisible par sa bague, étendoit ses ailes en les touchant, et parcouroit des pays immenses. Par-là, il s'engagea dans de grandes guerres où il remporta toutes les victoires qu'il voulut : mais comme il voyoit sans cesse les secrets des hommes, il les connut si méchants et si dissimulés, qu'il n'osoit plus se fier à personne. Plus il devenoit puissant et redoutable, moins il étoit aimé ; et il voyoit qu'il n'étoit aimé d'aucun de ceux mêmes à qui il avoit fait les plus grands biens. Pour se consoler, il résolut d'aller dans tous les pays du monde chercher une femme parfaite qu'il pût épouser, dont il pût être aimé, et par laquelle il pût se rendre heureux. Il la chercha long-temps ; et comme il voyoit tout sans être vu, il connoissoit les secrets les plus impénétrables. Il alla dans toutes les cours : il trouva partout des femmes dissimulées, qui vouloient être aimées, et qui s'aimoient trop elles-mêmes pour aimer de bonne foi un mari. Il passa dans toutes les maisons particulières : l'une avoit l'esprit léger et inconstant ; l'autre étoit artificieuse, l'autre hautaine, l'autre bizarre ; presque toutes fausses, vaines, et idolâtres de leur personne. Il descendit jusqu'aux plus basses conditions, et il trouva enfin la fille d'un pauvre laboureur, belle comme le jour, mais simple et ingénue dans sa beauté, qu'elle comptoit pour rien, et qui étoit en effet sa moindre qualité ; car elle avoit un esprit et une vertu qui surpassoient toutes les graces de sa personne. Toute la jeunesse de son voisinage s'empressoit pour la voir ; et chaque jeune homme eût cru assurer le bonheur de sa vie en l'épousant. Le roi Alfaroute ne put la voir sans être passionné. Il la demanda à son père, qui fut transporté de joie de voir que sa fille seroit une grande reine. Clariphile (c'étoit son nom) passa de la cabane de son père dans un riche palais, où une cour nombreuse la reçut. Elle n'en fut point éblouie ; elle conserva sa simplicité, sa modestie, sa vertu, et elle n'oublia point d'où elle étoit venue, lorsqu'elle fut au comble des honneurs. Le roi redoubla sa tendresse pour elle, et crut enfin qu'il parviendroit à être heureux. Peu s'en falloit qu'il ne le fût déja, tant il commençoit à se fier au bon cœur de la reine. Il se rendoit à toute heure invisible pour l'observer et pour la surprendre ; mais il ne découvroit rien en elle qu'il ne trouvât digne d'être admiré. Il n'y avoit plus qu'un reste de jalousie et de défiance qui le troubloit encore un peu dans son amitié. La fée, qui lui avoit prédit les suites funestes de son dernier don, l'avertissoit souvent, et il en fut importuné. Il donna ordre qu'on ne la laissât plus entrer dans le palais, et dit à la reine qu'il lui défendoit de la recevoir. La reine promit, avec beaucoup de peine, d'obéir, parce qu'elle aimoit fort cette bonne fée. Un jour la fée, voulant instruire la reine sur l'avenir, entra chez elle sous la figure d'un officier, et déclara à la reine qui elle étoit. Aussitôt la reine l'embrassa tendrement. Le roi, qui étoit alors invisible, l'aperçut, et fut transporté de jalousie jusqu'à la fureur. Il tira son épée, et en perça la reine, qui tomba mourante entre ses bras. Dans ce moment, la fée reprit sa véritable figure. Le roi la reconnut, et comprit l'innocence de la reine. Alors il voulut se tuer. La fée arrêta le coup, et tâcha de le consoler. La reine, en expirant, lui dit : Quoique je meure de votre main, je meurs toute à vous. Alfaroute déplora son malheur d'avoir voulu, malgré la fée, un don qui lui étoit si funeste. Il lui rendit la bague, et la pria de lui ôter ses ailes. Le reste de ses jours se passa dans l'amertume et dans la douleur. Il n'avoit point d'autre consolation que d'aller pleurer sur le tombeau de Clariphile.

VI.

Histoire de Rosimond et de Braminte.

Il étoit une fois un jeune homme plus beau que le jour, nommé Rosimond, et qui avoit autant d'esprit et de vertu que son frère aîné Braminte étoit mal fait, désagréable, brutal et méchant. Leur mère, qui avoit horreur de son fils aîné, n'avoit des yeux que pour voir le cadet. L'aîné, jaloux, inventa une calomnie horrible pour perdre son frère : il dit à son père que Rosimond alloit souvent chez un voisin, qui étoit son ennemi, pour lui rapporter tout ce qui se passoit au logis, et pour lui donner le moyen d'empoisonner son père. Le père, fort emporté, battit cruellement son fils, le mit en sang, puis le tint trois jours en prison, sans nourriture, et enfin le chassa de sa maison, en le menaçant de le tuer s'il revenoit jamais. La mère, épouvantée, n'osa rien dire; elle ne fit que gémir. L'enfant s'en alla pleurant; et ne sachant où se retirer, il traversa sur le soir un grand bois : la nuit le surprit au pied d'un rocher; il se mit à l'entrée d'une caverne sur un tapis de mousse où couloit un clair ruisseau, et il s'y endormit de lassitude. Au point du jour, en s'éveillant, il vit une belle femme, montée sur un cheval gris, avec une housse en broderie d'or, qui paroissoit aller à la chasse. N'avez-vous point vu passer un cerf et des chiens? lui dit-elle. Il répondit que non. Puis elle ajouta : Il me semble que vous êtes affligé. Qu'avez-vous? lui dit-elle. Tenez, voilà une bague qui vous rendra le plus heureux et le plus puissant des hommes, pourvu que vous n'en abusiez jamais. Quand vous tournerez le diamant en dedans, vous serez d'abord invisible; dès que vous le tournerez en dehors, vous paroîtrez à découvert. Quand vous mettrez l'anneau à votre petit doigt, vous paroîtrez le fils du roi, suivi de toute une cour magnifique : quand vous le mettrez au quatrième doigt, vous paroîtrez dans votre figure naturelle. Aussitôt le jeune homme comprit que c'étoit une fée qui lui parloit. Après ces paroles, elle s'enfonça dans le bois. Pour lui, il s'en retourna aussitôt chez son père, avec impatience de faire l'essai de sa bague. Il vit et entendit tout ce qu'il voulut, sans être découvert. Il ne tint qu'à lui de se venger de son frère, sans s'exposer à aucun danger. Il se montra seulement à sa mère, l'embrassa, et lui dit toute sa merveilleuse aventure. Ensuite, mettant l'anneau enchanté à son petit doigt, il parut tout-à-coup comme le prince, fils du roi, avec cent beaux chevaux, et un grand nombre d'officiers richement vêtus. Son père fut bien étonné de voir le fils du roi dans sa petite maison; il étoit embarrassé, ne sachant quels respects il devoit lui rendre. Alors Rosimond lui demanda combien il avoit de fils. Deux, répondit le père. Je les veux voir; faites-les venir tout-à-l'heure, lui dit Rosimond : je les veux emmener tous deux à la cour pour faire leur fortune. Le père timide répondit en hésitant : Voilà l'aîné que je vous présente. Où est donc le cadet? je le veux voir aussi, dit encore Rosimond. Il n'est pas ici, dit le père. Je l'avois châtié pour une faute, et il m'a quitté. Alors Rosimond lui dit : Il falloit l'instruire, mais non pas le chasser. Donnez-moi toujours l'aîné; qu'il me suive. Et vous, dit-il, parlant au père, suivez deux gardes qui vous conduiront au lieu que je leur marquerai. Aussitôt deux gardes emmenèrent le père; et la fée dont nous avons parlé l'ayant trouvé dans une forêt, elle le frappa d'une verge d'or, et le fit entrer dans une caverne sombre et profonde, où il demeura enchanté. Demeurez-y, dit-elle, jusqu'à ce que votre fils vienne vous en tirer. Cependant le fils alla à la cour du roi, dans un temps où le jeune prince s'étoit embarqué pour aller faire la guerre dans une île éloignée. Il avoit été emporté par les vents sur des côtes inconnues, où, après un naufrage, il étoit captif chez un peuple sauvage. Rosimond parut à la cour, comme s'il eût été le prince qu'on croyoit perdu, et que tout le monde pleuroit. Il dit qu'il étoit revenu par le secours de quelques marchands, sans lesquels il seroit péri. Il fit la joie publique. Le roi parut si transporté, qu'il ne pouvoit parler; et il ne se lassoit point d'embrasser ce fils qu'il avoit cru mort. La reine fut encore plus attendrie. On fit de grandes réjouissances dans tout le royaume. Un jour celui qui passoit pour le prince dit à son véritable frère : Braminte, vous voyez que je vous ai tiré de votre village pour faire votre fortune; mais je sais que vous êtes un menteur, et que vous avez, par vos impostures, causé le malheur de votre frère Rosimond : il est ici caché. Je veux que vous parliez à lui, et qu'il vous reproche vos impostures. Braminte, tremblant, se jeta à ses pieds, et lui avoua sa faute. N'importe, dit Rosimond, je veux que vous parliez à votre frère, et que vous lui demandiez pardon. Il sera bien généreux s'il vous pardonne; il est dans mon cabinet, où je vous le ferai voir tout-à-l'heure. Cependant je m'en vais dans une chambre voisine, pour vous laisser librement avec lui. Braminte entra pour obéir dans le cabinet. Aussitôt Rosimond changea son anneau, passa dans cette chambre, et puis il entra par une autre porte de derrière, avec sa figure naturelle, dans le cabinet, où Braminte fut bien honteux de le voir. Il lui demanda pardon, et lui promit de réparer toutes ses fautes. Rosimond l'embrassa en pleurant, lui pardonna, et lui dit : Je suis en pleine faveur auprès du prince; il ne tient qu'à moi de vous faire périr, ou de vous tenir toute votre vie dans une prison : mais je veux être aussi bon pour vous que vous avez été méchant pour moi. Braminte, honteux et confondu, lui répondit avec soumission, n'osant lever les yeux ni le nommer son frère. Ensuite Rosimond fit semblant de faire un voyage en secret pour aller épouser une princesse d'un royaume voisin : mais, sous ce prétexte, il alla voir sa mère, à laquelle il raconta tout ce qu'il avoit fait à la cour, et lui donna, dans le besoin, quelque petit secours d'argent; car le roi lui laissoit prendre tout celui qu'il vouloit; mais il n'en prenoit jamais beaucoup. Cependant il s'éleva une furieuse guerre entre le roi et un autre roi voisin, qui étoit injuste et de mauvaise foi. Rosimond alla à la cour du roi ennemi; entra, par le moyen de son anneau, dans tous les conseils secrets de ce prince, demeurant toujours invisible. Il profita de tout ce qu'il apprit des mesures des ennemis : il les prévint, et les déconcerta en tout; il commanda l'armée contre eux; il les défit entièrement dans une grande bataille, et conclut bientôt avec eux une paix glorieuse, à des conditions équitables. Le roi ne songeoit qu'à le marier avec une princesse héritière d'un royaume voisin, et plus belle que les Graces. Mais un jour, pendant que Rosimond étoit à la chasse dans la même forêt où il avoit autrefois trouvé la fée, elle se présenta à lui. Gardez-vous bien, lui dit-elle d'une voix sévère, de vous marier comme si vous étiez le prince; il ne faut tromper personne : il est juste que le prince pour qui l'on vous prend revienne succéder à son père. Allez le chercher dans une île où les vents que j'enverrai enfler les voiles de votre vaisseau vous mèneront sans peine. Hâtez-vous de rendre ce service à votre maître, contre ce qui pourroit flatter votre ambition, et songez à rentrer en homme de bien dans votre condition naturelle. Si vous ne le faites, vous serez injuste et malheureux; je vous abandonnerai à vos anciens malheurs. Rosimond profita sans peine d'un si sage conseil. Sous prétexte d'une négociation secrète dans un état voisin, il s'embarqua sur un vaisseau, et les vents le menèrent d'abord dans l'île où la fée lui avoit dit qu'étoit le vrai fils du roi. Ce prince étoit captif chez un peuple sauvage, où on lui faisoit garder des troupeaux. Rosimond, invisible, l'alla enlever dans les pâturages où il conduisoit son troupeau; et le couvrant de son propre manteau, qui étoit invisible comme lui, il le délivra des mains de ces peuples cruels : ils s'embarquèrent. D'autres vents, obéissant à la fée, les ramenèrent; ils arrivèrent ensemble dans la chambre du roi. Rosimond se présenta à lui, et lui dit : Vous m'avez cru votre fils, je ne le suis pas : mais je vous le rends; tenez, le voilà lui-même. Le roi, bien étonné, s'adressa à son fils, et lui dit : N'est-ce pas vous, mon fils, qui avez vaincu mes ennemis, et qui avez fait glorieusement la paix? ou bien est-il vrai que vous avez fait un naufrage, que vous avez été captif, et que Rosimond vous a délivré? Oui, mon père, répondit-il. C'est lui qui est venu dans le pays où j'étois captif. Il m'a enlevé; je lui dois la liberté, et le plaisir de vous revoir. C'est lui, et non pas moi, à qui vous devez la victoire. Le roi ne pouvoit croire ce qu'on lui disoit : mais Rosimond, changeant sa bague, se montra au roi sous la figure du prince; et le roi, épouvanté, vit à la fois deux hommes qui lui parurent tous deux ensemble son même fils. Alors il offrit, pour tant de services, des sommes immenses à Rosimond, qui les refusa; il demanda seulement au roi la grace de conserver à son frère Braminte une charge qu'il avoit à la cour. Pour lui, il craignit l'inconstance de la fortune, l'envie des hommes, et sa propre fragilité : il voulut se retirer dans son village avec sa mère, où il se mit à cultiver la terre. La fée, qu'il revit encore dans les bois, lui montra la caverne où son père étoit, et lui dit les paroles qu'il falloit prononcer pour le délivrer; il prononça avec une très sensible joie ces paroles; il délivra son père, qu'il avoit depuis long-temps impatience de délivrer, et lui donna de quoi passer doucement sa vieillesse. Rosimond fut ainsi le bienfaiteur de toute sa famille, et il eut le plaisir de faire du bien à tous ceux qui avoient voulu lui faire du mal. Après avoir fait les plus grandes choses pour la cour, il ne voulut d'elle que la liberté de vivre loin de sa corruption. Pour comble de sagesse, il craignit que son anneau ne le tentât de sortir de sa solitude, et ne le rengageât dans les grandes affaires : il retourna dans le bois où la fée lui avoit apparu si favorablement. Il alloit tous les jours auprès de la caverne où il avoit eu le bonheur de la voir autrefois; et c'étoit dans l'espérance de l'y revoir. Enfin, elle s'y présenta encore à lui, et il lui rendit l'anneau enchanté. Je vous rends, lui dit-il, un don d'un si grand prix, mais si dangereux, et duquel il est si facile d'abuser. Je ne me croirai en sûreté que quand je n'aurai plus de quoi sortir de ma solitude avec tant de moyens de contenter toutes mes passions.

Pendant que Rosimond rendoit cette bague, Braminte, dont le méchant naturel n'étoit point corrigé, s'abandonnoit à toutes ses passions, et voulut engager le jeune prince, qui étoit devenu roi, à traiter indignement Rosimond. La fée dit à Rosimond : Votre frère, toujours imposteur, a voulu vous rendre suspect au nouveau roi, et vous perdre : il mérite d'être puni, et il faut qu'il périsse. Je m'en vais lui donner cette bague que vous me rendez. Rosimond pleura le malheur de son frère; puis il dit à la fée : Comment prétendez-vous le punir par un si merveilleux présent? Il en abusera pour persécuter tous les gens de bien, et pour avoir une puissance sans bornes.

Les mêmes choses, répondit la fée, sont un remède salutaire aux uns, et un poison mortel aux autres. La prospérité est la source de tous les maux pour les méchants. Quand on veut punir un scélérat, il n'y a qu'à le rendre bien puissant pour le faire périr bientôt. Elle alla ensuite au palais ; elle se montra à Braminte sous la figure d'une vieille femme couverte de haillons ; elle lui dit : J'ai tiré des mains de votre frère la bague que je lui avois prêtée, et avec laquelle il s'étoit acquis tant de gloire : recevez-la de moi, et pensez bien à l'usage que vous en ferez. Braminte répondit en riant : Je ne ferai pas comme mon frère, qui fut assez insensé pour aller chercher le prince, au lieu de régner en sa place. Braminte, avec cette bague, ne songea qu'à découvrir le secret de toutes les familles, qu'à commettre des trahisons, des meurtres et des infamies, qu'à écouter les conseils du roi, qu'à enlever les richesses des particuliers. Ses crimes invisibles étonnèrent tout le monde. Le roi, voyant tant de secrets découverts, ne savoit à quoi attribuer cet inconvénient ; mais la prospérité sans bornes et l'insolence de Braminte lui firent soupçonner qu'il avoit l'anneau enchanté de son frère. Pour le découvrir, il se servit d'un étranger d'une nation ennemie, à qui il donna une grande somme. Cet homme vint la nuit offrir à Braminte, de la part du roi ennemi, des biens et des honneurs immenses, s'il vouloit lui faire savoir par des espions tout ce qu'il pourroit apprendre des secrets de son roi.

Braminte promit tout, alla même dans un lieu où on lui donna une somme très grande pour commencer sa récompense. Il se vanta d'avoir un anneau qui le rendoit invisible. Le lendemain, le roi l'envoya chercher, et le fit d'abord saisir. On lui ôta l'anneau, et on trouva sur lui plusieurs papiers qui prouvoient ses crimes. Rosimond revint à la cour pour demander la grace de son frère, qui lui fut refusée. On fit mourir Braminte ; et l'anneau lui fut plus funeste qu'il n'avoit été utile à son frère.

Le roi, pour consoler Rosimond de la punition de Braminte, lui rendit l'anneau, comme un trésor d'un prix infini. Rosimond, affligé, n'en jugea pas de même : il retourna chercher la fée dans les bois. Tenez, lui dit-il, votre anneau. L'expérience de mon frère m'a fait comprendre ce que je n'avois pas bien compris d'abord quand vous me le dîtes. Gardez cet instrument fatal de la perte de mon frère. Hélas ! il seroit encore vivant ; il n'auroit pas accablé de douleur et de honte la vieillesse de mon père et de ma mère ; il seroit peut-être sage et heureux, s'il n'avoit jamais eu de quoi contenter ses desirs. O qu'il est dangereux de pouvoir plus que les autres hommes ! Reprenez votre anneau : malheur à ceux à qui vous le donnerez ! L'unique grace que je vous demande, c'est de ne le donner jamais à aucune des personnes pour qui je m'intéresse.

VII.

L'anneau de Gygès.

Pendant le règne du fameux Crésus, il y avoit en Lydie un jeune homme bien fait, plein d'esprit, très vertueux, nommé Callimaque, de la race des anciens rois, et devenu si pauvre, qu'il fut réduit à se faire berger. Se promenant un jour sur des montagnes écartées où il rêvoit sur ses malheurs en menant son troupeau, il s'assit au pied d'un arbre pour se délasser. Il aperçut auprès de lui une ouverture étroite dans un rocher. La curiosité l'engage à y entrer. Il trouve une caverne large et profonde. D'abord il ne voit goutte ; enfin ses yeux s'accoutument à l'obscurité. Il entrevoit dans une lueur sombre une urne d'or, sur laquelle ces mots étoient gravés : « Ici tu trouveras l'anneau de Gy- » gès. O mortel, qui que tu sois, à qui les dieux » destinent un si grand bien, montre-leur que tu » n'es pas ingrat, et garde-toi d'envier jamais le » bonheur d'aucun autre homme. »

Callimaque ouvre l'urne, trouve l'anneau, le prend, et, dans le transport de sa joie, il laissa l'urne, quoiqu'il fût très pauvre et qu'elle fût d'un grand prix. Il sort de la caverne, et se hâte d'éprouver l'anneau enchanté, dont il avoit si souvent entendu parler depuis son enfance. Il voit de loin le roi Crésus qui passoit pour aller de Sardes dans une maison délicieuse sur les bords du Pactole. D'abord il s'approche de quelques esclaves qui marchoient devant, et qui portoient des parfums pour les répandre sur les chemins où le roi devoit passer. Il se mêle parmi eux après avoir tourné son anneau en dedans, et personne ne l'aperçoit. Il fait du bruit tout exprès en marchant : il prononce même quelques paroles. Tous prêtèrent l'oreille ; tous furent étonnés d'entendre une voix, et de ne voir personne. Ils se disoient les uns aux autres : Est-ce un songe ou une vérité ? N'avez-vous pas cru entendre parler quelqu'un ? Callimaque, ravi d'avoir fait cette expérience, quitte ces esclaves, et s'approche du roi. Il est déjà tout auprès de lui sans être découvert ; il monte avec lui sur son char, qui étoit tout d'argent, orné d'une merveilleuse sculpture. La reine étoit auprès de lui, et ils parloient ensemble des plus grands secrets de l'état, que Crésus ne confioit qu'à la reine seule. Callimaque les entendit pendant tout le chemin.

On arrive dans cette maison, dont tous les murs étoient de jaspe; le toit étoit de cuivre fin, et brillant comme l'or: les lits étoient d'argent, et tout le reste des meubles de même : tout étoit orné de diamants et de pierres précieuses. Tout le palais étoit sans cesse rempli des plus doux parfums; et, pour les rendre plus agréables, on en répandoit de nouveaux à chaque heure du jour. Tout ce qui servoit à la personne du roi étoit d'or. Quand il se promenoit dans ses jardins, les jardiniers avoient l'art de faire naître les plus belles fleurs sous ses pas. Souvent on changeoit, pour lui donner une agréable surprise, la décoration des jardins, comme on change une décoration de scène. On transportoit promptement, par de grandes machines, les arbres avec leurs racines, et on en apportoit d'autres tout entiers; en sorte que chaque matin le roi, en se levant, apercevoit ses jardins entièrement renouvelés. Un jour c'étoient des grenadiers, des oliviers, des myrtes, des orangers et une forêt de citronniers. Un autre jour paroissoit tout-à-coup un désert sablonneux avec des pins sauvages, de grands chênes, de vieux sapins qui paroissoient aussi vieux que la terre. Un autre jour on voyoit des gazons fleuris, des prés d'une herbe fine et naissante, tout émaillés de violettes, au travers desquels couloient impétueusement de petits ruisseaux. Sur leurs rives étoient plantés de jeunes saules d'une tendre verdure, de hauts peupliers qui montoient jusqu'aux nues; des ormes touffus et des tilleuls odoriférants, plantés sans ordre, faisoient une agréable irrégularité. Puis tout-à-coup, le lendemain, tous ces petits canaux disparoissoient, on ne voyoit plus qu'un canal de rivière, d'une eau pure et transparente. Ce fleuve étoit le Pactole, dont les eaux couloient sur un sable doré. On voyoit sur ce fleuve des vaisseaux avec des rameurs vêtus des plus riches étoffes couvertes d'une broderie d'or. Les bancs des rameurs étoient d'ivoire, les rames, d'ébène; le bec des proues, d'argent; tous les cordages, de soie; les voiles, de pourpre; et le corps des vaisseaux, de bois odoriférants comme le cèdre. Tous les cordages étoient ornés de festons; tous les matelots étoient couronnés de fleurs. Il couloit quelquefois, dans l'endroit des jardins qui étoit sous les fenêtres de Crésus, un ruisseau d'essence, dont l'odeur exquise s'exhaloit dans tout le palais. Crésus avoit des lions, des tigres et des léopards, auxquels on avoit limé les dents et les griffes, qui étoient attelés à de petits chars d'écaille de tortue garnis d'argent. Ces animaux féroces étoient conduits par un frein d'or et par des rênes de soie. Ils servoient au roi et à toute la cour pour se promener dans les vastes routes d'une forêt qui conservoit sous ses rameaux impénétrables une éternelle nuit. Souvent on faisoit aussi des courses avec ces chars le long du fleuve, dans une prairie unie comme un tapis vert. Ces fiers animaux couroient si légèrement et avec tant de rapidité, qu'ils ne laissoient pas même sur l'herbe tendre la moindre trace de leurs pas, ni des roues qu'ils traînoient après eux. Chaque jour on inventoit de nouvelles espèces de courses pour exercer la vigueur et l'adresse des jeunes gens. Crésus, à chaque nouveau jeu, attachoit quelque grand prix pour le vainqueur. Aussi les jours couloient dans les délices, et parmi les plus agréables spectacles.

Callimaque résolut de surprendre tous les Lydéens par le moyen de son anneau. Plusieurs jeunes hommes de la plus haute naissance avoient couru devant le roi, qui étoit descendu de son char dans la prairie, pour les voir courir. Dans le moment où tous les prétendants eurent achevé leur course, et que Crésus examinoit à qui le prix devoit appartenir, Callimaque se met dans le char du roi. Il demeure invisible : il pousse les lions, le char vole. On eût cru que c'étoit celui d'Achille, traîné par des coursiers immortels; ou celui de Phébus même, lorsqu'après avoir parcouru la voûte immense des cieux, il précipite ses chevaux enflammés dans le sein des ondes. D'abord on crut que les lions, s'étant échappés, s'enfuyoient au hasard : mais bientôt on reconnut qu'ils étoient guidés avec beaucoup d'art, et que cette course surpasseroit toutes les autres. Cependant le char paroissoit vide, et tout le monde demeuroit immobile d'étonnement. Enfin la course est achevée, et le prix remporté, sans qu'on puisse comprendre par qui. Les uns croient que c'est une divinité qui se joue des hommes; les autres assurent que c'est un homme nommé Orodes, venu de Perse, qui avoit l'art des enchantements, qui évoquoit les ombres des enfers, qui tenoit dans ses mains toute la puissance d'Hécate, qui envoyoit à son gré la Discorde et les Furies dans l'ame de ses ennemis, qui faisoit entendre la nuit les hurlements de Cerbère et les gémissements profonds de l'Érèbe, enfin qui pouvoit éclipser la lune, et la faire descendre du ciel sur la terre. Crésus crut qu'Orodes avoit mené le char; il le fit appeler. On le trouva qui tenoit dans son sein des serpents entortillés, et qui, prononçant entre ses dents des paroles inconnues et mystérieuses, conjuroit les divinités infernales. Il n'en fallut pas davantage pour persuader qu'il étoit le vainqueur invisible de cette course. Il assura que non; mais le roi ne put le croire. Callimaque étoit ennemi d'Orodes, parce que celui-ci avoit prédit à Crésus que ce jeune homme lui causeroit un jour de grands embarras, et seroit la cause de la ruine entière de son royaume. Cette prédiction avoit obligé Crésus à tenir Callimaque loin du monde dans un désert, et réduit à une grande pauvreté. Callimaque sentit le plaisir de la vengeance, et fut bien aise de voir l'embarras de son ennemi. Crésus pressa Orodes, et ne put pas l'obliger à dire qu'il avoit couru pour le prix. Mais comme le roi le menaça de le punir, ses amis lui conseillèrent d'avouer la chose, et de s'en faire honneur. Alors il passa d'une extrémité à l'autre; la vanité l'aveugla. Il se vanta d'avoir fait ce coup merveilleux par la vertu de ses enchantements. Mais, dans le moment où on lui parloit, on fut bien surpris de voir le même char recommencer la même course. Puis le roi entendit une voix qui lui disoit à l'oreille : Orodes se moque de toi; il se vante de ce qu'il n'a pas fait. Le roi, irrité contre Orodes, le fit aussitôt charger de fers, et jeter dans une profonde prison.

Callimaque, ayant senti le plaisir de contenter ses passions par le secours de son anneau, perdit peu à peu les sentiments de modération et de vertu qu'il avoit eus dans sa solitude et dans ses malheurs. Il fut même tenté d'entrer dans la chambre du roi, et de le tuer dans son lit. Mais on ne passe point tout d'un coup aux plus grands crimes; il eut horreur d'une action si noire, et ne put endurcir son cœur pour l'exécuter. Mais il partit pour s'en aller en Perse trouver Cyrus : il lui dit les secrets de Crésus qu'il avoit entendus, et le dessein des Lydiens de faire une ligue contre les Perses avec les colonies grecques de toute la côte de l'Asie mineure; en même temps il lui expliqua les préparatifs de Crésus et les moyens de le prévenir. Aussitôt Cyrus part de dessus les bords du Tigre, où il étoit campé avec une armée innombrable, et vient jusqu'au fleuve Halys, où Crésus se présenta à lui avec des troupes plus magnifiques que courageuses. Les Lydiens vivoient trop délicieusement pour ne craindre point la mort. Leurs habits étoient brodés d'or, et semblables à ceux des femmes les plus vaines; leurs armes étoient toutes dorées; ils étoient suivis d'un nombre prodigieux de chariots superbes; l'or, l'argent, les pierres précieuses, éclatoient partout dans leurs tentes, dans leurs vases, dans leurs meubles, et jusque sur leurs esclaves. Le faste et la mollesse de cette armée ne devoient faire attendre qu'imprudence et lâcheté, quoique les Lydiens fussent en beaucoup plus grand nombre que les Perses. Ceux-ci, au contraire, ne montroient que pauvreté et courage : ils étoient légèrement vêtus; ils vivoient de peu, se nourrissoient de racines et de légumes, ne buvoient que de l'eau, dormoient sur la terre, exposés aux injures de l'air, exerçoient sans cesse leurs corps pour les endurcir au travail; ils n'avoient pour tout ornement que le fer; leurs troupes étoient toutes hérissées de piques, de dards et d'épées : aussi n'avoient-ils que du mépris pour des ennemis noyés dans les délices. A peine la bataille mérita-t-elle le nom d'un combat. Les Lydéens ne purent soutenir le premier choc : ils se renversent les uns sur les autres; les Perses ne font que tuer; ils nagent dans le sang. Crésus s'enfuit jusqu'à Sardes. Cyrus l'y poursuit sans perdre un moment. Le voilà assiégé dans sa ville capitale. Il succombe après un long siège; il est pris, on le mène au supplice. En cette extrémité, il prononce le nom de Solon. Cyrus veut savoir ce qu'il dit. Il apprend que Crésus déplore son malheur de n'avoir pas cru ce Grec qui lui avoit donné de si sages conseils. Cyrus, touché de ces paroles, donne la vie à Crésus.

Alors Callimaque commença à se dégoûter de sa fortune. Cyrus l'avoit mis au rang de ses satrapes, et lui avoit donné d'assez grandes richesses. Un autre en eût été content : mais le Lydien, avec son anneau, se sentoit en état de monter plus haut. Il ne pouvoit souffrir de se voir borné à une condition où il avoit tant d'égaux et un maître. Il ne pouvoit se résoudre à tuer Cyrus, qui lui avoit fait tant de bien. Il avoit même quelquefois du regret d'avoir renversé Crésus de son trône. Lorsqu'il l'avoit vu conduit au supplice, il avoit été saisi de douleur. Il ne pouvoit plus demeurer dans un pays où il avoit causé tant de maux, et où il ne pouvoit rassasier son ambition. Il part; il cherche un pays inconnu : il traverse des terres immenses, éprouve partout l'effet magique et merveilleux de son anneau, élève à son gré et renverse les rois et les royaumes, amasse de grandes richesses, parvient au faîte des honneurs, et se trouve cependant toujours dévoré de desirs. Son talisman lui procure tout, excepté la paix et le bonheur. C'est qu'on ne les trouve que dans soi-même, qu'ils sont indépendants de tous ces avantages extérieurs auxquels nous mettons tant de prix; et que, quand dans l'opulence et la grandeur on perd la simplicité, l'innocence et la modération, alors le cœur et la conscience, qui sont les vrais siéges du bonheur, deviennent la proie du trouble, de l'inquiétude, de la honte et du remords.

VIII.

Voyage dans l'île des Plaisirs.

Après avoir long-temps vogué sur la mer Pacifique, nous aperçûmes de loin une île de sucre avec des montagnes de compote, des rochers de sucre candi et de caramel, et des rivières de sirop qui couloient dans la campagne. Les habitants, qui étoient fort friands, léchoient tous les chemins, et suçoient leurs doigts après les avoir trempés dans les fleuves. Il y avoit aussi des forêts de réglisse, et de grands arbres d'où tomboient des gaufres que le vent emportoit dans la bouche des voyageurs, si peu qu'elle fût ouverte. Comme tant de douceurs nous parurent fades, nous voulûmes passer en quelque autre pays où l'on pût trouver des mets d'un goût plus relevé. On nous assura qu'il y avoit, à dix lieues de là, une autre île où il y avoit des mines de jambons, de saucisses et de ragoûts poivrés. On les creusoit comme on creuse les mines d'or dans le Pérou. On y trouvoit aussi des ruisseaux de sauces à l'oignon. Les murailles des maisons sont de croûtes de pâté. Il y pleut du vin couvert quand le temps est chargé; et, dans les plus beaux jours, la rosée du matin est toujours de vin blanc, semblable au vin grec ou à celui de Saint-Laurent. Pour passer dans cette île, nous fîmes mettre sur le port de celle d'où nous voulions partir douze hommes d'une grosseur prodigieuse, et qu'on avoit endormis : ils souffloient si fort en ronflant, qu'ils remplirent nos voiles d'un vent favorable. A peine fûmes-nous arrivés dans l'autre île, que nous trouvâmes sur le rivage des marchands qui vendoient de l'appétit; car on en manquoit souvent parmi tant de ragoûts. Il y avoit aussi d'autres gens qui vendoient le sommeil. Le prix en étoit réglé tant par heure; mais il y avoit des sommeils plus chers les uns que les autres, à proportion des songes qu'on vouloit avoir. Les plus beaux songes étoient fort chers. J'en demandai des plus agréables pour mon argent; et comme j'étois las, j'allai d'abord me coucher. Mais à peine fus-je dans mon lit que j'entendis un grand bruit; j'eus peur, et je demandai du secours. On me dit que c'étoit la terre qui s'entr'ouvroit. Je crus être perdu, mais on me rassura en me disant qu'elle s'entr'ouvroit ainsi toutes les nuits à une certaine heure, pour vomir avec grand effort des ruisseaux bouillants de chocolat moussé, et des liqueurs glacées de toutes les façons. Je me levai à la hâte pour en prendre, et elles étoient délicieuses. Ensuite je me recouchai, et, dans mon sommeil, je crus voir que tout le monde étoit de cristal, que les hommes se nourrissoient de parfums quand il leur plaisoit, qu'ils ne pouvoient marcher qu'en dansant, ni parler qu'en chantant; qu'ils avoient des ailes pour fendre les airs, et des nageoires pour passer les mers. Mais ces hommes étoient comme des pierres à fusil : on ne pouvoit les choquer, qu'aussitôt ils ne prissent feu. Ils s'enflammoient comme une mèche, et je ne pouvois m'empêcher de rire voyant combien ils étoient faciles à émouvoir. Je voulus demander à l'un d'eux pourquoi il paroissoit si animé : il me répondit, en me montrant le poing, qu'il ne se mettoit jamais en colère.

A peine fus-je éveillé, qu'il vint un marchand d'appétit, me demandant de quoi je voulois avoir faim, et si je voulois qu'il me vendît des relais d'estomacs pour manger toute la journée. J'acceptai la condition. Pour mon argent, il me donna douze petits sachets de taffetas que je mis sur moi, et qui devoient me servir comme douze estomacs, pour digérer sans peine douze grands repas en un jour. A peine eus-je pris les douze sachets, que je commençai à mourir de faim. Je passai ma journée à faire douze festins délicieux. Dès qu'un repas étoit fini, la faim me reprenoit, et je ne lui donnois pas le temps de me presser. Mais, comme j'avois une faim avide, on remarqua que je ne mangeois pas proprement : les gens du pays sont d'une délicatesse et d'une propreté exquise. Le soir, je fus lassé d'avoir passé toute la journée à table comme un cheval à son ratelier. Je pris la résolution de faire tout le contraire le lendemain, et de ne me nourrir que de bonnes odeurs. On me donna à déjeûner de la fleur d'orange. A dîner, ce fut une nourriture plus forte : on me servit des tubéreuses, et puis des peaux d'Espagne. Je n'eus que des jonquilles à collation. Le soir, on me donna à souper de grandes corbeilles pleines de toutes les fleurs odoriférantes, et on y ajouta des cassolettes de toutes sortes de parfums. La nuit, j'eus une indigestion pour avoir trop senti tant d'odeurs nourrissantes. Le jour suivant, je jeûnai, pour me délasser de la fatigue des plaisirs de la table. On me dit qu'il y avoit en ce pays-là une ville toute singulière, et on me promit de m'y mener par une voiture qui m'étoit inconnue. On me mit dans une petite chaise de bois fort léger, et toute garnie de grandes plumes, et on attacha à cette chaise, avec des cordes de soie, quatre grands oiseaux grands comme des autruches, qui avoient des ailes proportionnées à leurs corps. Ces oiseaux prirent d'abord leur vol. Je conduisis les rênes du côté de l'orient qu'on m'avoit marqué. Je voyois à mes pieds les hautes montagnes; et nous volâmes si rapidement, que je perdois presque l'haleine en fendant le vague de l'air. En une heure nous arrivâmes à cette ville si renommée. Elle est toute de marbre, et elle est grande trois fois comme Paris. Toute la ville n'est qu'une seule maison. Il y a vingt-quatre grandes cours, dont chacune est grande comme le plus grand palais de monde; et au milieu de ces vingt-quatre cours, il y en a une vingt-cinquième qui est six fois plus grande que chacune des autres. Tous les logements de cette maison sont égaux, car il n'y a point d'inégalité de condition entre les habitants de cette ville. Il n'y a là ni domestique ni petit peuple; chacun se sert soi-même, personne n'est servi : il y a seulement des souhaits, qui sont de petits esprits follets et voltigeants, qui donnent à chacun tout ce qu'il desire dans le moment même. En arrivant, je reçus un de ces esprits qui s'attacha à moi, et qui ne me laissa manquer de rien : à peine me donnoit-il le temps de desirer. Je commençois même à être fatigué des nouveaux desirs que cette liberté de me contenter excitoit sans cesse en moi; et je compris, par expérience, qu'il valoit mieux se passer des choses superflues, que d'être sans cesse dans de nouveaux desirs, sans pouvoir jamais s'arrêter à la jouissance tranquille d'aucun plaisir. Les habitants de cette ville étoient polis, doux et obligeants. Ils me reçurent comme si j'avois été l'un d'entre eux. Dès que je voulois parler, ils devinoient ce que je voulois, et le faisoient sans attendre que je m'expliquasse. Cela me surprit, et j'aperçus qu'ils ne parloient jamais entre eux : ils lisent dans les yeux les uns des autres tout ce qu'ils pensent, comme on lit dans un livre; quand ils veulent cacher leurs pensées, ils n'ont qu'à fermer les yeux. Ils me menèrent dans une salle où il y eut une musique de parfums. Ils assemblent les parfums comme nous assemblons les sons. Un certain assemblage de parfums, les uns plus forts, les autres plus doux, fait une harmonie qui chatouille l'odorat, comme nos concerts flattent l'oreille par des sons tantôt graves et tantôt aigus. En ce pays-là, les femmes gouvernent les hommes, elles jugent les procès, elles enseignent les sciences, et vont à la guerre. Les hommes s'y fardent, s'y ajustent depuis le matin jusqu'au soir; ils filent, ils cousent, ils travaillent à la broderie, et ils craignent d'être battus par leurs femmes, quand ils ne leur ont pas obéi. On dit que la chose se passoit autrement il y a un certain nombre d'années : mais les hommes, servis par les souhaits, sont devenus si lâches, si paresseux et si ignorants, que les femmes furent honteuses de se laisser gouverner par eux. Elles s'assemblèrent pour réparer les maux de la république. Elles firent des écoles publiques, où les personnes de leur sexe qui avoient le plus d'esprit se mirent à étudier. Elles désarmèrent leurs maris, qui ne demandoient pas mieux que de n'aller jamais aux coups. Elles les débarrassèrent de tous les procès à juger, veillèrent à l'ordre public, établirent des lois, les firent observer, et sauvèrent la chose publique, dont l'inapplication, la légèreté, la mollesse des hommes, auroient sûrement causé la ruine totale. Touché de ce spectacle, et fatigué de tant de festins et d'amusements, je conclus que les plaisirs des sens, quelque variés, quelque faciles qu'ils soient, avilissent, et ne rendent point heureux. Je m'éloignai donc de ces contrées en apparence si délicieuses; et, de retour chez moi, je trouvai dans une vie sobre, dans un travail modéré, dans des mœurs pures, dans la pratique de la vertu, le bonheur et la santé que n'avoient pu me procurer la continuité de la bonne chère et la variété des plaisirs.

IX.

La patience et l'éducation corrigent bien des défauts.

Une ourse avoit un petit ours qui venoit de naître. Il étoit horriblement laid. On ne reconnoissoit en lui aucune figure d'animal : c'étoit une masse informe et hideuse. L'ourse, toute honteuse d'avoir un tel fils, va trouver sa voisine la corneille, qui faisoit un grand bruit par son caquet sous un arbre. Que ferois-je, lui dit-elle, ma bonne commère, de ce petit monstre? j'ai envie de l'étrangler. Gardez-vous-en bien, dit la causeuse : j'ai vu d'autres ourses dans le même embarras que vous. Allez : léchez doucement votre fils; il sera bientôt joli, mignon, et propre à vous faire bonneur. La mère crut facilement ce qu'on lui disoit en faveur de son fils. Elle eut la patience de le lécher long-temps. Enfin il commença à devenir moins difforme, et elle alla remercier la corneille en ces termes : Si vous n'eussiez modéré mon impatience, j'aurois cruellement déchiré mon fils, qui fait maintenant tout le plaisir de ma vie.

O que l'impatience empêche de biens, et cause de maux.

X.

Le hibou.

Un jeune hibou, qui s'étoit vu dans une fontaine, et qui se trouvoit plus beau, je ne dirai pas que le jour, car il le trouvoit fort désagréable, mais que la nuit, qui avoit de grands charmes pour lui, disoit en lui-même : J'ai sacrifié aux Graces; Vénus a mis sur moi sa ceinture dans ma naissance; les tendres Amours, accompagnés des Jeux et des Ris, voltigent autour de moi pour me caresser. Il est temps que le blond Hyménée me donne des enfants gracieux comme moi; ils seront l'ornement des bocages et les délices de la nuit. Quel dommage que la race des plus parfaits oiseaux se perdît! heureuse l'épouse qui passera sa vie à me voir! Dans cette pensée, il envoie la corneille demander de sa part une petite aiglone, fille de l'aigle, reine * des airs. La corneille avoit peine à se charger de cette ambassade : Je serai mal reçue, disoit-elle, de proposer un mariage si mal assorti. Quoi! l'aigle, qui ose regarder fixement le soleil, se marieroit avec vous qui ne sauriez seulement ouvrir les yeux tandis qu'il est jour! C'est le moyen que les deux époux ne soient jamais ensemble; l'un sortira le jour, et l'autre la nuit. Le hibou, vain et amoureux de lui-même, n'écouta rien. La corneille, pour le contenter, alla enfin demander l'aiglone. On se moqua de sa folle demande. L'aigle lui répondit : Si le hibou veut être mon gendre, qu'il vienne après le lever du soleil me saluer au milieu de l'air. Le hibou présomptueux y voulut aller. Ses yeux furent d'abord éblouis; il fut aveuglé par les rayons du soleil, et tomba du haut de l'air sur un rocher. Tous les oiseaux se jetèrent sur lui, et lui arrachèrent ses plumes. Il fut trop heureux de se cacher dans son trou, et d'épouser la chouette, qui fut une digne dame du lieu. Leur hymen fut célébré la nuit, et ils se trouvèrent l'un et l'autre très beaux et très agréables.

Il ne faut rien chercher au-dessus de soi, ni se flatter sur ses avantages.

XI.

L'abeille et la mouche.

Un jour, une abeille aperçut une mouche auprès de sa ruche. Que viens-tu faire ici? lui dit-elle d'un ton furieux. Vraiment, c'est bien à toi, vil animal, à te mêler avec les reines de l'air! Tu as raison, répondit froidement la mouche : on a toujours tort de s'approcher d'une nation aussi fougueuse que la vôtre. Rien n'est plus sage que nous, dit l'abeille : nous seules avons des lois et une république bien policée; nous ne broutons que des fleurs odoriférantes; nous ne faisons que du miel délicieux, qui égale le nectar. Ote-toi de ma présence, vilaine mouche importune, qui ne fais que bourdonner, et chercher ta vie sur des ordures. Nous vivons comme nous pouvons, répondit la mouche : la pauvreté n'est pas un vice; mais la colère en est un grand. Vous faites du miel qui est doux, mais votre cœur est toujours amer; vous êtes sages dans vos lois, mais emportées dans votre conduite. Votre colère, qui pique vos ennemis, vous donne la mort; et votre folle cruauté vous fait plus de mal qu'à personne. Il vaut mieux avoir des qualités moins éclatantes, avec plus de modération.

XII.

Le renard puni de sa curiosité.

Un renard des montagnes d'Aragon, ayant vieilli dans la finesse, voulut donner ses derniers jours à la curiosité. Il prit le dessein d'aller voir en Castille le fameux Escurial, qui est le palais des rois d'Espagne, bâti par Philippe II. En arrivant il fut surpris, car il étoit peu accoutumé à la magnificence; jusqu'alors il n'avoit vu que son terrier, et le poulailler d'un fermier voisin, où il étoit d'ordinaire assez mal reçu. Il voit là des colonnes de marbre, là des portes d'or, des bas-reliefs de diamant. Il entra dans plusieurs chambres, dont les tapisseries étoient admirables : on y voyoit des chasses, des combats, des fables où les dieux se jouoient parmi les hommes; enfin l'histoire de don Quichotte, où Sancho, monté sur son grison, alloit gouverner l'île que le duc lui avoit confiée. Puis il aperçut des cages où l'on avoit renfermé des lions et des léopards. Pendant que le renard regardoit ces merveilles, deux chiens du palais l'étranglèrent. Il se trouva mal de sa curiosité.

XIII.

Les deux renards.

Deux renards entrèrent la nuit par surprise dans un poulailler; ils étranglèrent le coq, les poules et les poulets : après ce carnage, ils apaisèrent leur faim. L'un, qui étoit jeune et ardent, vouloit tout dévorer; l'autre, qui étoit vieux et avare, vouloit garder quelques provisions pour l'avenir.

---

* On lit *roi* dans toutes les éditions; mais Fénelon a écrit *reine*. La Fontaine, liv. II, fable VIII, dit : *On fit entendre à l'aigle, enfin,* QU'ELLE *avoit tort;* liv. XII, fable XI : *L'aigle,* REINE *des airs;* et l'Académie, jusqu'en 1740, au mot *Aigle*, le fait de tout genre. (*Édit. de Vers.*)

Le vieux disoit : Mon enfant, l'expérience m'a rendu sage; j'ai vu bien des choses depuis que je suis au monde. Ne mangeons pas tout notre bien en un seul jour. Nous avons fait fortune; c'est un trésor que nous avons trouvé, il faut le ménager. Le jeune répondoit : Je veux tout manger pendant que j'y suis, et me rassasier pour huit jours : car pour ce qui est de revenir ici, chansons ! il n'y sera pas bon demain; le maître, pour venger la mort de ses poules, nous assommeroit. Après cette conversation, chacun prend son parti. Le jeune mange tant, qu'il se crève, et peut à peine aller mourir dans son terrier. Le vieux, qui se croit bien plus sage de modérer ses appétits et de vivre d'économie, veut le lendemain retourner à sa proie, et est assommé par le maître.

Ainsi chaque âge a ses défauts : les jeunes gens sont fougueux et insatiables dans leurs plaisirs; les vieux sont incorrigibles dans leur avarice.

XIV.
Le dragon et les renards.

Un dragon gardoit un trésor dans une profonde caverne; il veilloit jour et nuit pour le conserver. Deux renards, grands fourbes et grands voleurs de leur métier, s'insinuèrent auprès de lui par leurs flatteries. Ils devinrent ses confidents. Les gens les plus complaisants et les plus empressés ne sont pas les plus sûrs. Ils le traitoient de grand personnage, admiroient toutes ses fantaisies, étoient toujours de son avis, et se moquoient entre eux de leur dupe. Enfin il s'endormit un jour au milieu d'eux; ils l'étranglèrent, et s'emparèrent du trésor. Il fallut le partager entre eux : c'étoit une affaire bien difficile, car deux scélérats ne s'accordent que pour faire le mal. L'un d'eux se mit à moraliser : A quoi, disoit-il, nous servira tout cet argent? un peu de chasse nous vaudroit mieux : on ne mange point du métal; les pistoles sont de mauvaise digestion. Les hommes sont des fous d'aimer tant ces fausses richesses : ne soyons pas aussi insensés qu'eux. L'autre fit semblant d'être touché de ces réflexions, et assura qu'il vouloit vivre en philosophe comme Bias, portant tout son bien sur lui. Chacun fait semblant de quitter le trésor : mais ils se dressèrent des embûches et s'entre-déchirèrent. L'un d'eux en mourant dit à l'autre, qui étoit aussi blessé que lui : Que voulois-tu faire de cet argent ? La même chose que tu voulois en faire, répondit l'autre. Un homme passant apprit leur aventure, et les trouva bien fous. Vous ne l'êtes pas moins que nous, lui dit un des renards.

Vous ne sauriez, non plus que nous, vous nourrir d'argent, et vous vous tuez pour en avoir. Du moins, notre race jusqu'ici a été assez sage pour ne mettre en usage aucune monnoie. Ce que vous avez introduit chez vous pour la commodité fait votre malheur. Vous perdez les vrais biens, pour chercher les biens imaginaires.

XV.
Le loup et le jeune mouton.

Des moutons étoient en sûreté dans leur parc; les chiens dormoient; et le berger, à l'ombre d'un grand ormeau, jouoit de la flûte avec d'autres bergers voisins. Un loup affamé vint, par les fentes de l'enceinte, reconnoître l'état du troupeau. Un jeune mouton sans expérience, et qui n'avoit jamais rien vu, entra en conversation avec lui : Que venez-vous chercher ici? dit-il au glouton. L'herbe tendre et fleurie, lui répondit le loup. Vous savez que rien n'est plus doux que de paître dans une verte prairie émaillée de fleurs, pour apaiser sa faim, et d'aller éteindre sa soif dans un clair ruisseau : j'ai trouvé ici l'un et l'autre. Que faut-il davantage? J'aime la philosophie qui enseigne à se contenter de peu. Est-il donc vrai, repartit le jeune mouton, que vous ne mangez point la chair des animaux, et qu'un peu d'herbe vous suffit? Si cela est, vivons comme frères, et paissons ensemble. Aussitôt le mouton sort du parc dans la prairie, où le sobre philosophe le mit en pièces et l'avala.

Défiez-vous des belles paroles des gens qui se vantent d'être vertueux. Jugez-en par leurs actions, et non par leurs discours.

XVI.
Le chat et les lapins.

Un chat, qui faisoit le modeste, étoit entré dans une garenne peuplée de lapins. Aussitôt toute la république alarmée ne songea qu'à s'enfoncer dans ses trous. Comme le nouveau venu étoit au guet auprès d'un terrier, les députés de la nation lapine, qui avoient vu ses terribles griffes, comparurent dans l'endroit le plus étroit de l'entrée du terrier, pour lui demander ce qu'il prétendoit. Il protesta d'une voix douce qu'il vouloit seulement étudier les mœurs de la nation; qu'en qualité de philosophe, il alloit dans tous les pays pour s'informer des coutumes de chaque espèce d'animaux. Les députés, simples et crédules, retournèrent dire à leurs frères que cet étranger, si vénérable par son maintien modeste et par sa majestueuse fourrure, étoit un philosophe sobre, désintéressé, pacifique, qui vouloit seulement rechercher la sagesse de pays en pays; qu'il venoit de beaucoup d'autres lieux où il avoit vu de grandes merveilles; qu'il y auroit bien du plaisir à l'entendre; et qu'il n'avoit garde de croquer les lapins, puisqu'il croyoit en bon bramin la métempsycose, et ne mangeoit d'aucun aliment qui eût eu vie. Ce beau discours toucha l'assemblée. En vain un vieux lapin rusé, qui étoit le docteur de la troupe, représenta combien ce grave philosophe lui étoit suspect : malgré lui on va saluer le bramin, qui étrangla du premier salut sept ou huit de ces pauvres gens. Les autres regagnent leurs trous, bien effrayés, et bien honteux de leur faute. Alors dom Mitis revint à l'entrée du terrier, protestant, d'un ton plein de cordialité, qu'il n'avoit fait ce meurtre que malgré lui, pour son pressant besoin ; que désormais il vivroit d'autres animaux, et feroit avec eux une alliance éternelle. Aussitôt les lapins entrent en négociation avec lui, sans se mettre néanmoins à la portée de sa griffe. La négociation dure, on l'amuse. Cependant un lapin des plus agiles sort par les derrières du terrier, et va avertir un berger voisin, qui aimoit à prendre dans un lac de ces lapins nourris de genièvre. Le berger, irrité contre ce chat exterminateur d'un peuple si utile, accourt au terrier avec un arc et des flèches : il aperçoit le chat, qui n'étoit attentif qu'à sa proie; il le perce d'une de ses flèches; et le chat expirant dit ces dernières paroles : Quand on a une fois trompé, on ne peut plus être cru de personne; on est haï, craint, détesté, et on est enfin attrapé par ses propres finesses.

XVII.

Le lièvre qui fait le brave.

Un lièvre, qui étoit honteux d'être poltron, cherchoit quelque occasion de s'aguerrir. Il alloit quelquefois par un trou d'une haie dans les choux du jardin d'un paysan, pour s'accoutumer au bruit du village. Souvent même il passoit assez près de quelques mâtins, qui se contentoient d'aboyer après lui. Au retour de ces grandes expéditions, il se croyoit plus redoutable qu'Alcide après tous ses travaux. On dit même qu'il ne rentroit dans son gîte qu'avec des feuilles de laurier, et faisoit l'ovation. Il vantoit ses prouesses à ses compères les lièvres voisins. Il représentoit les dangers qu'il avoit courus, les alarmes qu'il avoit données aux ennemis, les ruses de guerre qu'il avoit faites en expérimenté capitaine, et surtout son intrépidité héroïque. Chaque matin il remercioit Mars et Bellone de lui avoir donné des talents et un courage pour dompter toutes les nations à longues oreilles. Jean lapin, discourant un jour avec lui, lui dit d'un ton moqueur : Mon ami, je te voudrois voir avec cette belle fierté au milieu d'une meute de chiens courants. Hercule fuiroit bien vite, et feroit une laide contenance. Moi, répondit notre preux chevalier, je ne reculerois pas, quand toute la gent chienne viendroit m'attaquer. A peine eut-il parlé, qu'il entendit un petit tournebroche d'un fermier voisin, qui glapissoit dans les buissons assez loin de lui. Aussitôt il tremble, il frissonne, il a la fièvre ; ses yeux se troublent comme ceux de Pâris quand il vit Ménélas qui venoit ardemment contre lui. Il se précipite d'un rocher escarpé dans une profonde vallée, où il pensa se noyer dans un ruisseau. Jean lapin, le voyant faire le saut, s'écria de son terrier : Le voilà ce foudre de guerre ! le voilà cet Hercule qui doit purger la terre de tous les monstres dont elle est pleine !

XVIII.

Le singe.

Un vieux singe malin étant mort, son ombre descendit dans la sombre demeure de Pluton, où elle demanda à retourner parmi les vivants. Pluton vouloit la renvoyer dans le corps d'un âne pesant et stupide, pour lui ôter sa souplesse, sa vivacité et sa malice : mais elle fit tant de tours plaisants et badins, que l'inflexible roi des enfers ne put s'empêcher de rire, et lui laissa le choix d'une condition. Elle demanda à entrer dans le corps d'un perroquet. Au moins, disoit-elle, je conserverai par là quelque ressemblance avec les hommes, que j'ai si long-temps imités. Étant singe, je faisois des gestes comme eux ; et étant perroquet, je parlerai avec eux dans les plus agréables conversations. A peine l'ame du singe fut introduite dans ce nouveau métier, qu'une vieille femme causeuse l'acheta. Il fit ses délices; elle le mit dans une belle cage. Il faisoit bonne chère, et discouroit toute la journée avec la vieille radoteuse, qui ne parloit pas plus sensément que lui. Il joignoit à son nouveau talent d'étourdir tout le monde, je ne sais quoi de son ancienne profession : il remuoit sa tête ridiculement ; il faisoit craquer son bec ; il agitoit ses ailes de cent façons, et faisoit de ses pattes plusieurs tours qui sentoient encore les grimaces de Fagotin. La vieille prenoit à toute heure ses lunettes pour l'admirer. Elle étoit bien fâchée d'être un peu sourde, et de perdre quelquefois des paroles de son perroquet, à qui elle trouvoit plus d'esprit qu'à personne. Ce perroquet gâté devint bavard, importun et fou. Il se tourmenta si fort dans sa cage, et but tant de vin avec la vieille, qu'il en mourut. Le voilà revenu devant Pluton, qui voulut cette fois le faire passer dans le corps d'un poisson, pour le rendre muet : mais il fit encore une farce devant le roi des ombres; et les princes ne résistent guère aux demandes des mauvais plaisants qui les flattent. Pluton accorda donc à celui-ci qu'il iroit dans le corps d'un homme. Mais comme le dieu eut honte de l'envoyer dans le corps d'un homme sage et vertueux, il le destina au corps d'un harangueur ennuyeux et importun, qui mentoit, qui se vantoit sans cesse, qui faisoit des gestes ridicules, qui se moquoit de tout le monde, qui interrompoit toutes les conversations les plus polies et les plus solides, pour dire des riens, ou les sottises les plus grossières. Mercure, qui le reconnut dans ce nouvel état, lui dit en riant : Ho! ho! je te reconnois; tu n'es qu'un composé du singe et du perroquet que j'ai vus autrefois. Qui t'ôteroit tes gestes et tes paroles apprises par cœur, sans jugement, ne laisseroit rien de toi. D'un joli singe et d'un bon perroquet, on n'en fait qu'un sot homme.

O combien d'hommes dans le monde, avec des gestes façonnés, un petit caquet et un air capable, n'ont ni sens ni conduite !

XIX.

Les deux souris.

Une souris ennuyée de vivre dans les périls et dans les alarmes, à cause de Mitis et de Rôdilardus, qui faisoient grand carnage de la nation souriquoise, appela sa commère, qui étoit dans un trou de son voisinage. Il m'est venu, lui dit-elle, une bonne pensée. J'ai lu, dans certains livres que je rongeois ces jours passés, qu'il y a un beau pays nommé les Indes, où notre peuple est mieux traité et plus en sûreté qu'ici. En ce pays-là, les sages croient que l'ame d'une souris a été autrefois l'ame d'un grand capitaine, d'un roi, d'un merveilleux fakir, et qu'elle pourra, après la mort de la souris, entrer dans le corps de quelque belle dame ou de quelque grand pandiar *. Si je m'en souviens bien, cela s'appelle métempsycose. Dans cette opinion, ils traitent tous les animaux avec une charité fraternelle : on voit des hôpitaux de souris, qu'on met en pension, et qu'on nourrit comme personnes de mérite. Allons, ma sœur, partons pour un si beau pays, où la police est si bonne, et où l'on fait justice à notre mérite. La commère lui répondit : Mais, ma sœur, n'y a-t-il point de chats qui entrent dans ces hôpitaux? Si cela étoit, ils feroient en peu de temps bien des métempsycoses : un coup de dent ou de griffe feroit un roi ou un fakir; merveille dont nous nous passerions très bien. Ne craignez point cela, dit la première; l'ordre est parfait dans ce pays-là : les chats ont leurs maisons, comme nous les nôtres; et ils ont aussi leurs hôpitaux d'invalides, qui sont à part. Sur cette conversation, nos deux souris partent ensemble; elles s'embarquent dans un vaisseau qui alloit faire un voyage de long cours, en se coulant le long des cordages le soir de la veille de l'embarquement. On part; elles sont ravies de se voir sur la mer, loin des terres maudites où les chats exerçoient leur tyrannie. La navigation fut heureuse; elles arrivent à Surate, non pour amasser des richesses, comme les marchands, mais pour se faire bien traiter par les Indous. A peine furent-elles entrées dans une maison destinée aux souris, qu'elles y prétendirent les premières places. L'une prétendoit se souvenir d'avoir été autrefois un fameux bramin sur la côte de Malabar; l'autre protestoit qu'elle avoit été une belle dame du même pays, avec de longues oreilles. Elles firent tant les insolentes, que les souris indiennes ne purent les souffrir. Voilà une guerre civile. On donna sans quartier sur ces deux Franguis *, qui vouloient faire la loi aux autres : au lieu d'être mangées par les chats, elles furent étranglées par leurs propres sœurs.

On a beau aller loin pour éviter le péril; si on n'est modeste et sensé, on va chercher son malheur bien loin : autant vaudroit-il le trouver chez soi.

XX.

Le pigeon puni de son inquiétude.

Deux pigeons vivoient ensemble dans un colombier avec une paix profonde. Ils fendoient l'air de leurs ailes, qui paroissoient immobiles par leur rapidité. Ils se jouoient en volant l'un auprès de l'autre, se fuyant et se poursuivant tour à tour. Puis ils alloient chercher du grain dans l'aire du fermier, ou dans les prairies voisines. Aussitôt ils

---

* Dans l'édition de Didot et dans celles qui l'ont suivie, on lit polentat. L'édition de 1718 porte pendiar, et Fénelon a écrit pandiar. On appelle ainsi les brames qui s'occupent de l'astronomie. Mais le nom est un peu défiguré; Sonnerat les nomme pandjacarers. (Édit. de Vers.)

* En Orient on appelle Frankis ou Francs les Européens. Fénelon a écrit Franguis. (Édit. de Vers.)

alloient se désaltérer dans l'onde pure d'un ruisseau qui couloit au travers de ces prés fleuris. De là ils revenoient voir leurs pénates dans le colombier blanchi et plein de petits trous : ils y passoient le temps dans une douce société avec leurs fidèles compagnes. Leurs cœurs étoient tendres ; le plumage de leurs cous étoit changeant, et peint d'un plus grand nombre de couleurs que l'inconstante Iris. On entendoit le doux murmure de ces heureux pigeons, et leur vie étoit délicieuse. L'un d'eux, se dégoûtant des plaisirs d'une vie paisible, se laissa séduire par une folle ambition, et livra son esprit aux projets de la politique. Le voilà qui abandonne son ancien ami ; il part, il va du côté du Levant. Il passe au-dessus de la mer Méditerranée, et vogue avec ses ailes dans les airs, comme un navire avec ses voiles dans les ondes de Téthys. Il arrive à Alexandrette ; de là il continue son chemin, traversant les terres jusqu'à Alep. En y arrivant, il salue les autres pigeons de la contrée, qui servent de courriers réglés, et il envie leur bonheur. Aussitôt il se répand parmi eux un bruit qu'il est venu un étranger de leur nation, qui a traversé des pays immenses. Il est mis au rang des courriers : il porte toutes les semaines les lettres d'un bacha attachées à son pied, et il fait vingt-huit lieues en moins d'une journée. Il est orgueilleux de porter les secrets de l'état, et il a pitié de son ancien compagnon, qui vit sans gloire dans les trous de son colombier. Mais un jour, comme il portoit des lettres du bacha, soupçonné d'infidélité par le grand-seigneur, on voulut découvrir par les lettres de ce bacha s'il n'avoit point quelque intelligence secrète avec les officiers du roi de Perse : une flèche tirée perce le pauvre pigeon, qui d'une aile traînante se soutient encore un peu, pendant que son sang coule. Enfin il tombe, et les ténèbres de la mort couvrent déjà ses yeux : pendant qu'on lui ôte les lettres pour les lire, il expire plein de douleur, condamnant sa vaine ambition, et regrettant le doux repos de son colombier, où il pouvoit vivre en sûreté avec son ami.

XXI.

Le jeune Bacchus et le Faune.

Un jour, le jeune Bacchus, que Silène instruisoit, cherchoit les Muses dans un bocage dont le silence n'étoit troublé que par le bruit des fontaines et par le chant des oiseaux. Le soleil n'en pouvoit, avec ses rayons, percer la sombre verdure. L'enfant de Sémélé, pour étudier la langue des dieux, s'assit dans un coin au pied d'un vieux chêne, du tronc duquel plusieurs hommes de l'âge d'or étoient nés. Il avoit même autrefois rendu des oracles, et le temps n'avoit osé l'abattre de sa tranchante faux. Auprès de ce chêne sacré et antique se cachoit un jeune Faune, qui prêtoit l'oreille aux vers que chantoit l'enfant, et qui marquoit à Silène, par un ris moqueur, toutes les fautes que faisoit son disciple. Aussitôt les Naïades et les autres Nymphes du bois sourioient aussi. Ce critique étoit jeune, gracieux et folâtre ; sa tête étoit couronnée de lierre et de pampre ; ses tempes étoient ornées de grappes de raisin ; de son épaule gauche pendoit sur son côté droit, en écharpe, un feston de lierre : et le jeune Bacchus se plaisoit à voir ces feuilles consacrées à sa divinité. Le Faune étoit enveloppé au-dessous de la ceinture par la dépouille affreuse et hérissée d'une jeune lionne qu'il avoit tuée dans les forêts. Il tenoit dans sa main une houlette courbée et noueuse. Sa queue paroissoit derrière, comme se jouant sur son dos. Mais comme Bacchus ne pouvoit souffrir un rieur malin, toujours prêt à se moquer de ses expressions si elles n'étoient pures et élégantes, il lui dit d'un ton fier et impatient : Comment oses-tu te moquer du fils de Jupiter ? Le Faune répondit sans s'émouvoir : Hé ! comment le fils de Jupiter ose-t-il faire quelque faute ?

XXII.

Le nourrisson des Muses favorisé du Soleil.

Le Soleil, ayant laissé le vaste tour du ciel en paix, avoit fini sa course, et plongé ses chevaux fougueux dans le sein des ondes de l'Hespérie. Le bord de l'horizon étoit encore rouge comme la pourpre, et enflammé des rayons ardents qu'il y avoit répandus sur son passage. La brûlante canicule desséchoit la terre ; toutes les plantes altérées languissoient ; les fleurs ternies penchoient leurs têtes, et leurs tiges malades ne pouvoient plus les soutenir ; les zéphyrs mêmes retenoient leurs douces haleines ; l'air que les animaux respiroient étoit semblable à de l'eau tiède. La nuit, qui répand avec ses ombres une douce fraîcheur, ne pouvoit tempérer la chaleur dévorante que le jour avoit causée : elle ne pouvoit verser sur les hommes abattus et défaillants, ni la rosée qu'elle fait distiller quand Vesper brille à la queue des autres étoiles, ni cette moisson de pavots qui font sentir les charmes du sommeil à toute la nature fatiguée. Le Soleil seul, dans le sein de Téthys, jouissoit d'un profond repos : mais ensuite, quand il fut obligé de remonter sur son char attelé par les

Heures, et devancé par l'Aurore qui sème son chemin de roses, il aperçut tout l'olympe couvert de nuages; il vit les restes d'une tempête qui avoit effrayé les mortels pendant toute la nuit. Les nuages étoient encore empestés de l'odeur des vapeurs soufrées qui avoient allumé les éclairs et fait gronder le menaçant tonnerre; les vents séditieux, ayant rompu leurs chaînes et forcé leurs cachots profonds, mugissoient encore dans les vastes plaines de l'air; des torrents tomboient des montagnes dans tous les vallons. Celui dont l'œil plein de rayons anime toute la nature voyoit de toutes parts, en se levant, le reste d'un cruel orage. Mais ce qui l'émut davantage, il vit un jeune nourrisson des Muses qui lui étoit fort cher, et à qui la tempête avoit dérobé le sommeil lorsqu'il commençoit déjà à étendre ses sombres ailes sur ses paupières. Il fut sur le point de ramener ses chevaux en arrière, et de retarder le jour, pour rendre le repos à celui qui l'avoit perdu. Je veux, dit-il, qu'il dorme: le sommeil rafraîchira son sang, apaisera sa bile, lui donnera la santé et la force dont il aura besoin pour imiter les travaux d'Hercule, lui inspirera je ne sais quelle douceur tendre qui pourroit seule lui manquer. Pourvu qu'il dorme, qu'il rie, qu'il adoucisse son tempérament, qu'il aime les jeux de la société, qu'il prenne plaisir à aimer les hommes et à se faire aimer d'eux, toutes les graces de l'esprit et du corps viendront en foule pour l'orner.

XXIII.

Aristée et Virgile.

Virgile, étant descendu aux enfers, entra dans ces campagnes fortunées où les héros et les hommes inspirés des dieux passent une vie bienheureuse sur des gazons toujours émaillés de fleurs et entrecoupés de mille ruisseaux. D'abord le berger Aristée, qui étoit là au nombre des demi-dieux, s'avança vers lui, ayant appris son nom. Que j'ai de joie, lui dit-il, de voir un si grand poëte! Vos vers coulent plus doucement que la rosée sur l'herbe tendre; ils ont une harmonie si douce qu'ils attendrissent le cœur, et qu'ils tirent les larmes des yeux. Vous en avez fait, pour moi et pour mes abeilles, dont Homère même pourroit être jaloux. Je vous dois, autant qu'au Soleil et à Cyrène, la gloire dont je jouis. Il n'y a pas encore long-temps que je les récitai, ces vers si tendres et si gracieux, à Linus, à Hésiode et à Homère. Après les avoir entendus, ils allèrent tous trois boire de l'eau du fleuve Léthé, pour les oublier; tant ils étoient affligés de repasser dans leur mémoire des vers si dignes d'eux, qu'ils n'avoient pas faits. Vous savez que la nation des poëtes est jalouse. Venez donc parmi eux prendre votre place. Elle sera bien mauvaise, cette place, répondit Virgile, puisqu'ils sont si jaloux. J'aurai de mauvaises heures à passer dans leur compagnie; je vois bien que vos abeilles n'étoient pas plus faciles à irriter que ce chœur des poëtes. Il est vrai, reprit Aristée; ils bourdonnent comme les abeilles; comme elles, ils ont un aiguillon perçant pour piquer tout ce qui enflamme leur colère. J'aurai encore, dit Virgile, un autre grand homme à ménager ici; c'est le divin Orphée. Comment vivez-vous ensemble? Assez mal, répondit Aristée. Il est encore jaloux de sa femme, comme les trois autres de la gloire des vers: mais pour vous, il vous recevra bien, car vous l'avez traité honorablement, et vous avez parlé beaucoup plus sagement qu'Ovide de sa querelle avec les femmes de Thrace qui le massacrèrent. Mais ne tardons pas davantage; entrons dans ce petit bois sacré, arrosé de tant de fontaines plus claires que le cristal: vous verrez que toute la troupe sacrée se lèvera pour vous faire honneur. N'entendez-vous pas déjà la lyre d'Orphée? Écoutez Linus, qui chante le combat des dieux contre les géants. Homère se prépare à chanter Achille, qui venge la mort de Patrocle par celle d'Hector. Mais Hésiode est celui que vous avez le plus à craindre; car, de l'humeur dont il est, il sera bien fâché que vous ayez osé traiter avec tant d'élégance toutes les choses rustiques qui ont été son partage. À peine Aristée eut achevé ces mots, qu'ils arrivèrent dans cet ombrage frais, où règne un éternel enthousiasme qui possède ces hommes divins. Tous se levèrent; on fit asseoir Virgile, on le pria de chanter ses vers. Il les chanta d'abord avec modestie, et puis avec transport. Les plus jaloux sentirent malgré eux une douceur qui les ravissoit. La lyre d'Orphée, qui avoit enchanté les rochers et les bois, échappa de ses mains, et des larmes amères coulèrent de ses yeux. Homère oublia pour un moment la magnificence rapide de l'Iliade, et la variété agréable de l'Odyssée. Linus crut que ces beaux vers avoient été faits par son père Apollon; il étoit immobile, saisi et suspendu par un si doux chant. Hésiode, tout ému, ne pouvoit résister à ce charme. Enfin, revenant un peu à lui, il prononça ces paroles pleines de jalousie et d'indignation: O Virgile, tu as fait des vers plus durables que l'airain et que le bronze! Mais je te prédis qu'un jour on verra un enfant qui les traduira en sa langue, et qui partagera avec toi la gloire d'avoir chanté les abeilles.

XXIV.

Le rossignol et la fauvette.

Sur les bords toujours verts du fleuve Alphée, il y a un bocage sacré, où trois Naïades répandent à grand bruit leurs eaux claires, et arrosent les fleurs naissantes : les Graces y vont souvent se baigner. Les arbres de ce bocage ne sont jamais agités par les vents, qui les respectent; ils sont seulement caressés par le souffle des doux zéphyrs. Les Nymphes et les Faunes y font la nuit des danses au son de la flûte de Pan. Le soleil ne sauroit percer de ses rayons l'ombre épaisse que forment les rameaux entrelacés de ce bocage. Le silence, l'obscurité et la délicieuse fraîcheur y règnent le jour comme la nuit. Sous ce feuillage, on entend Philomèle qui chante d'une voix plaintive et mélodieuse ses anciens malheurs, dont elle n'est pas encore consolée. Une jeune fauvette, au contraire, y chante ses plaisirs, et elle annonce le printemps à tous les bergers d'alentour. Philomèle même est jalouse des chansons tendres de sa compagne. Un jour, elles aperçurent un jeune berger qu'elles n'avoient point encore vu dans ces bois; il leur parut gracieux, noble, aimant les Muses et l'harmonie : elles crurent que c'étoit Apollon, tel qu'il fut autrefois chez le roi Admète, ou du moins quelque jeune héros du sang de ce dieu. Les deux oiseaux, inspirés par les Muses, commencèrent aussitôt à chanter ainsi :

« Quel est donc ce berger, ou ce dieu inconnu,
» qui vient orner notre bocage? Il est sensible à
» nos chansons; il aime la poésie : elle adoucira
» son cœur, et le rendra aussi aimable qu'il est
» fier. »

Alors Philomèle continua seule :

« Que ce jeune héros croisse en vertu, comme
» une fleur que le printemps fait éclore! qu'il aime
» les doux jeux de l'esprit! que les graces soient
» sur ses lèvres! que la sagesse de Minerve règne
» dans son cœur! »

La fauvette lui répondit :

« Qu'il égale Orphée par les charmes de sa voix,
» et Hercule par ses hauts faits! qu'il porte dans
» son cœur l'audace d'Achille, sans en avoir la fé-
» rocité! Qu'il soit bon, qu'il soit sage, bienfaisant,
» tendre pour les hommes, et aimé d'eux! Que les
» Muses fassent naître en lui toutes les vertus! »

Puis les deux oiseaux inspirés reprirent ensemble :

« Il aime nos douces chansons; elles entrent
» dans son cœur, comme la rosée tombe sur nos
» gazons brûlés par le soleil. Que les dieux le mo-
» dèrent, et le rendent toujours fortuné! qu'il
» tienne en sa main la corne d'abondance! que
» l'âge d'or revienne par lui! que la sagesse se
» répande de son cœur sur tous les mortels! et que
» les fleurs naissent sous ses pas! »

Pendant qu'elles chantèrent, les zéphyrs retinrent leurs haleines; toutes les fleurs du bocage s'épanouirent; les ruisseaux formés par les trois fontaines suspendirent leur cours; les Satyres et les Faunes, pour mieux écouter, dressoient leurs oreilles aiguës; Écho redisoit ces belles paroles à tous les rochers d'alentour; et toutes les Dryades sortirent du sein des arbres verts, pour admirer celui que Philomèle et sa compagne venoient de chanter.

XXV.

Le départ de Lycon.

Quand la Renommée, par le son éclatant de sa trompette, eut annoncé aux divinités rustiques et aux bergers de Cynthe le départ de Lycon, tous ces bois si sombres retentirent de plaintes amères. Écho les répétoit tristement à tous les vallons d'alentour. On n'entendoit plus le doux son de la flûte ni celui du hautbois. Les bergers mêmes, dans leur douleur, brisoient leurs chalumeaux. Tout languissoit : la tendre verdure des arbres commençoit à s'effacer; le ciel, jusqu'alors si serein, se chargeoit de noires tempêtes; les cruels aquilons faisoient déja frémir les bocages comme en hiver. Les divinités même les plus champêtres ne furent pas insensibles à cette perte : les Dryades sortoient des troncs creux des vieux chênes pour regretter Lycon. Il se fit une assemblée de ces tristes divinités autour d'un grand arbre qui élevoit ses branches vers les cieux, et qui couvroit de son ombre épaisse la terre sa mère depuis plusieurs siècles. Hélas! autour de ce vieux tronc noueux et d'une grosseur prodigieuse, les Nymphes de ce bois, accoutumées à faire leurs danses et leurs jeux folâtres, vinrent raconter leur malheur. C'en est fait, disoient-elles, nous ne reverrons plus Lycon; il nous quitte; la fortune ennemie nous l'enlève : il va être l'ornement et les délices d'un autre bocage plus heureux que le nôtre. Non, il n'est plus permis d'espérer d'entendre sa voix, ni de le voir tirant de l'arc, et perçant de ses flèches les rapides oiseaux. Pan lui-même accourut, ayant oublié sa flûte; les Faunes et les Satyres suspendirent leurs danses. Les oiseaux mêmes ne chantoient plus : on n'entendoit que les cris affreux des hiboux et des autres oiseaux de mauvais présage. Philomèle et ses compagnes gardoient un morne silence. Alors Flore et Pomone parurent tout-à-coup, d'un air riant, au milieu du bocage, se tenant par la main : l'une étoit couronnée de fleurs, et en faisoit naître sous ses pas, empreints sur le gazon ; l'autre portoit, dans une corne d'abondance, tous les fruits que l'automne répand sur la terre pour payer l'homme de ses peines. Consolez-vous, dirent-elles à cette assemblée de dieux consternés : Lycon part, il est vrai ; mais il n'abandonne pas cette montagne consacrée à Apollon. Bientôt vous le reverrez ici cultivant lui-même nos jardins fortunés : sa main y plantera les verts arbustes, les plantes qui nourrissent l'homme, et les fleurs qui font ses délices. O aquilons, gardez-vous de flétrir jamais par vos souffles empestés ces jardins où Lycon prendra des plaisirs innocents ! Il préférera la simple nature au faste et aux divertissements désordonnés ; il aimera ces lieux ; il les abandonne à regret. A ces mots, la tristesse se change en joie ; on chante les louanges de Lycon ; on dit qu'il sera amateur des jardins, comme Apollon a été berger conduisant les troupeaux d'Admète : mille chansons divines remplissent le bocage ; et le nom de Lycon passe de l'antique forêt jusque dans les campagnes les plus reculées. Les bergers le répètent sur leurs chalumeaux ; les oiseaux mêmes, dans leurs doux ramages, font entendre je ne sais quoi qui ressemble au nom de Lycon. La terre se pare de fleurs, et s'enrichit de fruits. Les jardins, qui attendent son retour, lui préparent les graces du printemps et les magnifiques dons de l'automne. Les seuls regards de Lycon, qu'il jette encore de loin sur cette agréable montagne, la fertilisent. Là, après avoir arraché les plantes sauvages et stériles, il cueillera l'olive et le myrte, en attendant que Mars lui fasse cueillir ailleurs des lauriers.

XXVI.

Chasse de Diane.

Il y avoit dans le pays des Celtes, et assez près du fameux séjour des druides, une sombre forêt dont les chênes, aussi anciens que la terre, avoient vu les eaux du déluge, et conservoient sous leurs épais rameaux une profonde nuit au milieu du jour. Dans cette forêt reculée étoit une belle fontaine plus claire que le cristal, et qui donnoit son nom au lieu où elle couloit. Diane alloit souvent percer de ses traits des cerfs et des daims dans cette forêt pleine de rochers escarpés et sauvages. Après avoir chassé avec ardeur, elle alloit se plonger dans les pures eaux de la fontaine, et la Naïade se glorifioit de faire les délices de la déesse et de toutes les Nymphes. Un jour, Diane chassa en ces lieux un sanglier plus grand et plus furieux que celui de Calydon. Son dos étoit armé d'une soie dure, aussi hérissée et aussi horrible que les piques d'un bataillon. Ses yeux étincelants étoient pleins de sang et de feu. Il jetoit d'une gueule béante et enflammée une écume mêlée d'un sang noir. Sa hure monstrueuse ressembloit à la proue recourbée d'un navire. Il étoit sale et couvert de la boue de sa bauge, où il s'étoit vautré. Le souffle brûlant de sa gueule agitoit l'air tout autour de lui, et faisoit un bruit effroyable. Il s'élançoit rapidement comme la foudre ; il renversoit les moissons dorées, et ravageoit toutes les campagnes voisines ; il coupoit les hautes tiges des arbres les plus durs, pour aiguiser ses défenses contre leurs troncs. Ses défenses étoient aiguës et tranchantes comme les glaives recourbés des Perses. Les laboureurs épouvantés se réfugioient dans leurs villages. Les bergers, oubliant leurs foibles troupeaux errants dans les pâturages, couroient vers leurs cabanes. Tout étoit consterné ; les chasseurs mêmes, avec leurs dards et leurs épieux, n'osoient entrer dans la forêt. Diane seule, ayant pitié de ce pays, s'avance avec son carquois doré et ses flèches. Une troupe de Nymphes la suit, et elle les surpasse de toute la tête. Elle est dans sa course plus légère que les zéphyrs, et plus prompte que les éclairs. Elle atteint le monstre furieux, le perce d'une de ses flèches au-dessous de l'oreille, à l'endroit où l'épaule commence. Le voilà qui se roule dans les flots de son sang : il pousse des cris dont toute la forêt retentit, et montre en vain ses défenses prêtes à déchirer ses ennemis. Les Nymphes en frémissent. Diane seule s'avance, met le pied sur sa tête, et enfonce son dard ; puis se voyant rougie du sang de ce sanglier, qui avoit rejailli sur elle, elle se baigne dans la fontaine, et se retire charmée d'avoir délivré les campagnes de ce monstre.

XXVII.

Les abeilles et les vers à soie.

Un jour les abeilles montèrent jusque dans l'olympe au pied du trône de Jupiter, pour le prier d'avoir égard au soin qu'elles avoient pris de son enfance, quand elles le nourrirent de leur miel sur le mont Ida. Jupiter voulut leur accorder les premiers honneurs entre tous les petits animaux ; mais Minerve, qui préside aux arts, lui représenta qu'il y avoit une autre espèce qui disputoit aux abeilles la gloire des inventions utiles. Jupiter voulut en savoir le nom. Ce sont les vers à soie, répondit-elle. Aussitôt le père des dieux ordonna à Mercure de faire venir sur les ailes des doux zéphyrs des députés de ce petit peuple, afin qu'on pût entendre les raisons des deux partis. L'abeille ambassadrice de sa nation représenta la douceur du miel qui est le nectar des hommes, son utilité, l'artifice avec lequel il est composé; puis elle vanta la sagesse des lois qui policent la république volante des abeilles. Nulle autre espèce d'animaux, disoit l'orateur, n'a cette gloire; et c'est une récompense d'avoir nourri dans un antre le père des dieux. De plus, nous avons en partage la valeur guerrière, quand notre roi anime nos troupes dans les combats. Comment est-ce que ces vers, insectes vils et méprisables, oseroient nous disputer le premier rang? Ils ne savent que ramper, pendant que nous prenons un noble essor, et que de nos ailes dorées nous montons jusque vers les astres. Le harangueur des vers à soie répondit : Nous ne sommes que de petits vers, et nous n'avons ni ce grand courage pour la guerre, ni ces sages lois; mais chacun de nous montre les merveilles de la nature, et se consume dans un travail utile. Sans lois, nous vivons en paix, et on ne voit jamais de guerres civiles chez nous, pendant que les abeilles s'entre-tuent à chaque changement de roi. Nous avons la vertu de Protée pour changer de forme. Tantôt nous sommes de petits vers composés d'onze petits anneaux entrelacés avec la variété des plus vives couleurs qu'on admire dans les fleurs d'un parterre. Ensuite nous filons de quoi vêtir les hommes les plus magnifiques jusque sur le trône, et de quoi orner les temples des dieux. Cette parure si belle et si durable vaut bien du miel, qui se corrompt bientôt. Enfin, nous nous transformons en fève, mais en fève qui sent, qui se meut, et qui montre toujours de la vie. Après ces prodiges, nous devenons tout-à-coup des papillons avec l'éclat des plus riches couleurs. C'est alors que nous ne cédons plus aux abeilles pour nous élever d'un vol hardi jusque vers l'olympe. Jugez maintenant, ô père des dieux. Jupiter, embarrassé pour la décision, déclara enfin que les abeilles tiendroient le premier rang, à cause des droits qu'elles avoient acquis depuis les anciens temps. Quel moyen, dit-il, de les dégrader? je leur ai trop d'obligation; mais je crois que les hommes doivent encore plus aux vers à soie.

XXVIII.
L'assemblée des animaux pour choisir un roi.

Le lion étant mort, tous les animaux accoururent dans son antre, pour consoler la lionne sa veuve, qui faisoit retentir de ses cris les montagnes et les forêts. Après lui avoir fait leurs compliments, ils commencèrent l'élection d'un roi : la couronne du défunt étoit au milieu de l'assemblée. Le lionceau étoit trop jeune et trop foible pour obtenir la royauté sur tant de fiers animaux. Laissez-moi croître, disoit-il; je saurai bien régner et me faire craindre à mon tour. En attendant, je veux étudier l'histoire des belles actions de mon père, pour égaler un jour sa gloire. Pour moi, dit le léopard, je prétends être couronné; car je ressemble plus au lion que tous les autres prétendants. Et moi, dit l'ours, je soutiens qu'on m'avoit fait une injustice, quand on me préféra le lion : je suis fort, courageux, carnassier, tout autant que lui; et j'ai un avantage singulier, qui est de grimper sur les arbres. Je vous laisse à juger, messieurs, dit l'éléphant, si quelqu'un peut me disputer la gloire d'être le plus grand, le plus fort et le plus brave de tous les animaux. Je suis le plus noble et le plus beau, dit le cheval. Et moi, le plus fin, dit le renard. Et moi, le plus léger à la course, dit le cerf. Où trouverez-vous, dit le singe, un roi plus agréable et plus ingénieux que moi? Je divertirai chaque jour mes sujets. Je ressemble même à l'homme, qui est le véritable roi de toute la nature. Le perroquet harangua ainsi : Puisque tu te vantes de ressembler à l'homme, je puis m'en vanter aussi. Tu ne lui ressembles que par ton laid visage et par quelques grimaces ridicules : pour moi, je lui ressemble par la voix, qui est la marque de la raison et le plus bel ornement de l'homme. Tais-toi, maudit causeur, lui répondit le singe : tu parles, mais non pas comme l'homme; tu dis toujours la même chose, sans entendre ce que tu dis. L'assemblée se moqua de ces deux mauvais copistes de l'homme, et on donna la couronne à l'éléphant, parce qu'il a la force et la sagesse, sans avoir ni la cruauté des bêtes furieuses, ni la sotte vanité de tant d'autres qui veulent toujours paroître ce qu'elles ne sont pas.

XXIX.
Les deux lionceaux.

Deux lionceaux avoient été nourris ensemble dans la même forêt : ils étoient de même âge, de même taille, de mêmes forces. L'un fut pris dans de grands filets à une chasse du grand-mogol; l'autre demeura dans des montagnes escarpées. Celui qu'on avoit pris fut mené à la cour, où il vivoit dans les délices : on lui donnoit chaque jour une gazelle à manger; il n'avoit qu'à dormir dans une loge où on avoit soin de le faire coucher mollement. Un eunuque blanc avoit soin de peigner deux fois le jour sa longue crinière dorée. Comme il étoit apprivoisé, le roi même le caressoit souvent. Il étoit gras, poli, de bonne mine, et magnifique ; car il portoit un collier d'or, et on lui mettoit aux oreilles des pendants garnis de perles et de diamants : il méprisoit tous les autres lions qui étoient dans des loges voisines, moins belles que la sienne, et qui n'étoient pas en faveur comme lui. Ces prospérités lui enflèrent le cœur ; il crut être un grand personnage, puisqu'on le traitoit si honorablement. La cour où il brilloit lui donna le goût de l'ambition ; il s'imaginoit qu'il auroit été un héros, s'il eût habité les forêts. Un jour, comme on ne l'attachoit plus à sa chaîne, il s'enfuit du palais, et retourna dans le pays où il avoit été nourri. Alors le roi de toute la nation lionne venoit de mourir, et on avoit assemblé les états pour lui choisir un successeur. Parmi beaucoup de prétendants, il y en avoit un qui effaçoit tous les autres par sa fierté et par son audace ; c'étoit cet autre lionceau, qui n'avoit point quitté les déserts, pendant que son compagnon avoit fait fortune à la cour. Le solitaire avoit souvent aiguisé son courage par une cruelle faim ; il étoit accoutumé à ne se nourrir qu'au travers des plus grands périls et par des carnages ; il déchiroit et troupeaux et bergers. Il étoit maigre, hérissé, hideux : le feu et le sang sortoient de ces yeux ; il étoit léger, nerveux, accoutumé à grimper, à s'élancer, intrépide, contre les épieux et les dards. Les deux anciens compagnons demandèrent le combat, pour décider qui régneroit. Mais une vieille lionne, sage et expérimentée, dont toute la république respectoit les conseils, fut d'avis de mettre d'abord sur le trône celui qui avoit étudié la politique à la cour. Bien des gens murmuroient, disant qu'elle vouloit qu'on préférât un personnage vain et voluptueux à un guerrier qui avoit appris, dans la fatigue et dans les périls, à soutenir les grandes affaires. Cependant l'autorité de la vieille lionne prévalut : on mit sur le trône le lion de cour. D'abord il s'amollit dans les plaisirs ; il n'aima que le faste ; il usoit de souplesse et de ruse, pour cacher sa cruauté et sa tyrannie. Bientôt il fut haï, méprisé, détesté. Alors la vieille lionne dit : Il est temps de le détrôner. Je savois bien qu'il étoit indigne d'être roi : mais je voulois que vous en eussiez un gâté par la mollesse et par la politique, pour vous mieux faire sentir ensuite le prix d'un autre qui a mérité la royauté par sa patience et par sa valeur. C'est maintenant qu'il faut les faire combattre l'un contre l'autre. Aussitôt on les mit dans un champ clos, où les deux champions servirent de spectacle à l'assemblée. Mais le spectacle ne fut pas long : le lion amolli trembloit, et n'o-

soit se présenter à l'autre : il fuit honteusement, et se cache ; l'autre le poursuit, et lui insulte. Tous s'écrièrent : Il faut l'égorger et le mettre en pièces ! Non, non, répondit-il ; quand on a un ennemi si lâche, il y auroit de la lâcheté à le craindre. Je veux qu'il vive ; il ne mérite pas de mourir. Je saurai bien régner sans m'embarrasser de le tenir soumis. En effet, le vigoureux lion régna avec sagesse et autorité. L'autre fut très content de lui faire bassement sa cour, d'obtenir de lui quelques morceaux de chair, et de passer sa vie dans une oisiveté honteuse.

XXX.
Les abeilles.

Un jeune prince, au retour des zéphyrs, lorsque toute la nature se ranime, se promenoit dans un jardin délicieux ; il entendit un grand bruit, et aperçut une ruche d'abeilles. Il s'approche de ce spectacle, qui étoit nouveau pour lui ; il vit avec étonnement l'ordre, le soin et le travail de cette petite république. Les cellules commençoient à se former, et à prendre une figure régulière. Une partie des abeilles les remplissoient de leur doux nectar : les autres apportoient des fleurs qu'elles avoient choisies entre toutes les richesses du printemps. L'oisiveté et la paresse étoient bannies de ce petit état : tout y étoit en mouvement, mais sans confusion et sans trouble. Les plus considérables d'entre les abeilles conduisoient les autres, qui obéissoient sans murmure et sans jalousie contre celles qui étoient au-dessus d'elles. Pendant que le jeune prince admiroit cet objet qu'il ne connoissoit pas encore, une abeille, que toutes les autres reconnoissoient pour leur reine, s'approcha de lui, et lui dit : La vue de nos ouvrages et de notre conduite vous réjouit ; mais elle doit encore plus vous instruire. Nous ne souffrons point chez nous le désordre ni la licence ; on n'est considérable parmi nous que par son travail, et par les talents qui peuvent être utiles à notre république. Le mérite est la seule voie qui élève aux premières places. Nous ne nous occupons nuit et jour qu'à des choses dont les hommes retirent toute l'utilité. Puissiez-vous être un jour comme nous, et mettre dans le genre humain l'ordre que vous admirez chez nous ! Vous travaillerez par-là à son bonheur et au vôtre ; vous remplirez la tâche que le destin vous a imposée : car vous ne serez au-dessus des autres que pour les protéger, que pour écarter les maux qui les menacent, que pour leur procurer tous les biens qu'ils ont droit d'attendre d'un gouvernement vigilant et paternel.

XXXI.
Le Nil et le Gange.

Un jour, deux fleuves, jaloux l'un de l'autre, se présentèrent à Neptune pour disputer le premier rang. Le dieu étoit sur un trône d'or, au milieu d'une grotte profonde. La voûte étoit de pierres ponces, mêlées de rocailles et de conques marines. Les eaux immenses venoient de tous côtés, et se suspendoient en voûte au-dessus de la tête du dieu. Là, paroissoient le vieux Nérée, ridé et courbé comme Saturne; le grand Océan, père de tant de Nymphes; Téthys, pleine de charmes; Amphitrite avec le petit Palémon; Ino et Mélicerte; la foule des jeunes Néréides, couronnées de fleurs. Protée même y étoit accouru avec ses troupeaux marins, qui, de leurs vastes narines ouvertes, avaloient l'onde amère, pour la revomir comme des fleuves rapides qui tombent des rochers escarpés. Toutes les petites fontaines transparentes, les ruisseaux bondissants et écumeux, les fleuves qui arrosent la terre, les mers qui l'environnent, venoient apporter le tribut de leurs eaux dans le sein immobile du souverain père des ondes. Les deux fleuves, dont l'un est le Nil et l'autre le Gange, s'avancent. Le Nil tenoit dans sa main une palme, et le Gange ce roseau indien dont la moelle rend un suc si doux que l'on nomme sucre. Ils étoient couronnés de jonc. La vieillesse des deux étoit également majestueuse et vénérable. Leurs corps nerveux étoient d'une vigueur et d'une noblesse au-dessus de l'homme. Leur barbe, d'un vert bleuâtre, flottoit jusqu'à leur ceinture. Leurs yeux étoient vifs et étincelants, malgré un séjour si humide. Leurs sourcils épais et mouillés tomboient sur leurs paupières. Ils traversent la foule des monstres marins; les troupeaux de Tritons folâtres sonnoient de la trompette avec leurs conques recourbées; les dauphins s'élevoient au-dessus de l'onde qu'ils faisoient bouillonner par les mouvements de leurs queues, et ensuite se replongeoient dans l'eau avec un bruit effroyable, comme si les abîmes se fussent ouverts.

Le Nil parla le premier ainsi : O grand fils de Saturne, qui tenez le vaste empire des eaux, compatissez à ma douleur; on m'enlève injustement la gloire dont je jouis depuis tant de siècles : un nouveau fleuve, qui ne coule qu'en des pays barbares, ose me disputer le premier rang. Avez-vous oublié que la terre d'Égypte, fertilisée par mes eaux, fut l'asile des dieux quand les géants voulurent escalader l'olympe? C'est moi qui donne à cette terre son prix ; c'est moi qui fais l'Égypte si délicieuse et si puissante. Mon cours est immense : je viens de ces climats brûlants dont les mortels n'osent approcher; et quand Phaéton sur le char du Soleil embrasoit les terres, pour l'empêcher de faire tarir mes eaux, je cachai si bien ma tête superbe, qu'on n'a point encore pu, depuis ce temps-là, découvrir où est ma source et mon origine. Au lieu que les débordements déréglés des autres fleuves ravagent les campagnes, le mien, toujours régulier, répand l'abondance dans ces heureuses terres d'Égypte, qui sont plutôt un beau jardin qu'une campagne. Mes eaux dociles se partagent en autant de canaux qu'il plaît aux habitants pour arroser leurs terres et pour faciliter leur commerce. Tous mes bords sont pleins de villes, et on en escompte jusques à vingt mille dans la seule Égypte. Vous savez que mes catadoupes ou cataractes font une chute merveilleuse de toutes mes eaux de certains rochers en bas, au-dessus des plaines d'Égypte. On dit même que le bruit de mes eaux, dans cette chute, rend sourds tous les habitants du pays. Sept bouches différentes apportent mes eaux dans votre empire; et le Delta qu'elles forment est la demeure du plus sage, du plus savant, du mieux policé et du plus ancien peuple de l'univers; il compte beaucoup de milliers d'années dans son histoire, et dans la tradition de ses prêtres. J'ai donc pour moi la longueur de mon cours, l'ancienneté de mes peuples, les merveilles des dieux accomplies sur mes rivages, la fertilité des terres par mes inondations, la singularité de mon origine inconnue. Mais pourquoi raconter tous mes avantages contre un adversaire qui en a si peu ? Il sort des terres sauvages et glacées des Scythes, se jette dans une mer qui n'a aucun commerce qu'avec des barbares; ces pays ne sont célèbres que pour avoir été subjugués par Bacchus, suivi d'une troupe de femmes ivres et échevelées, dansant avec des thyrses en main. Il n'a sur ses bords ni peuples polis et savants, ni villes magnifiques, ni monuments de la bienveillance des dieux : c'est un nouveau venu qui se vante sans preuve. O puissant dieu, qui commandez aux vagues et aux tempêtes, confondez sa témérité !

C'est la vôtre qu'il faut confondre, répliqua alors le Gange. Vous êtes, il est vrai, plus anciennement connu ; mais vous n'existiez pas avant moi. Comme vous, je descends de hautes montagnes, je parcours de vastes pays, je reçois le tribut de beaucoup de rivières, je me rends par plusieurs bouches dans le sein des mers, et je fertilise les plaines que j'inonde. Si je voulois, à votre exemple, donner dans le merveilleux, je dirois avec les Indiens, que je descends du ciel, et que mes eaux bienfaisantes ne sont pas moins salutaires à l'ame qu'au corps. Mais ce n'est pas devant le dieu des fleuves et des mers qu'il faut se prévaloir de ces prétentions chimériques. Créé cependant quand le monde sortit du chaos, plusieurs écrivains me font naître dans le jardin de délices qui fut le séjour du premier homme. Mais ce qu'il y a de certain, c'est que j'arrose encore plus de royaumes que vous ; c'est que je parcours des terres aussi riantes et aussi fécondes ; c'est que je roule cette poudre d'or si recherchée, et peut-être si funeste au bonheur des hommes ; c'est qu'on trouve sur mes bords des perles, des diamants, et tout ce qui sert à l'ornement des temples et des mortels ; c'est qu'on voit sur mes rives des édifices superbes, et qu'on y célèbre de longues et magnifiques fêtes. Les Indiens, comme les Égyptiens, ont aussi leurs antiquités, leurs métamorphoses, leurs fables ; mais ce qu'ils ont plus qu'eux, ce sont d'illustres gymnosophistes, des philosophes éclairés. Qui de vos prêtres si renommés pourriez-vous comparer au fameux Pilpay? Il a enseigné aux princes les principes de la morale et l'art de gouverner avec justice et bonté. Ses apologues ingénieux ont rendu son nom immortel; on les lit, mais on n'en profite guère dans les états que j'enrichis : et ce qui fait notre honte à tous les deux, c'est que nous ne voyons sur nos bords que les princes malheureux, parce qu'ils n'aiment que les plaisirs et une autorité sans bornes ; c'est que nous ne voyons dans les plus belles contrées du monde que des peuples misérables, parce qu'ils sont presque tous esclaves, presque tous victimes des volontés arbitraires et de la cupidité insatiable des maîtres qui les gouvernent, ou plutôt qui les écrasent. A quoi me servent donc et l'antiquité de mon origine, et l'abondance de mes eaux, et tout le spectacle des merveilles que j'offre au navigateur? Je ne veux ni les honneurs ni la gloire de la préférence, tant que je ne contribuerai pas plus au bonheur de la multitude, tant que je ne servirai qu'à entretenir la mollesse ou l'avidité de quelques tyrans fastueux et inappliqués. Il n'y a rien de grand, rien d'estimable, que ce qui est utile au genre humain.

Neptune et l'assemblée des dieux marins applaudirent au discours du Gange, louèrent sa tendre compassion pour l'humanité vexée et souffrante. Ils lui firent espérer que, d'une autre partie du monde, il se transporteroit dans l'Inde des nations policées et humaines, qui pourroient éclairer les princes sur leur vrai bonheur, et leur faire comprendre qu'il consiste principalement, comme il le croyoit avec tant de vérité, à rendre heureux tous ceux qui dépendent d'eux, et à les gouverner avec sagesse et modération.

XXXII.

Prière indiscrète de Nélée, petit-fils de Nestor.

Entre tous les mortels qui avoient été aimés des dieux, nul ne leur avoit été plus cher que Nestor ; ils avoient versé sur lui leurs dons les plus précieux, la sagesse, la profonde connoissance des hommes, une éloquence douce et insinuante. Tous les Grecs l'écoutoient avec admiration ; et, dans une extrême vieillesse, il avoit un pouvoir absolu sur les cœurs et sur les esprits. Les dieux, avant la fin de ses jours, voulurent lui accorder encore une faveur, qui fut de voir naître un fils de Pisistrate. Quand il vint au monde, Nestor le prit sur ses genoux ; et, levant les yeux au ciel : O Pallas! dit-il, vous avez comblé la mesure de vos bienfaits ; je n'ai plus rien à souhaiter sur la terre, sinon que vous remplissiez de votre esprit l'enfant que vous m'avez fait voir. Vous ajouterez, j'en suis sûr, puissante déesse, cette faveur à toutes celles que j'ai reçues de vous. Je ne demande point de voir le temps où mes vœux seront exaucés, la terre m'a porté trop long-temps ; coupez, fille de Jupiter, le fil de mes jours. Ayant prononcé ces mots, un doux sommeil se répand sur ses yeux, il fut uni avec celui de la mort ; et, sans effort, sans douleur, son ame quitta son corps glacé et presque anéanti par trois âges d'homme qu'il avoit vécu.

Ce petit-fils de Nestor s'appeloit Nélée. Nestor, à qui la mémoire de son père avoit toujours été chère, voulut qu'il portât son nom. Quand Nélée fut sorti de l'enfance, il alla faire un sacrifice à Minerve dans un bois proche de la ville de Pylos, qui étoit consacré à cette déesse. Après que les victimes couronnées de fleurs eurent été égorgées, pendant que ceux qui l'avoient accompagné s'occupoient aux cérémonies qui suivoient l'immolation, que les uns coupoient du bois, que les autres faisoient sortir le feu des veines des cailloux, qu'on écorchoit les victimes, et qu'on les coupoit en plusieurs morceaux, tous étant éloignés de l'autel, Nélée étoit demeuré auprès. Tout d'un coup il entendit la terre trembler, du creux des arbres sortoient d'affreux mugissements, l'autel paroissoit en feu, et sur le haut des flammes parut une femme d'un air si majestueux et si vénérable, que Nélée en fut ébloui. Sa figure étoit au-dessus de la forme humaine, ses regards étoient plus perçants que les éclairs ; sa beauté n'avoit rien de mou ni d'efféminé : elle étoit pleine de graces, et marquoit de la force et de la vigueur. Nélée, ressentant l'impression de la divinité, se prosterne à terre : tous ses membres se trouvent agités par un violent tremblement, son sang se glace dans ses veines, sa langue s'attache à son palais, et ne peut plus proférer aucune parole ; il demeure interdit, immobile, et presque sans vie. Alors Pallas lui rend la force, qui l'avoit abandonné. Ne craignez rien, lui dit cette déesse ; je suis descendu du haut de l'olympe pour vous témoigner le même amour que j'ai fait ressentir à votre aïeul Nestor : je mets votre bonheur dans vos mains, j'exaucerai tous vos vœux ; mais pensez attentivement à ce que vous me devez demander. Alors Nélée, revenu de son étonnement, et charmé par la douceur des paroles de la déesse, sentit au-dedans de lui la même assurance que s'il n'eût été que devant une personne mortelle. Il étoit à l'entrée de la jeunesse : dans cet âge où les plaisirs qu'on commence à ressentir occupent et entraînent l'ame tout entière, on n'a point encore connu l'amertume, suite inséparable des plaisirs ; on n'a point encore été instruit par l'expérience. O déesse ! s'écria-t-il, si je puis toujours goûter la douceur de la volupté, tous mes souhaits seront accomplis. L'air de la déesse étoit auparavant gai et ouvert ; à ces mots elle en prit un froid et sérieux : Tu ne comptes, lui dit-elle, que ce qui flatte les sens : eh bien ! tu vas être rassasié des plaisirs que ton cœur desire. La déesse aussitôt disparut. Nélée quitte l'autel, et reprend le chemin de Pylos. Il voit sous ses pas naître et éclore des fleurs d'une odeur si délicieuse, que les hommes n'avoient jamais ressenti un si précieux parfum. Le pays s'embellit, et prend une forme qui charme les yeux de Nélée. La beauté des Graces, compagnes de Vénus, se répand sur toutes les femmes qui paroissent devant lui. Tout ce qu'il boit devient nectar, tout ce qu'il mange devient ambroisie : son ame se trouve noyée dans un océan de plaisirs. La volupté s'empare du cœur de Nélée, il ne vit plus que pour elle ; il n'est plus occupé que d'un seul soin, qui est que les divertissements se succèdent toujours les uns aux autres, et qu'il n'y ait pas un seul moment où ses sens ne soient agréablement charmés. Plus il goûte les plaisirs, plus il les souhaite ardemment. Son esprit s'amollit, et perd toute sa vigueur ; les affaires lui deviennent un poids d'une pesanteur horrible ; tout ce qui est sérieux lui donne un chagrin mortel. Il éloigne de ses yeux les sages conseillers qui avoient été formés par Nestor, et qui étoient regardés comme le plus précieux héritage que ce prince eût laissé à son petit-fils. La raison, les remontrances utiles deviennent l'objet de son aversion la plus vive, et il frémit si quelqu'un ouvre la bouche devant lui pour lui donner un sage conseil. Il fait bâtir un magnifique palais où on ne voit luire que l'or, l'argent et le marbre, où tout est prodigué pour contenter les yeux et appeler le plaisir. Le fruit de tant de soins pour se satisfaire, c'est l'ennui, l'inquiétude. A peine a-t-il ce qu'il souhaite, qu'il s'en dégoûte : il faut qu'il change souvent de demeure, qu'il coure sans cesse de palais en palais, qu'il abatte et qu'il réédifie. Le beau, l'agréable, ne le touchent plus ; il lui faut du singulier, du bizarre, de l'extraordinaire : tout ce qui est naturel et simple lui paroît insipide, et il tombe dans un tel engourdissement, qu'il ne vit plus, qu'il ne sent plus que par secousse, par soubresaut. Pylos, sa capitale, change de face. On y aimoit le travail, on y honoroit les dieux ; la bonne foi régnoit dans le commerce, tout y étoit dans l'ordre ; et le peuple même trouvoit, dans les occupations utiles qui se succédoient sans l'accabler, l'aisance et la paix. Un luxe effréné prend la place de la décence et des vraies richesses : tout y est prodigué aux vains agréments, aux commodités recherchées. Les maisons, les jardins, les édifices publics changent de forme ; tout y devient singulier ; le grand, le majestueux, qui sont toujours simples, ont disparu. Mais ce qui est encore plus fâcheux, les habitants, à l'exemple de Nélée, n'aiment, n'estiment, ne recherchent que la volupté : on la poursuit aux dépens de l'innocence et de la vertu ; on s'agite, on se tourmente pour saisir une ombre vaine et fugitive de bonheur, et l'on en perd le repos et la tranquillité ; personne n'est content, parce que l'on veut l'être trop, parce qu'on ne sait rien souffrir ni rien attendre. L'agriculture et les autres arts utiles sont devenus presque avilissants : ce sont ceux que la mollesse a inventés qui sont en honneur, qui mènent à la richesse, et auxquels on prodigue les encouragements. Les trésors que Nestor et Pisistrate avoient amassés sont bientôt dissipés, les revenus de l'état deviennent la proie de l'étourderie et de la cupidité. Le peuple murmure, les grands se plaignent, les sages seuls gardent quelque temps le silence ; ils parlent enfin, et leur voix respectueuse se fait entendre à Nélée. Ses yeux s'ouvrent, son cœur s'attendrit. Il a encore recours à Minerve : il se plaint à la déesse de sa facilité à exaucer ses vœux téméraires ; il la conjure de retirer ses dons perfides, il lui demande la sagesse et la justice. Que j'étois aveugle! s'écria-t-il : mais je connois mon erreur, je déteste la faute que j'ai faite, je veux la réparer, et chercher dans l'application à mes devoirs, dans le soin de soulager mon peuple, et dans l'innocence et la pureté des mœurs, le repos et le bonheur que j'ai vainement cherchés dans les plaisirs des sens.

XXXIII.
Histoire d'Alibée, Persan.

Schah-Abbas, roi de Perse, faisant un voyage, s'écarta de toute sa cour, pour passer dans la campagne sans y être connu, et pour y voir les peuples dans toute leur liberté naturelle. Il prit seulement avec lui un de ses courtisans. Je ne connois point, lui dit le roi, les véritables mœurs des hommes : tout ce qui nous aborde est déguisé ; c'est l'art, et non pas la nature simple, qui se montre à nous. Je veux étudier la vie rustique, et voir ce genre d'hommes qu'on méprise tant, quoiqu'ils soient le vrai soutien de toute la société humaine. Je suis las de voir des courtisans qui m'observent pour me surprendre en me flattant : il faut que j'aille voir des laboureurs et des bergers qui ne me connoissent pas. Il passa avec son confident, au milieu de plusieurs villages où l'on faisoit des danses ; et il étoit ravi de trouver loin des cours des plaisirs tranquilles et sans dépense. Il fit un repas dans une cabane ; et comme il avoit grand'faim, après avoir marché plus qu'à l'ordinaire, les aliments grossiers qu'il y prit lui parurent plus agréables que tous les mets exquis de sa table. En passant dans une prairie semée de fleurs, qui bordoit un clair ruisseau, il aperçut un jeune berger qui jouoit de la flûte à l'ombre d'un grand ormeau, auprès de ses moutons paissants. Il l'aborde, il l'examine ; il lui trouve une physionomie agréable, un air simple et ingénu, mais noble et gracieux. Les haillons dont le berger étoit couvert ne diminuoient point l'éclat de sa beauté. Le roi crut d'abord que c'étoit quelque personne de naissance illustre qui s'étoit déguisée : mais il apprit du berger que son père et sa mère étoient dans un village voisin, et que son nom étoit Alibée. A mesure que le roi le questionnoit, il admiroit en lui un esprit ferme et raisonnable. Ses yeux étoient vifs, et n'avoient rien d'ardent ni de farouche ; sa voix étoit douce, insinuante, et propre à toucher : son visage n'avoit rien de grossier ; mais ce n'étoit pas une beauté molle et efféminée. Le berger, d'environ seize ans, ne savoit point qu'il fût tel qu'il paroissoit aux autres : il croyoit penser, parler, être fait comme tous les autres bergers de son village ; mais, sans éducation, il avoit appris tout ce que la raison fait apprendre à ceux qui l'écoutent. Le roi, l'ayant entretenu familièrement, en fut charmé : il sut de lui sur l'état des peuples tout ce que les rois n'apprennent jamais d'une foule de flatteurs qui les environnent. De temps en temps il rioit de la naïveté de cet enfant, qui ne ménageoit rien dans ses réponses. C'étoit une grande nouveauté pour le roi, que d'entendre parler si naturellement : il fit signe au courtisan qui l'accompagnoit de ne point découvrir qu'il étoit le roi, car il craignoit qu'Alibée ne perdît en un moment toute sa liberté et toutes ses graces, s'il venoit à savoir devant qui il parloit. Je vois bien, disoit le prince au courtisan, que la nature n'est pas moins belle dans les plus basses conditions que dans les plus hautes. Jamais enfant de roi n'a paru mieux né que celui-ci, qui garde les moutons. Je me trouverois trop heureux d'avoir un fils aussi beau, aussi sensé, aussi aimable. Il me paroît propre à tout ; et, si on a soin de l'instruire, ce sera assurément un jour un grand homme : je veux le faire élever auprès de moi. Le roi emmena Alibée, qui fut bien surpris d'apprendre à qui il s'étoit rendu agréable. On lui fit apprendre à lire, à écrire, à chanter, et ensuite on lui donna des maîtres pour les arts, et pour les sciences qui ornent l'esprit. D'abord il fut un peu ébloui de la cour ; et son grand changement de fortune changea un peu son cœur. Son âge et sa faveur, jointes ensemble, altérèrent un peu sa sagesse et sa modération. Au lieu de sa houlette, de sa flûte et de son habit de berger, il prit une robe de pourpre, brodée d'or, avec un turban couvert de pierreries. Sa beauté effaça tout ce que la cour avoit de plus agréable. Il se rendit capable des affaires les plus sérieuses, et mérita la confiance de son maître, qui, connoissant le goût exquis d'Alibée pour toutes les magnificences d'un palais, lui donna enfin une charge très considérable en Perse, qui est celle de garder tout ce que le prince a de pierreries et de meubles précieux.

Pendant toute la vie du grand Schah-Abbas, la faveur d'Alibée ne fit que croître. A mesure qu'il s'avança dans un âge plus mûr, il se ressouvint enfin de son ancienne condition, et souvent il la regrettoit. O beaux jours, disoit-il en lui-même, jours innocents, jours où j'ai goûté une joie pure et sans péril, jours depuis lesquels je n'en ai vu aucun de si doux, ne vous reverrai-je jamais? Celui qui m'a privé de vous, en me donnant tant de richesses, m'a tout ôté. Il voulut aller revoir son village; il s'attendrit dans tous les lieux où il avoit autrefois dansé, chanté, joué de la flûte avec ses compagnons. Il fit quelque bien à tous ses parents et à tous ses amis; mais il leur souhaita pour principal bonheur de ne quitter jamais la vie champêtre, et de n'éprouver jamais les malheurs de la cour.

Il les éprouva ces malheurs. Après la mort de son bon maître Schah-Abbas, son fils Schah-Sephi succéda à ce prince. Des courtisans envieux et pleins d'artifice trouvèrent moyen de le prévenir contre Alibée. Il a abusé, disoient-ils, de la confiance du feu roi; il a amassé des trésors immenses, et a détourné plusieurs choses d'un très grand prix, dont il étoit dépositaire. Schah-Sephi étoit tout ensemble jeune et prince; il n'en falloit pas tant pour être crédule, inappliqué, et sans précaution. Il eut la vanité de vouloir paroître réformer ce que le roi son père avoit fait, et juger mieux que lui. Pour avoir un prétexte de déposséder Alibée de sa charge, il lui demanda, selon le conseil de ses courtisans envieux, de lui apporter un cimeterre garni de diamants d'un prix immense, que le roi son grand-père avoit accoutumé de porter dans les combats. Schah-Abbas avoit fait autrefois ôter de ce cimeterre tous ces beaux diamants; et Alibée prouva par de bons témoins que la chose avoit été faite par l'ordre du feu roi, avant que la charge eût été donnée à Alibée. Quand les ennemis d'Alibée virent qu'ils ne pouvoient plus se servir de ce prétexte pour le perdre, ils conseillèrent à Schah-Sephi de lui commander de faire, dans quinze jours, un inventaire exact de tous les meubles précieux dont il étoit chargé. Au bout des quinze jours, il demanda à voir lui-même toutes choses. Alibée lui ouvrit toutes les portes, et lui montra tout ce qu'il avoit en garde. Rien n'y manquoit; tout étoit propre, bien rangé, et conservé avec grand soin. Le roi, bien mécompté de trouver partout tant d'ordre et d'exactitude, étoit presque revenu en faveur d'Alibée, lorsqu'il aperçut au bout d'une grande galerie, pleine de meubles très somptueux, une porte de fer qui avoit trois grandes serrures. C'est là, lui dirent à l'oreille les courtisans jaloux, qu'Alibée a caché toutes les choses précieuses qu'il vous a dérobées. Aussitôt le roi en colère s'écria : Je veux voir ce qui est au-delà de cette porte. Qu'y avez-vous mis? montrez-le-moi. A ces mots Alibée se jeta à ses genoux, le conjurant, au nom de Dieu, de ne lui ôter pas ce qu'il avoit de plus précieux sur la terre. Il n'est pas juste, disoit-il, que je perde en un moment ce qui me reste, et qui fait ma ressource, après avoir travaillé tant d'années auprès du roi votre père. Otez-moi, si vous voulez, tout le reste; mais laissez-moi ceci. Le roi ne douta point que ce ne fût un trésor mal acquis, qu'Alibée avoit amassé. Il prit un ton plus haut, et voulut absolument qu'on ouvrît cette porte. Enfin Alibée, qui en avoit les clefs, l'ouvrit lui-même. On ne trouva en ce lieu que la houlette, la flûte, et l'habit de berger qu'Alibée avoit porté autrefois, et qu'il revoyoit souvent avec joie, de peur d'oublier sa première condition. Voilà, dit-il, ô grand roi, les précieux restes de mon ancien bonheur : ni la fortune ni votre puissance n'ont pu me les ôter. Voilà mon trésor, que je garde pour m'enrichir quand vous m'aurez fait pauvre. Reprenez tout le reste; laissez-moi ces chers gages de mon premier état. Les voilà mes vrais biens, qui ne me manqueront jamais. Les voilà ces biens simples, innocents, toujours doux à ceux qui savent se contenter du nécessaire, et ne se tourmenter point pour le superflu. Les voilà ces biens dont la liberté et la sûreté sont les fruits. Les voilà ces biens qui ne m'ont jamais donné un moment d'embarras. O chers instruments d'une vie simple et heureuse! je n'aime que vous; c'est avec vous que je veux vivre et mourir. Pourquoi faut-il que d'autres biens trompeurs soient venus me tromper, et troubler le repos de ma vie? Je vous les rends, grand roi, toutes ces richesses qui me viennent de votre libéralité : je ne garde que ce que j'avois quand le roi votre père vint, par ses graces, me rendre malheureux.

Le roi, entendant ces paroles, comprit l'innocence d'Alibée; et, étant indigné contre les courtisans qui l'avoient voulu perdre, il les chassa d'auprès de lui. Alibée devint son principal officier, et fut chargé des affaires les plus secrètes : mais il revoyoit tous les jours sa houlette, sa flûte et son ancien habit, qu'il tenoit toujours prêts dans son trésor, pour les reprendre dès que la fortune inconstante troubleroit sa faveur. Il mourut dans une extrême vieillesse, sans avoir jamais voulu ni faire punir ses ennemis, ni amasser aucun bien, et ne laissant à ses parents que de quoi vivre dans la condition de bergers, qu'il crut toujours la plus sûre et la plus heureuse.

XXXIV.

Le berger Cléobule et la nymphe Phidile.

Un berger rêveur menoit son troupeau sur les rives fleuries du fleuve Achéloüs. Les Faunes et les Satyres, cachés dans les bocages voisins, dansoient sur l'herbe au doux son de sa flûte. Les Naïades, cachées dans les ondes du fleuve, levèrent leurs têtes au-dessus des roseaux pour écouter ses chansons. Achéloüs lui-même, appuyé sur son urne penchée, montra son front, où il ne restoit plus qu'une corne depuis son combat avec le grand Hercule; et cette mélodie suspendit pour un peu de temps les peines de ce dieu vaincu. Le berger étoit peu touché de voir ces Naïades qui l'admiroient : il ne pensoit qu'à la bergère Phidile, simple, naïve, sans aucune parure, à qui la fortune ne donna jamais d'éclat emprunté, et que les Graces seules avoient ornée et embellie de leurs propres mains. Elle sortoit de son village, ne songeant qu'à faire paître ses moutons. Elle seule ignoroit sa beauté. Toutes les autres bergères en étoient jalouses. Le berger l'aimoit, et n'osoit le lui dire. Ce qu'il aimoit le plus en elle, c'étoit cette vertu simple et sévère qui écartoit les amants, et qui fait le vrai charme de la beauté. Mais la passion ingénieuse fait trouver l'art de représenter ce qu'on n'oseroit dire ouvertement : il finit donc toutes ses chansons les plus agréables, pour en commencer une qui pût toucher le cœur de cette bergère. Il savoit qu'elle aimoit la vertu des héros qui ont acquis de la gloire dans les combats : il chanta sous un nom supposé ses propres aventures; car, en ce temps, les héros mêmes étoient bergers, et ne méprisoient point la houlette. Il chanta donc ainsi :

Quand Polynice alla assiéger la ville de Thèbes pour renverser du trône son frère Étéocle, tous les rois de la Grèce parurent sous les armes, et poussoient leurs chariots contre les assiégés. Adraste, beau-père de Polynice, abattoit les troupes de soldats et les capitaines, comme un moissonneur, de sa faux tranchante, coupe les moissons. D'un autre côté, le devin Amphiaraüs, qui avoit prévu son malheur, s'avançoit dans la mêlée, et fut tout-à-coup englouti par la terre, qui ouvrit ses abîmes pour le précipiter dans les sombres rives du Styx. En tombant, il déploroit son infortune, d'avoir eu une femme infidèle. Assez près de là, on voyoit les deux frères fils d'Œdipe qui s'attaquoient avec fureur : comme un léopard et un tigre qui s'entre-déchirent dans les rochers du Caucase, ils se rouloient tous deux dans le sable, chacun paroissant altéré du sang de son frère. Pendant cet horrible spectacle, Cléobule, qui avoit suivi Polynice, combattit contre un vaillant Thébain que le dieu Mars rendoit presque invincible. La flèche du Thébain, conduite par le dieu, auroit percé le cou de Cléobule, qui se détourna promptement. Aussitôt Cléobule lui enfonça son dard jusqu'au fond des entrailles. Le sang du Thébain ruisselle, ses yeux s'éteignent, sa bonne mine et sa fierté le quittent, la mort efface ses beaux traits. Sa jeune épouse, du haut d'une tour le vit mourant, et eut le cœur percé d'une douleur inconsolable. Dans son malheur, je le trouve heureux d'avoir été aimé et plaint : je mourrois comme lui avec plaisir, pourvu que je pusse être aimé de même. A quoi servent la valeur et la gloire des plus fameux combats; à quoi servent la jeunesse et la beauté, quand on ne peut ni plaire ni toucher ce qu'on aime?

La bergère, qui avoit prêté l'oreille à une si tendre chanson, comprit que ce berger étoit Cléobule, vainqueur du Thébain. Elle devint sensible à la gloire qu'il avoit acquise, aux graces qui brilloient en lui, et aux maux qu'il souffroit pour elle. Elle lui donna sa main et sa foi. Un heureux hymen les joignit : bientôt leur bonheur fut envié des bergers d'alentour et des divinités champêtres. Ils égalèrent par leur union, et par leur vie innocente, par leurs plaisirs rustiques, jusque dans une extrême vieillesse, la douce destinée de Philémon et de Baucis.

XXXV.

Les aventures de Mélésichthon.

Mélésichthon, né à Mégare, d'une race illustre parmi les Grecs, ne songea dans sa jeunesse qu'à imiter dans la guerre les exemples de ses ancêtres; il signala sa valeur et ses talents dans plusieurs expéditions; et comme toutes ses inclinations étoient magnifiques, il y fit une dépense éclatante qui le ruina bientôt. Il fut contraint de se retirer dans une maison de campagne, sur le bord de la mer, où il vivoit dans une profonde solitude avec sa femme Proxinoé. Elle avoit de l'esprit, du courage, de la fierté. Sa beauté et sa naissance l'avoient fait rechercher par des partis beaucoup plus riches que Mélésichthon; mais elle l'avoit préféré à tous les autres, pour son seul mérite. Ces deux personnes, qui, par leur vertu et leur amitié s'étoient rendues naturellement heureuses pendant plusieurs années, commencèrent alors à se rendre mutuellement malheureuses, par la compassion qu'elles avoient l'une pour l'autre. Mélésichthon auroit supporté plus facilement ses malheurs, s'il eût pu les souffrir tout seul, et sans une personne qui lui étoit si chère. Proxinoé sentoit qu'elle augmentoit les peines de Mélésichthon.

cherchoient à se consoler par deux enfants qui sembloient avoir été formés par les Graces : le fils se nommoit Mélibée, et la fille Poéménis. Mélibée, dans un âge tendre, commençoit déjà à montrer de la force, de l'adresse et du courage : il surmontoit à la lutte, à la course, et aux autres exercices, les enfants de son voisinage. Il s'enfonçoit dans les forêts, et ses flèches ne portoient pas des coups moins assurés que celles d'Apollon ; il suivoit encore plus ce dieu dans les sciences et dans les beaux-arts, que dans les exercices du corps. Mélésichthon, dans sa solitude, lui enseignoit tout ce qui peut cultiver et orner l'esprit, tout ce qui peut faire aimer la vertu et régler les mœurs. Mélibée avoit un air simple, doux et ingénu, mais noble, ferme et hardi. Son père jetoit les yeux sur lui, et ses yeux se noyoient de larmes. Poéménis étoit instruite par sa mère dans tous les beaux-arts que Minerve a donnés aux hommes : elle ajoutoit aux ouvrages les plus exquis les charmes d'une voix qu'elle joignoit avec une lyre plus touchante que celle d'Orphée. A la voir, on eût cru que c'étoit la jeune Diane sortie de l'île flottante où elle naquit. Ses cheveux blonds étoient noués négligemment derrière sa tête ; quelques uns échappés flottoient sur son cou au gré des vents. Elle n'avoit qu'une robe légère, avec une ceinture qui la relevoit un peu, pour être plus en état d'agir. Sans parure, elle effaçoit tout ce qu'on peut voir de plus beau, et elle ne le savoit pas : elle n'avoit même jamais songé à se regarder sur le bord des fontaines ; elle ne voyoit que sa famille, et ne songeoit qu'à travailler. Mais le père, accablé d'ennuis, et ne voyant plus aucune ressource dans ses affaires, ne cherchoit que la solitude. Sa femme et ses enfants faisoient son supplice. Il alloit souvent sur le rivage de la mer, au pied d'un grand rocher plein d'antres sauvages : là, il déploroit ses malheurs; puis il entroit dans une profonde vallée, qu'un bois épais déroboit aux rayons du soleil au milieu du jour. Il s'asseyoit sur le gazon qui bordoit une claire fontaine, et toutes les plus tristes pensées revenoient en foule dans son cœur. Le doux sommeil étoit loin de ses yeux : il ne parloit plus qu'en gémissant ; la vieillesse venoit avant le temps flétrir et rider son visage : il oublioit même tous les besoins de la vie, et succomboit à sa douleur.

Un jour, comme il étoit dans cette vallée si profonde, il s'endormit de lassitude et d'épuisement : alors il vit en songe la déesse Cérès, couronnée d'épis dorés, qui se présenta à lui avec un visage doux et majestueux. Pourquoi, lui dit-elle en l'appelant par son nom, vous laissez-vous abattre aux rigueurs de la fortune ? Hélas ! répondit-il, mes amis m'ont abandonné; je n'ai plus de bien : il ne me reste que des procès et des créanciers : ma naissance fait le comble de mon malheur, et je ne puis me résoudre à travailler comme un esclave pour gagner ma vie.

Alors Cérès lui répondit : La noblesse consiste-t-elle dans les biens ? Ne consiste-t-elle pas plutôt à imiter la vertu de ses ancêtres ? Il n'y a de nobles que ceux qui sont justes. Vivez de peu : gagnez ce peu par votre travail ; ne soyez à charge à personne : vous serez le plus noble de tous les hommes. Le genre humain se rend lui-même misérable par sa mollesse et par sa fausse gloire. Si les choses nécessaires vous manquent, pourquoi voulez-vous les devoir à d'autres qu'à vous-même? Manquez-vous de courage pour vous les donner par une vie laborieuse ?

Elle dit : et aussitôt elle lui présenta une charrue d'or avec une corne d'abondance. Alors Bacchus parut couronné de lierre, et tenant un thyrse dans sa main : il étoit suivi de Pan, qui jouoit de la flûte, et qui faisoit danser les Faunes et les Satyres. Pomone se montra chargée de fruits, et Flore ornée des fleurs les plus vives et les plus odoriférantes. Toutes les divinités champêtres jetèrent un regard favorable sur Mélésichthon.

Il s'éveilla, comprenant la force et le sens de ce songe divin ; il se sentit consolé, et plein de goût pour tous les travaux de la vie champêtre. Il parle de ce songe à Proxinoé, qui entra dans tous ses sentiments. Le lendemain, ils congédièrent leurs domestiques inutiles ; on ne vit plus chez eux de gens dont le seul emploi fût le service de leurs personnes. Ils n'eurent plus ni char ni conducteur. Proxinoé avec Poéménis filoient en menant paître leurs moutons, ensuite elles faisoient leurs toiles et leurs étoffes ; puis elles tailloient et cousoient elles-mêmes leurs habits et ceux du reste de la famille. Au lieu des ouvrages de soie, d'or et d'argent qu'elles avoient accoutumé de faire avec l'art exquis de Minerve, elles n'exerçoient plus leurs doigts qu'au fuseau ou à d'autres travaux semblables. Elles préparoient de leurs propres mains les légumes qu'elles cueilloient dans leur jardin pour nourrir toute la maison. Le lait de leur troupeau, qu'elles alloient traire, achevoit de mettre l'abondance. On n'achetoit rien ; tout étoit préparé promptement et sans peine. Tout étoit bon, simple, naturel, assaisonné par l'appétit inséparable de la sobriété et du travail.

Dans une vie si champêtre, tout étoit chez eux

net et propre. Toutes les tapisseries étoient vendues; mais les murailles de la maison étoient blanches, et ou ne voyoit nulle part rien de sale ni de dérangé ; les meubles n'étoient jamais couverts de poussière : les lits étoient d'étoffes grossières, mais propres. La cuisine même avoit une propreté qui n'est point dans les grandes maisons ; tout y étoit bien rangé et luisant. Pour régaler la famille dans les jours de fête, Proxinoé faisoit des gâteaux excellents. Elle avoit des abeilles, dont le miel étoit plus doux que celui qui couloit du tronc des chênes creux pendant l'âge d'or. Les vaches venoient d'elles-mêmes offrir des ruisseaux de lait. Cette femme laborieuse avoit dans son jardin toutes les plantes qui peuvent aider à nourrir l'homme en chaque saison, et elle étoit toujours la première à avoir les fruits et les légumes de chaque temps : elle avoit même beaucoup de fleurs, dont elle vendoit une partie, après avoir employé l'autre à orner sa maison. La fille secondoit sa mère, et ne goûtoit d'autre plaisir que celui de chanter en travaillant, ou en conduisant ses moutons dans les pâturages. Nul autre troupeau n'égaloit le sien : la contagion et les loups même n'osoient en approcher. A mesure qu'elle chantoit, ses tendres agneaux dansoient sur l'herbe, et tous les échos d'alentour sembloient prendre plaisir à répéter ses chansons.

Mélésichthon labouroit lui-même son champ ; lui-même il conduisoit sa charrue, semoit et moissonnoit : il trouvoit les travaux de l'agriculture moins durs, plus innocents et plus utiles que ceux de la guerre. A peine avoit-il fauché l'herbe tendre de ses prairies, qu'il se hâtoit d'enlever les dons de Cérès, qui le payoient au centuple du grain semé. Bientôt Bacchus faisoit couler pour lui un nectar digne de la table des dieux. Minerve lui donnoit aussi le fruit de son arbre, qui est si utile à l'homme. L'hiver étoit la saison du repos, où toute la famille assemblée goûtoit une joie innocente, et remercioit les dieux d'être si désabusée des faux plaisirs. Ils ne mangeoient de viande que dans les sacrifices, et leurs troupeaux n'étoient destinés qu'aux autels.

Mélibée ne montroit presque aucune des passions de la jeunesse : il conduisoit les grands troupeaux ; il coupoit de grands chênes dans les forêts ; il creusoit de petits canaux pour arroser les prairies ; il étoit infatigable pour soulager son père. Ses plaisirs, quand le travail n'étoit pas de saison, étoient la chasse, les courses avec les jeunes gens de son âge, et la lecture, dont son père lui avoit donné le goût.

Bientôt Mélésichthon, en s'accoutumant à une vie simple, se vit plus riche qu'il ne l'avoit été auparavant. Il n'avoit chez lui que les choses nécessaires à la vie; mais il les avoit toutes en abondance. Il n'avoit presque de société que dans sa famille. Ils s'aimoient tous ; ils se rendoient mutuellement heureux : ils vivoient loin des palais des rois, et des plaisirs qu'on achète si cher ; les leurs étoient doux, innocents, simples, faciles à trouver, et sans aucune suite dangereuse. Mélibée et Poéménis furent ainsi élevés dans le goût des travaux champêtres. Ils ne se souvinrent de leur naissance que pour avoir plus de courage en supportant la pauvreté. L'abondance revenue dans toute cette maison n'y ramena point le faste : la famille entière fut toujours simple et laborieuse. Tout le monde disoit à Mélésichthon : Les richesses rentrent chez vous ; il est temps de reprendre votre ancien éclat. Alors il répondoit ces paroles : A qui voulez-vous que je m'attache, ou au faste qui m'avoit perdu, ou à une vie simple et laborieuse qui m'a rendu riche et heureux ? Enfin, se trouvant un jour dans ce bois sombre où Cérès l'avoit instruit par un songe si utile, il s'y reposa sur l'herbe avec autant de joie qu'il y avoit eu d'amertume dans le temps passé. Il s'endormit ; et la déesse, se montrant à lui comme dans son premier songe, lui dit ces paroles : La vraie noblesse consiste à ne recevoir rien de personne, et à faire du bien aux autres. Ne recevez donc rien que du sein fécond de la terre et de votre propre travail. Gardez-vous bien de quitter jamais, par mollesse ou par fausse gloire, ce qui est la source naturelle et inépuisable de tous les biens.

XXXVI.

Les aventures d'Aristonoüs.

Sophronyme, ayant perdu les biens de ses ancêtres par des naufrages et par d'autres malheurs, s'en consoloit par sa vertu dans l'île de Délos. Là il chantoit sur une lyre d'or les merveilles du dieu qu'on y adore : il cultivoit les Muses, dont il étoit aimé : il recherchoit curieusement tous les secrets de la nature, le cours des astres et des cieux, l'ordre des éléments, la structure de l'univers, qu'il mesuroit de son compas, la vertu des plantes, la conformation des animaux : mais surtout il s'étudioit lui-même, et s'appliquoit à orner son ame par la vertu. Ainsi la fortune, en voulant l'abattre, l'avoit élevé à la véritable gloire, qui est celle de la sagesse.

Pendant qu'il vivoit heureux sans biens dans

cette retraite, il aperçut un jour sur le rivage de la mer un vieillard vénérable qui lui étoit inconnu; c'étoit un étranger qui venoit d'aborder dans l'île. Ce vieillard admiroit les bords de la mer, dans laquelle il savoit que cette île avoit été autrefois flottante; il considéroit cette côte, où s'élevoient, au-dessus des sables et des rochers, de petites collines toujours couvertes d'un gazon naissant et fleuri; il ne pouvoit assez regarder les fontaines pures et les ruisseaux rapides qui arrosoient cette délicieuse campagne; il s'avançoit vers les bocages sacrés qui environnent le temple du dieu; il étoit étonné de voir cette verdure que les aquilons n'osent jamais ternir, et il considéroit déjà le temple, d'un marbre de Paros plus blanc que la neige, environné de hautes colonnes de jaspe. Sophronyme n'étoit pas moins attentif à considérer ce vieillard : sa barbe blanche tomboit sur sa poitrine, son visage ridé n'avoit rien de difforme : il étoit encore exempt des injures d'une vieillesse caduque; ses yeux montroient une douce vivacité; sa taille étoit haute et majestueuse, mais un peu courbée, et un bâton d'ivoire le soutenoit. O étranger, lui dit Sophronyme, que cherchez-vous dans cette île, qui paroît vous être inconnue? Si c'est le temple du dieu, vous le voyez de loin, et je m'offre de vous y conduire; car je crains les dieux, et j'ai appris ce que Jupiter veut qu'on fasse pour secourir les étrangers.

J'accepte, répondit le vieillard, l'offre que vous me faites avec tant de marques de bonté; je prie les dieux de récompenser votre amour pour les étrangers. Allons vers le temple. Dans le chemin, il raconta à Sophronyme le sujet de son voyage : Je m'appelle, dit-il, Aristonoüs, natif de Clazomène, ville d'Ionie, située sur cette côte agréable qui s'avance dans la mer, et semble s'aller joindre à l'île de Chio, fortunée patrie d'Homère. Je naquis de parents pauvres, quoique nobles. Mon père, nommé Polystrate, qui étoit déjà chargé d'une nombreuse famille, ne voulut point m'élever; il me fit exposer par un de ses amis de Téos. Une vieille femme d'Érythre, qui avoit du bien auprès du lieu où l'on m'exposa, me nourrit de lait de chèvre dans sa maison : mais comme elle avoit à peine de quoi vivre, dès que je fus en âge de servir, elle me vendit à un marchand d'esclaves qui me mena dans la Lycie. Il me vendit, à Patare, à un homme riche et vertueux, nommé Alcine; cet Alcine eut soin de moi dans ma jeunesse. Je lui parus docile, modéré, sincère, affectionné, et appliqué à toutes les choses honnêtes dont on voulut m'instruire; il me dévoua aux

arts qu'Apollon favorise; il me fit apprendre la musique, les exercices du corps, et surtout l'art de guérir les plaies des hommes. J'acquis bientôt une assez grande réputation dans cet art, qui est si nécessaire; et Apollon qui m'inspira me découvrit des secrets merveilleux. Alcine, qui m'aimoit de plus en plus, et qui étoit ravi de voir le succès de ses soins, pour moi, m'affranchit et m'envoya à Damoclès, roi de Lycaonie, qui, vivant dans les délices, aimoit la vie et craignoit de la perdre. Ce roi, pour me retenir, me donna de grandes richesses. Quelques années après, Damoclès mourut. Son fils, irrité contre moi par des flatteurs, servit à me dégoûter de toutes les choses qui ont de l'éclat. Je sentis enfin un violent desir de revoir la Lycie, où j'avois passé si doucement mon enfance*. J'espérois y retrouver Alcine qui m'avoit

* Au lieu de ce qui est dit ici de Damoclès, on lit dans toutes les éditions antérieures à celle de 1748 l'épisode suivant, que nous avons cru devoir conserver en note. Fénelon le supprima vraisemblablement parce qu'il le trouvoit trop long, eu égard au plan de la pièce entière. (*Édit. de Vers.*)

Alcine, qui m'aimoit de plus en plus, et qui étoit ravi de voir le succès de ses soins pour moi, m'affranchit, et m'envoya à Polycrate, tyran de Samos, qui dans son incroyable félicité craignoit toujours que la fortune, après l'avoir si long-temps flatté, ne le trahît cruellement. Il aimoit la vie, qui étoit pour lui pleine de délices; il craignoit de la perdre, et vouloit prévenir les moindres apparences de maux : ainsi il étoit toujours environné des hommes les plus célèbres dans la médecine.

Polycrate fut ravi que je voulusse passer ma vie auprès de lui. Pour m'y attacher, il me donna de grandes richesses, et me combla d'honneurs. Je demeurai long-temps à Samos, où je ne pouvois assez m'étonner de voir un homme que la fortune sembloit prendre plaisir à servir selon tous ses desirs. Il suffisoit qu'il entreprît une guerre, la victoire suivoit de près; il n'avoit qu'à vouloir les choses les plus difficiles, elles se faisoient d'abord comme d'elles-mêmes. Ses richesses immenses se multiplioient tous les jours; tous ses ennemis étoient abattus à ses pieds; sa santé, loin de diminuer, devenoit plus forte et plus égale. Il y avoit déjà quarante ans que ce tyran tranquille et heureux tenoit la fortune comme enchaînée, sans qu'elle osât jamais se démentir en rien, ni lui causer le moindre mécompte dans tous ses desseins. Une prospérité si inouïe parmi les hommes me faisoit peur pour lui. Je l'aimois sincèrement, et je ne pus m'empêcher de lui découvrir ma crainte : elle fit impression dans son cœur; car, encore qu'il fût amolli par les délices et enorgueilli de sa puissance, il ne laissoit pas d'avoir quelques sentiments d'humanité, quand on le faisoit ressouvenir des dieux, et de l'inconstance des choses humaines. Il souffrit que je lui disse la vérité; et il fut si touché de ma crainte pour lui, qu'enfin il résolut d'interrompre le cours de ses prospérités, par une perte qu'il vouloit se préparer lui-même. Je vois bien, me dit-il, qu'il n'y a point d'homme qui ne doive en sa vie éprouver quelque disgrace de la fortune : plus on a été épargné d'elle, plus on a à craindre quelque révolution affreuse; moi qu'elle a comblé de biens pendant nourri, et qui étoit le premier auteur de toute ma fortune. En arrivant dans ce pays, j'appris qu'Alcine étoit mort après avoir perdu ses biens, et souffert avec beaucoup de constance les malheurs de sa vieillesse. J'allai répandre des fleurs et des larmes sur ses cendres; je mis une inscription honorable sur son tombeau, et je demandai ce qu'étoient devenus ses enfants. On me dit que le seul qui étoit resté, nommé Orciloque, ne pouvant se résoudre à paroître sans biens dans sa patrie, où son père avoit eu tant d'éclat, s'étoit embarqué dans un vaisseau étranger, pour aller mener une vie obscure dans quelque île écartée de la mer. On m'ajouta que cet Orciloque avoit fait naufrage peu de temps après, vers l'île de Carpathe, et qu'ainsi il ne restoit plus rien de la famille de mon bienfaiteur Alcine. Aussitôt je songeai à acheter la maison où il avoit demeuré, avec les champs fertiles qu'il possédoit autour. J'étois bien aise de revoir ces lieux, qui me rappeloient le doux souvenir d'un âge si agréable et d'un si bon maître: il me sembloit que j'étois encore dans cette fleur de mes premières années où j'avois servi Alcine. A peine eus-je acheté de ses créanciers les biens de sa succession, que je fus obligé d'aller à Clazomène: mon père Polystrate et ma mère Phidile étoient morts. J'avois plusieurs frères qui vivoient mal ensemble: aussitôt que je fus arrivé à Clazomène, je me présentai à eux avec un habit simple, comme un homme dépourvu de biens, en leur montrant les marques avec lesquelles vous savez qu'on a soin d'exposer les enfants. Ils furent étonnés de voir ainsi augmenter le nombre des héritiers de Polystrate, qui devoient partager sa petite succession; ils voulurent même me contester ma naissance, et ils refusèrent devant les juges de me reconnoître. Alors, pour punir leur inhumanité, je déclarai que je consentois à être comme un étranger pour eux; et je demandai qu'ils fussent aussi exclus pour jamais d'être mes héritiers. Les juges l'ordonnèrent: et alors je montrai les richesses que j'avois apportées dans mon vaisseau; je leur découvris que j'étois cet Aristonoüs qui avoit acquis tant de trésors auprès de Damoclès, roi de Lycaonie, et que je ne m'étois jamais marié.

tant d'années, je dois en attendre des maux extrêmes, si je ne détourne ce qui semble me menacer. Je veux donc me hâter de prévenir les trahisons de cette fortune flatteuse. En disant ces paroles, il tira de son doigt son anneau, qui étoit d'un très grand prix, et qu'il aimoit fort; il le jeta en ma présence du haut d'une tour dans la mer, et espéra, par cette perte, d'avoir satisfait à la nécessité de subir, du moins une fois en sa vie, les rigueurs de la fortune. Mais c'étoit un aveuglement causé par sa prospérité. Les maux qu'on choisit, et qu'on se fait soi-même, ne sont plus des maux; nous ne sommes affligés que par les peines forcées et imprévues dont les dieux nous frappent. Polycrate ne savoit pas que le vrai moyen de prévenir la fortune étoit de se détacher par sagesse et par modération de tous les biens fragiles qu'elle donne. La fortune, à laquelle il voulut sacrifier son anneau, n'accepta point ce sacrifice; et Polycrate, malgré lui, parut plus heureux que jamais. Un poisson avoit avalé l'anneau; le poisson avoit été pris, porté chez Polycrate, préparé pour être servi à sa table; et l'anneau, trouvé par un cuisinier dans le ventre du poisson, fut rendu au tyran, qui pâlit à la vue d'une fortune si opiniâtre à le favoriser. Mais le temps s'approchoit où ses prospérités se devoient changer tout-à-coup en des adversités affreuses. Le grand roi de Perse, Darius, fils d'Hystaspe, entreprit la guerre contre les Grecs. Il subjugua bientôt toutes les colonies grecques de la côte d'Asie, et des îles voisines, qui sont dans la mer Égée. Samos fut prise; le tyran fut vaincu; et Orante, qui commandoit pour le grand roi, ayant fait dresser une haute croix, y fit attacher le tyran. Ainsi cet homme, qui avoit joui d'une si haute prospérité, et qui n'avoit pu même éprouver le malheur qu'il avoit cherché, périt tout-à-coup par le plus cruel et le plus infame de tous les supplices. Ainsi rien ne menace tant les hommes de quelque grand malheur, qu'une trop grande prospérité.

Cette fortune, qui se joue cruellement des hommes les plus élevés, tire aussi de la poussière ceux qui étoient les plus malheureux. Elle avoit précipité Polycrate du haut de sa roue, et elle m'avoit fait sortir de la plus misérable de toutes les conditions, pour me donner de grands biens. Les Perses ne me les ôtèrent point; au contraire, ils firent grand cas de ma science pour guérir les hommes, et de la modération avec laquelle j'avois vécu pendant que j'étois en faveur auprès du tyran. Ceux qui avoient abusé de sa confiance et de son autorité furent punis de divers supplices. Comme je n'avois jamais fait de mal à personne, et que j'avois au contraire fait tout le bien que j'avois pu faire, je demeurai le seul que les victorieux épargnèrent, et qu'ils traitèrent honorablement. Chacun s'en réjouit, car j'étois aimé; et j'avois joui de la prospérité sans envie, parce que je n'avois jamais montré ni dureté, ni orgueil, ni avidité, ni injustice. Je passai encore à Samos quelques années assez tranquillement; mais je sentis enfin un violent désir de revoir la Lycie, où j'avois passé si doucement mon enfance.

Mes frères se repentirent de m'avoir traité si injustement; et, dans le désir de pouvoir être un jour mes héritiers, ils firent les derniers efforts, mais inutilement, pour s'insinuer dans mon amitié. Leur division fut cause que les biens de notre père furent vendus; je les achetai; et ils eurent la douleur de voir tout le bien de notre père passer dans les mains de celui à qui ils n'avoient pas voulu en donner la moindre partie: ainsi ils tombèrent tous dans une affreuse pauvreté. Mais après qu'ils eurent assez senti leur faute, je voulus leur montrer mon bon naturel; je leur pardonnai, je les reçus dans ma maison, je leur donnai à chacun de quoi gagner du bien dans le commerce de la mer; je les réunis tous; eux et leurs enfants demeurèrent ensemble paisiblement chez moi; je devins le père commun de toutes ces différentes familles. Par leur union et par leur application au travail, ils amassèrent bientôt des richesses considérables. Cependant la vieillesse, comme vous le voyez, est venue frapper à ma porte; elle a blanchi mes cheveux et ridé mon visage; elle m'avertit que je ne jouirai pas long-temps d'une si parfaite prospérité. Avant que de mourir, j'ai voulu voir encore une dernière fois cette terre qui m'est si chère, et qui me touche plus que ma patrie même, cette Lycie où j'ai appris à être bon et sage sous la conduite du vertueux Alcine. En y repassant par mer, j'ai trouvé un marchand d'une des îles Cyclades, qui m'a assuré qu'il restoit encore à Délos un fils d'Orciloque, qui imitoit la sagesse et la vertu de son grand-père Alcine. Aussitôt j'ai quitté la route de Lycie, et je me suis hâté de venir chercher, sous les auspices d'Apollon, dans son île, ce précieux reste d'une famille à qui je dois tout. Il me reste peu de temps à vivre : la Parque, ennemie de ce doux repos que les dieux accordent si rarement aux mortels, se hâtera de trancher mes jours; mais je serai content de mourir, pourvu que mes yeux, avant que de se fermer à la lumière, aient vu le petit-fils de mon maître. Parlez maintenant, ô vous qui habitez avec lui dans cette île : le connoissez-vous? pouvez-vous me dire où je le trouverai? Si vous me le faites voir, puissent les dieux en récompense vous faire voir sur vos genoux les enfants de vos enfants jusqu'à la cinquième génération! puissent les dieux conserver toute votre maison dans la paix et dans l'abondance, pour fruit de votre vertu!

Pendant qu'Aristonoüs parloit ainsi, Sophronyme versoit des larmes mêlées de joie et de douleur. Enfin il se jette sans pouvoir parler au cou du vieillard; il l'embrasse, il le serre, et il pousse avec peine ces paroles entrecoupées de soupirs : Je suis, ô mon père, celui que vous cherchez : vous voyez Sophronyme, petit-fils de votre ami Alcine : c'est moi; et je ne puis douter, en vous écoutant, que les dieux ne vous aient envoyé ici pour adoucir mes maux. La reconnoissance, qui sembloit perdue sur la terre, se retrouve en vous seul. J'avois ouï dire, dans mon enfance, qu'un homme célèbre et riche, établi en Lycaonie, avoit été nourri chez mon grand-père; mais comme Orciloque mon père, qui est mort jeune, me laissa au berceau, je n'ai su ces choses que confusément. Je n'ai osé aller en Lycaonie dans l'incertitude, et j'ai mieux aimé demeurer dans cette île, me consolant dans mes malheurs par le mépris des vaines richesses, et par le doux emploi de cultiver les Muses dans la maison sacrée d'Apollon. La sagesse, qui accoutume les hommes à se passer de peu et à être tranquilles, m'a tenu lieu jusqu'ici de tous les autres biens.

En achevant ces paroles, Sophronyme, se voyant arrivé au temple, proposa à Aristonoüs d'y faire sa prière et ses offrandes. Ils firent au dieu un sacrifice de deux brebis plus blanches que la neige, et d'un taureau qui avoit un croissant sur le front entre les deux cornes : ensuite ils chantèrent des vers en l'honneur du dieu qui éclaire l'univers, qui règle les saisons, qui préside aux sciences, et qui anime le chœur des neuf Muses. Au sortir du temple, Sophronyme et Aristonoüs passèrent le reste du jour à se raconter leurs aventures. Sophronyme reçut chez lui le vieillard, avec la tendresse et le respect qu'il auroit témoignés à Alcine même, s'il eût été encore vivant. Le lendemain ils partirent ensemble, et firent voile vers la Lycie. Aristonoüs mena Sophronyme dans une fertile campagne sur le bord du fleuve Xanthe, dans les ondes duquel Apollon au retour de la chasse, couvert de poussière, a tant de fois plongé son corps et lavé ses beaux cheveux blonds. Ils trouvèrent, le long de ce fleuve, des peupliers et des saules, dont la verdure tendre et naissante cachoit les nids d'un nombre infini d'oiseaux qui chantoient nuit et jour. Le fleuve, tombant d'un rocher avec beaucoup de bruit et d'écume, brisoit ses flots dans un canal plein de petits cailloux : toute la plaine étoit couverte de moissons dorées; les collines, qui s'élevoient en amphithéâtre, étoient chargées de ceps de vignes et d'arbres fruitiers. Là toute la nature étoit riante et gracieuse; le ciel étoit doux et serein, et la terre toujours prête à tirer de son sein de nouvelles richesses pour payer les peines du laboureur. En s'avançant le long du fleuve, Sophronyme aperçut une maison simple et médiocre, mais d'une architecture agréable, avec de justes proportions. Il n'y trouva ni marbre, ni or, ni argent, ni ivoire, ni meubles de pourpre : tout y étoit propre, et plein d'agrément et de commodité, sans magnificence. Une fontaine couloit au milieu de la cour, et formoit un petit canal le long d'un tapis vert. Les jardins n'étoient point vastes; on y voyoit des fruits et des plantes utiles pour nourrir les hommes : aux deux côtés du jardin paroissoient deux bocages, dont les arbres étoient presque aussi anciens que la terre leur mère, et dont les rameaux épais faisoient une ombre impénétrable aux rayons du soleil. Ils entrèrent dans un salon, où ils firent un doux repas des mets que la nature fournissoit dans les jardins, et on n'y voyoit rien de ce que la délicatesse des hommes va chercher si loin et si chèrement dans les villes; c'étoit du lait aussi doux que celui qu'Apollon avoit le soin de traire pendant qu'il étoit berger chez le roi Admète; c'étoit du miel plus exquis que celui des abeilles d'Hybla en Sicile, ou du mont Hymette dans l'Attique : il y avoit des légumes du jardin, et des fruits qu'on venoit de cueillir. Un vin plus délicieux que le nectar couloit de grands vases dans des coupes ciselées. Pendant ce repas frugal, mais doux et tranquille, Aristonoüs ne voulut point se mettre à table. D'abord il fit ce qu'il put, sous divers prétextes, pour cacher sa modestie; mais enfin, comme Sophronyme voulut le presser, il déclara qu'il ne se résoudroit jamais à manger avec le petit-fils d'Alcine, qu'il avoit si long-temps servi dans la même salle. Voilà, lui disoit-il, où ce sage vieillard avoit accoutumé de manger; voilà où il conversoit avec ses amis; voilà où il jouoit à divers jeux : voici où il se promenoit en lisant Hésiode et Homère; voici où il se reposoit la nuit. En rappelant ces circonstances, son cœur s'attendrissoit, et les larmes couloient de ses yeux. Après le repas, il mena Sophronyme voir la belle prairie où erroient ses grands troupeaux mugissants sur le bord du fleuve; puis ils aperçurent les troupeaux de moutons qui revenoient des gras pâturages; les mères bêlantes et pleines de lait y étoient suivies de leurs petits agneaux bondissants. On voyoit partout les ouvriers empressés, qui animoient le travail pour l'intérêt de leur maître doux et humain, qui se faisoit aimer d'eux, et leur adoucissoit les peines de l'esclavage.

Aristonoüs ayant montré à Sophronyme cette maison, ces esclaves, ces troupeaux, et ces terres devenues si fertiles par une soigneuse culture, lui dit ces paroles : Je suis ravi de vous voir dans l'ancien patrimoine de vos ancêtres; me voilà content, puisque je vous mets en possession du lieu où j'ai servi si long-temps Alcine. Jouissez en paix de ce qui étoit à lui, vivez heureux, et préparez-vous de loin par votre vigilance une fin plus douce que la sienne. En même temps il lui fait une donation de ce bien, avec toutes les solennités prescrites par les lois; et il déclare qu'il exclut de sa succession ses héritiers naturels, si jamais ils sont assez ingrats pour contester la donation qu'il a faite au petit-fils d'Alcine son bienfaiteur. Mais ce n'est pas assez pour contenter le cœur d'Aristonoüs. Avant que de donner sa maison, il l'orne tout entière de meubles neufs, simples et modestes à la vérité, mais propres et agréables : il remplit les greniers des riches présents de Cérès, et les celliers d'un vin de Chio, digne d'être servi par la main d'Hébé ou de Ganymède à la table du grand Jupiter; il y met aussi du vin Praménien, avec une abondante provision de miel d'Hymette et d'Hybla, et d'huile d'Attique, presque aussi douce que le miel même. Enfin il y ajoute d'innombrables toisons d'une laine fine et blanche comme la neige, riche dépouille des tendres brebis qui paissoient sur les montagnes d'Arcadie et dans les gras pâturages de Sicile. C'est en cet état qu'il donne sa maison à Sophronyme : il lui donne encore cinquante talents euboïques, et réserve à ses parents les biens qu'il possède dans la péninsule de Clazomène, aux environs de Smyrne, de Lébède et de Colophon, qui étoient d'un très grand prix. La donation étant faite, Aristonoüs se rembarque dans son vaisseau, pour retourner dans l'Ionie. Sophronyme, étonné et attendri par des bienfaits si magnifiques, l'accompagne jusqu'au vaisseau les larmes aux yeux, le nommant toujours son père, et le serrant entre ses bras. Aristonoüs arriva bientôt chez lui par une heureuse navigation : aucun de ses parents n'osa se plaindre de ce qu'il venoit de donner à Sophronyme. J'ai laissé, leur disoit-il, pour dernière volonté dans mon testament, cet ordre, que tous mes biens seront vendus et distribués aux pauvres de l'Ionie, si jamais aucun de vous s'oppose au don que je viens de faire au petit-fils d'Alcine.

Le sage vieillard vivoit en paix, et jouissoit des biens que les dieux avoient accordés à sa vertu. Chaque année, malgré sa vieillesse, il faisoit un voyage en Lycie pour revoir Sophronyme, et pour aller faire un sacrifice sur le tombeau d'Alcine, qu'il avoit enrichi des plus beaux ornements de l'architecture et de la sculpture. Il avoit ordonné que ses propres cendres, après sa mort, seroient portées dans le même tombeau, afin qu'elles reposassent avec celles de son cher maître. Chaque année au printemps, Sophronyme, impatient de le revoir, avoit sans cesse les yeux tournés vers le rivage de la mer, pour tâcher de découvrir le vaisseau d'Aristonoüs, qui arrivoit dans cette saison. Chaque année il avoit le plaisir de voir venir de loin, au travers des ondes amères, ce vaisseau qui lui étoit si cher; et la venue de ce vaisseau lui étoit infiniment plus douce que toutes les graces de la nature renaissante au printemps, après les rigueurs de l'affreux hiver.

Une année il ne voyoit point venir, comme les

autres, ce vaisseau tant désiré; il soupiroit amèrement; la tristesse et la crainte étoient peintes sur son visage; le doux sommeil fuyoit loin de ses yeux; nul mets exquis ne lui sembloit doux : il étoit inquiet, alarmé du moindre bruit, toujours tourné vers le port; il demandoit à tous moments si on n'avoit point vu quelque vaisseau venu d'Ionie. Il en vit un; mais, hélas! Aristonoüs n'y étoit pas, il ne portoit que ses cendres dans une urne d'argent. Amphiclès, ancien ami du mort, et à peu près du même âge, fidèle exécuteur de ses dernières volontés, apportoit tristement cette urne. Quand il aborda Sophronyme, la parole leur manqua à tous deux, et ils ne s'exprimèrent que par leurs sanglots. Sophronyme ayant baisé l'urne, et l'ayant arrosée de ses larmes, parla ainsi : O vieillard, vous avez fait le bonheur de ma vie, et vous me causez maintenant la plus cruelle de toutes les douleurs : je ne vous verrai plus; la mort me seroit douce pour vous voir et pour vous suivre dans les Champs-Élysées, où votre ombre jouit de la bienheureuse paix que les dieux justes réservent à la vertu. Vous avez ramené en nos jours la justice, la piété et la reconnoissance sur la terre : vous avez montré dans un siècle de fer la bonté et l'innocence de l'âge d'or. Les dieux, avant que de vous couronner dans le séjour des justes, vous ont accordé ici-bas une vieillesse heureuse, agréable et longue : mais, hélas! ce qui devroit toujours durer n'est jamais assez long. Je ne sens plus aucun plaisir à jouir de vos dons, puisque je suis réduit à en jouir sans vous. O chère ombre! quand est-ce que je vous suivrai? Précieuses cendres, si vous pouvez sentir encore quelque chose, vous ressentirez sans doute le plaisir d'être mêlées à celles d'Alcine. Les miennes s'y mêleront aussi un jour. En attendant, toute ma consolation sera de conserver ces restes de ce que j'ai le plus aimé. O Aristonoüs! ô Aristonoüs! non, vous ne mourrez point, et vous vivrez toujours dans le fond de mon cœur. Plutôt m'oublier moi-même, que d'oublier jamais un homme si aimable, qui m'a tant aimé, qui aimoit tant la vertu, à qui je dois tout!

Après ces paroles entrecoupées de profonds soupirs, Sophronyme mit l'urne dans le tombeau d'Alcine : il immola plusieurs victimes, dont le sang inonda les autels de gazon qui environnoient le tombeau; il répandit des libations abondantes de vin et de lait; il brûla des parfums venus du fond de l'Orient, et il s'éleva un nuage odoriférant au milieu des airs. Sophronyme établit à jamais, pour toutes les années, dans la même saison, des jeux funèbres en l'honneur d'Alcine et d'Aristonoüs. On y venoit de la Carie, heureuse et fertile contrée; des bords enchantés du Méandre, qui se joue par tant de détours, et qui semble quitter à regret le pays qu'il arrose; des rives toujours vertes du Caystre; des bords du Pactole, qui roule sous ses flots un sable doré; de la Pamphylie, que Cérès, Pomone et Flore ornent à l'envi; enfin des vastes plaines de la Cilicie, arrosées comme un jardin par les torrents qui tombent du mont Taurus, toujours couvert de neige. Pendant cette fête si solennelle, les jeunes garçons et les jeunes filles, vêtus de robes traînantes de lin plus blanches que les lis, chantoient des hymnes à la louange d'Alcine et d'Aristonoüs; car on ne pouvoit louer l'un sans louer aussi l'autre, ni séparer deux hommes si étroitement unis, même après leur mort.

Ce qu'il y eut de plus merveilleux, c'est que, dès le premier jour, pendant que Sophronyme faisoit les libations de vin et de lait, un myrte d'une verdure et d'une odeur exquise naquit au milieu du tombeau, et éleva tout-à-coup sa tête touffue pour couvrir les deux urnes de ses rameaux et de son ombre : chacun s'écria qu'Aristonoüs, en récompense de sa vertu, avoit été changé par les dieux en un arbre si beau. Sophronyme prit soin de l'arroser lui-même, et de l'honorer comme une divinité. Cet arbre, loin de vieillir, se renouvelle de dix ans en dix ans; et les dieux ont voulu faire voir, par cette merveille, que la vertu, qui jette un si doux parfum dans la mémoire des hommes, ne meurt jamais.

DIALOGUES DES MORTS,

COMPOSÉS POUR L'ÉDUCATION

DE Mgr LE DUC DE BOURGOGNE.

I.

MERCURE ET CHARON.

Comment ceux qui sont préposés à l'éducation des princes doivent travailler à corriger leurs vices naissants, et à leur inspirer les vertus de leur état.

CHARON. — D'où vient que tu arrives si tard? Les hommes ne meurent-ils plus? Avois-tu oublié les ailes de ton bonnet ou de ton chapeau? T'es-tu amusé à dérober? Jupiter t'avoit-il envoyé loin pour ses amours? As-tu fait le Sosie? Parle donc, si tu veux.

MERCURE. — J'ai été pris pour dupe; car je

croyois mener dans ta barque aujourd'hui le prince Picrochole : c'eût été une bonne prise.

Char. — Quoi ! si jeune ?

Mer. — Oui, si jeune. Il avoit la goutte remontée, et crioit comme s'il eût vu la mort de bien près.

Char. — Eh bien, l'aurons-nous ?

Mer. — Je ne me fie plus à lui ; il m'a trompé trop souvent. A peine fut-il dans son lit, qu'il oublia son mal, et s'endormit.

Char. — Mais ce n'étoit donc pas un vrai mal ?

Mer. — C'étoit un petit mal qu'il croyoit grand. Il a donné bien des fois de telles alarmes. Je l'ai vu, avec la colique, qui vouloit qu'on lui ôtât son ventre. Une autre fois, saignant du nez, il croyoit que son ame alloit sortir dans son mouchoir.

Char. — Comment ira-t-il à la guerre ?

Mer. — Il la fait avec des échecs, sans mal et sans douleur. Il a déja donné plus de cent batailles.

Char. — Triste guerre ! il ne nous en revient aucun mort.

Mer. — J'espère néanmoins que s'il peut se défaire du badinage et de la mollesse, il fera grand fracas un jour. Il a la colère et les pleurs d'Achille ; il pourroit bien en avoir le courage ; il est assez mutin pour lui ressembler. On dit qu'il aime les Muses, qu'il a un Chiron, un Phœnix.....

Char. — Mais tout cela ne fait pas notre compte. Il nous faudroit plutôt un jeune prince brutal, ignorant, grossier, qui méprisât les lettres, qui n'aimât que les armes ; toujours prêt à s'enivrer de sang, qui mît sa gloire dans le malheur des hommes. Il rempliroit ma barque vingt fois par jour.

Mer. — Ho ! ho ! il t'en faut donner de ces princes, ou plutôt de ces monstres affamés de carnage ! Celui-ci est plus doux. Je crois qu'il aimera la paix, et qu'il saura faire la guerre. On voit en lui les commencements d'un grand prince, comme on remarque dans un bouton de rose naissante ce qui promet une belle fleur.

Char. — Mais n'est-il pas bouillant et impétueux ?

Mer. — Il l'est étrangement.

Char. — Que veux-tu donc dire avec tes Muses ? Il ne saura jamais rien ; il mettra le désordre partout, et nous enverra bien des ombres plaintives. Tant mieux.

Mer. — Il est impétueux, mais il n'est point méchant : il est curieux, docile, plein de goût pour les belles choses ; il aime les honnêtes gens, et sait bon gré à ceux qui le corrigent. S'il peut surmonter sa promptitude et sa paresse, il sera merveilleux, je te le prédis.

Char. — Quoi ! prompt et paresseux ? Cela se contredit. Tu rêves.

Mer. — Non, je ne rêve point. Il est prompt à se fâcher, et paresseux à faire son devoir ; mais chaque jour il se corrige.

Char. — Nous ne l'aurons donc point si tôt ?

Mer. — Non ; ses maux sont plutôt des impatiences que de vraies douleurs. Jupiter le destine à faire long-temps le bonheur des hommes.

II.

HERCULE ET THÉSÉE.

Les reproches que se font ici les deux héros en apprennent l'histoire et le caractère d'une manière courte et ingénieuse.

Thésée. — Hercule, tu me surprends : je te croyois dans le haut olympe, à la table des dieux. Le bruit couroit que sur le mont OEta le feu avoit consumé en toi toute la nature mortelle que tu tenois de ta mère, et qu'il ne te restoit plus que ce qui venoit de Jupiter. Le bruit couroit aussi que tu avois épousé Hébé, qui est de grand loisir depuis que Ganimède verse le nectar en sa place.

Hercule. — Ne sais-tu pas que ce n'est ici que mon ombre ?

Thés. — Ce que tu vois n'est aussi que la mienne. Mais quand elle est ici, je n'ai rien dans l'olympe.

Her. — C'est que tu n'es pas, comme moi, fils de Jupiter.

Thés. — Bon ! Ethra ma mère, et mon père Egeus, n'ont-ils pas dit que j'étois fils de Neptune, comme Alcmène, pour cacher sa faute pendant qu'Amphitryon étoit au siége de Thèbes, lui fit accroire qu'elle avoit reçu une visite de Jupiter ?

Her. — Je te trouve bien hardi de te moquer du dompteur des monstres ! Je n'ai jamais entendu raillerie.

Thés. — Mais ton ombre n'est guère à craindre. Je ne vais point dans l'olympe rire aux dépens du fils de Jupiter immortalisé. Pour des monstres, j'en ai dompté en mon temps aussi bien que toi.

Her. — Oserois-tu comparer tes foibles actions avec mes travaux ? On n'oubliera jamais le lion de Némée, pour lequel sont établis les jeux Néméaques ; l'hydre de Lerne, dont les têtes se multiplioient ; le sanglier d'Érymanthe ; le cerf aux pieds d'airain ; les oiseaux de Stymphale ; l'Amazone dont j'enlevai la ceinture ; l'étable d'Augée ; le taureau que je traînai dans l'Hespérie ; Cacus, que je vainquis ; les chevaux de Diomède, qui se nourrissoient de chair humaine ; Géryon, roi des Espagnes, à trois têtes; les pommes d'or du jardin des Hespérides; enfin Cerbère, que je traînai hors des enfers, et que je contraignis de voir la lumière.

Thés. — Et moi, n'ai-je pas vaincu tous les brigands de la Grèce, chassé Médée de chez mon père, tué le Minotaure, et trouvé l'issue du Labyrinthe, ce qui fit établir les jeux Isthmiques? ils valent bien ceux de Némée. De plus, j'ai vaincu les Amazones qui vinrent assiéger Athènes. Ajoute à ces actions le combat des Lapithes le voyage de Jason pour la toison d'or, et la chasse du sanglier de Calydon, où j'ai eu tant de part. J'ai osé aussi bien que toi descendre aux enfers.

Her. — Oui, mais tu fus puni de ta folle entreprise. Tu ne pris point Proserpine; Cerbère, que je traînai hors de son antre ténébreux, dévora à tes yeux ton ami, et tu demeuras captif. As-tu oublié que Castor et Pollux reprirent dans tes mains Hélène leur sœur, dans Aphidne? Tu leur laissas aussi enlever ta pauvre mère Ethra. Tout cela est d'un foible héros. Enfin tu fus chassé d'Athènes; et te retirant dans l'île de Scyros, Lycomède, qui savoit combien tu étois accoutumé à faire des entreprises injustes, pour te prévenir te précipita du haut d'un rocher. Voilà une belle fin!

Thés. — La tienne est-elle plus honorable? Devenir amoureux d'Omphale, chez qui tu filois; puis la quitter pour la jeune Iole, au préjudice de la pauvre Déjanire, à qui tu avois donné ta foi; se laisser donner la tunique trempée dans le sang du centaure Nessus; devenir furieux jusqu'à précipiter des rochers du mont OEta dans la mer le pauvre Lichas, qui ne t'avoit rien fait, et prier Philoctète en mourant de cacher ton sépulcre, afin qu'on te crût un dieu; cela est-il plus beau que ma mort? Au moins, avant que d'être chassé par les Athéniens, je les avois tirés de leurs bourgs, où ils vivoient avec barbarie, pour les civiliser, et leur donner des lois dans l'enceinte d'une nouvelle ville. Pour toi, tu n'avois garde d'être législateur; tout ton mérite étoit dans tes bras nerveux et dans tes épaules larges.

Her. — Mes épaules ont porté le monde pour soulager Atlas. De plus, mon courage étoit admiré. Il est vrai que j'ai été trop attaché aux femmes; mais c'est bien à toi à me le reprocher, toi qui abandonnas avec ingratitude Ariadne, qui t'avoit sauvé la vie en Crète! Penses-tu que je n'aie point entendu parler de l'amazone Antiope, à laquelle tu fus encore infidèle? Églé, qui lui succéda, ne fut pas plus heureuse. Tu avois enlevé Hélène; mais ses frères te surent bien punir. Phèdre t'avoit aveuglé jusqu'au point qu'elle t'engagea à faire périr Hippolyte, que tu avois eu de l'Amazone. Plusieurs autres ont possédé ton cœur, et ne l'ont pas possédé long-temps.

Thés. — Mais enfin je ne filois pas comme celui qui a porté le monde.

Her. — Je t'abandonne ma vie lâche et efféminée en Lydie; mais tout le reste est au-dessus de l'homme.

Thés. — Tant pis pour toi, que tout le reste étant au-dessus de l'homme, cet endroit soit si fort au-dessous. D'ailleurs, les travaux que tu vantes tant, tu ne les as accomplis que pour obéir à Eurysthée.

Her. — Il est vrai que Junon m'avoit assujetti à toutes ses volontés. Mais c'est la destinée de la vertu d'être livrée à la persécution des lâches et des méchants: mais sa persécution n'a servi qu'à exercer ma patience et mon courage. Au contraire, tu as souvent fait des choses injustes. Heureux le monde, si tu ne fusses point sorti du Labyrinthe!

Thés. — Alors je délivrai Athènes du tribut de sept jeunes hommes et d'autant de filles, que Minos lui avoit imposé à cause de la mort de son fils Androgée. Hélas! mon père Égée, qui m'attendoit, ayant cru voir la voile noire au lieu de la blanche, se jeta dans la mer, et je le trouvai mort en arrivant. Dès lors je gouvernai sagement Athènes.

Her. — Comment l'aurois-tu gouvernée, puisque tu étois tous les jours dans de nouvelles expéditions de guerre, et que tu mis, par tes amours, le feu dans toute la Grèce?

Thés. — Ne parlons plus d'amours: sur ce chapitre honteux nous ne nous en devons rien l'un à l'autre.

Her. — Je l'avoue de bonne foi; je te cède même pour l'éloquence: mais, ce qui décide, c'est que tu es dans les enfers à la merci de Pluton que tu as irrité, et que je suis au rang des immortels dans le haut olympe.

III.
LE CENTAURE CHIRON ET ACHILLE.

Peinture vive des écueils d'une jeunesse bouillante, dans un prince né pour commander.

Ach. — A quoi me sert-il d'avoir reçu tes instructions? Tu ne m'as jamais parlé que de sagesse, de valeur, de gloire, d'héroïsme. Avec tes beaux discours, me voilà devenu une ombre vaine: ne m'auroit-il pas mieux valu passer une longue et délicieuse vie chez le roi Lycomède, déguisé en fille, avec les princesses filles de ce roi?

CHIR. — Eh bien! veux-tu demander au destin de retourner parmi ces filles? Tu fileras; tu perdras toute ta gloire; on fera sans toi un nouveau siége de Troie; le fier Agamemnon, ton ennemi, sera chanté par Homère; Thersite même ne sera pas oublié : mais pour toi, tu seras enseveli honteusement dans les ténèbres.

ACH. — Agamemnon m'enlever ma gloire! moi demeurer dans un honteux oubli! Je ne puis le souffrir, et j'aimerois mieux périr encore une fois de la main du lâche Pâris.

CHIR. — Mes instructions sur la vertu ne sont donc pas à mépriser.

ACH. — Je l'avoue; mais, pour en profiter, je voudrois retourner au monde.

CHIR. — Qu'y ferois-tu cette seconde fois?

ACH. — Qu'est-ce que j'y ferois? j'éviterois la querelle que j'eus avec Agamemnon; par-là j'épargnerois la vie de mon ami Patrocle, et le sang de tant d'autres Grecs que je laissai périr sous le glaive cruel des Troyens, pendant que je me roulois de désespoir sur le sable du rivage, comme un insensé.

CHIR. — Mais ne l'avois-je pas prédit que ta colère te feroit faire toutes ces folies?

ACH. — Il est vrai, tu me l'avois dit cent fois; mais la jeunesse écoute-t-elle ce qu'on lui dit? Elle ne croit que ce qu'elle voit. O si je pouvois redevenir jeune!

CHIR. — Tu redeviendrois emporté et indocile.

ACH. — Non, je te le promets.

CHIR. — Hé! ne m'avois-tu pas promis cent et cent fois dans mon antre de Thessalie de te modérer quand tu serois au siége de Troie? L'as-tu fait?

ACH. — J'avoue que non.

CHIR. — Tu ne le ferois pas mieux quand tu redeviendrois jeune; tu promettrois comme tu promets, et tu tiendrois ta promesse comme tu l'as tenue.

ACH. — La jeunesse est donc une étrange maladie!

CHIR. — Tu voudrois pourtant encore en être malade.

ACH. — Il est vrai : mais la jeunesse seroit charmante si on pouvoit la rendre modérée et capable de réflexions. Toi, qui connois tant de remèdes, n'en as-tu point quelqu'un pour guérir cette fougue, ce bouillon du sang, plus dangereux qu'une fièvre ardente?

CHIR. — Le remède est de se craindre soi-même, de croire les gens sages, de les appeler à son secours, de profiter de ses fautes passées pour prévoir celles qu'il faut éviter à l'avenir, et d'invoquer souvent Minerve, dont la sagesse est au-dessus de la valeur emportée de Mars.

ACH. — Eh bien! je ferai tout cela si tu peux obtenir de Jupiter qu'il me rappelle à la jeunesse florissante où je me suis vu. Fais qu'il te rende aussi la lumière, et qu'il m'assujettisse à tes volontés comme Hercule le fut à celles d'Eurysthée.

CHIR. — J'y consens; je vais faire cette prière au père des dieux : je sais qu'il m'exaucera. Tu renaîtras; après une longue suite de siècles, avec du génie, de l'élévation, du courage, du goût pour les Muses, mais avec un naturel impatient et impétueux : tu auras Chiron à tes côtés; nous verrons l'usage que tu en feras.

IV.

ACHILLE ET HOMÈRE.

Manière aimable de faire naître dans le cœur d'un jeune prince l'amour des belles-lettres et de la gloire.

ACH. — Je suis ravi, grand poëte, d'avoir servi à t'immortaliser. Ma querelle contre Agamemnon, ma douleur de la mort de Patrocle, mes combats contre les Troyens, la victoire que je remportai sur Hector, t'ont donné le plus beau sujet de poëme qu'on ait jamais vu.

HOM. — J'avoue que le sujet est beau; mais j'en aurois bien pu trouver d'autres. Une preuve qu'il y en a d'autres, c'est que j'en ai trouvé effectivement. Les aventures du sage et patient Ulysse valent bien la colère de l'impétueux Achille.

ACH. — Quoi! comparer le rusé et trompeur Ulysse au fils de Thétys, plus terrible que Mars! Va, poëte ingrat, tu sentiras....

HOM. — Tu as oublié que les ombres ne doivent point se mettre en colère. Une colère d'ombre n'est guère à craindre. Tu n'as plus d'autres armes à employer que de bonnes raisons.

ACH. — Pourquoi aussi viens-tu me désavouer que tu me dois la gloire de ton plus beau poëme? L'autre n'est qu'un amas de contes de vieilles; tout y languit; tout sent son vieillard dont la vivacité est éteinte, et qui ne sait point finir.

HOM. — Tu ressembles à bien des gens, qui, faute de connoître les divers genres d'écrire, croient qu'un auteur ne se soutient pas quand il passe d'un genre vif et rapide à un autre plus doux et plus modéré. Ils devroient savoir que la perfection est d'observer toujours les divers caractères, de varier son style suivant les sujets, de s'élever ou de s'abaisser à propos, et de donner, par ce contraste, des caractères plus marqués et plus agréables. Il faut savoir sonner de la trompette, toucher la lyre, et jouer même de la flûte champêtre. Je crois que tu voudrois que je peignisse Calypso avec ses nymphes dans sa grotte, ou Nausicaa sur le rivage de la mer, comme les héros et les dieux mêmes combattant aux portes de Troie. Parle de guerre, c'est ton fait ; et ne te mêle jamais de décider sur la poésie en ma présence.

Ach. — O que tu es fier, bonhomme aveugle ! tu te prévaux de ma mort.

Hom. — Je me prévaux aussi de la mienne. Tu n'es plus que l'ombre d'Achille, et moi je ne suis que l'ombre d'Homère.

Ach. — Ah ! que ne puis-je faire sentir mon ancienne force à cette ombre ingrate !

Hom. — Puisque tu me presses tant sur l'ingratitude, je veux enfin te détromper. Tu ne m'as fourni qu'un sujet que je pouvois trouver ailleurs : mais moi je t'ai donné une gloire qu'un autre n'eût pu te donner, et qui ne s'effacera jamais.

Ach. — Comment ! tu t'imagines que sans tes vers le grand Achille ne seroit pas admiré de toutes les nations et de tous les siècles ?

Hom. — Plaisante vanité ! pour avoir répandu plus de sang qu'un autre au siége d'une ville qui n'a été prise qu'après ta mort ! Hé ! combien y a-t-il de héros qui ont vaincu de grands peuples et conquis de grands royaumes ! cependant ils sont dans les ténèbres de l'oubli ; on ne sait pas même leurs noms. Les Muses seules peuvent immortaliser les grandes actions. Un roi qui aime la gloire la doit chercher dans ces deux choses : premièrement il faut la mériter par la vertu, ensuite se faire aimer par les nourrissons des Muses, qui peuvent les chanter à toute la postérité.

Ach. — Mais il ne dépend pas toujours des princes d'avoir de grands poëtes : c'est par hasard que tu as conçu, long-temps après ma mort, le dessein de faire ton Iliade.

Hom. — Il est vrai ; mais quand un prince aime les lettres, il se forme pendant son règne beaucoup de poëtes. Ses récompenses et son estime excitent entre eux une noble émulation ; le goût se perfectionne. Il n'a qu'à aimer et qu'à favoriser les Muses, elles feront bientôt paroître des hommes inspirés pour louer tout ce qu'il y a de louable en lui. Quand un prince manque d'un Homère, c'est qu'il n'est pas digne d'en avoir un : son défaut de goût attire l'ignorance, la grossièreté et la barbarie. La barbarie déshonore toute une nation, et ôte toute espérance de gloire durable au prince qui règne. Ne sais-tu pas qu'Alexandre, qui est depuis peu descendu ici-bas, pleuroit de n'avoir point un poëte qui fît pour lui ce que j'ai fait pour toi ? c'est qu'il avoit le goût bon sur la gloire. Pour toi, tu me dois tout, et tu n'as point de honte de me traiter d'ingrat ! Il n'est plus temps de s'emporter : ta colère devant Troie étoit bonne à me fournir le sujet d'un poëme ; mais je ne puis plus chanter les emportements que tu aurois ici, et ils ne te feroient point d'honneur. Souviens-toi seulement que la Parque t'ayant ôté tous les autres avantages, il ne te reste plus que le grand nom que tu tiens de mes vers. Adieu. Quand tu seras de plus belle humeur, je viendrai te chanter dans ce bocage certains endroits de l'Iliade ; par exemple, la défaite des Grecs en ton absence, la consternation des Troyens dès qu'on te vit paroître pour venger Patrocle, les dieux mêmes étonnés de te voir comme Jupiter foudroyant. Après cela, dis, si tu l'oses, qu'Achille ne doit point sa gloire à Homère.

V.

ULYSSE ET ACHILLE.

Caractère de ces deux guerriers.

Ul. — Bonjour, fils de Thétys. Je suis enfin descendu, après une longue vie, dans ces tristes lieux, où tu fus précipité dès la fleur de ton âge.

Ach. — J'ai vécu peu, parce que les destins injustes n'ont pas permis que j'acquisse plus de gloire qu'ils n'en veulent accorder aux mortels.

Ul. — Ils m'ont pourtant laissé vivre long-temps parmi des dangers infinis, d'où je suis toujours sorti avec honneur.

Ach. — Quel honneur, de prévaloir toujours par la ruse ! Pour moi, je n'ai point su dissimuler ; je n'ai su que vaincre.

Ul. — Cependant j'ai été jugé après ta mort le plus digne de porter les armes.

Ach. — Bon ! tu les as obtenues par ton éloquence, et non par ton courage. Je frémis quand je pense que les armes faites par le dieu Vulcain, et que ma mère m'avoit données, ont été la récompense d'un discoureur artificieux.

Ul. — Sache que j'ai fait plus que toi. Tu es tombé mort devant la ville de Troie, qui étoit encore dans toute sa gloire ; et c'est moi qui l'ai renversée.

Ach. — Il est plus beau de périr par l'injuste courroux des dieux, après avoir vaincu ses ennemis, que de finir une guerre en se cachant dans un cheval, et en se servant des mystères de Minerve pour tromper ses ennemis.

Ul. — As-tu donc oublié que les Grecs me doivent Achille même? Sans moi, tu aurois passé une vie honteuse parmi les filles du roi Lycomède. Tu me dois toutes les belles actions que je t'ai contraint de faire.

Ach. — Mais enfin je les ai faites, et toi tu n'as rien fait que des tromperies. Pour moi, quand j'étois parmi les filles de Lycomède, c'est que ma mère Thétys, qui savoit que je devois périr au siège de Troie, m'avoit caché pour sauver ma vie. Mais toi, qui ne devois point mourir, pourquoi faisois-tu le fou avec ta charrue quand Palamède découvrit si bien ta ruse? O qu'il y a de plaisir de voir tromper un trompeur! Il mit (t'en souviens-tu?) Télémaque dans le champ, pour voir si tu ferois passer la charrue sur ton propre fils.

Ul. — Je m'en souviens; mais j'aimois Pénélope, que je ne voulois pas quitter. N'as-tu pas fait de plus grandes folies pour Briséis, quand tu quittas le camp des Grecs, et fus cause de la mort de ton ami Patrocle?

Ach. — Oui; mais quand j'y retournai, je vengeai Patrocle et je vainquis Hector. Qui as-tu vaincu en ta vie, si ce n'est Irus, ce gueux d'Ithaque?

Ul. — Et les amants de Pénélope, et le cyclope Polyphème?

Ach. — Tu as pris les amants en trahison : c'étoient des hommes amollis par les plaisirs, et presque toujours ivres. Pour Polyphème, tu n'en devrois jamais parler. Si tu eusses osé l'attendre, il t'auroit fait payer bien chèrement l'œil que tu lui crevas pendant son sommeil.

Ul. — Mais enfin j'ai essuyé pendant vingt ans, au siège de Troie et dans mes voyages, tous les dangers et tous les malheurs qui peuvent exercer le courage et la sagesse d'un homme. Mais qu'as-tu jamais eu à conduire? Il n'y avoit en toi qu'une impétuosité folle, et une fureur que les hommes grossiers ont nommée courage. La main du lâche Pâris en est venue à bout.

Ach. — Mais toi, qui te vantes de ta prudence, ne t'es-tu pas fait tuer sottement par ton propre fils Télégone qui te naquit de Circé? Tu n'eus pas la précaution de te faire reconnoître par lui. Voilà un plaisant sage, pour me traiter de fou!

Ul. — Va, je te laisse avec l'ombre d'Ajax, aussi brutal que toi, et aussi jaloux de ma gloire.

VI.

ULYSSE ET GRILLUS.

Lorsqu'Ulysse délivra ses compagnons, et qu'il contraignit Circé de leur rendre leur première forme, chacun d'eux fut dépouillé de la figure d'un animal, dont Circé l'avoit revêtu par l'enchantement de sa verge d'or [1]. Il n'y eut que Grillus, qui étoit devenu pourceau, qui ne put jamais se résoudre à redevenir homme. Ulysse employa inutilement toute son éloquence pour lui persuader qu'il devoit rentrer dans son premier état. Plutarque a parlé de cette fable; et j'ai cru que c'étoit un sujet propre à faire un dialogue, pour montrer que les hommes seroient pires que les bêtes, si la solide philosophie et la vraie religion ne les soutenoient.

Ul. — N'êtes-vous pas bien aise, mon cher Grillus, de me revoir, et d'être en état de reprendre votre ancienne forme?

Grill. — Je suis bien aise de vous voir, favori de Minerve; mais, pour le changement de forme, vous m'en dispenserez, s'il vous plaît.

Ul. — Hélas! mon pauvre enfant, savez-vous bien comment vous êtes fait? Assurément vous n'avez point la taille belle; un gros corps courbé vers la terre, de longues oreilles pendantes, de petits yeux à peine entr'ouverts, un groin horrible, une physionomie très désavantageuse, un vilain poil grossier et hérissé. Enfin vous êtes une hideuse personne; je vous l'apprends, si vous ne le savez pas. Si peu que vous ayez de cœur, vous vous trouverez trop heureux de redevenir homme.

Grill. — Vous avez beau dire, je n'en ferai rien : le métier de cochon est bien plus joli. Il est vrai que ma figure n'est pas fort élégante, mais j'en serai quitte pour ne me regarder jamais au miroir. Aussi bien, de l'humeur dont je suis depuis quelque temps, je n'ai guère à craindre de me mirer dans l'eau, et de m'y reprocher ma laideur : j'aime mieux un bourbier qu'une claire fontaine.

Ul. — Cette saleté ne vous fait-elle point horreur? Vous ne vivez que d'ordure; vous vous vautrez dans des lieux infects; vous y êtes toujours puant à faire bondir le cœur.

Grill. — Qu'importe? tout dépend du goût. Cette odeur est plus douce pour moi que celle de l'ambre, et cette ordure est du nectar pour moi.

Ul. — J'en rougis pour vous. Est-il possible que vous ayez si tôt oublié tout ce que l'humanité a de noble et d'avantageux?

Grill. — Ne me parlez plus de l'humanité; sa noblesse n'est qu'imaginaire; tous ses maux sont réels, et ses biens ne sont qu'en idée. J'ai un corps sale et couvert d'un poil hérissé, mais je n'ai plus

[1] Voy. Hom. *Odyss.*, liv. x. Ce préambule a été omis dans les éditions précédentes. (*Édit. de Vers.*)

besoin d'habits; et vous seriez plus heureux dans vos tristes aventures, si vous aviez le corps aussi velu que moi, pour vous passer de vêtements. Je trouve partout ma nourriture, jusque dans les lieux les moins enviés. Les procès et les guerres, et tous les autres embarras de la vie, ne sont plus rien pour moi. Il ne me faut ni cuisinier, ni barbier, ni tailleur, ni architecte. Me voilà libre et content à peu de frais. Pourquoi me rengager dans les besoins des hommes?

UL. — Il est vrai que l'homme a de grands besoins; mais les arts qu'il a inventés pour satisfaire à ses besoins se tournent à sa gloire et font ses délices.

GRILL. — Il est plus simple et plus sûr d'être exempt de tous ces besoins, que d'avoir les moyens les plus merveilleux d'y remédier. Il vaut mieux jouir d'une santé parfaite sans aucune science de la médecine, que d'être toujours malade avec d'excellents remèdes pour se guérir.

UL. — Mais, mon cher Grillus, vous ne comptez donc plus pour rien l'éloquence, la poésie, la musique, la science des astres et du monde entier, celle des figures et des nombres? Avez-vous renoncé à notre chère patrie, aux sacrifices, aux festins, aux jeux, aux danses, aux combats, et aux couronnes qui servent de prix aux vainqueurs? Répondez.

GRILL. — Mon tempérament de cochon est si heureux, qu'il me met au-dessus de toutes ces belles choses. J'aime mieux grogner, que d'être aussi éloquent que vous. Ce qui me dégoûte de l'éloquence, c'est que la vôtre même, qui égale celle de Mercure, ne me persuade ni ne me touche. Je ne veux persuader personne; je n'ai que faire d'être persuadé. Je suis aussi peu curieux de vers que de prose; tout cela est devenu viande creuse pour moi. Pour les combats du ceste, de la lutte et des chariots, je les laisse volontiers à ceux qui sont passionnés pour une couronne, comme les enfants pour leurs jouets : je ne suis plus assez dispos pour remporter le prix; et je ne l'envierai point à un autre moins chargé de lard et de graisse. Pour la musique, j'en ai perdu le goût, et le goût seul décide de tout; le goût qui vous y attache m'en a détaché; n'en parlons plus. Retournez à Ithaque; la patrie d'un cochon se trouve partout où il y a du gland. Allez, régnez, revoyez Pénélope, punissez ses amants : pour moi, ma Pénélope est la truie qui est ici près; je règne dans mon étable, et rien ne trouble mon empire. Beaucoup de rois dans des palais dorés ne peuvent atteindre à mon bonheur; on les nomme fainéants et indignes du trône quand ils veulent régner comme moi, sans se mettre à la gêne, et sans tourmenter tout le genre humain.

UL. — Vous ne songez pas qu'un cochon est à la merci des hommes, et qu'on ne l'engraisse que pour l'égorger. Avec ce beau raisonnement, vous finirez bientôt votre destinée. Les hommes, au rang desquels vous ne voulez pas être, mangeront votre lard, vos boudins et vos jambons.

GRILL. — Il est vrai que c'est le danger de ma profession; mais la vôtre n'a-t-elle pas aussi ses périls et ses alarmes? Je m'expose à la mort par une vie douce dont la volupté est réelle et présente; vous vous exposez de même à une mort prompte par une vie malheureuse, et pour une gloire chimérique. Je conclus qu'il vaut mieux être cochon que héros. Apollon lui-même, dût-il chanter un jour vos victoires, son chant ne vous guériroit point de vos peines, et ne vous garantiroit point de la mort. Le régime d'un cochon vaut mieux.

UL. — Vous êtes donc assez insensé et assez abruti pour mépriser la sagesse, qui égale presque les hommes aux dieux?

GRILL. — Au contraire, c'est par sagesse que je méprise les hommes. C'est une impiété de croire qu'ils ressemblent aux dieux, puisqu'ils sont aveugles, injustes, trompeurs, malfaisants, malheureux et dignes de l'être, armés cruellement les uns contre les autres, et autant ennemis d'eux-mêmes que de leurs voisins. A quoi aboutit cette sagesse que l'on vante tant? elle ne redresse point les mœurs des hommes; elle ne se tourne qu'à flatter et à contenter leurs passions. Ne vaudroit-il pas mieux n'avoir point de raison, que d'en avoir pour exécuter et pour autoriser les choses les plus déraisonnables? Ah! ne me parlez plus de l'homme : c'est le plus injuste, et par conséquent le plus déraisonnable de tous les animaux. Sans flatter notre espèce, un cochon est une assez bonne personne : il ne fait ni fausse monnoie ni faux contrats; il ne se parjure jamais; il n'a ni avarice ni ambition; la gloire ne lui fait point faire de conquête injuste; il est ingénu et sans malice; sa vie se passe à boire, manger et dormir. Si tout le monde lui ressembloit, tout le monde dormiroit aussi dans un profond repos, et vous ne seriez pas ici; Pâris n'auroit jamais enlevé Hélène; les Grecs n'auroient point renversé la superbe ville de Troie après un siége de dix ans; vous n'auriez point erré sur mer et sur terre au gré de la fortune, et vous n'auriez pas besoin de conquérir votre propre royaume. Ne me parlez donc plus de raison; car les hommes n'ont que de la folie. Ne vaut-il pas mieux être bête que méchant fou?

Ul. — J'avoue que je ne puis assez m'étonner de votre stupidité.

Grill. — Belle merveille, qu'un cochon soit stupide! Chacun doit garder son caractère. Vous gardez le vôtre d'homme inquiet, éloquent, impérieux, plein d'artifice, et perturbateur du repos public. La nation à laquelle je suis incorporé est modeste, silencieuse, ennemie de la subtilité et des beaux discours : elle va, sans raisonner, tout droit au plaisir.

Ul. — Du moins vous ne sauriez désavouer que l'immortalité réservée aux hommes n'élève infiniment leur condition au-dessus de celle des bêtes. Je suis effrayé de l'aveuglement de Grillus, quand je songe qu'il compte pour rien les délices des Champs-Élysées, où les hommes sages vivent heureux après leur mort.

Grill. — Arrêtez, s'il vous plaît. Je ne suis pas encore tellement cochon, que je renonçasse à être homme, si vous me montriez dans l'homme une immortalité véritable : mais pour n'être qu'une ombre vaine après ma mort, et encore une ombre plaintive, qui regrette jusque dans les Champs-Élysées avec lâcheté les misérables plaisirs de ce monde, j'avoue que cette ombre d'immortalité ne vaut pas la peine de se contraindre. Achille, dans les Champs-Élysées, joue au palet sur l'herbe; mais il donneroit toute sa gloire, qui n'est plus qu'un songe, pour être l'infâme Thersite au nombre des vivants. Cet Achille, si désabusé de la gloire et de la vertu, n'est plus qu'un fantôme; ce n'est plus lui-même : on n'y reconnoît plus ni son courage ni ses sentiments; c'est un je ne sais quoi qui ne reste de lui que pour le déshonorer. Cette ombre vaine n'est non plus Achille que la mienne n'est mon corps. N'espérez donc pas, éloquent Ulysse, m'éblouir par une fausse apparence d'immortalité. Je veux quelque chose de plus réel; faute de quoi je persiste dans la secte brutale que j'ai embrassée. Montrez-moi que l'homme a en lui quelque chose de plus noble que son corps; et qui est exempt de la corruption; montrez-moi que ce qui pense en l'homme n'est point le corps, et subsiste toujours après que cette machine grossière est déconcertée; en un mot, faites voir que ce qui reste de l'homme après cette vie est un être véritable, et véritablement heureux; établissez que les dieux ne sont point injustes, et qu'il y a au-delà de cette vie une solide récompense pour la vertu, toujours souffrante ici-bas : aussitôt, divin fils de Laërte, je cours après vous au travers des dangers; je sors content de l'étable de Circé, je ne suis plus cochon, je redeviens homme, et homme en garde contre tous les plaisirs. Par tout autre chemin, vous ne me conduirez jamais à votre but. J'aime mieux n'être que cochon gros et gras, content de mon ordure, que d'être homme foible, vain, léger, malin, trompeur et injuste, qui n'espère d'être après sa mort qu'une ombre triste, et un fantôme mécontent de sa condition.

VII.

CONFUCIUS ET SOCRATE.

Sur la prééminence tant vantée des Chinois.

Conf. — J'apprends que vos Européens vont souvent chez nos Orientaux, et qu'ils me nomment le Socrate de la Chine. Je me tiens honoré de ce nom.

Soc. — Laissons les compliments, dans un pays où ils ne sont plus de saison. Sur quoi fonde-t-on cette ressemblance entre nous?

Conf. — Sur ce que nous avons vécu à peu près dans les mêmes temps, et que nous avons été tous deux pauvres, modérés, pleins de zèle pour rendre les hommes vertueux.

Soc. — Pour moi, je n'ai point formé, comme vous, des hommes excellents, pour aller dans toutes les provinces semer la vertu, combattre le vice, et instruire les hommes.

Conf. — Vous avez formé une école de philosophes qui ont beaucoup éclairé le monde.

Soc. — Ma pensée n'a jamais été de rendre le peuple philosophe; je n'ai pas osé l'espérer. J'ai abandonné à toutes ses erreurs le vulgaire grossier et corrompu : je me suis borné à l'instruction d'un petit nombre de disciples d'un esprit cultivé, et qui cherchoient les principes des bonnes mœurs. Je n'ai jamais voulu rien écrire, et j'ai trouvé que la parole étoit meilleure pour enseigner. Un livre est une chose morte qui ne répond point aux difficultés imprévues et diverses de chaque lecteur; un livre passe dans les mains des hommes incapables d'en faire un bon usage; un livre est susceptible de plusieurs sens contraires à celui de l'auteur. J'ai mieux aimé choisir certains hommes, et leur confier une doctrine que je leur fisse bien comprendre de vive voix.

Conf. — Ce plan est beau; il marque des pensées bien simples et bien solides, bien exemptes de vanité. Mais avez-vous évité par-là toutes les diversités d'opinions parmi vos disciples? Pour moi, j'ai évité les subtilités de raisonnement, et je me suis borné à des maximes sensées pour la pratique des vertus dans la société.

Soc. — Pour moi, j'ai cru qu'on ne peut établir les vraies maximes qu'en remontant aux premiers principes qui peuvent les prouver, et en réfutant tous les autres préjugés des hommes.

Conf. — Mais enfin, par vos premiers principes, avez-vous évité les combats d'opinions entre vos disciples?

Soc. — Nullement; Platon et Xénophon, mes principaux disciples, ont eu des vues toutes différentes. Les académiciens formés par Platon se sont divisés entre eux; cette expérience m'a désabusé de mes espérances sur les hommes. Un homme ne peut presque rien sur les autres hommes. Les hommes ne peuvent rien sur eux-mêmes, par l'impuissance où l'orgueil et les passions les tiennent; à plus forte raison les hommes ne peuvent-ils rien les uns sur les autres : l'exemple, et la raison insinuée avec beaucoup d'art, font seulement quelque effet sur un fort petit nombre d'hommes mieux nés que les autres. Une réforme générale d'une république me paroît enfin impossible, tant je suis désabusé du genre humain.

Conf. — Pour moi, j'ai écrit, et j'ai envoyé mes disciples pour tâcher de réduire aux bonnes mœurs toutes les provinces de notre empire.

Soc. — Vous avez écrit des choses courtes et simples, si toutefois ce qu'on a publié sous votre nom est effectivement de vous. Ce ne sont que des maximes qu'on a peut-être recueillies de vos conversations, comme Platon, dans ses Dialogues, a rapporté les miennes. Des maximes coupées de cette façon ont une sécheresse qui n'étoit pas, je m'imagine, dans vos entretiens. D'ailleurs vous étiez d'une maison royale, et en grande autorité dans toute votre nation : vous pouviez faire bien des choses qui ne m'étoient pas permises à moi, fils d'un artisan. Pour moi, je n'avois garde d'écrire, et je n'ai que trop parlé : je me suis même éloigné de tous les emplois de ma république pour apaiser l'envie; et je n'ai pu y réussir, tant il est impossible de faire quelque chose de bon des hommes.

Conf. — J'ai été plus heureux parmi les Chinois; je les ai laissés avec des lois sages, et assez bien policés.

Soc. — De la manière que j'entends parler sur les relations de nos Européens, il faut en effet que la Chine ait eu de bonnes lois et une exacte police. Il y a grande apparence que les Chinois ont été meilleurs qu'ils ne sont. Je ne veux pas désavouer qu'un peuple, quand il a une bonne et constante forme de gouvernement, ne puisse devenir fort supérieur aux autres peuples moins bien policés. Par exemple, nous autres Grecs, qui avons eu de sages législateurs et certains citoyens désintéressés qui n'ont songé qu'au bien de la république, nous avons été bien plus polis et plus vertueux que les peuples que nous avons nommés barbares. Les Égyptiens, avant nous, ont eu aussi des sages qui les ont policés, et c'est d'eux que nous sont venues les bonnes lois. Parmi les républiques de la Grèce, la nôtre a excellé dans les arts libéraux, dans les sciences, dans les armes : mais celle qui a montré le plus long-temps une discipline pure et austère, c'est celle de Lacédémone. Je conviens donc qu'un peuple gouverné par de bons législateurs qui se sont succédé les uns aux autres, et qui ont soutenu les coutumes vertueuses, peut être mieux policé que les autres qui n'ont pas eu la même culture. Un peuple bien conduit sera plus sensible à l'honneur, plus ferme contre les périls, moins sensible à la volupté, plus accoutumé à se passer de peu, plus juste pour empêcher les usurpations et les fraudes de citoyen à citoyen. C'est ainsi que les Lacédémoniens ont été disciplinés; c'est ainsi que les Chinois ont pu l'être dans les siècles reculés. Mais je persiste à croire que tout un peuple n'est point capable de remonter aux vrais principes de la vraie sagesse : il peut garder certaines règles utiles et louables; mais c'est plutôt par l'autorité de l'éducation, par le respect des lois, par le zèle de la patrie, par l'émulation qui vient des exemples, par la force de la coutume, souvent même par la crainte du déshonneur et par l'espérance d'être récompensé. Mais être philosophe, suivre le beau et le bon en lui-même par la simple persuasion, et par le vrai et libre amour du beau et du bon, c'est ce qui ne peut jamais être répandu dans tout un peuple, c'est ce qui est réservé à certaines ames choisies que le ciel a voulu séparer des autres. Le peuple n'est capable que de certaines vertus d'habitude et d'opinion, sur l'autorité de ceux qui ont gagné sa confiance. Encore une fois, je crois que telle fut la vertu de vos anciens Chinois. De telles gens sont justes dans les choses où on les a accoutumés à mettre une règle de justice, et point en d'autres plus importantes où l'habitude de juger de même leur manque. On sera juste pour son concitoyen, et inhumain contre son esclave; zélé pour sa patrie, et conquérant injuste contre un peuple voisin, sans songer que la terre entière n'est qu'une seule patrie commune, où tous les hommes des divers peuples devroient vivre comme une seule famille. Ces vertus, fondées sur la coutume et sur les préjugés d'un peuple, sont toujours des vertus estropiées, faute de remonter jusqu'aux premiers principes qui donnent dans toute son étendue la véritable idée de la justice et de la vertu. Ces mêmes peuples, qui paroissoient si vertueux dans certains sentiments et dans certaines actions détachées, avoient une religion aussi remplie de fraude, d'injustice et d'impureté, que leurs lois étoient justes et austères. Quel mélange! quelle contradiction! Voilà pourtant ce qu'il y a eu de meilleur dans ces peuples tant vantés; voilà l'humanité regardée par sa plus belle face.

Conf.—Peut-être avons-nous été plus heureux que vous; car la vertu a été grande dans la Chine.

Soc.—On le dit; mais, pour en être assuré par une voie non suspecte, il faudroit que les Européens connussent de près votre histoire, comme ils connoissent la leur propre. Quand le commerce sera entièrement libre et fréquent, quand les critiques européens auront passé dans la Chine pour examiner en rigueur tous les anciens manuscrits de votre histoire, quand ils auront séparé les fables et les choses douteuses d'avec les certaines, quand ils auront vu le fort et le foible du détail des mœurs antiques, peut-être trouvera-t-on que la multitude des hommes a été toujours foible, vaine et corrompue chez vous comme partout ailleurs, et que les hommes ont été hommes dans tous les pays et dans tous les temps.

Conf.—Mais pourquoi n'en croyez-vous pas nos historiens et vos relateurs?

Soc.—Vos historiens nous sont inconnus; on n'en a que des morceaux extraits et rapportés par des relateurs peu critiques. Il faudroit savoir à fond votre langue, lire tous vos livres, voir surtout les originaux, et attendre qu'un grand nombre de savants eût fait cette étude à fond, afin que, par le grand nombre d'examinateurs, la chose pût être pleinement éclaircie. Jusque là, votre nation me paroît un spectacle beau et grand de loin, mais très douteux et équivoque.

Conf.—Voulez-vous ne rien croire, parce que Fernand Mendez Pinto a beaucoup exagéré? Douterez-vous que la Chine ne soit un vaste et puissant empire, très peuplé et bien policé; que les arts n'y fleurissent; qu'on n'y cultive les hautes sciences; que le respect des lois n'y soit admirable?

Soc.—Par où voulez-vous que je me convainque de toutes ces choses?

Conf.—Par vos propres relateurs.

Soc.—Il faut donc que je les croie, ces relateurs?

Conf.—Pourquoi non?

Soc.—Et que je les croie dans le mal comme dans le bien? Répondez, de grace.

Conf.—Je le veux.

Soc.—Selon ces relateurs, le peuple de la terre le plus vain, le plus superstitieux, le plus intéressé, le plus injuste, le plus menteur, c'est le Chinois.

Conf.—Il y a partout des hommes vains et menteurs.

Soc.—Je l'avoue; mais à la Chine les principes de toute la nation, auxquels on n'attache aucun déshonneur, sont de mentir et de se prévaloir du mensonge. Que peut-on attendre d'un tel peuple pour les vérités éloignées, et difficiles à éclaircir? Ils sont fastueux dans toutes leurs histoires: comment ne le seroient-ils pas, puisqu'ils sont même si vains et si exagérants pour les choses présentes qu'on peut examiner de ses propres yeux, et où l'on peut les convaincre d'avoir voulu imposer aux étrangers? Les Chinois, sur le portrait que j'en ai ouï faire, me paroissent assez semblables aux Égyptiens. C'est un peuple tranquille et paisible, dans un beau et riche pays, un peuple vain qui méprise tous les autres peuples de l'univers, un peuple qui se pique d'une antiquité extraordinaire, et qui met sa gloire dans le nombre des siècles de sa durée; c'est un peuple superstitieux jusqu'à la superstition la plus grossière et la plus ridicule, malgré sa politesse; c'est un peuple qui a mis toute sa sagesse à garder ses lois, sans oser examiner ce qu'elles ont de bon; c'est un peuple grave, mystérieux, composé, et rigide observateur de toutes ses anciennes coutumes pour l'extérieur, sans y chercher la justice, la sincérité et les autres vertus intérieures; c'est un peuple qui a fait de grands mystères de plusieurs choses très superficielles, et dont la simple explication diminue beaucoup le prix. Les arts y sont fort médiocres, et les sciences n'y étoient presque rien de solide quand nos Européens ont commencé à les connoître.

Conf. — N'avions-nous pas l'imprimerie, la poudre à canon, la géométrie, la peinture, l'architecture, l'art de faire la porcelaine, enfin une manière de lire et d'écrire bien meilleure que celle de vos Occidentaux? Pour l'antiquité de nos histoires, elle est constante par nos observations astronomiques. Vos Occidentaux prétendent que nos calculs sont fautifs; mais les observations ne leur sont pas suspectes, et ils avouent qu'elles cadrent juste avec les révolutions du ciel.

Soc. — Voilà bien des choses que vous mettez ensemble, pour réunir tout ce que la Chine a de plus estimable; mais examinons-les de près l'une après l'autre.

Conf. — Volontiers.

Soc. — L'imprimerie n'est qu'une commodité pour les gens de lettres, et elle ne mérite pas une grande gloire. Un artisan, avec des qualités peu estimables, peut être l'auteur d'une telle invention : elle est même imparfaite chez vous, car vous n'avez que l'usage des planches; au lieu que les Occidentaux ont avec l'usage des planches celui des caractères, dont ils font telle composition qu'il leur plaît en fort peu de temps. De plus, il n'est pas tant question d'avoir un art pour faciliter les études, que de l'usage qu'on en fait. Les Athéniens de mon temps n'avoient pas l'imprimerie, et néanmoins on voyoit fleurir chez eux les beaux-arts et les hautes sciences; au contraire, les Occidentaux, qui ont trouvé l'imprimerie mieux que les Chinois, étoient des hommes grossiers, ignorants et barbares. La poudre à canon est une invention pernicieuse pour détruire le genre humain; elle nuit à tous les hommes, et ne sert véritablement à aucun peuple : les uns imitent bientôt ce que les autres font contre eux. Chez les Occidentaux, où les armes à feu ont été bien plus perfectionnées qu'à la Chine, de telles armes ne décident rien de part ni d'autre : on a proportionné les moyens de défensive aux armes de ceux qui attaquent; tout cela revient à une espèce de compensation, après laquelle chacun n'est pas plus avancé que quand on n'avoit que des tours et de simples murailles, avec des piques, des javelots, des épées, des arcs, des tortues et des béliers. Si on convenoit de part et d'autre de renoncer aux armes à feu, on se débarrasseroit mutuellement d'une infinité de choses superflues et incommodes : la valeur, la discipline, la vigilance et le génie auroient plus de part à la décision de toutes les guerres. Voilà donc une invention qu'il n'est guère permis d'estimer.

Conf. — Mépriserez-vous aussi nos mathématiciens?

Soc. — Ne m'avez-vous pas donné pour règle de croire les faits rapportés par nos relateurs?

Conf. — Il est vrai; mais ils avouent que nos mathématiciens sont habiles.

Soc. — Ils disent qu'ils ont fait certains progrès, et qu'ils savent bien faire plusieurs opérations; mais ils ajoutent qu'ils manquent de méthode, qu'ils font mal certaines démonstrations, qu'ils se trompent sur des calculs, qu'il y a plusieurs choses très importantes dont ils n'ont rien découvert. Voilà ce que j'entends dire. Ces hommes si entêtés de la connoissance des astres, et qui y bornent leur principale étude, se sont trouvés dans cette étude même très inférieurs aux Occidentaux qui ont voyagé dans la Chine, et qui, selon les apparences, ne sont pas les plus parfaits astronomes de l'Occident. Tout cela ne répond point à cette idée merveilleuse d'un peuple supérieur à toutes les autres nations. Je ne dis rien de votre porcelaine; c'est plutôt le mérite de votre terre que de votre peuple; ou du moins si c'est un mérite pour les hommes, ce n'est qu'un mérite de vil artisan. Votre architecture n'a point de belles proportions; tout y est bas et écrasé, tout y est confus, et chargé de petits ornements qui ne sont ni nobles, ni naturels. Votre peinture a quelque vie et une grâce je ne sais quelle; mais elle n'a ni correction de dessin, ni ordonnance ni noblesse dans les figures, ni vérité dans les représentations; on n'y voit ni paysages naturels, ni histoires, ni pensées raisonnables et suivies; on n'est ébloui que par la beauté des couleurs et du vernis.

Conf. — Ce vernis même est une merveille inimitable dans tout l'Occident.

Soc. — Il est vrai : mais vous avez cela de commun avec les peuples les plus barbares, qui ont quelquefois le secret de faire en leur pays, par le secours de la nature, des choses que les nations les plus industrieuses ne sauroient exécuter chez elles.

Conf. — Venons à l'écriture.

Soc. — Je conviens que vous avez dans votre écriture un grand avantage pour la mettre en commerce chez tous les peuples voisins qui parlent des langues différentes de la chinoise. Chaque caractère signifiant un objet, de même que nos mots entiers, un étranger peut lire vos écrits sans savoir votre langue, et il peut vous répondre par les mêmes caractères, quoique sa langue vous soit entièrement inconnue. De tels caractères, s'ils étoient partout en usage, seroient comme une langue commune pour tout le genre humain, et la commodité en seroit infinie pour le commerce d'un bout du monde à l'autre. Si toutes les nations pouvoient convenir entre elles d'enseigner à tous leurs enfants ces caractères, la diversité des langues n'arrêteroit plus les voyageurs, il y auroit un lien universel de société. Mais rien n'est plus impraticable que cet usage universel de vos caractères; il y en a un si prodigieux nombre pour signifier tous les objets qu'on désigne dans le langage humain, que vos savants mettent un grand nombre d'années à apprendre à écrire. Quelle nation s'assujettira à une étude si pénible? Il n'y a aucune science épineuse qu'on n'apprît plus promptement. Que sait-on, en vérité, quand on ne sait encore que lire et écrire? D'ailleurs, peut-on espérer que tant de nations s'accordent à enseigner cette écriture à leurs enfants? Dèsque vous renfermerez cet art dans un seul pays, ce n'est plus rien que de très incommode; dès-lors vous n'avez plus l'avantage de vous faire entendre aux nations d'une langue inconnue, et vous avez l'extrême désavantage de passer misérablement la meilleure partie de votre vie à apprendre à écrire; ce qui vous jette dans deux inconvénients, l'un d'admirer vainement un art pénible et infructueux, l'autre de consumer toute votre jeunesse dans cette étude sèche, qui vous exclut de tout progrès pour les connoissances les plus solides.

Conf. — Mais notre antiquité, de bonne foi, n'en êtes-vous pas convaincu?

Soc. — Nullement : les raisons qui persuadent aux astronomes occidentaux que vos observations doivent être véritables peuvent avoir frappé de même vos astronomes, et leur avoir fourni une vraisemblance pour autoriser vos vaines fictions sur les antiquités de la Chine. Vos astronomes auront vu que telles choses ont dû arriver en tels et en tels temps, par les mêmes règles qui en persuadent nos astronomes d'Occident; ils n'auront pas manqué de faire leurs prétendues observations sur ces règles, pour leur donner une apparence de vérité. Un peuple fort vain et fort jaloux de la gloire de son antiquité, si peu qu'il soit intelligent dans l'astronomie, ne manque pas de colorer ainsi ses fictions; le hasard même peut les avoir un peu aidés. Enfin, il faudroit que les plus savants astronomes d'Occident eussent la commodité d'examiner dans les originaux toute cette suite d'observations. Les Égyptiens étoient grands observateurs des astres, et en même temps amoureux de leurs fables pour remonter à des milliers de siècles. Il ne faut pas douter qu'ils n'aient travaillé à accorder ces deux passions.

Conf. — Que concluriez-vous donc sur notre empire? Il étoit hors de tout commerce avec vos nations où les sciences ont régné; il étoit environné de tous côtés par des nations grossières; il a certainement, depuis plusieurs siècles au-dessus de mon temps, des lois, une police et des arts que les autres peuples orientaux n'ont point eus. L'origine de notre nation est inconnue; elle se cache dans l'obscurité des siècles les plus reculés. Vous voyez bien que je n'ai ni entêtement ni vanité là-dessus. De bonne foi, que pensez-vous sur l'origine d'un tel peuple?

Soc. — Il est difficile de décider juste ce qui est arrivé parmi tant de choses qui ont pu se faire et ne se faire pas, dans la manière dont les terres ont été peuplées. Mais voici ce qui me paroît assez naturel. Les peuples les plus anciens de nos histoires, les peuples les plus puissants et les plus polis, sont ceux de l'Asie et de l'Égypte : c'est là comme la source des colonies. Nous voyons que les Égyptiens ont fait des colonies dans la Grèce, et en ont formé les mœurs. Quelques Asiatiques, comme les Phéniciens et les Phrygiens, ont fait de même sur toutes les côtes de la mer Méditerranée. D'autres Asiatiques de ces royaumes, qui étoient sur les bords du Tigre et de l'Euphrate, ont pu pénétrer jusque dans les Indes pour les peupler. Les peuples, en se multipliant, auront passé les fleuves et les montagnes, et insensiblement auront répandu leurs colonies jusque dans la Chine : rien ne les aura arrêtés dans ce vaste continent, qui est presque tout uni. Il n'y a guère d'apparence que les hommes soient parvenus à la Chine par l'extrémité du nord qu'on nomme à présent la Tartarie; car les Chinois paroissent avoir été, dès la plus grande antiquité, des peuples doux, paisibles, policés, et cultivant la sagesse; ce qui est le contraire des nations violentes et farouches qui ont été nourries dans les pays sauvages du Nord. Il n'y a guère d'apparence non plus que les hommes soient arrivés à la Chine par la mer : les grandes navigations n'étoient alors ni usitées, ni possibles. De plus, les mœurs, les arts, les sciences et la religion des Chinois se rapportent très bien aux mœurs, aux arts, aux sciences, à la religion des Babyloniens, et de ces autres peuples que nos histoires nous dépeignent. Je croirois donc que quelques siècles avant le vôtre ces peuples asiatiques ont pénétré jusqu'à la Chine; qu'ils y ont fondé votre empire; que vous avez eu des rois habiles et de vertueux législateurs; que la Chine a été plus estimable qu'elle ne l'est aujourd'hui pour les arts et pour les mœurs; que vos historiens ont flatté l'orgueil de la nation; qu'on a exagéré des choses qui méritoient quelque louange; qu'on a mêlé la fable avec la vérité, et qu'on a voulu dérober à la postérité l'origine de la nation, pour la rendre plus merveilleuse à tous les autres peuples.

Conf. — Vos Grecs n'en ont-ils pas fait autant?

Soc. — Encore pis : ils ont leurs temps fabuleux, qui approchent beaucoup du vôtre. J'ai vécu, suivant la supputation commune, environ trois cents ans après vous. Cependant, quand on veut en rigueur remonter au-dessus de mon temps, on ne trouve aucun historien qu'Hérodote, qui a écrit immédiatement après la guerre des Perses, c'est-à-dire environ soixante ans avant ma mort : cet historien n'établit rien de suivi, et ne pose aucune date précise par des auteurs contemporains, pour tout ce qui est beaucoup plus ancien que cette guerre. Les temps de la guerre de Troie, qui n'ont qu'environ six cents ans au-dessus de moi, sont encore des temps reconnus pour fabuleux. Jugez s'il faut s'étonner que la Chine ne soit pas bien assurée de ce grand nombre de siècles que ses histoires lui donnent avant votre temps.

Conf. — Mais pourquoi auriez-vous inclination de croire que nous sommes sortis des Babyloniens?

Soc. — Le voici. Il y a beaucoup d'apparence que vous venez de quelque peuple de la haute Asie qui s'est répandu de proche en proche jusqu'à la Chine, et peut-être même dans les temps de quelque conquête des Indes, qui a mené le peuple conquérant jusque dans les pays qui composent aujourd'hui votre empire. Votre antiquité est grande; il faut donc que votre espèce de colonie se soit faite par quelqu'un de ces anciens peuples, comme ceux de Ninive ou de Babylone. Il faut que vous veniez de quelque peuple puissant et fastueux, car c'est encore le caractère de votre nation. Vous êtes seul de cette espèce dans tous vos pays; et les peuples voisins, qui n'ont rien de semblable, n'ont pu vous donner ces mœurs. Vous avez, comme les anciens Babyloniens, l'astronomie, et même l'astrologie judiciaire, la superstition, l'art de deviner, une architecture plus somptueuse que proportionnée, une vie de délices et de faste, de grandes villes, un empire où le prince a une autorité absolue, des lois fort révérées, des temples en abondance, et une multitude de dieux de toutes les figures. Tout ceci n'est qu'une conjecture, mais elle pourroit être vraie.

Conf. — Je vais en demander des nouvelles au roi Yao, qui se promène, dit-on, avec vos anciens rois d'Argos et d'Athènes dans ce petit bois de myrtes.

Soc. — Pour moi, je ne me fie ni à Cécrops, ni à Inachus, ni à Pélops, pas même aux héros d'Homère, sur nos antiquités.

VIII.
ROMULUS ET RÉMUS.
La grandeur à laquelle on ne parvient que par le crime ne sauroit donner ni gloire ni bonheur solide.

Rémus. — Enfin, vous voilà, mon frère, au même état que moi; cela ne valoit pas la peine de me faire mourir. Quelques années où vous avez régné seul sont finies; il n'en reste rien, et vous les auriez passées plus doucement si vous aviez vécu en paix, partageant l'autorité avec moi.

Rom. — Si j'avois eu cette modération, je n'aurois ni fondé la puissante ville que j'ai établie, ni fait les conquêtes qui m'ont immortalisé.

Rémus. — Il valoit mieux être moins puissant, et être plus juste et plus vertueux; je m'en rapporte à Minos et à ses deux collègues, qui vont vous juger.

Rom. — Cela est bien dur. Sur la terre personne n'eût osé me juger.

Rémus. — Mon sang, dans lequel vous avez trempé vos mains, fera votre condamnation ici-bas, et sur la terre noircira à jamais votre réputation. Vous vouliez de l'autorité et de la gloire. L'autorité n'a fait que passer dans vos mains; elle vous a échappé comme un songe. Pour la gloire, vous ne l'aurez jamais. Avant que d'être grand homme, il faut être honnête homme; et on doit s'éloigner des crimes indignes des hommes, avant que d'aspirer aux vertus des dieux. Vous aviez l'inhumanité d'un monstre, et vous prétendiez être un héros!

Rom. — Vous ne m'auriez pas parlé de la sorte impunément quand nous traçions notre ville.

Rémus. — Il est vrai; et je ne l'ai que trop senti. Mais d'où vient que vous êtes descendu ici? On disoit que vous étiez devenu immortel.

Rom. — Mon peuple a été assez sot pour le croire.

IX.
ROMULUS ET TATIUS.
Le véritable héroïsme est incompatible avec la fraude et la violence.

Tat. — Je suis arrivé ici un peu plus tôt que toi; mais enfin nous y sommes tous deux, et tu n'es pas plus avancé que moi, ni mieux dans tes affaires.

Rom. — La différence est grande. J'ai la gloire d'avoir fondé une ville éternelle, avec un empire qui n'aura d'autres bornes que celles de l'univers; j'ai vaincu les peuples voisins; j'ai formé une nation invincible d'une foule de criminels réfugiés. Qu'as-tu fait qu'on puisse comparer à ces merveilles?

Tat. — Belles merveilles! assembler des voleurs, des scélérats, se faire chef de bandits, ravager impunément les pays voisins, enlever des femmes par trahison, n'avoir pour loi que la fraude et la violence, massacrer son propre frère; voilà ce que j'avoue que je n'ai point fait. Ta ville durera tant qu'il plaira aux dieux; mais elle est élevée sur de mauvais fondements. Pour ton empire, il pourra aisément s'étendre, car tu n'as appris à tes citoyens qu'à usurper le bien d'autrui : ils ont grand besoin d'être gouvernés par un roi plus modéré et plus juste que toi. Aussi dit-on que Numa, mon gendre, t'a succédé : il est sage, juste, religieux, bienfaisant. C'est justement l'homme qu'il faut pour redresser ta république et réparer tes fautes.

Rom. — Il est aisé de passer sa vie à juger des procès, à apaiser des querelles, à faire observer une police dans une ville; c'est une conduite foible et une vie obscure : mais remporter des victoires, faire des conquêtes, voilà ce qui fait les héros.

Tat. — Bon! voilà un étrange héroïsme, qui n'aboutit qu'à assassiner les gens dont on est jaloux!

Rom. — Comment, assassiner! je vois bien que tu me soupçonnes de t'avoir fait tuer.

Tat. — Je ne t'en soupçonne nullement, car je n'en doute point; j'en suis sûr. Il y avoit long-temps que tu ne pouvois plus souffrir que je partageasse la royauté avec toi. Tous ceux qui ont passé le Styx après moi m'ont assuré que tu n'as pas même sauvé les apparences; nul regret de ma mort, nul soin de la venger, ni de punir mes meurtriers. Mais tu as trouvé ce que tu méritois. Quand on apprend à des impies à massacrer un roi, bientôt ils sauront faire périr l'autre.

Rom. — Eh bien! quand je t'aurois fait tuer, j'aurois suivi l'exemple de mauvaise foi que tu m'avois donné en trompant cette pauvre fille qu'on nommoit Tarpéia. Tu voulus qu'elle te laissât monter avec tes troupes pour surprendre la roche qui fut, de son nom, appelée Tarpéienne. Tu lui avois promis de lui donner ce que les Sabins portoient à la main gauche. Elle croyoit avoir les bracelets de grand prix qu'ils avoit vus; on lui donna tous les boucliers dont on l'accabla sur-le-champ. Voilà une action perfide et cruelle.

Tat. — La tienne, de me faire tuer en trahison, est encore plus noire; car nous avions juré alliance, et uni nos deux peuples. Mais je suis vengé. Tes sénateurs ont bien su réprimer ton audace et ta tyrannie. Il n'est resté aucune parcelle de ton corps déchiré; apparemment chacun eut soin d'emporter son morceau sous sa robe. Voilà comment on te fit dieu. Proculus te vit avec une majesté d'immortel. N'es-tu pas content de ces honneurs, toi qui es si glorieux?

Rom. — Pas trop : mais il n'y a point de remède à mes maux. On me déchire et on m'adore; c'est une espèce de dérision. Si j'étois encore vivant, je les...

Tat. — Il n'est plus temps de menacer, les ombres ne sont plus rien. Adieu, méchant, je t'abandonne.

X.
ROMULUS ET NUMA POMPILIUS.

Combien la gloire d'un roi sage et pacifique est préférable à celle d'un conquérant.

Rom. — Vous avez bien tardé à venir ici! votre règne a été bien long!

Numa. — C'est qu'il a été très paisible. Le moyen de parvenir à une extrême vieillesse, c'est de ne faire mal à personne, de n'abuser point de l'autorité, et de faire en sorte que personne n'ait d'intérêt à souhaiter notre mort.

Rom. — Quand on se gouverne avec tant de modération, on vit obscurément, on meurt sans gloire; on a la peine de gouverner les hommes : l'autorité ne donne aucun plaisir. Il vaut mieux vaincre, abattre tout ce qui résiste, et aspirer à l'immortalité.

Numa. — Mais votre immortalité, je vous prie, en quoi consiste-t-elle? J'avois ouï dire que vous étiez au rang des dieux, nourri de nectar à la table de Jupiter : d'où vient donc que je vous trouve ici?

Rom. — A parler franchement, les sénateurs, jaloux de ma puissance, se défirent de moi, et me comblèrent d'honneurs, après m'avoir mis en pièces. Ils aimèrent mieux m'invoquer comme dieu, que de m'obéir comme à leur roi.

Numa. — Quoi donc! ce que Proculus raconta n'est pas vrai?

Rom. — Hé! ne savez-vous pas combien on fait accroire de choses au peuple? Vous en êtes plus instruit qu'un autre, vous qui lui avez persuadé que vous étiez inspiré par la nymphe Égérie. Proculus, voyant le peuple irrité de ma mort, voulut le consoler par une fable. Les hommes aiment à être trompés; la flatterie apaise les plus grandes douleurs.

Numa. — Vous n'avez donc eu pour toute immortalité que des coups de poignard?

Rom. — Mais j'ai eu des autels, des prêtres, des victimes et de l'encens.

Numa. — Mais cet encens ne guérit de rien; vous n'en êtes pas moins ici une ombre vaine et impuissante, sans espérance de revoir jamais la lumière du jour. Vous voyez donc qu'il n'y a rien de si solide que d'être bon, juste, modéré, aimé des peuples; on vit long-temps, on est toujours en paix. A la vérité, on n'a point d'encens, on ne passe point pour immortel ; mais on se porte bien, on règne long-temps sans trouble, et on fait beaucoup de bien aux hommes qu'on gouverne.

Rom. — Vous, qui avez vécu si long-temps, vous n'étiez pas jeune quand vous avez commencé à régner.

Numa. — J'avois quarante ans, et c'a été mon bonheur. Si j'eusse commencé à régner plus tôt, j'aurois été sans expérience et sans sagesse, exposé à toutes mes passions. La puissance est trop dangereuse quand on est jeune et ardent. Vous l'avez bien éprouvé, vous qui avez dans votre emportement tué votre propre frère, et qui vous êtes rendu insupportable à tous vos citoyens.

Rom. — Puisque vous avez vécu si long-temps, il falloit que vous eussiez une bonne et fidèle garde autour de vous.

Numa. — Point du tout ; je commençai par me défaire des trois cents gardes que vous aviez choisis, et nommés *célères*. Un homme qui accepte avec peine la royauté, qui ne la veut que pour le bien public, et qui seroit content de la quitter, n'a point à craindre la mort comme un tyran. Pour moi, je croyois faire une grace aux Romains de les gouverner ; je vivois pauvrement, pour enrichir le peuple ; toutes les nations voisines auroient souhaité d'être sous ma conduite. En cet état, faut-il des gardes ? Pour moi, pauvre mortel, personne n'avoit d'intérêt à me donner l'immortalité dont le sénat vous jugea digne. Ma garde étoit l'amitié des citoyens, qui me regardoient tous comme leur père. Un roi ne peut-il pas confier sa vie à un peuple qui lui confie ses biens, son repos, sa conservation ? La confiance est égale des deux côtés.

Rom. — A vous entendre on croiroit que vous avez été roi malgré vous. Mais vous avez là-dessus trompé le peuple, comme vous lui avez imposé sur la religion.

Numa. — On m'est venu chercher dans ma solitude de Cures. D'abord j'ai représenté que je n'étois point propre à gouverner un peuple belliqueux, accoutumé à des conquêtes ; qu'il leur falloit un Romulus toujours prêt à vaincre. J'ajoutai que la mort de Tatius et la vôtre ne me donnoit pas grande envie de succéder à ces deux rois. Enfin je représentai que je n'avois jamais été à la guerre. On persista à me desirer ; je me rendis : mais j'ai toujours vécu pauvre, simple, modéré dans la royauté, sans me préférer à aucun citoyen. J'ai réuni les deux peuples des Sabins et des Romains, en sorte qu'on ne peut plus les distinguer. J'ai fait revivre l'âge d'or. Tous les peuples, non seulement des environs de Rome, mais encore de l'Italie, ont senti l'abondance que j'ai répandue partout. Le labourage mis en honneur a adouci les peuples farouches, et les a attachés à la patrie, sans leur donner une ardeur inquiète pour envahir les terres de leurs voisins.

Rom. — Cette paix et cette abondance ne servent qu'à enorgueillir les peuples, qu'à les rendre indociles à leur roi, et qu'à les amollir ; en sorte qu'ils ne peuvent plus ensuite supporter les fatigues et les périls de la guerre. Si on fût venu vous attaquer, qu'auriez-vous fait, vous qui n'aviez jamais rien vu pour la guerre ? Il auroit fallu dire aux ennemis d'attendre jusqu'à ce que vous eussiez consulté la nymphe *.

Numa. — Si je n'ai pas su faire la guerre comme vous, j'ai su l'éviter, et me faire respecter et aimer de tous mes voisins. J'ai donné aux Romains des lois qui, en les rendant justes, laborieux, sobres, les rendront toujours assez redoutables à ceux qui voudroient les attaquer. Je crains bien encore qu'ils ne se ressentent trop de l'esprit de rapine et de violence auquel vous les aviez accoutumés.

XI.

XERXÈS ET LÉONIDAS.

La sagesse et la valeur rendent les états invincibles, et non pas le grand nombre de sujets, ni l'autorité sans bornes des princes.

Xerx. — Je prétends, Léonidas, te faire un grand honneur. Il ne tient qu'à toi d'être toujours à ma suite sur les bords du Styx.

Léon. — Je n'y suis descendu que pour ne te voir jamais, et pour repousser ta tyrannie. Va chercher tes femmes, tes eunuques, tes esclaves et tes flatteurs ; voilà la compagnie qu'il te faut.

Xerx. — Voyez ce brutal, cet insolent, un gueux qui n'eut jamais que le nom de roi sans autorité, un capitaine de bandits, qui n'ont que la cape et l'épée ! Quoi ! tu n'as point de honte de te comparer au grand roi ? As-tu donc oublié que je couvrois la terre de soldats, et la mer de navires ? Ne sais-tu pas que mon armée ne pouvoit, en un repas, se désaltérer sans faire tarir des rivières ?

Léon. — Comment oses-tu vanter la multitude de tes troupes ? Trois cents Spartiates que je commandois aux Thermopyles furent tués par ton armée innombrable sans pouvoir être vaincus ; ils

---

* L'original finit ici, et l'édition de 1712 y est conforme. Nous copions ce qui suit de l'édition de 1718 : l'éditeur l'aura sans doute ajouté pour terminer ce dialogue, qui lui a semblé incomplet. (*Édit. de Vers.*)

ne succombèrent qu'après s'être lassés de tuer. Ne vois-tu pas encore ici près ces ombres errant en foule qui couvrent le rivage? Ce sont les vingt mille Perses que nous avons tués. Demande-leur combien un Spartiate seul vaut d'autres hommes, et surtout des tiens. C'est la valeur, et non pas le nombre, qui rend invincible.

Xerx. — Ton action est un coup de fureur et de désespoir.

Léon. — C'étoit une action sage et généreuse. Nous crûmes que nous devions nous dévouer à une mort certaine, pour t'apprendre ce qu'il en coûte quand on veut mettre les Grecs dans la servitude, et pour donner le temps à toute la Grèce de se préparer à vaincre ou à périr comme nous. En effet, cet exemple de courage étonna les Perses, et ranima les Grecs découragés. Notre mort fut bien employée.

Xerx. — O que je suis fâché de n'être point entré dans le Péloponèse après avoir ravagé l'Attique! j'aurois mis en cendres ta Lacédémone comme j'y mis Athènes. Misérable, impudente je t'aurois.....

Léon. — Ce n'est plus ici le temps ni des injures ni des flatteries; nous sommes au pays de la vérité. T'imagines-tu donc être encore le grand roi? tes trésors sont bien loin; tu n'as plus de gardes ni d'armée, plus de faste ni de délices; la louange ne vient plus chatouiller tes oreilles; te voilà nu, seul, prêt à être jugé par Minos. Mais ton ombre est encore bien colère et bien superbe; tu n'étois pas plus emporté quand tu faisois fouetter la mer. En vérité, tu méritois bien d'être fouetté toi-même pour cette extravagance. Et ces fers dorés (t'en souviens-tu?) que tu fis jeter dans l'Hellespont pour tenir les tempêtes dans ton esclavage? Plaisant homme, pour dompter la mer! Tu fus contraint bientôt après de repasser à la hâte en Asie dans une barque, comme un pêcheur. Voilà à quoi aboutit la folle vanité des hommes qui veulent forcer les lois de la nature, et oublier leur propre foiblesse.

Xerx. — Ah! les rois qui peuvent tout (je le vois bien, mais, hélas! je le vois trop tard) sont livrés à toutes leurs passions. Hé! quel moyen, quand on est homme, de résister à sa propre puissance et à la flatterie de tous ceux dont on est entouré! O quel malheur de naître dans de si grands périls!

Léon. — Voilà pourquoi je fais plus de cas de ma royauté que de la tienne. J'étois roi à condition de mener une vie dure, sobre et laborieuse, comme mon peuple. Je n'étois roi que pour défendre ma patrie, et pour faire régner les lois : ma royauté me donnoit le pouvoir de faire du bien, sans me permettre de faire du mal.

Xerx. — Oui; mais tu étois pauvre, sans éclat, sans autorité. Un de mes satrapes étoit bien plus grand et plus magnifique que toi.

Léon. — Je n'aurois pas eu de quoi percer le mont Athos, comme toi. Je crois même que chacun de tes satrapes voloit dans sa province plus d'or et d'argent que nous n'en avions dans toute notre république. Mais nos armes, sans être dorées, savoient fort bien percer ces hommes lâches et efféminés, dont la multitude innombrable te donnoit une si vaine confiance.

Xerx. — Mais enfin, si je fusse entré d'abord dans le Péloponèse, toute la Grèce étoit dans les fers. Aucune ville, pas même la tienne, n'eût pu me résister.

Léon. — Je le crois comme tu le dis; et c'est en quoi je méprise la grande puissance d'un peuple barbare, qui n'est ni instruit ni aguerri. Il manque de sages conseils; ou, si on les lui offre, il ne sait pas les suivre, et préfère toujours d'autres conseils foibles ou trompeurs.

Xerx. — Les Grecs vouloient faire une muraille pour fermer l'isthme; mais elle n'étoit pas encore faite, et je pouvois y entrer.

Léon. — La muraille n'étoit pas faite, il est vrai : mais tu n'étois pas fait pour prévenir ceux qui la vouloient faire. Ta foiblesse fut plus salutaire aux Grecs que leur force.

Xerx. — Si j'eusse pris cet isthme, j'aurois fait voir.....

Léon. — Tu aurois fait quelque autre faute; car il falloit que tu en fisses, étant aussi gâté que tu l'étois par la mollesse, par l'orgueil, et par la haine des conseils sincères. Tu étois encore plus facile à surprendre que l'isthme.

Xerx. — Mais je n'étois ni lâche ni méchant, comme tu t'imagines.

Léon. — Tu avois naturellement du courage et de la bonté de cœur. Les larmes que tu répandis à la vue de tant de milliers d'hommes, dont il n'en devoit rester aucun sur la terre avant la fin du siècle, marquent assez ton humanité. C'est le plus bel endroit de ta vie. Si tu n'avois pas été un roi trop puissant et trop heureux, tu aurois été un assez honnête homme.

XII.

SOLON ET PISISTRATE.

La tyrannie est souvent plus funeste aux souverains qu'aux peuples.

Sol. — Eh bien! tu croyois devenir le plus heureux de tous les mortels en rendant tes concitoyens tes esclaves; te voilà bien avancé! Tu as méprisé toutes mes remontrances; tu as foulé aux pieds toutes mes lois : que te reste-t-il de ta tyrannie, que l'exécration des Athéniens, et les justes peines que tu vas endurer dans le noir Tartare?

Pisist. — Mais je gouvernois assez doucement. Il est vrai que je voulois gouverner, et sacrifier tout ce qui étoit suspect à mon autorité.

Sol. — C'est ce qu'on appelle un tyran. Il ne fait point le mal par le seul plaisir de le faire, mais le mal ne lui coûte rien toutes les fois qu'il le croit utile à l'accroissement de sa grandeur.

Pisist. — Je voulois acquérir de la gloire.

Sol. — Quelle gloire à mettre sa patrie dans les fers, et à passer dans toute la postérité pour un impie qui n'a connu ni justice, ni bonne foi, ni humanité! Tu devois acquérir de la gloire, comme tant d'autres Grecs, en servant ta patrie, et non en l'opprimant comme tu as fait.

Pisist. — Mais quand on a assez d'élévation de génie et d'éloquence pour gouverner, il est bien rude de passer sa vie dans la dépendance d'un peuple capricieux.

Sol. — J'en conviens; mais il faut tâcher de mener justement les peuples par l'autorité des lois. Moi qui te parle, j'étois, tu le sais bien, de la race royale : ai-je montré quelque ambition pour gouverner Athènes? Au contraire, j'ai tout sacrifié pour mettre en autorité des lois salutaires; j'ai vécu pauvre; je me suis éloigné; je n'ai jamais voulu employer que la persuasion et le bon exemple, qui sont les armes de la vertu. Est-ce ainsi que tu as fait? Parle.

Pisist. — Non; mais c'est que je songeois à laisser à mes enfants la royauté.

Sol. — Tu as fort bien réussi; car tu leur as laissé pour tout héritage la haine et l'horreur publique. Les plus généreux citoyens ont acquis une gloire immortelle avec des statues, pour avoir poignardé l'un; l'autre, fugitif, est allé servilement chez un roi barbare implorer son secours contre sa propre patrie. Voilà les biens que tu as laissés à tes enfants. Si tu leur avois laissé l'amour de la patrie et le mépris du faste, ils vivroient encore heureux parmi les Athéniens.

Pisist. — Mais quoi! vivre sans ambition dans l'obscurité?

Sol. — La gloire ne s'acquiert-elle que par des crimes? Il la faut chercher dans la guerre contre les ennemis, dans toutes les vertus modérées d'un bon citoyen, dans le mépris de tout ce qui enivre et qui amollit les hommes. O Pisistrate, la gloire est belle : heureux ceux qui la savent trouver! mais qu'il est pernicieux de la vouloir trouver où elle n'est pas!

Pisist. — Mais le peuple avoit trop de liberté; et le peuple trop libre est le plus insupportable de tous les tyrans.

Sol. — Il falloit m'aider à modérer la liberté du peuple en établissant mes lois, et non pas renverser les lois pour tyranniser le peuple. Tu as fait comme un père qui, pour rendre son fils modéré et docile, le vendroit pour lui faire passer sa vie dans l'esclavage.

Pisist. — Mais les Athéniens sont trop jaloux de leur liberté.

Sol. — Il est vrai que les Athéniens sont jusqu'à l'excès jaloux d'une liberté qui leur appartient : mais toi, n'étois-tu pas encore plus jaloux d'une tyrannie qui ne pouvoit t'appartenir?

Pisist. — Je souffrois impatiemment de voir le peuple à la merci des sophistes et des rhéteurs, qui prévaloient sur les gens sages.

Sol. — Il valoit mieux encore que les sophistes et les rhéteurs abusassent quelquefois le peuple par leurs raisonnements et par leur éloquence, que de te voir fermer la bouche des bons et des mauvais conseillers, pour accabler le peuple, et pour n'écouter plus que tes propres passions. Mais quelle douceur goûtois-tu dans cette puissance? Quel est donc le charme de la tyrannie?

Pisist. — C'est d'être craint de tout le monde, de ne craindre personne, et de pouvoir tout.

Sol. — Insensé! tu avois tout à craindre, et tu l'as bien éprouvé quand tu es tombé du haut de ta fortune, et que tu as eu tant de peine à te relever. Tu le sens encore dans tes enfants. Qui est-ce qui avoit plus à craindre, ou de toi, ou des Athéniens; des Athéniens, qui, portant le joug de la servitude, ne laissoient pas de vivre en paix dans leurs familles et avec leurs voisins; ou de toi, qui devois toujours craindre d'être trahi, dépossédé, et puni de ton usurpation? Tu avois donc plus à craindre que ce peuple même captif à qui tu te rendois redoutable.

Pisist. — Je l'avoue franchement, la tyrannie ne me donnoit aucun vrai plaisir : mais je n'aurois pas eu le courage de la quitter. En perdant l'autorité, je serois tombé dans une langueur mortelle.

Sol. — Reconnois donc combien la tyrannie est pernicieuse pour le tyran, aussi bien que pour les peuples : il n'est point heureux de l'avoir, et il est malheureux de la perdre.

XIII.
SOLON ET JUSTINIEN.
Idée juste des lois propres à rendre un peuple bon et heureux.

Just. — Rien n'est semblable à la majesté des lois romaines. Vous avez eu chez les Grecs la réputation d'un grand législateur ; mais si vous aviez vécu parmi nous, votre gloire auroit été bien obscurcie!

Sol. — Pourquoi m'auroit-on méprisé en votre pays?

Just. — C'est que les Romains ont bien enchéri sur les Grecs pour le nombre des lois et pour leur perfection.

Sol. — En quoi ont-ils donc enchéri?

Just. — Nous avons une infinité de lois merveilleuses qui ont été faites en divers temps. J'aurai, dans tous les siècles, la gloire d'avoir compilé dans mon Code tout ce grand corps de lois.

Sol. — J'ai ouï dire souvent à Cicéron, ici-bas, que les lois des Douze Tables étoient les plus parfaites que les Romains aient eues. Vous trouverez bon que je remarque en passant que ces lois allèrent de Grèce à Rome, et qu'elles venoient principalement de Lacédémone.

Just. — Elles viendront d'où il vous plaira ; mais elles étoient trop simples et trop courtes pour entrer en comparaison avec nos lois, qui ont tout prévu, tout décidé, tout mis en ordre avec un détail infini.

Sol. — Pour moi, je croyois que des lois, pour être bonnes, devoient être claires, simples, courtes, proportionnées à tout un peuple qui doit les entendre, les retenir facilement, les aimer, les suivre à toute heure et à tout moment.

Just. — Mais des lois simples et courtes n'exercent point assez la science et le génie des jurisconsultes ; elles n'approfondissent point assez les belles questions.

Sol. — J'avoue qu'il me paroissoit que les lois étoient faites pour éviter les questions épineuses, et pour conserver dans un peuple les bonnes mœurs, l'ordre et la paix ; mais vous m'apprenez qu'elles doivent exercer les esprits subtils, et leur fournir de quoi plaider.

Just. — Rome a produit de savants jurisconsultes : Sparte n'avoit que des soldats ignorants.

Sol. — J'aurois cru que les bonnes lois sont celles qui font qu'on n'a pas besoin de jurisconsultes, et que tous les ignorants vivent en paix à l'abri de ces lois simples et claires, sans être réduits à consulter de vains sophistes sur le sens des divers textes, ou sur la manière de les concilier. Je conclurois que des lois ne sont guère bonnes quand il faut tant de savants pour les expliquer, et qu'ils ne sont jamais d'accord entre eux.

Just. — Pour accorder tout, j'ai fait ma compilation.

Sol. — Tribonien me disoit hier que c'est lui qui l'a faite.

Just. — Il est vrai, mais il l'a faite par mes ordres. Un empereur ne fait pas lui-même un tel ouvrage.

Sol. — Pour moi, qui ai régné, j'ai cru que la fonction principale de celui qui gouverne les peuples est de leur donner des lois qui règlent tout ensemble le roi et les peuples, pour les rendre bons et heureux. Commander des armées et remporter des victoires n'est rien en comparaison de la gloire d'un législateur. Mais pour revenir à votre Tribonien, il n'a fait qu'une compilation des lois de divers temps qui ont souvent varié, et vous n'avez jamais eu un vrai corps de lois faites ensemble par un même dessein, pour former les mœurs et le gouvernement entier d'une nation : c'est un recueil de lois particulières pour décider sur les prétentions réciproques des particuliers. Mais les Grecs ont seuls la gloire d'avoir fait des lois fondamentales pour conduire un peuple sur des principes philosophiques, et pour régler toute sa politique et tout son gouvernement. Pour la multitude de vos lois que vous vantez tant, c'est ce qui me fait croire que vous n'en avez pas eu de bonnes, ou que vous n'avez pas su les conserver dans leur simplicité. Pour bien gouverner un peuple, il faut peu de juges et peu de lois. Il y a peu d'hommes capables d'être juges ; là multitude des juges corrompt tout. La multitude des lois n'est pas moins pernicieuse ; on ne les entend plus, on ne les garde plus. Dès qu'il y en a tant, on s'accoutume à les révérer en apparence, et à les violer sous de beaux prétextes. La vanité les fait faire avec faste ; l'avarice et les autres passions les font mépriser. On s'en joue par la subtilité des sophistes, qui les expliquent comme chacun le demande pour son argent : de là naît la chicane, qui est un monstre né pour dévorer le genre humain. Je juge des causes par leurs effets. Les lois ne me paroissent bonnes que dans les pays où l'on ne plaide point, et où des lois simples et courtes ont évité toutes les questions. Je ne voudrois ni dispositions par testament, ni adoptions, ni exhérédations, ni substitutions, ni emprunts, ni ventes, ni échanges. Je ne voudrois qu'une étendue très bornée de terre dans chaque famille ; que ce bien fût inaliénable, et que le magistrat le partageât également aux enfants selon la loi, après la mort du père. Quand les familles se multiplieroient trop à proportion de l'étendue des terres, j'enverrois une partie du peuple faire une colonie dans quelque île déserte. Moyennant cette règle courte et simple, je me passerois de tout votre fatras de lois, et je ne songerois qu'à régler les mœurs, qu'à élever la jeunesse à la sobriété, au travail, à la patience, au mépris de la mollesse, au courage contre les douleurs et contre la mort. Cela vaudroit mieux que de subtiliser sur les contrats ou sur les tutelles.

Just. — Vous renverseriez par des lois si sèches et si austères tout ce qu'il y a de plus ingénieux dans la jurisprudence.

Sol. — J'aime mieux des lois simples, dures et sauvages, qu'un art ingénieux de troubler le repos des hommes, et de corrompre le fond des mœurs. Jamais on n'a vu tant de lois que de votre temps ; jamais on n'a vu votre empire si lâche, si efféminé, si abâtardi, si indigne des anciens Romains, qui ressembloient assez aux Spartiates. Vous-même vous n'avez été qu'un fourbe, un impie, un scélérat, un destructeur des bonnes lois, un homme vain et faux en tout. Votre Tribonien a été aussi méchant, aussi double, et aussi dissolu. Procope vous a démasqué. Je reviens aux lois ; elles ne sont lois qu'autant qu'elles sont facilement connues, crues, aimées, suivies ; et elles ne sont bonnes qu'autant que leur exécution rend les peuples bons et heureux. Vous n'avez fait personne bon et heureux par votre fastueuse compilation ; d'où je conclus qu'elle mérite d'être brûlée. Mais je vois que vous vous fâchez. La majesté impériale se croit au-dessus de la vérité ; mais son ombre n'est plus qu'une ombre à qui on dit la vérité impunément. Je me retire néanmoins, pour apaiser votre bile allumée.

XIV.

DÉMOCRITE ET HÉRACLITE.

Comparaison de Démocrite et d'Héraclite, où l'on donne l'avantage au dernier comme plus humain.

Dém. — Je ne saurois m'accommoder d'une philosophie triste.

Hérac. — Ni moi d'une gaie. Quand on est sage, on ne voit rien dans le monde qui ne paroisse de travers et qui ne déplaise.

Dém. — Vous prenez les choses d'un trop grand sérieux ; cela vous fera mal.

Hérac. — Vous les prenez avec trop d'enjouement ; votre air moqueur est plutôt celui d'un Satyre que d'un philosophe. N'êtes-vous point touché de voir le genre humain si aveugle, si corrompu, si égaré ?

Dém. — Je suis bien plus touché de le voir si impertinent et si ridicule.

Hérac. — Mais enfin ce genre humain dont vous riez, c'est le monde entier avec qui vous vivez, c'est la société de vos amis, c'est votre famille, c'est vous-même.

Dém. — Je ne me soucie guère de tous les fous que je vois, et je me crois sage en me moquant d'eux.

Hérac. — S'ils sont fous, vous n'êtes guère sage ni bon, de ne les plaindre pas et d'insulter à leur folie. D'ailleurs, qui vous répond que vous ne soyez pas aussi extravagant qu'eux ?

Dém. — Je ne puis l'être, pensant en toutes choses le contraire de ce qu'ils pensent.

Hérac. — Il y a des folies des diverses espèces. Peut-être qu'à force de contredire les folies des autres, vous vous jetez dans une extrémité contraire, qui n'est pas moins folle.

Dém. — Croyez-en ce qu'il vous plaira, et pleurez encore sur moi, si vous avez des larmes de reste ; pour moi, je suis content de rire des fous. Tous les hommes ne le sont-ils pas ? Répondez.

Hérac. — Hélas ! ils ne le sont que trop ; c'est ce qui m'afflige : nous convenons vous et moi en ce point, que les hommes ne suivent point la raison. Mais moi, qui ne veux pas faire comme eux, je veux suivre la raison qui m'oblige de les aimer ; et cette amitié me remplit de compassion pour leurs égarements. Ai-je tort d'avoir pitié de mes semblables, de mes frères, de ce qui est, pour ainsi dire, une partie de moi-même ? Si vous entriez dans un hôpital de blessés, ririez-vous de voir leurs blessures ? Les plaies du corps ne sont rien en comparaison de celles de l'âme : vous auriez honte de votre cruauté, si vous aviez ri d'un malheureux qui a la jambe coupée ; et vous avez l'inhumanité de vous moquer du monde entier qui a perdu la raison !

Dém. — Celui qui a perdu une jambe est à plaindre, en ce qu'il ne s'est point ôté lui-même ce membre ; mais celui qui perd la raison la perd par sa faute.

Hérac. — Hé! c'est en quoi il est plus à plaindre. Un insensé furieux, qui s'arracheroit lui-même les yeux, seroit encore plus digne de compassion qu'un autre aveugle.

Dém. — Accommodons-nous; il y a de quoi nous justifier tous deux. Il y a partout de quoi rire et de quoi pleurer. Le monde est ridicule, et j'en ris. Il est déplorable, et vous en pleurez. Chacun le regarde à sa mode, et suivant son tempérament. Ce qui est certain, c'est que le monde est de travers. Pour bien faire, pour bien penser, il faut faire, il faut penser autrement que le grand nombre : se régler par l'autorité et par l'exemple du commun des hommes, c'est le partage des sots.

Hérac. — Tout cela est vrai; mais vous n'aimez rien, et le mal d'autrui vous réjouit. C'est n'aimer ni les hommes, ni la vertu qu'ils abandonnent.

XV.

HÉRODOTE ET LUCIEN.

L'incrédulité est un excès plus funeste que la trop grande crédulité.

Hérod. — Ah! bonjour, mon ami. Tu n'as plus envie de rire, toi qui as fait discourir tant d'hommes célèbres en leur faisant passer la barque de Charon. Te voilà donc descendu à ton tour sur les bords du Styx? Tu avois raison de te jouer des tyrans, des flatteurs, des scélérats; mais de moi...!

Luc. — Quand est-ce que je m'en suis moqué? Tu cherches querelle.

Hérod. — Dans ton histoire véritable, et ailleurs, où tu prends mes relations pour des fables.

Luc. — Avois-je tort? Combien as-tu avancé de choses sur la parole des prêtres, et des autres gens qui veulent toujours du mystère et du merveilleux!

Hérod. — Impie! tu ne croyois pas la religion.

Luc. — Il falloit une religion plus pure et plus sérieuse que celle de Jupiter et de Vénus, de Mars, d'Apollon, et des autres dieux, pour persuader les gens de bon sens. Tant pis pour toi de l'avoir crue.

Hérod. — Mais tu ne méprisois pas moins la philosophie. Rien n'étoit sacré pour toi.

Luc. — Je méprisois les dieux, parce que les poëtes nous les dépeignoient comme les plus malhonnêtes gens du monde. Pour les philosophes, ils faisoient semblant de n'estimer que la vertu, et ils étoient pleins de vices. S'ils eussent été philosophes de bonne foi, je les aurois respectés.

Hérod. — Et Socrate, comment l'as-tu traité? Est-ce sa faute, ou la tienne? Parle.

Luc. — Il est vrai que j'ai badiné sur les choses dont on l'accusoit; mais je ne l'ai pas condamné sérieusement.

Hérod. — Faut-il se jouer aux dépens d'un si grand homme sur des calomnies grossières? Mais dis la vérité, tu ne songeois qu'à rire, qu'à te moquer de tout, qu'à montrer du ridicule en chaque chose, sans te mettre en peine d'en établir aucune solidement.

Luc. — Hé! n'ai-je pas gourmandé les vices? n'ai-je pas foudroyé les grands qui abusent de leur grandeur? N'ai-je pas élevé jusqu'au ciel le mépris des richesses et des délices?

Hérod. — Il est vrai, tu as bien parlé de la vertu, mais pour blâmer les vices de tout le genre humain : c'étoit plutôt un goût de satire qu'un sentiment de solide philosophie. Tu louois même la vertu sans vouloir remonter jusqu'aux principes de religion et de philosophie, qui en sont les vrais fondements.

Luc. — Tu raisonnes mieux ici-bas que tu ne faisois dans tes grands voyages. Mais accordons-nous. Eh bien! je n'étois pas assez crédule, et tu l'étois trop.

Hérod. — Ah! te voilà encore toi-même, tournant tout en plaisanterie. Ne seroit-il pas temps que ton ombre eût un peu de gravité?

Luc. — Gravité! j'en suis las, à force d'en avoir vu. J'étois environné de philosophes qui s'en piquoient sans bonne foi, sans justice, sans amitié, sans modération, sans pudeur.

Hérod. — Tu parles des philosophes de ton temps, qui avoient dégénéré : mais......

Luc. — Que voulois-tu donc que je fisse? que j'eusse vu ceux qui étoient morts plusieurs siècles avant ma naissance? Je ne me souvenois point d'avoir été au siége de Troie, comme Pythagore. Tout le monde ne peut pas avoir été Euphorbe.

Hérod. — Autre moquerie. Et voilà tes réponses aux plus solides raisonnements! Je souhaite, pour ta punition, que les dieux, que tu n'as pas voulu croire, t'envoient dans le corps de quelque voyageur qui aille dans tous les pays dont j'ai raconté des choses que tu traites de fabuleuses.

Luc. — Après cela, il ne me manqueroit plus que de passer de corps en corps dans toutes les sectes de philosophes que j'ai décriées : par-là je serois tour à tour de toutes les opinions contraires dont je me suis moqué. Cela seroit bien joli. Mais tu as dit des choses à peu près aussi croyables.

Hérod. — Va, je t'abandonne; et je me console quand je songe que je suis avec Homère, Socrate, Pythagore, que tu n'as pas épargnés plus que moi; enfin avec Platon, de qui tu as appris l'art des dialogues, quoique tu te sois moqué de sa philosophie.

XVI.
SOCRATE ET ALCIBIADE.

Les meilleures qualités naturelles ne servent souvent qu'à déshonorer, si elles ne sont soutenues par une vertu solide.

Soc. — Te voilà toujours agréable. Qui charmeras-tu dans les enfers?

Alcib. — Et toi, te voilà toujours moqueur. Qui persuaderas-tu ici, toi qui veux toujours persuader quelqu'un?

Soc. — Je suis rebuté de vouloir persuader les hommes, depuis que j'ai éprouvé combien mes discours ont mal réussi pour te persuader la vertu.

Alcib. — Voulois-tu que je vécusse pauvre comme toi, sans me mêler des affaires publiques?

Soc. — Lequel valoit mieux, ou de ne s'en mêler pas, ou de les brouiller, et de devenir l'ennemi de sa patrie?

Alcib. — J'aime mieux mon personnage que le tien. J'ai été beau, magnifique, tout couvert de gloire, vivant dans les délices, la terreur des Lacédémoniens et des Perses. Les Athéniens n'ont pu sauver leur ville qu'en me rappelant. S'ils m'eussent cru, Lysander ne seroit jamais entré dans leur port. Pour toi, tu n'étois qu'un pauvre homme, laid, camus, chauve, qui passoit sa vie à discourir, pour blâmer les hommes dans tout ce qu'ils font. Aristophane t'a joué sur le théâtre; tu as passé pour un impie, et on t'a fait mourir.

Soc. — Voilà bien des choses que tu mets ensemble: examinons-les en détail. Tu as été beau, mais décrié pour avoir fait de honteux usages de ta beauté. Les délices ont corrompu ton beau naturel. Tu as rendu de grands services à ta patrie, mais tu lui as fait de grands maux. Dans les biens et dans les maux que tu lui as faits, c'est une vaine ambition, et non l'amour de la vertu, qui t'a fait agir; par conséquent il ne t'en revient aucune gloire véritable. Les ennemis de la Grèce, auxquels tu t'étois livré, ne pouvoient se fier à toi, et tu ne pouvois te fier à eux. N'auroit-il pas été plus beau de vivre pauvre dans ta patrie, et d'y souffrir patiemment tout ce que les méchants font d'ordinaire pour opprimer la vertu? Il vaut mieux être laid et sage comme moi, que beau et dissolu comme tu l'étois. L'unique chose qu'on peut me reprocher est de t'avoir trop aimé, et de m'être laissé éblouir par un naturel aussi léger que le tien. Tes vices ont déshonoré l'éducation philosophique que Socrate t'avoit donnée: voilà mon tort.

Alcib. — Mais ta mort montre que tu étois un impie.

Soc. — Les impies sont ceux qui ont brisé les Hermès. J'aime mieux avoir avalé du poison pour avoir enseigné la vérité, et avoir irrité les hommes qui ne la peuvent souffrir, que de trouver la mort, comme toi, dans le sein d'une courtisane.

Alcib. — Ta raillerie est toujours piquante.

Soc. — Et quel moyen de souffrir un homme qui étoit propre à faire tant de biens, et qui a fait tant de maux? Tu viens encore insulter à la vertu.

Alcib. — Quoi! l'ombre de Socrate et la vertu sont donc la même chose! Te voilà bien présomptueux.

Soc. — Compte pour rien Socrate, si tu veux; j'y consens: mais, après avoir trompé mes espérances sur la vertu que je tâchois de t'inspirer, ne viens point encore te moquer de la philosophie, et me vanter toutes tes actions; elles ont eu de l'éclat, mais point de règle. Tu n'as point de quoi rire; la mort t'a fait aussi laid et aussi camus que moi: que te reste-t-il de tes plaisirs?

Alcib. — Ah! il est vrai, il ne m'en reste que la honte et le remords. Mais où vas-tu? Pourquoi donc veux-tu me quitter?

Soc. — Adieu; je ne t'ai suivi, dans tes voyages ambitieux, ni en Sicile, ni à Sparte, ni en Asie; il n'est pas juste que tu me suives dans les Champs-Élyséens, où je vais mener une vie paisible et bienheureuse avec Solon, Lycurgue, et les autres sages.

Alcib. — Ah! mon cher Socrate, faut-il que je sois séparé de toi! Hélas! où irai-je donc?

Soc. — Avec ces ames vaines et foibles dont la vie a été un mélange perpétuel de bien et de mal, et qui n'ont jamais aimé de suite la pure vertu. Tu étois né pour la suivre; tu lui as préféré tes passions. Maintenant elle te quitte à son tour, et tu la regretteras éternellement.

Alcib. — Hélas! mon cher Socrate, tu m'as tant aimé: ne veux-tu plus avoir jamais aucune pitié de moi? Tu ne saurois désavouer (car tu le sais mieux qu'un autre,) que le fond de mon naturel étoit bon.

Soc. — C'est ce qui te rend plus inexcusable. Tu étois bien né, et tu as mal vécu. Mon amitié pour toi, non plus que ton beau naturel, ne sert qu'à ta condamnation. Je t'ai aimé pour la vertu, mais enfin je t'ai aimé jusqu'à hasarder ma réputation. J'ai souffert, pour l'amour de toi, qu'on m'ait soupçonné injustement de vices monstrueux que j'ai condamnés dans toute ma doctrine. Je t'ai sacrifié ma vie, aussi bien que mon honneur. As-tu oublié l'expédition de Potidé, où j'ai logé toujours avec toi ? Un père ne sauroit être plus attaché à son fils que je l'étois à toi. Dans toutes les rencontres des guerres j'étois toujours à ton côté. Un jour, le combat étant douteux, tu fus blessé ; aussitôt je me jetai au-devant de toi pour te couvrir de mon corps, comme d'un bouclier. Je sauvai ta vie, ta liberté, tes armes. La couronne m'étoit due par cette action : je priai les chefs de l'armée de te la donner. Je n'eus de passion que pour ta gloire. Je n'eusse jamais cru que tu eusses pu devenir la honte de ta patrie et la source de tous ses malheurs.

ALCIB. — Je m'imagine, mon cher Socrate, que tu n'as pas oublié aussi cette autre occasion où, nos troupes ayant été défaites, tu te retirois à pied avec beaucoup de peine, et où, me trouvant à cheval, je m'arrêtai pour repousser les ennemis qui t'alloient accabler. Faisons compensation.

SOC. — Je le veux. Si je rappelle ce que j'ai fait pour toi, ce n'est point pour te le reprocher, ni pour me faire valoir ; c'est pour montrer les soins que j'ai pris pour te rendre bon, et combien tu as mal répondu à toutes mes peines.

ALCIB. — Tu n'as rien à dire contre ma première jeunesse. Souvent, en écoutant tes instructions, je m'attendrissois jusqu'à en pleurer. Si quelquefois je t'échappois étant entraîné, par les compagnies, tu courois après moi, comme un maître après son esclave fugitif. Jamais je n'ai osé te résister. Je n'écoutois que toi ; je ne craignois que de te déplaire. Il est vrai que je fis une gageure, un jour, de donner un soufflet à Hipponicus. Je le lui donnai ; ensuite j'allai lui demander pardon, et me dépouiller devant lui, afin qu'il me punît avec des verges : mais il me pardonna, voyant que je ne l'avois offensé que par la légèreté de mon naturel enjoué et folâtre.

SOC. — Alors tu n'avois commis que la faute d'un jeune fou ; mais dans la suite tu as fait les crimes d'un scélérat qui ne compte pour rien les dieux, qui se joue de la vertu et de la bonne foi, qui met sa patrie en cendres pour contenter son ambition, qui porte dans toutes les nations étrangères des mœurs dissolues. Va, tu me fais horreur et pitié. Tu étois fait pour être bon, et tu as voulu être méchant ; je ne puis m'en consoler. Séparons-nous. Les trois juges décideront de ton sort ; mais il ne peut plus y avoir ici-bas d'union entre nous deux.

XVII.

SOCRATE ET ALCIBIADE.

Le bon gouvernement est celui où les citoyens sont élevés dans le respect des lois, dans l'amour de la patrie et du genre humain, qui est la grande patrie.

SOC. — Vous voilà devenu bien sage à vos dépens, et aux dépens de tous ceux que vous avez trompés. Vous pourriez être le digne héros d'une seconde Odyssée : car vous avez vu les mœurs d'un plus grand nombre de peuples dans vos voyages, qu'Ulysse n'en vit dans les siens.

ALCIB. — Ce n'est pas l'expérience qui me manque, mais la sagesse ; mais, quoique vous vous moquiez de moi, vous ne sauriez nier qu'un homme n'apprenne bien des choses quand il voyage, et qu'il étudie sérieusement les mœurs de tant de peuples.

SOC. — Il est vrai que cette étude, si elle étoit bien faite, pourroit beaucoup agrandir l'esprit : mais il faudroit un vrai philosophe, un homme tranquille et appliqué, qui ne fût point dominé comme vous par l'ambition et par le plaisir ; un homme sans passion et sans préjugé, qui chercheroit tout ce qu'il y auroit de bon en chaque peuple, et qui découvriroit ce que les lois de chaque pays lui ont apporté de bien et de mal. Au retour d'un tel voyage, ce philosophe seroit un excellent législateur. Mais vous n'avez jamais été l'homme qu'il falloit pour donner des lois ; votre talent étoit pour les violer. A peine étiez-vous hors de l'enfance, que vous conseillâtes à votre oncle Périclès d'engager la guerre, pour éviter de rendre compte des deniers publics. Je crois même qu'à près votre mort vous seriez encore un dangereux garde des lois.

ALCIB. — Laissez-moi là, je vous prie ; le fleuve d'oubli doit effacer toutes mes fautes : parlons des mœurs des peuples. Je n'ai trouvé partout que des coutumes, et fort peu de lois. Tous les barbares n'ont d'autres règles que l'habitude et l'exemple de leurs pères. Les Perses mêmes, dont on a tant vanté les mœurs du temps de Cyrus, n'ont aucune trace de cette vertu. Leur valeur et leur magnificence montrent un assez beau naturel ; mais il est corrompu par la mollesse et par le faste le plus grossier. Leurs rois, encensés comme des idoles, ne sauroient être honnêtes gens, ni connoître la vérité ; l'humanité ne peut soutenir avec modération une puissance aussi désordonnée que la leur. Ils s'imaginent que tout est fait pour eux ; ils se jouent du bien, de l'honneur et de la vie des autres hommes. Rien ne marque tant de barbarie dans une nation, que cette forme de gouvernement ; car il n'y a plus de lois; et la volonté d'un seul homme, dont on flatte toutes les passions, est la loi unique.

Soc. — Ce pays-là ne convenoit guère à un génie aussi libre et aussi hardi que le vôtre. Mais ne trouvez-vous pas aussi que la liberté d'Athènes est dans une autre extrémité?

Alcib. — Sparte est ce que j'ai vu de meilleur.

Soc. — La servitude des Ilotes ne vous paroît-elle pas contraire à l'humanité? Remontez hardiment aux vrais principes, défaites-vous de tous les préjugés : avouez qu'en cela les Grecs sont eux-mêmes un peu barbares. Est-il permis à une partie des hommes de traiter l'autre comme des bêtes de charge?

Alcib. — Pourquoi non, si c'est un peuple subjugué?

Soc. — Le peuple subjugué est toujours peuple; le droit de conquête est un droit moins fort que celui de l'humanité. Ce qu'on appelle conquête devient le comble de la tyrannie et l'exécration du genre humain, à moins que le conquérant n'ait fait sa conquête par une guerre juste, et n'ait rendu heureux le peuple conquis en lui donnant de bonnes lois. Il n'est donc pas permis aux Lacédémoniens de traiter si indignement les Ilotes, qui sont hommes comme eux. Quelle horrible barbarie que de voir un peuple qui se joue de la vie d'un autre, et qui compte pour rien ses mœurs et son repos! De même qu'un chef de famille ne doit jamais s'entêter pour la grandeur de sa maison, jusqu'à vouloir troubler la paix et la liberté publique de tout le peuple, dont lui et sa famille ne sont qu'un membre; de même c'est une conduite insensée, brutale et pernicieuse, que le chef d'une nation mette sa gloire à augmenter la puissance de son peuple en troublant le repos et la liberté des peuples voisins. Un peuple n'est pas moins un membre du genre humain, qui est la société générale, qu'une famille est un membre d'une nation particulière. Chacun doit infiniment plus au genre humain, qui est la grande patrie, qu'à la patrie particulière dans laquelle il est né : il est donc infiniment plus pernicieux de blesser la justice de peuple à peuple, que de la blesser de famille à famille contre sa république. Renoncer au sentiment, non-seulement c'est manquer de politesse et tomber dans la barbarie, mais c'est l'aveuglement le plus dénaturé des brigands et des sauvages; c'est n'être plus homme, c'est être anthropophage.

Alcib. — Vous vous fâchez! il me semble que vous étiez de meilleure humeur dans le monde; vos ironies piquantes avoient quelque chose de plus enjoué.

Soc. — Je ne saurois être enjoué sur des choses si sérieuses. Les Lacédémoniens ont abandonné tous les arts pacifiques, pour ne se réserver que celui de la guerre; et comme la guerre est le plus grand des maux, ils ne savent que faire du mal; ils s'en piquent; ils dédaignent tout ce qui n'est pas la destruction du genre humain, et tout ce qui ne peut servir à la gloire brutale d'une poignée d'hommes qu'on appelle les Spartiates. Il faut que d'autres hommes cultivent la terre pour les nourrir, pendant qu'ils se réservent pour ravager et pour dépeupler les terres voisines. Ils ne sont pas sobres et austères contre eux-mêmes, pour être justes et modérés à l'égard d'autrui : au contraire, ils sont durs et farouches contre tout ce qui n'est point la patrie, comme si la nature humaine n'étoit pas plus leur patrie que Sparte. La guerre est un mal qui déshonore le genre humain : si on pouvoit ensevelir toutes les histoires dans un éternel oubli, il faudroit cacher à la postérité que des hommes ont été capables de tuer d'autres hommes. Toutes les guerres sont civiles; car c'est toujours l'homme contre l'homme qui répand son propre sang, qui déchire ses propres entrailles. Plus la guerre est étendue, plus elle est funeste : donc celle des peuples qui composent le genre humain est encore pire que celle des familles qui troublent une nation. Il n'est donc permis de faire la guerre que malgré soi, à la dernière extrémité, pour repousser la violence de l'ennemi. Comment est-ce que Lycurgue n'a point eu d'horreur de former un peuple oisif et imbécile pour toutes les occupations douces et innocentes de la paix, et de ne lui avoir donné d'autre exercice d'esprit et de corps que celui de nuire par la guerre à l'humanité?

Alcib. — Votre bile s'échauffe avec raison : mais aimeriez-vous mieux un peuple comme celui d'Athènes, qui raffine jusqu'au dernier excès sur tous les arts destinés à la volupté? Il vaut encore mieux souffrir des naturels farouches et violents, comme ceux de Lacédémone.

Soc. — Vous voilà bien changé! vous n'êtes plus cet homme si décrié dans une ville si décriée : les bords du Styx font de beaux changements! Mais peut-être que vous parlez ainsi par complaisance, car vous avez été toute votre vie un protée sur les mœurs. Quoi qu'il en soit, j'avoue qu'un peuple qui par la contagion de ses mœurs porte le faste, la mollesse, l'injustice et la fraude chez les autres peuples, fait encore pis que celui qu n'a d'autre occupation ni d'autre mérite que celui de répandre du sang; car la vertu est plus précieuse aux hommes que la vie. Lycurgue est donc louable d'avoir banni de sa république tous les arts qui ne servent qu'au faste et à la volupté; mais il est inexcusable d'en avoir ôté l'agriculture et les autres arts nécessaires pour une vie simple et frugale. N'est-il pas honteux qu'un peuple ne se suffise pas à lui-même, et qu'il lui faille un autre peuple appliqué à l'agriculture pour le nourrir?

Alcib. — Eh bien! je passe condamnation sur ce chapitre. Mais n'aimez-vous pas mieux la sévère discipline de Sparte, et l'inviolable subordination qui y soumet la jeunesse aux vieillards, que la licence effrénée d'Athènes?

Soc. — Un peuple gâté par une liberté trop excessive est le plus insupportable de tous les tyrans; ainsi l'anarchie n'est le comble des maux, qu'à cause qu'elle est le plus extrême despotisme: la populace soulevée contre les lois est le plus insolent de tous les maîtres. Mais il faut un milieu. Ce milieu est qu'un peuple ait des lois écrites, toujours constantes, et consacrées par toute la nation; qu'elles soient au-dessus de tout; que ceux qui gouvernent n'aient d'autorité que par elles; qu'ils puissent tout pour le bien, et suivant les lois; qu'ils ne puissent rien contre les lois pour autoriser le mal. Voilà ce que les hommes, s'ils n'étoient pas aveugles et ennemis d'eux-mêmes, établiroient unanimement pour leur félicité. Mais les uns, comme les Athéniens, renversent les lois, de peur de donner trop d'autorité aux magistrats, par qui les lois devroient régner, et les autres, comme les Perses, par un respect superstitieux des lois, se mettent dans un tel esclavage sous ceux qui devroient faire régner les lois, que ceux-ci règnent eux-mêmes, et qu'il n'y a plus d'autre loi réelle que leur volonté absolue. Ainsi les uns et les autres s'éloignent du but, qui est une liberté modérée par la seule autorité des lois, dont ceux qui gouvernent ne devroient être que les simples défenseurs. Celui qui gouverne doit être le plus obéissant à la loi. Sa personne détachée de la loi n'est rien, et elle n'est consacrée qu'autant qu'il est lui-même, sans intérêt et sans passion, la loi vivante donnée pour le bien des hommes. Jugez par-là combien les Grecs, qui méprisent tant les Barbares, sont encore dans la barbarie. La guerre du Péloponèse, où la jalousie ambitieuse de deux républiques a mis tout en feu pendant vingt-huit ans, en est une funeste preuve. Vous-même qui parlez *ici*, n'avez-vous pas flatté tantôt l'ambition triste et implacable des Lacédémoniens, tantôt l'ambition des Athéniens, plus vaine et plus enjouée? Athènes avec moins de puissance a fait de plus grands efforts, et a triomphé long-temps de toute la Grèce: mais enfin elle a succombé tout-à-coup, parce que le despotisme du peuple est une puissance folle et aveugle, qui se tourne contre elle-même, et qui n'est absolue et au-dessus des lois que pour achever de se détruire.

Alcib. — Je vois bien qu'Anytus n'a pas eu tort de vous faire boire un peu de ciguë, et qu'on devoit encore plus craindre votre politique que votre nouvelle religion.

XVIII.

SOCRATE, ALCIBIADE ET TIMON.

Juste milieu entre la misanthropie de Timon et la philanthropie d'Alcibiade.

Alcib. — Je suis surpris, mon cher Socrate, de voir que vous ayez tant de goût pour ce misanthrope, qui fait peur aux petits enfants.

Soc. — Il faut être bien plus surpris de ce qu'il s'apprivoise avec moi.

Tim. — On m'accuse de haïr les hommes, et je ne m'en défends pas; on n'a qu'à voir comment ils sont faits, pour juger si j'ai tort. Haïr le genre humain, c'est haïr une méchante bête, une multitude de sots, de fripons, de flatteurs, de traîtres et d'ingrats.

Alcib. — Voilà un beau dictionnaire d'injures. Mais vaut-il mieux être farouche, dédaigneux, incompatible, et toujours mordant? Pour moi, je trouve que les sots me réjouissent, et que les gens d'esprit me contentent. J'ai envie de leur plaire à mon tour, et je m'accommode de tout pour me rendre agréable dans la société.

Tim. — Et moi je ne m'accommode de rien: tout me déplaît; tout est faux, de travers, insupportable; tout m'irrite, et me fait bondir le cœur. Vous êtes un protée qui prenez indifféremment toutes les formes les plus contraires, parce que vous ne tenez à aucune. Ces métamorphoses, qui ne vous coûtent rien, montrent un cœur sans principes, ni de justice, ni de vérité. La vertu, selon vous, n'est qu'un beau nom: il n'y en a aucune de fixe. Ce que vous approuvez à Athènes, vous le condamnez à Lacédémone. Dans la Grèce, vous êtes Grec; en Asie, vous êtes Perse: ni dieux, ni lois, ni patrie, ne vous retiennent. Vous ne suivez qu'une seule règle, qui est la passion de plaire, d'éblouir, de dominer, de vivre dans les délices, et de brouiller tous les états. O ciel! faut-il qu'on souffre sur la terre un tel homme, et que les autres hommes n'aient point de honte de l'admirer! Alcibiade est aimé des hommes, lui qui se joue d'eux, et qui les précipite par ses crimes dans tant de malheurs! Pour moi, je hais et Alcibiade, et tous les sots qui l'aiment; et je serois bien fâché d'être aimé par eux, puisqu'ils ne savent aimer que le mal.

Alcib. — Voilà une déclaration bien obligeante! je ne vous en sais néanmoins aucun mauvais gré. Vous me mettez à la tête de tout le genre humain, et me faites beaucoup d'honneur. Mon parti est plus fort que le vôtre; mais vous avez bon courage, et ne craignez pas d'être seul contre tous.

Tim. — J'aurois horreur de n'être pas seul, quand je vois la bassesse, la lâcheté, la légèreté, la corruption et la noirceur de tous les hommes qui couvrent la terre.

Alcib. — N'en exceptez-vous aucun?

Tim. — Non, non, en vérité; non, aucun, et vous moins qu'aucun autre.

Alcib. — Quoi! pas vous-même? Vous haïssez-vous aussi?

Tim. — Oui, je me hais souvent, quand je me surprends dans quelque foiblesse.

Alcib. — Vous faites très bien, et vous n'avez de tort qu'en ce que vous ne le faites pas toujours. Qu'y a-t-il de plus haïssable qu'un homme qui a oublié qu'il est homme, qui hait sa propre nature, qui ne voit rien qu'avec horreur et avec une mélancolie farouche, qui tourne tout en poison, et qui renonce à toute société, quoique les hommes ne soient nés que pour être sociables?

Tim. — Donnez-moi des hommes simples, droits, mais en tout bons et pleins de justice; je les aimerai, je ne les quitterai jamais, je les encenserai comme des dieux qui habitent sur la terre. Mais tant que vous me donnerez des hommes qui ne sont pas hommes, mais des renards en finesse et des tigres en cruauté; qui auront le visage, le corps et la voix humaine, avec un cœur de monstre comme les Sirènes, l'humanité même me les fera détester et fuir.

Alcib. — Il faut donc vous faire des hommes exprès. Ne vaut-il pas mieux s'accommoder aux hommes tels qu'on les trouve, que de vouloir les haïr jusqu'à ce qu'ils s'accommodent à nous? Avec ce chagrin si critique, on passe tristement sa vie, méprisé, moqué, abandonné, et on ne goûte aucun plaisir. Pour moi, je donne tout aux coutumes et aux imaginations de chaque peuple; partout je me réjouis, et je fais des hommes tout ce que je veux. La philosophie qui n'aboutit qu'à faire d'un philosophe un hibou est d'un bien mauvais usage. Il faut en ce monde une philosophie qui aille plus terre à terre. On prend les honnêtes gens par les motifs de la vertu, les voluptueux par leurs plaisirs, et les fripons par leur intérêt. C'est la seule bonne manière de savoir vivre; tout le reste est vision, et bile noire qu'il faudroit purger avec un peu d'ellébore.

Tim. — Parler ainsi, c'est anéantir la vertu, et tourner en ridicule les bonnes mœurs. On ne souffriroit pas un homme si contagieux dans une république bien policée : mais, hélas! où est-elle ici-bas, cette république? O mon pauvre Socrate! la vôtre, quand la verrons-nous? Demain, oui, demain, je m'y retirerois si elle étoit commencée; mais je voudrois que nous allassions, loin de toutes les terres connues, fonder cette heureuse colonie de philosophes purs dans l'île Atlantique.

Alcib. — Hé! vous ne songez pas que vous vous y porteriez. Il faudroit auparavant vous réconcilier avec vous-même, avec qui vous dites que vous êtes si souvent brouillé.

Tim. — Vous avez beau vous en moquer, rien n'est plus sérieux. Oui, je le soutiens que je me hais souvent, et que j'ai raison de me haïr. Quand je me trouve amolli par les plaisirs, jusqu'à supporter les vices des hommes, et prêt à leur complaire; quand je sens réveiller en moi l'intérêt, la volupté, la sensibilité pour une vaine réputation parmi les sots et les méchants, je me trouve presque semblable à eux, je me fais mon procès, je m'abhorre, et je ne puis me supporter.

Alcib. — Qui est-ce qui fait ensuite votre accommodement? Le faites-vous tête à tête avec vous-même sans arbitre?

Tim. — C'est qu'après m'être condamné, je me redresse et je me corrige.

Alcib. — Il y a donc bien des gens chez vous! Un homme corrompu, et entraîné par les mauvais exemples; un second qui gronde le premier; un troisième qui les raccommode, en corrigeant celui qui s'est gâté.

Tim. — Faites le plaisant tant qu'il vous plaira : chez vous la compagnie n'est pas si nombreuse; car il n'y a dans votre cœur qu'un seul homme toujours souple et dépravé, qui se travestit en cent façons pour faire toujours également le mal.

Alcib. — Il n'y a donc que vous sur la terre qui soyez bon : encore ne l'êtes-vous que dans certains intervalles.

Tim. — Non, je ne connois rien de bon, ni digne d'être aimé.

ALCIB. — Si vous ne connoissez rien de bon, rien qui ne vous choque et dans les autres et au-dedans de vous; si la vie entière vous déplaît, vous devriez vous en délivrer, et prendre congé d'une si mauvaise compagnie. Pourquoi continuer à vivre pour être chagrin de tout, et pour blâmer tout depuis le matin jusqu'au soir? Ne savez-vous pas qu'on ne manque à Athènes ni de cordons coulants, ni de précipices?

TIM. — Je serois tenté de faire ce que vous dites, si je ne craignois de faire plaisir à tant d'hommes qui sont indignes qu'on leur en fasse.

ALCIB. — Mais n'auriez-vous aucun regret de quitter personne? Quoi! personne sans exception? Songez-y bien avant que de répondre.

TIM. — J'aurois un peu de regret de quitter Socrate; mais...

ALCIB. — Hé! ne savez-vous pas qu'il est homme?

TIM. — Non, je n'en suis pas bien assuré: j'en doute quelquefois; car il ne ressemble guère aux autres. Il me paroît sans intérêt, sans ambition, sans artifice. Je le trouve juste, sincère, égal. S'il y avoit au monde dix hommes comme lui, en vérité, je crois qu'ils me réconcilieroient avec l'humanité.

ALCIB. — Eh bien! croyez-le donc. Demandez-lui si la raison permet d'être misanthrope au point où vous l'êtes.

TIM. — Je le veux; quoiqu'il ait toujours été un peu trop facile et trop sociable, je ne crains pas de m'engager à suivre son conseil. O mon cher Socrate! quand je vois les hommes, et que je jette ensuite les yeux sur vous, je suis tenté de croire que vous êtes Minerve, qui est venue sous une figure d'homme instruire sa ville. Parlez-moi selon votre cœur: me conseilleriez-vous de rentrer dans la société empestée des hommes, aveugles, méchants, et trompeurs?

Soc. — Non, je ne vous conseillerai jamais de vous rengager, ni dans les assemblées du peuple, ni dans les festins pleins de licence, ni dans aucune société avec un grand nombre de citoyens; car le grand nombre est toujours corrompu. Une retraite honnête et tranquille, à l'abri des passions des hommes et des siennes propres, est le seul état qui convienne à un vrai philosophe. Mais il faut aimer les hommes, et leur faire du bien malgré leurs défauts. Il ne faut rien attendre d'eux que de l'ingratitude, et les servir sans intérêt. Vivre au milieu d'eux pour les tromper, pour les éblouir, et pour en tirer de quoi contenter ses passions, c'est être le plus méchant des hommes, et se préparer des malheurs qu'on mérite : mais se tenir à l'écart, et néanmoins à portée d'instruire et de servir certains hommes, c'est être une divinité bienfaisante sur la terre. L'ambition d'Alcibiade est pernicieuse; mais votre misanthropie est une vertu foible, qui est mêlée d'un chagrin de tempérament. Vous êtes plus sauvage que détaché : votre vertu âpre et impatiente ne sait pas assez supporter le vice d'autrui; c'est un amour de soi-même, qui fait qu'on s'impatiente quand on ne peut réduire les autres au point qu'on voudroit. La philanthropie est une vertu douce, patiente et désintéressée, qui supporte le mal sans l'approuver. Elle attend les hommes; elle ne donne rien à son goût, ni à sa commodité. Elle se sert de la connoissance de sa propre foiblesse pour supporter celle d'autrui. Elle n'est jamais dupe des hommes les plus trompeurs et les plus ingrats, car elle n'espère ni ne veut rien d'eux pour son propre intérêt; elle ne leur demande rien que pour leur bien véritable. Elle ne se lasse jamais dans cette bonté désintéressée; et elle imite les dieux, qui ont donné aux hommes la vie sans avoir besoin de leur encens ni de leurs victimes.

TIM. — Mais je ne hais point les hommes par inhumanité; je ne les hais que malgré moi, parce qu'ils sont haïssables. C'est leur dépravation que je hais, et leurs personnes, parce qu'elles sont dépravées.

Soc. — Eh bien! je le suppose. Mais si vous ne haïssez dans l'homme que le mal, pourquoi n'aimez-vous pas l'homme pour le délivrer de ce mal, et pour le rendre bon? Le médecin hait la fièvre et toutes les autres maladies qui tourmentent les corps des hommes; mais il ne hait point les malades. Les vices sont les maladies des ames : soyez un sage et charitable médecin, qui songe à guérir son malade par amitié pour lui, loin de le haïr.

Le monde est un grand hôpital de tout le genre humain, qui doit exciter votre compassion : l'avarice, l'ambition, l'envie et la colère, sont des plaies plus grandes et plus dangereuses dans les ames, que des abcès et des ulcères ne le sont dans les corps. Guérissez tous les malades que vous pourrez guérir, et plaignez tous ceux qui se trouveront incurables.

TIM. — Oh! voilà, mon cher Socrate, un sophisme facile à démêler. Il y a une extrême différence entre les vices de l'ame et les maladies du corps. Les maladies sont des maux qu'on souffre et qu'on ne fait pas; on n'en est point coupable, on est à plaindre. Mais, pour les vices, ils sont involontaires, ils rendent la volonté coupable. Ce ne sont pas des maux qu'on souffre; ce sont des maux qu'on fait. Ces maux méritent de l'indignation et du châtiment, et non pas de la pitié.

Soc. — Il est vrai qu'il y a deux sortes de maladies des hommes : les unes involontaires et innocentes; les autres volontaires, et qui rendent le malade coupable. Puisque la mauvaise volonté est le plus grand des maux, le vice est la plus déplorable de toutes les maladies. L'homme méchant qui fait souffrir les autres souffre lui-même par sa malice, et il se prépare les supplices que les justes dieux lui doivent : il est donc encore plus à plaindre qu'un malade innocent. L'innocence est une santé précieuse de l'ame : c'est une ressource et une consolation dans les plus affreuses douleurs. Quoi! cesserez-vous de plaindre un homme, parce qu'il est dans la plus funeste maladie, qui est la mauvaise volonté? Si sa maladie n'étoit qu'au pied ou à la main, vous le plaindriez; et vous ne le plaignez pas lorsqu'elle a gangréné le fond de son cœur!

Tim. — Eh bien! je conviens qu'il faut plaindre les méchants, mais non pas les aimer.

Soc. — Il ne faut pas les aimer pour leur malice, mais il faut les aimer pour les en guérir. Vous aimez donc les hommes sans croire les aimer; car la compassion est un amour qui s'afflige du mal de la personne qu'on aime. Savez-vous bien ce qui vous empêche d'aimer les méchants? ce n'est pas votre vertu, mais c'est l'imperfection de la vertu qui est en vous. La vertu imparfaite succombe dans le support des imperfections d'autrui. On s'aime encore trop soi-même pour pouvoir toujours supporter ce qui est contraire à son goût et à ses maximes. L'amour-propre ne veut non plus être contredit pour la vertu que pour le vice. On s'irrite contre les ingrats, parce qu'on veut de la reconnoissance par amour-propre. La vertu parfaite détache l'homme de lui-même, et fait qu'il ne se lasse point de supporter la foiblesse des autres. Plus on est loin du vice, plus on est patient et tranquille pour s'appliquer à le guérir. La vertu imparfaite est ombrageuse, critique, âpre, sévère et implacable. La vertu qui ne cherche plus que le bien est toujours égale, douce, affable, compatissante; elle n'est surprise ni choquée de rien; elle prend tout sur elle, et ne songe qu'à faire du bien.

Tim. — Tout cela est bien aisé à dire, mais difficile à faire.

Soc. — O mon cher Timon! les hommes grossiers et aveugles croient que vous êtes misanthrope parce que vous poussez trop loin la vertu : et moi je vous soutiens que, si vous étiez plus vertueux, vous feriez tout ceci comme je le dis; vous ne vous laisseriez entraîner ni par votre humeur sauvage, ni par votre tristesse de tempérament, ni par vos dégoûts, ni par l'impatience que vous causent les défauts des hommes. C'est à force de vous aimer trop, que vous ne pouvez plus aimer les autres hommes imparfaits. Si vous étiez parfait, vous pardonneriez sans peine aux hommes d'être imparfaits, comme les dieux le font. Pourquoi ne pas souffrir doucement ce que les dieux, meilleurs que vous, souffrent? Cette délicatesse, qui vous rend si facile à être blessé, est une véritable imperfection. La raison qui se borne à s'accommoder des choses raisonnables, et à ne s'échauffer que contre ce qui est faux, n'est qu'une demi-raison. La raison parfaite va plus loin; elle supporte en paix la déraison d'autrui. Voilà le principe de vertu compatissante pour autrui et détachée de soi-même, qui est le vrai lien de la société.

Alcib. — En vérité, Timon, vous voilà bien confondu avec votre vertu farouche et critique. C'est s'aimer trop soi-même que de vouloir vivre tout seul uniquement pour soi, et de ne pouvoir souffrir rien de tout ce qui choque notre propre sens. Quand on ne s'aime point tant, on se donne libéralement aux autres.

Soc. — Arrêtez, s'il vous plaît, Alcibiade; vous abuseriez aisément de ce que j'ai dit. Il y a deux manières de se donner aux hommes. La première est de se faire aimer, non pour être l'idole des hommes, mais pour employer leur confiance à les rendre bons. Cette philanthropie est toute divine. Il y en a une autre qui est une fausse monnoie. Quand on se donne aux hommes pour leur plaire, pour les éblouir, pour usurper de l'autorité sur eux en les flattant, ce n'est pas eux qu'on aime, c'est soi-même. On n'agit que par vanité et par intérêt; on fait semblant de se donner, pour posséder ceux à qui on fait accroire qu'on se donne à eux. Ce faux philanthrope est comme un pêcheur qui jette un hameçon avec un appât : il paroît nourrir les poissons, mais il les prend et les fait mourir. Tous les tyrans, tous les magistrats, tous les politiques qui ont de l'ambition, paroissent bienfaisants et généreux; ils paroissent se donner, et ils veulent prendre les peuples; ils jettent l'hameçon dans les festins, dans les compagnies, dans les assemblées politiques. Ils ne sont pas sociables pour l'intérêt des hommes, mais pour abuser de tout le genre humain. Ils ont un esprit flatteur, insinuant, artificieux, pour corrompre les mœurs des hommes comme les courtisanes, et pour réduire en servitude tous ceux dont ils ont besoin.

La corruption de ce qu'il y a de meilleur est le plus pernicieux de tous les maux. De tels hommes sont les pestes du genre humain. Au moins l'amour-propre d'un misanthrope n'est que sauvage et inutile au monde; mais celui de ces faux philanthropes est traître et tyrannique. Ils promettent toutes les vertus de la société, et ils ne font de la société qu'un trafic, dans lequel ils veulent tout attirer à eux, et asservir tous les citoyens. Le misanthrope fait plus de peur et moins de mal. Un serpent qui se glisse entre des fleurs est plus à craindre qu'un animal sauvage qui s'enfuit vers sa tanière dès qu'il vous aperçoit.

Alcib. — Timon, retirons-nous; en voilà bien assez : nous avons chacun une bonne leçon; en profitera qui pourra. Mais je crois que nous n'en profiterons guère : vous serez encore furieux contre toute la nature humaine; et moi je vais faire le protée entre les Grecs et le roi de Perse.

XIX.
PÉRICLÈS ET ALCIBIADE.

Sans la vertu, les plus grands talents sont comptés pour rien après leur mort.

Pér. — Mon cher neveu, je suis bien aise de te revoir. J'ai toujours eu de l'amitié pour toi.

Alcib. — Tu me l'as bien témoigné dès mon enfance. Mais je n'ai jamais eu tant de besoin de ton secours qu'à présent : Socrate, que je viens de trouver, me fait craindre les trois juges, devant lesquels je vais comparoître.

Pér. — Hélas! mon cher neveu, nous ne sommes plus à Athènes. Ces trois vieillards inexorables ne comptent pour rien l'éloquence. Moi-même j'ai senti leur rigueur, et je prévois que tu n'en seras pas exempt.

Alcib. — Quoi! n'y a-t-il pas quelque moyen pour gagner ces trois hommes? sont-ils insensibles à la flatterie, à la pitié, aux graces du discours, à la poésie, à la musique, aux raisonnements subtils, au récit des grandes actions?

Pér. — Tu sais bien que si l'éloquence avoit ici quelque pouvoir, sans vanité, ma condition devroit être aussi bonne que celle d'un autre; mais on ne gagne rien ici à parler. Ces traits flatteurs qui enlevoient le peuple d'Athènes, ces tours convaincants, ces manières insinuantes qui prennent les hommes par leurs commodités et par leurs passions, ne sont plus d'usage ici : les oreilles y sont bouchées, et les cœurs de fer. Moi qui suis mort dans cette malheureuse guerre du Péloponèse, je ne laisse pas d'en être puni. On devroit bien me pardonner une faute qui m'a coûté la vie; et même c'est toi qui me la fis faire.

Alcib. — Il est vrai que je te conseillai d'engager la guerre, plutôt que de rendre compte. N'est-ce pas ainsi que l'on fait toujours, quand on gouverne un état? On commence par soi, par sa commodité, sa réputation, son intérêt; le public va comme il peut : autrement quel seroit le sot qui se donneroit la peine de gouverner, et de veiller nuit et jour pour faire bien dormir les autres? Est-ce que vos juges d'ici trouvent cela mauvais?

Pér. — Oui, si mauvais, qu'après être mort de la peste dans cette maudite guerre, où je perdis la confiance du peuple, j'ai souffert ici de grands supplices pour avoir troublé la paix mal à propos. Juge par-là, mon pauvre neveu, si tu en seras quitte à bon marché.

Alcib. — Voilà de mauvaises nouvelles. Les vivants, quand ils sont bien fâchés, disent : Je voudrois être mort; et moi, je dirois volontiers au contraire : Je voudrois me porter bien.

Pér. — Oh! tu n'es plus au temps de cette belle robe traînante de pourpre avec laquelle tu charmois toutes les femmes d'Athènes et de Sparte. Tu seras puni, non-seulement de ce que tu as fait, mais encore de ce que tu m'as conseillé de faire.

XX.
MERCURE, CHARON ET ALCIBIADE.

Caractère d'un jeune prince corrompu par l'ambition et l'amour du plaisir.

Char. — Quel homme mènes-tu là? il fait bien l'important. Qu'a-t-il plus qu'un autre pour s'en faire accroire?

Merc. — Il étoit beau, bien fait, habile, vaillant, éloquent, propre à charmer tout le monde. Jamais homme n'a été si souple; il prenoit toutes sortes de formes, comme Protée. A Athènes, il étoit délicat, savant et poli; à Sparte, dur, austère et laborieux; en Asie, efféminé, mou et magnifique comme les Perses; en Thrace, il étoit toujours à cheval, et buvoit comme Silène. Aussi a-t-il tout brouillé et tout renversé dans tous les pays où il a passé.

Char. — Mais ne renversera-t-il point aussi ma barque, qui est vieille et qui fait eau partout? Pourquoi vas-tu te charger de telle marchandise? Il valoit mieux le laisser parmi les vivants : il auroit causé des guerres, des carnages, des désolations qui nous auroient envoyé ici bien des ombres. Pour la sienne, elle me fait peur. Comment s'appelle-t-il?

Merc. — Alcibiade. N'en as-tu point ouï parler?

Char. — Alcibiade! Hé! toutes les ombres qui viennent me rompent la tête à force de m'en entretenir. Il m'a donné bien de la peine avec tous ces morts qu'il a fait périr en tant de guerres. N'est-ce pas lui qui, s'étant réfugié à Sparte, après les impiétés qu'il avoit faites à Athènes, corrompit la femme du roi Agis?

Merc. — C'est lui-même.

Char. — Je crains qu'il ne fasse de même avec Proserpine; car il est plus joli et plus flatteur que notre roi Pluton. Mais Pluton n'entend pas raillerie.

Merc. — Je te le livre tel qu'il est. S'il fait autant de fracas aux enfers qu'il en a fait toute sa vie sur la terre, ce ne sera plus ici le royaume du silence. Mais demande-lui un peu comment il fera. Ho! Alcibiade, dis à Charon comment tu prétends faire ici-bas.

Alcib. — Moi, je prétends y ménager tout le monde. Je conseille à Charon de doubler son droit de péage, à Pluton de faire la guerre contre Jupiter pour être le premier des dieux, attendu que Jupiter gouverne mal les hommes, et que l'empire des morts est plus étendu que celui des vivants. Que fait-il là-haut dans son olympe, où il laisse toutes choses sur la terre aller de travers? Il vaut bien mieux reconnoître pour souverain de toutes les divinités celui qui punit ici-bas les crimes, et qui redresse tout ce que son frère, par son indolence, a laissé gâter. Pour Proserpine, je lui dirai des nouvelles de la Sicile qu'elle a tant aimée; je lui chanterai sur ma lyre les chansons qu'on y a faites en son honneur; je lui parlerai des Nymphes avec lesquelles elle cueilloit des fleurs quand Pluton la vint enlever; je lui dirai aussi toutes mes aventures, et il y aura bien du malheur si je ne puis lui plaire.

Merc. — Tu vas gouverner les enfers; je parierois pour toi: Pluton te fera entrer dans son conseil, et s'en trouvera mal. Voilà ce qui me console pour Jupiter mon père, que tu veux faire détrôner.

Alcib. — Pluton s'en trouvera fort bien, et vous le verrez.

Merc. — Tu as donné de pernicieux conseils en ta vie.

Alcib. — J'en ai donné de bons aussi.

Merc. — Celui de l'entreprise de Sicile étoit-il bien sage? les Athéniens s'en sont-ils bien trouvés?

Alcib. — Il est vrai que je donnai aux Athéniens le conseil d'attaquer les Syracusains, non-seulement pour conquérir toute la Sicile et ensuite l'Afrique, mais encore pour tenir Athènes dans ma dépendance. Quand on a affaire à un peuple léger, inégal, sans raison, il ne faut pas le laisser sans affaire; il faut le tenir toujours dans quelque grand embarras, afin qu'il ait sans cesse besoin de vous, et qu'il ne s'avise pas de censurer votre conduite. Mais cette affaire, quoique un peu hasardeuse, n'auroit pas laissé de réussir si je l'eusse conduite. On me rappela à Athènes pour une sottise, pour ces Hermès mutilés. Après mon départ, Lamachus périt comme un étourdi. Nicias étoit un grand indolent, toujours craintif et irrésolu. Les gens qui craignent tant ont plus à craindre que les autres; car ils perdent les avantages que la fortune leur présente, et ils laissent venir tous les inconvénients qu'ils ont prévus. On m'accusa encore d'avoir par dérision, avec les libertins, représenté dans une débauche les mystères de Cérès. On disoit que j'y faisois le principal personnage, qui étoit celui du sacrificateur: mais tout cela, chansons; on ne pouvoit m'en convaincre.

Merc. — Chansons! D'où vient donc que tu n'osas jamais te présenter, et répondre aux accusations?

Alcib. — Je me serois livré à eux, s'il eût été question de toute autre chose; mais comme il s'agissoit de ma vie, je ne l'aurois pas confiée à ma propre mère.

Merc. — Voilà une lâche réponse. N'as-tu point de honte de me la faire? Toi qui savois hasarder ta vie à la merci d'un charretier brutal, dès ta plus tendre enfance, tu n'as point osé mettre ta vie entre les mains des juges pour sauver ton honneur dans un âge mûr! O mon ami, il falloit que tu te sentisses coupable.

Alcib. — C'est qu'un enfant qui joue dans un chemin, et qui ne veut pas interrompre son jeu pour laisser passer une charrette, fait par dépit et par mutinerie ce qu'un homme ne fait point par raison. Mais enfin vous direz ce qu'il vous plaira, je craignis mes envieux, et la sottise du peuple, qui se met en fureur quand il est question de toutes vos divinités.

Merc. — Voilà un langage de libertin, et je parierois que tu t'étois moqué des mystères de Cérès d'Éleusine. Pour mes figures, je n'en doute point, tu les avois mutilées.

Char. — Je ne veux point recevoir dans ma barque cet ennemi des dieux, cette peste du genre humain.

Alcib. — Il faut bien que tu me reçoives; où veux-tu donc que j'aille?

Char. — Retourne à la lumière, pour tourmenter les vivants et faire encore du bruit sur la terre. C'est ici le séjour du silence et du repos.

ALCIB. — Hé! de grace, ne me laisse point errer sur les rives du Styx comme les morts privés de la sépulture : mon nom a été trop grand parmi les hommes pour recevoir un tel affront. Après tout, puisque j'ai reçu les honneurs funèbres, je puis contraindre Charon à me passer dans sa barque. Si j'ai mal vécu, les juges des enfers me puniront; mais pour ce vieux fantasque, je l'obligerai bien...

CHAR. — Puisque tu le prends sur un ton si haut, je veux savoir comment tu as été inhumé, car on parle de ta mort bien confusément. Les uns disent que tu as été poignardé dans le sein d'une courtisane. Belle mort pour un homme qui fait le grand personnage! D'autres disent qu'on te brûla. Jusqu'à ce que le fait soit éclairci, je me moque de ta fierté; non, tu n'entreras point ici.

ALCIB. — Je n'aurai point de peine à raconter ma dernière aventure; elle est à mon honneur, et elle couronne une belle vie. Lysander, sachant combien j'avois fait de mal aux Lacédémoniens en servant ma patrie dans les combats, et en négociant pour elle auprès des Perses, résolut de demander à Pharnabaze de me faire mourir. Ce Pharnabaze commandoit sur la côte d'Asie au nom du grand roi. Pour moi, ayant vu que les chefs athéniens se conduisoient avec témérité, et qu'ils ne vouloient pas même écouter mes avis, pendant que leur flotte étoit dans la rivière de la Chèvre près de l'Hellespont, je leur prédis leur ruine, qui arriva bientôt après; et je me retirai dans un lieu de Phrygie que les Perses m'avoient donné pour ma subsistance. Là je vivois content, désabusé de la fortune qui m'avoit tant de fois trompé, et je ne songeois plus qu'à me réjouir. La courtisane Timandra étoit avec moi. Pharnabaze n'osa refuser ma mort aux Lacédémoniens : il envoya son frère Magæus pour me faire couper la tête, et pour brûler mon corps. Mais il n'osa avec tous ses Perses entrer dans la maison où je demourois : ils mirent le feu tout autour, aucun d'eux n'ayant le courage d'entrer pour m'attaquer. Dès que je m'aperçus de leur dessein, je jetai sur le feu mes habits, toutes les hardes que je trouvai, et même les tapis qui étoient dans la maison : puis je mis mon manteau plié autour de ma main gauche, et, de la droite tenant mon épée nue, je me jetai hors de la maison au travers de mes ennemis, sans que le feu me fît aucun mal; à peine brûla-t-il un peu mes habits. Tous ces barbares s'enfuirent dès que je parus; mais, en fuyant, ils me tirèrent tant de traits, que je tombai percé de coups. Quand ils se furent retirés, Timandra alla prendre mon corps, l'enveloppa, et lui donna la sépulture le plus honorablement qu'elle put.

MERC. — Cette Timandra n'est-elle pas la mère de la fameuse courtisane de Corinthe nommée Laïs?

ALCIB. — C'est elle-même. Voilà l'histoire de ma mort et de ma sépulture. Vous reste-t-il quelque difficulté?

CHAR. — Oui, sans doute, une grande, que je te défie de lever.

ALCIB. — Explique-la, nous verrons.

CHAR. — Tu n'as pu te sauver de cette maison brûlée qu'en te jetant comme un désespéré au travers de tes ennemis; et tu veux que Timandra, qui demeura dans les ruines de cette maison toute en feu, n'ait souffert aucun mal! De plus, j'entends dire à plusieurs ombres que les Lacédémoniens ni les Perses ne t'ont point fait mourir : on assure que tu avois séduit une jeune femme d'une maison très noble, selon ta coutume; que les frères de cette femme voulurent se venger de ce déshonneur, et te firent brûler.

ALCIB. — Quoi qu'il en soit, suivant ce conte même, tu ne peux douter que je n'aie été brûlé comme les autres morts.

CHAR. — Mais tu n'as pas reçu les honneurs de la sépulture. Tu cherches des subtilités. Je vois bien que tu as été un dangereux brouillon.

ALCIB. — J'ai été brûlé comme les autres morts, et cela suffit. Veux-tu donc que Timandra vienne t'apporter mes cendres, ou qu'elle t'envoie un certificat? Mais si tu veux encore contester, je m'en rapporte aux trois juges d'ici-bas. Laisse-moi passer pour plaider ma cause devant eux.

CHAR. — Bon! tu l'aurois gagnée si tu passois. Voici un homme bien rusé!

MERC. — Il faut avouer la vérité : en passant j'ai vu l'urne où la courtisane avoit, disoit-on, mis les cendres de son amant. Un homme qui savoit si bien enchanter les femmes ne pouvoit manquer de sépulture : il a eu des honneurs, des regrets, des larmes, plus qu'il ne méritoit.

ALCIB. — Je prends acte que Mercure a vu mes cendres dans une urne. Maintenant je somme Charon de me recevoir dans sa barque; il n'est plus en droit de me refuser.

MERC. — Je le plains d'avoir à se charger de toi. Méchant homme, tu as mis le feu partout : c'est toi qui as allumé cette horrible guerre dans toute la Grèce. Tu es cause que les Athéniens et les Lacédémoniens ont été vingt-huit ans en armes les uns contre les autres, par mer et par terre.

Alcib. — Ce n'est pas moi qui en suis la cause; il faut s'en prendre à mon oncle Périclès.

Merc. — Périclès, il est vrai, engagea cette funeste guerre, mais ce fut par ton conseil. Ne te souviens-tu pas d'un jour que tu allas heurter à sa porte? Ses gens te dirent qu'il n'avoit pas le temps de te voir, parce qu'il étoit embarrassé pour les comptes qu'il devoit rendre aux Athéniens de l'administration des revenus de la république. Alors tu répondis: Au lieu de songer à rendre compte, il feroit bien mieux de songer à quelque expédient pour n'en rendre jamais. L'expédient que tu lui fournis fut de brouiller les affaires, d'allumer la guerre, et de tenir le peuple dans la confusion. Périclès fut assez corrompu pour te croire: il alluma la guerre; il y périt. Ta patrie y est presque périe aussi; elle y a perdu la liberté. Après cela faut-il s'étonner si Archestrate disoit que la Grèce entière n'étoit pas assez puissante pour supporter deux Alcibiades? Timon le Misanthrope n'étoit pas moins plaisant dans son chagrin; il étoit indigné contre tous les Athéniens, dans lesquels il ne voyoit plus de trace de vertu; te rencontrant un jour dans la rue, il te salua et te prit par la main, en te disant: Courage, mon enfant! pourvu que tu croisses encore en autorité, tu donneras bientôt à ces gens-ci tous les maux qu'ils méritent.

Alcib. — Faut-il s'amuser aux discours d'un mélancolique qui haïssoit tout le genre humain?

Merc. — Laissons là ce mélancolique. Mais le conseil que tu donnas à Périclès, n'est-ce pas le conseil d'un voleur?

Alcib. — O mon pauvre Mercure! ce n'est point à toi à parler de voleur; on sait que tu en as fait longtemps le métier: un dieu filou n'est pas propre à corriger les hommes sur la mauvaise foi en affaires d'argent.

Merc. — Charon, je te conjure de le passer le plus vite que tu pourras; car nous ne gagnerions rien avec lui. Prends garde seulement qu'il ne surprenne les trois juges, et Pluton même: avertis-les de ma part que c'est un scélérat capable de faire révolter tous les morts, et de renverser le plus paisible de tous les empires. La punition qu'il mérite, c'est de ne voir aucune femme, et de se taire toujours. Il a trop abusé de sa beauté et de son éloquence; il a tourné tous ses grands talents à faire du mal.

Char. — Je donnerai de bons mémoires contre lui, et je crois qu'il passera fort mal son temps parmi les ombres, s'il n'a plus de mauvaises intrigues à y faire.

XXI.

DENYS, PYTHIAS ET DAMON.

La véritable vertu ne peut aimer que la vertu.

Den. — Ho! dieux! qu'est-ce qui se présente à mes yeux? c'est Pythias qui arrive; oui, c'est Pythias lui-même. Je ne l'aurois jamais cru. Ah! c'est lui; il vient pour mourir, et pour dégager son ami.

Pyth. — Oui, c'est moi. Je n'étois parti que pour payer aux dieux ce que je leur avois voué, régler mes affaires domestiques selon la justice, et dire adieu à mes enfants, pour mourir avec plus de tranquillité.

Den. — Mais pourquoi reviens-tu? Quoi donc! ne crains-tu point la mort? viens-tu la chercher comme un désespéré, un furieux?

Pyth. — Je viens la souffrir, quoique je ne l'aie point méritée; car je ne puis me résoudre à laisser mourir mon ami en ma place.

Den. — Tu l'aimes donc plus que toi-même?

Pyth. — Non, je l'aime comme moi; mais je trouve que je dois périr plutôt que lui, puisque c'est moi que tu as eu intention de faire mourir: il ne seroit pas juste qu'il souffrît, pour me délivrer de la mort, le supplice que tu m'as préparé.

Den. — Mais tu prétends ne mériter pas plus la mort que lui.

Pyth. — Il est vrai; nous sommes tous deux également innocents, et il n'est pas plus juste de me faire mourir que lui.

Den. — Pourquoi dis-tu donc qu'il ne seroit pas juste qu'il mourût au lieu de toi?

Pyth. — Il est également injuste à toi de faire mourir Damon, ou bien de me faire mourir; mais Pythias seroit injuste s'il laissoit souffrir à Damon une mort que le tyran n'a préparée qu'à Pythias.

Den. — Tu ne viens donc, au jour marqué, que pour sauver la vie à ton ami, en perdant la tienne.

Pyth. — Je viens à ton égard souffrir une injustice qui est ordinaire aux tyrans; et, à l'égard de Damon, faire une action de justice en le retirant d'un péril où il s'est mis par générosité pour moi.

Den. — Et toi, Damon, ne craignois-tu pas, dis la vérité, que Pythias ne reviendroit point, et que tu paierois pour lui * ?

---

* Dans l'édition de 1718, on lit : *ne revînt point, et de payer pour lui.* Nous copions le manuscrit original. On trouvera ailleurs des locutions semblables; c'est une preuve que Fénelon a écrit ainsi à dessein. Ce dialogue fut imprimé pour la première

Dam. — Je ne savois que trop que Pythias reviendroit ponctuellement, et qu'il craindroit bien plus de manquer à sa parole que de perdre la vie. Plût aux dieux que ses proches et ses amis l'eussent retenu malgré lui! maintenant il seroit la consolation des gens de bien, et j'aurois celle de mourir pour lui.

Den. — Quoi! la vie te déplaît-elle?

Dam. — Oui, elle me déplaît quand je vois un tyran.

Den. — Eh bien! tu ne le verras plus. Je vais te faire mourir tout-à-l'heure.

Pyth. — Excuse le transport d'un homme qui regrette son ami prêt à mourir; mais souviens-toi que c'est moi seul que tu as destiné à la mort. Je viens la souffrir pour dégager mon ami; ne me refuse pas cette consolation dans ma dernière heure.

Den. — Je ne puis souffrir deux hommes qui méprisent la vie et ma puissance.

Dam. — Tu ne peux donc souffrir la vertu?

Den. — Non, je ne puis souffrir cette vertu fière et dédaigneuse qui méprise la vie, qui ne craint aucun supplice, qui est insensible aux richesses et aux plaisirs.

Dam. — Du moins tu vois qu'elle n'est point insensible à l'honneur, à la justice et à l'amitié.

Den. — Çà, qu'on emmène Pythias au supplice; nous verrons si Damon continuera à mépriser mon pouvoir.

Dam. — Pythias, en revenant se soumettre à tes ordres, a mérité de toi que tu le laisses vivre; et moi, en me livrant pour lui à ton indignation, je t'ai irrité : contente-toi, fais-moi mourir.

Pyth. — Non, non, Denys; souviens-toi que je suis le seul qui t'a déplu : Damon n'a pu....

Den. — Hélas! que vois-je? où suis-je? que je suis malheureux, et digne de l'être! Non, je n'ai rien connu jusqu'ici : j'ai passé ma vie dans les ténèbres et dans l'égarement. Toute ma puissance m'est inutile pour me faire aimer : je ne puis pas me vanter d'avoir acquis, depuis plus de trente ans de tyrannie, un seul ami dans toute la terre. Ces deux hommes, dans une condition privée, s'aiment tendrement, se confient l'un à l'autre sans réserve, sont heureux en s'aimant, et veulent mourir l'un pour l'autre.

Pyth. — Comment auriez-vous des amis, vous qui n'avez jamais aimé personne? Si vous aviez aimé les hommes, ils vous aimeroient. Vous les avez craints, ils vous craignent, ils vous haïssent.

Den. — Damon, Pythias, daignez me recevoir entre vous deux, pour être le troisième ami d'une si parfaite société; je vous laisse vivre, et je vous comblerai de biens.

Dam. — Nous n'avons pas besoin de tes biens; et pour ton amitié, nous ne pouvons l'accepter que quand tu seras bon et juste. Jusque là tu ne peux avoir que des esclaves tremblants et de lâches flatteurs. Il faut être vertueux, bienfaisant, sociable, sensible à l'amitié, prêt à entendre la vérité, et savoir vivre dans une espèce d'égalité avec de vrais amis, pour être aimé par des hommes libres.

XXII.
DION ET GÉLON.

Dans un souverain, ce n'est pas l'homme qui doit régner, ce sont les lois.

Dion. — Il y a long-temps, ô merveilleux homme! que je desire de te voir; je sais que Syracuse te dut autrefois sa liberté.

Gélon. — Et moi je sais que tu n'as pas eu assez de sagesse pour la lui rendre. Tu n'avois pas mal commencé contre le tyran, quoiqu'il fût ton beau-frère; mais, dans la suite, l'orgueil, la mollesse et la défiance, vices d'un tyran, corrompoient peu à peu tes mœurs. Aussi les tiens mêmes t'ont fait périr.

Dion. — Peut-on gouverner la république sans être exposé aux traîtres et aux envieux?

Gélon. — Oui, sans doute; j'en suis une belle preuve. Je n'étois pas Syracusain; quoique étranger, on me vint chercher pour me faire roi; on me fit accepter le diadème : je le portai avec tant de douceur et de modération pour le bonheur des peuples, que mon nom est encore aimé et révéré par les citoyens, quoique ma famille, qui a régné après moi, m'ait déshonoré par ses vices. On les a soufferts pour l'amour de moi. Après cet exemple, il faut avouer qu'on peut commander sans se faire haïr. Mais ce n'est pas à moi qu'il faut cacher tes fautes : la prospérité t'avoit fait oublier la philosophie de ton ami Platon.

Dion. — Hé! quel moyen d'être philosophe, quand on est le maître de tout, et qu'on a des passions qu'aucune crainte ne retient!

Gélon. — J'avoue que les hommes qui gouvernent les autres me font pitié; cette grande puissance de faire le mal est un horrible poison. Mais enfin j'étois homme comme toi, et cependant j'ai vécu dans l'autorité royale jusqu'à une extrême vieillesse, sans abuser de ma puissance.

fois en 1700, à la suite des *Aventures d'Aristonoüs*; on y lit ce passage comme nous le donnons ici. (*Édit. de Vers.*)

Dion. — Je reviens toujours là : il est facile d'être philosophe dans une condition privée ; mais quand on est au-dessus de tout...

Gélon. — Hé ! c'est quand on se voit au-dessus de tout qu'on a un plus grand besoin de philosophie pour soi et pour les autres qu'on doit gouverner. Alors il faut être doublement sage, et borner au-dedans par sa raison une puissance que rien ne borne au-dehors.

Dion. — Mais j'avois vu le vieux Denys, mon beau-père, qui avoit fini ses jours paisiblement dans la tyrannie ; je m'imaginois qu'il n'y avoit qu'à faire de même.

Gélon. — Ne vois-tu pas que tu avois commencé comme un homme de bien qui veut rendre la liberté à sa patrie ? Espérois-tu qu'on te souffriroit dans la tyrannie, puisqu'on ne s'étoit confié à toi qu'afin de renverser le tyran ? C'est un hasard quand les méchants évitent les dangers qui les environnent : encore même sont-ils assez punis par le besoin où ils se trouvent de se précautionner contre ces périls. En répandant le sang humain, en désolant les républiques, ils n'ont aucun moment de repos ni de sûreté ; ils ne peuvent jamais goûter ni le plaisir de la vertu, ni la douceur de l'amitié, ni celle de la confiance et d'une bonne réputation. Mais toi, qui étois l'espérance des gens de bien, qui promettois des vertus sincères, qui avois voulu établir la république de Platon, tu commençois à vivre en tyran, et tu croyois qu'on te laisseroit vivre !

Dion. — Ho bien ! si je retournois au monde, je laisserois les hommes se gouverner eux-mêmes comme ils pourroient. J'aimerois mieux m'aller cacher dans quelque île déserte que de me charger de gouverner une république. Si on est méchant, on a tout à craindre ; si on est bon, on a trop à souffrir.

Gélon. — Les bons rois, il est vrai, ont bien des peines à souffrir ; mais ils jouissent d'une tranquillité et d'un plaisir pur au-dedans d'eux-mêmes, que les tyrans ignorent toute leur vie. Sais-tu bien le secret de régner ainsi ? Tu devrois le savoir, car tu l'as souvent ouï dire à Platon.

Dion. — Redis-le-moi de grace, car la bonne fortune me l'a fait oublier.

Gélon. — Il ne faut pas que l'homme règne ; il faut qu'il se contente de faire régner les lois. S'il prend la royauté pour lui, il la gâte, et se perd lui-même ; il ne doit l'exercer que pour le maintien des lois et le bien des peuples.

Dion. — Cela est bien aisé à dire, mais difficile à faire.

Gélon. — Difficile, il est vrai, mais non pas impossible. Celui qui en parle l'a fait comme il te le dit. Je ne cherchai point l'autorité ; elle me vint chercher ; je la craignis ; j'en connus tous les embarras ; je ne l'acceptai que pour le bien des hommes. Je ne leur fis jamais sentir que j'étois le maître ; je leur fis seulement sentir qu'eux et moi nous devions céder à la raison et à la justice. Une vieillesse respectée, une mort qui a mis toute la Sicile en deuil, une réputation sans tache et éternelle, une vertu récompensée ici-bas par le bonheur des Champs-Élysiens, sont le fruit de cette philosophie si long-temps conservée sur le trône.

Dion. — Hélas ! je savois tout ce que tu me dis ; je prétendois en faire autant ; mais je ne me défiois point de mes passions, et elles m'ont perdu. De grace, souffre que je ne te quitte plus.

Gélon. — Non, tu ne peux être admis parmi ces ames bienheureuses qui ont bien gouverné. Adieu.

XXIII.

PLATON ET DENYS LE TYRAN.

Un prince ne peut trouver de véritable bonheur et de sûreté que dans l'amour de ses sujets.

Den. — Hé ! bonjour, Platon ; te voilà comme je t'ai vu en Sicile.

Plat. — Pour toi, il s'en faut bien que tu sois ici aussi brillant que sur ton trône.

Den. — Tu n'étois qu'un philosophe chimérique ; ta république n'étoit qu'un beau songe.

Plat. — Ta tyrannie n'a pas été plus solide que ma république ; elle est tombée par terre.

Den. — C'est ton ami Dion qui me trahit.

Plat. — C'est toi qui te trahis toi-même. Quand on se fait haïr, on a tout à craindre.

Den. — Mais aussi, quel plaisir de se faire aimer ! Pour y parvenir, il faut contenter les autres. Ne vaut-il pas mieux se contenter soi-même, au hasard d'être haï ?

Plat. — Quand on se fait haïr pour contenter ses passions, on a autant d'ennemis que de sujets ; on n'est jamais en sûreté. Dis-moi la vérité ; dormois-tu en repos ?

Den. — Non, je l'avoue. C'est que je n'avois pas encore fait mourir assez de gens.

Plat. — Hé ! ne vois-tu pas que la mort des uns t'attiroit la haine des autres ; que ceux qui voyoient massacrer leurs voisins attendoient de périr à leur tour, et ne pouvoient se sauver qu'en te prévenant ? Il faut, ou tuer jusqu'au dernier des citoyens, ou abandonner la rigueur des peines, pour tâcher de se faire aimer. Quand les peuples vous aiment, vous n'avez plus besoin de gardes ; vous êtes au milieu de votre peuple comme un père qui ne craint rien au milieu de ses propres enfants.

Den. — Je me souviens que tu me disois toutes ces raisons, quand je fus sur le point de quitter la tyrannie pour être ton disciple ; mais un flatteur m'en empêcha. Il faut avouer qu'il est bien difficile de renoncer à la puissance souveraine.

Plat. — N'auroit-il pas mieux valu la quitter volontairement pour être philosophe, que d'en être honteusement dépossédé, pour aller gagner sa vie à Corinthe par le métier de maître d'école ?

Den. — Mais je ne prévoyois pas qu'on me chasseroit.

Plat. — Hé ! comment pouvois-tu espérer de demeurer le maître en un lieu où tu avois mis tout le monde dans la nécessité de te perdre pour éviter ta cruauté ?

Den. — J'espérois qu'on n'oseroit jamais m'attaquer.

Plat. — Quand les hommes risquent davantage en vous laissant vivre qu'en vous attaquant, il s'en trouve toujours qui vous préviennent : vos propres gardes ne peuvent sauver leur vie qu'en vous arrachant la vôtre. Mais parle-moi franchement ; n'as-tu pas vécu avec plus de douceur dans la pauvreté de Corinthe que dans ta splendeur de Syracuse ?

Den. — A Corinthe, le maître d'école mangeoit et dormoit assez bien ; le tyran, à Syracuse, avoit toujours des craintes et des défiances : il falloit égorger quelqu'un, ravir des trésors, faire des conquêtes. Les plaisirs n'étoient plus plaisirs : ils étoient usés pour moi, et ne laissoient pas de m'agiter avec trop de violence. Dis-moi aussi, philosophe, te trouvois-tu bien malheureux quand je te fis vendre ?

Plat. — J'avois dans l'esclavage le même repos que tu goûtois à Corinthe, avec cette différence que j'avois l'honneur de souffrir pour la vertu par l'injustice du tyran, et que tu étois le tyran honteusement dépossédé de sa tyrannie.

Den. — Va, je ne gagne rien à disputer contre toi ; si jamais je retourne au monde, je choisirai une condition privée, ou bien je me ferai aimer par le peuple que je gouvernerai.

XXIV.

PLATON ET ARISTOTE.

Critique de la philosophie d'Aristote; solidité des idées éternelles de Platon.

Arist. — Avez-vous oublié votre ancien disciple ? Ne me connoissez-vous plus ? J'aurois besoin de votre réminiscence.

Plat. — Je n'ai garde de reconnoître en vous mon disciple. Vous n'avez jamais songé qu'à paroître le maître de tous les philosophes, et qu'à faire tomber dans l'oubli tous ceux qui vous ont précédé.

Arist. — C'est que j'ai dit des choses originales, et que je les ai expliquées fort clairement. Je n'ai point pris le style poétique ; en cherchant le sublime, je ne suis point tombé dans le galimatias ; je n'ai point donné dans les idées éternelles.

Plat. — Tout ce que vous avez dit étoit tiré de livres que vous avez tâché de supprimer. Vous avez parlé, j'en conviens, d'une manière nette, précise, pure ; mais sèche, et incapable de faire sentir la sublimité des vérités divines. Pour les idées éternelles, vous vous en moquerez tant qu'il vous plaira ; mais vous ne sauriez vous en passer, si vous voulez établir quelques vérités certaines. Quel moyen d'assurer ou de nier une chose d'une autre, à moins qu'il n'y ait des idées de ces deux choses qui ne changent point ? Qu'est-ce que la raison, sinon nos idées ? Si nos idées changeoient, la raison seroit aussi changeante. Aujourd'hui le tout seroit plus grand que la partie : demain la mode en seroit passée, et la partie seroit plus grande que le tout. Ces idées éternelles, que vous voulez tourner en ridicule, ne sont donc que les premiers principes de la raison, qui demeurent toujours les mêmes. Bien loin que nous puissions juger de ces premières vérités, ce sont elles qui nous jugent, et qui nous corrigent quand nous nous trompons. Si je dis une chose extravagante, les autres hommes en rient d'abord, et j'en suis honteux. C'est que ma raison et celle de mes voisins est une règle au-dessus de moi, qui vient me redresser malgré moi, comme une règle véritable redresseroit une ligne tortue que j'aurois tracée. Faute de remonter aux idées, qui sont les premières et les simples notions de chaque chose, vous n'avez point eu de principes assez fermes, et vous n'alliez qu'à tâtons.

Arist. — Y a-t-il rien de plus clair que ma morale ?

Plat. — Elle est claire, elle est belle, je l'avoue ; votre logique est subtile, méthodique, exacte, ingénieuse : mais votre physique n'est qu'un amas de termes abstraits qui n'expliquent point la nature des corps ; c'est une physique *métaphysiquée*, ou, pour mieux dire, des noms vagues, pour accoutumer les esprits à se payer de mots, et à croire entendre ce qu'ils n'entendent pas. C'est en cette occasion que vous auriez eu grand besoin d'idées claires pour éviter le galimatias que vous reprochez aux autres. Un ignorant sensé avoue de bonne foi qu'il ne sait ce que c'est que la matière première. Un de vos disciples croit dire des merveilles, en disant qu'elle n'est ni quoi, ni quel, ni combien, ni aucune des choses par lesquelles l'être est déterminé. Avec ce jargon un homme se croit grand philosophe, et méprise le vulgaire. Les épicuriens, venus après vous, ont raisonné plus sensément que vous sur les figures et sur le mouvement des petits corps qui forment par leur assemblage tous les composés que nous voyons. Au moins c'est une physique vraisemblable. Il est vrai qu'ils n'ont jamais remonté jusqu'à l'idée et à la nature de ces petits corps; ils supposent, toujours sans preuve, des règles toutes faites, et sans savoir par qui; puis ils en tirent, comme ils peuvent, la composition de toute la nature sensible. Cette philosophie est imparfaite, il est vrai; mais enfin elle sert à entendre beaucoup de choses dans la nature. Votre philosophie n'enseigne que des mots; ce n'est pas une philosophie, ce n'est qu'une langue bizarre. Tirésias vous menace qu'un jour il viendra d'autres philosophes qui vous déposséderont des écoles où vous aurez régné long-temps, et qui feront tomber de bien haut votre réputation.

ARIST. — Je voulois cacher mes principes; c'est ce qui m'a fait envelopper ma physique.

PLAT. — Vous y avez si bien réussi, que personne ne vous entend; ou du moins, si on vous entend, on trouve que vous ne dites rien.

ARIST. — Je ne pouvois rechercher toutes les vérités, ni faire toutes les expériences.

PLAT. — Personne ne le pouvoit aussi commodément que vous; vous aviez l'autorité et l'argent d'Alexandre. Si j'avois eu les mêmes avantages, j'aurois fait de belles découvertes.

ARIST. — Que ne ménagiez-vous Denys le tyran, pour en tirer le même parti?

PLAT. — C'est que je n'étois ni courtisan ni flatteur. Mais vous, qui trouvez qu'on doit ménager les princes, n'avez-vous pas perdu les bonnes graces de votre disciple par vos entreprises trop ambitieuses?

ARIST. — Hélas! il n'est que trop vrai. Ici-bas même, il ne daigne plus me reconnoître; il me regarde de travers.

PLAT. — C'est qu'il n'a point trouvé dans votre conduite la pure morale de vos écrits. Dites la vérité; vous ne ressembliez point à votre Magnanime.

ARIST. — Et vous, n'avez-vous point parlé du mépris de toutes les choses terrestres et passagères, pendant que vous viviez magnifiquement?

PLAT. — Je l'avoue; mais j'étois considérable dans ma patrie. J'y ai vécu avec modération et honneur. Sans autorité ni ambition, je me suis fait révérer des Grecs. Le philosophe venu de Stagyre, qui veut tout brouiller dans le royaume de son disciple, est un personnage qui, en bonne philosophie, doit être fort odieux.

XXV.
ALEXANDRE ET ARISTOTE.

Quelque grandes que soient les qualités naturelles d'un jeune prince, il a tout à craindre s'il n'éloigne les flatteurs, s'il ne s'accoutume de bonne heure à combattre ses passions, et à aimer ceux qui auront le courage de lui dire la vérité.

ARIST. — Je suis ravi de voir mon disciple. Quelle gloire pour moi d'avoir instruit le vainqueur de l'Asie!

ALEX. — Mon cher Aristote, je te revois avec plaisir. Je ne t'avois point vu depuis que je quittai la Macédoine; mais je ne t'ai jamais oublié pendant mes conquêtes : tu le sais bien.

ARIST. — Te souviens-tu de ta jeunesse, qui étoit si aimable?

ALEX. — Oui; il me semble que je suis encore à Pella ou à Pydne; que tu viens de Stagyre pour m'enseigner la philosophie.

ARIST. — Mais tu avois un peu négligé mes préceptes, quand la trop grande prospérité enivra ton cœur.

ALEX. — Je l'avoue : tu sais bien que je suis sincère. Maintenant que je ne suis plus que l'ombre d'Alexandre, je reconnois qu'Alexandre étoit trop hautain et trop superbe pour un mortel.

ARIST. — Tu n'avois point pris mon Magnanime pour te servir de modèle.

ALEX. — Je n'avois garde : ton Magnanime n'est qu'un pédant; il n'a rien de vrai ni de naturel; il est guindé et outré en tout.

ARIST. — Mais n'étois-tu pas outré dans ton héroïsme? Pleurer de n'avoir pas encore subjugué un monde, quand on disoit qu'il y en avoit plusieurs; parcourir des royaumes immenses pour les rendre à leurs rois après les avoir vaincus; ravager l'univers pour faire parler de toi; se jeter seul sur les remparts d'une ville ennemie; vouloir passer pour une divinité! Tu es plus outré que mon Magnanime.

ALEX. — Me voilà donc revenu à ton école? Tu me dis toutes mes vérités, comme si nous étions encore à Pella. Il n'auroit pas été trop sûr de me parler si librement sur les bords de l'Euphrate : mais, sur les bords du Styx, on écoute un censeur plus patiemment. Dis-moi donc, mon pauvre Aristote, toi qui sais tout, d'où vient que certains princes sont si jolis dans leur enfance, et qu'ensuite ils oublient toutes les bonnes maximes qu'ils ont apprises, lorsqu'il seroit question d'en faire quelque usage? A quoi sert-il qu'ils parlent dans leur jeunesse comme des perroquets, pour approuver tout ce qui est bon, et que la raison, qui devroit croître en eux avec l'âge, semble s'enfuir dès qu'ils sont entrés dans les affaires?

ARIST. — En effet, ta jeunesse fut merveilleuse ; tu entretenois avec politesse les ambassadeurs qui venoient chez Philippe; tu aimois les lettres, tu lisois les poëtes; tu étois charmé d'Homère; ton cœur s'enflammoit au récit des vertus et des grandes actions des héros. Quand tu pris Thèbes, tu respectas la maison de Pindare; ensuite tu allas, en entrant dans l'Asie, voir le tombeau d'Achille et les ruines de Troie. Tout cela marque un naturel humain, et sensible aux belles choses. On vit encore ce beau naturel quand tu confias ta vie au médecin Philippe; mais surtout lorsque tu traitas si bien la famille de Darius, que ce roi mourant se consoloit dans son malheur, pensant que tu serois le père de sa famille. Voilà ce que la philosophie et le beau naturel avoient mis en toi. Mais le reste, je n'ose le dire...

ALEX. — Dis, dis, mon cher Aristote; tu n'as plus rien à ménager.

ARIST. — Ce faste, ces mollesses, ces soupçons, ces cruautés, ces colères, ces emportements furieux contre tes amis, cette crédulité pour les lâches flatteurs qui t'appeloient un dieu.

ALEX. — Ah! tu dis vrai. Je voudrois être mort après avoir vaincu Darius.

ARIST. — Quoi! tu voudrois n'avoir point subjugué le reste de l'Orient?

ALEX. — Cette conquête m'est moins glorieuse qu'il ne m'est honteux d'avoir succombé à mes prospérités, et d'avoir oublié la condition humaine. Mais dis-moi donc? d'où vient qu'on est si sage dans l'enfance, et si peu raisonnable quand il seroit temps de l'être?

ARIST. — C'est que dans la jeunesse on est instruit, excité, corrigé par des gens de bien. Dans la suite, on s'abandonne à trois sortes d'ennemis : à sa présomption, à ses passions, et aux flatteurs.

XXVI.

ALEXANDRE ET CLITUS.

Funeste délicatesse des grands, qui ne peuvent souffrir d'être avertis de leurs défauts, même par leurs plus fidèles serviteurs.

CLIT. — Bonjour, grand roi. Depuis quand es-tu descendu sur ces rives sombres?

ALEX. — Ah! Clitus, retire-toi; je ne puis supporter ta vue; elle me reproche ma faute.

CLIT. — Pluton veut que je demeure devant tes yeux, pour te punir de m'avoir tué injustement. J'en suis fâché; car je t'aime encore, malgré le mal que tu m'as fait; mais je ne puis plus te quitter.

ALEX. — O la cruelle compagnie! Voir toujours un homme qui rappelle le souvenir de ce qu'on a eu tant de honte d'avoir fait!

CLIT. — Je regarde bien mon meurtrier; pourquoi ne saurois-tu pas regarder un homme que tu as fait mourir? Je vois bien que les grands sont plus délicats que les autres hommes; ils ne veulent voir que des gens contents d'eux, qui les flattent, et qui fassent semblant de les admirer. Mais il n'est plus temps d'être délicat sur les bords du Styx. Il falloit quitter cette délicatesse en quittant la grandeur royale. Tu n'as plus rien à donner ici, et tu ne trouveras plus de flatteurs.

ALEX. — Ah! quel malheur! sur la terre j'étois un dieu; ici je ne suis plus qu'une ombre, et on m'y reproche sans pitié mes fautes.

CLIT. — Pourquoi les faisois-tu?

ALEX. — Quand je te tuai, j'avois trop bu.

CLIT. — Voilà une belle excuse pour un héros et pour un dieu! Celui qui devoit être assez raisonnable pour gouverner la terre entière perdoit, par l'ivresse, toute sa raison, et se rendoit semblable à une bête féroce. Mais avoue de bonne foi la vérité; tu étois encore plus enivré par la mauvaise gloire et par la colère que par le vin : tu ne pouvois souffrir que je condamnasse ta vanité qui te faisoit recevoir les honneurs divins, et oublier les services qu'on t'avoit rendus. Réponds-moi; je ne crains plus que tu me tues.

ALEX. — O dieux cruels, que ne puis-je me venger de vous! Mais, hélas! je ne puis pas même me venger de cette ombre de Clitus qui vient m'insulter brutalement.

CLIT. — Te voilà aussi colère et aussi fougueux que tu l'étois parmi les vivants. Mais personne ne te craint ici; pour moi, tu me fais pitié.

ALEX. — Quoi! le grand Alexandre faire pitié à un homme vil tel que Clitus! Que ne puis-je ou le tuer ou me tuer moi-même!

CLIT. — Tu ne peux plus ni l'un ni l'autre; les ombres ne meurent point: te voilà immortel, mais autrement que tu ne l'avois prétendu. Il faut te résoudre à n'être qu'une ombre comme moi, et comme le dernier des hommes. Tu ne trouveras plus ici de provinces à ravager, ni de rois à fouler aux pieds, ni de palais à brûler dans ton ivresse, ni de fables ridicules à conter, pour te vanter d'être le fils de Jupiter.

ALEX. — Tu me traites comme un misérable.

CLIT. — Non, je te reconnois pour un grand conquérant, d'un naturel sublime, mais gâté par de trop grands succès. Te dire la vérité avec affection, est-ce t'offenser? Si la vérité t'offense, retourne sur la terre chercher tes flatteurs.

ALEX. — A quoi donc me servira toute ma gloire, si Clitus même ne m'épargne pas?

CLIT. — C'est ton emportement qui a terni ta gloire parmi les vivants. Veux-tu la conserver pure dans les enfers? il faut être modeste avec des ombres qui n'ont rien à perdre ni à gagner avec toi.

ALEX. — Mais tu disois que tu m'aimois.

CLIT. — Oui, j'aime ta personne sans aimer tes défauts.

ALEX. — Si tu m'aimes, épargne-moi.

CLIT. — Parce que je t'aime, je ne t'épargnerai point. Quand tu parus si chaste à la vue de la femme et de la fille de Darius, quand tu montras tant de générosité pour ce prince vaincu, tu méritas de grandes louanges; je te les donne. Ensuite la gloire te fit tourner la tête. Je te quitte, adieu.

XXVII.
ALEXANDRE ET DIOGÈNE.

Combien la flatterie est pernicieuse aux princes.

DIOG. — Ne vois-je pas Alexandre parmi les morts?

ALEX. — Tu ne te trompes pas, Diogène.

DIOG. — Eh, comment? les dieux meurent-ils?

ALEX. — Non pas les dieux, mais les hommes mortels par leur nature.

DIOG. — Mais crois-tu n'être qu'un simple homme?

ALEX. — Hé! pourrois-je avoir un autre sentiment de moi-même?

DIOG. — Tu es bien modeste après ta mort. Rien n'auroit manqué à ta gloire, Alexandre, si tu l'avois été autant pendant ta vie.

ALEX. — En quoi donc me suis-je si fort oublié?

DIOG. — Tu le demandes, toi qui, non content d'être fils d'un grand roi qui s'étoit rendu maître de la Grèce entière, prétendois venir de Jupiter? On te faisoit la cour, en te disant qu'un serpent s'étoit approché d'Olympias. Tu aimois mieux avoir ce monstre pour père, parce que cela flattoit davantage ta vanité, que d'être descendu de plusieurs rois de Macédoine, parce que tu ne trouvois rien dans cette naissance au-dessus de l'humanité. Ne souffrois-tu pas les basses et honteuses flatteries de la prêtresse de Jupiter-Ammon? Elle répondit que tu blasphémois en supposant que ton père pouvoit avoir des meurtriers; tu sus profiter de ses salutaires avis, et tu évitas avec un grand soin de tomber dans la suite dans de pareilles impiétés. O homme trop foible pour supporter les talents que tu avois reçus du ciel!

ALEX. — Crois-tu, Diogène, que j'aie été assez insensé pour ajouter foi à toutes ces fables?

DIOG. — Pourquoi donc les autorisois-tu?

ALEX. — C'est qu'elles m'autorisoient moi-même. Je les méprisois, et je m'en servois parce qu'elles me donnoient un pouvoir absolu sur les hommes. Ceux qui auroient peu considéré le fils de Philippe trembloient devant le fils de Jupiter. Les peuples ont besoin d'être trompés: la vérité est foible auprès d'eux; le mensonge est tout puissant sur leur esprit. La seule réponse de la prêtresse, dont tu parles avec dérision, a plus avancé mes conquêtes que mon courage et toutes les ressources de mon esprit. Il faut connoître les hommes, se proportionner à eux, et les mener par les voies par lesquelles ils sont capables de marcher.

DIOG. — Les hommes du caractère que tu dépeins sont dignes de mépris, comme l'erreur à laquelle ils sont livrés: et, pour être estimé de ces hommes vils, tu as eu recours au mensonge, qui t'a rendu plus indigne qu'eux.

XXVIII.
DENYS L'ANCIEN ET DIOGÈNE.

Un prince qui fait consister son bonheur et sa gloire à satisfaire ses passions n'est heureux ni en cette vie ni en l'autre.

DEN. — Je suis ravi de voir un homme de ta réputation. Alexandre m'a parlé de toi depuis qu'il est descendu en ces lieux.

DIOG. — Pour moi, je n'avois que trop entendu parler de toi sur la terre. Tu y faisois du bruit comme les torrents qui ravagent tout.

DEN. — Est-il vrai que tu étois heureux dans ton tonneau?

DIOG. — Une marque certaine que j'y étois heureux, c'est que je ne cherchai jamais rien, et que je méprisai même les offres de ce jeune Macédonien dont tu parles. Mais n'est-il pas vrai que tu n'étois point heureux en possédant Syracuse et la Sicile, puisque tu voulois encore entrer par Rhége dans toute l'Italie ?

Den. — Ta modération n'étoit que vanité et affectation de vertu.

Diog. — Ton ambition n'étoit que folie, qu'un orgueil forcené qui ne peut faire justice ni à soi ni aux autres.

Den. — Tu parles bien hardiment.

Diog. — Et toi, t'imagines-tu être encore tyran ici ?

Den. — Hélas ! je ne sens que trop que je ne le suis plus. Je tenois les Syracusains, comme je m'en suis vanté bien des fois, dans des chaînes de diamants; mais le ciseau des Parques a coupé ces chaînes avec le fil de mes jours.

Diog. — Je t'entends soupirer, et je suis sûr que tu soupirois aussi dans ta gloire. Pour moi, je ne soupirois point dans mon tonneau, et je n'ai que faire de soupirer ici-bas ; car je n'ai laissé, en mourant, aucun bien digne d'être regretté. O mon pauvre tyran, que tu as perdu à être si riche, et que Diogène a gagné à ne posséder rien !

Den. — Tous les plaisirs en foule venoient s'offrir à moi : ma musique étoit admirable ; j'avois une table exquise, des esclaves sans nombre, des parfums, des meubles d'or et d'argent, des tableaux, des statues, des spectacles de toutes les façons, des gens d'esprit pour m'entretenir et pour me louer, des armées pour vaincre tous mes ennemis.

Diog. — Et par-dessus tout cela des soupçons, des alarmes et des fureurs, qui t'empêchoient de jouir de tant de biens.

Den. — Je l'avoue. Mais aussi quel moyen de vivre dans un tonneau ?

Diog. — Eh ! qui t'empêchoit de vivre paisiblement en homme de bien comme un autre dans ta maison, et d'embrasser une douce philosophie ? Mais est-il vrai que tu croyois toujours voir un glaive suspendu sur ta tête au milieu de tous les plaisirs ?

Den. — N'en parlons plus, tu veux m'insulter.

Diog. — Souffriras-tu une autre question aussi forte que celle-là ?

Den. — Il faut bien la souffrir ; je n'ai plus de menaces à te faire pour t'en empêcher ; je suis ici bien désarmé.

Diog. — Avois-tu promis des récompenses à tous ceux qui inventeroient de nouveaux plaisirs? C'étoit une étrange rage pour la volupté. O que tu t'étois bien mécompté ! Avoir tout renversé dans son pays pour être heureux, et être si misérable et si affamé de plaisirs !

Den. — Il falloit bien tâcher d'en faire inventer de nouveaux, puisque tous les plaisirs ordinaires étoient usés pour moi.

Diog. — La nature entière ne te suffisoit donc pas ? Eh ! qu'est-ce qui auroit pu apaiser tes passions furieuses ? Mais les plaisirs nouveaux auroient-ils pu guérir tes défiances, et étouffer les remords de tes crimes ?....

Den. — Non ; mais les malades cherchent comme ils peuvent à se soulager dans leurs maux. Ils essaient de nouveaux remèdes pour se guérir, et de nouveaux mets pour se ragoûter.

Diog. — Tu étois donc dégoûté et affamé tout ensemble : dégoûté de tout ce que tu avois, affamé de tout ce que tu ne pouvois avoir. Voilà un bel état ; et c'est là ce que tu as pris tant de peine à acquérir et à conserver ! Voilà une belle recette pour se faire heureux. C'est bien à toi de te moquer de mon tonneau, où un peu d'eau, de pain et de soleil, me rendoit content ! Quand on sait goûter ces plaisirs simples de la pure nature, ils ne s'usent jamais, et on n'en manque point ; mais quand on les méprise, on a beau être riche et puissant, on manque de tout, car on ne peut jouir de rien.

Den. — Ces vérités que tu dis m'affligent ; car je pense à mon fils, que j'ai laissé tyran après moi : il seroit plus heureux si je l'avois laissé pauvre artisan, accoutumé à la modération, et instruit par la mauvaise fortune ; au moins il auroit quelques vrais plaisirs que la nature ne refuse point dans les conditions médiocres.

Diog. — Pour lui rendre l'appétit, il faudroit lui faire souffrir la faim ; et pour lui ôter l'ennui de son palais doré, le mettre dans mon tonneau, vacant depuis ma mort.

Den. — Encore ne saura-t-il pas se soutenir dans cette puissance que j'ai eu tant de peine à lui préparer.

Diog. — Eh ! que veux-tu que sache un homme né dans la mollesse d'une trop grande prospérité? A peine sait-il prendre le plaisir quand il vient à lui. Il faut que tout le monde se tourmente pour le divertir.

XXIX.

PYRRHON ET SON VOISIN.

Absurdité du pyrrhonisme.

Le Vois. — Bonjour, Pyrrhon. On dit que vous avez bien des disciples, et que votre école a une haute réputation. Voudriez-vous bien me recevoir et m'instruire ?

Pyrr. — Je le veux, ce me semble.

Le Vois. — Pourquoi donc ajoutez-vous, Ce me semble? Est-ce que vous ne savez pas ce que vous voulez? Si vous ne le savez pas, qui le saura donc? Et que savez-vous donc, vous qui passez pour un si savant homme?

Pyrr. — Moi, je ne sais rien.

Le Vois. — Qu'apprend-on donc à vous écouter?

Pyrr. — Rien, rien du tout.

Le Vois. — Pourquoi donc vous écoute-t-on?

Pyrr. — Pour se convaincre de son ignorance. N'est-ce pas savoir beaucoup, que de savoir qu'on ne sait rien?

Le Vois. — Non, ce n'est pas savoir grand'chose. Un paysan bien grossier et bien ignorant connoît son ignorance; et il n'est pourtant ni philosophe ni habile homme, et il connoît pourtant mieux son ignorance que vous la vôtre; car vous vous croyez au-dessus de tout le genre humain en affectant d'ignorer toutes choses. Cette ignorance affectée ne vous ôte point la présomption, au lieu que le paysan qui connoît son ignorance se défie de lui-même en toutes choses, et de bonne foi.

Pyrr. — Le paysan ne croit ignorer que certaines choses élevées, et qui demandent de l'étude; mais il ne croit pas ignorer qu'il marche, qu'il parle, qu'il vit. Pour moi, j'ignore tout cela, et par principes.

Le Vois. — Quoi! vous ignorez tout cela de vous? Beaux principes, de n'en admettre aucun!

Pyrr. — Oui, j'ignore si je vis, si je suis: en un mot, j'ignore toutes choses sans exception.

Le Vois. — Mais ignorez-vous que vous pensez?

Pyrr. — Oui, je l'ignore.

Le Vois. — Ignorer toutes choses, c'est douter de toutes choses et ne trouver rien de certain, n'est-il pas vrai?

Pyrr. — Il est vrai, si quelque chose le peut être.

Le Vois. — Ignorer et douter, c'est la même chose; douter et penser sont encore la même chose: donc vous ne pouvez douter sans penser. Votre doute est donc la preuve certaine que vous pensez: donc il y a quelque chose de certain, puisque votre doute même prouve la certitude de votre pensée.

Pyrr. — J'ignore même mon ignorance. Vous voilà bien attrapé.

Le Vois. — Si vous ignorez votre ignorance, pourquoi en parlez-vous? pourquoi la défendez-vous? pourquoi voulez-vous la persuader à vos disciples, et les détromper de tout ce qu'ils ont jamais cru? Si vous ignorez jusqu'à votre ignorance, il n'en faut plus donner des leçons, ni mépriser ceux qui croient savoir la vérité.

Pyrr. — Toute la vie n'est peut-être qu'un songe continuel. Peut-être que le moment de la mort sera un réveil soudain, où l'on découvrira l'illusion de tout ce que l'on a cru de plus réel, comme un homme qui s'éveille voit disparoître tous les fantômes qu'il croyoit voir et toucher pendant ses songes.

Le Vois. — Vous craignez donc de dormir et de rêver les yeux ouverts? Vous dites de toutes choses, Peut-être: mais ce peut-être que vous dites est une pensée. Votre songe, tout faux qu'il est, est pourtant le songe d'un homme qui rêve. Tout au moins il est sûr que vous rêvez; car il faut être quelque chose, et quelque chose de pensant, pour avoir des songes. Le néant ne peut ni dormir, ni rêver, ni se tromper, ni ignorer, ni douter, ni dire Peut-être. Vous voilà donc malgré vous condamné à savoir quelque chose, qui est votre rêverie, et à être tout au moins un être rêveur et pensant.

Pyrr. — Cette subtilité m'embarrasse. Je ne veux point un disciple si subtil et si incommode dans mon école.

Le Vois. — Vous voulez donc, et vous ne voulez pas? En vérité, tout ce que vous dites et tout ce que vous faites dément votre doute affecté: votre secte est une secte de menteurs. Si vous ne voulez point de moi pour disciple, je veux encore moins de vous pour maître.

XXX.

PYRRHUS ET DÉMÉTRIUS POLIORCÈTE.

La vertu seule fait les héros.

Dém. — Je viens saluer ici le plus grand héros que la Grèce ait eu après Alexandre.

Pyrr. — N'est-ce pas là Démétrius que j'aperçois? Je le reconnois au portrait qu'on m'en a fait ici.

Dém. — Avez-vous entendu parler des grandes guerres que j'ai eu à soutenir?

Pyrr. — Oui; mais j'ai aussi entendu parler de votre mollesse et de votre lâcheté pendant la paix.

Dém. — Si j'ai eu un peu de mollesse, mes grandes actions l'ont assez réparée.

Pyrr. — Pour moi, dans toutes les guerres que j'ai faites j'ai toujours été ferme. J'ai montré aux Romains que je savois soutenir mes alliés; car lorsqu'ils attaquèrent les Tarentins, je passai à leur secours avec une armée formidable, et fis sentir aux Romains la force de mon bras.

Dém. — Mais Fabricius eut enfin bon marché de vous; et on voyoit bien que vos troupes n'étoient pas des meilleures, puisque vos éléphants furent cause de votre victoire. Ils troublèrent les Romains, qui n'étoient pas accoutumés à cette manière de combattre. Mais, dès le second combat, l'avantage fut égal de part et d'autre. Dans le troisième, les Romains remportèrent une pleine victoire; vous fûtes contraint de repasser en Épire, et enfin vous mourûtes de la main d'une femme.

Pyrr. — Je mourus en combattant; mais pour vous, je sais ce qui vous a mis au tombeau; ce sont vos débauches et votre gourmandise. Vous avez soutenu de rudes guerres, je l'avoue, et même vous avez eu de l'avantage; mais, au milieu de ces guerres, vous étiez environné d'un troupeau de courtisanes qui vous suivoient incessamment, comme des moutons suivent leur berger. Pour moi, je me suis montré ferme en toutes sortes d'occasions, même dans mes malheurs; et je crois en cela avoir surpassé Alexandre même.

Dém. — Oui! ses actions ont bien surpassé les vôtres aussi. Passer le Danube sur des peaux de boucs; forcer le passage du Granique avec très peu de troupes, contre une multitude infinie de soldats; battre toujours les Perses en plaine et en défilé; prendre leurs villes; percer jusqu'aux Indes; enfin subjuguer toute l'Asie : cela est bien plus grand qu'entrer en Italie, et être obligé d'en sortir honteusement.

Pyrr. — Par ces grandes conquêtes, Alexandre s'attira la mort; car on prétend qu'Antipater, qu'il avoit laissé en Macédoine, le fit empoisonner à Babylone pour avoir tous ses états.

Dém. — Son espérance fut vaine, et mon père lui montra bien qu'il se jouoit à plus fort que lui.

Pyrr. — J'avoue que je donnai un mauvais exemple à Alexandre, car j'avois dessein de conquérir l'Italie. Mais lui, il vouloit se faire roi du monde; et il auroit été bien plus heureux en demeurant roi de Macédoine, qu'en courant par toute l'Asie comme un insensé.

XXXI.
DÉMOSTHÈNE ET CICÉRON.
Parallèle de ces deux orateurs.

Dém. — Il y a long-temps que je souhaitois de vous voir : j'ai entendu parler de votre éloquence; César, qui est arrivé ici depuis peu, m'en a instruit.

Cic. — Il est vrai que c'a été un de mes plus grands talents.

Dém. — Parlez-m'en en détail, je vous en prie.

Cic. — D'abord j'ai défendu plusieurs gens accusés injustement; j'ai fait bannir Verrès, préteur de Sicile; j'ai parlé pour et contre des lois; j'ai abattu Catilina et son parti; j'ai plaidé pour Sextius, tribun du peuple, qui avoit toujours été pour moi, même pendant mon exil : enfin j'ai couronné ma vie par ces Philippiques si célèbres, qui....

Dém. — J'entends, qui ont surpassé les miennes : je ne pensois pas que vous eussiez apporté ici votre vanité; mais laissons cela : comment vous êtes-vous gouverné dans la rhétorique?

Cic. — J'ai fait des ouvrages qui dureront éternellement; j'ai parlé des orateurs les plus célèbres; j'ai.....

Dém. — Je vois bien que vous voulez toujours revenir à vos oraisons : ne croyez pas me tromper. J'en sais autant qu'un autre; et.....

Cic. — Tout beau : vous me reprenez de ma vanité, et vous vous louez vous-même!

Dém. — Il est vrai; j'ai tort, je l'avoue; je me suis laissé emporter; mais vous avouerez vous-même que vous vous louez un peu trop partout. Y a-t-il rien de plus fade que la louange que vous vous donnez au commencement de la troisième Catilinaire, lorsque vous dites que « puisque l'on a élevé au rang des dieux Romulus, fondateur de la ville de Rome, que ne fera-t-on point à celui qui a conservé cette même ville fondée et augmentée? »

Cic. — Mais, dans le fond, ne falloit-il pas nous vanter, pour nous défendre contre de tels ennemis? Nous avons tous deux eu affaire à des gens très puissants. Vous aviez Philippe, roi de Macédoine, contre vous; et moi, Marc-Antoine, qui depuis partagea l'empire avec Auguste en deux parties, et qui a eu, sans contredit, la plus belle et la plus florissante.

Dém. — Oui; mais lorsque vous avez parlé contre lui, il n'étoit que triumvir; votre peuple vous regardoit comme une merveille, et vous croyoit. Moi, j'ai eu à persuader un peuple foible, superstitieux, incapable de choses sérieuses : de plus, j'ai parlé avec force. Vous, vous avez eu de la force, je l'avoue; mais vous y ajoutiez trop d'ornements. La véritable éloquence va à cacher son art : ou il faut ne point parler, ou il faut étudier la vraie et la solide éloquence.

XXXII.
CICÉRON ET DÉMOSTHÈNE.
Parallèle de ces deux orateurs; caractères de la véritable éloquence.

Cic. — Quoi! prétends-tu que j'ai été un orateur médiocre?

Dém. — Non, pas médiocre; car ce n'est pas sur une personne médiocre que je prétends avoir la supériorité. Tu as été sans doute un orateur célèbre; tu avois de grandes parties; mais souvent tu t'es écarté du point en quoi consiste la perfection.

Cic. — Et toi, n'as-tu point eu de défauts?

Dém. — Je crois qu'on ne peut m'en reprocher aucun pour l'éloquence.

Cic. — Peux-tu comparer la richesse de ton génie à la mienne, toi qui es sec, sans ornement; qui es toujours contraint par des bornes étroites et resserrées; toi qui n'entends aucun sujet; toi à qui on ne peut rien retrancher, tant la manière dont tu traites les sujets, si j'ose me servir de ce terme, est affamée? au lieu que je donne aux miens une étendue qui fait paroître une abondance et une fertilité de génie qui a fait dire qu'on ne pouvoit rien ajouter à mes ouvrages.

Dém. — Celui à qui on ne peut rien retrancher n'a rien dit que de parfait.

Cic. — Celui à qui on ne peut rien ajouter n'a rien omis de tout ce qui pouvoit embellir son ouvrage.

Dém. — Ne trouves-tu pas tes discours plus remplis de traits d'esprit que les miens? Parle de bonne foi, n'est-ce pas là la raison pour laquelle tu t'élèves au-dessus de moi?

Cic. — Je veux bien te l'avouer, puisque tu me parles ainsi. Mes pièces sont infiniment plus ornées que les tiennes; elles marquent bien plus d'esprit, de tour, d'art, de facilité. Je fais paroître la même chose sous vingt manières différentes. On ne pouvoit s'empêcher, en entendant mes oraisons, d'admirer mon esprit, d'être continuellement surpris de mon art, de s'écrier sur moi, de m'interrompre pour m'applaudir et me donner des louanges. Tu devois être écouté fort tranquillement, et apparemment tes auditeurs ne t'interrompoient pas.

Dém. — Ce que tu dis de nous deux est vrai; tu ne te trompes que dans la conclusion que tu en tires. Tu occupois l'assemblée de toi-même; et moi je ne l'occupois que des affaires dont je parlois. On t'admiroit; et moi j'étois oublié par mes auditeurs, qui ne voyoient que le parti que je voulois leur faire prendre. Tu réjouissois par les traits de ton esprit; et moi je frappois, j'abattois, j'atterrois par des coups de foudre. Tu faisois dire: Ah! qu'il parle bien! et moi je faisois dire: Allons, marchons contre Philippe. On te louoit: on étoit trop hors de soi pour me louer quand je haranguois. Tu paroissois orné; on ne découvroit en moi aucun ornement; il n'y avoit dans mes pièces que des raisons précises, fortes, claires, ensuite des mouvements semblables à des foudres auxquels on ne pouvoit résister. Tu as été un orateur parfait quand tu as été, comme moi, simple, grave, austère, sans art apparent, en un mot quand tu as été démosthénique; et lorsqu'on a senti en tes discours l'esprit, le tour et l'art, alors tu n'étois que Cicéron, t'éloignant de la perfection autant que tu t'éloignois de mon caractère.

XXXIII.
CICÉRON ET DÉMOSTHÈNE.
Différence entre l'orateur et le philosophe.

Cic. — Pour avoir vécu du temps de Platon, et avoir même été son disciple, il me semble que vous avez bien peu profité de cet avantage.

Dém. — N'avez-vous donc rien remarqué dans mes oraisons, vous qui les avez si bien lues, qui sentît les maximes de Platon et sa manière de persuader?

Cic. — Ce n'est pas ce que je veux dire. Vous avez été le plus grand orateur des Grecs; mais enfin vous n'avez été qu'orateur. Pour moi, quoique je n'aie jamais connu Platon que dans ses écrits, et que j'aie vécu environ trois cents ans après lui, je me suis efforcé de l'imiter dans la philosophie: je l'ai fait connoître aux Romains, et j'ai le premier introduit chez eux ce genre d'écrire; en sorte que j'ai rassemblé, autant que j'en ai été capable, en une même personne, l'éloquence et la philosophie.

Dém. — Et vous croyez avoir été un grand philosophe?

Cic. — Il suffit, pour l'être, d'aimer la sagesse, et de travailler à acquérir la science et la vertu. Je crois me pouvoir donner ce titre sans trop de vanité.

Dém. — Pour orateur, j'en conviens, vous avez été le premier de votre nation; et les Grecs mêmes de votre temps vous ont admiré: mais pour philosophe, je ne puis en convenir; on ne l'est pas à si bon marché.

Cic. — Vous ne savez pas ce qu'il m'en a coûté, mes veilles, mes travaux, mes méditations, les livres que j'ai lus, les maîtres que j'ai écoutés, les traités que j'ai composés.

Dém. — Tout cela n'est point la philosophie.

Cic. — Que faut-il donc de plus?

Dém. — Il faut faire ce que vous avez dit de Caton, en vous moquant de lui : étudier la philosophie, non pour en discourir, comme la plupart des hommes, mais pour la réduire en pratique.

Cic. — Et ne l'ai-je pas fait? n'ai-je pas vécu conformément à la doctrine de Platon et d'Aristote, que j'avois embrassée?

Dém. — Laissons Aristote : je lui disputerois peut-être la qualité de philosophe; et je ne puis avoir grande opinion d'un Grec qui s'est attaché à un roi, et encore à Philippe. Pour Platon, je vous maintiens que vous n'avez jamais suivi ses maximes.

Cic. — Il est vrai que dans ma jeunesse et pendant la plus grande partie de ma vie, j'ai suivi la vie active et laborieuse de ceux que Platon appelle *politiques*; mais quand j'ai vu que ma patrie avoit changé de face, et que je ne pouvois plus lui être utile par les grands emplois, j'ai cherché à la servir par les sciences, et je me suis retiré dans mes maisons de campagne, pour m'adonner à la contemplation et à l'étude de la vérité.

Dém. — C'est-à-dire que la philosophie a été votre pis-aller, quand vous n'avez plus eu de part au gouvernement, et que vous avez voulu vous distinguer par vos études : car vous y avez plus cherché la gloire que la vérité.

Cic. — Il ne faut point mentir; j'ai toujours aimé la gloire comme une suite de la vertu.

Dém. — Dites mieux, beaucoup la gloire et peu la vertu.

Cic. — Sur quels fondements jugez-vous si mal de moi?

Dém. — Sur vos propres discours. Dans le même temps que vous faisiez le philosophe, n'avez-vous pas prononcé ces beaux discours où vous flattiez César votre tyran, plus bassement que Philippe ne l'étoit par ses esclaves? Cependant on sait comme vous l'aimiez; il y a bien paru après sa mort, et de son vivant vous ne l'épargniez pas dans vos lettres à Atticus.

Cic. — Il falloit bien s'accommoder au temps, et tâcher d'adoucir le tyran, de peur qu'il ne fît encore pis.

Dém. — Vous parlez en bon rhéteur et en mauvais philosophe. Mais que devint votre philosophie après sa mort? Qui vous obligea de rentrer dans les affaires?

Cic. — Le peuple romain, qui me regardoit comme son unique appui.

Dém. — Votre vanité vous le fit croire, et vous livra à un jeune homme dont vous étiez la dupe. Mais enfin revenons au point : vous avez toujours été orateur, et jamais philosophe.

Cic. — Vous, avez-vous jamais été autre chose?

Dém. — Non, je l'avoue; mais aussi n'ai-je jamais fait autre profession : je n'ai trompé personne. J'ai compris de bonne heure qu'il falloit choisir entre la rhétorique et la philosophie, et que chacune demandoit un homme entier. Le désir de la gloire m'a touché; j'ai cru qu'il étoit beau de gouverner un peuple par mon éloquence, et de résister à la puissance de Philippe, n'étant qu'un simple citoyen, fils d'un artisan. J'aimois le bien public et la liberté de la Grèce; mais, je l'avoue à présent, je m'aimois encore plus moi-même, et j'étois fort sensible au plaisir de recevoir une couronne en plein théâtre, et de laisser ma statue dans la place publique avec une belle inscription. Maintenant je vois les choses d'une autre manière, et je comprends que Socrate avoit raison quand il soutenoit à Gorgias, « que
» l'éloquence n'étoit pas une si belle chose qu'il
» pensoit, dût-il arriver à sa fin, et rendre un
» homme maître absolu dans sa république. » Nous y sommes arrivés, vous et moi; avouez que nous n'en avons pas été plus heureux.

Cic. — Il est vrai que notre vie n'a été pleine que de travaux et de périls. Je n'eus pas sitôt défendu Roscius d'Amérie, qu'il fallut m'enfuir en Grèce pour éviter l'indignation de Sylla. L'accusation de Verrès m'attira bien des ennemis. Mon consulat, le temps de ma plus grande gloire, fut aussi le temps de mes plus grands travaux et de mes plus grands périls : je fus plusieurs fois en danger de ma vie, et la haine dont je me chargeai alors éclata ensuite par mon exil. Enfin ce n'est que mon éloquence qui a causé ma mort; et si j'avois moins poussé Antoine, je serois encore en vie. Je ne vous dis rien de vos malheurs, vous les savez mieux que moi; mais il ne nous en faut prendre, l'un et l'autre, qu'au destin, ou, si vous voulez, à la fortune, qui nous a fait naître dans des temps si corrompus, qu'il étoit impossible de redresser nos républiques, ni même d'empêcher leur ruine.

Dém. — C'est en quoi nous avons manqué de jugement, entreprenant l'impossible; car ce n'est point notre peuple qui nous a forcés à prendre soin des affaires publiques, et nous n'y étions point engagés par notre naissance. Je pardonne à un prince né dans la pourpre de gouverner le moins mal qu'il peut un état que les dieux lui ont confié en le faisant naître d'une certaine race, puisqu'il ne lui est pas libre de l'abandonner, en quelque mauvais état qu'il se trouve : mais un simple particulier ne doit songer qu'à se régler lui-même, et gouverner sa famille; il ne doit jamais désirer les charges publiques, moins encore les rechercher. Si on le force à les prendre, il peut les accepter par l'amour de la patrie; mais dès qu'il voit qu'il n'a plus la liberté de bien faire, et que ses citoyens n'écoutent plus les lois ni la raison, il doit rentrer dans la vie privée, et se contenter de déplorer les calamités publiques qu'il ne peut détourner.

Cic. — A votre compte, mon ami Pomponius Atticus étoit plus sage que moi, et que Caton même que nous avons tant vanté.

Dém. — Oui, sans doute. Atticus étoit un vrai philosophe. Caton s'opiniâtra mal à propos à vouloir redresser un peuple qui ne vouloit plus vivre en liberté, et vous cédâtes trop facilement à la fortune de César ; du moins vous ne conservâtes pas assez votre dignité.

Cic. — Mais enfin l'éloquence n'est-elle pas une bonne chose, et un grand présent des dieux ?

Dém. — Elle est très bonne en elle-même : il n'y a que l'usage qui en peut être mauvais, comme de flatter les passions du peuple, ou de contenter les nôtres. Et que faisions-nous autre chose dans nos déclamations amères contre nos ennemis ; moi contre Midias ou Eschine, vous contre Pison, Vatinius ou Antoine ? Combien nos passions et nos intérêts nous ont-ils fait offenser la vérité et la justice ! Le véritable usage de l'éloquence est de mettre la vérité en son jour, et de persuader aux autres ce qui leur est véritablement utile, c'est-à-dire la justice et les autres vertus ; c'est l'usage qu'en a fait Platon, que nous n'avons imité ni l'un ni l'autre.

XXXIV.
MARCUS CORIOLANUS ET F. CAMILLUS.
Les hommes ne naissent pas indépendants, mais soumis aux lois de leur patrie.

Cor. — Eh bien ! vous avez senti comme moi l'ingratitude de la patrie. C'est une étrange chose que de servir un peuple insensé. Avouez-le de bonne foi, et excusez un peu ceux à qui la patience échappe.

Cam. — Pour moi, je trouve qu'il n'y a jamais d'excuse pour ceux qui s'élèvent contre leur patrie. On peut se retirer, céder à l'injustice, attendre des temps moins rigoureux ; mais c'est une impiété que de prendre les armes contre la mère qui nous a fait naître.

Cor. — Ces grands noms de mère et de patrie ne sont que des noms. Les hommes naissent libres et indépendants ; les sociétés, avec toutes leurs subordinations et leurs polices, sont des institutions humaines qui ne peuvent jamais détruire la liberté essentielle à l'homme. Si la société d'hommes dans laquelle nous sommes nés manque à la justice et à la bonne foi, nous ne lui devons plus rien, nous rentrons dans les droits naturels de notre liberté, et nous pouvons aller chercher quelque autre société plus raisonnable pour y vivre en repos, comme un voyageur passe de ville en ville, selon son goût et sa commodité. Toutes ces belles idées de patrie ont été données par des esprits artificieux et pleins d'ambition, pour nous dominer ; les législateurs nous en ont bien fait accroire. Mais il faut toujours revenir au droit naturel, qui rend chaque homme libre et indépendant. Chaque homme étant né dans cette indépendance à l'égard des autres, il n'engage sa liberté, en se mettant dans la société d'un peuple, qu'à condition qu'il sera traité équitablement ; dès que la société manque à la condition, le particulier rentre dans ses droits, et la terre entière est à lui aussi bien qu'aux autres. Il n'a qu'à se garantir d'une force supérieure à la sienne, et qu'à jouir de sa liberté.

Cam. — Vous voilà devenu bien subtil philosophe ici-bas ; on dit que vous étiez moins adonné au raisonnement pendant que vous étiez vivant. Mais ne voyez-vous pas votre erreur ? Ce pacte avec une société peut avoir quelque vraisemblance, quand un homme choisit un pays pour y vivre ; encore même est-on en droit de le punir selon les lois de la nation, s'il s'y est agrégé, et qu'il n'y vive pas selon les mœurs de la république. Mais les enfants qui naissent dans un pays ne choisissent point leur patrie : les dieux la leur donnent, ou plutôt les donnent à cette société d'hommes qui est leur patrie, afin que cette patrie les possède, les gouverne, les récompense, les punisse comme ses enfants. Ce n'est point le choix, la police, l'art, l'institution arbitraire, qui assujettit les enfants à un père ; c'est la nature qui l'a décidé. Les pères joints ensemble font la patrie, et ont une pleine autorité sur les enfants qu'ils ont mis au monde. Oseriez-vous en douter ?

Cor. — Oui, je l'ose. Quoiqu'un homme soit mon père, je suis un homme aussi bien que lui, et aussi libre que lui par la règle essentielle de l'humanité. Je lui dois de la reconnoissance et du respect ; mais enfin la nature ne m'a point fait dépendant de lui.

Cam. — Vous établissez là de belles règles pour la vertu ! Chacun se croira en droit de vivre selon ses pensées ; il n'y aura plus sur la terre ni police, ni sûreté, ni subordination, ni société réglée, ni principes certains de bonnes mœurs.

Cor. — Il y aura toujours la raison et la vertu imprimées par la nature dans le cœur des hommes. S'ils abusent de leur liberté, tant pis pour eux ; mais, quoique leur liberté mal prise puisse se tourner en libertinage, il est pourtant certain que par leur nature ils sont libres.

Cam. — J'en conviens. Mais il faut avouer aussi que tous les hommes les plus sages ayant senti l'inconvénient de cette liberté, qui feroit autant de gouvernements bizarres qu'il y a de têtes mal faites, ont conclu que rien n'étoit si capital au repos du genre humain que d'assujettir la multitude aux lois établies en chaque lieu. N'est-il pas vrai que c'est là le réglement que les hommes sages ont fait en tous les pays, comme le fondement de toute société?

Cor. — Il est vrai.

Cam. — Ce réglement étoit nécessaire.

Cor. — Il est vrai encore.

Cam. — Non-seulement il est sage, juste et nécessaire en lui-même, mais encore il est autorisé par le consentement presque universel, ou du moins du plus grand nombre. S'il est nécessaire pour la vie humaine, il n'y a que les hommes indociles et déraisonnables qui le rejettent.

Cor. — J'en conviens; mais il n'est qu'arbitraire.

Cam. — Ce qui est si essentiel à la société, à la paix, à la sûreté des hommes; ce que la raison demande nécessairement, doit être fondé dans la nature raisonnable même, et n'est point arbitraire. Donc cette subordination n'est point une invention pour mener les esprits foibles; c'est au contraire un lien nécessaire que la raison fournit pour régler, pour pacifier, pour unir les hommes entre eux. Donc il est vrai que la raison, qui est la vraie nature des animaux raisonnables, demande qu'ils s'assujettissent à des lois et à certains hommes qui sont en la place des premiers législateurs; qu'en un mot, ils obéissent; qu'ils concourent tous ensemble aux besoins et aux intérêts communs; qu'ils n'usent de leur liberté que selon la raison, pour affermir et perfectionner la société. Voilà ce que j'appelle être bon citoyen, aimer la patrie, et s'attacher à la république.

Cor. — Vous qui m'accusiez de subtilité, vous êtes plus subtil que moi.

Cam. — Point du tout. Rentrons, si vous voulez, dans le détail : par quelle proposition vous ai-je surpris? La raison est la nature de l'homme. Celle-là est-elle vraie?

Cor. — Oui, sans doute.

Cam. — L'homme n'est point libre pour aller contre la raison. Que dites-vous de celle-là?

Cor. — Il n'y a pas moyen de l'empêcher de passer.

Cam. — La raison veut qu'on vive en société, et par conséquent avec subordination. Répondez.

Cor. — Je le crois comme vous.

Cam. — Donc il faut qu'il y ait des règles inviolables de société, que l'on nomme lois, et des hommes gardiens des lois, qu'on nomme magistrats, pour punir ceux qui les violeront : autrement il y auroit autant de gouvernements arbitraires que de têtes, et les têtes les plus mal faites seroient celles qui voudroient le plus renverser les mœurs et les lois, pour gouverner, ou du moins se gouverner, selon leurs caprices.

Cor. — Tout cela est clair.

Cam. — Donc il est de la nature raisonnable d'assujettir sa liberté aux lois et aux magistrats de la société où l'on vit.

Cor. — Cela est certain. Mais on est libre de quitter cette société.

Cam. — Si chacun est libre de quitter la sienne où il est né, bientôt il n'y aura plus de société réglée sur la terre.

Cor. — Pourquoi?

Cam. — Le voici : c'est que le nombre des mauvaises têtes étant le plus grand, toutes les mauvaises têtes croiront pouvoir secouer le joug de leur patrie, et aller ailleurs vivre sans règle et sans joug; ce plus grand nombre deviendra indépendant, et détruira bientôt partout toute autorité. Ils iront même hors de leur patrie chercher des armes contre la patrie même. Dès ce moment, il n'y a plus de société de peuple qui soit constante et assurée. Ainsi vous renverseriez les lois et la société, que la raison selon vous demande, pour flatter une liberté effrénée, ou plutôt le libertinage des fous et des méchants, qui ne se croient libres que quand ils peuvent impunément mépriser la raison et les lois.

Cor. — Je vois bien maintenant toute la suite de votre raisonnement, et je commence à le goûter.

Cam. — Ajoutez que cet établissement de républiques et de lois étant ensuite autorisé par le consentement et la pratique universelle du genre humain, excepté de quelques peuples brutaux et sauvages, la nature humaine entière, pour ainsi dire, s'est livrée aux lois depuis des siècles innombrables, par une absolue nécessité. Les fous mêmes et les méchants, pourvu qu'ils ne le soient qu'à demi, sentent et reconnoissent ce besoin de vivre en commun, et d'être sujets à des lois.

Cor. — J'entends bien; et vous voulez que la patrie ayant ce droit, qui est sacré et inviolable, on ne puisse s'armer contre elle.

Cam. — Ce n'est pas seulement moi qui le veux, c'est la nature qui le demande. Quand Volumnia votre mère, et Véturia votre femme, vous parlèrent pour Rome, que vous dirent-elles? que sentîtes-vous au fond de votre cœur?

Cor. — Il est vrai que la nature me parloit pour ma mère; mais elle ne me parloit pas de même pour Rome.

Cam. — Eh bien! votre mère vous parloit pour Rome, et la nature vous parloit par la bouche de votre mère. Voilà les liens naturels qui nous attachent à la patrie. Pouviez-vous attaquer la ville de votre mère, de tous vos parents, de tous vos amis, sans violer les droits de la nature? Je ne vous demande là-dessus aucun raisonnement; c'est votre sentiment sans réflexion que je consulte.

Cor. — Il est vrai; on agit contre la nature toutes les fois que l'on combat contre sa patrie : mais, s'il n'est pas permis de l'attaquer, du moins avouez qu'il est permis de l'abandonner, quand elle est injuste et ingrate.

Cam. — Non, je ne l'avouerai jamais. Si elle vous exile, si elle vous rejette, vous pouvez aller chercher un asile ailleurs. C'est lui obéir que de sortir de son sein quand elle nous chasse; mais il faut encore loin d'elle la respecter, souhaiter son bien, être prêt à y retourner, à la défendre, et à mourir pour elle.

Cor. — Où prenez-vous toutes ces belles idées d'héroïsme? Quand ma patrie m'a renoncé, et ne veut plus me rien devoir, le contrat est rompu entre nous; je la renonce réciproquement, et ne lui dois plus rien.

Cam. — Vous avez déja oublié que nous avons mis la patrie en la place de nos parents, et qu'elle a sur nous l'autorité des lois; faute de quoi il n'y auroit plus aucune société fixe et réglée sur la terre.

Cor. — Il est vrai; je conçois qu'on doit regarder comme une vraie mère cette société qui nous a donné la naissance, les mœurs, la nourriture; qui a acquis de si grands droits sur nous par nos parents et par nos amis, qu'elle porte dans son sein. Je veux bien qu'on lui doive ce qu'on doit à une mère; mais.....

Cam. — Si ma mère m'avoit abandonné et maltraité, pourrois-je la méconnoître et la combattre?

Cor. — Non; mais vous pourriez.....

Cam. — Pourrois-je la mépriser et l'abandonner, si elle revenoit à moi, et me montroit un vrai déplaisir de m'avoir maltraité?

Cor. — Non.

Cam. — Il faut donc être toujours tout prêt à reprendre les sentiments de la nature pour sa patrie, ou plutôt ne les perdre jamais, et revenir à son service toutes les fois qu'elle vous en ouvre le chemin.

Cor. — J'avoue que ce parti me paroît le meilleur; mais la fierté et le dépit d'un homme qu'on a poussé à bout ne lui laissent pas faire tant de réflexions. Le peuple romain insolent fouloit aux pieds les patriciens; je ne pus souffrir cette indignité : le peuple furieux me contraignit de me retirer chez les Volsques. Quand je fus là, mon ressentiment et le desir de me faire valoir chez ce peuple ennemi des Romains m'engagèrent à prendre les armes contre mon pays. Vous m'avez fait voir, mon cher Furius, qu'il auroit fallu demeurer paisible dans mon malheur.

Cam. — Nous avons ici-bas les ombres de plusieurs grands hommes qui ont fait ce que je vous dis. Thémistocle, ayant fait la faute de s'en aller en Perse, aima mieux mourir et s'empoisonner en buvant du sang de taureau, que de servir le roi de Perse contre les Athéniens. Scipion, vainqueur de l'Afrique, ayant été traité indignement à Rome, à cause qu'on accusoit son frère d'avoir pris de l'argent dans sa guerre contre Antiochus, se retira à Linternum, où il passa dans la solitude le reste de ses jours, ne pouvant se résoudre, ni à vivre au milieu de sa patrie ingrate, ni à manquer à la fidélité qu'il lui devoit : voilà ce que nous avons appris de lui depuis qu'il est descendu dans le royaume de Pluton.

Cor. — Vous citez les autres exemples, et vous ne dites rien du vôtre, qui est le plus beau de tous.

Cam. — Il est vrai que l'injustice qu'on m'avoit faite me rendoit inutile. Les autres capitaines mêmes avoient perdu toute autorité; on ne faisoit plus que flatter le peuple : et vous savez combien il est funeste à un état que ceux qui le gouvernent se repaissent toujours d'espérances vaines et flatteuses. Tout-à-coup les Gaulois, auxquels on avoit manqué de parole, gagnèrent la bataille d'Allia; c'étoit fait de Rome s'ils eussent poursuivi les Romains. Vous savez que la jeunesse se renferma dans le Capitole, et que les sénateurs se mirent dans leurs sièges curules, où ils furent tués. Il n'est pas nécessaire de raconter le reste, que vous avez ouï dire cent fois. Si je n'eusse étouffé mon ressentiment pour sauver ma patrie, tout étoit perdu sans ressource. J'étois à Ardée quand j'appris le malheur de Rome; j'armai les Ardéates. J'appris par des espions que les Gaulois, se croyant les maîtres de tout, étoient ensevelis dans le vin et dans la bonne chère. Je les surpris la nuit; j'en fis un grand carnage. A ce coup les Romains, comme des gens ressuscités qui sortent du tombeau, m'envoyèrent prier d'être leur chef. Je répondis qu'ils ne pouvoient représenter la patrie, ni moi les reconnoître, et que j'attendrois les ordres des jeunes patriciens qui défendoient le Capitole, parce que ceux-ci étoient le vrai corps de la république; qu'il n'y avoit qu'eux à qui je dusse obéir pour me mettre à la tête de leurs troupes. Ceux qui étoient dans le Capitole m'élurent dictateur. Cependant les Gaulois se consumoient par des maladies contagieuses, après un siége de sept mois devant le Capitole. La paix fut faite; et dans le moment qu'on pesoit l'argent moyennant lequel ils promettoient de se retirer, j'arrive, je rends l'or aux Romains : Nous ne gardons point notre ville, dis-je alors aux Gaulois, avec l'or, mais avec le fer; retirez-vous. Ils sont surpris, ils se retirent. Le lendemain, je les attaque dans leur retraite, et je les taille en pièces.

XXXV.

F. CAMILLUS ET FABIUS MAXIMUS.

La générosité et la bonne foi sont plus utiles dans la politique que la finesse et les détours.

Fab. — C'est aux trois juges à nous régler pour le rang, puisque vous ne voulez pas me céder; ils décideront, et je les crois assez justes pour préférer les grandes actions de la guerre Punique, où la république étoit déjà puissante et admirée de toutes les nations éloignées, aux petites guerres de Rome naissante, pendant lesquelles on combattoit toujours aux portes de la ville.

Cam. — Ils n'auront pas grande peine à décider entre un Romain qui a été cinq fois dictateur, quoiqu'il n'ait jamais été consul, qui a triomphé quatre fois, qui a mérité le titre de second fondateur de Rome; et un autre citoyen qui n'a fait que temporiser par finesse, et fuir devant Annibal.

Fab. — J'ai plus mérité que vous le titre de second fondateur; car Annibal et toute la puissance des Carthaginois, dont j'ai délivré Rome, étoient un mal plus redoutable que l'incursion d'une foule de barbares que vous avez dissipés. Vous serez bien embarrassé quand il faudra comparer la prise de Veies, qui étoit un village, avec celle de la superbe et belliqueuse Tarente, cette seconde Lacédémone dont elle étoit une colonie.

Cam. — Le siége de Veies étoit plus important aux Romains que celui de Tarente. Il n'en faut pas juger par la grandeur de la ville, mais par les maux qu'elle causoit à Rome. Veies étoit alors à proportion plus forte pour Rome naissante, que Tarente ne le fut dans la suite pour Rome, qui avoit augmenté sa puissance par tant de prospérités.

Fab. — Mais cette petite ville de Veies, vous demeurâtes dix ans à la prendre; ce siége dura autant que celui de Troie : aussi entrâtes-vous dans Rome, après cette conquête, sur un chariot triomphal traîné par quatre chevaux blancs. Il vous fallut même des vœux pour parvenir à ce grand succès; vous promîtes aux dieux la dixième partie du butin. Sur cette parole, ils vous firent prendre la ville; mais dès qu'elle fut prise, vous oubliâtes vos bienfaiteurs, et vous donnâtes le pillage aux soldats, quoique les dieux méritassent la préférence.

Cam. — Ces fautes-là se font sans mauvaise volonté, dans le transport que cause une victoire remportée. Mais les dames romaines payèrent mon vœu; car elles donnèrent tout l'or de leurs joyaux pour faire une coupe d'or du poids de huit talents, qu'on offrit au temple de Delphes : aussi le sénat ordonna qu'on feroit l'éloge public de chacune de ces généreuses femmes après sa mort.

Fab. — Je consens à leur éloge, et point au vôtre. C'est vous qui avez violé votre vœu; c'est elles qui l'ont accompli.

Cam. — On ne peut point me reprocher d'avoir jamais manqué volontairement à la bonne foi; j'en ai donné une belle marque.

Fab. — Je vois déjà venir de loin notre maître d'école tant de fois rebattu.

Cam. — Ne pensez pas vous en moquer; ce maître d'école me fait grand honneur. Les Falériens avoient, à la mode des Grecs, un homme instruit des lettres pour élever leurs enfants en commun, afin que la société, l'émulation, et les maximes du bien public, les rendissent encore plus les enfants de la république que de leurs parents; ce traître me vint livrer toute la jeunesse des Falériens. Il ne tenoit qu'à moi de subjuguer ce peuple, ayant de si précieux otages; mais j'eus horreur du traître et de la trahison. Je ne fis pas comme ceux qui ne sont qu'à demi gens de bien, et qui aiment la trahison, quoiqu'ils détestent le traître : je commandai aux licteurs de déchirer les habits du maître d'école; je lui fis lier les mains derrière le dos, et je chargeai les enfants mêmes de le ramener en le fouettant jusque dans leur ville. Est-ce aimer la bonne foi? qu'en croyez-vous, Fabius? parlez.

Fab. — Je crois que cette action est belle, et elle vous relève plus que la prise de Veies.

Cam. — Mais savez-vous la suite? elle marque bien ce que fait la vertu, et combien la générosité est plus utile pour la politique même, que la finesse.

Fab. — N'est-ce pas que les Falériens, touchés de votre bonne foi, vous envoyèrent des ambassadeurs pour se mettre, eux et leur ville, à votre discrétion, disant qu'ils ne pouvoient rien faire de meilleur pour leur patrie, que de la soumettre à un homme si juste et si ennemi du crime?

Cam. — Il est vrai ; mais je renvoyai leurs ambassadeurs à Rome, afin que le sénat et le peuple décidassent.

Fab. — Vous craigniez l'envie et la jalousie de vos concitoyens.

Cam. — N'avois-je pas raison? Plus on pratique la vertu au-dessus des autres, plus on doit craindre d'irriter leur jalousie ; d'ailleurs je devois cette déférence à la république. Mais enfin on ne voulut point décider ; on me renvoya les ambassadeurs, et je finis l'affaire comme je l'avois commencée, par un procédé généreux. Je laissai les Faléniens en liberté se gouverner eux-mêmes selon leurs lois ; je fis avec eux une paix juste et honorable pour leur ville.

Fab. — J'ai ouï dire que les soldats de votre armée furent bien irrités de cette paix ; car ils espéroient un grand pillage.

Cam. — Ne devois-je pas préférer la gloire de Rome et mon honneur à l'avarice des soldats?

Fab. — J'en conviens. Mais revenons à notre question. Vous ne savez peut-être pas que j'ai donné des marques de probité plus fortes que l'affaire de votre maître d'école.

Cam. — Non, je ne le sais point, et je ne saurois me le persuader.

Fab. — J'avois réglé avec Annibal qu'on échangeroit dans les deux armées les prisonniers, et que ceux qui ne pourroient être échangés seroient rachetés deux cent cinquante drachmes pour chaque homme. L'échange achevé, on trouva qu'il y avoit encore, au-delà du nombre des Carthaginois, deux cent cinquante Romains qu'il falloit racheter. Le sénat désapprouve mon traité, et refuse le paiement : j'envoie mon fils à Rome pour vendre mon bien, et je paie à mes dépens toutes ces rançons que le sénat ne vouloit point payer. Vous n'étiez généreux qu'aux dépens de la république ; mais moi je l'ai été sur mon propre compte : vous ne l'avez été que de concert avec le sénat ; je l'ai été contre le sénat même.

Cam. — Il n'est pas difficile à un homme de cœur de sacrifier un peu d'argent pour se procurer tant de gloire. Pour moi, j'ai montré ma générosité en sauvant ma patrie ingrate : sans moi, les Gaulois ne vous auroient pas même laissé une ville de Rome à défendre. Allons trouver Minos, afin qu'il finisse notre contestation et règle nos rangs.

XXXVI.
FABIUS MAXIMUS ET ANNIBAL.

Un général d'armée doit sacrifier sa réputation au salut public.

Ann. — Je vous ai fait passer de mauvais jours et de mauvaises nuits ; avouez-le de bonne foi.

Fab. — Il est vrai ; mais j'ai eu ma revanche.

Ann. — Pas trop ; vous ne faisiez que reculer devant moi, que chercher des campements inaccessibles sur des montagnes ; vous étiez toujours dans les nues. C'étoit mal relever la réputation des Romains, que de montrer tant d'épouvante.

Fab. — Il faut aller au plus pressé. Après tant de batailles perdues, j'eusse achevé la ruine de la république de hasarder de nouveaux combats. Il falloit relever le courage de nos troupes, les accoutumer à vos armes, à vos éléphants, à vos ruses, à votre ordre de bataille ; vous laisser amollir dans les plaisirs de Capoue, et attendre que vous usassiez peu à peu vos forces.

Ann. — Mais cependant vous vous déshonoriez par votre timidité. Belle ressource pour la patrie, après tant de malheurs, qu'un capitaine qui n'ose rien tenter, qui a peur de son ombre comme un lièvre, qui ne trouve point de rochers assez escarpés pour y faire grimper ses troupes toujours tremblantes ! C'étoit entretenir la lâcheté dans votre camp, et augmenter l'audace dans le mien.

Fab. — Il valoit mieux se déshonorer par cette lâcheté, que faire massacrer toute la fleur des Romains, comme Terentius Varro le fit à Cannes. Ce qui aboutit à sauver la patrie, et à rendre les victoires des ennemis inutiles, ne peut déshonorer un capitaine ; on voit qu'il a préféré le salut public à sa propre réputation, qui lui est plus chère que sa vie ; et ce sacrifice de sa réputation doit lui en attirer une grande : encore même n'est-il pas question de sa réputation ; il ne s'agit que des discours téméraires de certains critiques qui n'ont pas des vues assez étendues pour prévoir de loin combien cette manière lente de faire la guerre sera enfin avantageuse. Il faut laisser parler les gens qui ne regardent que ce qui est présent et que ce qui brille. Quand vous aurez, par votre patience, obtenu un bon succès, les gens mêmes qui vous ont le plus condamné seront les plus empressés à vous applaudir. Ils ne jugent que par les succès : ne songez qu'à réussir ; si vous y parvenez, ils vous accableront de louanges.

Ann. — Mais que vouliez-vous que pensassent vos alliés ?

Fab. — Je les laissois penser tout ce qui leur

plairoit, pourvu que je sauvasse Rome; comptant que je serois bien justifié sur toutes leurs critiques, après que j'aurois prévalu sur vous.

Ann. — Sur moi! Vous n'avez jamais eu cette gloire. Une seule fois j'ai décampé devant vous, et en cela j'ai montré que je savois me jouer de toute votre science dans l'art militaire; car avec des feux attachés aux cornes d'un grand nombre de bœufs, je vous donnai le change, et je décampai la nuit, pendant que vous vous imaginiez que j'étois auprès de votre camp.

Fab. — Ces ruses-là peuvent surprendre tout le monde; mais elles n'ont rien décidé entre nous. Enfin vous ne pouvez désavouer que je vous ai affoibli, que j'ai repris des places, que j'ai relevé de leurs chutes les troupes romaines; et, si le jeune Scipion ne m'en eût dérobé la gloire, je vous aurois chassé de l'Italie. Si Scipion en est venu à bout, c'est qu'il y avoit encore une Rome sauvée par la lenteur de Fabius. Cessez donc de vous moquer d'un homme qui, en reculant un peu devant vous, est cause que vous avez abandonné toute l'Italie, et fait périr Carthage. Il n'est pas question d'éblouir par des commencements avantageux; l'essentiel est de bien finir.

XXXVII.
RHADAMANTHE, CATON LE CENSEUR, ET SCIPION L'AFRICAIN.

Les plus grandes vertus sont gâtées par une humeur chagrine et caustique.

Rhad. — Qui es-tu donc, vieux Romain? Dis-moi ton nom. Tu as la physionomie assez mauvaise, un visage dur et rébarbatif. Tu as l'air d'un vilain rousseau; du moins, je crois que tu l'as été pendant ta jeunesse. Tu avois, si je ne me trompe, plus de cent ans quand tu es mort.

Cat. — Point : je n'en avois que quatre-vingt-dix, et j'ai trouvé ma vie bien courte; car j'aimois fort à vivre, et je me portois à merveille. Je m'appelle Caton. N'as-tu point ouï parler de moi, de ma sagesse, de mon courage contre les méchants?

Rhad. — Ho! je te reconnois sans peine, sur le portrait qu'on m'avoit fait de toi. Le voilà tout juste, cet homme toujours prêt à se vanter et à mordre les autres. Mais j'ai un procès à régler entre toi et le grand Scipion, qui vainquit Annibal. Holà, Scipion, hâtez-vous de venir : voici Caton qui arrive enfin; je prétends juger tout à l'heure votre vieille querelle. Çà, que chacun défende sa cause.

Scip. — Pour moi, j'ai à me plaindre de la jalousie maligne de Caton; elle étoit indigne de sa haute réputation. Il se joignit à Fabius Maximus, et ne fut son ami que pour m'attaquer. Il vouloit m'empêcher de passer en Afrique. Ils étoient tous deux timides dans leur politique; d'ailleurs Fabius ne savoit que sa vieille méthode de temporiser à la guerre, d'éviter les batailles, de camper dans les nues, d'attendre que les ennemis se consumassent d'eux-mêmes. Caton, qui aimoit par pédanterie les vieilles gens, s'attacha à Fabius, et fut jaloux de moi, parce que j'étois jeune et hardi. Mais la principale cause de son entêtement fut son avarice : il vouloit qu'on fît la guerre avec épargne, comme il plantoit ses choux et ses oignons. Pour moi, je voulois qu'on fît vivement la guerre, pour la finir bientôt avec avantage; qu'on regardât non ce qu'il en coûteroit, mais les actions que je ferois. Le pauvre Caton étoit désolé; car il vouloit toujours gouverner la république comme sa petite chaumière, et remporter des victoires à juste prix. Il ne voyoit pas que le dessein de Fabius ne pouvoit réussir. Jamais il n'auroit chassé Annibal d'Italie. Annibal étoit assez habile pour y subsister toujours aux dépens du pays, et pour conserver des alliés; il auroit même toujours fait venir de nouvelles troupes d'Afrique par mer. Si Néron n'eût défait Asdrubal avant qu'il pût se joindre à son frère, tout étoit perdu; Fabius le temporiseur eût été mal dans ses affaires. Cependant Rome, pressée de si près par un tel ennemi, auroit succombé à la longue. Mais Caton ne voyoit point cette nécessité de faire une puissante diversion pour transporter à Carthage la guerre qu'Annibal avoit su porter jusqu'à Rome. Je demande donc réparation de tous les torts que Caton a eus contre moi, et des persécutions qu'il a faites à ma famille.

Cat. — Et moi je demande récompense d'avoir soutenu la justice et le bien public contre ton frère Lucius, qui étoit un brigand. Laissons là cette guerre d'Afrique, où tu fus plus heureux que sage. Venons au fait. N'est-ce pas une chose indigne que tu aies arraché à la république un commandement d'armée pour ton frère, qui en étoit incapable? Tu promis de le suivre, et de servir sous lui : tu étois son pédagogue. Dans cette guerre contre Antiochus, ton frère fit toutes sortes d'injustices et de concussions. Tu fermois les yeux pour ne les pas voir; la passion fraternelle t'avoit aveuglé.

Scip. — Mais quoi! cette guerre ne finit-elle pas glorieusement? Le grand Antiochus fut défait, chassé et repoussé des côtes d'Asie. C'est le dernier ennemi qui ait pu nous disputer la suprême puissance. Après lui tous les royaumes venoient tomber les uns sur les autres aux pieds des Romains.

Cat. — Il est vrai qu'Antiochus pouvoit bien les embarrasser, s'il eût cru les conseils d'Annibal ; mais il ne fit que s'amuser, que se déshonorer par d'infames plaisirs. Il épousa dans sa vieillesse une jeune Grecque. Philopœmen disoit alors que s'il eût été préteur des Achéens, il eût voulu sans peine défaire toute l'armée d'Antiochus en la surprenant dans les cabarets. Ton frère, et toi, Scipion, vous n'eûtes pas grand' peine à vaincre des ennemis qui s'étoient déja ainsi vaincus eux-mêmes par leur mollesse.

Scip. — La puissance d'Antiochus étoit pourtant formidable.

Cat. — Mais revenons à notre affaire. Lucius ton frère n'a-t-il pas enlevé, pillé, ravagé? Oserois-tu dire qu'il a gouverné en homme de bien ?

Scip. — Après ma mort, tu as eu la dureté de le condamner à une amende, et de vouloir le faire prendre par des licteurs.

Cat. — Il le méritoit bien ; et toi, qui avois...

Scip. — Pour moi, je pris mon parti avec courage. Quand je vis que le peuple se tournoit contre moi, au lieu de répondre à l'accusation, je dis : Allons au Capitole remercier les dieux de ce qu'en un jour semblable à celui-ci, je vainquis Annibal et les Carthaginois. Après quoi je ne m'exposai plus à la fortune ; je me retirai à Linternum, loin d'une patrie ingrate, dans une solitude tranquille, et respecté de tous les honnêtes gens, où j'attendis la mort en philosophe. Voilà ce que Caton, censeur implacable, me contraignit de faire. Voilà de quoi je demande justice.

Cat. — Tu me reproches ce qui fait ma gloire. Je n'ai épargné personne pour la justice. J'ai fait trembler tous les plus illustres Romains. Je voyois combien les mœurs se corrompoient de jour en jour par le faste et par les délices. Par exemple, peut-on me refuser d'immortelles louanges pour avoir chassé du sénat Lucius Quintius, qui avoit été consul, et qui étoit frère de T. Q. Flaminius, vainqueur de Philippe, roi de Macédoine, qui eut la cruauté de faire tuer un homme devant un jeune garçon qu'il aimoit, pour contenter la curiosité de cet enfant par un si horrible spectacle?

Scip. — J'avoue que cette action est juste, et que tu as souvent puni le crime. Mais tu étois trop ardent contre tout le monde ; et quand tu avois fait une bonne action, tu t'en vantois trop grossièrement. Te souviens-tu d'avoir dit une fois que Rome te devoit plus que tu ne devois à Rome ? Ces paroles sont ridicules dans la bouche d'un homme grave.

Rhad. — Que réponds-tu, Caton, à ce qu'il te reproche?

Cat. — Que j'ai en effet soutenu la république romaine contre la mollesse et le faste des femmes qui en corrompoient les mœurs; que j'ai tenu les grands dans la crainte des lois ; que j'ai pratiqué moi-même ce que j'ai enseigné aux autres ; et que la république ne m'a pas soutenu de même contre les gens qui n'étoient mes ennemis qu'à cause que je les avois attaqués pour l'intérêt de la patrie. Comme mon bien de campagne étoit dans le voisinage de celui de Manius Curius, je me proposai dès ma jeunesse d'imiter ce grand homme pour la simplicité des mœurs ; pendant que d'un autre côté je me proposois Démosthène pour mon modèle d'éloquence. On m'appeloit même le Démosthène latin. On me voyoit tous les jours marchant nu avec mes esclaves, pour aller labourer la terre. Mais ne croyez pas que cette application à l'agriculture et à l'éloquence me détournât de l'art militaire. Dès l'âge de dix-sept ans, je me montrai intrépide dans les guerres contre Annibal. Bientôt mon corps fut tout couvert de cicatrices. Quand je fus envoyé préteur en Sardaigne, je rejetai le luxe que tous les autres préteurs avoient introduit avant moi ; je ne songeai qu'à soulager le peuple, qu'à maintenir le bon ordre, qu'à rejeter tous les présents. Ayant été fait consul, je gagnai en Espagne, au-deçà du Bœtis, une bataille contre les Barbares. Après cette victoire, je pris plus de villes en Espagne que je n'y demeurai de jours.

Scip. — Autre vanterie insupportable. Mais nous la connoissions déja ; car tu l'as souvent faite, et plusieurs morts venus ici depuis vingt ans me l'avoient raconté pour me réjouir. Mais, mon pauvre Caton, ce n'est pas devant moi qu'il faut parler ainsi ; je connois l'Espagne et tes belles conquêtes.

Cat. — Il est certain que quatre cents villes se rendirent presque en même temps ; et tu n'en as jamais tant fait.

Scip. — Carthage seule vaut mieux que tes quatre cents villages.

Cat. — Mais que diras-tu de ce que je fis sous Manius Acilius, pour aller, au travers des précipices, surprendre Antiochus dans les montagnes entre la Macédoine et la Thessalie?

Scip. — J'approuve cette action, et il seroit injuste de lui refuser des louanges. On t'en doit aussi pour avoir réprimé les mauvaises mœurs. Mais on ne te peut excuser sur ton avarice sordide.

Cat. — Tu parles ainsi, parce que c'est toi qui as accoutumé les soldats à vivre délicieusement.

Mais il faut se représenter que je me suis vu dans une république qui se corrompoit tous les jours. Les dépenses y augmentoient sans mesure. On y achetoit un poisson plus cher qu'un bœuf n'avoit été vendu quand j'entrai dans les affaires publiques. Il est vrai que les choses qui étoient au plus bas prix me paroissoient encore trop chères quand elles étoient inutiles. Je disois aux Romains : A quoi vous sert de gouverner les nations, si vos femmes vaines et corrompues vous gouvernent? Avois-je tort de parler ainsi? On vivoit sans pudeur; chacun se ruinoit, et vivoit avec toute sorte de bassesse et de mauvaise foi, pour avoir de quoi soutenir ses folles dépenses. J'étois censeur; j'avois acquis de l'autorité par ma vieillesse et par ma vertu : pouvois-je me taire?

Scip. — Mais pourquoi être encore le délateur universel à quatre-vingt-dix ans? C'est un beau métier à cet âge!

Cat. — C'est le métier d'un homme qui n'a rien perdu de sa vigueur, ni de son zèle pour la république, et qui se sacrifie pour l'amour d'elle à la haine des grands, qui veulent être impunément dans le désordre.

Scip. — Mais tu as été accusé aussi souvent que tu as accusé les autres. Il me semble que tu l'as été jusqu'à cinquante fois, et jusqu'à l'âge de quatre-vingts ans.

Cat. — Il est vrai, et je m'en glorifie. Il n'étoit pas possible que les méchants ne fissent, par des calomnies, une guerre continuelle à un homme qui ne leur a jamais rien pardonné.

Scip. — Ce ne fut pas sans peine que tu te défendis contre les dernières accusations.

Cat. — Je l'avoue; faut-il s'en étonner? Il est bien malaisé de rendre compte de toute sa vie devant des hommes d'un autre siècle que celui où l'on a vécu. J'étois un pauvre vieillard exposé aux insultes de la jeunesse, qui croyoit que je radotois, et qui comptoit pour des fables tout ce que j'avois fait autrefois. Quand je le racontois, ils ne faisoient que bâiller et que se moquer de moi, comme d'un homme qui se louoit sans cesse.

Scip. — Ils n'avoient pas grand tort. Mais enfin pourquoi aimois-tu tant à reprendre les autres? Tu étois comme un chien qui aboie contre tous les passants.

Cat. — J'ai trouvé toute ma vie que j'apprenois beaucoup plus des fous que des sages. Les sages ne le sont qu'à demi, et ne donnent que de foibles leçons; mais les fous sont bien fous, et il n'y a qu'à les voir pour savoir comment il ne faut pas faire.

Scip. — J'en conviens; mais toi, qui étois si sage, pourquoi étois-tu d'abord si ennemi des Grecs; et, dans la suite, pourquoi pris-tu tant de peine, dans ta vieillesse, pour apprendre leur langue?

Cat. — C'est que je craignois que les Grecs nous communiqueroient bien plus leurs arts que leur sagesse, et leurs mœurs dissolues que leurs sciences. Je n'aimois point tous ces joueurs d'instruments, ces musiciens, ces poëtes, ces peintres, ces sculpteurs; tout cela ne sert qu'à la curiosité, et à une vie voluptueuse. Je trouvois qu'il valoit mieux garder notre simplicité rustique, notre vie pauvre et laborieuse dans l'agriculture; être plus grossier, et mieux vivre; moins discourir sur la vertu, et la pratiquer davantage.

Scip. — Pourquoi donc appris-tu le grec?

Cat. — A la fin, je me laissai enchanter par les Sirènes, comme les autres. Je prêtai l'oreille aux muses grecques. Mais je crains bien que tous ces petits sophistes grecs, qui viennent affamés à Rome pour faire fortune, achèveront de corrompre les mœurs romaines.

Scip. — Ce n'est pas sans sujet que tu le crains; mais tu aurois dû craindre aussi de corrompre les mœurs romaines par ton avarice.

Cat. — Moi avare! j'étois bon ménager; je ne voulois laisser rien perdre; mais je ne dépensois que trop!

Rhad. — Ho! voilà le langage de l'avarice, qui croit toujours être prodigue.

Scip. — N'est-il pas honteux que tu aies abandonné l'agriculture pour te jeter dans l'usure la plus infame? Tu ne trouvois pas sur tes vieux jours, à ce que j'ai ouï dire, que les terres et les troupeaux rapportassent assez de revenu; tu devins usurier. Est-ce là le métier d'un censeur qui veut réformer la ville? Qu'as-tu à répondre?

Rhad. — Tu n'oses parler, et je vois bien que tu es coupable. Voici une cause assez difficile à juger. Il faut, mon pauvre Caton, te punir et te récompenser tout ensemble : tu m'embarrasses fort. Voici ma décision. Je suis touché de tes vertus et de tes grandes actions pour ta république : mais aussi quelle apparence de mettre un usurier dans les Champs-Élysées? ce seroit un trop grand scandale. Tu demeureras donc, s'il te plaît, à la porte; mais ta consolation sera d'empêcher les autres d'y entrer. Tu contrôleras tous ceux qui se présenteront; tu seras censeur ici-bas comme tu l'étois à Rome. Tu auras, pour menus plaisirs, toutes les vertus du genre humain à critiquer. Je te livre Lucius Scipion, et L. Quintius, et tous les autres,

59.

pour répandre sur eux ta bile : tu pourras même l'exercer sur tous les autres morts qui viendront en foule de tout l'univers : citoyens romains, grands capitaines, rois barbares, tyrans des nations, tous seront soumis à ton chagrin et à ta satire. Mais prends garde à Lucius Scipion ; car je l'établis pour te censurer à son tour impitoyablement. Tiens, voilà de l'argent pour en prêter à tous les morts qui n'en auront point dans la bouche pour passer la barque de Charon. Si tu prêtes à quelqu'un à usure, Lucius ne manquera pas de m'en avertir, et je le punirai comme les plus infames voleurs.

XXXVIII.
SCIPION ET ANNIBAL.
La vertu trouve en elle-même sa récompense par le plaisir pur qui l'accompagne.

Ann. — Nous voici rassemblés, vous et moi, comme nous le fûmes en Afrique un peu avant la bataille de Zama.

Scip. — Il est vrai ; mais la conférence d'aujourd'hui est bien différente de l'autre. Nous n'avons plus de gloire à acquérir, ni de victoires à remporter. Il ne nous reste qu'une ombre vaine et légère de ce que nous avons été, avec un souvenir de nos aventures qui ressemble à un songe. Voilà ce qui met d'accord Annibal et Scipion. Les mêmes dieux qui ont mis Carthage en poudre ont réduit à un peu de cendre le vainqueur de Carthage que vous voyez.

Ann. — Sans doute, c'est dans votre solitude de Linternum que vous avez appris toute cette belle philosophie.

Scip. — Quand je ne l'aurois pas apprise dans ma retraite, je l'apprendrois ici ; car la mort donne les plus grandes leçons pour désabuser de tout ce que le monde croit merveilleux.

Ann. — La disgrace et la solitude ne vous ont pas été inutiles pour faire ces sages réflexions.

Scip. — J'en conviens ; mais vous n'avez pas eu moins que moi ces instructions de la fortune. Vous avez vu tomber Carthage ; il vous a fallu abandonner votre patrie ; et après avoir fait trembler Rome, vous avez été contraint de vous dérober à sa vengeance par une vie errante de pays en pays.

Ann. — Il est vrai ; mais je n'ai abandonné ma patrie que quand je ne pouvois plus la défendre, et qu'elle ne pouvoit me sauver du supplice : je l'ai quittée pour épargner sa ruine entière, et pour ne voit point sa servitude. Au contraire, vous avez été réduit à quitter votre patrie au plus haut point de sa gloire, et d'une gloire qu'elle tenoit de vous. Y a-t-il rien de si amer ? Quelle ingratitude !

Scip. — C'est ce qu'il faut attendre des hommes quand on les sert le mieux. Ceux qui font le bien par ambition sont toujours mécontents ; un peu plus tôt, un peu plus tard, la fortune les trahit, et les hommes sont ingrats pour eux. Mais quand on fait le bien par l'amour de la vertu, la vertu qu'on aime récompense toujours assez par le plaisir qu'il y a à la suivre, et elle fait mépriser toutes les autres récompenses dont on est privé.

XXXIX.
ANNIBAL ET SCIPION.
L'ambition ne connoît point de bornes.

Scip. — Il me semble que je suis encore à notre conférence avant la bataille de Zama ; mais nous ne sommes pas ici dans la même situation. Nous n'avons plus de différend ; toutes nos guerres sont éteintes dans les eaux du fleuve d'oubli. Après avoir conquis l'un et l'autre tant de provinces, une urne a suffi à recueillir nos cendres.

Ann. — Tout cela est vrai ; notre gloire passée n'est plus qu'un songe, nous n'avons plus rien à conquérir ici : pour moi, je m'en ennuie.

Scip. — Il faut avouer que vous étiez bien inquiet et bien insatiable.

Ann. — Pourquoi ? je trouve que j'étois bien modéré.

Scip. — Modéré ! quelle modération ! D'abord les Carthaginois ne songeoient qu'à se maintenir en Sicile, dans la partie occidentale. Le sage roi Gélon, et puis le tyran Denys, leur avoient donné bien de l'exercice.

Ann. — Il est vrai : mais dès-lors nous songions à subjuguer toutes ces villes florissantes qui se gouvernoient en républiques, comme Léonte, Agrigente, Sélinonte.

Scip. — Mais enfin les Romains et les Carthaginois étant vis-à-vis les uns des autres, la mer entre deux, se regardoient d'un œil jaloux, et se disputoient l'île de Sicile, qui étoit au milieu des deux peuples prétendants. Voilà à quoi se bornoit votre ambition.

Ann. — Point du tout. Nous avions encore nos prétentions du côté de l'Espagne. Carthage la Neuve nous donnoit en ce pays-là un empire presque égal à celui de l'ancienne, au milieu de l'Afrique.

Scip. — Tout cela est vrai. Mais c'étoit par quelque port pour vos marchandises que vous aviez commencé à vous établir sur les côtes d'Espagne; les facilités que vous y trouvâtes vous donnèrent peu à peu la pensée de conquérir ces vastes régions.

Ann. — Dès le temps de notre première guerre contre les Romains, nous étions puissants en Espagne, et nous en aurions été bientôt les maîtres sans votre république.

Scip. — Enfin, le traité que nous conclûmes avec les Carthaginois les obligeoit à renoncer à tous les pays qui sont entre les Pyrénées et l'Èbre.

Ann. — La force nous réduisit à cette paix honteuse; nous avions fait des pertes infinies sur terre et sur mer. Mon père ne songea qu'à nous relever après cette chute. Il me fit jurer sur les autels, à l'âge de neuf ans, que je serois jusqu'à la mort ennemi des Romains. Je le jurai; je l'ai accompli. Je suivis mon père en Espagne; après sa mort, je commandai l'armée carthaginoise, et vous savez ce qui arriva.

Scip. — Oui, je le sais, et vous le savez bien aussi à vos dépens. Mais si vous fîtes bien du chemin, c'est que vous trouvâtes la fortune qui venoit partout au-devant de vous pour vous solliciter à la suivre. L'espérance de vous joindre aux Gaulois, nos anciens ennemis, vous fit passer les Pyrénées. La victoire que vous remportâtes sur nous au bord du Rhône vous encouragea à passer les Alpes : vous y perdîtes beaucoup de soldats, de chevaux et d'éléphants. Quand vous fûtes passé, vous défîtes sans peine nos troupes étonnées, que vous surprîtes à Ticinum. Une victoire en attire une autre, en consternant les vaincus, et en procurant aux vainqueurs beaucoup d'alliés; car tous les peuples du pays se donnent en foule aux plus forts.

Ann. — Mais la bataille de Trébie, qu'en pensez-vous?

Scip. — Elle vous coûta peu, venant après tant d'autres. Après cela vous fûtes le maître de l'Italie. Trasimène et Cannes furent plutôt des carnages que des batailles. Vous perçâtes toute l'Italie. Dites la vérité, vous n'aviez pas d'abord espéré de si grands succès.

Ann. — Je ne savois pas bien jusqu'où je pourrois aller; mais je voulois tenter la fortune. Je déconcertai les Romains par un coup si hardi et si imprévu. Quand je trouvai la fortune si favorable, je crus qu'il falloit en profiter : le succès me donna des desseins que je n'aurois jamais osé concevoir.

Scip. — Eh bien! n'est-ce pas ce que je disois? La Sicile, l'Espagne, l'Italie n'étoient plus rien pour vous. Les Grecs, avec lesquels vous vous étiez ligués, auroient bientôt subi votre joug.

Ann. — Mais, vous qui parlez, n'avez-vous pas fait précisément ce que vous nous reprochez d'avoir été capables de faire? L'Espagne, la Sicile, Carthage même et l'Afrique ne furent rien : bientôt toute la Grèce, la Macédoine, toutes les îles, l'Égypte, l'Asie, tombèrent à vos pieds; et vous aviez encore bien de la peine à souffrir que les Parthes et les Arabes fussent libres. Le monde entier étoit trop petit pour ces Romains, qui, pendant cinq cents ans, avoient été bornés à vaincre autour de leur ville les Volsques, les Sabins et les Samnites.

XL.
LUCULLUS ET CRASSUS.
Contre le luxe de la table.

Luc. — Jamais je n'ai vu un souper si délicat et si somptueux.

Cras. — Et moi je n'ai pas oublié que j'en ai fait de bien meilleurs dans votre salle d'Apollon.

Luc. — Point; je n'ai jamais fait meilleure chère. Mais voulez-vous que je vous parle sur un ton libre et gai? Ne vous en fâcherez-vous point?

Cras. — Non; j'entends la raillerie.

Luc. — Quoi! un souper pendant lequel nous avons eu une comédie atellane, des pantomimes, plusieurs parasites bien affamés et bien impudents, qui par jalousie ont pensé se battre : c'est une fête merveilleuse!

Cras. — J'aime le spectacle, et je sais que vous l'aimez aussi; j'ai voulu vous faire ce plaisir.

Luc. — Mais quoi! ces grandes murènes, ces poules d'Ionie, ces jeunes paons si tendres, ces sangliers tout entiers, ces olives de Vénafre, ces vins de Massique, de Cécube, de Falerne, de Chio. J'admirai ces tables de citronnier de Numidie, ces lits d'argent couverts de pourpre.

Cras. — Tout cela n'étoit pas trop pour vous.

Luc. — Et ces jeunes garçons si bien frisés qui donnoient à boire! ils servoient du nectar, et c'étoient autant de Ganymèdes.

Cras. — Eussiez-vous voulu être servi par des eunuques vieux et laids, ou par des esclaves de Sardaigne? De tels objets salissent un repas.

Luc. — Il est vrai; mais où aviez-vous pris ce joueur de flûte, et cette jeune Grecque avec sa lyre dont les accords égalent ceux d'Apollon même; elle étoit gracieuse comme Vénus, et passionnée dans le chant de ses odes comme Sapho.

Cras. — Je savois combien vous avez l'oreille délicate.

Luc. — Mais enfin je reviens d'Asie, où l'on apprend à raffiner sur les plaisirs. Mais pour vous, qui n'êtes pas encore parti pour y aller, comment pouvez-vous en savoir tant?

Cras. — Votre exemple m'a instruit; vous donnez du goût à ceux qui vous fréquentent.

Luc. — Mais je ne peux revenir de mon étonnement sur ces synthèses * des plus fines étoffes de Cos, avec des ornements phrygiens d'or et d'argent, dont elles étoient bordées; chaque convié avoit la sienne, et on en a encore trouvé de reste pour toutes les ombres. Les trois lits étoient pleins : la grande compagnie vous plaît-elle?

Cras. — Je vous ai ouï dire qu'elle ne convient pas, et qu'il vaut mieux être peu de gens bien choisis.

Luc. — Venons au fait. Combien vous coûte ce repas?

Cras. — Cent cinquante grands sesterces.

Luc. — Vous n'hésitez point à répondre, et vous savez bien votre compte; ce souper se fit hier au soir, et vous savez déjà à quoi se monte toute la dépense. Sans doute, elle vous tient au cœur.

Cras. — Il est vrai que je regrette ces dépenses superflues et excessives.

Luc. — Pourquoi donc les faites-vous?

Cras. — Je ne les fais pas souvent.

Luc. — Si j'étois en votre place, je ne les ferois jamais. Votre inclination ne vous y porte point; qu'est-ce qui vous y oblige?

Cras. — Une mauvaise honte, et la crainte de passer chez vous pour avare. Les prodigues prennent toujours la frugalité pour une avarice infame.

Luc. — Vous avez donc donné un souper magnifique comme un poltron va au combat en désespéré?

Cras. — Pas tout-à-fait de même, car je ne prétends pas être avare : je crois même, en bonne foi, que je ne suis pas assez épargnant.

Luc. — Tous les avares en croient autant d'eux-mêmes. Mais enfin pourquoi ne vous êtes-vous pas tenu dans la médiocrité, puisque l'excès de la dépense vous choque tant?

Cras. — C'est que, ne sachant point comment ces sortes de dépenses se font, j'ai pris le parti de ne ménager rien, à condition de n'y retourner pas souvent.

Luc. — Bon; je vous entends : vous allez épargner pour réparer cette dépense, et vous en dédommagerez en Asie en pillant les peuples.

* Robes dont on se servoit dans les festins. (*Édit.*)

XLI.

SYLLA, CATILINA ET CÉSAR.

Les funestes suites du vice ne corrigent point les princes corrompus.

Syl. — Je viens à la hâte vous donner un avis, César, et je mène avec moi un bon second pour vous persuader : c'est Catilina. Vous le connoissez, et vous n'avez été que trop de sa cabale. N'ayez point de peur de nous; les ombres ne font point de mal.

Cés. — Je me passerois bien de votre visite; vos figures sont tristes, et vos conseils le seront peut-être encore davantage. Qu'avez-vous donc de si pressé à me dire?

Syl. — Qu'il ne faut point que vous aspiriez à la tyrannie.

Cés. — Pourquoi? N'y avez-vous pas aspiré vous-mêmes?

Syl. — Sans doute, et c'est pour cela que nous sommes plus croyables quand nous vous conseillons d'y renoncer.

Cés. — Pour moi, je veux vous imiter en tout, chercher la tyrannie comme vous l'avez cherchée, et ensuite revenir comme vous de l'autre monde après ma mort, pour désabuser les tyrans qui viendront en ma place.

Syl. — Il n'est pas question de ces gentillesses et de ces jeux d'esprit; nous autres ombres nous ne voulons rien que de sérieux. Venons au fait. J'ai quitté volontairement la tyrannie, et m'en suis bien trouvé. Catilina s'est efforcé d'y parvenir, et a succombé malheureusement. Voilà deux exemples bien instructifs pour vous.

Cés. — Je n'entends point tous ces beaux exemples. Vous avez tenu la république dans les fers, et vous avez été assez malhabile homme pour vous dégrader vous-même. Après avoir quitté la suprême puissance, vous êtes demeuré avili, obscur, inutile, abattu. L'homme fortuné fut abandonné de la fortune. Voilà déjà un de vos deux exemples que je ne comprends point. Pour l'autre, Catilina a voulu se rendre le maître, et a bien fait jusque là; il n'a pas su bien prendre ses mesures; tant pis pour lui. Quant à moi, je ne tenterai rien qu'avec de bonnes précautions.

Catil. — J'avois pris les mêmes mesures que vous : flatter la jeunesse, la corrompre par des plaisirs, l'engager dans des crimes, l'abîmer par la dépense et par les dettes, s'autoriser par des femmes d'un esprit intrigant et brouillon. Pouvez-vous mieux faire?

Cés. — Vous dites là des choses que je ne connois point. Chacun fait comme il peut.

Catil. — Vous pouvez éviter les maux où je suis tombé, et je suis venu vous en avertir.

Syl. — Pour moi, je vous le dis encore; je me suis bien trouvé d'avoir renoncé aux affaires avant ma mort.

Cés. — Renoncé aux affaires ! Faut-il abandonner la république dans ses besoins?

Syl. — Hé ! ce n'est pas ce que je vous dis. Il y a bien de la différence entre la servir ou la tyranniser.

Cés. — Hé ! pourquoi donc avez-vous cessé de la servir ?

Syl. — Oh ! vous ne voulez pas m'entendre. Je dis qu'il faut servir la patrie jusqu'à la mort, mais qu'il ne faut ni chercher la tyrannie, ni s'y maintenir quand on y est parvenu.

XLII.
CÉSAR ET CATON.

Le pouvoir despotique, loin d'assurer le repos et l'autorité des princes, les rend malheureux, et entraîne inévitablement leur ruine.

Cés. — Hélas ! mon cher Caton, te voilà en pitoyable état. L'horrible plaie !

Cat. — Je me perçai moi-même à Utique, après la bataille de Thapse, pour ne point survivre à la liberté. Mais toi, à qui je fais pitié, d'où vient que tu m'as suivi de si près? Qu'est-ce que j'aperçois? combien de plaies sur ton corps ! Attends, que je les compte. En voilà vingt-trois !

Cés. — Tu seras bien surpris quand tu sauras que j'ai été percé de tant de coups au milieu du sénat par mes meilleurs amis. Quelle trahison !

Cat. — Non, je n'en suis point surpris. N'étois-tu pas le tyran de tes amis aussi bien que du reste des citoyens? Ne devoient-ils pas prêter leur bras à la vengeance de la patrie opprimée? Il faudroit immoler non-seulement son ami, mais encore son propre frère, à l'exemple de Timoléon, et ses propres enfants, comme fit l'ancien Brutus.

Cés. — Un de ses descendants n'a que trop suivi cette belle leçon. C'est Brutus que j'aimois tant, et qui passoit pour être mon fils, qui a été le chef de la conjuration pour me massacrer.

Cat. — O heureux Brutus, qui a rendu Rome libre, et qui a consacré ses mains dans le sang d'un nouveau Tarquin, plus impie et plus superbe que celui qui fut chassé par Junius !

Cés. — Tu as toujours été prévenu contre moi, et outré dans tes maximes de vertu.

Cat. — Qu'est-ce qui m'a prévenu contre toi? Ta vie dissolue, prodigue, artificieuse, efféminée ; tes dettes, tes brigues, ton audace : voilà ce qui a prévenu Caton contre cet homme dont la ceinture, la robe traînante, l'air de mollesse, ne promettoient rien qui fût digne des anciennes mœurs. Tu ne m'as point trompé, je t'ai connu dès ta jeunesse. O si l'on m'avoit cru...

Cés. — Tu m'aurois enveloppé dans la conjuration de Catilina pour me perdre.

Cat. — Alors tu vivois en femme, et tu n'étois homme que contre ta patrie. Que ne fis-je point pour te convaincre? Mais Rome couroit à sa perte, et elle ne vouloit pas connoître ses ennemis.

Cés. — Ton éloquence me fit peur, je l'avoue, et j'eus recours à l'autorité. Mais tu ne peux désavouer que je me tirai d'affaire en habile homme.

Cat. — Dis en habile scélérat. Tu éblouissois les plus sages par tes discours modérés et insinuants; tu favorisois les conjurés sous prétexte de ne pousser pas la rigueur trop loin. Moi seul je résistai en vain. Dès-lors les dieux étoient irrités contre Rome.

Cés. — Dis-moi la vérité ; tu craignis, après la bataille de Thapse, de tomber entre mes mains ; tu aurois été fort embarrassé de paroître devant moi. Hé ! ne savois-tu pas que je ne voulois que vaincre et pardonner?

Cat. — C'est le pardon du tyran, c'est la vie même, oui, la vie de Caton due à César, que je craignois. Il valoit mieux mourir que te voir.

Cés. — Je t'aurois traité généreusement, comme je traitai ton fils. Ne valoit-il pas mieux secourir encore la république?

Cat. — Il n'y a plus de république dès qu'il n'y a plus de liberté.

Cés. — Mais quoi ! être furieux contre soi-même?

Cat. — Mes propres mains m'ont mis en liberté malgré le tyran, et j'ai méprisé la vie qu'il m'eût offerte. Pour toi, il a fallu que tes propres amis t'aient déchiré comme un monstre.

Cés. — Mais si la vie étoit si honteuse pour un Romain après ma victoire, pourquoi m'envoyer ton fils? voulois-tu le faire dégénérer?

Cat. — Chacun prend son parti selon son cœur pour vivre ou pour mourir. Caton ne pouvoit que mourir ; son fils, moins grand que lui, pouvoit encore supporter la vie, et espérer, à cause de sa jeunesse, des temps plus libres et plus heureux. Hélas! que ne souffrois-je point lorsque je laissai aller mon fils vers le tyran!

Cés. — Mais pourquoi me donnes-tu le nom de tyran? je n'ai jamais pris le titre de roi.

Cat. — Il est question de la chose, et non pas du nom. De plus, combien de fois te vit-on prendre divers détours pour accoutumer le sénat et le peuple à ta royauté! Antoine même, dans la fête des Lupercales, fut assez impudent pour te mettre, sous une apparence de jeu, un diadême autour de la tête. Ce jeu parut trop sérieux, et fit horreur. Tu sentis bien l'indignation publique, et tu renvoyas à Jupiter un honneur que tu n'osois accepter. Voilà ce qui acheva de déterminer les conjurés à ta perte. Eh bien! ne savons-nous pas ici-bas d'assez bonnes nouvelles?

Cés. — Trop bonnes! Mais tu ne me fais pas justice. Mon gouvernement a été doux; je me suis comporté en vrai père de la patrie : on en peut juger par la douleur que le peuple témoigna après ma mort. C'est un temps où tu sais que la flatterie n'est plus de saison. Hélas! ces pauvres gens, quand on leur présenta ma robe sanglante, voulurent me venger. Quels regrets! quelle pompe au champ de Mars à mes funérailles! Qu'as-tu à répondre?

Cat. — Que le peuple est toujours peuple, crédule, grossier, capricieux, aveugle, ennemi de son véritable intérêt. Pour avoir favorisé les successeurs du tyran, et persécuté ses libérateurs, qu'est-ce que ce peuple n'a pas souffert? On a vu ruisseler le plus pur sang des citoyens par d'innombrables proscriptions. Les triumvirs ont été plus barbares que les Gaulois mêmes qui prirent Rome. Heureux qui n'a point vu ces jours de désolation! Mais enfin parle-moi, ô tyran! pourquoi déchirer les entrailles de Rome ta mère? Quel fruit te reste-t-il d'avoir mis ta patrie dans les fers? Est-ce de la gloire que tu cherchois? N'en aurois-tu pas trouvé une plus pure et plus éclatante à conserver la liberté et la grandeur de cette ville, reine de l'univers, comme les Fabricius, les Fabius, les Marcellus, les Scipion? Te falloit-il une vie douce et heureuse? L'as-tu trouvée dans les horreurs inséparables de la tyrannie? Tous les jours de ta vie étoient pour toi aussi périlleux que celui où tant de bons citoyens immortalisèrent leur vertu en te massacrant. Tu ne voyois aucun vrai Romain dont le courage ne dût te faire pâlir d'effroi. Est-ce donc là cette vie tranquille et heureuse que tu as achetée par tant de peines et de crimes? Mais que dis-je? tu n'as pas eu même le temps de jouir du fruit de ton impiété. Parle, parle, tyran; tu as maintenant autant de peine à soutenir mes regards, que j'en aurois eu à souffrir ta présence odieuse quand je me donnai la mort à Utique. Dis, si tu l'oses, que tu as été heureux.

Cés. — J'avoue que je ne l'étois pas; mais c'étoient tes semblables qui troubloient mon bonheur.

Cat. — Dis plutôt que tu le troublois toi-même. Si tu avois aimé la patrie, la patrie t'auroit aimé. Celui que la patrie aime n'a pas besoin de garde; la patrie entière veille autour de lui. La vraie sûreté est de ne faire que du bien, et d'intéresser le monde entier à sa conservation. Tu as voulu régner et te faire craindre. Eh bien, tu as régné, on t'a craint; mais les hommes se sont délivrés et du tyran et de la crainte tout ensemble. Ainsi périssent ceux qui, voulant être craints de tous les hommes, ont eux-mêmes tout à craindre de tous les hommes intéressés à les prévenir et à se délivrer.

Cés. — Mais cette puissance, que tu appelles tyrannique, étoit devenue nécessaire. Rome ne pouvoit plus soutenir sa liberté; il lui falloit un maître. Pompée commençoit à l'être; je ne pus souffrir qu'il le fût à mon préjudice.

Cat. — Il falloit abattre le tyran sans aspirer à la tyrannie. Après tout, si Rome étoit assez lâche pour ne pouvoir plus se passer d'un maître, il valoit mieux laisser faire ce crime à un autre. Quand un voyageur va tomber entre les mains des scélérats qui se préparent à le voler, faut-il les prévenir, en se hâtant de faire une action si horrible? Mais la trop grande autorité de Pompée t'a servi de prétexte. Ne sait-on pas ce que tu dis, en allant en Espagne, dans une petite ville où divers citoyens briguoient la magistrature? Crois-tu qu'on ait oublié ce vers grec * qui étoit si souvent dans ta bouche? De plus, si tu connoissois la misère et l'infamie de la tyrannie, que ne la quittois-tu?

Cés. — Hé! quel moyen de la quitter? Le sentier par où l'on y monte est rude et escarpé; mais il n'y a point de chemin pour en descendre : on n'en sort qu'en tombant dans le précipice.

Cat. — Malheureux! pourquoi donc y aspirer? pourquoi tout renverser pour y parvenir? pourquoi verser tant de sang, et n'épargner pas le tien même, qui fut encore répandu trop tard? Tu cherches de vaines excuses.

---

* Ce sont deux vers qu'Euripide met dans la bouche d'Étéocle, *Phœn.*, act. II, sc. III. Les voici, avec la traduction littérale :

Εἴπερ γὰρ ἀδικεῖν χρή, τυραννίδος πέρι
Κάλλιστον ἀδικεῖν, τἆλλα δ' εὐσεβεῖν χρεών.

S'il faut enfin violer la justice pour posséder un trône, il est beau d'être injuste : en toute autre occasion la piété doit conserver ses droits. Ce trait de César est rapporté par Cicéron, *De Offic.*, lib. III, cap. XXI, n. 82.   (*Édit. de Vers.*)

Cés. — Et toi, tu ne me réponds pas : je te demande comment on peut avec sûreté quitter la tyrannie.

Cat. — Va le demander à Sylla, et tais-toi. Consulte ce monstre affamé de sang; son exemple te fera rougir. Adieu; je crains que l'ombre de Brutus ne soit indignée, si elle me voyoit parlant avec toi.

XLIII.
CATON ET CICÉRON.

Comparaison de ces deux philosophes : vertu farouche et austère de l'un; caractère foible de l'autre.

Cat. — Il y a long-temps, grand orateur, que je vous attendois ici. Il y a long-temps que vous y deviez arriver. Mais vous y êtes venu le plus tard qu'il vous a été possible.

Cic. — J'y suis venu après une mort pleine de courage. J'ai été la victime de la république; car depuis les temps de la conjuration de Catilina, où j'avois sauvé Rome, personne ne pouvoit plus être ennemi de la république sans me déclarer aussitôt la guerre.

Cat. — J'ai pourtant su que vous aviez trouvé grace auprès de César par vos soumissions, que vous lui prodiguiez les plus magnifiques louanges, que vous étiez l'ami intime de tous ses lâches favoris, et que vous leur persuadiez même, dans vos lettres, d'avoir recours à sa clémence pour vivre en paix au milieu de Rome dans la servitude. Voilà à quoi sert l'éloquence.

Cic. — Il est vrai que j'ai harangué César pour obtenir la grace de Marcellus et de Ligarius...

Cat. — Hé! ne vaut-il pas mieux se taire que d'employer son éloquence à flatter un tyran? O Cicéron, j'ai su plus que vous; j'ai su me taire et mourir.

Cic. — Vous n'avez pas vu une belle observation que j'ai faite dans mes Offices, qui est que chacun doit suivre son caractère. Il y a des hommes d'un naturel fier et intraitable, qui doivent soutenir cette vertu austère et farouche jusqu'à la mort : il ne leur est pas permis de supporter la vue du tyran; ils n'ont d'autre ressource que celle de se tuer. Il y a une autre vertu plus douce et plus sociable, de certaines personnes modérées, qui aiment mieux la république que leur propre gloire : ceux-là doivent vivre, et ménager le tyran pour le bien public; ils se doivent à leurs citoyens, et il ne leur est pas permis d'achever par une mort précipitée la ruine de la patrie.

Cat. — Vous avez bien rempli ce devoir; et s'il faut juger de votre amour pour Rome par votre crainte de la mort, il faut avouer que Rome vous doit beaucoup. Mais les gens qui parlent si bien devroient ajuster toutes leurs paroles avec assez d'art pour ne se pas contredire eux-mêmes. Ce Cicéron qui a élevé jusques au ciel César, et qui n'a point eu de honte de prier les dieux de n'envier pas un si grand bien aux hommes, de quel front a-t-il pu dire ensuite que les meurtriers de César étoient les libérateurs de la patrie? Quelle grossière contradiction! quelle lâcheté infame! Peut-on se fier à la vertu d'un homme qui parle ainsi selon le temps?

Cic. — Il falloit bien s'accommoder aux besoins de la république. Cette souplesse valoit encore mieux que la guerre d'Afrique entreprise par Scipion et par vous, contre toutes les règles de la prudence. Pour moi, je l'avois bien prédit (et on n'a qu'à lire mes lettres) que vous succomberiez. Mais votre naturel inflexible et âpre ne pouvoit souffrir aucun tempérament; vous étiez né pour les extrémités.

Cat. — Et vous pour tout craindre, comme vous l'avez souvent avoué vous-même. Vous n'étiez capable que de prévoir des inconvénients. Ceux qui prévaloient vous entraînoient toujours, jusqu'à vous faire dédire de vos premiers sentiments. Ne vous a-t-on pas vu admirer Pompée, et exhorter tous vos amis à se livrer à lui? Ensuite n'avez-vous pas cru que Pompée mettroit Rome dans la servitude s'il surmontoit César? Comment, disiez-vous, croira-t-il les gens de bien s'il est le maître, puisqu'il ne veut croire aucun de nous pendant la guerre où il a besoin de notre secours? Enfin n'avez-vous pas admiré César? n'avez-vous pas recherché et loué Octave?

Cic. — Mais j'ai attaqué Antoine. Qu'y a-t-il de plus véhément que mes harangues contre lui, semblables à celles de Démosthène contre Philippe?

Cat. — Elles sont admirables : mais Démosthène savoit mieux que vous comment il faut mourir. Antipater ne put lui donner ni la mort ni la vie. Falloit-il fuir comme vous fîtes, sans savoir où vous alliez, et attendre la mort des mains de Popilius? J'ai mieux fait de me la donner moi-même à Utique.

Cic. — Et moi, j'aime mieux n'avoir point désespéré de la république jusqu'à la mort, et l'avoir soutenue par des conseils modérés, que d'avoir fait une guerre foible et imprudente, et d'avoir fini par un coup de désespoir.

Cat. — Vos négociations ne valoient pas mieux que ma guerre d'Afrique; car Octave, tout jeune qu'il étoit, s'est joué de ce grand Cicéron qui étoit la lumière de Rome. Il s'est servi de vous pour s'autoriser ; ensuite il vous a livré à Antoine. Mais vous, qui parlez de guerre, l'avez-vous jamais su faire? Je n'ai pas encore oublié votre belle conquête de Pindenisse, petite ville des détroits de la Cilicie; un parc de moutons n'est guère plus facile à prendre. Pour cette belle expédition il vous falloit un triomphe, si on eût voulu vous en croire ; les supplications ordonnées par le sénat ne suffisoient pas pour de tels exploits. Voici ce que je répondis aux sollicitations que vous me fîtes là-dessus : Vous devez être plus content, disois-je, des louanges du sénat que vous avez méritées par votre bonne conduite, que d'un triomphe; car le triomphe marqueroit moins la vertu du triomphateurs, que le bonheur dont les dieux auroient accompagné ses entreprises. C'est ainsi qu'on tâche d'amuser comme on peut les hommes vains, et incapables de se faire justice.

Cic. — Je reconnois que j'ai toujours été passionné pour les louanges; mais faut-il s'en étonner? N'en ai-je pas mérité de grandes par mon consulat, par mon amour pour la république, par mon éloquence, enfin par mon amour pour la philosophie? Quand je ne voyois plus de moyen de servir Rome dans ses malheurs, je me consolois, dans une honnête oisiveté, à raisonner et à écrire sur la vertu.

Cat. — Il valoit mieux la pratiquer dans les périls, qu'en écrire. Avouez-le franchement, vous n'étiez qu'un foible copiste des Grecs; vous mêliez Platon avec Épicure, l'ancienne Académie avec la nouvelle; et après avoir fait l'historien sur leurs dogmes, dans des dialogues où un homme parloit presque toujours seul, vous ne pouviez presque jamais rien conclure. Vous étiez toujours étranger dans la philosophie, et vous ne songiez qu'à orner votre esprit de ce qu'elle a de beau. Enfin vous avez toujours été flottant en politique et en philosophie.

Cic. — Adieu, Caton ; votre mauvaise humeur va trop loin. A vous voir si chagrin, on croiroit que vous regrettez la vie. Pour moi, je suis consolé de l'avoir perdue, quoique je n'aie point tant fait le brave. Vous vous en faites trop accroire, pour avoir fait en mourant ce qu'ont fait beaucoup d'esclaves avec autant de courage que vous.

XLIV.
CÉSAR ET ALEXANDRE.

Comparaison d'un tyran avec un prince qui, étant doué des qualités propres à faire un grand roi, s'abandonne à son orgueil et à ses passions.

Alex. — Qui est donc ce Romain nouvellement venu? Il est percé de bien des coups. Ah! j'entends qu'on dit que c'est César. Je te salue, grand Romain : on disoit que tu devois aller vaincre les Parthes, et conquérir tout l'Orient : d'où vient que nous te voyons ici?

Cés. — Mes amis m'ont assassiné dans le sénat.

Alex. — Pourquoi étois-tu devenu leur tyran, toi qui n'étois qu'un simple citoyen de Rome?

Cés. — C'est bien à toi à parler ainsi ! N'as-tu pas fait l'injuste conquête de l'Asie? N'as-tu pas mis la Grèce dans la servitude?

Alex. — Oui ; mais les Grecs étoient des peuples étrangers et ennemis de la Macédoine. Je n'ai point mis, comme toi, dans les fers ma propre patrie; au contraire, j'ai donné aux Macédoniens une gloire immortelle avec l'empire de tout l'Orient.

Cés. — Tu as vaincu des hommes efféminés, et tu es devenu aussi efféminé qu'eux. Tu as pris les richesses des Perses, et les richesses des Perses t'ont vaincu en te corrompant. As-tu porté jusqu'aux enfers cet orgueil insensé qui te fit croire que tu étois un dieu?

Alex. — J'avoue mes fautes et mes erreurs. Mais est-ce à toi à me reprocher ma mollesse? Ne sait-on pas ta vie infame en Bithynie, ta corruption à Rome, où tu n'obtins les honneurs que par des intrigues honteuses? Sans tes infamies, tu n'aurois jamais été qu'un particulier dans ta république. Il est vrai aussi que tu vivrois encore.

Cés. — Le poison fit contre toi à Babylone ce que le fer a fait contre moi dans Rome.

Alex. — Mes capitaines n'ont pu m'empoisonner sans crime ; tes concitoyens, en te poignardant, sont les libérateurs de leur patrie: ainsi nos morts sont bien différentes. Nos jeunesses le sont encore davantage : la mienne fut chaste, noble, ingénue; la tienne fut sans pudeur et sans probité.

Cés. — Ton ombre n'a rien perdu de l'orgueil et de l'emportement qui ont paru dans ta vie.

Alex. — J'ai été emporté par mon orgueil, je l'avoue. Ta conduite a été plus mesurée que la mienne ; mais tu n'as point imité ma candeur et ma franchise. Il falloit être honnête homme avant que d'aspirer à la gloire de grand homme. J'ai été souvent foible et vain; mais au moins j'étois meilleur pour ma patrie et moins injuste que toi.

Cés. — Tu fais grand cas de la justice sans l'avoir suivie. Pour moi, je crois que le plus habile homme doit se rendre le maître, et puis gouverner sagement.

Alex. — Je ne l'ai que trop cru comme toi. Éaque, Rhadamanthe et Minos m'en ont sévèrement repris, et ont condamné mes conquêtes. Je n'ai pourtant jamais cru, dans mes égarements, qu'il fallût mépriser la justice. Tu te trouves mal de l'avoir violée.

Cés. — Les Romains ont beaucoup perdu en me tuant; j'avois fait des projets pour les rendre heureux.

Alex. — Le meilleur projet eût été d'imiter Sylla, qui, ayant été tyran comme toi, leur rendit la liberté; tu aurois fini ta vie en paix comme lui. Mais tu ne peux me croire, et je t'attends devant les trois juges qui te vont juger.

XLV.
POMPÉE ET CÉSAR.

Rien n'est plus dangereux, dans un état libre, que la corruption des femmes et la prodigalité de ceux qui aspirent à la tyrannie.

Pomp. — Je m'épuise en dépenses pour plaire aux Romains, et j'ai bien de la peine à y parvenir. A l'âge de vingt-cinq ans j'avois déja triomphé. J'ai vaincu Sertorius, Mithridate, les pirates de Cilicie. Ces trois triomphes m'ont attiré mille envieux. Je fais sans cesse des largesses; je donne des spectacles; j'attire par mes bienfaits des clients innombrables : tout cela n'apaise point l'envie. Ce chagrin Caton refuse même mon alliance. Mille autres me traversent dans mes desseins. Mon beau-père, que pensez-vous là-dessus? Vous ne dites rien.

Cés. — Je pense que vous prenez de fort mauvais moyens pour gouverner la république.

Pomp. — Comment donc? Que voulez-vous dire? En savez-vous de meilleurs que de donner à pleines mains aux particuliers pour enlever tous les suffrages, et que tenir tout le peuple par des gladiateurs, par des combats de bêtes farouches, par des mesures de blé et de vin, enfin d'avoir beaucoup de clients zélés par les sportules* que je donne? Marius, Cinna, Fimbria, Sylla, tous les autres les plus habiles, n'ont-ils pas pris ce chemin?

Cés. — Tout cela ne va point au but, et vous n'y entendez rien. Catilina étoit de meilleur sens que tous ces gens-là.

Pomp. — En quoi? Vous me surprenez; je crois que vous voulez rire.

Cés. — Non, je ne ris point : je ne fus jamais si sérieux.

Pomp. — Quel est donc votre secret pour apaiser l'envie, pour guérir les soupçons, pour charmer les patriciens et les plébéiens?

Cés. — Le voulez-vous savoir? Faites comme moi : je ne vous conseille que ce que je pratique moi-même.

Pomp. — Quoi! flatter le peuple sous une apparence de justice et de liberté? faire le tribun ardent et zélé, le Gracchus?

Cés. — C'est quelque chose, mais ce n'est pas tout; il y a quelque chose de bien plus sûr.

Pomp. — Quoi donc? Est-ce quelque enchantement magique, quelque invocation de génie, quelque science des astres?

Cés. — Bon! tout cela n'est rien; ce ne sont que contes de vieilles.

Pomp. — Ho, ho! vous êtes bien méprisant. Vous avez donc quelque commerce avec les dieux, comme Numa, Scipion, et plusieurs autres?

Cés. — Non, tous ces artifices-là sont usés.

Pomp. — Quoi donc enfin? ne me tenez plus en suspens.

Cés. — Voici les deux points fondamentaux de ma doctrine : premièrement, corrompre toutes les femmes pour entrer dans le secret le plus intime de toutes les familles; secondement, emprunter et dépenser toujours sans mesure, ne payer jamais rien. Chaque créancier est intéressé à avancer votre fortune, pour ne perdre point l'argent que vous lui devez. Ils vous donnent leurs suffrages; ils remuent ciel et terre pour vous procurer ceux de leurs amis. Plus vous avez de créanciers, plus votre brigue est forte. Pour me rendre maître de Rome, je travaille à être le débiteur universel de toute la ville. Plus je suis ruiné, plus je suis puissant. Il n'y a qu'à dépenser, les richesses nous viennent comme un torrent.

XLVI.
CICÉRON ET AUGUSTE.

Obliger les ingrats, c'est se perdre soi-même.

Aug. — Bonjour, grand orateur. Je suis ravi de vous revoir; car je n'ai pas oublié toutes les obligations que je vous ai.

Cic. — Vous pouvez vous en souvenir ici-bas; mais vous ne vous en souveniez guère dans le monde.

Aug. — Après votre mort même je trouvai un jour un de mes petits-fils qui lisoit vos ouvrages : il craignit que je ne blâmasse cette lecture, et fut embarrassé; mais je le rassurai, en disant de vous : C'étoit un grand homme, et qui aimoit bien sa patrie. Vous voyez que je n'ai pas attendu la fin de ma vie pour bien parler de vous.

Cic. — Belle récompense de tout ce que j'ai fait pour vous élever! Quand vous parûtes, jeune et sans autorité, après la mort de Jules, je vous donnai mes conseils, mes amis, mon crédit.

---

* On appeloit ainsi, chez les Romains, des corbeilles pleines de viandes et de fruits, que les grands donnoient à ceux qui venoient le matin leur faire la cour; on faisoit aussi ce présent en argent, et il conservoit le même nom. (*Édit.*)

Aug. — Vous le faisiez moins pour l'amour de moi, que pour contrebalancer l'autorité d'Antoine, dont vous craigniez la tyrannie.

Cic. — Il est vrai, je craignis moins un enfant que cet homme puissant et emporté. En cela je me trompai; car vous étiez plus dangereux que lui. Mais enfin vous me devez votre fortune. Que ne disois-je point au sénat, pendant ce siége de Modène, où les deux consuls Hirtius et Pansa, victorieux, périrent? Leur victoire ne servit qu'à vous mettre à la tête de l'armée. C'étoit moi qui avois fait déclarer la république contre Antoine par mes harangues, qu'on a nommées Philippiques. Au lieu de combattre pour ceux qui vous avoient mis les armes à la main, vous vous unîtes lâchement avec votre ennemi Antoine, et avec Lépide, le dernier des hommes, pour mettre Rome dans les fers. Quand ce monstrueux triumvirat fut formé, vous vous demandâtes des têtes les unes aux autres. Chacun, pour obtenir des crimes de son compagnon, étoit obligé d'en commettre. Antoine fut contraint de sacrifier à votre vengeance L. César, son propre oncle, pour obtenir de vous ma tête : vous m'abandonnâtes indignement à sa fureur.

Aug. — Il est vrai; je ne pus résister à un homme dont j'avois besoin pour me rendre maître du monde. Cette tentation est violente, et il faut l'excuser.

Cic. — Il ne faut jamais excuser une si noire ingratitude. Sans moi, vous n'auriez jamais paru dans le gouvernement de la république. O que j'ai de regret aux louanges que je vous ai données! Vous êtes devenu un tyran cruel; vous n'étiez qu'un ami trompeur et perfide.

Aug. — Voilà un torrent d'injures. Je crois que vous allez faire contre moi une Philippique plus véhémente que celles que vous avez faites contre Antoine.

Cic. — Non; j'ai laissé mon éloquence en passant les ondes du Styx. Mais la postérité saura que je vous ai fait tout ce que vous avez été, et que c'est vous qui m'avez fait mourir pour flatter la passion d'Antoine. Mais ce qui me fâche le plus est que votre lâcheté, en vous rendant odieux à tous les siècles, me rendra méprisable aux hommes critiques : ils diront que j'ai été la dupe d'un jeune homme qui s'est servi de moi pour contenter son ambition. Obligez les hommes mal nés, il ne nous en revient que de la douleur et de la honte.

XLVII.

SERTORIUS ET MERCURE.

Les fables et les illusions font plus sur la populace crédule que la vérité et la vertu.

Merc. — Je suis bien pressé de m'en retourner vers l'olympe; et j'en suis fort fâché, car je meurs d'envie de savoir par où tu as fini ta vie.

Sert. — En deux mots je vous l'apprendrai. Le jeune apprenti et la bonne vieille ne pouvoient me vaincre. Perpenna, le traître, me fit périr; sans lui, j'aurois fait voir bien du pays à mes ennemis.

Merc. — Qui appelles-tu le jeune apprenti et la bonne vieille?

Sert. — Hé! ne savez-vous pas? c'est Pompée et Métellus. Métellus étoit mou, appesanti, incertain, trop vieux et usé; il perdoit les occasions décisives par sa lenteur. Pompée étoit au contraire sans expérience. Avec des Barbares ramassés, je me jouois de ces deux capitaines et de leurs légions.

Merc. — Je ne m'en étonne pas. On dit que tu étois magicien, que tu avois une biche qui venoit dans ton camp te dire tous les desseins de tes ennemis, et tout ce que tu pouvois entreprendre contre eux.

Sert. — Tandis que j'ai eu besoin de ma biche, je n'en ai découvert le secret à personne; mais maintenant, que je ne puis plus m'en servir, j'en dirai tout haut le mystère.

Merc. — Eh bien! étoit-ce quelque enchantement?

Sert. — Point du tout. C'étoit une sottise qui m'a plus servi que mon argent, que mes troupes, que les débris du parti de Marius contre Sylla, que j'avois recueillis dans un coin des montagnes d'Espagne et de Lusitanie. Une illusion faite bien à propos mène loin les peuples crédules.

Merc. — Mais cette illusion n'étoit-elle pas bien grossière?

Sert. — Sans doute; mais les peuples pour qui elle étoit préparée étoient encore plus grossiers.

Merc. — Quoi! ces Barbares croyoient tout ce que tu racontois de ta biche?

Sert. — Tout; et il ne tenoit qu'à moi d'en dire encore davantage; ils l'auroient cru. Avois-je découvert par des coureurs ou des espions la marche des ennemis; c'étoit la biche qui me l'avoit dit à l'oreille. Avois-je été battu; la biche me parloit pour déclarer que les dieux alloient relever mon parti. La biche ordonnoit aux habitants du pays de me donner toutes leurs forces, faute de quoi la peste et la famine devoient les désoler. Ma biche étoit-elle perdue depuis quelques jours, et ensuite retrouvée secrètement; je la faisois tenir bien cachée, et je déclarois par un pressentiment ou sur quelque présage qu'elle alloit revenir; après quoi je la faisois rentrer dans le camp, où elle ne manquoit pas de me rapporter des nouvelles de vous autres dieux. Enfin ma biche faisoit tout, et elle seule réparoit tous mes malheurs.

Merc. — Cet animal t'a bien servi. Mais tu nous servois mal; car de telles impostures décrient les immortels, et font grand tort à tous nos mystères. Franchement, tu étois un impie.

Sert. — Je ne l'étois pas plus que Numa avec sa nymphe Égérie, que Lycurgue et Solon avec leur commerce secret des dieux, que Socrate avec son esprit familier, enfin que Scipion avec sa façon mystérieuse d'aller au Capitole consulter Jupiter, qui lui inspiroit toutes ses entreprises de guerre contre Carthage. Tous ces gens-là ont été aussi imposteurs que moi.

Merc. — Mais ils ne l'étoient que pour établir de bonnes lois, ou pour rendre la patrie victorieuse.

Sert. — Et moi pour me défendre contre le parti du tyran Sylla, qui avoit opprimé Rome, et qui avoit envoyé des citoyens changés en esclaves, pour me faire périr comme le dernier soutien de la liberté.

Merc. — Quoi donc! la république entière, tu ne la regardes que comme le parti de Sylla? De bonne foi, tu étois demeuré seul contre tous les Romains. Mais enfin tu trompois ces pauvres Barbares par des mystères de religion.

Sert. — Il est vrai; mais comment faire autrement avec les sots? Il faut bien les amuser par des sottises, et aller à son but. Si on ne leur disoit que des vérités solides, ils ne les croiroient pas. Racontez des fables, flattez, amusez, grands et petits courent après vous.

XLVIII.
LE JEUNE POMPÉE ET MÉNAS, AFFRANCHI DE SON PÈRE.

Caractère d'un homme qui, n'aimant pas la vertu pour elle-même, n'est ni assez bon pour ne vouloir pas profiter d'un crime, ni assez méchant pour vouloir le commettre.

Mén. — Voulez-vous que je fasse un beau coup?

Pomp. — Quoi donc? parle. Te voilà tout troublé; tu as l'air d'une Sibylle dans son antre, qui étouffe, qui écume, qui est forcenée.

Mén. — C'est de joie. O l'heureuse occasion! Si c'étoit mon affaire, tout seroit déjà achevé. Le voulez-vous? un mot; oui ou non.

Pomp. — Quoi? tu ne m'expliques rien, et tu demandes une réponse! Dis donc, si tu veux; parle clairement.

Mén. — Vous avez là Octave et Antoine couchés à cette table dans votre vaisseau; ils ne songent qu'à faire bonne chère.

Pomp. — Crois-tu que je n'aie pas des yeux pour les voir?

Mén. — Mais avez-vous des oreilles pour m'entendre? Le beau coup de filet!

Pomp. — Quoi! voudrois-tu que je les trahisse? Moi, manquer à la foi donnée à mes ennemis! Le fils du grand Pompée agir en scélérat! Ah! Ménas, tu me connois mal.

Mén. — Vous m'entendez encore plus mal; ce n'est pas vous qui devez faire ce coup. Voilà la main qui le prépare. Tenez votre parole en grand homme, et laissez faire Ménas, qui n'a rien promis.

Pomp. — Mais tu veux que je te laisse faire, moi à qui on s'est confié? Tu veux que je le sache, et que je le souffre? Ah! Ménas, mon pauvre Ménas! pourquoi me l'as-tu dit? il falloit le faire sans me le dire.

Mén. — Mais vous n'en saurez rien. Je couperai la corde des ancres; nous irons en pleine mer : les deux tyrans de Rome sont dans vos mains. Les mânes de votre père seront vengées des deux héritiers de César. Rome sera en liberté. Qu'un vain scrupule ne vous arrête pas; Ménas n'est pas Pompée. Pompée sera fidèle à sa parole, généreux, tout couvert de gloire; Ménas l'affranchi, Ménas fera le crime, et le vertueux Pompée en profitera.

Pomp. — Mais Pompée ne peut savoir le crime et le permettre sans y participer. Ah! malheureux! tu as tout perdu en me parlant. Que je regrette ce que tu pouvois faire!

Mén. — Si vous le regrettez, pourquoi ne le permettez-vous pas? Et si vous ne le pouvez permettre, pourquoi le regrettez-vous? Si la chose est bonne, il faut la vouloir hardiment, et n'en faire point de façon; si elle est mauvaise, pourquoi vouloir qu'elle fût faite, et ne vouloir pas qu'on la fasse? Vous êtes contraire à vous-même. Un fantôme de vertu vous rend ombrageux, et vous me faites bien sentir la vérité de ce qu'on dit, qu'il faut une ame forte pour oser faire les grands crimes.

Pomp. — Il est vrai, Ménas, je ne suis ni assez bon pour ne vouloir pas profiter d'un crime, ni assez méchant pour oser le commettre moi-même.

Je me vois dans un entre-deux qui n'est ni vertu ni vice. Ce n'est pas le vrai bonheur, c'est une mauvaise honte qui me retient. Je ne puis autoriser un traître; et je n'aurois point d'horreur de la trahison, si elle étoit faite pour me rendre maître du monde.

XLIX.
CALIGULA ET NÉRON.
Dangers du pouvoir absolu dans un souverain qui a la tête foible.

CAL. — Je suis ravi de te voir : tu es une rareté. On a voulu me donner de la jalousie contre toi, en m'assurant que tu m'as surpassé en prodiges ; mais je n'en crois rien.

NÉR. — Belle comparaison ! tu étois un fou. Pour moi, je me suis joué des hommes, et je leur ai fait voir des choses qu'ils n'avoient jamais vues. J'ai fait périr ma mère, ma femme, mon gouverneur, mon précepteur; j'ai brûlé ma patrie. Voilà des coups d'un grand courage qui s'élève au-dessus de la foiblesse humaine. Le vulgaire appelle cela cruauté; moi je l'appelle mépris de la nature entière, et grandeur d'ame.

CAL. — Tu fais le fanfaron. As-tu étouffé comme moi ton père mourant ? As-tu caressé comme moi ta femme, en lui disant : Jolie petite tête, que je ferai couper quand il me plaira !

NÉR. — Tout cela n'est que gentillesse : pour moi, je n'avance rien qui ne soit solide. Hé ! vraiment, j'avois oublié un des beaux endroits de ma vie; c'est d'avoir fait mourir mon frère Britannicus.

CAL. — C'est quelque chose, je l'avoue. Sans doute, tu l'as fait pour imiter la vertu du grand fondateur de Rome, qui, pour le bien public, n'épargna pas même le sang de son frère. Mais tu n'étois qu'un musicien.

NÉR. — Pour toi, tu avois des prétentions plus hautes; tu voulois être dieu, et massacrer tous ceux qui en auroient douté.

CAL. — Pourquoi non? pouvoit-on mieux employer la vie des hommes que de la sacrifier à ma divinité? C'étoient autant de victimes immolées sur mes autels.

NÉR. — Je ne donnois pas dans de telles visions; mais j'étois le plus grand musicien et le comédien le plus parfait de l'empire : j'étois même bon poëte.

CAL. — Du moins tu le croyois : mais les autres n'en croyoient rien ; on se moquoit de ta voix et de tes vers.

NÉR. — On ne s'en moquoit pas impunément. Lucain se repentit d'avoir voulu me surpasser.

CAL. — Voilà un bel bonheur pour un empereur romain, que de monter sur le théâtre comme un bouffon, d'être jaloux des poètes, et de s'attirer la dérision publique !

NÉR. — C'est le voyage que je fis dans la Grèce qui m'échauffa la cervelle sur le théâtre et sur toutes les représentations.

CAL. — Tu devois demeurer en Grèce pour y gagner ta vie en comédien, et laisser faire un autre empereur à Rome, qui en soutînt mieux la majesté.

NÉR. — N'avois-je pas ma maison dorée, qui devoit être plus grande que les plus grandes villes? Oui-dà, je m'entendois en magnificence.

CAL. — Si on l'eût achevée, cette maison, il auroit fallu que les Romains fussent allés loger hors de Rome. Cette maison étoit proportionnée au colosse qui te représentoit, et non pas à toi, qui n'étois pas plus grand qu'un autre homme.

NÉR. — C'est que je visois au grand.

CAL. — Non ; tu visois au gigantesque et au monstrueux. Mais tous ces beaux desseins furent renversés par Vindex.

NÉR. — Et les tiens par Chéréas, comme tu allois au théâtre.

CAL. — A n'en point mentir, nous fîmes tous deux une fin assez malheureuse, et dans la fleur de notre jeunesse.

NÉR. — Il faut dire la vérité; peu de gens étoient intéressés à faire des vœux pour nous et à nous souhaiter une longue vie. On passe mal son temps à se croire toujours entre des poignards.

CAL. — De la manière que tu en parles, tu ferois croire que si tu retournois au monde, tu changerois de vie.

NÉR. — Point du tout, je ne pourrois gagner sur moi de me modérer. Vois-tu bien, mon pauvre ami (et tu l'as senti aussi bien que moi) c'est une étrange chose que de pouvoir tout. Quand on a la tête un peu foible, elle tourne bien vite dans cette puissance sans bornes. Tel seroit sage dans une condition médiocre, qui devient fou quand il est le maître du monde.

CAL. — Cette folie seroit bien jolie si elle n'avoit rien à craindre; mais les conjurations, les troubles, les remords, les embarras d'un grand empire, gâtent le métier. D'ailleurs la comédie est courte; ou plutôt c'est une horrible tragédie qui finit tout-à-coup. Il faut venir compter ici avec ces trois vieillards chagrins et sévères, qui n'entendent point raillerie, et qui punissent comme des scélérats ceux qui se faisoient adorer sur la terre. Je vois venir Domitien, Commode, Caracalla et Héliogabale, chargés de chaînes, qui vont passer leur temps aussi mal que nous.

L.
ANTONIN PIE ET MARC AURÈLE.

M. Aur. — O mon père, j'ai grand besoin de venir me consoler avec toi. Je n'eusse jamais cru pouvoir sentir une si vive douleur, ayant été nourri dans la vertu insensible des stoïciens, et étant descendu dans ces demeures bienheureuses, où tout est si tranquille.

Ant. — Hélas! mon cher fils, quel malheur te jette dans ce trouble? Tes larmes sont bien indécentes pour un stoïcien. Qu'y a-t-il donc?

M. Aur. — Ah! c'est mon fils Commode que je viens de voir; il a déshonoré notre nom, si aimé du peuple. C'est une femme débauchée qui l'a fait massacrer, pour prévenir ce malheureux, parce qu'il l'avoit mise dans une liste de gens qu'il prétendoit faire mourir.

Ant. — J'ai su qu'il a mené une vie infame. Mais pourquoi as-tu négligé son éducation? tu es cause de son malheur; il a bien plus à se plaindre de ta négligence qui l'a perdu, que tu n'as à te plaindre de ses désordres.

M. Aur. — Je n'avois pas le loisir de penser à un enfant: j'étois toujours accablé de la multitude des affaires d'un si grand empire, et des guerres étrangères; je n'ai pourtant pas laissé d'en prendre quelque soin. Hélas! si j'eusse été un simple particulier, j'aurois moi-même instruit et formé mon fils; je l'aurois laissé honnête homme: mais je lui ai laissé trop de puissance pour lui laisser de la modération et de la vertu.

Ant. — Si tu prévoyois que l'empire dût le gâter, il falloit s'abstenir de le faire empereur, et pour l'amour de l'empire qui avoit besoin d'être bien gouverné, et pour l'amour de ton fils qui eût mieux valu dans une condition médiocre.

M. Aur. — Je n'ai jamais prévu qu'il se corromproit.

Ant. — Mais ne devois-tu pas le prévoir? N'est-ce point que la tendresse paternelle t'a aveuglé? Pour moi, je choisis en ta personne un étranger, foulant aux pieds tous les intérêts de famille. Si tu en avois fait autant, tu n'aurois pas tant de déplaisir: mais ton fils te fait autant de honte que tu m'as fait d'honneur. Mais dis-moi la vérité: ne voyois-tu rien de mauvais dans ce jeune homme?

M. Aur. — J'y voyois d'assez grands défauts; mais j'espérois qu'il se corrigeroit.

Ant. — C'est-à-dire que tu en voulois faire l'expérience aux dépens de l'empire. Si tu avois sincèrement aimé la patrie plus que ta famille, tu n'aurois pas voulu hasarder le bien public pour soutenir la grandeur particulière de ta maison.

M. Aur. — Pour te parler ingénument, je n'ai jamais eu d'autre intention que celle de préférer l'empire à mon fils; mais l'amitié que j'avois pour mon fils m'a empêché de l'observer d'assez près. Dans le doute, je me suis flatté, et l'espérance a séduit mon cœur.

Ant. — O quel malheur que les meilleurs hommes soient si imparfaits, et qu'ayant tant de peine à faire du bien, ils fassent souvent sans le vouloir des maux irréparables!

M. Aur. — Je le voyois bien fait, adroit à tous les exercices du corps, environné de sages conseillers qui avoient eu ma confiance, et qui pouvoient modérer sa jeunesse. Il est vrai que son naturel étoit léger, violent, adonné au plaisir.

Ant. — Ne connoissois-tu dans Rome aucun homme plus digne de l'empire du monde?

M. Aur. — J'avoue qu'il y en avoit plusieurs; mais je croyois pouvoir préférer mon fils, pourvu qu'il eût de bonnes qualités.

Ant. — Que signifioit donc ce langage de vertu si héroïque, quand tu écrivois à Faustine que si Avidius Cassius étoit plus digne de l'empire que toi et ta famille, il falloit consentir qu'il prévalût, et que ta famille pérît avec toi? Pourquoi ne suivre point ces grandes maximes, lorsqu'il s'agissoit de te choisir un successeur? Ne devois-tu pas à la patrie de préférer le plus digne?

M. Aur. — J'avoue ma faute; mais la femme que tu m'avois donnée avec l'empire, et dont j'ai souffert les désordres par reconnoissance pour toi, ne m'a jamais permis de suivre la pureté de ces maximes. En me donnant cette femme avec l'empire, tu fis deux fautes. En me donnant ta fille, tu fis la première faute, dont la mienne a été la suite. Tu me fis deux présents, dont l'un gâtoit l'autre, et m'a empêché d'en faire un bon usage. J'avois de la peine à m'excuser en te blâmant; mais enfin tu me presses trop. N'as-tu pas fait pour ta fille ce que tu me reproches d'avoir fait pour mon fils?

Ant. — En te reprochant ta faute, je n'ai garde de désavouer la mienne. Mais je t'avois donné une femme qui n'avoit aucune autorité; elle n'avoit que le nom d'impératrice: tu pouvois et tu devois la répudier, selon les lois, quand elle eut une mauvaise conduite. Enfin il falloit au moins t'élever au-dessus des importunités d'une femme. De plus, elle étoit morte, et tu étois libre quand tu laissas l'empire à ton fils. Tu as reconnu le nature léger et emporté de ce fils ; il n'a songé qu'à donner des spectacles, qu'à tirer de l'arc, qu'à percer des bêtes farouches, qu'à se rendre aussi farouche qu'elles, qu'à devenir un gladiateur, qu'à égarer son imagination, allant tout nu avec une peau de lion comme s'il eût été Hercule, qu'à se plonger dans des vices qui font horreur, et qu'à suivre tous ses soupçons avec une cruauté monstrueuse. O mon fils, cesse de t'excuser ; un homme si insensé et si méchant ne pouvoit tromper un homme aussi éclairé que toi, si la tendresse n'avoit point affoibli ta prudence et ta vertu.

LI.
HORACE ET VIRGILE.
Caractères de ces deux poëtes.

Virg. — Que nous sommes tranquilles et heureux sur ces gazons toujours fleuris, au bord de cette onde si pure, auprès de ce bois odoriférant !

Hor. — Si vous n'y prenez garde, vous allez faire une églogue. Les ombres n'en doivent point faire. Voyez Homère, Hésiode, Théocrite : couronnés de laurier, ils entendent chanter leurs vers ; mais ils n'en font plus.

Virg. — J'apprends avec joie que les vôtres sont encore après tant de siècles les délices des gens de lettres. Vous ne vous trompiez pas quand vous disiez dans vos Odes, d'un ton si assuré : Je ne mourrai pas tout entier.

Hor. — Mes ouvrages ont résisté au temps, il est vrai ; mais il faut vous aimer autant que je le fais pour n'être point jaloux de votre gloire. On vous place d'abord après Homère.

Virg. — Nos muses ne doivent point être jalouses l'une de l'autre ; leurs genres sont si différents ! Ce que vous avez de merveilleux, c'est la variété. Vos Odes sont tendres, gracieuses, souvent véhémentes, rapides, sublimes. Vos Satires sont simples, naïves, courtes, pleines de sel ; on y trouve une profonde connoissance de l'homme, une philosophie très sérieuse, avec un tour plaisant qui redresse les mœurs des hommes, et qui les instruit en se jouant. Votre Art poétique montre que vous aviez toute l'étendue des connoissances acquises, et toute la force de génie nécessaire pour exécuter les plus grands ouvrages, soit pour le poëme épique, soit pour la tragédie.

Hor. — C'est bien à vous à parler de variété, vous qui avez mis dans vos Églogues la tendresse naïve de Théocrite ! Vos Géorgiques sont pleines des peintures les plus riantes ; vous embellissez et vous passionnez toute la nature. Enfin, dans votre Énéide, le bel ordre, la magnificence, la force et la sublimité d'Homère éclatent partout.

Virg. — Mais je n'ai fait que le suivre pas à pas.

Hor. — Vous n'avez point suivi Homère quand vous avez traité les amours de Didon. Ce quatrième livre est tout original. On ne peut pas même vous ôter la louange d'avoir fait la descente d'Énée aux enfers plus belle que n'est l'évocation des ames qui est dans l'Odyssée.

Virg. — Mes derniers livres sont négligés. Je ne prétendois pas les laisser si imparfaits. Vous savez que je voulus les brûler.

Hor. — Quel dommage si vous l'eussiez fait ! C'étoit une délicatesse excessive ; on voit bien que l'auteur des Géorgiques auroit pu finir l'Énéide avec le même soin. Je regarde moins cette dernière exactitude que l'essor du génie, la conduite de tout l'ouvrage, la force et la hardiesse des peintures. A vous parler ingénument, si quelque chose vous empêche d'égaler Homère, c'est d'être plus poli, plus châtié, plus fini, mais moins simple, moins fort, moins sublime ; car d'un seul trait il met la nature toute nue devant les yeux.

Virg. — J'avoue que j'ai dérobé quelque chose à la simple nature, pour m'accommoder au goût d'un peuple magnifique et délicat sur toutes les choses qui ont rapport à la politesse. Homère semble avoir oublié le lecteur pour ne songer qu'à peindre en tout la vraie nature. En cela je lui cède.

Hor. — Vous êtes toujours ce modeste Virgile, qui eut tant de peine à se produire à la cour d'Auguste. Je vous ai dit librement ce que je pense sur vos ouvrages ; dites-moi de même les défauts des miens. Quoi donc ! me croyez-vous incapable de les reconnoître ?

Virg. — Il y a, ce me semble, quelques endroits de vos Odes qui pourroient être retranchés sans rien ôter au sujet, et qui n'entrent point dans votre dessein. Je n'ignore pas le transport que l'ode doit avoir ; mais il y a des choses écartées qu'un beau transport ne va point chercher. Il y a aussi quelques endroits passionnés et merveilleux, où vous remarquerez peut-être quelque chose qui manque, ou pour l'harmonie, ou pour la simplicité de la passion. Jamais homme n'a donné un tour plus heureux que vous à la parole, pour lui faire signifier un beau sens avec brièveté et délicatesse ; les mots deviennent tout nouveaux par l'usage que vous en faites. Mais tout n'est pas également coulant ; il y a des choses que je croirois un peu trop tournées.

Hor. — Pour l'harmonie, je ne m'étonne pas que vous soyez si difficile. Rien n'est si doux et si nombreux que vos vers; leur cadence seule attendrit et fait couler les larmes des yeux.

Virg. — L'ode demande une autre harmonie toute différente, que vous avez trouvée presque toujours, et qui est plus variée que la mienne.

Hor. — Enfin je n'ai fait que de petits ouvrages. J'ai blâmé ce qui est mal; j'ai montré les règles de ce qui est bien : mais je n'ai rien exécuté de grand comme votre poëme héroïque.

Virg. — En vérité, mon cher Horace, il y a déja trop long-temps que nous nous donnons des louanges; pour d'honnêtes gens, j'en ai honte. Finissons.

LII.
PARRHASIUS ET POUSSIN.

Sur la peinture des anciens; et sur le tableau des funérailles de Phocion, par le Poussin.

Parr. — Il y a déja assez long-temps qu'on nous faisoit attendre votre venue; il faut que vous soyez mort assez vieux.

Pouss. — Oui, et j'ai travaillé jusque dans une vieillesse fort avancée.

Parr. — On vous a marqué ici un rang assez honorable à la tête des peintres françois : si vous aviez été mis parmi les Italiens, vous seriez en meilleure compagnie. Mais ces peintres, que Vasari nous vante tous les jours, vous auroient fait bien des querelles. Il y a ces deux écoles lombarde et florentine, sans parler de celle qui se forma ensuite à Rome : tous ces gens-là nous rompent sans cesse la tête par leurs jalousies. Ils avoient pris pour juges de leurs différends Apelle, Zeuxis et moi : mais nous aurions plus d'affaires que Minos, Éaque et Rhadamanthe, si nous les voulions accorder. Ils sont même jaloux des anciens, et osent se comparer à nous. Leur vanité est insupportable.

Pouss. — Il ne faut point faire de comparaison, car vos ouvrages ne restent point pour en juger; et je crois que vous n'en faites plus sur les bords du Styx. Il y fait un peu trop obscur pour y exceller dans le coloris, dans la perspective, et dans la dégradation de lumière. Un tableau fait ici-bas ne pourroit être qu'une nuit; tout y seroit ombre. Pour revenir à vous autres anciens, je conviens que le préjugé général est en votre faveur. Il y a sujet de croire que votre art, qui est du même goût que la sculpture, avoit été poussé jusqu'à la même perfection, et que vos tableaux égaloient les statues de Praxitèle, de Scopas et de Phidias; mais enfin il ne nous reste rien de vous, et la comparaison n'est plus possible; par-là vous êtes hors de toute atteinte, et vous nous tenez en respect. Ce qui est vrai, c'est que nous autres peintres modernes, nous devons nos meilleurs ouvrages aux modèles antiques que nous avons étudiés dans les bas-reliefs. Ces bas-reliefs, quoiqu'ils appartiennent à la sculpture, font assez entendre avec quel goût on devoit peindre dans ce temps-là. C'est une demi-peinture.

Parr. — Je suis ravi de trouver un peintre moderne si équitable et si modeste. Vous comprenez bien que quand Zeuxis fit des raisins qui trompoient les petits oiseaux, il falloit que la nature fût bien imitée pour tromper la nature même. Quand je fis ensuite un rideau qui trompa les yeux si habiles du grand Zeuxis, il se confessa vaincu. Voyez jusqu'où nous avions poussé cette belle erreur. Non, non, ce n'est pas pour rien que tous les siècles nous ont vantés. Mais dites-moi quelque chose de vos ouvrages. On a rapporté ici à Phocion que vous aviez fait de beaux tableaux où il est représenté. Cette nouvelle l'a réjoui. Est-elle véritable?

Pouss. — Sans doute; j'ai représenté son corps que deux esclaves emportent de la ville d'Athènes. Ils paroissent tous deux affligés, et ces deux douleurs ne se ressemblent en rien. Le premier de ces esclaves est vieux; il est enveloppé dans une draperie négligée; le nu des bras et des jambes montre un homme fort et nerveux, c'est une carnation qui marque un corps endurci au travail. L'autre est jeune, couvert d'une tunique qui fait des plis assez gracieux. Les deux attitudes sont différentes dans la même action, et les deux airs des têtes sont fort variés, quoiqu'ils soient tous deux serviles *.

Parr. — Bon; l'art n'imite bien la nature qu'autant qu'il attrape cette variété infinie dans ses ouvrages. Mais le mort....

Pouss. — Le mort est caché sous une draperie confuse qui l'enveloppe. Cette draperie est négligée et pauvre. Dans ce convoi tout est capable d'exciter la pitié et la douleur.

Parr. — On ne voit donc point le mort?

Pouss. — On ne laisse pas de remarquer sous cette draperie confuse la forme de la tête et de tout le corps. Pour les jambes, elles sont découvertes : on y peut remarquer, non-seulement la couleur

---

* On a gravé ce tableau, et celui que Fénelon décrit dans le dialogue suivant. Ils font partie des paysages du Poussin.

(*Édit. de Vers.*)

flétrie de la chair morte, mais encore la roideur et la pesanteur des membres affaissés. Ces deux esclaves, qui emportent ce corps le long d'un grand chemin, trouvent à côté du chemin de grandes pierres taillées en carré, dont quelques unes sont élevées en ordre au-dessus des autres, en sorte qu'on croit voir les ruines de quelque majestueux édifice. Le chemin paroît sablonneux et battu.

Parr. — Qu'avez-vous mis aux deux côtés de ce tableau, pour accompagner vos figures principales?

Pouss. — Au côté droit sont deux ou trois arbres dont le tronc est d'une écorce âpre et noueuse. Ils ont peu de branches, dont le vert, qui est un peu foible, se perd insensiblement dans le sombre azur du ciel. Derrière ces longues tiges d'arbres, on voit la ville d'Athènes.

Parr. — Il faut un contraste bien marqué dans le côté gauche.

Pouss. — Le voici. C'est un terrain raboteux; on y voit des creux qui sont dans une ombre très forte, et des pointes de roches fort éclairées. Là se présentent aussi quelques buissons assez sauvages. Il y a un peu au-dessus un chemin qui mène à un bocage sombre et épais : un ciel extrêmement clair donne encore plus de force à cette verdure sombre.

Parr. — Bon ; voilà qui est bien. Je vois que vous savez le grand art des couleurs, qui est de fortifier l'une par son opposition avec l'autre.

Pouss. — Au-delà de ce terrain rude se présente un gazon frais et tendre. On y voit un berger appuyé sur sa houlette, et occupé à regarder ses moutons blancs comme la neige, qui errent en paissant dans une prairie. Le chien du berger est couché et dort derrière lui. Dans cette campagne, on voit un autre chemin où passe un chariot traîné par des bœufs. Vous remarquez d'abord la force et la pesanteur de ces animaux, dont le cou est penché vers la terre, et qui marchent à pas lents. Un homme d'un air rustique est devant le chariot ; une femme marche derrière, et elle paroît la fidèle compagne de ce simple villageois. Deux autres femmes voilées sont sur le chariot.

Parr. — Rien ne fait un plus sensible plaisir que ces peintures champêtres. Nous les devons aux poëtes. Ils ont commencé à chanter dans leurs vers les graces naïves de la nature simple et sans art ; nous les avons suivis. Les ornements d'une campagne où la nature est belle font une image plus riante que toutes les magnificences que l'art a pu inventer.

Pouss. — On voit au côté droit, dans ce chemin, sur un cheval alezan, un cavalier enveloppé dans un manteau rouge. Le cavalier et le cheval sont penchés en avant ; ils semblent s'élancer pour courir avec plus de vitesse. Les crins du cheval, les cheveux de l'homme, son manteau, tout est flottant, et repoussé par le vent en arrière.

Parr. — Ceux qui ne savent que représenter des figures gracieuses n'ont atteint que le genre médiocre. Il faut peindre l'action et le mouvement, animer les figures, et exprimer les passions de l'ame. Je vois que vous êtes bien entré dans le goût de l'antique.

Pouss. — Plus avant on trouve un gazon sous lequel paroît un terrain de sable. Trois figures humaines sont sur cette herbe : il y en a une debout, couverte d'une robe blanche à grands plis flottants ; les deux autres sont assises auprès d'elle sur le bord de l'eau, et il y en a une qui joue de la lyre. Au bout de ce terrain couvert de gazon, on voit un bâtiment carré, orné de bas-reliefs et de festons, d'un bon goût d'architecture simple et noble. C'est sans doute un tombeau de quelque citoyen qui étoit mort peut-être avec moins de vertu, mais plus de fortune que Phocion.

Parr. — Je n'oublie pas que vous m'avez parlé du bord de l'eau. Est-ce la rivière d'Athènes nommée Ilissus?

Pouss. — Oui ; elle paroît en deux endroits aux côtés de ce tombeau. Cette eau est pure et claire : le ciel serein, qui est peint dans cette eau, sert à la rendre encore plus belle. Elle est bordée de saules naissants et d'autres arbrisseaux tendres dont la fraîcheur réjouit la vue.

Parr. — Jusque là il ne me reste rien à souhaiter. Mais vous avez encore un grand et difficile objet à me représenter ; c'est là que je vous attends.

Pouss. — Quoi ?

Parr. — C'est la ville. C'est là qu'il faut montrer que vous savez l'histoire, le costume, l'architecture.

Pouss. — J'ai peint cette grande ville d'Athènes sur la pente d'un long coteau, pour la mieux faire voir. Les bâtiments y sont par degrés dans un amphithéâtre naturel. Cette ville ne paroît point grande du premier coup d'œil : on n'en voit près de soi qu'un morceau assez médiocre ; mais le derrière qui s'enfuit découvre une grande étendue d'édifices.

Parr. — Y avez-vous évité la confusion?

Pouss. — J'ai évité la confusion et la symétrie. J'ai fait beaucoup de bâtiments irréguliers ; mais ils ne laissent pas de faire un assemblage gracieux, où chaque chose a sa place la plus naturelle. Tout se démêle et se distingue sans peine ; tout s'unit et fait corps : ainsi il y a une confusion apparente, et un ordre véritable quand on l'observe de près.

Parr. — N'avez-vous pas mis sur le devant quelque principal édifice ?

Pouss. — J'y ai mis deux temples. Chacun a une grande enceinte comme il la doit avoir, où l'on distingue le corps du temple des autres bâtiments qui l'accompagnent. Le temple qui est à la main droite a un portail orné de quatre grandes colonnes de l'ordre corinthien, avec un fronton et des statues. Autour de ce temple on voit des festons pendants : c'est une fête que j'ai voulu représenter suivant la vérité de l'histoire. Pendant qu'on emporte Phocion hors de la ville vers le bûcher, tout le peuple en joie et en pompe fait une grande solennité autour du temple dont je vous parle. Quoique ce peuple paroisse assez loin, on ne laisse pas de remarquer sans peine une action de joie pour honorer les dieux. Derrière ce temple paroît une grosse tour très haute, au sommet de laquelle est une statue de quelque divinité. Cette tour est comme une grosse colonne.

Parr. — Où est-ce que vous en avez pris l'idée ?

Pouss. — Je ne m'en souviens plus : mais elle est sûrement prise dans l'antique, car jamais je n'ai pris la liberté de rien donner à l'antiquité qui ne fût tiré de ses monuments. On voit aussi auprès de cette tour un obélisque.

Parr. — Et l'autre temple, n'en direz-vous rien ?

Pouss. — Cet autre temple est un édifice rond, soutenu de colonnes ; l'architecture en paroît majestueuse et singulière. Dans l'enceinte on remarque divers grands bâtiments avec des frontons. Quelques arbres en dérobent une partie à la vue. J'ai voulu marquer un bois sacré.

Parr. — Mais venons au corps de la ville.

Pouss. — J'ai cru y devoir marquer les divers temps de la république d'Athènes ; sa première simplicité, à remonter jusque vers les temps héroïques ; et sa magnificence dans les siècles suivants, où les arts y ont fleuri. Ainsi j'ai fait beaucoup d'édifices ou ronds ou carrés, avec une architecture régulière ; et beaucoup d'autres qui sentent cette antiquité rustique et guerrière. Tout y est d'une figure bizarre : on ne voit que tours, que créneaux, que hautes murailles, que petits bâtiments inégaux et simples. Une chose rend cette ville agréable, c'est que tout y est mêlé de grands édifices et de bocages. J'ai cru qu'il falloit mettre de la verdure partout, pour représenter les bois sacrés des temples, et les arbres qui étoient soit dans les gymnases ou dans les autres édifices publics. Partout j'ai tâché d'éviter de faire des bâtiments qui eussent rapport à ceux de mon temps et de mon pays, pour donner à l'antiquité un caractère facile à reconnoître.

Parr. — Tout cela est observé judicieusement. Mais je ne vois point l'Acropolis. L'avez-vous oublié ? ce seroit dommage.

Pouss. — Je n'avois garde. Il est derrière toute la ville, sur le sommet de la montagne, laquelle domine tout le coteau en pente. On voit à ses pieds de grands bâtiments fortifiés par des tours. La montagne est couverte d'une agréable verdure. Pour la citadelle, il paroît une assez grande enceinte avec une vieille tour qui s'élève jusque dans la nue. Vous remarquerez que la ville, qui va toujours en baissant vers le côté gauche, s'éloigne insensiblement, et se perd entre un bocage fort sombre, dont je vous ai parlé, et un petit bouquet d'autres arbres d'un vert brun et enfoncé [*], qui est sur le bord de l'eau.

Parr. — Je ne suis pas encore content. Qu'avez-vous mis derrière toute cette ville ?

Pouss. — C'est un lointain où l'on voit des montagnes escarpées et assez sauvages. Il y en a une, derrière ces beaux temples et cette pompe si riante dont je vous ai parlé, qui est un roc tout nu et affreux. Il m'a paru que je devois faire le tour de la ville cultivé et gracieux, comme celui des grandes villes l'est toujours. Mais j'ai donné une certaine beauté sauvage au lointain, pour me conformer à l'histoire, qui parle de l'Attique comme d'un pays rude et stérile.

Parr. — J'avoue que ma curiosité est bien satisfaite, et je serois jaloux pour la gloire de l'antiquité, si on pouvoit l'être d'un homme qui l'a imitée si modestement.

Pouss. — Souvenez-vous au moins que si je vous ai long-temps entretenu de mon ouvrage, je l'ai fait pour ne vous rien refuser, et pour me soumettre à votre jugement.

Parr. — Après tant de siècles vous avez fait plus d'honneur à Phocion que sa patrie n'auroit pu lui en faire le jour de sa mort par de somptueuses funérailles. Mais allons dans ce bocage ici près, où il est avec Timoléon et Aristide, pour lui apprendre de si agréables nouvelles.

---

[*] C'est ainsi qu'on lit dans l'édition originale. Dans celle de Didot, on a mis *foncé*, sans faire attention que Fénelon suit ici l'Académie, qui, dans toutes les éditions de son Dictionnaire, au mot *couleur*, donne cet exemple : *Couleur enfoncée*.

(*Édit. de Vers.*)

LIII.
LÉONARD DE VINCI ET POUSSIN.
Description d'un paysage peint par le Poussin.

Léon. — Votre conversation avec Parrhasius fait beaucoup de bruit en ce bas monde; on assure qu'il est prévenu en votre faveur, et qu'il vous met au-dessus de tous les peintres italiens. Mais nous ne le souffrirons jamais...

Pouss. — Le croyez-vous si facile à prévenir? Vous lui faites tort; vous vous faites tort à vous-même, et vous me faites trop d'honneur.

Léon. — Mais il m'a dit qu'il ne connoissoit rien de si beau que le tableau que vous lui aviez représenté. A quel propos offenser tant de grands hommes pour en louer un seul, qui...

Pouss. — Mais pourquoi croyez-vous qu'on vous offense en louant les autres? Parrhasius n'a point fait de comparaison. De quoi vous fâchez-vous?

Léon. — Oui vraiment, un petit peintre françois, qui fut contraint de quitter sa patrie pour aller gagner sa vie à Rome!

Pouss. — Oh! puisque vous le prenez par-là, vous n'aurez pas le dernier mot. Eh bien! je quittai la France, il est vrai, pour aller vivre à Rome, où j'avois étudié les modèles antiques, et où la peinture étoit plus en honneur qu'en mon pays : mais enfin, quoique étranger, j'étois admiré dans Rome. Et vous, qui étiez Italien, ne fûtes-vous pas obligé d'abandonner votre pays, quoique la peinture y fût si honorée, pour aller mourir à la cour de François Ier?

Léon. — Je voudrois bien examiner un peu quelqu'un de vos tableaux, sur les règles de peinture que j'ai expliquées dans mes livres. On verroit autant de fautes que de coups de pinceau.

Pouss. — J'y consens. Je veux croire que je ne suis pas aussi grand peintre que vous; mais je suis moins jaloux de mes ouvrages. Je vais vous mettre devant les yeux toute l'ordonnance d'un de mes tableaux : si vous y remarquez des défauts, je les avouerai franchement; si vous approuvez ce que j'ai fait, je vous contraindrai à m'estimer un peu plus que vous ne faites.

Léon. — Eh bien! voyons donc. Mais je suis un sévère critique, souvenez-vous-en.

Pouss. — Tant mieux. Représentez-vous un rocher qui est dans le côté gauche du tableau. De ce rocher tombe une source d'eau pure et claire, qui, après avoir fait quelques petits bouillons dans sa chute, s'enfuit au travers de la campagne. Un homme qui étoit venu puiser de cette eau est saisi par un serpent monstrueux; le serpent se lie autour de son corps, et entrelace ses bras et ses jambes par plusieurs tours, le serre, l'empoisonne de son venin, et l'étouffe. Cet homme est déjà mort; il est étendu; on voit la pesanteur et la roideur de tous ses membres; sa chair est déjà livide; son visage affreux représente une mort cruelle.

Léon. — Si vous ne nous présentez point d'autre objet, voilà un tableau bien triste.

Pouss. — Vous allez voir quelque chose qui augmente encore cette tristesse. C'est un autre homme qui s'avance vers la fontaine : il aperçoit le serpent autour de l'homme mort, il s'arrête soudainement; un de ses pieds demeure suspendu : il lève un bras en haut, l'autre tombe en bas; mais les deux mains s'ouvrent, elles marquent la surprise et l'horreur.

Léon. — Ce second objet, quoique triste, ne laisse pas d'animer le tableau, et de faire un certain plaisir semblable à ceux que goûtoient les spectateurs de ces anciennes tragédies où tout inspiroit la terreur et la pitié; mais nous verrons bientôt si vous avez....

Pouss. — Ah! ah! vous commencez à vous humaniser un peu : mais attendez la suite, s'il vous plaît; vous jugerez selon vos règles quand j'aurai tout dit. Là auprès est un grand chemin, sur le bord duquel paroît une femme qui voit l'homme effrayé, mais qui ne sauroit voir l'homme mort, parce qu'elle est dans un enfoncement, et que le terrain fait une espèce de rideau entre elle et la fontaine. La vue de cet homme effrayé fait en elle un contre-coup de terreur. Ces deux frayeurs sont, comme on dit, ce que les douleurs doivent être : les grandes se taisent, les petites se plaignent. La frayeur de cet homme le rend immobile : celle de cette femme, qui est moindre, est plus marquée par la grimace de son visage; on voit en elle une peur de femme, qui ne peut rien retenir, qui exprime toute son alarme, qui se laisse aller à ce qu'elle sent; elle tombe assise, elle laisse tomber et oublie ce qu'elle porte; elle tend les bras et semble crier. N'est-il pas vrai que ces divers degrés de crainte et de surprise font une espèce de jeu qui touche et plaît?

Léon. — J'en conviens. Mais qu'est-ce que ce dessin? est-ce une histoire? je ne la connois pas. C'est plutôt un caprice.

Pouss. — C'est un caprice. Ce genre d'ouvrage nous sied fort bien, pourvu que le caprice soit réglé, et qu'il ne s'écarte en rien de la vraie nature. On voit au côté gauche quelques grands arbres qui paroissent vieux, et tels que ces anciens chênes qui ont passé autrefois pour les divinités d'un pays.

Leurs tiges vénérables ont une écorce rude et âpre, qui fait fuir un bocage tendre et naissant, placé derrière. Ce bocage a une fraîcheur délicieuse; on voudroit y être. On s'imagine un été brûlant, qui respecte ce bois sacré. Il est planté le long d'une eau claire, et semble se mirer dedans. On voit d'un côté un vert enfoncé; de l'autre une eau pure, où l'on découvre le sombre azur d'un ciel serein. Dans cette eau se présentent divers objets qui amusent la vue, pour la délasser de tout ce qu'elle a vu d'affreux. Sur le devant du tableau, les figures sont toutes tragiques. Mais dans ce fond tout est paisible, doux et riant : ici on voit de jeunes gens qui se baignent et qui se jouent en nageant; là, des pêcheurs dans un bateau : l'un se penche en avant, et semble prêt à tomber, c'est qu'il tire un filet; deux autres, penchés en arrière, rament avec effort. D'autres sont sur le bord de l'eau, et jouent à la mourre[1] : il paroît dans les visages que l'un pense à un nombre pour surprendre son compagnon, qui paroît être attentif, de peur d'être surpris. D'autres se promènent au-delà de cette eau sur un gazon frais et tendre. En les voyant dans un si beau lieu, peu s'en faut qu'on n'envie leur bonheur. On voit assez loin une femme qui va sur un âne à la ville voisine, et qui est suivie de deux hommes. Aussitôt on s'imagine voir ces bonnes gens qui, dans leur simplicité rustique, vont porter aux villes l'abondance des champs qu'ils ont cultivés. Dans le même coin gauche paroît au-dessus du bocage une montagne assez escarpée, sur laquelle est un château.

Léon. — Le côté gauche de votre tableau me donne de la curiosité de voir le côté droit.

Pouss. — C'est un petit coteau qui vient en pente insensible jusqu'au bord de la rivière. Sur cette pente on voit en confusion des arbrisseaux et des buissons sur un terrain inculte. Au-devant de ce coteau sont plantés de grands arbres, entre lesquels on aperçoit la campagne, l'eau et le ciel.

Léon. — Mais ce ciel, comment l'avez-vous fait?

Pouss. — Il est d'un bel azur, mêlé de nuages clairs qui semblent être d'or et d'argent.

Léon. — Vous l'avez fait ainsi, sans doute, pour avoir la liberté de disposer à votre gré de la lumière, et pour la répandre sur chaque objet selon vos desseins.

Pouss. — Je l'avoue; mais vous devez avouer aussi qu'il paroît par-là que je n'ignore point vos règles que vous vantez tant.

[1] Jeu fort commun en Italie, que deux personnes jouent ensemble, en se montrant les doigts en partie levés et en partie fermés, et devinant en même temps le nombre de ceux qui sont levés.

Léon. — Qu'y a-t-il dans le milieu de ce tableau au-delà de cette rivière?

Pouss. — Une ville dont j'ai déjà parlé. Elle est dans un enfoncement, où elle se perd; un coteau plein de verdure en dérobe une partie. On voit de vieilles tours, des créneaux, de grands édifices, et une confusion de maisons dans une ombre très forte; ce qui relève certains endroits éclairés par une certaine lumière douce et vive qui vient d'en haut. Au-dessus de cette ville paroît ce que l'on voit presque toujours au-dessus des villes dans un beau temps : c'est une fumée qui s'élève, et qui fait fuir les montagnes qui font le lointain. Ces montagnes, de figure bizarre, varient l'horizon, en sorte que les yeux sont contents.

Léon. — Ce tableau, sur ce que vous m'en dites, me paroît moins savant que celui de Phocion.

Pouss. — Il y a moins de science d'architecture, il est vrai; d'ailleurs on n'y voit aucune connoissance de l'antiquité : mais en revanche la science d'exprimer les passions y est assez grande : de plus, tout ce paysage a des graces et une tendresse que l'autre n'égale point.

Léon. — Vous seriez donc, à tout prendre, pour ce dernier tableau?

Pouss. — Sans hésiter, je le préfère; mais vous, qu'en pensez-vous sur ma relation?

Léon. — Je ne connois pas assez le tableau de Phocion pour le comparer. Je vois que vous avez assez étudié les bons modèles du siècle passé, et mes livres; mais vous louez trop vos ouvrages.

Pouss. — C'est vous qui m'avez contraint d'en parler : mais sachez que ce n'est ni dans vos livres ni dans les tableaux du siècle passé que je me suis instruit; c'est dans les bas-reliefs antiques, où vous avez étudié aussi bien que moi. Si je pouvois un jour retourner parmi les vivants, je peindrois bien la jalousie; car vous m'en donnez ici d'excellents modèles. Pour moi, je ne prétends vous rien ôter de votre science ni de votre gloire; mais je vous céderois avec plus de plaisir, si vous étiez moins entêté de votre rang. Allons trouver Parrhasius : vous lui ferez votre critique, il décidera, s'il vous plaît; car je ne vous cède, à vous autres messieurs les modernes, qu'à condition que vous céderez aux anciens. Après que Parrhasius aura prononcé, je serai prêt à retourner sur la terre pour corriger mon tableau.

LIV.
LÉGER ET ÉBROIN.
La vie simple et solitaire n'a point de charmes pour un ambitieux.

Ébr. — Ma consolation dans mes malheurs est de vous trouver dans cette solitude.

Lég. — Et moi je suis fâché de vous y voir ; car on y est sans fruit, quand on y est malgré soi.

Ébr. — Pourquoi désespérez-vous donc de ma conversion? Peut-être que vos exemples et vos conseils me rendront meilleur que vous ne pensez. Vous qui êtes si charitable, vous devriez bien dans ce loisir prendre un peu soin de moi.

Lég. — On ne m'a mis ici qu'afin que je ne me mêle de rien : je suis assez chargé d'avoir à me corriger moi-même.

Ébr. — Quoi! en entrant dans la solitude on renonce à la charité?

Lég. — Point du tout ; je prierai Dieu pour vous.

Ébr. — Ho! je le vois bien ; c'est que vous m'abandonnez comme un homme indigne de vos instructions. Mais vous en répondrez, et vous ne me faites pas justice. J'avoue que j'ai été fâché de venir ici ; mais maintenant je suis assez content d'y être. Voici le plus beau désert qu'on puisse voir. N'admirez-vous pas ces ruisseaux qui tombent des montagnes, ces rochers escarpés et en partie couverts de mousse, ces vieux arbres qui paroissent aussi anciens que la terre où ils sont plantés? La nature a ici je ne sais quoi de brut et d'affreux qui plaît, et qui fait rêver agréablement.

Lég. — Toutes ces choses sont bien fades à qui a le goût de l'ambition, et qui n'est point désabusé des choses vaines. Il faut avoir le cœur innocent et paisible pour être sensible à ces beautés champêtres.

Ébr. — Mais j'étois las du monde et de ses embarras, quand on m'a mis ici.

Lég. — Il paroit que vous en étiez fort las, puisque vous en êtes sorti par force.

Ébr. — Je n'aurois pas eu le courage d'en sortir ; mais j'en étois pourtant dégoûté.

Lég. — Dégoûté comme un homme qui y retourneroit encore avec joie, et qui ne cherche qu'une porte pour y rentrer. Je connois votre cœur ; vous avez beau dissimuler : avouez votre inquiétude ; soyez au moins de bonne foi.

Ébr. — Mais, saint prélat, si nous rentrions vous et moi dans les affaires, nous y ferions des biens infinis. Nous nous soutiendrions l'un l'autre pour protéger la vertu ; nous abattrions de concert tout ce qui s'opposeroit à nous.

Lég. — Confiez-vous à vous-même tant qu'il vous plaira, sur vos expériences passées ; cherchez des prétextes pour flatter vos passions : pour moi, qui suis ici depuis plus de temps que vous, j'y ai eu le loisir d'apprendre à me défier de moi et du monde. Il m'a trompé une fois ce monde ingrat ; il ne me trompera plus. J'ai tâché de lui faire du bien ; il ne m'a jamais rendu que du mal. J'ai voulu aider une reine bien intentionnée, on l'a décréditée, et réduite à se retirer. On m'a rendu ma liberté en croyant me mettre en prison : trop heureux de n'avoir plus d'autre affaire que celle de mourir en paix dans ce désert!

Ébr. — Mais vous n'y songez pas ; si nous voulons nous réunir, nous pouvons encore être les maîtres absolus.

Lég. — Les maîtres de quoi? de la mer, des vents et des flots? Non, je ne me rembarque plus après avoir fait naufrage. Allez chercher la fortune ; tourmentez-vous, soyez malheureux dès cette vie, hasardez tout, périssez à la fleur de votre âge, damnez-vous pour troubler le monde et pour faire parler de vous ; vous le méritez bien, puisque vous ne pouvez demeurer en repos.

Ébr. — Mais quoi! est-il bien vrai que vous ne desirez plus la fortune? l'ambition est-elle bien éteinte dans les derniers replis de votre cœur?

Lég. — Me croiriez-vous si je vous le disois?

Ébr. — En vérité, j'en doute fort. J'aurois bien de la peine ; car enfin....

Lég. — Je ne vous le dirai donc pas ; il est inutile de vous parler non plus qu'aux sourds. Ni les peines infinies de la prospérité, ni les adversités affreuses qui l'ont suivie, n'ont pu vous corriger. Allez, retournez à la cour ; gouvernez ; faites le malheur du monde, et trouvez-y le vôtre.

LV.

LE PRINCE DE GALLES ET RICHARD SON FILS.

Caractère d'un prince foible.

Le Pr. — Hélas! mon cher fils, je te revois avec douleur : j'espérois pour toi une vie plus longue, et un règne plus heureux. Qu'est-ce qui a rendu ta mort si prompte? N'as-tu point fait la même faute que moi, en ruinant ta santé par un excès de travail dans la guerre contre les François?

Rich. — Non, mon père, ma santé n'a point manqué ; d'autres malheurs ont fini ma vie.

Le Pr. — Quoi donc? quelque traître a-t-il trempé ses mains dans ton sang? Si cela est, l'Angleterre, qui ne m'a pas oublié, vengera ta mort.

Rich. — Hélas! mon père, toute l'Angleterre a été de concert pour me déshonorer, pour me dégrader, pour me faire périr.

Le Pr. — O ciel! qui l'auroit pu croire? à qui se fier désormais? Mais qu'as-tu donc fait, mon fils? N'as-tu point de tort? Dis la vérité à ton père.

Rich. — A mon père : ils disent que vous ne

l'êtes pas, et que je suis fils d'un chanoine de Bordeaux.

Le Pr. — C'est de quoi personne ne peut répondre; mais je ne saurois le croire. Ce n'est pas la conduite de ta mère qui leur donne cette pensée; mais n'est-ce point la tienne qui leur fait tenir ce discours?

Rich. — Ils disent que je prie Dieu comme un chanoine, que je ne sais ni conserver l'autorité sur les peuples, ni exercer la justice, ni faire la guerre.

Le Pr. — O mon enfant! tout cela est-il vrai? Il auroit mieux valu pour toi passer ta vie moine à Westminster, que d'être sur le trône avec tant de mépris.

Rich. — J'ai eu de bonnes intentions, j'ai donné de bons exemples; j'ai eu même quelquefois assez de vigueur. Par exemple, je fis enlever et exécuter le duc de Glocester mon oncle, qui ralloit tous les mécontents contre moi, et qui m'auroit détrôné si je ne l'eusse prévenu.

Le Pr. — Ce coup étoit hardi et peut-être nécessaire; car je connoissois bien mon frère, qui étoit dissimulé, artificieux, entreprenant, ennemi de l'autorité légitime, propre à rallier une cabale dangereuse. Mais, mon fils, ne lui avois-tu donné aucune prise sur toi? D'ailleurs, ce coup étoit-il assez mesuré? l'as-tu bien soutenu?

Rich. — Le duc de Glocester m'accusoit d'être trop uni avec les François, anciens ennemis de notre nation : mon mariage avec la fille de Charles VI, roi de France, servit au duc à éloigner de moi les cœurs des Anglois.

Le Pr. — Quoi! mon fils, tu t'es rendu suspect aux tiens par une alliance avec les ennemis irréconciliables de l'Angleterre! Et que t'ont-ils donné pour ce mariage? as-tu joint le Poitou et la Touraine à la Guienne, pour unir tous nos états de France jusqu'à la Normandie?

Rich. — Nullement; mais j'ai cru qu'il étoit bon d'avoir hors de l'Angleterre un appui contre les Anglois factieux.

Le Pr. — O malheur de l'état! ô déshonneur de la maison royale! tu vas mendier le secours de tes ennemis, qui auront toujours un intérêt capital de rabaisser ta puissance! Tu veux affermir ton règne en prenant des intérêts contraires à la grandeur de ta propre nation! Tu ne te contentes pas d'être aimé de tes sujets comme leur père; tu veux être craint comme un ennemi qui s'entend avec les étrangers pour les opprimer! Hélas! que sont devenus ces beaux jours où je mis en fuite le roi de France dans les plaines de Créci, inondées du sang de trente mille François, et où je pris un autre roi de cette nation aux portes de Poitiers? O que les temps sont changés! Non, je ne m'étonne plus qu'on t'ait pris pour le fils d'un chanoine. Mais qui est-ce qui t'a détrôné?

Rich. — Le comte d'Erby.

Le Pr. — Comment? a-t-il assemblé une armée? a-t-il gagné une bataille?

Rich. — Rien de tout cela. Il étoit en France à cause d'une querelle avec le grand-maréchal, pour laquelle je l'avois chassé : l'archevêque de Cantorbéry y passa secrètement, pour l'inviter à entrer dans une conspiration. Il passa par la Bretagne, arriva à Londres pendant que je n'y étois pas, trouva le peuple prêt à se soulever. La plupart des mutins prirent les armes; leurs troupes montèrent jusqu'à soixante mille hommes; tout m'abandonna. Le comte vint me trouver dans un château où je me renfermai; il eut l'audace d'y entrer presque seul : je pouvois alors le faire périr.

Le Pr. — Pourquoi ne le fis-tu pas, malheureux?

Rich. — Les peuples, que je voyois en armes dans toute la campagne, m'auroient massacré.

Le Pr. — Hé! ne valoit-il pas mieux mourir en homme de courage?

Rich. — Il y eut d'ailleurs un présage qui me découragea.

Le Pr. — Qu'étoit-ce?

Rich. — Ma chienne, qui n'avoit jamais voulu caresser que moi seul, me quitta d'abord pour aller en ma présence caresser le comte; je vis bien ce que cela signifioit, et je le dis au comte même.

Le Pr. — Voilà une belle naïveté! Un chien a donc décidé de ton autorité, de ton honneur, de ta vie, et du sort de toute l'Angleterre! Alors que fis-tu?

Rich. — Je priai le comte de me mettre en sûreté contre la fureur de ce peuple.

Le Pr. — Hélas! il ne te manquoit plus que de demander lâchement la vie à l'usurpateur. Te la donna-t-il au moins?

Rich. — Oui, d'abord. Il me renferma dans la Tour, où j'aurois vécu encore assez doucement : mais mes amis me firent plus de mal que mes ennemis; ils voulurent se rallier pour me tirer de captivité et pour renverser l'usurpateur. Alors il se défit de moi malgré lui; car il n'avoit pas envie de se rendre coupable de ma mort.

Le Pr. — Voilà un malheur complet. Mon fils est foible et inégal; sa vertu mal soutenue le rend méprisable; il s'allie avec ses ennemis, et soulève ses sujets; il ne prévoit point l'orage; il se décourage dès qu'il éclate; il perd les occasions de punir l'usurpateur; il demande lâchement la vie, et il ne l'obtient pas. O ciel, vous vous jouez de la gloire des princes et de la prospérité des états! Voilà le petit-fils d'Édouard qui a vaincu Philippe et ravagé son royaume! Voilà mon fils, de moi qui ai pris Jean, et fait trembler la France et l'Espagne!

LVI.
CHARLES VII ET JEAN, DUC DE BOURGOGNE.

La cruauté et la perfidie augmentent les périls, loin de les diminuer.

Le Duc. — Maintenant que toutes nos affaires sont finies, et que nous n'avons plus d'intérêt parmi les vivants, parlons, je vous prie, sans passion. Pourquoi me faire assassiner? Un dauphin faire cette trahison à son propre sang, à son cousin, qui....

Charl. — A son cousin, qui vouloit tout brouiller, et qui pensa ruiner la France. Vous prétendiez me gouverner comme vous aviez gouverné les deux dauphins mes frères, qui étoient avant moi.

Le Duc. — Mais quoi! assassiner! cela est infame.

Charl. — Assassiner est le plus sûr.

Le Duc. — Quoi! dans un lieu où vous m'aviez attiré par les promesses les plus solennelles! J'entre dans la barrière (il me semble que j'y suis encore) avec Noailles, frère du captal de Buch : ce perfide Tanneguy du Châtel me massacre inhumainement avec ce pauvre Noailles.

Charl. — Vous déclamerez tant qu'il vous plaira, mon cousin, je m'en tiens à ma première maxime : quand on a affaire à un homme aussi violent et aussi brouillon que vous l'étiez, assassiner est le plus sûr.

Le Duc. — Le plus sûr! vous n'y songez pas.

Charl. — J'y songe; c'est le plus sûr, vous dis-je.

Le Duc. — Est-ce le plus sûr de se jeter dans tous les périls où vous vous êtes précipité en me faisant périr? Vous vous êtes fait plus de mal en me faisant assassiner, que je n'aurois pu vous en faire.

Charl. — Il y a bien à dire. Si vous ne fussiez mort, j'étois perdu, et la France avec moi.

Le Duc. — Avois-je intérêt de ruiner la France? Je voulois la gouverner, et point la détruire ni l'abattre; il auroit mieux valu souffrir quelque chose de ma jalousie et de mon ambition. Après tout, j'étois de votre sang, assez près de succéder à la couronne; j'avois un très grand intérêt d'en conserver la grandeur. Jamais je n'aurois pu me résoudre à me liguer contre la France avec les Anglois ses ennemis; mais votre trahison et mon massacre mirent mon fils, quoiqu'il fût bon homme, dans une espèce de nécessité de venger ma mort, et de s'unir aux Anglois. Voilà le fruit de votre perfidie : c'étoit de former une ligue de la maison de Bourgogne avec la reine votre mère et avec les Anglois, pour renverser la monarchie françoise. La cruauté et la perfidie, bien loin de diminuer les périls, les augmentent sans mesure. Jugez-en par votre propre expérience : ma mort, en vous délivrant d'un ennemi, vous en fit de bien plus terribles, et mit la France dans un état cent fois plus déplorable. Toutes les provinces furent en feu; toute la campagne étoit au pillage; et il a fallu des miracles pour vous tirer de l'abîme où cet exécrable assassinat vous avoit jeté. Après cela, venez encore me dire d'un ton décisif : Assassiner est le plus sûr!

Charl. — J'avoue que vous m'embarrassez par le raisonnement, et je vois que vous êtes bien subtil en politique; mais j'aurai ma revanche par les faits. Pourquoi croyez-vous qu'il n'est pas bon d'assassiner? n'avez-vous pas fait assassiner mon oncle le duc d'Orléans? Alors vous pensiez sans doute comme moi, et vous n'étiez pas encore si philosophe.

Le Duc. — Il est vrai, et je m'en suis mal trouvé, comme vous voyez. Une bonne preuve que l'assassinat est un mauvais expédient est de voir combien il m'a réussi mal. Si j'eusse laissé vivre le duc d'Orléans, vous n'auriez jamais songé à m'ôter la vie, et je m'en serois fort bien trouvé. Celui qui commence de telles affaires doit prévoir qu'elles finiront par lui; dès qu'il entreprend sur la vie des autres, la sienne n'a plus un quart d'heure d'assuré.

Charl. — Eh bien! mon cousin, nous avons tous deux tort. Je n'ai pas été assassiné à mon tour comme vous, mais j'ai souffert d'étranges malheurs.

LVII.
LOUIS XI ET LE CARDINAL BESSARION.

Un savant qui n'est pas propre aux affaires vaut encore mieux qu'un esprit inquiet et artificieux qui ne peut souffrir ni la justice ni la bonne foi.

Louis. — Bonjour, monsieur le cardinal. Je vous recevrai aujourd'hui plus civilement que quand vous vîntes me voir de la part du pape. Le cérémonial ne peut plus nous brouiller; toutes les ombres sont ici pêle-mêle et *incognito*; les rangs sont confondus.

Bess. — J'avoue que je n'ai pas encore oublié votre insulte, quand vous me prîtes par la barbe, dès le commencement de ma harangue.

Louis. — Cette barbe grecque me surprit, et je voulois couper court pour la harangue, qui eût été longue et superflue.

Bess. — Pourquoi cela? Ma harangue étoit des plus belles : je l'avois composée sur le modèle d'Isocrate, de Lysias, d'Hypéride et de Périclès.

Louis. — Je ne connois point tous ces messieurs-là. Vous aviez été voir le duc de Bourgogne mon vassal, avant que de venir chez moi; il auroit bien mieux valu ne lire pas tant vos vieux auteurs, et savoir mieux les règles du siècle présent : vous vous conduisîtes comme un pédant qui n'a aucune connoissance du monde.

Bess. — J'avois pourtant étudié à fond les lois de Dracon, celles de Lycurgue et de Solon, les *Lois* et la *République* de Platon, tout ce qui nous reste des anciens rhéteurs qui gouvernoient le peuple; enfin les meilleurs scholiastes d'Homère, qui ont parlé de la police d'une république.

Louis. — Et moi je n'ai jamais rien lu de tout cela; mais je sais bien qu'il ne falloit pas qu'un cardinal, envoyé par le pape pour faire rentrer le duc de Bourgogne dans mes bonnes graces, allât le voir avant que de venir chez moi.

Bess. — J'avois cru pouvoir suivre l'*usteron proteron* des Grecs; je savois même, par le philosophe, que *ce qui est le premier quant à l'intention est le dernier quant à l'exécution*.

Louis. — Oh! laissons là votre philosophe : venons au fait.

Bess. — Je vois en vous toute la barbarie des Latins, chez qui la Grèce désolée, après la prise de Constantinople, a essayé en vain de défricher l'esprit et les lettres.

Louis. — L'esprit ne consiste que dans le bon sens, et point dans le grec; la raison est de toutes les langues. Il falloit garder l'ordre, et mettre le seigneur devant son vassal. Les Grecs, que vous vantez tant, n'étoient que des sots, s'ils ne savoient pas ce que savent les hommes les plus grossiers. Mais je ne puis m'empêcher de rire quand je me souviens comment vous voulûtes négocier : dès que je ne convenois pas de vos maximes, vous ne me donniez pour toute raison que des passages de Sophocle, de Lycophron et de Pindare. Je ne sais comment j'ai retenu ces noms, dont je n'avois jamais ouï parler qu'à vous : mais je les ai retenus à force d'être choqué de vos citations. Il étoit question des places de la Somme, et vous me citiez un vers de Ménandre ou de Callimaque. Je voulois demeurer uni aux Suisses et au duc de Lorraine contre le duc de Bourgogne; vous me prouviez, par le *Gorgias* de Platon, que ce n'étoit pas mon véritable intérêt. Il s'agissoit de savoir si le roi d'Angleterre seroit pour ou contre moi, vous m'alléguiez l'exemple d'Épaminondas. Enfin vous me consolâtes de n'avoir jamais guère étudié. Je disois en moi-même : Heureux celui qui ne sait point tout ce que les autres ont dit, et qui sait un peu ce qu'il faut dire!

Bess. — Vous m'étonnez par votre mauvais goût. Je croyois que vous aviez assez bien étudié : on m'avoit dit que le roi votre père vous avoit donné un assez bon précepteur, et qu'ensuite vous aviez pris plaisir en Flandre, chez le duc de Bourgogne, à faire raisonner tous les jours des philosophes.

Louis. — J'étois encore bien jeune quand je quittai le roi mon père, et mon précepteur : je passai à la cour de Bourgogne, où l'inquiétude et l'ennui me réduisirent à écouter un peu quelques savants. Mais j'en fus bientôt dégoûté; ils étoient pédants et imbéciles, comme vous; ils n'entendoient point les affaires; ils ne connoissoient point les divers caractères des hommes; ils ne savoient ni dissimuler, ni taire, ni s'insinuer, ni entrer dans les passions d'autrui, ni trouver des ressources dans les difficultés, ni deviner les desseins des autres; ils étoient vains, indiscrets, disputeurs, toujours occupés de mots et de faits inutiles, pleins de subtilités qui ne persuadent personne, incapables d'apprendre à vivre et de se contraindre. Je ne pus souffrir de tels animaux.

Bess. — Il est vrai que les savants ne sont pas d'ordinaire trop propres à l'action, parce qu'ils aiment le repos des muses; il est vrai aussi qu'ils ne savent guère se contraindre ni dissimuler, parce qu'ils sont au-dessus des passions grossières des hommes, et de la flatterie que les tyrans demandent.

Louis. — Allez, grande barbe, pédant hérissé de grec; vous perdez le respect qui m'est dû.

Bess. — Je ne vous en dois point. Le sage, suivant les stoïciens et toute la secte du Portique, est plus roi que vous. Vous ne l'avez jamais été que par le rang et par la puissance; vous ne fûtes jamais, comme le sage, par un véritable empire sur vos passions. D'ailleurs vous n'avez plus qu'une ombre de royauté; d'ombre à ombre, je ne vous cède point.

Louis. — Voyez l'insolence de ce vieux pédant!

Bess. — J'aime encore mieux être pédant que fourbe, tyran, et ennemi du genre humain. Je n'ai pas fait mourir mon frère; je n'ai pas tenu en prison mon fils; je n'ai employé ni le poison ni l'assassinat pour me défaire de mes ennemis; je n'ai point eu une vieillesse affreuse, semblable à celle des tyrans que la Grèce a tant détestés. Mais il faut vous excuser : avec beaucoup de finesse et de vivacité, vous aviez beaucoup de choses d'une tête un peu démontée. Ce n'étoit pas pour rien que vous étiez fils d'un homme qui s'étoit laissé mourir de faim, et petit-fils d'un autre qui avoit été renfermé tant d'années. Votre fils même n'a la cervelle guère assurée; et ce sera un grand bonheur pour la France, si la couronne passe après lui dans une branche plus sensée.

Louis. — J'avoue que ma tête n'étoit pas tout-à-fait bien réglée; j'avois des foiblesses, des visions noires, des emportements furieux : mais j'avois de la pénétration, du courage, de la ressource dans l'esprit, des talents pour gagner les hommes, et pour accroître mon autorité; je savois fort bien laisser à l'écart un pédant inutile à tout, et découvrir les qualités utiles dans les sujets les plus obscurs. Dans les langueurs mêmes de ma dernière maladie, je conservai encore assez de fermeté d'esprit pour travailler à faire une paix avec Maximilien. Il attendoit ma mort, et ne cherchoit qu'à éluder la conclusion : par mes émissaires secrets, je soulevai les Gantois contre lui; je le réduisis à faire malgré lui un traité de paix avec moi, où il me donnoit, pour mon fils, Marguerite sa fille avec trois provinces. Voilà mon chef-d'œuvre de politique dans ces derniers jours où l'on me croyoit fou. Allez, vieux pédant, allez chercher vos Grecs, qui n'ont jamais su autant de politique que moi : allez chercher vos savants, qui ne savent que lire et parler de leurs livres, qui ne savent ni agir ni vivre avec les hommes.

Bess. — J'aime encore mieux un savant qui n'est pas propre aux affaires, et qui ne sait que ce qu'il a lu, qu'un esprit inquiet, artificieux et entreprenant, qui ne peut souffrir ni la justice ni la bonne foi, et qui renverse tout le genre humain.

LVIII.
LOUIS XI ET LE CARDINAL BALUE.

Un prince fourbe et méchant rend ses sujets traîtres et infidèles.

Louis. — Comment osez-vous, scélérat, vous présenter encore devant moi après toutes vos trahisons?

Balue. — Où voulez-vous donc que je m'aille cacher? Ne suis-je pas assez caché dans la foule des ombres? Nous sommes tous égaux ici-bas.

Louis. — C'est bien à vous à parler ainsi, vous qui n'étiez que le fils d'un meunier de Verdun!

Bal. — Hé! c'étoit un mérite auprès de vous que d'être de basse naissance : votre compère le prévôt Tristan, votre médecin Coctier, votre barbier Olivier le Diable, étoient vos favoris et vos ministres. Janfredy, avant moi, avoit obtenu la pourpre par votre faveur. Ma naissance valoit à peu près celle de ces gens-là.

Louis. — Aucun d'eux n'a fait des trahisons aussi noires que vous.

Bal. — Je n'en crois rien. S'ils n'avoient pas été de malhonnêtes gens, vous ne les auriez ni bien traités ni employés.

Louis. — Pourquoi voulez-vous que je ne les aie pas choisis pour leur mérite?

Bal. — Parce que le mérite vous étoit toujours suspect et odieux; parce que la vertu vous faisoit peur, et que vous n'en saviez faire aucun usage; parce que vous ne vouliez vous servir que d'ames basses et vénales, prêtes à entrer dans vos intrigues, dans vos tromperies, dans vos cruautés. Un homme honnête, qui auroit eu horreur de tromper et de faire du mal, ne vous auroit été bon à rien, à vous qui ne vouliez que tromper et que nuire, pour contenter votre ambition sans bornes. Puisqu'il faut parler franchement dans le pays de vérité, j'avoue que j'ai été un malhonnête homme; mais c'étoit par-là que vous m'aviez préféré à d'autres. Ne vous ai-je pas bien servi avec adresse pour jouer les grands et les peuples? Avez-vous trouvé un fourbe plus souple que moi pour tous les personnages?

Louis. — Il est vrai; mais en trompant les autres pour m'obéir, il ne falloit pas me tromper moi-même : vous étiez d'intelligence avec le pape pour me faire abolir la Pragmatique, contre les véritables intérêts de la France.

Bal. — Hé! vous êtes-vous jamais soucié ni de la France, ni de ses véritables intérêts? Vous n'avez jamais regardé que les vôtres. Vous vouliez tirer parti du pape, et lui sacrifier les canons pour votre intérêt : je n'ai fait que vous servir à votre mode.

Louis. — Mais vous m'aviez mis dans la tête toutes ces visions, contre l'intérêt véritable de ma couronne même, à laquelle étoit attachée ma véritable grandeur.

Bal. — Point : je voulois que vous vendissiez chèrement cette pancarte crasseuse à la cour de Rome. Mais allons plus loin. Quand même je vous aurois trompé, qu'auriez-vous à me dire?

Louis. — Comment! à vous dire? Je vous trouve bien plaisant. Si nous étions encore vivants, je vous remettrois bien en cage.

Bal. — Oh! j'y ai assez demeuré. Si vous me

fâchez, je ne dirai plus mot. Savez-vous bien que je ne crains guère les mauvaises humeurs d'une ombre de roi? Quoi donc? vous croyez être encore au Plessis-lès-Tours avec vos assassins?

Louis. — Non; je sais que je n'y suis pas, et bien vous en vaut. Mais enfin je veux bien vous entendre, pour la rareté du fait. Çà, prouvez-moi par vives raisons que vous avez dû trahir votre maître.

Bal. — Ce paradoxe vous surprend; mais je m'en vais vous le vérifier à la lettre.

Louis. — Voyons ce qu'il veut dire.

Bal. — N'est-il pas vrai qu'un pauvre fils de meunier, qui n'a jamais eu d'autre éducation que celle de la cour d'un grand roi, a dû suivre les maximes qui y passoient pour les plus utiles et pour les meilleures, d'un commun consentement?

Louis. — Ce que vous dites a quelque vraisemblance.

Bal. — Mais répondez oui ou non, sans vous fâcher.

Louis. — Je n'ose nier une chose qui paroît si bien fondée, ni avouer ce qui peut m'embarrasser par ses conséquences.

Bal. — Je vois bien qu'il faut que je prenne votre silence pour un aveu forcé. La maxime fondamentale de tous vos conseils, que vous aviez répandue dans toute votre cour, étoit de faire tout pour vous seul. Vous ne comptiez pour rien les princes de votre sang; ni la reine, que vous teniez captive et éloignée; ni le dauphin, que vous éleviez dans l'ignorance et en prison; ni le royaume, que vous désoliez par votre politique dure et cruelle, aux intérêts duquel vous préfériez sans cesse la jalousie pour l'autorité tyrannique : vous ne comptiez même pour rien les favoris et les ministres les plus affidés dont vous vous serviez pour tromper les autres. Vous n'en avez jamais aimé aucun; vous ne vous êtes jamais confié à aucun d'eux que pour le besoin : vous cherchiez à les tromper à leur tour, comme le reste des hommes; vous étiez prêt à les sacrifier sur le moindre ombrage, ou pour la moindre utilité. On n'avoit jamais un seul moment d'assuré avec vous; vous vous jouiez de la vie des hommes. Vous n'aimiez personne : qui vouliez-vous qui vous aimât? Vous vouliez tromper tout le monde : qui vouliez-vous qui se livrât à vous de bonne foi et de bonne amitié, et sans intérêts? Cette fidélité désintéressée, où l'aurions-nous apprise? La méritiez-vous? l'espériez-vous? la pouvoit-on pratiquer auprès de vous et dans votre cour? Auroit-on pu durer huit jours chez vous avec un cœur droit et sincère? N'étoit-on pas forcé d'être un fripon dès qu'on vous approchoit? n'étoit-on pas déclaré scélérat dès qu'on parvenoit à votre faveur, puisqu'on n'y parvenoit jamais que par la scélératesse? Ne deviez-vous pas vous le tenir pour dit? Si on avoit voulu conserver quelque honneur et quelque conscience, on se seroit bien gardé d'être jamais connu de vous : on seroit allé au bout du monde, plutôt que de vivre à votre service. Dès qu'on est fripon, on l'est pour tout le monde. Voudriez-vous qu'une ame que vous avez gangrenée, et à qui vous n'avez inspiré que scélératesse pour tout le genre humain, n'ait jamais que vertu pure et sans tache, que fidélité désintéressée et héroïque pour vous seul? Étiez-vous assez dupe pour le penser? Ne comptiez-vous pas que tous les hommes seroient pour vous comme vous pour eux? Quand même on auroit été bon et sincère pour tous les autres hommes, on auroit été forcé de devenir faux et méchant à votre égard. En vous trahissant, je n'ai donc fait que suivre vos leçons, que marcher sur vos traces, que vous rendre ce que vous nous donniez tous les jours, que faire ce que vous attendiez de moi, que prendre pour principe de ma conduite le principe que vous regardiez comme le seul qui doit animer tous les hommes. Vous auriez méprisé un homme qui auroit connu d'autre intérêt que le sien propre. Je n'ai pas voulu mériter votre mépris; et j'ai mieux aimé vous tromper, que d'être un sot selon vos principes.

Louis. — J'avoue que votre raisonnement me presse et m'incommode. Mais pourquoi vous entendre avec mon frère le duc de Guienne, et avec le duc de Bourgogne, mon plus cruel ennemi?

Bal. — C'est parce qu'ils étoient vos plus dangereux ennemis que je me liai avec eux, pour avoir une ressource contre vous, si votre jalousie ombrageuse vous portoit à me perdre. Je savois que vous compteriez sur mes trahisons, et que vous pourriez les croire sans fondement : j'aimois mieux vous trahir pour me sauver de vos mains, que périr dans vos mains sur des soupçons, sans vous avoir trahi. Enfin j'étois bien aise, selon vos maximes, de me faire valoir dans les deux partis, et de tirer de vous, dans l'embarras des affaires, la récompense de mes services, que vous ne m'auriez jamais accordée de bonne grace dans un temps de paix. Voilà ce que doit attendre de ses ministres un prince ingrat, défiant, trompeur, qui n'aime que soi.

Louis. — Mais voici tout de même ce que doit attendre un traître qui vend son roi : on ne le fait pas mourir quand il est cardinal; mais on le tient onze ans en prison, on le dépouille de ses grands trésors.

BAL. — J'avoue mon unique faute : elle fut de ne vous tromper pas avec assez de précaution, et de laisser intercepter mes lettres. Remettez-moi dans l'occasion ; je vous tromperai encore selon vos mérites : mais je vous tromperois plus subtilement, de peur d'être découvert.

LIX.
LOUIS XI ET PHILIPPE DE COMMINES.
Les foiblesses et les crimes des rois ne sauroient être cachés.

LOUIS. — On dit que vous avez écrit mon histoire.

COM. — Il est vrai, sire ; et j'ai parlé en bon domestique.

LOUIS. — Mais on assure que vous avez raconté bien des choses dont je me passerois volontiers.

COM. — Cela peut être ; mais en gros j'ai fait de vous un portrait fort avantageux. Voudriez-vous que j'eusse été un flatteur perpétuel, au lieu d'être un historien ?

LOUIS. — Vous deviez parler de moi comme un sujet comblé des graces de son maître.

COM. — C'eût été le moyen de n'être cru de personne. La reconnoissance n'est pas ce qu'on cherche dans un historien ; au contraire, c'est ce qui le rend suspect.

LOUIS. — Pourquoi faut-il qu'il y ait des gens qui aient la démangeaison d'écrire ? Il faut laisser les morts en paix, et ne flétrir point leur mémoire.

COM. — La vôtre étoit étrangement noircie ; j'ai tâché d'adoucir les impressions déjà faites ; j'ai relevé toutes vos bonnes qualités ; je vous ai déchargé de toutes les choses odieuses qu'on vous imputoit sans preuves décisives. Que pouvois-je faire de mieux ?

LOUIS. — Ou vous taire, ou me défendre en tout. On dit que vous avez représenté toutes mes grimaces, toutes mes contorsions lorsque je parlois tout seul, toutes mes intrigues avec de petites gens. On dit que vous avez parlé du crédit de mon prévôt, de mon médecin, de mon barbier et de mon tailleur ; vous avez étalé mes vieux habits. On dit que vous n'avez pas oublié mes petites dévotions, surtout à la fin de mes jours ; mon empressement à ramasser des reliques ; à me faire frotter, depuis la tête jusqu'aux pieds, de l'huile de la sainte ampoule ; et à faire des pélerinages où je prétendois toujours avoir été guéri. Vous avez fait mention de ma barrette chargée de petits saints, et de ma petite Notre-Dame de plomb, que je baisois dès que je voulois faire un mauvais coup ; enfin de la croix de Saint-Lo, par laquelle je n'osois jurer sans vouloir garder mon serment, parce que j'aurois cru mourir dans l'année si j'y avois manqué. Tout cela est fort ridicule.

COM. — Tout cela n'est-il pas vrai ? Pouvois-je le taire ?

LOUIS. — Vous pouviez n'en rien dire.

COM. — Vous pouviez n'en rien faire.

LOUIS. — Mais cela étoit fait, et il ne falloit pas le dire.

COM. — Mais cela étoit fait, et je ne pouvois le cacher à la postérité.

LOUIS. — Quoi ! ne peut-on pas cacher certaines choses ?

COM. — Hé ! croyez-vous qu'un roi puisse être caché après sa mort comme vous cachiez certaines intrigues pendant votre vie ? Je n'aurois rien sauvé pour vous par mon silence, et je me serois déshonoré. Contentez-vous que je pouvois dire bien pis, et être cru : mais je ne l'ai pas voulu faire.

LOUIS. — Quoi ! l'histoire ne doit-elle pas respecter les rois ?

COM. — Les rois ne doivent-ils pas respecter l'histoire et la postérité, à la censure de laquelle ils ne peuvent échapper ? Ceux qui veulent qu'on ne parle pas mal d'eux n'ont qu'une seule ressource, qui est de bien faire.

LX.
LOUIS XI ET CHARLES, DUC DE BOURGOGNE.
Les méchants à force de tromper et de se défier des autres, sont trompés eux-mêmes.

LOUIS. — Je suis fâché, mon cousin, des malheurs qui vous sont arrivés.

CHARLES. — C'est vous qui en êtes cause ; vous m'avez trompé.

LOUIS. — C'est votre orgueil et votre emportement qui vous trompoient. Avez-vous oublié que je vous avertis qu'un homme m'avoit offert de vous faire périr ?

CH. — Je ne pus le croire ; je m'imaginai que si la chose eût été vraie, vous n'auriez pas eu assez de probité pour m'en avertir, et que vous l'aviez inventée pour me faire peur, en me rendant suspects tous ceux dont je me servois : cette fourberie étoit assez de votre caractère, et je n'avois pas grand tort de vous l'attribuer. Qui n'eût pas été trompé comme moi dans une occasion où vous étiez bon et sincère ?

Louis. — Je conviens qu'il n'étoit pas à propos de se fier souvent à ma sincérité ; mais encore valoit-il mieux se fier à moi qu'au traître Campobache, qui te vendit si cruellement.

Ch. — Voulez-vous que je parle ici franchement, puisqu'il ne s'agit plus de politique chez Pluton ? Nous étions tous deux dans d'étranges maximes ; nous ne connoissions, ni vous ni moi, aucune vertu. En cet état, à force de se défier, on persécute souvent les gens de bien ; puis on se livre par une espèce de nécessité au premier venu ; et ce premier venu est d'ordinaire un scélérat qui s'insinue par la flatterie. Mais, dans le fond, mon naturel étoit meilleur que le vôtre ; j'étois prompt, et d'une humeur un peu farouche ; mais je n'étois ni trompeur ni cruel comme vous. Avez-vous oublié qu'à la conférence de Conflans vous m'avouâtes que j'étois un vrai gentilhomme, et que je vous avois bien tenu la parole que j'avois donnée à l'archevêque de Narbonne ?

Louis. — Bon ! c'étoient des paroles flatteuses que je vous dis alors pour vous amuser, et pour vous détacher des autres chefs de la *ligue du bien public*. Je savois bien qu'en vous louant je vous prendrois pour dupe.

LXI.
LOUIS XI ET LOUIS XII.
La générosité et la bonne foi sont de plus sûres maximes en politique que la cruauté et la finesse.

L. XI. — Voilà, si je ne me trompe, un de mes successeurs. Quoique les ombres n'aient plus ici-bas aucune majesté, il me semble que celle-ci pourroit bien être quelque roi de France ; car je vois que ces autres ombres la respectent et lui parlent françois. Qui es-tu ? dis-le moi, je te prie.

L. XII. — Je suis le duc d'Orléans, devenu roi sous le nom de Louis XII.

L. XI. — Comment as-tu gouverné mon royaume ?

L. XII. — Tout autrement que toi. Tu te faisois craindre ; je me suis fait aimer. Tu as commencé par charger les peuples ; je les ai soulagés, et j'ai préféré leur repos à la gloire de vaincre mes ennemis.

L. XI. — Tu savois donc bien mal l'art de régner. C'est moi qui ai mis mes successeurs dans une autorité sans bornes ; c'est moi qui ai dissipé les ligues des princes et des seigneurs ; c'est moi qui ai levé des sommes immenses. J'ai découvert les secrets des autres ; j'ai su cacher les miens. La finesse, la hauteur et la sévérité sont les vraies maximes du gouvernement. J'ai grand' peur que tu auras tout gâté, et que ta mollesse aura détruit tout mon ouvrage.

L. XII. — J'ai montré, par le succès de mes maximes, que les tiennes étoient fausses et pernicieuses. Je me suis fait aimer ; j'ai vécu en paix sans manquer de parole, sans répandre de sang, sans ruiner mon peuple. Ta mémoire est odieuse ; la mienne est respectée. Pendant ma vie on m'a été fidèle ; après ma mort on me pleure, et on craint de ne retrouver jamais un aussi bon roi. Quand on se trouve si bien de la générosité et de la bonne foi, on doit bien mépriser la cruauté et la finesse.

L. XI. — Voilà une belle philosophie, que tu auras sans doute apprise dans cette longue prison où l'on m'a dit que tu as langui avant que de monter sur le trône.

L. XII. — Cette prison a été moins honteuse que la tienne de Péronne. Voilà à quoi sert la finesse et la tromperie ; on se fait prendre par son ennemi. La bonne foi n'exposeroit pas à de si grands périls.

L. XI. — Mais j'ai su par adresse me tirer des mains du duc de Bourgogne.

L. XII. — Oui, à force d'argent, dont tu corrompis ses domestiques, et en le suivant honteusement à la ruine de tes alliés les Liégeois, qu'il te fallut aller voir périr.

L. XI. — As-tu étendu le royaume comme je l'ai fait ? J'ai réuni à la couronne le duché de Bourgogne, le comté de Provence, et la Guienne même.

L. XII. — Je t'entends : tu savois l'art de te défaire d'un frère pour avoir son partage ; tu as profité du malheur du duc de Bourgogne, qui courut à sa perte ; tu gagnas le conseiller du comte de Provence pour attraper sa succession. Pour moi, je me suis contenté d'avoir la Bretagne par une alliance légitime avec l'héritière de cette maison, que j'aimois, et que j'épousai après la mort de ton fils. D'ailleurs j'ai moins songé à avoir de nouveaux sujets, qu'à rendre fidèles et heureux ceux que j'avois déjà. J'ai éprouvé même, par les guerres de Naples et de Milan, combien les conquêtes éloignées nuisent à un état.

L. XI. — Je vois bien que tu manquois d'ambition et de génie.

L. XII. — Je manquois de ce génie faux et trompeur qui t'avoit tant décrié, et de cette ambition qui met l'honneur à compter pour rien la sincérité et la justice.

L. XI. — Tu parles trop.

L. XII. — C'est toi qui as souvent trop parlé.

LXII.

LE CONNÉTABLE DE BOURBON ET BAYARD.

Il n'est jamais permis de prendre les armes contre sa patrie.

Bourb. — N'est-ce point le pauvre Bayard que je vois, au pied de cet arbre, étendu sur l'herbe, et percé d'un grand coup? Oui, c'est lui-même. Hélas! je le plains. En voilà deux qui périssent aujourd'hui par nos armes, Vandenesse et lui. Ces deux François étoient deux ornements de leur nation par leur courage. Je sens que mon cœur est encore touché pour sa patrie. Mais avançons pour lui parler. Ah! mon pauvre Bayard, c'est avec douleur que je te vois en cet état.

Bay. — C'est avec douleur que je vous vois aussi.

Bourb. — Je comprends bien que tu es fâché de te voir dans mes mains par le sort de la guerre. Mais je ne veux point te traiter en prisonnier; je te veux garder comme un bon ami, et prendre soin de ta guérison comme si tu étois mon propre frère : ainsi tu ne dois pas être fâché de me voir.

Bay. — Hé! croyez-vous que je ne sois pas fâché d'avoir obligation au plus grand ennemi de la France? Ce n'est point de ma captivité ni de ma blessure dont je suis en peine. Je meurs : dans un moment la mort va me délivrer de vos mains.

Bourb. — Non, mon cher Bayard, j'espère que nos soins réussiront pour te guérir.

Bay. — Ce n'est point là ce que je cherche, et je suis content de mourir.

Bourb. — Qu'as-tu donc? Est-ce que tu ne saurois te consoler d'avoir été vaincu et fait prisonnier dans la retraite de Bonnivet? Ce n'est pas ta faute; c'est la sienne : les armes sont journalières. Ta gloire est assez bien établie par tant de belles actions. Les Impériaux ne pourront jamais oublier cette vigoureuse défense de Mézières contre eux.

Bay. — Pour moi, je ne puis jamais oublier que vous êtes ce grand connétable, ce prince du plus noble sang qu'il y ait dans le monde, et qui travaille à déchirer de ses propres mains sa patrie et le royaume de ses ancêtres.

Bourb. — Quoi! Bayard, je te loue, et tu me condamnes! je te plains, et tu m'insultes!

Bay. — Si vous me plaignez, je vous plains aussi; et je vous trouve bien plus à plaindre que moi. Je sors de la vie sans tache; j'ai sacrifié la mienne à mon devoir; je meurs pour mon pays, pour mon roi, estimé des ennemis de la France, et regretté de tous les bons François. Mon état est digne d'envie.

Bourb. — Et moi je suis victorieux d'un ennemi qui m'a outragé; je me venge de lui; je le chasse du Milanez; je fais sentir à toute la France combien elle est malheureuse de m'avoir perdu en me poussant à bout : appelles-tu cela être à plaindre?

Bay. — Oui : on est toujours à plaindre quand on agit contre son devoir; il vaut mieux périr en combattant pour la patrie, que la vaincre et triompher d'elle. Ah! quelle horrible gloire que celle de détruire son propre pays!

Bourb. — Mais ma patrie a été ingrate après tant de services que je lui avois rendus. Madame m'a fait traiter indignement par un dépit d'amour. Le roi, par foiblesse pour elle, m'a fait une injustice énorme en me dépouillant de mon bien. On a détaché de moi jusqu'à mes domestiques, Matignon et d'Argouges. J'ai été contraint, pour sauver ma vie, de m'enfuir presque seul : que vouloistu que je fisse?

Bay. — Que vous souffrissiez toutes sortes de maux, plutôt que de manquer à la France et à la grandeur de votre maison. Si la persécution étoit trop violente, vous pouviez vous retirer; mais il valoit mieux être pauvre, obscur, inutile à tout, que de prendre les armes contre nous. Votre gloire eût été au comble dans la pauvreté et dans le plus misérable exil.

Bourb. — Mais ne vois-tu pas que la vengeance s'est jointe à l'ambition pour me jeter dans cette extrémité? J'ai voulu que le roi se repentît de m'avoir traité si mal.

Bay. — Il falloit l'en faire repentir par une patience à toute épreuve, qui n'est pas moins la vertu d'un héros que le courage.

Bourb. — Mais le roi étant si injuste et si aveuglé par sa mère, méritoit-il que j'eusse de si grands égards pour lui?

Bay. — Si le roi ne le méritoit pas, la France entière le méritoit. La dignité même de la couronne, dont vous êtes un des héritiers, le méritoit. Vous vous deviez à vous-même d'épargner la France, dont vous pouvez être un jour roi.

Bourb. — Eh bien! j'ai tort, je l'avoue; mais ne sais-tu pas combien les meilleurs cœurs ont de peine à résister à leur ressentiment?

Bay. — Je le sais bien; mais le vrai courage consiste à y résister. Si vous connoissez votre faute, hâtez-vous de la réparer. Pour moi, je meurs; et je vous trouve plus à plaindre dans vos prospérités, que moi dans mes souffrances. Quand l'empereur ne vous tromperoit pas, quand même il vous donneroit sa sœur en mariage, et qu'il partageroit la France avec vous, il n'effaceroit point la tache qui déshonore votre vie. Le connétable de Bourbon rebelle! ah! quelle honte! Écoutez Bayard mourant comme il a vécu, et ne cessant de dire la vérité.

LXIII.
HENRI VII ET HENRI VIII D'ANGLETERRE.
Funestes effets de la passion de l'amour dans un prince.

H. VII. — Eh bien! mon fils, comment avez-vous régné après moi?

H. VIII. — Heureusement et avec gloire pendant trente-huit ans.

H. VII. — Cela est beau! Mais encore, les autres ont-ils été aussi contents de vous que vous le paroissez de vous-même?

H. VIII. — Je ne dis que la vérité. Il est vrai que c'est vous qui êtes monté sur le trône par votre courage et par votre adresse; vous me l'avez laissé paisible : mais aussi que n'ai-je point fait! J'ai tenu l'équilibre entre les deux plus grandes puissances de l'Europe, François Ier et Charles-Quint. Voilà mon ouvrage au-dehors. Pour le dedans, j'ai délivré l'Angleterre de la tyrannie papale, et j'ai changé la religion, sans que personne ait osé résister. Après avoir fait un tel renversement, mourir en paix dans son lit, c'est une belle et glorieuse fin.

H. VII. — Mais j'avois ouï dire que le pape vous avoit donné le titre de défenseur de l'Église, à cause d'un livre que vous aviez fait contre les sentiments de Luther. D'où vient que vous avez ensuite changé?

H. VIII. — J'ai reconnu combien l'Église romaine étoit injuste et superstitieuse.

H. VII. — Vous a-t-elle traversé dans quelque dessein?

H. VIII. — Oui. Je voulois me démarier. Cette Aragonoise me déplaisoit; je voulois épouser Anne de Boulen. Le pape Clément VII commit le cardinal Campège pour cette affaire. Mais, de peur de fâcher l'empereur, neveu de Catherine, il ne vouloit que m'amuser; Campège demeura près d'un an à aller d'Italie en France.

H. VII. — Eh bien! que fîtes-vous?

H. VIII. — Je rompis avec Rome; je me moquai de ses censures; j'épousai Anne de Boulen, et je me fis chef de l'Église anglicane.

H. VII. — Je ne m'étonne plus si j'ai vu tant de gens qui étoient sortis du monde fort mécontents de vous.

H. VIII. — On ne peut faire de si grands changements sans quelque rigueur.

H. VII. — J'entends dire de tous côtés que vous avez été léger, inconstant, lascif, cruel et sanguinaire.

H. VIII. — Ce sont les papistes qui m'ont décrié.

H. VII. — Laissons là les papistes; mais venons au fait. N'avez-vous pas eu six femmes, dont vous avez répudié la première sans fondement, fait mourir la seconde, fait ouvrir le ventre à la troisième pour sauver son enfant, fait mourir la quatrième, répudié la cinquième, et choisi si mal la dernière, qu'elle se remaria avec l'amiral peu de jours après votre mort?

H. VIII. — Tout cela est vrai; mais si vous saviez quelles étoient ces femmes, vous me plaindriez au lieu de me condamner : l'Aragonoise étoit laide, et ennuyeuse dans sa vertu; Anne de Boulen étoit une coquette scandaleuse; Jeanne Seymour ne valoit guère mieux; N. Howard étoit très corrompue; la princesse de Clèves étoit une statue sans agrément; la dernière m'avoit paru sage, mais elle a montré après ma mort que je m'étois trompé. J'avoue que j'ai été la dupe de ces femmes.

H. VII. — Si vous aviez gardé la vôtre, tous ces malheurs ne vous seroient jamais arrivés; il est visible que Dieu vous a puni. Mais combien de sang avez-vous répandu! on parle de plusieurs milliers de personnes que vous avez fait mourir pour la religion, parmi lesquelles on compte beaucoup de nobles prélats et de religieux.

H. VIII. — Il l'a bien fallu, pour secouer le joug de Rome.

H. VII. — Quoi! pour soutenir la gageure, pour maintenir votre mariage avec cette Anne de Boulen que vous avez jugée vous-même digne du supplice!

H. VIII. — Mais j'avois pris le bien des églises, que je ne pouvois rendre.

H. VII. — Bon! vous voilà bien justifié de votre schisme par vos mariages ridicules et par le pillage des églises!

H. VIII. — Puisque vous me pressez tant, je vous dirai tout. J'étois passionné pour les femmes, et volage dans mes amours : j'étois aussi prompt à me dégoûter qu'à prendre une inclination. D'ailleurs j'étois né jaloux, soupçonneux, inconstant, âpre sur l'intérêt. Je trouvai que les chefs de l'Église anglicane flattoient mes passions, et autorisoient ce que je voulois faire : le cardinal de Wolsey, archevêque d'York, m'encouragea à répudier Catherine d'Aragon ; Cranmer, archevêque de Cantorbéry, me fit faire tout ce que j'ai fait pour Anne de Boulen et contre l'Église romaine. Mettez-vous en la place d'un pauvre prince violemment tenté par ses passions et flatté par les prélats.

H. VII. — Eh bien ! ne saviez-vous pas qu'il n'y a rien de si lâche ni de si prostitué que les prélats ambitieux qui s'attachent à la cour ? Il falloit les renvoyer dans leurs diocèses, et consulter des gens de bien. Les laïques sages et bons politiques ne vous auroient jamais conseillé, pour la sûreté même de votre royaume, de changer l'ancienne religion, et de diviser vos sujets en plusieurs communions opposées. N'est-il pas ridicule que vous vous plaigniez de la tyrannie du pape, et que vous vous fassiez pape en sa place ; que vous vouliez réformer l'Église anglicane, et que cette réforme aboutisse à autoriser tous vos mariages monstrueux, et à piller tous les biens consacrés ? Vous n'avez achevé cet horrible ouvrage qu'en trempant vos mains dans le sang des personnes les plus vertueuses. Vous avez rendu votre mémoire à jamais odieuse, et vous avez laissé dans l'état une source de division éternelle. Voilà ce que c'est que d'écouter de méchants prêtres. Je ne dis point ceci par dévotion, vous savez que ce n'est pas là mon caractère ; je ne parle qu'en politique, comme si la religion étoit à compter pour rien. Mais, à ce que je vois, vous n'avez jamais fait que du mal.

H. VIII. — Je n'ai pu éviter d'en faire. Le cardinal Renauld de la Poule [1] fit contre moi, avec les papistes, une conspiration. Il fallut bien punir les conjurés pour la sûreté de ma vie.

H. VII. — Hé ! voilà le malheur qu'il y a à entreprendre des choses injustes. Quand on les a commencées, on les veut soutenir. On passe pour tyran ; on est exposé aux conjurations. On soupçonne des innocents qu'on fait périr ; on trouve des coupables, et on les a faits tels ; car le prince qui gouverne mal met ses sujets en tentation de lui manquer de fidélité. En cet état, un roi est malheureux et digne de l'être ; il a tout à craindre ; il n'a pas un moment de libre ni d'assuré : il faut qu'il répande du sang ; plus il en répand, plus il est odieux et exposé aux conjurations. Mais enfin, voyons ce que vous avez fait de louable.

H. VIII. — J'ai tenu la balance égale entre François 1er et Charles-Quint.

H. VII. — Chose bien difficile ! Encore n'avez-vous pas su faire ce personnage. Wolsey vous jouoit pour plaire à Charles-Quint, dont il étoit la dupe, et qui lui promettoit de le faire pape. Vous avez entrepris de faire des descentes en France, et n'avez eu aucune application pour y réussir. Vous n'avez suivi aucune négociation ; vous n'avez su faire ni la paix ni la guerre. Il ne tenoit qu'à vous d'être l'arbitre de l'Europe, et de vous faire donner des places des deux côtés, mais vous n'étiez capable ni de fatigue, ni de patience, ni de modération, ni de fermeté. Il ne vous falloit que vos maîtresses, des favoris, des divertissements ; vous n'avez montré de vigueur que contre la religion, et en exerçant votre cruauté pour contenter vos passions honteuses. Hélas ! mon fils, vous êtes une étrange leçon pour tous les rois qui viendront après vous.

LXIV.
LOUIS XII ET FRANÇOIS I.

Il vaut mieux être père de la patrie en gouvernant paisiblement son royaume, que de l'agrandir par des conquêtes.

Louis. — Mon cher cousin, dites-moi des nouvelles de la France. J'ai toujours aimé mes sujets comme mes enfants ; j'avoue que j'en suis en peine. Vous étiez bien jeune en toute manière quand je vous laissai la couronne. Comment avez-vous gouverné mon pauvre royaume ?

Franç. — J'ai eu quelques malheurs ; mais si vous voulez que je vous parle franchement, mon règne a donné à la France bien plus d'éclat que le vôtre.

Louis. — Hé ! mon Dieu, c'est cet éclat que j'ai toujours craint. Je vous ai connu dès votre enfance d'un naturel à ruiner les finances, à hasarder tout pour la guerre, à ne rien soutenir avec patience, à renverser le bon ordre au-dedans de l'état, et à tout gâter pour faire parler de vous.

Franç. — C'est ainsi que les vieilles gens sont toujours préoccupés contre ceux qui doivent être leurs successeurs. Mais voici le fait. J'ai soutenu une horrible guerre contre Charles-Quint, empereur et roi d'Espagne. J'ai gagné en Italie les fameuses batailles de Marignan contre les Suisses, et de Cerisoles contre les Impériaux. J'ai vu le roi d'Angleterre ligué avec l'empereur contre la France, et j'ai rendu leurs efforts inutiles. J'ai cultivé les sciences : j'ai mérité d'être immortalisé par les gens de lettres ; j'ai fait revivre le siècle d'Auguste au milieu de ma cour. J'y ai mis la magnificence, la politesse, l'érudition et la galanterie : avant moi tout étoit grossier, pauvre,

---
[1] Plus connu sous le nom du cardinal Polus.

ignorant, gaulois. Enfin je me suis fait nommer le père des lettres.

Louis. — Cela est beau, et je ne veux point en diminuer la gloire; mais j'aimerois encore mieux que vous eussiez été le père du peuple, que le père des lettres. Avez-vous laissé les François dans la paix et dans l'abondance?

Franç. — Non; mais mon fils, qui est jeune, soutiendra la guerre, et ce sera à lui à soulager enfin les peuples épuisés. Vous les ménagiez plus que moi; mais aussi vous faisiez foiblement la guerre.

Louis. — Vous l'avez donc faite sans doute avec de grands succès. Quelles sont vos conquêtes? Avez-vous pris le royaume de Naples?

Franç. — Non, j'ai eu d'autres expéditions à faire.

Louis. — Du moins vous avez conservé le Milanez?

Franç. — Il m'est arrivé bien des accidents imprévus.

Louis. — Quoi donc? Charles-Quint vous l'a enlevé? Avez-vous perdu quelque bataille? Parlez...: vous n'osez tout dire.

Franç. — J'y fus pris dans une bataille à Pavie.

Louis. — Comment! pris? Hélas! en quel abîme s'est-il jeté par de mauvais conseils! C'est donc ainsi que vous m'avez surpassé à la guerre! Vous avez replongé la France dans les malheurs qu'elle souffrit sous le roi Jean. O pauvre France, que je te plains! Je l'avois bien prévu. Eh bien! je vous entends; il a fallu rendre des provinces entières, et payer des sommes immenses. Voilà à quoi aboutit ce faste, cette hauteur, cette témérité, cette ambition. Et la justice..., comment va-t-elle?

Franç. — Elle m'a donné de grandes ressources. J'ai vendu les charges de magistrature.

Louis. — Et les juges qui les ont achetées vendront à leur tour la justice! Mais tant de sommes levées sur le peuple ont-elles été bien employées pour lever et faire subsister les armées avec économie?

Franç. — Il en a fallu une partie pour la magnificence de ma cour.

Louis. — Je parie que vos maîtresses y ont eu une plus grande part que les meilleurs officiers d'armée : si bien donc que le peuple est ruiné, la guerre encore allumée, la justice vénale, la cour livrée à toutes les folies des femmes galantes, tout l'état en souffrance. Voilà ce règne si brillant qui a effacé le mien. Un peu de modération vous auroit fait bien plus d'honneur.

Franç. — Mais j'ai fait plusieurs grandes choses qui m'ont fait louer comme un héros. On m'appelle le grand roi François.

Louis. — C'est-à-dire que vous avez été flatté pour votre argent, et que vous vouliez être héros aux dépens de l'état, dont la seule prospérité devoit faire toute votre gloire.

Franç. — Non, les louanges qu'on m'a données étoient sincères.

Louis. — Hé! y a-t-il quelque roi si foible et si corrompu à qui on n'ait pas donné autant de louanges que vous en avez reçu? Donnez-moi le plus indigne de tous les princes, on lui donnera tous les éloges qu'on vous a donnés. Après cela, achetez des louanges par tant de sang, et par tant de sommes qui ruinent un royaume!

Franç. — Du moins j'ai eu la gloire de me soutenir avec constance dans mes malheurs.

Louis. — Vous auriez mieux fait de ne vous mettre jamais dans le besoin de faire éclater cette constance : le peuple n'avoit que faire de cet héroïsme. Le héros ne s'est-il point ennuyé en prison?

Franç. — Oui, sans doute; et j'achetai la liberté bien chèrement.

LXV.

CHARLES-QUINT ET UN JEUNE MOINE DE SAINT-JUST.

On cherche souvent la retraite par inquiétude, plutôt que par un véritable esprit de religion.

Ch. — Allons, mon frère, il est temps de se lever; vous dormez trop pour un jeune novice qui doit être fervent.

Le M. — Quand voulez-vous que je dorme, sinon pendant que je suis jeune? Le sommeil n'est point incompatible avec la ferveur.

Ch. — Quand on aime l'office, on est bientôt éveillé.

Le M. — Oui, quand on est à l'âge de votre majesté; mais au mien, on dort tout debout.

Ch. — Eh bien! mon frère, c'est aux gens de mon âge à éveiller la jeunesse trop endormie.

Le M. — Est-ce que vous n'avez plus rien de meilleur à faire? Après avoir si long-temps troublé le repos du monde entier, ne sauriez-vous me laisser le mien?

Ch. — Je trouve qu'en se levant ici de bon matin, on est encore bien en repos dans cette profonde solitude.

Le M. — Je vous entends, sacrée majesté : quand vous vous êtes levé ici de bon matin, vous y trouvez la journée bien longue : vous êtes accoutumé à un plus grand mouvement; avouez-le sans façon. Vous vous ennuyez de n'avoir ici qu'à prier Dieu, qu'à monter vos horloges, et qu'à éveiller de pauvres novices qui ne sont pas coupables de votre ennui.

Ch. — J'ai ici douze domestiques que je me suis réservés.

Le M. — C'est une triste conversation pour un homme qui étoit en commerce avec toutes les nations connues.

Ch. — J'ai un petit cheval pour me promener dans ce beau vallon orné d'orangers, de myrtes, de grenadiers, de lauriers et de mille fleurs, au pied de ces belles montagnes de l'Estramadure, couvertes de troupeaux innombrables.

Le M. — Tout cela est beau; mais tout cela ne parle point. Vous voudriez un peu de bruit et de fracas.

Ch. — J'ai cent mille écus de pension.

Le M. — Assez mal payés. Le roi votre fils n'en a guère de soin.

Ch. — Il est vrai qu'on oublie bientôt les gens qui se sont dépouillés et dégradés.

Le M. — Ne comptiez-vous pas là-dessus quand vous avez quitté vos couronnes?

Ch. — Je voyois bien que cela devoit être ainsi.

Le M. — Si vous avez compté là-dessus, pourquoi vous étonnez-vous de le voir arriver? Tenez-vous-en à votre premier projet : renoncez à tout; oubliez tout; ne desirez plus rien; reposez-vous, et laissez reposer les autres.

Ch. — Mais je vois que mon fils, après la bataille de Saint-Quentin, n'a pas su profiter de la victoire; il devroit être déjà à Paris. Le comte d'Egmont lui a gagné une autre bataille à Gravelines; et il laisse tout perdre. Voilà Calais repris par le duc de Guise sur les Anglois; voilà ce même duc qui a pris Thionville pour couvrir Metz. Mon fils gouverne mal : il ne suit aucun de mes conseils; il ne me paie point ma pension; il méprise ma conduite, et les plus fidèles serviteurs dont je me suis servi. Tout cela me chagrine et m'inquiète.

Le M. — Quoi! n'étiez-vous venu chercher le repos dans cette retraite qu'à condition que le roi votre fils feroit des conquêtes, croiroit tous vos conseils, et achèveroit d'exécuter tous vos projets?

Ch. — Non; mais je croyois qu'il feroit mieux.

Le M. — Puisque vous avez tout quitté pour être en repos, demeurez-y, quoi qu'il arrive; laissez faire le roi votre fils comme il voudra. Ne faites point dépendre votre tranquillité des guerres qui agitent le monde; vous n'en êtes sorti que pour n'en plus entendre parler. Mais, dites la vérité, vous ne connoissiez guère la solitude quand vous l'avez cherchée; c'est par inquiétude que vous avez desiré le repos.

Ch. — Hélas! mon pauvre enfant, tu ne dis que trop vrai; et Dieu veuille que tu ne te sois point mécompté comme moi en quittant le monde dans ce noviciat!

LXVI.

CHARLES-QUINT ET FRANÇOIS Ier.

La justice et le bonheur ne se trouvent que dans la bonne foi, la droiture et le courage.

Ch. — Maintenant que toutes nos affaires sont finies, nous ne ferions pas mal de nous éclaircir sur les déplaisirs que nous nous sommes donnés l'un à l'autre.

Franç. — Vous m'avez fait beaucoup d'injustices et de tromperies; je ne vous ai jamais fait de mal que par les lois de la guerre : vous m'avez arraché, pendant que j'étois en prison, l'hommage du comté de Flandre; le vassal s'est prévalu de la force pour donner la loi à son souverain.

Ch. — Vous étiez libre de ne renoncer pas.

Franç. — Est-on libre en prison?

Ch. — Les hommes foibles n'y sont pas libres; mais quand on a un vrai courage, on est libre partout. Si je vous eusse demandé votre couronne, l'ennui de votre prison vous auroit-il réduit à me la céder?

Franç. — Non, sans doute; j'aurois mieux aimé mourir que de faire cette lâcheté : mais, pour la mouvance du comté de Flandre, je vous l'abandonnai par lassitude, par ennui, par crainte d'être empoisonné, par l'intérêt de retourner dans mon royaume, où tout avoit besoin de ma présence; enfin, par l'état de langueur qui me menaçoit d'une mort prochaine. Et, en effet, je crois que je serois mort, sans l'arrivée de ma sœur.

Ch. — Non-seulement un grand roi, mais un vrai chevalier, aime mieux mourir que de donner une parole, à moins qu'il ne soit résolu de la tenir à quelque prix que ce puisse être. Rien n'est si honteux que de dire qu'on a manqué de courage pour souffrir, et qu'on s'est délivré en promettant de mauvaise foi. Si vous étiez persuadé qu'il ne vous étoit pas permis de sacrifier la grandeur de votre état à la liberté de votre personne, il falloit savoir mourir en prison, mander à vos sujets de ne plus compter sur vous et de couronner votre fils :

vous m'auriez bien embarrassé *. Un prisonnier qui a ce courage se met en liberté dans sa prison; il échappe à ceux qui le tiennent.

Franç. — Ces maximes sont vraies. J'avoue que l'ennui et l'impatience m'ont fait promettre ce qui étoit contre l'intérêt de mon état, et que je ne pouvois exécuter ni éluder avec honneur. Mais est-ce à vous à me faire un tel reproche? Toute votre vie n'est-elle pas un continuel manquement de parole? D'ailleurs ma foiblesse ne vous excuse point. Un homme intrépide, il est vrai, se laisse égorger plutôt que de promettre ce qu'il ne peut pas tenir; mais un homme juste n'abuse point de la foiblesse d'un autre homme pour lui arracher, dans sa captivité, une promesse qu'il ne peut ni ne doit exécuter. Qu'auriez-vous fait, si je vous eusse retenu en France quand vous y passâtes, quelque temps après ma prison, pour aller dans les Pays-Bas? J'aurois pu vous demander la cession du Milanez, que vous m'aviez usurpé.

Ch. — Je passois librement en France sur votre parole; vous n'étiez pas venu librement en Espagne sur la mienne.

Franç. — Il est vrai; je conviens de cette différence: mais comme vous m'aviez fait une injustice en m'arrachant, dans ma prison, un traité désavantageux, j'aurois pu réparer ce tort en vous arrachant à mon tour un autre traité plus équitable; d'ailleurs je pouvois vous arrêter chez moi jusqu'à ce que vous m'eussiez restitué mon bien, qui étoit le Milanez.

Ch. — Attendez; vous joignez plusieurs choses qu'il faut que je démêle. Je ne vous ai jamais manqué de parole à Madrid, et vous m'en auriez manqué à Paris, si vous m'eussiez arrêté sous aucun prétexte de restitution, quelque juste qu'elle pût être. C'étoit à vous à ne permettre le passage qu'en me demandant le préliminaire de la restitution: mais, comme vous ne l'avez point demandé, vous ne pouviez l'exiger en France sans violer votre promesse. D'ailleurs, croyez-vous qu'il soit permis de repousser la fraude par la fraude? Vous justifiez un malhonnête homme en l'imitant. Dès qu'une tromperie en attire une autre, il n'y a plus rien d'assuré parmi les hommes, et les suites funestes de cet engagement vont à l'infini. Le plus sûr pour vous-même est de ne vous venger du trompeur qu'en repoussant toutes ses ruses sans le tromper.

Franç. — Voilà une sublime philosophie; voilà Platon tout pur. Mais je vois bien que vous avez fait vos affaires avec plus de subtilité que moi; mon tort est de m'être fié à vous. Le connétable de Montmorency aida à me tromper: il me persuada qu'il falloit vous piquer d'honneur, en vous laissant passer sans condition. Vous aviez déjà promis dès-lors de donner l'investiture du duché de Milan au plus jeune de mes trois fils: après votre passage en France, vous réitérâtes encore cette promesse toutes les fois que vous crûtes avoir besoin de m'en amuser. Si je n'eusse pas cru le connétable, je vous aurois fait rendre le Milanez avant que de vous laisser passer dans les Pays-Bas. Jamais je n'ai pu pardonner ce mauvais conseil de mon favori; je le chassai de ma cour.

Ch. — Plutôt que de rendre le Milanez, j'aurois traversé la mer.

Franç. — Votre santé, la saison, et les périls de la navigation, vous ôtoient cette ressource. Mais enfin, pourquoi me jouer si indignement à la face de toute l'Europe, et abuser de l'hospitalité la plus généreuse?

Ch. — Je voulois bien donner le duché de Milan à votre troisième fils; un duc de Milan de la maison de France ne m'auroit guère plus embarrassé que les autres princes d'Italie. Mais votre second fils, pour lequel vous demandiez cette investiture, étoit trop près de succéder à la couronne; il n'y avoit entre vous et lui que le dauphin, qui mourut. Si j'avois donné l'investiture au second, il se seroit bientôt trouvé tout ensemble roi de France et duc de Milan; par-là, toute l'Italie auroit été à jamais dans la servitude. C'est ce que j'ai prévu, et c'est ce que j'ai dû éviter.

Franç. — Servitude pour servitude, ne valoit-il pas mieux rendre le Milanez à son maître légitime, qui étoit moi, que de le retenir dans vos mains sans aucune apparence de droit? Les François, qui n'avoient plus un pouce de terre en Italie, étoient moins à craindre dans le Milanez pour la liberté publique, que la maison d'Autriche, revêtue du royaume de Naples et des droits de l'Empire sur tous les fiefs qui relèvent de lui en ce pays-là. Pour moi, je dirai franchement, toute sub-

---

* Dans le temps où Fénelon composa ce dialogue, on ignoroit que François Ier eût eu en effet recours à cet expédient, qui ne contribua pas peu à accélérer sa délivrance. Ce fait important a été publié pour la première fois en 1774, par l'abbé Garnier, continuateur de Velly, qui en fit la découverte dans les *Registres du parlement de Paris.* (*Hist. de France*, tom. XXIV, pag. 495. etc.) Il est étonnant que le cardinal Maury, qui attribue comme nous cette découverte à l'abbé Garnier, en ait pris occasion de faire à l'archevêque de Cambrai le reproche si grave de *sacrifier quelquefois l'exactitude historique à la morale*, dont il fait le principal objet de ses leçons. (*Éloge de Fénelon*; note: vers la fin de la 1re partie.) Est-ce donc *sacrifier l'exactitude historique à la morale*, que de raisonner sur le récit unanime des historiens qui racontent un fait?
(*Édit. de Vers.*)

tilité à part, la différence de nos deux procédés. Vous aviez toujours assez d'adresse pour mettre les formes de votre côté, et pour me tromper dans le fond : j'avois tout au contraire assez d'honneur pour aller droit dans le fond; mais, par foiblesse, par impatience ou par légèreté, je ne prenois pas assez de précautions, et les formes étoient contre moi; aussi je n'étois trompeur qu'en apparence, et vous l'étiez dans l'essentiel. Pour moi, j'ai été assez puni de mes fautes dans le temps où je les ai faites. Pour vous, j'espère que la fausse politique de votre fils me vengera assez de votre injuste ambition. Il vous a contraint de vous dépouiller pendant votre vie : vous êtes mort dégradé et malheureux, vous qui aviez prétendu mettre toute l'Europe dans les fers. Ce fils achèvera son ouvrage : sa jalousie et sa défiance tyrannique abattra toute vertu et toute émulation chez les Espagnols; le mérite, devenu suspect et odieux, n'osera paroître; l'Espagne n'aura plus ni grand capitaine ni génie élevé dans les négociations, ni discipline militaire, ni bonne police dans les peuples. Ce roi, toujours caché et toujours impraticable, comme les rois de l'Orient, abattra le dedans de l'Espagne, et soulèvera les nations éloignées qui dépendent de cette monarchie. Ce grand corps tombera de lui-même, et ne servira plus que d'exemple de la vanité des trop grandes fortunes. Un état réuni et médiocre, quand il est bien peuplé, bien policé, bien cultivé pour les arts et pour les sciences utiles; quand il est d'ailleurs gouverné selon ses lois, avec modération, par un prince qui rend lui-même la justice et qui va lui-même à la guerre, promet quelque chose de plus heureux qu'une vaste monarchie, qui n'a plus de tête pour réunir le gouvernement. Si vous ne voulez pas m'en croire, attendez un peu; nos arrière-neveux vous en diront des nouvelles.

CH. — Hélas! je ne prévois que trop la vérité de vos prédictions. La prévoyance de ces malheurs, qui renverseront tous mes ouvrages, m'a découragé, et m'a fait quitter l'empire. Cette inquiétude troublera mon repos dans ma solitude de Saint-Just.

LXVII.
HENRI III ET LA DUCHESSE DE MONTPENSIER.

Caractère foible et dissimulé de Henri : sa dévotion bizarre.

HENR. — Bonjour, ma cousine. Ne sommes-nous pas raccommodés au moins après notre mort?

LA D. — Moins que jamais. Je ne saurois vous pardonner tous vos massacres, et surtout le sang de ma famille, cruellement répandu.

HENR. — Vous m'avez fait plus de mal dans Paris avec votre Ligue, que je ne vous en ai fait par les choses que vous me reprochez. Faisons compensation, et soyons bons amis.

LA D. — Non, je ne serai jamais amie d'un homme qui a conseillé l'horrible massacre de Blois.

HENR. — Mais le duc de Guise m'avoit poussé à bout. Avez-vous oublié la journée des barricades, où il vint faire le roi de Paris, et me chasser du Louvre? Je fus contraint de me sauver par les Tuileries et par les Feuillants.

LA D. — Mais il s'étoit réconcilié avec vous par la médiation de la reine-mère. On dit que vous aviez communié avec lui en rompant tous une même hostie, et que vous aviez juré sa conservation.

HENR. — Mes ennemis ont dit bien des choses sans preuve, pour donner plus de crédit à la Ligue. Mais enfin je ne pouvois plus être roi si votre frère n'eût été abattu.

LA D. — Quoi! vous ne pouviez plus être roi sans tromper et sans faire assassiner? Quels moyens de maintenir votre autorité! Pourquoi signer l'union? pourquoi la faire signer à tout le monde aux états de Blois? Il falloit résister courageusement; c'étoit la vraie manière d'être roi. La royauté bien entendue consiste à demeurer ferme dans la raison, et à se faire obéir.

HENR. — Mais je ne pouvois m'empêcher de suppléer à la force par l'adresse et par la politique.

LA D. — Vous vouliez ménager les huguenots et les catholiques, et vous vous rendiez méprisable aux uns et aux autres.

HENR. — Non, je ne ménageois point les huguenots.

LA D. — Les conférences de la reine avec eux, et les soins que vous preniez de les flatter toutes les fois que vous vouliez contrebalancer le parti de l'union, vous rendoient suspect à tous les catholiques.

HENR. — Mais d'ailleurs ne faisois-je pas tout ce qui dépendoit de moi pour témoigner mon zèle sur la religion?

LA D. — Oui, mille grimaces ridicules, et qui étoient démenties par d'autres actions scandaleuses. Aller en masque le mardi-gras, et le jour des cendres à la procession en sac de pénitent avec un grand fouet; porter à votre ceinture un grand chapelet long d'une aune avec des grains qui étoient de petites têtes de mort, et porter en même temps à votre cou un panier pendu à un ruban, qui étoit plein de petits épagneuls, dont vous faisiez tous les ans une dépense de cent mille écus;

faire des confréries, des vœux, des pèlerinages, des oratoires ; passer sa vie avec des feuillants, des minimes, des hiéronymitains, qu'on fait venir d'Espagne ; et de l'autre, passer sa vie avec ces infâmes mignons ; découper, coller des images, et se jeter en même temps dans les curiosités de la magie, dans l'impiété et dans la politique de Machiavel ; enfin courir la bague en femme, faire des repas avec vos mignons, où vous étiez servi par des femmes nues et déchevelées ; puis faire le dévot, et chercher partout des ermitages : quelle disproportion ! Aussi dit-on que votre médecin Miron assuroit que cette humeur noire qui causoit tant de bizarreries, ou vous feroit mourir bientôt, ou vous feroit tomber dans la folie.

Henr. — Tout cela étoit nécessaire pour ménager les esprits ; je donnois des plaisirs aux gens débauchés, et de la dévotion aux dévots, pour les tenir tous.

La D. — Vous les avez fort bien tenus. C'est ce qui a fait dire que vous n'étiez bon qu'à tondre et à faire moine.

Henr. — Je n'ai pas oublié ces ciseaux que vous montriez à tout le monde, disant que vous les portiez pour me tondre.

La D. — Vous m'aviez assez outragée pour mériter cette insulte.

Henr. — Mais enfin que pouvois-je faire ? il falloit ménager tous les partis.

La D. — Ce n'est point les ménager, que de montrer de la foiblesse, de la dissimulation et de l'hypocrisie de tous les côtés.

Henr. — Chacun parle bien à son aise : mais on a besoin de bien des gens quand on trouve tant de gens prêts à se révolter.

La D. — Voyez le roi de Navarre, votre cousin. Vous avez trouvé tout votre royaume soumis ; et vous l'avez laissé tout en feu par une cruelle guerre civile : lui, sans dissimulation, massacre ni hypocrisie, a conquis le royaume entier qui refusoit de le reconnoître ; il a tenu dans ses intérêts les huguenots en quittant leur religion ; il a attiré tous les catholiques, et dissipé la Ligue si puissante. Ne cherchez point à vous excuser ; les choses ne valent que ce qu'on les fait valoir.

LXVIII.
HENRI III ET HENRI IV.

Différence entre un roi qui se fait craindre et haïr par la cruauté et la finesse, et un roi qui se fait aimer par la sincérité et le désintéressement de son caractère.

H. III. — Hé ! mon pauvre cousin, vous voilà tombé dans le même malheur que moi.

H. IV. — Ma mort a été violente comme la vôtre ; mais personne ne vous a regretté que vos mignons, à cause des biens immenses que vous répandiez sur eux avec profusion : pour moi, toute la France m'a pleuré comme le père de toutes les familles. On me proposera, dans la suite des siècles, comme le modèle d'un bon et sage roi. Je commençois à mettre le royaume dans le calme, dans l'abondance et dans le bon ordre.

H. III. — Quand je fus tué à Saint-Cloud, j'avois déjà abattu la Ligue ; Paris étoit prêt à se rendre : j'aurois bientôt rétabli mon autorité.

H. IV. — Mais quel moyen de rétablir votre réputation si noircie ? Vous passiez pour un fourbe, un hypocrite, un impie, un homme efféminé et dissolu. Quand on a une fois perdu la réputation de probité et de bonne foi, on n'a jamais une autorité tranquille et assurée. Vous vous étiez défait des deux Guise à Blois ; mais vous ne pouviez jamais vous défaire de tous ceux qui avoient horreur de vos fourberies.

H. III. — Hé ! ne savez-vous pas que l'art de dissimuler est l'art de régner ?

H. IV. — Voilà les belles maximes que Du Guast et quelques autres vous avoient inspirées. L'abbé d'Elbène et les autres Italiens vous avoient mis dans la tête la politique de Machiavel. La reine, votre mère, vous avoit nourri dans ces sentiments. Mais elle eut bien sujet de s'en repentir ; elle eut ce qu'elle méritoit : elle vous avoit appris à être dénaturé, vous le fûtes contre elle.

H. III. — Mais quel moyen d'agir sincèrement et de se confier aux hommes ? Ils sont tous déguisés et corrompus.

H. IV. — Vous le croyez, parce que vous n'avez jamais vu d'honnêtes gens, et vous ne croyez pas qu'il y en puisse avoir au monde. Mais vous n'en cherchiez pas : au contraire, vous les fuyiez, et ils vous fuyoient ; ils vous étoient suspects et incommodes. Il vous falloit des scélérats qui vous inventassent de nouveaux plaisirs, qui fussent capables des crimes les plus noirs, et devant lesquels rien ne vous fît souvenir ni de la religion ni de la pudeur violée. Avec de telles mœurs, on n'a garde de trouver des gens de bien. Pour moi, j'en ai trouvé ; j'ai su m'en servir dans mon conseil, dans les négociations étrangères, dans plusieurs charges ; par exemple, Sully, Jeannin, d'Ossat, etc.

H. III. — A vous entendre parler, on vous prendroit pour un Caton ; votre jeunesse a été aussi déréglée que la mienne.

H. IV. — Il est vrai ; j'ai été inexcusable dans ma passion honteuse pour les femmes : mais, dans mes désordres, je n'ai jamais été ni trompeur, ni méchant, ni impie; je n'ai été que foible. Le malheur m'a beaucoup servi; car j'étois naturellement paresseux, et trop adonné aux plaisirs. Si je fusse né roi, je me serois peut-être déshonoré : mais la mauvaise fortune à vaincre, et mon royaume à conquérir, m'ont mis dans la nécessité de m'élever au-dessus de moi-même.

H. III. — Combien avez-vous perdu de belles occasions de vaincre vos ennemis, pendant que vous vous amusiez sur les bords de la Garonne à soupirer pour la comtesse de Guiche! Vous étiez comme Hercule filant auprès d'Omphale.

H. IV. — Je ne puis le désavouer; mais Coutras, Ivry, Arques, Fontaine-Françoise, réparent un peu...

H. III. — N'ai-je pas gagné les batailles de Jarnac et de Moncontour?

H. IV. — Oui; mais le roi Henri III soutint mal les espérances qu'on avoit conçues du duc d'Anjou. Henri IV, au contraire, a mieux valu que le roi de Navarre.

H. III. — Vous croyez donc que je n'ai point ouï parler de la duchesse de Beaufort, de la marquise de Verneuil, de la ....? Mais je ne puis les compter toutes, tant il y en a eu.

H. IV. — Je n'en désavoue aucune, et je passe condamnation. Mais je me suis fait aimer et craindre : j'ai détesté cette politique cruelle et trompeuse dont vous étiez si empoisonné, et qui a causé tous vos malheurs; j'ai fait la guerre avec vigueur; j'ai conclu au-dehors une solide paix; au-dedans j'ai policé l'état, et je l'ai rendu florissant; j'ai rangé les grands à leur devoir, et même les plus insolents favoris, tout cela sans tromper, sans assassiner, sans faire d'injustice, me fiant aux gens de bien, et mettant toute ma gloire à soulager les peuples.

LXIX.

HENRI IV ET LE DUC DE MAYENNE.

Les malheurs font les héros et les bons rois.

HENR. — Mon cousin, j'ai oublié tout le passé, et je suis bien aise de vous voir.

LE D. — Vous êtes trop bon, sire, d'oublier mes fautes; il n'y a rien que je ne voulusse faire pour en effacer le souvenir.

HENR. — Promenons-nous dans cette allée entre ces deux canaux; et, en nous promenant, nous parlerons d'affaires.

LE D. — Je suivrai avec joie votre majesté.

HENR. — Eh bien! mon cousin, je ne suis plus ce pauvre Béarnais qu'on vouloit chasser du royaume. Vous souvenez-vous du temps que nous étions à Arques, et que vous mandiez à Paris que vous m'aviez acculé au bord de la mer, et qu'il faudroit que je me précipitasse dedans pour pouvoir me sauver?

LE D. — Il est vrai; mais il est vrai aussi que vous fûtes sur le point de céder à la mauvaise fortune, et que vous auriez pris le parti de vous retirer en Angleterre, si Biron ne vous eût représenté les suites d'un tel parti.

HENR. — Vous parlez franchement, mon cousin, et je ne le trouve point mauvais. Allez, ne craignez rien, et dites tout ce que vous aurez sur le cœur.

LE D. — Mais je n'en ai peut-être déjà que trop dit; les rois ne veulent point qu'on nomme les choses par leurs noms. Ils sont accoutumés à la flatterie; ils en font une partie de leur grandeur. L'honnête liberté avec laquelle on parle aux autres hommes les blesse; ils ne veulent point qu'on ouvre la bouche que pour les louer et les admirer. Il ne faut pas les traiter en hommes; il faut dire qu'ils sont toujours et partout des héros.

HENR. — Vous en parlez si savamment, qu'il paroît bien que vous en avez l'expérience. C'est ainsi que vous étiez flatté et encensé pendant que vous étiez le roi de Paris.

LE D. — Il est vrai qu'on m'a amusé par beaucoup de vaines flatteries, qui m'ont donné de fausses espérances, et fait faire de grandes fautes.

HENR. — Pour moi, j'ai été instruit par mon malheur. De telles leçons sont rudes; mais elles sont bonnes, et il m'en restera toute ma vie d'écouter plus volontiers qu'un autre mes vérités. Dites-les-moi donc, mon cher cousin, si vous m'aimez.

LE D. — Tous nos mécomptes sont venus de l'idée que nous avions conçue de vous dans votre jeunesse. Nous savions que les femmes vous amusoient partout; que la comtesse de Guiche vous avoit fait perdre tous les avantages de la bataille de Coutras; que vous aviez été jaloux de votre cousin le prince de Condé, qui paroissoit plus ferme, plus sérieux et plus appliqué que vous aux grandes affaires, et qui avoit avec un bon esprit une grande vertu. Nous vous regardions comme un homme mou et efféminé, que la reine-mère avoit trompé par mille intrigues d'amourettes, qui avoit fait tout ce qu'on avoit voulu dans le temps de la Saint-Barthélemy pour changer de religion, qui s'étoit encore soumis, après la conjuration de La Mole, à tout ce que la cour voulut. Enfin, nous espérions avoir bon marché de vous. Mais en vérité, sire, je n'en puis plus; me voilà tout en sueur et hors d'haleine. Votre majesté est aussi maigre et aussi légère que je suis gros et pesant : je ne puis plus la suivre.

Henr. — Il est vrai, mon cousin, que j'ai pris plaisir à vous lasser; mais c'est aussi le seul mal que je vous ferai de ma vie. Achevez ce que vous avez commencé.

Le D. — Vous nous avez bien surpris, quand nous vous avons vu, à cheval nuit et jour, faire des actions d'une vigueur et d'une diligence incroyable, à Cahors, à Eause en Gascogne, à Arques en Normandie, à Ivry, devant Paris, à Arnay-le-Duc, et à Fontaine-Française. Vous avez su gagner la confiance des catholiques sans perdre les huguenots; vous avez choisi des gens capables et dignes de votre confiance pour les affaires; vous les avez consultés sans jalousie, et avez su profiter de leurs bons avis sans vous laisser gouverner; vous nous avez prévenus partout; vous êtes devenu un autre homme, ferme, vigilant, laborieux, tout à vos devoirs.

Henr. — Je vois bien que ces vérités si hardies que vous me deviez dire se tournent en louanges; mais il faut revenir à ce que je vous ai dit d'abord, qui est que je dois tout ce que je suis à ma mauvaise fortune. Si je me fusse trouvé d'abord sur le trône, environné de pompe, de délices et de flatteries, je me serois endormi dans les plaisirs. Mon naturel penchoit à la mollesse; mais j'ai senti la contradiction des hommes, et le tort que mes défauts me pouvoient faire : il a fallu m'en corriger, m'assujettir, me contraindre, suivre de bons conseils, profiter de mes fautes, entrer dans toutes les affaires; voilà ce qui redresse et forme les hommes.

LXX.

SIXTE-QUINT ET HENRI IV.

Les grands hommes s'estiment malgré l'opposition de leurs intérêts.

Sixt. — Il y a long-temps que j'étois curieux de vous voir. Pendant que nous étions tous deux en bonne santé, cela n'étoit guère possible; la mode des conférences entre les papes et les rois étoit déjà passée en notre temps. Cela étoit bon pour Léon X et François Ier, qui se virent à Bologne, et pour Clément VII avec le même roi à Marseille, pour le mariage de Catherine de Médicis. J'aurois été ravi d'avoir de même avec vous une conférence; mais je n'étois pas libre, et votre religion ne me le permettoit pas.

Henr. — Vous voilà bien radouci; la mort, je le vois bien, vous a mis à la raison. Dites la vérité, vous n'étiez pas de même du temps que je n'étois encore que ce pauvre Béarnais excommunié.

Sixt. — Voulez-vous que je vous parle sans déguisement? D'abord je crus qu'il n'y avoit qu'à vous pousser à toute extrémité. J'avois par-là bien embarrassé votre prédécesseur; aussi le fis-je bien repentir d'avoir osé faire massacrer un cardinal de la sainte Église. S'il n'eût fait tuer que le duc de Guise, il en eût eu meilleur marché : mais attaquer la sacrée pourpre, c'étoit un crime irrémissible; je n'avois garde de tolérer un attentat d'une si dangereuse conséquence. Il me parut capital, après la mort de votre cousin, d'user contre vous de rigueur comme contre lui, d'animer la Ligue, et de ne laisser point monter sur le trône de France un hérétique. Mais bientôt j'aperçus que vous prévaudriez sur la Ligue, et votre courage me donna bonne opinion de vous. Il y avoit deux personnes dont je ne pouvois avec aucune bienséance être ami, et que j'aimois naturellement.

Henr. — Qui étoient donc ces deux personnes qui avoient su vous plaire?

Sixt. — C'étoit vous et la reine Élisabeth d'Angleterre.

Henr. — Pour elle, je ne m'étonne pas qu'elle fût selon votre goût. Premièrement elle étoit pape aussi bien que vous, étant chef de l'Église anglicane; et c'étoit un pape aussi fier que vous; elle savoit se faire craindre et faire voler les têtes. Voilà sans doute ce qui lui a mérité l'honneur de vos bonnes grâces.

Sixt. — Cela n'y a pas nui; j'aime les gens vigoureux, et qui savent se rendre maîtres des autres. Le mérite que j'ai reconnu en vous, et qui m'a gagné le cœur, c'est que vous avez battu la Ligue, ménagé la noblesse, tenu la balance entre les catholiques et les huguenots. Un homme qui sait faire tout cela est un homme, et je ne le méprise point comme son prédécesseur, qui perdoit tout par sa mollesse, et qui ne se relevoit que par des tromperies. Si j'eusse vécu, je vous aurois reçu à l'abjuration sans vous faire languir. Vous en auriez été quitte pour quelques petits coups de baguette, et pour déclarer que vous receviez la couronne de roi très chrétien de la libéralité du Saint-Siège.

Henr. — C'est ce que je n'eusse jamais accepté; j'aurois plutôt recommencé la guerre.

Sixt. — J'aime à vous voir cette fierté. Mais, faute d'être assez appuyé de mes successeurs, vous avez été exposé à tant de conjurations, qu'enfin on vous a fait périr.

Henr. — Il est vrai; mais vous, avez-vous été

épargné? La cabale espagnole ne vous a pas mieux traité que moi; le fer ou le poison, cela est bien égal. Mais allons voir cette bonne reine que vous aimez tant; elle a su régner tranquillement, et plus long-temps que vous et moi.

LXXI.
LES CARDINAUX XIMÉNÈS ET DE RICHELIEU.
La vertu vaut mieux que la naissance.

Xim. — Maintenant que nous sommes ensemble, je vous conjure de me dire s'il est vrai que vous avez songé à m'imiter.

Rich. — Point. J'étois trop jaloux de la bonne gloire, pour vouloir être la copie d'un autre. J'ai toujours montré un caractère hardi et original.

Xim. — J'avois ouï dire que vous aviez pris La Rochelle, comme moi Oran; abattu les huguenots, comme je renversai les Maures de Grenade pour les convertir; protégé les lettres, abaissé l'orgueil des grands, relevé l'autorité royale, établi la Sorbonne comme mon université d'Alcala de Hénarès, et même profité de la faveur de la reine Marie de Médicis, comme je fus élevé par celle d'Isabelle de Castille.

Rich. — Il est vrai qu'il y a entre nous certaines ressemblances que le hasard a faites : mais je n'ai envisagé aucun modèle; je me suis contenté de faire les choses que le temps et les affaires m'ont offertes pour la gloire de la France. D'ailleurs nos conditions étoient bien différentes. J'étois né à la cour; j'y avois été nourri : dès ma plus grande jeunesse, j'étois évêque de Luçon et secrétaire-d'état, attaché à la reine et au maréchal d'Ancre. Tout cela n'a rien de commun avec un moine obscur et sans appui, qui n'entre dans le monde et dans les affaires qu'à soixante ans.

Xim. — Rien ne me fait plus d'honneur que d'y être entré si tard. Je n'ai jamais eu de vues d'ambition, ni d'empressement; je comptois d'achever dans le cloître ma vie déjà bien avancée. Le cardinal de Mendoza, archevêque de Tolède, me fit confesseur de la reine; la reine, prévenue pour moi, me fit successeur de ce cardinal pour l'archevêché de Tolède, contre le désir du roi, qui vouloit y mettre son bâtard; ensuite je devins le principal conseil de la reine dans ses peines à l'égard du roi. J'entrepris la conversion de Grenade, après que Ferdinand en eut fait la conquête. La reine mourut. Je me trouvai entre Ferdinand et son gendre Philippe d'Autriche. Je rendis de grands services à Ferdinand après la mort de Philippe. Je procurai l'autorité au beau-père. J'administrai les affaires, malgré les grands, avec vigueur. Je fis ma conquête d'Oran, où j'étois en personne, conduisant tout, et n'ayant point là de roi qui eût part à cette action, comme vous à La Rochelle et au Pas-de-Suse. Après la mort de Ferdinand, je fus régent, dans l'absence du jeune prince Charles. C'est moi qui empêchai les communautés d'Espagne de commencer la révolte, qui arriva après ma mort : je fis changer le gouvernement et les officiers du second infant Ferdinand, qui vouloient le faire roi, au préjudice de son frère aîné. Enfin je mourus tranquille, ayant perdu toute autorité par l'artifice des Flamands, qui avoient prévenu le roi Charles contre moi. En tout cela je n'ai jamais fait aucun pas vers la fortune; les affaires me sont venues trouver, et je n'y ai regardé que le bien public. Cela est plus honorable que d'être né à la cour, fils d'un grand-prevôt, chevalier de l'Ordre.

Rich. — La naissance ne diminue jamais le mérite des grandes actions.

Xim. — Non; mais puisque vous me poussez, je vous dirai que le désintéressement et la modération valent mieux qu'un peu de naissance.

Rich. — Prétendez-vous comparer votre gouvernement au mien? Avez-vous changé le système du gouvernement de toute l'Europe? J'ai abattu cette maison d'Autriche que vous avez servie, mis dans le cœur de l'Allemagne un roi de Suède victorieux, révolté la Catalogne, relevé le royaume de Portugal usurpé par les Espagnols, rempli la chrétienté de mes négociations.

Xim. — J'avoue que je ne dois point comparer mes négociations aux vôtres; mais j'ai soutenu toutes les affaires les plus difficiles de Castille avec fermeté, sans intérêt, sans ambition, sans vanité, sans foiblesse. Dites-en autant, si vous le pouvez.

LXXII.
LA REINE MARIE DE MÉDICIS ET LE CARDINAL DE RICHELIEU.
Vanité de l'astrologie.

Rich. — Ne puis-je pas espérer, madame, de vous apaiser en me justifiant au moins après ma mort?

Mar. — Otez-vous de devant moi, ingrat, perfide, scélérat, qui m'avez brouillée avec mon fils, et qui m'avez fait finir une vie misérable hors du royaume. Jamais domestique n'a dû tant de bienfaits à sa maîtresse, et ne l'a traitée si indignement.

Rich. — Je n'aurois jamais perdu votre confiance, si vous n'aviez pas écouté des brouillons. Bérulle, la du Fargis, les Marillac, ont commencé. Ensuite vous vous êtes livrée au P. Chantelouhe, à Saint-Germain de Mourgues, et à Fabroni, qui étoient des têtes mal faites et dangereuses. Avec de telles gens, vous n'aviez pas moins de peine à bien vivre avec Monsieur à Bruxelles, qu'avec le roi à Paris. Vous ne pouviez plus supporter ces beaux conseillers, et vous n'aviez pas le courage de vous en défaire.

MAR. — Je les aurois chassés pour me raccommoder avec le roi mon fils. Mais il falloit faire des bassesses, revenir sans autorité, et subir votre joug tyrannique : j'aimois mieux mourir.

RICH. — Ce qui étoit le plus bas et le moins digne de vous, c'étoit de vous unir à la maison d'Autriche, dans des négociations publiques, contre l'intérêt de la France. Il auroit mieux valu vous soumettre au roi votre fils ; mais Fabroni vous en détournoit toujours par des prédictions.

MAR. — Il est vrai qu'il m'assuroit toujours que la vie du roi ne seroit pas longue.

RICH. — C'étoit une prédiction bien facile à faire : la santé du roi étoit très mauvaise, et il la gouvernoit très mal. Mais votre astrologue auroit dû vous prédire que vous vivriez encore moins que le roi. Les astrologues ne disent jamais tout, et leurs prédictions ne font jamais prendre des mesures justes.

MAR. — Vous vous moquez de Fabroni, comme un homme qui n'auroit jamais été crédule sur l'astrologie judiciaire. N'aviez-vous pas de votre côté le P. Campanelle, qui vous flattoit par ses horoscopes?

RICH. — Au moins le P. Campanelle disoit la vérité ; car il me promettoit que Monsieur ne régneroit jamais, et que le roi auroit un fils qui lui succéderoit. Le fait est arrivé, et Fabroni vous a trompée.

MAR. — Vous justifiez par ce discours l'astrologie judiciaire et ceux qui y ajoutent foi ; car vous reconnoissez la vérité des prédictions du P. Campanelle. Si un homme instruit comme vous, et qui se piquoit d'être un si fort génie, a été si crédule sur les horoscopes, faut-il s'étonner qu'une femme l'ait été aussi ? Ce qu'il y a de vrai et de plaisant, c'est que, dans l'affaire la plus sérieuse et la plus importante de toute l'Europe, nous nous déterminions de part et d'autre, non sur les vraies raisons de l'affaire, mais sur les promesses de nos astrologues. Je ne voulois point revenir, parce qu'on me faisoit toujours attendre la mort du roi ; et vous, de votre côté, vous ne craigniez point de tomber dans mes mains ou dans celles de Monsieur à la mort du roi, parce que vous comptiez sur l'horoscope qui vous répondoit de la naissance d'un dauphin. Quand on veut faire le grand homme, on affecte de mépriser l'astrologie ; mais, quoiqu'on fasse en public l'esprit fort, on est curieux et crédule en secret.

RICH. — C'est une foiblesse indigne d'une bonne tête. L'astrologie est la cause de tous vos malheurs, et a empêché votre réconciliation avec le roi. Elle a fait autant de mal à la France qu'à vous ; c'est une peste dans toutes les cours. Les biens qu'elle promet ne servent qu'à enivrer les hommes, et qu'à les endormir par de vaines espérances : les maux dont elle menace ne peuvent point être évités par la prédiction, et rendent par avance une personne malheureuse. Il vaut donc mieux ignorer l'avenir, quand même on pourroit en découvrir quelque chose par l'astrologie.

MAR. — J'étois née Italienne, et au milieu des horoscopes. J'avois vu en France des prédictions véritables de la mort du roi mon mari.

RICH. — Il étoit aisé d'en faire. Les restes d'un dangereux parti songeoient à le faire périr. Plusieurs parricides avoient déjà manqué leur coup. Le danger de la vie du roi étoit manifeste. Peut-être que les gens qui abusoient de votre confiance n'en savoient que trop de nouvelles. D'ailleurs, les prédictions viennent après coup, et on n'en examine guère la date. Chacun est ravi de favoriser ce qui est extraordinaire.

MAR. — J'aperçois, en passant, que votre ingratitude s'étend jusque sur le pauvre maréchal d'Ancre, qui vous avoit élevé à la cour. Mais venons au fait. Vous croyez donc que l'astrologie n'a point de fondement ? Le P. Campanelle n'a-t-il pas dit la vérité ? ne l'a-t-il pas dite contre la vraisemblance ? Quelle apparence que le roi eût un fils après vingt-un ans de mariage sans en avoir ? Répondez.

RICH. — Je réponds que le roi et la reine étoient encore jeunes, et que les médecins, plus dignes d'être crus que les astrologues, comptoient qu'ils pourroient avoir des enfants. De plus, examinez les circonstances. Fabroni, pour vous flatter, assuroit que le roi mourroit bientôt sans enfants. Il avoit d'abord bien pris ses avantages ; il prédisoit ce qui étoit le plus vraisemblable. Que restoit-il à faire pour le P. Campanelle ? Il falloit qu'il me donnât de son côté de grandes espérances, sans cela il n'y a pas de l'eau à boire dans ce métier. C'étoit à lui à dire le contraire de Fabroni, et à soutenir la gageure. Pour moi, je voulois être sa dupe ; et, dans l'incertitude de l'événement, l'opinion populaire, qui faisoit espérer un dauphin contre la cabale de Monsieur, n'étoit pas inutile pour soutenir mon autorité. Enfin il n'est pas étonnant que, parmi tant de prédictions frivoles dont on ne remarque point la fausseté, il s'en trouve une dans tout un siècle qui réussisse par un jeu du hasard. Mais remarquez le bonheur de l'astrologie : il falloit que Fabroni ou Campanelle fût confondu ; du moins il auroit fallu donner d'étranges contorsions à leurs horoscopes pour les concilier, quoique le public soit si indulgent pour se payer des plus grossières équivoques sur l'accomplissement des prédictions. Mais enfin, en quelque péril que fût la réputation des deux astrologues, la gloire de l'astrologie étoit en pleine sûreté : il falloit que l'un des deux eût raison; c'étoit une nécessité que, le roi eût des enfants ou qu'il n'en eût pas. Lequel des deux qui pût arriver, l'astrologie triomphoit. Vous voyez par-là qu'elle triomphe à bon marché. On ne manque pas de dire maintenant que les principes sont certains, mais que Campanelle avoit mieux pris le moment de la nativité du roi que Fabroni.

Mar. — Mais j'ai toujours ouï dire qu'il y a des règles infaillibles pour connoître l'avenir par les astres.

Rich. — Vous l'avez ouï dire comme une infinité d'autres choses que la vanité de l'esprit humain a autorisées. Mais il est certain que cet art n'a rien que de faux et de ridicule.

Mar. — Quoi ! vous doutez que le cours des astres et leurs influences ne fassent les biens et les maux des hommes !

Rich. — Non, je n'en doute point ; car je suis convaincu que l'influence des astres n'est qu'une chimère. Le soleil influe sur nous par la chaleur de ses rayons ; mais tous les autres astres, par leur distance, ne sont à notre égard que comme une étincelle de feu. Une bougie, bien allumée, a bien plus de vertu, d'un bout de chambre à l'autre, pour agir sur nos corps, que Jupiter et Saturne n'en ont pour agir sur le globe de la terre. Les étoiles fixes, qui sont infiniment plus éloignées que les planètes, sont encore bien plus hors de portée de nous faire du bien ou du mal. D'ailleurs, les principaux événements de la vie roulent sur nos volontés libres; les astres ne pourroient agir par leurs influences que sur nos corps, et indirectement sur nos âmes, qui seroient toujours libres de résister à leurs impressions, et de rendre les prédictions fausses.

Mar. — Je ne suis pas assez savante, et je ne sais si vous l'êtes assez vous-même, pour décider cette question de philosophie ; car on a toujours dit que vous étiez plus politique que savant. Mais je voudrois que vous eussiez entendu parler Fabroni sur les rapports qu'il y a entre les noms des astres et leurs propriétés.

Rich. — C'est précisément le foible de l'astrologie. Les noms des astres et des constellations leur ont été donnés sur les métamorphoses et sur les fables les plus puériles des poëtes. Pour les constellations, elles ne ressemblent par leur figure à aucune des choses dont on leur a imposé le nom. Par exemple, la Balance ne ressemble pas plus à une balance qu'à un moulin à vent. Le Bélier, le Scorpion, le Sagittaire, les deux Ourses, n'ont aucun rapport raisonnable à ces noms. Les astrologues ont raisonné vainement sur ces noms imposés au hasard, par rapport aux fables des poëtes. Jugez s'il n'est pas ridicule de prétendre sérieusement fonder toute une science de l'avenir sur des noms appliqués au hasard, sans aucun rapport naturel à ces fables, dont on ne peut qu'endormir les enfants. Voilà le fond de l'astrologie.

Mar. — Il faut ou que vous soyez devenu bien plus sage que vous ne l'étiez, ou que vous soyez encore un grand fourbe, de parler ainsi contre vos sentiments ; car personne n'a jamais été plus passionné que vous pour les prédictions. Vous en cherchiez partout, pour flatter votre ambition sans bornes. Peut-être que vous avez changé d'avis depuis que vous n'avez plus rien à espérer du côté des astres. Mais enfin vous avez un grand désavantage pour me persuader, qui est d'avoir en cela, comme en tout le reste, toujours démenti vos paroles par votre conduite.

Rich. — Je vois bien, madame, que vous avez oublié mes services d'Angoulême et de Tours, pour ne vous souvenir que de la journée des dupes et du voyage de Compiègne. Pour moi, je ne veux point oublier le respect que je vous dois, et je me retire. Aussi bien ai-je aperçu l'ombre pâle et bilieuse de M. d'Épernon, qui s'approche avec toute sa fierté gasconne. Je serois mal entre vous deux, et je vais chercher son fils le cardinal, qui étoit mon bon ami.

LXXIII.

LE CARDINAL DE RICHELIEU ET LE CHANCELIER OXENSTIERN.

Différence entre un ministre qui agit par vanité et par hauteur, et celui qui agit pour l'amour de la patrie.

Rich. — Depuis ma mort, on n'a point vu, dans l'Europe, de ministre qui m'ait ressemblé.

Ox. — Non, aucun n'a eu tant d'autorité.

Rich. — Ce n'est pas ce que je dis : je parle du génie pour le gouvernement ; et je puis sans vanité dire de moi, comme je le dirois d'un autre qui seroit en ma place, que je n'ai rien laissé qui ait pu m'égaler.

Ox. — Quand vous parlez ainsi, songez-vous que je n'étois ni marchand ni laboureur, et que je me suis mêlé de politique autant que personne ?

Rich. — Vous ! il est vrai que vous avez donné quelques conseils à votre roi ; mais il n'a rien entrepris que sur les traités qu'il a faits avec la France, c'est-à-dire avec moi.

Ox. — Il est vrai ; mais c'est moi qui l'ai engagé à faire ces traités.

Rich. — J'ai été instruit des faits par le P. Joseph ; puis j'ai pris mes mesures sur les choses que Charnacé avoit vues de près.

Ox. — Votre P. Joseph étoit un moine visionnaire. Pour Charnacé, il étoit bon négociateur ; mais sans moi on n'eût jamais rien fait. Le grand Gustave, qui manquoit de tout, eut dans les commencements, il est vrai, besoin de l'argent de la France : mais dans la suite il battit les Bavarois et les Impériaux ; il releva le parti protestant dans toute l'Allemagne. S'il eût vécu après la victoire de Lutzen, il auroit bien embarrassé la France même, alarmée de ses progrès, et auroit été la principale puissance de l'Europe. Vous vous repentiez déjà, mais trop tard, de l'avoir aidé ; on vous soupçonna même d'être coupable de sa mort.

Rich. — J'en étois aussi innocent que vous.

Ox. — Je le veux croire ; mais il est bien fâcheux pour vous que personne ne mourût à propos pour vos intérêts, qu'aussitôt on ne crût que vous étiez auteur de sa mort. Ce soupçon ne vient que de l'idée que vous aviez donnée de vous par le fond de votre conduite, dans laquelle vous avez sacrifié sans scrupule la vie des hommes à votre propre grandeur.

Rich. — Cette politique est nécessaire en certains cas.

Ox. — C'est de quoi les honnêtes gens douteront toujours.

Rich. — C'est de quoi vous n'avez jamais douté non plus que moi. Mais enfin qu'avez-vous tant fait dans l'Europe, vous qui vous vantez jusques à comparer votre ministère au mien ? Vous avez été le conseiller d'un petit roi barbare, d'un Goth chef de bandits, et aux gages du roi de France, dont j'étois le ministre.

Ox. — Mon roi n'avoit point une couronne égale à celle de votre maître ; mais c'est ce qui fait la gloire de Gustave et la mienne. Nous sommes sortis d'un pays sauvage et stérile, sans troupes, sans artillerie, sans argent : nous avons discipliné nos soldats, formé des officiers, vaincu les armées triomphantes des Impériaux, changé la face de l'Europe, et laissé des généraux qui ont appris la guerre après nous à tout ce qu'il y a eu de grands hommes.

Rich. — Il y a quelque chose de vrai à tout ce que vous dites ; mais, à vous entendre, on croiroit que vous étiez aussi grand capitaine que Gustave.

Ox. — Je ne l'étois pas autant que lui ; mais j'entendois la guerre, et je l'ai fait assez voir après la mort de mon maître.

Rich. — N'aviez-vous pas Tortenson, Bannier, et le duc de Weimar, sur qui tout rouloit ?

Ox. — Je n'étois pas seulement occupé des négociations pour maintenir la ligue, j'entrois encore dans tous les conseils de guerre ; et ces grands hommes vous diront que j'ai eu la principale part à toutes les plus belles campagnes.

Rich. — Apparemment vous étiez du conseil quand on perdit la bataille de Nordlingue, qui abattit la ligue.

Ox. — J'étois dans les conseils ; mais c'est au duc de Weimar à vous répondre sur cette bataille qu'il perdit. Quand elle fut perdue, je soutins le parti découragé. L'armée suédoise demeura étrangère dans un pays où elle subsistoit par mes ressources. C'est moi qui ai fait par mes soins un petit état conquis, que le duc de Weimar auroit conservé s'il eût vécu, et que vous avez usurpé indignement après sa mort. Vous m'avez vu en France chercher du secours pour ma nation, sans me mettre en peine de votre hauteur, qui auroit nui aux intérêts de votre maître, si je n'eusse été plus modéré et plus zélé pour ma patrie que vous pour la vôtre. Vous vous êtes rendu odieux à votre nation ; j'ai fait les délices et la gloire de la mienne. Je suis retourné dans les rochers sauvages d'où j'étois sorti ; j'y suis mort en paix ; et toute l'Europe est pleine de mon nom aussi bien que du vôtre. Je n'ai eu ni vos dignités, ni vos richesses, ni votre autorité ; ni vos poëtes ni vos orateurs pour me flatter. Je n'ai pour moi que la bonne opinion des Suédois, et celle de tous les habiles gens qui lisent les histoires et les négociations. J'ai agi suivant ma religion contre les Impériaux catholiques, qui, depuis la bataille de Prague, tyrannisoient toute l'Allemagne : vous avez, en mauvais prêtre, relevé par nous les protestants et abattu les catholiques en Allemagne. Il est aisé de juger entre vous et moi.

Rich. — Je ne pouvois éviter cet inconvénient sans laisser l'Europe entière dans les fers de la maison d'Autriche, qui visoit à la monarchie universelle. Mais enfin je ne puis m'empêcher de rire de voir un chancelier qui se donne pour un grand capitaine.

Ox. — Je ne me donne pas pour un grand capitaine, mais pour un homme qui a servi utilement les généraux dans les conseils de guerre. Je vous laisse la gloire d'avoir paru à cheval avec des armes et un habit de cavalier au Pas-de-Suse. On dit même que vous vous êtes fait peindre à Richelieu à cheval avec un buffle, une écharpe, des plumes, et un bâton de commandement.

Rich. — Je ne puis plus souffrir votre insolence.

LXXIV.
LES CARDINAUX DE RICHELIEU ET MAZARIN.

Caractères de ces deux ministres. Différence entre la vraie et la fausse politique.

Rich. — Hé! vous voilà, seigneur Jules! On dit que vous avez gouverné la France après moi. Comment avez-vous fait? Avez-vous achevé de réunir toute l'Europe contre la maison d'Autriche? Avez-vous renversé le parti huguenot, que j'avois affoibli? Enfin avez-vous achevé d'abaisser les grands?

Maz. — Vous aviez commencé tout cela : mais j'ai eu bien d'autres choses à démêler, il m'a fallu soutenir une régence orageuse.

Rich. — Un roi inappliqué, et jaloux du ministre même qui le sert, donne bien plus d'embarras dans le cabinet, que la foiblesse et la confusion d'une régence. Vous aviez une reine assez ferme, et sous laquelle on pouvoit plus facilement mener les affaires, que sous un roi épineux qui étoit toujours aigri contre moi par quelque favori naissant. Un tel prince ne gouverne ni ne laisse gouverner. Il faut le servir malgré lui; et on ne le fait qu'en s'exposant chaque jour à périr. Ma vie a été malheureuse par celui de qui je tenois toute mon autorité. Vous savez que de tous les rois qui traversèrent le siége de La Rochelle, le roi mon maître fut celui qui me donna le plus de peine. Je n'ai pas laissé de donner le coup mortel au parti huguenot, qui avoit tant de places de sûreté et tant de chefs redoutables. J'ai porté la guerre jusque dans le sein de la maison d'Autriche. On n'oubliera jamais la révolte de la Catalogne; le secret impénétrable avec lequel le Portugal s'est préparé à secouer le joug injuste des Espagnols; la Hollande soutenue par notre alliance dans une longue guerre contre la même puissance; tous nos alliés du Nord, de l'Empire et de l'Italie, attachés à moi personnellement, comme à un homme incapable de leur manquer; enfin au-dedans de l'état les grands rangés à leur devoir. Je les avois trouvés intraitables, se faisant honneur de cabaler sans cesse contre tous ceux à qui le roi confioit son autorité, et ne croyant devoir obéir au roi même qu'autant qu'il les y engageoit en flattant leur ambition, et en leur donnant dans leurs gouvernements un pouvoir sans bornes.

Maz. — Pour moi, j'étois un étranger; tout étoit contre moi; je n'avois de ressource que dans mon industrie. J'ai commencé par m'insinuer dans l'esprit de la reine; j'ai su écarter les gens qui avoient sa confiance; je me suis défendu contre les cabales des courtisans, contre le parlement déchaîné, contre la Fronde, parti animé par un cardinal audacieux, et jaloux de ma fortune; enfin contre un prince qui se couvroit tous les ans de nouveaux lauriers, et qui n'employoit la réputation de ses victoires qu'à me perdre avec plus d'autorité : j'ai dissipé tant d'ennemis. Deux fois chassé du royaume, j'y suis rentré deux fois triomphant. Pendant mon absence même, c'étoit moi qui gouvernois l'état. J'ai poussé jusqu'à Rome le cardinal de Retz; j'ai réduit le prince de Condé à se sauver en Flandre; enfin j'ai conclu une paix glorieuse, et j'ai laissé en mourant un jeune roi en état de donner la loi à toute l'Europe. Tout cela s'est fait par mon génie fertile en expédients, par la souplesse de mes négociations, et par l'art que j'avois de tenir toujours les hommes dans quelque nouvelle espérance. Remarquez que je n'ai pas répandu une seule goutte de sang.

Rich. — Vous n'aviez garde d'en répandre; vous étiez trop foible et trop timide.

Maz. — Timide! hé! n'ai-je pas fait mettre les trois princes à Vincennes? M. le Prince eut tout le temps de s'ennuyer dans sa prison.

Rich. — Je parie que vous n'osiez ni le retenir en prison ni le délivrer, et que votre embarras fut la vraie cause de la longueur de sa prison. Mais venons au fait. Pour moi, j'ai répandu du sang; il l'a fallu pour abaisser l'orgueil des grands, toujours prêts à se soulever. Il n'est pas étonnant qu'un homme qui a laissé tous les courtisans et tous les officiers d'armée reprendre leur ancienne hauteur, n'ait fait mourir personne dans un gouvernement si foible.

Maz. — Un gouvernement n'est point foible quand il mène les affaires au but par souplesse, sans cruauté. Il vaut mieux être renard, que lion ou tigre.

Rich. — Ce n'est point cruauté que de punir des coupables dont le mauvais exemple en produiroit d'autres. L'impunité attirant sans cesse des guerres civiles, elle eût anéanti l'autorité du roi, eût ruiné l'état, et eût coûté le sang de je ne sais combien de milliers d'hommes; au lieu que j'ai rétabli la paix et l'autorité en sacrifiant un petit nombre de têtes coupables : d'ailleurs, je n'ai jamais eu d'autres ennemis que ceux de l'état.

Maz. — Mais vous pensiez être l'état en personne. Vous supposiez qu'on ne pouvoit être bon François sans être à vos gages.

Rich. — Avez-vous épargné le premier prince du sang, quand vous l'avez cru contraire à vos intérêts? Pour être bien à la cour, ne falloit-il pas être mazarin? Je n'ai jamais poussé plus loin que vous les soupçons et la défiance. Nous servions tous deux l'état; en le servant, nous voulions l'un et l'autre tout gouverner. Vous tâchiez de vaincre vos ennemis par la ruse et par un lâche artifice : pour moi, j'ai abattu les miens à force ouverte, et j'ai cru de bonne foi qu'ils ne cherchoient à me perdre que pour jeter encore une fois la France dans les calamités et dans la confusion d'où je venois de la tirer avec tant de peine. Mais enfin j'ai tenu ma parole, j'ai été ami et ennemi de bonne foi; j'ai soutenu l'autorité de mon maître avec courage et dignité. Il n'a tenu qu'à ceux que j'ai poussés à bout d'être comblés de graces; j'ai fait toutes sortes d'avances vers eux; j'ai aimé, j'ai cherché le mérite dès que je l'ai reconnu : je voulois seulement qu'ils ne traversassent pas mon gouvernement, que je croyois nécessaire au salut de la France. S'ils eussent voulu servir le roi selon leurs talents, sur mes ordres, ils eussent été mes amis.

Maz. — Dites plutôt qu'ils eussent été vos valets; des valets bien payés à la vérité : mais il falloit s'accommoder d'un maître jaloux, impérieux, implacable sur tout ce qui blessoit sa jalousie.

Rich. — Eh bien! quand j'aurois été trop jaloux et trop impérieux, c'est un grand défaut, il est vrai; mais combien avois-je de qualités qui marquent un génie étendu et une ame élevée! Pour vous, seigneur Jules, vous n'avez montré que de la finesse et de l'avarice. Vous avez bien fait pis aux François que de répandre leur sang : vous avez corrompu le fond de leurs mœurs; vous avez rendu la probité gauloise et ridicule. Je n'avois que réprimé l'insolence des grands; vous avez abattu leur courage, dégradé la noblesse, confondu toutes les conditions, rendu toutes les graces vénales. Vous craigniez le mérite; on ne s'insinuoit auprès de vous qu'en vous montrant un caractère d'esprit bas, souple, et capable de mauvaises intrigues. Vous n'avez même jamais eu la vraie connoissance des hommes; vous ne pouviez rien croire que le mal, et tout le reste n'étoit pour vous qu'une belle fable : il ne vous falloit que des esprits fourbes, qui trompassent ceux avec qui vous aviez besoin de négocier, ou des trafiquants qui vous fissent argent de tout. Aussi votre nom demeure avili et odieux; au contraire, on m'assure que le mien croît tous les jours en gloire dans la nation françoise.

Maz. — Vous aviez les inclinations plus nobles que moi, un peu plus de hauteur et de fierté; mais vous aviez je ne sais quoi de vain et de faux. Pour moi, j'ai évité cette grandeur de travers, comme une vanité ridicule : toujours des poëtes, des orateurs, des comédiens! Vous étiez vous-même orateur, poëte, rival de Corneille; vous faisiez des livres de dévotion sans être dévot : vous vouliez être de tous les métiers, faire le galant, exceller en tout genre. Vous avaliez l'encens de tous les auteurs. Y a-t-il en Sorbonne une porte, ou un panneau de vitres, où vous n'ayez fait mettre vos armes?

Rich. — Votre satire est assez piquante, mais elle n'est pas sans fondement. Je vois bien que la bonne gloire devroit faire fuir certains honneurs que la grossière vanité cherche; et qu'on se déshonore à force de vouloir trop être honoré. Mais enfin j'aimois les lettres; j'ai excité l'émulation pour les rétablir. Pour vous, vous n'avez jamais eu aucune attention, ni à l'Église, ni aux lettres, ni aux arts, ni à la vertu. Faut-il s'étonner qu'une conduite si odieuse ait soulevé tous les grands de l'état et tous les honnêtes gens contre un étranger?

Maz. — Vous ne parlez que de votre magnanimité chimérique : mais, pour bien gouverner un état, il n'est question ni de générosité, ni de bonne foi, ni de bonté de cœur; il est question d'un esprit fécond en expédients, qui soit impénétrable dans ses desseins, qui ne donne rien à ses passions, mais tout à l'intérêt, qui ne s'épuise jamais en ressources pour vaincre les difficultés.

Rich. — La vraie habileté consiste à n'avoir jamais besoin de tromper, et à réussir toujours par des moyens honnêtes. Ce n'est que par foiblesse, et faute de connoître le droit chemin, qu'on prend des sentiers détournés et qu'on a recours à la ruse. La vraie habileté consiste à ne s'occuper point de tant d'expédients, mais à choisir d'abord, par une vue nette et précise, celui qui est le meilleur en le comparant aux autres. Cette fertilité d'expédients vient moins d'étendue et de force de génie, que de défaut de force et de justesse pour savoir choisir. La vraie habileté consiste à comprendre qu'à la longue, la plus grande de toutes les ressources dans les affaires est la réputation universelle de probité. Vous êtes toujours en danger quand vous ne pouvez mettre dans vos intérêts que des dupes ou des fripons : mais quand on compte sur votre probité, les bons et les méchants mêmes se fient à vous, vos ennemis vous craignent bien, et vos amis vous aiment de même. Pour vous, avec tous vos personnages de Protée, vous n'avez su vous faire ni aimer, ni estimer, ni craindre. J'avoue que vous étiez un grand comédien, mais non pas un grand homme.

Maz. — Vous parlez de moi comme si j'avois été un homme sans cœur ; j'ai montré en Espagne, pendant que j'y portois les armes, que je ne craignois point la mort. On l'a encore vu dans les périls où j'ai été exposé pendant les guerres civiles de France. Pour vous, on sait que vous aviez peur de votre ombre, et que vous pensiez toujours voir sous votre lit quelque assassin prêt à vous poignarder. Mais il faut croire que vous n'aviez ces terreurs paniques que dans certaines heures.

Rich. — Tournez-moi en ridicule tant qu'il vous plaira : pour moi, je vous ferai toujours justice sur vos bonnes qualités. Vous ne manquiez pas de valeur à la guerre; mais vous manquiez de courage, de fermeté et de grandeur d'ame dans les affaires. Vous n'étiez souple que par foiblesse, et faute d'avoir dans l'esprit des principes fixes. Vous n'osiez résister en face ; c'est ce qui vous faisoit promettre trop facilement, et éluder ensuite toutes vos paroles par cent défaites captieuses. Ces défaites étoient pourtant grossières et inutiles; elles ne vous mettoient à couvert qu'à cause que vous aviez l'autorité; et un honnête homme auroit mieux aimé que vous lui eussiez dit nettement : J'ai eu tort de vous promettre, et je me vois dans l'impuissance d'exécuter ce que je vous ai promis, que d'ajouter au manquement de parole des pantalouades pour vous jouer des malheureux. C'est peu que d'être brave dans un combat, si on est foible dans une conversation. Beaucoup de princes, capables de mourir avec gloire, se sont déshonorés comme les derniers des hommes par leur mollesse dans les affaires journalières.

Maz. — Il est bien aisé de parler ainsi ; mais quand on a tant de gens à contenter, on les amuse comme on peut. On n'a pas assez de graces pour en donner à tous; chacun d'eux est bien loin de se faire justice. N'ayant pas autre chose à leur donner, il faut bien au moins leur laisser de vaines espérances.

Rich. — Je conviens qu'il faut laisser espérer beaucoup de gens. Ce n'est pas les tromper ; car chacun en son rang peut trouver sa récompense, et s'avancer même en certaines occasions au-delà de ce qu'on auroit cru. Pour les espérances disproportionnées et ridicules, s'ils les prennent, tant pis pour eux. Ce n'est pas vous qui les trompez; ils se trompent eux-mêmes, et ne peuvent s'en prendre qu'à leur propre folie. Mais leur donner dans la chambre des paroles dont vous riez dans le cabinet, c'est ce qui est indigne d'un honnête homme, et pernicieux à la réputation des affaires. Pour moi, j'ai soutenu et agrandi l'autorité du roi, sans recourir à de si misérables moyens. Le fait est convaincant; et vous disputez contre un homme qui est un exemple décisif contre vos maximes.

LXXV.
LOUIS XI ET L'EMPEREUR MAXIMILIEN.
Malheurs où tombe un prince ombrageux et soupçonneux.

Max. — Serons-nous encore après notre mort aussi jaloux l'un de l'autre qu'après la bataille de Guinegate?

Louis. — Non ; il n'est plus question de rien; il n'y a plus ici ni conquête ni mariage qui puisse nous inquiéter. Il est vrai que j'ai craint le progrès de votre maison : vous aviez déjà l'Empire; c'étoit bien assez pour des comtes de Hapsbourg en Suisse. Je n'ai pu vous voir joindre à vos états d'Allemagne la comté de Bourgogne, avec tous les Pays-Bas réunis sur la tête de ma cousine que vous avez épousée, sans craindre cet excès de puissance. Cela n'est-il pas naturel?

Max. — Sans doute; mais si vous craigniez tant cette puissance, pourquoi ne l'avez-vous pas prévenue? Il ne tenoit qu'à vous de marier avec votre dauphin la princesse que j'ai épousée : elle le souhaitoit ardemment; ses sujets le souhaitoient comme elle ; il vous étoit capital d'unir à votre monarchie une puissance qui avoit pensé lui être fatale : vous ne deviez point perdre l'occasion d'agrandir vos états du côté où la frontière étoit trop voisine de Paris, centre de votre royaume. Vous coupiez la racine de toutes les guerres, et vous ne laissiez dans l'Europe aucune puissance qui pût faire le contre-poids de la vôtre.

Louis. — Il est vrai, et j'ai vu tout cela aussi clairement que vous pouvez le voir.

Max. — Hé, qu'est-ce donc qui vous a arrêté?

Étiez-vous ensorcelé ? Y avoit-il quelque enchantement qui empêchât, malgré toute votre politique raffinée, de faire ce que le génie le plus borné auroit fait ? Je vous remercie de cette faute ; car elle a fait toute la grandeur de notre maison.

Louis. — L'extrême disproportion d'âge m'empêcha de marier mon fils avec ma cousine : elle avoit neuf ou dix ans plus que lui ; mon fils étoit malsain, bossu, et si petit, que c'eût été le perdre.

Max. — Il n'y avoit qu'à les marier, pour mettre les choses en sûreté ; vous les eussiez tenus séparés jusqu'à ce que le dauphin fût devenu plus grand et plus robuste : cependant vous auriez été en possession de tout. Avouez-le de bonne foi ; vous ne me dites pas vos véritables raisons, et vous usez encore de dissimulation après votre mort.

Louis. — Oh bien, puisque vous me pressez tant, et que nous sommes ici hors de toute intrigue, je vais vous découvrir tout mon mystère. Je craignois fort un étranger qui épouseroit cette grande héritière, et qui feroit sortir tant de beaux états de la maison de France ; mais, à parler franchement, je craignois encore davantage un prince de mon sang, sur l'expérience des derniers ducs de Bourgogne. De là vient que je ne voulus écouter aucune proposition sur aucun des princes de la maison royale. Pour mon fils, je le craignois plus qu'aucun autre prince ; je n'avois pas oublié toutes les peines dans lesquelles j'avois fait mourir mon père, quoique je n'eusse aucun pays dont je fusse le maître. Je disois en moi-même : Mon fils pourroit me faire bien pis, s'il étoit souverain des deux Bourgognes et des dix-sept provinces des Pays-Bas : il seroit bien plus redoutable pour moi dans ma vieillesse, que le duc Charles de Bourgogne, qui avoit pensé me détrôner : tous mes sujets, qui me haïssoient, se seroient attachés à lui. Il étoit doux, commode, propre à se faire aimer, facile pour écouter toutes sortes de conseils : s'il eût été si puissant, c'étoit fait de moi.

Max. — Je vois bien maintenant ce qui vous a arrêté sur ce mariage ; vous avez préféré votre sûreté à l'accroissement de votre monarchie. Mais pourquoi refusâtes-vous encore Jeanne, héritière de Castille, et fille du roi Henri IV ? Son droit étoit incontestable, et sa tante Isabelle, qui avoit épousé le prince Ferdinand d'Aragon, ne pouvoit lui disputer la couronne. Henri, en mourant, avoit déclaré qu'elle étoit sa fille, et qu'il n'avoit jamais abandonné la reine sa femme à Bertrand de la Cueva. Les lois décidoient clairement pour Jeanne ; le roi de Portugal son oncle la soutenoit ; la plupart des Castillans étoient pour le bon parti : on vous offroit cette princesse pour votre dauphin ; si vous l'eussiez acceptée, Ferdinand et Isabelle n'auroient osé prétendre la succession ; la Castille étoit acquise à la France ; c'étoit une occupation éloignée pour votre dauphin ; il eût régné loin de vous, et sans impatience de vous succéder. La Castille ne devoit pas vous donner les mêmes inquiétudes que la Flandre et la Bourgogne, qui sont des pairies de votre couronne, et aux portes de Paris. Que ne faisiez-vous ce mariage ? Pour ne l'avoir pas fait, vous avez achevé de mettre au comble la grandeur de ma maison ; car mon fils a épousé la fille unique de Ferdinand et d'Isabelle ; par-là, il a uni l'Espagne avec tous nos états d'Allemagne, et avec tous ceux de la maison de Bourgogne ; ce qui met notre puissance fort au-dessus de celle de votre maison.

Louis. — Je n'avois pas prévu le mariage de votre fils, qui est encore plus redoutable que le vôtre pour la liberté de l'Europe. Mais je vous ai dit ce qui m'a déterminé pour tous ces mariages : ce n'est point le ressentiment que j'avois contre la mémoire du duc de Bourgogne qui m'a éloigné d'accepter sa fille ; ce n'est point le desir de réunir par un mariage la Bretagne à la France qui m'a fait penser à Anne de Bretagne : je n'ai pas même songé à marier mon fils pendant ma vie ; je n'ai pensé qu'à me défier de lui, qu'à l'élever dans l'ignorance et dans la timidité, qu'à le tenir renfermé à Amboise le plus long-temps que je pourrois. La couronne de Castille, qu'il auroit eue sans peine, lui auroit donné trop d'autorité en France, où j'étois universellement haï. Vous ne savez pas ce que c'est qu'un père vieux, soupçonneux, jaloux de son autorité, qui a donné à son fils un mauvais exemple contre son père ; son ombre lui fait peur.

Max. — Je vous entends. Vous étiez bien malheureux dans vos alarmes. Quand on a abandonné le chemin de la probité, on ne marche plus qu'entre des précipices dans sa propre famille : on est misérable, et on le mérite.

LXXVI.

FRANÇOIS Ier ET LE CONNÉTABLE DE BOURBON.

<small>Toutes les passions doivent céder à l'amour de la patrie.</small>

Fr. — Bonjour, mon cousin ; eh bien, sommes-nous raccommodés à présent ?

Bourb. — Oui, je n'ai point porté mon inimitié jusqu'ici.

Fr. — J'avoue que j'ai eu tort, en faisant gagner

à ma mère un méchant procès contre vous, et que vous êtes sorti de France par ma faute.

Bourb. — Cette sincérité me fait oublier davantage tous nos anciens démêlés, et je voudrois être encore en vie, pour pouvoir vous demander le pardon que je n'avois pas pourtant mérité.

Fr. — Je vous l'aurois facilement accordé, et j'allois tâcher de vous regagner par toutes sortes de moyens ; mais votre mort me prévint.

Bourb. — Pour moi, j'avoue de bonne foi que je n'avois pas les mêmes sentiments, et que j'aurois voulu devenir prince souverain en Italie. Je me mis pour cela au service de Charles-Quint.

Fr. — Quoi ! ne regrettiez-vous point votre patrie, et n'aviez-vous point envie de la revoir ?

Bourb. — L'ambition étoit chez moi la passion dominante, et je voulois m'enrichir : de plus, j'appréhendois que vous ne tinssiez encore pour votre mère, qui avoit été la cause de ma disgrâce.

Fr. — Mais il valoit mieux aller dans vos terres, et demeurer premier prince du sang, éloigné de la cour, que de commander les armées de l'ennemi capital du chef de votre famille.

Bourb. — Je reconnois à présent ma faute, et j'en suis touché sincèrement.

Fr. — Mais qu'est-ce qui vous fit entreprendre le pillage de Rome ?

Bourb. — Il faut vous découvrir ici tout le mystère. Lorsque je fus entré au service de Charles-Quint, François Sforce étoit duc de Milan ; l'empereur vouloit s'emparer de ce duché. Le duc n'étoit pas assez fort pour lui résister : il n'y avoit que son chancelier, nommé Moron, homme expérimenté, homme qui découvroit tout, et empêchoit le duc de tomber dans les panneaux qu'on lui tendoit. L'empereur, croyant qu'on ne pourroit exécuter son entreprise tant que cet homme seroit auprès du duc, le fit prendre, et lui fit faire son procès sur de fausses accusations, par lequel il fut condamné à mort. Comme on le menoit au supplice, il me fit promettre une grande somme d'argent, et me fit dire qu'il me découvriroit des choses importantes si je lui sauvois la vie. Je fus ébloui par ses promesses, et fis retarder l'exécution. Je le fis venir pour me découvrir ces choses d'importance : il me dit que je devois débaucher l'armée de l'empereur, et ensuite aller piller Florence ou Rome ; ce qui me seroit aisé, parce qu'elle étoit toute composée de luthériens. Mon ambition me fit trouver ces conseils excellents : je gagnai l'armée, et marchai à Rome, où je fus tué au commencement de l'attaque. Vous savez le reste.

Fr. — Vous étiez donc en même temps orgueilleux et avare ? Voilà de belles passions !

Bourb. — Vous étiez livré à vos passions aussi bien que moi ; car vous aviez des maîtresses ; vous desiriez être empereur, et l'on prétend que vous ne haïssiez pas l'argent. En cette occasion, c'est la pelle qui se moque du fourgon.

Fr. — Nous nous disons l'un à l'autre nos vérités sans rien craindre ; mais nous ne nous en fâchons point.

Bourb. — Pendant que nous vivions, nous ne les aurions pas supportées si facilement ; mais la mort ôte une grande partie des défauts.

Fr. — Mais avouez à présent que vous étiez beaucoup mieux connétable et premier prince du sang, que général des armées de Charles-Quint ?

Bourb. — Il est vrai que j'y ai eu de grands dégoûts ; mais pourquoi n'avez-vous pas voulu que je vous aie fait la révérence, après que vous fûtes pris à Pavie ?

Fr. — Je voulus soutenir la grandeur royale, même dans ma disgrace ; et j'aurois plutôt souffert la mort, que la vue d'un sujet rebelle : mais ici-bas il n'y a plus ni sujets ni princes, ni sujets rebelles ni soumis, ni jeunes ni vieux, ni sains ni malades.

LXXVII.
PHILIPPE II ET PHILIPPE III.
Rien de si pernicieux aux rois que de se laisser entraîner par l'ambition et la flatterie..

Ph. II. — Eh bien ! mon fils, avez-vous gouverné l'Espagne selon mes maximes ?.... Vous n'osez répondre ; quoi donc ! est-il arrivé quelque grand malheur ? Les Maures sont-ils rentrés une seconde fois en Espagne ?...

Ph. III. — Non ; l'Espagne est toute entière.

Ph. II. — Quoi donc ! les Indes se sont-elles révoltées ? Parlez.

Ph. III. — Non.

Ph. II. — Henri IV a-t-il pris le royaume de Naples ? J'appréhendois fort ce prince pendant ma vie.

Ph. III. — Point du tout.

Ph. II. — Je ne saurois comprendre ce qui est arrivé ; éclaircissez-moi.

Ph. III. — Je suis obligé d'avouer moi-même mon imbécillité ; car en suivant vos maximes j'ai ruiné l'Espagne. En voulant abaisser les grands, je leur ai donné de la jalousie ; en sorte qu'ils se sont ligués et se sont élevés au-dessus de moi : cela a fait que je suis tombé dans une si grande foiblesse, que je n'avois presque plus d'autorité. Pendant ce temps-là, le prince Maurice a réduit sous sa puissance la meilleure partie des Pays-Bas, et j'ai été obligé de conclure avec lui un traité honteux, par lequel je lui laissois une partie de la Gueldre, la Hollande, la Zélande, Zutphen, Utrecht, West-Frise, Groningue et Over-Issel, etc.

Ph. II. — Hélas! dans quels malheurs avez-vous jeté l'Espagne?

Ph. III. — J'avoue qu'ils sont grands; mais ils ne sont arrivés qu'en suivant votre politique. En voulant rabaisser l'orgueil des grands, je l'ai élevé; vous avez vous-même donné commencement à la puissance des Hollandois par le commerce...

Ph. II. — Comment?

Ph. III. — Lorsque vous conquîtes le Portugal, les Portugais faisoient tout le commerce des Indes : quelque temps après, les Hollandois s'étant révoltés, vous voulûtes les empêcher de venir à Lisbonne. Ne sachant donc que devenir, ils allèrent prendre les marchandises à la source, et enfin ruinèrent le commerce des Portugais.

Ph. II. — Pendant ma vie, mes courtisans m'élevoient cela jusqu'aux cieux : je reconnois à présent mes fausses maximes et ma fausse politique, et qu'il n'y a rien de plus pernicieux aux rois que de se laisser entraîner par l'ambition et par la flatterie.

LXXVIII.
ARISTOTE ET DESCARTES.
Sur la philosophie cartésienne, et en particulier sur le système des bêtes machines.

Arist. — J'avois entendu parler ici de votre nouvelle métaphysique, et je suis bien aise de m'en éclaircir avec vous.

Desc. — J'ai avancé de nouveaux principes, je l'avoue; mais je n'ai rien avancé que de vrai, à ce qu'il me semble.

Arist. — Expliquez-moi un peu ici ces nouveaux principes.

Desc. — J'ai découvert aux hommes la chose la plus importante qu'on ait découverte et qu'on découvrira : c'est que les animaux ne sont que de simples machines, et de purs ressorts qui sont montés pour toutes les actions qu'on leur voit faire.

Arist. — Oui; mais nous leur en voyons faire plusieurs qui me paroissent difficiles à expliquer par la machine. Par exemple, lorsqu'un chien suit un lièvre, direz-vous que la machine est ainsi montée?

Desc. — Auparavant que d'en venir à cette question, il faut convenir qu'il y a un être infini.

Arist. — Voyons un peu comment vous le pourrez prouver.

Desc. — N'est-il pas vrai que le corps n'est qu'une simple matière?

Arist. — Oui.

Desc. — De même l'ame n'est qu'une substance qui pense.

Arist. — Non.

Desc. — Pour joindre donc cette matière et cette substance immatérielle, il est nécessaire d'un lien : or, ce lien ne peut point être matériel; donc il est nécessaire qu'il y ait un Être tout puissant et infini, qui lie cette matière et cette substance immatérielle.

Arist. — Pendant ma vie, je voyois bien qu'il falloit qu'il y eût quelque chose comme cela; mais cette connoissance n'étoit pas si distincte que vous me la rendez à présent.

Desc. — Pour revenir à notre chien, cet Être infini et tout puissant ne peut-il pas avoir fait des ressorts si délicats, que, touchés par les corpuscules qui sortent incessamment de ce lièvre, ils fassent agir les ressorts, en sorte que cela les tire vers le lièvre?

Arist. — Mais, quand ce chien est en défaut, et que ces corpuscules ne viennent plus lui frapper le nez, qu'est-ce qui fait que ce chien cherche de tous côtés, jusqu'à ce qu'il ait retrouvé la voie?

Desc. — Vous entrez dans de trop petits détails, que l'on n'a pas fort approfondis.

Arist. — Cette question vous a embarrassé; je le vois bien.

Desc. — Mon principe fondamental est que nous ne voyons faire aux bêtes que des mouvements où l'on n'a besoin que de la machine.

Arist. — Quoi! quand un chien a perdu son maître, et qu'il est dans un carrefour où il y a trois chemins, après avoir senti les deux premiers inutilement, il prend le troisième sans hésiter; en vérité, je ne vois pas que la simple machine puisse faire cela.

Desc. — Je vous ai déjà dit que ces détails étoient de si petite conséquence, qu'on ne se donne point la peine de les approfondir. Mais venons aux principes : les animaux sont de simples machines, ou bien ils ont une ame matérielle, ou une spirituelle.

Arist. — Pour la machine et l'ame spirituelle, je le nie.

Desc. — Vous revenez donc à l'ame matérielle?

ARIST. — Elle est bien plus probable que la simple machine ; et pour l'ame spirituelle, je crois qu'elle n'a été accordée qu'aux seuls hommes.

DESC. — J'ai gagné un grand point : n'est-il pas vrai que la matière ne pense pas ?

ARIST. — Non.

DESC. — Puisque la matière ne pense point, comment voulez-vous donc qu'elle soit une ame, qui n'est faite que pour penser ?

ARIST. — Eh bien! ôtons-en la matière.

DESC. — La voilà devenue ame spirituelle.

ARIST. — J'avoue que cette forme matérielle n'est qu'un pur galimatias, et que je ne l'ai voulu soutenir que parce que mes écoliers l'enseignent ainsi : mais, en revenant à votre Être infini et tout puissant, nous devons conclure qu'il a pu donner aux animaux une ame spirituelle, et les a pu faire aussi de simples machines ; mais que, comme l'esprit des hommes est borné, il ne peut pas pénétrer jusqu'à cette science.

DESC. — Vous voilà tombé dans la possibilité, et c'est une carrière où il est facile de s'étendre. Dans cette possibilité vous trouverez les choses de raison, les hircocerfs, les hippocentaures, et mille autres figures bizarres.

ARIST. — Vous voudriez bien m'éloigner de la méthaphysique, et me faire tomber sur les êtres de raison, qui font partie de la logique.

DESC. — Vous tâchez de m'éblouir par vos vaines raisons.

ARIST. — Avouez, mon pauvre Descartes, que nous n'entendons guère tous deux ce que nous disons, et que nous plaidons une cause bien embrouillée.

DESC. — Embrouillée! je prétends qu'il n'y a rien de plus clair que la mienne.

ARIST. — Croyez-moi, ne disputons pas davantage ; nous y perdrions tous deux notre latin.

LXXIX.
HARPAGON ET DORANTE.

Contre l'avarice, qui fait négliger à un père de famille l'éducation et l'honneur de ses enfants.

DOR. — Non, je ne puis goûter vos raisons ; ce ne sont que de vains prétextes par lesquels vous voulez m'éblouir, et vous délivrer de mes remontrances. Votre manière de vivre n'est pas soutenable.

HARP. — Vous en parlez bien à votre aise, vous qui ne vous êtes point marié, et qui êtes sans suite : j'ai des enfants ; je veux me faire aimer d'eux en leur amassant du bien, et leur donnant moyen de mener une vie heureuse.

DOR. — Vous voulez, dites-vous, vous faire aimer de vos enfants ?

HARP. — Oui, sans doute ; et je leur en donne un sujet bien fort en me refusant pour eux les choses les plus nécessaires.

DOR. — Si vous avez envie de vous faire haïr d'eux, vous ne pouvez pas prendre une plus sûre voie.

HARP. — Ah! il faudroit qu'ils fussent les plus dénaturés des hommes : un père qui n'envisage qu'eux, qui se compte pour rien, qui renonce à toutes les commodités, à toutes les douceurs de la vie !

DOR. — Seigneur Harpagon, j'ai une autre chose à vous dire ; mais je crains de vous fâcher.

HARP. — Non, non ; je ne veux pas qu'on me dissimule rien.

DOR. — Vous n'aimez que vos enfants, dites-vous.

HARP. — Je vous en fais vous-même le juge ; voyez ce que je fais pour eux.

DOR. — C'est vous qui m'obligez de parler : vous ne les aimez point, seigneur Harpagon ; et vous, vous croyez ne vous point aimer.

HARP. — Moi ; hé! de quelle manière est-ce que je me traite ?

DOR. — Vous n'aimez que vous.

HARP. — O ciel! pouvois-je attendre cette injustice de mon meilleur ami ?

DOR. — Doucement ; mon but est de vous détromper par une persuasion qui vous soit utile, et non de vous aigrir. Vous aimez, dites-vous, vos enfants ?

HARP. — Si je les aime!

DOR. — Avez-vous eu soin de leur éducation ?

HARP. — Hélas! je n'étois pas en état de cela ; les maîtres étoient d'une cherté épouvantable : à quoi leur auroit servi la science, si je les avois laissés sans pain ?

DOR. — C'est-à-dire (car il faut convenir de bonne foi de la vérité) que vous les avez laissés dans une grossière ignorance, indigne de gens qui ont une naissance honnête. Vous n'avez nul soin de cultiver en eux la vertu ; vous n'avez jamais étudié leurs inclinations : s'ils ont de la probité, vous n'y avez aucune part, et c'est un bonheur que vous ne méritez pas.

HARP. — Mais on ne peut leur procurer tous les avantages.

DOR. — Mais on doit au moins songer au plus important de tous, à celui dont rien ne dédommage, à celui qui peut suppléer à tout ce qui manque ; cet avantage, c'est la vertu.

HARP. — Il faut être honnête homme ; mais il

faut avoir de quoi vivre, et rien n'est plus méprisable qu'un homme dans la pauvreté.

Dor. — Un malhonnête homme l'est bien davantage, eût-il toutes les richesses de Crésus.

Harp. — Eh bien ! j'ai trop tourné ma tendresse pour mes enfants du côté du bien : prouverez-vous par-là que je ne les ai point aimés ?

Dor. — Oui, seigneur Harpagon, vous ne les aimez pas; et ce n'est point de les rendre riches que vous êtes occupé.

Harp. — Comment ? Je leur conserve tout mon bien, et je n'y ose toucher : tout n'ira-t-il pas à eux après ma mort ?

Dor. — Ce n'est pas à eux que vous conservez votre bien, c'est à votre passion : il y a deux plaisirs, celui de dépenser et celui d'amasser ; vous n'êtes touché que du second ; vous vous y abandonnez sans réserve, et vous ne faites que suivre votre goût.

Harp. — Mais encore, s'il vous plaît, à qui ira ma succession ?

Dor. — A vos enfants, sans doute; mais lorsque vous ne pourrez plus jouir de vos richesses, lorsque vous en serez séparé par la dure nécessité de la mort, votre volonté n'aura nulle part alors au profit que feront vos enfants. Vous leur avez refusé tout ce qui dépendoit de vous, et ils ne seront riches alors que parce que vous ne serez plus le maître de l'empêcher.

Harp. — Et sans mon économie, ce temps-là arriveroit-il jamais pour eux ?

Dor. — C'est-à-dire qu'ils se trouveront bien de ce que la passion d'amasser vous a tyrannisé, pourvu que vous ne les ruiniez pas auparavant ; car c'est ce que j'appréhende : et c'est ce qui montre encore que vous ne les aimez pas.

Harp. — Jamais homme n'a dit tant de choses aussi peu vraisemblables que vous.

Dor. — Elles n'en sont pas moins vraies ; et la preuve en est bien aisée. Y a-t-il rien de plus ruineux que d'emprunter à grosses usures ? Vous savez ce que font vos enfants, vous savez ce qui vous est arrivé à vous-même : ils ne le font que parce que vous leur refusez les secours les plus nécessaires ; s'ils continuent, ils se trouveront, à votre mort, accablés de dettes. Il ne tient qu'à vous de l'empêcher, et vous n'en faites rien. Et vous me venez parler de l'amitié que vous avez pour eux, et de l'envie que vous avez de les rendre heureux ! Ah ! vous n'aimez que votre argent; vous vivez de la vue de vos coffres-forts ; vous préférez ce plaisir à tous les autres, dont vous êtes moins touché. Vous paroissez vous épargner tout, et vous ne vous refusez rien ; car vous ne vous demandez à vous-même que d'augmenter toujours vos trésors, et c'est ce que vous faites nuit et jour. Allez, vous n'aimez pas plus vos enfants et leurs intérêts que votre réputation, que vous sacrifiez à l'avarice. Ai-je tort de dire que vous n'aimez que vous ?

OPUSCULES DIVERS,

FRANÇOIS ET LATINS,

COMPOSÉS POUR L'ÉDUCATION

DE Mgr LE DUC DE BOURGOGNE.

I.

LE FANTASQUE.

Qu'est-il donc arrivé de funeste à Mélanthe ? Rien au-dehors, tout au-dedans. Ses affaires vont à souhait : tout le monde cherche à lui plaire. Quoi donc ? c'est que sa rate fume. Il se coucha hier les délices du genre humain : ce matin, on est honteux pour lui, il faut le cacher. En se levant, le pli d'un chausson lui a déplu : toute la journée sera orageuse, et tout le monde en souffrira. Il fait peur, il fait pitié : il pleure comme un enfant, il rugit comme un lion. Une vapeur maligne et farouche trouble et noircit son imagination, comme l'encre de son écritoire barbouille ses doigts. N'allez pas lui parler des choses qu'il aimoit le mieux il n'y a qu'un moment : par la raison qu'il les a aimées, il ne les sauroit plus souffrir. Les parties de divertissement qu'il a tant désirées lui deviennent ennuyeuses, il faut les rompre. Il cherche à contredire, à se plaindre, à piquer les autres ; il s'irrite de voir qu'ils ne veulent point se fâcher. Souvent il porte ses coups en l'air, comme un taureau furieux qui, de ses cornes aiguisées, va se battre contre les vents. Quand il manque de prétexte pour attaquer les autres, il se tourne contre lui-même : il se blâme, il ne se trouve bon à rien, il se décourage ; il trouve fort mauvais qu'on veuille le consoler. Il veut être seul, et ne peut supporter la solitude. Il revient à la compagnie, et s'aigrit contre elle. On se tait ; ce silence affecté le choque. On parle tout bas ; il s'imagine que c'est contre lui. On parle tout haut ; il trouve qu'on parle trop, et qu'on est trop gai pendant qu'il est triste. On est triste ; cette tristesse lui paroît un reproche de ses fautes. On rit ; il soupçonne qu'on se moque de lui. Que faire ? Être aussi ferme et aussi patient qu'il est insupportable, et attendre en paix qu'il revienne demain aussi sage qu'il étoit hier. Cette humeur étrange s'en va comme elle vient. Quand elle prend, on diroit que c'est un ressort de machine qui se démonte tout-à-coup : il est comme on dépeint les possédés; sa raison est comme à l'envers; c'est la déraison elle-même en personne. Poussez-le, vous lui ferez dire en plein jour qu'il est nuit; car il n'y a plus ni jour ni nuit pour une tête démontée par son caprice. Quelquefois il ne peut s'empêcher d'être étonné de ses excès et de ses fougues. Malgré son chagrin, il sourit des paroles extravagantes qui lui ont échappé. Mais quel moyen de prévoir ces orages, et de conjurer la tempête? Il n'y en a aucun; point de bons almanachs pour prédire ce mauvais temps. Gardez-vous bien de dire : Demain nous irons nous divertir dans un tel jardin; l'homme d'aujourd'hui ne sera point celui de demain; celui qui vous promet maintenant disparoîtra tantôt : vous ne saurez plus où le prendre pour le faire souvenir de sa parole; en sa place, vous trouverez un je ne sais quoi qui n'a ni forme ni nom, qui n'en peut avoir, et que vous ne sauriez définir deux instants de suite de la même manière. Étudiez-le bien, puis dites-en tout ce qu'il vous plaira; il ne sera plus vrai le moment d'après que vous l'aurez dit. Ce je ne sais quoi veut et ne veut pas; il menace, il tremble; il mêle des hauteurs ridicules avec des bassesses indignes. Il pleure, il rit, il badine, il est furieux. Dans sa fureur la plus bizarre et la plus insensée, il est plaisant, éloquent, subtil, plein de tours nouveaux, quoiqu'il ne lui reste pas seulement une ombre de raison. Prenez bien garde de ne lui rien dire qui ne soit juste, précis et exactement raisonnable : il sauroit bien en prendre avantage, et vous donner adroitement le change; il passeroit d'abord de son tort au vôtre, et deviendroit raisonnable pour le seul plaisir de vous convaincre que vous ne l'êtes pas. C'est un rien qui l'a fait monter jusques aux nues; mais ce rien, qu'est-il devenu? il s'est perdu dans la mêlée; il n'en est plus question : il ne sait plus ce qui l'a fâché, il sait seulement qu'il se fâche, et qu'il veut se fâcher; encore même ne le sait-il pas toujours. Il s'imagine souvent que tous ceux qui lui parlent sont emportés, et que c'est lui qui se modère; comme un homme qui a la jaunisse croit que tous ceux qu'il voit sont jaunes, quoique le jaune ne soit que dans ses yeux. Mais peut-être qu'il épargnera certaines personnes auxquelles il doit plus qu'aux autres, ou qu'il paroît aimer davantage. Non; sa bizarrerie ne connoît personne, elle se prend sans choix à tout ce qu'elle trouve; le premier venu lui est bon pour se décharger; tout lui est égal, pourvu qu'il se fâche; il diroit des injures à tout le monde. Il n'aime plus les gens, il n'en est point aimé; on le persécute, on le trahit; il ne doit rien à qui que ce soit. Mais attendez un moment, voici une autre scène. Il a besoin de tout le monde; il aime, on l'aime aussi; il flatte, il s'insinue, il ensorcelle tous ceux qui ne pouvoient plus le souffrir; il avoue son tort, il rit de ses bizarreries, il se contrefait; et vous croiriez que c'est lui-même dans ses accès d'emportement, tant il se contrefait bien. Après cette comédie, jouée à ses propres dépens, vous croyez bien qu'au moins il ne fera plus le démoniaque. Hélas ! vous vous trompez : il le fera encore ce soir, pour s'en moquer demain sans se corriger.

II.
LA MÉDAILLE[1].

Je crois, monsieur, que je ne dois point perdre de temps pour vous informer d'une chose très curieuse, et sur laquelle vous ne manquerez pas de faire bien des réflexions. Nous avons en ce pays un savant nommé M. Wanden, qui a de grandes correspondances avec les antiquaires d'Italie. Il prétend avoir reçu par eux une médaille antique, que je n'ai pu voir jusqu'ici, mais dont il a fait frapper des copies qui sont très bien faites, et qui se répandront bientôt, selon les apparences, dans tous les pays où il y a des curieux. J'espère que dans peu de jours je vous en enverrai une. En attendant, je vais vous en faire la plus exacte description que je pourrai.

D'un côté, cette médaille, qui est fort grande, représente un enfant d'une figure très belle et très noble; on voit Pallas qui le couvre de son égide; en même temps les trois Graces sèment son chemin de fleurs; Apollon, suivi des Muses, lui offre sa lyre; Vénus paroît en l'air dans son char attelé de colombes, qui laisse tomber sur lui sa ceinture; la Victoire lui montre d'une main un char de triomphe, et de l'autre lui présente une couronne. Les paroles sont prises d'Horace : *Non sine dis animosus infans.* Le revers est bien différent. Il est manifeste que c'est le même enfant, car on reconnoît d'abord le même air de tête; mais il n'a autour de lui que des masques grotesques et hideux, des reptiles venimeux, comme des vipères et des serpents, des insectes, des hiboux, enfin

[1] Cette lettre prétendue de Bayle à Fénelon n'est qu'une fiction imaginée par celui-ci, et dont le but est de prouver qu'avec les plus belles qualités l'homme le plus parfait a son mauvais côté; d'où il suit qu'une personne ne doit compter sur ses talents, mais que chacun doit travailler sans relâche à combattre ses défauts.

des harpies sales, qui répandent de l'ordure de tous côtés, et qui déchirent tout avec leurs ongles crochus. Il y a une troupe de Satyres impudents et moqueurs, qui font les postures les plus bizarres, qui rient, et qui montrent du doigt la queue d'un poisson monstrueux, par où finit le corps de ce bel enfant. Au bas, on lit ces paroles, qui, comme vous savez, sont aussi d'Horace : *Turpiter atrum desinit in piscem.*

Les savants se donnent beaucoup de peine pour découvrir en quelle occasion cette médaille a pu être frappée dans l'antiquité. Quelques uns soutiennent qu'elle représente Caligula, qui, étant fils de Germanicus, avoit donné dans son enfance de hautes espérances pour le bonheur de l'empire, mais qui dans la suite devint un monstre. D'autres veulent que tout ceci ait été fait pour Néron, dont les commencements furent si heureux, et la fin si horrible. Les uns et les autres conviennent qu'il s'agit d'un jeune prince éblouissant, qui promettoit beaucoup, et dont toutes les espérances ont été trompeuses. Mais il y en a d'autres, plus défiants, qui ne croient point que cette médaille soit antique. Le mystère que fait M. Wanden pour cacher l'original donne de grands soupçons. On s'imagine voir quelque chose de notre temps figuré dans cette médaille; peut-être signifie-t-elle de grandes espérances qui se tourneront en de grands malheurs : il semble qu'on affecte de faire entrevoir malignement quelque jeune prince dont on tâche de rabaisser toutes les bonnes qualités par des défauts qu'on lui impute. D'ailleurs, M. Wanden n'est pas seulement curieux; il est encore politique, fort attaché au prince d'Orange, et on soupçonne que c'est d'intelligence avec lui qu'il veut répandre cette médaille dans toutes les cours de l'Europe. Vous jugerez bien mieux que moi, monsieur, ce qu'il en faut croire. Il me suffit de vous avoir fait part de cette nouvelle, qui fait raisonner ici avec beaucoup de chaleur tous nos gens de lettres, et de vous assurer que je suis toujours votre très humble et très obéissant serviteur,

BAYLE.

D'Amsterdam, le 4 mai 1691.

III.
VOYAGE SUPPOSÉ,
EN 1690.

Il y a quelques années que nous fîmes un beau voyage, dont vous serez bien aise que je vous raconte le détail. Nous partîmes de Marseille pour la Sicile, et nous résolûmes d'aller visiter l'Égypte.

Nous arrivâmes à Damiette, nous passâmes au grand Caire.

Après avoir vu les bords du Nil, en remontant vers le sud, nous nous engageâmes insensiblement à aller voir la mer Rouge. Nous trouvâmes sur cette côte un vaisseau qui s'en alloit dans certaines îles qu'on assuroit être encore plus délicieuses que les îles Fortunées. La curiosité de voir ces merveilles nous fit embarquer; nous voguâmes pendant trente jours : enfin nous aperçûmes la terre de loin. A mesure que nous approchions, on sentoit les parfums que ces îles répandoient dans toute la mer.

Quand nous abordâmes, nous reconnûmes que tous les arbres de ces îles étoient d'un bois odoriférant comme le cèdre. Ils étoient chargés en même temps de fruits délicieux, et de fleurs d'une odeur exquise. La terre même, qui étoit noire, avoit un goût de chocolat, et on en faisoit des pastilles. Toutes les fontaines étoient de liqueurs glacées; là, de l'eau de groseille; ici, de l'eau de fleur d'orange; ailleurs, des vins de toutes les façons. Il n'y avoit aucune maison dans toutes ces îles, parce que l'air n'y étoit jamais ni froid ni chaud. Il y avoit partout, sous les arbres, des lits de fleurs, où l'on se couchoit mollement pour dormir; pendant le sommeil, on avoit toujours des songes de nouveaux plaisirs; il sortoit de la terre des vapeurs douces qui représentoient à l'imagination des objets encore plus enchantés que ceux qu'on voyoit en veillant : ainsi on dormoit moins pour le besoin que pour le plaisir. Tous les oiseaux de la campagne savoient la musique, et faisoient entre eux des concerts.

Les zéphyrs n'agitoient les feuilles des arbres qu'avec règle, pour faire une douce harmonie. Il y avoit dans tout le pays beaucoup de cascades naturelles : toutes ces eaux, en tombant sur des rochers creux, faisoient un son d'une mélodie semblable à celle des meilleurs instruments de musique. Il n'y avoit aucun peintre dans tout le pays : mais quand on vouloit avoir le portrait d'un ami, un beau paysage, ou un tableau qui représentât quelque autre objet, on mettoit de l'eau dans de grands bassins d'or ou d'argent; puis on opposoit cette eau à l'objet qu'on vouloit peindre. Bientôt l'eau, se congelant, devenoit comme une glace de miroir, où l'image de cet objet demeuroit ineffaçable. On l'emportoit où l'on vouloit, et c'étoit un tableau aussi fidèle que les plus polies glaces de miroir. Quoiqu'on n'eût aucun besoin de bâtiments, on ne laissoit pas d'en faire, mais sans peine. Il y avoit des montagnes dont la superficie étoit couverte de gazons toujours fleuris. Le dessous étoit d'un marbre plus solide que le nôtre, mais si tendre et si léger, qu'on le coupoit comme du beurre, et qu'on le transportoit cent fois plus facilement que du liége : ainsi on n'avoit qu'à tailler avec un ciseau, dans les montagnes, des palais ou des temples de la plus magnifique architecture ; puis deux enfants emportoient sans peine le palais dans la place où l'on vouloit le mettre.

Les hommes un peu sobres ne se nourrissoient que d'odeurs exquises. Ceux qui vouloient une plus forte nourriture mangeoient de cette terre mise en pastilles de chocolat, et buvoient de ces liqueurs glacées qui couloient des fontaines. Ceux qui commençoient à vieillir alloient se renfermer pendant huit jours dans une profonde caverne, où ils dormoient tout ce temps-là avec des songes agréables : il ne leur étoit permis d'apporter en ce lieu ténébreux aucune lumière. Au bout de huit jours, ils s'éveilloient avec une nouvelle vigueur ; leurs cheveux redevenoient blonds ; leurs rides étoient effacées ; ils n'avoient plus de barbe ; toutes les graces de la plus tendre jeunesse revenoient en eux. En ce pays tous les hommes avoient de l'esprit ; mais ils n'en faisoient aucun bon usage. Ils faisoient venir des esclaves des pays étrangers, et les faisoient penser pour eux ; car ils ne croyoient pas qu'il fût digne d'eux de prendre jamais la peine de penser eux-mêmes. Chacun vouloit avoir des penseurs à gages, comme on a ici des porteurs de chaise pour s'épargner la peine de marcher.

Ces hommes, qui vivoient avec tant de délices et de magnificence, étoient fort sales : il n'y avoit dans tout le pays rien de puant ni de malpropre que l'ordure de leur nez, et ils n'avoient point d'horreur de la manger. On ne trouvoit ni politesse ni civilité parmi eux. Ils aimoient à être seuls ; ils avoient un air sauvage et farouche ; ils chantoient des chansons barbares qui n'avoient aucun sens. Ouvroient-ils la bouche, c'étoit pour dire non à tout ce qu'on leur proposoit. Au lieu qu'en écrivant nous faisons nos lignes droites, ils faisoient les leurs en demi-cercle. Mais ce qui me surprit davantage, c'est qu'ils dansoient les pieds en dedans ; ils tiroient la langue ; ils faisoient des grimaces qu'on ne voit jamais en Europe, ni en Asie, ni même en Afrique, où il y a tant de monstres. Ils étoient froids, timides et honteux devant les étrangers, hardis et emportés contre ceux qui étoient dans leur familiarité.

Quoique le climat soit très doux et le ciel très constant en ce pays-là, l'humeur des hommes y est inconstante et rude. Voici un remède dont on se sert pour les adoucir. Il y a dans ces îles certains arbres qui portent un grand fruit d'une forme longue, qui pend du haut des branches. Quand ce fruit est cueilli, on en ôte tout ce qui est bon à manger, et qui est délicieux ; il reste une écorce dure, qui forme un grand creux, à peu près de la figure d'un luth. Cette écorce a de longs filaments durs et fermes, comme des cordes, qui vont d'un bout à l'autre. Ces espèces de cordes, dès qu'on les touche un peu, rendent d'elles-mêmes tous les sons qu'on veut. On n'a qu'à prononcer le nom de l'air qu'on demande, ce nom, soufflé sur les cordes, leur imprime aussitôt cet air. Par cette harmonie, on adoucit un peu les esprits farouches et violents. Mais, malgré les charmes de la musique, ils retombent toujours dans leur humeur sombre et incompatible.

Nous demandâmes soigneusement s'il n'y avoit point dans le pays des lions, des ours, des tigres, des panthères ; et je compris qu'il n'y avoit dans ces charmantes îles rien de féroce que les hommes. Nous aurions passé volontiers notre vie dans une si heureuse terre ; mais l'humeur insupportable de ses habitants nous fit renoncer à tant de délices. Il fallut, pour se délivrer d'eux, se rembarquer, et retourner par la mer Rouge en Égypte, d'où nous retournâmes en Sicile en fort peu de jours ; puis nous vînmes de Palerme à Marseille avec un vent très favorable.

Je ne vous raconte point ici beaucoup d'autres circonstances merveilleuses de la nature de ce pays, et des mœurs de ses habitants. Si vous en êtes curieux, il me sera facile de satisfaire votre curiosité.

Mais qu'en conclurez-vous ? que ce n'est pas un beau ciel, une terre fertile et riante, ce qui amuse, ce qui flatte les sens, qui nous rendent bons et heureux. N'est-ce pas là au contraire ce qui nous amollit, ce qui nous dégrade, ce qui nous fait oublier que nous avons une ame raisonnable, et négliger le soin et la nécessité de vaincre nos inclinations perverses, et de travailler à devenir vertueux ?

IV.

DIALOGUE.

CHROMIS ET MNASILE.

Jugement sur différentes statues.

Chr. — Ce bocage a une fraîcheur délicieuse ; les arbres en sont grands, le feuillage épais, les allées sombres ; on n'y entend d'autre bruit que celui des rossignols qui chantent leurs amours.

MNAS. — Il y a ici des beautés encore plus touchantes.

CHR. — Quoi donc? veux-tu parler de ces statues? je ne les trouve guère jolies. En voilà une qui a l'air bien grossier.

MNAS. — Elle représente un Faune. Mais n'en parlons pas; car tu connois un de nos bergers qui en a déjà dit tout ce que l'on en peut dire.

CHR. — Quoi donc? est-ce cet autre qui est penché au-dessus de la fontaine?

MNAS. — Non, je n'en parle point; le berger Lycidas l'a chanté sur sa flûte, et je n'ai garde d'entreprendre de louer après lui.

CHR. — Quoi donc? cette statue qui représente une jeune femme...?

MNAS. — Oui. Elle n'a point cet air rustique des deux autres : aussi est-ce une plus grande divinité; c'est Pomone, ou au moins une Nymphe. Elle tient d'une main une corne d'abondance, pleine de tous les doux fruits de l'automne; de l'autre elle porte un vase d'où tombent en confusion des pièces de monnoie : ainsi, elle tient en même temps les fruits de la terre, qui sont les richesses de la simple nature, et les trésors auxquels l'art des hommes donne un si haut prix.

CHR. — Elle a la tête un peu penchée; pourquoi cela?

MNAS. — Il est vrai : c'est que toutes figures faites pour être posées en des lieux élevés, et pour être vues d'en bas, sont mieux au point de vue quand elles sont un peu penchées vers les spectateurs.

CHR. — Mais quelle est donc cette coiffure? elle est inconnue à nos bergères.

MNAS. — Elle est pourtant très négligée, et elle n'en est pas moins gracieuse. Ce sont des cheveux bien partagés sur le front, qui pendent un peu sur les côtés avec une frisure naturelle, et qui se nouent par derrière.

CHR. — Et cet habit? pourquoi tant de plis?

MNAS. — C'est un habit qui a le même air de négligence : il est attaché par une ceinture, afin que la Nymphe puisse aller plus commodément dans ces bois. Ces plis flottants font une draperie plus agréable que des habits étroits et façonnés. La main de l'ouvrier semble avoir amolli le marbre pour faire des plis si délicats; vous voyez même le nu sous cette draperie. Ainsi vous trouvez tout ensemble la tendresse de la chair avec la variété des plis de la draperie.

CHR. — Ho! ho! te voilà bien savant! Mais puisque tu sais tout, dis-moi : cette corne d'abondance, est-ce celle du fleuve Achéloüs, arrachée par Hercule, ou bien celle de la chèvre Amalthée, nourrice de Jupiter sur le mont Ida?

MNAS. — Cette question est encore à décider : cependant je cours à mon troupeau. Bonjour.

V.

JUGEMENT SUR DIFFÉRENTS TABLEAUX.

Le premier tableau que j'ai vu à Chantilly est une tête de saint Jean-Baptiste, qu'on donne au Titien, et qui est assez petite. L'air de tête est noble et touchant; l'expression est heureuse. Il paroît que c'est un homme qui a expiré dans la paix et dans la joie du Saint-Esprit; mais je ne sais si cette tête est assez morte.

Les amours des dieux me parurent d'abord du Titien, tant c'est sa manière; mais on me dit que ce tableau étoit du Poussin, dans ces temps où, n'ayant pas encore pris un caractère original, il imitoit le Titien. Cet ouvrage ne m'a guère touché.

Il y a une autre pièce du même peintre qui me plaît infiniment davantage. C'est un paysage d'une fraîcheur délicieuse sur le devant, et les lointains s'enfuient avec une variété très agréable. On voit par-là combien un horizon de montagnes bizarres est plus beau que les coteaux les plus riches quand ils sont unis. Il y a sur le devant une île, dans une eau claire qui fait plusieurs tours et retours dans des prairies et dans des bocages où on voudroit être, tant ces lieux paroissent aimables. Personne, ce me semble, ne fait des arbres comme le Poussin, quoique son vert soit un peu gris. Je parle en ignorant, et j'avoue que ces paysages me plaisent beaucoup plus que ceux du Titien.

Il y a un Christ avec deux apôtres, d'Antonio Moro. C'est un ouvrage médiocre; les airs de tête n'ont rien de noble, et sont sans expression : mais cela est bien peint; c'est une vraie chair.

Le portrait de Moro, fait par lui-même, est bien meilleur. C'est une grosse tête avec une barbe horrible, une physionomie fantasque, et un habillement qui l'est encore plus. Il est enveloppé d'une robe de chambre noire, qui est ample, et avec tant de gros plis, qu'on croit le voir suer sous tant d'étoffe.

Il y a une assomption de la Vierge de Van-Dyck, qui ne sert qu'à montrer qu'il n'auroit jamais dû travailler qu'en portraits.

On voit deux tableaux faits avec émulation pour feu M. le Prince : l'un est Andromède, par Mignard; l'autre est de M. Le Brun, et représente Vénus avec Vulcain, qui lui donne des armes pour Achille.

Le premier me paroît foible; l'autre est plus fort, et il a même un plus beau coloris que la plupart des ouvrages de M. Le Brun. Mais ce tableau me paroît peu touchant; la Vénus même n'est point assez Vénus.

Il y a une Andromède de Jacomo Palme, qui efface bien celle de M. Mignard. Elle est effrayée, et son visage montre tout ce qu'elle doit sentir à la vue du monstre.

Il y a une Vénus de Van-Dyck, bien meilleure que celle de M. Le Brun. Mars lui dit adieu, elle s'attendrit. Mars est trop grossier, et elle est trop maniérée.

VI.

ÉLOGE DE FABRICIUS,

PAR PYRRHUS SON ENNEMI.

Un an après que les Romains eurent vaincu et repoussé Pyrrhus jusqu'à Tarente, on envoya Fabricius pour continuer cette guerre. Celui-ci, ayant été auparavant chez Pyrrhus avec d'autres ambassadeurs, avoit rejeté l'offre que ce prince lui fit de la quatrième partie de son royaume, pour le corrompre. Pendant que les deux armées campoient en présence l'une de l'autre, le médecin de Pyrrhus vint la nuit trouver Fabricius, lui promettant d'empoisonner son maître, pourvu qu'on lui donnât une récompense. Fabricius le renvoya enchaîné à son maître, et fit dire à Pyrrhus ce que son médecin avoit offert contre sa vie. On dit que le roi répondit avec admiration : C'est ce Fabricius qui est plus difficile à détourner de la vertu, que le soleil de sa course.

VII.

Expédition de Flaminius contre Philippe, roi de Macédoine.

Titus Quintius Flaminius fut envoyé par le peuple romain contre Philippe, roi de Macédoine, qui, dans la chute de la ligue des Achéens, étoit devenu le tyran de toute la Grèce. Flaminius, qui vouloit rendre Philippe odieux, et faire aimer le nom romain, passa par la Thessalie avec toute sorte de précautions, pour empêcher ses troupes de faire aucune violence ni aucun dégât. Cette modération toucha tellement toutes les villes de Thessalie, qu'elles lui ouvrirent leurs portes comme à leur allié, qui venoit pour les secourir. Plusieurs villes grecques voyant avec quelle humanité et quelle douceur il avoit traité les Thessaliens, imitèrent leur exemple, et se mirent entre ses mains.

Ils le louoient déja comme le libérateur de toute la Grèce. Mais sa réputation et l'amour des peuples augmentèrent beaucoup quand on le vit offrir la paix à Philippe, à condition que ce roi demeureroit borné à ses états, et qu'il rendroit la liberté à toutes les villes grecques. Philippe refusa ces offres; il fallut décider par les armes. Flaminius donna une bataille, où Philippe fut contraint de s'enfuir. Huit mille Macédoniens furent tués, et les Romains en prirent cinq mille. Après cette victoire, Flaminius ne fut pas moins modéré qu'auparavant. Il accorda la paix à Philippe, à condition que le roi abandonneroit toute la Grèce; qu'il paieroit la somme de ....talents pour les frais de la guerre; qu'il n'auroit plus désormais en mer que dix vaisseaux, et qu'il donneroit aux Romains en otage, pour assurance du traité de paix, le jeune Démétrius son fils aîné; qu'on auroit soin d'élever à Rome selon sa naissance. Les Grecs, si heureusement délivrés de la guerre par le secours de Flaminius, ne songèrent plus qu'à goûter les doux fruits de la paix. Ils s'assemblèrent de toutes les extrémités de la Grèce pour célébrer les jeux Isthmiques. Flaminius y envoya un héraut pour publier, au milieu de cette grande assemblée, que le sénat et le consul Flaminius affranchissoient la Grèce de toute sorte de tributs. Le héraut ne put être entendu la première fois, à cause de la grande multitude, qui faisoit un bruit confus.

Le héraut éleva davantage sa voix, et recommença la proclamation. Aussitôt le peuple jeta de grands cris de joie. Les jeux furent abandonnés; tous accoururent en foule pour embrasser Flaminius. Ils l'appeloient le bienfaiteur, le protecteur et le libérateur de la Grèce. Il partit ensuite pour aller de ville en ville réformer les abus, rétablir la justice et les bonnes lois, rappeler les bannis et les fugitifs, terminer tous les différends, réunir les concitoyens, et réconcilier les villes entre elles; enfin, travailler en père commun à leur faire goûter les fruits de la liberté et de la paix. Une conduite si douce gagna tous les cœurs; ils reçurent avec joie les gouverneurs envoyés par Flaminius, ils allèrent au-devant d'eux pour se soumettre. Les rois et les princes opprimés par les Macédoniens, ou par quelque autre puissance voisine, eurent recours à eux avec confiance.

Flaminius, suivant son dessein de protéger les foibles accablés, déclara la guerre à Nabis, tyran des Lacédémoniens; c'étoit faire plaisir à toute la Grèce. Mais, dans une occasion où il pouvoit prendre le tyran, il le laissa échapper, apparemment pour être plus long-temps nécessaire aux

Grecs, et pour mieux affermir par la durée des troubles l'autorité romaine. Il fit même peu de temps après la paix avec Nabis, et lui abandonna la ville de Sparte; ce qui surprit étrangement les Grecs.

VIII.
Histoire d'un petit accident arrivé au duc de Bourgogne dans une promenade à Trianon.

Pendant qu'un jeune prince, d'une course rapide et d'un pied léger, parcourt les sentiers hérissés de buissons, une épine aiguë se fiche dans son pied. Aussitôt le soulier mince est percé, la peau tendre est déchirée, le sang coule : mais à peine le prince sentit la blessure; il vouloit continuer sa course et ses jeux. Mais le sage modérateur a soin de le ramener; il est porté en carrosse; les chirurgiens accourent en foule; ils délibèrent, ils examinent la plaie, ils ne trouvent en aucun endroit la pointe de l'épine fatale : nulle douleur ne retarde la démarche du blessé; il rit, il est gai. Le lendemain, il se promène, il court çà et là; il saute comme un faon. Tout à l'heure il part; il verra les bords de la Seine; puis il entrera dans la vaste forêt où Diane sans cesse perce les daims de ses traits.

IX.
Histoire naturelle du ver à soie.

Les habits *étoient d'abord de* feuilles; *puis de* peaux d'animaux morts sans violence, *de* fils tirés des plantes, et d'écorces; *puis de* laine : par-là on apprit à filer.

Les vers à soie *furent long-temps* libres aux Indes; puis employés par *les* filles de l'île de Coos; mais *la* soie *étoit encore* très chère sous Aurélien. Sous Justinien, les œufs de ces vers *furent* transportés des Indes à Constantinople.

L'œuf de ver à soie produit *un* ver au printemps, qui est éclos en trois jours par chaleur humaine. Il est d'abord violet, puis bleu, ensuite couleur de soufre, enfin de cendre. Le ver est enfermé dans *une* écorce transparente comme *une* perle. Ce ver affamé a percé son œuf : il est sorti montrant tête et queue. La tête est grosse à proportion du reste, et par *le* microscope ressemble à celle d'un corbeau. *Ses* côtés ont des bosses dont les extrémités ont *des* poils longs et rouges. Dès qu'il vit, il mange *de* tendres feuilles de mûrier, y fait *de* petits trous, fait déjà *des* pelotons de soie de fibres de feuilles rongées : il s'y suspend [1].

[1] Histoire du mûrier. Pyrame et Thisbé. (Ov. *Metam.*, lib. III.)

Il est composé d'anneaux : au premier, *il* est blanc; *cette* couleur se communique insensiblement aux anneaux voisins. Le bas, vers *les* cuisses, a *quelques* taches rouges : puis *la* couleur *est* cendrée, avec *des* taches rouges et verdâtres des feuilles, etc. Tout ceci en dix jours jusqu'au premier sommeil.

Après *ce* premier sommeil, *il* quitte *sa* vieille peau; *il en paroît une* autre blanche; sa tête croît triplement; *il* mange trois fois le jour.

Le mûrier blanc *a les* feuilles plus longues et plus délicates. *Cet* arbre *étoit* inconnu autrefois en Italie. En Sicile, *les* feuilles de mûrier noir font *une* soie plus ferme. Si *vous* donnez *aux* vers *à* soie laurier, vigne, orme, myrte sauvage, ils meurent. Quelques uns les ont nourris de laitues.

La partie supérieure devient argentée, le reste de taches fuligineuses et spirales, qui s'étendent le long des anneaux. Son crâne prend la couleur d'agate. Il croît, a des taches rouges, devient transparent : on voit *les* feuilles à travers *son corps.* — Changement de peau blanche en pourprée : *sa* vieille peau se déchire : alors il se resserre, pousse entrailles en haut, *sa* vieille peau se ride, et passe d'anneau en anneau; cependant léthargie.

Après *ce* sommeil, *paroissent de* nouvelles dents : alternativement *il* dort et mange. La dernière fois, *il* se tourmente trois jours pour changer de peau. Alors *il* alonge : *il* a treize anneaux. *Le* corps du ver *est* appuyé sur beaucoup de cuisses : au milieu, quatre paires de cuisses. Il a des ongles aux pieds comme *des* os : quarante à chaque pied.

Le vent du midi les rend hydropiques et de couleur de safran. Le froid les affoiblit, et retarde *leur* ouvrage.

Le ver commence à tirer de soi comme de l'ambre (comme *un* fil pendu à *une* quenouille), l'attache à quelque petit morceau de bois qui accroche le fil, puis s'en retire, et conduit ainsi *un* fil gluant qui s'épaissit à l'air. C'est un rets assez lâche. — Petite trompe d'où sort la soie. — Quelquefois deux vers filent ensemble *la* même soie.

La peau *du ver* tombe en une minute. Il maigrit. Déjà les ailes du papillon sont cachées. *Le* papillon engendre en vieillesse : œufs, environ quatre cents. Le papillon, en canicule, vit douze jours : en hiver, un mois. *La* femelle meurt la première : *les* poils *ou* plumes tombent : *le* corps *devient* de couleur de citron.

Les œufs du papillon s'attachent à un linge. *On* les conserve en été dans une cave; en hiver, sous des lits, de peur qu'ils ne se gèlent. Au printemps, on les arrose de vin et d'eau tiède : ils sont couvés sous les aisselles des femmes.

La partie de la soie la plus voisine du ver est la plus délicate; elle est trop fine, et ne sert *pas*. Elle ne peut se démêler. Mais ce qui est retors est de cent six pieds. Par-dessus, un quart en coton.

FABULOSÆ NARRATIONES.

I.

Nymphæ cujusdam vaticinium.

Nympha venatrix, et in superandis montium jugis cerva velocior, nostra nemora nuper invisit. Capillos aureos ventis diffundere dabat : alte succincta vestium sinus fluentes infra mammas nodo colligit; nuda genu, nuda lacertis; suræ aluta tenui vinctæ; summa dignitas oris, simplices munditiæ, inculta venustas, virgineus pudor purpureis in genis suffusus, virilis in membris vigor, nihil molle, nihil tenerum : artus teretes, torosi, et pleni succo, oculi vegeti, vultus, gestus, incessus, habitus corporis; omnia, etiamsi incomposita, decent. Pharetra eburnea pendet ex humero; arcus aureus, nervus habilis, sagittæ sonantes : flumina, avesque dea volucris antevertit. Dianam ipsam facile crederes; nec tamen ipsa est, sed una comitum. Continuo candidæ Naïades vitreis speluncis emergunt; pater ipse Scaldis frontem arundine glauca vinctam attollit; deam blandis vocibus certatim compellant omnes. Jucunde confabulantur numina. Venatrix refert se huc commigrasse ut ad hyperboream usque glaciem fulva Dianæ armenta recenseret; se relictis Lyciæ saltibus vastissimas regiones peragrasse, novumque Apollinem ad Sequanæ ripam inter venandum ex improviso sibi occurrisse. Ea est, inquit, viva gratia, is est frontis honos quo Apollo ipse adolevit. Vidi, vidi, in opaca silva ad marginem limpidi fontis, animosum puerum genitum Jove; nec vana fides. Acer gaudet equis, animis exultat, et silvas indagine cingens, feras telis agit. Musarum alumnus, dulce plectrum armis consociat; alter, alter ille Apollo : veri et æqui amans, bonarum artium studiosus, per omnia φυλάττος. Ita Phœbus olim adolescens oculos, manus, ora tulit. O quanta orbi felicitas ! o ætas aurea! o fortunate puer, regni deliciæ, modo importuna morositas absit !

II.

Alibæi Persæ historia [*].

Dum aliquando Schah-Abbas, rex Persidis, iter faceret, uno tantum stipatus comite, invenit in pascuis adolescentem agresti habitu, sed forma honesta et liberali, facieque ingenua, qui gregem agebat. Hunc blande et comiter allocutus, cordatum et solertem supra ætatem, supra institutionem judicavit. Juvenis ille, nomine Mahummetes-Alibee, quem latuit quisnam esset quocum confabularetur, quid quaque de re sentiret aperuit confidentissime. Juvenem rudem, et perspicacem, et liberum risit imperator; familiariter colloquia commiscuit atque protraxit, innuens comiti ne suam dignitatem adolescenti indicaret : metuebat enim ne rusticus tantam reveritus majestatem, ac pudore præditus, minus ingenio et lingua valeret. His artibus, ubi periculum fecit eximiæ indolis et acris ingenii, miratus est quantis naturæ polleret dotibus. Tum comiti : Quis unquam aptior cunctis, quos postulat usus, officiis? Probus, cautus, industrius, strenuus et facetus mihi videtur. Hunc igitur universæ domui et supellectili regiæ præfici volo. Continuo honoribus squalidum juvenem insignit : hic exuit vestem panniculis obsitam; pedum, fistulam peramque deponit; chlamyde purpurea et tiara serica induitur; Nazar conclamatur. Quoad vixit Schah-Abbas, Mahummetes summa apud eum gratia floruit. Ubi vero rex interiit, Schah-Sephi filio ejus invidi obtrectatores calumnias in Mahummetem congesserunt. Commenti sunt illum multa clam subduxisse a promptuario. Schah-Sephi, uti mos est principibus, levis et credulus, virtutem suspectam et exosam facile habuit. Ab assentatoribus malevolis delusus, quæ fecerat pater hæc nulla esse voluit; jamque Mahummetem officio deturbare moliebatur. Jube, inquit, unus ex aulicis, illum tibi afferre acinacem insignem gemmis, quem avi tui gestavere in præliis. Continuo princeps Mahummeti, ut insidias instrueret, jussit hunc sibi e promptuario acinacem depromere. Schah-Abbas hunc ensem olim gemmis exui jusserat. Id factum esse, antequam sibi præfectura domus regiæ credita fuisset, Mahummetes testibus comprobavit. Rex vero edixit se quindecim dies Mahummeti concedere, ut omnia ejus ministerio tradita pararet, rationemque redderet. Heus ! inquit die indicta, o Mahummetes, aperi mihi omnes januas et armaria; mihi est animus omnem recensere supellectilem. Illico minister se-

[*] Hæc narratio fusius exposita reperietur inter fabulas gallice elaboratas, suprà pag. 555 et seq.

dulus omnes reseravit fores, et singula regi exploranda præbuit. Omnia nitentia, ordine disposita, et asservata diligentissime visa sunt. Hæc ex insperato visa regis animum delinire incœperant : sed ut vidit in extremo porticu januam triplici munitam sera, suspicatus est, instigante aulicorum invidia, Mahummetem ibi multa furtim ablata recondisse. Quænam, inquit, illic reposuisti? Meas opes, ait minister, quas, oro te per summum numen, ne mihi abripias; sunt enim justo labore partæ, injustumque foret mihi quod unum cordi est, quod sacrum, hoc violare. Subrisit Schah-Sephi, arbitratus se ministri sui prædam detexisse. Ille vero, reseratis foribus, palam protulit pedum, peram, fistulam, squalidam et laceram vestem quibus pastor olim usus fuerat. En, inquit, pristinæ sortis dulces exuvias : has neque fortuna, neque tu, o princeps, auferetis mihi; hæc mea est gaza, asservata ut me ditet, cùm tu me pauperem feceris. Cætera tua sint : hæc propria, hæc vera bona, hæc libertatis, innocentiæ, vitæque beatæ instrumenta ad extremum usque spiritum, procul ab aula, mea sint. His auditis, rex falsa in ministrum crimina indignatus, incorruptam virtutem admirari cœpit, et ad extremam senectutem in gravioribus negotiis Mahummetem ministrum fidelissimum sibi adhibuit.

III.

Mercurii cum Æsopo colloquium.

Æsopus ille qui carmine bestias vocales fecit, et quem vicissim bestiæ vocales immortalem fecere; is, inquam, ille Æsopus jamjam luce iterum donandus, valde sibi metuebat ne bestiis quas cecinerat, ipse adscriberetur. Tum Mercurius pileo alato, talaribus aureis et potenti virga insignis : Parce metu, inquit subridens, neque servitutis asperæ memineris ultra : tua te manent omnia ; ingenium acre, pectus virtutis amans, anima candida, splendidi mores, sales, joci, veneres, lepores, artes, et gratia sermonum vivax. Id unum tibi pervincendum æquo animo, ut gibbosus iterum fias : hoc naturæ vitium, ne tibi sit tædio, fata amica abunde compensant. Rex invictus eris, belli fulmen, pacis decus, hominum deliciæ, præsidium et grande columen ; a Gadibus ad Seras usque laus tua inclarescet : bene ferre magnam disce fortunam. Apage, retulit Æsopus, apage tot tantaque deorum munera, si vertantur mihi ludibrio. Victori regi ponenda in foro statua, monumentum foret æque perenne ac ridiculum. O indignum virtutis heroicæ præmium, gibbus æneus! quanto tolerabilius vile mancipium inclementis heri, et sponsæ rixosæ jugum denuo perferam!

IV.

Mulieris cujusdam cum Fato colloquium.

Sine te exorem, Fato inquiebat mulier quædam, prolis cupida. Natos, dulces natos, thalami sancti præmia ne deneges. Quinquaginta liberi, reposuit Fatum, te manent. At illa : Hui! tot educandis impar sum. Sex tantum habeto : verum tres stultos et vecordes perferas æquo animo. Atqui strenuos et industrios ut des, jubeo. Si strenui et industrii, subdolos igitur et improbos habeas necesse est. Proh scelus! impios et perditissimos cruci devovendos domi alerem! Apage isthæc omnia. Diversa igitur tibi obtingant; sex nati præstanti corpore, acri ingenio, anima candida, ad unguem facti te senio confectam oblectent; verum immaturâ morte peremptos compones. O me miseram, et Hecuba ipsa miserabiliorem! O morosa et pervicax mulier! omnia respuis : nunquam parias longe satius est. Fatum ipsum omnipotens sortem quæ tuum animum expleat parere nequit.

V.

Luctа Herculis cum Acheloo [1].

Dejanira puella formosissima quamplures allexerat procos. In his Alcides et Acheloüs cæteros eliminarunt. Ille dicebat se daturum puellæ Jovem socerum, referebat laborum famam, et suæ novercæ mandata superata. Contra Achelous turpe dixit se deum cedere Herculi mortali. Hic dicebat patri Dejaniræ : Ego volvo meas undas cursu obliquo per tua regna; non ero gener ab oris longinquis huc accitus, sed tuus popularis. Quis scit an Hercules sit vere Jovis filius? Etiamsi esset, at certe adulterio natus est. Dum hæc diceret Achelous, Alcides torvis oculis jamdudum illum spectabat, nec satis imperabat iræ accensæ. Ait : Melior mihi dextera lingua. Dummodo pugnando superem, tu vince loquendo. Tum ferox adoritur amnem. Puduit deum immortalem cedere, postquam tanta jactantia minatus fuisset. Ergo Achelous rejecit ex humeris glaucam vestem, et brachia opposuit. Alcides illum sparsit pulvere collecto cavis manibus. Vicissim ipse flavescit fulva arena projecta a fluvio. Captat modo cervicem, modo crura, omnique ex parte lacessit Acheloum. Sola gravitas dei tuetur illum : non secus ac moles quam fluctus magno cum murmure

[1] Ovid. Metam., lib. IX.

oppugnant; manet illa, suoque est pondere tuta. Digrediuntur paululum, rursumque concurrunt ad certamen. Erat cum pede pes junctus; toto pectore pronus Achelous, et digitos digitis, et frontem fronte premebat. Non aliter fortes videntur concurrere tauri, cum juvenca nitidissima pretium pugnæ expetitur ab illis per totum nemus. Spectant armenta, paventque, nescia utri futura sit victoria. Alcides ter nixus a se dimovere pectus amnis; quarto sese expedivit ab ejus amplexu, et solvit ejus brachia suo corpori affixa; impulsu manus illum amovit a se, tergoque toto pondere inhæsit. Tum Achelous visus est oppressus quasi monte humeris imposito; brachia diffluebant multo sudore. Alcides instat anhelanti, prohibetque resumere vires. Tandem tellus pressa est genibus flexis Acheloi, et infelix arenas ore momordit. Tum inferior viribus recurrit ad dolos : elabitur manibus Herculis mutatus in longum anguem, qui sinuavit corpus in orbes, et movit linguam bisulcam fero cum stridore. Tirynthius risit has artes. Labor fuit meus, inquit, ab ipsis cunis angues superare. O Acheloe, quota pars eris hydræ Lernææ ? Simul atque mei comites unum caput amputaverant, pro uno reciso gemina repullulabant. Hanc ego hydram domui, quamvis esset ramosa multitudine capitum, et semper cresceret vulneribus. O Acheloe, quid speras te facturum, tu qui versus es in fictum anguem ? His dictis, injecit summo collo digitos validiores vinculis ferreis. Achelous angebatur pene suffocatus, quasi gutture presso forcipibus, et enitebatur evellere fauces suas e pollicibus infestis. Adhuc restabat devicto flumini tertia forma tentanda, nempe tauri trucis. In taurum mutatus reluctatur. Tum Alcides injecit brachia torosa in armum lævum ; trabit taurum ruentem, et figit humo cornua dura; tandem alta arena eum sternit. Dum tenebat manu feroci rigidum cornu, illud infregit, et a fronte trunca revellit. Naiades illum refertum pomis et odoro flore sacraverunt copiæ gratissimo numini.

VI.

Fontanus ad dominam Montespanam[1].

Fabularum adinventio numinis donum fuit; cui id debetur, debentur et aræ : singuli quotquot sumus hujus artis auctorem ut deum colamus. O illecebræ captant aures, animam rapiunt suspensam : narratione simplici pectus ingeniumque agunt ad arbitrium! O Olympa, fabulæ similis! si quondam deorum mensis meæ accubuit musa, hæc dona benignis oculis aspice, et jocos quibus indulsi genio gratos habeas velim. Tempus, quod cuncta atterit, in hoc opusculo, tuo parcet nomini; sic annorum injuria superior evadam. Quicumque sibi ipsi superstes esse velit scriptor, tua petat suffragia. Tu meis carminibus pretium dices; nec est in ullo dicendi genere lepos vel tenuis mica salis quæ te lateat: tu veneres gratiasque decentes nosti : blanda vox, vultus ipse silens pectora demulcet. O quam lubens musa fusius hæc grata diceret! At melioribus hæc reservantur ingeniis; nobilioris musæ laus te manet. Sat mihi dummodo extremum opus tuo muniatur nomine. Ergo fave libello quo redivivum me futurum spero quondam. Te favente, hæc carmina toto orbe passim legenda sunt. Nec tantum munus ego unquam commerui; at id postulat ipsa fabula. Scis quanta gratia polleat mendacium : si tibi hic arriserit, pro merito templum ponam. Sed erravi : templa uni tibi ponere decet.

VII.

Animalia peste laborantia[1].

Malum terrificum, malum a numine excogitatum, ut mortalium scelera ulcisceretur, lues (namque suo nomine dicenda est) lues quæ intra unam diem Acheronta ditasset, grassabatur in animalia. Omnia morbo correpta : non omnia occidebant. Nulla remedia dabant operam, ut animam ægram et languidam reficerent. Nullus cibus gratum elaborabat saporem. Nec lupus, nec vulpes dulci prædæ insidiabantur. Turtures sibi invicem erant terriculæ : nusquam amor; ergo nusquam blanda gaudia. Leo, concione habita, dixit : Deos iratos credo hoc exitium immisisse terris, ut scelerum pœnas demus. Qui plus nostrum peccavit, numinis iræ sese devoveat. Forsan hoc piaculo cæteri convalescent. Atqui historia monet eo in casu hujusmodi piacula felicem exitum habuisse. Ergo ne nobismet adulemur, atque ut severe scrutemur quidquid vitii pectori inest. Ego pro me dicam. Aliquando, voraci indulgens appetentiæ, vervecum copiam discerpsi. Quid in me peccaverant? nil prorsus. Quin et ipsum pastorem voravi. Siquidem res id postulat ut me devoveam, præsto sum. At cæteri sua vice peccata dicant; namque jure merito scelestior pœnas dabit. O domine, inquit vulpes, benignus es præterquam quod decet. Scrupulosius religione tuus animus angitur. Vili ovium plebecula vesci ; quid in hoc peccasti? Atqui vorando dignatus es greges insigni honore. Pastor

[1] LA FONT., *Prolog.* du liv. VII.

[1] LA FONT., liv. VII, fable 1.

vero haud dubie nil pertulit immeritus, cum fuerit unusc tyrannis qui in animalia iniquo potiuntur imperio. His dictis applaudunt assentatores. Nemo ausus est perscrutari graviora ursorum, tigridum, cæterarumque ferarum scelera. Quisquis ad rixas promptior, etiam canes, coronæ judicum visi sunt sancti et innocui. Tandem sic ait asinus : Ad oram prati monachorum dum errarem olim, fame, occasione data, tenero gramine, ipso suadente diabolo, ut memini, ad linguæ mensuram, herbam totondi; atqui id injuria, ut verum loquar. Continuo omnes exclamant : Tollatur asinus! Lupus veterator nec illiteratus, concione probavit diris devovendum impurum animal, depile et scabie exesum, ex quofons omnium malorum. Levissima noxa habita est summum nefas. Alienam herbam carpere; proh! scelus horrendum, dignumpœnâ capitali! nec impune evasit miser. Prout in secunda aut in adversa fortuna versaris, coram judice purgaberis, aut evictus mulctaberis asperrime.

VIII.

Carruca et musca [1].

Clivoso in itinere, arenis resperso, atque salebroso, undique soli ferventi objecto, sex equi acres carrucam trahebant. Mulieres, monachi, senes descenderant. Exsudant, anhelant, fatiscunt equi. Advolat musca, bombo sperans equos concitare. Hunc, illum pungit, creditque machinam ingentem suis impelli viribus. Medio in temone, aurigæ naso insidet. Dum carrucam incedentem, viatoresque sequentes spectat, id sibi laudi apponit. Ergo it, redit, ardelionum more. Crederes tribunum militum, qui huc illuc agit singulos ordines in prælium, et victoriam maturat. Musca queritur se unam communi negotio operam dare; præter se neminem stimulare equos ad iniquum superandum iter. Monachus officium recitabat, alieniore quidem tempore. Mulier canebat; scilicet is erat cantilenis locus! Sic murmurabat singulorum auribus inepta musca. Carruca tandem multis exhaustis laboribus clivum superat. Continuo musca : Nunc, ait, reficiamus halitum; mea industria devenimus in hanc planitiem. O equi! referte gratiam; solvite præmium. Ita complures affectant anxium vitæ genus, ac negotiis sese obtrudunt; ubique ut necessarii accersiri volunt : quanto satius arcendi forent !

[1] Liv. VII, fab. IX.

IX.

Mulier et vas lacteum [1].

Tenui cum culcita capiti impositum, vas fictile lacte plenum Petronilla urbem deferebat, sperans se facturam iter absque ullo casu. Levis et alte succincta properabat, una tantum induta veste, calceisque humilibus sibi aptatis. Rustica sic præcincta jam secum cogitabat lactis pretium; pecuniam locatam, centum ova emenda, triplicemque gallinam incubantem ovis. Sua industria rem facere proxime certa erat. Facile est, inquit, in propatulo domus enutrire pullos gallinaceos; nec vulpes dolosa ita depopulabitur, ut pretio pullorum porcum alere nequeam; furfuris paululum porcum saginabit. Atqui jam adultus et pinguis erat, quando illum emi. Pro mercando redibunt nummi. Quid obstat quominus nostra in stabula deducam bovem fœtam cum vitulo? nec enim hos pluris faciunt. Eum exsultim ludentem spectabo. Ipsa Petronilla ludibunda exsultat : continuo lac effunditur; simul evanescunt vitulus, juvenca, sus, pulli. Misera mœstis oculis spectans gazam disperditam, ne det pœnas culpæ, excusationibus sponsum exorare nititur. Hinc fabula ab histrionibus acta in theatris, cui nomen *Vas lacteum*. Quis mente non aberrat? quis chimæras non sibi fingit? Picrocholus, Pyrrhus, rustica nostra, denique omnes, cordati et insani promiscue vigilando somniant. Nil dulcius quidquam; gratum delirium animam rapit. Tum omnia nostra, dignitates summæ, venustæque mulieres. Ubi solus otior, fortissimos ad pugnam provoco. Aberrare libet; regem Persarum disturbo e solio; rex ipse deligor charus populis; diademata meo capiti accumulantur. Si vero, nescio quo casu, ad me ipsum redire cogar, uti antea Joannes servulus resto.

X.

Quercus et arundo [2].

Arundini dixit olim quercus : Merito naturam culpas; namque te gravat trochilus. Aura vix balatu tenui rugans æquora tuum in ima demittit caput. At contra mea frons, Caucaso similis, non tantum radiis solis est impervia, sed etiam procellis insultat. Tibi Boreas, aura; mihi Zephyrus ventus omnis. Saltem mea protectus umbra si cresceres, tibi minus incommodi esset a tempestatibus. At sæpius humido in littore Æolici regni nasceris. Noverca erga te mihi natura videtur. Bonæ es in-

[1] Liv. VII, fab. X.
[2] Liv. I, fab. XXII.

dolis, qui sic meam miserearis sortem, inquit arbuscula. Verum pone curas. Venti tibi plus quam mihi nocent. Flector, nec rumpor. Hucusque immotus obstitisti; sed expecta finem. Dum hæc dicebat, furenti impetu sæviit filius acerbior quem peperit unquam septentrio. Rigida stat arbor; lenta flectitur arundo. Ventus obice vehementior tandem eradicat superbam arborem, quæ cacumine cœlum, radice Tartara pertingit.

XI.

Leo et culex [1].

O vile et excrementitium insectum, abi: sic culicem leo increpabat olim. Attamen bellum movit culex. Credisne, inquit, me vereri regiam in te dignitatem? Bos te superat viribus; at qui illum ago quocumque libet. Vix dixerat, cum signo dato vagatur campis apertis. Mox opportune involat in collum leonis, quem dire vexat. Quadrupes spumat; ignei scintillant oculi; rugitus horrendos edit. Vicini pavere; latitare incipiunt; tantusque omnium pavor oritur a culice. Abortivum muscæ undequaque regem ferarum cruciat. Modo dorsum, modo nares pungit, modo nares penetrat imas. Tum rabies sine modo æstuat. Subtilis hostis dentes unguesque feræ in ipsum sævientes deridet. Infelix totum se dilaniat; cauda non sine gravi sonitu ilia concutit; falsis sæpe ictibus aerem verberat. Tandem defatigatus et defectus viribus jacet. Insectum parta victoria, et signo rursus dato, ad castra se recipit ovans, et jactans gloriam tropæi. Iter faciens incidit in araneæ telam, et illic perit. Quæ fabula nos docet accipe duo: primum, tenuis hostis magno infensior; secundum, qui horrenda evasit pericula, minori succumbit.

XII.

Mus urbanus et mus rusticus [2].

Mus urbanus rusticum murem ad epularum reliquias edendas officiose olim invitavit. Pro mensa invenit tapetem stratum. Conjice quantum una græcati sunt. Splendidum fuit convivium: at dum incumbunt dapibus, molestus ad fores strepitus omnia perturbat. Aufugit urbanus; rusticus sequitur. Cessante tumultu, redit uterque. Tum urbanus: Assa exedere nunc licet. Jam satis est, inquit rusticus. Cras pauperem cavum subeas velim. Regios non affecto apparatus; sed vacat animus, et liber metu comedo. Voluptates metui obnoxias fastidio. Vale.

[1] Liv. II, fab. IX. [2] Liv. I, fab. IX.

XIII.

Mus eremita [1].

Orientalium historia narrat quemdam murem civilibus curis defessum, procul a tumultu in cavum casei Hollandici secessisse. Late silebat regio deserta. Novus eremita hinc inde grassans facilem victum comparabat. Dente ac pede potitus est cibis tectoque. Quid ultra opus est? Pinguescit brevi. Deus sibi devotis bona largitur quamplurima. Aliquando legati murinæ gentis adierunt pium eximiumque fratrem, ut saltem vel exiguam eleemosynam erogaret. Peregre profecti erant ad regiones longinquas, adversus felinum genus opem oraturi. Namque Ratapolis urgebatur ab hoste, libero commeatu carens. Absque viatico proficisci coacti fuerant, præ summa reipublicæ profligatæ inopia. Modico contenti fuissent auxilio; certum enim erat subsidium intra quatuor aut ad summum quinque dies adventurum. O amici, inquit severus eremita, quid me tangunt hujus mundi curæ? Quid vestræ calamitati opitulari potest solitarius? Unis precibus numinis opem vobis demereri jam mihi superest; vobis affuturum spero. His dictis, januam clausit. Hoc mure immisericorde quemnam putas me designasse? monachum? Minime; at dervidem. Monachum semper fratribus beneficum, et charitate promptum pie credo.

XIV.

Rodilardus [2].

Felis, nomine Rodilardus, tantam murium stragem fecit, ut genus deficere jam videretur. Rari superstites e cavis prodire usquam ausi, fame conficiebantur. Rodilardus vero miseris habebatur non felis, sed furia. Dum aliquando procul et summis in tectis domus ipse feminem peteret, habuere comitia sua mures, ut rebus afflictis consulerent. Senior gravis et peritus censuit quamprimum alligandum esse tintinnabulum collo Rodilardi. Sic quoties moveret bellum, ipsos rei gnaros se recepturos in latebras. Hoc unum se nosse perfugium tantis in angustiis. Huic sententiæ omnes accedunt plauduntque: nil utilius visum est. At tintinnabulum alligare, hoc opus, hic labor est. Absit ut demens id audeam, inquit unus et alter; alio mihi eundem est. Sic rebus infectis solvuntur comitia. Heu! quot vidi collegia, non murium quidem, sed monachorum, sed clericorum, quæ sic incassum habentur! Senatoribus abundat curia,

[1] Liv. VII, fab. III. [2] Liv. II, fab. II.

si deliberatione; si facto opus est, cuncti aufugiunt.

XV.

Lupus et vulpes [1].

Lupus vulpem famosam furti accusabat. Simia delectus judex. Quisque pro se dixit : Nec memoriæ hominum proditum unquam fuit, Themidem causam magis intricatam præ manibus habuisse. Pro tribunali sedens judex insudabat operi. Postquam altercati sunt vehementius, discussa lite, judex ait : Novi vos jamdudum. Uterque mulctabitur, nec immerito : namque tu, lupe, de ficto damno quereris; tu, vulpes, veri argueris damni. Sic judex non timuit jura violare, absque formulis plectendo scelestos.

HISTORIÆ.

I.

Apollonius Tyanæus.

Sub finem vitæ Tiberii imperatoris, aut saltem Caligula jam imperium capessente, prodiit media in Antiochia famosus quidam planus, nomine Apollonius, quem apostolis et Christo ipso conferre ausi sunt gentiles. Natus est parentibus claris, et antiqua stirpe Tyanæ in Cappadocia. Præditus erat eleganti ingenio, memoria prompta, facundia in græce dicendo jucundissima, forma denique præstanti, adeo ut omnium in se oculos converteret. Anno ætatis decimo quarto, in Ciliciam, Tharsum a patre missus, rhetoricæ operam dedit. Mox vero philosophiæ studiosus, sectam Pythagoræ prætulit cæteris, cujus dogmata sexdecim tantum annos natus palam asseruit. Animalium carnes respuit utpote crassiores, et quæ tardius efficerent ingenium. Quapropter herbis et oleribus vesci solebat. Nec tamen vinum, a quo temperabat penitus, damnavit; sed ut tranquillitati mentis nocivum abjecit. Nudis pedibus absque sandaliis incedebat, lineisque vestibus indutus, ne animalium spoliis abuteretur. Comam promissam nutriebat, et in æde Æsculapii commorabatur, simulans hunc deum se fovere ut suum alumnum, juvenisque gratia ægrotos sanare. Hinc factum est ut undique ad illum minus valentes convenirent. Ita opes sprevit, ut fratri natu majori facultatum dimidiam partem, reliquis vera propinquis alteram cesserit.

[1] Liv. I, fab. III.

Tum inops cœlibem vitam agressus est, nec tamen flagitii occulti suspicionem declinavit omnino. Per quinquennium siluit, et peragravit Pamphiliæ atque Ciliciæ fines. Tanta erat auctoritate apud populos, ut solo aspectu tumultus civiles sedaret, gestu et litteris quam paucissimis, quid sentiret significans. Postquam ita siluisset, Antiochiam commigravit. Ibi affirmative omnia edocebat. *Certissime*, inquiebat, *novi;* aut, *Scitote*, aut, *Liquido constat. Non quæro verum aliorum philosophorum more. Quæsivi olim adolescens; nunc tempus est edocendi.* His artibus, rudes sibi conciliabat animos. Mox iter incœpit ut inviseret brachmanes Indorum, et ex itinere magos Persidis. Ninive quidam nomine Damis ei ut magistro adhæsit, eumque secutus gesta magistri diligentissime conscripsit. Quod ex eis superest, a philosopho Philostrato ducentis post annis collectum accepimus. Quisquis ad aperturam libri inspexerit, sane intelliget quam fabulosa hæc sint, nec digna quæ comparentur Evangelio.

II.

Nostradamus.

Nostradamus, Salonæ in provincia natus, suadente avo materno, astrologiæ inani studio deceptus est. Adolescens, in academiis Monspeliensi, Tolosensi et Burdigalensi, medicæ arti operam dedit. In patriam reversus, *Centurias* in lucem edidit anno 1555, quarum laus ita increbuit, ut rex Henricus II, tantum mathematicum a comite Tendensi ad se mittendum jusserit. Illum muneribus donatum misit Blesiam, ut puerorum regiorum futuros eventus ex siderum ac natalitiorum inspectione præsagiret. Aliquanto post, Carolus IX, provinciam perlustrans, Nostradamum benigne exceptum donisque auctum clariorem effecit. Anno ætatis sexagesimo secundo, mortem obiit. Eruditio fuit modica, maxima ostentatio. Immeritus passim laudatur auctor ille planus, qui multa ænigmatice, absque ordine locorum, temporum, aut hominum congerens, leves hominum mentes delusit. Casu quædam ambigua et vaga certis eventibus adaptantur, maxime adjuvante hominum industria, qui fabulis oblectari volunt.

III.

Cardinalis Odetus Colignæus.

Odetus Colignæus, Gaspardi classium præfecti frater natu minor, summo cum studio magistrorum in liberalibus disciplinis et humanioribus litteris institutus, in spem Ecclesiæ, cujus ministerio dicatus fuerat, adolevit. Ingenium perspicax et facetum, facies hilaris et venusta, facilitas morum pergrata omnibus. Quisquis eruditus cum fautorem habuit. Clemens VII, in colloquio Massiliensi cum Francisco rege, adolescentem in cardinalium collegium cooptavit. Verum præclarus adolescens, fratri Gaspardo, quem Calvinus suis erroribus imbuerat, plus justo obsequens, a recto tramite deflexit. Ita in hæresim lapsus, suæ sectæ tuendæ operam navavit. A Pio IV purpura privatus, uxorem duxit, ovantibus hæreticis, quod cardinalis, cœlibatu spreto, nuptias præposuisset. In Anglia exulans a patria obiit anno 1571, dignus certe meliore fato, si Ecclesiam catholicam non deseruisset. Conjux, ut pacta matrimonialia sibi solverentur, sponsi propinquis in jus vocatis, causa excidit.

IV.
Jacobus Albonius*.

Jacobus Albonius, ex antiquo, ut aiunt, comitum in Delphinatu genere, patrem habuit N., qui Lugdunensi provinciæ præfuit. Adolescens, Henrico Aurelianensi duci gratus et charus, insigni apud eum regem factum gratia floruit. Domi mollis, iners, libidini sine modo obtemperans, fastu regali equorum servorumque numero, splendido ornatu, pretiosissimis aulæis, victus munditie lautisque dapibus præ cæteris enituit. Militiæ peritiam ac fortitudinem singularem demonstravit, ita ut Luculli aut Demetrii Poliorcetis mores referret, sibi ipsi pro locis ac temporibus valde dissimilis. In Italiæ bello laudem satis amplam adeptus, in Rentiaco prælio marescalli Franciæ quem vita functus Biezius reliquerat locum meruit. Paulo post, San-Quintini acensi infelici pugna captus, ad pacem componendam regem inter et imperatorem ad suum commodum operam dedit. Verum Henrici morte in luctuosissimos tumultus Gallia præceps ruit. Tum Albonius fœdere cum rege Navarræ ac duce Guisio inito, etiam invita regina, unus e triumviris qui patriæ ac religioni tuendæ consulerent, subito evasit. Nec mora, in conflictu Drocensi, acie catholicorum jam inclinata, jam fusis equitum turmis, quæ Montmorentium circumsteterant, Montmorentius ipse captus erat. Perduelles hæretici victoria gaudebant, nisi Albonius cum duce Guisio, qui semper fuit alter ab illo, aciem restituisset. Tum, vice versa, profligati hostes, et Condæus ipse captus ad triumphum.

* Vulgo *le maréchal de Saint-André* : periit anno 1562.
(*Édit.*)

Verum Albonius, sub finem pugnæ, acrius et inconsultius in manum hostium impetu facto, solus instanti agmini obstitit; tum nobilis quidam, cujus bona publicata Albonius suis adjunxerat, telo contorto marescallum interemit.

V.
Origo pompæ solennis apud Valencenas quotannis agitatæ.

Hæc fuit institutio pompæ, quam Valencenenses quotannis agitant. Anno Domini millesimo octavo, exitiosa lues ita grassabatur, ut totum pene hominum genus demeteret. Corruit acervatim miserabile vulgus. Una pereunt optimates immatura morte; rapiuntur juvenes animosi et innuptæ puellæ. Deiparæ Virginis ædem exterriti cives adeunt, eamque donis ac votis lacessunt. Nec mora, funiculus mystice innexus e cœlo sensim delabens, trans mœnia urbis splendenti tramite circulum describit. Intra hunc circulum, subito convalescunt ægri, et sospitantur omnes. Miraculo permoti cives, qua funiculus ille salubris per agros mœnia cinxerat, hanc pompam duci voluerunt. Hæc religio, posteris tradita, etiamnum viget; hinc frequens populorum Belgii concursus. Festa fronde et floribus odoratis viæ sternuntur; aulæis decorantur domorum limina. Primo longoque ordine procedunt viginti quatuor artificiorum sodalia, quorum vexilla volitant; subsequuntur confraternitates variæ, quarum vestigiis inhærent monachi diversorum ordinum, veste et colore distincti. Proxime eminent capsæ circiter centum viginti, quibus sanctorum reliquiæ, sacra pignora, conduntur; aliæ aureæ, aliæ argenteæ, quas magistratus toga induti, nudis pedibus, obstipo capite, humeris suppositis gestant. Extremo ordine, clerus hymnos pro more decantat. Antecedit præsulem insignem infulis, cui assistunt quinque abbates, mitra et pastorali baculo conspicui. Hinc et inde densissima irruentium hominum agmina; flexi poplites, oculi in cœlum sublati, manus junctæ, vultus hilares, ora benedictionibus præsulis inhiant. E fenestris prodeunt capita pendula, quæ deorsum avidis oculis pompam depascuntur; scilicet alacres pueri, nitidæ virgines, venerandæ matresfamilias, patres longævi, quibus canities decor et dignitas. Ubi pompa trans mœnia in campum apertum devenit, præsul tentorio carbasino protectus, et sedens cum presbyterio, monachum concionantem per horam audit. Postquam cucullatus fuse perorasset, pompa omnis ante profectionem jam abunde epulata, ne in itinere faciendo deficeret, iterum convivari cœpit. Abbates ipsi, mitra, cappa, sandaliis et chirothecis auro pictis ornati, genio indulgent; vina læti coronant, scyphos collidunt, epotant crateres; præsuli sibique invicem propinant : emicat genialis æmulatio. Quibus studiose peractis, omnes ordines, exceptis præsule et abbatibus, per agros extra suburbium, duarum leucarum spatio iter fecere. Concentu pio valles quas Scaldis interluit collesque insonant. Redeunti turbæ, illudunt variæ monstrorum formæ. Hac prosiliunt dæmones cornuti, et villis horridis ferina membra imitantes; illac miratur vulgus draconem squamiferum atque ignivomum, cui pedibus insultat victor Michael. Complures angeli et sancti, huc et illuc passim concursant. Beata Virgo asino vecta, puerum Jesum ulnis complectens, petit Ægyptum, sponsusque pone sequens jumentum agit. Hæc inter pia et ludicra ædem Deiparæ, unde processerant, ovantes subeunt. Pulsantur campanæ; tympana concita astra feriunt. Exstruuntur mensæ in atriis præfecti; apponuntur dapes opiparæ; instaurantur læta pergræcantium certamina. Hic est ritus solennis quo Valencenæ urbs beata salutem olim sibi cœlitus concessam grato animo commemorat.

VI.

In Fontani mortem.

Heu! fuit vir ille facetus, Æsopus alter, nugarum laude Phædro superior, per quem brutæ animantes, vocales factæ, humanum genus edocuere sapientiam. Heu! Fontanus interiit. Proh dolor! interiere simul Joci dicaces, lascivi Risus, Gratiæ decentes, doctæ Camenæ. Lugete, ô quibus cordi est ingenuus lepos, natura nuda et simplex, incompta et sine fuco elegantia! Illi, illi uni per omnes doctos licuit esse negligentem. Politiori stylo quantum præstitit aurea negligentia! Tam charo capiti quantum debetur desiderium! Lugete, Musarum alumni. Vivunt tamen, æternumque vivent carmini jocoso commissæ veneres, dulces nugæ, sales attici, suadela blanda atque parabilis; neque Fontanum recentioribus juxta temporum seriem, sed antiquis, ob amœnitates ingenii adscribimus. Tu vero, lector, si fidem deneges, codicem aperi. Quid sentis? Ludit Anacreon. Sive vacuus, sive quid uritur Flaccus, hic fidibus canit. Mores hominum atque ingenia fabulis Terentius ad vivum depingit; Maronis molle et facetum spirat hoc in opusculo. Heu! quandonam mercuriales viri quadrupedum facundiam æquiparabunt.

VII.

Fenelonii ad serenissimum Burgundiæ Ducem Epistola.

Quam eleganter latine scriptites, dulcissime princeps, a Floro nostro teste locuplete, mihi renuntiatum est. Nihil mihi sane jucundius unquam hoc nuntio fuit : cui quidem eo lubentius fidem adhibui, quod pergratum mihi fuerit ac verisimile. Totis oculis, toto pectore hausi, quod animum tuæ laudis cupidum explet. Quare age, o amantissime Musarum alumne; macte virtute; Parnassi juga conscende : tibi Phœbi chorus omnis assurget. Antequam aulæ repetendæ mihi sit copia, te grammaticæ ambagibus ac spinis extricatum vellem; eo collimant vota omnia. Interim litterario munusculo te donem sinas; dialogus est Francisci primi et Caroli quinti : quem si perlegere te non tædet, non insulsum intellexero. Redde, quæso, vices. Quantulacumque charta, quæ Terentii sales, Ciceronisve facetum dicendi genus sapiat, me totumque Belgium incredibili voluptate afficiet. Vale.

DIALOGUES
SUR L'ÉLOQUENCE.

PREMIER DIALOGUE[*].

Contre l'affectation du bel esprit dans les sermons. Le but de l'éloquence est d'instruire les hommes, et de les rendre meilleurs : l'orateur n'atteindra pas ce but, s'il n'est désintéressé.

A. Eh bien! monsieur, vous venez donc d'entendre le sermon où vous vouliez me mener tantôt? Pour moi, je me suis contenté du prédicateur de notre paroisse.

B. Je suis charmé du mien; vous avez bien perdu, monsieur, de n'y être pas. J'ai arrêté une place, pour ne manquer aucun sermon du carême. C'est un homme admirable : si vous l'aviez une fois entendu, il vous dégoûteroit de tous les autres.

A. Je me garderai donc bien de l'aller entendre, car je ne veux point qu'un prédicateur me dégoûte des autres; au contraire, je cherche un homme qui me donne un tel goût et une telle estime pour la parole de Dieu, que j'en sois plus disposé à l'écouter partout ailleurs. Mais puisque j'ai tant perdu, et que vous êtes plein de ce beau sermon, vous pouvez, monsieur, me dédommager : de grace, dites-nous quelque chose de ce que vous avez retenu.

B. Je défigurerois ce sermon par mon récit : ce sont cent beautés qui échappent; il faudroit être le prédicateur même pour vous dire....

A. Mais encore? Son dessein, ses preuves, sa morale, les principales vérités qui ont fait le corps de son discours? Ne vous reste-t-il rien dans l'esprit? est-ce que vous n'étiez pas attentif?

B. Pardonnez-moi, jamais je ne l'ai été davantage.

C. Quoi donc! vous voulez vous faire prier?

B. Non; mais c'est que ce sont des pensées si délicates, et qui dépendent tellement du tour et de la finesse de l'expression, qu'après avoir charmé dans le moment, elles ne se retrouvent pas aisément dans la suite. Quand même vous les retrouveriez, dites-les dans d'autres termes, ce n'est

[*] Les interlocuteurs sont désignés par les lettres A, B, C.

plus la même chose, elles perdent leur grace et leur force.

A. Ce sont donc, monsieur, des beautés bien fragiles; en les voulant toucher on les fait disparoître. J'aimerois bien mieux un discours qui eût plus de corps et moins d'esprit; il feroit une forte impression, on retiendroit mieux les choses. Pourquoi parle-t-on, sinon pour persuader, pour instruire, et pour faire en sorte que l'auditeur retienne?

C. Vous voilà, monsieur, engagé à parler.

B. Eh bien! disons donc ce que j'ai retenu. Voici le texte : *Cinerem tanquam panem manducabam*, « Je mangeois la cendre comme mon pain. » Peut-on trouver un texte plus ingénieux pour le jour des Cendres? Il a montré que, selon ce passage, la cendre doit être aujourd'hui la nourriture de nos ames; puis il a enchâssé dans son avant-propos, le plus agréablement du monde, l'histoire d'Artémise sur les cendres de son époux. Sa chute à son *Ave Maria* a été pleine d'art. Sa division étoit heureuse; vous en jugerez. Cette cendre, dit-il, quoiqu'elle soit un signe de pénitence, est un principe de félicité; quoiqu'elle semble nous humilier, elle est une source de gloire; quoiqu'elle représente la mort, elle est un remède qui donne l'immortalité. Il a repris cette division en plusieurs manières, et chaque fois il donnoit un nouveau lustre à ses antithèses. Le reste du discours n'étoit ni moins poli, ni moins brillant : la diction étoit pure, les pensées nouvelles, les périodes nombreuses; chacune finissoit par quelque trait surprenant. Il nous a fait des peintures morales où chacun se trouvoit : il a fait une anatomie des passions du cœur humain, qui égale les maximes de M. de La Rochefoucauld. Enfin, selon moi, c'étoit un ouvrage achevé. Mais vous, monsieur, qu'en pensez-vous?

A. Je crains de vous parler sur ce sermon, et de vous ôter l'estime que vous en avez : on doit respecter la parole de Dieu, profiter de toutes les vérités qu'un prédicateur a expliquées, et éviter l'esprit de critique, de peur d'affoiblir l'autorité du ministère.

B. Non, monsieur, ne craignez rien. Ce n'est point par curiosité que je vous questionne : j'ai besoin d'avoir là-dessus de bonnes idées ; je veux m'instruire solidement, non-seulement pour mes besoins, mais encore pour ceux d'autrui, car ma profession m'engage à prêcher. Parlez-moi donc sans réserve, et ne craignez ni de me contredire, ni de me scandaliser.

A. Vous le voulez, il faut vous obéir. Sur votre rapport même, je conclus que c'étoit un méchant sermon.

B. Comment cela ?

A. Vous l'allez voir. Un sermon où les applications de l'Écriture sont fausses, où une histoire profane est rapportée d'une manière froide et puérile, où l'on voit régner partout une vaine affectation de bel-esprit, est-il bon ?

B. Non, sans doute : mais le sermon que je vous rapporte ne me semble point de ce caractère.

A. Attendez, vous conviendrez de ce que je dis. Quand le prédicateur a choisi pour texte ces paroles, *Je mangeois la cendre comme mon pain*, devoit-il se contenter de trouver un rapport de mots entre ce texte et la cérémonie d'aujourd'hui ? Ne devoit-il pas commencer par entendre le vrai sens de son texte, avant que de l'appliquer au sujet ?

B. Oui, sans doute.

A. Ne falloit-il donc pas reprendre les choses de plus haut, et tâcher d'entrer dans toute la suite du psaume ? N'étoit-il pas juste d'examiner si l'interprétation dont il s'agissoit étoit contraire au sens véritable, avant que de la donner au peuple comme la parole de Dieu ?

B. Cela est vrai : mais en quoi peut-elle y être contraire ?

A. David, ou quel que soit l'auteur du psaume CI, parle de ses malheurs en cet endroit. Il dit que ses ennemis lui insultoient cruellement, le voyant dans la poussière, abattu à leurs pieds, réduit (c'est ici une expression poétique) à se nourrir d'un pain de cendres et d'une eau mêlée de larmes. Quel rapport des plaintes de David, renversé de son trône et persécuté par son fils Absalon, avec l'humiliation d'un chrétien qui se met des cendres sur le front pour penser à la mort, et pour se détacher des plaisirs du monde ?

N'y avoit-il point d'autre texte à prendre dans l'Écriture ? Jésus-Christ, les apôtres, les prophètes, n'ont-ils jamais parlé de la mort et de la cendre du tombeau, à laquelle Dieu réduit notre vanité ? Les Écritures ne sont-elles pas pleines de mille figures touchantes sur cette vérité ? Les paroles mêmes de la Genèse, si propres, si naturelles à cette cérémonie, et choisies par l'Église même, ne seront-elles donc pas dignes du choix d'un prédicateur ? Appréhendera-t-il, par une fausse délicatesse, de redire souvent un texte que le Saint-Esprit et l'Église ont voulu répéter sans cesse tous les ans ? Pourquoi donc laisser cet endroit, et tant d'autres de l'Écriture, qui conviennent, pour en chercher un qui ne convient pas ? C'est un goût dépravé, une passion aveugle, de dire quelque chose de nouveau.

B. Vous vous échauffez trop, monsieur ; est vrai que ce texte n'est point conforme au sens littéral.

C. Pour moi, je veux savoir si les choses sont vraies, avant que de les trouver belles. Mais le reste ?

A. Le reste du sermon est du même genre que le texte. Ne le voyez-vous pas, monsieur ? À quel propos faire l'agréable dans un sujet si effrayant, et amuser l'auditeur par le récit profane de la douleur d'Artémise, lorsqu'il faudroit tonner, et ne donner que des images terribles de la mort ?

B. Je vous entends, vous n'aimez pas les traits d'esprit. Mais, sans cet agrément, que deviendroit l'éloquence ? Voulez-vous réduire tous les prédicateurs à la simplicité des missionnaires ? Il en faut pour le peuple ; mais les honnêtes gens ont les oreilles plus délicates, et il est nécessaire de s'accommoder à leur goût.

A. Vous me menez ailleurs : je voulois achever de vous montrer combien ce sermon est mal conçu ; il ne me restoit qu'à parler de la division : mais je crois que vous comprenez assez vous-même ce qui me la fait désapprouver. C'est un homme qui donne trois points pour sujet de tout son discours. Quand on divise, il faut diviser simplement, naturellement : il faut que ce soit une division qui se trouve toute faite dans le sujet même ; une division qui éclaircisse, qui range les matières, qui se retienne aisément, et qui aide à retenir tout le reste ; enfin, une division qui fasse voir la grandeur du sujet et de ses parties. Tout au contraire, vous voyez ici un homme qui entreprend d'abord de vous éblouir, qui vous débite trois épigrammes ou trois énigmes, qui les tourne et retourne avec subtilité ; vous croyez voir des tours de passe-passe. Est-ce là un air sérieux et grave, propre à vous faire espérer quelque chose d'utile et d'important ? Mais revenons à ce que vous disiez : vous demandez si je veux donc bannir l'éloquence de la chaire ?

B. Oui; il me semble que vous allez là.

A. Ha! voyons : qu'est-ce que l'éloquence?

B. C'est l'art de bien parler.

A. Cet art n'a-t-il point d'autre but que celui de bien parler? les hommes en parlant n'ont-ils point quelque dessein? parle-t-on pour parler?

B. Non; on parle pour plaire et pour persuader.

A. Distinguons, s'il vous plaît, monsieur, soigneusement ces deux choses : on parle pour persuader, cela est constant; on parle aussi pour plaire, cela n'arrive que trop souvent. Mais quand on tâche de plaire, on a un autre but plus éloigné qui est néanmoins le principal. L'homme de bien ne cherche à plaire que pour inspirer la justice et les autres vertus en les rendant aimables; celui qui cherche son intérêt, sa réputation, sa fortune, ne songe à plaire que pour gagner l'inclination et l'estime des gens qui peuvent contenter son avarice ou son ambition : ainsi cela même se réduit encore à une manière de persuasion que l'orateur cherche; il veut plaire pour flatter, et il flatte pour persuader ce qui convient à son intérêt.

B. Enfin vous ne pouvez disconvenir que les hommes ne parlent souvent que pour plaire. Les orateurs païens ont eu ce but. Il est aisé de voir dans les discours de Cicéron qu'il travailloit pour sa réputation : qui ne croira la même chose d'Isocrate et de Démosthène?

Tous les anciens panégyristes songeoient moins à faire admirer leurs héros, qu'à se faire admirer eux-mêmes; ils ne cherchoient la gloire d'un prince qu'à cause de celle qui leur devoit revenir à eux-mêmes pour l'avoir bien loué. De tout temps cette ambition a semblé permise chez les Grecs et chez les Romains : par cette émulation, l'éloquence se perfectionnoit, les esprits s'élevoient à de hautes pensées et à de grands sentiments; par-là on voyoit fleurir les anciennes républiques : le spectacle que donnoit l'éloquence, et le pouvoir qu'elle avoit sur les peuples, la rendirent admirable, et ont poli merveilleusement les esprits. Je ne vois pas pourquoi on blâmeroit cette émulation, même dans des orateurs chrétiens, pourvu qu'il ne parût dans leurs discours aucune affectation indécente, et qu'ils n'affoiblissent en rien la morale évangélique. Il ne faut point blâmer une chose qui anime les jeunes gens, et qui forme les grands prédicateurs.

A. Voilà bien des choses, monsieur, que vous mettez ensemble : démêlons-les, s'il vous plaît, et voyons avec ordre ce qu'il en faut conclure; surtout évitons l'esprit de dispute; examinons cette matière paisiblement, en gens qui ne craignent que l'erreur; et mettons tout l'honneur à nous dédire dès que nous apercevons que nous serons trompés.

B. Je suis dans cette disposition, ou du moins je crois y être; et vous me ferez plaisir de m'avertir si vous voyez que je m'écarte de cette règle.

A. Ne parlons point d'abord des prédicateurs, ils viendront en leur temps : commençons par les orateurs profanes, dont vous avez cité ici l'exemple. Vous avez mis Démosthène avec Isocrate; en cela vous avez fait tort au premier : le second est un froid orateur, qui n'a songé qu'à polir ses pensées, et qu'à donner de l'harmonie à ses paroles; il n'a eu qu'une idée basse de l'éloquence, et il l'a presque toute mise dans l'arrangement des mots. Un homme qui a employé selon les uns dix ans, et selon les autres quinze, à ajuster les périodes de son Panégyrique, qui est un discours sur les besoins de la Grèce, étoit d'un secours bien foible et bien lent pour la république contre les entreprises du roi de Perse. Démosthène parloit bien autrement contre Philippe. Vous pouvez voir la comparaison que Denys d'Halicarnasse fait des deux orateurs, et les défauts essentiels qu'il remarque dans Isocrate. On ne voit dans celui-ci que des discours fleuris et efféminés, que des périodes faites avec un travail infini, pour amuser l'oreille; pendant que Démosthène émeut, échauffe et entraîne les cœurs : il est trop vivement touché des intérêts de sa patrie pour s'amuser à tous les jeux d'esprit d'Isocrate; c'est un raisonnement serré et pressant, ce sont des sentiments généreux d'une ame qui ne conçoit rien que de grand, c'est un discours qui croît et qui se fortifie à chaque parole par des raisons nouvelles, c'est un enchaînement de figures hardies et touchantes; vous ne sauriez le lire sans voir qu'il porte la république dans le fond de son cœur : c'est la nature qui parle elle-même dans ses transports; l'art est si achevé, qu'il n'y paroît point; rien n'égala jamais sa rapidité et sa véhémence. N'avez-vous pas vu ce qu'en dit Longin dans son *Traité du Sublime?*

B. Non : n'est-ce pas ce traité que M. Boileau a traduit? est-il beau?

A. Je ne crains pas de dire qu'il surpasse, à mon gré, la *Rhétorique* d'Aristote. Cette *Rhétorique,* quoique très belle, a beaucoup de préceptes secs, et plus curieux qu'utiles dans la pratique; ainsi elle sert bien plus à faire remarquer les règles de l'art à ceux qui sont déjà éloquents, qu'à inspirer l'éloquence et à former de vrais orateurs : mais le

Sublime de Longin joint aux préceptes beaucoup d'exemples qui les rendent sensibles. Cet auteur traite le sublime d'une manière sublime, comme le traducteur l'a remarqué ; il échauffe l'imagination, il élève l'esprit du lecteur, il lui forme le goût, et lui apprend à distinguer judicieusement le bien et le mal dans les orateurs célèbres de l'antiquité.

B. Quoi ! Longin est si admirable ! Hé ! ne vivoit-il pas du temps de l'empereur Aurélien et de Zénobie ?

A. Oui ; vous savez leur histoire.

B. Ce siècle n'étoit-il pas bien éloigné de la politesse des précédents ? Quoi ! vous voudriez qu'un auteur de ce temps-là eût le goût meilleur qu'Isocrate ? En vérité, je ne puis le croire.

A. J'en ai été surpris moi-même : mais vous n'avez qu'à le lire ; quoiqu'il fût d'un siècle fort gâté, il s'étoit formé sur les anciens, et il ne tient presque rien des défauts de son temps. Je dis presque rien, car il faut avouer qu'il s'applique plus à l'admirable qu'à l'utile ; et qu'il ne rapporte guère l'éloquence à la morale ; en cela il paroît n'avoir pas les vues solides qu'avoient les anciens Grecs, surtout les philosophes : encore même faut-il lui pardonner un défaut dans lequel Isocrate, quoique d'un meilleur siècle, lui est beaucoup inférieur ; surtout ce défaut est excusable dans un traité particulier, où il parle, non de ce qui instruit les hommes, mais de ce qui les frappe et qui les saisit. Je vous parle de cet auteur, parce qu'il vous servira beaucoup à comprendre ce que je veux dire : vous y verrez le portrait admirable qu'il fait de Démosthène, dont il rapporte des endroits très sublimes ; et vous y trouverez aussi ce que je vous ai dit des défauts d'Isocrate. Vous ne sauriez mieux faire, pour connoître ces deux auteurs, si vous ne voulez pas prendre la peine de les connoître par eux-mêmes en lisant leurs ouvrages. Laissons donc Isocrate, et revenons à Démosthène et à Cicéron.

B. Vous laissez Isocrate, parce qu'il ne vous convient pas.

A. Parlons donc encore d'Isocrate, puisque vous n'êtes pas persuadé ; jugeons de son éloquence par les règles de l'éloquence même, et par le sentiment du plus éloquent écrivain de l'antiquité : c'est Platon ; l'en croirez-vous, monsieur ?

B. Je le croirai s'il a raison ; je ne jure sur la parole d'aucun maître.

A. Souvenez-vous de cette règle, c'est ce que je demande : pourvu que vous ne vous laissiez point dominer par certains préjugés de notre temps, la raison vous persuadera bientôt. N'en croyez donc ni Isocrate ni Platon ; mais jugez de l'un et de l'autre par des principes clairs. Vous ne sauriez disconvenir que le but de l'éloquence ne soit de persuader la vérité et la vertu.

B. Je n'en conviens pas, c'est ce que je vous ai déjà nié.

A. C'est donc ce que je vais vous prouver. L'éloquence, si je ne me trompe, peut être prise en trois manières : 1º comme l'art de persuader la vérité, et de rendre les hommes meilleurs ; 2º comme un art indifférent, dont les méchants se peuvent servir aussi bien que les bons, et qui peut persuader l'erreur, l'injustice, autant que la justice et la vérité ; 3º enfin comme un art qui peut servir aux hommes intéressés à plaire, à s'acquérir de la réputation, et à faire fortune. Admettez une de ces trois manières.

B. Je les admets toutes ; qu'en concluez-vous ?

A. Attendez, la suite vous le montrera ; contentez-vous, pourvu que je ne vous dise rien que de clair, et que je vous mène à mon but. De ces trois manières d'éloquence, vous approuverez sans doute la première.

B. Oui, c'est la meilleure.

A. Et la seconde, qu'en pensez-vous ?

B. Je vous vois venir, vous voulez faire un sophisme. La seconde est blâmable par le mauvais usage que l'orateur y fait de l'éloquence pour persuader l'injustice et l'erreur. L'éloquence d'un méchant homme est bonne en elle-même ; mais la fin à laquelle il la rapporte est pernicieuse. Or, nous devons parler des règles de l'éloquence, et non de l'usage qu'il en faut faire ; ne quittons point, s'il vous plaît, ce qui fait notre véritable question.

A. Vous verrez que je ne m'en écarte pas, si vous voulez bien me continuer la grace de m'écouter. Vous blâmez donc la seconde manière ; et, pour ôter toute équivoque, vous blâmez ce second usage de l'éloquence.

B. Bon, vous parlez juste ; nous voilà pleinement d'accord.

A. Et le troisième usage de l'éloquence, qui est de chercher à plaire par des paroles, pour se faire par-là une réputation et une fortune, qu'en dites-vous ?

B. Vous savez déjà mon sentiment, je n'en ai point changé. Cet usage de l'éloquence me paroît honnête ; il excite l'émulation, et perfectionne les esprits.

A. En quel genre doit-on tâcher de perfectionner les esprits? Si vous aviez à former un état ou une république, en quoi voudriez-vous y perfectionner les esprits?

B. En tout ce qui pourroit les rendre meilleurs. Je voudrois faire de bons citoyens, pleins de zèle pour le bien public. Je voudrois qu'ils sussent en guerre défendre la patrie, en paix faire observer les lois, gouverner leurs maisons, cultiver ou faire cultiver leurs terres, élever leurs enfants à la vertu, leur inspirer la religion, s'occuper au commerce selon les besoins du pays, et s'appliquer aux sciences utiles à la vie. Voilà, ce me semble, le but d'un législateur.

A. Vos vues sont très justes et très solides. Vous voudriez donc des citoyens ennemis de l'oisiveté, occupés à des choses très sérieuses, et qui tendissent toujours au bien public?

B. Oui, sans doute.

A. Et vous retrancheriez tout le reste?

B. Je le retrancherois.

A. Vous n'admettriez les exercices du corps que pour la santé et la force? Je ne parle point de la beauté du corps, parce qu'elle est une suite naturelle de la santé et de la force pour les corps qui sont bien formés.

B. Je n'admettrois que ces exercices-là.

A. Vous retrancheriez donc tous ceux qui ne serviroient qu'à amuser, et qui ne mettroient point l'homme en état de mieux supporter les travaux réglés de la paix et les fatigues de la guerre?

B. Oui, je suivrois cette règle.

A. C'est sans doute par le même principe que vous retrancheriez aussi (car vous me l'avez dit) tous les exercices de l'esprit qui ne serviroient point à rendre l'ame saine, forte, belle, en la rendant vertueuse?

B. J'en conviens. Que s'ensuit-il de là? Je ne vois pas encore où vous voulez aller; vos détours sont bien longs.

A. C'est que je veux chercher les premiers principes, et ne laisser derrière moi rien de douteux. Répondez, s'il vous plaît.

B. J'avoue qu'on doit à plus forte raison suivre cette règle pour l'ame, l'ayant établie pour le corps.

A. Toutes les sciences et tous les arts qui ne vont qu'au plaisir, à l'amusement et à la curiosité, les souffririez-vous? Ceux qui n'appartiendroient ni aux devoirs de la vie domestique, ni aux devoirs de la vie civile, que deviendroient-ils?

B. Je les bannirois de ma république.

A. Si donc vous souffriez les mathématiciens, ce seroit à cause des mécaniques, de la navigation, de l'arpentage des terres, des supputations qu'il faut faire, des fortifications des places, etc. Voilà leur usage qui les autoriseroit. Si vous admettiez les médecins, les jurisconsultes, ce seroit pour la conservation de la santé et de la justice. Il en seroit de même des autres professions dont nous sentons le besoin. Mais pour les musiciens que feriez-vous? ne seriez-vous pas de l'avis de ces anciens Grecs qui ne séparoient jamais l'utile de l'agréable? Eux qui avoient poussé la musique et la poésie, jointes ensemble, à une si haute perfection, ils vouloient qu'elles servissent à élever les courages, à inspirer les grands sentiments. C'étoit par la musique et par la poésie qu'ils se préparoient aux combats; ils alloient à la guerre avec des musiciens et des instruments. De là encore les trompettes et les tambours qui les jetoient dans un enthousiasme et dans une espèce de fureur qu'ils appeloient divine. C'étoit par la musique et par la cadence des vers qu'ils adoucissoient les peuples féroces. C'étoit par cette harmonie qu'ils faisoient entrer, avec le plaisir, la sagesse dans le fond des cœurs des enfants : on leur faisoit chanter les vers d'Homère, pour leur inspirer agréablement le mépris de la mort, des richesses, et des plaisirs qui amollissent l'ame; l'amour de la gloire, de la liberté et de la patrie. Leurs danses mêmes avoient un but sérieux à leur mode, et il est certain qu'ils ne dansoient pas pour le seul plaisir : nous voyons, par l'exemple de David, que les peuples orientaux regardoient la danse comme un art sérieux, semblable à la musique et à la poésie. Mille instructions étoient mêlées dans leurs fables et dans leurs poëmes : ainsi, la philosophie la plus grave et la plus austère ne se montroit qu'avec un visage riant. Cela paroît encore par les danses mystérieuses des prêtres, que les païens avoient mêlées dans leurs cérémonies pour les fêtes des dieux. Tous ces arts qui consistent ou dans les sons mélodieux, ou dans les mouvements du corps, ou dans les paroles, en un mot la musique, la danse, l'éloquence, la poésie, ne furent inventés que pour exprimer les passions, et pour les inspirer en les exprimant. Par-là on voulut imprimer de grands sentiments dans l'ame des hommes, et leur faire des peintures vives et touchantes de la beauté de la vertu et de la difformité du vice : ainsi tous ces arts, sous l'apparence du plaisir, entroient dans les desseins les plus sérieux des anciens pour la morale et pour la religion. La chasse même étoit l'apprentissage pour la guerre. Tous les plaisirs les plus touchants renfermoient quelque leçon de vertu. De cette source vinrent dans la Grèce tant de vertus héroïques, admirées de tous les siècles. Cette première instruction fut altérée, il est vrai, et elle avoit en elle-même d'extrêmes défauts. Son défaut essentiel étoit d'être fondée sur une religion fausse et pernicieuse. En cela les Grecs se trompoient, comme tous les sages du monde, plongés alors dans l'idolâtrie : mais s'ils se trompoient pour le fond de la religion et pour le choix des maximes, ils ne se trompoient pas pour la manière d'inspirer la religion et la vertu ; tout y étoit sensible, agréable, propre à faire une vive impression.

C. Vous disiez tout-à-l'heure que cette première institution fut altérée : n'oubliez pas, s'il vous plaît, de nous l'expliquer.

A. Oui, elle fut altérée. La vertu donne la véritable politesse; mais bientôt, si on n'y prend garde, la politesse amollit peu à peu. Les Grecs asiatiques furent les premiers à se corrompre ; les Ioniens [1] devinrent efféminés ; toute cette côte d'Asie fut un théâtre de volupté [2]. La Crète, malgré les sages lois de Minos, se corrompit de même : vous savez les vers que cite saint Paul [3]. Corinthe fut fameuse par son luxe et par ses dissolutions. Les Romains, encore grossiers, commencèrent à trouver de quoi amollir leur vertu rustique. Athènes ne fut pas exempte de cette contagion ; toute la Grèce en fut infectée. Le plaisir, qui ne devoit être que le moyen d'insinuer la sagesse, prit la place de la sagesse même. Les philosophes réclamèrent. Socrate s'éleva, et montra à ses citoyens égarés que le plaisir, dans lequel ils s'arrêtoient, ne devoit être que le chemin de la vertu. Platon, son disciple, qui n'a pas eu honte de composer ses écrits des discours de son maître, retranche de sa république tous les tons de la musique, tous les mouvements de la tragédie, tous les récits des poëmes, et les endroits d'Homère même qui ne vont pas à inspirer l'amour des bonnes lois. Voilà le jugement que firent Socrate et Platon sur les poëtes et sur les musiciens : n'êtes-vous pas de leur avis?

B. J'entre tout-à-fait dans leur sentiment; il ne faut rien d'inutile. Puisqu'on peut mettre le plaisir dans les choses solides, il ne le faut point chercher ailleurs. Si quelque chose peut faciliter la vertu, c'est de la mettre d'accord avec le plaisir : au contraire, quand on les sépare, on tente violemment les hommes d'abandonner la vertu ; d'ailleurs, tout ce qui plaît sans instruire amuse et amollit.

Eh bien! ne trouvez-vous pas que je suis devenu philosophe en vous écoutant? Mais allons jusqu'au bout, car nous ne sommes pas encore d'accord.

A. Nous le serons bientôt, monsieur. Puisque vous êtes si philosophe, permettez-moi de vous faire encore une question. Voilà les musiciens et les poëtes assujettis à n'inspirer que la vertu; voilà les citoyens de votre république exclus des spectacles où le plaisir seroit sans instruction. Mais que ferez-vous des devins ?

B. Ce sont des imposteurs, il faut les chasser.

A. Mais ils ne font point de mal. Vous croyez bien qu'ils ne sont pas sorciers : ainsi ce n'est pas l'art diabolique que vous craignez en eux.

B. Non, je n'ai garde de le craindre, car je n'ajoute aucune foi à tous leurs contes; mais ils font un assez grand mal d'amuser le public. Je ne souffre point dans ma république des gens oisifs qui amusent les autres, et qui n'aient point d'autre métier que celui de parler.

A. Mais ils gagnent leur vie par-là; ils amassent de l'argent pour eux et pour leurs familles.

B. N'importe; qu'ils prennent d'autres métiers pour vivre : non-seulement il faut gagner sa vie, mais il la faut gagner par des occupations utiles au public. Je dis la même chose de tous ces misérables qui amusent les passants par leurs discours et par leurs chansons : quand ils ne mentiroient jamais, quand ils ne diroient rien de déshonnête, il faudroit les chasser; l'inutilité seule suffit pour les rendre coupables : la police devroit les assujettir à prendre quelque métier réglé.

A. Mais ceux qui représentent des tragédies, les souffrirez-vous? Je suppose qu'il n'y ait ni amour profane, ni immodestie mêlée dans ces tragédies ; de plus, je ne parle pas ici en chrétien : répondez-moi seulement en législateur et en philosophe.

B. Si ces tragédies n'ont pas pour but d'instruire en donnant du plaisir, je les condamnerois.

A. Bon ; en cela vous êtes précisément de l'avis de Platon, qui veut qu'on ne laisse point introduire dans sa république des poëmes et des tragédies qui n'auront pas été examinés par les gardes des lois [1], afin que le peuple ne voie et n'entende jamais rien qui ne serve à autoriser les lois et à inspirer la vertu. En cela vous suivez l'esprit des auteurs anciens, qui vouloient que la tragédie roulât sur deux passions; savoir, la terreur que doivent donner les suites funestes du vice, et la compassion qu'inspire la vertu persécutée et pa-

---

[1] Motus doceri gaudet Ionicos. HOR., lib. III, *Od.* VI, v. 24.
[2] Les Fables Milésiennes.
[3] *Tit.* I, 12.

[1] *De Legibus.*

tiente : c'est l'idée qu'Euripide et Sophocle ont exécutée.

B. Vous me faites souvenir que j'ai lu cette dernière règle dans l'*Art poétique* de M. Boileau.

A. Vous avez raison : c'est un homme qui connoît bien, non-seulement le fond de la poésie, mais encore le but solide auquel la philosophie, supérieure à tous les arts, doit conduire le poëte.

B. Mais enfin, où me menez-vous donc?

A. Je ne vous mène plus; vous allez tout seul : vous voilà arrivé heureusement au terme. Ne m'avez-vous pas dit que vous ne souffrez point dans votre république des gens oisifs qui amusent les autres, et qui n'ont point d'autre métier que celui de parler? N'est-ce pas sur ce principe que vous chassez tous ceux qui représentent des tragédies, si l'instruction n'est mêlée au plaisir? Sera-t-il permis de faire en prose ce qui ne le sera pas en vers? Après cette sévérité, comment pourriez-vous faire grace aux déclamateurs qui ne parlent que pour montrer leur bel esprit?

B. Mais les déclamateurs dont nous parlons ont deux desseins qui sont louables.

A. Expliquez-les.

B. Le premier est de travailler pour eux-mêmes : par-là ils se procurent des établissements honnêtes. L'éloquence produit la réputation, et la réputation attire la fortune dont ils ont besoin.

A. Vous avez déja répondu vous-même à votre objection. Ne disiez-vous pas qu'il faut non-seulement gagner sa vie, mais la gagner par des occupations utiles au public? Celui qui représenteroit des tragédies sans y mêler l'instruction gagneroit sa vie; cette raison ne vous empêcheroit pourtant pas de le chasser de votre république. Prenez, lui diriez-vous, un métier solide et réglé; n'amusez pas les citoyens. Si vous voulez tirer d'eux un profit légitime, travaillez à quelque bien effectif, ou à les rendre vertueux. Pourquoi ne diriez-vous pas la même chose de l'orateur?

B. Nous voilà d'accord : la seconde raison que je voulois vous dire explique tout cela.

A. Comment? dites-nous-la donc, s'il vous plaît.

B. C'est que l'orateur travaille même pour le public.

A. En quoi?

B. Il polit les esprits; il leur enseigne l'éloquence.

A. Attendez : si j'inventois un art chimérique, ou une langue imaginaire, dont on ne pût tirer aucun avantage, servirois-je le public en lui enseignant cet art ou cette langue?

B. Non, parce qu'on ne sert les autres qu'autant qu'on leur enseigne quelque chose d'utile.

A. Vous ne sauriez donc prouver solidement qu'un orateur sert le public en lui enseignant l'éloquence, si vous n'aviez déja prouvé que l'éloquence sert elle-même à quelque chose. A quoi servent les beaux discours d'un homme, si ces discours, tout beaux qu'ils sont, ne font aucun bien au public? Les paroles, comme dit saint Augustin[1], sont faites pour les hommes, et non pas les hommes pour les paroles. Les discours servent, je le sais bien, à celui qui les fait; car ils éblouissent les auditeurs, ils font beaucoup parler de celui qui les a faits, et on est d'assez mauvais goût pour le récompenser de ces paroles inutiles. Mais cette éloquence mercenaire et infructueuse au public doit-elle être soufferte dans l'état que vous policéz? Un cordonnier au moins fait des souliers, et ne nourrit sa famille que d'un argent gagné en servant le public pour de véritables besoins. Ainsi, vous le voyez, les plus vils métiers ont une fin solide : il n'y aura que l'art des orateurs qui n'aura pour but que d'amuser les hommes par des paroles! Tout aboutira donc, d'un côté, à satisfaire la curiosité et à entretenir l'oisiveté de l'auditeur; de l'autre, à contenter la vanité et l'ambition de celui qui parle! Pour l'honneur de votre république, monsieur, ne souffrez jamais cet abus.

B. Eh bien! je reconnois que l'orateur doit avoir pour but d'instruire, et de rendre les hommes meilleurs.

A. Souvenez-vous bien de ce que vous m'accordez là; vous en verrez les conséquences.

B. Mais cela n'empêche pas qu'un homme, s'appliquant à instruire les autres, ne puisse être bien aise en même temps d'acquérir de la réputation et du bien.

A. Nous ne parlons point encore ici comme chrétiens; je n'ai besoin que de la philosophie seule contre vous. Les orateurs, je le répète, sont donc, selon vous, des gens qui doivent instruire les autres hommes, et les rendre meilleurs qu'ils ne sont : voilà donc d'abord les déclamateurs chassés. Il ne faudra même souffrir les panégyristes qu'autant qu'ils proposeront des modèles dignes d'être imités, et qu'ils rendront la vertu aimable par leurs louanges.

B. Quoi! un panégyrique ne vaudra donc rien, s'il n'est plein de morale?

A. Ne l'avez-vous pas conclu vous-même? Il ne faut parler que pour instruire; il ne faut louer un

[1] *De Doct. Christ.*, lib. IV, n. 24, tom. III, pag. 75.

héros que pour apprendre ses vertus au peuple, que pour l'exciter à les imiter, que pour montrer que la gloire et la vertu sont inséparables : ainsi, il faut retrancher d'un panégyrique toutes les louanges vagues, excessives, flatteuses ; il n'y faut laisser aucune de ces pensées stériles qui ne concluent rien pour l'instruction de l'auditeur ; il faut que tout tende à lui faire aimer la vertu. Au contraire, la plupart des panégyristes semblent ne louer les vertus que pour louer les hommes qui les ont pratiquées, et dont ils ont entrepris l'éloge. Faut-il louer un homme, ils élèvent les vertus qu'il a pratiquées au-dessus de toutes les autres. Mais chaque chose a son tour : dans une autre occasion, ils déprimeront les vertus qu'ils ont élevées, en faveur de quelque autre sujet qu'ils voudront flatter. C'est par ce principe que je blâmerai Pline. S'il avoit loué Trajan pour former d'autres héros semblables à celui-là, ce seroit une vue digne d'un orateur. Trajan, tout grand qu'il est, ne devroit pas être la fin de son discours ; Trajan ne devroit être qu'un exemple proposé aux hommes pour les inviter à être vertueux. Quand un panégyriste n'a que cette vue basse de louer un seul homme, ce n'est plus que la flatterie qui parle à la vanité.

B. Mais que répondrez-vous sur les poëmes qui sont faits pour louer des héros ? Homère a son Achille, Virgile son Énée : voulez-vous condamner ces deux poëtes ?

A. Non, monsieur : mais vous n'avez qu'à examiner les desseins de leurs poëmes. Dans l'Iliade, Achille est, à la vérité, le premier héros ; mais sa louange n'est pas la fin principale du poëme. Il est représenté naturellement avec tous ses défauts ; ces défauts mêmes sont un des sujets sur lesquels le poëte a voulu instruire la postérité. Il s'agit dans cet ouvrage d'inspirer aux Grecs l'amour de la gloire que l'on acquiert dans les combats, et la crainte de la désunion comme de l'obstacle à tous les grands succès. Ce dessein de morale est marqué visiblement dans tout ce poëme. Il est vrai que l'Odyssée représente dans Ulysse un héros plus régulier et plus accompli ; mais c'est par hasard ; c'est qu'en effet un homme dont le caractère est la sagesse, tel qu'Ulysse, a une conduite plus exacte et plus uniforme qu'un jeune homme tel qu'Achille, d'un naturel bouillant et impétueux : ainsi Homère n'a songé, dans l'un et dans l'autre, qu'à peindre fidèlement la nature. Au reste, l'Odyssée renferme de tous côtés mille instructions morales pour tout le détail de la vie ; et il ne faut que lire, pour voir que le peintre n'a peint un homme sage, qui vient à bout de tout par sa sagesse, que pour apprendre à la postérité les fruits que l'on doit attendre de la piété, de la prudence et des bonnes mœurs. Virgile, dans l'Énéide, a imité l'Odyssée pour le caractère de son héros : il l'a fait modéré, pieux, et par conséquent égal à lui-même. Il est aisé de voir qu'Énée n'est pas son principal but ; il a regardé en ce héros le peuple romain, qui en devoit descendre. Il a voulu montrer à ce peuple que son origine étoit divine, que les dieux lui avoient préparé de loin l'empire du monde ; et par-là il a voulu exciter ce peuple à soutenir, par ses vertus, la gloire de sa destinée. Il ne pouvoit jamais y avoir chez les païens une morale plus importante que celle-là. L'unique chose sur laquelle on peut soupçonner Virgile est d'avoir un peu trop songé à sa fortune dans ses vers, et d'avoir fait aboutir son poëme à la louange, peut-être un peu flatteuse, d'Auguste et de sa famille. Mais je ne voudrois pas pousser la critique si loin.

B. Quoi ! vous ne voulez pas qu'un poëte ni un orateur cherche honnêtement sa fortune ?

A. Après notre digression sur les panégyriques, qui ne sera pas inutile, nous voilà revenus à notre difficulté. Il s'agit de savoir si les orateurs doivent être désintéressés.

B. Je ne saurois le croire : vous renversez toutes les maximes communes.

A. Ne voulez-vous pas que dans votre république il soit défendu aux orateurs de dire autre chose que la vérité ? Ne prétendez-vous pas qu'ils parleront toujours pour instruire, pour corriger les hommes, et pour affermir les lois ?

B. Oui, sans doute.

A. Il faut donc que les orateurs ne craignent et n'espèrent rien de leurs auditeurs pour leur propre intérêt. Si vous admettez des orateurs ambitieux et mercenaires, s'opposeront-ils à toutes les passions des hommes ? S'ils sont malades de l'avarice, de l'ambition, de la mollesse, en pourront-ils guérir les autres ? S'ils cherchent les richesses, seront-ils propres à en détacher autrui ? Je sais qu'on ne doit pas laisser un orateur vertueux et désintéressé manquer des choses nécessaires : aussi cela n'arrive-t-il jamais, s'il est vrai philosophe, c'est-à-dire tel qu'il doit être pour redresser les mœurs des hommes. Il mènera une vie simple, modeste, frugale, laborieuse ; il lui faudra peu : ce peu ne lui manquera point, dût-il de ses propres mains le gagner : le surplus ne doit pas être sa récompense ; et n'est pas digne de l'être. Le public lui pourra rendre les honneurs et lui donner de l'autorité ; mais s'il est dégagé des passions et désintéressé, il n'usera de cette autorité que pour le bien public, prêt à la perdre toutes les fois qu'il ne pourra la conserver qu'en dissimulant, et en flattant les hommes. Ainsi l'orateur, pour être digne de persuader les peuples, doit être un homme incorruptible ; sans cela, son talent et son art se tourneroient en poison mortel contre la république même : de là vient que, selon Cicéron, la première et la plus essentielle des qualités d'un orateur est la vertu. Il faut une probité qui soit à l'épreuve de tout, et qui puisse servir de modèle à tous les citoyens ; sans cela on ne peut paroître persuadé, ni par conséquent persuader les autres.

B. Je conçois bien l'importance de ce que vous me dites : mais, après tout, un homme ne pourra-t-il pas employer son talent pour s'élever aux honneurs ?

A. Remontez toujours aux principes. Nous sommes convenus que l'éloquence et la profession de l'orateur sont consacrées à l'instruction et à la réformation des mœurs du peuple. Pour le faire avec liberté et avec fruit, il faut qu'un homme soit désintéressé ; il faut qu'il apprenne aux autres le mépris de la mort, des richesses, des délices ; il faut qu'il inspire la modestie, la frugalité, le désintéressement, le zèle du bien public, l'attachement inviolable aux lois ; il faut que tout cela paroisse autant dans ses mœurs que dans ses discours. Un homme qui songe à plaire pour sa fortune, et qui par conséquent a besoin de ménager tout le monde, peut-il prendre cette autorité sur les esprits ? Quand même il diroit tout ce qu'il faut dire, croiroit-on ce que diroit un homme qui ne paroîtroit pas le croire lui-même ?

B. Mais il ne fait rien de mal en cherchant une fortune dont je suppose qu'il a besoin.

A. N'importe : qu'il cherche par d'autres voies le bien dont il a besoin pour vivre ; il y a d'autres professions qui peuvent le tirer de la pauvreté : s'il a besoin de quelque chose, et qu'il soit réduit à l'attendre du public, il n'est pas encore propre à être orateur. Dans votre république, choisiriez-vous pour juges des hommes pauvres, affamés ? Ne craindriez-vous pas que le besoin les réduiroit à quelque lâche complaisance ? Ne prendriez-vous pas plutôt des personnes considérables, et que la nécessité ne sauroit tenter ?

B. Je l'avoue.

A. Par la même raison, ne choisiriez-vous pas pour orateurs, c'est-à-dire pour maîtres qui doivent instruire, corriger et former les peuples, des gens qui n'eussent besoin de rien, et qui fussent désintéressés ? Et s'il y en avoit d'autres qui eussent du talent pour ces sortes d'emplois, mais qui eussent encore des intérêts à ménager, n'attendriez-vous pas à employer leur éloquence jusqu'à ce qu'ils auroient leur nécessaire, et qu'ils ne seroient plus suspects d'aucun intérêt en parlant aux hommes ?

B. Mais il me semble que l'expérience de notre siècle montre assez qu'un orateur peut parler fortement de morale, sans renoncer à sa fortune. Peut-on voir des peintures morales plus sévères que celles qui sont en vogue ? On ne s'en fâche point, on y prend plaisir ; et celui qui les fait ne laisse pas de s'élever dans le monde par ce chemin.

A. Les peintures morales n'ont point d'autorité pour convertir, quand elles ne sont soutenues ni de principes ni de bons exemples. Qui voyez-vous convertir par-là ? On s'accoutume à entendre cette description ; ce n'est qu'une belle image qui passe devant les yeux ; on écoute ces discours comme on liroit une satire ; on regarde celui qui parle comme un homme qui joue bien une espèce de comédie ; on croit bien plus ce qu'il fait que ce qu'il dit. Il est intéressé, ambitieux, vain, attaché à une vie molle ; il ne quitte aucune des choses qu'il dit qu'il faut quitter : on le laisse dire pour la cérémonie ; mais on croit, on fait comme lui. Ce qu'il y a de pis est qu'on s'accoutume par-là à croire que cette sorte de gens ne parle pas de bonne foi : cela décrie leur ministère ; et quand d'autres parlent après eux avec un zèle sincère, on ne peut se persuader que cela soit vrai.

B. J'avoue que vos principes se suivent, et qu'ils persuadent, quand on les examine attentivement ; mais n'est-ce point par pur zèle de piété chrétienne que vous dites toutes ces choses ?

A. Il n'est pas nécessaire d'être chrétien pour penser tout cela : il faut être chrétien pour le bien pratiquer, car la grace seule peut réprimer l'amour-propre ; mais il ne faut être que raisonnable pour reconnoître ces vérités-là. Tantôt je vous citois Socrate et Platon, vous n'avez pas voulu déférer à leur autorité ; maintenant que la raison commence à vous persuader, et que vous n'avez plus besoin d'autorité, que direz-vous, si je vous montre que ce raisonnement est le leur ?

B. Le leur ! est-il possible ? J'en serai fort aise.

A. Platon fait parler Socrate avec un orateur, nommé Gorgias, et avec un disciple de Gorgias, nommé Calliclès. Ce Gorgias étoit un homme très célèbre : Isocrate, dont nous avons tant parlé, fut son disciple. Ce Gorgias fut le premier, dit Cicéron, qui se vanta de parler éloquemment de tout; dans la suite, les rhéteurs grecs imitoient cette vanité. Revenons au dialogue de Gorgias et de Calliclès. Ces deux hommes discouroient élégamment sur toutes choses, selon la méthode du premier; c'étoient de ces beaux-esprits qui brillent dans les conversations, et qui n'ont d'autre emploi que celui de bien parler : mais il paroît qu'ils manquoient de ce que Socrate cherchoit dans les hommes, c'est-à-dire des vrais principes de la morale, et des règles d'un raisonnement exact et sérieux. Après que l'auteur a bien fait sentir le ridicule de leur caractère d'esprit, il vous dépeint Socrate, qui, semblant se jouer, réduit plaisamment les deux orateurs à ne pouvoir dire ce que c'est que l'éloquence. Ensuite Socrate montre que la rhétorique, c'est-à-dire l'art de ces orateurs-là, n'est pas un art véritable : il appelle l'art « une discipline réglée, qui apprend aux hommes à faire quelque chose qui soit utile à les rendre meilleurs qu'ils ne sont. » Par-là il montre qu'il n'appelle arts que les arts libéraux, et que ces arts dégénèrent toutes les fois qu'on les rapporte à une autre fin qu'à former les hommes à la vertu. Il prouve que les rhéteurs n'ont point ce but-là; il fait voir même que Thémistocle et Périclès ne l'ont point eu, et par conséquent n'ont point été de vrais orateurs. Il dit que ces hommes célèbres n'ont songé qu'à persuader aux Athéniens de faire des ports, des murailles, et de remporter des victoires. Ils n'ont, dit-il, rendu leurs citoyens que riches, puissants, belliqueux; et ils en ont été ensuite maltraités : en cela ils n'ont eu que ce qu'ils méritoient. S'ils les avoient rendus bons par leur éloquence, leur récompense eût été certaine. Qui fait les hommes bons et vertueux est sûr, après son travail, de ne trouver point des ingrats, puisque la vertu et l'ingratitude sont incompatibles. Il ne faut point vous rapporter tout ce qu'il dit sur l'inutilité de cette rhétorique, parce que tout ce que je vous en ai dit comme de moi-même est tiré de lui; il vaut mieux vous raconter ce qu'il dit sur les maux que ces vains rhéteurs causent dans une république.

B. Je comprends bien que ces rhéteurs étoient à craindre dans les républiques de la Grèce, où ils pouvoient séduire le peuple et s'emparer de la tyrannie.

A. En effet, c'est principalement de cet inconvénient que parle Socrate; mais les principes qu'il donne en cette occasion s'étendent plus loin. Au reste, quand nous parlons ici, vous et moi, d'une république à policer, il s'agit non-seulement des états où le peuple gouverne, mais encore de tout état, soit populaire, soit gouverné par plusieurs chefs, soit monarchique; ainsi je ne touche pas à la forme du gouvernement : en tous pays les règles de Socrate sont d'usage.

B. Expliquez-les donc, s'il vous plaît.

A. Il dit que l'homme étant composé de corps et d'esprit, il faut cultiver l'un et l'autre. Il y a deux arts pour l'esprit, et deux arts pour le corps. Les deux de l'esprit sont la science des lois et la jurisprudence. Par la science des lois, il comprend tous les principes de philosophie pour régler les sentiments et les mœurs des particuliers et de toute la république. La jurisprudence est le remède dont on se doit servir pour réprimer la mauvaise foi et l'injustice des citoyens; c'est par elle qu'on juge les procès et qu'on punit les crimes. Ainsi, la science des lois doit servir à prévenir le mal, et la jurisprudence à le corriger. Il y a deux arts semblables pour les corps : la gymnastique, qui les exerce, qui les rend sains, proportionnés, agiles, vigoureux, pleins de force et de bonne grace (vous savez, monsieur, que les anciens se servoient merveilleusement de cet art, que nous avons perdu); puis la médecine, qui guérit les corps lorsqu'ils ont perdu la santé. La gymnastique est pour le corps ce que la science des lois est pour l'ame; elle forme, elle perfectionne. La médecine est aussi pour le corps ce que la jurisprudence est pour l'ame; elle corrige, elle guérit. Mais cette institution si pure s'est altérée, dit Socrate. A la place de la science des lois, on a mis la vaine subtilité des sophistes, faux philosophes qui abusent du raisonnement, et qui, manquant des vrais principes pour le bien public, tendent à leurs fins particulières. A la jurisprudence, dit-il encore, a succédé le faste des rhéteurs, gens qui ont voulu plaire et éblouir : au lieu de la jurisprudence, qui devoit être la médecine de l'ame, et dont il ne falloit se servir que pour guérir les passions des hommes, on voit de faux orateurs qui n'ont songé qu'à leur réputation. A la gymnastique, ajoute encore Socrate, on a fait succéder l'art de farder les corps, et de leur donner une fausse et trompeuse beauté; au lieu qu'on ne devoit chercher qu'une beauté simple et naturelle, qui vient de la santé et de la proportion de tous les membres; ce qui ne s'acquiert et ne s'entretient que par le régime et l'exercice. A la médecine on a fait aussi succéder l'invention des mets délicieux et de tous les ragoûts qui excitent l'appétit des hommes; et au lieu de purger l'homme plein d'humeurs pour lui rendre la santé, et par la santé l'appétit, on force la nature, on lui fait un appétit artificiel par toutes les choses contraires à la tempérance. C'est ainsi que Socrate remarquoit le désordre des mœurs de son temps; et il conclut en disant que les orateurs, qui, dans la vue de guérir les hommes, devoient leur dire, même avec autorité, des vérités désagréables, et leur donner ainsi des médecines amères, ont au contraire fait pour l'ame comme les cuisiniers pour le corps. Leur rhétorique n'a été qu'un art de faire des ragoûts pour flatter les hommes malades : on ne s'est mis en peine que de plaire, que d'exciter la curiosité et l'admiration ; les orateurs n'ont parlé que pour eux. Il finit en demandant où sont les citoyens que ces rhéteurs ont guéris de leurs mauvaises habitudes, où sont les gens qu'ils ont rendus tempérants et vertueux. Ne croyez-vous pas entendre un homme de notre siècle qui voit ce qui s'y passe, et qui parle des abus présents? Après avoir entendu ce païen, que direz-vous de cette éloquence qui ne va qu'à plaire et qu'à faire de belles peintures, lorsqu'il faudroit, comme il le dit lui-même, brûler, couper jusqu'au vif, et chercher sérieusement la guérison par l'amertume des remèdes et par la sévérité du régime? Mais jugez de ces choses par vous-même : trouveriez-vous bon qu'un médecin qui vous traiteroit s'amusât, dans l'extrémité de votre maladie, à débiter des phrases élégantes et des pensées subtiles? Que penseriez-vous d'un avocat qui, plaidant une cause où il s'agiroit de tout le bien de votre famille, ou de votre propre vie, feroit le bel-esprit et rempliroit son plaidoyer de fleurs et d'ornements, au lieu de raisonner avec force et d'exciter la compassion des juges? L'amour du bien et de la vie fait assez sentir ce ridicule-là ; mais l'indifférence où l'on vit pour les bonnes mœurs et pour la religion fait qu'on ne le remarque point dans les orateurs, qui devroient être les censeurs et les médecins du peuple. Ce que vous avez vu qu'en pensoit Socrate doit nous faire honte.

B. Je vois bien maintenant, selon vos principes, que les orateurs devroient être les défenseurs des lois, et les maîtres des peuples pour leur enseigner la vertu ; mais l'éloquence du barreau chez les Romains n'alloit pas jusque là.

A. C'étoit sans doute son but, monsieur : les orateurs devoient protéger l'innocence et les droits des particuliers, lorsqu'ils n'avoient point d'occasion de représenter dans leurs discours les besoins généraux de la république; de là vient que cette profession fut si honorée, et que Cicéron nous donne une si haute idée du véritable orateur.

B. Mais voyons donc de quelle manière ces orateurs doivent parler; je vous supplie de m'expliquer vos vues là-dessus.

A. Je ne vous dirai pas les miennes ; je continuerai à vous parler selon les règles que les anciens nous donnent. Je ne vous dirai même que les principales choses, car vous n'attendez pas que je vous explique par ordre le détail presque infini des préceptes de la rhétorique ; il y en a beaucoup d'inutiles ; vous les avez lus dans les livres où ils sont amplement exposés : contentons-nous de parler de ce qui est le plus important. Platon, dans son dialogue où il fait parler Socrate avec Phèdre, montre que le grand défaut des rhéteurs est de chercher l'art de persuader avant que d'avoir appris, par les principes de la philosophie, quelles sont les choses qu'il faut tâcher de persuader aux hommes. Il veut que l'orateur ait commencé par l'étude de l'homme en général ; qu'après, il se soit appliqué à la connoissance des hommes, en particulier, auxquels il doit parler. Ainsi, il faut savoir ce que c'est que l'homme, sa fin, ses intérêts véritables ; de quoi il est composé, c'est-à-dire de corps et d'esprit; la véritable manière de le rendre heureux ; quelles sont ses passions, les excès qu'elles peuvent avoir, la manière de les régler, comment on peut les exciter utilement pour lui faire aimer le bien; les règles qui sont propres à le faire vivre en paix et à entretenir la société. Après cette étude générale vient la particulière : il faut connoître les lois et les coutumes de son pays, le rapport qu'elles ont avec le tempérament des peuples, les mœurs de chaque condition, les éducations différentes, les préjugés et les intérêts qui dominent dans le siècle où l'on vit, le moyen d'instruire et de redresser les esprits. Vous voyez que ces connoissances comprennent toute la philosophie la plus solide. Ainsi Platon montre par-là qu'il n'appartient qu'au philosophe d'être véritable orateur : c'est en ce sens qu'il faut expliquer tout ce qu'il dit, dans le dialogue de Gorgias, contre les rhéteurs, c'est-à-dire contre cette espèce de gens qui s'étoient fait un art de bien parler et de persuader, sans se mettre en peine de savoir par principes ce qu'on doit tâcher de persuader aux hommes. Ainsi tout le véritable art, selon Platon, se réduit à bien savoir ce qu'il faut persuader, et à bien connoître les passions des hommes, et la manière de les émouvoir pour arriver à la persuasion. Cicéron a presque dit les mêmes choses. Il semble d'abord vouloir que l'orateur n'ignore rien, parce que l'orateur peut avoir besoin de parler de tout, et qu'on ne parle jamais bien, dit-il après Socrate, que de ce qu'on sait bien. Ensuite il se réduit, à cause des besoins pressants et de la brièveté de la vie, aux connoissances les plus nécessaires. Il veut au moins qu'un orateur sache bien toute cette partie de la philosophie qui regarde les mœurs, ne lui permettant d'ignorer que les curiosités de l'astrologie et des mathématiques : surtout il veut qu'il connoisse la composition de l'homme et la nature de ses passions, parce que l'éloquence a pour but d'en mouvoir à propos les ressorts. Pour la connoissance des lois, il la demande à l'orateur, comme le fondement de tous ses discours; seulement il permet qu'il n'ait pas passé sa vie à approfondir toutes les questions de la jurisprudence pour le détail des causes, parce qu'il peut, dans le besoin, recourir aux profonds jurisconsultes pour suppléer ce qui lui manqueroit de ce côté-là. Il demande, comme Platon, que l'orateur soit bon dialecticien; qu'il sache définir, prouver, démêler les plus subtils sophismes. Il dit que c'est détruire la rhétorique de la séparer de la philosophie; que c'est faire, des orateurs, des déclamateurs puérils sans jugement. Non-seulement il veut une connoissance exacte de tous les principes de la morale, mais encore une étude particulière de l'antiquité. Il recommande la lecture des anciens Grecs; il veut qu'on étudie les historiens, non-seulement pour leur style, mais encore pour les faits de l'histoire; surtout il exige l'étude des poëtes, à cause du grand rapport qu'il y a entre les figures de la poésie et celles de l'éloquence. En un mot, il répète souvent que l'orateur doit se remplir l'esprit de choses avant que de parler. Je crois que je me souviendrai de ses propres termes, tant je les ai relus, et tant ils m'ont fait d'impression; vous serez surpris de tout ce qu'il demande. L'orateur, dit-il, doit avoir la subtilité des dialecticiens, la science des philosophes, la diction presque des poëtes, la voix et les gestes des plus grands acteurs. Voyez quelle préparation il faut pour tout cela.

C. Effectivement, j'ai remarqué, en bien des occasions, que ce qui manque le plus à certains orateurs, qui ont d'ailleurs beaucoup de talents, c'est le fonds de science : leur esprit paroit vide; on voit qu'ils ont eu bien de la peine à trouver de quoi remplir leurs discours; il semble même qu'ils ne parlent pas parce qu'ils sont remplis de vérités, mais qu'ils cherchent les vérités à mesure qu'ils veulent parler.

A. C'est ce que Cicéron appelle des gens qui vivent au jour la journée, sans nulle provision : malgré tous leurs efforts, leurs discours paroissent toujours maigres et affamés. Il n'est pas temps de se préparer trois mois avant que de faire un discours public : ces préparations particulières, quelque pénibles qu'elles soient, sont nécessairement très imparfaites, et un habile homme en remarque bientôt le foible; il faut avoir passé plusieurs années à faire un fonds abondant. Après cette préparation générale, les préparations particulières coûtent peu : au lieu que, quand on ne s'applique qu'à des actions détachées, on est réduit à payer de phrases et d'antithèses; on ne traite que des lieux communs, on ne dit rien que de vague, on coud des lambeaux qui ne sont point faits les uns pour les autres; on ne montre point les vrais principes des choses, on se borne à des raisons superficielles, et souvent fausses; on n'est pas capable de montrer l'étendue des vérités, parce que toutes les vérités générales ont un enchaînement nécessaire, et qu'il les faut connoître presque toutes pour en traiter solidement une en particulier.

C. Cependant la plupart des gens qui parlent en public acquièrent beaucoup de réputation sans autre fonds que celui-là.

A. Il est vrai qu'ils sont applaudis par des femmes et par le gros du monde, qui se laissent aisément éblouir; mais cela ne va jamais qu'à une certaine vogue capricieuse, qui a besoin même d'être soutenue par quelque cabale. Les gens qui savent les règles et qui connoissent le but de l'éloquence n'ont que du dégoût et du mépris pour ces discours en l'air; ils s'y ennuient beaucoup.

C. Vous voudriez qu'un homme attendît bien tard à parler en public : sa jeunesse seroit passée avant qu'il eût acquis le fonds que vous lui demandez, et il ne seroit plus en âge de l'exercer.

A. Je voudrois qu'il s'exerçât de bonne heure, car je n'ignore pas ce que peut l'action; mais je ne voudrois pas que, sous prétexte de s'exercer, il se jetât d'abord dans les emplois extérieurs qui ôtent la liberté d'étudier. Un jeune homme pourroit de temps en temps faire des essais; mais il faudroit que l'étude des bons livres fût long-temps son occupation principale.

C. Je crois ce que vous dites. Cela me fait souvenir d'un prédicateur de mes amis, qui vit, comme vous disiez, au jour la journée : il ne songe à une matière que quand il est engagé à la traiter; il renferme dans son cabinet, il feuillète la Concordance, Combéfis, *Polyanthea*, quelques sermonnaires qu'il a achetés, et certaines collections qu'il a faites de passages détachés, et trouvés comme par hasard.

A. Vous comprenez bien que tout cela ne sauroit faire un habile homme. En cet état on ne peut rien dire avec force, on n'est sûr de rien, tout a un air d'emprunt et de pièces rapportées, rien ne coule de source. On se fait grand tort à soi-même d'avoir tant d'impatience de se produire.

B. Dites-nous donc, avant que de nous quitter, quel est, selon vous, le grand effet de l'éloquence.

A. Platon dit qu'un discours n'est éloquent qu'autant qu'il agit dans l'ame de l'auditeur : par-là vous pouvez juger sûrement de tous les discours que vous entendez. Tout discours qui vous laissera froid, qui ne fera qu'amuser votre esprit, et qui ne remuera point vos entrailles, votre cœur, quelque beau qu'il paroisse, ne sera point éloquent. Voulez-vous entendre Cicéron parler comme Platon en cette matière? Il vous dira que toute la force de la parole ne doit tendre qu'à mouvoir les ressorts cachés que la nature a mis dans le cœur des hommes. Ainsi, consultez-vous vous-même pour savoir si les orateurs que vous écoutez font bien. S'ils font une vive impression sur vous, s'ils rendent votre ame attentive et sensible aux choses qu'ils disent, s'ils vous échauffent et vous enlèvent au-dessus de vous-même, croyez hardiment qu'ils ont atteint le but de l'éloquence. Si, au lieu de vous attendrir, ou de vous inspirer de fortes passions, ils ne font que vous plaire et que vous faire admirer l'éclat et la justesse de leurs pensées et de leurs expressions, dites que ce sont de faux orateurs.

B. Attendez un peu, s'il vous plaît; permettez-moi de vous faire encore quelques questions.

A. Je voudrois pouvoir attendre, car je me trouve bien ici; mais j'ai une affaire que je ne puis remettre. Demain je reviendrai vous voir, et nous achèverons cette matière plus à loisir.

B. Adieu donc, monsieur, jusqu'à demain.

SECOND DIALOGUE.

Pour atteindre son but, l'orateur doit *prouver*, *peindre*, et *toucher*. Principes sur l'art oratoire, sur la méthode d'apprendre et de débiter par cœur les sermons, sur la méthode des divisions et sous-divisions. L'orateur doit bannir sévèrement du discours les ornements frivoles.

B. Vous êtes un aimable homme d'être revenu si ponctuellement; la conversation d'hier nous a laissés en impatience d'en voir la suite.

C. Pour moi, je suis venu à la hâte, de peur d'arriver trop tard, car je ne veux rien perdre.

A. Ces sortes d'entretiens ne sont pas inutiles : on se communique mutuellement ses pensées; chacun dit ce qu'il a lu de meilleur. Pour moi, messieurs, je profite beaucoup à raisonner avec vous; vous souffrez mes libertés.

B. Laissez là le compliment : pour moi, je me fais justice, et je vois bien que sans vous je serois encore enfoncé dans plusieurs erreurs. Achevez, je vous prie, de m'en tirer.

A. Vos erreurs, si vous me permettez de parler ainsi, sont celles de la plupart des honnêtes gens qui n'ont point approfondi ces matières.

B. Achevez donc de me guérir : nous aurons mille choses à dire; ne perdons point de temps, et sans préambule venons au fait.

A. De quoi parlions-nous hier quand nous nous séparâmes? De bonne foi, je ne m'en souviens plus.

C. Vous parliez de l'éloquence, qui consiste toute à émouvoir.

B. Oui : j'avois peine à comprendre cela; comment l'entendez-vous?

A. Le voici. Que diriez-vous d'un homme qui persuaderoit sans prouver? Ce ne seroit pas là le vrai orateur; il pourroit séduire les autres hommes, ayant l'invention de les persuader sans leur montrer que ce qu'il leur persuaderoit seroit la vérité. Un tel homme seroit dangereux dans la république; c'est ce que nous avons vu dans les raisonnements de Socrate.

B. J'en conviens.

A. Mais que diriez-vous d'un homme qui prouveroit la vérité d'une manière exacte, sèche, nue; qui mettroit ses arguments en bonne forme, ou qui se serviroit de la méthode des géomètres dans ses discours publics, sans y ajouter rien de vif et de figuré? seroit-ce un orateur?

B. Non, ce ne seroit qu'un philosophe.

A. Il faut donc, pour faire un orateur, choisir un philosophe, c'est-à-dire un homme qui sache prouver la vérité, et ajouter à l'exactitude de ses raisonnements la beauté et la véhémence d'un discours varié pour en faire un orateur.

B. Oui, sans doute.

A. Et c'est en cela que consiste la différence de la conviction de la philosophie, et de la persuasion de l'éloquence.

B. Comment dites-vous? Je n'ai pas bien compris.

A. Je dis que le philosophe ne fait que convaincre, et que l'orateur, outre qu'il convainc, persuade.

B. Je n'entends pas bien encore. Que reste-t-il à faire quand l'auditeur est convaincu?

A. Il reste à faire ce que feroit un orateur plus qu'un métaphysicien en vous montrant l'existence de Dieu. Le métaphysicien vous fera une démonstration simple qui ne va qu'à la spéculation : l'orateur y ajoutera tout ce qui peut exciter en vous des sentiments, et vous faire aimer la vérité prouvée ; c'est ce qu'on appelle persuasion.

B. J'entends à cette heure votre pensée.

A. Cicéron a eu raison de dire qu'il ne falloit jamais séparer la philosophie de l'éloquence : car le talent de persuader sans science et sans sagesse est pernicieux ; et la sagesse, sans art de persuader, n'est point capable de gagner les hommes et de faire entrer la vertu dans les cœurs. Il est bon de remarquer cela en passant, pour comprendre combien les gens du dernier siècle se sont trompés. Il y avoit, d'un côté, des savants à belles-lettres qui ne cherchoient que la pureté des langues et les livres poliment écrits ; ceux-là, sans principes solides de doctrine, avec leur politesse et leur érudition, ont été la plupart libertins. D'un autre côté, on voyoit des scolastiques secs et épineux, qui proposoient la vérité d'une manière si désagréable et si peu sensible, qu'ils rebutoient presque tout le monde. Pardonnez-moi cette digression ; je reviens à mon but. La persuasion a donc au-dessus de la simple conviction, que non-seulement elle fait voir la vérité, mais qu'elle la dépeint aimable, et qu'elle émeut les hommes en sa faveur : ainsi, dans l'éloquence, tout consiste à ajouter à la preuve solide les moyens d'intéresser l'auditeur, et d'employer ses passions pour le dessein qu'on se propose. On lui inspire l'indignation contre l'ingratitude, l'horreur contre la cruauté, la compassion pour la misère, l'amour pour la vertu, et le reste de même. Voilà ce que Platon appelle agir sur l'ame de l'auditeur, et émouvoir ses entrailles. L'entendez-vous maintenant ?

B. Oui, je l'entends : et je vois bien par-là que l'éloquence n'est point une invention frivole pour éblouir les hommes par des discours brillants ; c'est un art très sérieux, et très utile à la morale.

A. De là vient ce que dit Cicéron, qu'il a vu bien des gens diserts, c'est-à-dire qui parloient avec agrément et d'une manière élégante ; mais qu'on ne voit presque jamais de vrai orateur, c'est-à-dire d'homme qui sache entrer dans le cœur des autres, et qui les entraîne.

B. Je ne m'en étonne plus, et je vois bien qu'il n'y a presque personne qui tende à ce but. Je vous avoue que Cicéron même, qui posa cette règle, semble s'en être écarté souvent. Que dites-vous de toutes les fleurs dont il a orné ses harangues ? Il me semble que l'esprit s'y amuse, et que le cœur n'en est point ému.

A. Il faut distinguer, monsieur. Les pièces de Cicéron encore jeune, où il ne s'intéresse que pour sa réputation, ont souvent ce défaut : il paroît bien qu'il est plus occupé du desir d'être admiré, que de la justice de sa cause. C'est ce qui arrivera toujours, lorsqu'une partie emploiera, pour plaider sa cause, un homme qui ne se soucie de son affaire que pour remplir sa profession avec éclat : aussi voyons-nous que la plaidoirie se tournoit souvent chez les Romains en déclamation fastueuse. Mais, après tout, il faut avouer qu'il y a dans ces harangues, même les plus fleuries, bien de l'art pour persuader et pour émouvoir. Ce n'est pourtant pas par cet endroit qu'il faut voir Cicéron pour le bien connoître ; c'est dans les harangues qu'il a faites, dans un âge plus avancé, pour les besoins de la république : alors l'expérience des grandes affaires, l'amour de la liberté, la crainte des malheurs dont il étoit menacé, lui faisoient faire des efforts dignes d'un orateur. Lorsqu'il s'agit de soutenir la liberté mourante, et d'animer toute la république contre Antoine son ennemi, vous ne le voyez plus chercher des jeux d'esprit et des antithèses : c'est là qu'il est véritablement éloquent ; tout y est négligé, comme il dit lui-même dans (*l'Orateur*) qu'on le doit être lorsqu'il s'agit d'être véhément : c'est un homme qui cherche simplement dans la seule nature tout ce qui est capable de saisir, d'animer et d'entraîner les hommes.

C. Vous nous avez parlé souvent des jeux d'esprit, je voudrois bien savoir ce que c'est précisément ; car je vous avoue que j'ai peine à distinguer, dans l'occasion, les jeux d'esprit d'avec les autres ornements du discours : il me semble que l'esprit se joue dans tous les discours ornés.

A. Pardonnez-moi : il y a, selon Cicéron même, des expressions dont tout l'ornement naît de leur force et de la nature du sujet.

C. Je n'entends point tous ces termes de l'art ; expliquez-moi, s'il vous plaît, familièrement à quoi je pourrai d'abord reconnoître un jeu d'esprit et un ornement solide.

A. La lecture et la réflexion pourront vous l'apprendre ; il y a cent manières différentes de jeux d'esprit.

C. Mais encore : de grace, quelle en est la marque générale ? est-ce l'affectation ?

A. Ce n'est pas toute sorte d'affectation ; mais c'est celle de vouloir plaire et montrer son esprit.

C. C'est quelque chose : mais je voudrois encore des marques plus précises pour aider mon discernement.

A. Eh bien ! en voici une qui vous contentera peut-être. Nous avons déjà dit que l'éloquence consiste, non-seulement dans la preuve, mais encore dans l'art d'exciter les passions. Pour les exciter, il faut les peindre ; ainsi je crois que toute l'éloquence se réduit à prouver, à peindre, et à toucher. Toutes les pensées brillantes qui ne vont point à une de ces trois choses ne sont que jeu d'esprit.

C. Qu'appelez-vous peindre? Je n'entends point tout votre langage.

A. Peindre, c'est non-seulement décrire les choses, mais en représenter les circonstances d'une manière si vive et si sensible, que l'auditeur s'imagine presque les voir. Par exemple, un froid historien qui raconteroit la mort de Didon se contenteroit de dire : Elle fut si accablée de douleur après le départ d'Énée, qu'elle ne put supporter la vie ; elle monta au haut de son palais, elle se mit sur un bûcher, et se tua elle-même. En écoutant ces paroles vous apprenez le fait, mais vous ne le voyez pas. Écoutez Virgile, il le mettra devant vos yeux. N'est-il pas vrai que quand il ramasse toutes les circonstances de ce désespoir, qu'il vous montre Didon furieuse avec un visage où la mort est déjà peinte, qu'il la fait parler à la vue de ce portrait et de cette épée, votre imagination vous transporte à Carthage ; vous croyez voir la flotte des Troyens qui fuit le rivage, et la reine que rien n'est capable de consoler : vous entrez dans tous les sentiments qu'eurent alors les véritables spectateurs. Ce n'est plus Virgile que vous écoutez ; vous êtes trop attentif aux dernières paroles de la malheureuse Didon pour penser à lui. Le poëte disparoît ; on ne voit plus que ce qu'il fait voir, on n'entend plus que ceux qu'il fait parler. Voilà la force de l'imitation et de la peinture. De là vient qu'un peintre et un poëte ont tant de rapport : l'un peint pour les yeux, l'autre pour les oreilles; l'un et l'autre doivent porter les objets dans l'imagination des hommes. Je vous ai cité un exemple tiré d'un poëte, pour vous faire mieux entendre la chose ; car la peinture est encore plus vive et plus forte dans les poëtes que dans les orateurs. La poésie ne diffère de la simple éloquence, qu'en ce qu'elle peint avec enthousiasme et par des traits plus hardis. La prose a ses peintures, quoique plus modérées : sans ces peintures, on ne peut échauffer l'imagination de l'auditeur ni exciter ses passions. Un récit simple ne peut émouvoir : il faut non-seulement instruire les auditeurs des faits, mais les leur rendre sensibles, et frapper leurs sens par une représentation parfaite de la manière touchante dont ils sont arrivés.

C. Je n'avois jamais compris tout cela. Je vois bien maintenant que ce que vous appelez peinture est essentiel à l'éloquence ; mais vous me feriez croire qu'il n'y a point d'éloquence sans poésie.

A. Vous pouvez le croire hardiment. Il en faut retrancher la versification, c'est-à-dire le nombre réglé de certaines syllabes, dans lequel le poëte renferme ses pensées. Le vulgaire ignorant s'imagine que c'est là la poésie : on croit être poëte quand on a parlé ou écrit en mesurant ses paroles. Au contraire, bien des gens font des vers sans poésie ; et beaucoup d'autres sont pleins de poésie sans faire de vers : laissons donc la versification. Pour tout le reste, la poésie n'est autre chose qu'une fiction vive qui peint la nature. Si on n'a ce génie de peindre, jamais on n'imprime les choses dans l'ame de l'auditeur ; tout est sec, languissant et ennuyeux. Depuis le péché originel, l'homme est tout enfoncé dans les choses sensibles ; c'est là son grand mal : il ne peut être long-temps attentif à ce qui est abstrait. Il faut donner du corps à toutes les instructions qu'on veut insinuer dans son esprit ; il faut des images qui l'arrêtent : de là vient que, sitôt après la chute du genre humain, la poésie et l'idolâtrie, toujours jointes ensemble, firent toute la religion des anciens. Mais ne nous écartons pas. Vous voyez bien que la poésie, c'est-à-dire la vive peinture des choses, est comme l'ame de l'éloquence.

C. Mais si les vrais orateurs sont poëtes, il me semble aussi que les poëtes sont orateurs ; car la poésie est propre à persuader.

A. Sans doute, ils ont le même but ; toute la différence consiste en ce que je vous ai dit. Les poëtes ont, au-dessus des orateurs, l'enthousiasme, qui les rend même plus élevés, plus vifs et plus hardis dans leurs expressions. Vous vous souvenez bien de ce que je vous ai rapporté tantôt de Cicéron ?

C. Quoi ! n'est-ce pas....?

A. Que l'orateur doit avoir la diction presque des poëtes ; ce *presque* dit tout.

C. Je l'entends bien à cette heure ; tout cela se débrouille dans mon esprit. Mais revenons à ce que vous nous avez promis.

A. Vous le comprendrez bientôt. A quoi peut servir dans un discours tout ce qui ne sert point à une de ces trois choses, la preuve, la peinture et le mouvement ?

C. Il servira à plaire.

A. Distinguons, s'il vous plaît : ce qui sert à plaire pour persuader est bon. Les preuves solides et bien expliquées plaisent sans doute; les mouvements vifs et naturels de l'orateur ont beaucoup de graces; les peintures fidèles et animées charment. Ainsi les trois choses que nous admettons dans l'éloquence plaisent; mais elles ne se bornent pas à plaire. Il est question de savoir si nous approuverons les pensées et les expressions qui ne vont qu'à plaire, et qui ne peuvent point avoir d'effet plus solide; c'est ce que j'appelle jeu d'esprit. Souvenez-vous donc bien, s'il vous plaît, toujours que je loue toutes les graces du discours qui servent à la persuasion; je ne rejette que celles où l'orateur, amoureux de lui-même, a voulu se peindre et amuser l'auditeur par son bel esprit, au lieu de le remplir uniquement de son sujet. Ainsi je crois qu'il faut condamner non-seulement tous les jeux de mots, car ils n'ont rien que de froid et de puéril; mais encore tous les jeux de pensées c'est-à-dire, toutes celles qui ne servent qu'à briller, puisqu'elles n'ont rien de solide et de convenable à la persuasion.

C. J'y consentirois volontiers. Mais n'ôteriez-vous pas, par cette sévérité, les principaux ornements du discours?

A. Ne trouvez-vous pas que Virgile et Homère sont des auteurs assez agréables? croyez-vous qu'il y en ait de plus délicieux? Vous n'y trouverez pourtant pas ce qu'on appelle des jeux d'esprit: ce sont des choses simples, la nature se montre partout, partout l'art se cache soigneusement; vous n'y trouvez pas un seul mot qui paroisse mis pour faire honneur au bel esprit du poëte; il met toute sa gloire à ne point paroître, pour vous occuper des choses qu'il peint, comme un peintre songe à vous mettre devant les yeux les forêts, les montagnes, les rivières, les lointains, les bâtiments, les hommes, leurs aventures, leurs actions, leurs passions différentes, sans que vous puissiez remarquer les coups du pinceau : l'art est grossier et méprisable dès qu'il paroît. Platon, qui avoit examiné tout cela beaucoup mieux que la plupart des orateurs, assure qu'en écrivant on doit toujours se cacher, se faire oublier, et ne produire que les choses et les personnes qu'on veut mettre devant les yeux du lecteur. Voyez combien ces anciens-là avoient des idées plus hautes et plus solides que nous.

B. Vous nous avez assez parlé de la peinture; dites-nous quelque chose des mouvements: à quoi servent-ils?

A. A en imprimer dans l'esprit de l'auditeur qui soient conformes au dessein de celui qui parle.

B. Mais ces mouvements, en quoi les faites-vous consister?

A. Dans les paroles, et dans les actions du corps.

B. Quel mouvement peut-il y avoir dans les paroles?

A. Vous l'allez voir. Cicéron rapporte que les ennemis mêmes de Gracchus ne purent s'empêcher de pleurer lorsqu'il prononça ces paroles : « Misérable! où irai-je? quel asile me reste-t-il? Le Capitole? il est inondé du sang de mon frère. Ma maison? j'y verrois une malheureuse mère fondre en larmes et mourir de douleur. » Voilà des mouvements. Si on disoit cela avec tranquillité, il perdroit sa force.

B. Le croyez-vous?

A. Vous le croirez aussi bien que moi, si vous l'essayez. Voyons-le : « Je ne sais où aller dans mon malheur, il ne me reste aucun asile. Le Capitole est le lieu où l'on a répandu le sang de mon frère; ma maison est un lieu où je verrois ma mère pleurer de douleur. » C'est la même chose. Qu'est devenue cette vivacité? où sont ces paroles coupées qui marquent si bien la nature dans les transports de la douleur? La manière de dire les choses fait voir la manière dont on les sent, et c'est ce qui touche davantage l'auditeur. Dans ces endroits-là, non-seulement il ne faut point de pensées, mais on en doit retrancher l'ordre et les liaisons; sans cela la passion n'est plus vraisemblable, et rien n'est si choquant qu'une passion exprimée avec pompe et par des périodes réglées. Sur cet article je vous renvoie à Longin; vous y verrez des exemples de Démosthène qui sont merveilleux.

B. J'entends tout cela : mais vous nous avez fait espérer l'explication de l'action du corps, je ne vous en tiens pas quitte.

A. Je ne prétends pas faire ici toute une rhétorique, je n'en suis pas même capable; je vous dirai seulement quelques remarques que j'ai faites. L'action des Grecs et des Romains étoit bien plus violente que la nôtre; nous le voyons dans Cicéron et dans Quintilien : ils battoient du pied, ils se frappoient même le front. Cicéron nous représente un orateur qui se jette sur la partie qu'il défend, et qui déchire ses habits pour montrer aux juges les plaies qu'il avoit reçues au service de la république. Voilà une action véhémente; mais cette action est réservée pour des choses extraordinaires. Il ne parle point d'un geste continuel. En effet, il n'est point naturel de remuer toujours les bras en parlant : il faut remuer les bras parce qu'on est animé; mais il ne faudroit pas, pour paroître animé, remuer les bras. Il y a des choses même qu'il faudroit dire tranquillement sans se remuer.

B. Quoi! vous voudriez qu'un prédicateur, par exemple, ne fît point de geste en quelques occasions? Cela paroîtroit bien extraordinaire.

A. J'avoue qu'on a mis en règle, ou du moins en coutume, qu'un prédicateur doit s'agiter sur tout ce qu'il dit presque indifféremment : mais il est bien aisé de montrer que souvent nos prédicateurs s'agitent trop, et que souvent aussi ils ne s'agitent pas assez.

B. Ah! je vous prie de m'expliquer cela, car j'avois toujours cru, sur l'exemple de N..., qu'il n'y avoit que deux ou trois sortes de mouvements de mains à faire dans tout un sermon.

A. Venons au principe. A quoi sert l'action du corps? n'est-ce pas à exprimer les sentiments et les passions qui occupent l'ame?

B. Je le crois.

A. Le mouvement du corps n'est donc que peinture des pensées de l'ame.

B. Oui.

A. Et cette peinture doit être ressemblante. Il faut que tout y représente vivement et naturellement les sentiments de celui qui parle, et la nature des choses qu'il dit. Je sais bien qu'il ne faut pas aller jusqu'à une représentation basse et comique.

B. Il me semble que vous avez raison, et je vois déjà votre pensée. Permettez-moi de vous interrompre, pour vous montrer combien j'entre dans toutes les conséquences de vos principes. Vous voulez que l'orateur exprime, par une action vive et naturelle, ce que ses paroles n'exprimeroient que d'une manière languissante. Ainsi, selon vous, l'action même est une peinture.

A. Sans doute. Mais voici ce qu'il en faut conclure; c'est que, pour bien peindre, il faut imiter la nature, et voir ce qu'elle fait quand on la laisse faire, et que l'art ne la contraint pas.

B. J'en conviens.

A. Voyons donc. Naturellement fait-on beaucoup de gestes quand on dit des choses simples, et où nulle passion n'est mêlée?

B. Non.

A. Il faudroit donc n'en faire point en ces occasions dans les discours publics, ou en faire très peu; car il faut que tout y suive la nature. Bien plus, il y a des choses où l'on exprimeroit mieux ses pensées par une cessation de tout mouvement. Un homme plein d'un grand sentiment demeure un moment immobile; cette espèce de saisissement tient en suspens l'ame de tous les auditeurs.

B. Je comprends que ces suspensions bien employées seroient belles, et puissantes pour toucher l'auditeur : mais il me semble que vous réduisez celui qui parle en public à ne faire pour le geste que ce que feroit un homme qui parleroit en particulier.

A. Pardonnez-moi : la vue d'une grande assemblée, et l'importance du sujet qu'on traite, doivent sans doute animer beaucoup plus un homme que s'il étoit dans une simple conversation. Mais, en public comme en particulier, il faut qu'il agisse toujours naturellement : il faut que son corps ait du mouvement quand ses paroles en ont, et que son corps demeure tranquille quand ses paroles n'ont rien que de doux et de simple. Rien ne me semble si choquant et si absurde, que de voir un homme qui se tourmente pour me dire des choses froides : pendant qu'il sue, il me glace le sang. Il y a quelque temps que je m'endormis à un sermon. Vous savez que le sommeil surprend aux sermons de l'après-midi : aussi ne prêchoit-on anciennement que le matin, à la messe, après l'évangile. Je m'éveillai bientôt, et j'entendis le prédicateur qui s'agitoit extraordinairement : je crus que c'étoit le fort de sa morale.

B. Eh bien! qu'étoit-ce donc?

A. C'est qu'il avertissoit ses auditeurs que, le dimanche suivant, il prêcheroit sur la pénitence. Cet avertissement, fait avec tant de violence, me surprit, et m'auroit fait rire, si le respect du lieu et de l'action ne m'eût retenu. La plupart de ces déclamateurs sont pour le geste comme pour la voix : leur voix a une monotonie perpétuelle, et leur geste une uniformité qui n'est ni moins ennuyeuse, ni moins éloignée de la nature, ni moins contraire au fruit qu'on pourroit attendre de l'action.

B. Vous dites qu'ils n'en ont pas assez quelquefois.

A. Faut-il s'en étonner? Ils ne discernent point les choses où il faut s'animer; ils s'épuisent sur des choses communes, et sont réduits à dire foiblement celles qui demanderoient une action véhémente. Il faut avouer même que notre nation n'est guère capable de cette véhémence; on est trop léger, et on ne conçoit pas assez fortement les choses. Les Romains, et encore plus les Grecs, étoient admirables en ce genre; les Orientaux y ont excellé, particulièrement les Hébreux. Rien n'égale la vivacité et la force, non-seulement des figures qu'ils employoient dans leurs discours, mais encore des actions qu'ils faisoient pour exprimer leurs sentiments, comme de mettre de la cendre sur leurs têtes, de déchirer leurs habits, et de se couvrir de sacs dans la douleur. Je ne parle point des choses que les prophètes faisoient pour figurer plus vivement les choses qu'ils vouloient prédire, à cause qu'elles étoient inspirées de Dieu : mais, les inspirations divines à part, nous voyons que ces gens-là s'entendoient bien autrement que nous à exprimer leur douleur, leur crainte et leurs autres passions. De là venoient sans doute ces grands effets de l'éloquence que nous ne voyons plus.

B. Vous voudriez donc beaucoup d'inégalité dans la voix et le geste?

A. C'est là ce qui rend l'action si puissante, et qui la faisoit mettre par Démosthène au-dessus de tout. Plus l'action et la voix paroissent simples et familières dans les endroits où l'on ne fait qu'instruire, que raconter, que s'insinuer ; plus préparent-elles de surprise et d'émotion pour les endroits où elles s'élèveront à un enthousiasme soudain. C'est une espèce de musique : toute la beauté consiste dans la variété des tons, qui haussent ou qui baissent selon les choses qu'ils doivent exprimer.

B. Mais, si l'on vous en croit, nos principaux orateurs mêmes sont bien éloignés du véritable art. Le prédicateur que nous entendîmes ensemble, il y a quinze jours, ne suit pas cette règle ; il ne paroît pas même s'en mettre en peine. Excepté les trente premières paroles, il dit tout d'un même ton ; et toute la différence qu'il y a entre les endroits où il veut s'animer et ceux où il ne le veut pas, c'est que dans les premiers il parle encore plus rapidement qu'à l'ordinaire.

A. Pardonnez-moi, monsieur : sa voix a deux tons, mais ils ne sont guère proportionnés à ses paroles. Vous avez raison de dire qu'il ne s'attache point à ces règles, je crois qu'il n'en a pas même senti le besoin. Sa voix est naturellement mélodieuse ; quoique très mal ménagée, elle ne laisse pas de plaire : mais vous voyez bien qu'elle ne fait dans l'ame aucune des impressions touchantes qu'elle feroit si elle avoit toutes les inflexions qui expriment les sentiments. Ce sont de belles cloches dont le son est clair, plein, doux et agréable ; mais, après tout, des cloches qui ne signifient rien, qui n'ont point de variété, ni par conséquent d'harmonie et d'éloquence.

B. Mais cette rapidité de discours a pourtant beaucoup de graces.

A. Elle en a sans doute : et je conviens que, dans certains endroits vifs, il faut parler plus vite ; mais parler avec précipitation, et ne pouvoir se retenir, est un grand défaut. Il y a des choses qu'il faut appuyer. Il en est de l'action et de la voix comme des vers : il faut quelquefois une mesure lente et grave qui peigne les choses de ce caractère, comme il faut quelquefois une mesure courte et impétueuse pour signifier ce qui est vif et ardent. Se servir toujours de la même action et de la même mesure de voix, c'est comme qui donneroit le même remède à toutes sortes de malades. Mais il faut pardonner à ce prédicateur l'uniformité de la voix et d'action ; car, outre qu'il a d'ailleurs des qualités très estimables, de plus ce défaut lui est nécessaire. N'avons-nous pas dit qu'il faut que l'action de la voix accompagne toujours les paroles ? Son style est tout uni, il n'a aucune variété : d'un côté rien de familier, d'insinuant et de populaire ; de l'autre rien de vif, de figuré et de sublime : c'est un cours réglé de paroles qui se pressent les unes les autres ; ce sont des déductions exactes, des raisonnements bien suivis et concluants, des portraits fidèles ; en un mot, c'est un homme qui parle en termes propres, et qui dit des choses très sensées. Il faut même reconnoître que la chaire lui a de grandes obligations ; il l'a tirée de la servitude des déclamateurs, il l'a remplie avec beaucoup de force et de dignité. Il est très capable de convaincre ; mais je ne connois guère de prédicateur qui persuade et qui touche moins. Si vous y prenez garde, il n'est pas même fort adroit ; car, outre qu'il n'a aucune manière insinuante et familière, ainsi que nous l'avons déjà remarqué ailleurs, il n'a rien d'affectueux, de sensible. Ce sont des raisonnements qui demandent de la contention d'esprit. Il ne reste presque rien de tout ce qu'il a dit dans la tête de ceux qui l'ont écouté : c'est un torrent qui a passé tout d'un coup, et qui laisse son lit à sec. Pour faire une impression durable, il faut aider les esprits en touchant les passions : les instructions sèches ne peuvent guère réussir. Mais ce que je trouve le moins naturel en ce prédicateur est qu'il donne à ses bras un mouvement continuel, pendant qu'il n'y a ni mouvement ni figure dans ses paroles. A un tel style il faudroit une action commune de conversation, ou bien il faudroit à cette action impétueuse un style plein de saillies et de véhémence ; encore faudroit-il, comme nous l'avons dit, ménager mieux cette véhémence, et la rendre moins uniforme. Je conclus que c'est un grand homme qui n'est point orateur. Un missionnaire de village qui sait effrayer et faire couler des larmes frappe bien plus au but de l'éloquence.

B. Mais quel moyen de connoître en détail les gestes et les inflexions de voix conformes à la nature ?

A. Je vous l'ai déja dit, tout l'art des bons orateurs ne consiste qu'à observer ce que la nature fait quand elle n'est point retenue. Ne faites point comme ces mauvais orateurs qui veulent toujours déclamer, et ne jamais parler à leurs auditeurs : il faut au contraire que chacun de vos auditeurs s'imagine que vous parlez à lui en particulier. Voilà à quoi servent les tons naturels, familiers et insinuants. Il faut, à la vérité, qu'ils soient toujours graves et modestes; il faut même qu'ils deviennent puissants et pathétiques dans les endroits où le discours s'élève et s'échauffe. N'espérez pas exprimer les passions par le seul effort de la voix ; beaucoup de gens, en criant et en s'agitant, ne font qu'étourdir. Pour réussir à peindre les passions, il faut étudier les mouvements qu'elles inspirent. Par exemple : remarquez ce que font les yeux, ce que font les mains, ce que fait tout le corps, et quelle est sa posture; ce que fait la voix d'un homme quand il est pénétré de douleur, ou surpris à la vue d'un objet étonnant. Voilà la nature qui se montre à vous, vous n'avez qu'à la suivre. Si vous employez l'art, cachez-le si bien par l'imitation, qu'on le prenne pour la nature même. Mais, à dire le vrai, il en est des orateurs comme des poëtes qui font des élégies ou d'autres vers passionnés. Il faut sentir la passion pour la bien peindre ; l'art, quelque grand qu'il soit, ne parle point comme la passion véritable. Ainsi vous serez toujours un orateur très imparfait, si vous n'êtes pénétré des sentiments que vous voulez peindre et inspirer aux autres; et ce n'est pas par spiritualité que je dis ceci, je ne parle qu'en orateur.

B. Je comprends cela. Mais vous nous avez parlé des yeux ; ont-ils leur éloquence?

A. N'en doutez pas. Cicéron et tous les autres anciens l'assurent. Rien ne parle tant que le visage, il exprime tout ; mais dans le visage, les yeux font le principal effet : un seul regard jeté bien à propos pénètre dans le fond des cœurs.

B. Vous me faites souvenir que le prédicateur dont nous parlions a d'ordinaire les yeux fermés : quand on le regarde de près, cela choque.

A. C'est qu'on sent qu'il lui manque une des choses qui devroient animer son discours.

B. Mais pourquoi le fait-il ?

A. Il se hâte de prononcer, et il ferme les yeux, parce que sa mémoire travaille trop.

B. J'ai bien remarqué qu'elle est fort chargée : quelquefois même il reprend plusieurs mots pour retrouver le fil du discours. Ces reprises sont désagréables, et sentent l'écolier qui sait mal sa leçon : elles feroient tort à un moindre prédicateur.

A. Ce n'est pas la faute du prédicateur, c'est la faute de la méthode qu'il a suivie après tant d'autres. Tant qu'on prêchera par cœur et souvent, on tombera dans cet embarras.

B. Comment donc, voudriez-vous qu'on ne prêchât point par cœur? Jamais on ne feroit des discours pleins de force et de justesse.

A. Je ne voudrois pas empêcher les prédicateurs d'apprendre par cœur certains discours extraordinaires, ils auroient assez de temps pour se bien préparer à ceux-là ; encore pourroient-ils s'en passer.

B. Comment cela ? Ce que vous dites paroît incroyable.

A. Si j'ai tort, je suis prêt à me rétracter : examinons cela sans prévention. Quel est le principal but de l'orateur ? n'avons-nous pas vu que c'est de persuader ? et, pour persuader, ne disions-nous pas qu'il faut toucher, en excitant les passions ?

B. J'en conviens.

A. La manière la plus vive et la plus touchante est donc la meilleure.

B. Cela est vrai : qu'en concluez-vous?

A. Lequel des deux orateurs peut avoir la manière la plus vive et la plus touchante, ou celui qui apprend par cœur, ou celui qui parle sans réciter mot à mot ce qu'il a appris?

B. Je soutiens que c'est celui qui a appris par cœur.

A. Attendez, posons bien l'état de la question. Je mets d'un côté un homme qui compose exactement tout son discours, et qui l'apprend par cœur jusqu'à la moindre syllabe : de l'autre je suppose un homme savant qui se remplit de son sujet, qui a beaucoup de facilité de parler (car vous ne voulez pas que les gens sans talent s'en mêlent) ; un homme enfin qui médite fortement tous les principes du sujet qu'il doit traiter, et dans toute leur étendue ; qui s'en fait un ordre dans l'esprit, qui prépare les plus fortes expressions par lesquelles il veut rendre son sujet sensible, qui range toutes ses preuves, qui prépare un certain nombre de figures touchantes. Cet homme sait sans doute tout ce qu'il doit dire, et la place où il doit mettre chaque chose : il ne lui reste, pour l'exécution, qu'à trouver les expressions communes qui doivent faire le corps du discours. Croyez-vous qu'un tel homme ait de la peine à les trouver?

B. Il ne les trouvera pas si justes et si ornées, qu'il les auroit trouvées à loisir dans son cabinet.

A. Je le crois. Mais, selon vous-même, il ne

perdra qu'un peu d'ornement; et vous savez ce que nous devons penser de cette perte, selon les principes que nous avons déjà posés. D'un autre côté, que ne gagnera-t-il pas pour la liberté et pour la force de l'action, qui est le principal! Supposant qu'il se soit beaucoup exercé à écrire, comme Cicéron le demande, qu'il ait lu tous les bons modèles, qu'il ait beaucoup de facilité naturelle et acquise, qu'il ait un fonds abondant de principes et d'érudition, qu'il ait bien médité tout son sujet, qu'il l'ait bien rangé dans sa tête; nous devons conclure qu'il parlera avec force, avec ordre, avec abondance. Ses périodes n'amuseront pas tant l'oreille : tant mieux; il en sera meilleur orateur. Ses transitions ne seront pas si fines : n'importe; outre qu'il peut les avoir préparées sans les apprendre par cœur, de plus ces négligences lui seront communes avec les plus éloquents orateurs de l'antiquité, qui ont cru qu'il falloit par-là imiter souvent la nature, et ne montrer pas une trop grande préparation. Que lui manquera-t-il donc? Il fera quelque petite répétition; mais elle ne sera pas inutile: non-seulement l'auditeur de bon goût prendra plaisir à y reconnoître la nature, qui reprend souvent ce qui la frappe davantage dans un sujet; mais cette répétition imprimera plus fortement les vérités : c'est la véritable manière d'instruire. Tout au plus trouvera-t-on dans son discours quelque construction peu exacte, quelque terme impropre, ou censuré par l'Académie, quelque chose d'irrégulier, ou, si vous voulez, de foible et de mal placé, qui lui aura échappé dans la chaleur de l'action. Il faudroit avoir l'esprit bien petit pour croire que ces fautes-là fussent grandes; on en trouvera de cette nature dans les plus excellents originaux. Les plus habiles d'entre les anciens les ont méprisées. Si nous avions d'aussi grandes vues qu'eux, nous ne serions guère occupés de ces minuties. Il n'y a que les gens qui ne sont pas propres à discerner les grandes choses qui s'amusent à celles-là. Pardonnez ma liberté : ce n'est qu'à cause que je vous crois bien différent de ces esprits-là, que je vous en parle avec si peu de ménagement.

B. Vous n'avez pas besoin de précaution avec moi; allons jusqu'au bout sans nous arrêter.

A. Considérez donc, monsieur, en même temps les avantages d'un homme qui n'apprend point par cœur : il se possède, il parle naturellement, il ne parle point en déclamateur; les choses coulent de source; ses expressions (si son naturel est riche pour l'éloquence) sont vives et pleines de mouvement; la chaleur même qui l'anime lui fait trouver des expressions et des figures qu'il n'auroit pu préparer dans son étude.

B. Pourquoi? Un homme s'anime dans son cabinet, et peut y composer des discours très vifs.

A. Cela est vrai; mais l'action y ajoute encore une plus grande vivacité. De plus, ce qu'on trouve dans la chaleur de l'action est tout autrement sensible et naturel; il a un air négligé, et ne sent point l'art comme presque toutes les choses composées à loisir. Ajoutez qu'un orateur habile et expérimenté proportionne les choses à l'impression qu'il voit qu'elles font sur l'auditeur; car il remarque fort bien ce qui entre et ce qui n'entre pas dans l'esprit, ce qui attire l'attention, ce qui touche les cœurs, et ce qui ne fait point ces effets. Il reprend les mêmes choses d'une autre manière, il les revêt d'images et de comparaisons plus sensibles; ou bien il remonte aux principes d'où dépendent des vérités qu'il veut persuader; ou bien il tâche de guérir les passions qui empêchent ces vérités de faire impression. Voilà le véritable art d'instruire et de persuader; sans ces moyens on ne fait que des déclamations vagues et infructueuses. Voyez combien l'orateur qui ne parle que par cœur est loin de ce but. Représentez-vous un homme qui n'oseroit dire que sa leçon : tout est nécessairement compassé dans son style; et il lui arrive ce que Denys d'Halicarnasse remarque qui est arrivé à Isocrate: sa composition est meilleure à être lue qu'à être prononcée. D'ailleurs, quoi qu'il fasse, ses inflexions de voix sont uniformes, et toujours un peu forcées : ce n'est point un homme qui parle, c'est un orateur qui récite ou qui déclame; son action est contraire, ses yeux trop arrêtés marquent que sa mémoire travaille, et il ne peut s'abandonner à un mouvement extraordinaire sans se mettre en danger de perdre le fil de son discours. L'auditeur voyant l'art si à découvert, bien loin d'être saisi et transporté hors de lui-même, comme il le faudroit, observer froidement tout l'artifice du discours.

B. Mais les anciens orateurs ne faisoient-ils pas ce que vous condamnez?

A. Je crois que non.

B. Quoi! vous croyez que Démosthène et Cicéron ne savoient point par cœur ces harangues si achevées que nous avons d'eux?

A. Nous voyons bien qu'ils les écrivoient; mais nous avons plusieurs raisons de croire qu'ils ne les apprenoient point par cœur mot à mot. Les discours même de Démosthène, tels qu'ils sont sur le papier, marquent bien plus la sublimité et la véhémence d'un grand génie accoutumé à parler fortement des affaires publiques, que l'exactitude et la politesse d'un homme qui compose. Pour Cicéron, on voit, en divers endroits de ses harangues, des choses nécessairement imprévues. Mais rapportons-nous-en à lui-même sur cette matière. Il veut que l'orateur ait beaucoup de mémoire. Il parle même de la mémoire artificielle comme d'une invention utile : mais tout ce qu'il en dit ne marque point que l'on doive apprendre mot à mot par cœur; au contraire, il paroît se borner à vouloir qu'on range exactement dans sa tête toutes les parties de son discours, et que l'on prémédite les figures et les principales expressions qu'on doit employer, se réservant d'y ajouter sur-le-champ ce que le besoin et la vue des objets pourroit inspirer : c'est pour cela même qu'il demande tant de diligence et de présence d'esprit dans l'orateur.

B. Permettez-moi de vous dire que tout cela ne me persuade point ; je ne puis croire qu'on parle si bien quand on parle sans avoir réglé toutes ses paroles.

C. Et moi je comprends bien ce qui vous rend si incrédule ; c'est que vous jugez de ceci par une expérience commune. Si les gens qui apprennent leurs sermons par cœur prêchoient sans cette préparation, ils prêcheroient apparemment fort mal. Je ne m'en étonne pas : ils ne sont pas accoutumés à suivre la nature; ils n'ont songé qu'à apprendre à écrire, et encore à écrire avec affectation; jamais ils n'ont songé à apprendre à parler d'une manière noble, forte et naturelle. D'ailleurs la plupart n'ont pas assez de fonds de doctrine pour se fier à eux-mêmes. La méthode d'apprendre par cœur met je ne sais combien d'esprits bornés et superficiels en état de faire des discours publics avec quelque éclat : il ne faut qu'assembler un certain nombre de passages et de pensées; si peu qu'on ait de génie et de secours, on donne, avec du temps, une forme polie à cette matière. Mais, pour le reste, il faut une méditation sérieuse des premiers principes, une connoissance étendue des mœurs, la lecture de l'antiquité, de la force de raisonnement et d'action. N'est-ce pas là, monsieur, ce que vous demandez de l'orateur qui n'apprend point par cœur ce qu'il doit dire?

A. Vous l'avez très bien expliqué. Je crois seulement qu'il faut ajouter que, quand ces qualités ne se trouveront pas éminemment dans un homme, il ne laissera pas de faire de bons discours, pourvu qu'il ait de la solidité d'esprit, un fonds raisonnable de science, et quelque facilité de parler. Dans cette méthode, comme dans l'autre, il y auroit divers degrés d'orateurs. Remarquez encore que la plupart des gens qui n'apprennent point par cœur ne se préparent pas assez : il faudroit étudier son sujet par une profonde méditation, préparer tous les mouvements qui peuvent toucher, et donner à tout cela un ordre qui servît même à mieux remettre les choses dans leur point de vue.

B. Vous nous avez déja parlé plusieurs fois de cet ordre : voulez-vous autre chose qu'une division? N'avez-vous pas encore sur cela quelque opinion singulière?

A. Vous pensez vous moquer ; je ne suis pas moins bizarre sur cet article que sur les autres.

B. Je crois que vous le dites sérieusement.

A. N'en doutez pas. Puisque nous sommes en train, je m'en vais vous montrer combien l'ordre manque à la plupart des orateurs.

B. Puisque vous aimez tant l'ordre, les divisions ne vous déplaisent pas.

A. Je suis bien éloigné de les approuver.

B. Pourquoi donc? ne mettent-elles pas l'ordre dans un discours?

A. D'ordinaire elles y en mettent un qui n'est qu'apparent. De plus, elles dessèchent et gênent le discours; elles le coupent en deux ou trois parties, qui interrompent l'action de l'orateur et l'effet qu'elle doit produire : il n'y a plus d'unité véritable, ce sont deux ou trois discours différents qui ne sont unis que par une liaison arbitraire. Le sermon d'avant-hier, celui d'hier et celui d'aujourd'hui, pourvu qu'ils soient d'un dessein suivi, comme les desseins d'Avent, font autant ensemble un tout et un corps de discours, que les trois points de ces sermons font un tout entre eux.

B. Mais, à votre avis, qu'est-ce donc que l'ordre? Quelle confusion y auroit-il dans un discours qui ne seroit point divisé !

A. Croyez-vous qu'il y ait beaucoup plus de confusion dans les harangues de Démosthène et de Cicéron, que dans les sermons du prédicateur de votre paroisse?

B. Je ne sais : je croirois que non.

A. Ne craignez pas de vous engager trop : les harangues de ces grands hommes ne sont pas divisées comme les sermons d'à présent. Non-seulement eux, mais encore Isocrate, dont nous avons tant parlé, et les autres anciens orateurs, n'ont point pris cette règle. Les Pères de l'Église ne l'ont point connue. Saint Bernard, le dernier d'entre eux, marque souvent des divisions; mais il ne les suit pas, et il ne partage point ses sermons. Les prédications ont été encore long-temps après sans être divisées, et c'est une invention très moderne qui nous vient de la scolastique.

B. Je conviens que l'école est un méchant modèle pour l'éloquence ; mais quelle forme donnoit-on donc anciennement à un discours ?

A. Je m'en vais vous le dire. On ne divisoit pas un discours, mais on y distinguoit soigneusement toutes les choses qui avoient besoin d'être distinguées ; on assignoit à chacune sa place, et on examinoit attentivement en quel endroit il falloit placer chaque chose pour la rendre plus propre à faire impression. Souvent une chose qui, dite d'abord, n'auroit paru rien, devient décisive lorsqu'elle est réservée pour un autre endroit où l'auditeur sera préparé par d'autres choses à en sentir toute la force. Souvent un mot qui a trouvé heureusement sa place y met la vérité dans tout son jour. Il faut laisser quelquefois une vérité enveloppée jusqu'à la fin : c'est Cicéron qui nous l'assure. Il doit y avoir partout un enchaînement de preuves ; il faut que la première prépare à la seconde, et que la seconde soutienne la première. On doit d'abord montrer en gros tout un sujet, et prévenir favorablement l'auditeur par un début modeste et insinuant, par un air de probité et de candeur. Ensuite on établit les principes ; puis on pose les faits d'une manière simple, claire et sensible, appuyant sur les circonstances dont on devra se servir bientôt après. Des principes, des faits, on tire les conséquences ; et il faut disposer le raisonnement de manière que toutes les preuves s'entr'aident pour être facilement retenues. On doit faire en sorte que le discours aille toujours croissant, et que l'auditeur sente de plus en plus le poids de la vérité : alors il faut déployer les images vives et les mouvements propres à exciter les passions. Pour cela il faut connoître la liaison que les passions ont entre elles ; celles qu'on peut exciter d'abord plus facilement, et qui peuvent servir à émouvoir les autres ; celles enfin qui peuvent produire les plus grands effets, et par lesquelles il faut terminer le discours. Il est souvent à propos de faire à la fin une récapitulation qui recueille en peu de mots toute la force de l'orateur, et qui remette devant les yeux tout ce qu'il a dit de plus persuasif. Au reste, il ne faut pas garder scrupuleusement cet ordre d'une manière uniforme ; chaque sujet a ses exceptions et ses propriétés. Ajoutez que, dans cet ordre même, on peut trouver une variété presque infinie. Cet ordre, qui nous est à peu près marqué par Cicéron, ne peut pas, comme vous le voyez, être suivi dans un discours coupé en trois, ni observé dans chaque point en particulier. Il faut donc un ordre, monsieur, mais un ordre qui ne soit point promis et découvert dès le commencement du discours. Cicéron dit que le meilleur, presque toujours, est de le cacher, et d'y mener l'auditeur sans qu'il s'en aperçoive. Il dit même en termes formels (car je m'en souviens) qu'il doit cacher jusqu'au nombre de ses preuves, en sorte qu'on ne puisse les compter, quoiqu'elles soient distinctes par elles-mêmes, et qu'il ne doit point y avoir de division du discours clairement marquée. Mais la grossièreté des derniers temps est allée jusqu'à ne point connoître l'ordre d'un discours, à moins que celui qui le fait n'en avertisse dès le commencement, et qu'il ne s'arrête à chaque point.

C. Mais les divisions ne servent-elles pas pour soulager l'esprit et la mémoire de l'auditeur ? C'est pour l'instruction qu'on le fait.

A. La division soulage la mémoire de celui qui parle. Encore même un ordre naturel, sans être marqué, feroit mieux cet effet ; car la véritable liaison des matières conduit l'esprit. Mais pour les divisions, elles n'aident que les gens qui ont étudié, et que l'école a accoutumés à cette méthode ; et si le peuple retient mieux la division que le reste, c'est qu'elle a été plus souvent répétée. Généralement parlant, les choses sensibles et de pratique sont celles qu'il retient le mieux.

B. L'ordre que vous proposez peut être bon sur certaines matières ; mais il ne convient pas à toutes, on n'a pas toujours des faits à poser.

A. Quand on n'en a point, on s'en passe ; mais il n'y a guère de matières où l'on en manque. Une des beautés de Platon est de mettre d'ordinaire, dans le commencement de ses ouvrages de morale, des histoires et des traditions qui sont comme le fondement de toute la suite du discours. Cette méthode convient bien davantage à ceux qui prêchent la religion ; car tout y est tradition, tout y est histoire, tout y est antiquité. La plupart des prédicateurs n'instruisent pas assez, et ne prouvent que foiblement, faute de remonter à ces sources.

B. Il y a déjà long-temps que vous nous parlez ; j'ai honte de vous arrêter davantage : cependant la curiosité m'entraîne. Permettez-moi de vous faire encore quelques questions sur les règles du discours.

A. Volontiers : je ne suis pas encore las, et il me reste un moment à donner à la conversation.

B. Vous voulez bannir sévèrement du discours tous les ornements frivoles : mais apprenez-moi, par des exemples sensibles, à les distinguer de ceux qui sont solides et naturels.

A. Aimez-vous les fredons dans la musique ? N'aimez-vous pas mieux ces tons animés qui peignent les choses et qui expriment les passions ?

B. Oui, sans doute. Les fredons ne font qu'amuser l'oreille, ils ne signifient rien, ils n'excitent aucun sentiment. Autrefois notre musique en étoit pleine; aussi n'avoit-elle rien que de confus et de foible. Présentement on a commencé à se rapprocher de la musique des anciens. Cette musique est une espèce de déclamation passionnée, elle agit fortement sur l'ame.

A. Je savois bien que la musique, à laquelle vous êtes fort sensible, me serviroit à vous faire entendre ce qui regarde l'éloquence; aussi faut-il qu'il y ait une espèce d'éloquence dans la musique même : on doit rejeter les fredons dans l'éloquence aussi bien que dans la musique. Ne comprenez-vous pas maintenant ce que j'appelle discours fredonnés, certains jeux de mots qui reviennent toujours comme des refrains, certains bourdonnements de périodes languissantes et uniformes? Voilà la fausse éloquence, qui ressemble à la mauvaise musique.

B. Mais encore, rendez-moi cela un peu plus sensible.

A. La lecture des bons et des mauvais orateurs vous formera un goût plus sûr que toutes les règles : cependant il est aisé de vous satisfaire en vous rapportant quelques exemples. Je n'en prendrai point dans notre siècle, quoiqu'il soit fertile en faux ornements. Pour ne blesser personne, revenons à Isocrate; aussi bien est-ce le modèle des discours fleuris et périodiques qui sont maintenant à la mode. Avez-vous lu cet éloge d'Hélène qui est si célèbre?

B. Oui, je l'ai lu autrefois.

A. Comment vous parut-il?

B. Admirable : je n'ai jamais vu tant d'esprit, d'élégance, de douceur, d'invention et de délicatesse. Je vous avoue qu'Homère, que je lus ensuite, ne me parut point avoir les mêmes traits d'esprit. Présentement que vous m'avez marqué le véritable but des poëtes et des orateurs, je vois bien qu'Homère est autant au-dessus d'Isocrate que son art est caché, et que celui de l'autre paroît. Mais enfin je fus alors charmé d'Isocrate, et je le serois encore si vous ne m'aviez détrompé. M.*** est l'Isocrate de notre temps; et je vois bien qu'en montrant le foible de cet orateur, vous faites le procès de tous ceux qui recherchent cette éloquence fleurie et efféminée.

A. Je ne parle que d'Isocrate. Dans le commencement de cet éloge, il relève l'amour que Thésée avoit eu pour Hélène; et il s'imagine qu'il donnera une haute idée de cette femme en dépeignant les qualités héroïques de ce grand homme, qui en fut passionné : comme si Thésée, que l'antiquité a toujours dépeint foible et inconstant dans ses amours, n'auroit pas pu être touché de quelque chose de médiocre. Puis il vient au jugement de Pâris. Junon, dit-il, lui promettoit l'empire de l'Asie, Minerve la victoire dans les combats, Vénus la belle Hélène. Comme Pâris ne put (poursuit-il) dans ce jugement regarder les visages de ces déesses à cause de leur éclat, il ne put juger que du prix des trois choses qui lui étoient offertes : il préféra Hélène à l'empire et à la victoire. Ensuite il loue le jugement de celui au discernement duquel les déesses mêmes s'étoient soumises. Je m'étonne [1], dit-il encore en faveur de Pâris, que quelqu'un le trouve imprudent d'avoir voulu vivre avec celle pour qui tant de demi-dieux voulurent mourir.

C. Je m'imagine entendre nos prédicateurs à antithèses et à jeux d'esprit. Il y a bien des Isocrates!

A. Voilà leur maître. Tout le reste de cet éloge est plein des mêmes traits; il est fondé sur la longue guerre de Troie, sur les maux que souffrirent les Grecs pour ravoir Hélène, et sur la louange de la beauté qui est si puissante sur les hommes. Rien n'y est prouvé sérieusement; il n'y a en tout cela aucune vérité de morale : il ne juge du prix des choses que par les passions des hommes. Mais non-seulement ses preuves sont foibles, de plus son style est tout fardé et amolli. Je vous ai rapporté cet endroit, tout profane qu'il est, à cause qu'il est très célèbre, et que cette mauvaise manière est maintenant fort imitée. Les autres discours les plus sérieux d'Isocrate se sentent beaucoup de cette mollesse de style, et sont pleins de ces faux brillants.

B. Je vois bien que vous ne voulez point de ces tours ingénieux qui ne sont ni des raisons solides et concluantes, ni des mouvements naturels et affectueux. L'exemple même d'Isocrate que vous apportez, quoiqu'il soit sur un sujet frivole, ne laisse pas d'être bon; car tout ce clinquant convient encore bien moins aux sujets sérieux et solides.

A. Revenons, monsieur, à Isocrate. Ai-je donc eu tort de parler de cet orateur comme Cicéron nous assure qu'Aristote en parloit?

B. Qu'en dit Cicéron?

A. Qu'Aristote voyant qu'Isocrate avoit transporté l'éloquence de l'action et de l'usage à l'a-

---

[1] Θαυμάζω δ' εἴ τίς οἴεται κακῶς βεβουλεῦσθαι τὸν μετὰ ταύτης ζῆν ἑλόμενον, ἧς ἕνεκα πολλοὶ τῶν ἡμιθέων ἀποθνήσκειν ἠθέλησαν.

musement et à l'ostentation, et qu'il attiroit par-là les plus considérables disciples, il lui appliqua un vers de Philoctète, pour marquer combien il étoit honteux de se taire et d'entendre ce déclamateur. En voilà assez, il faut que je m'en aille.

B. Vous ne vous en irez point encore, monsieur. Vous ne voulez donc point d'antithèses?

A. Pardonnez-moi : quand les choses qu'on dit sont naturellement opposées les unes aux autres, il faut en marquer l'opposition. Ces antithèses-là sont naturelles, et font sans doute une beauté solide; alors c'est la manière la plus courte et la plus simple d'exprimer les choses. Mais chercher un détour pour trouver une batterie de mots, cela est puéril. D'abord les gens de mauvais goût en sont éblouis; mais dans la suite ces affectations fatiguent l'auditeur. Connoissez-vous l'architecture de nos vieilles églises qu'on nomme gothique?

B. Oui, je la connois, on la trouve partout.

A. N'avez-vous pas remarqué ces roses, ces points, ces petits ornements coupés et sans dessein suivi, enfin tous ces colifichets dont elle est pleine? Voilà en architecture ce que les antithèses et les autres jeux de mots sont dans l'éloquence. L'architecture grecque est bien plus simple; elle n'admet que des ornements majestueux et naturels; on n'y voit rien que de grand, de proportionné, de mis en place. Cette architecture qu'on appelle gothique nous est venue des Arabes. Ces sortes d'esprits étant fort vifs, et n'ayant ni règle ni culture, ne pouvoient manquer de se jeter dans de fausses subtilités; de là leur vint ce mauvais goût en toutes choses. Ils ont été sophistes en raisonnements, amateurs de colifichets en architecture, et inventeurs de pointes en poésie et en éloquence. Tout cela est du même génie.

B. Cela est fort plaisant. Selon vous, un sermon plein d'antithèses et d'autres semblables ornements est fait comme une église bâtie à la gothique.

A. Oui; c'est précisément cela.

B. Encore une question, je vous en conjure, et puis je vous laisse.

A. Quoi?

B. Il me semble qu'il est bien difficile de traiter en style noble les détails; et cependant il faut le faire quand on veut être solide, comme vous demandez qu'on le soit. De grace un mot là-dessus.

A. On a tant de peur dans notre nation d'être bas, qu'on est d'ordinaire sec et vague dans les expressions. Veut-on louer un saint, on cherche des phrases magnifiques; on dit qu'il étoit admirable, que ses vertus étoient célestes, que c'étoit un ange, et non pas un homme : ainsi tout se passe en exclamations sans preuve et sans peinture. Tout au contraire les Grecs se servoient peu de tous ces termes généraux qui ne prouvent rien; mais ils disoient beaucoup de faits. Par exemple, Xénophon, dans toute la Cyropédie, ne dit pas une fois que Cyrus étoit admirable; mais il le fait partout admirer. C'est ainsi qu'il faudroit louer les saints, en montrant le détail de leurs sentiments et de leurs actions. Nous avons là-dessus une fausse politesse, semblable à celle de certains provinciaux qui se piquent de bel esprit : ils n'osent rien dire qui ne leur paroisse exquis et relevé; ils sont toujours guindés, et croiroient se trop abaisser en nommant les choses par leurs noms. Tout entre dans les sujets que l'éloquence doit traiter. La poésie même, qui est le genre le plus sublime, ne réussit qu'en peignant les choses avec toutes leurs circonstances. Voyez Virgile représentant les navires troyens qui quittent le rivage d'Afrique, ou qui arrivent sur la côte d'Italie; tout le détail y est peint. Mais il faut avouer que les Grecs poussoient encore plus loin le détail, et suivoient plus sensiblement la nature. A cause de ce grand détail, bien des gens, s'ils l'osoient, trouveroient Homère trop simple. Par cette simplicité si originale, et dont nous avons tant perdu le goût, ce poète a beaucoup de rapport avec l'Écriture; mais l'Écriture le surpasse autant qu'il a surpassé tout le reste de l'antiquité pour peindre naïvement les choses. En faisant un détail, il ne faut rien présenter à l'esprit de l'auditeur qui ne mérite son attention, et qui ne contribue à l'idée qu'on veut lui donner. Ainsi il faut être judicieux pour le choix des circonstances, mais il ne faut point craindre de dire tout ce qui sert; et c'est une politesse mal entendue que de supprimer certains endroits utiles, parce qu'on ne les trouve pas susceptibles d'ornements; outre qu'Homère nous apprend assez, par son exemple, qu'on peut embellir en leur manière tous les sujets. D'ailleurs il faut reconnoître que tout discours doit avoir ses inégalités : il faut être grand dans les grandes choses; il faut être simple sans être bas dans les petites; il faut tantôt de la naïveté et de l'exactitude, tantôt de la sublimité et de la véhémence. Un peintre qui ne représenteroit jamais que des palais d'une architecture somptueuse ne feroit rien de vrai, et lasseroit bientôt. Il faut suivre la nature dans ses variétés : après avoir peint une superbe ville, il est souvent à propos de faire voir un désert et des cabanes de bergers. La plupart des gens qui veulent faire de beaux discours cherchent sans choix également partout la pompe des paroles : ils croient avoir tout fait, pourvu qu'ils aient fait un amas de grands mots et de pensées vagues; ils ne songent qu'à charger leurs discours d'ornements; semblables aux méchants cuisiniers, qui ne savent rien assaisonner avec justesse, et qui croient donner un goût exquis aux viandes en y mettant beaucoup de sel et de poivre. La véritable éloquence n'a rien d'enflé ni d'ambitieux; elle se modère, et se proportionne aux sujets qu'elle traite et aux gens qu'elle instruit; elle n'est grande et sublime que quand il faut l'être.

B. Ce mot que vous nous avez dit de l'Écriture sainte me donne un desir extrême que vous m'en fassiez sentir la beauté : ne pourrons-nous point vous avoir demain à quelque heure?

A. Demain, il me sera difficile; je tâcherai pourtant de venir le soir. Puisque vous le voulez, nous parlerons de la parole de Dieu ; car jusqu'ici nous n'avons parlé que de celle des hommes.

B. Adieu, monsieur ; je vous conjure de nous tenir parole. Si vous ne venez pas, nous vous irons chercher.

TROISIÈME DIALOGUE.

En quoi consiste la véritable éloquence. Combien celle des livres saints est admirable. Importance et manière d'expliquer l'Écriture sainte. Moyens de se former à la prédication. Quelle doit être la matière ordinaire des instructions. Sur l'éloquence et le style des Pères. Sur les panégyriques.

C. Je doutois que vous vinssiez, et peu s'en est fallu que je n'allasse chez M. ***.

A. J'avois une affaire qui me gênoit; mais je me suis débarrassé heureusement.

C. J'en suis fort aise, car nous avons grand besoin d'achever la matière entamée.

S. Ce matin j'étois au sermon à ***, et je pensois à vous. Le prédicateur a parlé d'une manière édifiante ; mais je doute que le peuple entendît bien ce qu'il disoit.

A. Souvent cela arrive. J'ai vu une femme d'esprit qui disoit que les prédicateurs parlent latin en françois. La plus essentielle qualité d'un prédicateur est d'être instructif. Mais il faut être bien instruit pour instruire les autres : d'un côté, il faut entendre parfaitement toute la force des expressions de l'Écriture; de l'autre, il faut connoître précisément la portée des esprits auxquels on parle : cela demande une science fort solide, et un grand discernement. On parle tous les jours au peuple de l'Écriture, de l'Église, des deux lois, des sacrifices, de Moïse, d'Aaron, de Melchisédech, des prophètes, des apôtres ; et on ne se met point en peine de leur apprendre ce que signifient toutes ces choses, et ce qu'ont fait ces personnes-là. On suivroit vingt ans bien des prédicateurs sans apprendre la religion comme on la doit savoir.

B. Croyez-vous qu'on ignore les choses dont vous parlez?

A. Pour moi, je n'en doute pas. Peu de gens les entendent assez pour profiter des sermons.

B. Oui ; le peuple grossier les ignore.

C. Eh bien ! le peuple, n'est-ce pas lui qu'il faut instruire?

A. Ajoutez que la plupart des honnêtes gens sont peuple à cet égard-là. Il y a toujours les trois quarts de l'auditoire qui ignorent ces premiers fondements de la religion, que le prédicateur suppose qu'on sait.

B. Mais voudriez-vous que, dans un bel auditoire un prédicateur allât expliquer le catéchisme?

A. Je sais qu'il y faut apporter quelque tempérament ; mais on peut, sans offenser ses auditeurs, rappeler les histoires qui sont l'origine et l'institution de toutes les choses saintes. Bien loin que cette recherche de l'origine fût basse, elle donneroit à la plupart des discours une force et une beauté qui leur manquent. Nous avions déjà fait hier cette remarque en passant, surtout pour les mystères. L'auditoire n'est ni instruit ni persuadé, si on ne remonte à la source. Comment, par exemple, ferez-vous entendre au peuple ce que l'Église dit si souvent après saint Paul, que Jésus-Christ est notre pâque, si on n'explique quelle étoit la pâque des Juifs, instituée pour être un monument éternel de la délivrance d'Égypte, et pour figurer une délivrance bien plus importante qui étoit réservée au Sauveur. C'est pour cela que je vous disois que presque tout est historique dans la religion. Afin que les prédicateurs comprennent bien cette vérité, il faut qu'ils soient savants dans l'Écriture.

B. Pardonnez-moi si je vous interromps à l'occasion de l'Écriture. Vous nous disiez hier qu'elle est éloquente. Je fus ravis de vous l'entendre dire, et je voudrois bien que vous m'apprissiez à en connoître les beautés. En quoi consiste cette éloquence ? Le latin m'y paroît barbare en beaucoup d'endroits ; je n'y trouve point de délicatesse de pensées. Où est donc ce que vous admirez ?

A. Le latin n'est qu'une version littérale, où l'on a conservé par respect beaucoup de phrases hébraïques et grecques. Méprisez-vous Homère parce que nous l'avons traduit en mauvais françois?

B. Mais le grec lui-même (car il est original

pour presque tout le Nouveau Testament) me paroît fort mauvais.

A. J'en conviens. Les apôtres, qui ont écrit en grec, savoient mal cette langue, comme les autres Juifs hellénistes de leur temps : de là vient ce que dit saint Paul : *Imperitus sermone, sed non scientia*. Il est aisé de voir que saint Paul avoue qu'il ne sait pas bien la langue grecque, quoique d'ailleurs il leur explique exactement la doctrine des saintes Écritures.

B. Mais les apôtres n'eurent-ils pas le don des langues?

A. Ils l'eurent sans doute, et il passa même jusqu'à un grand nombre de simples fidèles : mais, pour les langues qu'ils savoient déjà par des voies naturelles, nous avons sujet de croire que Dieu les leur laissa parler comme ils les parloient auparavant. Saint Paul, qui étoit de Tarse, parloit naturellement le grec corrompu des Juifs hellénistes : nous voyons qu'il a écrit en cette manière. Saint Luc paroît l'avoir su un peu mieux.

C. Mais j'avois toujours compris que saint Paul vouloit dire dans ce passage qu'il renonçoit à l'éloquence, et qu'il ne s'attachoit qu'à la simplicité de la doctrine évangélique. Oui sûrement, et je l'ai ouï dire à beaucoup de gens de bien, que l'Écriture sainte n'est point éloquente. Saint Jérôme fut puni pour être dégoûté de sa simplicité, et pour aimer mieux Cicéron. Saint Augustin paroît, dans ses Confessions, avoir commis la même faute. Dieu n'a-t-il pas voulu éprouver notre foi, non-seulement par l'obscurité, mais encore par la bassesse du style de l'Écriture, comme par la pauvreté de Jésus-Christ?

A. Monsieur, je crains que vous n'alliez trop loin. Qui croiriez-vous plutôt, ou de saint Jérôme puni pour avoir trop suivi dans sa retraite le goût des études de sa jeunesse, ou de saint Jérôme consommé dans la science sacrée et profane, qui invite Paulin, dans une épître, à étudier l'Écriture sainte, et qui lui promet plus de charmes dans les prophètes qu'il n'en a trouvé dans les poëtes? Saint Augustin avoit-il plus d'autorité dans sa première jeunesse, où la bassesse apparente du style de l'Écriture, comme il le dit lui-même, le dégoûtoit, que quand il a composé ses livres *de la Doctrine chrétienne*? Dans ces livres, il dit souvent [1] que saint Paul a eu une éloquence merveilleuse, et que ce torrent d'éloquence est capable de se faire sentir, pour ainsi dire, à ceux-mêmes qui dorment. Il ajoute qu'en saint Paul la sagesse n'a point cherché la beauté des paroles ; mais que la beauté des paroles est allée au-devant de la sagesse. Il rapporte de grands endroits de ses Épîtres, où il fait voir tout l'art des orateurs profanes surpassé. Il excepte seulement deux choses dans cette comparaison : l'une, dit-il, que les orateurs profanes ont cherché les ornements de l'éloquence, et que l'éloquence a suivi naturellement saint Paul et les autres écrivains sacrés ; l'autre est que saint Augustin témoigne ne savoir pas assez les délicatesses de la langue grecque pour trouver dans les Écritures saintes le nombre et la cadence des périodes qu'on trouve dans les écrivains profanes. J'oubliois de vous dire qu'il rapporte cet endroit du prophète Amos [1] : *Malheur à vous qui êtes opulents dans Sion, et qui vous confiez à la montagne de Samarie!* Il assure que le prophète a surpassé, en cet endroit, tout ce qu'il y a de merveilleux dans les orateurs païens.

C. Mais comment entendez-vous ces paroles de saint Paul : *Non in persuasibilibus humanæ sapientiæ verbis?* Ne dit-il pas aux Corinthiens qu'il n'est point venu leur annoncer Jésus-Christ avec la sublimité du discours et de la sagesse ; qu'il n'a su parmi eux que Jésus, mais Jésus crucifié ; que sa prédication a été fondée, non sur les discours persuasifs de la sagesse humaine, mais sur les effets sensibles de l'esprit et de la puissance de Dieu, afin, continue-t-il, que votre foi ne soit point fondée sur la sagesse des hommes, mais sur la puissance divine? Que signifient donc ces paroles, monsieur? Que pouvoit-il dire de plus fort pour rejeter cet art de persuader que vous établissez ici? Pour moi, je vous avoue que j'ai été édifié, quand vous avez blâmé tous les ornements affectés que la vanité cherche dans les discours : mais la suite ne soutient pas un si pieux commencement. Vous allez faire de la prédication un art tout humain, et la simplicité apostolique en sera bannie.

A. Vous êtes mal édifié de mon estime pour l'éloquence ; et moi je suis fort édifié du zèle avec lequel vous m'en blâmez. Cependant, monsieur, il n'est pas inutile de nous éclaircir là-dessus. Je vois beaucoup de gens de bien qui, comme vous, croient que les prédicateurs éloquents blessent la simplicité évangélique. Pourvu que nous nous entendions, nous serons bientôt d'accord. Qu'entendez-vous par simplicité? qu'entendez-vous par éloquence?

C. Par simplicité, j'entends un discours sans art et sans magnificence ; par éloquence, j'entends au contraire un discours plein d'art et d'ornements.

---

[1] *De Doct. christ.*, lib. IV, n. 11 et seq., tom. III, pag. 68 et seq.

[1] *De Doct. christ.*, lib. IV, n. 17, pag. 71. *Amos*, VI, 1.

A. Quand vous demandez un discours simple, voulez-vous un discours sans ordre, sans liaison, sans preuves solides et concluantes, sans méthode pour instruire les ignorants? voulez-vous un prédicateur qui n'ait rien de pathétique, et qui ne s'applique point à toucher les cœurs?

C. Tout au contraire, je demande un discours qui instruise et qui touche.

A. Vous voulez donc qu'il soit éloquent; car nous avons déjà vu que l'éloquence n'est que l'art d'instruire et de persuader les hommes en les touchant.

C. Je conviens qu'il faut instruire et toucher; mais je voudrois qu'on le fît sans art, et par la simplicité apostolique.

A. Voyons donc si l'art et la simplicité apostolique sont incompatibles. Qu'entendez-vous par art?

C. J'entends certaines règles que l'esprit humain a trouvées, et qu'il suit dans le discours, pour le rendre plus beau et plus poli.

A. Si vous n'entendez par art que cette invention de rendre un discours plus poli pour plaire aux auditeurs, je ne dispute point sur les mots, et j'avoue qu'il faut ôter l'art des sermons; car cette vanité, comme nous l'avons vu, est indigne de l'éloquence, à plus forte raison du ministère apostolique. Ce n'est que sur cela que j'ai tant raisonné avec M. B. Mais si vous entendez par art et par éloquence ce que tous les habiles d'entre les anciens ont entendu, il ne faudra pas raisonner de même.

C. Comment l'entendoient-ils donc?

A. Selon eux, l'art de l'éloquence consiste dans les moyens que la réflexion et l'expérience ont fait trouver pour rendre un discours propre à persuader la vérité, et à en exciter l'amour dans le cœur des hommes; et c'est cela même que vous voulez trouver dans un prédicateur. Ne m'avez-vous pas dit, tout à cette heure, que vous voulez de l'ordre, de la méthode pour instruire, de la solidité de raisonnement, et des mouvements pathétiques, c'est-à-dire qui touchent et qui remuent les cœurs? L'éloquence n'est que cela. Appelez-la comme vous voudrez.

C. Je vois bien maintenant à quoi vous réduisez l'éloquence. Sous cette forme sérieuse et grave, je la trouve digne de la chaire, et nécessaire même pour instruire avec fruit. Mais comment entendez-vous le passage de saint Paul contre l'éloquence? Je vous en ai déjà dit les paroles; n'est-il pas formel?

A. Permettez-moi de commencer par vous demander une chose.

C. Volontiers.

A. N'est-il pas vrai que saint Paul raisonne admirablement dans ses Épîtres? Ses raisonnements contre les philosophes païens et contre les Juifs, dans l'Épître aux Romains, ne sont-ils pas beaux? Ce qu'il dit sur l'impuissance de la loi pour justifier les hommes n'est-il pas fort?

C. Oui, sans doute.

A. Ce qu'il dit dans l'Épître aux Hébreux sur l'insuffisance des anciens sacrifices, sur le repos promis par David aux enfants de Dieu, outre celui dont ils jouissoient dans la Palestine depuis Josué, sur l'ordre d'Aaron et sur celui de Melchisédech, et sur l'alliance spirituelle et éternelle qui devoit nécessairement succéder à l'alliance charnelle que Moïse avoit apportée pour un temps, tout cela n'est-il pas d'un raisonnement subtil et profond?

C. J'en conviens.

A. Saint Paul n'a donc pas voulu exclure du discours la sagesse et la force du raisonnement.

C. Cela est visible par son propre exemple.

A. Pourquoi croyez-vous qu'il ait voulu plutôt en exclure l'éloquence que la sagesse?

C. C'est parce qu'il rejette l'éloquence dans le passage dont je vous demande l'explication.

A. N'y rejette-t-il pas aussi la sagesse? Sans doute: ce passage est encore plus décisif contre la sagesse et le raisonnement humain que contre l'éloquence. Il ne laisse pourtant pas lui-même de raisonner et d'être éloquent. Vous convenez de l'un, et saint Augustin vous assure de l'autre.

C. Vous me faites parfaitement bien voir la difficulté; mais vous ne m'éclaircissez point. Comment expliquez-vous cela?

A. Le voici: Saint Paul a raisonné, saint Paul a persuadé; ainsi il étoit, dans le fond, excellent philosophe et orateur. Mais sa prédication, comme il le dit dans le passage en question, n'a été fondée ni sur le raisonnement ni sur la persuasion humaine; c'étoit un ministère dont toute la force venoit d'en haut. La conversion du monde entier devoit être, selon les prophéties, le grand miracle du christianisme. C'étoit ce royaume de Dieu qui venoit du ciel, et qui devoit soumettre au vrai Dieu toutes les nations de la terre. Jésus-Christ crucifié, annoncé aux peuples, devoit attirer tout à lui; mais attirer tout par l'unique vertu de sa croix. Les philosophes avoient raisonné sans convertir les hommes et sans se convertir eux-mêmes; les Juifs avoient été les dépositaires d'une loi qui leur montroit leurs maux sans leur apporter le remède; tout étoit sur la terre convaincu d'égarement et de corruption. Jésus-Christ vient avec sa croix, c'est-à-dire qu'il vient pauvre, humble et souffrant pour nous, pour imposer silence à notre raison vaine et présomptueuse : il ne raisonne point comme les philosophes, mais il décide avec autorité par ses miracles et par sa grace; il montre qu'il est au-dessus de tout : pour confondre la fausse sagesse des hommes, il leur oppose la folie et le scandale de sa croix, c'est-à-dire l'exemple de ses profondes humiliations. Ce que le monde croit une folie, ce qui le scandalise le plus, est ce qui le doit ramener à Dieu. L'homme a besoin d'être guéri de son orgueil et de son amour pour les choses sensibles. Dieu le prend par-là, il lui montre son Fils crucifié. Ses apôtres le prêchent, marchant sur ses traces. Ils n'ont recours à nul moyen humain; ni philosophie, ni éloquence, ni politique, ni richesse, ni autorité. Dieu, jaloux de son œuvre, n'en veut devoir le succès qu'à lui-même : il choisit ce qui est foible, il rejette ce qui est fort, afin de manifester plus sensiblement sa puissance. Il tire tout du néant pour convertir le monde, comme pour le former. Ainsi cette œuvre doit avoir ce caractère divin, de n'être fondée sur rien d'estimable selon la chair. C'eût été affoiblir et évacuer, comme dit saint Paul, la vertu miraculeuse de la croix, que d'appuyer la prédication de l'Évangile sur les secours de la nature. Il falloit que l'Évangile, sans préparation humaine, s'ouvrît lui-même les cœurs, et qu'il apprît au monde, par ce prodige, qu'il venoit de Dieu. Voilà la sagesse humaine confondue et réprouvée. Que faut-il conclure de là? Que la conversions des peuples et l'établissement de l'Église ne sont point dus aux raisonnements et aux discours persuasifs des hommes. Ce n'est pas qu'il n'y ait eu de l'éloquence et de la sagesse dans la plupart de ceux qui ont annoncé Jésus-Christ : mais ils ne se sont point confiés à cette sagesse et à cette éloquence; mais ils ne l'ont point recherchée comme ce qui devoit donner de l'efficace à leurs paroles. Tout a été fondé, comme dit saint Paul, non sur les discours persuasifs de la philosophie humaine, mais sur les effets de l'esprit et de la vertu de Dieu, c'est-à-dire sur les miracles qui frappoient les yeux, et sur l'opération intérieure de la grace.

C. C'est donc, selon vous-même, évacuer la croix du Sauveur, que de se fonder sur la sagesse et sur l'éloquence humaine en prêchant.

A. Oui, sans doute : le ministère de la parole est tout fondé sur la foi. Il faut prier, il faut purifier son cœur, il faut attendre tout du ciel, il faut s'armer du glaive de la parole de Dieu, et ne compter point sur la sienne : voilà la préparation essentielle. Mais, quoique le fruit intérieur de l'Évangile ne soit dû qu'à la pure grace et à l'efficace de la parole de Dieu, il y a pourtant certaines choses que l'homme doit faire de son côté.

C. Jusqu'ici vous avez bien parlé; mais vous allez, je le vois bien, rentrer dans vos premiers sentiments.

A. Je ne pense pas en être sorti. Ne croyez-vous pas que l'ouvrage de notre salut dépend de la grace?

C. Oui, cela est de foi.

A. Vous reconnoissez néanmoins qu'il faut de la prudence pour choisir certains genres de vie, et pour fuir les occasions dangereuses. Ne voulez-vous pas qu'on veille et qu'on prie? Quand on aura veillé et prié, aura-t-on évacué le mystère de la grace? Non, sans doute. Nous devons tout à Dieu; mais Dieu nous assujettit à un ordre extérieur de moyens humains. Les apôtres n'ont point cherché la vaine pompe et les graces frivoles des orateurs païens; ils ne se sont point attachés aux raisonnements subtils des philosophes, qui faisoient tout dépendre de ces raisonnements dans lesquels ils s'évaporoient, comme dit saint Paul; ils se sont contentés de prêcher Jésus-Christ avec toute la force et toute la magnificence du langage de l'Écriture. Il est vrai qu'ils n'avoient besoin d'aucune préparation pour ce ministère, parce que le Saint-Esprit, descendu visiblement sur eux, leur donnoit à l'heure même des paroles. La différence qu'il y a donc entre les apôtres et leurs successeurs est que leurs successeurs, n'étant pas inspirés miraculeusement comme eux, ont besoin de se préparer et de se remplir de la doctrine et de l'esprit des Écritures pour former leurs discours. Mais cette préparation ne doit jamais tendre à parler moins simplement que les apôtres. Ne serez-vous pas content, pourvu que les prédicateurs ne soient pas plus ornés dans leurs discours que saint Pierre, saint Paul, saint Jacques, saint Jude et saint Jean?

C. Je conviens que je le dois être; et j'avoue que l'éloquence ne consistant, comme vous le dites, que dans l'ordre et dans la force des paroles par lesquelles on persuade et on touche, elle ne me scandalise plus comme elle le faisoit. J'avois toujours pris l'éloquence pour un art entièrement profane.

A. Deux sortes de gens en ont cette idée : les faux orateurs; et nous avons vu combien ils s'égarent en cherchant l'éloquence dans une vaine pompe de paroles : les gens de bien qui ne sont pas assez instruits; et, pour ceux-là, vous voyez que, renonçant par humilité à l'éloquence comme à un faste de paroles, ils cherchent néanmoins l'éloquence véritable, puisqu'ils s'efforcent de persuader et de toucher.

C. J'entends maintenant tout ce que vous dites. Mais revenons à l'éloquence de l'Écriture.

A. Pour la sentir, rien n'est plus utile que d'avoir le goût de la simplicité antique : surtout la lecture des anciens Grecs sert beaucoup à y réussir. Je dis des anciens; car les Grecs, que les Romains méprisoient tant avec raison, et qu'ils appeloient *Græculi*, avoient entièrement dégénéré. Comme je vous le disois hier, il faut connoître Homère, Platon, Xénophon, et les autres des anciens temps; après cela l'Écriture ne vous surprendra plus. Ce sont presque les mêmes coutumes, les mêmes narrations, les mêmes images des grandes choses, les mêmes mouvements. La différence qui est entre eux est tout entière à l'honneur de l'Écriture : elle les surpasse tous infiniment en naïveté, en vivacité, en grandeur. Jamais Homère même n'a approché de la sublimité de Moïse dans ses Cantiques, particulièrement le dernier, que tous les enfants des Israélites devoient apprendre par cœur. Jamais nulle ode grecque ou latine n'a pu atteindre à la hauteur des Psaumes. Par exemple, celui qui commence ainsi, *Le Dieu des dieux, le Seigneur a parlé, et il a appelé la terre*[1], surpasse toute imagination humaine. Jamais Homère, ni aucun autre poète, n'a égalé Isaïe peignant la majesté de Dieu, aux yeux duquel les royaumes ne sont qu'un grain de poussière, l'univers qu'une tente qu'on dresse aujourd'hui et qu'on enlèvera demain : tantôt ce prophète a toute la douceur et toute la tendresse d'une églogue dans les riantes peintures qu'il fait de la paix; tantôt il s'élève jusqu'à laisser tout au-dessous de lui. Mais qu'y a-t-il dans l'antiquité profane de comparable au tendre Jérémie déplorant les maux de son peuple, ou à Nahum voyant de loin en esprit tomber la superbe Ninive sous les efforts d'une armée innombrable? On croit voir cette armée, on croit entendre le bruit des armes et des chariots; tout est dépeint d'une manière vive qui saisit l'imagination : il laisse Homère loin derrière lui. Lisez encore Daniel dénonçant à Balthazar la vengeance de Dieu toute prête à fondre sur lui; et cherchez, dans les plus sublimes originaux de l'antiquité, quelque chose qu'on puisse comparer à ces endroits-là. Au reste, tout se soutient dans l'Écriture, tout y garde le caractère qu'il doit avoir, l'histoire, le détail des lois, les descriptions, les endroits véhéments, les mystères, les discours de morale. Enfin il y a autant de différence entre les poètes profanes et les prophètes, qu'il y en a entre le véritable enthousiasme et le faux. Les uns, véritablement inspirés, expriment sensiblement quelque chose de divin; les autres, s'efforçant de s'élever au-dessus d'eux-mêmes, laissent toujours voir en eux la foiblesse humaine. Il n'y a que le second livre des Machabées, le livre de la Sagesse surtout à la fin, et celui de l'Ecclésiastique surtout au commencement, qui se sentent de l'enflure du style que les Grecs, alors déjà déchus, avoient répandu dans l'Orient, où leur langue s'étoit établie avec leur domination. Mais j'aurois beau vouloir vous parler de ces choses, il faut les lire pour les sentir.

B. Il me tarde d'en faire l'essai. On devroit s'appliquer à cette étude plus qu'on ne fait.

C. Je m'imagine bien que l'Ancien Testament est écrit avec cette magnificence et ces peintures vives dont vous nous parlez. Mais vous ne dites rien de la simplicité des paroles de Jésus-Christ.

A. Cette simplicité de style est tout-à-fait du goût antique; elle est conforme et à Moïse et aux prophètes, dont Jésus-Christ prend assez souvent les expressions : mais, quoique simple et familier, il est sublime et figuré en bien des endroits. Il seroit aisé de montrer en détail, les livres à la main, que nous n'avons point de prédicateur en notre siècle qui ait été aussi figuré dans ses sermons les plus préparés, que Jésus-Christ l'a été dans ses prédications populaires. Je ne parle point de ses discours rapportés par saint Jean, où presque tout est sensiblement divin; je parle de ses discours les plus familiers écrits par les autres évangélistes. Les apôtres ont écrit de même : avec cette différence que Jésus-Christ, maître de sa doctrine, la distribue tranquillement; il dit ce qu'il lui plaît, et il le dit sans aucun effort; il parle du royaume et de la gloire céleste comme de la maison de son Père. Toutes ces grandeurs qui nous étonnent lui sont naturelles; il y est né, et il ne dit que ce qu'il voit, comme il nous l'assure lui-même. Au contraire, les apôtres succombent sous le poids des vérités qui leur sont révélées; ils ne peuvent exprimer tout ce qu'ils conçoivent, les paroles leur manquent : de là viennent ces transpositions, ces expressions confuses, ces liaisons de discours qui ne peuvent finir. Toute cette irrégularité de style marque, dans saint Paul et dans les autres apôtres, que l'esprit de Dieu entraînoit le leur : mais, nonobstant tous ces petits désordres pour la diction, tout y est noble, vif et touchant. Pour l'Apocalypse, on y trouve la même magnificence et le même enthousiasme que dans les prophètes : les expressions sont souvent les

[1] *Ps.* XLIX.

mêmes, et quelquefois ce rapport fait qu'ils s'aident mutuellement à être entendus. Vous voyez donc que l'éloquence n'appartient pas seulement aux livres de l'Ancien Testament, mais qu'elle se trouve aussi dans le Nouveau.

C. Supposé que l'Écriture soit éloquente, qu'en voulez-vous conclure?

A. Que ceux qui doivent la prêcher peuvent, sans scrupule, imiter ou plutôt emprunter son éloquence.

C. Aussi en choisit-on les passages qu'on trouve les plus beaux.

A. C'est défigurer l'Écriture, que de ne la faire connoître aux chrétiens que par des passages détachés. Ces passages, tout beaux qu'ils sont, ne peuvent seuls faire sentir toute leur beauté, quand on n'en connoît point la suite; car tout est suivi dans l'Écriture, et cette suite est ce qu'il y a de plus grand est de plus merveilleux. Faute de la connoître on prend ces passages à contre-sens; on leur fait dire tout ce qu'on veut, et on se contente de certaines interprétations ingénieuses, qui, étant arbitraires, n'ont aucune force pour persuader les hommes et pour redresser leurs mœurs.

B. Que voudriez-vous donc des prédicateurs? qu'ils ne fissent que suivre le texte de l'Écriture?

A. Attendez: au moins je voudrois que les prédicateurs ne se contentassent pas de coudre ensemble des passages rapportés; je voudrois qu'ils expliquassent les principes et l'enchaînement de la doctrine de l'Écriture; je voudrois qu'ils en prissent l'esprit, le style et les figures; que tous leurs discours servissent à en donner l'intelligence et le goût. Il n'en faudroit pas davantage pour être éloquent: car ce seroit imiter le plus parfait modèle de l'éloquence.

B. Mais pour cela il faudroit donc, comme je vous disois, expliquer de suite le texte.

A. Je ne voudrois pas y assujettir tous les prédicateurs. On peut faire des sermons sur l'Écriture, sans expliquer l'Écriture de suite. Mais il faut avouer que ce seroit toute autre chose, si les pasteurs, suivant l'ancien usage, expliquoient de suite les saints livres au peuple. Représentez-vous quelle autorité auroit un homme qui ne diroit rien de sa propre invention, et qui ne feroit que suivre et expliquer les pensées et les paroles de Dieu même. D'ailleurs, il feroit deux choses à la fois: en expliquant les vérités de l'Écriture, il en expliqueroit le texte, et accoutumeroit les chrétiens à joindre toujours le sens et la lettre. Quel avantage pour les accoutumer à se nourrir de ce pain sacré? Un auditoire qui auroit déjà entendu expliquer toutes les principales choses de l'ancienne loi seroit bien autrement en état de profiter de l'explication de la nouvelle, que ne le sont la plupart des chrétiens d'aujourd'hui. Le prédicateur dont nous parlions tantôt a ce défaut parmi de grandes qualités, que ses sermons sont de beaux raisonnements sur la religion, et qu'ils ne sont point la religion même. On s'attache trop aux peintures morales, et on n'explique pas assez les principes de la doctrine évangélique.

B. C'est qu'il est bien plus aisé de peindre les désordres du monde, que d'expliquer solidement le fond du christianisme. Pour l'un, il ne faut que de l'expérience du commerce du monde, et des paroles: pour l'autre, il faut une sérieuse et profonde méditation des saintes Écritures. Peu de gens savent assez toute la religion pour la bien expliquer. Tel fait des sermons qui sont beaux, qui ne sauroit faire un catéchisme solide, encore moins une homélie.

A. Vous avez mis le doigt sur le but. Aussi la plupart des sermons sont-ils des raisonnements de philosophes. Souvent on ne cite l'Écriture qu'après coup, par bienséance ou pour l'ornement. Alors ce n'est plus la parole de Dieu, c'est la parole et l'invention des hommes.

C. Vous convenez bien que ces gens-là travaillent à évacuer la croix de Jésus-Christ.

A. Je vous les abandonne. Je me retranche à l'éloquence de l'Écriture, que les prédicateurs évangéliques doivent imiter. Ainsi nous sommes d'accord, pourvu que vous n'excusiez pas certains prédicateurs zélés, qui, sous prétexte de simplicité apostolique, n'étudient solidement ni la doctrine de l'Écriture, ni la manière merveilleuse dont Dieu nous y a appris à persuader les hommes: ils s'imaginent qu'il n'y a qu'à crier, et qu'à parler souvent du diable et de l'enfer. Sans doute il faut frapper les peuples par des images vives et terribles; mais c'est dans l'Écriture qu'on apprendroit à faire ces grandes impressions. On y apprendroit aussi admirablement la manière de rendre les instructions sensibles et populaires, sans leur faire perdre la gravité et la force qu'elles doivent avoir. Faute de ces connoissances, on ne fait souvent qu'étourdir le peuple: il ne lui reste dans l'esprit guère de vérités distinctes, et les impressions de crainte même ne sont pas durables. Cette simplicité qu'on affecte n'est quelquefois qu'une ignorance et une grossièreté qui tente Dieu. Rien ne peut excuser ces gens-là, que la droiture de leurs intentions. Il faudroit avoir long-temps étudié et médité les saintes Écritures; avant que de prêcher. Un prêtre qui les sauroit bien solidement et qui auroit le talent de parler, joint à l'autorité du ministère et du bon exemple, n'auroit pas besoin d'une longue préparation pour faire d'excellents discours : on parle aisément des choses dont on est plein et touché. Surtout une matière comme celle de la religion, fournit de hautes pensées, et excite de grands sentiments. voilà ce qui fait la vraieé loquence. Mais il faudroit trouver, dans un prédicateur, un père qui parlât à ses enfants avec tendresse, et non un déclamateur qui prononçât avec emphase. Ainsi il seroit à souhaiter qu'il n'y eût communément que les pasteurs qui donnassent la pâture aux troupeaux selon leurs besoins. Pour cela il ne faudroit d'ordinaire choisir pour pasteurs que des prêtres qui eussent le don de la parole. Il arrive au contraire deux maux : l'un, que les pasteurs muets ou qui parlent sans talent sont peu estimés ; l'autre, que la fonction de prédicateur volontaire attire dans cet emploi je ne sais combien d'esprits vains et ambitieux. Vous savez que le ministère de la parole a été réservé aux évêques pendant plusieurs siècles, surtout en Occident. Vous connoissez l'exemple de saint Augustin, qui, contre la règle commune, fut engagé, n'étant encore que prêtre, à prêcher, parce que Valérius, son prédécesseur, étoit un étranger qui ne parloit pas facilement : voilà le commencement de cet usage en Occident. En Orient, on commença plus tôt à faire prêcher les prêtres : les sermons que saint Chrysostome, n'étant que prêtre, fit à Antioche, en sont une marque.

C. Je suis persuadé de cela comme vous. Il ne faudroit communément laisser prêcher que les pasteurs ; ce seroit le moyen de rendre à la chaire la simplicité et l'autorité qu'elle doit avoir : car les pasteurs qui joindroient à l'expérience du travail et de la conduite des ames la science des Écritures, parleroient d'une manière bien plus convenable aux besoins de leurs auditeurs ; au lieu que les prédicateurs qui n'ont que la spéculation entrent bien moins dans les difficultés, ne se proportionnent guère aux esprits, et parlent d'une manière plus vague. Outre la grace attachée à la voix du pasteur, voilà des raisons sensibles pour préférer ses sermons à ceux des autres. A quel propos tant de prédicateurs jeunes, sans expérience, sans science, sans sainteté ? Il vaudroit bien mieux avoir moins de sermons, et en avoir de meilleurs.

B. Mais il y a beaucoup de prêtres qui ne sont point pasteurs, et qui prêchent avec beaucoup de fruit. Combien y a-t-il même de religieux qui remplissent dignement les chaires !

C. J'en conviens : aussi voudrois-je les faire pasteurs. Ce sont ces gens-là qu'il faudroit établir malgré eux dans les emplois à charge d'ames. Ne cherchoit-on pas autrefois parmi les solitaires ceux qu'on vouloit élever sur le chandelier de l'Église ?

A. Mais ce n'est pas à nous à régler la discipline : chaque temps a ses coutumes, selon les conjonctures. Respectons, monsieur, toutes les tolérances de l'Église ; et, sans aucun esprit de critique, achevons de former selon notre idée un vrai prédicateur.

C. Il me semble que je l'ai déjà tout entière sur les choses que vous avez dites.

A. Voyons ce que vous en pensez.

C. Je voudrois qu'un homme eût étudié solidement pendant sa jeunesse tout ce qu'il y a de plus utile dans la poésie et dans l'éloquence grecque et latine.

A. Cela n'est pas nécessaire. Il est vrai que, quand on a bien fait ces études, on en peut tirer un grand fruit pour l'intelligence même de l'Écriture, comme saint Basile l'a montré dans un traité qu'il a fait exprès sur ce sujet [1]. Mais, après tout, on peut s'en passer. Dans les premiers siècles de l'Église, on s'en passoit effectivement. Ceux qui avoient étudié ces choses lorsqu'ils étoient dans le siècle en tiroient de grands avantages pour la religion lorsqu'ils étoient pasteurs ; mais on ne permettoit pas à ceux qui les ignoroient de les apprendre lorsqu'ils étoient déja engagés dans l'étude des saintes lettres [2]. On étoit persuadé que l'Écriture suffisoit : de là vient ce que vous voyez dans les *Constitutions apostoliques*, qui exhortent les fidèles à ne lire point les auteurs païens. Si vous voulez de l'histoire, dit ce livre [3], si vous voulez des lois, des préceptes moraux, de l'éloquence, de la poésie, vous trouvez tout dans les Écritures. En effet, on n'a pas besoin, comme nous l'avons vu, de chercher ailleurs ce qui peut former le goût et le jugement pour l'éloquence même. Saint Augustin [4] dit que plus on est pauvre de son propre fonds, plus on doit s'enrichir dans ces sources sacrées ; et qu'étant par soi-même petit pour exprimer de si grandes choses, on a besoin de croître par cette autorité de l'Écriture. Mais je vous demande pardon de vous avoir interrompu. Continuez, s'il vous plaît, monsieur.

C. Eh bien ! contentons-nous de l'Écriture. Mais n'y ajouterons-nous pas les Pères ?

---

[1] S. BASILE, *de la Lecture des livres des païens*. Hom. XXII; Op., tom. II, pag. 173.
[2] S. AUG., *de Doct. christ.*, lib. II, n. 58, tom. III, pag. 42.
[3] Lib. I, cap. VI.
[4] S. AUG., *de Doct. christ.*, lib. IV, n. 8, pag. 67.

A. Sans doute : ils sont les canaux de la tradition ; c'est par eux que nous découvrons la manière dont l'Église a interprété l'Écriture dans tous les siècles.

C. Mais faut-il s'engager à expliquer toujours tous les passages suivant les interprétations qu'ils leur ont données ? Il me semble que souvent l'un donne un sens spirituel, et l'autre un autre tout différent : lequel choisir ? car on n'auroit jamais fait, si on vouloit les dire tous.

A. Quand on dit qu'il faut toujours expliquer l'Écriture conformément à la doctrine des Pères, c'est-à-dire à leur doctrine constante et uniforme. Ils ont donné souvent des sens pieux qui n'ont rien de littéral, ni de fondé sur la doctrine des mystères et des figures prophétiques. Ceux-là sont arbitraires ; et alors on n'est pas obligé de les suivre, puisqu'ils ne se sont pas suivis les uns les autres. Mais, dans les endroits où ils expliquent le sentiment de l'Église sur la doctrine de la foi, ou sur les principes des mœurs, il n'est pas permis d'expliquer l'Écriture en un sens contraire à leur doctrine. Voilà comment il faut reconnoître leur autorité.

C. Cela me paroît clair. Je voudrois qu'un prêtre, avant que de prêcher, connût le fond de leur doctrine pour s'y conformer. Je voudrois même qu'on étudiât leurs principes de conduite, leurs règles de modération, et leur méthode d'instruire.

A. Fort bien, ce sont nos maîtres. C'étoient des esprits très élevés, de grandes âmes pleines de sentiments héroïques, des gens qui avoient une expérience merveilleuse des esprits et des mœurs des hommes, qui avoient acquis une grande autorité, et une grande facilité de parler. On voit même qu'ils étoient très polis, c'est-à-dire parfaitement instruits de toutes les bienséances, soit pour écrire, soit pour parler en public, soit pour converser familièrement, soit pour remplir toutes les fonctions de la vie civile. Sans doute tout cela devoit les rendre fort éloquents, et fort propres à gagner les hommes. Aussi trouve-t-on dans leurs écrits une politesse, non-seulement de paroles, mais de sentiments et de mœurs, qu'on ne trouve point dans les écrivains des siècles suivants. Cette politesse, qui s'accorde très bien avec la simplicité, et qui les rendoit gracieux et insinuants, faisoit de grands effets pour la religion. C'est ce qu'on ne sauroit trop étudier en eux. Ainsi, après l'Écriture, voilà les sources pures des bons sermons.

C. Quand un homme auroit acquis ce fonds, et que ses vertus exemplaires auroient édifié l'Église, il seroit en état d'expliquer l'Évangile avec beaucoup d'autorité et de fruit. Par les instructions familières et par les conférences dans lesquelles on l'auroit exercé de bonne heure, il auroit acquis une liberté et une facilité suffisante pour bien parler. Je comprends encore que de telles gens étant appliqués à tout le détail du ministère, c'est-à-dire à administrer les sacrements, à conduire les âmes, à consoler les mourants et les affligés, ils ne pourroient point avoir le temps d'apprendre par cœur des sermons fort étudiés : il faudroit que la bouche parlât selon l'abondance du cœur, c'est-à-dire qu'elle répandît sur le peuple la plénitude de la science évangélique et les sentiments affectueux du prédicateur. Sur ce que vous disiez hier des sermons qu'on apprend par cœur, j'ai eu la curiosité d'aller chercher un endroit de saint Augustin que j'avois lu autrefois : en voici le sens. Il prétend que les prédicateurs doivent parler d'une manière encore plus claire et plus sensible que les autres gens, parce que, la coutume et la bienséance ne permettant pas de les interroger, ils doivent craindre de ne se proportionner pas assez à leurs auditeurs. C'est pourquoi, dit-il, ceux qui apprennent leurs sermons mot à mot, et qui ne peuvent répéter et éclaircir une vérité jusqu'à ce qu'ils remarquent qu'on l'a comprise, se privent d'un grand fruit. Vous voyez bien par-là que saint Augustin se contentoit de préparer les choses dans son esprit, sans mettre dans sa mémoire toutes les paroles de ses sermons. Quand même les règles de la vraie éloquence demanderoient quelque chose de plus, celles du ministère évangélique ne permettroient pas d'aller plus loin. Pour moi je suis, il y a long-temps, de votre avis là-dessus. Pendant qu'il y a tant de besoins pressants dans le christianisme, pendant que le prêtre, qui doit être l'homme de Dieu, préparé à toute bonne œuvre, devroit se hâter de déraciner l'ignorance et les scandales du champ de l'Église, je trouve qu'il est fort indigne de lui qu'il passe sa vie dans son cabinet à arrondir des périodes, à retoucher des portraits, et à inventer des divisions : car, dès qu'on s'est mis sur le pied de ces sortes de prédicateurs, on n'a plus le temps de faire autre chose, on ne fait plus d'autre étude ni d'autre travail ; encore même, pour se soulager, se réduit-on souvent à redire toujours les mêmes sermons. Quelle éloquence que celle d'un homme dont l'auditeur sait par avance toutes les expressions et tous les mouvements ! Vraiment, c'est bien là le moyen de surprendre, d'étonner, d'attendrir, de saisir et de persuader les hommes !

Voilà une étrange manière de cacher l'art et de faire parler la nature! Pour moi, je le dis franchement, tout cela me scandalise. Quoi! le dispensateur des mystères de Dieu sera-t-il un déclamateur oisif, jaloux de sa réputation, et amoureux d'une vaine pompe? n'osera-t-il parler de Dieu à son peuple sans avoir rangé toutes ses paroles, et appris en écolier sa leçon par cœur?

A. Votre zèle me fait plaisir. Ce que vous dites est véritable. Il ne faut pourtant pas le dire trop fortement; car on doit ménager beaucoup de gens de mérite et même de piété, qui, déférant à la coutume, ou préoccupés par l'exemple, se sont engagés de bonne foi dans la méthode que vous blâmez avec raison. Mais j'ai honte de vous interrompre si souvent. Achevez, je vous prie.

C. Je voudrois qu'un prédicateur expliquât toute la religion, qu'il la développât d'une manière sensible, qu'il montrât l'institution des choses, qu'il en marquât la suite et la tradition, qu'en montrant ainsi l'origine et l'établissement de la religion il détruisît les objections des libertins sans entreprendre ouvertement de les attaquer, de peur de scandaliser les simples fidèles.

A. Vous dites très bien; car la véritable manière de prouver la vérité de la religion est de la bien expliquer. Elle se prouve elle-même, quand on en donne la vraie idée. Toutes les autres preuves, qui ne sont pas tirées du fond et des circonstances de la religion même, lui sont comme étrangères. Par exemple, la meilleure preuve de la création du monde, du déluge, et des miracles de Moïse, c'est la nature de ces miracles et la manière dont l'histoire en est écrite : il ne faut, à un homme sage et sans passion, que les lire pour en sentir la vérité.

C. Je voudrois encore qu'un prédicateur expliquât assidûment et de suite au peuple, outre tout le détail de l'Évangile et des mystères, l'origine et l'institution des sacrements, les traditions, les disciplines, l'office et les cérémonies de l'Église : par-là, on prémuniroit les fidèles contre les objections des hérétiques; on les mettroit en état de rendre raison de leur foi, et de toucher même ceux d'entre les hérétiques qui ne sont point opiniâtres. Toutes ces instructions affermiroient la foi, donneroient une haute idée de la religion, et feroient que le peuple profiteroit pour son édification de tout ce qu'il voit dans l'Église; au lieu qu'avec l'instruction superficielle qu'on lui donne, il ne comprend presque rien de tout ce qu'il voit, et il n'a même qu'une idée très confuse de ce qu'il entend dire au prédicateur. C'est principalement à cause de cette suite d'instructions que je voudrois que des gens fixes, comme les pasteurs, prêchassent dans chaque paroisse. J'ai souvent remarqué qu'il n'y a ni art ni science dans le monde que les maîtres n'enseignent de suite par principes et avec méthode : il n'y a que la religion qu'on n'enseigne point de cette manière aux fidèles. On leur donne dans l'enfance un petit catéchisme sec, et qu'ils apprennent par cœur sans en comprendre le sens; après quoi ils n'ont plus pour instruction que des sermons vagues et détachés. Je voudrois, comme vous le disiez tantôt, qu'on enseignât aux chrétiens les premiers éléments de leur religion, et qu'on les menât avec ordre jusqu'aux plus hauts mystères.

A. C'est ce que l'on faisoit autrefois. On commençoit par les catéchèses, après quoi les pasteurs enseignoient de suite l'Évangile par des homélies. Cela faisoit des chrétiens très-instruits de toute la parole de Dieu. Vous connoissez le livre de saint Augustin *de Catechizandis rudibus*. Vous connoissez aussi le *Pédagogue* de saint Clément, qui est un ouvrage fait pour faire connoître aux païens qui se convertissoient les mœurs de la philosophie chrétienne. C'étoient les plus grands hommes qui étoient employés à ces instructions : aussi produisoient-elles des fruits merveilleux, et qui nous paroissent maintenant presque incroyables.

C. Enfin, je voudrois que le prédicateur, quel qu'il fût, fît ses sermons de manière qu'ils ne lui fussent point fort pénibles, et qu'ainsi il pût prêcher souvent. Il faudroit que tous ses sermons fussent courts, et qu'il pût, sans s'incommoder et sans lasser le peuple, prêcher tous les dimanches après l'évangile. Apparemment ces anciens évêques, qui étoient fort âgés et chargés de tant de travaux, ne faisoient pas autant de cérémonie que nos prédicateurs pour parler au peuple au milieu de la messe, qu'ils disoient eux-mêmes solennellement tous les dimanches. Maintenant, afin qu'un prédicateur ait bien fait, il faut qu'en sortant de chaire il soit tout en eau, hors d'haleine, et incapable d'agir le reste du jour. La chasuble, qui n'étoit point alors échancrée à l'endroit des épaules, comme à présent, et qui pendoit en rond également de tous les côtés, les empêchoit apparemment de remuer autant les bras que nos prédicateurs les remuent. Ainsi leurs sermons étoient courts, et leur action grave et modérée. Eh bien! monsieur, tout cela n'est-il pas selon vos principes? N'est-ce pas là l'idée que vous nous donnez des sermons?

A. Ce n'est pas la mienne, c'est celle de l'antiquité. Plus j'entre dans le détail, plus je trouve que cette ancienne forme des sermons étoit la plus parfaite. C'étoient de grands hommes, des hommes non-seulement fort saints, mais très éclairés sur le fond de la religion et sur la manière de persuader les hommes, qui s'étoient appliqués à régler toutes ces circonstances : il y a une sagesse merveilleuse cachée sous cet air de simplicité. Il ne faut pas s'imaginer qu'on ait pu dans la suite trouver rien de meilleur. Vous avez, monsieur, expliqué tout cela parfaitement bien, et vous ne m'avez laissé rien à dire ; vous développez mieux ma pensée que moi-même.

B. Vous élevez bien haut l'éloquence et les sermons des Pères.

A. Je ne crois pas en dire trop.

B. Je suis surpris de voir qu'après avoir été si rigoureux contre les orateurs profanes qui ont mêlé des jeux d'esprit dans leurs discours, vous soyez si indulgent pour les Pères, qui sont pleins de jeux de mots, d'antithèses et de pointes fort contraires à toutes vos règles. De grace, accordez-vous avec vous-même, développez-nous tout cela : par exemple, que pensez-vous du style de Tertullien ?

A. Il y a des choses très estimables dans cet auteur ; la grandeur de ses sentiments est souvent admirable : d'ailleurs, il faut le lire pour certains principes sur la tradition, pour les faits d'histoire, et pour la discipline de son temps. Mais pour son style, je n'ai garde de le défendre : il a beaucoup de pensées fausses et obscures, beaucoup de métaphores dures et entortillées. Ce qui est mauvais en lui est ce que la plupart des lecteurs y cherchent le plus : beaucoup de prédicateurs se gâtent par cette lecture ; l'envie de dire quelque chose de singulier les jette dans cette étude. La diction de Tertullien, qui est extraordinaire et pleine de faste, les éblouit. Il faudroit donc bien se garder d'imiter ses pensées et son style ; mais on devroit tirer de ses ouvrages de grands sentiments, et la connoissance de l'antiquité.

B. Mais saint Cyprien, qu'en dites-vous ? n'est-il pas aussi bien enflé ?

A. Il l'est sans doute : on ne pouvoit guère être autrement dans son siècle et dans son pays. Mais, quoique son style et sa diction sentent l'enflure de son temps et la dureté africaine, il a pourtant beaucoup de force et d'éloquence : on voit partout une grande ame, une ame éloquente, qui exprime ses sentiments d'une manière noble et touchante : on y trouve en quelques endroits des ornements affectés, par exemple, dans l'Épître à Donat, que saint Augustin cite [1] néanmoins comme une épitre pleine d'éloquence. Ce Père dit que Dieu a permis que ces traits d'une éloquence affectée aient échappé à saint Cyprien, pour apprendre à la postérité combien l'exactitude chrétienne a châtié dans tout le reste de ses ouvrages ce qu'il y avoit d'ornements superflus dans le style de cet orateur, et qu'elle l'a réduit dans les bornes d'une éloquence plus grave et plus modeste. C'est, continue saint Augustin, ce dernier caractère, marqué dans toutes les lettres suivantes de saint Cyprien, qu'on peut aimer avec sûreté, et chercher suivant les règles de la plus sévère religion, mais auquel on ne peut parvenir qu'avec beaucoup de peine. Dans le fond, l'Épître de saint Cyprien à Donat, quoique trop ornée, au jugement même de saint Augustin, mérite d'être appelée éloquente : car encore qu'on y trouve, comme il dit, un peu trop de fleurs semées, on voit bien néanmoins que le gros de l'épître est très sérieux, très vif, et très propre à donner une haute idée du christianisme à un païen qu'on veut convertir. Dans les endroits où saint Cyprien s'anime fortement, il laisse là tous les jeux d'esprit, il prend un tour véhément et sublime.

B. Mais saint Augustin, dont vous parlez, n'est-ce pas l'écrivain du monde le plus accoutumé à se jouer des paroles ? Le défendrez-vous aussi ?

A. Non, je ne le défendrai point là-dessus. C'est le défaut de son temps, auquel son esprit vif et subtil lui donnoit une pente naturelle. Cela montre que saint Augustin n'a pas été un orateur parfait ; mais cela n'empêche pas qu'avec ce défaut il n'ait eu un grand talent pour la persuasion. C'est un homme qui raisonne avec une force singulière, qui est plein d'idées nobles, qui connoît le fond du cœur de l'homme, qui est poli et attentif à garder dans tous ses discours la plus étroite bienséance, qui s'exprime enfin presque toujours d'une manière tendre, affectueuse et insinuante. Un tel homme ne mérite-t-il pas qu'on lui pardonne le défaut que nous reconnoissons en lui ?

C. Il est vrai que je n'ai jamais trouvé qu'en lui seul une chose que je vais vous dire : c'est qu'il est touchant, lors même qu'il fait des pointes. Rien n'en est plus rempli que ses Confessions et ses Soliloques. Il faut avouer qu'ils sont tendres, et propres à attendrir le lecteur.

A. C'est qu'il corrige le jeu d'esprit, autant qu'il est possible, par la naïveté de ses mouvements et de ses affections. Tous ses ouvrages portent le

---

[1] *De Doct. christ.*, lib. IV, n. 31, pag. 76.

caractère de l'amour de Dieu; non-seulement il le sentoit, mais il savoit merveilleusement exprimer au-dehors les sentiments qu'il en avoit. Voilà la tendresse qui fait une partie de l'éloquence. D'ailleurs, nous voyons que saint Augustin connoissoit bien le fond des véritables règles. Il dit qu'un discours, pour être persuasif, doit être simple, naturel; que l'art y doit être caché, et qu'un discours qui paroît trop beau met l'auditeur en défiance. Il y applique ces paroles que vous connoissez : *Qui sophistice loquitur odibilis est* [1]. Il traite aussi avec beaucoup de science l'arrangement des choses, le mélange des divers styles, les moyens de faire toujours croître le discours, la nécessité d'être simple et familier, même pour les tons de la voix, et pour l'action en certains endroits, quoique tout ce qu'on dit soit grand quand on prêche la religion; enfin, la manière de surprendre et de toucher. Voilà les idées de saint Augustin sur l'éloquence. Mais voulez-vous voir combien dans la pratique il avoit l'art d'entrer dans les esprits, et combien il cherchoit à émouvoir les passions, selon le vrai but de la rhétorique, lisez ce qu'il rapporte lui-même [2] d'un discours qu'il fit au peuple, à Césarée de Mauritanie, pour faire abolir une coutume barbare. Il s'agissoit d'une coutume ancienne qu'on avoit poussée jusqu'à une cruauté monstrueuse, c'est tout dire. Il s'agissoit d'ôter au peuple un spectacle dont il étoit charmé; jugez vous-même de la difficulté de cette entreprise. Saint Augustin dit qu'après avoir parlé quelque temps, ses auditeurs s'écrièrent, et lui applaudirent : mais il jugea que son discours ne persuaderoit point tandis qu'on s'amuseroit à lui donner des louanges. Il ne compta donc pour rien le plaisir et l'admiration de l'auditeur, et il ne commença à espérer que quand il vit couler des larmes. En effet, ajoute-t-il, le peuple renonça à ce spectacle, et il y a huit ans qu'il n'a point été renouvelé. N'est-ce pas là un vrai orateur? Avons-nous des prédicateurs qui soient en état d'en faire autant? Saint Jérôme a encore ses défauts pour le style; mais ses expressions sont mâles et grandes. Il n'est pas régulier; mais il est bien plus éloquent que la plupart des gens qui se piquent de l'être. Ce seroit juger en petit grammairien, que de n'examiner les Pères que par la langue et le style. (Vous savez bien qu'il ne faut pas confondre l'éloquence avec l'élégance et la pureté de la diction.) Saint Ambroise suit aussi quelquefois la mode de son temps : il donne à son discours les ornements qu'on estimoit alors. Peut-être même que ces grands hommes, qui avoient des vues plus hautes que les règles communes de l'éloquence, se conformoient au goût du temps pour faire écouter avec plaisir la parole de Dieu, et pour insinuer les vérités de la religion. Mais, après tout, ne voyons-nous pas saint Ambroise, nonobstant quelques jeux de mots, écrire à Théodose avec une force et une persuasion inimitable? Quelle tendresse n'exprime-t-il pas quand il parle de la mort de son frère Satyre! Nous avons même, dans le Bréviaire romain, un discours de lui sur la tête de saint Jean [1], qu'Hérode respecte et craint encore après sa mort : prenez-y garde, vous en trouverez la fin sublime. Saint Léon est enflé, mais il est grand. Saint Grégoire pape étoit encore dans un siècle pire; il a pourtant écrit plusieurs choses avec beaucoup de force et de dignité. Il faut savoir distinguer ce que le malheur du temps a mis dans ces grands hommes, comme dans tous les autres écrivains de leurs siècles, d'avec ce que leur génie et leurs sentiments leur fournissoient pour persuader leurs auditeurs.

C. Mais quoi! tout étoit donc gâté, selon vous, pour l'éloquence dans ces siècles si heureux pour la religion?

A. Sans doute : peu de temps après l'empire d'Auguste, l'éloquence et la langue latine même n'avoient fait que se corrompre. Les Pères ne sont venus qu'après ce déclin : ainsi il ne faut pas les prendre pour des modèles sûrs en tout; il faut même avouer que la plupart des sermons que nous avons d'eux sont leurs moins forts ouvrages. Quand je vous montrois tantôt, par le témoignage des Pères, que l'Écriture est éloquente, je songeois en moi-même que c'étoient des témoins dont l'éloquence est bien inférieure à celle que vous n'avez crue que sur leur parole. Il y a des gens d'un goût si dépravé, qu'ils ne sentiront pas les beautés d'Isaïe, et qu'ils admireront saint Pierre Chrysologue, en qui, nonobstant le beau nom qu'on lui a donné, il ne faut chercher que le fond de la piété évangélique, sous une infinité de mauvaises pointes. Dans l'Orient, la bonne manière de parler et d'écrire se soutint davantage : la langue grecque s'y conserva presque dans sa pureté. Saint Chrysostome la parloit fort bien. Son style, comme vous savez, est diffus : mais il ne cherche point de faux ornements, tout tend à la persuasion; il place chaque chose avec dessein, il connoît bien l'Écriture sainte et les mœurs des hommes, il en-

---

[1] *De Doct. christ.*, lib. II, n. 48, pag. 58.
[2] *Ibid.*, lib. IV, n. 52, pag. 87.

[1] *De Virginib.*, lib. III, cap. VI, tom. II, pag. 181, 182.

tre dans les cœurs, il rend les choses sensibles, il a des pensées hautes et solides, et il n'est pas sans mouvements : dans son tout, on peut dire que c'est un grand orateur. Saint Grégoire de Nazianze est plus concis et plus poétique, mais un peu moins appliqué à la persuasion. Il a néanmoins des endroits fort touchants ; par exemple, son adieu à Constantinople, et l'éloge funèbre de saint Basile. Celui-ci est grave, sentencieux, austère même dans la diction. Il avoit profondément médité tout le détail de l'Évangile ; il connoissoit à fond les maladies de l'homme, et c'est un grand maître pour le régime des ames. On ne peut rien voir de plus éloquent que son Épître à une vierge qui étoit tombée : à mon sens, c'est un chef-d'œuvre. Si on n'a un goût formé sur tout cela, on court risque de prendre dans les Pères ce qu'il y a de moins bon, et de ramasser leurs défauts dans les sermons que l'on compose.

C. Mais combien a duré cette fausse éloquence que vous dites qui succéda à la bonne ?

A. Jusqu'à nous.

C. Quoi ! jusqu'à nous ?

A. Oui, jusqu'à nous : et nous n'en sommes pas encore autant sortis que nous le croyons ; vous en comprendrez bientôt la raison. Les Barbares qui inondèrent l'empire romain mirent partout l'ignorance et le mauvais goût. Nous venons d'eux ; et quoique les lettres aient commencé à se rétablir dans le quinzième siècle, cette résurrection a été lente. On a eu de la peine à revenir à la bonne voie ; et il y a encore bien des gens fort éloignés de la connoître. Il ne faut pas laisser de respecter non-seulement les Pères, mais encore les auteurs pieux qui ont écrit dans ce long intervalle : on y apprend la tradition de leur temps, et on y trouve plusieurs autres instructions très utiles. Je suis tout honteux de décider ici ; mais souvenez-vous, messieurs, que vous l'avez voulu, et que je suis tout prêt à me dédire, si on me fait apercevoir que je me suis trompé. Il est temps de finir cette conversation.

C. Nous ne vous mettons point en liberté que vous n'ayez dit votre sentiment sur la manière de choisir un texte.

A. Vous comprenez bien que les textes viennent de ce que les pasteurs ne parloient jamais autrefois au peuple de leur propre fonds ; ils ne faisoient qu'expliquer les paroles du texte de l'Écriture. Insensiblement on a pris la coutume de ne plus suivre toutes les paroles de l'Évangile : on n'en explique plus qu'un seul endroit, qu'on nomme le texte du sermon. Si donc on ne fait pas une explication exacte de toutes les parties de l'Évangile, il faut au moins en choisir les paroles qui contiennent les vérités les plus importantes et les plus proportionnées au besoin du peuple. Il faut les bien expliquer ; et d'ordinaire, pour bien faire entendre la force d'une parole, il faut en expliquer beaucoup d'autres qui la précèdent et qui la suivent ; il n'y faut chercher rien de subtil. Qu'un homme a mauvaise grace de vouloir faire l'inventif et l'ingénieux, lorsqu'il devroit parler avec toute la gravité et l'autorité du Saint-Esprit, dont il emprunte les paroles !

C. Je vous avoue que les textes forcés m'ont toujours déplu. N'avez-vous pas remarqué qu'un prédicateur tire d'un texte tous les sermons qu'il lui plaît ? Il détourne insensiblement la matière pour ajuster son texte avec le sermon qu'il a besoin de débiter ; cela se fait surtout dans les Carêmes. Je ne puis l'approuver.

B. Vous ne finirez pas, s'il vous plaît, sans m'avoir encore expliqué une chose qui me fait de la peine. Après cela je vous laisse aller.

A. Eh bien ! voyons si je pourrai vous contenter : j'en ai grande envie, car je souhaite fort que vous employiez votre talent à faire des sermons simples et persuasifs.

B. Vous voulez qu'un prédicateur explique de suite et littéralement l'Écriture sainte.

A. Oui, cela seroit admirable.

B. Mais d'où vient donc que les Pères ont fait autrement ? Ils sont toujours, ce me semble, dans les sens spirituels. Voyez saint Augustin, saint Grégoire, saint Bernard : ils trouvent des mystères sur tout, ils n'expliquent guère que la lettre.

A. Les Juifs du temps de Jésus-Christ étoient devenus fertiles en sens mystérieux et allégoriques. Il paroît que les thérapeutes, qui demeuroient principalement à Alexandrie, et que Philon dépeint comme des Juifs philosophes, mais qu'Eusèbe prétend être les premiers chrétiens, étoient tout adonnés à ces explications de l'Écriture. C'est dans la même ville d'Alexandrie que les allégories ont commencé à avoir quelque éclat parmi les chrétiens. Le premier des Pères qui s'est écarté de la lettre a été Origène : vous savez le bruit qu'il a fait dans l'Église. La piété inspire d'abord ces interprétations ; elles ont quelque chose d'ingénieux, d'agréable et édifiant. La plupart des Pères, suivant le goût des peuples de ce temps, et apparemment le leur propre, s'en sont beaucoup servis ; mais ils recouroient toujours fidèlement au sens littéral, et au prophétique, qui est littéral en sa manière, dans toutes les choses où il s'agissoit de montrer les fondements de la doctrine. Quand les peuples étoient parfaitement instruits de ce que la lettre leur devoit apprendre, les Pères leur donnoient ces interprétations spirituelles pour les édifier et pour les consoler. Ces explications étoient fort au goût surtout des Orientaux, chez qui elles ont commencé; car ils sont naturellement passionnés pour le langage mystérieux et allégorique. Cette variété de sens leur faisoit un plaisir sensible, à cause des fréquents sermons et des lectures presque continuelles de l'Écriture qui étoient en usage dans l'Église. Mais parmi nous, où les peuples sont infiniment moins instruits, il faut courir au plus pressé, et commencer par le littéral, sans manquer de respect pour les sens pieux qui ont été donnés par les Pères : il faut avoir du pain avant que de chercher des ragoûts. Sur l'explication de l'Écriture, on ne peut mieux faire que d'imiter la solidité de saint Chrysostome. La plupart des gens de notre temps ne cherchent point les sens allégoriques, parce qu'ils ont déja assez expliqué tout le littéral; mais ils abandonnent le littéral parce qu'ils n'en conçoivent pas la grandeur, et qu'ils le trouvent sec et stérile par rapport à leur manière de prêcher. On trouve toutes les vérités et tout le détail des mœurs dans la lettre de l'Écriture sainte; et on l'y trouve, non-seulement avec une autorité et une beauté merveilleuse, mais encore avec une abondance inépuisable. en s'y attachant, un prédicateur auroit toujours sans peine un grand nombre de choses nouvelles et grandes à dire. C'est un mal déplorable de voir combien ce trésor est négligé par ceux même qui l'ont tous les jours entre les mains. Si on s'attachoit à cette méthode ancienne de faire des homélies, il y auroit deux sortes de prédicateurs. Les uns, n'ayant ni la vivacité ni le génie poétique, expliqueroient simplement l'Écriture sans en prendre le tour noble et vif : pourvu qu'ils le fissent d'une manière solide et exemplaire, ils ne laisseroient pas d'être d'excellents prédicateurs; ils auroient ce que demande saint Ambroise, une diction pure, simple, claire, pleine de poids et de gravité, sans y affecter l'élégance, ni mépriser la douceur et l'agrément. Les autres, ayant le génie poétique, expliqueroient l'Écriture avec le style et les figures de l'Écriture même, et ils seroient par-là des prédicateurs achevés. Les uns instruiroient d'une manière forte et vénérable; les autres ajouteroient à la force de l'instruction la sublimité, l'enthousiasme et la véhémence de l'Écriture; en sorte qu'elle seroit, pour ainsi dire, toute entière et vivante en eux, autant qu'elle peut l'être dans des hommes qui ne sont point miraculeusement inspirés d'en haut.

B. Ha! monsieur, j'oubliois un article important : attendez, je vous prie; je ne vous demande plus qu'un mot.

A. Faut-il censurer encore quelqu'un?

B. Oui, les panégyristes. Ne croyez-vous pas que quand on fait l'éloge d'un saint, il faut peindre son caractère, et réduire toutes ses actions et toutes ses vertus à un point?

A. Cela sert à montrer l'invention et la subtilité de l'orateur.

B. Je vous entends; vous ne goûtez pas cette méthode.

A. Elle me paroît fausse pour la plupart des sujets. C'est forcer les matières, que de les vouloir toutes réduire à un seul point. Il y a un grand nombre d'actions dans la vie d'un homme qui viennent de divers principes, et qui marquent des qualités très différentes. C'est une subtilité scolastique, et qui marque un orateur très éloigné de bien connoître la nature, que de vouloir rapporter tout à une seule cause. Le vrai moyen de faire un portrait bien ressemblant est de peindre un homme tout entier; il faut le mettre devant les yeux des auditeurs, parlant et agissant. En décrivant le cours de sa vie, il faut appuyer principalement sur les endroits où son naturel et sa grace paroissent davantage; mais il faut un peu laisser remarquer ces choses à l'auditeur. Le meilleur moyen de louer le saint, c'est de raconter ses actions louables. Voilà ce qui donne du corps et de la force à un éloge; voilà ce qui instruit; voilà ce qui touche. Souvent les auditeurs s'en retournent sans savoir la vie du saint, dont ils ont entendu parler une heure : tout au plus ils ont entendu beaucoup de pensées sur un petit nombre de faits détachés et marqués sans suite. Il faudroit au contraire peindre le saint au naturel, le montrer tel qu'il a été dans tous les âges, dans toutes les conditions et dans les principales conjonctures où il a passé. Cela n'empêcheroit point qu'on ne remarquât son caractère; on le feroit même bien mieux remarquer par ses actions et par ses paroles, que par des pensées et des desseins d'imagination.

B. Vous voudriez donc faire l'histoire de la vie du saint, et non pas son panégyrique?

A. Pardonnez-moi, je ne ferois point une narration simple. Je me contenterois de faire un tissu des faits principaux : mais je voudrois que ce fût un récit concis, pressé, vif, plein de mouvements; je voudrois que chaque mot donnât une haute idée des saints, et fût une instruction pour l'auditeur.

A cela j'ajouterois toutes les réflexions morales que je croirois les plus convenables. Ne croyez-vous pas qu'un discours fait de cette manière auroit une noble et aimable simplicité? Ne croyez-vous pas que les vies des saints en seroient mieux connues, et les peuples plus édifiés? Ne croyez-vous pas même, selon les règles de l'éloquence que nous avons posées, qu'un tel discours seroit plus éloquent que tous ces panégyriques guindés qu'on voit d'ordinaire?

B. Je vois bien maintenant que ces sermons-là ne seroient ni moins instructifs, ni moins touchants, ni moins agréables que les autres. Je suis content, monsieur, en voilà assez; il est juste que vous alliez vous délasser. Pour moi, j'espère que votre peine ne sera pas inutile ; car je suis résolu de quitter tous les recueils modernes et tous les *pensieri* italiens. Je veux étudier fort sérieusement toute la suite et tous les principes de la religion dans ses sources.

C. Adieu, monsieur : pour tout remercîment, je vous assure que je vous croirai.

A. Bonsoir, messieurs : je vous quitte avec ces paroles de saint Jérôme à Népotien [1] : « Quand » vous enseignerez dans l'église, n'excitez point les » applaudissements, mais les gémissements du » peuple. Que les larmes de vos auditeurs soient » vos louanges. Il faut que les discours d'un prê- » tre soient pleins de l'Écriture sainte. Ne soyez » pas un déclamateur, mais un vrai docteur des » mystères de Dieu. »

[1] *Ep.* xxxiv, tom. iv, part. 2, pag 262.

FIN DU SECOND VOLUME.

TABLE DES MATIÈRES

CONTENUES DANS CE VOLUME.

EXPLICATION
DES MAXIMES DES SAINTS SUR LA VIE INTÉRIEURE.

	Pages.
Exposé historique du quiétisme, et des doctrines du livre intitulé *Explication des Maximes des Saints*.	1
Explication des maximes des saints sur la vie intérieure. *Avertissement*.	2
Exposition des divers amours dont on peut aimer Dieu.	5
Article I.	7
II.	8
III.	9
IV.	10
V.	11
VI.	13
VII.	ibid.
VIII.	14
IX.	15
X.	16
XI.	17
XII.	19
XIII.	20
XIV.	21
XV.	ibid.
XVI.	22
XVII.	23
XVIII.	24
XIX.	25
XX.	26
XXI.	ibid.
XXII.	27
XXIII.	ibid.
XXIV.	28
XXV.	ibid.
XXVI.	29
XXVII.	ibid.
XXVIII.	50
XXIX.	51
XXX.	52
XXXI.	53
XXXII.	54
XXXIII.	ibid.
XXXIV.	55
XXXV.	ibid.
XXXVI.	36
XXXVII.	ibid.
XXXVIII.	ibid.
XXXIX.	57
XL.	58

	Pages.
Article XLI.	58
XLII.	ibid.
XLIII.	39
XLIV.	ibid.
XLV.	ibid.
Conclusion de tous ces articles.	40
Lettres de M. de Cambrai à M. de Meaux, en réponse aux divers écrits ou mémoires sur le livre des Maximes.	
PREMIÈRE LETTRE.	
Occasion et objet principal de cette première lettre.	41
I. L'intérêt propre, dans le livre des *Maximes*, est une affection purement naturelle. Première preuve.	ibid.
II. Seconde preuve. Différence de la résignation et de l'indifférence.	ibid.
III. Troisième preuve. Doctrine du livre des *Maximes*, sur les épreuves.	ibid.
IV. Suite du même sujet.	42
V. En quoi le livre des *Maximes* fait consister la désappropriation des vertus.	ibid.
VI. En quoi consiste, selon le même livre, l'activité que les parfaits doivent retrancher.	ibid.
VII. Nécessité de s'aimer pour Dieu, selon le même livre.	43
VIII. Ce qu'il entend par la propriété.	ibid.
IX. Ce qu'il entend par l'état passif.	ibid.
X. Ce qu'il entend par les actes inquiets.	ibid.
XI. Sans cette notion de l'intérêt propre, tout le livre est une contradiction et un délire continuel.	ibid.
Ire OBJ. Dans le langage des théologiens la béatitude éternelle est appelée du nom d'*intérêt*.	45
IIe OBJ. L'*intérêt* propre signifie clairement le salut dans plusieurs endroits du livre des *Maximes*.	46
IIIe OBJ. Autre exemple à l'appui de la difficulté précédente.	ibid.
IVe OBJ. L'*intérêt* propre dans le livre des *Maximes* est rapporté à la gloire de Dieu.	47
V^e OBJ. Le sacrifice absolu de l'intérêt propre est le sacrifice même du salut.	48
VIe OBJ. Suite de la même difficulté.	49
VIIe OBJ. L'intérêt propre est nommé dans le livre des *Maximes* un intérêt éternel.	50
SECONDE LETTRE.	
I. L'*Instruction pastorale* n'établit pas une charité naturelle.	54
II. L'espérance, quoique surnaturelle, est moins parfaite que la charité.	55

TABLE DES MATIÈRES.

III. Véritable état de la question sur l'amour naturel. — 55
IV. Le silence de l'Écriture ne peut être opposé à l'*Instruction pastorale*. — 56
V. L'amour naturel, vicieux ou innocent, s'accorde également avec le système de cette *Instruction*. — ibid.
VI. Difficulté contre l'opinion qui regarde cet amour naturel comme vicieux. — ibid.
VII. Suite du même sujet. — 57
VIII. Sur quelques autorités alléguées dans l'*Instruction pastorale*. — ibid.
IX. Témoignage du Catéchisme ad *Parochos*. — 58
X. Différence entre les parfaits et les imparfaits. — 59
XI. Efficacité des témoignages cités dans l'*Instruction pastorale*. — ibid.
XII. Le désintéressement n'est pas commun à tous les justes. — 60
XIII. En quoi consiste la mercenarité, selon M. de Meaux. — 61
XIV. M. de Meaux ne peut la faire consister dans un attachement à des dons passagers en cette vie. — ibid.
XV. Ni dans un attachement à des biens de l'autre vie, distingués de la béatitude chrétienne. — 62
XVI. Ni dans l'attachement à la béatitude chrétienne. — 63
XVII. En quel sens M. de Meaux soutient-il que l'amour des justes du commun s'aide de tout? — 64
XVIII. M. de Meaux ne laisse plus de milieu entre les vertus surnaturelles et les péchés. — ibid.
XIX. Vains adoucissements apportés à cette doctrine. — 65
XX. La réponse de M. de Meaux à l'autorité des théologiens est sans fondement. — ibid.
XXI. La difficulté de discerner dans la pratique l'amour naturel du surnaturel, n'attaque pas le système de l'*Instruction pastorale*. — ibid.
XXII. Le livre des *Maximes* n'admet pas une inspiration extraordinaire presque perpétuelle. — 66
XXIII. M. de Meaux, en pressant cette difficulté, tombe lui-même dans un excès visible. — 67

TROISIÈME LETTRE.

PREMIÈRE PARTIE : *Sur la charité*. — ibid.
I. Opinion de M. de Meaux sur la charité. — ibid.
II. En quoi pèche précisément cette opinion. — 68
III. Elle confond les motifs spécifiques de la foi et de l'espérance. — ibid.
IV. Conséquences insoutenables qui suivent de cette opinion. — 69
V. Équivoque des explications données par M. de Meaux. — ibid.
VI. Contradiction de ses principes. — 70
VII. Ire OBJ. Sur les souhaits de Moïse et de saint Paul. — ibid.
VIII. IIe OBJ. L'homme s'aime nécessairement lui-même. — 71
IX. IIIe OBJ. L'autorité de saint Grégoire de Nazianze. — ibid.
X. IVe OBJ. Explication de la notion commune de la charité. — 72
XI. V^e OBJ. Véritable différence entre l'espérance et la charité. — ibid.

XII. M. de Meaux taxe d'erreur la doctrine de l'école sur la charité. — 74
XIII. Il détruit le XXXIIIe Article d'Issy. — ibid.
SECONDE PARTIE : *Sur la Contemplation*. — ibid.
XIV. Doctrine du livre des *Maximes* sur la contemplation. — ibid.
XV. Ire OBJ. Le livre des *Maximes* exclut en certains cas de la contemplation la vue de J.-C. — 76
XVI. IIe OBJ. — ibid.
XVII. IIIe OBJ. — ibid.
XVIII. IVe OBJ. — 77
XIX. V^e OBJ. — ibid.
XX. VIe OBJ. — 78
XXI. Dernière OBJ. — 79
XXII. Conclusion. — ibid.

QUATRIÈME LETTRE.

Ire OBJ. Sur le XIIIe Article d'Issy. — ibid.
IIe OBJ. Sur la mercenarité. — 80
IIIe OBJ. Opinion de Denys le Chartreux sur cette matière. — 81
IVe OBJ. Sur la nature de la charité, selon saint Thomas. — 82
V^e OBJ. Sur le desir du bonheur essentiel à l'homme. — ibid.
VIe OBJ. Sur la résignation des ames peinées. — 83
VIIe OBJ. Sur la confusion de l'habitude et de l'acte dans le livre des *Maximes*. — ibid.
VIIIe OBJ. Sur les douceurs sensibles. — ibid.
IXe OBJ. Sur le désintéressement des parfaits. — ibid.
X^e OBJ. Suite du même sujet. — 84
XIe OBJ. Sur la prière de J.-C. au temps de son agonie. — ibid.
XIIe OBJ. Sur le sacrifice absolu des ames peinées. — 86
XIIIe OBJ. Sur la contemplation d'où J.-C. est exclu. — ibid.
XIVe OBJ. Suite du même sujet. — ibid.
XVe OBJ. Sur le désespoir apparent des ames peinées. — 87
XVIe OBJ. Sur le désintéressement des parfaits. — ibid.
XVIIe OBJ. Sur l'exclusion des pratiques de vertu. — 88
XVIIIe OBJ. Sur la vocation générale des fidèles à la perfection. — ibid.
XIXe OBJ. Sur le sacrifice de l'intérêt propre dans les épreuves. — ibid.
XXe OBJ. Sur la tentation de désespoir qu'éprouva saint François de Sales. — 89
Conclusion. Vivacité du style de M. de Meaux, et résumé de ses erreurs. — 90

CINQUIÈME LETTRE.

I. Tout le livre des *Maximes* roule sur l'exclusion de l'intérêt propre. — ibid.
II. Ier PASSAGE de saint François de Sales, pour justifier le sens donné à ce mot dans l'*Instruction pastorale*. — 91
III. IIe PASSAGE. Sur l'amour d'espérance. — ibid.
IV. IIIe PASSAGE. Nature de l'amour pur. — 92
V. IVe PASSAGE. Sur la résignation des parfaits. — 93

TABLE DES MATIÈRES.

	Pages.
VI. Ve PASSAGE. Sur le désintéressement des parfaits.	95
VII. VIe PASSAGE. Sur le même sujet.	97
VIII. VIIe PASSAGE. Sur le même sujet.	ibid.
IX. VIIIe PASSAGE. Sur le même sujet.	98
X. IXe, X^e et XIe PASSAGES. Sur la sainte indifférence.	99
XI. XIIe PASSAGE. Sur l'abandon des parfaits.	ibid.
XII. XIIIe PASSAGE. Sur le même sujet.	ibid.
XIII. XIVe PASSAGE. Sur la suppression des desirs inquiets.	ibid.
XIV. XVe PASSAGE. Sur le désintéressement de l'amour.	100
XV. XVIe PASSAGE. Sur le désintéressement dans le desir des vertus.	ibid.
XVI. XVIIe et XVIIIe PASSAGES. Sur le désintéressement de l'amour.	103
XVII. Combien M. de Meaux respecte peu l'autorité du saint prélat.	ibid.
XVIII. Il contredit le XXXIIIe Article d'Issy.	104
XIX. Il rabaisse l'autorité de saint François de Sales.	ibid.
XX. Il l'accuse de trois erreurs pélagiennes. Première erreur.	ibid.
XXI. Seconde erreur imputée à saint François de Sales.	ibid.
XXII. Troisième erreur imputée au saint prélat.	105
XXIII. Sa doctrine est celle de saint Thomas.	ibid.
XXIV. Manière vague et peu respectueuse dont M. de Meaux excuse le saint évêque.	106
XXV. Mépris de M. de Meaux pour les mystiques.	ibid.
XXVI. Accord entre la doctrine du livre des *Maximes* et celle de saint François de Sales.	ibid.
XXVII. Ce que le saint évêque entend par l'intérêt propre.	107
XXVIII. M. de Meaux suppose clairement cette explication.	ibid.
1° Dans son *Instruction sur les états d'oraison*.	ibid.
2° Dans la *Déclaration*.	108
3° Dans la *Préface sur l'Instruction pastorale*.	ibid.
XXIX. Conclusion et résumé de cette lettre.	109

LETTRES DE M. DE CAMBRAI

POUR SERVIR DE RÉPONSE A CELLE DE M. DE MEAUX.

PREMIÈRE LETTRE.

I. Sur un texte du livre des *Maximes* altéré par M. de Meaux.	110
II. Sur les contradictions reprochées à ce livre.	111
III. Erreur faussement imputée à M. de Cambrai.	112
IV. Sur l'exclusion de l'intérêt propre essentielle au pur amour.	ibid.
V. Injustes reproches de M. de Meaux.	113
VI. Raison d'établir le pur amour dans le livre des *Maximes*.	114
VII. Sur quel fondement on rejette la doctrine de ce livre.	116
VIII. Véritable sens de l'*intérêt propre* dans notre langue.	ibid.
IX. Cette explication est appuyée sur le XIIIe Article d'Issy.	121

SECONDE LETTRE.

I. Sur le désespoir apparent des ames peinées. Passages altérés par M. de Meaux.	123
II. Objet du sacrifice absolu des ames peinées.	128
III. Sur le desir de la béatitude, à l'occasion d'un passage de saint Augustin cité par M. de Meaux.	129
IV. Extravagance des suppositions impossibles dans les principes de M. de Meaux.	132
V. Du souhait admirable de saint Paul.	133
VI. Étrange doctrine de M. de Meaux sur les suppositions impossibles.	135
VII. Altération prétendue d'un passage de saint Grégoire.	136
VIII. Témoignages des Pères, décisifs contre M. de Meaux.	ibid.

TROISIÈME LETTRE.

I. Les suppositions impossibles autorisées par toute la tradition.	157
II. Si l'amour de Dieu sans rapport à nous détruit l'amour de gratitude, et ramène le dieu des épicuriens.	ibid.
III. Injuste reproche de M. de Meaux.	158
IV. Doctrine de ce prélat sur la tentation de désespoir arrivée à saint François de Sales.	ibid.
V. Sur le sacrifice absolu et le sacrifice conditionnel.	139
VI. Sur les prétendus motifs secondaires, inséparables de l'acte de charité.	140
VII. Véritable doctrine de saint Thomas.	142
VIII. M. de Meaux détruit la distinction spécifique de l'espérance et de la charité.	144
IX. Doctrine de saint Bonaventure et des scolastiques.	145
X. M. de Cambrai n'a pas avoué que l'école fût contre lui.	146
XI. La béatitude même doit être rapportée à la gloire de Dieu.	ibid.
XII. M. de Meaux anéantit l'acte de parfaite contrition.	148
XIII. Ce prélat est en contradiction avec lui-même.	149
XIV. Conclusion. Sur les artifices de ce prélat.	ibid.

RÉPONSE DE M. DE CAMBRAI

A L'ÉCRIT DE M. DE MEAUX INTITULÉ RELATION SUR LE QUIÉTISME.

AVERTISSEMENT.

I. État de la controverse avant la *Relation*.	149
II. Embarras de M. de Meaux.	150
III. Opposition entre sa doctrine et celle de MM. de Paris et de Chartres.	ibid.
IV. Prétexte pour publier la *Relation*.	ibid.
V. Rien n'obligeoit M. de Meaux à entrer dans cette odieuse discussion.	ibid.

TABLE DES MATIÈRES.

VI. M. de Meaux voudroit éluder par là les questions de doctrine. 150
VII. Préjugés légitimes contre la *Relation*. ibid.
VIII. Plan de cette réponse. 151

CHAPITRE PREMIER. *De l'estime que j'ai eue pour madame Guyon.* ibid.

I. Témoignage de l'évêque de Genève en faveur de madame Guyon. ibid.
II. Déclaration de madame Guyon dictée par M. de Meaux. 152
III. Attestation du même prélat en faveur de cette dame. ibid.
IV. Témoignage non moins favorable de M. de Paris. 153
V. Ces témoignages justifient pleinement M. de Cambrai. ibid.
VI. Ce prélat n'a point approuvé les livres imprimés de madame Guyon. ibid.
VII. Il n'a pas même lu les manuscrits de cette dame. 154
VIII. Trois raisons pour établir ce fait important. ibid.
IX. En quel sens M. de Cambrai est convenu qu'il n'avoit pu ignorer les écrits de madame Guyon. 155
X. Comment M. de Cambrai étoit assuré des intentions pures de madame Guyon. ibid.
XI. Il entendit seulement raconter les visions de cette dame. ibid.
XII. Il ne les approuva aucunement. ibid
XIII. Il y soupçonna même de l'illusion. ibid.
XIV. Ses raisons pour ne pas approfondir cette affaire. 156
XV. Ses raisons pour excuser madame Guyon. ibid
XVI. M. de Cambrai beaucoup plus excusable sur cet article que M. de Meaux. ibid.

CHAP. II. *De la défense que M. de Meaux m'accuse d'avoir faite des livres de madame Guyon dans mes manuscrits.* 157
XVII. Toutes les preuves de M. de Meaux réduites à quatre principales. ibid.
XVIII. Réponse à la première difficulté. Pourquoi écrivois-je. ibid.
XIX. Pourquoi M. de Cambrai se mêloit de l'affaire de madame Guyon. 158
XX. Recueils de témoignages fournis par M. de Meaux. ibid.
XXI. Ces témoignages ne tendoient pas à justifier les livres de madame Guyon. 159
XXII. Pourquoi ces recueils déplurent à M. de Meaux. ibid.
XXIII. Réserve excessive de ce prélat à l'égard de M. de Cambrai, pendant les conférences d'Issy. ibid
XXIV. Conformité de ces manuscrits avec le livre des *Maximes*. 160
XXV. Conduite incompréhensible de M. de Meaux. ibid.
XXVI. Confiance que M. de Cambrai lui témoignoit. ibid.
XXVII. Comment juger des véritables sentiments de ce prélat. ibid.
XXVIII. Réponse à la deuxième difficulté. Pourquoi j'ai offert de me corriger et de me rétracter. 161
XXIX. Abus que fait M. de Meaux de lettres secrètes. ibid.
XXX. Violation d'une confession générale. ibid.

XXXI. La conduite de M. de Meaux justifie pleinement M. de Cambrai. 162
XXXII. Véritable cause des éclats de M. de Meaux. ibid.
XXXIII. Réponse à la troisième difficulté, sur le Mémoire produit par M. de Meaux. 165
XXXIV. Quel est le véritable sens d'un livre. ibid.
XXXV. Il ne s'agit pas ici de la distinction du fait et du droit. ibid.
XXXVI. Le Mémoire produit par M. de Meaux justifie pleinement M. de Cambrai. ibid.
XXXVII. L'abomination évidente des écrits de madame Guyon eût rendu sa personne évidemment abominable. 164
XXXVIII. Comment M. de Meaux élude un raisonnement si décisif. 165
XXXIX. L'attestation donnée à madame Guyon prouve la pureté de ses sentiments. ibid.
XL. M. de Cambrai ne prétendoit excuser que les intentions de cette dame. ibid.
XLI. Réponse à la quatrième difficulté, que le livre des *Maximes* est une apologie déguisée de ceux de madame Guyon. 167
XLII. Si l'on a voulu faire le portrait de cette dame dans l'article XXXIX. 168
XLIII. Le seul endroit qui la regarde est loin de la flatter. ibid.

CHAP. III. *De la signature des* XXXIV *Articles.* ibid.
XLIV. Trois faits principaux allégués par M. de Meaux. ibid.
XLV. Il est faux que les XXXIV Articles aient été dressés sans le concours de M. de Cambrai. ibid.
XLVI. Sur une faute d'expression dans le Mémoire allégué par M. de Meaux. 169
XLVII. La signature des XXXIV Articles par M. de Cambrai n'étoit pas une rétractation cachée sous un titre spécieux. ibid.
XLVIII. Combien il fallut presser M. de Meaux pour lui faire autoriser, dans les XXXIV Articles, l'amour de pure bienveillance. ibid.

CHAP. IV. *De mon Sacre.* 170
XLIX. M. de Meaux approuve le choix de M. de Cambrai pour l'épiscopat. ibid.
L. Soumission prétendue de M. de Cambrai avant son sacre. 171
LI. Négligence de M. de Meaux pour s'éclaircir avec M. de Cambrai pendant les conférences d'Issy. ibid.
LII. M. de Meaux devoit s'appliquer à détromper M. de Cambrai avant de le sacrer. 172
LIII. Empressement de M. de Meaux pour sacrer M. de Cambrai. 173
LIV. L'exemple de Synésius allégué par M. de Meaux ne peut le justifier. ibid.

CHAP. V. *Du refus que j'ai fait d'approuver le livre de M. de Meaux.* 174
LV. Trois raisons de ce refus. Première raison, la crainte de diffamer madame Guyon. ibid.
LVI. Seconde raison, ma propre réputation. ibid.
LVII. Troisième raison, les bruits répandus par M. de Meaux. 175
LVIII. Circonstances du refus. 176

	Pages
LIX. M. de Meaux devoit prévoir ce refus.	176
LX. Éclats de M. de Meaux en apprenant ce refus.	177
LXI. M. de Cambrai ne garda pas le manuscrit de M. de Meaux pendant trois semaines.	ibid.
LXII. Erreurs contenues dans ce manuscrit.	ibid.
LXIII. Le refus d'approuver ce livre n'étoit point un acte de schisme.	ibid.
LXIV. M. de Cambrai eût inutilement tenté de s'éclaircir là-dessus avec M. de Meaux.	178
CHAP. VI. De l'impression de mon livre.	ibid.
LXV. Raisons de ne point soumettre le livre des Maximes à l'examen de M. de Meaux.	ibid.
LXVI. Examen soigneux de ce livre avant sa publication.	ibid.
LXVII. Suite des raisons de ne pas consulter M. de Meaux.	179
LXVIII. Précautions de M. de Cambrai pour s'assurer de l'exactitude de sa doctrine.	180
LXIX. Approbation donnée au livre des Maximes par M. de Paris.	ibid.
LXX. Conduite simple et modérée de M. de Cambrai.	181
LXXI. Suite des raisons de ne pas consulter M. de Meaux.	182
CHAP. VII. De ce qui s'est passé depuis l'impression de mon livre.	ibid.
LXXII. Conduite peu mesurée de M. de Meaux.	ibid.
LXXIII. Assemblées tenues à l'archevêché de Paris pour censurer le livre des Maximes.	183
LXXIV. Motifs du refus que fit M. de Cambrai de conférer avec M. de Meaux.	ibid.
LXXV. Moyens proposés par M. de Cambrai pour suppléer aux conférences.	184
LXXVI. M. de Cambrai accepte les conférences à certaines conditions.	ibid.
LXXVII. Il étoit disposé à profiter des remarques de M. de Meaux.	ibid.
LXXVIII. Sur la version latine du livre des Maximes.	ibid.
LXXIX. Sur un fait important que M. de Meaux regarde comme faux.	185
LXXX. La lettre de M. de Cambrai au pape vient à l'appui de ce fait.	ibid.
LXXXI. M. de Meaux suppose toujours ce qui est en question.	186
LXXXII. Sur les variations reprochées à M. de Cambrai.	ibid.
LXXXIII. En quel sens M. de Meaux veut faire condamner madame Guyon par M. de Cambrai.	187
LXXXIV. Mauvaise interprétation donnée par M. de Meaux aux paroles de M. de Cambrai.	ibid.
LXXXV. M. de Cambrai accusé mal à propos de biaiser sur un point essentiel.	188
LXXXVI. Véritable cause des différends entre les deux prélats.	190
LXXXVII. M. de Cambrai n'a jamais défendu les livres de Molinos.	ibid.
LXXXVIII. Conclusion.	191

	Pages.
Réponse aux remarques de Mgr. l'évêque de Meaux sur la réponse à la Relation sur le quiétisme.	194
I. Des altérations de mon texte.	197
II. Si j'ai donné les livres de madame Guyon.	198
III. Si j'ai approuvé les visions que M. de Meaux raconte.	199
IV. Si je soutiens les livres de madame Guyon.	200
V. D'un protestant qui a cité l'*Éducation des Filles*.	204
VI. Du secret des lettres missives.	205
VII. De l'écrit de ma confession	207
VIII. Des actes de soumission de madame Guyon.	208
IX. De la signature des XXXIV Articles.	212
X. De l'auteur du scandale.	215
XI. De l'impression de mon livre.	218
XII. Des conférences.	219
XIII. Qu'est-ce qui a commencé la dispute ?	220
XIV. De la version latine de mon livre.	222
XV. Des trois écrits répandus à Rome.	223
XVI. De votre raisonnement sur la charité.	224
Conclusion.	225
Condamnation et défense faite par notre très saint père Innocent du livre intitulé : Explication des Maximes des saints sur la vie intérieure, etc.,	228
Mandement de Mgr l'archevêque de Cambrai.	250
Réfutation du système du P. Malebranche sur la nature et la grace.	252
CHAP. I. Exposition du système de l'auteur et du dessein de cette réfutation.	ibid.
CHAP. II. L'ordre inviolable, qui, selon l'auteur, détermine Dieu invinciblement, ne peut être que l'essence de Dieu même ; d'où il s'ensuit qu'il n'y a rien de possible que ce que l'ordre permet.	254
CHAP. III. Selon le principe de l'auteur, tous les êtres qu'on nomme possibles ne pourroient exister sans être mauvais, et par conséquent seroient absolument impossibles.	236
CHAP. IV. Réponse à une objection que l'auteur pourroit faire.	238
CHAP. V. Il s'ensuivroit, des choses déjà établies, que Dieu ne connoît que l'ouvrage qu'il a produit ; qu'ainsi toute autre science que celle qui est nommée dans l'école *science de vision* ne peut être en Dieu.	240
CHAP. VI. Les conséquences de ce système détruiroient entièrement la liberté de Dieu.	242
CHAP. VII. Il faudroit conclure de ce système, que le monde est un être nécessaire, infini et éternel.	243
CHAP. VIII. Preuves de la liberté de Dieu, dans lesquelles il paroit que Dieu a pu véritablement créer un ouvrage plus parfait que le monde, et en créer aussi un moins parfait.	247
CHAP. IX. En quel sens il est vrai de dire que l'ouvrage de Dieu est parfait, et en quel sens il est vrai de dire qu'il est imparfait.	250
CHAP. X. De quelle manière Dieu agit toujours pour sa gloire.	251
CHAP. XI. L'ordre, en quelque sens qu'on le prenne, ne détermine jamais Dieu à l'ouvrage le plus parfait.	253

TABLE DES MATIÈRES.

Chap. XII. Quand même l'auteur n'auroit pas avoué qu'il y a eu Dieu des volontés particulières, il seroit facile de l'obliger à en reconnoître un très grand nombre. 254

Chap. XIII. Selon l'auteur même, la simplicité de Dieu est aussi parfaite dans les volontés qu'il nomme particulières, que dans les volontés qu'il nomme générales; et l'ouvrage de Dieu seroit plus parfait qu'il ne l'est, si Dieu avoit eu un plus grand nombre de volontés particulières. 258

Chap. XIV. L'auteur, en tâchant de prouver que les créatures ne peuvent jamais être que des causes occasionelles, ne prouve rien pour son système : sa preuve se tourne contre lui. 260

Chap. XV. Si l'ordre ne permettoit à Dieu qu'un certain nombre de volontés particulières au-delà des générales, la prière seroit inutile pour tous les biens renfermés dans l'ordre de la nature. 262

Chap. XVI. La simplicité des voies de Dieu est indépendante de la simplicité de son ouvrage; il peut agir par autant de volontés particulières qu'il lui plaît. 265

Chap. XVII. Les causes occasionelles, bien loin d'épargner à Dieu des volontés particulières, en augmentent le nombre. 267

Chap. XVIII. Ce que l'auteur dit sur les volontés particulières détruit par ses conséquences toute providence de Dieu. 270

Chap. XIX. L'auteur, en prenant pour des tropologies les expressions de l'Écriture contraires à son système, n'a pas prévu qu'il s'engageoit à soumettre la foi à la philosophie, et à autoriser les principes des sociniens contre nos mystères. 275

Chap. XX. Tout ce système n'a pour fondement qu'une opinion touchant l'incarnation, qui est dépourvue de toute preuve de raisonnement et d'autorité. 276

Chap. XXI. Ce système est incompatible avec le grand principe par lequel saint Augustin, au nom de toute l'Église, a réfuté les manichéens. 279

Chap. XXII. Il n'y a jamais eu de théologien qui ait raisonné comme l'auteur, quand il dit que la création du monde seroit indigne de Dieu, si Jésus-Christ n'y étoit compris. 280

Chap. XXIII. Le péché d'Adam seroit nécessaire à l'essence divine, si ce système étoit véritable. 281

Chap. XXIV. Ce système engage à confondre le Verbe divin avec l'ouvrage de Dieu. 282

Chap. XXV. Si le monde étoit essentiellement inséparable du Verbe incarné, l'ouvrage de Dieu n'auroit jamais pu atteindre sa perfection par le péché, ni être véritablement réparé par Jésus-Christ. 285

Chap. XXVI. Quand même on laisseroit confondre le Verbe divin avec l'ouvrage de Dieu, on n'auroit rien prouvé en faveur de ce système. 287

Chap. XXVII. Il faut renverser le dogme catholique sur l'incarnation, ou avouer que Jésus-Christ, comme cause occasionelle, n'épargne à Dieu aucune volonté particulière. 288

Chap. XXVIII. Si on soutient que l'ame de Jésus-Christ a prié pour un homme plutôt que pour un autre, sans être déterminée à ce choix par le Verbe, on renverse le mystère de la prédestination. 290

Chap. XXIX. Si l'auteur dit que les dispositions naturelles des hommes déterminent l'ame de Jésus-Christ à prier pour les uns plutôt que pour les autres, il tombe dans l'erreur des semi-pélagiens; il contredit l'Écriture et se contredit soi-même. 294

Chap. XXX. L'usage qu'on peut faire de la science moyenne, pour sauver ce système, ne sauroit convenir aux principes de la doctrine catholique, ni à ceux de l'auteur même. 298

Chap. XXXI. Si l'ordre déterminoit Jésus-Christ pour le nombre des hommes en faveur desquels il doit prier, il faudroit conclure que Dieu n'a aucune volonté de sauver tous les hommes. 301

Chap. XXXII. L'auteur doit reconnoître que, selon ses principes mêmes, Dieu pouvoit, sans multiplier ses volontés particulières, sauver tous les hommes. 303

Chap. XXXIII. Les principales vérités du dogme catholique sur la grace médicinale ne peuvent convenir avec l'explication que l'auteur donne de la nature de cette grace. 306

Chap. XXXIV. On pourroit conclure, de l'explication que l'auteur fait de la grace médicinale, une des erreurs que les semi-pélagiens ont soutenues. 309

Chap. XXXV. Récapitulation de toutes les preuves employées dans cet ouvrage. 312

Chap. XXXVI. Réponse aux principales objections de l'auteur. 314

Lettres au Père Lami, bénédictin, sur la grace et la prédestination. 317

Lettre I. Sur la nature de la grace. *ibid.*
   Première question. De la délectation indélibérée. *ibid.*
   Seconde question. De la délectation délibérée. 324
   Troisième question. De la nature de la grace. 327
   Quatrième question. Des motifs de la délectation. 329
   Cinquième question. De la prière, par rapport à la délectation sensible. 330
— II. Sur la prédestination. 335
— III. Sur le même sujet. 339
— IV. Sur le même sujet. 343
— V. Sur le même sujet. *ibid.*

Lettre à M. l'évêque d'Arras, sur la lecture de l'Écriture sainte en langue vulgaire. 348

Opuscules théologiques. Sur le commencement d'amour de Dieu, nécessaire au pécheur dans le sacrement de pénitence. 558

Avis aux confesseurs pour le temps d'une mission. 559

Consultations pour un chevalier de Malte. 561

Première question. Les statuts de l'ordre obligent-ils en conscience? *ibid.*

Seconde question. Un chevalier de Malte peut-il garder une commanderie qu'il a obtenue du grand-maître par des lettres de recommandation du roi? 562

TABLE DES MATIÈRES.

Troisième question. Un chevalier de Malte peut-il servir le roi dans ses armées contre d'autres chrétiens? ... 565

SERMONS ET ENTRETIENS SUR DIVERS SUJETS.

Notice sur l'électeur de Cologne. ... 565
Discours prononcé au sacre de l'électeur de Cologne. ... 566
Sermon pour la fête de l'Épiphanie. Sur la vocation des gentils. ... 578
Sermon pour le jour de l'Assomption de la sainte Vierge. Sur le bon usage qu'elle a fait des graces de Dieu. ... 585
Sermon pour la fête de saint Bernard. Sa vie solitaire et sa vie apostolique. ... 593
Sermon pour la fête de sainte Thérèse. Sur l'ardeur et les effets de son amour envers Dieu. ... 400
Sermon pour la fête d'un martyr. Sur l'exemple des martyrs, et le culte qui leur est dû. ... 408
Sermon pour la profession religieuse d'une nouvelle convertie. ... 415
Entretien sur la prière. ... 422
Entretien sur les caractères de la véritable et solide piété. ... 433
Entretiens sur les avantages et les devoirs de la vie religieuse. ... 443

MANDEMENTS.

I. Mandement pour le jubilé de l'année sainte 1701. 457
II. Mandement pour le carême de l'année 1704. 458
III. Mandement pour le carême de l'année 1705. 459
IV. Mandement pour des prières. 1705. 461
V. Mandement pour le carême de l'année 1706. ibid.
VI. Mandement pour des prières. 1706. 463
VII. Mandement pour des prières. 1706. 464
VIII. Mandement pour le carême de l'année 1707. 465
IX. Mandement pour le jubilé de l'année 1707. 466
X. Mandement pour des prières. 1707. 468
XI. Mandement pour le carême de l'année 1708. 469
XII. Mandement pour des prières. 1708. ibid.
XIII. Mandement pour le carême de l'année 1709. 470
XIV. Mandement pour des prières publiques sur la stérilité. 1709. 472
XV. Mandement pour des prières. 1709. 473
XVI. Mandement pour le carême de l'année 1710. 474
XVII. Mandement pour des prières. 1710. 476
XVIII. Mandement pour le carême de l'année 1711. 477
XIX. Mandement pour des prières. 1711. 478
XX. Mandement pour le carême de l'année 1712. 480
XXI. Mandement pour des prières. 1712. 481
XXII. Mandement pour le carême de l'année 1713. 483
XXIII. *Mandatum de Rituali edendo.* 484

DE L'ÉDUCATION DES FILLES.

Chap. I. De l'importance de l'éducation des filles. 487
Chap. II. Inconvénients des éducations ordinaires. 488
Chap. III. Quels sont les premiers fondements de l'éducation. 489
Chap. IV. Imitation à craindre. 491

Chap. V. Instructions indirectes : il ne faut pas presser les enfants. 492
Chap. VI. De l'usage des histoires pour les enfants. 499
Chap. VII. Comment il faut faire entrer dans l'esprit des enfants les premiers principes de la religion. 501
Chap. VIII. Instruction sur le Décalogue, sur les sacrements et sur la prière. 507
Chap. IX. Remarques sur plusieurs défauts des filles. 510
Chap. X. La vanité de la beauté et des ajustements. 512
Chap. XI. Instructions des femmes sur leurs devoirs. 514
Chap. XII. Suite des devoirs des femmes. 516
Chap. XIII. Des gouvernantes. 519
Avis a une dame de qualité sur l'éducation de sa fille. 522

RECUEIL DE FABLES

composées pour l'éducation de monseigneur le duc de Bourgogne.

I. Histoire d'une vieille reine et d'une jeune paysanne. 527
II. Histoire de la reine Gisèle et de la fée Corysante. 528
III. Histoire d'une jeune princesse. 529
IV. Histoire de Florise. 530
V. Histoire du roi Alfaroute et de Clariphile. 531
VI. Histoire de Rosimond et de Braminte. 532
VII. L'anneau de Gygès. 533
VIII. Voyage dans l'île des Plaisirs. 538
IX. La patience et l'éducation corrigent bien des défauts. 539
X. Le hibou. 540
XI. L'abeille et la mouche. ibid.
XII. Le renard puni de sa curiosité. ibid.
XIII. Les deux renards. ibid.
XIV. Le dragon et les renards. 541
XV. Le loup et le jeune mouton. ibid.
XVI. Le chat et les lapins. ibid.
XVII. Le lièvre qui fait le brave. 542
XVIII. Le singe. ibid.
XIX. Les deux souris. 543
XX. Le pigeon puni de son inquiétude. ibid.
XXI. Le jeune Bacchus et le Faune. 544
XXII. Le nourrisson des Muses favorisé du Soleil. ibid.
XXIII. Aristée et Virgile. 545
XXIV. Le rossignol et la fauvette. 546
XXV. Le départ de Lycon. ibid.
XXVI. Chasse de Diane. 547
XXVII. Les abeilles et les vers à soie. ibid.
XXVIII. L'assemblée des animaux pour choisir un roi. 548
XXIX. Les deux lionceaux. ibid.
XXX. Les abeilles. 549
XXXI. Le Nil et le Gange. 550
XXXII. Prière indiscrète de Nélée, petit-fils de Nestor. 551
XXXIII. Histoire d'Alibée, Persan. 553
XXXIV. Le berger Cléobule et la nymphe Phidile. 554
XXXV. Les aventures de Mélésichthon. 555
XXXVI. Les aventures d'Aristonoüs. 557

TABLE DES MATIÈRES.

	Pages.
DIALOGUES DES MORTS.	
I. Mercure et Charon.	562
II. Hercule et Thésée.	563
III. Le centaure Chiron et Achille.	564
IV. Achille et Homère.	565
V. Ulysse et Achille.	566
VI. Ulysse et Grillus.	567
VII. Confucius et Socrate.	569
VIII. Romulus et Rémus.	574
IX. Romulus et Tatius.	ibid.
X. Romulus et Numa Pompilius.	575
XI. Xerxès et Léonidas.	576
XII. Solon et Pisistrate.	578
XIII. Solon et Justinien.	579
XIV. Démocrite et Héraclite.	580
XV. Hérodote et Lucien.	581
XVI. Socrate et Alcibiade.	582
XVII. Socrate et Alcibiade.	583
XVIII. Socrate, Alcibiade et Timon.	585
XIX. Périclès et Alcibiade.	589
XX. Mercure, Charon et Alcibiade.	ibid.
XXI. Denys, Pythias et Damon.	592
XXII. Dion et Gélon.	593
XXIII. Platon et Denys le Tyran.	594
XXIV. Platon et Aristote.	595
XXV. Alexandre et Aristote.	596
XXVI. Alexandre et Clitus.	597
XXVII. Alexandre et Diogène.	598
XXVIII. Denys l'Ancien et Diogène.	ibid.
XXIX. Pyrrhon et son Voisin.	599
XXX. Pyrrhus et Démétrius Poliorcète.	600
XXXI. Démosthène et Cicéron.	601
XXXII. Cicéron et Démosthène.	ibid.
XXXIII. Cicéron et Démosthène.	602
XXXIV. Marcus Coriolanus et F. Camillus.	604
XXXV. F. Camillus et Fabius Maximus.	607
XXXVI. Fabius Maximus et Annibal.	608
XXXVII. Rhadamanthe, Caton le Censeur et Scipion l'Africain.	609
XXXVIII. Scipion et Annibal.	612
XXXIX. Annibal et Scipion.	ibid.
XL. Lucullus et Crassus.	613
XLI. Sylla, Catilina et César.	614
XLII. César et Caton.	615
XLIII. Caton et Cicéron.	617
XLIV. César et Alexandre.	618
XLV. Pompée et César.	619
XLVI. Cicéron et Auguste.	ibid.
XLVII. Sertorius et Mercure.	620
XLVIII. Le jeune Pompée et Ménas affranchi de son père.	621
XLIX. Caligula et Néron.	622
L. Antonin Pie et Marc Aurèle.	623
LI. Horace et Virgile.	624
LII. Parrhasius et Poussin.	625
LIII. Léonard de Vinci et Poussin.	628
LIV. Léger et Ebroin.	629
LV. Le prince de Galles et Richard son fils.	630
LVI. Charles VII et Jean, duc de Bourgogne.	632
LVII. Louis XI et le cardinal Bessarion.	ibid.
LVIII. Louis XI et le cardinal Balue.	634
LIX. Louis XI et Philippe de Commines.	636
LX. Louis XI et Charles, duc de Bourgogne.	ibid.
LXI. Louis XI et Louis XII.	637
LXII. Le connétable de Bourbon et Bayard.	638
LXIII. Henri VII et Henri VIII d'Angleterre	639
LXIV. Louis XII et François Ier.	640
LXV. Charles-Quint et un jeune moine de Saint-Just.	641
LXVI. Charles-Quint et François Ier.	642
LXVII. Henri III et la duchesse de Montpensier.	644
LXVIII. Henri III et Henri IV.	645
LXIX. Henri IV et le duc de Mayenne.	646
LXX. Sixte-Quint et Henri IV.	647
LXXI. Les cardinaux Ximenès et de Richelieu.	648
LXXII. La reine Marie de Médicis et le cardinal de Richelieu.	ibid.
LXXIII. Le cardinal de Richelieu et le chancelier Oxenstiern.	650
LXXIV. Les cardinaux de Richelieu et Mazarin.	652
LXXV. Louis XI et l'empereur Maximilien.	654
LXXVI. François Ier et le connétable de Bourbon.	655
LXXVII. Philippe II et Philippe III d'Espagne.	656
LXXVIII. Aristote et Descartes.	657
LXXIX. Harpagon et Dorante.	658
OPUSCULES DIVERS FRANÇOIS ET LATINS.	
I. Le Fantasque.	659
II. La Médaille.	660
III. Voyage supposé, en 1690.	661
IV. DIALOGUE. Chromis et Mnasile.	662
V. Jugement sur différents tableaux.	663
VI. Éloge de Fabricius, par Pyrrhus son ennemi.	664
VII. Expédition de Flaminius contre Philippe roi de Macédoine.	ibid.
VIII. Histoire d'un petit accident arrivé au duc de Bourgogne dans une promenade à Trianon.	665
IX. Histoire naturelle du Ver à soie.	ibid.
FABULOSÆ NARRATIONES.	
I. Nymphæ cujusdam vaticinium.	666
II. Alibei Persæ historia.	ibid.
III. Mercurii cum Æsopo colloquium.	667
IV. Mulieris cujusdam cum Fato colloquium.	ibid.
V. Lucta Herculis cum Acheloo.	ibid.
VI. Fontanus ad Dominam Montespanam.	668
VII. Animalia peste laborantia.	ibid.
VIII. Carruca et Musca.	669
IX. Mulier et Vas lacteum.	ibid.
X. Quercus et Arundo.	ibid.
XI. Leo et Culex.	670
XII. Mus urbanus et Mus rusticus.	ibid.
XIII. Mus eremita.	ibid.
XIV. Rodilardus.	ibid.
XV. Lupus et Vulpes.	671
HISTORIÆ.	
I. Apollonius Tyanæus.	ibid.
II. Nostradamus.	ibid.
III. Cardinalis Odetus Colignæus.	ibid.
IV. Jacobus Albonius.	672

V. Origo pompæ solennis apud Valencenas quotannis agitatæ. 672
VI. In Fontani mortem. 673
VII. Fenelonii ad serenissimum Burgundiæ Ducem Epistola. ibid.

DIALOGUES SUR L'ÉLOQUENCE EN GÉNÉRAL, ET SUR CELLE DE LA CHAIRE EN PARTICULIER.

Premier dialogue. Contre l'affectation du bel esprit dans les sermons. Le but de l'éloquence est d'instruire les hommes, et de les rendre meilleurs : l'orateur n'atteindra pas ce but, s'il n'est désintéressé. 674

Second dialogue. Pour atteindre son but, l'orateur doit *prouver, peindre, et toucher*. Principes sur l'art oratoire, sur la méthode d'apprendre et de débiter par cœur les sermons, sur la méthode des divisions et sous-divisions. L'orateur doit bannir sévèrement du discours les ornements frivoles. 686

Troisième dialogue. En quoi consiste la véritable éloquence. Combien celle des livres saints est admirable. Importance et manière d'expliquer l'Écriture sainte. Moyens de se former à la prédication. Quelle doit être la matière ordinaire des instructions. Sur l'éloquence et le style des Pères. Sur les panégyriques. 698

FIN DE LA TABLE.

www.ingramcontent.com/pod-product-compliance
Lightning Source LLC
Chambersburg PA
CBHW071701300426
44115CB00010B/1283